AF617457

Acceso a tus Formularios Contratos Mercantiles 2024-2025 (versión Internet)

Los **Formularios Prácticos Contratos Mercantiles 2024-2025** incluyen una sencilla aplicación vía Internet con la que **podrás acceder inmediatamente al formulario escogido, personalizarlo, imprimirlo o archivarlo en tu ordenador.**

Para acceder y cumplimentar tus Formularios en Internet es necesario un **nombre de usuario y una contraseña. Solicítalos a tu proveedor habitual.** Recuerda que estas claves de acceso estarán en vigor hasta la aparición de la nueva edición de los Formularios.

Para acceder a tus Formularios en Internet bastan **dos sencillos pasos:**

1. Solo tienes que entrar en **https://lefebvre.es/tienda/catalogo/formularios-juridicos** y hacer click en "Login tienda", situado en el menú superior derecha de la página.

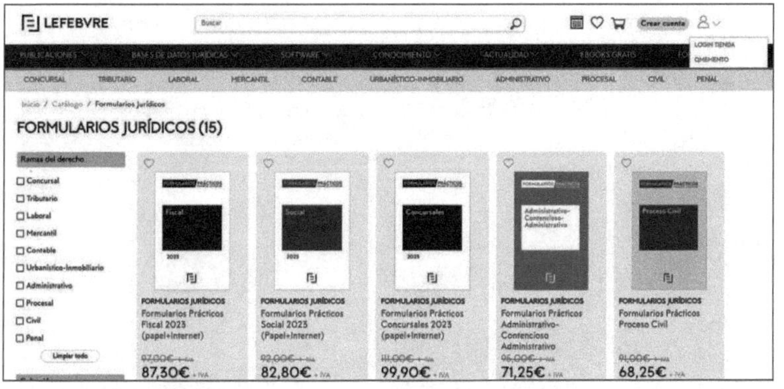

2. A continuación **introduce el usuario y contraseña** que te hemos facilitado.

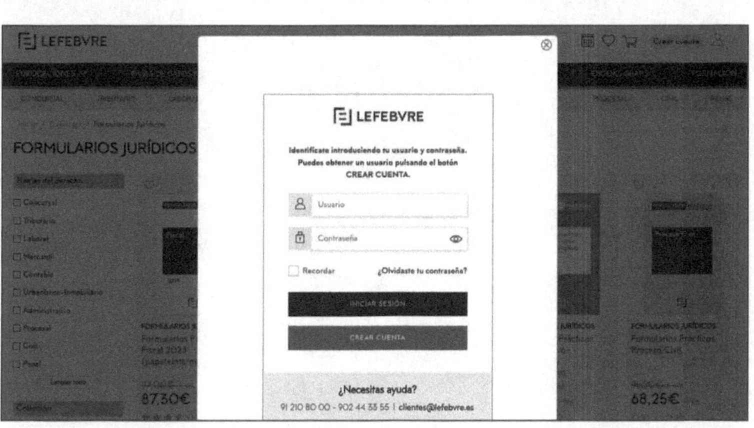

Para resolver cualquier incidencia en el acceso al producto, o si necesitas alguna otra información complementaria, no dudes en contactar con nuestro Departamento de Asistencia Técnica:

clientes@lefebvre.es **91 210 80 00**

Los **Formularios Prácticos Contratos Mercantiles 2024-2025** incluyen una sencilla aplicación vía Internet con la que **podrás acceder inmediatamente al formulario escogido, personalizarlo, imprimirlo o archivarlo en tu ordenador.**

Para acceder y cumplimentar tus Formularios en Internet es necesario un **nombre de usuario y una contraseña. *Solicítalos* a tu proveedor habitual.** Recuerda que estas claves de acceso estarán en vigor **hasta la aparición de la nueva edición de los Formularios.**

Para acceder a tus Formularios en Internet bastan dos sencillos pasos:

1

Solo tienes que entrar en https://lefebvre.es/tienda/catalogo/formularios-juridicos y hacer click en "Login tienda", situado en el menú superior derecha de la página.

2

A continuación introduce el usuario y contraseña que te hemos facilitado.

Para resolver cualquier incidencia en el acceso al producto, o si necesitas alguna otra información complementaria, no dudes en contactar con nuestro Departamento de Asistencia Técnica:

clientes@lefebvre.es 91 210 80 00

FORMULARIOS PRÁCTICOS
FRANCIS LEFEBVRE

Contratos Mercantiles

2024-2025

Fecha de edición: 23 de mayo de 2024

La obra Formularios Prácticos Contratos Mercantiles 2024-2025 ha sido concebida por iniciativa y bajo coordinación de Francis Lefebvre

Autor:

José Carlos Erdozaín López (Doctor en Derecho. Abogado)

© **Francis Lefebvre**

LEFEBVRE-EL DERECHO, S.A.
Monasterios de Suso y Yuso, 34 (28049 Madrid)
Tfno: 91 210 80 00
Fax: 91 210 80 01
ISBN: 978-84-19896-79-7
Depósito Legal: M-13603-2024
Precio: 131,04 € (IVA Incluido)

NOTA EDITORIAL

Pese a la riqueza de su contenido, esta edición de Formularios Contratos Mercantiles no pretende ser una obra exhaustiva, sino que, dado su carácter anual, irá incrementándose periódicamente, incorporando formularios distintos a los ahora recogidos y adicionando aquellos otros que se deriven de las reformas o novedades legislativas que se produzcan en el futuro.

SISTEMÁTICA DE UTILIZACIÓN DE LOS FORMULARIOS

Encontrar el modelo deseado

Los Formularios Contratos Mercantiles también disfrutan de la **Sistemática Francis Lefebvre**, con las ventajas que ello supone: facilidad de acceso a la información y rapidez de respuesta.

El acceso a la información se facilita a través de una tabla alfabética y un índice general que remiten al usuario al **número marginal** donde se encuentra el modelo deseado.

La utilización de los formularios

Los formularios incorporan varios tipos de símbolos para facilitar al usuario su lectura y la tarea de cumplimentarlos. Tales símbolos y sus explicaciones son los que a continuación se detallan.

Asimismo, es preciso tener en cuenta que junto a los párrafos de carácter obligatorio, los modelos contienen otros cuyo uso es facultativo y que va a depender de las necesidades de cada usuario.

Ejemplo:

Cláusula contractual (facultativa) tras la entrada en vigor de la Ley Concursal (L 22/2003)

➤➤

❍ **Si se establece cláusula para el caso de concurso:**

"*Número*" Supuestos de insolvencia

En caso de declaración de concurso de cualquiera de las partes, la parte afectada se obliga a solicitar la resolución del contrato a la administración concursal, de acuerdo con lo dispuesto en el artículo 61.2, párrafo segundo, de la Ley 22/2003, de 9 de julio, Concursal.

≺≺

1. Grupos de opciones sobre párrafos

El principio de un grupo de opciones se muestra con los símbolos ➤➤.

El final del grupo se indica con ≺≺.

Tipos de opciones

El contenido de determinados párrafos, obligatorios o facultativos, varía en función de la situación que se quiera reflejar en el modelo. Así, dentro de cada grupo, las opciones están precedidas del símbolo ❍ si tienen carácter excluyente, es decir, si sólo se puede elegir una de las opciones que se proponen, o por ❒ si se puede seleccionar más de una opción dentro de dicho grupo.

Ejemplo:

El precio de la presente compraventa es de "*precio de la compraventa en letra*" euros (de "*precio de la compraventa en número*" €).

➢➢

❍ **Si el pago es anterior:**

Dicha cantidad manifiesta **el/los vendedor/es** haberla recibido con anterioridad a este acto del **Comprador**, sirviendo el presente documento como la más cabal y firme carta de pago.

❍ **Si el pago es simultáneo:**

Dicha cantidad es satisfecha en este acto por el **Comprador** mediante cheque bancario nominativo por valor de "*precio en letra del pago simultáneo*" euros ("*precio en número del pago simultáneo*" €), emitido a favor de la parte vendedora, sirviendo el presente documento como la más cabal y firme carta de pago.

⮜⮜

Ejemplo:

...Se estipulan sumas indemnizatorias

➢➢

❐ **Por resolución:**

para casos de resolución unilateral anticipada valor de la indemnización por resolución "*valor de la indemnización por resolución*".

❐ **Por incumplimiento:**

"*valor de la indemnización por resolución*" para caso de incumplimiento.

⮜⮜

A su vez, los grupos de opciones pueden contener subgrupos de ellas.

Ejemplo:

➢➢

❍ **Incluido en el precio:**

Incluido en el precio.

❍ **No incluido en el precio:**

No incluido en el precio.

➢

❍ **Suscripción voluntaria del seguro de asistencia:**

Suscrito voluntariamente por el Cliente.

❍ **El cliente no suscribe el seguro de asistencia:**

El Cliente manifiesta que no desea suscribir el seguro.

⮜

⮜⮜

2. Grupos de opciones textuales

Cuando el grupo de opciones se encuentra dentro de un párrafo, cada opción se presenta en cursiva, precedida de puntos suspensivos y, en ciertas ocasiones, de una explicación.

Ejemplo:

... con domicilio a estos efectos en "*domicilio de la parte*" "... *con DNI/NIF número* "*DNI/NIF de la parte*" ... *O* ... *con tarjeta de residencia número* "*número de la trajeta de residencia*" ..."

3. Párrafos repetitivos

Cuando un párrafo puede repetirse varias veces, este aparece acompañado por el símbolo 

Ejemplo:

Los bienes objeto del presente contrato consisten en:

"*descripción del/los bien/es*"; 

4. Variables

La información que debe completarse para personalizar cada modelo, por ejemplo, razón social, nombre y apellidos, fecha, etc., se presenta en cursiva y entre comillas.

Ejemplo:

En "*lugar*", a "*fecha*".
Ante mí "*Don/Doña Nombre y apellidos del notario*", perteneciente al colegio notarial de "*colegio notarial*" y con residencia en "*lugar donde radica la notaria*"

5. Notas o precisiones

Cuando los autores de los formularios quieren llamar su atención sobre un punto en concreto o aclarar las consecuencias de las elecciones que se pueden realizar, el texto que contiene tales precisiones o aclaraciones se muestra con el símbolo ✍ precediendo al párrafo cuyo contenido se quiere apostillar.

Ejemplo:

ALEGACIONES

✍**Nota**:

La intervención del **notario** es facultativa para las partes. Los notarios realizan las funciones que anteriormente realizaban los corredores de comercio, cuerpo desaparecido a partir del 1-10-2000 momento en el que se produce la fusión de los cuerpos de notarios y corredores de comercio colegiados en virtud de lo dispuesto en la disp.adic.24ª de la Ley55/1999.

Principales siglas y abreviaturas

AP:	Audiencia Provincial
art:	artículo/s
BE:	Banco de España
BOE:	Boletín Oficial del Estado
BORME:	Boletín Oficial del Registro Mercantil
CC:	Código Civil (RD 24-7-1889)
CCom:	Código de Comercio (RD 22-8-1885)
CGC:	Condiciones Generales de Contratación de los Transportes de Mercancía por Carretera (OM FOM/1882/2012)
Circ:	Circular
CNMV:	Comisión Nacional del Mercado de Valores
Const.:	Constitución
D:	Decreto
DGRN:	Dirección General de Registros y Notariado
Dir:	Directiva
disp.adic.:	disposición adicional
disp.derog.:	disposición derogatoria
disp.final:	disposición final
disp.trans.:	disposición transitoria
DL:	Decreto Ley
DLeg:	Decreto Legislativo
ET:	Estatuto de los Trabajadores (RDLeg 2/2015)
Inst:	Instrucción
IRPF:	Impuesto sobre la Renta de las Personas Físicas
IVA:	Impuesto del Valor Añadido
JM:	Juzgado de lo Mercantil
L:	Ley
LAR:	Ley de Arrendamientos Rústicos (L 49/2003)
LAU:	Ley de Arrendamientos Urbanos (L 29/1994)
LCC:	Ley Cambiaria y del Cheque (L 19/1985)
LCD:	Ley de Competencia Desleal (L 3/1991)
LCon:	Texto Refundido de la Ley Concursal (RDLeg 1/2020)
LCTTM:	Ley del Contrato de Transporte Terrestre de Mercancías (L 15/2009)
LDC:	Ley de Defensa de la Competencia (L 15/2007)
LEC:	Ley de Enjuiciamiento Civil (L 1/2000)
LGDCU:	Texto Refundido de la Ley General para la Defensa de los Consumidores y Usuarios (RDLeg 1/2007)
LGPu:	Ley General de Publicidad (L 34/1988)
LH:	Ley Hipotecaria (D 8-2-1946)
LHMPSD:	Ley de Hipoteca Mobiliaria y Prenda sin Desplazamiento (L 16-12-1954)
LM:	Ley de Marcas (L 17/2001)
LMV:	Texto refundido de la Ley del Mercado de Valores (RDLeg 4/2015)
LN:	Ley del notariado (L 28-5-1862)
LO:	Ley Orgánica
LOPD:	Ley Orgánica de Protección de Datos y Garantía de los Derechos Digitales (LO 3/2018)
LOPJ:	Ley Orgánica del Poder Judicial (LO 6/1985)
LOTT:	Ley de Ordenación de los Transportes Terrestres (L 16/1987)

LP:	Ley de Patentes (L 24/2015)
LPI:	Texto Refundido de la Ley de Propiedad Intelectual (RDLeg 1/1996)
LSC:	Texto Refundido de la Ley de Sociedades de Capital (RDLeg 1/2010)
LSSI:	Ley de servicios de la sociedad de la información y de comercio electrónico (L 34/2002)
LVPM:	Ley de Venta a Plazos de Bienes Inmuebles (L 28/1998)
modif:	modificado/a
NIF:	Número de Identificación Fiscal
OM:	Orden Ministerial
RD:	Real Decreto
RDL:	Real Decreto Ley
RDLeg:	Real Decreto Legislativo
redacc:	redacción
Resol:	Resolución
RGPD:	Reglamento General sobre Protección de Datos (Rgto (UE) 2016/679)
Rgto:	Reglamento
RH:	Reglamento Hipotecario (D 14-2-1947)
RM:	Registro Mercantil
RMC:	Registro Mercantil Central
RN:	Reglamento Notarial (D 2-6-1944)
ROTT:	Reglamento de la Ley de Ordenación de los Transportes Terrestres (RD 1211/1990)
RRM:	Reglamento del Registro Mercantil (RD 1784/1996)
SA:	Sociedad Anónima
TCo:	Tribunal Constitucional
TS:	Tribunal Supremo
TSJ:	Tribunal Superior de Justicia

COMPRAVENTA

PROPIEDAD INTELECTUAL

PROPIEDAD INTELECTUAL

Nº marg.

PROPIEDAD INDUSTRIAL

Nº marg.

CONTRATOS ASOCIATIVOS

Nº marg.

CONTRATOS DE GARANTÍA

FINANCIACIÓN Y GESTIÓN FINANCIERA

FINANCIACIÓN Y GESTIÓN FINANCIERA

ARRENDAMIENTOS MERCANTILES

REPRESENTACIÓN MERCANTIL Y DISTRIBUCIÓN

Nº marg.

PUBLICIDAD

Nº marg.

TRANSPORTE

Nº marg.

TRANSPORTE

CONTRATOS BANCARIOS

CONTRATOS BURSÁTILES

NUEVAS TECNOLOGÍAS

CLÁUSULA CONCURSAL

CLÁUSULA DE PROTECCIÓN DE DATOS

Compraventa

Compraventa	Nº marg.

Compraventa: modelo general

MCM 902 s.

CC art.1445 a 1525; CCom art.325 a 345

Nota preliminar:

- El modelo presupone unas circunstancias determinadas que serán las más frecuentes. Si en el caso concreto existen circunstancias particulares no previstas, deberá completarse o modificarse el modelo adaptándolo a las mismas.

- En relación con la **normativa aplicable** con carácter supletorio y la posibilidad de aplicar los derechos forales, señala el TSJ Navarra 2-3-99, EDJ 3385 que el carácter mercantil de la relación contractual litigiosa tampoco excluye la aplicación de la normativa civil foral en la resolución de la controversia, pues el "derecho común" a que se remite como ordenamiento supletorio el Código de Comercio en sus artículos 2 y 50, no es solo el general del Código Civil sino también el foral vigente en los territorios con derecho propio, tal como el Tribunal Supremo tiene reconocido (TS 28-6-68, EDJ 543 y 16-2-87, EDJ 1242, siendo el navarro el que correspondería al cumplimiento de un contrato de compraventa que se dice celebrado en Navarra, entre personas con vecindad en esta Comunidad, sobre bienes muebles supuestamente entregados en su territorio.

- La compra por un empresario con la intención de destinar el objeto comprado a su explotación o integración industrial o comercial debe reputarse mercantil -la llamada **compraventa-inversión**- (AP Vizcaya 20-6-18, EDJ 593036).

- En cuanto a la interpretación a dar al **plazo de prescripción** para exigir responsabilidad contractual nacida de este tipo de contratos, a la luz de la redacción dada al CC art.1964, en relación con el art.943, por la L 42/2015 disp.final 1ª), es la siguiente: aquellas relaciones surgidas con anterioridad a la entrada en vigor de la citada reforma, esto el día 7-10-2015, mantienen el plazo de prescripción de 15 años, si bien, si desde dicha entrada en vigor transcurriese todo el plazo requerido por la nueva norma (5 años) la prescripción surtirá efecto aunque aún restare plazo de aquel, es decir, la prescripción iniciada antes del 7-10-2015 surtirá efecto cuando se alcance antes bien el quinto aniversario de dicha entrada en vigor (7-10-2020), o bien la fecha en la que finalice el plazo de 15 años desde su inicio (AP Vizcaya 20-6-18, EDJ 593036).

- La entrega de una cosa «**aliud pro alio**», en el contrato de compraventa es un caso claro de incumplimiento esencial que da lugar a la resolución, en aplicación del CC art.1124 (AP Jaén 13-12-17, EDJ 321148).

- Se debe poner de manifiesto que hay **ausencia de una línea clara jurisprudencial** en relación con la distinción entre la compraventa civil y la mercantil. Siguiendo la sentencia TS 13-5-15, EDJ 86718, el Código de Comercio, en su art.325 exige, para considerar mercantil la compraventa, un doble requisito subjetivo o intencional del comprador: que se realice la compra para ser revendida con ánimo de lucrarse en la reventa posterior. A diferencia de otros contratos regulados en el mismo texto legal en los que reconoce el carácter mercantil del contrato cuando interviene un empresario, por el contrario, la **compraventa mercantil** quedaría reservada para los comerciantes que son los que profesionalmente compran para revender (AP Madrid 17-4-18, EDJ 518964).

- Si el negocio jurídico es mercantil, el precepto que debe regular el régimen jurídico de la interrupción no es el CC art.1973, que establece la **interrupción de la prescripción** tiene lugar por el ejercicio ante los tribunales, por reclamación extrajudicial del acreedor y por cualquier acto de reconocimiento de la deuda por el deudor, sino el CCom art.944.1, conforme al cual la interrupción tiene lugar por demanda o cualquier género de interpelación judicial hecha al deudor, por reconocimiento de las obligaciones o por la renovación del documento en que se funde el derecho del acreedor.

Sin embargo, según el TS, aunque el CCom no contempla la reclamación extrajudicial que constituye, precisamente, el motivo principal de tener por no prescrita la acción ejercitada, ha consolidado una interpretación superadora de las normas al señalar que no hay razones válidas para considerar que la **reclamación extrajudicial** no pueda interrumpir la prescripción también en el ámbito mercantil - TS 4-12-95, EDJ 31406, 31-12-98, EDJ 31406 y 21-3-00, EDJ 2615 (AP Alicante 2-3-17, EDJ 57085).

MCM 902 s.

CC art.1445 a 1525; CCom art.325 a 345

Nota preliminar:

- La distinción entre **compraventa civil o compraventa mercantil** tiene transcendencia en dos órdenes de acciones, la que versa sobre reclamación por los defectos de la cosa vendida (CCom art.342 o CC art.1486 s.) y la de reclamación por el vendedor del precio de la cosa. Aunque la prescripción para reclamar el precio de la cosa vendida se encuentra en el Código Civil y es de tres años (CC art.1967.4°), en el supuesto de venta de carácter mercantil es de quince años (CC art.1964, por remisión del CCom art.943), lo que parece incongruente con la postulada seguridad y celeridad en el tráfico jurídico-mercantil". Llegando a la conclusión sobre el supuesto analizado, que la venta es de naturaleza civil, ya que no se puede revender el producto suministrado, no pudiendo esperarse obtener un lucro en la reventa ni en la misma forma en que se compró ni en otra diferente (AP León 7-11-18, EDJ 666083).

- Debe concluirse, con fundamento en el tradicional principio mutualista que informa nuestra legislación sobre cooperativas tanto estatal como autonómica, que cuando la cooperativa realiza una prestación de servicios en favor de sus socios, caso del suministro de diversos géneros (plantas, herbicidas, abonos, plásticos, etc) no interviene en la condición de mercader o comerciante, por lo que dicho suministro no resulta encuadrable en el CC art.1967.4, y desde luego no cabe calificarlo de compraventa mercantil (TS 3-7-18, EDJ 511741).

- La sentencia TS 9-3-15, EDJ 51577, recuerda que la **calificación del contrato**, que presupone la previa interpretación de la voluntad de los declarantes y posibilita la subsunción del mismo bajo las normas adecuadas, merece un control muy limitado mediante el recurso de casación. Calificar los contratos es competencia de los tribunales de las instancias y sus conclusiones no pueden ser revisadas por medio del recurso de casación, salvo que resulten contrarias a la ley, arbitrarias o ilógicas, dado que la verificación casacional no alcanza a sustituir el criterio expresado por dichos tribunales por otro que se pretenda preferible o más oportuno, pues de seguir tal orientación el recurso extraordinario abriría al respecto una tercera instancia (TS auto 30-1-19, EDJ 503362).

- No cabe incluir en el régimen de la compraventa mercantil aquella que tiene por objeto **bienes inmuebles**, por no tener ello reflejo en el Código de Comercio (TS 5-7-21, EDJ 624015).

- Son civiles los **contratos mixtos o complejos** (en los que existe una causa mercantil y otra que no lo es). Asimismo, el CCom art.325 debe interpretarse en el sentido de exigir para la calificación de una compraventa como mercantil un doble elemento intencional del comprador: el propósito de la reventa de los géneros comprados y el ánimo de lucro, consistente en obtener un beneficio de la reventa (TS 20-2-20, EDJ 511683).

- La acción de **responsabilidad por deudas sociales** tiene el mismo plazo de **prescripción** que la deuda social garantizada, siendo aplicables al administrador los mismos efectos interruptivos de la prescripción que le serían aplicables a la sociedad (TS 27-2-24, EDJ 511285).

- Para un contrato de compraventa mercantil sometido al CCom art.325 y concordantes, rige la norma general sobre libertad de **forma contractual** del CC art.1278 (cfr. AP Madrid 30-6-14, EDJ 163112), por lo que un intercambio de correos electrónicos entre dos sociedades mercantiles puede constituir todo o parte de un contrato de compraventa (AP Girona 17-1-24, EDJ 518938).

- Para probar la **relación contractual** de compraventa mercantil sería necesario, no ya que los testigos avalasen la realidad contractual (pues conforme al CCom art.51 por sí sola esta prueba no sería suficiente), sino que la existencia de la pretendida relación contractual viniera de alguna forma patentizada por otros medios de prueba distintos, como podrían ser otros documentos que, sin ser propiamente el contrato, evidenciaran su realidad (AP La Rioja 8-1-24, EDJ 524228).

En *"lugar"*, a *"fecha"*.

Ante mí, *"Don/Doña nombre y apellidos del notario"* perteneciente al colegio notarial de *"colegio notarial"* y con residencia en *"lugar donde radica la notaría"*.

Nota:

*La intervención del **notario** es facultativa para las partes. Los notarios realizan las funciones que anteriormente realizaban los corredores de comercio, cuerpo desaparecido a partir del 1-10-2000 momento en el que se produce la fusión de los cuerpos de notarios y corredores de comercio colegiados en virtud de lo dispuesto en la* L 55/1999 disp.adic.24ª.

105

Compraventa

MCM 902 s.

CC art.1445 a 1525; CCom art.325 a 345

COMPARECEN:

De una parte,
"Don/Doña nombre y apellidos de la parte", mayor de edad, *"estado civil de la parte" "... "especificar el régimen económico matrimonial de la parte" ... "*, de nacionalidad *"nacionalidad de la parte"*, con domicilio a estos efectos en *"domicilio de la parte", "...con DNI/NIF número "DNI/NIF de la parte"... O ... con tarjeta de residencia número "número de tarjeta de residencia de la parte" ... O ... pasaporte número "número de pasaporte de la parte", expedido el "fecha de expedición del pasaporte de la parte" ... O ... "reseñar otros documentos aportados por la parte" ... "*, vigente hasta el *"fecha de vigencia de la documentación aportada por la parte"*.

Y de otra parte,
"Don/Doña nombre y apellidos de la parte", mayor de edad, *"estado civil de la parte" "... "especificar el régimen económico matrimonial de la parte" ... "*, de nacionalidad *"nacionalidad de la parte"*, con domicilio a estos efectos en *"domicilio de la parte", "...con DNI/NIF número "DNI/NIF de la parte"... O ... con tarjeta de residencia número "número de tarjeta de residencia de la parte" ... O ... pasaporte número "número de pasaporte de la parte", expedido el "fecha de expedición del pasaporte de la parte" ... O ... "reseñar otros documentos aportados por la parte" ... "*, vigente hasta el *"fecha de vigencia de la documentación aportada por la parte"*.

INTERVIENEN:

A. *"Don/Doña nombre y apellidos de la parte"*

➢➢

❍ **Si interviene en su propio nombre:**

en su propio nombre y derecho.

❍ **Si interviene como representante:**

en nombre y representación

❍ Si representa a persona física:

de *"Don/Doña nombre y apellidos del representado"*, mayor de edad, *"estado civil del representado"*, con domicilio en *"domicilio del representado"* y provisto de D.N.I./N.I.F. número *"DNI/NIF del representado"*, según consta en escritura de poder, otorgada ante el notario de *"lugar donde radica la notaría en la que se autorizó la escritura de poder de representación (persona física)", "Don/Doña nombre y apellidos del notario que autorizó la escritura de poder de representación (persona física)"*, el *"fecha de escritura de poder de representación (persona física)"*, con el número *"número de protocolo del notario que autorizó la escritura de poder de representación (persona física)"* de su orden de protocolo.

❍ Si representa a persona jurídica:

de la sociedad mercantil denominada *"denominación social"*, domiciliada en *"domicilio social"*, y con NIF número *"NIF de la sociedad"*, constituida, por tiempo indefinido, mediante escritura otorgada ante el notario de *"lugar donde radica la notaría en la que se autorizó la escritura de poder de representación (persona jurídica)", "Don/Doña nombre y apellidos del notario que autorizó la escritura de poder de representación (persona jurídica)"*, el *"fecha de escritura de poder de representación (persona jurídica)"*, e inscrita en el Registro Mercantil de *"datos de la inscripción registral (localidad del Registro Mercantil, tomo, folio, sección, hoja e inscripción)"*, en su calidad de

MCM 902 s.

CC art.1445 a 1525; CCom art.325 a 345

>

o Si representa como cargo social:

"...administrador único ... O ... administrador solidario ... O ... consejero delegado ... O ... "especificar la representación del cargo social" ... " de la reseñada sociedad, cargo para el que fue nombrado y asegura vigente en escritura otorgada el *"fecha de escritura del nombramiento del cargo"*, ante el notario de *"lugar donde radica la notaría en la que se autorizó la escritura del nombramiento"*, *"Don/Doña nombre y apellidos del notario que autorizó la escritura del nombramiento"*, con el número *"número de protocolo del notario que autorizó la escritura del nombramiento"* de su protocolo, e inscrita en el Registro Mercantil de *"localidad del Registro Mercantil de la escritura de nombramiento"*, en el tomo y hoja arriba indicados.

o Si representa como apoderado:

apoderado de la reseñada sociedad, según escritura de poder otorgada a su favor, en *"fecha de escritura del otorgamiento del poder"*, ante el notario de *"lugar donde radica la notaría en la que se autorizó la escritura de poder"*, *"Don/Doña nombre y apellidos del notario que autorizó la escritura de poder"*, con el número *"número de protocolo del notario que autorizó la escritura de poder"* de su protocolo *"...e inscrita en el Registro Mercantil de "localidad del Registro Mercantil de la escritura de poder" ...* ", en el tomo y hoja arriba indicados.

<

<

<<

En adelante, el **vendedor**.

B. *"Don/Doña nombre y apellidos de la parte"*

>>

o **Si interviene en su propio nombre:**

en su propio nombre y derecho.

o **Si interviene como representante:**

en nombre y representación

>

o Si representa a persona física:

de *"Don/Doña nombre y apellidos del representado"*, mayor de edad, *"estado civil del representado"*, con domicilio en *"domicilio del representado"* y provisto de D.N.I./N.I.F. número *"DNI/NIF del representado"*, según consta en escritura de poder, otorgada ante el notario de *"lugar donde radica la notaría en la que se autorizó la escritura de poder de representación (persona física)"*, *"Don/Doña nombre y apellidos del notario que autorizó la escritura de poder de representación (persona física)"*, el *"fecha de escritura de poder de representación (persona física)"*, con el número *"número de protocolo del notario que autorizó la escritura de poder de representación (persona física)"* de su orden de protocolo.

o Si representa a persona jurídica:

de la sociedad mercantil denominada *"denominación social"*, domiciliada en *"domicilio social"*, y con NIF número *"NIF de la sociedad"*, constituida, por tiempo indefinido, mediante escritura otorgada ante el notario de *"lugar donde radica la notaría en la que se autorizó la escritura de poder de representación (persona jurídica)"*, *"Don/Doña nombre y apellidos del notario que autorizó la escritura de poder de representación (persona jurídica)"*, el *"fecha de escritura de poder de representación (persona jurídica)"*, e inscrita en el Registro Mercantil de *"datos de la inscripción registral (localidad del Registro Mercantil, tomo, folio, sección, hoja e inscripción)"*, en su calidad de

105

Compraventa

MCM 902 s.

CC art.1445 a 1525; CCom art.325 a 345

➢

❍ Si representa como cargo social:

"...administrador único ... O ... administrador solidario ... O ... consejero delegado ... O ... "especificar la representación del cargo social" ... " de la reseñada sociedad, cargo para el que fue nombrado y asegura vigente en escritura otorgada el *"fecha de escritura del nombramiento del cargo"*, ante el notario de *"lugar donde radica la notaría en la que se autorizó la escritura del nombramiento"*, *"Don/Doña nombre y apellidos del notario que autorizó la escritura del nombramiento"*, con el número *"número de protocolo del notario que autorizó la escritura del nombramiento"* de su protocolo, e inscrita en el Registro Mercantil de *"localidad del Registro Mercantil de la escritura de nombramiento"*, en el tomo y hoja arriba indicados.

❍ Si representa como apoderado:

apoderado de la reseñada sociedad, según escritura de poder otorgada a su favor, en *"fecha de escritura del otorgamiento del poder"*, ante el notario de *"lugar donde radica la notaría en la que se autorizó la escritura de poder"*, *"Don/Doña nombre y apellidos del notario que autorizó la escritura de poder"*, con el número *"número de protocolo del notario que autorizó la escritura de poder"* de su protocolo *"...e inscrita en el Registro Mercantil de "localidad del Registro Mercantil de la escritura de poder" ...* ", en el tomo y hoja arriba indicados.

≺

≺

En adelante, el **comprador**.

Les identifico por sus respectivos documentos de identidad antes reseñados, y les juzgo con capacidad para celebrar la presente compraventa, y al efecto

✎ **Nota:**

*La **capacidad** de los contratantes se regula en el CCom art.*322 *y* 323, *así como en el CC art.*1457. *Tratándose de sociedades mercantiles debe tenerse especial cuidado en examinar la legitimación de la persona que interviene, así habrán de analizarse los estatutos de la sociedad para examinar las facultades del administrador. En el caso de apoderados habrá de examinarse el contenido del poder, partiendo siempre de la interpretación restrictiva de los mismos. Deben examinarse también las prohibiciones de disponer, ya sean voluntarias o legales (*CCom *art.*96, 267 *y* 288*;* CC *art.*1459*). En el caso de que se celebre un contrato por una persona incapaz la consecuencia será la anulabilidad del contrato, mientras que si se infringe una prohibición de disponer la sanción es la nulidad absoluta del contrato (*TS 7-7-87, *EDJ 5449). Especial consideración, asimismo, debe tener la contratación con menores, sujeta al posible ejercicio de la acción de anulabilidad ex art.*1300 *s. del* Código Civil. *También habrá de tenerse en cuenta la legislación en materia de protección de consumidores y usuarios (*RDL 1/2007, *por el que se aprueba el Texto Refundido de la Ley General para la Defensa de los Consumidores y Usuarios y otras leyes complementarias), la cual establece significativas ventajas contractuales a favor de los consumidores y usuarios, entre las que destacamos las siguientes: art.*66 bis, *relativo a la entrega de los bienes y suministro de contenidos o servicios digitales que no se presten en soporte material; art.*66 ter, *relativo a la transmisión del riesgo; o la posibilidad de desistir del contrato de compraventa ya concluido y perfecto (art.*68 *s.).*

EXPONEN:

I. Que el **Vendedor** es una empresa que está interesada en proceder a la venta de los productos que se relacionan en el Anexo 1 que se incorpora a esta póliza.

II. Que el **Comprador** está interesado en adquirir los bienes que se relacionan en el indicado Anexo 1.

III. Que el **Vendedor** y el **Comprador** han alcanzado un acuerdo en virtud del cual este último compra los bienes relacionados en el Anexo 1, sometiendo ambas partes de mutuo acuerdo la presente compraventa mercantil a las siguientes:

 **Nota:**

*El contrato de compraventa es un contrato **consensual, oneroso, bilateral y sinalagmático**.*

ESTIPULACIONES:

MCM 902 s.

"Número" Objeto

 **Nota:**

*En los contratos mercantiles el **objeto** tiene que ser determinado o, al menos, determinable sin necesidad de que exista un nuevo acuerdo entre las partes. En principio, la normativa legal se centra en la compraventa de bienes muebles, si bien un importante sector de nuestra doctrina aboga por la posibilidad de que las compraventas mercantiles pueda recaer también sobre bienes inmuebles. En relación con la posibilidad de existencia de compraventas de cosas futuras, ver* TS 31-12-99, *EDJ 43940.*

CC art.1445 a 1525; CCom art.325 a 345

*En el caso de compraventa de **cosa futura** (venta de vivienda sobre plano), la abusividad de una cláusula que no determina exactamente el momento de entrega del bien objeto de compraventa es apreciable en el momento de la celebración del contrato (*TS 26-5-14, *EDJ 96068).*

El objeto de la comprevanta mercantil es que el material se adquiera para el fin empresarial o negocial del comprador (AP A Coruña 13-2-17, EDJ 31969).

*Son civiles los **contratos mixtos o complejos** (en los que existe una causa mercantil y otra que no lo es). Asimismo, el art.325 CCom debe interpretarse en el sentido de exigir para la calificación de una compraventa como mercantil un doble elemento intencional del comprador: el propósito de la reventa de los géneros comprados y el ánimo de lucro, consistente en obtener un beneficio de la reventa (TS 20-2-20, EDJ 511683).*

*Para **distinguir** entre la **compraventa mercantil y la civil** hemos de acudir a lo dispuesto en el CCom art.325, que contiene un elemento intencional -para revender- y otro subjetivo -ánimo de lucro con la reventa- (AP León 18-12-23, EDJ 840071).*

El objeto de la presente compraventa viene representado por los bienes que se relacionan en el Anexo 1 que se incorpora a la presente póliza debidamente suscrito por los comparecientes. La presente compraventa se realiza por el **Vendedor** de conformidad con su objeto social, adquiriéndose por el **Comprador** para su utilización o empleo en su explotación mercantil.

"Número" Naturaleza mercantil del contrato

 **Nota:**

*Para que exista compraventa mercantil es necesario, primero, un elemento subjetivo que consiste en que las partes sean personas (físicas o jurídicas) **comerciantes** y luego que concurran ánimo de **reventa** y ánimo de lucro. Sobre la distinción ver* TS 20-11-84, *EDJ 7494. En relación con el segundo de los elementos señala la* AP Castellón 28-4-00, *EDJ 70717, que la naturaleza mercantil o civil de una compraventa no depende del efectivo lucro obtenido por la empresa revendedora, sino de la finalidad con la cual se realice la primera compraventa de las mercancías (la que tiene por finalidad una hipotética posterior reventa). Es el animus o la **causa** de la primera compraventa la que determina el carácter y régimen jurídico de la misma y no tanto, como se dijo antes, el real y efectivo lucro obtenido por el revendedor, de lo contrario, la determinación de la naturaleza jurídica de las compraventas quedaría supeditada a la realización de la reventa, la cual puede postergarse, en ocasiones en el tiempo (piénsese en los títulos, objetos y valores que son adquiridos con un fin especulativo o simplemente que no tienen carácter perecedero, por ciertos empresarios que tienen como objeto social precisamente el de la compra con fines especulativos o de inversión).*

*Así pues, no es la reventa acompañada de un lucro real la que determina la naturaleza mercantil de ciertos tipos de venta, sino la **finalidad** con que el adquirente o comprador interviene en el negocio. Finalidad que ha de ser distinta de la utilización personal, familiar o doméstica de la cosa comprada.*

La sentencia del TS 9-7-08, *EDJ 166681, señala que la característica fundamental de la compraventa mercantil es el elemento intencional por el comprador: revender los géneros comprados y el ánimo de lucro.*

*Para decidir si el contrato se rige por la legislación en materia de consumidores o la mercantil lo relevante es el **destino de la operación** y no las condiciones subjetivas del contratante (AP Córdoba 22-11-16, EDJ 251878).*

*Será mercantil la compraventa cuando el **bien esté destinado al propio fin negocial**, mientras que será civil en el caso contrario (AP Badajoz, 28-12-21, EDJ 874254).*

Los comparecientes, en la representación en que intervienen, manifiestan que el presente contrato tiene carácter de mercantil y se regirá en primer término por las estipulaciones contenidas en el mismo y en lo que en ellas no estuviere previsto por las disposiciones del Código de Comercio, leyes especiales, los usos y costumbres mercantiles y, en su defecto, por lo establecido en el Código Civil.

105

Compraventa

MCM 902 s.

CC art.1445 a 1525; CCom art.325 a 345

"Número" Precio

Nota:

> *El* ***precio*** *es un elemento esencial de la compraventa, debe tratarse de dinero o signo que lo represente. Es preciso que se encuentre determinado o al menos que sea determinable sin necesidad de un nuevo acuerdo de las partes.*
> *No cabe entregar una cosa distinta de la pactada, salvo en los casos de contratos de suministro (aplicación de la teoría aliud pro alio): aplicable cuando el defecto en el producto suministrado es un defecto de suficiente gravedad como para ser determinante de un incumplimiento contractual (*TS 17-2-10, *EDJ 14208, AP Gipuzkoa 30-3-11, EDJ 395430).*

El precio de la presente compraventa es de *"precio de la compraventa en letra"* euros (*"precio de la compraventa en número"* €).

➤➤

○ Si el pago es anterior:

Dicha cantidad manifiesta/n el/los vendedor/es haberla recibido con anterioridad a este acto del **Comprador**, sirviendo el presente documento como la más cabal y firme carta de pago.

○ Si el pago es simultáneo:

Dicha cantidad es satisfecha en este acto por el **Comprador** mediante cheque bancario nominativo por valor de *"precio en letra del pago simultáneo"* euros (*"precio en número del pago simultáneo"* €), emitido a favor de la parte vendedora, sirviendo el presente documento como la más cabal y firme carta de pago.

○ Si el pago es anterior y simultáneo:

Dicha cantidad será satisfecha conforme al siguiente calendario de pagos:

a) En cuanto a la cantidad de *"valor del pago anterior en letra"* euros (*"valor del pago anterior en número"* €), confiesa/n **el/los vendedor/es** haberla recibido del Comprador con anterioridad a este acto.

b) En cuanto a la restante cantidad de *"valor del pago restante en letra"* euros (*"valor del pago restante en número"* €), es satisfecha en este acto por el **Comprador** mediante cheque bancario nominativo por valor de *"valor del pago restante en letra"* euros (*"valor del pago restante en número"* €), emitido a favor de la parte vendedora, sirviendo el presente documento como la más cabal y firme carta de pago.

○ Si hay pago aplazado de parte del precio:

Dicha cantidad será satisfecha conforme al siguiente calendario de pagos:

a) En cuanto a la cantidad de *"valor del pago simultáneo en letra"* euros (*"valor del pago simultáneo en número"* €), es satisfecha en este acto por el **Comprador** mediante cheque bancario nominativo por valor de *"valor del pago simultáneo en letra"* euros (*"valor del pago simultáneo en número"* €), emitido a favor de la parte vendedora, sirviendo el presente documento como la más cabal y firme carta de pago.

b) En cuanto a la restante cantidad de *"valor del pago restante en letra"* euros (*"valor del pago restante en número"* €), será satisfecha por el **Comprador** en un total de *"número de pagos"* pagos, el primero de los cuales tendrá lugar el *"fecha del primer pago"*.

El abono de cada uno de los pagos aplazados se garantiza mediante la emisión de *"número" "...letras de cambio ... O ... "otras garantías de pago (Por ejemplo pagarés, etc.)" ... "*, números *"números de las garantías"*, por importe, cada una de ellas de *"valor de los pagos en letra"* euros (*"valor de los pagos en número"* €), con vencimiento los días *"día de vencimiento de los pagos"* de cada mes. Dichas *"...letras de cambio ... O ... " otras garantías de pago" ... "* son aceptadas en este acto por el **Comprador**.

"Número" Entrega de los bienes

Nota:

En relación con la obligación de ***entrega*** *de los bienes hay que tener en consideración que "la compraventa no es un contrato traslativo del dominio, sino un contrato meramente obligacional que, aunque obliga al vendedor a hacer todo lo posible para que el comprador adquiera la propiedad, no le impone su inmediata transmisión, sino sólo la entrega de la libre posesión de la cosa vendida y su saneamiento por evicción y vicios ocultos, esto es, la entrega de la posesión y el mantenimiento del comprador en su quieto y pacífico goce. Efectuada esta entrega, con la puesta de la cosa vendida a disposición del comprador, la "prosperabilidad" de las acciones que al vendedor asisten para exigir el cumplimiento del contrato y, en particular, el pago del precio de la venta, no queda supeditada a la acreditación de su título de propiedad"* (TSJ Navarra 2-3-99, *EDJ 3385).*

MCM 902 s.

En los supuestos de servir ***mercancía no apta*** *para el fin al que van destinadas se aplica el art.*1124 *del* Código Civil*: si se entrega una cosa aliud pro alio la parte puede oponer la excepción frente al vendedor de defecto en la mercancía, y en especial cuando la mercancía no puede ser valorada con un simple examen (*AP Barcelona 3-3-00*).*

CC art.1445 a 1525; CCom art.325 a 345

No es posible exigir los mismos requisitos formales que se adoptan en una compraventa civil, y basta la simple entrega de la mercadería a la persona que físicamente se encuentre al frente del negocio, esto es, el ***facto notorio****, para que surja la obligación de pagar el precio (*AP Málaga 5-2-99, *EDJ 4414).*

Se entiende que "se está en presencia de ***entrega de cosa diversa*** *o aliud pro alio cuando existe pleno incumplimiento por inhabilidad del objeto y consiguientemente insatisfacción del comprador, lo cual permite acudir a la protección dispensada por los arts. 1101 y 1124 y, por consiguiente, sin que sea aplicable el plazo semestral que señala el art. 1490 para el ejercicio de las acciones edilicias (TS 30-11-72, 25-4-73, 21-4-76, 20-12-77 y 23-3- 83), porque los arts. 1484 y 1490, como reguladores de las acciones redhibitoria y quanti minoris, integradas en el 1486, resultan inaplicables en aquellos supuestos en que la demanda no se dirija a obtener las reparaciones provenientes de vicios ocultos, sino las derivadas del defectuoso cumplimiento al haber sido hecha la entrega de cosa distinta (TS 23-6-65 y 28-11-70) o con vicios que hagan impropio el objeto de la compraventa al fin a que se destina" (AP Cádiz 31-1-17, EDJ 24059).*

Aun cuando nos encontremos ante una compraventa mercantil, no puede prescindirse de la aplicación del CC art.1505. No cabe duda de que el sistema de contratación en el ámbito mercantil se halla sometido a unas particulares condiciones, debido a que las relaciones jurídicas se articulan con ***ausencia de formalismos*** *y gran flexibilidad, para así mejor responder a la celeridad propia del referido sector comercial y siempre en base a la buena fe que ha de presidir la contratación, conforme exige el CCom art.57. Lo expuesto lleva a que la jurisprudencia venga atendiendo a criterios de flexibilidad, disponibilidad y facilidad probatoria, en la interpretación de las reglas sobre la distribución de la carga de la prueba, de tal modo que lo que prima es ponderar la actividad de cada parte en la demostración de los hechos que aduce, sin que sea admisible una posición meramente pasiva, limitada a negarlo todo, cuando está en la propia mano la aportación de elementos de prueba. En el marco del contrato de compraventa, rige una mayor flexibilidad y ausencia de formalismos en lo que se refiere a la prueba del incumplimiento, sin que sea admisible una postura meramente pasiva, limitada a negarlo todo (AP Málaga 22-12-21, EDJ 865966).*

La ***prueba*** *de las compraventas mercantiles sería generalmente la documental, la testifical y las presunciones, debiendo también de tenerse en cuenta la disponibilidad probatoria (AP A Coruña 21-12-23, EDJ 838642).*

La ***obligación de entregar lo vendido****, conforme a los términos y condiciones de los respectivos contratos, es consecuencia de su perfección (CC art.1258 y 1254), y el contrato de compraventa se produce, según el CC art.1445, cuando uno de los contratantes se obligue a entregar una cosa determinada y el otro a pagar por ella un precio cierto (TS 8-3-02; AP Asturias 5-2-24, EDJ 527033).*

Los bienes que constituyen el objeto de la presente compraventa y que se relacionan en el Anexo 1 que se incorpora al presente documento, deberán ser objeto de entrega por el **Vendedor** al **Comprador** en *"lugar de entrega de los bienes objeto de la compraventa"*, por un plazo máximo que expira por todo el día *"fecha máxima de entrega de los bienes objeto de la compraventa"*.

Nota:

El vendedor está obligado a entregar los bienes vendidos en el estado en el que se encontraban cuando se perfeccionó el contrato. Para la determinación del ***lugar de entrega****, en defecto de pacto, se estará a lo que determina el art.*1171 *del* Código Civil*, es decir, en el lugar en el que existía la cosa cuando se perfeccionó el contrato, siempre y cuando la cosa fuera determina, o en el domicilio del vendedor en los demás casos. No obstante, los tribunales utilizan otros criterios adicionales, como si se ha pactado que el transporte de la mercancía es "a porte debido" o a "porte pagado" (*TS 17-5-99, *EDJ 8840). En relación con la entrega de una cosa genérica, ver* AP Barcelona 12-6-01.

105

Compraventa

*En el contrato de compraventa mercantil la obligación de entregar la cosa vendida por el vendedor queda cumplida con la puesta a disposición del comprador (*TS 29-10-96, *EDJ 7762; AP Ourense 22-11-16, EDJ 229437).*

MCM 902 s. *Al ser contrato mercantil, puestas las mercaderías a disposición del comprador, y dándose este por satisfecho, o depositándose aquellas judicialmente en el caso previsto en el CCom art.322, empezará para el comprador la* ***obligación de pagar*** *el precio al contado o en los plazos acordados con el vendedor (AP Salamanca 21-12-21, EDJ 871136).*

La falta de entrega de las mercancías en el plazo señalado en el párrafo anterior y que no se deba a caso fortuito, fuerza mayor o culpa del **Comprador** dará derecho a éste a optar entre resolver el contrato o

CC art.1445 a 1525; CCom art.325 a 345 exigir al **Vendedor** la entrega efectiva de los bienes y una indemnización igual a *"valor en letra de la indemnización por la falta de entrega de las mercancías en plazo"* euros (*"valor en número de la indemnización por la falta de entrega de las mercancías en plazo"* €), por cada día de retraso.

"Número "Garantías del pago del precio

>>

o Si se establece condición resolutoria:

Nota:

En relación con los efectos de la ***condición resolutoria****, ver por todas la* TS 5-2-02, *EDJ 1584.*

Condición resolutoria: La falta de pago de cualquiera de las letras anteriormente indicadas una vez se produzca el vencimiento de cada una de ellas dará lugar a la resolución de pleno derecho de la presente compraventa. La parte vendedora, a tal efecto, deberá notificar fehacientemente a la parte compradora su voluntad de resolver el contrato en su domicilio.

La presente condición resolutoria quedará extinguida en el caso de que no se ejercite la facultad que en la misma se reconoce en el plazo de *"número de meses para la suspensión de la condición resolutoria"* meses desde la fecha prevista para el pago.

o Si se establece condición suspensiva:

Nota:

Sobre el alcance y efectos de la ***condición suspensiva*** *y sus diferencias con la condición resolutoria, ver* TS 9-3-01, *EDJ 2045. En virtud de este tipo de condición el negocio sólo se reputa de momento perfeccionado, desplegando sus efectos ipso iure, cuando se verifica el completo pago del precio, lo que ocasiona la transferencia definitiva de lo vendido. Actúa por tanto como garantía del cobro del precio aplazado que pueden establecer los contratantes.*

Condición suspensiva: Ambas partes convienen en que la presente compraventa se realiza bajo la condición suspensiva del efectivo pago del precio aplazado; por lo que la misma será efectiva únicamente si se abona la integridad del precio conforme a lo expresado en el presente documento. En el caso de impago de alguna de las letras de cambio a su vencimiento el contrato quedará sin efecto, debiendo restituirse ambas partes sus prestaciones, si bien el **vendedor** tendrá derecho a retener en concepto de indemnización un *"porcentaje de las cantidades satisfechas"* de las cantidades que hubiesen sido efectivamente satisfechas hasta la fecha por el **comprador**.

o Si se establece reserva de dominio:

Nota:

En relación con el alcance y efectos de la reserva de dominio en las compraventas, ver TS 28-4-00, *EDJ 7023, en la que se citan muchas otras sentencias (*TS 16-7-93, *EDJ 7219;* 10-2-98, *EDJ 594).*

Reserva de dominio: El **vendedor** se reserva el dominio de los bienes que constituyen el objeto de la presente compraventa hasta el completo pago del precio aplazado. En el caso de impago de cualquiera de las letras de cambio antes referidas quedará sin efecto la obligación del **vendedor** de transmitir el dominio de los bienes, pudiendo el **vendedor** optar por el cumplimiento del contrato o por la resolución del mismo. Una vez verificado el íntegro pago de las letras de cambio reseñadas en el presente documento, se entenderá transmitido el dominio de los bienes objeto de la presente compraventa.

"Número" Conformidad con el objeto del contrato

✍ **Nota:**

MCM 902 s.

*La conformidad con el objeto vendido y entregado, debe relacionarse con el tema de los **vicios o defectos ocultos**. Así, en el supuesto de defectos ocultos, que son los que realmente permiten hablar de saneamiento por vicios (*CC art.1484*), el CCom art.*342 *exige que el comprador formule reclamación dentro de los treinta días siguientes a la entrega, pues, si no lo hace, perderá toda acción y derecho a repetir por esta causa contra el vendedor.*

CC art.1445 a 1525; CCom art.325 a 345

*Y en el caso de que el vicio no sea oculto, o de que las mercancías entregadas carezcan de la calidad pactada, el CCom art.*336 *impone también al comprador la carga de una inmediata reacción, ya que establece que no tendrá acción de repetir contra el vendedor alegando vicio o defecto de cantidad o calidad en las mercancías si se considera que, al tiempo de recibirlas, las examinó a su contento; o, si es que las recibió enfardadas o embaladas, no ejercita la acción dentro de los cuatro días siguientes al de su recibo. Ver* AP Barcelona 28-4-00, *EDJ 54332.*

*Una vez caducada la acción para reclamar por vicios ocultos, solo cabría la **acción resolutoria o la redhibitoria**. La acción quanti minoris no tiene una finalidad indemnizatoria, sino de restablecimiento de la equidad contractual, siendo incompatible con una indemnización complementaria (*TS 21-6-07, *EDJ 80183; AP Madrid 27-10-16, EDJ 225206).*

*La **doctrina "aliud pro alio"**, es aplicable a los contratos mercantiles de suministro, en los casos en los que el defecto del producto suministrado consiste en un defecto de calidad de suficiente gravedad para poder ser considerado como determinante de un incumplimiento del contrato, pues en este supuesto no estamos en presencia de un vicio oculto en la cosa entregada, sino de un incumplimiento de las obligaciones pactadas en el contrato (AP Barcelona 15-12-01, EDJ 869229).*

*La **acción de saneamiento por vicios ocultos** no presupone necesariamente un incumplimiento sustancial de la obligación de entrega, pues esta tiene por objeto la cosa vendida en el estado en que se hallare al tiempo de la perfección del contrato (CC art.1468) y, en consecuencia, la acción por incumplimiento cuando existe un aliud por alio no está sujeta al plazo de caducidad de las acciones edilicias TS 10-5-95, EDJ 3238; 30-11-72; 29-1-83; 23-3-83; 20-2-84; 12-2-88; 2-9-98, EDJ 21956; 12-4-93, EDJ 3503; 14-10-00; 28-11-03, EDJ 158317; 15-12-05; AP Lleida 7-12-23, EDJ 812464).*

*Se está en presencia de **entrega de cosa diversa** o aliud pro alio cuando existe pleno incumplimiento por inhabilidad del objeto y consiguiente insatisfacción del comprador, al ser el objeto impropio para el fin a que se destina, lo que le permite acudir a la protección dispensada en el CC art.1101 y 1124 (TS 30-11-72; 25-4-73; 21-4-76; 20-12-77; 23-3-82, EDJ 1706), pues, como puntualiza el TS 20-284, la ineptitud del objeto para el uso a que debía ser destinado significa incumplimiento del contrato y no vicio redhibitorio, lo que origina sometimiento a diversos plazos de prescripción (AP Toledo 22-11-23, EDJ 818865).*

El **Comprador** manifiesta que conoce y acepta el estado físico y situación en la que se encuentran los bienes vendidos, corriendo con el riesgo y ventura de la presente compraventa, liberando al **Vendedor** de las obligaciones dispuestas en el art.345 del Código de Comercio.

"Número" Saneamiento por evicción y vicios ocultos

El **Vendedor** se obliga a responder por evicción y vicios ocultos, conforme a lo previsto en el Código de Comercio y subsidiariamente en el Código civil.

✍ **Nota:**

*En relación con el **alcance de la regulación** de los vicios y defectos ocultos, ver* TS 19-2-00, *EDJ 1613;* AP Barcelona 28-4-00, *EDJ 54332 y AP Ourense 22-11-16, EDJ 229437.*

"Número" Gastos e impuestos

Todos los gastos e impuestos que se deriven del presente contrato de compraventa y que no sean expresamente asignados a una de las partes conforme al resto de clausulado serán satisfechos *"...conforme a Ley ... O ... por el comprador ..."*.

"Número" Notificaciones

✍ **Nota:**

*Si no se incluyera esta cláusula las notificaciones se realizarían en el **domicilio** que indica el compareciente en el encabezamiento de la póliza.*

Las partes convienen los siguientes domicilios para la práctica de las notificaciones necesarias para la ejecución del presente contrato:

MCM 902 s.

El **vendedor**: *"domicilio a efectos de notificación parte primera"*.
El **comprador**: *"domicilio a efectos de notificación parte segunda"*.

"Número" Fuero

Nota:

CC art.1445 a 1525; CCom art.325 a 345

En caso de que no exista sumisión expresa, al no concurrir pacto alguno entre las partes que pudiera orientar acerca del problema sobre la cuestión de competencia, procede acudir a la doctrina mantenida por la Sala, con arreglo a la cual, y por aplicación de lo dispuesto en el CC *art.*1171, *en relación con el* 1500 *de dicho testo Legal y el* CCom *art.*50, *el **lugar de cumplimiento** de las obligaciones es aquel en el que se haya hecho entrega de la mercancía (*TS 22-2-80*;* 19-1-81, *EDJ 1295;* 2-11-84*;* 15-4-85, *EDJ 7288;* 19-10-96, *EDJ 7077;* 5-9-97, *EDJ 6745;* 17-5-99, *EDJ 8840).*

Para la solución de cualquier cuestión litigiosa que pueda derivarse del presente contrato de compraventa las partes, con renuncia al fuero aplicable, se someten a la jurisdicción de los jueces y tribunales de *"especificar ciudad de los Tribunales"*.

"Número" Intervención de Notario
Este contrato se ha formalizado, según se expresa anteriormente, con intervención del notario a todos los efectos, incluso a los previstos en el art.93 del Código de Comercio, en los artículos 517 y 572 de la Ley de Enjuiciamiento Civil y demás legislación concordante.

el vendedor y **el comprador** dan su conformidad a los términos y condiciones previstos en el presente contrato y en prueba de ello lo firman por cuadruplicado ejemplar y a un solo efecto, reconociendo cada una de ellas haber recibido copia del mismo, y yo, el notario interviniente, doy fe de la identidad y capacidad de las partes y de la legitimación de sus firmantes, así como de todo lo convenido en la presente póliza que firmo, rubrico y sello en el lugar y fecha indicados en el encabezamiento.

EL COMPRADOR **EL VENDEDOR**

Con mi intervención

ANEXO 1

Relación de los bienes objeto del presente contrato
"Descripción del/los bien/es"

Promesa de compraventa

MCM 905 s.

Nota preliminar:

- Según la **jurisprudencia**, se trata de un contrato de compromiso de compraventa, con todas las connotaciones propias de la promesa bilateral de venta y de compra, a que el artículo 1451 del Código Civil hace referencia, y mediante el cual ambas partes, puestas de acuerdo en la cosa y en el precio y no queriendo aun concertar la compraventa, adquieren el compromiso recíproco de que cualquiera de ellas podrá exigir de la contraria, dentro del plazo pactado, el cumplimiento del contrato (TS 11-6-99; 16-5-00; 31-12-01, EDJ 51985; 7-10-16, EDJ 178525).

- Se ha de concluir que el art.1504 CC, que establece ciertos requisitos para la **resolución de los contratos de compraventa de inmuebles**, solo es aplicable a estos, pero no a otros contratos, aunque presenten ciertas analogías con aquellos, como es el de opción de compra, que jurisprudencialmente se asimila a promesa unilateral de vender, así como que tanto la promesa unilateral como la bilateral se comprenden en el art.1451 CC (TS 20-11-18, EDJ 649871).

- Es el tipo de precontrato bilateral, en el que ambas partes tienen el derecho y el deber de poner en vigor el contrato, incluso mediando una cláusula penal y un plazo en el que debe perfeccionarse el contrato definitivo, lo que implica la vigencia del mismo. Esta promesa de vender y comprar es **difícilmente distinguible del contrato típico de compraventa**, distinción que habrá de deducirse de la voluntad de los contratantes. La jurisprudencia ha destacado la interpretación restringida de este precepto y la necesidad de atender a la voluntad de las partes y los efectos vienen a ser los mismos que la compraventa, si consta que ésta fue la verdadera intención de las partes, si bien son figuras distintas: el precontrato bilateral implica que ambas partes tienen el deber y el derecho de poner en vigor el contrato comprometido dentro del plazo pactado (AP Barcelona 7-6-18, EDJ 533352).

- En relación con el contrato de promesa de venta al que se refiere el CC art.1451, la jurisprudencia señala, de forma consolidada, que sería un precontrato por el que dos o más sujetos se comprometen a **hacer efectiva en el futuro la conclusión de un determinado contrato** que en ese momento no quieren o no pueden celebrar como definitivo. Las partes quedarían así obligadas a concluir el contrato definitivo gozando de la posibilidad de ejercer, en caso de incumplimiento por la contraparte, una acción para exigir que el contrato se concluyese de forma definitiva. Por ello, tal y como resulta del examen de la jurisprudencia, el abono de una cantidad a cuenta del precio no es elemento definidor para concluir que lo que se ha llevado a cabo es un contrato de compraventa y no un contrato de promesa de venta, por cuanto lo relevante es la voluntad de las partes de perfeccionar la compraventa o de postergar a un momento posterior su obligación de perfeccionar el contrato de compraventa (AP Barcelona 6-7-17, EDJ 178863).

- El precontrato exige que el **objeto** esté perfectamente **determinado** -es el caso presente- y así, en el precontrato de compraventa conste la cosa vendida y el precio: si no estuvieran determinados e hiciera falta un nuevo acuerdo, se trataría de simples tratos previos, sin eficacia obligacional (AP Barcelona 25-1-24, EDJ 521503).

- A la vista del tipo de contrato, las **referencias** continuas que hacen al **contrato privado** de compraventa y a la **escritura pública**, los términos y cláusulas contractuales, la conclusión a la que llegamos es que el contrato suscrito es una promesa de venta o un precontrato de compraventa, al que se ha incorporado el pacto de arras penitenciales y no penales (AP La Rioja 7-11-23, EDJ 815971).

- El modelo presupone unas **circunstancias** determinadas que serán las **más frecuentes**. Si en el caso concreto existen circunstancias particulares no previstas, deberá completarse o modificarse el modelo adaptándolo a las mismas.

MCM 905 s.

En *"localidad de subscripción del contrato"*, a *"fecha de subscripción del contrato"*.

REUNIDOS:

De una parte,

"Don/Doña nombre y apellidos de la parte", mayor de edad, *"estado civil de la parte" "... "especificar el régimen económico matrimonial de la parte" ... "*, de nacionalidad *"nacionalidad de la parte"*, con domicilio a estos efectos en *"domicilio de la parte"*, *"...con DNI/NIF número "DNI/NIF de la parte"... O ... con tarjeta de residencia número "número de tarjeta de residencia de la parte" ... O ... pasaporte número "número de pasaporte de la parte", expedido el "fecha de expedición del pasaporte de la parte" ... O ... "reseñar otros documentos aportados por la parte" ... "*, vigente hasta el *"fecha de vigencia de la documentación aportada por la parte"*.

Y de otra parte,

"Don/Doña nombre y apellidos de la parte", mayor de edad, *"estado civil de la parte" "... "especificar el régimen económico matrimonial de la parte" ... "*, de nacionalidad *"nacionalidad de la parte"*, con domicilio a estos efectos en *"domicilio de la parte"*, *"...con DNI/NIF número "DNI/NIF de la parte"... O ... con tarjeta de residencia número "número de tarjeta de residencia de la parte" ... O ... pasaporte número "número de pasaporte de la parte", expedido el "fecha de expedición del pasaporte de la parte" ... O ... "reseñar otros documentos aportados por la parte" ... "*, vigente hasta el *"fecha de vigencia de la documentación aportada por la parte"*.

INTERVIENEN:

A. *"Don/Doña nombre y apellidos de la parte"*

➢➢

❍ **Si interviene en su propio nombre:**

en su propio nombre y derecho.

❍ **Si interviene como representante:**

en nombre y representación

❍ Si representa a persona física:

de *"Don/Doña nombre y apellidos del representado"*, mayor de edad, *"estado civil del representado"*, con domicilio en *"domicilio del representado"* y provisto de D.N.I./N.I.F. número *"DNI/NIF del representado"*, según consta en escritura de poder, otorgada ante el notario de *"lugar donde radica la notaría en la que se autorizó la escritura de poder de representación (persona física)"*, *"Don/Doña nombre y apellidos del notario que autorizó la escritura de poder de representación (persona física)"*, el *"fecha de escritura de poder de representación (persona física)"*, con el número *"número de protocolo del notario que autorizó la escritura de poder de representación (persona física)"* de su orden de protocolo.

❍ Si representa a persona jurídica:

de la sociedad mercantil denominada *"denominación social"*, domiciliada en *"domicilio social"*, y con NIF número *"NIF de la sociedad"*, constituida, por tiempo indefinido, mediante escritura otorgada ante el notario de *"lugar donde radica la notaría en la que se autorizó la escritura de poder de representación (persona jurídica)"*, *"Don/Doña nombre y apellidos del notario que autorizó la escritura de poder de representación (persona jurídica)"*, el *"fecha de escritura de poder de representación (persona jurídica)"*, e inscrita en el Registro Mercantil de *"datos de la inscripción registral (localidad del Registro Mercantil, tomo, folio, sección, hoja e inscripción)"*, en su calidad de

MCM 905 s.

➢

❍ Si representa como cargo social:

"...administrador único ... O ... administrador solidario ... O ... consejero delegado ... O ... "especificar la representación del cargo social" ... " de la reseñada sociedad, cargo para el que fue nombrado y asegura vigente en escritura otorgada el *"fecha de escritura del nombramiento del cargo"*, ante el notario de *"lugar donde radica la notaría en la que se autorizó la escritura del nombramiento"*, *"Don/Doña nombre y apellidos del notario que autorizó la escritura del nombramiento"*, con el número *"número de protocolo del notario que autorizó la escritura del nombramiento"* de su protocolo, e inscrita en el Registro Mercantil de *"localidad del Registro Mercantil de la escritura de nombramiento"*, en el tomo y hoja arriba indicados.

❍ Si representa como apoderado:

apoderado de la reseñada sociedad, según escritura de poder otorgada a su favor, en *"fecha de escritura del otorgamiento del poder"*, ante el notario de *"lugar donde radica la notaría en la que se autorizó la escritura de poder"*, *"Don/Doña nombre y apellidos del notario que autorizó la escritura de poder"*, con el número *"número de protocolo del notario que autorizó la escritura de poder"* de su protocolo *"...e inscrita en el Registro Mercantil de "localidad del Registro Mercantil de la escritura de poder"..."*, en el tomo y hoja arriba indicados.

≺

≺

≺≺

En adelante, el **promitente - vendedor**.

B. *"Don/Doña nombre y apellidos de la parte"*

➢➢

❍ **Si interviene en su propio nombre:**

en su propio nombre y derecho.

❍ **Si interviene como representante:**

en nombre y representación

➢

❍ Si representa a persona física:

de *"Don/Doña nombre y apellidos del representado"*, mayor de edad, *"estado civil del representado"*, con domicilio en *"domicilio del representado"* y provisto de D.N.I./N.I.F. número *"DNI/NIF del representado"*, según consta en escritura de poder, otorgada ante el notario de *"lugar donde radica la notaría en la que se autorizó la escritura de poder de representación (persona física)"*, *"Don/Doña nombre y apellidos del notario que autorizó la escritura de poder de representación (persona física)"*, el *"fecha de escritura de poder de representación (persona física)"*, con el número *"número de protocolo del notario que autorizó la escritura de poder de representación (persona física)"* de su orden de protocolo.

❍ Si representa a persona jurídica:

de la sociedad mercantil denominada *"denominación social"*, domiciliada en *"domicilio social"*, y con NIF número *"NIF de la sociedad"*, constituida, por tiempo indefinido, mediante escritura otorgada ante el notario de *"lugar donde radica la notaría en la que se autorizó la escritura de poder de representación (persona jurídica)"*, *"Don/Doña nombre y apellidos del notario que autorizó la escritura de poder de representación (persona jurídica)"*, el *"fecha de escritura de poder de representación (persona jurídica)"*, e inscrita en el Registro Mercantil de *"datos de la inscripción registral (localidad del Registro Mercantil, tomo, folio, sección, hoja e inscripción)"*, en su calidad de

MCM 905 s.

➢

❍ Si representa como cargo social:

"...administrador único ... O ... administrador solidario ... O ... consejero delegado ... O ... "especificar la representación del cargo social" ... " de la reseñada sociedad, cargo para el que fue nombrado y asegura vigente en escritura otorgada el *"fecha de escritura del nombramiento del cargo"*, ante el notario de *"lugar donde radica la notaría en la que se autorizó la escritura del nombramiento"*, *"Don/Doña nombre y apellidos del notario que autorizó la escritura del nombramiento"*, con el número *"número de protocolo del notario que autorizó la escritura del nombramiento"* de su protocolo, e inscrita en el Registro Mercantil de *"localidad del Registro Mercantil de la escritura de nombramiento"*, en el tomo y hoja arriba indicados.

❍ Si representa como apoderado:

apoderado de la reseñada sociedad, según escritura de poder otorgada a su favor, en *"fecha de escritura del otorgamiento del poder"*, ante el notario de *"lugar donde radica la notaría en la que se autorizó la escritura de poder"*, *"Don/Doña nombre y apellidos del notario que autorizó la escritura de poder"*, con el número *"número de protocolo del notario que autorizó la escritura de poder"* de su protocolo *"...e inscrita en el Registro Mercantil de "localidad del Registro Mercantil de la escritura de poder" ... "*, en el tomo y hoja arriba indicados.

≺

≺

≺≺

En adelante, el **promitente - comprador**.

Las partes se reconocen la capacidad legal necesaria para contratar y obligarse y, a tal efecto

 **Nota:**

*La **capacidad** de los contratantes se regula en el CCom art.322 y 323, así como en el CC art.1457. Tratándose de sociedades mercantiles debe tenerse especial cuidado en examinar la legitimación de la persona que interviene. Así habrán de analizarse los estatutos de la sociedad para examinar las facultades del administrador. En el caso de apoderados habrá de examinarse el contenido del poder, partiendo siempre de la interpretación restrictiva de los mismos. Deben examinarse también las prohibiciones de disponer, ya sean voluntarias o legales (*CCom *art.*96, 267 *y* 288*;* CC *art.*1459*). En el caso de que se celebre un contrato por una persona incapaz la consecuencia será la anulabilidad del contrato, mientras que si se infringe una prohibición de disponer la sanción es la nulidad absoluta del contrato (*TS 7-7-87*, EDJ 5449).*

*De la propia regulación legal, contenida en el CC art.249 s. así como del reseñado art.12 de la Convención, se extraen los elementos caracterizadores del nuevo régimen legal de provisión de apoyos: i) es aplicable a personas mayores de edad o menores emancipadas que precisen una medida de apoyo para el adecuado ejercicio de su **capacidad jurídica** ; ii) la finalidad de estas medidas de apoyo es «permitir el desarrollo pleno de su personalidad y su desenvolvimiento jurídico en condiciones de igualdad» y han de estar «inspiradas en el respeto a la dignidad de la persona y en la tutela de sus derechos fundamentales»; iii) las medidas judiciales de apoyo tienen un carácter subsidiario respecto de las medidas voluntarias de apoyo, por lo que sólo se acordaran en defecto o insuficiencia de estas últimas; iv) no se precisa ningún previo pronunciamiento sobre la **capacidad** de la persona; y v) la provisión judicial de apoyos debe ajustarse a los principios de necesidad y proporcionalidad, ha de respetar la máxima autonomía de la persona con discapacidad en el ejercicio de su **capacidad jurídica** y debe atenderse en todo caso a su voluntad, deseos y preferencias (AP Pontevedra 18-3-22, EDJ 526544).*

*Aun cuando se admite la **representación tácita** por hechos concluyentes, en principio la facultad de representación no se presume, así como tampoco en sus relaciones con terceros el agente actúa siempre como representante, sino que ha de expresarlo así, según establece el* CCom *art.*247 *(*AP Asturias 27-11-02, *EDJ 89108).*

MCM 905 s.

EXPONEN:

I. Que el **Promitente - vendedor** es propietario, por el título que luego se dirá, de los siguientes bienes: *"especificar los bienes (Si se incluyen bienes inmuebles hacer referencia a los datos de inscripción) ".*

Nota:

*Pueden ser **objeto** de contrato de compromiso de compraventa todos aquellos que son susceptibles de ser vendidos. Sobre la posibilidad de que existan compromisos de compraventa de acción, ver* TS 18-9-01, *EDJ 28958;* 16-11-00, *EDJ 38856.*

II. Que los referidos bienes se encuentran libres de cargas y arrendamientos y al corriente de pago de cualquier tipo de tasa, impuesto, contribución o arbitrio.

Nota:

*Sobre la conveniencia de especificar los caracteres y las cualidades de los **bienes vendidos**, habida cuenta de los problemas que ello puede suscitar a la hora de perfeccionar el definitivo contrato de compraventa, ver* TS 14-6-99, *EDJ 13379.*

III. Que el **Promitente - comprador** está interesado en la de los bienes descritos.

IV. Que ambas partes han llegado a un acuerdo para la futura venta de los mencionados bienes en las condiciones que se establecen en las siguientes

ESTIPULACIONES:

"NÚMERO" **Promesa de compraventa**

El **Promitente - vendedor** promete vender al **Promitente - comprador**, que promete comprar, los bienes que se relacionan en el expositivo I anterior, en la condiciones que a continuación se establecen.

Nota:

*Existen dos grandes **posibilidades** a la hora de concertar un contrato de compromiso de compraventa:*
*a) Dejar determinados todos los elementos integrantes de la futura compraventa. En estos casos, de los que es un ejemplo el modelo propuesto, los tribunales entienden que el compromiso tiene el mismo efecto vinculante que la propia compraventa (*TS 11-6-98, *EDJ 7870).*
*b) En otros casos, en cambio, el compromiso consiste en tratar de alcanzar un acuerdo sobre los elementos esenciales del contrato, siendo meramente un contrato preparatorio (*TS 29-7-96, *EDJ 6225). Esta distinción afecta también a aspectos tales como la posibilidad de sustituir el consentimiento de las partes en la compraventa definitiva por la decisión de un juez, o el posible éxito ante tercerías de dominio. Sobre el último de los particulares, ver* AP Asturias 6-5-99, *EDJ 16088.*

"NÚMERO" **Naturaleza mercantil**

Nota:

*El contrato de compromiso de compraventa será **mercantil** si la compraventa prometida también tiene dicha carácter. Para que exista compraventa mercantil es necesario que concurran ánimo de reventa y ánimo de lucro. Sobre la distinción ver* TS 20-11-84, *EDJ 7494. En relación con el segundo de los elementos señala* AP Castellón 28-4-00, *EDJ 70717, que la naturaleza mercantil o civil de una compraventa no depende del efectivo lucro obtenido por la empresa revendedora, sino de la finalidad con la cual se realice la primera compraventa de las mercancías (la que tiene por finalidad una hipotética posterior reventa). Es el animus o la **causa** de la primera compraventa la que determina el carácter y régimen jurídico de la misma y no tanto, como se dijo antes, el real y efectivo lucro obtenido por el revendedor, de lo contrario, la determinación de la naturaleza jurídica de las compraventas quedaría supeditada a la realización de la reventa, la cual puede postergarse, en ocasiones en el tiempo (piénsese en los títulos, objetos y valores que son adquiridos con un fin especulativo o simplemente que no tienen carácter perecedero, por ciertos empresarios que tienen como objeto social precisamente el de la compra con fines especulativos o de inversión).*

MCM 905 s.

Así pues, no es la reventa acompañada de un lucro real la que determina la naturaleza mercantil de ciertos tipos de venta, sino la finalidad con que el adquirente o comprador interviene en el negocio. Finalidad que ha de ser distinta de la utilización personal, familiar o doméstica de la cosa comprada.
El ***objeto*** *de la compraventa mercantil es que el material se adquiera para el fin empresarial o negocial del comprador (AP A Coruña 13-2-17, EDJ 31969).*
Para ***distinguir*** *entre la* ***compraventa mercantil y la civil*** *hemos de acudir a lo dispuesto en el CCom art.325, que contiene un elemento intencional -para revender- y otro subjetivo -ánimo de lucro con la reventa- (AP León 18-12-23, EDJ 840071).*

Las partes manifiestan que la presente compraventa tiene carácter de mercantil y se regirá en primer término por las estipulaciones contenidas en este contrato y en lo que en ellas no estuviere previsto por las disposiciones del Código de Comercio, leyes especiales, los usos y costumbres mercantiles y, en su defecto, por lo establecido en el Código civil.

"NÚMERO" **Precio**

Nota:

El ***precio*** *es un elemento esencial de la compraventa, debe tratarse de dinero o signo que lo represente. Es preciso que se encuentre determinado o al menos que sea determinable sin necesidad de un nuevo acuerdo de las partes.*

"Apartado"

El precio por el que se efectuará la compraventa es de *"precio de la compraventa en letra"* euros (*"precio de la compraventa en número"* €).

"Apartado"

El precio convenido para la futura compraventa se hará efectivo por el **Promitente - comprador** a favor del **Promitente - vendedor** de conformidad con el siguiente calendario de pagos:

a) La suma de *"primera parte del precio de la compraventa en letra"* euros (*"primera parte del precio de la compraventa en número"* €), es satisfecha en este acto por el **Promitente - comprador** en concepto de arras penitenciales, de acuerdo con lo previsto en el art.1454 del Código Civil. En el momento de perfeccionarse la compraventa esta cantidad tendrá la consideración de pago a cuenta del total precio convenido, aunque hasta entonces conservará el mencionado carácter de arras penitenciales.

b) En el momento de perfeccionarse el contrato de compraventa será satisfecha por el **Promitente - comprador** la restante suma de *"segunda parte del precio de la compraventa en letra"* euros (*"segunda parte del precio de la compraventa en número"* €).

"NÚMERO" **Compraventa**

Nota:

Las dos posibilidades comentadas anteriormente, suscitan la cuestión de si en algún supuesto puede sustituirse la voluntad de uno de los contratantes en el contrato definitivo de compraventa por ***decisión judicial****. Sobre esta polémica se pronuncia* AP Granada 27-4-99, *EDJ 11945. Dicha resolución judicial señala que: el Alto Tribunal en Sentencia de* 26-9-84, *insiste en que son inasimilables la promesa bilateral de comprar y vender y la compraventa propiamente dicha, como se desprende del CC art.1451.2º, al puntualizar los efectos de la primera en caso de imposibilidad de cumplimentación entre el contrato definitivo y la mera promesa ha de buscarse la realidad en la voluntad de los contratantes, básico postulado del derecho de la contratación, como ya señaló la sentencia de* 11-11-43, *en cuya línea se sitúan las de* 5-9-61, 26-3-65, 7-2-66 *y* 21-6-66, 28-6-74, *EDJ 7743 y* 6-4-84*; intención real de los otorgantes que ha de indagarse atendiéndose, por lo pronto, al sentido literal del contrato celebrado cuando sus términos son claros, tal como prescribe el CC art.*1281, *y si bien la doctrina jurisprudencial admitió la posibilidad del cumplimiento forzoso, con sustitución de la voluntad del obligado por la del juez por entender que no se trata de actuación infungible, sin llegar a la eliminación del nuevo consentimiento en el negocio ulterior como rodeo ocioso (circuitis inutilis), siempre será indispensable una completa y total determinación de los elementos y circunstancias del negocio, pues en otro caso la negativa de uno de los contratantes a la posterior declaración de voluntad impide el paso al contrato definitivo, aunque quepa instar la indemnización de daños y perjuicios (*TS 5-10-61; 26-3-65; 7-2-66; 28-6-74, *EDJ 7743).*

"Apartado"
La promesa se concede por un plazo máximo que expira por todo el día de *"fecha máxima por la que se concede la promesa"*.

"Apartado"
Transcurrido dicho plazo sin que ninguna de las partes haya manifestado, con al menos *"días para manifestar la voluntad de formalizar la compraventa"* días naturales de antelación a la fecha prevista para la firma, su voluntad de formalizar la compraventa, ofreciendo el cumplimiento de las obligaciones que de ésta resultan para ella, quedarán ambas partes desvinculadas de la promesa.

"Apartado"
Si la compraventa llega a otorgarse en el plazo pactado se entenderá, que la cantidad abonada en este acto queda absorbida por el de la venta, de manera que lo pagado por la promesa se entenderá a cuenta del precio de venta. En caso contrario, si la venta no se realizara habrá de atenderse a las siguientes reglas:

a) Si quien desiste del contrato es el **Promitente - comprador**, éste se avendrá a perder la cantidad satisfecha en este acto en concepto de arras penitenciales.

b) Si quien desiste del contrato es el **Promitente - vendedor**, éste deberá devolver al **Promitente - comprador** la cantidad entregada en este acto más una cantidad igual en concepto de indemnización por el desistimiento.

✍ **Nota:**

*Similar al **desistimiento** es el hecho de que la compraventa no se pueda llevar a efecto dentro del término convenido por hecho imputable al vendedor. Sobre este particular, ver* AP Barcelona 18-2-00, *EDJ 24667.*

c) Si la operación no se lleva a efecto de mutuo acuerdo, o por cualquier causa de fuerza mayor o caso fortuito, el **Promitente - vendedor** habrá de restituir a el **Promitente - comprador** la cantidad recibida en este acto, quedando ambas partes desvinculadas de la promesa.

"NÚMERO" **Posesión de los bienes**
El **Promitente - vendedor** se compromete a entregar la posesión material de los bienes objeto de la futura compraventa, así como toda la documentación relativa a los mismos, en el plazo máximo de *"plazo para entregar la posesión de los bienes"*, a contar desde la fecha de la escritura pública de compraventa. La entrega se realizará en *"lugar de entrega de los bienes"*.

La falta de entrega de los bienes en el plazo señalado en el párrafo anterior y que no se deba a caso fortuito, fuerza mayor o culpa del **Promitente - comprador** dará derecho a éste a optar entre resolver el contrato o exigir al **Promitente - vendedor** la entrega efectiva de los bienes y una indemnización igual a *"valor en letra de la indemnización por la falta de entrega de los bienes en plazo"* euros (*"valor en número de la indemnización por la falta de entrega de los bienes en plazo"* €), por cada día de retraso.

"NÚMERO" **Modificaciones**
Si cualquiera de los pactos del contrato fuera declarado inválido, ya sea total o parcialmente, el resto del contrato mantendrá su vigencia y eficacia.

"NÚMERO" **Gastos e impuestos**
Todos cuantos gastos e impuestos que pudieran derivarse de la formalización del presente contrato privado, así como los que se ocasionen con el otorgamiento de la futura escritura pública de compraventa serán satisfechos *"...conforme a Ley... O ... por el Promitente - comprador..."*.

MCM 905 s.

"NÚMERO" **Notificaciones**

Nota:

*Si no se incluyera esta cláusula las notificaciones se realizarían en el **domicilio** que indica el compareciente en el encabezamiento de la póliza.*

Las partes convienen los siguientes domicilios para la práctica de las notificaciones necesarias para la ejecución del presente contrato:

El **promitente - vendedor**: *"domicilio a efectos de notificación parte primera"*.

El **promitente - comprador**: *"domicilio a efectos de notificación parte segunda"*.

"NÚMERO" **Fuero**

Nota:

En caso de que no exista sumisión expresa, al no concurrir pacto alguno entre las partes que pudiera orientar acerca del problema sobre la cuestión de competencia, procede acudir a la doctrina mantenida por la Sala, con arreglo a la cual, y por aplicación de lo dispuesto en el CC *art.*1171, *en relación con el* 1500 *de dicho testo Legal y el* CCom *art.*50, *el **lugar de cumplimiento** de las obligaciones es aquel en el que se haya hecho entrega de la mercancía (*TS 22-2-80; 19-1-81, *EDJ 1295;* 2-11-84; 15-4-85, *EDJ 7288;* 19-10-96, *EDJ 7077;* 5-9-97, *EDJ 6745;* 17-5-99, *EDJ 8840)*

Para la solución de cualquier cuestión litigiosa que pueda derivarse del presente contrato de compraventa las partes, con renuncia al fuero aplicable, se someten a la jurisdicción de los jueces y tribunales de *"especificar ciudad de los Tribunales"*.

Y como prueba de lo convenido las partes firman el presente contrato por duplicado en seis hojas de papel común escritas por el anverso.

EL PROMITENTE-VENDEDOR **EL PROMITENTE-COMPRADOR**

Opción de compra sin precio

Nota preliminar:

- Se trata de aquel contrato por el que una parte (concedente, promitente u optatario) concede a otra (optante) la facultad exclusiva de decidir sobre la celebración o no de **otro contrato**, que ha de realizarse en un plazo cierto y en unas determinadas condiciones mediante precio o gratuitamente.

- El contrato de opción de compra es un acuerdo en el que una de las partes (concedente) otorga a la otra parte (optante) la **posibilidad de adquirir** un bien determinado en un plazo y condiciones establecidas, a cambio de una prima. En este tipo de contrato, el optante tiene la **facultad**, pero no la obligación, de comprar el bien en cuestión dentro del plazo acordado, mientras que el concedente se compromete a mantener la oferta abierta durante ese período.

- El contrato de opción de compra, en principio, es un **contrato unilateral**, salvo que se pacte el pago de una prima en cuyo caso tiene **carácter bilateral** con obligaciones recíprocas. En esa medida, la jurisprudencia rechaza que puede resolverse por incumplimiento de conformidad con el CC art.1124, que no es aplicable a la opción de compra, precisamente, porque no es un contrato generador de obligaciones recíprocas, o sólo puede resolverse muy excepcionalmente (AP Madrid 2-2-18, EDJ 33728).

- En el contrato de opción de compra, como relación contractual compleja, el ejercicio de la opción constituye un **presupuesto, propio y diferenciado**, para la celebración del contrato de compraventa proyectado por las partes. Por lo que el ejercicio del derecho de opción dota de fundamento causal a la compraventa proyectada, de forma que cuando no se ha ejercitado, por renuncia del optante o por mutuo disenso, la relación negocial se extingue y con ella la posibilidad de celebrar la proyectada compraventa (TS 5-02-19, EDJ 506410).

- En el caso de la opción de compra, la jurisprudencia establece de modo reiterado que la misma ha de entenderse ejercitada con estricta **sujeción a los pactos** establecidos por las partes, de modo que, si se ha pactado el pago o consignación del precio para que se entienda realizada efectivamente la compraventa, así habrá de exigirse sin que en otro caso pueda entenderse que se ha materializado el derecho de opción (TS 15-1-19, EDJ 500907).

Muchas son las sentencias que han ido perfilando los **caracteres y requisitos de la opción de compra**. Como ejemplo puede tomarse, por los precedentes que a su vez cita, la sentencia TS 14-2-97, EDJ 720, a cuyo tenor "la opción de compra , muy frecuentemente tratada por la jurisprudencia de esta Sala, en doctrina uniforme, consiste en conceder al optante, aquí al recurrido, mediante cláusula inserta en el contrato de arrendamiento urbano, la facultad exclusiva de prestar su consentimiento en el plazo contractualmente señalado a la oferta de venta, que por el primordial efecto de la opción es vinculante para el promitente, quien no puede retirarla durante el plazo aludido, y una vez ejercitada la opción oportunamente se extingue y queda consumada y se perfecciona automáticamente el contrato de compraventa, sin que el optatario o concedente pueda hacer nada, en casos como el debatido, para frustrar su efectividad, pues basta para la perfección de la compraventa con el optante, como en el caso discutido se ha probado, que le haya comunicado la voluntad de ejercitar su derecho de opción (AP Sevilla 4-1-22, EDJ 516231).

- El contrato de opción de compra fue otorgado en una escritura pública ante notario, con cláusulas claras y destacadas, y con la manifestación específica del concedente, lo que indica que se cumplen los **requisitos habituales** de este tipo de contrato (AP Barcelona 2-2-24, EDJ 526039).

- El modelo presupone unas circunstancias determinadas que serán las más frecuentes. Si en el caso concreto existen circunstancias particulares no previstas, deberá completarse o modificarse el modelo adaptándolo a las mismas.

En *"lugar"*, a *"fecha"*.

Ante mí, *"Don/Doña nombre y apellidos del notario"* perteneciente al colegio notarial de *"colegio notarial"* y con residencia en *"lugar donde radica la notaría"*.

COMPARECEN:

MCM 925 s.

De una parte,

"Don/Doña nombre y apellidos de la parte", mayor de edad, *"estado civil de la parte" "..."especificar el régimen económico matrimonial de la parte" ..."*, de nacionalidad *"nacionalidad de la parte"*, con domicilio a estos efectos en *"domicilio de la parte"*, *"...con DNI/NIF número "DNI/NIF de la parte"... O... con tarjeta de residencia número "número de tarjeta de residencia de la parte"... O... pasaporte número "número de pasaporte de la parte", expedido el "fecha de expedición del pasaporte de la parte"... O... "reseñar otros documentos aportados por la parte" ..."*, vigente hasta el *"fecha de vigencia de la documentación aportada por la parte"*.

Y de otra parte,

"Don/Doña nombre y apellidos de la parte", mayor de edad, *"estado civil de la parte" "..."especificar el régimen económico matrimonial de la parte" ..."*, de nacionalidad *"nacionalidad de la parte"*, con domicilio a estos efectos en *"domicilio de la parte"*, *"...con DNI/NIF número "DNI/NIF de la parte"... O... con tarjeta de residencia número "número de tarjeta de residencia de la parte"... O... pasaporte número "número de pasaporte de la parte", expedido el "fecha de expedición del pasaporte de la parte"... O... "reseñar otros documentos aportados por la parte" ..."*, vigente hasta el *"fecha de vigencia de la documentación aportada por la parte"*.

INTERVIENEN:

Nota:

*La **capacidad** de los contratantes se regula en el* CCom *art.*322 *y* 323*, así como en el* CC *art.*1457*. Tratándose de sociedades mercantiles debe tenerse especial cuidado en examinar la legitimación de la persona que interviene, así habrán de analizarse los estatutos de la sociedad para examinar las facultades del administrador. En el caso de apoderados habrá de examinarse el contenido del poder, partiendo siempre de la interpretación restrictiva de los mismos. Deben examinarse también las prohibiciones de disponer, ya sean voluntarias o legales (*CCom *art.*96, 267 *y* 288*;* CC *art.*1459*). En el caso de que se celebre un contrato por una persona incapaz la consecuencia será la anulabilidad del contrato, mientras que si se infringe una prohibición de disponer la sanción es la nulidad absoluta del contrato (*TS 7-7-87*, EDJ 5449).*

A. *"Don/Doña nombre y apellidos de la parte"*

❍ **Si interviene en su propio nombre:**

en su propio nombre y derecho.

❍ **Si interviene como representante:**

en nombre y representación

❍ Si representa a persona física:

de *"Don/Doña nombre y apellidos del representado"*, mayor de edad, *"estado civil del representado"*, con domicilio en *"domicilio del representado"* y provisto de D.N.I./N.I.F. número *"DNI/NIF del representado"*, según consta en escritura de poder, otorgada ante el notario de *"lugar donde radica la notaría en la que se autorizó la escritura de poder de representación (persona física)"*, *"Don/Doña nombre y apellidos del notario que autorizó la escritura de poder de representación (persona física)"*, el *"fecha de escritura de poder de representación (persona física)"*, con el número *"número de protocolo del notario que autorizó la escritura de poder de representación (persona física)"* de su orden de protocolo.

❍ Si representa a persona jurídica:

de la sociedad mercantil denominada *"denominación social"*, domiciliada en *"domicilio social"*, y con NIF número *"NIF de la sociedad"*, constituida, por tiempo indefinido, mediante escritura otorgada ante el notario de *"lugar donde radica la notaría en la que se autorizó la escritura de poder de representación (persona jurídica)"*, *"Don/Doña nombre y apellidos del notario que autorizó la escritura de poder de representación (persona jurídica)"*, el *"fecha de escritura de poder de representación (persona jurídica)"*, e inscrita en el Registro Mercantil de *"datos de la inscripción registral (localidad del Registro Mercantil, tomo, folio, sección, hoja e inscripción)"*, en su calidad de

MCM 925 s.

➢

❍ Si representa como cargo social:

"...administrador único ... O ... administrador solidario ... O ... consejero delegado ... O ... "especificar la representación del cargo social" ..." de la reseñada sociedad, cargo para el que fue nombrado y asegura vigente en escritura otorgada el *"fecha de escritura del nombramiento del cargo"*, ante el notario de *"lugar donde radica la notaría en la que se autorizó la escritura del nombramiento"*, *"Don/Doña nombre y apellidos del notario que autorizó la escritura del nombramiento"*, con el número *"número de protocolo del notario que autorizó la escritura del nombramiento"* de su protocolo, e inscrita en el Registro Mercantil de *"localidad del Registro Mercantil de la escritura de nombramiento"*, en el tomo y hoja arriba indicados.

❍ Si representa como apoderado:

apoderado de la reseñada sociedad, según escritura de poder otorgada a su favor, en *"fecha de escritura del otorgamiento del poder"*, ante el notario de *"lugar donde radica la notaría en la que se autorizó la escritura de poder"*, *"Don/Doña nombre y apellidos del notario que autorizó la escritura de poder"*, con el número *"número de protocolo del notario que autorizó la escritura de poder"* de su protocolo *"...e inscrita en el Registro Mercantil de "localidad del Registro Mercantil de la escritura de poder" ..."*, en el tomo y hoja arriba indicados.

≺

≺

≺≺

En adelante, el **concedente**.

B. *"Don/Doña nombre y apellidos de la parte"*

➢➢

❍ **Si interviene en su propio nombre:**

en su propio nombre y derecho.

❍ **Si interviene como representante:**

en nombre y representación

➢

❍ Si representa a persona física:

de *"Don/Doña nombre y apellidos del representado"*, mayor de edad, *"estado civil del representado"*, con domicilio en *"domicilio del representado"* y provisto de D.N.I./N.I.F. número *"DNI/NIF del representado"*, según consta en escritura de poder, otorgada ante el notario de *"lugar donde radica la notaría en la que se autorizó la escritura de poder de representación (persona física)"*, *"Don/Doña nombre y apellidos del notario que autorizó la escritura de poder de representación (persona física)"*, el *"fecha de escritura de poder de representación (persona física)"*, con el número *"número de protocolo del notario que autorizó la escritura de poder de representación (persona física)"* de su orden de protocolo.

MCM 925 s.

❍ Si representa a persona jurídica:

de la sociedad mercantil denominada *"denominación social"*, domiciliada en *"domicilio social"*, y con NIF número *"NIF de la sociedad"*, constituida, por tiempo indefinido, mediante escritura otorgada ante el notario de *"lugar donde radica la notaría en la que se autorizó la escritura de poder de representación (persona jurídica)"*, *"Don/Doña nombre y apellidos del notario que autorizó la escritura de poder de representación (persona jurídica)"*, el *"fecha de escritura de poder de representación (persona jurídica)"*, e inscrita en el Registro Mercantil de *"datos de la inscripción registral (localidad del Registro Mercantil, tomo, folio, sección, hoja e inscripción)"*, en su calidad de

➤

❍ Si representa como cargo social:

"...administrador único ... O ... administrador solidario ... O ... consejero delegado ... O ... "especificar la representación del cargo social" ... " de la reseñada sociedad, cargo para el que fue nombrado y asegura vigente en escritura otorgada el *"fecha de escritura del nombramiento del cargo"*, ante el notario de *"lugar donde radica la notaría en la que se autorizó la escritura del nombramiento"*, *"Don/Doña nombre y apellidos del notario que autorizó la escritura del nombramiento"*, con el número *"número de protocolo del notario que autorizó la escritura del nombramiento"* de su protocolo, e inscrita en el Registro Mercantil de *"localidad del Registro Mercantil de la escritura de nombramiento"*, en el tomo y hoja arriba indicados.

❍ Si representa como apoderado:

apoderado de la reseñada sociedad, según escritura de poder otorgada a su favor, en *"fecha de escritura del otorgamiento del poder"*, ante el notario de *"lugar donde radica la notaría en la que se autorizó la escritura de poder"*, *"Don/Doña nombre y apellidos del notario que autorizó la escritura de poder"*, con el número *"número de protocolo del notario que autorizó la escritura de poder"* de su protocolo *"...e inscrita en el Registro Mercantil de "localidad del Registro Mercantil de la escritura de poder" ... "*, en el tomo y hoja arriba indicados.

⮜

⮜

⮜⮜

En adelante, el **optante**.

Les identifico por sus respectivos documentos de identidad, anteriormente reseñados y que me han exhibido y les juzgo con capacidad legal suficiente para el otorgamiento de la presente escritura de opción de compra, a cuyo efecto

 **Nota:**

*A juicio de la **jurisprudencia**, la opción de compra, consiste en conceder al optante la facultad exclusiva de prestar su consentimiento en el plazo contractualmente señalado a la oferta de venta, que por el primordial efecto de la opción es vinculante para el promitente, quien no puede retirarla durante el plazo aludido, y una vez ejercitada la opción oportunamente se extingue y queda consumada y se perfecciona automáticamente el contrato de compraventa, sin que el optatario o concedente pueda hacer nada para frustrar su efectividad, pues basta para la perfección de la compraventa con el optante, como en el caso discutido se ha probado, que le haya comunicado la voluntad de ejercitar su derecho de opción (*TS 13-11-92, *EDJ 11188;* 1-12-92, *EDJ 11899;* 22-12-92, *EDJ 12725;* 14-2-97, *EDJ 720; 4-4-17, EDJ 36528).*

*Es característico de la opción de compra que el concedente o promitente se obligue a no vender a nadie la cosa prometida durante el plazo estipulado, pues a lo que se compromete es a vender una cosa determinada al optante al recibir la declaración de voluntad suya, de manera que el concedente se obliga a tener la cosa disponible durante el plazo estipulado por si el optante ejerciera el derecho dentro de dicho plazo (*TS 9-12-14, *EDJ 228369).*

MCM 925 s.

EXPONEN:

I. Que el **Concedente** es titular del/los Siguiente/s bien/es: *"descripción del/los bien/es de la opción de compra sin precio; (si se incluyen bienes inmuebles con referencia a las circunstancias de su inscripción)".*

Título: Le pertenecen por *"...compra para su explotación mercantil ... O ... "especificar otro título" ..."* en virtud de escritura pública autorizada por el notario de *"lugar donde radica la notaría en la que se autorizó la escritura pública", "Don/Doña nombre y apellidos del notario que autorizó la escritura pública"*, el *"fecha de autorización de la escritura pública"* con el número *"número de protocolo del notario que autorizó la escritura pública"* de su orden de protocolo.

Cargas: Se hallan libres de cargas y gravámenes, según resulta de las manifestaciones del **Concedente**.

○ Si existen situaciones registrales con anterioridad:

Y en relación a los bienes inmuebles de la nota simple informativa que me ha sido remitida en el día de hoy por el Registro de la Propiedad de *"lugar del Registro de la Propiedad"*. Advierto a los comparecientes que sobre la prevalencia de la situación registral existente con anterioridad a la presentación en el Registro de copia autorizada de la presente escritura.

Arrendamientos: Declara el **Concedente** que los bienes objeto de la presente escritura se encuentran libres de arrendamiento.

○ Si los inmuebles no constituyen vivienda habitual:

Así como que los bienes inmuebles vendidos no constituyen vivienda habitual de su familia ni de pareja de hecho.

II. Que habiendo ambas partes convenido el otorgamiento de un contrato de opción de compra sobre los bienes reseñados en el expositivo I anterior, conforme a los pactos y cláusulas que se determinan en la presente escritura

OTORGAN:

"Número" Objeto del contrato

El **Concedente** otorga a favor del **Optante** un derecho de opción de compra sobre El/los Bien/es Descrito/s en el expositivo I anterior, con todos sus derechos y accesiones, en el tiempo y por las condiciones que a continuación de indican.

"Número" Precio

El derecho de opción que se concede en la presente escritura no se concierta por precio o prima alguno. El precio total de la compraventa en el caso de que se ejercite la opción será *"precio total de la compraventa en letra"* euros (*"precio total de la compraventa en número"* €).

Nota:

*El **precio** es un elemento esencial de la compraventa, debe tratarse de dinero o signo que lo represente. Es preciso que se encuentre determinado o al menos que sea determinable sin necesidad de un nuevo acuerdo de las partes.*

"Número" Duración de la opción

Nota:

*El **plazo cierto** es un requisito indispensable para la existencia del contrato de opción. Siendo así que el plazo que se establezca será de caducidad (*TS 14-2-97, *EDJ 720).*

MCM 925 s.

El derecho de opción que se otorga en la presente escritura se concede por el plazo de *"plazo por el que se otorga el derecho de opción"* a contar desde la fecha de la presente escritura.

Nota:

En algunas ocasiones los tribunales han considerado abusivas las cláusulas que establecen un periodo de ***duración*** *de la opción excesivamente corto (*AP Jaén 2-5-01, *EDJ 27705).*

Durante dicho plazo el concedente de la opción no podrá enajenar o gravar por ningún título el/los bien/es objeto del derecho de opción.

Nota:

Se trata de la ***principal obligación*** *del concedente y por ello debe ser recogida expresamente, a pesar de que no resulte indispensable. El concedente se obliga a no disponer de los bienes comprometidos y a mantener la oferta durante el plazo en el que dure la opción (*TS 4-4-87, *EDJ 2704;* 14-2-97, *EDJ 720;* 15-12-97*;* 20-3-00, *EDJ 3083;* 28-4-00, *EDJ 7655).*

"Número" Ejercicio de la opción

Nota:

*- Ejercitado el derecho correspondiente en tiempo y forma por el optante, a partir de la notificación a los optatarios se consumó (y agotó) el contrato de opción de compra y al tiempo se perfeccionó el contrato de compraventa, que nació a la vida jurídica por concurrencia de los requisitos esenciales para su generación con sujeción a la regulación jurídica prevista en el contrato de opción (*TS 21-5-01, *EDJ 6597).*

- Los tribunales inciden sobre la necesidad de que el optante ejercite la opción sobre la ***totalidad*** *de los bienes (*TS 26-1-88, *EDJ 10404), salvo pacto en contrario; además conviene añadir que el contrato futuro habrá de otorgarse con riguroso cumplimiento de los pactos y condiciones previstos en el contrato de compromiso de compraventa.*

Muchas son las sentencias que han ido perfilando los caracteres y requisitos de la ***opción de compra****. Como ejemplo puede tomarse, por los precedentes que a su vez cita, la sentencia TS 14-2-97, EDJ 720, a cuyo tenor "la opción de compra , muy frecuentemente tratada por la jurisprudencia de esta Sala, en doctrina uniforme, consiste en conceder al optante, aquí al recurrido, mediante cláusula inserta en el contrato de arrendamiento urbano, la facultad exclusiva de prestar su consentimiento en el plazo contractualmente señalado a la oferta de venta, que por el primordial efecto de la opción es vinculante para el promitente, quien no puede retirarla durante el plazo aludido, y una vez ejercitada la opción oportunamente se extingue y queda consumada y se perfecciona automáticamente el contrato de compraventa, sin que el optatario o concedente pueda hacer nada, en casos como el debatido, para frustrar su efectividad, pues basta para la perfección de la compraventa con el optante, como en el caso discutido se ha probado, que le haya comunicado la voluntad de ejercitar su derecho de opción (AP Sevilla 4-1-22, EDJ 516231).*

El adquirente del derecho de opción podrá, por sí sólo, otorgar escritura pública de compraventa de los bienes antes indicados con riguroso cumplimiento de los pactos y condiciones previstos en el presente contrato, previa acreditación del pago del precio o de su ofrecimiento y posterior consignación.

Nota:

Es importante hacer referencia en el contrato al ofrecimiento de ***pago*** *como requisito previo al ejercicio de la opción, ya que de no ser así no es un presupuesto indispensable, como así han señalado nuestros tribunales en diferentes sentencias (p.e.,* TS 6-7-01, *EDJ 15262).*

Para ello, el **Concedente** otorga en este acto a favor de la adquirente del derecho de opción un poder irrevocable.

Nota:

El ejercicio de la opción es determinante para la ***transmisión*** *de los bienes, y para el posible triunfo del optante en el ejercicio de tercerías de dominio frente a embargantes de fecha posterior.*

MCM 925 s.

En dicho caso el **Concedente** se obliga a entregar la posesión de los bienes en el plazo máximo de *"plazo máximo de entrega de la posesión"* días naturales a contar desde la notificación por cualquier medio que deje constancia de su recepción, del ejercicio de la opción en el domicilio que se fija en la estipulación *"número de estipulación"*.

Nota:

*- Este último inciso es importante para garantizar la entrega de los bienes, si bien debe tenerse en cuenta que nada obsta a que el optante tenga o reciba la posesión inmediata de la cosa con anterioridad al ejercicio de la opción (*TS 22-6-01, *EDJ 13855).*

*- El ejercicio de la opción sólo podrá ser objeto de **inscripción** cuando se haya producido la transmisión jurídico-real, de ahí que sea conveniente incidir en aspectos tales como la tradición instrumental a través del otorgamiento de escritura pública, al margen de que la entrega material pueda realizarse posteriormente. Sobre este particular ver* DGRN Resol 27-10-99.

*- La **inscripción procede cuando** se ha resuelto el contrato que unía a las partes, específicamente en el caso de un contrato de arrendamiento con opción de compra. En este caso, la inscripción se debe realizar para restituir las cantidades entregadas a cuenta de la futura adquisición de la vivienda, al quedar sin efecto el contrato de arrendamiento de opción de compra (AP Valencia 4-5-22, EDJ 663224).*

*- Siguiendo la doctrina del TS 28-4-00, los **requisitos necesarios** para la opción de compra son no sólo el objeto de la opción y el precio, sino también el plazo, requisito este último también exigido por el RH art.14 para que sea inscribible el contrato de opción de compra (AP Valencia 4-5-22, EDJ 663224).*

En el caso de retraso en la entrega, el **Optante** tendrá derecho a percibir del **Concedente** una cantidad igual a *"valor en letra, en caso de retraso en la entrega"* euros (*"valor en número, en caso de retraso en la entrega"* €) por cada día de retraso, como sanción que no excluye la posible reclamación por los daños y perjuicios que se causen.

Nota:

*En el caso de que no se introduzca la salvedad sobre los **daños y perjuicios**, la cantidad pactada como sanción comprenderá los mismos.*

"Número" No ejercicio

Nota:

*El no ejercicio de la opción dentro del plazo establecido no implica un **incumplimiento** contractual, sino una caducidad del derecho (*TS 8-6-98, *EDJ 7867;* 30-1-98, *EDJ 575; 25-1-17 EDJ 2941).*

En el caso de que el adquirente del derecho de opción decida no ejercitar el mismo, u opte por dejar caducar el plazo de la opción, podrá el **Concedente** de la opción disponer de los bienes objeto de la misma con total libertad.

"Número" Pérdida o destrucción del/los bien/es

Nota:

*Es importante determinar el régimen de los **riesgos** en el contrato suscrito, por la enorme problemática y dudas que dicha cuestión suscita entre nuestros autores. En relación con el problema, ver, entre otras,* AP Cádiz 10-1-01, *EDJ 4215;* AP Badajoz 9-11-01, *EDJ 65830.*

Si alguno o algunos de los bienes vendidos se perdieran o destruyeran por caso fortuito o fuerza mayor, durante el período en el que se concede el derecho de opción y antes de ejercitarse el mismo, ambas partes quedarán liberadas del compromiso.

"Número" Estado de cargas y saneamiento y evicción

El **Concedente** de la opción se obliga a transmitir los bienes indicados en el expositivo I anterior libres de cualquier tipo de carga o gravamen, así como libres de arrendamientos. También se obliga al saneamiento y evicción de los referidos bienes en el caso de que se perfeccione la compraventa.

Compraventa

Nota:

En relación con el alcance de la regulación de los vicios y defectos ocultos, ver TS 19-2-00, *EDJ 1613 y* AP Barcelona 28-4-00, *EDJ 54332.*

"Número" Gastos e impuestos

Todos cuantos gastos e impuestos que pudieran derivarse de la formalización del presente contrato privado, así como los que se ocasionen con el otorgamiento de la futura escritura pública de compraventa serán satisfechos *"...conforme a Ley ... O ... por el Optante ..."*.

"Número" Notificaciones

Nota:

Sobre la importancia de incorporar un domicilio a efectos de ***notificaciones****, así como de comunicar las posibles modificaciones posteriores, ver* TS 6-7-98*;* 14-2-97, *EDJ 720.*

Las partes convienen los siguientes domicilios para la práctica de las notificaciones necesarias para la ejecución del presente contrato:

El **concedente**: *"domicilio a efectos de notificación parte primera"*.

El **optante**: *"domicilio a efectos de notificación parte segunda"*.

"Número" Naturaleza mercantil del contrato

Nota:

Para que exista compraventa mercantil es necesario, primero, un elemento subjetivo que consiste en que las partes sean personas (físicas o jurídicas) ***comerciantes*** *y luego que concurran ánimo de* ***reventa*** *y ánimo de lucro. Sobre la distinción ver* TS 20-11-84, *EDJ 7494. En relación con el segundo de los elementos señala la* AP Castellón 28-4-00, *EDJ 70717, que la naturaleza mercantil o civil de una compraventa no depende del efectivo lucro obtenido por la empresa revendedora, sino de la finalidad con la cual se realice la primera compraventa de las mercancías (la que tiene por finalidad una hipotética posterior reventa). Es el animus o la* ***causa*** *de la primera compraventa la que determina el carácter y régimen jurídico de la misma y no tanto, como se dijo antes, el real y efectivo lucro obtenido por el revendedor, de lo contrario, la determinación de la naturaleza jurídica de las compraventas quedaría supeditada a la realización de la reventa, la cual puede postergarse, en ocasiones en el tiempo (piénsese en los títulos, objetos y valores que son adquiridos con un fin especulativo o simplemente que no tienen carácter perecedero, por ciertos empresarios que tienen como objeto social precisamente el de la compra con fines especulativos o de inversión).*

Así pues, no es la reventa acompañada de un lucro real la que determina la naturaleza mercantil de ciertos tipos de venta, sino la ***finalidad*** *con que el adquirente o comprador interviene en el negocio. Finalidad que ha de ser distinta de la utilización personal, familiar o doméstica de la cosa comprada.*

La sentencia del TS 9-7-08, *EDJ 166681, señala que la característica fundamental de la compraventa mercantil es el elemento intencional por el comprador: revender los géneros comprados y el ánimo de lucro.*

Para decidir si el contrato se rige por la legislación en materia de consumidores o la mercantil lo relevante es el ***destino de la operación*** *y no las condiciones subjetivas del contratante (AP Córdoba 22-11-16, EDJ 251878).*

Los comparecientes, en la representación en que intervienen, manifiestan que el presente contrato tiene carácter de mercantil y se regirá en primer término por las estipulaciones contenidas en el mismo y en lo que en ellas no estuviere previsto por las disposiciones del Código de Comercio, leyes especiales, los usos y costumbres mercantiles y, en su defecto, por lo establecido en el Código Civil.

>>

- **Si el derecho de opción se inscribe en el Registro de la Propiedad:**

"Número"

Ambas partes convienen expresamente que el derecho de opción concedido en la presente escritura podrá ser objeto de inscripción en lo que fuere pertinente en el Registro de la Propiedad.

MCM 925 s.

 **Nota:**

*Para la **inscripción** de la opción en el Registro de la Propiedad es necesario:*
a) Que recaiga sobre bienes inmuebles.
b) Que exista convenido expreso entre las partes.
c) Que se haya determinado el precio de la compraventa.
d) Que el plazo para el ejercicio de la opción no sea superior a 4 años.
*- Siguiendo la doctrina del TS 28-4-00, los **requisitos necesarios** para la opción de compra son no sólo el objeto de la opción y el precio, sino también el plazo, requisito este último también exigido por el RH art.14 para que sea inscribible el contrato de opción de compra (AP Valencia 4-5-22, EDJ 663224).*

OTORGAMIENTO Y AUTORIZACIÓN:

Hago las reservas y advertencias legales y fiscales que incumben a las partes en su aspecto material, formal y sancionador, y especialmente advierto del plazo de treinta días hábiles siguientes a la firma de esta escritura para presentar a liquidar el impuesto correspondiente, de la afección de los bienes al pago del mismo y responsabilidades, en su caso, derivadas del incumplimiento.

Asimismo, advierto de las consecuencias de una posible inexactitud de sus declaraciones o de falsedades en el documento y del tratamiento fiscal que se derivarían de las diferencias de valor resultantes de una comprobación administrativa.

Leo esta escritura a los comparecientes, previa advertencia y renuncia a su derecho de hacerlo por sí mismos y enterados de su contenido, prestan su consentimiento y la firman.

Y yo, el Notario, DOY FE de que mi actuación ha sido pactada de común acuerdo por las partes adquirente y transmitente, y en cuanto fuera procedente, de todo lo demás contenido en este instrumento público, extendido en *"número de folios de papel"* folios de papel de uso exclusivo para documentos notariales, de la serie *"número de serie"*.

MCM 905 s.

Opción de compra con precio

Nota preliminar:

- Se trata de aquel contrato por el que una parte (concedente, promitente u optatario) concede a otra (optante) la facultad exclusiva de decidir sobre la celebración o no de **otro contrato**, que ha de realizarse en un plazo cierto y en unas determinadas condiciones mediante precio o gratuitamente.

- El contrato de opción de compra es un acuerdo en el que una de las partes (concedente) otorga a la otra parte (optante) la **posibilidad de adquirir** un bien determinado en un plazo y condiciones establecidas, a cambio de una prima. En este tipo de contrato, el optante tiene la **facultad**, pero no la obligación, de comprar el bien en cuestión dentro del plazo acordado, mientras que el concedente se compromete a mantener la oferta abierta durante ese período.

- El contrato de opción de compra, en principio, es un **contrato unilateral**, salvo que se pacte el pago de una prima en cuyo caso tiene **carácter bilateral** con obligaciones recíprocas. En esa medida, la jurisprudencia rechaza que puede resolverse por incumplimiento de conformidad con el CC art.1124, que no es aplicable a la opción de compra, precisamente, porque no es un contrato generador de obligaciones recíprocas, o sólo puede resolverse muy excepcionalmente (AP Madrid 2-2-18, EDJ 33728).

- En el contrato de opción de compra, como relación contractual compleja, el ejercicio de la opción constituye un **presupuesto, propio y diferenciado**, para la celebración del contrato de compraventa proyectado por las partes. Por lo que el ejercicio del derecho de opción dota de fundamento causal a la compraventa proyectada, de forma que cuando no se ha ejercitado, por renuncia del optante o por mutuo disenso, la relación negocial se extingue y con ella la posibilidad de celebrar la proyectada compraventa (TS 5-02-19, EDJ 506410).

- En el caso de la opción de compra, la jurisprudencia establece de modo reiterado que la misma ha de entenderse ejercitada con estricta **sujeción a los pactos** establecidos por las partes, de modo que si se ha pactado el pago o consignación del precio para que se entienda realizada efectivamente la compraventa, así habrá de exigirse sin que en otro caso pueda entenderse que se ha materializado el derecho de opción (TS 15-1-19, EDJ 500907).

Muchas son las sentencias que han ido perfilando los caracteres y requisitos de la **opción de compra**. Como ejemplo puede tomarse, por los precedentes que a su vez cita, la sentencia TS 14-2-97, EDJ 720, a cuyo tenor "la opción de compra , muy frecuentemente tratada por la jurisprudencia de esta Sala, en doctrina uniforme, consiste en conceder al optante, aquí al recurrido, mediante cláusula inserta en el contrato de arrendamiento urbano, la facultad exclusiva de prestar su consentimiento en el plazo contractualmente señalado a la oferta de venta, que por el primordial efecto de la opción es vinculante para el promitente, quien no puede retirarla durante el plazo aludido, y una vez ejercitada la opción oportunamente se extingue y queda consumada y se perfecciona automáticamente el contrato de compraventa, sin que el optatario o concedente pueda hacer nada, en casos como el debatido, para frustrar su efectividad, pues basta para la perfección de la compraventa con el optante, como en el caso discutido se ha probado, que le haya comunicado la voluntad de ejercitar su derecho de opción (AP Sevilla 4-1-22, EDJ 516231).

- El modelo presupone unas circunstancias determinadas que serán las más frecuentes. Si en el caso concreto existen circunstancias particulares no previstas, deberá completarse o modificarse el modelo adaptándolo a las mismas.

En *"lugar"*, a *"fecha"*.
Ante mí, *"Don/Doña nombre y apellidos del notario"* perteneciente al colegio notarial de *"colegio notarial"* y con residencia en *"lugar donde radica la notaría"*.

COMPARECEN:

De una parte,
"Don/Doña nombre y apellidos de la parte", mayor de edad, *"estado civil de la parte" "... "especificar el régimen económico matrimonial de la parte" ... "*, de nacionalidad *"nacionalidad de la parte"*, con domicilio a estos efectos en *"domicilio de la parte", "...con DNI/NIF número "DNI/NIF de la parte"... O... con tarjeta de residencia número "número de tarjeta de residencia de la parte" ... O... pasaporte número "número de pasaporte de la parte", expedido el "fecha de expedición del pasaporte de la parte" ... O... "reseñar otros documentos aportados por la parte" ... "*, vigente hasta el *"fecha de vigencia de la documentación aportada por la parte".*

Y de otra parte,
"Don/Doña nombre y apellidos de la parte", mayor de edad, *"estado civil de la parte" "... "especificar el régimen económico matrimonial de la parte" ... "*, de nacionalidad *"nacionalidad de la parte"*, con domicilio a estos efectos en *"domicilio de la parte", "...con DNI/NIF número "DNI/NIF de la parte"... O... con tarjeta de residencia número "número de tarjeta de residencia de la parte" ... O... pasaporte número "número de pasaporte de la parte", expedido el "fecha de expedición del pasaporte de la parte" ... O... "reseñar otros documentos aportados por la parte" ... "*, vigente hasta el *"fecha de vigencia de la documentación aportada por la parte".*

INTERVIENEN:

 **Nota:**

La **capacidad** *de los contratantes se regula en el* CCom *art.*322 *y* 323*, así como en el* CC *art.*1457*. Tratándose de sociedades mercantiles debe tenerse especial cuidado en examinar la legitimación de la persona que interviene, así habrán de analizarse los estatutos de la sociedad para examinar las facultades del administrador. En el caso de apoderados habrá de examinarse el contenido del poder, partiendo siempre de la interpretación restrictiva de los mismos. Deben examinarse también las prohibiciones de disponer, ya sean voluntarias o legales (*CCom *art.*96, 267 *y* 288*;* CC *art.*1459*). En el caso de que se celebre un contrato por una persona incapaz la consecuencia será la anulabilidad del contrato, mientras que si se infringe una prohibición de disponer la sanción es la nulidad absoluta del contrato (*TS 7-7-87*, EDJ 5449).*

A. *"Don/Doña nombre y apellidos de la parte"*

❍ **Si interviene en su propio nombre:**

en su propio nombre y derecho.

❍ **Si interviene como representante:**

en nombre y representación

❍ Si representa a persona física:

de *"Don/Doña nombre y apellidos del representado"*, mayor de edad, *"estado civil del representado"*, con domicilio en *"domicilio del representado"* y provisto de D.N.I./N.I.F. número *"DNI/NIF del representado"*, según consta en escritura de poder, otorgada ante el notario de *"lugar donde radica la notaría en la que se autorizó la escritura de poder de representación (persona física)", "Don/Doña nombre y apellidos del notario que autorizó la escritura de poder de representación (persona física)"*, el *"fecha de escritura de poder de representación (persona física)"*, con el número *"número de protocolo del notario que autorizó la escritura de poder de representación (persona física)"* de su orden de protocolo.

MCM 905 s.

❍ Si representa a persona jurídica:

de la sociedad mercantil denominada *"denominación social"*, domiciliada en *"domicilio social"*, y con NIF número *"NIF de la sociedad"*, constituida, por tiempo indefinido, mediante escritura otorgada ante el notario de *"lugar donde radica la notaría en la que se autorizó la escritura de poder de representación (persona jurídica)"*, *"Don/Doña nombre y apellidos del notario que autorizó la escritura de poder de representación (persona jurídica)"*, el *"fecha de escritura de poder de representación (persona jurídica)"*, e inscrita en el Registro Mercantil de *"datos de la inscripción registral (localidad del Registro Mercantil, tomo, folio, sección, hoja e inscripción)"*, en su calidad de

➢

❍ Si representa como cargo social:

"...administrador único ... O ... administrador solidario ... O ... consejero delegado ... O ... "especificar la representación del cargo social" ... " de la reseñada sociedad, cargo para el que fue nombrado y asegura vigente en escritura otorgada el *"fecha de escritura del nombramiento del cargo"*, ante el notario de *"lugar donde radica la notaría en la que se autorizó la escritura del nombramiento"*, *"Don/Doña nombre y apellidos del notario que autorizó la escritura del nombramiento"*, con el número *"número de protocolo del notario que autorizó la escritura del nombramiento"* de su protocolo, e inscrita en el Registro Mercantil de *"localidad del Registro Mercantil de la escritura de nombramiento"*, en el tomo y hoja arriba indicados.

❍ Si representa como apoderado:

apoderado de la reseñada sociedad, según escritura de poder otorgada a su favor, en *"fecha de escritura del otorgamiento del poder"*, ante el notario de *"lugar donde radica la notaría en la que se autorizó la escritura de poder"*, *"Don/Doña nombre y apellidos del notario que autorizó la escritura de poder"*, con el número *"número de protocolo del notario que autorizó la escritura de poder"* de su protocolo *"...e inscrita en el Registro Mercantil de "localidad del Registro Mercantil de la escritura de poder" ... "*, en el tomo y hoja arriba indicados.

≺

≺

≺≺

En adelante, el **concedente**.

B. *"Don/Doña nombre y apellidos de la parte"*

➢➢

❍ **Si interviene en su propio nombre:**

en su propio nombre y derecho.

❍ **Si interviene como representante:**

en nombre y representación

➢

❍ Si representa a persona física:

de *"Don/Doña nombre y apellidos del representado"*, mayor de edad, *"estado civil del representado"*, con domicilio en *"domicilio del representado"* y provisto de D.N.I./N.I.F. número *"DNI/NIF del representado"*, según consta en escritura de poder, otorgada ante el notario de *"lugar donde radica la notaría en la que se autorizó la escritura de poder de representación (persona física)"*, *"Don/Doña nombre y apellidos del notario que autorizó la escritura de poder de representación (persona física)"*, el *"fecha de escritura de poder de representación (persona física)"*, con el número *"número de protocolo del notario que autorizó la escritura de poder de representación (persona física)"* de su orden de protocolo.

MCM 905 s.

❍ Si representa a persona jurídica:

de la sociedad mercantil denominada *"denominación social"*, domiciliada en *"domicilio social"*, y con NIF número *"NIF de la sociedad"*, constituida, por tiempo indefinido, mediante escritura otorgada ante el notario de *"lugar donde radica la notaría en la que se autorizó la escritura de poder de representación (persona jurídica)"*, *"Don/Doña nombre y apellidos del notario que autorizó la escritura de poder de representación (persona jurídica)"*, el *"fecha de escritura de poder de representación (persona jurídica)"*, e inscrita en el Registro Mercantil de *"datos de la inscripción registral (localidad del Registro Mercantil, tomo, folio, sección, hoja e inscripción)"*, en su calidad de

➢

❍ Si representa como cargo social:

"...administrador único ... O ... administrador solidario ... O ... consejero delegado ... O ... "especificar la representación del cargo social" ... " de la reseñada sociedad, cargo para el que fue nombrado y asegura vigente en escritura otorgada el *"fecha de escritura del nombramiento del cargo"*, ante el notario de *"lugar donde radica la notaría en la que se autorizó la escritura del nombramiento"*, *"Don/Doña nombre y apellidos del notario que autorizó la escritura del nombramiento"*, con el número *"número de protocolo del notario que autorizó la escritura del nombramiento"* de su protocolo, e inscrita en el Registro Mercantil de *"localidad del Registro Mercantil de la escritura de nombramiento"*, en el tomo y hoja arriba indicados.

❍ Si representa como apoderado:

apoderado de la reseñada sociedad, según escritura de poder otorgada a su favor, en *"fecha de escritura del otorgamiento del poder"*, ante el notario de *"lugar donde radica la notaría en la que se autorizó la escritura de poder"*, *"Don/Doña nombre y apellidos del notario que autorizó la escritura de poder"*, con el número *"número de protocolo del notario que autorizó la escritura de poder"* de su protocolo *"...e inscrita en el Registro Mercantil de "localidad del Registro Mercantil de la escritura de poder" ... "*, en el tomo y hoja arriba indicados.

<

<

<<

En adelante, el **optante**.

Les identifico por sus respectivos documentos de identidad, anteriormente reseñados y que me han exhibido y les juzgo con capacidad legal suficiente para el otorgamiento de la presente escritura de opción de compra, a cuyo efecto

✍ **Nota:**

*A juicio de la **jurisprudencia**, la opción de compra, consiste en conceder al optante la facultad exclusiva de prestar su consentimiento en el plazo contractualmente señalado a la oferta de venta, que por el primordial efecto de la opción es vinculante para el promitente, quien no puede retirarla durante el plazo aludido, y una vez ejercitada la opción oportunamente se extingue y queda consumada y se perfecciona automáticamente el contrato de compraventa, sin que el optatario o concedente pueda hacer nada para frustrar su efectividad, pues basta para la perfección de la compraventa con el optante, como en el caso discutido se ha probado, que le haya comunicado la voluntad de ejercitar su derecho de opción (*TS 13-11-92, *EDJ 11188;* 1-12-92, *EDJ 11899;* 22-12-92, *EDJ 12725;* 14-2-97, *EDJ 720; AP Sevilla 4-1-22, EDJ 516231).*

*Es característico de la opción de compra que el concedente o promitente se obligue a no vender a nadie la cosa prometida durante el plazo estipulado, pues a lo que se compromete es a vender una cosa determinada al optante al recibir la declaración de voluntad suya, de manera que el concedente se obliga a tener la cosa disponible durante el plazo estipulado por si el optante ejerciera el derecho dentro de dicho plazo (*TS 9-12-14, *EDJ 228369).*

120

MCM 905 s.

EXPONEN:

I. Que el **Concedente** es titular del/los siguiente/es bien/es: *"descripción del/los bien/es de la opción de compra con precio; (si se incluyen bienes inmuebles con referencia a las circunstancias de su inscripción)"*.

Título. Le pertenecen por *"...compra para su explotación mercantil ... O ... "especificar otro título" ..."* en virtud de escritura pública autorizada por el notario de *"lugar donde radica la notaría en la que se autorizó la escritura pública"*, *"Don/Doña nombre y apellidos del notario que autorizó la escritura pública"*, el *"fecha de autorización de la escritura pública"* con el número *"número de protocolo del notario que autorizó la escritura pública"* de su orden de protocolo.

Cargas. Se hallan libres de cargas y gravámenes, según resulta de las manifestaciones del **Concedente**.

○ **Si los bienes estuvieran inscritos previamente en el Registro de la Propiedad:**

Y en relación a los bienes inmuebles de la nota simple informativa que me ha sido remitida en el día de hoy por el Registro de la Propiedad de *"lugar del Registro de la Propiedad"*. Advierto a los comparecientes que sobre la prevalencia de la situación registral existente con anterioridad a la presentación en el Registro de copia autorizada de la presente escritura.

Arrendamientos. Declara el **Concedente** que los bienes objeto de la presente escritura se encuentran libres de arrendamiento.

○ **Si los bienes no constituyen vivienda habitual de familia o pareja de hecho:**

Así como que los bienes inmuebles vendidos no constituyen vivienda habitual de su familia ni de pareja de hecho.

<<

II. Que habiendo ambas partes convenido el otorgamiento de un contrato de opción de compra sobre los bienes reseñados en el expositivo I anterior, conforme a los pactos y cláusulas que se determinan en la presente escritura

OTORGAN:

***"NÚMERO"* Objeto del contrato**

El **Concedente** otorga a favor del **Optante** un derecho de opción de compra sobre el/los bien/es descrito/s en el expositivo I anterior, con todos sus derechos y accesiones, en el tiempo y por las condiciones que a continuación de indican.

***"NÚMERO"* Precio**

Nota:

*El **precio** es un elemento esencial de la compraventa, debe tratarse de dinero o signo que lo represente. Es preciso que se encuentre determinado o al menos que sea determinable sin necesidad de un nuevo acuerdo de las partes.*

El precio que se establece por la concesión del derecho de opción es el de *"precio de la concesión del derecho de opción en letra"* euros (*"precio de la concesión del derecho de opción en número"* €) que el **Concedente** de la opción confiesa recibidos con anterioridad a este acto, sirviendo la presente escritura como la más cabal y firme carta de pago. El precio total de la compraventa en el caso de que se ejercite la opción será de *"precio total de la compraventa con opción en letra"* euros (*"precio total de la compraventa con opción en número"* €). En el caso de que finalmente se perfeccione la compraventa el precio de la opción tendrá la consideración de pago a cuenta del precio de la compraventa anteriormente indicado.

Nota:

*Nada obsta a que la **prima** de la opción pueda operar como parte del precio de la compraventa una vez perfeccionada ésta por la consumación de la opción mediante el ejercicio del derecho por el optante en tiempo y forma (*TS 22-6-01, *EDJ 13855).*

"NÚMERO" **Duración de la opción**

Nota:

*El **plazo cierto** es un requisito indispensable para la existencia del contrato de opción. Siendo así que el plazo que se establezca será de caducidad (*TS 14-2-97, *EDJ 720).*

El derecho de opción que se otorga en la presente escritura se concede por el plazo de *"plazo por el que se otorga el derecho de opción"* a contar desde la fecha de la presente escritura.

Nota:

*En algunas ocasiones los tribunales han considerado abusivas las cláusulas que establecen un periodo de **duración** de la opción excesivamente corto (*AP Jaén 2-5-01, *EDJ 27705).*

Durante dicho plazo el concedente de la opción no podrá enajenar o gravar por ningún título el/los bien/es objeto del derecho de opción.

Nota:

*Se trata de la **principal obligación** del concedente y por ello debe ser recogida expresamente, a pesar de que no resulte indispensable. El concedente se obliga a no disponer de los bienes comprometidos y a mantener la oferta durante el plazo en el que dure la opción (*TS 4-4-87, *EDJ 2704;* 14-2-97, *EDJ 720;* 15-12-97; 20-3-00, *EDJ 3083;* 28-4-00, *EDJ 7655).*
*Si se ejercita la opción de compra, aparece la compraventa. Pero esta no nace si, al ejercitar la opción en el plazo previsto, queda caducada (*TS *17-9-10, EDJ 279581).*

"NÚMERO" **Ejercicio de la opción**

Nota:

*- Ejercitado el derecho correspondiente en tiempo y forma por el optante, a partir de la notificación a los optatarios se consumó (y agotó) el contrato de opción de compra y al tiempo se perfeccionó el contrato de compraventa, que nació a la vida jurídica por concurrencia de los requisitos esenciales para su generación con sujeción a la regulación jurídica prevista en el contrato de opción (*TS 21-5-01, *EDJ 6597).*
*- Los tribunales inciden sobre la necesidad de que el optante ejercite la opción sobre la **totalidad** de los bienes (*TS 26-1-88, *EDJ 10404), salvo pacto en contrario; además conviene añadir que el contrato futuro habrá de otorgarse con riguroso cumplimiento de los pactos y condiciones previstos en el contrato de compromiso de compraventa.*

El adquirente del derecho de opción podrá por sí sólo otorgar escritura pública de compraventa de los bienes antes indicados con riguroso cumplimiento de los pactos y condiciones previstos en el presente contrato, previa acreditación del pago del precio o de su ofrecimiento y posterior consignación.

Nota:

*Es importante hacer referencia en el contrato al ofrecimiento de **pago** como requisito previo al ejercicio de la opción, ya que de no ser así no es un presupuesto indispensable, como así han señalado nuestros tribunales en diferentes sentencias (p.e.,* TS 6-7-01, *EDJ 15262).*

Para ello, el **Concedente** otorga en este acto a favor de la adquirente del derecho de opción un poder irrevocable.

Nota:

*El ejercicio de la opción es determinante para la **transmisión** de los bienes, y para el posible triunfo del optante en el ejercicio de tercerías de dominio frente a embargantes de fecha posterior. A este respecto, ver* TS 11-4-02, *EDJ 9459 y* 4-4-02, Rec 110/97.

MCM 905 s.

En dicho caso el **Concedente** se obliga a entregar la posesión de los bienes en el plazo máximo de *"plazo máximo de entrega de la posesión"* días naturales a contar desde la notificación por cualquier medio que deje constancia de su recepción, del ejercicio de la opción en el domicilio que se fija en la estipulación *"número de estipulación"*.

Nota:

*- Este último inciso es importante para garantizar la entrega de los bienes, si bien debe tenerse en cuenta que nada obsta a que el optante tenga o reciba la posesión inmediata de la cosa con anterioridad al ejercicio de la opción (*TS 22-6-01, *EDJ 13855).*

- El ejercicio de la opción sólo podrá ser objeto de inscripción cuando se haya producido la transmisión jurídico-real, de ahí que sea conveniente incidir en aspectos tales como la tradición instrumental a través del otorgamiento de escritura pública, al margen de que la entrega material pueda realizarse posteriormente. Sobre este particular ver DGRN Resol 27-10-99.

Siguiendo la doctrina del TS 28-4-00, los requisitos necesarios para la opci ón de compra son no sólo el objeto de la opción y el precio, sino también el plazo, requisito este último también exigido por el RH art.14 para que sea inscribible el contrato de opción de compra (AP Valencia 4-5-22, EDJ 663224).

En el caso de retraso en la entrega el **Optante** tendrá derecho a percibir del **Concedente** una cantidad igual a *"valor en letra, en caso de retraso en la entrega"* euros (*"valor en número, en caso de retraso en la entrega"* €) por cada día de retraso, como sanción que no excluye la posible reclamación por los daños y perjuicios que se causen.

Nota:

*En el caso de que no se introduzca la salvedad sobre los **daños y perjuicios**, la cantidad pactada como sanción comprenderá los mismos.*

"NÚMERO" No ejercicio

Nota:

*El no ejercicio de la opción dentro del plazo establecido no implica un **incumplimiento** contractual, sino una caducidad del derecho, (*TS 8-6-98, *EDJ 7867;* 30-1-98, *EDJ 575).*

En el caso de que el adquirente del derecho de opción decida no ejercitar el mismo, u opte por dejar caducar el plazo de la opción, perderá la cantidad abonada en concepto de precio de la misma, pudiendo el Concedente de la opción disponer de los bienes objeto de la misma con total libertad.

"NÚMERO" Pérdida o destrucción del/los bien/es

Nota:

*Es importante determinar el régimen de los **riesgos** en el contrato suscrito, por la enorme problemática y dudas que dicha cuestión suscita entre nuestros autores. En relación con el problema, ver, entre otras* AP Cádiz 10-1-01, *EDJ 4215;* AP Badajoz 9-11-01, *EDJ 65830.*

Si alguno o algunos de los bienes vendidos se perdieran o destruyeren por caso fortuito o fuerza mayor, durante el período en el que se concede el derecho de opción y antes de ejercitarse el mismo, el **Concedente** podrá exigir la devolución del precio abonado por la constitución del mismo.

"NÚMERO" Estado de cargas y saneamiento y evicción

Nota:

En relación con el alcance de la regulación de los vicios y defectos ocultos, ver TS 19-2-00, *EDJ 1613 y* AP Barcelona 28-4-00, *EDJ 54332.*

El **Concedente** de la opción se obliga a transmitir los bienes indicados en el expositivo I anterior libres de cualquier tipo de carga o gravamen, así como libres de arrendamientos. También se obliga al saneamiento y evicción de los referidos bienes en el caso de que se perfeccione la compraventa.

MCM 905 s.

"NÚMERO" **Gastos e impuestos**

Todos cuantos gastos e impuestos que pudieran derivarse de la formalización del presente contrato privado, así como los que se ocasionen con el otorgamiento de la futura escritura pública de compraventa serán satisfechos *"...conforme a Ley ... O ... por el Optante ..."*.

"NÚMERO" **Notificaciones**

 **Nota:**

*Sobre la importancia de incorporar un domicilio a efectos de **notificaciones**, así como de comunicar las posibles modificaciones posteriores, ver* TS 6-7-98*;* 14-2-97*, EDJ 720.*

Las partes convienen los siguientes domicilios para la práctica de las notificaciones necesarias para la ejecución del presente contrato:

El **concedente**: *"domicilio a efectos de notificación parte primera"*.

El **optante**: *"domicilio a efectos de notificación parte segunda"*.

"NÚMERO" **Naturaleza mercantil del contrato**

 **Nota:**

*Para que exista compraventa mercantil es necesario, primero, un elemento subjetivo que consiste en que las partes sean personas (físicas o jurídicas) **comerciantes** y luego que concurran ánimo de **reventa** y ánimo de lucro. Sobre la distinción ver* TS 20-11-84*, EDJ 7494. En relación con el segundo de los elementos señala la* AP Castellón 28-4-00*, EDJ 70717, que la naturaleza mercantil o civil de una compraventa no depende del efectivo lucro obtenido por la empresa revendedora, sino de la finalidad con la cual se realice la primera compraventa de las mercancías (la que tiene por finalidad una hipotética posterior reventa). Es el animus o la **causa** de la primera compraventa la que determina el carácter y régimen jurídico de la misma y no tanto, como se dijo antes, el real y efectivo lucro obtenido por el revendedor, de lo contrario, la determinación de la naturaleza jurídica de las compraventas quedaría supeditada a la realización de la reventa, la cual puede postergarse, en ocasiones en el tiempo (piénsese en los títulos, objetos y valores que son adquiridos con un fin especulativo o simplemente que no tienen carácter perecedero, por ciertos empresarios que tienen como objeto social precisamente el de la compra con fines especulativos o de inversión).*

*Así pues, no es la reventa acompañada de un lucro real la que determina la naturaleza mercantil de ciertos tipos de venta, sino la **finalidad** con que el adquirente o comprador interviene en el negocio. Finalidad que ha de ser distinta de la utilización personal, familiar o doméstica de la cosa comprada.*

La sentencia del TS 9-7-08*, EDJ 166681, señala que la característica fundamental de la compraventa mercantil es el elemento intencional por el comprador: revender los géneros comprados y el ánimo de lucro.*

*Para decidir si el contrato se rige por la legislación en materia de consumidores o la mercantil lo relevante es el **destino de la operación** y no las condiciones subjetivas del contratante (AP Córdoba 22-11-16, EDJ 251878).*

Los comparecientes, en la representación en que intervienen, manifiestan que el presente contrato tiene carácter de mercantil y se regirá en primer término por las estipulaciones contenidas en el mismo y en lo que en ellas no estuviere previsto por las disposiciones del Código de Comercio, leyes especiales, los usos y costumbres mercantiles y, en su defecto, por lo establecido en el Código Civil.

○ **Si el derecho de opción se inscribe en el Registro de la Propiedad:**

"NÚMERO"

Ambas partes convienen expresamente que el derecho de opción concedido en la presente escritura podrá ser objeto de inscripción en lo que fuere pertinente en el Registro de la Propiedad.

Compraventa

MCM 905 s.

Nota:

Para la ***inscripción*** *de la opción en el Registro de la Propiedad es necesario:*
a) Que recaiga sobre bienes inmuebles.
b) Que exista convenido expreso entre las partes.
c) Que se haya determinado el precio de la compraventa.
d) Que el plazo para el ejercicio de la opción no sea superior a 4 años.

<<

OTORGAMIENTO Y AUTORIZACIÓN:

Hago las reservas y advertencias legales y fiscales que incumben a las partes en su aspecto material, formal y sancionador, y especialmente advierto del plazo de treinta días hábiles siguientes a la firma de esta escritura para presentar a liquidar el impuesto correspondiente, de la afección de los bienes al pago del mismo y responsabilidades, en su caso, derivadas del incumplimiento.

Asimismo, advierto de las consecuencias de una posible inexactitud de sus declaraciones o de falsedades en el documento y del tratamiento fiscal que se derivarían de las diferencias de valor resultantes de una comprobación administrativa.

Leo esta escritura a los comparecientes, previa advertencia y renuncia a su derecho de hacerlo por sí mismos y enterados de su contenido, prestan su consentimiento y la firman.

Y yo, el Notario, DOY FE de que mi actuación ha sido pactada de común acuerdo por las partes adquirente y transmitente, y en cuanto fuera procedente, de todo lo demás contenido en este instrumento público, extendido en *"número de folios de papel"* folios de papel de uso exclusivo para documentos notariales, de la serie *"número de serie"*.

125

Compraventa de inmueble urbano/rústico

MCM 1012, 1078, 1252; MI 4520 s.

Nota preliminar:

- Aunque el objeto de las compraventas mercantiles generalmente viene representado por bienes muebles, la práctica del comercio nos muestra que es posible la existencia de los mismos también sobre bienes inmuebles, siempre que se cumplan los requisitos del ánimo de lucro y del ánimo de reventa. En este sentido, ver TSJ Cataluña 20-11-95, EDJ 20531. No obstante, lo cierto es que existe una importante controversia entre nuestra doctrina sobre la posibilidad o no de que existan compraventas mercantiles de bienes inmuebles.

- Es evidente que la adquisición de un inmueble para su **arrendamiento a terceros** implica la intención de obtener un beneficio económico, pero si esa actuación no forma parte del conjunto de las actividades comerciales o empresariales de quien lo realiza, no deja de ser un acto de consumo (TS 13-06-18, EDJ 103949).

- El modelo presupone unas circunstancias determinadas que serán las más frecuentes. Si en el caso concreto existen circunstancias particulares no previstas, deberá completarse o modificarse el modelo adaptándolo a las mismas.

En *"lugar"*, a *"fecha"*.

Ante mí, *"Don/Doña nombre y apellidos del notario"* perteneciente al colegio notarial de *"colegio notarial"* y con residencia en *"lugar donde radica la notaría"*.

COMPARECEN:

De una parte,

❍ Si el vendedor es una sola persona:

"Don/Doña nombre y apellidos de la parte", mayor de edad, *"estado civil de la parte"* *"...*"*especificar el régimen económico matrimonial de la parte" ...* ", de nacionalidad *"nacionalidad de la parte"*, con domicilio a estos efectos en *"domicilio de la parte"*, *"...con DNI/NIF número "DNI/NIF de la parte" ... O ... con tarjeta de residencia número "número de tarjeta de residencia de la parte" ... O ... pasaporte número "número de pasaporte de la parte", expedido el "fecha de expedición del pasaporte de la parte" ... O ... "reseñar otros documentos aportados por la parte" ...* ", vigente hasta el *"fecha de vigencia de la documentación aportada por la parte"*.

❍ Si el vendedor es un matrimonio:

Los cónyuges *"Don/Doña nombre y apellidos del cónyuge X"*, de nacionalidad *"nacionalidad del cónyuge X"*, *"...con DNI/NIF número "DNI/NIF del cónyuge X" ... O ... con tarjeta de residencia número "número de tarjeta de residencia del cónyuge X" ... O ... pasaporte número "número de pasaporte del cónyuge X",, expedido el "fecha de expedición del pasaporte del cónyuge X" ... O ... "reseñar otros documentos aportados por el cónyuge X" ...* ", vigente hasta el *"fecha de vigencia de la documentación aportada por el cónyuge X"*, y *"Don/Doña nombre y apellidos del cónyuge Y"*, de nacionalidad *"nacionalidad del cónyuge Y" "...con DNI/NIF número "DNI/NIF del cónyuge Y" ... O ... con tarjeta de residencia número "número de tarjeta de residencia del cónyuge Y" ... O ... pasaporte número "número de pasaporte del cónyuge Y", expedido el "fecha de expedición del pasaporte del cónyuge Y" ... O ... "reseñar otros documentos aportados por el cónyuge Y" ...* ", vigente hasta el *"fecha de vigencia de la documentación aportada por el cónyuge Y"*, mayores de edad, con domicilio a estos efectos en *"domicilio de los cónyuges"*.

≺≺

Compraventa

MCM 1012, 1078, 1252; MI 4520 s.

Y de otra parte,

"Don/Doña nombre y apellidos de la parte", mayor de edad, *"estado civil de la parte" "..."especificar el régimen económico matrimonial de la parte" ..."*, de nacionalidad *"nacionalidad de la parte"*, con domicilio a estos efectos en *"domicilio de la parte"*, *"...con DNI/NIF número "DNI/NIF de la parte" ... O ... con tarjeta de residencia número "número de tarjeta de residencia de la parte" ... O ... pasaporte número "número de pasaporte de la parte", expedido el "fecha de expedición del pasaporte de la parte" ... O ... "reseñar otros documentos aportados por la parte" ..."*, vigente hasta el *"fecha de vigencia de la documentación aportada por la parte"*.

INTERVIENEN:

➢➢

❍ **Si el vendedor es una sola persona (intervención):**

A. *"Don/Doña nombre y apellidos de la parte"*

➢

❍ Si interviene en su propio nombre:

en su propio nombre y derecho.

❍ Si interviene como representante:

en nombre y representación

➢

❍ Si representa a persona física:

de *"Don/Doña nombre y apellidos del representado"*, mayor de edad, *"estado civil del representado"*, con domicilio en *"domicilio del representado"* y provisto de D.N.I./N.I.F. número *"DNI/NIF del representado"*, según consta en escritura de poder, otorgada ante el notario de *"lugar donde radica la notaría en la que se autorizó la escritura de poder de representación (persona física)"*, *"Don/Doña nombre y apellidos del notario que autorizó la escritura de poder de representación (persona física)"*, el *"fecha de escritura de poder de representación (persona física)"*, con el número *"número de protocolo del notario que autorizó la escritura de poder de representación (persona física)"* de su orden de protocolo.

❍ Si representa a persona jurídica:

de la sociedad mercantil denominada *"denominación social"*, domiciliada en *"domicilio social"*, y con NIF número *"NIF de la sociedad"*, constituida, por tiempo indefinido, mediante escritura otorgada ante el notario de *"lugar donde radica la notaría en la que se autorizó la escritura de poder de representación (persona jurídica)"*, *"Don/Doña nombre y apellidos del notario que autorizó la escritura de poder de representación (persona jurídica)"*, el *"fecha de escritura de poder de representación (persona jurídica)"*, e inscrita en el Registro Mercantil de *"datos de la inscripción registral (localidad del Registro Mercantil, tomo, folio, sección, hoja e inscripción)"*, en su calidad de

➢

❍ Si representa como cargo social:

"...administrador único ... O ... administrador solidario ... O ... consejero delegado ... O ... "especificar la representación del cargo social" ..." de la reseñada sociedad, cargo para el que fue nombrado y asegura vigente en escritura otorgada el *"fecha de escritura del nombramiento del cargo"*, ante el notario de *"lugar donde radica la notaría en la que se autorizó la escritura del nombramiento"*, *"Don/Doña nombre y apellidos del notario que autorizó la escritura del nombramiento"*, con el número *"número de protocolo del notario que autorizó la escritura del nombramiento"* de su protocolo, e inscrita en el Registro Mercantil de *"localidad del Registro Mercantil de la escritura de nombramiento"*, en el tomo y hoja arriba indicados.

❍ Si representa como apoderado:

apoderado de la reseñada sociedad, según escritura de poder otorgada a su favor, en *"fecha de escritura del otorgamiento del poder"*, ante el notario de *"lugar donde radica la notaría en la que se autorizó la escritura de poder"*, *"Don/Doña nombre y apellidos del notario que autorizó la escritura de poder"*, con el número *"número de protocolo del notario que autorizó la escritura de poder"* de su protocolo *"...e inscrita en el Registro Mercantil de "localidad del Registro Mercantil de la escritura de poder"..."*, en el tomo y hoja arriba indicados. MCM 1012, 1078, 1252; MI 4520 s.

En adelante, el **vendedor**.

❍ **Si el vendedor es un matrimonio (intervención):**
"Don/Doña nombre y apellidos del cónyuge X" y *"Don/Doña nombre y apellidos del cónyuge Y"*, mayores de edad, en nombre y representación propio y manifestando que el régimen de su matrimonio es el de gananciales.

Nota:

*En régimen de **gananciales** se requiere el consentimiento de ambos cónyuges. La enajenación realizada sin el preceptivo consentimiento de ambos no es nula, sino anulable a instancias del cónyuge cuyo consentimiento se haya omitido.*

En adelante, el/los **Vendedor/es**.

B. *"Don/Doña nombre y apellidos de la parte"*

❍ **Si interviene en su propio nombre:**

en su propio nombre y derecho.

❍ **Si interviene como representante:**

en nombre y representación

❍ Si representa a persona física:

de *"Don/Doña nombre y apellidos del representado"*, mayor de edad, *"estado civil del representado"*, con domicilio en *"domicilio del representado"* y provisto de D.N.I./N.I.F. número *"DNI/NIF del representado"*, según consta en escritura de poder, otorgada ante el notario de *"lugar donde radica la notaría en la que se autorizó la escritura de poder de representación (persona física)"*, *"Don/Doña nombre y apellidos del notario que autorizó la escritura de poder de representación (persona física)"*, el *"fecha de escritura de poder de representación (persona física)"*, con el número *"número de protocolo del notario que autorizó la escritura de poder de representación (persona física)"* de su orden de protocolo.

❍ Si representa a persona jurídica:

de la sociedad mercantil denominada *"denominación social"*, domiciliada en *"domicilio social"*, y con NIF número *"NIF de la sociedad"*, constituida, por tiempo indefinido, mediante escritura otorgada ante el notario de *"lugar donde radica la notaría en la que se autorizó la escritura de poder de representación (persona jurídica)"*, *"Don/Doña nombre y apellidos del notario que autorizó la escritura de poder de representación (persona jurídica)"*, el *"fecha de escritura de poder de representación (persona jurídica)"*, e inscrita en el Registro Mercantil de *"datos de la inscripción registral (localidad del Registro Mercantil, tomo, folio, sección, hoja e inscripción)"*, en su calidad de

Compraventa

MCM 1012, 1078, 1252; MI 4520 s.

➤

❍ Si representa como cargo social:

"...administrador único ... O ... administrador solidario ... O ... consejero delegado ... O ... "especificar la representación del cargo social" ... " de la reseñada sociedad, cargo para el que fue nombrado y asegura vigente en escritura otorgada el *"fecha de escritura del nombramiento del cargo"*, ante el notario de *"lugar donde radica la notaría en la que se autorizó la escritura del nombramiento"*, *"Don/Doña nombre y apellidos del notario que autorizó la escritura del nombramiento"*, con el número *"número de protocolo del notario que autorizó la escritura del nombramiento"* de su protocolo, e inscrita en el Registro Mercantil de *"localidad del Registro Mercantil de la escritura de nombramiento"*, en el tomo y hoja arriba indicados.

❍ Si representa como apoderado:

apoderado de la reseñada sociedad, según escritura de poder otorgada a su favor, en *"fecha de escritura del otorgamiento del poder"*, ante el notario de *"lugar donde radica la notaría en la que se autorizó la escritura de poder"*, *"Don/Doña nombre y apellidos del notario que autorizó la escritura de poder"*, con el número *"número de protocolo del notario que autorizó la escritura de poder"* de su protocolo *"...e inscrita en el Registro Mercantil de "localidad del Registro Mercantil de la escritura de poder" ... "*, en el tomo y hoja arriba indicados.

≺

≺≺

En adelante, el **comprador**.

Les identifico por sus respectivos documentos de identidad, anteriormente reseñados y que me han exhibido, y les juzgo con capacidad legal suficiente para el otorgamiento de la presente escritura de compraventa, a cuyo efecto

✍ **Nota:**

*- La **capacidad** que se requiere **general** de obrar, en materia mercantil debe tenerse en cuenta que el art.*4 *del* Código de Comercio *dispone que "tendrán capacidad legal para el ejercicio habitual del comercio las personas mayores de edad y que tengan la libre disposición de sus bienes". A lo que añade el art.5 que "los menores de dieciocho años podrán continuar, por medio de sus guardadores, el comercio que hubieren ejercido sus padres o causantes,..." (redacción dada por la L 8/2021, en vigor a partir del 3-9-2021). En relación con la capacidad general, ver* CCom *art.*4 *s.*

*- La **capacidad** de los **contratantes** se regula en los art.*322 *y* 323 *del* Código de Comercio, *así como en el art.*1457 *del* Código Civil. *Tratándose de sociedades mercantiles debe tenerse especial cuidado en examinar la legitimación de la persona que interviene, así habrán de analizarse los estatutos de la sociedad para examinar las facultades del administrador. En el caso de apoderados habrá de examinarse el contenido del poder, partiendo siempre de la interpretación restrictiva de los mismos. Deben examinarse también las prohibiciones de disponer, ya sean voluntarias o legales (*CCom *art.*96, 267 *y* 288*;* CC *art.*1459*). En el caso de que se celebre un contrato por una persona **incapaz** la consecuencia será la anulabilidad del contrato, mientras que si se infringe una prohibición de disponer la sanción es la nulidad absoluta del contrato (*TS 7-7-87, *EDJ 5449).*

*- La venta de la finca no implicó una **partición convencional** al no ajustarse a la proporción hereditaria de los demandantes, según lo dispuesto por la testadora y la entrega parcial del precio no afectó la validez de la venta ni la adquisición de la propiedad por la compradora (AP Murcia 11-12-23, EDJ 840214).*

*- La **ausencia de precio** en la compraventa implica falta de causa, lo cual lleva a la nulidad absoluta según el CC art.1275 (AP Granada 1-12-23, EDJ 853036).*

125

MCM 1012, 1078, 1252; MI 4520 s.

EXPONEN:

I. Que el/los **vendedor/es** es/son propietario/s *"...por mitades indivisas ..."* por el título que luego se dirá de la siguiente finca:

Urbana/Rústica: *"descripción de la finca según la nota simple del Registro de la Propiedad (Si la finca constituyera un piso o local de un edificio en régimen de* ***propiedad horizontal*** *debe hacerse referencia a la cuota de participación que el piso o local tiene en el total edificio.)"*.

Referencia catastral: Solicitada por mí, el notario, se me exhibe el último recibo del Impuesto de Bienes Inmuebles, con el número de referencia *"número de referencia del Impuesto de Bienes Inmuebles"*, y con un valor anual de *"valor anual del Impuesto de Bienes Inmuebles"* euros, incorporando a la matriz fotocopia testimoniada del referido documento.

Nota:

Aunque algunas ***fincas rústicas*** *no gozan de referencia catastral, son cada vez las menos, por lo que es conveniente averiguar dicha referencia, que no debe confundirse con la existencia de recibo de contribución, ya que algunas fincas rústicas gozan de referencia, a pesar de que por su escaso valor no pagan Impuesto de Contribución.*

Título: Le/Les pertenece por compra *"...constante matrimonio ..."* en virtud de escritura pública otorgada ante el notario de *"lugar donde radica la notaría en la que se autorizó la escritura pública"*, *"Don/Doña nombre y apellidos del notario que autorizó la escritura pública"*, el *"fecha de autorización de la escritura pública"*, con el número *"número de protocolo del notario que autorizó la escritura pública"* de su orden de protocolo.

Cargas: Se halla libre de cargas y gravámenes, según resulta de las manifestaciones del/de los **Vendedor/es** y de nota simple informativa que me ha sido remitida en el día de hoy por el Registro de la Propiedad de *"lugar del Registro de la Propiedad"*. Advierto a los comparecientes que sobre la prevalencia de la situación registral existente con anterioridad a la presentación en el Registro de copia autorizada de la presente escritura. Todo ello de conformidad con lo dispuesto en el art.175 del Reglamento Notarial.

Arrendamientos:

- **Si es finca urbana:**

Nota:

En el caso de que exista ***arrendamiento*** *anterior, debe indicarse la fecha del mismo, así como si existe un derecho de adquisición preferente derivado de la legislación urbana aplicable y el contrato en cuestión, y en su caso, si se ha notificado o no la compra al arrendatario para que pueda hacer uso del derecho de tanteo.*

Que el bien objeto de la presente escritura se encuentra libre de arrendatarios *"...así como que el bien inmueble vendido no constituye vivienda habitual de su familia ni de pareja de hecho ..."*.

Nota:

En relación con la ***vivienda familiar*** *ha de tenerse en cuenta que la disposición de la misma, con independencia de cuál de los cónyuges sea titular, exige el consentimiento de ambos (CC art. 1320 y 1322).*

- **Si es finca rústica:**

Declara/n el/los Vendedores que la finca objeto de la presente escritura está libre de arrendatarios y de aparceros, y que no está sujeta a prórroga de contrato de arrendamiento alguno.

MCM 1012, 1078, 1252; MI 4520 s.

>>

○ Si la finca constituye un piso o local de un edificio en régimen de propiedad horizontal:

>

○ Si se aporta certificado del estado de deudas con la comunidad:

que la finca vendida se encuentra al corriente de pago de los gastos de comunidad lo que me acreditan mediante la entrega de la certificación prevista en la letra e) del número 1 del art.9 de la Ley 49/1960, de 21 de julio de Propiedad Horizontal, que incorporo a la presente escritura.

○ Si se aporta certificado del estado de deudas con la comunidad:

El/Los **Vendedor/es** manifiesta/n que la finca se encuentra al corriente de pago de los gastos de comunidad, si bien no me entrega el certificado correspondiente, eximiéndole expresamente de ello el **Comprador**, y advirtiéndoles yo, el Notario, de las consecuencias que de ello se derivan.

✎ **Nota:**

Dichas consecuencias, según señala el mencionado precepto, son que el comprador o compradores se hacen responsables solidarios con el vendedor de las deudas pendientes en ese momento. Dicha responsabilidad se establece al margen de las relaciones internas que surjan o se pacten entre compradores y vendedores.

<

<<

Información registral: La descripción de la finca, su titularidad y estado de cargas resultan de las manifestaciones del/de los **Vendedor/es**, del título de propiedad que se me exhibe y de la nota informativa recibida en el día *"fecha de recepción de la nota informativa"*, que tengo a la vista, e incorporo a esta escritura.

II. Que habiendo ambas partes convenido el otorgamiento de un contrato de opción de compra sobre el/los bien/es reseñado/s en el expositivo 1 anterior, conforme a los pactos y cláusulas que se determinan en la presente escritura

OTORGAN:

"Número" Compraventa

El/Los **Vendedor/es** vende/n al **Comprador** que compra y adquiere la finca descrita en el expositivo I de la presente escritura con todas sus accesiones y derechos anejos.

○ Si la finca constituye un piso o local de un edificio en régimen de propiedad horizontal:

Se comprenden en la presente compraventa los derechos inherentes y el derecho conjunto de copropiedad proporcional a la cuota de participación que se le asigna a la finca vendida en el total del edificio.

<<

"Número" Precio

✎ **Nota:**

*El **precio** es un elemento esencial de la compraventa, debe tratarse de dinero o signo que lo represente. Es preciso que se encuentre determinado o al menos que sea determinable sin necesidad de un nuevo acuerdo de las partes.*

El precio de la presente compraventa es de *"precio total de la compraventa en letra"* euros (*"precio total de la compraventa en número"* €).

125

MCM 1012, 1078, 1252; MI 4520 s.

Si el pago es anterior:

Dicha cantidad manifiesta **el/los vendedor/es** haberla recibido con anterioridad a este acto del **Comprador**, sirviendo el presente documento como la más cabal y firme carta de pago.

Si el pago es simultáneo:

Dicha cantidad es satisfecha en este acto por el **Comprador** mediante cheque bancario nominativo por valor de *"precio en letra del pago simultáneo"* euros (*"precio en número del pago simultáneo"* €), emitido a favor de la parte vendedora, sirviendo el presente documento como la más cabal y firme carta de pago.

Si el pago es anterior y simultáneo:

Dicha cantidad será satisfecha conforme al siguiente calendario de pagos:

a) En cuanto a la cantidad de *"valor del pago anterior en letra"* euros (*"valor del pago anterior en número"* €), confiesa/n **el/los vendedor/es** haberla recibido del Comprador con anterioridad a este acto.

b) En cuanto a la restante cantidad de *"valor del pago restante en letra"* euros (*"valor del pago restante en número"* €), es satisfecha en este acto por el **Comprador** mediante cheque bancario nominativo por valor de *"valor del pago restante en letra"* euros (*"valor del pago restante en número"* €), emitido a favor de la parte vendedora, sirviendo el presente documento como la más cabal y firme carta de pago.

Si hay pago aplazado de parte del precio:

Dicha cantidad será satisfecha conforme al siguiente calendario de pagos:

a) En cuanto a la cantidad de *"valor del pago simultáneo en letra"* euros (*"valor del pago simultáneo en número"* €), es satisfecha en este acto por el **Comprador** mediante cheque bancario nominativo por valor de *"valor del pago simultáneo en letra"* euros (*"valor del pago simultáneo en número"* €), emitido a favor de la parte vendedora, sirviendo el presente documento como la más cabal y firme carta de pago.

b) En cuanto a la restante cantidad de *"valor del pago restante en letra"* euros (*"valor del pago restante en número"* €), será satisfecha por el **Comprador** en un total de *"número de pagos"* pagos, el primero de los cuales tendrá lugar el *"fecha del primer pago"*.

El abono de cada uno de los pagos aplazados se garantiza mediante la emisión de *"número"* *"...letras de cambio ... O ... "otras garantías de pago (Por ejemplo pagarés, etc.)" ..."*, números *"números de las garantías"*, por importe, cada una de ellas de *"valor de los pagos en letra"* euros (*"valor de los pagos en número"* €), con vencimiento los días *"día de vencimiento de los pagos"* de cada mes. Dichas *"...letras de cambio ... O ... " otras garantías de pago" ..."* son aceptadas en este acto por el **Comprador**.

Si la venta se realiza por un no residente:

De acuerdo con la legislación vigente en materia de tributación de no residentes, el Comprador, retiene en este acto al **Vendedor** un 5% del precio señalado, obligándose a ingresarla en la Administración Tributaria.

Si se establecen garantías del pago del precio:

***"Número"* Garantías del pago del precio**

Si se establece condición resolutoria:

Nota:

*En relación con los efectos de la **condición resolutoria**, ver por todas la* TS 5-2-02, *EDJ 1584.*

125

MCM 1012, 1078, 1252; MI 4520 s.

Condición resolutoria: La falta de pago de cualquiera de las letras anteriormente indicadas una vez se produzca el vencimiento de cada una de ellas dará lugar a la resolución de pleno derecho de la presente compraventa. La parte vendedora, a tal efecto, deberá notificar fehacientemente a la parte compradora su voluntad de resolver el contrato en su domicilio.

La presente condición resolutoria quedará extinguida en el caso de que no se ejercite la facultad que en la misma se reconoce en el plazo de *"número de meses para la suspensión de la condición resolutoria"* meses desde la fecha prevista para el pago.

❒ Si se establece condición suspensiva:

Nota:

Sobre el alcance y efectos de la ***condición suspensiva*** *y sus diferencias con la condición resolutoria, ver* TS 9-3-01, *EDJ 2045. En virtud de este tipo de condición el negocio sólo se reputa de momento perfeccionado, desplegando sus efectos ipso iure, cuando se verifica el completo pago del precio, lo que ocasiona la transferencia definitiva de lo vendido. Actúa por tanto como garantía del cobro del precio aplazado que pueden establecer los contratantes.*

Condición suspensiva: Ambas partes convienen en que la presente compraventa se realiza bajo la condición suspensiva del efectivo pago del precio aplazado; por lo que la misma será efectiva únicamente si se abona la integridad del precio conforme a lo expresado en el presente documento. En el caso de impago de alguna de las letras de cambio a su vencimiento el contrato quedará sin efecto, debiendo restituirse ambas partes sus prestaciones, si bien el **vendedor** tendrá derecho a retener en concepto de indemnización un *"porcentaje de las cantidades satisfechas"* de las cantidades que hubiesen sido efectivamente satisfechas hasta la fecha por el **comprador**.

❒ Si se establece reserva de dominio:

Nota:

En relación con el alcance y efectos de la reserva de dominio en las compraventas, ver TS 28-4-00, *EDJ 7023, en la que se citan muchas otras sentencias: (*TS 16-7-93, *EDJ 7219;* 10-2-98, *EDJ 594).*

Reserva de dominio: El **vendedor** se reserva el dominio de los bienes que constituyen el objeto de la presente compraventa hasta el completo pago del precio aplazado. En el caso de impago de cualquiera de las letras de cambio antes referidas quedará sin efecto la obligación del **vendedor** de transmitir el dominio de los bienes, pudiendo el **vendedor** optar por el cumplimiento del contrato o por la resolución del mismo. Una vez verificado el íntegro pago de las letras de cambio reseñadas en el presente documento, se entenderá transmitido el dominio de los bienes objeto de la presente compraventa.

❒ Si se establece prohibición de enajenar:

Prohibición de enajenar: El **Comprador** no podrá disponer, sin autorización expresa y por escrito del/de los **vendedor/es**, del inmueble adquirido en el presente contrato hasta el íntegro pago del precio estipulado.

<

"Número" Tradición

Nota:

La ***escritura pública*** *puede completar la transmisión del dominio, siempre y cuando de la misma no se deduzca lo contrario. Se trata de una ficta traditio prevista en el art.* 1462 *del* Código Civil. *La escritura pública puede equivaler a la entrega a los efectos de tener por realizada la tradición dominical, aun cuando no provoque igualmente el traspaso posesorio, de modo que, a pesar de la transmisión del dominio, puede no estar completamente cumplida la obligación de entrega, mas tal hecho deberá valorarse como la regulación del modo en que ha de cumplirse la obligación de entregar una cosa ya ajena al vendedor, y no como exclusión inequívoca (tal como exige el párrafo segundo del artículo* 1462 *del* Código Civil*) de tal efecto traditorio inherente a la escritura pública. En consecuencia, no debe confundirse el hecho de que se diga que la escritura equivale a la tradición con la obligación de la entrega material del bien vendido (*DGRN Resol 31-3-91*).*
La escritura de ***dación para pago*** *es título hábil para transmitir el dominio (*TS 9-6-10, *EDJ 145105).*

MCM 1012, 1078, 1252; MI 4520 s.

La presente escritura equivale a la tradición.

"Número" Compraventa de cuerpo cierto

Esta cláusula implica una renuncia a la reclamación por los ***excesos o defectos de cabida****. En algún pronunciamiento judicial se ha declarado nula su imposición en contratos con particulares, ver en relación a esta última circunstancia* AP Cantabria 27-12-01.

Manifiestan los comparecientes que la finca se vende como cuerpo cierto y que por consiguiente renuncian a los derechos que pudieran corresponderles por los excesos o defectos de cabida.

"Número" Conformidad con el estado de la finca

Una de las obligaciones previstas en el art. 1483 *del* Código Civil*, así como en la normativa urbanística, tanto en ley del suelo estatal, como en las normas autonómicas, es la de facilitar al comprador la información sobre la situación urbanística del bien vendido, así como sobre las limitaciones a que la finca está sometida (*TS 25-11-99*, EDJ 35041).*

El **Comprador** manifiesta que conoce y acepta el estado físico y situación en la que se encuentra finca, así como que conoce la situación urbanística *"...y de las normas de la comunidad de propietarios ... ".*

"Número" Estado de cargas y saneamiento y evicción

En relación con el alcance de la regulación de los ***vicios y defectos*** *ocultos, ver* TS 19-2-00*, EDJ 1613 y* AP Barcelona 28-4-00*, EDJ 54332.*

*No cabe ejercer con carácter principal la acción quanti minoris y subsidiariamente la acción de anulabilidad, ya que el ejercicio de aquella supone un acto propio convalidatorio del negocio jurídico (*TS 18-3-04*, EDJ 10572).*

El/Los **Vendedor/es** transmite/n la finca descrita en el expositivo I libre de cualquier tipo de carga o gravamen, así como libre de arrendamientos. También se obliga/n al saneamiento y evicción de los referidos bienes.

"Número" Gastos e impuestos

En defecto de pacto los ***gastos*** *de entrega de la cosa son de cargo del vendedor, como dispone el art.*338 *del* Código de Comercio*, mientras que son de cargo del comprador los gastos de recepción de los bienes.*

Todos cuantos gastos e impuestos se deriven del otorgamiento de la presente escritura pública de compraventa serán satisfechos *"...conforme a Ley ... O ... por el Comprador, excepción hecha del Impuesto de Incremento del Valor de los Terrenos que será satisfecho por El/Los Vendedor/es ... ".*

○ **Si existe intervención en la operación de sujetos no residentes:**

A efectos de dar cumplimiento a la legislación sobre inversiones extranjeras, las partes me entregan y se incorpora a esta escritura un ejemplar de la copia del impreso de liquidación de inversión de bienes inmuebles, debidamente diligenciado. Me solicitan a mí, el Notario, para que dé al impreso el curso correspondiente ante el Registro de Inversiones Extranjeras del Ministerio de Economía y Hacienda.

<<

125

Compraventa

MCM 1012, 1078, 1252; MI 4520 s.

OTORGAMIENTO Y AUTORIZACIÓN:

Hago las reservas y advertencias legales y fiscales que incumben a las partes en su aspecto material, formal y sancionador, y especialmente advierto del plazo de treinta días hábiles siguientes a la firma de esta escritura para presentar a liquidar el impuesto correspondiente, de la afección de los bienes al pago del mismo y responsabilidades, en su caso, derivadas del incumplimiento.

Asimismo, advierto de las consecuencias de una posible inexactitud de sus declaraciones o de falsedades en el documento y del tratamiento fiscal que se derivarían de las diferencias de valor resultantes de una comprobación administrativa.

Leo esta escritura a los comparecientes, previa advertencia y renuncia a su derecho de hacerlo por sí mismos y enterados de su contenido, prestan su consentimiento y la firman.

Y yo, el Notario, DOY FE de que mi actuación ha sido pactada de común acuerdo por las partes adquirente y transmitente, y en cuanto fuera procedente, de todo lo demás contenido en este instrumento público, extendido en *"número de folios de papel"* folios de papel de uso exclusivo para documentos notariales, de la serie *"número de serie"*.

MCM 1400 s.

Compraventa de negocio o empresa

Nota preliminar:

- La compraventa de empresa carece de **regulación** específica en nuestro ordenamiento.
- La jurisprudencia se ha referido en ocasiones a este tipo de negocio, aunque sin encontrar **especificaciones** que hagan que su regulación sea diferente a cualquier otra compraventa (AP Barcelona 22-03-19, EDJ 539456; AP Valencia 03-10-17, EDJ 315164; TS 10-05-18, EDJ 64656).
- La Dir 2014/59 establece que los **accionistas** deben soportar las pérdidas en caso de **resolución bancaria**, excluyendo acciones de responsabilidad o nulidad que obstaculicen el procedimiento de resolución (AP Madrid 12-2-24, EDJ 534003), cuando el procedimiento seguido ha sido el de compraventa de negocio o empresa o de una entidad.
- El modelo presupone unas **circunstancias** determinadas que serán las **más frecuentes**. Si en el caso concreto existen circunstancias particulares no previstas, deberá completarse o modificarse el modelo adaptándolo a las mismas.

En *"lugar"*, a *"fecha"*.
Ante mí, *"Don/Doña nombre y apellidos del notario"* perteneciente al colegio notarial de *"colegio notarial"* y con residencia en *"lugar donde radica la notaría"*.

COMPARECEN:

De una parte,
"Don/Doña nombre y apellidos de la parte", mayor de edad, *"estado civil de la parte" "... "especificar el régimen económico matrimonial de la parte" ... "*, de nacionalidad *"nacionalidad de la parte"*, con domicilio a estos efectos en *"domicilio de la parte"*, *"...con DNI/NIF número "DNI/NIF de la parte" ... O ... con tarjeta de residencia número "número de tarjeta de residencia de la parte" ... O ... pasaporte número "número de pasaporte de la parte", expedido el "fecha de expedición del pasaporte de la parte" ... O ... "reseñar otros documentos aportados por la parte" ... "*, vigente hasta el *"fecha de vigencia de la documentación aportada por la parte"*.

Y de otra parte,
"Don/Doña nombre y apellidos de la parte", mayor de edad, *"estado civil de la parte" "... "especificar el régimen económico matrimonial de la parte" ... "*, de nacionalidad *"nacionalidad de la parte"*, con domicilio a estos efectos en *"domicilio de la parte"*, *"...con DNI/NIF número "DNI/NIF de la parte" ... O ... con tarjeta de residencia número "número de tarjeta de residencia de la parte" ... O ... pasaporte número "número de pasaporte de la parte", expedido el "fecha de expedición del pasaporte de la parte" ... O ... "reseñar otros documentos aportados por la parte" ... "*, vigente hasta el *"fecha de vigencia de la documentación aportada por la parte"*.

INTERVIENEN:

 **Nota:**

*La **capacidad** de los contratantes se regula en el CCom art.322 y 323, así como en el CC art.1457. Tratándose de sociedades mercantiles debe tenerse especial cuidado en examinar la legitimación de la persona que interviene, así habrán de analizarse los estatutos de la sociedad para examinar las facultades del administrador. En el caso de apoderados habrá de examinarse el contenido del poder, partiendo siempre de la interpretación restrictiva de los mismos. Deben examinarse también las prohibiciones de disponer, ya sean voluntarias o legales (CCom art.96, 267 y 288; CC art.1459). En el caso de que se celebre un contrato por una persona incapaz la consecuencia será la anulabilidad del contrato, mientras que si se infringe una prohibición de disponer la sanción es la nulidad absoluta del contrato (TS 7-7-87, EDJ 5449).*

MCM 1400 s.

*El hecho de que una persona **no** haya sido **judicialmente incapacitada** no significa que sean válidos los actos que realice sin la capacidad natural precisa en cada caso, porque esa carencia excluye la voluntad negocial e impide que lo hecho valga como declaración (como indica la sentencia TS 4-4-84, la incapacidad mental determina que el negocio sea radicalmente nulo o inexistente por falta de un requisito esencial, y que esa inexistencia es perpetua e insubsanable; TS 17-3-16, EDJ 23223).*

A. *"Don/Doña nombre y apellidos de la parte"*

➤➤

❍ **Si interviene en su propio nombre:**

en su propio nombre y derecho.

❍ **Si interviene como representante:**

en nombre y representación

➤

❍ Si representa a persona física:

de *"Don/Doña nombre y apellidos del representado"*, mayor de edad, *"estado civil del representado"*, con domicilio en *"domicilio del representado"* y provisto de D.N.I./N.I.F. número *"DNI/NIF del representado"*, según consta en escritura de poder, otorgada ante el notario de *"lugar donde radica la notaría en la que se autorizó la escritura de poder de representación (persona física)"*, *"Don/Doña nombre y apellidos del notario que autorizó la escritura de poder de representación (persona física)"*, el *"fecha de escritura de poder de representación (persona física)"*, con el número *"número de protocolo del notario que autorizó la escritura de poder de representación (persona física)"* de su orden de protocolo.

❍ Si representa a persona jurídica:

de la sociedad mercantil denominada *"denominación social"*, domiciliada en *"domicilio social"*, y con NIF número *"NIF de la sociedad"*, constituida, por tiempo indefinido, mediante escritura otorgada ante el notario de *"lugar donde radica la notaría en la que se autorizó la escritura de poder de representación (persona jurídica)"*, *"Don/Doña nombre y apellidos del notario que autorizó la escritura de poder de representación (persona jurídica)"*, el *"fecha de escritura de poder de representación (persona jurídica)"*, e inscrita en el Registro Mercantil de *"datos de la inscripción registral (localidad del Registro Mercantil, tomo, folio, sección, hoja e inscripción)"*, en su calidad de

❍ Si representa como cargo social:

"...administrador único ... O ... administrador solidario ... O ... consejero delegado ... O ... "especificar la representación del cargo social" ..." de la reseñada sociedad, cargo para el que fue nombrado y asegura vigente en escritura otorgada el *"fecha de escritura del nombramiento del cargo"*, ante el notario de *"lugar donde radica la notaría en la que se autorizó la escritura del nombramiento"*, *"Don/Doña nombre y apellidos del notario que autorizó la escritura del nombramiento"*, con el número *"número de protocolo del notario que autorizó la escritura del nombramiento"* de su protocolo, e inscrita en el Registro Mercantil de *"localidad del Registro Mercantil de la escritura de nombramiento"*, en el tomo y hoja arriba indicados.

❍ Si representa como apoderado:

apoderado de la reseñada sociedad, según escritura de poder otorgada a su favor, en *"fecha de escritura del otorgamiento del poder"*, ante el notario de *"lugar donde radica la notaría en la que se autorizó la escritura de poder"*, *"Don/Doña nombre y apellidos del notario que autorizó la escritura de poder"*, con el número *"número de protocolo del notario que autorizó la escritura de poder"* de su protocolo *"...e inscrita en el Registro Mercantil de "localidad del Registro Mercantil de la escritura de poder" ..."*, en el tomo y hoja arriba indicados.

◄

◄◄

En adelante, el **vendedor**.

B. *"Don/Doña nombre y apellidos de la parte"*

⮞⮞

❍ **Si interviene en su propio nombre:**

en su propio nombre y derecho.

❍ **Si interviene como representante:**

en nombre y representación

⮞

❍ Si representa a persona física:

de *"Don/Doña nombre y apellidos del representado"*, mayor de edad, *"estado civil del representado"*, con domicilio en *"domicilio del representado"* y provisto de D.N.I./N.I.F. número *"DNI/NIF del representado"*, según consta en escritura de poder, otorgada ante el notario de *"lugar donde radica la notaría en la que se autorizó la escritura de poder de representación (persona física)"*, *"Don/Doña nombre y apellidos del notario que autorizó la escritura de poder de representación (persona física)"*, el *"fecha de escritura de poder de representación (persona física)"*, con el número *"número de protocolo del notario que autorizó la escritura de poder de representación (persona física)"* de su orden de protocolo.

❍ Si representa a persona jurídica:

de la sociedad mercantil denominada *"denominación social"*, domiciliada en *"domicilio social"*, y con NIF número *"NIF de la sociedad"*, constituida, por tiempo indefinido, mediante escritura otorgada ante el notario de *"lugar donde radica la notaría en la que se autorizó la escritura de poder de representación (persona jurídica)"*, *"Don/Doña nombre y apellidos del notario que autorizó la escritura de poder de representación (persona jurídica)"*, el *"fecha de escritura de poder de representación (persona jurídica)"*, e inscrita en el Registro Mercantil de *"datos de la inscripción registral (localidad del Registro Mercantil, tomo, folio, sección, hoja e inscripción)"*, en su calidad de

⮞

❍ Si representa como cargo social:

"...administrador único ... O ... administrador solidario ... O ... consejero delegado ... O ... "especificar la representación del cargo social" ... " de la reseñada sociedad, cargo para el que fue nombrado y asegura vigente en escritura otorgada el *"fecha de escritura del nombramiento del cargo"*, ante el notario de *"lugar donde radica la notaría en la que se autorizó la escritura del nombramiento"*, *"Don/Doña nombre y apellidos del notario que autorizó la escritura del nombramiento"*, con el número *"número de protocolo del notario que autorizó la escritura del nombramiento"* de su protocolo, e inscrita en el Registro Mercantil de *"localidad del Registro Mercantil de la escritura de nombramiento"*, en el tomo y hoja arriba indicados.

❍ Si representa como apoderado:

apoderado de la reseñada sociedad, según escritura de poder otorgada a su favor, en *"fecha de escritura del otorgamiento del poder"*, ante el notario de *"lugar donde radica la notaría en la que se autorizó la escritura de poder"*, *"Don/Doña nombre y apellidos del notario que autorizó la escritura de poder"*, con el número *"número de protocolo del notario que autorizó la escritura de poder"* de su protocolo *"...e inscrita en el Registro Mercantil de "localidad del Registro Mercantil de la escritura de poder" ... "*, en el tomo y hoja arriba indicados.

⮜

⮜

⮜⮜

En adelante, el **comprador**.

130 **Compraventa**

MCM 1400 s.

Les identifico por sus respectivos documentos de identidad, anteriormente reseñados y que me han exhibido, y les juzgo con capacidad legal suficiente para el otorgamiento de la presente escritura de compraventa de *"...negocio ... O ... empresa ..."*, a cuyo efecto

Nota:

*La **empresa** es la organización a través de la cual el empresario intermedia profesionalmente en el mercado de bienes y servicios.*
*Es importante establecer en este tipo de contratación cuáles son los efectos mercantiles y/o **mercaderías** que van a incluirse en la transmisión dominical. Recuérdese que la compraventa de un inmueble conlleva la de los bienes muebles que se encuentren en su interior, salvo que se establezca lo contrario.*

EXPONEN:

I. Que el **Vendedor** ha venido explotando hasta la fecha *"...el negocio ... O ... la empresa ..." "especificar el tipo de explotación"*.

II. Que en la actualidad dicha empresa/negocio se halla en funcionamiento y constituyen su patrimonio social los bienes y derechos que se relacionan en el inventario que aparece en un documento separado que suscrito por ambas partes me entregan en original e incorporo a la matriz. Todo ello conforme resulta del balance de la sociedad elaborado, a *"fecha de elaboración del balance de la sociedad"*, por el **Vendedor**, y que las partes me entregan igualmente en este acto y que incorporo a la matriz.

III. Que el Comprador está interesado en adquirir *"...el mencionado negocio ... O ... la mencionada empresa ..."*, con todos los elementos que la integran por el precio y condiciones que se determinan en la presente escritura

Expuesto cuanto antecede,

OTORGAN:

"Número" Compraventa

Nota:

*Como la empresa es un concepto genérico, es conveniente precisar el **objeto** del contrato de forma detallada en la regulación del mismo. Son esenciales los siguientes elementos de la empresa:*
a) Maquinaria, mobiliario y mercaderías.
b) Libros de contabilidad.
c) Listado de clientes y proveedores.
d) Patentes.
e) Contratos que afecten a la continuación del negocio.
f) Marca y nombre comercial.
g) Posibles derechos de propiedad intelectual, y específicamente, licencias de uso de programas informáticos. Habrá que tener en cuenta si el hecho de la transmisión de la propiedad (del licenciatario) puede conllevar la pérdida del derecho de uso del programa en cuestión.

El **Vendedor** vende y transmite al **Comprador**, que compra y adquiere, el pleno dominio *"...del negocio ... O ... de la empresa ..."* identificada en el expositivo I anterior, con sus activos materiales e inmateriales y con su fondo de comercio, conforme consta en el inventario anteriormente incorporado a esta escritura y en el balance elaborado por el **Vendedor**, también incorporado.

La presente compraventa lleva implícita además la transmisión de todos los derechos sobre el nombre comercial, así como la titularidad sobre las licencias y autorizaciones necesarias para proseguir con la explotación de la empresa.

"Número" Naturaleza mercantil

Los comparecientes, en la representación en que intervienen, manifiestan que el presente contrato tiene carácter de mercantil y se regirá en primer término por las estipulaciones contenidas en el mismo y en lo que en ellas no estuviere previsto por las disposiciones del Código de Comercio, leyes especiales, los usos y costumbres mercantiles y, en su defecto, por lo establecido en el Código Civil.

"Número" Precio

 **Nota:**

*El **precio** es un elemento esencial de la compraventa, debe tratarse de dinero o signo que lo represente. Es preciso que se encuentre determinado o al menos que sea determinable sin necesidad de un nuevo acuerdo de las partes.*

El precio total de esta venta se fija en la suma de *"precio total de la venta en letra"* euros (*"precio total de la venta en número"* €).

El importe total del precio de la venta se desglosa en la siguiente forma:

a) La cantidad de *"importe de instalaciones y mobiliario en letra "* euros (*"importe de instalaciones y mobiliario en número "* €), corresponden a instalaciones y mobiliario, valor neto contable.

b) La cantidad de *"importe de existencias en letra "* euros (*"importe de existencias en número "* €) corresponden a las existencias.

c) Y el resto, es decir, *"importe de licencias, marcas, etc en letra"* euros (*"importe de licencias, marcas, etc. en número"* €), corresponden al precio de la licencias, marcas, patentes y nombres comerciales que se transmiten.

>>

○ **Si el pago es anterior:**

Dicha cantidad manifiesta **el/los vendedor/es** haberla recibido con anterioridad a este acto del **Comprador**, sirviendo el presente documento como la más cabal y firme carta de pago.

○ **Si el pago es simultáneo:**

Dicha cantidad es satisfecha en este acto por el **Comprador** mediante cheque bancario nominativo por valor de *"precio en letra del pago simultáneo"* euros (*"precio en número del pago simultáneo"* €), emitido a favor de la parte vendedora, sirviendo el presente documento como la más cabal y firme carta de pago.

○ **Si el pago es anterior y simultáneo:**

Dicha cantidad será satisfecha conforme al siguiente calendario de pagos:

a) En cuanto a la cantidad de *"valor del pago anterior en letra"* euros (*"valor del pago anterior en número"* €), confiesa/n **el/los vendedor/es** haberla recibido del Comprador con anterioridad a este acto.

b) En cuanto a la restante cantidad de *"valor del pago restante en letra"* euros (*"valor del pago restante en número"* €), es satisfecha en este acto por el **Comprador** mediante cheque bancario nominativo por valor de *"valor del pago restante en letra"* euros (*"valor del pago restante en número"* €), emitido a favor de la parte vendedora, sirviendo el presente documento como la más cabal y firme carta de pago.

○ **Si hay pago aplazado de parte del precio:**

Dicha cantidad será satisfecha conforme al siguiente calendario de pagos:

a) En cuanto a la cantidad de *"valor del pago simultáneo en letra"* euros (*"valor del pago simultáneo en número"* €), es satisfecha en este acto por el **Comprador** mediante cheque bancario nominativo por valor de *"valor del pago simultáneo en letra"* euros (*"valor del pago simultáneo en número"* €), emitido a favor de la parte vendedora, sirviendo el presente documento como la más cabal y firme carta de pago.

b) En cuanto a la restante cantidad de *"valor del pago restante en letra"* euros (*"valor del pago restante en número"* €), será satisfecha por el **Comprador** en un total de *"número de pagos"* pagos, el primero de los cuales tendrá lugar el *"fecha del primer pago"*.

Compraventa

MCM 1400 s.

El abono de cada uno de los pagos aplazados se garantiza mediante la emisión de *"número" "...letras de cambio ... O ... "otras garantías de pago (Por ejemplo pagarés, etc.)" ...*", números *"números de las garantías"*, por importe, cada una de ellas de *"valor de los pagos en letra"* euros (*"valor de los pagos en número"* €), con vencimiento los días *"día de vencimiento de los pagos"* de cada mes. Dichas *"...letras de cambio ... O ... " otras garantías de pago" ...*" son aceptadas en este acto por el **Comprador**.

"Número" Tradición

*La **escritura pública** puede completar la transmisión del dominio, siempre y cuando de la misma no se deduzca lo contrario. Se trata de una ficta traditio prevista en el art.*1462 *del* Código Civil. *La escritura pública puede equivaler a la entrega a los efectos de tener por realizada la tradición dominical, aun cuando no provoque igualmente el traspaso posesorio, de modo que, a pesar de la transmisión del dominio, puede no estar completamente cumplida la obligación de entrega, mas tal hecho deberá valorarse como la regulación del modo en que ha de cumplirse la obligación de entregar una cosa ya ajena al vendedor, y no como exclusión inequívoca (tal como exige el párrafo segundo del articulo* 1462 *del* Código Civil*) de tal efecto traditorio inherente a la escritura pública. En consecuencia, no debe confundirse el hecho de que se diga que la escritura equivale a la tradición con la obligación de la entrega material del bien vendido (*DGRN Resol 31-3-91*).*

*A los **efectos** de la transmisión de la propiedad y como traditio ficta, el **decreto de adjudicación** se equipara a la entrega de la posesión simbólica al adquirente, es decir el adjudicatario del bien en la subasta adquiere la propiedad del inmueble con este decreto (AP auto 19-7-23, EDJ 769609).*

*Bien cierto es que este segundo requisito, constitutivo o consumador de la transmisión dominical, se entiende cumplido no solo cuando se produce una **entrega física o material** de la cosa (tradición real), sino también, a virtud del progresivo proceso de espiritualización experimentado por las formas de tradición, cuando medien cualesquiera otros **actos jurídicos** que de manera patente entrañen la misma significación de entrega, cuyos actos, integradores de la llamada traditio ficta no son solo los que aparecen relacionados en el CC art.1462 a 1464, al no estar esas formas espiritualizadas de tradición o entrega regidas por el principio del numerus clausus, sino todos aquellos, de variada índole o naturaleza, que de manera contundente e inequívoca revelan que el tradens (vendedor, en este caso concreto) ha puesto real y actualmente la cosa a la plena, absoluta y única disposición del accipiens (comprador, en este caso), con evidente intención por ambas partes de hacerlo así (TS 20-10-89, EDJ 9317; AP Castellón 13-7-23, EDJ 716431).*

La presente escritura equivale a la tradición.

"Número" Garantías

○ Si se establecen garantías sobre el pago aplazado

❒ Si se establece condición resolutoria:

*En relación con los efectos de la **condición resolutoria**, ver por todas la* TS 5-2-02, *EDJ 1584.*

Condición resolutoria: La falta de pago de cualquiera de las letras anteriormente indicadas una vez se produzca el vencimiento de cada una de ellas dará lugar a la resolución de pleno derecho de la presente compraventa. La parte vendedora, a tal efecto, deberá notificar fehacientemente a la parte compradora su voluntad de resolver el contrato en su domicilio.

La presente condición resolutoria quedará extinguida en el caso de que no se ejercite la facultad que en la misma se reconoce en el plazo de *"número de meses para la suspensión de la condición resolutoria"* meses desde la fecha prevista para el pago.

MCM 1400 s.

❐ Si se establece condición suspensiva:

✎ **Nota:**

Sobre el alcance y efectos de la ***condición suspensiva*** *y sus diferencias con la condición resolutoria, ver* TS 9-3-01, *EDJ 2045. En virtud de este tipo de condición el negocio sólo se reputa de momento perfeccionado, desplegando sus efectos ipso iure, cuando se verifica el completo pago del precio, lo que ocasiona la transferencia definitiva de lo vendido. Actúa por tanto como garantía del cobro del precio aplazado que pueden establecer los contratantes.*

Si el negocio de compraventa se ha concluido en virtud de un contrato de ***mediación o corretaje****, la jurisprudencia tiene establecido que el cobro de honorarios por parte del mediador está supeditado a la condición suspensiva de la celebración de aquel contrato, salvo pacto expreso en contra (por todas,* TS 30-7-14, *EDJ 165044).*

El pacto de ***reserva de dominio*** *tiene naturaleza jurídica de condición suspensiva. Así cuando se pague el precio por entero se transmite automáticamente el derecho de propiedad al adquirente y nunca antes se es propietario (*TS 16-3-07, *EDJ 16955).*

Condición suspensiva: Ambas partes convienen en que la presente compraventa se realiza bajo la condición suspensiva del efectivo pago del precio aplazado; por lo que la misma será efectiva únicamente si se abona la integridad del precio conforme a lo expresado en el presente documento. En el caso de impago de alguna de las letras de cambio a su vencimiento el contrato quedará sin efecto, debiendo restituirse ambas partes sus prestaciones, si bien el **vendedor** tendrá derecho a retener en concepto de indemnización un *"porcentaje de las cantidades satisfechas"* de las cantidades que hubiesen sido efectivamente satisfechas hasta la fecha por el **comprador**.

"Número" Manifestaciones y garantías

"Apartado"
El **Vendedor** manifiesta:

a) Que la empresa que es objeto de compraventa goza de todos los permisos y licencias administrativas necesarias para su explotación y funcionamiento, no teniendo pendiente sanción administrativa, o civil de ningún tipo.

b) Que no existe ninguna reclamación judicial o extrajudicial de ningún orden sobre los bienes y derechos que integran el inventario de la empresa en el momento en el que se efectúa la presente transmisión.

c) Que la empresa cumple con todas las normas que les son de aplicación, y especialmente con la legislación y demás normativa de orden medioambiental.

d) Que la empresa se encuentra al corriente de pago de sus obligaciones fiscales y laborales.

"Apartado"
El **Comprador** manifiesta:

a) Que se subroga en la posición del **Vendedor** en las relaciones laborales que aquella tiene a la fecha de la presente compraventa. De esta manera los trabajadores conservarán su categoría, antigüedad y salario.

b) Que se subroga en la posición del **Vendedor** en todos aquellos contratos que hubieran sido suscritos en directa relación con la explotación de la empresa.

c) Que asume el pasivo de la empresa comprada que resulta del balance que se incorpora junto a la presente escritura.

130

Compraventa

MCM 1400 s.

“Número” Documentación de la empresa

El **Vendedor** se obliga a hacer entrega al **Comprador** en el plazo máximo de *“número de días para entregar la documentación”* días naturales siguientes a la fecha de la presente compraventa de la siguiente documentación:

a) Libros de la empresa.

b) Bases de datos de clientes.

c) Documentos relativos a los productos.

d) Documentos relativos a marcas, patentes y nombres comerciales.

e) Los demás documentos públicos y privados relativos a la empresa.

“Número” Desistimiento y resolución

En el caso de que exista una discordancia entre el resultado que se refleja en el balance aportado y la realidad de la empresa que compruebe el **Comprador**, y esas diferencias supongan una disminución en el neto patrimonial superior al *“porcentaje establecido en el balance por el Vendedor”* de lo previsto en el balance aportado, el **Comprador** podrá optar entre reducir la disminución comprobada del precio pendiente de pago o resolver el contrato con la consiguiente restitución de las prestaciones por ambas partes, pactándose que además el **Comprador** tendrá derecho a una indemnización de daños igual a *“cuantía de la indemnización en letra”* euros *“cuantía de la indemnización en número”* €).

“Número” Gastos e impuestos

Todos los gastos e impuestos que se deriven del presente contrato de compraventa y que no sean expresamente asignados a una de las partes conforme al resto de clausulado serán satisfechos *“...conforme a Ley... O... por el comprador...”.*

“Número” Notificaciones

Nota:

*Si no se incluyera esta cláusula las notificaciones se realizarían en el **domicilio** que indica el compareciente en el encabezamiento de la póliza.*

Las partes convienen los siguientes domicilios para la práctica de las notificaciones necesarias para la ejecución del presente contrato:

El **vendedor**: *“domicilio a efectos de notificación parte primera”.*

El **comprador**: *“domicilio a efectos de notificación parte segunda”.*

“Número” Fuero

Nota:

En caso de que no exista sumisión expresa, al no concurrir pacto alguno entre las partes que pudiera orientar acerca del problema sobre la cuestión de competencia, procede acudir a la doctrina mantenida por la Sala, con arreglo a la cual, y por aplicación de lo dispuesto en el CC *art.*1171, *en relación con el* 1500 *de dicho testo Legal y el* CCom *art.*50, *el **lugar de cumplimiento** de las obligaciones es aquel en el que se haya hecho entrega de la mercancía (*TS 22-2-80*;* 19-1-81, *EDJ 1295;* 2-11-84*;* 15-4-85, *EDJ 7288;* 19-10-96, *EDJ 7077;* 5-9-97, *EDJ 6745;* 17-5-99, *EDJ 8840)*

Para la solución de cualquier cuestión litigiosa que pueda derivarse del presente contrato de compraventa las partes, con renuncia al fuero aplicable, se someten a la jurisdicción de los jueces y tribunales de *“especificar ciudad de los Tribunales”.*

“Número” Manifestación fiscal

Las partes declaran expresamente que el contrato no está sujeto al Impuesto Sobre el Valor Añadido (IVA) puesto que se transmite la totalidad del patrimonio empresarial del sujeto pasivo a favor de un sólo adquirente que se obliga a continuar con la misma actividad empresarial.

OTORGAMIENTO Y AUTORIZACIÓN:

Hago las reservas y advertencias legales y fiscales que incumben a las partes en su aspecto material, formal y sancionador, y especialmente advierto del plazo de treinta días hábiles siguientes a la firma de esta escritura para presentar a liquidar el impuesto correspondiente, de la afección de los bienes al pago del mismo y responsabilidades, en su caso, derivadas del incumplimiento.

Asimismo, advierto de las consecuencias de una posible inexactitud de sus declaraciones o de falsedades en el documento y del tratamiento fiscal que se derivarían de las diferencias de valor resultantes de una comprobación administrativa.

Leo esta escritura a los comparecientes, previa advertencia y renuncia a su derecho de hacerlo por sí mismos y enterados de su contenido, prestan su consentimiento y la firman.

Y yo, el Notario, DOY FE de que mi actuación ha sido pactada de común acuerdo por las partes adquirente y transmitente, y en cuanto fuera procedente, de todo lo demás contenido en este instrumento público, extendido en *"número de folios de papel"* folios de papel de uso exclusivo para documentos notariales, de la serie *"número de serie"*.

Compraventa de vehículo de motor

MCM 1096 s.

Nota preliminar:

- Es de destacar la importancia que en la compraventa de vehículos tiene, además del clausulado específico de cada contrato, la **publicidad o propaganda** que se haga de los mismos. En este sentido, resulta de interés el examen de la AP Orense 10-7-01, en la que se hace referencia a multitud de pronunciamientos del TS, y entre cuyos argumentos se dice que "la publicidad sobre un objeto, sobre todo si es un objeto aun no existente, forma parte esencial de la oferta, como se reconoce por la doctrina y ha venido a proclamar el art.8 de la Ley 26/1984 General para la Defensa de los Consumidores y Usuarios y origina responsabilidad en el oferente" (en la actualidad, véase el RDLeg 1/2007 art.20, que aprueba el texto refundido en materia de protección de derechos de consumidores y usuarios).
- La aplicación de la L 28/1998 art.16.2.e de venta a plazos de bienes muebles (LVPBM) conduce a que en el caso de entrega del bien por el deudor al acreedor este puede **reclamar**, como máximo, la diferencia entre la deuda y el valor del bien en el momento de su entrega por el deudor. Dicho de otra manera, salvo que el acreedor hubiera aceptado en beneficio del consumidor la extinción total, la deuda pendiente de pago se reduce por el importe del valor del vehículo en el momento de la entrega y calculado según las tablas fijadas en el contrato. Dada la procedencia de la aplicación de la LVPBM art.16.2.e) al acuerdo concertado entre el prestamista y el prestatario después de la celebración del contrato, y por el que el segundo entrega el bien al primero para que se proceda a su venta con una finalidad *pro solvendo*, la deuda se extingue por la **cuantía** correspondiente al valor del bien en el momento de la entrega conforme a las tablas de depreciación establecidas en el contrato y no por el importe del precio menor obtenido en la posterior venta del bien a un tercero (TS 03-10-18, EDJ 589934).
- El riesgo de un **fallo en mecanismos de seguridad** integra el requisito de la existencia de un defecto grave en los términos del CC art.1484 (AP Pontevedra 11-2-22, EDJ 525600).
- El modelo presupone unas circunstancias determinadas que serán las más frecuentes. Si en el caso concreto existen circunstancias particulares no previstas, deberá completarse o modificarse el modelo adaptándolo a las mismas.

En *"lugar"*, a *"fecha"*.
Ante mí, *"Don/Doña nombre y apellidos del notario"* perteneciente al colegio notarial de *"colegio notarial"* y con residencia en *"lugar donde radica la notaría"*.

Nota:

*La intervención del **notario** es facultativa para las partes. Los notarios realizan las funciones que anteriormente realizaban los corredores de comercio, cuerpo desaparecido a partir del 1-10-2000 momento en el que se produce la fusión de los cuerpos de notarios y corredores de comercio colegiados en virtud de lo dispuesto en la* L 55/1999 disp.adic.24ª.

COMPARECEN:

De una parte,
"Don/Doña nombre y apellidos de la parte", mayor de edad, *"estado civil de la parte" "... "especificar el régimen económico matrimonial de la parte" ... "*, de nacionalidad *"nacionalidad de la parte"*, con domicilio a estos efectos en *"domicilio de la parte", "...con DNI/NIF número "DNI/NIF de la parte" ... O ... con tarjeta de residencia número "número de tarjeta de residencia de la parte" ... O ... pasaporte número "número de pasaporte de la parte", expedido el "fecha de expedición del pasaporte de la parte" ... O ... "reseñar otros documentos aportados por la parte" ... "*, vigente hasta el *"fecha de vigencia de la documentación aportada por la parte"*.

Y de otra parte,

"Don/Doña nombre y apellidos de la parte", mayor de edad, *"estado civil de la parte"* *"... "especificar el régimen económico matrimonial de la parte" ..."*, de nacionalidad *"nacionalidad de la parte"*, con domicilio a estos efectos en *"domicilio de la parte"*, *"...con DNI/NIF número "DNI/NIF de la parte" ... O ... con tarjeta de residencia número "número de tarjeta de residencia de la parte" ... O ... pasaporte número "número de pasaporte de la parte", expedido el "fecha de expedición del pasaporte de la parte" ... O ... "reseñar otros documentos aportados por la parte" ..."*, vigente hasta el *"fecha de vigencia de la documentación aportada por la parte"*.

INTERVIENEN:

A. *"Don/Doña nombre y apellidos de la parte"*

➢➢

❍ **Si interviene en su propio nombre:**

en su propio nombre y derecho.

❍ **Si interviene como representante:**

en nombre y representación

➢

❍ Si representa a persona física:

de *"Don/Doña nombre y apellidos del representado"*, mayor de edad, *"estado civil del representado"*, con domicilio en *"domicilio del representado"* y provisto de D.N.I./N.I.F. número *"DNI/NIF del representado"*, según consta en escritura de poder, otorgada ante el notario de *"lugar donde radica la notaría en la que se autorizó la escritura de poder de representación (persona física)"*, *"Don/Doña nombre y apellidos del notario que autorizó la escritura de poder de representación (persona física)"*, el *"fecha de escritura de poder de representación (persona física)"*, con el número *"número de protocolo del notario que autorizó la escritura de poder de representación (persona física)"* de su orden de protocolo.

❍ Si representa a persona jurídica:

de la sociedad mercantil denominada *"denominación social"*, domiciliada en *"domicilio social"*, y con NIF número *"NIF de la sociedad"*, constituida, por tiempo indefinido, mediante escritura otorgada ante el notario de *"lugar donde radica la notaría en la que se autorizó la escritura de poder de representación (persona jurídica)"*, *"Don/Doña nombre y apellidos del notario que autorizó la escritura de poder de representación (persona jurídica)"*, el *"fecha de escritura de poder de representación (persona jurídica)"*, e inscrita en el Registro Mercantil de *"datos de la inscripción registral (localidad del Registro Mercantil, tomo, folio, sección, hoja e inscripción)"*, en su calidad de

➢

❍ Si representa como cargo social:

"...administrador único ... O ... administrador solidario ... O ... consejero delegado ... O ... "especificar la representación del cargo social" ..." de la reseñada sociedad, cargo para el que fue nombrado y asegura vigente en escritura otorgada el *"fecha de escritura del nombramiento del cargo"*, ante el notario de *"lugar donde radica la notaría en la que se autorizó la escritura del nombramiento"*, *"Don/Doña nombre y apellidos del notario que autorizó la escritura del nombramiento"*, con el número *"número de protocolo del notario que autorizó la escritura del nombramiento"* de su protocolo, e inscrita en el Registro Mercantil de *"localidad del Registro Mercantil de la escritura de nombramiento"*, en el tomo y hoja arriba indicados.

MCM 1096 s.

❍ Si representa como apoderado:

apoderado de la reseñada sociedad, según escritura de poder otorgada a su favor, en *"fecha de escritura del otorgamiento del poder"*, ante el notario de *"lugar donde radica la notaría en la que se autorizó la escritura de poder"*, *"Don/Doña nombre y apellidos del notario que autorizó la escritura de poder"*, con el número *"número de protocolo del notario que autorizó la escritura de poder"* de su protocolo *"...e inscrita en el Registro Mercantil de "localidad del Registro Mercantil de la escritura de poder" ... "*, en el tomo y hoja arriba indicados.

≺

≺

≺≺

En adelante, el **vendedor**.

B. *"Don/Doña nombre y apellidos de la parte"*

≻≻

❍ **Si interviene en su propio nombre:**

en su propio nombre y derecho.

❍ **Si interviene como representante:**

en nombre y representación

≻

❍ Si representa a persona física:

de *"Don/Doña nombre y apellidos del representado"*, mayor de edad, *"estado civil del representado"*, con domicilio en *"domicilio del representado"* y provisto de D.N.I./N.I.F. número *"DNI/NIF del representado"*, según consta en escritura de poder, otorgada ante el notario de *"lugar donde radica la notaría en la que se autorizó la escritura de poder de representación (persona física)"*, *"Don/Doña nombre y apellidos del notario que autorizó la escritura de poder de representación (persona física)"*, el *"fecha de escritura de poder de representación (persona física)"*, con el número *"número de protocolo del notario que autorizó la escritura de poder de representación (persona física)"* de su orden de protocolo.

❍ Si representa a persona jurídica:

de la sociedad mercantil denominada *"denominación social"*, domiciliada en *"domicilio social"*, y con NIF número *"NIF de la sociedad"*, constituida, por tiempo indefinido, mediante escritura otorgada ante el notario de *"lugar donde radica la notaría en la que se autorizó la escritura de poder de representación (persona jurídica)"*, *"Don/Doña nombre y apellidos del notario que autorizó la escritura de poder de representación (persona jurídica)"*, el *"fecha de escritura de poder de representación (persona jurídica)"*, e inscrita en el Registro Mercantil de *"datos de la inscripción registral (localidad del Registro Mercantil, tomo, folio, sección, hoja e inscripción)"*, en su calidad de

❍ Si representa como cargo social:

"...administrador único ... O ... administrador solidario ... O ... consejero delegado ... O ... "especificar la representación del cargo social" ... " de la reseñada sociedad, cargo para el que fue nombrado y asegura vigente en escritura otorgada el *"fecha de escritura del nombramiento del cargo"*, ante el notario de *"lugar donde radica la notaría en la que se autorizó la escritura del nombramiento"*, *"Don/Doña nombre y apellidos del notario que autorizó la escritura del nombramiento"*, con el número *"número de protocolo del notario que autorizó la escritura del nombramiento"* de su protocolo, e inscrita en el Registro Mercantil de *"localidad del Registro Mercantil de la escritura de nombramiento"*, en el tomo y hoja arriba indicados.

MCM 1096 s.

❍ Si representa como apoderado:

apoderado de la reseñada sociedad, según escritura de poder otorgada a su favor, en *"fecha de escritura del otorgamiento del poder"*, ante el notario de *"lugar donde radica la notaría en la que se autorizó la escritura de poder"*, *"Don/Doña nombre y apellidos del notario que autorizó la escritura de poder"*, con el número *"número de protocolo del notario que autorizó la escritura de poder"* de su protocolo *"...e inscrita en el Registro Mercantil de "localidad del Registro Mercantil de la escritura de poder" ..."*, en el tomo y hoja arriba indicados.

En adelante, el **comprador**.

Les identifico por sus respectivos documentos de identidad antes reseñados, y les juzgo con capacidad para celebrar la presente compraventa de vehículo de motor.

 **Nota:**

*La **capacidad** de los contratantes se regula en el CCom art.322 y 323, así como en el CC art.1457. Tratándose de sociedades mercantiles debe tenerse especial cuidado en examinar la legitimación de la persona que interviene, así habrán de analizarse los estatutos de la sociedad para examinar las facultades del administrador. En el caso de apoderados habrá de examinarse el contenido del poder, partiendo siempre de la interpretación restrictiva de los mismos. Deben examinarse también las prohibiciones de disponer, ya sean voluntarias o legales (*CCom *art.*96, 267 *y* 288*;* CC *art.*1459*). En el caso de que se celebre un contrato por una persona incapaz la consecuencia será la anulabilidad del contrato, mientras que si se infringe una prohibición de disponer la sanción es la nulidad absoluta del contrato (*TS 7-7-87, *EDJ 5449).*

EXPONEN:

I. Que el **Vendedor** es titular del siguiente vehículo:

- marca: *"especificar marca del vehículo"*.

- modelo: *"especificar modelo del vehículo"*.

- color: *"color del vehículo"*.

- matrícula: *"matrícula del vehículo"*.

- serie y número de bastidor: *"número de serie y bastidor del vehículo"*.

- *"especificar otras características técnicas: (cilindrada, potencia real, accesorios, p.e. elevalunas eléctrico, radio, etc.)"*.

II. Que el vehículo descrito se halla libre de cargas y gravámenes, y al corriente de pago de cualquier tipo de tasa, impuesto o sanción administrativa.

III. Que el **Comprador** está interesado en adquirir el referido vehículo.

IV. Que el **Vendedor** y el **Comprador** han alcanzado un acuerdo en virtud el primero vende y el segundo compra el referido vehículo, sometiendo ambas partes de mutuo acuerdo la presente compraventa a las siguientes:

ESTIPULACIONES:

"Número" Objeto

El objeto de la presente compraventa viene representado por el vehículo descrito en el expositivo primero del presente contrato, con todos sus accesorios y características técnicas arriba indicadas.

MCM 1096 s.

"Número" Naturaleza mercantil del contrato

Nota:

Para que exista compraventa mercantil es necesario, primero, un elemento subjetivo que consiste en que las partes sean personas (físicas o jurídicas) ***comerciantes*** *y luego que concurran ánimo de* ***reventa*** *y ánimo de lucro. Sobre la distinción ver* TS 20-11-84, *EDJ 7494. En relación con el segundo de los elementos señala la* AP Castellón 28-4-00, *EDJ 70717, que la naturaleza mercantil o civil de una compraventa no depende del efectivo lucro obtenido por la empresa revendedora, sino de la finalidad con la cual se realice la primera compraventa de las mercancías (la que tiene por finalidad una hipotética posterior reventa). Es el animus o la* ***causa*** *de la primera compraventa la que determina el carácter y régimen jurídico de la misma y no tanto, como se dijo antes, el real y efectivo lucro obtenido por el revendedor, de lo contrario, la determinación de la naturaleza jurídica de las compraventas quedaría supeditada a la realización de la reventa, la cual puede postergarse, en ocasiones en el tiempo (piénsese en los títulos, objetos y valores que son adquiridos con un fin especulativo o simplemente que no tienen carácter perecedero, por ciertos empresarios que tienen como objeto social precisamente el de la compra con fines especulativos o de inversión).*

Así pues, no es la reventa acompañada de un lucro real la que determina la naturaleza mercantil de ciertos tipos de venta, sino la ***finalidad*** *con que el adquirente o comprador interviene en el negocio. Finalidad que ha de ser distinta de la utilización personal, familiar o doméstica de la cosa comprada.*

La sentencia del TS 9-7-08, *EDJ 166681, señala que la característica fundamental de la compraventa mercantil es el elemento intencional por el comprador: revender los géneros comprados y el ánimo de lucro.*

Para decidir si el contrato se rige por la legislación en materia de consumidores o la mercantil lo relevante es el ***destino de la operación*** *y no las condiciones subjetivas del contratante (AP Córdoba 22-11-16, EDJ 251878).*

Los comparecientes, en la representación en que intervienen, manifiestan que el presente contrato tiene carácter de mercantil y se regirá en primer término por las estipulaciones contenidas en el mismo y en lo que en ellas no estuviere previsto por las disposiciones del Código de Comercio, leyes especiales, los usos y costumbres mercantiles y, en su defecto, por lo establecido en el Código Civil.

"Número" Precio

Nota:

El ***precio*** *es un elemento esencial de la compraventa, debe tratarse de dinero o signo que lo represente. Es preciso que se encuentre determinado o al menos que sea determinable sin necesidad de un nuevo acuerdo de las partes.*

Respecto del precio, los ***intereses*** *contractuales no satisfechos en sus respectivos vencimientos se acumulan mensualmente al capital y como aumento del mismo devenga nuevos intereses (*AP Valencia 31-7-14, *EDJ 192483).*

En relación con el pago, téngase en cuenta la L 28/1998, *de venta a plazos de bienes muebles.*

El precio de la presente compraventa es de *"precio de la compraventa, en letra"* euros (*"precio de la compraventa, en número"* €).

>>

- **Si el pago es anterior:**

Dicha cantidad manifiesta **el/los vendedor/es** haberla recibido con anterioridad a este acto del **Comprador**, sirviendo el presente documento como la más cabal y firme carta de pago.

- **Si el pago es simultáneo:**

Dicha cantidad es satisfecha en este acto por el **Comprador** mediante cheque bancario nominativo por valor de *"precio en letra del pago simultáneo"* euros (*"precio en número del pago simultáneo"* €), emitido a favor de la parte vendedora, sirviendo el presente documento como la más cabal y firme carta de pago.

MCM 1096 s.

 **Si el pago es anterior y simultáneo:**

Dicha cantidad será satisfecha conforme al siguiente calendario de pagos:

a) En cuanto a la cantidad de *"valor del pago anterior en letra"* euros (*"valor del pago anterior en número"* €), confiesa/n **el/los vendedor/es** haberla recibido del Comprador con anterioridad a este acto.

b) En cuanto a la restante cantidad de *"valor del pago restante en letra"* euros (*"valor del pago restante en número"* €), es satisfecha en este acto por el **Comprador** mediante cheque bancario nominativo por valor de *"valor del pago restante en letra"* euros (*"valor del pago restante en número"* €), emitido a favor de la parte vendedora, sirviendo el presente documento como la más cabal y firme carta de pago.

Si hay pago aplazado de parte del precio:

Dicha cantidad será satisfecha conforme al siguiente calendario de pagos:

a) En cuanto a la cantidad de *"valor del pago simultáneo en letra"* euros (*"valor del pago simultáneo en número"* €), es satisfecha en este acto por el **Comprador** mediante cheque bancario nominativo por valor de *"valor del pago simultáneo en letra"* euros (*"valor del pago simultáneo en número"* €), emitido a favor de la parte vendedora, sirviendo el presente documento como la más cabal y firme carta de pago.

b) En cuanto a la restante cantidad de *"valor del pago restante en letra"* euros (*"valor del pago restante en número"* €), será satisfecha por el **Comprador** en un total de *"número de pagos"* pagos, el primero de los cuales tendrá lugar el *"fecha del primer pago"*.

El abono de cada uno de los pagos aplazados se garantiza mediante la emisión de *"número"* *"...letras de cambio ... O ... "otras garantías de pago (Por ejemplo pagarés, etc.)" ...* ", números *"números de las garantías"*, por importe, cada una de ellas de *"valor de los pagos en letra"* euros (*"valor de los pagos en número"* €), con vencimiento los días *"día de vencimiento de los pagos"* de cada mes. Dichas *"...letras de cambio ... O ... " otras garantías de pago" ...* " son aceptadas en este acto por el **Comprador**.

"Número" Entrega

 **Nota:**

En relación con la obligación de entrega de los bienes hay que tener en consideración que la compraventa no es un contrato traslativo del dominio, sino un contrato meramente obligacional que, aunque obliga al vendedor "a hacer todo lo posible para que el comprador adquiera la propiedad", no le impone su inmediata transmisión, sino sólo la "entrega" de la "libre posesión de la cosa vendida" y su "saneamiento por evicción y vicios ocultos", esto es, la entrega de la posesión y el mantenimiento del comprador en su quieto y pacífico goce. Efectuada esta entrega, con la puesta de la cosa vendida "a disposición del comprador", la prosperabilidad de las acciones que al vendedor asisten para exigir el cumplimiento del contrato y, en particular, el pago del precio de la venta, no queda supeditada a la acreditación de su título de propiedad (TSJ Navarra 2-3-99, *EDJ 3385).*

Cabe ejercer una acción de indemnización por daños y perjuicios cuando ha transcurrido el plazo para ejercer la acción redhibitoria (AP A Coruña 2-3-06, *EDJ 22086).*

El vehículo que constituye el objeto de la presente compraventa deberá ser objeto de entrega por el **Comprador** al **Vendedor** en *"lugar de entrega del vehículo"*, por un plazo máximo que expira por todo el día *"día de expiración del plazo de entrega"*.

Nota:

*En relación con la **calidad** de lo entregado, es importante tener en cuenta que no es suficiente con que haya pasado, en su caso, la Inspección Técnica de Vehículos, sino que viene exigido por el estado o situación real del vehículo en el momento de la entrega* (AP Barcelona 15-5-00, *EDJ 54374).*

Compraventa

MCM 1096 s.

La falta de entrega del vehículo en el plazo señalado en el párrafo anterior y que no se deba a caso fortuito, fuerza mayor o culpa del **Comprador** dará derecho a éste a optar entre resolver el contrato o exigir al **Vendedor** la entrega efectiva de los bienes y una indemnización igual a *"cuantía de la indemnización, en letra"* euros (*"cuantía de la indemnización, en número"* €), por cada día de retraso.

>>

○ Si se establecen garantías del pago del precio:

"Número" Garantías del pago del precio

>

❐ Si se establece condición resolutoria:

Nota:

En relación con los efectos de la condición resolutoria, ver por todas la TS 5-2-02, *EDJ 1584.*

Condición resolutoria: La falta de pago de cualquiera de las letras anteriormente indicadas una vez se produzca el vencimiento de cada una de ellas dará lugar a la resolución de pleno derecho de la presente compraventa. La parte vendedora, a tal efecto, deberá notificar fehacientemente a la parte compradora su voluntad de resolver el contrato en su domicilio.

La presente condición resolutoria quedará extinguida en el caso de que no se ejercite la facultad que en la misma se reconoce en el plazo de *"número de meses para la suspensión de la condición resolutoria"* meses desde la fecha prevista para el pago.

❐ Si se establece condición suspensiva:

Nota:

Sobre el alcance y efectos de la ***condición suspensiva*** *y sus diferencias con la condición resolutoria, ver* TS 9-3-01, *EDJ 2045. En virtud de este tipo de condición el negocio sólo se reputa de momento perfeccionado, desplegando sus efectos ipso iure, cuando se verifica el completo pago del precio, lo que ocasiona la transferencia definitiva de lo vendido. Actúa por tanto como garantía del cobro del precio aplazado que pueden establecer los contratantes.*

Condición suspensiva: Ambas partes convienen en que la presente compraventa se realiza bajo la condición suspensiva del efectivo pago del precio aplazado; por lo que la misma será efectiva únicamente si se abona la integridad del precio conforme a lo expresado en el presente documento. En el caso de impago de alguna de las letras de cambio a su vencimiento el contrato quedará sin efecto, debiendo restituirse ambas partes sus prestaciones, si bien el **vendedor** tendrá derecho a retener en concepto de indemnización un *"porcentaje de las cantidades satisfechas"* de las cantidades que hubiesen sido efectivamente satisfechas hasta la fecha por el **comprador**.

❐ Si se establece reserva de dominio:

Nota:

En relación con el alcance y efectos de la ***reserva de dominio*** *en las compraventas, ver* TS 28-4-00, *EDJ 7023, en la que se citan muchas otras sentencias: (*TS 16-7-93, *EDJ 7219;* 10-2-98, *EDJ 594).*

Reserva de dominio: El **vendedor** se reserva el dominio de los bienes que constituyen el objeto de la presente compraventa hasta el completo pago del precio aplazado. En el caso de impago de cualquiera de las letras de cambio antes referidas quedará sin efecto la obligación del **vendedor** de transmitir el dominio de los bienes, pudiendo el **vendedor** optar por el cumplimiento del contrato o por la resolución del mismo. Una vez verificado el íntegro pago de las letras de cambio reseñadas en el presente documento, se entenderá transmitido el dominio de los bienes objeto de la presente compraventa.

135

❏ Si se establece prohibición de enajenar:

Prohibición de enajenar: El **Comprador** no podrá disponer, sin autorización expresa y por escrito del/de los **vendedor/es**, del inmueble adquirido en el presente contrato hasta el íntegro pago del precio estipulado. MCM 1096 s.

"Número" Garantías del vehículo

Durante el período en el que se extiende la garantía si se produjese o manifestase algún defecto de instalación o montaje del vehículo, podrá el **Comprador** optar entre la ejecución de la reparación, la sustitución del vehículo o la restitución del precio con la disminución del valor que hubiera sufrido por su utilización en el tiempo.

Nota:

En relación con este tipo de pacto, con especial relieve en compraventas de ***consumidores****, señala* AP Palencia 31-7-01, *EDJ 76637, que la denominada relación de garantía otorgada por el fabricante no constituye una relación jurídica autónoma e independiente de la compraventa del vehículo, sino, según resulta de* L 26/1984 *art.*11*, una cláusula complementaria y obligatoria del contrato de compraventa, cuyo contenido mínimo es el que establece el apartado 2º de citado artículo y que atribuye al consumidor o usuario, durante el período de vigencia de la garantía, según el apartado 3º de ese mismo artículo, la facultad de optar entre la sustitución del objeto por otro de idénticas características o la devolución del precio pagado si la reparación efectuada no fuere satisfactoria y el objeto no revistiere las condiciones óptimas para cumplir el uso a que estuviere destinado. En cualquier caso, la garantía del fabricante y la responsabilidad del vendedor no se extiende a las averías causadas por el propio envejecimiento del vehículo (*AP Madrid 24-2-00*).*

"Número" Otras obligaciones del Vendedor

El **Vendedor** se compromete a gestionar toda la documentación de la transmisión en Tráfico, y a entregar la documentación para que el **Comprador** pueda circular con el vehículo vendido.

Nota:

En relación con este tipo de cláusula, ver AP Madrid 18-6-01, *EDJ 38247.*

"Número" Conformidad con el objeto del contrato

Nota:

La conformidad con el objeto vendido y entregado, debe relacionarse con el tema de los ***vicios o defectos ocultos****. Así, en el supuesto de defectos ocultos, que son los que realmente permiten hablar de saneamiento por vicios, (*CC *art.*1484*), el CCom art.*342 *exige que el comprador formule reclamación dentro de los treinta días siguientes a la entrega, pues, si no lo hace, perderá toda acción y derecho a repetir por esta causa contra el vendedor.*

*Y en el caso de que el vicio no sea oculto, o de que las mercancías entregadas carezcan de la calidad pactada, el CC art.*336 *impone también al comprador la carga de una inmediata reacción, ya que establece que no tendrá acción de repetir contra el vendedor alegando vicio o defecto de cantidad o calidad en las mercancías si se considera que, al tiempo de recibirlas, las examinó a su contento; o, si es que las recibió enfardadas o embaladas, no ejercita la acción dentro de los cuatro días siguientes al de su recibo (*AP Barcelona 28-4-00, *EDJ 54332).*

Cuando el empresario envía al ***consumidor y usuario*** *los bienes comprados, el riesgo de pérdida o deterioro de estos se transmite al consumidor o usuario cuando él o un tercero por él indicado, distinto del transportista, haya adquirido la posesión material del bien objeto de compraventa. No obstante, en caso de que sea el consumidor y usuario el que encargue el transporte de los bienes o el transportista elegido no estuviera entre los propuestos por el empresario, el riesgo se transmitirá al consumidor y usuario con la entrega de los bienes al transportista, sin perjuicio de sus derechos frente a éste (*RDLeg 1/2007 *art.*66 ter*).*

Compravento

El Comprador manifiesta que conoce y acepta el estado físico y situación en la que se encuentra vehículo, corriendo con el riesgo y ventura de la presente compraventa, liberando al **Vendedor** de las obligaciones dispuestas en el art.345 del Código de Comercio.

"Número" Gastos e impuestos

Todos los gastos e impuestos que se deriven del presente contrato de compraventa y que no sean expresamente asignados a una de las partes conforme al resto de clausulado serán satisfechos *"...conforme a Ley... O ... por el comprador..."*.

"Número" Notificaciones

Nota:

Si no se incluyera esta cláusula las notificaciones se realizarían en el ***domicilio*** *que indica el compareciente en el encabezamiento de la póliza.*

Las partes convienen los siguientes domicilios para la práctica de las notificaciones necesarias para la ejecución del presente contrato:

El **vendedor**: *"domicilio a efectos de notificación parte primera"*.

El **comprador**: *"domicilio a efectos de notificación parte segunda"*.

"Número" Fuero

Nota:

En caso de que no exista sumisión expresa, al no concurrir pacto alguno entre las partes que pudiera orientar acerca del problema sobre la cuestión de competencia, procede acudir a la doctrina mantenida por la Sala, con arreglo a la cual, y por aplicación de lo dispuesto en el CC *art.*1171, *en relación con el* 1500 *de dicho testo Legal y el* CCom *art.*50, *el* ***lugar de cumplimiento*** *de las obligaciones es aquel en el que se haya hecho entrega de la mercancía (*TS 22-2-80*;* 19-1-81, *EDJ 1295;* 2-11-84*;* 15-4-85, *EDJ 7288;* 19-10-96, *EDJ 7077;* 5-9-97, *EDJ 6745;* 17-5-99, *EDJ 8840)*

Para la solución de cualquier cuestión litigiosa que pueda derivarse del presente contrato de compraventa las partes, con renuncia al fuero aplicable, se someten a la jurisdicción de los jueces y tribunales de *"especificar ciudad de los Tribunales"*.

"Número" Intervención de Notario

Este contrato se ha formalizado, según se expresa anteriormente, con intervención del notario a todos los efectos, incluso a los previstos en el art.93 del Código de Comercio, en los artículos 517 y 572 de la Ley de Enjuiciamiento Civil y demás legislación concordante.

el vendedor y **el comprador** dan su conformidad a los términos y condiciones previstos en el presente contrato y en prueba de ello lo firman por cuadruplicado ejemplar y a un solo efecto, reconociendo cada una de ellas haber recibido copia del mismo, y yo, el notario interviniente, doy fe de la identidad y capacidad de las partes y de la legitimación de sus firmantes, así como de todo lo convenido en la presente póliza que firmo, rubrico y sello en el lugar y fecha indicados en el encabezamiento.

EL COMPRADOR **EL VENDEDOR**

Con mi intervención

Compraventa a plazos de bienes muebles

MCM 1330 s.

Nota preliminar:

- Al tratarse de supuestos especiales, es necesario, con arreglo a lo dispuesto en la LEC art.217.2 que así se estipule en los contratos, ya que, de no ser así, la compraventa se entiende concertada en la forma ordinaria. En este sentido, ver AP Lleida 23-1-02.

- Mediante este contrato una de las partes entrega a la otra una cosa mueble corporal y ésta se obliga a pagar por ella un precio cierto de forma **total o parcialmente** aplazada en tiempo superior a tres meses desde la perfección del mismo. También se entienden comprendidos los actos o contratos, cualquiera que sea su forma jurídica o la denominación que la partes les asignen, mediante las cuales las partes se propongan conseguir los mismos fines económicos que con la venta a plazos.

LVPBM; RD 1828/1999; OM 19-7-1999

De gran importancia resulta la L 28/1998, que regula los contratos de venta a plazos de bienes muebles corporales no consumibles e identificables, así como de los contratos de préstamo destinados a facilitar su adquisición y de las garantías que se constituyan para asegurar el cumplimiento de las obligaciones nacidas de dichos contratos (art.1).

Dada la procedencia de la aplicación de la LVPBM art.16.2.e al acuerdo concertado entre el prestamista y el prestatario después de la celebración del contrato y por el que el segundo entrega el bien al primero para que se proceda a su venta con una finalidad *pro solvendo*, la deuda se extingue por la **cuantía** correspondiente al valor del bien en el momento de la entrega conforme a las tablas de depreciación establecidas en el contrato y no por el importe del precio menor obtenido en la posterior venta del bien a un tercero (TS 03-10-18, EDJ 589934).

- Cuando las normas del apartado anterior no fueren de aplicación a los litigios en materia de **seguros, ventas a plazos** de bienes muebles corporales y contratos destinados a su **financiación**, así como en materia de contratos de **prestación de servicios** o relativos a bienes muebles cuya celebración hubiera sido precedida de **oferta pública**, será competente el tribunal del domicilio del asegurado, comprador o prestatario o el del domicilio de quien hubiere aceptado la oferta, respectivamente, o el que corresponda conforme a las normas de los artículos 50 y 51, a elección del demandante (TS auto 16-4-24, EDJ 538320).

- El modelo presupone unas circunstancias determinadas que serán las más frecuentes. Si en el caso concreto existen circunstancias particulares no previstas, deberá completarse o modificarse el modelo adaptándolo a las mismas.

En *"lugar"*, a *"fecha"*.

Ante mí, *"Don/Doña nombre y apellidos del notario"* perteneciente al colegio notarial de *"colegio notarial"* y con residencia en *"lugar donde radica la notaría"*.

Nota:

La intervención del ***notario*** *es facultativa para las partes. Los notarios realizan las funciones que anteriormente realizaban los corredores de comercio, cuerpo desaparecido a partir del 1-10-2000 momento en el que se produce la fusión de los cuerpos de notarios y corredores de comercio colegiados en virtud de lo dispuesto en la* L 55/1999 disp.adic.24ª.

COMPARECEN:

De una parte,

"Don/Doña nombre y apellidos de la parte", mayor de edad, *"estado civil de la parte"* "... *"especificar el régimen económico matrimonial de la parte"* ... ", de nacionalidad *"nacionalidad de la parte"*, con domicilio a estos efectos en *"domicilio de la parte"*, *"...con DNI/NIF número "DNI/NIF de la parte"... O ... con tarjeta de residencia número "número de tarjeta de residencia de la parte" ... O ... pasaporte número "número de pasaporte de la parte", expedido el "fecha de expedición del pasaporte de la parte" ... O ... "reseñar otros documentos aportados por la parte"* ... ", vigente hasta el *"fecha de vigencia de la documentación aportada por la parte"*.

MCM 1330 s.

Y de otra parte,

"Don/Doña nombre y apellidos de la parte", mayor de edad, *"estado civil de la parte" "..."especificar el régimen económico matrimonial de la parte" ..."*, de nacionalidad *"nacionalidad de la parte"*, con domicilio a estos efectos en *"domicilio de la parte"*, *"...con DNI/NIF número "DNI/NIF de la parte" ... O ... con tarjeta de residencia número "número de tarjeta de residencia de la parte" ... O ... pasaporte número "número de pasaporte de la parte", expedido el "fecha de expedición del pasaporte de la parte" ... O ... "reseñar otros documentos aportados por la parte" ..."*, vigente hasta el *"fecha de vigencia de la documentación aportada por la parte"*.

LVPBM; RD 1828/1999; OM 19-7-1999

INTERVIENEN:

✍ **Nota:**

*La **capacidad** de los contratantes se regula en el CCom art.*322 *y* 323, *así como en el CC art.*1457. *Tratándose de sociedades mercantiles debe tenerse especial cuidado en examinar la legitimación de la persona que interviene, así habrán de analizarse los estatutos de la sociedad para examinar las facultades del administrador. En el caso de apoderados habrá de examinarse el contenido del poder, partiendo siempre de la interpretación restrictiva de los mismos. Deben examinarse también las prohibiciones de disponer, ya sean voluntarias o legales (*CCom *art.*96, 267 *y* 288*;* CC *art.*1459*). En el caso de que se celebre un contrato por una persona incapaz la consecuencia será la anulabilidad del contrato, mientras que si se infringe una prohibición de disponer la sanción es la nulidad absoluta del contrato (*TS 7-7-87, *EDJ 5449).*

*Aun cuando se admite la **representación tácita** por hechos concluyentes, en principio la facultad de representación no se presume, así como tampoco en sus relaciones con terceros el agente actúa siempre como representante, sino que ha de expresarlo así, según establece el CCom art.247 (AP Asturias 27-11-02, EDJ 89108).*

A. *"Don/Doña nombre y apellidos de la parte"*

○ **Si interviene en su propio nombre:**

en su propio nombre y derecho.

○ **Si interviene como representante:**

en nombre y representación

○ Si representa a persona física:

de *"Don/Doña nombre y apellidos del representado"*, mayor de edad, *"estado civil del representado"*, con domicilio en *"domicilio del representado"* y provisto de D.N.I./N.I.F. número *"DNI/NIF del representado"*, según consta en escritura de poder, otorgada ante el notario de *"lugar donde radica la notaría en la que se autorizó la escritura de poder de representación (persona física)"*, *"Don/Doña nombre y apellidos del notario que autorizó la escritura de poder de representación (persona física)"*, el *"fecha de escritura de poder de representación (persona física)"*, con el número *"número de protocolo del notario que autorizó la escritura de poder de representación (persona física)"* de su orden de protocolo.

○ Si representa a persona jurídica:

de la sociedad mercantil denominada *"denominación social"*, domiciliada en *"domicilio social"*, y con NIF número *"NIF de la sociedad"*, constituida, por tiempo indefinido, mediante escritura otorgada ante el notario de *"lugar donde radica la notaría en la que se autorizó la escritura de poder de representación (persona jurídica)"*, *"Don/Doña nombre y apellidos del notario que autorizó la escritura de poder de representación (persona jurídica)"*, el *"fecha de escritura de poder de representación (persona jurídica)"*, e inscrita en el Registro Mercantil de *"datos de la inscripción registral (localidad del Registro Mercantil, tomo, folio, sección, hoja e inscripción)"*, en su calidad de

MCM 1330 s.

➢

❍ Si representa como cargo social:

"...administrador único ... O ... administrador solidario ... O ... consejero delegado ... O ... "especificar la representación del cargo social" ... " de la reseñada sociedad, cargo para el que fue nombrado y asegura vigente en escritura otorgada el *"fecha de escritura del nombramiento del cargo"*, ante el notario de *"lugar donde radica la notaría en la que se autorizó la escritura del nombramiento"*, *"Don/Doña nombre y apellidos del notario que autorizó la escritura del nombramiento"*, con el número *"número de protocolo del notario que autorizó la escritura del nombramiento"* de su protocolo, e inscrita en el Registro Mercantil de *"localidad del Registro Mercantil de la escritura de nombramiento"*, en el tomo y hoja arriba indicados.

LVPBM; RD 1828/1999; OM 19-7-1999

❍ Si representa como apoderado:

apoderado de la reseñada sociedad, según escritura de poder otorgada a su favor, en *"fecha de escritura del otorgamiento del poder"*, ante el notario de *"lugar donde radica la notaría en la que se autorizó la escritura de poder"*, *"Don/Doña nombre y apellidos del notario que autorizó la escritura de poder"*, con el número *"número de protocolo del notario que autorizó la escritura de poder"* de su protocolo *"...e inscrita en el Registro Mercantil de "localidad del Registro Mercantil de la escritura de poder" ..."*, en el tomo y hoja arriba indicados.

≺

≺

≺≺

En adelante, El **vendedor**.

Con poderes suficientes para obligarle en este acto, según resulta de la verificación de la representación de la parte inferior de este documento.

B. *"Don/Doña nombre y apellidos de la parte"*

➢➢

❍ **Si interviene en su propio nombre:**

en su propio nombre y derecho.

❍ **Si interviene como representante:**

en nombre y representación

❍ Si representa a persona física:

de *"Don/Doña nombre y apellidos del representado"*, mayor de edad, *"estado civil del representado"*, con domicilio en *"domicilio del representado"* y provisto de D.N.I./N.I.F. número *"DNI/NIF del representado"*, según consta en escritura de poder, otorgada ante el notario de *"lugar donde radica la notaría en la que se autorizó la escritura de poder de representación (persona física)"*, *"Don/Doña nombre y apellidos del notario que autorizó la escritura de poder de representación (persona física)"*, el *"fecha de escritura de poder de representación (persona física)"*, con el número *"número de protocolo del notario que autorizó la escritura de poder de representación (persona física)"* de su orden de protocolo.

❍ Si representa a persona jurídica:

de la sociedad mercantil denominada *"denominación social"*, domiciliada en *"domicilio social"*, y con NIF número *"NIF de la sociedad"*, constituida, por tiempo indefinido, mediante escritura otorgada ante el notario de *"lugar donde radica la notaría en la que se autorizó la escritura de poder de representación (persona jurídica)"*, *"Don/Doña nombre y apellidos del notario que autorizó la escritura de poder de representación (persona jurídica)"*, el *"fecha de escritura de poder de representación (persona jurídica)"*, e inscrita en el Registro Mercantil de *"datos de la inscripción registral (localidad del Registro Mercantil, tomo, folio, sección, hoja e inscripción)"*, en su calidad de

MCM 1330 s.

LVPBM; RD 1828/1999; OM 19-7-1999

➤

❍ Si representa como cargo social:

"...administrador único ... O ... administrador solidario ... O ... consejero delegado ... O ... "especificar la representación del cargo social" ... " de la reseñada sociedad, cargo para el que fue nombrado y asegura vigente en escritura otorgada el *"fecha de escritura del nombramiento del cargo"*, ante el notario de *"lugar donde radica la notaría en la que se autorizó la escritura del nombramiento"*, *"Don/Doña nombre y apellidos del notario que autorizó la escritura del nombramiento"*, con el número *"número de protocolo del notario que autorizó la escritura del nombramiento"* de su protocolo, e inscrita en el Registro Mercantil de *"localidad del Registro Mercantil de la escritura de nombramiento"*, en el tomo y hoja arriba indicados.

❍ Si representa como apoderado:

apoderado de la reseñada sociedad, según escritura de poder otorgada a su favor, en *"fecha de escritura del otorgamiento del poder"*, ante el notario de *"lugar donde radica la notaría en la que se autorizó la escritura de poder"*, *"Don/Doña nombre y apellidos del notario que autorizó la escritura de poder"*, con el número *"número de protocolo del notario que autorizó la escritura de poder"* de su protocolo *"...e inscrita en el Registro Mercantil de "localidad del Registro Mercantil de la escritura de poder" ... "*, en el tomo y hoja arriba indicados.

≺

≺≺

En adelante, El **comprador**.

Con poderes suficientes para obligarle en este acto, según resulta de la verificación de la representación de la parte inferior de este documento.

EXPONEN:

I. Que el **Vendedor** es una empresa que está interesada en proceder a la venta de los productos que se relacionan en el Anexo 1 que se incorpora a esta póliza.

II. Que el **Comprador** está interesado en adquirir los bienes que se relacionan en el indicado Anexo 1.

III. Que el **Vendedor** y el **Comprador** han alcanzado un acuerdo en virtud del cual este último vende los bienes relacionados en el Anexo 1, sometiendo ambas partes de mutuo acuerdo la presente compraventa mercantil a las siguientes:

ESTIPULACIONES:

"Número" Objeto

El objeto de la presente compraventa viene representado por los bienes que se relacionan en el Anexo 1 que se incorpora a la presente póliza debidamente suscrito por los comparecientes. La presente compraventa se realiza por el **Vendedor** de conformidad con su objeto social, adquiriéndose por el **Comprador** para su utilización o empleo en su explotación mercantil.

✍ **Nota:**

*El **objeto** de estos contratos viene dado por las siguientes notas:*
a) Debe tratarse de uno o varios bienes muebles.
*b) Los bienes tienen que ser identificables, entendiendo por tales aquellos en los que consta la marca y número de serie o fabricación de forma indeleble o inseparable en una o varias de sus partes fundamentales, o que tengan alguna característica distintiva que excluya razonablemente su confusión con otros bienes (*L 28/1998 *art.*1.2*).*
c) Ha de tratarse de bienes no consumibles.
*d) Los contratos sujetos a la Ley 28/1998 que también estén sujetos a la Ley de Contratos de Crédito al consumo se rigen por los preceptos de esta última (*L 28/1998 *art.*2*).*

MCM 1330 s.

LVPBM; RD 1828/1999; OM 19-7-1999

"Número" Naturaleza mercantil del contrato

 **Nota:**

Para que exista compraventa mercantil es necesario, primero, un elemento subjetivo que consiste en que las partes sean personas (físicas o jurídicas) ***comerciantes*** *y luego que concurran ánimo de* ***reventa*** *y ánimo de lucro. Sobre la distinción ver* TS 20-11-84, *EDJ 7494. En relación con el segundo de los elementos señala la* AP Castellón 28-4-00, *EDJ 70717, que la naturaleza mercantil o civil de una compraventa no depende del efectivo lucro obtenido por la empresa revendedora, sino de la finalidad con la cual se realice la primera compraventa de las mercancías (la que tiene por finalidad una hipotética posterior reventa). Es el animus o la* ***causa*** *de la primera compraventa la que determina el carácter y régimen jurídico de la misma y no tanto, como se dijo antes, el real y efectivo lucro obtenido por el revendedor, de lo contrario, la determinación de la naturaleza jurídica de las compraventas quedaría supeditada a la realización de la reventa, la cual puede postergarse, en ocasiones en el tiempo (piénsese en los títulos, objetos y valores que son adquiridos con un fin especulativo o simplemente que no tienen carácter perecedero, por ciertos empresarios que tienen como objeto social precisamente el de la compra con fines especulativos o de inversión).*

Así pues, no es la reventa acompañada de un lucro real la que determina la naturaleza mercantil de ciertos tipos de venta, sino la ***finalidad*** *con que el adquirente o comprador interviene en el negocio. Finalidad que ha de ser distinta de la utilización personal, familiar o doméstica de la cosa comprada.*

La sentencia del TS 9-7-08, *EDJ 166681, señala que la característica fundamental de la compraventa mercantil es el elemento intencional por el comprador: revender los géneros comprados y el ánimo de lucro.*

Para decidir si el contrato se rige por la legislación en materia de consumidores o la mercantil lo relevante es el ***destino de la operación*** *y no las condiciones subjetivas del contratante (AP Córdoba 22-11-16, EDJ 251878).*

El ***concepto de consumidor*** *[...] debe interpretarse de forma restrictiva, en relación con la posición de esta persona en un contrato determinado y con la naturaleza y la finalidad de este, y no con la situación subjetiva de dicha persona, dado que una misma persona puede ser considerada consumidor respecto de ciertas operaciones y operador económico respecto de otras -véase, en este sentido, la sentencia TJUE 25-1-18, Schrems, C-498/16, apartado 29 y jurisprudencia citada- (AP Málaga 28-1-22, EDJ 516531).*

Los comparecientes, en la representación en que intervienen, manifiestan que el presente contrato tiene carácter de mercantil y se regirá en primer término por las estipulaciones contenidas en el mismo y en lo que en ellas no estuviere previsto por las disposiciones del Código de Comercio, leyes especiales, los usos y costumbres mercantiles y, en su defecto, por lo establecido en el Código Civil.

"Número" Precio

 **Nota:**

El ***precio*** *es un elemento esencial de la compraventa, debe tratarse de dinero o signo que lo represente. Es preciso que se encuentre determinado o al menos que sea determinable sin necesidad de un nuevo acuerdo de las partes.*

El precio de la presente compraventa es de *"precio de la compraventa, en letra"* euros (*"precio de la compraventa, en número"* €).

Dicha cantidad será satisfecha conforme al siguiente calendario de pagos:

a) En cuanto a la cantidad de *"valor del pago simultáneo en letra"* euros (*"valor del pago simultáneo en número"* €), es satisfecha en este acto por el **Comprador** mediante cheque bancario nominativo por valor de *"valor del pago simultáneo en letra"* euros (*"valor del pago simultáneo en número"* €), emitido a favor de la parte vendedora, sirviendo el presente documento como la más cabal y firme carta de pago.

b) En cuanto a la restante cantidad de *"valor del pago restante en letra"* euros (*"valor del pago restante en número"* €), será satisfecha por el **Comprador** en un total de *"número de pagos"* pagos, el primero de los cuales tendrá lugar el *"fecha del primer pago"*.

Compraventa

MCM 1330 s.

El abono de cada uno de los pagos aplazados se garantiza mediante la emisión de *"número"* "*...letras de cambio ... O ... "otras garantías de pago (Por ejemplo pagarés, etc.)" ...* ", números *"números de las garantías"*, por importe, cada una de ellas de *"valor de los pagos en letra"* euros (*"valor de los pagos en número"* €), con vencimiento los días *"día de vencimiento de los pagos"* de cada mes. Dichas *"...letras de cambio ... O ... " otras garantías de pago" ...* " son aceptadas en este acto por el **Comprador**.

LVPBM; RD 1828/1999; OM 19-7-1999

De la cantidad aplazada *"cantidad en letra, correspondiente al principal del pago aplazado"* euros (*"cantidad en número, correspondiente al principal del pago aplazado"* €) corresponden al principal y *"cantidad en letra, correspondiente a los intereses del pago aplazado"* euros (*"cantidad en número, correspondiente a los intereses"* €) a los intereses que ambas partes pactan en un *"... "porcentaje de interés fijo" anual ... O ... "porcentaje de interés variable (Establecer la fórmula para su determinación)" ...* ". Además en cumplimiento de lo dispuesto en el art.7 de la Ley 28/1998, de 13 de julio, las partes fijan el TAE (Tasa Anual Equivalente) en un *"porcentaje de TAE que fijan las partes"*.

➢➢

❍ **Si se establecen condiciones para el pago anticipado:**

El **Comprador** podrá en cualquier momento durante la vigencia del contrato pagar anticipadamente de forma total o parcial el precio que se encuentre pendiente de pago en dicho momento. En dicho caso el **Vendedor** no tendrá derecho a percibir cantidad alguna por los intereses no devengados, si bien las partes pactan expresamente que el **Vendedor** tendrá derecho a percibir en dichos casos una compensación económica igual a *"cantidad en letra, de la compensación económica"* euros (*"cantidad en número, de la compensación económica"* €).

Nota:

*Estas **compensaciones** no podrán exceder en ningún caso de:*
a) el 1,5%, cuando el interés pacto por el aplazamiento es variable; y
b) el 3%, si el interés es fijo.

La cantidad mínima que las partes establecen para que se pueda realizar el pago anticipado viene representada por el 10% de la cantidad pendiente en el momento de efectuarse el mismo.

Nota:

*En el caso de no establecer nada al respecto el **límite** viene representado por el 20% de las cantidades pendientes de pago (*L 28/1998 *art.9). Este precepto se refiere a los pagos parciales anticipados.*

⋞⋞

"Número" Entrega de los bienes

Nota:

*En relación con la obligación de **entrega** de los bienes hay que tener en consideración que la compraventa no es un contrato traslativo del dominio, sino un contrato meramente obligacional que, aunque obliga al vendedor "a hacer todo lo posible para que el comprador adquiera la propiedad", no le impone su inmediata transmisión, sino sólo la "entrega" de la "libre posesión de la cosa vendida" y su "saneamiento por evicción y vicios ocultos", esto es, la entrega de la posesión y el mantenimiento del comprador en su quieto y pacífico goce. Efectuada esta entrega, con la puesta de la cosa vendida "a disposición del comprador", la prosperabilidad de las acciones que al vendedor asisten para exigir el cumplimiento del contrato y, en particular, el pago del precio de la venta, no queda supeditada a la acreditación de su título de propiedad (*TSJ Navarra 2-3-99, *EDJ 3385).*

Los bienes que constituyen el objeto de la presente compraventa y que se relacionan en el Anexo 1 que se incorpora al presente documento, deberán ser objeto de entrega por el **Vendedor** al **Comprador** en *"lugar de entrega de los bienes"*, por un plazo máximo que expira por todo el día *"día de expiración del plazo máximo para la entrega de los bienes"*.

La falta de entrega de las mercancías en el plazo señalado en el párrafo anterior y que no se deba a caso fortuito, fuerza mayor o culpa del **Comprador** dará derecho a éste a optar entre resolver el contrato o exigir al **Vendedor** la entrega efectiva de los bienes y una indemnización igual a *"cantidad de la indemnización en letra, por la falta de entrega de los bienes"* euros (*"cantidad del indemnización en número, por la falta de entrega de los bienes"* €), por cada día de retraso.

MCM 1330 s.

"Número" Garantías del pago del precio

➢➢

❒ Si se establece condición resolutoria:

LVPBM; RD 1828/1999; OM 19-7-1999

✍ **Nota:**

En relación con los efectos de la ***condición resolutoria****, ver por todas la* TS 5-2-02, *EDJ 1584.*

Condición resolutoria: La falta de pago de cualquiera de las letras anteriormente indicadas una vez se produzca el vencimiento de cada una de ellas dará lugar a la resolución de pleno derecho de la presente compraventa. La parte vendedora, a tal efecto, deberá notificar fehacientemente a la parte compradora su voluntad de resolver el contrato en su domicilio.

La presente condición resolutoria quedará extinguida en el caso de que no se ejercite la facultad que en la misma se reconoce en el plazo de *"número de meses para la suspensión de la condición resolutoria"* meses desde la fecha prevista para el pago.

❒ Si se establece condición suspensiva:

✍ **Nota:**

Sobre el alcance y efectos de la condición suspensiva y sus diferencias con la condición resolutoria, ver TS 9-3-01, *EDJ 2045. En virtud de este tipo de condición el negocio sólo se reputa de momento perfeccionado, desplegando sus efectos ipso iure, cuando se verifica el completo pago del precio, lo que ocasiona la transferencia definitiva de lo vendido. Actúa por tanto como garantía del cobro del precio aplazado que pueden establecer los contratantes.*

Condición suspensiva: Ambas partes convienen en que la presente compraventa se realiza bajo la condición suspensiva del efectivo pago del precio aplazado; por lo que la misma será efectiva únicamente si se abona la integridad del precio conforme a lo expresado en el presente documento. En el caso de impago de alguna de las letras de cambio a su vencimiento el contrato quedará sin efecto, debiendo restituirse ambas partes sus prestaciones, si bien el **vendedor** tendrá derecho a retener en concepto de indemnización un *"porcentaje de las cantidades satisfechas"* de las cantidades que hubiesen sido efectivamente satisfechas hasta la fecha por el **comprador**.

❒ Si se establece reserva de dominio:

✍ **Nota:**

El pacto de ***reserva de dominio*** *es perfectamente admisible en la compraventa de bienes muebles a plazos, así lo indican, entre otras,* AP Tarragona 21-3-00, *donde expresamente indica que: lo admite la propia Ley en su artículo 6 y tiene su propia finalidad cual es la de proteger al vendedor financiador de los riesgos de la insolvencia o impago del deudor, constituyen un mecanismo eficaz para la defensa de sus derechos que despliega eficacia "inter partes" desde la formalización del contrato y eficacia "erga omnes" desde el momento de su inscripción en el Registro de reservas de dominio y prohibiciones de disponer; y desde este momento es oponible a todos los terceros, incluida la Seguridad Social.*
En relación con el alcance y efectos de la ***reserva de dominio*** *en las compraventas, ver* TS 28-4-00, *EDJ 7023, en la que se citan muchas otras sentencias: (*TS 16-7-93, *EDJ 7219;* TS10-2-98, *EDJ 594).*
El ***leasing*** *es un contrato distinto de la compraventa a plazos de bienes con reserva de dominio. Se trata aquel de un contrato complejo y atípico, en el que, si no se prueba la mediación de un acuerdo simulatorio en el que el leasing es el negocio aparente para encubrir como realmente querida una compraventa a plazos, deberá excluirse la legislación especial para este tipo de venta (*TS 14-12-04, *EDJ 197309).*

Compraventa

Reserva de dominio: El **vendedor** se reserva el dominio de los bienes que constituyen el objeto de la presente compraventa hasta el completo pago del precio aplazado. En el caso de impago de cualquiera de las letras de cambio antes referidas quedará sin efecto la obligación del **vendedor** de transmitir el dominio de los bienes, pudiendo el **vendedor** optar por el cumplimiento del contrato o por la resolución del mismo. Una vez verificado el íntegro pago de las letras de cambio reseñadas en el presente documento, se entenderá transmitido el dominio de los bienes objeto de la presente compraventa.

 **Nota:**

LVPBM; RD 1828/1999; OM 19-7-1999

*La cláusula de **vencimiento anticipado** se ajusta a la LVPBM y al CC art.1124 y 1129, por lo que la nulidad declarada en la sentencia no excluye su aplicación (AP Tarragona 15-2-24, EDJ 540437).*

"Número" Conformidad con el objeto del contrato

Nota:

*La **conformidad** con el objeto vendido y entregado debe relacionarse con el tema de los vicios o defectos ocultos. Así, en el supuesto de defectos ocultos, que son los que realmente permiten hablar de saneamiento por vicios (*CC *art.*1484*), el artículo* 342 *del* Código de Comercio *exige que el comprador formule reclamación dentro de los treinta días siguientes a la entrega, pues, si no lo hace, perderá toda acción y derecho a repetir por esta causa contra el vendedor.*

*El riesgo de un **fallo en mecanismos de seguridad** integra el requisito de la existencia de un defecto grave en los términos del CC art.1484 (AP Pontevedra 11-2-22, EDJ 525600).*

*Y en el caso de que el vicio no sea oculto, o de que las mercancías entregadas carezcan de la calidad pactada, el CCom art.*336 *impone también al comprador la carga de una inmediata reacción, ya que establece que no tendrá acción de repetir contra el vendedor alegando vicio o defecto de cantidad o calidad en las mercancías si se considera que, al tiempo de recibirlas, las examinó a su contento; o, si es que las recibió enfardadas o embaladas, no ejercita la acción dentro de los cuatro días siguientes al de su recibo (*AP Barcelona 28-4-00, *EDJ 54332).*

El **Comprador** manifiesta que conoce y acepta el estado físico y situación en la que se encuentran los bienes vendidos, corriendo con el riesgo y ventura de la presente compraventa, liberando al **Vendedor** de las obligaciones dispuestas en el art.345 del Código de Comercio.

"Número" Incumplimiento y resolución

En el caso de que el **Comprador** se demore en el pago de dos plazos, aunque no sean éstos consecutivos, o se demore en el abono del último de los plazos, el **Vendedor** podrá optar entre exigir el pago de todos los plazos pendientes o la resolución del contrato. En el caso de que opte por esta última opción las partes deberá restituirse las prestaciones en el plazo máximo de *"número de días para que las partes se restituyan las prestaciones"* días naturales y además el **Vendedor** tendrá derecho a percibir una indemnización igual a *"indemnización en letra a percibir por el vendedor en caso de resolución"* euros (*"indemnización en número a percibir por el vendedor en caso de resolución"* €).

 **Nota:**

*En relación con el alcance de la **indemnización** ver* AP La Coruña 25-11-99, *EDJ 55798, que la fijó en el 10% de las cantidades pendientes.*

"Número" Cesión del contrato

El **Vendedor** se reserva expresamente la facultad de ceder los derechos derivados del presente contrato, así como de subrogar a un tercero en su posición contractual.

"Número" Gastos e impuestos

Todos los gastos e impuestos que se deriven del presente contrato de compraventa y que no sean expresamente asignados a una de las partes conforme al resto de clausulado serán satisfechos *"...conforme a Ley... O ...por el comprador...".*

140

"Número" Valor de tasación
Las partes fijan como valor de tasación de los bienes vendidos el de *"valor en letra de la tasación de los bienes vendidos"* euros (*"valor en número de la tasación de los bienes vendidos"* €). Dicho valor se determina al objeto de que pueda servir de tipo en el caso de venta de los bienes en pública subasta. Igualmente acuerdan que la depreciación anual que sufrirán los bienes vendidos es del *"porcentaje de la depreciación anual de los bienes vendidos"*. MCM 1330 s.

"Número" Notificaciones

Nota:

Si no se incluyera esta cláusula las notificaciones se realizarían en el ***domicilio*** *que indica el compareciente en el encabezamiento de la póliza.* LVPBM; RD 1828/1999; OM 19-7-1999

Las partes convienen los siguientes domicilios para la práctica de las notificaciones necesarias para la ejecución del presente contrato:

El **vendedor**: *"domicilio a efectos de notificación parte primera"*.

El **comprador**: *"domicilio a efectos de notificación parte segunda"*.

"Número" Fuero

Nota:

En caso de que no exista sumisión expresa, al no concurrir pacto alguno entre las partes que pudiera orientar acerca del problema sobre la cuestión de competencia, procede acudir a la doctrina mantenida por la Sala, con arreglo a la cual, y por aplicación de lo dispuesto en el CC *art.*1171, *en relación con el* 1500 *de dicho testo Legal y el* CCom *art.*50, *el* ***lugar de cumplimiento*** *de las obligaciones es aquel en el que se haya hecho entrega de la mercancía (*TS 22-2-80; 19-1-81, *EDJ 1295;* 2-11-84; 15-4-85, *EDJ 7288;* 19-10-96, *EDJ 7077;* 5-9-97, *EDJ 6745;* 17-5-99, *EDJ 8840)*

Para la solución de cualquier cuestión litigiosa que pueda derivarse del presente contrato de compraventa las partes, con renuncia al fuero aplicable, se someten a la jurisdicción de los jueces y tribunales de *"especificar ciudad de los Tribunales"*.

>>

o **Si se establece cláusula de desistimiento:**

"Número" Cláusula de desistimiento
El **Comprador** podrá desistir de la compraventa en el plazo improrrogable de siete días hábiles a contar desde la fecha de la firma del presente contrato. Con tal objeto, deberá notificarlo por escrito y por cualquier forma que deje constancia de su recepción al **Vendedor** en el domicilio que a tal efecto se indica en el presente contrato, debiendo restituir los bienes en perfecto estado de conservación en el lugar indicado y dentro del referido plazo.

Nota:

La Ley prevé que la ***indemnización*** *que puede exigir el Vendedor viene dada:*
a) bien por el 10% de los plazos vencidos;
b) una cantidad igual al desembolso inicial por la depreciación comercial de los bienes; o
*c) la cantidad que proceda por el deterioro sufrido por los bienes vendidos (*L 28/1998 *art.*10*).*
*d) Los tribunales podrán señalar nuevos plazos o alterar los convenios y determinar así el recargo en el precio por los nuevos aplazamientos de pago en casos excepcionales y por justas causas apreciadas discrecionalmente, tales como desgracias familiares, paro, accidentes de trabajo, larga enfermedad u otros infortunios (*L 28/1998 *art.*11*).*

MCM 1330 s.

"Número" Inscripción
Ambas partes convienen en realizar las actuaciones necesarias para que cualquiera de ellas pueda proceder a la inscripción del presente contrato en los Registros pertinentes y en especial en el Registro de Venta a Plazos de Bienes Muebles.

Nota:

*Sólo la inscripción en el registro garantiza la oponibilidad a terceros de todas las cláusulas del contrato (*AP Toledo 15-2-02*).*

LVPBM; RD 1828/1999; OM 19-7-1999

"Número" Intervención de Notario
Este contrato se ha formalizado, según se expresa anteriormente, con intervención del notario a todos los efectos, incluso a los previstos en el art.93 del Código de Comercio, en los artículos 517 y 572 de la Ley de Enjuiciamiento Civil y demás legislación concordante.

el vendedor y **el comprador** dan su conformidad a los términos y condiciones previstos en el presente contrato y en prueba de ello lo firman por cuadruplicado ejemplar y a un solo efecto, reconociendo cada una de ellas haber recibido copia del mismo, y yo, el notario interviniente, doy fe de la identidad y capacidad de las partes y de la legitimación de sus firmantes, así como de todo lo convenido en la presente póliza que firmo, rubrico y sello en el lugar y fecha indicados en el encabezamiento.

EL COMPRADOR **EL VENDEDOR**

Con mi intervención

ANEXO 1

Relación de los bienes objeto del presente contrato
Los bienes objeto del presente contrato consisten en:
"descripción del/los bien/es" 

Compraventa de bienes a prueba o ensayo/salvo aprobación

MCM 1370 s.

Nota preliminar:

- Se trata de dos tipos de contratos que tienen la particularidad de que conceden la posibilidad al comprador de **desistir** del contrato dentro de un plazo. La diferencia entre los contratos de compraventa a "prueba o ensayo" y el contrato de compraventa "salvo aprobación" estriba en que, mientras en el primero el comprador sólo puede desistir cuando objetivamente la cosa o cosas compradas no cumplen las condiciones pactadas o satisfacen sus necesidades; en el segundo caso el desistimiento puede efectuarse libremente dentro del plazo establecido sin mayor justificación. CCom art.328
- La compraventa a prueba o ensayo es diferente a la **venta *ad gustum***, en la que es el comprador el que, después de probarlas, decide voluntariamente si le interesa o no, mientras que en la primera, caso de divergencia, deberá probar que no es hábil para el uso a que se destina, salvo que de los pactos se infiera otra cosa. Es más, tratándose de una compraventa especial, habrá que probar que así se estipuló, ya que si no es así, la compraventa habrá de entenderse que se concertó en el supuesto normal (AP Granada 8-3-99, EDJ 9443).
- La exigencia de los compradores no responde a parámetros subjetivos -de capricho, **"ad gustum"**, etc-, sino a circunstancias objetivas razonables, en el sentido de que un tercero en la misma situación, tanto "ex ante", como después a la vista de la realidad, habría actuado del mismo modo (AP Guadalajara 9-6-21, EDJ 664268).
- El modelo presupone unas circunstancias determinadas que serán las más frecuentes. Si en el caso concreto existen circunstancias particulares no previstas, deberá completarse o modificarse el modelo adaptándolo a las mismas.

En *"lugar"*, a *"fecha"*.
Ante mí, *"Don/Doña nombre y apellidos del notario"* perteneciente al colegio notarial de *"colegio notarial"* y con residencia en *"lugar donde radica la notaría"*.

✍ **Nota:**

*La intervención del **notario** es facultativa para las partes. Los notarios realizan las funciones que anteriormente realizaban los corredores de comercio, cuerpo desaparecido a partir del 1-10-2000 momento en el que se produce la fusión de los cuerpos de notarios y corredores de comercio colegiados en virtud de lo dispuesto en la* L 55/1999 disp.adic.24ª.

COMPARECEN:

De una parte,
"Don/Doña nombre y apellidos de la parte", mayor de edad, *"estado civil de la parte" "... "especificar el régimen económico matrimonial de la parte" ... "*, de nacionalidad *"nacionalidad de la parte"*, con domicilio a estos efectos en *"domicilio de la parte"*, *"...con DNI/NIF número "DNI/NIF de la parte"... O ... con tarjeta de residencia número "número de tarjeta de residencia de la parte" ... O ... pasaporte número "número de pasaporte de la parte", expedido el "fecha de expedición del pasaporte de la parte" ... O ... "reseñar otros documentos aportados por la parte" ... "*, vigente hasta el *"fecha de vigencia de la documentación aportada por la parte"*.

MCM 1370 s.

Y de otra parte,

"Don/Doña nombre y apellidos de la parte", mayor de edad, *"estado civil de la parte" "... "especificar el régimen económico matrimonial de la parte" ... "*, de nacionalidad *"nacionalidad de la parte"*, con domicilio a estos efectos en *"domicilio de la parte", "...con DNI/NIF número "DNI/NIF de la parte"... O ... con tarjeta de residencia número "número de tarjeta de residencia de la parte" ... O ... pasaporte número "número de pasaporte de la parte", expedido el "fecha de expedición del pasaporte de la parte" ... O ... "reseñar otros documentos aportados por la parte" ... "*, vigente hasta el *"fecha de vigencia de la documentación aportada por la parte"*.

CCom art.328

INTERVIENEN:

✎ **Nota:**

La ***capacidad*** *de los contratantes se regula en el CCom art.322 y 323, así como en el CC art.1457. Tratándose de sociedades mercantiles debe tenerse especial cuidado en examinar la legitimación de la persona que interviene, así habrán de analizarse los estatutos de la sociedad para examinar las facultades del administrador. En el caso de apoderados habrá de examinarse el contenido del poder, partiendo siempre de la interpretación restrictiva de los mismos. Deben examinarse también las prohibiciones de disponer, ya sean voluntarias o legales (*CCom *art.96, 267 y 288; CC art.1459). En el caso de que se celebre un contrato por una persona incapaz la consecuencia será la anulabilidad del contrato, mientras que si se infringe una prohibición de disponer la sanción es la nulidad absoluta del contrato (*TS 7-7-87, *EDJ 5449).*

A. *"Don/Doña nombre y apellidos del representante"*, en nombre y representación de la sociedad mercantil denominada *"denominación social"*, domiciliada en *"domicilio social"*, y con NIF número *"NIF de la sociedad"*, constituida, por tiempo indefinido, mediante escritura otorgada ante el notario de *"lugar de la notaría en la que se autorizó la constitución de la sociedad", "Don/Doña nombre y apellidos del notario que autorizó la constitución de la sociedad"*, el *"fecha de escritura de constitución de la sociedad"*, e inscrita en el Registro Mercantil de *"datos de la inscripción registral de la sociedad (localidad del Registro Mercantil, tomo, folio, sección, hoja e inscripción)"*, en su calidad de

>>

○ **Si representa como cargo social:**

"...administrador único ... O ... administrador solidario ... O ... consejero delegado ... O ... "especificar la representación del cargo social" ... " de la reseñada sociedad, cargo para el que fue nombrado y asegura vigente en escritura otorgada el *"fecha de escritura del nombramiento del cargo"*, ante el notario de *"lugar donde radica la notaría en la que se autorizó la escritura del nombramiento", "Don/Doña nombre y apellidos del notario que autorizó la escritura del nombramiento"*, con el número *"número de protocolo del notario que autorizó la escritura del nombramiento"* de su protocolo, e inscrita en el Registro Mercantil de *"localidad del Registro Mercantil de la escritura de nombramiento"*, en el tomo y hoja arriba indicados.

○ **Si representa como apoderado:**

apoderado de la reseñada sociedad, según escritura de poder otorgada a su favor, en *"fecha de escritura del otorgamiento del poder"*, ante el notario de *"lugar donde radica la notaría en la que se autorizó la escritura de poder", "Don/Doña nombre y apellidos del notario que autorizó la escritura de poder"*, con el número *"número de protocolo del notario que autorizó la escritura de poder"* de su protocolo *"...e inscrita en el Registro Mercantil de "localidad del Registro Mercantil de la escritura de poder" ... "*, en el tomo y hoja arriba indicados.

<<

En adelante, El **vendedor**.

Con poderes suficientes para obligarle en este acto, según resulta de la verificación de la representación de la parte inferior de este documento.

145

B. *"Don/Doña nombre y apellidos de la parte"*

➤➤

❍ **Si interviene en su propio nombre:** MCM 1370 s.

en su propio nombre y derecho.

❍ **Si interviene como representante:**

en nombre y representación CCom art.328

➤

❍ Si representa a persona física:

de *"Don/Doña nombre y apellidos del representado"*, mayor de edad, *"estado civil del representado"*, con domicilio en *"domicilio del representado"* y provisto de D.N.I./N.I.F. número *"DNI/NIF del representado"*, según consta en escritura de poder, otorgada ante el notario de *"lugar donde radica la notaría en la que se autorizó la escritura de poder de representación (persona física)"*, *"Don/Doña nombre y apellidos del notario que autorizó la escritura de poder de representación (persona física)"*, el *"fecha de escritura de poder de representación (persona física)"*, con el número *"número de protocolo del notario que autorizó la escritura de poder de representación (persona física)"* de su orden de protocolo.

❍ Si representa a persona jurídica:

de la sociedad mercantil denominada *"denominación social"*, domiciliada en *"domicilio social"*, y con NIF número *"NIF de la sociedad"*, constituida, por tiempo indefinido, mediante escritura otorgada ante el notario de *"lugar donde radica la notaría en la que se autorizó la escritura de poder de representación (persona jurídica)"*, *"Don/Doña nombre y apellidos del notario que autorizó la escritura de poder de representación (persona jurídica)"*, el *"fecha de escritura de poder de representación (persona jurídica)"*, e inscrita en el Registro Mercantil de *"datos de la inscripción registral (localidad del Registro Mercantil, tomo, folio, sección, hoja e inscripción)"*, en su calidad de

➤

❍ Si representa como cargo social:

"...administrador único ... O ... administrador solidario ... O ... consejero delegado ... O ... "especificar la representación del cargo social" ..." de la reseñada sociedad, cargo para el que fue nombrado y asegura vigente en escritura otorgada el *"fecha de escritura del nombramiento del cargo"*, ante el notario de *"lugar donde radica la notaría en la que se autorizó la escritura del nombramiento"*, *"Don/Doña nombre y apellidos del notario que autorizó la escritura del nombramiento"*, con el número *"número de protocolo del notario que autorizó la escritura del nombramiento"* de su protocolo, e inscrita en el Registro Mercantil de *"localidad del Registro Mercantil de la escritura de nombramiento"*, en el tomo y hoja arriba indicados.

❍ Si representa como apoderado:

apoderado de la reseñada sociedad, según escritura de poder otorgada a su favor, en *"fecha de escritura del otorgamiento del poder"*, ante el notario de *"lugar donde radica la notaría en la que se autorizó la escritura de poder"*, *"Don/Doña nombre y apellidos del notario que autorizó la escritura de poder"*, con el número *"número de protocolo del notario que autorizó la escritura de poder"* de su protocolo *"...e inscrita en el Registro Mercantil de "localidad del Registro Mercantil de la escritura de poder" ..."*, en el tomo y hoja arriba indicados.

◄

◄

En adelante, El **comprador**.

Con poderes suficientes para obligarle en este acto, según resulta de la verificación de la representación de la parte inferior de este documento.

Compraventa

EXPONEN:

MCM 1370 s.

I. Que el **Vendedor** es titular en pleno dominio de los siguientes bienes: *"especificar la relación de bienes del Vendedor".*

II. Que el **Comprador** está interesado en adquirir los bienes descritos en el expositivo I anterior.

III. Que el **Vendedor** y el **Comprador** han alcanzado un acuerdo en virtud del cual el primero vende y el segundo compra en concepto de *"...prueba o ensayo ... O ... salvo aprobación ..."* los bienes descritos en el expositivo I, sometiendo ambas partes de mutuo acuerdo la presente compraventa mercantil a las siguientes:

CCom art.328

ESTIPULACIONES:

"NÚMERO" **Compraventa**

El **Vendedor** vende y transmite *"...prueba o ensayo ... O ... salvo aprobación ..."* al **Comprador**, que compra y adquiere, la totalidad de los bienes descritos en el expositivo I del presente documento.

Nota:

*Es importante indicar el **carácter** de compraventa a prueba o ensayo, o, en su caso, "salvo aprobación", ya que, este tipo de compraventa ha de venir precedida de un pacto claro al efecto (*AP León 3-3-00, *EDJ 23043).*

La presente compraventa se realiza por el **Vendedor** de conformidad con su objeto social, adquiriéndose por el **Comprador** para su utilización o empleo en su explotación mercantil.

"NÚMERO" **Naturaleza mercantil del contrato**

Nota:

*Para que exista compraventa mercantil es necesario, primero, un elemento subjetivo que consiste en que las partes sean personas (físicas o jurídicas) **comerciantes** y luego que concurran ánimo de **reventa** y ánimo de lucro. Sobre la distinción ver* TS 20-11-84, *EDJ 7494. En relación con el segundo de los elementos señala la* AP Castellón 28-4-00, *EDJ 70717, que la naturaleza mercantil o civil de una compraventa no depende del efectivo lucro obtenido por la empresa revendedora, sino de la finalidad con la cual se realice la primera compraventa de las mercancías (la que tiene por finalidad una hipotética posterior reventa). Es el animus o la **causa** de la primera compraventa la que determina el carácter y régimen jurídico de la misma y no tanto, como se dijo antes, el real y efectivo lucro obtenido por el revendedor, de lo contrario, la determinación de la naturaleza jurídica de las compraventas quedaría supeditada a la realización de la reventa, la cual puede postergarse, en ocasiones en el tiempo (piénsese en los títulos, objetos y valores que son adquiridos con un fin especulativo o simplemente que no tienen carácter perecedero, por ciertos empresarios que tienen como objeto social precisamente el de la compra con fines especulativos o de inversión).*

*Así pues, no es la reventa acompañada de un lucro real la que determina la naturaleza mercantil de ciertos tipos de venta, sino la **finalidad** con que el adquirente o comprador interviene en el negocio. Finalidad que ha de ser distinta de la utilización personal, familiar o doméstica de la cosa comprada.*

La sentencia del TS 9-7-08, *EDJ 166681, señala que la característica fundamental de la compraventa mercantil es el elemento intencional por el comprador: revender los géneros comprados y el ánimo de lucro.*

*El **objeto** de la comprevanta mercantil es que el material se adquiera para el fin empresarial o negocial del comprador (AP A Coruña 13-2-17, EDJ 31969).*

Venta sobre muestras

MCM 1390 s.

Nota preliminar:

- Al tratarse de supuestos especiales es necesario, con arreglo a lo dispuesto en la LEC art.217.2 que así se estipule en los contratos, ya que, de no ser así, la compraventa se entiende concertada en la forma ordinaria (AP Lleida 23-1-02).

- El **objeto** del contrato se determina en base a una muestra de la mercancía que previamente ha sido considerada por las partes. CCom art.327

- Si la venta se hiciera sobre muestras o determinando calidad conocida en el comercio, el comprador no podrá rehusar el recibo de los géneros contratados si fueron conformes a las muestras o a la calidad prefijada en el contrato (TS 30-12-97).

La sentencia TS 21-11-01, EDJ 41096, afirma que la **carga del depósito judicial** para el vendedor impuesta por el CCom art.332, según declaró la sentencia TS 28-3-98 no se aplica en los casos de rescisión voluntaria del contrato; el vendedor -dice esta sentencia- que ha cumplido con todas sus obligaciones, incluso la entrega de las mercancías por la *traditio ficta* admitida en nuestro derecho, tenía el arbitrio y la opción para entablar un pleito de indemnización de daños y perjuicios por la rescisión injusta del contrato (AP Guipúzcoa 5-12-17, EDJ 319232).

- El modelo presupone unas circunstancias determinadas que serán las más frecuentes. Si en el caso concreto existen circunstancias particulares no previstas, deberá completarse o modificarse el modelo adaptándolo a las mismas.

En *"lugar"*, a *"fecha"*.
Ante mí, *"Don/Doña nombre y apellidos del notario"* perteneciente al colegio notarial de *"colegio notarial"* y con residencia en *"lugar donde radica la notaría"*.

Nota:

*La intervención del **notario** es facultativa para las partes. Los notarios realizan las funciones que anteriormente realizaban los corredores de comercio, cuerpo desaparecido a partir del 1-10-2000 momento en el que se produce la fusión de los cuerpos de notarios y corredores de comercio colegiados en virtud de lo dispuesto en la* L 55/1999 disp.adic.24ª.

COMPARECEN:

De una parte,
"Don/Doña nombre y apellidos de la parte", mayor de edad, *"estado civil de la parte" "... "especificar el régimen económico matrimonial de la parte" ... "*, de nacionalidad *"nacionalidad de la parte"*, con domicilio a estos efectos en *"domicilio de la parte"*, *"...con DNI/NIF número "DNI/NIF de la parte" ... O ... con tarjeta de residencia número "número de tarjeta de residencia de la parte" ... O ... pasaporte número "número de pasaporte de la parte", expedido el "fecha de expedición del pasaporte de la parte" ... O ... "reseñar otros documentos aportados por la parte" ... "*, vigente hasta el *"fecha de vigencia de la documentación aportada por la parte"*.

Y de otra parte,
"Don/Doña nombre y apellidos de la parte", mayor de edad, *"estado civil de la parte" "... "especificar el régimen económico matrimonial de la parte" ... "*, de nacionalidad *"nacionalidad de la parte"*, con domicilio a estos efectos en *"domicilio de la parte"*, *"...con DNI/NIF número "DNI/NIF de la parte" ... O ... con tarjeta de residencia número "número de tarjeta de residencia de la parte" ... O ... pasaporte número "número de pasaporte de la parte", expedido el "fecha de expedición del pasaporte de la parte" ... O ... "reseñar otros documentos aportados por la parte" ... "*, vigente hasta el *"fecha de vigencia de la documentación aportada por la parte"*.

Compraventa

MCM 1390 s.

CCom art.327

INTERVIENEN:

Nota:

*La **capacidad** de los contratantes se regula en el CCom art.322 y 323, así como en el CC art.1457. Tratándose de sociedades mercantiles debe tenerse especial cuidado en examinar la legitimación de la persona que interviene, así habrán de analizarse los estatutos de la sociedad para examinar las facultades del administrador. En el caso de apoderados habrá de examinarse el contenido del poder, partiendo siempre de la interpretación restrictiva de los mismos. Deben examinarse también las prohibiciones de disponer, ya sean voluntarias o legales (*CCom *art.*96, 267 *y* 288*;* CC *art.*1459*). En el caso de que se celebre un contrato por una persona incapaz la consecuencia será la anulabilidad del contrato, mientras que si se infringe una prohibición de disponer la sanción es la nulidad absoluta del contrato (*TS 7-7-87, *EDJ 5449).*

A. *"Don/Doña nombre y apellidos del representante"*, en nombre y representación de la sociedad mercantil denominada *"denominación social"*, domiciliada en *"domicilio social"*, y con NIF número *"NIF de la sociedad"*, constituida, por tiempo indefinido, mediante escritura otorgada ante el notario de *"lugar de la notaría en la que se autorizó la constitución de la sociedad"*, *"Don/Doña nombre y apellidos del notario que autorizó la constitución de la sociedad"*, el *"fecha de escritura de constitución de la sociedad"*, e inscrita en el Registro Mercantil de *"datos de la inscripción registral de la sociedad (localidad del Registro Mercantil, tomo, folio, sección, hoja e inscripción)"*, en su calidad de

➢➢

❍ **Si representa como cargo social:**

"...administrador único ... O ... administrador solidario ... O ... consejero delegado ... O ... "especificar la representación del cargo social" ... " de la reseñada sociedad, cargo para el que fue nombrado y asegura vigente en escritura otorgada el *"fecha de escritura del nombramiento del cargo"*, ante el notario de *"lugar donde radica la notaría en la que se autorizó la escritura del nombramiento"*, *"Don/Doña nombre y apellidos del notario que autorizó la escritura del nombramiento"*, con el número *"número de protocolo del notario que autorizó la escritura del nombramiento"* de su protocolo, e inscrita en el Registro Mercantil de *"localidad del Registro Mercantil de la escritura de nombramiento"*, en el tomo y hoja arriba indicados.

❍ **Si representa como apoderado:**

apoderado de la reseñada sociedad, según escritura de poder otorgada a su favor, en *"fecha de escritura del otorgamiento del poder"*, ante el notario de *"lugar donde radica la notaría en la que se autorizó la escritura de poder"*, *"Don/Doña nombre y apellidos del notario que autorizó la escritura de poder"*, con el número *"número de protocolo del notario que autorizó la escritura de poder"* de su protocolo *"...e inscrita en el Registro Mercantil de "localidad del Registro Mercantil de la escritura de poder" ... "*, en el tomo y hoja arriba indicados.

≺≺

En adelante, El **vendedor**.

Con poderes suficientes para obligarle en este acto, según resulta de la verificación de la representación de la parte inferior de este documento.

B. *"Don/Doña nombre y apellidos de la parte"*

➢➢

❍ **Si interviene en su propio nombre:**

en su propio nombre y derecho.

❍ **Si interviene como representante:**

en nombre y representación

➤

- Si representa a persona física:

de *"Don/Doña nombre y apellidos del representado"*, mayor de edad, *"estado civil del representado"*, con domicilio en *"domicilio del representado"* y provisto de D.N.I./N.I.F. número *"DNI/NIF del representado"*, según consta en escritura de poder, otorgada ante el notario de *"lugar donde radica la notaría en la que se autorizó la escritura de poder de representación (persona física)"*, *"Don/Doña nombre y apellidos del notario que autorizó la escritura de poder de representación (persona física)"*, el *"fecha de escritura de poder de representación (persona física)"*, con el número *"número de protocolo del notario que autorizó la escritura de poder de representación (persona física)"* de su orden de protocolo. MCM 1390 s. CCom art.327

- Si representa a persona jurídica:

de la sociedad mercantil denominada *"denominación social"*, domiciliada en *"domicilio social"*, y con NIF número *"NIF de la sociedad"*, constituida, por tiempo indefinido, mediante escritura otorgada ante el notario de *"lugar donde radica la notaría en la que se autorizó la escritura de poder de representación (persona jurídica)"*, *"Don/Doña nombre y apellidos del notario que autorizó la escritura de poder de representación (persona jurídica)"*, el *"fecha de escritura de poder de representación (persona jurídica)"*, e inscrita en el Registro Mercantil de *"datos de la inscripción registral (localidad del Registro Mercantil, tomo, folio, sección, hoja e inscripción)"*, en su calidad de

- Si representa como cargo social:

"...administrador único ... O ... administrador solidario ... O ... consejero delegado ... O ... "especificar la representación del cargo social" ... " de la reseñada sociedad, cargo para el que fue nombrado y asegura vigente en escritura otorgada el *"fecha de escritura del nombramiento del cargo"*, ante el notario de *"lugar donde radica la notaría en la que se autorizó la escritura del nombramiento"*, *"Don/Doña nombre y apellidos del notario que autorizó la escritura del nombramiento"*, con el número *"número de protocolo del notario que autorizó la escritura del nombramiento"* de su protocolo, e inscrita en el Registro Mercantil de *"localidad del Registro Mercantil de la escritura de nombramiento"*, en el tomo y hoja arriba indicados.

- Si representa como apoderado:

apoderado de la reseñada sociedad, según escritura de poder otorgada a su favor, en *"fecha de escritura del otorgamiento del poder"*, ante el notario de *"lugar donde radica la notaría en la que se autorizó la escritura de poder"*, *"Don/Doña nombre y apellidos del notario que autorizó la escritura de poder"*, con el número *"número de protocolo del notario que autorizó la escritura de poder"* de su protocolo *"...e inscrita en el Registro Mercantil de "localidad del Registro Mercantil de la escritura de poder" ... "*, en el tomo y hoja arriba indicados.

≺

En adelante, El **comprador**.

Con poderes suficientes para obligarle en este acto, según resulta de la verificación de la representación de la parte inferior de este documento.

EXPONEN:

I. Que el **Vendedor** es una empresa que se dedica a la producción de *"especificar los productos del Vendedor"*.

II. Que como muestra de la calidad de sus productos presenta en este acto *"número de muestras del Vendedor"* muestras que entregará al **Comprador** en el caso de perfeccionarse la compraventa.

III. Que, examinadas las muestras, el **Comprador** está interesado en adquirir *"número de muestras que interesa adquirir al Comprador"* de los bienes descritos en el expositivo I anterior.

MCM 1390 s.

IV. Que el **Vendedor** y el **Comprador** han alcanzado un acuerdo en virtud del cual el primero vende y el segundo compra en función de las muestras entregadas en el presente acto, los bienes descritos en el expositivo I, sometiendo ambas partes de mutuo acuerdo la presente compraventa mercantil a las siguientes

ESTIPULACIONES:

CCom art.327

"Número" Compraventa

El **Vendedor** vende y transmite al **Comprador**, que compra y adquiere, la totalidad de los bienes descritos en el expositivo I del presente documento.

La presente compraventa se realiza por el **Vendedor** de conformidad con su objeto social, adquiriéndose por el **Comprador** para su utilización o empleo en su explotación mercantil.

"Número" Naturaleza mercantil del contrato

Nota:

Para que exista compraventa mercantil es necesario, primero, un elemento subjetivo que consiste en que las partes sean personas (físicas o jurídicas) ***comerciantes*** *y luego que concurran ánimo de* ***reventa*** *y ánimo de lucro. Sobre la distinción ver* TS 20-11-84, *EDJ 7494. En relación con el segundo de los elementos señala la* AP Castellón 28-4-00, *EDJ 70717, que la naturaleza mercantil o civil de una compraventa no depende del efectivo lucro obtenido por la empresa revendedora, sino de la finalidad con la cual se realice la primera compraventa de las mercancías (la que tiene por finalidad una hipotética posterior reventa). Es el animus o la* ***causa*** *de la primera compraventa la que determina el carácter y régimen jurídico de la misma y no tanto, como se dijo antes, el real y efectivo lucro obtenido por el revendedor, de lo contrario, la determinación de la naturaleza jurídica de las compraventas quedaría supeditada a la realización de la reventa, la cual puede postergarse, en ocasiones en el tiempo (piénsese en los títulos, objetos y valores que son adquiridos con un fin especulativo o simplemente que no tienen carácter perecedero, por ciertos empresarios que tienen como objeto social precisamente el de la compra con fines especulativos o de inversión).*

Así pues, no es la reventa acompañada de un lucro real la que determina la naturaleza mercantil de ciertos tipos de venta, sino la ***finalidad*** *con que el adquirente o comprador interviene en el negocio. Finalidad que ha de ser distinta de la utilización personal, familiar o doméstica de la cosa comprada.*

La sentencia del TS 9-7-08, *EDJ 166681, señala que la característica fundamental de la compraventa mercantil es el elemento intencional por el comprador: revender los géneros comprados y el ánimo de lucro.*

El ***objeto*** *de la comprevanta mercantil es que el material se adquiera para el fin empresarial o negocial del comprador (AP A Coruña 13-2-17, EDJ 31969).*

Los comparecientes, en la representación en que intervienen, manifiestan que el presente contrato tiene carácter de mercantil y se regirá en primer término por las estipulaciones contenidas en el mismo y en lo que en ellas no estuviere previsto por las disposiciones del Código de Comercio, leyes especiales, los usos y costumbres mercantiles y, en su defecto, por lo establecido en el Código Civil.

"Número" Precio

Nota:

El ***precio*** *es un elemento esencial de la compraventa, debe tratarse de dinero o signo que lo represente. Es preciso que se encuentre determinado o al menos que sea determinable sin necesidad de un nuevo acuerdo de las partes.*

El precio de la presente compraventa es de *"precio de la compraventa, en letra"* euros (*"precio de la compraventa, en número"* €).

Si el pago es anterior:

Dicha cantidad manifiesta **el/los vendedor/es** haberla recibido con anterioridad a este acto del **Comprador**, sirviendo el presente documento como la más cabal y firme carta de pago. MCM 1390 s.

Si el pago es simultáneo:

Dicha cantidad es satisfecha en este acto por el **Comprador** mediante cheque bancario nominativo por valor de *"precio en letra del pago simultáneo"* euros (*"precio en número del pago simultáneo"* €), emitido a favor de la parte vendedora, sirviendo el presente documento como la más cabal y firme carta de pago. CCom art.327

Si el pago es anterior y simultáneo:

Dicha cantidad será satisfecha conforme al siguiente calendario de pagos:

a) En cuanto a la cantidad de *"valor del pago anterior en letra"* euros (*"valor del pago anterior en número"* €), confiesa/n **el/los vendedor/es** haberla recibido del Comprador con anterioridad a este acto.
b) En cuanto a la restante cantidad de *"valor del pago restante en letra"* euros (*"valor del pago restante en número"* €), es satisfecha en este acto por el **Comprador** mediante cheque bancario nominativo por valor de *"valor del pago restante en letra"* euros (*"valor del pago restante en número"* €), emitido a favor de la parte vendedora, sirviendo el presente documento como la más cabal y firme carta de pago.

Si hay pago aplazado de parte del precio:

Dicha cantidad será satisfecha conforme al siguiente calendario de pagos:

a) En cuanto a la cantidad de *"valor del pago simultáneo en letra"* euros (*"valor del pago simultáneo en número"* €), es satisfecha en este acto por el **Comprador** mediante cheque bancario nominativo por valor de *"valor del pago simultáneo en letra"* euros (*"valor del pago simultáneo en número"* €), emitido a favor de la parte vendedora, sirviendo el presente documento como la más cabal y firme carta de pago.

b) En cuanto a la restante cantidad de *"valor del pago restante en letra"* euros (*"valor del pago restante en número"* €), será satisfecha por el **Comprador** en un total de *"número de pagos"* pagos, el primero de los cuales tendrá lugar el *"fecha del primer pago"*.

El abono de cada uno de los pagos aplazados se garantiza mediante la emisión de *"número" "...letras de cambio ... O ... "otras garantías de pago (Por ejemplo pagarés, etc.)" ... "*, números *"números de las garantías"*, por importe, cada una de ellas de *"valor de los pagos en letra"* euros (*"valor de los pagos en número"* €), con vencimiento los días *"día de vencimiento de los pagos"* de cada mes. Dichas *"...letras de cambio ... O ... " otras garantías de pago" ... "* son aceptadas en este acto por el **Comprador**.

"Número" Entrega de los bienes y conformidad con las muestras

Nota:

*En relación con la obligación de **entrega** de los bienes hay que tener en consideración que la compraventa no es un contrato traslativo del dominio, sino un contrato meramente obligacional que, aunque obliga al vendedor «a hacer todo lo posible para que el comprador adquiera la propiedad», no le impone su inmediata transmisión, sino sólo la «entrega» de la «libre posesión de la cosa vendida» y su «saneamiento por evicción y vicios ocultos», esto es, la entrega de la posesión y el mantenimiento del comprador en su quieto y pacífico goce. Efectuada esta entrega, con la puesta de la cosa vendida «a disposición del comprador», la prosperabilidad de las acciones que al vendedor asisten para exigir el cumplimiento del contrato y, en particular, el pago del precio de la venta, no queda supeditada a la acreditación de su título de propiedad (*TSJ Navarra 2-3-99, *EDJ 3385).*

150

Compraventa

MCM 1390 s.

Los bienes que constituyen el objeto de la presente compraventa descritos en el expositivo I anterior, deberán ser objeto de entrega por el **Vendedor** al **Comprador** en *"lugar de entrega de los bienes"*, por un plazo máximo que expira por todo el día *"día de expiración del plazo máximo para la entrega de los bienes"*. Los gastos de la entrega serán de cuenta y cargo del **Vendedor**.

Nota:

*La jurisprudencia ha declarado que, en los casos de ventas sobre muestra, la mercancía se entiende entregada en el **domicilio** o establecimiento del comprador, a los efectos de la comparación con la muestra que ordinariamente tiene el comprador en depósito (*TS 2-3-67*).*

CCom art.327

La falta de entrega de las mercancías en el plazo señalado en el párrafo anterior y que no se deba a caso fortuito, fuerza mayor o culpa del **Comprador** dará derecho a éste a optar entre resolver el contrato o exigir al **Vendedor** la entrega efectiva de los bienes y una indemnización igual a *"cantidad de la indemnización en letra, por la falta de entrega de los bienes"* euros (*"cantidad de la indemnización en número, por la falta de entrega de los bienes"* €), por cada día de retraso.

La calidad, características y tamaño de los productos se ajustará a las muestras que el **Vendedor** entrega en este acto y que quedan en depósito en la notaría hasta que se produzca la entrega definitiva de la mercancía, momento en el cual y a instancia de ambas partes se procederá a su devolución al **Vendedor**.

"Número" Garantías del pago del precio

❒ Si se establece condición resolutoria:

Nota:

*En relación con los efectos de la **condición resolutoria**, ver por todas la* TS 5-2-02, *EDJ 1584.*

Condición resolutoria: La falta de pago de cualquiera de las letras anteriormente indicadas una vez se produzca el vencimiento de cada una de ellas dará lugar a la resolución de pleno derecho de la presente compraventa. La parte vendedora, a tal efecto, deberá notificar fehacientemente a la parte compradora su voluntad de resolver el contrato en su domicilio.

La presente condición resolutoria quedará extinguida en el caso de que no se ejercite la facultad que en la misma se reconoce en el plazo de *"número de meses para la suspensión de la condición resolutoria"* meses desde la fecha prevista para el pago.

❒ Si se establece condición suspensiva:

Nota:

*Sobre el alcance y efectos de la **condición suspensiva** y sus diferencias con la condición resolutoria, ver* TS 9-3-01, *EDJ 2045. En virtud de este tipo de condición el negocio sólo se reputa de momento perfeccionado, desplegando sus efectos ipso iure, cuando se verifica el completo pago del precio, lo que ocasiona la transferencia definitiva de lo vendido. Actúa por tanto como garantía del cobro del precio aplazado que pueden establecer los contratantes.*

*Las **obligaciones a plazo** a que se refiere el CC art.1125, son aquéllas para cuyo cumplimiento se ha señalado un día cierto, que es el que necesariamente ha de venir, aunque se ignore cuándo, de modo que si la incertidumbre consiste en si ha de llegar o no el día, la obligación es condicional y se regirá por las normas propias de las obligaciones de tal clase (AP Sevilla 30-12-21, EDJ 862011).*

Condición suspensiva: Ambas partes convienen en que la presente compraventa se realiza bajo la condición suspensiva del efectivo pago del precio aplazado; por lo que la misma será efectiva únicamente si se abona la integridad del precio conforme a lo expresado en el presente documento. En el caso de impago de alguna de las letras de cambio a su vencimiento el contrato quedará sin efecto, debiendo restituirse ambas partes sus prestaciones, si bien el **vendedor** tendrá derecho a retener en concepto de indemnización un *"porcentaje de las cantidades satisfechas"* de las cantidades que hubiesen sido efectivamente satisfechas hasta la fecha por el **comprador**.

 **Si se establece reserva de dominio:**

✍ **Nota:**

*En relación con el alcance y efectos de la **reserva de dominio** en las compraventas, ver* TS 28-4-00, *EDJ 7023, en la que se citan muchas otras sentencias: (*TS 16-7-93, *EDJ 7219;* 10-2-98, *EDJ 594).*

MCM 1390 s.

Reserva de dominio: El **vendedor** se reserva el dominio de los bienes que constituyen el objeto de la presente compraventa hasta el completo pago del precio aplazado. En el caso de impago de cualquiera de las letras de cambio antes referidas quedará sin efecto la obligación del **vendedor** de transmitir el dominio de los bienes, pudiendo el **vendedor** optar por el cumplimiento del contrato o por la resolución del mismo. Una vez verificado el íntegro pago de las letras de cambio reseñadas en el presente documento, se entenderá transmitido el dominio de los bienes objeto de la presente compraventa. CCom art.327

≺≺

"Número" Daños y perjuicios

El **Comprador** se obliga a recibir la mercancía en el caso de que la misma se ajuste a las calidades, características y tamaño de las muestras objeto de depósito. En el caso de retraso en la entrega o negativa justificada en la recepción por parte del **Comprador** tendrá derecho éste a una indemnización igual a *"cantidad de la indemnización en letra, por daños y perjuicios"* euros (*"cantidad de la indemnización en número, por daños y perjuicios"* €) por cada día de retraso en la entrega efectiva de los bienes. Si el retraso se prolonga por tiempo superior a *"número de días de retraso en la entrega para optar entre la indemnización o la resolución"* días naturales, podrá el **Comprador** optar entre exigir la entrega con la indemnización antes apuntada o resolver el contrato. En caso de duda sobre la adecuación de los bienes, las partes se someterán a la decisión de *"Don/Doña nombre y apellidos del arbitrador"*, a cuya decisión se someten libre y voluntariamente las partes como arbitrador.

El coste que pueda ocasionar la actuación del árbitro designado habrá de ser soportados por mitad por ambas partes.

"Número" Riesgos

Los riesgos de los bienes vendidos hasta el momento de la entrega en el domicilio indicado anteriormente, serán del **Vendedor**. Con posterioridad a la entrega los riesgos serán del **Comprador**, si bien el **Vendedor** se obliga a responder de evicción y vicios ocultos.

"Número" Gastos e impuestos

Todos los gastos e impuestos que se deriven del presente contrato de compraventa y que no sean expresamente asignados a una de las partes conforme al resto de clausulado serán satisfechos *"...conforme a Ley... O ... por el comprador ..."*.

"Número" Notificaciones

 **Nota:**

*Si no se incluyera esta cláusula las notificaciones se realizarían en el **domicilio** que indica el compareciente en el encabezamiento de la póliza.*

Las partes convienen los siguientes domicilios para la práctica de las notificaciones necesarias para la ejecución del presente contrato:

El **vendedor**: *"domicilio a efectos de notificación parte primera"*.

El **comprador**: *"domicilio a efectos de notificación parte segunda"*.

Compraventa

MCM 1390 s.

"Número" Fuero

 **Nota:**

En caso de que no exista sumisión expresa, al no concurrir pacto alguno entre las partes que pudiera orientar acerca del problema sobre la cuestión de competencia, procede acudir a la doctrina mantenida por la Sala, con arreglo a la cual, y por aplicación de lo dispuesto en el CC *art.*1171, *en relación con el* 1500 *de dicho testo Legal y el* CCom *art.*50, *el **lugar de cumplimiento** de las obligaciones es aquel en el que se haya hecho entrega de la mercancía (*TS 22-2-80*;* 19-1-81, *EDJ 1295;* 2-11-84*;* 15-4-85, *EDJ 7288;* 19-10-96, *EDJ 7077;* 5-9-97, *EDJ 6745;* 17-5-99, *EDJ 8840)*

CCom art.327 Para la solución de cualquier cuestión litigiosa que pueda derivarse del presente contrato de compraventa las partes, con renuncia al fuero aplicable, se someten a la jurisdicción de los jueces y tribunales de *"especificar ciudad de los Tribunales"*.

"Número" Intervención de Notario

Este contrato se ha formalizado, según se expresa anteriormente, con intervención del notario a todos los efectos, incluso a los previstos en el art.93 del Código de Comercio, en los artículos 517 y 572 de la Ley de Enjuiciamiento Civil y demás legislación concordante.

el vendedor y **el comprador** dan su conformidad a los términos y condiciones previstos en el presente contrato y en prueba de ello lo firman por cuadruplicado ejemplar y a un solo efecto, reconociendo cada una de ellas haber recibido copia del mismo, y yo, el notario interviniente, doy fe de la identidad y capacidad de las partes y de la legitimación de sus firmantes, así como de todo lo convenido en la presente póliza que firmo, rubrico y sello en el lugar y fecha indicados en el encabezamiento.

EL COMPRADOR **EL VENDEDOR**

Con mi intervención

Compraventa de buque

MCM 1415 s.

Nota preliminar:

- Para que el contrato produzca efecto frente a terceros, debe inscribirse en el Registro de Bienes Muebles, formalizándose en escritura pública, póliza intervenida por notario, resolución judicial firme o documento administrativo expedido por funcionario con facultades suficientes por razón de su cargo (L 14/2014 art.73.1 y 118.3).

- Cuando se realiza en **documentos extranjeros**, para que éstos tengan eficacia probatoria, deben encontrarse legalizados, contener la fórmula de la "apostilla" a que hace referencia el Convenio de La Haya de 5 de octubre de 1961, y asimismo venir acompañados de la necesaria traducción que exige la LEC (AP Pontevedra 17-6-99, EDJ 31250). El RD 1497/2011 establece los funcionarios y autoridades competentes para realizar la legalización única o apostilla.

- Téngase en cuenta que, a partir de 16-2-2019 es **aplicable directamente** en todos los Estados miembros de la Unión el Reglamento (UE) 2016/1191 sobre documentos públicos, el cual tiene por objeto simplificar determinados trámites necesarios para presentar en un Estado miembro de la Unión un documento público expedido en otro.

- Internacionalmente estas transacciones suelen perfeccionarse en unos formularios tipo (Norwegian Saleform, por ejemplo).

- El modelo presupone unas circunstancias determinadas que serán las más frecuentes. Si en el caso concreto existen circunstancias particulares no previstas, deberá completarse o modificarse el modelo adaptándolo a las mismas.

L 14/2014 art.117 a 121; RD 1027/1989; RD 1828/1999

En *"lugar"*, a *"fecha"*.
Ante mí, *"Don/Doña nombre y apellidos del notario"* perteneciente al colegio notarial de *"colegio notarial"* y con residencia en *"lugar donde radica la notaría"*.

COMPARECEN:

De una parte,
"Don/Doña nombre y apellidos de la parte", mayor de edad, *"estado civil de la parte" "... "especificar el régimen económico matrimonial de la parte" ..."*, de nacionalidad *"nacionalidad de la parte"*, con domicilio a estos efectos en *"domicilio de la parte"*, *"...con DNI/NIF número "DNI/NIF de la parte"... O ... con tarjeta de residencia número "número de tarjeta de residencia de la parte" ... O ... pasaporte número "número de pasaporte de la parte", expedido el "fecha de expedición del pasaporte de la parte" ... O ... "reseñar otros documentos aportados por la parte" ..."*, vigente hasta el *"fecha de vigencia de la documentación aportada por la parte"*.

Y de otra parte,
"Don/Doña nombre y apellidos de la parte", mayor de edad, *"estado civil de la parte" "... "especificar el régimen económico matrimonial de la parte" ..."*, de nacionalidad *"nacionalidad de la parte"*, con domicilio a estos efectos en *"domicilio de la parte"*, *"...con DNI/NIF número "DNI/NIF de la parte"... O ... con tarjeta de residencia número "número de tarjeta de residencia de la parte" ... O ... pasaporte número "número de pasaporte de la parte", expedido el "fecha de expedición del pasaporte de la parte" ... O ... "reseñar otros documentos aportados por la parte" ..."*, vigente hasta el *"fecha de vigencia de la documentación aportada por la parte"*.

MCM 1415 s.

INTERVIENEN:

Nota:

*La **capacidad** de los contratantes se regula en el CCom art.322 y 323, así como en el CC art.1457. Tratándose de sociedades mercantiles debe tenerse especial cuidado en examinar la legitimación de la persona que interviene, así habrán de analizarse los estatutos de la sociedad para examinar las facultades del administrador. En el caso de apoderados habrá de examinarse el contenido del poder, partiendo siempre de la interpretación restrictiva de los mismos. Deben examinarse también las prohibiciones de disponer, ya sean voluntarias o legales (*CCom art.96, 267 y 288; CC art.1459*). En el caso de que se celebre un contrato por una persona incapaz la consecuencia será la anulabilidad del contrato, mientras que si se infringe una prohibición de disponer la sanción es la nulidad absoluta del contrato (*TS 7-7-87, EDJ 5449*).*

L 14/2014 art.117 a 121; RD 1027/1989; RD 1828/1999

A. *"Don/Doña nombre y apellidos de la parte"*

➢➢

❍ **Si interviene en su propio nombre:**

en su propio nombre y derecho.

❍ **Si interviene como representante:**

en nombre y representación

➢

❍ Si representa a persona física:

de *"Don/Doña nombre y apellidos del representado"*, mayor de edad, *"estado civil del representado"*, con domicilio en *"domicilio del representado"* y provisto de D.N.I./N.I.F. número *"DNI/NIF del representado"*, según consta en escritura de poder, otorgada ante el notario de *"lugar donde radica la notaría en la que se autorizó la escritura de poder de representación (persona física)"*, *"Don/Doña nombre y apellidos del notario que autorizó la escritura de poder de representación (persona física)"*, el *"fecha de escritura de poder de representación (persona física)"*, con el número *"número de protocolo del notario que autorizó la escritura de poder de representación (persona física)"* de su orden de protocolo.

❍ Si representa a persona jurídica:

de la sociedad mercantil denominada *"denominación social"*, domiciliada en *"domicilio social"*, y con NIF número *"NIF de la sociedad"*, constituida, por tiempo indefinido, mediante escritura otorgada ante el notario de *"lugar donde radica la notaría en la que se autorizó la escritura de poder de representación (persona jurídica)"*, *"Don/Doña nombre y apellidos del notario que autorizó la escritura de poder de representación (persona jurídica)"*, el *"fecha de escritura de poder de representación (persona jurídica)"*, e inscrita en el Registro Mercantil de *"datos de la inscripción registral (localidad del Registro Mercantil, tomo, folio, sección, hoja e inscripción)"*, en su calidad de

➢

❍ Si representa como cargo social:

"...administrador único ... O ... administrador solidario ... O ... consejero delegado ... O ... "especificar la representación del cargo social" ... " de la reseñada sociedad, cargo para el que fue nombrado y asegura vigente en escritura otorgada el *"fecha de escritura del nombramiento del cargo"*, ante el notario de *"lugar donde radica la notaría en la que se autorizó la escritura del nombramiento"*, *"Don/Doña nombre y apellidos del notario que autorizó la escritura del nombramiento"*, con el número *"número de protocolo del notario que autorizó la escritura del nombramiento"* de su protocolo, e inscrita en el Registro Mercantil de *"localidad del Registro Mercantil de la escritura de nombramiento"*, en el tomo y hoja arriba indicados.

MCM 1415 s.

○ Si representa como apoderado:

apoderado de la reseñada sociedad, según escritura de poder otorgada a su favor, en *"fecha de escritura del otorgamiento del poder"*, ante el notario de *"lugar donde radica la notaría en la que se autorizó la escritura de poder"*, *"Don/Doña nombre y apellidos del notario que autorizó la escritura de poder"*, con el número *"número de protocolo del notario que autorizó la escritura de poder"* de su protocolo *"...e inscrita en el Registro Mercantil de "localidad del Registro Mercantil de la escritura de poder"..."*, en el tomo y hoja arriba indicados.

≺

≺≺

L 14/2014 art.117 a 121; RD 1027/1989; RD 1828/1999

En adelante, El **comprador**.

B. *"Don/Doña nombre y apellidos de la parte"*

➤➤

○ **Si interviene en su propio nombre:**

en su propio nombre y derecho.

○ **Si interviene como representante:**

en nombre y representación

➤

○ Si representa a persona física:

de *"Don/Doña nombre y apellidos del representado"*, mayor de edad, *"estado civil del representado"*, con domicilio en *"domicilio del representado"* y provisto de D.N.I./N.I.F. número *"DNI/NIF del representado"*, según consta en escritura de poder, otorgada ante el notario de *"lugar donde radica la notaría en la que se autorizó la escritura de poder de representación (persona física)"*, *"Don/Doña nombre y apellidos del notario que autorizó la escritura de poder de representación (persona física)"*, el *"fecha de escritura de poder de representación (persona física)"*, con el número *"número de protocolo del notario que autorizó la escritura de poder de representación (persona física)"* de su orden de protocolo.

○ Si representa a persona jurídica:

de la sociedad mercantil denominada *"denominación social"*, domiciliada en *"domicilio social"*, y con NIF número *"NIF de la sociedad"*, constituida, por tiempo indefinido, mediante escritura otorgada ante el notario de *"lugar donde radica la notaría en la que se autorizó la escritura de poder de representación (persona jurídica)"*, *"Don/Doña nombre y apellidos del notario que autorizó la escritura de poder de representación (persona jurídica)"*, el *"fecha de escritura de poder de representación (persona jurídica)"*, e inscrita en el Registro Mercantil de *"datos de la inscripción registral (localidad del Registro Mercantil, tomo, folio, sección, hoja e inscripción)"*, en su calidad de

➤

○ Si representa como cargo social:

"...administrador único ... O ... administrador solidario ... O ... consejero delegado ... O ... "especificar la representación del cargo social" ..." de la reseñada sociedad, cargo para el que fue nombrado y asegura vigente en escritura otorgada el *"fecha de escritura del nombramiento del cargo"*, ante el notario de *"lugar donde radica la notaría en la que se autorizó la escritura del nombramiento"*, *"Don/Doña nombre y apellidos del notario que autorizó la escritura del nombramiento"*, con el número *"número de protocolo del notario que autorizó la escritura del nombramiento"* de su protocolo, e inscrita en el Registro Mercantil de *"localidad del Registro Mercantil de la escritura de nombramiento"*, en el tomo y hoja arriba indicados.

MCM 1415 s.

❍ Si representa como apoderado:

apoderado de la reseñada sociedad, según escritura de poder otorgada a su favor, en *"fecha de escritura del otorgamiento del poder"*, ante el notario de *"lugar donde radica la notaría en la que se autorizó la escritura de poder"*, *"Don/Doña nombre y apellidos del notario que autorizó la escritura de poder"*, con el número *"número de protocolo del notario que autorizó la escritura de poder"* de su protocolo *"...e inscrita en el Registro Mercantil de "localidad del Registro Mercantil de la escritura de poder"..."*, en el tomo y hoja arriba indicados.

L 14/2014 art.117 a 121; RD 1027/1989; RD 1828/1999

En adelante, El **vendedor**.

Les identifico por sus respectivos documentos de identidad, anteriormente reseñados y que me han exhibido, y les juzgo con capacidad legal suficiente para el otorgamiento de la presente escritura de compraventa de buque, y

Nota:

*En relación con la **legitimación** en este tipo de contratos, ver* DGRN Resol 7-6-00.

EXPONEN:

I. El **Vendedor** que es propietario por el título que luego se dirá del siguiente buque, cuyas características son las siguientes:

- Denominación: *"denominación del buque"*.

- Tipo: *"tipo de buque"*.

- Matrícula: *"matrícula del buque"*.

- Construido en: *"lugar de construcción del buque"*.

- Características técnicas y dimensionales:

- dimensiones: *"eslora, manga, puntal"*.

- tonelaje: *"especificar bruto y neto"*.

- motor: *"datos del motor del buque"*.

- señal distintiva en el código internacional de señales: *"señal del código internacional"*.

❍ **Si se incluyen otros datos identificativos:**

"incluir datos del seguro y demás datos identificativos que se quiera añadir, (p.e. velocidad)"

Nota:

*El tipo de buque es **mercante** cuando se utiliza con propósito mercantil o comercial.*

Inscripción. Inscrito en el Registro Mercantil de *"localidad del Registro Mercantil"* y el Registro de Matrícula de la Jefatura Provincial de Marina Mercante de *"localidad de la Jefatura Provincial de Marina Mercante"*.

Título. Le pertenece el buque descrito por compra formalizada en escritura autorizada por el notario de *"lugar del notario que autorizó la escritura de compra"*, *"Don/Doña nombre y apellidos del notario que autorizó la escritura de compra"*, el *"fecha de autorización de la escritura de compra"*, con el número *"número de protocolo del notario que autorizó la escritura de compra"* de su protocolo.

Cargas y arrendamientos. No tiene ninguna carga y gravamen y se encuentra libre de arrendatarios, y así lo confirma el **Vendedor**.

Expuesto cuanto antecede,

MCM 1415 s.

OTORGAN:

***"NÚMERO"* Compraventa**

El **Vendedor** vende y transmite al **Comprador**, que compra y adquiere el pleno dominio del buque descrito en el expositivo de la presente escritura. La presente compraventa comprende todas las pertenencias y accesorios del mismo.

L 14/2014 art.117 a 121; RD 1027/1989; RD 1828/1999

 **Nota:**

Por referencia a lo que recogía el Código de Comercio, se puede incluir una descripción acerca de los ***bienes muebles*** *que se incluyen en el buque, según el* L 14/2014 *art.*117. *Si no se hace un detallado inventario de todos los elementos que se venden con el buque, se entiende que quedan comprendidos todos aquellos descritos en la sección de buques del Registro de Bienes Muebles (p.e., aparejos, botes de salvamento, máquinas, etc.).*

***"NÚMERO"* Naturaleza mercantil**

Los comparecientes, en la representación en que intervienen, manifiestan que el presente contrato tiene carácter de mercantil y se regirá en primer término por las estipulaciones contenidas en el mismo y en lo que en ellas no estuviere previsto por las disposiciones de la Ley 14/2014, el Código de Comercio, los usos y costumbres mercantiles y, en su defecto, por lo establecido en el Código civil.

***"NÚMERO"* Precio**

Nota:

El ***precio*** *es un elemento esencial de la compraventa, debe tratarse de dinero o signo que lo represente. Es preciso que se encuentre determinado o al menos que sea determinable sin necesidad de un nuevo acuerdo de las partes.*

El precio de la presente compraventa es de *"precio de la compraventa, en letra"* euros (*"precio de la compraventa, en número"* €).

>>

○ Si la venta es realizada por un no residente:

De acuerdo con la legislación vigente en materia de tributación de no residentes, el Comprador, retiene en este acto al **Vendedor** un 5% del precio señalado, obligándose a ingresarla en la Administración Tributaria.

>>

○ Si el pago es anterior:

Dicha cantidad manifiesta **el/los vendedor/es** haberla recibido con anterioridad a este acto del **Comprador**, sirviendo el presente documento como la más cabal y firme carta de pago.

○ Si el pago es simultáneo:

Dicha cantidad es satisfecha en este acto por el **Comprador** mediante cheque bancario nominativo por valor de *"precio en letra del pago simultáneo"* euros (*"precio en número del pago simultáneo"* €), emitido a favor de la parte vendedora, sirviendo el presente documento como la más cabal y firme carta de pago.

MCM 1415 s.

○ **Si el pago es anterior y simultáneo:**

Dicha cantidad será satisfecha conforme al siguiente calendario de pagos:

a) En cuanto a la cantidad de *"valor del pago anterior en letra"* euros (*"valor del pago anterior en número"* €), confiesa/n **el/los vendedor/es** haberla recibido del Comprador con anterioridad a este acto.

b) En cuanto a la restante cantidad de *"valor del pago restante en letra"* euros (*"valor del pago restante en número"* €), es satisfecha en este acto por el **Comprador** mediante cheque bancario nominativo por valor de *"valor del pago restante en letra"* euros (*"valor del pago restante en número"* €), emitido a favor de la parte vendedora, sirviendo el presente documento como la más cabal y firme carta de pago.

L 14/2014 art.117 a 121; RD 1027/1989; RD 1828/1999

○ **Si hay pago aplazado de parte del precio:**

Dicha cantidad será satisfecha conforme al siguiente calendario de pagos:

a) En cuanto a la cantidad de *"valor del pago simultáneo en letra"* euros (*"valor del pago simultáneo en número"* €), es satisfecha en este acto por el **Comprador** mediante cheque bancario nominativo por valor de *"valor del pago simultáneo en letra"* euros (*"valor del pago simultáneo en número"* €), emitido a favor de la parte vendedora, sirviendo el presente documento como la más cabal y firme carta de pago.

b) En cuanto a la restante cantidad de *"valor del pago restante en letra"* euros (*"valor del pago restante en número"* €), será satisfecha por el **Comprador** en un total de *"número de pagos"* pagos, el primero de los cuales tendrá lugar el *"fecha del primer pago"*.

El abono de cada uno de los pagos aplazados se garantiza mediante la emisión de *"número"* *"...letras de cambio ... O ... "otras garantías de pago (Por ejemplo pagarés, etc.)" ...*", números *"números de las garantías"*, por importe, cada una de ellas de *"valor de los pagos en letra"* euros (*"valor de los pagos en número"* €), con vencimiento los días *"día de vencimiento de los pagos"* de cada mes. Dichas *"...letras de cambio ... O ... " otras garantías de pago" ... "* son aceptadas en este acto por el **Comprador**.

<<

***"NÚMERO"* Tradición**

 **Nota:**

*La escritura pública puede completar la transmisión del dominio, siempre y cuando de la misma no se deduzca lo contrario. Se trata de una ficta traditio prevista en el CC art.*1462. *Sobre dicho particular señala la* DGRN Resol 31-3-91, *que la escritura pública puede equivaler a la entrega a los efectos de tener por realizada la tradición dominical, aun cuando no provoque igualmente el traspaso posesorio, de modo que, a pesar de la transmisión del dominio, puede no estar completamente cumplida la obligación de entrega, mas tal hecho deberá valorarse como la regulación del modo en que ha de cumplirse la obligación de entregar una cosa ya ajena al vendedor, y no como exclusión inequívoca (tal como exige el CC artículo* 1462.*2º) de tal efecto traditorio inherente a la escritura pública. En consecuencia, no debe confundirse el hecho de que se diga que la escritura equivale a la tradición con la obligación de la entrega material del bien vendido. Lo cierto es que la* L 14/2014 *art.*118 *señala que el comprador adquiere la propiedad del buque mediante su entrega. No vemos inconveniente para que sea posible la ficta traditio.*

La presente escritura equivale a la tradición. Ello no obstante, el **Vendedor** se obliga a transmitir la posesión material del buque en *"especificar lugar de entrega del buque"*, por un plazo máximo que expira por todo el día *"fecha en que expira el plazo máximo de entrega del buque"*.

La falta de entrega del buque en el plazo señalado en el párrafo anterior y que no se deba a caso fortuito, fuerza mayor o culpa del **Comprador** dará derecho a éste a optar entre resolver el contrato o exigir al **Vendedor** la entrega efectiva del buque y una indemnización igual a *"cantidad de la indemnización en letra, por la falta de entrega del buque"* euros (*"cantidad de la indemnización en número, por la falta de entrega del buque"* €), por cada día de retraso.

>>

○ **Si se establecen garantías del pago del precio:**

"NÚMERO" **Garantías del pago del precio**

>

❒ Si se establece condición resolutoria:

Nota:

En relación con los efectos de la ***condición resolutoria****, ver por todas la* TS 5-2-02, *EDJ 1584.*

MCM 1415 s.

Condición resolutoria: La falta de pago de cualquiera de las letras anteriormente indicadas una vez se produzca el vencimiento de cada una de ellas dará lugar a la resolución de pleno derecho de la presente compraventa. La parte vendedora, a tal efecto, deberá notificar fehacientemente a la parte compradora su voluntad de resolver el contrato en su domicilio.

L 14/2014 art.117 a 121; RD 1027/1989; RD 1828/1999

La presente condición resolutoria quedará extinguida en el caso de que no se ejercite la facultad que en la misma se reconoce en el plazo de *"número de meses para la suspensión de la condición resolutoria"* meses desde la fecha prevista para el pago.

❒ Si se establece condición suspensiva:

Nota:

Sobre el alcance y efectos de la ***condición suspensiva*** *y sus diferencias con la condición resolutoria, ver* TS 9-3-01, *EDJ 2045. En virtud de este tipo de condición el negocio sólo se reputa de momento perfeccionado, desplegando sus efectos ipso iure, cuando se verifica el completo pago del precio, lo que ocasiona la transferencia definitiva de lo vendido. Actúa por tanto como garantía del cobro del precio aplazado que pueden establecer los contratantes.*

Condición suspensiva: Ambas partes convienen en que la presente compraventa se realiza bajo la condición suspensiva del efectivo pago del precio aplazado; por lo que la misma será efectiva únicamente si se abona la integridad del precio conforme a lo expresado en el presente documento. En el caso de impago de alguna de las letras de cambio a su vencimiento el contrato quedará sin efecto, debiendo restituirse ambas partes sus prestaciones, si bien el **comprador** tendrá derecho a retener en concepto de indemnización un *"porcentaje de las cantidades satisfechas"* de las cantidades que hubiesen sido efectivamente satisfechas hasta la fecha por el **vendedor**.

❒ Si se establece reserva de dominio:

Nota:

En relación con el alcance y efectos de la reserva de dominio en las compraventas, ver TS 28-4-00, *EDJ 7023, en la que se citan muchas otras sentencias: (*TS 16-7-93, *EDJ 7219;* 10-2-98, *EDJ 594).*

Reserva de dominio: El **comprador** se reserva el dominio de los bienes que constituyen el objeto de la presente compraventa hasta el completo pago del precio aplazado. En el caso de impago de cualquiera de las letras de cambio antes referidas quedará sin efecto la obligación del **comprador** de transmitir el dominio de los bienes, pudiendo el **comprador** optar por el cumplimiento del contrato o por la resolución del mismo. Una vez verificado el íntegro pago de las letras de cambio reseñadas en el presente documento, se entenderá transmitido el dominio de los bienes objeto de la presente compraventa.

❒ Si se establece prohibición de enajenar:

Prohibición de enajenar: El **Comprador** no podrá disponer, sin autorización expresa y por escrito del/de los **vendedor/es**, del inmueble adquirido en el presente contrato hasta el íntegro pago del precio estipulado.

<

<<

155

Compraventa

MCM 1415 s.

"*NÚMERO*" Conformidad con el estado actual del buque

El **Comprador** manifiesta que conoce y acepta el estado físico y situación en la que se encuentra el buque vendido, corriendo con el riesgo y ventura de la presente compraventa.

"*NÚMERO*" Gastos e impuestos

Todos los gastos e impuestos que se deriven del presente contrato de compraventa y que no sean expresamente asignados a una de las partes conforme al resto de clausulado serán satisfechos *"...conforme a Ley... O... por el vendedor..."*.

L 14/2014 art.117 a 121; RD 1027/1989; RD 1828/1999

"*NÚMERO*" Notificaciones

Nota:

*Si no se incluyera esta cláusula las notificaciones se realizarían en el **domicilio** que indica el compareciente en el encabezamiento de la póliza.*

Las partes convienen los siguientes domicilios para la práctica de las notificaciones necesarias para la ejecución del presente contrato:

El **comprador**: *"domicilio a efectos de notificación parte primera"*.

El **vendedor**: *"domicilio a efectos de notificación parte segunda"*.

"*NÚMERO*" Inscripción

Ambas partes convienen en solicitar y se comprometen a realizar todos los trámites necesarios para que se proceda a la inscripción de la presente compraventa en los Registros públicos y administrativos correspondientes.

Nota:

*La transmisión de buques es objeto de **inscripción** en una sección especial del Registro de Bienes Muebles.*

"*NÚMERO*" Fuero

Para la solución de cualquier cuestión litigiosa que pueda derivarse del presente contrato de compraventa las partes, con renuncia al fuero aplicable, se someten a la jurisdicción de los jueces y tribunales de *"especificar ciudad de los Tribunales"*.

"*NÚMERO*" Requerimiento

Nota:

*Esta notificación es preceptiva para que la transmisión produzcas plenos efectos administrativos. La notificación se realizará a la Dirección General de la Marina Mercante si el buque está en construcción o si tiene más de 6 metros de eslora entre perpendiculares, o a la Jefatura Provincial de la Marina Mercante de la Provincia Marítima donde esté inscrito (*RD 1027/1989 *art.*52 *s.).*

El **Vendedor** me requiere para que notifique a la Dirección General de la Marina Mercante, el otorgamiento de esta escritura, mediante remisión de copia autorizada de la misma.

Nota:

*Si el buque se encuentra **en** fase de **construcción** o si tiene más de seis metros de eslora entre perpendiculares, la notificación debe remitirse a la Jefatura Provincial de la Marina Mercante.*

Acepto el requerimiento.

MCM 1415 s.

OTORGAMIENTO Y AUTORIZACIÓN:

Hago las reservas y advertencias legales y fiscales que incumben a las partes en su aspecto material, formal y sancionador, y especialmente advierto del plazo de treinta días hábiles siguientes a la firma de esta escritura para presentar a liquidar el impuesto correspondiente, de la afección de los bienes al pago del mismo y responsabilidades, en su caso, derivadas del incumplimiento.

Asimismo, advierto de las consecuencias de una posible inexactitud de sus declaraciones o de falsedades en el documento y del tratamiento fiscal que se derivarían de las diferencias de valor resultantes de una comprobación administrativa.

L 14/2014 art.117 a 121; RD 1027/1989; RD 1828/1999

Leo esta escritura a los comparecientes, previa advertencia y renuncia a su derecho de hacerlo por sí mismos y enterados de su contenido, prestan su consentimiento y la firman.

Y yo, el Notario, DOY FE de que mi actuación ha sido pactada de común acuerdo por las partes adquirente y transmitente, y en cuanto fuera procedente, de todo lo demás contenido en este instrumento público, extendido en *"número de folios de papel"* folios de papel de uso exclusivo para documentos notariales, de la serie *"número de serie"*.

DILIGENCIA DE REMISIÓN: En *"concretar lugar"*, siendo las *"concretar hora"* del día *"concretar fecha"*.

Me persono en la oficina de correos sita en la calle *"dirección"*, número *"número de la calle"* de *"localidad de la oficina de correos"* y remito por correo certificado con acuse de recibo una copia autorizada de la escritura pública de compraventa de *"fecha de la escritura pública de compraventa"*, con el número *"número de la escritura pública de compraventa"* de mi protocolo, al destinatario y dirección que me fueron indicados en el referido instrumento. Se me hace entrega en este momento por el personal de la oficina de un recibo que identifica el envío. De todo lo cual DOY FE.

DILIGENCIA DE RECEPCIÓN DE ACUSE DE RECIBO: En *"detallar lugar"*, siendo las *"detallar hora"* del día *"detallar fecha"*.

En el lugar, fecha y hora indicados recibo el acuse de recibo del envío a que hace referencia la diligencia anterior de *"concretar fecha"*. En atención al cual el mismo se recibió en el destino correspondiente por *"Don/Doña nombre y apellidos del receptor"* el *"fecha de la recepción"* del presente año. De todo lo cual yo, el Notario, DOY FE.

Compraventa de aeronave

Nota preliminar:

El modelo presupone unas circunstancias determinadas que serán las más frecuentes. Si en el caso concreto existen circunstancias particulares no previstas, deberá completarse o modificarse el modelo adaptándolo a las mismas.

L 48/1960

En *"lugar"*, a *"fecha"*.
Ante mí, *"Don/Doña nombre y apellidos del notario"* perteneciente al colegio notarial de *"colegio notarial"* y con residencia en *"lugar donde radica la notaría"*.

COMPARECEN:

De una parte,
"Don/Doña nombre y apellidos de la parte", mayor de edad, *"estado civil de la parte" "... "especificar el régimen económico matrimonial de la parte" ..."*, de nacionalidad *"nacionalidad de la parte"*, con domicilio a estos efectos en *"domicilio de la parte"*, *"...con DNI/NIF número "DNI/NIF de la parte"... O ... con tarjeta de residencia número "número de tarjeta de residencia de la parte" ... O ... pasaporte número "número de pasaporte de la parte", expedido el "fecha de expedición del pasaporte de la parte" ... O ... "reseñar otros documentos aportados por la parte" ..."*, vigente hasta el *"fecha de vigencia de la documentación aportada por la parte"*.

Y de otra parte,
"Don/Doña nombre y apellidos de la parte", mayor de edad, *"estado civil de la parte" "... "especificar el régimen económico matrimonial de la parte" ..."*, de nacionalidad *"nacionalidad de la parte"*, con domicilio a estos efectos en *"domicilio de la parte"*, *"...con DNI/NIF número "DNI/NIF de la parte"... O ... con tarjeta de residencia número "número de tarjeta de residencia de la parte" ... O ... pasaporte número "número de pasaporte de la parte", expedido el "fecha de expedición del pasaporte de la parte" ... O ... "reseñar otros documentos aportados por la parte" ..."*, vigente hasta el *"fecha de vigencia de la documentación aportada por la parte"*.

INTERVIENEN:

Nota:

*La **capacidad** de los contratantes se regula en el CCom art.*322 *y* 323*, así como en el CC art.*1457*. Tratándose de sociedades mercantiles debe tenerse especial cuidado en examinar la legitimación de la persona que interviene, así habrán de analizarse los estatutos de la sociedad para examinar las facultades del administrador. En el caso de apoderados habrá de examinarse el contenido del poder, partiendo siempre de la interpretación restrictiva de los mismos. Deben examinarse también las prohibiciones de disponer, ya sean voluntarias o legales (*CCom *art.*96, 267 *y* 288*;* CC *art.*1459*). En el caso de que se celebre un contrato por una persona incapaz la consecuencia será la anulabilidad del contrato, mientras que si se infringe una prohibición de disponer la sanción es la nulidad absoluta del contrato (*TS 7-7-87, *EDJ 5449).*
*Téngase en cuenta la L 8/2021 que ha modificado sustancialmente el régimen legal de la capacidad de obrar de menores, menores emancipados e incapaces, de forma tal que se deroga el régimen hasta ahora existente de "incapacitación", sustituyéndose por un **régimen de "medidas de apoyo"**, partiendo de la esencial "capacidad" de obrar de todas las personas. Dichas medidas de apoyo delimitarán el ámbito de actos o negocios que cada sujeto es capaz de realizar por sí solo o si necesita de otra persona que vele por que sus intereses no sean lesionados.*

L 48/1960

A. *"Don/Doña nombre y apellidos de la parte"*

⮞⮞

❍ **Si interviene en su propio nombre:**

en su propio nombre y derecho.

❍ **Si interviene como representante:**

en nombre y representación

⮞

❍ Si representa a persona física:

de *"Don/Doña nombre y apellidos del representado"*, mayor de edad, *"estado civil del representado"*, con domicilio en *"domicilio del representado"* y provisto de D.N.I./N.I.F. número *"DNI/NIF del representado"*, según consta en escritura de poder, otorgada ante el notario de *"lugar donde radica la notaría en la que se autorizó la escritura de poder de representación (persona física)"*, *"Don/Doña nombre y apellidos del notario que autorizó la escritura de poder de representación (persona física)"*, el *"fecha de escritura de poder de representación (persona física)"*, con el número *"número de protocolo del notario que autorizó la escritura de poder de representación (persona física)"* de su orden de protocolo.

❍ Si representa a persona jurídica:

de la sociedad mercantil denominada *"denominación social"*, domiciliada en *"domicilio social"*, y con NIF número *"NIF de la sociedad"*, constituida, por tiempo indefinido, mediante escritura otorgada ante el notario de *"lugar donde radica la notaría en la que se autorizó la escritura de poder de representación (persona jurídica)"*, *"Don/Doña nombre y apellidos del notario que autorizó la escritura de poder de representación (persona jurídica)"*, el *"fecha de escritura de poder de representación (persona jurídica)"*, e inscrita en el Registro Mercantil de *"datos de la inscripción registral (localidad del Registro Mercantil, tomo, folio, sección, hoja e inscripción)"*, en su calidad de

⮞

❍ Si representa como cargo social:

"...administrador único ... O ... administrador solidario ... O ... consejero delegado ... O ... "especificar la representación del cargo social" ... " de la reseñada sociedad, cargo para el que fue nombrado y asegura vigente en escritura otorgada el *"fecha de escritura del nombramiento del cargo"*, ante el notario de *"lugar donde radica la notaría en la que se autorizó la escritura del nombramiento"*, *"Don/Doña nombre y apellidos del notario que autorizó la escritura del nombramiento"*, con el número *"número de protocolo del notario que autorizó la escritura del nombramiento"* de su protocolo, e inscrita en el Registro Mercantil de *"localidad del Registro Mercantil de la escritura de nombramiento"*, en el tomo y hoja arriba indicados.

❍ Si representa como apoderado:

apoderado de la reseñada sociedad, según escritura de poder otorgada a su favor, en *"fecha de escritura del otorgamiento del poder"*, ante el notario de *"lugar donde radica la notaría en la que se autorizó la escritura de poder"*, *"Don/Doña nombre y apellidos del notario que autorizó la escritura de poder"*, con el número *"número de protocolo del notario que autorizó la escritura de poder"* de su protocolo *"...e inscrita en el Registro Mercantil de "localidad del Registro Mercantil de la escritura de poder" ... "*, en el tomo y hoja arriba indicados.

⮜

⮜

⮜⮜

En adelante, El **vendedor**.

B. *"Don/Doña nombre y apellidos de la parte"*

➢➢

❍ **Si interviene en su propio nombre:**

en su propio nombre y derecho.

❍ **Si interviene como representante:**

L 48/1960

en nombre y representación

➢

❍ Si representa a persona física:

de *"Don/Doña nombre y apellidos del representado"*, mayor de edad, *"estado civil del representado"*, con domicilio en *"domicilio del representado"* y provisto de D.N.I./N.I.F. número *"DNI/NIF del representado"*, según consta en escritura de poder, otorgada ante el notario de *"lugar donde radica la notaría en la que se autorizó la escritura de poder de representación (persona física)"*, *"Don/Doña nombre y apellidos del notario que autorizó la escritura de poder de representación (persona física)"*, el *"fecha de escritura de poder de representación (persona física)"*, con el número *"número de protocolo del notario que autorizó la escritura de poder de representación (persona física)"* de su orden de protocolo.

❍ Si representa a persona jurídica:

de la sociedad mercantil denominada *"denominación social"*, domiciliada en *"domicilio social"*, y con NIF número *"NIF de la sociedad"*, constituida, por tiempo indefinido, mediante escritura otorgada ante el notario de *"lugar donde radica la notaría en la que se autorizó la escritura de poder de representación (persona jurídica)"*, *"Don/Doña nombre y apellidos del notario que autorizó la escritura de poder de representación (persona jurídica)"*, el *"fecha de escritura de poder de representación (persona jurídica)"*, e inscrita en el Registro Mercantil de *"datos de la inscripción registral (localidad del Registro Mercantil, tomo, folio, sección, hoja e inscripción)"*, en su calidad de

➢

❍ Si representa como cargo social:

"...administrador único ... O ... administrador solidario ... O ... consejero delegado ... O ... "especificar la representación del cargo social" ... " de la reseñada sociedad, cargo para el que fue nombrado y asegura vigente en escritura otorgada el *"fecha de escritura del nombramiento del cargo"*, ante el notario de *"lugar donde radica la notaría en la que se autorizó la escritura del nombramiento"*, *"Don/Doña nombre y apellidos del notario que autorizó la escritura del nombramiento"*, con el número *"número de protocolo del notario que autorizó la escritura del nombramiento"* de su protocolo, e inscrita en el Registro Mercantil de *"localidad del Registro Mercantil de la escritura de nombramiento"*, en el tomo y hoja arriba indicados.

❍ Si representa como apoderado:

apoderado de la reseñada sociedad, según escritura de poder otorgada a su favor, en *"fecha de escritura del otorgamiento del poder"*, ante el notario de *"lugar donde radica la notaría en la que se autorizó la escritura de poder"*, *"Don/Doña nombre y apellidos del notario que autorizó la escritura de poder"*, con el número *"número de protocolo del notario que autorizó la escritura de poder"* de su protocolo *"...e inscrita en el Registro Mercantil de "localidad del Registro Mercantil de la escritura de poder" ..."*, en el tomo y hoja arriba indicados.

➣

➣

➣➣

En adelante, El **comprador**.

Les identifico por sus respectivos documentos de identidad, anteriormente reseñados y que me han exhibido, y les juzgo con capacidad legal suficiente para el otorgamiento de la presente escritura de compraventa de aeronave, y

Nota:

*La **capacidad** de los contratantes se regula en el CCom art.322 y 323, así como en el CC art.1457. Tratándose de sociedades mercantiles debe tenerse especial cuidado en examinar la legitimación de la persona que interviene, así habrán de analizarse los estatutos de la sociedad para examinar las facultades del administrador. En el caso de apoderados habrá de examinarse el contenido del poder, partiendo siempre de la interpretación restrictiva de los mismos. Deben examinarse también las prohibiciones de disponer, ya sean voluntarias o legales (*CCom *art.*96, 267 y 288*;* CC *art.*1459*). En el caso de que se celebre un contrato por una persona incapaz la consecuencia será la anulabilidad del contrato, mientras que si se infringe una prohibición de disponer la sanción es la nulidad absoluta del contrato (*TS 7-7-87*, EDJ 5449).* L 48/1960

*Téngase en cuenta la L 8/2021 que ha modificado sustancialmente el régimen legal de la capacidad de obrar de menores, menores emancipados e incapaces, de forma tal que se deroga el régimen hasta ahora existente de "incapacitación", sustituyéndose por un **régimen de "medidas de apoyo"**, partiendo de la esencial "capacidad" de obrar de todas las personas. Dichas medidas de apoyo delimitarán el ámbito de actos o negocios que cada sujeto es capaz de realizar por sí solo o si necesita de otra persona que vele por que sus intereses no sean lesionados.*

EXPONEN:

I. Que el **Vendedor** es propietario, por el título que luego se dirá, de la siguiente aeronave, cuyas características son las siguientes:

- Denominación: *"denominación de la aeronave".*

- Modelo: *"modelo de la aeronave".*

- Marca: *"marca de la aeronave".*

- Matrícula: *"matrícula de la aeronave".*

- Construida en: *"lugar de construcción de la aeronave".*

- Características técnicas y dimensionales:

- fuselaje: *"datos del fuselaje".*

- capacidad: *"datos de la capacidad".*

- motores: *"datos de los motores".*

- velocidad: *"datos de la velocidad".*

>>

○ Si se incluyen otros datos identificativos:

"incluir datos del seguro y demás datos identificativos que se quieran añadir"

Inscripción. Inscrito en el Registro Mercantil de *"lugar del Registro Mercantil"* y el Registro de Matrícula de Aeronaves con el número *"número de Registro de Matrícula de Aeronaves".*

Nota:

*Son **inscribibles** en el Registro de Matrícula de Aeronaves del Estado español:*

1.º Las pertenecientes a personas físicas o jurídicas que disfruten de la nacionalidad española o de alguno de los países miembros del Espacio Económico Europeo.

2.º A instancia del arrendatario, las aeronaves arrendadas a quienes posean la nacionalidad española o de algún país miembro del Espacio Económico Europeo.

3.º Las aeronaves de uso privado pertenecientes o arrendadas a personas físicas o jurídicas de terceros Estados que tengan, respectivamente, su residencia habitual o un establecimiento permanente en España.

*Las aeronaves **extranjeras** tendrán la nacionalidad del Estado en el que estén matriculadas (*L 48/1960 *art.*17 *a* 19*).*

Compraventa

Título. Le pertenece la descrita aeronave por compra formalizada en escritura autorizada por el notario de *"lugar del notario que autorizó la escritura de compra"*, *"Don/Doña nombre y apellidos del notario que autorizó la escritura de compra"*, el *"fecha de autorización de la escritura de compra"*, con el número *"número de protocolo del notario que autorizó la escritura de compra"* de su protocolo.

Cargas y arrendamientos. No tiene ninguna carga y gravamen y se encuentra libre de arrendatarios, y así lo confirma el **Vendedor**.

Expuesto cuanto antecede,

L 48/1960

OTORGAN:

***"NÚMERO"* Compraventa**

El **Vendedor** vende y transmite al **Comprador**, que compra y adquiere, el pleno dominio de la aeronave descrita en el expositivo de la presente escritura.

***"NÚMERO"* Naturaleza mercantil**

Los comparecientes, en la representación en que intervienen, manifiestan que el presente contrato tiene carácter de mercantil y se regirá en primer término por las estipulaciones contenidas en el mismo y en lo que en ellas no estuviere previsto por las disposiciones del Código de Comercio, leyes especiales, los usos y costumbres mercantiles y, en su defecto, por lo establecido en el Código Civil.

***"NÚMERO"* Precio**

Nota:

*El **precio** es un elemento esencial de la compraventa, debe tratarse de dinero o signo que lo represente. Es preciso que se encuentre determinado o al menos que sea determinable sin necesidad de un nuevo acuerdo de las partes.*

El precio de la presente compraventa es de *"precio de la compraventa, en letra"* euros (*"precio de la compraventa en número"* €).

➤➤

- **Si el pago es anterior:**

Dicha cantidad manifiesta **el/los vendedor/es** haberla recibido con anterioridad a este acto del **Comprador**, sirviendo el presente documento como la más cabal y firme carta de pago.

- **Si el pago es simultáneo:**

Dicha cantidad es satisfecha en este acto por el **Comprador** mediante cheque bancario nominativo por valor de *"precio en letra del pago simultáneo"* euros (*"precio en número del pago simultáneo"* €), emitido a favor de la parte vendedora, sirviendo el presente documento como la más cabal y firme carta de pago.

- **Si el pago es anterior y simultáneo:**

Dicha cantidad será satisfecha conforme al siguiente calendario de pagos:

a) En cuanto a la cantidad de *"valor del pago anterior en letra"* euros (*"valor del pago anterior en número"* €), confiesa/n **el/los vendedor/es** haberla recibido del Comprador con anterioridad a este acto.

b) En cuanto a la restante cantidad de *"valor del pago restante en letra"* euros (*"valor del pago restante en número"* €), es satisfecha en este acto por el **Comprador** mediante cheque bancario nominativo por valor de *"valor del pago restante en letra"* euros (*"valor del pago restante en número"* €), emitido a favor de la parte vendedora, sirviendo el presente documento como la más cabal y firme carta de pago.

L 48/1960

○ Si hay pago aplazado de parte del precio:

Dicha cantidad será satisfecha conforme al siguiente calendario de pagos:

a) En cuanto a la cantidad de *"valor del pago simultáneo en letra"* euros (*"valor del pago simultáneo en número"* €), es satisfecha en este acto por el **Comprador** mediante cheque bancario nominativo por valor de *"valor del pago simultáneo en letra"* euros (*"valor del pago simultáneo en número"* €), emitido a favor de la parte vendedora, sirviendo el presente documento como la más cabal y firme carta de pago.

b) En cuanto a la restante cantidad de *"valor del pago restante en letra"* euros (*"valor del pago restante en número"* €), será satisfecha por el **Comprador** en un total de *"número de pagos"* pagos, el primero de los cuales tendrá lugar el *"fecha del primer pago"*.

El abono de cada uno de los pagos aplazados se garantiza mediante la emisión de *"número" "...letras de cambio ... O ... "otras garantías de pago (Por ejemplo pagarés, etc.)" ... "*, números *"números de las garantías"*, por importe, cada una de ellas de *"valor de los pagos en letra"* euros (*"valor de los pagos en número"* €), con vencimiento los días *"día de vencimiento de los pagos"* de cada mes. Dichas *"...letras de cambio ... O ... " otras garantías de pago" ... "* son aceptadas en este acto por el **Comprador**.

○ Si la venta la realiza un no residente:

De acuerdo con la legislación vigente en materia de tributación de no residentes, el **Comprador**, retiene en este acto al **Vendedor** un 5% del precio señalado, obligándose a ingresarla en la Administración Tributaria.

***"NÚMERO"* Tradición**

 **Nota:**

*La **escritura pública** puede completar la transmisión del dominio, siempre y cuando de la misma no se deduzca lo contrario. Se trata de una ficta traditio prevista en el CC art.*1462. *Sobre dicho particular señala la* DGRN Resol 31-3-91 *que la escritura pública puede equivaler a la entrega a los efectos de tener por realizada la tradición dominical, aun cuando no provoque igualmente el traspaso posesorio, de modo que, a pesar de la transmisión del dominio, puede no estar completamente cumplida la obligación de entrega, mas tal hecho deberá valorarse como la regulación del modo en que ha de cumplirse la obligación de entregar una cosa ya ajena al vendedor, y no como exclusión inequívoca (tal como exige el párrafo segundo del artículo* 1462 *del* Código Civil*) de tal efecto traditorio inherente a la escritura pública. En consecuencia, no debe confundirse el hecho de que se diga que la escritura equivale a la tradición con la obligación de la entrega material del bien vendido.*

La presente escritura equivale a la tradición. Ello no obstante, el **Vendedor** se obliga a transmitir la posesión material de la aeronave en *"especificar lugar de entrega de la aeronave"*, por un plazo máximo que expira por todo el día *"especificar fecha en que expira el plazo máximo de entrega de la aeronave"*.

La falta de entrega de la aeronave en el plazo señalado en el párrafo anterior y que no se deba a caso fortuito, fuerza mayor o culpa del Comprador dará derecho a éste a optar entre resolver el contrato o exigir al **Vendedor** la entrega efectiva de la aeronave y una indemnización igual a *"cantidad de la indemnización en letra, por la falta de entrega de la aeronave"* euros (*"cantidad de la indemnización en número, por la falta de entrega de la aeronave"* €), por cada día de retraso.

160 ## Compraventa

>>

○ **Si se establecen garantías del pago del precio:**

"NÚMERO" **Garantías del pago del precio**

>

❒ Si se establece condición resolutoria:

 **Nota:**

*En relación con los efectos de la **condición resolutoria**, ver por todas la* TS 5-2-02, *EDJ 1584.*

L 48/1960 **Condición resolutoria**: La falta de pago de cualquiera de las letras anteriormente indicadas una vez se produzca el vencimiento de cada una de ellas dará lugar a la resolución de pleno derecho de la presente compraventa. La parte vendedora, a tal efecto, deberá notificar fehacientemente a la parte compradora su voluntad de resolver el contrato en su domicilio.

La presente condición resolutoria quedará extinguida en el caso de que no se ejercite la facultad que en la misma se reconoce en el plazo de *"número de meses para la suspensión de la condición resolutoria"* meses desde la fecha prevista para el pago.

❒ Si se establece condición suspensiva:

Nota:

*Sobre el alcance y efectos de la **condición suspensiva** y sus diferencias con la condición resolutoria, ver* TS 9-3-01, *EDJ 2045. En virtud de este tipo de condición el negocio sólo se reputa de momento perfeccionado, desplegando sus efectos ipso iure, cuando se verifica el completo pago del precio, lo que ocasiona la transferencia definitiva de lo vendido. Actúa por tanto como garantía del cobro del precio aplazado que pueden establecer los contratantes.*

Condición suspensiva: Ambas partes convienen en que la presente compraventa se realiza bajo la condición suspensiva del efectivo pago del precio aplazado; por lo que la misma será efectiva únicamente si se abona la integridad del precio conforme a lo expresado en el presente documento. En el caso de impago de alguna de las letras de cambio a su vencimiento el contrato quedará sin efecto, debiendo restituirse ambas partes sus prestaciones, si bien el **vendedor** tendrá derecho a retener en concepto de indemnización un *"porcentaje de las cantidades satisfechas"* de las cantidades que hubiesen sido efectivamente satisfechas hasta la fecha por el **comprador**.

❒ Si se establece reserva de dominio:

Nota:

*En relación con el alcance y efectos de la **reserva de dominio** en las compraventas, ver* TS 28-4-00, *EDJ 7023, en la que se citan muchas otras sentencias: (*TS 16-7-93, *EDJ 7219;* 10-2-98, *EDJ 594).*

Reserva de dominio: El **vendedor** se reserva el dominio de los bienes que constituyen el objeto de la presente compraventa hasta el completo pago del precio aplazado. En el caso de impago de cualquiera de las letras de cambio antes referidas quedará sin efecto la obligación del **vendedor** de transmitir el dominio de los bienes, pudiendo el **vendedor** optar por el cumplimiento del contrato o por la resolución del mismo. Una vez verificado el íntegro pago de las letras de cambio reseñadas en el presente documento, se entenderá transmitido el dominio de los bienes objeto de la presente compraventa.

❒ Si se establece prohibición de enajenar:

Prohibición de enajenar: El **Comprador** no podrá disponer, sin autorización expresa y por escrito del/de los **vendedor/es**, del inmueble adquirido en el presente contrato hasta el íntegro pago del precio estipulado.

<

"NÚMERO" **Conformidad con el estado actual de la aeronave**
El **Comprador** manifiesta que conoce y acepta el estado físico y situación en la que se encuentra la aeronave vendida, corriendo con el riesgo y ventura de la presente compraventa, liberando al **Vendedor** de las obligaciones dispuestas en el art.345 del Código de Comercio.

"NÚMERO" **Gastos e impuestos**
Todos los gastos e impuestos que se deriven del presente contrato de compraventa y que no sean expresamente asignados a una de las partes conforme al resto de clausulado serán satisfechos *"...conforme a Ley ... O ... por el comprador ..."*. L 48/1960

"NÚMERO" **Notificaciones**

 **Nota:**

Si no se incluyera esta cláusula las notificaciones se realizarían en el ***domicilio*** *que indica el compareciente en el encabezamiento de la póliza.*

Las partes convienen los siguientes domicilios para la práctica de las notificaciones necesarias para la ejecución del presente contrato:

El **vendedor**: *"domicilio a efectos de notificación parte primera"*.

El **comprador**: *"domicilio a efectos de notificación parte segunda"*.

"NÚMERO" **Inscripción**
Ambas partes convienen en solicitar y se comprometen a realizar todos los trámites necesarios para que se proceda a la inscripción de la presente compraventa en los Registros públicos y administrativos correspondientes.

"NÚMERO" **Fuero**
Para la solución de cualquier cuestión litigiosa que pueda derivarse del presente contrato de compraventa las partes, con renuncia al fuero aplicable, se someten a la jurisdicción de los jueces y tribunales de *"especificar ciudad de los Tribunales"*.

OTORGAMIENTO Y AUTORIZACIÓN:

Hago las reservas y advertencias legales y fiscales que incumben a las partes en su aspecto material, formal y sancionador, y especialmente advierto del plazo de treinta días hábiles siguientes a la firma de esta escritura para presentar a liquidar el impuesto correspondiente, de la afección de los bienes al pago del mismo y responsabilidades, en su caso, derivadas del incumplimiento.

Asimismo, advierto de las consecuencias de una posible inexactitud de sus declaraciones o de falsedades en el documento y del tratamiento fiscal que se derivarían de las diferencias de valor resultantes de una comprobación administrativa.

Leo esta escritura a los comparecientes, previa advertencia y renuncia a su derecho de hacerlo por sí mismos y enterados de su contenido, prestan su consentimiento y la firman.

Y yo, el Notario, DOY FE de que mi actuación ha sido pactada de común acuerdo por las partes adquirente y transmitente, y en cuanto fuera procedente, de todo lo demás contenido en este instrumento público, extendido en *"número de folios de papel"* folios de papel de uso exclusivo para documentos notariales, de la serie *"número de serie"*.

MSM 1000 s.

LSC art.106 s., 140 a 143; LMV art.34 s., 338 a 340

Compraventa de participaciones sociales SRL

Nota preliminar:

1) La transmisión de participaciones debe constar en **documento público**, de ahí que sea posible que aparezcan formalizadas en ocasiones a través de póliza intervenida por Notario, y en otras a través de escritura pública como en el modelo que ofrecemos. También debe tenerse en cuenta que, hasta la inscripción de la sociedad en el Registro Mercantil, o en su caso del aumento del capital, no podrán transmitirse participaciones sociales.

2) Con efecto 7-4-2023, la L 6/2023 (LMV) **deroga** el RDLeg 4/2015 (LMV/15), donde se regula el mercado de valores.
Pendiente la L 6/2023 de **desarrollo reglamentario**, se mantiene en vigor las normas vigentes sobre los mercados de valores y los servicios de inversión, en tanto no se opongan a lo establecido en esta nueva norma.

3) El modelo presupone unas circunstancias determinadas que serán las más frecuentes. Si en el caso concreto existen circunstancias particulares no previstas, deberá completarse o modificarse el modelo adaptándolo a las mismas.

En *"lugar"*, a *"fecha"*.
Ante mí, *"Don/Doña nombre y apellidos del notario"* perteneciente al colegio notarial de *"colegio notarial"* y con residencia en *"lugar donde radica la notaría"*.

COMPARECEN:

De una parte,
"Don/Doña nombre y apellidos de la parte", mayor de edad, *"estado civil de la parte"* *"... "especificar el régimen económico matrimonial de la parte" ... "*, de nacionalidad *"nacionalidad de la parte"*, con domicilio a estos efectos en *"domicilio de la parte"*, *"...con DNI/NIF número "DNI/NIF de la parte" ... O ... con tarjeta de residencia número "número de tarjeta de residencia de la parte" ... O ... pasaporte número "número de pasaporte de la parte", expedido el "fecha de expedición del pasaporte de la parte" ... O ... "reseñar otros documentos aportados por la parte" ... "*, vigente hasta el *"fecha de vigencia de la documentación aportada por la parte"*.

Y de otra parte,
"Don/Doña nombre y apellidos de la parte", mayor de edad, *"estado civil de la parte"* *"... "especificar el régimen económico matrimonial de la parte" ... "*, de nacionalidad *"nacionalidad de la parte"*, con domicilio a estos efectos en *"domicilio de la parte"*, *"...con DNI/NIF número "DNI/NIF de la parte" ... O ... con tarjeta de residencia número "número de tarjeta de residencia de la parte" ... O ... pasaporte número "número de pasaporte de la parte", expedido el "fecha de expedición del pasaporte de la parte" ... O ... "reseñar otros documentos aportados por la parte" ... "*, vigente hasta el *"fecha de vigencia de la documentación aportada por la parte"*.

MSM 1000 s.

INTERVIENEN:

A. *"Don/Doña nombre y apellidos de la parte"*

➢➢

❍ **Si interviene en su propio nombre:**

en su propio nombre y derecho.

❍ **Si interviene como representante:**

en nombre y representación

LSC art.106 s., 140 a 143; LMV art.34 s., 338 a 340

➢

❍ Si representa a persona física:

de *"Don/Doña nombre y apellidos del representado"*, mayor de edad, *"estado civil del representado"*, con domicilio en *"domicilio del representado"* y provisto de D.N.I./N.I.F. número *"DNI/NIF del representado"*, según consta en escritura de poder, otorgada ante el notario de *"lugar donde radica la notaría en la que se autorizó la escritura de poder de representación (persona física)"*, *"Don/Doña nombre y apellidos del notario que autorizó la escritura de poder de representación (persona física)"*, el *"fecha de escritura de poder de representación (persona física)"*, con el número *"número de protocolo del notario que autorizó la escritura de poder de representación (persona física)"* de su orden de protocolo.

❍ Si representa a persona jurídica:

de la sociedad mercantil denominada *"denominación social"*, domiciliada en *"domicilio social"*, y con NIF número *"NIF de la sociedad"*, constituida, por tiempo indefinido, mediante escritura otorgada ante el notario de *"lugar donde radica la notaría en la que se autorizó la escritura de poder de representación (persona jurídica)"*, *"Don/Doña nombre y apellidos del notario que autorizó la escritura de poder de representación (persona jurídica)"*, el *"fecha de escritura de poder de representación (persona jurídica)"*, e inscrita en el Registro Mercantil de *"datos de la inscripción registral (localidad del Registro Mercantil, tomo, folio, sección, hoja e inscripción)"*, en su calidad de

➢

❍ Si representa como cargo social:

"...administrador único ... O ... administrador solidario ... O ... consejero delegado ... O ... "especificar la representación del cargo social" ... " de la reseñada sociedad, cargo para el que fue nombrado y asegura vigente en escritura otorgada el *"fecha de escritura del nombramiento del cargo"*, ante el notario de *"lugar donde radica la notaría en la que se autorizó la escritura del nombramiento"*, *"Don/Doña nombre y apellidos del notario que autorizó la escritura del nombramiento"*, con el número *"número de protocolo del notario que autorizó la escritura del nombramiento"* de su protocolo, e inscrita en el Registro Mercantil de *"localidad del Registro Mercantil de la escritura de nombramiento"*, en el tomo y hoja arriba indicados.

❍ Si representa como apoderado:

apoderado de la reseñada sociedad, según escritura de poder otorgada a su favor, en *"fecha de escritura del otorgamiento del poder"*, ante el notario de *"lugar donde radica la notaría en la que se autorizó la escritura de poder"*, *"Don/Doña nombre y apellidos del notario que autorizó la escritura de poder"*, con el número *"número de protocolo del notario que autorizó la escritura de poder"* de su protocolo *"...e inscrita en el Registro Mercantil de "localidad del Registro Mercantil de la escritura de poder" ..."*, en el tomo y hoja arriba indicados.

⮜

⮜

⮜⮜

En adelante, El **vendedor**.

B. *"Don/Doña nombre y apellidos de la parte"*

➢➢

MSM 1000 s.

❍ **Si interviene en su propio nombre:**

en su propio nombre y derecho.

❍ **Si interviene como representante:**

en nombre y representación

LSC art.106 s., 140 a 143; LMV art.34 s., 338 a 340

➢

❍ Si representa a persona física:

de *"Don/Doña nombre y apellidos del representado"*, mayor de edad, *"estado civil del representado"*, con domicilio en *"domicilio del representado"* y provisto de D.N.I./N.I.F. número *"DNI/NIF del representado"*, según consta en escritura de poder, otorgada ante el notario de *"lugar donde radica la notaría en la que se autorizó la escritura de poder de representación (persona física)"*, *"Don/Doña nombre y apellidos del notario que autorizó la escritura de poder de representación (persona física)"*, el *"fecha de escritura de poder de representación (persona física)"*, con el número *"número de protocolo del notario que autorizó la escritura de poder de representación (persona física)"* de su orden de protocolo.

❍ Si representa a persona jurídica:

de la sociedad mercantil denominada *"denominación social"*, domiciliada en *"domicilio social"*, y con NIF número *"NIF de la sociedad"*, constituida, por tiempo indefinido, mediante escritura otorgada ante el notario de *"lugar donde radica la notaría en la que se autorizó la escritura de poder de representación (persona jurídica)"*, *"Don/Doña nombre y apellidos del notario que autorizó la escritura de poder de representación (persona jurídica)"*, el *"fecha de escritura de poder de representación (persona jurídica)"*, e inscrita en el Registro Mercantil de *"datos de la inscripción registral (localidad del Registro Mercantil, tomo, folio, sección, hoja e inscripción)"*, en su calidad de

➢

❍ Si representa como cargo social:

"...administrador único ... O ... administrador solidario ... O ... consejero delegado ... O ... "especificar la representación del cargo social" ..." de la reseñada sociedad, cargo para el que fue nombrado y asegura vigente en escritura otorgada el *"fecha de escritura del nombramiento del cargo"*, ante el notario de *"lugar donde radica la notaría en la que se autorizó la escritura del nombramiento"*, *"Don/Doña nombre y apellidos del notario que autorizó la escritura del nombramiento"*, con el número *"número de protocolo del notario que autorizó la escritura del nombramiento"* de su protocolo, e inscrita en el Registro Mercantil de *"localidad del Registro Mercantil de la escritura de nombramiento"*, en el tomo y hoja arriba indicados.

❍ Si representa como apoderado:

apoderado de la reseñada sociedad, según escritura de poder otorgada a su favor, en *"fecha de escritura del otorgamiento del poder"*, ante el notario de *"lugar donde radica la notaría en la que se autorizó la escritura de poder"*, *"Don/Doña nombre y apellidos del notario que autorizó la escritura de poder"*, con el número *"número de protocolo del notario que autorizó la escritura de poder"* de su protocolo *"...e inscrita en el Registro Mercantil de "localidad del Registro Mercantil de la escritura de poder" ..."*, en el tomo y hoja arriba indicados.

◄

◄◄

En adelante, El **comprador**.

Les identifico por sus respectivos documentos de identidad, anteriormente reseñados y que me han exhibido, y les juzgo con capacidad legal suficiente para el otorgamiento de la presente escritura de compraventa participaciones sociales, y

Nota:

*La **capacidad** de los contratantes se regula en el CCom art.322 y 323, así como en el CC art.1457. Tratándose de sociedades mercantiles debe tenerse especial cuidado en examinar la legitimación de la persona que interviene, así habrán de analizarse los estatutos de la sociedad para examinar las facultades del administrador. En el caso de apoderados habrá de examinarse el contenido del poder, partiendo siempre de la interpretación restrictiva de los mismos. Deben examinarse también las prohibiciones de disponer, ya sean voluntarias o legales (CCom art.96, 267 y 288; CC art.1459). En el caso de que se celebre un contrato por una persona incapaz la consecuencia será la anulabilidad del contrato, mientras que si se infringe una prohibición de disponer la sanción es la nulidad absoluta del contrato (TS 7-7-87, EDJ 5449).*

LSC art.106 s., 140 a 143; LMV art.34 s., 338 a 340

*Téngase en cuenta la L 8/2021 que ha modificado sustancialmente el régimen legal de la capacidad de obrar de menores, menores emancipados e incapaces, de forma tal que se deroga el régimen hasta ahora existente de "incapacitación", sustituyéndose por un **régimen de "medidas de apoyo"**, partiendo de la esencial "capacidad" de obrar de todas las personas. Dichas medidas de apoyo delimitarán el ámbito de actos o negocios que cada sujeto es capaz de realizar por sí solo o si necesita de otra persona que vele por que sus intereses no sean lesionados.*

EXPONEN:

I. Que EL **Vendedor** es titular de *"especificar número de participaciones sociales"* de participaciones sociales de la compañía mercantil *"Sociedad de Responsabilidad Limitada, S.R.L."*, numeradas de la *"número de la primera participación social"* a la *"número de la última participación social"*, ambas inclusive, por un valor nominal de *"valor nominal de cada participación social, en letra"* euros (*"valor nominal de cada participación social, en número"* €), cada una de ellas.

Nota:

*A falta de regulación estatutaria, la transmisión voluntaria de participaciones sociales por actos inter vivos sigue unas **reglas** precisas que se contienen en la LSC art.107, que se pueden resumir como sigue:*
a) Deber de comunicación del socio transmitente a los administradores, haciendo constar entre otros el número y características de las participaciones, así como la identidad del adquirente y condiciones de transmisión.
b) Transmisión sujeta al consentimiento de la sociedad, quien solo se podrá negar a la transmisión si comunica al transmitente por conducto notarial la identidad de uno o varios socios o terceros que adquieran la totalidad de las participaciones.
c) Precio de las participaciones, forma de pago y demás condiciones de la operación, que serán comunicadas también a la sociedad.
d) El documento público de transmisión deberá otorgarse en el plazo de un mes desde la comunicación a la sociedad o adquirentes.
e) El socio podrá transmitir las participaciones en las condiciones comunicadas a la sociedad, cuando hayan transcurrido tres meses desde que la sociedad hubiera sido notificada de la intención de venta del socio sin que la sociedad haya comunicado la identidad del adquirente.

Título. Las mencionadas participaciones las adquirió *"...por suscripción en el acto de constitución de la sociedad, que tuvo lugar en virtud de escritura pública autorizada por el notario de "lugar del notario que autorizó la escritura pública", "Don/Doña nombre y apellidos del notario que autorizó la escritura pública", el "fecha de autorización de la escritura pública", con el número "número de protocolo del notario que autorizó la escritura pública" de su protocolo ... O ... por suscripción en la escritura de aumento de capital autorizada el "fecha de la suscripción en escritura pública" por el notario, "Don/Doña nombre y apellidos del notario que autorizó la suscripción" de "lugar del notario que autorizó la suscripción", número "número de protocolo del notario que autorizó la suscripción" de su protocolo, la cual está debidamente inscrita en el Registro Mercantil ... O ... por adquisición formalizada en escritura autorizada el "fecha de la adquisición en escritura pública" por el notario, "Don/Doña nombre y apellidos del notario que autorizó la adquisición" de "lugar del notario que autorizó la adquisición", número "número de protocolo del notario que autorizó la adquisición" de su protocolo ...".*

165 Compraventa

MSM 1000 s.

Justifica su adquisición mediante la exhibición del certificado del Libro-Registro de socios de la entidad, expedido por *"Don/Doña nombre y apellidos de quien expide el certificado"*, fotocopia del cual, concordante con su original, incorporo a la presente.

Cargas. Las participaciones objeto de la presente compraventa se encuentran, según me manifiesta la compareciente vendedora, libres de todo tipo de carga y gravamen, y no recae sobre ellas prohibición de disposición alguna.

Nota:

LSC art.106 s., 140 a 143; LMV art.34 s., 338 a 340

En relación con las consecuencias derivadas de la vulneración de una ***prohibición*** *de disposición, resulta de interés el examen de la* DGRN Resol 1-12-00.

II. Que la sociedad *"Sociedad de Responsabilidad Limitada, S.R.L."* fue constituida por tiempo indefinido en la escritura pública de *"fecha de autorización de la escritura de constitución"*, antes referida, y se halla inscrita en el Registro Mercantil de *"lugar del Registro Mercantil"*, al tomo *"número de tomo"*, libro *"número de libro"*, hoja número *"número de hoja"*, inscripción primera. Tiene CIF número *"CIF de la sociedad"*.

III. Que la sociedad *"Sociedad de Responsabilidad Limitada, S.R.L."* tiene un capital social de *"valor del capital social, en letra"* euros (*"valor del capital social, en número"* €), dividido en *"número de participaciones sociales"* de participaciones sociales, de *"valor nominal de cada participación social, en letra"* euros (*"valor nominal de cada participación social, en número"* €) de valor nominal cada una de ellas, numeradas de la *"primer número de participación social"* a la *"último número de participación social"*, ambas inclusive y totalmente suscritas y desembolsadas.

IV. Manifiestan ambas partes que han quedado cumplidos, en orden a la transmisión que se formaliza en esta escritura, los requisitos exigidos por la Ley de Sociedades de Responsabilidad Limitada y las previstas en los estatutos sociales.

Nota:

Debe tenerse en cuenta que, para la transmisión de participaciones de un socio obligado a realizar ***prestaciones accesorias****, la autorización de la sociedad, salvo disposición en contra de los estatutos, deberá correr a cargo de la junta general (LSC art.88.2).*

V. Se me entrega en este acto un certificado librado por la el Secretario del consejo de administración de *"Sociedad de Responsabilidad Limitada, S.R.L."*, en que se autoriza la venta de las citadas participaciones, renunciando los socios a su derecho de adquisición preferente. Incorporo este certificado a la presente escritura, legitimando la firma que lo autoriza.

VI. Que han convenido en la compraventa de las participaciones identificadas en el expositivo I conforme a las siguientes,

ESTIPULACIONES:

***"NÚMERO"* Objeto**

El **Vendedor** vende y transmite las acciones de *"Sociedad de Responsabilidad Limitada, S.R.L."*, números *"primer número de participación social vendido"* a *"último número de participación social vendido"* ambas inclusive, transmitiéndole el pleno dominio de las mismas, al **Comprador**, que compra y adquiere.

***"NÚMERO"* Precio**

Nota:

Sobre las consecuencias de la falta de ***pago*** *del precio, ver* TS 8-3-02, *EDJ 3516;* 8-2-00, *EDJ 516.*

El precio total de la venta es la cantidad de *"precio de la venta, en letra"* euros (*"precio de la venta, en número"* €).

Nota:

*El **precio** es un elemento esencial de la compraventa, debe tratarse de dinero o signo que lo represente. Es preciso que se encuentre determinado o al menos que sea determinable sin necesidad de un nuevo acuerdo de las partes.*

El **Vendedor** *"...recibe dicho importe en este acto, mediante cheque bancario ... O ... confiesa haber recibido dicha cantidad con anterioridad a este acto. ... "*, sirviendo la presente escritura como la más cabal y firme carta de pago.

"NÚMERO" **Transmisión**

Todas las participaciones se transmiten libres de traba, embargo, gravamen, procedimiento judicial o retención de clase alguna, según manifiesta la parte transmitente. Igualmente el **Vendedor** declara bajo pena de falsedad en documento público, que era titular y estaba en posesión pacifica de las participaciones transmitidas. **LSC art.106 s., 140 a 143; LMV art.34 s., 338 a 340**

"NÚMERO" **Notificación a la sociedad**

Los otorgantes se obligan a notificar la anterior transmisión al órgano de administración de *"Sociedad de Responsabilidad Limitada, S.R.L."*, a fin de que efectúe la inscripción de las mismas en el Libro-Registro correspondiente.

Nota:

*Es de destacar que, el **adquirente** de participaciones sólo podrá ejercer los derechos de socio desde que la sociedad tenga conocimiento de la transmisión (LSC art.106.2).*

"NÚMERO" **Gastos e impuestos**

Todos los gastos e impuestos que se deriven del presente contrato de compraventa y que no sean expresamente asignados a una de las partes conforme al resto de clausulado serán satisfechos *"...conforme a Ley ... O ... por el comprador ... "*.

○ **Si se solicita exención del ITP:**

"NÚMERO" **Manifestaciones fiscales**

La transmisión de valores, admitidos o no a negociación en un mercado secundario oficial, estará exenta del IVA y del ITPAJD (LMV art.338).

Nota:

*Quedan **exceptuadas de la exención** las transmisiones de valores no admitidos a negociación en un mercado secundario oficial realizadas en el mercado secundario, las cuales tributarán en el impuesto al que estén sujetas como transmisiones onerosas de bienes inmuebles, cuando mediante tales transmisiones de valores se hubiera pretendido eludir el pago de los tributos que habrían gravado la transmisión de los inmuebles propiedad de las entidades a las que representen dichos valores.*

*Sin perjuicio de lo antes expuesto, se entenderá, salvo prueba en contrario, que se actúa con **ánimo de elusión** del pago del impuesto correspondiente a la transmisión de bienes inmuebles en los siguientes supuestos:*

a) Cuando se obtenga el control de una entidad cuyo activo esté formado en al menos el 50 por ciento por inmuebles radicados en España que no estén afectos a actividades empresariales o profesionales, o cuando, una vez obtenido dicho control, aumente la cuota de participación en ella.

b) Cuando se obtenga el control de una entidad en cuyo activo se incluyan valores que le permitan ejercer el control en otra entidad cuyo activo esté integrado al menos en un 50 por ciento por inmuebles radicados en España que no estén afectos a actividades empresariales o profesionales, o cuando, una vez obtenido dicho control, aumente la cuota de participación en ella.

c) Cuando los valores transmitidos hayan sido recibidos por las aportaciones de bienes inmuebles realizadas con ocasión de la constitución de sociedades o de la ampliación de su capital social, siempre que tales bienes no se afecten a actividades empresariales o profesionales y que entre la fecha de aportación y la de transmisión no hubiera transcurrido un plazo de tres años.

Compraventa

MSM 1000 s.

Téngase presente que no será de aplicación la excepción a la exención prevista en la LMV/15 *art.*314 *(a partir de 7-4-2023 LMV art.338) a las operaciones consecuencia de la intervención del FROB, reguladas en la* L 9/2012 *art.*26, 27 *y* 35, *de reestructuración y resolución de entidades de crédito, incluidas aquellas en que los obligados tributarios fueran los bancos puentes, las sociedades de gestión de activos o los terceros que adquieran valores derivados de las intervenciones del Fondo, conforme establece la disposición adicional cuarta de aquella ley.*

≺≺

LSC art.106 s., 140 a 143; LMV art.34 s., 338 a 340

OTORGAMIENTO Y AUTORIZACIÓN:

Hago las reservas y advertencias legales y fiscales que incumben a las partes en su aspecto material, formal y sancionador, y especialmente advierto del plazo de treinta días hábiles siguientes a la firma de esta escritura para presentar a liquidar el impuesto correspondiente, de la afección de los bienes al pago del mismo y responsabilidades, en su caso, derivadas del incumplimiento.

Asimismo, advierto de las consecuencias de una posible inexactitud de sus declaraciones o de falsedades en el documento y del tratamiento fiscal que se derivarían de las diferencias de valor resultantes de una comprobación administrativa.

Leo esta escritura a los comparecientes, previa advertencia y renuncia a su derecho de hacerlo por sí mismos y enterados de su contenido, prestan su consentimiento y la firman.

Y yo, el Notario, DOY FE de que mi actuación ha sido pactada de común acuerdo por las partes adquirente y transmitente, y en cuanto fuera procedente, de todo lo demás contenido en este instrumento público, extendido en *"número de folios de papel"* folios de papel de uso exclusivo para documentos notariales, de la serie *"número de serie"*.

Compraventa de acciones SA

MSM 5290 s.

Nota preliminar:

- Hasta la **inscripción** de la sociedad en el Registro Mercantil, o en su caso del aumento del capital, no pueden transmitirse las acciones.

- Mientras no se hayan impreso y entregado los **títulos**, la transmisión de acciones procederá de acuerdo con las normas sobre la cesión de créditos y demás derechos incorporales. LSC art.120 s

Tratándose de **acciones nominativas**, los administradores, una vez que resulte acreditada la transmisión, la inscribirán de inmediato en el libro-registro de acciones nominativas.

Una vez **impresos y entregados** los títulos, la transmisión de las acciones al portador se sujetará a lo dispuesto en el CCom art.545, que establece que los títulos al portador serán transmisibles por la tradición del documento. Asimismo, no estará sujeto a reivindicación el título cuya posesión se adquiera por tercero de buena fe y sin culpa grave, quedando a salvo los derechos y acciones del legítimo propietario contra los responsables de los actos que le hayan privado del dominio.

Las acciones nominativas también podrán transmitirse mediante **endoso**, en cuyo caso serán de aplicación, en la medida en que sean compatibles con la naturaleza del título, la L 19/1985 art.15, 16, 19 y 20, cambiaria y del cheque. La transmisión habrá de acreditarse frente a la sociedad mediante la exhibición del título. Los administradores, una vez comprobada la regularidad de la cadena de endosos, inscribirán la transmisión en el libro-registro de acciones nominativas.

- El modelo presupone unas circunstancias determinadas que serán las más frecuentes. Si en el caso concreto existen circunstancias particulares no previstas, deberá completarse o modificarse el modelo adaptándolo a las mismas.

En *"lugar"*, a *"fecha"*.
Ante mí, *"Don/Doña nombre y apellidos del notario"* perteneciente al colegio notarial de *"colegio notarial"* y con residencia en *"lugar donde radica la notaría"*.

COMPARECEN:

De una parte,
"Don/Doña nombre y apellidos de la parte", mayor de edad, *"estado civil de la parte"* "... *"especificar el régimen económico matrimonial de la parte"* ... ", de nacionalidad *"nacionalidad de la parte"*, con domicilio a estos efectos en *"domicilio de la parte"*, *"...con DNI/NIF número "DNI/NIF de la parte"... O ... con tarjeta de residencia número "número de tarjeta de residencia de la parte" ... O ... pasaporte número "número de pasaporte de la parte", expedido el "fecha de expedición del pasaporte de la parte" ... O ... "reseñar otros documentos aportados por la parte"* ... ", vigente hasta el *"fecha de vigencia de la documentación aportada por la parte"*.

Y de otra parte,
"Don/Doña nombre y apellidos de la parte", mayor de edad, *"estado civil de la parte"* "... *"especificar el régimen económico matrimonial de la parte"* ... ", de nacionalidad *"nacionalidad de la parte"*, con domicilio a estos efectos en *"domicilio de la parte"*, *"...con DNI/NIF número "DNI/NIF de la parte"... O ... con tarjeta de residencia número "número de tarjeta de residencia de la parte" ... O ... pasaporte número "número de pasaporte de la parte", expedido el "fecha de expedición del pasaporte de la parte" ... O ... "reseñar otros documentos aportados por la parte"* ... ", vigente hasta el *"fecha de vigencia de la documentación aportada por la parte"*.

MSM 5290 s.

LSC art.120 s

INTERVIENEN:

A. *"Don/Doña nombre y apellidos de la parte"*

➢➢

❍ **Si interviene en su propio nombre:**

en su propio nombre y derecho.

❍ **Si interviene como representante:**

en nombre y representación

➢

❍ Si representa a persona física:

de *"Don/Doña nombre y apellidos del representado"*, mayor de edad, *"estado civil del representado"*, con domicilio en *"domicilio del representado"* y provisto de D.N.I./N.I.F. número *"DNI/NIF del representado"*, según consta en escritura de poder, otorgada ante el notario de *"lugar donde radica la notaría en la que se autorizó la escritura de poder de representación (persona física)"*, *"Don/Doña nombre y apellidos del notario que autorizó la escritura de poder de representación (persona física)"*, el *"fecha de escritura de poder de representación (persona física)"*, con el número *"número de protocolo del notario que autorizó la escritura de poder de representación (persona física)"* de su orden de protocolo.

❍ Si representa a persona jurídica:

de la sociedad mercantil denominada *"denominación social"*, domiciliada en *"domicilio social"*, y con NIF número *"NIF de la sociedad"*, constituida, por tiempo indefinido, mediante escritura otorgada ante el notario de *"lugar donde radica la notaría en la que se autorizó la escritura de poder de representación (persona jurídica)"*, *"Don/Doña nombre y apellidos del notario que autorizó la escritura de poder de representación (persona jurídica)"*, el *"fecha de escritura de poder de representación (persona jurídica)"*, e inscrita en el Registro Mercantil de *"datos de la inscripción registral (localidad del Registro Mercantil, tomo, folio, sección, hoja e inscripción)"*, en su calidad de

➢

❍ Si representa como cargo social:

"...administrador único ... O ... administrador solidario ... O ... consejero delegado ... O ... "especificar la representación del cargo social" ..." de la reseñada sociedad, cargo para el que fue nombrado y asegura vigente en escritura otorgada el *"fecha de escritura del nombramiento del cargo"*, ante el notario de *"lugar donde radica la notaría en la que se autorizó la escritura del nombramiento"*, *"Don/Doña nombre y apellidos del notario que autorizó la escritura del nombramiento"*, con el número *"número de protocolo del notario que autorizó la escritura del nombramiento"* de su protocolo, e inscrita en el Registro Mercantil de *"localidad del Registro Mercantil de la escritura de nombramiento"*, en el tomo y hoja arriba indicados.

❍ Si representa como apoderado:

apoderado de la reseñada sociedad, según escritura de poder otorgada a su favor, en *"fecha de escritura del otorgamiento del poder"*, ante el notario de *"lugar donde radica la notaría en la que se autorizó la escritura de poder"*, *"Don/Doña nombre y apellidos del notario que autorizó la escritura de poder"*, con el número *"número de protocolo del notario que autorizó la escritura de poder"* de su protocolo *"...e inscrita en el Registro Mercantil de "localidad del Registro Mercantil de la escritura de poder" ..."*, en el tomo y hoja arriba indicados.

⮜

⮜

⮜⮜

En adelante, El **vendedor**.

MSM 5290 s.

B. *"Don/Doña nombre y apellidos de la parte"*

➢➢

○ **Si interviene en su propio nombre:**

en su propio nombre y derecho.

○ **Si interviene como representante:**

en nombre y representación

➢

○ Si representa a persona física: LSC art.120 s

de *"Don/Doña nombre y apellidos del representado"*, mayor de edad, *"estado civil del representado"*, con domicilio en *"domicilio del representado"* y provisto de D.N.I./N.I.F. número *"DNI/NIF del representado"*, según consta en escritura de poder, otorgada ante el notario de *"lugar donde radica la notaría en la que se autorizó la escritura de poder de representación (persona física)"*, *"Don/Doña nombre y apellidos del notario que autorizó la escritura de poder de representación (persona física)"*, el *"fecha de escritura de poder de representación (persona física)"*, con el número *"número de protocolo del notario que autorizó la escritura de poder de representación (persona física)"* de su orden de protocolo.

○ Si representa a persona jurídica:

de la sociedad mercantil denominada *"denominación social"*, domiciliada en *"domicilio social"*, y con NIF número *"NIF de la sociedad"*, constituida, por tiempo indefinido, mediante escritura otorgada ante el notario de *"lugar donde radica la notaría en la que se autorizó la escritura de poder de representación (persona jurídica)"*, *"Don/Doña nombre y apellidos del notario que autorizó la escritura de poder de representación (persona jurídica)"*, el *"fecha de escritura de poder de representación (persona jurídica)"*, e inscrita en el Registro Mercantil de *"datos de la inscripción registral (localidad del Registro Mercantil, tomo, folio, sección, hoja e inscripción)"*, en su calidad de

➢

○ Si representa como cargo social:

"...administrador único ... O ... administrador solidario ... O ... consejero delegado ... O ... "especificar la representación del cargo social" ..." de la reseñada sociedad, cargo para el que fue nombrado y asegura vigente en escritura otorgada el *"fecha de escritura del nombramiento del cargo"*, ante el notario de *"lugar donde radica la notaría en la que se autorizó la escritura del nombramiento"*, *"Don/Doña nombre y apellidos del notario que autorizó la escritura del nombramiento"*, con el número *"número de protocolo del notario que autorizó la escritura del nombramiento"* de su protocolo, e inscrita en el Registro Mercantil de *"localidad del Registro Mercantil de la escritura de nombramiento"*, en el tomo y hoja arriba indicados.

○ Si representa como apoderado:

apoderado de la reseñada sociedad, según escritura de poder otorgada a su favor, en *"fecha de escritura del otorgamiento del poder"*, ante el notario de *"lugar donde radica la notaría en la que se autorizó la escritura de poder"*, *"Don/Doña nombre y apellidos del notario que autorizó la escritura de poder"*, con el número *"número de protocolo del notario que autorizó la escritura de poder"* de su protocolo *"...e inscrita en el Registro Mercantil de "localidad del Registro Mercantil de la escritura de poder" ..."*, en el tomo y hoja arriba indicados.

≺

≺

≺≺

En adelante, El **comprador**.

MSM 5290 s.

LSC art.120 s

Les identifico por sus respectivos documentos de identidad, anteriormente reseñados y que me han exhibido, y les juzgo con capacidad legal suficiente para el otorgamiento de la presente escritura de compraventa de acciones, y

Nota:

*La **capacidad** de los contratantes se regula en el CCom art.322 y 323, así como en el CC art.1457. Tratándose de sociedades mercantiles debe tenerse especial cuidado en examinar la legitimación de la persona que interviene, así habrán de analizarse los estatutos de la sociedad para examinar las facultades del administrador. En el caso de apoderados habrá de examinarse el contenido del poder, partiendo siempre de la interpretación restrictiva de los mismos. Deben examinarse también las prohibiciones de disponer, ya sean voluntarias o legales (*CCom *art.*96, 267 *y* 288*;* CC *art.*1459*). En el caso de que se celebre un contrato por una persona incapaz la consecuencia será la anulabilidad del contrato, mientras que si se infringe una prohibición de disponer la sanción es la nulidad absoluta del contrato (*TS 7-7-87, *EDJ 5449).*

*Téngase en cuenta la L 8/2021 que ha modificado sustancialmente el régimen legal de la capacidad de obrar de menores, menores emancipados e incapaces, de forma tal que se deroga el régimen hasta ahora existente de "incapacitación", sustituyéndose por un **régimen de "medidas de apoyo"**, partiendo de la esencial "capacidad" de obrar de todas las personas. Dichas medidas de apoyo delimitarán el ámbito de actos o negocios que cada sujeto es capaz de realizar por sí solo o si necesita de otra persona que vele por que sus intereses no sean lesionados.*

EXPONEN:

Nota:

*En este apartado deben **identificarse** suficientemente las acciones que son objeto de la compraventa, haciendo referencia a la clase y serie, a los demás datos característicos de las mismas.*

*No obstante, téngase en cuenta que una vez impresos y entregados los **títulos**, la exhibición de los mismos o, en su caso, del certificado acreditativo de su depósito en una entidad autorizada será precisa para el ejercicio de los derechos del accionista. Tratándose de acciones nominativas, la exhibición solo será precisa para obtener la correspondiente inscripción en el libro-registro de acciones nominativas (*RDLeg 1/2010 *art.*122*).*

I. Que el **Vendedor** es titular de *"número de acciones de la S.A."* de acciones *"...al portador ... O ... anotadas en cuenta ... O ... nominativas ..."* de la compañía mercantil *"Sociedad Anónima, S.A."*, numeradas de la *"primer número de acción de la S.A."* a la *"último número de acción de la S.A."*, ambas inclusive, por un valor nominal de *"valor nominal de cada acción de la S.A., en letra"* euros (*"valor nominal de cada acción de la S.A., en número"* €), cada una de ellas.

Título. Las mencionadas acciones las adquirió *"...por suscripción en el acto de constitución de la sociedad, que tuvo lugar en virtud de escritura pública autorizada por el notario de "lugar del notario que autorizó la escritura pública", "Don/Doña nombre y apellidos del notario que autorizó la escritura pública", el "fecha de autorización de la escritura pública", con el número "número de protocolo del notario que autorizó la escritura pública" de su protocolo ... O ... por suscripción en la escritura de aumento de capital autorizada el "fecha de la suscripción en escritura pública" por el notario, "Don/Doña nombre y apellidos del notario que autorizó la suscripción" de "lugar del notario que autorizó la suscripción", número "número de protocolo del notario que autorizó la suscripción" de su protocolo, la cual está debidamente inscrita en el Registro Mercantil ... O ... por adquisición formalizada en escritura autorizada el "fecha de la adquisición en escritura pública" por el notario, "Don/Doña nombre y apellidos del notario que autorizó la adquisición" de "lugar del notario que autorizó la adquisición", número "número de protocolo del notario que autorizó la adquisición" de su protocolo ... O ... "especificar otros títulos" ... ".*

170

Justifica su adquisición mediante

Si son acciones al portador: MSM 5290 s.

la exhibición los títulos representativos de las citadas acciones, fotocopia de los cuales, concordantes con sus originales, incorporo a la presente.

Si son acciones anotadas en cuenta:

certificación expedida por la entidad encargada del registro contable a los fines de la presente transmisión, la cual está vigente y cuya copia incorporo a la presente. LSC art.120 s

Nota:

*La compraventa de acciones representadas por **anotaciones en cuenta** se rige por la LMV/15 art.93 s. (a partir de 7-4-2023 LMV art.80 s.).*

Si son acciones nominativas:

la exhibición los títulos representativos de las citadas acciones, fotocopia de los cuales, concordantes con sus originales, incorporo a la presente, sin que en los mismos conste nota alguna de transmisión posterior.

Cargas. Las acciones objeto de la presente compraventa se encuentran totalmente desembolsadas, según me manifiesta el **Vendedor**, y libres de todo tipo de carga y gravamen y/o responsabilidad.

Nota:

*Solo serán válidas frente a la sociedad las **restricciones** o condicionamientos a la libre transmisibilidad de las acciones cuando recaigan sobre acciones nominativas y estén expresamente impuestas por los estatutos.*

Cuando las limitaciones se establezcan a través de modificación estatutaria, los accionistas afectados que no hayan votado a favor de tal acuerdo, no quedarán sometidos a él durante un plazo de tres meses a contar desde la publicación del acuerdo en el Boletín Oficial del Registro Mercantil.

*Son nulas las cláusulas estatutarias que hagan prácticamente **intransmisible** la acción.*

*Téngase presente que la transmisibilidad de las acciones solo podrá condicionarse a la previa **autorización** de la sociedad cuando los estatutos mencionen las causas que permitan denegarla.*

Salvo prescripción contraria de los estatutos, la autorización será concedida o denegada por los administradores de la sociedad.

*En cualquier caso, transcurrido el **plazo** de dos meses desde que se presentó la solicitud de autorización sin que la sociedad haya contestado a la misma, se considerará que la autorización ha sido concedida (LSC art.123).*

II. Que mercantil *"Sociedad Anónima, S.A."* fue constituida por tiempo indefinido en la escritura pública de *"fecha de autorización de la escritura de constitución"*, antes referida, y se halla inscrita en el Registro Mercantil de *"lugar del Registro Mercantil"*, al tomo *"número de tomo"*, libro *"número de libro"*, hoja número *"número de hoja"*, inscripción primera. Tiene CIF número *"CIF de la sociedad"*.

III. Que *"Sociedad Anónima, S.A."* tiene un capital social de *"valor del capital social, en letra"* euros (*"valor del capital social, en número"* €), dividido en *"número de acciones de la S.A."* de acciones, de *"valor nominal de cada acción, en letra"* euros (*"valor nominal de cada acción, en número"* €) de valor nominal cada una de ellas, numeradas de la *"primer número de la acción de la S.A."* a la *"último número de la acción de la S.A."*, ambas inclusive y totalmente suscritas y desembolsadas.

IV. Que ambas partes han alcanzado un acuerdo para transmitir y adquirir las acciones descritas en el expositivo I, lo que llevan a efecto con sujeción a las siguientes,

ESTIPULACIONES:

MSM 5290 s.

"Número" Objeto

El **Vendedor** vende y transmite las acciones de *"Sociedad Anónima, S.A."*, números *"primer número de la acción vendido"* a *"último número de la acción vendido"* ambas inclusive a el **Comprador**, que compra y adquiere.

"Número" Precio

LSC art.120 s

Nota:

*El **precio** es un elemento esencial de la compraventa, debe tratarse de dinero o signo que lo represente. Es preciso que se encuentre determinado o al menos que sea determinable sin necesidad de un nuevo acuerdo de las partes. En este concreto particular, es determinante del precio si el comprador ha de correr con el abono de los dividendos pasivos que se encuentren todavía pendientes de desembolsar.*

El precio total de la venta es la cantidad de *"precio de la venta, en letra"* euros (*"precio de la venta, en número"* €).

Nota:

*El **precio** es un elemento esencial de la compraventa, debe tratarse de dinero o signo que lo represente. Es preciso que se encuentre determinado o al menos que sea determinable sin necesidad de un nuevo acuerdo de las partes.*

El **Vendedor** *"...recibe dicho importe en este acto, mediante cheque bancario ... O ... confiesa haber recibido dicha cantidad con anterioridad a este acto. ..."*, sirviendo la presente escritura como la más cabal y firme carta de pago.

"Número" Naturaleza mercantil del contrato

Nota:

*Para que exista compraventa mercantil es necesario, primero, un elemento subjetivo que consiste en que las partes sean personas (físicas o jurídicas) **comerciantes** y luego que concurran ánimo de **reventa** y ánimo de lucro. Sobre la distinción ver* TS 20-11-84, *EDJ 7494. En relación con el segundo de los elementos señala la* AP Castellón 28-4-00, *EDJ 70717, que la naturaleza mercantil o civil de una compraventa no depende del efectivo lucro obtenido por la empresa revendedora, sino de la finalidad con la cual se realice la primera compraventa de las mercancías (la que tiene por finalidad una hipotética posterior reventa). Es el animus o la **causa** de la primera compraventa la que determina el carácter y régimen jurídico de la misma y no tanto, como se dijo antes, el real y efectivo lucro obtenido por el revendedor, de lo contrario, la determinación de la naturaleza jurídica de las compraventas quedaría supeditada a la realización de la reventa, la cual puede postergarse, en ocasiones en el tiempo (piénsese en los títulos, objetos y valores que son adquiridos con un fin especulativo o simplemente que no tienen carácter perecedero, por ciertos empresarios que tienen como objeto social precisamente el de la compra con fines especulativos o de inversión).*

*Así pues, no es la reventa acompañada de un lucro real la que determina la naturaleza mercantil de ciertos tipos de venta, sino la **finalidad** con que el adquirente o comprador interviene en el negocio. Finalidad que ha de ser distinta de la utilización personal, familiar o doméstica de la cosa comprada.*

La sentencia del TS 9-7-08, *EDJ 166681, señala que la característica fundamental de la compraventa mercantil es el elemento intencional por el comprador: revender los géneros comprados y el ánimo de lucro.*

*El **objeto** de la comprevanta mercantil es que el material se adquiera para el fin empresarial o negocial del comprador (AP A Coruña 13-2-17, EDJ 31969).*

Permuta

MCM 1585 s.

Nota preliminar:

- Es aquel contrato mediante el cual cada uno de los contratantes se obliga a dar (en propiedad) una cosa para recibir (también en propiedad) otra, cada parte contratante debe transmitir la propiedad de la cosa permutada a la otra. (TS 22-6-99, EDJ 16806).

- La permuta celebrada por la **tutora** sin previa autorización judicial no es nula de pleno derecho, ni inexistente, ya que la autorización judicial obtenida después de la celebración del contrato impide que prospere una impugnación posterior (TS 10-1-18, EDJ 1594). CCom art.346; CC art.1538 a 1540

- Se trata de un contrato caracterizado por el **intercambio** de cosa por cosa, a diferencia de lo que ocurre con la compraventa en la que el intercambio es siempre de cosa por precio cierto. No obstante, en los casos en los que la prestación sea mixta, es decir, entrega de cosa y precio a cambio de otra cosa, para determinar la naturaleza del contrato se estará a cuál de ellas sea principal. De manera que si es mayor el valor de la prestación que se hace mediante la entrega de la cosa y el precio adicional es simplemente residual estaremos ante una permuta, y en el caso inverso se tratará de una compraventa.

- No hay por qué rechazar la aplicación de la **doctrina del cuerpo cierto** a un contrato de permuta cuando existe conformidad entre las partes sobre la identidad del solar transmitido, aunque la superficie real exceda de la asignada en el contrato, pero coincida con los linderos descritos en el contrato (TS 6-2-13, EDJ 6999).

- El contrato de **permuta de suelo por obra futura** es un contrato atípico, "un contrato complejo, llamado también mixto, en que su especificidad se halla en la síntesis, que no suma, de diversos elementos, fundidos en la unidad de causa, lo que le da identidad diferenciada (así, sentencia de 19 de mayo de 1982). Contrato que se rige, como norma básica, por lo pactado, *lex contractus* que proclama el CC art.1091 (sentencia de 18 de noviembre de 1980 relativa a un "contrato complejo de cesión de solar por obra y entrega de cantidad en concepto de precio"), a cuyo contrato se aplica la normativa de los pactos que aúna, en lo que se ha dado en llamar teoría de la combinación (sentencia de 23 de octubre de 1981) que, en el fondo, no es otra cosa que volver "al viejo principio de la analogía" (como dice la sentencia de 19 de mayo de 1982). [...] Es un contrato con unidad de causa, como función objetiva (artículo 1274 del Código civil y sentencias de 8 de febrero de 1993, 8 de febrero de 1996, 28 de julio de 1998). Y a este contrato complejo, no hay duda en la aplicación del artículo 1124 del Código civil, resolución por incumplimiento de la obligación sinalagmática de una de las partes".

La AP A Coruña 21-5-21 es muy expresiva de la **naturaleza del contrato** de permuta por obra nueva y de las dificultades con las que pueden encontrarse los permutantes, explicando que "Es doctrina comúnmente admitida, como recuerda la sentencia TS 14-2-11, EDJ 16250 que el contrato de permuta de solar por obra nueva, como contrato mixto o complejo, distinto del contrato típico de permuta, se encuentra caracterizado por el hecho de que, a diferencia del contrato de permuta de bienes presentes (en que ambas cosas existen y están determinadas desde su celebración y pueden ser adquiridas por los permutantes), en aquél la parte cedente del terreno solo ostenta un derecho personal o de crédito frente al adquirente del solar, que le faculta para exigir a éste último que cumpla el compromiso asumido de edificar, de modo que no será sino hasta que se construya en el terreno cuando se concretarán materialmente los bienes objeto de transmisión para el cedente del suelo, como justa contraprestación, siendo después de su entrega, en escritura pública, cuando se produzca la adquisición del dominio (AP A Coruña 8-2-24, EDJ 534670).

Dentro de ese entramado contractual en ocasiones se **incorporan prestaciones propias del arrendamiento de obra**. Pero la obligación de la construcción de la edificación a la que pertenezcan las viviendas, locales, garajes, etc., que deban ser entregados al cedente del terreno no implica necesariamente que haya de ser ejecutada directamente por el cesionario. La determinación concreta de este extremo remite a la interpretación del contrato como regla jurídica aplicable (*ex contractus*). (TS 2-2-21, EDJ 503616).

- El modelo presupone unas circunstancias determinadas que serán las más frecuentes. Si en el caso concreto existen circunstancias particulares no previstas, deberá completarse o modificarse el modelo adaptándolo a las mismas.

175

MCM 1585 s.

Compraventa

En *"lugar"*, a *"fecha"*.
Ante mí, *"Don/Doña nombre y apellidos del notario"* perteneciente al colegio notarial de *"colegio notarial"* y con residencia en *"lugar donde radica la notaría"*.

COMPARECEN:

De una parte,

CCom art.346; CC art.1538 a 1540

>>

❍ Si el vendedor es una sola persona:

"Don/Doña nombre y apellidos de la parte", mayor de edad, *"estado civil de la parte" "... "especificar el régimen económico matrimonial de la parte" ... "*, de nacionalidad *"nacionalidad de la parte"*, con domicilio a estos efectos en *"domicilio de la parte"*, *"...con DNI/NIF número "DNI/NIF de la parte" ... O ... con tarjeta de residencia número "número de tarjeta de residencia de la parte" ... O ... pasaporte número "número de pasaporte de la parte", expedido el "fecha de expedición del pasaporte de la parte" ... O ... "reseñar otros documentos aportados por la parte" ... "*, vigente hasta el *"fecha de vigencia de la documentación aportada por la parte"*.

❍ Si el vendedor es un matrimonio:

Los cónyuges *"Don/Doña nombre y apellidos del cónyuge X"*, de nacionalidad *"nacionalidad del cónyuge X"*, *"...con DNI/NIF número "DNI/NIF del cónyuge X" ... O ... con tarjeta de residencia número "número de tarjeta de residencia del cónyuge X" ... O ... pasaporte número "número de pasaporte del cónyuge X",, expedido el "fecha de expedición del pasaporte del cónyuge X" ... O ... "reseñar otros documentos aportados por el cónyuge X" ... "*, vigente hasta el *"fecha de vigencia de la documentación aportada por el cónyuge X"*, y *"Don/Doña nombre y apellidos del cónyuge Y"*, de nacionalidad *"nacionalidad del cónyuge Y" "...con DNI/NIF número "DNI/NIF del cónyuge Y" ... O ... con tarjeta de residencia número "número de tarjeta de residencia del cónyuge Y" ... O ... pasaporte número "número de pasaporte del cónyuge Y", expedido el "fecha de expedición del pasaporte del cónyuge Y" ... O ... "reseñar otros documentos aportados por el cónyuge Y" ... "*, vigente hasta el *"fecha de vigencia de la documentación aportada por el cónyuge Y"*, mayores de edad, con domicilio a estos efectos en *"domicilio de los cónyuges"*.

<<

Y de otra parte,
"Don/Doña nombre y apellidos de la parte", mayor de edad, *"estado civil de la parte" "... "especificar el régimen económico matrimonial de la parte" ... "*, de nacionalidad *"nacionalidad de la parte"*, con domicilio a estos efectos en *"domicilio de la parte"*, *"...con DNI/NIF número "DNI/NIF de la parte" ... O ... con tarjeta de residencia número "número de tarjeta de residencia de la parte" ... O ... pasaporte número "número de pasaporte de la parte", expedido el "fecha de expedición del pasaporte de la parte" ... O ... "reseñar otros documentos aportados por la parte" ... "*, vigente hasta el *"fecha de vigencia de la documentación aportada por la parte"*.

INTERVIENEN:

A. *"Don/Doña nombre y apellidos del contratante A"*

>>

❍ Si interviene en su propio nombre:

en su propio nombre y derecho.

MCM 1585 s.

Si interviene como representante:

en nombre y representación

Si representa a persona física:

de *"Don/Doña nombre y apellidos del representado"*, mayor de edad, *"estado civil del representado"*, con domicilio en *"domicilio del representado"* y provisto de D.N.I./N.I.F. número *"DNI/NIF del representado"*, según consta en escritura de poder, otorgada ante el notario de *"lugar donde radica la notaría en la que se autorizó la escritura de poder de representación (persona física)"*, *"Don/Doña nombre y apellidos del notario que autorizó la escritura de poder de representación (persona física)"*, el *"fecha de escritura de poder de representación (persona física)"*, con el número *"número de protocolo del notario que autorizó la escritura de poder de representación (persona física)"* de su orden de protocolo.

CCom art.346; CC art.1538 a 1540

Si representa a persona jurídica:

de la sociedad mercantil denominada *"denominación social"*, domiciliada en *"domicilio social"*, y con NIF número *"NIF de la sociedad"*, constituida, por tiempo indefinido, mediante escritura otorgada ante el notario de *"lugar donde radica la notaría en la que se autorizó la escritura de poder de representación (persona jurídica)"*, *"Don/Doña nombre y apellidos del notario que autorizó la escritura de poder de representación (persona jurídica)"*, el *"fecha de escritura de poder de representación (persona jurídica)"*, e inscrita en el Registro Mercantil de *"datos de la inscripción registral (localidad del Registro Mercantil, tomo, folio, sección, hoja e inscripción)"*, en su calidad de

Si representa como cargo social:

"...administrador único ... O ... administrador solidario ... O ... consejero delegado ... O ... "especificar la representación del cargo social" ..." de la reseñada sociedad, cargo para el que fue nombrado y asegura vigente en escritura otorgada el *"fecha de escritura del nombramiento del cargo"*, ante el notario de *"lugar donde radica la notaría en la que se autorizó la escritura del nombramiento"*, *"Don/Doña nombre y apellidos del notario que autorizó la escritura del nombramiento"*, con el número *"número de protocolo del notario que autorizó la escritura del nombramiento"* de su protocolo, e inscrita en el Registro Mercantil de *"localidad del Registro Mercantil de la escritura de nombramiento"*, en el tomo y hoja arriba indicados.

Si representa como apoderado:

apoderado de la reseñada sociedad, según escritura de poder otorgada a su favor, en *"fecha de escritura del otorgamiento del poder"*, ante el notario de *"lugar donde radica la notaría en la que se autorizó la escritura de poder"*, *"Don/Doña nombre y apellidos del notario que autorizó la escritura de poder"*, con el número *"número de protocolo del notario que autorizó la escritura de poder"* de su protocolo *"...e inscrita en el Registro Mercantil de "localidad del Registro Mercantil de la escritura de poder" ..."*, en el tomo y hoja arriba indicados.

B. *"Don/Doña nombre y apellidos del contratante B"*

Si interviene en su propio nombre:

en su propio nombre y derecho.

Si interviene como representante:

en nombre y representación

MCM 1585 s.

CCom art.346; CC art.1538 a 1540

➤

❍ Si representa a persona física:

de *"Don/Doña nombre y apellidos del representado"*, mayor de edad, *"estado civil del representado"*, con domicilio en *"domicilio del representado"* y provisto de D.N.I./N.I.F. número *"DNI/NIF del representado"*, según consta en escritura de poder, otorgada ante el notario de *"lugar donde radica la notaría en la que se autorizó la escritura de poder de representación (persona física)"*, *"Don/Doña nombre y apellidos del notario que autorizó la escritura de poder de representación (persona física)"*, el *"fecha de escritura de poder de representación (persona física)"*, con el número *"número de protocolo del notario que autorizó la escritura de poder de representación (persona física)"* de su orden de protocolo.

❍ Si representa a persona jurídica:

de la sociedad mercantil denominada *"denominación social"*, domiciliada en *"domicilio social"*, y con NIF número *"NIF de la sociedad"*, constituida, por tiempo indefinido, mediante escritura otorgada ante el notario de *"lugar donde radica la notaría en la que se autorizó la escritura de poder de representación (persona jurídica)"*, *"Don/Doña nombre y apellidos del notario que autorizó la escritura de poder de representación (persona jurídica)"*, el *"fecha de escritura de poder de representación (persona jurídica)"*, e inscrita en el Registro Mercantil de *"datos de la inscripción registral (localidad del Registro Mercantil, tomo, folio, sección, hoja e inscripción)"*, en su calidad de

➤

❍ Si representa como cargo social:

"...administrador único ... O ... administrador solidario ... O ... consejero delegado ... O ... "especificar la representación del cargo social" ... " de la reseñada sociedad, cargo para el que fue nombrado y asegura vigente en escritura otorgada el *"fecha de escritura del nombramiento del cargo"*, ante el notario de *"lugar donde radica la notaría en la que se autorizó la escritura del nombramiento"*, *"Don/Doña nombre y apellidos del notario que autorizó la escritura del nombramiento"*, con el número *"número de protocolo del notario que autorizó la escritura del nombramiento"* de su protocolo, e inscrita en el Registro Mercantil de *"localidad del Registro Mercantil de la escritura de nombramiento"*, en el tomo y hoja arriba indicados.

❍ Si representa como apoderado:

apoderado de la reseñada sociedad, según escritura de poder otorgada a su favor, en *"fecha de escritura del otorgamiento del poder"*, ante el notario de *"lugar donde radica la notaría en la que se autorizó la escritura de poder"*, *"Don/Doña nombre y apellidos del notario que autorizó la escritura de poder"*, con el número *"número de protocolo del notario que autorizó la escritura de poder"* de su protocolo *"...e inscrita en el Registro Mercantil de "localidad del Registro Mercantil de la escritura de poder" ... "*, en el tomo y hoja arriba indicados.

≺

≺

≺≺

Les identifico por sus respectivos documentos de identidad, anteriormente reseñados y que me han exhibido, y les juzgo con capacidad legal suficiente para el otorgamiento de la presente escritura de permuta, a cuyo efecto

 **Nota:**

*La **capacidad** de los contratantes se regula en el* CCom *art.*322 *y* 323*, así como en el* CC *art.*1457*. Tratándose de sociedades mercantiles debe tenerse especial cuidado en examinar la legitimación de la persona que interviene, así habrán de analizarse los estatutos de la sociedad para examinar las facultades del administrador. En el caso de apoderados habrá de examinarse el contenido del poder, partiendo siempre de la interpretación restrictiva de los mismos. Deben examinarse también las prohibiciones de disponer, ya sean voluntarias o legales (*CCom *art.*96, 267 *y* 288*;* CC *art.*1459*). En el caso de que se celebre un contrato por una persona incapaz la consecuencia será la anulabilidad del contrato, mientras que si se infringe una prohibición de disponer la sanción es la nulidad absoluta del contrato (*TS 7-7-87*, EDJ 5449).*

*Téngase en cuenta la L 8/2021 que ha modificado sustancialmente el régimen legal de la capacidad de obrar de menores, menores emancipados e incapaces, de forma tal que se deroga el régimen hasta ahora existente de "incapacitación", sustituyéndose por un **régimen de "medidas de apoyo"**, partiendo de la esencial "capacidad" de obrar de todas las personas. Dichas medidas de apoyo delimitarán el ámbito de actos o negocios que cada sujeto es capaz de realizar por sí solo o si necesita de otra persona que vele por que sus intereses no sean lesionados.*

MCM 1585 s.

EXPONEN:

I. Que *"Don/Doña nombre y apellidos del contratante A" "...en la representación con que interviene ..."*, es titular de los siguientes bienes: *"describir el/los bien/es del contratante A; (si se trata de un bien inmueble, señalar su superficie, linderos y, en el caso de que forme parte de una propiedad horizontal, su cuota de participación. Además incluir la referencia catastral mediante la aportación del último recibo del IBI, datos de inscripción, el estado de cargas y las manifestaciones obligatorias, similar a como consta en la descripción incluida en el contrato de compraventa de bienes inmuebles)"*. CCom art.346; CC art.1538 a 1540

Valor a efectos fiscales: *"valor del/los bien/es a efectos fiscales del contratante A, en letra"* euros (*"valor del/los bien/es a efectos fiscales del contratante A, en número"* €).

II. Que *"Don/Doña nombre y apellidos del contratante B" "...en la representación con que interviene ..."*, es titular de los siguientes bienes: *"describir el/los bien/es del contratante B; (si se trata de un bien inmueble, señalar su superficie, linderos y, en el caso de que forme parte de una propiedad horizontal, su cuota de participación. Además incluir la referencia catastral mediante la aportación del último recibo del IBI, datos de inscripción, el estado de cargas y las manifestaciones obligatorias, similar a como consta en la descripción incluida en el contrato de compraventa de bienes inmuebles)"*.

Valor a efectos fiscales: *"Valor del bien o bienes a efectos fiscales del contratante B, en letra"* euros (*"valor del bien o bienes a efectos fiscales del contratante B, en número"* €).

III. Que habiendo ambas partes convenido el otorgamiento de un contrato de permuta del/de los bien/es reseñado/s en el expositivo I anterior, conforme a los pactos y cláusulas que se determinan en la presente escritura

OTORGAN:

PRIMERO. Objeto

"Don/Doña nombre y apellidos del contratante A" "...en la representación con que interviene ...", cede y transmite a *"Don/Doña nombre y apellidos del contratante B"* que *"...en la representación con que interviene ..."*, adquiere, el pleno dominio de los bienes descritos en el expositivo I de la presente escritura, encontrándose incluidos en la transmisión todas las accesiones y derechos inherentes *"...así como el derecho conjunto que le corresponde sobre los elementos comunes de la o las fincas en proporción a la cuota de participación que tiene asignadas ..."*.

A cambio de los citados bienes y en concepto de permuta por los mismos, *"Don/Doña nombre y apellidos del contratante B" "...en la representación con que interviene ..."*, cede y transmite a *"Don/Doña nombre y apellidos del contratante A"* que *"...en la representación con que interviene ..."*, adquiere, el pleno dominio de los bienes descritos en el expositivo II de la presente escritura, encontrándose incluidos igualmente en esta transmisión todas las accesiones y derechos inherentes *"...así como el derecho conjunto que le corresponde sobre los elementos comunes de la o las fincas en proporción a la cuota de participación que tiene asignadas ..."*.

SEGUNDO. Valoración de los bienes permutados

>>

○ **Si se establece el mismo valor para los bienes:**

Las partes expresamente acuerdan que el valor total de los bienes permutados es de *"valor de los bienes permutados, en letra"* euros (*"valor de los bienes permutados, en número"* €).

Compraventa

○ Si se establece diferente valor para los bienes:

El valor que las partes asignan a los bienes objeto de permuta es:

MCM 1585 s.

a) en relación a los bienes transmitidos por *"Don/Doña nombre y apellidos del contratante A" "...en la representación con que interviene ..."*, el valor total que se asigna es de *"valor total de los bienes del contratante A, en letra"* euros (*"valor total de los bienes del contratante A, en número"* €).

b) en relación a los bienes transmitidos por *"Don/Doña nombre y apellidos del contratante B" "...en la representación con que interviene ..."*, el valor total que se asigna es de *"valor total de los bienes del contratante B, en letra"* euros (*"valor total de los bienes del contratante B, en número"* €).

CCom art.346; CC art.1538 a 1540

En consecuencia y como compensación de la diferencia de valor establecida, por *"Don/Doña nombre y apellidos del contratante A o B" "...en la representación con que interviene ..."* hace entrega a *"Don/Doña nombre y apellidos del contratante que recibe la compensación" "...en la representación con que interviene ..."* de la cantidad de *"cantidad en letra, como compensación por la diferencia de valor"* euros (*"cantidad en número, como compensación por la diferencia de valor"* €), mediante cheque bancario, una copia del cual dejo incorporada, sirviendo la presente como la más cabal y firme carta de pago.

≺≺

TERCERO. Naturaleza mercantil

Nota:

Para que exista compraventa mercantil es necesario primero un ***elemento subjetivo*** *que consiste en que las partes sean personas (físicas o jurídicas) comerciantes y luego que concurran ánimo de* ***reventa*** *y ánimo de* ***lucro****. Sobre la distinción ver* TS 20-11-84, *EDJ 7494. En relación con el segundo de los elementos señala* AP Castellón 28-4-00, *EDJ 70717, que la naturaleza mercantil o civil de una compraventa no depende del efectivo lucro obtenido por la empresa revendedora, sino de la finalidad con la cual se realice la primera compraventa de las mercancías (la que tiene por finalidad una hipotética posterior reventa). Es el animus o la* ***causa*** *de la primera compraventa la que determina el carácter y régimen jurídico de la misma y no tanto, como se dijo antes, el real y efectivo lucro obtenido por el revendedor, de lo contrario, la determinación de la naturaleza jurídica de las compraventas quedaría supeditada a la realización de la reventa, la cual puede postergarse, en ocasiones en el tiempo (piénsese en los títulos, objetos y valores que son adquiridos con un fin especulativo o simplemente que no tienen carácter perecedero, por ciertos empresarios que tienen como objeto social precisamente el de la compra con fines especulativos o de inversión). Así pues, no es la reventa acompañada de un lucro real la que determina la naturaleza mercantil de ciertos tipos de venta, sino la finalidad con que el adquirente o comprador interviene en el negocio. Finalidad que ha de ser distinta de la utilización personal, familiar o doméstica de la cosa comprada.*

El presente contrato tiene carácter de mercantil, ya que su objeto es la reventa de los bienes permutados, y se regirá en primer término por las estipulaciones contenidas en el mismo y en lo que en ellas no estuviere previsto por las disposiciones del Código de Comercio, leyes especiales, los usos y costumbres mercantiles y, en su defecto, por lo establecido en el Código civil.

CUARTO. Tradición

Nota:

La ***escritura pública*** *puede completar la transmisión del dominio, siempre y cuando de la misma no se deduzca lo contrario. Se trata de una ficta traditio prevista en el CC art.*1462. *Sobre dicho particular señala la* DGRN Resol 31-3-91, *que la escritura pública puede equivaler a la entrega a los efectos de tener por realizada la tradición dominical, aun cuando no provoque igualmente el traspaso posesorio, de modo que, a pesar de la transmisión del dominio, puede no estar completamente cumplida la obligación de entrega, mas tal hecho deberá valorarse como la regulación del modo en que ha de cumplirse la obligación de entregar una cosa ya ajena al vendedor, y no como exclusión inequívoca (tal como exige el párrafo segundo del artículo* 1462 *del* Código Civil*) de tal efecto traditorio inherente a la escritura pública. En consecuencia, no debe confundirse el hecho de que se diga que la escritura equivale a la tradición con la obligación de la entrega material del bien vendido. En el caso concreto de la permuta y con referencia a la importancia que tiene la voluntad de las partes reflejada en el contrato, ver* DGRN Resol 5-1-99.

El mero ***retraso en la entrega****, considerado en abstracto, no puede dar lugar a la resolución del contrato (*TS 10-9-14, *EDJ 179975).*

La presente escritura equivale a la tradición.

QUINTO. Entrega material de los bienes

MCM 1585 s.

Los bienes que constituyen el objeto de la presente permuta y que se relacionan en los expositivos I y II, deberán ser objeto de entrega entre las partes *"...en los domicilios que se señalan a efectos de notificaciones ..."*, por un plazo máximo que expira por todo el día *"plazo máximo de entrega de los bienes permutados"*.

La falta de entrega de las mercancías en el plazo señalado en el párrafo anterior y que no se deba a caso fortuito, fuerza mayor o culpa de las partes dará derecho a la otra parte a optar entre resolver el contrato o exigir al incumplidor la entrega efectiva de los bienes y una indemnización igual a *"cantidad de la indemnización en letra, por la falta de entrega de los bienes"* euros (*"cantidad de la indemnización en número, por la falta de entrega de los bienes"* €), por cada día de retraso

CCom art.346; CC art.1538 a 1540

Cada una de las partes asume el coste que represente el transporte y entrega de los bienes permutados hasta el domicilio antes indicado, así como la constitución del seguro correspondiente para garantizar el transporte de las mercancías.

SEXTO. Gastos e impuestos

Todos cuantos gastos e impuestos que pudieran derivarse del otorgamiento de la presente escritura pública de permuta serán satisfechos *"...conforme a Ley ... O ... por mitad por los permutantes. ..."*.

SÉPTIMO. Notificaciones

✍ **Nota:**

Si no se incluyera esta cláusula las notificaciones se realizarían en el ***domicilio*** *que indica el compareciente en el encabezamiento de la escritura.*

Las partes convienen los siguientes domicilios para la práctica de las notificaciones necesarias para la ejecución del presente contrato:

"Don/Doña nombre y apellidos del contratante A": *"domicilio del contratante A"*.

"Don/Doña nombre y apellidos del contratante B": *"domicilio del contratante B"*.

OCTAVO. Fuero

Para la solución de cualquier cuestión litigiosa que pueda derivarse del presente contrato de compraventa las partes, con renuncia al fuero aplicable, se someten a la jurisdicción de los jueces y tribunales de *"especificar ciudad de los Tribunales"*.

OTORGAMIENTO Y AUTORIZACIÓN:

Hago las reservas y advertencias legales y fiscales que incumben a las partes en su aspecto material, formal y sancionador, y especialmente advierto del plazo de treinta días hábiles siguientes a la firma de esta escritura para presentar a liquidar el impuesto correspondiente, de la afección de los bienes al pago del mismo y responsabilidades, en su caso, derivadas del incumplimiento.

Asimismo, advierto de las consecuencias de una posible inexactitud de sus declaraciones o de falsedades en el documento y del tratamiento fiscal que se derivarían de las diferencias de valor resultantes de una comprobación administrativa.

Leo esta escritura a los comparecientes, previa advertencia y renuncia a su derecho de hacerlo por sí mismos y enterados de su contenido, prestan su consentimiento y la firman.

Y yo, el Notario, DOY FE de que mi actuación ha sido pactada de común acuerdo por las partes adquirente y transmitente, y en cuanto fuera procedente, de todo lo demás contenido en este instrumento público, extendido en *"número de folios de papel"* folios de papel de uso exclusivo para documentos notariales, de la serie *"número de serie"*.

Cesión de solar por pisos

MCM 1601 s.

Nota preliminar:

- Se trata de la mal denominada permuta de solar por pisos. Es un supuesto contractual que se ha generalizado en el sector de la **construcción** por los beneficios que representa tanto para el propietario del suelo como para el promotor. El primero se ahorra el tener que afrontar unos trabajos de edificación sin ser profesional de la construcción, cumpliendo así con la obligación que tienen los propietarios de edificar cuando así lo determine la normativa urbanística; mientras que para el promotor o promotor-constructor implica un notable ahorro, ya que uno de los principales desembolsos que han de efectuarse en toda actuación es el de la adquisición del suelo.

- La importancia adquirida por este tipo de operaciones han ocasionado que en algún **ordenamiento autonómico** se las haya dotado de una regulación específica, es el caso del Ordenamiento Catalán.

- La jurisprudencia ha calificado de contrato atípico, "do ut des" y asimilable a la **permuta** (TS 5-7-89, EDJ 6860; 10-3-90, EDJ 2682; 7-6-90, EDJ 6014; 18-12-90, EDJ 11619; 7-5-93, EDJ 4297; 24-11-93, EDJ 10643; 19-11-94, EDJ 8825; 10-9-14, EDJ 179975; 30-5-12, EDJ 103335; AP Baleares 8-2-17, EDJ 27362; TS 22-1-19, EDJ 501828).

- No hay por qué rechazar la aplicación de la **doctrina del cuerpo cierto** a un contrato de permuta cuando existe conformidad entre las partes sobre la identidad del solar transmitido, aunque la superficie real exceda de la asignada en el contrato, pero coincida con los linderos descritos en el contrato (TS 6-2-13, EDJ 6999).

- El contrato de **permuta de suelo por obra futura** es un contrato atípico, "un contrato complejo, llamado también mixto, en que su especificidad se halla en la síntesis, que no suma, de diversos elementos, fundidos en la unidad de causa, lo que le da identidad diferenciada (así, sentencia de 19 de mayo de 1982). Contrato que se rige, como norma básica, por lo pactado, *lex contractus* que proclama el CC art.1091 (sentencia de 18 de noviembre de 1980 relativa a un "contrato complejo de cesión de solar por obra y entrega de cantidad en concepto de precio"), a cuyo contrato se aplica la normativa de los pactos que aúna, en lo que se ha dado en llamar teoría de la combinación (sentencia de 23 de octubre de 1981) que, en el fondo, no es otra cosa que volver "al viejo principio de la analogía" (como dice la sentencia de 19 de mayo de 1982). [...] Es un contrato con unidad de causa, como función objetiva (artículo 1274 del Código civil y sentencias de 8 de febrero de 1993, 8 de febrero de 1996, 28 de julio de 1998). Y a este contrato complejo, no hay duda en la aplicación del artículo 1124 del Código civil, resolución por incumplimiento de la obligación sinalagmática de una de las partes".

La AP A Coruña 21-5-21 es muy expresiva de la **naturaleza del contrato** de permuta por obra nueva y de las dificultades con las que pueden encontrarse los permutantes, explicando que "Es doctrina comúnmente admitida, como recuerda la sentencia TS 14-2-11, EDJ 16250 que el contrato de permuta de solar por obra nueva, como contrato mixto o complejo, distinto del contrato típico de permuta, se encuentra caracterizado por el hecho de que, a diferencia del contrato de permuta de bienes presentes (en que ambas cosas existen y están determinadas desde su celebración y pueden ser adquiridas por los permutantes), en aquél la parte cedente del terreno solo ostenta un derecho personal o de crédito frente al adquirente del solar, que le faculta para exigir a éste último que cumpla el compromiso asumido de edificar, de modo que no será sino hasta que se construya en el terreno cuando se concretarán materialmente los bienes objeto de transmisión para el cedente del suelo, como justa contraprestación, siendo después de su entrega, en escritura pública, cuando se produzca la adquisición del dominio (AP Coruña 8-2-24, EDJ 534670).

Dentro de ese entramado contractual en ocasiones se **incorporan prestaciones propias del arrendamiento de obra**. Pero la obligación de la construcción de la edificación a la que pertenezcan las viviendas, locales, garajes, etc., que deban ser entregados al cedente del terreno no implica necesariamente que haya de ser ejecutada directamente por el cesionario. La determinación concreta de este extremo remite a la interpretación del contrato como regla jurídica aplicable *-ex contractus-* (TS 2-2-21, EDJ 503616).

- El modelo presupone unas circunstancias determinadas que serán las más frecuentes. Si en el caso concreto existen circunstancias particulares no previstas, deberá completarse o modificarse el modelo adaptándolo a las mismas.

180

MCM 1601 s.

En *"lugar"*, a *"fecha"*.
Ante mí, *"Don/Doña nombre y apellidos del notario"* perteneciente al colegio notarial de *"colegio notarial"* y con residencia en *"lugar donde radica la notaría"*.

COMPARECEN:

De una parte,

➢➢

❍ Si el vendedor es una sola persona:

"Don/Doña nombre y apellidos de la parte", mayor de edad, *"estado civil de la parte" "..."especificar el régimen económico matrimonial de la parte" ..."*, de nacionalidad *"nacionalidad de la parte"*, con domicilio a estos efectos en *"domicilio de la parte"*, *"...con DNI/NIF número "DNI/NIF de la parte"... O ... con tarjeta de residencia número "número de tarjeta de residencia de la parte" ... O ... pasaporte número "número de pasaporte de la parte", expedido el "fecha de expedición del pasaporte de la parte" ... O ... "reseñar otros documentos aportados por la parte" ..."*, vigente hasta el *"fecha de vigencia de la documentación aportada por la parte"*.

❍ Si el vendedor es un matrimonio:

Los cónyuges *"Don/Doña nombre y apellidos del cónyuge X"*, de nacionalidad *"nacionalidad del cónyuge X"*, *"...con DNI/NIF número "DNI/NIF del cónyuge X" ... O ... con tarjeta de residencia número "número de tarjeta de residencia del cónyuge X" ... O ... pasaporte número "número de pasaporte del cónyuge X",, expedido el "fecha de expedición del pasaporte del cónyuge X" ... O ... "reseñar otros documentos aportados por el cónyuge X" ..."*, vigente hasta el *"fecha de vigencia de la documentación aportada por el cónyuge X"*, y *"Don/Doña nombre y apellidos del cónyuge Y"*, de nacionalidad *"nacionalidad del cónyuge Y" "...con DNI/NIF número "DNI/NIF del cónyuge Y" ... O ... con tarjeta de residencia número "número de tarjeta de residencia del cónyuge Y" ... O ... pasaporte número "número de pasaporte del cónyuge Y", expedido el "fecha de expedición del pasaporte del cónyuge Y" ... O ... "reseñar otros documentos aportados por el cónyuge Y" ..."*, vigente hasta el *"fecha de vigencia de la documentación aportada por el cónyuge Y"*, mayores de edad, con domicilio a estos efectos en *"domicilio de los cónyuges"*.

Y de otra parte,
"Don/Doña nombre y apellidos de la parte", mayor de edad, *"estado civil de la parte" "..."especificar el régimen económico matrimonial de la parte" ..."*, de nacionalidad *"nacionalidad de la parte"*, con domicilio a estos efectos en *"domicilio de la parte"*, *"...con DNI/NIF número "DNI/NIF de la parte"... O ... con tarjeta de residencia número "número de tarjeta de residencia de la parte" ... O ... pasaporte número "número de pasaporte de la parte", expedido el "fecha de expedición del pasaporte de la parte" ... O ... "reseñar otros documentos aportados por la parte" ..."*, vigente hasta el *"fecha de vigencia de la documentación aportada por la parte"*.

INTERVIENEN:

A. *"Don/Doña nombre y apellidos de la parte"*

❍ Si interviene en su propio nombre:

en su propio nombre y derecho.

MCM 1601 s.

❍ **Si interviene como representante:**

en nombre y representación

➤

❍ Si representa a persona física:

de *"Don/Doña nombre y apellidos del representado"*, mayor de edad, *"estado civil del representado"*, con domicilio en *"domicilio del representado"* y provisto de D.N.I./N.I.F. número *"DNI/NIF del representado"*, según consta en escritura de poder, otorgada ante el notario de *"lugar donde radica la notaría en la que se autorizó la escritura de poder de representación (persona física)"*, *"Don/Doña nombre y apellidos del notario que autorizó la escritura de poder de representación (persona física)"*, el *"fecha de escritura de poder de representación (persona física)"*, con el número *"número de protocolo del notario que autorizó la escritura de poder de representación (persona física)"* de su orden de protocolo.

❍ Si representa a persona jurídica:

de la sociedad mercantil denominada *"denominación social"*, domiciliada en *"domicilio social"*, y con NIF número *"NIF de la sociedad"*, constituida, por tiempo indefinido, mediante escritura otorgada ante el notario de *"lugar donde radica la notaría en la que se autorizó la escritura de poder de representación (persona jurídica)"*, *"Don/Doña nombre y apellidos del notario que autorizó la escritura de poder de representación (persona jurídica)"*, el *"fecha de escritura de poder de representación (persona jurídica)"*, e inscrita en el Registro Mercantil de *"datos de la inscripción registral (localidad del Registro Mercantil, tomo, folio, sección, hoja e inscripción)"*, en su calidad de

➤

❍ Si representa como cargo social:

"...administrador único ... O ... administrador solidario ... O ... consejero delegado ... O ... "especificar la representación del cargo social" ... " de la reseñada sociedad, cargo para el que fue nombrado y asegura vigente en escritura otorgada el *"fecha de escritura del nombramiento del cargo"*, ante el notario de *"lugar donde radica la notaría en la que se autorizó la escritura del nombramiento"*, *"Don/Doña nombre y apellidos del notario que autorizó la escritura del nombramiento"*, con el número *"número de protocolo del notario que autorizó la escritura del nombramiento"* de su protocolo, e inscrita en el Registro Mercantil de *"localidad del Registro Mercantil de la escritura de nombramiento"*, en el tomo y hoja arriba indicados.

❍ Si representa como apoderado:

apoderado de la reseñada sociedad, según escritura de poder otorgada a su favor, en *"fecha de escritura del otorgamiento del poder"*, ante el notario de *"lugar donde radica la notaría en la que se autorizó la escritura de poder"*, *"Don/Doña nombre y apellidos del notario que autorizó la escritura de poder"*, con el número *"número de protocolo del notario que autorizó la escritura de poder"* de su protocolo *"...e inscrita en el Registro Mercantil de "localidad del Registro Mercantil de la escritura de poder" ... "*, en el tomo y hoja arriba indicados.

➤ (cierre)

➤ (cierre)

➤➤ (cierre)

En adelante, El **cedente**.

B. *"Don/Doña nombre y apellidos de la parte"*

➤➤

❍ **Si interviene en su propio nombre:**

en su propio nombre y derecho.

MCM 1601 s.

❍ **Si interviene como representante:**

en nombre y representación

❍ Si representa a persona física:

de *"Don/Doña nombre y apellidos del representado"*, mayor de edad, *"estado civil del representado"*, con domicilio en *"domicilio del representado"* y provisto de D.N.I./N.I.F. número *"DNI/NIF del representado"*, según consta en escritura de poder, otorgada ante el notario de *"lugar donde radica la notaría en la que se autorizó la escritura de poder de representación (persona física)"*, *"Don/Doña nombre y apellidos del notario que autorizó la escritura de poder de representación (persona física)"*, el *"fecha de escritura de poder de representación (persona física)"*, con el número *"número de protocolo del notario que autorizó la escritura de poder de representación (persona física)"* de su orden de protocolo.

❍ Si representa a persona jurídica:

de la sociedad mercantil denominada *"denominación social"*, domiciliada en *"domicilio social"*, y con NIF número *"NIF de la sociedad"*, constituida, por tiempo indefinido, mediante escritura otorgada ante el notario de *"lugar donde radica la notaría en la que se autorizó la escritura de poder de representación (persona jurídica)"*, *"Don/Doña nombre y apellidos del notario que autorizó la escritura de poder de representación (persona jurídica)"*, el *"fecha de escritura de poder de representación (persona jurídica)"*, e inscrita en el Registro Mercantil de *"datos de la inscripción registral (localidad del Registro Mercantil, tomo, folio, sección, hoja e inscripción)"*, en su calidad de

➤

❍ Si representa como cargo social:

"...administrador único ... O ... administrador solidario ... O ... consejero delegado ... O ... "especificar la representación del cargo social" ... " de la reseñada sociedad, cargo para el que fue nombrado y asegura vigente en escritura otorgada el *"fecha de escritura del nombramiento del cargo"*, ante el notario de *"lugar donde radica la notaría en la que se autorizó la escritura del nombramiento"*, *"Don/Doña nombre y apellidos del notario que autorizó la escritura del nombramiento"*, con el número *"número de protocolo del notario que autorizó la escritura del nombramiento"* de su protocolo, e inscrita en el Registro Mercantil de *"localidad del Registro Mercantil de la escritura de nombramiento"*, en el tomo y hoja arriba indicados.

❍ Si representa como apoderado:

apoderado de la reseñada sociedad, según escritura de poder otorgada a su favor, en *"fecha de escritura del otorgamiento del poder"*, ante el notario de *"lugar donde radica la notaría en la que se autorizó la escritura de poder"*, *"Don/Doña nombre y apellidos del notario que autorizó la escritura de poder"*, con el número *"número de protocolo del notario que autorizó la escritura de poder"* de su protocolo *"...e inscrita en el Registro Mercantil de "localidad del Registro Mercantil de la escritura de poder" ... "*, en el tomo y hoja arriba indicados.

➤

➤

En adelante, El **cesionario**.

Les identifico por sus respectivos documentos de identidad, anteriormente reseñados y que me han exhibido, y les juzgo con capacidad legal suficiente para el otorgamiento de la presente escritura de cesión de solar por pisos, a cuyo efecto

Compraventa

MCM 1601 s.

Nota:

La ***capacidad*** *de los contratantes se regula en el CCom art.322 y 323, así como en el CC art.1457. Tratándose de sociedades mercantiles debe tenerse especial cuidado en examinar la legitimación de la persona que interviene, así habrán de analizarse los estatutos de la sociedad para examinar las facultades del administrador. En el caso de apoderados habrá de examinarse el contenido del poder, partiendo siempre de la interpretación restrictiva de los mismos. Deben examinarse también las prohibiciones de disponer, ya sean voluntarias o legales (*CCom *art.*96, 267 *y* 288*;* CC *art.*1459*). En el caso de que se celebre un contrato por una persona incapaz la consecuencia será la anulabilidad del contrato, mientras que si se infringe una prohibición de disponer la sanción es la nulidad absoluta del contrato (*TS 7-7-87, *EDJ 5449).*

Téngase en cuenta la L 8/2021 que ha modificado sustancialmente el régimen legal de la capacidad de obrar de menores, menores emancipados e incapaces, de forma tal que se deroga el régimen hasta ahora existente de "incapacitación", sustituyéndose por un ***régimen de "medidas de apoyo"****, partiendo de la esencial "capacidad" de obrar de todas las personas. Dichas medidas de apoyo delimitarán el ámbito de actos o negocios que cada sujeto es capaz de realizar por sí solo o si necesita de otra persona que vele por que sus intereses no sean lesionados.*

EXPONEN:

I. Que el **Cedente** es titular del siguiente solar:

Urbana: Solar sito en *"localización del solar"*, con superficie *"superficie del solar"*; linda: al norte con *"linde norte"*; al sur con *"linde sur"*; al este con *"linde este"*; al oeste con *"linde oeste"*.

Referencia catastral: En este acto se me exhibe el último recibo del Impuesto de Bienes Inmuebles, en el que se hace constar el número de referencia de la finca que es *"número de referencia de la finca"* dejando incorporada a la presente fotocopia testimoniada de dicho documento.

Título: Le pertenece por *"especificar el título"*, según escritura pública autorizada por el notario de *"lugar del notario que autorizó la escritura pública"*, *"Don/Doña nombre y apellidos del notario que autorizó la escritura pública"*, en *"fecha de autorización de la escritura pública"*, con el número *"número de protocolo del notario que autorizó la escritura pública"* de su protocolo.

Valor de la finca a efectos fiscales: *"valor de la finca en letra, a efectos fiscales"* euros (*"valor de la finca en número, a efectos fiscales"*€).

Inscripción: Inscrita en el Registro de la Propiedad de *"lugar del Registro Mercantil"*, al tomo *"número de tomo"*, libro *"número de libro"*, folio *"número de folio"*, finca número *"número de finca"*.

Cargas y gravámenes: Según resulta de la nota simple informativa solicitada por mí y que me ha sido remitida en el día de hoy, la finca se halla libre de cargas y gravámenes.

El **Cedente** manifiesta que no existen otras cargas y gravámenes y que la finca se halla libra de arrendatarios.

Información registral: La titularidad de la finca, su descripción y estado de cargas resultan de las manifestaciones del **Cedente**, del título de propiedad que se me exhibe y de la nota simple informativa recibida en el día de hoy y que yo, el notario, tengo a la vista. Advierto expresamente a los comparecientes de la prioridad de la situación registral anterior a la inscripción de la presente escritura.

Expuesto cuanto antecede

OTORGAN:

"NÚMERO" **Objeto**

El **Cedente** cede y transmite al **Cesionario** que adquiere, el pleno dominio de la finca descrita en el expositivo I de la presente escritura, encontrándose incluidos en la transmisión todas las accesiones y derechos inherentes. La cesión se realiza con el objeto de que el **Cesionario** proceda a la construcción de un edificio de *"número de plantas"* plantas *"describir el edificio"*, y del cual el **Cesionario** se compromete a entregar al **Cedente** las siguientes entidades: *"especificar cada una de las entidades que se habrán de entregar a cambio de la cesión del solar efectuada, (cuanta mayor precisión se consiga en este apartado, menores serán los problemas en cuanto a la entrega y condiciones de los bienes cedidos)"*.

MCM 1601 s.

Nota:

El principal problema de este tipo de contratos es el de que una de las partes entrega un objeto y cambio obtiene un derecho de crédito a exigir la entrega de un piso o local, con el riesgo que ello representa, tanto por el hecho de que es posible que la otra parte no termine la edificación, o de que actúen contra él acreedores preferentes, o incluso que venda a un tercero hipotecario. En relación con estos ***riesgos*** *se ha planteado incluso la posibilidad de reconocer una transmisión actual tanto del solar como de los pisos o locales, posición ciertamente polémica doctrinalmente. A este respecto, ver* TS 8-3-01, *EDJ 2044.*

Cabría también incluir una ***condición resolutoria*** *explícita a favor de los cedentes para el caso de incumplimiento de la construcción en el tiempo previsto (*TS 30-5-12, *EDJ 103335), o por no obtención de la licencia de obra (TS 4-12-18, EDJ 651652), donde se señala que «las partes contratantes (pueden) tipificar determinados incumplimientos como resolutorios al margen de que objetivamente puedan considerarse o no graves o, si se quiere, al margen de que conforme al CC art.1124 tengan o no trascendencia resolutoria».*

***"NÚMERO "*Condición resolutoria explícita**

El edificio que el **Cesionario** se compromete a construir deberá entregarse antes de la fecha de *"día, mes y año"*, concediéndose un mes de gracia a partir de dicha fecha. En el caso de que se incumpla este término de entrega, el **Cedente** queda facultado para resolver el presente contrato ad nutum con la obligación para el Cesionario de abonar la cantidad de *"importe de la cláusula penal"* a título de cláusula penal.

***"NÚMERO"* Sujeción del edificio al proyecto aprobado**

El edificio que el **Cesionario** se compromete a construir habrá de ajustarse al proyecto aprobado del arquitecto, *"Don/Doña nombre y apellidos del arquitecto"*, de *"fecha del proyecto"*, que ambas partes manifiestan conocer. *"...Me entregan en este acto un plano suscrito por los comparecientes de las entidades que deberán ser entregadas a cambio de la cesión efectuada, que dejo incorporada ..."*.

***"NÚMERO"* Costes de la edificación y licencias**

Serán de cuenta y cargo del **Cesionario**, todos los gastos que implique la ejecución de la obra, tales como obtención de licencias, honorarios de dirección, gastos humanos, incluyendo salarios, seguros sociales, etc, y materiales, así como los derivados de posibles contingencias que puedan presentarse hasta la entrega de los pisos o locales descritos en el otorgamiento primero.

***"NÚMERO"* Valoración de las prestaciones**

Las partes expresamente acuerdan que el valor total de sus prestaciones es de *"valor total de las prestaciones, en letra"* euros (*"valor total de las prestaciones, en número"*€).

○ Si hubiera además parte de abono en efectivo:

En el momento de la entrega el **Cedente** deberá abonar como compensación de la diferencia de valor establecida, al **Cesionario** la cantidad de *"cantidad en letra, como compensación por la diferencia de valor"* euros (*"cantidad en número, como compensación por la diferencia de valor"*€), mediante cheque bancario.

***"NÚMERO"* Entrega de los pisos o locales**

El **Cesionario** se compromete a finalizar la obra y a entregar los pisos o locales al **Cedente** en un plazo máximo que las partes fijan por todo el día *"fecha en que expira el plazo máximo para entregar los pisos o locales"*.

MCM 1601 s.

>>

○ **Si se establece condición resolutoria:**

La falta de cumplimiento por el **Cedido** en el plazo máximo establecido tendrá el carácter de condición resolutoria expresamente pactada, acordando las partes que esta condición resolutoria pueda ser postpuesta a la hipoteca que constituya el **Cedido** para financiar la construcción.

<<

"NÚMERO" **Declaración de obra nueva y división horizontal**

Nota:

Es importante dejar regulado en el contrato todo lo referente al otorgamiento de la declaración ***de obra nueva y división horizontal****, de manera que se eviten conflictos futuros. De acuerdo con la interpretación de los tribunales, el título constitutivo puede otorgarse bien por el promotor/vendedor/constructor del edificio mientras sea propietario único, o por todos los propietarios de cada uno de los pisos y locales en que se hubiera dividido (TS 30-3-99, EDJ 3494).*

En el título constitutivo y los estatutos se hace constar de ordinario el uso y destino del edificio, pero esta mera descripción ***no supone limitación del uso o de las facultades dominicales****, pues para ello deviene necesaria una cláusula o regla precisa y concreta, con obligación para los comuneros de su cumplimiento, tanto para los fundadores de la comunidad, como para los titulares posteriores, y a ninguno de ellos se le puede privar de la utilización de su derecho de propiedad como considere oportuno, siempre que el destino elegido no esté prohibido singularmente en aquellos documentos.*

La ***interpretación de esta materia****, en atención a aquello que puede ocasionar perturbación o menoscabo al derecho de propiedad, tiene* ***carácter restrictivo****, y la doctrina jurisprudencial lo ha significado de este modo respecto a la facultad de decisión de cada titular; así, el TS ha permitido el cambio de cine a discoteca (TS 6-2-89); ha acogido la modificación del destino de una vivienda a consulta radiológica (TS 24-7-92, EDJ 8336); ha admitido la instalación en un piso para vivienda de una oficina (TS 21-4-97, EDJ 1776); en similar circunstancia, ha consentido el ejercicio de la profesión de médico (TS 29-2-00, EDJ 617); y la sentencia la TS 30-5-01, EDJ 6164, también lo ha declarado para la práctica profesional de quiromasaje (TS 23-2-06, EDJ 11922).*

El **Cesionario** se compromete a otorgar a su cargo y con total indemnizada para el **Cedente** la escritura de obra nueva y división horizontal *"...así como a contratar el seguro decenal obligatorio conforme a lo previsto en la Ley de Ordenación de la Edificación ..."*.

La declaración de obra nueva habrá de ajustarse estrictamente al proyecto del arquitecto *"Don/Doña nombre y apellidos del arquitecto"*, al que anteriormente se ha hecho referencia. Cualquier modificación que haya que introducir en el Proyecto será consultada con el **Cedente** y en caso de controversia, ambas se someten a la decisión última que adopte *"Don/Doña nombre y apellidos del arquitecto ajeno a la obra"*, que es un arquitecto ajeno a la obra.

"NÚMERO" **Carácter personalísimo del contrato**

El presente contrato tiene carácter personalísimo, y ha sido concertado en la confianza que se tienen las partes contratantes, por ello convienen en que ninguna de ellas podrá ceder o transmitir su posición contractual.

"NÚMERO" **Inscripción**

Ambas partes se obligan a realizar todos los trámites necesarios para la inscripción de la cesión que se efectúa en la presente escritura en los registros correspondientes a voluntad de cualquiera de las mismas.

Nota:

Ver DGRN Resol 14-9-00.

"NÚMERO" **Gastos e impuestos**

Todos cuantos gastos e impuestos que pudieran derivarse del otorgamiento de la presente escritura pública de cesión de solar por pisos serán satisfechos *"...conforme a Ley ... O ... por el Cesionario ..."*.

"NÚMERO" **Notificaciones**

Nota:

Si no se incluyera esta cláusula las notificaciones se realizarían en el ***domicilio*** *que indica el compareciente en el encabezamiento de la póliza.*

MCM 1601 s.

Las partes convienen los siguientes domicilios para la práctica de las notificaciones necesarias para la ejecución del presente contrato:

El **cedente**: *"domicilio a efectos de notificación parte primera"*.

El **cesionario**: *"domicilio a efectos de notificación parte segunda"*.

"NÚMERO" **Fuero**

Para la solución de cualquier cuestión litigiosa que pueda derivarse del presente contrato de compraventa las partes, con renuncia al fuero aplicable, se someten a la jurisdicción de los jueces y tribunales de *"especificar ciudad de los Tribunales"*.

Si se solicita exención del ITP:

Manifestaciones fiscales:

Los comparecientes manifiestan que la cesión efectuada se encuentra sujeta al Impuesto del Valor Añadido, al tipo del *"porcentaje de IVA por la entrega del terreno"* en cuanto a la entrega del terreno, habiéndose repercutido dicho importe sobre la parte cesionaria del mismo, solicitándose la liquidación de la primera copia de esta escritura por concepto de Actos Jurídicos Documentados; correspondiente el *"porcentaje de IVA por la futura entrega de los pisos o locales"* de Impuesto del Valor Añadido a la futura entrega de los pisos o locales.

OTORGAMIENTO Y AUTORIZACIÓN:

Hago las reservas y advertencias legales y fiscales que incumben a las partes en su aspecto material, formal y sancionador, y especialmente advierto del plazo de treinta días hábiles siguientes a la firma de esta escritura para presentar a liquidar el impuesto correspondiente, de la afección de los bienes al pago del mismo y responsabilidades, en su caso, derivadas del incumplimiento.

Asimismo, advierto de las consecuencias de una posible inexactitud de sus declaraciones o de falsedades en el documento y del tratamiento fiscal que se derivarían de las diferencias de valor resultantes de una comprobación administrativa.

Leo esta escritura a los comparecientes, previa advertencia y renuncia a su derecho de hacerlo por sí mismos y enterados de su contenido, prestan su consentimiento y la firman.

Suministro

MCM 1610 s.

Nota preliminar:

- Contrato **atípico** por el cual una persona se obliga a realizar a favor de otras prestaciones periódicas y continúas a cambio de un precio cierto (TS 8-7-88, EDJ 5988).

- No puede identificarse con el de **compraventa**, aunque es afín a la misma. En la compraventa, la cosa vendida se entrega de una sola vez o en actos distintos, pero se refieren en todo caso a una cosa unitaria y en el contrato de suministro, la obligación de entrega se cumple de manera sucesiva; las partes se obligan a la entrega de cosas y al pago de su precio, en entregas y pagos sucesivos y en períodos determinados o determinables (TS 20-5-86, EDJ 3326; 10-9-87, EDJ 6252; , EDJ 5988; 28-2-96, EDJ 1324; AP Tarragona 1-4-05, EDJ 113084).

- La **doctrina «aliud pro alio»** es aplicable a los contratos mercantiles de suministro, en los casos en los que el defecto del producto suministrado consiste en un defecto de calidad de suficiente gravedad para poder ser considerado como determinante de un incumplimiento del contrato, pues en este supuesto no estamos en presencia de un vicio oculto en la cosa entregada, sino de un incumplimiento de las obligaciones pactadas en el contrato (TS 3-10-18, EDJ 589929).

- El arrendador del local no es responsable de unos suministros de energía en virtud de **un contrato en el que no es parte**, ni ninguna norma de la LAU, ni pacto expreso entre las partes le impone tal obligación (AP Baleares 10-10-17, EDJ 223761).

- Cabe el contrato de suministro de combustible en exclusiva para su **reventa** en una estación de servicio (TS 13-2-13, EDJ 13855).

- El **contrato de suministro "just in time"** (justo a tiempo), se caracteriza por ser una modalidad del contrato de suministro funcionalmente vinculada al sistema de fabricación y comercialización del producto, de forma que el suministrador asume la **obligación de entregar bienes y, en ocasiones, realizar servicios conexos**, conforme a la solicitud del suministrado en un plazo breve de tiempo establecido por el contrato o por los usos mercantiles del sector. Para poder cumplir con esta obligación, sin duda, el suministrador debe mantener un **stock de productos terminados y materias primas suficientes** para hacer frente a una solicitud razonable de productos por parte del suministrado (TS 5-10-16, EDJ 171334).

- La **prestación** del suministrado consiste siempre en dinero, mientras que la del proveedor ha de consistir en cosas muebles, usualmente de naturaleza genérica por las propias características del contrato, dirigido a satisfacer una necesidad reiterada de los mismos productos (materias primas, agua, gas, electricidad, etc.).

- En virtud del principio de la autonomía de la voluntad, se pueden incorporar al contrato todos aquellos pactos lícitos que las partes estimen conveniente, entre los cuales, no cabe duda, se encontrarían los **pactos de exclusiva** en sus diferentes variedades.

- Considera que en el caso se trataría de un contrato de suministro **afín a la compraventa** a que se refiere el CC art.1967.4ª, en el que hay sucesivas entregas y obligaciones de pago, por lo que sería aplicable el plazo de tres años (TS 7-2-24, EDJ 504366).

- El modelo presupone unas **circunstancias** determinadas que serán las **más frecuentes**. Si en el caso concreto existen circunstancias particulares no previstas, deberá completarse o modificarse el modelo adaptándolo a las mismas.

En *"localidad"*, a *"fecha"*

COMPARECEN:

De una parte,

"Don/Doña nombre y apellidos de la parte", mayor de edad, *"estado civil de la parte" "... "especificar el régimen económico matrimonial de la parte" ...*", de nacionalidad *"nacionalidad de la parte"*, con domicilio a estos efectos en *"domicilio de la parte"*, *"...con DNI/NIF número "DNI/NIF de la parte"... O ... con tarjeta de residencia número "número de tarjeta de residencia de la parte" ... O ... pasaporte número "número de pasaporte de la parte", expedido el "fecha de expedición del pasaporte de la parte" ... O ... "reseñar otros documentos aportados por la parte" ...*", vigente hasta el *"fecha de vigencia de la documentación aportada por la parte"*.

Y de otra parte,

"Don/Doña nombre y apellidos de la parte", mayor de edad, *"estado civil de la parte" "... "especificar el régimen económico matrimonial de la parte" ...*", de nacionalidad *"nacionalidad de la parte"*, con domicilio a estos efectos en *"domicilio de la parte"*, *"...con DNI/NIF número "DNI/NIF de la parte"... O ... con tarjeta de residencia número "número de tarjeta de residencia de la parte" ... O ... pasaporte número "número de pasaporte de la parte", expedido el "fecha de expedición del pasaporte de la parte" ... O ... "reseñar otros documentos aportados por la parte" ...*", vigente hasta el *"fecha de vigencia de la documentación aportada por la parte"*.

INTERVIENEN:

A. *"Don/Doña nombre y apellidos de la parte"*

➤➤

❍ **Si interviene en su propio nombre:**

en su propio nombre y derecho.

❍ **Si interviene como representante:**

en nombre y representación

❍ Si representa a persona física:

de *"Don/Doña nombre y apellidos del representado"*, mayor de edad, *"estado civil del representado"*, con domicilio en *"domicilio del representado"* y provisto de D.N.I./N.I.F. número *"DNI/NIF del representado"*, según consta en escritura de poder, otorgada ante el notario de *"lugar donde radica la notaría en la que se autorizó la escritura de poder de representación (persona física)"*, *"Don/Doña nombre y apellidos del notario que autorizó la escritura de poder de representación (persona física)"*, el *"fecha de escritura de poder de representación (persona física)"*, con el número *"número de protocolo del notario que autorizó la escritura de poder de representación (persona física)"* de su orden de protocolo.

❍ Si representa a persona jurídica:

de la sociedad mercantil denominada *"denominación social"*, domiciliada en *"domicilio social"*, y con NIF número *"NIF de la sociedad"*, constituida, por tiempo indefinido, mediante escritura otorgada ante el notario de *"lugar donde radica la notaría en la que se autorizó la escritura de poder de representación (persona jurídica)"*, *"Don/Doña nombre y apellidos del notario que autorizó la escritura de poder de representación (persona jurídica)"*, el *"fecha de escritura de poder de representación (persona jurídica)"*, e inscrita en el Registro Mercantil de *"datos de la inscripción registral (localidad del Registro Mercantil, tomo, folio, sección, hoja e inscripción)"*, en su calidad de

185 **Compraventa**

MCM 1610 s.

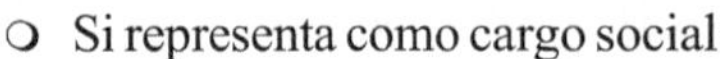

❍ Si representa como cargo social:

"...administrador único ... O ... administrador solidario ... O ... consejero delegado ... O ... "especificar la representación del cargo social" ... " de la reseñada sociedad, cargo para el que fue nombrado y asegura vigente en escritura otorgada el *"fecha de escritura del nombramiento del cargo"*, ante el notario de *"lugar donde radica la notaría en la que se autorizó la escritura del nombramiento"*, *"Don/Doña nombre y apellidos del notario que autorizó la escritura del nombramiento"*, con el número *"número de protocolo del notario que autorizó la escritura del nombramiento"* de su protocolo, e inscrita en el Registro Mercantil de *"localidad del Registro Mercantil de la escritura de nombramiento"*, en el tomo y hoja arriba indicados.

❍ Si representa como apoderado:

apoderado de la reseñada sociedad, según escritura de poder otorgada a su favor, en *"fecha de escritura del otorgamiento del poder"*, ante el notario de *"lugar donde radica la notaría en la que se autorizó la escritura de poder"*, *"Don/Doña nombre y apellidos del notario que autorizó la escritura de poder"*, con el número *"número de protocolo del notario que autorizó la escritura de poder"* de su protocolo *"...e inscrita en el Registro Mercantil de "localidad del Registro Mercantil de la escritura de poder" ...* ", en el tomo y hoja arriba indicados.

En adelante, El **suministrador**.

B. *"Don/Doña nombre y apellidos de la parte"*

❍ **Si interviene en su propio nombre:**

en su propio nombre y derecho.

❍ **Si interviene como representante:**

en nombre y representación

❍ Si representa a persona física:

de *"Don/Doña nombre y apellidos del representado"*, mayor de edad, *"estado civil del representado"*, con domicilio en *"domicilio del representado"* y provisto de D.N.I./N.I.F. número *"DNI/NIF del representado"*, según consta en escritura de poder, otorgada ante el notario de *"lugar donde radica la notaría en la que se autorizó la escritura de poder de representación (persona física)"*, *"Don/Doña nombre y apellidos del notario que autorizó la escritura de poder de representación (persona física)"*, el *"fecha de escritura de poder de representación (persona física)"*, con el número *"número de protocolo del notario que autorizó la escritura de poder de representación (persona física)"* de su orden de protocolo.

❍ Si representa a persona jurídica:

de la sociedad mercantil denominada *"denominación social"*, domiciliada en *"domicilio social"*, y con NIF número *"NIF de la sociedad"*, constituida, por tiempo indefinido, mediante escritura otorgada ante el notario de *"lugar donde radica la notaría en la que se autorizó la escritura de poder de representación (persona jurídica)"*, *"Don/Doña nombre y apellidos del notario que autorizó la escritura de poder de representación (persona jurídica)"*, el *"fecha de escritura de poder de representación (persona jurídica)"*, e inscrita en el Registro Mercantil de *"datos de la inscripción registral (localidad del Registro Mercantil, tomo, folio, sección, hoja e inscripción)"*, en su calidad de

185

MCM 1610 s.

>

- Si representa como cargo social:

"...administrador único ... O ... administrador solidario ... O ... consejero delegado ... O ... "especificar la representación del cargo social" ... " de la reseñada sociedad, cargo para el que fue nombrado y asegura vigente en escritura otorgada el *"fecha de escritura del nombramiento del cargo"*, ante el notario de *"lugar donde radica la notaría en la que se autorizó la escritura del nombramiento"*, *"Don/Doña nombre y apellidos del notario que autorizó la escritura del nombramiento"*, con el número *"número de protocolo del notario que autorizó la escritura del nombramiento"* de su protocolo, e inscrita en el Registro Mercantil de *"localidad del Registro Mercantil de la escritura de nombramiento"*, en el tomo y hoja arriba indicados.

- Si representa como apoderado:

apoderado de la reseñada sociedad, según escritura de poder otorgada a su favor, en *"fecha de escritura del otorgamiento del poder"*, ante el notario de *"lugar donde radica la notaría en la que se autorizó la escritura de poder"*, *"Don/Doña nombre y apellidos del notario que autorizó la escritura de poder"*, con el número *"número de protocolo del notario que autorizó la escritura de poder"* de su protocolo *"...e inscrita en el Registro Mercantil de "localidad del Registro Mercantil de la escritura de poder" ... "*, en el tomo y hoja arriba indicados.

<

En adelante, El **suministrado**.

- **Si intervienen fiadores:**

De otra parte:

"Don/Doña nombre y apellidos del fiador 1", mayor de edad, *"estado civil del fiador 1" "... "régimen económico matrimonial del fiador 1" ... "*, de nacionalidad *"nacionalidad del fiador 1"*, con domicilio a estos efectos en *"domicilio del fiador 1"*, con DNI/NIF número *"DNI/NIF del fiador 1"*;

y *"Don/Doña nombre y apellidos del fiador 2"*, mayor de edad, *"estado civil del fiador 2" "... "régimen económico matrimonial del fiador 2" ... "*, de nacionalidad *"nacionalidad del fiador 2"*, con domicilio a estos efectos en *"domicilio del fiador 2"*, con DNI/NIF número *"DNI/NIF del fiador 2"*.

En adelante, conjuntamente, los **Fiadores**.

Las partes se reconocen la capacidad legal necesaria para contratar y obligarse y, a tal efecto

Nota:

*La **capacidad** de los contratantes se regula en el CCom art.322 y 323, así como en el CC art.1457. Tratándose de sociedades mercantiles debe tenerse especial cuidado en examinar la legitimación de la persona que interviene, así habrán de analizarse los estatutos de la sociedad para examinar las facultades del administrador. En el caso de apoderados habrá de examinarse el contenido del poder, partiendo siempre de la interpretación restrictiva de los mismos. Deben examinarse también las prohibiciones de disponer, ya sean voluntarias o legales (*CCom *art.96, 267 y 288;* CC *art.1459). En el caso de que se celebre un contrato por una persona incapaz la consecuencia será la anulabilidad del contrato, mientras que si se infringe una prohibición de disponer la sanción es la nulidad absoluta del contrato (*TS 7-7-87, *EDJ 5449).*

*Téngase en cuenta la L 8/2021 que ha modificado sustancialmente el régimen legal de la capacidad de obrar de menores, menores emancipados e incapaces, de forma tal que se deroga el régimen hasta ahora existente de "incapacitación", sustituyéndose por un **régimen de "medidas de apoyo"**, partiendo de la esencial "capacidad" de obrar de todas las personas. Dichas medidas de apoyo delimitarán el ámbito de actos o negocios que cada sujeto es capaz de realizar por sí solo o si necesita de otra persona que vele por que sus intereses no sean lesionados.*

MCM 1610 s.

EXPONEN:

I. Que el **Suministrador** es una empresa que se dedica, entre otras actividades, a la comercialización de *"especificar los productos objeto de suministro; (p.e. cartuchos de tinta para impresoras, fotocopiadoras)".*

II. Que el **Suministrado** es una empresa mercantil que se dedica *"especificar la actividad; (p.e. la fabricación de ordenadores, impresoras, fotocopiadoras)".*

III. Que el **Suministrado** tiene interés en contratar el suministro de los *"especificar los productos objeto de suministro"* para incorporar a los productos que posteriormente comercializa.

IV. Que ambas partes han llegado a un acuerdo para la futura venta de los mencionados bienes en las condiciones que se establecen en este documento y conforme a las siguientes

ESTIPULACIONES:

***"NÚMERO"* Objeto del contrato**

El **Suministrador** se obliga a abastecer o suministrar al **Suministrado** los productos identificados en el expositivo I, en la cuantía y en el tiempo que se especifican en el presente contrato.

***"NÚMERO"* Naturaleza mercantil**

Los comparecientes, en la representación en que intervienen, manifiestan que el presente contrato tiene carácter de mercantil y se regirá en primer término por las estipulaciones contenidas en el mismo y en lo que en ellas no estuviere previsto por las disposiciones del Código de Comercio, leyes especiales, los usos y costumbres mercantiles y, en su defecto, por lo establecido en el Código Civil.

***"NÚMERO"* Exclusividad del suministro**

Nota:

Sobre la transcendencia y ***validez*** *de este tipo de cláusula, ver* TS 15-3-01, *EDJ 2305.*

El presente contrato tiene carácter de exclusiva, por lo que el **Suministrado** se compromete mientras se mantenga la vigencia del presente contrato a no adquirir de ninguna otra empresa o profesional los bienes que constituyen el objeto del presente contrato de suministro.

***"NÚMERO"* Suministro**

El **Suministrador** se compromete a abastecer al **Suministrado** en la periodicidad y en la cuantía que el mismo le requiera, por cualquier medio que deje constancia de su recepción, comprometiéndose a la entrega en el plazo máximo de *"número de días para la entrega desde que el suministrador reciba la solicitud"* días naturales desde aquel en el que se reciba la solicitud.

Únicamente en el caso de que el pedido sea extraordinario o por circunstancias excepcionales del mercado, o por caso fortuito o fuerza mayor podrá el **Suministrador** retrasarse en el suministro o incluso suspender el mismo, previa comunicación al **Suministrado** con un plazo mínimo de antelación de *"número de días para comunicar con antelación el retraso o la suspensión del suministro"* días.

***"NÚMERO"* Precio**

Nota:

Al igual que en la compraventa, en el contrato de suministro el ***precio*** *es un elemento esencial, consistiendo generalmente en dinero o signo que lo represente. Es preciso que se encuentre determinado o al menos que sea determinable sin necesidad de un nuevo acuerdo de las partes. El CCom art.*339, *siendo la compraventa -la que es afín al contrato de suministro- de naturaleza mercantil según el CCom art.*325, *determina que la obligación de pago nace desde el momento en el que el Suministrador pone las mercaderías a disposición del Suministrado, momento a partir del cual éste se constituirá en depositario de los bienes, con todas las consecuencias que de ello se derivan (*TS 7-2-02, *EDJ 1358).*
Según TS el contrato de suministro no puede equipararse con el de ***compraventa*** *aunque sea afín, regulándose por lo pactado entre las partes y, en su defecto por la normativa sobre compraventa (*CC *art.*1445 *y si es mercantil,* CCom *art.*325 *s.).*

185

MCM 1610 s.

Los precios iniciales de cada uno de los tipos de *"especificar los productos objeto de suministro"* se ajustarán a los que figuran en el anexo I del presente contrato que las partes suscriben y que desde este momento forma parte integrante del mismo.

Los precios se revisarán *"especificar periodicidad de revisión de los precios"* debiéndose comunicar por el **Suministrador** al **Suministrado** en el domicilio designado en este contrato, con una antelación mínima de *"días de antelación"* días naturales a la fecha prevista para su entrada en vigor.

***"NÚMERO"* Forma de pago**

El abono de los diferente suministros se realizará mediante pagaré emitido por el **Suministrado** con vencimiento a *"especificar el vencimiento (p.e. noventa)"* días. El retraso en el pago de cualquiera de los suministros dará derecho al **Suministrador** a suspender el suministro hasta que no se haya procedido al abono correspondiente.

***"NÚMERO"* Garantías**

El **Suministrado** garantiza especialmente el cumplimiento de las obligaciones que dimanan del presente contrato con el afianzamiento que solidariamente con la misma y con la consiguiente renuncia a los beneficios legales de división, excusión y orden, constituyen en este acto los **Fiadores**, con sujeción a las siguientes reglas:

Nota:

Sobre las consecuencias del establecimiento de este tipo de ***garantías****, ver* TS 1-6-96, *EDJ 4186.*

"Apartado"

La fianza durará mientras lo haga la última de las obligaciones que se deriven del presente contrato, incluyendo cualquier prórroga que las partes puedan pactar, sin necesidad en este último caso de ratificación alguna por parte de los fiadores, renunciando en este acto los fiadores a las consecuencias previstas en el art.1851 del Código Civil.

"Apartado"

Los **Fiadores** designan como domicilio a efectos de notificaciones el que aparece en el encabezamiento del presente contrato.

"Apartado"

La fianza tendrá carácter solidario.

***"NÚMERO"* Duración**

Nota:

Al ser un contrato duradero de tracto sucesivo, la doctrina y la jurisprudencia admiten unánimemente la posibilidad de ***denunciar unilateralmente el contrato****, sobre todo en los contratos concertados sin fijación de plazo o por tiempo indefinido, que no ilimitado, independientemente de que exista o no justa causa, procediendo únicamente la indemnización de daños y perjuicios cuando ha existido mala fe o abuso de derecho. Cuando se establece una duración específica, debe respetarse el plazo contractual, así como cuando se establece un plazo determinado de preaviso (*AP Girona 3-3-99*).*

Sobre las consecuencias del ***incumplimiento*** *del comprador suministrado, ver* TS 17-11-00, *EDJ 38871,* 22-11-00.

*En el contrato de suministro la obligación de entrega se cumple de manera sucesiva (*AP Madrid 5-11-13, *EDJ 253982).*

En cuanto al ***cómputo del plazo****, el último párrafo del CC art.1967 establece respecto al inicio del cómputo que lo será "desde que dejaron de prestarse los respectivos servicios", que se refiere no a la terminación o extinción de la relación contractual sino a cada bloque de servicios o suministros exigibles facturados. Es de aplicación lo dispuesto en el CC art.1967 a los llamados* ***suministros domésticos*** *y a los de agua, gas o electricidad, con la salvedad de cada porción del precio por cada porción del suministro tendrá su propia y específica prescripción, y ello bajo la idea que preside el precepto, que es la de la compra de cosas destinadas al consumo del comprador vendidas por comerciantes a particulares (AP Las Palmas 2-11-17, EDJ 338743).*

MCM 1610 s.

El presente contrato tendrá la duración de un año desde la fecha de su celebración, quedando automáticamente prorrogado por anualidades sucesivas en el caso de que ninguna de las partes proceda a la denuncia del mismo con al menos *"número de días para la denuncia del contrato de suministro"* días naturales de antelación a la fecha de su vencimiento.

"NÚMERO" **Extinción del contrato**
El presente contrato quedará extinguido en los siguientes casos:

a) En cualquier momento por acuerdo unánime de las partes.

b) Por expiración del plazo establecido conforme a lo previsto en la estipulación octava anterior.

c) Por declaración de quiebra, insolvencia o suspensión de pagos de cualquiera de las partes.

Nota:

En este extremo debe tenerse en cuenta que, en el contrato de suministro, como en todo contrato de tracto sucesivo, la ***resolución*** *no alcanza los efectos que ya se han agotado y no permiten volver a la situación inicial (*TS 21-9-01, *EDJ 28887).*

"NÚMERO" **Comprobación de los bienes**
El **Suministrado** podrá negarse a recibir el suministro de forma parcial o total cuando durante el transporte o por cualquier otro motivo el material se encontrase en estado defectuoso en el momento de la entrega, debiéndose proceder a una nueva entrega en el plazo máximo de *"número de días para realizar una nueva entrega"* días naturales. En el caso de discrepancia entre las partes sobre el estado y/o calidad de los bienes a entregar, las partes se someten a la decisión última de *"Don/Doña nombre y apellidos del experto arbitrador"*.

Nota:

*- Resulta importante incluir este tipo de pactos, dirigidos a regular el funcionamiento en cada una de las entregas. De no existir pacto, y si los materiales fueran defectuosos, de acuerdo a lo dispuesto en el CCom art.*336 *podrá el suministrado, en su condición de comprador o adquirente, optar por la rescisión del contrato, o por su cumplimiento con arreglo a lo convenido, pero lo que no es admisible es que el comprador a quien no deje satisfecho un envío de mercancía previamente solicitado, por su defectuosa calidad o por no acomodarse a lo convenido, adopte una actitud pasiva reteniendo el género recibido, y ahora ante la reclamación de pago sostenga que eran inhábiles o defectuosas las piezas (*AP Vizcaya 4-5-00*).*
- Es conveniente designar un experto ***árbitro*** *que resuelva con rapidez este tipo de controversias.*

"NÚMERO"
Si cualquiera de los pactos del contrato fuera declarado inválido, ya sea total o parcialmente, el resto del contrato mantendrá su vigencia y eficacia.

"NÚMERO" **Gastos e impuestos**
Todos los gastos e impuestos que se deriven del presente contrato de compraventa y que no sean expresamente asignados a una de las partes conforme al resto de clausulado serán satisfechos *"...conforme a Ley ... O ... por el suministrado ..."*.

"NÚMERO" **Notificaciones**

Nota:

Si no se incluyera esta cláusula las notificaciones se realizarían en el ***domicilio*** *que indica el compareciente en el encabezamiento de la póliza.*

Las partes convienen los siguientes domicilios para la práctica de las notificaciones necesarias para la ejecución del presente contrato:

El **suministrador**: *"domicilio a efectos de notificación parte primera"*.

El **suministrado**: *"domicilio a efectos de notificación parte segunda"*.

"NÚMERO" **Fuero**

 **Nota:**

En caso de que no exista sumisión expresa, al no concurrir pacto alguno entre las partes que pudiera orientar acerca del problema sobre la cuestión de competencia, procede acudir a la doctrina mantenida por la Sala, con arreglo a la cual, y por aplicación de lo dispuesto en el CC *art.*1171, *en relación con el art.*1500 *de dicho testo Legal y el* CCom *art.*50, *el* ***lugar de cumplimiento*** *de las obligaciones es aquel en el que se haya hecho entrega de la mercancía (*TS 22-2-80*;* 19-1-81, *EDJ 1295;* 2-11-84*;* 15-4-85, *EDJ 7288;* 19-10-96, *EDJ 7077;* 5-9-97, *EDJ 6745;* 17-5-99, *EDJ 8840)*

Para la solución de cualquier cuestión litigiosa que pueda derivarse del presente contrato de compraventa las partes, con renuncia al fuero aplicable, se someten a la jurisdicción de los jueces y tribunales de *"especificar ciudad de los Tribunales"*.

Y como prueba de lo convenido las partes firman el presente contrato por duplicado en seis hojas de papel común escritas por el anverso.

El Suministrador	**El Suministrado**

Arras

MCM 1039 s.

CCom art.343; CC art.1454

Nota preliminar:

- Las cantidades que, por vía de señal, se entregan en las compraventas mercantiles tienen carácter confirmatorio, considerándose que se dan a cuenta del precio, como **anticipo** y en prueba de la ratificación del contrato.
- No obstante, los contratantes pueden pactar las denominadas **arras penitenciales,** las cuales permiten a las partes desligarse del contrato mediante el abono de las arras por quién las entregó o la restitución doblada de las mismas por quien las recibió.

Este tipo de arras son excepcionales (TS 25-10-96). Para interpretar el contrato en que existen arras o señal es preciso buscar la intención real de los contratantes y determinar cuál quisieron que fuera su alcance, de manera tal que la pretensión resolutoria del contrato de compraventa, que puede deducirse de la existencia de arras o señal, tiene que constar de manera evidente y clara (TS 7-2-66).

Ante la imposibilidad de dar un concepto unitario de las arras, la doctrina moderna distingue las siguientes **modalidades** de ellas: a) Confirmatorias. Son las dirigidas a reforzar la existencia del contrato, constituyendo una señal o prueba de su celebración, o bien representando un principio de ejecución. b) Penales. Su finalidad es la de establecer una garantía del cumplimiento del contrato mediante su pérdida o devolución doblada, caso de incumplimiento. c) Penitenciales. Son un medio lícito de desistir las partes del contrato mediante la pérdida o restitución doblada. Esta última es la finalidad reconocida por el artículo 1454. Siendo doctrina constante de la jurisprudencia la de que las arras o señal que, como garantía permite el artículo 1454, tienen un carácter excepcional que exige una interpretación restrictiva de las cláusulas contractuales de las que resulte la voluntad indubitada de las partes en aquél sentido, debiendo entenderse en caso contrario que se trata de un simple anticipo a cuenta del precio que sirve, precisamente, para confirmar el contrato celebrado (TS 17-10-18, EDJ 605133).

Las **arras penitenciales** tienen que constar expresamente con ese carácter (TS 17-10-18, EDJ 605133).

La **pérdida de arras** en un contrato de compraventa constituye, en definitiva, una evidente indemnización por daños y perjuicios (TS 22-2-22, EDJ 523735).

- El pacto de arras no puede considerarse contrario a la legislación de **consumidores** (AP Barcelona 19-2-24, EDJ 540241).

- El CC art.1454, que no tiene carácter imperativo, contempla las arras penitenciales como **mecanismo convencional** -pues dice "si hubiesen mediado arras..."- que permite dar marcha atrás en la contratación, a diferencia de las confirmatorias, que no facultan para resolver el contrato y normalmente se corresponden con los pagos a cuenta del precio estipulado, de modo que en caso de cumplimiento del contrato, la cantidad se imputa al precio, sin que, en caso de incumplimiento del contrato celebrado, las arras confirmatorias excluyan la posibilidad de ejercitar la acción para exigir el cumplimiento o la resolución del contrato *ex* CC art.1124, ni, de resultar procedente, la posible indemnización de daños y perjuicios derivada del incumplimiento (AP Baleares 7-2-24, EDJ 535850).

- El modelo presupone unas circunstancias determinadas que serán las más frecuentes. Si en el caso concreto existen circunstancias particulares no previstas, deberá completarse o modificarse el modelo adaptándolo a las mismas.

MCM 1039 s.

En *"localidad"*, a *"fecha"*

COMPARECEN:

De una parte,

"Don/Doña nombre y apellidos de la parte", mayor de edad, *"estado civil de la parte" "... "especificar el régimen económico matrimonial de la parte" ... "*, de nacionalidad *"nacionalidad de la parte"*, con domicilio a estos efectos en *"domicilio de la parte"*, *"...con DNI/NIF número "DNI/NIF de la parte" ... O ... con tarjeta de residencia número "número de tarjeta de residencia de la parte" ... O ... pasaporte número "número de pasaporte de la parte", expedido el "fecha de expedición del pasaporte de la parte" ... O ... "reseñar otros documentos aportados por la parte" ... "*, vigente hasta el *"fecha de vigencia de la documentación aportada por la parte"*.

CCom art.343; CC art.1454

Y de otra parte,

"Don/Doña nombre y apellidos de la parte", mayor de edad, *"estado civil de la parte" "... "especificar el régimen económico matrimonial de la parte" ... "*, de nacionalidad *"nacionalidad de la parte"*, con domicilio a estos efectos en *"domicilio de la parte"*, *"...con DNI/NIF número "DNI/NIF de la parte" ... O ... con tarjeta de residencia número "número de tarjeta de residencia de la parte" ... O ... pasaporte número "número de pasaporte de la parte", expedido el "fecha de expedición del pasaporte de la parte" ... O ... "reseñar otros documentos aportados por la parte" ... "*, vigente hasta el *"fecha de vigencia de la documentación aportada por la parte"*.

INTERVIENEN:

A. *"Don/Doña nombre y apellidos de la parte"*

➢➢

❍ **Si interviene en su propio nombre:**

en su propio nombre y derecho.

❍ **Si interviene como representante:**

en nombre y representación

➢

❍ Si representa a persona física:

de *"Don/Doña nombre y apellidos del representado"*, mayor de edad, *"estado civil del representado"*, con domicilio en *"domicilio del representado"* y provisto de D.N.I./N.I.F. número *"DNI/NIF del representado"*, según consta en escritura de poder, otorgada ante el notario de *"lugar donde radica la notaría en la que se autorizó la escritura de poder de representación (persona física)"*, *"Don/Doña nombre y apellidos del notario que autorizó la escritura de poder de representación (persona física)"*, el *"fecha de escritura de poder de representación (persona física)"*, con el número *"número de protocolo del notario que autorizó la escritura de poder de representación (persona física)"* de su orden de protocolo.

❍ Si representa a persona jurídica:

de la sociedad mercantil denominada *"denominación social"*, domiciliada en *"domicilio social"*, y con NIF número *"NIF de la sociedad"*, constituida, por tiempo indefinido, mediante escritura otorgada ante el notario de *"lugar donde radica la notaría en la que se autorizó la escritura de poder de representación (persona jurídica)"*, *"Don/Doña nombre y apellidos del notario que autorizó la escritura de poder de representación (persona jurídica)"*, el *"fecha de escritura de poder de representación (persona jurídica)"*, e inscrita en el Registro Mercantil de *"datos de la inscripción registral (localidad del Registro Mercantil, tomo, folio, sección, hoja e inscripción)"*, en su calidad de

MCM 1039 s.

CCom art.343; CC art.1454

➤

❍ Si representa como cargo social:

"...administrador único ... O ... administrador solidario ... O ... consejero delegado ... O ... "especificar la representación del cargo social" ... " de la reseñada sociedad, cargo para el que fue nombrado y asegura vigente en escritura otorgada el *"fecha de escritura del nombramiento del cargo"*, ante el notario de *"lugar donde radica la notaría en la que se autorizó la escritura del nombramiento"*, *"Don/Doña nombre y apellidos del notario que autorizó la escritura del nombramiento"*, con el número *"número de protocolo del notario que autorizó la escritura del nombramiento"* de su protocolo, e inscrita en el Registro Mercantil de *"localidad del Registro Mercantil de la escritura de nombramiento"*, en el tomo y hoja arriba indicados.

❍ Si representa como apoderado:

apoderado de la reseñada sociedad, según escritura de poder otorgada a su favor, en *"fecha de escritura del otorgamiento del poder"*, ante el notario de *"lugar donde radica la notaría en la que se autorizó la escritura de poder"*, *"Don/Doña nombre y apellidos del notario que autorizó la escritura de poder"*, con el número *"número de protocolo del notario que autorizó la escritura de poder"* de su protocolo *"...e inscrita en el Registro Mercantil de "localidad del Registro Mercantil de la escritura de poder" ...* ", en el tomo y hoja arriba indicados.

En adelante, El **vendedor**.

B. *"Don/Doña nombre y apellidos de la parte"*

➤➤

❍ **Si interviene en su propio nombre:**

en su propio nombre y derecho.

❍ **Si interviene como representante:**

en nombre y representación

➤

❍ Si representa a persona física:

de *"Don/Doña nombre y apellidos del representado"*, mayor de edad, *"estado civil del representado"*, con domicilio en *"domicilio del representado"* y provisto de D.N.I./N.I.F. número *"DNI/NIF del representado"*, según consta en escritura de poder, otorgada ante el notario de *"lugar donde radica la notaría en la que se autorizó la escritura de poder de representación (persona física)"*, *"Don/Doña nombre y apellidos del notario que autorizó la escritura de poder de representación (persona física)"*, el *"fecha de escritura de poder de representación (persona física)"*, con el número *"número de protocolo del notario que autorizó la escritura de poder de representación (persona física)"* de su orden de protocolo.

❍ Si representa a persona jurídica:

de la sociedad mercantil denominada *"denominación social"*, domiciliada en *"domicilio social"*, y con NIF número *"NIF de la sociedad"*, constituida, por tiempo indefinido, mediante escritura otorgada ante el notario de *"lugar donde radica la notaría en la que se autorizó la escritura de poder de representación (persona jurídica)"*, *"Don/Doña nombre y apellidos del notario que autorizó la escritura de poder de representación (persona jurídica)"*, el *"fecha de escritura de poder de representación (persona jurídica)"*, e inscrita en el Registro Mercantil de *"datos de la inscripción registral (localidad del Registro Mercantil, tomo, folio, sección, hoja e inscripción)"*, en su calidad de

MCM 1039 s.

➢

❍ Si representa como cargo social:

"...administrador único ... O ... administrador solidario ... O ... consejero delegado ... O ... "especificar la representación del cargo social" ... " de la reseñada sociedad, cargo para el que fue nombrado y asegura vigente en escritura otorgada el *"fecha de escritura del nombramiento del cargo"*, ante el notario de *"lugar donde radica la notaría en la que se autorizó la escritura del nombramiento"*, *"Don/Doña nombre y apellidos del notario que autorizó la escritura del nombramiento"*, con el número *"número de protocolo del notario que autorizó la escritura del nombramiento"* de su protocolo, e inscrita en el Registro Mercantil de *"localidad del Registro Mercantil de la escritura de nombramiento"*, en el tomo y hoja arriba indicados. CCom art.343; CC art.1454

❍ Si representa como apoderado:

apoderado de la reseñada sociedad, según escritura de poder otorgada a su favor, en *"fecha de escritura del otorgamiento del poder"*, ante el notario de *"lugar donde radica la notaría en la que se autorizó la escritura de poder"*, *"Don/Doña nombre y apellidos del notario que autorizó la escritura de poder"*, con el número *"número de protocolo del notario que autorizó la escritura de poder"* de su protocolo *"...e inscrita en el Registro Mercantil de "localidad del Registro Mercantil de la escritura de poder" ... "*, en el tomo y hoja arriba indicados.

≺

≺

En adelante, El **comprador**.

Ambas partes, en el concepto en que respectivamente intervienen, se reconocen recíprocamente la capacidad legal necesaria para contratar y obligarse y, a tal efecto

EXPONEN:

I. Que el **Vendedor** es propietario, en pleno dominio de la finca cuya actual descripción registral es la siguiente: *"descripción de la finca según la nota simple del Registro de la Propiedad"*.

Le pertenece por compra en virtud de escritura pública otorgada ante el notario de *"lugar del notario que autorizó la escritura pública"*, *"Don/Doña nombre y apellidos del notario que autorizó la escritura pública"*, el *"fecha de autorización de la escritura pública"*, con el número *"número de protocolo del notario que autorizó la escritura pública"* de su protocolo.

Figura inscrita en el Registro de la Propiedad de *"lugar del Registro de la Propiedad"*, al tomo *"número de tomo"*, libro *"número de libro"*, folio *"número de folio"*, finca número *"número de finca"*.

Según manifiesta el **Vendedor** esta finca se encuentra registralmente gravada por *"gravamen de la finca"*.

II. Que el **Vendedor** está interesado en vender y el **Comprador** en comprar la finca antes descrita, en atención a lo cual convienen en el presente contrato de arras que se regirá por las siguientes

ESTIPULACIONES:

PRIMERA.

El **Vendedor** se compromete a vender al **Comprador** la finca antes descrita, como cuerpo cierto, en estado de libre de cargas, arrendamientos y ocupantes y al corriente en el pago de toda clase de contribuciones, arbitrios y gastos, por un precio total de *"precio total de la finca, en letra"* euros (*"precio total de la finca, en número"* €).

MCM 1039 s.

SEGUNDA.

En este acto el **Vendedor** reconoce haber recibido ya la cantidad de *"cantidad en letra, en concepto de arras"* euros (*"cantidad en número, en concepto de arras"* €) en concepto de arras o señal. Esta cantidad se aplicará al pago del precio antes convenido en el momento de formalizarse el contrato de compraventa en escritura pública; es decir, se considera como entrega a cuenta que se deducirá del total precio fijado.

CCom art.343; CC art.1454

TERCERA.

El **Vendedor** se obliga a otorgar la escritura pública de compraventa a más tardar el próximo día *"fecha máxima para otorgar escritura pública"*, ante el Notario que libremente designe el **Comprador**.

CUARTA.

En el momento de firma de la escritura, la finca vendida deberá encontrarse libre de cargas o bien provisionados los correspondientes gastos de cancelación de cargas en los términos que luego se especifican así como libre de cualesquiera ocupantes, de manera que pueda ser entregada en el mismo momento la libre posesión al **Comprador**.

Por su parte, el **Comprador** deberá abonar de una vez la totalidad del precio pendiente de pago - es decir, la cantidad de *"cantidad en letra, del precio pendiente de pago"* euros (*"cantidad en número, del precio pendiente de pago"* €)-, mediante talón conformado, cheque bancario o transferencia bancaria.

En caso de no llegarse a otorgar la escritura dentro del plazo indicado, se estará a lo dispuesto en el artículo 1454 del Código Civil; es decir, si no se otorga por causa imputable al **Vendedor**, éste vendrá obligado a satisfacer a la parte compradora el duplo de la cantidad recibida en concepto de arras. Si el otorgamiento no tiene lugar por causa imputable al **Comprador**, el **Vendedor** tendrá derecho a retener la totalidad de la cantidad recibida como arras quedando liberada de cualquier compromiso contractual.

QUINTA.

En cuanto a la situación física y jurídica en que deberá encontrarse la finca en el momento de formalizarse la escritura pública de compraventa, las partes convienen en lo siguiente:

a) La finca deberá encontrarse libre de ocupantes y en buen estado.

b) La vivienda será entregada sin muebles *"...a excepción de "motivo de excepción" ..."*.

c) El **Vendedor** deberá justificar que se encuentra al corriente en el pago del Impuesto sobre Bienes Inmuebles, de los arbitrios municipales de aguas y basuras *"..., y de los gastos de la comunidad de propietarios del edificio ..."*.

d) En cuanto a las cargas registrales, o bien deberá justificarse la completa cancelación registral de la hipoteca, o bien deberá justificarse su completa cancelación económica mediante los correspondientes certificados bancarios así como provisionarse a cargo del **Vendedor** los gastos precisos para su cancelación registral. En cualquier caso, todos los gastos derivados de dicha cancelación registral serán exclusivamente de cargo del **Vendedor**.

SEXTA.

Todos los impuestos y gastos derivados del otorgamiento e inscripción de la escritura de compraventa serán satisfechos *"...conforme a Ley ... O ... por el Comprador, con excepción del Impuesto municipal sobre el incremento del valor de los terrenos, el cual será satisfecho por el Vendedor ..."*.

SÉPTIMA.

A efectos de notificaciones, se considerarán válidos los domicilios consignados en la comparecencia de este documento. Cualquier modificación deberá ser notificada fehacientemente a la otra parte.

Y en prueba de conformidad, ambas partes firman el presente contrato, que se extiende en dos ejemplares, igualmente originales, en el lugar y fecha indicados en su encabezamiento.

EL VENDEDOR **EL COMPRADOR**

Contrato estimatorio

MCM 1630 s.

Nota preliminar:

- El contrato estimatorio carece de regulación normativa. Se suele definir como aquel contrato en virtud del cual una de las partes **(distribuidor o «tradens»)**, entrega a la otra **(consignatario o «accipiens»)** determinadas cosas muebles, cuyo valor se estima en una cantidad cierta, obligándose la receptora a procurar la venta de dichas cosas dentro de un plazo y a devolver el valor estimado de las cosas que venda y el resto de las no vendidas (AP Madrid 14-11-13, EDJ 292384; AP Barcelona 19-9-96; AP Asturias 31-3-97; AP Madrid 29-6-18, EDJ 551005).

- El **convenio de las partes** no puede calificarse como "contrato estimatorio" o de "venta en consignación", que es un contrato de colaboración mercantil, atípico en nuestro derecho y recibido del derecho romano (*aestimatum* o *datio in aestimatum*), que se puede definir como el convenio en virtud del cual una persona entrega a otra mercancías o cualquier otra cosa, previa tasación de su valor, para que las venda, con el derecho de obtener para sí el sobreprecio obtenido con dicha venta, y con la obligación de pagar la estimación si consigue venderla, o en su defecto, devolver las mercancías o cosas no vendidas (AP Madrid 17-3-22, EDJ 582546).

- En el contrato estimatorio hay que destacar que la **entrega de la cosa** no produce la transmisión de la propiedad, sino la atribución al *accipiens* de un poder exclusivo de disposición sobre el objeto. El funcionamiento de este poder exclusivo de disposición permite diferenciar el contrato estimatorio de los contratos anteriormente ya citados, y el que fundamenta una de las peculiaridades de la posición jurídica del *accipiens* que sin adquirir con la entrega la propiedad de las mercancías recibidas debe soportar su pérdida o deterioro mientras permanezcan en su poder. Debiendo, además, el *accipiens* una vez cumplido el plazo, devolver los productos recibidos o el valor en que hubieren sido destinados (AP Baleares 7-2-16, EDJ 196699).

- A juicio de la jurisprudencia, se trata de un **contrato atípico y mixto**, contando con elementos de la compraventa, la comisión mercantil y el depósito (AP Barcelona 25-4-95; AP Tarragona 31-10-23, EDJ 756091); o del mandato y la compraventa (AP Barcelona 19-9-96).

- La **normativa aplicable** al contrato estimatorio viene dada, en primer lugar, por las reglas que se hayan dado las partes, en base al principio de la autonomía de la voluntad, dada su atipicidad. También se aplicarán las normas generales de los contratos mercantiles y las civiles, por la remisión del CCom art. 50, así como las propias de los contratos de compraventa, comisión o depósito, en la medida que resultan apropiadas al caso concreto.

- La cuestión clave es que el *accipiens* corre con el riesgo de la cosa debida, caso de **pérdida o deterioro**, y deberá el valor en que se estimó la unidad o producto concretamente defectuoso (AP Barcelona 20-9-18, EDJ 576453).

- Se le califica de mercantil, consensual, bilateral, oneroso y englobado dentro de los contratos de colaboración empresarial. Quien recibe los bienes muebles se convierte en dueño con el compromiso de conservarlos transitoriamente, gestionar su venta y rendir cuentas al distribuidor o tradens en función del plazo estipulado, devolviéndole entonces el precio de las vendidas, los bienes no vendidos y obteniendo su beneficio por la venta de los bienes a un precio superior al estimado por aquel (AP Valencia 28-6-12, EDJ 187322).

- El modelo presupone unas circunstancias determinadas que serán las más frecuentes. Si en el caso concreto existen circunstancias particulares no previstas, deberá completarse o modificarse el modelo adaptándolo a las mismas.

195

Compraventa

MCM 1630 s.

En *"localidad"*, a *"fecha"*

REUNIDOS:

De una parte,

"Don/Doña nombre y apellidos de la parte", mayor de edad, *"estado civil de la parte" "... "especificar el régimen económico matrimonial de la parte" ..."*, de nacionalidad *"nacionalidad de la parte"*, con domicilio a estos efectos en *"domicilio de la parte"*, *"...con DNI/NIF número "DNI/NIF de la parte" ... O ... con tarjeta de residencia número "número de tarjeta de residencia de la parte" ... O ... pasaporte número "número de pasaporte de la parte", expedido el "fecha de expedición del pasaporte de la parte" ... O ... "reseñar otros documentos aportados por la parte" ..."*, vigente hasta el *"fecha de vigencia de la documentación aportada por la parte"*.

Interviene

≫

○ **Si interviene en su propio nombre:**

en su propio nombre y derecho.

○ **Si interviene en representa de una persona jurídica:**

en nombre y representación de la sociedad mercantil denominada *"denominación de la sociedad del Distribuidor"*, domiciliada en *"domicilio de la sociedad del Distribuidor"*, y con CIF número *"CIF de la sociedad del Distribuidor"*, constituida, por tiempo indefinido, mediante escritura otorgada ante el notario de *"lugar del notario que autorizó la escritura pública"*, *"Don/Doña nombre y apellidos del notario que autorizó la escritura pública"*, el *"fecha de autorización de la escritura pública"*, e inscrita en el Registro Mercantil de *"datos de la inscripción registral (localidad del Registro Mercantil, tomo, folio, sección, hoja e inscripción)"*, en su calidad de

○ Si representa como cargo social:

"...administrador único ... O ... administrador solidario ... O ... consejero delegado ... O ... "especificar la representación del cargo social" ..." de la reseñada sociedad, cargo para el que fue nombrado y asegura vigente en escritura otorgada el *"fecha de escritura del nombramiento del cargo"*, ante el notario de *"lugar donde radica la notaría en la que se autorizó la escritura del nombramiento"*, *"Don/Doña nombre y apellidos del notario que autorizó la escritura del nombramiento"*, con el número *"número de protocolo del notario que autorizó la escritura del nombramiento"* de su protocolo, e inscrita en el Registro Mercantil de *"localidad del Registro Mercantil de la escritura de nombramiento"*, en el tomo y hoja arriba indicados.

○ Si representa como apoderado:

apoderado de la reseñada sociedad, según escritura de poder otorgada a su favor, en *"fecha de escritura del otorgamiento del poder"*, ante el notario de *"lugar donde radica la notaría en la que se autorizó la escritura de poder"*, *"Don/Doña nombre y apellidos del notario que autorizó la escritura de poder"*, con el número *"número de protocolo del notario que autorizó la escritura de poder"* de su protocolo *"...e inscrita en el Registro Mercantil de "localidad del Registro Mercantil de la escritura de poder" ..."*, en el tomo y hoja arriba indicados.

≪

En adelante, el **Distribuidor**.

MCM 1630 s.

De otra parte,

"Don/Doña nombre y apellidos de la parte", mayor de edad, *"estado civil de la parte" "... "especificar el régimen económico matrimonial de la parte" ... "*, de nacionalidad *"nacionalidad de la parte"*, con domicilio a estos efectos en *"domicilio de la parte"*, *"...con DNI/NIF número "DNI/NIF de la parte" ... O ... con tarjeta de residencia número "número de tarjeta de residencia de la parte" ... O ... pasaporte número "número de pasaporte de la parte", expedido el "fecha de expedición del pasaporte de la parte" ... O ... "reseñar otros documentos aportados por la parte" ... "*, vigente hasta el *"fecha de vigencia de la documentación aportada por la parte"*.

Interviene

○ **Si interviene en su propio nombre:**

en su propio nombre y derecho.

○ **Si interviene en representación de persona jurídica:**

en nombre y representación de la sociedad mercantil denominada *"denominación de la sociedad del Consignatario"*, domiciliada en *"domicilio de la sociedad del Consignatario"*, y con CIF número *"CIF de la sociedad del Consignatario"*, constituida, por tiempo indefinido, mediante escritura otorgada ante el notario de *"lugar del notario que autorizó la escritura"*, *"Don/Doña nombre y apellidos del notario que autorizó la escritura"*, el *"fecha de autorización de la escritura"*, e inscrita en el Registro Mercantil de *"datos de la inscripción registral (localidad del Registro Mercantil, tomo, folio, sección, hoja e inscripción)"*, en su calidad de

○ Si representa como cargo social:

"...administrador único ... O ... administrador solidario ... O ... consejero delegado ... O ... "especificar la representación del cargo social" ... " de la reseñada sociedad, cargo para el que fue nombrado y asegura vigente en escritura otorgada el *"fecha de escritura del nombramiento del cargo"*, ante el notario de *"lugar donde radica la notaría en la que se autorizó la escritura del nombramiento"*, *"Don/Doña nombre y apellidos del notario que autorizó la escritura del nombramiento"*, con el número *"número de protocolo del notario que autorizó la escritura del nombramiento"* de su protocolo, e inscrita en el Registro Mercantil de *"localidad del Registro Mercantil de la escritura de nombramiento"*, en el tomo y hoja arriba indicados.

○ Si representa como apoderado:

apoderado de la reseñada sociedad, según escritura de poder otorgada a su favor, en *"fecha de escritura del otorgamiento del poder"*, ante el notario de *"lugar donde radica la notaría en la que se autorizó la escritura de poder"*, *"Don/Doña nombre y apellidos del notario que autorizó la escritura de poder"*, con el número *"número de protocolo del notario que autorizó la escritura de poder"* de su protocolo *"...e inscrita en el Registro Mercantil de "localidad del Registro Mercantil de la escritura de poder" ... "*, en el tomo y hoja arriba indicados.

En adelante, el **Consignatario**.

Ambas partes, en el concepto en que respectivamente intervienen, se reconocen recíprocamente la capacidad legal necesaria para contratar y obligarse y, a tal efecto

MCM 1630 s.

EXPONEN:

I. Que el **Distribuidor** es comercializador de *"especificar los productos objeto de comercialización"* para la zona de *"especificar zona de comercialización"*, teniendo asignada la distribución exclusiva de tales productos, y que se detallan de forma pormenorizada en el Anexo núm. 1 del presente contrato (en adelante, los **Productos**).

Nota:

Si bien en la mayoría de las definiciones doctrinales y jurisprudenciales del contrato estimatorio se considera que éste tiene por objeto bienes muebles, parece posible la configuración de un contrato de esta naturaleza sobre bienes ***inmuebles****, como pone de manifiesto la* AP Barcelona 19-9-96.

II. Que el **Consignatario** dedica su actividad a *"especificar actividad"*, teniendo establecimiento abierto al público en el que desarrolla su actividad, cuenta con las oportunas licencias y requerimientos administrativos para ello, y disponiendo de los medios materiales y humanos a tal fin.

III. Que estando interesado el **Consignatario** en disponer de los **Productos** referidos en el expositivo I para procurar su venta a terceros, y estando igualmente interesado el **Distribuidor** en la entrega de los mismos al señalado propósito y en las condiciones previstas en este contrato, las partes comparecientes han llegado a un acuerdo que plasman en el presente contrato estimatorio que se regirá por las siguientes

ESTIPULACIONES:

PRIMERA. Objeto del contrato

Por medio del presente, las partes regulan las sucesivas entregas de **Productos** que el **Distribuidor** realizará al **Consignatario**, que acepta desde este momento, destinados a su posterior venta a terceros por el propio **Consignatario** en su establecimiento comercial, de acuerdo a los pactos, términos y condiciones previstos en el presente contrato.

Nota:

En el caso de los contratos estimatorios de tracto sucesivo, según la doctrina, el retraso en la entrega de los productos, no da derecho al Consignatario a instar la ejecución forzosa del contrato puesto que, como consecuencia del carácter fiduciario del mismo, el Distribuidor se encuentra legitimado para desistir del contrato en cualquier momento del negocio.

Los **Productos** objeto del contrato serán los que se especifican en el Anexo núm. 1, que debidamente firmado por las partes queda unido, y cuyo importe queda igualmente detallado en el referido Anexo.

Nota:

Igualmente puede configurarse el contrato estimatorio como de tracto único, de forma que el Distribuidor realice una ***única entrega*** *al Consignatario.*

SEGUNDA. Naturaleza del contrato

El presente contrato se configura como un contrato estimatorio, por ser el que mejor se ajusta a los respectivos intereses de las partes.

En su consecuencia, el **Distribuidor** entregará los **Productos** al **Consignatario**, estimando su valor de acuerdo a los precios recogidos en el Anexo núm. 1, obligándose el **Consignatario** a procurar su venta a terceros dentro del plazo indicado en la estipulación octava siguiente, y reintegrando al **Distribuidor** a la finalización de dicho plazo tanto del valor estimado de los **Productos** vendidos, como del resto de los **Productos** no vendidos.

MCM 1630 s.

TERCERA. Entrega de los productos

>>

o Si se establecen plazos, horarios y cantidades fijos:

El **Distribuidor** entregará los **Productos** según el calendario, horarios, y cantidades previstas en el Anexo núm. 2 de este contrato.

o Si se establecen plazos, horarios y cantidades a entregar que no son siempre los mismos:

El **Consignatario** cursará órdenes de entrega en las cuales especificará la cantidad de Productos así como la fecha y horario de entrega, ajustado en todo caso al plan genérico de entregas recogido en el Anexo núm. 2 del presente contrato. La no expedición de una o más órdenes de entrega no afectará a la validez del contrato, ni se interpretará como renuncia al mismo, estando el **Consignatario** obligado a su cumplimiento íntegro, salvo acuerdo expreso de las partes.

Nota:

Dicho plan genérico incluiría la ***periodicidad y cantidades máximas*** *de las eventuales entregas que el Consignatario puede solicitar.*

<<

Los **Productos**, objeto del presente contrato, serán entregados por el **Distribuidor** al **Consignatario** en el domicilio del ***"...Consignatario... O... Distribuidor..."*** considerando a tales efectos el indicado en el encabezamiento del presente documento.

CUARTA. Transmisión de los productos

De acuerdo con el carácter de contrato estimatorio del presente, el **Distribuidor** continuará siendo el único y exclusivo propietario de los **Productos**.

En consecuencia de lo anterior, expresamente se pacta que la entrega de los **Productos** detallados y valorados en el Anexo núm. 1 no originará la transmisión de su propiedad a favor del **Consignatario**, atribuyéndose a éste su posesión y la disponibilidad exclusiva de los mismos para su venta a terceros. El **Consignatario** conservará dicha disponibilidad en tanto no se agote el plazo previsto en la estipulación octava, y sin que venga obligado a su restitución al **Distribuidor** durante ese periodo, a salvo terminación anticipada del contrato por las causas en el mismo previstas.

>>

o Si establecen condiciones sobre el reintegro de productos no vendidos:

El **Consignatario**, a la terminación del plazo estipulado para la venta de los **Productos**, deberá reintegrar al **Distribuidor** los no vendidos, si bien, en ese momento podrá optar por su adquisición para sí, quedando el **Consignatario**, en consecuencia, obligado a reembolsar al **Distribuidor** el precio de los mismos según su valoración en el plazo de los *"especificar días"* días hábiles siguientes a aquél en que hubiera concluido el plazo para su devolución. En el supuesto de retraso en el pago de dicho precio será de aplicación el interés de demora establecido en la estipulación sexta siguiente.

<<

QUINTA. Venta de los productos por el Consignatario

>>

o Si el Consignatario es libre de determinar los precios de venta:

El **Consignatario** determinará libremente el precio de venta de los **Productos** a terceros, sin perjuicio de su obligación de rembolsar al **Distribuidor**, en cualquier caso, los precios pactados en el Anexo núm. 1 respecto de los **Productos** efectivamente vendidos.

○ Si se acuerdan precios mínimos de venta:

Las partes acuerdan como precios mínimos de venta de los **Productos** a terceros los incluidos en el Anexo núm. 3 del presente contrato, por debajo de los cuales, el **Consignatario** no podrá transmitirlos a terceros.

La diferencia entre el precio pactado en el Anexo núm. 1 y el efectivamente satisfecho por los terceros adquirentes de los **Productos** quedará en poder del **Consignatario** como contraprestación por su actividad de venta.

Nota:

No cabe calificar la actividad del Consignatario de mera mediación o comisión en la venta a los efectos de generar el devengo del ***Impuesto sobre el Valor Añadido*** *(*AP Barcelona 19-9-96*).*

En todo caso, el **Consignatario** asumirá el buen fin de todas las operaciones que realice, exonerando en este acto expresamente de toda responsabilidad al **Distribuidor** frente a los terceros adquirentes de los **Productos** objeto del presente contrato, permaneciendo el primero como único responsable por dichas ventas y frente a cualquier eventual reclamación que pudieran interponer tales terceros, si bien todo ello a salvo la responsabilidad que pueda dimanar de los propios **Productos** y que se regula en la estipulación séptima de este contrato.

SEXTA. Rendición de cuentas

En el supuesto de que el **Consignatario** venda alguno o algunos de los **Productos** que le han sido entregados por el **Distribuidor**, abonará a éste el valor estimado que tengan fijado en el Anexo núm. 1.

A tal efecto, a la finalización de cada *"especificar periodo de tiempo"* el **Consignatario** deberá presentar una relación de los **Productos** vendidos, a la cual el **Distribuidor** dará su conformidad, previa las comprobaciones que estime oportunas, debiendo el **Consignatario** realizar *"...de modo inmediato ... O ... en el plazo de los "número de días" días hábiles siguientes ..."*, el pago correspondiente a los **Productos** vendidos en *"...efectivo metálico ... O ... transferencia bancaria ... O ... cheque bancario ... O ... "especificar otros medios de pago" ..."*.

El retraso en el pago del precio de los **Productos** vendidos devengará a favor del **Distribuidor** un interés de demora del *"porcentaje del interés de demora"* % del valor de los referidos **Productos** por cada mes de retraso o fracción en la que persista el incumplimiento de la obligación de pago.

SÉPTIMA. Transmisión de riesgos

El **Consignatario** asume los riesgos derivados de la pérdida de los **Productos** que se le entregan, incluyendo su robo, pérdida o deterioro por cualquier motivo, incluso los que le sean totalmente ajenos, con la única excepción de los daños provocados por el dolo o negligencia del **Distribuidor**.

Nota:

Ver TS 17-1-92, *EDJ 292.*

En este sentido, el **Consignatario** se obliga a suscribir un seguro que cubra los eventuales daños por pérdida o deterioro de los **Productos** que le son entregados en virtud del presente contrato. El **Consignatario** quedará obligado, durante toda la vigencia del contrato, a hallarse al corriente de los pagos de la prima de tal seguro, pudiendo en cualquier momento el **Distribuidor** requerirle para que proceda a la acreditación de la vigencia del seguro y del pago correspondiente de las primas del mismo.

No obstante ello, el **Distribuidor** será responsable:

a) De cualquier defecto de fabricación de los **Productos**, debiendo asumir su devolución o cambio en caso de que así se reclame por un comprador, totalmente libre de gastos para el **Consignatario**, y todo ello en la forma que este prevista legalmente, y de forma especial en las leyes de protección a consumidores.

MCM 1630 s.

b) De los daños que los mismos puedan causar a sus compradores o a terceras personas, debiendo asumir, por sí o por la responsabilidad que frente al propio **Distribuidor** haya asumido el fabricante de los **Productos**, las consecuencias de su puesta en el mercado. El **Consignatario** queda exonerado desde este momento de cualquier responsabilidad al respecto, debiendo quedar indemne de cualquier tipo de perjuicio, gasto o reclamación.

Nota:

Ver RDLeg 1/2007, *por el que se aprueba el texto refundido de la Ley General para la Defensa de los Consumidores y Usuarios y otras leyes complementarias, Libro Tercero sobre la responsabilidad civil por bienes o servicios defectuosos.*

OCTAVA. Duración

La duración del presente contrato será de *"duración del contrato"*, a la finalización del cual podrá prorrogarse por acuerdo expreso entre las partes o bien darlo por resuelto, devolviendo en este caso el **Consignatario** al **Distribuidor** los **Productos** que, según la última relación aprobada, se encuentren en su poder y no hayan sido vendidos a terceros.

Nota:

Se considera indispensable para que un determinado contrato sea considerado como contrato estimatorio el que quede determinado el término en el que la venta ha de realizarse y el dinero y los objetos no vendidos restituirse. En los casos en que tales extremos no queden suficientemente acreditados, es probable que dicho negocio sea considerado por el Tribunal que conoce del asunto como ***compraventa*** *(*AP Asturias 31-3-97*).*

En el caso de que se acuerde la prórroga del contrato se realizará una nueva relación de los **Productos** que siendo propiedad del **Distribuidor** en ese momento estén en poder del **Consignatario**, pasando esta nueva relación a ser el Anexo núm.1 al contrato, previa invalidación de la que de forma original se hizo.

NOVENA. Obligaciones del Distribuidor

El Distribuidor queda obligado en virtud del presente contrato a:

a) Responder del saneamiento por evicción y vicios ocultos de los **Productos** entregados al **Consignatario**.

b) A responder, por sí o por medio del fabricante de los **Productos**, frente a los compradores en la forma prevista en la estipulación séptima anterior.

>>

Otras obligaciones que se pueden establecer:

c) Proveer al **Consignatario** de los fondos necesarios para mantener los **Productos** entregados en perfecto estado de uso y conservación.

d) No requerir al **Consignatario** la devolución de los **Productos** entregados hasta la expiración de los plazos de devolución pactados o hasta la expiración final de la duración pactada del presente contrato o de las prórrogas acordadas por las partes.

>>

Si se han establecido entregas periódicas:

e) No alterar la calidad ni las características de los **Productos** incluidos en el Anexo núm.1.

<<

DÉCIMA. Cesión del contrato

Las partes no podrán ceder o transmitir total o parcialmente intervivos por ningún medio su posición en el contrato a ningún otro tercero, sin el previo acuerdo de la otra parte.

MCM 1630 s.

>>

○ **Si se permite la cesión mortis causa:**

Si embargo, las partes podrán libremente ceder mortis causa su posición en el contrato.

<<

UNDÉCIMA. Resolución del contrato

El contrato terminará por cualquiera de las siguientes causas:

a) Expiración del término pactado.

b) Incumplimiento por cualquiera de las partes de una obligación sustancial del contrato.

c) Mutuo acuerdo de las partes.

d) Declaración de situación concursal de cualquiera de los contratantes.

e) Cese de la actividad de cualquiera de las partes por un plazo superior a *"número de meses de cese de la actividad"* meses.

>>

○ **Si la muerte, fallecimiento, jubilación o inhabilitación del consignatario resuelven el contrato:**

f) Muerte, declaración de fallecimiento, jubilación o inhabilitación del **Consignatario** cuando fuera persona física.

La finalización del presente contrato no liberará a las partes de satisfacer los pagos pendientes a la otra parte surgidos durante la vigencia del contrato.

DUODÉCIMA. Gastos e impuestos

Los gastos y desembolsos incurridos por el **Consignatario** durante la ejecución del Contrato serán de cuenta del ***"...Distribuidor... O ... propio Consignatario ..."***.

DECIMOTERCERA. Notificaciones

Cualquier notificación u otra comunicación que pueda derivarse de este contrato, o sea necesaria para su cumplimiento, ejecución o extinción, se hará por escrito y deberá ser, a elección de quien deba hacerla: (i) entregada personalmente; (ii) enviada por correo certificado con acuse de recibo; o (iii) notificada notarialmente a las partes, a las siguientes direcciones (iv) por telefax, con acuse de recibo:

a) Notificaciones al **Distribuidor**:

Destinatario: *"especificar destinatario (Distribuidor)"*.

A la atención de: *"Don/Doña nombre y apellidos del Distribuidor"*.

Dirección: *"domicilio del Distribuidor"*.

Telefax: *"número de telefax del Distribuidor"*.

b) Notificaciones al **Consignatario**:

Destinatario: *"especificar destinatario (Consignatario)"*.

A la atención de: *"Don/Doña nombre y apellidos del Consignatario"*.

Dirección: *"domicilio del Consignatario"*.

Telefax: *"número de telefax del Consignatario"*.

Cualquiera de las partes podrá cambiar la dirección a efectos de esta estipulación, mediante notificación a la otra.

DECIMOCUARTA. Nulidad parcial
Si cualquiera de las estipulaciones deviniera ilegal o no resultara procedente, será tenida por no puesta, sin que ello invalide o afecte de forma alguna a las restantes estipulaciones, y sin perjuicio de la voluntad de las partes de subsanar las estipulaciones que resultaren prohibidas o no legalmente exigibles.

DECIMOQUINTA. Ley aplicable y naturaleza contractual
Este contrato tiene carácter mercantil y se regirá por sus propias cláusulas y en su defecto, por el Código de Comercio, Leyes especiales y usos mercantiles.

El presente contrato no afectará ni será incompatible con cualquier otra relación, incluso de carácter laboral, que pueda existir entre las partes.

DÉCIMOSEXTA. Fuero
Las partes renuncian a cualquier Fuero propio que pudiera corresponderles y acuerdan someter las discrepancias y diferencias que puedan surgir con motivo de la validez, interpretación, ejecución o extinción de este contrato a la Jurisdicción de los Juzgados y Tribunales de *"ciudad de los Juzgados y Tribunales"*.

Y en prueba de conformidad, ambas partes firman el presente contrato, que se extiende en dos ejemplares, igualmente originales, en el lugar y fecha indicados en su encabezamiento.

EL DISTRIBUIDOR **EL CONSIGNATARIO**

ANEXO 1

Relación de los productos objeto del presente contrato
Los productos objeto del presente contrato consisten en:
"descripción del producto"

ANEXO 2

plan de entregas
"calendario, horarios y cantidades a entregar"

≫
○ **Si se acuerdan precios mínimos de venta:**

ANEXO 3

Relación de precios mínimos de venta
"relación de precios mínimos de venta"

≪

Contrato de alimentos

CC art.1791

Nota preliminar:

- El contrato de alimentos se regula de forma novedosa en el CC art.1791 s., introducido por la L 41/2003 art.12, de 18 de noviembre, de protección patrimonial de las personas con discapacidad y de modificación del Código Civil, de la Ley de Enjuiciamiento Civil y de la normativa tributaria con esta finalidad.

- Por el contrato vitalicio una persona cede a otra determinados derechos o bienes a cambio del compromiso que contrae el que los recibe de dar alimentos y asistencia durante toda su vida a la primera. Se trata de una figura contractual admitida por la doctrina científica y la jurisprudencia, quien vino a admitir esta figura al amparo del principio de libertad contractual, obligándose las partes una a prestar alimentos en la extensión, amplitud y término que se convenga, y la otra a pagar un precio por ello. Este tipo de contrato se denominaba vitalicio, que no es una modalidad de la renta vitalicia prevista en el CC art.1802 a 1808, sino un **contrato autónomo, innominado y atípico**, regido por las cláusulas, pactos y condiciones que se incorporen al mismo, en cuanto no sean contrarias a las Leyes, a la moral o al orden público (TS 28-5-65; 12-11-73; 1-7-82, EDJ 4412; AP Pontevedra 25-1-17, EDJ 13199).

Bajo esta rúbrica del contrato de alimentos se viene a regular lo que la doctrina denominaba "el contrato de vitalicio", "contrato de pensión alimenticia" o "contrato de alimentos vitalicios". Se trata de un **contrato autónomo** que se diferencia claramente del contrato de renta vitalicia, ya que en el contrato de alimentos la prestación alimenticia es indeterminada en su cuantía, puesto que está en función de las necesidades del alimentista, mientras que en la renta vitalicia la pensión o renta consiste en una cantidad fija y determinada en dinero o en especie. Además, el contrato de alimentos tiene por **objeto** tanto prestaciones de dar como de hacer, mientras el objeto de la renta vitalicia es una prestación de dar. Se trata de un contrato **aleatorio** porque existe riesgo o causa de la indeterminación del momento en que ha de extinguirse el contrato y de la cuantía de los alimentos. El objeto del contrato es proporcionar vivienda, manutención y asistencia de todo tipo a una persona durante su vida, pero las partes pueden pactar las prestaciones que tengan por conveniente, aunque debe tener un contenido mínimo, al menos el del art.142 CC que establece que "se entiende por alimentos todo lo que es indispensable para el sustento, habitación, vestido y asistencia médica" (TS 14-3-19, EDJ 523653; AP Madrid 3-7-23, EDJ 682105).

- Nada impide que los cónyuges pacten un contrato de alimentos oneroso en el **convenio regulador** que se otorga con ocasión de la crisis matrimonial (TS 4-11-11, EDJ 251307).

- Los **cónyuges** pueden pactar un contrato de alimentos en el **convenio regulador**, que tendrá las características del CC art.153, es decir, se tratará de alimentos voluntarios, que pueden ser onerosos, en cuyo caso se regirán por lo dispuesto en el CC art.1791, o gratuitos, como ocurre en este caso (AP Málaga19-5-23, EDJ 730813).

- De la regulación del contrato de alimentos resulta el **carácter recíproco de las obligaciones** de las partes (TS 15-2-22, EDJ 511218).

- Es un contrato distinto de la donación modal, que participa del carácter de la **renta vitalicia**, puesto que en el marco del CC art.1791 se habla de "asistencia", que es un concepto más amplio, esto es, implica un objeto negocial más amplio que el típico contrato de vitalicio o incluso que la obligación de prestarse alimentos ex art.142 CC (AP Badajoz 29-12-14, EDJ 262095).

- El modelo presupone unas circunstancias determinadas que serán las más frecuentes. Si en el caso concreto existen circunstancias particulares no previstas, deberá completarse el modelo adaptándolo a las mismas.

En *"localidad"*, a *"fecha"*

REUNIDOS:

De una parte,

"Don/Doña nombre y apellidos de la parte", mayor de edad, *"estado civil de la parte" "... "especificar el régimen económico matrimonial de la parte" ... "*, de nacionalidad *"nacionalidad de la parte"*, con domicilio a estos efectos en *"domicilio de la parte"*, *"...con DNI/NIF número "DNI/NIF de la parte"... O ... con tarjeta de residencia número "número de tarjeta de residencia de la parte" ... O ... pasaporte número "número de pasaporte de la parte", expedido el "fecha de expedición del pasaporte de la parte" ... O ... "reseñar otros documentos aportados por la parte" ... "*, vigente hasta el *"fecha de vigencia de la documentación aportada por la parte"*. CC art.1791

Interviene en su propio nombre y derecho.

De otra parte,

"Don/Doña nombre y apellidos de la parte", mayor de edad, *"estado civil de la parte" "... "especificar el régimen económico matrimonial de la parte" ... "*, de nacionalidad *"nacionalidad de la parte"*, con domicilio a estos efectos en *"domicilio de la parte"*, *"...con DNI/NIF número "DNI/NIF de la parte"... O ... con tarjeta de residencia número "número de tarjeta de residencia de la parte" ... O ... pasaporte número "número de pasaporte de la parte", expedido el "fecha de expedición del pasaporte de la parte" ... O ... "reseñar otros documentos aportados por la parte" ... "*, vigente hasta el *"fecha de vigencia de la documentación aportada por la parte"*.

Interviene en su propio nombre y derecho.

En adelante, el **Alimentista**.

Las partes se reconocen la capacidad legal necesaria para contratar y obligarse y, a tal efecto

EXPONEN

I. Que *"Don/Doña nombre y apellidos del discapacitado"* es una persona con discapacidad reconocida legalmente del cuarenta y cinco por ciento (45%).

II. Que *"Don/Doña nombre y apellidos del discapacitado"* es propietario de una vivienda situada en la calle *"especificar la calle de la vivienda"*, número *"número de la vivienda"*, de la ciudad de *"localidad de la vivienda"*.

III. Que el **Alimentista** desea obligarse a prestar alimentos a *"Don/Doña nombre y apellidos del discapacitado"*, quien a cambio se obliga a su vez a transmitir a aquel una determinada cantidad de dinero.

IV. Que ambas partes se reconocen suficiente capacidad para celebrar el presente contrato y quedar vinculados por él, de acuerdo con las siguientes

ESTIPULACIONES

PRIMERA. Objeto del contrato

Por virtud del presente contrato, el **Alimentista** se obliga frente a *"Don/Doña nombre y apellidos del discapacitado"* a prestarle alimentos, con la extensión que se dirá en la estipulación segunda. Esta obligación se configura como de resultado, y por lo tanto, el Alimentista hará todo lo necesario para que *"Don/Doña nombre y apellidos del discapacitado"* esté correctamente atendido.

Como contraprestación por lo anterior, *"Don/Doña nombre y apellidos del discapacitado"* se obliga a abonar al **Alimentista** la cantidad de *"especificar cantidad, en letra"* euros (*"especificar cantidad, en número"* €) euros, con carácter anual, durante al menos cinco años.

SEGUNDA. Contenido de la prestación a cargo del Alimentista
El **Alimentista** se obliga a proporcionar lo siguiente a *"Don/Doña nombre y apellidos del discapacitado"*:

a) Alojamiento en la vivienda del **Alimentista** situada en la calle *"especificar la calle del Alimentista"*, número *"número de la calle del Alimentista"*, de la ciudad de *"especificar localidad del Alimentista"*. A tal efecto, el **Alimentista** se obliga a acometer las obras necesarias para que *"Don/Doña nombre y apellidos del discapacitado"* pueda acceder a dicha vivienda en buenas condiciones y teniendo en cuenta su discapacidad. Asimismo, el **Alimentista** contactará con la Comunidad de Propietarios donde radica su vivienda con el objeto de que en el portal de la vivienda se efectúen las necesarias obras de adaptación a la discapacidad de *"Don/Doña nombre y apellidos del discapacitado"*. *"Don/Doña nombre y apellidos del discapacitado"* dispondrá de una habitación para él solo.

CC art.1791

b) Manutención, consistente en al menos tres comidas diarias.

c) Asistencia médica si fuere precisa, obligándose el **Alimentista** a concertar un seguro médico que cubra las necesidades de *"Don/Doña nombre y apellidos del discapacitado"*, y la eventualidad de necesitar una enfermera veinticuatro horas. El coste del seguro médico será sufragado por el **Alimentista**.

d) Compañía mínima de dos horas al día, las cuales deberán adecuarse a las obligaciones laborales del **Alimentista** las cuales declara conocer *"Don/Doña nombre y apellidos del discapacitado"*.

e) Trasladarle, al menos dos veces al año, al lugar de descanso que *"Don/Doña nombre y apellidos del discapacitado"* señale oportunamente y con la necesaria antelación.

TERCERA. Obligaciones a cargo de *"Don/Doña nombre y apellidos del discapacitado"*
"Don/Doña nombre y apellidos del discapacitado" se compromete frente al **Alimentista** a lo siguiente:

a) A transmitirle la cantidad anual de *"cantidad anual en letra"* euros (*"cantidad anual en número"* €), los cuales se prorratearán mensualmente, y a los que se añadirán los impuestos que sean procedentes.

b) A transmitirle la propiedad de la vivienda de la que *"Don/Doña nombre y apellidos del discapacitado"* es propietario, situada en la calle *"especificar la calle de la vivienda"*, número *"Número de la vivienda"*, de la ciudad de *"localidad de la vivienda"*, y que se encuentra inscrita libre de cargas y gravámenes en el Registro de la Propiedad Número *"número del Registro de Propiedad"*, de dicha ciudad, obrante al Tomo *"número de tomo"*, Hoja *"número de hoja"*, Folio *"número de folio"*. La transmisión de la propiedad tendrá lugar a la finalización del presente contrato, debiéndose otorgar la correspondiente escritura pública. Como consecuencia de esta transmisión, el **Alimentista** se obliga frente a *"Don/Doña nombre y apellidos del discapacitado"* en los mismos términos previstos en la estipulación primera de este contrato, sin que por el hecho de la transmisión deba entenderse que sus obligaciones no están vigentes. Ambas partes efectuarán la inscripción necesaria para reflejar adecuadamente en el Registro Mercantil este contrato.

CUARTA. Variaciones en el caudal del Alimentista
En el caso de que el **Alimentista** sea despedido o pierda, por la razón que fuere, su trabajo habitual, consistente en *"actividad laboral del Alimentista"*, o si percibe rentas inferiores a *"cantidad de las rentas del Alimentista, en letra"* euros (*"cantidad de las rentas del Alimentista, en número"* €), el **Alimentista** quedará facultado para reducir la cuantía de sus obligaciones para con *"Don/Doña nombre y apellidos del discapacitado"*. En concreto, ambas partes acuerdan que la manutención será compartida a partes iguales y que se podrá reducir la vigencia del presente contrato en lo que ambas partes, de común acuerdo, estimen conveniente.

QUINTA. Duración
Las obligaciones a que se refiere este contrato se entenderán vigentes durante al menos cinco años, al término de los cuales ambas partes podrán renovarlo por periodos mínimos de dos años, salvo que cualquiera de ellas lo denuncie con al menos seis meses de antelación al momento del vencimiento.

SEXTA. Familia del Alimentista y otras circunstancias que atañen a la vivienda
"Don/Doña nombre y apellidos del discapacitado" declara conocer que el **Alimentista** está casado y tiene *"número de hijos del Alimentista"* hijos que conviven igualmente en la vivienda en la que habitará. Asimismo, *"Don/Doña nombre y apellidos del discapacitado"* declara conocer que la vivienda tiene *"superficie de la vivienda"* m2 y está situada en una *"número de la planta"* planta, y que en el bajo de la finca se encuentra situada una *"explotación económica"*.

SÉPTIMA. Actualización de la renta
La renta pactada por las partes se elevará anualmente en la cuantía que resulte de aplicar a la base correspondiente, sea la primera o la sucesiva, el índice de precios al consumo según se publique por el organismo competente. La variación se aplicará a contar desde el primer año de entrada en vigor del contrato. **CC art.1791**

OCTAVA. Causas de terminación del contrato
El presente contrato terminará por muerte del **Alimentista** o de *"Don/Doña nombre y apellidos del discapacitado"*; por el transcurso del tiempo fijado por las partes, así como por el acontecimiento de cualquier circunstancia grave que, a juicio de ambas partes, sea determinante de la necesidad de poner fin al mismo. En este último caso, el **Alimentista** se compromete a mantener prorrogado el contrato por cinco meses más.

Y en prueba de conformidad, ambas partes firman el presente contrato, que se extiende en dos ejemplares, igualmente originales, en el lugar y fecha indicados en su encabezamiento.

EL ALIMENTISTA *"Don/Doña nombre y apellidos del discapacitado"*

Propiedad Intelectual

Edición

MCM 1950 s.

Nota preliminar:

- El contrato de edición es uno de los más tradicionales en el ámbito del derecho de autor. Se caracteriza porque el autor o autores ceden al editor, que es la persona que asume la responsabilidad en la **explotación de la obra**, los derechos de reproducción y distribución de la misma. El contrato de edición se caracteriza igualmente por que la obra se incorpora a un **soporte tangible**, no siendo su modo de explotación típico el de comunicación pública.

LPI art.58 s.; CC art.1090 s.; RD 209/2023

- El contrato de edición no formalizado **por escrito** es nulo (LPI art.61.1) de pleno derecho (TS 31-5-05, EDJ 83547). Véase, no obstante, la sentencia TS 10-2-95, en la que, sin entrar a valorar esta cuestión, parece admitirse la validez del contrato de edición pese a que en el caso concreto enjuiciado se trataba de una contratación verbal.

- El contrato ha de concluirse por escrito (AP Madrid 15-10-21, EDJ 818251).

- Diferente es el contrato de edición, por el cual autor o titulares de los derechos ceden al editor, como mínimo, el derecho a reproducir y distribuir la obra a cambio de una contraprestación económica. La **impresión** implica un encargo de imprimir tan solo la obra. La edición implica la cesión de la obra al editor que se encarga de editar publicar la obra a cambio de un precio al autor (AP Cádiz 30-12-16, EDJ 269874).

- La **obra futura** no podrá constituir el objeto de un posible contrato de edición (LPI art.59.1), sino que, en principio, debería serlo una obra ya existente. Sin embargo, es una postura doctrinal consolidada que la prohibición solo va dirigida a la obra futura **carente de individualización**. Cuando el pacto versa sobre una obra de encargo, que en principio participa de naturaleza de obra futura, sobre la que existe un compromiso en firme del autor de crearla según unos caracteres concretos definidos con cierta precisión, podrá resultar admisible la suscripción del contrato de edición sobre esa obra todavía no creada (AP Granada 6-10-23, EDJ 799248).

- No puede invocarse la nulidad del contrato de edición **concluido verbalmente** cuando el editor se ha beneficiado de la creación de los autores -manuales- (AP Pontevedra 10-5-18, EDJ 514717).

- La infracción de los derechos de explotación incorpora un **daño moral «in re ipsa»** (AP Pontevedra 10-5-18, EDJ 514717).

- La **cesión en exclusiva al editor de los derechos de explotación** de las obras objeto de los contratos, a cambio de una participación en los beneficios que se obtengan del uso de tales derechos, impone al cesionario la obligación de efectuar la explotación de los derechos cedidos conforme a la naturaleza de la obra y los usos de la actividad de que se trate (AP Madrid 19-10-18, EDJ 644694).

- Esta cesión constituye fundamento jurídico suficiente para que el editor tenga derecho a una **parte de la compensación equitativa** prevista en la LPI art.25.

- En los contratos de edición musical concluidos con anterioridad a la LPI de 1987, rige la Ley del Libro de 1975, así como el art.1255 CC (principio de libertad de pacto), AP Madrid 28-1-22, EDJ 529034).

- En el caso del art.8 LPI, con el **término «editar»** la ley no se está refiriendo al editor que es parte en un contrato de edición, es decir, aquel que asume la obligación de reproducir y distribuir la obra por su cuenta y riesgo, sino que se refiere al encargado, por sí o por las personas que de él dependen de ensamblar las distintas aportaciones individuales para conseguir la creación única y autónoma en que consiste la obra colectiva (AP Barcelona 27-6-22, EDJ 654864).

- El modelo presupone unas circunstancias determinadas que serán las más **frecuentes**. Si en el caso concreto existen circunstancias particulares no previstas, deberá completarse o modificarse el modelo adaptándolo a las mismas.

205 **Propiedad Intelectual**

MCM 1950 s.

LPI art.58 s.; CC art.1090 s.; RD 209/2023

En *"localidad"*, a *"fecha"*

REUNIDOS:

De una parte,

"Don/Doña nombre y apellidos de la parte", mayor de edad, *"estado civil de la parte" "... "especificar el régimen económico matrimonial de la parte" ..."*, de nacionalidad *"nacionalidad de la parte"*, con domicilio a estos efectos en *"domicilio de la parte"*, *"...con DNI/NIF número "DNI/NIF de la parte" ... O ... con tarjeta de residencia número "número de tarjeta de residencia de la parte" ... O ... pasaporte número "número de pasaporte de la parte", expedido el "fecha de expedición del pasaporte de la parte" ... O ... "reseñar otros documentos aportados por la parte" ..."*, vigente hasta el *"fecha de vigencia de la documentación aportada por la parte"*.

De otra parte,

"Don/Doña nombre y apellidos de la parte", mayor de edad, *"estado civil de la parte" "... "especificar el régimen económico matrimonial de la parte" ..."*, de nacionalidad *"nacionalidad de la parte"*, con domicilio a estos efectos en *"domicilio de la parte"*, *"...con DNI/NIF número "DNI/NIF de la parte" ... O ... con tarjeta de residencia número "número de tarjeta de residencia de la parte" ... O ... pasaporte número "número de pasaporte de la parte", expedido el "fecha de expedición del pasaporte de la parte" ... O ... "reseñar otros documentos aportados por la parte" ..."*, vigente hasta el *"fecha de vigencia de la documentación aportada por la parte"*.

INTERVIENEN:

A. *"Don/Doña nombre y apellidos de la parte"*

➤➤

○ **Si interviene en su propio nombre:**

en su propio nombre y derecho.

○ **Si interviene como representante:**

en nombre y representación de *"Don/Doña nombre y apellidos del representado"*, mayor de edad, *"estado civil del representado"*, con domicilio en *"domicilio del representado"* y provisto de D.N.I./N.I.F. número *"DNI/NIF del representado"*, según consta en escritura de poder, otorgada ante el notario de *"lugar donde radica la notaría en la que se autorizó la escritura de poder de representación (persona física)"*, *"Don/Doña nombre y apellidos del notario que autorizó la escritura de poder de representación (persona física)"*, el *"fecha de escritura de poder de representación (persona física)"*, con el número *"número de protocolo del notario que autorizó la escritura de poder de representación (persona física)"*.

➤➤

En adelante, **el Autor**.

B. *"Don/Doña nombre y apellidos de la parte"*

➤➤

○ **Si interviene en su propio nombre:**

en su propio nombre y derecho.

○ **Si interviene como representante:**

en nombre y representación

MCM 1950 s.

LPI art.58 s.; CC art.1090 s.; RD 209/2023

➤

❍ Si representa a persona física:

de *"Don/Doña nombre y apellidos del representado"*, mayor de edad, *"estado civil del representado"*, con domicilio en *"domicilio del representado"* y provisto de D.N.I./N.I.F. número *"DNI/NIF del representado"*, según consta en escritura de poder, otorgada ante el notario de *"lugar donde radica la notaría en la que se autorizó la escritura de poder de representación (persona física)"*, *"Don/Doña nombre y apellidos del notario que autorizó la escritura de poder de representación (persona física)"*, el *"fecha de escritura de poder de representación (persona física)"*, con el número *"número de protocolo del notario que autorizó la escritura de poder de representación (persona física)"* de su orden de protocolo.

❍ Si representa a persona jurídica:

de la sociedad mercantil denominada *"denominación social"*, domiciliada en *"domicilio social"*, y con NIF número *"NIF de la sociedad"*, constituida, por tiempo indefinido, mediante escritura otorgada ante el notario de *"lugar donde radica la notaría en la que se autorizó la escritura de poder de representación (persona jurídica)"*, *"Don/Doña nombre y apellidos del notario que autorizó la escritura de poder de representación (persona jurídica)"*, el *"fecha de escritura de poder de representación (persona jurídica)"*, e inscrita en el Registro Mercantil de *"datos de la inscripción registral (localidad del Registro Mercantil, tomo, folio, sección, hoja e inscripción)"*, en su calidad de

➤

❍ Si representa como cargo social:

"...administrador único ... O ... administrador solidario ... O ... consejero delegado ... O ... "especificar la representación del cargo social" ... " de la reseñada sociedad, cargo para el que fue nombrado y asegura vigente en escritura otorgada el *"fecha de escritura del nombramiento del cargo"*, ante el notario de *"lugar donde radica la notaría en la que se autorizó la escritura del nombramiento"*, *"Don/Doña nombre y apellidos del notario que autorizó la escritura del nombramiento"*, con el número *"número de protocolo del notario que autorizó la escritura del nombramiento"* de su protocolo, e inscrita en el Registro Mercantil de *"localidad del Registro Mercantil de la escritura de nombramiento"*, en el tomo y hoja arriba indicados.

❍ Si representa como apoderado:

apoderado de la reseñada sociedad, según escritura de poder otorgada a su favor, en *"fecha de escritura del otorgamiento del poder"*, ante el notario de *"lugar donde radica la notaría en la que se autorizó la escritura de poder"*, *"Don/Doña nombre y apellidos del notario que autorizó la escritura de poder"*, con el número *"número de protocolo del notario que autorizó la escritura de poder"* de su protocolo *"...e inscrita en el Registro Mercantil de "localidad del Registro Mercantil de la escritura de poder" ... "*, en el tomo y hoja arriba indicados.

➤

En adelante, El **Editor**.

Las partes se reconocen la capacidad legal necesaria para contratar y obligarse y, a tal efecto

EXPONEN:

I. Que el **Autor** ha escrito la obra titulada *"título de la Obra"*, inscrita ante el Registro de la Propiedad Intelectual de *"localidad del Registro de la Propiedad Intelectual"* bajo el número *"número de registro de la Obra"* (en adelante la Obra).

II. Que el **Editor** se encuentra interesado en explotar la Obra creada por el **Autor** en el bien entendido de que se trata de una Obra original cuyos derechos de autor pueden ser ejercidos pacíficamente.

III. Que el **Editor** acepta la publicación de la Obra, de acuerdo con las siguientes

MCM 1950 s.

LPI art.58 s.; CC art.1090 s.; RD 209/2023

ESTIPULACIONES:

PRIMERA. Objeto

Por virtud del presente contrato, **Editor** y **Autor** acuerdan la cesión por este a aquél de los derechos de explotación de reproducción y de distribución sobre la Obra, de acuerdo con las obligaciones y condiciones previstas en este documento.

Nota:

Las ***obras futuras*** *no pueden ser objeto del contrato de edición, ni tampoco las obras de encargo (*LPI *art.59). No obstante, en este último caso la remuneración que pudiera convenirse será considerada como anticipo de los derechos que al autor le correspondiesen por la edición si esta se realizase (*AP Bizkaia 24-7-07, *EDJ 232309). Cuestión distinta del contrato de edición sobre obra futura es la obligación de concluir un contrato futuro de una obra ya creada (*AP Madrid 17-11-04, *EDJ 205402).*

- La obra futura no podrá constituir el objeto de un posible contrato de edición (LPI art.59.1), sino que, en principio, debería serlo una obra ya existente. Sin embargo, es una postura doctrinal consolidada que la prohibición solo va dirigida a la obra futura ***carente de individualización****. Cuando el pacto versa sobre una obra de encargo, que en principio participa de naturaleza de obra futura, sobre la que existe un compromiso en firme del autor de crearla según unos caracteres concretos definidos con cierta precisión, podrá resultar admisible la suscripción del contrato de edición sobre esa obra todavía no creada (AP Granada 6-10-23, EDJ 799248).*

En el contrato de encargo de obra intelectual deben aplicarse las normas sobre el contrato de arrendamiento de obra a falta de normas concretas en la LPI (AP Granada 27-12-21, EDJ 879243).

Ambas partes acuerdan dar al presente contrato la calificación de contrato de edición.

SEGUNDA. Ámbito territorial

El **Autor** cede al **Editor** la Obra *"...en exclusiva ... O ... "especificar que la cesión no es en exclusiva" ... "* para el territorio de *"indicar país/es o zona para la cual se ceden los derechos"*.

Nota:

Determinar si la cesión del autor al editor tiene o no carácter de ***exclusiva*** *es mención obligatoria según lo dispuesto en* LPI *art.60.1º.*

El contrato de edición debe contener, en todo caso, una referencia al ***ámbito territorial*** *(*LPI *art.60.2º).*

TERCERA. Derechos de explotación de propiedad intelectual cedidos

Nota:

Nadie puede ***reproducir obras ajenas*** *sin permiso de su propietario, ni aun para anotarlas, adicionarlas o mejorar la edición rechazada (*TS 14-10-83*).*

La cesión de los derechos de propiedad intelectual que se ceden al **Editor** por el **Autor** en virtud del presente contrato comprenderá los siguientes:

❒ **Reproducción y distribución de la Obra:**

a) El derecho de reproducción y el de distribución de la Obra.

Nota:

El titular de la propiedad intelectual puede ***prohibir la reproducción*** *en el sentido de fabricar más elementos fonográficos y en el de distribuirlos o venderlos, pues está dentro del concepto de reproducción (*TS 15-2-91, *EDJ 1582).*

La presencia del autor en el acto de ***presentación del libro*** *denota un asentimiento y autorización implícita con la publicación (*AP Sta. Cruz de Tenerife 9-6-03, *EDJ 168114).*

❒ **Reproducción y distribución de las ediciones o reimpresiones:**

b) Los derechos de reproducción y de distribución sobre las ediciones o reimpresiones sucesivas que se puedan hacer de la Obra.

MCM 1950 s.

❐ **Traducción de la Obra:**

c) El derecho de traducción de la Obra al idioma *"especificar el/los idiomas que se estimen oportunos"*.

✍ **Nota:**

Cuando se trate de la edición de una obra en forma de libro, el contrato deberá expresar la ***lengua*** *o lenguas en que ha de publicarse la obra. La* ***falta de expresión*** *de la lengua o lenguas en que haya de publicarse la obra sólo dará derecho al editor a publicarla en el idioma original de la misma (*LPI *art.62.1.a y 62.2).*

LPI art.58 s.; CC art.1090 s.; RD 209/2023

❐ **Comunicación en bases de datos y disposición a través de redes telemáticas:**

d) El derecho de comunicación pública en bases de datos y de puesta a disposición a través de redes telemáticas de cualquier tipo.

✍ **Nota:**

No constituye desde luego un derecho consustancial al contrato de edición. Sin embargo, se ha optado por incluirlo dada la profusión actual que va teniendo este tipo de ***ediciones digitales****. Téngase en cuenta que el art.2.a) de la* L 10/2007*, de la lectura, del libro y de las bibliotecas entiende incluido en el concepto de libro los* ***libros electrónicos*** *y los libros que se publiquen o se difundan por Internet o en otro soporte que pueda aparecer en el futuro, los materiales complementarios de carácter impreso, visual, audiovisual o sonoro que sean editados conjuntamente con el libro y que participen del carácter unitario del mismo, así como cualquier otra manifestación editorial.*

≺≺

CUARTA. Tirada de ejemplares

✍ **Nota:**

En el argot literario se habla de ***"tirada"*** *para referirse a la impresión de ejemplares con destino al público. En todo contrato de edición debe incluirse una referencia precisa al número máximo y mínimo de ejemplares que alcanzará la edición o cada una de las que se convenga. La omisión de este número conlleva la nulidad del contrato. Téngase en cuenta el* RD 396/1988*, por el que se desarrolla el art.*72 LPI *sobre control de tirada.*

La tirada tendrá como mínimo *"número mínimo de ejemplares"* ejemplares y como máximo *"número máximo de ejemplares"* ejemplares.

QUINTA. Forma de distribución. Número de ejemplares de la Obra para crítica y promoción

El **Editor** se reservará *"número de ejemplares para promoción y crítica"* ejemplares de la Obra para la crítica y promoción de la Obra, mientras que el **Autor** recibirá *"número de ejemplares de cortesía para el Autor"* ejemplares a título de cortesía.

✍ **Nota:**

Es usual en la práctica que al autor se le reserve un número variable de ***ejemplares a título gratuito****. De esta manera también se cumple con lo señalado en* LPI *art.60.4º.*

SEXTA. Remuneración del Autor

✍ **Nota:**

La ***remuneración*** *puede ser* ***a tanto alzado*** *en supuestos muy específicos (p.e. en el caso de primera o única edición de diccionarios, antologías, traducciones, ediciones populares, entre otros, siempre y cuando no se hubiesen divulgado previamente). No obstante, la regla sigue siendo la de* ***remuneración proporcional*** *a los ingresos derivados de la explotación en la cuantía convenida con el cesionario de los derechos de explotación. La omisión de la cuantía de la remuneración dará lugar a la nulidad del contrato. El autor tiene derecho a una remuneración equitativa por la explotación de sus composiciones (*AP Madrid 22-12-11, *EDJ 327479).*

MCM 1950 s.

LPI art.58 s.; CC art.1090 s.; RD 209/2023

SÉPTIMA.
El **Autor** recibirá la cantidad de *"cantidad remunerada, en letra"* euros (*"cantidad remunerada, en número"* €) en concepto de remuneración por su actividad creativa.

OCTAVA.
Al margen de la anterior, el **Autor** también recibirá el *"porcentaje por la explotación de la Obra"* de la cantidad neta obtenida de los ingresos que el **Editor** recaude como consecuencia de la explotación de la Obra, una vez deducidos impuestos y posibles descuentos promocionales.

NOVENA.
La liquidación al **Autor** se hará por trimestres a comenzar desde enero del año *"especificar año"*, haciéndose pagadera el día 30 de cada mes en cuestión.

DÉCIMA. Plazo para la puesta en circulación

Nota:

La omisión de este requisito dará acción al autor y al editor para ***compelerse recíprocamente*** *a subsanar la falta. En defecto de acuerdo, lo hará el juez atendiendo a las circunstancias del contrato, a los actos de las partes en su ejecución y a los usos.*

Los ejemplares de la Obra serán comercializados al público en el plazo de *"número de meses para la comercialización"* meses siguientes a la entrega por parte del **Autor** de los originales de la Obra. Una vez transcurrido dicho plazo sin que el **Editor** hubiere distribuido la Obra, podrá el **Autor** disponer de sus derechos de propiedad intelectual para tercero.

Nota:

Téngase en cuenta que, de acuerdo con el la LPI art.48 bis, cuando un autor haya concedido una autorización o cedido sus derechos sobre una obra de forma exclusiva puede ***resolver****, en todo o en parte, la autorización o cesión si la obra no está siendo explotada.*
Añade que el autor puede optar, como alternativa a la resolución anterior, por ***poner fin a la exclusividad*** *del contrato.*
Este derecho ***no*** *será de* ***aplicación*** *si la ausencia de explotación se debe principalmente a circunstancias que se puede razonablemente esperar sean subsanadas por el autor o el artista intérprete o ejecutante.*

UNDÉCIMA. Reproducción de la Obra
El **Editor** queda facultado para autorizar la utilización secundaria de la Obra y proceder a la reproducción de la Obra o su préstamo en instituciones culturales, bibliotecas, archivos o lugares similares. A este respecto, regirá lo dispuesto en la Ley de Propiedad Intelectual en relación con la remuneración compensatoria por copia privada.

DUODÉCIMA. Obligaciones del Autor

Nota:

Son un fiel reflejo de las previstas en LPI *art.*65.

De acuerdo con lo establecido en la Ley de Propiedad Intelectual, el **Autor** queda obligado al cumplimiento de las siguientes prestaciones:

a) Entregar la Obra en el plazo de cuatro meses a partir de la firma del presente contrato. El **Autor** deberá entregar la Obra en condiciones que permitan la reproducción de la misma en los sistemas y máquinas del **Editor**. A tal efecto, ambas partes acuerdan que la Obra se entregue en disquete y en formato *"especificar formato"*.

b) Responder de la autoría y originalidad de la Obra, así como de la pacífica posesión y uso de los derechos de explotación cedidos al **Editor**.

Nota:

*Aunque sea parcial puede haber **plagio**, siendo la responsabilidad del autor y no de la editorial (*AP Madrid 3-3-04, *EDJ 125298).*

MCM 1950 s.

c) Proceder a la corrección de las pruebas de la Obra, en primeras y en segundas pruebas. Las modificaciones que se hagan de las primeras pruebas no podrán superar el *"porcentaje de las modificaciones"* de la extensión total de la Obra.

d) Colaborar con el **Editor** en la promoción y distribución de la Obra.

Nota:

LPI art.58 s.; CC art.1090 s.; RD 209/2023

*Se considera que hay incumplimiento del autor cuando firma con **otra editorial** musical para la edición de cuadernos musicales muy similares a los publicados con la anterior (*AP Alicante 28-6-07, *EDJ 252046).*

DECIMOTERCERA. Obligaciones del Editor

Nota:

Contrástese con LPI *art.*64.

De acuerdo con lo establecido en la Ley de Propiedad Intelectual, el **Editor** queda obligado al cumplimiento de las siguientes prestaciones:

a) A reproducir y distribuir la Obra, así como a las sucesivas ediciones de la misma, en condiciones que aseguren una correcta difusión de la Obra, o de sus ediciones sucesivas, según los usos del sector, y siempre según las condiciones y requisitos establecidos en el presente contrato.

Nota:

*Es un incumplimiento del editor **no distribuir** y poner en circulación los ejemplares de la obra según lo acordado (*AP Valencia 25-6-03, *EDJ 95202).*

b) A no ocultar ni de cualquier modo perjudicar el nombre del **Autor**, el título de la Obra o cualquier otro dato identificador del **Autor** o de la Obra.

c) A someter las primeras pruebas y las segundas pruebas de la Obra al **Autor**, quien en sus modificaciones se atendrá a los requerimientos establecidos a tal efecto por el **Editor**.

d) A asegurar la explotación continuada y la difusión comercial adecuada de la Obra, quedando obligado a asumir la contratación de cuantos espacios publicitarios sean precisos para ello.

e) A satisfacer al **Autor** la remuneración pactada.

Nota:

*Recuérdese que la norma es que la **remuneración** sea proporcional a los ingresos de explotación de la obra (*TS 6-4-11, *EDJ 51241).*

f) A poner a disposición del **Autor** toda la información contable que sea precisa en relación con la comercialización de la Obra. A tal efecto, el **Autor** deberá requerir al **Editor** para que aporte dicha información con la debida antelación, por escrito, y nunca dentro de un plazo inferior al mes desde el momento en el que se haga la petición.

g) A restituir al **Autor** el ejemplar o soporte en el que este hubiera fijado la Obra.

Nota:

- *En sentencia* TS 5-10-89, *EDJ 8731, referida a un contrato de coedición, se estima que no se cumple con la obligación de incluir los **nombres de los coeditores** más que si se hace en la portada, ya que así se viene haciendo en la práctica y el público lo percibe mejor de esa manera.*
- *En una sentencia se ha eximido a la editorial de la **obligación de rendir cuentas** de la explotación de la obra en la medida en que en el contrato de edición se le había excluido expresamente de esta obligación (*AP Navarra 8-9-98*).*

MCM 1950 s.

DECIMOCUARTA. Causas de resolución del contrato

Nota:

Contrástese con lo dispuesto en LPI *art.*68.

Al margen de las causas legalmente establecidas de terminación del presente contrato, ambas partes acuerdan la de imposibilidad física o mental o manifiesta de que el **Autor** pueda cumplir con las obligaciones previstas en el presente contrato y, especialmente, la de entrega del original de la Obra o de las sucesivas ediciones y reediciones de la misma.

LPI art.58 s.; CC art.1090 s.; RD 209/2023

Nota:

*Es **causa de resolución** del contrato por parte del autor el impago de las liquidaciones pactadas. Se puede resolver el contrato de edición por liquidación de existencias (*TS 30-12-91, *EDJ 12388).*

DECIMOQUINTA.

En Caso de declaración de concurso de cualquiera de las partes, la parte afectada se obliga a solicitar la resolución del contrato a la administración concursal, de acuerdo con lo dispuesto en el artículo165 del RDLeg 1/2020, por el que se aprueba el texto refundido de la Ley Concursal.

Y en prueba de conformidad, ambas partes firman el presente contrato, que se extiende en dos ejemplares, igualmente originales, en el lugar y fecha indicados en su encabezamiento.

EL EDITOR **EL AUTOR**

Edición musical

MCM 2055 s.

Nota preliminar:

- El contrato de edición musical es la base de la industria fonográfica (musical). Se caracteriza porque el autor o autores ceden al editor, que es la persona que asume la responsabilidad en la explotación de la obra, no sólo los derechos de reproducción y distribución, sino también los de **comunicación pública** y, en general, la totalidad de los derechos de explotación que pueden existir o que se pueden predicar de una obra musical. Este contrato se rige por lo dispuesto en el capítulo II del Título V del Libro Primero de la LPI, sin perjuicio de las normas especialmente previstas para dicho contrato (LPI art.71).

LPI art.43 s, 58 s., 71; CC art.1090 s

- El contrato de edición no formalizado **por escrito** es nulo (LPI art.61.1) de pleno derecho (TS 31-5-05, EDJ 83547). Véase, no obstante, la sentencia TS 10-2-95, en la que, sin entrar a valorar esta cuestión, parece admitirse la validez del contrato de edición pese a que en el caso concreto enjuiciado se trataba de una contratación verbal.

- En la regulación legal del contrato de edición musical el **derecho de transformación** es el único de los derechos de explotación que no se entiende cedido con la celebración de aquel (AP Madrid 27-2-23, EDJ 535538).

- El modelo presupone unas circunstancias determinadas que serán las más **frecuentes**. Si en el caso concreto existen circunstancias particulares no previstas, deberá completarse o modificarse el modelo adaptándolo a las mismas.

En *"localidad"*, a *"fecha"*

REUNIDOS:

De una parte,
"Don/Doña nombre y apellidos de la parte", mayor de edad, *"estado civil de la parte"* "... *"especificar el régimen económico matrimonial de la parte"* ... ", de nacionalidad *"nacionalidad de la parte"*, con domicilio a estos efectos en *"domicilio de la parte"*, *"...con DNI/NIF número "DNI/NIF de la parte"... O ... con tarjeta de residencia número "número de tarjeta de residencia de la parte" ... O ... pasaporte número "número de pasaporte de la parte", expedido el "fecha de expedición del pasaporte de la parte" ... O ... "reseñar otros documentos aportados por la parte"* ... ", vigente hasta el *"fecha de vigencia de la documentación aportada por la parte"*.

De otra parte,
"Don/Doña nombre y apellidos de la parte", mayor de edad, *"estado civil de la parte"* "... *"especificar el régimen económico matrimonial de la parte"* ... ", de nacionalidad *"nacionalidad de la parte"*, con domicilio a estos efectos en *"domicilio de la parte"*, *"...con DNI/NIF número "DNI/NIF de la parte"... O ... con tarjeta de residencia número "número de tarjeta de residencia de la parte" ... O ... pasaporte número "número de pasaporte de la parte", expedido el "fecha de expedición del pasaporte de la parte" ... O ... "reseñar otros documentos aportados por la parte"* ... ", vigente hasta el *"fecha de vigencia de la documentación aportada por la parte"*.

MCM 2055 s.

LPI art.43 s, 58 s., 71; CC art.1090 s

INTERVIENEN:

A. *"Don/Doña nombre y apellidos de la parte"*

≫

❍ **Si interviene en su propio nombre:**

en su propio nombre y derecho.

❍ **Si interviene como representante:**

en nombre y representación de *"Don/Doña nombre y apellidos del representado"*, mayor de edad, *"estado civil del representado"*, con domicilio en *"domicilio del representado"* y provisto de D.N.I./N.I.F. número *"DNI/NIF del representado"*, según consta en escritura de poder, otorgada ante el notario de *"lugar donde radica la notaría en la que se autorizó la escritura de poder de representación (persona física)"*, *"Don/Doña nombre y apellidos del notario que autorizó la escritura de poder de representación (persona física)"*, el *"fecha de escritura de poder de representación (persona física)"*, con el número *"número de protocolo del notario que autorizó la escritura de poder de representación (persona física)"*.

≪

En adelante, **el autor**.

B. *"Don/Doña nombre y apellidos de la parte"*

≫

❍ **Si interviene en su propio nombre:**

en su propio nombre y derecho.

❍ **Si interviene como representante:**

en nombre y representación

>

❍ Si representa a persona física:

de *"Don/Doña nombre y apellidos del representado"*, mayor de edad, *"estado civil del representado"*, con domicilio en *"domicilio del representado"* y provisto de D.N.I./N.I.F. número *"DNI/NIF del representado"*, según consta en escritura de poder, otorgada ante el notario de *"lugar donde radica la notaría en la que se autorizó la escritura de poder de representación (persona física)"*, *"Don/Doña nombre y apellidos del notario que autorizó la escritura de poder de representación (persona física)"*, el *"fecha de escritura de poder de representación (persona física)"*, con el número *"número de protocolo del notario que autorizó la escritura de poder de representación (persona física)"* de su orden de protocolo.

❍ Si representa a persona jurídica:

de la sociedad mercantil denominada *"denominación social"*, domiciliada en *"domicilio social"*, y con NIF número *"NIF de la sociedad"*, constituida, por tiempo indefinido, mediante escritura otorgada ante el notario de *"lugar donde radica la notaría en la que se autorizó la escritura de poder de representación (persona jurídica)"*, *"Don/Doña nombre y apellidos del notario que autorizó la escritura de poder de representación (persona jurídica)"*, el *"fecha de escritura de poder de representación (persona jurídica)"*, e inscrita en el Registro Mercantil de *"datos de la inscripción registral (localidad del Registro Mercantil, tomo, folio, sección, hoja e inscripción)"*, en su calidad de

MCM 2055 s.

LPI art.43 s, 58 s., 71; CC art.1090 s

❍ Si representa como cargo social:

"...administrador único ... O ... administrador solidario ... O ... consejero delegado ... O ... "especificar la representación del cargo social" ... " de la reseñada sociedad, cargo para el que fue nombrado y asegura vigente en escritura otorgada el *"fecha de escritura del nombramiento del cargo"*, ante el notario de *"lugar donde radica la notaría en la que se autorizó la escritura del nombramiento"*, *"Don/Doña nombre y apellidos del notario que autorizó la escritura del nombramiento"*, con el número *"número de protocolo del notario que autorizó la escritura del nombramiento"* de su protocolo, e inscrita en el Registro Mercantil de *"localidad del Registro Mercantil de la escritura de nombramiento"*, en el tomo y hoja arriba indicados.

❍ Si representa como apoderado:

apoderado de la reseñada sociedad, según escritura de poder otorgada a su favor, en *"fecha de escritura del otorgamiento del poder"*, ante el notario de *"lugar donde radica la notaría en la que se autorizó la escritura de poder"*, *"Don/Doña nombre y apellidos del notario que autorizó la escritura de poder"*, con el número *"número de protocolo del notario que autorizó la escritura de poder"* de su protocolo *"...e inscrita en el Registro Mercantil de "localidad del Registro Mercantil de la escritura de poder"* ... ", en el tomo y hoja arriba indicados.

En adelante, El **editor**.

Las partes se reconocen la capacidad legal necesaria para contratar y obligarse y, a tal efecto

EXPONEN:

I. Que el **Autor** ha escrito la Obra titulada *"título de la Obra"*, inscrita ante el Registro de la Propiedad Intelectual de *"localidad del Registro de la Propiedad Intelectual"* bajo el número *"número de registro de la Obra"* (en adelante la Obra).

II. Que el **Autor** es pleno titular de los derechos de propiedad intelectual sobre la Obra.

III. Que el **Autor** declara estar afiliado a SGAE quien gestiona los derechos de reproducción mecánica y de comunicación pública sobre la Obra.

IV. Que el **Editor** se encuentra interesado en explotar la Obra creada por el **Autor** en el bien entendido de que se trata de una obra original cuyos derechos de autor pueden ser ejercidos pacíficamente por el **Editor**.

V. Que el **Editor** acepta la explotación de la Obra, de acuerdo con las siguientes

ESTIPULACIONES:

"NÚMERO" Objeto y derechos cedidos

Por virtud del presente contrato, **Editor** y **Autor** acuerdan la cesión por este a aquél de los derechos de explotación de reproducción, de distribución y de comunicación pública sobre la Obra, de acuerdo con las obligaciones y condiciones previstas en este documento. En concreto, se ceden al **Editor** los siguientes derechos:

 **Nota:**

*- Las **obras futuras** no son objeto del contrato de edición ni tampoco las obras de encargo (*LPI *art.59). No obstante, en este último caso la remuneración que pudiera convenirse será considerada como anticipo de los derechos que al autor le correspondiesen por la edición si esta se realizase. En el caso del contrato de edición musical, la posibilidad de encargar obras se acentúa, dadas las circunstancias propias del sector (*AP Bizkaia 24-7-07, *EDJ 232309). Cuestión distinta del contrato de edición sobre obra futura es la obligación de concluir un contrato futuro de una obra ya creada (*AP Madrid 17-11-04, *EDJ 205402).*

MCM 2055 s.

- La obra futura no podrá constituir el objeto de un posible contrato de edición (LPI art.59.1), sino que, en principio, debería serlo una obra ya existente. Sin embargo, es una postura doctrinal consolidada que la prohibición solo va dirigida a la obra futura ***carente de individualización****. Cuando el pacto versa sobre una obra de encargo, que en principio participa de naturaleza de obra futura, sobre la que existe un compromiso en firme del autor de crearla según unos caracteres concretos definidos con cierta precisión, podrá resultar admisible la suscripción del contrato de edición sobre esa obra todavía no creada (AP Granada 6-10-23, EDJ 799248).*

- En los contratos de edición musical concluidos ***con anterioridad*** *a la LPI de 1987, rige la Ley del Libro de 1975, así como el art.1255 CC (principio de libertad de pacto), AP Madrid 28-1-22, EDJ 529034).*

LPI art.43 s, 58 s., 71; CC art.1090 s

- Los contratos de edición musical sujetos a la ***Ley de Propiedad Intelectual de 1879*** *eran de libre configuración o atípico, con los límites propios de la autonomía de la voluntad de conformidad con el CC art.1255, sin que la misma impusiera la impresión gráfica y puesta a la venta de ejemplares que no cabe confundir con la obligación de inscribir las obras en el Registro de la Propiedad Intelectual, que es a lo que se refieren las denominadas reglas de caducidad recogidas en los art.38 a 42 de dicha ley (AP Madrid 28-1-22, EDJ 529034).*

a) Derecho de fijación, entendiendo por tal el hecho de incorporar la Obra a cualquier tipo de soporte, tangible o intangible y, en particular, a los que contengan la Obra. Este derecho cedido incluye la grabación o registro lógico de la Obra en un ordenador, disquete, CD, CD-R o soporte similar.

b) Derecho de reproducción, entendiendo por tal el hecho de obtener una o varias copias, en número limitado o ilimitado pero conocido, del soporte al que haya quedado incorporada la Obra, y así poder proceder a su explotación comercial. Este derecho incluye la reproducción de la Obra en cualquiera de los soportes que el **Editor** utilice en su tráfico para la explotación de la Obra, tales como los que permiten la exhibición de la Obra en salas de cine u otras formas de comunicación pública, los formatos de vídeo doméstico y profesional, así como los que posibilitan la distribución de la Obra.

c) Derecho de distribución, entendiendo por tal la puesta a disposición del público del original o de las copias de la Obra, mediante venta, alquiler, préstamo o de cualquier otra forma. Específicamente, ambas partes acuerdan incluir en este derecho la incorporación de la Obra en cualquier formato que el **Editor** decida utilizar para la explotación de esta, y, entre otros, los que posibiliten la exhibición de la Obra en salas de cine u otras formas de comunicación pública, los formatos de vídeo doméstico y profesional, etc.

d) Derecho de comunicación pública, entendiendo por tal todo acto por el cual una pluralidad de personas pueda tener acceso a la obra sin previa distribución de ejemplares a cada una de ellas. Son actos de comunicación pública, a título meramente enunciativo, los de exhibición en salas de cine o en estudios profesionales, la emisión por radiodifusión o por cualquier otro medio que sirva para la difusión inalámbrica de signos, sonidos o imágenes (incluida la comunicación por ondas terrestres hertzianas), la comunicación al público vía satélite, la transmisión por hilo, cable, fibra óptica o cualesquiera otros procedimientos análogos, la retransmisión por cable o por radiodifusión y la emisión o transmisión en lugar accesible al público mediante cualquier instrumento idóneo. Expresamente, ambas partes acuerdan que es un acto de comunicación pública y, por tanto, incluido en el derecho cedido, la explotación de la Obra a través de Internet o de cualquier otra red de similares características -entre otras formas, a través de las técnicas de *webcasting, simulcasting* y *streaming*-, con independencia del número de usuarios que puedan tener acceso a dichas redes telemáticas; y, específicamente, que el derecho cedido incluye el llamado derecho de puesta a disposición, definido en el Tratado WCT, firmado en Ginebra el 20 de diciembre de 1996.

e) Derecho de acceso a bases de datos, con independencia de que tal acceso se produzca a distancia por vías telemáticas o informáticas. Expresamente, ambas partes acuerdan que el acto de alojar la Obra en una base de datos constituye un acto de acceso a una base de datos.

f) Derecho de transformación, entendiendo por tal la adaptación de la Obra a los idiomas autorizados por el **Autor** y los arreglos correspondientes que la Obra deban recibir.

g) Derecho de alquiler y préstamo sobre la Obra.

h) Derecho de remuneración compensatoria al que se refiere el artículo 25 de la Ley de Propiedad Intelectual.

Ambas partes acuerdan dar al presente contrato la calificación de contrato de Edición Musical.

"NÚMERO" **Ámbito territorial. Carácter en el que se ceden los derechos**

"Apartado"

El **Autor** cede los derechos más arriba mencionados sobre la Obra al **Editor**

Si la cesión es en exclusiva:

en exclusiva

Nota:

Mención obligatoria también para los contratos de edición (LPI *art.60.1º).*

Si la cesión no es en exclusiva:

"especificar que la cesión no es en exclusiva"

Nota:

La cesión puede ***no ser en exclusiva****, aunque en el ámbito del contrato de edición será altamente inusual.*

<<

y para el territorio de *"indicar país/es o zona para la cual se ceden los derechos"*.

Nota:

El contrato de edición debe contener en todo caso una referencia al ***ámbito territorial*** (LPI *art.60.2º). Normalmente, en el ámbito de esta tipología de contratos, el ámbito de la cesión suele ser todo el mundo.*

MCM 2055 s.

LPI art.43 s, 58 s., 71; CC art.1090 s

"Apartado"

El **Editor** queda facultado para ceder a tercero los derechos cedidos en virtud del presente contrato sin necesidad de expresa autorización o ratificación por parte del **Autor**.

"NÚMERO" **Uso de partes de la Obra**

En el caso de que la Obra estuviese compuesta por varios autores y cada uno de ellos hubiese creado una parte de la misma, pertenecientes a géneros distintos (letra y música), el **Editor** las podrá explotar de forma independiente y por separado, recibiendo los **Autores** la correspondiente remuneración en la proporción establecida en el presente contrato.

"NÚMERO" **Remuneración del Autor**

Nota:

En el caso del contrato de edición musical, la ***remuneración*** *es necesariamente proporcional. El autor tiene derecho a una remuneración equitativa por la explotación de sus composiciones (*AP Madrid 22-12-11, *EDJ 327479).*

"Apartado"

El **Autor** recibirá las siguientes cantidades en concepto de remuneración por los derechos cedidos en virtud del presente contrato:

a) Por la reproducción y distribución de ejemplares impresos, el **Autor** recibirá el *"porcentaje por los derechos de explotación de la Obra"* del precio de venta al público (impuestos no incluidos) de cada copia de la Obra vendida en el territorio para el cual se han cedido los derechos. Si la Obra se imprime junto con otras en selección escogida (tipo 'medley', 'disco del verano' o similares), el **Editor** abonará al **Autor** el porcentaje que corresponda en función del uso de la Obra o alguna de ellas en dicha selección escogida.

Propiedad Intelectual

MCM 2055 s.

LPI art.43 s, 58 s., 71; CC art.1090 s

Nota:

Normalmente, el porcentaje a abonar en el caso de ***distribución en el extranjero*** *ronda el 50%.*

*Téngase presente el art.*110 bis LPI*, según el cual se imponen al productor de fonogramas (¿acaso también al editor musical?) serias restricciones en cuanto a la posible no distribución de la obra. Concretamente, dicho precepto señala lo siguiente:*

"1. Si, una vez transcurridos cincuenta años desde la publicación lícita del fonograma o, en caso de no haberse producido esta última, cincuenta años desde su comunicación lícita al público, no se pone a la venta un número suficiente de copias que satisfaga razonablemente las necesidades estimadas del público de acuerdo con la naturaleza y finalidad del fonograma, o no se pone a disposición del público, en la forma establecida en el artículo 20.2.i), el artista intérprete o ejecutante podrá poner fin al contrato en virtud del cual cede sus derechos con respecto a la grabación de su interpretación o ejecución al productor de fonogramas.

El derecho a resolver el contrato de cesión podrá ejercerse si, en el plazo de un año desde la notificación fehaciente del artista intérprete o ejecutante de su intención de resolver el contrato de cesión conforme a lo dispuesto en el párrafo anterior, el productor no lleva a cabo ambos actos de explotación mencionados en dicho párrafo. Esta posibilidad de resolución no podrá ser objeto de renuncia por parte del artista intérprete o ejecutante.

Cuando un fonograma contenga la grabación de las interpretaciones o ejecuciones de varios artistas intérpretes o ejecutantes, estos sólo podrán resolver el contrato de cesión de conformidad con el artículo 111. Si se pone fin al contrato de cesión de conformidad con lo especificado en el presente apartado, expirarán los derechos del productor del fonograma sobre este.

2. Cuando un contrato de cesión otorgue al artista intérprete o ejecutante el derecho a una remuneración única, tendrá derecho a percibir una remuneración anual adicional por cada año completo una vez transcurridos cincuenta años desde la publicación lícita del fonograma o, en caso de no haberse producido esta última, cincuenta años desde su comunicación lícita al público. El derecho a obtener esa remuneración anual adicional, cuyo deudor será el productor del fonograma o, en su caso, su cesionario en exclusiva, no podrá ser objeto de renuncia por parte del artista intérprete o ejecutante, y se hará efectivo a través de las entidades de gestión de los derechos de propiedad intelectual de los artistas intérpretes o ejecutantes.

El importe total de los fondos que el deudor deba destinar al pago de la remuneración adicional anual mencionada en el párrafo anterior será igual al 20 por ciento de los ingresos brutos que haya obtenido, en el año precedente a aquél en el que se abone la remuneración, por la reproducción, distribución y puesta a disposición del público, en la forma establecida en el artículo 20.2.i), de los fonogramas en cuestión, una vez transcurridos cincuenta años desde la publicación lícita del fonograma o, en caso de no haberse producido esta última, cincuenta años desde su comunicación lícita al público.

Quedan excluidas del cálculo de los ingresos a que se refiere el párrafo anterior las cantidades percibidas por el deudor en concepto de compensación equitativa por copia privada y alquiler de fonogramas.

Los deudores de la remuneración anual adicional a que se refiere este apartado estarán obligados a facilitar anualmente, previa solicitud, a la entidad de gestión correspondiente, toda la información que pueda resultar necesaria a fin de asegurar el pago de dicha remuneración.

3. Cuando un artista intérprete o ejecutante tenga derecho a pagos periódicos, no se deducirán de los importes abonados al artista intérprete o ejecutante ningún pago anticipado ni deducciones establecidas contractualmente al cumplirse cincuenta años desde la publicación lícita del fonograma o, en caso de no haberse producido esta última, cincuenta años desde su comunicación lícita al público."

Téngase en cuenta, asimismo, que, de acuerdo con el RDL 24/2021, se modificó el art.110 LPI y se permite que tanto el autor, como el artista intérprete o ejecutante puedan solicitar la revisión por remuneración no equitativa. Concretamente, si en la cesión se produjese una manifiesta desproporción entre la remuneración inicialmente pactada por el autor en comparación con la totalidad de los ingresos subsiguientes derivados de la explotación de las obras obtenidos por el cesionario o su derechohabiente.

b) El canon por reproducción por medio de reprografía y el canon compensatorio por copia privada se distribuirá entre **Autor** y **Editor** al *"porcentaje por los derechos de reproducción de reprografía"* de los rendimientos netos percibidos de la explotación del derecho en cuestión, sin perjuicio de lo establecido junto con la Entidad de Gestión que distribuya esta remuneración.

c) Por la reproducción mecánica, el **Autor** recibirá el *"porcentaje por los derechos de reproducción mecánica para el Autor"* de los rendimientos netos percibidos de la explotación del derecho en cuestión, mientras que el **Editor** recibirá el restante *"porcentaje por los derechos de reproducción mecánica para el Editor"*.

MCM 2055 s.

d) Por la comunicación pública de los derechos cedidos, **Autor** y **Editor** recibirán el mismo porcentaje señalado en el párrafo anterior

Tanto los derechos de reproducción mecánica como los de comunicación pública serán abonados a través de SGAE, quedando el **Editor** exento de cualquier obligación en este sentido.

e) Por los demás derechos cedidos, el **Autor** recibirá el *"porcentaje por los demás derechos cedidos"* de los rendimientos obtenidos como consecuencia de la cesión de dichos derechos.

LPI art.43 s, 58 s., 71; CC art.1090 s

"Apartado"
Todas las remuneraciones serán liquidadas al **Autor** *"indicar periodicidad de las remuneraciones"*.

>>
○ Si se estable cláusula de anticipo de derechos:

"Apartado"
En concepto de anticipo por la remuneración pactada según este documento, el **Autor** declara recibir en este acto la cantidad de *"cantidad en euros por anticipo"* euros.

<<
>>
○ Si se establece cláusula relativa a la percepción de los derechos económicos por parte del editor en determinados casos:

"Apartado"
Si la Obra fuese explotada en países en los cuales SGAE no tuviera acuerdos con entidades de gestión de derechos de similar alcance al repertorio de gestión que tiene en España, el **Editor** queda facultado para percibir directamente los derechos remuneratorios correspondientes, debiendo poner de manifiesto ante SGAE los libros contables, facturas y demás necesarios para acreditar fehacientemente la cuantía de los derechos generados.

<<

"NÚMERO" Forma de distribución. Número de ejemplares de la Obra para crítica y promoción

Nota:

*El contrato de edición musical es válido, aunque no se exprese el **número de ejemplares**. No obstante, el editor deberá confeccionar y distribuir ejemplares de la obra en cantidad suficiente para atender las **necesidades normales** de la explotación concedida, de acuerdo con el uso habitual en el sector profesional de la edición musical (*LPI *art.71).*

El **Editor** se reservará *"número de ejemplares para promoción y crítica"* ejemplares de la Obra para la crítica y promoción, mientras que el **Autor** recibirá *"número de ejemplares de cortesía para el Autor"* ejemplares a título de cortesía.

Nota:

*Es usual en la práctica que al autor se le reserve un número variable de ejemplares **a título gratuito**. De esta manera también se cumple con lo señalado en* LPI *art.60.4º.*

"NÚMERO" Plazo para la puesta en circulación de la Obra

Nota:

*La **omisión de este requisito** dará acción al autor y al editor para compelerse recíprocamente a subsanar la falta. En defecto de acuerdo, lo hará el juez atendiendo a las circunstancias del contrato, a los actos de las partes en su ejecución y a los usos. Téngase en cuenta que para las **obras sinfónicas y dramático-musicales**, el límite de tiempo previsto para la puesta en circulación de los ejemplares de la única o primera edición es de cinco años contados desde que el autor entregue al editor la obra en condiciones adecuadas para realizar la reproducción de la misma.*

210

MCM 2055 s.

*Téngase presente que, de acuerdo con el art.*119 LPI, *modificado por* L 21/2014, *los* ***derechos de los productores de fonogramas*** *expirarán cincuenta años después de que se haya hecho la grabación. No obstante, si el fonograma se publica lícitamente durante dicho período, los derechos expirarán setenta años después de la fecha de la primera publicación lícita. Si durante el citado período no se efectúa publicación lícita alguna, pero el fonograma se comunica lícitamente al público, los derechos expirarán setenta años después de la fecha de la primera comunicación lícita al público.*

LPI art.43 s, 58 s., 71; CC art.1090 s

"Apartado"

Los ejemplares de la Obra serán comercializados al público en el plazo de *"número de meses para la comercialización"* meses siguientes a la entrega por parte del **Autor** de los originales de la Obra. Una vez transcurrido dicho plazo sin que el **Editor** hubiere distribuido la Obra, podrá el **Autor** disponer de sus derechos de propiedad intelectual para tercero.

"Apartado"

En todos los ejemplares que se distribuyan de la Obra se hará expresa mención de la titularidad de los derechos a favor del **Editor**, así como del año y país de publicación de los ejemplares.

"NÚMERO" Reproducción de la Obra por sub-editores

El **Editor** queda facultado para autorizar la utilización secundaria de la Obra y proceder a la cesión de los derechos que le han sido cedidos en virtud del presente contrato. En los casos de contrato de sub-edición, el **Editor** podrá ceder a los sub-editores hasta el *"porcentaje por los derechos cedidos a sub-editores"* de los derechos de comunicación pública y de reproducción mecánica que produzca la Obra.

"NÚMERO" Obligaciones del Autor

 **Nota:**

Estas obligaciones son un fiel reflejo de las ***previstas en la Ley*** *(*LPI *art.*65*) con las adaptaciones debidas (p.e., las partes pueden eximirse de la obligación de corregir las pruebas).*

De acuerdo con lo establecido en la Ley de Propiedad Intelectual, el **Autor** queda obligado al cumplimiento de las siguientes prestaciones:

a) Entregar las partituras correspondientes a la Obra en el plazo de cuatro meses a partir de la firma del presente contrato. El **Autor** deberá entregar la Obra en condiciones tales que permitan la reproducción de la misma por parte del **Editor**.

b) Responder de la autoría y originalidad de la Obra, así como de la pacífica posesión y uso de los derechos de explotación cedidos al **Editor**.

Nota:

Aunque sea parcial puede haber ***plagio****, siendo la responsabilidad del autor y no de la editorial (*AP Madrid 3-3-04, *EDJ 125298).*

c) Colaborar con el **Editor** en la promoción y distribución de la Obra.

Nota:

Se considera que hay incumplimiento del autor cuando firma con ***otra editorial*** *musical para la edición de cuadernos musicales muy similares a los publicados con la anterior (*AP Alicante 28-6-07, *EDJ 252046).*

"NÚMERO" Obligaciones del Editor

Nota:

Contrástese con LPI *art.*64.

De acuerdo con lo establecido en la Ley de Propiedad Intelectual, el Autor queda obligado al cumplimiento de las siguientes prestaciones:

a) Reproducir y distribuir los ejemplares de la Obra, así como las sucesivas ediciones de la misma, en condiciones que aseguren una correcta difusión de la Obra o de sus ediciones sucesivas, por parte del **Editor** y según los usos del sector, y siempre según las condiciones y requisitos establecidos en el presente contrato.

Nota:

*Es un incumplimiento del editor **no distribuir** y poner en circulación los ejemplares de la obra según lo acordado (*AP Valencia 25-6-03, *EDJ 95202).*

MCM 2055 s.

b) No ocultar ni, de cualquier modo, perjudicar el nombre del **Autor**, el título de la Obra o cualquier otro dato identificador del **Autor** o de la Obra.

Nota:

*En una sentencia referida a un contrato de coedición, se ha estimado que sólo se cumple con la obligación de incluir los **nombres de los coeditores** si se hace en la portada, ya que así se viene haciendo en la práctica y el público lo percibe mejor de esa manera (*TS 5-10-89, *EDJ 8731).*

LPI art.43 s, 58 s., 71; CC art.1090 s

c) Asegurar la explotación continuada y la difusión comercial adecuada de la Obra, quedando obligado a asumir la contratación de cuantos espacios publicitarios sean precisos para ello.

d) Satisfacer al **Autor** la remuneración pactada.

e) Poner a disposición del **Autor**, o de sus representantes autorizados, toda la información contable que sea precisa en relación con la comercialización de la Obra. A tal efecto, el **Autor** deberá requerir al **Editor** para que aporte dicha información con la debida antelación, por escrito, y nunca dentro de un plazo inferior al mes desde el momento en el que se haga la petición.

Nota:

*En un caso analizado por la jurisprudencia se exime a la editorial de la **obligación de rendir cuentas** de la explotación de la obra en la medida en que en el contrato de edición se le había excluido expresamente de esta obligación. (*AP Navarra 8-9-98*).*

***"NÚMERO"* Causas de resolución del contrato**

Nota:

*No es de aplicación al contrato de edición musical la causa de resolución consistente en que el editor proceda a la **venta como saldo** o a la **destrucción de los ejemplares** que le resten de la edición, sin cumplir con los requisitos previstos en* LPI *art.67. Tampoco son de aplicación las causas de extinción 2ª, 3ª y 4ª previstas en* LPI *art.*69 (LPI *art.*71*).*
*El art.71.1ª LPI impone al editor la obligación de "confeccionar y distribuir **ejemplares de la obra en cantidad suficiente** para atender las necesidades normales de la explotación concedida, de acuerdo con el uso habitual en el sector profesional de la edición musical", por ello hay que atender al concreto sector profesional en el que se explote la obra (AP Madrid 19-6-15, EDJ 127479).*

Al margen de las causas legalmente establecidas de terminación del presente contrato, ambas partes acuerdan la de imposibilidad física o mental o manifiesta de que el Autor pueda cumplir con las obligaciones previstas en el presente contrato y, especialmente, la de entrega del original de la Obra o la desaparición, sea por la causa que sea, del **Editor** como persona jurídica.

Nota:

*Es causa de resolución del contrato por parte del autor el **impago de las liquidaciones** pactadas. Se puede resolver el contrato de edición por **liquidación de existencias** (*TS 30-12-91, *EDJ 12388).*

"NÚMERO"

En Caso de declaración de concurso de cualquiera de las partes, la parte afectada se obliga a solicitar la resolución del contrato a la administración concursal, de acuerdo con lo dispuesto en el artículo 165 del RDLeg 1/2020, por el que se aprueba el texto refundido de la Ley Concursal.

Y en prueba de conformidad, ambas partes firman el presente contrato, que se extiende en dos ejemplares, igualmente originales, en el lugar y fecha indicados en su encabezamiento.

EL EDITOR **EL AUTOR**

Sub-edición musical

MCM 2055 s.

LPI art.43 s. y 58 s.; CC art.1090 s

Nota preliminar:

- El contrato de sub-edición musical permite la mayor y mejor explotación de la obra musical allá donde el editor carece de la infraestructura de negocio necesaria para ello. En este tipo de contratos el ámbito de cesión y, en general, las condiciones de contratación son mucho más simples y escuetas que en el contrato de edición, caracterizándose aquel por una cesión exclusivamente de los **derechos mecánicos y de comunicación pública**, excluyéndose otros posibles usos (p.e. sincronización en obras cinematográficas, derivación, arreglos, etc.). Por lo demás, y sobre la base de LPI art.71, este contrato debe regirse igualmente, y en la medida en que le resulte aplicable *mutatis mutandi*, por LPI art.58 s. y 71.

- El contrato de edición no formalizado **por escrito** es nulo (LPI art.61.1) de pleno derecho (TS 31-5-05, EDJ 83547). Véase no obstante la sentencia TS 10-2-95, en la que, sin entrar a valorar esta cuestión, parece admitirse la validez del contrato de edición pese a que en el caso concreto enjuiciado se trataba de una contratación verbal.

- La cesión del contrato de edición constituye fundamento jurídico suficiente para que el editor tenga derecho a una **parte de la compensación equitativa** prevista en la LPI art.25.

- Téngase en cuenta, asimismo, que, de acuerdo con el RDL 24/2021, se modificó el art.110 LPI y se permite que tanto el autor, como el artista intérprete o ejecutante puedan solicitar la **revisión por remuneración no equitativa**. Concretamente, si en la cesión se produjese una manifiesta desproporción entre la remuneración inicialmente pactada por el autor en comparación con la totalidad de los ingresos subsiguientes derivados de la explotación de las obras obtenidos por el cesionario o su derechohabiente.

- Los contratos de edición musical sujetos a la **Ley de Propiedad Intelectual de 1879** eran de libre configuración o atípico, con los límites propios de la autonomía de la voluntad de conformidad con el CC art.1255, sin que la misma impusiera la impresión gráfica y puesta a la venta de ejemplares que no cabe confundir con la obligación de inscribir las obras en el Registro de la Propiedad Intelectual, que es a lo que se refieren las denominadas reglas de caducidad recogidas en los art.38 a 42 de dicha ley (AP Madrid 28-1-22, EDJ 529034).

- El modelo presupone unas circunstancias determinadas que serán las más frecuentes. Si en el caso concreto existen circunstancias particulares no previstas, deberá completarse o modificarse el modelo adaptándolo a las mismas.

En *"localidad"*, a *"fecha"*

REUNIDOS:

De una parte,

"Don/Doña nombre y apellidos de la parte", mayor de edad, *"estado civil de la parte" "... "especificar el régimen económico matrimonial de la parte" ...* ", de nacionalidad *"nacionalidad de la parte"*, con domicilio a estos efectos en *"domicilio de la parte"*, *"...con DNI/NIF número "DNI/NIF de la parte" ... O ... con tarjeta de residencia número "número de tarjeta de residencia de la parte" ... O ... pasaporte número "número de pasaporte de la parte", expedido el "fecha de expedición del pasaporte de la parte" ... O ... "reseñar otros documentos aportados por la parte" ...* ", vigente hasta el *"fecha de vigencia de la documentación aportada por la parte"*.

MCM 2055 s.

LPI art.43 s. y 58 s.; CC art.1090 s

Y de otra parte,

"Don/Doña nombre y apellidos de la parte", mayor de edad, *"estado civil de la parte" "... "especificar el régimen económico matrimonial de la parte" ... "*, de nacionalidad *"nacionalidad de la parte"*, con domicilio a estos efectos en *"domicilio de la parte"*, *"...con DNI/NIF número "DNI/NIF de la parte" ... O ... con tarjeta de residencia número "número de tarjeta de residencia de la parte" ... O ... pasaporte número "número de pasaporte de la parte", expedido el "fecha de expedición del pasaporte de la parte" ... O ... "reseñar otros documentos aportados por la parte" ... "*, vigente hasta el *"fecha de vigencia de la documentación aportada por la parte"*.

INTERVIENEN:

A. *"Don/Doña nombre y apellidos de la parte"*

➤➤

❍ **Si interviene en su propio nombre:**

en su propio nombre y derecho.

❍ **Si interviene como representante:**

en nombre y representación

➤

❍ Si representa a persona física:

de *"Don/Doña nombre y apellidos del representado"*, mayor de edad, *"estado civil del representado"*, con domicilio en *"domicilio del representado"* y provisto de D.N.I./N.I.F. número *"DNI/NIF del representado"*, según consta en escritura de poder, otorgada ante el notario de *"lugar donde radica la notaría en la que se autorizó la escritura de poder de representación (persona física)"*, *"Don/Doña nombre y apellidos del notario que autorizó la escritura de poder de representación (persona física)"*, el *"fecha de escritura de poder de representación (persona física)"*, con el número *"número de protocolo del notario que autorizó la escritura de poder de representación (persona física)"* de su orden de protocolo.

❍ Si representa a persona jurídica:

de la sociedad mercantil denominada *"denominación social"*, domiciliada en *"domicilio social"*, y con NIF número *"NIF de la sociedad"*, constituida, por tiempo indefinido, mediante escritura otorgada ante el notario de *"lugar donde radica la notaría en la que se autorizó la escritura de poder de representación (persona jurídica)"*, *"Don/Doña nombre y apellidos del notario que autorizó la escritura de poder de representación (persona jurídica)"*, el *"fecha de escritura de poder de representación (persona jurídica)"*, e inscrita en el Registro Mercantil de *"datos de la inscripción registral (localidad del Registro Mercantil, tomo, folio, sección, hoja e inscripción)"*, en su calidad de

➤

❍ Si representa como cargo social:

"...administrador único ... O ... administrador solidario ... O ... consejero delegado ... O ... "especificar la representación del cargo social" ... " de la reseñada sociedad, cargo para el que fue nombrado y asegura vigente en escritura otorgada el *"fecha de escritura del nombramiento del cargo"*, ante el notario de *"lugar donde radica la notaría en la que se autorizó la escritura del nombramiento"*, *"Don/Doña nombre y apellidos del notario que autorizó la escritura del nombramiento"*, con el número *"número de protocolo del notario que autorizó la escritura del nombramiento"* de su protocolo, e inscrita en el Registro Mercantil de *"localidad del Registro Mercantil de la escritura de nombramiento"*, en el tomo y hoja arriba indicados.

○ Si representa como apoderado:

MCM 2055 s.

apoderado de la reseñada sociedad, según escritura de poder otorgada a su favor, en *"fecha de escritura del otorgamiento del poder"*, ante el notario de *"lugar donde radica la notaría en la que se autorizó la escritura de poder"*, *"Don/Doña nombre y apellidos del notario que autorizó la escritura de poder"*, con el número *"número de protocolo del notario que autorizó la escritura de poder"* de su protocolo *"...e inscrita en el Registro Mercantil de "localidad del Registro Mercantil de la escritura de poder"* ... ", en el tomo y hoja arriba indicados.

LPI art.43 s. y 58 s.; CC art.1090 s

≺

≺

≺≺

En adelante, El **editor original**.

B. *"Don/Doña nombre y apellidos de la parte"*

≻≻

○ **Si interviene en su propio nombre:**

en su propio nombre y derecho.

○ **Si interviene como representante:**

en nombre y representación

≻

○ Si representa a persona física:

de *"Don/Doña nombre y apellidos del representado"*, mayor de edad, *"estado civil del representado"*, con domicilio en *"domicilio del representado"* y provisto de D.N.I./N.I.F. número *"DNI/NIF del representado"*, según consta en escritura de poder, otorgada ante el notario de *"lugar donde radica la notaría en la que se autorizó la escritura de poder de representación (persona física)"*, *"Don/Doña nombre y apellidos del notario que autorizó la escritura de poder de representación (persona física)"*, el *"fecha de escritura de poder de representación (persona física)"*, con el número *"número de protocolo del notario que autorizó la escritura de poder de representación (persona física)"* de su orden de protocolo.

○ Si representa a persona jurídica:

de la sociedad mercantil denominada *"denominación social"*, domiciliada en *"domicilio social"*, y con NIF número *"NIF de la sociedad"*, constituida, por tiempo indefinido, mediante escritura otorgada ante el notario de *"lugar donde radica la notaría en la que se autorizó la escritura de poder de representación (persona jurídica)"*, *"Don/Doña nombre y apellidos del notario que autorizó la escritura de poder de representación (persona jurídica)"*, el *"fecha de escritura de poder de representación (persona jurídica)"*, e inscrita en el Registro Mercantil de *"datos de la inscripción registral (localidad del Registro Mercantil, tomo, folio, sección, hoja e inscripción)"*, en su calidad de

≻

○ Si representa como cargo social:

"...administrador único ... O ... administrador solidario ... O ... consejero delegado ... O ... "especificar la representación del cargo social" ... " de la reseñada sociedad, cargo para el que fue nombrado y asegura vigente en escritura otorgada el *"fecha de escritura del nombramiento del cargo"*, ante el notario de *"lugar donde radica la notaría en la que se autorizó la escritura del nombramiento"*, *"Don/Doña nombre y apellidos del notario que autorizó la escritura del nombramiento"*, con el número *"número de protocolo del notario que autorizó la escritura del nombramiento"* de su protocolo, e inscrita en el Registro Mercantil de *"localidad del Registro Mercantil de la escritura de nombramiento"*, en el tomo y hoja arriba indicados.

MCM 2055 s.

○ Si representa como apoderado:

apoderado de la reseñada sociedad, según escritura de poder otorgada a su favor, en *"fecha de escritura del otorgamiento del poder"*, ante el notario de *"lugar donde radica la notaría en la que se autorizó la escritura de poder"*, *"Don/Doña nombre y apellidos del notario que autorizó la escritura de poder"*, con el número *"número de protocolo del notario que autorizó la escritura de poder"* de su protocolo *"...e inscrita en el Registro Mercantil de "localidad del Registro Mercantil de la escritura de poder"..."*, en el tomo y hoja arriba indicados.

LPI art.43 s. y 58 s.; CC art.1090 s

En adelante, El **sub-editor**.

Las partes se reconocen la capacidad legal necesaria para contratar y obligarse y, a tal efecto

EXPONEN:

I. Que el **Editor original** es cesionario de los derechos de propiedad intelectual sobre la Obra musical de las que es autor *"Don/Doña nombre y apellidos del autor"* y que se referencian en el Anexo I a este contrato (en adelante, la Obra).

II. Que el Editor original se encuentra debidamente facultado para suscribir el presente contrato y para ceder los derechos que en él se incluyen.

III. Que el **Sub-editor** se encuentra interesado en explotar la Obra, de acuerdo con las siguientes

ESTIPULACIONES:

PRIMERA. Objeto y derechos cedidos

Por virtud del presente contrato, el **Editor original** autoriza al **Sub-editor** a la edición, reproducción y comunicación pública de la Obra, de acuerdo con las obligaciones y condiciones previstas en este documento.

SEGUNDA. Ámbito territorial. Carácter en el que se ceden los derechos

El **Editor original** cede los derechos más arriba mencionados sobre la Obra al **Sub-editor** en régimen de no exclusiva y para el territorio de *"indicar país/es o zona para la cual se ceden los derechos"*.

Nota:

*El contrato de edición debe contener en todo caso una referencia al **ámbito territorial** (*LPI *art.60.2º). Debe entenderse igualmente exigible respecto de los contratos de sub-edición. Normalmente en esta tipología de contratos, el ámbito territorial suele ser todo el mundo.*

TERCERA. Obligación de explotación en el territorio

El **Sub-editor** deberá proceder a la fijación local de la Obra o a distribuir la grabación original de la Obra en el plazo de *"determinar plazo"*, a contar desde la firma del presente documento.

CUARTA. Remuneración al Editor original

Nota:

*En el caso del contrato de sub-edición musical, la **remuneración** también es proporcional. El autor tiene derecho a una remuneración equitativa por la explotación de sus composiciones (*AP Madrid 22-12-11, *EDJ 327479).*

El **Editor original** recibirá la cantidad de *"cantidad recibida por el Editor original por la autorización, en letra"* euros (*"cantidad recibida por el Editor original por la autorización, en número"* €) por la autorización otorgada al **Sub-editor** en virtud del presente contrato para la utilización del repertorio editorial de aquél.

En el caso de edición gráfica, el **Sub-editor** abonará al **Editor original** el *"porcentaje recibido por el Editor original por los ingresos"* de los ingresos brutos obtenidos por el **Sub-editor**.

MCM 2055 s.

QUINTA. Remuneración para el Sub-editor
El **Sub-editor** podrá percibir las siguientes cantidades:

a) Por los derechos de ejecución pública: el **Editor original** y los autores percibirán el *"porcentaje por los derechos de ejecución pública"*, mientras que el **Sub-editor** percibirá el restante porcentaje.

LPI art.43 s. y 58 s.; CC art.1090 s

b) Por los derechos de reproducción mecánica, el **Editor original** percibirá el *"porcentaje por los derechos de ejecución mecánica"*, mientras que el **Sub-editor** percibirá el restante porcentaje.

SEXTA. Nombre del Autor y del Editor original
En todos los ejemplares que se editen de la Obra en el ámbito territorial establecido deberá el **Sub-editor** incluir expresamente una mención a la titularidad de los derechos de autor del Autor, así como los que correspondan al **Editor original**. El **Sub-editor** tendrá derecho a incluir su nombre y mención social, debiéndole adjuntar la mención 'por acuerdo con *"Don/Doña nombre y apellidos del Editor original"*'.

SÉPTIMA. Causas de resolución del contrato
Este contrato podrá ser resuelto por el **Editor original** ante el incumplimiento por el **Sub-editor** de cualquiera de sus obligaciones, aquí previstas, y sin necesidad de requerimiento alguno.

Y en prueba de conformidad, ambas partes firman el presente contrato, que se extiende en dos ejemplares, igualmente originales, en el lugar y fecha indicados en su encabezamiento.

EL EDITOR ORIGINAL **EL SUB-EDITOR**

Obra colectiva

MCM 1905, 1728 s.

LPI art.8, 43, 48, 51 y 58

Nota preliminar:

- La obra colectiva es aquella creada por la iniciativa y bajo la coordinación de una persona natural o jurídica que la edita y divulga bajo su nombre y está constituida por la reunión de aportaciones de **diferentes autores** cuya contribución personal se funde en una creación única y autónoma, para la cual haya sido concebida sin que sea posible atribuir separadamente a cualquiera de ellos un derecho sobre el conjunto de la obra realizada. Salvo pacto en contrario, los derechos sobre la obra colectiva corresponderán a la persona que la edite y divulgue bajo su nombre. Por lo tanto, en este tipo de contrato la parte deudora estará formada por varias personas.

- La existencia de una **relación laboral** entre creador y cesionario de los derechos (empleador) implica una presunción de cesión en exclusiva a este de los derechos de explotación sobre la obra intelectual. El trabajador no deja de ser autor por ser la obra colectiva, sino que su autoría queda reducida a su aportación personal (AP Barcelona 23-1-18, EDJ 23794).

- Puede asimilarse el encargo de una obra intelectual al **contrato de arrendamiento de obra** tipificado en el CC art.1588 al 1600, pues cuando alguien encarga la realización de una obra intelectual es esencial el resultado, siendo su ejecución prolongada y siendo el contratista la persona que asume los riesgos de la obra (AP Barcelona 23-11-17, EDJ 273842).

- Puede haber una **cesión expresa o tácita de los derechos patrimoniales** de la obra encargada, aunque no se haya pactado nada en el contrato que une a las partes. No podemos olvidar la intención de las partes en este tipo de contratos de obra por encargo (AP Barcelona 23-11-17, EDJ 273842).

- El hecho de que haya tomado la **iniciativa para que se efectuara la grabación** audiovisual y la financiara no le convierten en titular de derechos de autor sobre una obra colectiva, porque la obra audiovisual está sujeta a un régimen especial de coautoría (AP Madrid 28-9-18, EDJ 681653).

- No hay que confundir, necesariamente, este contrato con el contrato de **edición**, el cual tiene un carácter mucho más restrictivo (p.e. en lo relativo a la duración del contrato, a los derechos del editor, presunciones, etc.).

- Como requisito se exigen las **aportaciones** de diferentes autores cuya contribución personal se funde en una creación única y autónoma, para la cual haya sido concebida, sin que sea posible atribuir separadamente a cualquiera de ellos un derecho sobre el conjunto de la obra realizada. La Ley no atiende a la proporción en que hayan podido participar, simplemente se refiere a la **cooperación o aportación de diversas personas**, por lo tanto, resulta irrelevante una mayor participación de una frente a otras (AP La Rioja 31-3-23, EDJ 624471).

- Por tanto, mientras que **autor** sólo pueden serlo las personas naturales, es cierto que las **personas jurídicas** podrán tener tal condición de autor en los casos de las obras colectivas y los programas informáticos (AP Valencia 24-2-23, EDJ 558338).

- El modelo presupone unas circunstancias determinadas que serán las más **frecuentes**. Si en el caso concreto existen circunstancias particulares no previstas, deberá completarse o modificarse el modelo adaptándolo a las mismas.

En *"localidad"*, a *"fecha"*

REUNIDOS:

De una parte,

"Don/Doña nombre y apellidos de la parte", mayor de edad, *"estado civil de la parte" "... "especificar el régimen económico matrimonial de la parte" ... "*, de nacionalidad *"nacionalidad de la parte"*, con domicilio a estos efectos en *"domicilio de la parte", "...con DNI/NIF número "DNI/NIF de la parte" ... O ... con tarjeta de residencia número "número de tarjeta de residencia de la parte" ... O ... pasaporte número "número de pasaporte de la parte", expedido el "fecha de expedición del pasaporte de la parte" ... O ... "reseñar otros documentos aportados por la parte" ... "*, vigente hasta el *"fecha de vigencia de la documentación aportada por la parte"*.

Interviene

>>

❍ **Si interviene en su propio nombre:**

MCM 1905, 1728 s.

en su propio nombre y derecho.

❍ **Si interviene como representante:**

LPI art.8, 43, 48, 51 y 58

en nombre y representación de *"Don/Doña nombre y apellidos del representado"*, mayor de edad, *"estado civil del representado"*, con domicilio en *"domicilio del representado"* y provisto de D.N.I./N.I.F. número *"DNI/NIF del representado"*, según consta en escritura de poder, otorgada ante el notario de *"lugar donde radica la notaría en la que se autorizó la escritura de poder de representación (persona física)"*, *"Don/Doña nombre y apellidos del notario que autorizó la escritura de poder de representación (persona física)"*, el *"fecha de escritura de poder de representación (persona física)"*, con el número *"número de protocolo del notario que autorizó la escritura de poder de representación (persona física)"*.

<<

Y

"Don/Doña nombre y apellidos de la parte", mayor de edad, *"estado civil de la parte" "... "especificar el régimen económico matrimonial de la parte" ... "*, de nacionalidad *"nacionalidad de la parte"*, con domicilio a estos efectos en *"domicilio de la parte"*, *"...con DNI/NIF número "DNI/NIF de la parte" ... O ... con tarjeta de residencia número "número de tarjeta de residencia de la parte" ... O ... pasaporte número "número de pasaporte de la parte", expedido el "fecha de expedición del pasaporte de la parte" ... O ... "reseñar otros documentos aportados por la parte" ... "*, vigente hasta el *"fecha de vigencia de la documentación aportada por la parte"*.

Interviene

>>

❍ **Si interviene en su propio nombre:**

en su propio nombre y derecho.

❍ **Si interviene como representante:**

en nombre y representación de *"Don/Doña nombre y apellidos del representado"*, mayor de edad, *"estado civil del representado"*, con domicilio en *"domicilio del representado"* y provisto de D.N.I./N.I.F. número *"DNI/NIF del representado"*, según consta en escritura de poder, otorgada ante el notario de *"lugar donde radica la notaría en la que se autorizó la escritura de poder de representación (persona física)"*, *"Don/Doña nombre y apellidos del notario que autorizó la escritura de poder de representación (persona física)"*, el *"fecha de escritura de poder de representación (persona física)"*, con el número *"número de protocolo del notario que autorizó la escritura de poder de representación (persona física)"*.

<<

En adelante, conjuntamente los **Autores**.

De otra parte,

"Don/Doña nombre y apellidos de la parte", mayor de edad, *"estado civil de la parte" "... "especificar el régimen económico matrimonial de la parte" ... "*, de nacionalidad *"nacionalidad de la parte"*, con domicilio a estos efectos en *"domicilio de la parte"*, *"...con DNI/NIF número "DNI/NIF de la parte" ... O ... con tarjeta de residencia número "número de tarjeta de residencia de la parte" ... O ... pasaporte número "número de pasaporte de la parte", expedido el "fecha de expedición del pasaporte de la parte" ... O ... "reseñar otros documentos aportados por la parte" ... "*, vigente hasta el *"fecha de vigencia de la documentación aportada por la parte"*.

MCM 1905, 1728 s.

LPI art.8, 43, 48, 51 y 58

Interviene

>>

❍ **Si interviene en su propio nombre:**

en su propio nombre y derecho.

❍ **Si interviene como representante:**

en nombre y representación

>

❍ Si representa a persona física:

de *"Don/Doña nombre y apellidos del representado"*, mayor de edad, *"estado civil del representado"*, con domicilio en *"domicilio del representado"* y provisto de D.N.I./N.I.F. número *"DNI/NIF del representado"*, según consta en escritura de poder, otorgada ante el notario de *"lugar donde radica la notaría en la que se autorizó la escritura de poder de representación (persona física)"*, *"Don/Doña nombre y apellidos del notario que autorizó la escritura de poder de representación (persona física)"*, el *"fecha de escritura de poder de representación (persona física)"*, con el número *"número de protocolo del notario que autorizó la escritura de poder de representación (persona física)"* de su orden de protocolo.

❍ Si representa a persona jurídica:

de la sociedad mercantil denominada *"denominación social"*, domiciliada en *"domicilio social"*, y con NIF número *"NIF de la sociedad"*, constituida, por tiempo indefinido, mediante escritura otorgada ante el notario de *"lugar donde radica la notaría en la que se autorizó la escritura de poder de representación (persona jurídica)"*, *"Don/Doña nombre y apellidos del notario que autorizó la escritura de poder de representación (persona jurídica)"*, el *"fecha de escritura de poder de representación (persona jurídica)"*, e inscrita en el Registro Mercantil de *"datos de la inscripción registral (localidad del Registro Mercantil, tomo, folio, sección, hoja e inscripción)"*, en su calidad de

>

❍ Si representa como cargo social:

"...administrador único ... O ... administrador solidario ... O ... consejero delegado ... O ... "especificar la representación del cargo social" ..." de la reseñada sociedad, cargo para el que fue nombrado y asegura vigente en escritura otorgada el *"fecha de escritura del nombramiento del cargo"*, ante el notario de *"lugar donde radica la notaría en la que se autorizó la escritura del nombramiento"*, *"Don/Doña nombre y apellidos del notario que autorizó la escritura del nombramiento"*, con el número *"número de protocolo del notario que autorizó la escritura del nombramiento"* de su protocolo, e inscrita en el Registro Mercantil de *"localidad del Registro Mercantil de la escritura de nombramiento"*, en el tomo y hoja arriba indicados.

❍ Si representa como apoderado:

apoderado de la reseñada sociedad, según escritura de poder otorgada a su favor, en *"fecha de escritura del otorgamiento del poder"*, ante el notario de *"lugar donde radica la notaría en la que se autorizó la escritura de poder"*, *"Don/Doña nombre y apellidos del notario que autorizó la escritura de poder"*, con el número *"número de protocolo del notario que autorizó la escritura de poder"* de su protocolo *"...e inscrita en el Registro Mercantil de "localidad del Registro Mercantil de la escritura de poder" ... "*, en el tomo y hoja arriba indicados.

<

<

<<

En adelante, el **Editor**.

MCM 1905, 1728 s.

LPI art.8, 43, 48, 51 y 58

EXPONEN:

I. Que el **Editor** tuvo la iniciativa de promover y coordinar la elaboración de una obra que reflejara los diferentes puntos de vista existentes sobre *"especificar, de acuerdo con el objeto contractual"* (en adelante, la Obra).

Nota:

*No hay dudas de que los **diarios** de prensa son considerados obra colectiva (*AP Madrid 4-4-14, *EDJ 63872).*

II. Que con este fin, el **Editor** se puso en contacto con los **Autores** para que estos redactaran una serie de capítulos escritos con el fin de preparar la Obra.

III. Que los **Autores** están interesados en preparar la Obra y que el **Editor** está interesado en poner a su disposición los medios necesarios para su consecución, con el fin de proceder a su comercialización.

IV. Que ambas partes acuerdan dar a la Obra el carácter de obra colectiva, a los efectos previstos en la Ley de Propiedad Intelectual.

V. Que, por todo ello, las partes acuerdan someterse al presente contrato de acuerdo con las siguientes

ESTIPULACIONES:

"Número" Objeto del contrato

El objeto del presente contrato es la creación original por parte de los **Autores** de la Obra, y la cesión al **Editor** de los derechos de autor sobre los textos que se introduzcan en la misma, con el carácter de exclusiva y libres de cualesquiera cargas o gravámenes, mediante la correspondiente compensación económica y en los términos y condiciones que en el presente contrato se indican.

Nota:

*La obra colectiva es más frecuente en las **obras educativas** o de divulgación que en las obras literarias o artísticas (*TS 19-3-14, *EDJ 48077).*

Asimismo, el **Editor** se compromete a explotar y divulgar la Obra, una vez recibida, en las condiciones establecidas en el presente contrato.

"Número" Alcance y ámbito territorial del contrato

"Apartado"

los autores ceden al **el editor** todos los derechos de propiedad intelectual sobre la Obra y, en particular, los derechos de explotación establecidos en la estipulación 'Cesión de los derechos de autor' y demás que pudieran corresponderles.

"Apartado"

El ámbito territorial al que se extiende el presente contrato será todo el mundo.

Nota:

*Habrá de tener cuidado el autor a la hora de ceder los derechos **para todo el mundo**.*

"Número" Autores

Todos los participantes en la redacción de la Obra, mencionados en el Anexo *"número del Anexo: RELACIÓN DE PARTICIPANTES EN LA REDACCIÓN DE LA OBRA"* "RELACIÓN DE PARTICIPANTES EN LA REDACCIÓN DE LA OBRA", tendrán la consideración de **Autores**.

MCM 1905, 1728 s.

LPI art.8, 43, 48, 51 y 58

"Número" Cesión de los derechos de autor

"Apartado"
Los **Autores** ceden en exclusiva al **Editor** todos los derechos de autor sobre la Obra y, específicamente, los previstos en los artículos 17 y concordantes de la Ley de Propiedad Intelectual, entre otros los de reproducción, distribución, alquiler, préstamo, comunicación pública, derecho sui generis, puesta a disposición, transformación, derechos de remuneración por copia privada y traducción de la Obra en la forma más amplia posible.

✍ **Nota:**

Recuérdese que en Derecho español no se pueden entender cedidos más derechos de los ***expresamente previstos*** *por las partes o de los necesarios para la normal explotación de la obra.*

"Apartado"
Sin perjuicio de lo dispuesto en el apartado anterior, los **Autores** ceden al **Editor** los derechos de explotación sobre la Obra en relación, entre otras, con las siguientes modalidades de explotación y medios de difusión:

a) La edición en forma impresa, ya sea en forma de libro, fascículo, folleto o cualquier otra análoga, sin distinción de colecciones, formatos o calidades.

b) La edición en forma electrónica.

✍ **Nota:**

Aquí puede especificarse todo lo que se quiera respecto de los ***modos de explotación*** *objeto de la cesión.*

c) La puesta a disposición al público de bases de datos a través de medios de telecomunicación.

d) Las obras literarias, artísticas o científicas derivadas de la Obra, incluidas las traducciones y adaptaciones, las revisiones, actualizaciones y anotaciones, los compendios, resúmenes y extractos, los arreglos y, en general, cualesquiera transformaciones, adaptaciones o modificaciones en la forma de la Obra.

"Apartado"
Los **Autores** autorizan expresamente al **Editor** para que este pueda ceder a tercero cualesquiera derechos de explotación a los que se refiere este contrato, ya sea de forma exclusiva o no, ya sea sobre todo o parte de la Obra.

✍ **Nota:**

Esta cláusula es importante en la medida en que solamente pueden cederse a terceros los derechos de propiedad intelectual si expresamente así se pacta.

"Número" Recibimiento de originales de la Obra

"Apartado"
Los **Autores** deberán entregar al **Editor** los textos preparados de acuerdo con el plan de obra especificado en el Anexo *"número del Anexo: PLAN DE OBRA"* "PLAN DE OBRA" y de acuerdo con el calendario previsto en el mismo.

✍ **Nota:**

Puede especificarse dicho ***plan de trabajo*** *o sencillamente puede definirse en el propio contrato.*

"Apartado"
El plan de obra mencionado en el Anexo *"número del Anexo: PLAN DE OBRA"* "PLAN DE OBRA" podrá ser ampliado. El nuevo plan de obra previsto en esta Estipulación, será considerado como parte integrante del presente contrato. A estos efectos, el Anexo *"número del Anexo: PLAN DE OBRA"* "PLAN DE OBRA" será substituido por el plan de obra operante en cada momento.

220

 **Nota:**

*La **ampliación** del plan de obra a otros títulos, es potestativo.*

MCM 1905, 1728 s.

"Apartado"

Una vez entregado el original de la Obra al **Editor**, este verificará la calidad y contenido de la Obra antes de darle su aprobación y tenerla por recibida.

 **Nota:**

LPI art.8, 43, 48, 51 y 58

*Podrá pactarse como **condición esencial** la aceptación de la editora del texto como requisito para la plena efectividad de las obligaciones del contrato.*

"Apartado"

Los **Autores** se comprometen expresamente a respetar las directrices marcadas en el plan de obra. En caso de que la Obra final no cumpla con lo estipulado en lo allí dispuesto, el **Editor** lo comunicará por escrito a los **Autores**, contando este con un plazo de un mes para efectuar las correcciones o modificaciones oportunas, debiendo entregar los **Autores** el original así corregido o modificado al **Editor** dentro del plazo indicado.

"Número" Responsabilidad de los Autores

"Apartado"

Los **Autores** responden frente al **Editor** de la originalidad de la Obra, y específicamente, de lo siguiente:

Nota:

*Algunas de estas **limitaciones** rigen igualmente en el caso del contrato de edición. En realidad, todas ellas obedecen a la necesidad del editor de poder explotar la obra pacíficamente.*

a) Del uso pacífico de la Obra y sus elementos, incluidos sus títulos.

b) De la titularidad de los derechos de explotación sobre la Obra.

c) De que la explotación de la Obra por parte del **Editor** no vulnerará ningún interés o derecho de tercero.

d) De que la Obra no contenga nada que pudiera infringir los derechos al honor, intimidad personal y familiar o la propia imagen de terceros, ni resulte calumnioso, ni injurioso, ni dé lugar a responsabilidades civiles, penales o administrativas.

"Apartado"

Los **Autores** indemnizarán al **Editor** por todos los daños sufridos en caso de reclamación o imposición de sanción, indemnización o penalización que hubiese de satisfacer el **Editor**, incluyéndose en dicha indemnización los gastos y costas que se deriven conocidamente de todo ello.

"Número" Protección de la Obra. Mención de autores

"Apartado"

El **Editor** queda facultado para:

a) Adoptar cuantas medidas tecnológicas de protección se estimen oportunas.

b) Ejercer cuantas acciones legales sean precisas para el mejor ejercicio y defensa de los derechos que el **Editor** adquiere. No obstante, si resulta necesario, los **Autores** se comprometen a suscribir y proporcionar cuantos documentos sean convenientes, citándose, a título meramente enunciativo, poderes para pleitos, sean generales o especiales.

c) Anteponer a su nombre el símbolo © en todos y cada uno de los ejemplares de la Obra, con precisión del lugar y año de divulgación de la misma, y dejando constancia clara de que los derechos sobre la Obra objeto de este contrato le están reservados.

MCM 1905, 1728 s.

"Apartado"
En la Obra, así como en todos los ejemplares que se distribuyen de la misma, aparecerá de modo visible el nombre y cargo de los **Autores**.

"Número" Lenguas de publicación y traducciones

LPI art.8, 43, 48, 51 y 58

✍ **Nota:**

*Téngase en cuenta que el **traductor** tendrá también unos derechos de propiedad intelectual propios, distintos de los de los autores, y que el editor tendrá que negociar con el traductor la cesión de tales derechos.*
En la práctica, poco parece importar que la traducción no ofrezca especial dificultad: se entiende que el solo hecho de la traducción genera derechos de propiedad intelectual sobre la traducción a favor del traductor.

"Apartado"
La Obra podrá ser explotada en cualquier lengua, idioma o dialecto existente en la actualidad y, especialmente, en castellano.

"Apartado"
Las traducciones que se hagan de la Obra respetarán el contenido de la misma.

"Apartado"
Los derechos de propiedad intelectual sobre las traducciones corresponderán al **Editor**, de acuerdo con lo señalado en la estipulación cuarta.

"Número" Ediciones, ejemplares y revisión de la Obra

"Apartado"
El **Editor** podrá realizar cuantas ediciones de la Obra estime oportunas, a las que será de aplicación lo dispuesto en este contrato.

"Apartado"
Para cada una de las ediciones a las que se hace referencia en el apartado anterior, sea cual sea el soporte al que la Obra se incorpore, el número mínimo de ejemplares será de *"número mínimo de ejemplares"* siendo el número máximo de *"número máximo de ejemplares"*. Entre el máximo y el mínimo pactado para cada edición, el **Editor** podrá realizar las reimpresiones que tenga por conveniente.

✍ **Nota:**

*Es necesario igualmente especificar el **número de ejemplares** de cada edición.*

"Apartado"
El **Editor** entregará a los **Autores** *"número de ejemplares de la primera y nuevas ediciones"* ejemplares o unidades de la primera edición y nuevas ediciones de la Obra impresa en soportes de papel y derivados, y *"número de reimpresiones"* de las reimpresiones. Los ejemplares reservados a la crítica y a la promoción de la Obra, con independencia del tipo de soporte, no podrán exceder del *"porcentaje máximo de ejemplares para la crítica"* de los impresos en cada edición y/o reimpresión. Respecto a los ejemplares mencionados en este apartado, los **Autores** no tendrán derecho a percibir remuneración alguna.

✍ **Nota:**

Los ejemplares destinados a ***promoción*** *también deben especificarse, siendo aconsejable incluir una referencia a la ausencia (o no) de remuneración por su distribución.*

MCM 1905, 1728 s.

"Apartado"

Sin perjuicio de todo lo anterior, los **Autores** podrán adquirir del **Editor** cuantos ejemplares de la Obra deseen, practicándoseles un descuento del *"porcentaje descuento en ejemplares para los autores"* sobre su precio de venta al público, impuestos no incluidos. Los **Autores** no podrán, en ningún caso, utilizar dichos ejemplares con fines comerciales ni darles cualquier destino que pudiera perjudicar los intereses del **Editor**, o que pudiera permitir a terceros competir en la comercialización de la Obra.

LPI art.8, 43, 48, 51 y 58

"Número" Pruebas y correcciones

✍ **Nota:**

Es una ***obligación inexcusable*** *para el autor.*

"Apartado"

El **Editor** entregará a los **Autores** las primeras pruebas de cada edición de la Obra viniendo obligados estos a devolverlas corregidas en el plazo que el **Editor** fije en el momento de su remisión.

"Apartado"

Los **Autores**, durante el período de corrección de primeras pruebas de la Obra, podrán introducir en las mismas, previo consentimiento del **Editor**, las modificaciones que estimen imprescindibles, siempre que no alteren su carácter o finalidad, ni se eleve sustancialmente el coste de la edición.

"Número" Plazo para la comercialización de la primera edición de la Obra

"Apartado"

La primera edición de la Obra será publicada en un plazo de *"número de meses para publicar la Obra"* meses siguientes a la entrega del original por los **Autores**. No se entenderá que los originales de la Obra han sido entregados al **Editor** por los **Autores** en condiciones adecuadas para que esta las reproduzca hasta tanto no se haya recibido la Obra por el **Editor**.

✍ **Nota:**

Recuérdese lo dicho sobre el ***carácter esencial*** *del acto de recepción por la editora de la obra.*

"Apartado"

La comercialización de las diversas ediciones de la Obra podrá ser realizada directamente por el **Editor** o por quien este autorice al efecto, en el ejercicio de los derechos que adquiere en virtud del presente contrato.

"Número" Remuneración

"Apartado"

La contraprestación total a percibir por los **los autores** en relación con la primera edición de la Obra se especifica en el Anexo *"número del Anexo: REMUNERACIÓN DE LOS AUTORES"* del presente contrato. Dicha contraprestación se hará efectiva cuando **los autores** entreguen a **el editor** la Obra completa y terminada, de acuerdo con lo establecido en el Anexo *"número del Anexo: REMUNERACIÓN DE LOS AUTORES"* al presente contrato.

MCM 1905, 1728 s.

LPI art.8, 43, 48, 51 y 58

Nota:

*Recuérdese que, de acuerdo con la Ley, los supuestos de remuneración **a tanto alzado** son muy pocos y deben ser interpretados restrictivamente. El autor tiene derecho a una remuneración equitativa por la explotación de sus composiciones (*AP Madrid 22-12-11, *EDJ 327479). En el Anexo puede referenciarse el plazo de entrega de la remuneración debida al autor, intereses, etc.*

*Téngase en cuenta, asimismo, que, de acuerdo con el RDL 24/2021, se modificó el art.110 LPI y se permite que tanto el autor, como el artista intérprete o ejecutante puedan solicitar la **revisión por remuneración no equitativa**. Concretamente, si en la cesión se produjese una manifiesta desproporción entre la remuneración inicialmente pactada por el autor en comparación con la totalidad de los ingresos subsiguientes derivados de la explotación de las obras obtenidos por el cesionario o su derechohabiente.*

A estos efectos, el **Editor** pondrá a disposición de los **Autores** todo tipo de comprobantes que esta solicite sobre tirada y ventas, facilitando, en su caso, las debidas certificaciones sobre impresiones y reimpresiones.

"Apartado"

Los autores deberán presentar al **editor** las liquidaciones de la Obra, señalando el nombre, dirección, N.I.F. y cuantos otros datos personales de los **los autores** sean precisos, así como la cuantía de la remuneración devengada por cada uno de ellos.

"Número" Duración

La cesión de los derechos de propiedad intelectual a que se refiere el presente contrato se hace a perpetuidad, por todo el tiempo previsto conforme a Derecho antes de que los mismos pasen a dominio público.

"Número" Otros

"Apartado"

La determinación de la forma de presentación de la Obra corresponde al **Editor**. A tal efecto, el **Editor** podrá adaptar las aportaciones de los **Autores**, respetando el fondo de los mismos y los criterios en ellos vertidos.

"Apartado"

El **Editor** podrá incorporar la Obra o parte de la misma a cualesquiera otras obras literarias, artísticas o científicas, incluidas las colecciones de obras, como las antologías, así como a cualquier colección de obras o datos que, por su elección y disposición, o por cualquier otro motivo, puedan constituir obras protegidas, ya sea como bases de datos o de cualquier otra forma.

Nota:

*Es importante incluir este tipo de cláusulas ya que, de otro modo, el autor podría recurrir la incorporación por ir **en contra de sus facultades morales** de integridad. No obstante, es discutido hasta qué punto el editor puede modificar la obra sin afectar el derecho moral del autor sobre su aportación. En la práctica será una cuestión valorativa caso a caso, teniendo en cuenta los usos del sector y sobre todo el grado de modificación introducido.*

*La dificultad para determinar el alcance de los **bienes de la persona** que son susceptibles de padecer un menoscabo imputable a la acción de otras personas y la estrecha relación de los daños morales con los avatares de la convivencia humana impiden aplicar exclusivamente criterios fenomenológicos de causalidad para determinar su conexión con la conducta del deudor que incumple y exigen tener en cuenta criterios de imputación objetiva, entre los cuales debe figurar el criterio de la relevancia del daño, pues solo aplicando estos podrá admitirse la lesión de un interés protegido por el Derecho (AP Barcelona 1-12-16, EDJ 233956).*

"Apartado"

MCM 1905, 1728 s.

Los **Autores** otorgan a favor del **Editor** un derecho preferente de adquisición sobre nuevas modalidades de utilización o modos de difusión que en el futuro puedan aparecer y que en la fecha de firma del presente contrato sean desconocidos.

"Número" Terminación del contrato

El presente contrato quedará extinguido por las siguientes causas:

LPI art.8, 43, 48, 51 y 58

a) El mutuo acuerdo de las partes.

b) La muerte o imposibilidad física de los **Autores**.

c) El incumplimiento, por cualquiera de las partes, de alguna de las condiciones estipuladas, sin perjuicio de la acción judicial que para el resarcimiento de daños y perjuicios sea procedente.

Y en prueba de conformidad, ambas partes firman el presente contrato, que se extiende en dos ejemplares, igualmente originales, en el lugar y fecha indicados en su encabezamiento.

EL EDITOR **LOS AUTORES**

ANEXO *"NÚMERO DEL ANEXO: RELACIÓN DE PARTICIPANTES EN LA REDACCIÓN DE LA OBRA"*

Relación de participantes en la redacción de la Obra
"relación de participantes en la redacción de la Obra"

ANEXO *"NÚMERO DEL ANEXO: PLAN DE OBRA"*

Plan de la Obra
"especificar el Plan de la Obra"

ANEXO *"NÚMERO DEL ANEXO: REMUNERACIÓN DE LOS AUTORES"*

Remuneración de los Autores
"especificar plazos de entrega de la remuneración, intereses"

Representación teatral

MCM 2075 s.

Nota preliminar:

- Por el contrato de representación teatral, el autor o sus derechohabientes ceden a una persona natural o jurídica el derecho de representar **públicamente** una obra literaria, dramática, pantomímica o coreográfica, a cambio de una compensación económica.

LPI art.74 s.; RD 3-9-1880 art.61 s.

- Nada tiene que ver que dicha contratación se efectuase a través de una **agencia** con el contrato contemplado en el art.111 de la LPI, que se refiere a los artistas que participen colectivamente en una misma actuación que confieren a una sola persona su representación para el otorgamiento de las autorizaciones previstas en la ley, ni con el contrato de representación teatral y de ejecución musical que se contempla en el art.74 del propio texto legal (AP Valladolid 17-1-07, EDJ 117765).

- El modelo presupone unas circunstancias determinadas que serán las más **frecuentes**. Si en el caso concreto existen circunstancias particulares no previstas, deberá completarse o modificarse el modelo adaptándolo a las mismas.

En *"localidad"*, a *"fecha"*

REUNIDOS:

De una parte,
"Don/Doña nombre y apellidos de la parte", mayor de edad, *"estado civil de la parte" "... "especificar el régimen económico matrimonial de la parte" ..."*, de nacionalidad *"nacionalidad de la parte"*, con domicilio a estos efectos en *"domicilio de la parte"*, *"...con DNI/NIF número "DNI/NIF de la parte"... O ... con tarjeta de residencia número "número de tarjeta de residencia de la parte" ... O ... pasaporte número "número de pasaporte de la parte", expedido el "fecha de expedición del pasaporte de la parte" ... O ... "reseñar otros documentos aportados por la parte" ... "*, vigente hasta el *"fecha de vigencia de la documentación aportada por la parte"*.

De otra parte,
"Don/Doña nombre y apellidos de la parte", mayor de edad, *"estado civil de la parte" "... "especificar el régimen económico matrimonial de la parte" ..."*, de nacionalidad *"nacionalidad de la parte"*, con domicilio a estos efectos en *"domicilio de la parte"*, *"...con DNI/NIF número "DNI/NIF de la parte"... O ... con tarjeta de residencia número "número de tarjeta de residencia de la parte" ... O ... pasaporte número "número de pasaporte de la parte", expedido el "fecha de expedición del pasaporte de la parte" ... O ... "reseñar otros documentos aportados por la parte" ... "*, vigente hasta el *"fecha de vigencia de la documentación aportada por la parte"*.

INTERVIENEN:

A. *"Don/Doña nombre y apellidos de la parte"*

>>

❍ **Si interviene en su propio nombre:**

en su propio nombre y derecho.

MCM 2075 s.

LPI art.74 s.; RD 3-9-1880 art.61 s.

❍ **Si interviene como representante:**

en nombre y representación de *"Don/Doña nombre y apellidos del representado"*, mayor de edad, *"estado civil del representado"*, con domicilio en *"domicilio del representado"* y provisto de D.N.I./N.I.F. número *"DNI/NIF del representado"*, según consta en escritura de poder, otorgada ante el notario de *"lugar donde radica la notaría en la que se autorizó la escritura de poder de representación (persona física)"*, *"Don/Doña nombre y apellidos del notario que autorizó la escritura de poder de representación (persona física)"*, el *"fecha de escritura de poder de representación (persona física)"*, con el número *"número de protocolo del notario que autorizó la escritura de poder de representación (persona física)"*.

≺≺

En adelante, **el autor**.

B. *"Don/Doña nombre y apellidos de la parte"*

≻≻

❍ **Si interviene en su propio nombre:**

en su propio nombre y derecho.

❍ **Si interviene como representante:**

en nombre y representación

➤

❍ Si representa a persona física:

de *"Don/Doña nombre y apellidos del representado"*, mayor de edad, *"estado civil del representado"*, con domicilio en *"domicilio del representado"* y provisto de D.N.I./N.I.F. número *"DNI/NIF del representado"*, según consta en escritura de poder, otorgada ante el notario de *"lugar donde radica la notaría en la que se autorizó la escritura de poder de representación (persona física)"*, *"Don/Doña nombre y apellidos del notario que autorizó la escritura de poder de representación (persona física)"*, el *"fecha de escritura de poder de representación (persona física)"*, con el número *"número de protocolo del notario que autorizó la escritura de poder de representación (persona física)"* de su orden de protocolo.

❍ Si representa a persona jurídica:

de la sociedad mercantil denominada *"denominación social"*, domiciliada en *"domicilio social"*, y con NIF número *"NIF de la sociedad"*, constituida, por tiempo indefinido, mediante escritura otorgada ante el notario de *"lugar donde radica la notaría en la que se autorizó la escritura de poder de representación (persona jurídica)"*, *"Don/Doña nombre y apellidos del notario que autorizó la escritura de poder de representación (persona jurídica)"*, el *"fecha de escritura de poder de representación (persona jurídica)"*, e inscrita en el Registro Mercantil de *"datos de la inscripción registral (localidad del Registro Mercantil, tomo, folio, sección, hoja e inscripción)"*, en su calidad de

➤

❍ Si representa como cargo social:

"...administrador único ... O ... administrador solidario ... O ... consejero delegado ... O ... "especificar la representación del cargo social" ... " de la reseñada sociedad, cargo para el que fue nombrado y asegura vigente en escritura otorgada el *"fecha de escritura del nombramiento del cargo"*, ante el notario de *"lugar donde radica la notaría en la que se autorizó la escritura del nombramiento"*, *"Don/Doña nombre y apellidos del notario que autorizó la escritura del nombramiento"*, con el número *"número de protocolo del notario que autorizó la escritura del nombramiento"* de su protocolo, e inscrita en el Registro Mercantil de *"localidad del Registro Mercantil de la escritura de nombramiento"*, en el tomo y hoja arriba indicados.

MCM 2075 s.

❍ Si representa como apoderado:

apoderado de la reseñada sociedad, según escritura de poder otorgada a su favor, en *"fecha de escritura del otorgamiento del poder"*, ante el notario de *"lugar donde radica la notaría en la que se autorizó la escritura de poder"*, *"Don/Doña nombre y apellidos del notario que autorizó la escritura de poder"*, con el número *"número de protocolo del notario que autorizó la escritura de poder"* de su protocolo *"...e inscrita en el Registro Mercantil de "localidad del Registro Mercantil de la escritura de poder"..."*, en el tomo y hoja arriba indicados.

LPI art.74 s.; RD 3-9-1880 art.61 s.

En adelante, El **empresario**.

Las partes se reconocen la capacidad legal necesaria para contratar y obligarse y, a tal efecto

EXPONEN:

I. Que el **Autor** ha creado una obra dramática, denominada *"título de la Obra"*, (en adelante, la Obra), con la finalidad de que la misma sea interpretada sobre el escenario.

II. Que el **Empresario** tiene interés en explotar los derechos de representación escénica de la Obra creada por el **Autor**.

En su virtud, las partes acuerdan celebrar el presente contrato con arreglo a las siguientes

ESTIPULACIONES:

PRIMERA. Objeto del contrato

El objeto del presente contrato viene constituido por la cesión por parte del **Autor** al **Empresario** del derecho de representar o ejecutar públicamente la Obra a cambio de un precio y de acuerdo con lo establecido en el presente contrato y en la Ley de Propiedad Intelectual.

✍ **Nota:**

Las obras susceptibles de ser objeto de explotación a través del contrato de representación teatral deben ser susceptibles de explotación a través de ***comunicación pública****. Si fuese otro el derecho de explotación afectado, estaríamos ante un contrato atípico al que, en la medida de lo posible, se aplicarían analógicamente las normas sobre contrato de representación teatral. Que la representación sea gratuita no excluye la aplicación de* LPI *art.*74 (AP León 1-10-09, *EDJ 261051).*

SEGUNDA. Ámbito temporal de la explotación. Comienzo de las sesiones

2.1.

La cesión de los derechos de explotación a que se contrae el presente contrato tendrá una duración determinada a la temporada *"especificar la temporada"*, entendiéndose que la misma comienza el *"fecha de inicio de la temporada"*, finalizando el *"fecha de finalización de la temporada"*. Una vez concluido dicho periodo de tiempo, el **Autor** recobrará su derecho a negociar la cesión de los derechos de explotación sobre la Obra del modo y en el momento que estime por conveniente.

✍ **Nota:**

Téngase presente que las partes pueden contratar la cesión por ***plazo cierto*** *o por* ***número determinado de comunicaciones*** *al público. En todo caso, la duración de la cesión en exclusiva no puede exceder de cinco años (*LPI *art.75.1). Asimismo, puede pactarse, pese a lo propuesto en este modelo, una duración acoplada a un cierto tiempo.*

2.2.

La Obra deberá ser explotada antes de *"plazo de explotación de la Obra"*, a contar desde la firma del presente documento.

Nota:

*Si **no se establece el plazo** de tiempo, se entenderá otorgado por un año. En el caso de que tuviera por objeto la representación escénica de la obra, el referido plazo será el de duración de la temporada correspondiente al momento de la conclusión del contrato (*LPI *art.75.2).*

MCM 2075 s.

TERCERA. Precio

LPI art.74 s.; RD 3-9-1880 art.61 s.

Por la cesión de los derechos a que se refiere la estipulación primera de este contrato, el **Autor** recibirá la cantidad de *"cantidad en letra, por la cesión de los derechos"* euros (*"cantidad en número, por la cesión de los derechos"* €). Al margen de la anterior, el **Autor** recibirá, en concepto de remuneración, el porcentaje establecido por la entidad de gestión correspondiente, calculado sobre los ingresos de las distintas representaciones que se hagan de la Obra.

Nota:

*Los empresarios de espectáculos públicos se considerarán depositarios de la **remuneración** correspondiente a los autores por la comunicación de sus obras cuando aquélla consista en una participación proporcional en los ingresos. Los empresarios deberán tener a disposición de los autores o de sus representantes esta remuneración (*LPI *art.79). La SGAE tiene establecida una **cuota** del 10% sobre la recaudación de taquilla para los espectáculos denominados "de gran derecho". Se trataría de un derecho de gestión colectiva voluntaria, ya que, en principio, la LPI excluye de la gestión colectiva obligatoria a las obras citadas.*

*Téngase en cuenta que se ha reconocido judicialmente la posibilidad de que el titular de derechos (en el caso enjuiciado, un autor) autorice expresa y directamente al usuario la explotación de su obra musical mediante un **acto de comunicación pública** sin que la entidad de gestión de derechos de propiedad intelectual correspondiente ostente necesariamente el poder de gestión colectiva obligatoria (TS 12-7-16, EDJ 110041). Esto suele ocurrir con artistas o grupos musicales que interpretan las obras de sus propios repertorios, respecto de las que tienen un derecho en exclusiva de autor.*

*Tratándose de un contrato de representación teatral, de conformidad con el art.78.4º LPI, el **cesionario** está obligado a satisfacer puntualmente al autor la remuneración convenida, que se determinará conforme a lo dispuesto en el art.46 de la propia Ley, esto es, una **participación proporcional** en los ingresos de la explotación, en la cuantía convenida con el cesionario, o una remuneración a tanto alzado en los casos expresamente previstos (AP Pontevedra 22-6-17, EDJ 146079).*

CUARTA. Modalidades de explotación

Nota:

*La explotación de la obra puede tener lugar a través de su **interpretación escénica o audiovisual**. En el primer caso, a su vez, la representación puede tener lugar a través de genéricos (p.e., tragedia, drama, comedia, zarzuela, sainete, ópera, etc.). Incluso podría ser objeto de explotación como obra derivada mediante una danza o interpretación sui generis. Si en el contrato **no se hubieran determinado** las modalidades autorizadas, estas quedarán limitadas a las de recitación y representación en teatros, salas o recintos cuya entrada requiera el pago de una cantidad de dinero (*LPI *art.76). Es discutido si el pago de una consumición, y no de una cantidad de dinero directamente, entra dentro de este concepto. La doctrina parece decantarse a la respuesta afirmativa.*

4.1.

La cesión a favor del **Empresario** comprenderá los derechos de comunicación pública escénica de la Obra y, específicamente, los de recitación, ejecución artística en óperas y géneros similares, dramáticos, conciertos y danzas.

Nota:

*Se ha sancionado el uso de una obra dramático-musical **sin permiso de los autores**, aunque no se pudo calcular el beneficio por falta de prueba del demandante (*TS 26-6-98, *EDJ 8665).*

4.2.

La Obra se podrá explotar públicamente en teatros, salas de fiesta, salones y cualesquiera recintos a cuya entrada se sujete el pago de una determinada cantidad de dinero. Igualmente, la Obra podrá ser comunicada públicamente a través de la radiodifusión y de la comunicación pública, siempre y cuando se trate de una comunicación pública 'en vivo' y la entidad de radiodifusión correspondiente no proceda al registro o fijación de la Obra interpretada. MCM 2075 s.

Nota:

Salvo pacto en contrario, se entenderá que la cesión del derecho de comunicación pública ***mediante radiodifusión*** *queda limitada a la emisión de la obra por una sola vez, realizada por medios inalámbricos y centros emisores de la entidad de radiodifusión cesionaria, dentro del ámbito territorial determinado en el contrato y sin perjuicio de lo dispuesto en* LPI *art.*20 *y art.*36.*1 y 2 (*LPI *art.*84.*2).* LPI art.74 s.; RD 3-9-1880 art.61 s.

4.3.

El **Autor** autoriza expresamente al **Empresario** a que, en la explotación televisiva de la Obra, pueda autorizar la realización de las modificaciones en la forma de emisión que exija la programación.

QUINTA. Obligaciones del Autor

El **Autor** queda obligado al cumplimiento de las siguientes prestaciones:

a) A entregar la Obra al **Empresario** junto con las partituras que la acompañen, completamente instrumentadas.

Nota:

La obligación relativa a la entrega de la obra con la ***partitura completamente instrumentada*** *sólo rige cuando la obra no se hubiese publicado en forma impresa (*LPI *art.*77*). Téngase presente igualmente que se prohíbe al empresario hacer* ***variaciones en el texto o en la partitura*** *de la pieza, ni siquiera con el objeto de adaptarla a sus necesidades comerciales o de explotación de la obra, salvo que cuente con autorización o permiso expreso del autor (*LPI *art.*78.*2º). La dificultad práctica puede encontrarse a la hora de discernir lo que es modificación de un retoque o de una elevación de tono de la partitura sin afectar a la melodía. A tal efecto, podría incluirse una referencia en el clausulado. Véase igualmente lo dispuesto en* RPI *art.*80.

Por otra parte, se establece que nadie puede ***arreglar una obra dramática de otro autor****, ni aun cambiando el título, los nombres de los personajes y el lugar de la acción para adaptarla a una composición musical, sin consentimiento de su autor o de su propietario si la hubiese enajenado (*RPI *art.*67*).*

b) A responder ante el **Empresario** de la autoría y originalidad de la Obra y del ejercicio pacífico de los derechos cedidos.

c) A colaborar en la promoción y mejor difusión publicitaria de la Obra, prestándose a tal efecto a realizar entrevistas o acudir a actos promocionales, entre otros actos, siempre de acuerdo con los usos del sector.

d) A ceder sus derechos de imagen, voz y nombre para realizar actos publicitarios tales como elaboración e impresión de carteles, pasquines, dípticos y otros similares, con los que promocionar y difundir la exhibición pública de la Obra.

Nota:

El autor y el cesionario deben convenir, de mutuo acuerdo, la redacción de la ***publicidad*** *de los actos de comunicación (*LPI *art.*80.*3ª).*

e) A corregir y modificar la Obra o las partituras correspondientes, de acuerdo con las indicaciones del **Empresario**.

f) A elegir, de mutuo acuerdo con el **Empresario**, los intérpretes principales y, en su caso, el director de escena.

MCM 2075 s.

LPI art.74 s.; RD 3-9-1880 art.61 s.

SEXTA. Obligaciones del Empresario

El **Empresario** quedará obligado al cumplimiento de las siguientes prestaciones:

a) A llevar a cabo la comunicación pública de la Obra en el plazo de los cinco meses a los que se refiere la Estipulación Segunda del presente contrato.

b) A efectuar la explotación de la Obra sin efectuar variaciones, adiciones, cortes o supresiones no consentidas por el **Autor**, sin poder perjudicar de ningún modo las facultades morales de este sobre la Obra. No obstante lo dispuesto anteriormente, el **Empresario** podrá, de acuerdo con lo señalado en la estipulación quinta e) anterior, solicitar del **Autor** la realización de cualesquiera modificaciones, cambios o supresiones sobre la Obra cuando deban las mismas efectuarse, a juicio del Director de escena o de exigencias programáticas imprescindibles.

c) A garantizar al **Autor** o a sus representantes autorizados la inspección de la representación pública de la Obra y la asistencia a la misma gratuitamente. A este efecto, ambas partes acuerdan que el **Autor** tendrá derecho a *"número de entradas gratuitas para el Autor"* entradas gratuitas que podrán ser aprovechadas durante cualquiera de las funciones acordadas, pero debiendo, en todo caso, preavisar con suficiente antelación. El **Autor** también podrá permanecer entre bastidores siempre que se represente la Obra.

Nota:

El ***representante del autor*** *debe identificarse debidamente ante el empresario, pero entendemos que no es necesario exigir que cuente con un apoderamiento otorgado a su favor. Dado que usualmente son las entidades de gestión colectiva las que realizan las labores de inspección, les basta a estas con acreditar su condición de tal sin tener que probar el negocio de apoderamiento concreto por parte del autor a su favor.*

d) A satisfacer trimestralmente al **Autor** la remuneración convenida, según lo establecido en la Estipulación Tercera de este contrato.

e) A presentar al **Autor** el programa de exhibiciones previsto, así como la declaración de ingresos obtenida como consecuencia de la explotación de la Obra. Esto último se hará al menos trimestralmente.

f) A fijar el orden, el día y las horas de los ensayos.

g) A nombrar el director de escena.

h) A utilizar el atrezzo y los decorados que el **Autor** estime oportuno para el mejor desarrollo y ejecución de la Obra.

Nota:

La empresa no está obligada, a menos que otra cosa se estipule, a emplear más que los ***trajes y decorados*** *que el teatro posea, siempre que unos y otros no sean contrarios al carácter distintivo e histórico de la obra (*RPI *art.*88*).*

SÉPTIMA. Causas de resolución del contrato

Sin perjuicio de la facultad del **Autor** para resolver el contrato por las causas que prevé el artículo 81 de la Ley de Propiedad Intelectual y de las causas generales de resolución de los contratos, el contrato también podrá ser resuelto a instancia de cualquiera de las dos partes por las siguientes causas:

a) Si la producción fuera suspendida por causas de fuerza mayor o la calidad de los servicios prestados por los artistas contratados no fueran suficientes.

b) Si el **Empresario** no consiguiese la financiación prevista en su plan de viabilidad.

Nota:

En un supuesto jurisprudencial parece admitirse un tipo de cláusula en virtud de la cual se puede resolver el contrato de representación teatral por ***falta de la recaudación prevista*** *por el empresario. En el caso analizado se trataba más que de resolución del contrato de retirada de la obra en cartel (*TS 17-1-01, *EDJ 258).*

c) Por rechazo claro del público de la Obra durante las dos primeras semanas de explotación de la Obra.

MCM 2075 s.

OCTAVA. Obligaciones fiscales y laborales

Todas las obligaciones laborales, fiscales y las relativas a la Seguridad Social derivadas de la relación entre el **Autor** y el **Empresario**, serán responsabilidad exclusiva de este.

Y en prueba de conformidad, ambas partes firman el presente contrato, que se extiende en dos ejemplares, igualmente originales, en el lugar y fecha indicados en su encabezamiento.

LPI art.74 s.; RD 3-9-1880 art.61 s.

EL EMPRESARIO **EL AUTOR**

Ejecución musical (autor-ejecutante)

MCM 2075 s.

LPI art.74 s.; RD 3-9-1880 art.61 s.

Nota preliminar:

- En el ámbito de la ejecución de obras musicales debemos hacer referencia a **diversos contratos**. Por un lado, el contrato de ejecución musical (como el presente) firmado entre el empresario o promotor y el autor o autores de la obra musical a explotar o interpretar -que pueden ser los intérpretes o no-. Por otro, debe firmarse un contrato de prestación de servicios con los artistas intérpretes o ejecutantes cuyos servicios vayan a ser usados en relación con la ejecución de la obra musical. Por último, en el caso de que se use música previamente grabada (playback), además de los anteriores, sería preciso un contrato con el productor de fonogramas cuyo fonograma fuese utilizado.

- El contrato de representación artística tiene un componente *intuitu personae* evidente que permite su **extinción por concurso** (AP Murcia 7-6-18, EDJ 564359).

- El **contrato de producción técnica** es distinto del de ejecución musical, y contiene elementos del contrato de ejecución de obra y de arrendamiento de servicios. Implica la coordinación del equipo técnico y humano para que se desarrolle la actividad en el recinto y en el tiempo preciso. Es más complejo que un arrendamiento de servicios; es un contrato atípico (AP Valencia 28-5-18, EDJ 530638).

Téngase en cuenta, asimismo, que, de acuerdo con el RDL 24/2021, se modificó el art.110 LPI y se permite que tanto el autor, como el artista intérprete o ejecutante puedan solicitar la revisión por remuneración no equitativa. Concretamente, si en la cesión se produjese una manifiesta desproporción entre la remuneración inicialmente pactada por el autor en comparación con la totalidad de los ingresos subsiguientes derivados de la explotación de las obras obtenidos por el cesionario o su derechohabiente.

- En el presente modelo se presupone que el autor es además el **artista**, intérprete o ejecutante de las obras musicales objeto de la cesión. Si en el caso concreto existen circunstancias particulares no previstas, deberá completarse o modificarse el modelo adaptándolo a las mismas.

En *"localidad"*, a *"fecha"*

REUNIDOS:

De una parte,

"Don/Doña nombre y apellidos de la parte", mayor de edad, *"estado civil de la parte" "... "especificar el régimen económico matrimonial de la parte" ... "*, de nacionalidad *"nacionalidad de la parte"*, con domicilio a estos efectos en *"domicilio de la parte", "...con DNI/NIF número "DNI/NIF de la parte" ... O ... con tarjeta de residencia número "número de tarjeta de residencia de la parte" ... O ... pasaporte número "número de pasaporte de la parte", expedido el "fecha de expedición del pasaporte de la parte" ... O ... "reseñar otros documentos aportados por la parte" ... "*, vigente hasta el *"fecha de vigencia de la documentación aportada por la parte"*.

De otra parte,

"Don/Doña nombre y apellidos de la parte", mayor de edad, *"estado civil de la parte" "... "especificar el régimen económico matrimonial de la parte" ... "*, de nacionalidad *"nacionalidad de la parte"*, con domicilio a estos efectos en *"domicilio de la parte", "...con DNI/NIF número "DNI/NIF de la parte" ... O ... con tarjeta de residencia número "número de tarjeta de residencia de la parte" ... O ... pasaporte número "número de pasaporte de la parte", expedido el "fecha de expedición del pasaporte de la parte" ... O ... "reseñar otros documentos aportados por la parte" ... "*, vigente hasta el *"fecha de vigencia de la documentación aportada por la parte"*.

MCM 2075 s.

LPI art.74 s.; RD 3-9-1880 art.61 s.

INTERVIENEN:

A. *"Don/Doña nombre y apellidos de la parte"*

➢➢

❍ **Si interviene en su propio nombre:**

en su propio nombre y derecho.

❍ **Si interviene como representante:**

en nombre y representación de *"Don/Doña nombre y apellidos del representado"*, mayor de edad, *"estado civil del representado"*, con domicilio en *"domicilio del representado"* y provisto de D.N.I./N.I.F. número *"DNI/NIF del representado"*, según consta en escritura de poder, otorgada ante el notario de *"lugar donde radica la notaría en la que se autorizó la escritura de poder de representación (persona física)"*, *"Don/Doña nombre y apellidos del notario que autorizó la escritura de poder de representación (persona física)"*, el *"fecha de escritura de poder de representación (persona física)"*, con el número *"número de protocolo del notario que autorizó la escritura de poder de representación (persona física)"*.

≺≺

En adelante, **el cedente**.

Nota:

El cedente será el autor o quien resulte titular de los derechos.

B. *"Don/Doña nombre y apellidos de la parte"*

➢➢

❍ **Si interviene en su propio nombre:**

en su propio nombre y derecho.

❍ **Si interviene como representante:**

en nombre y representación

➢

❍ Si representa a persona física:

de *"Don/Doña nombre y apellidos del representado"*, mayor de edad, *"estado civil del representado"*, con domicilio en *"domicilio del representado"* y provisto de D.N.I./N.I.F. número *"DNI/NIF del representado"*, según consta en escritura de poder, otorgada ante el notario de *"lugar donde radica la notaría en la que se autorizó la escritura de poder de representación (persona física)"*, *"Don/Doña nombre y apellidos del notario que autorizó la escritura de poder de representación (persona física)"*, el *"fecha de escritura de poder de representación (persona física)"*, con el número *"número de protocolo del notario que autorizó la escritura de poder de representación (persona física)"* de su orden de protocolo.

❍ Si representa a persona jurídica:

de la sociedad mercantil denominada *"denominación social"*, domiciliada en *"domicilio social"*, y con NIF número *"NIF de la sociedad"*, constituida, por tiempo indefinido, mediante escritura otorgada ante el notario de *"lugar donde radica la notaría en la que se autorizó la escritura de poder de representación (persona jurídica)"*, *"Don/Doña nombre y apellidos del notario que autorizó la escritura de poder de representación (persona jurídica)"*, el *"fecha de escritura de poder de representación (persona jurídica)"*, e inscrita en el Registro Mercantil de *"datos de la inscripción registral (localidad del Registro Mercantil, tomo, folio, sección, hoja e inscripción)"*, en su calidad de

MCM 2075 s.

LPI art.74 s.; RD 3-9-1880 art.61 s.

➢

○ Si representa como cargo social:

"...administrador único ... O ... administrador solidario ... O ... consejero delegado ... O ... "especificar la representación del cargo social" ... " de la reseñada sociedad, cargo para el que fue nombrado y asegura vigente en escritura otorgada el *"fecha de escritura del nombramiento del cargo"*, ante el notario de *"lugar donde radica la notaría en la que se autorizó la escritura del nombramiento"*, *"Don/Doña nombre y apellidos del notario que autorizó la escritura del nombramiento"*, con el número *"número de protocolo del notario que autorizó la escritura del nombramiento"* de su protocolo, e inscrita en el Registro Mercantil de *"localidad del Registro Mercantil de la escritura de nombramiento"*, en el tomo y hoja arriba indicados.

○ Si representa como apoderado:

apoderado de la reseñada sociedad, según escritura de poder otorgada a su favor, en *"fecha de escritura del otorgamiento del poder"*, ante el notario de *"lugar donde radica la notaria en la que se autorizó la escritura de poder"*, *"Don/Doña nombre y apellidos del notario que autorizó la escritura de poder"*, con el número *"número de protocolo del notario que autorizó la escritura de poder"* de su protocolo *"...e inscrita en el Registro Mercantil de "localidad del Registro Mercantil de la escritura de poder" ... "*, en el tomo y hoja arriba indicados.

En adelante, El **cesionario**.

Las partes se reconocen la capacidad legal necesaria para contratar y obligarse y, a tal efecto

EXPONEN:

I. Que el **Cesionario** ha contratado con terceras personas el alquiler de locales abiertos al público cuya finalidad es la utilización para exhibiciones o ejecuciones musicales públicas.

II. Que, por este motivo, el **Cesionario** está interesado en contratar los servicios del **Cedente** a fin de que este interprete y ejecute diversas obras musicales (en adelante, las Obras).

En su virtud, las partes acuerdan celebrar el presente contrato con arreglo a las siguientes

ESTIPULACIONES:

PRIMERA. Objeto del contrato

El objeto del presente contrato viene constituido por la cesión por parte del **Cedente** al **Cesionario** del derecho de ejecutar públicamente en el escenario las Obras, a cambio de un precio y de acuerdo con lo establecido en el presente contrato y en la Ley de Propiedad Intelectual.

 **Nota:**

Confrontar con lo dispuesto en LPI *art.74. Las obras susceptibles de ser objeto de explotación a través del contrato de ejecución musical deben ser susceptibles de explotación a través de* ***comunicación pública****. Si fuese otro el derecho de explotación afectado, estaríamos ante un contrato atípico al que, en la medida de lo posible, se aplicarían analógicamente las normas sobre el contrato de ejecución musical. No creemos aplicable estos preceptos de la representación musical a la lectura dramatizada de textos literarios, salvo mutatis mutandi.*

SEGUNDA. Ámbito territorial y temporal de la cesión

El **Cedente** se compromete a ejecutar las Obras en los lugares y en las fechas indicadas en el Anexo *"número del Anexo: EJECUCIÓN DE LAS OBRAS"* "EJECUCIÓN DE LAS OBRAS" al presente contrato.

TERCERA. Derechos de explotación cedidos

3.1.
Por el presente contrato el **Cedente** cede al **Cesionario** el derecho de comunicación pública sobre su ejecución en virtud de lo dispuesto en la Ley de Propiedad Intelectual y en este contrato, excepción hecha de los derechos remuneratorios legalmente previstos. MCM 2075 s.

3.2.

Nota: LPI art.74 s.; RD 3-9-1880 art.61 s.

En defecto de consentimiento del titular de derechos a la cesión libre del derecho a tercero, los cesionarios ***responderán solidariamente*** *frente al primer cedente de las obligaciones de la cesión.*

○ **Cesión con exclusividad:**
La cesión presente tiene el carácter de exclusiva a favor del **Cesionario**, pudiendo este ceder su derecho a cualesquiera terceros.

○ **Cesión sin exclusividad:**
"especificar la no exclusividad de la cesión"

3.3.
Dicha cesión comprenderá los siguientes derechos:

a) La comunicación pública en su modalidad de representación escénica y teatral en locales abiertos al público a cambio de un derecho de entrada.

b) La reproducción, distribución y comunicación pública de las distintas ejecuciones para su incorporación a una obra audiovisual y a un formato de vídeo doméstico que se destine a su venta, alquiler o préstamo, ya sea individualmente o en colección escogida.

c) La reproducción, distribución, comunicación pública y transformación de fragmentos de las distintas ejecuciones realizadas por el **Cedente**, respetando en todo caso sus facultades morales reconocidas legalmente, para su incorporación a producciones o grabaciones audiovisuales, incluyendo las de carácter publicitario.

d) El derecho de uso de su nombre propio y artístico y de su imagen, en relación con la explotación de las ejecuciones contratadas que se realicen de acuerdo con lo dispuesto en este contrato y su promoción y publicidad.

3.4.
Sin perjuicio de lo indicado en los párrafos anteriores, el alcance de la cesión de derechos efectuada a favor del **Cesionario** dejará a salvo los rendimientos económicos que, en concepto de derechos de autor, corresponda percibir al **Cedente** por el alquiler de su prestación, si fuere el caso, así como por su comunicación pública en cualquier modalidad, rendimientos que se cuantificarán de acuerdo con las tarifas de la entidad de gestión de derechos de autor a la que pertenece el **Cedente**.

3.5.
La recaudación de tales derechos será de cargo del **Cedente**, a través de la entidad de gestión correspondiente. Asimismo, la remuneración debida será exigida de quienes, legalmente, estén obligados a su pago. En ningún caso, será el **Cesionario** obligado a pagar cualquier remuneración por estos conceptos.

230 Propiedad Intelectual

CUARTA. Precio

4.1.

MCM 2075 s.

El **Cesionario** abonará al **Cedente** por la totalidad de sus servicios prestados la cantidad de *"cantidad abonada por el Cesionario, en letra"* euros (*"cantidad abonada por el Cesionario, en número"* €). Dicho importe incluye la remuneración que el **Cedente** recibe por la autorización para la explotación de sus derechos de propiedad intelectual, cantidades que le serán abonadas, previa presentación de la factura correspondiente, en los siguientes plazos: *"plazos para el abono de las cantidades al Cedente"*.

LPI art.74 s.; RD 3-9-1880 art.61 s.

 **Nota:**

*Aquí deberán establecerse los **plazos** en cuestión o remitirse a un anexo.*
Téngase en cuenta, asimismo, que, de acuerdo con el RDL 24/2021, se ha modificado el art.110 LPI y se permite que tanto el autor, como el artista intérprete o ejecutante puedan solicitar la revisión por remuneración no equitativa. Concretamente, si en la cesión se produjese una manifiesta desproporción entre la remuneración inicialmente pactada por el autor en comparación con la totalidad de los ingresos subsiguientes derivados de la explotación de las obras obtenidos por el cesionario o su derechohabiente.

4.2.

Sin perjuicio de lo dispuesto en el párrafo anterior, el alcance de la cesión de derechos efectuada a favor del **Cesionario** dejará a salvo los rendimientos económicos que, si fuere el caso, y en concepto de derechos de propiedad intelectual, correspondan al **Cedente** por el alquiler de su prestación, así como por su comunicación pública en cualquier modalidad. Dichos rendimientos se cuantificarán de acuerdo con las tarifas de la entidad de gestión de derechos a la que pertenezca el **Cedente**, quien deberá recaudarlos.

Nota:

*Téngase presente que corresponde al artista intérprete o ejecutante el derecho exclusivo de autorizar la **comunicación pública de sus actuaciones**, salvo cuando dicha actuación constituya en sí una actuación transmitida por radiodifusión o se realice a partir de una fijación previamente autorizada (*LPI *art.*108.*1).*
*En esos casos, el artista intérprete o ejecutante carece de derecho exclusivo. Se entiende que el artista ha cedido al productor de fonogramas o de grabaciones audiovisuales, por virtud del contrato de producción, su derecho de fijación y los de comunicación pública. Le queda, no obstante, al artista intérprete o ejecutante un derecho remuneratorio exigible de quien lleve a cabo el acto de explotación del fonograma o grabación audiovisual (*LPI *art.*108.*2 y 3,* 116.*2 y* 122.*2). No obstante, téngase en cuenta que ese derecho de fijación resulta solo en relación con la explotación de fijaciones, esto es, de grabaciones de una interpretación artística.*
*Nótese, en cualquier caso, que la **ausencia del derecho exclusivo** rige únicamente en caso de que la prestación consista en sí en una actuación transmitida por radiodifusión: cuando la comunicación pública se realice vía satélite o por cable, se estará a lo dispuesto en* LPI *art.*20.*4, apartados 3 y 4, si los mismos resultan de aplicación.*

QUINTA. Causas de resolución del contrato

El **Cesionario** tendrá derecho a resolver este contrato, si la producción fuera suspendida, o si la calidad de los servicios prestados no fuera suficiente, sin perjuicio de las indemnizaciones que fuesen pertinentes atendidas la calidad de interpretación del **Cedente** y la aceptación por el público de su interpretación.

SEXTA. Cooperación entre las partes

Las partes, en su interés de colaboración y cooperación en la ejecución y desarrollo del presente contrato, entienden adecuado y de máxima importancia el establecimiento entre ellas de estrechas relaciones de colaboración.

MCM 2075 s.

SÉPTIMA. Otras prestaciones

7.1.

De acuerdo con lo dispuesto anteriormente, el **Cedente** se compromete a realizar en favor del **Cesionario** las actuaciones propias de su actividad hasta lograr que las ejecuciones pactadas en el presente contrato sean consideradas aptas o útiles por el **Cesionario**, tanto desde el punto de vista técnico como artístico, obligándose el **Cedente** a repetir las actuaciones cuantas veces sean necesarias a este fin y todo ello de acuerdo con los usos de la industria de realización del tipo de ejecuciones pactada.

7.2.

LPI art.74 s.; RD 3-9-1880 art.61 s.

El **Cedente** se compromete, asimismo, a intervenir y colaborar, a requerimiento del **Cesionario**, en las sesiones fotográficas, campañas y actuaciones promocionales, si fuera el caso, organizadas por este en la presentación y promoción de la gira y, consiguientemente, se compromete a participar en toda clase de entrevistas, intervenciones ante fotógrafos, medios, etc.

7.3.

El **Cesionario** seleccionará libremente todo el equipo técnico y artístico participante en las ejecuciones del **Cedente**, comprometiéndose el **Cedente** a seguir las instrucciones del director de escena y/o del **Cesionario** y a presentarse a los ensayos, mezclas y montaje que el director de escena y/o el **Cesionario** le indiquen en condiciones adecuadas para el cumplimiento de sus obligaciones establecidas en este contrato y en sus anexos.

OCTAVA. Merchandising

El **Cedente** cede al **Cesionario** los derechos de merchandising sobre su nombre, voz e imagen en la promoción y publicidad de la gira a la que se refiere el presente contrato.

NOVENA. Otros

Todas las obligaciones laborales, fiscales y las relativas a la Seguridad Social derivadas de la relación entre el **Cedente** y el **Cesionario**, serán responsabilidad exclusiva de este.

Y en prueba de conformidad, ambas partes firman el presente contrato, que se extiende en dos ejemplares, igualmente originales, en el lugar y fecha indicados en su encabezamiento.

EL CEDENTE **EL CESIONARIO**

ANEXO *"NÚMERO DEL ANEXO: EJECUCIÓN DE LAS OBRAS"*

Ejecución de las Obras

"especificar lugares y fechas de ejecución de las Obras"

Ejecución musical (autor-no ejecutante)

MCM 2015 s.

LPI art.74 s.; RD 3-9-1880 art.61 s.

Nota preliminar:

- En el ámbito de la ejecución de obras musicales debemos hacer referencia a **diversos contratos**. Por un lado, el contrato de ejecución musical (como el presente) firmado entre el empresario o promotor y el autor o autores de la obra musical a explotar o interpretar -que pueden ser los intérpretes o no-. Por otro, debe firmarse un contrato de prestación de servicios con los artistas intérpretes o ejecutantes cuyos servicios vayan a ser usados en relación con la ejecución de la obra musical. Por último, en el caso de que se use música previamente grabada (playback), además de los anteriores, sería preciso un contrato con el productor de fonogramas cuyo fonograma fuese utilizado.
- El contrato de representación artística tiene un componente *intuitu personae* evidente que permite su **extinción por concurso** (AP Murcia 7-6-18, EDJ 564359).

- El **contrato de producción técnica** es distinto del de ejecución musical, y contiene elementos del contrato de ejecución de obra y de arrendamiento de servicios. Implica la coordinación del equipo técnico y humano para que se desarrolle la actividad en el recinto y en el tiempo preciso. Es más complejo que un arrendamiento de servicios; es un contrato atípico (AP Valencia 28-5-18, EDJ 530638).

Téngase en cuenta, asimismo, que, de acuerdo con el RDL 24/2021, se modificó el art.110 LPI y se permite que tanto el autor, como el artista intérprete o ejecutante puedan solicitar la **revisión por remuneración no equitativa**. Concretamente, si en la cesión se produjese una manifiesta desproporción entre la remuneración inicialmente pactada por el autor en comparación con la totalidad de los ingresos subsiguientes derivados de la explotación de las obras obtenidos por el cesionario o su derechohabiente.

- En el presente modelo se presupone que el autor **no** es el **artista**, intérprete o ejecutante de las obras musicales objeto de la cesión. Si en el caso concreto existen circunstancias particulares no previstas, deberá completarse o modificarse el modelo adaptándolo a las mismas.

En *"localidad"*, a *"fecha"*

REUNIDOS:

De una parte,
"Don/Doña nombre y apellidos de la parte", mayor de edad, *"estado civil de la parte" "... "especificar el régimen económico matrimonial de la parte" ... "*, de nacionalidad *"nacionalidad de la parte"*, con domicilio a estos efectos en *"domicilio de la parte"*, *"...con DNI/NIF número "DNI/NIF de la parte" ... O ... con tarjeta de residencia número "número de tarjeta de residencia de la parte" ... O ... pasaporte número "número de pasaporte de la parte", expedido el "fecha de expedición del pasaporte de la parte" ... O ... "reseñar otros documentos aportados por la parte" ... "*, vigente hasta el *"fecha de vigencia de la documentación aportada por la parte"*.

De otra parte,
"Don/Doña nombre y apellidos de la parte", mayor de edad, *"estado civil de la parte" "... "especificar el régimen económico matrimonial de la parte" ... "*, de nacionalidad *"nacionalidad de la parte"*, con domicilio a estos efectos en *"domicilio de la parte"*, *"...con DNI/NIF número "DNI/NIF de la parte" ... O ... con tarjeta de residencia número "número de tarjeta de residencia de la parte" ... O ... pasaporte número "número de pasaporte de la parte", expedido el "fecha de expedición del pasaporte de la parte" ... O ... "reseñar otros documentos aportados por la parte" ... "*, vigente hasta el *"fecha de vigencia de la documentación aportada por la parte"*.

MCM 2015 s.

LPI art.74 s.; RD 3-9-1880 art.61 s.

INTERVIENEN:

A. *"Don/Doña nombre y apellidos de la parte"*

>>

❍ **Si interviene en su propio nombre:**

en su propio nombre y derecho.

❍ **Si interviene como representante:**

en nombre y representación de *"Don/Doña nombre y apellidos del representado"*, mayor de edad, *"estado civil del representado"*, con domicilio en *"domicilio del representado"* y provisto de D.N.I./N.I.F. número *"DNI/NIF del representado"*, según consta en escritura de poder, otorgada ante el notario de *"lugar donde radica la notaría en la que se autorizó la escritura de poder de representación (persona física)"*, *"Don/Doña nombre y apellidos del notario que autorizó la escritura de poder de representación (persona física)"*, el *"fecha de escritura de poder de representación (persona física)"*, con el número *"número de protocolo del notario que autorizó la escritura de poder de representación (persona física)"*.

<<

En adelante, **el autor**.

✍ **Nota:**

Podrá tratarse también de otra persona que resulte titular de los derechos.

B. *"Don/Doña nombre y apellidos de la parte"*

>>

❍ **Si interviene en su propio nombre:**

en su propio nombre y derecho.

❍ **Si interviene como representante:**

en nombre y representación

>

❍ Si representa a persona física:

de *"Don/Doña nombre y apellidos del representado"*, mayor de edad, *"estado civil del representado"*, con domicilio en *"domicilio del representado"* y provisto de D.N.I./N.I.F. número *"DNI/NIF del representado"*, según consta en escritura de poder, otorgada ante el notario de *"lugar donde radica la notaría en la que se autorizó la escritura de poder de representación (persona física)"*, *"Don/Doña nombre y apellidos del notario que autorizó la escritura de poder de representación (persona física)"*, el *"fecha de escritura de poder de representación (persona física)"*, con el número *"número de protocolo del notario que autorizó la escritura de poder de representación (persona física)"* de su orden de protocolo.

❍ Si representa a persona jurídica:

de la sociedad mercantil denominada *"denominación social"*, domiciliada en *"domicilio social"*, y con NIF número *"NIF de la sociedad"*, constituida, por tiempo indefinido, mediante escritura otorgada ante el notario de *"lugar donde radica la notaría en la que se autorizó la escritura de poder de representación (persona jurídica)"*, *"Don/Doña nombre y apellidos del notario que autorizó la escritura de poder de representación (persona jurídica)"*, el *"fecha de escritura de poder de representación (persona jurídica)"*, e inscrita en el Registro Mercantil de *"datos de la inscripción registral (localidad del Registro Mercantil, tomo, folio, sección, hoja e inscripción)"*, en su calidad de

MCM 2015 s.

LPI art.74 s.; RD 3-9-1880 art.61 s.

➢

❍ Si representa como cargo social:

"...administrador único ... O ... administrador solidario ... O ... consejero delegado ... O ... "especificar la representación del cargo social" ... " de la reseñada sociedad, cargo para el que fue nombrado y asegura vigente en escritura otorgada el *"fecha de escritura del nombramiento del cargo"*, ante el notario de *"lugar donde radica la notaría en la que se autorizó la escritura del nombramiento"*, *"Don/Doña nombre y apellidos del notario que autorizó la escritura del nombramiento"*, con el número *"número de protocolo del notario que autorizó la escritura del nombramiento"* de su protocolo, e inscrita en el Registro Mercantil de *"localidad del Registro Mercantil de la escritura de nombramiento"*, en el tomo y hoja arriba indicados.

❍ Si representa como apoderado:

apoderado de la reseñada sociedad, según escritura de poder otorgada a su favor, en *"fecha de escritura del otorgamiento del poder"*, ante el notario de *"lugar donde radica la notaría en la que se autorizó la escritura de poder"*, *"Don/Doña nombre y apellidos del notario que autorizó la escritura de poder"*, con el número *"número de protocolo del notario que autorizó la escritura de poder"* de su protocolo *"...e inscrita en el Registro Mercantil de "localidad del Registro Mercantil de la escritura de poder" ..."*, en el tomo y hoja arriba indicados.

≺

≺≺

En adelante, El **empresario**.

Las partes se reconocen la capacidad legal necesaria para contratar y obligarse y, a tal efecto

EXPONEN:

I. Que el **Empresario** ha contratado con terceras personas el alquiler de locales abiertos al público a fin de poder desarrollar en ellos determinadas exhibiciones o ejecuciones musicales públicas en las que se explotarán y usarán las canciones del **Autor**, de acuerdo con lo dispuesto en el presente contrato.

II. Que, por este motivo, el **Empresario** está interesado en obtener las autorizaciones pertinentes del **Autor** respecto de los títulos de sus obras (en adelante, las Obras).

En su virtud, las partes acuerdan celebrar el presente contrato de ejecución musical con arreglo a las siguientes

ESTIPULACIONES:

PRIMERA. Objeto del contrato

El objeto del presente contrato viene constituido por la cesión por parte del **Autor** al **Empresario** del derecho a ejecutar públicamente las Obras, a cambio de un precio y de acuerdo con lo establecido en el presente contrato y en la Ley de Propiedad Intelectual.

Nota:

*Confrontar con lo dispuesto en LPI art.74. Las obras susceptibles de ser objeto de explotación a través del contrato de ejecución musical deben ser susceptibles de explotación a través de **comunicación pública**. Si fuese otro el derecho de explotación afectado, estaríamos ante un contrato atípico al que, en la medida de lo posible, se aplicarían analógicamente las normas sobre contrato de ejecución musical.*

SEGUNDA. Ámbito territorial y temporal de la cesión

El **Autor** se compromete a autorizar la ejecución pública a favor del **Empresario** de las Obras en los lugares y en las fechas indicadas en el Anexo *"número del Anexo: EJECUCIÓN DE LAS OBRAS"* 'EJECUCIÓN DE LAS OBRAS' al presente contrato.

MCM 2015 s.

✍ **Nota:**

*En la **solicitud de autorización de SGAE**, por ejemplo, el solicitante está obligado a dar datos tales como, por ejemplo, la persona o entidad organizadora del espectáculo, su domicilio, los grupos actuantes, el lugar de celebración, el total aforo del local y los títulos de la obra u obras representadas o ejecutadas públicamente.*

TERCERA. Derechos de explotación cedidos

LPI art.74 s.; RD 3-9-1880 art.61 s.

✍ **Nota:**

*Lo normal es que los autores de obras musicales previamente cedan a una **compañía editora** (un cesionario de los derechos de explotación sobre la obra musical, que negocia la explotación de los derechos de propiedad intelectual que le han sido cedidos por el autor) los derechos más significativos, normalmente, los de reproducción, distribución y comunicación pública, aunque puede abarcar lógicamente cualquier explotación de la obra. Por lo tanto, el empresario o promotor que quiera adquirir los derechos necesarios para la explotación de una obra musical deberá recabar los derechos oportunos de la casa editorial que resulte ser la cesionaria a su vez de los derechos afectados. Por ello, en la práctica, este tipo de contratación se hace directamente con las compañías editoriales y sobre todo por medio de los contratos o **solicitudes de autorización pactados con SGAE** como sociedad de gestión a la que los autores y editores ceden sus derechos de reproducción, entre otros. Todo ello al margen de la vigencia y eficacia del presente contrato de ejecución musical.*

3.1.

Por el presente contrato el **Autor** cede al **Empresario** el derecho de comunicación pública sobre la ejecución de las Obras en virtud de lo dispuesto en la Ley de Propiedad Intelectual y en este contrato, excepción hecha de los derechos legalmente configurados como de gestión colectiva obligatoria, los cuales serán recaudados a través de la entidad de gestión correspondiente.

✍ **Nota:**

*En cualquier caso, al margen de lo que diga la Ley, téngase en cuenta que, por el **contrato de adhesión a SGAE** por parte del autor, este le cede, a los solos efectos de la gestión en exclusiva, los derechos fundamentales de explotación.*

*A través de la modificación introducida en la LPI por la Ley 2/2019, es posible que, junto a las tradicionales entidades de gestión colectiva de derechos de propiedad intelectual, puedan actuar en España otras **entidades de gestión que no tengan establecimiento en territorio español**, pero pretendan prestar servicios de gestión en nuestro país con arreglo a la ley (LPI art.151); entidades dependientes de una entidad de gestión establecida en España (LPI art.152), entendiendo por tal aquella entidad dependiente de una entidad de gestión que, directa o indirectamente, en su totalidad o en parte, sea propiedad de una entidad de gestión o esté bajo su control; y operadores de gestión independientes (LPI art.153), entendiendo por tales:*

*Cualquier **entidad legalmente constituida y autorizada** por un contrato de gestión para gestionar derechos de explotación u otros de carácter patrimonial en nombre y beneficio colectivo de varios titulares de derechos, como único o principal objeto, y siempre que:*

***a)** No sea propiedad ni esté sometida al control, directa o indirectamente, en su totalidad o en parte, de titulares de derechos. A tal efecto, los títulos acreditativos de la propiedad del operador de gestión independiente deberán ser nominativos. Idénticos requisitos se exigirán a las entidades que ostenten la propiedad o el control directo o indirecto, total o parcial, del operador de gestión independiente, y a las entidades en las que el operador de gestión independiente ostente la propiedad o el control directo o indirecto, total o parcial.*

***b)** Tenga ánimo de lucro.*

En ningún caso podrán ser considerados como operador de gestión independiente los productores de grabaciones audiovisuales, los productores de fonogramas, las entidades de radiodifusión, los editores, los gestores de autores o de artistas intérpretes o ejecutantes, ni los agentes que representan a los titulares de derechos en sus relaciones con las entidades de gestión.

MCM 2015 s.

3.2.

≻≻

✍ **Nota:**

*En defecto de consentimiento del titular de derechos a la cesión libre del derecho a tercero, los promotores **responderán solidariamente** frente al primer cedente de las obligaciones de la cesión.*

○ **Cesión con exclusividad:**

LPI art.74 s.; RD 3-9-1880 art.61 s.

La presente cesión tiene el carácter de exclusiva a favor del **Empresario**, pudiendo este ceder su derecho a cualesquiera terceros.

○ **Cesión sin exclusividad:**

"especificar la no exclusividad de la cesión"

≺≺

3.3.

Dicha cesión comprenderá los siguientes derechos:

a) La comunicación pública en su modalidad de representación escénica y teatral en locales abiertos al público a cambio de un derecho de entrada.

b) La reproducción, distribución y comunicación pública de las distintas ejecuciones de las Obras para su incorporación a una obra audiovisual y a un formato de vídeo doméstico que se destine a su venta, alquiler o préstamo ya sea individualmente o en colección escogida.

c) La transformación de fragmentos de las distintas ejecuciones realizadas de las Obras, respetando en todo caso las facultades morales del **Autor** reconocidas legalmente, para su incorporación a producciones o grabaciones audiovisuales, incluyendo las de carácter publicitario.

d) El derecho de uso de su nombre propio y artístico, y su imagen en relación con la explotación de las Obras que se realice de acuerdo con lo dispuesto en este contrato y su promoción y publicidad.

✍ **Nota:**

*Normalmente esta cláusula tiene sentido en la medida en que el autor sea al mismo tiempo **intérprete de las obras**.*

CUARTA. Precio

✍ **Nota:**

*Los derechos de autor a satisfacer, de acuerdo con la solicitud de autorización de SGAE, se devengan en atención a las **tarifas generales de SGAE** o según el porcentaje pactado con los autores.*

4.1.

El **Empresario** abonará al **Autor** por la totalidad de sus servicios prestados la cantidad de *"cantidad abonada por el Empresario, en letra"* euros (*"cantidad abonada por el Empresario, en número"* €). Dicho importe incluye la remuneración que el **Autor** recibe por la autorización para la explotación de sus derechos de propiedad intelectual, cantidades que le serán abonadas, previa presentación de la factura correspondiente, en los siguientes plazos: *"plazos para el abono de las cantidades al Autor"*.

✍ **Nota:**

*Aquí deberán establecerse los **plazos** en cuestión o remitir a un anexo.*
Téngase en cuenta, asimismo, que, de acuerdo con el RDL 24/2021, se modificó el art.110 LPI y se permite que tanto el autor, como el artista intérprete o ejecutante puedan solicitar la revisión por remuneración no equitativa. Concretamente, si en la cesión se produjese una manifiesta desproporción entre la remuneración inicialmente pactada por el autor en comparación con la totalidad de los ingresos subsiguientes derivados de la explotación de las obras obtenidos por el cesionario o su derechohabiente.

MCM 2015 s.

4.2.
Sin perjuicio de lo dispuesto en el párrafo anterior, el alcance de la cesión de derechos efectuada a favor del **Empresario** dejará a salvo los rendimientos económicos que, si fuere el caso, y en concepto de derechos de propiedad intelectual, correspondan a los artistas por el alquiler de su prestación, así como por su comunicación pública en cualquier modalidad. Dichos rendimientos se cuantificarán de acuerdo con las tarifas de la entidad de gestión de derechos a la que pertenezcan los artistas en cuestión, quien deberá recaudarlos.

Nota:

LPI art.74 s.; RD 3-9-1880 art.61 s.

Téngase presente que corresponde al artista intérprete o ejecutante el derecho exclusivo de autorizar la ***comunicación pública de sus actuaciones****, salvo cuando dicha actuación constituya en sí una actuación transmitida por radiodifusión o se realice a partir de una fijación previamente autorizada (*LPI *art.*108.*1).*
*En esos casos, el artista intérprete o ejecutante carece de derecho exclusivo. Se entiende que el artista ha cedido al productor de fonogramas o de grabaciones audiovisuales, por virtud del contrato de producción, su derecho de fijación y los de comunicación pública. Le queda, no obstante, al artista intérprete o ejecutante un derecho remuneratorio exigible de quien lleve a cabo el acto de explotación del fonograma o grabación audiovisual (*LPI *art.*108.*2 y 3,* 116.*2 y* 122.*2).*
No obstante, téngase en cuenta que ese derecho de fijación resulta solo en relación con la explotación de fijaciones, esto es, de grabaciones de una interpretación artística.
Nótese, en cualquier caso, que la ***ausencia del derecho exclusivo*** *rige únicamente en caso de que la prestación consista en sí en una actuación transmitida por radiodifusión: cuando la comunicación pública se realice vía satélite o por cable, se estará a lo dispuesto en* LPI *art.*20.*4, apartados 3 y 4, si los mismos resultan de aplicación.*

QUINTA. Causas de resolución del contrato
El **Empresario** tendrá derecho a resolver este contrato si la producción fuera suspendida o no obtuviera la financiación correspondiente.

SEXTA. Cooperación entre las partes. Derecho moral
Las partes, en su interés de colaboración y cooperación en la ejecución y desarrollo del presente contrato, entienden adecuado y de máxima importancia el establecimiento entre ellas de estrechas relaciones de colaboración.

El **Empresario** no podrá realizar variaciones, modificaciones, supresiones o adiciones de ningún tipo en las Obras sin consentimiento expreso del **Autor**.

Nota:

En la ***solicitud de autorización de SGAE*** *se prohíbe, asimismo, la inserción de publicidad de ninguna clase.*

SÉPTIMA. Otras prestaciones
El **Autor** se compromete a intervenir y colaborar, a requerimiento del **Empresario**, en las sesiones fotográficas, campañas y actuaciones promocionales, si fuera el caso, organizadas por este en la presentación y promoción de la gira relativa a la ejecución pública de las Obras y, consiguientemente se compromete a participar en toda clase de entrevistas, intervenciones ante fotógrafos, medios, etc.

El **Empresario** seleccionará libremente todo el equipo técnico y artístico participante en las ejecuciones de las Obras.

OCTAVA. Merchandising
El **Autor** cede al **Empresario** los derechos de merchandising sobre su nombre, voz e imagen, en la promoción y publicidad de la gira y de las Obras a las que se refiere el presente contrato.

MCM 2015 s.

NOVENA. Información contable

Nota:

Aparte de esta obligación, en la ***solicitud de autorización de SGAE****, se requiere del promotor la entrega, a la terminación del espectáculo, de la correspondiente hoja-programa, con el repertorio de las obras ejecutadas, si el espectáculo fuera de variedades o consistiese en la ejecución de obras musicales de carácter popular.*

LPI art.74 s.; RD 3-9-1880 art.61 s.

El Empresario deberá poner a disposición del **Autor** todos los libros de contabilidad, facturas y demás documentos contables y mercantiles que el **Autor** pueda exigirle, a fin de comprobar la realidad de los ingresos derivados de taquilla. Para comprobar, igualmente, el aforo vendido de entradas a los locales donde se ejecuten las Obras, el **Autor** tiene derecho a exigir del **Empresario** la entrega de la hoja de taquilla y el sobrante de los billetes vendidos.

Y en prueba de conformidad, ambas partes firman el presente contrato, que se extiende en dos ejemplares, igualmente originales, en el lugar y fecha indicados en su encabezamiento.

EL EMPRESARIO **EL AUTOR**

ANEXO *"NÚMERO DEL ANEXO: EJECUCIÓN DE LAS OBRAS"*

Ejecución de las Obras
"especificar lugares y fechas de ejecución de las Obras"

240

Producción de obra audiovisual

MCM 2085 s.

Nota preliminar:

- La obra audiovisual se concibe como una obra en colaboración. Se define esta como aquella formada a partir de la aportación o colaboración de **varios autores**, siendo el resultado final un todo unitario. La diferencia fundamental con la obra colectiva reside no sólo en que la obra en colaboración surge de la colaboración de varios sujetos cuyas voluntades se unen entre sí, sino también porque las diferentes aportaciones son identificables, pudiéndose determinar cuál es la aportación de cada coautor. Esta figura se asemeja, en realidad, a la de la **comunidad de bienes** (LPI art.7.4). En ningún caso, cabría calificar a la obra audiovisual como obra colectiva de acuerdo con el Derecho español donde no tiene encaje en absoluto dicha construcción.

LPI art.7, 43, 48, 86 s.

- El contrato de producción tiene por **objeto** regular todos los aspectos de la financiación de la obra o grabación audiovisual, así como aquellos relativos a la atribución de derechos. Puede pactarse también en este contrato todo lo relativo a la comercialización o proceso comercial de explotación usual de la obra.

- Es importante tener presente que no toda grabación audiovisual constituye una obra audiovisual. Este será el caso únicamente cuando la obra incorpore una **originalidad** intrínseca y no se limite a ser una mera sucesión de imágenes con o sin sonido. Por ejemplo, las retransmisiones deportivas no son obras audiovisuales (AP Madrid 24-2-12, EDJ 39733).

- El **argumento** constituye un texto previo al guion, mientras que este, incorpora aquél completándolo con los elementos técnicos propios del lenguaje fílmico a utilizar. El creador del argumento para una obra audiovisual es, por un lado, autor de la obra literaria en que consiste el argumento en tanto que creador, en su caso, de una obra original literaria y coautor de la obra audiovisual en la que se utiliza el argumento en tanto que obra en colaboración (AP Madrid 25-6-10, EDJ 166427).

En las obras en colaboración, como son las llamadas audiovisuales, algunas **aportaciones** a las mismas (como son el guion, el argumento o la música), son **plenamente individualizables**, y si bien el director-realizador puede introducir en ellas, concretamente en el guion las modificaciones que exija la específica naturaleza del medio por el que la obra audiovisual ha de ser emitida, ello ha de entenderse en el sentido de que tales modificaciones sean meramente circunstanciales o accidentales, en cuanto exigidas, repetimos, por la especial naturaleza del medio de su emisión, más no cuando dichas modificaciones afecten a la esencia misma del guion tal como fue concebido y redactado por su autor, pues para ello se requiere el consentimiento de este, en cuanto titular exclusivo del derecho moral a la integridad de su obra. Pero lo que no se pactó es que tales modificaciones esenciales o sustanciales, suprimiendo incluso dos capítulos, pudieran ser introducidas en el guion sin el consentimiento (ni siquiera el conocimiento) del autor del mismo, pues con ello, una vez convertida la obra audiovisual en versión definitiva, se vino a violar el derecho moral del guionista a la integridad de su obra que, con el carácter de irrenunciable e inalienable (TS 22-4-98, EDJ 3916).

Pese a no estar previsto el formato como una de las obras protegidas por la propiedad intelectual (LPI art.10.1), se considera que el **formato del programa de televisión** puede considerarse como una obra a estos efectos, cuando puede ser considerada como una creación original, en este caso literaria y/o artística.

Es significativo que el art.10.1.f de la LPI considere como obras protegidas por la propiedad intelectual los proyectos, planos, maquetas y diseños de obras arquitectónicas y de ingeniería, y que el art.87.2 LPI reconozca la condición de autores de la obra audiovisual, en los términos del art.7 (obras en colaboración), a los **autores del argumento y los del guion o los diálogos**. Estas obras presentan elementos comunes con los formatos televisivos, en tanto no están dotadas de la expresión formal definitiva de la arquitectura o ingeniería (caso de los planos, proyectos, maquetas y diseños) o de las obras audiovisuales (caso de los argumentos, los guiones y los formatos televisivos). Es su contenido (las ideas, indicaciones, características técnicas, etc.) en ellas plasmadas, lo que al ser ejecutado o actuado dará lugar a ese tipo de obras de arquitectura o ingeniería, en un caso, y audiovisuales, en el otro Se trata por tanto de obras en las que, al contrario de lo que ocurre con la mayoría de las que obras protegidas por la propiedad intelectual, la forma de la expresión es muy secundaria respecto del contenido expresado. El contenido se impone como factor necesario, siendo el margen para la recreación formal del mismo escaso y de importancia muy secundaria, pues en ellas la originalidad opera directamente sobre el contenido (AP Madrid 1-2-19, EDJ 520614).

Propiedad Intelectual

Nota preliminar:

- El modelo presupone unas circunstancias determinadas que serán las más **frecuentes**. Si en el caso concreto existen circunstancias particulares no previstas, deberá completarse o modificarse el modelo adaptándolo a las mismas.

MCM 2085 s.

LPI art.7, 43, 48, 86 s.

En *"localidad"*, a *"fecha"*

REUNIDOS:

De una parte,

"Don/Doña nombre y apellidos de la parte", mayor de edad, *"estado civil de la parte"* *"... "especificar el régimen económico matrimonial de la parte" ... "*, de nacionalidad *"nacionalidad de la parte"*, con domicilio a estos efectos en *"domicilio de la parte"*, *"...con DNI/NIF número "DNI/NIF de la parte" ... O ... con tarjeta de residencia número "número de tarjeta de residencia de la parte" ... O ... pasaporte número "número de pasaporte de la parte", expedido el "fecha de expedición del pasaporte de la parte" ... O ... "reseñar otros documentos aportados por la parte" ...*", vigente hasta el *"fecha de vigencia de la documentación aportada por la parte"*.

Interviene

❍ Si interviene en su propio nombre:

en su propio nombre y derecho.

❍ Si interviene como representante:

en nombre y representación de *"Don/Doña nombre y apellidos del representado"*, mayor de edad, *"estado civil del representado"*, con domicilio en *"domicilio del representado"* y provisto de D.N.I./N.I.F. número *"DNI/NIF del representado"*, según consta en escritura de poder, otorgada ante el notario de *"lugar donde radica la notaría en la que se autorizó la escritura de poder de representación (persona física)"*, *"Don/Doña nombre y apellidos del notario que autorizó la escritura de poder de representación (persona física)"*, el *"fecha de escritura de poder de representación (persona física)"*, con el número *"número de protocolo del notario que autorizó la escritura de poder de representación (persona física)"*.

≺≺

Y

"Don/Doña nombre y apellidos de la parte", mayor de edad, *"estado civil de la parte"* *"... "especificar el régimen económico matrimonial de la parte" ... "*, de nacionalidad *"nacionalidad de la parte"*, con domicilio a estos efectos en *"domicilio de la parte"*, *"...con DNI/NIF número "DNI/NIF de la parte" ... O ... con tarjeta de residencia número "número de tarjeta de residencia de la parte" ... O ... pasaporte número "número de pasaporte de la parte", expedido el "fecha de expedición del pasaporte de la parte" ... O ... "reseñar otros documentos aportados por la parte" ...*", vigente hasta el *"fecha de vigencia de la documentación aportada por la parte"*.

Interviene

❍ Si interviene en su propio nombre:

en su propio nombre y derecho.

MCM 2085 s.

❍ **Si interviene como representante:**

en nombre y representación de *"Don/Doña nombre y apellidos del representado"*, mayor de edad, *"estado civil del representado"*, con domicilio en *"domicilio del representado"* y provisto de D.N.I./N.I.F. número *"DNI/NIF del representado"*, según consta en escritura de poder, otorgada ante el notario de *"lugar donde radica la notaría en la que se autorizó la escritura de poder de representación (persona física)"*, *"Don/Doña nombre y apellidos del notario que autorizó la escritura de poder de representación (persona física)"*, el *"fecha de escritura de poder de representación (persona física)"*, con el número *"número de protocolo del notario que autorizó la escritura de poder de representación (persona física)"*.

LPI art.7, 43, 48, 86 s.

En adelante, conjuntamente los **Autores**.

✍ **Nota:**

*Partimos de la hipótesis de que los **autores** o titulares de derechos son todos ellos personas físicas, supuesto que será el más habitual. Si consideramos el videojuego como una forma de obra audiovisual, podría darse el caso de que hubiera un titular de derechos que fuera una persona jurídica (LPI art.5.2).*

De otra parte,

"Don/Doña nombre y apellidos de la parte", mayor de edad, *"estado civil de la parte"* "... *"especificar el régimen económico matrimonial de la parte"* ... ", de nacionalidad *"nacionalidad de la parte"*, con domicilio a estos efectos en *"domicilio de la parte"*, *"...con DNI/NIF número "DNI/NIF de la parte" ... O ... con tarjeta de residencia número "número de tarjeta de residencia de la parte" ... O ... pasaporte número "número de pasaporte de la parte", expedido el "fecha de expedición del pasaporte de la parte" ... O ... "reseñar otros documentos aportados por la parte"* ... ", vigente hasta el *"fecha de vigencia de la documentación aportada por la parte"*.

Interviene

❍ **Si interviene en su propio nombre:**

en su propio nombre y derecho.

❍ **Si interviene como representante:**

en nombre y representación

❍ Si representa a persona física:

de *"Don/Doña nombre y apellidos del representado"*, mayor de edad, *"estado civil del representado"*, con domicilio en *"domicilio del representado"* y provisto de D.N.I./N.I.F. número *"DNI/NIF del representado"*, según consta en escritura de poder, otorgada ante el notario de *"lugar donde radica la notaría en la que se autorizó la escritura de poder de representación (persona física)"*, *"Don/Doña nombre y apellidos del notario que autorizó la escritura de poder de representación (persona física)"*, el *"fecha de escritura de poder de representación (persona física)"*, con el número *"número de protocolo del notario que autorizó la escritura de poder de representación (persona física)"* de su orden de protocolo.

❍ Si representa a persona jurídica:

de la sociedad mercantil denominada *"denominación social"*, domiciliada en *"domicilio social"*, y con NIF número *"NIF de la sociedad"*, constituida, por tiempo indefinido, mediante escritura otorgada ante el notario de *"lugar donde radica la notaría en la que se autorizó la escritura de poder de representación (persona jurídica)"*, *"Don/Doña nombre y apellidos del notario que autorizó la escritura de poder de representación (persona jurídica)"*, el *"fecha de escritura de poder de representación (persona jurídica)"*, e inscrita en el Registro Mercantil de *"datos de la inscripción registral (localidad del Registro Mercantil, tomo, folio, sección, hoja e inscripción)"*, en su calidad de

MCM 2085 s.

LPI art.7, 43, 48, 86 s.

➤

❍ Si representa como cargo social:

"...administrador único ... O ... administrador solidario ... O ... consejero delegado ... O ... "especificar la representación del cargo social" ... " de la reseñada sociedad, cargo para el que fue nombrado y asegura vigente en escritura otorgada el *"fecha de escritura del nombramiento del cargo"*, ante el notario de *"lugar donde radica la notaría en la que se autorizó la escritura del nombramiento"*, *"Don/Doña nombre y apellidos del notario que autorizó la escritura del nombramiento"*, con el número *"número de protocolo del notario que autorizó la escritura del nombramiento"* de su protocolo, e inscrita en el Registro Mercantil de *"localidad del Registro Mercantil de la escritura de nombramiento"*, en el tomo y hoja arriba indicados.

❍ Si representa como apoderado:

apoderado de la reseñada sociedad, según escritura de poder otorgada a su favor, en *"fecha de escritura del otorgamiento del poder"*, ante el notario de *"lugar donde radica la notaría en la que se autorizó la escritura de poder"*, *"Don/Doña nombre y apellidos del notario que autorizó la escritura de poder"*, con el número *"número de protocolo del notario que autorizó la escritura de poder"* de su protocolo *"...e inscrita en el Registro Mercantil de "localidad del Registro Mercantil de la escritura de poder" ...*", en el tomo y hoja arriba indicados.

En adelante, la **Productora**.

Las partes se reconocen la capacidad legal necesaria para contratar y obligarse y, a tal efecto

EXPONEN:

I. Que la **Productora** es una empresa dedicada a la financiación de obras cinematográficas, estando interesada en adquirir los derechos de propiedad intelectual y los que más adelante se dirán en relación con una determinada obra audiovisual (en adelante, la Obra).

*Aun cuando la **parte productora** puede ser una persona física, en el presente modelo partimos de la hipótesis de que se trata de una persona jurídica, supuesto que será el más habitual. Téngase en cuenta, además, que la obra audiovisual será una obra en colaboración y no una obra colectiva, dada la identificación de autores que se hace en el art.87 LPI y la delimitación de las aportaciones de cada uno.*

II. Que los **Autores** han ideado determinadas actividades creativas cuya conjunción habrá de resultar en la Obra.

III. Que **Autores** y **Productora** están interesados en llegar a un acuerdo para la financiación y producción o realización de la Obra, poniendo la **Productora** los medios necesarios para la consecución de dicho fin, con el fin de proceder a su comercialización, mientras que los **Autores** aportarían su actividad creativa.

Por todo ello, las partes acuerdan someterse al presente contrato de producción de obra audiovisual de acuerdo con las siguientes

ESTIPULACIONES:

***"NÚMERO"* Objeto del contrato**

El objeto del presente contrato es la creación original por parte de los **Autores** de la Obra y la cesión a la **Productora** de los derechos de autor sobre las diferentes aportaciones de los **Autores**, a título exclusivo mediante la correspondiente compensación económica.

240

MCM 2085 s.

Asimismo, la **Productora** se compromete a explotar y divulgar la Obra, una vez recibida, en las condiciones económicas establecidas en el presente contrato.

"NÚMERO" **Alcance y ámbito territorial del contrato**

"Apartado"

los autores ceden a **la productora** todos los derechos de propiedad intelectual sobre la Obra y, en particular, los derechos de explotación establecidos en la estipulación 'Cesión de los derechos de autor' y demás que pudieran corresponderles. LPI art.7, 43, 48, 86 s.

"Apartado"

El ámbito territorial al que se extiende el presente contrato será todo el mundo.

Nota:

*Habrá de tener cuidado el autor a la hora de ceder los derechos **para todo el mundo**.*

"NÚMERO" **Autores**

Nota:

*Téngase en cuenta que los **autores de la obra audiovisual** son el director-realizador, los autores del argumento, la adaptación y los del guion o los diálogos, así como los autores de las composiciones musicales, con o sin letra, especialmente creadas para dicha obra (*LPI *art.87). Normalmente, el contrato de producción no es sino un **«acuerdo marco»** donde se prevén y se regulan grosso modo los distintos derechos y obligaciones de las partes (productora y autores), así como los aspectos de financiación que avalarán la producción propiamente dicha de la obra. Los elementos particulares de la negociación son previstos, posteriormente, en **contratos individualizados** con cada uno de los autores. No obstante, este contrato de producción deberá ir firmado por todos los autores.*

Tienen la consideración de **Autores** el director-realizador, los autores del argumento, la adaptación y los del guion o los diálogos, así como los autores de las composiciones musicales especialmente creadas para la Obra.

>>

o Si también se considera autor de la obra literaria al escritor de la obra que ha servido de base del guion:

Nota:

*A título de mero ejemplo, partimos de la inclusión entre los autores del que lo sea de la **obra preexistente** que es transformada para su inclusión en la obra audiovisual. No siempre tendrá que ser así, por lo que será algo a apreciar por quien redacte el contrato.*

También tendrá la consideración de autor *"Don/Doña Nombre y apellidos del autor de la obra base del guion"*, que ha escrito la obra literaria *"título de la obra base del guion"*, la cual ha sido usada como base fundamental para la elaboración del guion de la Obra. Se acuerda por la **Productora** y esta parte la consideración del guion como obra derivada.

"NÚMERO" **Cesión de los derechos de autor**

"Apartado"

Los **Autores** ceden en exclusiva a la **Productora** todos los derechos de autor sobre la Obra y, específicamente, los previstos en los artículos 17 y concordantes de la Ley de Propiedad Intelectual, entre otros los de reproducción, distribución, alquiler, préstamo, comunicación pública, derecho sui generis, puesta a disposición, transformación, derechos de remuneración por copia privada y traducción de la Obra en la forma más amplia posible.

MCM 2085 s.

✍ **Nota:**

*Recuérdese que en Derecho español no se pueden entender cedidos más derechos de los **expresamente previstos** por las partes o de los necesarios para la normal explotación de la obra (*LPI *art.43.2).*

Expresamente, los **Autores** ceden y transmiten a la **Productora** los derechos de traducción de sus aportaciones, si fuese el caso, a cualesquiera idiomas.

LPI art.7, 43, 48, 86 s.

✍ **Nota:**

*Téngase en cuenta que el **traductor** tendrá también unos derechos de propiedad intelectual propios, distintos de los de los autores y que la productora tendrá que negociar con él la cesión de tales derechos.*

"Apartado"

*"Don/Doña Nombre y apellidos (Especificar el **autor de la obra preexistente**.)"*, en concreto, cede además a la **Productora**, expresamente, los derechos de edición gráfica y de representación escénica de la Obra, así como los de subtitulado, doblaje y transformación de la obra titulada *"título de la obra preexistente"*, para su uso en la forma acordada en este contrato.

✍ **Nota:**

*Es interesante incluir esta cláusula u otra similar en el contrato de producción. La Ley señala que, salvo pacto en contrario, el **autor de la obra preexistente** conservará su derecho a explotarla en forma de edición gráfica y de representación escénica y que, en todo caso, podrá disponer de ella para otra obra audiovisual a los 15 años de haber puesto su aportación a disposición del productor (*LPI *art.*89*).*

"Apartado"

Sin perjuicio de lo dispuesto en los apartados anteriores, los **Autores** ceden a la **Productora** los derechos de explotación sobre la Obra en relación, entre otras, con las siguientes modalidades de explotación y medios de difusión:

a) La edición en forma impresa, ya sea en forma de libro, fascículo, folleto o cualquier otra análoga, sin distinción de colecciones, formatos o calidades.

b) La edición en forma electrónica

✍ **Nota:**

*Aquí puede especificarse todo lo que se quiera respecto de los **modos de explotación** objeto de la cesión.*

c) La puesta a disposición al público de bases de datos a través de medios de telecomunicación.

d) Las obras literarias, artísticas o científicas derivadas de la Obra incluidas las traducciones y adaptaciones, las revisiones, actualizaciones y anotaciones, los compendios, resúmenes y extractos, los arreglos y, en general, cualesquiera transformaciones, adaptaciones o modificaciones en la forma de la Obra.

"Apartado"

Los **Autores** ceden igualmente a la **Productora** sus derechos de explotación de fijación, reproducción, distribución, comunicación pública, puesta a disposición y derivación respecto del subtitulado y doblaje de la Obra.

✍ **Nota:**

*Sin perjuicio de los derechos que corresponden a los autores, por el contrato de producción audiovisual **se presumirán cedidos** en exclusiva al productor, con las limitaciones establecidas en la Ley, los derechos de reproducción, distribución y comunicación pública, así como los de doblaje o subtitulado de la obra (*LPI *art.*88*). Es necesario pues establecer una cláusula lo más exhaustiva posible para clarificar debidamente los derechos y obligaciones de todas las partes en este contrato. Con esta presunción se trata de facilitar al productor la explotación de la obra audiovisual en casos en los que las partes no hubiesen especificado el radio de acción de la cesión de los derechos. En esta materia nuestra Ley se ha colocado, consecuentemente, a mitad de camino entre un sistema puro de titularidad de los derechos en manos de los autores y otro sistema puro de atribución de la totalidad de los derechos al productor (como es el caso del Derecho anglosajón).*

240

MCM 2085 s.

"Apartado"
Los **Autores** autorizan expresamente a la **Productora** para que esta pueda ceder a tercero cualesquiera derechos de explotación a los que se refiere este contrato, ya sea de forma exclusiva o no, ya sea sobre todo o parte de la Obra.

 **Nota:**

*Esta cláusula es importante en la medida en que solamente pueden **cederse a terceros** los derechos de propiedad intelectual si expresamente así se pacta.*

LPI art.7, 43, 48, 86 s.

"Apartado"
Los **Autores** no podrán disponer de sus respectivas aportaciones creativas de forma aislada en ningún caso.

 **Nota:**

*Téngase presente que se establece una presunción, según la cual, salvo estipulación en contrario, los autores podrán **disponer de su aportación en forma aislada**, siempre que no se perjudique la normal explotación de la obra audiovisual (*LPI *art.88.2). Está por definir qué debe entenderse por "normal explotación de la obra audiovisual": las opiniones son discrepantes, aunque parece entenderse que se produce dicha circunstancia cuando se lesiona un derecho de exclusiva o se destina la aportación individual de cada uno de los autores a otra obra audiovisual.*

"NÚMERO" Recibimiento de la Obra

"Apartado"
Los **Autores** deberán entregar a la **Productora** los textos preparados de acuerdo con el plan de obra especificado en el Anexo *"número del Anexo: PLAN DE LA OBRA"* 'PLAN DE LA OBRA' y de acuerdo con el calendario previsto en el mismo.

 **Nota:**

*Puede especificarse dicho **plan de trabajo**, que son las fechas y condiciones de entrega que el productor quiera acordar con los autores. En otras palabras, el contrato suele incorporar el plan de negocio de la producción.*
*En el contrato de encargo de creación artística se cumple con entregar una obra de **calidad objetiva adecuada**, no sujeto a la aprobación o gusto del comitente (AP Granada 27-12-21, EDJ 879243 y AP Madrid 8-5-03).*

"Apartado"
El plan de obra mencionado en el Anexo *"número del Anexo: PLAN DE LA OBRA"* 'PLAN DE LA OBRA' podrá ser ampliado. El nuevo plan de obra previsto en esta Estipulación, será considerado como parte integrante del presente contrato. A estos efectos, el Anexo *"número del Anexo: PLAN DE LA OBRA"* 'PLAN DE LA OBRA' será substituido por el plan de obra operante en cada momento.

 **Nota:**

*La **ampliación del plan de obra** a otros títulos, es potestativo.*

"Apartado"
Cuando cada uno de los **Autores** haya realizado la prestación creativa a la que está obligado, de acuerdo con este contrato, la **Productora** verificará la calidad y contenido de la Obra antes de darle su aprobación y tenerla por recibida.

 **Nota:**

*Podrá pactarse la **aceptación del texto** por la productora como requisito para la plena efectividad de las obligaciones del contrato.*

A estos efectos, la **Productora** podrá nombrar a un productor ejecutivo que supervise las labores creativas y coordine su entrega.

MCM 2085 s.

"Apartado"
Los **Autores** se comprometen expresamente a respetar las directrices establecidas por la **Productora** en el plan de obra. En caso de que las prestaciones creativas entregadas por los **Autores** no cumplan con lo exigido por el plan de obra, la **Productora** lo comunicará por escrito a los **Autores**, quienes se comprometen a incluir las modificaciones oportunas.

LPI art.7, 43, 48, 86 s.

"Apartado"
En el contrato de dirección entre la **Productora** y el director-realizador quedarán definidos los criterios de terminación de la Obra. El resto de **Autores** será consultado, debiendo en cualquier caso prestar su colaboración en la realización definitiva de la Obra.

"Apartado"
En caso de aportación insuficiente e injustificada de cualquiera de los **Autores** o por causa de fuerza mayor, la **Productora** podrá utilizar la parte de la prestación creativa ya realizada, sin perjuicio de la remuneración que corresponda a dicho autor. proporcional al servicio prestado y con respeto en todo caso de las facultades morales del autor sobre su aportación.

Nota:

El contenido de esta cláusula coincide básicamente con lo dispuesto en LPI *art.*91.

"NÚMERO" **Responsabilidad de los Autores**

"Apartado"
Los **Autores** responden frente a la **Productora** de la originalidad de la Obra, y específicamente, de lo siguiente:

Nota:

Algunas de estas limitaciones rigen igualmente en el caso del ***contrato de edición****.*

a) Del uso pacífico de la Obra y sus elementos, incluidos sus títulos.

b) De la titularidad de los derechos de explotación sobre la Obra.

c) De que la explotación de la Obra por parte de la **Productora** no vulnerará ningún interés o derecho de tercero.

d) De que la Obra no contenga nada que pudiera infringir los derechos al honor, intimidad personal y familiar o la propia imagen de terceros, ni resulte calumnioso, ni injurioso, ni dé lugar a responsabilidades civiles, penales o administrativas.

Nota:

Esta cláusula es importante en lo que se refiere al ***guionista****, ya que su obra es más susceptible de estar basada en vidas públicas o en hechos notorios que afecten a personas particulares. Eventualmente, podrá tener también aplicación la legislación en materia de protección de derechos personalísimos del honor, intimidad personal y familiar, e imagen (*LO 1/1982.

"Apartado"
Los **Autores** indemnizarán a la **Productora** por todos los daños sufridos en caso de reclamación o imposición de sanción, indemnización o penalización que hubiese de satisfacer la **Productora**, incluyéndose en dicha indemnización los gastos y costas que se deriven conocidamente de todo ello.

240

"NÚMERO" Protección de la Obra. Mención de autores

"Apartado"
La **Productora** queda facultada para: MCM 2085 s.

a) Adoptar cuantas medidas tecnológicas de protección se estimen oportunas, sean las mismas aplicables a formatos analógicos o digitales.

b) Ejercer cuantas acciones legales sean precisas para el mejor ejercicio y defensa de los derechos que la **Productora** adquiere. No obstante, si resulta necesario, los **Autores** se comprometen a suscribir y proporcionar cuantos documentos sean convenientes, citándose, a título meramente enunciativo, poderes para pleitos, sean generales o especiales. LPI art.7, 43, 48, 86 s.

c) Anteponer a su nombre el símbolo ©, y en su caso, el símbolo (p) en todos y cada uno de los ejemplares de la Obra, con precisión del lugar y año de divulgación de la misma, y dejando constancia clara de que los derechos sobre la Obra objeto de este contrato le están reservados.

"Apartado"
En la Obra, así como en todos los ejemplares que se distribuyen de la misma, aparecerá de modo visible el nombre y cargo de los **Autores**.

"NÚMERO" 'Secuelas', 'precuelas' y 'remakes' de la Obra

"Apartado"
Los **Autores** ceden a la **Productora** los mismos derechos de explotación a que se refiere la Estipulación Cuarta de este contrato en relación con las 'secuelas', las 'precuelas' y los eventuales 'remakes' que la **Productora** tenga la intención de realizar de la Obra.

Nota:

*Dados los hábitos actuales de la industria cinematográfica, cada vez suele ser más frecuente hacer **"segundas partes" (secuelas) o "primeros capítulos" (precuelas)** de las obras cinematográficas con mayor éxito. En la medida en que se trata de obras diferentes y en las que otros autores suelen ser requeridos, es más que aconsejable que la productora afiance la cesión de los derechos en relación con la obra "primera". Normalmente, estaríamos ante las secuelas o precuelas, tipos de obra que cabría identificar con obras derivadas o adaptaciones. Habiendo adquirido el derecho correspondiente de transformación, entendemos que el productor ostenta también el derecho a producir obras como las señaladas.*

"Apartado"
Los **Autores** ceden igualmente los derechos para las versiones teatrales y televisivas de la Obra.

Nota:

*Del mismo modo a como sucedía en el caso anterior, es habitual ceder los derechos sobre las **versiones teatrales y televisivas**. En este sentido, téngase en cuenta lo importante que es ceder el derecho de transformación, ya que tanto en una como en otra versión pueden añadirse nuevos personajes, suprimirse otros, etc., con lo que se afecta la integridad de la obra de origen. Cabría incluso la posibilidad de una versión musical de una obra audiovisual o viceversa, en cuyo caso habría que prever la posibilidad de una cesión de los derechos para explotación escénica.*

"NÚMERO" Plazos para la comercialización de la Obra

 **Nota:**

*Denominados, en el argot, **"ventanas"**.*

MCM 2085 s.

LPI art.7, 43, 48, 86 s.

"Apartado"

La Obra se comercializará según el siguiente calendario:

a) La exhibición en cines y salas de proyección pública de obras cinematográficas: a partir de *"fecha inicial de exhibición"* hasta *"fecha final de exhibición"*.

✍ **Nota:**

*Lo normal será que incluso se especifique la **sucesión temporal** de la explotación para cada uno de los territorios en los que previsiblemente va a ser explotada la obra. Téngase en cuenta que el comienzo de explotación de la obra audiovisual en un territorio puede ser (de hecho, lo es) anterior a la que se produzca en otro territorio.*

b) La distribución de la Obra en formatos de video y audio para su alquiler y/o préstamo: *"número de meses para iniciar la distribución en video"* meses después la fecha indicada en el apartado anterior en último término y durante los *"número de meses para distribuir la Obra en video"* meses siguientes.

c) La comunicación pública de la Obra en canales privados de radiodifusión y plataformas digitales, siempre y cuando la recepción esté sujeta al pago de una cantidad de dinero determinada y la emisión, transmisión o retransmisión se produzca a través de un sistema de codificación, dentro de los *"número de meses para la comunicación en canales privados"* meses siguientes a la finalización de la fecha indicada en último lugar.

d) La comunicación pública de la Obra en canales abiertos de radiodifusión y/o plataformas digitales cuyas emisiones, transmisiones o retransmisiones no estén sujetas a ningún tipo de pago y sean en abierto, durante los *"número de años para la comunicación en canales abiertos"* años siguientes a la finalización del plazo indicado en el párrafo anterior.

e) La explotación de la Obra en series, colecciones y selecciones escogidas, durante los *"número de años para la explotación en series, colecciones y selecciones escogidas"* años siguientes a la finalización del plazo indicado en el párrafo anterior.

"Apartado"

La comercialización de las diversas ediciones de la Obra podrá ser realizada directamente por la **Productora** o por quien esta autorice al efecto en el ejercicio de los derechos que adquiere en virtud del presente contrato.

***"NÚMERO"* Remuneración**

"Apartado"

La contraprestación total a percibir por los **los autores** en relación con la primera edición de la Obra se especifica en el Anexo *"número del Anexo: REMUNERACIÓN DE LOS AUTORES"* del presente contrato. Dicha contraprestación se hará efectiva cuando los **los autores** entreguen a **la productora** la Obra completa y terminada, de acuerdo con lo establecido en el Anexo *"número del Anexo: REMUNERACIÓN DE LOS AUTORES"* al presente contrato.

✍ **Nota:**

*Recuérdese que, de acuerdo con la Ley, los supuestos de remuneración **a tanto alzado** son muy pocos y deben ser interpretados restrictivamente. El autor tiene derecho a una remuneración equitativa por la explotación de sus composiciones (*AP Madrid 22-12-11, *EDJ 327479). En el Anexo puede referenciarse el plazo de entrega de la remuneración debida al autor, intereses, etc.*

Téngase en cuenta, asimismo, que, de acuerdo con el RDL 24/2021, se modificó el art.110 LPI y se permite que tanto el autor, como el artista intérprete o ejecutante puedan solicitar la revisión por remuneración no equitativa. Concretamente, si en la cesión se produjese una manifiesta desproporción entre la remuneración inicialmente pactada por el autor en comparación con la totalidad de los ingresos subsiguientes derivados de la explotación de las obras obtenidos por el cesionario o su derechohabiente.

"Apartado"
los autores deberán presentar a **la productora** las liquidaciones de la Obra, señalando el nombre, dirección, N.I.F. y cuantos otros datos personales de **los autores** sean precisos, así como la cuantía de la remuneración devengada por cada uno de ellos.

MCM 2085 s.

***"NÚMERO"* Duración**
La cesión de los derechos de propiedad intelectual a que se refiere el presente contrato se hace a perpetuidad, por todo el tiempo previsto conforme a Derecho antes de que los mismos pasen a dominio público.

LPI art.7, 43, 48, 86 s.

***"NÚMERO"* Otros**

"Apartado"
La determinación de la forma de presentación de la Obra corresponde a la **Productora**. A tal efecto, la **Productora** podrá adaptar las aportaciones de los **Autores** con respeto de sus facultades morales.

"Apartado"
La **Productora** podrá incorporar la Obra o parte de la misma a cualesquiera otras obras literarias, artísticas o científicas, incluidas las colecciones de obras, como las antologías, así como a cualquier colección de obras o datos que, por su elección y disposición, o por cualquier otro motivo, puedan constituir obras protegidas, ya sea como bases de datos o de cualquier otra forma.

Nota:

*Es importante incluir este tipo de cláusulas ya que de otro modo el autor podría recurrir dicha incorporación por ir en contra de sus **facultades morales de integridad**.*

"Apartado"
Los **Autores** otorgan a favor de la **Productora** un derecho preferente de adquisición sobre nuevas modalidades de utilización o modos de difusión que en el futuro puedan aparecer y que en la fecha de firma del presente contrato sean desconocidos.

"Apartado"
Los **Autores** se comprometen a colaborar con la **Productora** en la difusión, promoción y publicidad de la Obra, participando en entrevistas con medios de comunicación social, cediendo a la **Productora** sus derechos de imagen, voz y nombre a tal efecto, y asistiendo a los actos publicitarios que la **Productora** señale y concrete en su momento, de acuerdo con lo establecido en los respectivos contratos con los **Autores**.

***"NÚMERO"* Terminación del contrato**
El presente contrato quedará extinguido por las siguientes causas:

a) El mutuo acuerdo de las partes.

b) La muerte o imposibilidad física de alguno de **los autores**, salvo que su actividad pueda ser retomada por otra persona.

c) El incumplimiento, por cualquiera de las partes, de alguna de las condiciones estipuladas, sin perjuicio de la acción judicial que para el resarcimiento de daños y perjuicios sea procedente.

Y en prueba de conformidad, ambas partes firman el presente contrato, que se extiende en dos ejemplares, igualmente originales, en el lugar y fecha indicados en su encabezamiento.

LA PRODUCTORA **LOS AUTORES**

MCM 2085 s.

LPI art.7, 43, 48, 86 s.

ANEXO *"NÚMERO DEL ANEXO: PLAN DE LA OBRA"*

Plan de la Obra
"especificar el Plan de la Obra"

ANEXO *"NÚMERO DEL ANEXO: REMUNERACIÓN DE LOS AUTORES"*

Remuneración de los Autores
"especificar plazos de entrega de la remuneración, intereses"

Post-producción de obra audiovisual

Nota preliminar:

- La obra audiovisual se concibe como una **obra en colaboración**. Se define esta como aquella formada a partir de la aportación o colaboración de varios autores, siendo el resultado final un todo unitario. La diferencia fundamental con la obra colectiva reside no sólo en que la obra en colaboración surge de la colaboración de varios sujetos cuyas voluntades se unen entre sí, sino también porque las diferentes aportaciones son identificables, pudiéndose determinar cuál es la aportación de cada coautor. Esta figura se asemeja, en realidad, a la de la comunidad de bienes (LPI art.7.4).

- El contrato de post-producción es un **contrato auxiliar** al de producción de obra audiovisual. Este contrato tiene por objeto regular las obligaciones de las partes de cara al montaje final de la obra audiovisual. Téngase en cuenta que normalmente se rueda y fija la obra en miles de metros de película, muchos de los cuales son descartados. Además, deberá montarse la banda sonora y los diálogos. Todas estas labores se llevan a cabo en la fase de post-producción.

- Una cuestión debatida es hasta qué punto la **post-producción modifica la obra**, debiéndose entender que los derechos morales solo se ejercen sobre la versión final de la obra, de acuerdo con lo pactado entre el director y el productor (LPI art.92.1). Aparte, nos encontramos el problema de si quien realiza dicha labor de post-producción aporta alguna creatividad a la obra. En la práctica, dado que dicho trabajo es realizado solo o fundamentalmente por el director no parece que sea probable que surjan disputas respecto de la autoría de la obra audiovisual.

- El modelo presupone unas circunstancias determinadas que serán las más frecuentes. Si en el caso concreto existen circunstancias particulares no previstas, deberá completarse o modificarse el modelo adaptándolo a las mismas.

En *"localidad"*, a *"fecha"*

REUNIDOS:

De una parte,

"Don/Doña nombre y apellidos de la parte", mayor de edad, *"estado civil de la parte" "... "especificar el régimen económico matrimonial de la parte" ... "*, de nacionalidad *"nacionalidad de la parte"*, con domicilio a estos efectos en *"domicilio de la parte"*, *"...con DNI/NIF número "DNI/NIF de la parte"... O ... con tarjeta de residencia número "número de tarjeta de residencia de la parte" ... O ... pasaporte número "número de pasaporte de la parte", expedido el "fecha de expedición del pasaporte de la parte" ... O ... "reseñar otros documentos aportados por la parte" ... "*, vigente hasta el *"fecha de vigencia de la documentación aportada por la parte"*.

Y de otra parte,

"Don/Doña nombre y apellidos de la parte", mayor de edad, *"estado civil de la parte" "... "especificar el régimen económico matrimonial de la parte" ... "*, de nacionalidad *"nacionalidad de la parte"*, con domicilio a estos efectos en *"domicilio de la parte"*, *"...con DNI/NIF número "DNI/NIF de la parte"... O ... con tarjeta de residencia número "número de tarjeta de residencia de la parte" ... O ... pasaporte número "número de pasaporte de la parte", expedido el "fecha de expedición del pasaporte de la parte" ... O ... "reseñar otros documentos aportados por la parte" ... "*, vigente hasta el *"fecha de vigencia de la documentación aportada por la parte"*.

MCM 2085 s.

INTERVIENEN:

A. *"Don/Doña nombre y apellidos del representante"*, en nombre y representación de la sociedad mercantil denominada *"denominación social"*, domiciliada en *"domicilio social"*, y con NIF número *"NIF de la sociedad"*, constituida, por tiempo indefinido, mediante escritura otorgada ante el notario de *"lugar de la notaría en la que se autorizó la constitución de la sociedad"*, *"Don/Doña nombre y apellidos del notario que autorizó la constitución de la sociedad"*, el *"fecha de escritura de constitución de la sociedad"*, e inscrita en el Registro Mercantil de *"datos de la inscripción registral de la sociedad (localidad del Registro Mercantil, tomo, folio, sección, hoja e inscripción)"*, en su calidad de

➤➤

○ **Si representa como cargo social:**

"...administrador único ... O ... administrador solidario ... O ... consejero delegado ... O ... "especificar la representación del cargo social" ... " de la reseñada sociedad, cargo para el que fue nombrado y asegura vigente en escritura otorgada el *"fecha de escritura del nombramiento del cargo"*, ante el notario de *"lugar donde radica la notaría en la que se autorizó la escritura del nombramiento"*, *"Don/Doña nombre y apellidos del notario que autorizó la escritura del nombramiento"*, con el número *"número de protocolo del notario que autorizó la escritura del nombramiento"* de su protocolo, e inscrita en el Registro Mercantil de *"localidad del Registro Mercantil de la escritura de nombramiento"*, en el tomo y hoja arriba indicados.

○ **Si representa como apoderado:**

apoderado de la reseñada sociedad, según escritura de poder otorgada a su favor, en *"fecha de escritura del otorgamiento del poder"*, ante el notario de *"lugar donde radica la notaría en la que se autorizó la escritura de poder"*, *"Don/Doña nombre y apellidos del notario que autorizó la escritura de poder"*, con el número *"número de protocolo del notario que autorizó la escritura de poder"* de su protocolo *"...e inscrita en el Registro Mercantil de "localidad del Registro Mercantil de la escritura de poder" ... "*, en el tomo y hoja arriba indicados.

➤➤

En adelante, **la productora**.

✍ **Nota:**

Aun cuando la ***parte productora*** *puede ser una persona física, en el presente modelo partimos de la hipótesis de que se trata de una persona jurídica, supuesto que será el más habitual.*

B. *"Don/Doña nombre y apellidos del representante"*, en nombre y representación de la sociedad mercantil denominada *"denominación social"*, domiciliada en *"domicilio social"*, y con NIF número *"NIF de la sociedad"*, constituida, por tiempo indefinido, mediante escritura otorgada ante el notario de *"lugar de la notaría en la que se autorizó la constitución de la sociedad"*, *"Don/Doña nombre y apellidos del notario que autorizó la constitución de la sociedad"*, el *"fecha de escritura de constitución de la sociedad"*, e inscrita en el Registro Mercantil de *"datos de la inscripción registral de la sociedad (localidad del Registro Mercantil, tomo, folio, sección, hoja e inscripción)"*, en su calidad de

➤➤

○ **Si representa como cargo social:**

"...administrador único ... O ... administrador solidario ... O ... consejero delegado ... O ... "especificar la representación del cargo social" ... " de la reseñada sociedad, cargo para el que fue nombrado y asegura vigente en escritura otorgada el *"fecha de escritura del nombramiento del cargo"*, ante el notario de *"lugar donde radica la notaría en la que se autorizó la escritura del nombramiento"*, *"Don/Doña nombre y apellidos del notario que autorizó la escritura del nombramiento"*, con el número *"número de protocolo del notario que autorizó la escritura del nombramiento"* de su protocolo, e inscrita en el Registro Mercantil de *"localidad del Registro Mercantil de la escritura de nombramiento"*, en el tomo y hoja arriba indicados.

 **Si representa como apoderado:**

apoderado de la reseñada sociedad, según escritura de poder otorgada a su favor, en *"fecha de escritura del otorgamiento del poder"*, ante el notario de *"lugar donde radica la notaría en la que se autorizó la escritura de poder"*, *"Don/Doña nombre y apellidos del notario que autorizó la escritura de poder"*, con el número *"número de protocolo del notario que autorizó la escritura de poder"* de su protocolo *"...e inscrita en el Registro Mercantil de "localidad del Registro Mercantil de la escritura de poder" ..."*, en el tomo y hoja arriba indicados.

<<

En adelante, **la empresa**.

 **Nota:**

*Igualmente, presuponemos que la **empresa encargada de la post-producción** es una persona jurídica, supuesto que será el más habitual.*

Las partes se reconocen la capacidad legal necesaria para contratar y obligarse y, a tal efecto

EXPONEN:

I. Que la **Productora** tiene intención de llevar a cabo la producción audiovisual de una *"tipo de obra audiovisual"* denominada *"título de la Obra"* (en adelante, la Obra) *"...compuesta de "especificar número de episodios" episodios de "especificar duración de cada episodio" de duración cada uno de ellos, que tratará sobre "especificar temática de los episodios"..."*.

Nota:

*Puede tratarse de **cualquier tipo de obra audiovisual**: un largometraje, una serie, un documental, un cortometraje, un videoclip, etc. Por suponer uno de los supuestos más complejos, en este modelo y en lo que se refiere a algunos efectos, presuponemos que la obra en cuestión es una serie compuesta de siete episodios.*

>>

 **Si se indica el autor del guion original:**

Dicha Obra está basada en el guion original de *"Don/Doña Nombre y apellidos del autor del guion original"* del cual la **Productora** es titular de todos los derechos de propiedad intelectual.

<<

II. Que la **Empresa** dispone de los medios materiales y humanos necesarios para la ejecución técnica de la Obra para su posterior reproducción, distribución, comunicación pública así como su explotación y comercialización por parte de la **Productora**.

III. Que la **Productora** desea encomendar a la **Empresa** la ejecución técnica de la Obra, de acuerdo con las siguientes

ESTIPULACIONES:

"NÚMERO" **Objeto del presente contrato**

La **Empresa** deberá llevar a cabo todas las labores técnicas necesarias y adecuadas para la grabación, el montaje, producción y post-producción completa de la Obra, de manera que todo este material pueda ser utilizado comercialmente por la **Productora** y así pueda ser visualizado y percibido en condiciones razonables por parte del público en general.

La labor a desarrollar por la **Empresa** será llevada a cabo de acuerdo con las directrices técnicas y dentro del marco de desarrollo previamente establecido por la **Productora**.

A este respecto la **Empresa** recibirá instrucciones de *"Don/Doña Nombre y apellidos del Productor o su representante"* o el representante que la **Productora** designe.

245

MCM 2085 s.

La **Empresa** se atendrá en todo momento a estas directrices, no pudiendo llevar a cabo su cometido al margen de las mismas sin antes consultarlo con la **Productora** y haber obtenido su autorización expresa y por escrito.

La **Empresa** asume toda responsabilidad por el desplazamiento de sus empleados y asesores dentro y fuera de España en el desarrollo y ejecución de este contrato.

Nota:

*Se excluye así cualquier **responsabilidad** por parte de la productora en materia de legislación laboral.*

"NÚMERO" **Remuneración**

"Apartado"

El presupuesto total de la producción de la Obra será de *"cantidad del presupuesto de Obra, en letra"* euros (*"cantidad del presupuesto de Obra, en número"* €), más el IVA correspondiente.

"Apartado"

Dicho importe será desembolsado en metálico como contraprestación a la **Empresa** en el plazo y condiciones indicadas seguidamente:

Nota:

*A estos efectos, se presupone que la obra es una **serie** que consta de seis episodios, más un séptimo episodio-resumen.*

a) *"cantidad por cada episodio, en letra"* euros (*"cantidad por cada episodio, en número"* €), más el IVA correspondiente, por cada uno de los 6 episodios de los que se compone la serie.

b) El séptimo episodio del que se compone la serie no tendrá conste alguno para la **Productora** ya que consistirá en un resumen de los seis episodios anteriores

"Apartado"

A los efectos oportunos, la **Empresa** declara que el presente **contrato** constituye la más perfecta y eficaz carta de pago a favor de la **Productora** de esta cantidad.

"Apartado"

Una vez completado el primer episodio en los términos que se indicarán posteriormente, la **Productora** abonará por adelantado a la **Empresa** el importe del siguiente episodio del que se compondrá la siguiente expedición y así sucesivamente.

"Apartado"

La **Productora** tendrá la facultad de control de la administración y gestión financiera de la ejecución técnica de la Obra, con posibilidad de acceder a toda la documentación laboral, mercantil y económica de la misma.

"NÚMERO" **Colaboración entre las partes**

Nota:

*Es aconsejable incluir este tipo de cláusulas, ya que las labores de post-producción implican una gran labor de **colaboración entre las partes**.*

Las partes, en su interés de colaboración y cooperación en la ejecución y desarrollo del presente contrato, entienden adecuado y de máxima importancia el establecimiento entre ellas de estrechas relaciones de colaboración. En este sentido, las partes acuerdan mantener una total y permanente comunicación entre ellas de manera tal que la transmisión de información, de decisiones, ideas, etc. relativas a la ejecución de la Obra sea fluida.

"NÚMERO" **Derechos de propiedad intelectual/industrial**

Nota:

Aunque el laboratorio de post-producción no tiene por qué arrogarse ***derechos de propiedad intelectual****, en la medida en que no realiza ninguna actividad creativa. Revísese lo dicho al comienzo de este capítulo.*

"Apartado"

Las partes declaran que la **Productora** es titular en exclusiva de todos los derechos de propiedad intelectual e industrial que pudieran existir sobre la totalidad y las partes de la Obra, las imágenes, el texto y los sonidos registrados durante la Obra y, como consecuencia, de la producción u Obra en su conjunto.

"Apartado"

La **Productora** es igualmente titular en exclusiva de la propiedad del negativo y de la totalidad de los derechos de explotación de la Obra, para todo el mundo, por el máximo de tiempo que la legislación otorga, incluyendo, además de los derechos de explotación televisiva a través de cualquier medio o por cualquier sistema televisivo (incluidos televisión por ondas hertzianas, por cable y por satélite), la explotación en salas de exhibición, la explotación videográfica de la Obra en formato de DVD, CD ROM, videojuegos, Blue-ray, etc., o cualquier otro soporte similar, así como de los derechos de reproducción, distribución, comunicación pública, doblaje o subtitulado de la Obra, transformación o puesta a disposición en bases de datos.

Nota:

Aunque este tipo de formatos se encuentra hoy día en claro ***desuso, subsistiendo, prácticamente, el DVD y el Blue-ray****, aconsejamos su inclusión con el fin de aclarar los modos de explotación cedidos (LPI art.43.2).*

>>

o Si se incluye la enumeración de derechos de la Productora:

"Apartado"

En particular, y con mero carácter enunciativo, la **Productora** será titular de los siguientes derechos:

Nota:

Es una ***enumeración a modo de ejemplo*** *que incluso podría no incluirse.*

a) El derecho de reproducción de la Obra para su comunicación pública y distribución en todo tipo de salas de exhibición cinematográfica, se exija o no el pago de una entrada.

b) El derecho de reproducción, comunicación pública y distribución videográfica, en todo tipo de sistema, ya sea en régimen de alquiler o de venta directa. Se incluye el compactdisc interactivo (CDI) el vídeo digital interactivo (DVI), el DVD, el CD ROM, el Blue-ray y el DIVX.

c) El derecho de reproducción de la Obra para su distribución y comunicación pública en barcos, aeronaves, autobuses y trenes.

d) El derecho de reproducción y comunicación pública televisiva de la Obra, comprendiendo todas las modalidades de televisión gratuita y de pago. Se incluyen expresamente los métodos de transmisión televisiva vía hertziana, cable y satélite.

e) Las emisiones y retransmisiones televisivas denominadas 'Master Antenna Systems' (MATV), 'Satellite Master Antenna Systems' (SMATV), 'MultiPrint Distribution System' (MDS) y televisión de baja potencia (LPTV).

f) El 'PayPerView' el 'Video on Demand' y el 'Near Video on Demand', así como cualquier sistema de recuperación electrónica.

g) Los derechos de transformación, doblaje, subtitulado y remake de la Obra.

MCM 2085 s.

h) Los derechos de remuneración que la legislación sobre propiedad intelectual confiera a los productores audiovisuales, como la copia privada, retransmisión por cable y comunicación pública de la Obra en lugares accesibles al público mediante cualquier instrumento idóneo.

"Apartado"
El ejercicio de los derechos de explotación se efectuará sin otras limitaciones que el respeto al derecho moral de los autores y demás límites que establezca la Ley.

"Apartado"
Cuantos ingresos se produzcan por la explotación mundial de la Obra por todos los conceptos, tal y como se establece en esta cláusula, serán de la **Productora**.

"Apartado"
Se incluyen entre los rendimientos de la Obra todos aquellos que provengan de premios tanto estatales como extranjeros, subvenciones y, en general, cualquier otro rendimiento distinto de los recogidos como derechos de explotación en la Ley.

"Apartado"
A efectos del presente contrato, se entienden comprendidos dentro del concepto Obra, los negativos, internegativos, negativos de trailers, trailers, sonido (banda sonora), copias y demás materiales y soportes físicos relacionados con la misma en su sentido más amplio, incluidos sin limitación, y a título enunciativo, fotografía, posters, afiches, demás material publicitario o divulgativo, así como todo el material necesario para realizar, en su caso, el doblaje o subtitulado de la Obra.

"Apartado"
La **Empresa** carecerá de cualquier derecho de propiedad intelectual/industrial sobre dichos registros y la Obra, en la medida en que su prestación consiste en la mera ejecución técnica, necesaria y precisa para el definitivo y correcto montaje en post-producción de la Obra de cara a su emisión.

"Apartado"
En cualquier caso, si en el desarrollo de la labor que tiene encomendada, la **Empresa** pudiera llegar a arrogarse algún derecho de propiedad intelectual sobre dichos registros y la Obra, se entendería que lo cede en exclusiva a la **Productora** de manera conjunta a cambio de la prestación que se paga a aquélla en virtud del presente contrato, para todo el mundo, por el máximo de tiempo que la legislación otorga. A los efectos oportunos, la **Empresa** declara que el presente contrato constituye la más perfecta y eficaz carta de pago en favor de la **Productora**.

"Apartado"
La **Empresa** tampoco ostentará derecho de mera propiedad alguno sobre el material sonoro, visual o físico, que le proporcione la **Productora** o sobre aquél en el que se plasme definitivamente la versión final de la Obra. Se entiende que, por virtud del presente contrato, la **Empresa** vende tales derechos a la **Productora**. A los efectos oportunos, la **Empresa** declara que el presente contrato constituye la más perfecta y eficaz carta de pago en favor de la **Productora**.

"NÚMERO" **Obligaciones de las partes**

"Apartado"
La **Empresa** se compromete a la ejecución técnica, esto es, a la grabación, montaje y demás labores de producción y post-producción de la Obra. El rodaje de la Obra objeto de este contrato está previsto que se inicie el *"fecha de inicio del rodaje de la Obra"*.

"Apartado"
La **Empresa** deberá entregar todo el material, registrando las imágenes, texto y sonido grabado durante la producción y la Obra terminada, a la **Productora**, en condiciones técnicas razonables y en el plazo que se establece en la estipulación octava. Un listado de dichas condiciones técnicas se adjunta a este contrato como Anexo *"número del Anexo: CONDICIONES TÉCNICAS"*'CONDICIONES TÉCNICAS'.

 **Nota:**

*En este tipo de condiciones deberán señalarse los **aspectos técnicos** de los soportes a los que se ha incorporado la obra audiovisual.*

"Apartado"
Los costes en los que incurra la **Empresa**, como consecuencia de la realización de este proyecto, serán financiados de acuerdo con lo establecido en la estipulación segunda de este contrato.

"NÚMERO" **Garantías de las partes**

"Apartado"
La **Empresa** se responsabiliza frente a la **Productora** de obtener la autorización expresa, previa y por escrito del respectivo titular o titulares de derechos, imágenes, composiciones musicales, texto, y en general, cualesquiera obras o prestaciones en el montaje y demás labores de pre-producción, producción o post-producción de la Obra, en el ámbito de ejecución establecido en el presente contrato.

"Apartado"
La **Empresa** se responsabiliza y mantendrá indemne a la **Productora**, a sus administradores, directores, asociados, empleados y agentes de cualesquiera daños o lesiones que pudieran derivarse de la utilización indebida de derechos, imágenes, composiciones musicales, texto, y en general, cualesquiera obras o prestaciones en la grabación, el montaje y demás labores de producción de la Obra, en el ámbito de ejecución establecido en el presente contrato, cuando no gocen de la autorización expresa, previa y por escrito, del respectivo titular o titulares de derechos.

"Apartado"
La **Empresa** no se responsabiliza de cualesquiera daños o lesiones que pudieran derivarse por la entrega por parte de la **Productora**, de material para el montaje o labores de post-producción, sin constar con las autorizaciones y consentimientos necesarios de los respectivos titulares de derechos en el caso de que los hubiera.

"NÚMERO" **Seguro**
La **Empresa** manifiesta que está cubierta, por una compañía de seguros de reconocido prestigio internacional, con un seguro suficiente para cubrir cuantos daños a bienes o a personas puedan derivarse de la pre-producción, producción o post-producción de la Obra (en especial el seguro de responsabilidad civil y el seguro sobre el negativo).

La **Empresa** mantendrá indemne a la **Productora** de cualquier reclamación que pueda surgir como consecuencia de las labores de la **Empresa** en la pre-producción, producción y post-producción de la Obra.

"NÚMERO" **Entrega**

"Apartado"
La **Empresa** deberá entregar en las condiciones técnicas que se detallan en el Anexo *"número del Anexo: CONDICIONES TÉCNICAS"*'CONDICIONES TÉCNICAS' de este contrato:

 **Nota:**

*A estos efectos, se presupone que la obra es una **serie** que consta de seis episodios, más un séptimo episodio-resumen.*

MCM 2085 s.

a) Un conjunto de 6 episodios con una duración de *"duración de cada episodio"*, los cuales deberán entregarse correspondientemente locutados y editados para su emisión. La Obra deberá entregarse en el domicilio de la **Productora**, no más tarde del *"fecha máxima de entrega de la Obra a la Productora"*.

b) Un séptimo episodio de una duración de *"duración del séptimo episodio"*, el cual deberá entregarse correspondientemente locutado y editado para su emisión. Este episodio deberá igualmente entregarse en el domicilio de la **Productora**, no más tarde del *"fecha máxima de entrega del séptimo episodio"*.

"Apartado"

La **Productora** se reserva el derecho de realizar, por sí misma o por terceros, supervisar o ejecutar el montaje final de la Obra, al objeto de asegurar y comprobar que la misma reúne todos los aspectos de calidad que caracterizan las producciones de la **Productora**.

Y en prueba de conformidad, ambas partes firman el presente contrato, que se extiende en dos ejemplares, igualmente originales, en el lugar y fecha indicados en su encabezamiento.

LA PRODUCTORA **LA EMPRESA**

ANEXO ***"NÚMERO DEL ANEXO: CONDICIONES TÉCNICAS"***

Condiciones técnicas

"listado de condiciones técnicas"

250

Dirección-realización

MCM 2145 s.

Nota preliminar:

- La **obra audiovisual** se concibe como una obra en colaboración. Se define esta como aquella formada a partir de la aportación o colaboración de varios autores, siendo el resultado final un todo unitario. La diferencia fundamental con la obra colectiva reside no sólo en que la obra en colaboración surge de la colaboración de varios sujetos cuyas voluntades se unen entre sí, sino también porque las diferentes aportaciones son identificables, pudiéndose determinar cuál es la aportación de cada coautor. Esta figura se asemeja, en realidad, a la de la comunidad de bienes (LPI art.7.4). En ningún caso, cabría calificar a la obra audiovisual como obra colectiva, naturaleza que no se corresponde con el Derecho de propiedad intelectual español.

LPI art.7, 43, 48 y 86 s

Respecto del **compromiso de dirigir las dos obras audiovisuales**, no constan elementos básicos del contrato como el precio a pagar al demandado y la cesión de derechos de propiedad intelectual que deberían definirse en el ulterior contrato, por lo que la futura dirección de las obras ni era una obligación exigible, ni tampoco integraban un precontrato o promesa de contrato (AP Madrid 13-11-15, EDJ 243043).

El **director** es el creador y el técnico más importante de la obra cinematográfica, es quien se encarga de narrar en imágenes asociadas la historia que se quiere relatar, es decir, es quien trasforma el lenguaje escrito del guion en un lenguaje diferente como es el de imágenes. Por lo tanto, el director es el narrador en imágenes de la obra. Al director se le reconoce una posición de preeminencia sobre todos los demás creadores y artistas que participan en la película. Por ello es quien tiene la "decisión final" sobre las cuestiones creativas de la película. Una de las **facultades** que lo definen como director es lo que se conoce como el "corte final" (*final cut*). El director de la obra cinematográfica es quien toma la decisión final sobre cómo ha de quedar materializada la idea creadora. Por lo tanto, cualquiera que sea la originalidad de la aportación creativa de un miembro del equipo de la película, si no tiene aquella capacidad de decisión final no será el director. Si la idea o aportación ha de ser validada por el director para su incorporación a la obra, ese creador no tiene la condición de director. Por ejemplo, no tiene la consideración de director-realizador el **director de fotografía**, por importante que sea su aportación, está subordinado a las decisiones del director (AP Barcelona 21-9-17, EDJ 193683).

En el contrato de encargo de creación artística se cumple con entregar una obra de calidad objetiva adecuada, no sujeto a la aprobación o gusto del comitente (AP Granada 27-12-21, EDJ 879243 y AP Madrid 8-5-03).

- Normalmente, el contrato de producción no es sino un **"acuerdo marco"** donde se prevén y se regulan grosso modo los distintos derechos y obligaciones de las partes (productora y autores), así como los aspectos de **financiación** que avalarán la producción propiamente dicha de la obra. Los elementos particulares de la negociación son previstos en contratos individualizados con cada uno de los autores. El presente modelo recoge el realizado con el director-realizador.

- El modelo presupone unas circunstancias determinadas que serán las más frecuentes. Si en el caso concreto existen circunstancias particulares no previstas, deberá completarse o modificarse el modelo adaptándolo a las mismas.

En *"localidad"*, a *"fecha"*

REUNIDOS:

De una parte,

"Don/Doña nombre y apellidos de la parte", mayor de edad, *"estado civil de la parte" "... "especificar el régimen económico matrimonial de la parte" ... "*, de nacionalidad *"nacionalidad de la parte"*, con domicilio a estos efectos en *"domicilio de la parte"*, *"...con DNI/NIF número "DNI/NIF de la parte" ... O ... con tarjeta de residencia número "número de tarjeta de residencia de la parte" ... O ... pasaporte número "número de pasaporte de la parte", expedido el "fecha de expedición del pasaporte de la parte" ... O ... "reseñar otros documentos aportados por la parte" ... "*, vigente hasta el *"fecha de vigencia de la documentación aportada por la parte"*.

MCM 2145 s.

LPI art.7, 43, 48 y 86 s

De otra parte,

"Don/Doña nombre y apellidos de la parte", mayor de edad, *"estado civil de la parte" "... "especificar el régimen económico matrimonial de la parte" ..."*, de nacionalidad *"nacionalidad de la parte"*, con domicilio a estos efectos en *"domicilio de la parte"*, *"...con DNI/NIF número "DNI/NIF de la parte" ... O ... con tarjeta de residencia número "número de tarjeta de residencia de la parte" ... O ... pasaporte número "número de pasaporte de la parte"*, *expedido el "fecha de expedición del pasaporte de la parte" ... O ... "reseñar otros documentos aportados por la parte" ..."*, vigente hasta el *"fecha de vigencia de la documentación aportada por la parte"*.

INTERVIENEN:

A. *"Don/Doña nombre y apellidos de la parte"*

➤➤

❍ **Si interviene en su propio nombre:**

en su propio nombre y derecho.

❍ **Si interviene como representante:**

en nombre y representación de *"Don/Doña nombre y apellidos del representado"*, mayor de edad, *"estado civil del representado"*, con domicilio en *"domicilio del representado"* y provisto de D.N.I./N.I.F. número *"DNI/NIF del representado"*, según consta en escritura de poder, otorgada ante el notario de *"lugar donde radica la notaría en la que se autorizó la escritura de poder de representación (persona física)"*, *"Don/Doña nombre y apellidos del notario que autorizó la escritura de poder de representación (persona física)"*, el *"fecha de escritura de poder de representación (persona física)"*, con el número *"número de protocolo del notario que autorizó la escritura de poder de representación (persona física)"*.

≺≺

En adelante, **la productora**.

✍ **Nota:**

Aun cuando la ***parte productora*** *puede ser una persona física, en el presente modelo partimos de la hipótesis de que se trata de una persona jurídica, supuesto que será el más habitual.*

B. *"Don/Doña nombre y apellidos de la parte"*

➤➤

❍ **Si interviene en su propio nombre:**

en su propio nombre y derecho.

❍ **Si interviene como representante:**

en nombre y representación

➤

❍ Si representa a persona física:

de *"Don/Doña nombre y apellidos del representado"*, mayor de edad, *"estado civil del representado"*, con domicilio en *"domicilio del representado"* y provisto de D.N.I./N.I.F. número *"DNI/NIF del representado"*, según consta en escritura de poder, otorgada ante el notario de *"lugar donde radica la notaría en la que se autorizó la escritura de poder de representación (persona física)"*, *"Don/Doña nombre y apellidos del notario que autorizó la escritura de poder de representación (persona física)"*, el *"fecha de escritura de poder de representación (persona física)"*, con el número *"número de protocolo del notario que autorizó la escritura de poder de representación (persona física)"* de su orden de protocolo.

MCM 2145 s.

LPI art.7, 43, 48 y 86 s

❍ Si representa a persona jurídica:

de la sociedad mercantil denominada *"denominación social"*, domiciliada en *"domicilio social"*, y con NIF número *"NIF de la sociedad"*, constituida, por tiempo indefinido, mediante escritura otorgada ante el notario de *"lugar donde radica la notaría en la que se autorizó la escritura de poder de representación (persona jurídica)"*, *"Don/Doña nombre y apellidos del notario que autorizó la escritura de poder de representación (persona jurídica)"*, el *"fecha de escritura de poder de representación (persona jurídica)"*, e inscrita en el Registro Mercantil de *"datos de la inscripción registral (localidad del Registro Mercantil, tomo, folio, sección, hoja e inscripción)"*, en su calidad de

➤

❍ Si representa como cargo social:

"...administrador único ... O ... administrador solidario ... O ... consejero delegado ... O ... "especificar la representación del cargo social" ..." de la reseñada sociedad, cargo para el que fue nombrado y asegura vigente en escritura otorgada el *"fecha de escritura del nombramiento del cargo"*, ante el notario de *"lugar donde radica la notaría en la que se autorizó la escritura del nombramiento"*, *"Don/Doña nombre y apellidos del notario que autorizó la escritura del nombramiento"*, con el número *"número de protocolo del notario que autorizó la escritura del nombramiento"* de su protocolo, e inscrita en el Registro Mercantil de *"localidad del Registro Mercantil de la escritura de nombramiento"*, en el tomo y hoja arriba indicados.

❍ Si representa como apoderado:

apoderado de la reseñada sociedad, según escritura de poder otorgada a su favor, en *"fecha de escritura del otorgamiento del poder"*, ante el notario de *"lugar donde radica la notaría en la que se autorizó la escritura de poder"*, *"Don/Doña nombre y apellidos del notario que autorizó la escritura de poder"*, con el número *"número de protocolo del notario que autorizó la escritura de poder"* de su protocolo *"...e inscrita en el Registro Mercantil de "localidad del Registro Mercantil de la escritura de poder" ..."*, en el tomo y hoja arriba indicados.

≺

≺

≺≺

En adelante, El **autor**.

Las partes se reconocen la capacidad legal necesaria para contratar y obligarse y, a tal efecto

EXPONEN:

I. Que la **Productora** es una empresa dedicada a la financiación de obras cinematográficas, estando interesada en adquirir los derechos de propiedad intelectual y los que más adelante se dirán en relación con una determinada obra audiovisual (en adelante, la Obra).

II. Que el **Autor** es director-realizador.

 **Nota:**

*Un sector de la jurisprudencia ha calificado como **laboral** el contrato con el director-realizador (*TS *social* 9-3-77; 19-5-86, *EDJ 3323;* TSJ Baleares 2-4-92*). En cambio, en otras sentencias no se encuentra relación laboral (*TS 19-1-87; 5-6-84*). Creemos que la diferencia podría encontrarse en si el director es contratado habitualmente por una misma productora para la dirección (p.e., en el caso de documentales o series).*

La circunstancia de que, por razones de oportunidad, los verdaderos coautores (Srs. Carlos Francisco y Luis Antonio) consintieran en que los demandantes aparecieran en los títulos de créditos del largometraje como coguionistas no altera dicha conclusión: la condición de autor -en este caso de coautor- solamente se adquiere por la realización del acto creativo, esto es, por el alumbramiento de la obra, sin que un mero pacto entre las partes interesadas por el que se consiente en la publicitación de una realidad diferente tenga la virtud de hacer que nazca en alguien tal condición ni los derechos a ella inherentes si no ha existido dicho acto creativo (AP Madrid 19-10-20, EDJ 762098).

MCM 2145 s.

III. Que autores y **Productora** han firmado un contrato de producción de obra audiovisual con fecha *"fecha del contrato de producción audiovisual"* en el que han llegado a un acuerdo básico sobre las condiciones y términos en los que se desarrollará la relación contractual entre ambas partes en lo que a la creación de la Obra se refiere y la aportación del **Autor** a la misma.

IV. Que, habiendo llegado a tal acuerdo antes referido, ambas partes plasman en el siguiente documento algunos aspectos particulares de la relación contractual entre sí.

LPI art.7, 43, 48 y 86 s

Por todo ello, las partes acuerdan someterse al presente contrato de dirección-realización con las siguientes

ESTIPULACIONES:

Primera. Objeto del contrato

El objeto del presente contrato es regular los aspectos contractuales relativos a la creación original por parte del **Autor** de una aportación a la Obra y la cesión a la **Productora** de los derechos de autor correspondientes sobre la misma, a título exclusivo y mediante la correspondiente compensación económica.

La aportación creativa del **Autor** a la Obra consistirá en la selección de las tomas y escenas que conformen la Obra, de acuerdo con el guion de la misma, y su fijación en un soporte determinado con la finalidad de que la Obra sea proyectada en salas públicas de exhibición, por medio de la comunicación pública de la Obra a través de medios de radiodifusión y su distribución por medio de formatos de vídeo y audio.

Nota:

*El Tribunal Supremo ha considerado que la aportación del demandante, **encargado de la documentación** necesaria para posteriormente desarrollar el guion, no le convertía en coautor -guionista-, en la medida en que el contrato que había celebrado con el productor era un contrato de obra y no de producción. Para el Tribunal Supremo, la aportación del demandante consistía en una obra independiente y preexistente a la obra audiovisual, pero no propiamente parte de la obra audiovisual (*TS 29-6-95, *EDJ 244880).*
*Se ha considerado el formato de **televisión** como obra audiovisual (*TS 22-10-14, *EDJ 220756).*

El **Autor** colaborará, asimismo, en la elección de exteriores y el diseño de interiores para el rodaje de la Obra, y en el diseño del *story board.*

Nota:

*Normalmente el **director** y el **guionista** desarrollan una serie de imágenes, dibujos que forman el embrión esquemático de la obra, la trama de la misma en dibujos, que luego serán desarrollados en la escenificación propiamente dicha de la obra. Este es el story board.*

Segunda. Alcance temporal y ámbito territorial del contrato

2.1.
El **Autor** cede a la **Productora** todos los derechos de propiedad intelectual a que se refiere la Estipulación Tercera y demás que pudieran corresponderle a perpetuidad y, en todo caso, por todo el tiempo establecido en la legislación aplicable, antes de que la aportación del **Autor** pase a dominio público.

2.2.
El ámbito territorial al que se extiende el presente contrato será todo el mundo.

Tercera. Cesión de derechos de propiedad intelectual

3.1.
El **Autor** cede en exclusiva a la **Productora** todos los derechos de autor sobre su aportación a la Obra y, específicamente, los previstos en los artículos 17 y concordantes de la Ley de Propiedad Intelectual, esto es, entre otros, los de reproducción, distribución, alquiler, préstamo, comunicación pública, derecho sui generis, puesta a disposición, transformación, derechos de remuneración por copia privada y traducción de su aportación a la Obra, en la forma más amplia posible.

250

 **Nota:**

*Recuérdese que en Derecho español no se pueden entender cedidos más derechos de los **expresamente previstos** por las partes o de los necesarios para la normal explotación de la obra (*LPI *art.*43.*2).* MCM 2145 s.

3.2.
Por lo demás, las partes se remiten al contrato de producción audiovisual firmado entre las mismas con fecha *"fecha del contrato de producción audiovisual"*.

3.3. LPI art.7, 43, 48 y 86 s
El **Autor** cede igualmente a la **Productora** sus derechos de explotación de fijación, reproducción, distribución, comunicación pública, puesta a disposición y derivación respecto del subtitulado y doblaje de la Obra.

 **Nota:**

*Sin perjuicio de los derechos que corresponden al autor, por el contrato de producción de la obra audiovisual, **se presumen cedidos** en exclusiva al productor, con las limitaciones establecidas en la Ley, los derechos de reproducción, distribución y comunicación pública, así como los de doblaje o subtitulado de la obra (*LPI *art.*88*). Es necesario pues establecer una cláusula lo más exhaustiva posible para clarificar debidamente los derechos y obligaciones de todas las partes en este contrato. Con esta presunción se trata de facilitar al productor la explotación de la obra audiovisual en casos en los que las partes no hayan especificado el radio de acción de la cesión de los derechos. Nuestra Ley se ha colocado, en esta materia, a mitad de camino entre un sistema puro de titularidad de los derechos en manos del autor y otro sistema puro de atribución de la totalidad de los derechos al productor (como es el caso del Derecho anglosajón).*

3.4.
El **Autor** no podrá disponer de su aportación creativa en forma aislada en ningún caso.

Nota:

*Aunque se trata de una mención ya incluida en el **contrato de producción audiovisual**, lo cierto es que es conveniente hacer referencia a la misma de nuevo en este contrato.*
*Es **difícil encontrar un supuesto** de la realidad que se adecúe a la posibilidad ex art.7 LPI de que un autor pueda, al contrario de lo que señala la cláusula que proponemos, explotar independientemente su aportación intelectual siempre y cuando no perjudique la explotación de la obra en colaboración. ¿Quizás la explotación editorial del guion? ¿La explotación de la edición musical de la banda sonora de la obra audiovisual creada específicamente para ella?*

Cuarta. Recibimiento de la Obra
En lo que al recibimiento y entrega de la aportación del **Autor** se refiere, se estará a lo pactado entre este y la **Productora** en el contrato de producción audiovisual, firmado entre ambas partes en fecha de *"fecha del contrato de producción audiovisual"*.

Quinta. Responsabilidad del Autor
En cuanto a la responsabilidad del **Autor**, se estará a lo pactado entre este y la **Productora** en el contrato de producción audiovisual, firmado entre ambas partes en fecha de *"fecha del contrato de producción audiovisual"*.

Sexta. Mención del Autor
El nombre del **Autor** aparecerá en los títulos de crédito de la Obra, en lugar destacado de los mismos, de forma diferenciada al resto de autores de la Obra, así como en cada uno de los ejemplares que se distribuyan de la Obra en soporte vídeo o audio.

MCM 2145 s.

LPI art.7, 43, 48 y 86 s

Séptima. 'Secuelas', 'precuelas' y 'remakes' de la Obra

7.1.
El **Autor** cede a la **Productora** los mismos derechos de explotación a que se refiere la Estipulación Tercera de este contrato en relación con las 'secuelas', las 'precuelas' y los eventuales 'remakes' que la **Productora** tenga la intención de realizar de la Obra.

Nota:

Dados los hábitos actuales de la industria cinematográfica, cada vez suele ser más frecuente hacer ***"segundas partes" (secuelas) o "primeros capítulos" (precuelas)*** *de las obras cinematográficas con mayor éxito. En la medida en que se trata de obras diferentes y en las que otros autores suelen ser requeridos, es más que aconsejable que la productora afiance la cesión de los derechos en relación con la obra "primera".*

7.2.
El **Autor** cede igualmente los derechos para las versiones teatrales y televisivas de la Obra.

Nota:

Del mismo modo a como sucedía en el caso anterior, es habitual ceder los derechos sobre las ***versiones teatrales y televisivas****. En este sentido, téngase en cuenta lo importante que es ceder el derecho de transformación, ya que tanto en una como en otra versión pueden añadirse nuevos personajes, suprimirse otros, etc., con lo que se afecta la integridad de la obra de origen.*
Cabe entender que dentro del derecho de transformación se incluyen las ***secuelas*** *y las* ***precuelas****, no siendo estrictamente necesario mencionar tales formas de expresión entre los derechos cedidos.*

Octava. Remuneración

8.1.
En cuanto a la remuneración a recibir por el **Autor** por la prestación de sus servicios y demás aspectos formales relacionados con su pago, se estará a lo dispuesto en el contrato de producción audiovisual firmado entre las partes en fecha de *"fecha del contrato de producción audiovisual"*.

8.2.
La remuneración recibida por el **Autor** se entenderá sin perjuicio de la que tenga derecho a percibir en aquellos casos en que, de acuerdo con lo dispuesto en la Ley de Propiedad Intelectual, exista gestión de derechos colectiva obligatoria.

Nota:

En el caso de los autores, véase lo previsto en LPI *art.20.4, 25 y 90.2 a 4. Nótese que, en los casos allí referidos, el* ***deudor de las cantidades*** *no es la productora, sino el usuario que realice la concreta explotación, esto es, la retransmisión por cable, la fabricación del soporte, el alquiler del soporte al que haya quedado incorporado la obra -remuneración equitativa-, la sala de exhibición pública en la que se explote la obra o quien lleve a cabo la proyección, exhibición o transmisión de la obra, sin exigir un precio de entrada. Se trata de un derecho de remuneración irrenunciable distinto del exclusivo que ha cedido al productor. El art.90.4 no permite excluir de su radio de acción la transmisión que se realiza vía satélite (*AP Madrid 16-7-07, *EDJ 197711).*

Novena. Realización de la Obra. Terminación

9.1.
De acuerdo con lo establecido en el contrato de producción audiovisual firmado entre las partes, de fecha *"fecha del contrato de producción audiovisual"*, y necesitando consulta y aprobación del resto de autores, se entiende que la versión definitiva de la Obra será la que salga de la post-producción y edición.

MCM 2145 s.

✍ **Nota:**

El director-realizador queda obligado a la realización de la obra según la ***versión definitiva*** *de la misma, según lo acordado entre él y el productor. Llama la atención que el legislador haya excluido de la plasmación de esta versión definitiva a los guionistas, cuando estos gozan de una importancia relevante a la hora de definir la expresión final de la obra audiovisual. Los criterios para determinar cuándo una obra audiovisual está terminada pueden ser diversos: determinada fecha, el rodaje de la obra de acuerdo con el guion, el término del rodaje, el término de las labores de post-producción... Si nada se establece en el contrato con el director-realizador, habría de estarse a la voluntad de las partes, deducida del contrato y a las circunstancias de creación de la obra.*

LPI art.7, 43, 48 y 86 s

9.2.
El **Autor** podrá llevar a cabo las modificaciones y alteraciones del guion de la Obra que estime oportunas en atención al tipo de explotación de que se trate y siempre y cuando no sean modificaciones sustanciales.

✍ **Nota:**

El director-realizador puede llevar a cabo ***modificaciones circunstanciales o accidentales*** *que requiera el medio, pero no puede llevar a cabo modificaciones sustanciales sin contar con la autorización del autor que corresponda (*TS 23-4-98*, con respecto a un guion televisivo).*

Décima. Medios necesarios para la realización de la Obra. Gastos

✍ **Nota:**

Dentro de este tipo de cláusulas puede incluirse una que se refiera a la necesidad de contratar un determinado ***guionista*** *o* ***autor de banda sonora****, o determinado* ***artista intérprete o ejecutante****. Es discutible hasta qué punto este tipo de cláusulas son admisibles y no chocan contra el carácter irrenunciable de los derechos morales. Sin embargo, cabría entender que son legales puesto que toda la regulación sobre obra audiovisual tiene por objetivo asegurar la comercialización de la obra y sacrificar, hasta cierto punto, los derechos de los titulares concernidos, acaso en la idea de que este tipo de obra tiene una vocación que traspasa lo estético para situarse más bien en el ámbito de la explotación comercial o industrial.*

10.1.
La **Productora** deberá poner a disposición del **Autor** todos los medios técnicos, humanos, de infraestructura de hospedaje y viaje, y económicos para que el **Autor** pueda desarrollar su labor creativa.

10.2.
La **Productora** queda igualmente obligada a contratar y recabar todos los permisos y autorizaciones que sean necesarios para que tenga lugar el rodaje efectivo de la Obra hasta conseguir la versión definitiva de la misma. Lo anterior regirá especialmente en relación con el rodaje de exteriores. No obstante, si por causas de fuerza mayor u otras, no fuese posible la obtención de los permisos administrativos o de otro tipo que fuesen necesarios, la **Productora** quedará exenta de responsabilidad para con el **Autor**, pudiendo aquélla elegir otros exteriores o alterar el guion de la Obra de manera tal que pueda rodarse la versión definitiva de la misma.

10.3.
Correrán de cuenta de la **Productora** los gastos derivados del traslado y hospedaje a los lugares de rodaje del **Autor**.

Undécima. Publicidad

11.1.
El **Autor** se compromete a colaborar con la **Productora** en la difusión, promoción y publicidad de la Obra, participando en entrevistas con medios de comunicación social, cediendo a la **Productora** sus derechos de imagen, voz y nombre a tal efecto, y asistiendo a los actos publicitarios que la **Productora** señale y concrete en su momento, de acuerdo con lo establecido en los respectivos contratos con el **Autor**.

MCM 2145 s.

11.2.
Específicamente, el **Autor** cede a la **Productora** los derechos necesarios para que esta pueda rodar los 'cómo-se-hizo', 'trailers' y obras similares.

Nota:
Es aconsejable incluir este tipo de cláusulas, ya que estos programas son cada día más habituales.

LPI art.7, 43, 48 y 86 s

"Número" Terminación del contrato
El presente contrato quedará extinguido por las siguientes causas:

a) El mutuo acuerdo de las partes.

b) La muerte o imposibilidad física de alguno de **la productora**, salvo que su actividad pueda ser retomada por otra persona.

c) El incumplimiento, por cualquiera de las partes, de alguna de las condiciones estipuladas, sin perjuicio de la acción judicial que para el resarcimiento de daños y perjuicios sea procedente.

Y en prueba de conformidad, ambas partes firman el presente contrato, que se extiende en dos ejemplares, igualmente originales, en el lugar y fecha indicados en su encabezamiento.

LA PRODUCTORA **EL AUTOR**

Creación de guion

LPI art.17 a 25, 43 s. y 86 s.; CC art.1090 s

Nota preliminar:

- La **obra audiovisual** se concibe como una obra en colaboración. Se define esta como aquella formada a partir de la aportación o colaboración de varios autores, siendo el resultado final un todo unitario. La diferencia fundamental con la obra colectiva reside no sólo en que la obra en colaboración surge de la colaboración de varios sujetos cuyas voluntades se unen entre sí, sino también porque las diferentes aportaciones son identificables, pudiéndose determinar cuál es la aportación de cada coautor. Esta figura se asemeja, en realidad, a la de la comunidad de bienes (LPI art.7.4). En ningún caso, cabría calificar a la obra audiovisual como obra colectiva, naturaleza que no se corresponde con el Derecho de propiedad intelectual español.

En el contrato de encargo de creación artística se cumple con entregar una obra de calidad objetiva adecuada, no sujeto a la aprobación o gusto del comitente (AP Granada 27-12-21, EDJ 879243 y AP Madrid 8-5-03).

- Normalmente, el contrato de producción no es sino un **"acuerdo marco"** donde se prevén y se regulan grosso modo los distintos derechos y obligaciones de las partes (productora y autores), así como los aspectos de **financiación** que avalarán la producción propiamente dicha de la obra. Los elementos particulares de la negociación son previstos en contratos individualizados con cada uno de los autores. El presente modelo recoge el realizado con el guionista.

- El modelo presupone unas circunstancias determinadas que serán las más **frecuentes**. Si en el caso concreto existen circunstancias particulares no previstas, deberá completarse o modificarse el modelo adaptándolo a las mismas.

En *"localidad"*, a *"fecha"*

REUNIDOS:

De una parte,

"Don/Doña nombre y apellidos de la parte", mayor de edad, *"estado civil de la parte" "... "especificar el régimen económico matrimonial de la parte" ... "*, de nacionalidad *"nacionalidad de la parte"*, con domicilio a estos efectos en *"domicilio de la parte"*, *"...con DNI/NIF número "DNI/NIF de la parte"... O ... con tarjeta de residencia número "número de tarjeta de residencia de la parte" ... O ... pasaporte número "número de pasaporte de la parte", expedido el "fecha de expedición del pasaporte de la parte" ... O ... "reseñar otros documentos aportados por la parte" ... "*, vigente hasta el *"fecha de vigencia de la documentación aportada por la parte"*.

De otra parte,

"Don/Doña nombre y apellidos de la parte", mayor de edad, *"estado civil de la parte" "... "especificar el régimen económico matrimonial de la parte" ... "*, de nacionalidad *"nacionalidad de la parte"*, con domicilio a estos efectos en *"domicilio de la parte"*, *"...con DNI/NIF número "DNI/NIF de la parte"... O ... con tarjeta de residencia número "número de tarjeta de residencia de la parte" ... O ... pasaporte número "número de pasaporte de la parte", expedido el "fecha de expedición del pasaporte de la parte" ... O ... "reseñar otros documentos aportados por la parte" ... "*, vigente hasta el *"fecha de vigencia de la documentación aportada por la parte"*.

MCM 2165 s.

INTERVIENEN:

A. *"Don/Doña nombre y apellidos del representante"*, en nombre y representación de la sociedad mercantil denominada *"denominación social"*, domiciliada en *"domicilio social"*, y con NIF número *"NIF de la sociedad"*, constituida, por tiempo indefinido, mediante escritura otorgada ante el notario de *"lugar de la notaría en la que se autorizó la constitución de la sociedad"*, *"Don/Doña nombre y apellidos del notario que autorizó la constitución de la sociedad"*, el *"fecha de escritura de constitución de la sociedad"*, e inscrita en el Registro Mercantil de *"datos de la inscripción registral de la sociedad (localidad del Registro Mercantil, tomo, folio, sección, hoja e inscripción)"*, en su calidad de

LPI art.17 a 25, 43 s. y 86 s.; CC art.1090 s

>>

❍ **Si representa como cargo social:**

"...administrador único ... O ... administrador solidario ... O ... consejero delegado ... O ... "especificar la representación del cargo social" ... " de la reseñada sociedad, cargo para el que fue nombrado y asegura vigente en escritura otorgada el *"fecha de escritura del nombramiento del cargo"*, ante el notario de *"lugar donde radica la notaría en la que se autorizó la escritura del nombramiento"*, *"Don/Doña nombre y apellidos del notario que autorizó la escritura del nombramiento"*, con el número *"número de protocolo del notario que autorizó la escritura del nombramiento"* de su protocolo, e inscrita en el Registro Mercantil de *"localidad del Registro Mercantil de la escritura de nombramiento"*, en el tomo y hoja arriba indicados.

❍ **Si representa como apoderado:**

apoderado de la reseñada sociedad, según escritura de poder otorgada a su favor, en *"fecha de escritura del otorgamiento del poder"*, ante el notario de *"lugar donde radica la notaría en la que se autorizó la escritura de poder"*, *"Don/Doña nombre y apellidos del notario que autorizó la escritura de poder"*, con el número *"número de protocolo del notario que autorizó la escritura de poder"* de su protocolo *"...e inscrita en el Registro Mercantil de "localidad del Registro Mercantil de la escritura de poder" ... "*, en el tomo y hoja arriba indicados.

<<

En adelante, **la productora**.

Nota:

Aun cuando la ***parte productora*** *puede ser una persona física, en el presente modelo partimos de la hipótesis de que se trata de una persona jurídica, supuesto que será el más habitual.*

B. *"Don/Doña nombre y apellidos de la parte"*

>>

❍ **Si interviene en su propio nombre:**

en su propio nombre y derecho.

❍ **Si interviene como representante:**

en nombre y representación de *"Don/Doña nombre y apellidos del representado"*, mayor de edad, *"estado civil del representado"*, con domicilio en *"domicilio del representado"* y provisto de D.N.I./N.I.F. número *"DNI/NIF del representado"*, según consta en escritura de poder, otorgada ante el notario de *"lugar donde radica la notaría en la que se autorizó la escritura de poder de representación (persona física)"*, *"Don/Doña nombre y apellidos del notario que autorizó la escritura de poder de representación (persona física)"*, el *"fecha de escritura de poder de representación (persona física)"*, con el número *"número de protocolo del notario que autorizó la escritura de poder de representación (persona física)"*.

<<

En adelante, **el guionista**.

 255

Las partes se reconocen la capacidad legal necesaria para contratar y obligarse y, a tal efecto

EXPONEN:

I. Que la **Productora** es titular de los derechos de propiedad intelectual e industrial sobre la obra *"título de la Obra"* (en lo sucesivo, la Obra), necesarios para su explotación en el territorio. MCM 2165 s.

II. Que la Obra requiere la existencia de determinados mensajes lingüísticos sonoros, entre los que se citan a título meramente enunciativo los monólogos, los diálogos o las narraciones 'en off' (en adelante, el Guion).

III. Que la **Productora** desea encargar al **Guionista** la redacción del Guion, así como su colaboración activa en el rodaje de la Obra junto con el Director de la misma y en el diseño del denominado 'story board'. LPI art.17 a 25, 43 s. y 86 s.; CC art.1090 s

IV. Que la **Productora** y el **Guionista** han suscrito un contrato de producción de obra audiovisual con fecha *"fecha del contrato de producción audiovisual"* en el que se exponen las condiciones y términos básicos que han de regir la relación contractual entre las partes en este contrato y el director y el autor de la banda sonora especialmente creada para la Obra.

V. Que ambas partes suscriben el presente documento como desarrollo del contrato mencionado en el expositivo anterior.

De conformidad con todo ello, las partes celebran en este acto el presente contrato de creación de guion, sujetándose a las siguientes

ESTIPULACIONES:

PRIMERA. Objeto del contrato

 **Nota:**

El contrato de guionista o para la ***creación de guion****, así como el contrato de* ***creación de composición musical*** *son contratos diferentes, si bien la única diferencia apreciable entre ambos reside en el objeto que persiguen cada uno, siendo en un caso la creación del guion y en el otro la composición de la música de la obra audiovisual.*

1.1.

El objeto del presente contrato es la ejecución por parte del **Guionista** de la creación del Guion, con sujeción a cuantas indicaciones, directrices e instrucciones le imparta la **Productora**, en cualquier forma, verbal o escrita.

1.2.

Se entiende por Guion el desarrollo extenso de un argumento, junto con los diálogos, descripciones de personajes, localización de exteriores e interiores, cuyo fin es la consecución de un conjunto de elementos para su ensamblaje en la creación de la Obra.

Nota:

Se entiende por ***guion*** *el desarrollo extenso de un argumento, destinado a convertirse en una historia, incluyendo la expresión escrita (y dibujada, en el caso de un "story board"), detallada y ordenada, de "todos" los elementos que habrán de ser convertidos en imágenes y sonidos, en el transcurso del rodaje y post-producción de la película (J. Most: "Manual práctico para iniciarse como director de cine", Cims, 1998).*

1.3.

El **Guionista** deberá, asimismo, colaborar en el diseño y creación del 'story board' junto con el director de la Obra, entendiendo por tal concepto el conjunto de imágenes principales de las escenas de la Obra, dibujadas y explicadas brevemente como nexo de unión entre las distintas partes de los diálogos.

MCM 2165 s.

LPI art.17 a 25, 43 s. y 86 s.; CC art.1090 s

1.4.

La creación del Guion se concibe por ambas partes como una obligación de resultado, sujeta a la aprobación definitiva de la **Productora**.

Nota:

*El Tribunal Supremo ha considerado que la **aportación** del demandante, encargado de la documentación necesaria para posteriormente desarrollar el guion, no le convertía en coautor (guionista), en la medida en que el contrato que había celebrado con el productor era un contrato de obra y no de producción. Para el Alto Tribunal la aportación del demandante consistía en una obra independiente y preexistente a la obra audiovisual, pero no propiamente parte de la obra audiovisual (*TS 29-6-95, *EDJ 244880). La* AP Madrid 11-10-05, *EDJ 241009, atribuye derechos de autor como guionista al creador de la "biblia" o guion original, donde se establecen las ideas generales de la obra audiovisual.*

SEGUNDA. Derechos de propiedad intelectual cedidos

Nota:

*Se ha preferido incluir los **derechos de explotación** definidos en la Ley de Propiedad Intelectual con algunas modificaciones relevantes en cuanto a los derechos cedidos, sobre todo, en lo relativo a los modos o modalidades de explotación de la obra (esto es, de la aportación de cada uno de los autores). La redacción de esta cláusula puede ser, por tanto, más sencilla, si se opta por una remisión general a los respectivos artículos de la Ley.*

El **Guionista** cede a la **Productora**, con carácter exclusivo y con el ámbito territorial que se indica en la Estipulación Tercera, los derechos de explotación de propiedad intelectual sobre el guion, con la máxima extensión, duración e intensidad permitida por la Ley. En concreto, el **Guionista** cede los siguientes derechos:

a) Derecho de fijación, entendiendo por tal el hecho de incorporar el Guion a cualquier tipo de soporte, tangible o intangible y, en particular, a los que contengan el Guion o la Obra. Este derecho cedido incluye la grabación o registro lógico del Guion en un ordenador, CD, DVD o Blue-ray o soporte similar.

b) Derecho de reproducción, entendiendo por tal el hecho de obtener una o varias copias, en número limitado o ilimitado pero conocido, del soporte al que haya quedado incorporado el Guion, y así poder proceder a su explotación comercial. Este derecho incluye la reproducción del Guion en cualquiera de los soportes que la **Productora** utilice en su tráfico para la explotación de la Obra, tales como los que permiten la exhibición de la Obra en salas de cine u otras formas de comunicación pública, los formatos de vídeo doméstico y profesional, así como los que posibilitan la distribución de la Obra, en los términos que seguidamente se especifican.

c) Derecho de distribución, entendiendo por tal la puesta a disposición del público del original o de las copias del Guion, por sí o incluido en la Obra, mediante venta, alquiler, préstamo o de cualquier otra forma. Específicamente, ambas partes acuerdan incluir en este derecho la incorporación del Guion a la Obra en cualquier formato que la **Productora** decida utilizar para la explotación de esta, y, entre otros, los que posibiliten la exhibición de la Obra en salas de cine u otras formas de comunicación pública, los formatos de video doméstico y profesional, etc., ya se efectúe la distribución del Guion individualmente o en el de la Obra, ya consideradas cada una de ellas aisladamente, ya en el conjunto de una selección o colección de obras.

d) Derecho de comunicación pública, entendiendo por tal todo acto por el cual una pluralidad de personas pueda tener acceso a la obra sin previa distribución de ejemplares a cada una de ellas. Son actos de comunicación pública, a título meramente enunciativo, los de exhibición en salas de cine o en estudios profesionales, la emisión por radiodifusión o por cualquier otro medio que sirva para la difusión inalámbrica de signos, sonidos o imágenes (incluida la comunicación por ondas terrestres hertzianas), la comunicación al público vía satélite, la transmisión por hilo, cable, fibra óptica o cualesquiera otros procedimientos análogos, la retransmisión por cable o por radiodifusión y la emisión o transmisión en lugar accesible al público mediante cualquier instrumento idóneo. Expresamente, ambas partes acuerdan que es un acto de comunicación pública, y por tanto incluido en el derecho cedido, la explotación del Guion a través de Internet o de cualquier otra red de similares características -entre otras formas, a través de las técnicas de webcasting, simulcasting y streaming-, con independencia del número de usuarios que puedan tener acceso a dichas redes telemáticas; y, específicamente, que el derecho cedido incluye el llamado derecho de puesta a disposición, definido en el Tratado WCT, firmado en Ginebra el 20 de diciembre de 1996. MCM 2165 s.

e) Derecho de acceso a bases de datos, con independencia de que tal acceso se produzca a distancia por vías telemáticas o informáticas. Expresamente, ambas partes acuerdan que el acto de alojar el Guion por sí o en el conjunto de la Obra, en una base de datos constituye un acto de acceso a una base de datos. LPI art.17 a 25, 43 s. y 86 s.; CC art.1090 s

f) Derecho de transformación, entendiendo por tal cualquier modificación del Guion de la que derive una prestación diferente. Los derechos sobre la obra resultante de la transformación pertenecerán a la **Productora**.

g) Derecho de alquiler y préstamo sobre el Guion.

h) La fijación, reproducción, distribución, comunicación pública y transformación de fragmentos del Guion, para su incorporación a cualquier producción o grabación audiovisual, incluyendo las de carácter publicitario, tales como programas tipo 'cómo-se-hizo', 'trailers' y similares, que la **Productora** o sus causantes en la titularidad sobre la Obra estimen necesario realizar.

Nota:

Es aconsejable incluir este tipo de cláusulas, sobre los programas tipo ***'cómo-se-hizo'***, ***'trailers'***, *etc., ya que estos programas son cada día más habituales. También suele incluirse en la práctica una mención sobre las* ***secuelas*** *o las* ***precuelas***, *si bien podría perfectamente entenderse que con la cesión del derecho de transformación o derivación sería suficiente, y englobaría cualquier posible variación creativa de la obra.*

i) Todos los necesarios para cualquier otra explotación del Guion y, en especial, los de fijación, reproducción, distribución, comunicación pública, transformación, puesta a disposición sobre las 'secuelas', las 'precuelas' y los 'remakes' de la Obra.

TERCERA. Precio

3.1.

Por la realización del Guion, así como por la cesión de todos los derechos de propiedad intelectual a los que se refiere este contrato, especialmente los de Propiedad Intelectual, utilización comercial de la imagen, nombre y, en su caso, voz del **Guionista**, la **Productora** abonará a este la suma de *"cantidad en euros por realizar el Guion y ceder los derechos de propiedad intelectual"* euros.

3.2.

Dicha suma será abonada de la siguiente manera: *"cantidad en euros en la entrega del Guion"* euros a la fecha de entrega del Guion y *"cantidad en letra, tras la aprobación definitiva del Guion"* euros (*"cantidad en número, tras la aprobación definitiva del Guion"* €) al ser aprobado definitivamente el Guion por la **Productora**.

3.3.

El precio acordado comprende la totalidad de costes del **Guionista**, derivados del Guion cuya ejecución es objeto del presente contrato.

3.4.

El precio acordado no incluye los derechos remuneratorios a cuyo cobro tenga derecho el **Guionista** conforme a lo dispuesto en la Ley de Propiedad Intelectual.

MCM 2165 s.

LPI art.17 a 25, 43 s. y 86 s.; CC art.1090 s

Nota:

En el caso de los autores, véase lo dispuesto en LPI *art.20.4, 25 y 90.2 a 4. Nótese que en los casos allí referidos el* ***deudor*** *de las cantidades no es la productora, sino el usuario que realice la concreta explotación, esto es, la retransmisión por cable, la fabricación del soporte, el alquiler del soporte al que haya quedado incorporado la obra -remuneración equitativa-, la sala de exhibición pública en la que se explote la obra o quien lleve a cabo la proyección, exhibición o transmisión de la obra sin exigir un precio de entrada. Se trata de un derecho de remuneración irrenunciable distinto del exclusivo que ha cedido al productor. El art. 90.4 no permite excluir de su radio de acción la transmisión que se realiza vía satélite (*AP Madrid 16-7-07, *EDJ 197711).*

Téngase en cuenta, asimismo, que, de acuerdo con el RDL 24/2021, se modificó el art.110 LPI y se permite que tanto el autor, como el artista intérprete o ejecutante puedan solicitar la revisión por remuneración no equitativa. Concretamente, si en la cesión se produjese una manifiesta desproporción entre la remuneración inicialmente pactada por el autor en comparación con la totalidad de los ingresos subsiguientes derivados de la explotación de las obras obtenidos por el cesionario o su derechohabiente.

CUARTA. Entrega del Guion y otros textos

Nota:

Recuérdese que el guion propiamente dicho consta de ***diversas partes****: idea, sinopsis, tratamiento, escaleta de secuencias, diálogos y "story board".*

El ***argumento*** *es un texto previo al guion que contiene el asunto de la obra, esto es, su parte narrable (*TS 29-6-95, *EDJ 244880). Curiosamente la Ley atribuye la condición de obra al argumento con ser este la mayor parte de las veces una creación de extensión más bien reducida y general.*

4.1.

El **Guionista** deberá entregar una sinopsis del Guion en el plazo de *"plazo en semanas para entrega de la sinopsis del Guion"* semanas siguientes a la firma del presente contrato. En dicha sinopsis el **Guionista** deberá resumir de modo general la idea sobre la que está basada la Obra y el Guion.

4.2.

Una vez aprobada por la **Productora** la sinopsis en el plazo de las *"plazo en semanas para la aprobación de la sinopsis del Guion"* semanas siguientes a la recepción de la misma, la **Productora** se lo hará saber al **Guionista** quien en un plazo de *"número de meses para entrega del tratamiento"* meses siguientes deberá hacer entrega material a la **Productora** del tratamiento.

4.3.

A partir de entonces la **Productora** dispondrá del plazo de *"número de meses para aceptar o no el tratamiento"* meses para decidir si acepta el tratamiento, tal y como ha sido redactado por el **Guionista** o no. En este último caso, el **Guionista** deberá introducir en el tratamiento las modificaciones que la **Productora** le indique a fin de cumplir con las directrices financieras y comerciales previstas en el contrato de producción audiovisual de fecha *"fecha del contrato de producción audiovisual"*.

4.4.

En el caso de que la **Productora** acepte el tratamiento, se lo hará saber al **Guionista** quien dispondrá de *"número de meses para entrega del primer borrador de diálogos"* meses para entregar a la **Productora** un primer borrador de diálogos, a cuya aceptación por parte de la **Productora** deberá entregar un segundo y definitivo borrador de diálogos en el plazo de los *"número de meses para entregar el segundo y definitivo borrador de diálogos"* meses siguientes. Este segundo borrador deberá ir acompañado de un 'story board' en cuyo diseño, como ha quedado dicho, colaborará en todo momento el **Guionista**.

4.5.

El **Guionista** deberá entregar el Guion en el término máximo de *"número máximo de meses para entregar el Guion"* meses, a contar desde la firma del presente contrato.

Nota:

*Habrá que adecuar los **plazos ideales** de la realización del guion al contrato. Es usual en la práctica incluso establecer derechos de opción de compra sobre las partes del guion según se van escribiendo o desarrollando. De esa manera el productor tiene un plan preconcebido mejor diseñado para decidir si desea adquirir el guion o no, según su crecimiento intelectual vaya teniendo lugar.*

MCM 2165 s.

Por expresa voluntad de las partes, se eleva dicho plazo a la categoría de término esencial para el cumplimiento y plena eficacia del presente contrato, actuando su incumplimiento como condición resolutoria expresa del mismo, a instancia de la **Productora**, sin necesidad de previo requerimiento.

LPI art.17 a 25, 43 s. y 86 s.; CC art.1090 s

QUINTA. Ámbito territorial y duración del contrato

El **Guionista** cede los derechos a los que se refiere este contrato con vigencia para todo el mundo y hasta que los mismos pasen completamente a dominio público.

SEXTA. Cesión a terceros de los derechos de propiedad intelectual

Nota:

La finalidad de esta cláusula, conforme con LPI *art.*91, *es evitar que la productora se quede desamparada como consecuencia del **abandono, voluntario o forzoso, del guionista** en la realización y creación del guion, debiendo en esos casos la productora buscar la ayuda alternativa de un tercero. No debería entenderse ilegal dicha cláusula. Es discutible hasta qué punto este tipo de cláusulas son admisibles y no chocan contra el carácter irrenunciable de los derechos morales. Sin embargo, cabría entender que son legales puesto que toda la regulación sobre obra audiovisual tiene por objetivo asegurar la comercialización de la obra y sacrificar, hasta cierto punto, los derechos de los titulares concernidos, acaso en la idea de que este tipo de obra tiene una vocación que traspasa lo estético para situarse más bien en el ámbito de la explotación comercial o industrial.*

El **Guionista** cede a la **Productora** la facultad de ceder y/o transferir, incluso con carácter exclusivo, a terceros, los derechos a los que este contrato se refiere, así como a recabar la colaboración de terceros cualesquiera en la realización de la versión definitiva del Guion, en su caso, o de modificaciones o versiones del mismo.

SÉPTIMA. Garantías y responsabilidades

7.1.

El **Guionista** garantiza a la **Productora** que su aportación es original, que no vulnera derechos de terceros y que no ha realizado ni realizará ningún acto susceptible de impedir o dificultar a la **Productora** el pleno ejercicio pacífico de la totalidad de los derechos cedidos mediante el presente contrato.

7.2.

En consecuencia, el **Guionista** responderá en exclusiva frente a cualquier acción o reclamación de terceros que se produzca con motivo o como consecuencia de la cesión y/o ejercicio de los derechos otorgados a la **Productora** mediante el presente contrato.

7.3.

En concreto, el **Guionista** responde de lo siguiente:

a) Del uso pacífico del Guion y de todos sus elementos, incluidos sus títulos si los tuviera.

b) De la titularidad de los derechos sobre su aportación, que cede en virtud de este contrato.

c) De que la explotación del Guion no vulnerará ningún interés o derecho de tercero, incluidos los de propiedad intelectual, ni tampoco derechos de propiedad industrial.

d) De que el Guion no contiene nada que pueda infringir los derechos al honor, intimidad personal y familiar o la propia imagen de terceros, ni que resulte calumnioso, ni injurioso, o dé lugar a responsabilidades civiles, penales o administrativas. En el caso de que el Guion contuviera algún extremo o afirmación que el **Guionista** considere que pueda generar responsabilidad jurídica de cualquier tipo, lo pondrá por escrito en conocimiento de la **Productora**.

e) De que el Guion no comporta revelación de materiales clasificados ni secretos, ni conlleva la revelación ilícita de secretos comerciales, ni supone incurrir en conductas calificables como de competencia desleal por las normas sobre la materia.

MCM 2165 s.

OCTAVA. Derechos de imagen, voz y nombre

El **Guionista** reconoce y cede a la **Productora** el derecho de usar su imagen, voz y/o nombre en la promoción y difusión publicitaria de la Obra y/o de su aportación así como en cualquier fotografía, cartel, dibujo y, en general, en cualquier elemento de las mismas. Específicamente, autoriza a la **Productora** a usar esos mismos derechos a los fines de llevar a cabo programas promocionales tales como 'cómo-se-hizo', 'trailers' y otros similares.

LPI art.17 a 25, 43 s. y 86 s.; CC art.1090 s

Dicha cesión queda limitada a usar de tales derechos únicamente en conexión con el Guion y, en su caso, con la Obra, para la mejor explotación de uno u otra, incluida la publicidad específica de cada uno de ellos o, en general, de la **Productora**.

NOVENA. Legitimación procesal

Nota:

*Es aconsejable introducir esta cláusula sobre **legitimación procesal** a pesar de lo dispuesto en* LPI *art.*48.

La **Productora** está legitimada para perseguir, con independencia del **Guionista**, las violaciones o infracciones que afecten a los derechos y facultades que le corresponden en su condición de titular exclusivo de los derechos objeto de este contrato. No obstante, el **Guionista** se compromete a prestar su colaboración a tal efecto cuando le sea demandada.

Asimismo, la **Productora** está legitimada para proceder, con independencia del **Guionista**, a la inscripción, en su caso, en el registro público correspondiente, cuantos derechos le han sido cedidos en virtud del presente contrato y sean susceptibles de dicha publicidad registral.

Y en prueba de conformidad, ambas partes firman el presente contrato, que se extiende en dos ejemplares, igualmente originales, en el lugar y fecha indicados en su encabezamiento.

LA PRODUCTORA **EL GUIONISTA**

Creación de composición musical

MCM 2165 s.

LPI art.17 a 25, 43 s. y 86 s.; CC art.1090 s

Nota preliminar:

- La **obra audiovisual** se concibe como una obra en colaboración. Se define esta como aquella formada a partir de la aportación o colaboración de varios autores, siendo el resultado final un todo unitario. La diferencia fundamental con la obra colectiva reside no sólo en que la obra en colaboración surge de la colaboración de varios sujetos cuyas voluntades se unen entre sí, sino también porque las diferentes aportaciones son identificables, pudiéndose determinar cuál es la aportación de cada coautor. Esta figura se asemeja, en realidad, a la de la comunidad de bienes (LPI art.7.4). En ningún caso, cabría calificar a la obra audiovisual como obra colectiva, naturaleza que no se corresponde con el Derecho de propiedad intelectual español.

En el contrato de encargo de creación artística se cumple con entregar una obra de calidad objetiva adecuada, no sujeto a la aprobación o gusto del comitente (AP Granada 27-12-21, EDJ 879243 y AP Madrid 8-5-03).

- Normalmente, el contrato de producción no es sino un **"acuerdo marco"** donde se prevén y se regulan grosso modo los distintos derechos y obligaciones de las partes (productora y autores), así como los aspectos de **financiación** que avalarán la producción propiamente dicha de la obra. Los elementos particulares de la negociación son previstos en contratos individualizados con cada uno de los autores. El presente modelo recoge el realizado con el compositor de la música o banda sonora de la obra audiovisual.

- Normalmente, la labor creativa del autor de la banda sonora específicamente creada para una **obra audiovisual** tiene lugar una vez **creada** esta, a fin de establecer del mejor modo el marco sonoro en que discurre la imagen creativa.

- Nada empece a que haya **varios autores**, aunque no es habitual.

- Si la banda sonora está hecha a partir de obras musicales ya creadas es dudoso que nos encontremos ante un coautor de la obra audiovisual, puesto que faltaría el requisito de la **especificidad creativa** para una determinada obra audiovisual.

- No debe haber dudas de que la realización constituye una **obra protegible como propiedad intelectual**, en la medida en que representa un conjunto expresivo que integra un discurso visual derivado de una secuencia creativa de imágenes y un discurso musical, producto de la selección del autor, que se asocia a aquel según un hilo conductor reconocible, con el aderezo de eslóganes y mensajes sonoros, en una síntesis dotada de peculiaridad y singularidad creativa (AP Madrid 12-1-24, EDJ 516827).

- La **sincronización en una obra audiovisual** es una modalidad de transformación de la obra musical. Se abarcan tanto los supuestos en que la obra musical se incorpora a una obra audiovisual a través de un fonograma en el que previamente se hubiera reproducido, como los casos en que la obra musical se sincroniza en la obra audiovisual mediante interpretación artística que se fija directamente en esta última. Todo ello, en línea con aquellas posiciones doctrinales que defienden que la incorporación de una obra musical, aun intacta, a otra obra produce efectos transformativos, al quedar aquella rodeada de un contexto expresivo diferente (AP Madrid 12-1-24, EDJ 516827).

- El modelo presupone unas circunstancias determinadas que serán las más **frecuentes**. Si en el caso concreto existen circunstancias particulares no previstas, deberá completarse o modificarse el modelo adaptándolo a las mismas.

MCM 2165 s.

LPI art.17 a 25, 43 s. y 86 s.; CC art.1090 s

En *"localidad"*, a *"fecha"*

REUNIDOS:

De una parte,

"Don/Doña nombre y apellidos de la parte", mayor de edad, *"estado civil de la parte"* "... *"especificar el régimen económico matrimonial de la parte"* ... ", de nacionalidad *"nacionalidad de la parte"*, con domicilio a estos efectos en *"domicilio de la parte"*, *"...con DNI/NIF número "DNI/NIF de la parte"... O ... con tarjeta de residencia número "número de tarjeta de residencia de la parte"... O ... pasaporte número "número de pasaporte de la parte", expedido el "fecha de expedición del pasaporte de la parte" ... O ... "reseñar otros documentos aportados por la parte"* ... ", vigente hasta el *"fecha de vigencia de la documentación aportada por la parte"*.

De otra parte,

"Don/Doña nombre y apellidos de la parte", mayor de edad, *"estado civil de la parte"* "... *"especificar el régimen económico matrimonial de la parte"* ... ", de nacionalidad *"nacionalidad de la parte"*, con domicilio a estos efectos en *"domicilio de la parte"*, *"...con DNI/NIF número "DNI/NIF de la parte"... O ... con tarjeta de residencia número "número de tarjeta de residencia de la parte"... O ... pasaporte número "número de pasaporte de la parte", expedido el "fecha de expedición del pasaporte de la parte" ... O ... "reseñar otros documentos aportados por la parte"* ... ", vigente hasta el *"fecha de vigencia de la documentación aportada por la parte"*.

INTERVIENEN:

A. *"Don/Doña nombre y apellidos del representante"*, en nombre y representación de la sociedad mercantil denominada *"denominación social"*, domiciliada en *"domicilio social"*, y con NIF número *"NIF de la sociedad"*, constituida, por tiempo indefinido, mediante escritura otorgada ante el notario de *"lugar de la notaría en la que se autorizó la constitución de la sociedad"*, *"Don/Doña nombre y apellidos del notario que autorizó la constitución de la sociedad"*, el *"fecha de escritura de constitución de la sociedad"*, e inscrita en el Registro Mercantil de *"datos de la inscripción registral de la sociedad (localidad del Registro Mercantil, tomo, folio, sección, hoja e inscripción)"*, en su calidad de

➤➤

○ **Si representa como cargo social:**

"...administrador único ... O ... administrador solidario ... O ... consejero delegado ... O ... "especificar la representación del cargo social" ... " de la reseñada sociedad, cargo para el que fue nombrado y asegura vigente en escritura otorgada el *"fecha de escritura del nombramiento del cargo"*, ante el notario de *"lugar donde radica la notaría en la que se autorizó la escritura del nombramiento"*, *"Don/Doña nombre y apellidos del notario que autorizó la escritura del nombramiento"*, con el número *"número de protocolo del notario que autorizó la escritura del nombramiento"* de su protocolo, e inscrita en el Registro Mercantil de *"localidad del Registro Mercantil de la escritura de nombramiento"*, en el tomo y hoja arriba indicados.

○ **Si representa como apoderado:**

apoderado de la reseñada sociedad, según escritura de poder otorgada a su favor, en *"fecha de escritura del otorgamiento del poder"*, ante el notario de *"lugar donde radica la notaría en la que se autorizó la escritura de poder"*, *"Don/Doña nombre y apellidos del notario que autorizó la escritura de poder"*, con el número *"número de protocolo del notario que autorizó la escritura de poder"* de su protocolo *"...e inscrita en el Registro Mercantil de "localidad del Registro Mercantil de la escritura de poder"* ... ", en el tomo y hoja arriba indicados.

≺≺

En adelante, **la productora**.

MCM 2165 s.

LPI art.17 a 25, 43 s. y 86 s.; CC art.1090 s

Nota:

Aun cuando la ***parte productora*** *puede ser una persona física, en el presente modelo partimos de la hipótesis de que se trata de una persona jurídica, supuesto que será el más habitual.*

B. *"Don/Doña nombre y apellidos de la parte"*

➤➤

❍ Si interviene en su propio nombre:

en su propio nombre y derecho.

❍ Si interviene como representante:

en nombre y representación de *"Don/Doña nombre y apellidos del representado"*, mayor de edad, *"estado civil del representado"*, con domicilio en *"domicilio del representado"* y provisto de D.N.I./N.I.F. número *"DNI/NIF del representado"*, según consta en escritura de poder, otorgada ante el notario de *"lugar donde radica la notaría en la que se autorizó la escritura de poder de representación (persona física)"*, *"Don/Doña nombre y apellidos del notario que autorizó la escritura de poder de representación (persona física)"*, el *"fecha de escritura de poder de representación (persona física)"*, con el número *"número de protocolo del notario que autorizó la escritura de poder de representación (persona física)"*.

≺≺

En adelante, **el compositor**.

Nota:

En vez de un autor, pueden ser varios, en cuyo caso, el ***representante del grupo****, elegido por todos los integrantes, tiene verdadero poder de representación a la hora de negociar los derechos de propiedad intelectual (*TSJ Navarra 4-11-96*).*

Las partes se reconocen la capacidad legal necesaria para contratar y obligarse y, a tal efecto

EXPONEN:

I. Que la **Productora** es titular de los derechos de propiedad intelectual e industrial sobre la obra *"título de la Obra"* (en lo sucesivo, la Obra), necesarios para su explotación en el territorio.

II. Que la Obra requiere la existencia una banda sonora original que recree la totalidad de la Obra (en adelante, B.S.O.).

III. Que la **Productora** desea encargar al **Compositor** la creación de la B.S.O., así como su colaboración activa en el rodaje de la Obra junto con el director de la misma y, en su caso, con el guionista y demás componentes del equipo de dirección que se señalen.

IV. Que la **Productora** y el **Compositor** han suscrito un contrato de producción de obra audiovisual con fecha *"fecha del contrato de producción audiovisual"* en el que se exponen las condiciones y términos básicos que han de regir la relación contractual entre las partes en este contrato y el director y el guionista de la Obra.

V. Que ambas partes suscriben el presente documento como desarrollo del contrato mencionado en el expositivo anterior.

De conformidad con todo ello, las partes celebran en este acto el presente contrato de composición musical, sujetándose a las siguientes

ESTIPULACIONES:

PRIMERA. Objeto del contrato

Nota:

El contrato de ***composición musical*** *para la realización de B.S.O. y el de* ***creación del guion*** *son contratos diferentes en algunas de sus cláusulas, mas, en el fondo, se trata de contratos muy similares, variando únicamente el objeto del contrato y alguna cláusula, como la relativa a la orquestación y a los arreglos, particularidades estructurales de este contrato.*

MCM 2165 s.

LPI art.17 a 25, 43 s. y 86 s.; CC art.1090 s

1.1.
El objeto del presente contrato es la creación por parte del **Compositor** de la B.S.O., con sujeción a cuantas indicaciones, directrices e instrucciones le imparta la **Productora**, en cualquier forma, verbal o escrita.

1.2.
Se entiende por B.S.O. la obra musical que sincroniza el metraje de la Obra, que ha sido especialmente creada para la ocasión, junto con sus arreglos y orquestación completa.

Nota:

*En el caso de **obras musicales previamente existentes** y no creadas, por tanto, para la obra audiovisual, hay que tener en cuenta lo siguiente:*
- por un lado, el autor respectivo no será considerado como autor de la obra audiovisual;
*- por otro, habrá que pedir autorización específica al que sea titular de los derechos sobre las obras musicales usadas, ya que, para este tipo de explotación, las entidades de gestión carecen de facultad para otorgar autorización alguna. Las obras musicales no específicamente creadas para la obra audiovisual son obras de pequeño derecho (*AP Madrid 30-3-01, *EDJ 40506).*
*El **tarareo de una canción** en una película no implica plagio, reproducción o comunicación pública (*AP Barcelona *penal* 15-7-99, *EDJ 37101). No obstante, no convendría soslayar la posibilidad de adquirir los derechos correspondientes si la utilización es extensiva en el tiempo o sustancial.*
*Téngase en cuenta, asimismo, las posibilidades de que una obra musical pueda ser **parodiada** como exclusión de explotación (*LPI *art.*38*, que lo concibe como un límite a los derechos de explotación de transformación, y por ende, a los de reproducción y comunicación pública, puesto que la obra parodia puede ser objeto de explotación a su vez).*

1.3.
El **Compositor** deberá, asimismo, colaborar con el guionista y el director de la Obra en la redacción del guion, si se le requiere para ello.

1.4.
La creación de la B.S.O. por el **Compositor** se concibe por ambas partes como una obligación de resultado, sujeta a la aprobación definitiva de la **Productora**.

SEGUNDA. Derechos de propiedad intelectual cedidos

Nota:

*Se ha preferido incluir los **derechos de explotación** definidos en la Ley de Propiedad Intelectual con algunas modificaciones relevantes en cuanto a los derechos cedidos, sobre todo, en lo relativo a los modos o modalidades de explotación de la obra (esto es, de la aportación de cada uno de los autores). La redacción de esta cláusula puede ser, por tanto, más sencilla, si se opta por una remisión general a los respectivos artículos de la Ley.*

El **Compositor** cede a la **Productora**, con carácter exclusivo y con el ámbito territorial que se indica en la Estipulación Tercera, los derechos de explotación de propiedad intelectual sobre la B.S.O., con la máxima extensión, duración e intensidad permitida por la Ley. En concreto, el **Compositor** cede los siguientes derechos:

a) Derecho de fijación, entendiendo por tal el hecho de incorporar la B.S.O. a cualquier tipo de soporte, tangible o intangible y, en particular, a los que contengan la B.S.O. o la Obra. Este derecho cedido incluye la grabación o registro lógico de la B.S.O. en un ordenador, CD, DVD, Blue-ray o soporte similar.

b) Derecho de reproducción, entendiendo por tal el hecho de obtener una o varias copias, en número limitado o ilimitado pero conocido, del soporte al que haya quedado incorporada la B.S.O., y así poder proceder a su explotación comercial. Este derecho incluye la reproducción de la B.S.O. en cualquiera de los soportes que la **Productora** utilice en su tráfico para la explotación de la Obra, tales como los que permiten la exhibición de la Obra en salas de cine u otras formas de comunicación pública, los formatos de vídeo doméstico y profesional, así como los que posibilitan la distribución de la Obra, en los términos que seguidamente se especifican.

c) Derecho de distribución, entendiendo por tal la puesta a disposición del público del original o de las copias de la B.S.O., por sí o incluido en la Obra, mediante venta, alquiler, préstamo o de cualquier otra forma. Específicamente, ambas partes acuerdan incluir en este derecho la incorporación de la B.S.O. a la Obra en cualquier formato que la **Productora** decida utilizar para la explotación de esta, y, entre otros, los que posibiliten la exhibición de la Obra en salas de cine u otras formas de comunicación pública, los formatos de vídeo doméstico y profesional, etc., ya se efectúe la distribución de la B.S.O. individualmente o como parte integrante de la Obra, ya consideradas cada una de ellas aisladamente, ya en el conjunto de una selección o colección de obras.

MCM 2165 s.

d) Derecho de comunicación pública, entendiendo por tal todo acto por el cual una pluralidad de personas pueda tener acceso a la obra sin previa distribución de ejemplares a cada una de ellas. Son actos de comunicación pública, a título meramente enunciativo, los de exhibición en salas de cine o en estudios profesionales, la emisión por radiodifusión o por cualquier otro medio que sirva para la difusión inalámbrica de signos, sonidos o imágenes (incluida la comunicación por ondas terrestres hertzianas), la comunicación al público vía satélite, la transmisión por hilo, cable, fibra óptica o cualesquiera otros procedimientos análogos, la retransmisión por cable o por radiodifusión y la emisión o transmisión en lugar accesible al público mediante cualquier instrumento idóneo. Expresamente, ambas partes acuerdan que es un acto de comunicación pública, y por tanto incluido en el derecho cedido, la explotación de la B.S.O. a través de Internet o de cualquier otra red de similares características -entre otras formas, a través de las técnicas de webcasting, simulcasting y streaming-, con independencia del número de usuarios que puedan tener acceso a dichas redes telemáticas; y, específicamente, que el derecho cedido incluye el llamado derecho de puesta a disposición, definido en el Tratado WCT, firmado en Ginebra el 20 de diciembre de 1996, o en el art. 20.2, letra i) de la Ley de Propiedad Intelectual española.

LPI art.17 a 25, 43 s. y 86 s.; CC art.1090 s

e) Derecho de acceso a bases de datos, con independencia de que tal acceso se produzca a distancia por vías telemáticas o informáticas. Expresamente, ambas partes acuerdan que el acto de alojar la totalidad o parte de la B.S.O. por sí o en el conjunto de la Obra, en una base de datos constituye un acto de acceso a una base de datos.

f) Derecho de transformación, entendiendo por tal cualquier modificación de la B.S.O. de la que derive una prestación diferente. Los derechos sobre la obra resultante de la transformación pertenecerán a la **Productora**.

g) Derecho de alquiler y préstamo sobre la B.S.O.

h) La fijación, reproducción, distribución, comunicación pública y transformación de fragmentos de la B.S.O., para su incorporación a cualquier producción o grabación audiovisual, incluyendo las de carácter publicitario, tales como programas tipo 'cómo-se-hizo', 'trailers' y similares, que la **Productora** o sus causantes en la titularidad sobre la Obra estimen necesario realizar.

Nota:

*Es aconsejable incluir el tipo de cláusulas sobre '**cómo-se-hizo**', '**trailers**', etc., ya que estos programas son cada día más habituales. Respecto de las **secuelas o precuelas**, entendemos que la adquisición del derecho de transformación debería bastar para poder llevar a cabo transformaciones de la obra musical en esas variaciones de la obra audiovisual.*

i) Todos los necesarios para cualquier otra explotación de la B.S.O. y, en especial, los de fijación, reproducción, distribución, comunicación pública, transformación, puesta a disposición sobre las 'secuelas', las 'precuelas' y los 'remakes' de la Obra.

TERCERA. Precio

3.1.

Por la creación de la B.S.O., así como por la cesión de todos los derechos de propiedad intelectual a los que se refiere este contrato, especialmente los de utilización comercial de la imagen, nombre y, en su caso, voz del **Compositor**, la **Productora** abonará a este la suma de *"cantidad en letra, por la creación de la BSO"* euros (*"cantidad en número, por la creación de la BSO"* €).

MCM 2165 s.

3.2.

Dicha suma será abonada de la siguiente manera: *"cantidad en letra, a la entrega de la BSO"* euros (*"cantidad en número, a la entrega de la BSO "* €) a la fecha de entrega de la B.S.O. y *"cantidad en letra, al aprobarse la BSO"* euros (*"cantidad en número, al aprobarse la BSO"* €) al ser aprobada definitivamente la B.S.O. por la **Productora**.

3.3.

El precio acordado comprende la totalidad de costes derivados de la B.S.O. del **Compositor** cuya ejecución es objeto del presente contrato.

LPI art.17 a 25, 43 s. y 86 s.; CC art.1090 s

3.4.

El Precio acordado no incluye los derechos remuneratorios a cuyo cobro tenga derecho el **Compositor** conforme a lo dispuesto en la Ley de Propiedad Intelectual.

Nota:

En el caso de los autores, véase lo dispuesto en LPI *art.20.4, 25 y 90.2 a 4. Nótese que, en los casos allí referidos, el* ***deudor*** *de las cantidades no es la productora, sino el usuario que realice la concreta explotación, esto es, la retransmisión por cable, la fabricación del soporte, el alquiler del soporte al que haya quedado incorporado la obra -remuneración equitativa-, la sala de exhibición pública en la que se explote la obra o quien lleve a cabo la proyección, exhibición o transmisión de la obra sin exigir un precio de entrada. Se trata de un derecho de remuneración irrenunciable distinto del exclusivo que ha cedido al productor. La LPI art.90.4 no permite excluir de su radio de acción la transmisión que se realiza vía satélite (*AP Madrid 16-7-07, *EDJ 197711).*

Téngase en cuenta, asimismo, que, de acuerdo con el RDL 24/2021, se ha modificado el art.110 LPI y se permite que tanto el autor, como el artista intérprete o ejecutante puedan solicitar la revisión por remuneración no equitativa. Concretamente, si en la cesión se produjese una manifiesta desproporción entre la remuneración inicialmente pactada por el autor en comparación con la totalidad de los ingresos subsiguientes derivados de la explotación de las obras obtenidos por el cesionario o su derechohabiente.

CUARTA. Entrega de la B.S.O. y los arreglos

Nota:

Se aplica analógicamente a este supuesto lo dispuesto en LPI *art.77, según el cual es obligación del autor entregar al empresario el texto de la obra con la partitura, en su caso,* ***completamente instrumentada****, cuando no se hubiese publicado en forma impresa.*

4.1.

El **Compositor** deberá entregar la B.S.O. en el plazo de *"plazo para la entrega de la BSO"* meses siguientes a la firma del presente contrato, a la vista del guion y demás textos (sinopsis, tratamiento, borradores de diálogos, etc.) entregados por el guionista.

4.2.

El **Compositor** deberá entregar la B.S.O. totalmente instrumentada y con las correspondientes orquestaciones si a ello ha lugar.

4.3.

El **Compositor** se obliga igualmente a asistir a los ensayos y grabaciones de la B.S.O. a fin de proceder posteriormente a la sincronización de la B.S.O. en la Obra, según las indicaciones a tal efecto del director-realizador y del guionista. Las sesiones de ensayo se especificarán en un documento de trabajo que la **Productora** deberá remitir al **Compositor**, y este dar el visto bueno, una vez entregado el guion definitivo por parte del guionista.

4.4.

La B.S.O. deberá ser aprobada por la **Productora** y, en su caso, por el director y el guionista y demás personas que puedan intervenir en el proceso final de producción y realización de la Obra.

4.5.
El **Compositor** deberá entregar la B.S.O. en el término máximo de *"plazo máximo para la entrega de la BSO"* meses a contar desde la firma del presente contrato.

Nota:

*Habrá que adecuar los **plazos ideales** de la realización de la B.S.O. al contrato.*

Por expresa voluntad de las partes, se eleva dicho plazo a la categoría de término esencial para el cumplimiento y plena eficacia del presente contrato, actuando su incumplimiento como condición resolutoria expresa del mismo, a instancia de la **Productora**, sin necesidad de previo requerimiento.

MCM 2165 s.

LPI art.17 a 25, 43 s. y 86 s.; CC art.1090 s

4.6.
Se concibe como obligación de carácter personalísimo la creación de la B.S.O. por parte del **Compositor**.

QUINTA. Ámbito territorial y duración del contrato
El **Compositor** cede los derechos a los que se refiere este contrato con vigencia para todo el mundo y hasta que los mismos pasen completamente a dominio público.

SEXTA. Cesión a terceros de los derechos de propiedad intelectual

Nota:

La finalidad de esta cláusula, conforme con LPI *art.91, es evitar que la productora se quede desamparada como consecuencia del **abandono, voluntario o forzoso, del compositor** en la realización y creación de la B.S.O., debiendo, en esos casos, la productora buscar la ayuda alternativa de un tercero. No debería entenderse ilegal dicha cláusula. Es discutible hasta qué punto este tipo de cláusulas son admisibles y no chocan contra el carácter irrenunciable de los derechos morales. Sin embargo, cabría entender que son legales puesto que toda la regulación sobre obra audiovisual tiene por objetivo asegurar la comercialización de la obra y sacrificar, hasta cierto punto, los derechos de los titulares concernidos, acaso en la idea de que este tipo de obra tiene una vocación que traspasa lo estético para situarse más bien en el ámbito de la explotación comercial o industrial.*

El **Compositor** cede a la **Productora** la facultad de ceder y/o transferir, incluso con carácter exclusivo a terceros, los derechos a los que este contrato se refiere, así como a recabar la colaboración de terceros cualesquiera en la realización de la versión definitiva de la B.S.O., en su caso, o de modificaciones o versiones de la misma.

SÉPTIMA. Garantías y responsabilidades

7.1.
El **Compositor** garantiza a la **Productora** que su aportación es original, que no vulnera derechos de terceros y que no ha realizado ni realizará ningún acto susceptible de impedir o dificultar a la **Productora** el pleno ejercicio pacífico de la totalidad de los derechos cedidos mediante el presente contrato.

7.2.
En consecuencia, el **Compositor** responderá en exclusiva frente a cualquier acción o reclamación de terceros que se produzca con motivo o como consecuencia de la cesión y/o ejercicio de los derechos otorgados a la **Productora** mediante el presente contrato.

7.3.
En concreto, el **Compositor** responde de lo siguiente:

a) Del uso pacífico de la B.S.O. y de todos sus elementos, incluidos sus títulos, si los tuviera.

b) De la titularidad de los derechos sobre su aportación, que cede en virtud de este contrato.

c) De que la explotación de la B.S.O. no vulnerará ningún interés o derecho de tercero, incluidos los de propiedad intelectual.

MCM 2165 s.

Nota:

*El **pago parcial** hecho por el productor a la entidad de gestión SGAE no satisface la cantidad adeudada a AGEDI (*AP Palencia 17-11-00*).*

d) De que la B.S.O. no comporta revelación de materiales clasificados, ni secretos, ni conlleva la revelación ilícita de secretos comerciales, ni supone incurrir en conductas calificables como de competencia desleal por las normas sobre la materia.

LPI art.17 a 25, 43 s. y 86 s.; CC art.1090 s

OCTAVA. Derechos de imagen, voz y nombre

El **Compositor** reconoce y cede a la **Productora** el derecho de usar su imagen, voz y/o nombre en la promoción y difusión publicitaria de la Obra y/o de su aportación, así como en cualquier fotografía, cartel, dibujo y, en general, en cualquier elemento de las mismas. Específicamente, autoriza a la **Productora** a usar esos mismos derechos a los fines de llevar a cabo programas promocionales tales como 'como-se-hizo', 'trailers' y otros similares.

Dicha cesión queda limitada a usar de tales derechos únicamente en conexión con la B.S.O. y, en su caso, con la Obra, para la mejor explotación de una u otra, incluida la publicidad específica de cada una de ellas o, en general, de la **Productora**.

NOVENA. Legitimación procesal

Nota:

*Es aconsejable introducir esta cláusula sobre **legitimación procesal** a pesar de lo dispuesto en* LPI *art.*48.

La **Productora** está legitimada para perseguir, con independencia del **Compositor**, las violaciones o infracciones que afecten a los derechos y facultades que le corresponden en su condición de titular exclusivo de los derechos objeto de este contrato. No obstante, el **Compositor** se compromete a prestar su colaboración a tal efecto cuando le sea demandada.

Asimismo, la **Productora** está legitimada para proceder, con independencia del **Compositor**, a la inscripción, en su caso, en el registro público correspondiente cuantos derechos le han sido cedidos en virtud del presente contrato y sean susceptibles de dicha publicidad registral.

Y en prueba de conformidad, ambas partes firman el presente contrato, que se extiende en dos ejemplares, igualmente originales, en el lugar y fecha indicados en su encabezamiento.

LA PRODUCTORA **EL COMPOSITOR**

Prestación artística (interpretación artística)

MCM 2200 s.

LPI art.43 s. y 105 s

Nota preliminar:

- El contrato de prestación artística **puede consistir** no sólo en la interpretación de un papel dentro de una obra audiovisual o, en general, en la interpretación de una actividad escenográfica, sino también en la interpretación o ejecución de una pieza musical o vocal sin escenificación plástica. Pero esta tipología no agota las posibilidades de este contrato. En él también caben actividades tales como el doblaje, la incorporación secundaria de la actividad intelectual (actor secundario), etc. Por otro lado, en la medida en que determinadas personas no realicen una actividad intelectual propiamente dicha (p.e. actores extras), valdrá la conclusión de un mero contrato de prestación de servicios con la particularidad de la cesión de los **derechos de imagen**. En este caso concreto, hemos optado por un contrato tipo con un artista cuya prestación consiste en la interpretación artística. Cuestión debatida es si los figurantes deben considerarse artistas, debiendo prevalecer la opinión negativa por falta de aportación intelectual.

- Téngase en cuenta que la contratación de prestación artística es sustancialmente de **naturaleza laboral**, por lo que habrá que tener muy presente el RD 1435/1985, por el que se regula la relación laboral especial de las personas artistas que desarrollan su actividad en las artes escénicas, audiovisuales y musicales, así como de las personas que realizan actividades técnicas o auxiliares necesarias para el desarrollo de dicha actividad (también ET art.2.1.e).

- Téngase en cuenta que existen diversos **convenios laborales** aplicables a distintas categorías de artistas y técnicos. Destacamos el III Convenio Colectivo Estatal regulador de las relaciones laborales entre los productores audiovisuales y los actores que prestan servicios en las mismas, de fecha, aprobado por Resol de la Dirección General de Empleo de 3-5-16, vigente hasta la actualidad, habiéndose modificado únicamente las tablas salariales a fecha de 2023 (véase Resol 28-3-23 de la Dirección General de Trabajo).

- El modelo presupone unas circunstancias determinadas que serán las más **frecuentes**. Si en el caso concreto existen circunstancias particulares no previstas, deberá completarse o modificarse el modelo adaptándolo a las mismas.

En *"localidad"*, a *"fecha"*

REUNIDOS:

De una parte,
"Don/Doña nombre y apellidos de la parte", mayor de edad, *"estado civil de la parte"* "... *"especificar el régimen económico matrimonial de la parte"* ... ", de nacionalidad *"nacionalidad de la parte"*, con domicilio a estos efectos en *"domicilio de la parte"*, *"...con DNI/NIF número "DNI/NIF de la parte" ... O ... con tarjeta de residencia número "número de tarjeta de residencia de la parte" ... O ... pasaporte número "número de pasaporte de la parte", expedido el "fecha de expedición del pasaporte de la parte" ... O ... "reseñar otros documentos aportados por la parte" ...* ", vigente hasta el *"fecha de vigencia de la documentación aportada por la parte"*.

De otra parte,
"Don/Doña nombre y apellidos de la parte", mayor de edad, *"estado civil de la parte"* "... *"especificar el régimen económico matrimonial de la parte"* ... ", de nacionalidad *"nacionalidad de la parte"*, con domicilio a estos efectos en *"domicilio de la parte"*, *"...con DNI/NIF número "DNI/NIF de la parte" ... O ... con tarjeta de residencia número "número de tarjeta de residencia de la parte" ... O ... pasaporte número "número de pasaporte de la parte", expedido el "fecha de expedición del pasaporte de la parte" ... O ... "reseñar otros documentos aportados por la parte" ...* ", vigente hasta el *"fecha de vigencia de la documentación aportada por la parte"*.

MCM 2200 s.

LPI art.43 s. y 105 s

INTERVIENEN:

A. *"Don/Doña nombre y apellidos del representante"*, en nombre y representación de la sociedad mercantil denominada *"denominación social"*, domiciliada en *"domicilio social"*, y con NIF número *"NIF de la sociedad"*, constituida, por tiempo indefinido, mediante escritura otorgada ante el notario de *"lugar de la notaría en la que se autorizó la constitución de la sociedad"*, *"Don/Doña nombre y apellidos del notario que autorizó la constitución de la sociedad"*, el *"fecha de escritura de constitución de la sociedad"*, e inscrita en el Registro Mercantil de *"datos de la inscripción registral de la sociedad (localidad del Registro Mercantil, tomo, folio, sección, hoja e inscripción)"*, en su calidad de

>>

○ **Si representa como cargo social:**

"...administrador único ... O ... administrador solidario ... O ... consejero delegado ... O ... "especificar la representación del cargo social" ... " de la reseñada sociedad, cargo para el que fue nombrado y asegura vigente en escritura otorgada el *"fecha de escritura del nombramiento del cargo"*, ante el notario de *"lugar donde radica la notaría en la que se autorizó la escritura del nombramiento"*, *"Don/Doña nombre y apellidos del notario que autorizó la escritura del nombramiento"*, con el número *"número de protocolo del notario que autorizó la escritura del nombramiento"* de su protocolo, e inscrita en el Registro Mercantil de *"localidad del Registro Mercantil de la escritura de nombramiento"*, en el tomo y hoja arriba indicados.

○ **Si representa como apoderado:**

apoderado de la reseñada sociedad, según escritura de poder otorgada a su favor, en *"fecha de escritura del otorgamiento del poder"*, ante el notario de *"lugar donde radica la notaría en la que se autorizó la escritura de poder"*, *"Don/Doña nombre y apellidos del notario que autorizó la escritura de poder"*, con el número *"número de protocolo del notario que autorizó la escritura de poder"* de su protocolo *"...e inscrita en el Registro Mercantil de "localidad del Registro Mercantil de la escritura de poder" ..."*, en el tomo y hoja arriba indicados.

<<

En adelante, la **productora**.

✍ **Nota:**

*Aun cuando la **parte productora** puede ser una persona física, en el presente modelo partimos de la hipótesis de que se trata de una persona jurídica, supuesto que será el más habitual.*

B. *"Don/Doña nombre y apellidos de la parte"*

>>

○ **Si interviene en su propio nombre:**

en su propio nombre y derecho.

○ **Si interviene como representante:**

en nombre y representación de *"Don/Doña nombre y apellidos del representado"*, mayor de edad, *"estado civil del representado"*, con domicilio en *"domicilio del representado"* y provisto de D.N.I./N.I.F. número *"DNI/NIF del representado"*, según consta en escritura de poder, otorgada ante el notario de *"lugar donde radica la notaría en la que se autorizó la escritura de poder de representación (persona física)"*, *"Don/Doña nombre y apellidos del notario que autorizó la escritura de poder de representación (persona física)"*, el *"fecha de escritura de poder de representación (persona física)"*, con el número *"número de protocolo del notario que autorizó la escritura de poder de representación (persona física)"*.

<<

En adelante, **artista**.

Nota:

*El **artista intérprete o ejecutante** se define como la persona que represente, cante, lea, recite, interprete o ejecute en cualquier forma una obra. El director de escena y el director de orquesta tendrán los mismos derechos reconocidos a los artistas (*LPI *art.*105*).*

MCM 2200 s.

*Los artistas intérpretes o ejecutantes que participen colectivamente en una misma actuación, tales como los componentes de un **grupo musical, coro, orquesta, ballet o compañía de teatro**, deberán designar de entre ellos un representante para el otorgamiento de las autorizaciones mencionadas en este Título. Para tal designación, que deberá formalizarse por escrito, valdrá el acuerdo mayoritario de los intérpretes. Esta obligación no alcanzará a los **solistas** ni a los **directores de orquesta o de escena** (*LPI *art.*111*).*

LPI art.43 s. y 105 s

*Téngase en cuenta, por consiguiente, que en esos casos el contrato se hará con el representante del grupo artístico, representante que deberá haber sido **previamente apoderado** para actuar y poder ceder los derechos de propiedad intelectual que atañen a los demás integrantes del grupo. Si se tratase de **varios autores**, el representante del grupo, elegido por todos los integrantes, tiene verdadero poder de representación a la hora de negociar los derechos de propiedad intelectual (*TSJ Navarra 4-11-96*).*

*Tratándose de obras musicales los intérpretes son tanto los **cantantes** como los **instrumentistas**. Los intérpretes de una obra musical pueden o no ser autores de las obras musicales que ejecutan. En tanto que intérpretes gozan de determinados derechos afines o conexos de propiedad intelectual (AP Madrid 29-9-17, EDJ 230177).*

*Por otro lado, lo usual es que los artistas cedan sus derechos de propiedad intelectual sobre sus actuaciones a un **manager o representante**. Se trataría de un simple contrato de apoderamiento o representación con las particularidades propias de la propiedad intelectual en cuanto a la cesión de los derechos y al ejercicio limitado de los mismos. Por lo demás, presentan una casuística enorme en cuanto a las cláusulas puramente económicas, en las que artista y manager pactan las condiciones económicas de representación de este último. En consecuencia, el empresario o productor que quiera contratar los servicios del artista deberá pactar normalmente con el manager cesionario de los derechos en cuestión.*

*En el caso de que el artista sea **musical**, esto es, haya cedido los derechos de explotación al productor de fonogramas para su incorporación a un fonograma, la* L 21/2014 *ha establecido significativas limitaciones al productor respecto de la posibilidad de no explotar la aportación artística en debido tiempo. Concretamente, la regulación queda como sigue.*

"1. Si, una vez transcurridos cincuenta años desde la publicación lícita del fonograma o, en caso de no haberse producido esta última, cincuenta años desde su comunicación lícita al público, no se pone a la venta un número suficiente de copias que satisfaga razonablemente las necesidades estimadas del público de acuerdo con la naturaleza y finalidad del fonograma, o no se pone a disposición del público, en la forma establecida en el artículo 20.2.i), el artista intérprete o ejecutante podrá poner fin al contrato en virtud del cual cede sus derechos con respecto a la grabación de su interpretación o ejecución al productor de fonogramas.

El derecho a resolver el contrato de cesión podrá ejercerse si, en el plazo de un año desde la notificación fehaciente del artista intérprete o ejecutante de su intención de resolver el contrato de cesión conforme a lo dispuesto en el párrafo anterior, el productor no lleva a cabo ambos actos de explotación mencionados en dicho párrafo. Esta posibilidad de resolución no podrá ser objeto de renuncia por parte del artista intérprete o ejecutante.

Cuando un fonograma contenga la grabación de las interpretaciones o ejecuciones de varios artistas intérpretes o ejecutantes, estos sólo podrán resolver el contrato de cesión de conformidad con el artículo 111. Si se pone fin al contrato de cesión de conformidad con lo especificado en el presente apartado, expirarán los derechos del productor del fonograma sobre este.

2. Cuando un contrato de cesión otorgue al artista intérprete o ejecutante el derecho a una remuneración única, tendrá derecho a percibir una remuneración anual adicional por cada año completo una vez transcurridos cincuenta años desde la publicación lícita del fonograma o, en caso de no haberse producido esta última, cincuenta años desde su comunicación lícita al público. El derecho a obtener esa remuneración anual adicional, cuyo deudor será el productor del fonograma o, en su caso, su cesionario en exclusiva, no podrá ser objeto de renuncia por parte del artista intérprete o ejecutante, y se hará efectivo a través de las entidades de gestión de los derechos de propiedad intelectual de los artistas intérpretes o ejecutantes.

El importe total de los fondos que el deudor deba destinar al pago de la remuneración adicional anual mencionada en el párrafo anterior será igual al 20 por ciento de los ingresos brutos que haya obtenido, en el año precedente a aquél en el que se abone la remuneración, por la reproducción, distribución y puesta a disposición del público, en la forma establecida en el artículo 20.2.i), de los fonogramas en cuestión, una vez transcurridos cincuenta años desde la publicación lícita del fonograma o, en caso de no haberse producido esta última, cincuenta años desde su comunicación lícita al público.

MCM 2200 s.

Quedan excluidas del cálculo de los ingresos a que se refiere el párrafo anterior las cantidades percibidas por el deudor en concepto de compensación equitativa por copia privada y alquiler de fonogramas.
Los deudores de la remuneración anual adicional a que se refiere este apartado estarán obligados a facilitar anualmente, previa solicitud, a la entidad de gestión correspondiente, toda la información que pueda resultar necesaria a fin de asegurar el pago de dicha remuneración.
3. Cuando un artista intérprete o ejecutante tenga derecho a pagos periódicos, no se deducirán de los importes abonados al artista intérprete o ejecutante ningún pago anticipado ni deducciones establecidas contractualmente al cumplirse cincuenta años desde la publicación lícita del fonograma o, en caso de no haberse producido esta última, cincuenta años desde su comunicación lícita al público".

LPI art.43 s. y 105 s

Las partes se reconocen la capacidad legal necesaria para contratar y obligarse y, a tal efecto

EXPONEN:

I. Que la **Productora** se ha encargado de desarrollar un proyecto escenográfico en el que se conjugan aspectos coreográficos, musicales y audiovisuales (en adelante, la Obra), contratando con determinados autores su creación original.

II. Que *"Don/Doña nombre y apellidos del Artista"* es un **Artista**.

III. Que la **Productora** está interesada en encargar al **Artista** que este participe en la Obra realizando el carácter de *"especificar la actividad del Artista"*, y llevando a cabo las tareas necesarias hasta la completa incorporación de dichos servicios en lo que será la versión definitiva de la Obra.

 **Nota:**

*Aquí existen **varias posibilidades**: puede indicarse expresamente el personaje a desarrollar (p.e. el personaje de Peter Pan) o puede indicarse simplemente la categoría en la que el artista participará (p.e. artista invitado) o, aún más general (p.e. realizando las actividades artísticas que se le indiquen). Desde luego lo usual es que en el contrato quede bien definido el carácter o papel a desarrollar.*

IV. Que el marco jurídico por el que se regula el presente contrato de carácter laboral es el Real Decreto 1435/1985, de 1 de agosto, así como el Convenio Colectivo regulador de las relaciones entre artistas y productores audiovisuales y el Real Decreto Legislativo 1/1996, de 12 de abril, por el que se aprueba el Texto Refundido de la Ley de Propiedad Intelectual.

En su virtud, las partes acuerdan celebrar el presente contrato con arreglo a las siguientes

ESTIPULACIONES:

Primera. Objeto del contrato

≻≻

○ **Prestación de servicios del Artista:**

El objeto del presente contrato es la colaboración del **Artista** como intérprete en la Obra, lo que conllevará sus servicios no sólo para los ensayos, sino también para la representación pública, fijación, distribución, comunicación pública y, en general, explotación de la Obra, de acuerdo con lo dispuesto y con la extensión en cuanto a la cesión de los derechos de propiedad intelectual establecidos en el presente contrato.

○ **Intervención en minutos del Artista:**

El objeto del presente contrato es la colaboración del **Artista** como intérprete en la Obra, midiéndose su intervención estándar en no menos de *"tiempo en minutos de intervención del Artista"* minutos del total metraje de la Obra calculado en *"tiempo en minutos de metraje de la Obra"* minutos.

≺≺

Ambas partes acuerdan considerar la ejecución de los servicios contratados sujeta a la aprobación del director-realizador, debiendo el **Artista** seguir sus indicaciones en todo momento.

 **Nota:**

Por analogía con lo que dispone LPI *art.*82*, si la actuación o interpretación no se adecua a los usos existentes en el sector, se lleva a cabo con manifiesta incompetencia o sin llegar a los estándares usuales o que se esperan del artista, estaríamos ante un* ***incumplimiento contractual****.*

MCM 2200 s.

Segunda. Aportación del Artista

2.1.
La aportación del **Artista** en la Obra consistirá en actuar o ejecutar el diálogo correspondiente al personaje de *"papel del Artista en la Obra"*, según es desarrollado en el guion que a tal efecto la **Productora** pondrá a su disposición y que el **Artista** declara conocer y aceptar. LPI art.43 s. y 105 s

Nota:

Aquí existen ***varias posibilidades****: puede indicarse expresamente el personaje a desarrollar (p.e. el personaje de Peter Pan) o puede indicarse simplemente la categoría en la que el artista participará (p.e. artista invitado) o, aún más general (p.e. realizando las actividades artísticas que se le indiquen). Desde luego lo usual es que en el contrato quede bien definido el carácter o papel a desarrollar.*

2.2.
El **Artista** seguirá el guion y las indicaciones que le pueda señalar el director-realizador.

2.3.
El **Artista** deberá prestar sus servicios entre el *"fecha inicial de prestación de servicios"* y el *"fecha final de prestación de servicios"*, debiendo estar a disposición de la **Productora** desde el *"fecha de puesta a disposición de la Productora"*.

2.4.
El **Artista** estará igualmente disponible para realizar las sesiones fotográficas de promoción que sean necesarias para la elaboración de los materiales promocionales definitivos de la Obra, así como los ensayos previos al rodaje y/o toma de escenas y sesiones de maquillaje, vestuario y peluquería sean precisas.

2.5.
La jornada laboral será la establecida en el plan de rodaje establecido por la **Productora** del que será informado el **Artista** debidamente, debiendo transcurrir al menos *"tiempo mínimo de horas entre sesiones de rodaje"* horas entre la finalización de la sesión de rodaje y la convocatoria para la siguiente sesión.

2.6.
En lo relativo al cómputo semanal de horas trabajadas por el **Artista** y régimen de descansos se estará a lo dispuesto en el Convenio Colectivo mencionado en el expositivo IV.

Tercera. Precio

3.1.
Por la totalidad de sus servicios prestados y por la cesión de los derechos de propiedad intelectual a los que el presente contrato se refiere, la **Productora** abonará al **Artista** la cantidad de *"cantidad en letra, por los servicios del Artista"* euros (*"cantidad en número, por los servicios del Artista"* €).

3.2.
La anterior cantidad no incluye los derechos remuneratorios a que el **Artista** tenga derecho de acuerdo con lo establecido en la legislación aplicable, y que sean de gestión colectiva obligatoria, los cuales serán exigibles de quienes, respectivamente, lleven a cabo los actos de explotación sujetos.

MCM 2200 s.

LPI art.43 s. y 105 s

Nota:

Esto se establece de acuerdo con LPI *art.*110*, párrafo segundo.*
Los ***derechos de gestión obligatoria*** *a favor de los artistas intérpretes o ejecutantes son los previstos en* LPI *art.*20.*4*, 25, 108.*3*, 109.*3 y* 122.*2 (en caso de ejecución artística estrictamente musical, véase* LPI *art.*116.*2).*
Téngase en cuenta que se ha reconocido judicialmente la posibilidad de que el titular de derechos (en el caso enjuiciado, un autor) autorice expresa y directamente al usuario la explotación de su obra musical mediante un ***acto de comunicación pública*** *sin que la entidad de gestión de derechos de propiedad intelectual correspondiente ostente necesariamente el poder de gestión colectiva obligatoria (TS 12-7-16, EDJ 110041). Esto suele ocurrir con artistas o grupos musicales que interpretan las obras de sus propios repertorios, respecto de las que tienen un derecho en exclusiva de autor.*
Téngase en cuenta, asimismo, que, de acuerdo con el RDL 24/2021, se modificó el art.110 LPI y se permite que tanto el autor, como el artista intérprete o ejecutante puedan solicitar la ***revisión por remuneración no equitativa****. Concretamente, si en la cesión se produjese una manifiesta desproporción entre la remuneración inicialmente pactada por el autor en comparación con la totalidad de los ingresos subsiguientes derivados de la explotación de las obras obtenidos por el cesionario o su derechohabiente.*

3.3.

La **Productora** deberá entregar al **Artista** las correspondientes certificaciones a los efectos del Impuesto sobre la Renta de las Personas Físicas.

Cuarta. Cesión de derechos de propiedad intelectual. Ámbito territorial y temporal

4.1.

Por el presente contrato el **Artista** cede en exclusiva a la **Productora** cuantos derechos, excepción hecha de los irrenunciables, le pudieran corresponder en virtud de lo dispuesto en la Ley de Propiedad Intelectual sobre sus interpretaciones o actuaciones en la Obra.

Nota:

Téngase presente que corresponde al artista intérprete o ejecutante el derecho exclusivo de ***autorizar la comunicación pública*** *de sus actuaciones, salvo cuando dicha actuación constituya en sí una actuación transmitida por radiodifusión o se realice a partir de una fijación previamente autorizada (*LPI *art.*108.*1).*
En esos casos, el artista intérprete o ejecutante carece de derecho exclusivo. Se entiende que el artista ha cedido al productor de fonogramas o de grabaciones audiovisuales, por virtud del contrato de producción, su derecho de fijación y los de comunicación pública. Le queda, no obstante, al artista intérprete o ejecutante un ***derecho remuneratorio*** *exigible de quien lleve a cabo el acto de explotación del fonograma o grabación audiovisual (*LPI *art.*108.*2 y 3*, 116.*2 y* 122.*2). Es decir, lo que está en juego es la fijación de la aportación artística en un soporte del que puedan hacerse copias o permitir su comunicación pública.*
Nótese, en cualquier caso, que la ausencia del derecho exclusivo rige únicamente en caso de que la prestación consista en sí en una ***actuación transmitida por radiodifusión****: cuando la comunicación pública se realice vía satélite o por cable, se estará a lo dispuesto en* LPI *art.*20.*4, apartados 3 y 4, si los mismos resultaren de aplicación.*

4.2.

La cesión de estos derechos es perpetua y para todo el territorio mundial, no pudiendo el **Artista** ceder estos mismos derechos a cualesquiera otros terceros.

4.3.

En particular, dicha cesión comprenderá los siguientes derechos y modalidades de explotación:

a) La fijación, reproducción, distribución, comunicación pública y puesta a disposición de su interpretación por cualquier medio conocido en la actualidad, ya sean este medio de ámbito nacional, regional, local o internacional, ya sea su titularidad jurídica de carácter público o privado, ya emita su señal a través de onda hertziana, por cable, fibra óptica o señal guiada, sin perjuicio de que dicha señal sea de pago o codificada o se transmita libremente incluyendo su posible captación a través de satélite y su origen sea de entidad distinta a la que envía dicha señal.

b) La fijación, reproducción y distribución de su interpretación o actuación para su incorporación a un formato de vídeo doméstico y se destine a su venta, alquiler o préstamo, ya sea individualmente o en colección escogida, sin perjuicio del derecho del **Artista** a la remuneración equitativa a que se refiere el apartado segundo del artículo 109.3 de la Ley de Propiedad Intelectual, en los términos que en el mismo se especifican.

MCM 2200 s.

Nota:

Se excluyen del ***concepto de "alquiler"*** *la puesta a disposición con fines de explotación, de comunicación pública a partir de fonogramas o de grabaciones audiovisuales, incluso de fragmentos de unos y otras, y la que se realice para consulta in situ.*

LPI art.43 s. y 105 s

c) La reproducción, distribución, comunicación pública, puesta a disposición y transformación de fragmentos de la Obra, respetando en todo caso el derecho moral del **Artista**, para su incorporación a cualquier producción, obra o grabación audiovisual, incluyendo las de carácter publicitario, que reflejen lo más fielmente posible la Obra.

d) La reproducción, distribución y comunicación pública de su interpretación o actuación por cualesquiera otros medios de explotación no contemplados anteriormente, con o sin puesta a disposición del público de ejemplares individuales de la Obra.

4.4.

Igualmente, y en relación con sus derechos de imagen, ambas partes acuerdan ceder a la **Productora** tales derechos, de acuerdo con lo siguiente:

a) El uso del nombre propio y artístico, en su caso, del **Artista**, así como su imagen en relación con la explotación de la Obra, que se realicen de acuerdo con lo dispuesto en este contrato y su promoción y publicidad, sin limitación en el tiempo ni en el espacio.

b) El uso de cualquier imagen del **Artista**, de cualquier fotografía, cartel, dibujo y elemento en general, suyos y especialmente sus fotografías, imágenes, registros sonoros de voz y efectos, actuaciones, interpretaciones y cualquier trabajo en general del **Artista** en relación con la Obra, siempre y cuando cualesquiera de las anteriores hayan tenido lugar o se hayan captado para o en la Obra, sin limitación alguna.

c) El uso de la imagen del **Artista** en programas y tramos publicitarios del tipo 'cómo-se-hizo', 'trailers' y similares.

Nota:

Es aconsejable incluir el tipo de cláusulas sobre ***'cómo-se-hizo', 'trailers'****, etc., ya que estos programas son cada día más habituales. Dudoso es en el caso del artista, carente en sí mismo de derechos de autoría sobre el guion o partitura que interpreta, si deberían incluirse advertencias sobre las* ***secuelas o las precuelas****. Somos de la opinión negativa.*

4.5.

El **Artista** reconoce que nada en este contrato puede ser interpretado limitando los derechos de la **Productora**. En particular, la variación, alteración, modificación, cambio, traducción, doblaje o subtitulado de la Obra y de cualquiera de los elementos citados anteriormente, incluso de forma aislada, realizados por la **Productora** y sus licenciatarias, si fuere el caso, no se considerarán deformación o cualquier otro atentado sobre la actuación del **Artista**.

Nota:

Una particularidad de los contratos de prestación artística consiste en que es necesaria la autorización expresa del artista para el ***doblaje de su actuación en su propia lengua*** (LPI *art.*113, *párrafo segundo).*

En consecuencia con lo anterior, el **Artista** autoriza expresamente a la **Productora** para que, en la explotación televisiva de la Obra, pueda realizar las modificaciones en la forma de emisión que exija la programación.

Nota:

Por analogía con lo señalado en LPI *art.92.2, párrafo segundo.*

MCM 2200 s.

4.6.

LPI art.43 s. y 105 s

Sin perjuicio de lo dispuesto en los párrafos anteriores, el alcance de la cesión de derechos efectuada a favor de la **Productora** dejará a salvo los rendimientos económicos que, si fuere el caso, y en concepto de derechos de propiedad intelectual, correspondan al **Artista** por el alquiler de su prestación, así como por su comunicación pública en cualquier modalidad. Dichos rendimientos se cuantificarán de acuerdo con las tarifas de la entidad de gestión de derechos a la que pertenezca el **Artista**, quien deberá recaudarlos.

Nota:

Téngase presente que corresponde al artista intérprete o ejecutante el derecho exclusivo de ***autorizar la comunicación pública*** *de sus actuaciones, salvo cuando dicha actuación constituya en sí una actuación transmitida por radiodifusión o se realice a partir de una fijación previamente autorizada (*LPI *art.*108.*1).*
En esos casos, el artista intérprete o ejecutante carece de derecho exclusivo. Se entiende que el artista ha cedido al productor de fonogramas o de grabaciones audiovisuales, por virtud del contrato de producción, su derecho de fijación y los de comunicación pública. Le queda, no obstante, al artista intérprete o ejecutante un ***derecho remuneratorio*** *exigible de quien lleve a cabo el acto de explotación del fonograma o grabación audiovisual (*LPI *art.*108.*2 y 3,* 116.*2 y* 122.*2).*
Nótese, en cualquier caso, que la ausencia del derecho exclusivo rige únicamente en caso de que la prestación consista en sí en una ***actuación transmitida por radiodifusión****: cuando la comunicación pública se realice vía satélite o por cable, se estará a lo dispuesto en* LPI *art.*20.*4, apartados 3 y 4, si los mismos resultaren de aplicación.*

Quinta. Obligaciones de la Productora

La **Productora** queda obligada a lo siguiente:

a) Pagar los honorarios del **Artista** de acuerdo con la estipulación tercera de este contrato.

b) Poner a disposición del **Artista** los medios de transporte y hospedaje que sean precisos para que el **Artista** pueda desarrollar su interpretación, siendo responsable de cualesquiera retrasos o imposibilidades de hecho que puedan afecten al normal discurrir de la prestación a cargo del **Artista**.

Nota:

Podrá incluirse una especificación de ***gastos de dietas****.*

c) Obtener por cuenta del **Artista** todos los permisos de residencia y similares, incluidos los de rodaje y escenificación, que sean precisos para la debida prestación de la interpretación por parte del **Artista**.

d) Reconocer el nombre del **Artista**, o el que este le indique, incorporándolo a los créditos de la Obra e insertándolo, según los usos, en la propaganda, carátulas de videos y DVDs y soportes similares referidos a la Obra, y en general, en todo material publicitario y promocional. En concreto, el nombre del **Artista** aparecerá en los títulos de crédito de la Obra *"... "especificar el tamaño de letra u otra circunstancia" ... ".*

Nota:

Esta obligación normalmente sólo será prevista para los casos de los ***artistas principales****.*

Sexta. Resolución del contrato

La **Productora** tendrá derecho a dar por resuelto este contrato, si la producción fuera suspendida, por cualquier razón que sea, o si la calidad de los servicios prestados por el **Artista**, no fueran suficientes. Dicha resolución no dará derecho alguno a indemnización al **Artista**.

MCM 2200 s.

Séptima. Deber de colaboración. Obligaciones del Artista

7.1.
Las partes, en su interés de colaboración y cooperación en la ejecución y desarrollo del presente contrato, entienden adecuado y de máxima importancia el establecimiento entre ellas de estrechas relaciones de colaboración.

7.2.
En consecuencia, el **Artista** se compromete a realizar a favor de la **Productora** las actuaciones propias de su actividad hasta lograr que la Obra sea considerada apta o útil por la **Productora** o la persona que esta designe, tanto desde el punto de vista técnico como artístico, obligándose el **Artista** a repetir las actuaciones cuantas veces sean necesarias a este fin y todo ello de acuerdo con los usos de la industria de realización de programas audiovisuales y obras escénicas, musicales y coreográficas. LPI art.43 s. y 105 s

Nota:

*La persona designada suele ser el **director** de escena.*

7.3.
El **Artista** se compromete, asimismo, a intervenir y colaborar, a requerimiento de la **Productora**, en las sesiones fotográficas, campañas y actuaciones promocionales, si fuera el caso, organizadas por la **Productora** en la presentación y promoción de La Obra, comprometiéndose, por consiguiente, a participar en toda clase de entrevistas, intervenciones ante fotógrafos, medios, etc. específicamente, el **Artista** deberá acudir a las 'premières' de la Obra.

Nota:

*Por **"première"** ha de entenderse la presentación por primera vez al público de la Obra.*

7.4.
La **Productora** seleccionará libremente todo el equipo técnico y artístico de la Obra, así como al realizador, al director de escena y al productor ejecutivo, si fuere el caso. El **Artista** se compromete a seguir las instrucciones del realizador, del director de escena y/o de la **Productora**, y a presentarse a las sesiones de ensayos, representaciones oficiales, rodaje, mezclas y montaje que el realizador, el Director de escena y/o la **Productora** le indiquen, en condiciones adecuadas para el cumplimiento de sus obligaciones establecidas en este contrato, esto es, en los lugares de rodaje exterior o interior, o en los establecimiento teatrales o similares que designe la **Productora**.

Octava. Otras obligaciones

Todas las obligaciones laborales, fiscales y las relativas a la Seguridad Social derivadas de la relación entre el **Artista** y la **Productora** son responsabilidad exclusiva de esta.

Y en prueba de conformidad, ambas partes firman el presente contrato, que se extiende en dos ejemplares, igualmente originales, en el lugar y fecha indicados en su encabezamiento.

LA PRODUCTORA **EL ARTISTA**

Prestación artística (ejecución musical)

MCM 2200 s.

LPI art.74 s. y 105 s.; RD 3-9-1880 art.61 s.

Nota preliminar:

- El contrato de prestación artística puede consistir no sólo en la **interpretación** de un papel dentro de una obra audiovisual o, en general, en la interpretación de una actividad escenográfica, sino también en la interpretación o ejecución de una **pieza musical o vocal** sin escenificación plástica. Pero esta tipología no agota las posibilidades de este contrato. En él también caben actividades tales como el doblaje, la incorporación secundaria de la actividad intelectual (actor secundario), etc. En este caso concreto, hemos optado por un contrato tipo con un artista cuya prestación consiste en la ejecución musical.

- Téngase en cuenta lo dicho respecto del LPI art.110 bis en el modelo nº 300.

Téngase en cuenta, asimismo, que, de acuerdo con el RDL 24/2021, se modificó el art.110 LPI y se permite que tanto el autor, como el artista intérprete o ejecutante puedan solicitar la **revisión por remuneración no equitativa**. Concretamente, si en la cesión se produjese una manifiesta desproporción entre la remuneración inicialmente pactada por el autor en comparación con la totalidad de los ingresos subsiguientes derivados de la explotación de las obras obtenidos por el cesionario o su derechohabiente.

- El modelo presupone unas circunstancias determinadas que serán las más frecuentes. Si en el caso concreto existen circunstancias particulares no previstas, deberá completarse o modificarse el modelo adaptándolo a las mismas.

En *"localidad"*, a *"fecha"*

REUNIDOS:

De una parte,

"Don/Doña nombre y apellidos de la parte", mayor de edad, *"estado civil de la parte"* *"... "especificar el régimen económico matrimonial de la parte" ..."*, de nacionalidad *"nacionalidad de la parte"*, con domicilio a estos efectos en *"domicilio de la parte"*, *"...con DNI/NIF número "DNI/NIF de la parte" ... O ... con tarjeta de residencia número "número de tarjeta de residencia de la parte" ... O ... pasaporte número "número de pasaporte de la parte", expedido el "fecha de expedición del pasaporte de la parte" ... O ... "reseñar otros documentos aportados por la parte" ..."*, vigente hasta el *"fecha de vigencia de la documentación aportada por la parte"*.

De otra parte,

"Don/Doña nombre y apellidos de la parte", mayor de edad, *"estado civil de la parte"* *"... "especificar el régimen económico matrimonial de la parte" ..."*, de nacionalidad *"nacionalidad de la parte"*, con domicilio a estos efectos en *"domicilio de la parte"*, *"...con DNI/NIF número "DNI/NIF de la parte" ... O ... con tarjeta de residencia número "número de tarjeta de residencia de la parte" ... O ... pasaporte número "número de pasaporte de la parte", expedido el "fecha de expedición del pasaporte de la parte" ... O ... "reseñar otros documentos aportados por la parte" ..."*, vigente hasta el *"fecha de vigencia de la documentación aportada por la parte"*.

INTERVIENEN:

A. *"Don/Doña nombre y apellidos de la parte"*

➤➤

○ **Si interviene en su propio nombre:**

en su propio nombre y derecho.

❍ **Si interviene como representante:**

en nombre y representación

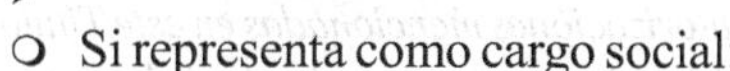

➤

❍ Si representa a persona física:

de *"Don/Doña nombre y apellidos del representado"*, mayor de edad, *"estado civil del representado"*, con domicilio en *"domicilio del representado"* y provisto de D.N.I./N.I.F. número *"DNI/NIF del representado"*, según consta en escritura de poder, otorgada ante el notario de *"lugar donde radica la notaría en la que se autorizó la escritura de poder de representación (persona física)"*, *"Don/Doña nombre y apellidos del notario que autorizó la escritura de poder de representación (persona física)"*, el *"fecha de escritura de poder de representación (persona física)"*, con el número *"número de protocolo del notario que autorizó la escritura de poder de representación (persona física)"* de su orden de protocolo.

❍ Si representa a persona jurídica:

de la sociedad mercantil denominada *"denominación social"*, domiciliada en *"domicilio social"*, y con NIF número *"NIF de la sociedad"*, constituida, por tiempo indefinido, mediante escritura otorgada ante el notario de *"lugar donde radica la notaría en la que se autorizó la escritura de poder de representación (persona jurídica)"*, *"Don/Doña nombre y apellidos del notario que autorizó la escritura de poder de representación (persona jurídica)"*, el *"fecha de escritura de poder de representación (persona jurídica)"*, e inscrita en el Registro Mercantil de *"datos de la inscripción registral (localidad del Registro Mercantil, tomo, folio, sección, hoja e inscripción)"*, en su calidad de

➤

❍ Si representa como cargo social:

"...administrador único ... O ... administrador solidario ... O ... consejero delegado ... O ... "especificar la representación del cargo social" ... " de la reseñada sociedad, cargo para el que fue nombrado y asegura vigente en escritura otorgada el *"fecha de escritura del nombramiento del cargo"*, ante el notario de *"lugar donde radica la notaría en la que se autorizó la escritura del nombramiento"*, *"Don/Doña nombre y apellidos del notario que autorizó la escritura del nombramiento"*, con el número *"número de protocolo del notario que autorizó la escritura del nombramiento"* de su protocolo, e inscrita en el Registro Mercantil de *"localidad del Registro Mercantil de la escritura de nombramiento"*, en el tomo y hoja arriba indicados.

❍ Si representa como apoderado:

apoderado de la reseñada sociedad, según escritura de poder otorgada a su favor, en *"fecha de escritura del otorgamiento del poder"*, ante el notario de *"lugar donde radica la notaría en la que se autorizó la escritura de poder"*, *"Don/Doña nombre y apellidos del notario que autorizó la escritura de poder"*, con el número *"número de protocolo del notario que autorizó la escritura de poder"* de su protocolo *"...e inscrita en el Registro Mercantil de "localidad del Registro Mercantil de la escritura de poder" ..."*, en el tomo y hoja arriba indicados.

➤

En adelante, El **promotor**.

Nota:

El contrato de prestación de servicios musicales puede tener lugar en el marco de una obra audiovisual (p.e. grabación de la banda sonora de una película), en cuyo caso, contratará la ***compañía productora****, o bien, fuera de dicho ámbito, con el objeto, por ejemplo, de organizar un concierto o recital, abierto al público, en cuyo caso será más propio hablar de* ***promotor*** *o de* ***empresario****. En el presente modelo hablamos de promotor, sin perjuicio de que, a lo largo de su redacción, se prevean las dos posibilidades.*

MCM 2200 s.

LPI art.74 s. y 105 s.; RD 3-9-1880 art.61 s.

MCM 2200 s.

LPI art.74 s. y 105 s.; RD 3-9-1880 art.61 s.

B. *"Don/Doña nombre y apellidos de la parte"*

>>

○ **Si interviene en su propio nombre:**

en su propio nombre y derecho.

○ **Si interviene como representante:**

en nombre y representación de *"Don/Doña nombre y apellidos del representado"*, mayor de edad, *"estado civil del representado"*, con domicilio en *"domicilio del representado"* y provisto de D.N.I./N.I.F. número *"DNI/NIF del representado"*, según consta en escritura de poder, otorgada ante el notario de *"lugar donde radica la notaría en la que se autorizó la escritura de poder de representación (persona física)"*, *"Don/Doña nombre y apellidos del notario que autorizó la escritura de poder de representación (persona física)"*, el *"fecha de escritura de poder de representación (persona física)"*, con el número *"número de protocolo del notario que autorizó la escritura de poder de representación (persona física)"*.

<<

En adelante, **el artista**.

Nota:

*El **artista intérprete o ejecutante** se define como la persona que represente, cante, lea, recite, interprete o ejecute en cualquier forma una obra. El director de escena y el director de orquesta tendrán los mismos derechos reconocidos a los artistas (*LPI *art.*105*).*
*Los artistas intérpretes o ejecutantes que participen colectivamente en una misma actuación, tales como los componentes de un **grupo musical, coro, orquesta, ballet o compañía de teatro**, deberán designar de entre ellos un representante para el otorgamiento de las autorizaciones mencionadas en este Título. Para tal designación, que deberá formalizarse por escrito, valdrá el acuerdo mayoritario de los intérpretes. Esta obligación no alcanzará a los **solistas** ni a los **directores de orquesta o de escena** (*LPI *art.*111*).*
*Téngase en cuenta, por consiguiente, que en esos casos el contrato se hará con el representante del grupo artístico, representante que deberá haber sido **previamente apoderado** para actuar y poder ceder los derechos de propiedad intelectual que atañen a los demás integrantes del grupo. Si se tratase de **varios autores**, el representante del grupo, elegido por todos los integrantes, tiene verdadero poder de representación a la hora de negociar los derechos de propiedad intelectual (*TSJ Navarra 4-11-96*).*
*Por otro lado, lo usual es que los artistas cedan sus derechos de propiedad intelectual sobre sus actuaciones a un **manager o representante**. Se trataría de un simple contrato de apoderamiento o representación con las particularidades propias de la propiedad intelectual en cuanto a la cesión de los derechos y al ejercicio limitado de los mismos. Por lo demás, presentan una casuística enorme en cuanto a las cláusulas puramente económicas, en las que artista y manager pactan las condiciones económicas de representación de este último. En consecuencia, el empresario o productor que quiera contratar los servicios del artista deberá pactar normalmente con el manager cesionario de los derechos en cuestión.*

Las partes se reconocen la capacidad legal necesaria para contratar y obligarse y, a tal efecto

EXPONEN:

>>

○ **Si el objeto del contrato es la actuación pública del artista:**

I. Que el **Promotor** ha contratado con diversas personas el alquiler de locales abiertos al público a fin de poder utilizarlos para exhibiciones o ejecuciones musicales públicas.

<<

II. Que el **Promotor** ha contratado con *"Don/Doña nombre y apellidos (Identificación del **autor o autores** de las obras musicales que van a ser interpretadas. No obstante, en la práctica, lo normal es acudir directamente a la SGAE para obtener la autorización pertinente.)"* la obtención de la autorización correspondiente a determinadas obras suyas (en adelante, las Obras) con el objeto de que puedan ser explotadas mediante su *"...representación pública ... O ... incorporación a la obra audiovisual denominada "título de la Obra" ..."*.

III. Que, por este motivo, el **Promotor** está interesado en contratar los servicios del **Artista** a fin de que este interprete y ejecute las Obras.

En su virtud, las partes acuerdan celebrar el presente contrato con arreglo a las siguientes

ESTIPULACIONES:

"Número" Objeto del contrato

El objeto del presente contrato viene constituido por la cesión por parte del **Artista** al **Promotor** de los derechos que se dirán y, específicamente, sobre las interpretaciones o ejecuciones públicas de las Obras a cambio de un precio y de acuerdo con lo establecido en el presente contrato y en la Ley de Propiedad Intelectual.

LPI art.74 s. y 105 s.; RD 3-9-1880 art.61 s.

Nota:

Confrontar con LPI *art.*74. *Las obras susceptibles de ser* ***objeto de explotación*** *a través del contrato de ejecución musical deben ser susceptibles de explotación a través de comunicación pública. Si fuese otro el derecho de explotación afectado, estaríamos ante un contrato atípico al que, en la medida de lo posible, se aplicarían analógicamente las normas sobre contrato de ejecución musical.*

"Número" Ámbito territorial y temporal de la cesión

El **Artista** se compromete a interpretar y/o ejecutar las Obras en los lugares y en las fechas indicadas en el Anexo *"número del Anexo: INTERPRETACIÓN Y/O EJECUCIÓN DE LAS OBRAS"* 'INTERPRETACIÓN Y/O EJECUCIÓN DE LAS OBRAS' al presente contrato.

"Número" Derechos de explotación cedidos

Nota:

En el ámbito de los artistas intérpretes o ejecutantes (músicos) lo usual es que los artistas cedan sus derechos de propiedad intelectual sobre sus actuaciones a un ***manager o representante****. Se trataría de un simple contrato de apoderamiento o representación con las particularidades propias de la propiedad intelectual en cuanto a la cesión de los derechos y al ejercicio limitado de los mismos (TS 24-6-11, EDJ 130875; AP Madrid 25-1-16, EDJ 8880). Por lo demás, presentan una casuística enorme en cuanto a las cláusulas puramente económicas, en las que artista y representante pactan las condiciones económicas de representación de este último. En consecuencia, el empresario, promotor o productor que quiera contratar los servicios del artista deberá pactar normalmente con el representante.*

Ambas configuraciones ponen de manifiesto que el Manager de un artista, se ocupa de algo más que de la organización de una gira de un determinado artista, así como que el trabajo de este es más amplio y complejo que la participación en conciertos o espectáculos públicos, como grabación, promoción de discos, derechos de imagen, entre otros (AP Madrid 25-1-16, EDJ 8880).

"Apartado"

Por el presente contrato, el **Artista** cede al **Promotor** el derecho de comunicación pública sobre su interpretación o ejecución, en virtud de lo dispuesto en la Ley de Propiedad Intelectual y en este contrato, excepción hecha de los derechos configurados legalmente como de gestión colectiva obligatoria.

"Apartado"

La presente cesión tiene el carácter de exclusiva a favor del **Promotor**, pudiendo este ceder su derecho a cualesquiera terceros.

Nota:

En ***defecto de consentimiento del titular*** *de derechos a la cesión libre del derecho a tercero, los promotores responderán solidariamente frente al primer cedente de las obligaciones de la cesión.*

MCM 2200 s.

LPI art.74 s. y 105 s.; RD 3-9-1880 art.61 s.

"Apartado"
Dicha cesión comprenderá los siguientes derechos:

a) La reproducción, distribución y comunicación pública de las distintas interpretaciones del **Artista** para su incorporación a una obra audiovisual y a un formato de video doméstico que se destine a su venta, alquiler o préstamo ya sea individualmente o en colección escogida.

b) La reproducción, distribución, comunicación pública y transformación de fragmentos de las distintas interpretaciones realizadas por el **Artista**, respetando, en todo caso, sus facultades morales reconocidas legalmente, para su incorporación a producciones o grabaciones audiovisuales, incluyendo las de carácter publicitario.

c) El derecho de uso de su nombre propio y artístico, y de su imagen, en relación con la explotación de las ejecuciones contratadas que se realicen de acuerdo con lo dispuesto en este contrato y su promoción y publicidad.

"...d) La comunicación pública en su modalidad de representación escénica y teatral en locales abiertos al público a cambio de un derecho de entrada. ..."

"Apartado"
Sin perjuicio de lo indicado en los párrafos anteriores, el alcance de la cesión de derechos efectuada a favor del **Promotor** dejará a salvo los rendimientos económicos que, en concepto de derechos de autor, corresponda percibir al **Artista** por el alquiler de su prestación, si fuere el caso, así como por su comunicación pública en cualquier modalidad, rendimientos que se cuantificarán de acuerdo con las tarifas de la entidad de gestión de derechos de autor a la que pertenece el **Artista**.

"Apartado"
La recaudación de tales derechos será de cargo del **Artista**, a través de la entidad de gestión correspondiente. Asimismo, la remuneración debida será exigida de quienes, legalmente, estén obligados a su pago. En ningún caso, estará el **Promotor** obligado a pagar cualquier remuneración por estos conceptos.

"Número" Precio
El **Promotor** abonará al **Artista** por la totalidad de sus servicios prestados la cantidad de *"cantidad en letra, por los servicios del Artista"* euros (*"cantidad en número, por los servicios del Artista"* €). Dicho importe incluye la remuneración que el **Artista** recibe por la autorización para la explotación de sus derechos de propiedad intelectual, cantidades que le serán abonadas, previa presentación de la factura correspondiente, en los siguientes plazos: *"plazos para abonar la remuneración al Artista"*.

Nota:

*Aquí deberán establecerse los **plazos** en cuestión o remitirse a un anexo.*

Sin perjuicio de lo dispuesto en el párrafo anterior, el alcance de la cesión de derechos efectuada a favor del **Promotor** dejará a salvo los rendimientos económicos que, si fuere el caso, y en concepto de derechos de propiedad intelectual, correspondan al **Artista** por el alquiler de su prestación, así como por su comunicación pública en cualquier modalidad. Dichos rendimientos se cuantificarán de acuerdo con las tarifas de la entidad de gestión de derechos a la que pertenezca el **Artista**, quien deberá recaudarlos.

Nota:

*Téngase presente que corresponde al artista intérprete o ejecutante el derecho exclusivo de **autorizar la comunicación pública** de sus actuaciones, salvo cuando dicha actuación constituya en sí una actuación transmitida por radiodifusión o se realice a partir de una fijación previamente autorizada* (LPI *art.*108.*1). En esos casos, el artista intérprete o ejecutante carece de derecho exclusivo. Se entiende que el artista ha cedido al productor de fonogramas o de grabaciones audiovisuales, por virtud del contrato de producción, su derecho de fijación y los de comunicación pública. Le queda, no obstante, al artista intérprete o ejecutante un **derecho remuneratorio** exigible de quien lleve a cabo el acto de explotación del fonograma o grabación audiovisual (*LPI *art.*108.*2 y 3*, 116.*2 y* 122.*2). Nótese, en cualquier caso, que la ausencia del*

270

MCM 2200 s.

LPI art.74 s. y 105 s.; RD 3-9-1880 art.61 s.

*derecho exclusivo rige únicamente en caso de que la prestación consista en sí en una **actuación transmitida por radiodifusión**: cuando la comunicación pública se realice vía satélite o por cable, se estará a lo dispuesto en* LPI *art.*20.*4, apartados 3 y 4, si los mismos resultaren de aplicación. Nótese, igualmente, que el derecho remuneratorio a que se refiere* LPI *art.*108.*2 únicamente entra en juego si en la ejecución se utiliza una **grabación previa o fonograma**, de lo contrario recobra totalmente el derecho exclusivo el artista.*

*Téngase en cuenta, asimismo, que, de acuerdo con el RDL 24/2021, se modificó el art.110 LPI y se permite que tanto el autor, como el artista intérprete o ejecutante puedan solicitar la **revisión por remuneración no equitativa**. Concretamente, si en la cesión se produjese una manifiesta desproporción entre la remuneración inicialmente pactada por el autor en comparación con la totalidad de los ingresos subsiguientes derivados de la explotación de las obras obtenidos por el cesionario o su derechohabiente.*

"Número" Causas de resolución del contrato

El **Promotor** tendrá derecho a resolver este contrato si la producción fuera suspendida, o si la calidad de los servicios prestados no fuera suficiente, sin perjuicio de las indemnizaciones que fuesen pertinentes atendidas la calidad de interpretación del **Artista** y la aceptación por el público de su interpretación.

"Número" Cooperación entre las partes

Las partes, en su interés de colaboración y cooperación en la ejecución y desarrollo del presente contrato, entienden adecuado y de máxima importancia el establecimiento entre ellas de estrechas relaciones de colaboración.

"Número" Otras prestaciones

"Apartado"

De acuerdo con lo dispuesto anteriormente, el **Artista** se compromete a realizar en favor del **Promotor** las actuaciones propias de su actividad hasta lograr que las ejecuciones pactadas en el presente contrato sean consideradas aptas o útiles por el **Promotor**, tanto desde el punto de vista técnico como artístico, obligándose el **Artista** a repetir las actuaciones y/o ensayos cuantas veces sean necesarias a este fin y todo ello de acuerdo con los usos de la industria de realización del tipo de ejecuciones pactada.

"Apartado"

El **Artista** se compromete, asimismo, a intervenir y colaborar, a requerimiento del **Promotor**, en las sesiones fotográficas, campañas y actuaciones promocionales, si fuera el caso, organizadas por este y, consiguientemente se compromete a participar en toda clase de entrevistas, intervenciones ante fotógrafos, medios, etc.

➢➢

❍ **Selección del equipo técnico y artístico por el Promotor:**

"Apartado"

El **Promotor** seleccionará libremente todo el equipo técnico y artístico participante en las ejecuciones del **Artista**, comprometiéndose el **Artista** a seguir las instrucciones del director de escena y/o el **Promotor** y a presentarse a los ensayos que el director de escena y/o el **Promotor** le indiquen en condiciones adecuadas para el cumplimiento de sus obligaciones establecidas en este contrato y en sus anexos.

"Número" Merchandising

El **Artista** cede al **Promotor** los derechos de merchandising sobre su nombre, voz e imagen en la promoción y publicidad de la Obra *"...de la gira ... O ... del espectáculo ... "* a la que se refiere el presente contrato. Por la comercialización de dicho merchandising, el **Artista** percibirá la cantidad de *"importe"*.

MCM 2200 s.

"Número" Otros
Todas las obligaciones laborales, fiscales y las relativas a la Seguridad Social derivadas de la relación entre el **Artista** y el **Promotor**, serán responsabilidad exclusiva de este.

Y en prueba de conformidad, ambas partes firman el presente contrato, que se extiende en dos ejemplares, igualmente originales, en el lugar y fecha indicados en su encabezamiento.

LPI art.74 s. y 105 s.; RD 3-9-1880 art.61 s.

EL PROMOTOR **EL ARTISTA**

ANEXO *"NÚMERO DEL ANEXO: INTERPRETACIÓN Y/O EJECUCIÓN DE LAS OBRAS"*

Interpretación y/o ejecución de las Obras
"especificar lugares y fechas de ejecución de las Obras"

Prestación artística (doblaje)

MCM 2200 s.

Nota preliminar:

- El contrato de prestación artística puede consistir no sólo en la interpretación de una actividad escenográfica, sino también en una interpretación o ejecución musical, vocal o instrumental o, como en este caso, en el **arrendamiento de prestaciones vocales**, lo que habitualmente se conoce como doblaje.

LPI art.43 s. y 105 s

Téngase en cuenta, asimismo, que, de acuerdo con el RDL 24/2021, se modificó el art.110 LPI y se permite que tanto el autor, como el artista intérprete o ejecutante puedan solicitar la **revisión por remuneración no equitativa**. Concretamente, si en la cesión se produjese una manifiesta desproporción entre la remuneración inicialmente pactada por el autor en comparación con la totalidad de los ingresos subsiguientes derivados de la explotación de las obras obtenidos por el cesionario o su derechohabiente.

- Ténganse en cuenta los **distintos convenios** existentes sobre doblaje a nivel autonómico, ya que no existe uno estatal.

- Cabría considerar al artista intérprete doblador como autor en caso de que asuma **labores creativas** del personaje para culminar el doblaje.

- El modelo presupone unas circunstancias determinadas que serán las más frecuentes. Si en el caso concreto existen circunstancias particulares no previstas, deberá completarse o modificarse el modelo adaptándolo a las mismas.

En *"localidad"*, a *"fecha"*

REUNIDOS:

De una parte,
"Don/Doña nombre y apellidos de la parte", mayor de edad, *"estado civil de la parte" "... "especificar el régimen económico matrimonial de la parte" ... "*, de nacionalidad *"nacionalidad de la parte"*, con domicilio a estos efectos en *"domicilio de la parte"*, *"...con DNI/NIF número "DNI/NIF de la parte"... O ... con tarjeta de residencia número "número de tarjeta de residencia de la parte" ... O ... pasaporte número "número de pasaporte de la parte", expedido el "fecha de expedición del pasaporte de la parte" ... O ... "reseñar otros documentos aportados por la parte" ... "*, vigente hasta el *"fecha de vigencia de la documentación aportada por la parte"*.

De otra parte,
"Don/Doña nombre y apellidos de la parte", mayor de edad, *"estado civil de la parte" "... "especificar el régimen económico matrimonial de la parte" ... "*, de nacionalidad *"nacionalidad de la parte"*, con domicilio a estos efectos en *"domicilio de la parte"*, *"...con DNI/NIF número "DNI/NIF de la parte"... O ... con tarjeta de residencia número "número de tarjeta de residencia de la parte" ... O ... pasaporte número "número de pasaporte de la parte", expedido el "fecha de expedición del pasaporte de la parte" ... O ... "reseñar otros documentos aportados por la parte" ... "*, vigente hasta el *"fecha de vigencia de la documentación aportada por la parte"*.

MCM 2200 s.

LPI art.43 s. y 105 s

INTERVIENEN:

A. *"Don/Doña nombre y apellidos del representante"*, en nombre y representación de la sociedad mercantil denominada *"denominación social"*, domiciliada en *"domicilio social"*, y con NIF número *"NIF de la sociedad"*, constituida, por tiempo indefinido, mediante escritura otorgada ante el notario de *"lugar de la notaría en la que se autorizó la constitución de la sociedad"*, *"Don/Doña nombre y apellidos del notario que autorizó la constitución de la sociedad"*, el *"fecha de escritura de constitución de la sociedad"*, e inscrita en el Registro Mercantil de *"datos de la inscripción registral de la sociedad (localidad del Registro Mercantil, tomo, folio, sección, hoja e inscripción)"*, en su calidad de

>>

❍ **Si representa como cargo social:**

"...administrador único ... O ... administrador solidario ... O ... consejero delegado ... O ... "especificar la representación del cargo social" ..." de la reseñada sociedad, cargo para el que fue nombrado y asegura vigente en escritura otorgada el *"fecha de escritura del nombramiento del cargo"*, ante el notario de *"lugar donde radica la notaría en la que se autorizó la escritura del nombramiento"*, *"Don/Doña nombre y apellidos del notario que autorizó la escritura del nombramiento"*, con el número *"número de protocolo del notario que autorizó la escritura del nombramiento"* de su protocolo, e inscrita en el Registro Mercantil de *"localidad del Registro Mercantil de la escritura de nombramiento"*, en el tomo y hoja arriba indicados.

❍ **Si representa como apoderado:**

apoderado de la reseñada sociedad, según escritura de poder otorgada a su favor, en *"fecha de escritura del otorgamiento del poder"*, ante el notario de *"lugar donde radica la notaría en la que se autorizó la escritura de poder"*, *"Don/Doña nombre y apellidos del notario que autorizó la escritura de poder"*, con el número *"número de protocolo del notario que autorizó la escritura de poder"* de su protocolo *"...e inscrita en el Registro Mercantil de "localidad del Registro Mercantil de la escritura de poder" ..."*, en el tomo y hoja arriba indicados.

<<

En adelante, **la productora**.

✍ **Nota:**

*Aun cuando la **parte productora** puede ser una persona física, en el presente modelo partimos de la hipótesis de que se trata de una persona jurídica, supuesto que será el más habitual.*

B. *"Don/Doña nombre y apellidos de la parte"*

>>

❍ **Si interviene en su propio nombre:**

en su propio nombre y derecho.

❍ **Si interviene como representante:**

en nombre y representación de *"Don/Doña nombre y apellidos del representado"*, mayor de edad, *"estado civil del representado"*, con domicilio en *"domicilio del representado"* y provisto de D.N.I./N.I.F. número *"DNI/NIF del representado"*, según consta en escritura de poder, otorgada ante el notario de *"lugar donde radica la notaría en la que se autorizó la escritura de poder de representación (persona física)"*, *"Don/Doña nombre y apellidos del notario que autorizó la escritura de poder de representación (persona física)"*, el *"fecha de escritura de poder de representación (persona física)"*, con el número *"número de protocolo del notario que autorizó la escritura de poder de representación (persona física)"*.

<<

En adelante, **el artista**.

MCM 2200 s.

LPI art.43 s. y 105 s

✍ **Nota:**

*El **artista intérprete o ejecutante** se define como la persona que represente, cante, lea, recite, interprete o ejecute en cualquier forma una obra. El director de escena y el director de orquesta tendrán los mismos derechos reconocidos a los artistas (*LPI *art.*105*).*

*Los artistas intérpretes o ejecutantes que participen colectivamente en una misma actuación, tales como los componentes de un **grupo musical, coro, orquesta, ballet o compañía de teatro**, deberán designar de entre ellos un representante para el otorgamiento de las autorizaciones mencionadas en este Título. Para tal designación, que deberá formalizarse por escrito, valdrá el acuerdo mayoritario de los intérpretes. Esta obligación no alcanzará a los **solistas** ni a los **directores de orquesta o de escena** (*LPI *art.*111*).*

*Téngase en cuenta, por consiguiente, que en esos casos el contrato se hará con el representante del grupo artístico, representante que deberá haber sido **previamente apoderado** para actuar y poder ceder los derechos de propiedad intelectual que atañen a los demás integrantes del grupo. Si se tratase de **varios autores**, el representante del grupo, elegido por todos los integrantes, tiene verdadero poder de representación a la hora de negociar los derechos de propiedad intelectual (*TSJ Navarra 4-11-96*).*

*Por otro lado, lo usual es que los artistas cedan sus derechos de propiedad intelectual sobre sus actuaciones a un **manager o representante**. Se trataría de un simple contrato de apoderamiento o representación con las particularidades propias de la propiedad intelectual en cuanto a la cesión de los derechos y al ejercicio limitado de los mismos (TS 24-6-11, EDJ 130875; AP Madrid 25-1-16, EDJ 8880). Por lo demás, presentan una casuística enorme en cuanto a las cláusulas puramente económicas, en las que artista y manager pactan las condiciones económicas de representación de este último. En consecuencia, el empresario o productor que quiera contratar los servicios del artista deberá pactar normalmente con el manager cesionario de los derechos en cuestión.*

Ambas configuraciones ponen de manifiesto que el Manager de un artista, se ocupa de algo más que de la organización de una gira de un determinado artista, así como que el trabajo de este es más amplio y complejo que la participación en conciertos o espectáculos públicos, como grabación, promoción de discos, derechos de imagen, entre otros (AP Madrid 25-1-16, EDJ 8880).

Las partes se reconocen la capacidad legal necesaria para contratar y obligarse y, a tal efecto

EXPONEN:

I. Que la **Productora** es titular de los derechos de autor sobre la obra titulada *"título de la Obra"* (en adelante, la Obra).

II. Que la Obra está protegida por las leyes y convenios internacionales en materia de Derecho de autor.

III. Que el **Artista** es un artista intérprete.

IV. Que la **Productora** está interesada en contratar los servicios del **Artista** para que este preste sus artes en el doblaje al castellano del guion correspondiente al personaje *"especificar personaje de la Obra"*, el cual aparece en la Obra.

V. Que el **Artista** está interesado en prestar los servicios a los que se refiere el presente contrato, de acuerdo con las siguientes

ESTIPULACIONES:

PRIMERA. Objeto y alcance del contrato

1.1.

Por medio del presente contrato, el **Artista** se obliga para con la **Productora** en llevar a cabo, de manera íntegra y en exclusiva, el doblaje del personaje *"especificar personaje de la Obra"*, que aparece en la Obra. Cualquier referencia hecha en el presente contrato a los servicios del **Artista** se hará bajo el genérico Prestación.

1.2.

El presente contrato se configura como de arrendamiento de obra, en el sentido de que el **Artista** se compromete para con la **Productora** a la entrega de la Prestación a la que se refiere esta Estipulación a plena satisfacción de la **Productora**, de acuerdo con lo dispuesto en la estipulación séptima del presente contrato.

MCM 2200 s.

Nota:

No vemos inconveniente en configurar el contrato de ***prestación de servicios*** *como tal, sobre la base de lo dispuesto en* LPI *art.*110.

1.3.

LPI art.43 s. y 105 s

El **Artista** cede en exclusiva a la **Productora** todos los derechos de propiedad intelectual que le puedan corresponder sobre la Prestación, para el ámbito territorial de todo el mundo, y con el alcance temporal máximo previsto en la Ley de Propiedad Intelectual, aprobada por Real Decreto Legislativo 1/1996, de 12 de abril, antes de que su prestación pase a dominio público.

1.4.

Igualmente, el **Artista** autoriza a la **Productora**, en exclusiva y con el alcance previsto en el presente contrato, a explotar la Prestación en todos y cada uno de los medios y formatos técnicos de divulgación y explotación de obras y prestaciones actualmente conocidos, citando, sin carácter exhaustivo, los siguientes: vídeo, CD-ROM, DVD, Blue-ray, vídeo láser, MC, láser, disco vinilo.

Nota:

Aunque estas formas de explotación no se entiendan como usables actualmente, aconsejamos su mención para permitir la eventual explotación. Recuérdese que está prohibido legalmente la cesión de derechos sobre ***modalidades de explotación desconocidas*** *en el momento del acuerdo de cesión (LPI art.43.3).*

1.5.

El **Artista** se compromete a ceder todos y cada uno de los derechos sobre la Prestación que sean necesarios para la explotación de la misma en los formatos correspondientes, sin carácter exhaustivo: vídeo, CD-ROM, casete o video láser.

SEGUNDA. Derechos y obligaciones de la Productora

2.1.

De acuerdo con lo dispuesto en el presente contrato, la **Productora** disfruta de los siguientes derechos y facultades:

a) A explotar la Prestación según lo dispuesto en la estipulación quinta del presente contrato.

b) A exigir al **Artista** la realización y la entrega de la Prestación.

c) A explotar la Prestación conforme con los usos y prácticas normales en este tipo de prestaciones de servicios.

d) A exigir al **Artista** su participación activa en la presentación por primera vez al público de la Obra (première).

e) A poder anunciar y difundir la Obra, una vez incorporada la Prestación a la misma, en los medios de comunicación social, Internet o cualquier otra red similar, para su promoción y publicidad.

f) A poder incluir 'tomas falsas' de las sesiones de grabación de la prestación del **Artista** en reportajes publicitarios o promocionales, así como en series o programas del tipo 'cómo-se-hizo' o similares.

Nota:

Es aconsejable incluir cláusulas del tipo ***'cómo-se-hizo'****, etc, ya que estos programas son cada día más habituales. Dudoso es en el caso del artista, carente en sí mismo de derechos de autoría sobre el guion o partitura que interpreta, si deberían incluirse advertencias sobre las* ***secuelas o las precuelas****. Somos de la opinión negativa.*

g) A poder llevar a cabo imitaciones de la voz del **Artista**, por medio de terceras personas contratadas especialmente para desarrollar esta prestación, cuya voz sea intencionalmente similar a la del **Artista**, y con fines puramente promocionales o publicitarios.

MCM 2200 s.

2.2.

De acuerdo con lo dispuesto en el presente contrato, la **Productora** debe cumplir con las siguientes obligaciones:

a) Pagar al **Artista** por la Prestación en el tiempo, lugar y forma convenidos en el presente contrato.

b) Proporcionar al **Artista** los servicios técnicos necesarios para la realización de la Prestación.

c) Hacer constar en los títulos de crédito de la Obra el nombre artístico del **Artista**.

TERCERA. Derechos y obligaciones del Artista

LPI art.43 s. y 105 s

De acuerdo con lo previsto en la Estipulación anterior y en el resto del contenido del presente contrato, el **Artista** tendrá como derechos y facultades las correlativas obligaciones a cargo de la **Productora**. Asimismo, las obligaciones del **Artista** se corresponderán con los derechos y facultades a favor de la **Productora**.

CUARTA. Remuneración por la prestación de servicios

4.1.

Artista y **Productora** acuerdan que la remuneración total por la realización de la Prestación ascenderá a la cantidad de *"cantidad en número, por la remuneración del Artista"* euros, de acuerdo con lo previsto en el artículo 46 de la Ley de Propiedad Intelectual. El pago se efectuará mediante cheque nominativo a entregar al **Artista** en el momento de su firma. Este pago es único y la **Productora** no estará obligada a pagar otras remuneraciones.

Nota:

Esto no excluye la remuneración debida al artista (o, en su caso, al autor) por determinados actos de explotación: nos referimos a los ***derechos de remuneración****.*
Téngase en cuenta, asimismo, que, de acuerdo con el RDL 24/2021, se modificó el art. 110 LPI y se permite que tanto el autor, como el artista intérprete o ejecutante puedan solicitar la ***revisión por remuneración no equitativa****. Concretamente, si en la cesión se produjese una manifiesta desproporción entre la remuneración inicialmente pactada por el autor en comparación con la totalidad de los ingresos subsiguientes derivados de la explotación de las obras obtenidos por el cesionario o su derechohabiente.*

4.2.

El **Artista** perderá todo derecho a la remuneración pactada cuando por incapacidad o incumplimiento de sus obligaciones previstas en el presente contrato, no finalizara la Prestación.

QUINTA. Derechos de explotación

Nota:

Es la cláusula de cesión de derechos típica.

Por virtud del presente contrato, el **Artista** cede a la **Productora** en exclusiva y con el alcance territorial y temporal definidos en la Estipulación Primera anterior, los siguientes derechos de explotación sobre la Prestación:

a) Derecho de fijación, entendiendo por tal el hecho de captar la voz del **Artista** por cualesquiera medios técnicos, sean estos físicos o lógicos, de manera tal que la voz del **Artista** quede incorporada a un soporte físico o lógico. Expresamente, **Artista** y **Productora** acuerdan que la grabación de la voz en un soporte informático o en el disco duro de un ordenador son actos de fijación.

b) Derecho de reproducción, entendiendo por tal el hecho de obtener una o varias copias, en número limitado o ilimitado pero conocido, del soporte al que haya quedado incorporada la Prestación, y así poder proceder a su explotación.

c) Derecho de distribución, entendiendo por tal la puesta a disposición del público del original o copias de la Prestación mediante su venta, alquiler, préstamo o de cualquier otra forma.

d) Derecho de comunicación pública, entendiendo por tal todo acto por el cual una pluralidad de personas pueda tener acceso a la obra sin previa distribución de ejemplares a cada una de ellas. Son actos de comunicación pública, a título meramente enunciativo, los de exhibición en salas de cine o en estudios profesionales, la emisión por radiodifusión o por cualquier otro medio que sirva para la difusión inalámbrica de signos, sonidos o imágenes (incluida la comunicación por ondas terrestres hertzianas), la comunicación al público vía satélite, la transmisión por hilo, cable, fibra óptica o cualesquiera otros procedimientos análogos, la retransmisión por cable o por radiodifusión y la emisión o transmisión en lugar accesible al público mediante cualquier instrumento idóneo. Expresamente, **Artista** y **Productora** acuerdan que es un acto de comunicación pública la explotación de la Prestación a través de Internet o de cualquier otra red de similares características, con independencia del número de usuarios que puedan tener acceso a dichas redes telemáticas.

MCM 2200 s.

LPI art.43 s. y 105 s

e) Derecho de acceso a bases de datos, con independencia de que tal acceso se produzca a distancia por vías telemáticas o informáticas. Expresamente, **Artista** y **Productora** acuerdan que el acto de alojar la Prestación en una base de datos constituye un acto de acceso a una base de datos.

f) Derecho de transformación, entendiendo por tal cualquier modificación de la Prestación de la que derive una prestación diferente. Los derechos sobre la obra resultante de la transformación pertenecerán a la **Productora** sin perjuicio de los derechos correspondientes al **Artista**.

g) Derecho de alquiler y préstamo sobre la Prestación, sin perjuicio de lo dispuesto en la Estipulación Sexta del presente contrato.

SEXTA. Remuneración por alquiler y préstamo

6.1.

Lo dispuesto en el presente contrato no prejuzga, modifica o influye en el derecho correspondiente al **Artista** a recibir una remuneración equitativa por el alquiler de la Obra a la que la Prestación se incorpora, de acuerdo con lo dispuesto en el artículo 109 de la Ley de Propiedad Intelectual.

6.2.

La remuneración debida al **Artista** por estos conceptos será exigida por este directamente de quienes realicen de cara al público las actividades de alquiler y préstamo, y será recaudada por la entidad de gestión de derechos a la que este pertenezca, no quedando obligada la **Productora** a la realización de gestión alguna tendente a lograr o facilitar dicha recaudación.

SÉPTIMA. Entrega de la prestación

✍ **Nota:**

*Esta cláusula se suele incluir para evitar que el Artista no siga las **indicaciones del director o realizador**. En la práctica, no obstante, es difícil delimitar por contrato las posibilidades "creativas" del artista a la hora de desarrollar su personaje: todo dependerá de la voluntad del director de "dejarle" mayor o menor, o ninguna capacidad o margen de maniobra creativa.*

7.1.

El **Artista** deberá realizar la Prestación a satisfacción de la **Productora**.

7.2.

La Prestación será realizada bajo la dirección artística y supervisión técnica señaladas por la **Productora**, quien, además, coordinará todos los elementos técnicos, artísticos, personales o materiales que sean necesarios para el correcto doblaje de la Obra.

7.3.

Cualquier disconformidad de la **Productora** con la Prestación deberá ser puesta en conocimiento del **Artista** con la mayor brevedad posible, y por medio que le permita tener un conocimiento fehaciente.

MCM 2200 s.

OCTAVA. Cesión de los derechos sobre la voz y el nombre del Artista

8.1.
El **Artista** cede a la **Productora**, en exclusiva y con el ámbito territorial y temporal definidos en el presente contrato, los derechos correspondientes para que la **Productora** pueda usar y autorizar a terceros a usar la voz y el nombre del **Artista** para los fines previstos y necesarios en el presente contrato. Este uso se hará en todo caso respetando lo dispuesto en las cláusulas correspondientes.

8.2.
El **Artista** reconoce que las modificaciones que la **Productora** pueda introducir en la Prestación, que sean necesarias para la promoción y difusión publicitaria de la Obra, tales como cortes, superposiciones de imágenes, cortometrajes publicitarios o tomas aisladas de sonidos procedentes de la Obra, entre otros, así como las producidas con fines promocionales de cualquier tipo, y que habrán de ser sometidas previamente a la autorización del **Artista**, no constituyen lesión alguna de su derecho moral y que las autoriza y acepta.

LPI art.43 s. y 105 s

NOVENA. Cesión de los derechos sobre la voz y el nombre del Artista para promociones destinadas a marketing y explotación general de la Prestación
El **Artista** autoriza a la **Productora** a usar y disponer del modo que sea necesario, pero con los límites señalados en la Estipulación Octava del presente contrato, de su voz y nombre en campañas de marketing relacionadas con la Obra. En concreto, y a título meramente enunciativo, el **Artista** permite lo anterior en relación con la explotación de productos de promoción de la Obra tales como vídeos, muñecos, camisetas, llaveros y otros similares.

DÉCIMA. Interpretación de las cláusulas del presente contrato
En caso de duda sobre la interpretación de las Cláusulas del presente contrato, **Artista** y **Productora** acuerdan que se les dé la interpretación necesaria para que se consiga la mayor reciprocidad de intereses entre las partes.

UNDÉCIMA. Resolución del contrato

11.1.
El incumplimiento por el **Artista** de cualquiera de las obligaciones que dimanan del presente contrato y, en particular, la falta de prestación o prestación inadecuada de los servicios de doblaje facultará a la **Productora** a declarar resuelto el presente contrato. Si el incumplimiento se debiere a malicia o negligencia grave del **Artista**, este deberá indemnizar a la **Productora** por todos los daños y perjuicios causados.

11.2.
El **Artista**, por su parte, podrá declarar resuelto el presente contrato en caso de incumplimiento por la **Productora** de sus obligaciones, siempre y cuando esta no hubiera procedido a subsanar dicho incumplimiento en el plazo de un mes, a contar desde la comunicación que a tal efecto aquél le dirija.

11.3.
La resolución a instancia del **Artista** no le dará derecho para:

a) Considerar extinguidos los derechos que la **Productora** hubiera adquirido sobre los servicios ya prestados, de acuerdo con lo establecido en el presente contrato, sin perjuicio a obtener la remuneración proporcional que le corresponda.
b) Restringir, evitar o perjudicar en cualquier forma la producción, distribución, publicidad o cualquier otra forma de explotación de la Obra y de su doblaje o de cualquiera de sus partes o elementos.

Y en prueba de conformidad, ambas partes firman el presente contrato, que se extiende en dos ejemplares, igualmente originales, en el lugar y fecha indicados en su encabezamiento.

LA PRODUCTORA **EL ARTISTA**

Comunicación pública de obra audiovisual

MCM 2260 s.

LPI art.20.2, 43 s., 108, 116, 122 y 126

Nota preliminar:

- En general, por comunicación pública ha de entenderse todo acto por el cual una pluralidad de personas pueda tener acceso a la obra sin previa distribución de ejemplares a cada una de ellas. Puede decirse que el objeto del contrato de comunicación pública consiste en la **explotación intangible** de la obra.
- Dado que hay muchas formas de comunicación pública agrupadas bajo esta denominación, en el presente modelo nos referiremos solamente a la comunicación acordada entre el titular de los derechos de emisión, transmisión o comunicación al público **vía satélite** (normalmente, la productora de grabaciones audiovisuales) y la entidad de radiodifusión.
- Ténganse en cuenta los art.76 a 79 del RDL 24/2021, relativos a los derechos de las entidades de radiodifusión respecto de la transmisión de programas de radio y televisión.
- Téngase presente que la posibilidad de explotar obras y prestaciones por **Internet** ha alterado y potenciado profundamente las formas de explotación.
- El modelo presupone unas circunstancias determinadas que serán las más **frecuentes**. Si en el caso concreto existen circunstancias particulares no previstas, deberá completarse o modificarse el modelo adaptándolo a las mismas.

En *"localidad"*, a *"fecha"*

REUNIDOS:

 **Nota:**

*Aun cuando ambas partes pueden ser personas físicas, en el presente modelo partimos de la hipótesis de que se trata de **personas jurídicas**, supuesto que será el más habitual.*

De una parte,

"Don/Doña nombre y apellidos de la parte", mayor de edad, *"estado civil de la parte" "... "especificar el régimen económico matrimonial de la parte" ... "*, de nacionalidad *"nacionalidad de la parte"*, con domicilio a estos efectos en *"domicilio de la parte"*, *"...con DNI/NIF número "DNI/NIF de la parte" ... O ... con tarjeta de residencia número "número de tarjeta de residencia de la parte" ... O ... pasaporte número "número de pasaporte de la parte", expedido el "fecha de expedición del pasaporte de la parte" ... O ... "reseñar otros documentos aportados por la parte" ... "*, vigente hasta el *"fecha de vigencia de la documentación aportada por la parte"*.

De otra parte,

"Don/Doña nombre y apellidos de la parte", mayor de edad, *"estado civil de la parte" "... "especificar el régimen económico matrimonial de la parte" ... "*, de nacionalidad *"nacionalidad de la parte"*, con domicilio a estos efectos en *"domicilio de la parte"*, *"...con DNI/NIF número "DNI/NIF de la parte" ... O ... con tarjeta de residencia número "número de tarjeta de residencia de la parte" ... O ... pasaporte número "número de pasaporte de la parte", expedido el "fecha de expedición del pasaporte de la parte" ... O ... "reseñar otros documentos aportados por la parte" ... "*, vigente hasta el *"fecha de vigencia de la documentación aportada por la parte"*.

MCM 2260 s.

LPI art.20.2, 43 s., 108, 116, 122 y 126

INTERVIENEN:

A. *"Don/Doña nombre y apellidos del representante"*, en nombre y representación de la sociedad mercantil denominada *"denominación social"*, domiciliada en *"domicilio social"*, y con NIF número *"NIF de la sociedad"*, constituida, por tiempo indefinido, mediante escritura otorgada ante el notario de *"lugar de la notaría en la que se autorizó la constitución de la sociedad"*, *"Don/Doña nombre y apellidos del notario que autorizó la constitución de la sociedad"*, el *"fecha de escritura de constitución de la sociedad"*, e inscrita en el Registro Mercantil de *"datos de la inscripción registral de la sociedad (localidad del Registro Mercantil, tomo, folio, sección, hoja e inscripción)"*, en su calidad de

o Si representa como cargo social:

"...administrador único ... O ... administrador solidario ... O ... consejero delegado ... O ... "especificar la representación del cargo social" ... " de la reseñada sociedad, cargo para el que fue nombrado y asegura vigente en escritura otorgada el *"fecha de escritura del nombramiento del cargo"*, ante el notario de *"lugar donde radica la notaría en la que se autorizó la escritura del nombramiento"*, *"Don/Doña nombre y apellidos del notario que autorizó la escritura del nombramiento"*, con el número *"número de protocolo del notario que autorizó la escritura del nombramiento"* de su protocolo, e inscrita en el Registro Mercantil de *"localidad del Registro Mercantil de la escritura de nombramiento"*, en el tomo y hoja arriba indicados.

o Si representa como apoderado:

apoderado de la reseñada sociedad, según escritura de poder otorgada a su favor, en *"fecha de escritura del otorgamiento del poder"*, ante el notario de *"lugar donde radica la notaría en la que se autorizó la escritura de poder"*, *"Don/Doña nombre y apellidos del notario que autorizó la escritura de poder"*, con el número *"número de protocolo del notario que autorizó la escritura de poder"* de su protocolo *"...e inscrita en el Registro Mercantil de "localidad del Registro Mercantil de la escritura de poder" ..."*, en el tomo y hoja arriba indicados.

≺≺

En adelante, **la productora**.

B. *"Don/Doña nombre y apellidos del representante"*, en nombre y representación de la sociedad mercantil denominada *"denominación social"*, domiciliada en *"domicilio social"*, y con NIF número *"NIF de la sociedad"*, constituida, por tiempo indefinido, mediante escritura otorgada ante el notario de *"lugar de la notaría en la que se autorizó la constitución de la sociedad"*, *"Don/Doña nombre y apellidos del notario que autorizó la constitución de la sociedad"*, el *"fecha de escritura de constitución de la sociedad"*, e inscrita en el Registro Mercantil de *"datos de la inscripción registral de la sociedad (localidad del Registro Mercantil, tomo, folio, sección, hoja e inscripción)"*, en su calidad de

o Si representa como cargo social:

"...administrador único ... O ... administrador solidario ... O ... consejero delegado ... O ... "especificar la representación del cargo social" ... " de la reseñada sociedad, cargo para el que fue nombrado y asegura vigente en escritura otorgada el *"fecha de escritura del nombramiento del cargo"*, ante el notario de *"lugar donde radica la notaría en la que se autorizó la escritura del nombramiento"*, *"Don/Doña nombre y apellidos del notario que autorizó la escritura del nombramiento"*, con el número *"número de protocolo del notario que autorizó la escritura del nombramiento"* de su protocolo, e inscrita en el Registro Mercantil de *"localidad del Registro Mercantil de la escritura de nombramiento"*, en el tomo y hoja arriba indicados.

○ **Si representa como apoderado:**

MCM 2260 s.

apoderado de la reseñada sociedad, según escritura de poder otorgada a su favor, en *"fecha de escritura del otorgamiento del poder"*, ante el notario de *"lugar donde radica la notaría en la que se autorizó la escritura de poder"*, *"Don/Doña nombre y apellidos del notario que autorizó la escritura de poder"*, con el número *"número de protocolo del notario que autorizó la escritura de poder"* de su protocolo *"...e inscrita en el Registro Mercantil de "localidad del Registro Mercantil de la escritura de poder"* ... ", en el tomo y hoja arriba indicados.

<<

LPI art.20.2, 43 s., 108, 116, 122 y 126

En adelante, **la entidad de radiodifusión**.

Las partes se reconocen la capacidad legal necesaria para contratar y obligarse y, a tal efecto

EXPONEN:

I. Que la **Productora** es titular de los derechos de propiedad intelectual necesarios para explotar debidamente la obra titulada *"título de la Obra"* (en adelante, la Obra).

II. Que la **Entidad de Radiodifusión** es una empresa de radiodifusión televisiva, que ha obtenido todos los permisos necesarios para poder lanzar emisiones de radiodifusión.

III. Que ambas partes convienen en regular la difusión de la Obra a través de los medios técnicos de la **Entidad de Radiodifusión** por medio del presente contrato. No obstante, teniendo en cuenta que la normativa legal y el rápido desarrollo de las tecnologías electrónicas relacionadas con la transmisión digital y el almacenamiento de las grabaciones sonoras sufren cambios permanentes, ambas partes reconocen la necesidad de que este contrato tenga una vigencia limitada, pudiendo revisarse sus términos y las condiciones de su posible renovación o de cualquier otro contrato futuro.

Nota:

Como es sabido, la LPI *prohíbe la cesión de los derechos sobre las* ***modalidades de explotación aún no conocidas*** *en el momento de la cesión. Todo lo más que se puede admitir es el establecimiento de un derecho de tanteo a favor del cesionario.*

En su virtud, las partes acuerdan celebrar el presente contrato con arreglo a las siguientes

ESTIPULACIONES:

PRIMERA. Objeto del contrato

Por medio del presente contrato, la **Productora** autoriza a la **Entidad de Radiodifusión** para usar y explotar la Obra en su canal denominado *"denominación del canal"*, según lo dispuesto en la estipulación segunda.

La cesión de los derechos a los que se refiere la Estipulación Tercera es exclusiva y para el territorio de *"indicar país/es o zona para la cual se ceden los derechos"*.

SEGUNDA. Condiciones de explotación de la Obra

La comunicación pública de la Obra se hará de acuerdo en las siguientes condiciones:

a) Número de pases: se autoriza la comunicación pública de la Obra por cuatro veces durante el periodo de tiempo que va desde el *"fecha inicial de la comunicación pública"* hasta el *"fecha final de la comunicación pública"*. Durante ese periodo de tiempo la **Entidad de Radiodifusión** podrá difundir la Obra sin límite de tiempo entre cada pase.

Nota:

- Es usual establecer un ***número de pases*** *para la exhibición pública de la obra.*
- Se entiende por ***copia efímera*** *toda aquella reproducción hecha por la entidad de radiodifusión con sus propios medios y por una sola vez con el objeto de difundir la obra. Si se utilizase la obra una segunda vez a partir de esa copia efímera, se necesitaría adquirir el derecho de reproducción.*

b) Pase horario: en horario de *"tarde/noche"*, entre las *"especificar hora de inicio"* horas y las *"especificar hora final"* horas.

MCM 2260 s.

c) Copias efímeras: la **Entidad de Radiodifusión** queda autorizada por la **Productora** para fijar sus comunicaciones vía satélite, así como sus propias radiodifusiones por sus propios medios, con el objeto de realizar, por una sola vez, la comunicación pública autorizada.

d) Entrega de la Obra: la Obra se entregará por la **Productora** durante los *"plazo en meses para la entrega de la Obra"* meses anteriores a la primera fecha prevista para la difusión de la Obra, en un soporte que permita a la **Entidad de Radiodifusión** su lectura y grabación, de acuerdo con los usos del medio.

LPI art.20.2, 43 s., 108, 116, 122 y 126

TERCERA. Derechos cedidos

Nota:

*Dado que se trata de un contrato de cesión de derechos de comunicación pública, se ha previsto únicamente este derecho. No obstante, puede ocurrir que la entidad de radiodifusión tenga la intención asimismo de **distribuir DVDs o Blue-ray** con la copia de la obra. Entonces deberá adquirir también los derechos de reproducción y distribución. La Ley establece que es siempre necesaria la **autorización** expresa de los autores para su explotación, mediante la puesta a disposición del público de copias en cualquier sistema o formato, para su utilización en el ámbito doméstico o mediante su comunicación pública a través de la radiodifusión.*

3.1.

Por virtud del presente contrato, la **Entidad de Radiodifusión** adquiere la condición de cesionaria, en los términos aquí previstos, de los derechos de comunicación pública a través de cualesquiera modalidades de las que conforman el derecho de comunicación pública de acuerdo con el artículo 20 de la Ley de Propiedad Intelectual. Por consiguiente, quedan incluidos, entre otros, los derechos de emisión hertziana o terrestre, transmisión por cable y retransmisión por cualquiera de los sistemas legalmente admitidos, así como las modalidades de 'pago por visión', 'vídeo a demanda' y cualesquiera otras fórmulas de visionado de la Obra contra pago de una cantidad de dinero por parte del público o de personas concretas del público.

3.2.

Al margen de lo anterior, la **Entidad de Radiodifusión** adquiere también los derechos de puesta a disposición a los que expresamente se refiere la Directiva 2001/29/CE de Derechos de Autor y Derechos Afines al de Autor en la Sociedad de la Información, y el art. 20.2.i) de la Ley de Propiedad Intelectual.

Nota:

*Aunque el derecho de **puesta a disposición** es un derecho incluido en el de comunicación pública, lo más aconsejable resulta incluir y mencionar por separado el derecho de puesta a disposición expresamente, siempre que ello interese a la entidad de radiodifusión. En cualquier caso, una mera mención genérica a la transmisión del derecho de comunicación pública o la autorización correspondiente serían suficientes para entender autorizada esta forma de explotación.* TJUE 26-3-15, *asunto* C-279/13*: el art.*3.2 *de la* Dir 2001/29/CE *debe interpretarse en el sentido de que no se opone a una normativa que extiende el derecho exclusivo de las entidades de radiodifusión a los actos de comunicación al público que podrían constituir las transmisiones de encuentros deportivos realizadas directamente en Internet, siempre que tal extensión no afecte a la protección de los derechos de autor.*

3.3.

Quedan excluidos de este contrato y reservados a los titulares de derechos correspondientes, cuantos derechos les corresponden en relación con las modalidades de explotación no previstas en esta Estipulación o que hayan de efectuarse en forma y condiciones distintas a las expresamente mencionadas en la misma.

MCM 2260 s.

Especialmente, quedan reservados todos los derechos relativos a la utilización publicitaria de los fonogramas que aparecen en la Obra, salvo la de aquellos fonogramas respecto de los cuales esta utilización haya sido expresamente autorizada por el productor fonográfico, o sus derechohabientes, a los productores de los correspondientes espacios.

CUARTA. Otros derechos de propiedad intelectual

 **Nota:**

LPI art.20.2, 43 s., 108, 116, 122 y 126

*Se trata de que el productor proteja al cesionario respecto de **reclamaciones de otros titulares** de derechos, sobre todo respecto de aquellos otros titulares cuyo pago corresponda al productor. Esta situación se dará, dependiendo del tipo de acto de comunicación pública ante el que nos encontremos, en los casos de* LPI *art.*90, 108 *y* 122.

La **Productora** declara que ha abonado todos los derechos de propiedad intelectual a que está obligado según la legislación vigente, a excepción de aquellos derechos cuya gestión sea colectiva o cuyos deudores sean persona distinta de la **Productora**.

La **Entidad de Radiodifusión** quedará obligada al pago de todas las remuneraciones cuya gestión sea colectiva y sea debida a los autores de la Obra.

QUINTA. Remuneración

 **Nota:**

*Usualmente, la **remuneración** pagada decrece a medida que el usuario o cesionario explota la obra en el tiempo.*

En concepto de remuneración por la concesión de la autorización a la que alude este contrato, la **Entidad de Radiodifusión** satisfará a la **Productora** la cantidad de *"cantidad en letra, por la concesión de la autorización"* euros (*"cantidad en número, por la concesión de la autorización"* €). Sin perjuicio de lo anterior, la **Entidad de Radiodifusión** pagará la siguiente remuneración por cada uno de los pases que se difundan de la Obra:

a) Por el primer pase, la cantidad de *"cantidad en letra, por el primer pase"* euros (*"cantidad en número, por el primer pase"* €).

b) Por el segundo pase, la cantidad de *"cantidad en letra, por el segundo pase"* euros (*"cantidad en número, por el segundo pase"* €).

c) Por el tercer pase, la cantidad de *"cantidad en letra, por el tercer pase"* euros (*"cantidad en número, por el tercer pase"* €).

d) Por el cuarto pase, la cantidad de *"cantidad en letra, por el cuarto pase"* euros (*"cantidad en número, por el cuarto pase"* €).

SEXTA. Documentación e inspección

La **Entidad de Radiodifusión** pondrá a disposición de la **Productora** cuantos documentos y datos sean necesarios, a juicio de esta última, a fin de que las personas debidamente autorizadas puedan llevar a cabo las comprobaciones necesarias para la recta aplicación de los pactos contenidos en este contrato a efectos de la determinación de los pagos.

SÉPTIMA. Derecho moral

Nota:

*Es normal que los titulares de derechos salvaguarden las **facultades morales** de los autores.*

7.1.

La **Entidad de Radiodifusión** realizará la comunicación al público de la Obra sin realizar modificación alguna en ella, añadidos o sobreimpresiones que no sean las comúnmente practicadas según los usos profesionales y las exigencias del medio. En todo caso, quedará a salvo el derecho moral de los autores y demás titulares de derechos sobre sus obras o prestaciones.

MCM 2260 s.

 **Nota:**

Téngase presente el LPI *art.92.2, párrafo 2° según el cual "cualquier* ***modificación de la versión definitiva*** *de la obra audiovisual mediante añadido, supresión o cambio de cualquier elemento de la misma, necesitará la autorización previa de quienes hayan acordado dicha versión definitiva".*
Añadiendo que, "No obstante, en los contratos de producción de obras audiovisuales destinadas esencialmente a la comunicación pública a través de la radiodifusión, se presumirá concedida por los autores, salvo estipulación en contrario, la autorización para realizar en la forma de emisión de la obra las modificaciones estrictamente exigidas por el modo de programación del medio, sin perjuicio en todo caso del derecho reconocido en el apartado 4.° del artículo 14".

7.2. LPI art.20.2, 43 s., 108, 116, 122 y 126
Queda prohibido el uso de la imagen de la Obra sin sonido, excepto en los espacios promocionales de la Obra, o con música que no sea la original, en todo caso.

7.3.
La **Entidad de Radiodifusión** queda autorizada para comunicar al público extractos de la Obra. En cualquier supuesto, debe permanecer inalterable el carácter de la obra y la naturaleza de la misma.

OCTAVA. Cláusula penal
Si, como consecuencia de actuaciones de la **Productora**, se pusiera de manifiesto cualquier omisión o inexactitud en las declaraciones de la **Entidad de Radiodifusión**, de la que se derive una disminución en los derechos a percibir por la **Productora**, de acuerdo con lo establecido en este contrato, la **Entidad de Radiodifusión** vendrá obligada a rectificar sus futuras declaraciones y a satisfacer a la **Productora** el triple de las cantidades dejadas de percibir por esta, en concepto de indemnización de daños y perjuicios y pena por incumplimiento.

Y en prueba de conformidad, ambas partes firman el presente contrato, que se extiende en dos ejemplares, igualmente originales, en el lugar y fecha indicados en su encabezamiento.

LA PRODUCTORA **LA ENTIDAD DE RADIODIFUSIÓN**

Distribución de obra audiovisual

MCM 2260 s.

LPI art.20.2, 43 s. y 86 s.; L 55/2007 art.14

Nota preliminar:

- El contrato de distribución de obra audiovisual es previo y complementario del contrato de **exhibición pública** de la obra. Se realizará entre la compañía productora y la empresa encargada de la distribución de la obra entre salas de proyección.

- Actualmente, la distribución que no sea estrictamente la referida o vinculada con la exhibición en **salas cinematográficas** (i.e. vídeo doméstico) ha perdido mucha importancia. Prácticamente la mayor parte de la explotación de obras audiovisuales comprende hoy día la comunicación pública, bien por los medios tradicionales de emisión, transmisión o retransmisión o comunicación al público vía satélite, bien por Internet.

- Las empresas distribuidoras legalmente constituidas y que acrediten ser titulares de los pertinentes derechos de explotación de conformidad y dentro del respeto a la legalidad vigente, podrán distribuir en España obras cinematográficas procedentes de **cualquier país en cualquier versión**, doblada o subtitulada, en las diferentes lenguas oficiales del Estado.

- El modelo presupone unas circunstancias determinadas que serán las más **frecuentes**. Si en el caso concreto existen circunstancias particulares no previstas, deberá completarse o modificarse el modelo adaptándolo a las mismas.

En *"localidad"*, a *"fecha"*

REUNIDOS:

De una parte,

"Don/Doña nombre y apellidos de la parte", mayor de edad, *"estado civil de la parte" "... "especificar el régimen económico matrimonial de la parte" ... "*, de nacionalidad *"nacionalidad de la parte"*, con domicilio a estos efectos en *"domicilio de la parte"*, *"...con DNI/NIF número "DNI/NIF de la parte" ... O ... con tarjeta de residencia número "número de tarjeta de residencia de la parte" ... O ... pasaporte número "número de pasaporte de la parte", expedido el "fecha de expedición del pasaporte de la parte" ... O ... "reseñar otros documentos aportados por la parte" ... "*, vigente hasta el *"fecha de vigencia de la documentación aportada por la parte"*.

De otra parte,

"Don/Doña nombre y apellidos de la parte", mayor de edad, *"estado civil de la parte" "... "especificar el régimen económico matrimonial de la parte" ... "*, de nacionalidad *"nacionalidad de la parte"*, con domicilio a estos efectos en *"domicilio de la parte"*, *"...con DNI/NIF número "DNI/NIF de la parte" ... O ... con tarjeta de residencia número "número de tarjeta de residencia de la parte" ... O ... pasaporte número "número de pasaporte de la parte", expedido el "fecha de expedición del pasaporte de la parte" ... O ... "reseñar otros documentos aportados por la parte" ... "*, vigente hasta el *"fecha de vigencia de la documentación aportada por la parte"*.

INTERVIENEN:

A. *"Don/Doña nombre y apellidos del representante"*, en nombre y representación de la sociedad mercantil denominada *"denominación social"*, domiciliada en *"domicilio social"*, y con NIF número *"NIF de la sociedad"*, constituida, por tiempo indefinido, mediante escritura otorgada ante el notario de *"lugar de la notaría en la que se autorizó la constitución de la sociedad"*, *"Don/Doña nombre y apellidos del notario que autorizó la constitución de la sociedad"*, el *"fecha de escritura de constitución de la sociedad"*, e inscrita en el Registro Mercantil de *"datos de la inscripción registral de la sociedad (localidad del Registro Mercantil, tomo, folio, sección, hoja e inscripción)"*, en su calidad de

MCM 2260 s.

LPI art.20.2, 43 s. y 86 s.; L 55/2007 art.14

>>

Si representa como cargo social:

"...administrador único... O... administrador solidario... O... consejero delegado... O... "especificar la representación del cargo social"... " de la reseñada sociedad, cargo para el que fue nombrado y asegura vigente en escritura otorgada el *"fecha de escritura del nombramiento del cargo"*, ante el notario de *"lugar donde radica la notaría en la que se autorizó la escritura del nombramiento"*, *"Don/Doña nombre y apellidos del notario que autorizó la escritura del nombramiento"*, con el número *"número de protocolo del notario que autorizó la escritura del nombramiento"* de su protocolo, e inscrita en el Registro Mercantil de *"localidad del Registro Mercantil de la escritura de nombramiento"*, en el tomo y hoja arriba indicados.

Si representa como apoderado:

apoderado de la reseñada sociedad, según escritura de poder otorgada a su favor, en *"fecha de escritura del otorgamiento del poder"*, ante el notario de *"lugar donde radica la notaría en la que se autorizó la escritura de poder"*, *"Don/Doña nombre y apellidos del notario que autorizó la escritura de poder"*, con el número *"número de protocolo del notario que autorizó la escritura de poder"* de su protocolo *"...e inscrita en el Registro Mercantil de "localidad del Registro Mercantil de la escritura de poder"* ...", en el tomo y hoja arriba indicados.

<<

En adelante, El **cedente**.

Nota:

*El cedente, normalmente una persona jurídica, será la propia **productora de la obra cinematográfica**.*

B. *"Don/Doña nombre y apellidos del representante"*, en nombre y representación de la sociedad mercantil denominada *"denominación social"*, domiciliada en *"domicilio social"*, y con NIF número *"NIF de la sociedad"*, constituida, por tiempo indefinido, mediante escritura otorgada ante el notario de *"lugar de la notaría en la que se autorizó la constitución de la sociedad"*, *"Don/Doña nombre y apellidos del notario que autorizó la constitución de la sociedad"*, el *"fecha de escritura de constitución de la sociedad"*, e inscrita en el Registro Mercantil de *"datos de la inscripción registral de la sociedad (localidad del Registro Mercantil, tomo, folio, sección, hoja e inscripción)"*, en su calidad de

>>

Si representa como cargo social:

"...administrador único... O... administrador solidario... O... consejero delegado... O... "especificar la representación del cargo social"... " de la reseñada sociedad, cargo para el que fue nombrado y asegura vigente en escritura otorgada el *"fecha de escritura del nombramiento del cargo"*, ante el notario de *"lugar donde radica la notaría en la que se autorizó la escritura del nombramiento"*, *"Don/Doña nombre y apellidos del notario que autorizó la escritura del nombramiento"*, con el número *"número de protocolo del notario que autorizó la escritura del nombramiento"* de su protocolo, e inscrita en el Registro Mercantil de *"localidad del Registro Mercantil de la escritura de nombramiento"*, en el tomo y hoja arriba indicados.

Si representa como apoderado:

apoderado de la reseñada sociedad, según escritura de poder otorgada a su favor, en *"fecha de escritura del otorgamiento del poder"*, ante el notario de *"lugar donde radica la notaría en la que se autorizó la escritura de poder"*, *"Don/Doña nombre y apellidos del notario que autorizó la escritura de poder"*, con el número *"número de protocolo del notario que autorizó la escritura de poder"* de su protocolo *"...e inscrita en el Registro Mercantil de "localidad del Registro Mercantil de la escritura de poder"* ...", en el tomo y hoja arriba indicados.

<<

MCM 2260 s.

LPI art.20.2, 43 s. y 86 s.; L 55/2007 art.14

En adelante, El **cesionario**.

Nota:

El cesionario será normalmente una persona jurídica dedicada a la ***distribución de películas de cine y/o vídeo****. En el contrato que realice el distribuidor con los propietarios de las salas de cine o con las empresas de alquiler de vídeos, se invierten los papeles: el primero asumirá la posición de cedente y estos últimos de cesionarios.*

Las partes se reconocen la capacidad legal necesaria para contratar y obligarse y, a tal efecto

EXPONEN:

I. Que el **Cedente** es titular en España de los derechos de explotación de la producción cinematográfica titulada *"título de la producción cinematográfica"*, de nacionalidad *"nacionalidad de la producción cinematográfica"*, dirigida por *"Don/Doña nombre y apellidos del director"* e interpretada por *"Don/Doña nombre y apellidos del intérprete"*, entre otros.

II. Que el **Cedente** está interesado en la distribución en salas de cine de la mencionada producción cinematográfica.

III. Que el **Cesionario** posee los medios necesarios para la realización de la referida distribución en salas de cine.

Con tal fin, ambas partes aceptan concluir el presente contrato de distribución de obra audiovisual en salas cinematográficas y lo convienen con sujeción a las siguientes

ESTIPULACIONES:

Primera. Cesión de derechos
El **Cedente**, por medio del presente contrato cede al **Cesionario** el derecho de distribución, en salas de cine del territorio español, de la producción cinematográfica que se determina en la estipulación segunda.

Segunda. Términos básicos
Los términos básicos de la cesión serán los siguientes:

PRODUCCIÓN CINEMATOGRÁFICA: película titulada *"título de la producción cinematográfica"*, de nacionalidad *"nacionalidad de la producción cinematográfica"*, dirigida por *"Don/Doña nombre y apellidos del director"* e interpretada por *"Don/Doña nombre y apellidos del intérprete"*, entre otros (en lo sucesivo denominada, la Película).

DERECHOS LICENCIADOS: Distribución en salas de cine, entendiéndose por tal aquellos locales, recintos o similares donde se exhiba la producción cinematográfica al público mediante el cobro de un derecho de admisión.

DURACIÓN: *"tiempo en años de duración en salas de cine"* años a partir de la fecha de estreno de la Película en salas de cine.

IDIOMA AUTORIZADO: Versión original subtitulada en castellano y versión doblada igualmente al español o a cualquiera de las lenguas oficiales del territorio español.

La Película deberá ser cedida en su versión *"...original ... O ... doblada ..."*. *"...Los gastos correspondientes al doblaje o subtitulación en castellano serán a cargo del Cedente. El doblaje o subtitulación de la Película a otros idiomas del Estado Español será por cuenta del Cesionario. ..."*

En ningún caso, el **Cesionario** tiene derecho a realizar cortes o alteraciones en la Película o en los títulos de crédito, rótulos de nombre comercial o el copyright incluidos en la Película, excepto para añadir un rotulo en lengua española y/o doblar o subtitular la misma.

FECHA DE ESTRENO: *"especificar fecha de estreno"*.

MCM 2260 s.

RETRIBUCIÓN: La que consta en la estipulación quinta del presente contrato.

MATERIALES: De acuerdo con la estipulación sexta del presente contrato.

RESERVA DE PLAZOS: *"tiempo en meses para la explotación en video"* meses a contar desde la fecha del estreno en salas de cine, para la explotación en vídeo doméstico.

GASTOS DE DISTRIBUCIÓN: Corresponde al **Cedente** la decisión sobre:

a) El importe total del presupuesto a establecer por gastos de publicidad y marketing para la puesta en marcha de la Película.

LPI art.20.2, 43 s. y 86 s.; L 55/2007 art.14

b) La ejecución efectiva del presupuesto de los mismos.

En general, los gastos artísticos, tanto de publicidad y marketing, folletos, guía publicitaria, clichés, gastos de estreno y los gastos técnicos (copias, 'trailers', carátulas o gastos de puesta en marcha de carácter técnico), serán asumidos por el **Cedente** y facturados al mismo desde el principio.

Tercera. Forma de distribución

La explotación comercial de la Película se llevará a cabo por el **Cesionario** mediante la contratación, a través de la entidad *"especificar entidad"*, con las salas de cine.

Cuarta. Programa de explotación

4.1.

El **Cesionario** presentará al **Cedente** un programa básico sobre la forma de llevar a cabo la explotación de la Película y se compromete a distribuir la misma en todo el territorio, durante el período de vigencia del contrato, en las mejores condiciones razonablemente posibles, compatibles con el mejor criterio mercantil y estándares profesionales, a efectos de obtener los ingresos máximos para la Película.

4.2.

El **Cesionario** consultará regularmente con el **Cedente** respecto a todos los aspectos importantes de la explotación de la Película para su exhibición en salas de cine.

4.3.

El **Cesionario** se compromete a que la Película sea cedida a las salas de cine en las mejores condiciones disponibles y, en ningún caso, en términos menos favorables que los habituales para las películas de calidad similar a la Película.

Quinta. Retribución

Como contraprestación por los derechos cedidos por el **Cedente**, el **Cesionario** abonará a este la cantidad de *"cantidad en letra, por los derechos cedidos"* euros (*"cantidad en número, por los derechos cedidos"* €).

Sexta. Materiales a entregar y gastos de puesta en marcha

El **Cedente** se compromete a entregar una carta con carácter irrevocable a los laboratorios donde se encuentre depositado el negativo, autorizando al **Cesionario** el tiraje de las copias y 'trailers' que previamente haya determinado el **Cedente**.

El **Cedente** entregará al **Cesionario** además los materiales necesarios para el ejercicio por este de los derechos establecidos en estas condiciones.

Séptima. Contabilidad y estados de cuenta

El **Cesionario** llevará en su contabilidad una cuenta relativa a la Película, la cual podrá ser examinada durante el horario habitual de oficinas por el **Cedente** o persona en quien delegue, debiendo estar los oportunos documentos o comprobantes a disposición del **Cedente**, los cuales, una vez revisados, permanecerán en los archivos del **Cesionario**.

MCM 2260 s.

Octava. Créditos
El **Cedente** entregará al **Cesionario** una lista completa indicando los nombres de todas las personas a las que el **Cedente** está obligado a publicar en los créditos en cualquier anuncio, publicidad o explotación de la Película.

El **Cesionario** podrá incluir en los títulos principales y de final de la Película, en la forma acostumbrada en la industria cinematográfica, la expresión 'Distribuida por *"especificar distribuidor"*'.

LPI art.20.2, 43 s. y 86 s.; L 55/2007 art.14

Novena. Deberes y responsabilidades
El **Cedente** y el **Cesionario** se comprometen a cumplir con las obligaciones del contrato con la diligencia debida y conforme a los usos tradicionales en el sector de la distribución.

El **Cesionario** se compromete a respetar y hacer respetar todas las limitaciones surgidas tanto de la publicidad, de cualquier tipo, producto y marca comercial en relación con la Película, como respecto de las obligaciones publicitarias de la Película: títulos, director e intérpretes protagonistas, etc.

Décima. Entrega y saneamiento

10.1.
El **Cedente** se compromete a entregar al **Cesionario** los soportes y materiales de la película, a que se refieren las condiciones específicas para cada modalidad de explotación en la condición referida a 'Lista de materiales'.

10.2.
Las partes convienen que, para que el **Cesionario** pueda explotar los derechos adquiridos, el **Cedente** debe efectuar la entrega de los citados materiales mediante el procedimiento que se establezca al efecto.

10.3.
El **Cesionario** tendrá derecho a reconocer y examinar todos los bienes y materiales citados, dentro de los 30 días siguientes a la recepción de los mismos.

10.4.
El **Cesionario** deberá notificar al **Cedente**, dentro del citado plazo, cualquier defecto de calidad o cantidad o cualquier otro vicio oculto observado.

10.5.
En el supuesto que se produjere una reclamación del **Cedente**, el **Cesionario** se compromete a subsanar dichos vicios y/o defectos en el plazo máximo de 30 días.

10.6.
En todo caso, y sin perjuicio de lo anterior, el **Cedente** queda obligado al saneamiento y evicción conforme a Derecho.

Undécima. Garantía de conformidad de la Película y garantía de titularidad de la Película y de los derechos de explotación cedidos

11.1.
El **Cedente** manifiesta y garantiza que todos los bienes, soportes y materiales mencionados en las condiciones específicas de explotación, se encontrarán en estado óptimo para su utilización.

11.2.
El **Cedente** manifiesta y garantiza, igualmente, que todos los derechos de explotación en exclusiva sobre la Película, y que ahora cede y transmite temporalmente al **Cesionario**, son de su exclusiva titularidad. Respecto de los derechos de explotación sobre la Película, el **Cedente** particularmente manifiesta y garantiza:

a) Que no existe ninguna limitación, carga o gravamen sobre la Película y sus derechos de explotación que impida o dificulte o pueda impedir o dificultar, en todo o en parte, la libre explotación de la Película de acuerdo con la finalidad para la cual es cedida.

b) Que no tiene cedidos a tercero o terceros, en todo o en parte, ningún derecho de explotación contenido en este contrato de la Película en ningún lugar del territorio español. MCM 2260 s.

11.3.

El **Cedente** se hace, por tanto, responsable ante el **Cesionario** y ante terceros, de cualquier reclamación relativa a estos derechos, y se compromete expresamente a indemnizar al **Cesionario** por todos los daños y perjuicios que se acusen u originen, y ello a salvo del derecho de resolución por parte del **Cesionario**, de conformidad con lo establecido en el correspondiente contrato. LPI art.20.2, 43 s. y 86 s.; L 55/2007 art.14

11.4.

El **Cedente** manifiesta y garantiza que no existe ni está pendiente ninguna reclamación, litigio o procedimiento alguno, relativo a la Película y/o a sus derechos de explotación en exclusiva, que pudiera interferir en la explotación del **Cesionario** en virtud del correspondiente contrato, y que goza legal y pacíficamente de sus títulos sobre aquella o aquellos, y se hace, por lo tanto, responsable ante el **Cesionario** por cualquier daño o perjuicio que se le irrogue al **Cesionario**, por cualquier reclamación o utilización indebida.

11.5.

El **Cesionario** se compromete a informar al **Cedente** de cualquier utilización indebida que venga a su conocimiento y de prestar su mejor ayuda y asistencia posible en las acciones que inicie el **Cedente** para su erradicación.

Duodécima. Resolución del contrato

12.1.

Por el **Cesionario**:

a) Cuando, derivado de la falsedad e inexactitud de las garantías y declaraciones otorgadas por el **Cedente**, se le causen daños y perjuicios al **Cesionario**.

b) Cuando el **Cedente** no ponga a disposición del **Cesionario** los soportes, los materiales y/o elementos descritos en las condiciones específicas para cada modalidad de explotación, en el plazo máximo que resulta de lo dispuesto en las presentes condiciones generales.

c) Cuando el **Cesionario** hubiese notificado al **Cedente**, en el plazo previsto en el presente contrato, la existencia de un vicio o defecto en los soportes, bienes y materiales de los cuales los derechos de explotación están cedidos en virtud de las presentes condiciones generales y la citada comunicación hubiese sido desatendida.

d) Cuando no se respeten los plazos de reserva acordados, para cada modalidad, en su explotación comercial.

12.2.

Por el **Cedente**:

a) Cuando el **Cesionario** incumpla el pago de cualesquiera cantidades pagaderas al **Cedente** según el presente contrato y dicho incumplimiento se prolongue durante sesenta días laborales tras su correspondiente notificación.

b) Cuando el **Cesionario** otorgue o se proponga otorgar un contrato de sub-licencia o sub-distribución a cualquier persona, empresa o compañía cuya terminación se produzca con posterioridad a la terminación del período de vigencia del presente contrato.

c) Cuando no se respeten los plazos de reserva acordados, para cada modalidad, en su explotación comercial.

MCM 2260 s.

Decimotercera.
En Caso de declaración de concurso de cualquiera de las partes, la parte afectada se obliga a solicitar la resolución del contrato a la administración concursal, de acuerdo con lo dispuesto en el artículo 165 del RDLeg 1/2020, por el que se aprueba el texto refundido de la Ley Concursal.

LPI art.20.2, 43 s. y 86 s.; L 55/2007 art.14

Y en prueba de conformidad, ambas partes firman el presente contrato, que se extiende en dos ejemplares, igualmente originales, en el lugar y fecha indicados en su encabezamiento.

EL CEDENTE **EL CESIONARIO**

Exhibición de obra audiovisual (cinematográfica)

MCM 2260 s.

Nota preliminar:

- Se entiende por **comunicación pública** todo acto por el cual una pluralidad de personas puede tener acceso a las obras sin previa distribución de ejemplares de cada una de ellas. En particular, es acto de comunicación pública la proyección o exhibición pública de obras cinematográficas y de las demás audiovisuales.

- Aunque no es determinante en sí del contrato de exhibición aquí referido, sí es importante tener presente la L 55/2007, del cine, puesto que incluye dicha norma disposiciones sobre **calificación de obras audiovisuales**, y **cuotas de pantalla** que pueden afectar a la contratación.

- El modelo presupone unas circunstancias determinadas que serán las más **frecuentes**. Si en el caso concreto existen circunstancias particulares no previstas, deberá completarse o modificarse el modelo, adaptándolo a las mismas.

LPI art.20.2, 43 s. y 86 s.; L 55/2007 art.14

En *"localidad"*, a *"fecha"*

REUNIDOS:

De una parte,

"Don/Doña nombre y apellidos de la parte", mayor de edad, *"estado civil de la parte" "... "especificar el régimen económico matrimonial de la parte" ... "*, de nacionalidad *"nacionalidad de la parte"*, con domicilio a estos efectos en *"domicilio de la parte", "...con DNI/NIF número "DNI/NIF de la parte"... O ... con tarjeta de residencia número "número de tarjeta de residencia de la parte" ... O ... pasaporte número "número de pasaporte de la parte", expedido el "fecha de expedición del pasaporte de la parte" ... O ... "reseñar otros documentos aportados por la parte" ... "*, vigente hasta el *"fecha de vigencia de la documentación aportada por la parte"*.

De otra parte,

"Don/Doña nombre y apellidos de la parte", mayor de edad, *"estado civil de la parte" "... "especificar el régimen económico matrimonial de la parte" ... "*, de nacionalidad *"nacionalidad de la parte"*, con domicilio a estos efectos en *"domicilio de la parte", "...con DNI/NIF número "DNI/NIF de la parte"... O ... con tarjeta de residencia número "número de tarjeta de residencia de la parte" ... O ... pasaporte número "número de pasaporte de la parte", expedido el "fecha de expedición del pasaporte de la parte" ... O ... "reseñar otros documentos aportados por la parte" ... "*, vigente hasta el *"fecha de vigencia de la documentación aportada por la parte"*.

INTERVIENEN:

A. *"Don/Doña nombre y apellidos del representante"*, en nombre y representación de la sociedad mercantil denominada *"denominación social"*, domiciliada en *"domicilio social"*, y con NIF número *"NIF de la sociedad"*, constituida, por tiempo indefinido, mediante escritura otorgada ante el notario de *"lugar de la notaría en la que se autorizó la constitución de la sociedad", "Don/Doña nombre y apellidos del notario que autorizó la constitución de la sociedad"*, el *"fecha de escritura de constitución de la sociedad"*, e inscrita en el Registro Mercantil de *"datos de la inscripción registral de la sociedad (localidad del Registro Mercantil, tomo, folio, sección, hoja e inscripción)"*, en su calidad de

MCM 2260 s.

LPI art.20.2, 43 s. y 86 s.; L 55/2007 art.14

➤➤

○ Si representa como cargo social:

"...administrador único ... O ... administrador solidario ... O ... consejero delegado ... O ... "especificar la representación del cargo social" ... " de la reseñada sociedad, cargo para el que fue nombrado y asegura vigente en escritura otorgada el *"fecha de escritura del nombramiento del cargo"*, ante el notario de *"lugar donde radica la notaría en la que se autorizó la escritura del nombramiento"*, *"Don/Doña nombre y apellidos del notario que autorizó la escritura del nombramiento"*, con el número *"número de protocolo del notario que autorizó la escritura del nombramiento"* de su protocolo, e inscrita en el Registro Mercantil de *"localidad del Registro Mercantil de la escritura de nombramiento"*, en el tomo y hoja arriba indicados.

○ Si representa como apoderado:

apoderado de la reseñada sociedad, según escritura de poder otorgada a su favor, en *"fecha de escritura del otorgamiento del poder"*, ante el notario de *"lugar donde radica la notaría en la que se autorizó la escritura de poder"*, *"Don/Doña nombre y apellidos del notario que autorizó la escritura de poder"*, con el número *"número de protocolo del notario que autorizó la escritura de poder"* de su protocolo *"...e inscrita en el Registro Mercantil de "localidad del Registro Mercantil de la escritura de poder" ... "*, en el tomo y hoja arriba indicados.

➤➤

En adelante, **la cedente**.

B. *"Don/Doña nombre y apellidos del representante"*, en nombre y representación de la sociedad mercantil denominada *"denominación social"*, domiciliada en *"domicilio social"*, y con NIF número *"NIF de la sociedad"*, constituida, por tiempo indefinido, mediante escritura otorgada ante el notario de *"lugar de la notaría en la que se autorizó la constitución de la sociedad"*, *"Don/Doña nombre y apellidos del notario que autorizó la constitución de la sociedad"*, el *"fecha de escritura de constitución de la sociedad"*, e inscrita en el Registro Mercantil de *"datos de la inscripción registral de la sociedad (localidad del Registro Mercantil, tomo, folio, sección, hoja e inscripción)"*, en su calidad de

➤➤

○ Si representa como cargo social:

"...administrador único ... O ... administrador solidario ... O ... consejero delegado ... O ... "especificar la representación del cargo social" ... " de la reseñada sociedad, cargo para el que fue nombrado y asegura vigente en escritura otorgada el *"fecha de escritura del nombramiento del cargo"*, ante el notario de *"lugar donde radica la notaría en la que se autorizó la escritura del nombramiento"*, *"Don/Doña nombre y apellidos del notario que autorizó la escritura del nombramiento"*, con el número *"número de protocolo del notario que autorizó la escritura del nombramiento"* de su protocolo, e inscrita en el Registro Mercantil de *"localidad del Registro Mercantil de la escritura de nombramiento"*, en el tomo y hoja arriba indicados.

○ Si representa como apoderado:

apoderado de la reseñada sociedad, según escritura de poder otorgada a su favor, en *"fecha de escritura del otorgamiento del poder"*, ante el notario de *"lugar donde radica la notaría en la que se autorizó la escritura de poder"*, *"Don/Doña nombre y apellidos del notario que autorizó la escritura de poder"*, con el número *"número de protocolo del notario que autorizó la escritura de poder"* de su protocolo *"...e inscrita en el Registro Mercantil de "localidad del Registro Mercantil de la escritura de poder" ... "*, en el tomo y hoja arriba indicados.

➤➤

En adelante, **la cesionaria**.

MCM 2260 s.

EXPONEN:

I. Que la **Cedente** es titular en España de los derechos de explotación de la producción cinematográfica titulada *"título de la obra audiovisual"* (en adelante, la Obra audiovisual), de nacionalidad española, dirigida por *"Don/Doña nombre y apellidos del director"* e interpretada por *"Don/Doña nombre y apellidos del intérprete"*, entre otros.

II. Que la **Cedente** está interesada en que la **Cesionaria** exhiba en la sala de cine de la que es *"...propietaria... O... arrendataria..."*, la Obra audiovisual.

Con tal fin ambas partes se consideran con capacidad suficiente para la formalización del presente contrato de exhibición cinematográfica y lo convienen con sujeción a las siguientes LPI art.20.2, 43 s. y 86 s.; L 55/2007 art.14

ESTIPULACIONES:

PRIMERA. Cesión de derechos

La **Cedente** por medio del presente contrato cede a la **Cesionaria** el derecho de comunicación pública a través de la modalidad de exhibición cinematográfica de la Obra audiovisual.

SEGUNDA. Términos generales de la contratación

La presente licencia se otorga por un plazo de *"plazo de la licencia"* meses a contar desde el *"indicar fecha de inicio"* la cual se considerará como fecha de estreno.

≻≻

- **Si la exhibición se realizará en versión doblada:**

La exhibición se hará en la versión doblada de la Obra audiovisual tal y como le sea entregada por parte de la **Cedente**.

- **Si la exhibición se realizará en versión original subtitulada:**

La exhibición se hará en la versión original subtitulada en *"...castellano... O... "cualquiera de las lenguas oficiales del territorio español"..."*.

TERCERA. Programa de explotación

La **Cesionaria** se compromete a distribuir la Obra audiovisual en el territorio pactado en las mejores condiciones razonablemente posibles, compatibles con el mejor criterio mercantil y standards profesionales a efectos de obtener los ingresos máximos.

La **Cesionaria** consultará con la **Cedente** todos los aspectos relevantes en relación con la explotación de la Obra audiovisual para su exhibición.

CUARTA. Retribución

Como contraprestación por los derechos cedidos por la **Cedente**, la **Cesionaria** abonará a esta la cantidad de *"cantidad en letra, por los derechos cedidos"* euros (*"cantidad en número, por los derechos cedidos"* €). Ello se entiende sin perjuicio de la obligación legal del exhibidor de abonar la remuneración que corresponda a los titulares de derechos concernidos.

Nota:

Téngase presente que junto con los derechos exclusivos la Ley de Propiedad Intelectual prevé que determinados titulares de derechos reciban una remuneración por la ***explotación de sus aportaciones*** *en la obra audiovisual (*LPI *art.90 y 108). Además, la* LPI *art.90.3 prevé que los autores de la obra audiovisual puedan percibir como remuneración por la cesión de sus derechos de explotación un* ***porcentaje de los ingresos*** *procedentes de la exhibición pública de la obra. Las cantidades pagadas por este concepto podrán deducirlas los exhibidores de las que deban abonar a los cedentes de la obra audiovisual.*

MCM 2260 s.

LPI art.20.2, 43 s. y 86 s.; L 55/2007 art.14

QUINTA. Contabilidad y estados de cuenta
La **Cesionaria** llevará en su contabilidad una cuenta relativa a la Obra audiovisual, la cual podrá ser examinada durante el horario habitual de oficinas por la **Cedente** o persona en quien delegue, debiendo estar los oportunos documentos o comprobantes a disposición de la **Cedente**, los cuales, una vez revisados, permanecerán en los archivos de la **Cesionaria**.

SEXTA. Publicidad
La **Cesionaria** se compromete a realizar la publicidad que sea precisa en relación con la promoción de la Obra audiovisual. A tal efecto, desplegará en los soportes publicitarios de la sala cinematográfica *"...de su propiedad... O ... en alquiler ..."*, los carteles, fotografías, recortes de prensa, juegos interactivos, críticas y, en general, cualquier otro soporte publicitario, que le proporcione la **Cedente**, debiéndolos colocar en la forma que le indique razonablemente la **Cedente**.

La Cesionaria no podrá perjudicar en modo alguno la buena visibilidad y percepción por el público de dicho material publicitario.

SÉPTIMA. Deberes y responsabilidades
La **Cedente** y la **Cesionaria** se comprometen a cumplir con las obligaciones del contrato con la diligencia debida y conforme a los usos tradicionales en el sector de la distribución.

La **Cesionaria** se compromete a respetar y hacer respetar todas las limitaciones surgidas tanto de la publicidad, de cualquier tipo, producto y marca comercial en relación con la película, como respecto de las obligaciones publicitarias de la película: títulos, director e intérpretes protagonistas, etc.

La **Cesionaria** responde del correcto visionado de la Obra audiovisual durante su proyección en sala, garantizando, en todo caso, que cuenta con los medios humanos y materiales necesarios para proceder al visionado de la Obra audiovisual por parte del público, y que el personal en cuestión cuenta con los permisos de trabajo y seguridad social pertinentes.

OCTAVA. Entrega y saneamiento
La **Cedente** se compromete a entregar a la **Cesionaria**, los soportes y materiales de la película en forma que permita su correcta explotación.

Las partes convienen que para que la **Cesionaria** pueda explotar los derechos adquiridos, la **Cedente** deba efectuar la entrega de los citados materiales mediante el procedimiento que se establezca al efecto.

La **Cesionaria** tendrá derecho a reconocer y examinar todos los bienes y materiales citados, dentro de los *"número de días para examinar los bienes y materiales"* días siguientes a la recepción de los mismos.

La **Cesionaria** deberá notificar a la **Cedente**, dentro del citado plazo, cualquier defecto de calidad o cantidad o cualquier otro vicio oculto observado.

En el supuesto que se produjere esta reclamación de la **Cedente**, la **Cesionaria** se compromete a subsanar dichos vicios y/o defectos en el plazo máximo de *"número de días para subsanar defectos"* días.

NOVENA. Garantía de conformidad de la Obra audiovisual y de titularidad de los derechos cedidos

9.1.
La **Cedente** manifiesta y garantiza que todos los bienes, soportes y materiales mencionados en las condiciones específicas de explotación, se encontrarán en estado óptimo para su utilización.

9.2.
La **Cedente** manifiesta y garantiza, igualmente, que todos los derechos de explotación en exclusiva sobre la Obra audiovisual, y que ahora cede y transmite temporalmente a la **Cesionaria**, son de su exclusiva titularidad.

MCM 2260 s.

Respecto de los derechos de explotación sobre la obra audiovisual, la **Cedente** particularmente manifiesta y garantiza:

a) Que no existe ninguna limitación, carga o gravamen sobre la Obra audiovisual y sus derechos de explotación que impida o dificulte o pueda impedir o dificultar, en todo o en parte, la libre explotación de la Obra audiovisual de acuerdo con la finalidad para la cual es cedida.

LPI art.20.2, 43 s. y 86 s.; L 55/2007 art.14

b) La **Cedente** se hace responsable ante la **Cesionaria** y ante terceros, de cualquier reclamación relativa a estos derechos, y se compromete expresamente a indemnizar a la **Cesionaria** por todos los daños y perjuicios que se acusen u originen, y ello a salvo del derecho de resolución por parte de la **Cesionaria** de conformidad con lo establecido en el correspondiente contrato.

9.3.
La **Cesionaria** se compromete a informar a la **Cedente** de cualquier utilización indebida que venga a su conocimiento y de prestar su mejor ayuda y asistencia posible en las acciones que inicie la **Cedente** para su erradicación.

DÉCIMA. Resolución del contrato

10.1.
Por la **Cesionaria**:

a) Cuando derivado de la falsedad e inexactitud de las garantías y declaraciones otorgadas por la **Cedente**, se le causen a la **Cesionaria** daños y perjuicios.

b) Cuando la **Cedente** no ponga a disposición de la **Cesionaria** los soportes, los materiales y/o elementos descritos en las condiciones específicas para cada modalidad de explotación, en el plazo máximo que resulta de lo dispuesto en las presentes condiciones generales.

c) Cuando la **Cesionaria** hubiese notificado a la **Cedente** en el plazo previsto en el presente contrato la existencia de un vicio o defecto en los soportes, bienes y materiales de los cuales los derechos de explotación están cedidos en virtud de las presentes condiciones generales y la citada comunicación hubiese sido desatendida.

10.2.
Por la **Cedente** cuando la **Cesionaria** incumpla el pago de cualesquiera cantidades pagaderas a la **Cedente** según el presente contrato y dicho incumplimiento se prolongue durante *"número de días de incumplimiento de pago"* días laborales tras su correspondiente notificación.

10.3.
En caso de declaración de concurso de cualquiera de las partes, la parte afectada se obliga a solicitar la resolución del contrato a la administración concursal, de acuerdo con lo dispuesto en el artículo 165 del RDLeg 1/2020, por el que se aprueba el texto refundido de la Ley Concursal.

Y en prueba de conformidad, ambas partes firman el presente contrato, que se extiende en dos ejemplares, igualmente originales, en el lugar y fecha indicados en su encabezamiento.

LA CEDENTE **LA CESIONARIA**

Creación y exposición fotográfica

MCM 2285 s.

LPI art.43 s.; CC art.1090 s.

Nota preliminar:

- El contrato de creación y exhibición o comunicación pública de obra fotográfica o de mera fotografía, según los casos, puede consistir en un encargo **profesional** o ubicarse en el marco de una relación de carácter **laboral** (por ejemplo, la de los periodistas gráficos).

- El contrato de creación fotográfica se puede articular incluso como un contrato de **edición**, cuando las fotografías van a formar parte de un libro, revista o similar. En ese caso, lógicamente deben adquirirse los derechos de reproducción y distribución, debiéndose formalizarse el acuerdo por escrito bajo sanción de nulidad (LPI art.61.1). No obstante, la sentencia TS 10-2-95, sin entrar a valorar esta cuestión, parece admitir la validez del contrato de edición pese a que en el caso concreto enjuiciado se trataba de una contratación verbal.

- Téngase presente la siempre difícil **distinción** entre **obra fotográfica y mera fotografía**. Aquella presupone la existencia de una obra, mientras que esta se identifica más bien con la noción de instantánea.

- El requisito de la **originalidad**, exigido con alcance general por el artículo 10, para que la fotografía merezca la **conceptuación de obra protegida**, ha de identificarse con la novedad objetiva, ya sea radicada en la concepción ya en la ejecución de la misma, o en ambas, mas no con la mera novedad subjetiva. Lo decisivo a estos efectos es que aquélla incorpore la nota de la singularidad, por no haberse limitado el autor a reflejar objetos, figuras o acontecimientos de la realidad a través del simple proceso mecánico de captación de la imagen, aunque sea con gran precisión técnica, pero sin aportación original alguna por su parte al haber prescindido, bien por decisión personal, bien por imperativo del encargo profesional o por la razón que fuere, de la autonomía y capacidad creativa en orden a la elección del motivo, encuadre, contrastes, momento, contexto, revelado, etc., de tal modo que la proyección de la personalidad y capacidad creativa del autor cede ante la mera reproducción de la imagen tal cual aparece en la realidad, sin otros aditamentos emanados de su personalidad y creatividad. La exigencia de ese nivel o altura creativa, materializada en alguna novedad creativa, es lo que determina el carácter de obra protegida, por transmitir al espectador emociones o ideas que, por ser producto de la creatividad, no aflorarían ante la contemplación de la mera captación de la realidad de las cosas (AP Valencia 1-2-18, EDJ 72189).

- La **profesionalidad del fotógrafo** no determina, ni evidencia el carácter de obra fotográfica (AP Madrid 13-1-17, EDJ 17953).

- El modelo presupone unas circunstancias determinadas que serán las más **frecuentes**. Si en el caso concreto existen circunstancias particulares no previstas, deberá completarse o modificarse el modelo adaptándolo a las mismas.

En *"localidad"*, a *"fecha"*

REUNIDOS:

De una parte,

"Don/Doña nombre y apellidos de la parte", mayor de edad, *"estado civil de la parte" "..." "especificar el régimen económico matrimonial de la parte" ... "*, de nacionalidad *"nacionalidad de la parte"*, con domicilio a estos efectos en *"domicilio de la parte"*, *"...con DNI/NIF número "DNI/NIF de la parte" ... O ... con tarjeta de residencia número "número de tarjeta de residencia de la parte" ... O ... pasaporte número "número de pasaporte de la parte", expedido el "fecha de expedición del pasaporte de la parte" ... O ... "reseñar otros documentos aportados por la parte" ... "*, vigente hasta el *"fecha de vigencia de la documentación aportada por la parte"*.

MCM 2285 s.

De otra parte,
"Don/Doña nombre y apellidos de la parte", mayor de edad, *"estado civil de la parte" "... "especificar el régimen económico matrimonial de la parte" ... "*, de nacionalidad *"nacionalidad de la parte"*, con domicilio a estos efectos en *"domicilio de la parte", "...con DNI/NIF número "DNI/NIF de la parte" ... O ... con tarjeta de residencia número "número de tarjeta de residencia de la parte" ... O ... pasaporte número "número de pasaporte de la parte", expedido el "fecha de expedición del pasaporte de la parte" ... O ... "reseñar otros documentos aportados por la parte" ... "*, vigente hasta el *"fecha de vigencia de la documentación aportada por la parte"*.

INTERVIENEN:

LPI art.43 s.; CC art.1090 s

A. *"Don/Doña nombre y apellidos de la parte"*

➤➤

❍ **Si interviene en su propio nombre:**

en su propio nombre y derecho.

❍ **Si interviene como representante:**

en nombre y representación de *"Don/Doña nombre y apellidos del representado"*, mayor de edad, *"estado civil del representado"*, con domicilio en *"domicilio del representado"* y provisto de D.N.I./N.I.F. número *"DNI/NIF del representado"*, según consta en escritura de poder, otorgada ante el notario de *"lugar donde radica la notaría en la que se autorizó la escritura de poder de representación (persona física)"*, *"Don/Doña nombre y apellidos del notario que autorizó la escritura de poder de representación (persona física)"*, el *"fecha de escritura de poder de representación (persona física)"*, con el número *"número de protocolo del notario que autorizó la escritura de poder de representación (persona física)"*.

➤➤

En adelante, **el autor**.

B. *"Don/Doña nombre y apellidos de la parte"*

➤➤

❍ **Si interviene en su propio nombre:**

en su propio nombre y derecho.

❍ **Si interviene como representante:**

en nombre y representación

➤

❍ Si representa a persona física:

de *"Don/Doña nombre y apellidos del representado"*, mayor de edad, *"estado civil del representado"*, con domicilio en *"domicilio del representado"* y provisto de D.N.I./N.I.F. número *"DNI/NIF del representado"*, según consta en escritura de poder, otorgada ante el notario de *"lugar donde radica la notaría en la que se autorizó la escritura de poder de representación (persona física)"*, *"Don/Doña nombre y apellidos del notario que autorizó la escritura de poder de representación (persona física)"*, el *"fecha de escritura de poder de representación (persona física)"*, con el número *"número de protocolo del notario que autorizó la escritura de poder de representación (persona física)"* de su orden de protocolo.

❍ Si representa a persona jurídica:

de la sociedad mercantil denominada *"denominación social"*, domiciliada en *"domicilio social"*, y con NIF número *"NIF de la sociedad"*, constituida, por tiempo indefinido, mediante escritura otorgada ante el notario de *"lugar donde radica la notaría en la que se autorizó la escritura de poder de*

MCM 2285 s.

representación (persona jurídica)", "Don/Doña nombre y apellidos del notario que autorizó la escritura de poder de representación (persona jurídica)", el *"fecha de escritura de poder de representación (persona jurídica)"*, e inscrita en el Registro Mercantil de *"datos de la inscripción registral (localidad del Registro Mercantil, tomo, folio, sección, hoja e inscripción)"*, en su calidad de

➢

○ Si representa como cargo social:

LPI art.43 s.; CC art.1090 s

"...administrador único ... O ... administrador solidario ... O ... consejero delegado ... O ... "especificar la representación del cargo social" ..." de la reseñada sociedad, cargo para el que fue nombrado y asegura vigente en escritura otorgada el *"fecha de escritura del nombramiento del cargo"*, ante el notario de *"lugar donde radica la notaría en la que se autorizó la escritura del nombramiento"*, *"Don/Doña nombre y apellidos del notario que autorizó la escritura del nombramiento"*, con el número *"número de protocolo del notario que autorizó la escritura del nombramiento"* de su protocolo, e inscrita en el Registro Mercantil de *"localidad del Registro Mercantil de la escritura de nombramiento"*, en el tomo y hoja arriba indicados.

○ Si representa como apoderado:

apoderado de la reseñada sociedad, según escritura de poder otorgada a su favor, en *"fecha de escritura del otorgamiento del poder"*, ante el notario de *"lugar donde radica la notaría en la que se autorizó la escritura de poder"*, *"Don/Doña nombre y apellidos del notario que autorizó la escritura de poder"*, con el número *"número de protocolo del notario que autorizó la escritura de poder"* de su protocolo *"...e inscrita en el Registro Mercantil de "localidad del Registro Mercantil de la escritura de poder" ..."*, en el tomo y hoja arriba indicados.

En adelante, El **editor**.

Las partes se reconocen la capacidad legal necesaria para contratar y obligarse y, a tal efecto

EXPONEN:

I. Que el **Autor** es fotógrafo de profesión.

II. Que el **Editor** se encuentra interesado en contratar los servicios del **Autor** a fin de que este elija unos determinados motivos de la realidad y los fotografíe para ser comunicados públicamente (en adelante, la Obra).

III. Que, a tal efecto, **Editor** y **Autor** aceptan concluir el presente contrato, de acuerdo con las siguientes

ESTIPULACIONES:

***"NÚMERO"* Objeto**

✍ **Nota:**

*Este contrato puede tener por objeto la creación de una **obra fotográfica** (caracterizada por el hecho de que incorpora un nivel reconocible de originalidad, una altura creativa puesta de manifiesto mediante el enfoque, la elección de la luz, del motivo, etc.) o de una **mera fotografía** (se trata de una mera fijación de un aspecto concreto de la realidad en un negativo sin reunir las anteriores características: alude a la idea de "instantánea", donde no se busca una composición creativa determinada, aunque en la práctica, a veces, puede ser muy complicado discernir:* AP Pontevedra 3-5-13, *EDJ 102108).*

Por virtud del presente contrato, **Editor** y **Autor** acuerdan la cesión por este a aquél de los derechos de explotación de reproducción, distribución y comunicación pública sobre la Obra, de acuerdo con las obligaciones y condiciones previstas en este documento.

✍ **Nota:**

Si la obra fotográfica va a ser incluida en un ***formato de libro o similar****, en el marco de un contrato de edición, habrá que tener presente que las obras futuras no son objeto del contrato de edición ni tampoco las obras de encargo. No obstante, en este último caso la remuneración que pudiera convenirse será considerada como anticipo de los derechos que al autor le correspondiesen por la edición si esta se realizase.*

MCM 2285 s.

❍ Si se acuerda calificar el contrato como de encargo o arrendamiento de obra:

Ambas partes acuerdan dar al presente contrato la calificación de contrato de encargo o arrendamiento de obra. LPI art.43 s.; CC art.1090 s

❍ Si se acuerda calificar el contrato como de relación laboral:

Ambas partes acuerdan someter la relación jurídica derivada del presente contrato a la legislación laboral que sea aplicable *"...y al Convenio Colectivo de "especificar Convenio" ...".*

≺≺

"NÚMERO" **Ámbito territorial**

El **Autor** cede al **Editor** la Obra *"...en exclusiva ... O ... "puede establecerse la no exclusividad" ...",* para el territorio de *"indicar país/es o zona para la cual se ceden los derechos".*

✍ **Nota:**

Estableciéndose el contrato en el marco de la ***edición****, debe contener, obligatoriamente, referencia a si los derechos se transmiten o no en exclusividad, así como al ámbito territorial de la cesión (*LPI *art.60.1º y 3º).*

Si es ***contratación laboral****, se establece que, a falta de pacto escrito, se presumirá que los derechos de explotación han sido cedidos en exclusiva y con el alcance necesario para el ejercicio de la actividad habitual del empresario en el momento de la entrega de la obra realizada en virtud de dicha relación laboral (*LPI *art.*51*.2).*

"NÚMERO" **Derechos de explotación de propiedad intelectual cedidos**

✍ **Nota:**

Nadie puede ***reproducir obras ajenas*** *sin permiso de su propietario, ni aun para anotarlas, adicionarlas o mejorar la edición rechazada (*TS 14-10-83*;* 31-12-02*).*

La cesión de los derechos de propiedad intelectual que se ceden al **Editor** por el **Autor** en virtud del presente contrato comprenderá los siguientes:

a) El derecho de reproducción y el de distribución de la Obra.

b) Los derechos de reproducción y de distribución sobre las ediciones o reimpresiones sucesivas que se puedan hacer de la Obra.

c) El derecho de incorporación a la Obra de comentarios en *"especificar idioma/s".*

✍ **Nota:**

Cuando se trate de la edición de una obra ***en forma de libro****, el contrato deberá expresar la lengua o lenguas en que ha de publicarse la obra. La falta de expresión de esta circunstancia sólo dará derecho al editor a publicarla en el idioma original de la misma (*LPI *art.60.1º.a). Tratándose de una obra fotográfica, la* ***mención del idioma*** *no parece demasiado relevante en un principio. No obstante, ha de pensarse que, si los pies de página o los comentarios que acompañan las fotografías aparecen en idioma distinto al autorizado por el autor, en la medida en que ello afecte al modo en que se divulgue la obra, puede afectar a la facultad moral de divulgación. Conviene, por consiguiente, especificar los idiomas en los que los comentarios se escriban.*

d) El derecho de comunicación pública en bases de datos y de puesta a disposición a través de redes telemáticas de cualquier tipo.

MCM 2285 s.

✎ **Nota:**

- No constituye desde luego un derecho consustancial al contrato de creación de obra fotográfica. Sin embargo, se ha optado por incluirlo dada la profusión actual que van teniendo las ***ediciones digitales****.*

e) El derecho a publicar la Obra en colección escogida y en selección, junto con otras obras fotográficas similares o pertenecientes a similar estilo artístico.

LPI art.43 s.; CC art.1090 s

"NÚMERO" **Tirada de ejemplares**

✎ **Nota:**

En el argot literario se habla de ***tirada*** *para referirse a la impresión de ejemplares con destino al público.*

≻≻

○ **Si no son ejemplares sueltos:**

✎ **Nota:**

Cuando no se trate de ejemplares sueltos, en el supuesto en que la obra fotográfica sea objeto de ***edición gráfica*** *debe incluirse mención expresa a una cantidad mínima y máxima, ya que de lo contrario el contrato será nulo.*

La tirada tendrá como mínimo *"número mínimo de ejemplares de la tirada"* ejemplares y como máximo *"número máximo de ejemplares de la tirada"* ejemplares.

○ **Si se prevé la creación de una unidad fotográfica o de un número muy limitado:**

✎ **Nota:**

En caso de que no se prevea una tirada propiamente dicha, sino la creación de una ***única fotografía*** *o de un número muy limitado para su exhibición, se podría incluir la cláusula mencionada.*

El **Autor** se compromete a elaborar al menos *"número mínimo de ejemplares distintos"* ejemplares distintos de motivos artísticos, debiéndoselos entregar al **Editor** para su explotación en la forma que se dirá a continuación.

≺≺

"NÚMERO" **Forma y modalidades de explotación**

"Apartado"

El **Autor** cede al **Editor** los derechos de comunicación pública en sus modalidades de explotación a través de la exhibición pública en salas, teatros, pasillos de oficina, cafeterías y otros similares.

"Apartado"

La Obra será expuesta en la sala ubicada en la calle *"dirección de la sala"* de *"localidad de la sala"*, durante los días *"especificar número de días"* de cada mes de los de duración del presente contrato, y en horario de *"especificar horario de la sala"*.

"Apartado"

El **Editor** queda autorizado por el **Autor** a exponer las Obras junto a otras obras de otros artistas, siempre y cuando las mismas pertenezcan al mismo género artístico y el **Autor** haya dado su consentimiento (no necesariamente por escrito). El **Autor** podrá escoger la luz y la ubicación final de sus obras dentro del local en el que estas se expongan.

 **Si se acuerda calificar el contrato como de relación laboral:**

"Apartado"

El **Editor** podrá incluir la Obra en la parte dedicada a *"indicar sección"* del periódico *"nombre del periódico" "..."indicar publicación"..."*. El **Editor** podrá hacer determinadas variaciones y modificaciones en la Obra a fin de adaptarla a las necesidades tipográficas del periódico. Igualmente, podrá incluir a pie de página aquellos comentarios y narraciones que estime por conveniente con el objeto de ilustrar debidamente la Obra.

MCM 2285 s.

LPI art.43 s.; CC art.1090 s

"NÚMERO" **Remuneración del Autor**

 **Nota:**

*La **remuneración** puede ser a tanto alzado en supuestos muy específicos (p.e. en el caso de primera o única edición de diccionarios, antologías, traducciones, ediciones populares, entre otros, siempre y cuando no se hubiesen divulgado previamente). No obstante, la regla sigue siendo la de remuneración proporcional a los ingresos derivados de la explotación en la cuantía convenida con el cesionario de los derechos de explotación. La **omisión** de la cuantía de la remuneración dará lugar a la nulidad del contrato.*

"Apartado"

El **Autor** recibirá la cantidad de *"cantidad en concepto de remuneración, en letra"* euros (*"cantidad en concepto de remuneración, en número"* €) en concepto de remuneración por su actividad creativa.

"Apartado"

Al margen de la anterior, el **Autor** también recibirá el *"especificar porcentaje de ingresos por explotación"* de la cantidad neta obtenida de los ingresos que el **Editor** recaude como consecuencia de la explotación de la Obra, una vez deducidos impuestos y posibles descuentos promocionales.

"Apartado"

La liquidación al autor se hará por trimestres, a comenzar desde enero del año *"especificar año inicial de liquidación al Autor"*, haciéndose pagadera el día 30 de cada mes en cuestión.

"NÚMERO" **Plazo para la puesta en circulación**

Nota:

*Sólo en caso de contrato de edición. La **omisión de este requisito** dará acción al autor y al editor para compelerse recíprocamente a subsanar la falta. En defecto de acuerdo, lo hará el juez, atendiendo a las circunstancias del contrato, a los actos de las partes en su ejecución y a los usos. Esto rige, no obstante, para los casos de contratación editorial.*

Los ejemplares de la Obra serán comercializados al público en el plazo de *"especificar número de meses para la comercialización"* meses siguientes a la entrega por parte del **Autor** de los originales de la Obra. Una vez transcurrido dicho plazo sin que el **Editor** hubiere distribuido la Obra, podrá el **Autor** disponer de sus derechos de propiedad intelectual para tercero.

"NÚMERO" **Reproducción de la Obra**

 **Nota:**

Esta cláusula también tiene sentido en los casos en los que la obra se va a reproducir y distribuir a través de libros, carteles o colecciones escogidas.

El **Editor** queda facultado para autorizar la utilización secundaria de la Obra y proceder a la reproducción de la Obra o su préstamo en instituciones culturales, bibliotecas, archivos o lugares similares. A este respecto, regirá lo dispuesto en la Ley de Propiedad Intelectual en relación con la remuneración compensatoria por copia privada.

MCM 2285 s.

"NÚMERO" Obligaciones del Autor

Nota:

Son un fiel reflejo de las previstas en LPI *art.*65.

De acuerdo con lo establecido en la Ley de Propiedad Intelectual, el **Autor** queda obligado al cumplimiento de las siguientes prestaciones:

LPI art.43 s.; CC art.1090 s

a) Entregar la Obra en el plazo de *"especificar número de meses para entregar la Obra"* meses a partir de la firma del presente contrato. El **Autor** deberá entregar la Obra en condiciones que permitan la reproducción de la misma en los sistemas y máquinas del **Editor**. A tal efecto, ambas partes acuerdan que la Obra se entregue en *"especificar formato o soporte"*.

b) Responder de la autoría y originalidad de la Obra, así como de la pacífica posesión y uso de los derechos de explotación cedidos al **Editor**.

c) Colaborar con el **Editor** en la correcta ubicación de la Obra en la sala

d) Colaborar con el **Editor** en la promoción y distribución de la Obra.

"...e) Realizar las necesarias actividades de postproducción para la debida fijación y comunicación pública de la Obra. ..."

"NÚMERO" Obligaciones del Editor

Nota:

Contrástese con LPI *art.*64.

De acuerdo con lo establecido en la Ley de Propiedad Intelectual, el **Editor** queda obligado al cumplimiento de las siguientes prestaciones:

a) A reproducir y distribuir la Obra, así como las sucesivas ediciones de la misma, en condiciones que aseguren una correcta difusión de la Obra, o de sus ediciones sucesivas, por parte del **Editor** y de los usos del sector, y siempre según las condiciones y requisitos establecidos en el presente contrato.

b) A no ocultar ni, de cualquier modo, perjudicar el nombre del **Autor**, el título de la Obra o cualquier otro dato identificador del **Autor** o de la Obra.

Nota:

El Tribunal Supremo ha estimado que no se cumple con la obligación de incluir los ***nombres de los coeditores*** *más que si se hace en la portada, ya que así se viene haciendo en la práctica y el público lo percibe mejor de esa manera (*TS 5-10-89, *EDJ 8731, referida a un contrato de coedición).*

c) A someter las primeras pruebas y las segundas pruebas de la Obra al **Autor**, quien en sus modificaciones se atendrá a los requerimientos establecidos a tal efecto por el **Editor**.

Nota:

La obligación de someter las pruebas al Autor es típica del ***contrato de edición****.*

d) A asegurar la explotación continuada y la difusión comercial adecuada de la Obra, quedando obligado a asumir la contratación de cuantos espacios publicitarios sean precisos para ello.

e) A satisfacer al **Autor** la remuneración pactada.

f) A restituir al **Autor** el ejemplar o soporte en el que este hubiera fijado la Obra.

"NÚMERO" Causas de resolución del contrato

Al margen de las causas legalmente establecidas de terminación del presente contrato, ambas partes acuerdan la de imposibilidad física o mental o manifiesta de que el **Autor** pueda cumplir con las obligaciones previstas en el presente contrato y, especialmente, la de entrega del original de la Obra o de las sucesivas ediciones y reediciones de la misma.

 **Nota:**

Contrástese con LPI *art.68. Es causa de resolución del contrato por parte del autor el* ***impago de las liquidaciones*** *pactadas. Se puede resolver el contrato de edición por liquidación de existencias (*TS 30-12-91, *EDJ 12388).*

MCM 2285 s.

Asimismo, el **Autor** podrá resolver el contrato en casos de desaparición jurídica del **Editor**, sea por la causa que sea.

En caso de declaración de concurso de cualquiera de las partes, la parte afectada se obliga a solicitar la resolución del contrato a la administración concursal, de acuerdo con lo dispuesto en el artículo 165 del RDLeg 1/2020, por el que se aprueba el texto refundido de la Ley Concursal. LPI art.43 s.; CC art.1090 s

Y en prueba de conformidad, ambas partes firman el presente contrato, que se extiende en dos ejemplares, igualmente originales, en el lugar y fecha indicados en su encabezamiento.

EL EDITOR **EL AUTOR**

Producción fonográfica

MCM 2320 s.

LPI art.74 s. y 105 s.; RD 3-9-1880 art.61 s.

Nota preliminar:

- El contrato de producción fonográfica tiene por objeto la contratación del artista intérprete o ejecutante para la fijación de sus actuaciones en un fonograma. Se entiende por **fonograma** toda fijación, exclusivamente sonora, de la ejecución de una obra o de otros sonidos (LPI art.114.1).
- Distinto es el contrato de **edición musical** (nº 210) que es previo a este y que prevé el derecho del editor a reproducir, distribuir, comunicar públicamente y aun transformar la obra musical. Es un trasunto histórico del tradicional contrato de edición de partitura.
- El modelo presupone unas circunstancias determinadas que serán las más frecuentes. Si en el caso concreto existen circunstancias particulares no previstas, deberá completarse o modificarse el modelo adaptándolo a las mismas.

En *"localidad"*, a *"fecha"*

REUNIDOS:

De una parte,
"Don/Doña nombre y apellidos de la parte", mayor de edad, *"estado civil de la parte" "... "especificar el régimen económico matrimonial de la parte" ... "*, de nacionalidad *"nacionalidad de la parte"*, con domicilio a estos efectos en *"domicilio de la parte"*, *"...con DNI/NIF número "DNI/NIF de la parte" ... O ... con tarjeta de residencia número "número de tarjeta de residencia de la parte" ... O ... pasaporte número "número de pasaporte de la parte", expedido el "fecha de expedición del pasaporte de la parte" ... O ... "reseñar otros documentos aportados por la parte" ... "*, vigente hasta el *"fecha de vigencia de la documentación aportada por la parte"*.

De otra parte,
"Don/Doña nombre y apellidos de la parte", mayor de edad, *"estado civil de la parte" "... "especificar el régimen económico matrimonial de la parte" ... "*, de nacionalidad *"nacionalidad de la parte"*, con domicilio a estos efectos en *"domicilio de la parte"*, *"...con DNI/NIF número "DNI/NIF de la parte" ... O ... con tarjeta de residencia número "número de tarjeta de residencia de la parte" ... O ... pasaporte número "número de pasaporte de la parte", expedido el "fecha de expedición del pasaporte de la parte" ... O ... "reseñar otros documentos aportados por la parte" ... "*, vigente hasta el *"fecha de vigencia de la documentación aportada por la parte"*.

INTERVIENEN:

A. *"Don/Doña nombre y apellidos de la parte"*

➢➢

○ **Si interviene en su propio nombre:**

en su propio nombre y derecho.

○ **Si interviene como representante:**

en nombre y representación

MCM 2320 s.

LPI art.74 s. y 105 s.; RD 3-9-1880 art.61 s.

➢

❍ Si representa a persona física:

de *"Don/Doña nombre y apellidos del representado"*, mayor de edad, *"estado civil del representado"*, con domicilio en *"domicilio del representado"* y provisto de D.N.I./N.I.F. número *"DNI/NIF del representado"*, según consta en escritura de poder, otorgada ante el notario de *"lugar donde radica la notaría en la que se autorizó la escritura de poder de representación (persona física)"*, *"Don/Doña nombre y apellidos del notario que autorizó la escritura de poder de representación (persona física)"*, el *"fecha de escritura de poder de representación (persona física)"*, con el número *"número de protocolo del notario que autorizó la escritura de poder de representación (persona física)"* de su orden de protocolo.

❍ Si representa a persona jurídica:

de la sociedad mercantil denominada *"denominación social"*, domiciliada en *"domicilio social"*, y con NIF número *"NIF de la sociedad"*, constituida, por tiempo indefinido, mediante escritura otorgada ante el notario de *"lugar donde radica la notaría en la que se autorizó la escritura de poder de representación (persona jurídica)"*, *"Don/Doña nombre y apellidos del notario que autorizó la escritura de poder de representación (persona jurídica)"*, el *"fecha de escritura de poder de representación (persona jurídica)"*, e inscrita en el Registro Mercantil de *"datos de la inscripción registral (localidad del Registro Mercantil, tomo, folio, sección, hoja e inscripción)"*, en su calidad de

➢

❍ Si representa como cargo social:

"...administrador único ... O ... administrador solidario ... O ... consejero delegado ... O ... "especificar la representación del cargo social" ... " de la reseñada sociedad, cargo para el que fue nombrado y asegura vigente en escritura otorgada el *"fecha de escritura del nombramiento del cargo"*, ante el notario de *"lugar donde radica la notaría en la que se autorizó la escritura del nombramiento"*, *"Don/Doña nombre y apellidos del notario que autorizó la escritura del nombramiento"*, con el número *"número de protocolo del notario que autorizó la escritura del nombramiento"* de su protocolo, e inscrita en el Registro Mercantil de *"localidad del Registro Mercantil de la escritura de nombramiento"*, en el tomo y hoja arriba indicados.

❍ Si representa como apoderado:

apoderado de la reseñada sociedad, según escritura de poder otorgada a su favor, en *"fecha de escritura del otorgamiento del poder"*, ante el notario de *"lugar donde radica la notaría en la que se autorizó la escritura de poder"*, *"Don/Doña nombre y apellidos del notario que autorizó la escritura de poder"*, con el número *"número de protocolo del notario que autorizó la escritura de poder"* de su protocolo *"...e inscrita en el Registro Mercantil de "localidad del Registro Mercantil de la escritura de poder" ..."*, en el tomo y hoja arriba indicados.

➣

➣

➣➣

En adelante, El **productor**.

✍ **Nota:**

*El **productor de fonogramas** es la persona natural o jurídica bajo cuya iniciativa y responsabilidad se realiza por primera vez la fijación. Si dicha operación se efectúa en el seno de una empresa, el titular de esta será considerado productor del fonograma* (LPI *art.*114.2).

B. *"Don/Doña nombre y apellidos de la parte"*

➢➢

❍ **Si interviene en su propio nombre:**

en su propio nombre y derecho.

MCM 2320 s.

Si interviene como representante:

en nombre y representación de *"Don/Doña nombre y apellidos del representado"*, mayor de edad, *"estado civil del representado"*, con domicilio en *"domicilio del representado"* y provisto de D.N.I./N.I.F. número *"DNI/NIF del representado"*, según consta en escritura de poder, otorgada ante el notario de *"lugar donde radica la notaría en la que se autorizó la escritura de poder de representación (persona física)"*, *"Don/Doña nombre y apellidos del notario que autorizó la escritura de poder de representación (persona física)"*, el *"fecha de escritura de poder de representación (persona física)"*, con el número *"número de protocolo del notario que autorizó la escritura de poder de representación (persona física)"*.

LPI art.74 s. y 105 s.; RD 3-9-1880 art.61 s.

<<

En adelante, **el artista**.

Nota:

*El **artista intérprete o ejecutante** se define como la persona que represente, cante, lea, recite, interprete o ejecute en cualquier forma una obra. El director de escena y el director de orquesta tendrán los mismos derechos reconocidos a los artistas (*LPI *art.*105*).*

*Los artistas intérpretes o ejecutantes que participen colectivamente en una misma actuación, tales como los componentes de un **grupo musical, coro, orquesta, ballet o compañía de teatro**, deberán designar de entre ellos un representante para el otorgamiento de las correspondientes autorizaciones. Para tal designación, que deberá formalizarse por escrito, valdrá el acuerdo mayoritario de los intérpretes. Esta obligación no alcanzará a los **solistas** ni a los **directores de orquesta o de escena** (*LPI *art.*111*). Téngase en cuenta, por consiguiente, que en esos casos el contrato se hará con el representante del grupo artístico, representante que deberá haber sido **previamente apoderado** para actuar y poder ceder los derechos de propiedad intelectual que atañen a los demás integrantes del grupo.*

*Por otro lado, lo usual es que los artistas cedan sus derechos de propiedad intelectual sobre sus actuaciones a un **manager o representante**. Se trataría de un simple contrato de apoderamiento o representación con las particularidades propias de la propiedad intelectual en cuanto a la cesión de los derechos y al ejercicio limitado de los mismos. Por lo demás, presentan una casuística enorme en cuanto a las cláusulas puramente económicas, en las que artista y manager pactan las condiciones económicas de representación de este último. En consecuencia, el empresario o productor que quiera contratar los servicios del artista deberá pactar normalmente con el manager cesionario de los derechos en cuestión.*

Las partes se reconocen la capacidad legal necesaria para contratar y obligarse y, a tal efecto

EXPONEN:

I. Que el **Productor** ha contratado con diversas personas el alquiler de locales abiertos al público a fin de poder utilizarlos para exhibiciones o ejecuciones musicales públicas.

II. Que el **Productor** ha contratado con *"Don/Doña nombre y apellidos del autor"* la obtención de la autorización correspondiente a determinadas obras suyas con el objeto de que puedan ser explotadas mediante su reproducción y distribución fonográfica (en adelante, las Obras).

Nota:

*Naturalmente, no basta sólo con pactar con el artista la cesión de sus derechos fonográficos. También es necesario contar con el **consentimiento del autor** o autores de la obra musical. A este respecto, debe revisarse el contrato de edición, entre el autor y la editorial musical y los de autorización de esta (en caso de que no sea la misma productora fonográfica) con el productor de fonogramas, que no pasa de ser una copia (con mero cambio de partes) del de edición musical. En este sentido, téngase en cuenta que una de las mayores y más importantes editoras musicales en nuestro país es SGAE, por lo que, en la práctica, lo normal es acudir a dicha Sociedad para obtener la autorización pertinente.*

*Existe un **contrato tipo** elaborado por BIEM (Bureau International des sociétés gérant les droits d'Enregistrement et de reproduction Mécanique) y por IFPI (International Federation of the Phonographic Industry), que son los máximos responsables a escala mundial de la industria editorial y de la fonográfica, respectivamente. La licencia a favor del productor de fonogramas, de acuerdo con ese contrato tipo, es de carácter no exclusivo, pudiendo el licenciatario explotar todo el repertorio administrado por la entidad en cuestión.*

En nuestro país, por último, ha de tenerse en cuenta lo dispuesto en LPI *art.*157.*3, del que se puede deducir, en conjunción con el contrato de adhesión a SGAE, que la* ***primera reproducción de una obra*** *requiere la autorización individual del autor (es decir, autorización de origen o directamente dada por el autor: si este ya ha dado su consentimiento para la reproducción, entonces debe obtenerse una autorización de SGAE).*

MCM 2320 s.

III. Que el **Artista** está interesado en fijar registros sonoros y audiovisuales relativos a la interpretación por su parte de las Obras a fin de que se incorporen a un fonograma para su explotación comercial (en adelante, las Interpretaciones y el Fonograma, respectivamente).

IV. Que, por este motivo, el **Productor** está interesado en contratar los servicios del **Artista** a fin de que este interprete y ejecute las Obras las cuales serán grabadas en un fonograma.

LPI art.74 s. y 105 s.; RD 3-9-1880 art.61 s.

En su virtud, las partes acuerdan celebrar el presente contrato con arreglo a las siguientes

ESTIPULACIONES:

PRIMERA. Objeto del contrato

El objeto del presente contrato es la fijación de las Interpretaciones de las grabaciones sonoras y audiovisuales a fin de que puedan ser explotadas comercialmente en todo tipo de formato fonográfico, cediéndole al **Productor** los correspondientes derechos a que se refiere la estipulación tercera de este contrato.

 **Nota:**

Confrontar con LPI *art.*74*. Las obras susceptibles de ser objeto de explotación a través del contrato de representación teatral deben ser susceptibles de explotación a través de* ***comunicación pública****. Si fuese otro el derecho de explotación afectado, estaríamos ante un contrato atípico al que, en la medida de lo posible, se aplicarían analógicamente las normas sobre contrato de representación teatral.*

SEGUNDA. Ámbito temporal y carácter de la cesión

El **Artista** cede los derechos de propiedad intelectual sobre las Interpretaciones *"especificar ámbito temporal de la cesión; (a perpetuidad, etc)."* y, en todo caso, por todo el tiempo que dure la protección autoral, de acuerdo con las convenciones internacionales y derecho nacional aplicable.

La presente cesión tiene el carácter de exclusiva a favor del **Productor**, pudiendo este ceder su derecho a cualesquiera terceros.

Nota:

En ***defecto de consentimiento*** *del titular de derechos a la cesión libre del derecho a tercero, los productores responderán solidariamente frente al primer cedente de las obligaciones de la cesión.*

Cualquier participación del **Artista** junto a otros artistas intérpretes deberá ser autorizada por escrito por el **Productor** siempre y cuando dicha colaboración vaya a ser objeto de fijación por persona distinta al **Productor**.

Nota:

Se trata de una cláusula usual en el tráfico jurídico, mediante la cual el productor trata de asegurarse la ***exclusividad del artista*** *en la prestación de interpretaciones que pudieran afectar a la comercialización de las interpretaciones recogidas en el fonograma.*
*Téngase presente el art.*110 bis LPI, *según el cual se imponen al productor de fonogramas (¿acaso también al editor musical?) serias* ***restricciones*** *en cuanto a la posible* ***no distribución de la obra****. Concretamente, dicho precepto señala lo siguiente*
"1. Si, una vez transcurridos cincuenta años desde la publicación lícita del fonograma o, en caso de no haberse producido esta última, cincuenta años desde su comunicación lícita al público, no se pone a la venta un número suficiente de copias que satisfaga razonablemente las necesidades estimadas del público de acuerdo con la naturaleza y finalidad del fonograma, o no se pone a disposición del público, en la forma establecida en el artículo 20.2.i), el artista intérprete o ejecutante podrá poner fin al contrato en virtud del cual cede sus derechos con respecto a la grabación de su interpretación o ejecución al productor de fonogramas.

El derecho a resolver el contrato de cesión podrá ejercerse si, en el plazo de un año desde la notificación fehaciente del artista intérprete o ejecutante de su intención de resolver el contrato de cesión conforme a lo dispuesto en el párrafo anterior, el productor no lleva a cabo ambos actos de explotación mencionados en dicho párrafo. Esta posibilidad de resolución no podrá ser objeto de renuncia por parte del artista intérprete o ejecutante.

MCM 2320 s.

Cuando un fonograma contenga la grabación de las interpretaciones o ejecuciones de varios artistas intérpretes o ejecutantes, estos sólo podrán resolver el contrato de cesión de conformidad con el artículo 111. Si se pone fin al contrato de cesión de conformidad con lo especificado en el presente apartado, expirarán los derechos del productor del fonograma sobre este.

LPI art.74 s. y 105 s.; RD 3-9-1880 art.61 s.

2. Cuando un contrato de cesión otorgue al artista intérprete o ejecutante el derecho a una remuneración única, tendrá derecho a percibir una remuneración anual adicional por cada año completo una vez transcurridos cincuenta años desde la publicación lícita del fonograma o, en caso de no haberse producido esta última, cincuenta años desde su comunicación lícita al público. El derecho a obtener esa remuneración anual adicional, cuyo deudor será el productor del fonograma o, en su caso, su cesionario en exclusiva, no podrá ser objeto de renuncia por parte del artista intérprete o ejecutante, y se hará efectivo a través de las entidades de gestión de los derechos de propiedad intelectual de los artistas intérpretes o ejecutantes.

El importe total de los fondos que el deudor deba destinar al pago de la remuneración adicional anual mencionada en el párrafo anterior será igual al 20 por ciento de los ingresos brutos que haya obtenido, en el año precedente a aquél en el que se abone la remuneración, por la reproducción, distribución y puesta a disposición del público, en la forma establecida en el artículo 20.2.i), de los fonogramas en cuestión, una vez transcurridos cincuenta años desde la publicación lícita del fonograma o, en caso de no haberse producido esta última, cincuenta años desde su comunicación lícita al público.

Quedan excluidas del cálculo de los ingresos a que se refiere el párrafo anterior las cantidades percibidas por el deudor en concepto de compensación equitativa por copia privada y alquiler de fonogramas.

Los deudores de la remuneración anual adicional a que se refiere este apartado estarán obligados a facilitar anualmente, previa solicitud, a la entidad de gestión correspondiente, toda la información que pueda resultar necesaria a fin de asegurar el pago de dicha remuneración.

3. Cuando un artista intérprete o ejecutante tenga derecho a pagos periódicos, no se deducirán de los importes abonados al artista intérprete o ejecutante ningún pago anticipado ni deducciones establecidas contractualmente al cumplirse cincuenta años desde la publicación lícita del fonograma o, en caso de no haberse producido esta última, cincuenta años desde su comunicación lícita al público."

*Téngase en cuenta, asimismo, que, de acuerdo con el RDL 24/2021, se modificó el art.110 LPI y se permite que tanto el autor, como el artista intérprete o ejecutante puedan solicitar la **revisión por remuneración no equitativa**. Concretamente, si en la cesión se produjese una manifiesta desproporción entre la remuneración inicialmente pactada por el autor en comparación con la totalidad de los ingresos subsiguientes derivados de la explotación de las obras obtenidos por el cesionario o su derechohabiente.*

TERCERA. Derechos de explotación cedidos

3.1.

Por el presente contrato de producción fonográfica el **Artista** cede al **Productor** los derechos de fijación, reproducción, distribución y comunicación pública sobre las Interpretaciones en virtud de lo dispuesto en la Ley de Propiedad Intelectual y en este contrato.

3.2.

Dicha cesión comprenderá los siguientes derechos:

a) La reproducción, distribución y comunicación pública de las Interpretaciones para su incorporación a un fonograma, a una obra audiovisual y/o a un formato de vídeo doméstico que se destinen a su venta, alquiler o préstamo, ya sea individualmente o en colección escogida.

b) La comunicación pública en su modalidad de representación escénica y teatral en locales abiertos al público a cambio de un derecho de entrada.

c) La reproducción, distribución, comunicación pública y transformación de fragmentos de las Interpretaciones, respetando en todo caso sus facultades morales reconocidas legalmente, para su incorporación a producciones o grabaciones audiovisuales, incluyendo las de carácter publicitario.

✍ **Nota:**

No es usual que se cedan, desde luego, los derechos relativos a la ***grabación publicitaria****.*

d) El derecho de uso de su nombre propio y artístico, así como de su imagen en relación con la explotación de las Interpretaciones para la mejor promoción y publicidad del Fonograma, incluyendo los derechos de merchandising, y pudiendo el **Productor** realizar o mandar realizar cuantas modificaciones sean precisas para obtener la mejor fotografía. El **Artista** se presta a posar para la fijación de su imagen y su incorporación al Fonograma en la forma indicada.

MCM 2320 s.

3.3.

Sin perjuicio de lo indicado en los párrafos anteriores, el alcance de la cesión de derechos efectuada a favor del **Productor** dejará a salvo los rendimientos económicos que, en concepto de derechos de autor, corresponda percibir al **Artista** por el alquiler de su prestación, si fuere el caso, así como por su comunicación pública en cualquier modalidad, rendimientos que se cuantificarán de acuerdo con las tarifas de la entidad de gestión de derechos de autor a la que pertenece el **Artista**. La recaudación de tales derechos será de cargo del **Artista**, a través de la entidad de gestión correspondiente. Asimismo, la remuneración debida será exigida de quienes, legalmente, estén obligados a su pago. En ningún caso, estará el **Productor** obligado a pagar cualquier remuneración por estos conceptos.

LPI art.74 s. y 105 s.; RD 3-9-1880 art.61 s.

CUARTA. Número de álbumes

El **Artista** se obliga para con el **Productor** a grabar un mínimo de *"especificar número mínimo de álbumes"* álbumes fonográficos de larga duración "..., *"incluir menciones (a número de canciones, versiones de canciones ya editadas, idioma de las letras)"* ...". Cada uno de los álbumes mencionados deberá ser grabado *"indicar periodicidad de las grabaciones"*.

➤➤

❍ **Si se incluye la opción a uno o varios fonogramas complementarios:**

El **Productor** tendrá opción a grabar *"número de álbumes"* álbum más.

≺≺

QUINTA. Creaciones del Artista

Todas las creaciones musicales que el **Artista** pueda desarrollar a lo largo del cumplimiento de las prestaciones a que se obliga en virtud del presente contrato serán ofrecidas al **Productor** con preferencia a cualquier casa editora.

✍ **Nota:**

Recuérdese lo dicho sobre el juego de contratos entre ***autor, editor y productor*** *de fonogramas.*

SEXTA. Precio

6.1.

El **Productor** abonará al **Artista** por la totalidad de sus servicios prestados las siguientes cantidades:

a) Un *"porcentaje por las series altas"* de los royalties percibidos para las series altas.

b) Un *"porcentaje por las series medias"* de los royalties percibidos para las series medias y económicas.

c) Los porcentajes anteriormente mencionados se incrementarán en tres puntos porcentuales, respectivamente, a partir de la venta del ejemplar número *"especificar número de ejemplar"*.

6.2.

Todos los cálculos se harán sobre el precio de venta al por mayor, impuestos no incluidos.

Nota:

*Téngase en cuenta que en los contratos de producción fonográfica suele establecerse una **franquicia** a favor del productor por un número determinado de ejemplares de la obra fonográfica.*

MCM 2320 s.

6.3.
Todas las liquidaciones al **Artista** se harán *"indicar periodicidad de las liquidaciones"*.

LPI art.74 s. y 105 s.; RD 3-9-1880 art.61 s.

6.4.
Sin perjuicio de lo dispuesto en párrafos anteriores, el alcance de la cesión de derechos efectuada a favor del **Productor** dejará a salvo los rendimientos económicos que, si fuere el caso y en concepto de derechos de propiedad intelectual, correspondan al **Artista** por el alquiler de su prestación, así como por su comunicación pública en cualquier modalidad. Dichos rendimientos se cuantificarán de acuerdo con las tarifas de la entidad de gestión de derechos a la que pertenezca el **Artista**, quien deberá recaudarlos.

Nota:

*Téngase presente que corresponde al artista intérprete o ejecutante el derecho exclusivo de **autorizar la comunicación pública** de sus actuaciones, salvo cuando dicha actuación constituya en sí una actuación transmitida por radiodifusión o se realice a partir de una fijación previamente autorizada (*LPI *art.*108.*1). En esos casos, el artista intérprete o ejecutante carece de derecho exclusivo. Se entiende que el artista ha cedido al productor de fonogramas o de grabaciones audiovisuales, por virtud del contrato de producción, su derecho de fijación y los de comunicación pública. Le queda, no obstante, al artista intérprete o ejecutante un **derecho remuneratorio** exigible de quien lleve a cabo el acto de explotación del fonograma o grabación audiovisual (*LPI *art.*108.*2 y 3,* 116.*2 y* 122.*2). Nótese, en cualquier caso, que la ausencia del derecho exclusivo rige únicamente en caso de que la prestación consista en sí en una actuación **transmitida por radiodifusión**: cuando la comunicación pública se realice vía satélite o por cable, se estará a lo dispuesto en* LPI *art.*20.*4, apartados 3 y 4, si los mismos resultaren de aplicación. Nótese, igualmente, que el derecho remuneratorio a que se refiere* LPI *art.*108.*2 únicamente entra en juego si en la ejecución se utiliza una **grabación previa o fonograma**, de lo contrario recobra totalmente el derecho exclusivo el artista.*

SÉPTIMA. Causas de resolución del contrato

7.1.
Cualquiera de las partes podrá dar por resuelto el presente contrato ante el incumplimiento de las obligaciones previstas para cada parte y si, una vez notificada la parte incumplidora por la parte cumplidora, no procediese aquella a remediar la causa de incumplimiento en el plazo de *"número de días para subsanar el incumplimiento"* días a partir de la recepción de la notificación de incumplimiento.

7.2.
El **Productor** tendrá derecho a resolver este contrato:

a) Si la producción fuera suspendida.

b) Si la calidad de los servicios prestados no fuera suficiente, sin perjuicio de las indemnizaciones que fuesen pertinentes atendidas la calidad de interpretación del **Artista** y la aceptación por el público de su interpretación.

c) Si el **Artista** modifica su nombre artístico o su estilo musical.

Nota:

*En el ámbito de la contratación fonográfica esta cláusula tiene gran importancia para evitar que el artista pueda **evitar o burlar la aplicación del contrato** (con las condiciones rigurosas que suele implicar).*

MCM 2320 s.

OCTAVA. Otras prestaciones

8.1.

De acuerdo con lo dispuesto en este contrato, el **Artista** se compromete a realizar en favor del **Productor** las actuaciones propias de su actividad hasta lograr que las ejecuciones pactadas en el presente contrato sean consideradas aptas o útiles por el **Productor**, tanto desde el punto de vista técnico como artístico, obligándose el **Artista** a repetir las actuaciones y/o ensayos cuantas veces sean necesarias a este fin y todo ello de acuerdo con los usos de la industria de realización del tipo de ejecuciones pactada.

LPI art.74 s. y 105 s.; RD 3-9-1880 art.61 s.

8.2.

El **Artista** se compromete, asimismo, a intervenir y colaborar, a requerimiento del **Productor**, en las sesiones fotográficas, campañas y actuaciones promocionales si fuera el caso, organizadas por este en la presentación y promoción de la gira y, consiguientemente se compromete a participar en toda clase de entrevistas, intervenciones ante fotógrafos, medios, etc.

8.3.

El **Productor** seleccionará libremente todo el equipo técnico y artístico participante en las ejecuciones del **Artista**, comprometiéndose el **Artista** a seguir las instrucciones del director de escena y/o el **Productor** y a presentarse a los ensayos que el director de escena y/o el **Productor** le indiquen en condiciones adecuadas para el cumplimiento de sus obligaciones establecidas en este contrato y en sus anexos.

NOVENA. Giras

El **Artista** se compromete a celebrar *"número de conciertos"* conciertos al año, de un mínimo de duración *"número de minutos de duración"* minutos cada uno. El **Productor** asumirá todos los gastos de organización de los conciertos en cuestión, percibiendo un *"porcentaje de la comisión del Productor"* en concepto de comisión, a detraer de los beneficios de los conciertos.

DÉCIMA. Otros

Todas las obligaciones laborales, fiscales y las relativas a la Seguridad Social derivadas de la relación entre el **Artista** y el **Productor**, serán responsabilidad exclusiva de *"este o de quien se pacte"*.

Y en prueba de conformidad, ambas partes firman el presente contrato, que se extiende en dos ejemplares, igualmente originales, en el lugar y fecha indicados en su encabezamiento.

EL PRODUCTOR **EL ARTISTA**

Comunicación pública de fonograma

MCM 2260 s.

Nota preliminar:

- En general, por comunicación pública ha de entenderse todo acto por el cual una pluralidad de personas pueda tener acceso a la obra sin previa distribución de ejemplares a cada una de ellas. Puede decirse que el objeto del contrato de comunicación pública consiste en la **explotación intangible** de la obra.

LPI art.83 y 114 s.; CC art.1090 s

- Este es el tercer tipo de contrato necesario para proceder a la ejecución musical de una obra musical, junto con los de ejecución musical propiamente dicha (a firmar con el autor o con quien resulte titular de los derechos) y el de prestación de servicios (a firmar con el artista intérprete o ejecutante). Téngase en cuenta que este contrato únicamente tendrá razón de ser en los casos en los que en la ejecución musical se usen fonogramas, esto es, **música pregrabada** o play back. Si se trata de música en directo, los únicos derechos afectados serían los del autor y los del artista intérprete o ejecutante. Se entiende por fonograma toda fijación, exclusivamente sonora, de la ejecución de una obra o de otros sonidos (LPI art.114.1).

- El modelo presupone unas circunstancias determinadas que serán las más **frecuentes**. Si en el caso concreto existen circunstancias particulares no previstas, deberá completarse o modificarse el modelo adaptándolo a las mismas.

En *"localidad"*, a *"fecha"*

REUNIDOS:

De una parte,

"Don/Doña nombre y apellidos de la parte", mayor de edad, *"estado civil de la parte" "... "especificar el régimen económico matrimonial de la parte" ... "*, de nacionalidad *"nacionalidad de la parte"*, con domicilio a estos efectos en *"domicilio de la parte", "...con DNI/NIF número "DNI/NIF de la parte" ... O ... con tarjeta de residencia número "número de tarjeta de residencia de la parte" ... O ... pasaporte número "número de pasaporte de la parte", expedido el "fecha de expedición del pasaporte de la parte" ... O ... "reseñar otros documentos aportados por la parte" ... "*, vigente hasta el *"fecha de vigencia de la documentación aportada por la parte"*.

De otra parte,

"Don/Doña nombre y apellidos de la parte", mayor de edad, *"estado civil de la parte" "... "especificar el régimen económico matrimonial de la parte" ... "*, de nacionalidad *"nacionalidad de la parte"*, con domicilio a estos efectos en *"domicilio de la parte", "...con DNI/NIF número "DNI/NIF de la parte" ... O ... con tarjeta de residencia número "número de tarjeta de residencia de la parte" ... O ... pasaporte número "número de pasaporte de la parte", expedido el "fecha de expedición del pasaporte de la parte" ... O ... "reseñar otros documentos aportados por la parte" ... "*, vigente hasta el *"fecha de vigencia de la documentación aportada por la parte"*.

INTERVIENEN:

A. *"Don/Doña nombre y apellidos de la parte"*

>>

○ **Si interviene en su propio nombre:**

en su propio nombre y derecho.

MCM 2260 s.

○ **Si interviene como representante:**

en nombre y representación

➤

○ Si representa a persona física:

de *"Don/Doña nombre y apellidos del representado"*, mayor de edad, *"estado civil del representado"*, con domicilio en *"domicilio del representado"* y provisto de D.N.I./N.I.F. número *"DNI/NIF del representado"*, según consta en escritura de poder, otorgada ante el notario de *"lugar donde radica la notaría en la que se autorizó la escritura de poder de representación (persona física)"*, *"Don/Doña nombre y apellidos del notario que autorizó la escritura de poder de representación (persona física)"*, el *"fecha de escritura de poder de representación (persona física)"*, con el número *"número de protocolo del notario que autorizó la escritura de poder de representación (persona física)"* de su orden de protocolo.

LPI art.83 y 114 s.; CC art.1090 s

○ Si representa a persona jurídica:

de la sociedad mercantil denominada *"denominación social"*, domiciliada en *"domicilio social"*, y con NIF número *"NIF de la sociedad"*, constituida, por tiempo indefinido, mediante escritura otorgada ante el notario de *"lugar donde radica la notaría en la que se autorizó la escritura de poder de representación (persona jurídica)"*, *"Don/Doña nombre y apellidos del notario que autorizó la escritura de poder de representación (persona jurídica)"*, el *"fecha de escritura de poder de representación (persona jurídica)"*, e inscrita en el Registro Mercantil de *"datos de la inscripción registral (localidad del Registro Mercantil, tomo, folio, sección, hoja e inscripción)"*, en su calidad de

➤

○ Si representa como cargo social:

"...administrador único ... O ... administrador solidario ... O ... consejero delegado ... O ... "especificar la representación del cargo social" ... " de la reseñada sociedad, cargo para el que fue nombrado y asegura vigente en escritura otorgada el *"fecha de escritura del nombramiento del cargo"*, ante el notario de *"lugar donde radica la notaría en la que se autorizó la escritura del nombramiento"*, *"Don/Doña nombre y apellidos del notario que autorizó la escritura del nombramiento"*, con el número *"número de protocolo del notario que autorizó la escritura del nombramiento"* de su protocolo, e inscrita en el Registro Mercantil de *"localidad del Registro Mercantil de la escritura de nombramiento"*, en el tomo y hoja arriba indicados.

○ Si representa como apoderado:

apoderado de la reseñada sociedad, según escritura de poder otorgada a su favor, en *"fecha de escritura del otorgamiento del poder"*, ante el notario de *"lugar donde radica la notaría en la que se autorizó la escritura de poder"*, *"Don/Doña nombre y apellidos del notario que autorizó la escritura de poder"*, con el número *"número de protocolo del notario que autorizó la escritura de poder"* de su protocolo *"...e inscrita en el Registro Mercantil de "localidad del Registro Mercantil de la escritura de poder" ... "*, en el tomo y hoja arriba indicados.

≺

≺

≺≺

En adelante, El **productor**.

✎ **Nota:**

*- El **productor de fonogramas** es la persona natural o jurídica bajo cuya iniciativa y responsabilidad se realiza por primera vez la fijación. Si dicha operación se efectúa en el seno de una empresa, el titular de esta será considerado productor del fonograma* (LPI *art.114.2).*

*- Téngase presente que lo normal será que el empresario o promotor del espectáculo acuda a la entidad de gestión de los productores de fonogramas (**AGEDI**) para solicitar la autorización correspondiente. Decimos "lo normal", porque puede ocurrir que el productor en cuestión cuyo fonograma va a ser usado*

*no sea miembro de AGEDI, en cuyo caso habría que pedir permiso directamente a dicho productor. No obstante, en la medida en que se trata de derechos de gestión colectiva obligatoria (*LPI *art.*108.*4), no queda otro remedio que celebrar el correspondiente acuerdo con AGEDI, negociando la inclusión de una cláusula de indemnidad frente a reclamaciones de terceros. Si se firmase un acuerdo con AGEDI, se debería firmar el correspondiente a comunicación pública.*

MCM 2260 s.

- La ***gestión del cobro*** *de los derechos de remuneración de artistas intérpretes y productores de fonogramas es conjunta en el supuesto de explotación mediante cualquier acto de comunicación pública de un fonograma publicado con fines comerciales (*LPI *art.*116.*2 y* 108.*2).*

LPI art.83 y 114 s.; CC art.1090 s

- Téngase en cuenta que se ha reconocido judicialmente la posibilidad de que el titular de derechos (en el caso enjuiciado, un autor) autorice expresa y directamente al usuario la explotación de su obra musical mediante un ***acto de comunicación pública*** *sin que la entidad de gestión de derechos de propiedad intelectual correspondiente ostente necesariamente el poder de gestión colectiva obligatoria (TS 12-7-16, EDJ 110041). Esto suele ocurrir con artistas o grupos musicales que interpretan las obras de sus propios repertorios, respecto de las que tienen un derecho en exclusiva de autor.*

B. *"Don/Doña nombre y apellidos de la parte"*

➢➢

❍ **Si interviene en su propio nombre:**

en su propio nombre y derecho.

❍ **Si interviene como representante:**

en nombre y representación

➢

❍ Si representa a persona física:

de *"Don/Doña nombre y apellidos del representado"*, mayor de edad, *"estado civil del representado"*, con domicilio en *"domicilio del representado"* y provisto de D.N.I./N.I.F. número *"DNI/NIF del representado"*, según consta en escritura de poder, otorgada ante el notario de *"lugar donde radica la notaría en la que se autorizó la escritura de poder de representación (persona física)"*, *"Don/Doña nombre y apellidos del notario que autorizó la escritura de poder de representación (persona física)"*, el *"fecha de escritura de poder de representación (persona física)"*, con el número *"número de protocolo del notario que autorizó la escritura de poder de representación (persona física)"* de su orden de protocolo.

❍ Si representa a persona jurídica:

de la sociedad mercantil denominada *"denominación social"*, domiciliada en *"domicilio social"*, y con NIF número *"NIF de la sociedad"*, constituida, por tiempo indefinido, mediante escritura otorgada ante el notario de *"lugar donde radica la notaría en la que se autorizó la escritura de poder de representación (persona jurídica)"*, *"Don/Doña nombre y apellidos del notario que autorizó la escritura de poder de representación (persona jurídica)"*, el *"fecha de escritura de poder de representación (persona jurídica)"*, e inscrita en el Registro Mercantil de *"datos de la inscripción registral (localidad del Registro Mercantil, tomo, folio, sección, hoja e inscripción)"*, en su calidad de

➢

❍ Si representa como cargo social:

"...administrador único ... O ... administrador solidario ... O ... consejero delegado ... O ... "especificar la representación del cargo social" ... " de la reseñada sociedad, cargo para el que fue nombrado y asegura vigente en escritura otorgada el *"fecha de escritura del nombramiento del cargo"*, ante el notario de *"lugar donde radica la notaría en la que se autorizó la escritura del nombramiento"*, *"Don/Doña nombre y apellidos del notario que autorizó la escritura del nombramiento"*, con el número *"número de protocolo del notario que autorizó la escritura del nombramiento"* de su protocolo, e inscrita en el Registro Mercantil de *"localidad del Registro Mercantil de la escritura de nombramiento"*, en el tomo y hoja arriba indicados.

305

❍ Si representa como apoderado:

apoderado de la reseñada sociedad, según escritura de poder otorgada a su favor, en *"fecha de escritura del otorgamiento del poder"*, ante el notario de *"lugar donde radica la notaría en la que se autorizó la escritura de poder"*, *"Don/Doña nombre y apellidos del notario que autorizó la escritura de poder"*, con el número *"número de protocolo del notario que autorizó la escritura de poder"* de su protocolo *"...e inscrita en el Registro Mercantil de "localidad del Registro Mercantil de la escritura de poder"* ... ", en el tomo y hoja arriba indicados. MCM 2260 s.

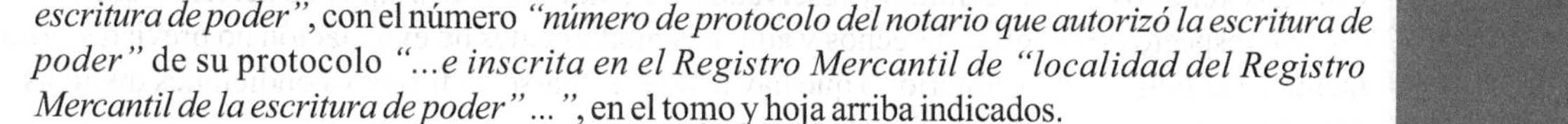

En adelante, El **promotor**. LPI art.83 y 114 s.; CC art.1090 s

Las partes se reconocen la capacidad legal necesaria para contratar y obligarse y, a tal efecto

EXPONEN:

I. Que el **Productor** es titular de los derechos de explotación correspondientes sobre el fonograma por él editado titulado *"título del Fonograma"* (en adelante, el Fonograma).

II. Que el **Promotor** es una empresa que, entre otras actividades, produce programas musicales para su inclusión en la programación de emisoras de televisión, ya utilicen la radiodifusión, el cable o la comunicación al público vía satélite, por lo que desea obtener la autorización del **Productor** para realizar una serie de programas musicales con el Fonograma, con el fin de que este sea comunicado públicamente.

III. Que ambas partes convienen en regular el uso del Fonograma por medio del presente contrato y las siguientes

ESTIPULACIONES:

PRIMERA. Objeto del contrato

En virtud del presente contrato el **Productor** autoriza, con carácter no exclusivo y para el territorio que más adelante se especifica, al **Promotor** a que lleve a cabo los siguientes actos de explotación en relación con el Fonograma, a fin de que el **Promotor** pueda comunicarlo públicamente en el espectáculo que tendrá lugar en *"lugar de celebración del espectáculo"* el *"fecha del espectáculo"*, a saber:

 **Nota:**

*El Tribunal Supremo puso fin a la controversia sobre si los productores de fonogramas eran **titulares o no de un derecho exclusivo** (y no meramente remuneratorio) para autorizar la comunicación pública de sus fonogramas. Definitivamente la respuesta a la interrogante es afirmativa (*TS cont adm 1-3-01, *EDJ 536). En cualquier caso, a partir de la reforma por* L 23/2006 *el productor de fonogramas solo es titular del derecho exclusivo de puesta a disposición ex* LPI *art.20.2.i) respecto de sus fonogramas y de las reproducciones de estos (*LPI *art.116.1).*

a) Reproducir el Fonograma, bien por sus propios medios, bien por los de tercero.

b) Comunicar al público el Fonograma, por medio de la radiodifusión terrestre, vía satélite y por cable para el territorio que más adelante se especifica y desbordamientos accidentales.

c) Fijar sus comunicaciones públicas llevadas a cabo según lo previsto en la letra anterior, por sus propios medios, con el objeto de realizar, por una sola vez, la comunicación pública autorizada.

SEGUNDA. Alcance de la autorización. Territorio

La facultad concedida en la Estipulación Primera anterior queda limitada a la comunicación pública del Fonograma a través de no más de *"especificar número de canales"* canales, disponibles simultáneamente por el público receptor del **Promotor**.

Propiedad Intelectual

La autorización que se da en virtud del presente documento alcanza únicamente al territorio de *"especificar territorio"*.

MCM 2260 s.

TERCERA. Derechos reservados
Quedan excluidos de este contrato y reservados al **Productor** todos aquellos derechos que le corresponden respecto de aquellos derechos y aquellas modalidades de explotación no previstas expresamente en la Estipulación anterior o que hayan de efectuarse en forma y condiciones distintas a las expresamente mencionadas en dicha Estipulación.

LPI art.83 y 114 s.; CC art.1090 s

Especialmente, el **Promotor** no podrá utilizar el Fonograma para fines publicitarios o de sincronización en películas cinematográficas.

CUARTA. Otros derechos de propiedad intelectual

✍ **Nota:**

*En nuestro derecho la utilización de un fonograma para cualquier forma de comunicación pública genera, a favor de artistas intérpretes y ejecutantes, por un lado, y productores de fonogramas, por otro, una **remuneración equitativa y única**. El reparto debe efectuarse entre una y otra categoría de titulares de derechos, pero, a falta de acuerdo, este se realizará por partes iguales (*LPI *art.*108.2, 116.2*).*

El **Productor** se compromete a entregar a la entidad de gestión correspondiente a los artistas músicos la parte que legalmente les corresponda de la remuneración percibida en virtud de este contrato, eximiendo al **Promotor** de cualquier responsabilidad o requerimiento de pago proveniente de dicha entidad de gestión.

QUINTA. Remuneración
En concepto de remuneración por la concesión de la autorización a la que alude este contrato, el **Promotor** satisfará al **Productor** *"...la cantidad de "cantidad en concepto de remuneración, en letra" euros ("cantidad en concepto de remuneración, en número" €) ... O ... "indicar otros criterios (Puede pactarse también una cantidad proporcional a los ingresos obtenidos del espectáculo u otro criterio)" ..."*.

✍ **Nota:**

*Tratándose de un **uso incidental** del fonograma y dada la dificultad objetiva que indudablemente existe a la hora de calcular los ingresos derivados de dicho uso, pensamos que hay razones más que suficientes para pactar una cantidad a tanto alzado.*
*Téngase en cuenta que se ha reconocido judicialmente la posibilidad de que el titular de derechos (en el caso enjuiciado, un autor) autorice expresa y directamente al usuario la explotación de su obra musical mediante un **acto de comunicación pública** sin que la entidad de gestión de derechos de propiedad intelectual correspondiente ostente necesariamente el poder de gestión colectiva obligatoria (TS 12-7-16, EDJ 110041). Esto suele ocurrir con artistas o grupos musicales que interpretan las obras de sus propios repertorios, respecto de las que tienen un derecho en exclusiva de autor.*

SEXTA. Forma de pago
Los derechos que el **Promotor** deba satisfacer al **Productor** se devengarán *"periodicidad del devengo de los derechos"*, a plazo vencido.

Concretamente, el **Promotor** presentará las oportunas declaraciones y satisfará los derechos en cuestión en *"plazo de satisfacción de los derechos"*.

Los derechos no abonados a su vencimiento devengarán el interés legal del dinero, señalado por la normativa correspondiente *"... elevado en "especificar número de puntos" puntos ..."*, sin necesidad de requerimiento ni intimación de clase alguna al **Promotor**.

MCM 2260 s.

SÉPTIMA. Datos sobre el acto de comunicación y Fonograma comunicado públicamente

✍ **Nota:**

En el caso de contrato con AGEDI, y no hay razón para excluir esta posibilidad en el caso de contrato con un productor en particular, se incluye una cláusula relativa al momento y otros ***datos relativos a la explotación*** *del fonograma. Este tipo de cláusula, en cualquier caso, sólo tendrá sentido cuando el uso del fonograma vaya a ser repetido (p.e. en diferentes pases o habiendo sido grabada la actuación, procediéndose a su nuevo pase).*

El **Promotor** entregará al **Productor** en *"plazo de entrega de información"*, en la forma que este le señale, la siguiente información: LPI art.83 y 114 s.; CC art.1090 s

- Fecha de comunicación al público y duración de la misma.
- Título de la canción o prestación comunicada públicamente, así como del Fonograma.
- Marca del Fonograma y referencia.
- Intérprete.

OCTAVA. Duración
La duración del presente contrato será de *"duración del contrato"* meses, contados desde el *"fecha inicial del contrato"*. No obstante, el contrato podrá ser objeto de prórrogas tácitas por periodos de *"especificar periodos de prórrogas"*, salvo denuncia en contrario, la cual habrá de llevarse a cabo de forma fehaciente y con una antelación mínima de *"plazo de antelación para denunciar"* meses.

NOVENA. Documentación e inspección
El **Promotor** pondrá a disposición del **Productor** cuantos documentos y datos sean necesarios, a juicio de este último, a fin de que las personas debidamente autorizadas por él puedan llevar a cabo las comprobaciones necesarias para la recta aplicación de los pactos contenidos en este contrato y la comprobación de los ingresos del **Promotor**.

DÉCIMA. Cláusula penal
Si se pusiera de manifiesto cualquier omisión o inexactitud en las declaraciones del **Promotor** de la que se derive una disminución en los derechos a percibir por el **Productor**, de acuerdo con lo establecido en este contrato, el **Promotor** quedará obligado a rectificar sus futuras declaraciones y a satisfacer al **Productor** *"cantidad a satisfacer por el Promotor, en letra"* euros (*"cantidad a satisfacer por el Promotor, en número"* €), en concepto de indemnización de daños y perjuicios y pena por incumplimiento.

UNDÉCIMA. Cláusula de resolución
El incumplimiento por cualquiera de las partes de las obligaciones que este contrato les imponga dará lugar a su resolución, cuando en el plazo máximo de *"plazo máximo de subsanación"* dicho incumplimiento no haya sido subsanado a satisfacción de la parte perjudicada.

Y en prueba de conformidad, ambas partes firman el presente contrato, que se extiende en dos ejemplares, igualmente originales, en el lugar y fecha indicados en su encabezamiento.

EL PRODUCTOR **EL PROMOTOR**

Representación artística (management)

LPI art.43 s. y 105 s

Nota preliminar:

- Se trata de un tipo de contrato en el que el artista delega o apodera a un **tercero**, normalmente conocedor del medio de explotación audiovisual, teatral, musical, fonográfico, ... para que este gestione y negocie directamente la prestación de los servicios artísticos del artista, así como, eventualmente, la comercialización de sus derechos de imagen.

- Es un negocio atípico, bilateral, oneroso y de tracto sucesivo en el tiempo. Se asemeja en su estructura al contrato de **mandato**, siendo, por tanto, esencialmente revocable.

- Se trataría de un simple contrato de **apoderamiento** o representación con las particularidades propias de la propiedad intelectual en cuanto a la cesión de los derechos y al ejercicio limitado de los mismos (TS 24-6-11, EDJ 130875; AP Madrid 25-1-16, EDJ 8880). Por lo demás, presentan una casuística enorme en cuanto a las cláusulas puramente económicas, en las que artista y representante pactan las condiciones económicas de representación de este último. En consecuencia, el empresario, promotor o productor que quiera contratar los servicios del artista deberá pactar normalmente con el representante.

- El contrato que unía a las partes (en inglés, *management*) reúne las características de varios contratos tipos, arrendamiento de servicios y mandato. Pero, en todo caso, su contenido es el recogido en el pacto, y a él habrá que estar, ex art.1089, 1091, y 1255 CC. Este tipo de contratos son de los llamados *intuitu personae*, es decir, que se amparan en la "mutua confianza personal", en las condiciones de ambas partes. Como consecuencia de ello la jurisprudencia admite su resolución unilateral por la pérdida de confianza, ya que este es un requisito necesario para el desarrollo del contrato. Ahora bien, la resolución unilateral lleva consigo la indemnización de daños y perjuicios, que solamente se excluye si se prueba suficientemente una causa grave que justifique la extinción del contrato (AP Zaragoza 24-6-13, EDJ 129560).

Ambas configuraciones ponen de manifiesto que el **Manager** de un artista, se ocupa de algo más que de la organización de una gira de un determinado artista, así como que el trabajo de este es más amplio y complejo que la participación en conciertos o espectáculos públicos, como grabación, promoción de discos, derechos de imagen, entre otros (AP Madrid 25-1-16, EDJ 8880).

- El modelo presupone unas circunstancias determinadas que serán las más **frecuentes**. Si en el caso concreto existen circunstancias particulares no previstas, deberá completarse o modificarse el modelo, adaptándolo a las mismas.

En *"localidad"*, a *"fecha"*

REUNIDOS:

De una parte,

"Don/Doña nombre y apellidos de la parte", mayor de edad, *"estado civil de la parte" "... "especificar el régimen económico matrimonial de la parte" ... "*, de nacionalidad *"nacionalidad de la parte"*, con domicilio a estos efectos en *"domicilio de la parte"*, *"...con DNI/NIF número "DNI/NIF de la parte" ... O ... con tarjeta de residencia número "número de tarjeta de residencia de la parte" ... O ... pasaporte número "número de pasaporte de la parte", expedido el "fecha de expedición del pasaporte de la parte" ... O ... "reseñar otros documentos aportados por la parte" ... "*, vigente hasta el *"fecha de vigencia de la documentación aportada por la parte"*.

De otra parte,

"Don/Doña nombre y apellidos de la parte", mayor de edad, *"estado civil de la parte"* "... *"especificar el régimen económico matrimonial de la parte"* ... ", de nacionalidad *"nacionalidad de la parte"*, con domicilio a estos efectos en *"domicilio de la parte"*, "*...con DNI/NIF número "DNI/NIF de la parte" ... O ... con tarjeta de residencia número "número de tarjeta de residencia de la parte" ... O ... pasaporte número "número de pasaporte de la parte", expedido el "fecha de expedición del pasaporte de la parte" ... O ... "reseñar otros documentos aportados por la parte" ...* ", vigente hasta el *"fecha de vigencia de la documentación aportada por la parte"*.

INTERVIENEN:

LPI art.43 s. y 105 s

A. *"Don/Doña nombre y apellidos de la parte"*

➤➤

❍ **Si interviene en su propio nombre:**

en su propio nombre y derecho.

❍ **Si interviene como representante:**

en nombre y representación de *"Don/Doña nombre y apellidos del representado"*, mayor de edad, *"estado civil del representado"*, con domicilio en *"domicilio del representado"* y provisto de D.N.I./N.I.F. número *"DNI/NIF del representado"*, según consta en escritura de poder, otorgada ante el notario de *"lugar donde radica la notaría en la que se autorizó la escritura de poder de representación (persona física)"*, *"Don/Doña nombre y apellidos del notario que autorizó la escritura de poder de representación (persona física)"*, el *"fecha de escritura de poder de representación (persona física)"*, con el número *"número de protocolo del notario que autorizó la escritura de poder de representación (persona física)"*.

≺≺

En adelante, **el artista**.

B. *"Don/Doña nombre y apellidos de la parte"*

➤➤

❍ **Si interviene en su propio nombre:**

en su propio nombre y derecho.

❍ **Si interviene como representante:**

en nombre y representación

➤

❍ Si representa a persona física:

de *"Don/Doña nombre y apellidos del representado"*, mayor de edad, *"estado civil del representado"*, con domicilio en *"domicilio del representado"* y provisto de D.N.I./N.I.F. número *"DNI/NIF del representado"*, según consta en escritura de poder, otorgada ante el notario de *"lugar donde radica la notaría en la que se autorizó la escritura de poder de representación (persona física)"*, *"Don/Doña nombre y apellidos del notario que autorizó la escritura de poder de representación (persona física)"*, el *"fecha de escritura de poder de representación (persona física)"*, con el número *"número de protocolo del notario que autorizó la escritura de poder de representación (persona física)"* de su orden de protocolo.

❍ Si representa a persona jurídica:

de la sociedad mercantil denominada *"denominación social"*, domiciliada en *"domicilio social"*, y con NIF número *"NIF de la sociedad"*, constituida, por tiempo indefinido, mediante escritura otorgada ante el notario de *"lugar donde radica la notaría en la que se autorizó la escritura de poder de representación (persona jurídica)", "Don/Doña nombre y apellidos del notario que autorizó la escritura de poder de representación (persona jurídica)"*, el *"fecha de escritura de poder de representación (persona jurídica)"*, e inscrita en el Registro Mercantil de *"datos de la inscripción registral (localidad del Registro Mercantil, tomo, folio, sección, hoja e inscripción)"*, en su calidad de

➤

❍ Si representa como cargo social:

"...administrador único ... O ... administrador solidario ... O ... consejero delegado ... O ... "especificar la representación del cargo social" ..." de la reseñada sociedad, cargo para el que fue nombrado y asegura vigente en escritura otorgada el *"fecha de escritura del nombramiento del cargo"*, ante el notario de *"lugar donde radica la notaría en la que se autorizó la escritura del nombramiento", "Don/Doña nombre y apellidos del notario que autorizó la escritura del nombramiento"*, con el número *"número de protocolo del notario que autorizó la escritura del nombramiento"* de su protocolo, e inscrita en el Registro Mercantil de *"localidad del Registro Mercantil de la escritura de nombramiento"*, en el tomo y hoja arriba indicados.

LPI art.43 s. y 105 s

❍ Si representa como apoderado:

apoderado de la reseñada sociedad, según escritura de poder otorgada a su favor, en *"fecha de escritura del otorgamiento del poder"*, ante el notario de *"lugar donde radica la notaría en la que se autorizó la escritura de poder", "Don/Doña nombre y apellidos del notario que autorizó la escritura de poder"*, con el número *"número de protocolo del notario que autorizó la escritura de poder"* de su protocolo *"...e inscrita en el Registro Mercantil de "localidad del Registro Mercantil de la escritura de poder" ..."*, en el tomo y hoja arriba indicados.

⮜

⮜

⮜⮜

En adelante, El **representante**.

Las partes se reconocen la capacidad legal necesaria para contratar y obligarse y, a tal efecto

EXPONEN:

➤➤

❒ **Si el Artista cede sus obras musicales:**

"I." Que el **Artista** ha creado una serie de obras musicales cuyos derechos ha cedido a *"Don/Doña nombre y apellidos del cesionario"*.

❒ **Si el Artista realiza una gira:**

"II." Que el **Artista** tiene previsto realizar una gira por *"lugar de la gira"*, en la que interpretará en concierto una serie de canciones pertenecientes a su repertorio creativo. En el momento de firmar el presente documento, el **Artista** desconoce los lugares y las fechas concretas en las que los conciertos tendrán lugar.

⮜⮜

"III." Que el **Artista** quiere apoderar al **Representante** para que este gestione, *"...en exclusiva, ... O ... "puede establecerse la no exclusividad", ..."* la explotación de sus derechos artísticos *"...en relación con la gira mencionada en el Expositivo "especificar número del Expositivo" anterior ..."*.

✍ **Nota:**

*Aquí puede incluirse un Exponen que se refiera a la posibilidad de que el manager también gestione la **comercialización de los derechos de imagen** del artista. Por ejemplo: "Que el Artista está interesado, igualmente, en que el Representante pueda concluir en su nombre cualesquiera contratos relativos a la utilización de la imagen del Artista a efectos publicitarios o comerciales".*

"IV." Que, estando ambas partes interesadas en llevar a cabo las prestaciones a las que se refiere el presente contrato, lo firman y acuerdan conforme a las siguientes

ESTIPULACIONES:

PRIMERA. Objeto y alcance del contrato

El presente contrato tiene por objeto la representación y gestión por parte del **Representante** de los derechos artísticos del **Artista**, en relación con las actuaciones a realizar por este en *"indicar lugar y/o fecha, o duración".*

LPI art.43 s. y 105 s

Nota:

*El **objeto y duración** del contrato pueden determinarse de forma más o menos concreta: "actuaciones a realizar en el Teatro Real de Madrid, los días 17 y 18 de junio del presente año" o "cualquier actividad artística desarrollada en los próximos dos años, a partir de la firma de este contrato"*

>>

○ **Si se permite la cesión de derechos sin consentimiento del Artista:**

El **Representante** podrá ceder a tercero, sin consentimiento del **Artista**, los derechos que se derivan del presente contrato.

Nota:

*Nótese también que este contrato simplemente puede no limitarse a un acto o temporada concreta, sino tener una ejecución más amplia o incluso **indefinida**. Lo normal, no obstante, es establecer límites temporales precisos.*

SEGUNDA. Obligaciones del Representante

 **Nota:**

*Esta es la **típica cláusula** que se suele insertar en un contrato de estas características, en la que se encomienda directamente al representante la gestión y negociación de los derechos correspondientes.*

El **Representante** queda obligado a:

a) Promover y gestionar, del mejor modo, los derechos artísticos del **Artista** durante el periodo de duración del presente contrato, obligándose, en consecuencia, a concluir y realizar todos aquellos contratos y actos relacionados con *"especificar la actividad del Artista"*, incluyéndose, a título de ejemplo, los relativos al alquiler de locales y escenarios, material de reproducción fonográfica y/o musical, instrumentos musicales, formación del espectáculo, etc.

b) Gestionar los derechos de comunicación pública del **Artista**, incluyendo los contratos televisivos (con independencia del medio televisivo y de la tecnología usada, o la titularidad del medio), los publicitarios y cualesquiera otros similares.

c) Velar, con la diligencia exigible a un empresario en el sector, por los intereses económicos del **Artista**, debiendo, en consecuencia, negociar el caché del **Artista**, así como su imagen comercial y artística.

d) Prestar al **Artista** toda la ayuda y colaboración, jurídica o de otro tipo, que sea necesaria o esté relacionada con el cumplimiento del presente contrato.

e) Pagar al **Artista** la contraprestación económica pactada en el presente contrato.

f) Proporcionar al **Artista** los servicios técnicos necesarios para la realización de lo dispuesto en el presente contrato.

g) Hacer constar en los carteles y títulos de promoción y publicidad de las actuaciones del **Artista** su nombre artístico.

TERCERA. Obligaciones del Artista
De acuerdo con lo previsto en el presente contrato, el **Artista** queda obligado a:

a) Estar a disposición del **Representante** o de quienes este designe para llevar a cabo la representación artística de que se trate y, específicamente, las galas, representaciones y ensayos previos a la misma.

"...b) Otorgar la exclusiva al Representante para que este negocie los permisos correspondientes para prestar sus servicios artísticos, quedándosele prohibido, por consiguiente, la negociación para la prestación de tales servicios directamente o a través de persona distinta al Representante. ..."

LPI art.43 s. y 105 s

CUARTA. Remuneración del Representante
El **Representante** recibirá por la prestación de sus servicios el *"porcentaje a percibir por el Representante"* de las cantidades que el **Artista** cobre en concepto de prestación artística, impuestos no incluidos.

Nota:

*Nada obsta a que se prevean **distintos porcentajes** en función del tipo de utilización de la imagen del Artista o de derecho objeto de contratación.*

El **Representante** emitirá la correspondiente factura y cumplirá con los deberes y obligaciones que le competen de acuerdo con la legislación fiscal aplicable.

QUINTA. Gastos del Artista
El **Artista** asumirá sus obligaciones fiscales y contables, sin que el **Representante** quede obligado a llevar a cabo gestión alguna a su favor por estos conceptos.

Asimismo, el **Artista** no recibirá cantidad alguna por los gastos, habidos o por haber, derivados de la ejecución y actividad desarrolladas como consecuencia de la prestación de los servicios a los que se refiere el presente contrato.

El **Representante** determinará los gastos de hospedaje y locomoción del **Artista** en la prestación de sus servicios durante la gira.

SEXTA. Cesión de los derechos sobre la voz y el nombre del Artista

Nota:

*Téngase en cuenta que es muy probable que estos derechos hayan sido **cedidos a la productora** o incluso a la casa editora.*

El **Artista** cede al **Representante** en exclusiva y con el ámbito territorial y temporal definidos en el presente contrato los derechos correspondientes para que los terceros puedan usar la voz y el nombre del **Artista** para los fines allí previstos.

SÉPTIMA. Interpretación de las estipulaciones del presente contrato
En caso de duda sobre la interpretación de las Estipulaciones del presente contrato, **Artista** y **Representante** acuerdan que se les dé la interpretación necesaria para que se consiga la mayor reciprocidad de intereses entre las partes.

Y en prueba de conformidad, ambas partes firman el presente contrato, que se extiende en dos ejemplares, igualmente originales, en el lugar y fecha indicados en su encabezamiento.

EL REPRESENTANTE **EL ARTISTA**

Transformación de obra literaria

MCM 1700 s.

Nota preliminar:

- En virtud de este contrato el autor de una obra preexistente que no está en el dominio público cede al productor de la obra audiovisual los derechos de explotación sobre ella en los términos previstos en el art.88 LPI. Según este precepto, se presumen cedidos al productor en exclusiva los **derechos de explotación**, de reproducción, distribución y comunicación pública, así como los de doblaje y subtitulado. En definitiva, mediante este contrato se posibilita que el autor de una obra literaria, (usualmente) preexistente a la obra audiovisual, pueda negociar la cesión de determinados derechos sobre la misma.

LPI art.89

Mediante la transformación, un sujeto lleva a cabo sobre una **obra preexistente** una actividad creativa dotada del grado suficiente de originalidad como para hacerse merecedora de protección, dando lugar a una obra distinta que se conoce como "obra derivada". Es por ello inherente a toda obra derivada, sin perjuicio de resultar reconocible en ella la obra preexistente de la que parte, la característica de que las aportaciones del sujeto que dan lugar a su transformación son aportaciones sustanciales en el sentido de que están dotadas de originalidad suficiente como para gozar de la protección del derecho de autor (AP Madrid 19-10-20, EDJ 762098).

- Aunque, en principio, sólo tiene sentido ceder el derecho de transformación, dada la configuración propia de este tipo de contrato, y acaso sea este el que se mencione expresamente en el contrato, lo normal es que también se haga una referencia a la obtención de los derechos de **reproducción, distribución y comunicación pública, e incluso de transformación de la transformación**, referidos exclusivamente a la reproducción, distribución y comunicación de la obra transformada.
- El modelo presupone unas circunstancias determinadas que serán las más **frecuentes**. Si en el caso concreto existen circunstancias particulares no previstas, deberá completarse o modificarse el modelo adaptándolo a las mismas.

En *"localidad"*, a *"fecha"*

REUNIDOS:

De una parte,

"Don/Doña nombre y apellidos de la parte", mayor de edad, *"estado civil de la parte" "... "especificar el régimen económico matrimonial de la parte" ... "*, de nacionalidad *"nacionalidad de la parte"*, con domicilio a estos efectos en *"domicilio de la parte"*, *"...con DNI/NIF número "DNI/NIF de la parte"... O ... con tarjeta de residencia número "número de tarjeta de residencia de la parte" ... O ... pasaporte número "número de pasaporte de la parte", expedido el "fecha de expedición del pasaporte de la parte" ... O ... "reseñar otros documentos aportados por la parte" ... "*, vigente hasta el *"fecha de vigencia de la documentación aportada por la parte"*.

De otra parte,

"Don/Doña nombre y apellidos de la parte", mayor de edad, *"estado civil de la parte" "... "especificar el régimen económico matrimonial de la parte" ... "*, de nacionalidad *"nacionalidad de la parte"*, con domicilio a estos efectos en *"domicilio de la parte"*, *"...con DNI/NIF número "DNI/NIF de la parte"... O ... con tarjeta de residencia número "número de tarjeta de residencia de la parte" ... O ... pasaporte número "número de pasaporte de la parte", expedido el "fecha de expedición del pasaporte de la parte" ... O ... "reseñar otros documentos aportados por la parte" ... "*, vigente hasta el *"fecha de vigencia de la documentación aportada por la parte"*.

315

INTERVIENEN:

MCM 1700 s.

A. *"Don/Doña nombre y apellidos de la parte"*

>>

○ **Si interviene en su propio nombre:**

en su propio nombre y derecho.

○ **Si interviene como representante:**

LPI art.89

en nombre y representación de *"Don/Doña nombre y apellidos del representado"*, mayor de edad, *"estado civil del representado"*, con domicilio en *"domicilio del representado"* y provisto de D.N.I./N.I.F. número *"DNI/NIF del representado"*, según consta en escritura de poder, otorgada ante el notario de *"lugar donde radica la notaría en la que se autorizó la escritura de poder de representación (persona física)"*, *"Don/Doña nombre y apellidos del notario que autorizó la escritura de poder de representación (persona física)"*, el *"fecha de escritura de poder de representación (persona física)"*, con el número *"número de protocolo del notario que autorizó la escritura de poder de representación (persona física)"*.

<<

En adelante, **el autor**.

B. *"Don/Doña nombre y apellidos del representante"*, en nombre y representación de la sociedad mercantil denominada *"denominación social"*, domiciliada en *"domicilio social"*, y con NIF número *"NIF de la sociedad"*, constituida, por tiempo indefinido, mediante escritura otorgada ante el notario de *"lugar de la notaría en la que se autorizó la constitución de la sociedad"*, *"Don/Doña nombre y apellidos del notario que autorizó la constitución de la sociedad"*, el *"fecha de escritura de constitución de la sociedad"*, e inscrita en el Registro Mercantil de *"datos de la inscripción registral de la sociedad (localidad del Registro Mercantil, tomo, folio, sección, hoja e inscripción)"*, en su calidad de

>>

○ **Si representa como cargo social:**

"...administrador único ... O ... administrador solidario ... O ... consejero delegado ... O ... "especificar la representación del cargo social" ... " de la reseñada sociedad, cargo para el que fue nombrado y asegura vigente en escritura otorgada el *"fecha de escritura del nombramiento del cargo"*, ante el notario de *"lugar donde radica la notaría en la que se autorizó la escritura del nombramiento"*, *"Don/Doña nombre y apellidos del notario que autorizó la escritura del nombramiento"*, con el número *"número de protocolo del notario que autorizó la escritura del nombramiento"* de su protocolo, e inscrita en el Registro Mercantil de *"localidad del Registro Mercantil de la escritura de nombramiento"*, en el tomo y hoja arriba indicados.

○ **Si representa como apoderado:**

apoderado de la reseñada sociedad, según escritura de poder otorgada a su favor, en *"fecha de escritura del otorgamiento del poder"*, ante el notario de *"lugar donde radica la notaría en la que se autorizó la escritura de poder"*, *"Don/Doña nombre y apellidos del notario que autorizó la escritura de poder"*, con el número *"número de protocolo del notario que autorizó la escritura de poder"* de su protocolo *"...e inscrita en el Registro Mercantil de "localidad del Registro Mercantil de la escritura de poder" ..."*, en el tomo y hoja arriba indicados.

<<

En adelante, **la productora**.

Las partes se reconocen la capacidad legal necesaria para contratar y obligarse y, a tal efecto

EXPONEN:

I. Que el **Autor** ha escrito la obra literaria denominada *"título de la Obra literaria"* (en adelante, la Obra literaria), sobre la cual ostenta la totalidad de derechos de autor, sin que exista carga, cesión de derechos o gravamen de cualquier tipo sobre la Obra literaria.

II. Que la **Productora** está interesada en la realización de una adaptación audiovisual de la Obra literaria, consistente en una versión cinematográfica, mediante la adquisición en exclusiva de los derechos de transformación a versión cinematográfica (en adelante, la Obra audiovisual), de acuerdo con las siguientes

LPI art.89

ESTIPULACIONES:

PRIMERA. Objeto del contrato

 **Nota:**

*También se podría añadir la «explotación de la Obra Literaria». Es decir, hacer una **referencia más general**, de manera tal que se engloben no solamente el derecho de transformación (que es el característico de este tipo de contratos), sino también cualesquiera otros necesarios para la explotación de la obra preexistente en el marco (adaptado) de la obra audiovisual. No obstante, existirá la dificultad práctica de que tales derechos ya hayan sido cedidos previamente a la editorial.*

Por medio del presente contrato el **Autor** cede a la **Productora** el derecho de transformación sobre la Obra literaria, a fin de que la **Productora** pueda llevar a cabo, por sí misma o por persona que esta designe, la adaptación a versión audiovisual de la Obra literaria, ya sea para su explotación en salas cinematográficas o para su comunicación pública a través de otros medios de comunicación social.

Es voluntad de las partes que no se cedan más derechos que aquellos estricta y expresamente cedidos bajo este contrato.

SEGUNDA. Remuneración

 **Nota:**

*Recuérdese que el art.*46 LPI *prevé un supuesto típico de remuneración **proporcional**, en función de los ingresos derivados de la explotación de la obra. No obstante, en casos de difícil estimación de dichos ingresos, se puede optar por un sistema de pago a **tanto alzado**. Lógicamente, si el autor demuestra que existe una desproporción entre el beneficio obtenido por el usuario o cesionario de los derechos de autor y la cantidad de dinero pagada inicialmente a tanto alzado, entonces el autor podrá solicitar una revisión de esta última cantidad.*

En concepto de remuneración por la cesión de derechos operada bajo este contrato, el **Autor** recibirá la cantidad de *"cantidad de la remuneración al Autor, en letra"* euros (*"cantidad de la remuneración al Autor, en número"*€). Sin perjuicio de la anterior, el **Autor** recibirá un porcentaje derivado de la explotación de la Obra Audiovisual consistente en el *"porcentaje a percibir por el Autor"* por cien de los ingresos netos de dicha explotación.

TERCERA. Derechos objeto de cesión

 **Nota:**

Recuérdese lo dicho respecto del alcance usual de la cesión de derechos en virtud de este contrato.

En virtud de lo dispuesto en este contrato, el **Autor** cede a la **Productora**, con carácter exclusivo y para todo el territorio mundial, los siguientes derechos de explotación sobre la Obra literaria:

a) El derecho de transformación y adaptación de la Obra literaria para producir una obra audiovisual y/o una serie para televisión, con el objeto de que sea explotada en salas cinematográficas, vídeo, DVD y televisión, así como en cualesquiera otros soportes, medios y procedimientos de explotación, tanto en su versión original, como doblada o con subtítulos, y con independencia del idioma de doblaje, por medio de cualquier procedimiento conocido.

b) El derecho de doblaje y subtitulado de la Obra audiovisual, entendiéndose por tales la realización de las necesarias adaptaciones tanto para el doblaje de las interpretaciones de los actores a otras lenguas y dialectos, como para transcribir los diálogos de la versión original a otras lenguas y dialectos.

MCM 1700 s.

c) Los derechos de reproducción, distribución y comunicación pública, tal y como son definidos en la legislación aplicable (incluyendo convenios internacionales).

CUARTA. Derechos morales

Nota:

LPI art.89

*Dado que este contrato permite al cesionario la modificación de la forma artística de la obra de origen, es lógico pensar que el contrato trate de limitar el alcance de la modificación, de manera tal que la **fama artística** del autor, junto con el resto de facultades morales, no se vean perjudicadas en alguna medida. En cualquier caso, este tipo de cláusula constituye una **garantía** para el cesionario de los derechos, ya que el autor consiente en la modificación (incluso podría considerarse una reiteración de la autorización para la modificación, implícita ya en el hecho mismo de la transformación). No obstante, la dificultad práctica estriba en dónde situar la línea divisoria entre la libertad creadora o artística y el perjuicio a la fama artística o a la obra respecto de la obra preexistente.*

Dado el carácter del presente contrato, y de la cesión operada en su virtud, la **Productora** garantiza al **Autor** que la adaptación a llevar a cabo de la Obra literaria se hará en todo caso con el debido respeto a los derechos morales del **Autor**, quien, en todo caso, será consultado con la debida anticipación.

Sin perjuicio de lo anterior, ambas partes entienden y acuerdan que en el desarrollo de la adaptación de la Obra literaria a Obra audiovisual tendrán que realizarse algunos cambios en la estructura y narración de la Obra literaria. En consecuencia, podrán producirse modificaciones que afecten al desarrollo de la trama, historias, caracteres, entre otros. Si los cambios producidos son de cierta entidad, serán consensuados con el **Autor**.

QUINTA. Duración de la cesión

Nota:

*El apartado segundo del art.*89 LPI *señala que «salvo pacto en contrario, el autor de la obra preexistente conservará sus derechos a explotarla en forma de edición gráfica y de representación escénica y, en todo caso, podrá disponer de ella para otra obra audiovisual a los **quince años** de haber puesto su aportación a disposición del productor». Normalmente, la cesión suele ser ad perpetuam.*

Los derechos que se ceden a la **Productora** en virtud del presente contrato tienen una duración de *"especificar ámbito temporal de la cesión"* años contados desde la fecha de primer estreno de la adaptación audiovisual.

Extinguido dicho período, la presente cesión perderá el carácter de exclusiva, aunque la **Productora** podrá continuar la explotación de la Obra audiovisual, sin gozar de exclusividad, y con arreglo y sujeción a los pactos de este contrato, y atendiendo a lo acordado en el último párrafo del pacto séptimo.

SEXTA. Cesión a terceros

La **Productora** podrá ceder a terceros, con o sin exclusividad, los derechos de explotación objeto de cesión en virtud del presente contrato a fin de que la Obra audiovisual pueda ser debidamente promocionada.

La **Productora** podrá concluir con terceras personas la coproducción o coparticipación en los costes de la producción de la Obra audiovisual siempre. Las obligaciones derivadas de dichos acuerdos de coproducción serán comunicadas, a efectos puramente informativos, al **Autor**. En cualquier caso, la **Productora** responde ante el **Autor** por posibles incumplimientos de los terceros coproductores de sus obligaciones.

Por otra parte, la **Productora** no podrá subrogar su posición contractual a terceros, excepto en los casos que sea expresamente necesario y con motivo de la coproducción acordada, si se fuera a realizar la Obra audiovisual en coproducción. En todo caso, siempre será necesaria la previa y expresa aceptación por el **Autor**.

MCM 1700 s.

SÉPTIMA. Garantías

El **Autor** garantiza a la **Productora** que tiene la libre disposición de los derechos objeto de este contrato, así como el ejercicio pacífico de los derechos cuyo uso adquiere.

El **Autor** se compromete a facilitar a la **Productora** la documentación que pueda necesitar en el caso de que desee ejercitar por sí misma las acciones para la defensa de los derechos que se le confieren. LPI art.89

OCTAVA. Créditos

Tanto en la publicidad y promoción de la Obra audiovisual, como en los títulos de crédito de la misma, la **Productora** se obliga a incluir en los créditos de cabecera, la siguiente mención:

'*"título de la Obra audiovisual"* basada en la obra de *"Don/Doña nombre y apellidos del Autor"*

editada por *"nombre de la Productora"*'

NOVENA. Actos promocionales

✍ **Nota:**

*Se trata de las **garantías usuales** en este tipo de contrato.*

El **Autor** se compromete a participar en actos promocionales, publicitarios, ruedas de prensa y otros similares que fuesen necesarios, a juicio exclusivo de la **Productora**, que se organicen con el objeto de promocionar la Obra audiovisual y hacerla más conocida. En este sentido, el **Autor** acepta estar disponible durante las *"especificar tiempo de disponibilidad del Autor"* primeras semanas siguientes al estreno de la Obra audiovisual en España.

Y en prueba de conformidad, ambas partes firman el presente contrato, que se extiende en dos ejemplares, igualmente originales, en el lugar y fecha indicados en su encabezamiento.

EL AUTOR **LA PRODUCTORA**

Traducción de obra literaria

MCM 1753

LPI art.11

Nota preliminar:

- Es una variante del contrato de transformación de obra literaria (nº 315). Se trata de una **obra derivada** (LPI art.21), la producida o creada por el traductor. Dado que en la práctica es muy complicado a priori discernir la altura creativa de la traducción, en la duda lo aconsejable es adquirir los permisos oportunos para poder traducir y explotar consecuentemente la obra traducida.
- El modelo presupone unas circunstancias determinadas que serán las más **frecuentes**. Si en el caso concreto existen circunstancias particulares no previstas, deberá completarse o modificarse el modelo adaptándolo a las mismas.

En *"localidad"*, a *"fecha"*.

REUNIDOS:

De una parte,

"Don/Doña nombre y apellidos de la parte", mayor de edad, *"estado civil de la parte" "... "especificar el régimen económico matrimonial de la parte" ... "*, de nacionalidad *"nacionalidad de la parte"*, con domicilio a estos efectos en *"domicilio de la parte"*, *"...con DNI/NIF número "DNI/NIF de la parte" ... O ... con tarjeta de residencia número "número de tarjeta de residencia de la parte" ... O ... pasaporte número "número de pasaporte de la parte", expedido el "fecha de expedición del pasaporte de la parte" ... O ... "reseñar otros documentos aportados por la parte" ... "*, vigente hasta el *"fecha de vigencia de la documentación aportada por la parte"*.

De otra parte,

"Don/Doña nombre y apellidos de la parte", mayor de edad, *"estado civil de la parte" "... "especificar el régimen económico matrimonial de la parte" ... "*, de nacionalidad *"nacionalidad de la parte"*, con domicilio a estos efectos en *"domicilio de la parte"*, *"...con DNI/NIF número "DNI/NIF de la parte" ... O ... con tarjeta de residencia número "número de tarjeta de residencia de la parte" ... O ... pasaporte número "número de pasaporte de la parte", expedido el "fecha de expedición del pasaporte de la parte" ... O ... "reseñar otros documentos aportados por la parte" ... "*, vigente hasta el *"fecha de vigencia de la documentación aportada por la parte"*.

INTERVIENEN:

A. *"Don/Doña nombre y apellidos del Autor"*

Interviene en su propio nombre y derecho.

En adelante, **el Autor**.

B. *"Don/Doña nombre y apellidos del representante"*, en nombre y representación de la sociedad mercantil denominada *"denominación social"*, domiciliada en *"domicilio social"*, y con NIF número *"NIF de la sociedad"*, constituida, por tiempo indefinido, mediante escritura otorgada ante el notario de *"lugar de la notaría en la que se autorizó la constitución de la sociedad"*, *"Don/Doña nombre y apellidos del notario que autorizó la constitución de la sociedad"*, el *"fecha de escritura de constitución de la sociedad"*, e inscrita en el Registro Mercantil de *"datos de la inscripción registral de la sociedad (localidad del Registro Mercantil, tomo, folio, sección, hoja e inscripción)"*, en su calidad de

o Si representa como cargo social:

"...administrador único ... O ... administrador solidario ... O ... consejero delegado ... O ... "especificar MCM 1753
la representación del cargo social" ... " de la reseñada sociedad, cargo para el que fue nombrado y asegura vigente en escritura otorgada el *"fecha de escritura del nombramiento del cargo"*, ante el notario de *"lugar donde radica la notaría en la que se autorizó la escritura del nombramiento"*, *"Don/Doña nombre y apellidos del notario que autorizó la escritura del nombramiento"*, con el número *"número de protocolo del notario que autorizó la escritura del nombramiento"* de su protocolo, e inscrita en el Registro Mercantil de *"localidad del Registro Mercantil de la escritura de nombra-* LPI art.11
miento", en el tomo y hoja arriba indicados.

o Si representa como apoderado:

apoderado de la reseñada sociedad, según escritura de poder otorgada a su favor, en *"fecha de escritura del otorgamiento del poder"*, ante el notario de *"lugar donde radica la notaría en la que se autorizó la escritura de poder"*, *"Don/Doña nombre y apellidos del notario que autorizó la escritura de poder"*, con el número *"número de protocolo del notario que autorizó la escritura de poder"* de su protocolo *"...e inscrita en el Registro Mercantil de "localidad del Registro Mercantil de la escritura de poder" ...* ", en el tomo y hoja arriba indicados.

En adelante, **la compañía.**

Ambas partes, en el concepto en que respectivamente intervienen, se reconocen recíprocamente la capacidad legal necesaria para contratar y obligarse y, a tal efecto

EXPONEN:

I. Que la **Compañía** tiene los derechos de explotación en relación con una obra literaria, titulada *"título de la obra"*, la cual desea traducir al castellano desde su actual redacción en lengua inglesa (en adelante, la **Obra**).

II. Que el **Autor** es un conocido escritor de nuestro país, con los conocimientos necesarios para proceder a la traducción de la **Obra** al castellano.

ESTIPULACIONES:

PRIMERA. Objeto del contrato

El objeto del presente contrato es que el **Autor** traduzca al castellano la **Obra**, entendiéndose que el **Autor** queda libre para incorporar a dicho idioma todos los giros y expresiones lingüísticas que considere oportunos de la **Obra** en su versión original.

La actividad contratada del **Autor** es, no obstante lo anterior, una obligación de resultado, sujeta a la aprobación definitiva de la **Compañía**. Por lo tanto, el **Autor** admite y consiente que la **Compañía** pueda sugerirle modificaciones a la versión que este le entregue, y que las mismas se incorporen, en su caso, a la versión definitiva de la **Obra** traducida al castellano. A estos efectos, la **Compañía** asegura tener todos los permisos necesarios por parte del autor de la obra en versión original en lengua inglesa.

SEGUNDA. Precio

Por la realización de los servicios a que este contrato se refiere, el **Autor** recibirá la cantidad de *"cantidad de la remuneración, en letra"* euros (*"cantidad de la remuneración, en número"* €), impuestos excluidos.

Asimismo, y en atención al carácter renombrado de la figura del Autor en el mundo literario español, la **Compañía** acuerda como remuneración adicional la de un *"porcentaje a percibir por el Autor"* por ciento de las ventas netas de la **Obra**, excluidas comisiones a distribuidores y gastos diversos.

MCM 1753

LPI art.11

TERCERA. Derechos cedidos

En virtud del presente contrato el **Autor** cede a la **Compañía**, con carácter exclusivo y con ámbito territorial mundial, todos los derechos de explotación sobre su aportación creativa o traducción de la **Obra** al castellano. En concreto, el **Autor** cede a la **Compañía** los derechos de fijación, reproducción, distribución, comunicación pública (incluyendo el derecho de puesta a disposición), y transformación (específicamente, para el caso de que la aportación del Autor pueda servir de base a un guion cinematográfico).

CUARTA. Entrega de textos originales

El **Autor** redactará y entregará a la **Compañía** un primer borrador de traducción para revisión por parte de la **Compañía** en el plazo de seis meses a partir de la firma del presente contrato. La **Compañía** lo revisará y estudiará durante un plazo máximo de cuatro semanas, transcurridas las cuales transmitirá al **Autor** cuáles sean los cambios que estima necesarios introducir. Una vez recibidos estos, el **Autor** dispondrá de un plazo máximo de tres semanas para entregar a la **Compañía** el segundo y último borrador de traducción, que será considerada la definitiva.

QUINTA. Duración del contrato

El **Autor** cede los derechos a los que se refiere este contrato hasta que los mismos pasen completamente a dominio público en cualquier lugar del mundo.

SEXTA. Cesión de los derechos de propiedad intelectual

El **Autor** cede a la **Compañía** la facultad de ceder y/o transferir, incluso con carácter exclusivo a terceros, los derechos a los que este contrato se refiere, así como a recabar la colaboración de terceros cualesquiera en la realización de la versión definitiva de la **Obra**, para el caso de que el **Autor** quede imposibilitado, por la razón que sea, para ultimar la traducción.

SÉPTIMA. Garantías y responsabilidades

El **Autor** garantiza a la **Compañía** que su traducción es original, no vulnera derechos de terceros y que no ha realizado ni realizará ningún acto susceptible de impedir o dificultar a la **Compañía** el pleno ejercicio pacífico de la totalidad de los derechos cedidos mediante el presente contrato.

En consecuencia, el **Autor** responderá en exclusiva frente a cualquier acción o reclamación de terceros que se produzca con motivo o como consecuencia de la cesión y/o ejercicio de los derechos otorgados a la **Compañía** mediante el presente contrato.

En concreto, el **Autor** responde de lo siguiente:

a) Del uso pacífico de la traducción y de todos sus elementos, incluidos sus títulos si, por su naturaleza, los tuviera.

b) De la titularidad de los derechos sobre la traducción, que ceden en virtud de este contrato.

c) De que la explotación de la traducción no vulnerará ningún interés o derecho de tercero, incluidos los de propiedad intelectual, ni tampoco derechos de propiedad industrial.

d) De que la traducción no contiene nada que pueda infringir los derechos al honor, intimidad personal y familiar o la propia imagen de terceros, ni resulte calumnioso, ni injurioso, ni dé lugar a responsabilidades civiles, penales o administrativas.

e) De que la traducción no comporta revelación de materiales clasificados ni secretos, ni conlleva la revelación ilícita de secretos comerciales, ni supone incurrir en conductas calificables como de competencia desleal por las normas sobre la materia.

OCTAVA. Derechos de imagen y nombre

El **Autor** cede a la **Compañía** el derecho de usar su imagen y nombre para promoción y publicidad de la **Obra**.

Dicha cesión queda limitada a usar de tales derechos únicamente en conexión con la traducción o la **Obra**.

NOVENA. Legitimación procesal
La **Compañía** está legitimada para perseguir, con independencia del **Autor**, las violaciones o infracciones que afecten a los derechos y facultades que le corresponden en su condición de titular exclusivo de los derechos objeto de este contrato. No obstante, el **Autor** se compromete a prestar su colaboración a tal efecto cuando le sea demandada.

MCM 1753

Asimismo, la **Compañía** podrá inscribir a su nombre la traducción ante el Registro General de la Propiedad Intelectual u otro que fuera competente por razón del territorio.

LPI art.11

DÉCIMA. Fuero y legislación aplicable
Las partes, con renuncia expresa a su propia jurisdicción o a las que les corresponda en cualquier asunto litigioso que surja de la interpretación, aplicación o cumplimiento de este contrato, someten la resolución de dicho asunto litigioso a los juzgados y tribunales de la ciudad de *"ciudad de los juzgados y tribunales"*.

Este contrato se regirá e interpretará con arreglo a la ley española, al Derecho comunitario y a las convenciones internacionales que resulten aplicables.

Y en prueba de conformidad, ambas partes firman el presente contrato, que se extiende en dos ejemplares, igualmente originales, en el lugar y fecha indicados en su encabezamiento.

EL AUTOR	**LA COMPAÑÍA**

Propiedad Industrial

Propiedad Industrial	Nº marg.

Licencia de uso de propiedad industrial (marca y patente) y de know-how

MCM 2590 s.

LM; LP; LCD

Nota preliminar:

- El presente contrato, al ser un contrato mixto, plantea un primer problema de **calificación**, según cual sea el elemento prevalente del mismo. Si calificamos la licencia de marca como elemento prevalente, hay que partir del principio de que no existe una regulación específica de exención por categorías de la licencia de marcas (salvo el Reglamento de exención por categorías de los acuerdos de franquicia). Con todo, nos hallamos ante un contrato complejo en el que conjuntamente existe licencia de patentes, de marcas y de know-how. Si el elemento prevalente desde una perspectiva económica fuera la licencia de marca, entonces sería conveniente una comunicación a la Comisión para solicitar una exención individual, siempre que el contrato pudiera afectar al mercado intracomunitario. En el ínterin -mientras no recaiga una decisión de la Comisión o una *letter of comfort*- el acuerdo puede aplicarse provisionalmente, sin riesgo de sanciones. Conviene que el contrato sea notificado a las autoridades de la competencia en la medida en que se imponen al licenciatario obligaciones restrictivas de la competencia (obligación de cesión de conocimientos, obligación de cesión de perfeccionamientos, mantenimiento de secretos industriales, etc.). La notificación no sería necesaria si la filial está participada al 100% por la empresa matriz o si no se afecta al mercado intracomunitario. Téngase presente el Rgto UE/316/2014, de la Comisión, relativo a la aplicación del art.101, apartado 3, del Tratado FUE a determinadas categorías de acuerdos de transferencia de tecnología, el cual permite acuerdos de esta naturaleza que puedan restringir la competencia bajo determinadas circunstancias.

También debe tenerse en cuenta la Dir 2016/943/UE del Parlamento Europeo y del Consejo, de 8 de junio de 2016 relativa a la protección de los conocimientos técnicos y la información empresarial no divulgados (secretos comerciales) contra su obtención, utilización y revelación ilícitas, así como la L 1/2019, de secretos empresariales.

Las **cláusulas de exclusiva** deben considerarse admisibles en la medida en que no dificulten las importaciones paralelas. La potestad de control por parte del titular es algo lícito, dado que el licenciatario utiliza su marca.

Durante el **contrato de licencia de marca**, el licenciante tendrá derecho al uso de la marca mientras el contrato esté en vigor en todo el territorio nacional y en relación con todos los productos o servicios para los cuales la marca esté registrada (LM art.48.4). El titular marcario podrá hacer valer sus derechos como tal frente a cualquier licenciatario que viole alguna de las disposiciones del contrato de licencia relativas a su duración, a la forma protegida por el registro, a la naturaleza de los productos o servicios, al territorio en el cual pueda ponerse la marca o a la calidad de los productos fabricados o de los servicios prestados por el licenciatario -LM art.48.2- (AP Barcelona 28-11-23, EDJ 811503).

- El contrato objeto del presente caso coincide, en lo básico, con un contrato de licencia de marca **para su inscripción** en el Registro de marcas de la OEPM o, en su caso, en el de la EUIPO (en caso de marca de la Unión Europea).

- La **protección actual del know-how** proviene de la Ley de Secretos Empresariales (L 1/2019). se define legalmente, como cualquier información o conocimiento, incluido el tecnológico, científico, industrial, comercial, organizativo o financiero, que reúna las siguientes condiciones:

- Ser **secreto**, en el sentido de que, en su conjunto o en la configuración y reunión precisas de sus componentes, no es generalmente conocido por las personas pertenecientes a los círculos en que normalmente se utilice el tipo de información o conocimiento en cuestión, ni fácilmente accesible para ellas;

- tener un **valor empresarial**, ya sea real o potencial, precisamente por ser secreto; y

- haber sido objeto de **medidas razonables** por parte de su titular para mantenerlo en secreto.

Propiedad Industrial

MCM 2590 s.

LM; LP; LCD

Nota preliminar:

La protección se dispensa al **titular** de un secreto empresarial, que es cualquier persona física o jurídica que legítimamente ejerza el control sobre el mismo, y se extiende frente a cualquier modalidad de obtención, utilización o revelación de la información constitutiva de aquél que resulte ilícita o tenga un origen ilícito con arreglo a lo previsto en la ley

- El modelo presupone unas circunstancias determinadas que serán las más **frecuentes**. Si en el caso concreto existen circunstancias particulares no previstas, deberá completarse o modificarse el modelo adaptándolo a las mismas.

En *"localidad"*, a *"fecha"*

REUNIDOS:

De una parte,

"Don/Doña nombre y apellidos de la parte", mayor de edad, *"estado civil de la parte" "... "especificar el régimen económico matrimonial de la parte" ... "*, de nacionalidad *"nacionalidad de la parte"*, con domicilio a estos efectos en *"domicilio de la parte"*, *"...con DNI/NIF número "DNI/NIF de la parte" ... O ... con tarjeta de residencia número "número de tarjeta de residencia de la parte" ... O ... pasaporte número "número de pasaporte de la parte", expedido el "fecha de expedición del pasaporte de la parte" ... O ... "reseñar otros documentos aportados por la parte" ... "*, vigente hasta el *"fecha de vigencia de la documentación aportada por la parte"*.

De otra parte,

"Don/Doña nombre y apellidos de la parte", mayor de edad, *"estado civil de la parte" "... "especificar el régimen económico matrimonial de la parte" ... "*, de nacionalidad *"nacionalidad de la parte"*, con domicilio a estos efectos en *"domicilio de la parte"*, *"...con DNI/NIF número "DNI/NIF de la parte" ... O ... con tarjeta de residencia número "número de tarjeta de residencia de la parte" ... O ... pasaporte número "número de pasaporte de la parte", expedido el "fecha de expedición del pasaporte de la parte" ... O ... "reseñar otros documentos aportados por la parte" ... "*, vigente hasta el *"fecha de vigencia de la documentación aportada por la parte"*.

INTERVIENEN:

A. *"Don/Doña nombre y apellidos del representante"*, en nombre y representación de la sociedad mercantil denominada *"denominación social"*, domiciliada en *"domicilio social"*, y con NIF número *"NIF de la sociedad"*, constituida, por tiempo indefinido, mediante escritura otorgada ante el notario de *"lugar de la notaría en la que se autorizó la constitución de la sociedad"*, *"Don/Doña nombre y apellidos del notario que autorizó la constitución de la sociedad"*, el *"fecha de escritura de constitución de la sociedad"*, e inscrita en el Registro Mercantil de *"datos de la inscripción registral de la sociedad (localidad del Registro Mercantil, tomo, folio, sección, hoja e inscripción)"*, en su calidad de

➤➤

○ **Si representa como cargo social:**

"...administrador único ... O ... administrador solidario ... O ... consejero delegado ... O ... "especificar la representación del cargo social" ... " de la reseñada sociedad, cargo para el que fue nombrado y asegura vigente en escritura otorgada el *"fecha de escritura del nombramiento del cargo"*, ante el notario de *"lugar donde radica la notaría en la que se autorizó la escritura del nombramiento"*, *"Don/Doña nombre y apellidos del notario que autorizó la escritura del nombramiento"*, con el número *"número de protocolo del notario que autorizó la escritura del nombramiento"* de su protocolo, e inscrita en el Registro Mercantil de *"localidad del Registro Mercantil de la escritura de nombramiento"*, en el tomo y hoja arriba indicados.

MCM 2590 s.

LM; LP; LCD

❍ **Si representa como apoderado:**

apoderado de la reseñada sociedad, según escritura de poder otorgada a su favor, en *"fecha de escritura del otorgamiento del poder"*, ante el notario de *"lugar donde radica la notaría en la que se autorizó la escritura de poder"*, *"Don/Doña nombre y apellidos del notario que autorizó la escritura de poder"*, con el número *"número de protocolo del notario que autorizó la escritura de poder"* de su protocolo *"...e inscrita en el Registro Mercantil de "localidad del Registro Mercantil de la escritura de poder"* ... ", en el tomo y hoja arriba indicados.

≺≺

En adelante, El **licenciante**.

B. *"Don/Doña nombre y apellidos del representante"*, en nombre y representación de la sociedad mercantil denominada *"denominación social"*, domiciliada en *"domicilio social"*, y con NIF número *"NIF de la sociedad"*, constituida, por tiempo indefinido, mediante escritura otorgada ante el notario de *"lugar de la notaría en la que se autorizó la constitución de la sociedad"*, *"Don/Doña nombre y apellidos del notario que autorizó la constitución de la sociedad"*, el *"fecha de escritura de constitución de la sociedad"*, e inscrita en el Registro Mercantil de *"datos de la inscripción registral de la sociedad (localidad del Registro Mercantil, tomo, folio, sección, hoja e inscripción)"*, en su calidad de

≻≻

❍ **Si representa como cargo social:**

"...administrador único ... O ... administrador solidario ... O ... consejero delegado ... O ... "especificar la representación del cargo social" ... " de la reseñada sociedad, cargo para el que fue nombrado y asegura vigente en escritura otorgada el *"fecha de escritura del nombramiento del cargo"*, ante el notario de *"lugar donde radica la notaría en la que se autorizó la escritura del nombramiento"*, *"Don/Doña nombre y apellidos del notario que autorizó la escritura del nombramiento"*, con el número *"número de protocolo del notario que autorizó la escritura del nombramiento"* de su protocolo, e inscrita en el Registro Mercantil de *"localidad del Registro Mercantil de la escritura de nombramiento"*, en el tomo y hoja arriba indicados.

❍ **Si representa como apoderado:**

apoderado de la reseñada sociedad, según escritura de poder otorgada a su favor, en *"fecha de escritura del otorgamiento del poder"*, ante el notario de *"lugar donde radica la notaría en la que se autorizó la escritura de poder"*, *"Don/Doña nombre y apellidos del notario que autorizó la escritura de poder"*, con el número *"número de protocolo del notario que autorizó la escritura de poder"* de su protocolo *"...e inscrita en el Registro Mercantil de "localidad del Registro Mercantil de la escritura de poder"* ... ", en el tomo y hoja arriba indicados.

≺≺

En adelante, El **licenciatario**.

Las partes se reconocen la capacidad legal necesaria para contratar y obligarse y, a tal efecto

EXPONEN:

I. Que el **Licenciante** concede, con efectos a partir de *"fecha de concesión de licencia"*, una licencia exclusiva para la venta, fabricación y/o montaje de los productos licenciados al **Licenciatario** de acuerdo con las siguientes

ESTIPULACIONES:

Primera. Licencia exclusiva y territorio

1.1.

El **Licenciante** concede por el presente contrato al **Licenciatario** el derecho a utilizar el nombre comercial *"nombre comercial"* en la denominación social *"denominación social"* durante la vigencia del presente contrato.

MCM 2590 s.

✎ **Nota:**

Este tipo de autorización sólo se concede a ***sociedades filiales****. Con todo, en algunos casos se concede a agentes o distribuidores en España el derecho de utilizar el nombre del principal en la denominación social. En estos casos es necesario prever en el contrato la obligación de modificar la denominación social del distribuidor o licenciatario al término del mismo. Resulta conveniente pactarlo expresamente en el contrato de agencia a efectos de evitar la aplicación de cierta jurisprudencia muy exigente en este punto (*TS 25-10-00, *EDJ 35383). Esta jurisprudencia no se halla en armonía con la* disp.adic.17ª LM *sobre extinción de la sociedad por violación del derecho de marca.*

LM; LP; LCD

1.2.

El **Licenciante** concede por el presente contrato, asimismo, al **Licenciatario** una licencia exclusiva para utilizar las patentes y marcas del **Licenciante** dentro del territorio para los productos descritos en los Anexo 1 y 2 del presente contrato *"indicar los productos (p.e. calzado, prendas de vestir, etc.)"*.

1.3.

El **Licenciatario** tiene derecho a utilizar la licencia en el territorio peninsular español, Islas Baleares e Islas Canarias (denominadas 'territorio de protección').

1.4.

El **Licenciatario** no comercializará activamente en el territorio de la Unión Europea y del Espacio Económico Europeo los productos enumerados en el Anexo 1 o cualesquiera otros que en este contrato o en otros con el **Licenciante** estuviera autorizada a distribuir. El **Licenciatario** no establecerá ninguna sucursal, almacén o depósito de sus productos fuera del territorio de protección.

✎ **Nota:**

Esta cláusula alude a la prohibición, conforme al derecho de ***defensa de la competencia****, de prohibir las ventas pasivas. En otros términos, cuando el contrato afecte al mercado relevante, no será lícito prohibir las ventas pasivas (atender pedidos provenientes de fuera del territorio asignado en el contrato), aunque sí es lícito prohibir las ventas activas (que el licenciatario desarrolle fuera del territorio asignado una política de promoción activa de las ventas, intentando captar clientes que estén fuera del territorio asignado).*

1.5.

El **Licenciatario** no venderá ni distribuirá por sí o por persona interpuesta sus productos fuera de la Unión Europea, sin contar con el previo consentimiento por escrito del **Licenciante**, dicho consentimiento es revocable "ad nutum" y sin necesidad de preaviso o expresión de causa.

1.6.

Las zonas libres de aduanas por ser territorio militar de *"especificar territorio (p.e. los Estados Unidos de América)"* que puedan existir en el territorio de protección quedan excluidas del ámbito de protección de este contrato. El **Licenciatario** acepta que en las instalaciones militares ubicadas en el territorio de protección puedan venderse productos que son objeto del presente contrato, sin que pueda alegar ningún derecho derivado del mismo en contra del **Licenciante** o la entidad que comercialice los productos *"especificar productos"* en las instalaciones militares *"especificar instalaciones (p.e. estadounidenses)"*.

Segunda. Patentes y marcas

2.1.

El **Licenciatario** consiente en utilizar las patentes, marcas y demás signos distintivos propiedad del **Licenciante** sólo en la forma que el **Licenciante** determine. Asimismo, el **Licenciatario** se compromete a no utilizar junto a las marcas licenciadas por el **Licenciante** ninguna otra marca, propia o ajena; ningún nombre comercial, ni, en general, ningún signo distintivo.

405

 **Nota:**

*Se trata de una cláusula inherente a todos los contratos de licencia de **signos distintivos**, con el objetivo de que no se usen signos adicionales que pudieran ser usados por el licenciatario al terminar el contrato.* MCM 2590 s.

2.2.

Durante la vigencia del contrato, el **Licenciatario** podrá registrar y utilizar marcas distintas de las licenciadas en el contrato cuando el contexto o la situación específica del Estado de protección así lo aconsejen. En estos casos, se requerirá el consentimiento previo del **Licenciante** salvo que las circunstancias del caso impongan una actividad urgente por parte del **Licenciatario**, de la cual se dará inmediatamente cuenta al **Licenciante**. Una vez extinguido el presente contrato, los derechos sobre los registros efectuados en virtud de este epígrafe se transmitirán sin dilación al **Licenciante**, siendo todos los gastos de la transferencia de cuenta del **Licenciatario**. LM; LP; LCD

2.3.

El **Licenciatario** se compromete a cumplir todas las leyes del territorio de protección aplicables a la utilización de marcas, nombres comerciales y patentes pertenecientes al **Licenciante**. El **Licenciatario** explotará las patentes del **Licenciante** de forma suficiente para cumplir los requisitos que establezca la legislación española y, en su caso, el **Licenciatario** obtendrá los certificados de explotación que puedan otorgar las autoridades españolas.

 **Nota:**

*Los certificados de explotación tienen importancia cuando se licencian **patentes**, ya que sirven para acreditar que la patente es objeto de explotación en España.*

2.4.

Cualquier derecho que el **Licenciatario** pueda adquirir en cualquier país referente a patentes o signos distintivos del **Licenciante** revertirá en beneficio de éste. Al resolverse por cualquier causa el presente contrato, el **Licenciatario** renunciará a cualquier eventual derecho que hubiese adquirido y otorgará, previo requerimiento del **Licenciante**, escritura pública de transferencia de los derechos que estuvieran a su nombre conforme a lo establecido en el epígrafe 2.2 del presente contrato. Una vez terminado el contrato, el Licenciatario no podrá utilizar ninguna de las patentes o signos distintivos del **Licenciante**, tampoco podrá indicar en correspondencia comercial o en publicidad su carácter de antigua licenciataria del **Licenciante** ni efectuar ninguna otra indicación desleal de la antigua relación jurídica.

Nota:

*La mención a "antiguo licenciatario" es un acto de **competencia desleal** porque supone un intento de aprovecharse de la reputación ajena.*

2.5.

Todos los perfeccionamientos, mejoras, o desarrollos efectuados por el Licenciatario de las patentes licenciadas revertirán en provecho del **Licenciante** de acuerdo con lo determinado en el epígrafe 2.4. del presente contrato. El **Licenciatario** comunicará sin dilación al **Licenciante** una información completa de todos los diseños e invenciones que desarrolle. El **Licenciante** tendrá preferencia para el registro de las invenciones y perfeccionamientos. Si en el plazo de un mes desde la recepción de la información, no hubiera comunicado el **Licenciante** su voluntad de registrar los diseños, patentes o modelos de utilidad, podrá presentar la solicitud de registro el **Licenciatario**, con obligación de comunicarlo al **Licenciante** y de transferir los registros a la terminación del contrato con arreglo a lo determinado en los epígrafes anteriores.

Nota:

Esta última cláusula podría plantear problemas desde la perspectiva del Derecho de la libre competencia.

MCM 2590 s.

LM; LP; LCD

Tercera. Asistencia técnica

El **Licenciante** conviene en mostrar sus mejores esfuerzos por continuar suministrando al **Licenciatario** información y nuevos desarrollos sobre la tecnología licenciada.

Nota:

*Se trata de una **licencia de know-how o de secreto empresarial**. Al presente acuerdo es, por tanto, aplicable el* Rgto UE/316/2014, *de la Comisión, relativo a la aplicación del art.101, apartado 3, del Tratado de Funcionamiento de la Unión Europea a determinadas categorías de acuerdos de transferencia de tecnología, así como la Dir 2016/943/UE del Parlamento Europeo y del Consejo, de 8 de junio de 2016 relativa a la protección de los conocimientos técnicos y la información empresarial no divulgados (secretos comerciales) contra su obtención, utilización y revelación ilícitas, y la L 1/2019, de secretos empresariales.*

*Sobre la **licitud** de las cláusulas de licencia de know-how v. Decisión de la Comisión 22-12-71 (Burroughs Delplanque), Decisión de la Comisión 23-12-77 (Campari) y* TS 4-11-80, *EDJ 14629.*

Asimismo, le comunicará información comercial relevante para la distribución de los productos del **Licenciante**. El **Licenciatario** podrá requerir el envío de personal autorizado por el **Licenciante** para la formación de su propio personal. Los honorarios y los gastos de desplazamiento y alojamiento de las personas enviadas para estas actividades de formación serán a cargo del **Licenciatario**.

Cuarta. Materiales y fabricación

4.1.

El **Licenciatario** asumirá el gasto de todos los ingredientes, componentes, materiales, etiquetas, envases, exhibiciones publicitarias y otros elementos utilizados en la fabricación, promoción y venta de los productos del **Licenciante**.

4.2.

Todos los productos del **Licenciante** fabricados o vendidos por el **Licenciatario** de acuerdo con el presente contrato serán fabricados o vendidos conforme a las instrucciones impartidas por el **Licenciante**. El **Licenciatario** se asegurará de que los productos fabricados y vendidos por él o para él bajo el presente contrato sean fabricados cumpliendo los niveles de calidad exigidos por el **Licenciante**. El **Licenciatario** se compromete a establecer y mantener un completo programa de control de calidad con relación a los productos del **Licenciante**. El **Licenciatario** enviará, a petición del Licenciante, muestras aleatorias de los productos fabricados. El **Licenciante** limitará sus peticiones a intervalos y cantidades razonables. El **Licenciatario** consiente en que los inspectores autorizados por el **Licenciante** puedan acceder sin necesidad de previo aviso a las instalaciones del **Licenciatario**. El **Licenciatario** no venderá ni distribuirá productos que, en opinión del **Licenciante**, no reúnan los estándares de calidad fijados por el **Licenciante**.

4.3.

El **Licenciatario** tendrá un derecho limitado a celebrar un contrato con tercero encaminado a la fabricación de productos del **Licenciante**. Dicho subcontrato requiere, como condición de validez, el previo consentimiento por escrito del **Licenciante**. El subcontratista será calificado como 'suministrador autorizado' mientras permanezca así autorizado por el **Licenciante**. El subcontratista sólo podrá fabricar los productos licenciados en el presente contrato u otros análogos para el **Licenciatario**, con exclusión de cualquier tercero, incluido el propio subcontratista.

4.4.

El cambio de subcontratista deberá ser comunicado al **Licenciante** con al menos tres meses de antelación, con objeto de que el **Licenciante** pueda examinar la idoneidad del nuevo contratista.

4.5.

La relación contractual que pueda vincular al **Licenciatario** con cualquier suministrador autorizado o subcontratista no afectará al **Licenciante**.

MCM 2590 s.

Nota:

Se trata de un caso de ***desconcentración*** *productiva, en el que obviamente el contratista no adquiere el carácter de licenciatario, ni siquiera de sublicenciatario de la marca.*

Quinta. Regalías

5.1.

La regalía que ha de abonar el **Licenciatario** asciende a un *"porcentaje en concepto de regalía"* de las ventas brutas de los productos del **Licenciante** que efectúe el **Licenciatario**, salvo que el comprador sea el **Licenciante** o una filial del **Licenciante** participada al 100% por el **Licenciante**.

LM; LP; LCD

Nota:

La Administración tributaria mediante el expediente de ***comprobación de valores*** *puede fijar el valor real de las transacciones que supongan el pago de regalías por el uso de derechos de propiedad industrial. A veces, el empleo de una valoración baja de la licencia puede suponer un inconveniente para el titular de la marca que demanda por violación (cfr. el criterio indemnizatorio de la LP art.74.2.a)), si el Juez fija el valor de la licencia hipotética en el propio valor asignado por el titular a efectos del impuesto de AJD (sobre la vinculación de la valoración fiscal a efectos de casación. Ver* TCo 23-2-88 *y* DGT Resol 28-9-95*).*

Tanto la solicitud de patente como la patente pueden ser objeto de licencias ***en su totalidad o en alguna de las facultades*** *que integran el derecho de exclusiva, para todo el territorio nacional o para una parte del mismo. Las licencias pueden ser exclusivas o no exclusivas (LP art.83.1).*

El término ventas comprende también los cargos en efectivo o a crédito, independientemente del cobro de los mismos, pero excluirá devoluciones en ventas, descuentos e impuestos aplicables.

5.2.

El **Licenciatario** se compromete a mantener registros que indiquen la venta de todos los productos del **Licenciante** suficientemente detallados para que pueda comprobarse su veracidad por el **Licenciante**. A estos efectos, el **Licenciante** dispondrá del derecho de examinar toda la documentación de la empresa por medio de un empleado suyo o por un auditor de cuentas habilitado para actuar en el territorio de protección. Los gastos derivados de dicha inspección serán a cargo del **Licenciante**. Sin embargo, si de la inspección resulta una desviación de las regalías que suponga un perjuicio mayor del cinco por ciento de la cantidad que tendría que haber percibido el **Licenciante**, en ese caso y sin perjuicio del derecho de resolver el contrato, los costes de la auditoría serán abonados por el **Licenciatario**.

5.3.

Los impuestos españoles que graven el abono de regalías serán abonados por el **Licenciatario** y descontados de los pagos que tenga que realizar. El **Licenciatario** efectuará dichos pagos en nombre del **Licenciante** y enviará documento que justifique el pago de los mismos al **Licenciante**. El **Licenciatario** comunicará a al **Licenciante** con carácter inmediato cualquier incidencia que se suscite con las autoridades tributarias, en particular los expedientes de comprobación de valores en relación con los precios de transferencia.

Sexta. Plazo

6.1.

El presente contrato entrará en vigor el *"fecha de entrada en vigor del contrato"* y terminará el *"fecha de extinción del contrato"*.

6.2.

Cualquiera de las partes podrá resolver anticipadamente el contrato notificándolo a la otra parte por escrito, sin necesidad de expresión de causa. El contrato quedará concluido en el término de noventa días a partir de la notificación.

MCM 2590 s.

Nota:

*La **cláusula de resolución anticipada** es frecuente en todos los contratos de licencia, franquicia, etc. Sin embargo, conviene tener presente la reforma del año 1999 de la legislación de defensa de la competencia y competencia desleal. Dicha reforma, con el fin de solucionar un problema concreto (el de la explotación de situación de dependencia principalmente de los suministradores respecto de las grandes superficies) adoptó una regla que, en casos concretos, puede suscitar problemas. Nos referimos al art.16.3.a)* Ley de *Competencia Desleal: "tendrá asimismo la consideración de desleal a) la ruptura, aunque sea de forma parcial, de una relación comercial establecida sin que haya existido preaviso escrito y preciso con una antelación mínima de seis meses, salvo que se deba a incumplimientos graves de las condiciones pactadas o en caso de fuerza mayor".*

LM; LP; LCD

Séptima. Violación de los derechos del Licenciante

7.1.

En caso de que sea violado cualquier derecho de propiedad industrial del **Licenciante** en el territorio de protección establecido en el presente contrato, la parte contratante que tenga conocimiento de la misma lo comunicará por escrito a la otra con la menor dilación posible. El **Licenciante** enviará un requerimiento al infractor para que cese en la violación del derecho del **Licenciante** en el plazo de sesenta días. En caso de que no cesara en la infracción el requerido, el **Licenciante** podrá decidir el ejercicio de las acciones en defensa de su derecho. En esta acción deberá intervenir adhesivamente el **Licenciatario**. Los gastos de la acción de violación serán repartidos a partes iguales entre el **Licenciante** y el **Licenciatario**. Cualquier cantidad obtenida en concepto de indemnización se repartirá de la misma forma. En cualquier caso la acción se ejercitará bajo el control y la dirección del **Licenciante**.

Nota:

Esta cláusula, habitual en los contratos, no desplaza la aplicación del art.117.2 LP, que es una norma imperativa.

Octava. Cesión de contrato

El **Licenciatario** no podrá ceder ni sublicenciar cualquiera de sus derechos al amparo del presente contrato sin el consentimiento previo por escrito del **Licenciante**. El **Licenciante** tendrá derecho a ceder el presente contrato a cualquiera de sus filiales o a cualquier empresa con la que participe en un proceso de fusión o escisión. También podrá el **Licenciante** transformarse o consolidarse sin que el cambio de forma jurídica afecte a los derechos derivados del presente contrato.

Novena. Registros

El **Licenciatario** se compromete a establecer un sistema de registros de clientes, incluyendo estadísticas acerca de información del cliente, entre las que figurará una lista de clientes, las compras anuales realizadas por los clientes, la clasificación y el tipo de clientes, el volumen por zona de comercio, análisis de ventas por artículo, etc.

Nota:

*Habría que tener presente la normativa sobre **protección de datos personales**, tanto la europea, como la nacional. En particular, entendemos que el tratamiento de datos sería lícito al albur del Rgto (UE) 2016/679 art.6.1.b) o c), es decir, que dicho tratamiento sea necesario para la ejecución de un contrato en el que el interesado es parte o para la aplicación de medidas precontractuales a petición de aquel, o bien cuando el tratamiento es necesario para el cumplimiento de una obligación legal aplicable al responsable del tratamiento (p.e. una de naturaleza fiscal).*

*En este sentido, si las partes llevan a cabo una **transferencia internacional de datos personales**, habrá de estarse a lo dispuesto en el Rgto (UE) 2016/679 art.44 s.*

El **Licenciante** tendrá derecho a inspeccionar dicho sistema de registro en cualquier momento razonable.

MCM 2590 s.

LM; LP; LCD

Nota:

Debe de tenerse en cuenta que un ***derecho de inspeccionar*** *un registro que contenga datos personales relativos a personas físicas es ilegal.*

A la terminación del contrato, cualquiera que sea la causa, el registro será transmitido de manera inmediata al **Licenciante**.

Décima. Terminación

10.1.

En caso de terminación del contrato, cualquiera que sea la causa, el **Licenciante** tendrá la opción de comprar del **Licenciatario** la totalidad o parte del equipo relacionado con la fabricación de los productos del **Licenciante**. El precio se fijará por peritos, con arreglo a las siguientes reglas sobre depreciación: *"especificar reglas sobre depreciación"*.

Las materias primas podrán ser adquiridas con arreglo a la siguiente valoración: *"detallar valoración"*.

10.2.

Al producirse la terminación del contrato, cualquiera que sea la causa de la misma, el **Licenciante** podrá tratar con los clientes del **Licenciatario**, sin que el **Licenciatario** tenga derecho a una remuneración especial por este motivo. Este derecho puede transmitirse a filiales del **Licenciante** y en los casos de transformación, escisión, fusión, traspaso de rama de actividad, consolidación etc. del **Licenciante** a la sociedad a la que se traspasen los activos o el ramo de empresa pertinente del **Licenciante**.

Undécima. Confidencialidad

El **Licenciatario** reconoce el carácter de secretos industriales de los conocimientos comunicados por el **Licenciante**. El **Licenciatario** adoptará las precauciones más extremas para asegurarse que ningún empleado viola la obligación de reserva que los conocimientos transmitidos llevan consigo. La infracción de este deber, sin perjuicio de la indemnización correspondiente, dará lugar a la terminación del contrato.

Duodécima. Causas de resolución del contrato

El contrato podrá resolverse anticipadamente por el **Licenciante** en los casos de infracción grave de los deberes del **Licenciatario**, sin perjuicio de lo establecido en el apartado 6.2.

Decimotercera. Miscelánea

13.1.

Las partes contratantes se someten a la Ley del Estado de *"especificar el Estado"*, salvo el respeto a las normas imperativas del Ordenamiento español.

Nota:

Es importante pactar la Ley a la que se somete el contrato, cuando las partes son de distinta ***nacionalidad***, *ya que existe incertidumbre acerca de la calificación de cuál es la Ley de la prestación característica de los contratos de trasferencia de propiedad industrial.*

Las partes en relación con todos los litigios que se deriven del presente contrato renuncian al fuero que pueda corresponderles, y se someten a arbitraje de la Cámara de Comercio Internacional, designándose los árbitros por las normas institucionales de dicha Cámara.

13.2.

El **Licenciatario**, sus filiales y sus directivos y miembros del consejo de administración se comprometen a no desarrollar una actividad competitiva con el **Licenciante** por sí o por persona interpuesta en el plazo de cinco años a contar desde la terminación del contrato.

 **Nota:**

*Esta cláusula puede plantear problemas desde la perspectiva del Derecho de la **competencia**.*

MCM 2590 s.

13.3.
La invalidez de una cláusula o conjunto de cláusulas del presente contrato no afectará a la validez del mismo, anulándose las cláusulas o conjunto de cláusulas que, con arreglo a la legislación aplicable, sean inválidas.

LM; LP; LCD

 **Nota:**

*Es un reconocimiento del principio de **nulidad parcial** o, en términos anglosajones, severability.*

13.4.
Toda comunicación en virtud del presente contrato se efectuará a través del agente comercial *"Don/Doña nombre y apellidos del agente comercial"*, con domicilio en *"domicilio del agente comercial"*.

13.5.
Ninguna enmienda de este contrato será válida si no está firmada por ambas partes contratantes.

Nota:

*Se trata de una cláusula muy habitual y necesaria, dada la validez de los contratos verbales conforme al Derecho español. Se evita con esta cláusula la discusión sobre **novaciones verbales** respecto de las que no existe constancia por escrito.*

13.6.
El contrato está redactado en inglés y en español, siendo auténtica la versión inglesa, que prevalecerá en caso de discrepancia.

En testimonio de lo cual firman en representación de sus respectivas compañías.

EL LICENCIANTE **EL LICENCIATARIO**

ANEXO *"NÚMERO DEL ANEXO: RELACIÓN DE PRODUCTOS"*

Relación de productos
"relación de productos"

Cesión de know-how

Nota preliminar:

- Debe tenerse en cuenta la Dir 2016/943/UE del Parlamento Europeo y del Consejo, de 8 de junio de 2016 relativa a la protección de los conocimientos técnicos y la información empresarial no divulgados (**secretos comerciales**) contra su obtención, utilización y revelación ilícitas, así como la L 1/2019, de Secretos empresariales.

- El denominado know-how queda comprendido o resulta coincidente con el concepto de **secreto empresarial**. Esta identificación ha llevado a definir el know-how como «conocimiento o conjunto de conocimientos técnicos que no son de dominio público y que son necesarios para la fabricación o comercialización de un producto, para la prestación de un servicio o para la organización de una unidad o dependencia empresarial, por lo que procuran a quien los domina una ventaja sobre los competidores que se esfuerza en conservar evitando su divulgación», definición que acoge la TS 21-10-05, en relación al contrato de franquicia (AP Madrid 19-12-16, EDJ 256095; véase también AP Salamanca 29-9-21, EDJ 765851).

- Es cierto que la **patente** supone, respecto de la invención protegida, su divulgación y por ello que deja de ser secreto. Pero también lo es que la patente puede venir complementada con un know how, que escapa al objeto de la patente, y que puede facilitar su explotación empresarial (TS 20-7-17, EDJ 149847).

- Los elementos esenciales del **contrato de franquicia** son: a) la cesión o licencia de elementos de propiedad industrial (signos distintivos como marcas, rótulos de establecimiento, nombre comercial) para comercializar productos o servicios creando una imagen uniforme de cadena comercial; b) la transmisión de un saber hacer ("know how") del franquiciado, es decir el conjunto de conocimientos o técnicas precisos para la comercialización uniforme del producto, «saber hacer» que debe ser propio del franquiciador, singular, y útil para el franquiciado; c) La prestación continuada por el franquiciador de asistencia técnica o comercial que permitan al franquiciado desarrollar la actividad comercial objeto de la franquicia (AP León 13-12-17, EDJ 291264; AP Navarra 4-10-21, EDJ 840598).

- El modelo presupone unas circunstancias determinadas que serán las más **frecuentes**. Si en el caso concreto existen circunstancias particulares no previstas, deberá completarse o modificarse el modelo adaptándolo a las mismas.

En *"localidad"*, a *"fecha"*

REUNIDOS:

De una parte,

"Don/Doña nombre y apellidos de la parte", mayor de edad, *"estado civil de la parte" "... "especificar el régimen económico matrimonial de la parte" ... "*, de nacionalidad *"nacionalidad de la parte"*, con domicilio a estos efectos en *"domicilio de la parte"*, *"...con DNI/NIF número "DNI/NIF de la parte" ... O ... con tarjeta de residencia número "número de tarjeta de residencia de la parte" ... O ... pasaporte número "número de pasaporte de la parte", expedido el "fecha de expedición del pasaporte de la parte" ... O ... "reseñar otros documentos aportados por la parte" ... "*, vigente hasta el *"fecha de vigencia de la documentación aportada por la parte"*.

De otra parte,

"Don/Doña nombre y apellidos de la parte", mayor de edad, *"estado civil de la parte" "... "especificar el régimen económico matrimonial de la parte" ... "*, de nacionalidad *"nacionalidad de la parte"*, con domicilio a estos efectos en *"domicilio de la parte"*, *"...con DNI/NIF número "DNI/NIF de la parte" ... O ... con tarjeta de residencia número "número de tarjeta de residencia de la parte" ... O ... pasaporte número "número de pasaporte de la parte", expedido el "fecha de expedición del pasaporte de la parte" ... O ... "reseñar otros documentos aportados por la parte" ... "*, vigente hasta el *"fecha de vigencia de la documentación aportada por la parte"*.

410

MCM 2792

LP; LCD; L 1/2019

INTERVIENEN:

A. *"Don/Doña nombre y apellidos del representante"*, en nombre y representación de la sociedad mercantil denominada *"denominación social"*, domiciliada en *"domicilio social"*, y con NIF número *"NIF de la sociedad"*, constituida, por tiempo indefinido, mediante escritura otorgada ante el notario de *"lugar de la notaría en la que se autorizó la constitución de la sociedad"*, *"Don/Doña nombre y apellidos del notario que autorizó la constitución de la sociedad"*, el *"fecha de escritura de constitución de la sociedad"*, e inscrita en el Registro Mercantil de *"datos de la inscripción registral de la sociedad (localidad del Registro Mercantil, tomo, folio, sección, hoja e inscripción)"*, en su calidad de

>>

○ **Si representa como cargo social:**

"...administrador único ... O ... administrador solidario ... O ... consejero delegado ... O ... "especificar la representación del cargo social" ... " de la reseñada sociedad, cargo para el que fue nombrado y asegura vigente en escritura otorgada el *"fecha de escritura del nombramiento del cargo"*, ante el notario de *"lugar donde radica la notaría en la que se autorizó la escritura del nombramiento"*, *"Don/Doña nombre y apellidos del notario que autorizó la escritura del nombramiento"*, con el número *"número de protocolo del notario que autorizó la escritura del nombramiento"* de su protocolo, e inscrita en el Registro Mercantil de *"localidad del Registro Mercantil de la escritura de nombramiento"*, en el tomo y hoja arriba indicados.

○ **Si representa como apoderado:**

apoderado de la reseñada sociedad, según escritura de poder otorgada a su favor, en *"fecha de escritura del otorgamiento del poder"*, ante el notario de *"lugar donde radica la notaría en la que se autorizó la escritura de poder"*, *"Don/Doña nombre y apellidos del notario que autorizó la escritura de poder"*, con el número *"número de protocolo del notario que autorizó la escritura de poder"* de su protocolo *"...e inscrita en el Registro Mercantil de "localidad del Registro Mercantil de la escritura de poder" ..."*, en el tomo y hoja arriba indicados.

<<

En adelante, El **cedente**.

B. *"Don/Doña nombre y apellidos del representante"*, en nombre y representación de la sociedad mercantil denominada *"denominación social"*, domiciliada en *"domicilio social"*, y con NIF número *"NIF de la sociedad"*, constituida, por tiempo indefinido, mediante escritura otorgada ante el notario de *"lugar de la notaría en la que se autorizó la constitución de la sociedad"*, *"Don/Doña nombre y apellidos del notario que autorizó la constitución de la sociedad"*, el *"fecha de escritura de constitución de la sociedad"*, e inscrita en el Registro Mercantil de *"datos de la inscripción registral de la sociedad (localidad del Registro Mercantil, tomo, folio, sección, hoja e inscripción)"*, en su calidad de

>>

○ **Si representa como cargo social:**

"...administrador único ... O ... administrador solidario ... O ... consejero delegado ... O ... "especificar la representación del cargo social" ... " de la reseñada sociedad, cargo para el que fue nombrado y asegura vigente en escritura otorgada el *"fecha de escritura del nombramiento del cargo"*, ante el notario de *"lugar donde radica la notaría en la que se autorizó la escritura del nombramiento"*, *"Don/Doña nombre y apellidos del notario que autorizó la escritura del nombramiento"*, con el número *"número de protocolo del notario que autorizó la escritura del nombramiento"* de su protocolo, e inscrita en el Registro Mercantil de *"localidad del Registro Mercantil de la escritura de nombramiento"*, en el tomo y hoja arriba indicados.

❍ **Si representa como apoderado:**

apoderado de la reseñada sociedad, según escritura de poder otorgada a su favor, en *"fecha de escritura del otorgamiento del poder"*, ante el notario de *"lugar donde radica la notaría en la que se autorizó la escritura de poder"*, *"Don/Doña nombre y apellidos del notario que autorizó la escritura de poder"*, con el número *"número de protocolo del notario que autorizó la escritura de poder"* de su protocolo *"...e inscrita en el Registro Mercantil de "localidad del Registro Mercantil de la escritura de poder" ... "*, en el tomo y hoja arriba indicados.

≺≺

En adelante, El **cesionario**.

Las partes se reconocen la capacidad legal necesaria para contratar y obligarse y, a tal efecto

EXPONEN:

I. Que el **Cedente** es titular de un conjunto de secretos empresariales que han sido desarrollados en relación con *"especificar actividad; (p.e. la construcción de tubos de acero lisos)"*.

II. Que el **Cedente** ha explotado dicha tecnología en *"país/es o zona de explotación (p.e. Estados Unidos)"*.

III. Que el **Cesionario** está interesado en adquirir dicha tecnología para el resto del mundo, de acuerdo con las siguientes

ESTIPULACIONES:

Primera.

✍ **Nota:**

Sobre la protección del know-how en España, ver TS 4-11-80.
El abandono de ***empleados*** *de una empresa y su incorporación a una sociedad tercera competidora en la que utilizan la información y el conocimiento adquiridos en la anterior solo se reputa desleal cuando se cumplen los requisitos establecidos en la* LCD *art.*13 *y* 14 *(*TS 26-02-14*, EDJ 42772). Así, pues, se exige que haya habido una inducción a la* ***ruptura contractual*** *y al deber de* ***confidencialidad****, o el aprovechamiento en beneficio propio o de un tercero de una infracción contractual ajena si tiene por objeto la difusión o explotación de un secreto industrial o empresarial, o si se ha producido una divulgación o explotación, sin autorización del titular, de secretos industriales o de cualquier especie de secretos empresariales a los que haya tenido acceso legítimamente pero con deber de reserva (AP Baleares 1-2-24, EDJ 534753).*
Aunque en un principio la ***protección por competencia desleal*** *despliega sus efectos entre los concurrentes en el mercado, posteriormente se admite que también el destinatario de la protección (el* ***consumidor****, por una consideración de confusión perjudicial para sus intereses) debe ser tenido en cuenta a aquellos efectos (*TS 14-07-03*, EDJ 50765).*

El **Cedente** transmite todos los secretos empresariales que posee relacionados con *"especificar actividad (P.e. la fabricación de tubos de acero lisos)"* y que se especifica en los documentos relacionados en el Anexo 1.

Segunda.

El ámbito territorial de la cesión es el de todo el mundo *"...excepto "especificar país/es o zonas excluido/s" ... "*. En dicho territorio sólo podrá utilizar la tecnología señalada sin ningún tipo de limitación cuantitativa o de otra índole el **Cedente**.

El **Cedente**, sin embargo, no podrá licenciar a empresas dentro de dicho territorio la tecnología cedida.

El **Cesionario** renuncia expresamente a la utilización de la tecnología en *"especificar país/es o zonas excluido/s"*, si bien podrá abastecer dicho mercado con productos elaborados con la tecnología cedida.

Tercera.

El **Cedente** realizará los cursos de formación a las personas designadas por el **Cesionario**, con arreglo al plan formulado en el Anexo 2. Los costos derivados del traslado y estancia del personal enviado por el **Cedente** serán de cuenta del **Cesionario**. Los honorarios de dicho personal serán de cuenta del **Cedente**.

MCM 2792

Cuarta.
El **Cesionario** pagará al **Cedente** la cantidad total de *"cantidad que recibe el Cedente, en letra"* euros (*"cantidad que recibe el Cedente, en número"* €). Esta cantidad se pagará en cuatro plazos, de acuerdo al siguiente esquema: *"especificar calendario de pagos"*.

Quinta.
El **Cedente** garantiza que la documentación y los secretos empresariales transmitidos son confidenciales y que no son conocidos por la competencia.

LP; LCD; L 1/2019

Nota:

*El **secreto empresarial** tiene siempre un carácter relativo. Es secreto lo que no está divulgado de un modo general. Por ello, un conocimiento técnico muy específico, aun cuando sea poseído por varias empresas independientes entre sí, puede ser calificado como secreto empresarial o know-how. Lo importante es que quien recibe el know-how no tenga acceso a dicho conocimiento por otros medios.*
*Según la Directiva de **Secretos Comerciales** por tal concepto debe entenderse los conocimientos técnicos, la información empresarial y la información tecnológica, siempre que exista un interés legítimo en preservarlos confidenciales y una expectativa legítima de que se preserve dicha confidencialidad (Considerando 14 del Preámbulo y Dir 2016/943/UE art.2). Según la L 1/2019 art.1, se considera **secreto empresarial** cualquier información o conocimiento, incluido el tecnológico, científico, industrial, comercial, organizativo o financiero, que reúna las siguientes **condiciones**:*
- Ser secreto, en el sentido de que, en su conjunto o en la configuración y reunión precisas de sus componentes, no es generalmente conocido por las personas pertenecientes a los círculos en que normalmente se utilice el tipo de información o conocimiento en cuestión, ni fácilmente accesible para ellas;
- tener un valor empresarial, ya sea real o potencial, precisamente por ser secreto; y
- haber sido objeto de medidas razonables por parte de su titular para mantenerlo en secreto.

>>

○ Si se garantiza el secreto del procedimiento denominado "Secretos profesionales":

En particular, se garantiza el secreto y novedad del procedimiento identificado en el Anexo 1 como 'Secretos Profesionales'. Caso de que dicho procedimiento sea conocido en el sector antes del plazo de tres años, no habrá lugar al pago del tercer y cuarto plazos previstos en la estipulación anterior, salvo que esta divulgación se haya producido por un hecho imputable al **Cesionario**.

Sexta.
El contrato se somete al Derecho español y a la jurisdicción española.

Y en prueba de conformidad, ambas partes firman el presente contrato, que se extiende en dos ejemplares, igualmente originales, en el lugar y fecha indicados en su encabezamiento.

EL CEDENTE **EL CESIONARIO**

ANEXO 1

Secretos profesionales
"relación de documentos relativos al objeto del contrato"

ANEXO 2

Plan de cursos de formación
"desarrollo del Plan de cursos de formación"

Documento sobre confidencialidad en la entrega de know-how

Nota preliminar:

- Se trata de un **contrato de comunicación** de know-how a efectos de su valoración por una persona interesada en adquirirlo. Una vez examinado el know-how y si la empresa está interesada en su adquisición, se concertará un contrato de cesión o de licencia de know-how, según los casos.

- Debe tenerse en cuenta la Dir 2016/943/UE del Parlamento Europeo y del Consejo, de 8 de junio de 2016 relativa a la protección de los conocimientos técnicos y la información empresarial no divulgados (**secretos comerciales**) contra su obtención, utilización y revelación ilícitas, y la L 1/2019, de secretos empresariales.

Es cierto que la patente supone, respecto de la invención protegida, su divulgación y por ello que deja de ser secreto. Pero también lo es que la **patente** puede venir complementada con un know how, que escapa al objeto de la patente, y que puede facilitar su explotación empresarial (TS 20-7-17, EDJ 149847).

Los elementos esenciales del **contrato de franquicia** son: a) la cesión o licencia de elementos de propiedad industrial (signos distintivos como marcas, rótulos de establecimiento, nombre comercial) para comercializar productos o servicios creando una imagen uniforme de cadena comercial; b) la transmisión de un saber hacer ("know how") del franquiciado, es decir el conjunto de conocimientos o técnicas precisos para la comercialización uniforme del producto, «saber hacer» que debe ser propio del franquiciador, singular, y útil para el franquiciado; c) La prestación continuada por el franquiciador de asistencia técnica o comercial que permitan al franquiciado desarrollar la actividad comercial objeto de la franquicia (AP León 13-12-17, EDJ 291264).

- En general, podemos entender que una información o conocimiento es secreta cuando los **interesados en disponer de ella**, que la nueva ley califica de "personas pertenecientes a los círculos en que normalmente se utilice el tipo de información o conocimiento en cuestión", no tienen conocimiento en general de dicha información, ya sea de su totalidad o de una parte esencial, ya sea del resultado de la interacción de sus partes (AP Valencia 8-1-24, EDJ 520084).

- Puede haber secreto industrial en la información y conocimiento de un determinado prototipo de monitores motorizados que incorpora un sistema elevación de guías por bolas, **aunque la idea fuera ya conocida** en el estado de la técnica, pues lo relevante era la forma en que se había configurado y la reunión precisa de sus elementos a través de los cuales ese sistema de guías por bolas se aplicaba para el desplazamiento vertical del tipo de monitores motorizados que comercializa una empresa (TS 20-10-23, EDJ 721444).

- El modelo presupone unas circunstancias determinadas que serán las más **frecuentes**. Si en el caso concreto existen circunstancias particulares no previstas, deberá completarse o modificarse el modelo adaptándolo a las mismas.

Las sociedades *"denominación social de la Sociedad A"* y *"denominación social de la Sociedad B"* entregan la siguiente documentación *"describir la documentación (y, en su caso, acompañar anexos cuando sea factible)"* a efectos de su análisis y comprobación de la viabilidad del Proyecto de Inversión formulado por *"especificar realizador del Proyecto de inversión"*.

Los receptores de la presente documentación se comprometen a utilizarla a los solos efectos de la valoración del Proyecto de Inversión. Asimismo, se comprometen a guardar confidencialidad respecto de su contenido y a no transmitir la información confiada o comunicarla a terceros sin el previo consentimiento por escrito de los representantes legales de las sociedades *"denominación social de la Sociedad A"* y *"denominación social de la Sociedad B"*.

Los receptores se obligan a emplear el mismo grado de diligencia que utilizan en el manejo de su propia documentación confidencial.

En caso de desestimación del Proyecto, los receptores de la documentación se comprometen a no utilizarlo para la realización del mismo por sí o por persona interpuesta.

MCM 2792

Nota:

La Ley de Competencia Desleal protegería, aparte de la infracción contractual, frente al uso indebido de la información suministrada. Sería de aplicación el art. 13 L 3/1991 *que considera desleal la violación de **secretos** empresariales, que se rige por lo dispuesto en la Ley 1/2019 de secretos empresariales.*

*El abandono de **empleados** de una empresa y su incorporación a una sociedad tercera competidora en la que utilizan la información y el conocimiento adquiridos en la anterior solo se reputa desleal cuando se cumplen los requisitos establecidos en la* LCD *art.*13 *y* 14 *(*TS 26-02-14, *EDJ 42772). Así, pues, se exige que haya habido una inducción a la **ruptura contractual** y al deber de **confidencialidad**, o el aprovechamiento en beneficio propio o de un tercero de una infracción contractual ajena si tiene por objeto la difusión o explotación de un secreto industrial o empresarial, o si se ha producido una divulgación o explotación, sin autorización del titular, de secretos industriales o de cualquier especie de secretos empresariales a los que haya tenido acceso legítimamente pero con deber de reserva.*

*Aunque en un principio la **protección por competencia desleal** despliega sus efectos entre los concurrentes en el mercado, posteriormente se admite que también el destinatario de la protección (el **consumidor**, por una consideración de confusión perjudicial para sus intereses) debe ser tenido en cuenta a aquellos efectos (*TS 14-07-03, *EDJ 50765).*

*El denominado know-how queda comprendido o resulta coincidente con el concepto de **secreto empresarial**. Esta identificación ha llevado a definir el know-how como «conocimiento o conjunto de conocimientos técnicos que no son de dominio público y que son necesarios para la fabricación o comercialización de un producto, para la prestación de un servicio o para la organización de una unidad o dependencia empresarial, por lo que procuran a quien los domina una ventaja sobre los competidores que se esfuerza en conservar evitando su divulgación», definición que acoge la TS 21-10-05, en relación al contrato de franquicia (AP Madrid 19-12-16, EDJ 256095).*

Licencia de marca (cláusulas particulares)

MCM 2590 s.

Nota preliminar:

- Uno de los principales derechos que ostenta el titular de la marca es el de poder **licenciar su uso a un tercero**. La licencia de la marca queda comprendida en el capítulo IV de la Ley denominado «La marca como objeto de derecho de propiedad».

LM art.48

- La licencia es una **autorización singular**, no necesariamente en exclusiva, que confiere al licenciatario el derecho a utilizar la marca y explotarla en el mercado conforme a lo registrado y pactado.

- Evidentemente, dado el valor que la marca presenta para su titular, la **condición personal del licenciatario** habrá de jugar un papel destacado. Por ello se refuerza en estos casos el *intuitu personae* en el contrato de referencia.

- El modelo presupone unas circunstancias determinadas que serán las más frecuentes. Si en el caso concreto existen circunstancias particulares no previstas, deberá completarse o modificarse el modelo adaptándolo a las mismas.

En *"localidad"*, a *"fecha"*

REUNIDOS:

De una parte,

"Don/Doña nombre y apellidos de la parte", mayor de edad, *"estado civil de la parte"* "... *"especificar el régimen económico matrimonial de la parte"* ...", de nacionalidad *"nacionalidad de la parte"*, con domicilio a estos efectos en *"domicilio de la parte"*, "...*con DNI/NIF número "DNI/NIF de la parte"... O ... con tarjeta de residencia número "número de tarjeta de residencia de la parte" ... O ... pasaporte número "número de pasaporte de la parte", expedido el "fecha de expedición del pasaporte de la parte" ... O ... "reseñar otros documentos aportados por la parte"...* ", vigente hasta el *"fecha de vigencia de la documentación aportada por la parte"*.

De otra parte,

"Don/Doña nombre y apellidos de la parte", mayor de edad, *"estado civil de la parte"* "... *"especificar el régimen económico matrimonial de la parte"* ...", de nacionalidad *"nacionalidad de la parte"*, con domicilio a estos efectos en *"domicilio de la parte"*, "...*con DNI/NIF número "DNI/NIF de la parte"... O ... con tarjeta de residencia número "número de tarjeta de residencia de la parte" ... O ... pasaporte número "número de pasaporte de la parte", expedido el "fecha de expedición del pasaporte de la parte" ... O ... "reseñar otros documentos aportados por la parte"* ... ", vigente hasta el *"fecha de vigencia de la documentación aportada por la parte"*.

INTERVIENEN:

A. *"Don/Doña nombre y apellidos del representante"*, en nombre y representación de la sociedad mercantil denominada *"denominación social"*, domiciliada en *"domicilio social"*, y con NIF número *"NIF de la sociedad"*, constituida, por tiempo indefinido, mediante escritura otorgada ante el notario de *"lugar de la notaría en la que se autorizó la constitución de la sociedad"*, *"Don/Doña nombre y apellidos del notario que autorizó la constitución de la sociedad"*, el *"fecha de escritura de constitución de la sociedad"*, e inscrita en el Registro Mercantil de *"datos de la inscripción registral de la sociedad (localidad del Registro Mercantil, tomo, folio, sección, hoja e inscripción)"*, en su calidad de

MCM 2590 s.

LM art.48

≻≻

○ **Si representa como cargo social:**

"...administrador único ... O ... administrador solidario ... O ... consejero delegado ... O ... "especificar la representación del cargo social" ... " de la reseñada sociedad, cargo para el que fue nombrado y asegura vigente en escritura otorgada el *"fecha de escritura del nombramiento del cargo"*, ante el notario de *"lugar donde radica la notaría en la que se autorizó la escritura del nombramiento"*, *"Don/Doña nombre y apellidos del notario que autorizó la escritura del nombramiento"*, con el número *"número de protocolo del notario que autorizó la escritura del nombramiento"* de su protocolo, e inscrita en el Registro Mercantil de *"localidad del Registro Mercantil de la escritura de nombramiento"*, en el tomo y hoja arriba indicados.

○ **Si representa como apoderado:**

apoderado de la reseñada sociedad, según escritura de poder otorgada a su favor, en *"fecha de escritura del otorgamiento del poder"*, ante el notario de *"lugar donde radica la notaría en la que se autorizó la escritura de poder"*, *"Don/Doña nombre y apellidos del notario que autorizó la escritura de poder"*, con el número *"número de protocolo del notario que autorizó la escritura de poder"* de su protocolo *"...e inscrita en el Registro Mercantil de "localidad del Registro Mercantil de la escritura de poder" ... "*, en el tomo y hoja arriba indicados.

≺≺

En adelante, El **licenciante**.

B. *"Don/Doña nombre y apellidos del representante"*, en nombre y representación de la sociedad mercantil denominada *"denominación social"*, domiciliada en *"domicilio social"*, y con NIF número *"NIF de la sociedad"*, constituida, por tiempo indefinido, mediante escritura otorgada ante el notario de *"lugar de la notaría en la que se autorizó la constitución de la sociedad"*, *"Don/Doña nombre y apellidos del notario que autorizó la constitución de la sociedad"*, el *"fecha de escritura de constitución de la sociedad"*, e inscrita en el Registro Mercantil de *"datos de la inscripción registral de la sociedad (localidad del Registro Mercantil, tomo, folio, sección, hoja e inscripción)"*, en su calidad de

≻≻

○ **Si representa como cargo social:**

"...administrador único ... O ... administrador solidario ... O ... consejero delegado ... O ... "especificar la representación del cargo social" ... " de la reseñada sociedad, cargo para el que fue nombrado y asegura vigente en escritura otorgada el *"fecha de escritura del nombramiento del cargo"*, ante el notario de *"lugar donde radica la notaría en la que se autorizó la escritura del nombramiento"*, *"Don/Doña nombre y apellidos del notario que autorizó la escritura del nombramiento"*, con el número *"número de protocolo del notario que autorizó la escritura del nombramiento"* de su protocolo, e inscrita en el Registro Mercantil de *"localidad del Registro Mercantil de la escritura de nombramiento"*, en el tomo y hoja arriba indicados.

○ **Si representa como apoderado:**

apoderado de la reseñada sociedad, según escritura de poder otorgada a su favor, en *"fecha de escritura del otorgamiento del poder"*, ante el notario de *"lugar donde radica la notaría en la que se autorizó la escritura de poder"*, *"Don/Doña nombre y apellidos del notario que autorizó la escritura de poder"*, con el número *"número de protocolo del notario que autorizó la escritura de poder"* de su protocolo *"...e inscrita en el Registro Mercantil de "localidad del Registro Mercantil de la escritura de poder" ... "*, en el tomo y hoja arriba indicados.

≺≺

En adelante, El **licenciatario**.

Las partes se reconocen la capacidad legal necesaria para contratar y obligarse y, a tal efecto

EXPONEN:

I. Que el **Licenciante** es titular de la marca de la Unión Europea *"identificación de la marca"* número *"especificar número de la marca"*, para *"especificar producto; (p.e. calzado deportivo)"*. MCM 2590 s.

II. Que dicha marca se halla plenamente en vigor y al corriente del pago de las tasas, sin que sobre la misma penda ningún procedimiento judicial que ponga en tela de juicio su validez.

III. Que el **Licenciatario** está interesada en obtener una licencia exclusiva de dicha marca para España.

En consecuencia, acuerdan las siguientes LM art.48

ESTIPULACIONES:

"NÚMERO"

El **Licenciante** autoriza el uso de su marca de la Unión Europea número *"especificar número de la marca"*, para productos o servicios en clase *"especificar producto/servicios y clases (P.e. calzado deportivo en clase 25)"*, en España al **Licenciatario** con carácter exclusivo en las condiciones recogidas en el presente contrato.

✍ **Nota:**

*Se trata de una licencia **exclusiva reforzada**. Es decir, el licenciante no pueda fabricar p.e. calzado bajo la marca licenciada en España. En el ordenamiento español se presume que la licencia es no exclusiva, pero, si se pacta la exclusividad, se presume que la exclusiva es reforzada (*LM *art.48.5 y 6). En este caso, el licenciante solo podrá utilizar la marca si en el contrato se hubiera reservado expresamente ese derecho (*TS 31-7-07, *EDJ 152374).*

"NÚMERO"

El **Licenciatario** empleará la marca *"identificación de la marca"* en todo el *"especificar producto; (p.e. calzado)"* que produzca en el centro de fabricación que tiene situado en *"domicilio social del centro de fabricación"*. El **Licenciatario** empleará la marca *"identificación de la marca"* en las condiciones técnicas establecidas en el Anexo 1 del presente contrato. No podrá añadir marcas propias o ajenas o utilizar la marca bajo una forma de presentación distinta de la especificada en el Anexo 1 del presente contrato.

✍ **Nota:**

*El sentido de esta cláusula es garantizar que la marca licenciada no va a perder su **distintividad** por usos peculiares de cada licenciatario en todo el territorio comunitario. De esta manera se garantiza una presentación uniforme de la marca, de tal modo que los productos que la lleven sean iguales en todo el territorio. La prohibición de que el licenciatario añada otras marcas tiene como cometido que el consumidor no asocie la marca licenciada con otras marcas. De otro modo, al terminar el contrato el licenciatario podría utilizar la marca acompañante y los consumidores continuarían vinculando la marca acompañante con la marca originariamente licenciada. Ver* TJCE 23-10-74 *(caso TRANSOCEAN) y Decisión de la Comisión 23-12-77 (Penneys). Considérese si a través de este tipo de cláusulas no se está excepcionando el principio de libre circulación de mercancías.*

En todo el *"especificar producto; (p.e. calzado)"* manufacturado, así como en las etiquetas, marbetes, y material promocional aparecerá la indicación 'Bajo licencia de El Licenciante'.

"NÚMERO"

El **Licenciante** se reserva el derecho de control de las instalaciones del **Licenciatario**, para controlar el proceso de manufactura, así como para el control de la contabilidad. Los costes de esta auditoría serán de cuenta del **Licenciante**, salvo que se revelen anomalías graves, en cuyo caso la auditoría será sufragada por el **Licenciatario**.

MCM 2590 s.

✍ **Nota:**

*La **cláusula de control** es inherente a toda licencia de marca. El licenciante está interesado en inspeccionar no sólo las características técnicas de los productos, sino también la contabilidad, para la determinación de las regalías que debe percibir.*

"NÚMERO"

El **Licenciatario** se compromete a no impugnar la marca del **Licenciante** durante toda la vigencia del contrato.

LM art.48

✍ **Nota:**

*Se han suscitado dudas sobre la validez desde la perspectiva del Derecho de la competencia de la **cláusula de no impugnación** de la validez de una marca (o de una patente). Sin embargo, en la actualidad se suele admitir su validez (*TJCE *27-9-88, asunto 65/86, "Bayer Süllhofer") y está expresamente admitida en los contratos de transferencia de tecnología (Rgto UE/316/2014 art.5.1.b), permitiéndose la resolución del contrato de licencia en caso de que una parte impugne la validez del derecho de propiedad industrial de la otra.*

Igualmente se compromete a usar la marca en España, resarciendo al **Licenciante** de los daños y perjuicios que el incumplimiento de estas obligaciones pudiera ocasionarle.

✍ **Nota:**

*Existe una **carga de uso** de la marca en España, si la marca no se usa estaría incursa en causa de caducidad en las condiciones previstas en la LM art.*39*. La marca debe utilizarse continuadamente, y si transcurren cinco años desde la fecha de publicación de la concesión sin utilizarla, entonces puede ser declarada **caducada**. Si el acuerdo de licencia es exclusivo a favor del licenciatario, se ha pactado que el licenciante no utilizará la marca, y aquel no la explota, y la marca es caducada, pensamos que cabría una acción de indemnización de los daños y perjuicios ocasionados al licenciante, aparte de ser un incumplimiento contractual.*

"NÚMERO"

El **Licenciatario** se beneficiará automáticamente de las condiciones más ventajosas que se concedan a otros licenciatarios en la Unión Europea.

✍ **Nota:**

*Se trata de la cláusula del **licenciatario más favorecido**, que no suele ser muy utilizada en la práctica, al menos cuando los otros licenciatarios no radican en España.*

"NÚMERO"

El **Licenciatario** no podrá comercializar *"especificar producto; (p.e. calzado)"* bajo una marca distinta a la licenciada.

✍ **Nota:**

*Esta cláusula puede ser potencialmente lesiva de la **competencia**. Recuérdese lo dicho anteriormente sobre la cláusula de control.*

A la expiración del presente contrato, el **Licenciatario** podrá comercializar *"especificar producto; (p.e. calzado)"* bajo marcas distintas, pero no bajo la marca licenciada sin poder hacer mención de que existiera una relación contractual con el **Licenciante**.

✍ **Nota:**

Ver TS 23-12-92, *EDJ 12758.*

*En caso de **extinción** de un **contrato de arrendamiento de industria** o de local de negocio automáticamente se extingue del mismo modo el contrato de licencia sobre el rótulo del mismo (AP Pontevedra 3-10-97, EDJ 8316).*

*En caso de que se trate de marcas no registradas, que tengan además el carácter de **renombradas** (*L 17/2001 *art.8), será posible ejercitar una acción de prohibición de uso y una acción reivindicatoria (*TS 17-11-99, *EDJ 36777).*

"NÚMERO"
La licencia concedida no puede ser objeto de sub-licencias.

"NÚMERO"
El **Licenciatario** pagará en contraprestación por el uso de la marca una cantidad fija anual de *"cantidad en contraprestación por el uso de la marca, en letra"* euros (*"cantidad en contraprestación por el uso de la marca, en número"* €), y una regalía sobre el total de ventas ex works de un 5%.

Nota:

*La Administración tributaria mediante el expediente de **comprobación de valores** puede fijar el valor real de las transacciones que supongan el pago de regalías por el uso de derechos de propiedad industrial. A veces, el empleo de una valoración baja de la licencia puede suponer un inconveniente para el titular de la marca que demanda por violación (criterio indemnizatorio de la* LP *art.74.2.a), si el Juez fija el valor de la licencia hipotética en el propio valor asignado por el titular a efectos del impuesto de AJD (sobre la vinculación de la valoración fiscal a efectos de casación ver* TCo 23-2-88*). Ver la* DGT Resol 28-9-1995.

En ningún caso, la regalía variable será inferior a la cantidad de *"cantidad mínima de la regalía, en letra"* euros (*"cantidad mínima de la regalía, en número"* €). En caso de discrepancias en cuanto a la fijación del canon que debe pagar el **Licenciatario**, esta cantidad será determinada por la auditora de cuentas *"especificar auditora de cuentas"*.

"NÚMERO"
El presente contrato tiene duración anual a contar desde la fecha del contrato.

Nota:

*En el caso de que el contrato se hubiera establecido por **tiempo indefinido**, sería revocable ad nutum por cualquiera de las partes otorgando el preaviso suficiente (*TS 3-7-86, *EDJ 4655), sin que haya lugar a indemnización (*TS 17-10-95, *EDJ 5216;* 18-12-95, *EDJ 6376). La* TS 9-10-97, *EDJ 6604 (caso Risi) admite la validez de la resolución unilateral de una licencia gratuita al ser el contrato por tiempo indefinido, negando que en el caso concreto exista un abuso de derecho. No se admite que el licenciante por el mero hecho de ser titular de la marca pueda revocar ad nutum la licencia otorgada. Otra cosa sucede si la marca incorpora un derecho de la personalidad (*AP Baleares 15-11-99, *caso Marqués del Palmer).*

Podrá ser renovado tácitamente por iguales períodos anuales, siempre que ninguna de las partes manifieste su voluntad contraria a dicha renovación en el plazo de un mes anterior al vencimiento.

Nota:

Cfr., el anteriormente comentado art.16.3.a) Ley *de Competencia Desleal: "tendrá asimismo la consideración de desleal a) la ruptura, aunque sea de forma parcial, de una relación comercial establecida sin que haya existido preaviso escrito y preciso con una antelación mínima de seis meses, salvo que se deba a incumplimientos graves de las condiciones pactadas o en caso de fuerza mayor".*

"NÚMERO"
Además de la causa de resolución prevista en el apartado anterior, el contrato se extinguirá automáticamente por incumplimiento grave de las obligaciones ex art.1124 Código Civil y por extinción del derecho de marca. La cesión de la marca por parte del **Licenciante** a un tercero no afecta a los derechos derivados del presente contrato.

Nota:

- La resolución basada en el CC *art.*1124 *opera de un modo objetivo, sin que sea necesario probar una voluntad deliberadamente rebelde al cumplimiento (*TS 21-2-79, *EDJ 584, relativo a un contrato de licencia de marca y de asistencia técnica;* TS 23-10-89, 11-6-92*;* 4-3-97, *EDJ 1264,* 27-11-96, *núm 29. Ha de tratarse de un **incumplimiento** definitivo (*TS 22-12-14, *EDJ 225849).*
- La AP Asturias 22-1-01, *EDJ 1457, consideró que existía **nulidad** del contrato por falta de objeto al no disponer el franquiciador de la marca cuyo uso autorizaba.*

MCM 2590 s.

- La cesión de la marca no lleva consigo la ***extinción de la licencia*** *(inaplicación del principio venta quita renta, contenido en el* CC *art.*1571 *(*TS 19-2-04, *caso Raquel Meller;* 29-11-97, *caso Amstrad). Con todo, si la licencia no está inscrita, no será oponible al adquirente de la marca que inscriba su adquisición (LM* 17/2001 *art.*46.3*), sin perjuicio de la responsabilidad contractual que pueda derivarse de que el cedente no informe de la existencia de la licencia anterior.*
- Téngase en cuenta la presunción establecida en la LM *art.* 47*, según el cual la* ***transmisión de la empresa*** *en su totalidad implicará la de sus marcas, salvo que exista pacto en contrario o ello se desprenda claramente de las circunstancias del caso. Si no se menciona en la escritura de transmisión nada al respecto, opera la presunción señalada (*AP Madrid 18-1-13, *EDJ 16147; AP Valencia 20-12-22, EDJ 798648).*

LM art.48

"NÚMERO"
El **Licenciante** no podrá renunciar al derecho sobre la marca, hipotecarla o cederla sin haber comunicado esta intención al **Licenciatario**, que deberá manifestar su consentimiento por escrito a tales negocios.

 **Nota:**

*El art.*57.3 LM *establece la imposibilidad de* ***renuncia*** *a la marca sin el consentimiento previo de los titulares de licencias inscritas. La importancia de esta cláusula viene por la validez de las novaciones verbales en el Derecho español, salvo que expresamente se haya excluido en el contrato esta posibilidad.*

"NÚMERO"
El contrato queda sometido al Derecho *"especificar Ordenamiento jurídico"*, por ser su legislación aplicable con arreglo al artículo 17 del Reglamento (UE) 2017/1001 sobre la marca de la Unión Europea.

"NÚMERO"
Las partes se someten a la jurisdicción de los Tribunales de *"especificar ciudad de los Tribunales"*, con renuncia del fuero que pudiera corresponderles.

Y en prueba de conformidad, ambas partes firman el presente contrato, que se extiende en dos ejemplares, igualmente originales, en el lugar y fecha indicados en su encabezamiento.

EL LICENCIANTE **EL LICENCIATARIO**

ANEXO 1

Condiciones técnicas del contrato
"determinar las condiciones técnicas"

Cesión de marca (cláusulas particulares)

MCM 2540 s.

Nota preliminar:

LM art.46 y 47

- La Ley de marcas configura de forma muy amplia el **derecho de propiedad sobre la marca**. Así, permite todo tipo de negocios sobre tal derecho, pudiendo su propietario enajenarla, gravarla, hipotecarla o cederla en un sentido muy amplio. Cualquiera de estos actos negociales deberá inscribirse en el correspondiente Registro de Marcas o en el Registro de Bienes Muebles, en su caso.

- Los actos o negocios en relación con las marcas solo son **oponibles a terceros** de buena fe una vez se han inscrito en el registro correspondiente.

- Téngase en cuenta la presunción de transmisión de los derechos sobre la marca cuando se **transmite la empresa** (titular) en su totalidad y sin hacer expresa reserva.

- El modelo presupone unas circunstancias determinadas que serán las más **frecuentes**. Si en el caso concreto existen circunstancias particulares no previstas, deberá completarse o modificarse el modelo adaptándolo a las mismas.

En *"localidad"*, a *"fecha"*

REUNIDOS:

De una parte,

"Don/Doña nombre y apellidos de la parte", mayor de edad, *"estado civil de la parte" "... "especificar el régimen económico matrimonial de la parte" ... "*, de nacionalidad *"nacionalidad de la parte"*, con domicilio a estos efectos en *"domicilio de la parte"*, *"...con DNI/NIF número "DNI/NIF de la parte"... O ... con tarjeta de residencia número "número de tarjeta de residencia de la parte" ... O ... pasaporte número "número de pasaporte de la parte", expedido el "fecha de expedición del pasaporte de la parte" ... O ... "reseñar otros documentos aportados por la parte" ... "*, vigente hasta el *"fecha de vigencia de la documentación aportada por la parte"*.

De otra parte,

"Don/Doña nombre y apellidos de la parte", mayor de edad, *"estado civil de la parte" "... "especificar el régimen económico matrimonial de la parte" ... "*, de nacionalidad *"nacionalidad de la parte"*, con domicilio a estos efectos en *"domicilio de la parte"*, *"...con DNI/NIF número "DNI/NIF de la parte"... O ... con tarjeta de residencia número "número de tarjeta de residencia de la parte" ... O ... pasaporte número "número de pasaporte de la parte", expedido el "fecha de expedición del pasaporte de la parte" ... O ... "reseñar otros documentos aportados por la parte" ... "*, vigente hasta el *"fecha de vigencia de la documentación aportada por la parte"*.

INTERVIENEN:

A. *"Don/Doña nombre y apellidos del representante"*, en nombre y representación de la sociedad mercantil denominada *"denominación social"*, domiciliada en *"domicilio social"*, y con NIF número *"NIF de la sociedad"*, constituida, por tiempo indefinido, mediante escritura otorgada ante el notario de *"lugar de la notaría en la que se autorizó la constitución de la sociedad"*, *"Don/Doña nombre y apellidos del notario que autorizó la constitución de la sociedad"*, el *"fecha de escritura de constitución de la sociedad"*, e inscrita en el Registro Mercantil de *"datos de la inscripción registral de la sociedad (localidad del Registro Mercantil, tomo, folio, sección, hoja e inscripción)"*, en su calidad de

MCM 2540 s.

LM art.46 y 47

≫

○ **Si representa como cargo social:**

"...administrador único ... O ... administrador solidario ... O ... consejero delegado ... O ... "especificar la representación del cargo social" ... " de la reseñada sociedad, cargo para el que fue nombrado y asegura vigente en escritura otorgada el *"fecha de escritura del nombramiento del cargo"*, ante el notario de *"lugar donde radica la notaría en la que se autorizó la escritura del nombramiento"*, *"Don/Doña nombre y apellidos del notario que autorizó la escritura del nombramiento"*, con el número *"número de protocolo del notario que autorizó la escritura del nombramiento"* de su protocolo, e inscrita en el Registro Mercantil de *"localidad del Registro Mercantil de la escritura de nombramiento"*, en el tomo y hoja arriba indicados.

○ **Si representa como apoderado:**

apoderado de la reseñada sociedad, según escritura de poder otorgada a su favor, en *"fecha de escritura del otorgamiento del poder"*, ante el notario de *"lugar donde radica la notaría en la que se autorizó la escritura de poder"*, *"Don/Doña nombre y apellidos del notario que autorizó la escritura de poder"*, con el número *"número de protocolo del notario que autorizó la escritura de poder"* de su protocolo *"...e inscrita en el Registro Mercantil de "localidad del Registro Mercantil de la escritura de poder" ... "*, en el tomo y hoja arriba indicados.

≪

En adelante, El **cedente**.

B. *"Don/Doña nombre y apellidos del representante"*, en nombre y representación de la sociedad mercantil denominada *"denominación social"*, domiciliada en *"domicilio social"*, y con NIF número *"NIF de la sociedad"*, constituida, por tiempo indefinido, mediante escritura otorgada ante el notario de *"lugar de la notaría en la que se autorizó la constitución de la sociedad"*, *"Don/Doña nombre y apellidos del notario que autorizó la constitución de la sociedad"*, el *"fecha de escritura de constitución de la sociedad"*, e inscrita en el Registro Mercantil de *"datos de la inscripción registral de la sociedad (localidad del Registro Mercantil, tomo, folio, sección, hoja e inscripción)"*, en su calidad de

≫

○ **Si representa como cargo social:**

"...administrador único ... O ... administrador solidario ... O ... consejero delegado ... O ... "especificar la representación del cargo social" ... " de la reseñada sociedad, cargo para el que fue nombrado y asegura vigente en escritura otorgada el *"fecha de escritura del nombramiento del cargo"*, ante el notario de *"lugar donde radica la notaría en la que se autorizó la escritura del nombramiento"*, *"Don/Doña nombre y apellidos del notario que autorizó la escritura del nombramiento"*, con el número *"número de protocolo del notario que autorizó la escritura del nombramiento"* de su protocolo, e inscrita en el Registro Mercantil de *"localidad del Registro Mercantil de la escritura de nombramiento"*, en el tomo y hoja arriba indicados.

○ **Si representa como apoderado:**

apoderado de la reseñada sociedad, según escritura de poder otorgada a su favor, en *"fecha de escritura del otorgamiento del poder"*, ante el notario de *"lugar donde radica la notaría en la que se autorizó la escritura de poder"*, *"Don/Doña nombre y apellidos del notario que autorizó la escritura de poder"*, con el número *"número de protocolo del notario que autorizó la escritura de poder"* de su protocolo *"...e inscrita en el Registro Mercantil de "localidad del Registro Mercantil de la escritura de poder" ... "*, en el tomo y hoja arriba indicados.

≪

En adelante, El **cesionario**.

Las partes se reconocen la capacidad legal necesaria para contratar y obligarse y, a tal efecto

EXPONEN:

I. Que el **Cedente** es titular de la marca española *"identificación de la marca"*, número *"especificar número de la marca"* para *"especificar producto; (p.e. determinadas bebidas alcohólicas)"*.

Nota:

*El art.46.1 LM no supone una derogación del régimen general sobre la comunidad de bienes previsto en CC art.392 a 406, sino que establece las **particularidades** que se derivan de la especial naturaleza del derecho de marca, especialmente de su carácter de derecho inmaterial y de las funciones que este signo desempeña en el mercado.*

*Lo que sí establece el art.46.1 LM es su **propio sistema de fuentes** respecto de la normativa aplicable al retracto de marca: en primer lugar, regirá lo acordado por los comuneros en el momento de constitución de la comunidad o posteriormente; en su defecto, se aplicará lo previsto en el propio precepto, que desde este punto de vista adquiere el carácter de ley especial; y solo en caso de ausencia de previsión convencional o en la normativa especial, resultan aplicables las previsiones del CC art.1521 y 1522 (TS 9-3-21, EDJ 512880).*

II. Que dicha marca se halla en vigor registral, sin que esté gravada con hipoteca mobiliaria ni sobre la misma existan licencias o derechos reales

Nota:

*Teóricamente es posible que se otorgue una cesión de marca sobre una **marca ajena** (*TS 17-1-85*), con la obligación del cedente de adquirir la propiedad y transmitirla al cesionario.*

III. Que el **Cesionario** está interesado en la adquisición de dicha marca.

Por ello conciertan el presente contrato de cesión de acuerdo a las siguientes

Nota:

*Es importante dar el correcto **"nomen iuris" al contrato** de cesión. En ocasiones se denomina cesión a lo que es una licencia de marca. También en ocasiones se plantea la posibilidad de **cesiones tácitas** de la marca, que no siempre son aceptadas por la jurisprudencia (*AP Barcelona 30-9-98*, caso Corberó;* TS 2-11-87*, EDJ 7947, aportación tácita de la propiedad de la marca ADA). Es sabido, no obstante, que el nombre de los contratos no condiciona necesariamente su contenido, debiendo estarse a la **intención real** de los contratantes. En caso de transmisión de la totalidad de la empresa se presume transmitida la marca (*AP Vizcaya 18-6-98*, EDJ 31305;* AP Madrid 18-1-03*; AP Asturias 21-2-17, EDJ 33435).*

ESTIPULACIONES:

"NÚMERO"

El **Cedente** cede el pleno dominio y titularidad de la marca *"identificación de la marca"*, número *"especificar número de la marca"* para *"especificar producto; (p.e. determinadas bebidas alcohólicas)"*.

"NÚMERO"

El **Cesionario** adquiere dicho dominio y abona en contraprestación la cantidad de *"cantidad a abonar por el Cesionario, en letra"* euros (*"cantidad a abonar por el Cesionario, en número"* €), cantidad que se confiesa recibida por parte del **Cedente**.

Nota:

*La Administración tributaria mediante el expediente de **comprobación de valores** puede fijar el valor real de las transacciones que supongan el pago de regalías por el uso de derechos de propiedad industrial. A veces, el empleo de una valoración baja de la licencia puede suponer un inconveniente para el titular de la marca que demanda por violación (cfr. el criterio indemnizatorio de la* LP *art.74.2.a), si el Juez fija el valor de la licencia hipotética en el propio valor asignado por el titular a efectos del impuesto de AJD (sobre la vinculación de la valoración fiscal a efectos de casación ver* TCo 23-2-88*). Ver* DGT Resol 28-9-95.

"NÚMERO"

MCM 2540 s.

El **Cedente** señala que, a su conocimiento, no existen litigios sobre la validez de dicha marca ni acciones reivindicatorias sobre la misma, comprometiéndose a indemnizar los daños y perjuicios que, caso de existir, se ocasionen al **Cesionario**, y todo ello sin perjuicio de la responsabilidad por evicción prevista en la Ley.

"NÚMERO"

LM art.46 y 47

El **Cedente** se compromete a no realizar actividades competenciales con la cesionaria en el plazo de cinco años a contar desde la firma del presente contrato, de modo que ésta pueda consolidarse en el sector del mercado de *"especificar producto; (p.e. determinadas bebidas alcohólicas)"*.

Nota:

Decisión de la Comisión 12-12-1984, caso Mecaniver.

El **Cedente** comunicará a sus distribuidores la transmisión de su marca y que ésta corresponde a la cesionaria. Facilitará igualmente la lista de clientes.

Nota:

*La **cláusula de no competencia** se revela en muchas ocasiones como fundamental en los contratos de cesión de marcas, habida cuenta de que la Ley no exige que la marca se transmita junto con la empresa (*L 17/2001 *art.47). Por ello, se obliga la cedente a transmitir listas de clientes, etc., a fin de que la cesionaria pueda aprovecharse de la reputación de la marca transmitida y la cedente no pueda menoscabar el valor de la marca transmitida.*

"NÚMERO"

Las controversias derivadas del presente contrato se someten a arbitraje institucional del Colegio de Abogados de *"especificar ciudad del Colegio de Abogados"*, quien -con arreglo a sus propias normas- designará un único árbitro para la resolución de las controversias que se le sometan.

Y en prueba de conformidad, ambas partes firman el presente contrato, que se extiende en dos ejemplares, igualmente originales, en el lugar y fecha indicados en su encabezamiento.

EL CEDENTE **EL CESIONARIO**

Cesión de marca (casos litigiosos)

MCM 2570 s.

LM art.46 y 47

Nota preliminar:

- Este contrato de cesión se produce en casos en los que ha habido un litigio previo entre las partes o cuando se adquiere una **marca potencialmente conflictiva** y el sentido del contrato es prevenir conflictos futuros entre las partes. Fundamentalmente se trata de evitar que el cedente de la marca pueda seguir realizando registros o aprovecharse de los pleitos pendientes para obtener marcas similares a las ya cedidas.

- El modelo presupone unas circunstancias determinadas que serán las más **frecuentes**. Si en el caso concreto existen circunstancias particulares no previstas, deberá completarse o modificarse el modelo adaptándolo a las mismas.

En *"localidad"*, a *"fecha"*

REUNIDOS:

De una parte,

"Don/Doña nombre y apellidos de la parte", mayor de edad, *"estado civil de la parte" "... "especificar el régimen económico matrimonial de la parte" ... "*, de nacionalidad *"nacionalidad de la parte"*, con domicilio a estos efectos en *"domicilio de la parte"*, *"...con DNI/NIF número "DNI/NIF de la parte" ... O ... con tarjeta de residencia número "número de tarjeta de residencia de la parte" ... O ... pasaporte número "número de pasaporte de la parte", expedido el "fecha de expedición del pasaporte de la parte" ... O ... "reseñar otros documentos aportados por la parte" ... "*, vigente hasta el *"fecha de vigencia de la documentación aportada por la parte"*.

De otra parte,

"Don/Doña nombre y apellidos de la parte", mayor de edad, *"estado civil de la parte" "... "especificar el régimen económico matrimonial de la parte" ... "*, de nacionalidad *"nacionalidad de la parte"*, con domicilio a estos efectos en *"domicilio de la parte"*, *"...con DNI/NIF número "DNI/NIF de la parte" ... O ... con tarjeta de residencia número "número de tarjeta de residencia de la parte" ... O ... pasaporte número "número de pasaporte de la parte", expedido el "fecha de expedición del pasaporte de la parte" ... O ... "reseñar otros documentos aportados por la parte" ... "*, vigente hasta el *"fecha de vigencia de la documentación aportada por la parte"*.

INTERVIENEN:

A. *"Don/Doña nombre y apellidos del representante"*, en nombre y representación de la sociedad mercantil denominada *"denominación social"*, domiciliada en *"domicilio social"*, y con NIF número *"NIF de la sociedad"*, constituida, por tiempo indefinido, mediante escritura otorgada ante el notario de *"lugar de la notaría en la que se autorizó la constitución de la sociedad"*, *"Don/Doña nombre y apellidos del notario que autorizó la constitución de la sociedad"*, el *"fecha de escritura de constitución de la sociedad"*, e inscrita en el Registro Mercantil de *"datos de la inscripción registral de la sociedad (localidad del Registro Mercantil, tomo, folio, sección, hoja e inscripción)"*, en su calidad de

>>

○ **Si representa como cargo social:**

"...administrador único ... O ... administrador solidario ... O ... consejero delegado ... O ... "especificar la representación del cargo social" ... " de la reseñada sociedad, cargo para el que fue nombrado y asegura vigente en escritura otorgada el *"fecha de escritura del nombramiento del cargo"*, ante el notario de *"lugar donde radica la notaría en la que se autorizó la escritura del nombramiento"*, *"Don/Doña nombre y apellidos del notario que autorizó la escritura del nombramiento"*, con el número *"número de protocolo del notario que autorizó la escritura del nombramiento"* de su protocolo, e inscrita en el Registro Mercantil de *"localidad del Registro Mercantil de la escritura de nombramiento"*, en el tomo y hoja arriba indicados.

MCM 2570 s.

- **Si representa como apoderado:**

apoderado de la reseñada sociedad, según escritura de poder otorgada a su favor, en *"fecha de escritura del otorgamiento del poder"*, ante el notario de *"lugar donde radica la notaría en la que se autorizó la escritura de poder"*, *"Don/Doña nombre y apellidos del notario que autorizó la escritura de poder"*, con el número *"número de protocolo del notario que autorizó la escritura de poder"* de su protocolo *"...e inscrita en el Registro Mercantil de "localidad del Registro Mercantil de la escritura de poder"* ... ", en el tomo y hoja arriba indicados.

LM art.46 y 47

<<

En adelante, El **cedente**.

B. *"Don/Doña nombre y apellidos del representante"*, en nombre y representación de la sociedad mercantil denominada *"denominación social"*, domiciliada en *"domicilio social"*, y con NIF número *"NIF de la sociedad"*, constituida, por tiempo indefinido, mediante escritura otorgada ante el notario de *"lugar de la notaría en la que se autorizó la constitución de la sociedad"*, *"Don/Doña nombre y apellidos del notario que autorizó la constitución de la sociedad"*, el *"fecha de escritura de constitución de la sociedad"*, e inscrita en el Registro Mercantil de *"datos de la inscripción registral de la sociedad (localidad del Registro Mercantil, tomo, folio, sección, hoja e inscripción)"*, en su calidad de

>>

- **Si representa como cargo social:**

"...administrador único ... O ... administrador solidario ... O ... consejero delegado ... O ... "especificar la representación del cargo social" ... " de la reseñada sociedad, cargo para el que fue nombrado y asegura vigente en escritura otorgada el *"fecha de escritura del nombramiento del cargo"*, ante el notario de *"lugar donde radica la notaría en la que se autorizó la escritura del nombramiento"*, *"Don/Doña nombre y apellidos del notario que autorizó la escritura del nombramiento"*, con el número *"número de protocolo del notario que autorizó la escritura del nombramiento"* de su protocolo, e inscrita en el Registro Mercantil de *"localidad del Registro Mercantil de la escritura de nombramiento"*, en el tomo y hoja arriba indicados.

- **Si representa como apoderado:**

apoderado de la reseñada sociedad, según escritura de poder otorgada a su favor, en *"fecha de escritura del otorgamiento del poder"*, ante el notario de *"lugar donde radica la notaría en la que se autorizó la escritura de poder"*, *"Don/Doña nombre y apellidos del notario que autorizó la escritura de poder"*, con el número *"número de protocolo del notario que autorizó la escritura de poder"* de su protocolo *"...e inscrita en el Registro Mercantil de "localidad del Registro Mercantil de la escritura de poder"* ... ", en el tomo y hoja arriba indicados.

<<

En adelante, El **cesionario**.

Las partes se reconocen la capacidad legal necesaria para contratar y obligarse y, a tal efecto

EXPONEN:

Su voluntad de poner fin a los pleitos que las enfrentan y de evitar en lo posible pleitos futuros, a cuyo fin realizan el presente contrato de cesión de marca con arreglo a las siguientes

ESTIPULACIONES:

"Número"

El **Cedente** transmite al **Cesionario** la marca *"identificación de la marca"*, número *"especificar número de la marca"*, inscrita en la Oficina Española de Patentes y Marcas, y que se halla plenamente en vigor y al corriente en el pago de tasas.

"Número"
El **Cedente** garantiza que la marca *"identificación de la marca"* no está gravada con hipoteca mobiliaria, ni sobre la misma se ha concedido licencia o derecho real alguno

MCM 2570 s.

"Número"
El precio de la cesión es de *"precio de la cesión, en letra"* euros (*"precio de la cesión, en número"* €), que se hacen efectivos a la firma del contrato privado de cesión.

 **Nota:**

LM art.46 y 47

La Administración tributaria mediante el expediente de ***comprobación de valores*** *puede fijar el valor real de las transacciones que supongan el pago de regalías por el uso de derechos de propiedad industrial. A veces, el empleo de una valoración baja de la licencia puede suponer un inconveniente para el titular de la marca que demanda por violación (cfr. el criterio indemnizatorio de la* LP *art.74.2.a), si el Juez fija el valor de la licencia hipotética en el propio valor asignado por el titular a efectos del impuesto de AJD (sobre la vinculación de la valoración fiscal a efectos de casación ver* TCo 23-2-88*). Ver la* DGT Resol 28-9-95.

"Número"
El **Cedente** se compromete a no registrar en lo futuro por sí ni por persona interpuesta marca, nombre comercial, nombre de dominio, rótulo de establecimiento que pueda entrar en conflicto con la marca transmitida. En caso de incumplimiento de esta obligación el **Cedente** se obliga a abonar en concepto de cláusula penal y sin perjuicio de la posible reclamación de otros perjuicios (Código Civil art.1107), una cantidad igual a la recibida como precio del presente contrato de cesión.

"Número"
El **Cedente** se compromete de inmediato a desistir de los procedimientos administrativos y judiciales que tuviera contra el **Cesionario** en relación con la concesión de marcas que a continuación se enumeran u otras presentes o futuras que contuvieran la denominación *"especificar denominación"*. En caso de incumplimiento de esta cláusula se generaría la responsabilidad señalada la estipulación cuarta.

"Número"
El **Cedente** se compromete a eliminar de inmediato las existencias que tenga en las que aparezca la marca *"identificación de la marca"*. El importe aproximado de estas existencias y su localización se detallan en el anexo del presente contrato. En cuanto a los productos con la marca *"identificación de la marca"* que estén en poder de distribuidores en el mes anterior a la firma del presente contrato, el **Cesionario** se compromete a no ejercitar contra ellos acciones de cesación, indemnización de daños y perjuicios u otras cualesquiera de violación de marcas. El importe de dichas existencias se expone con carácter aproximado en el Anexo del contrato. En caso de falsedad o discrepancia sustancial en cuanto al alcance de dichas existencias, el **Cesionario** podrá resolver el presente contrato o reclamar los daños y perjuicios causados.

"Número"
Las partes se someten a la jurisdicción de los Tribunales de *"especificar ciudad de los Tribunales"*, con renuncia del fuero que pudiera corresponderles.

Y en prueba de conformidad, ambas partes firman el presente contrato, que se extiende en dos ejemplares, igualmente originales, en el lugar y fecha indicados en su encabezamiento.

EL CEDENTE **EL CESIONARIO**

ANEXO

Existencias
"especificar importe aproximado, localización de las existencias"

Comunidad de marca (cláusulas particulares)

MCM 2870 s.

LM art.46.1; CC art.392 a 406

Nota preliminar:

- Este tipo de contrato regula los derechos y obligaciones de los cotitulares de la marca con respecto a su **explotación** fundamentalmente. De relevancia son las cláusulas en las que los copropietarios circunscriben los beneficios que cada uno tiene en el rendimiento de la marca, donde la participación a tanto alzado es lo más frecuente.
- Es dudoso determinar si el **acuerdo para solicitar una marca** es de mera administración (siendo necesario un acuerdo mayoritario), o si bien es un acto de disposición (y es necesario, en cambio, un acuerdo unánime).
- El modelo presupone unas circunstancias determinadas que serán las más **frecuentes**. Si en el caso concreto existen circunstancias particulares no previstas, deberá completarse o modificarse el modelo adaptándolo a las mismas.

En *"localidad"*, a *"fecha"*

REUNIDOS:

De una parte,
"Don/Doña Nombre y apellidos de la parte", mayor de edad, *"estado civil de la parte"* "..., *"especificar el régimen económico matrimonial de la parte"* ... ", de nacionalidad *"nacionalidad de la parte"*, con domicilio a estos efectos en *"domicilio de la parte"*.

De otra parte,
"Don/Doña Nombre y apellidos de la parte", mayor de edad, *"estado civil de la parte"* "..., *"especificar el régimen económico matrimonial de la parte"* ... ", de nacionalidad *"nacionalidad de la parte"*, con domicilio a estos efectos en *"domicilio de la parte"*.

Intervienen todos en su propio nombre y derecho. En adelante, todos ellos conjuntamente los **Comuneros**.
Se reconocen recíprocamente la capacidad legal necesaria para contratar y obligarse y, a tal efecto

EXPONEN:

I. Que los **Comuneros** están explotando conjuntamente un negocio de *"especificar negocio; (p.e. cafetería)"* situado en *"domicilio social del establecimiento"*.

II. Que dicho negocio se encuentra en arrendamiento, siendo el titular del arrendamiento *"Don/Doña nombre y apellidos del titular del arrendamiento"*.

III. Que han obtenido recientemente la concesión de la marca *"identificación de la marca; (p.e. Bodega Central)"* por parte de la Oficina Española de Patentes a nombre de quienes suscriben el presente documento.

Nota:

*La práctica de la Oficina Española de Patentes y Marcas conoce muchas solicitudes de marca a nombre de comunidades de bienes que incluso disponen de **NIF**.*

IV. Que para regular el funcionamiento de la comunidad de marca se estima oportuno celebrar el presente contrato con arreglo a las siguientes.

MCM 2870 s.

Nota:

Nótese que la L 17/2001 *art.*46 *recoge una regulación de la comunidad de marca, que se aplicará en* ***defecto de pacto expreso****. El contrato puede establecer, de este modo, reglas distintas a las contenidas en el art.*46 L 17/2001, *que es una norma dispositiva.*

ESTIPULACIONES:

PRIMERA.

LM art.46.1; CC art.392 a 406

La marca *"identificación de la marca; (p.e. Bodega Central)"* se utilizará en exclusiva en el establecimiento radicado en *"domicilio social del establecimiento"*, sin perjuicio de lo dispuesto en las estipulaciones siguientes.

Nota:

La cláusula excluye el ***uso independiente*** *(*CC *art.*394*;* TS 6-6-97, *EDJ 4460;* 6-11-97, *EDJ 7499;* 11-7-97, *EDJ 6088;* AP Madrid 30-4-99, *EDJ 84324).*

SEGUNDA.

Si los **Comuneros** estiman necesario abrir otro establecimiento con la citada marca, podrán acordarlo por unanimidad. Caso de no alcanzarse la unanimidad, podrá abrirse el establecimiento por los comuneros interesados en realizarlo. Dichos comuneros pagarán en concepto de canon por el uso de la marca una cantidad fija anual de *"cantidad en concepto de canon, en letra"* euros (*"cantidad en concepto de canon, en número"* €), por establecimiento en el que se emplee dicha marca. En cualquier caso, el establecimiento deberá distar al menos un kilómetro de la actual ubicación del establecimiento identificado en el Expositivo I.

TERCERA.

Los **Comuneros** sufragarán en proporción a sus cuotas los gastos de mantenimiento de la marca, honorarios de agente, procedimientos judiciales y similares, con arreglo a lo dispuesto en el Código Civil y en la Ley de Marcas.

Nota:

Cada comunero podría por sí mismo demandar a ***terceros infractores****, sin que la cosa juzgada perjudicial afecte al resto de los comuneros:* TS 1-12-93, *Solán de Cabras;* 23-1-89, *EDJ 395, caso LEO. En el mismo sentido, Juzgado de 1ª instancia de* Madrid núm 8 23-12-98 *(Doneiger). La Ley de Marcas regirá el ejercicio del derecho de tanteo y de retracto, no siendo aplicable el* CC *art.*1522 *o la* LP *art.80.2.a) (ver* TS 28-11-70, *EDJ 652, sobre retracto en un derecho de propiedad intelectual). La hipoteca exige la unanimidad de los comuneros (*Resol DGRN 29-11-95*).*

CUARTA.

Queda prohibida la licencia a terceros ajenos a la Comunidad de la marca.

Nota:

- La licencia, en defecto de este pacto, sería perfectamente lícita y calificable como un ***acto de administración****, siempre que fuera libremente revocable (para un caso de arrendamiento, ver* TS 14-12-73, *EDJ 480).*
- El art. 46.1 LM no supone una derogación del régimen general sobre la comunidad de bienes previsto en CC art.392 a 406, sino que establece las ***particularidades*** *que se derivan de la especial naturaleza del derecho de marca, especialmente de su carácter de derecho inmaterial y de las funciones que este signo desempeña en el mercado.*
Lo que sí establece el art.46.1 LM es su ***propio sistema de fuentes*** *respecto de la normativa aplicable al retracto de marca: en primer lugar, regirá lo acordado por los comuneros en el momento de constitución de la comunidad o posteriormente; en su defecto, se aplicará lo previsto en el propio precepto, que desde este punto de vista adquiere el carácter de ley especial; y solo en caso de ausencia de previsión convencional o en la normativa especial, resultan aplicables las previsiones del Código Civil (CC art.1521 y 1522) (TS 9-3-21, EDJ 512880).*

435

MCM 2870 s.

QUINTA.
El presente contrato tendrá una vigencia de *"ámbito temporal de vigencia"* años, sin perjuicio de la regulación del Código civil sobre la disolución de la comunidad de bienes.

Y en prueba de conformidad, las partes firman el presente contrato, que se extiende en *"especificar número de ejemplares"* ejemplares, igualmente originales, en el lugar y fecha indicados en su encabezamiento.

LM art.46.1; CC art.392 a 406

LOS COMUNEROS

Concesión de distribución exclusiva de marcas (cosméticos)

MCM 2520 s. y 5885

Nota preliminar:

- El contrato de concesión es un contrato de distribución exclusiva de carácter selectivo que no es propiamente un contrato de licencia de marca en la medida en que no se faculta al distribuidor para fabricar los objetos con la marca ajena, sino únicamente a **comercializar** los objetos fabricados por un tercero. Consiguientemente, las cláusulas específicas relativas a control de calidad y otras relativas a la fabricación no encuentran lugar en un contrato de estas características.

- En la nota de la **dependencia** o no, puede radicar la no inclusión de la concesión en el contrato de agencia, pues así como la independencia del agente es básica (art.2) -cuando exista esa dependencia, que al margen de la laboral, puede darse en la concesión, art.2.2, cuando el concesionario "no puede organizar su actividad profesional....conforme a sus propios criterios" pues el concedente se los ha impuesto, entonces la concesión no es agencia, sin que lo excluya la llamada concesión independiente que suele privar en el sector del automóvil por el efecto traslativo del vehículo a favor del concesionario y la ejecución del negocio por cuenta y riesgo de éste" (TS 1-2-01, EDJ 2010).

- Deberán tenerse muy presentes las normas de **competencia**, puesto que en este tipo de contratos se incluyen cláusulas sobre quantum de objetos a distribuir y de precios de distribución que podrían chocar con dicha normativa.

- El modelo presupone unas circunstancias determinadas que serán las más frecuentes. Si en el caso concreto existen circunstancias particulares no previstas, deberá completarse o modificarse el modelo adaptándolo a las mismas.

En *"localidad"*, a *"fecha"*

REUNIDOS:

De una parte,
"Don/Doña nombre y apellidos de la parte", mayor de edad, *"estado civil de la parte" "... "especificar el régimen económico matrimonial de la parte" ... "*, de nacionalidad *"nacionalidad de la parte"*, con domicilio a estos efectos en *"domicilio de la parte"*, *"...con DNI/NIF número "DNI/NIF de la parte" ... O ... con tarjeta de residencia número "número de tarjeta de residencia de la parte" ... O ... pasaporte número "número de pasaporte de la parte", expedido el "fecha de expedición del pasaporte de la parte" ... O ... "reseñar otros documentos aportados por la parte" ... "*, vigente hasta el *"fecha de vigencia de la documentación aportada por la parte"*.

De otra parte,
"Don/Doña nombre y apellidos de la parte", mayor de edad, *"estado civil de la parte" "... "especificar el régimen económico matrimonial de la parte" ..."*, de nacionalidad *"nacionalidad de la parte"*, con domicilio a estos efectos en *"domicilio de la parte"*, *"...con DNI/NIF número "DNI/NIF de la parte" ... O ... con tarjeta de residencia número "número de tarjeta de residencia de la parte" ... O ... pasaporte número "número de pasaporte de la parte", expedido el "fecha de expedición del pasaporte de la parte" ... O ... "reseñar otros documentos aportados por la parte" ... "*, vigente hasta el *"fecha de vigencia de la documentación aportada por la parte"*.

MCM 2520 s. y 5885

INTERVIENEN:

A. *"Don/Doña nombre y apellidos del representante"*, en nombre y representación de la sociedad mercantil denominada *"denominación social"*, domiciliada en *"domicilio social"*, y con NIF número *"NIF de la sociedad"*, constituida, por tiempo indefinido, mediante escritura otorgada ante el notario de *"lugar de la notaría en la que se autorizó la constitución de la sociedad"*, *"Don/Doña nombre y apellidos del notario que autorizó la constitución de la sociedad"*, el *"fecha de escritura de constitución de la sociedad"*, e inscrita en el Registro Mercantil de *"datos de la inscripción registral de la sociedad (localidad del Registro Mercantil, tomo, folio, sección, hoja e inscripción)"*, en su calidad de

>>

○ **Si representa como cargo social:**

"...administrador único ... O ... administrador solidario ... O ... consejero delegado ... O ... "especificar la representación del cargo social" ..." de la reseñada sociedad, cargo para el que fue nombrado y asegura vigente en escritura otorgada el *"fecha de escritura del nombramiento del cargo"*, ante el notario de *"lugar donde radica la notaría en la que se autorizó la escritura del nombramiento"*, *"Don/Doña nombre y apellidos del notario que autorizó la escritura del nombramiento"*, con el número *"número de protocolo del notario que autorizó la escritura del nombramiento"* de su protocolo, e inscrita en el Registro Mercantil de *"localidad del Registro Mercantil de la escritura de nombramiento"*, en el tomo y hoja arriba indicados.

○ **Si representa como apoderado:**

apoderado de la reseñada sociedad, según escritura de poder otorgada a su favor, en *"fecha de escritura del otorgamiento del poder"*, ante el notario de *"lugar donde radica la notaría en la que se autorizó la escritura de poder"*, *"Don/Doña nombre y apellidos del notario que autorizó la escritura de poder"*, con el número *"número de protocolo del notario que autorizó la escritura de poder"* de su protocolo *"...e inscrita en el Registro Mercantil de "localidad del Registro Mercantil de la escritura de poder" ..."*, en el tomo y hoja arriba indicados.

<<

En adelante, El **concedente**.

B. *"Don/Doña nombre y apellidos del representante"*, en nombre y representación de la sociedad mercantil denominada *"denominación social"*, domiciliada en *"domicilio social"*, y con NIF número *"NIF de la sociedad"*, constituida, por tiempo indefinido, mediante escritura otorgada ante el notario de *"lugar de la notaría en la que se autorizó la constitución de la sociedad"*, *"Don/Doña nombre y apellidos del notario que autorizó la constitución de la sociedad"*, el *"fecha de escritura de constitución de la sociedad"*, e inscrita en el Registro Mercantil de *"datos de la inscripción registral de la sociedad (localidad del Registro Mercantil, tomo, folio, sección, hoja e inscripción)"*, en su calidad de

>>

○ **Si representa como cargo social:**

"...administrador único ... O ... administrador solidario ... O ... consejero delegado ... O ... "especificar la representación del cargo social" ..." de la reseñada sociedad, cargo para el que fue nombrado y asegura vigente en escritura otorgada el *"fecha de escritura del nombramiento del cargo"*, ante el notario de *"lugar donde radica la notaría en la que se autorizó la escritura del nombramiento"*, *"Don/Doña nombre y apellidos del notario que autorizó la escritura del nombramiento"*, con el número *"número de protocolo del notario que autorizó la escritura del nombramiento"* de su protocolo, e inscrita en el Registro Mercantil de *"localidad del Registro Mercantil de la escritura de nombramiento"*, en el tomo y hoja arriba indicados.

MCM 2520 s. y 5885

Si representa como apoderado:

apoderado de la reseñada sociedad, según escritura de poder otorgada a su favor, en *"fecha de escritura del otorgamiento del poder"*, ante el notario de *"lugar donde radica la notaría en la que se autorizó la escritura de poder"*, *"Don/Doña nombre y apellidos del notario que autorizó la escritura de poder"*, con el número *"número de protocolo del notario que autorizó la escritura de poder"* de su protocolo *"...e inscrita en el Registro Mercantil de "localidad del Registro Mercantil de la escritura de poder" ..."*, en el tomo y hoja arriba indicados.

En adelante, El **concesionario**.

Las partes se reconocen la capacidad legal necesaria para contratar y obligarse y, a tal efecto

EXPONEN:

Que las partes del presente contrato tienen la intención de establecer entre ellas una relación comercial duradera basada en la introducción por el **Concesionario** en España de los productos de la **Concedente**, que hasta la fecha no han sido objeto de comercialización en España. Para lograr el objetivo de la mayor difusión de los productos de la **Concedente**, los contratantes se obligan a ejecutar el contenido de las obligaciones derivadas del presente contrato de buena fe y atendiendo al máximo beneficio para ambas partes. Y por ello acuerdan las siguientes

ESTIPULACIONES:

PRIMERA. Concesión de la exclusiva de distribución

1.1.

El **Concedente** autoriza en exclusiva al **Concesionario** para la distribución en España de los productos *"especificar productos"* en su correspondencia comercial, publicidad, etc..., mientras esté en vigor el presente contrato.

1.2.

El territorio de exclusiva acordado es el territorio bajo soberanía española, incluidas las Islas Canarias, Islas Baleares, Ceuta y Melilla. Se concederá también la exclusiva para Portugal mediante una declaración de extensión del ámbito territorial del presente contrato suscrita por ambas partes y con efectos determinados en la propia declaración de extensión.

1.3.

El **Concedente** no autorizará otros concesionarios dentro del territorio de exclusiva.

Nota:

*Esta cláusula alude a la prohibición, conforme al Derecho de **defensa de la competencia**, de prohibir las ventas pasivas. En otros términos, cuando el contrato afecte al mercado relevante, no será lícito prohibir las ventas pasivas (atender pedidos provenientes de fuera del territorio asignado en el contrato), aunque sí es lícito prohibir las ventas activas (que el licenciatario desarrolle fuera del territorio asignado una política de promoción activa de las ventas, intentando captar clientes que estén fuera del territorio asignado).*

En caso de que se otorguen concesiones a otros territorios de la Unión Europea, el **Concedente** queda obligado a introducir en los respectivos contratos de concesión una cláusula contractual en virtud de la cual los concesionarios no ejercerán una política activa de ventas en el territorio concedido al **Concesionario** para España. El **Concedente** no atenderá pedidos efectuados por terceros procedentes de España en relación con los productos *"especificar productos"* objeto del presente contrato.

MCM 2520 s. y 5885

1.4.
El **Concesionario** no promoverá una política activa de ventas fuera del territorio concedido. Tampoco atenderá pedidos esporádicos para fuera del territorio concedido si en dicho territorio se halla establecido un concesionario de productos *"especificar productos"*. En particular, el **Concesionario** no podrá mantener almacén ni depósito alguno de los productos *"especificar productos"* objeto del presente contrato fuera del territorio concedido.

1.5.
La duración de la exclusiva es de *"ámbito temporal de la exclusiva"* años. La renovación de la exclusiva se producirá salvo denuncia de cualquiera de las partes con preaviso de seis meses. En caso de denuncia por parte del **Concedente**, se deberá indemnizar al **Concesionario** con una cantidad equivalente al *"porcentaje de la indemnización"*% de los pedidos medios de los últimos dos años en concepto de indemnización por la transmisión de las autorizaciones de comercialización y por los registros de marcas, que deben ser efectuados por el **Concesionario**.

1.6.
El **Concesionario** asume la obligación de no dedicarse a la comercialización de productos cosméticos de otro fabricante, ni a la fabricación de los mismos.

SEGUNDA. Obligación de adquisición

2.1.
El **Concedente** se obliga a suministrar al **Concesionario** todos los productos requeridos para la correcta comercialización de los productos *"especificar productos"* en España.

2.2.
El **Concesionario** mantendrá, una vez afianzado el mercado español, un stock de productos suficiente para poder hacer frente a las ventas de un mes, tiempo máximo de entrega de los productos por parte del **Concedente**.

2.3.
El **Concesionario** efectuará la compra mínima siguiente: A partir de la fecha de autorización farmacéutica para la importación de productos cosméticos otorgada por el Ministerio de Sanidad y Consumo: *"cantidad de la compra, en letra"* euros (*"cantidad de la compra, en número"* €) por año (contados de fecha a fecha). Vencido el primer año, las compras mínimas serán de *"cantidad de compras mínimas, en letra"* euros (*"cantidad de compras mínimas, en número"* €) anuales. Si, vencido el primer año, los pedidos no alcanzan las cifras previstas en la presente cláusula, el precio de compra de los productos se verá incrementado en un 20% con carácter retroactivo abarcando también los pedidos ya atendidos en el año en el que se hubiera producido el desfase en la compra. No habrá derecho a una ulterior compensación por parte de la concedente en el supuesto de que no se alcancen las ventas mínimas previstas, una vez concluido el primer año de vigencia del contrato.

TERCERA. Suministro. Responsabilidad civil

3.1.
Los pedidos serán enviados a la sede del **Concesionario**, como tarde, *"plazo máximo de envío de pedidos"* días después de la entrada de la orden de pedido al **Concedente**, salvo causas de fuerza mayor.

3.2.
El **Concedente** es responsable de los vicios intrínsecos aparentes o no aparentes de los productos *"especificar productos"* enviados.

Nota:

*Se trata de una cláusula de **responsabilidad civil** por fabricación de productos defectuosos, que tiene carácter imperativo. Sin embargo, si el fabricante está situado fuera de la Unión Europea, dicha circunstancia no exime de responsabilidad al distribuidor dentro de la Unión Europea. Ver* RDLeg 1/2007 *art.*128 *s., esto es, el texto refundido de la Ley General para la Defensa de los Consumidores y Usuarios y otras leyes complementarias, en el que se establecen importantes disposiciones acerca de la responsabilidad por productos defectuosos y la no oponibilidad de las cláusulas que restringen esta responsabilidad frente a los consumidores.*

MCM 2520 s. y 5885

El **Concesionario** concertará por su cuenta y a su cargo un seguro de daños que cubra los daños causados por el transporte. El **Concesionario** dará cuenta de todo litigio planteado por tercero por exigencia de responsabilidad civil por daño causado por los productos de acuerdo con la normativa interna española sobre responsabilidad civil. En caso de reclamación las costas del litigio serán sufragadas por el **Concedente**.

3.3.

El precio de los productos *"especificar productos"* es el determinado en el anexo correspondiente a *"precio de los productos, en letra"* euros (*"precio de los productos, en número"* €). Este precio durante el primer año de vigencia del contrato se abonará por adelantado. A partir del segundo año y siempre que el concesionario hubiera respetado sus obligaciones se pagará a *"plazo de pago en días"* días fecha factura. Mediante crédito documentario o cheque u orden de pago garantizada por carta de crédito otorgada por un Banco de reconocida solvencia, carta de crédito pagadera mediante presentación de los documentos de embarque de cada envío de productos efectuado por el **Concedente**.

3.4.

Los rappels se fijarán de acuerdo con las tablas contenidas en el anexo.

3.5.

Los productos *"especificar productos"* se entregarán franco borda ("free on board") en *"lugar de entrega de los productos"*, asumiendo el **Concesionario** el riesgo de su transporte y los seguros a partir de ese momento.

3.6.

Los precios establecidos tienen una vigencia mínima de un año. En caso de que exista una modificación de los precios será comunicada con la suficiente antelación al concesionario y no podrá ser superior a un *"porcentaje máximo de modificación de precios"*% salvo causas justificadas y sin perjuicio de lo pactado en materia de rappels.

3.7.

El **Concedente** aplicará al **Concesionario** las condiciones más favorables que para análogos pedidos otorgue a otros concesionarios de la Unión Europea.

CUARTA. Cesión de informaciones sobre productos. Registro sanitario. Registro de marcas

4.1.

El **Concedente** pondrá a disposición del **Concesionario** toda la documentación que le sea requerida para cumplir con los requisitos que el Ministerio de Sanidad y Consumo pueda exigir en todo momento.

Nota:

*Al tratarse de la concesión sobre un cosmético se plantean particularidades derivadas del **registro sanitario** existente, que obviamente no se plantean en otros contratos de distribución.*

El **Concesionario** asume los gastos ocasionados por la tramitación de registros y el mantenimiento en vigor de los mismos de las tasas anuales, quinquenales o decenales que acuerde el Ministerio. Los registros son en la legislación actualmente vigente para la actividad de importación, conviniendo el **Concedente** en colaborar en toda ulterior autorización que pudiera ser requerida.

MCM 2520 s. y 5885

4.2.

En particular antes de la puesta en el comercio de los productos *"especificar productos"*, el **Concedente** enviará al **Concesionario** la documentación exigida por el art.6 del RD 85/2018.

4.3.

El **Concedente** informará de inmediato y por escrito al **Concesionario** de todas las correcciones de las fórmulas de los productos *"especificar productos"* a efectos del cumplimiento de los requisitos establecidos por la legislación sanitaria.

4.4.

El **Concesionario** procederá a la solicitud de las marcas correspondientes para la protección de los productos *"especificar productos"*, quedando facultado para actuar en el procedimiento administrativo, contestar oposiciones, presentar recursos administrativos o contencioso-administrativos, que sean necesarios para la obtención del registro de la marca.

4.5.

A la terminación del contrato el **Concedente** cederá los registros de marcas y los sanitarios siempre que la legislación vigente lo permita y siempre y cuando el **Concedente** cumpla las obligaciones que le incumben.

4.6.

Los litigios sobre violación de las marcas *"identificación de las marcas"* serán costeados por ambas partes y las indemnizaciones obtenidas como resultas de la violación de derechos de propiedad industrial serán repartidas por mitad. A efectos de una actuación coordinada el **Concesionario** comunicará al **Concedente** toda infracción que detecte de las marcas del **Concedente** y de común acuerdo diseñarán una estrategia para zanjar la violación detectada.

4.7.

El **Concesionario** asume la obligación de proceder al reetiquetado de los productos *"especificar productos"* para el cumplimiento de la legislación española. Si fuera necesaria la intervención del **Concedente**, será comunicada dicha necesidad de dilación.

QUINTA. Obligación de confidencialidad

5.1.

Toda la documentación -y las informaciones de ahí resultantes-accesibles al **Concesionario** durante la vigencia del contrato y puestas a su disposición por el **Concedente** de acuerdo con la estipulación cuarta son secretos empresariales del **Concedente**. Si expirara el contrato, dicha documentación continúa siendo secreto empresarial del **Concedente**. El concesionario se obliga a guardar secreto respecto de dichas informaciones y a no comunicarlas a tercero salvo las autoridades públicas en los casos en que sea obligatorio con arreglo a disposición legal o reglamentaria.

5.2.

No están comprendidas en este apartado las informaciones que fueran accesibles al público o que ya se encontraran divulgadas.

SEXTA. Terminación del contrato

6.1.

El contrato tiene una duración de tres años, renovable automáticamente salvo denuncia conforme a lo establecido en la estipulación 1.5 del presente contrato.

MCM 2520 s. y 5885

6.2.

El contrato puede ser denunciado sin necesidad de respeto del preaviso establecido en caso de grave incumplimiento por cualquiera de las partes. También es posible la denuncia en caso de quiebra de cualquiera de las partes o en el supuesto de que así sea dispuesto por la autoridad pública, en caso de que se retire la autorización de importación o -en su caso- de comercialización de los productos, en caso de guerra o en otro supuesto de fuerza mayor. La parte que se proponga denunciar el contrato en virtud de alguna de estas causas deberá notificar a la otra parte la concurrencia de dicha causa o del incumplimiento y le concederá un plazo de treinta días a partir de la fecha de la notificación para que la parte requerida pueda subsanar el incumplimiento o alegar lo que estime oportuno sobre la concurrencia de una causa de fuerza mayor. Si la parte infractora no remedia el incumplimiento en el plazo anteriormente expresado, la parte afectada podrá resolver el presente contrato notificándolo a la parte incumplidora en un plazo máximo de noventa días desde la notificación del incumplimiento. Dicha resolución no perjudicará cualesquiera otros derechos o reclamaciones que la parte afectada pueda ostentar respecto de la parte infractora. Si la resolución se produce por causa mayor, ésta será automática pasado el plazo de preaviso.

Nota:

*- El **concurso de acreedores** no afecta a la subsistencia del derecho de propiedad industrial ni es causa justificativa de su falta de uso (*TS 7-12-83*). En caso de concurso el titular de una marca licenciada puede ejercitar su derecho de separación o ius separationis en el procedimiento concursal (art.*5 Rgto 1346/2000*, sobre procedimientos de insolvencia). No obstante, téngase en cuenta que, conforme al art.205 de la vigente LCon, hasta la aprobación judicial del convenio o la apertura de la liquidación, no se podrán enajenar o gravar los bienes y derechos que integran la masa activa sin autorización del juez.*

*- Se trata de una **"conditio iuris"**. Ver sobre una condición similar la* TS 21-1-99*, sobre una venta de marcas con reserva de dominio.*

6.3.

Extinguido el contrato por la denuncia del mismo con preaviso, el concesionario tendrá derecho a vender el stock que retuviera durante un plazo mínimo de seis meses. Si no fuera posible la venta en dicho plazo, el **Concedente** asume la devolución del precio pagado, más los gastos de transporte razonables a *"especificar gastos de transporte"*.

SÉPTIMA. Publicidad

7.1.

La campaña publicitaria de productos *"especificar productos"* será determinada de común acuerdo por las partes del presente contrato. Los costes de la misma serán asumidos por ambas partes por mitad. Los gastos de traducción al español serán asumidos por el **Concesionario**, sin que la traducción pueda ser utilizada para otros Estados de lengua hispana sin previo consentimiento por escrito del **Concesionario** y mediante la satisfacción de los honorarios que se acuerden.

7.2.

En caso de que se obtenga una franquicia de stand en un gran almacén español, los gastos de la misma serán costeados por mitad por ambas partes del contrato.

OCTAVA. Miscelánea

8.1.

➢➢

❍ **Si se establece la prevalencia de la versión inglesa del contrato:**

El presente contrato se redacta en inglés y en español, prevaleciendo en caso de discrepancia la versión inglesa del mismo.

MCM 2520 s. y 5885

o **Si se establece la prevalencia de la versión española del contrato:**

El contrato se redacta en inglés y en español, haciendo fe en caso de discrepancia la versión española del mismo.

<<

8.2.

Los efectos del presente contrato se desplegarán a partir de la fecha en que las autoridades sanitarias autoricen la comercialización o importación de productos *"especificar productos"*.

8.3.

Con anterioridad a la fecha de efectividad del contrato estará a disposición del concesionario la documentación exigida en el art.6 RD 85/2018 antes citado.

8.4.

Cualquier aviso, consentimiento, autorización o aprobación que hayan de darse en virtud del presente contrato, serán efectuados enviándolos por escrito mediante correo certificado dirigido a la parte notificada, mediante telefax. La fecha de la entrega constituirá la fecha efectiva del aviso, comunicación o autorización mencionados.

8.5.

Este contrato no podrá ser alterado ni modificado en forma alguna, excepto por escrito debidamente aceptado por ambas partes.

8.6.

El contrato se rige por los usos de un ordenado comerciante y demás normas que rigen el comercio internacional.

Y en prueba de conformidad, ambas partes firman el presente contrato, que se extiende en dos ejemplares, igualmente originales, en el lugar y fecha indicados en su encabezamiento.

EL CONCEDENTE **EL CONCESIONARIO**

ANEXO

Precio de los productos
"especificar los precios de los productos"

Contrato de cobranding

442

MCM 2614, 2892

Nota preliminar:

El contrato de cobranding es utilizado para campañas publicitarias conjuntas entre dos anunciantes o titulares de marca. Suelen tener una aplicación limitada en el tiempo, y la preocupación de las partes se centra, fundamentalmente, en que el uso conjunto no desprestigie a ninguna en modo alguno.

Su configuración es similar al contrato de licencia, solo que otorgado recíprocamente.

LM art.34, 39 y 48

El modelo presupone unas circunstancias determinadas que serán las más **frecuentes**. Si en el caso concreto existen circunstancias particulares no previstas, deberá completarse o modificarse el modelo adaptándolo a las mismas.

En *"localidad"*, a *"fecha"*

REUNIDOS:

De una parte,

"Don/Doña nombre y apellidos de la parte", mayor de edad, *"estado civil de la parte" "... "especificar el régimen económico matrimonial de la parte" ... "*, de nacionalidad *"nacionalidad de la parte"*, con domicilio a estos efectos en *"domicilio de la parte"*, *"...con DNI/NIF número "DNI/NIF de la parte"... O ... con tarjeta de residencia número "número de tarjeta de residencia de la parte" ... O ... pasaporte número "número de pasaporte de la parte", expedido el "fecha de expedición del pasaporte de la parte" ... O ... "reseñar otros documentos aportados por la parte" ... "*, vigente hasta el *"fecha de vigencia de la documentación aportada por la parte"*.

De otra parte,

"Don/Doña nombre y apellidos de la parte", mayor de edad, *"estado civil de la parte" "... "especificar el régimen económico matrimonial de la parte" ... "*, de nacionalidad *"nacionalidad de la parte"*, con domicilio a estos efectos en *"domicilio de la parte"*, *"...con DNI/NIF número "DNI/NIF de la parte"... O ... con tarjeta de residencia número "número de tarjeta de residencia de la parte" ... O ... pasaporte número "número de pasaporte de la parte", expedido el "fecha de expedición del pasaporte de la parte" ... O ... "reseñar otros documentos aportados por la parte" ... "*, vigente hasta el *"fecha de vigencia de la documentación aportada por la parte"*.

INTERVIENEN:

A. *"Don/Doña nombre y apellidos del representante"*, en nombre y representación de la sociedad mercantil denominada *"denominación social"*, domiciliada en *"domicilio social"*, y con NIF número *"NIF de la sociedad"*, constituida, por tiempo indefinido, mediante escritura otorgada ante el notario de *"lugar de la notaría en la que se autorizó la constitución de la sociedad"*, *"Don/Doña nombre y apellidos del notario que autorizó la constitución de la sociedad"*, el *"fecha de escritura de constitución de la sociedad"*, e inscrita en el Registro Mercantil de *"datos de la inscripción registral de la sociedad (Localidad del Registro Mercantil, tomo, folio, sección, hoja e inscripción)"*, en su calidad de

❍ Si representa como cargo social:

"...administrador único ... O ... administrador solidario ... O ... consejero delegado ... O ... "especificar la representación del cargo social" ... " de la reseñada sociedad, cargo para el que fue nombrado y asegura vigente en escritura otorgada el *"fecha de escritura del nombramiento del cargo"*, ante el notario de *"lugar donde radica la notaría en la que se autorizó la escritura del nombramiento"*, *"Don/Doña nombre y apellidos del notario que autorizó la escritura del nombramiento"*, con el número *"número de protocolo del notario que autorizó la escritura del nombramiento"* de su protocolo, e inscrita en el Registro Mercantil de *"localidad del Registro Mercantil de la escritura de nombramiento"*, en el tomo y hoja arriba indicados.

❍ **Si representa como apoderado:**

MCM 2614, 2892

apoderado de la reseñada sociedad, según escritura de poder otorgada a su favor, en *"fecha de escritura del otorgamiento del poder"*, ante el notario de *"lugar donde radica la notaría en la que se autorizó la escritura de poder"*, *"Don/Doña nombre y apellidos del notario que autorizó la escritura de poder"*, con el número *"número de protocolo del notario que autorizó la escritura de poder"* de su protocolo *"...e inscrita en el Registro Mercantil de "localidad del Registro Mercantil de la escritura de poder" ..."*, en el tomo y hoja arriba indicados.

LM art.34, 39 y 48

≺≺

En adelante, *"...«**Parte 1**» ... O ... "nombre de la empresa" ..."*.

B. *"Don/Doña nombre y apellidos del representante"*, en nombre y representación de la sociedad mercantil denominada *"denominación social"*, domiciliada en *"domicilio social"*, y con NIF número *"NIF de la sociedad"*, constituida, por tiempo indefinido, mediante escritura otorgada ante el notario de *"lugar de la notaría en la que se autorizó la constitución de la sociedad"*, *"Don/Doña nombre y apellidos del notario que autorizó la constitución de la sociedad"*, el *"fecha de escritura de constitución de la sociedad"*, e inscrita en el Registro Mercantil de *"datos de la inscripción registral de la sociedad (Localidad del Registro Mercantil, tomo, folio, sección, hoja e inscripción)"*, en su calidad de

≻≻

❍ **Si representa como cargo social:**

"...administrador único ... O ... administrador solidario ... O ... consejero delegado ... O ... "especificar la representación del cargo social" ..." de la reseñada sociedad, cargo para el que fue nombrado y asegura vigente en escritura otorgada el *"fecha de escritura del nombramiento del cargo"*, ante el notario de *"lugar donde radica la notaría en la que se autorizó la escritura del nombramiento"*, *"Don/Doña nombre y apellidos del notario que autorizó la escritura del nombramiento"*, con el número *"número de protocolo del notario que autorizó la escritura del nombramiento"* de su protocolo, e inscrita en el Registro Mercantil de *"localidad del Registro Mercantil de la escritura de nombramiento"*, en el tomo y hoja arriba indicados.

❍ **Si representa como apoderado:**

apoderado de la reseñada sociedad, según escritura de poder otorgada a su favor, en *"fecha de escritura del otorgamiento del poder"*, ante el notario de *"lugar donde radica la notaría en la que se autorizó la escritura de poder"*, *"Don/Doña nombre y apellidos del notario que autorizó la escritura de poder"*, con el número *"número de protocolo del notario que autorizó la escritura de poder"* de su protocolo *"...e inscrita en el Registro Mercantil de "localidad del Registro Mercantil de la escritura de poder" ..."*, en el tomo y hoja arriba indicados.

≺≺

En adelante, *"...«**Parte 2**» ... O ... "nombre de la empresa" ..."*.

Las partes se reconocen la capacidad legal necesaria para contratar y obligarse y, a tal efecto

EXPONEN:

I. Que *"...«**Parte 1**» ... O ... "nombre de la empresa" ..."* es una empresa dedicada al sector de la hostelería y restauración.

II. Que *"...«**Parte 2**» ... O ... "nombre de la empresa" ..."* es una empresa dedicada al sector de los snacks y de la alimentación en general.

III. Que ambas partes están interesadas en suscribir el presente Contrato con la finalidad de poder organizar una campaña publicitaria destinada a promover el consumo de la marca de *Parte 2 «MARCA 2»* en los establecimientos de *Parte 1* y en relación con su marca «*MARCA 1*», otorgándose los derechos de licencia de uso de marca pertinentes y necesarios para la debida conclusión de este contrato.

IV. Que, con la finalidad de regular las condiciones de dicha licencia, y reconociéndose la más amplia capacidad negocial para suscribirlo, ambas partes acuerdan otorgar el presente acuerdo con arreglo a las siguientes

MCM 2614, 2892

ESTIPULACIONES:

PRIMERA. Objeto del Contrato

1.1. En virtud del presente contrato ambas partes acuerdan utilizar *MARCA 1 y MARCA 2* conjuntamente a los fines de promocionar ambas en los establecimientos de Parte 1.

LM art.34, 39 y 48

1.2. Asimismo, será objeto de este contrato las cuestiones publicitarias que se puedan originar con ocasión de la utilización conjunta de ambas marcas

SEGUNDA. OBLIGACIONES DE LAS PARTES

2.1 Ambas partes se comprometen recíprocamente a:

a) Permitir a la otra la utilización de su respectiva marca, ya sea *MARCA 1*, ya sea *Marca 2*, en relación con el consumo de los productos amparados bajo la *Marca 2* en cualquiera de los establecimientos de *Parte 1* y en relación con su *Marca 1*.

b) Proporcionar a la otra una copia de la respectiva marca en formato «png» adecuado para que la respectiva parte pueda utilizarla en el material publicitario del que pueda servirse para promocionar y explotar el uso conjunto pretendido.

c) Defender a la otra parte frente a cualquier uso ilícito de las marcas que un tercero competidor pueda hacer de ellas en relación con los mismos servicios para los que se exploten en el marco del presente contrato y el uso conjunto pretendido. Queda excluida de esta obligación, por tanto, la defensa de la marca de la contraparte en relación con usos individuales de dicha marca por parte de terceros, que no tengan que ver con el uso conjunto aquí previsto.

d) Cooperar entre ellas a fin de poder llevar a cabo la actividad publicitaria que inspira este contrato y la actividad conjunta de ambas en relación con sus marcas. A tal fin, llevarán a cabo todas las acciones que sean necesarias con el objeto de lograr la actividad conjunta pretendida por virtud de este contrato.

e) Utilizar la Marca tal y como la otra parte se la suministre, sin modificarla o cambiarla de cualquier modo, únicamente en conexión con la actividad promocional aquí prevista, sin que la parte no titular del derecho de marca en cuestión quede facultada para explotarla en condiciones diferentes a las aquí pactadas.

f) No explotar la marca de la contraparte de forma que pueda lesionar o afectar negativamente los derechos de explotación o la imagen que la marca respectiva tenga en el tráfico y en la mente de los consumidores.

TERCERA. Condiciones de territorialidad y temporalidad del uso de las marcas

3.1. El derecho de uso de las respectivas marcas, en el marco de lo acordado en este contrato, se ceñirá a *"indicar el territorio"*.

3.2. Asimismo, el derecho a explotar dichas marcas se hará por el periodo que va de *"fecha"* a *"fecha"*.

3.3. No obstante lo anterior, las partes podrán extender el uso de las respectivas marcas más allá de dicho tiempo, debiéndose para ello concluir nuevo acuerdo expresamente y por escrito.

3.4. Sin perjuicio de lo anterior, este contrato, se extinguirá por la denuncia unilateral de cualquiera de las partes mediante preaviso, por un medio fehaciente, con un plazo mínimo de un mes a la fecha estimada de comienzo de las obligaciones entre las partes.

CUARTA. Garantía de uso pacífico de las marcas. Obligaciones respectivas

4.1. Ambas partes garantizan recíprocamente el uso pacífico de sus marcas a la otra.

MCM 2614, 2892

4.2. No obstante, si cualquiera de ellas recibiere cualquier demanda, requerimiento, querella o cualquier otro comunicado o anuncio relativo a un posible ejercicio ilícito del derecho de marca licenciado, la parte en cuestión se compromete a ponerlo en conocimiento de la otra lo antes posible y, en todo caso, no después de 48 horas tras haber recibido oficialmente el comunicado mencionado o haber tenido conocimiento del mismo.

QUINTA. Naturaleza mercantil del presente Contrato

LM art.34, 39 y 48

5.1. El presente contrato tiene naturaleza estrictamente mercantil y en ningún caso podrá entenderse que implica una relación laboral entre las partes.

5.2. Asimismo, ambas partes declaran, reconocen y aceptan que este Contrato no constituye ninguna relación contractual de agencia entre ellas, o de comisión o de cualquier otro tipo de contrato que tenga una naturaleza representativa o clientelar entre ellas.

SEXTA. Confidencialidad y protección de datos personales

6.1. Las partes se obligan a mantener en estricto secreto y confidencialidad toda la información que se transmitan entre ellas y que mutuamente se proporcionen con motivo del presente contrato. En virtud de lo anterior, las partes se obligan a no divulgar, copiar, proporcionar información sobre el contrato, o de cualquier otra forma, violar la confidencialidad de la citada información.

6.2. Las disposiciones de confidencialidad previstas en esta cláusula sobrevivirán a la extinción de este contrato durante un período de *"tres años"* posterior a dicho momento.

6.3. En caso de que la información confidencial sea utilizada en forma contraria a lo establecido en el presente contrato, la parte que la utilice será responsable de los daños y perjuicios causados.

6.4. La presente cláusula recoge los derechos y obligaciones de las Partes en relación con el tratamiento por parte de cada uno de los datos personales, cuyo tratamiento sea responsabilidad del otro.

"Datos Personales", actuando ambas partes, respectivamente, y en cada caso, como responsable del tratamiento y encargado. Estas obligaciones se generan, regulan y extinguen en el marco de la prestación por cada parte de los servicios a que se refiere este Contrato.

SEPTIMA. Derecho aplicable. Resolución de controversias entre las Partes

7.1. El presente Contrato se regirá por el Derecho español.

7.2. Cualquier controversia que surja entre las Partes en relación con la aplicación o ejecución del presente Contrato será resuelta de buena fe entre ellas. No obstante, si persistiere el motivo de controversia, ambas partes acuerdan someterse a la jurisdicción de los tribunales de la ciudad de Madrid capital, con renuncia expresa a cualquier otro fuero territorial que les pudiera corresponder.

Y para que así conste, y en prueba de conformidad y aceptación del contenido de este contrato, ambas partes lo firman por duplicado, pero a un solo efecto en *"localidad"*, a *"fecha"*.

MCM 2590 s.

Contrato de licencia de uso de marca en el metaverso

Nota preliminar:

El contrato de cobranding es utilizado para campañas publicitarias conjuntas entre dos anunciantes o titulares de marca. Suelen tener una aplicación limitada en el tiempo, y la preocupación de las partes se centra, fundamentalmente, en que el uso conjunto no desprestigie a ninguna en modo alguno.

Su configuración es similar al contrato de licencia, solo que otorgado recíprocamente.

El modelo presupone unas circunstancias determinadas que serán las más **frecuentes**. Si en el caso concreto existen circunstancias particulares no previstas, deberá completarse o modificarse el modelo adaptándolo a las mismas.

LM art.34, 39 y 48

REUNIDOS:

De una parte,
"Don/Doña nombre y apellidos de la parte", mayor de edad, *"estado civil de la parte" "... "especificar el régimen económico matrimonial de la parte" ... "*, de nacionalidad *"nacionalidad de la parte"*, con domicilio a estos efectos en *"domicilio de la parte"*, *"...con DNI/NIF número "DNI/NIF de la parte"... O ... con tarjeta de residencia número "número de tarjeta de residencia de la parte" ... O ... pasaporte número "número de pasaporte de la parte", expedido el "fecha de expedición del pasaporte de la parte" ... O ... "reseñar otros documentos aportados por la parte" ... "*, vigente hasta el *"fecha de vigencia de la documentación aportada por la parte"*.

De otra parte,
"Don/Doña nombre y apellidos de la parte", mayor de edad, *"estado civil de la parte" "... "especificar el régimen económico matrimonial de la parte" ... "*, de nacionalidad *"nacionalidad de la parte"*, con domicilio a estos efectos en *"domicilio de la parte"*, *"...con DNI/NIF número "DNI/NIF de la parte"... O ... con tarjeta de residencia número "número de tarjeta de residencia de la parte" ... O ... pasaporte número "número de pasaporte de la parte", expedido el "fecha de expedición del pasaporte de la parte" ... O ... "reseñar otros documentos aportados por la parte" ... "*, vigente hasta el *"fecha de vigencia de la documentación aportada por la parte"*.

INTERVIENEN:

A. *"Don/Doña nombre y apellidos del representante"*, en nombre y representación de la sociedad mercantil denominada *"denominación social"*, domiciliada en *"domicilio social"*, y con NIF número *"NIF de la sociedad"*, constituida, por tiempo indefinido, mediante escritura otorgada ante el notario de *"lugar de la notaría en la que se autorizó la constitución de la sociedad"*, *"Don/Doña nombre y apellidos del notario que autorizó la constitución de la sociedad"*, el *"fecha de escritura de constitución de la sociedad"*, e inscrita en el Registro Mercantil de *"datos de la inscripción registral de la sociedad (Localidad del Registro Mercantil, tomo, folio, sección, hoja e inscripción)"*, en su calidad de

➢➢

○ Si representa como cargo social:

"...administrador único ... O ... administrador solidario ... O ... consejero delegado ... O ... "especificar la representación del cargo social" ... " de la reseñada sociedad, cargo para el que fue nombrado y asegura vigente en escritura otorgada el *"fecha de escritura del nombramiento del cargo"*, ante el notario de *"lugar donde radica la notaría en la que se autorizó la escritura del nombramiento"*, *"Don/Doña nombre y apellidos del notario que autorizó la escritura del nombramiento"*, con el número *"número de protocolo del notario que autorizó la escritura del nombramiento"* de su protocolo, e inscrita en el Registro Mercantil de *"localidad del Registro Mercantil de la escritura de nombramiento"*, en el tomo y hoja arriba indicados.

Si representa como apoderado:

apoderado de la reseñada sociedad, según escritura de poder otorgada a su favor, en *"fecha de escritura del otorgamiento del poder"*, ante el notario de *"lugar donde radica la notaría en la que se autorizó la escritura de poder"*, *"Don/Doña nombre y apellidos del notario que autorizó la escritura de poder"*, con el número *"número de protocolo del notario que autorizó la escritura de poder"* de su protocolo *"...e inscrita en el Registro Mercantil de "localidad del Registro Mercantil de la escritura de poder" ..."*, en el tomo y hoja arriba indicados.

MCM 2590 s.

LM art.34, 39 y 48

<<

En adelante, *"...«Licenciante»... O ... "nombre de la empresa" ..."*.

B. *"Don/Doña nombre y apellidos del representante"*, en nombre y representación de la sociedad mercantil denominada *"denominación social"*, domiciliada en *"domicilio social"*, y con NIF número *"NIF de la sociedad"*, constituida, por tiempo indefinido, mediante escritura otorgada ante el notario de *"lugar de la notaría en la que se autorizó la constitución de la sociedad"*, *"Don/Doña nombre y apellidos del notario que autorizó la constitución de la sociedad"*, el *"fecha de escritura de constitución de la sociedad"*, e inscrita en el Registro Mercantil de *"datos de la inscripción registral de la sociedad (Localidad del Registro Mercantil, tomo, folio, sección, hoja e inscripción)"*, en su calidad de

>>

Si representa como cargo social:

"...administrador único ... O ... administrador solidario ... O ... consejero delegado ... O ... "especificar la representación del cargo social" ..." de la reseñada sociedad, cargo para el que fue nombrado y asegura vigente en escritura otorgada el *"fecha de escritura del nombramiento del cargo"*, ante el notario de *"lugar donde radica la notaría en la que se autorizó la escritura del nombramiento"*, *"Don/Doña nombre y apellidos del notario que autorizó la escritura del nombramiento"*, con el número *"número de protocolo del notario que autorizó la escritura del nombramiento"* de su protocolo, e inscrita en el Registro Mercantil de *"localidad del Registro Mercantil de la escritura de nombramiento"*, en el tomo y hoja arriba indicados.

Si representa como apoderado:

apoderado de la reseñada sociedad, según escritura de poder otorgada a su favor, en *"fecha de escritura del otorgamiento del poder"*, ante el notario de *"lugar donde radica la notaría en la que se autorizó la escritura de poder"*, *"Don/Doña nombre y apellidos del notario que autorizó la escritura de poder"*, con el número *"número de protocolo del notario que autorizó la escritura de poder"* de su protocolo *"...e inscrita en el Registro Mercantil de "localidad del Registro Mercantil de la escritura de poder" ..."*, en el tomo y hoja arriba indicados.

<<

En adelante, *"...«Licenciatario»... O ... "nombre de la empresa" ..."*.

Las partes se reconocen la capacidad legal necesaria para contratar y obligarse y, a tal efecto

EXPONEN:

I. Que el Licenciante es una empresa dedicada al sector de la creación, distribución y venta de videojuegos y aplicaciones informáticas, y, en concreto, del *"denominación del VIDEOJUEGO"* (en adelante, EL VIDEOJUEGO).

II. Que el **Licenciatario** es una empresa dedicada al mundo audiovisual y de las telecomunicaciones.

III. Que ambas partes están interesadas en suscribir el presente Contrato con la finalidad de que el **Licenciante** licencie el uso de la marca *"especificar LA MARCA"* al **Licenciatario** a fin de que este pueda comunicar públicamente el Videojuego en el Metaverso, y ofrecérselo a sus suscriptores.

IV. Que con la finalidad de regular las condiciones de dicha licencia, y reconociéndose la más amplia capacidad negocial para suscribirlo, ambas partes acuerdan otorgar el presente acuerdo con arreglo a las siguientes

MCM 2590 s.

ESTIPULACIONES:

PRIMERA. Objeto del Contrato

1.1. En virtud del presente contrato el **Licenciante** concede al **Licenciatario** una licencia de uso de la Marca en el Metaverso, a fin de que el Licenciatario pueda explotarla junto con el Videojuego.

LM art.34, 39 y 48

1.2. Asimismo, será objeto de este contrato las cuestiones publicitarias que se puedan originar con ocasión del lanzamiento del Videojuego en el Metaverso.

SEGUNDA. Obligaciones de las partes

2.1. Obligaciones del **Licenciante**:

El Licenciante se compromete a:

a) Permitir al **Licenciatario** el uso de la Marca en relación con los servicios propios de la clase del nomenclátor internacional en el que ha sido inscrita, y con el único objeto de que el **Licenciatario** la utilice comercialmente con ocasión del Videojuego.

b) Proporcionar al **Licenciatario** una copia de la Marca en formato png adecuado para que el Licenciatario pueda utilizarla en el material publicitario del que pueda servirse para promocionar y explotar el Videojuego.

c) Defender al **Licenciatario** frente a cualquier uso ilícito de la Marca que un tercero competidor del Licenciatario pueda hacer de la misma en relación con los mismos servicios para los que el Licenciatario la use.

d) Ceder al **Licenciatario** cualesquiera derechos de propiedad intelectual sobre el Videojuego que sean necesarios para que el Licenciatario pueda ofrecer este a los usuarios registrados de su sitio en el metaverso, y, concretamente, los de reproducción, comunicación pública en su vertiente de puesta a disposición y transformación.

2.2. El **Licenciatario** se compromete a:

a) Utilizar la Marca tal y como el **Licenciante** se la suministre, sin modificarla o cambiarla de cualquier modo, únicamente en conexión con el Videojuego en el metaverso, sin que pueda el **Licenciatario** explotarla fuera de él en el mundo *offline*.

b) Abonar al **Licenciante** el precio convenido entre ellas, el cual se calculará variablemente, de acuerdo con los parámetros pactadas en anexo al presente contrato. En cualquier caso, dichos parámetros irán en función de la explotación real de la Marca y del videojuego en el metaverso, excluidos impuestos y gastos de explotación. Cualquier otro parámetro deberá ser acordado por ambas partes.

c) Gestionar los registros de los usuarios del Videojuego, de forma tal que quede constancia de su número y del tiempo de conexión o utilización del Videojuego.

d) No explotar el Videojuego de forma que pueda lesionar o afectar negativamente los derechos de explotación sobre dicha obra, y especialmente, las facultades morales relativas al modo en que el Videojuego se explote y cuáles otros videojuegos puedan utilizarse junto con aquel.

TERCERA. Condiciones de territorialidad y temporalidad del uso de la Marca en el Videojuego y de los derechos de propiedad intelectual sobre este

3.1. El derecho de uso de la Marca y sobre el Videojuego, en el marco de lo acordado en este contrato, se ceñirá a *"indicar el territorio"*.

3.2. Asimismo, el derecho a explotar la Marca y el Videojuego se hará por el periodo que va de *"fecha"* a *"fecha"*.

3.3. No obstante lo anterior, las partes podrán extender el uso de la Marca en relación con el Videojuego más allá de dicho tiempo, debiéndose para ello concluir nuevo acuerdo expresamente y por escrito.

MCM 2590 s.

3.4. Sin perjuicio de lo anterior, este contrato, se extinguirá por la denuncia unilateral de cualquiera de las partes mediante preaviso, por un medio fehaciente, con un plazo mínimo de *"un mes"* a la fecha estimada de comienzo de las obligaciones entre las partes.

CUARTA. Garantía de uso pacífico de la Marca y del Videojuego. Obligaciones por parte del Licenciatario

LM art.34, 39 y 48

4.1. El **Licenciante** garantiza al **Licenciatario** el uso pacífico de la Marca y del Videojuego en el sentido indicado en este contrato.

4.2. No obstante, si el **Licenciatario** recibiere cualquier demanda, requerimiento, querella o cualquier otro comunicado o anuncio relativo a un posible ejercicio ilícito del derecho de marca cedido o sobre o en relación con el Videojuego, el **Licenciatario** se compromete a ponerlo en conocimiento del **Licenciante** lo antes posible y, en todo caso, no después de *"48 horas"* tras haber recibido oficialmente el comunicado mencionado o haber tenido conocimiento del mismo.

QUINTA. Naturaleza mercantil del presente Contrato

5.1. El presente contrato tiene naturaleza estrictamente mercantil y en ningún caso podrá entenderse que implica una relación laboral entre las partes.

5.2. Asimismo, ambas partes declaran, reconocen y aceptan que este Contrato no constituye ninguna relación contractual de agencia entre ellas, o de comisión o de cualquier otro tipo de contrato que tenga una naturaleza representativa o clientelar entre ellas.

SEXTA. Confidencialidad y protección de datos personales

6.1. Las partes se obligan a mantener en estricto secreto y confidencialidad toda la información que se transmitan entre ellas y que mutuamente se proporcionen con motivo del presente contrato. En virtud de lo anterior, las partes se obligan a no divulgar, copiar, proporcionar información sobre el contrato, o de cualquier otra forma, violar la confidencialidad de la citada información.

6.2. Las disposiciones de confidencialidad previstas en esta cláusula sobrevivirán a la extinción de este contrato durante un período de *"tres años"* posterior a dicho momento.

6.3. En caso de que la información confidencial sea utilizada en forma contraria a lo establecido en el presente contrato, la parte que la utilice será responsable de los daños y perjuicios causados.

6.4. La presente cláusula recoge los derechos y obligaciones de las Partes en relación con el tratamiento por parte de cada uno de los datos personales, cuyo tratamiento sea responsabilidad del otro.

"Datos Personales", actuando ambas partes, respectivamente, y en cada caso, como responsable del tratamiento y encargado. Estas obligaciones se generan, regulan y extinguen en el marco de la prestación por cada parte de los servicios a que se refiere este Contrato.

SEPTIMA. Derecho aplicable. Resolución de controversias entre las Partes

7.1. El presente Contrato se regirá por el Derecho español.

7.2. Cualquier controversia que surja entre las Partes en relación con la aplicación o ejecución del presente Contrato será resuelta de buena fe entre ellas. No obstante, si persistiere el motivo de controversia, ambas partes acuerdan someterse a la jurisdicción de los tribunales de la ciudad de Madrid capital, con renuncia expresa a cualquier otro fuero territorial que les pudiera corresponder.

Y para que así conste, y en prueba de conformidad y aceptación del contenido de este contrato, ambas partes lo firman por duplicado, pero a un solo efecto en *"localidad"*, a *"fecha"*.

Licencia de patente (cláusulas particulares)

MCM 2710 s.

LP art.82 s

Nota preliminar:

- Los fenómenos transmisivos de la patente se insertan en los acuerdos generales de **transferencia de tecnología**. Pueden presentar diversas configuraciones, desde la más simple (acuerdos aislados de licencia o de cesión de una patente), hasta la más compleja. Como ejemplo de acuerdos complejos cabe citar: acuerdos de joint-venture o de empresa en participación que suponen licencias recíprocas de diversas patentes de los que participan en la empresa -lo que es frecuente en la introducción de nuevas tecnologías, como la DVD o en el campo biotecnológico-; patents pools o comunidades de patentes en las que hay licenciamiento recíproco de las innovaciones a las que se llegue; contratos de ingeniería en los que se licencian patentes y know-how, etc.

- La protección del know-how reside en la **competencia desleal** y en la consideración de secreto industrial o comercial. Consiste normalmente en conocimiento de datos de clientes, proveedores, fórmulas técnicas u otros bienes inmateriales no protegibles mediante un derecho de exclusiva de propiedad industrial (patente, marca, diseño industrial).

- El denominado know-how queda comprendido o resulta coincidente con el concepto de **secreto empresarial**. Esta identificación ha llevado a definir el know-how como «conocimiento o conjunto de conocimientos técnicos que no son de dominio público y que son necesarios para la fabricación o comercialización de un producto, para la prestación de un servicio o para la organización de una unidad o dependencia empresarial, por lo que procuran a quien los domina una ventaja sobre los competidores que se esfuerza en conservar evitando su divulgación», definición que acoge la TS 21-10-05, en relación al contrato de franquicia (AP Madrid 19-12-16, EDJ 256095).

- Es cierto que la **patente** supone, respecto de la invención protegida, su divulgación y por ello que deja de ser secreto. Pero también lo es que la patente puede venir complementada con un know how, que escapa al objeto de la patente, y que puede facilitar su explotación empresarial (TS 20-7-17, EDJ 149847).

- Puede haber secreto industrial en la información y conocimiento de un determinado prototipo de monitores motorizados que incorpora un sistema elevación de guías por bolas, **aunque la idea fuera ya conocida** en el estado de la técnica, pues lo relevante era la forma en que se había configurado y la reunión precisa de sus elementos a través de los cuales ese sistema de guías por bolas se aplicaba para el desplazamiento vertical del tipo de monitores motorizados que comercializa una empresa (TS 20-10-23, EDJ 721444).

- En general, podemos entender que una información o conocimiento es secreta cuando los **interesados en disponer de ella**, que la nueva ley califica de "personas pertenecientes a los círculos en que normalmente se utilice el tipo de información o conocimiento en cuestión", no tienen conocimiento en general de dicha información, ya sea de su totalidad o de una parte esencial, ya sea del resultado de la interacción de sus partes (AP Valencia 8-1-24, EDJ 520084).

- El modelo presupone unas circunstancias determinadas que serán las más **frecuentes**. Si en el caso concreto existen circunstancias particulares no previstas, deberá completarse o modificarse el modelo adaptándolo a las mismas.

En *"localidad"*, a *"fecha"*

REUNIDOS:

De una parte,

"Don/Doña nombre y apellidos de la parte", mayor de edad, *"estado civil de la parte"* "... *"especificar el régimen económico matrimonial de la parte"* ... ", de nacionalidad *"nacionalidad de la parte"*, con domicilio a estos efectos en *"domicilio de la parte"*, "...*con DNI/NIF número "DNI/NIF de la parte"* ... *O ... con tarjeta de residencia número "número de tarjeta de residencia de la parte"* ... *O ... pasaporte número "número de pasaporte de la parte", expedido el "fecha de expedición del pasaporte de la parte"* ... *O ... "reseñar otros documentos aportados por la parte"* ... ", vigente hasta el *"fecha de vigencia de la documentación aportada por la parte"*.

MCM 2710 s.

De otra parte,

"Don/Doña nombre y apellidos de la parte", mayor de edad, *"estado civil de la parte" "... "especificar el régimen económico matrimonial de la parte" ... "*, de nacionalidad *"nacionalidad de la parte"*, con domicilio a estos efectos en *"domicilio de la parte", "...con DNI/NIF número "DNI/NIF de la parte" ... O ... con tarjeta de residencia número "número de tarjeta de residencia de la parte" ... O ... pasaporte número "número de pasaporte de la parte", expedido el "fecha de expedición del pasaporte de la parte" ... O ... "reseñar otros documentos aportados por la parte" ... "*, vigente hasta el *"fecha de vigencia de la documentación aportada por la parte"*.

LP art.82 s

INTERVIENEN:

A. *"Don/Doña nombre y apellidos del representante"*, en nombre y representación de la sociedad mercantil denominada *"denominación social"*, domiciliada en *"domicilio social"*, y con NIF número *"NIF de la sociedad"*, constituida, por tiempo indefinido, mediante escritura otorgada ante el notario de *"lugar de la notaría en la que se autorizó la constitución de la sociedad", "Don/Doña nombre y apellidos del notario que autorizó la constitución de la sociedad"*, el *"fecha de escritura de constitución de la sociedad"*, e inscrita en el Registro Mercantil de *"datos de la inscripción registral de la sociedad (localidad del Registro Mercantil, tomo, folio, sección, hoja e inscripción)"*, en su calidad de

>>

❍ **Si representa como cargo social:**

"...administrador único ... O ... administrador solidario ... O ... consejero delegado ... O ... "especificar la representación del cargo social" ... " de la reseñada sociedad, cargo para el que fue nombrado y asegura vigente en escritura otorgada el *"fecha de escritura del nombramiento del cargo"*, ante el notario de *"lugar donde radica la notaría en la que se autorizó la escritura del nombramiento", "Don/Doña nombre y apellidos del notario que autorizó la escritura del nombramiento"*, con el número *"número de protocolo del notario que autorizó la escritura del nombramiento"* de su protocolo, e inscrita en el Registro Mercantil de *"localidad del Registro Mercantil de la escritura de nombramiento"*, en el tomo y hoja arriba indicados.

❍ **Si representa como apoderado:**

apoderado de la reseñada sociedad, según escritura de poder otorgada a su favor, en *"fecha de escritura del otorgamiento del poder"*, ante el notario de *"lugar donde radica la notaría en la que se autorizó la escritura de poder", "Don/Doña nombre y apellidos del notario que autorizó la escritura de poder"*, con el número *"número de protocolo del notario que autorizó la escritura de poder"* de su protocolo *"...e inscrita en el Registro Mercantil de "localidad del Registro Mercantil de la escritura de poder" ... "*, en el tomo y hoja arriba indicados.

<<

En adelante, El **licenciante**.

B. *"Don/Doña nombre y apellidos del representante"*, en nombre y representación de la sociedad mercantil denominada *"denominación social"*, domiciliada en *"domicilio social"*, y con NIF número *"NIF de la sociedad"*, constituida, por tiempo indefinido, mediante escritura otorgada ante el notario de *"lugar de la notaría en la que se autorizó la constitución de la sociedad", "Don/Doña nombre y apellidos del notario que autorizó la constitución de la sociedad"*, el *"fecha de escritura de constitución de la sociedad"*, e inscrita en el Registro Mercantil de *"datos de la inscripción registral de la sociedad (localidad del Registro Mercantil, tomo, folio, sección, hoja e inscripción)"*, en su calidad de

>>

❍ **Si representa como cargo social:**

"...administrador único ... O ... administrador solidario ... O ... consejero delegado ... O ... "especificar la representación del cargo social" ... " de la reseñada sociedad, cargo para el que fue nombrado y asegura vigente en escritura otorgada el *"fecha de escritura del nombramiento del cargo"*, ante el notario de *"lugar donde radica la notaría en la que se autorizó la escritura del nombramiento"*,

"Don/Doña nombre y apellidos del notario que autorizó la escritura del nombramiento", con el número *"número de protocolo del notario que autorizó la escritura del nombramiento"* de su protocolo, e inscrita en el Registro Mercantil de *"localidad del Registro Mercantil de la escritura de nombramiento"*, en el tomo y hoja arriba indicados.

MCM 2710 s.

 **Si representa como apoderado:**

apoderado de la reseñada sociedad, según escritura de poder otorgada a su favor, en *"fecha de escritura del otorgamiento del poder"*, ante el notario de *"lugar donde radica la notaría en la que se autorizó la escritura de poder"*, *"Don/Doña nombre y apellidos del notario que autorizó la escritura de poder"*, con el número *"número de protocolo del notario que autorizó la escritura de poder"* de su protocolo *"...e inscrita en el Registro Mercantil de "localidad del Registro Mercantil de la escritura de poder" ..."*, en el tomo y hoja arriba indicados.

LP art.82 s

<<

En adelante, El **licenciatario**.

Las partes se reconocen la capacidad legal necesaria para contratar y obligarse y, a tal efecto

EXPONEN:

I. Que el **Licenciante** es titular de la patente europea número *"número de la patente"*, con efectos en España y relativa a un procedimiento de fabricación de molduras metálicas.

II. Que dicha patente se halla plenamente en vigor y al corriente del pago de las tasas, sin que sobre la misma penda ningún procedimiento judicial que ponga en tela de juicio su validez.

III. Que el **Licenciatario** está interesado en obtener una licencia exclusiva de dicha patente para España.

En consecuencia, acuerdan las siguientes

ESTIPULACIONES:

"Número"

El **Licenciante** autoriza al **Licenciatario** a usar de la patente identificada en el expositivo I, con carácter no exclusivo en las condiciones recogidas en el presente contrato.

Nota:

*Se trata de una **licencia no exclusiva**. Es habitual especificarlo, aunque existe una presunción legal en pro del carácter no exclusivo de la licencia. El licenciatario no exclusivo no tiene legitimación para demandar por violación de la patente (*LP *art.117.3).*

"Número"

El **Licenciatario** utilizará el procedimiento de fabricación licenciado, además del know-how necesario para su utilización y que se detalla en el Anexo 1 del presente contrato durante la vigencia del contrato y podrá hacerlo sin limitación en cualquier fábrica que tenga abierta o abra en el territorio nacional y que dedique a *"especificar actividad de la fábrica (p.e. manufactura de molduras metálicas)"*. En todo producto manufacturado, así como en las etiquetas, marbetes, y material promocional aparecerá la indicación 'Bajo licencia de *"el Licenciante"*'.

Nota:

*Es obligatorio en la licencia de patente prever si existe licencia del **know-how** (*LP *art.*84*), caso de guardar silencio, se entiende obligatoria la licencia del know-how necesario para la explotación de la patente.*

MCM 2710 s.

LP art.82 s

"Número"
El **Licenciante** se reserva el derecho de control de las instalaciones del **Licenciatario**, para controlar el proceso de manufactura, así como para el control de la contabilidad. Los costes de esta auditoría serán de cuenta del **Licenciante**, salvo que se revelen anomalías graves, en cuyo caso la auditoría será sufragada por el **Licenciatario**.

✍ **Nota:**

*La **cláusula de control** es inherente a toda licencia de patente. El objetivo no es normalmente el de control de calidad, sino el de poder inspeccionar la contabilidad, para la determinación de las regalías que debe percibir.*

"Número"
El **Licenciatario** se compromete a no impugnar la patente del **Licenciante** durante toda la vigencia del contrato.

✍ **Nota:**

En la actualidad se admite la validez de la cláusula (TJCE 27-9-88, asunto 65/86 "Bayer Süllhofer"), que está expresamente admitida en los contratos de transferencia de tecnología, en los que se encuadra la licencia de patente (art.45.2.b Rgto UE/316/2014, *sobre transferencia de tecnología).*

Igualmente se compromete a usar la patente en España, resarciendo al **Licenciante** de los daños y perjuicios que el incumplimiento de estas obligaciones pudiera ocasionarle.

✍ **Nota:**

*El titular de la patente está obligado a **explotar** la invención patentada bien por sí mismo, o por persona autorizada por él mediante su ejecución en España o en el territorio de un Estado miembro de la Organización Mundial del Comercio, de forma que dicha explotación resulte suficiente para abastecer la demanda en el mercado español (LP art.90).*

"Número"
En caso de que el **Licenciatario** tenga noticia de la infracción de la patente por terceros, comunicará los datos que posea sobre el particular al **Licenciante**, quien asumirá los gastos de defensa procesal de la patente y de la acción de violación.

✍ **Nota:**

Existe numerosa jurisprudencia sobre la interpretación de la regla de L 11/1986 *art.*124 *(actual LP art.117.4), que establece la legitimación del **licenciatario exclusivo** en determinados casos:* TS 18-10-95*; 11-7-00, EDJ 15769; 17-1-01, EDJ 7;* AP Barcelona 12-6-01.

"Número"
En caso de ser demandada el **Licenciatario** por una supuesta infracción de una patente, modelo de utilidad o título similar, perteneciente a un tercero, o en el caso de que sea requerida por infracción de patente o de modelo de utilidad o título similar a que cese en el uso del procedimiento patentado, pondrá dicha demanda o dicho requerimiento en conocimiento del **Licenciante** en un plazo de tres días. El **Licenciante** asumirá los gastos de defensa procesal y llevará directamente las negociaciones con el titular de la patente supuestamente infringida.

"Número"
El **Licenciatario** no podrá utilizar un procedimiento de fabricación de molduras metálicas distinto del licenciado en el presente contrato.

✍ **Nota:**

*Esta cláusula puede ser potencialmente lesiva de la **competencia**. Se trata de una exclusividad de parte de sólo el licenciatario, no del licenciante. Dicha cláusula tiene importancia en caso de tecnología punta, p.e., licencias de fabricación de tetra pak, etc.*

A la expiración del presente contrato, el **Licenciatario** podrá manufacturar bajo procedimientos distintos al patentado.

MCM 2710 s.

"Número"
La licencia concedida no puede ser objeto de sub-licencias.

"Número"
El **Licenciatario** pagará en contraprestación por el uso de la patente una cantidad fija anual *"cantidad como contraprestación, en letra"* euros (*"cantidad como contraprestación, en número"* €), y una regalía sobre el total de ventas ex works de un 5%. LP art.82 s

 **Nota:**

La Administración tributaria mediante el expediente de ***comprobación de valores*** *puede fijar el valor real de las transacciones que supongan el pago de regalías por el uso de derechos de propiedad industrial. A veces, el empleo de una valoración baja de la licencia puede suponer un inconveniente para el titular de la marca que demanda por violación (cfr. el criterio indemnizatorio de la* LP *art.74.2.a), si el Juez fija el valor de la licencia hipotética en el propio valor asignado por el titular a efectos del impuesto de AJD (sobre la vinculación de la valoración fiscal a efectos de casación ver* TCo 23-2-88*). Ver la* DGT Resol 28-9-95.

En ningún caso, la regalía variable será inferior a la cantidad de *"cantidad de la regalía, en letra"* euros (*"cantidad de la regalía, en número"* €). En caso de discrepancias en cuanto a la fijación del canon que debe pagar el Licenciatario, esta cantidad será determinada por la auditora de cuentas *"especificar auditora de cuentas"*.

"Número"
El presente contrato tiene duración de *"número de años de duración del contrato"* años a contar desde la fecha del contrato.

"Número"
El contrato podrá ser renovado por una sola vez y por un plazo de *"plazo de renovación del contrato"* años, siempre que ninguna de las partes manifieste su voluntad contraria a dicha renovación en el plazo de un mes anterior al vencimiento del plazo de duración previsto en la cláusula anterior.

Nota:

Cfr., el anteriormente comentado art.16.3.a) Ley *de Competencia Desleal: "tendrá asimismo la consideración de* ***desleal*** *a) la ruptura, aunque sea de forma parcial, de una relación comercial establecida sin que haya existido preaviso escrito y preciso con una antelación mínima de seis meses, salvo que se deba a incumplimientos graves de las condiciones pactadas o en caso de fuerza mayor".*

"Número"
Además de la causa de resolución prevista en el apartado anterior, el contrato se extinguirá automáticamente por quiebra o situación concursal de cualquiera de las partes, por incumplimiento grave de las obligaciones ex art.1124 Código Civil. No se extinguirá el contrato por extinción, caducidad o nulidad del derecho de patente.

Nota:

Esta cláusula puede plantear problemas desde la perspectiva del Derecho de la ***competencia****. A favor de la misma se suele argumentar que la forma concreta de pago de una regalía puede hacerse por un tanto alzado y que, por tanto, la obligación de pago, pese a que la patente haya sido declarado nula, no es restrictiva de la competencia. Sin embargo, la opinión general es considerar que esta cláusula es lesiva de la competencia, por lo cual, es conveniente notificar el contrato a las autoridades de defensa de la competencia.*

MCM 2710 s.

LP art.82 s

"Número"
El **Licenciante** no podrá renunciar al derecho sobre la patente, hipotecarla o cederla sin haber comunicado esta intención al **Licenciatario**, que deberá manifestar su consentimiento por escrito a tales negocios.

"Número"
El contrato queda sometido al Derecho español.

Nota:

*En estos contratos tiene importancia la indicación de a qué ordenamiento se someten con el fin de dotar de certidumbre sobre la **Ley aplicable**.*

"Número"
Las partes se someten a la jurisdicción de los Tribunales de *"especificar ciudad de los Tribunales"*, con renuncia del fuero que pudiera corresponderles.

Y en prueba de conformidad, ambas partes firman el presente contrato, que se extiende en dos ejemplares, igualmente originales, en el lugar y fecha indicados en su encabezamiento.

EL LICENCIANTE **EL LICENCIATARIO**

ANEXO

"especificar los procedimientos de fabricación y know-how"

Cesión de patente (cláusulas particulares)

MCM 2690 s.

Nota preliminar:

- Tanto la **solicitud de patente** como la **patente misma** son transmisibles por cualquier medio admitido en Derecho y pueden ser objeto de licencias y de usufructo. A los efectos de su cesión o gravamen, la solicitud de patente o la patente ya concedida son indivisibles, con independencia de que la titularidad pertenezca a varias personas pro indiviso.

LP art.82 s

- El modelo presupone unas circunstancias determinadas que serán las más **frecuentes**. Si en el caso concreto existen circunstancias particulares no previstas, deberá completarse o modificarse el modelo adaptándolo a las mismas.

En *"localidad"*, a *"fecha"*

REUNIDOS:

De una parte,

"Don/Doña nombre y apellidos de la parte", mayor de edad, *"estado civil de la parte" "... "especificar el régimen económico matrimonial de la parte" ... "*, de nacionalidad *"nacionalidad de la parte"*, con domicilio a estos efectos en *"domicilio de la parte"*, *"...con DNI/NIF número "DNI/NIF de la parte" ... O ... con tarjeta de residencia número "número de tarjeta de residencia de la parte" ... O ... pasaporte número "número de pasaporte de la parte", expedido el "fecha de expedición del pasaporte de la parte" ... O ... "reseñar otros documentos aportados por la parte" ... "*, vigente hasta el *"fecha de vigencia de la documentación aportada por la parte"*.

De otra parte,

"Don/Doña nombre y apellidos de la parte", mayor de edad, *"estado civil de la parte" "... "especificar el régimen económico matrimonial de la parte" ... "*, de nacionalidad *"nacionalidad de la parte"*, con domicilio a estos efectos en *"domicilio de la parte"*, *"...con DNI/NIF número "DNI/NIF de la parte" ... O ... con tarjeta de residencia número "número de tarjeta de residencia de la parte" ... O ... pasaporte número "número de pasaporte de la parte", expedido el "fecha de expedición del pasaporte de la parte" ... O ... "reseñar otros documentos aportados por la parte" ... "*, vigente hasta el *"fecha de vigencia de la documentación aportada por la parte"*.

INTERVIENEN:

A. *"Don/Doña nombre y apellidos del representante"*, en nombre y representación de la sociedad mercantil denominada *"denominación social"*, domiciliada en *"domicilio social"*, y con NIF número *"NIF de la sociedad"*, constituida, por tiempo indefinido, mediante escritura otorgada ante el notario de *"lugar de la notaría en la que se autorizó la constitución de la sociedad"*, *"Don/Doña nombre y apellidos del notario que autorizó la constitución de la sociedad"*, el *"fecha de escritura de constitución de la sociedad"*, e inscrita en el Registro Mercantil de *"datos de la inscripción registral de la sociedad (localidad del Registro Mercantil, tomo, folio, sección, hoja e inscripción)"*, en su calidad de

>>

❍ **Si representa como cargo social:**

"...administrador único ... O ... administrador solidario ... O ... consejero delegado ... O ... "especificar la representación del cargo social" ... " de la reseñada sociedad, cargo para el que fue nombrado y asegura vigente en escritura otorgada el *"fecha de escritura del nombramiento del cargo"*, ante el notario de *"lugar donde radica la notaría en la que se autorizó la escritura del nombramiento"*, *"Don/Doña nombre y apellidos del notario que autorizó la escritura del nombramiento"*, con el número *"número de protocolo del notario que autorizó la escritura del nombramiento"* de su protocolo, e inscrita en el Registro Mercantil de *"localidad del Registro Mercantil de la escritura de nombramiento"*, en el tomo y hoja arriba indicados.

MCM 2690 s.

❍ **Si representa como apoderado:**

apoderado de la reseñada sociedad, según escritura de poder otorgada a su favor, en *"fecha de escritura del otorgamiento del poder"*, ante el notario de *"lugar donde radica la notaría en la que se autorizó la escritura de poder"*, *"Don/Doña nombre y apellidos del notario que autorizó la escritura de poder"*, con el número *"número de protocolo del notario que autorizó la escritura de poder"* de su protocolo *"...e inscrita en el Registro Mercantil de "localidad del Registro Mercantil de la escritura de poder" ..."*, en el tomo y hoja arriba indicados.

LP art.82 s

≺≺

En adelante, El **cedente**.

B. *"Don/Doña nombre y apellidos del representante"*, en nombre y representación de la sociedad mercantil denominada *"denominación social"*, domiciliada en *"domicilio social"*, y con NIF número *"NIF de la sociedad"*, constituida, por tiempo indefinido, mediante escritura otorgada ante el notario de *"lugar de la notaría en la que se autorizó la constitución de la sociedad"*, *"Don/Doña nombre y apellidos del notario que autorizó la constitución de la sociedad"*, el *"fecha de escritura de constitución de la sociedad"*, e inscrita en el Registro Mercantil de *"datos de la inscripción registral de la sociedad (localidad del Registro Mercantil, tomo, folio, sección, hoja e inscripción)"*, en su calidad de

≻≻

❍ **Si representa como cargo social:**

"...administrador único ... O ... administrador solidario ... O ... consejero delegado ... O ... "especificar la representación del cargo social" ... " de la reseñada sociedad, cargo para el que fue nombrado y asegura vigente en escritura otorgada el *"fecha de escritura del nombramiento del cargo"*, ante el notario de *"lugar donde radica la notaría en la que se autorizó la escritura del nombramiento"*, *"Don/Doña nombre y apellidos del notario que autorizó la escritura del nombramiento"*, con el número *"número de protocolo del notario que autorizó la escritura del nombramiento"* de su protocolo, e inscrita en el Registro Mercantil de *"localidad del Registro Mercantil de la escritura de nombramiento"*, en el tomo y hoja arriba indicados.

❍ **Si representa como apoderado:**

apoderado de la reseñada sociedad, según escritura de poder otorgada a su favor, en *"fecha de escritura del otorgamiento del poder"*, ante el notario de *"lugar donde radica la notaría en la que se autorizó la escritura de poder"*, *"Don/Doña nombre y apellidos del notario que autorizó la escritura de poder"*, con el número *"número de protocolo del notario que autorizó la escritura de poder"* de su protocolo *"...e inscrita en el Registro Mercantil de "localidad del Registro Mercantil de la escritura de poder" ..."*, en el tomo y hoja arriba indicados.

≺≺

En adelante, El **cesionario**.

Las partes se reconocen la capacidad legal necesaria para contratar y obligarse y, a tal efecto

EXPONEN:

I. Que el **Cedente** es titular de la patente española número *"número de la patente"*, relativa a *"especificar producto"*, se halla en vigor registral, sin que esté gravada con hipoteca mobiliaria ni sobre la misma existan licencias o derechos reales.

II. Que el **Cesionario** está interesado en la adquisición de dicha patente. Por ello conciertan el presente contrato de cesión de acuerdo a las siguientes

ESTIPULACIONES:

"Número"

El **Cedente** cede el pleno dominio y titularidad de la patente española número *"número de la patente"*, relativa a *"especificar producto"*.

MCM 2690 s.

Nota:

Se trata de una ***cesión expresa****. Conviene siempre pactar expresamente la cesión. Cfr.* TS 10-12-99, *EDJ 36403, que estima -contra el criterio del Tribunal de apelación- que el arquitecto contratista no cedió el derecho sobre el modelo de utilidad en favor del comitente de una obra (una junta de compensación), ni tan siquiera se considera acreditado que se hubiera producido una autorización del empleo del modelo de utilidad en dicha obra.*

"Número"

LP art.82 s

El **Cesionario** adquiere dicho dominio y abona en contraprestación la cantidad de *"cantidad a abonar por el Cesionario, en letra"* euros (*"cantidad a abonar por el Cesionario, en número"* €), cantidad que se confiesa recibida por parte del **Cedente**.

Nota:

La Administración tributaria mediante el expediente de ***comprobación de valores*** *puede fijar el valor real de las transacciones que supongan el pago de regalías por el uso de derechos de propiedad industrial. A veces, el empleo de una valoración baja de la licencia puede suponer un inconveniente para el titular de la marca que demanda por violación (cfr. el criterio indemnizatorio de la* LP *art.74.2.a), si el Juez fija el valor de la licencia hipotética en el propio valor asignado por el titular a efectos del impuesto de AJD (sobre la vinculación de la valoración fiscal a efectos de casación v.* TCo 23-2-88*). Ver la* DGT Resol 28-9-95.

"Número"

El **Cedente** señala que, a su conocimiento, no existen litigios sobre la validez de dicha patente ni acciones reivindicatorias sobre la misma, comprometiéndose a indemnizar los daños y perjuicios que, caso de que dichos litigios hubieran sido planteados a la fecha de celebración del contrato, se ocasionen a la cesionaria.

Nota:

Según el art.85.1 LP, quien transmita a título oneroso una solicitud de patente o una patente ya concedida u otorgue una licencia sobre las mismas responderá, salvo pacto en contrario, si posteriormente se declarara que ***carecía de la titularidad o de las facultades*** *necesarias para la realización del negocio de que se trate.*

"Número"

El **Cedente** responde de la titularidad de la patente.

Nota:

*El cedente (a título oneroso) está obligado a transmitir, salvo pacto en contrario, los conocimientos técnicos necesarios para explotar la invención (*LP *art.*84*). Además, el cedente en los contratos onerosos responde, salvo pacto en contrario, por* ***evicción****, es decir, de la legítima titularidad de la patente o solicitud que transmite (*LP *art.*85*) y por la* ***validez de la patente*** *si al tiempo de conclusión del contrato le constaba la posible nulidad de la misma (*LP *art.85 y 104.3,* TS 24-5-94, *EDJ 4754). Existe también una responsabilidad extracontractual por* ***vicios*** *intrínsecos de la invención, que excepcionalmente puede alcanzar a los negocios gratuitos (*LP *art.*86*;* CC *art.*638 *y* 1340*).*

Sin embargo, el **Cedente** no responde de que la patente cumpla los requisitos de patentabilidad establecidos en la Ley española, si bien no tiene constancia de que la patente adolezca de vicio alguno que impida su plena validez.

Nota:

En caso de ***mala fe****, obviamente, no es admisible la exoneración de responsabilidad (LP art.85.2).*

Caso de que se planteen litigios con terceras partes sobre la validez de la patente, el **Cedente** queda liberado de comparecer a dichos litigios. En cualquier caso, la presente cláusula no perjudica la existencia de una posible responsabilidad extracontractual.

MCM 2690 s.

LP art.82 s

Nota:

El cedente y el licenciante de patente ***responden extracontractualmente*** *contra terceros perjudicados de los defectos intrínsecos de la invención. Puede ser, por ejemplo, que una invención se base en una apreciación equivocada de la realidad y que su puesta en práctica cause daños a los usuarios de la invención o a terceros. De acuerdo con la normativa reguladora de la responsabilidad del fabricante de productos defectuosos, el fabricante respondería del daño causado a terceros no sólo por defectos de fabricación, sino también por defectos intrínsecos o de diseño (ténganse presente el* RDLeg 1/2007 *art.*128 *s., esto es, el texto refundido de la Ley General para la Defensa de los Consumidores y Usuarios y otras leyes complementarias, en el que se establecen importantes disposiciones acerca de la responsabilidad por productos defectuosos y la no oponibilidad de las cláusulas que restringen esta responsabilidad frente a los consumidores). El fabricante podrá exonerarse de la responsabilidad si prueba que el estado de los conocimientos técnicos y científicos existentes en el momento de la puesta en circulación del bien no permitía apreciar la existencia del defecto, son los denominados riesgos de desarrollo (*RDLeg 1/2007 *art.*140.*1.e). Sin embargo, la persona que ha descrito el producto o el método para llegar a él puede tener también responsabilidad (LP art.86.1).*

"Número"

Las partes reconocen que no es necesario que se transmita junto con la patente el know-how necesario para su explotación, por tener dichos conocimientos el **Cesionario**.

Nota:

La Ley de Patentes establece que, salvo pacto en contrario, es necesaria la ***transmisión del know-how*** *junto con la patente (LP art.84). No es habitual, a diferencia de la cesión de la marca, pactar la no competencia del cedente durante un plazo temporal limitado. Dado que la patente otorga un derecho exclusivo de explotación de la invención patentada, es obvio que el cedente no podrá explotar el objeto de la patente, salvo que el cesionario le autorice.*

"Número"

Las controversias derivadas del presente contrato se someten a arbitraje institucional del Colegio de Abogados de *"especificar ciudad del Colegio de Abogados"*, quien -con arreglo a sus propias normas- designará un único árbitro para la resolución de las controversias que se le sometan.

Y en prueba de conformidad, ambas partes firman el presente contrato, que se extiende en dos ejemplares, igualmente originales, en el lugar y fecha indicados en su encabezamiento.

EL CEDENTE **EL CESIONARIO**

Comunidad de patente (cláusulas particulares)

MCM 2900 s.

Nota preliminar:

- Los casos de comunidad de patentes pueden surgir por joint ventures, acuerdos de puesta en común de patentes (patents pools), también en supuestos de licencias de patentes, o en general cuando se ejercite una empresa a través de **sociedades internas**. Los "patent pools" en sentido estricto no son comunidades de patentes, sino puesta en común por un sistema de licencias recíprocas de patentes de propiedad individual, patentes que son necesarias para la explotación de una tecnología compleja. Un ejemplo lo encontramos en la explotación de la tecnología DVD (Disco Vertical Digital, discos de almacenamiento óptico de alta densidad). Se trata de unas empresas que han establecido una red mundial de licencias no exclusivas para la explotación de la tecnológica en condiciones fijas para todas las empresas que quieran explotar dicha tecnología (DOCE 27-VIII-1999, nº C, 242, pg. 5).
- El modelo presupone unas circunstancias determinadas que serán las más **frecuentes**. Si en el caso concreto existen circunstancias particulares no previstas, deberá completarse o modificarse el modelo adaptándolo a las mismas.

LP art.80

En *"localidad"*, a *"fecha"*

REUNIDOS:

De una parte,
"Don/Doña nombre y apellidos de la parte", mayor de edad, *"estado civil de la parte" "..., "especificar el régimen económico matrimonial de la parte" ..."*, de nacionalidad *"nacionalidad de la parte"*, con domicilio a estos efectos en *"domicilio de la parte"*.

De otra parte,
"Don/Doña nombre y apellidos de la parte", mayor de edad, *"estado civil de la parte" "...,"especificar el régimen económico matrimonial de la parte" ..."*, de nacionalidad *"nacionalidad de la parte"*, con domicilio a estos efectos en *"domicilio de la parte"*.

Intervienen todos en su propio nombre y derecho. En adelante, todos ellos conjuntamente los **Comuneros**.
Se reconocen recíprocamente la capacidad legal necesaria para contratar y obligarse y, a tal efecto

EXPONEN:

I. Que el *"fecha de publicación"* se publicó en el Boletín Oficial de la Propiedad Industrial la concesión de la patente número *"número de la patente"*, otorgada a nombre de los **Comuneros** y relativa a *"especificar producto; (p.e. una máquina desvinadora)"*.

II. Que para regular el funcionamiento de la comunidad de patente se estima oportuno celebrar el presente contrato con arreglo a las siguientes

Nota:

*Nótese que la LP art.80 recoge una regulación de la comunidad de patente, que se aplicará en **defecto de pacto expreso**. El contrato puede establecer, de este modo, reglas distintas a las contenidas en dicho precepto, que es una norma dispositiva.*

ESTIPULACIONES:

PRIMERA.

MCM 2900 s. Dado que ninguno de los **Comuneros** tiene medios económicos suficientes para proceder a la explotación de la invención, se renuncia por todos ellos al derecho de explotación individual previsto en el art.80.2.b) de la Ley de Patentes.

SEGUNDA.

LP art.80 La forma de explotación de la patente será por licencia concedida a un tercero.

 **Nota:**

*La **licencia** de la patente debe ser otorgada por todos los comuneros -aunque en determinados casos la licencia pueda ser conceptuada como un acto de ordinaria administración de la comunidad de patente-, en caso de desacuerdo de la Ley parece deducirse que hay que acudir a la autoridad judicial para la explotación de la patente a través del otorgamiento de licencias. En este caso el Juez facultará a un comunero para que otorgue la licencia en nombre de todos atribuyéndose los beneficios en proporción a las cuotas respectivas de los comuneros ["el Juez, por razones de equidad (...) faculte a alguno de ellos para otorgar la concesión mencionada" (LP art.80.3)]*

Dicha licencia será negociada por parte de *"Don/Doña nombre y apellidos del copropietario de la patente"*, copropietario de la patente, siguiendo el mandato imperativo dado por los restantes copropietarios.

Nota:

*Obviamente hay múltiples cláusulas alternativas. Puede optarse porque cada comunero pueda **explotar por sí mismo la patente** (en aplicación de la LP art.80.2.b): "cada copropietario de la patente podrá explotarla por sí mismo, dando cuenta de ello a los demás".*

En caso de que no se alcance la unanimidad para el otorgamiento de la licencia, el Juez resolverá lo que sea procedente, con arreglo al art.80.3 de la Ley de Patentes.

TERCERA.

Los **Comuneros** sufragarán en proporción a sus cuotas los gastos de mantenimiento de la patente, honorarios de agente, procedimientos judiciales y similares, con arreglo a lo dispuesto en el Código Civil y en la Ley de Patentes.

Nota:

TS 13-5-96, *EDJ 2168: el titular de la patente era una sociedad y una persona física. Para el ejercicio de la acción de violación, la sentencia señala que la notificación prevista en la Ley no ha de ser previa. Sin embargo, la sentencia establece que, si el comunero no se suma a la acción, no se puede reconvenir la **nulidad** de la patente y solamente se podrá excepcionar la nulidad de la misma. Sí cabrá ejercitar una acción separada contra el comunero que se ha negado a sumarse a la acción. La sentencia es congruente con la doctrina general del Tribunal Supremo en materia de ejercicio de acciones por un comunero: la cosa juzgada beneficia a la comunidad y no le perjudica en cuanto que sea perjudicial (*TS 23-1-89, *EDJ 395 caso LEO).*

CUARTA.

Cualquier copropietario podrá salir de la comunidad mediante la enajenación de su cuota, notificándolo a los restantes copropietarios, quienes podrán ejercitar su derecho de tanteo durante el plazo de dos meses a contar desde la notificación. Si no se procedió a la notificación, surgirá un derecho de retracto en el plazo de un mes contado desde la publicación en el Boletín Oficial de la Propiedad Industrial de la inscripción de la enajenación efectuada en el Registro de Patentes de la Oficina Española de Patentes y Marcas. Dicho derecho de tanteo y retracto surgirá en toda transmisión inter-vivos. Si la transmisión es a título gratuito, se procederá a una valoración de la cuota realizada por la sociedad de tasación *"especificar sociedad de tasación"*.

MCM 2900 s.

LP art.80

Nota:

La cláusula señalada es más amplia que la regulación de la LP art.80.2.a). Mientras que dicho artículo establece conjuntamente el derecho de ***tanteo y de retracto****, en la cláusula propuesta la existencia de uno excluye al otro. Además, se especifica que el derecho de adquisición preferente surge en todos los negocios de transmisión inter vivos de la cuota.*

QUINTA.

El presente contrato durará por toda la vigencia de la patente o sus eventuales adiciones.

Y en prueba de conformidad, las partes firman el presente contrato, que se extiende en *"especificar número de ejemplares"* ejemplares, igualmente originales, en el lugar y fecha indicados en su encabezamiento.

LOS COMUNEROS

MCM 2670 s.

Realización de un proyecto con reserva de los derechos de propiedad industrial

LP art.4 y 15 s

Nota preliminar:

- La finalidad de este contrato es la de realizar un encargo de realización de una **invención**. En algunos casos será un arrendamiento de obra (si el arrendatario se obliga a realizar la invención) y, en otros, será un arrendamiento de servicios (si el arrendatario no garantiza la realización de un resultado, sino sólo la de poner los medios a su alcance para intentar alcanzar el resultado previsto). Son frecuentes estos contratos con centros de investigación.

- El modelo presupone unas circunstancias determinadas que serán las más frecuentes. Si en el caso concreto existen circunstancias particulares no previstas, deberá completarse o modificarse el modelo adaptándolo a las mismas.

En *"localidad"*, a *"fecha"*

REUNIDOS:

De una parte,
"Don/Doña nombre y apellidos de la parte", mayor de edad, *"estado civil de la parte" "... "especificar el régimen económico matrimonial de la parte" ... "*, de nacionalidad *"nacionalidad de la parte"*, con domicilio a estos efectos en *"domicilio de la parte"*, *"...con DNI/NIF número "DNI/NIF de la parte" ... O ... con tarjeta de residencia número "número de tarjeta de residencia de la parte" ... O ... pasaporte número "número de pasaporte de la parte", expedido el "fecha de expedición del pasaporte de la parte" ... O ... "reseñar otros documentos aportados por la parte" ... "*, vigente hasta el *"fecha de vigencia de la documentación aportada por la parte"*.

De otra parte,
"Don/Doña nombre y apellidos de la parte", mayor de edad, *"estado civil de la parte" "... "especificar el régimen económico matrimonial de la parte" ... "*, de nacionalidad *"nacionalidad de la parte"*, con domicilio a estos efectos en *"domicilio de la parte"*, *"...con DNI/NIF número "DNI/NIF de la parte" ... O ... con tarjeta de residencia número "número de tarjeta de residencia de la parte" ... O ... pasaporte número "número de pasaporte de la parte", expedido el "fecha de expedición del pasaporte de la parte" ... O ... "reseñar otros documentos aportados por la parte" ... "*, vigente hasta el *"fecha de vigencia de la documentación aportada por la parte"*.

INTERVIENEN:

A. *"Don/Doña nombre y apellidos del representante"*, en nombre y representación de la sociedad mercantil denominada *"denominación social"*, domiciliada en *"domicilio social"*, y con NIF número *"NIF de la sociedad"*, constituida, por tiempo indefinido, mediante escritura otorgada ante el notario de *"lugar de la notaría en la que se autorizó la constitución de la sociedad"*, *"Don/Doña nombre y apellidos del notario que autorizó la constitución de la sociedad"*, el *"fecha de escritura de constitución de la sociedad"*, e inscrita en el Registro Mercantil de *"datos de la inscripción registral de la sociedad (localidad del Registro Mercantil, tomo, folio, sección, hoja e inscripción)"*, en su calidad de

≻≻

○ **Si representa como cargo social:**

"...administrador único ... O ... administrador solidario ... O ... consejero delegado ... O ... "especificar la representación del cargo social" ... " de la reseñada sociedad, cargo para el que fue nombrado y asegura vigente en escritura otorgada el *"fecha de escritura del nombramiento del cargo"*, ante el notario de *"lugar donde radica la notaría en la que se autorizó la escritura del nombramiento"*, *"Don/Doña nombre y apellidos del notario que autorizó la escritura del nombramiento"*, con el número *"número de protocolo del notario que autorizó la escritura del nombramiento"* de su protocolo, e inscrita en el Registro Mercantil de *"localidad del Registro Mercantil de la escritura de nombramiento"*, en el tomo y hoja arriba indicados. MCM 2670 s. LP art.4 y 15 s

○ **Si representa como apoderado:**

apoderado de la reseñada sociedad, según escritura de poder otorgada a su favor, en *"fecha de escritura del otorgamiento del poder"*, ante el notario de *"lugar donde radica la notaría en la que se autorizó la escritura de poder"*, *"Don/Doña nombre y apellidos del notario que autorizó la escritura de poder"*, con el número *"número de protocolo del notario que autorizó la escritura de poder"* de su protocolo *"...e inscrita en el Registro Mercantil de "localidad del Registro Mercantil de la escritura de poder" ... "*, en el tomo y hoja arriba indicados.

≺≺

En adelante, El **comitente**.

B. *"Don/Doña nombre y apellidos del representante"*

Interviene en nombre y representación, como director, de *"especificar centro de investigación; (p.e. Instituto de Tecnología de Alimentos de la Universidad de Barcelona)"*.

En adelante, el **Arrendador o Contratista**.

Las partes se reconocen la capacidad legal necesaria para contratar y obligarse y, a tal efecto

EXPONEN:

I. Que ambas instituciones están interesadas en la obtención de una variedad vegetal consistente en *"especificar variedad; (p.e. una uva del tipo superior seedless que tenga un hollejo más fino del que es habitual)"*.

II. Que dicha variedad será comercializada por el **Comitente**, si bien parte de los beneficios de su explotación revertirán en el **Arrendador**.

En consecuencia, acuerdan las siguientes

ESTIPULACIONES:

PRIMERA.

El **Comitente** se obliga a financiar la realización de una investigación (en adelante, el **Proyecto**) conducente a la consecución de un título de obtención vegetal para *"especificar título; (p.e. uva tipo Superior Sedles)"*, caracterizada por la siguiente morfología *"especificar morfología; (p.e. hollejo más fino)"*.

SEGUNDA.

El **Arrendador** se compromete a realizar dicha investigación de acuerdo a la máxima diligencia posible. A este efecto, se realizará una búsqueda en la oficina comunitaria de variedades vegetales, búsqueda, que previa justificación, será costeada por el **Comitente**.

TERCERA.

Los eventuales títulos de obtención vegetal o de patente que puedan derivarse de la investigación realizada corresponderán al **Comitente**, si bien se reconocerá el derecho moral de autor a todos los integrantes del equipo de investigación del arrendatario. El **Arrendador** decidirá libremente en qué países y bajo qué títulos de propiedad industrial proteger los resultados del **Proyecto**.

MCM 2670 s.

CUARTA.

El personal de investigación adscrito al **Proyecto** es *"relación del personal de investigación"*. El director del mismo será *"Don/Doña nombre y apellidos del director del Proyecto"*, "... *"especificar título profesional (; p.e. catedrática de técnica y mejora vegetal)"* ... ". El personal podrá ser sustituido, de acuerdo con el criterio del/de la director/a del **Proyecto**, pero deberá ser comunicado a la **Comitente**.

QUINTA.

LP art.4 y 15 s

En el caso de que en el curso de la investigación se revele que el **Proyecto** es técnicamente impracticable o que ha existido una anticipación por otro grupo de investigación, resultando económicamente inviable el citado **Proyecto**, cualquiera de las partes comunicará a la otra estas circunstancias y el contrato quedará resuelto automáticamente, salvo que cualquiera de las partes quiera continuar en el mismo independientemente. En caso de que se resuelva el contrato por la mencionada circunstancia, el **Arrendador** hará suya la cantidad inicialmente percibida.

SEXTA.

El **Comitente** ha entregado al **Arrendador** la cantidad de *"cantidad del pago inicial, en letra"* euros (*"cantidad del pago inicial, en número"* €), cantidad que confiesa recibida y respecto de la que el presente contrato supone la carta de pago. Dicha cantidad tiene el carácter de pago inicial, para que se pueda desarrollar la invención y se invertirá en la adquisición del equipo que se enumera en el Anexo 1 del contrato.

SÉPTIMA.

Una vez comercializada la variedad vegetal, el **Arrendador** tendrá derecho a una regalía consistente en un *"porcentaje del total de ventas en concepto de regalía"* del total de las ventas realizadas y de las regalías percibidas de terceros por el uso o explotación de la variedad vegetal. Caso de que la facturación anual (directa o por regalías cobradas) exceda de *"cantidad de excedente de la facturación anual, en letra"* euros (*"cantidad de excedente de la facturación anual, en número"* €), la regalía será del *"porcentaje del excedente de los ingresos"* de la cifra de ventas y de regalías percibidas en relación con los ingresos que excedan de *"cantidad de excedente de ingresos, en letra"* euros (*"cantidad de excedente de ingresos, en número"* €).

Y en prueba de conformidad, ambas partes firman el presente contrato, que se extiende en dos ejemplares, igualmente originales, en el lugar y fecha indicados en su encabezamiento.

EL COMITENTE **EL ARRENDADOR**

ANEXO 1

"especificar el equipo que se adquirirá para el desarrollo de la investigación"

Transacción en pleitos por patentes y por marcas

MCM 2665 s.

Nota preliminar:

- Habrán de tenerse presentes las normas sobre **transacción** previstas en el Código Civil (art.1809 s.). CC art.1809 s

- Véase la LP art.136 relativo a la posibilidad de la **mediación** en caso de conflicto.

- La **homologación judicial** no modifica la naturaleza consensual de la transacción como negocio jurídico dirigido a la autorregulación de los intereses de las partes y, por tanto, aunque las transacciones judiciales puedan hacerse efectivas por la vía de apremio, el art.1817 CC no las elimina de la impugnación por vicios del consentimiento (TS 26-1-93, EDJ 509; 5-2-10, EDJ 45219).

- El modelo presupone unas circunstancias determinadas que serán las más **frecuentes**. Si en el caso concreto existen circunstancias particulares no previstas, deberá completarse o modificarse el modelo adaptándolo a las mismas.

En *"localidad"*, a *"fecha"*

REUNIDOS:

De una parte,

"Don/Doña nombre y apellidos de la parte", mayor de edad, *"estado civil de la parte" "..."especificar el régimen económico matrimonial de la parte"* ...", de nacionalidad *"nacionalidad de la parte"*, con domicilio a estos efectos en *"domicilio de la parte"*, *"...con DNI/NIF número "DNI/NIF de la parte"... O ... con tarjeta de residencia número "número de tarjeta de residencia de la parte" ... O ... pasaporte número "número de pasaporte de la parte", expedido el "fecha de expedición del pasaporte de la parte" ... O ... "reseñar otros documentos aportados por la parte"* ...", vigente hasta el *"fecha de vigencia de la documentación aportada por la parte"*.

De otra parte,

"Don/Doña nombre y apellidos de la parte", mayor de edad, *"estado civil de la parte" "..."especificar el régimen económico matrimonial de la parte"* ...", de nacionalidad *"nacionalidad de la parte"*, con domicilio a estos efectos en *"domicilio de la parte"*, *"...con DNI/NIF número "DNI/NIF de la parte"... O ... con tarjeta de residencia número "número de tarjeta de residencia de la parte" ... O ... pasaporte número "número de pasaporte de la parte", expedido el "fecha de expedición del pasaporte de la parte" ... O ... "reseñar otros documentos aportados por la parte"* ...", vigente hasta el *"fecha de vigencia de la documentación aportada por la parte"*.

INTERVIENEN:

A. *"Don/Doña nombre y apellidos del representante"*, en nombre y representación de la sociedad mercantil denominada *"denominación social"*, domiciliada en *"domicilio social"*, y con NIF número *"NIF de la sociedad"*, constituida, por tiempo indefinido, mediante escritura otorgada ante el notario de *"lugar de la notaría en la que se autorizó la constitución de la sociedad"*, *"Don/Doña nombre y apellidos del notario que autorizó la constitución de la sociedad"*, el *"fecha de escritura de constitución de la sociedad"*, e inscrita en el Registro Mercantil de *"datos de la inscripción registral de la sociedad (localidad del Registro Mercantil, tomo, folio, sección, hoja e inscripción)"*, en su calidad de

MCM 2665 s.

CC art.1809 s

>>

Si representa como cargo social:

"...administrador único ... O ... administrador solidario ... O ... consejero delegado ... O ... "especificar la representación del cargo social" ... " de la reseñada sociedad, cargo para el que fue nombrado y asegura vigente en escritura otorgada el *"fecha de escritura del nombramiento del cargo"*, ante el notario de *"lugar donde radica la notaría en la que se autorizó la escritura del nombramiento"*, *"Don/Doña nombre y apellidos del notario que autorizó la escritura del nombramiento"*, con el número *"número de protocolo del notario que autorizó la escritura del nombramiento"* de su protocolo, e inscrita en el Registro Mercantil de *"localidad del Registro Mercantil de la escritura de nombramiento"*, en el tomo y hoja arriba indicados.

Si representa como apoderado:

apoderado de la reseñada sociedad, según escritura de poder otorgada a su favor, en *"fecha de escritura del otorgamiento del poder"*, ante el notario de *"lugar donde radica la notaría en la que se autorizó la escritura de poder"*, *"Don/Doña nombre y apellidos del notario que autorizó la escritura de poder"*, con el número *"número de protocolo del notario que autorizó la escritura de poder"* de su protocolo *"...e inscrita en el Registro Mercantil de "localidad del Registro Mercantil de la escritura de poder" ... "*, en el tomo y hoja arriba indicados.

<<

En adelante, la **sociedad a**.

B. *"Don/Doña nombre y apellidos del representante"*, en nombre y representación de la sociedad mercantil denominada *"denominación social"*, domiciliada en *"domicilio social"*, y con NIF número *"NIF de la sociedad"*, constituida, por tiempo indefinido, mediante escritura otorgada ante el notario de *"lugar de la notaría en la que se autorizó la constitución de la sociedad"*, *"Don/Doña nombre y apellidos del notario que autorizó la constitución de la sociedad"*, el *"fecha de escritura de constitución de la sociedad"*, e inscrita en el Registro Mercantil de *"datos de la inscripción registral de la sociedad (localidad del Registro Mercantil, tomo, folio, sección, hoja e inscripción)"*, en su calidad de

>>

Si representa como cargo social:

"...administrador único ... O ... administrador solidario ... O ... consejero delegado ... O ... "especificar la representación del cargo social" ... " de la reseñada sociedad, cargo para el que fue nombrado y asegura vigente en escritura otorgada el *"fecha de escritura del nombramiento del cargo"*, ante el notario de *"lugar donde radica la notaría en la que se autorizó la escritura del nombramiento"*, *"Don/Doña nombre y apellidos del notario que autorizó la escritura del nombramiento"*, con el número *"número de protocolo del notario que autorizó la escritura del nombramiento"* de su protocolo, e inscrita en el Registro Mercantil de *"localidad del Registro Mercantil de la escritura de nombramiento"*, en el tomo y hoja arriba indicados.

Si representa como apoderado:

apoderado de la reseñada sociedad, según escritura de poder otorgada a su favor, en *"fecha de escritura del otorgamiento del poder"*, ante el notario de *"lugar donde radica la notaría en la que se autorizó la escritura de poder"*, *"Don/Doña nombre y apellidos del notario que autorizó la escritura de poder"*, con el número *"número de protocolo del notario que autorizó la escritura de poder"* de su protocolo *"...e inscrita en el Registro Mercantil de "localidad del Registro Mercantil de la escritura de poder" ... "*, en el tomo y hoja arriba indicados.

<<

En adelante, la **sociedad B**.

Las partes se reconocen la capacidad legal necesaria para contratar y obligarse y, a tal efecto

EXPONEN:

I. Que el *"fecha de envío"* la **sociedad A** envió un requerimiento notarial a la **sociedad B** alegando la infracción de su derecho de propiedad industrial *"especificar el derecho infringido"* por la comercialización por parte de la sociedad B de los siguientes productos *"especificar productos"*. MCM 2665 s.

II. La **sociedad B** contestó a dicho requerimiento con una carta enviada por conducto notarial de *"fecha de contestación al requerimiento"*, rechazando las imputaciones realizadas.

Comoquiera que ambas partes no quieren que esta contienda llegue a los Tribunales CC art.1809 s

ACUERDAN:

PRIMERO.

La **sociedad A** se compromete a no iniciar acciones contra la **sociedad B** por infracción de los derechos de propiedad industrial a continuación especificados *"especificar derechos infringidos"*. A este efecto, se concede una licencia gratuita a la **sociedad B** con los siguientes límites:

a) La licencia es no exclusiva y limitada al territorio español.

b) En caso de que los bienes puedan circular libremente en el territorio de la Unión Europea, la **sociedad B** deberá abonar a la **sociedad A** el *"especificar porcentaje"*% del precio de venta ex works de los productos que hayan salido del territorio español.

c) La cuantía de la producción anual de todos los productos manufacturados por la **sociedad B** no podrá exceder de *"especificar número máximo de unidades"* unidades.

SEGUNDO.

La **sociedad B** se compromete a no impugnar la validez de los derechos de la **sociedad A**, ni a suministrar a terceros información respecto de posibles vicios de nulidad, caducidad u otros posibles cauces de impugnación de los referidos derechos.

TERCERO.

Ambas partes reconocen carácter confidencial a todos los documentos intercambiados entre ellas, incluido el presente acuerdo de transacción, así como los requerimientos y contestaciones referidos en los expositivos del presente acuerdo.

CUARTO.

En caso de que cualquiera de las partes infrinja cualquier punto del presente acuerdo, éste quedará resuelto, quedando libres las partes para acudir a los tribunales en defensa de sus legítimos intereses.

Y en prueba de conformidad, ambas partes firman el presente contrato, que se extiende en dos ejemplares, igualmente originales, en el lugar y fecha indicados en su encabezamiento.

SOCIEDAD A **SOCIEDAD B**

Franking

MCM 2608

Nota preliminar:

- El modelo ha sido redactado pensando en un **litigio** de patentes, pero resulta igualmente aplicable a los casos de marcas o a otros derechos de propiedad industrial.
- El modelo presupone unas circunstancias determinadas que serán las más **frecuentes**. Si en el caso concreto existen circunstancias particulares no previstas, deberá completarse o modificarse el modelo adaptándolo a las mismas.

En *"localidad"*, a *"fecha"*

REUNIDOS:

De una parte,

"Don/Doña nombre y apellidos de la parte", mayor de edad, *"estado civil de la parte" "... "especificar el régimen económico matrimonial de la parte" ... "*, de nacionalidad *"nacionalidad de la parte"*, con domicilio a estos efectos en *"domicilio de la parte"*, *"...con DNI/NIF número "DNI/NIF de la parte" ... O ... con tarjeta de residencia número "número de tarjeta de residencia de la parte" ... O ... pasaporte número "número de pasaporte de la parte", expedido el "fecha de expedición del pasaporte de la parte" ... O ... "reseñar otros documentos aportados por la parte" ... "*, vigente hasta el *"fecha de vigencia de la documentación aportada por la parte"*.

De otra parte,

"Don/Doña nombre y apellidos de la parte", mayor de edad, *"estado civil de la parte" "... "especificar el régimen económico matrimonial de la parte" ... "*, de nacionalidad *"nacionalidad de la parte"*, con domicilio a estos efectos en *"domicilio de la parte"*, *"...con DNI/NIF número "DNI/NIF de la parte" ... O ... con tarjeta de residencia número "número de tarjeta de residencia de la parte" ... O ... pasaporte número "número de pasaporte de la parte", expedido el "fecha de expedición del pasaporte de la parte" ... O ... "reseñar otros documentos aportados por la parte" ... "*, vigente hasta el *"fecha de vigencia de la documentación aportada por la parte"*.

INTERVIENEN:

A. *"Don/Doña nombre y apellidos del representante"*, en nombre y representación de la sociedad mercantil denominada *"denominación social"*, domiciliada en *"domicilio social"*, y con NIF número *"NIF de la sociedad"*, constituida, por tiempo indefinido, mediante escritura otorgada ante el notario de *"lugar de la notaría en la que se autorizó la constitución de la sociedad"*, *"Don/Doña nombre y apellidos del notario que autorizó la constitución de la sociedad"*, el *"fecha de escritura de constitución de la sociedad"*, e inscrita en el Registro Mercantil de *"datos de la inscripción registral de la sociedad (localidad del Registro Mercantil, tomo, folio, sección, hoja e inscripción)"*, en su calidad de

➤➤

❍ **Si representa como cargo social:**

"...administrador único ... O ... administrador solidario ... O ... consejero delegado ... O ... "especificar la representación del cargo social" ... " de la reseñada sociedad, cargo para el que fue nombrado y asegura vigente en escritura otorgada el *"fecha de escritura del nombramiento del cargo"*, ante el notario de *"lugar donde radica la notaría en la que se autorizó la escritura del nombramiento"*, *"Don/Doña nombre y apellidos del notario que autorizó la escritura del nombramiento"*, con el número *"número de protocolo del notario que autorizó la escritura del nombramiento"* de su protocolo, e inscrita en el Registro Mercantil de *"localidad del Registro Mercantil de la escritura de nombramiento"*, en el tomo y hoja arriba indicados.

❍ **Si representa como apoderado:**

apoderado de la reseñada sociedad, según escritura de poder otorgada a su favor, en *"fecha de escritura del otorgamiento del poder"*, ante el notario de *"lugar donde radica la notaría en la que se autorizó la escritura de poder"*, *"Don/Doña nombre y apellidos del notario que autorizó la escritura de poder"*, con el número *"número de protocolo del notario que autorizó la escritura de poder"* de su protocolo *"...e inscrita en el Registro Mercantil de "localidad del Registro Mercantil de la escritura de poder"* ... ", en el tomo y hoja arriba indicados.

<<

En adelante, la **sociedad a**.

B. *"Don/Doña nombre y apellidos del representante"*, en nombre y representación de la sociedad mercantil denominada *"denominación social"*, domiciliada en *"domicilio social"*, y con NIF número *"NIF de la sociedad"*, constituida, por tiempo indefinido, mediante escritura otorgada ante el notario de *"lugar de la notaría en la que se autorizó la constitución de la sociedad"*, *"Don/Doña nombre y apellidos del notario que autorizó la constitución de la sociedad"*, el *"fecha de escritura de constitución de la sociedad"*, e inscrita en el Registro Mercantil de *"datos de la inscripción registral de la sociedad (localidad del Registro Mercantil, tomo, folio, sección, hoja e inscripción)"*, en su calidad de

>>

❍ **Si representa como cargo social:**

"...administrador único ... O ... administrador solidario ... O ... consejero delegado ... O ... "especificar la representación del cargo social" ... " de la reseñada sociedad, cargo para el que fue nombrado y asegura vigente en escritura otorgada el *"fecha de escritura del nombramiento del cargo"*, ante el notario de *"lugar donde radica la notaría en la que se autorizó la escritura del nombramiento"*, *"Don/Doña nombre y apellidos del notario que autorizó la escritura del nombramiento"*, con el número *"número de protocolo del notario que autorizó la escritura del nombramiento"* de su protocolo, e inscrita en el Registro Mercantil de *"localidad del Registro Mercantil de la escritura de nombramiento"*, en el tomo y hoja arriba indicados.

❍ **Si representa como apoderado:**

apoderado de la reseñada sociedad, según escritura de poder otorgada a su favor, en *"fecha de escritura del otorgamiento del poder"*, ante el notario de *"lugar donde radica la notaría en la que se autorizó la escritura de poder"*, *"Don/Doña nombre y apellidos del notario que autorizó la escritura de poder"*, con el número *"número de protocolo del notario que autorizó la escritura de poder"* de su protocolo *"...e inscrita en el Registro Mercantil de "localidad del Registro Mercantil de la escritura de poder"* ... ", en el tomo y hoja arriba indicados.

<<

En adelante, la **sociedad b**.

Las partes se reconocen la capacidad legal necesaria para contratar y obligarse y, a tal efecto

EXPONEN:

Que con el fin de poner término al litigio por infracción de la patente española número *"número de la patente"*, que en la actualidad enfrenta a las partes, se quiere llegar a un acuerdo extrajudicial que zanje las cuestiones entre las mismas, con arreglo a las siguientes

ESTIPULACIONES:

Primera.

La **sociedad A** se compromete a no fabricar, comercializar, distribuir o a realizar cualquier acto comprendido en el art.59 de la Ley de Patentes en relación con el objeto de la patente española número *"número de la patente"*, para *"especificar producto; (p.e. sistema de plegado de planos)"*.

Segunda.
La **sociedad B** se compromete a no ejercitar ninguna acción por hechos pasados de infracción realizados por la **sociedad A**, así como a desistir de los pleitos actualmente iniciados.

Tercera.
La **sociedad A** se compromete a no impugnar la validez de la patente española número *"número de la patente"*, para *"especificar producto; (p.e. sistema de plegado de planos)"*. Sin embargo, si la patente es declarada nula o caduca, dicha sociedad recuperará el derecho de utilizar el objeto de la misma, pese a lo indicado en la cláusula primera del presente contrato.

Cuarta.
La **sociedad A** podrá comercializar las existencias que tiene de *"especificar producto; (p.e. planos)"* y cuya enumeración aproximada se contiene en el Anexo 1. Dicha comercialización no será obstaculizada por la **sociedad B**, quien percibirá en concepto de regalía la cantidad alzada de *"cantidad en concepto de regalía, en letra"* euros (*"cantidad en concepto de regalía, en número"* €).

Quinta.
Si las existencias de *"especificar producto; (p.e. planos)"* fueran superiores a las señaladas en el Anexo 1, las partes negociarán de buena fe el pago de la franquicia correspondiente.

Sexta.
Todas las controversias derivadas del presente convenio quedan sometidas a los tribunales de *"ciudad de los tribunales"*.

Y en prueba de conformidad, ambas partes firman el presente contrato, que se extiende en dos ejemplares, igualmente originales, en el lugar y fecha indicados en su encabezamiento.

SOCIEDAD A **SOCIEDAD B**

ANEXO 1

Enumeración de productos
"relación de productos"

Servicios de evaluación o auditoría técnica (technical due diligence)

Nota preliminar:

- La expresión due diligence (que en inglés significa «diligencia legalmente exigible») se ha extendido en la práctica española para indicar los contratos de **auditoría legal** (grado de cumplimiento de las obligaciones de una empresa: protección de datos personales, legislación ambiental, legislación laboral) o de auditoría **técnica** (valor objetivo de la empresa que se pretende adquirir, valor de las patentes, del software o de la tecnología que se pretende adquirir).

- El modelo presupone unas circunstancias determinadas que serán las más **frecuentes**. Si en el caso concreto existen circunstancias particulares no previstas, deberá completarse o modificarse el modelo adaptándolo a las mismas.

En *"localidad"*, a *"fecha"*

REUNIDOS:

De una parte,

"Don/Doña nombre y apellidos de la parte", mayor de edad, *"estado civil de la parte" "... "especificar el régimen económico matrimonial de la parte" ... "*, de nacionalidad *"nacionalidad de la parte"*, con domicilio a estos efectos en *"domicilio de la parte"*, *"...con DNI/NIF número "DNI/NIF de la parte" ... O ... con tarjeta de residencia número "número de tarjeta de residencia de la parte" ... O ... pasaporte número "número de pasaporte de la parte", expedido el "fecha de expedición del pasaporte de la parte" ... O ... "reseñar otros documentos aportados por la parte" ... "*, vigente hasta el *"fecha de vigencia de la documentación aportada por la parte"*.

De otra parte,

"Don/Doña nombre y apellidos de la parte", mayor de edad, *"estado civil de la parte" "... "especificar el régimen económico matrimonial de la parte" ... "*, de nacionalidad *"nacionalidad de la parte"*, con domicilio a estos efectos en *"domicilio de la parte"*, *"...con DNI/NIF número "DNI/NIF de la parte" ... O ... con tarjeta de residencia número "número de tarjeta de residencia de la parte" ... O ... pasaporte número "número de pasaporte de la parte", expedido el "fecha de expedición del pasaporte de la parte" ... O ... "reseñar otros documentos aportados por la parte" ... "*, vigente hasta el *"fecha de vigencia de la documentación aportada por la parte"*.

INTERVIENEN:

A. *"Don/Doña nombre y apellidos del representante"*, en nombre y representación de la sociedad mercantil denominada *"denominación social"*, domiciliada en *"domicilio social"*, y con NIF número *"NIF de la sociedad"*, constituida, por tiempo indefinido, mediante escritura otorgada ante el notario de *"lugar de la notaría en la que se autorizó la constitución de la sociedad"*, *"Don/Doña nombre y apellidos del notario que autorizó la constitución de la sociedad"*, el *"fecha de escritura de constitución de la sociedad"*, e inscrita en el Registro Mercantil de *"datos de la inscripción registral de la sociedad (localidad del Registro Mercantil, tomo, folio, sección, hoja e inscripción)"*, en su calidad de

>>

○ **Si representa como cargo social:**

"...administrador único ... O ... administrador solidario ... O ... consejero delegado ... O ... "especificar la representación del cargo social" ... " de la reseñada sociedad, cargo para el que fue nombrado y asegura vigente en escritura otorgada el *"fecha de escritura del nombramiento del cargo"*, ante el notario de *"lugar donde radica la notaría en la que se autorizó la escritura del nombramiento"*, *"Don/Doña nombre y apellidos del notario que autorizó la escritura del nombramiento"*, con el número *"número de protocolo del notario que autorizó la escritura del nombramiento"* de su protocolo, e inscrita en el Registro Mercantil de *"localidad del Registro Mercantil de la escritura de nombramiento"*, en el tomo y hoja arriba indicados.

○ **Si representa como apoderado:**

apoderado de la reseñada sociedad, según escritura de poder otorgada a su favor, en *"fecha de escritura del otorgamiento del poder"*, ante el notario de *"lugar donde radica la notaría en la que se autorizó la escritura de poder"*, *"Don/Doña nombre y apellidos del notario que autorizó la escritura de poder"*, con el número *"número de protocolo del notario que autorizó la escritura de poder"* de su protocolo *"...e inscrita en el Registro Mercantil de "localidad del Registro Mercantil de la escritura de poder" ... "*, en el tomo y hoja arriba indicados.

<<

En adelante, El **mandante**.

B. *"Don/Doña nombre y apellidos del representante"*, en nombre y representación de la sociedad mercantil denominada *"denominación social"*, domiciliada en *"domicilio social"*, y con NIF número *"NIF de la sociedad"*, constituida, por tiempo indefinido, mediante escritura otorgada ante el notario de *"lugar de la notaría en la que se autorizó la constitución de la sociedad"*, *"Don/Doña nombre y apellidos del notario que autorizó la constitución de la sociedad"*, el *"fecha de escritura de constitución de la sociedad"*, e inscrita en el Registro Mercantil de *"datos de la inscripción registral de la sociedad (localidad del Registro Mercantil, tomo, folio, sección, hoja e inscripción)"*, en su calidad de

>>

○ **Si representa como cargo social:**

"...administrador único ... O ... administrador solidario ... O ... consejero delegado ... O ... "especificar la representación del cargo social" ... " de la reseñada sociedad, cargo para el que fue nombrado y asegura vigente en escritura otorgada el *"fecha de escritura del nombramiento del cargo"*, ante el notario de *"lugar donde radica la notaría en la que se autorizó la escritura del nombramiento"*, *"Don/Doña nombre y apellidos del notario que autorizó la escritura del nombramiento"*, con el número *"número de protocolo del notario que autorizó la escritura del nombramiento"* de su protocolo, e inscrita en el Registro Mercantil de *"localidad del Registro Mercantil de la escritura de nombramiento"*, en el tomo y hoja arriba indicados.

○ **Si representa como apoderado:**

apoderado de la reseñada sociedad, según escritura de poder otorgada a su favor, en *"fecha de escritura del otorgamiento del poder"*, ante el notario de *"lugar donde radica la notaría en la que se autorizó la escritura de poder"*, *"Don/Doña nombre y apellidos del notario que autorizó la escritura de poder"*, con el número *"número de protocolo del notario que autorizó la escritura de poder"* de su protocolo *"...e inscrita en el Registro Mercantil de "localidad del Registro Mercantil de la escritura de poder" ... "*, en el tomo y hoja arriba indicados.

<<

En adelante, **la consultora técnica**.

Las partes se reconocen la capacidad legal necesaria para contratar y obligarse y, a tal efecto

EXPONEN:

I. Que el **Mandante** ha adquirido un derecho de opción sobre una patente europea que le ha sido concedida por su titular, *"titular de la patente"*, para cuya valoración precisa los conocimientos técnicos que tiene la **Consultora técnica**.

Y por ello, acuerdan el presente contrato de auditoría técnica con arreglo a las siguientes

ESTIPULACIONES:

PRIMERA.

La **Consultora técnica** se compromete a hacer un estudio sobre la validez de la patente solicitada que comprende:

- estudio de la validez de las reivindicaciones de la patente;

- alcance de éstas; y

- un juicio sobre la validez de la patente

SEGUNDA.

El **Mandante** abonará por este estudio la cantidad de *"cantidad a pagar por el estudio, en letra"* euros (*"cantidad a pagar por el estudio, en número"* €), que será entregado en los *"plazo para el pago del estudio desde la firma del acuerdo"* meses siguientes a la firma del presente acuerdo.

TERCERA.

Una vez realizado este estudio y a la vista del mismo, el **Mandante** podrá encargar a la **Consultora técnica** la realización de un estudio sobre la viabilidad económica de la patente. Dicho encargo deberá realizarse por la **Consultora técnica** en el plazo de *"plazo de realización del estudio de viabilidad"* meses a contar desde la comunicación que realice el **Mandante** y se abonará por el mismo la cantidad de *"cantidad a pagar por el estudio de viabilidad, en letra"* euros (*"cantidad a pagar por el estudio de viabilidad, en número"* €), en el plazo de *"plazo para el pago del estudio de viabilidad"* meses siguientes a la comunicación de la voluntad de que se realice un estudio sobre la viabilidad económica de dicho proyecto.

CUARTA.

En caso de discrepancia sobre la calidad del estudio realizado, el **Mandante** podrá retener un cincuenta por ciento de la cantidad que se facture. En caso de que no se llegara a un acuerdo en la materia, las partes se someten al criterio de un árbitro designado a tal efecto por el Colegio de Ingenieros Industriales de *"lugar del Colegio de Ingenieros Industriales"*.

Y en prueba de conformidad, ambas partes firman el presente contrato, que se extiende en dos ejemplares, igualmente originales, en el lugar y fecha indicados en su encabezamiento.

EL MANDANTE **LA CONSULTORÍA TÉCNICA**

MCM 2788

Licencia de modelo de utilidad/topografía de semiconductor/obtención vegetal

LP art.137 s.; L 3/2000 art.20, 23 y 24; L 11/1988 art.5 y 6

Nota preliminar:

El modelo presupone unas circunstancias determinadas que serán las más **frecuentes**. Si en el caso concreto existen circunstancias particulares no previstas, deberá completarse o modificarse el modelo adaptándolo a las mismas.

En *"localidad"*, a *"fecha"*

REUNIDOS:

De una parte,
"Don/Doña nombre y apellidos de la parte", mayor de edad, *"estado civil de la parte" "... "especificar el régimen económico matrimonial de la parte" ... "*, de nacionalidad *"nacionalidad de la parte"*, con domicilio a estos efectos en *"domicilio de la parte"*, *"...con DNI/NIF número "DNI/NIF de la parte" ... O ... con tarjeta de residencia número "número de tarjeta de residencia de la parte" ... O ... pasaporte número "número de pasaporte de la parte", expedido el "fecha de expedición del pasaporte de la parte" ... O ... "reseñar otros documentos aportados por la parte" ... "*, vigente hasta el *"fecha de vigencia de la documentación aportada por la parte"*.

De otra parte,
"Don/Doña nombre y apellidos de la parte", mayor de edad, *"estado civil de la parte" "..."especificar el régimen económico matrimonial de la parte" ... "*, de nacionalidad *"nacionalidad de la parte"*, con domicilio a estos efectos en *"domicilio de la parte"*, *"...con DNI/NIF número "DNI/NIF de la parte" ... O ... con tarjeta de residencia número "número de tarjeta de residencia de la parte" ... O ... pasaporte número "número de pasaporte de la parte", expedido el "fecha de expedición del pasaporte de la parte" ... O ... "reseñar otros documentos aportados por la parte" ... "*, vigente hasta el *"fecha de vigencia de la documentación aportada por la parte"*.

INTERVIENEN:

A. *"Don/Doña nombre y apellidos del representante"*, en nombre y representación de la sociedad mercantil denominada *"denominación social"*, domiciliada en *"domicilio social"*, y con NIF número *"NIF de la sociedad"*, constituida, por tiempo indefinido, mediante escritura otorgada ante el notario de *"lugar de la notaría en la que se autorizó la constitución de la sociedad"*, *"Don/Doña nombre y apellidos del notario que autorizó la constitución de la sociedad"*, el *"fecha de escritura de constitución de la sociedad"*, e inscrita en el Registro Mercantil de *"datos de la inscripción registral de la sociedad (localidad del Registro Mercantil, tomo, folio, sección, hoja e inscripción)"*, en su calidad de

➢➢

○ **Si representa como cargo social:**

"...administrador único ... O ... administrador solidario ... O ... consejero delegado ... O ... "especificar la representación del cargo social" ... " de la reseñada sociedad, cargo para el que fue nombrado y asegura vigente en escritura otorgada el *"fecha de escritura del nombramiento del cargo"*, ante el notario de *"lugar donde radica la notaría en la que se autorizó la escritura del nombramiento"*, *"Don/Doña nombre y apellidos del notario que autorizó la escritura del nombramiento"*, con el número *"número de protocolo del notario que autorizó la escritura del nombramiento"* de su protocolo, e inscrita en el Registro Mercantil de *"localidad del Registro Mercantil de la escritura de nombramiento"*, en el tomo y hoja arriba indicados.

480

MCM 2788

○ **Si representa como apoderado:**

apoderado de la reseñada sociedad, según escritura de poder otorgada a su favor, en *"fecha de escritura del otorgamiento del poder"*, ante el notario de *"lugar donde radica la notaría en la que se autorizó la escritura de poder"*, *"Don/Doña nombre y apellidos del notario que autorizó la escritura de poder"*, con el número *"número de protocolo del notario que autorizó la escritura de poder"* de su protocolo *"...e inscrita en el Registro Mercantil de "localidad del Registro Mercantil de la escritura de poder" ..."*, en el tomo y hoja arriba indicados.

<<

En adelante, El **licenciante**.

LP art.137 s.; L 3/2000 art.20, 23 y 24; L 11/1988 art.5 y 6

B. *"Don/Doña nombre y apellidos del representante"*, en nombre y representación de la sociedad mercantil denominada *"denominación social"*, domiciliada en *"domicilio social"*, y con NIF número *"NIF de la sociedad"*, constituida, por tiempo indefinido, mediante escritura otorgada ante el notario de *"lugar de la notaría en la que se autorizó la constitución de la sociedad"*, *"Don/Doña nombre y apellidos del notario que autorizó la constitución de la sociedad"*, el *"fecha de escritura de constitución de la sociedad"*, e inscrita en el Registro Mercantil de *"datos de la inscripción registral de la sociedad (localidad del Registro Mercantil, tomo, folio, sección, hoja e inscripción)"*, en su calidad de

○ **Si representa como cargo social:**

"...administrador único ... O ... administrador solidario ... O ... consejero delegado ... O ... "especificar la representación del cargo social" ..." de la reseñada sociedad, cargo para el que fue nombrado y asegura vigente en escritura otorgada el *"fecha de escritura del nombramiento del cargo"*, ante el notario de *"lugar donde radica la notaría en la que se autorizó la escritura del nombramiento"*, *"Don/Doña nombre y apellidos del notario que autorizó la escritura del nombramiento"*, con el número *"número de protocolo del notario que autorizó la escritura del nombramiento"* de su protocolo, e inscrita en el Registro Mercantil de *"localidad del Registro Mercantil de la escritura de nombramiento"*, en el tomo y hoja arriba indicados.

○ **Si representa como apoderado:**

apoderado de la reseñada sociedad, según escritura de poder otorgada a su favor, en *"fecha de escritura del otorgamiento del poder"*, ante el notario de *"lugar donde radica la notaría en la que se autorizó la escritura de poder"*, *"Don/Doña nombre y apellidos del notario que autorizó la escritura de poder"*, con el número *"número de protocolo del notario que autorizó la escritura de poder"* de su protocolo *"...e inscrita en el Registro Mercantil de "localidad del Registro Mercantil de la escritura de poder" ..."*, en el tomo y hoja arriba indicados.

<<

En adelante, El **licenciatario**.

Las partes se reconocen la capacidad legal necesaria para contratar y obligarse y, a tal efecto

EXPONEN:

I. Que el **Licenciante** es titular del modelo de utilidad español número *"número de modelo de utilidad"*, relativo a un procedimiento de *"especificar procedimiento; (p.e. fabricación de molduras metálicas)"*.

II. Que dicho modelo de utilidad se halla plenamente en vigor y al corriente del pago de las tasas, sin que sobre el mismo penda ningún procedimiento judicial que ponga en tela de juicio su validez.

III. Que el **Licenciatario** está interesado en obtener una licencia exclusiva de dicho modelo de utilidad para España.

En consecuencia, acuerdan las siguientes

MCM 2788

LP art.137 s.; L 3/2000 art.20, 23 y 24; L 11/1988 art.5 y 6

ESTIPULACIONES:

"Número"

El **Licenciante** autoriza al **Licenciatario** con carácter no exclusivo en las condiciones recogidas en el presente contrato.

✍ **Nota:**

*Se trata de una licencia **no exclusiva**. Es habitual especificarlo, aunque existe una presunción legal en pro del carácter no exclusivo de la licencia. El licenciatario no exclusivo no tiene legitimación para demandar por violación de la patente (LP art.117).*

"Número"

El **Licenciatario** utilizará el procedimiento de fabricación licenciado, además del know-how necesario para su utilización y que se detalla en el Anexo 1 del presente contrato durante la vigencia del contrato y podrá hacerlo sin limitación en cualquier fábrica que tenga abierta o abra en el territorio nacional y que dedique a *"especificar actividad de la fábrica (p.e. manufactura de molduras metálicas)"*. En todo producto manufacturado, así como en las etiquetas, marbetes, y material promocional aparecerá la indicación 'Bajo licencia de *"el Licenciante"*'.

✍ **Nota:**

*Es obligatorio en la licencia de patente prever si existe licencia del **know-how** (LP art.84), caso de guardar silencio, se entiende obligatoria la licencia del know-how necesario para la explotación de la patente.*

"Número"

El **Licenciante** se reserva el derecho de control de las instalaciones del **Licenciatario**, para controlar el proceso de manufactura, así como para el control de la contabilidad. Los costes de esta auditoría serán de cuenta del **Licenciante**, salvo que se revelen anomalías graves, en cuyo caso la auditoría será sufragada por el **Licenciatario**.

✍ **Nota:**

*La **cláusula de control** es inherente a toda licencia de un derecho de propiedad industrial. El objetivo no es normalmente el de control de calidad, sino el de poder inspeccionar la contabilidad, para la determinación de las regalías que debe percibir.*

"Número"

El **Licenciatario** se compromete a no impugnar el modelo de utilidad del **Licenciante** durante toda la vigencia del contrato.

✍ **Nota:**

*En la actualidad se admite la **validez** de la cláusula (TJCE 27-9-88, asunto 65/86, "Bayer Süllhofer"), que está expresamente admitida en los contratos de transferencia de tecnología, en los que se encuadra la licencia de modelo de utilidad (art.45.2.b)* Rgto UE/316/2014*, de 21 de marzo, sobre transferencia de tecnología).*

"Número"

En caso de que el **Licenciatario** tenga noticia de la infracción del modelo de utilidad por terceros, comunicará los datos que posea sobre el particular al **Licenciante**, quien asumirá los gastos de defensa procesal del modelo de utilidad y de la acción de violación.

"Número"

En caso de ser demandado el **Licenciatario** por una supuesta infracción de una patente, modelo de utilidad o título similar, perteneciente a un tercero, o en el caso de que sea requerida por infracción de patente o de modelo de utilidad o título similar a que cese en el uso del procedimiento patentado, pondrá dicha demanda o dicho requerimiento en conocimiento del **Licenciante** en un plazo de *"ámbito temporal de la notificación"* días. El **Licenciante** asumirá los gastos de defensa procesal y llevará directamente las negociaciones con el titular de la patente supuestamente infringida.

MCM 2788

"Número"
El **Licenciatario** no podrá utilizar un procedimiento de fabricación de *"especificar procedimiento no permitido; (p.e. molduras metálicas)"* distinto del licenciado en el presente contrato.

 **Nota:**

*Esta cláusula puede ser potencialmente lesiva de la **competencia**. Se trata de una exclusividad de parte de sólo el licenciatario, no del licenciante. Dicha cláusula tiene importancia en caso de tecnología punta, p.ej., licencias de fabricación de tetra pak, etc.*

A la expiración del presente contrato, el **Licenciatario** podrá manufacturar bajo procedimientos distintos al patentado.

LP art.137 s.; L 3/2000 art.20, 23 y 24; L 11/1988 art.5 y 6

"Número"
La licencia concedida no puede ser objeto de sub-licencias.

"Número"
El **Licenciatario** pagará en contraprestación por el uso del modelo de utilidad una cantidad fija anual de *"cantidad en contraprestación por el uso del modelo, en letra"* euros (*"cantidad en contraprestación por el uso del modelo, en número"* €), y una regalía sobre el total de ventas ex works de un *"porcentaje de regalía"*%. En ningún caso, la regalía variable será inferior a la cantidad de *"cantidad mínima de la regalía variable, en letra"* euros (*"cantidad mínima de la regalía variable, en número"* €). En caso de discrepancias en cuanto a la fijación del canon que debe pagar el **Licenciatario**, esta cantidad será determinada por la auditora de cuentas *"especificar auditora de cuentas"*.

"Número"
El presente contrato tiene duración de *"número de años de duración del contrato"* años a contar desde la fecha del contrato.

"Número"
El contrato podrá ser renovado por una sola vez y por un plazo de *"plazo de renovación del contrato"* años, siempre que ninguna de las partes manifieste su voluntad contraria a dicha renovación en el plazo de un mes anterior al vencimiento del plazo de duración previsto en la cláusula anterior.

 **Nota:**

Cfr., el anteriormente comentado art.16.3.a) Ley *de Competencia Desleal: "tendrá asimismo la consideración de **desleal** a) la ruptura, aunque sea de forma parcial, de una relación comercial establecida sin que haya existido preaviso escrito y preciso con una antelación mínima de seis meses, salvo que se deba a incumplimientos graves de las condiciones pactadas o en caso de fuerza mayor".*

"Número"
Además de la causa de resolución prevista en el apartado anterior, el contrato se extinguirá automáticamente por quiebra o situación concursal de cualquiera de las partes, por incumplimiento grave de las obligaciones ex art.1124 Código Civil. No se extinguirá el contrato por extinción, caducidad o nulidad del derecho sobre el modelo de utilidad.

 **Nota:**

*Esta cláusula puede plantear problemas desde la perspectiva del **Derecho de la competencia**. A favor de la misma se suele argumentar que la forma concreta de pago de una regalía puede hacerse por un tanto alzado y que, por tanto, la obligación de pago, pese a que la patente haya sido declarado nula, no es restrictiva de la competencia. Sin embargo, la opinión general es considerar que esta cláusula es lesiva de la competencia, por lo cual, es conveniente notificar el contrato a las autoridades de defensa de la competencia.*

Propiedad Industrial

MCM 2788

LP art.137 s.; L 3/2000 art.20, 23 y 24; L 11/1988 art.5 y 6

"Número"
El **Licenciante** no podrá renunciar al derecho sobre el modelo de utilidad, hipotecarlo o cederlo -cesión de contrato de licencia- sin haber comunicado esta intención al **Licenciatario**, que deberá manifestar su consentimiento por escrito a tales negocios.

"Número"
El contrato queda sometido al Derecho español.

"Número"
Las partes se someten a la jurisdicción de los Tribunales de *"especificar ciudad de los Tribunales"*, con renuncia del fuero que pudiera corresponderles.

Y en prueba de conformidad, ambas partes firman el presente contrato, que se extiende en dos ejemplares, igualmente originales, en el lugar y fecha indicados en su encabezamiento.

EL LICENCIANTE **EL LICENCIATARIO**

ANEXO

"especificar los procedimientos de fabricación y know-how"

Cesión de modelo de utilidad/topografía de semiconductor/obtención vegetal

MCM 2788

Nota preliminar:

El modelo presupone unas circunstancias determinadas que serán las más **frecuentes**. Si en el caso concreto existen circunstancias particulares no previstas, deberá completarse o modificarse el modelo adaptándolo a las mismas.

LP art.137 s.; L 3/2000 art.20, 23 y 24; L 11/1988 art. 5 y 6

En *"localidad"*, a *"fecha"*

REUNIDOS:

De una parte,

"Don/Doña nombre y apellidos de la parte", mayor de edad, *"estado civil de la parte" "... "especificar el régimen económico matrimonial de la parte" ...*", de nacionalidad *"nacionalidad de la parte"*, con domicilio a estos efectos en *"domicilio de la parte"*, *"...con DNI/NIF número "DNI/NIF de la parte"... O ... con tarjeta de residencia número "número de tarjeta de residencia de la parte"... O ... pasaporte número "número de pasaporte de la parte", expedido el "fecha de expedición del pasaporte de la parte"... O ... "reseñar otros documentos aportados por la parte" ...*", vigente hasta el *"fecha de vigencia de la documentación aportada por la parte"*.

De otra parte,

"Don/Doña nombre y apellidos de la parte", mayor de edad, *"estado civil de la parte" "... "especificar el régimen económico matrimonial de la parte" ...*", de nacionalidad *"nacionalidad de la parte"*, con domicilio a estos efectos en *"domicilio de la parte"*, *"...con DNI/NIF número "DNI/NIF de la parte"... O ... con tarjeta de residencia número "número de tarjeta de residencia de la parte"... O ... pasaporte número "número de pasaporte de la parte", expedido el "fecha de expedición del pasaporte de la parte"... O ... "reseñar otros documentos aportados por la parte" ...*", vigente hasta el *"fecha de vigencia de la documentación aportada por la parte"*.

INTERVIENEN:

A. *"Don/Doña nombre y apellidos del representante"*, en nombre y representación de la sociedad mercantil denominada *"denominación social"*, domiciliada en *"domicilio social"*, y con NIF número *"NIF de la sociedad"*, constituida, por tiempo indefinido, mediante escritura otorgada ante el notario de *"lugar de la notaría en la que se autorizó la constitución de la sociedad"*, *"Don/Doña nombre y apellidos del notario que autorizó la constitución de la sociedad"*, el *"fecha de escritura de constitución de la sociedad"*, e inscrita en el Registro Mercantil de *"datos de la inscripción registral de la sociedad (localidad del Registro Mercantil, tomo, folio, sección, hoja e inscripción)"*, en su calidad de

➤➤

○ **Si representa como cargo social:**

"...administrador único ... O ... administrador solidario ... O ... consejero delegado ... O ... "especificar la representación del cargo social" ..." de la reseñada sociedad, cargo para el que fue nombrado y asegura vigente en escritura otorgada el *"fecha de escritura del nombramiento del cargo"*, ante el notario de *"lugar donde radica la notaría en la que se autorizó la escritura del nombramiento"*, *"Don/Doña nombre y apellidos del notario que autorizó la escritura del nombramiento"*, con el número *"número de protocolo del notario que autorizó la escritura del nombramiento"* de su protocolo, e inscrita en el Registro Mercantil de *"localidad del Registro Mercantil de la escritura de nombramiento"*, en el tomo y hoja arriba indicados.

MCM 2788

LP art.137 s.; L 3/2000 art.20, 23 y 24; L 11/1988 art. 5 y 6

Si representa como apoderado:

apoderado de la reseñada sociedad, según escritura de poder otorgada a su favor, en *"fecha de escritura del otorgamiento del poder"*, ante el notario de *"lugar donde radica la notaría en la que se autorizó la escritura de poder"*, *"Don/Doña nombre y apellidos del notario que autorizó la escritura de poder"*, con el número *"número de protocolo del notario que autorizó la escritura de poder"* de su protocolo *"...e inscrita en el Registro Mercantil de "localidad del Registro Mercantil de la escritura de poder" ..."*, en el tomo y hoja arriba indicados.

<<

En adelante, El **cedente**.

B. *"Don/Doña nombre y apellidos del representante"*, en nombre y representación de la sociedad mercantil denominada *"denominación social"*, domiciliada en *"domicilio social"*, y con NIF número *"NIF de la sociedad"*, constituida, por tiempo indefinido, mediante escritura otorgada ante el notario de *"lugar de la notaría en la que se autorizó la constitución de la sociedad"*, *"Don/Doña nombre y apellidos del notario que autorizó la constitución de la sociedad"*, el *"fecha de escritura de constitución de la sociedad"*, e inscrita en el Registro Mercantil de *"datos de la inscripción registral de la sociedad (localidad del Registro Mercantil, tomo, folio, sección, hoja e inscripción)"*, en su calidad de

>>

Si representa como cargo social:

"...administrador único ... O ... administrador solidario ... O ... consejero delegado ... O ... "especificar la representación del cargo social" ... " de la reseñada sociedad, cargo para el que fue nombrado y asegura vigente en escritura otorgada el *"fecha de escritura del nombramiento del cargo"*, ante el notario de *"lugar donde radica la notaría en la que se autorizó la escritura del nombramiento"*, *"Don/Doña nombre y apellidos del notario que autorizó la escritura del nombramiento"*, con el número *"número de protocolo del notario que autorizó la escritura del nombramiento"* de su protocolo, e inscrita en el Registro Mercantil de *"localidad del Registro Mercantil de la escritura de nombramiento"*, en el tomo y hoja arriba indicados.

Si representa como apoderado:

apoderado de la reseñada sociedad, según escritura de poder otorgada a su favor, en *"fecha de escritura del otorgamiento del poder"*, ante el notario de *"lugar donde radica la notaría en la que se autorizó la escritura de poder"*, *"Don/Doña nombre y apellidos del notario que autorizó la escritura de poder"*, con el número *"número de protocolo del notario que autorizó la escritura de poder"* de su protocolo *"...e inscrita en el Registro Mercantil de "localidad del Registro Mercantil de la escritura de poder" ..."*, en el tomo y hoja arriba indicados.

<<

En adelante, El **cesionario**.

Las partes se reconocen la capacidad legal necesaria para contratar y obligarse y, a tal efecto

EXPONEN:

I. Que el **Cedente** es titular del modelo de utilidad número *"número de modelo de utilidad"*, relativo a *"especificar procedimiento; (p.e. un dispositivo para el cierre hermético de vasijas de hierro)"*, derecho que se halla en vigor registral, sin que esté gravado con hipoteca mobiliaria ni sobre el mismo existan licencias o derechos reales.

II. Que el **Cesionario** está interesado en la adquisición de dicho modelo.

Por ello conciertan el presente contrato de cesión de acuerdo a las siguientes

ESTIPULACIONES:

MCM 2788

"Número"
El **Cedente** cede al **Cesionario** el pleno dominio y titularidad del modelo de utilidad número *"número de modelo de utilidad"*, relativo a *"especificar procedimiento; (p.e. un dispositivo para el cierre hermético de vasijas de hierro)".*

"Número"
El **Cesionario** adquiere dicho dominio y abona en contraprestación la cantidad de *"cantidad a abonar por el Cesionario, en letra"* euros (*"cantidad a abonar por el Cesionario, en número"* €), cantidad que se confiesa recibida por parte del **Cedente**.

LP art.137 s.; L 3/2000 art.20, 23 y 24; L 11/1988 art. 5 y 6

"Número"
El **Cedente** señala que, a su conocimiento, no existen litigios sobre la validez de dicho modelo ni acciones reivindicatorias sobre el mismo, comprometiéndose a indemnizar los daños y perjuicios que, caso de que dichos litigios hubieran sido planteados a la fecha de celebración del contrato, se ocasionen al **Cesionario**.

"Número"
El **Cedente** responde de la titularidad del modelo citado. Sin embargo, el **Cedente** no responde de que dicho modelo cumpla los requisitos de protección (novedad, actividad inventiva y aplicación industrial) establecidos en la Ley española, si bien no tiene constancia de que el modelo de utilidad adolezca de vicio alguno que impida su plena validez.

✍ **Nota:**

*En caso de **mala fe**, obviamente, no es admisible la exoneración de responsabilidad (LP art.85.2, aplicable a los modelos de utilidad por la remisión de la LP art.150).*

Caso de que se planteen litigios con terceras partes sobre la validez del derecho cedido, el **Cedente** queda liberado de comparecer a dichos litigios.

"Número"
Las partes reconocen que no es necesario que se transmita junto con el modelo de utilidad el know-how necesario para su explotación, por tener dichos conocimientos el **Cesionario**.

✍ **Nota:**

*La Ley de Patentes establece que, salvo pacto en contrario, es necesaria la transmisión del know-how junto con la patente (LP art.84, aplicable a los modelos de utilidad por la remisión de la LP art.150). No es habitual, a diferencia de la cesión de la marca, pactar la no competencia del **cedente** durante un plazo temporal limitado. Dado que el modelo de utilidad otorga un derecho exclusivo de explotación de la invención protegida, es obvio que el cedente no podrá explotar el objeto del modelo de utilidad, salvo que el cesionario le autorice.*

"Número"
Las controversias derivadas del presente contrato se someten a arbitraje institucional del Colegio de Abogados de *"especificar ciudad del Colegio de Abogados"*, quien -con arreglo a sus propias normas- designará un único árbitro para la resolución de las controversias que se le sometan.

Y en prueba de conformidad, ambas partes firman el presente contrato, que se extiende en dos ejemplares, igualmente originales, en el lugar y fecha indicados en su encabezamiento.

EL CEDENTE **EL CESIONARIO**

Contratos Asociativos

Contratos Asociativos

Cuentas en participación

MCM 3055 s.

CCom art.239 a 243

Nota preliminar:

- Aunque el contrato de cuentas en participación no está sujeto a especiales **requisitos de forma**, es aconsejable el uso de la forma escrita, mediante documento privado o público. La forma escrita puede venir motivada por las aportaciones del partícipe o por imperativo legal.

- No es necesaria su **inscripción** en registro público alguno.

- Es aconsejable especificar en el contrato que queda sometido al CCom art.239 s. para mayor claridad. Téngase en cuenta que nuestra jurisprudencia ha aplicado las normas de la **sociedad irregular** cuando no es evidente la estructura de participación deseada por las partes.

- Las **partes** pueden denominarse "cuenta-partícipe" o "partícipe", como aquel que invierte en el negocio de otro empresario, y "gestor", como persona que recibe la aportación de capital del cuenta-partícipe para destinarlo al desarrollo del negocio.

- El contrato de cuentas en participación no se sujeta a **ninguna solemnidad** (AP Baleares 8-2-17, EDJ 27362).

- En el contrato de cuenta en participación, el negocio **continúa perteneciendo privativamente al gestor** (titular del establecimiento) y este hace suyas las aportaciones efectuadas por el partícipe, que no tendrá intervención alguna en el negocio, salvo en la percepción, en su caso, de las ganancias obtenidas (TSJ Galicia, Cont-adm 21-2-22, EDJ 525750; AP Barcelona 18-1-24, EDJ 518861).

- A través del contrato de cuentas en participación (CCom art.239 a 243), el **participe** contribuye con un capital y previa liquidación y rendición de cuentas participa de las ganancias o pérdidas de un determinado proyecto, es decir, las "cuentas en participación" constituyen una fórmula asociativa que busca el reparto del éxito o fracaso del negocio o empresa de uno de ellos, denominado gestor. No se crea un patrimonio común, a diferencia de lo sociedad irregular, sino que hay un **derecho a las ganancias** en la proporción que se establezca, previa liquidación y rendición de cuentas. Característica específica y esencial del contrato de cuentas en participación, es la aportación por el partícipe de capital, en espera de su futura remuneración, lo que implica que el partícipe también asume el riesgo de la actividad (AP A Coruña 3-10-23, EDJ 771009).

- Como recoge la **sentencia** TS 30-5-08, EDJ 82749, "Las cuentas en participación han sido descritas en la doctrina como "una fórmula asociativa entre empresarios individuales o sociales que hace posible el concurso de uno (partícipe) en el negocio o empresa del otro (gestor), quedando ambos a resultas del éxito o fracaso del último". Esta definición traduce la idea que expresa con claridad el art.239 CCom, cuando dice que los comerciantes pueden interesarse los unos en las operaciones de los otros, contribuyendo para ellas con la parte de capital que convinieren "y haciéndose partícipes de sus resultados prósperos o adversos en la proporción que determinen". No se crea, a diferencia de lo que ocurre en la sociedad irregular, un patrimonio común entre los partícipes, y lo aportado pasa al dominio del gestor (TS 20-7-92, EDJ 8161 y 4-12-92, EDJ 12031; 5-2-98, EDJ 584, etc.). El partícipe, por ello, no dispone de un crédito de restitución del capital aportado, sino que se le atribuye el derecho a las ganancias en la proporción que se establezca (TS 6-10-86; 20-7-92, EDJ 8161 y las que allí se citan) y en ello, más que en la transmisión de la propiedad de las aportaciones (que obviamente también se produce en el préstamo) consiste la peculiaridad de la composición de intereses típica de las cuentas en participación, esto es, que el partícipe no conserva un crédito para la restitución de lo aportado, sino para la obtención de su parte en las ganancias, previa la liquidación y rendición de cuentas que proceda" (AP A Coruña 3-10-23, EDJ 771009).

- El modelo presupone unas **circunstancias** determinadas que serán las más **frecuentes**. Si en el caso concreto existen circunstancias particulares no previstas, deberá completarse o modificarse el modelo adaptándolo a las mismas.

Contratos Asociativos

MCM 3055 s.

CCom art.239 a 243

En *"localidad"*, a *"fecha"*

REUNIDOS:

De una parte,

"Don/Doña nombre y apellidos de la parte", mayor de edad, *"estado civil de la parte" "... "especificar el régimen económico matrimonial de la parte" ...* ", de nacionalidad *"nacionalidad de la parte"*, con domicilio a estos efectos en *"domicilio de la parte"*, *"...con DNI/NIF número "DNI/NIF de la parte" ... O ... con tarjeta de residencia número "número de tarjeta de residencia de la parte" ... O ... pasaporte número "número de pasaporte de la parte", expedido el "fecha de expedición del pasaporte de la parte" ... O ... "reseñar otros documentos aportados por la parte" ...* ", vigente hasta el *"fecha de vigencia de la documentación aportada por la parte"*.

Y de otra parte,

"Don/Doña nombre y apellidos de la parte", mayor de edad, *"estado civil de la parte" "... "especificar el régimen económico matrimonial de la parte" ...* ", de nacionalidad *"nacionalidad de la parte"*, con domicilio a estos efectos en *"domicilio de la parte"*, *"...con DNI/NIF número "DNI/NIF de la parte" ... O ... con tarjeta de residencia número "número de tarjeta de residencia de la parte" ... O ... pasaporte número "número de pasaporte de la parte", expedido el "fecha de expedición del pasaporte de la parte" ... O ... "reseñar otros documentos aportados por la parte" ...* ", vigente hasta el *"fecha de vigencia de la documentación aportada por la parte"*.

INTERVIENEN:

A. *"Don/Doña nombre y apellidos de la parte"*

➢➢

❍ **Si interviene en su propio nombre:**

en su propio nombre y derecho.

❍ **Si interviene como representante:**

en nombre y representación

➢

❍ Si representa a persona física:

de *"Don/Doña nombre y apellidos del representado"*, mayor de edad, *"estado civil del representado"*, con domicilio en *"domicilio del representado"* y provisto de D.N.I./N.I.F. número *"DNI/NIF del representado"*, según consta en escritura de poder, otorgada ante el notario de *"lugar donde radica la notaría en la que se autorizó la escritura de poder de representación (persona física)"*, *"Don/Doña nombre y apellidos del notario que autorizó la escritura de poder de representación (persona física)"*, el *"fecha de escritura de poder de representación (persona física)"*, con el número *"número de protocolo del notario que autorizó la escritura de poder de representación (persona física)"* de su orden de protocolo.

❍ Si representa a persona jurídica:

de la sociedad mercantil denominada *"denominación social"*, domiciliada en *"domicilio social"*, y con NIF número *"NIF de la sociedad"*, constituida, por tiempo indefinido, mediante escritura otorgada ante el notario de *"lugar donde radica la notaría en la que se autorizó la escritura de poder de representación (persona jurídica)"*, *"Don/Doña nombre y apellidos del notario que autorizó la escritura de poder de representación (persona jurídica)"*, el *"fecha de escritura de poder de representación (persona jurídica)"*, e inscrita en el Registro Mercantil de *"datos de la inscripción registral (localidad del Registro Mercantil, tomo, folio, sección, hoja e inscripción)"*, en su calidad de

MCM 3055 s.

➤

❍ Si representa como cargo social:

"...administrador único ... O ... administrador solidario ... O ... consejero delegado ... O ... "especificar la representación del cargo social" ... " de la reseñada sociedad, cargo para el que fue nombrado y asegura vigente en escritura otorgada el *"fecha de escritura del nombramiento del cargo"*, ante el notario de *"lugar donde radica la notaría en la que se autorizó la escritura del nombramiento"*, *"Don/Doña nombre y apellidos del notario que autorizó la escritura del nombramiento"*, con el número *"número de protocolo del notario que autorizó la escritura del nombramiento"* de su protocolo, e inscrita en el Registro Mercantil de *"localidad del Registro Mercantil de la escritura de nombramiento"*, en el tomo y hoja arriba indicados.

CCom art.239 a 243

❍ Si representa como apoderado:

apoderado de la reseñada sociedad, según escritura de poder otorgada a su favor, en *"fecha de escritura del otorgamiento del poder"*, ante el notario de *"lugar donde radica la notaría en la que se autorizó la escritura de poder"*, *"Don/Doña nombre y apellidos del notario que autorizó la escritura de poder"*, con el número *"número de protocolo del notario que autorizó la escritura de poder"* de su protocolo *"...e inscrita en el Registro Mercantil de "localidad del Registro Mercantil de la escritura de poder" ... "*, en el tomo y hoja arriba indicados.

<

En adelante, El **gestor**.

B. *"Don/Doña nombre y apellidos de la parte"*

❍ Si interviene en su propio nombre:

en su propio nombre y derecho.

❍ Si interviene como representante:

en nombre y representación

➤

❍ Si representa a persona física:

de *"Don/Doña nombre y apellidos del representado"*, mayor de edad, *"estado civil del representado"*, con domicilio en *"domicilio del representado"* y provisto de D.N.I./N.I.F. número *"DNI/NIF del representado"*, según consta en escritura de poder, otorgada ante el notario de *"lugar donde radica la notaría en la que se autorizó la escritura de poder de representación (persona física)"*, *"Don/Doña nombre y apellidos del notario que autorizó la escritura de poder de representación (persona física)"*, el *"fecha de escritura de poder de representación (persona física)"*, con el número *"número de protocolo del notario que autorizó la escritura de poder de representación (persona física)"* de su orden de protocolo.

❍ Si representa a persona jurídica:

de la sociedad mercantil denominada *"denominación social"*, domiciliada en *"domicilio social"*, y con NIF número *"NIF de la sociedad"*, constituida, por tiempo indefinido, mediante escritura otorgada ante el notario de *"lugar donde radica la notaría en la que se autorizó la escritura de poder de representación (persona jurídica)"*, *"Don/Doña nombre y apellidos del notario que autorizó la escritura de poder de representación (persona jurídica)"*, el *"fecha de escritura de poder de representación (persona jurídica)"*, e inscrita en el Registro Mercantil de *"datos de la inscripción registral (localidad del Registro Mercantil, tomo, folio, sección, hoja e inscripción)"*, en su calidad de

MCM 3055 s.

CCom art.239 a 243

➢

❍ Si representa como cargo social:

"...administrador único ... O ... administrador solidario ... O ... consejero delegado ... O ... "especificar la representación del cargo social" ... " de la reseñada sociedad, cargo para el que fue nombrado y asegura vigente en escritura otorgada el *"fecha de escritura del nombramiento del cargo"*, ante el notario de *"lugar donde radica la notaría en la que se autorizó la escritura del nombramiento"*, *"Don/Doña nombre y apellidos del notario que autorizó la escritura del nombramiento"*, con el número *"número de protocolo del notario que autorizó la escritura del nombramiento"* de su protocolo, e inscrita en el Registro Mercantil de *"localidad del Registro Mercantil de la escritura de nombramiento"*, en el tomo y hoja arriba indicados.

❍ Si representa como apoderado:

apoderado de la reseñada sociedad, según escritura de poder otorgada a su favor, en *"fecha de escritura del otorgamiento del poder"*, ante el notario de *"lugar donde radica la notaría en la que se autorizó la escritura de poder"*, *"Don/Doña nombre y apellidos del notario que autorizó la escritura de poder"*, con el número *"número de protocolo del notario que autorizó la escritura de poder"* de su protocolo *"...e inscrita en el Registro Mercantil de "localidad del Registro Mercantil de la escritura de poder" ... "*, en el tomo y hoja arriba indicados.

En adelante, el ***"...Partícipe ... O ... Cuenta partícipe ... O ... Capitalista ..."***.

Las partes se reconocen la capacidad legal necesaria para contratar y obligarse y, a tal efecto

EXPONEN:

I. Que el **Gestor** es *"...un empresario individual cuya actividad comercial principal consiste en "especificar la actividad principal del empresario". ... O ... una sociedad cuyo objeto social principal consiste en "especificar la actividad principal desarrollada por la sociedad". ... "*.

Nota:

*El **Gestor** puede ser una persona física o jurídica, siendo admisible una pluralidad de gestores, en cuyo caso es conveniente que el contrato regule su forma de actuación (solidaria, conjunta, etc.).*

II. Que el **Gestor** tiene proyectado la realización de *"describir el negocio objeto del contrato"*. En adelante, la **Actividad**.

III. Que el **Partícipe**, está interesado en contribuir en la **Actividad** del **Gestor** descrita en el expositivo anterior, bajo la forma de un contrato de cuentas en participación, contribuyendo a la misma con las aportaciones de capital que más adelante se detallan.

Nota:

*El **Partícipe** puede ser igualmente una persona física o jurídica, siendo admisible una pluralidad de ellos (*TS 2-10-89, *EDJ 8621).*

IV. En consecuencia, las partes han convenido la celebración del presente contrato de cuenta en participación de acuerdo con las siguientes,

Nota.

*En cuanto a la **condición de comerciante** de las partes, según doctrina y jurisprudencia, basta que lo sea el **Gestor**. Incluso se admite que no lo sea antes de la firma del contrato, ya que el hecho de realizar un sólo negocio le convierte en empresario (*TS 22-5-87, *EDJ 4036;* 24-9-87, *EDJ 16074).*

MCM 3055 s.

ESTIPULACIONES:

***"NÚMERO"* Objeto**

El presente contrato tiene por objeto el desarrollo por parte del **Gestor**, bajo la forma jurídica de cuenta en participación de la **Actividad**, interesándose el **Partícipe** en dicha **Actividad** en la forma establecida en este contrato.

***"NÚMERO"* Aportación**

CCom art.239 a 243

Con el fin de proceder al desarrollo de la **Actividad** objeto del presente contrato, participando el **Partícipe** en sus resultados prósperos o adversos, este contribuye a la cuenta en participación con las siguientes aportaciones:

a) El **Partícipe** aportará *"describir la/s aportación/es"*, por importe de *"importe de la aportaciones del Partícipe, en letra"* euros (*"importe de la aportaciones del Partícipe, en número"* €), y que, teniendo en cuenta el valor total de la cuenta en participación, representará el *"porcentaje sobre el valor de la cuenta en participación, del importe de las aportaciones del Partícipe"* de su valor.

Nota:

*Es elemento esencial del contrato la **aportación** del Partícipe. La expresión «capital» recogida en el* CCom *art.239, abarca tanto aportaciones de dinero como de otros bienes y derechos económicamente valuables. La aportación se realiza en principio en pleno dominio, adquiriendo el Gestor la propiedad de lo aportado (*TS 14-7-89, *EDJ 7260).*

*No es admisible la creación de un **fondo común** de bienes y actividades sustentado en una affectio societatis y con una finalidad lucrativa, independiente de los de cada una de las partes y perteneciente a Gestor y Partícipe pro indiviso por cuotas ideales según los porcentajes pactados entre ellos (*TS 5-2-98, *EDJ 584). Igualmente es inadmisible crear bajo la apariencia de un contrato de cuentas en participación una aparente propiedad plena, exclusiva y excluyente del Gestor, en realidad únicamente fiduciaria e impuesta por las necesidades del negocio o de carácter fiscal (*TS 4-12-92, *EDJ 12031).*

*En los casos en que no se den los requisitos propios del contrato de cuentas en participación, se califica el contrato normalmente de sociedad irregular regido por las normas de la comunidad de bienes (*TS 20-7-92, *EDJ 8161). Se discute si es posible la aportación de **prestaciones de hacer**, opción generalmente rechazada. Igualmente se discute la posibilidad de aportar la prestación de garantías, aparentemente admitida por la jurisprudencia (*TS 28-11-80, *EDJ 1009) o la admisibilidad de aportaciones a título de uso (*TS 30-6-94, *EDJ 11423).*

*A diferencia de la sociedad irregular, en el contrato de **cuentas en participación** no se crea un patrimonio común entre los partícipes, y lo aportado se transfiere en dominio al gestor (*TS 20-7-92, *EDJ 8161;* 30-5-08, *EDJ 82749 y* 29-5-14, *EDJ 85664).*

*El contrato de cuentas en participación aparece regulado a continuación de las sociedades y antes de los contratos, como tránsito entre la compañía mercantil, que crea una personalidad jurídica, y la relación puramente contractual. Es una de las modalidades asociativas o de cooperación mercantil más antiguas que conoce el derecho de los negocios, que mantiene **oculto para los terceros** al capitalista participante, sea o no comerciante, lo que armoniza con el interés del gestor o empresario en aumentar su liquidez, sin obligación de pagar un interés y de restituir las sumas recibidas (AP Ourense de 3-2-17, EDJ 30449).*

*El **gestor hace suyas las aportaciones del cuentapartícipe** que adquiere el derecho a la ganancia en el negocio (AP Ourense de 3-2-17, EDJ 30449).*

b) Por su parte, el **Gestor** se compromete a dedicar su propia organización y establecimiento, incluyendo medios materiales e inmateriales, y humanos al desarrollo de la **Actividad**, lo cual se valora, a todos los efectos, en *"valor de la aportación del Gestor, en letra"* euros (*"valor de la aportación del Gestor, en número"* €), y que, teniendo en cuenta el valor total de la cuenta en participación, representará el *"porcentaje sobre el valor de la cuenta en participación, de la aportación del Gestor"* de su valor.

Nota:

*La **aportación del Gestor** no es un elemento esencial del contrato, pero nada impide que además de su obligación de llevar a cabo la actividad empresarial en cuya financiación participa el Partícipe, realice aportaciones económicas. Es más frecuente en los casos en que se pacta la realización de una o varias operaciones aisladas.*

MCM 3055 s.

La aportación del **Gestor** se entenderá recibida por el simple hecho de la firma de este documento, viniendo obligado, durante toda la duración del contrato, a prestar su organización empresarial en los términos citados. Respecto al **Partícipe**, ha hecho entrega de su aportación con anterioridad a este acto *"...en efectivo metálico ... O ... mediante ingreso en la cuenta bancaria del Gestor ... O ... "especificar otros medios de pago" ...".*

Nota:

Las aportaciones pueden hacerse también de forma simultánea a la ***perfección del contrato*** *o con posterioridad al dicho momento y en una o más veces.*

CCom art.239 a 243

"NÚMERO" **Gestión del negocio**

Nota:

Cabe la inclusión de pactos que permitan la intervención del Partícipe en actos concretos, siempre que su eficacia sea meramente interna. No es posible la inclusión de ***pactos*** *que supongan:*
*- la cogestión entre el Gestor y el Partícipe (*AP Araba 7-7-99, *EDJ 25943);*
- la responsabilidad del Partícipe frente a terceros con los que contrata el Gestor.

El **Gestor** será el único que realice y dirija las operaciones relativas a la **Actividad** objeto del contrato, sin que el **Partícipe** pueda intervenir en ellas en forma alguna, y sin que pueda adoptarse una razón comercial común.

El **Gestor** realizará las operaciones por sí mismo o por medio de sus dependientes y representantes, obligándose frente al **Partícipe**:

a) A aplicar la aportación realizada por el **Partícipe** a la **Actividad** objeto del presente contrato.

b) A realizar y concluir las operaciones que se deriven de la **Actividad** objeto del contrato con la diligencia de un ordenado comerciante, en su propio nombre y bajo su responsabilidad individual.

c) A no alterar la **Actividad** objeto del contrato, ni cesar en la realización de la misma sin el conocimiento y consentimiento del **Partícipe**.

d) A no dedicarse, ni directa ni indirectamente, a la misma, análoga o similar actividad empresarial objeto de este contrato.

e) A la rendición de cuentas al **Partícipe** en la forma prevista legalmente y en este contrato, y, en su momento, a proceder a la liquidación del contrato de cuentas en participación en la forma que corresponda según los casos de conformidad con lo dispuesto en la estipulación novena.

"...f) A no transmitir las acciones/participaciones en que se divide su capital social a un tercero, sin el consentimiento previo y expreso del Partícipe. ..."

Nota:

Sobre la rendición de cuentas al Partícipe ver CCom *art.*243 *(*TS 3-7-91*).*

"NÚMERO" **Responsabilidad frente a terceros**

Nota:

No obstante, téngase en cuenta que el Partícipe responderá frente a ***terceros*** *en dos supuestos:*
1. Cuando este incluya su nombre en la razón social común del Gestor, entendiéndose que se convierte por ello en cogestor de la empresa asumiendo los riesgos de las operaciones que de ella se deriven.
*2. Cuando el Gestor haya realizado a favor del Partícipe cesión formal de sus derechos (*CCom *art.*242*).*
Igualmente, ante el caso de ***incumplimiento*** *total o parcial del Partícipe, los acreedores del Gestor podrán acudir a la acción subrogatoria y a la acción pauliana (*CC *art.*1111*) para exigir el referido cumplimiento.*

De conformidad con lo dispuesto legalmente, el **Gestor** asumirá personalmente frente a terceros la responsabilidad de las operaciones que realice como consecuencia del presente contrato, de tal suerte que los que contraten con el **Gestor** sólo tendrán acción contra él, y no contra el **Partícipe**, quien tampoco tendrá acción contra los terceros que contraten con el **Gestor**, salvo que este le hiciese cesión formal de sus derechos.

"NÚMERO" **Participación en pérdidas y beneficios**

"Apartado"

De conformidad con lo dispuesto en la estipulación segunda anterior, la participación en los resultados prósperos o adversos de la **Actividad** objeto del contrato se realizará de la siguiente forma: MCM 3055 s.

a) El **Partícipe** participará en un *"porcentaje del Partícipe en los resultados"* en los resultados de la **Actividad**

 **Nota:**

CCom art.239 a 243

La participación del Partícipe en los ***beneficios*** *de la actividad empresarial del Gestor es un elemento esencial del contrato. Sin embargo, no se admite el pacto en virtud del cual se establecen unas retribuciones fijas independientes del resultado del negocio del Gestor, puesto que el riesgo que conlleva la aportación es elemento distintivo de esta clase de contratos y lo diferencia del préstamo mercantil.*

Hay que tener en cuenta que si el contrato no especifica la ***proporción*** *en que se participa en los beneficios, se repartirán las ganancias a prorrata y en proporción a la cuantía de la aportación de cada una de las partes.*

Se puede pactar una participación en beneficios distinta a la de las pérdidas; la percepción de una cuantía fija, prorrateándose el resto; o incluso una participación del Partícipe superior a la que le correspondería en proporción a su aportación. La participación del Partícipe en los beneficios de la actividad empresarial del Gestor no puede exceder de la vigencia del contrato ni iniciarse con anterioridad a su celebración.

El gestor hace suyas las ***aportaciones*** *del cuentapartícipe que adquiere el derecho a la ganancia en el negocio (AP Ourense de 3-2-17, EDJ 30449).*

Que en algunos contratos la cantidad ***no se entregue al prestatario****, sino en cuenta bancaria titularidad de terceras empresas, no varía la anterior calificación, al no ser esta incompatible con la finalidad del contrato de préstamo, ya que el pago hecho por el actor a un tercero por cuenta del deudor genera en el que pagó un derecho de crédito (CC art.1158), sin que por ello se afecte la naturaleza del contrato pactado (AP Valencia 14-12-16, EDJ 266783).*

b) Por su parte, el **Gestor** obtendrá el restante *"porcentaje del Gestor en los resultados"* de los resultados de la **Actividad**.

"Apartado"

El porcentaje de participación en los beneficios y en las pérdidas será idéntico. No obstante, en caso de producirse pérdidas en la **Actividad**, se tendrán en cuenta además lo siguiente:

 **Nota:**

La doctrina mayoritaria no admite el pacto de exclusión total del Partícipe en su participación en las ***pérdidas****. Al igual que para los beneficios, si el contrato no especifica la proporción en que se participa en las pérdidas, se soportarán a prorrata y en proporción a la cuantía de la aportación de cada una de las partes, pudiéndose pactar una participación en beneficios distinta a la de las pérdidas.*

a) Si los beneficios de ejercicios anteriores no se hubiesen repartido en su totalidad, y existiesen fondos remanentes, las pérdidas del ejercicio se detraerán de dichos fondos hasta su total aplicación.

b) Si no existiesen dichos fondos o hubiesen sido aplicados con anterioridad, las pérdidas restantes se compensarán con las aportaciones realizadas por cada parte, en las proporciones antes fijadas, y hasta su total aplicación.

 **Nota:**

Lo frecuente es que el ***Partícipe*** *no participe en las pérdidas más allá de su propia aportación. La doctrina entiende que no puede presumirse la obligación del Partícipe de participar ilimitadamente en las pérdidas, exigiéndole aportaciones complementarias si su aportación no es suficiente para cubrir las pérdidas. Sin embargo, nada obsta para que las partes, si lo desean, pacten un régimen distinto siempre y cuando la responsabilidad del Partícipe por las pérdidas no sea ilimitada.*

c) Si practicadas las compensaciones anteriores resultara que las aportaciones han quedado anuladas, las partes podrán acordar la disolución y liquidación de la cuenta en participación, o bien, continuar con la misma realizando nuevas aportaciones que den derecho a seguir participando en los resultados prósperos o adversos con los mismos porcentajes inicialmente fijados.

"NÚMERO" Rendición de cuentas

MCM 3055 s.

"Apartado"
El ejercicio económico de la cuenta en participación coincidirá con el ejercicio social del **Gestor**.

>>

○ **Si es el presente ejercicio:**

No obstante ello, el presente ejercicio comenzará el día de la fecha de la firma del contrato y finalizará en la fecha de cierre del ejercicio económico del **Gestor** en el año de la firma del contrato.

CCom art.239 a 243

○ **Si se especifica otra fecha:**

"especificar otra fecha"

<<

"Apartado"
El **Gestor** llevará una cuenta especial para la contabilización de las operaciones derivadas de la **Actividad** objeto del presente contrato, con pleno y total cumplimiento de la normativa aplicable, y sin perjuicio de sus restantes obligaciones contables.

"Apartado"
El **Gestor** facilitará anualmente al **Partícipe**, dentro de los tres meses siguientes al cierre de cada ejercicio, su balance y cuenta de resultados parciales referidos a la cuenta en participación, en los que se reflejen la situación de las aportaciones, las operaciones realizadas y los resultados de la **Actividad** a la fecha de cierre anual de la cuenta en participación, esto es, a la fecha de cierre de cada ejercicio económico del **Gestor**, dando cuenta justificada de los resultados.

El **Gestor** tendrá derecho a verificar aquellos extremos que considere necesarios en los treinta días siguientes a la entrega, debiendo el **Gestor** poner a su disposición los antecedentes, soportes y documentos precisos para dicha comprobación. El **Partícipe** podrá auxiliarse de los técnicos que considere necesarios y, en su caso, podrá solicitar al Gestor el someter dichas cuentas a la auditoría de un experto independiente, siendo sus honorarios con cargo a la propia cuenta, salvo que de la misma no resultasen vicios o irregularidades esenciales, en cuyo caso sus honorarios serían de cuenta y cargo del **Partícipe**.

"NÚMERO" Cesión del contrato
Las partes no podrán ceder o transmitir total o parcialmente intervivos por ningún medio su posición en el contrato a ningún otro tercero, sin el previo acuerdo de la otra parte.

>>

○ **Si se produce cambio de titularidad de las acciones/participaciones:**

A estos efectos, y de conformidad con lo dispuesto en el apartado *"Apartado"* de la estipulación tercera, se considerará cesión el cambio en la titularidad de más del *"porcentaje de acciones o participaciones"* de las acciones/participaciones sociales del **Gestor**, y, salvo consentimiento expreso del **Partícipe**, dará derecho a este a pedir la resolución del contrato con exigibilidad íntegra de su aportación inicial, los beneficios producidos hasta ese momento, y los daños y perjuicios ocasionados.

<<

La sucesión mortis causa del **Partícipe** no tendrá efectos de cesión, pudiendo sus herederos continuar con la cuenta en participación en la misma forma que su causante.

"NÚMERO" Duración

"Apartado"
Las partes pactan expresamente que el presente contrato entrará en vigor el día de la fecha, en la cual el **Gestor** dará comienzo a la **Actividad**.

MCM 3055 s.

"Apartado"
La duración de la cuenta en participación será *"...indefinida... O... "ámbito temporal de la cuenta en participación" años a contar desde la fecha efectiva de su entrada en vigor...".*

✍ **Nota:**

*La mayor parte de la doctrina considera que el contrato de cuentas en participación puede pactarse para un solo acto o para la realización de actividades duraderas; tener una **duración** indefinida o pactarse para un plazo determinado, sometido a una condición o a un término. Salvo pacto expreso, se presume la duración indefinida del contrato. Parte de la doctrina no admite la **prórroga** en esta clase de contratos aplicando analógicamente el* CCom *art.223, por considerar que estos presentan una naturaleza cuasi-societaria. Habría que considerar igualmente los efectos fiscales de una posible prórroga, teniendo en cuenta el gravamen de operaciones societarias.*

CCom art.239 a 243

"Apartado"
A su vencimiento, el contrato quedará resuelto, viniendo las partes obligadas a practicar la liquidación a que se refieren las estipulaciones siguientes.

"Apartado"
El presente contrato finalizará además de forma inmediata si concurriese alguna de las siguientes causas:

- Mutuo acuerdo de las partes, expreso o tácito.

- Imposibilidad manifiesta de poder continuar con el desarrollo de la **Actividad** objeto del presente contrato.

"...- Por transcurso del tiempo pactado de vigencia del contrato. ..."

- La muerte o incapacidad del **Gestor**.

 **Nota:**

*La **muerte** del Partícipe no resuelve el contrato que en principio continuará entre el Gestor y los causahabientes del finado.*

- Quiebra o suspensión de pagos del **Gestor**.

 **Nota:**

*La doctrina no es unánime respecto a si esta causa de resolución es igualmente aplicable si se produce en la figura del **Partícipe**.*

***"NÚMERO"* Liquidación**
Llegado el momento en que deba procederse a la liquidación de la cuenta en participación objeto del presente contrato, y una vez obtenido el haber líquido de la misma, este se repartirá de acuerdo con los porcentajes de participación previstos en su estipulación segunda, cerrando las operaciones en el momento de la liquidación, y procediendo al cálculo de los beneficios o pérdidas de ese último ejercicio.

En caso de discrepancia respecto a la forma de efectuar el reparto, y las partidas a incluir en el mismo, el haber líquido se determinará por un auditor nombrado por las partes de común acuerdo, y en su defecto, por el Juez de Primera Instancia correspondiente al domicilio del **Gestor**.

***"NÚMERO"* Confidencialidad**
Ambas partes mantendrán confidencialidad y reserva absoluta en relación con cualquier tipo de información relativa a la cuenta en participación, especialmente en lo que se refiere a la contabilidad del **Gestor**, y no la harán pública a terceros en forma alguna, salvo por imperativo legal.

MCM 3055 s.

>>

○ **Si se establecen otras estipulaciones con carácter accesorio:**

"especificar otras estipulaciones" 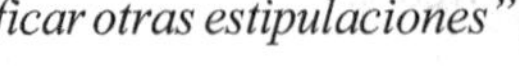

 **Nota:**

*La **jurisprudencia** permite la inclusión de otras estipulaciones especiales complementarias que, aunque vayan más allá del contenido propio de la figura contractual del Contrato de Cuentas en Participación, no desnaturalicen la existencia del contrato básico por estar incorporadas a él con carácter accesorio (*TS 6-10-86, *EDJ 6068).*

CCom art.239 a 243

<<

***"NÚMERO"* Gastos e impuestos**

Cada parte soportará los gastos en los que hubiese incurrido para la formalización de este documento. Los impuestos derivados de su otorgamiento se imputarán a la propia cuenta en participación.

Nota:

*A tenor de lo dispuesto en el art.22 de la Ley del Impuesto sobre Transmisiones Patrimoniales y Actos Jurídicos Documentados, y en el art.55.2 de su Reglamento, quedan sujetas al gravamen de **operaciones societarias** las aportaciones iniciales, los aumentos de aportación y las cancelaciones de cuenta, realizadas entre el Gestor y el partícipe. Se aconseja revisar en cada momento cuál es el tipo impositivo aplicable dada la posible variación legislativa en la materia. A los efectos del Impuesto, se equiparan a las sociedades expresamente los contratos de cuentas en participación.*

En caso de se elevase a público el presente documento, los gastos originados serán igualmente imputados a la propia cuenta en participación.

***"NÚMERO"* Notificaciones**

Cualquier notificación u otra comunicación que pueda derivarse de este contrato, o sea necesaria para su cumplimiento, ejecución o extinción, se hará por escrito y deberá hacerse, a elección de quien deba hacerla: (i) entregada personalmente; (ii) enviada por correo certificado con acuse de recibo; (iii) notificada notarialmente; (iv) por telefax, con acuse de recibo, a las direcciones señaladas en el encabezamiento.

Cualquiera de las partes podrá cambiar la dirección a efectos de esta estipulación, mediante notificación a la otra.

***"NÚMERO"* Nulidad parcial**

Si cualquiera de las estipulaciones deviniera ilegal o no resultara procedente, será tenida por no puesta, sin que ello invalide o afecte de forma alguna a las restantes estipulaciones, y sin perjuicio de la voluntad de las partes de subsanar las estipulaciones que resultaren prohibidas o no legalmente exigibles

***"NÚMERO"* Ley aplicable y naturaleza contractual**

Este contrato tiene carácter mercantil y se regirá por sus propias cláusulas y en su defecto, por el Código de Comercio, Leyes especiales y usos mercantiles.

***"NÚMERO"* Fuero**

Las partes renuncian a cualquier fuero propio que pudiera corresponderles y acuerdan someter las discrepancias y diferencias que puedan surgir con motivo de la validez, interpretación, ejecución o extinción de este Contrato a la Jurisdicción de los Juzgados y Tribunales de *"ciudad de los Juzgados y Tribunales"*.

Y en prueba de conformidad, ambas partes firman el presente contrato, que se extiende en dos ejemplares, igualmente originales, en el lugar y fecha indicados en su encabezamiento.

EL GESTOR **EL PARTÍCIPE**

Acuerdo de asociación: Corporate joint venture

MCM 3145 s.

Nota preliminar:

- Los acuerdos de asociación, empresas conjuntas o joint venture se forman como resultado de un compromiso entre dos o más sociedades, y su **finalidad** es realizar una operación de negocio distinta y, generalmente, complementaria, de la que desempeñan las empresas constituyentes (Chuliá Vicent y Beltrán Alandrete).

- No presentan una **forma** específica, y su configuración y contenido viene determinado, en cada caso, por las necesidades concretas del sector de negocios que constituya su actividad.

- Deben considerarse especialmente en el momento de su suscripción las leyes sobre **competencia**.

- El modelo es del tipo "corporate joint venture", esto es, mediante la constitución de una **sociedad común** dotada de personalidad jurídica propia.

- El joint venture es una **entidad propia e independiente** de los demás negocios de las partes que lo conforman (AP Alicante 8-4-21, EDJ 643745).

- El **tipo de sociedad** condicionará en gran medida el contenido del documento, debiendo respetarse los requisitos inderogables impuestos legalmente. En este caso se ha previsto una SRL, a efectos de facilitar la redacción del contrato. En todo caso, esta forma societaria, más flexible y en el que las cualidades personales de los socios pueden tener un mayor peso, parece en principio la más apropiada para dar forma a este tipo de acuerdos.

L 15/2007; RD 261/2008; CC art.1665 s

En *"localidad"*, a *"fecha"*

REUNIDOS:

De una parte,

"Don/Doña nombre y apellidos de la parte", mayor de edad, *"estado civil de la parte" "... "especificar el régimen económico matrimonial de la parte" ..."*, de nacionalidad *"nacionalidad de la parte"*, con domicilio a estos efectos en *"domicilio de la parte"*, *"...con DNI/NIF número "DNI/NIF de la parte"... O ... con tarjeta de residencia número "número de tarjeta de residencia de la parte" ... O ... pasaporte número "número de pasaporte de la parte", expedido el "fecha de expedición del pasaporte de la parte" ... O ... "reseñar otros documentos aportados por la parte" ..."*, vigente hasta el *"fecha de vigencia de la documentación aportada por la parte"*.

De otra parte,

"Don/Doña nombre y apellidos de la parte", mayor de edad, *"estado civil de la parte" "... "especificar el régimen económico matrimonial de la parte" ..."*, de nacionalidad *"nacionalidad de la parte"*, con domicilio a estos efectos en *"domicilio de la parte"*, *"...con DNI/NIF número "DNI/NIF de la parte"... O ... con tarjeta de residencia número "número de tarjeta de residencia de la parte" ... O ... pasaporte número "número de pasaporte de la parte", expedido el "fecha de expedición del pasaporte de la parte" ... O ... "reseñar otros documentos aportados por la parte" ..."*, vigente hasta el *"fecha de vigencia de la documentación aportada por la parte"*.

MCM 3145 s.

L 15/2007; RD 261/2008; CC art.1665 s

INTERVIENEN:

A. *"Don/Doña nombre y apellidos del representante"*, en nombre y representación de la sociedad mercantil denominada *"denominación social"*, domiciliada en *"domicilio social"*, y con NIF número *"NIF de la sociedad"*, constituida, por tiempo indefinido, mediante escritura otorgada ante el notario de *"lugar de la notaría en la que se autorizó la constitución de la sociedad"*, *"Don/Doña nombre y apellidos del notario que autorizó la constitución de la sociedad"*, el *"fecha de escritura de constitución de la sociedad"*, e inscrita en el Registro Mercantil de *"datos de la inscripción registral de la sociedad (localidad del Registro Mercantil, tomo, folio, sección, hoja e inscripción)"*, en su calidad de

>>

❍ **Si representa como cargo social:**

"...administrador único ... O ... administrador solidario ... O ... consejero delegado ... O ... "especificar la representación del cargo social" ... " de la reseñada sociedad, cargo para el que fue nombrado y asegura vigente en escritura otorgada el *"fecha de escritura del nombramiento del cargo"*, ante el notario de *"lugar donde radica la notaría en la que se autorizó la escritura del nombramiento"*, *"Don/Doña nombre y apellidos del notario que autorizó la escritura del nombramiento"*, con el número *"número de protocolo del notario que autorizó la escritura del nombramiento"* de su protocolo, e inscrita en el Registro Mercantil de *"localidad del Registro Mercantil de la escritura de nombramiento"*, en el tomo y hoja arriba indicados.

❍ **Si representa como apoderado:**

apoderado de la reseñada sociedad, según escritura de poder otorgada a su favor, en *"fecha de escritura del otorgamiento del poder"*, ante el notario de *"lugar donde radica la notaría en la que se autorizó la escritura de poder"*, *"Don/Doña nombre y apellidos del notario que autorizó la escritura de poder"*, con el número *"número de protocolo del notario que autorizó la escritura de poder"* de su protocolo *"...e inscrita en el Registro Mercantil de "localidad del Registro Mercantil de la escritura de poder" ... "*, en el tomo y hoja arriba indicados.

<<

En adelante, El **socio 1**.

B. *"Don/Doña nombre y apellidos del representante"*, en nombre y representación de la sociedad mercantil denominada *"denominación social"*, domiciliada en *"domicilio social"*, y con NIF número *"NIF de la sociedad"*, constituida, por tiempo indefinido, mediante escritura otorgada ante el notario de *"lugar de la notaría en la que se autorizó la constitución de la sociedad"*, *"Don/Doña nombre y apellidos del notario que autorizó la constitución de la sociedad"*, el *"fecha de escritura de constitución de la sociedad"*, e inscrita en el Registro Mercantil de *"datos de la inscripción registral de la sociedad (localidad del Registro Mercantil, tomo, folio, sección, hoja e inscripción)"*, en su calidad de

>>

❍ **Si representa como cargo social:**

"...administrador único ... O ... administrador solidario ... O ... consejero delegado ... O ... "especificar la representación del cargo social" ... " de la reseñada sociedad, cargo para el que fue nombrado y asegura vigente en escritura otorgada el *"fecha de escritura del nombramiento del cargo"*, ante el notario de *"lugar donde radica la notaría en la que se autorizó la escritura del nombramiento"*, *"Don/Doña nombre y apellidos del notario que autorizó la escritura del nombramiento"*, con el número *"número de protocolo del notario que autorizó la escritura del nombramiento"* de su protocolo, e inscrita en el Registro Mercantil de *"localidad del Registro Mercantil de la escritura de nombramiento"*, en el tomo y hoja arriba indicados.

MCM 3145 s.

L 15/2007; RD 261/2008; CC art.1665 s

Si representa como apoderado:

apoderado de la reseñada sociedad, según escritura de poder otorgada a su favor, en *"fecha de escritura del otorgamiento del poder"*, ante el notario de *"lugar donde radica la notaría en la que se autorizó la escritura de poder"*, *"Don/Doña nombre y apellidos del notario que autorizó la escritura de poder"*, con el número *"número de protocolo del notario que autorizó la escritura de poder"* de su protocolo *"...e inscrita en el Registro Mercantil de "localidad del Registro Mercantil de la escritura de poder" ..."*, en el tomo y hoja arriba indicados.

<<

En adelante, El **socio 2**.

Las partes -en adelante, conjuntamente, los **Socios** o las **Partes**-, se reconocen la capacidad legal necesaria para contratar y obligarse y, a tal efecto

EXPONEN:

I. Que el **Socio 1** se dedica a *"objeto social principal del Socio 1"*, cuyo capital y demás información se describen en el Apéndice 1.

II. Que el **Socio 2** se dedica a *"objeto social principal del Socio 2"*, cuyo capital y demás información se describen en el Apéndice 2.

III. Que el **Socio 1** está interesado en *"interés económico del Socio 1 en el acuerdo de asociación"* y el **Socio 2** está interesado en *"interés económico del Socio 2 en el acuerdo de asociación"*.

IV. Que, en consecuencia de lo anterior, las **Partes** están interesadas en constituir conjuntamente una compañía (en adelante, la **Sociedad**) que canalice sus intereses comunes, señalados en el expositivo anterior.

V. Que interesa a las **Partes** suscribir el presente acuerdo de asociación con la finalidad de regular el procedimiento, objetivos y régimen recíproco de sus derechos y obligaciones en dicha asociación, como base contractual a los pactos incluidos en los estatutos sociales de la **Sociedad** y del resto de documentos que, en su caso, puedan regular dicha asociación; lo que llevan a efecto por medio del presente documento y de conformidad con las siguientes

ESTIPULACIONES:

***"NÚMERO"* Condición suspensiva**

El presente contrato queda condicionado a que antes de *"fecha máxima para la constitución de la sociedad"* las **Partes** hayan concluido los trámites para la constitución de la **Sociedad** a la que se refiere el expositivo IV anterior, y esta haya quedado oportunamente inscrita en el Registro Mercantil; de tal suerte que, si llegada la fecha indicada no se hubiese dado cumplimiento a dicha condición, el presente acuerdo de socios no llegará a surtir efecto alguno para las **Partes**.

Quedan a salvo las consecuencias del incumplimiento por cualquiera de ellas de las obligaciones en materia de confidencialidad y comunicaciones, reparto de gastos, y las relativas a arbitraje recogidas en el presente contrato.

***"NÚMERO"* Objeto del contrato**

Constituye el objeto del presente contrato:

a) La constitución y regulación de la **Sociedad**, sus normas de funcionamiento y la de sus órganos colegiados, sus apoderados, y las obligaciones de los **Socios**.

b) La regulación del desarrollo futuro de las relaciones entre los **Socios**, así como las normas de reparto de capital social, actual y futuro, de la **Sociedad**, y en general, las relaciones que, de la participación conjunta en la **Sociedad**, se deriven para las partes.

c) La puesta en marcha, gestión y desarrollo del negocio que ambas partes van a implantar conjuntamente, consistente en *"especificar el tipo de negocio o explotación"*.

"NÚMERO" Constitución de la Sociedad

MCM 3145 s.

En el plazo máximo de *"plazo máximo para constituir la SRL"*, y ante el notario de *"lugar del notario que autorizará la escritura pública"* que acuerden las **Partes**, estas constituirán una Sociedad de Responsabilidad Limitada (SRL), que se regirá por los estatutos sociales que se acompañan como Anexo 3, y por los pactos y estipulaciones de este documento, sin perjuicio de que puedan o no ser incorporados a dichos estatutos.

"NÚMERO" Capital social

L 15/2007; RD 261/2008; CC art.1665 s

"Apartado"

El capital social de la **Sociedad** se fijará por las **Partes** de mutuo acuerdo, y tomando en consideración la cifra de fondos propios que financiera y económicamente sea necesaria al objeto social según lo dispuesto en la estipulación novena siguiente.

"Apartado"

La distribución del capital social será paritaria entre ambas **Partes**.

"Apartado"

Las **Partes**, para proceder a la constitución de la **Sociedad**, adoptarán los acuerdos y suscribirán los documentos públicos y/o privados necesarios o convenientes para ello, con respeto a dichos porcentajes.

"Apartado"

Las **Partes** no descartan la incorporación futura de nuevos socios, si bien cada una de las **Partes** deberá conservar en todo caso al menos un *"determinación de porcentaje que asegure el control"* del capital social.

Nota:

*Es frecuente la inclusión en este tipo de contratos de **"cláusulas antidilución"**.*

>>

○ **Si se establecen aportaciones no dinerarias:**

"Apartado"

Las **partes** podrán realizar sus desembolsos mediante aportaciones no dinerarias.

Nota:

*La **forma societaria** elegida condicionará el régimen de la aportación no dineraria y la necesidad de recurrir a los expertos independientes si se tratase de una SA o de una sociedad comanditaria por acciones.*

<<

"NÚMERO" Estatutos sociales

"Apartado"

La denominación social de la **Sociedad** será la que, en su momento, acuerden las **Partes**.

"Apartado"

El domicilio social de la **Sociedad** estará en *"domicilio social"*. El consejo de administración, con la mayoría que más adelante se determina, podrá establecer sucursales, agencias y delegaciones en cualquier lugar de España o del extranjero y acordar el traslado del domicilio social dentro de la misma población, así como el cierre, definitivo o temporal, y el traslado de las sucursales, agencias y delegaciones.

"Apartado"
El objeto social de la **Sociedad** será *"especificar la/s actividad/es integrantes del objeto social"*.

"Apartado"
El ejercicio económico de la **Sociedad** se cerrará el *"fecha de cierre del ejercicio económico"* de cada año.

MCM 3145 s.

➢➢

○ **Si se establece un régimen de prestaciones accesorias:**

L 15/2007; RD 261/2008; CC art.1665 s

"Apartado"
Los estatutos de la **Sociedad** expresamente recogen un régimen de prestaciones accesorias encaminadas a obligar a los **Socios** a *"especificar las prestaciones accesorias"*.

Nota:

*Para los **requisitos legales**, hay que atender a lo dispuesto en los artículos correspondientes, según el tipo de sociedad adoptada, del* RDLeg 1/2010 *por el que se aprueba el texto refundido de la Ley de Sociedades de Capital (LSC); y RRM art.*127 *y* 187.

≺≺

"NÚMERO" **Gobierno de la sociedad**

"Apartado"
Las **Partes** acuerdan expresamente que el presente contrato prevalecerá, entre los **Socios** y la **Sociedad**, sobre los estatutos de la **Sociedad**, en el caso de que las siguientes disposiciones no pudiesen ser incorporadas a los estatutos sociales.

"Apartado" **Respecto a la Junta General:**

Nota:

*La **forma societaria** elegida condicionará la flexibilidad del régimen aplicable. Se aconseja revisar los dictados específicos previstos en el* RDLeg 1/2010 *por el que se aprueba el texto refundido de la Ley de Sociedades de Capital (LSC).*

a) Los **Socios** serán convocados mediante *"especificar procedimiento para la convocatoria"*. *"...Las comunicaciones individuales deberán cursarse de forma que, entre la última que se remita y la fecha fijada para la celebración de la junta, medie un plazo de, al menos, "plazo mínimo para las comunicaciones individuales" días naturales. ..."* Todo ello, sin perjuicio de la posibilidad de celebración de juntas universales.

b) Todo socio tendrá derecho de asistencia a las juntas, sea cual fuere el número de participaciones de que sea titular, y de voto, proporcional a sus participaciones. *"...Podrá hacerse representar por otra persona, aunque no sea socio. ..."*

c) Los acuerdos de la junta de socios serán adoptados con el voto favorable de al menos el *"especificar porcentaje para la adopción de acuerdos de la junta"* del total de los derechos de voto de la totalidad del capital social de la **Sociedad**.

d) Además de los asuntos que conforme a la ley deban decidirse en junta de socios, será competencia de esta, cualquier acuerdo relativo a:

- El endeudamiento de la **Sociedad** a través de pólizas de crédito o de préstamo con prestación de garantías reales, y la prestación de todo tipo de avales y garantías.

- Los actos de disposición sobre activos de la **Sociedad**, especialmente inmuebles.

- *"especificar otros asuntos"*

MCM 3145 s.

"Apartado" **Respecto del órgano de administración:**

Nota:

*Es uno de los aspectos más relevantes del contrato. Suele pactarse una **administración** participada por los socios que forman parte del acuerdo, con frecuencia por un consejo de administración con presencia de consejeros designados por los firmantes del acuerdo. Debe tratar de asegurarse dicha presencia y el equilibrio de poderes y actuación, tanto en la toma de decisiones como en su ejecución. Se establecerían al efecto normas que asegurasen el control paritario de los socios, mediante normas que restringen el normal funcionamiento de los órganos sociales.*

L 15/2007; RD 261/2008; CC art.1665 s

>>

o Si no se estructura como un consejo de administración:

"especificar otra estructura del órgano de administración y su modo de actuación"

- Los administradores serán elegidos en la junta de socios de conformidad con las disposiciones de la estipulación *"número del apartado"* anterior, de entre los candidatos propuestos por los **Socios**.

- El cargo de administrador será *"...gratuito ... O ... retribuido, consistiendo la retribución en "especificar el/los sistema/s de retribución" ...".*

Nota:

*Para la **retribución** de los administradores habrá que tener en cuenta las normas imperativas a este respecto, ampliamente matizadas por la doctrina de la Dirección General de los Registros y del Notariado.*

- Durante toda la vida de la **Sociedad**, el **Socio 1** tendrá derecho, en todo momento, a proponer y solicitar el nombramiento, la destitución o sustitución de *"número de candidatos que puede proponer el Socio 1"* candidatos para el cargo de administrador; y el **Socio 2** tendrá derecho a proponer y solicitar el nombramiento, la destitución o sustitución de *"número de candidatos que puede proponer el Socio 2"* candidatos para el cargo de administrador.

Nota:

*Podrá ser el mismo **número de administradores** propuestos por cada socio, o distinto, si bien si la participación en el capital social es paritaria, lo normal es que la misma situación se reproduzca en el órgano de administración. En otro caso habría que adoptar las oportunas medidas correctoras en cuanto al nombramiento y su control. Es preciso tener en cuenta los art.*212 *s. LSC por el que se aprueba el texto refundido de la Ley de Sociedades de Capital, relativos a "los administradores", así como el* RD 821/1991, *de nombramiento de administradores por el sistema proporcional. Téngase presente, asimismo, el art.*191 *del Reglamento del Registro Mercantil, que prohíbe expresamente esta posibilidad para este tipo de sociedad.*

- Los administradores podrán ser destituidos en cualquier momento, sin mediar indemnización alguna, con o sin causa justificada, por la junta de socios a petición del socio que los propuso, en el entendimiento de que los consejeros nombrados para sustituir a los consejeros destituidos deberán ser designados por el socio que propuso al consejero destituido o a su sucesor.

o Si se estructura como un consejo de administración:

- La **Sociedad** contará con un consejo de administración integrado por *"número de miembros del consejo de administración"* de miembros.

- El periodo de vigencia del cargo de consejero será *"duración del cargo de consejero"*.

- El consejo elegirá en su seno a un presidente, y a un secretario, el cual no tendrá que ser necesariamente consejero. Los **Socios** se alternarán en el nombramiento de las personas que ocuparán los cargos de presidente y secretario, en el entendimiento de que, bajo ninguna circunstancia, podrán los cargos de presidente y secretario ser ocupados al mismo tiempo por personas propuestas por el mismo socio.

Las reuniones del consejo se celebrarán en aquellas ocasiones que prescriba la ley o a solicitud del presidente, con un mínimo de *"número de reuniones anuales"* reuniones por año, en el domicilio social.

Deberá remitirse una notificación escrita con una antelación mínima de *"ámbito temporal de la notificación escrita"* días laborables con carácter previo a cada reunión del consejo, incluyéndose en dicha notificación el orden del día con los asuntos que deberán tratarse en la reunión. Cuando razones de urgencia aconsejen celebrar consejo de administración, bastará con que la convocatoria se realice con una antelación mínima de *"plazo mínimo de realización de la convocatoria"* días naturales respecto de la fecha prevista para la reunión. MCM 3145 s.

Para poder alcanzar un quórum en las reuniones del consejo, al menos *"número de consejeros para alcanzar un quórum"* consejeros deberán asistir a dicha reunión. Cada consejero, incluyendo el presidente, tendrá un voto, sin perjuicio de las delegaciones de voto que pueda ostentar. L 15/2007; RD 261/2008; CC art.1665 s

Todos los acuerdos del consejo deberán adoptarse mediante el voto favorable de al menos *"número de votos favorables para adoptar acuerdos"* de los consejeros *"...que asistan a la reunión ... O ... en su totalidad, presentes o ausentes ..."*.

Nota:

*La inclusión en la mayoría de la **totalidad de los consejeros**, presentes o no en la reunión, puede evitar la adopción de acuerdos unilateralmente por una de las partes. En realidad, fijando una mayoría para adopción de acuerdos basada en el número total de consejeros hace innecesaria la fijación de quórum de asistencia.*

Si se decidiese una posible delegación de facultades habrá de ser a favor de *"especificar número de destinatarios"* pero se efectuará siempre de forma mancomunada (dos a dos) y cruzada (siempre uno de cada uno de los dos grupos) sin perjuicio de los apoderamientos que se otorguen a dichos consejeros o a terceras personas para la gestión y tráfico ordinario y diario de la compañía.

Nota:

*Podría incluirse el nombramiento de **directivos**, uniendo al acuerdo de asociación los contratos de prestación de servicios a suscribir con los mismos.*

<<

***"Apartado"* Respecto de los órganos de dirección y otros apoderados**

a) El consejo podrá acordar la concesión de poderes generales para la gestión diaria de la **Sociedad** a los propios consejeros o a terceras personas, con la distribución de facultades que sea necesaria para un adecuado funcionamiento de la **Sociedad**.

b) Cualquier tercero que pueda ser objeto de apoderamiento, será decidido en el seno del consejo en la forma prevista en el apartado *"número del apartado anterior"*, debiendo tener limitadas sus facultades a las imprescindibles para el objeto de su mandato.

c) Existirá un director general, que será nombrado por los **Socios** de común acuerdo. Sus facultades principales, atribuciones y responsabilidades serán *"especificar facultades del director general"*. Su retribución y condiciones salariales generales deberán ser aprobadas expresamente por el consejo de Administración.

***"Apartado"* Respecto al personal laboral:**

a) La **Sociedad** tendrá el personal laboral *"determinar personal laboral"*.

b) La **Sociedad** decidirá en cada caso la forma de cubrir los servicios accesorios administrativos, contables, técnicos o inmobiliarios que sean precisos para su gestión y administración, siendo responsabilidad del consejo contratar a los terceros más adecuados y competitivos en cada momento.

MCM 3145 s.

L 15/2007; RD 261/2008; CC art.1665 s

***"NÚMERO"* Gestión del negocio conjunto**

"Apartado"
"especificar las disposiciones relativas al negocio conjunto y su desarrollo".

"Apartado"
"especificar los contratos que desarrollan las disposiciones anteriores (de los cuales se adjuntarán copias como anexos)".

Nota:

*Los contratos **complementarios** que desarrollen diversos aspectos de la asociación suelen estar referidos a las relaciones entre las empresas, los socios y la nueva sociedad, a fin de asegurar que esta cuente con los medios necesarios para llevar a cabo su actividad, y aquéllas utilicen la vía de la nueva sociedad para cubrir las necesidades que dan origen a la propia existencia de la asociación. Serían los casos de contratos de prestación de servicios auxiliares o administrativos, suministro, distribución, transferencia de tecnología, contratos de formación, cesión de propiedad industrial, etc.*

"Apartado"
Cada socio indemnizará a la **Sociedad** por todas las reclamaciones de responsabilidad que puedan realizarse a esta respecto de sus productos o actuaciones, salvo cuando dichas reclamaciones traigan causa de una conducta culpable o negligente de la **Sociedad**.

***"NÚMERO"* Plan de negocio y presupuestos**
"especificar las disposiciones relativas al plan de negocio y presupuestos (iniciativa, puesta en marcha y desarrollo de los planes anuales de negocio, elaboración e implantación de presupuestos, competencias, control y organización económica comercial, etc.)".

***"NÚMERO"* Financiación y aspectos contables**

"Apartado"
Tal y como ha quedado recogido en el apartado *"número del apartado relativo a los estatutos sociales"*, el periodo contable de la **Sociedad** abarcará el periodo de doce meses que da comienzo el *"fecha de inicio del periodo contable"* de cada año.

"Apartado"
En todo caso, e incluso aunque la **Sociedad** no se encuentre legalmente sometida a tal obligación, la junta general designará auditores de cuentas, bien con carácter general, bien para cada ejercicio, en cuyo caso lo hará antes del cierre del ejercicio a auditar.

Nota:

*Es frecuente que, aunque la sociedad no tenga obligación legal de nombrar **auditor**, se someta a esta obligación, no necesariamente con carácter legal y con efectos registrales, como medio de garantía y salvaguarda para los socios firmantes.*

"Apartado"
La **Sociedad** entregará *"especificar periodicidad en la entrega"* a cada socio una copia de los estados financieros en los *"especificar número de días"* días siguientes a la finalización de cada periodo contable con la comparación con el ejercicio inmediatamente anterior y el presupuesto para dicho periodo.

"Apartado"
Cualquier necesidad futura de fondos en el seno de la **Sociedad** se planteará por el consejo a la junta general, que decidirá la vía más apropiada de aportación de fondos.

MCM 3145 s.

"NÚMERO" Transmisión de participaciones sociales

 **Nota:**

La redacción propuesta para esta estipulación es puramente aleatoria y a modo de ***ejemplo****. Serán las partes y sus asesores los que deberán dar un contenido específico a estos pactos. La incorporación a los estatutos sociales, y su oponibilidad por la sociedad, dependerá del tipo de sociedad y, en el caso de sociedades anónimas, del tipo de acciones, aunque, por definición, no tendría mucho sentido emitir acciones al portador en este tipo de acuerdos, al menos inicialmente.*

L 15/2007; RD 261/2008; CC art.1665 s

"Apartado"

Serán libres las transmisiones de participaciones sociales de un socio (en adelante, el **Transmitente**) en favor de cualesquiera entidades pertenecientes a su mismo grupo (conforme se define el concepto de grupo en el artículo 42 del Código de Comercio), sin aplicación de los derechos de adquisición preferente descritos en el apartado *"número del apartado posterior"* siguiente, si bien:

a) El **Transmitente** será solidariamente responsable junto con el adquirente de las obligaciones derivadas del presente contrato.

b) Quedan prohibidas, en la forma que se prevé en la estipulación *"número del apartado relativo a la exclusión y separación de socios"* siguiente, las transmisiones indirectas que puedan suponer la pérdida del control de la participación en la **Sociedad** por parte de los últimos titulares actuales.

"Apartado"

A excepción de lo dispuesto en el apartado *"número del apartado previo"* anterior, toda transmisión voluntaria de participaciones de la **Sociedad** que se pretenda realizar a título oneroso o lucrativo, incluidas las realizadas entre socios, estará sujeta a un derecho de adquisición preferente en los términos previstos en los estatutos sociales, unidos como Anexo 3.

Nota:

Si los estatutos no pudiesen incorporar los ***pactos de transmisión****, sería necesaria una regulación contractual, con eficacia únicamente inter-partes y con efectos limitados, siendo conveniente el establecimiento de los procedimientos de penalización para el caso de incumplimiento, que, en todo caso, no impedirían la venta a terceros, sino únicamente el resarcimiento en caso de incumplimiento del pacto.*

"Apartado"

Sin perjuicio de los derechos y obligaciones que se establecen en esta estipulación, será requisito adicional de cualquier transmisión que pueda llevarse a cabo, el que el potencial adquirente ratifique y asuma previamente el conjunto de derechos y obligaciones que dimanan de este contrato.

>>

□ Si las partes establecen otros pactos para la venta de participaciones:

"Apartado"

Las partes desean además regular lo siguiente: *"incluir otros pactos al respecto de la venta de las participaciones sociales"*.

Nota:

Son usuales en este tipo de acuerdos el derecho de ***venta conjunta****, y la obligación de venta conjunta.*

□ Si existiesen nuevos socios:

"Apartado"

En caso de que, en el futuro, existiesen nuevos socios, los **Socios** actuales acordarán las modificaciones estatutarias necesarias para que ellos conserven un derecho de adquisición preferente previo al derecho de los demás socios.

MCM 3145 s.

L 15/2007; RD 261/2008; CC art.1665 s

"NÚMERO" **Exclusión y separación de socios.**

Nota:

Existen otros procedimientos que restringen la posibilidad de separación de un socio.

"Apartado"

En el presente acuerdo de asociación se ha considerado esencial las características personales de las **Partes**. En consecuencia, el cambio en los actuales titulares del control de las sociedades matrices de los **Socios**, facultará al socio que no haya cambiado el control *"especificar las consecuencias (separación, exclusión del incumplidor, indemnizaciones económicas, etc)"*.

"Apartado"

En ambos casos, el importe de la indemnización de daños y perjuicios será fijado de común acuerdo o, en su defecto, por *"especificar el procedimiento para fijar la indemnización de daños y perjuicios"*.

"NÚMERO" **Vigencia**

"Apartado"

El presente contrato se celebra bajo la voluntad de los **Socios** de su duración por tiempo indefinido.

Nota:

*Igualmente podría pactarse un periodo de **duración determinado**, con posibilidad de renovación periódica a la finalización de aquél a voluntad común de los socios, regulando detalladamente las consecuencias del desistimiento de cualquiera de los socios a la continuidad del acuerdo de asociación.*

No obstante ello, los **Socios** han decidido establecer periodos concretos para la posible salida de la **Sociedad** y ruptura consentida del contrato estableciendo al efecto periodos sucesivos de *"ámbito temporal de los periodos sucesivos"* años, en los cuales podrán resolver el presente contrato y salir de la **Sociedad**.

"Apartado"

En caso de que uno de los **Socios** quiera hacer uso de su derecho de separación voluntaria tras el periodo inicial o cualquiera de sus renovaciones, deberá así notificarlo al otro socio, remitiendo una notificación de resolución con una antelación mínima de *"plazo mínimo para notificar la resolución"* meses a la expiración de cada periodo por cualquier medio fehaciente.

"especificar el procedimiento de salida de la sociedad (p.e. puede preverse una cláusula típica de fijación de precio por un socio y decisión del otro de comprar o vender a dicho precio)".

Los gastos de la compraventa serán de cuenta del socio comprador.

"Apartado"

Cualquier decisión de salida de la **Sociedad** que pueda adoptarse por un socio fuera de los periodos señalados, se considerará un incumplimiento del presente contrato, y se estará a lo dispuesto en la estipulación *"número de estipulación relativa a la exclusión y separación de socios"* y sus consecuencias económicas.

"NÚMERO" **Naturaleza de las obligaciones**

Las estipulaciones contenidas en el presente contrato tienen fuerza de ley entre las **Partes**, obligándose en particular las mismas a ejercitar sus derechos y a desarrollar su actuación como socios de forma adecuada y coherente al contenido del presente contrato.

Nota:

Sobre la posibilidad de vincular a los administradores de la sociedad, la doctrina es mayoritariamente contraria a ello, teniendo en cuenta su deber de lealtad a la sociedad, y su obligación de hacer prevalecer los intereses sociales sobre cualesquiera otros.

En la medida en que pudiese haber alguna discrepancia o contradicción entre los estatutos de la **Sociedad** y lo acordado en el presente contrato, prevalecerá este último como representación más fiel de la voluntad de las **Partes**.

MCM 3145 s.

***"NÚMERO"* Otras obligaciones**

Además del cumplimiento de cualesquiera otras obligaciones que resultan de este documento, los **Socios** se comprometen, en tanto subsista su condición de socios de la **Sociedad**, a cumplir las siguientes obligaciones:

a) A dar cuenta inmediata al resto de los **Socios** de toda modificación de sus estatutos sociales, en su caso, que afecte al cumplimiento del presente contrato. L 15/2007; RD 261/2008; CC art.1665 s

b) A no gravar con garantía real, ni permitir que se imponga ningún gravamen o carga sobre las participaciones sociales de la **Sociedad**.

 **Nota:**

*Respecto a la obligación a no grabar: Es una manifestación más del **intuitu personae**. A través de ellas podría llegar a sustituirse el socio, debiendo coordinarse con la regulación de la transmisión de las acciones o participaciones sociales de la sociedad.*

c) No divulgar a ninguna persona, empresa o sociedad ninguna información confidencial que haya llegado a su conocimiento en relación con los asuntos de la **Sociedad** o las inversiones propuestas, a menos que sean requeridos a revelar esta información por la ley, por los tribunales, o por cualquier otra autoridad reguladora a la que cualquiera de los socios esté sujeta.

Nota:

*Es frecuente introducir una cláusula de **confidencialidad**.*

d) A no realizar actividades que entren en competencia directa o indirecta con el objeto social de la **Sociedad**, en tanto cada socio o cualquiera de las sociedades de su grupo mantenga la titularidad de las participaciones en la **Sociedad** directa o indirectamente.

Nota:

*Es frecuente introducir una cláusula de **no competencia**, sobre todo en acuerdos de asociación en temas de comercialización y distribución de productos en determinados territorios geográficos.*

***"NÚMERO"* Bloqueos**

 **Nota:**

*Se trata de la denominada igualmente **"cláusula deadlock"**, que puede presentar una mayor regulación, previendo diferentes plazos para alcanzar un acuerdo de desbloqueo y remitiéndose normalmente a las cláusulas de resolución de conflictos (vía judicial o arbitral) a las cláusulas que regulan los procedimientos de separación de los socios.*

"Apartado"

De concurrir alguna causa de disolución de las señaladas bajo las letras b) a f) del art.363Ley de Sociedades de Capital, y si uno de los **Socios** no tuviese la voluntad de enervarla, o no pusiese los medios necesarios para ello, se considerará que está incumpliendo el presente contrato y se aplicarán las consecuencias previstas en la estipulación *"número de estipulación relativa a la exclusión y separación de socios"* anterior respecto a la exclusión y separación de socios y sus consecuencias económicas.

"Apartado"

Si la falta de voluntad de enervar fuese imputable a ambos **Socios** y estos no acordasen de mutuo acuerdo la disolución, se procederá del siguiente modo: *"especificar el procedimiento de salida en términos similares o idénticos al propuesto en la estipulación relativa a la vigencia"*.

MCM 3145 s.

»
❍ **Si se establece un procedimiento de solución amistosa de conflictos:**

"prever un procedimiento previo de solución amistosa del conflicto, con unos plazos cautelares para ello".

«
Los gastos de la compraventa serán de cuenta del socio comprador.

L 15/2007; RD 261/2008; CC art.1665 s

***"NÚMERO"* Notificaciones**
Todas las comunicaciones que deban tener lugar entre las **Partes** deberán remitirse a las direcciones que como propias de las mismas figuran en el encabezamiento del presente contrato, o a las que válidamente puedan sustituirlas en el futuro mediante burofax, correo certificado con acuse de recibo o entrega en mano con acuse de recibo.

***"NÚMERO"* Gastos**
Salvo que expresamente se establezca otra cosa en las demás estipulaciones de este contrato, cada una de las **Partes** correrá con los gastos en que haya incurrido o incurra para la preparación, celebración y ejecución del presente contrato.

Todos los impuestos que se deriven de la formalización y/o ejecución del presente contrato serán por cuenta y a cargo de la parte que se determine legalmente.

Los gastos incurridos por modificaciones de estatutos, aumentos o reducciones de capital, cambio de administradores y cualesquiera otras cuestiones societarias, serán soportados y pagados por la **Sociedad**.

***"NÚMERO"* Elevación a público**
El presente contrato se elevará a público a solicitud de cualquiera de las **Partes**, siendo los gastos del fedatario pagados por mitad entre ellas.

***"NÚMERO"* Otros**

"Apartado"
La renuncia por una de las **Partes** a exigir el cumplimiento de alguna de las obligaciones previstas en el presente contrato o a hacer valer las consecuencias contractualmente previstas de ese incumplimiento, no podrá interpretarse como una renuncia a exigir el cumplimiento de cualquier otra obligación de este contrato ni de las consecuencias de su incumplimiento.

"Apartado"
Si cualquier disposición del presente contrato, o su eficacia respecto a cualquiera de las **Partes** o respecto a terceros, resultase nula o no exigible ante la jurisdicción competente, las disposiciones restantes y su exigibilidad respecto a la parte o al tercero, no resultará afectada por ello.

***"NÚMERO"* Arbitraje**
»
❐ **Si se establece sumisión a arbitraje simple:**
Sumisión a arbitraje simple

Con renuncia expresa al ejercicio de cualquier acción ante los Juzgados y Tribunales, las partes se comprometen expresamente a instituir en su día un arbitraje de Derecho Privado, con arreglo a la legislación vigente, para resolver cuantas dudas o divergencias pudieran surgir entre ellas como consecuencia de la interpretación o cumplimiento de este contrato.

MCM 3145 s.

L 15/2007; RD 261/2008; CC art.1665 s

❐ Si se establece sumisión al Tribunal Arbitral de Barcelona:

Sumisión al Tribunal Arbitral de Barcelona

Cualquier conflicto eventual que pudiera surgir entre las partes, en relación con la interpretación o ejecución del presente contrato será resuelto definitivamente por el Tribunal Arbitral de Barcelona de la Associació Catalana per lArbitratge, que será el que designe el árbitro o árbitros así como la administración del arbitraje.

❐ Si se establece sumisión a arbitraje internacional:

Sumisión a arbitraje internacional

Cualquier conflicto eventual que pudiera surgir entre las partes, en relación con la interpretación o ejecución del presente contrato será resuelta definitivamente por arbitraje en *"lugar del arbitraje internacional"* según el Reglamento de Conciliación y Arbitraje de la Cámara de Comercio Internacional, por uno o varios árbitros designados por la misma.

❐ Si se establece sumisión a arbitraje de derecho:

Sumisión a arbitraje de derecho

1º Cualquier conflicto eventual que pudiera surgir entre las partes, en relación con la interpretación o ejecución del presente contrato será resuelta definitivamente por arbitraje de derecho, que se desarrollará conforme a lo dispuesto por la Ley 60/2003, de 23 de diciembre, de Arbitraje y lo que se expone a continuación.

Nota:

*Cabe también remitir a un tribunal o **institución arbitral determinado** y sus normas o estatutos a fin de establecer el procedimiento específico a seguir en el arbitraje.*

2º La parte que desee iniciar el procedimiento arbitral se lo comunicará a la otra parte por escrito, designando en el mismo un árbitro, que será un abogado en ejercicio que deberá carecer de vinculación alguna con aquélla. Junto con dicha comunicación se adjuntará la aceptación del arbitraje por dicho árbitro.

3º La otra parte dispondrá de un plazo de *"especificar plazo para nombrar a otro abogado"* días desde la recepción de dicha notificación para nombrar a otro abogado en ejercicio, que carezca de vinculación con aquélla, que actuará como árbitro, lo cual comunicará a la otra parte por escrito adjuntando la aceptación del árbitro designado. Si dentro del plazo señalado no se procede al mencionado nombramiento, el árbitro será designado por el Colegio de Abogados de *"lugar del Colegio de Abogados"*.

4º Una vez que los árbitros hayan aceptado su nombramiento, deberán elegir en un plazo de *"especificar plazo para elegir un tercer árbitro"* días, un tercer árbitro que actuará como Presidente del Colegio Arbitral. A falta de acuerdo este será nombrado por el Colegio de Abogados de *"lugar del Colegio de Abogados para la elección del tercer árbitro"*.

5º Una vez que los árbitros hayan notificado la aceptación de su nombramiento a las partes dará comienzo el arbitraje, concediéndose al demandante un plazo de *"especificar plazo para que el demandante presente alegaciones"* días para hacer sus alegaciones iniciales, dónde fijará los hechos y fundamentos de derecho sobre los que basa su reclamación. La contraparte dispondrá de igual periodo de tiempo para contestar a las alegaciones iniciales formuladas por el demandante, plazo que comenzará a correr una vez que le hayan sido notificadas las efectuadas por el demandante.

6º Una vez hechas por ambas partes sus alegaciones iniciales, el Colegio arbitral concederá a las mismas un plazo común de *"especificar plazo para solicitar la práctica de pruebas"* días para que soliciten la práctica de las pruebas que consideren necesarias, pudiéndose proponer todas aquéllas pruebas que se recogen en la LEC.

520

MCM 3145 s.

L 15/2007; RD 261/2008; CC art.1665 s

7º Las pruebas propuestas se practicarán en un periodo máximo de *"plazo máximo para practicar las pruebas"*.

8º Durante el desarrollo del arbitraje, el Colegio Arbitral dispondrá de amplios poderes para ordenar a las partes la entrega de documentos, para la emisión de laudos parciales o intermedios, para tomar decisiones en cuestiones procesales y para la adopción de cualquier medida que considere apropiada para el desarrollo del arbitraje.

9º Una vez practicadas las pruebas se concederá a las partes un periodo común de *"especificar plazo para presentar conclusiones"* días para que manifiesten sus conclusiones por escrito con respecto a la prueba practicada.

10º Los árbitros deberán emitir su laudo en un plazo de máximo de *"especificar plazo para emitir el laudo"* meses desde que el último de estos haya aceptado su nombramiento. Este plazo podrá ser extendido por acuerdo de las partes, que deberá ser notificado al Colegio Arbitral antes de que expire el mencionado plazo inicial de *"especificar plazo para emitir el laudo"* meses.

11º Los árbitros incluirán en su laudo la distribución entre las partes de los gastos que haya originado el arbitraje.

12º Las partes se comprometen a cumplir voluntariamente el laudo arbitral, incluyendo la decisión relativa a los gastos y costes del arbitraje, tan pronto como haya sido notificado el mismo.

Y en prueba de conformidad, ambas partes firman el presente contrato, que se extiende en dos ejemplares, igualmente originales, en el lugar y fecha indicados en su encabezamiento.

EL SOCIO 1 **EL SOCIO 2**

APÉNDICE 1

"especificaciones a las que se refiere el Expuesto I"

APÉNDICE 2

"especificaciones a las que se refiere el Expuesto II"

ANEXO

"estatutos sociales de la SRL"

525

MCM 3185 s.

Sociedad civil

CC art.1665 s

Nota preliminar:

- La constitución de la sociedad civil no requiere en general cumplimiento de **forma**. Se puede constituir de forma oral o escrita. Es necesaria, sin embargo, la escritura pública cuando se aporten bienes inmuebles o derechos reales (CC art.1667). No obstante lo anterior, en estos casos aunque no se otorgase escritura pública, el documento privado que formalizase la constitución de la sociedad obligaría a los contratantes igualmente (CC art.1278). No se podría hablar en estos casos de nulidad del ente societario respecto de los contratantes (TS 5-5-86, EDJ 2955).

- Las sociedades civiles no son objeto de **inscripción** en el RM (TS Sala 3ª 24-2-00, EDJ 2580, que declara nula la disposición adicional única del RD 1867/1998 y RRM art.81.3 y 269 bis).

- La sociedad civil es ante todo un contrato esencialmente obligatorio en cuanto disciplina las relaciones entre los socios y la sociedad pero también con un cierto aspecto organizativo del grupo, tanto en la faceta patrimonial como en la de la propia actividad de la sociedad, y han de aplicársele, en consecuencia, las reglas generales de los contratos de manera que tan solo el **consentimiento** unánime de los socios exigido para su celebración puede amparar su modificación o la extinción de sus efectos, salvo los casos legalmente previstos de denuncia unilateral (DGRN Resol 25-11-98).

Para que exista una sociedad civil es necesario que concurran unos **elementos** objetivos y subjetivos: aportaciones de actividades o bienes, que pasan a formar parte de un patrimonio común, un fin común y una *affectio societatis* o *animus contrahendi societatis* (TS 25-10-99, EDJ 32576).

- Existe una indudable afinidad entre la **comunidad de bienes** y el contrato de sociedad civil. Según la Jurisprudencia, las diferencias residen en la búsqueda de lucro (existente en la sociedad civil), cuando el objeto de la comunidad de bienes es la mera conservación y aprovechamiento; y el origen o fuente del que cada una surgen (TS 5-7-82, EDJ 4491 y 21-3-88, EDJ 2319; AP Huesca 27-12-21, EDJ 874476).

- Con independencia de la denominación social del pacto constitutivo, para atender a la naturaleza jurídica de la misma, estableciendo la dificultosa frontera entre **sociedades civiles y mercantiles** (CCom art.116; CC art.1665 y 1670), debe primar la nota de mercantilidad por su objeto social y finalidad. Realizándose una actividad externa con ánimo de lucro la sociedad es mercantil. Ya admitiéndose por el TS el 20.2.1988 la llamada sociedad mercantil irregular, remitiéndose a la legislación contenida en el CCom para las sociedades colectivas. Ello porque no puede primar la voluntad de las partes de acogerse al régimen de la sociedad civil, pues las normas mercantiles son imperativas, por estar dictadas a favor de terceros o de protección del tráfico mercantil (AP A Coruña 8-2-18, EDJ 21669).

- En el ámbito interno la sociedad irregular es plenamente válida, mientras que no ocurre lo mismo en el ámbito externo. La **exigencia de la escritura** ha de entenderse que opera sólo frente a terceros, y no entre las partes, ente las cuales sigue siendo válido el contrato de sociedad que se perfecciona por el mero consentimiento (TS 2-3-89 y 9-10-95), siendo suficiente la concurrencia de los requisitos esenciales para que surta sus efectos como sociedad irregular de hecho entre las partes contratantes (TS 15-10-40) (AP Jaén 13-9-17, EDJ 278523).

El **objeto social** para cuya consecución se constituya (independientemente de la denominación que otorguen las partes), de manera que será mercantil la sociedad cuando, además del ánimo de lucro común a ambos tipos de sociedades, concurra un objeto propio del tráfico mercantil, así: “En cuanto a la naturaleza jurídica de la sociedad constituida por las partes, no cabe considerarla de carácter civil dada su dedicación a una actividad comercial. En la jurisprudencia se impone la tesis que distingue las sociedades civiles y las mercantiles atendiendo al criterio de la materia, de manera que serán mercantiles las sociedades constituidas para la realización de actos de comercio y civiles cuando no concurre tal circunstancia” (TS 20-11-06, EDJ 311683; AP Jaén 13-9-17, EDJ 278523; AP Barcelona 24-1-22, EDJ 515278).

- La **valoración del patrimonio social** debe darse en la fase de liquidación (TS 14-1-15, EDJ 8545).

525

MCM 3185 s.

Contratos Asociativos

Nota preliminar:

- Las sociedades civiles por el objeto a que se consagren pueden revestir **todas las formas** reconocidas por el Código de Comercio (AP Pontevedra 10-3-22, EDJ 526173).

- Las únicas sociedades carentes de personalidad jurídica propia -y, por tanto, las únicas que podrían ser consideradas como sociedades civiles irregulares- son las que se han denominado **sociedades internas**, las cuales, por otra parte, no son posibles dentro de la disciplina mercantil, toda vez que todos los tipos de sociedades regulados por las leyes mercantiles, son tipos de sociedades externas.

CC art.1665 s

Las **sociedades civiles regulares** se rigen por las disposiciones contenidas en el CC art.1665 a 1708, mientras que las sociedades civiles irregulares, por disposición expresa del CC art.1669, se rigen por las disposiciones relativas a la Comunidad de Bienes -CC art.392 a 406- (AP Madrid 30-1-24, EDJ 533907).

- La relación contractual se considera suscrita por dos entidades mercantiles, pues aunque la demandada es una sociedad civil, tiene **objeto mercantil**, por lo que se aplicaría la normativa mercantil de sociedades colectivas, según reiterada jurisprudencia (AP La Rioja 15-12-23, EDJ 840066).

- El Tribunal Supremo, siendo significativa a este respecto la Sentencia 10-12-20, EDJ 739815, por el amplio estudio que hace de la cuestión, ha abordado en distintas ocasiones la cuestión relativa a la **naturaleza jurídica de las comunidades de bienes** que tienen por objeto el desarrollo de **actividades mercantiles**, y su legitimación procesal, y el deslinde entre las comunidades de bienes y el contrato de sociedad, destacando el carácter estático y de mera utilización consorcial de los bienes, con finalidades de conservación, en las comunidades de bienes, frente al carácter dinámico y de explotación económica de los bienes en el caso de las sociedades y, en cuanto a estas, la distinción entre las sociedades civiles (CC art.1655) y las sociedades mercantiles (CCom art.116), entendiendo que serán mercantiles las sociedades constituidas para la realización de actos de comercio ("ejercicio del comercio"), y civiles cuando no concurra tal circunstancia, y aclarando que el carácter irregular de la sociedad, por la falta de la inscripción en el Registro Mercantil (LSC art.39) "no desnaturaliza tal carácter mercantil en las relaciones mediantes entre los socios... siempre que su objeto sea mercantil, remitiendo como legislación aplicable a tal tipo de sociedades a las de las colectivas (AP auto León 23-11-23, EDJ 823067).

- La comunidad de bienes o intereses -(que no es necesariamente lo mismo-), no impide reclamar a uno de los comuneros si es en beneficio del común (AP Zaragoza 2-2-24, EDJ 530283).

- En cuanto a las situaciones de precario en las comunidades de bienes y, en particular, en las comunidades hereditarias, la jurisprudencia de esta sala ha admitido la facultad legal de cada coheredero de servirse de las cosas comunes, pero ha precisado que la utilización de la finca por uno solo de los partícipes en la comunidad hereditaria, que excluya el uso de los demás, es ilegitimo (AP La Rioja 1-2-24, EDJ 535904).

- El modelo presupone unas circunstancias determinadas que serán las más **frecuentes.** Si en el caso concreto existen circunstancias particulares no previstas, deberá completarse o modificarse el modelo adaptándolo a las mismas.

En *"lugar"*, a *"fecha"*.

Ante mí, *"Don/Doña nombre y apellidos del notario"* perteneciente al colegio notarial de *"colegio notarial"* y con residencia en *"lugar donde radica la notaría"*.

COMPARECEN:

De una parte,

"Don/Doña nombre y apellidos de la parte", mayor de edad, *"estado civil de la parte" "... "especificar el régimen económico matrimonial de la parte"* ... ", de nacionalidad *"nacionalidad de la parte"*, con domicilio a estos efectos en *"domicilio de la parte"*, *"...con DNI/NIF número "DNI/NIF de la parte"*... *O ... con tarjeta de residencia número "número de tarjeta de residencia de la parte" ... O ... pasaporte número "número de pasaporte de la parte", expedido el "fecha de expedición del pasaporte de la parte" ... O ... "reseñar otros documentos aportados por la parte"* ... ", vigente hasta el *"fecha de vigencia de la documentación aportada por la parte"*.

MCM 3185 s.

CC art.1665 s

Y de otra parte,

"Don/Doña nombre y apellidos de la parte", mayor de edad, *"estado civil de la parte" "... "especificar el régimen económico matrimonial de la parte" ... "*, de nacionalidad *"nacionalidad de la parte"*, con domicilio a estos efectos en *"domicilio de la parte"*, *"...con DNI/NIF número "DNI/NIF de la parte" ... O ... con tarjeta de residencia número "número de tarjeta de residencia de la parte" ... O ... pasaporte número "número de pasaporte de la parte", expedido el "fecha de expedición del pasaporte de la parte" ... O ... "reseñar otros documentos aportados por la parte" ... "*, vigente hasta el *"fecha de vigencia de la documentación aportada por la parte"*.

INTERVIENEN:

A. *"Don/Doña nombre y apellidos de la parte"*

➢➢

❍ **Si interviene en su propio nombre:**

en su propio nombre y derecho.

❍ **Si interviene como representante:**

en nombre y representación

➢

❍ Si representa a persona física:

de *"Don/Doña nombre y apellidos del representado"*, mayor de edad, *"estado civil del representado"*, con domicilio en *"domicilio del representado"* y provisto de D.N.I./N.I.F. número *"DNI/NIF del representado"*, según consta en escritura de poder, otorgada ante el notario de *"lugar donde radica la notaría en la que se autorizó la escritura de poder de representación (persona física)"*, *"Don/Doña nombre y apellidos del notario que autorizó la escritura de poder de representación (persona física)"*, el *"fecha de escritura de poder de representación (persona física)"*, con el número *"número de protocolo del notario que autorizó la escritura de poder de representación (persona física)"* de su orden de protocolo.

❍ Si representa a persona jurídica:

de la sociedad mercantil denominada *"denominación social"*, domiciliada en *"domicilio social"*, y con NIF número *"NIF de la sociedad"*, constituida, por tiempo indefinido, mediante escritura otorgada ante el notario de *"lugar donde radica la notaría en la que se autorizó la escritura de poder de representación (persona jurídica)"*, *"Don/Doña nombre y apellidos del notario que autorizó la escritura de poder de representación (persona jurídica)"*, el *"fecha de escritura de poder de representación (persona jurídica)"*, e inscrita en el Registro Mercantil de *"datos de la inscripción registral (localidad del Registro Mercantil, tomo, folio, sección, hoja e inscripción)"*, en su calidad de

➢

❍ Si representa como cargo social:

"...administrador único ... O ... administrador solidario ... O ... consejero delegado ... O ... "especificar la representación del cargo social" ... " de la reseñada sociedad, cargo para el que fue nombrado y asegura vigente en escritura otorgada el *"fecha de escritura del nombramiento del cargo"*, ante el notario de *"lugar donde radica la notaría en la que se autorizó la escritura del nombramiento"*, *"Don/Doña nombre y apellidos del notario que autorizó la escritura del nombramiento"*, con el número *"número de protocolo del notario que autorizó la escritura del nombramiento"* de su protocolo, e inscrita en el Registro Mercantil de *"localidad del Registro Mercantil de la escritura de nombramiento"*, en el tomo y hoja arriba indicados.

MCM 3185 s.

❍ Si representa como apoderado:

apoderado de la reseñada sociedad, según escritura de poder otorgada a su favor, en *"fecha de escritura del otorgamiento del poder"*, ante el notario de *"lugar donde radica la notaría en la que se autorizó la escritura de poder"*, *"Don/Doña nombre y apellidos del notario que autorizó la escritura de poder"*, con el número *"número de protocolo del notario que autorizó la escritura de poder"* de su protocolo *"...e inscrita en el Registro Mercantil de "localidad del Registro Mercantil de la escritura de poder"..."*, en el tomo y hoja arriba indicados.

CC art.1665 s

≺

≺

≺≺

B. *"Don/Doña nombre y apellidos de la parte"*

≻≻

❍ **Si interviene en su propio nombre:**

en su propio nombre y derecho.

❍ **Si interviene como representante:**

en nombre y representación

≻

❍ Si representa a persona física:

de *"Don/Doña nombre y apellidos del representado"*, mayor de edad, *"estado civil del representado"*, con domicilio en *"domicilio del representado"* y provisto de D.N.I./N.I.F. número *"DNI/NIF del representado"*, según consta en escritura de poder, otorgada ante el notario de *"lugar donde radica la notaría en la que se autorizó la escritura de poder de representación (persona física)"*, *"Don/Doña nombre y apellidos del notario que autorizó la escritura de poder de representación (persona física)"*, el *"fecha de escritura de poder de representación (persona física)"*, con el número *"número de protocolo del notario que autorizó la escritura de poder de representación (persona física)"* de su orden de protocolo.

❍ Si representa a persona jurídica:

de la sociedad mercantil denominada *"denominación social"*, domiciliada en *"domicilio social"*, y con NIF número *"NIF de la sociedad"*, constituida, por tiempo indefinido, mediante escritura otorgada ante el notario de *"lugar donde radica la notaría en la que se autorizó la escritura de poder de representación (persona jurídica)"*, *"Don/Doña nombre y apellidos del notario que autorizó la escritura de poder de representación (persona jurídica)"*, el *"fecha de escritura de poder de representación (persona jurídica)"*, e inscrita en el Registro Mercantil de *"datos de la inscripción registral (localidad del Registro Mercantil, tomo, folio, sección, hoja e inscripción)"*, en su calidad de

≻

❍ Si representa como cargo social:

"...administrador único ... O ... administrador solidario ... O ... consejero delegado ... O ... "especificar la representación del cargo social" ..." de la reseñada sociedad, cargo para el que fue nombrado y asegura vigente en escritura otorgada el *"fecha de escritura del nombramiento del cargo"*, ante el notario de *"lugar donde radica la notaría en la que se autorizó la escritura del nombramiento"*, *"Don/Doña nombre y apellidos del notario que autorizó la escritura del nombramiento"*, con el número *"número de protocolo del notario que autorizó la escritura del nombramiento"* de su protocolo, e inscrita en el Registro Mercantil de *"localidad del Registro Mercantil de la escritura de nombramiento"*, en el tomo y hoja arriba indicados.

525

MCM 3185 s.

❍ Si representa como apoderado:

apoderado de la reseñada sociedad, según escritura de poder otorgada a su favor, en *"fecha de escritura del otorgamiento del poder"*, ante el notario de *"lugar donde radica la notaría en la que se autorizó la escritura de poder"*, *"Don/Doña nombre y apellidos del notario que autorizó la escritura de poder"*, con el número *"número de protocolo del notario que autorizó la escritura de poder"* de su protocolo *"...e inscrita en el Registro Mercantil de "localidad del Registro Mercantil de la escritura de poder" ..."*, en el tomo y hoja arriba indicados.

CC art.1665 s

Les identifico por sus respectivos documentos de identidad, anteriormente reseñados y que me han exhibido, y les juzgo con capacidad legal suficiente, para el otorgamiento de la presente escritura de constitución de sociedad civil, a cuyo efecto

 **Nota:**

*No es posible una sociedad civil con un **único socio**. La reducción a un único socio implica la extinción de la sociedad. Respecto a la capacidad de los socios, se está a las reglas generales dispuestas en el **Código Civil**.*

EXPONEN:

I. Que las partes tienen convenida la constitución de una sociedad civil *"... Universal de todos los bienes presentes ... O ... Universal de todas las ganancias ... O ... Particular ..."*, lo que llevan a efecto por medio de la presente escritura con sujeción a las siguientes

Nota:

*La Sociedad civil puede ser **universal** o particular. La primera abarca todos los bienes presentes o todas las ganancias y la segunda únicamente cosas determinadas, su uso, sus frutos, una empresa señalada o el ejercicio de una profesión o arte (*CC *art.*1671 *a* 1678*).*

ESTIPULACIONES:

Primera. Constitución de sociedad civil

Los señores comparecientes, según intervienen, constituyen una sociedad civil *"... Universal de todos los bienes presentes ... O ... Universal de todas las ganancias ... O ... Particular ..."*, que girará con el nombre de *"denominación de la Sociedad Civil"* y tendrá por objeto la *"descripción del objeto de la Sociedad Civil"*, en la forma recogida posteriormente en los estatutos que quedan unidos.

 **Nota:**

*La **denominación** de la sociedad civil no queda regulada en el* Código Civil, *por lo que la doctrina entiende que podría adoptarse cualquier nombre y que junto a la denominación deberá figurar la indicación de "Sociedad Civil".*

Segunda. Domicilio social

El domicilio social se fija en *"domicilio social"*.

Tercera. Aportaciones

Las aportaciones de los comparecientes a la sociedad, y que determinan el porcentaje de participación de cada uno de ellos, son las siguientes: *"describir las aportaciones de los comparecientes"*

Nota:

MCM 3185 s.

CC art.1665 s

Las ***aportaciones*** *pueden consistir en dinero, bienes, o industria, ya sea trabajos o servicios. Cabe la existencia de una Sociedad en la que únicamente se aporte trabajo (*TS 30-9-91, *EDJ 9121). La aportación debe ser lícita, determinada o determinable, posible y adecuada a la formación del patrimonio social (*CC *art.*1666 *y* 1271 *a* 1273*). Si la aportación no es determinable, el contrato es nulo por inexistente al faltarle uno de sus elementos esenciales, cual es el objeto (*TS 30-6-72, *EDJ 375). La aportación puede hacerse a título de propiedad o de uso, aportando en este último caso un derecho real limitativo de la propiedad. Si se aportan bienes inmuebles o derechos reales, se exige el otorgamiento de escritura pública (*CC *art.*1667*). La falta de escritura pública en la aportación de inmuebles no provoca la nulidad del contrato, ya que la jurisprudencia entiende que el* CC *art.*1667 *está subordinado al* CC *art.*1278 *y el contrato será obligatorio para las partes (*TS 5-5-86, *EDJ 2955).*

Las descritas aportaciones se realizarán por los socios en *"...el presente acto ... O ... en las fechas que se indican a continuación ...".*

 **Nota:**

La aportación puede realizarse en el ***momento*** *de la constitución de la sociedad o en un momento posterior, ya que estamos ante un contrato de carácter consensual y no real (*TS 5-5-86, *EDJ 2955). El* ***incumplimiento*** *de la obligación de realizar la aportación prometida no permite establecer la inexistencia del vínculo social ya que, según el* CC *art.*1679*, la sociedad comienza desde el momento de la celebración del contrato, si no se ha pactado otra cosa (*TS 2-6-81, *EDJ 1519).*

Además de ello, todos los socios se comprometen y obligan a realizar las aportaciones que fuesen precisas, en proporción a sus respectivas participaciones, para la buena marcha y el adecuado funcionamiento de la sociedad, el cumplimiento del objeto de la misma, y para hacer frente a los gastos que se generen.

 **Nota:**

En cuanto a las ***obligaciones*** *de los socios derivadas de los compromisos de aportar a la sociedad, ver* CC *art.*1681 *y* 1682.

En consecuencia de lo anterior, los socios participarán en la sociedad, desde el mismo momento de la constitución y con independencia del momento efectivo de sus aportaciones percibiendo las ganancias y sufriendo las pérdidas, en las siguientes proporciones:

 **Nota:**

La participación en ***pérdidas y ganancias*** *de la sociedad será la pactada entre los socios. Si nada se dice al respecto, será proporcional a sus respectivas aportaciones. Si únicamente se señala la participación de cada socio en las ganancias, será igual su parte en pérdidas. Es nulo el pacto que excluye a uno o más socios en toda parte de ganancias o pérdidas, salvo que se trate del socio de industria, respecto del cual se permite que quede excluido de toda responsabilidad en cuanto a las pérdidas de la sociedad. (*CC *art.*1689 *y* 1691*).*
La jurisprudencia del Tribunal Supremo ha establecido que la ***sociedad civil irregular*** *con actividad mercantil ha de regirse por las normas de la sociedad colectiva respecto de terceros y por sus pactos entre los socios. Y declara la responsabilidad solidaria de todos los socios que formen la compañía colectiva, sean o no gestores de la misma, los cuales responderán solidariamente frente a terceros por deudas sociales con todos sus bienes (AP Pontevedra 10-3-22, EDJ 526173).*

"identificar al socio" | *"porcentaje de participación"* 

Cuarta. Administración
La administración de la sociedad se encomienda a: *"especificar la forma de administración".*

 **Nota:**

- Si se ha nombrado en el contrato social, su ***poder*** *es irrevocable, salvo que concurra causa legítima. Si ha sido nombrado con posterioridad al contrato social, puede revocase en cualquier momento (*CC *art.*1692*).*

- Respecto a las facultades de los ***administradores*** *ver* CC *art.*1693 *a* 1696*. Respecto a las formas de administración, puede pactarse cualquiera de las usuales en sociedades mercantiles, administrador único, administradores solidarios, o administradores mancomunados, o incluso que, sin designar a una persona específica para asumir esta función, le sea encomendada a la propia asamblea de socios o a uno o varios de los mismos. En los casos en los que se prevea una forma de administración mancomunada de un número importante de personas (p.e. la citada asamblea de socios, se convierte en necesario, o muy conveniente, el otorgamiento de poderes con más o menos facultades, si bien sin que ello pueda considerarse una representación orgánica, sino puramente voluntaria).*

MCM 3185 s.

CC art.1665 s

Quinta.

En cuanto a los demás pactos de la sociedad, los socios se remiten a los estatutos que la regirán, y que me entregan para su incorporación a esta matriz, firmados por todos ellos y extendidos sobre *"número de hojas de los estatutos"* hojas de papel común, escritas por una sola cara.

Sexta.

Los comparecientes, constituyéndose este acto en junta de socios, acuerdan adoptar los siguientes acuerdos: *"especificar acuerdos (concesión de poderes, etc)"*.

Séptima.

Los socios se apoderan recíprocamente para que cualquiera de ellos, solidariamente, pueda rectificar, subsanar y complementar esta escritura, así como firmar cualquier acta, escritura, y documento público o privado que sea necesario para la completa eficacia de este otorgamiento.

Estatutos de *"denominación de la Sociedad Civil"*, **Sociedad civil**

Título I. Denominación, objeto y duración de la sociedad

Artículo 1. Denominación

La Sociedad se denomina *"denominación de la Sociedad Civil"* Sociedad civil, de nacionalidad española, que se rige por los presentes estatutos, y en aquello no previsto en ellos por las disposiciones legales que resulten de aplicación.

 **Nota:**

En cuanto a las ***obligaciones*** *de los socios derivadas de los compromisos de aportar a la sociedad, ver* CC *art.*1681 *y* 1682.

Los intereses contemplados en el CC art.1682 son de ***carácter compensatorio*** *y esa deuda surge automática y objetivamente.*

En efecto, no le es de aplicación al caso el CC art.1108, porque las ***aportaciones*** *a que estaba obligado el actor no le fueron requeridas en ningún momento, antes al contrario, estaba pactado que las necesarias para el desarrollo de la actividad social fueran realizadas por el demandado y las debidas por el actor pudieran ser realizadas con posterioridad, pero sin determinación de plazo, cuyo incumplimiento lo pondría en situación de mora.*

En cualquier caso, debemos formular un pronunciamiento expreso de condena al ***pago de intereses*** *por las aportaciones debidas por el demandante a la sociedad que, si bien fueron reconocidos implícitamente en la sentencia recurrida (AP Almería 2-4-12, EDJ 351041), que se limitó a confirmar los pronunciamientos esenciales del pleito de la sentencia de primer grado, no hizo un pronunciamiento expreso sobre ellos en el fallo (TS 18-6-14, EDJ 111203).*

La denominación de la Sociedad tendrá carácter definitivo y solo podrá ser alterada por acuerdo de la junta de socios.

MCM 3185 s.

Artículo 2. Domicilio social
La Sociedad tendrá su domicilio en *"domicilio social"*.

Artículo 3. Objeto social

Nota:

CC art.1665 s

*La aportación puede realizarse en el **momento** de la constitución de la sociedad o en un momento posterior, ya que estamos ante un contrato de carácter consensual y no real (*TS 5-5-86, *EDJ 2955). El **incumplimiento** de la obligación de realizar la aportación prometida no permite establecer la inexistencia del vínculo social ya que, según el artículo* 1679 *del* Código Civil, *la sociedad comienza desde el momento de la celebración del contrato, si no se ha pactado otra cosa (*TS 2-6-81, *EDJ 1519).*

La Sociedad se constituye como Sociedad Civil *"... Universal de todos los bienes presentes ... O ... Universal de todas las ganancias ... O ... Particular ... "*, y tendrá por objeto exclusivo *"especificar la/s actividad/es constitutivas del objeto de la Sociedad Civil"*.

Quedan excluidas de las actividades enumeradas todas aquellas para cuyo ejercicio la Ley exija requisitos especiales que no puedan ser cumplidos por la Sociedad.

Artículo 4. Duración y comienzo de actividades

Nota:

*Si los socios pactan una **duración** determinada, no hay facultad de libre desistimiento, salvo justo motivo, si bien son válidos los pactos que concedan tal facultad a uno o varios de los socios. Si no se ha señalado plazo determinado y este no se deduce de la naturaleza de la empresa, la Sociedad tendrá la duración del negocio que le sirve de base y en su defecto, toda la vida de los socios. En relación con la duración de la Sociedad civil, ver el* CC *art.*1700 *relativo a las causas de extinción de la Sociedad. En el caso de resolución por voluntad de los socios, no es necesario el acuerdo unánime de todos ellos (*TS 29-7-95, *EDJ 5492). No es requisito "sine qua non" de la extinción de la Sociedad por voluntad de uno o más socios que concurra en estos buena fe, no pudiendo dejarse de aplicar dicha causa de resolución so pretexto de mala fe, la cual únicamente será generadora de la obligación de indemnizar daños y perjuicios que se hayan podido producir en los consocios (*TS 16-6-95, *EDJ 2879). Si bien hay causas de resolución que operan de forma automática (p.e. el cumplimiento del plazo) u otras configuradas al amparo de la libertad de pacto, en caso de resolución por terminación del negocio que constituya el objeto de la Sociedad, se requiere el reconocimiento unánime de su advenimiento por parte de todos los socios o, en su defecto, una declaración judicial que así lo declare, reconocimiento o declaración que darán lugar a la apertura del proceso de liquidación (*DGRN Resol 25-11-98*).*

La Sociedad Civil que aquí se regula, se constituye con una duración de *"especificar duración de la Sociedad Civil"* y comenzará sus actividades desde la fecha *"...del contrato social ... O ... de la escritura de constitución ... O ... "especificar otra fecha de inicio de actividades" ... "*.

No obstante, la junta de socios podrá prorrogar por un término determinado el periodo de duración de la Sociedad, conforme a lo previsto en el art.1703 del Código Civil.

Título II. De los socios y del capital

Artículo 5. De la condición de socio
Ostentan la condición de socio de esta Sociedad todos los firmantes de su escritura de constitución, de la que son parte estos Estatutos

La condición de socio es personalísima *"...si bien puede ser transferida con los límites o en la forma prevista en el* artículo 1696 del Código Civil ... *O ... y no puede ser transferida, ni siquiera con los límites o en la forma prevista en el* artículo 1696 del Código Civil. ... *"*.

 **Nota:**

La doctrina entiende que la figura del ***cambio de socio*** *no ofrece dificultades en nuestro Derecho, ya que, aunque no aparezca contemplada en el* CC *art.*1696, *la posibilidad se deriva de las modificaciones subjetivas que se producen en el contrato de Sociedad, una de las cuales la constituye la transmisión inter vivos de los derechos y obligaciones del socio, mediante la cesión del derecho de participación. Este cambio exige el consentimiento del resto de los socios, consentimiento que puede ser tácito e incluso prestarse a posteriori (*TS 10-2-97, *EDJ 197).* MCM 3185 s.

De conformidad con el art.1704 del Código Civil, los socios convienen expresamente que, en caso de fallecimiento de cualquiera de ellos, la Sociedad continuará con el heredero o los herederos, adquiriendo los causahabientes la condición de socios con cuantos derechos y obligaciones sean inherentes a la misma. CC art.1665 s

 **Nota:**

Es la denominada ***cláusula de continuación*** *strictu sensu. No se produce disolución de la Sociedad, ni siquiera parcial, y no cabe hablar de cuota de liquidación porque la Sociedad no se liquida. Los herederos ostentan un derecho de crédito consistente en la suma a que asciende el valor real de los bienes aportados por el causante en el momento de su muerte (*TSJ Cataluña 3-4-95, *EDJ 12503).*

La Sociedad llevará un Libro Registro de socios, en el que hará constar la titularidad originaria y las sucesivas transmisiones, en su caso, de los porcentajes de participación. En cada anotación se indicará la identidad y domicilio del titular de la participación o del derecho o gravamen constituido sobre aquélla. Su llevanza y custodia corresponderá al secretario y al presidente. El socio y los titulares de derechos reales o gravámenes sobre las participaciones sociales tienen derecho a obtener certificación de sus participaciones, derechos o gravámenes registrados a su nombre. Los datos personales de los socios podrán modificarse a su instancia, no surtiendo entre tanto efectos frente a la Sociedad.

Artículo 6. Participación en ganancias y pérdidas

La participación de los socios en las ganancias y pérdidas de la Sociedad es la que resulta del título constitutivo de la Sociedad, en proporción a su participación en la Sociedad.

 **Nota:**

El CC *art.*1689 *impone el reparto de las* ***pérdidas*** *según lo acordado y en el concepto de pérdidas han de incluirse los gastos de mantenimiento y explotación (si los hubiere). Resulta irrelevante, salvo que esté excepcionado en el contrato social, que los servicios comunes que generan el gasto se utilicen o no efectivamente por alguno de los socios, no pudiendo alegar este su falta de uso para no contribuir en dichos gastos (*TS 25-9-96, *EDJ 5559).*

Artículo 7. Personalidad Jurídica

De conformidad con el art.35 del Código Civil, esta Sociedad tiene personalidad jurídica para todos aquellos actos en que intervenga representando los intereses de los socios.

 **Nota:**

La doctrina no está de acuerdo respecto a la validez de la limitación de la ***responsabilidad*** *de los socios. Ver a estos efectos en los Comentarios al Código Civil, del Ministerio de Justicia, el comentario al artículo 1698 de Cándido Paz Ares, en el cual, negando en principio la posibilidad de tal pacto con carácter general, y aunque gozase de publicidad de hecho, pues la única manera de acceder a la limitación de la responsabilidad es eligiendo un tipo societario mercantil que lo permita, sí apunta soluciones para que, de hecho, pueda arbitrarse tal limitación (la solución pasa por limitar el poder de los administradores, de tal suerte que sólo pueden contratar, si en cada negocio que suscriban se acuerda expresamente y con cada contratante esta limitación de responsabilidad). En lo que la doctrina es unánime, respecto a su admisibilidad, es en la posibilidad de suscribir pactos de limitación de responsabilidad interna, dirigidos a excluir a uno o más socios de la misma.*

Título III. Administración y representación de la sociedad

Artículo 8. Órganos sociales

MCM 3185 s. La representación, gobierno y administración de la Sociedad corresponde a la junta de socios de acuerdo con lo establecido en los presentes estatutos y, en su caso, y si así lo decide la junta, a los administradores que pueda nombrar o apoderados que designe puntualmente.

Nota:

CC art.1665 s *En defecto de otro órgano de administración.*

Artículo 9. Junta general

La Junta general es la reunión de los socios, debidamente convocada y constituida, que decidirá por la mayoría establecida en los asuntos propios de su competencia. Sus acuerdos serán obligatorios para todos los socios, incluso los disidentes y los ausentes, sin perjuicio de los derechos y acciones reconocidos en la Ley a favor de aquéllos.

>>

○ Si se confiere la gestión de la compañía a la Junta:

Se confiere la gestión de la compañía y el uso de la firma social, con la representación en juicio y fuera de él para toda clase de actos y contratos a la Junta de Socios mancomunadamente.

Nota:

En defecto de otro órgano de administración.

<<

La Junta de socios designará, *"...entre sus miembros ... O ... no siendo necesaria la cualidad de socio para ello ..."*, a un presidente y a un Secretario.

La junta general se reunirá por lo menos una vez al año, sin perjuicio de las reuniones extraordinarias que fueren precisas. La junta general de socios deberá ser convocada, por el Presidente, mediante carta dirigida a cada socio al domicilio designado al efecto. El anuncio indicará la fecha y hora de reunión, y el lugar de celebración de la reunión, así como el orden del día, en el que figurarán los asuntos a tratar.

Entre la convocatoria y la fecha prevista para la celebración de la junta deberá existir un plazo de al menos quince días. Este plazo se computará a partir del día siguiente al de la fecha en que hubiere sido remitida la carta de convocatoria al último socio.

No obstante lo anterior, la junta quedará válidamente constituida para tratar cualquier asunto, sin necesidad de convocatoria, siempre que esté presente o representado la totalidad de los socios y los concurrentes acepten, por unanimidad, la celebración de la reunión y el orden del día de la misma.

Artículo 10. Competencia

Corresponde a la junta de socios la competencia para conocer y decidir sobre todos los asuntos que pertenezcan a la administración, dirección y representación de la Sociedad.

Nota:

*La participación en **pérdidas y ganancias** de la sociedad será la pactada entre los socios. Si nada se dice al respecto, será proporcional a sus respectivas aportaciones. Si únicamente se señala la participación de cada socio en las ganancias, será igual su parte en pérdidas. Es nulo el pacto que excluye a uno o más socios en toda parte de ganancias o pérdidas, salvo que se trate del socio de industria, respecto del cual se permite que quede excluido de toda responsabilidad en cuanto a las pérdidas de la sociedad (*CC art. 1689 y 1691*).*

*La jurisprudencia del Tribunal Supremo ha establecido que la **sociedad civil irregular** con actividad mercantil ha de regirse por las normas de la sociedad colectiva respecto de terceros y por sus pactos entre los socios. Y declara la responsabilidad solidaria de todos los socios que formen la compañía colectiva, sean o no gestores de la misma, los cuales responderán solidariamente frente a terceros por deudas sociales con todos sus bienes (AP Pontevedra 10-3-22, EDJ 526713).*

>>

o Decisiones de la junta sin carácter exclusivo:

De modo especial, aunque a título meramente enunciativo, la junta de socios conocerá y decidirá en todo lo relativo a: MCM 3185 s.

o Decisiones de la junta con carácter exclusivo:

Con carácter exclusivo y sin que sea posible su delegación permanente o general, la junta de socios conocerá y decidirá en todo lo relativo a: CC art.1665 s

<<

1. Disolución de la Sociedad y prórroga de su duración.

2. Delegación de las facultades de la junta de socios.

3. Modificación de los Estatutos.

4. Aprobación de balance y cuentas.

5. Pérdida de la condición de socio en los supuestos referidos en el artículo 16 sobre separación y exclusión de Socios.

6. Revisión y control de la contabilidad.

"7. especificar otros asuntos".

Artículo 11. Adopción de los acuerdos sociales

Los acuerdos de la junta de socios a que se refiere el artículo 10 requerirán para su válida adopción la concurrencia de la *"especificar la mayoría necesaria"* de los socios y la aprobación por *"especificar el porcentaje necesario"*, computándose la presencia y la mayoría conforme a la participación de los socios en la Sociedad.

El socio no podrá ejercer el derecho de voto correspondiente a su participación cuando se trate de adoptar un acuerdo en el caso de que exista conflicto de intereses. La participación del socio se deducirá del total para el cómputo de la mayoría de votos necesarios.

Artículo 12. Asistencia a las juntas generales de socios

Todo socio tiene derecho a asistir personalmente a las juntas generales o hacerse representar en ellas por medio de otro socio o persona que ostente poder general conferido en documento público para administrar todo el patrimonio que el representado tuviera en territorio español. La representación deberá conferirse por escrito y con carácter especial para cada Junta.

Artículo 13. Actas de la reunión

Las deliberaciones y acuerdo de las juntas generales se harán constar en acta, que se extenderá o transcribirá en el libro de actas correspondiente.

El acta de la junta podrá ser aprobada por la propia junta a continuación de haberse celebrado esta o, en su defecto, dentro del plazo de quince (15) días, por los socios interventores.

El acta tendrá fuerza ejecutiva a partir de la fecha de su aprobación.

La impugnación de los acuerdos sociales se regirá por los art.204 y siguientes del Real Decreto Legislativo 1/2010.

Artículo 14. Facultades de representación

o Si actúa el administrador único:

El administrador único

MCM 3185 s.

CC art.1665 s

○ **Si actúan los administradores:**

Los administradores

○ Si actúan los administradores mancomunadamente:

actuando mancomunadamente

○ Si actúan los administradores solidariamente:

solidariamente

○ **Si actúa la junta de socios:**

La junta de socios, actuando mancomunadamente

ostentará la representación y ejercitará la administración de la Sociedad ante cualesquiera entidades, autoridades, personas o compañías, judicial o extrajudicialmente, y estará facultada para resolver y ejecutar, sin ninguna limitación, todo aquello que estime apropiado para la administración de la Sociedad, quedando facultada para realizar toda clase de actos, negocios o contratos de administración, adquisición, venta, constitución de derechos reales y actos dispositivos de estricta propiedad, con cualquier persona o entidad, pública o privada, española o extranjera, incluyendo entidades bancarias privadas o públicas, así como frente a cualquier órgano oficial, ministerio, autoridad provincial, autonómica, municipal o cualesquiera otras y con respecto a toda clase de bienes, derechos, títulos públicos o acciones y bajo los términos y condiciones y acuerdos que estime apropiados para la mejor administración de los intereses de la Sociedad.

Nota:

La aportación puede realizarse en el ***momento*** *de la constitución de la sociedad o en un momento posterior, ya que estamos ante un contrato de carácter consensual y no real (*TS 5-5-86, *EDJ 2955). El* ***incumplimiento*** *de la obligación de realizar la aportación prometida no permite establecer la inexistencia del vínculo social ya que, según el* CC *art.*1679, *la sociedad comienza desde el momento de la celebración del contrato, si no se ha pactado otra cosa (*TS 2-6-81, *EDJ 1519).*

El actor que no realizó las aportaciones en el momento en que las hizo el demandado, está obligado a efectuarlas con los ***intereses*** *correspondientes desde el día en que debieron efectuarse (CC art.1682), la* ***extinción*** *se acordó por voluntad de uno de los socios (CC art.1700.4º) y las pérdidas o ganancias que se obtengan de la* ***liquidación*** *deben ajustarse a lo pactado (CC art.1689.I; TS 18-6-14, EDJ 111203).*

Artículo 15. Delegación de facultades

Sin perjuicio de los apoderamientos que pueda conferir a cualquier persona, *"...el/los administrador/es ... O ... la junta de socios ..."* podrá designar uno o varios representantes o apoderados en quienes delegue todas o parte de sus facultades de representación. La delegación de las facultades de representación en uno o varios representantes o apoderados requerirá para su validez el voto favorable de *"especificar el porcentaje necesario para la delegación de las facultades de representación"* de junta de socios.

Título IV. Pérdida de la condición de socio. Disolución y liquidación

Artículo 16. Separación y exclusión

Ningún socio podrá separarse de la Sociedad si no interviene justo motivo, como el de *"especificar lo justos motivos de separación (p.e. faltar a sus obligaciones sin que por los demás se acuerde su exclusión, se sustituya el objeto social, etc.)"*.

 **Nota:**

*Se reputa de mala fe la **renuncia** cuando se pretende por el que la hace apropiarse para sí solo de un provecho que debía ser común (*CC art.1706*). La norma contenida en el citado artículo no contempla los daños posibles derivados de no poder obtener un socio los beneficios esperados (*TS 29-7-95, *EDJ 5492). La definición de mala fe del artículo* 1706 *del* Código Civil *no puede entenderse con carácter exhaustivo, sino meramente enunciativo, que permite contemplar en cada caso concreto, otros supuestos detonadores de mala fe, análogos al definido en dicho precepto (*TS 31-5-93, *EDJ 5157). Respecto a renuncia en tiempo oportuno ver* TS 29-7-92; 25-2-95.

MCM 3185 s.

La condición de socio se perderá por la comisión de actos desleales hacia la Sociedad, debidamente acreditados y previo acuerdo de los restantes socios, por decisión expresa del socio o por acuerdo expreso del socio con los demás socios de la Sociedad, así como en los casos legalmente previstos. CC art.1665 s

 **Nota:**

*Cada socio asume en su parte correspondiente un **deber de fidelidad** hacia la Sociedad, y en casos de conflicto entre el interés individual extrasocial del socio y el interés social común a todos, aquel interés particular ha de respetar el interés social, libremente asumido por el socio y ha de estar limitado por la subordinación del interés personal del socio al interés social, que debe ser preferido (*TS 6-3-92, *EDJ 2181).*

A falta de otro acuerdo entre la Sociedad y el socio separado o excluido, este tendrá derecho a recibir la parte alícuota que, según su porcentaje de participación en la Sociedad en ese momento, le corresponda en el patrimonio social. Efectuado dicho reembolso la junta general adoptará los oportunos acuerdos relativos a la redistribución de los porcentajes de participación entre los socios restantes y el socio afectado por la separación o exclusión, otorgando la correspondiente escritura pública.

En caso de exclusión, dicho reembolso lo será sin perjuicio de la reclamación al socio afectado de los daños y perjuicios a que pudiera haber lugar.

Queda expresamente pactado que la Sociedad continuará existiendo entre los restantes socios cuando se produzca la pérdida de la condición de socio de, uno o varios de ellos y cualquiera que sea la causa.

Artículo 17. Disolución
La disolución anticipada de la Sociedad requerirá el acuerdo expreso de la junta de socios adoptado por unanimidad.

Artículo 18. Liquidación
Producida la disolución de la Sociedad, la misma junta de socios procederá a la liquidación de los asuntos pendientes.

 **Nota:**

*A la **liquidación** de la Sociedad Civil, se aplican las normas de la liquidación de las herencias (*CC *art.*1708*). En consecuencia de lo anterior, aunque los porcentajes de las aportaciones de los socios no sean iguales, a falta de pacto que establezca cualquier proporcionalidad entre los mismos, el reparto se hará por partes iguales (*TS 19-12-51*). Por aplicación analógica, se aplicarán igualmente las normas de liquidación de las sociedades mercantiles y de los patrimonios conyugales, si bien con carácter dispositivo, de manera que toda esta normativa puede ser sustituida por pactos entre los socios.*
*La **disolución** de la sociedad no equivale, por sí sola, a su completa extinción inmediata, pues determina la apertura del pertinente proceso o periodo de liquidación en el que la sociedad subsiste y conserva, si con anterioridad la tuviera, su personalidad jurídica como sociedad en situación de liquidación (AP Pontevedra 29-11-21, EDJ 842941).*
*Durante el **periodo de liquidación**, el criterio rector o central de la **distribución o reparto de pérdidas o ganancias** viene establecido por la voluntad de los socios, y, subsidiariamente, por las normas previstas en materia de partición, y, en particular, el art. 1045 CC, que, en sede de colación, establece la preferencia de la partición como momento determinante para la valoración de los bienes hereditarios (AP Pontevedra 29-11-21, EDJ 842941; TS 14-1-15, EDJ 8545).*

Abierto el periodo de liquidación las únicas actuaciones a realizar serán las absolutamente necesarias para ultimar los asuntos que ya estuviesen en marcha al producirse el acuerdo de disolución.

MCM 3185 s.

Artículo 19. Notificaciones
En todos los casos en los que la Ley o estos estatutos prevean una notificación personal a los socios, esta se hará al domicilio señalado por estos y que, salvo otra designación fehaciente del socio, será el que consta en la escritura de constitución de la Sociedad.

CC art.1665 s

Artículo 20. Sumisión jurisdiccional
Toda cuestión o desavenencia entre socios, o entre estos y la Sociedad, se someterá al fuero de la Sociedad, con renuncia del propio si fuese distinto.

OTORGAMIENTO Y AUTORIZACIÓN:

Hago las reservas y advertencias legales y fiscales que incumben a las partes en su aspecto material, formal y sancionador, y especialmente advierto del plazo de treinta días hábiles siguientes a la firma de esta escritura para presentar a liquidar el impuesto correspondiente, de la afección de los bienes al pago del mismo y responsabilidades, en su caso, derivadas del incumplimiento.

Asimismo, advierto de las consecuencias de una posible inexactitud de sus declaraciones o de falsedades en el documento y del tratamiento fiscal que se derivarían de las diferencias de valor resultantes de una comprobación administrativa.

Leo esta escritura a los comparecientes, previa advertencia y renuncia a su derecho de hacerlo por sí mismos y enterados de su contenido, prestan su consentimiento y la firman.

530

Comunidad de bienes

MCM 3265 s.

Nota preliminar:

- Para la creación de una comunidad de bienes no se exige por ley una determinada forma, si bien la **forma escrita** facilita la prueba de su existencia y, en ocasiones, puede venir exigida por el objeto de la comunidad o por la normativa de transacciones exteriores.

- La comunidad de bienes no tiene acceso al Registro Mercantil; no obstante lo cual, sus **libros contables** pueden legalizarse en dicho Registro.

CC art.392 a 406

- Existe una indudable afinidad entre la comunidad de bienes y el **contrato de sociedad civil**. Según la Jurisprudencia, las diferencias residen en la búsqueda de lucro (existente en la sociedad civil), cuando el objeto de la comunidad de bienes es la mera conservación y aprovechamiento; y el origen o fuente del que cada una surgen (TS 5-7-82, EDJ 4491; 21-3-88, EDJ 2319; AP Huesca 27-12-21, EDJ 874476).

El elemento esencial de distinción entre ambas instituciones -comunidad de bienes y sociedad civil- se fundamenta en la llamada **«affectio societatis»**, o intención de constituir una sociedad, que es requisito propio de la misma, pero no así de la comunidad de bienes. De tal forma se ha venido señalando que la affectio societatis no es otra cosa que la voluntad de crear la sociedad, es decir, queda constituida por dos requisitos, el primero, de carácter subjetivo, es el del consentimiento contractual, y el segundo, de contenido objetivo, consiste en su materia, esto es, la actividad de colaboración de los contratantes-socios, que a su vez implica la existencia por un lado de un fondo común y por otro lado de un lucro común partible (AP Zaragoza 21-2-17, EDJ 33640).

Respecto de las **características que distinguen la sociedad civil de la comunidad de bienes**, si bien son coincidentes en darse una situación de voluntades en unión, no lo son en cuanto a sus fines y operatividad. Las comunidades de bienes suponen la existencia de una propiedad en común y proindiviso, perteneciente a varias personas (CC art.392), lo que se traduce en su mantenimiento y simple aprovechamiento plural. En cambio, las sociedades civiles, aparte de la existencia de un patrimonio comunitario, este se aporta al tráfico comercial ya que la voluntad societaria se orienta a este fin principal y directo para obtener ganancias y lucros comunes, partibles y divisibles y, consecuentemente, lo mismo sucede con las pérdidas (AP Madrid 29-9-17, EDJ 267226).

- Parece más adecuado entender que los comuneros no firmantes no tienen legitimación pasiva en el **juicio cambiario**, sin perjuicio de la responsabilidad que deban asumir como integrantes de la comunidad de bienes deudora. No puede olvidarse que estamos en presencia de un juicio cambiario, al que se accede precisamente por la incorporación del crédito al título valor y por la especial responsabilidad que asume el deudor cambiario, en este caso el firmante del pagaré, siendo especialmente exigentes los requisitos formales que permiten acceder a esta vía procesal en cierto modo privilegiada, siendo el fundamental el de que para imputar las consecuencias de una declaración cambiaria a quien puso su firma en un título valor, en este caso un pagaré, sea esencial que la misma sea de su autoría, todo ello sin perjuicio del ejercicio de las acciones declarativas que en su caso pueden plantearse (AP Madrid, 13-9-18, EDJ 655013).

- El Tribunal Supremo, siendo significativa a este respecto la Sentencia 10-12-20, EDJ 739815, por el amplio estudio que hace de la cuestión, ha abordado en distintas ocasiones la cuestión relativa a la **naturaleza jurídica de las comunidades de bienes** que tienen por objeto el desarrollo de **actividades mercantiles**, y su legitimación procesal, y el deslinde entre las comunidades de bienes y el contrato de sociedad, destacando el carácter estático y de mera utilización consorcial de los bienes, con finalidades de conservación, en las comunidades de bienes, frente al carácter dinámico y de explotación económica de los bienes en el caso de las sociedades y, en cuanto a estas, la distinción entre las sociedades civiles (CC art.1655) y las sociedades mercantiles (CCom art.116), entendiendo que serán mercantiles las sociedades constituidas para la realización de actos de comercio ("ejercicio del comercio"), y civiles cuando no concurra tal circunstancia, y aclarando que el carácter irregular de la sociedad, por la falta de la inscripción en el Registro Mercantil (LSC art.39) "no desnaturaliza tal carácter mercantil en las relaciones mediantes entre los socios... siempre que su objeto sea mercantil, remitiendo como legislación aplicable a tal tipo de sociedades a las de las colectivas (AP auto León 23-11-23, EDJ 823067).

MCM 3265 s.

CC art.392 a 406

Nota preliminar:

- La comunidad de bienes o intereses -que no es necesariamente lo mismo-, no impide **reclamar a uno de los comuneros** si es en beneficio del común (AP Zaragoza 2-2-24, EDJ 530283).

- En cuanto a las **situaciones de precario** en las comunidades de bienes y, en particular, en las comunidades hereditarias, la jurisprudencia de esta sala ha admitido la facultad legal de cada coheredero de servirse de las cosas comunes, pero ha precisado que la utilización de la finca por uno solo de los partícipes en la comunidad hereditaria, que excluya el uso de los demás, es ilegitimo (AP La Rioja 1-2-24, EDJ 535904).

- El modelo presupone unas circunstancias determinadas que serán las más **frecuentes**. Si en el caso concreto existen circunstancias particulares no previstas, deberá completarse o modificarse el modelo adaptándolo a las mismas.

En *"localidad"*, a *"fecha"*

REUNIDOS:

De una parte,

"Don/Doña nombre y apellidos de la parte", mayor de edad, *"estado civil de la parte" "..."especificar el régimen económico matrimonial de la parte" ..."*, de nacionalidad *"nacionalidad de la parte"*, con domicilio a estos efectos en *"domicilio de la parte"*, *"...con DNI/NIF número "DNI/NIF de la parte" ... O ... con tarjeta de residencia número "número de tarjeta de residencia de la parte" ... O ... pasaporte número "número de pasaporte de la parte", expedido el "fecha de expedición del pasaporte de la parte" ... O ... "reseñar otros documentos aportados por la parte" ..."*, vigente hasta el *"fecha de vigencia de la documentación aportada por la parte"*.

De otra parte,

"Don/Doña nombre y apellidos de la parte", mayor de edad, *"estado civil de la parte" "..."especificar el régimen económico matrimonial de la parte" ..."*, de nacionalidad *"nacionalidad de la parte"*, con domicilio a estos efectos en *"domicilio de la parte"*, *"...con DNI/NIF número "DNI/NIF de la parte" ... O ... con tarjeta de residencia número "número de tarjeta de residencia de la parte" ... O ... pasaporte número "número de pasaporte de la parte", expedido el "fecha de expedición del pasaporte de la parte" ... O ... "reseñar otros documentos aportados por la parte" ..."*, vigente hasta el *"fecha de vigencia de la documentación aportada por la parte"*.

INTERVIENEN:

A. *"Don/Doña nombre y apellidos de la parte"*

➢➢

❍ **Si interviene en su propio nombre:**

en su propio nombre y derecho.

❍ **Si interviene como representante:**

en nombre y representación

➢

❍ Si representa a persona física:

de *"Don/Doña nombre y apellidos del representado"*, mayor de edad, *"estado civil del representado"*, con domicilio en *"domicilio del representado"* y provisto de D.N.I./N.I.F. número *"DNI/NIF del representado"*, según consta en escritura de poder, otorgada ante el notario de *"lugar donde radica la notaría en la que se autorizó la escritura de poder de representación (persona física)"*, *"Don/Doña nombre y apellidos del notario que autorizó la escritura de poder de representación (persona física)"*, el *"fecha de escritura de poder de representación (persona física)"*, con el número *"número de protocolo del notario que autorizó la escritura de poder de representación (persona física)"* de su orden de protocolo.

530

MCM 3265 s.

CC art.392 a 406

❍ Si representa a persona jurídica:

de la sociedad mercantil denominada *"denominación social"*, domiciliada en *"domicilio social"*, y con NIF número *"NIF de la sociedad"*, constituida, por tiempo indefinido, mediante escritura otorgada ante el notario de *"lugar donde radica la notaría en la que se autorizó la escritura de poder de representación (persona jurídica)"*, *"Don/Doña nombre y apellidos del notario que autorizó la escritura de poder de representación (persona jurídica)"*, el *"fecha de escritura de poder de representación (persona jurídica)"*, e inscrita en el Registro Mercantil de *"datos de la inscripción registral (localidad del Registro Mercantil, tomo, folio, sección, hoja e inscripción)"*, en su calidad de

➢

❍ Si representa como cargo social:

"...administrador único ... O ... administrador solidario ... O ... consejero delegado ... O ... "especificar la representación del cargo social" ..." de la reseñada sociedad, cargo para el que fue nombrado y asegura vigente en escritura otorgada el *"fecha de escritura del nombramiento del cargo"*, ante el notario de *"lugar donde radica la notaría en la que se autorizó la escritura del nombramiento"*, *"Don/Doña nombre y apellidos del notario que autorizó la escritura del nombramiento"*, con el número *"número de protocolo del notario que autorizó la escritura del nombramiento"* de su protocolo, e inscrita en el Registro Mercantil de *"localidad del Registro Mercantil de la escritura de nombramiento"*, en el tomo y hoja arriba indicados.

❍ Si representa como apoderado:

apoderado de la reseñada sociedad, según escritura de poder otorgada a su favor, en *"fecha de escritura del otorgamiento del poder"*, ante el notario de *"lugar donde radica la notaría en la que se autorizó la escritura de poder"*, *"Don/Doña nombre y apellidos del notario que autorizó la escritura de poder"*, con el número *"número de protocolo del notario que autorizó la escritura de poder"* de su protocolo *"...e inscrita en el Registro Mercantil de "localidad del Registro Mercantil de la escritura de poder" ..."*, en el tomo y hoja arriba indicados.

≺

≺

≺≺

En adelante, El **comunero 1**.

B. *"Don/Doña nombre y apellidos de la parte"*

➢➢

❍ **Si interviene en su propio nombre:**

en su propio nombre y derecho.

❍ **Si interviene como representante:**

en nombre y representación

➢

❍ Si representa a persona física:

de *"Don/Doña nombre y apellidos del representado"*, mayor de edad, *"estado civil del representado"*, con domicilio en *"domicilio del representado"* y provisto de D.N.I./N.I.F. número *"DNI/NIF del representado"*, según consta en escritura de poder, otorgada ante el notario de *"lugar donde radica la notaría en la que se autorizó la escritura de poder de representación (persona física)"*, *"Don/Doña nombre y apellidos del notario que autorizó la escritura de poder de representación (persona física)"*, el *"fecha de escritura de poder de representación (persona física)"*, con el número *"número de protocolo del notario que autorizó la escritura de poder de representación (persona física)"* de su orden de protocolo.

- Si representa a persona jurídica:

MCM 3265 s.

de la sociedad mercantil denominada *"denominación social"*, domiciliada en *"domicilio social"*, y con NIF número *"NIF de la sociedad"*, constituida, por tiempo indefinido, mediante escritura otorgada ante el notario de *"lugar donde radica la notaría en la que se autorizó la escritura de poder de representación (persona jurídica)"*, *"Don/Doña nombre y apellidos del notario que autorizó la escritura de poder de representación (persona jurídica)"*, el *"fecha de escritura de poder de representación (persona jurídica)"*, e inscrita en el Registro Mercantil de *"datos de la inscripción registral (localidad del Registro Mercantil, tomo, folio, sección, hoja e inscripción)"*, en su calidad de

CC art.392 a 406

>

- Si representa como cargo social:

"...administrador único ... O ... administrador solidario ... O ... consejero delegado ... O ... "especificar la representación del cargo social" ... " de la reseñada sociedad, cargo para el que fue nombrado y asegura vigente en escritura otorgada el *"fecha de escritura del nombramiento del cargo"*, ante el notario de *"lugar donde radica la notaría en la que se autorizó la escritura del nombramiento"*, *"Don/Doña nombre y apellidos del notario que autorizó la escritura del nombramiento"*, con el número *"número de protocolo del notario que autorizó la escritura del nombramiento"* de su protocolo, e inscrita en el Registro Mercantil de *"localidad del Registro Mercantil de la escritura de nombramiento"*, en el tomo y hoja arriba indicados.

- Si representa como apoderado:

apoderado de la reseñada sociedad, según escritura de poder otorgada a su favor, en *"fecha de escritura del otorgamiento del poder"*, ante el notario de *"lugar donde radica la notaría en la que se autorizó la escritura de poder"*, *"Don/Doña nombre y apellidos del notario que autorizó la escritura de poder"*, con el número *"número de protocolo del notario que autorizó la escritura de poder"* de su protocolo *"...e inscrita en el Registro Mercantil de "localidad del Registro Mercantil de la escritura de poder" ..."*, en el tomo y hoja arriba indicados.

<

<<

En adelante, El **comunero 2**.

Las partes -en adelante, conjuntamente, los **Comuneros**, se reconocen la capacidad legal necesaria para contratar y obligarse y, a tal efecto

EXPONEN:

I. Que el **Comunero 1** y el **Comunero 2** son dueños, en las proporciones que más adelante se indican, de: *"descripción del bien poseído en común o que las partes ponen en común"*. Corresponde a cada uno de los comuneros en las siguientes proporciones:

- A **Comunero 1** le corresponde el *"porcentaje de participación del Comunero 1"* de participación indivisa en el bien poseído en común.

- A **Comunero 2** le corresponde el *"porcentaje de participación del Comunero 2"* de participación indivisa en el bien poseído en común.

II. Que es interés de los **Comuneros** explotar el bien común descrito en el expositivo I en régimen de Comunidad de bienes *"...así como cualesquiera otros bienes de igual naturaleza que los Comuneros pudieran adquirir conjuntamente en el futuro ... "*, a cuyo fin establecen las siguientes

Nota:

*Las comunidades de bienes, por su **origen**, pueden ser contractuales (nacidas por la voluntad de las partes) e incidentales (nacidas como consecuencia de un hecho ajeno a la voluntad de las partes).*

MCM 3265 s.

CC art.392 a 406

ESTIPULACIONES:

Primera. Constitución de la Comunidad de bienes

Las partes, en virtud del presente contrato, constituyen una comunidad de bienes -en adelante, la **Comunidad**- sobre los bienes descritos en el expositivo I anterior, de carácter privado y civil, en base y con sujeción a las estipulaciones y acuerdos que se recogen a continuación.

Segunda. Objeto

La **Comunidad** constituida en virtud del presente documento tendrá por objeto: *"especificar la actividad objeto de la Comunidad"*.

Nota:

*- Se puede tener en comunidad tanto **bienes** como **derechos reales y créditos** (*TS 14-11-98, *EDJ 26808). Es posible, dentro de una comunidad más amplia, la existencia de otra más reducida, que englobe una de las cuotas en que se descompone la primera (*TS 14-11-94, *EDJ 8837).*

*- Es frecuente acudir a la figura de la comunidad de bienes para el ejercicio de **actividades empresariales** o profesionales (AP Pontevedra 10-3-22, EDJ 526173).*

*- La **unión paramatrimonial** o more uxorio, por el mero hecho de iniciarse no comporta el automático surgimiento de un régimen de comunidad de bienes, debiéndose partir del principio de que cada conviviente mantiene su total independencia frente al otro, y de que no desea contraer obligaciones recíprocas personales y patrimoniales que nacen del matrimonio, salvo pacto expreso en contrario o hechos concluyentes (AP Pontevedra 17-2-22, EDJ 525283).*

La Sentencia TS 19-10-06, EDJ 288704, dijo que: "Es, pues, consustancial a esa diferencia entre la unión de hecho y el matrimonio y a la voluntad de eludir las consecuencias derivadas del vínculo matrimonial que se encuentra insita en la convivencia "more uxorio" el rechazo que desde la jurisprudencia se proclama de la aplicación por "analogía legis" de las normas propias del matrimonio, entre las que se encuentran las relativas al régimen económico matrimonial; lo que no empece a que puedan éstas, y, en general, las reguladoras de la disolución de comunidades de bienes o de patrimonios comunes, ser aplicadas, bien por pacto expreso, bien por la vía de la "analogía iuris" -como un mecanismo de obtención y de aplicación de los principios inspiradores del ordenamiento a partir de un conjunto de preceptos y su aplicación al caso no regulado, cuando por "facta concludentia" se evidencie la inequívoca voluntad de los convivientes de formar un patrimonio común- sentencia de 22 de febrero de 2006 "; e hicieron igualmente suya esa doctrina las de 8 de mayo de 2008, 7 de febrero y 11 de junio de 2011" (AP Asturias 8-1-24, EDJ 513774).

Tercera. Denominación

La **Comunidad**, a los meros efectos de su identificación, girará en el tráfico con la antefirma de *"denominación de la Comunidad"*

Cuarta. Domicilio

Se fija el domicilio de la **Comunidad** a todos sus efectos en *"domicilio de la Comunidad"*.

Quinta. Duración

La **Comunidad** se constituye por *"...tiempo indefinido en tanto existan bienes en común... O... el plazo de "especificar duración de la Comunidad" años, sin perjuicio del derecho que asiste a cada comunero para ejercitar la acción de división de la cosa común en virtud de lo dispuesto en el* artículo 400 del Código Civil... *"*.

Nota:

*La facultad de instar la **división** no es absoluta. Por una parte, cabe el pacto de conservar la cosa indivisa por tiempo determinado, siempre que no exceda de diez años, pero que puede prorrogarse por nueva convención (*CC *art.400.2). Por otra parte, se ve afectada por lo dispuesto en el* CC *art.401.1, que la excluye cuando la división haga inservible la cosa para el uso a que se destina, y, en lo que hace a la división material de la cosa, cuando esta fuere esencialmente indivisible, según el* CC *art.404 (*TS 10-11-95, *EDJ 6645). No obstante, cada partícipe o comunero tiene la plena propiedad sobre su parte y la de los frutos y utilidades que le pertenecen.*

*La **comunidad postganancial** se rige por las reglas de la comunidad de bienes y, en concreto, por lo dispuesto en el artículo 393 del Código Civil en relación con la contribución de cada partícipe al pago de las cargas, esto es, el pago proporcional a las respectivas cuotas, que en este supuesto es siempre igual y por mitad (AP Pontevedra 27-1-22, EDJ 529216).*

MCM 3265 s.

Sexta. Aportaciones

Los bienes en común de los comparecientes, sobre los que se que verifica este otorgamiento, y que determinan el porcentaje de participación de cada uno de ellos en la **Comunidad**, son los siguientes:

CC art.392 a 406

1º El **Comunero 1** aporta la participación indivisa de *"describir el bien aportado por el Comunero 1"* por importe de *"importe del bien aportado por el Comunero 1, en letra"* euros (*"importe del bien aportado por el Comunero 1, en número"* €).

2º El **Comunero 2** aporta la participación indivisa de *"describir el bien aportado por el Comunero 2"* por importe de *"importe del bien aportado por el Comunero 2, en letra"* euros (*"importe del bien aportado por el Comunero 2, en número"* €).

El valor total de los referidos bienes es de *"valor total de los bienes, en letra"* euros (*"valor total de los bienes, en número"* €).

Además de ello, los Comuneros se comprometen y obligan a realizar las aportaciones que fuesen precisas, en proporción a sus respectivas participaciones, para el cumplimiento de los fines pretendidos, y para hacer frente a los gastos que se generen.

Séptima. Beneficios y pérdidas

Los **Comuneros** participarán desde este momento en los bienes comunes, percibiendo sus frutos, soportando los gastos y sufriendo los menoscabos, en la proporción del *"porcentaje de participación en los bienes comunes"* cada uno de ellos.

En el supuesto de que se realicen nuevas aportaciones, modificándose la parte relativa de los distintos comuneros, la participación en beneficios y pérdidas a que se refiere el párrafo anterior se modificará proporcionalmente a la participación de cada comunero en el total de bienes de la **Comunidad**, considerando la anterior participación de cada comunero y las nuevas aportaciones realizadas.

Octava. Derechos y obligaciones

8.1. Disposición y gravamen

Nota:

*La **enajenación del bien común** por uno de los copropietarios sin el consentimiento de todos los demás es nula, sin que pueda alegarse la subsistencia de la validez parcial del contrato en cuanto a la parte de titularidad del contratante vendedor. Y ello por cuanto el objeto de la compra es el bien común como unidad física y jurídica - en la sentencia reseñada se trata de un inmueble-, lo que transciende a la infraestructura causal del negocio, viciándolo de nulidad radical. Adicionalmente la enajenación de una cosa común como propia supone una alteración de la misma prevista en el* CC *art.*397*, ya que tanto la doctrina como la jurisprudencia estiman que esa alteración no sólo es alusiva a actos materiales sino a aquellos actos que tienen repercusión jurídica y para los mismos exige la unanimidad (*TS 8-7-88*).*

*La doctrina jurisprudencial señala que los **actos de mera administración de las cosas comunes** sólo precisan el consentimiento de la mayoría de los copartícipes en atención a su cuota de participación, mientras que los actos de disposición, como son los actos de enajenación o gravamen, en cuanto que suponen una alteración jurídica de la cosa común, y ello conforme lo dispuesto en los arts. 397 y 399 del Código Civil (AP La Rioja 23-11-23, EDJ 834990).*

*Aplicando las normas de la comunidad romana, **no cabe disposición de la cosa común sino con la unanimidad** de todos los comuneros (sentencias de 19 de diciembre de 1985, 28 de mayo de 1986, 25 de junio de 1990 , 23 de octubre de 1990, 30 de junio de 1993) (AP Tarragona 26-10-23, EDJ 746016).*

La sentencia TSJ Aragón 20-12-04 señala que "hasta que, mediante las oportunas operaciones de liquidación-división, se materialice en una parte concreta de bienes para cada uno de los comuneros (véanse las sentencias del Tribunal Supremo de 21 de noviembre de 1987, 8 de octubre de 1980, 17 de febrero de 1992, 23 de diciembre de 1993, 14 de marzo de 1994, etc., así como el auto de 16 de mayo de 2000), y mientras la liquidación no se efectúe, los actos dispositivos de bienes concretos o singulares han de hacerse por todos los interesados, siendo de aplicación lo prevenido en el artículo 397 del Código Civil, a tenor del cual "ninguno de los condueños podrá, sin consentimiento de los demás, hacer ***alteraciones en la cosa común****, aunque de ellas pudieran resultar ventajas para todos", estimando tanto la doctrina como la jurisprudencia que el mentado precepto comprende no solamente las alteraciones materiales, sino también las jurídicas, y como la* ***enajenación*** *de la cosa común es el máximo acto de alteración jurídica, es evidente que no puede hacerse ésta sin el consentimiento de todos los comuneros" (AP Madrid 16-12-21, EDJ 859809).*

MCM 3265 s.

CC art.392 a 406

Cada comunero tendrá la plena propiedad de la parte que le corresponda, pudiendo enajenarla, cederla o hipotecarla, sin perjuicio de que el efecto de la enajenación o hipoteca estará limitado a la porción que, en su caso, se le adjudique en la división, en el momento de cesar la **Comunidad**, si bien sujeto a lo que se establece a continuación.

8.2. Derecho de tanteo y retracto

 **Nota:**

El ***retracto*** *de comuneros se concede a quien ostente la cualidad de tal, para el caso de venta a un extraño de la parte de todos los demás comuneros o de alguno de ellos. En consecuencia, el retracto se da en caso de venta de porciones a extraños, pero no cuando se vende la totalidad de la cosa común (*TS 22-5-96, *EDJ 2700). Si existe una subcomunidad dentro de la comunidad, a efectos de retracto, no puede considerarse como extraño el comunero al que el subcomunero transmita su subcuota, puesto que la subcuota transmitida forma parte de la más amplia del 100% de la cosa común (*TS 14-11-94, *EDJ 8837).*
La ***división*** *en régimen de propiedad horizontal no es atacable vía retracto, al no existir enajenación o transmisión (TS 6-10-89, EDJ 8796).*
De acuerdo con el art. 50 de la LAU de 1964, ***el retracto entre comuneros siempre es prioritario al retracto arrendaticio****, por lo que los comuneros tienen prioridad para la adquisición de los inmuebles (TS 27-03-89, EDJ 3327; 14-11-16, EDJ 201747). En la actualidad, véase el art.25.4 de la LAU de 1994.*
*El término "****enajenación****" que emplea el CC art.1522 debe ser interpretado a la luz de la consideración de la adquisición ex retractu como una adquisición onerosa ex lege a favor del retrayente que toma por modelo con el que se mimetiza otro contrato anterior (el retrayente, conforme al CC art.1521 se subroga en "las mismas condiciones estipuladas en el contrato" antecedente), y por ello se cumple con este requisito sin dificultad en todo caso de enajenación onerosa cuya contraprestación sea fungible y no personalísima, pero no en caso contrario (AP Murcia 5-10-23, EDJ 745905).*

En caso de transmisión a título oneroso o lucrativo, voluntaria o forzosa, del todo o parte de la cuota en la **Comunidad**, se constituye un derecho de tanteo, para la preferente adquisición por el otro comunero de esa cuota-parte, en las condiciones previstas en la presente estipulación. A tal efecto, quien proyecte la transmisión lo notificará por medio fehaciente al otro comunero, con detalle de las circunstancias personales del adquirente y de las condiciones esenciales de la misma, disponiendo los demás comuneros de un plazo de treinta días naturales desde la notificación para optar a la adquisición en esas mismas condiciones, notificando de forma fehaciente a su vez a quien proyecte enajenar su intención de ejercitar su derecho.

Si en la transmisión no se cumpliesen las reglas precedentes, bien por no haberse realizado, por haberse omitido en ella cualquiera de sus requisitos, o se hubiese realizado la transmisión por precio distinto al notificado, el comunero no transmitente tendrá durante el plazo de treinta días (30) naturales, computados desde el conocimiento de la transmisión, un derecho de retracto en las condiciones establecidas en el párrafo anterior y con sujeción a lo dispuesto en el artículo 1518 del Código Civil. No tendrán lugar el tanteo ni el retracto de referencia cuando la transmisión sea a favor de un descendiente del comunero, ya que, para tales supuestos, se pacta su renuncia o exclusividad del mismo.

MCM 3265 s.

CC art.392 a 406

8.3. Derecho de uso

 **Nota:**

*Cabe que el ingreso de un inmueble en el **Registro de la Propiedad** pueda tener lugar a instancias de quien o quienes solo ostentan una cuota parte del dominio del mencionado inmueble. El hecho de que la primera inscripción deba ser de dominio, no implica que haya de ser solicitada por el propietario único o por quienes entre todos agoten la titularidad dominical sobre el inmueble (*DGRN Resol 30-10-84*). La jurisprudencia entiende que cada comunero puede actuar en juicio cuando lo haga en beneficio de la comunidad, ya que la sentencia en su favor que recaiga aprovechará a todos los comuneros, sin que les pueda perjudicar la adversa. Sin embargo, no puede ejercitarse contra ningún partícipe en la comunidad ninguna acción en contra de los derechos que a estos corresponden en la misma, puesto que, siendo una pretensión contra la comunidad, han de ser llamados al pleito la totalidad de sus componentes. Y ello por tratarse de una petición a obtener una resolución única que ha de afectar a todos ellos (*TS 22-5-93, *EDJ 4846).*

El CC *art.*394 *condiciona el **uso de la cosa común** para cada condueño a que dicho uso no impida a los copartícipes usarla según su derecho, lo que, en principio, implica un uso solidario y no en función de la cuota indivisa de cada uno. Sin embargo, ello no puede entenderse de modo absoluto y para todo supuesto, sino que será siempre que lo permita la naturaleza de la cosa común (*TS 23-3-91, *EDJ 3192).*

Cada comunero podrá servirse de las cosas comunes, siempre que disponga de ellas conforme a su destino propio y de manera que no perjudique el interés de la **Comunidad** ni del resto de los comuneros, ni impida a estos utilizarlas según su derecho.

8.4. Arrendamiento

Los bienes objeto de la **Comunidad** no podrán ser objeto de arrendamiento, salvo que los **Comuneros** lo acuerden expresamente y en tanto legalmente sea posible. En su caso, será obligatorio el pacto de que el arrendatario carecerá de los derechos de tanteo y retracto, tanto para los casos de transmisión como de división de la cosa común. Los casos de arrendamiento sobre bienes comunes se considerarán a todos los efectos como actos de disposición y no de mera administración, siendo necesario el consentimiento unánime de los comuneros.

8.5. Contribución a gastos

 **Nota:**

*La existencia de **gastos y mejoras** realizadas en la cosa común por uno de los comuneros y adeudadas por el/los otros no desvirtúa la acción divisoria, si bien dará lugar al ejercicio de las acciones que correspondiera al comunero interesado (*TS 12-3-98, *EDJ 1255).*

*Es doctrina constante, uniforme, y reiterada, que en las comunidades de bienes, en general, de conformidad con lo previsto en los art.395 y concordantes del Código Civil, todos los copropietarios tienen **obligación de contribuir a los gastos y deudas** derivadas de la cosa en común en proporción a su cuota de participación en la comunidad (TS 20-5-96, EDJ 3296), de tal manera que si uno de ellos satisface las cuotas correspondientes a los demás, le asiste acción para procurar su reintegro (TS 25-9-93, EDJ 23593 y 12-2-98, EDJ 603) (AP Barcelona 26-1-24, EDJ 518934).*

Todo comunero estará obligado, atendiendo a su cuota, a contribuir a los gastos de conservación que genere la **Comunidad**. En todo caso, los partícipes tendrán un derecho a adelantar, primero, y reclamar después del otro condueño las expensas indispensables hechas para la conservación de la cosa común.

8.6. Mejoras

En caso de que se propusiese la realización de mejoras útiles y de tipo suntuario en la cosa común, deberán realizarse atendiendo a la regla de la unanimidad. En concreto, se requerirá el consentimiento unánime de los **Comuneros** cuando se realicen en los bienes comunes obras que alteren su estructura o configuración, y en general cualesquiera otros actos de disposición sobre los mismos.

MCM 3265 s.

CC art.392 a 406

Novena. Fallecimiento y subrogación

En caso de fallecimiento de uno de los **Comuneros**, si el sucesor de su cuota - parte es un descendiente del mismo podrá subrogarse en cuantos derechos y obligaciones correspondían a su causante en la **Comunidad**.

En otros supuestos, se sobreentiende a partir de ahora que el partícipe se separa de la **Comunidad** al fallecer en tales circunstancias, y su cuota - parte acrece por descompresión de cuotas a los demás, bajo la obligación de indemnizar el valor de la misma, por acuerdo o en su defecto, conforme a las normas previstas para el tanteo.

Igual régimen se aplicará respecto de la disolución de la sociedad de gananciales en caso de fallecimiento.

Décima. Disolución

Nota:

En los casos de coparticipación de dos o más sujetos en un mismo derecho, la ***renuncia abdicativa*** *no provoca la extinción de la comunidad sino el acrecimiento de la porción renunciada a los demás titulares, como señala el* CC *art.*395 *(*DGRN Resol 2-02-60*). La existencia de derechos reales o personales sobre la cosa común o una cuota no obsta a la división, como tampoco resultan afectados por dicha división. Así se desprende del* CC *art.*405 *en relación con los derechos de terceros, el* CC *art.*535 *en materia de servidumbres, la Sentencia del* TS 12-5-97, *EDJ 3797, sobre el derecho de usufructo y la Sentencia del* TS 28-2-91, *EDJ 2201, respecto del derecho de usufructo sobre cuota indivisa de cosa común (*TS 27-12-99, *EDJ 39945).*

Para la disolución de la **Comunidad** y división de los bienes comunes se estará a lo dispuesto en los artículos 400 y siguientes del Código Civil y con carácter subsidiario a las normas que el citado cuerpo legal fija para la división de la herencia.

Nota:

La interpretación y sentido práctico que ha de darse al CC *art.*400 *en relación con el 392 del mismo texto legal, se refiere a la totalidad del objeto del condominio y no a parte ni a cuota del mismo, pues no se lograría la finalidad pretendida que es la de poner fin a la situación de comunidad de bienes creándose otras* ***comunidades sustitutorias*** *para el caso cuando resultan determinadas las cuotas participativas concurrentes en su totalidad y con arreglo a las mismas ha de procederse a la cesación de la indivisión (*TS 10-7-00, *EDJ 23260).*

No cabe la aplicación del CC art.1061 como forma de ***poner fin a la indivisión*** *porque, como ya dejó sentado la antigua TS 2-5-1964, "la remisión que el artículo 406 del CC hace a las normas reguladoras de la división de la herencia respecto de la relativa a la comunidad de bienes no es tan absoluta e inexorable que deba entenderse en el sentido de que cuantos preceptos se transcriben en la sección 2ª del cap. 6º, tít. 3º del libro 3º del CC hayan de ser aplicados sin limitación alguna a las hipótesis de proindivisión no hereditaria, sino que, por el contrario, únicamente regirán como supletorios o complementarios de las disposiciones específicas consignadas en los artículos 400 a 405, y en tanto no se opongan o estén en contradicción con ellos, de lo que se infiere que cuando se trata de disolver una de las comprendidas en el tít. 3º del lib. 2º, cuyo objeto lo constituya una cosa o derecho indivisible, su posible adjudicación a uno de los copartícipes habrá de ajustarse necesariamente a las reglas contenidas en el artículo 404 y no las del 1062, al no ser los dos coincidentes en su redacción y al presentar las relaciones jurídicas a que ambos se contraen algunas notas diferenciales que justifican su diverso contenido en orden a lograr la misma finalidad" (AP Baleares 13-12-23, EDJ 843117).*

A los efectos oportunos, los **Comuneros** expresan su consentimiento para que las cuotas adjudicadas a cada una de las partes otorgantes sean inscritas registralmente, en su caso, a su favor, renunciando los demás a todos cuantos derechos pudieran corresponderles sobre las mismas.

Cada comunero entrará en el mismo momento de otorgarse la escritura de división en el pleno y exclusivo dominio, goce, administración y posesión de hecho de los bienes que respectivamente le hayan correspondido, sin que ninguno de los interesados pueda impedir a los otros la libre contratación, ocupando de hecho o tenencia material de los que le hayan sido adjudicados.

MCM 3265 s.

CC art.392 a 406

Nota:

*La **acción de división** es un derecho indiscutible e incondicional para cualquiera de los copropietarios y es de tal naturaleza que su ejercicio no está sometido a circunstancia objetiva alguna (*TS 5-6-98; 8-3-99, *EDJ 2226), salvo el acuerdo de mantener la cosa indivisa. No obstante lo anterior, si solicitada por un comunero la división material, la cosa fuera indivisible y no existiera acuerdo para adjudicarla a uno de los copropietarios, indemnizando al resto, se venderá en pública subasta y se repartirá su precio. Se entiende indivisible, no solo cuando no sea divisible desde el punto de vista material (según criterios económicos y sociales), sino también cuando desmerezca mucho por la división, en cuyo supuesto se incluye la inservibilidad (*TS 19-6-00, *EDJ 15184). En el supuesto de que la cosa sea indivisible y se venda en subasta pública, al no existe un procedimiento propio para que este negocio tenga lugar, se suelen aplicar las normas del procedimiento de ejecución.*

*Los **acreedores** carecen de legitimación activa para pedir la división de la cosa común (*TS 28-1-11, *EDJ 5186).*

Undécima. Gastos

Todos los gastos, impuestos y costas derivados de la formalización, cumplimiento, ejecución o extinción del contrato, tanto judiciales como extrajudiciales, serán a cargo de cada una de las partes según lo que establezca la ley en cada caso.

Duodécima. Ley aplicable

La presente **Comunidad** se regirá por las cláusulas del presente contrato y en lo no previsto en el mismo por las reglas del título III del Libro II del Código Civil.

Decimotercera. Jurisdicción

En caso de que surgiera entre las partes cualquier discrepancia o conflicto derivado de la interpretación o cumplimiento de este contrato, con renuncia expresa a cualquier otro tipo de fuero que en derecho pudiera corresponderles, se someten expresamente a la jurisdicción de los Tribunales de *"ciudad de los Tribunales"*.

Y en prueba de conformidad, ambas partes firman el presente contrato, que se extiende en dos ejemplares, igualmente originales, en el lugar y fecha indicados en su encabezamiento.

EL COMUNERO 1 **EL COMUNERO 2**

MCM 3345 s.

Pactos parasociales

Nota preliminar:

El Modelo presupone unas **circunstancias determinadas**. Si en el caso concreto existen circunstancias particulares no previstas, deberá completarse o modificarse el modelo adaptándolo a las mismas.

LSC art.29 y 530 s.; RD 171/2007

En *"localidad"*, a *"fecha"*

REUNIDOS:

De una parte,

"Don/Doña nombre y apellidos de la parte", mayor de edad, *"estado civil de la parte"* *"... "especificar el régimen económico matrimonial de la parte" ... "*, de nacionalidad *"nacionalidad de la parte"*, con domicilio a estos efectos en *"domicilio de la parte"*, *"...con DNI/NIF número "DNI/NIF de la parte" ... O ... con tarjeta de residencia número "número de tarjeta de residencia de la parte" ... O ... pasaporte número "número de pasaporte de la parte", expedido el "fecha de expedición del pasaporte de la parte" ... O ... "reseñar otros documentos aportados por la parte" ... "*, vigente hasta el *"fecha de vigencia de la documentación aportada por la parte"*.

De otra parte,

"Don/Doña nombre y apellidos de la parte", mayor de edad, *"estado civil de la parte"* *"... "especificar el régimen económico matrimonial de la parte" ... "*, de nacionalidad *"nacionalidad de la parte"*, con domicilio a estos efectos en *"domicilio de la parte"*, *"...con DNI/NIF número "DNI/NIF de la parte" ... O ... con tarjeta de residencia número "número de tarjeta de residencia de la parte" ... O ... pasaporte número "número de pasaporte de la parte", expedido el "fecha de expedición del pasaporte de la parte" ... O ... "reseñar otros documentos aportados por la parte" ... "*, vigente hasta el *"fecha de vigencia de la documentación aportada por la parte"*.

INTERVIENEN:

A. *"Don/Doña nombre y apellidos de la parte"*

➢➢

❍ **Si interviene en su propio nombre:**

en su propio nombre y derecho.

❍ **Si interviene como representante:**

en nombre y representación

➢

❍ Si representa a persona física:

de *"Don/Doña nombre y apellidos del representado"*, mayor de edad, *"estado civil del representado"*, con domicilio en *"domicilio del representado"* y provisto de D.N.I./N.I.F. número *"DNI/NIF del representado"*, según consta en escritura de poder, otorgada ante el notario de *"lugar donde radica la notaría en la que se autorizó la escritura de poder de representación (persona física)"*, *"Don/Doña nombre y apellidos del notario que autorizó la escritura de poder de representación (persona física)"*, el *"fecha de escritura de poder de representación (persona física)"*, con el número *"número de protocolo del notario que autorizó la escritura de poder de representación (persona física)"* de su orden de protocolo.

MCM 3345 s.

LSC art.29 y 530 s.; RD 171/2007

❍ Si representa a persona jurídica:

de la sociedad mercantil denominada *"denominación social"*, domiciliada en *"domicilio social"*, y con NIF número *"NIF de la sociedad"*, constituida, por tiempo indefinido, mediante escritura otorgada ante el notario de *"lugar donde radica la notaría en la que se autorizó la escritura de poder de representación (persona jurídica)"*, *"Don/Doña nombre y apellidos del notario que autorizó la escritura de poder de representación (persona jurídica)"*, el *"fecha de escritura de poder de representación (persona jurídica)"*, e inscrita en el Registro Mercantil de *"datos de la inscripción registral (localidad del Registro Mercantil, tomo, folio, sección, hoja e inscripción)"*, en su calidad de

➤

❍ Si representa como cargo social:

"...administrador único ... O ... administrador solidario ... O ... consejero delegado ... O ... "especificar la representación del cargo social" ... " de la reseñada sociedad, cargo para el que fue nombrado y asegura vigente en escritura otorgada el *"fecha de escritura del nombramiento del cargo"*, ante el notario de *"lugar donde radica la notaría en la que se autorizó la escritura del nombramiento"*, *"Don/Doña nombre y apellidos del notario que autorizó la escritura del nombramiento"*, con el número *"número de protocolo del notario que autorizó la escritura del nombramiento"* de su protocolo, e inscrita en el Registro Mercantil de *"localidad del Registro Mercantil de la escritura de nombramiento"*, en el tomo y hoja arriba indicados.

❍ Si representa como apoderado:

apoderado de la reseñada sociedad, según escritura de poder otorgada a su favor, en *"fecha de escritura del otorgamiento del poder"*, ante el notario de *"lugar donde radica la notaría en la que se autorizó la escritura de poder"*, *"Don/Doña nombre y apellidos del notario que autorizó la escritura de poder"*, con el número *"número de protocolo del notario que autorizó la escritura de poder"* de su protocolo *"...e inscrita en el Registro Mercantil de "localidad del Registro Mercantil de la escritura de poder" ... "*, en el tomo y hoja arriba indicados.

≺

≺

≺≺

En adelante, El **accionista a**.

B. *"Don/Doña nombre y apellidos de la parte"*

➤➤

❍ **Si interviene en su propio nombre:**

en su propio nombre y derecho.

❍ **Si interviene como representante:**

en nombre y representación

➤

❍ Si representa a persona física:

de *"Don/Doña nombre y apellidos del representado"*, mayor de edad, *"estado civil del representado"*, con domicilio en *"domicilio del representado"* y provisto de D.N.I./N.I.F. número *"DNI/NIF del representado"*, según consta en escritura de poder, otorgada ante el notario de *"lugar donde radica la notaría en la que se autorizó la escritura de poder de representación (persona física)"*, *"Don/Doña nombre y apellidos del notario que autorizó la escritura de poder de representación (persona física)"*, el *"fecha de escritura de poder de representación (persona física)"*, con el número *"número de protocolo del notario que autorizó la escritura de poder de representación (persona física)"* de su orden de protocolo.

MCM 3345 s.

LSC art.29 y 530 s.; RD 171/2007

❍ Si representa a persona jurídica:

de la sociedad mercantil denominada *"denominación social"*, domiciliada en *"domicilio social"*, y con NIF número *"NIF de la sociedad"*, constituida, por tiempo indefinido, mediante escritura otorgada ante el notario de *"lugar donde radica la notaría en la que se autorizó la escritura de poder de representación (persona jurídica)"*, *"Don/Doña nombre y apellidos del notario que autorizó la escritura de poder de representación (persona jurídica)"*, el *"fecha de escritura de poder de representación (persona jurídica)"*, e inscrita en el Registro Mercantil de *"datos de la inscripción registral (localidad del Registro Mercantil, tomo, folio, sección, hoja e inscripción)"*, en su calidad de

➤

❍ Si representa como cargo social:

"...administrador único ... O ... administrador solidario ... O ... consejero delegado ... O ... "especificar la representación del cargo social" ..." de la reseñada sociedad, cargo para el que fue nombrado y asegura vigente en escritura otorgada el *"fecha de escritura del nombramiento del cargo"*, ante el notario de *"lugar donde radica la notaría en la que se autorizó la escritura del nombramiento"*, *"Don/Doña nombre y apellidos del notario que autorizó la escritura del nombramiento"*, con el número *"número de protocolo del notario que autorizó la escritura del nombramiento"* de su protocolo, e inscrita en el Registro Mercantil de *"localidad del Registro Mercantil de la escritura de nombramiento"*, en el tomo y hoja arriba indicados.

❍ Si representa como apoderado:

apoderado de la reseñada sociedad, según escritura de poder otorgada a su favor, en *"fecha de escritura del otorgamiento del poder"*, ante el notario de *"lugar donde radica la notaría en la que se autorizó la escritura de poder"*, *"Don/Doña nombre y apellidos del notario que autorizó la escritura de poder"*, con el número *"número de protocolo del notario que autorizó la escritura de poder"* de su protocolo *"...e inscrita en el Registro Mercantil de "localidad del Registro Mercantil de la escritura de poder" ..."*, en el tomo y hoja arriba indicados.

≺

≺≺

En adelante, El **accionista b**.

En lo sucesivo, el Accionista A y el Accionista B también serán denominados conjuntamente 'Partes' y, cada uno de ellos, la 'Parte'.

Las Partes se reconocen la capacidad legal necesaria para contratar y obligarse y, a tal efecto

EXPONEN:

I. El Accionista A es titular de un *"porcentaje de acciones del Accionista A"*% de las acciones integrantes del capital social de la sociedad mercantil denominada *"denominación de la Sociedad"* (en adelante, la 'Sociedad'), domiciliada en *"domicilio de la Sociedad"*, y con NIF número *"NIF de la Sociedad"*, constituida, por tiempo indefinido, mediante escritura otorgada ante el notario de *"lugar del notario que autorizó la escritura pública"*, *"Don/Doña nombre y apellidos del notario que autorizó la escritura pública"*, el *"fecha de autorización de la escritura pública"*, e inscrita en el Registro Mercantil de *"datos de la inscripción registral (localidad del Registro Mercantil, tomo, folio, sección, hoja e inscripción)"*.

II. El Accionista B es titular de un *"porcentaje de acciones del Accionista B"*% de las acciones integrantes del capital social de la sociedad mercantil denominada *"denominación de la Sociedad"* (en adelante, la 'Sociedad'), domiciliada en *"domicilio de la Sociedad"*, y con NIF número *"NIF de la Sociedad"*, constituida, por tiempo indefinido, mediante escritura otorgada ante el notario de *"lugar del notario que autorizó la escritura pública"*, *"Don/Doña nombre y apellidos del notario que autorizó la escritura pública"*, el *"fecha de autorización de la escritura pública"*, e inscrita en el Registro Mercantil de *"datos de la inscripción registral (localidad del Registro Mercantil, tomo, folio, sección, hoja e inscripción)"*.

III. Es interés de las Partes que sus relaciones como accionistas de la Sociedad queden reguladas a través de un Acuerdo de Accionistas (el 'Acuerdo'), que se regirá por los siguientes

MCM 3345 s.

PACTOS:

Primero. Transmisión de acciones

LSC art.29 y 530 s.; RD 171/2007

En caso de que una de las Partes se propusiera enajenar la totalidad o parte de su participación accionarial en la Sociedad, directa o indirectamente, estará obligada a comunicar por escrito su intención, con indicación del número de acciones a transmitir, a la otra Parte, la cual dispondrá de un plazo de quince días hábiles para formular una oferta, también por escrito, por la totalidad de las acciones sobre las que exista intención de enajenación. Durante dicho plazo de quince días hábiles, la Parte que se proponga transmitir las acciones se abstendrá de entablar negociaciones con ningún tercero sobre tal eventual transmisión.

La Parte que se proponga transmitir considerará la oferta presentada por la otra Parte, aunque no se verá vinculada por la oferta que reciba de la otra Parte, y podrá decidir, con entera libertad y sin originarse indemnización alguna a su cargo, transmitir sus acciones a cualquier tercero, incluso aunque las condiciones que obtenga del mismo sean inferiores a las contenidas en la oferta de la otra Parte. Se entenderá que se ha considerado la oferta y no ha sido aceptada en el caso de que en el plazo de diez días desde su recepción no exista una aceptación expresa.

≻≻

○ **Si se producen transmisiones entre entidades del mismo grupo empresarial:**

Las anteriores reglas no se aplicarán a las transmisiones entre entidades del mismo grupo empresarial, entendida la expresión grupo empresarial en el sentido del artículo 5 del Real Decreto Legislativo 4/2015, de 23 de octubre por el que se aprueba el Texto Refundido de la Ley del Mercado de Valores.

Segundo. Asuntos extraordinarios

Los siguientes asuntos requerirán una especial consideración de las Partes:

a) Nombramiento del consejero delegado.

b) Aumentos y reducciones del capital social de la Sociedad.

c) Modificación de los estatutos sociales de la Sociedad, ya sean en partes esenciales o accesorias.

d) Inversiones en activos fijos de importe superior a *"especificar importe de las inversiones, en letra"* euros (*"especificar importe de las inversiones, en número"* €).

La adopción de acuerdos y resoluciones sobre cualquiera de los asuntos anteriores requerirá cumplir el siguiente procedimiento:

a) Si alguna de las partes tiene la intención de proponer el nombramiento del consejero delegado de la Sociedad, lo comunicará por escrito a los representantes de la otra Parte en el consejo de la Sociedad, junto con la identidad y un currículo vital de la persona propuesta, con una antelación mínima de treinta días naturales a la fecha en que se prevea la adopción del correspondiente acuerdo por el consejo de administración.

Durante dicho plazo, la Parte receptora de la comunicación podrá pedir entrevistas con la Parte proponente y, en su caso, con el consejero delegado propuesto, para formarse una opinión al respecto, pudiendo proponer a la Parte proponente un consejero delegado alternativo.

Ambas partes tratarán de buena fe de alcanzar un acuerdo sobre la persona a proponer al consejo de administración para ser designado como consejero delegado.

Transcurrido el plazo señalado sin alcanzarse el acuerdo entre las Partes, cualquiera de las Partes podrá proponer su candidato al consejo de administración, el cual decidirá con la mayoría legalmente necesaria.

b) Si una de las Partes tiene la intención de proponer la adopción del algún asunto de los enumerados en el primer apartado de este pacto distinto del nombramiento de consejero delegado, lo comunicará por escrito a los representantes de la otra Parte en el consejo de la Sociedad, junto con la documentación de apoyo que proceda y su justificación, con una antelación mínima de quince días naturales a la fecha en que se prevea la adopción del correspondiente acuerdo o propuesta de acuerdo por el consejo de administración a la junta general. MCM 3345 s. LSC art.29 y 530 s.; RD 171/2007

Durante dicho plazo, la Parte receptora de la comunicación podrá pedir entrevistas con la Parte proponente para formarse su opinión al respecto, solicitar aclaraciones y discutir una conciliación de pareceres.

Ambas Partes tratarán de alcanzar un acuerdo sobre la propuesta a formular al consejo de administración.

El hecho de no alcanzar acuerdo o acuerdos sobre cualquiera de los puntos indicados en este pacto no supondrá incumplimiento ni posibilidad de resolución contractual, siempre y cuando las Partes hubiesen seguido en buena fe el procedimiento de información, consulta y negociación indicado para cada caso.

Tercero. Política de dividendos

Las Partes realizarán sus mejores esfuerzos para que la política de dividendos que se siga en la Sociedad consista en un elevado nivel de reparto de beneficios, teniendo siempre en cuenta por encima de otras consideraciones en interés social de la Sociedad.

Cuarto. Duración

El presente Acuerdo entrará en vigor en la fecha de su firma y permanecerá vigente hasta *"fecha de vigencia del presente Acuerdo"*.

Quinto. Incumplimiento

Cada una de las Partes se obliga a realizar todas las actuaciones necesarias, incluido el ejercicio del derecho de voto que le corresponda, para cumplir las obligaciones que asume en este Acuerdo. En todo aquello que no suponga una obligación, las Partes actuarán con la mejor buena fe para alcanzar un acuerdo. No obstante, dicha obligación y acuerdos quedan limitados por las normas imperativas legales, considerándose que la Parte correspondiente no incumple el presente Acuerdo si realiza o se abstiene de realizar alguna actuación cuando le obligue o se lo impida, según el caso, una norma imperativa.

Si una de las Partes incumpliera este Acuerdo, la otra Parte quedará facultada para resolverlo con carácter inmediato, sin perjuicio de cualesquiera otras acciones.

Sexto. Confidencialidad

El contenido y existencia de este Acuerdo, así como cualquier información o datos sobre el negocio de la Sociedad que las Partes puedan adquirir en virtud de su condición de accionistas de la misma, se mantendrá con carácter confidencial y las partes se comprometen a no divulgarlo excepto:

a) En cumplimiento de una obligación legal, o de una orden administrativa y judicial.

b) Para exigir o permitir el cumplimiento de los derechos u obligaciones derivados de este Acuerdo o para información de sus asesores o auditores, siempre y cuando ambos se comprometan a mantenerlo con carácter confidencial mediante pacto expreso o de acuerdo con sus normas profesionales.

Séptimo. Cesión

La posición contractual de cada una de las Partes del presente Acuerdo es consustancial a su condición de accionista de la Sociedad y, por tanto, no será susceptible de cesión.

Como excepción, en caso de transmisión de acciones a sociedades del mismo grupo al que pertenece una Parte, se producirá la cesión de la posición contractual de la Parte transmitente a favor del adquirente, quien deberá adherirse por escrito al presente Acuerdo.

MCM 3345 s.

Octavo. Nulidad parcial
La nulidad parcial de cualquiera de las cláusulas no esenciales de este Acuerdo no conllevará la nulidad del Acuerdo en su totalidad.

LSC art.29 y 530 s.; RD 171/2007

Noveno. Comunicaciones
Cualquier notificación u otra comunicación que pueda derivarse de este Acuerdo, o sea necesaria para su cumplimiento, ejecución o extinción, se hará por escrito y deberá hacerse, a elección de quien deba hacerla: (i) entregada personalmente; (ii) enviada por correo certificado con acuse de recibo; (iii) notificada notarialmente; (iv) por telefax, con acuse de recibo, a las direcciones señaladas en el encabezamiento.
Cualquiera de las partes podrá cambiar la dirección a efectos de esta estipulación, mediante notificación a la otra.

Décimo. Arbitraje
Con renuncia expresa al ejercicio de cualquier acción ante los Juzgados y Tribunales, las partes se comprometen expresamente a instituir en su día un arbitraje de Derecho Privado, con arreglo a la legislación vigente, para resolver cuantas dudas o divergencias pudieran surgir entre ellas como consecuencia de la interpretación o cumplimiento de este Acuerdo.

Y en prueba de conformidad, ambas partes firman el presente contrato, que se extiende en dos ejemplares, igualmente originales, en el lugar y fecha indicados en su encabezamiento.

EL ACCIONISTA A **EL ACCIONISTA B**

Contratos de Garantía

Contratos de Garantía — Nº marg.

Fianza

MCM 3455 s.

CCom art.439 a 442; CC art.1822 a 1856

Nota preliminar:

- La fianza es un contrato por el cual uno se obliga a pagar o cumplir por un tercero, en el caso de no efectuarlo este. Por tanto, es un contrato entre fiador y acreedor, respecto del cual el deudor es un tercero. Se trata, normalmente, de un contrato **unilateral**, en cuanto crea una obligación únicamente para el fiador; además, es abstracto y autónomo del existente entre el fiador y el deudor principal, pero accesorio precisamente de la obligación principal que garantiza y sin la cual no puede existir.

- Como contrato **consensual** que es, se perfecciona por el concurso de la oferta y de la aceptación y su objeto puede estar constituido por deudas futuras (CC art.1825). Ahora bien, la declaración de voluntad del fiador ha de ser expresa y, por ello, no puede estar basada en frases equívocas, sino en términos claros y precisos (AP Madrid 3-7-00, EDJ 76360).

- La fianza es una institución de **garantía de naturaleza personal**. Esa función de garantía del cumplimiento de una obligación ajena se cumple mediante la constitución de un nuevo vínculo obligatorio distinto, aunque accesorio de la obligación principal, que está dotado de contenido propio, y que cuenta con su propia y específica causa de garantía, sometiendo al patrimonio del fiador a la eventual acción ejecutiva del acreedor en caso de que el deudor principal, garantizado, no cumpla su obligación. En este sentido se ha afirmado que el fiador no es deudor de la obligación garantizada, sino de la suya propia -aunque subordinada al interés del acreedor en obtener la satisfacción de la prestación debida por el obligado principal-, lo que excluye la posibilidad de entender que exista una única relación obligatoria con dos deudores -el obligado principal y el fiador- (TS 3-3-21, EDJ 515010).

- En cuanto a la **forma** de la fianza, se exige su constancia por escrito, ya sea este documento público o privado.

- Los **avales a primer requerimiento** se caracterizan por las notas de independencia y autonomía frente a las vicisitudes de la relación contractual subyacente, sin posibilidad de cuestionar las incidencias del contrato cuyo cumplimiento se garantiza. Por ello, la aplicación de lo previsto en el CC art.1851 con relación al contrato de fianza y, por extensión, a sus notas de accesoriedad y subsidiariedad de su ejercicio, queda sujeta a una interpretación restrictiva en los casos de estos avales así configurados (TS 21-11-16, EDJ 215394).

- El contrato de fianza, con carácter general, tiene como finalidad **garantizar el cumplimiento de una o varias obligaciones principales**, es decir, supone que un tercero asuma el compromiso de responder de una o varias obligaciones cuando no la cumple quien está directamente obligado, comprometiéndose el tercero a cumplir la obligación en caso de no hacerlo el deudor principal.

- Se caracteriza por su **accesoriedad** en cuanto es un contrato que no puede concebirse sino condicionado a la existencia de una obligación principal, por ello se exige que esta exista y sea válida, y en ningún caso podrá tener objeto distinto ni más extenso que aquella, y con arreglo al art.1825 del Código Civil puede constituirse para garantizar deudas futuras (AP León 10-3-17, EDJ 70163).

- El contrato de fianza es un contrato accesorio del **contrato de préstamo** en cuanto a su objeto y, al mismo tiempo, es un contrato distinto desde el punto de vista subjetivo, cuestión esta última que otorga al contrato de fianza sustantividad propia en función de la obligación principal que contiene (TJUE auto 19-11-15, asunto C-74/15; AP Barcelona 5-4-18, EDJ 48259).

- En un contrato de fianza, se reconoce la **condición de consumidor** al fiador, si actúa en un ámbito ajeno a su actividad profesional o empresarial, aunque la operación afianzada tenga ese carácter siempre que entre el garante y el garantizado no existan vínculos funcionales (p.e. una sociedad y su administrador) (TJUE auto 14-9-16, EDJ 191785; auto 19-11-15, EDJ 282647, TS 7-11-17, EDJ 232881).

MCM 3455 s.

CCom art.439 a 442; CC art.1822 a 1856

Nota preliminar:

- No puede obviarse que tanto la **renuncia a la excusión** como el pacto de solidaridad están expresamente previstas y autorizadas por el Código civil y que, como también ha resaltado el Tribunal Supremo (TS 27-1-20, EDJ 505949 y 12-2-20, EDJ 507702), tan Derecho dispositivo es la regulación del Código civil sobre la fianza simple como respecto de la fianza solidaria (prevista expresamente en el CC art.1822.2), y que el **pacto de solidaridad** excluye por sí mismo, sin necesidad de renuncia, tanto el beneficio de excusión (CC art.1831.2º), como el de división (CC art.1837.1). Por lo que la nulidad de dichas renuncias a los beneficios de división, orden y excusión, por su eventual abusividad, en caso de que pudiera estimarse posible a pesar de estar expresamente prevista en el Código, carecería de todo efecto útil, al coincidir sus efectos con los propios de la fianza solidaria con arreglo a la regulación dispositiva prevista en el propio Código (Dir 93/13/CEE art.1.2) (AP Barcelona 16-2-24, EDJ 540317).

El **Tribunal Supremo** (TS 27-1-20, EDJ 505949), ha mantenido que "... con carácter general y desde un punto de vista dogmático, no cabría pretender que el contrato de fianza en su totalidad (incluyendo por tanto las estipulaciones que definen sus elementos esenciales u objeto principal), con independencia de su mayor o menor extensión, tenga la consideración de mera cláusula, estipulación o condición general del contrato del préstamo o crédito hipotecario, incluso si se ha documentado conjuntamente en un mismo instrumento público, y en base a dicha pretendida naturaleza de mera cláusula contractual declarar su íntegra nulidad por abusiva, sobre la base de unas acciones que, en principio, están previstas legalmente no para obtener la nulidad íntegra de los contratos, sino para restablecer el equilibrio real de las prestaciones de las partes mediante la supresión de las cláusulas abusivas" (AP Zamora 5-2-24, EDJ 534078).

Dada la subsunción de los contratos de fianza en que el fiador actúe como consumidor en el ámbito de la Directiva 13/93/CEE, cabe la posibilidad de extender los **controles de incorporación y transparencia material** a las cláusulas de los contratos de fianza y, entre ellas, a la cláusula de renuncia de los beneficios de excusión, orden y división (CC art.1831 y 1837), en cuanto afectantes a las obligaciones de pago del fiador, en conexión con las normas vigentes en cada momento sobre las obligaciones de información en la fase precontractual (claramente reforzadas, en particular respecto de los garantes, en la Ley 5/2019, reguladora de los contratos de crédito inmobiliario), la claridad de su redacción, y el tratamiento secundario o no dado a la misma en el contrato, a fin de permitir el conocimiento por el fiador de las consecuencias jurídicas y económicas de la cláusula (TS 28-5-18, EDJ 80893), aunque en este caso la finalidad de dicha información no es tanto permitir comparar ofertas -pues en puridad en la fianza gratuita no hay prestación correspectiva a cargo del acreedor-, cuanto permitir al fiador conocer el alcance del riesgo asumido (AP Barcelona 17-1-24, EDJ 516619).

- El modelo presupone unas circunstancias determinadas que serán las más **frecuentes**. Si en el caso concreto existen circunstancias particulares no previstas, deberá completarse o modificarse el modelo adaptándolo a las mismas.

En *"lugar"*, a *"fecha"*.

Ante mí, *"Don/Doña nombre y apellidos del notario"* perteneciente al colegio notarial de *"colegio notarial"* y con residencia en *"lugar donde radica la notaría"*.

 **Nota:**

La intervención del ***notario*** *es facultativa para las partes. Los notarios realizan las funciones que anteriormente realizaban los corredores de comercio, cuerpo desaparecido a partir del 1-10-2000 momento en el que se produce la fusión de los cuerpos de notarios y corredores de comercio colegiados (*L 55/1999 disp.adic.24ª*).*

COMPARECEN:

De una parte,

"Don/Doña nombre y apellidos de la parte", mayor de edad, *"estado civil de la parte" "... "especificar el régimen económico matrimonial de la parte" ... "*, de nacionalidad *"nacionalidad de la parte"*, con domicilio a estos efectos en *"domicilio de la parte", "...con DNI/NIF número "DNI/NIF de la parte"... O ... con tarjeta de residencia número "número de tarjeta de residencia de la parte" ... O ... pasaporte número "número de pasaporte de la parte", expedido el "fecha de expedición del pasaporte de la parte" ... O ... "reseñar otros documentos aportados por la parte" ... "*, vigente hasta el *"fecha de vigencia de la documentación aportada por la parte"*.

CCom art.439 a 442; CC art.1822 a 1856

Y de otra parte,

"Don/Doña nombre y apellidos de la parte", mayor de edad, *"estado civil de la parte" "... "especificar el régimen económico matrimonial de la parte" ... "*, de nacionalidad *"nacionalidad de la parte"*, con domicilio a estos efectos en *"domicilio de la parte"*, *"...con DNI/NIF número "DNI/NIF de la parte" ... O ... con tarjeta de residencia número "número de tarjeta de residencia de la parte" ... O ... pasaporte número "número de pasaporte de la parte", expedido el "fecha de expedición del pasaporte de la parte" ... O ... "reseñar otros documentos aportados por la parte" ... "*, vigente hasta el *"fecha de vigencia de la documentación aportada por la parte"*.

Y de otra parte,

"Don/Doña nombre y apellidos de la parte", mayor de edad, *"estado civil de la parte" "... "especificar el régimen económico matrimonial de la parte" ... "*, de nacionalidad *"nacionalidad de la parte"*, con domicilio a estos efectos en *"domicilio de la parte"*, *"...con DNI/NIF número "DNI/NIF de la parte" ... O ... con tarjeta de residencia número "número de tarjeta de residencia de la parte" ... O ... pasaporte número "número de pasaporte de la parte", expedido el "fecha de expedición del pasaporte de la parte" ... O ... "reseñar otros documentos aportados por la parte" ... "*, vigente hasta el *"fecha de vigencia de la documentación aportada por la parte"*.

; y

"Don/Doña nombre y apellidos de la parte", mayor de edad, *"estado civil de la parte" "... "especificar el régimen económico matrimonial de la parte" ... "*, de nacionalidad *"nacionalidad de la parte"*, con domicilio a estos efectos en *"domicilio de la parte"*, *"...con DNI/NIF número "DNI/NIF de la parte" ... O ... con tarjeta de residencia número "número de tarjeta de residencia de la parte" ... O ... pasaporte número "número de pasaporte de la parte", expedido el "fecha de expedición del pasaporte de la parte" ... O ... "reseñar otros documentos aportados por la parte" ... "*, vigente hasta el *"fecha de vigencia de la documentación aportada por la parte"*.

INTERVIENEN:

Nota:

*La **capacidad** que se exige para celebrar este tipo de contratos es, para el fiador, la general para obligarse, así como contar con bienes suficientes para responder de la obligación u obligaciones garantizadas (*CC art.1828*), mientras que, para el acreedor, es la general para administrar bienes. Ello implica que, al margen de especificidades en los ordenamientos autonómicos, para que los representantes de los **menores** que ejerzan el comercio puedan afianzar operaciones en nombre de los anteriores, se precisa autorización judicial y, además, que los menores emancipados precisan del complemento de capacidad.*

A. "Don/Doña nombre y apellidos del representante", en nombre y representación de la sociedad mercantil denominada "denominación social", domiciliada en "domicilio social", y con NIF número "NIF de la sociedad", constituida, por tiempo indefinido, mediante escritura otorgada ante el notario de "lugar de la notaría en la que se autorizó la constitución de la sociedad", "Don/Doña nombre y apellidos del notario que autorizó la constitución de la sociedad", el "fecha de escritura de constitución de la sociedad", e inscrita en el Registro Mercantil de "datos de la inscripción registral de la sociedad (localidad del Registro Mercantil, tomo, folio, sección, hoja e inscripción)", en su calidad de

≻≻

Si representa como cargo social:

"...administrador único ... O ... administrador solidario ... O ... consejero delegado ... O ... "especificar la representación del cargo social" ... " de la reseñada sociedad, cargo para el que fue nombrado y asegura vigente en escritura otorgada el *"fecha de escritura del nombramiento del cargo"*, ante el notario de *"lugar donde radica la notaría en la que se autorizó la escritura del nombramiento"*, *"Don/Doña nombre y apellidos del notario que autorizó la escritura del nombramiento"*, con el número *"número de protocolo del notario que autorizó la escritura del nombramiento"* de su protocolo, e inscrita en el Registro Mercantil de *"localidad del Registro Mercantil de la escritura de nombramiento"*, en el tomo y hoja arriba indicados.

MCM 3455 s.

❍ **Si representa como apoderado:**

apoderado de la reseñada sociedad, según escritura de poder otorgada a su favor, en *"fecha de escritura del otorgamiento del poder"*, ante el notario de *"lugar donde radica la notaría en la que se autorizó la escritura de poder"*, *"Don/Doña nombre y apellidos del notario que autorizó la escritura de poder"*, con el número *"número de protocolo del notario que autorizó la escritura de poder"* de su protocolo *"...e inscrita en el Registro Mercantil de "localidad del Registro Mercantil de la escritura de poder"* ... ", en el tomo y hoja arriba indicados.

≺≺

CCom art.439 a 442; CC art.1822 a 1856

En adelante, El **prestamista**.

B. *"Don/Doña nombre y apellidos de la parte"*

≻≻

❍ **Si interviene en su propio nombre:**

en su propio nombre y derecho.

❍ **Si interviene como representante:**

en nombre y representación

➤

❍ Si representa a persona física:

de *"Don/Doña nombre y apellidos del representado"*, mayor de edad, *"estado civil del representado"*, con domicilio en *"domicilio del representado"* y provisto de D.N.I./N.I.F. número *"DNI/NIF del representado"*, según consta en escritura de poder, otorgada ante el notario de *"lugar donde radica la notaría en la que se autorizó la escritura de poder de representación (persona física)"*, *"Don/Doña nombre y apellidos del notario que autorizó la escritura de poder de representación (persona física)"*, el *"fecha de escritura de poder de representación (persona física)"*, con el número *"número de protocolo del notario que autorizó la escritura de poder de representación (persona física)"* de su orden de protocolo.

❍ Si representa a persona jurídica:

de la sociedad mercantil denominada *"denominación social"*, domiciliada en *"domicilio social"*, y con NIF número *"NIF de la sociedad"*, constituida, por tiempo indefinido, mediante escritura otorgada ante el notario de *"lugar donde radica la notaría en la que se autorizó la escritura de poder de representación (persona jurídica)"*, *"Don/Doña nombre y apellidos del notario que autorizó la escritura de poder de representación (persona jurídica)"*, el *"fecha de escritura de poder de representación (persona jurídica)"*, e inscrita en el Registro Mercantil de *"datos de la inscripción registral (localidad del Registro Mercantil, tomo, folio, sección, hoja e inscripción)"*, en su calidad de

➤

❍ Si representa como cargo social:

"...administrador único ... O ... administrador solidario ... O ... consejero delegado ... O ... "especificar la representación del cargo social" ... " de la reseñada sociedad, cargo para el que fue nombrado y asegura vigente en escritura otorgada el *"fecha de escritura del nombramiento del cargo"*, ante el notario de *"lugar donde radica la notaría en la que se autorizó la escritura del nombramiento"*, *"Don/Doña nombre y apellidos del notario que autorizó la escritura del nombramiento"*, con el número *"número de protocolo del notario que autorizó la escritura del nombramiento"* de su protocolo, e inscrita en el Registro Mercantil de *"localidad del Registro Mercantil de la escritura de nombramiento"*, en el tomo y hoja arriba indicados.

MCM 3455 s.

CCom art.439 a 442; CC art.1822 a 1856

 Si representa como apoderado:

apoderado de la reseñada sociedad, según escritura de poder otorgada a su favor, en *"fecha de escritura del otorgamiento del poder"*, ante el notario de *"lugar donde radica la notaría en la que se autorizó la escritura de poder"*, *"Don/Doña nombre y apellidos del notario que autorizó la escritura de poder"*, con el número *"número de protocolo del notario que autorizó la escritura de poder"* de su protocolo *"...e inscrita en el Registro Mercantil de "localidad del Registro Mercantil de la escritura de poder"..."*, en el tomo y hoja arriba indicados.

<

<

<<

En adelante, El **prestatario-afianzado**.

C. *"Don/Doña nombre y apellidos del Fiador 1"* y *"Don/Doña nombre apellidos del Fiador 2"* en su propio nombre y derecho.

En adelante, conjuntamente, los **Fiadores**.

Reconociéndose recíprocamente la capacidad necesaria para celebrar el presente contrato de fianza.

EXPONEN:

I. Que el **Prestatario-afianzado** tiene convenido con el **Prestamista** una póliza de préstamo a interés variable (euribor), con el número *"número de póliza"*, por importe de *"importe del préstamo, en letra"* euros (*"importe del préstamo, en número"* €), por el interés inicial del *"tipo de interés inicial"* nominal anual, revisable por periodos *"especificar periodos de revisión"*, mediante el incremento de *"especificar incremento, en número"* puntos al euribor, y pagadero por cuotas *"especificar periodicidad de las cuotas; (p.e. mensuales)"* comprensivas del capital y de los intereses, a satisfacer el *"fecha de vencimiento"* día de cada mes, con vencimientos del día *"fecha de vencimiento inicial"* al día *"fecha de vencimiento final"*, ambos inclusive, de importe, en tanto no se modifique el tipo de interés, de *"importe de vencimiento, en letra"* euros (*"importe de vencimiento, en número"* €) cada una de ellas.

II. Que es voluntad de los **Fiadores** afianzar las obligaciones que se derivan del referido préstamo, constituyéndose en fiadores solidarios del mismo.

 **Nota:**

*Es importante incluir expresamente el pacto de **solidaridad**, ya que existen una cierta controversia entre nuestra doctrina, que ha alcanzado a los tribunales, sobre si en defecto de pacto en la fianza mercantil ha de presumirse o no la solidaridad.*
*El **régimen** de la fianza solidaria en nuestro Código Civil viene presidido por una clara relación de consorcio (consortium) de los fiadores que se proyecta tanto en el régimen de aplicación, en donde los cofiadores se sitúan en el mismo plano respecto del obligación garantizada, de forma que una vez realizado el pago por uno de ellos, que directamente libera al resto, nace una acción de reintegro frente a los restantes fiadores (CC art.1844 y 1145), como también en la **forma de constituir la garantía**, de modo que para su validez se requiere la participación de todos los fiadores, como presupuesto de validez de esta modalidad de garantía. De no ser así, el especial vínculo de solidaridad no surge y, por tanto, no puede ser exigido (TS 13-4-16, EDJ 40513).*

III. Que con el objeto de regular el contenido de la garantía, suscriben la presente póliza que se regirá por las siguientes

ESTIPULACIONES:

"Número" Objeto

 **Nota:**

*No puede ser distinto, ni más extenso al de la **obligación principal** garantizada. El fiador puede, en consecuencia y como señala el CC art.1826, obligarse a menos pero no a más que el deudor principal garantizado.*

Los **Fiadores** garantizan personal y solidariamente las obligaciones asumidas por el **Prestatario-afianzado** por razón de la póliza a que se refiere el expositivo I que antecede, en los mismos términos y condiciones que el referido **Prestatario-afianzado**.

MCM 3455 s.

"Número" Alcance

 **Nota:**

*Siendo la fianza un contrato de carácter gratuito (*CCom *art.*441*), una vez determinada su existencia, cuando se dé la más mínima duda sobre su alcance, habrá de estarse a lo que implique la* ***menor transmisión*** *de derechos (*CC *art.*1826*) pues la interpretación de la fianza, según se infiere de lo dispuesto en los preceptos citados, ha de ser restrictiva, tal y como establece también constante y reiterada jurisprudencia (*AP Madrid 3-7-00, *EDJ 76360).*

CCom art.439 a 442; CC art.1822 a 1856

La garantía prestada en la presente póliza tiene carácter solidario, tanto con el prestatario como con los restantes **Fiadores** que en un futuro puedan existir, con renuncia expresa a los beneficios de excusión, división y orden y cualquiera otro que pueda corresponderle, haciendo extensiva la garantía a cualquier prórroga, renovación, novación o modificación de cualquier índole que pueda producirse de contrato o de cada una de las obligaciones contenidos en el mismo. Por consiguiente, la duración de la garantía se extiende hasta el completo cumplimiento de la última de las obligaciones que se deriven de la póliza de préstamo descrita en el expositivo I anterior. Los **Fiadores** responden de las obligaciones garantizadas con todos sus bienes presentes y futuros.

Nota:

Es conveniente introducir esta ***renuncia*** *a los beneficios legales, si bien ha de tenerse en cuenta que constituye doctrina jurisprudencial mayoritaria (*TS 20-10-89*;* 7-3-92*;* 14-2-97*;* TS 15-4-05, *EDJ 46969) la que postula que la fianza mercantil tiene el carácter de solidaria en nuestro ordenamiento jurídico y que, consecuentemente, el fiador mercantil no goza de los derechos de división y excusión que disfruta el fiador civil y, ello, por la más sólida garantía que precisan las transacciones comerciales en nuestros días y el auge que la obligación solidaria disfruta en otros ámbitos jurídicos (p. ej. seguros o responsabilidad extracontractual). Esta teoría se muestra con claridad en las sentencias del Tribunal Supremo* 7-12-68 *y* 25-4-69*, que se limitan a señalar que en estos supuestos no rige la remisión del art.*50 *del* Código de Comercio *al* Código Civil *y, en concreto, al beneficio de excusión.*

El régimen de la ***fianza solidaria*** *en nuestro Código Civil viene presidido por una clara relación de consorcio (consortium) de los fiadores que se proyecta tanto en el régimen de aplicación, en donde los cofiadores se sitúan en el mismo plano respecto del obligación garantizada, de forma que una vez realizado el pago por uno de ellos, que directamente libera al resto, nace una acción de reintegro frente a los restantes fiadores (CC art.1844 y 1145), como también en la forma de constituir la garantía, de modo que para su* ***validez*** *se requiere la participación de todos los fiadores, como presupuesto de validez de esta modalidad de garantía. De no ser así, el especial vínculo de solidaridad no surge y, por tanto, no puede ser exigido (TS 13-4-16, EDJ 40513).*

○ Si se establece un límite de garantía:

El límite de la garantía se establece en la cantidad de *"cantidad garantizada, en letra"* euros (*"cantidad garantizada, en número"* €), por todos los conceptos.

≺≺

"Número" Notificaciones

 **Nota:**

Si no se incluyera esta cláusula las ***notificaciones*** *se realizarían en el domicilio que indica el compareciente en el encabezamiento de la póliza.*

Los **Fiadores**, a efectos de requerimiento, notificaciones y citaciones de cualquier clase, designan como domicilios para la práctica de los mismos los que figuran en el encabezamiento de la presente póliza.

605

Contratos de Garantía

MCM 3455 s.

"Número" Naturaleza mercantil

Nota:

Del tenor del CCom *art.*439 *se desprende, que la naturaleza mercantil del afianzamiento viene determinada por el* ***carácter comercial*** *del acto que trata de garantizar, con independencia de que el fiador ostente o no la cualidad de comerciante.*

CCom art.439 a 442; CC art.1822 a 1856

Los comparecientes, en la representación en que intervienen, manifiestan que el presente contrato tiene carácter de mercantil y se regirá en primer término por las estipulaciones contenidas en el mismo y en lo que en ellas no estuviere previsto por las disposiciones del Código de Comercio, leyes especiales, los usos y costumbres mercantiles y, en su defecto, por lo establecido en el Código Civil.

"Número" Exigibilidad

Nota:

Por el contrato de fianza, regulado en el CC art.1822 s., se crean relaciones obligatorias entre el acreedor, el deudor y el fiador, de ahí que para la constitución de un contrato de fianza sea necesario, con carácter inexcusable, el ***consentimiento del acreedor****, ya se manifieste este consentimiento por la intervención del mismo en el contrato constitutivo, ya mediante su aceptación del contrato celebrado entre el deudor y el fiador (TS 30-6-96, EDJ 5059).*

A los efectos de determinar la cantidad exigible, se estará a la que resulte de aplicar lo dispuesto en el art.572 y concordantes de la Ley de Enjuiciamiento Civil, pactándose expresamente que la cantidad exigible, en caso de ejecución, será la resultante de la liquidación efectuada por el **Prestamista**, en la forma pactada por las partes en la propia póliza de préstamo que aquí se garantiza.

"Número" Gastos

Todos los gastos, impuestos y arbitrios que puedan derivarse de la presente póliza correrán a cargo del **Prestatario-afianzado**.

>>

○ **Si hay que incluir cláusulas relativas a la extinción de la fianza:**

"incluir alguna cláusula relativa a la extinción de la fianza (Para su redacción deben examinarse, además de las particularidades de cada caso, los artículos 442 del Código de Comercio *y del* 1847 al 1853 del Código Civil*)"*

<<

"Número" Intervención de Notario

Este contrato se ha formalizado, según se expresa anteriormente, con intervención del notario a todos los efectos, incluso a los previstos en el art.93 del Código de Comercio, en los artículos 517 y 572 de la Ley de Enjuiciamiento Civil y demás legislación concordante.

Las partes dan su conformidad a los términos y condiciones previstos en el presente contrato y en prueba de ello lo firman por cuadruplicado ejemplar y a un solo efecto, reconociendo cada una de ellas haber recibido copia del mismo, y yo, el notario interviniente, doy fe de la identidad y capacidad de las partes y de la legitimación de sus firmantes, así como de todo lo convenido en la presente póliza que firmo, rubrico y sello en el lugar y fecha indicados en el encabezamiento.

EL PRESTAMISTA	**EL PRESTATARIO-AFIANZADOR**	**LOS FIADORES**

Con mi intervención

Contrato de línea de avales

MCM 3455 s.

Nota preliminar:

- El contrato de línea de avales es un contrato de **afianzamiento** mercantil para garantizar el cumplimiento de otro contrato mercantil.

- Quien, en el curso de una relación de fianza de un contrato mercantil, quiere beneficiarse de la **condición de consumidor**, debe alegar, como mínimo, los hechos en que descansa tal calificación que, como ha dicho el TJUE, se traducen en la desconexión del fiador de la actividad empresarial y de intereses en la misma (AP Barcelona 27-2-18, EDJ 28143). CCom art.439 s

- En un contrato de fianza, se reconoce la **condición de consumidor** al fiador, si actúa en un ámbito ajeno a su actividad profesional o empresarial, aunque la operación afianzada tenga ese carácter siempre que entre el garante y el garantizado no existan vínculos funcionales (p.e. una sociedad y su administrador) (TJUE auto 14-9-16, EDJ 191785; auto 19-11-15, EDJ 282647, TS 7-11-17, EDJ 232881).

Los art.1.1, y 2.b), de la Directiva 93/13/CEE, sobre las **cláusulas abusivas en los contratos celebrados con consumidores**, deben interpretarse en el sentido de que dicha Directiva puede aplicarse a un contrato de garantía inmobiliaria o de fianza celebrado entre una persona física y una entidad de crédito para garantizar las obligaciones que una sociedad mercantil ha asumido contractualmente frente a la referida entidad en el marco de un contrato de crédito, cuando esa persona física actúe con un propósito ajeno a su actividad profesional y carezca de vínculos funcionales con la citada sociedad (TJUE auto 19-11-15, asunto C-74/15).

- El RDL 8/2020 de medidas urgentes extraordinarias para hacer frente al impacto económico y social del **COVID-19**, sigue manteniendo vigente (2024) una **línea de avales** a aportar por el Ministerio de Asuntos Económicos y Transformación Digital, y gestionados por el ICO, para la cobertura de financiación otorgada por entidades de crédito, establecimientos financieros de crédito, entidades de dinero electrónico y entidades de pagos a autónomos y empresas (RDL 8/2020 art.29 redacc RDL 27/2021). No obstante, en la medida en que la concesión de estos avales está condicionada al mantenimiento del empleo y con el fin de paliar los efectos económicos del COVID-19, habrá de justificarse esto último. En todo caso, se establecía la fecha temporal de 30-6-22, la cual no ha sido prorrogada.

Se estableció, en su momento, una **línea de avales** a aportar por el Ministerio de Asuntos Económicos y Transformación Digital, y gestionados por el **ICO**, para la cobertura de financiación otorgada por entidades de crédito, establecimientos financieros de crédito, entidades de dinero electrónico y entidades de pagos a autónomos y empresas (RDL 8/2020 art.29). Sobre estos avales, véase la AP Pontevedra 8-3-24, EDJ 528079.

- El modelo presupone unas circunstancias determinadas que serán las más **frecuentes**. Si en el caso concreto existen circunstancias particulares no previstas, deberá completarse o modificarse el modelo adaptándolo a las mismas.

En *"lugar"*, a *"fecha"*.

Ante mí, *"Don/Doña nombre y apellidos del notario"* perteneciente al colegio notarial de *"colegio notarial"* y con residencia en *"lugar donde radica la notaría"*.

Nota:

*La intervención del **notario** es facultativa para las partes. Los notarios realizan las funciones que anteriormente realizaban los corredores de comercio, cuerpo desaparecido a partir del 1-10-2000 momento en el que se produce la fusión de los cuerpos de notarios y corredores de comercio colegiados (*L 55/1999 disp.dic.24ª*).*

COMPARECEN:

MCM 3455 s.

CCom art.439 s

De una parte,

"Don/Doña nombre y apellidos de la parte", mayor de edad, *"estado civil de la parte" "... "especificar el régimen económico matrimonial de la parte" ... "*, de nacionalidad *"nacionalidad de la parte"*, con domicilio a estos efectos en *"domicilio de la parte"*, *"...con DNI/NIF número "DNI/NIF de la parte" ... O ... con tarjeta de residencia número "número de tarjeta de residencia de la parte" ... O ... pasaporte número "número de pasaporte de la parte", expedido el "fecha de expedición del pasaporte de la parte" ... O ... "reseñar otros documentos aportados por la parte" ... "*, vigente hasta el *"fecha de vigencia de la documentación aportada por la parte"*.

De otra parte,

"Don/Doña nombre y apellidos de la parte", mayor de edad, *"estado civil de la parte" "... "especificar el régimen económico matrimonial de la parte" ... "*, de nacionalidad *"nacionalidad de la parte"*, con domicilio a estos efectos en *"domicilio de la parte"*, *"...con DNI/NIF número "DNI/NIF de la parte" ... O ... con tarjeta de residencia número "número de tarjeta de residencia de la parte" ... O ... pasaporte número "número de pasaporte de la parte", expedido el "fecha de expedición del pasaporte de la parte" ... O ... "reseñar otros documentos aportados por la parte" ... "*, vigente hasta el *"fecha de vigencia de la documentación aportada por la parte"*.

Y de otra parte,

"Don/Doña nombre y apellidos de la parte", mayor de edad, *"estado civil de la parte" "... "especificar el régimen económico matrimonial de la parte" ... "*, de nacionalidad *"nacionalidad de la parte"*, con domicilio a estos efectos en *"domicilio de la parte"*, *"...con DNI/NIF número "DNI/NIF de la parte" ... O ... con tarjeta de residencia número "número de tarjeta de residencia de la parte" ... O ... pasaporte número "número de pasaporte de la parte", expedido el "fecha de expedición del pasaporte de la parte" ... O ... "reseñar otros documentos aportados por la parte" ... "*, vigente hasta el *"fecha de vigencia de la documentación aportada por la parte"*.

; y

"Don/Doña nombre y apellidos de la parte", mayor de edad, *"estado civil de la parte" "... "especificar el régimen económico matrimonial de la parte" ... "*, de nacionalidad *"nacionalidad de la parte"*, con domicilio a estos efectos en *"domicilio de la parte"*, *"...con DNI/NIF número "DNI/NIF de la parte" ... O ... con tarjeta de residencia número "número de tarjeta de residencia de la parte" ... O ... pasaporte número "número de pasaporte de la parte", expedido el "fecha de expedición del pasaporte de la parte" ... O ... "reseñar otros documentos aportados por la parte" ... "*, vigente hasta el *"fecha de vigencia de la documentación aportada por la parte"*.

INTERVIENEN:

A. *"Don/Doña nombre y apellidos del representante"*, en nombre y representación de la sociedad mercantil denominada *"denominación social"*, domiciliada en *"domicilio social"*, y con NIF número *"NIF de la sociedad"*, constituida, por tiempo indefinido, mediante escritura otorgada ante el notario de *"lugar de la notaría en la que se autorizó la constitución de la sociedad"*, *"Don/Doña nombre y apellidos del notario que autorizó la constitución de la sociedad"*, el *"fecha de escritura de constitución de la sociedad"*, e inscrita en el Registro Mercantil de *"datos de la inscripción registral de la sociedad (localidad del Registro Mercantil, tomo, folio, sección, hoja e inscripción)"*, en su calidad de

≻≻

❍ **Si representa como cargo social:**

"...administrador único ... O ... administrador solidario ... O ... consejero delegado ... O ... "especificar la representación del cargo social" ... " de la reseñada sociedad, cargo para el que fue nombrado y asegura vigente en escritura otorgada el *"fecha de escritura del nombramiento del cargo"*, ante el notario de *"lugar donde radica la notaría en la que se autorizó la escritura del nombramiento"*, *"Don/Doña nombre y apellidos del notario que autorizó la escritura del nombramiento"*, con el número *"número de protocolo del notario que autorizó la escritura del nombramiento"* de su protocolo, e inscrita en el Registro Mercantil de *"localidad del Registro Mercantil de la escritura de nombramiento"*, en el tomo y hoja arriba indicados.

MCM 3455 s.

CCom art.439 s

❍ **Si representa como apoderado:**

apoderado de la reseñada sociedad, según escritura de poder otorgada a su favor, en *"fecha de escritura del otorgamiento del poder"*, ante el notario de *"lugar donde radica la notaría en la que se autorizó la escritura de poder"*, *"Don/Doña nombre y apellidos del notario que autorizó la escritura de poder"*, con el número *"número de protocolo del notario que autorizó la escritura de poder"* de su protocolo *"...e inscrita en el Registro Mercantil de "localidad del Registro Mercantil de la escritura de poder" ... "*, en el tomo y hoja arriba indicados.

≺≺

En adelante, el **avalista**.

B. *"Don/Doña nombre y apellidos de la parte"*

≻≻

❍ **Si interviene en su propio nombre:**

en su propio nombre y derecho.

❍ **Si interviene como representante:**

en nombre y representación

≻

❍ Si representa a persona física:

de *"Don/Doña nombre y apellidos del representado"*, mayor de edad, *"estado civil del representado"*, con domicilio en *"domicilio del representado"* y provisto de D.N.I./N.I.F. número *"DNI/NIF del representado"*, según consta en escritura de poder, otorgada ante el notario de *"lugar donde radica la notaría en la que se autorizó la escritura de poder de representación (persona física)"*, *"Don/Doña nombre y apellidos del notario que autorizó la escritura de poder de representación (persona física)"*, el *"fecha de escritura de poder de representación (persona física)"*, con el número *"número de protocolo del notario que autorizó la escritura de poder de representación (persona física)"* de su orden de protocolo.

❍ Si representa a persona jurídica:

de la sociedad mercantil denominada *"denominación social"*, domiciliada en *"domicilio social"*, y con NIF número *"NIF de la sociedad"*, constituida, por tiempo indefinido, mediante escritura otorgada ante el notario de *"lugar donde radica la notaría en la que se autorizó la escritura de poder de representación (persona jurídica)"*, *"Don/Doña nombre y apellidos del notario que autorizó la escritura de poder de representación (persona jurídica)"*, el *"fecha de escritura de poder de representación (persona jurídica)"*, e inscrita en el Registro Mercantil de *"datos de la inscripción registral (localidad del Registro Mercantil, tomo, folio, sección, hoja e inscripción)"*, en su calidad de

➤

❍ Si representa como cargo social:

MCM 3455 s.

"...administrador único ... O ... administrador solidario ... O ... consejero delegado ... O ... "especificar la representación del cargo social" ..." de la reseñada sociedad, cargo para el que fue nombrado y asegura vigente en escritura otorgada el *"fecha de escritura del nombramiento del cargo"*, ante el notario de *"lugar donde radica la notaría en la que se autorizó la escritura del nombramiento"*, *"Don/Doña nombre y apellidos del notario que autorizó la escritura del nombramiento"*, con el número *"número de protocolo del notario que autorizó la escritura del nombramiento"* de su protocolo, e inscrita en el Registro Mercantil de *"localidad del Registro Mercantil de la escritura de nombramiento"*, en el tomo y hoja arriba indicados.

CCom art.439 s

❍ Si representa como apoderado:

apoderado de la reseñada sociedad, según escritura de poder otorgada a su favor, en *"fecha de escritura del otorgamiento del poder"*, ante el notario de *"lugar donde radica la notaría en la que se autorizó la escritura de poder"*, *"Don/Doña nombre y apellidos del notario que autorizó la escritura de poder"*, con el número *"número de protocolo del notario que autorizó la escritura de poder"* de su protocolo *"...e inscrita en el Registro Mercantil de "localidad del Registro Mercantil de la escritura de poder" ..."*, en el tomo y hoja arriba indicados.

≺

En adelante, el **avalado**.

C. *"Don/Doña nombre y apellidos del Fiador 1"* y *"Don/Doña nombre y apellidos del Fiador 2"* en su propio nombre y derecho.

En adelante, conjuntamente, los **Fiadores**.

Reconociéndose recíprocamente la capacidad necesaria para celebrar el presente contrato de fianza.

OTORGAN:

***"NÚMERO"* Objeto**

 **Nota:**

*No puede ser distinto, ni más extenso al de la **obligación principal** garantizada. El fiador puede, en consecuencia y como señala el* CC *art.*1826, *obligarse a menos pero no a más que el deudor principal garantizado. En cuanto al objeto del aval, puede consistir en garantizar el pago de letras de cambio, en dicho caso nos encontramos ante un aval cambiario que tal como aparece legalmente configurado no es, a diferencia de la fianza, una garantía accesoria dependiente de la obligación principal, sino una garantía objetiva del pago de la letra, que tiene una existencia autónoma e independiente de la obligación garantizada (*AP Madrid 18-4-00*).*

El **Avalista** se obliga a petición del **Avalado** y por cuenta de este último, a emitir avales y garantías ante entidades, organismos, y en general ante cualquier persona física o jurídica, en la forma y condiciones que se determinan en el presente contrato.

***"NÚMERO"* Alcance o límite**

 **Nota:**

*Siendo la fianza un contrato de **carácter gratuito** (*CCom *art.*441*), una vez determinada su existencia, cuando se dé la más mínima duda sobre su alcance, habrá de estarse a lo que implique la menor transmisión de derechos (*CC *art.*1826*) pues la interpretación de la fianza, según se infiere de lo dispuesto en los preceptos citados, ha de ser restrictiva, tal y como establece también constante y reiterada jurisprudencia (*AP Madrid 3-7-00*).*

610

El importe máximo garantizado no podrá superar por ningún concepto la cantidad de *"cantidad garantizada, en letra"* euros (*"cantidad garantizada, en número"* €).

***"NÚMERO"* Presupuestos para la solicitud de avales** MCM 3455 s.

Las solicitudes para que el **Avalista** avale al **Avalado** en las distintas operaciones deberán cursarse por escrito dirigido a la dirección que a dichos efectos se fija en la presente póliza. En cada caso será necesario que las partes suscriban por persona capacitada y legitimada para ello el correspondiente documento, que fijará la cuantía y condiciones particulares del aval. A tal efecto, y previa la firma del indicado documento, el **Avalado** se compromete a facilitar al **Avalista** la información que este estime pertinente. CCom art.439 s

***"NÚMERO"* Duración de contrato**

 **Nota:**

No existe ningún inconveniente en admitir el aval ***limitado al tiempo****, o lo que es igual, que el avalista limite su responsabilidad hasta un determinado plazo a partir del vencimiento (*TS 27-2-04, *EDJ 6311;* AP Madrid 18-4-00*).*

El presente contrato tendrá una duración de *"duración del contrato"* años. De manera que quedará extinguido el *"fecha de extinción del contrato"*. Una vez llegue la fecha indicada, los avales que en dicho momento se encuentren pendientes de pago, se continuarán rigiendo por lo previsto en esta póliza, en tanto en cuento no se extingan los mismos o le sean devueltos al **Avalista** los correspondientes originales.

***"NÚMERO"* Comisiones**

Los avales que conceda el **Avalista** en cumplimiento del presente contrato devengarán las siguientes comisiones:

a) La comisión de estudio y apertura que será del *"porcentaje de comisión de apertura"*.

b) La comisión de riesgo que será del *"porcentaje de comisión de riesgo"*.

La primera de las comisiones será única y se devengará y abonará en la fecha en la que se firme cada aval particular.

La segunda se liquidará por períodos *"especificar periodicidad de la comisión de riesgo (p.e. mensuales)"* anticipados y se devengará a partir de la fecha de emisión de cada uno de los documentos de garantía, calculándose la cuantía de la obligación principal vigente en el momento de la percepción, más las subsidiarias y complementarias que puedan derivarse del incumplimiento de aquéllas.

***"NÚMERO"* Intereses**

Las cantidades que resulten impagadas por el **Avalado** a resultas de cualquiera de los avales que puedan suscribirse al hilo del presente contrato y una vez que haya vencido la obligación de pago, devengarán a favor del **Avalista** un interés diario igual al *"tipo de interés diario"* %, y será objeto de liquidación el día que se produzca el cierre de la cuenta especial de impagados.

***"NÚMERO"* Relevación**

El **Avalista** podrá exigir al **Avalado** que le releve de los avales emitidos hasta la fecha, quedando además liberado de su obligación de prestar los avales que le sean solicitados por el **Avalado** en los siguientes casos:

a) Declaración de quiebra o suspensión de pagos del **Avalado**.

b) Incumplimiento por el **Avalado** de las obligaciones derivadas del presente contrato.

c) Falsedad u ocultación de datos relevantes para la concesión de avales en operaciones futuras.

En cualquiera de los casos indicados el **Avalado** podrá sustituir su obligación de relevación por la constitución de una prenda de efectivo o de valores a favor del **Avalista**.

Contratos de Garantía

MCM 3455 s.

"NÚMERO" Garantías

El **Avalado** garantiza especialmente el cumplimiento de las obligaciones que dimanan del presente contrato con el afianzamiento que solidariamente con la misma y con la consiguiente renuncia a los beneficios legales de división, excusión y orden, constituyen en este acto, los **Fiadores**, con sujeción a las siguientes reglas:

CCom art.439 s

1º La fianza durará mientras lo haga la última de las obligaciones que se deriven del presente contrato, incluyendo cualquier prórroga que las partes puedan pactar, sin necesidad en este último caso de ratificación alguna por parte de los **Fiadores**, renunciando en este acto los **Fiadores** a las consecuencias previstas en el art.1851 del Código Civil.

2º Los **Fiadores** designan como domicilio a efectos de notificaciones el que aparece en el encabezamiento del presente contrato.

3º La fianza tendrá carácter solidario.

Nota:

Se puede pactar también que los avales sean a ***primera demanda*** *o a primer* ***requerimiento****, en cuyo caso en los contratos particulares se haría constar que es una garantía abstracta, por la que el AVALISTA no podrá oponer excepción causal alguna derivada del contrato de préstamo o del de garantía. En relación con el* ***alcance*** *de este tipo de garantías (*AP Cuenca 27-1-99, *EDJ 2161). Entre las nuevas modalidades de garantías personales nacidas para satisfacer las necesidades del tráfico mercantil, al resultar insuficiente o inadecuada la regulación legal de la fianza, se encuentra el aval a primera solicitud, o a primer requerimiento, también denominado por la doctrina como garantía independiente, contrato atípico, producto de la autonomía de la voluntad sancionada por el* CC *art.*1255 *(*TS 10-6-14*;* 1-10-07*;* TS 14-11-89*), en el cual el fiador viene obligado a realizar el pago al beneficiario cuando este se lo reclame, ya que la obligación de pago asumida por el garante se constituye como una obligación distinta, autónoma e independiente, de las que nacen del contrato cuyo cumplimiento se garantiza; es nota característica de esta forma de garantía personal, que la diferencia de la fianza regulada en el Código Civil, su no accesoriedad; nota a la que se alude en la sentencia del Tribunal Supremo de*11-7-1983*, al incidir las garantías denominadas de primera solicitud en el comercio internacional, entre las nuevas figuras que, tendiendo a superar la rigidez de la accesoriedad, es decir la absoluta dependencia de la obligación garantizada para la existencia y la misma supervivencia (*AP Madrid 9-4-01*).*

Los avales a primer requerimiento se caracterizan por las notas de ***independencia y autonomía*** *frente a las vicisitudes de la relación contractual subyacente, sin posibilidad de cuestionar las incidencias del contrato cuyo cumplimiento se garantiza. Por ello, la aplicación de lo previsto en el CC art.1851 con relación al contrato de fianza y, por extensión, a sus notas de accesoriedad y subsidiariedad de su ejercicio, queda sujeta a una interpretación restrictiva en los casos de estos avales así configurados (TS 21-11-16, EDJ 215394).*

El ***aval a primer requerimiento*** *debe considerarse, pese a sus diferencias, una fianza con determinadas especialidades. La característica del aval a primer requerimiento, según reiterada jurisprudencia del TS, es la de dar nacimiento a una obligación de garantía inmediata que pierde su carácter accesorio de la obligación principal -a diferencia de la fianza-, en el que obligación del garante es independiente de la obligación del garantizado y del contrato inicial" (TS 26-10-10, EDJ 241717, con cita de las anteriores sentencias TS 27-9-05, EDJ 149438 y 1-10-07, EDJ 184363), "de modo que el garante no puede oponer al beneficiario, que reclama el pago, otras excepciones que las que derivan de la garantía misma" (TS 4-12-09, EDJ 283142; 4-3-14, EDJ 30162).*

El TS señala respecto del aval a primer requerimiento: "La denominada ***garantía o aval a primera demanda o primer requerimiento*** *es un contrato autónomo de garantía que (...) cumple una función garantizadora tendente a conseguir la indemnidad del acreedor beneficiario frente al incumplimiento de su obligación contractual por el deudor ordenante. En esta modalidad contractual, el garante asume una obligación abstracta e independiente de pagar la obligación del sujeto garantizado, desde el mismo momento en que sea requerido por el acreedor y sin oponer excepciones de ningún tipo, ni siquiera la nulidad de la obligación garantizada (...). En las sentencias 81/2014, de 4 de marzo, 330/2016, de 19 de mayo, y 679/2016, de 21 de noviembre, hemos resaltado que una de las notas características que diferencian el aval a primer requerimiento de la fianza regulada en el Código Civil es su no accesoriedad, por lo que para la efectividad de la garantía no es preciso demostrar el incumplimiento de la obligación garantizada, sino que para hacer efectivo el cumplimiento de esta bastará con la reclamación (...)" (TS 7-3-24, EDJ 513649; AP Barcelona 9-2-24, EDJ 531619).*

"NÚMERO" **Nulidad parcial del contrato**

Si cualquiera de los pactos del contrato fuera declarado inválido, ya sea total o parcialmente, el resto del contrato mantendrá su vigencia y eficacia.

MCM 3455 s.

"NÚMERO" **Gastos e impuestos**

Todos cuantos gastos, tributos y honorarios se originen por el otorgamiento de la presente póliza y de los documentos acreditativos de los futuros avales serán de cuenta y cargo del **Avalado**.

"NÚMERO" **Notificaciones**

CCom art.439 s

 **Nota:**

*Si no se incluyera esta cláusula las notificaciones se realizarían en el **domicilio** que indica el compareciente en el encabezamiento de la póliza.*

Las partes convienen los siguientes domicilios para la práctica de las notificaciones necesarias para la ejecución del presente contrato:

El **avalista**: *"domicilio a efectos de notificación parte primera"*.

El **avalado**: *"domicilio a efectos de notificación parte segunda"*.

"NÚMERO" **Fuero**

 **Nota:**

En caso de que no exista sumisión expresa, al no concurrir pacto alguno entre las partes que pudiera orientar acerca del problema sobre la cuestión de competencia, procede acudir a la doctrina mantenida por la Sala, con arreglo a la cual, y por aplicación de lo dispuesto en el CC *art.*1171, *en relación con el* 1500 *de dicho testo Legal y el* CCom *art.*50, *el **lugar de cumplimiento** de las obligaciones es aquel en el que se haya hecho entrega de la mercancía (*TS 22-2-80*;* 19-1-81, *EDJ 1295;* 2-11-84*;* 15-4-85, *EDJ 7288;* 19-10-96, *EDJ 7077;* 5-9-97, *EDJ 6745;* 17-5-99, *EDJ 8840)*

Para la solución de cualquier cuestión litigiosa que pueda derivarse del presente contrato de compraventa las partes, con renuncia al fuero aplicable, se someten a la jurisdicción de los jueces y tribunales de *"especificar ciudad de los Tribunales"*.

"NÚMERO" **Naturaleza mercantil**

 **Nota:**

Del tenor del CCom *art.*439 *se desprende, que la naturaleza mercantil del afianzamiento viene determinada por el **carácter comercial** del acto que trata de garantizar, con independencia de que el fiador ostente o no la cualidad de comerciante.*

Los comparecientes, en la representación en que intervienen, manifiestan que el presente contrato tiene carácter de mercantil y se regirá en primer término por las estipulaciones contenidas en el mismo y en lo que en ellas no estuviere previsto por las disposiciones del Código de Comercio, leyes especiales, los usos y costumbres mercantiles y, en su defecto, por lo establecido en el Código Civil.

"NÚMERO" **Manifestación fiscal**

Las partes manifiestan que el presente contrato se encuentra sujeto al Impuesto sobre el Valor Añadido, pero exenta por tratarse de una operación financiera de las contempladas en el art.20.Uno.18º.f) de la Ley 37/1992, de 28 de diciembre.

"NÚMERO" **Intervención de Notario**

Este contrato se ha formalizado, según se expresa anteriormente, con intervención del notario a todos los efectos, incluso a los previstos en el art.93 del Código de Comercio, en los artículos 517 y 572 de la Ley de Enjuiciamiento Civil y demás legislación concordante.

MCM 3455 s.

CCom art.439 s

Las partes dan su conformidad a los términos y condiciones previstos en el presente contrato y en prueba de ello lo firman por cuadruplicado ejemplar y a un solo efecto, reconociendo cada una de ellas haber recibido copia del mismo, y yo, el notario interviniente, doy fe de la identidad y capacidad de las partes y de la legitimación de sus firmantes, así como de todo lo convenido en la presente póliza que firmo, rubrico y sello en el lugar y fecha indicados en el encabezamiento.

EL AVALISTA **EL AVALADO** **LOS FIADORES**

Con mi intervención

MCM 3600 s.

Contraaval

Nota preliminar:

- Las **contragarantías** son contratos que no garantizan la prestación del acreedor principal, sino la de un garante anterior.

- El modelo presupone unas circunstancias determinadas que serán las más **frecuentes**. Si en el caso concreto existen circunstancias particulares no previstas, deberá completarse o modificarse el modelo adaptándolo a las mismas.

CCom art.439 a 442; CC art.1822 a 1856

En *"lugar"*, a *"fecha"*.
Ante mí, *"Don/Doña nombre y apellidos del notario"* perteneciente al colegio notarial de *"colegio notarial"* y con residencia en *"lugar donde radica la notaría"*.

Nota:

*La intervención del **notario** es facultativa para las partes. Los notarios realizan las funciones que anteriormente realizaban los corredores de comercio, cuerpo desaparecido a partir del 1-10-2000 momento en el que se produce la fusión de los cuerpos de notarios y corredores de comercio colegiados (*L 55/1999 disp.adic.24ª*).*

COMPARECEN:

De una parte,
"Don/Doña nombre y apellidos de la parte", mayor de edad, *"estado civil de la parte" "... "especificar el régimen económico matrimonial de la parte" ... "*, de nacionalidad *"nacionalidad de la parte"*, con domicilio a estos efectos en *"domicilio de la parte"*, *"...con DNI/NIF número "DNI/NIF de la parte" ... O ... con tarjeta de residencia número "número de tarjeta de residencia de la parte" ... O ... pasaporte número "número de pasaporte de la parte", expedido el "fecha de expedición del pasaporte de la parte" ... O ... "reseñar otros documentos aportados por la parte" ... "*, vigente hasta el *"fecha de vigencia de la documentación aportada por la parte"*.

Y de otra parte,
"Don/Doña nombre y apellidos de la parte", mayor de edad, *"estado civil de la parte" "... "especificar el régimen económico matrimonial de la parte" ... "*, de nacionalidad *"nacionalidad de la parte"*, con domicilio a estos efectos en *"domicilio de la parte"*, *"...con DNI/NIF número "DNI/NIF de la parte" ... O ... con tarjeta de residencia número "número de tarjeta de residencia de la parte" ... O ... pasaporte número "número de pasaporte de la parte", expedido el "fecha de expedición del pasaporte de la parte" ... O ... "reseñar otros documentos aportados por la parte" ... "*, vigente hasta el *"fecha de vigencia de la documentación aportada por la parte"*.

INTERVIENEN:

Nota:

*La **capacidad** que se exige para celebrar este tipo de contratos para el fiador es la general para obligarse, así como contar con bienes suficientes para responder de la obligación u obligaciones garantizadas (*CC art.1828*), mientras que para el acreedor es la general para administrar bienes. Ello implica que, al margen de especificidades en los ordenamientos autonómicos, para que los representantes de los **menores** que ejerzan el comercio puedan afianzar operaciones en nombre de los anteriores, se precisa autorización judicial y, además, que los menores emancipados precisan del complemento de capacidad.*

MCM 3600 s.

CCom art.439 a 442; CC art.1822 a 1856

A. *"Don/Doña nombre y apellidos del representante"*, en nombre y representación de la sociedad mercantil denominada *"denominación social"*, domiciliada en *"domicilio social"*, y con NIF número *"NIF de la sociedad"*, constituida, por tiempo indefinido, mediante escritura otorgada ante el notario de *"lugar de la notaría en la que se autorizó la constitución de la sociedad"*, *"Don/Doña nombre y apellidos del notario que autorizó la constitución de la sociedad"*, el *"fecha de escritura de constitución de la sociedad"*, e inscrita en el Registro Mercantil de *"datos de la inscripción registral de la sociedad (localidad del Registro Mercantil, tomo, folio, sección, hoja e inscripción)"*, en su calidad de

≻≻

○ **Si representa como cargo social:**

"...administrador único ... O ... administrador solidario ... O ... consejero delegado ... O ... "especificar la representación del cargo social" ... " de la reseñada sociedad, cargo para el que fue nombrado y asegura vigente en escritura otorgada el *"fecha de escritura del nombramiento del cargo"*, ante el notario de *"lugar donde radica la notaría en la que se autorizó la escritura del nombramiento"*, *"Don/Doña nombre y apellidos del notario que autorizó la escritura del nombramiento"*, con el número *"número de protocolo del notario que autorizó la escritura del nombramiento"* de su protocolo, e inscrita en el Registro Mercantil de *"localidad del Registro Mercantil de la escritura de nombramiento"*, en el tomo y hoja arriba indicados.

○ **Si representa como apoderado:**

apoderado de la reseñada sociedad, según escritura de poder otorgada a su favor, en *"fecha de escritura del otorgamiento del poder"*, ante el notario de *"lugar donde radica la notaría en la que se autorizó la escritura de poder"*, *"Don/Doña nombre y apellidos del notario que autorizó la escritura de poder"*, con el número *"número de protocolo del notario que autorizó la escritura de poder"* de su protocolo *"...e inscrita en el Registro Mercantil de "localidad del Registro Mercantil de la escritura de poder" ... "*, en el tomo y hoja arriba indicados.

≺≺

En adelante, el **contraavalado**.

B. *"Don/Doña nombre y apellidos de la parte"*

≻≻

○ **Si interviene en su propio nombre:**

en su propio nombre y derecho.

○ **Si interviene como representante:**

en nombre y representación

○ Si representa a persona física:

de *"Don/Doña nombre y apellidos del representado"*, mayor de edad, *"estado civil del representado"*, con domicilio en *"domicilio del representado"* y provisto de D.N.I./N.I.F. número *"DNI/NIF del representado"*, según consta en escritura de poder, otorgada ante el notario de *"lugar donde radica la notaría en la que se autorizó la escritura de poder de representación (persona física)"*, *"Don/Doña nombre y apellidos del notario que autorizó la escritura de poder de representación (persona física)"*, el *"fecha de escritura de poder de representación (persona física)"*, con el número *"número de protocolo del notario que autorizó la escritura de poder de representación (persona física)"* de su orden de protocolo.

MCM 3600 s.

CCom art.439 a 442; CC art.1822 a 1856

❍ Si representa a persona jurídica:

de la sociedad mercantil denominada *"denominación social"*, domiciliada en *"domicilio social"*, y con NIF número *"NIF de la sociedad"*, constituida, por tiempo indefinido, mediante escritura otorgada ante el notario de *"lugar donde radica la notaría en la que se autorizó la escritura de poder de representación (persona jurídica)"*, *"Don/Doña nombre y apellidos del notario que autorizó la escritura de poder de representación (persona jurídica)"*, el *"fecha de escritura de poder de representación (persona jurídica)"*, e inscrita en el Registro Mercantil de *"datos de la inscripción registral (localidad del Registro Mercantil, tomo, folio, sección, hoja e inscripción)"*, en su calidad de

❍ Si representa como cargo social:

"...administrador único ... O ... administrador solidario ... O ... consejero delegado ... O ... "especificar la representación del cargo social" ... " de la reseñada sociedad, cargo para el que fue nombrado y asegura vigente en escritura otorgada el *"fecha de escritura del nombramiento del cargo"*, ante el notario de *"lugar donde radica la notaría en la que se autorizó la escritura del nombramiento"*, *"Don/Doña nombre y apellidos del notario que autorizó la escritura del nombramiento"*, con el número *"número de protocolo del notario que autorizó la escritura del nombramiento"* de su protocolo, e inscrita en el Registro Mercantil de *"localidad del Registro Mercantil de la escritura de nombramiento"*, en el tomo y hoja arriba indicados.

❍ Si representa como apoderado:

apoderado de la reseñada sociedad, según escritura de poder otorgada a su favor, en *"fecha de escritura del otorgamiento del poder"*, ante el notario de *"lugar donde radica la notaría en la que se autorizó la escritura de poder"*, *"Don/Doña nombre y apellidos del notario que autorizó la escritura de poder"*, con el número *"número de protocolo del notario que autorizó la escritura de poder"* de su protocolo *"...e inscrita en el Registro Mercantil de "localidad del Registro Mercantil de la escritura de poder" ... "*, en el tomo y hoja arriba indicados.

≺

≺

≺≺

En adelante, el **contraavalista**.

Reconociéndose recíprocamente la capacidad necesaria para celebrar el presente contrato de fianza.

OTORGAN:

***"NÚMERO"* Objeto**

El **Contraavalista** se obliga a garantizar al **Contraavalado** el cumplimiento de las obligaciones que para el Avalado y los Fiadores se derivan de la póliza de aval número *"número de póliza del aval"*, que con fecha *"fecha de otorgamiento del aval"*, el **Contraavalado**, entonces Avalista, otorgó a favor de *"Don/Doña nombre y apellidos del Avalado"*.

***"NÚMERO"* Alcance o límite**

Nota:

*Siendo la fianza o aval un contrato de **carácter gratuito** (*CCom *art.*441*), una vez determinada su existencia, cuando se dude sobre su alcance, prevalecerá la interpretación que implique la menor transmisión de derechos (*CC *art.*1826*), pues dicha interpretación en lo que a la fianza se refiere, ha de ser restrictiva, tal y como establece reiterada jurisprudencia (*AP Madrid 3-7-00*). Sobre la extensión y alcance del contrato de aval y los límites respecto de la relación garantizada, vid.* TSJ Navarra 17-3-99, *EDJ 3386.*

El importe garantizado será el importe íntegro que resulte de la póliza de aval número *"número de póliza del aval"*.

MCM 3600 s.

"NÚMERO" Duración de contrato

✍ **Nota:**

> *No existe ningún inconveniente en admitir el **aval limitado al tiempo**, o lo que es igual, que el avalista limite su responsabilidad hasta un determinado plazo a partir del vencimiento (*AP Madrid 18-4-00*).*

El presente contrato mantendrá su vigencia en tanto en cuanto no se cancele el aval garantizado en póliza número *"número de póliza del aval"*.

CCom art.439 a 442; CC art.1822 a 1856

"NÚMERO" Intereses

Las cantidades que haya de abonar el **Contraavalado** y resulten impagadas por el **Contraavalista** una vez que haya vencido la obligación de pago, devengarán a favor del primero un interés diario igual al *"tipo de interés diario"*%, y será objeto de liquidación el día que se produzca el cierre de la cuenta especial de impagados. El **Contraavalado** queda autorizado para cargar en una cuenta especial que se abrirá al efecto a nombre del **Contraavalista** quedando este último obligado desde este momento al reintegro de la misma.

"NÚMERO" Garantías

El presente contraaval se pacta con carácter solidario.

El contraaval durará mientras lo haga la última de las obligaciones que se deriven de la póliza de aval número *"número de póliza del aval"*, incluyendo cualquier prórroga que las partes puedan pactar, sin necesidad en este último caso de ratificación alguna por parte de los fiadores, renunciando en este acto los fiadores a las consecuencias previstas en el art.1851 del Código Civil.

"NÚMERO" Nulidad parcial del contrato

Si cualquiera de los pactos del contrato fuera declarado inválido, ya sea total o parcialmente, el resto del contrato mantendrá su vigencia y eficacia.

"NÚMERO" Gastos e impuestos

Todos cuantos gastos, tributos y honorarios se originen por el otorgamiento de la presente póliza y de los documentos acreditativos de los futuros avales serán de cuenta y cargo del **Contraavalado**.

"NÚMERO" Notificaciones

✍ **Nota:**

> *Si no se incluyera esta cláusula las notificaciones se realizarían en el **domicilio** que indica el compareciente en el encabezamiento de la póliza.*

Las partes convienen los siguientes domicilios para la práctica de las notificaciones necesarias para la ejecución del presente contrato:

El **contraavalado**: *"domicilio a efectos de notificación parte primera"*.

El **contraavalista**: *"domicilio a efectos de notificación parte segunda"*.

"NÚMERO" Fuero

✍ **Nota:**

> *En caso de que no exista sumisión expresa, al no concurrir pacto alguno entre las partes que pudiera orientar acerca del problema sobre la cuestión de competencia, procede acudir a la doctrina mantenida por la Sala, con arreglo a la cual, y por aplicación de lo dispuesto en el* CC *art.*1171*, en relación con el* 1500 *de dicho texto legal y el* CCom *art.*50*, el **lugar de cumplimiento** de las obligaciones es aquel en el que se haya hecho entrega de la mercancía (*TS 22-2-80*;* 19-1-81, *EDJ 1295;* 2-11-84*;* 15-4-85, *EDJ 7288;* 19-10-96, *EDJ 7077;* 5-9-97, *EDJ 6745;* 17-5-99, *EDJ 8840)*

Para la solución de cualquier cuestión litigiosa que pueda derivarse del presente contrato de compraventa las partes, con renuncia al fuero aplicable, se someten a la jurisdicción de los jueces y tribunales de *"especificar ciudad de los Tribunales"*.

615

MCM 3600 s.

***"NÚMERO"* Naturaleza mercantil**

✍ **Nota:**

Del tenor del CCom *art.*439 *se desprende, que la naturaleza mercantil del afianzamiento viene determinada por el **carácter comercial** del acto que trata de garantizar, con independencia de que el fiador ostente o no la cualidad de comerciante.*

Los comparecientes, en la representación en que intervienen, manifiestan que el presente contrato tiene carácter de mercantil y se regirá en primer término por las estipulaciones contenidas en el mismo y en lo que en ellas no estuviere previsto por las disposiciones del Código de Comercio, leyes especiales, los usos y costumbres mercantiles y, en su defecto, por lo establecido en el Código Civil.

CCom art.439 a 442; CC art.1822 a 1856

***"NÚMERO"* Manifestación fiscal**

Las partes manifiestan que el presente contrato se encuentra sujeto al Impuesto sobre el Valor Añadido, pero exenta por tratarse de una operación financiera de las contempladas en el art.20.Uno.18º.f) de la Ley 37/1992, de 28 de diciembre.

***"NÚMERO"* Intervención de Notario**

Este contrato se ha formalizado, según se expresa anteriormente, con intervención del notario a todos los efectos, incluso a los previstos en el art.93 del Código de Comercio, en los artículos 517 y 572 de la Ley de Enjuiciamiento Civil y demás legislación concordante.

El **Contraavalista** y el **Contraavalado** dan su conformidad a los términos y condiciones previstos en el presente contrato y en prueba de ello lo firman por cuadruplicado ejemplar y a un solo efecto, reconociendo cada una de ellas haber recibido copia del mismo, y yo, el notario interviniente, doy fe de la identidad y capacidad de las partes y de la legitimación de sus firmantes, así como de todo lo convenido en la presente póliza que firmo, rubrico y sello en el lugar y fecha indicados en el encabezamiento.

EL CONTRAAVALISTA	EL CONTRAAVALADO

Con mi intervención

Carta de patrocinio

MCM 3645 s.

Nota preliminar:

- Se trata de una carta o mensaje dirigido a un **acreedor** recomendándole la aceptación de riesgos derivados de una relación de la que es deudor una sociedad filial de la que remite la carta.

- Se trata de un **contrato atípico**, fruto de la libertad de pacto. Se denominan también "cartas de confort", "cartas de apoyo", "cartas de responsabilidad" o "cartas de garantía". Tienen como fin facilitar la celebración de contratos de crédito y que este fluya. Constituyen una nueva figura del tráfico bancario y que ya gozan de naturaleza en nuestra **jurisprudencia**, estudiadas primero en sentencia TS 16 -12-85 -colateralmente en TS 10-6-95- y luego en las más recientes TS 30-6-05 y TS 13-2-07 (TS 18-3-09, EDJ 32128).

- Doctrinalmente se distingue entre **"cartas fuertes" y "cartas débiles"**. Las primeras son un contrato atípico de garantía personal del tipo de contrato a favor de tercero o como promesa de crédito, donde hay una obligación como garantía personal de los patrocinadores, y del alcance solidario del compromiso obligacional asumido por los mismos (TS 27-6-16, EDJ 98900). Las segundas se emiten para declarar la confianza en la capacidad de gestión de los administradores de la sociedad que aspira al crédito, de su viabilidad económica. Son simples recomendaciones que no permiten a la entidad crediticia exigir el pago del crédito a la entidad patrocinadora.

En nombre de carta de patrocinio se designa una fórmula de crédito financiero que ha introducido nuestro derecho. Se distinguen entre cartas fuertes y débiles, siendo estas últimas meras recomendaciones que no permite a la entidad crediticia exigir el pago del crédito, eficacia que queda reducida a las calificadas como "fuertes". Los **requisitos para entender que nos encontramos ante una carta de patrocinio**: 1º) Que exista intención del emitente de obligarse a prestar apoyo financiero a la entidad patrocinada o a contraer deberes positivos de cooperación a fin de que esta pueda hacer efectivas sus prestaciones en relación con el tercero, acreedor, favorecido con la emisión de la carta, careciendo de aquella obligatoriedad las declaraciones meramente enunciativas. 2º) Que la vinculación obligacional resulte clara, sin que pueda fundarse en expresiones equívocas y ello de acuerdo con lo que resulta de la aplicación analógica del art.1287 del CC, al requerir que la declaración de constitución de la fianza debe ser expresa. 3º) Que quien suscribe la carta esté legitimado para vincular al patrocinador en un contrato de contenido similar al de fianza. 4º) Que las expresiones vertidas o contenidas en la carta sean determinantes para la conclusión de la operación que el patrocinado pretenda realizar. 5º) Que la relación de patrocinio tenga lugar en el ámbito o situación propia de la entidad emitente y de la patrocinada, haciendo referencia a la traslación de responsabilidad -civil- de la una a la otra (TS 30-6-05, EDJ 113510; AP Valencia 20-2-18, EDJ 80634).

- Esta directa **equiparación analógica** fue **superada** con la TS 30-6-05, EDJ 113510, que deja de lado la aplicación analógica del régimen jurídico de la fianza y califica la carta de patrocinio como mandato de crédito (AP León 29-6-22, EDJ 685046).

- El modelo presupone unas circunstancias determinadas que serán las más **frecuentes**. Si en el caso concreto existen circunstancias particulares no previstas, deberá completarse o modificarse el modelo adaptándolo a las mismas.

"identificar la entidad prestamista" (en adelante el Prestamista).

Dirección: *"domicilio de la entidad prestamista"*.

CP: *"especificar distrito postal"*.

En *"localidad"*, a *"fecha"*
Estimados Sres.:

Me dirijo a ustedes en mi condición de *"...administrador único ... O ... administrador solidario ... O ... apoderado ... O ... "especificar otro cargo" ... "* de la entidad *"datos de la entidad otorgante de la carta de patrocinio"*.

El objeto de la presente es el de manifestarles que, como ustedes bien saben, con fecha *"fecha de otorgamiento del préstamo"* se otorgó por *"especificar Prestamista"* un préstamo de *"importe del préstamo, en letra"* euros (*"importe del préstamo, en número"* €), a favor de *"Don/Doña nombre y apellidos del Prestatario"* (en adelante el **Prestatario**), que fue intervenido por el notario de *"lugar del notario que interviene"*, *"Don/Doña nombre y apellidos del notario que interviene"*, en póliza número *"número de póliza"*.

En la concesión del indicado préstamo, nos consta la consideración en la que tuvieron la participación que la sociedad de la que soy *"...administrador único ... O ... administrador solidario ... O ... apoderado ... O ... "especificar otro cargo" ... "* ostenta sobre el **Prestatario**.

Por dicha razón, les comunico que la nuestra sociedad se compromete a no modificar su participación en el **Prestamista**, así como a realizar las gestiones oportunas de cara al adecuado y oportuno cumplimiento de las obligaciones derivadas de la póliza de préstamo antes referida. No obstante, la presente carta no puede interpretarse como una concesión de garantía a favor del **Prestamista**.

Nota:

Esta última afirmación debe ponerse en consonancia con los posibles ***efectos*** *de las cartas de patrocinio, ya que estas pueden ser meramente informativas, como el caso de la propuesta, o pueden generar obligaciones (*TS 16-12-85*;* 13-2-07*, EDJ 10507).*

Con mi intervención, respecto de la firma de *"Don/Doña nombre y apellidos del Prestamista"*, cuya capacidad considero bastante para el otorgamiento de esta carta.

Nota:

La intervención del ***notario*** *es facultativa para las partes. Los notarios realizan las funciones que anteriormente realizaban los corredores de comercio, cuerpo desaparecido a partir del 1-10-2000 momento en el que se produce la fusión de los cuerpos de notarios y corredores de comercio colegiados (*L 55/1999 disp.adic.24ª*).*

Prenda de valores

MCM 3725 s.

CCom art.320 a 324; CC art.1863 a 1873

Nota preliminar:

- El Código de Comercio no dedica un capítulo específico a la regulación del derecho de prenda, limitándose a recoger preceptos alusivos al mismo de forma no sistematizada. Con carácter **subsidiario** se aplican los preceptos relativos a la prenda del Código civil y legislaciones civiles autonómicas.

- Son distintos los posibles **procedimientos para la ejecución de un derecho de prenda**. Entre esos procedimientos deben reseñarse los siguientes (TS 27-6-23, EDJ 616689):

(i) la LEC art.681 s. prevé las especialidades del procedimiento de ejecución judicial para exigir el pago de deudas garantizadas por prenda e hipoteca;

(ii) el CC art.1872 regula la facultad del acreedor de promover la enajenación forzosa de la prenda mediante subasta pública notarial (actualmente completado por los art.2 s. LN, tras la reforma de la L 15/2015), y para la prenda de valores cotizables se remite al Código de comercio;

(iii) el CCom art.320 s. regula los préstamos con garantía de valores admitidos a negociación en un mercado secundario oficial, y en concreto el art.322 prevé la forma en que el acreedor podrá, en su caso, promover la enajenación de los valores dados en garantía mediante un procedimiento especial y sumario, a través de un miembro del correspondiente mercado secundario oficial (TS 8-9-21, EDJ 686146); y

(iv) el RDL 5/2005 art.11, regula la ejecución de las garantías financieras pignoraticias -mediante "venta" o "apropiación"-.

En el caso de la **prenda de valores anotados en cuenta**, se requiere la inscripción en el registro de anotaciones como medida sustitutiva de la desposesión del deudor (LCon/03art.90.1.5, LMV/15 art.12 y 14 RD 878/2015) (TS 22-6-23, EDJ 610796).

- El modelo presupone unas circunstancias determinadas que serán las más **frecuentes**. Si en el caso concreto existen circunstancias particulares no previstas, deberá completarse o modificarse el modelo adaptándolo a las mismas.

En *"lugar"*, a *"fecha"*.
Ante mí, *"Don/Doña nombre y apellidos del notario"* perteneciente al colegio notarial de *"colegio notarial"* y con residencia en *"lugar donde radica la notaría"*.

 **Nota:**

La intervención del ***notario*** *es facultativa para las partes. Los notarios realizan las funciones que anteriormente realizaban los corredores de comercio, cuerpo desaparecido a partir del 1-10-2000 momento en el que se produce la fusión de los cuerpos de notarios y corredores de comercio colegiados en virtud de lo dispuesto en la (*L 55/1999 disp.adic.24ª*). No obstante, la formalización en documento público, ya sea escritura pública o póliza notarial, es exigida por la normativa civil para que el derecho de prenda perjudique a terceros (*CC *art.*1865*).*

COMPARECEN:

De una parte,
"Don/Doña nombre y apellidos de la parte", mayor de edad, *"estado civil de la parte" "... "especificar el régimen económico matrimonial de la parte" ..."*, de nacionalidad *"nacionalidad de la parte"*, con domicilio a estos efectos en *"domicilio de la parte"*, *"...con DNI/NIF número "DNI/NIF de la parte" ... O ... con tarjeta de residencia número "número de tarjeta de residencia de la parte" ... O ... pasaporte número "número de pasaporte de la parte", expedido el "fecha de expedición del pasaporte de la parte" ... O ... "reseñar otros documentos aportados por la parte" ..."*, vigente hasta el *"fecha de vigencia de la documentación aportada por la parte"*.

MCM 3725 s.

Y de otra parte,

"Don/Doña nombre y apellidos de la parte", mayor de edad, *"estado civil de la parte" "... "especificar el régimen económico matrimonial de la parte" ... "*, de nacionalidad *"nacionalidad de la parte"*, con domicilio a estos efectos en *"domicilio de la parte"*, *"...con DNI/NIF número "DNI/NIF de la parte" ... O ... con tarjeta de residencia número "número de tarjeta de residencia de la parte" ... O ... pasaporte número "número de pasaporte de la parte", expedido el "fecha de expedición del pasaporte de la parte" ... O ... "reseñar otros documentos aportados por la parte" ... "*, vigente hasta el *"fecha de vigencia de la documentación aportada por la parte"*.

CCom art.320 a 324; CC art.1863 a 1873

INTERVIENEN:

A. *"Don/Doña nombre y apellidos del representante"*, en nombre y representación de la sociedad mercantil denominada *"denominación social"*, domiciliada en *"domicilio social"*, y con NIF número *"NIF de la sociedad"*, constituida, por tiempo indefinido, mediante escritura otorgada ante el notario de *"lugar de la notaría en la que se autorizó la constitución de la sociedad"*, *"Don/Doña nombre y apellidos del notario que autorizó la constitución de la sociedad"*, el *"fecha de escritura de constitución de la sociedad"*, e inscrita en el Registro Mercantil de *"datos de la inscripción registral de la sociedad (localidad del Registro Mercantil, tomo, folio, sección, hoja e inscripción)"*, en su calidad de

➤➤

○ **Si representa como cargo social:**

"...administrador único ... O ... administrador solidario ... O ... consejero delegado ... O ... "especificar la representación del cargo social" ... " de la reseñada sociedad, cargo para el que fue nombrado y asegura vigente en escritura otorgada el *"fecha de escritura del nombramiento del cargo"*, ante el notario de *"lugar donde radica la notaría en la que se autorizó la escritura del nombramiento"*, *"Don/Doña nombre y apellidos del notario que autorizó la escritura del nombramiento"*, con el número *"número de protocolo del notario que autorizó la escritura del nombramiento"* de su protocolo, e inscrita en el Registro Mercantil de *"localidad del Registro Mercantil de la escritura de nombramiento"*, en el tomo y hoja arriba indicados.

○ **Si representa como apoderado:**

apoderado de la reseñada sociedad, según escritura de poder otorgada a su favor, en *"fecha de escritura del otorgamiento del poder"*, ante el notario de *"lugar donde radica la notaría en la que se autorizó la escritura de poder"*, *"Don/Doña nombre y apellidos del notario que autorizó la escritura de poder"*, con el número *"número de protocolo del notario que autorizó la escritura de poder"* de su protocolo *"...e inscrita en el Registro Mercantil de "localidad del Registro Mercantil de la escritura de poder" ... "*, en el tomo y hoja arriba indicados.

≺≺

En adelante, el **acreedor pignoraticio**.

B. *"Don/Doña nombre y apellidos de la parte"*

➤➤

○ **Si interviene en su propio nombre:**

en su propio nombre y derecho.

○ **Si interviene como representante:**

en nombre y representación

MCM 3725 s.

CCom art.320 a 324; CC art.1863 a 1873

➢

❍ Si representa a persona física:

de *"Don/Doña nombre y apellidos del representado"*, mayor de edad, *"estado civil del representado"*, con domicilio en *"domicilio del representado"* y provisto de D.N.I./N.I.F. número *"DNI/NIF del representado"*, según consta en escritura de poder, otorgada ante el notario de *"lugar donde radica la notaría en la que se autorizó la escritura de poder de representación (persona física)"*, *"Don/Doña nombre y apellidos del notario que autorizó la escritura de poder de representación (persona física)"*, el *"fecha de escritura de poder de representación (persona física)"*, con el número *"número de protocolo del notario que autorizó la escritura de poder de representación (persona física)"* de su orden de protocolo.

❍ Si representa a persona jurídica:

de la sociedad mercantil denominada *"denominación social"*, domiciliada en *"domicilio social"*, y con NIF número *"NIF de la sociedad"*, constituida, por tiempo indefinido, mediante escritura otorgada ante el notario de *"lugar donde radica la notaría en la que se autorizó la escritura de poder de representación (persona jurídica)"*, *"Don/Doña nombre y apellidos del notario que autorizó la escritura de poder de representación (persona jurídica)"*, el *"fecha de escritura de poder de representación (persona jurídica)"*, e inscrita en el Registro Mercantil de *"datos de la inscripción registral (localidad del Registro Mercantil, tomo, folio, sección, hoja e inscripción)"*, en su calidad de

➢

❍ Si representa como cargo social:

"...administrador único ... O ... administrador solidario ... O ... consejero delegado ... O ... "especificar la representación del cargo social" ... " de la reseñada sociedad, cargo para el que fue nombrado y asegura vigente en escritura otorgada el *"fecha de escritura del nombramiento del cargo"*, ante el notario de *"lugar donde radica la notaría en la que se autorizó la escritura del nombramiento"*, *"Don/Doña nombre y apellidos del notario que autorizó la escritura del nombramiento"*, con el número *"número de protocolo del notario que autorizó la escritura del nombramiento"* de su protocolo, e inscrita en el Registro Mercantil de *"localidad del Registro Mercantil de la escritura de nombramiento"*, en el tomo y hoja arriba indicados.

❍ Si representa como apoderado:

apoderado de la reseñada sociedad, según escritura de poder otorgada a su favor, en *"fecha de escritura del otorgamiento del poder"*, ante el notario de *"lugar donde radica la notaría en la que se autorizó la escritura de poder"*, *"Don/Doña nombre y apellidos del notario que autorizó la escritura de poder"*, con el número *"número de protocolo del notario que autorizó la escritura de poder"* de su protocolo *"...e inscrita en el Registro Mercantil de "localidad del Registro Mercantil de la escritura de poder" ... "*, en el tomo y hoja arriba indicados.

≺

≺

≺≺

En adelante, el **deudor pignorante**.

Reconociéndose recíprocamente la capacidad necesaria para celebrar el presente contrato de prenda de valores

 **Nota:**

*- El contrato de prenda exige, por un lado, el libre poder de **disposición** de la cosa por el deudor pignoraticio, y, por otro, la **transmisión** de la posesión de la cosa a la persona acreedora o a un tercero por cualquier medio admitido por la Ley.*

*- Según lo que dispone la Ley de Hipoteca Mobiliaria y Prenda sin Desplazamiento de la Posesión (*LHMPSD *art.*54 *último párr), los **derechos de crédito**, incluso los créditos futuros, podrán igualmente sujetarse a prenda sin desplazamiento siempre que no estén representados por valores y no tengan la consideración de instrumentos financieros a los efectos de lo previsto en el* RDL 5/2005, *de reformas urgentes para el impulso a la productividad y para la mejora de la contratación pública. Para su eficaz constitución deberán inscribirse en el Registro de Bienes Muebles.*

MCM 3725 s.

EXPONEN:

I. Que el **Acreedor pignoraticio** tiene concedido al **Deudor pignorante** un préstamo de *"importe del préstamo, en letra"* euros (*"importe del préstamo, en número"* €), concertado en la póliza número *"número de póliza"*, intervenida por el notario de *"lugar del notario que interviene"*, *"Don/Doña nombre y apellidos del notario que interviene"*, el *"fecha de intervención del notario"*.

Nota:

La prenda puede garantizar ***varias obligaciones*** *ya contraídas o por contraer de forma simultánea o sucesiva entre el mismo deudor o deudora y el mismo acreedor o acreedora, durante un período de tiempo y por una cuantía máxima convenidos.*

CCom art.320 a 324; CC art.1863 a 1873

II. Que el **Deudor pignorante** es titular de *"número de acciones"* de acciones *"...al portador ... O ... nominativas ... O ... anotadas en cuenta ..."* de la compañía mercantil *"Sociedad Anónima, S.A."*, numeradas de la *"número de la primera acción"* a la *"número de la última acción"*, ambas inclusive, por un valor nominal de *"valor nominal de las acciones, en letra"* euros (*"valor nominal de las acciones, en número"* €), cada una de ellas.

Nota:

Tratándose de la prenda de ***acciones*** *se estará a lo dispuesto en el art.132 s. del* RDLeg 1/2010, *por el que se aprueba el texto refundido de la Ley de Sociedades de Capital, además de los artículos correspondientes del Código de Comercio y supletoriamente los del Código civil y legislaciones autonómicas.*

Título. Las mencionadas acciones las adquirió

>>

○ Por suscripción en el acto de constitución de la sociedad:

por suscripción en el acto de constitución de la sociedad, que tuvo lugar en virtud de escritura pública autorizada por el notario de *"lugar del notario que autorizó la escritura pública"*, *"Don/Doña nombre y apellidos del notario que autorizó la escritura pública"*, el *"fecha de autorización de la escritura pública"*, con el número *"número de protocolo del notario que autorizó la escritura pública"* de su protocolo.

○ Por suscripción en la escritura de aumento de capital:

por suscripción en la escritura de aumento de capital autorizada el *"fecha de autorización de la suscripción"* por el notario, *"Don/Doña nombre y apellidos del notario que autorizó la suscripción"* de *"lugar del notario que autorizó la suscripción"*, número *"número de protocolo del notario que autorizó la suscripción"* de su protocolo, la cual está debidamente inscrita en el Registro Mercantil.

○ Por adquisición en escritura autorizada:

por adquisición formalizada en escritura autorizada el *"fecha de autorización de la adquisición"* por el notario, *"Don/Doña nombre y apellidos del notario que autorizó la adquisición"* de *"lugar del notario que autorizó la adquisición"*, número *"número de protocolo del notario que autorizó la adquisición"* de su protocolo.

○ Por otro título:

"especificar otros títulos".

<<

Justifica su adquisición mediante

>>

○ En caso de acciones al portador:

la exhibición los títulos representativos de las citadas acciones, fotocopia de los cuales, concordantes con sus originales, incorporo a la presente.

MCM 3725 s.

○ **En caso de acciones anotadas en cuenta:**

certificación expedida por la entidad encargada del registro contable a los fines de la presente transmisión, la cual está vigente y cuya copia incorporo a la presente.

○ **En caso de acciones nominativas:**

la exhibición los títulos representativos de las citadas acciones, fotocopia de los cuales, concordantes con sus originales, incorporo a la presente, sin que en los mismos conste nota alguna de transmisión posterior.

CCom art.320 a 324; CC art.1863 a 1873

≺≺

Cargas. Las reseñadas acciones se encuentran totalmente desembolsadas, según me manifiesta el **Deudor pignorante**, y libres de todo tipo de carga y gravamen y/o responsabilidad.

Nota:

*En el caso de prenda de **valores negociables**, debe identificarse perfectamente el objeto de la garantía (*CCom *art.*321*).*

III. Que ambas partes han convenido en el presente contrato de prenda de valores con el objeto de garantizar las obligaciones que para el **Deudor pignorante** puedan derivarse de la póliza de préstamo número *"número de póliza"*, que se regirá por las siguientes

ESTIPULACIONES:

"Número" Objeto

Nota:

*Según la normativa legal sobre sociedades de capital (LSC), son admisibles las restricciones al derecho de propiedad de las acciones, particularmente, pudiéndose establecer **limitaciones** a la libre circulación de las acciones, y a la constitución, sobre las mismas, del derecho real de prenda. La constitución de este tipo de derecho no implica, por lo general, según establece el art.*132 *LSC, la pérdida de los derechos del accionista, salvo disposición contraria de los Estatutos. Sigue correspondiendo al socio el ejercicio de los derechos pertinentes. Ver* TS 22-11-01, *EDJ 43850.*

El **Deudor pignorante** constituye a favor del **Acreedor pignoraticio** un derecho real de prenda sobre las acciones descritas en el expositivo I de la presente póliza, en garantía del cumplimiento de todas y cada una de las obligaciones que para el mismo se deriven de la póliza de préstamo número *"número de póliza"*.

"Número" Alcance o límite

Nota:

*Los créditos garantizados con prenda gozan de **preferencia** sobre la cosa empeñada que se halle en poder del deudor hasta donde alcance el valor de la misma, excluyendo a todos los demás (*CC *art.*1922.*2º y* 1926*;* TS 13-11-01*).*

La presente prenda se extenderá a los valores que en un futuro puedan resultar del canje, conversión, liquidación o amortización de los pignorados en este acto.

"Número" Desplazamiento posesorio

Nota:

*El derecho de prenda es un derecho real, en el sentido en que requiere la efectiva **entrega** del derecho o crédito dado en prenda para que se produzca su nacimiento (*CC *art.*1863*).*

Manifiesta el **Deudor pignorante** que los títulos representativos de las acciones pignoradas se encuentran depositados en la entidad *"Sociedad Anónima, S.A."*, y que por el otorgamiento de la presente pone las acciones en posesión del **Acreedor pignoraticio**, que acepta la entrega, a cuyo favor se entiende efectuado el depósito. En consecuencia, el **Deudor pignorante** apodera al **Acreedor pignoraticio** a fin de que por sí pueda obtener el cambio de titularidad del depósito a su favor en la condición de **Acreedor pignoraticio**.

625

 **Nota:**

*En el caso de que la prenda se constituya sobre **valores negociables**, el desplazamiento de la posesión se sustituye por la anotación contable de la prenda en el registro informático bursátil, conforme dispone la Ley del Mercado de Valores (RDLeg 4/2015 art.10).* MCM 3725 s.

"Número" Prohibición de disponer

 **Nota:**

*Es posible también pactar una cláusula que autorice la **sustitución** a instancias del deudor pignorante de los **bienes dados en prenda**, en el caso de que sean bienes fungibles, o de la sustitución de la prenda por otra garantía real o personal suficiente para cubrir el crédito. En el caso de valores cotizables, la sustitución de unos valores por otros se hace por el precio de las respectivas cotizaciones en el mercado oficial el día de la sustitución.* CCom art.320 a 324; CC art.1863 a 1873

El **Deudor pignorante** no podrá disponer de las acciones pignoradas en tanto en cuanto se encuentre pendiente el cumplimiento de cualquiera de las obligaciones que se derivan de la póliza de préstamo número *"número de póliza"*.

"Número" Ejecución de la prenda

 **Nota:**

*- En relación con la **ejecución** de la prenda, ver* TS 21-11-00, *EDJ 39467. En este sentido, señala la indicada sentencia que: "establecido en el art.*1872 *del* Código Civil *la subasta pública, "precisamente" dice el texto legal lo que excluye cualquier otro medio, para llevar a cabo la enajenación de los bienes dados en prenda ante el impago por el deudor de la obligación asegurada con ella, ni este texto legal ni ningún otro establece, aparte de la obligada citación del deudor y del dueño de la prenda en su caso, los requisitos a que ha de ajustarse la subasta pública a celebrar ante el Notario, por lo que es indudable que nos encontramos ante un vacío legal para llenar el cual habrá de acudirse a aquellas normas que regulan la celebración de subastas públicas en procesos ejecutivos, judiciales o extrajudiciales, que permitan establecer unos criterios objetivos aplicables al caso no regulado del art.1872 del Código Civil".*

*Por otra parte, no hay que olvidar que el legislador ha previsto la **ejecución extrajudicial de la hipoteca** y otros derechos de garantía en diversas disposiciones entre las que citamos los art.322 y 323 del Código de Comercio, sobre la prenda sobre valores cotizables; el art.569-8 del Código Civil Catalán; art.261 s. de la L 36/2011, reguladora de la jurisdicción social; art.38 y 39 del RDLeg 6/2004, por el que se aprueba el texto refundido de la Ley de Ordenación y Supervisión de los Seguros Privados; el art.16 de la L 28/1998, de Venta a Plazos de Bienes Muebles (que, después de su reforma por la L 1/2000, de Enjuiciamiento Civil, se remite en el apartado 1 al proceso de ejecución previsto en esta última Ley, si bien en el apartado 2, letra "c" se prevé la enajenación en pública subasta, con intervención de Notario, siguiéndose en lo que sea posible las reglas del art.1872 del Código Civil); el art.31.1, párrafo segundo, de L 4/2012, sobre aprovechamiento por turno de bienes inmuebles de uso turístico.*

Una vez se haya producido el incumplimiento, ya sea este total o parcial, de las obligaciones derivadas de la póliza de préstamo número *"número de la póliza del préstamo"*, las partes acuerdan que el **Acreedor pignoraticio** podrá proceder a la venta de las acciones pignoradas. El **Acreedor pignoraticio** podrá entonces reintegrarse con el producto de la venta, quedando el resto a disposición del **Deudor pignorante**, en el caso de que no resten obligaciones pendientes de cumplimiento derivadas de la mencionada póliza, ya que en este último caso las cantidades restantes quedarán siendo objeto de derecho real de prenda hasta la extinción de las obligaciones.

"Número" Liberación de la prenda

El **Deudor pignorante** podrá en cualquier tiempo liberar la prenda constituida, previa autorización del **Acreedor pignoraticio**.

"Número" Nulidad parcial del contrato

Si cualquiera de los pactos del contrato fuera declarado inválido, ya sea total o parcialmente, el resto del contrato mantendrá su vigencia y eficacia.

MCM 3725 s.

"Número" Gastos e impuestos

Todos cuantos gastos, tributos y honorarios se originen por el otorgamiento de la presente póliza, así como los que en un futuro puedan derivarse de cualquier reclamación posterior en ejecución del mismo, serán de cuenta y cargo del **Deudor pignorante**.

"Número" Notificaciones

Nota:

Si no se incluyera esta cláusula las notificaciones se realizarían en el ***domicilio*** *que indica el compareciente en el encabezamiento de la póliza.*

CCom art.320 a 324; CC art.1863 a 1873

Las partes convienen los siguientes domicilios para la práctica de las notificaciones necesarias para la ejecución del presente contrato:

El **acreedor pignoraticio**: *"domicilio a efectos de notificación parte primera"*.

El **deudor pignorante**: *"domicilio a efectos de notificación parte segunda"*.

"Número" Fuero

Nota:

En caso de que no exista sumisión expresa, al no concurrir pacto alguno entre las partes que pudiera orientar acerca del problema sobre la cuestión de competencia, procede acudir a la doctrina mantenida por la Sala, con arreglo a la cual, y por aplicación de lo dispuesto en el CC *art.*1171, *en relación con el* 1500 *de dicho testo Legal y el* CCom *art.*50, *el* ***lugar de cumplimiento*** *de las obligaciones es aquel en el que se haya hecho entrega de la mercancía (*TS 22-2-80*;* 19-1-81, *EDJ 1295;* 2-11-84*;* 15-4-85, *EDJ 7288;* 19-10-96, *EDJ 7077;* 5-9-97, *EDJ 6745;* 17-5-99, *EDJ 8840)*

Para la solución de cualquier cuestión litigiosa que pueda derivarse del presente contrato de compraventa las partes, con renuncia al fuero aplicable, se someten a la jurisdicción de los jueces y tribunales de *"especificar ciudad de los Tribunales"*.

"Número" Naturaleza mercantil del contrato

Nota:

Son mercantiles las prendas que garanticen obligaciones derivadas de ***contratos mercantiles*** *(*CCom *art.*439*), o de actos de comercio no contractuales y por último la prenda recayente sobre bienes o derechos de naturaleza mercantil.*

Los comparecientes, en la representación en que intervienen, manifiestan que el presente contrato tiene carácter de mercantil y se regirá en primer término por las estipulaciones contenidas en el mismo y en lo que en ellas no estuviere previsto por las disposiciones del Código de Comercio, leyes especiales, los usos y costumbres mercantiles y, en su defecto, por lo establecido en el Código Civil.

"Número" Intervención de Notario

Este contrato se ha formalizado, según se expresa anteriormente, con intervención del notario a todos los efectos, incluso a los previstos en el art.93 del Código de Comercio, en los artículos 517 y 572 de la Ley de Enjuiciamiento Civil y demás legislación concordante.

Acreedor pignoraticio y **deudor pignorante** dan su conformidad a los términos y condiciones previstos en el presente contrato y en prueba de ello lo firman por cuadruplicado ejemplar y a un solo efecto, reconociendo cada una de ellas haber recibido copia del mismo, y yo, el notario interviniente, doy fe de la identidad y capacidad de las partes y de la legitimación de sus firmantes, así como de todo lo convenido en la presente póliza que firmo, rubrico y sello en el lugar y fecha indicados en el encabezamiento.

EL ACREEDOR PIGNORATICIO **EL DEUDOR PIGNORANTE**

Con mi intervención

Prenda de créditos documentados en imposiciones a plazo fijo

MCM 3725 s., 3900 s.

Nota preliminar:

- El Código de Comercio no dedica un capítulo específico a la regulación del derecho de prenda, limitándose a recoger preceptos alusivos al mismo de forma no sistematizada. Con carácter **subsidiario** se aplican los preceptos relativos a la prenda del Código civil y legislaciones civiles autonómicas. CC art.1864

- No es posible proceder a la **pignoración del dinero** cuya propiedad se entrega a los bancos a través de operaciones de depósito irregular, pues las cantidades objeto de las mismas se confunden en el patrimonio de dichas entidades, las cuales quedan únicamente obligadas a restituir el *tantundem.* Sin embargo, las imposiciones bancarias a plazo originan un crédito a favor del imponente que posee un valor patrimonial apto para ser objeto de un derecho de prenda, pues este no puede circunscribirse a las cosas materiales, a través de una interpretación rigurosamente literal del CC art.1864, que estaría en contradicción con el CC art.1868 que admite la prenda que produce intereses. Cabe, pues, que el depositante pignore su derecho de crédito a la restitución en garantía de una obligación que mantiene o que contrae con la entidad bancaria (TS 25-6-01, EDJ 12641).

- La constitución de una garantía sobre unos bienes del deudor, luego **declarado en concurso**, es un acto de disposición que conlleva una sacrificio patrimonial para la masa activa porque «implica una disminución, siquiera sea cualitativa, del valor del bien sobre el que recaen, al sujetarlo a una posible realización a favor del acreedor garantizado, lo que merma su valor en la medida en que se afecta directamente el bien al cumplimiento de una obligación por parte del tercero, preparando por tanto su salida del patrimonio del garante si acontece el impago por el deudor principal de la obligación garantizada. Tal disminución del valor del bien sobre el que recae la garantía real se manifiesta sobre todo a la hora de enajenar o gravar nuevamente el bien para obtener crédito» (TS 8-6-16, EDJ 81974).

Sobre lo que debemos entender como **créditos de derecho público** nuestro Tribunal Supremo (TS 16-7-13, EDJ 140044), interpretó que se refería a los tributos y demás derechos de contenido económico cuya titularidad corresponde a la Administración General del Estado o sus organismos autónomos que deriven del ejercicio de potestades administrativas (Ley General Presupuestaria art.5.2); pero también lo hizo extensible, cuando proceda, a los créditos titularidad de la Administración autonómica y local siempre y cuando deriven de sus potestades o funciones administrativas. Interpretación y exigencias que se reiteraron en TS 23-5-18, EDJ 80884 (AP Valencia 27-3-24, EDJ 524317).

- La existencia de un **crédito del asegurado contra un tercero**, dirigido precisamente a la obtención del resarcimiento del daño, que ha dado lugar a la indemnización que ha recibido de la compañía aseguradora, de modo que cuando no existe deuda resarcitoria por parte de un tercero no opera la subrogación (TS 12-6-13, EDJ 120788; 1-10-08, EDJ 178451) (AP Salamanca 7-2-24, EDJ 535984).

- El modelo presupone unas circunstancias determinadas que serán las más **frecuentes**. Si en el caso concreto existen circunstancias particulares no previstas, deberá completarse o modificarse el modelo adaptándolo a las mismas.

En *"lugar"*, a *"fecha"*.
Ante mí, *"Don/Doña nombre y apellidos del notario"* perteneciente al colegio notarial de *"colegio notarial"* y con residencia en *"lugar donde radica la notaría"*.

 **Nota:**

La intervención del ***notario*** *es facultativa para las partes. Los notarios realizan las funciones que anteriormente realizaban los corredores de comercio, cuerpo desaparecido a partir del 1-10-2000 momento en el que se produce la fusión de los cuerpos de notarios y corredores de comercio colegiados en virtud de lo dispuesto en la (*L 55/1999 disp.adic.24ª*). No obstante, la formalización en documento público, ya sea escritura pública o póliza notarial, es exigida por la normativa civil para que el derecho de prenda perjudique a terceros (*CC art.1865*).*

COMPARECEN:

MCM 3725 s., 3900 s.

De una parte,

CC art.1864

"Don/Doña nombre y apellidos de la parte", mayor de edad, *"estado civil de la parte" "... "especificar el régimen económico matrimonial de la parte" ... "*, de nacionalidad *"nacionalidad de la parte"*, con domicilio a estos efectos en *"domicilio de la parte"*, *"...con DNI/NIF número "DNI/NIF de la parte"... O ... con tarjeta de residencia número "número de tarjeta de residencia de la parte" ... O ... pasaporte número "número de pasaporte de la parte", expedido el "fecha de expedición del pasaporte de la parte" ... O ... "reseñar otros documentos aportados por la parte" ... "*, vigente hasta el *"fecha de vigencia de la documentación aportada por la parte"*.

Y de otra parte,

"Don/Doña nombre y apellidos de la parte", mayor de edad, *"estado civil de la parte" "... "especificar el régimen económico matrimonial de la parte" ... "*, de nacionalidad *"nacionalidad de la parte"*, con domicilio a estos efectos en *"domicilio de la parte"*, *"...con DNI/NIF número "DNI/NIF de la parte"... O ... con tarjeta de residencia número "número de tarjeta de residencia de la parte" ... O ... pasaporte número "número de pasaporte de la parte", expedido el "fecha de expedición del pasaporte de la parte" ... O ... "reseñar otros documentos aportados por la parte" ... "*, vigente hasta el *"fecha de vigencia de la documentación aportada por la parte"*.

INTERVIENEN:

A. *"Don/Doña nombre y apellidos del representante"*, en nombre y representación de la sociedad mercantil denominada *"denominación social"*, domiciliada en *"domicilio social"*, y con NIF número *"NIF de la sociedad"*, constituida, por tiempo indefinido, mediante escritura otorgada ante el notario de *"lugar de la notaría en la que se autorizó la constitución de la sociedad"*, *"Don/Doña nombre y apellidos del notario que autorizó la constitución de la sociedad"*, el *"fecha de escritura de constitución de la sociedad"*, e inscrita en el Registro Mercantil de *"datos de la inscripción registral de la sociedad (localidad del Registro Mercantil, tomo, folio, sección, hoja e inscripción)"*, en su calidad de

➤➤

○ **Si representa como cargo social:**

"...administrador único ... O ... administrador solidario ... O ... consejero delegado ... O ... "especificar la representación del cargo social" ... " de la reseñada sociedad, cargo para el que fue nombrado y asegura vigente en escritura otorgada el *"fecha de escritura del nombramiento del cargo"*, ante el notario de *"lugar donde radica la notaría en la que se autorizó la escritura del nombramiento"*, *"Don/Doña nombre y apellidos del notario que autorizó la escritura del nombramiento"*, con el número *"número de protocolo del notario que autorizó la escritura del nombramiento"* de su protocolo, e inscrita en el Registro Mercantil de *"localidad del Registro Mercantil de la escritura de nombramiento"*, en el tomo y hoja arriba indicados.

○ **Si representa como apoderado:**

apoderado de la reseñada sociedad, según escritura de poder otorgada a su favor, en *"fecha de escritura del otorgamiento del poder"*, ante el notario de *"lugar donde radica la notaría en la que se autorizó la escritura de poder"*, *"Don/Doña nombre y apellidos del notario que autorizó la escritura de poder"*, con el número *"número de protocolo del notario que autorizó la escritura de poder"* de su protocolo *"...e inscrita en el Registro Mercantil de "localidad del Registro Mercantil de la escritura de poder" ... "*, en el tomo y hoja arriba indicados.

≺≺

En adelante, el **acreedor pignoraticio**.

MCM 3725 s., 3900 s.

B. *"Don/Doña nombre y apellidos de la parte"*

≻≻

❍ **Si interviene en su propio nombre:**

en su propio nombre y derecho.

❍ **Si interviene como representante:**

en nombre y representación

CC art.1864

≻

❍ Si representa a persona física:

de *"Don/Doña nombre y apellidos del representado"*, mayor de edad, *"estado civil del representado"*, con domicilio en *"domicilio del representado"* y provisto de D.N.I./N.I.F. número *"DNI/NIF del representado"*, según consta en escritura de poder, otorgada ante el notario de *"lugar donde radica la notaría en la que se autorizó la escritura de poder de representación (persona física)"*, *"Don/Doña nombre y apellidos del notario que autorizó la escritura de poder de representación (persona física)"*, el *"fecha de escritura de poder de representación (persona física)"*, con el número *"número de protocolo del notario que autorizó la escritura de poder de representación (persona física)"* de su orden de protocolo.

❍ Si representa a persona jurídica:

de la sociedad mercantil denominada *"denominación social"*, domiciliada en *"domicilio social"*, y con NIF número *"NIF de la sociedad"*, constituida, por tiempo indefinido, mediante escritura otorgada ante el notario de *"lugar donde radica la notaría en la que se autorizó la escritura de poder de representación (persona jurídica)"*, *"Don/Doña nombre y apellidos del notario que autorizó la escritura de poder de representación (persona jurídica)"*, el *"fecha de escritura de poder de representación (persona jurídica)"*, e inscrita en el Registro Mercantil de *"datos de la inscripción registral (localidad del Registro Mercantil, tomo, folio, sección, hoja e inscripción)"*, en su calidad de

≻

❍ Si representa como cargo social:

"...administrador único ... O ... administrador solidario ... O ... consejero delegado ... O ... "especificar la representación del cargo social"..." de la reseñada sociedad, cargo para el que fue nombrado y asegura vigente en escritura otorgada el *"fecha de escritura del nombramiento del cargo"*, ante el notario de *"lugar donde radica la notaría en la que se autorizó la escritura del nombramiento"*, *"Don/Doña nombre y apellidos del notario que autorizó la escritura del nombramiento"*, con el número *"número de protocolo del notario que autorizó la escritura del nombramiento"* de su protocolo, e inscrita en el Registro Mercantil de *"localidad del Registro Mercantil de la escritura de nombramiento"*, en el tomo y hoja arriba indicados.

❍ Si representa como apoderado:

apoderado de la reseñada sociedad, según escritura de poder otorgada a su favor, en *"fecha de escritura del otorgamiento del poder"*, ante el notario de *"lugar donde radica la notaría en la que se autorizó la escritura de poder"*, *"Don/Doña nombre y apellidos del notario que autorizó la escritura de poder"*, con el número *"número de protocolo del notario que autorizó la escritura de poder"* de su protocolo *"...e inscrita en el Registro Mercantil de "localidad del Registro Mercantil de la escritura de poder"..."*, en el tomo y hoja arriba indicados.

≺

≺

En adelante, el **deudor pignorante**.

Reconociéndose recíprocamente la capacidad necesaria para celebrar el presente contrato de prenda sobre derechos de créditos.

MCM 3725 s., 3900 s.

EXPONEN:

CC art.1864

I. Que el **Acreedor pignoraticio** tiene concedido al **Deudor pignorante** un préstamo de *"importe del préstamo, en letra"* euros (*"importe del préstamo, en número"* €), concertado en la póliza número *"número de póliza"*, intervenida por el notario de *"lugar del notario que interviene"*, *"Don/Doña nombre y apellidos del notario que interviene"*, el *"fecha de la intervención del notario"*.

Nota:

*La prenda puede garantizar **varias obligaciones** ya contraídas o por contraer de forma simultánea o sucesiva entre el mismo deudor o deudora y el mismo acreedor o acreedora, durante un período de tiempo y por una cuantía máxima convenidos.*

II. Que el **Deudor pignorante** es titular de los derechos de crédito representados por la Imposición a plazo fijo, abierta en la entidad bancaria **Acreedor-pignoraticio**, sucursal número *"número de sucursal"* de *"lugar de la sucursal"*, cuenta corriente número *"número de cuenta corriente"* y con vencimiento *"fecha de vencimiento"*. El **Deudor pignorante** manifiesta que las Imposiciones a Plazo Fijo se encuentran libres de cargas y gravámenes.

III. Que ambas partes han convenido en el presente contrato de prenda de créditos con el objeto de garantizar las obligaciones que para el **Deudor pignorante** puedan derivarse de la póliza de préstamo número *"número de póliza"*, que se regirá por las siguientes

ESTIPULACIONES:

"Número" Objeto

Nota:

*Puede garantizarse con este tipo de derechos tanto obligaciones presentes, como futuras, ciertas o inciertas, únicamente en caso de **cantidad no determinada** en el contrato deberá determinarse la cantidad máxima por la que se establece la garantía.*

El **Deudor pignorante** constituye a favor del **Acreedor pignoraticio** un derecho real de prenda sobre las Imposiciones a Plazo Fijo antes descritas en el expositivo I de la presente póliza, en garantía del cumplimiento de todas y cada una de las obligaciones que para el mismo se deriven de la póliza de préstamo número *"número de póliza"*.

"Número" Alcance o límite

En el caso de que el vencimiento de las Imposiciones a Plazo Fijo sea anterior al de las obligaciones derivadas de la póliza de préstamo número *"número de póliza"*, el derecho real de prenda se extenderá por subrogación real al efectivo resultante de las mismas o al derecho de crédito correspondiente.

"Número" Desplazamiento posesorio

Nota:

*El derecho de prenda es un derecho real, en el sentido en que requiere la efectiva **entrega** del derecho o crédito dado en prenda para que se produzca su nacimiento (CC art. 1863).*

Manifiesta el **Deudor pignorante** hace entrega en este acto al **Acreedor pignoraticio** de la libreta correspondiente a las Imposiciones a plazo fijo pignoradas, quedando el mismo como depositario de ellas.

"Número" Prohibición de disponer

Nota:

*Es posible también pactar una cláusula que autorice la **sustitución** a instancias del deudor pignorante de los **bienes dados en prenda**, en el caso de que sean bienes fungibles, o de la sustitución de la prenda por otra garantía real o personal suficiente para cubrir el crédito.*

El **Deudor pignorante** no podrá disponer de las Imposiciones a Plazo Fijo pignoradas en tanto en cuanto se encuentre pendiente el cumplimiento de cualquiera de las obligaciones que se derivan de la póliza de préstamo número *"número de póliza"*.

MCM 3725 s., 3900 s.

"Número" Ejecución de la prenda

Nota:

- En relación con la ***ejecución*** *de la prenda, ver* TS 21-11-00, *EDJ 39467. En este sentido, señala la indicada sentencia que: "establecido en el art.* 1872 *del* Código Civil *la subasta pública, "precisamente" dice el texto legal lo que excluye cualquier otro medio, para llevar a cabo la enajenación de los bienes dados en prenda ante el impago por el deudor de la obligación asegurada con ella, ni este texto legal ni ningún otro establece, aparte de la obligada citación del deudor y del dueño de la prenda en su caso, los requisitos a que ha de ajustarse la subasta pública a celebrar ante el Notario, por lo que es indudable que nos encontramos ante un vacío legal para llenar el cual habrá de acudirse a aquellas normas que regulan la celebración de subastas públicas en procesos ejecutivos, judiciales o extrajudiciales, que permitan establecer unos criterios objetivos aplicables al caso no regulado del art.1872 del Código Civil".* CC art.1864

- Por otra parte, no hay que olvidar que el legislador ha previsto la ***ejecución extrajudicial*** *de la hipoteca y otros derechos de garantía en diversas disposiciones entre las que citamos los art.322 y 323 del Código de Comercio, sobre la prenda sobre valores cotizables; el art.569-8 del Código Civil Catalán; art.261 s. de la L 36/2011, reguladora de la jurisdicción social; art.38 y 39 del RDLeg 6/2004, por el que se aprueba el texto refundido de la Ley de Ordenación y Supervisión de los Seguros Privados; el art.16 de la L 28/1998, de Venta a Plazos de Bienes Muebles (que, después de su reforma por la L 1/2000, de Enjuiciamiento Civil, se remite en el apartado 1 al proceso de ejecución previsto en esta última Ley, si bien en el apartado 2, letra "c" se prevé la enajenación en pública subasta, con intervención de Notario, siguiéndose en lo que sea posible las reglas del art.1872 del Código Civil); el art.31.1, párrafo segundo, de L 4/2012, sobre aprovechamiento por turno de bienes inmuebles de uso turístico.*

Una vez se haya producido el incumplimiento, ya sea este total o parcial, de las obligaciones derivadas de la póliza de préstamo número *"número de la póliza del préstamo"*, las partes acuerdan que el **Acreedor pignoraticio** podrá proceder a la venta de las acciones pignoradas. El **Acreedor pignoraticio** podrá entonces reintegrarse con el producto de la venta, quedando el resto a disposición del **Deudor pignorante**, en el caso de que no resten obligaciones pendientes de cumplimiento derivadas de la mencionada póliza, ya que en este último caso las cantidades restantes quedarán siendo objeto de derecho real de prenda hasta la extinción de las obligaciones.

"Número" Liberación de la prenda

El **Deudor pignorante** podrá en cualquier tiempo liberar la prenda constituida, previa autorización del **Acreedor pignoraticio**.

"Número" Nulidad parcial del contrato

Si cualquiera de los pactos del contrato fuera declarado inválido, ya sea total o parcialmente, el resto del contrato mantendrá su vigencia y eficacia.

"Número" Gastos e impuestos

Todos cuantos gastos, tributos y honorarios se originen por el otorgamiento de la presente póliza, así como los que en un futuro puedan derivarse de cualquier reclamación posterior en ejecución del mismo, serán de cuenta y cargo del **Deudor pignorante**.

"Número" Notificaciones

 **Nota:**

Si no se incluyera esta cláusula las notificaciones se realizarían en el ***domicilio*** *que indica el compareciente en el encabezamiento de la póliza.*

Las partes convienen los siguientes domicilios para la práctica de las notificaciones necesarias para la ejecución del presente contrato:

El **acreedor pignoraticio**: *"domicilio a efectos de notificación parte primera"*.

El **deudor pignorante**: *"domicilio a efectos de notificación parte segunda"*.

"Número" Fuero

 **Nota:**

MCM 3725 s., 3900 s.

CC art.1864

En caso de que no exista sumisión expresa, al no concurrir pacto alguno entre las partes que pudiera orientar acerca del problema sobre la cuestión de competencia, procede acudir a la doctrina mantenida por la Sala, con arreglo a la cual, y por aplicación de lo dispuesto en el CC *art.*1171, *en relación con el* 1500 *de dicho testo Legal y el* CCom *art.*50, *el* ***lugar de cumplimiento*** *de las obligaciones es aquel en el que se haya hecho entrega de la mercancía (*TS 22-2-80*;* 19-1-81, *EDJ 1295;* 2-11-84*;* 15-4-85, *EDJ 7288;* 19-10-96, *EDJ 7077;* 5-9-97, *EDJ 6745;* 17-5-99, *EDJ 8840)*

Para la solución de cualquier cuestión litigiosa que pueda derivarse del presente contrato de compraventa las partes, con renuncia al fuero aplicable, se someten a la jurisdicción de los jueces y tribunales de *"especificar ciudad de los Tribunales"*.

"Número" Naturaleza mercantil del contrato

 **Nota:**

Son mercantiles las prendas que garanticen obligaciones derivadas de ***contratos mercantiles*** *(*CCom *art.*439*), o de actos de comercio no contractuales y por último la prenda recayente sobre bienes o derechos de naturaleza mercantil.*

Los comparecientes, en la representación en que intervienen, manifiestan que el presente contrato tiene carácter de mercantil y se regirá en primer término por las estipulaciones contenidas en el mismo y en lo que en ellas no estuviere previsto por las disposiciones del Código de Comercio, leyes especiales, los usos y costumbres mercantiles y, en su defecto, por lo establecido en el Código Civil.

"Número" Intervención de Notario

Este contrato se ha formalizado, según se expresa anteriormente, con intervención del notario a todos los efectos, incluso a los previstos en el art.93 del Código de Comercio, en los artículos 517 y 572 de la Ley de Enjuiciamiento Civil y demás legislación concordante.

acreedor pignoraticio y **deudor pignorante** dan su conformidad a los términos y condiciones previstos en el presente contrato y en prueba de ello lo firman por cuadruplicado ejemplar y a un solo efecto, reconociendo cada una de ellas haber recibido copia del mismo, y yo, el notario interviniente, doy fe de la identidad y capacidad de las partes y de la legitimación de sus firmantes, así como de todo lo convenido en la presente póliza que firmo, rubrico y sello en el lugar y fecha indicados en el encabezamiento.

EL ACREEDOR PIGNORATICIO **EL DEUDOR PIGNORANTE**

Con mi intervención

Prenda de mercaderías

MCM 3725 s., 3785 s.

Nota preliminar:

- El Código de Comercio no dedica un capítulo específico a la regulación del derecho de prenda, limitándose a recoger preceptos alusivos al mismo de forma no sistematizada. Con carácter **subsidiario** se aplican los preceptos relativos a la prenda del Código civil y legislaciones civiles autonómicas.

- Téngase presente la L 16-12-1954 sobre Hipoteca Mobiliaria y Prenda sin Desplazamiento de la Posesión, en cuyo art.53 se prevé expresamente la posibilidad de que el derecho real de garantía de prenda recaiga sobre mercaderías y materias primas almacenadas.

- El modelo presupone unas circunstancias determinadas que serán las más **frecuentes**. Si en el caso concreto existen circunstancias particulares no previstas, deberá completarse o modificarse el modelo adaptándolo a las mismas.

CCom art.193 a 198

En *"lugar"*, a *"fecha"*.
Ante mí, *"Don/Doña nombre y apellidos del notario"* perteneciente al colegio notarial de *"colegio notarial"* y con residencia en *"lugar donde radica la notaría"*.

Nota:

*La intervención del **notario** es facultativa para las partes. Los notarios realizan las funciones que anteriormente realizaban los corredores de comercio, cuerpo desaparecido a partir del 1-10-2000 momento en el que se produce la fusión de los cuerpos de notarios y corredores de comercio colegiados en virtud de lo dispuesto en la (*L 55/1999 disp.adic.24ª*). No obstante, la formalización en documento público, ya sea escritura pública o póliza notarial, es exigida por la normativa civil para que el derecho de prenda perjudique a terceros (*CC *art.*1865*).*

COMPARECEN:

De una parte,
"Don/Doña nombre y apellidos de la parte", mayor de edad, *"estado civil de la parte" "... "especificar el régimen económico matrimonial de la parte" ... "*, de nacionalidad *"nacionalidad de la parte"*, con domicilio a estos efectos en *"domicilio de la parte"*, *"...con DNI/NIF número "DNI/NIF de la parte" ... O ... con tarjeta de residencia número "número de tarjeta de residencia de la parte" ... O ... pasaporte número "número de pasaporte de la parte", expedido el "fecha de expedición del pasaporte de la parte" ... O ... "reseñar otros documentos aportados por la parte" ... "*, vigente hasta el *"fecha de vigencia de la documentación aportada por la parte"*.

Y de otra parte,
"Don/Doña nombre y apellidos de la parte", mayor de edad, *"estado civil de la parte" "... "especificar el régimen económico matrimonial de la parte" ... "*, de nacionalidad *"nacionalidad de la parte"*, con domicilio a estos efectos en *"domicilio de la parte"*, *"...con DNI/NIF número "DNI/NIF de la parte" ... O ... con tarjeta de residencia número "número de tarjeta de residencia de la parte" ... O ... pasaporte número "número de pasaporte de la parte", expedido el "fecha de expedición del pasaporte de la parte" ... O ... "reseñar otros documentos aportados por la parte" ... "*, vigente hasta el *"fecha de vigencia de la documentación aportada por la parte"*.

MCM 3725 s., 3785 s.

CCom art.193 a 198

INTERVIENEN:

A. *"Don/Doña nombre y apellidos del representante"*, en nombre y representación de la sociedad mercantil denominada *"denominación social"*, domiciliada en *"domicilio social"*, y con NIF número *"NIF de la sociedad"*, constituida, por tiempo indefinido, mediante escritura otorgada ante el notario de *"lugar de la notaría en la que se autorizó la constitución de la sociedad"*, *"Don/Doña nombre y apellidos del notario que autorizó la constitución de la sociedad"*, el *"fecha de escritura de constitución de la sociedad"*, e inscrita en el Registro Mercantil de *"datos de la inscripción registral de la sociedad (localidad del Registro Mercantil, tomo, folio, sección, hoja e inscripción)"*, en su calidad de

➢➢

❍ **Si representa como cargo social:**

"...administrador único ... O ... administrador solidario ... O ... consejero delegado ... O ... "especificar la representación del cargo social" ... " de la reseñada sociedad, cargo para el que fue nombrado y asegura vigente en escritura otorgada el *"fecha de escritura del nombramiento del cargo"*, ante el notario de *"lugar donde radica la notaría en la que se autorizó la escritura del nombramiento"*, *"Don/Doña nombre y apellidos del notario que autorizó la escritura del nombramiento"*, con el número *"número de protocolo del notario que autorizó la escritura del nombramiento"* de su protocolo, e inscrita en el Registro Mercantil de *"localidad del Registro Mercantil de la escritura de nombramiento"*, en el tomo y hoja arriba indicados.

❍ **Si representa como apoderado:**

apoderado de la reseñada sociedad, según escritura de poder otorgada a su favor, en *"fecha de escritura del otorgamiento del poder"*, ante el notario de *"lugar donde radica la notaría en la que se autorizó la escritura de poder"*, *"Don/Doña nombre y apellidos del notario que autorizó la escritura de poder"*, con el número *"número de protocolo del notario que autorizó la escritura de poder"* de su protocolo *"...e inscrita en el Registro Mercantil de "localidad del Registro Mercantil de la escritura de poder" ... "*, en el tomo y hoja arriba indicados.

⮜⮜

En adelante, el **acreedor pignoraticio**.

B. *"Don/Doña nombre y apellidos de la parte"*

➢➢

❍ **Si interviene en su propio nombre:**

en su propio nombre y derecho.

❍ **Si interviene como representante:**

en nombre y representación

❍ Si representa a persona física:

de *"Don/Doña nombre y apellidos del representado"*, mayor de edad, *"estado civil del representado"*, con domicilio en *"domicilio del representado"* y provisto de D.N.I./N.I.F. número *"DNI/NIF del representado"*, según consta en escritura de poder, otorgada ante el notario de *"lugar donde radica la notaría en la que se autorizó la escritura de poder de representación (persona física)"*, *"Don/Doña nombre y apellidos del notario que autorizó la escritura de poder de representación (persona física)"*, el *"fecha de escritura de poder de representación (persona física)"*, con el número *"número de protocolo del notario que autorizó la escritura de poder de representación (persona física)"* de su orden de protocolo.

MCM 3725 s., 3785 s.

CCom art.193 a 198

❍ Si representa a persona jurídica:

de la sociedad mercantil denominada *"denominación social"*, domiciliada en *"domicilio social"*, y con NIF número *"NIF de la sociedad"*, constituida, por tiempo indefinido, mediante escritura otorgada ante el notario de *"lugar donde radica la notaría en la que se autorizó la escritura de poder de representación (persona jurídica)"*, *"Don/Doña nombre y apellidos del notario que autorizó la escritura de poder de representación (persona jurídica)"*, el *"fecha de escritura de poder de representación (persona jurídica)"*, e inscrita en el Registro Mercantil de *"datos de la inscripción registral (localidad del Registro Mercantil, tomo, folio, sección, hoja e inscripción)"*, en su calidad de

➤

❍ Si representa como cargo social:

"...administrador único ... O ... administrador solidario ... O ... consejero delegado ... O ... "especificar la representación del cargo social" ..." de la reseñada sociedad, cargo para el que fue nombrado y asegura vigente en escritura otorgada el *"fecha de escritura del nombramiento del cargo"*, ante el notario de *"lugar donde radica la notaría en la que se autorizó la escritura del nombramiento"*, *"Don/Doña nombre y apellidos del notario que autorizó la escritura del nombramiento"*, con el número *"número de protocolo del notario que autorizó la escritura del nombramiento"* de su protocolo, e inscrita en el Registro Mercantil de *"localidad del Registro Mercantil de la escritura de nombramiento"*, en el tomo y hoja arriba indicados.

❍ Si representa como apoderado:

apoderado de la reseñada sociedad, según escritura de poder otorgada a su favor, en *"fecha de escritura del otorgamiento del poder"*, ante el notario de *"lugar donde radica la notaría en la que se autorizó la escritura de poder"*, *"Don/Doña nombre y apellidos del notario que autorizó la escritura de poder"*, con el número *"número de protocolo del notario que autorizó la escritura de poder"* de su protocolo *"...e inscrita en el Registro Mercantil de "localidad del Registro Mercantil de la escritura de poder" ..."*, en el tomo y hoja arriba indicados.

<

En adelante, el **deudor pignorante**.

Reconociéndose recíprocamente la capacidad necesaria para celebrar el presente contrato de prenda de mercaderías.

EXPONEN:

I. Que el **Acreedor pignoraticio** tiene concedido al **Deudor pignorante** un préstamo de *"importe del préstamo, en letra"* euros (*"importe del préstamo, en número"* €), concertado en la póliza número *"número de póliza"*, intervenida por el notario de *"lugar del notario que interviene"*, *"Don/Doña nombre y apellidos del notario que interviene"*, el *"fecha de intervención del notario"*.

 **Nota:**

*La prenda puede garantizar **varias obligaciones** ya contraídas o por contraer de forma simultánea o sucesiva entre el mismo deudor o deudora y el mismo acreedor o acreedora, durante un período de tiempo y por una cuantía máxima convenidos.*

II. Que el **Deudor pignorante** es titular de las siguientes mercaderías: *"describir las mercaderías (señalando la cantidad, el precio por unidad de medida, el importe global de las mismas, y otras circunstancias que puedan resultar de interés. Si el importe o la variedad fuera considerable y con el objeto de evitar la confusión en la lectura del contrato se pueden relacionar los bienes en un anexo específico. Igualmente en el caso de que por su dimensión sea conveniente depositarlas en los almacenes o instalaciones de un tercero deberá indicarse su ubicación así como la circunstancias del depositario)"*.

MCM 3725 s., 3785 s.

Manifiesta el **Deudor pignorante** que las mercaderías o productos descritos se encuentran libres de cargas y gravámenes, y que goza de la plena disponibilidad de las mismas.

III. Que ambas partes han convenido en el presente contrato de prenda de mercaderías con el objeto de garantizar las obligaciones que para el **Deudor pignorante** puedan derivarse de la póliza de préstamo número *"número de póliza"*, que se regirá por las siguientes

ESTIPULACIONES:

CCom art.193 a 198

"NÚMERO" **Objeto**

Nota:

*Puede garantizarse con este tipo de derechos tanto obligaciones presentes, como futuras, ciertas o inciertas, únicamente en caso de cantidad no determinada en el contrato deberá determinarse la **cantidad máxima** por la que se establece la garantía.*

El **Deudor pignorante** constituye a favor del **Acreedor pignoraticio** un derecho real de prenda sobre las mercaderías antes descritas en el expositivo I de la presente póliza, cuya titularidad dominical manifiesta tener el **Deudor pignorante**, en garantía del cumplimiento de todas y cada una de las obligaciones que para el mismo se deriven de la póliza de préstamo número *"número de póliza"*.

"NÚMERO" **Desplazamiento posesorio**

Nota:

*El derecho de prenda es un derecho real, en el sentido en que requiere la efectiva **entrega** del derecho o crédito dado en prenda para que se produzca su nacimiento (*CC *art.*1863*).*

De común acuerdo ambas partes manifiestan que las mercaderías descritas en el expositivo I quedan depositadas en el almacén de *"Don/Doña nombre y apellidos del depositario"*, sito en *"lugar del depósito"*. *"Don/Doña nombre y apellidos del depositario"* queda como depositario y manifiesta haber recibido la mercancía en correcto estado de conservación, asumiendo todas las obligaciones que se derivan del depósito.

Nota:

*Las partes pueden haber suscrito un **contrato de depósito** al margen o pueden aprovechar para traer a este las cláusulas propias de un contrato de depósito de mercancías, remitiéndome en este punto al estudio del capítulo correspondiente.*

"NÚMERO" **Prohibición de disponer**

Nota:

*Es posible también pactar una cláusula que autorice la **sustitución** a instancias del deudor pignorante de los **bienes dados en prenda**, en el caso de que sean bienes fungibles, o de la sustitución de la prenda por otra garantía real o personal suficiente para cubrir el crédito.*

El **Deudor pignorante** no podrá disponer de las mercaderías pignoradas en tanto en cuanto se encuentre pendiente el cumplimiento de cualquiera de las obligaciones que se derivan de la póliza de préstamo número *"número de la póliza del préstamo"*.

"NÚMERO" **Ejecución de la prenda**

Nota:

*- En relación con la **ejecución** de la prenda, ver* TS 21-11-00, *EDJ 39467. En este sentido, señala la indicada sentencia que: "establecido en el art.*1872 *del* Código Civil *la subasta pública, "precisamente" dice el texto legal lo que excluye cualquier otro medio, para llevar a cabo la enajenación de los bienes dados en prenda ante el impago por el deudor de la obligación asegurada con ella, ni este texto legal ni ningún otro establece, aparte de la obligada citación del deudor y del dueño de la prenda en su caso, los requisitos a que ha de ajustarse la subasta pública a celebrar ante el Notario, por lo que es indudable que nos encontramos ante un vacio legal para llenar el cual habrá de acudirse a aquellas normas que regulan la celebración de subastas públicas en procesos ejecutivos, judiciales o extrajudiciales, que permitan establecer unos criterios objetivos aplicables al caso no regulado del art.*1872 *del* Código Civil*".*

*- Por otra parte, no hay que olvidar que el legislador ha previsto la **ejecución extrajudicial** de la hipoteca y otros derechos de garantía en diversas disposiciones entre las que citamos los art.* 322 *y* 323 *del* Código de Comercio, *sobre la prenda sobre valores cotizables; el art.*569-8 *del Código Civil Catalán; art.*261 *s. de la* L 36/2011, *reguladora de la jurisdicción social; art.*38 *y* 39 *del* RDLeg 6/2004, *por el que se aprueba el texto refundido de la Ley de Ordenación y Supervisión de los Seguros Privados; el art.*16 *de la* L 28/1998, *de Venta a Plazos de Bienes Muebles (que, después de su reforma por la* L 1/2000, *de Enjuiciamiento Civil, se remite en el apartado 1 al proceso de ejecución previsto en esta última Ley, si bien en el apartado 2, letra "c" se prevé la enajenación en pública subasta, con intervención de Notario, siguiéndose en lo que sea posible las reglas del art.*1872 *del* Código Civil*); el art.*31.*1, párrafo segundo, de* L 4/2012, *sobre aprovechamiento por turno de bienes inmuebles de uso turístico.*

MCM 3725 s., 3785 s.

CCom art.193 a 198

Una vez se haya producido el incumplimiento, ya sea este total o parcial, de las obligaciones derivadas de la póliza de préstamo número *"número de póliza"*, las partes acuerdan que el **Acreedor pignoraticio** podrá proceder a la venta de las mercaderías pignoradas en la condición o cantidad que estime pertinente. El **Acreedor pignoraticio** podrá entonces reintegrarse con el producto de la venta, quedando el resto a disposición del **Deudor pignorante**, en el caso de que no resten obligaciones pendientes de cumplimiento derivadas de la mencionada póliza, ya que en este último caso las cantidades restantes quedarán siendo objeto de derecho real de prenda hasta la extinción de las obligaciones.

"NÚMERO" **Liberación de la prenda**

El **Deudor pignorante** podrá en cualquier tiempo liberar la prenda constituida, previa autorización del **Acreedor pignoraticio.**

"NÚMERO" **Nulidad parcial del contrato**

Si cualquiera de los pactos del contrato fuera declarado inválido, ya sea total o parcialmente, el resto del contrato mantendrá su vigencia y eficacia.

"NÚMERO" **Gastos e impuestos**

Todos cuantos gastos, tributos y honorarios se originen por el otorgamiento de la presente póliza, así como los que en un futuro puedan derivarse de cualquier reclamación posterior en ejecución del mismo, serán de cuenta y cargo del **Deudor pignorante**.

"NÚMERO" **Notificaciones**

Nota:

*Si no se incluyera esta cláusula las notificaciones se realizarían en el **domicilio** que indica el compareciente en el encabezamiento de la póliza.*

Las partes convienen los siguientes domicilios para la práctica de las notificaciones necesarias para la ejecución del presente contrato:

El **acreedor pignoraticio**: *"domicilio a efectos de notificación parte primera"*.

El **deudor pignorante**: *"domicilio a efectos de notificación parte segunda"*.

"NÚMERO" **Fuero**

Nota:

En caso de que no exista sumisión expresa, al no concurrir pacto alguno entre las partes que pudiera orientar acerca del problema sobre la cuestión de competencia, procede acudir a la doctrina mantenida por la Sala, con arreglo a la cual, y por aplicación de lo dispuesto en el CC *art.*1171, *en relación con el* 1500 *de dicho testo Legal y el* CCom *art.*50, *el **lugar de cumplimiento** de las obligaciones es aquel en el que se haya hecho entrega de la mercancía (*TS 22-2-80*;* 19-1-81, *EDJ 1295;* 2-11-84*;* 15-4-85, *EDJ 7288;* 19-10-96, *EDJ 7077;* 5-9-97, *EDJ 6745;* 17-5-99, *EDJ 8840)*

Para la solución de cualquier cuestión litigiosa que pueda derivarse del presente contrato de compraventa las partes, con renuncia al fuero aplicable, se someten a la jurisdicción de los jueces y tribunales de *"especificar ciudad de los Tribunales"*.

Contratos de Garantía

MCM 3725 s., 3785 s.

***"NÚMERO"* Naturaleza mercantil del contrato**

Nota:

Son mercantiles las prendas que garanticen obligaciones derivadas de ***contratos mercantiles*** *(*CCom *art.*439*), o de actos de comercio no contractuales y por último la prenda recayente sobre bienes o derechos de naturaleza mercantil.*

CCom art.193 a 198

Los comparecientes, en la representación en que intervienen, manifiestan que el presente contrato tiene carácter de mercantil y se regirá en primer término por las estipulaciones contenidas en el mismo y en lo que en ellas no estuviere previsto por las disposiciones del Código de Comercio, leyes especiales, los usos y costumbres mercantiles y, en su defecto, por lo establecido en el Código Civil.

***"NÚMERO"* Intervención de Notario**

Este contrato se ha formalizado, según se expresa anteriormente, con intervención del notario a todos los efectos, incluso a los previstos en el art.93 del Código de Comercio, en los artículos 517 y 572 de la Ley de Enjuiciamiento Civil y demás legislación concordante.

acreedor pignoraticio y **deudor pignorante** dan su conformidad a los términos y condiciones previstos en el presente contrato y en prueba de ello lo firman por cuadruplicado ejemplar y a un solo efecto, reconociendo cada una de ellas haber recibido copia del mismo, y yo, el notario interviniente, doy fe de la identidad y capacidad de las partes y de la legitimación de sus firmantes, así como de todo lo convenido en la presente póliza que firmo, rubrico y sello en el lugar y fecha indicados en el encabezamiento.

EL ACREEDOR PIGNORATICIO **EL DEUDOR PIGNORANTE**

Con mi intervención

Prenda de letras de cambio

MCM 3725 s., 3845 s.

Nota preliminar:

- El Código de Comercio no dedica un capítulo específico a la regulación del derecho de prenda, limitándose a recoger preceptos alusivos al mismo de forma no sistematizada. Con carácter **subsidiario** se aplican los preceptos relativos a la prenda del Código civil y legislaciones civiles autonómicas.

L 19/1985 art.22

- Téngase presente la L 16-12-1954 sobre Hipoteca Mobiliaria y Prenda sin Desplazamiento de la Posesión, en cuyo art.55, párrafo tercero, se prevé expresamente la posibilidad de que el derecho real de garantía de prenda recaiga sobre **derechos de crédito**, incluso créditos futuros, siempre que no estén representados por valores y no tengan la consideración de instrumentos financieros a los efectos de lo previsto en el RDL 5/2005, de reformas urgentes para el impulso a la productividad y para la mejora de la contratación pública. Para su eficaz constitución deberán inscribirse en el Registro de Bienes Muebles.

- La letra de cambio es un **título de crédito**, formal y completo, que obliga a pagar a su vencimiento, en un lugar determinado, una cantidad cierta de dinero a la persona primeramente designada en el documento, o, a la orden de esta, a otra distinta también designada en el documento.

- Sobre la admisibilidad de este tipo de contrato, ver TS 3-7-92, EDJ 7278; 21-7-09, EDJ 165903.

- En la actualidad no queda ninguna duda sobre la eficacia y total validez de la prenda constituida en **garantía de obligaciones no vencidas, líquidas ni exigibles, e inclusive futuras**, aunque no estén totalmente definidas y determinadas en el momento de su constitución (AP A Coruña 14-12-17, EDJ 309909; AP Madrid 20-3-06, EDJ 61697).

- El modelo presupone unas circunstancias determinadas que serán las más frecuentes. Si en el caso concreto existen circunstancias particulares no previstas, deberá completarse o modificarse el modelo adaptándolo a las mismas.

En *"lugar"*, a *"fecha"*.
Ante mí, *"Don/Doña nombre y apellidos del notario"* perteneciente al colegio notarial de *"colegio notarial"* y con residencia en *"lugar donde radica la notaría"*.

Nota:

*La intervención del **notario** es facultativa para las partes. Los notarios realizan las funciones que anteriormente realizaban los corredores de comercio, cuerpo desaparecido a partir del 1-10-2000 momento en el que se produce la fusión de los cuerpos de notarios y corredores de comercio colegiados en virtud de lo dispuesto en la (*L 55/1999 disp.adic.24ª*). No obstante, la formalización en documento público, ya sea escritura pública o póliza notarial, es exigida por la normativa civil para que el derecho de prenda perjudique a terceros (*CC *art.*1865*).*

COMPARECEN:

De una parte,
"Don/Doña nombre y apellidos de la parte", mayor de edad, *"estado civil de la parte" "... "especificar el régimen económico matrimonial de la parte" ... "*, de nacionalidad *"nacionalidad de la parte"*, con domicilio a estos efectos en *"domicilio de la parte"*, *"...con DNI/NIF número "DNI/NIF de la parte" ... O ... con tarjeta de residencia número "número de tarjeta de residencia de la parte" ... O ... pasaporte número "número de pasaporte de la parte", expedido el "fecha de expedición del pasaporte de la parte" ... O ... "reseñar otros documentos aportados por la parte" ... "*, vigente hasta el *"fecha de vigencia de la documentación aportada por la parte"*.

MCM 3725 s., 3845 s.

Y de otra parte,

"Don/Doña nombre y apellidos de la parte", mayor de edad, *"estado civil de la parte" "..."especificar el régimen económico matrimonial de la parte" ..."*, de nacionalidad *"nacionalidad de la parte"*, con domicilio a estos efectos en *"domicilio de la parte"*, *"...con DNI/NIF número "DNI/NIF de la parte" ... O ... con tarjeta de residencia número "número de tarjeta de residencia de la parte" ... O ... pasaporte número "número de pasaporte de la parte", expedido el "fecha de expedición del pasaporte de la parte" ... O ... "reseñar otros documentos aportados por la parte" ..."*, vigente hasta el *"fecha de vigencia de la documentación aportada por la parte"*.

L 19/1985 art.22

INTERVIENEN:

A. *"Don/Doña nombre y apellidos del representante"*, en nombre y representación de la sociedad mercantil denominada *"denominación social"*, domiciliada en *"domicilio social"*, y con NIF número *"NIF de la sociedad"*, constituida, por tiempo indefinido, mediante escritura otorgada ante el notario de *"lugar de la notaría en la que se autorizó la constitución de la sociedad"*, *"Don/Doña nombre y apellidos del notario que autorizó la constitución de la sociedad"*, el *"fecha de escritura de constitución de la sociedad"*, e inscrita en el Registro Mercantil de *"datos de la inscripción registral de la sociedad (localidad del Registro Mercantil, tomo, folio, sección, hoja e inscripción)"*, en su calidad de

>>

○ **Si representa como cargo social:**

"...administrador único ... O ... administrador solidario ... O ... consejero delegado ... O ... "especificar la representación del cargo social" ..." de la reseñada sociedad, cargo para el que fue nombrado y asegura vigente en escritura otorgada el *"fecha de escritura del nombramiento del cargo"*, ante el notario de *"lugar donde radica la notaría en la que se autorizó la escritura del nombramiento"*, *"Don/Doña nombre y apellidos del notario que autorizó la escritura del nombramiento"*, con el número *"número de protocolo del notario que autorizó la escritura del nombramiento"* de su protocolo, e inscrita en el Registro Mercantil de *"localidad del Registro Mercantil de la escritura de nombramiento"*, en el tomo y hoja arriba indicados.

○ **Si representa como apoderado:**

apoderado de la reseñada sociedad, según escritura de poder otorgada a su favor, en *"fecha de escritura del otorgamiento del poder"*, ante el notario de *"lugar donde radica la notaría en la que se autorizó la escritura de poder"*, *"Don/Doña nombre y apellidos del notario que autorizó la escritura de poder"*, con el número *"número de protocolo del notario que autorizó la escritura de poder"* de su protocolo *"...e inscrita en el Registro Mercantil de "localidad del Registro Mercantil de la escritura de poder" ..."*, en el tomo y hoja arriba indicados.

<<

En adelante, el **acreedor pignoraticio**.

B. *"Don/Doña nombre y apellidos de la parte"*

>>

○ **Si interviene en su propio nombre:**

en su propio nombre y derecho.

○ **Si interviene como representante:**

en nombre y representación

➤

○ Si representa a persona física:

de *"Don/Doña nombre y apellidos del representado"*, mayor de edad, *"estado civil del representado"*, con domicilio en *"domicilio del representado"* y provisto de D.N.I./N.I.F. número *"DNI/NIF del representado"*, según consta en escritura de poder, otorgada ante el notario de *"lugar donde radica la notaría en la que se autorizó la escritura de poder de representación (persona física)"*, *"Don/Doña nombre y apellidos del notario que autorizó la escritura de poder de representación (persona física)"*, el *"fecha de escritura de poder de representación (persona física)"*, con el número *"número de protocolo del notario que autorizó la escritura de poder de representación (persona física)"* de su orden de protocolo. MCM 3725 s., 3845 s. L 19/1985 art.22

○ Si representa a persona jurídica:

de la sociedad mercantil denominada *"denominación social"*, domiciliada en *"domicilio social"*, y con NIF número *"NIF de la sociedad"*, constituida, por tiempo indefinido, mediante escritura otorgada ante el notario de *"lugar donde radica la notaría en la que se autorizó la escritura de poder de representación (persona jurídica)"*, *"Don/Doña nombre y apellidos del notario que autorizó la escritura de poder de representación (persona jurídica)"*, el *"fecha de escritura de poder de representación (persona jurídica)"*, e inscrita en el Registro Mercantil de *"datos de la inscripción registral (localidad del Registro Mercantil, tomo, folio, sección, hoja e inscripción)"*, en su calidad de

➤

○ Si representa como cargo social:

"...administrador único ... O ... administrador solidario ... O ... consejero delegado ... O ... "especificar la representación del cargo social" ... " de la reseñada sociedad, cargo para el que fue nombrado y asegura vigente en escritura otorgada el *"fecha de escritura del nombramiento del cargo"*, ante el notario de *"lugar donde radica la notaría en la que se autorizó la escritura del nombramiento"*, *"Don/Doña nombre y apellidos del notario que autorizó la escritura del nombramiento"*, con el número *"número de protocolo del notario que autorizó la escritura del nombramiento"* de su protocolo, e inscrita en el Registro Mercantil de *"localidad del Registro Mercantil de la escritura de nombramiento"*, en el tomo y hoja arriba indicados.

○ Si representa como apoderado:

apoderado de la reseñada sociedad, según escritura de poder otorgada a su favor, en *"fecha de escritura del otorgamiento del poder"*, ante el notario de *"lugar donde radica la notaría en la que se autorizó la escritura de poder"*, *"Don/Doña nombre y apellidos del notario que autorizó la escritura de poder"*, con el número *"número de protocolo del notario que autorizó la escritura de poder"* de su protocolo *"...e inscrita en el Registro Mercantil de "localidad del Registro Mercantil de la escritura de poder" ..."*, en el tomo y hoja arriba indicados.

≺

≺

En adelante, el **deudor pignorante**.

Reconociéndose recíprocamente la capacidad necesaria para celebrar el presente contrato de prenda de letras de cambio

EXPONEN:

I. Que el **Acreedor pignoraticio** tiene concedido al **Deudor pignorante** un préstamo de *"importe del préstamo, en letra"* euros (*"importe del préstamo, en número"* €), concertado en la póliza número *"número de póliza"*, intervenida por el notario de *"lugar del notario que interviene"*, *"Don/Doña nombre y apellidos del notario que interviene"*, el *"fecha de la intervención del notario"*.

Nota:

La prenda puede garantizar ***varias obligaciones*** *ya contraídas o por contraer de forma simultánea o sucesiva entre el mismo deudor o deudora y el mismo acreedor o acreedora, durante un período de tiempo y por una cuantía máxima convenidos.*

MCM 3725 s., 3845 s.

II. Que el **Deudor pignorante** tiene endosadas a su favor las siguientes letras de cambio:

L 19/1985 art.22

- Letra de cambio librada por *"Don/Doña nombre y apellidos del Librador"* en *"fecha de libramiento"*, con número *"número de Letra de cambio"*, vencimiento *"fecha de vencimiento"* y por importe de *"importe de la Letra de cambio, en letra"* euros (*"importe de la Letra de cambio, en número"* €). 

III. Que ambas partes han convenido en el presente contrato de prenda de letras de cambio con el objeto de garantizar las obligaciones que para el **Deudor pignorante** puedan derivarse de la póliza de préstamo número *"número de póliza"*, que se regirá por las siguientes

ESTIPULACIONES:

"NÚMERO" **Objeto**

Nota:

Puede garantizarse con este tipo de derechos tanto obligaciones presentes, como futuras, ciertas o inciertas, únicamente en caso de ***cantidad no determinada*** *en el contrato deberá determinarse la cantidad máxima por la que se establece la garantía.*

El **Deudor pignorante** constituye a favor del **Acreedor pignoraticio** un derecho real de prenda sobre las letras de cambio descritas en el expositivo I de la presente póliza, en garantía del cumplimiento de todas y cada una de las obligaciones que para el mismo se deriven de la póliza de préstamo número *"número de póliza"*.

"NÚMERO" **Alcance o límite**

En el caso de que el vencimiento de las letras de cambio sea anterior al de las obligaciones derivadas de la póliza de préstamo número *"número de póliza"*, el derecho real de prenda se extenderá por subrogación real al efectivo resultante de las mismas o al derecho de crédito correspondiente.

"NÚMERO" **Desplazamiento posesorio**

Nota:

- El derecho de prenda es un derecho real, en el sentido en que requiere la efectiva ***entrega*** *del derecho o crédito dado en prenda para que se produzca su nacimiento (CC art.1863).*

- En este tipo de contrato la entrega se hace mediante el ***endoso*** *de la letra de cambio, conforme dispone el art.22 de la Ley Cambiaria y del Cheque, pero el acreedor pignoraticio adquiere la posesión de la letra únicamente a efectos de garantía.*

El **Deudor pignorante** entrega al **Acreedor pignoraticio** las letras descritas en el expositivo mediante endoso.

"NÚMERO" **Prohibición de disponer**

Nota:

Es posible también pactar una cláusula que autorice la ***sustitución*** *a instancias del deudor pignorante de los* ***bienes dados en prenda****, en el caso de que sean bienes fungibles, o de la sustitución de la prenda por otra garantía real o personal suficiente para cubrir el crédito.*

El **Deudor pignorante** no podrá disponer de las mercaderías pignoradas en tanto en cuanto se encuentre pendiente el cumplimiento de cualquiera de las obligaciones que se derivan de la póliza de préstamo número *"número de la póliza del préstamo"*.

"NÚMERO" **Ejecución de la prenda**

Nota:

- No hay que olvidar que el legislador ha previsto la ***ejecución extrajudicial*** *de la hipoteca y otros derechos de garantía en diversas disposiciones entre las que citamos los art.*322 *y* 323 *del* Código de Comercio, *sobre la prenda sobre valores cotizables; el art.*569-8 *del Código Civil Catalán; art.*261 *s. de la* L 36/2011, *reguladora de la jurisdicción social; art.*38 *y* 39 *del* RDLeg 6/2004, *por el que se aprueba el texto refundido de la Ley de Ordenación y Supervisión de los Seguros Privados; el art.*16 *de la* L 28/1998, *de Venta a Plazos de Bienes Muebles (que, después de su reforma por la* L 1/2000, *de Enjuiciamiento Civil, se remite en el apartado 1 al proceso de ejecución previsto en esta última Ley, si bien en el apartado 2, letra "c" se prevé la enajenación en pública subasta, con intervención de Notario, siguiéndose en lo que sea posible las reglas del art.*1872 *del* Código Civil*); el art.*31.*1, párrafo segundo, de* L 4/2012, *sobre aprovechamiento por turno de bienes inmuebles de uso turístico.*

MCM 3725 s., 3845 s.

L 19/1985 art.22

Una vez se haya producido el incumplimiento, ya sea este total o parcial, de las obligaciones derivadas de la póliza de préstamo número *"número de póliza"*, las partes acuerdan que el **Acreedor pignoraticio** podrá hacerse pago con cargo al efectivo resultante de las letras de cambio vencidas y pagadas, así como ceder las mismas, quedando el resto a disposición del **Deudor pignorante**, en el caso de que no resten obligaciones pendientes de cumplimiento derivadas de la mencionada póliza, ya que en este último caso las cantidades restantes quedarán siendo objeto de derecho real de prenda hasta la extinción de las obligaciones. En el caso de que el **Acreedor pignoraticio** se haya reintegrado plenamente y exista sobrante representado total o parcialmente por letras pendientes de cobro, estas les serán entregadas al **Deudor pignorante** a medida que vayan siendo devueltas o pagadas, en este último caso mediante la entrega del efectivo metálico correspondiente.

"NÚMERO" **Liberación de la prenda**

Nota:

La liberación de la prenda provoca la anulación formal del ***endoso*** *de garantía y la devolución del título cambiario por el endosatario.*

El **Deudor pignorante** podrá en cualquier tiempo liberar la prenda constituida, previa autorización del **Acreedor pignoraticio**.

"NÚMERO" **Nulidad parcial del contrato**

Si cualquiera de los pactos del contrato fuera declarado inválido, ya sea total o parcialmente, el resto del contrato mantendrá su vigencia y eficacia.

"NÚMERO" **Gastos e impuestos**

Todos cuantos gastos, tributos y honorarios se originen por el otorgamiento de la presente póliza, así como los que en un futuro puedan derivarse de cualquier reclamación posterior en ejecución del mismo, serán de cuenta y cargo del **Deudor pignorante**.

"NÚMERO" **Notificaciones**

Nota:

Si no se incluyera esta cláusula las notificaciones se realizarían en el ***domicilio*** *que indica el compareciente en el encabezamiento de la póliza.*

Las partes convienen los siguientes domicilios para la práctica de las notificaciones necesarias para la ejecución del presente contrato:

El **acreedor pignoraticio**: *"domicilio a efectos de notificación parte primera"*.

El **deudor pignorante**: *"domicilio a efectos de notificación parte segunda"*.

MCM 3725 s., 3845 s.

"NÚMERO" **Fuero**

Nota:

En caso de que no exista sumisión expresa, al no concurrir pacto alguno entre las partes que pudiera orientar acerca del problema sobre la cuestión de competencia, procede acudir a la doctrina mantenida por la Sala, con arreglo a la cual, y por aplicación de lo dispuesto en el CC *art.*1171, *en relación con el* 1500 *de dicho testo Legal y el* CCom *art.*50, *el* ***lugar de cumplimiento*** *de las obligaciones es aquel en el que se haya hecho entrega de la mercancía (*TS 22-2-80; 19-1-81, *EDJ 1295;* 2-11-84; 15-4-85, *EDJ 7288;* 19-10-96, *EDJ 7077;* 5-9-97, *EDJ 6745;* 17-5-99, *EDJ 8840)*

L 19/1985 art.22

Para la solución de cualquier cuestión litigiosa que pueda derivarse del presente contrato de compraventa las partes, con renuncia al fuero aplicable, se someten a la jurisdicción de los jueces y tribunales de *"especificar ciudad de los Tribunales"*.

"NÚMERO" **Naturaleza mercantil del contrato**

Nota:

Son mercantiles las prendas que garanticen obligaciones derivadas de ***contratos mercantiles*** *(*CCom *art.*439*), o de actos de comercio no contractuales y por último la prenda recayente sobre bienes o derechos de naturaleza mercantil.*

Los comparecientes, en la representación en que intervienen, manifiestan que el presente contrato tiene carácter de mercantil y se regirá en primer término por las estipulaciones contenidas en el mismo y en lo que en ellas no estuviere previsto por las disposiciones del Código de Comercio, leyes especiales, los usos y costumbres mercantiles y, en su defecto, por lo establecido en el Código Civil.

"NÚMERO" **Intervención de Notario**

Este contrato se ha formalizado, según se expresa anteriormente, con intervención del notario a todos los efectos, incluso a los previstos en el art.93 del Código de Comercio, en los artículos 517 y 572 de la Ley de Enjuiciamiento Civil y demás legislación concordante.

acreedor pignoraticio y **deudor pignorante** dan su conformidad a los términos y condiciones previstos en el presente contrato y en prueba de ello lo firman por cuadruplicado ejemplar y a un solo efecto, reconociendo cada una de ellas haber recibido copia del mismo, y yo, el notario interviniente, doy fe de la identidad y capacidad de las partes y de la legitimación de sus firmantes, así como de todo lo convenido en la presente póliza que firmo, rubrico y sello en el lugar y fecha indicados en el encabezamiento.

EL ACREEDOR PIGNORATICIO **EL DEUDOR PIGNORANTE**

Con mi intervención

Prenda de póliza de seguro de vida

MCM 3725 s., 3855 s.

Nota preliminar:

- El Código de Comercio no dedica un capítulo específico a la regulación del derecho de prenda, limitándose a recoger preceptos alusivos al mismo de forma no sistematizada. Con carácter **subsidiario** se aplican los preceptos relativos a la prenda del Código civil y legislaciones civiles autonómicas.

L 50/1980 art.99

- Téngase presente la L 16-12-1954 sobre Hipoteca Mobiliaria y Prenda sin Desplazamiento de la Posesión, en cuyo art.53 se prevé expresamente la posibilidad de que el derecho real de garantía de prenda recaiga sobre **derechos de crédito**, incluso créditos futuros, siempre que no estén representados por valores y no tengan la consideración de instrumentos financieros a los efectos de lo previsto en el RDL 5/2005, de reformas urgentes para el impulso a la productividad y para la mejora de la contratación pública. Para su eficaz constitución deberán inscribirse en el Registro de Bienes Muebles.

- El modelo presupone unas circunstancias determinadas que serán las más frecuentes. Si en el caso concreto existen circunstancias particulares no previstas, deberá completarse o modificarse el modelo adaptándolo a las mismas.

En *"lugar"*, a *"fecha"*.

Ante mí, *"Don/Doña nombre y apellidos del notario"* perteneciente al colegio notarial de *"colegio notarial"* y con residencia en *"lugar donde radica la notaría"*.

Nota:

*La intervención del **notario** es facultativa para las partes. Los notarios realizan las funciones que anteriormente realizaban los corredores de comercio, cuerpo desaparecido a partir del 1-10-2000 momento en el que se produce la fusión de los cuerpos de notarios y corredores de comercio colegiados en virtud de lo dispuesto en la (*L 55/1999 disp.adic.24ª*). No obstante, la formalización en documento público, ya sea escritura pública o póliza notarial, es exigida por la normativa civil para que el derecho de prenda perjudique a terceros (*CC *art.*1865*).*

COMPARECEN:

De una parte,

"Don/Doña nombre y apellidos de la parte", mayor de edad, *"estado civil de la parte" "... "especificar el régimen económico matrimonial de la parte" ... "*, de nacionalidad *"nacionalidad de la parte"*, con domicilio a estos efectos en *"domicilio de la parte"*, *"...con DNI/NIF número "DNI/NIF de la parte" ... O ... con tarjeta de residencia número "número de tarjeta de residencia de la parte" ... O ... pasaporte número "número de pasaporte de la parte", expedido el "fecha de expedición del pasaporte de la parte" ... O ... "reseñar otros documentos aportados por la parte" ... "*, vigente hasta el *"fecha de vigencia de la documentación aportada por la parte"*.

Y de otra parte,

"Don/Doña nombre y apellidos de la parte", mayor de edad, *"estado civil de la parte" "... "especificar el régimen económico matrimonial de la parte" ... "*, de nacionalidad *"nacionalidad de la parte"*, con domicilio a estos efectos en *"domicilio de la parte"*, *"...con DNI/NIF número "DNI/NIF de la parte" ... O ... con tarjeta de residencia número "número de tarjeta de residencia de la parte" ... O ... pasaporte número "número de pasaporte de la parte", expedido el "fecha de expedición del pasaporte de la parte" ... O ... "reseñar otros documentos aportados por la parte" ... "*, vigente hasta el *"fecha de vigencia de la documentación aportada por la parte"*.

INTERVIENEN:

MCM 3725 s., 3855 s.

L 50/1980 art.99

A. *"Don/Doña nombre y apellidos del representante"*, en nombre y representación de la sociedad mercantil denominada *"denominación social"*, domiciliada en *"domicilio social"*, y con NIF número *"NIF de la sociedad"*, constituida, por tiempo indefinido, mediante escritura otorgada ante el notario de *"lugar de la notaría en la que se autorizó la constitución de la sociedad"*, *"Don/Doña nombre y apellidos del notario que autorizó la constitución de la sociedad"*, el *"fecha de escritura de constitución de la sociedad"*, e inscrita en el Registro Mercantil de *"datos de la inscripción registral de la sociedad (localidad del Registro Mercantil, tomo, folio, sección, hoja e inscripción)"*, en su calidad de

>>

○ **Si representa como cargo social:**

"...administrador único ... O ... administrador solidario ... O ... consejero delegado ... O ... "especificar la representación del cargo social" ... " de la reseñada sociedad, cargo para el que fue nombrado y asegura vigente en escritura otorgada el *"fecha de escritura del nombramiento del cargo"*, ante el notario de *"lugar donde radica la notaría en la que se autorizó la escritura del nombramiento"*, *"Don/Doña nombre y apellidos del notario que autorizó la escritura del nombramiento"*, con el número *"número de protocolo del notario que autorizó la escritura del nombramiento"* de su protocolo, e inscrita en el Registro Mercantil de *"localidad del Registro Mercantil de la escritura de nombramiento"*, en el tomo y hoja arriba indicados.

○ **Si representa como apoderado:**

apoderado de la reseñada sociedad, según escritura de poder otorgada a su favor, en *"fecha de escritura del otorgamiento del poder"*, ante el notario de *"lugar donde radica la notaría en la que se autorizó la escritura de poder"*, *"Don/Doña nombre y apellidos del notario que autorizó la escritura de poder"*, con el número *"número de protocolo del notario que autorizó la escritura de poder"* de su protocolo *"...e inscrita en el Registro Mercantil de "localidad del Registro Mercantil de la escritura de poder" ... "*, en el tomo y hoja arriba indicados.

<<

En adelante, el **acreedor pignoraticio**.

B. *"Don/Doña nombre y apellidos de la parte"*

>>

○ **Si interviene en su propio nombre:**

en su propio nombre y derecho.

○ **Si interviene como representante:**

en nombre y representación

○ Si representa a persona física:

de *"Don/Doña nombre y apellidos del representado"*, mayor de edad, *"estado civil del representado"*, con domicilio en *"domicilio del representado"* y provisto de D.N.I./N.I.F. número *"DNI/NIF del representado"*, según consta en escritura de poder, otorgada ante el notario de *"lugar donde radica la notaría en la que se autorizó la escritura de poder de representación (persona física)"*, *"Don/Doña nombre y apellidos del notario que autorizó la escritura de poder de representación (persona física)"*, el *"fecha de escritura de poder de representación (persona física)"*, con el número *"número de protocolo del notario que autorizó la escritura de poder de representación (persona física)"* de su orden de protocolo.

MCM 3725 s., 3855 s.

L 50/1980 art.99

❍ Si representa a persona jurídica:

de la sociedad mercantil denominada *"denominación social"*, domiciliada en *"domicilio social"*, y con NIF número *"NIF de la sociedad"*, constituida, por tiempo indefinido, mediante escritura otorgada ante el notario de *"lugar donde radica la notaría en la que se autorizó la escritura de poder de representación (persona jurídica)"*, *"Don/Doña nombre y apellidos del notario que autorizó la escritura de poder de representación (persona jurídica)"*, el *"fecha de escritura de poder de representación (persona jurídica)"*, e inscrita en el Registro Mercantil de *"datos de la inscripción registral (localidad del Registro Mercantil, tomo, folio, sección, hoja e inscripción)"*, en su calidad de

➤

❍ Si representa como cargo social:

"...administrador único ... O ... administrador solidario ... O ... consejero delegado ... O ... "especificar la representación del cargo social" ... " de la reseñada sociedad, cargo para el que fue nombrado y asegura vigente en escritura otorgada el *"fecha de escritura del nombramiento del cargo"*, ante el notario de *"lugar donde radica la notaría en la que se autorizó la escritura del nombramiento"*, *"Don/Doña nombre y apellidos del notario que autorizó la escritura del nombramiento"*, con el número *"número de protocolo del notario que autorizó la escritura del nombramiento"* de su protocolo, e inscrita en el Registro Mercantil de *"localidad del Registro Mercantil de la escritura de nombramiento"*, en el tomo y hoja arriba indicados.

❍ Si representa como apoderado:

apoderado de la reseñada sociedad, según escritura de poder otorgada a su favor, en *"fecha de escritura del otorgamiento del poder"*, ante el notario de *"lugar donde radica la notaría en la que se autorizó la escritura de poder"*, *"Don/Doña nombre y apellidos del notario que autorizó la escritura de poder"*, con el número *"número de protocolo del notario que autorizó la escritura de poder"* de su protocolo *"...e inscrita en el Registro Mercantil de "localidad del Registro Mercantil de la escritura de poder" ... "*, en el tomo y hoja arriba indicados.

≺

≺

≺≺

En adelante, el **deudor pignorante**.

Reconociéndose recíprocamente la capacidad necesaria para celebrar el presente contrato de prenda de póliza de seguro de vida

EXPONEN:

I. Que el **Acreedor pignoraticio** tiene concedido al **Deudor pignorante** un préstamo de *"importe del préstamo, en letra"* euros (*"importe del préstamo, en número"* €), concertado en la póliza número *"número de póliza"*, intervenida por el notario de *"lugar del notario que interviene"*, *"Don/Doña nombre y apellidos del notario que interviene"*, el *"fecha de intervención del notario"*.

Nota:

La prenda puede garantizar ***varias obligaciones*** *ya contraídas o por contraer de forma simultánea o sucesiva entre el mismo deudor o deudora y el mismo acreedor o acreedora, durante un período de tiempo y por una cuantía máxima convenidos.*

II. Que el **Deudor pignorante** tiene suscrito un contrato de seguro de vida de fecha *"fecha de suscripción del seguro"* en póliza número *"número de póliza del seguro"*, por un capital de *"capital suscrito, en letra"* euros (*"capital suscrito, en número"* €), en la que aparece como tomador, habiendo designado como beneficiario con carácter revocable a *"Don/Doña nombre y apellidos del beneficiario (p.e. su esposa doña nombre y apellidos")"*.

III. Que ambas partes han convenido en el presente contrato de prenda de póliza de seguro de vida con el objeto de garantizar las obligaciones que para el **Deudor pignorante** puedan derivarse de la póliza de préstamo número *"número de póliza"*, que se regirá por las siguientes

ESTIPULACIONES:

MCM 3725 s., 3855 s.

"Número" Objeto

✍ **Nota:**

*Puede garantizarse con este tipo de derechos tanto obligaciones presentes, como futuras, ciertas o inciertas, únicamente en caso de cantidad no determinada en el contrato deberá determinarse la **cantidad máxima** por la que se establece la garantía.*

L 50/1980 art.99

El **Deudor pignorante** constituye a favor del **Acreedor pignoraticio** un derecho real de prenda sobre la póliza de seguro de vida descrita en el expositivo II de la presente póliza, en garantía del cumplimiento de todas y cada una de las obligaciones que para el mismo se deriven de la póliza de préstamo número. La presente prenda se constituye al amparo de lo dispuesto en la Ley 50/1980, de 8 de octubre, del Contrato de Seguro.

"Número" Alcance o límite

En virtud del presente contrato el **Deudor pignorante** revoca la designación de beneficiario que hizo en la póliza de contratación del seguro, designándose, igualmente con carácter revocable, al **Acreedor pignoraticio**. El presente derecho de prenda mantendrá su vigencia mientras no se extingan todas y cada una de las obligaciones garantizadas.

"Número" Desplazamiento posesorio

✍ **Nota:**

*- El derecho de prenda es un derecho real, en el sentido en que requiere la efectiva **entrega** del derecho o crédito dado en prenda para que se produzca su nacimiento (*CC *art.*1863*).*

*- Si la póliza se emitió **a la orden**, el desplazamiento posesorio podrá hacerse mediante endoso.*

El **Deudor pignorante** autoriza expresamente al **Acreedor pignoraticio** para que notifique a la compañía asegurador la pignoración realizada, así como para que le requiera la notificación de cualquier incidencia relativa al pago de cada una de las primas pactadas.

"Número" Prohibición de disponer

✍ **Nota:**

*Es posible también pactar una cláusula que autorice la **sustitución** a instancias del deudor pignorante de los **bienes dados en prenda**, en el caso de que sean bienes fungibles, o de la sustitución de la prenda por otra garantía real o personal suficiente para cubrir el crédito.*

El **Deudor pignorante** no podrá revocar la designación de beneficiario, ni disponer en modo alguno de la póliza pignorada en tanto en cuanto se encuentre pendiente el cumplimiento de cualquiera de las obligaciones que se derivan de la póliza de préstamo número *"número de póliza"*.

"Número" Ejecución de la prenda

✍ **Nota:**

*Por otra parte, no hay que olvidar que el legislador ha previsto la ejecución extrajudicial de la hipoteca y otros derechos de garantía en diversas disposiciones entre las que citamos los art.*322 *y* 323 *del* Código de Comercio, *sobre la prenda sobre valores cotizables; el art.*569-8 *del Código Civil Catalán; art.*261 *s. de la* L 36/2011, *reguladora de la jurisdicción social; art.*38 *y* 39 *del* RDLeg 6/2004, *por el que se aprueba el texto refundido de la Ley de Ordenación y Supervisión de los Seguros Privados; el art.*16 *de la* L 28/1998, *de Venta a Plazos de Bienes Muebles (que, después de su reforma por la* L 1/2000, *de Enjuiciamiento Civil, se remite en el apartado 1 al proceso de ejecución previsto en esta última Ley, si bien en el apartado 2, letra "c" se prevé la enajenación en pública subasta, con intervención de Notario, siguiéndose en lo que sea posible las reglas del art.*1872 *del* Código Civil*); el art.*31*.1, párrafo segundo, de* L 4/2012, *sobre aprovechamiento por turno de bienes inmuebles de uso turístico.*

Una vez se haya producido el incumplimiento, ya sea este total o parcial, de las obligaciones derivadas de la póliza de préstamo número *"número de póliza"*, las partes acuerdan que el **Acreedor pignoraticio** podrá hacerse pago con cargo al efectivo de que haga pago en su día la compañía aseguradora o si existiera derecho de rescate a favor del tomador a ejercitar el mismo en la cuantía suficiente para hacerse pago de la deuda. MCM 3725 s., 3855 s.

En el caso de impago de alguna de las primas que vayan devengando en un futuro, podrá optar el **Acreedor pignoraticio** por abonar la misma y exigir la cantidad correspondiente al **Deudor pignorante** incrementada por un interés diario que las partes pactan en un *"tipo de interés"*%. L 50/1980 art.99

Si se produjera la defunción del **Deudor pignorante** con anterioridad al vencimiento y cumplimiento de la última de las obligaciones derivadas de la póliza de préstamo descrita en el expositivo I, las cantidades que al efecto entregue la compañía aseguradora serán ingresadas en una cuenta especial, subrogándose sobre ellas el derecho de prenda. A tal efecto el **Deudor pignorante** autoriza en este acto al **Acreedor pignoraticio** a abrir a nombre del primero una cuenta especial que tendrá carácter indisponible.

"Número" Liberación de la prenda

Nota:

La liberación de la prenda provoca la anulación formal del ***endoso*** *de garantía y la devolución del título cambiario por el endosatario.*

El **Deudor pignorante** podrá en cualquier tiempo liberar la prenda constituida, previa autorización del **Acreedor pignoraticio.**

"Número" Nulidad parcial del contrato

Si cualquiera de los pactos del contrato fuera declarado inválido, ya sea total o parcialmente, el resto del contrato mantendrá su vigencia y eficacia.

"Número" Gastos e impuestos

Todos cuantos gastos, tributos y honorarios se originen por el otorgamiento de la presente póliza, así como los que en un futuro puedan derivarse de cualquier reclamación posterior en ejecución del mismo, serán de cuenta y cargo del **Deudor pignorante**.

"Número" Notificaciones

Nota:

Si no se incluyera esta cláusula las notificaciones se realizarían en el ***domicilio*** *que indica el compareciente en el encabezamiento de la póliza.*

Las partes convienen los siguientes domicilios para la práctica de las notificaciones necesarias para la ejecución del presente contrato:

El **acreedor pignoraticio**: *"domicilio a efectos de notificación parte primera"*.

El **deudor pignorante**: *"domicilio a efectos de notificación parte segunda"*.

"Número" Fuero

Nota:

En caso de que no exista sumisión expresa, al no concurrir pacto alguno entre las partes que pudiera orientar acerca del problema sobre la cuestión de competencia, procede acudir a la doctrina mantenida por la Sala, con arreglo a la cual, y por aplicación de lo dispuesto en el CC *art.*1171, *en relación con el* 1500 *de dicho testo Legal y el* CCom *art.*50, *el* ***lugar de cumplimiento*** *de las obligaciones es aquel en el que se haya hecho entrega de la mercancía (*TS 22-2-80; 19-1-81, *EDJ 1295;* 2-11-84; 15-4-85, *EDJ 7288;* 19-10-96, *EDJ 7077;* 5-9-97, *EDJ 6745;* 17-5-99, *EDJ 8840)*

Para la solución de cualquier cuestión litigiosa que pueda derivarse del presente contrato de compraventa las partes, con renuncia al fuero aplicable, se someten a la jurisdicción de los jueces y tribunales de *"especificar ciudad de los Tribunales"*.

MCM 3725 s., 3855 s.

"Número" Naturaleza mercantil del contrato

 **Nota:**

L 50/1980 art.99

Son mercantiles las prendas que garanticen obligaciones derivadas de ***contratos mercantiles*** *(*CCom *art.*439*), o de actos de comercio no contractuales y por último la prenda recayente sobre bienes o derechos de naturaleza mercantil.*

Los comparecientes, en la representación en que intervienen, manifiestan que el presente contrato tiene carácter de mercantil y se regirá en primer término por las estipulaciones contenidas en el mismo y en lo que en ellas no estuviere previsto por las disposiciones del Código de Comercio, leyes especiales, los usos y costumbres mercantiles y, en su defecto, por lo establecido en el Código Civil.

"Número" Intervención de Notario

Este contrato se ha formalizado, según se expresa anteriormente, con intervención del notario a todos los efectos, incluso a los previstos en el art.93 del Código de Comercio, en los artículos 517 y 572 de la Ley de Enjuiciamiento Civil y demás legislación concordante.

acreedor pignoraticio y **deudor pignorante** dan su conformidad a los términos y condiciones previstos en el presente contrato y en prueba de ello lo firman por cuadruplicado ejemplar y a un solo efecto, reconociendo cada una de ellas haber recibido copia del mismo, y yo, el notario interviniente, doy fe de la identidad y capacidad de las partes y de la legitimación de sus firmantes, así como de todo lo convenido en la presente póliza que firmo, rubrico y sello en el lugar y fecha indicados en el encabezamiento.

EL ACREEDOR PIGNORATICIO **EL DEUDOR PIGNORANTE**

Con mi intervención

Prenda de participaciones en fondos de inversión mobiliaria

MCM 3725 s., 3865 s.

L 35/2003; RD 1082/2012

Nota preliminar:

- El Código de Comercio no dedica un capítulo específico a la regulación del derecho de prenda, limitándose a recoger preceptos alusivos al mismo de forma no sistematizada. Con carácter **subsidiario** se aplican los preceptos relativos a la prenda del Código civil y legislaciones civiles autonómicas.
- Los FIM son instrumentos de inversión mobiliaria colectiva, representados por patrimonios pertenecientes a una **pluralidad de inversores** y constituidos con el objetivo exclusivo de tener la finalidad de adquisición, tenencia, disfrute, administración en general y enajenación de valores mobiliarios y otros activos financieros.
- Téngase presente la Ley 16-12-1954 sobre Hipoteca Mobiliaria y Prenda sin Desplazamiento de la Posesión, en cuyo art.55, párrafo tercero, se prevé expresamente la posibilidad de que el derecho real de garantía de prenda recaiga sobre **derechos de crédito**, incluso créditos futuros, siempre que no estén representados por valores y no tengan la consideración de instrumentos financieros a los efectos de lo previsto en el RDL 5/2005, de reformas urgentes para el impulso a la productividad y para la mejora de la contratación pública. Para su eficaz constitución deberán inscribirse en el Registro de Bienes Muebles.
- El modelo presupone unas circunstancias determinadas que serán las más **frecuentes**. Si en el caso concreto existen circunstancias particulares no previstas, deberá completarse o modificarse el modelo adaptándolo a las mismas.

En *"lugar"*, a *"fecha"*.
Ante mí, *"Don/Doña nombre y apellidos del notario"* perteneciente al colegio notarial de *"colegio notarial"* y con residencia en *"lugar donde radica la notaría"*.

Nota:

La intervención del ***notario*** *es facultativa para las partes. Los notarios realizan las funciones que anteriormente realizaban los corredores de comercio, cuerpo desaparecido a partir del 1-10-2000 momento en el que se produce la fusión de los cuerpos de notarios y corredores de comercio colegiados en virtud de lo dispuesto en la (*L 55/1999 disp.adic.24ª*). No obstante, la formalización en documento público, ya sea escritura pública o póliza notarial, es exigida por la normativa civil para que el derecho de prenda perjudique a terceros (*CC art.1865*).*

COMPARECEN:

De una parte,
"Don/Doña nombre y apellidos de la parte", mayor de edad, *"estado civil de la parte" "... "especificar el régimen económico matrimonial de la parte" ... "*, de nacionalidad *"nacionalidad de la parte"*, con domicilio a estos efectos en *"domicilio de la parte", "...con DNI/NIF número "DNI/NIF de la parte" ... O ... con tarjeta de residencia número "número de tarjeta de residencia de la parte" ... O ... pasaporte número "número de pasaporte de la parte", expedido el "fecha de expedición del pasaporte de la parte" ... O ... "reseñar otros documentos aportados por la parte" ... "*, vigente hasta el *"fecha de vigencia de la documentación aportada por la parte"*.

MCM 3725 s., 3865 s.

L 35/2003; RD 1082/2012

Y de otra parte,

"Don/Doña nombre y apellidos de la parte", mayor de edad, *"estado civil de la parte" "..."especificar el régimen económico matrimonial de la parte" ..."*, de nacionalidad *"nacionalidad de la parte"*, con domicilio a estos efectos en *"domicilio de la parte"*, *"...con DNI/NIF número "DNI/NIF de la parte" ... O ... con tarjeta de residencia número "número de tarjeta de residencia de la parte" ... O ... pasaporte número "número de pasaporte de la parte", expedido el "fecha de expedición del pasaporte de la parte" ... O ... "reseñar otros documentos aportados por la parte" ..."*, vigente hasta el *"fecha de vigencia de la documentación aportada por la parte"*.

INTERVIENEN:

A. *"Don/Doña nombre y apellidos del representante"*, en nombre y representación de la sociedad mercantil denominada *"denominación social"*, domiciliada en *"domicilio social"*, y con NIF número *"NIF de la sociedad"*, constituida, por tiempo indefinido, mediante escritura otorgada ante el notario de *"lugar de la notaría en la que se autorizó la constitución de la sociedad"*, *"Don/Doña nombre y apellidos del notario que autorizó la constitución de la sociedad"*, el *"fecha de escritura de constitución de la sociedad"*, e inscrita en el Registro Mercantil de *"datos de la inscripción registral de la sociedad (localidad del Registro Mercantil, tomo, folio, sección, hoja e inscripción)"*, en su calidad de

>>

○ **Si representa como cargo social:**

"...administrador único ... O ... administrador solidario ... O ... consejero delegado ... O ... "especificar la representación del cargo social" ..." de la reseñada sociedad, cargo para el que fue nombrado y asegura vigente en escritura otorgada el *"fecha de escritura del nombramiento del cargo"*, ante el notario de *"lugar donde radica la notaría en la que se autorizó la escritura del nombramiento"*, *"Don/Doña nombre y apellidos del notario que autorizó la escritura del nombramiento"*, con el número *"número de protocolo del notario que autorizó la escritura del nombramiento"* de su protocolo, e inscrita en el Registro Mercantil de *"localidad del Registro Mercantil de la escritura de nombramiento"*, en el tomo y hoja arriba indicados.

○ **Si representa como apoderado:**

apoderado de la reseñada sociedad, según escritura de poder otorgada a su favor, en *"fecha de escritura del otorgamiento del poder"*, ante el notario de *"lugar donde radica la notaría en la que se autorizó la escritura de poder"*, *"Don/Doña nombre y apellidos del notario que autorizó la escritura de poder"*, con el número *"número de protocolo del notario que autorizó la escritura de poder"* de su protocolo *"...e inscrita en el Registro Mercantil de "localidad del Registro Mercantil de la escritura de poder" ..."*, en el tomo y hoja arriba indicados.

<<

En adelante, el **acreedor pignoraticio**.

B. *"Don/Doña nombre y apellidos de la parte"*

>>

○ **Si interviene en su propio nombre:**

en su propio nombre y derecho.

○ **Si interviene como representante:**

en nombre y representación

650

MCM 3725 s., 3865 s.

L 35/2003; RD 1082/2012

➤

❍ Si representa a persona física:

de *"Don/Doña nombre y apellidos del representado"*, mayor de edad, *"estado civil del representado"*, con domicilio en *"domicilio del representado"* y provisto de D.N.I./N.I.F. número *"DNI/NIF del representado"*, según consta en escritura de poder, otorgada ante el notario de *"lugar donde radica la notaría en la que se autorizó la escritura de poder de representación (persona física)"*, *"Don/Doña nombre y apellidos del notario que autorizó la escritura de poder de representación (persona física)"*, el *"fecha de escritura de poder de representación (persona física)"*, con el número *"número de protocolo del notario que autorizó la escritura de poder de representación (persona física)"* de su orden de protocolo.

❍ Si representa a persona jurídica:

de la sociedad mercantil denominada *"denominación social"*, domiciliada en *"domicilio social"*, y con NIF número *"NIF de la sociedad"*, constituida, por tiempo indefinido, mediante escritura otorgada ante el notario de *"lugar donde radica la notaría en la que se autorizó la escritura de poder de representación (persona jurídica)"*, *"Don/Doña nombre y apellidos del notario que autorizó la escritura de poder de representación (persona jurídica)"*, el *"fecha de escritura de poder de representación (persona jurídica)"*, e inscrita en el Registro Mercantil de *"datos de la inscripción registral (localidad del Registro Mercantil, tomo, folio, sección, hoja e inscripción)"*, en su calidad de

➤

❍ Si representa como cargo social:

"...administrador único ... O ... administrador solidario ... O ... consejero delegado ... O ... "especificar la representación del cargo social" ... " de la reseñada sociedad, cargo para el que fue nombrado y asegura vigente en escritura otorgada el *"fecha de escritura del nombramiento del cargo"*, ante el notario de *"lugar donde radica la notaría en la que se autorizó la escritura del nombramiento"*, *"Don/Doña nombre y apellidos del notario que autorizó la escritura del nombramiento"*, con el número *"número de protocolo del notario que autorizó la escritura del nombramiento"* de su protocolo, e inscrita en el Registro Mercantil de *"localidad del Registro Mercantil de la escritura de nombramiento"*, en el tomo y hoja arriba indicados.

❍ Si representa como apoderado:

apoderado de la reseñada sociedad, según escritura de poder otorgada a su favor, en *"fecha de escritura del otorgamiento del poder"*, ante el notario de *"lugar donde radica la notaría en la que se autorizó la escritura de poder"*, *"Don/Doña nombre y apellidos del notario que autorizó la escritura de poder"*, con el número *"número de protocolo del notario que autorizó la escritura de poder"* de su protocolo *"...e inscrita en el Registro Mercantil de "localidad del Registro Mercantil de la escritura de poder" ... "*, en el tomo y hoja arriba indicados.

≺

≺≺

En adelante, el **deudor pignorante**.

Reconociéndose recíprocamente la capacidad necesaria para celebrar el presente contrato de prenda de fondos de inversión mobiliaria.

EXPONEN:

I. Que el **Acreedor pignoraticio** tiene concedido al **Deudor pignorante** un préstamo de *"importe del préstamo, en letra"* euros (*"importe del préstamo, en número"* €), concertado en la póliza número *"número de póliza"*, intervenida por el notario de *"lugar del notario que interviene"*, *"Don/Doña nombre y apellidos del notario que interviene"*, el *"fecha de intervención del notario"*.

MCM 3725 s., 3865 s.

L 35/2003; RD 1082/2012

Nota:

La prenda puede garantizar ***varias obligaciones*** *ya contraídas o por contraer de forma simultánea o sucesiva entre el mismo deudor o deudora y el mismo acreedor o acreedora, durante un período de tiempo y por una cuantía máxima convenidos.*

II. Que el **Deudor pignorante** es titular de *"número de participaciones"* de participaciones, con el número de la *"número de la primera participación"* a la *"número de la última participación"*, ambas inclusive, del Fondo *"especificar Fondo"* FIM. La sociedad gestora del Fondo es *"nombre de la sociedad gestora del Fondo"*, con domicilio en *"domicilio de la sociedad gestora"*. El valor actual de dichas participaciones es de *"en letra"* euros (*"en número"* €), manifestando el **Deudor pignorante** que las mencionadas participaciones están libres de cargas y gravámenes y que goza de la libre disposición de las mismas.

III. Que ambas partes han convenido en el presente contrato de prenda de fondo de inversión mobiliaria con el objeto de garantizar las obligaciones que para el **Deudor pignorante** puedan derivarse de la póliza de préstamo número *"número de póliza"*, que se regirá por las siguientes

ESTIPULACIONES:

"NÚMERO" **Objeto**

Nota:

Puede garantizarse con este tipo de derechos tanto obligaciones presentes, como futuras, ciertas o inciertas, únicamente en caso de ***cantidad no determinada*** *en el contrato deberá determinarse la cantidad máxima por la que se establece la garantía.*

El **Deudor pignorante** constituye a favor del **Acreedor pignoraticio** un derecho real de prenda sobre las participaciones invertidas en el Fondo de Inversión Mobiliaria descritas en el expositivo de la presente póliza, en garantía del cumplimiento de todas y cada una de las obligaciones que para el mismo se deriven de la póliza de préstamo número *"número de póliza"*.

"NÚMERO" **Alcance o límite**

El derecho real de prenda se extenderá por subrogación real al efectivo resultante de las mismas o al derecho de crédito correspondiente.

"NÚMERO" **Desplazamiento posesorio**

Nota:

El derecho de prenda es un derecho real, en el sentido en que requiere la efectiva ***entrega*** *del derecho o crédito dado en prenda para que se produzca su nacimiento (*CC *art.*1863*).*

El **Deudor pignorante** hace entrega en este acto al **Acreedor pignoraticio** de los certificados nominativos correspondientes a las referidas participaciones, expedidos por la sociedad gestora.

>>

- **Si las participaciones son representadas por anotaciones en cuenta:**

El **Deudor pignorante** hace entrega en este acto al **Acreedor pignoraticio** de los certificados de legitimación, expedidos por la sociedad gestora, en los que se hace referencia a la voluntad pignoraticia, debiéndose inscribir el derecho de prenda que se constituye en la cuenta correspondiente por la Sociedad Gestora.

- **Si se trata de valores nominativos:**

El **Deudor pignorante** autoriza en este acto al **Acreedor pignoraticio** para que comunique a la sociedad gestora la constitución del derecho de prenda objeto de la presente póliza.

<<

MCM 3725 s., 3865 s.

L 35/2003; RD 1082/2012

***"NÚMERO"* Prohibición de disponer**

Nota:

Es posible también pactar una cláusula que autorice la ***sustitución*** *a instancias del deudor pignorante de los* ***bienes dados en prenda****, en el caso de que sean bienes fungibles, o de la sustitución de la prenda por otra garantía real o personal suficiente para cubrir el crédito.*

El **Deudor pignorante** no podrá disponer de las participaciones pignoradas en tanto en cuanto se encuentre pendiente el cumplimiento de cualquiera de las obligaciones que se derivan de la póliza de préstamo número *"número de póliza"*.

Si durante la vigencia de este contrato, participaciones pignoradas sufrieran una disminución de valor por encima del *"especificar porcentaje"*, respecto del valor de liquidación actual, señalado en el expositivo, el **Deudor pignorante** se obliga a reponer la garantía en la misma proporción en el plazo máximo de *"plazo para reponer la garantía"* días naturales.

***"NÚMERO"* Ejecución de la prenda**

Nota:

Por otra parte, no hay que olvidar que el legislador ha previsto la ejecución extrajudicial de la hipoteca y otros derechos de garantía en ***diversas disposiciones*** *entre las que citamos los art.*322 *y* 323 *del* Código de Comercio, *sobre la prenda sobre valores cotizables; el art.*569-8 *del Código Civil Catalán; art.*261 *s. de la* L 36/2011, *reguladora de la jurisdicción social; art.*38 *y* 39 *del* RDLeg 6/2004, *por el que se aprueba el texto refundido de la Ley de Ordenación y Supervisión de los Seguros Privados; el art.*16 *de la* L 28/1998, *de Venta a Plazos de Bienes Muebles (que, después de su reforma por la* L 1/2000, *de Enjuiciamiento Civil, se remite en el apartado 1 al proceso de ejecución previsto en esta última Ley, si bien en el apartado 2, letra "c" se prevé la enajenación en pública subasta, con intervención de Notario, siguiéndose en lo que sea posible las reglas del art.*1872 *del* Código Civil*); el art.*31*.1, párrafo segundo, de* L 4/2012, *sobre aprovechamiento por turno de bienes inmuebles de uso turístico.*

Una vez se haya producido el incumplimiento, ya sea este total o parcial, de las obligaciones derivadas de la póliza de préstamo número *"número de póliza"*, las partes acuerdan que el **Acreedor pignoraticio** podrá hacerse pago con cargo:

a) Al resultado de la venta total o parcial de las participaciones.

Nota:

En relación con la ***ejecución*** *de la prenda, ver* TS 21-11-00, *EDJ 39467. En este sentido, señala la indicada sentencia que: "establecido en el art.*1872 *del* Código Civil *la subasta pública, "precisamente" dice el texto legal lo que excluye cualquier otro medio, para llevar a cabo la enajenación de los bienes dados en prenda ante el impago por el deudor de la obligación asegurada con ella, ni este texto legal ni ningún otro establece, aparte de la obligada citación del deudor y del dueño de la prenda en su caso, los requisitos a que ha de ajustarse la subasta pública a celebrar ante el Notario, por lo que es indudable que nos encontramos ante un vacío legal para llenar el cual habrá de acudirse a aquellas normas que regulan la celebración de subastas públicas en procesos ejecutivos, judiciales o extrajudiciales, que permitan establecer unos criterios objetivos aplicables al caso no regulado del art.*1872 *del* Código Civil*".*

b) Al saldo de la cuenta especial a que hace referencia la estipulación sexta siguiente.

***"NÚMERO"* Cuenta especial**

El **Deudor pignorante** autoriza al **Acreedor pignoraticio** a abrir a nombre del primero una cuenta especial que tendrá carácter indisponible, para el caso de por cualquier motivo las cantidades resultantes de la realización de las participaciones no puedan aplicarse con carácter inmediato al pago de alguna de las obligaciones garantizadas.

***"NÚMERO"* Liberación de la prenda**

El **Deudor pignorante** podrá en cualquier tiempo liberar la prenda constituida, previa autorización del **Acreedor pignoraticio**.

MCM 3725 s., 3865 s.

"NÚMERO" Disolución y liquidación del Fondo

En el caso de que hubiera de disolverse y liquidar el Fondo de acuerdo con la normativa aplicable en cada momento, la cuota líquida que resulte de la liquidación, quedará subrogada en la prenda en el lugar de las participaciones, autorizando el **Deudor pignorante** en este acto al **Acreedor pignoraticio** a solicitar de la entidad correspondiente el ingreso o depósito de la cantidad correspondiente en la cuenta especial constituida conforme a lo dispuesto en la cláusula sexta del presente contrato.

Nota:

L 35/2003; RD 1082/2012

«La liquidación del fondo se realizará por la sociedad gestora con el concurso del depositario y previo el cumplimiento de los requisitos de publicidad y garantías que el reglamento de esta ley establezca. Una vez acordada la disolución y hecha pública por la CNMV se suspenderán las suscripciones y reembolsos» (L 35/2003 art.24.2).

"NÚMERO" Nulidad parcial del contrato

Si cualquiera de los pactos del contrato fuera declarado inválido, ya sea total o parcialmente, el resto del contrato mantendrá su vigencia y eficacia.

"NÚMERO" Gastos e impuestos

Todos cuantos gastos, tributos y honorarios se originen por el otorgamiento de la presente póliza, así como los que en un futuro puedan derivarse de cualquier reclamación posterior en ejecución del mismo, serán de cuenta y cargo del **Deudor pignorante**.

"NÚMERO" Notificaciones

Nota:

*Si no se incluyera esta cláusula las notificaciones se realizarían en el **domicilio** que indica el compareciente en el encabezamiento de la póliza.*

Las partes convienen los siguientes domicilios para la práctica de las notificaciones necesarias para la ejecución del presente contrato:

El **acreedor pignoraticio**: *"domicilio a efectos de notificación parte primera"*.

El **deudor pignorante**: *"domicilio a efectos de notificación parte segunda"*.

"NÚMERO" Fuero

Nota:

En caso de que no exista sumisión expresa, al no concurrir pacto alguno entre las partes que pudiera orientar acerca del problema sobre la cuestión de competencia, procede acudir a la doctrina mantenida por la Sala, con arreglo a la cual, y por aplicación de lo dispuesto en el CC *art.*1171, *en relación con el* 1500 *de dicho testo Legal y el* CCom *art.*50, *el **lugar de cumplimiento** de las obligaciones es aquel en el que se haya hecho entrega de la mercancía (*TS 22-2-80*;* 19-1-81, *EDJ 1295;* 2-11-84*;* 15-4-85, *EDJ 7288;* 19-10-96, *EDJ 7077;* 5-9-97, *EDJ 6745;* 17-5-99, *EDJ 8840)*

*El hecho de la **absolución** de posiciones no constituye sumisión tácita, por lo que si se ha ejercido una acción personal derivada de un contrato de compraventa, la competencia corresponde al juzgado donde haya sido pagado parte del precio (*TS 25-9-03, *EDJ 110390).*

Para la solución de cualquier cuestión litigiosa que pueda derivarse del presente contrato de compraventa las partes, con renuncia al fuero aplicable, se someten a la jurisdicción de los jueces y tribunales de *"especificar ciudad de los Tribunales"*.

"NÚMERO" Naturaleza mercantil del contrato

Nota:

*Son mercantiles las prendas que garanticen obligaciones derivadas de **contratos mercantiles** (*CCom *art.*439*), o de actos de comercio no contractuales y por último la prenda recayente sobre bienes o derechos de naturaleza mercantil.*

Los comparecientes, en la representación en que intervienen, manifiestan que el presente contrato tiene carácter de mercantil y se regirá en primer término por las estipulaciones contenidas en el mismo y en lo que en ellas no estuviere previsto por las disposiciones del Código de Comercio, leyes especiales, los usos y costumbres mercantiles y, en su defecto, por lo establecido en el Código Civil. MCM 3725 s., 3865 s.

***"NÚMERO"* Intervención de Notario**

Este contrato se ha formalizado, según se expresa anteriormente, con intervención del notario a todos los efectos, incluso a los previstos en el art.93 del Código de Comercio, en los artículos 517 y 572 de la Ley de Enjuiciamiento Civil y demás legislación concordante. L 35/2003; RD 1082/2012

acreedor pignoraticio y **deudor pignorante** dan su conformidad a los términos y condiciones previstos en el presente contrato y en prueba de ello lo firman por cuadruplicado ejemplar y a un solo efecto, reconociendo cada una de ellas haber recibido copia del mismo, y yo, el notario interviniente, doy fe de la identidad y capacidad de las partes y de la legitimación de sus firmantes, así como de todo lo convenido en la presente póliza que firmo, rubrico y sello en el lugar y fecha indicados en el encabezamiento.

EL ACREEDOR PIGNORATICIO **EL DEUDOR PIGNORANTE**

Con mi intervención

Hipoteca mobiliaria unilateral

MCM 4120 s.

Nota preliminar:

- En el caso de hipoteca naval, resulta aplicable su **ley especial**, y consecuentemente, no se exige la autorización del acreedor hipotecario para la enajenación del bien dado en garantía (TS 18-12-12, EDJ 310481).
- El modelo presupone unas circunstancias determinadas que serán las más **frecuentes**. Si en el caso concreto existen circunstancias particulares no previstas, deberá completarse o modificarse el modelo adaptándolo a las mismas.

D 8-2-1946 (LH) art.141; L 16-12-1954 art.12 a 51

En *"lugar"*, a *"fecha"*.
Ante mí, *"Don/Doña nombre y apellidos del notario"* perteneciente al colegio notarial de *"colegio notarial"* y con residencia en *"lugar donde radica la notaría"*.

Nota:

*La inscripción en el **Registro de la Propiedad** o en el que corresponda, según los casos, es requisito necesario para la constitución del derecho, de ahí que haya de otorgarse en escritura pública.*

COMPARECE:

"Don/Doña nombre y apellidos de la parte", mayor de edad, *"estado civil de la parte" "... "especificar el régimen económico matrimonial de la parte" ..."*, de nacionalidad *"nacionalidad de la parte"*, con domicilio a estos efectos en *"domicilio de la parte"*, *"...con DNI/NIF número "DNI/NIF de la parte" ... O ... con tarjeta de residencia número "número de tarjeta de residencia de la parte" ... O ... pasaporte número "número de pasaporte de la parte", expedido el "fecha de expedición del pasaporte de la parte" ... O ... "reseñar otros documentos aportados por la parte" ..."*, vigente hasta el *"fecha de vigencia de la documentación aportada por la parte"*.

Interviene

➢➢

○ **Si interviene en su propio nombre:**

en su propio nombre y derecho.

○ **Si interviene como representante:**

en nombre y representación

➢

○ Si representa a persona física:

de *"Don/Doña nombre y apellidos del representado"*, mayor de edad, *"estado civil del representado"*, con domicilio en *"domicilio del representado"* y provisto de D.N.I./N.I.F. número *"DNI/NIF del representado"*, según consta en escritura de poder, otorgada ante el notario de *"lugar donde radica la notaría en la que se autorizó la escritura de poder de representación (persona física)"*, *"Don/Doña nombre y apellidos del notario que autorizó la escritura de poder de representación (persona física)"*, el *"fecha de escritura de poder de representación (persona física)"*, con el número *"número de protocolo del notario que autorizó la escritura de poder de representación (persona física)"* de su orden de protocolo.

❍ Si representa a persona jurídica:

de la sociedad mercantil denominada *"denominación social"*, domiciliada en *"domicilio social"*, y con NIF número *"NIF de la sociedad"*, constituida, por tiempo indefinido, mediante escritura otorgada ante el notario de *"lugar donde radica la notaría en la que se autorizó la escritura de poder de representación (persona jurídica)"*, *"Don/Doña nombre y apellidos del notario que autorizó la escritura de poder de representación (persona jurídica)"*, el *"fecha de escritura de poder de representación (persona jurídica)"*, e inscrita en el Registro Mercantil de *"datos de la inscripción registral (localidad del Registro Mercantil, tomo, folio, sección, hoja e inscripción)"*, en su calidad de

MCM 4120 s.

D 8-2-1946 (LH) art.141; L 16-12-1954 art.12 a 51

➤

❍ Si representa como cargo social:

"...administrador único ... O ... administrador solidario ... O ... consejero delegado ... O ... "especificar la representación del cargo social" ... " de la reseñada sociedad, cargo para el que fue nombrado y asegura vigente en escritura otorgada el *"fecha de escritura del nombramiento del cargo"*, ante el notario de *"lugar donde radica la notaría en la que se autorizó la escritura del nombramiento"*, *"Don/Doña nombre y apellidos del notario que autorizó la escritura del nombramiento"*, con el número *"número de protocolo del notario que autorizó la escritura del nombramiento"* de su protocolo, e inscrita en el Registro Mercantil de *"localidad del Registro Mercantil de la escritura de nombramiento"*, en el tomo y hoja arriba indicados.

❍ Si representa como apoderado:

apoderado de la reseñada sociedad, según escritura de poder otorgada a su favor, en *"fecha de escritura del otorgamiento del poder"*, ante el notario de *"lugar donde radica la notaría en la que se autorizó la escritura de poder"*, *"Don/Doña nombre y apellidos del notario que autorizó la escritura de poder"*, con el número *"número de protocolo del notario que autorizó la escritura de poder"* de su protocolo *"...e inscrita en el Registro Mercantil de "localidad del Registro Mercantil de la escritura de poder" ... "*, en el tomo y hoja arriba indicados.

≺

≺

≺≺

En adelante, el **Deudor hipotecante**.

Le identifico por su documento de identidad, anteriormente reseñado y que me ha exhibido.
Le juzgo con capacidad legal suficiente para el otorgamiento de la presente escritura de hipoteca unilateral a favor del estado, y

Nota:

*Al **deudor hipotecante** se le exige la capacidad y la facultad de disposición del bien.*

EXPONE:

I. Que el **Deudor hipotecante**, es titular de los siguientes bienes: *"describir los bienes (si existen bienes inmuebles con referencia a las circunstancias de su inscripción, incluyendo su naturaleza, cantidad, calidad, signos distintivos, etc.)"*.

Título. Le pertenecen por compra para su explotación mercantil en virtud de escritura pública otorgada por el notario de *"lugar del notario que autorizó la escritura pública"*, *"Don/Doña nombre y apellidos del notario que autorizó la escritura pública"*, con fecha *"fecha de autorización de la escritura pública"*, con el número *"número de protocolo del notario que autorizó la escritura pública"* de su protocolo.

Cargas. Se hallan libres de cargas y gravámenes, según resulta de las manifestaciones del **Deudor hipotecante**, y en relación a los bienes inmuebles de la nota simple informativa que me ha sido remitida en el día de hoy por el Registro de la Propiedad de *"localidad del Registro Mercantil"*. Advierto al compareciente que sobre la prevalencia de la situación registral existente con anterioridad a la presentación en el Registro de copia autorizada de la presente escritura.

655

Arrendamientos. Declara el **Deudor hipotecante** que los bienes objeto de la presente escritura se encuentran libres de arrendamiento, así como que los bienes inmuebles vendidos no constituyen vivienda habitual de su familia ni de pareja de hecho.

MCM 4120 s.

II. Que por resolución de fecha *"fecha de resolución"*, adoptada por *"especificar órgano resolutor"* y notificada en fecha *"fecha de notificación de resolución"*, se ha concedido un aplazamiento de la cantidad de *"cantidad aplazada, en letra"* euros (*"cantidad aplazada, en número"* €), correspondiente al pago del Impuesto *"especificar tributo"*, fijándose como plazos de vencimiento del pago de la cantidad y de los interés de demora correspondientes los siguientes:

D 8-2-1946 (LH) art.141; L 16-12-1954 art.12 a 51

- *"especificar plazo"* plazo: *"fecha de vencimiento"*; *"intereses de demora"*, *"cantidad debida"*. 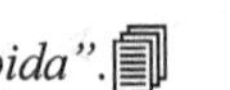

III. Que el indicado aplazamiento quedaba supeditado a la constitución por parte del **Deudor hipotecante** de una hipoteca mobiliaria unilateral a favor del Estado.

IV. Que en cumplimiento de la disposición descrita en el expositivo II, y con el objeto de garantizar el cumplimiento del aplazamiento de pago solicitado, el **Deudor hipotecante**, en la calidad en la que actúa,

OTORGA:

PRIMERO. Objeto

El **Deudor hipotecante**, en la representación en la que actúa, otorga a favor del Estado, hipoteca mobiliaria unilateral sobre los bienes descritos en el expositivo I de la presente escritura.

SEGUNDO. Alcance o límite

La presente hipoteca se constituye a favor del Estado, con el objeto de garantizar el pago del principal aplazado igual a *"importe del principal aplazado, en letra"* euros (*"importe del principal aplazado, en número"* €), así como a la cantidad correspondiente a la liquidación de los intereses de demora, que asciende a *"importe intereses de demora, en letra"* euros (*"importe intereses de demora, en número"* €), y al 25% de la suma de ambos conceptos, equivalente a *"cantidad equivalente, en letra"* euros (*"cantidad equivalente, en número"* €), conforme a lo previsto en el Reglamento General de Recaudación.

Nota:

*La Hipoteca en principio garantiza la totalidad del **principal**, más, en principio y salvo pacto de extensión superior, los **intereses** de los últimos dos años y la parte vencida de la anualidad corriente. En ningún caso podrá pactarse que la hipoteca asegure intereses por plazo superior a cinco años (*LH *art.*114*). En cuanto a las costas, para asegurarlas es necesaria la existencia de pacto expreso.*

El **Deudor hipotecante** hace distribución de la responsabilidad hipotecante entre los bienes hipotecados de la siguiente forma:

- El *"identificar el bien hipotecado"*, responderá de *"cantidad por el principal, en letra"* euros (*"cantidad por el principal, en número"* €), respecto del principal, de *"cantidad por intereses de demora, en letra"* euros (*"cantidad por intereses de demora, en número"* €), respecto de los intereses de demora, y de *"cantidad por complemento, en letra"* euros (*"cantidad por complemento, en número"* €), respecto de la cantidad complementaria.

TERCERO. Extensión de la hipoteca

La hipoteca constituida se extenderá a toda clase de indemnizaciones que correspondan al **Deudor hipotecante**, concedidas o debidas por razón de los bienes hipotecados, si el siniestro o hecho que los motiva acaeciera con posterioridad a la fecha de la presente escritura.

Nota:

Es conveniente reflejar este hecho en el contrato, si bien se trata de una cláusula que transcribe lo dispuesto en el art.5 de la Ley *16-12-1954 de Hipoteca mobiliaria y Prenda sin desplazamiento.*

MCM 4120 s.

CUARTO. Ejecución de la hipoteca

Nota:

Por otra parte, no hay que olvidar que el legislador ha previsto la ejecución extrajudicial de la hipoteca y otros derechos de garantía en ***diversas disposiciones*** *entre las que citamos los art.*322 *y* 323 *del* Código de Comercio, *sobre la prenda sobre valores cotizables; el art.*569-8 *del Código Civil Catalán; art.*261 *s. de la* L 36/2011, *reguladora de la jurisdicción social; art.*38 *y* 39 *del* RDLeg 6/2004, *por el que se aprueba el texto refundido de la Ley de Ordenación y Supervisión de los Seguros Privados; el art.*16 *de la* L 28/1998, *de Venta a Plazos de Bienes Muebles (que, después de su reforma por la* L 1/2000, *de Enjuiciamiento Civil, se remite en el apartado 1 al proceso de ejecución previsto en esta última Ley, si bien en el apartado 2, letra "c" se prevé la enajenación en pública subasta, con intervención de Notario, siguiéndose en lo que sea posible las reglas del art.*1872 *del* Código Civil*); el art.*31*.1, párrafo segundo, de* L 4/2012, *sobre aprovechamiento por turno de bienes inmuebles de uso turístico.*

D 8-2-1946 (LH) art.141; L 16-12-1954 art.12 a 51

En caso de incumplimiento total o parcial de cualquiera de los plazos establecidos, acreditado mediante la correspondiente certificación al descubierto del débito cuyo ingreso se haya omitido, podrá procederse a la ejecución de la hipoteca. A este respecto será de aplicación, entre otros, lo dispuesto en el 48 del Reglamento General de Recaudación.

La ejecución de la hipoteca se llevará a cabo por los órganos de Recaudación y por el Procedimiento de apremio, conforme a lo previsto en el art.111 del Reglamento General de Recaudación. A tales efectos se fija como valor de tasación de cada uno de los bienes hipotecados el siguiente:

- El *"identificar el bien hipotecado"*. Valor de tasación *"valor de tasación, en letra"* euros (*"valor de tasación, en número"* €).

El **Deudor hipotecante**, a los efectos de lo dispuesto en el art.86 de la Ley de 16 de diciembre de 1954, de hipoteca mobiliaria y prenda sin desplazamiento, designa al Estado como mandatario que lo represente, en la venta de los bienes hipotecados.

QUINTO. Notificaciones

Nota:

Si no se incluyera esta cláusula las notificaciones se realizarían en el ***domicilio*** *que indica el compareciente en el encabezamiento de la póliza.*

El **Deudor hipotecante** señala como domicilio para la práctica de las notificaciones necesarias para la ejecución de la presente Hipoteca el siguiente *"domicilio de notificaciones"*.

Nota:

La ***aceptación*** *de la hipoteca ha de constar en escritura pública e inscribirse en el Registro de la Propiedad, mediante nota marginal. En el caso de constitución a favor de un tercero, añadir que: "El compareciente me requiere a mí el notario para que realice la notificación de la constitución de la presente Hipoteca al* ***Acreedor Hipotecario****, mediante remisión de una copia de la presente escritura al domicilio sito en «..........», calle «..........», número «..........» Acepto el requerimiento que practicaré mediante diligencia". Si no consta la aceptación en el plazo de* ***2 meses****, podrá el* ***Deudor Hipotecario*** *cancelar la hipoteca constituida sin necesidad de ningún otro consentimiento. no es bastante el conocimiento de la hipoteca por el acreedor favorecido para que, desde entonces, se empiece a contar el plazo de los dos meses a que estos preceptos se refieren, ya que para que empiece a correr este plazo se necesita una especial intimación o requerimiento en el que se determinará expresamente que transcurridos los dos meses sin hacer constar en el Registro la aceptación, la hipoteca podrá cancelarse a petición del dueño de la finca, sin necesidad del consentimiento de la persona en cuyo favor se constituyó. Se trata, con esta cautela, de avisar al favorecido no sólo de la existencia de la formalización de la hipoteca sino también del carácter claudicante de esa situación registral (*DGRN Resol 3-6-00*).*

MCM 4120 s.

SEXTO. Aceptación de la hipoteca

Nota:

Es requisito de eficacia esencial de la hipoteca unilateral la aceptación del ***acreedor*** *(*LH *art.*141*). Así lo ha señalado, además* TS 3-7-97*, EDJ 6081: "Se constituye válidamente por la voluntad unilateral (negocio jurídico unilateral) del dueño de la finca hipotecada y para su eficacia como derecho real requiere la conditio iuris de la aceptación del acreedor en cuyo beneficio, que es la garantía de su derecho de crédito, se ha constituido", debiendo de constar la aceptación por nota marginal en el Registro de la Propiedad.*

D 8-2-1946 (LH) art.141; L 16-12-1954 art.12 a 51

La aceptación por parte del Estado de la hipoteca constituida, se hará constar en el Registro mediante nota marginal que se practicará en virtud de oficio de *"especificar órgano"*, retrotrayéndose los efectos a la fecha de la presente escritura. Si dicha aceptación no consta en el plazo de dos meses a contar desde el requerimiento que al efecto se obliga a realizar el **Deudor hipotecante**, podrá cancelarse unilateralmente por el mismo la presente hipoteca.

OTORGAMIENTO Y AUTORIZACIÓN:

Hago las reservas y advertencias legales y fiscales que incumben a las partes en su aspecto material, formal y sancionador, y especialmente advierto del plazo de treinta días hábiles siguientes a la firma de esta escritura para presentar a liquidar el impuesto correspondiente, de la afección de los bienes al pago del mismo y responsabilidades, en su caso, derivadas del incumplimiento.

Asimismo, advierto de las consecuencias de una posible inexactitud de sus declaraciones o de falsedades en el documento y del tratamiento fiscal que se derivarían de las diferencias de valor resultantes de una comprobación administrativa.

Leo esta escritura a los comparecientes, previa advertencia y renuncia a su derecho de hacerlo por sí mismos y enterados de su contenido, prestan su consentimiento y la firman.

Y yo, el Notario, DOY FE de que mi actuación ha sido pactada de común acuerdo por las partes adquirente y transmitente, y en cuanto fuera procedente, de todo lo demás contenido en este instrumento público, extendido en *"número de folios de papel"* folios de papel de uso exclusivo para documentos notariales, de la serie *"número de serie"*.

Prenda sin desplazamiento

MCM 4200 s.

Nota preliminar:

- La prenda sin desplazamiento es una garantía que recae sobre cosas **muebles** no susceptibles de hipoteca mobiliaria, por su imperfecta identificación registral, que han de permanecer situadas en un lugar determinado, en poder de su dueño y en concepto de depósito.

- Esta **exigencia** de que el crédito del tercerista sea cierto, líquido, vencido y exigible tiene pleno sentido cuando, conforme a cómo está ideada la tercería de mejor derecho en la LEC, concurren créditos privilegiados que no cuentan con garantía real preferente en el tiempo al embargo. Pero **no** cuando **concurre** un crédito con una prenda sin desplazamiento, pues de otro modo se vaciaría la garantía real (TS 20-3-19, EDJ 536621).

- El modelo presupone unas circunstancias determinadas que serán las más **frecuentes**. Si en el caso concreto existen circunstancias particulares no previstas, deberá completarse o modificarse el modelo adaptándolo a las mismas.

L 16-12-1954 art.52 a 66

En *"lugar"*, a *"fecha"*.

Ante mí, *"Don/Doña nombre y apellidos del notario"* perteneciente al colegio notarial de *"colegio notarial"* y con residencia en *"lugar donde radica la notaría"*.

 **Nota:**

*Ha de constituirse en **escritura pública** y, en algunos casos, en póliza autorizada por notario.*

COMPARECEN:

De una parte,

"Don/Doña nombre y apellidos de la parte", mayor de edad, *"estado civil de la parte" "... "especificar el régimen económico matrimonial de la parte" ... "*, de nacionalidad *"nacionalidad de la parte"*, con domicilio a estos efectos en *"domicilio de la parte"*, *"...con DNI/NIF número "DNI/NIF de la parte"... O... con tarjeta de residencia número "número de tarjeta de residencia de la parte"... O... pasaporte número "número de pasaporte de la parte", expedido el "fecha de expedición del pasaporte de la parte"... O... "reseñar otros documentos aportados por la parte" ... "*, vigente hasta el *"fecha de vigencia de la documentación aportada por la parte"*.

Y de otra parte,

"Don/Doña nombre y apellidos de la parte", mayor de edad, *"estado civil de la parte" "... "especificar el régimen económico matrimonial de la parte" ... "*, de nacionalidad *"nacionalidad de la parte"*, con domicilio a estos efectos en *"domicilio de la parte"*, *"...con DNI/NIF número "DNI/NIF de la parte"... O... con tarjeta de residencia número "número de tarjeta de residencia de la parte"... O... pasaporte número "número de pasaporte de la parte", expedido el "fecha de expedición del pasaporte de la parte"... O... "reseñar otros documentos aportados por la parte" ... "*, vigente hasta el *"fecha de vigencia de la documentación aportada por la parte"*.

INTERVIENEN:

A. *"Don/Doña nombre y apellidos del representante"*, en nombre y representación de la sociedad mercantil denominada *"denominación social"*, domiciliada en *"domicilio social"*, y con NIF número *"NIF de la sociedad"*, constituida, por tiempo indefinido, mediante escritura otorgada ante el notario de *"lugar de la notaría en la que se autorizó la constitución de la sociedad"*, *"Don/Doña nombre y apellidos del notario que autorizó la constitución de la sociedad"*, el *"fecha de escritura de constitución de la sociedad"*, e inscrita en el Registro Mercantil de *"datos de la inscripción registral de la sociedad (localidad del Registro Mercantil, tomo, folio, sección, hoja e inscripción)"*, en su calidad de

MCM 4200 s.

L 16-12-1954 art.52 a 66

>>

❍ **Si representa como cargo social:**

"...administrador único ... O ... administrador solidario ... O ... consejero delegado ... O ... "especificar la representación del cargo social" ... " de la reseñada sociedad, cargo para el que fue nombrado y asegura vigente en escritura otorgada el *"fecha de escritura del nombramiento del cargo"*, ante el notario de *"lugar donde radica la notaría en la que se autorizó la escritura del nombramiento"*, *"Don/Doña nombre y apellidos del notario que autorizó la escritura del nombramiento"*, con el número *"número de protocolo del notario que autorizó la escritura del nombramiento"* de su protocolo, e inscrita en el Registro Mercantil de *"localidad del Registro Mercantil de la escritura de nombramiento"*, en el tomo y hoja arriba indicados.

❍ **Si representa como apoderado:**

apoderado de la reseñada sociedad, según escritura de poder otorgada a su favor, en *"fecha de escritura del otorgamiento del poder"*, ante el notario de *"lugar donde radica la notaría en la que se autorizó la escritura de poder"*, *"Don/Doña nombre y apellidos del notario que autorizó la escritura de poder"*, con el número *"número de protocolo del notario que autorizó la escritura de poder"* de su protocolo *"...e inscrita en el Registro Mercantil de "localidad del Registro Mercantil de la escritura de poder" ... "*, en el tomo y hoja arriba indicados.

<<

En adelante, el **acreedor pignoraticio**.

B. *"Don/Doña nombre y apellidos de la parte"*

>>

❍ **Si interviene en su propio nombre:**

en su propio nombre y derecho.

❍ **Si interviene como representante:**

en nombre y representación

>

❍ Si representa a persona física:

de *"Don/Doña nombre y apellidos del representado"*, mayor de edad, *"estado civil del representado"*, con domicilio en *"domicilio del representado"* y provisto de D.N.I./N.I.F. número *"DNI/NIF del representado"*, según consta en escritura de poder, otorgada ante el notario de *"lugar donde radica la notaría en la que se autorizó la escritura de poder de representación (persona física)"*, *"Don/Doña nombre y apellidos del notario que autorizó la escritura de poder de representación (persona física)"*, el *"fecha de escritura de poder de representación (persona física)"*, con el número *"número de protocolo del notario que autorizó la escritura de poder de representación (persona física)"* de su orden de protocolo.

❍ Si representa a persona jurídica:

de la sociedad mercantil denominada *"denominación social"*, domiciliada en *"domicilio social"*, y con NIF número *"NIF de la sociedad"*, constituida, por tiempo indefinido, mediante escritura otorgada ante el notario de *"lugar donde radica la notaría en la que se autorizó la escritura de poder de representación (persona jurídica)"*, *"Don/Doña nombre y apellidos del notario que autorizó la escritura de poder de representación (persona jurídica)"*, el *"fecha de escritura de poder de representación (persona jurídica)"*, e inscrita en el Registro Mercantil de *"datos de la inscripción registral (localidad del Registro Mercantil, tomo, folio, sección, hoja e inscripción)"*, en su calidad de

MCM 4200 s.

➤

- Si representa como cargo social:

"...administrador único ... O ... administrador solidario ... O ... consejero delegado ... O ... "especificar la representación del cargo social" ... " de la reseñada sociedad, cargo para el que fue nombrado y asegura vigente en escritura otorgada el *"fecha de escritura del nombramiento del cargo"*, ante el notario de *"lugar donde radica la notaría en la que se autorizó la escritura del nombramiento"*, *"Don/Doña nombre y apellidos del notario que autorizó la escritura del nombramiento"*, con el número *"número de protocolo del notario que autorizó la escritura del nombramiento"* de su protocolo, e inscrita en el Registro Mercantil de *"localidad del Registro Mercantil de la escritura de nombramiento"*, en el tomo y hoja arriba indicados.

L 16-12-1954 art.52 a 66

- Si representa como apoderado:

apoderado de la reseñada sociedad, según escritura de poder otorgada a su favor, en *"fecha de escritura del otorgamiento del poder"*, ante el notario de *"lugar donde radica la notaría en la que se autorizó la escritura de poder"*, *"Don/Doña nombre y apellidos del notario que autorizó la escritura de poder"*, con el número *"número de protocolo del notario que autorizó la escritura de poder"* de su protocolo *"...e inscrita en el Registro Mercantil de "localidad del Registro Mercantil de la escritura de poder" ... "*, en el tomo y hoja arriba indicados.

≺

≺

En adelante, el **deudor pignorante**.

Reconociéndose recíprocamente la capacidad necesaria para celebrar el presente contrato de prenda sin desplazamiento.

Nota:

*Al deudor pignorante se le exige la **capacidad** y la facultad de disposición del bien, mientras que al acreedor sólo se le exige la capacidad necesaria para administrar sus bienes.*

EXPONEN:

I. Que el **Acreedor pignoraticio** tiene concedido al **Deudor pignorante** un préstamo de *"importe del préstamo, en letra"* euros (*"importe del préstamo, en número"* €), concertado en la póliza número *"número de póliza"*, intervenida por el notario de *"lugar del notario que interviene"*, *"Don/Doña nombre y apellidos del notario que interviene"*, el *"fecha de intervención del notario"*.

Nota:

*La prenda puede garantizar **varias obligaciones** ya contraídas o por contraer de forma simultánea o sucesiva entre el mismo deudor o deudora y el mismo acreedor o acreedora, durante un período de tiempo y por una cuantía máxima convenidos.*

II. Que el **Deudor pignorante** es titular de la siguientes bienes: *"describir los bienes (señalando la cantidad, el precio por unidad de medida, el importe global de las mismas, y otras circunstancias que puedan resultar de interés. Si el importe o la variedad fuera considerable y con el objeto de evitar la confusión en la lectura del contrato se pueden relacionar los bienes en un anexo específico. Igualmente en el caso de que por su dimensión sea conveniente depositarlas en los almacenes o instalaciones de un tercero deberá indicarse su ubicación así como la circunstancias del depositario)"*.

Nota:

*Los **objetos** susceptibles de prenda sin desplazamiento están regulados en los art.52 a 54 (productos agrícolas, industriales y artísticos) de la Ley, mientras que las exclusiones aparecen en los art.55 y 56. Los objetos pignorados deben describirse con detalle, expresando su naturaleza, cantidad, calidad, estado y demás circunstancias que los identifiquen.*

Manifiesta el **Deudor pignorante** que los bienes descritos se encuentran libres de cargas y gravámenes, y que goza de la plena disponibilidad de las mismas.

MCM 4200 s.

III. Que ambas partes han convenido en el presente contrato de prenda con el objeto de garantizar las obligaciones que para el **Deudor pignorante** puedan derivarse de la póliza de préstamo número *"número de póliza"*, que se regirá por las siguientes

ESTIPULACIONES:

L 16-12-1954 art.52 a 66

"Número" Objeto

El **Deudor pignorante** constituye a favor del **Acreedor pignoraticio** un derecho real de prenda sin desplazamiento sobre los bienes antes descritos en el expositivo I de la presente póliza, cuya titularidad dominical manifiesta tener el **Deudor pignorante**, en garantía del cumplimiento de todas y cada una de las obligaciones que para el mismo se deriven de la póliza de préstamo número *"número de póliza"*.

"Número" Posesión de los bienes

 **Nota:**

*Se suele añadir también una cláusula que autorice al acreedor a **inspeccionar** el estado de los bienes pignorados en cualquier momento.*

De común acuerdo ambas partes manifiestan que los bienes descritos en el expositivo I, sobre los que se constituye derecho de prenda, permanecerán en posesión del **Deudor pignorante**, quien se obliga a conservarlas con la diligencia propia de un ordenado comerciante.

"Número" Extensión o alcance

El derecho de prenda constituido se extenderá a toda clase de indemnizaciones que correspondan al **Deudor pignorante**, concedidas o debidas por razón de los bienes pignorados, si el siniestro o hecho que los motiva acaeciera con posterioridad a la fecha de la presente escritura.

 **Nota:**

*Es conveniente reflejar este hecho en el contrato, si bien se trata de una cláusula que transcribe lo dispuesto en el art.*5 *de la Ley de Hipoteca mobiliaria y Prenda sin desplazamiento.*

"Número" Prohibición de disponer

 **Nota:**

*Es posible también que se pacte que el acreedor deba tener concertados **seguros** adicionales que garanticen el buen estado de los bienes pignorados.*

El **Deudor pignorante** no podrá disponer de los bienes pignorados en tanto en cuanto se encuentre pendiente el cumplimiento de cualquiera de las obligaciones que se derivan de la póliza de préstamo número *"número de póliza"*.

"Número" Ejecución de la prenda

Nota:

*Por otra parte, no hay que olvidar que el legislador ha previsto la ejecución extrajudicial de la hipoteca y otros derechos de garantía en **diversas disposiciones** entre las que citamos los art.*322 *y* 323 *del* Código de Comercio, *sobre la prenda sobre valores cotizables; el art.*569-8 *del Código Civil Catalán; art.*261 *s. de la* L 36/2011, *reguladora de la jurisdicción social; art.*38 *y* 39 *del* RDLeg 6/2004, *por el que se aprueba el texto refundido de la Ley de Ordenación y Supervisión de los Seguros Privados; el art.*16 *de la* L 28/1998, *de Venta a Plazos de Bienes Muebles (que, después de su reforma por la* L 1/2000, *de Enjuiciamiento Civil, se remite en el apartado 1 al proceso de ejecución previsto en esta última Ley, si bien en el apartado 2, letra "c" se prevé la enajenación en pública subasta, con intervención de Notario, siguiéndose en lo que sea posible las reglas del art.*1872 *del* Código Civil*); el art.*31.*1, párrafo segundo, de* L 4/2012, *sobre aprovechamiento por turno de bienes inmuebles de uso turístico.*

Una vez se haya producido el incumplimiento, ya sea este total o parcial, de las obligaciones derivadas de la póliza de préstamo número *"número de póliza"*, las partes acuerdan que el **Acreedor pignoraticio** podrá proceder a la venta de los bienes pignorados por cualquiera de los procedimientos previstos en la Ley de Hipoteca Mobiliaria y Prenda sin desplazamiento, gozando de las facultades que le reconocen los art.4 y 65 de la Ley (derecho de tanteo en el caso de que el precio convenido de la venta sea inferior al importe de la deuda garantizada). MCM 4200 s.

A dichos efectos se pacta en la presente póliza que como tope del valor de subasta de los bienes el de *"valor de subasta, en letra"* euros (*"valor de subasta, en número"* €).

Una vez realizados los bienes, el **Acreedor pignoraticio** podrá entonces reintegrarse con el producto de la venta, quedando el resto a disposición del **Deudor pignorante**, en el caso de que no resten obligaciones pendientes de cumplimiento derivadas de la mencionada póliza, ya que en este último caso las cantidades restantes quedarán siendo objeto de derecho real de prenda hasta la extinción de las obligaciones. L 16-12-1954 art.52 a 66

"Número" Liberación de la prenda

El **Deudor pignorante** podrá en cualquier tiempo liberar la prenda constituida, previa autorización del **Acreedor pignoraticio**.

"Número"

Si cualquiera de los pactos del contrato fuera declarado inválido, ya sea total o parcialmente, el resto del contrato mantendrá su vigencia y eficacia.

"Número" Gastos e impuestos

Todos cuantos gastos, tributos y honorarios se originen por el otorgamiento de la presente póliza, así como los que en un futuro puedan derivarse de cualquier reclamación posterior en ejecución del mismo, serán de cuenta y cargo del **Deudor pignorante**.

"Número" Notificaciones

 **Nota:**

Si no se incluyera esta cláusula las notificaciones se realizarían en el ***domicilio*** *que indica el compareciente en el encabezamiento de la póliza.*

Las partes convienen los siguientes domicilios para la práctica de las notificaciones necesarias para la ejecución del presente contrato:

El **acreedor pignoraticio**: *"domicilio a efectos de notificación parte primera"*.

El **deudor pignorante**: *"domicilio a efectos de notificación parte segunda"*.

"Número" Fuero

 **Nota:**

En caso de que no exista sumisión expresa, al no concurrir pacto alguno entre las partes que pudiera orientar acerca del problema sobre la cuestión de competencia, procede acudir a la doctrina mantenida por la Sala, con arreglo a la cual, y por aplicación de lo dispuesto en el CC *art.*1171, *en relación con el* 1500 *de dicho testo Legal y el* CCom *art.*50, *el* ***lugar de cumplimiento*** *de las obligaciones es aquel en el que se haya hecho entrega de la mercancía (*TS 22-2-80*;* 19-1-81, *EDJ 1295;* 2-11-84*;* 15-4-85, *EDJ 7288;* 19-10-96, *EDJ 7077;* 5-9-97, *EDJ 6745;* 17-5-99, *EDJ 8840)*

El hecho de la ***absolución*** *de posiciones no constituye sumisión tácita, por lo que si se ha ejercido una acción personal derivada de un contrato de compraventa, la competencia corresponde al juzgado donde haya sido pagado parte del precio (*TS 25-9-03, *EDJ 110390).*

Para la solución de cualquier cuestión litigiosa que pueda derivarse del presente contrato de compraventa las partes, con renuncia al fuero aplicable, se someten a la jurisdicción de los jueces y tribunales de *"especificar ciudad de los Tribunales"*.

MCM 4200 s.

"Número" Naturaleza mercantil del contrato

Nota:

Son mercantiles las prendas que garanticen obligaciones derivadas de ***contratos mercantiles*** (CCom *art.*439), *o de actos de comercio no contractuales y por último la prenda recayente sobre bienes o derechos de naturaleza mercantil.*

Los comparecientes, en la representación en que intervienen, manifiestan que el presente contrato tiene carácter de mercantil y se regirá en primer término por las estipulaciones contenidas en el mismo y en lo que en ellas no estuviere previsto por las disposiciones del Código de Comercio, leyes especiales, los usos y costumbres mercantiles y, en su defecto, por lo establecido en el Código Civil.

L 16-12-1954 art.52 a 66

"Número" Intervención de Notario
Este contrato se ha formalizado, según se expresa anteriormente, con intervención del notario a todos los efectos, incluso a los previstos en el art.93 del Código de Comercio, en los artículos 517 y 572 de la Ley de Enjuiciamiento Civil y demás legislación concordante.

acreedor pignoraticio y **deudor pignorante** dan su conformidad a los términos y condiciones previstos en el presente contrato y en prueba de ello lo firman por cuadruplicado ejemplar y a un solo efecto, reconociendo cada una de ellas haber recibido copia del mismo, y yo, el notario interviniente, doy fe de la identidad y capacidad de las partes y de la legitimación de sus firmantes, así como de todo lo convenido en la presente póliza que firmo, rubrico y sello en el lugar y fecha indicados en el encabezamiento.

EL ACREEDOR PIGNORATICIO **EL DEUDOR PIGNORANTE**

Con mi intervención

Hipoteca naval (escritura pública)

MCM 4215 s.

Nota preliminar:

- Para que la hipoteca naval quede **válidamente constituida** puede ser otorgada en escritura pública, en póliza intervenida por notario o en documento privado y debe inscribirse en el Registro de Bienes Muebles (L 14/2014 art.128).

- Cuando se hipoteca un **buque en construcción**, su inscripción en el Registro de Bienes Muebles es obligatoria. Dicha inscripción puede efectuarse presentando copia certificada de su matrícula o asiento, expedida por el Comandante de Marina de la provincia en que esté matriculado o en virtud de escritura pública, póliza intervenida por notario, resolución judicial firme o documento administrativo expedido por funcionario con facultades suficientes por razón de su cargo (L 14/2014 art.69.3 y 73.1).

- En el caso de hipoteca naval, resulta aplicable su **ley especial**, y consecuentemente, no se exige la autorización del acreedor hipotecario para la enajenación del bien dado en garantía (TS 18-12-12, EDJ 310481).

- El modelo presupone unas circunstancias determinadas que serán las más **frecuentes**. Si en el caso concreto existen circunstancias particulares no previstas, deberá completarse o modificarse el modelo adaptándolo a las mismas.

Ley 14/2014 art.126 a 144; RD 186/2023 (Reglamento de ordenación de la navegación marítima); RD 1027/1989

En *"lugar"*, a *"fecha"*.

Ante mí, *"Don/Doña nombre y apellidos del notario"* perteneciente al colegio notarial de *"colegio notarial"* y con residencia en *"lugar donde radica la notaría"*.

Nota:

*La intervención del **notario** es facultativa para las partes (L 14/2014 art.128). Los notarios realizan las funciones que anteriormente realizaban los corredores de comercio, cuerpo desaparecido a partir del 1-10-2000 momento en el que se produce la fusión de los cuerpos de notarios y corredores de comercio colegiados (L 55/1999 disp.adic.24ª). No obstante, la formalización en documento público, ya sea escritura pública o póliza notarial, es exigida por el Código civil para que el derecho de prenda perjudique a terceros (CC art.1865).*

COMPARECEN:

De una parte,

"Don/Doña nombre y apellidos de la parte", mayor de edad, *"estado civil de la parte" "... "especificar el régimen económico matrimonial de la parte" ... "*, de nacionalidad *"nacionalidad de la parte"*, con domicilio a estos efectos en *"domicilio de la parte"*, *"...con DNI/NIF número "DNI/NIF de la parte"... O ... con tarjeta de residencia número "número de tarjeta de residencia de la parte" ... O ... pasaporte número "número de pasaporte de la parte", expedido el "fecha de expedición del pasaporte de la parte" ... O ... "reseñar otros documentos aportados por la parte" ... "*, vigente hasta el *"fecha de vigencia de la documentación aportada por la parte"*.

Y de otra parte,

"Don/Doña nombre y apellidos de la parte", mayor de edad, *"estado civil de la parte" "... "especificar el régimen económico matrimonial de la parte" ... "*, de nacionalidad *"nacionalidad de la parte"*, con domicilio a estos efectos en *"domicilio de la parte"*, *"...con DNI/NIF número "DNI/NIF de la parte"... O ... con tarjeta de residencia número "número de tarjeta de residencia de la parte" ... O ... pasaporte número "número de pasaporte de la parte", expedido el "fecha de expedición del pasaporte de la parte" ... O ... "reseñar otros documentos aportados por la parte" ... "*, vigente hasta el *"fecha de vigencia de la documentación aportada por la parte"*.

MCM 4215 s.

Ley 14/2014 art.126 a 144; RD 186/2023 (Reglamento de ordenación de la navegación marítima); RD 1027/1989

INTERVIENEN:

A. *"Don/Doña nombre y apellidos de la parte"*

➢➢

❍ **Si interviene en su propio nombre:**

en su propio nombre y derecho.

❍ **Si interviene como representante:**

en nombre y representación

➢

❍ Si representa a persona física:

de *"Don/Doña nombre y apellidos del representado"*, mayor de edad, *"estado civil del representado"*, con domicilio en *"domicilio del representado"* y provisto de D.N.I./N.I.F. número *"DNI/NIF del representado"*, según consta en escritura de poder, otorgada ante el notario de *"lugar donde radica la notaría en la que se autorizó la escritura de poder de representación (persona física)"*, *"Don/Doña nombre y apellidos del notario que autorizó la escritura de poder de representación (persona física)"*, el *"fecha de escritura de poder de representación (persona física)"*, con el número *"número de protocolo del notario que autorizó la escritura de poder de representación (persona física)"* de su orden de protocolo.

❍ Si representa a persona jurídica:

de la sociedad mercantil denominada *"denominación social"*, domiciliada en *"domicilio social"*, y con NIF número *"NIF de la sociedad"*, constituida, por tiempo indefinido, mediante escritura otorgada ante el notario de *"lugar donde radica la notaría en la que se autorizó la escritura de poder de representación (persona jurídica)"*, *"Don/Doña nombre y apellidos del notario que autorizó la escritura de poder de representación (persona jurídica)"*, el *"fecha de escritura de poder de representación (persona jurídica)"*, e inscrita en el Registro Mercantil de *"datos de la inscripción registral (localidad del Registro Mercantil, tomo, folio, sección, hoja e inscripción)"*, en su calidad de

❍ Si representa como cargo social:

"...administrador único ... O ... administrador solidario ... O ... consejero delegado ... O ... "especificar la representación del cargo social" ..." de la reseñada sociedad, cargo para el que fue nombrado y asegura vigente en escritura otorgada el *"fecha de escritura del nombramiento del cargo"*, ante el notario de *"lugar donde radica la notaría en la que se autorizó la escritura del nombramiento"*, *"Don/Doña nombre y apellidos del notario que autorizó la escritura del nombramiento"*, con el número *"número de protocolo del notario que autorizó la escritura del nombramiento"* de su protocolo, e inscrita en el Registro Mercantil de *"localidad del Registro Mercantil de la escritura de nombramiento"*, en el tomo y hoja arriba indicados.

❍ Si representa como apoderado:

apoderado de la reseñada sociedad, según escritura de poder otorgada a su favor, en *"fecha de escritura del otorgamiento del poder"*, ante el notario de *"lugar donde radica la notaría en la que se autorizó la escritura de poder"*, *"Don/Doña nombre y apellidos del notario que autorizó la escritura de poder"*, con el número *"número de protocolo del notario que autorizó la escritura de poder"* de su protocolo *"...e inscrita en el Registro Mercantil de "localidad del Registro Mercantil de la escritura de poder" ..."*, en el tomo y hoja arriba indicados.

⋞⋞

En adelante, El **deudor hipotecante**.

MCM 4215 s.

Ley 14/2014 art.126 a 144; RD 186/2023 (Reglamento de ordenación de la navegación marítima); RD 1027/1989

B. *"Don/Doña nombre y apellidos de la parte"*

➢➢

❍ **Si interviene en su propio nombre:**

en su propio nombre y derecho.

❍ **Si interviene como representante:**

en nombre y representación

➢

❍ Si representa a persona física:

de *"Don/Doña nombre y apellidos del representado"*, mayor de edad, *"estado civil del representado"*, con domicilio en *"domicilio del representado"* y provisto de D.N.I./N.I.F. número *"DNI/NIF del representado"*, según consta en escritura de poder, otorgada ante el notario de *"lugar donde radica la notaría en la que se autorizó la escritura de poder de representación (persona física)"*, *"Don/Doña nombre y apellidos del notario que autorizó la escritura de poder de representación (persona física)"*, el *"fecha de escritura de poder de representación (persona física)"*, con el número *"número de protocolo del notario que autorizó la escritura de poder de representación (persona física)"* de su orden de protocolo.

❍ Si representa a persona jurídica:

de la sociedad mercantil denominada *"denominación social"*, domiciliada en *"domicilio social"*, y con NIF número *"NIF de la sociedad"*, constituida, por tiempo indefinido, mediante escritura otorgada ante el notario de *"lugar donde radica la notaría en la que se autorizó la escritura de poder de representación (persona jurídica)"*, *"Don/Doña nombre y apellidos del notario que autorizó la escritura de poder de representación (persona jurídica)"*, el *"fecha de escritura de poder de representación (persona jurídica)"*, e inscrita en el Registro Mercantil de *"datos de la inscripción registral (localidad del Registro Mercantil, tomo, folio, sección, hoja e inscripción)"*, en su calidad de

➢

❍ Si representa como cargo social:

"...administrador único ... O ... administrador solidario ... O ... consejero delegado ... O ... "especificar la representación del cargo social" ..." de la reseñada sociedad, cargo para el que fue nombrado y asegura vigente en escritura otorgada el *"fecha de escritura del nombramiento del cargo"*, ante el notario de *"lugar donde radica la notaría en la que se autorizó la escritura del nombramiento"*, *"Don/Doña nombre y apellidos del notario que autorizó la escritura del nombramiento"*, con el número *"número de protocolo del notario que autorizó la escritura del nombramiento"* de su protocolo, e inscrita en el Registro Mercantil de *"localidad del Registro Mercantil de la escritura de nombramiento"*, en el tomo y hoja arriba indicados.

❍ Si representa como apoderado:

apoderado de la reseñada sociedad, según escritura de poder otorgada a su favor, en *"fecha de escritura del otorgamiento del poder"*, ante el notario de *"lugar donde radica la notaría en la que se autorizó la escritura de poder"*, *"Don/Doña nombre y apellidos del notario que autorizó la escritura de poder"*, con el número *"número de protocolo del notario que autorizó la escritura de poder"* de su protocolo *"...e inscrita en el Registro Mercantil de "localidad del Registro Mercantil de la escritura de poder" ..."*, en el tomo y hoja arriba indicados.

⮜

⮜

⮜⮜

En adelante, El **acreedor**.

MCM 4215 s.

Ley 14/2014 art.126 a 144; RD 186/2023 (Reglamento de ordenación de la navegación marítima); RD 1027/1989

Les identifico por sus respectivos Documentos de Identidad, anteriormente reseñados y que me han exhibido.
Les juzgo con capacidad legal suficiente para el otorgamiento de la presente escritura de préstamo mercantil y constitución de hipoteca naval y

Nota:

*La **capacidad** que se requiere general de obrar, en materia mercantil debe tenerse en cuenta que el art.*4 *del* Código de Comercio *dispone que "tendrán capacidad para el ejercicio habitual del comercio las personas mayores de edad y que tengan la libre disposición de sus bienes". A lo que añade el art.*5 *que "los menores de dieciocho años podrán continuar, por medio de sus guardadores, el comercio que hubieren ejercido sus padres o causantes", añadiendo que «si los guardadores carecieren de capacidad para comerciar, o tuvieran alguna incompatibilidad, estarán obligados a nombrar uno o más factores que reúnan las condiciones legales, quienes les suplirán en el ejercicio del comercio».*
*Al **deudor hipotecante** se le exige la capacidad y la facultad de disposición del bien, mientras que al acreedor sólo se le exige la capacidad necesaria para administrar sus bienes (*L 14/2014 *art.*130*).*

EXPONEN:

I. Que el **Deudor hipotecante** es propietario por el título que luego se dirá del siguiente buque, cuyas características son las siguientes:

a) Denominación: *"denominación del buque"*.

b) Tipo: *"tipo de buque"*

Nota:

*Un buque es **mercante** cuando se utiliza con propósito mercantil o comercial.*

c) Matrícula: *"matrícula del buque"*.

d) Construido en: *"lugar de construcción"*.

e) Características técnicas y dimensionales:

- dimensiones: *"eslora, manga, puntal"*.

- tonelaje: *"especificar bruto y neto"*.

- motor: *"descripción del motor"*.

- señal distintiva en el código internacional de señales: *"especificar señal"*.

- *"datos del seguro y demás datos identificativos que se quieran añadir (p.e. velocidad)"*

Inscripción. Inscrito en el Registro Mercantil de *"localidad del Registro Mercantil"* y el Registro de Matrícula de la Jefatura Provincial de Marina Mercante de *"localidad del Registro de Matrícula"*.

Título. Le pertenece el buque descrito por compra formalizada en escritura autorizada por el notario de *"lugar del notario que autorizó la escritura de compra"*, *"Don/Doña Nombre y apellidos del notario que autorizó la escritura de compra"*, el *"fecha de escritura de compra"*, con el número *"número de protocolo del notario que autorizó la escritura de compra"* de su protocolo.

Cargas y arrendamientos. No tiene ninguna carga y gravamen y se encuentra libre de arrendatarios, y así lo confirma el **Deudor hipotecante**.

II. Que habiendo ambas partes convenido el otorgamiento de un préstamo hipotecario con garantía de hipoteca naval, la verifican con arreglo a las siguientes

ESTIPULACIONES:

"Número" Estipulaciones referentes al préstamo

Nota:

*La hipoteca naval puede asegurar cualquier tipo de **obligaciones** (*L 14/2014 *art.*126*).*

"especificar las características particulares del préstamo con relación al cual se constituye la hipoteca"

665

MCM 4215 s.

Ley 14/2014 art.126 a 144; RD 186/2023 (Reglamento de ordenación de la navegación marítima); RD 1027/1989

a) Capital del préstamo: *"especificar el capital"*.

b) Amortización del préstamo: *"especificar la amortización"*.

c) Intereses ordinarios: *"especificar los intereses ordinarios"*.

d) Comisiones: *"especificar las comisiones"*.

e) Gastos a cargo del prestatario: *"especificar los gastos"*.

f) Intereses de demora: *"especificar los intereses de demora"*.

g) *"otras cláusulas (lugar de pago y forma de pago)"*

"Número" Constitución de la hipoteca

El **Deudor hipotecante**, sin perjuicio de la responsabilidad personal e ilimitada, constituye a favor del **Acreedor** en garantía de la devolución del capital prestado; de los intereses ordinarios y de demora, por importe de *"importe por intereses ordinarios y de demora, en letra"* euros (*"importe por intereses ordinarios y de demora, en número"* €), y de las costas y gastos por importe de *"importe por costas y gastos, en letra"* euros (*"importe por costas y gastos, en número"* €), una hipoteca del buque descrito en el expositivo I de la presente escritura.

Nota:

*La Hipoteca en principio garantiza la totalidad del **principal**, más, en principio y salvo pacto de extensión superior, los **intereses** de los últimos dos años y la parte vencida de la anualidad corriente. En ningún caso podrá pactarse que la hipoteca asegure intereses por plazo superior a cinco años (*LH *art.*114*). En cuanto a las costas, para asegurarlas es necesaria la existencia de pacto expreso.*

"Número" Extensión de la hipoteca

La hipoteca se extiende tanto al buque hipotecado como a cada de uno de los conceptos que se recogen en el art.134 de la L 14/2014, y en concreto, a las indemnizaciones por daños materiales ocasionados al buque y no reparados por abordaje u otros accidentes, así como a la contribución a la avería gruesa y a la del seguro, tanto por averías no reparadas sufridas por el buque, como por pérdida total del mismo.

Nota:

Ver L 14/2014 *art.*134*: A salvo de lo que dispone el art.62.2 de dicha Ley (relativo a negocios jurídicos y derechos sobre el buque), la hipoteca comprende tanto las **partes integrantes** del buque como sus **pertenencias**, pero no sus accesorios. También se extiende, salvo pacto en contrario expreso, a las **indemnizaciones** por daños materiales ocasionados al buque y no reparados por abordaje u otros accidentes, así como a la contribución a la **avería** gruesa y a la del seguro, tanto por averías no reparadas sufridas por el buque, como por pérdida total del mismo. Puede pactarse la extensión a **licencias** vinculadas al buque en la medida y condiciones que lo permitan las disposiciones que regulen su concesión.*

"Número" Duración

El plazo de duración de la garantía hipotecaria finalizará el día *"fecha de vencimiento de la garantía"*.

"Número" Vencimiento anticipado

Ver L 14/2014 *art.*140.

El plazo señalado en la cláusula *"número de la cláusula precedente"* anterior vencerá de forma anticipada en los siguientes casos:

a) Incumplimiento de cualquiera de las obligaciones derivadas de *"...la póliza de préstamo número "número de póliza". ... O ... la relación principal garantizada con la hipoteca. ..."*.

b) En el caso de imposibilidad de inscripción de la presente hipoteca en el libro correspondiente del Registro Mercantil.

c) Pérdida o destrucción del buque.

d) En el caso de venta del buque a un extranjero.

MCM 4215 s.

✍ **Nota:**

La ***prohibición de enajenar*** *sin consentimiento del acreedor hipotecario con la consecuencia del vencimiento anticipado de la hipoteca carece de trascendencia real según expresa literalmente el considerando penúltimo de la* DGRN Resol 18-9-1979 *y, por tanto, está expresamente excluida de la solicitud de inscripción. En consecuencia, y con la excepción dicha de enajenación del buque hipotecado a un extranjero, situación ya amparada por la Ley, es aplicable a la hipoteca del buque la reiterada doctrina de este centro directivo (*DGRN Resol 18-10-79*; 8-11-93) que considera las prohibiciones de enajenar o gravar el bien hipotecado como pactos de naturaleza puramente personal, y como tales, no susceptibles de acceder al Registro ni aun bajo la cobertura de una condición resolutoria del plazo pactado para la devolución del préstamo, en cuanto contrario al principio de libertad de contratación que inspira la legislación, limitativo de las facultades de libre disposición que favorecen el crédito y ajeno a los legítimos intereses del acreedor en orden a la conservación y efectividad de la garantía (*DGRN Resol 22-2-02*).*

Ley 14/2014 art.126 a 144; RD 186/2023 (Reglamento de ordenación de la navegación marítima); RD 1027/1989

f) En el caso de pérdida o inutilización del buque para navegar.

g) *"especificar otros supuestos de vencimiento anticipado"*

"Número" Obligaciones del hipotecante

Las partes convienen que serán obligaciones del **Deudor hipotecante**, entre otras:

a) Conservar el buque hipotecado con la diligencia propia de un buen padre de familia, haciendo las obras de conservación y reforma que sean pertinentes.

b) A no constituir arrendamiento alguno sobre la finca hipotecada sin el consentimiento del **Acreedor**.

c) A comunicar al acreedor, por cualquier medio que deje constancia de su recepción, cualquier procedimiento de expropiación que pueda iniciarse sobre el buque hipotecado, apoderando en este acto al **Acreedor** con carácter irrevocable para que realice las gestiones pertinentes para la ejecución de la expropiación y cobro del justiprecio.

d) A tener asegurada durante toda la vigencia de la presente garantía, el buque hipotecado de incendio, responsabilidad civil y en general de todos los riegos propios de su naturaleza y de la explotación a la que se destine, por una cantidad como mínimo igual a la de la responsabilidad hipotecaria.

e) A mantener el buque hipotecado al corriente de pago de contribuciones, impuestos o arbitrios que puedan recaer sobre la misma.

➤➤

○ **En el caso de que se trate de una hipoteca que garantiza una obligación registrada en cuenta especial:**

"Número" Ejecución de la hipoteca

✍ **Nota:**

Por otra parte, no hay que olvidar que el legislador ha previsto la ejecución extrajudicial de la hipoteca y otros derechos de garantía en ***diversas disposiciones*** *entre las que citamos los art.*322 *y* 323 *del* Código de Comercio, *sobre la prenda sobre valores cotizables; el art.*569-8 *del Código Civil Catalán; art.*261 *s. de la* L 36/2011, *reguladora de la jurisdicción social; art.*38 *y* 39 *del* RDLeg 6/2004, *por el que se aprueba el texto refundido de la Ley de Ordenación y Supervisión de los Seguros Privados; el art.*16 *de la* L 28/1998, *de Venta a Plazos de Bienes Muebles (que, después de su reforma por la* L 1/2000, *de Enjuiciamiento Civil, se remite en el apartado 1 al proceso de ejecución previsto en esta última Ley, si bien en el apartado 2, letra "c" se prevé la enajenación en pública subasta, con intervención de Notario, siguiéndose en lo que sea posible las reglas del art.*1872 *del* Código Civil*); el art.31.1, párrafo segundo, de* L 4/2012, *sobre aprovechamiento por turno de bienes inmuebles de uso turístico.*

El **Acreedor** podrá ejercitar la acción personal o la hipotecaria por cualquiera de los procedimientos legales, acordando las partes que será título ejecutivo suficiente la primera copia autorizada de esta escritura. En este sentido y para determinar la deuda exigible será suficiente con el certificado del **Acreedor**, en la que se especifique el saldo de la cuenta.

MCM 4215 s.

 **Nota:**

*En relación con la ejecución de la hipoteca en caso de **vencimiento anticipado**, ver* AP Tarragona 3-4-00.

"Número" Ejecución de la hipoteca-valor a efectos de subasta

Las partes tasan el buque hipotecado, a efectos de una futura subasta, en *"valor de tasación, en letra"* euros (*"valor de tasación, en número"* €).

Ley 14/2014 art.126 a 144; RD 186/2023 (Reglamento de ordenación de la navegación marítima); RD 1027/1989

"Número" Notificaciones

 **Nota:**

*Si no se incluyera esta cláusula las notificaciones se realizarían en el **domicilio** que indica el compareciente en el encabezamiento de la póliza.*

Las partes señalan como domicilio para la práctica de las notificaciones necesarias para la ejecución de la presente hipoteca los siguientes:

El **Acreedor:** *"domicilio del Acreedor, a efectos de notificación"*.

El **Deudor hipotecante:** *"domicilio del Deudor, a efectos de notificación"*.

"Número" Gastos

Todos los gastos derivados del presente documento serán de cuenta y cargo del **Deudor hipotecante**.

"Número" Inscripción

Se solicita la inscripción de la presente hipoteca en el Registro Mercantil de *"localidad del Registro Mercantil de la provincia donde se matriculó"*, que es el que corresponde a la provincia en la que está matriculado el buque.

OTORGAMIENTO Y AUTORIZACIÓN:

Hago las reservas y advertencias legales y fiscales que incumben a las partes en su aspecto material, formal y sancionador, y especialmente advierto del plazo de treinta días hábiles siguientes a la firma de esta escritura para presentar a liquidar el impuesto correspondiente, de la afección de los bienes al pago del mismo y responsabilidades, en su caso, derivadas del incumplimiento.

Asimismo, advierto de las consecuencias de una posible inexactitud de sus declaraciones o de falsedades en el documento y del tratamiento fiscal que se derivarían de las diferencias de valor resultantes de una comprobación administrativa.

Leo esta escritura a los comparecientes, previa advertencia y renuncia a su derecho de hacerlo por sí mismos y enterados de su contenido, prestan su consentimiento y la firman.

Y yo, el Notario, DOY FE de que mi actuación ha sido pactada de común acuerdo por las partes adquirente y transmitente, y en cuanto fuera procedente, de todo lo demás contenido en este instrumento público, extendido en *"número de folios de papel"* folios de papel de uso exclusivo para documentos notariales, de la serie *"número de serie"*.

Constitución de hipoteca de máximo

MCM 4010 s.

Nota preliminar:

- Se trata de una modalidad de **hipoteca de seguridad**, ya que garantiza obligaciones indeterminadas en cuanto a su existencia, en cuanto a su cuantía, o en cuanto a ambos datos a la vez.

LH art.12, 153

- La hipoteca de máximo viene caracterizada porque garantiza únicamente la existencia de un gravamen sobre **finca identificada**, de importe cierto, pero sin referencia sobre la existencia de una obligación afianzada por la hipoteca (DGRN Resol 16-3-29).

- El título para su **ejecución** no es por sí solo la escritura de constitución, ya que no acredita de modo fehaciente la existencia, vencimiento y exigibilidad de la deuda, resultando el pacto sobre la determinación del saldo válido (TS 6-3-95, EDJ 880).

- Cabe una hipoteca de máximo constituida en garantía de diversas **pólizas de descuento o crédito** (AP Castellón 12-7-12, EDJ 250701); o en garantía del **saldo de una cuenta corriente** (AP Sevilla 16-6-00, EDJ 68682).

- En materia de hipotecas el principio de **determinación de los derechos inscribibles** se acoge con notable flexibilidad, a fin de facilitar el crédito, permitiéndose, en ciertos supuestos, la hipoteca sin la previa determinación registral de todos los elementos de la obligación. No se precisa, ciertamente, que la obligación por asegurar tenga ya existencia jurídica ni que esta sea definitiva; puede constituirse también en garantía de una **obligación futura** o sujeta a condición (LH art.142), pero también en esta hipótesis es preciso identificar, al tiempo de su constitución, la relación jurídica básica de la que derive la obligación que se pretende asegurar, y solamente si se produce su efectivo nacimiento, en su caso, y autónoma exigibilidad, procederá el desenvolvimiento de la garantía hipotecaria (DGRN Resol 28-4-99).

- La hipoteca de máximo puede garantizar deudas futuras (TS 26-10-16, EDJ 188978; LH art.142 y 143).

- No puede determinarse su suma concreta y tan solo cabe garantizarlos a través de una hipoteca de máximo, para las que por exigencia del principio de determinación registral (LH art.12 y RH art.219) se requiere **señalar el tope máximo del tipo de interés** que queda cubierto con la garantía hipotecaria (DGRN Resol 16-2-90; 20-9-96; 21-3-17), y concluye esta última que la cuantía de los intereses moratorios a efectos hipotecarios "podrá ser inferior, igual o superior al máximo de los intereses remuneratorios a efectos de cobertura hipotecaria pactado", el margen de dos puntos por encima del interés ordinario no implica que ese mismo margen deba emplearse como máximo a efectos meramente hipotecarios (DGRN Resol 28-5-14; 25-1-17) (AP Huelva 21-6-23, EDJ 695304).

- La hipoteca de máximo se pacta en garantía de operaciones, y lo hace de **póliza de préstamo ICO**, a su vez concertada entre las mercantiles prestamista y prestataria, y no así de cuenta de crédito o corriente que precisase por su mecánica de funcionamiento aquella certificación (AP auto Valencia 22-12-23, EDJ 844161).

- El modelo presupone unas circunstancias determinadas que serán las más **frecuentes**. Si en el caso concreto existen circunstancias particulares no previstas, deberá completarse o modificarse el modelo adaptándolo a las mismas.

En *"lugar"*, a *"fecha"*.

Ante mí, *"Don/Doña nombre y apellidos del notario"* perteneciente al colegio notarial de *"colegio notarial"* y con residencia en *"lugar donde radica la notaría"*.

Nota:

*La inscripción en el **Registro de la Propiedad** o en el que corresponda, según los casos, es requisito necesario para la constitución del derecho, de ahí que haya de otorgarse en escritura pública.*

MCM 4010 s.

LH art.12, 153

COMPARECEN:

De una parte,
"Don/Doña nombre y apellidos de la parte", mayor de edad, *"estado civil de la parte" "..."especificar el régimen económico matrimonial de la parte" ..."*, de nacionalidad *"nacionalidad de la parte"*, con domicilio a estos efectos en *"domicilio de la parte"*, *"...con DNI/NIF número "DNI/NIF de la parte"... O ... con tarjeta de residencia número "número de tarjeta de residencia de la parte" ... O ... pasaporte número "número de pasaporte de la parte", expedido el "fecha de expedición del pasaporte de la parte" ... O ... "reseñar otros documentos aportados por la parte" ..."*, vigente hasta el *"fecha de vigencia de la documentación aportada por la parte"*.

Y de otra parte,
"Don/Doña nombre y apellidos de la parte", mayor de edad, *"estado civil de la parte" "..."especificar el régimen económico matrimonial de la parte" ..."*, de nacionalidad *"nacionalidad de la parte"*, con domicilio a estos efectos en *"domicilio de la parte"*, *"...con DNI/NIF número "DNI/NIF de la parte"... O ... con tarjeta de residencia número "número de tarjeta de residencia de la parte" ... O ... pasaporte número "número de pasaporte de la parte", expedido el "fecha de expedición del pasaporte de la parte" ... O ... "reseñar otros documentos aportados por la parte" ..."*, vigente hasta el *"fecha de vigencia de la documentación aportada por la parte"*.

INTERVIENEN:

➤➤

❍ **Si interviene una parte:**

A. *"Don/Doña nombre y apellidos de la parte"*

➤

❍ Si interviene en su propio nombre:

en su propio nombre y derecho.

❍ Si interviene como representante:

en nombre y representación

➤

❍ Si representa a persona física:

de *"Don/Doña nombre y apellidos del representado"*, mayor de edad, *"estado civil del representado"*, con domicilio en *"domicilio del representado"* y provisto de D.N.I./N.I.F. número *"DNI/NIF del representado"*, según consta en escritura de poder, otorgada ante el notario de *"lugar donde radica la notaría en la que se autorizó la escritura de poder de representación (persona física)"*, *"Don/Doña nombre y apellidos del notario que autorizó la escritura de poder de representación (persona física)"*, el *"fecha de escritura de poder de representación (persona física)"*, con el número *"número de protocolo del notario que autorizó la escritura de poder de representación (persona física)"* de su orden de protocolo.

❍ Si representa a persona jurídica:

de la sociedad mercantil denominada *"denominación social"*, domiciliada en *"domicilio social"*, y con NIF número *"NIF de la sociedad"*, constituida, por tiempo indefinido, mediante escritura otorgada ante el notario de *"lugar donde radica la notaría en la que se autorizó la escritura de poder de representación (persona jurídica)"*, *"Don/Doña nombre y apellidos del notario que autorizó la escritura de poder de representación (persona jurídica)"*, el *"fecha de escritura de poder de representación (persona jurídica)"*, e inscrita en el Registro Mercantil de *"datos de la inscripción registral (localidad del Registro Mercantil, tomo, folio, sección, hoja e inscripción)"*, en su calidad de

❍ Si representa como cargo social:

MCM 4010 s.

"...administrador único ... O ... administrador solidario ... O ... consejero delegado ... O ... "especificar la representación del cargo social" ... " de la reseñada sociedad, cargo para el que fue nombrado y asegura vigente en escritura otorgada el *"fecha de escritura del nombramiento del cargo"*, ante el notario de *"lugar donde radica la notaría en la que se autorizó la escritura del nombramiento"*, *"Don/Doña nombre y apellidos del notario que autorizó la escritura del nombramiento"*, con el número *"número de protocolo del notario que autorizó la escritura del nombramiento"* de su protocolo, e inscrita en el Registro Mercantil de *"localidad del Registro Mercantil de la escritura de nombramiento"*, en el tomo y hoja arriba indicados.

LH art.12, 153

❍ Si representa como apoderado:

apoderado de la reseñada sociedad, según escritura de poder otorgada a su favor, en *"fecha de escritura del otorgamiento del poder"*, ante el notario de *"lugar donde radica la notaría en la que se autorizó la escritura de poder"*, *"Don/Doña nombre y apellidos del notario que autorizó la escritura de poder"*, con el número *"número de protocolo del notario que autorizó la escritura de poder"* de su protocolo *"...e inscrita en el Registro Mercantil de "localidad del Registro Mercantil de la escritura de poder" ... "*, en el tomo y hoja arriba indicados.

En adelante, **el deudor hipotecante**.

❍ **Si intervienen las partes conjuntamente:**

A. *"Don/Doña nombre y apellidos del cónyuge X"* y *"Don/Doña nombre y apellidos del cónyuge Y"*, mayores de edad, en nombre y representación propio y manifestando que el régimen de su matrimonio es el de gananciales.

Nota:

*En régimen de **gananciales** se requiere el consentimiento de ambos cónyuges. La enajenación realizada sin el preceptivo consentimiento de ambos no es nula, sino anulable a instancias del cónyuge cuyo consentimiento se haya omitido.*

En adelante, **los deudores hipotecantes**.

B. *"Don/Doña nombre y apellidos de la parte"*

❍ **Si interviene en su propio nombre:**

en su propio nombre y derecho.

❍ **Si interviene como representante:**

en nombre y representación

❍ Si representa a persona física:

de *"Don/Doña nombre y apellidos del representado"*, mayor de edad, *"estado civil del representado"*, con domicilio en *"domicilio del representado"* y provisto de D.N.I./N.I.F. número *"DNI/NIF del representado"*, según consta en escritura de poder, otorgada ante el notario de *"lugar donde radica la notaría en la que se autorizó la escritura de poder de representación (persona física)"*, *"Don/Doña nombre y apellidos del notario que autorizó la escritura de poder de representación (persona física)"*, el *"fecha de escritura de poder de representación (persona física)"*, con el número *"número de protocolo del notario que autorizó la escritura de poder de representación (persona física)"* de su orden de protocolo.

○ Si representa a persona jurídica:

de la sociedad mercantil denominada *"denominación social"*, domiciliada en *"domicilio social"*, y con NIF número *"NIF de la sociedad"*, constituida, por tiempo indefinido, mediante escritura otorgada ante el notario de *"lugar donde radica la notaría en la que se autorizó la escritura de poder de representación (persona jurídica)"*, *"Don/Doña nombre y apellidos del notario que autorizó la escritura de poder de representación (persona jurídica)"*, el *"fecha de escritura de poder de representación (persona jurídica)"*, e inscrita en el Registro Mercantil de *"datos de la inscripción registral (localidad del Registro Mercantil, tomo, folio, sección, hoja e inscripción)"*, en su calidad de MCM 4010 s.

LH art.12, 153

➢

○ Si representa como cargo social:

"...administrador único ... O ... administrador solidario ... O ... consejero delegado ... O ... "especificar la representación del cargo social" ..." de la reseñada sociedad, cargo para el que fue nombrado y asegura vigente en escritura otorgada el *"fecha de escritura del nombramiento del cargo"*, ante el notario de *"lugar donde radica la notaría en la que se autorizó la escritura del nombramiento"*, *"Don/Doña nombre y apellidos del notario que autorizó la escritura del nombramiento"*, con el número *"número de protocolo del notario que autorizó la escritura del nombramiento"* de su protocolo, e inscrita en el Registro Mercantil de *"localidad del Registro Mercantil de la escritura de nombramiento"*, en el tomo y hoja arriba indicados.

○ Si representa como apoderado:

apoderado de la reseñada sociedad, según escritura de poder otorgada a su favor, en *"fecha de escritura del otorgamiento del poder"*, ante el notario de *"lugar donde radica la notaría en la que se autorizó la escritura de poder"*, *"Don/Doña nombre y apellidos del notario que autorizó la escritura de poder"*, con el número *"número de protocolo del notario que autorizó la escritura de poder"* de su protocolo *"...e inscrita en el Registro Mercantil de "localidad del Registro Mercantil de la escritura de poder" ..."*, en el tomo y hoja arriba indicados.

≺

≺

≺≺

En adelante, El **acreedor**.

Les identifico por sus respectivos documentos de identidad, anteriormente reseñados y que me han exhibido.

Les juzgo con capacidad legal suficiente para el otorgamiento de la presente escritura de constitución de hipoteca de máximo, y

Notas:

*La **capacidad** que se requiere es la general de obrar. En materia mercantil debe tenerse en cuenta que el art.*4 *del* Código de Comercio *dispone que "tendrán capacidad para el ejercicio habitual del comercio las personas mayores de edad y que tengan la libre disposición de sus bienes". A lo que añade el art.*5 *del* Código de Comercio *que "los menores de dieciocho años y los incapacitados podrán continuar, por medio de sus guardadores, el comercio que hubieren ejercido sus padres o causantes", añadiendo que «si los guardadores carecieren de capacidad para comerciar, o tuvieran alguna incompatibilidad, estarán obligados a nombrar uno o más factores que reúnan las condiciones legales, quienes les suplirán en el ejercicio del comercio».*

EXPONEN:

I. Que el/los **Deudor/es hipotecante/s** es/son propietario/s por mitades indivisas por el título que luego se dirá de la siguiente FINCA: *"...Urbana ... O ... Rústica ..."*:

"describir la finca según consta en la nota simple del Registro de la Propiedad".

 **Nota:**

*En el caso de que se trate de una finca en régimen de **propiedad horizontal**, debe hacerse referencia a la cuota de participación que el piso o local tiene en el total edificio.*

670

MCM 4010 s. **Referencia catastral:** Solicitada por mí, el notario, se me exhibe el último recibo del Impuesto de Bienes Inmuebles, con el número de referencia *"número de referencia del recibo"*, y con un valor anual de *"valor anual, en número"* euros, incorporando a la matriz fotocopia testimoniada del referido documento.

✎ **Nota:**

LH art.12, 153 *Aunque algunas **fincas rústicas** no gozan de referencia catastral, son cada vez las menos, por lo que es conveniente averiguar dicha referencia, que no debe confundirse con la existencia de recibo de contribución, ya que algunas fincas rústicas gozan de referencia, a pesar de que, por su escaso valor, no pagan Impuesto de Bienes Inmuebles.*

Título: Le/s pertenece por compra *"...constante matrimonio ..."* en virtud de escritura pública otorgada ante el notario de *"lugar del notario que autorizó la escritura pública"*, *"Don/Doña nombre y apellidos del notario que autorizó la escritura pública"*, el *"fecha de autorización de la escritura pública"*, con el número *"número de protocolo del notario que autorizó la escritura pública"* de su protocolo.

Cargas: Se halla libre de cargas y gravámenes, según resulta de las manifestaciones del/de los **Deudor/es hipotecante/s** y de nota simple informativa que me ha sido remitida en el día de hoy por el Registro de la Propiedad de *"lugar del Registro de la Propiedad"*. Advierto a los comparecientes que sobre la prevalencia de la situación registral existente con anterioridad a la presentación en el Registro de copia autorizada de la presente escritura. Todo ello de conformidad con lo dispuesto en el art.175 del Reglamento Notarial.

Arrendamientos:

○ **Finca Urbana:**

Declara/n el/los **Deudor/es hipotecante/s** que el bien objeto de la presente escritura se encuentra libre de arrendatarios, *"...así como que el bien inmueble no constituye vivienda habitual de su familia ni de pareja de hecho ..."*.

✎ **Nota:**

*- En el caso de que exista **arrendamiento** anterior, debe indicarse la fecha del mismo, así como si existe un derecho de adquisición preferente derivado de la legislación urbana aplicable y el contrato en cuestión, y en su caso, si se ha notificado o no la compra al arrendatario para que pueda hacer uso del derecho de tanteo.*

*- En relación con la **vivienda familiar** ha de tenerse en cuenta que la disposición de la misma, con independencia de cuál de los cónyuges sea titular, exige el consentimiento de ambos (*CC *art.*1320 *y* 1322*).*

○ **Finca rústica:**

Declara/n el/los **Deudor/es hipotecante/s** que la finca objeto de la presente escritura está libre de arrendatarios y de aparceros.

≺≺

≻≻

○ **En caso de que la finca constituya un piso o local de un edificio en régimen de propiedad horizontal:**

➤

○ Si se aporta certificado del estado de deudas con la comunidad:

El/los **Deudor/es hipotecante/s** confiesa/n que la finca vendida se encuentra al corriente de pago de los gastos de comunidad lo que me acreditan mediante la entrega de la certificación prevista en la letra e) del número 1 del art.9 de la Ley 49/1960, de 21 de julio de Propiedad Horizontal, que incorporo a la presente escritura.

MCM 4010 s.

○ Si se aporta certificado del estado de deudas con la comunidad:

El/los **Deudor/es hipotecante/s** manifiesta/n que la finca se encuentra al corriente de pago de los gastos de comunidad, si bien no me entrega/n el certificado correspondiente, eximiéndole/s expresamente de ello el **Comprador**, y advirtiéndoles yo, el Notario, de las consecuencias que de ello se derivan.

 **Nota:**

Dichas consecuencias, según señala el mencionado precepto, son que el comprador o compradores se hacen responsables solidarios con el vendedor de las deudas pendientes en ese momento. Dicha ***responsabilidad*** *se establece al margen de las relaciones internas que surjan o se pacten entre compradores y vendedores.*

LH art.12, 153

≺

≺≺

Información registral: La descripción de la finca, su titularidad y estado de cargas resultan de las manifestaciones del/de los **Deudor/es hipotecante/s**, del título de propiedad que se me exhibe y de la nota informativa recibida el *"fecha de recepción de nota informativa"*, que tengo a la vista, e incorporo a esta escritura.

II. Que habiendo ambas partes convenido el otorgamiento de una hipoteca de máximo, la verifican con arreglo a las siguientes.

ESTIPULACIONES:

PRIMERA.

"hacer referencia al título principal del que se deriva la deuda garantizada (p.e. a la apertura de una cuenta especial a resultas de una póliza de préstamo o de las garantías prestadas para la misma)".

SEGUNDA. Constitución de la hipoteca

El/los **Deudor/es hipotecante/s**, sin perjuicio de la responsabilidad personal e ilimitada, constituye/n a favor del **Acreedor**, una hipoteca de máximo sobre la finca descrita en el expositivo I de la presente escritura, sobre la cantidad máxima de *"cantidad máxima, en letra"* euros (*"cantidad máxima, en número"* €), a la que se añade la cantidad de *"cantidad por gastos y costas, en letra"* euros (*"cantidad por gastos y costas, en número"* €) por gastos y costas.

Nota:

*- En las denominadas hipotecas de máximo, tanto el art.*12*, como el* 153 *de la Ley Hipotecaria, exigen que conste en el* ***Registro de la Propiedad*** *la cantidad máxima por la que responde el bien hipotecado, la específica naturaleza de la hipoteca como derecho real de carácter accesorio que se constituye en garantía de una obligación determinada, a fin de asegurar al acreedor su cumplimiento (*LH art.104; CC art.1857*), y de ahí la exigencia de su adecuada identificación (*LH art.9 y 12; Reglamento Hipotecario art.51*). No se precisa ciertamente que la obligación a asegurar tenga ya existencia jurídica, puede constituirse también en garantía de una obligación futura (*LH art.142*), pero no por ello queda comprometida su accesoriedad y su esencial finalidad de garantía de un crédito específico, por cuanto también en esta hipótesis es preciso identificar, al tiempo de la constitución, la relación jurídica de la que derivara la obligación a asegurar, y solamente si se produce su efectivo nacimiento, y autonomía exigibilidad, procederá el desenvolvimiento de la garantía hipotecaria. La hipoteca no puede configurarse, pues, como la afección de todo o parte del valor en cambio del bien gravado a favor de un determinado sujeto que de este modo obtendría una cobertura genérica que podrá aplicar a cualesquiera créditos que ostente o pueda ostentar en el futuro contra el constituyente, dentro del límite cuantitativo de la afección pretendida (*DGRN Resol 10-7-01*).*

- La hipoteca en principio garantiza la totalidad del ***principal****, más, en principio y salvo pacto de extensión superior, los intereses de los últimos dos años y la parte vencida de la anualidad corriente. En cuanto a las costas, para asegurarlas es necesaria la existencia de pacto expreso (*LH art.114*).*

MCM 4010 s.

TERCERA. Extensión de la hipoteca

✍ **Nota:**

La hipoteca subsistirá íntegra, mientras no se cancele, sobre la ***totalidad de los bienes hipotecados****, aunque se reduzca la obligación garantizada, y sobre cualquier parte de los mismos bienes que se conserve, aunque la restante haya desaparecido (*LH *art.* 122*).*

LH art.12, 153

La hipoteca se extiende expresamente a los bienes muebles, frutos y rentas, conforme a lo dispuesto en el art.111 de la Ley Hipotecaria, así como a las accesiones, obras y mejoras a las que se refiere el art.110, como a las indemnizaciones que en el caso de siniestros o de expropiación sustituyan total o parcialmente el valor de la finca, los excesos de cabida a que se refiere el art.215 del Reglamento Hipotecario y las mejoras, reformas, nuevas construcciones, edificaciones, agregaciones, ampliaciones, anejos o accesorios, donde antes no los hubiera.

✍ **Nota:**

La ***hipoteca inmobiliaria*** *no se extiende salvo pacto expreso, a aquellos objetos colocados permanentemente que puedan separarse sin quebranto de la materia o deterioro del objeto (*LH *art.*111*), ninguna norma restringe la validez y eficacia de dicho pacto a que se concreten, describan o identifiquen cuáles sean esos bienes que pueden verse afectados por el pacto de extensión de la hipoteca inmobiliaria. El ámbito específico del Registro de la Propiedad (*LH *art.* 1 *y* 8*) determina, la sujeción de la maquinaria industrial sita en una finca a la hipoteca constituida sobre esta con el pacto de extensión previsto en el art.*111.*1º de la Ley Hipotecaria, se producirá siempre que concurran, junto con dicho pacto, las siguientes circunstancias: La subjetiva de pertenecer al hipotecante -el art.*112 *de la Ley Hipotecaria excluye la colocada por el tercer poseedor, salvo las consecuencias de la ejecución que recoge el artículo siguiente-, y la objetiva de colocación en la finca y destinación objetiva a la explotación que en la misma se realiza, desde el momento en que la misma tiene lugar y en tanto se mantenga (*DGRN Resol 19-11-43*;* 5-5-00*).*

CUARTA. Duración

El plazo de duración de la garantía hipotecaria finalizará el *"fecha de vencimiento de la garantía"*.

QUINTA. Vencimiento anticipado

✍ **Nota:**

Sobre la validez y límites de los pactos relativos al ***vencimiento anticipado****, ver* DGRN Resol 12-6-00*;* 20-7-00.

El plazo señalado en la cláusula cuarta anterior vencerá de forma anticipada en los siguientes casos:

a) Incumplimiento de cualquiera de las obligaciones derivadas de *"...la póliza de préstamo número "número de póliza"... O ... la relación principal garantizada con la hipoteca ..."*.

b) En el caso de imposibilidad de inscripción de la presente hipoteca en el Registro de la Propiedad.

c) Disminución, por cualquier causa, del valor de la finca hipotecada en un 25% respecto del valor de subasta previsto en la presente escritura.

SEXTA. Obligaciones del/de los Deudor/es hipotecante/s

Las partes convienen que serán obligaciones **del/de los Deudor/es hipotecante/s**, entre otras:

a) Conservar la finca hipotecada con la diligencia propia de un buen padre de familia, haciendo las obras de conservación y reforma que sean pertinentes.

b) A no constituir arrendamiento alguno sobre la finca hipotecada sin el consentimiento del **Acreedor**.

c) A comunicar al acreedor, por cualquier medio que deje constancia de su recepción, cualquier procedimiento de expropiación que pueda iniciarse sobre la finca hipotecada, apoderando en este acto al **Acreedor** con carácter irrevocable para que realice las gestiones pertinentes para la ejecución de la expropiación y cobro del justiprecio.

d) A tener asegurada durante toda la vigencia de la presente garantía, la finca hipotecada de incendio y responsabilidad civil por una cantidad como mínimo igual a la de la responsabilidad hipotecaria.

e) A mantener la finca hipotecada al corriente de pago de contribuciones, impuestos o arbitrios que puedan recaer sobre la misma.

MCM 4010 s.

SÉPTIMA. Ejecución de la hipoteca

Nota:

Por otra parte, no hay que olvidar que el legislador ha previsto la ejecución extrajudicial de la hipoteca y otros derechos de garantía en ***diversas disposiciones*** *entre las que citamos los art.*322 *y* 323 *del* Código de Comercio, *sobre la prenda sobre valores cotizables; el art.*569-8 *del Código Civil Catalán; art.*261 *s. de la* L 36/2011, *reguladora de la jurisdicción social; art.*38 *y* 39 *del* RDLeg 6/2004, *por el que se aprueba el texto refundido de la Ley de Ordenación y Supervisión de los Seguros Privados; el art.*16 *de la* L 28/1998, *de Venta a Plazos de Bienes Muebles (que, después de su reforma por la* L 1/2000, *de Enjuiciamiento Civil, se remite en el apartado 1 al proceso de ejecución previsto en esta última Ley, si bien en el apartado 2, letra "c" se prevé la enajenación en pública subasta, con intervención de Notario, siguiéndose en lo que sea posible las reglas del art.*1872 *del* Código Civil*); el art.*31.*1, párrafo segundo, de* L 4/2012, *sobre aprovechamiento por turno de bienes inmuebles de uso turístico.* LH art.12, 153

El **Acreedor** podrá ejercitar la acción personal o la hipotecaria por cualquiera de los procedimientos legales, acordando las partes que será título ejecutivo suficiente la primera copia autorizada de esta escritura. En este sentido y para determinar la deuda exigible será suficiente con el certificado del **Acreedor**, en el que se especifique el saldo de la cuenta *"... "especificar el saldo (En caso de hipoteca que garantiza una obligación registrada: en cuenta especial)" ...".*

OCTAVA. Ejecución de la hipoteca-valor a efectos de subasta

Las partes tasan la finca hipotecada, a efectos de una futura subasta, en *"valor de tasación, en letra"* euros (*"valor de tasación, en número"* €).

NOVENA. Notificaciones

Nota:

Si no se incluyera esta cláusula las notificaciones se realizarían en el ***domicilio*** *que indica el compareciente en el encabezamiento de la póliza.*

Las partes señalan como domicilio para la práctica de las notificaciones necesarias para la ejecución de la presente hipoteca los siguientes:

El **Acreedor**: *"domicilio del Acreedor, a efectos de notificación".*

El/los **Deudor/es hipotecante/s:** *"domicilio del Deudor, a efectos de notificación".*

OTORGAMIENTO Y AUTORIZACIÓN:

Hago las reservas y advertencias legales y fiscales que incumben a las partes en su aspecto material, formal y sancionador, y especialmente advierto del plazo de treinta días hábiles siguientes a la firma de esta escritura para presentar a liquidar el impuesto correspondiente, de la afección de los bienes al pago del mismo y responsabilidades, en su caso, derivadas del incumplimiento.

Asimismo, advierto de las consecuencias de una posible inexactitud de sus declaraciones o de falsedades en el documento y del tratamiento fiscal que se derivarían de las diferencias de valor resultantes de una comprobación administrativa.

Leo esta escritura a los comparecientes, previa advertencia y renuncia a su derecho de hacerlo por sí mismos y enterados de su contenido, prestan su consentimiento y la firman.

Y yo, el Notario, DOY FE de que mi actuación ha sido pactada de común acuerdo por las partes adquirente y transmitente, y en cuanto fuera procedente, de todo lo demás contenido en este instrumento público, extendido en *"número de folios de papel"* folios de papel de uso exclusivo para documentos notariales, de la serie *"número de serie".*

Contrato de subfianza

MCM 3605

Nota preliminar:

Se trata de un contrato de fianza que tiene por **objeto** afianzar una fianza anterior. Las **partes** son el subfiador, que actúa en calidad de fiador de un fiador anterior, y este último.

CC art.1823 Ante la emisión de una garantía (el pagaré) por parte de un **tercero ajeno a la relación entre las partes** (vendedor/acreedor, comprador/deudor, fiador) no se puede llegar a ninguna otra conclusión lógica que la que estamos ante una subfianza (AP Girona 27-4-18, EDJ 56629).

- Dentro de la fianza conviene distinguir (AP Asturias 6-2-18, EDJ 21893):

- La **fianza solidaria**, que es aquélla en la cual el acreedor puede exigir directamente al deudor o al fiador indistintamente, no existiendo el llamado beneficio de excusión.

- La **cofianza**, que supone la existencia de una pluralidad de cofiadores en la obligación de fianza. Esta cofianza puede a su vez ser mancomunada o solidaria, pero no se debe confundir con lo anterior, pues puede existir una cofianza solidaria que sea subsidiaria respecto de la obligación principal.

- La **subfianza**, que se produce cuando existe un fiador del fiador. Esto es, el acreedor puede exigir primero al deudor, después al fiador y, en caso de no pagar este, a su subfiador. Se trata de un aval de otro aval (AP Navarra 21-3-02, EDJ 11949).

El contrato de subfianza requiere **consentimiento** expreso de todas las partes (TS 31-1-77, EDJ 416).

- La **retrofianza**, que afianza la obligación del deudor frente a la acción de repetición del fiador. Así, el fiador que ha pagado podrá exigir dicha acción contra el deudor y, caso de no hacerle frente, al retrofiador.

En *"localidad"*, mi residencia, a *"fecha"*

Con intervención del notario *"Don/Doña nombre y apellidos del notario"*

COMPARECEN

De una parte, *"Don/Doña nombre y apellidos del Fiador"*

Y

de otra parte,
"Don/Doña nombre y apellidos del Subfiador"

INTERVIENEN

A. *"denominación social de la sociedad (Fiador)"*, sociedad de nacionalidad española, con domicilio social en *"domicilio de la sociedad (Fiador)"* provista de NIF número *"NIF de la sociedad (Fiador)"*, representada por *"Don/Doña nombre y apellidos del Fiador"*, con DNI *"DNI del Fiador"*, en su condición de *"calidad de la intervención del Fiador"*, cargo que asegura vigente y con facultades suficientes para la formalización de este documento.

En adelante, el **Fiador-Subafianzado**.

B. *"denominación social de la sociedad (Subfiador)"*, sociedad española, con domicilio social en *"domicilio de la sociedad (Subfiador)"* y provista con NIF *"NIF de la sociedad (Subfiador)"*, representada por *"Don/Doña nombre y apellidos del Subfiador"* en su condición de *"calidad de la intervención del Subfiador"*, cargo que asegura vigente y con facultades suficientes para la formalización de este documento.

En adelante, el **Subfiador**.

EXPONEN

I.- Que el **Fiador-Subafianzado**, ha afianzado en el ejercicio de su actividad mercantil una serie de operaciones de crédito de *"Don/Doña nombre y apellidos del Afianzado"* (en adelante, el Afianzado).

II.- Dichas operaciones son las siguientes:

- Afianzamiento de la póliza de *"indicar la póliza"*.
- Afianzamiento del contrato de *"indicar el contrato"*.
- Afianzamiento de póliza de *"indicar póliza"*.

III.- Que reconociéndose recíprocamente la capacidad necesaria para celebrar el presente contrato de subfianza.

OTORGAN

PRIMERO.- Objeto.
El **Subfiador** se obliga a garantizar al **Fiador-Subafianzado** el cumplimiento de las obligaciones que para el Afianzado se derivan de las pólizas indicadas en el expositivo II que el **Fiador-Subafianzado**, entonces Fiador, otorgó a favor de cada una de las entidades prestamistas o acreedoras identificadas en el Expositivo II anterior.

SEGUNDO.- Alcance.
El importe garantizado será del *"porcentaje"*%) del importe íntegro que resulte de cada uno de los afianzamientos descritos en el Expositivo II.

TERCERO.- Duración de contrato.
El presente contrato mantendrá su vigencia en tanto en cuanto no se cancele la última de las fianzas garantizando las pólizas indicadas en el expositivo II, incluyendo cualquier prórroga que las partes puedan pactar, sin necesidad en este último caso de ratificación alguna por parte del *"Subfiador"*, renunciando en este acto el mismo a las consecuencias previstas en el art.1851 del Código Civil.

CUARTO.- Intereses.
Las cantidades que haya de abonar el **Fiador-Subafianzado** y resulten impagadas por el **Subfiador** una vez que haya vencido la obligación de pago, devengarán a favor del primero un interés igual al *"valor porcentual anual"*% anual.

QUINTO.- Invalidez.
Si cualquiera de los pactos del contrato fuera declarado inválido, ya sea total o parcialmente, el resto del contrato mantendrá su vigencia y eficacia.

SEXTO.- Gastos e impuestos.
Todos cuantos gastos, tributos y honorarios se originen por el otorgamiento de la presente póliza y de los documentos acreditativos de los futuros avales serán de cuenta y cargo del **SubFiador**.

SÉPTIMO.- Notificaciones.
Las partes convienen los siguientes domicilios para la práctica de las notificaciones necesarias para la ejecución del presente contrato:

El **Fiador-Subafianzado**: *"domicilio a efecto de notificaciones del Fiador"*

El **Subfiador**: *"domicilio a efecto de notificaciones del Subfiador"*

OCTAVO.- Fuero.
Para la solución de cualquier cuestión litigiosa que pueda derivarse del presente contrato de subfianza las partes, con renuncia al fuero aplicable, se someten a *"...los tribunales de "localidad de los tribunales"... O ... la corte de arbitraje de "localidad de la corte" y a su reglamento de arbitraje ..."*.

NOVENO.- Naturaleza mercantil.
Los comparecientes, en la representación en que intervienen, manifiestan que el presente contrato tiene carácter de mercantil y se regirá en primer término por las estipulaciones contenidas en el mismo y en lo que en ellas no estuviere previsto por las disposiciones del Código de Comercio, leyes especiales, los usos y costumbres mercantiles y, en su defecto, por lo establecido en el Código Civil.

DÉCIMO.- Manifestación fiscal.
Las partes manifiestan que el presente contrato se encuentra sujeto al Impuesto sobre el Valor Añadido, pero exenta por tratarse de una operación financiera de las contempladas en el art.20.Uno.18º.f) de la Ley 37/1992, de 28 de diciembre.

UNDÉCIMO.- Intervención de notario.
Este contrato se ha formalizado, según se expresa anteriormente, con intervención del notario a todos los efectos, incluso a los previstos en el art.93 del Código de Comercio, en los artículos 517 y 572 de la Ley de Enjuiciamiento Civil y demás legislación concordante.

El **Subfiador** y el **Fiador-Subafianzado** dan su conformidad a los términos y condiciones previstos en el presente contrato y en prueba de ello lo firman por cuadruplicado ejemplar y a un solo efecto, reconociendo cada una de ellas haber recibido copia del mismo, y yo, el notario interviniente, doy fe de la identidad y capacidad de las partes y de la legitimación de sus firmantes, así como de todo lo convenido en la presente póliza que firmo, rubrico y sello en el lugar y fecha indicados en el encabezamiento.

EL SUBFIADOR **EL FIADOR-SUBAFIANZADO**

Con mi intervención

Financiación y Gestión Financiera

705

Crédito al consumo

MCM 4488 s.

Dir (UE) 2023/2225; L 16/2011; L 10/2014 art.5 redacc L 18/2022; RD 309/2020

Nota preliminar:

- Se trata de un contrato en virtud del cual una persona física o jurídica, en el ejercicio de su actividad, profesión u oficio, concede o se compromete a conceder a un consumidor un crédito bajo la forma de pago aplazado, préstamo, apertura de crédito o cualquier otro medio equivalente de financiación, para satisfacer **necesidades personales**, al margen de su actividad empresarial o profesional.

- Téngase en cuenta que ha habido **cambios legislativos** fundamentales en la materia, que han afectado tanto a la Ley de Crédito al Consumo, como a la Ley sobre ordenación, supervisión y solvencia de las entidades de crédito. Los últimos reseñables son el art.5 de la Ley 10/2014 por medio de la L 5/2019 y la L 18/2022.

- Téngase en cuenta que la L 5/2019 también ha modificado la Ley General para la Defensa de Consumidores y Usuarios estableciendo que son nulas de pleno derecho las **condiciones generales incorporadas de modo no transparente** en los contratos en perjuicio de los consumidores (LGDCU art.83).

- Téngase presente, además, que se ha aprobado la Dir (UE) 2023/2225, la cual deroga con efectos desde 20-11-2026 la Dir (UE) 2008/48. Los Estados miembros están obligados a incorporar a sus ordenamientos jurídicos no más tarde del 20-11-25 las disposiciones legales, reglamentarias y administrativas necesarias para dar cumplimiento a lo establecido en dicha Directiva.

- Tratándose de un contrato de una tarjeta *revolving*, para que la operación crediticia pueda **ser considerada usuraria**, basta con que se den los **requisitos** previstos en el primer inciso del art. 1 de la ley, esto es, «que se estipule un interés notablemente superior al normal del dinero y manifiestamente desproporcionado con las circunstancias del caso», sin que sea exigible que, acumuladamente, se exija «que ha sido aceptado por el prestatario a causa de su situación angustiosa, de su inexperiencia o de lo limitado de sus facultades mentales» (TS 25-11-15, EDJ 216418; AP Alicante 29-2-24, EDJ 519496).

- Para determinar la referencia que ha de utilizarse como «**interés normal del dinero**» para realizar la comparación y valorar si el mismo es usurario, debe utilizarse el tipo medio de interés en el momento de celebración del contrato correspondiente a la categoría a la que corresponda la operación crediticia. Y si existen categorías más específicas dentro de otras más amplias (como sucede actualmente con la de tarjetas de crédito y revolving, dentro de la categoría más amplia de operaciones de crédito al consumo), deberá utilizarse esa categoría más específica, con la que la operación crediticia cuestionada presenta más coincidencias (duración del crédito, importe, finalidad, medios a través de los cuáles el deudor puede disponer del crédito, garantías, facilidad de reclamación en caso de impago, etc.), pues esos rasgos comunes son determinantes del precio del crédito, esto es, de la TAE del interés remuneratorio (TS 4-3-20, EDJ 512653; AP Alicante 29-2-24, EDJ 519496).

- "(...) está claro que el juicio sobre el **carácter usurario** del interés remuneratorio convenido en este contrato de tarjeta de crédito en la modalidad *revolving* (...) ha de hacerse tomando, en primer lugar, como interés convenido de referencia la TAE (...). Además, la comparación debe hacerse respecto del interés medio aplicable a la categoría a la que corresponda la operación cuestionada, en este caso, el tipo medio aplicado a las operaciones de crédito mediante tarjetas de crédito *revolving*.

"En relación con la determinación de este parámetro de comparación, para los **contratos posteriores** a que el boletín estadístico del Banco de España desglosara un apartado especial a este tipo de créditos, en **junio de 2010**, la jurisprudencia acude a la información suministrada en esta estadística para conocer cuál era ese interés medio en aquel momento en que se concertó el contrato litigioso" (TS 15-2-23, EDJ 513138; 22-2-24, EDJ 508393).

A **falta de una previsión legal**, en esa sentencia establecimos como criterio uniforme de valoración que el interés convenido supere los 6 puntos porcentuales del que era común en el mercando para las tarjetas de crédito *revolving*:

MCM 4488 s.

Dir (UE) 2023/2225; L 16/2011; L 10/2014 art.5 redacc L 18/2022; RD 309/2020

Nota preliminar:

"En la medida en que el criterio que vamos a establecer lo es solo para un tipo de contratos, los de tarjeta de crédito en la modalidad *revolving*, en los que hasta ahora el interés medio se ha situado por encima del 15% (...), consideramos más adecuado seguir el criterio de que la diferencia entre el tipo medio de mercado y el convenido sea superior a 6 puntos porcentuales" (TS 15-2-23, EDJ 513138; 22-2-24, EDJ 508393).

- La **Ley de Represión de la Usura** se configura como un límite a la autonomía negocial del CC art.1255 aplicable a los préstamos, y, en general, a cualquier operación de crédito «sustancialmente equivalente» al préstamo. Así lo ha declarado el Tribunal Supremo en anteriores sentencias, como las TS 18-6-12, EDJ 209070; 22-2-13, EDJ 24020; 2-12-14, EDJ 279620 (TS 25-11-15, EDJ 216418). En el caso concreto, **estimó usurario un tipo de interés del 24,6 % TAE**.

En el caso, se deduce que fue la academia proveedora del curso la que facilitó a la adquirente demandada la financiación con Financieros S.A., pues nunca contactó la adquirente consumidora directamente con la financiera sino que le fueron presentados los documentos de solicitud del préstamo y del contrato mismo por el personal de la proveedora y en las oficinas de esta, lo que revela un acuerdo previo entre dicha entidad y la financiera, debiendo flexibilizarse el requisito de la exclusividad en el acuerdo previo en el sentido de hacer recaer sobre el financiador la carga de probar que no existe tal exclusividad, pues es obvio que el adquirente consumidor carece de la facilidad probatoria de la que goza la financiera, por otra parte interesada en ocultar el pacto de exclusividad, no siendo necesaria la concurrencia de ningún otro requisito más que los establecidos en la LCCo art.15.a, b y c para estimar vinculados el contrato de financiación y el de consumo (AP Madrid 24-6-05, EDJ 115475).

- El modelo presupone unas **circunstancias** determinadas que serán las **más frecuentes**. Si en el caso concreto existen circunstancias particulares no previstas, deberá completarse o modificarse el modelo, adaptándolo a las mismas.

Préstamo número: *"número de préstamo"*.

Entidad prestamista:

Sucursal: *"número de sucursal"*.

Domicilio: *"domicilio de la entidad"*.

Datos del titular/es:

Nombre: *"Don/Doña nombre y apellidos del titular/es"*.

Domicilio: *"domicilio del titular/es"*.

NIF: *"número de identificación del titular/es"*.

Datos del comercio: *"datos identificativos del comercio"*.

Datos del bien a financiar:

Identificación: *"especificar bien"*.

Precio: *"cuantía del bien"*.

o **Si intervienen avalistas:**

Datos de los avalistas:

Nombre: *"Don/Doña nombre y apellidos de los avalistas"*.

Domicilio: *"domicilio de los avalistas"*.

NIF: *"número de identificación de los avalistas"*.

<<

MCM 4488 s.

CONDICIONES PARTICULARES:

- Importe del préstamo: *"importe del préstamo"*.
- Plazo: *"fecha de otorgamiento del préstamo"*.
- Vencimiento: *"fecha de vencimiento del préstamo"*.
- Moneda: *"medio de pago estipulado"*.
- Interés: *"especificar interés del préstamo"*.
- T.A.E.: *"cálculo de la TAE asignada"*.

Dir (UE) 2023/2225; L 16/2011; L 10/2014 art.5 redacc L 18/2022; RD 309/2020

 **Nota:**

*El **incumplimiento** de los **requisitos de información** básicos de un contrato de crédito al consumo implica la anulabilidad del mismo. Si se mantiene la eficacia del contrato, entonces se integrará con las disposiciones existentes en materia de protección al consumidor (*L 16/2011 *art.7).*

- Interés de demora: *"interés de demora"*.
- Comisión de apertura: *"tipo de comisión de apertura"*.
- Comisión cancelación total: *"tipo de comisión de cancelación total"*.
- Comisión cancelación parcial: *"tipo de comisión de cancelación parcial"*.

Periodo de carencia: durante este periodo se pagarán *"número de cuotas por carencia"* cuotas sucesivas comprensivas de intereses de *"intereses por carencia, en letra"* euros (*"intereses por carencia, en número"* €), con vencimiento el *"fecha de vencimiento inicial por carencia"*, y la última el *"fecha de vencimiento final por carencia"*.

Periodo de amortización: el presente préstamo se amortizará mediante *"número de cuotas por amortización"* cuotas sucesivas, comprensivas de capital e intereses de *"intereses por amortización, en letra"* euros (*"intereses por amortización, en número"* €) cada una, devengándose la primera de ellas el *"fecha del primer devengo"*, y la última el día del vencimiento fijado en este contrato.

CONDICIONES GENERALES:

Las presentes condiciones generales se aplicarán en lo no previsto en las condiciones particulares.

Primera.

El préstamo devengará a favor del **Banco** el tipo de interés que se establece en las condiciones particulares, efectuándose la liquidación y pago de los intereses de la siguiente forma:

Durante el periodo de carencia, el cálculo de los intereses, se efectuará diariamente multiplicando el principal pendiente del préstamo por el tipo de interés nominal establecido en este contrato dividiendo su resultado por 36.000. Los intereses a adeudar al final de cada periodo de liquidación serán la suma aritmética de los devengos producidos en cada uno de los días incluidos en dicho periodo.

Durante el periodo de amortización el cálculo de los intereses se efectuará mensualmente multiplicando el principal pendiente del préstamo por el tipo de interés nominal establecido en este contrato por el número de meses comprendido en cada periodo de liquidación y dividiendo el resultado por 1200.

Los intereses serán adeudados en la cuenta del **Prestatario**.

Este préstamo devengará a favor del **Banco** una comisión de apertura que se detalla en las condiciones particulares liquidable y pagadera en el mismo momento de la formalización por el **Prestatario**.

Como consecuencia de todo ello y a efectos informativos el tipo de interés efectivo anual equivalente (T.A.E.) es el reflejado en las condiciones particulares, no habiéndose incluido para su determinación los gastos que el **Prestatario** puede evitar en uso de las facultades que le concede el contrato, en particular y, en su caso, los gastos de transferencia de los fondos debidos, los gastos a abonar a terceros, en particular los corretajes, gastos notariales e impuestos; y los gastos por seguro o garantías. El cálculo para la determinación de la T.A.E. se ha realizado conforme a la Norma 13ª y Anejo 7 de la Circular 5/2012, de 27 de junio, del Banco de España, a entidades de crédito y proveedores de servicios de pago, sobre transparencia de los servicios bancarios y responsabilidad en la concesión de préstamos. MCM 4488 s.

Segunda. Dir (UE) 2023/2225; L 16/2011; L 10/2014 art.5 redacc L 18/2022; RD 309/2020

El préstamo se amortizará mediante el pago de las cuotas que se establecen en las condiciones particulares. Las citadas cuotas habrán de hacerse efectivas por el **Prestatario** sin necesidad de previo requerimiento ni aviso alguno. en las oficinas del **Banco**, precisamente el día señalado como vencimiento de cada una de aquellas o al día siguiente hábil si aquél fuese festivo. El **Prestatario** podrá optar por domiciliar el pago de dichas cantidades en el Banco/Caja de Ahorros que designe.

Sin perjuicio, en todo caso, del plazo máximo de duración previsto en las condiciones particulares y de las amortizaciones reseñadas en las mismas, el **Prestatario** podrá proceder anticipadamente a la amortización total o parcial del préstamo, sin que en ningún caso acredite derecho a devolución de comisión e intereses percibidos por el **Banco**. Se conviene expresamente que dichas entregas parciales anticipadas sean aplicadas, en primer lugar, a reintegro de las costas y gastos suplidos por el **Banco**; en segundo lugar, al pago de intereses de demora; en tercer lugar, al pago de los intereses del principal y, finalmente, a la amortización de capital prestado.

Los reembolsos parciales anticipados podrán ser aplicados. a opción de la parte prestataria a reducir el importe de las cuotas o a acortar el plazo de amortización del préstamo.

En el caso de cancelación total anticipada, los intereses devengados desde 1a fecha de la última liquidación hasta la fecha de cancelación, se calcularán diariamente multiplicando el principal pendiente del préstamo por el tipo de interés nominal establecido y dividiendo el resultado por 36.000.

En todos los supuestos de amortización voluntaria del préstamo, total o parcial, el **Banco** tendrá derecho a percibir la comisión prevista en las condiciones particulares sobre el importe de amortización, pagadera en el propio acto de la amortización.

Nota:

*El **consumidor** podrá reembolsar anticipadamente, de forma total o parcial y en cualquier momento de vigencia del contrato, las obligaciones derivadas del contrato de crédito. En tal caso, tendrá derecho a una reducción del coste total del crédito que comprenda los intereses y costes, incluso si estos hubieran sido ya pagados, correspondientes a la duración del contrato que quede por transcurrir. En caso de reembolso anticipado del crédito, el **prestamista** tendrá derecho a una compensación justa y justificada objetivamente por los posibles costes directamente derivados del reembolso anticipado del crédito, siempre que el reembolso anticipado se produzca dentro de un período en el cual el tipo deudor sea fijo. Dicha compensación no podrá ser superior al 1 por 100 del importe del crédito reembolsado anticipadamente si el período restante entre el reembolso anticipado y la terminación acordada del contrato de crédito es superior a un año. Si el período no supera un año, la compensación no podrá ser superior al 0,5 por 100 del importe del crédito reembolsado anticipadamente (*L 16/2011 *art.30).*

Sin perjuicio del derecho de la entidad Prestamista a dar por vencido, en su caso, anticipadamente el préstamo en los términos previstos en esta póliza. las cantidades adeudadas, por intereses y amortizaciones de principal, no satisfechas en las fechas estipuladas, devengarán desde el día siguiente de las mismas, el interés de demora pactado en las condiciones particulares, pudiendo el **Banco**, en cuanto intereses, considerarlos capital a estos efectos, de conformidad con el artículo 317 del Código de Comercio.

Nota:

***Anatocismo** convencional.*

MCM 4488 s.

Dir (UE) 2023/2225; L 16/2011; L 10/2014 art.5 redacc L 18/2022; RD 309/2020

Tercera.

No obstante lo previsto en la cláusula anterior, podrá el **Banco** dar por vencido el préstamo y exigir la devolución de la suma que por capital, gastos, intereses, y comisión le adeude el **Prestatario** si se diese alguna de las siguientes circunstancias:

a) Incumplimiento de cualquiera de las obligaciones contraías en virtud de este contrato.

b) Por comprobarse la inexactitud y ocultación de los datos facilitados al **Banco** con carácter previo a la concesión de este préstamo y que, a su juicio, hayan determinado una errónea o incompleta visión en el estudio del riesgo de la operación.

c) Que el titular del préstamo o alguno de sus fiadores realice actos que pongan en peligro o disminuyan notablemente su solvencia.

d) En caso de solicitud de quita y espera, celebración por el prestatario de convenio extrajudicial con sus acreedores, que implique indisponibilidad de sus bienes o cesión total o parcial de los mismos, como embargo o intervención administrativa o administración judicial de todos o parte de los bienes del prestatario.

e) Cuando concurriera cualquiera de las causas de vencimiento anticipado establecidas por el Derecho.

Cuarta.

Vencido el préstamo por llegada de su término o por cualquiera de las causas previstas en este contrato, si el **Prestatario** no hiciese pago de la suma adeudada en el mismo día de vencimiento o en el siguiente si aquel fuese festivo, el **Banco** podrá exigir su pago por la vía ejecutiva.

A efectos meramente procesales, y como mecanismo de mayor seguridad para el **Prestatario** la liquidación de intereses y demás conceptos adeudados que, sumados al débito por principal prestado determinaran la deuda ejecutivamente exigible, se practicará por el **Banco**, el cual expedirá la oportuna certificación que recoja el saldo pendiente el día del cierre. En su virtud, bastará para el ejercicio de la acción ejecutiva la presentación de esta póliza, juntamente con la certificación prevenida en el número 5º del art.517 de la Ley de Enjuiciamiento Civil y la legislación concordante, y la aportación de la documentación prevenida en el número 1 del art.573 de la misma Ley.

Quinta.

Serán de cuenta del **Prestatario** todos los gastos e impuestos que origine este préstamo durante su vigencia incluidos los gastos judiciales o extrajudiciales, comprendidos los de abogados y procuradores que pudiera ocasionar su ejecución y cobro, los que se satisfagan por la formalización tanto de este contrato como de los documentos a que se refieren las condiciones que preceden, así como los gastos de correo u otros medios de comunicación, de acuerdo con las tarifas postales y de comunicaciones vigentes en cada momento.

Sexta.

El/los **Fiador/es** que a efectos de citaciones, notificaciones y requerimientos designan como domicilio el indicado al principio de este documento, garantiza/n solidariamente entre sí y con el **Prestatario**, y en los mismos términos que este último, cuantas obligaciones se contraen en la presente póliza, aun cuando no aparezca/n expresamente nombrado/s en alguna de las presentes cláusulas y muy especialmente, al pago del principal, intereses y comisiones.

El hecho de que el Banco deje la obligación vencida, sin reclamar, no se estimara como prórroga a efectos de liberar los fiadores.

Séptima.

De intervenir en la póliza personas casadas, estas se comprometen a no modificar su actual régimen económico matrimonial sin dejar expresamente a salvo las obligaciones contraídas con el **Banco** por razón del presente contrato y admitir que la contravención de este pacto no producirá efectos frente al **Banco**, aunque la modificación se inscriba en los Registros Civil y Mercantil.

MCM 4488 s.

Dir (UE) 2023/2225; L 16/2011; L 10/2014 art.5 redacc L 18/2022; RD 309/2020

Octava.

A efecto de las notificaciones de todo tipo previstas en la Ley, se entenderá como domicilio de cada uno de los intervinientes para efectuar las que fueran necesarias, el señalado en la presente póliza para cada uno de ellos y en todo caso, se entenderá por bien efectuada la notificación, cuando fuera intentada en dicho domicilio.

Los titulares de esta operación y sus avalistas, podrán modificar los domicilios en este documento señalados, siempre que el cambio sea notificado al **Banco**.

Novena.

En el caso de ser varios los prestatarios, todos ellos quedan obligados solidariamente frente al **Banco** al cumplimiento de las obligaciones derivadas de esta póliza.

Décima.

La financiación que se realiza por medio de este préstamo no tiene carácter exclusivo pudiendo el **Prestatario** efectuar el pago de los bienes adquiridos en el comercio al contado, acudiendo a la financiación de otras entidades de crédito o mediante la utilización de tarjetas u otras formas de crédito. En consecuencia, el **Banco** no asume ninguna responsabilidad por razón de la operación comercial o de los bienes que por medio de este préstamo sean adquiridos.

 **Nota:**

L 16/2011 *art.* 12 *y* 13.

En *"localidad"* a *"fecha"*

PRESTATARIO/S *"...AVALISTA/S ..."*

BANCO

Factoring

MCM 4740 s.

Nota preliminar:

- Téngase en cuenta el art.5 de la L 10/2014, de ordenación, supervisión y solvencia de **entidades de crédito**, como el art.6.1.b de la L 5/2015, de fomento de la financiación empresarial, incluyen entre sus actividades las de factoring, con o sin recurso.

L 5/2015 art.6.1.a

- El factoring se articula sobre una premisa jurídica regulada en nuestro ordenamiento jurídico, la **cesión de créditos**, aun cuando, a diferencia del derecho dispositivo que regula esta figura de forma y carácter aislado, en el contrato de factoring la cesión del crédito se configura como una operación **en masa**, por virtud de la cual el empresario transmite a la sociedad de factoring una cartera de créditos que ostenta en el presente y en el futuro, respecto de uno o varios de sus deudores, que genera su actividad (AP Madrid 10-7-97).

- La **eficacia traslativa de la cesión de créditos** opera no sólo cuando haya sido realizada *pro soluto*, sino también cuando lo es *pro solvendo*, de tal forma que incluso en el caso de cesión de créditos en factoring con recurso hemos declarado que el cesionario adquiere plenamente el crédito cedido, pues la distribución del riesgo de insolvencia no tiene por qué afectar al efecto traslativo (TS 8-3-17, EDJ 15373).

- En relación con un contrato de factoring, la **"reserva salvo buen fin"** no significa que el crédito no haya sido transmitido, sino que lo ha sido condicionado resolutorialmente, por una parte, a su existencia y validez, y por otra, a su destino al pago de los préstamos que la cesión tiene por objeto (TS 8-10-14, EDJ 176199; AP Barcelona 16-11-23, EDJ 791283).

- El contrato de factoring **no** produce **efectos traslativos del dominio** (TS 11-2-13, EDJ 1557).

- La Sentencia TS 22-2-08, EDJ 111531 sobre las **cesiones de créditos futuros** (llamadas "cesiones anticipadas") dice que: exigen para su eficacia, como se ha dicho por autorizada doctrina "... que los caracteres definitorios del crédito de que se trate resulten adecuadamente determinados, a más tardar en el momento de nacimiento del mismo, sin necesidad de un nuevo acuerdo entre las partes (artículo 1271 CC), aunque no es indispensable que cuando la cesión anticipada del crédito se concluya se haya ya realizado el contrato o surgido la relación jurídica de la que nacerá el crédito en cuestión, ni que esté entonces determinada la persona del futuro deudor" (AP Valladolid 30-6-21, EDJ 672453).

- Los tribunales han **distinguido** entre el contrato de **factoring impropio** o con recurso y el factoring **propio o sin recurso**, cual es la previsión contractual de asunción por la entidad crediticia cesionaria del riesgo de insolvencia del cliente del cedente en determinadas condiciones contractuales (AP Ciudad Real 27-11-23, EDJ 821347).

- Dada la **causalización** del contrato de factoring observada, debe resaltarse, conforme también a la caracterización de la cesión de crédito, (entre otras, TS 28-11-12, EDJ 333547; 25-2-13, EDJ 187273), que el deudor cedido puede oponer al cesionario las excepciones que derivan de la relación obligatoria con un carácter objetivo. Entre las cuales se encuentran aquellas que condicionan el pago de la deuda (AP Madrid 24-11-23, EDJ 820876).

- El modelo presupone unas circunstancias determinadas que serán las más frecuentes. Si en el caso concreto existen circunstancias particulares no previstas, deberá completarse o modificarse el modelo, adaptándolo a las mismas.

En *"localidad"*, a *"fecha"*

REUNIDOS:

De una parte,

"Don/Doña nombre y apellidos de la parte", mayor de edad, *"estado civil de la parte" "... "especificar el régimen económico matrimonial de la parte" ..."*, de nacionalidad *"nacionalidad de la parte"*, con domicilio a estos efectos en *"domicilio de la parte"*, *"...con DNI/NIF número "DNI/NIF de la parte" ... O ... con tarjeta de residencia número "número de tarjeta de residencia de la parte" ... O ... pasaporte número "número de pasaporte de la parte", expedido el "fecha de expedición del pasaporte de la parte" ... O ... "reseñar otros documentos aportados por la parte" ..."*, vigente hasta el *"fecha de vigencia de la documentación aportada por la parte"*.

Interviene en nombre y representación de la sociedad mercantil denominada *"denominación de la Sociedad"*, domiciliada en *"domicilio de la Sociedad"*, y con NIF número *"NIF de la sociedad"*, constituida, por tiempo indefinido, mediante escritura otorgada ante el notario de *"lugar del notario que autorizó la escritura"*, *"Don/Doña nombre y apellidos del notario que autorizó la escritura"*, el *"fecha de autorización de la escritura"*, e inscrita en el Registro Mercantil de *"datos de la inscripción registral (localidad del Registro Mercantil, tomo, folio, sección, hoja e inscripción)"*, en su calidad de

○ **Si representa como cargo social:**

"...administrador único ... O ... administrador solidario ... O ... consejero delegado ... O ... "especificar la representación del cargo social" ..." de la reseñada sociedad, cargo para el que fue nombrado y asegura vigente en escritura otorgada el *"fecha de escritura del nombramiento del cargo"*, ante el notario de *"lugar donde radica la notaría en la que se autorizó la escritura del nombramiento"*, *"Don/Doña nombre y apellidos del notario que autorizó la escritura del nombramiento"*, con el número *"número de protocolo del notario que autorizó la escritura del nombramiento"* de su protocolo, e inscrita en el Registro Mercantil de *"localidad del Registro Mercantil de la escritura de nombramiento"*, en el tomo y hoja arriba indicados.

○ **Si representa como apoderado:**

apoderado de la reseñada sociedad, según escritura de poder otorgada a su favor, en *"fecha de escritura del otorgamiento del poder"*, ante el notario de *"lugar donde radica la notaría en la que se autorizó la escritura de poder"*, *"Don/Doña nombre y apellidos del notario que autorizó la escritura de poder"*, con el número *"número de protocolo del notario que autorizó la escritura de poder"* de su protocolo *"...e inscrita en el Registro Mercantil de "localidad del Registro Mercantil de la escritura de poder" ..."*, en el tomo y hoja arriba indicados.

En adelante, el **Factor**.

De otra parte,

"Don/Doña nombre y apellidos de la parte", mayor de edad, *"estado civil de la parte" "... "especificar el régimen económico matrimonial de la parte" ..."*, de nacionalidad *"nacionalidad de la parte"*, con domicilio a estos efectos en *"domicilio de la parte"*, *"...con DNI/NIF número "DNI/NIF de la parte" ... O ... con tarjeta de residencia número "número de tarjeta de residencia de la parte" ... O ... pasaporte número "número de pasaporte de la parte", expedido el "fecha de expedición del pasaporte de la parte" ... O ... "reseñar otros documentos aportados por la parte" ..."*, vigente hasta el *"fecha de vigencia de la documentación aportada por la parte"*.

Interviene en nombre y representación de la sociedad mercantil denominada *"denominación de la Sociedad"*, domiciliada en *"domicilio de la Sociedad"*, y con NIF número *"NIF de la sociedad"*, constituida, por tiempo indefinido, mediante escritura otorgada ante el notario de *"lugar del notario que autorizó la escritura"*, *"Don/Doña nombre y apellidos del notario que autorizó la escritura"*, el *"fecha de autorización de la escritura"*, e inscrita en el Registro Mercantil de *"datos de la inscripción registral (localidad del Registro Mercantil, tomo, folio, sección, hoja e inscripción)"*, en su calidad de

>>

○ **Si representa como cargo social:**

"...administrador único ... O ... administrador solidario ... O ... consejero delegado ... O ... "especificar la representación del cargo social" ..." de la reseñada sociedad, cargo para el que fue nombrado y asegura vigente en escritura otorgada el *"fecha de escritura del nombramiento del cargo"*, ante el notario de *"lugar donde radica la notaría en la que se autorizó la escritura del nombramiento"*, *"Don/Doña nombre y apellidos del notario que autorizó la escritura del nombramiento"*, con el número *"número de protocolo del notario que autorizó la escritura del nombramiento"* de su protocolo, e inscrita en el Registro Mercantil de *"localidad del Registro Mercantil de la escritura de nombramiento"*, en el tomo y hoja arriba indicados.

○ **Si representa como apoderado:**

apoderado de la reseñada sociedad, según escritura de poder otorgada a su favor, en *"fecha de escritura del otorgamiento del poder"*, ante el notario de *"lugar donde radica la notaría en la que se autorizó la escritura de poder"*, *"Don/Doña nombre y apellidos del notario que autorizó la escritura de poder"*, con el número *"número de protocolo del notario que autorizó la escritura de poder"* de su protocolo *"...e inscrita en el Registro Mercantil de "localidad del Registro Mercantil de la escritura de poder" ..."*, en el tomo y hoja arriba indicados.

En adelante, el **Cliente**.

MANIFIESTAN:

I. El **Factor** tiene por objeto empresarial exclusivo la prestación de servicios de factoring.

II. El **Cliente** está interesado en contratar con el **Factor** la prestación de los servicios de factoring respecto de sus operaciones empresariales.

Por lo que, de común acuerdo, se obligan recíprocamente con arreglo a cuanto sigue:

CONDICIONES GENERALES:

Primera. Objeto del contrato

Es objeto del presente contrato la transmisión al **Factor** de los créditos del **Cliente** correspondientes a sus operaciones empresariales originadas por las ventas y servicios detallados en la condición particular segunda, cuyos importes, una vez aceptados los riesgos por el **Factor**, serán liquidados por este al **Cliente**, en la forma establecida más adelante, así como en las condiciones particulares.

El **Factor** analizará y estudiará los deudores que le someta el **Cliente** y los clasificará por límites de riesgo.

Segunda. Cesión de los créditos

La cesión de los créditos se realizará mediante la entrega por el **Cliente** al **Factor** de los documentos de crédito (facturas) que correspondan a cada operación efectuada por el **Cliente**, dimanantes de su actividad comercial y que ostente legítimamente frente a sus clientes (en adelante denominados Deudores).

Se entiende, a efectos de este contrato, por documentos de crédito no sólo las facturas propiamente dichas, sino también las notas de abono o de cargo y/o documentos equivalentes que emita el **Cliente** por sus operaciones y vayan dirigidas a sus deudores.

El **Cliente** entregará también al **Factor** las letras de cambio (a la orden del **Factor**), notas de pedidos, albaranes de entrega y, en general, todos los documentos referentes a cada crédito cedido.

Los timbres y gastos bancarios originados por el medio de cobro, cuando este sea letra o recibo, serán de cuenta del Cliente y en la cuantía que el banco haya cargado al **Factor** por estos conceptos.

Tercera. Identificación de los documentos de crédito (facturas) cedidas. Cláusula de cesión

Los documentos de crédito (facturas) cedidos, en todos sus ejemplares, identificarán al **Cliente** y al deudor, con sus nombres y/o denominaciones sociales completas, así como con sus respectivos domicilios y números de identificación fiscal. Precisarán el material, mercancía suministrada o servicio prestado, su precio, fecha y forma de pago, así como el importe del impuesto que se repercuta al deudor. Contendrán el número de serie de los documentos de crédito (facturas), lugar y fecha de libramiento.

Con independencia de los datos identificativos determinados supra, todos los documentos de crédito (facturas) cedidos al **Factor**, deberán incorporar de forma inexcusable, una de las cláusulas de cesión que a continuación se determina, según sea el medio de cobro que tengan establecido con cada uno de sus deudores, y que tendrán el siguiente tenor:

❍ **Cobro a través de cuenta corriente:**

- 'El pago de esta factura, para ser liberatorio, deberá efectuarse directamente a *"denominación de la sociedad representada por el Factor"*, NIF Banco *"nombre de la entidad bancaria"*, Ag. *"número de agencia"*, c/ *"domicilio de la entidad bancaria"*, cta. cte. número *"número de la cuenta corriente"*, a quien hemos transmitido el crédito y por ello nos sustituye en el derecho a cobrarla en el marco de una relación de factoring'.

❍ **Otro medio de cobro:**

- 'El pago de esta factura, para ser liberatorio, deberá efectuarse directamente a *"denominación de la sociedad representada por el Factor"*, con NIF *"NIF de la sociedad representada por el Factor"*, calle *"domicilio de la sociedad representada por el Factor"*; a quien hemos transmitido el crédito y por ello nos sustituye en el derecho a cobrarla en el marco de una relación de factoring'.

Nota:

*Los documentos de crédito (**facturas**) remitidos a los respectivos deudores deberán incorporar, de forma inexcusable, la **cláusula de cesión** que corresponda, según sea el medio de cobro establecido por sus respectivos deudores.*

El **Cliente**, en hoja aparte, se compromete a facilitar al **Factor** los números de teléfono dé los deudores, respecto de los cuales ha solicitado línea de riesgo. Asimismo, se obliga a comunicar al **Factor** los cambios de domicilio que los deudores pudieran realizar.

Cuarta. Entrega de remesas de documentos de crédito (facturas)

La entrega de los documentos de crédito (facturas) al **Factor** se efectuará, en todo caso, con posterioridad a la recepción del material, mercancía suministrada o servicio prestado por el **Cliente** a los deudores.

Cada remesa de documentos, de crédito (facturas) se acompañará con una relación de los mismos en el impreso que el **Factor** facilitará al **Cliente**, y en el que este último hará constar sus datos identificativos, la referencia de este contrato y la descripción de cada documento de crédito (factura), según se detalla en dicho impreso.

Estos impresos podrán ser sustituidos por listado de ordenador, emitidos por el **Cliente**, respetando y conteniendo, por tanto, todos los datos recogidos en los referidos impresos.

Quinta. Reservas del Factor respecto de los documentos de crédito cedidos
El **Factor** se reserva el derecho de rechazar y devolver al **Cliente** los documentos de crédito (facturas) incompletos o que no se ajusten a los términos especificados en este contrato.

Teniendo en cuenta que el **Cliente**, en todo caso, responderá ante el **Factor** de la existencia, exigibilidad y legitimidad de los créditos cedidos, el **Factor** se reserva el derecho a verificar ante los deudores, la existencia de la operación a que correspondan los documentos de crédito (facturas), sus condiciones, si se ha llevado a cabo la entrega del material o mercancía, o si se ha prestado el servicio por parte del **Cliente** o, en su caso, si el deudor está conforme con los términos en que el **Cliente** realizó aquella operación.

A los efectos determinados en el párrafo anterior, se entenderá que el crédito no existe o no es exigible cuando, no pudiendo ser rebatido fehacientemente por el **Cliente**, el deudor niegue haber recibido el material o mercancía o la prestación del servicio por parte del **Cliente**, o aduzca su disconformidad con las condiciones en que el **Cliente** llevara a cabo la operación empresarial de que se trate, o con el precio o plazo facturado o la entrega se hubiera efectuado condicionada, en consignación o depósito.

En los supuestos de inexistencia o no exigibilidad de los créditos aludidos con anterioridad, el **Factor**, si abonó total o parcialmente sus importes al **Cliente**, podrá optar por exigir de este la devolución inmediata de dicho anticipo o por deducir su importe en la siguiente liquidación, con los gastos e intereses que correspondan.

Por último, el **Factor** se reserva el derecho de aceptar o no aquellos documentos de crédito (facturas) cuya fecha factura sea anterior en *"número"* días a la fecha de recepción de la remesa por parte del **Factor**.

Por todo lo anterior, a pesar de estampar el **Factor** el sello de entrada en sus oficinas en las relaciones con las que el **Cliente** les hace entrega de los documentos de crédito (facturas), las partes de común acuerdo no considerarán las mismas efectivamente cedidas, hasta que el **Factor** remita al **Cliente** el documento de aceptación correspondiente que contendrá los documentos de crédito (facturas) que de dicha relación son aceptados, al tiempo que se devolverán todos aquellos que no se ajusten a lo significado en las condiciones anteriores o no coincidan con los detallados en la relación entregada por el **Cliente**.

Sexta. Obligaciones del Factor
El **Factor**, contra la cesión del crédito, pagará al **Cliente** su importe en los términos y hasta el límite convenidos en las condiciones particulares.

El **Factor** llevará la contabilidad de los créditos que el **Cliente** le haya cedido, con los movimientos que se produzcan, por deudor, y el riesgo en curso en cada momento. Asimismo, recogerá contablemente todos los movimientos de cargo y abono que se produzcan en la cuenta del **Cliente** como consecuencia de las relaciones de factoring establecidas. De todo ello informará periódicamente al **Cliente** mediante los correspondientes extractos, entendiéndose que son de la conformidad de este último si no formula reserva expresa dentro de los quince días siguientes a la fecha de remisión por parte del **Factor**.

Con la periodicidad que en las condiciones particulares se establezca, el **Factor** efectuará liquidaciones parciales de la cuenta del **Cliente** por el saldo que tenga en tales momentos. Si el saldo fuese a favor del **Cliente**, el **Factor** deberá pagarle dicho saldo en un plazo no superior a diez días.

El **Factor** se obliga a anticipar al **Cliente** un porcentaje sobre los créditos cedidos en los términos que se establecen en las condiciones particulares de este contrato.

El **Factor** ajustará a los usos de comercio su situación para el cobro de los créditos cedidos y percibirá sus importes en nombre y por cuenta propia. Ahora bien, si los deudores efectuasen pagos al **Factor**, sin imputarlos expresamente a un determinado documento de crédito (factura) a su cargo el **Factor** podrá aplicar discrecionalmente los importes así recibidos a cualquier documento de crédito (factura) a cargo del deudor que realice el pago, o mantenerlos pendientes de aplicación hasta que le sea comunicado por el pertinente deudor, el o los documentos de crédito (factura/s) a que corresponden.

Séptima. Obligaciones del Cliente

El **Cliente** se obliga a los principios básicos que regulan una relación de factoring, a saber:

a) Principio de exclusividad: mediante este principio, el **Cliente** se obliga a no celebrar otros contratos de factoring con otras sociedades factores, mientras esté vigente el presente contrato.

b) Principio de globalidad: mediante este principio, el **Cliente** se obliga a ceder todos sus documentos de crédito (facturas) que ostente frente a terceros al **Factor**, salvo que el **Factor** autorice lo contrario, o acepte la cesión de sólo una parte de los deudores que el **Cliente** pueda tener en el desarrollo de su actividad comercial.

c) Principio de continuidad: mediante este principio, el **Cliente** se obliga a mantener una cesión constante de los créditos que vaya generando con sus respectivos deudores, a lo largo de la vigencia del presente contrato.

El **Cliente**, en concepto de remuneración por los servicios de factoring recibidos, pagará al **Factor** la contraprestación que se expresa en las condiciones particulares en la cuantía, forma y condiciones que asimismo se detallan.

La contraprestación se devengará en favor del **Factor** desde el momento de cesión de los créditos, no siendo retornable, por tanto, en los casos de anulación, retroceso, resolución, etc., de los créditos o de su cesión al **Factor**.

El **Cliente** se abstendrá de cualquier gestión tendente a percibir para sí los importes de los créditos cedidos, así como modificar sus condiciones de pago o alterar los términos de la operación empresarial de que traigan causa.

El incumplimiento de esta obligación facultará al Factor para retroceder la acreditación efectuada por el crédito de que se trate.

Si el **Cliente**, pese a la cesión del crédito, recibiera directamente del deudor su importe total o parcial, deberá dar cuenta al **Factor** de la incidencia, y transferirle de inmediato el importe así recibido.

Aunque de la propia naturaleza del contrato se desprende, el **Cliente** se compromete a colaborar con el **Factor** a petición de este en el cobro a deudores morosos, incluso a cesar en posteriores suministros o prestación de servicios, mientras no se hayan saldado las deudas pendientes.

El **Cliente** asume la misma obligación contraída por el **Factor**, una vez efectuadas las liquidaciones parciales de la cuenta del **Cliente** de tal forma, que realizada dicha liquidación parcial, si el saldo es a favor del **Factor**, el **Cliente** deberá pagarle dicho saldo. El pago se efectuará en la forma que se determina en la cláusula adicional Tercera.

Octava. Duración del contrato

La duración del presente contrato es la que se establece en las condiciones particulares y a su término se prorrogará tácitamente por períodos anuales naturales, salvo que cualquiera de las partes, con al menos quince días de antelación sobre el vencimiento, comunique a la otra su voluntad contraria a la prórroga.

No obstante, cualquiera de las partes podrá decidir unilateralmente la inmediata conclusión del contrato en caso de que la otra solicite la declaración de suspensión de pagos o quiebra voluntaria, se solicite contra ella la declaración de quiebra necesaria o tenga bienes sujetos a anotación de embargo o en cualquier momento de la vigencia del mismo si a cualesquiera de las partes no le interesara mantener la relación contractual que con la firma del presente contrato se inicia, avisando previamente a la otra parte con al menos quince días de antelación.

Si la rescisión voluntaria fuese decidida por el **Cliente**, este vendrá obligado a devolverle al **Factor** los fondos que tuviere anticipados de aquellos créditos (facturas) que estuvieran sin vencer, más el interés correspondiente, procediéndose por el **Factor** a efectuar la anulación de cesión de los créditos (facturas) cedidos.

Las causas que motivan esta obligación del **Cliente** frente al **Factor**, no son otras que las que se derivan de las obligaciones del **Cliente** asumidas contractualmente, tales como la globalidad, exclusividad y continuidad, que tal y como se definen quedarían vulneradas (vacías de contenido), además de la confusión que se crearía en los deudores en el momento de efectuar los pagos que les correspondieran, entendiéndose por el **Factor** que estas causas incrementarían los riesgos, en principio, asumidos por este.

Si la rescisión voluntaria fuese decidida por el **Factor**, esta decisión no afectará a las facturas ya admitidas, respecto de las cuales seguirá asumiendo el riesgo, salvo que se produjeran disputas respecto de cualesquiera de los créditos (facturas) cedidos, en cuyo caso se estará a lo expresamente dispuesto en las condiciones particulares para estos casos.

No obstante, si la decisión del **Factor** fuese motivada por incumplimientos contractuales graves de las obligaciones asumidas por el **Cliente** en el presente contrato, tales como no cumplir con las obligaciones de globalidad, exclusividad o continuidad, o las que se definen en esta misma cláusula como posibilidad de rescisión unilateral del **Factor** o cualquier otra causa análoga, se estará de acuerdo con lo dispuesto para el caso de rescisión voluntaria por el **Cliente**, es decir, devolución por este de los anticipos que hubiere recibido de los créditos (facturas) que estuvieran sin vencer, anulándose por parte del **Factor** la cesión de dichos créditos (facturas).

Asimismo, el **Factor** podrá decidir unilateralmente, de inmediato, la conclusión del contrato en los siguientes supuestos:

a) Que el porcentaje de impagados (devoluciones sobre facturas vencidas) a presentación de facturas cedidas sea en un mes superior al *"especificar porcentaje de impagados"*.

b) Que hayan sido cedidas al **Factor** facturas relativas a créditos inexistentes o no exigibles, según se definen estos en la condición general quinta.

Concluido el contrato, el **Factor** procederá a la liquidación de la cuenta del **Cliente**.

Novena. Apoderamiento
El **Cliente** apodera, expresamente, al personal del **Factor** con poder bastante, otorgado por su sociedad, para que pueda cobrar, en nombre del **Cliente**, cualquier cantidad que traiga causa en la cesión de créditos que, en la operativa de este contrato, se efectúe de la Dirección General del Tesoro y Política Financiera y de todos los Organismos Oficiales, paraestatales, Banco de España, así como de cualquier entidad privada o de persona física.

Asimismo, y teniendo en cuenta que, en ocasiones, algunos de los deudores cuyas facturas el **Cliente** cede al **Factor** efectuarán los pagos mediante cheques, pagarés, etc., y previendo que en el ámbito de las relaciones comerciales con ellos establecidas puedan extender dichos medios de pago nominativos a favor del **Cliente**, en vez de a nombre del **Factor**, el **Cliente** confiere poder suficiente al **Factor** para que este pueda endosar a su favor todos aquellos cheques, pagarés, etc., nominativos al **Cliente**, que reciba de los deudores obligados al pago.

Décima. Gastos e impuestos
Serán de cuenta del **Cliente** todos los gastos, impuestos, arbitrios, tasas y contribuciones especiales que puedan gravar el otorgamiento y desarrollo de este contrato, así como la extinción de la relación jurídica que ahora se inicia.

Undécima. Jurisdicción competente
Las partes se someten a la competencia de los juzgados y tribunales de *"ciudad de los juzgados y tribunales"*.
De acuerdo con la voluntad de las partes, este contrato será intervenido por notario.

CONDICIONES PARTICULARES:

Primera. Tipo de cesión

Factoring sin recurso (riesgo de insolvencia a cargo del factor por el importe de línea de riesgo que sea aprobado para cada uno de los deudores).

Segunda. Características de los créditos que el Cliente se compromete a ceder al Factor

La facturación por todos los conceptos (incluidos impuestos) correspondientes a las operaciones propias de su actividad empresarial por ventas realizadas a sus distintos clientes (en adelante denominados deudores), en el ámbito de todo el territorio nacional, con un plazo de cobro no superior a 90 días fecha factura.

Tercera. Documentos que el Cliente se obliga a entregar al Factor

Documentos de crédito (facturas) relativos a las ventas y suministros citados en la condición anterior, con cláusula de cesión a favor del **Factor** y firmada por el **Cliente** acompañados por los correspondientes pedidos, albaranes y documentos justificativos de la entrega de las mercancías debidamente conformados por los deudores.

Cuarta. Notificación a los deudores del acuerdo de factoring

Con independencia de la cláusula de cesión que debe figurar en cada documento de crédito (factura), el **Cliente** se obliga a notificar a los deudores, a que se refiere la condición particular segunda, la existencia del acuerdo de cesión de los créditos a favor del factor.

Dichas notificaciones deberá efectuarlas el **Cliente** inmediatamente después de la firma de este contrato o, en cualquier caso, antes de la entrega al **Factor** de la primera factura a cargo de un deudor. De tales comunicaciones entregará copias al **Factor**.

El **Factor** se reserva el derecho de no anticipar fondos de los documentos de crédito (facturas) cedidos, en el supuesto de no haber recibido la correspondiente toma de razón de los deudores.

Quinta. Límite y vencimiento de la línea de riesgo

El límite y vencimiento de la línea de riesgo serán individualizados por cada uno de los deudores, respecto de los cuales el **Cliente** solicite dicha línea de riesgo, en sucesivos anexos al presente contrato, considerando la línea de riesgo como la suma de los documentos de crédito (facturas) pendientes de cobro (ya sean vencidos o pendientes de vencer).

Sexta. Diversos aspectos a considerar de la línea de riesgo

El **Factor** se reserva el derecho de admitir documentos de crédito (facturas) con recurso(riesgo a cargo del **Cliente**), cuando el **Cliente** ceda al **Factor** documentos de crédito (facturas) cuyos importes sumados a los de los documentos de crédito (facturas) pendientes de cobro (vencidos o no vencidos) para un determinado deudor, sobrepasen el importe de la línea de riesgo fijada individualmente para dicho deudor.

Estos documentos de crédito (facturas) tendrán siempre y desde su admisión la consideración de con recurso y, por tanto, sometidos a lo específicamente dispuesto en la condición particular décima, sobre liquidación de cargo de los documentos de crédito (facturas) admitidos con recurso.

No obstante lo anterior si, en algún momento de la operativa habitual, cualquiera de los deudores cedidos resultare en situación de insolvencia y tuviere este deudor línea de riesgo disponible, el **Factor** asumirá este riesgo de insolvencia, también, respecto de los documentos de crédito (facturas) admitidos con recurso, hasta el límite de la línea de riesgo fijada para dicho deudor, siempre y cuando dichos documentos de crédito (facturas) no hayan sido anulados conforme a lo dispuesto en la condición particular décima. Se entenderá para estos supuestos como insolvencia la declaración legal de suspensión de pagos o quiebra voluntaria o se solicite contra el deudor la declaración de quiebra necesaria.

Además, si existiere línea de riesgo disponible respecto de alguno/s deudor/es y el **Cliente** cediera al **Factor** nuevos documentos de crédito (facturas) de estos deudores, estas nuevas cesiones y hasta donde alcanzare el límite disponible de la línea de riesgo tendrán la condición de sin recurso.

Séptima. Remuneración del Factor
La tarifa por factoraje se fija en el *"cuota porcentual"* sobre el importe nominal total de cada documento de crédito (factura), incluidos impuestos.

No obstante lo anterior, la presente tarifa se fija en función de las cifras estimadas de facturación total cedida en base anual, número de deudores, número de documentos de crédito (facturas) que serán cedidos, sus importes y plazos de cobro, etc., extremos estos que habiendo sido facilitados por el **Cliente**, han sido analizados por el **Factor** al efectuar la oferta definitiva al **Cliente**. De tal manera que, si estas situaciones examinadas cambiaran, la tarifa de factoraje fijada en el presente contrato podrá ser modificada por el **Factor**, previa comunicación al **Cliente**, con una exposición de motivos debidamente justificados.

Si el **Cliente** no aceptara la nueva tarifa de factoraje, se entenderá tenderá rescindido el presente contrato de factoring, quedando las partes obligadas conforme a lo que en la condición general octava se determina para el supuesto de rescisión voluntaria por el **Cliente**.

Octava. Momento del abono del crédito por el Factor al Cliente
El **Factor** abonará en la cuenta del **Cliente** el importe de los créditos cedidos, respecto de aquellos documentos de crédito (facturas) que hayan sido aprobados sin recurso, en la fecha de cobro de los mismos. No obstante lo anterior, si transcurridos 90 días de la fecha de vencimiento de estos documentos de crédito (facturas) el **Factor** no hubiere cobrado los mismos, procederá en esa fecha a abonar al **Cliente** el importe correspondiente de dichos documentos de crédito (facturas). En el supuesto de que hubiese habido anticipo de fondos, en el momento del citado abono, el **Factor** deducirá las cantidades anticipadas de cada uno de ellos, y efectuará el correspondiente ajuste de intereses conforme a lo determinado en la condición particular décima en su apartado 'Cálculo de Intereses'.

✍ **Nota:**

Ver Norma 13ª, letra d) y Anejo 4, apartado 7º de la Circ BE 5/2012.

Se entenderá por vencimiento de los documentos de crédito (facturas) el día de pago acordado entre **Cliente** y deudor.

Respecto de los documentos de crédito (facturas) que tengan la consideración de con recurso, el **Factor** efectuará el abono en la fecha de cobro de los mismos, si bien quedarán sujetos a lo que se establece en la condición particular décima en el apartado referente a liquidación de cargo.

Novena. Disputas
Tal y como se determina en la condición general quinta, el **Cliente** responderá de la existencia y legitimidad del crédito, así como de que los documentos de crédito (facturas) hayan sido cumplimentados correctamente, de tal forma que si el deudor se negara al pago aduciendo no haber recibido el material objeto de los documentos de crédito (facturas), no estar adecuadamente instalado, funcionar incorrectamente, no responder a las especificaciones contratadas, no haber recibido el servicio contratado, no ajustarse a las condiciones de pago pactadas, o alguna razón análoga, el **Factor** lo pondrá en inmediato conocimiento del **Cliente**, mediante la remisión a este de una *"nota de incidencia"*, que contendrá de forma expresa el nombre del deudor, su dirección, número de factura, su importe, la fecha en que se remite al **Cliente** la misma, así como la causa alegada por el deudor para su negativa al pago.

En estos supuestos el **Cliente** deberá contestar, en un plazo no superior a *"plazo de contestación al requerimiento"* días hábiles contados a partir de la recepción de cada nota de incidencia, si acepta o no la reclamación planteada por el deudor, justificando las causas en el caso de no aceptación.

Si fuera aceptada la reclamación, el **Factor** restituirá al **Cliente** el documento de crédito (factura) en disputa con la documentación que en su día le fue entregada, y el **Cliente** devolverá al **Factor** el importe del pago que recibió, más los intereses correspondientes al tipo fijado para los anticipos de fondos. El período a considerar para la aplicación del tipo de interés será desde la fecha en que el **Factor** realizó el pago del documento de crédito (factura) en disputa, hasta la fecha en que el **Cliente** acepte la reclamación y devuelva dicho pago al **Factor**.

Si no fuera aceptada la reclamación y el **Factor**, una vez agotadas las gestiones amistosas para el cobro de los documentos de crédito (facturas) respecto de los cuales el Deudor hubiere efectuado la reclamación, considerara necesario acudir al amparo judicial, para ejercitar su derecho, lo pondrá en conocimiento del **Cliente** antes de formular la correspondiente demanda. El **Cliente** en este caso se obliga a entregar al **Factor** la siguiente documentación original:

a) Los correspondientes contratos o pedidos firmados por el deudor de que traigan causa los documentos de crédito (facturas) cedidos.

b) Y en general, toda la documentación precisa para que la pretensión judicial pueda prosperar.

Caso de que la acción judicial no prosperara o el fallo judicial fuera contrario al **Factor**, como consecuencia de no poder aportar la documentación necesaria o por considerar el Juez válida la negativa al pago del deudor por incumplimientos contractuales imputables al **Cliente**, el **Factor** cargará al **Cliente** el importe de los documentos de crédito (facturas) más los intereses correspondientes, desde la fecha en que le fueron liquidados dichos documentos de crédito (facturas), así como todos los gastos y costas judiciales ocasionados.

Si por razones comerciales y/o de otra índole, el **Cliente** no estimara oportuno que por parte del **Factor** se acudiera a la vía judicial, se seguirán los mismos pasos determinados para el supuesto de aceptación de la reclamación.

En el supuesto de que en el plazo señalado anteriormente (*"plazo de contestación al requerimiento"* días) el **Cliente** no contestara positiva o negativamente a la nota de incidencia remitida, el **Factor** cargará al **Cliente** en esa fecha el importe del pago que del documento de crédito (factura) en disputa se le hubiere realizado, más los intereses correspondientes por los días transcurridos desde la fecha de dicho pago. A su vez, restituirá el documento de crédito (factura) con la documentación en su día entregada.

Décima. Anticipo de fondos

El **Cliente** podrá solicitar del **Factor** anticipos sobre los importes de las remesas de documentos de crédito (facturas) cedidos sin recurso, en las condiciones siguientes:

a) Porcentajes: *"porcentaje del importe total"* del importe nominal total de cada documento de crédito (factura).

b) Límite de anticipo de fondos: El límite de anticipo de fondos será fijado en Anexo núm.2 al presente contrato.

c) Tipo de interés anual:

- Tipo de interés anual que devengarán los fondos anticipados: por ciento (*"porcentaje anual de los fondos anticipados"* %).
- Tipo de interés anual para ajustes, anulación de cesión y/o disputa: por ciento (*"porcentaje anual por ajustes"* %).

d) Cálculo de intereses:

- Interés por anticipos: El cálculo de intereses se realizará desde la fecha en que se efectúe el anticipo de fondos, hasta la fecha de vencimiento del documento de crédito (factura), al tipo de interés fijado anteriormente para el anticipo de fondos, es decir *"porcentaje anual de los fondos anticipados"*.

- Ajustes de intereses para los documentos de crédito (facturas) sin recurso: En el supuesto de que el **Cliente** hubiese solicitado del **Factor** anticipo de fondos respecto de los documentos de crédito (facturas) cedidos admitidos con la condición de sin recurso, y estos no fueran cobrados a su fecha de vencimiento, se procederá por el **Factor** al correspondiente ajuste de intereses desde la fecha de vencimiento hasta la fecha de cobro de dichos documentos de créditos (facturas) o hasta que transcurran noventa días desde la fecha de; vencimiento de los mismos, momento en el cual el **Factor**, conforme a la condición particular octava, vendrá obligado a abonar al **Cliente** el importe de los créditos cedidos. El tipo de interés a aplicar, en estos supuestos, será el determinado como tipo de interés para ajustes, anulación de cesión, y/o disputa, es decir, *"porcentaje anual por ajustes"*.

- Ajuste de intereses y liquidación de cargo para los documentos de crédito (facturas) consideradas con recurso. En aquellos documentos de crédito (facturas) considerados con recurso (por lo citado en la cláusula particular sexta), cuyo medio de cobro sea distinto a la letra de cambio o recibo, el **Factor** procederá en la fecha de cobro a ajustar los intereses correspondientes devengados desde la fecha de vencimiento y hasta dicha fecha de cobro al tipo de interés anual para ajustes, anulación de cesión y/o disputa fijado anteriormente. A su vez, en este caso, el **Factor** se reserva el derecho de anular la cesión de los documentos de crédito (facturas) considerados con recurso y no cobrados, a los noventa días de su fecha de vencimiento procediendo en dicha fecha a realizar el ajuste de intereses correspondientes devengados desde la fecha de vencimiento hasta dicha fecha de anulación de cesión y al tipo de interés anual para ajustes, anulación de cesión y/o disputa, ya fijado.

En los supuestos de impago de letras y recibos, para documentos de crédito (facturas) considerados con recurso, se procederá a cargar al **Cliente** en el momento de la devolución el nominal del documento más (+) los gastos de devolución y protesto, así como el ajuste de intereses correspondiente desde la fecha de vencimiento, al tipo de interés anual para ajustes, anulación de cesión y/o disputa.

La liquidación de cargo implicará la anulación de cesión de los documentos de crédito (facturas) que resulten impagados.

e) Variaciones de los tipos de interés:

Los tipos de interés fijados para los fondos anticipados y para ajustes en la condición particular novena serán variables, pudiendo la modificación ser solicitada a instancia de cualquiera de las partes.

Propuesta la variación, el nuevo tipo de interés a aplicar deberá ser acordado por las partes de común acuerdo. La parte que proponga la variación del tipo de interés, lo comunicará a la otra, mediante télex o telegrama, quedando obligada la receptora, en un plazo de cuarenta y ocho horas, a comunicar, por el mismo medio, la aceptación o no de la variación propuesta.

Si la variación propuesta fuera aceptada, las partes suscribirán un documento que se aportará como anexo al presente contrato y que contendrá el nuevo tipo de interés a aplicar. Este documento será remitido por el **Factor** al **Cliente**, el cual vendrá obligado, en un plazo no superior a *"número"* días, a devolverlo debidamente firmado. No obstante, el nuevo tipo de interés entrará en vigor a partir de la aceptación que, por télex o telegrama, se hayan comunicado las partes.

El acuerdo sobre las variaciones de los tipos de interés podrá ser tomado por las partes en cualquier; momento de la vigencia del presente contrato.

Consecuencia de la variación que se produzca, tanto a las liquidaciones de intereses por anticipo de fondos como a las liquidaciones de ajustes de intereses, les serán de aplicación los tipos de interés que estén vigentes en el momento de efectuar dichas liquidaciones.

Si no hubiere acuerdo entre las partes respecto del tipo de interés propuesto o no contestara la parte obligada al télex o telegrama en que se propone la variación en el plazo arriba fijado, será de aplicación un tipo de interés sustitutivo, que será comunicado por el **Factor** al **Cliente**, también mediante telex o telegrama, y que entrará en vigor al día siguiente de su comunicación.

Este tipo de interés sustitutivo será *"definición de un tipo sustitutivo"*.

Si comunicado por el **Factor** al **Cliente** el interés sustitutivo, este último no lo aceptara, deberá comunicarlo al **Factor** antes de las diecisiete horas del día hábil en el que entrase en vigor el interés comunicado.

Comunicada la no aceptación por el **Cliente** al **Factor**, o a falta de comunicación en el plazo establecido en el párrafo anterior se entenderá rescindido el presente contrato de factoring, que dando las partes obligadas conforme a lo que en la condición general novena se determina para el supuesto de rescisión voluntaria por el **Cliente**. A la devolución por el **Cliente** de los Fondos Anticipados más los intereses correspondientes, se le aplicará como tipo de interés el vigente en el período natural que termina, más dos puntos porcentuales, teniendo el cliente quince días para la rescisión del contrato y dicha devolución.

Undécima. De la cuenta cliente
Todos los movimientos originados por la operativa habitual del contrato de factoring entre el **Factor** y el **Cliente** se recogerán en una cuenta titulada cuenta cliente.

Dentro de los cinco primeros días hábiles de cada mes, el **Factor** efectuará la liquidación del saldo de la citada cuenta.

Los saldos a favor del **Factor** devengarán diariamente un interés igual al determinado como tipo de interés vencido, incrementado en dos puntos, es decir, el *"porcentaje"*.

Los intereses devengados en esta cuenta se liquidarán trimestralmente.

Duodécima. Duración del contrato
El presente contrato tendrá una duración de un año a partir de la fecha del mismo de acuerdo con la condición general octava.

CLÁUSULAS ADICIONALES:

Primera.
En cumplimiento de lo estipulado en la OM EHA/2899/2011 (modificada por OM ETD/699/2020) y la Circular núm 5/2012 de 27 de junio del Banco de España, en relación con las normas de publicidad, el **Factor** pondrá a disposición de su clientela, las tarifas generales a aplicar para los contratos de factoring, las cuales y en cumplimiento de dichas normas son públicas y se encuentran registradas en el Banco de España.

El **Cliente** manifiesta, en este acto, conocer la existencia de dichas tarifas generales.

Segunda.
En relación con las condiciones de valoración de cargos y abonos que se deriven de la operativa habitual del presente contrato, este queda sujeto a lo estipulado en la Circular 5/2012, de 27 de junio del Banco de España, y en concreto, lo señalado en su Norma 13ª y Anejo 4 de la citada Circular.

Tercera.
El **Cliente** se obliga a entregar al **Factor** trimestralmente, antes de la finalización de los meses de enero, abril, julio y octubre, fotocopia de los Seguros Sociales correspondientes a la declaración del mes anterior e igualmente las declaraciones de IVA e IRPF, así como Impuesto de Sociedades, tras su presentación a la Hacienda Pública. Igualmente, el **Cliente** tendrá siempre a disposición del **Factor** cuanta documentación contable le sea requerida, referente a los documentos de crédito (facturas) que hayan sido cedidos en el marco del presente contrato.

Cuarta.
Para una mayor agilidad en la operativa de las relaciones comerciales que a partir de la firma del presente contrato se establecen entre las partes, el **Factor** podrá modificar las líneas de riesgo fijadas a los deudores con notificación al **Cliente** de tal modificación. También podrá modificar el Límite de Anticipo de Fondos que se determina en el anexo núm.2 del presente contrato.

Tanto las reducciones como las ampliaciones de línea de riesgo, de sus vencimientos, y del límite de anticipo de fondos que se lleven a cabo, quedarán sometidas a las condiciones generales y particulares del mismo sin necesidad de que la modificación que se introduzca precise su protocolización en documento público, siendo, sin embargo, voluntad expresa de ambas partes, que dicha modificación quede sometida a las mismas garantías jurídicas conferidas al presente contrato.

Quinta.

El **Cliente** manifiesta tener abierta en el Banco de *"nombre de la entidad"*, la cuenta corriente núm. *"número de la cuenta corriente del Cliente"*, autorizando en este acto al **Factor** para que todos los importes correspondientes, tanto de los anticipos de fondos que solicite como de las liquidaciones parciales y definitivas que le correspondan y de conformidad con lo que en este contrato se establece, sean abonados a través de la referida cuenta corriente. Asimismo, si de las liquidaciones parciales efectuadas, el saldo fuera favorable al **Factor**, el **Cliente** le autoriza en este acto para que efectúe el cargo que corresponda contra la cuenta corriente que en la presente cláusula ha sido determinada.

❍ **En el caso de fianza:**

Sexta.

❍ Si se trata de persona física:

"Don/Doña nombre y apellidos del Fiador"

❍ Si se trata de persona jurídica:

la sociedad ***"denominación social Fiadora"***

afianza solidariamente en este acto el cumplimiento de las obligaciones asumidas en el presente contrato por con renuncia expresa a los beneficios de orden y excusión.

La fianza que en este acto se constituye, tendrá la misma duración que en la condición particular *"número de condiciones particulares"* se determina, manteniéndose en vigor, si al término del presente contrato las partes decidieren bien de forma tácita o expresa las prórrogas del mismo y por el tiempo que duren dichas prórrogas.

Lo que en manifestación de voluntad suscriben los intervinientes en las respectivas condiciones y representaciones con que actúan en *"localidad"* a *"fecha"*.

EL FACTOR **EL CLIENTE**

ANEXO NÚM. *"número del Anexo: LÍMITE DE ANTICIPO DE FONDOS"* AL CONTRATO DE FACTORING NÚMERO *"número de contrato"* DE FECHA *"fecha del contrato"*

En el apartado 11 de la condición particular sexta se establece que el límite de anticipo de fondos se fijará mediante anexo al presente contrato.

A tal efecto se extiende el presente Anexo, estableciéndose en este acto como límite de anticipo de fondos la cantidad de *"cantidad anticipada, en letra"* euros (*"cantidad anticipada, en número"* €).

Este límite podrá, en la aplicación y desarrollo de este contrato, ser modificado por el **Factor**.

Dicha modificación será notificada por el **Factor** al **Cliente** y el nuevo límite tendrá vigencia desde el momento en que este último tenga conocimiento de la referida notificación.

El presente Anexo, así como cualquier modificación que respecto del límite de anticipo de fondos se produzca, forma parte inseparable del contrato de factoring referenciado en el encabezamiento y sujeto, por tanto, a las mismas garantías jurídicas conferidas al mismo.

Las partes, de común acuerdo, firman el presente Anexo en *"localidad"*, a *"fecha"*.

EL FACTOR **EL CLIENTE**

ANEXO NÚM. *"número del Anexo: LÍNEAS DE RIESGO"* AL CONTRATO DE FACTORING NÚMERO *"número de contrato"* DE FECHA *"fecha del contrato"*

El presente anexo, se extiende a efectos de determinar las líneas de riesgo establecidas en el contrato de factoring referenciado en el encabezamiento, dado que las mismas han de ser individualizadas por cada uno de los deudores cuyos documentos de crédito (facturas) son cedidos por el **Cliente** al **Factor**, como ya ha quedado expresado en dichas condiciones generales y particulares. A su vez determinar que los vencimientos de estas líneas de riesgo son de un año a partir de la fecha determinada en el encabezamiento, estableciéndose asimismo que el **Factor** se reserva el derecho de modificar en cualquier momento los importes y vencimientos notificándolo al citado **Cliente** y teniendo en cuenta lo mencionado en las cláusulas generales, particulares y adicionales al presente contrato.

Si el **Factor**, conforme a la operativa del contrato, efectuare liquidaciones finales al vencimiento de facturas con la condición de sin recurso, dicha liquidación final no implicará, hasta que la factura haya sido pagada en su totalidad por el deudor, liberalización de la línea de riesgo por la cantidad liquidada.

Por tanto, las líneas de riesgo que en este acto se determinan para los deudores son las siguientes:

"especificar las líneas de riesgo"

Si el **Cliente** no cediere documentos de créditos (facturas) al **Factor**, respecto de algunos de los deudores cuya línea de riesgo queda fijada en el presente Anexo, dentro del plazo de vencimiento determinado, se procederá por el **Factor** a la cancelación de dicha línea de riesgo concedida, a su vencimiento. La reapertura de la misma implicará un nuevo estudio y análisis por el **Factor** del deudor cuya línea de riesgo haya sido cancelada, viniendo obligado el **Cliente** al pago de *"cantidad por segunda clasificación, en letra"* euros (*"cantidad por segunda clasificación, en número"* €), en concepto de tarifa por segunda clasificación y estudio de estos deudores.

Esta condición se aplicará a todos aquellos nuevos deudores que en la operativa habitual vaya cediendo el **Cliente** y que no estén contenidos en el presente Anexo.

Y para que así conste, firman las partes el presente anexo que forma parte inseparable del contrato suscrito, en *"localidad"*, a *"fecha"*.

EL FACTOR **EL CLIENTE**

Gestión de pago de facturas confirmadas a proveedores

MCM 4800 s.

Nota preliminar:

- Téngase en cuenta el art.5 de la L 10/2014, de ordenación, supervisión y solvencia de **entidades de crédito**, el cual ha sido modificado por la L 5/2019 y la L 18/2022.

- El modelo presupone unas **circunstancias** determinadas que serán las **más frecuentes**. Si en el caso concreto existen circunstancias particulares no previstas, deberá completarse o modificarse el modelo, adaptándolo a las mismas.

Número Póliza: *"número de póliza"*.

Identificación de los representantes de la entidad: *"denominación de la entidad"* (en adelante la **Entidad**).

Identificación del/de los acreditado/s: *"denominación de los acreditados"* (en adelante el **Cliente**).

Identificación de los fiadores: *"denominación de los fiadores"*.

Los señores arriba indicados, con los consentimientos mutuos legales necesarios para en su caso obligar toda clase de bienes privativos y gananciales y en el concepto en que respectivamente intervienen se reconocen recíprocamente, la capacidad legal necesaria para contratar y obligarse, y exponen:

A. El **Cliente** ha solicitado a la **Entidad** que realice en su nombre la gestión de pago a sus proveedores, de las facturas emitidas por estos y su cargo.

B. La **Entidad** ha aceptado llevar a cabo la gestión de los pagos a que se refiere el expositivo anterior.

Con tales antecedentes ambas partes formalizan el presente contrato, que se regulará de conformidad con las siguientes condiciones

***"Número"* Objeto del contrato**

El **Cliente** realizará a través de la **Entidad** los pagos correspondientes a las facturas emitidas por sus proveedores (en adelante proveedores), aceptadas por el **Cliente**.

La **Entidad**, acepta llevar a cabo la gestión de los pagos solicitada por el **Cliente**, todo ello de conformidad con las condiciones establecidas en este contrato.

***"Número"* Legitimidad de los pagos**

El **Cliente** garantiza a la **Entidad** la vigencia, legitimidad, validez y autenticidad de las correspondientes operaciones comerciales a que se refieren las citadas órdenes de pago remitidas a la **Entidad** por el **Cliente**, así como que no existe gravamen ni afección alguna sobre las mismas, ni se encuentran cedidas total o parcialmente a terceros. Asimismo, el **Cliente** asegura a la **Entidad** que tales órdenes de pago corresponden a operaciones comerciales o prestaciones de servicios realizados efectivamente por los proveedores.

***"Número"* Remisión de órdenes de pago y requisitos de las mismas**

El **Cliente**, cada vez que remita a la **Entidad** órdenes de pago, bien en soporte magnético o mediante transmisión de ficheros, correspondientes a una remesa de facturas, para su gestión, enviará a la **Entidad** un escrito que contenga un resumen de las entregadas, expresando el número e importe total de dichas órdenes de pago, firmado por apoderado del **Cliente** con facultades suficientes, indicando que el detalle de dichas órdenes de pago figura en la transmisión de ficheros que se llevará a cabo al mismo tiempo. Dicho soporte magnético o los ficheros transmitidos, deberán especificar la relación de las órdenes de pago incluidas, el importe de cada una de ellas, la fecha de emisión, fecha de vencimiento, nombre o denominación social del proveedor, así como su domicilio y NIF a que correspondan dichas órdenes de pago, la cuenta y forma de pago, así como todos aquellos datos necesarios para que la **Entidad** pueda realizar correctamente la gestión de pago.

La **Entidad** podrá rechazar las órdenes de pago que no reúnan los requisitos establecidos en este contrato.

Recibida por la **Entidad** la información a que hacen referencia los párrafos anteriores, esta detallará por escrito a los proveedores del **Cliente** las órdenes de pago correspondientes a la remesa de facturas emitidas por aquél y conformadas por el **Cliente**, informándoles de la forma y fecha del pago de dichos créditos.

La **Entidad** no atenderá las instrucciones remitidas por el **Cliente** en orden a paralizar el pago de alguna factura, adelantar o aplazar su vencimiento o modificar el importe de esta, si ya se hubiera comunicado al proveedor.

***"Número"* Pagos a proveedores**

El pago de las facturas que el **Cliente** haya incluido en la relación entregada a la **Entidad**, se verificará, en todo caso, con la mediación de esta, obligándose a no realizar ninguna gestión de pago de dichas facturas antes de sus respectivos vencimientos.

Llegado el vencimiento, la **Entidad** procederá al abono de las facturas por cuenta del **Cliente**, siempre y cuando la cuenta del mismo tenga saldo suficiente o disponible para atender tales pagos, y no hubiera recibido orden en contrario. Se entenderá que existe orden en contrario del **Cliente**, para atender tales pagos, cuando no tenga saldo suficiente en su cuenta.

***"Número"* Duración del contrato**

El presente contrato se concierta por el plazo de un año, a contar desde la fecha de su formalización. Ello no obstante, las partes contratantes pactan expresamente que este se irá prorrogando tácitamente por períodos anuales y sin necesidad de documentar tales prórrogas, salvo que cualquiera de las partes notifique a la otra con treinta días de antelación como mínimo a la fecha de vencimiento inicialmente pactada, o de vencimiento de cualquiera de las prórrogas que hubieran podido producirse, su voluntad de que el contrato quede definitivamente cancelado en la fecha próxima de vencimiento.

No obstante el plazo fijado anteriormente, la **Entidad** podrá dar por resuelto de forma anticipada el presente contrato si se produjera cualquiera de los supuestos que a continuación se relacionan:

a) El embargo al **Cliente** o cualquiera de sus fiadores solidarios, de sus bienes por un tercero, y la solicitud de quita o espera o ambas cosas a la vez.

b) La reducción del patrimonio o de la solvencia del **Cliente** con motivo de enajenaciones de bienes en fraude de acreedores, o por la constitución de hipotecas, prendas o cualesquiera otras cargas, gravámenes o garantías sobre la totalidad o parte de sus bienes, derechos, actividades o ingresos, tanto actuales como futuros sin que medie consentimiento de la **Entidad**.

c) El incumplimiento por parte del **Cliente** de cualquiera de las obligaciones contraídas en este contrato, en particular, la falta de pago inmediata del saldo deudor que en su caso llegara a producirse en la cuenta.

d) Cuando el **Cliente** cambie su naturaleza jurídica o fuese absorbido por otra entidad.

e) Cuando concurran cualquiera de las causas de vencimiento anticipado establecidas por la Ley.

***"Número"* Domicilio a efectos de notificaciones**

Se establece como domicilio del **Cliente**, a efectos de notificaciones y comunicaciones, el indicado en la comparecencia del presente contrato.

***"Número"* Gastos**
Todos los gastos que origine el otorgamiento del presente contrato, así como el mantenimiento de las operaciones contempladas en el mismo, serán de cuenta exclusiva del **Cliente** que si no los satisficiera podrán ser suplidos por la **Entidad** y cargados en la cuenta del mismo, incluidos los aranceles y honorarios notariales por la intervención de este contrato; asimismo, serán de su exclusiva cuenta y cargo todos los que se produzcan a la **Entidad** si, para conseguir la efectividad del pago de las cantidades que se le adeuden, hubiera de ejercitar la correspondiente acción judicial, incluso los honorarios de letrado y derechos y suplidos de procurador que utilizare, aun cuando fuera potestativo su empleo.

***"Número"* Tributos**
Todos los tributos que pueda ocasionar este otorgamiento serán de exclusiva cuenta del **Cliente**.

Sobre las comisiones cobradas se repercutirá el tipo general de IVA vigente a la fecha del devengo del mismo.

***"Número"* Tratamiento de los datos personales**
En cumplimiento de lo dispuesto en el Reglamento General de Protección de Datos (Rgto (UE) 2016/679), y la Ley Orgánica 3/2018, respecto del tratamiento de datos se informa de lo siguiente:

Responsable: *"Nombre"*.

Finalidades: Ejecutar el presente contrato; ejecutar y atender medidas precontractuales; y envío de comunicaciones comerciales electrónicas.

Legitimación: Consentimiento del interesado (Rgto (UE) 2016/679 art.6.1.a) y ejecución de un contrato de prestación de servicios o medidas precontractuales (Rgto (UE) 2016/679 art.6.1.b).

Derechos: Acceder, rectificar, suprimir, limitar u oponerse al tratamiento, solicitar la portabilidad y revocar el consentimiento prestado dirigiendo correo electrónico a *"Dirección"*, incluyendo como referencia "EJERCICIO DE DERECHOS".

Más info.: *"Insertar LINK"*.

***"Número"* Entrega de tarifas**
El **Cliente** hace constar que ha recibido un ejemplar de las tarifas de comisiones y gastos repercutibles y de las normas de fechas de valoración aplicables a la presente operación.

Del mismo modo declara recibir un ejemplar de este contrato.

Las partes dejan formalizado el presente contrato que aceptan íntegramente.

Las partes manifiestan su conformidad a la presente póliza y firman con mi intervención, de lo que doy fe, así como también la identidad y capacidad de dichas partes y de todo lo contenido en la presente póliza que firmo y sello para llevar a mi libro de Registro en *"lugar de firma de conformidad"*, a *"fecha de firma de conformidad"*.

EL CLIENTE **LA ENTIDAD**

Con mi intervención

Gestión y anticipo de facturas confirmadas a proveedores

Nota preliminar:

- Téngase en cuenta la L 10/2014 art.5, de ordenación, supervisión y solvencia de **entidades de crédito**, el cual ha sido modificado por la L 5/2019 y la L 18/2022.

- Téngase en cuenta que la L 5/2019 también ha modificado la Ley General para la Defensa de Consumidores y Usuarios estableciendo que son nulas de pleno derecho las **condiciones generales** incorporadas de modo **no transparente** en los contratos en perjuicio de los consumidores (LGDCU art.83).

- El modelo presupone unas **circunstancias** determinadas que serán las **más frecuentes**. Si en el caso concreto existen circunstancias particulares no previstas, deberá completarse o modificarse el modelo, adaptándolo a las mismas.

Oficina: *"especificar oficina"*
Representantes de la entidad: *"denominación de la entidad"* (en adelante la **Entidad**).
Identificación de/de los acreditado/s: *"denominación de los acreditados"* (en adelante el **Cliente**).
Fiadores: *"denominación de los fiadores"*.
Representantes: *"denominación de los representantes"*.

CONDICIONES PARTICULARES:

1ª. Límite
"cuantía máxima, en letra" euros (*"cuantía máxima, en número"* €).

La cuantía máxima y vigente en cada momento de los créditos, cuyo pago puede ser anticipado por la **Entidad** a los proveedores del **Cliente**, no podrá ser superior a la cantidad indicada como límite máximo.

2ª. Tipo de interés de demora
TAE: *"cálculo de la TAE asignada"*.

La fórmula de cálculo para el cobro de intereses es: I=N.r.t/36.000, siendo I=intereses cobrados, N=importes impagados, r=tipo interés establecido en este apartado, t=días transcurridos desde la fecha de vencimiento de las órdenes de pago hasta el efectivo pago de las mismas, ambos inclusive.

A efectos informativos se hace constar que la T.A.E. ha sido calculada conforme a la Norma 13ª y Anejo 7º de la Circular 5/2012, de 27 de junio del Banco de España.

3ª. Vencimiento mínimo de las órdenes de pago
Quince días a partir de la fecha de recepción de la comunicación en la entidad.

4ª. Comisiones
- Comisión de estudio: *"porcentaje por comisión de estudio"* sobre el límite máximo concedido. Mínimo: *"mínimo por estudio"*.

- Comisión de gestión de remesas: *"porcentaje por gestión de remesas"* sobre el importe de cada orden de pago. Mínimo: *"mínimo por gestión de remesas"*.

- Comisión de renovación: *"porcentaje por comisión de renovación"* sobre el límite vigente en el momento de formalizarse la prórroga del presente contrato. Mínimo: *"mínimo por comisión de renovación"*.

La **Entidad** podrá modificar las comisiones inicialmente establecidas, así como incluir otras nuevas, mediante la correspondiente publicación en el tablón de anuncios de sus oficinas, por los procedimientos legalmente vigentes para tal notificación en el momento de producirse dicha modificación, dicha publicación servirá de notificación formal al **Cliente**.

✍ **Nota:**

Ver Anejo 1º de la Circ BE 5/2012.

CONDICIONES GENERALES:

***"Número"* Objeto del contrato**

El objeto del presente contrato es establecer las condiciones con arreglo a las cuales la **Entidad**, previo acuerdo con los proveedores del **Cliente** que este designe y sean aceptados por la **Entidad**, gestione y anticipe, en las condiciones financieras que en cada caso se establezcan, el pago de determinados créditos que ostenten los proveedores frente al **Cliente**.

***"Número"* Legitimidad de los pagos**

El **Cliente** garantiza a la **Entidad** la vigencia, legitimidad, validez y autenticidad de las correspondientes operaciones comerciales a que se refieren las citadas órdenes de pago remitidas a la **Entidad** por el **Cliente**, así como que no existe gravamen ni afección alguna sobre las mismas, ni se encuentran cedidas total o parcialmente a terceros. Asimismo, el **Cliente** asegura a la **Entidad** que tales órdenes de pago corresponden a operaciones comerciales o prestaciones de servicios realizados efectivamente por los proveedores.

***"Número"* Remisión de órdenes de pago y requisitos de las mismas**

El **Cliente**, cada vez que remita a la **Entidad** órdenes de pago, bien en soporte magnético o mediante transmisión de ficheros, correspondientes a una remesa de facturas para su gestión, enviará a la **Entidad** un escrito que contenga un resumen de las entregadas, expresando el número e importe total de dichas órdenes de pago, firmado por apoderados del **Cliente** con facultades suficientes, indicando que el detalle de dichas órdenes de pago figura en la transmisión de ficheros que se llevará a cabo al mismo tiempo.

Dicho soporte magnético o los ficheros transmitidos, deberán especificar la relación de las órdenes de pago incluidas, el importe de cada una de ellas, la fecha de emisión, fecha de vencimiento, nombre o denominación social del proveedor, así como su domicilio y NIF a que correspondan dichas órdenes de pago, la cuenta y forma de pago, así como todos aquellos datos necesarios para que la **Entidad** pueda realizar correctamente la gestión de pago.

Las órdenes de pago no podrán ser de vencimiento inferior a los días indicados en la condición particular 3ª, computados a partir de la fecha de recepción de la comunicación por parte de la **Entidad**.

La **Entidad** podrá rechazar las órdenes de pago que no reúnan los requisitos establecidos en este contrato. Recibida por la **Entidad** la información a que hacen referencia los párrafos anteriores, este último detallará por escrito a los proveedores del cliente las órdenes de pago correspondientes a la remesa de facturas emitidas por aquél y conformadas por el **Cliente**, ofreciéndoles mediante dicho escrito la posibilidad de anticipar el importe de las citadas órdenes de pago en la **Entidad**.

La **Entidad** no atenderá las instrucciones remitidas por el **Cliente** en orden a paralizar el pago de alguna factura, adelantar o aplazar el plazo de vencimiento o modificar el importe de esta, si se hubiera comunicado al proveedor o la factura se hubiera ya anticipado.

"Número" Comunicación a proveedores

La **Entidad**, una vez aceptada la relación de pagos presentada por el **Cliente**, comunicará a los proveedores que hayan sido seleccionados, que si lo desean pueden anticipar el cobro de los créditos que dichos proveedores tengan a cargo del **Cliente**, en las condiciones financieras que la **Entidad** convenga en cada momento con el proveedor de que se trate.

En caso de que el proveedor desee anticipar el cobro de los créditos podrá hacerlo, previa acreditación de su personalidad o representación a satisfacción de la **Entidad**, cumplimentando la documentación que la **Entidad** tenga establecida a tal efecto.

"Número" Pago de los créditos

El pago de todos los créditos que el **Cliente** haya incluido en la relación entregada a la **Entidad** se verificará, en todo caso, con la mediación de esta, obligándose a no realizar ninguna gestión de pago de dichos créditos antes de sus respectivos vencimientos.

En el supuesto de que el proveedor decida anticipar el cobro de los créditos, se aplicarán a dicho anticipo las condiciones que el proveedor haya acordado con la **Entidad** en la documentación formalizada a tal efecto, procediendo a abonar en cuenta al proveedor, o en cualquiera otra forma que se pacte, las cantidades correspondientes que resulten, y entregándose por el proveedor a la **Entidad**, debidamente firmada, una relación detallada de las mencionadas facturas.

Asimismo, en este supuesto, la **Entidad** al llegar el vencimiento de los créditos procederá a adeudar directamente en la cuenta del **Cliente** el importe nominal de los créditos anticipados, obligándose el **Cliente** a tener saldo suficiente o disponible en su cuenta para atender tales adeudos en los respectivos vencimientos de los créditos de que se trate. No obstante, si dicha cuenta no tuviera saldo suficiente a los fines señalados, la **Entidad** podrá adeudar los importes impagados en la *"cuenta de anticipo de facturas confirmadas"*.

Si al proveedor no se le hubieran anticipado el cobro de los créditos antes del vencimiento de los mismos, la **Entidad** procederá al abono de dichos créditos por cuenta del **Cliente** al llegar dicho vencimiento, siempre y cuando la cuenta del mismo tenga saldo suficiente o disponible para atender tales pagos, y no hubiese recibido orden en contrario. Se entenderá que existe orden en contrario del **Cliente** para atender tales pagos cuando no tenga saldo suficiente o disponible en su cuenta.

Respecto a los créditos anticipados el **Cliente** no podrá, en ningún supuesto, dar orden a la **Entidad** para que no sean atendidos a su vencimiento.

"Número" Compensación

Si llegado el vencimiento de los créditos anticipados, la **Entidad** no pudiese hacerlos efectivos por no haber saldo suficiente en la cuenta de adeudo designada en las condiciones particulares, el **Cliente** autoriza irrevocablemente a la **Entidad** para compensar sus créditos con las cantidades, tanto en las cuentas corrientes como de ahorro y valores, o de cualquier otra naturaleza, que tenga o pueda tener depositadas en la **Entidad** acreedora, pudiendo para ello esta última en virtud del apoderamiento irrevocable que en este momento se le concede, vender los títulos con intervención de fedatario público si fuese preciso, así como realizar cualquier otra operación que sea necesaria para los indicados fines.

Ello no obstante, sin perjuicio de las facultades que se confieren en el párrafo anterior, si no hubiera saldo suficiente para hacer frente a los pagos efectuados por cuenta del **Cliente**, la **Entidad** adeudará los importes impagados en una cuenta abierta al efecto denominada *"cuenta de anticipo de facturas confirmadas"*.

Los saldos deudores de dicha cuenta devengarán en favor de la **Entidad** el interés de demora establecido en la condición particular *"número de las condiciones particulares"*, desde el momento en que tales saldos se produzcan y hasta su total pago, liquidándose dicho interés por días y pagadera junto con los citados saldos deudores.

***"Número"* Duración del contrato**
El presente contrato se concierta por el plazo de un año, a contar desde la fecha de su formalización. Ello, no obstante, las partes contratantes pactan expresamente que este se irá prorrogando tácitamente por períodos anuales y sin necesidad de documentar tales prórrogas, salvo que cualquiera de las partes notifique a la otra con treinta días de antelación como mínimo a la fecha de vencimiento inicialmente pactada, o de vencimiento de cualquiera de las prórrogas que hubieran podido producirse, su voluntad de que el contrato quede definitivamente cancelado en la fecha próxima de vencimiento.

No obstante el plazo fijado anteriormente, la **Entidad** podrá dar por resuelto de forma anticipada el presente contrato si se produjeran cualquiera de los supuestos que a continuación se relacionan:

a) El embargo al **Cliente** o cualquiera de sus fiadores solidarios, de sus bienes por un tercero, y la solicitud de quita o espera o ambas cosas a la vez.

b) La reducción del patrimonio o de la solvencia del **Cliente** con motivo de enajenaciones de bienes en fraude de acreedores, o por la constitución de hipotecas, prendas o cualesquiera otras cargas, gravámenes o garantías sobre la totalidad o parte de sus bienes, derecho, actividades o ingresos, tanto actuales como futuros sin que medie consentimiento de la **Entidad**.

c) El incumplimiento por parte del **Cliente** de cualquiera de las obligaciones contraídas en este contrato, en particular, la falta de pago inmediata del saldo deudor que en su caso llegara a producirse en la cuenta.

d) Cuando el **Cliente** cambie su naturaleza jurídica, o fuese absorbido por otra entidad.

e) Si falleciere cualquiera de los que en este contrato se constituyen fiadores solidarios, a no ser que el cliente ofreciere nuevo fiador que a juicio de la **Entidad** fuere solvente, a tal efecto, los aquí intervinientes manifiestan que los derechos y obligaciones consignadas en esta póliza no se verán alterados por el cambio o adición de garantía en favor de la **Entidad**, ya lo sean personales o reales.

f) Cuando concurran cualquiera de las causas de vencimiento anticipado establecidas por la Ley.

Si se da alguno de los supuestos antedichos la **Entidad** podrá proceder contra el **Cliente** y sus fiadores solidariamente obligados por el importe total de lo que en tal momento se le adeude.

***"Número"* Domicilio a efectos de notificaciones**
Se establece como domicilio del **Cliente**, a efectos de notificaciones y comunicaciones, el indicado en la comparecencia del presente contrato.

***"Número"* Fiadores**
Los señores anteriormente relacionados estableciendo solidaridad entre sí y con el **Cliente**, ante la **Entidad**, se constituyen en fiadores solidarios del **Cliente**, renunciando por consiguiente a los beneficios de orden, excusión y división, y declarando de forma expresa que prestan esta garantía a título oneroso. En su consecuencia, la **Entidad** acreedora, para el cobro de lo que se le adeude, podrá dirigirse judicialmente contra el **Cliente** y/o contra cualquiera de dichos fiadores solidarios e incluso contra todos a la vez simultánea o alternativamente, considerándose además compatible la garantía que por este documento prestan con los demás que la **Entidad** haya admitido o admita en lo sucesivo al citado **Cliente** o a terceras personas para responder de las obligaciones garantizadas con el presente contrato, no produciéndose en absoluto novación de tales obligaciones por el hecho de que una o más veces la **Entidad** haya formulado reclamación para el cobro de sus créditos al **Cliente** o a terceros también garantes, pues el afianzamiento que se formaliza en la presente cláusula subsistirá mientras se halle en vigor el presente contrato y exista algún riesgo en curso.

A los efectos de lo establecido en el último párrafo del art.572 de la Ley de Enjuiciamiento Civil (o cualquier otro precepto que la sustituya) el domicilio de los fiadores para posibles notificaciones es el que se fija en la comparecencia de este contrato.

"*Número*" Gastos
Todos los gastos que origine el otorgamiento del presente contrato, así como el mantenimiento de las operaciones contempladas en el mismo, serán de cuenta exclusiva del **Cliente** que si no los satisficiera podrán ser suplidos por la **Entidad** y cargados en la cuenta del mismo, incluidos los aranceles y honorarios notariales por la intervención de este contrato; asimismo, serán de su exclusiva cuenta y cargo todos los que se produzcan a la **Entidad** si, para conseguir la efectividad del pago de las cantidades que se le adeuden, hubiera de ejercitar la correspondiente acción judicial, incluso los honorarios de letrado y derechos y suplidos de procurador que utilizare, aun cuando fuera potestativo su empleo.

"*Número*" Reclamación judicial
El presente contrato, que tiene carácter mercantil, es título que lleva aparejado ejecución, según lo establecido en el núm.6º del art.517 de la Ley de Enjuiciamiento Civil (o cualquier otro precepto que la sustituya) y garantiza a la **Entidad**, hasta el límite fijado en la condición particular 1ª de este contrato, el pago de los saldos deudores que en cualquier momento se produzcan en la cuenta de anticipo de facturas confirmadas, así como sus intereses, comisiones y gastos, con motivo de la operatividad que mantiene o mantenga en el futuro por razón de este contrato.

A tales fines, en el momento en que se produzca cualquier descubierto, la **Entidad** podrá ejecutar judicialmente la garantía prestada en este documento para el cobro del mismo, bastando para el ejercicio de la acción ejecutiva la presentación de este contrato y la certificación a que se refiere el precepto anteriormente citado de la Ley de Enjuiciamiento Civil (o cualquier otro precepto que la sustituya), junto con la certificación librada por dicha **Entidad** acreedora que sea intervenida en la forma expresada en el penúltimo párrafo del art.572 de dicha Ley (o cualquier otro precepto que la sustituya), contrayendo el **Cliente** y sus fiadores solidarios, si los hubiera, la obligación expresa de tener por exactos los asientos de la contabilidad de la entidad, que harán fe en juicio, reconociendo de ahora para entonces como cantidad líquida vencida y adeudada, la que resulte de la misma, que se acreditará, como queda dicho, mediante la referida certificación intervenida. A estos efectos, tanto el **Cliente** como sus fiadores solidarios, hacen renuncia expresa a los derechos que les confiere la legislación vigente y exoneran a la **Entidad** y la relevan de toda obligación previa de requerirles de pago o notificarles la existencia de los saldos deudores en las cuentas de aquél, si bien, la **Entidad** estará obligada en cualquier momento a facilitar los datos que el referido **Cliente** o sus fiadores le soliciten con relación a las operaciones contempladas en este contrato.

"*Número*" Jurisdicción
Con excepción de la reclamación en vía ejecutiva que la entidad puede hacer a la parte deudora en caso de impago, las demás controversias que puedan existir entre los otorgantes trayendo causa de este contrato, habrán de dirimirse por virtud de esta expresa sumisión ante los juzgados de *"ciudad de los juzgados"*.

"*Número*" Tributos
Todos los tributos que pueda ocasionar este otorgamiento serán de exclusiva cuenta del **Cliente**.

Sobre las comisiones cobradas se repercutirá el tipo general de IVA vigente a la fecha del devengo del mismo.

"*Número*" Tratamiento de los datos personales
En cumplimiento de lo dispuesto en el Reglamento General de Protección de Datos (Rgto (UE) 2016/679), y la Ley Orgánica 3/2018, respecto del tratamiento de datos se informa de lo siguiente:

Responsable: *"Nombre"*.

Finalidades: Ejecutar el presente contrato; ejecutar y atender medidas precontractuales; y envío de comunicaciones comerciales electrónicas.

Legitimación: Consentimiento del interesado (Rgto (UE) 2016/679 art.6.1.a) y ejecución de un contrato de prestación de servicios o medidas precontractuales (Rgto (UE) 2016/679 art.6.1.b).

Derechos: Acceder, rectificar, suprimir, limitar u oponerse al tratamiento, solicitar la portabilidad y revocar el consentimiento prestado dirigiendo correo electrónico a *"Dirección"*, incluyendo como referencia "EJERCICIO DE DERECHOS".

Más info.: *"Insertar LINK"*.

***"Número"* Entrega de tarifas**
El **Cliente** hace constar que ha recibido un ejemplar de las tarifas de comisiones y gastos repercutibles y de las normas de fechas de valoración aplicables a la presente operación.

Del mismo modo declara recibir un ejemplar de este contrato.

Las partes dejan formalizado el presente contrato que aceptan íntegramente.

Las partes manifiestan su conformidad a la presente póliza y firman con mi intervención, de lo que doy fe, así como también la identidad y capacidad de dichas partes y de todo lo contenido en la presente póliza que firmo y sello para llevar a mi libro de Registro en *"lugar de firma de conformidad"*, a *"fecha de firma de conformidad"*.

EL CLIENTE **LA ENTIDAD**

Con mi intervención

Leasing

MCM 4575 s.

Nota preliminar:

- La L 10/2014, de ordenación, supervisión y solvencia de **entidades de crédito**, en su art.12 y anexo, establece entre las actividades propias de las entidades de crédito (que se benefician de un reconocimiento mutuo dentro de la Comunidad Europea), las de arrendamiento financiero. Por su parte, el art.6.1.c de la L 5/2015, de fomento de la financiación empresarial, así como la L 10/2014 disp.adic.tercera.2, incluye entre sus actividades las de arrendamiento financiero, con inclusión de las siguientes **actividades complementarias**:

L 10/2014 disp.adic.tercera; L 5/2015 art.6.1.b

• actividades de mantenimiento y conservación de los bienes cedidos;

• la concesión de financiación a una operación de arrendamiento financiero, actual o futura;

• intermediación y gestión de operaciones de arrendamiento financiero;

• actividades de arrendamiento no financiero que podrán complementar o no con una opción de compra;

• asesoramiento e informes comerciales.

- En el contrato de arrendamiento financiero o leasing lo que se **transmite** es el **disfrute del bien** a un precio, no se transfiere su propiedad, ya que el contrato de leasing se ejecuta entre la sociedad de leasing (arrendador) y el usuario del bien, sin embargo, como contrato estrechamente ligado al anterior tenemos el contrato de compraventa del bien con destino a dicha operación celebrado entre la sociedad de leasing y el proveedor (AP Gipuzkoa 25-3-02, EDJ 50199).

Es cierto que, como cualquier otra operación de leasing, el **lease back** está dirigido a financiar al arrendatario la adquisición de un bien destinado, por definición legal, a la explotación agrícola, pesquera, industrial, comercial, artesanal, de servicio o profesional del financiado, y, dada su especialidad, el lease-back se sitúa en una zona próxima al pacto comisorio, debiendo atenderse a cada caso para precisar si está presente o no dicho pacto prohibido legalmente y, en consecuencia, nulo, debiendo considerarse, no obstante, la inicial legalidad de dicha figura en cuanto aparece mencionada incluso en la primera regulación de las **operaciones de arrendamiento financiero**, que está constituida por el ya derogado el RDL 15/1977 (TS 15-4-10, EDJ 71252).

- El **renting** es una cesión temporal de uso de un bien mueble, que se completa, en la misma operación y con la misma parte y causa del contrato, con un contrato de prestación de servicios, que incluye no sólo los derivados de las obligaciones propias de todo arrendatario (entrega, saneamiento y evicción de la cosa arrendada, mantenimiento en su goce pacífico y su reparación), sino además de otros complementarios tales como la contratación de un seguro, por lo que se diferencia del leasing financiero. Por otra parte, no existe intención del usuario del bien de adquirir su propiedad, aunque puede que sí de una parte de su vida útil, es decir, de su uso, de ahí que los contratos de renting, en principio, no incluyan una opción de compra, siendo la intención del arrendador poner de nuevo en alquiler el bien o revenderlo a la distribuidora, una vez finalizado el contrato (AP Huelva 28-3-18, EDJ 601635; AP Madrid 26-3-07, EDJ 113334).

- Son aplicables al renting las obligaciones previstas en el CC art.1544, en concreto, las relativas a la obligación de mantener al arrendatario en el **uso y disposición del bien** arrendado (AP Madrid 15-12-23, EDJ 821711).

- El modelo presupone unas **circunstancias** determinadas que serán las **más frecuentes**. Si en el caso concreto existen circunstancias particulares no previstas, deberá completarse o modificarse el modelo, adaptándolo a las mismas.

Número de contrato: *"número de contrato"*.
Oficina del Banco: *"especificar oficina"*

I. INTERVINIENTES:

De una parte,
"Don/Doña nombre y apellidos de la parte", mayor de edad, *"estado civil de la parte" "... "especificar el régimen económico matrimonial de la parte" ..."*, de nacionalidad *"nacionalidad de la parte"*, con domicilio a estos efectos en *"domicilio de la parte"*, *"...con DNI/NIF número "DNI/NIF de la parte" ... O ... con tarjeta de residencia número "número de tarjeta de residencia de la parte" ... O ... pasaporte número "número de pasaporte de la parte", expedido el "fecha de expedición del pasaporte de la parte" ... O ... "reseñar otros documentos aportados por la parte" ..."*, vigente hasta el *"fecha de vigencia de la documentación aportada por la parte"*.

Interviene en nombre y representación de la sociedad mercantil denominada *"denominación de la sociedad"*, domiciliada en *"domicilio de la sociedad"*, y con NIF número *"NIF de la sociedad"*, constituida, por tiempo indefinido, mediante escritura otorgada ante el notario de *"lugar del notario que autorizó la escritura"*, *"Don/Doña nombre y apellidos del notario que autorizó la escritura"*, el *"fecha de autorización de la escritura"*, e inscrita en el Registro Mercantil de *"datos de la inscripción registral (localidad del Registro Mercantil, tomo, folio, sección, hoja e inscripción)"*, en su calidad de

>>

○ **Si representa como cargo social:**

"...administrador único ... O ... administrador solidario ... O ... consejero delegado ... O ... "especificar la representación del cargo social" ..." de la reseñada sociedad, cargo para el que fue nombrado y asegura vigente en escritura otorgada el *"fecha de escritura del nombramiento del cargo"*, ante el notario de *"lugar donde radica la notaría en la que se autorizó la escritura del nombramiento"*, *"Don/Doña nombre y apellidos del notario que autorizó la escritura del nombramiento"*, con el número *"número de protocolo del notario que autorizó la escritura del nombramiento"* de su protocolo, e inscrita en el Registro Mercantil de *"localidad del Registro Mercantil de la escritura de nombramiento"*, en el tomo y hoja arriba indicados.

○ **Si representa como apoderado:**

apoderado de la reseñada sociedad, según escritura de poder otorgada a su favor, en *"fecha de escritura del otorgamiento del poder"*, ante el notario de *"lugar donde radica la notaría en la que se autorizó la escritura de poder"*, *"Don/Doña nombre y apellidos del notario que autorizó la escritura de poder"*, con el número *"número de protocolo del notario que autorizó la escritura de poder"* de su protocolo *"...e inscrita en el Registro Mercantil de "localidad del Registro Mercantil de la escritura de poder" ..."*, en el tomo y hoja arriba indicados.

<<

En adelante, la **Entidad**.

De otra parte,
"Don/Doña nombre y apellidos de la parte", mayor de edad, *"estado civil de la parte" "... "especificar el régimen económico matrimonial de la parte" ..."*, de nacionalidad *"nacionalidad de la parte"*, con domicilio a estos efectos en *"domicilio de la parte"*, *"...con DNI/NIF número "DNI/NIF de la parte" ... O ... con tarjeta de residencia número "número de tarjeta de residencia de la parte" ... O ... pasaporte número "número de pasaporte de la parte", expedido el "fecha de expedición del pasaporte de la parte" ... O ... "reseñar otros documentos aportados por la parte" ..."*, vigente hasta el *"fecha de vigencia de la documentación aportada por la parte"*.

Interviene en nombre y representación de la sociedad mercantil denominada *"denominación de la sociedad"*, domiciliada en *"domicilio de la sociedad"*, y con NIF número *"NIF de la sociedad"*, constituida, por tiempo indefinido, mediante escritura otorgada ante el notario de *"lugar del notario que autorizó la escritura"*, *"Don/Doña nombre y apellidos del notario que autorizó la escritura"*, el *"fecha de autorización de la escritura"*, e inscrita en el Registro Mercantil de *"datos de la inscripción registral (localidad del Registro Mercantil, tomo, folio, sección, hoja e inscripción)"*, en su calidad de

○ **Si representa como cargo social:**

"...administrador único ... O ... administrador solidario ... O ... consejero delegado ... O ... "especificar la representación del cargo social" ... " de la reseñada sociedad, cargo para el que fue nombrado y asegura vigente en escritura otorgada el *"fecha de escritura del nombramiento del cargo"*, ante el notario de *"lugar donde radica la notaría en la que se autorizó la escritura del nombramiento"*, *"Don/Doña nombre y apellidos del notario que autorizó la escritura del nombramiento"*, con el número *"número de protocolo del notario que autorizó la escritura del nombramiento"* de su protocolo, e inscrita en el Registro Mercantil de *"localidad del Registro Mercantil de la escritura de nombramiento"*, en el tomo y hoja arriba indicados.

○ **Si representa como apoderado:**

apoderado de la reseñada sociedad, según escritura de poder otorgada a su favor, en *"fecha de escritura del otorgamiento del poder"*, ante el notario de *"lugar donde radica la notaría en la que se autorizó la escritura de poder"*, *"Don/Doña nombre y apellidos del notario que autorizó la escritura de poder"*, con el número *"número de protocolo del notario que autorizó la escritura de poder"* de su protocolo *"...e inscrita en el Registro Mercantil de "localidad del Registro Mercantil de la escritura de poder" ... "*, en el tomo y hoja arriba indicados.

≺≺

En adelante, el **Arrendatario financiero**.

II. BIENES OBJETO DEL CONTRATO: *"describir el bien"*.

III. CARACTERÍSTICAS DE LA OPERACIÓN:

- Plazo: *"determinar plazo"* meses.
- Precio: *"determinar cantidad, en letra"* euros (*"determinar cantidad, en número"* €).
- Cuenta de cargo: *"especificar cuenta de cargo"*.
- Valor residual: *"valor residual, en letra"* euros (*"valor residual, en número"* €).

CONDICIONES PARTICULARES:

I. Adquisición del material

 **Nota:**

En relación con la distinción entre leasing y ***compraventa****, ver* TS 28-11-01, *EDJ 43286;* 23-12-01, *EDJ 49716.*

La **Entidad** adquiere en nombre y por cuenta propios el material descrito en el expositivo II cumpliendo instrucciones expresas del **Arrendatario financiero**.

II. Utilización del material

La **Entidad** cede el uso del material al **Arrendatario financiero**, en régimen de arrendamiento financiero (leasing), por el periodo de tiempo reseñado en el expositivo III.

El **Arrendatario financiero** reconoce mediante la firma del presente contrato, la recepción del material y su conformidad con el mismo.

III. Opción de compra

Al término del periodo de arrendamiento financiero finalizará el contrato, viniendo obligado el **Arrendatario financiero** a la restitución del material a la **Entidad**, salvo en el supuesto de ejercicio de opción de compra con arreglo a lo establecido en la condición general tercera. El valor residual, a efectos de la opción de compra, queda fijado desde ahora en el expositivo III, siendo por cuenta del **Arrendatario financiero** los gastos e impuestos de todo tipo que se devenguen por tal adquisición.

IV. Precio contractual

El precio del arrendamiento financiero, con independencia del valor residual, medio de pago, comisiones y tipo de interés, se indica en el expositivo III. Se adjunta asimismo como anexo a este contrato, el cuadro de amortización donde se detallan el número, vencimiento, composición e importe de las cuotas de pago.

CONDICIONES GENERALES:

Primera. Régimen jurídico

✍ **Nota:**

*El contrato de leasing ha dado lugar a numerosas **resoluciones judiciales**, entre las que destacan las siguientes:*

*- Si no se prueba la existencia de un acuerdo simulatorio en que el leasing opere como negocio aparente para encubrir una **compraventa a plazos**, no cabe aplicar la* L50/1965 *(hoy sustituida por la* L 28/1998, *de venta a plazos de bienes muebles). No son contrarios a la naturaleza del leasing los pactos de recompra y garantía establecidas entre el vendedor del bien objeto del contrato y el arrendador financiero (*TS 30-7-98, *EDJ 18035).*

*- No hay un parámetro para indicar la proporción que debe tener la **opción de compra** respecto al valor del bien objeto del contrato (*TS 28-11-97, *EDJ 9844).*

*- Contrato atípico, complejo regido por los pactos, y cuyo objeto es la cesión de uso de bienes, adquiridos según deseos del usuario que paga por el uso cuotas y que incluye una opción de compra. Arrendamiento con opción de compra. No es aplicable la **ley de Venta a Plazos**, si no se demuestra que cubre simuladamente esa figura jurídica (*TS 2-12-98, *EDJ 27983). (En términos similares,* TS 2-12-99, *EDJ 40422)*

*- No es suficiente para desvirtuar la calificación de un contrato como de arrendamiento financiero el importe más o menos elevado de la **cuota residual** para ejercitar la opción de compra ni que se pactara, para caso de resolución del contrato por incumplimiento de la arrendataria, que esta habría de pagar los efectos vencidos y pendientes de vencer, incluido el representativo del valor residual (*TS 15-6-99, *EDJ 13274).*

*- La entidad de leasing es la titular dominical del bien, frente a cuyo embargo puede oponer con éxito la **tercería de dominio**. La interpretación de los contratos corresponde al Juzgador de instancia, y, en el caso, no es ilegal ni ilógica, sino correcta y fundada (*TS 19-7-99, *EDJ 18901).*

*- En el contrato de arrendamiento con opción de compra o leasing concurren **tres partes**, la empresa de leasing que financia la operación conjunta y celebra con el proveedor el contrato de compraventa y con el usuario el de arrendamiento con opción de compra, el proveedor que ha celebrado el anterior contrato de compraventa y entrega la cosa al usuario y este, el usuario, que celebra el contrato con la empresa de leasing, y recibe la cosa del proveedor, normalmente elegida por él mismo. Tal contrato de leasing, como dice la* TS 28-11-97, *EDJ 9844, institución del derecho comercial importado del área jurídica de los Estados Unidos de América, y plenamente incorporada a nuestro tráfico económico y comercial, es un **contrato complejo** y en principio **atípico** regido por sus especificas disposiciones y de contenido no uniforme, que jurisprudencialmente es conceptuado como un contrato con base a los principios de autonomía negocial y de la libertad que proclama el* CC *art.*1255 *(*TS 5-10-00, *EDJ 28966).*

*- En el contrato de arrendamiento financiero o leasing lo que se transmite es el disfrute del bien a un precio, no se transfiere su propiedad, ya que el contrato de leasing se ejecuta entre la sociedad de leasing (arrendador) y el usuario del bien, sin embargo, como contrato estrechamente ligado al anterior tenemos el **contrato de compraventa del bien** con destino a dicha operación celebrado entre la sociedad de leasing y el proveedor (*AP Gipuzkoa 25-3-02, *EDJ 50199).*

- La doctrina jurisprudencial (TS 10-4-81, EDJ 1483; 18-11-83; 26-6-89, EDJ 6468; 28-5-90, EDJ 5583, entre otras), tiene admitido que el contrato de arrendamiento financiero o leasing se ***asimila*** *en sus efectos a la* ***compraventa de bienes muebles a plazos*** *con reserva de dominio, e incluso se ha venido en calificar como un contrato mixto en el que se funden la cesión del uso y la opción de compra, sin embargo, la doctrina mayoritaria viene a conceptuar el arrendamiento financiero como un contrato complejo, atípico, regido por sus específicas estipulaciones y de contenido no uniforme que, si bien no tiene regulación en nuestro* ***Ordenamiento Jurídico Privado****, civil y mercantil, su otorgamiento es posible en el lícito ejercicio del principio de autonomía negocial y de libertad que proclama el* CC *art.*1255. *Los elementos característicos que conforman esta figura contractual están contenidos en la definición dada por la* L 26/1988 disp.adic.séptima *(sustituida actualmente por la* L 10/2014 disp.adic.tercera*), al manifestar que tienen la consideración de operaciones de arrendamiento financiero aquellos contratos que tengan por* ***objeto exclusivo*** *la cesión del uso de bienes muebles o inmuebles, adquiridos para dicha finalidad según las especificaciones del futuro usuario, a cambio de una contraprestación consistente en el abono periódico de determinadas cuotas. Así, son sus* ***características****:*
1) La cualidad de bien de equipo del objeto del contrato.
2) La elección de ese bien, en manos del fabricante o proveedor, por el futuro usuario.
3) La adquisición de su propiedad por la empresa financiera, y la cesión en arrendamiento al arrendatario o usuario durante un determinado plazo.
4) La inclusión de un pacto de opción de compra. Pasado el plazo determinado el usuario podrá optar entre devolver la cosa, continuar en su uso y disfrute pagando una contraprestación inferior, o adquirirla por su valor residual (AP Alicante 30-1-01, *EDJ 2627).*
- La ***finalidad económica*** *propia de los contratos de leasing es la de financiar la adquisición e inmediata incorporación al servicio de la empresa de bienes de equipo (AP A Coruña 8-2-24, EDJ 534669).*
- Tiene ***legitimación activa*** *para reclamar por* ***daños*** *sufridos el adquirente del vehículo por leasing, en la medida en que este contrato permite aplazar el pago a través de una fórmula de financiación indirecta, normalmente generadora de obligaciones tan solo para la parte arrendataria (cfr. TS 12-2-13, EDJ 100358; 12-11-14, EDJ 204305; AP Pontevedra 8-2-24, EDJ 535945).*

El presente contrato es mercantil y se tipifica como de arrendamiento financiero (leasing) y se regirá por lo pactado en sus condiciones generales y particulares y por lo dispuesto en la Ley 10/2014, de 26 de junio, de ordenación, supervisión y solvencia de entidades de crédito y por aquellas normas que durante su vigencia pudieran establecerse y que fueran de aplicación por imperativo legal.

Las partes manifiestan expresamente que el presente contrato no se considera como venta a plazos y que las cuotas tendrán la consideración de gasto fiscal deducible para el arrendatario financiero, si cumple los requisitos exigidos por la legislación aplicable.

Segunda. Objeto del contrato
La **Entidad** propietaria del material cede el uso del mismo al **Arrendatario financiero** por el periodo reseñado en el expositivo III, a cuyo término viene obligado a su restitución, salvo en el supuesto de ejercicio de la opción de compra en los términos y condiciones que se establecen en la condición general tercera. El precio contractual del arrendamiento financiero por el periodo pactado es el que figura en el expositivo III, que el **Arrendatario financiero** reconoce adeudar desde ahora, y que se compromete a pagar a la **Entidad** en la forma convenida en este contrato y anexos correspondientes.

Tercera. Opción de compra
La **Entidad** otorga a favor del **Arrendatario financiero**, una opción de compra sobre el material, que podrá ejercitarse al término del periodo de cesión de uso.

La opción de compra quedará perfeccionada una vez satisfecha la cantidad fijada como valor residual en el expositivo III de este documento; siendo por cuenta del **Arrendatario financiero** los gastos e impuestos de todo tipo que se devenguen. Esta opción de compra queda condicionada al cumplimiento por el **Arrendatario financiero** de todas las obligaciones asumidas en este contrato. Se entenderá ejercitado automáticamente el derecho de opción si transcurrido el periodo de cesión de uso, no ha devuelto el material.

Si el **Arrendatario financiero** no ejercitase la opción de compra, se procederá a la devolución a la **Entidad** de la posesión del material objeto de este contrato, en perfectas condiciones de conservación.

Cuarta. Entrega del material. Subrogación

El **Arrendatario financiero** reconoce haber recibido en esta misma fecha el material arrendado, encontrándolo a todos los efectos conforme. El **Arrendatario financiero** queda subrogado en la posición jurídica que, como comprador, la **Entidad** ostenta frente al proveedor para ejercitar frente a este último las acciones que a la **Entidad** correspondieran por razón del material adquirido y, en especial, para exigir el saneamiento, evicción, garantía y servicio de mantenimiento del material.

La **Entidad** no garantiza al **Arrendatario financiero** la idoneidad del material ni su adecuación a la explotación a que va destinado ni su funcionamiento y resultados en su conjunto ni en cuanto a sus elementos y partes integrantes, por lo tanto el **Arrendatario financiero** renuncia expresamente a toda acción contra la **Entidad** por tales motivos, sin perjuicio de que, en su caso, pueda ejercitar tales acciones contra el proveedor en virtud de la subrogación convenida en los párrafos anteriores, respondiendo frente a la **Entidad** si tales acciones quedaran en cualquier forma perjudicadas por cualquier acción u omisión negligente del arrendamiento financiero.

Quinta. Utilización del material

El **Arrendatario financiero** asume la obligación de cumplir las Leyes, Reglamentos y disposiciones relativas a la utilización del bien objeto del presente contrato, así como la obligación de destinarlo a fines empresariales (agrarios, industriales, comerciales, de servicios profesionales), e igualmente la de ajustarse en todo y en todo momento a la legislación que versa sobre actividades molestas, insalubres, nocivas y peligrosas.

El **Arrendatario financiero** asume la obligación de que el material sea utilizado exclusivamente por él, o bajo su responsabilidad, por sus dependientes o empleados. La utilización se ajustará en todo al destino del material.

Como consecuencia de lo anterior y de su condición de **Arrendatario financiero** del material, asume la obligación de no realizar ningún tipo de traspaso, cesión, gravamen o subarriendo de todo o parte del material, ya sea a título oneroso o gratuito y cualquiera que sea la modalidad jurídica empleada para ello, a no ser con la autorización previa de la **Entidad**.

El **Arrendatario financiero** se obliga a contratar, a satisfacción de la **Entidad**, un servicio de mantenimiento del material por el período de vigencia de este contrato.

Sexta. Propiedad

El material objeto del contrato, ha sido adquirido por la **Entidad**, en cumplimiento de instrucciones expresamente recibidas del **Arrendatario financiero** y bajo su única y exclusiva responsabilidad. El **Arrendatario financiero** ha designado tanto al proveedor como las características del material, de tal modo que cuando ha adquirido dicho material, lo ha hecho con la exclusiva finalidad de conferir su uso y disfrute al **Arrendatario financiero** con quien ya tenía convenido suscribir el contrato que ahora se formaliza.

El indicado material es propiedad de la **Entidad**, la cual cede la posesión del mismo al **Arrendatario financiero** por virtud del presente contrato de arrendamiento financiero.

El **Arrendatario financiero** asume la obligación de respetar y defender dicho derecho de propiedad, así como la de que los terceros respeten tal derecho de propiedad y dominio de la **Entidad**. El **Arrendatario financiero** asume la obligación, para el supuesto de que se pretenda practicar embargo, requisa o confiscación del material o incluirlo en su masa de bienes, de comunicar dichos extremos inmediatamente a la **Entidad**. Simultáneamente formulará el **Arrendatario financiero** la pertinente protesta, a cuyo efecto exhibirá el presente contrato y exigirá que en el acta que se extienda se hagan constar sus manifestaciones y que se tome nota en la misma de las estipulaciones de este contrato, ejercitando, además, a su propio cargo, cuantas reclamaciones y acciones fueran pertinentes para acreditar que la **Entidad** es el propietario del material.

En el supuesto de que el material fueran vehículos, de acuerdo con el RD 2822/1998, por el que se aprueba el Reglamento General de Vehículos, el **Arrendatario financiero** figurará como titular de los vehículos en los respectivos permisos de circulación, a los meros y únicos efectos administrativos de su inscripción en el Registro-Archivo de la Jefatura Provincial de Tráfico correspondiente.

Séptima. Seguro
El **Arrendatario financiero** asume todos los riesgos que pueda sufrir el material, obligándose a concertar a su cargo un seguro, con cláusula de beneficiario a favor de que cubra todos los daños y pérdidas de dicho material durante la vigencia del presente contrato, incluidas las responsabilidades civiles que pudieran ocasionarse a terceros como consecuencia de la utilización del material. En caso de siniestro total o parcial, el **Arrendatario financiero** se hace responsable de completar a sus expensas la total reparación o sustitución del material, si por las razones que fueran, los riesgos no estuvieran enteramente cubiertos por el seguro o la indemnización pagada por el asegurador fuera insuficiente. La reparación de un siniestro no será motivo suficiente para el impago de las rentas por la falta de utilización del bien en todo o en parte.

Octava. Cesión
El **Arrendatario financiero** autoriza expresamente a la **Entidad** la enajenación, cesión en garantía o en gestión de cobro del presente contrato o de los derechos y acciones en él contenidos o de los títulos que representen, en cualquier tiempo durante la vigencia del mismo y en favor de cualquier persona física o jurídica.

De conformidad con lo estipulado en el párrafo anterior, el **Arrendatario financiero** se obliga a suscribir, a petición de la **Entidad**, cuantos documentos públicos o privados sean necesarios o faciliten la formalización jurídica, administrativa, fiscal o bancaria del acto o contrato de cesión.

Novena. Incumplimiento
Toda mora en que incurra el **Arrendatario financiero** en el pago de las cantidades debidas por razón de este contrato generará la obligación de satisfacer a la **Entidad** un interés, por el período en que se mantenga en mora, del *"especificar tipo"* por 100 mensual.

El incumplimiento de cualquiera de las obligaciones asumidas por el **Arrendatario financiero** en este contrato y, en especial, la falta de pago a su vencimiento de cualquiera de las cuotas integrantes del precio del arrendamiento o cantidades asimiladas, y sin perjuicio de las acciones judiciales emprendidas en reclamación de las cuotas vencidas e impagadas, facultará a la **Entidad** para optar, de acuerdo con lo dispuesto en el art.1124 del Código Civil, entre las siguientes posibilidades:

a) Exigir el pago inmediato de las cuotas vencidas e impagadas, junto con el interés de mora correspondiente, y el de la amortización pendiente a la fecha de cierre de la cuenta, junto con los intereses e impuestos que le pudieran corresponder. A los efectos de lo dispuesto en el número 2 del art.572 de la Ley de Enjuiciamiento Civil, la cantidad líquida y exigible quedará determinada por la simple operación aritmética de sumar los conceptos anteriormente expresados, cuyo resultado será notificado al **Arrendatario financiero** y sus fiadores por cualquier conducto contrastado válido en derecho. Para este supuesto, bastará para el ejercicio de la acción ejecutiva la presentación de esta póliza, juntamente con la certificación prevenida en el número 5º del art.517 de la Ley de Enjuiciamiento Civil y la legislación concordante, y la aportación de la documentación prevenida en el número 1 del art.573 de la misma Ley.

b) Resolver el contrato, exigiendo la **Entidad** el reintegro del uso del material objeto del presente contrato. En este supuesto la **Entidad** podrá exigir al **Arrendatario financiero**, además de las cuotas vencidas e impagadas, una indemnización por daños y perjuicios consistente en el pago del *"porcentaje por indemnización"* del importe de la amortización pendiente a la fecha de cierre de la cuenta. Esta indemnización se fundamenta en el artículo 1124 del Código Civil, y además en los daños y perjuicios causados, tales como depreciación del material, gastos de gestiones administrativas y contables, gastos de recuperación del material, etc. Para el caso en que el **Arrendatario financiero** incumpla estas obligaciones de entrega y/o pago, la **Entidad** también podrá utilizar la vía de exigencia del pago del precio previsto en el apañado a) precedente.

A efectos de lo anteriormente establecido, el **Arrendatario financiero** autoriza expresamente, desde este momento, a la **Entidad** para que entre en sus dependencias o locales y retire el material objeto de este contrato, sin más tramite que la notificación previa.

Si el **Arrendatario financiero** demorase la entrega del material más de quince días desde la notificación de la resolución del contrato, deberá abonar, además a la **Entidad** el precio convenido por el arrendamiento desde la fecha de notificación de la resolución hasta la fecha en que se produzca la devolución del material arrendado. Las fracciones del mes, en su caso, devengarán la parte proporcional que corresponda.

Además de los supuestos anteriores, podrá dar por resuelto el contrato, en los términos previstos en el apartado b) de esta condición general, en los siguientes supuestos:

- Cuando el **Arrendatario financiero** o cualquiera de los fiadores, si los hubiera, solicite una quita y/o espera.

- Cuando disminuya la solvencia del **Arrendatario financiero** o de cualquiera de los fiadores, si los hubiera, en cuantía superior a un 25 por 100 de su patrimonio, por incurrir en embargos o subastas de bienes, incumplimiento de obligaciones u otras circunstancias análogas.

- Cuando el **Arrendatario financiero** o cualquiera de los fiadores, si los hubiera, graven o dispongan a título oneroso o gratuito de su patrimonio, en cuantía superior a un 25 por 100 del mismo sin permiso previo de la **Entidad**.

- Si se comprobase falsedad, ocultación o inexactitud en los datos facilitados a la **Entidad** por el **Arrendatario financiero**, que hayan servido de base a la firma de este contrato.

Décima. Información e inspección
El **Arrendatario financiero** facilitará a la **Entidad** dentro de los ciento ochenta días siguientes al cierre de cada ejercicio fiscal, sus estados financieros correspondientes a dicho ejercicio, y, en cualquier momento, a petición de la **Entidad** le facilitará cualquier otra información financiera que este pudiera razonablemente solicitar.

La **Entidad** se reserva el derecho a inspeccionar el material para comprobar todo lo anterior, obligándose el **Arrendatario financiero** a facilitar el acceso al personal que la **Entidad** envíe.

Undécima. Gastos e impuestos
Serán de cuenta del **Arrendatario financiero** todos los gastos, impuestos, arbitrios, tasas y contribuciones especiales en los que se incurra por la preparación, formalización y el otorgamiento de este contrato, así como la tenencia del bien, su uso y la extinción de la relación jurídica que ahora se inicia.

Las modificaciones que sufra el régimen tributario que grava el presente contrato se liquidarán entre las partes en cada vencimiento.

Duodécima. Afianzamiento
El incumplimiento de las obligaciones que correspondan al **Arrendatario financiero** ante la entidad por razón de este contrato, queda afianzado de manera solidaria por cada fiador con expresa renuncia a cualquier beneficio de división, orden, excusión y cualquier otro que les pudiera corresponder.

Los arrendatarios financieros cotitulares de un contrato de leasing, junto con los fiadores, en su caso, responderán personal y solidariamente con todos sus bienes presentes y futuros, de todas las obligaciones establecidas en el mismo, y, especialmente, del pago de las cuotas pactadas, renunciando expresamente a los beneficios de excusión, orden y división.

Decimotercera. Domicilios y jurisdicción

Para toda cuestión, controversia, duda o diferencia que surja en la interpretación, cumplimiento y/o ejecución del presente contrato, las partes se someten a los fueros y tribunales del lugar de cumplimiento de la obligación, o bien ante el domicilio de cualquiera de los demandados o, en el lugar en que se encuentren los bienes arrendados financieramente, y ello a libre elección de la entidad con expreso consentimiento del **Arrendatario financiero** y sus fiadores.

Y en prueba de conformidad, ambas partes firman el presente contrato, que se extiende en dos ejemplares, igualmente originales, en *"localidad"* a *"fecha"*.

LA ENTIDAD **EL ARRENDATARIO FINANCIERO**

MCM 1330 s.

Financiación venta a plazos de bienes muebles

Nota preliminar:

- El contrato ha sido redactado conforme a la L 28/1998, de Venta a Plazos de Bienes Muebles (LVPBM) y de acuerdo con el **modelo aprobado por la DGRN**.

LVPBM

- El modelo presupone unas **circunstancias** determinadas que serán las **más frecuentes**. Si en el caso concreto existen circunstancias particulares no previstas, deberá completarse o modificarse el modelo, adaptándolo a las mismas.

Impreso nº: *"número de impreso"*.

Datos personales o denominación social, en su caso, del Comprador-prestatario: *"identificación del comprador-prestatario"*.

Datos personales o denominación social, en su caso, del Fiador: *"identificación del fiador"*.

Datos del financiador: *"identificación del financiador"*.

Datos del Vendedor: *"identificación del vendedor"*.

Objeto a financiar:

- Marca: *"marca"*.

- Modelo: *"modelo"*.

- Nº de fabricación o chasis: *"número de chasis"*.

"...- Matricula: "matrícula". ..."

Precio de compraventa (valor contado): *"precio de compraventa"*.

"...Desembolso inicial: "cantidad inicial desembolsada". ..."

Importe aplazado: *"importe aplazado"*.

Capital del préstamo: *"cuantía del préstamo"*.

Comisiones y Gastos de Apertura: *"comisiones"*.

Intereses por aplazamiento: *"intereses"*.

Comisión por reclamación cuotas impagadas: *"comisión por reclamación"*.

Comisión por cancelación anticipada total o parcial (sobre importe que se entrega): *"comisión por cancelación"*.

Comisión por modificación de contrato o sus garantías (sobre importe aplazado pendiente): *"comisión por modificación"*.

Importe total del préstamo: *"cuantía total, en letra"* euros (*"cuantía total, en número"* €).

Reconocimiento de deuda. El prestatario reconoce deber al financiador la cantidad de *"cuantía de la deuda, en letra"* euros (*"cuantía de la deuda, en número"* €) que se pagará en *"plazos de pago"* plazos de *"cantidad aplazada, en letra"* euros (*"cantidad aplazada, en número"* €) cada uno con los vencimientos que se detallan en el cuadro de amortización.

Domicilio de pago. *"especificar: entidad, domicilio y número de cuenta"*.

T.A.E.: *"especificar tasa"*.

Derecho de desistimiento (art.9.4 LVPBM puede pactarse su exclusión).

Cuadro de amortización: *"especificar amortización"*.

Los abajo firmantes conocen y aceptan el contenido de las condiciones particulares, así como las generales que se encuentran depositadas en el Registro de Condiciones Generales de la Contratación, de las que reconoce haber recibido un ejemplar.

En prueba de conformidad firman las partes el presente contrato en tantos ejemplares como partes intervienen en el mismo
En *"localidad"*, a *"fecha"*.

PRESTATARIO **FIADOR(ES)**

FINANCIADOR **FEDATARIO**

CONDICIONES GENERALES

1. Prestatarios
Para el caso de intervenir varios prestatarios se obligan con carácter solidario al cumplimiento de las obligaciones dimanantes del presente contrato.

2. Fiadores
El/los fiador/es afianzan solidariamente entre sí, y con igual carácter respecto al deudor/es principal/es, el cumplimiento de todas las obligaciones asumidas por el mismo en este contrato con renuncia expresa a los beneficios de orden, división y excusión.

3. Objeto
El presente contrato, de naturaleza mercantil, tiene por objeto la concesión de un préstamo de financiación para la adquisición del objeto identificado en las condiciones particulares de este contrato.

4. Domicilio
Se establece, a los efectos prevenidos en la Ley 28/1998, que el lugar donde hayan de efectuarse las notificaciones, requerimientos y emplazamientos es el domicilio consignado para cada parte en las condiciones particulares de este contrato, quedando obligado/s el/los prestatario/s y fiador/es a comunicar fehacientemente al financiador, cualquier cambio del mismo, sin perjuicio de lo establecido en la citada ley, comunicándolo mediante escrito dirigido al Registrador de Venta a Plazos. Igualmente se señala como domicilio de verificación de pago el de la domiciliación bancaria señalada en las condiciones particulares.

5. Intereses
El presente préstamo devengará, día a día, el tipo de interés pactado en las condiciones particulares. La fórmula para calcular los intereses es:

$I_T = ((INVxTIN)/1-(1+TIN)^{-N})x\ N-INV$

Donde:

I_T = Intereses totales.

TIN = Tipo interés nominal.

N = Número de periodos de capitalización durante el año.

INV = Inversión inicial.

En caso de operaciones a tipo variable (TIN) será el interés nominal de cada periodo de revisión, calculado según la fórmula contenida en el anexo *"Núm. de anexo"* de indexación o revisión de condiciones económicas.

6. Mora en el pago
Los deudores que demoren el pago de sus deudas vencidas, deberán satisfacer desde el día siguiente a su vencimiento un interés moratorio del XX% mensual, que se devengará día a día, sin necesidad de requerimiento, aplicándose la fórmula del interés simple: I= C x R x T: 100.

Asimismo, el impago de cualquier cuota establecida en el plan de amortización, devengará la comisión de devolución acordada por las partes en las condiciones particulares de este contrato. Los intereses contractuales no satisfechos a sus respectivos vencimientos se acumularán mensualmente al capital y como aumento del mismo, conforme a lo establecido en el art.317 del Código de Comercio, devengarán nuevos intereses.

Nota:

***Anatocismo** convencional.*

7. Incumplimiento, vencimiento anticipado y documentación de la deuda
La falta de pago a su vencimiento de dos cualesquiera de los plazos, o del último de ellos, a que se hace referencia en el epígrafe el conocimiento de deuda facultará al financiador para dar por vencido el préstamo, extinguiéndose el aplazamiento y exigiendo, como consecuencia el abono de la totalidad de la deuda pendiente, que comprenderá la deuda no satisfecha a sus respectivos vencimientos, con sus intereses contractuales, la anticipadamente vencida y todo ello, con los intereses de demora pactados, comisiones de devolución y demás gastos exigibles con arreglo a lo establecido en el presente contrato.

8. Pago anticipado
El prestatario podrá satisfacer anticipadamente el importe del préstamo pendiente de pago de acuerdo con el plan de amortización detallado en el contrato, mediante retrocesión de los intereses que sobre el nominal del préstamo se le hubiesen aplicado. Los pagos parciales no podrán ser inferiores al *"porcentaje del precio"* del precio del bien financiado. En tal supuesto, el comprador quedará obligado a abonar, por razón del pago anticipado, la comisión que por razón de cancelación anticipada se establece en las condiciones particulares de este contrato. Dicha comisión no podrá exceder, en virtud de lo establecido en el art.9, número 3, de la Ley 28/1998, de 13 de julio de Venta a Plazos de Bienes Muebles, del 1,5 por ciento del capital reembolsado anticipadamente en los contratos con tipo de interés variable y del 3 por ciento en los contratos con tipo de interés fijo.

9. Cálculo y elementos que componen el T.A.E .
Se entenderá por tasa anual equivalente el coste total del crédito, expresado en un porcentaje anual sobre la cuantía del crédito concedido. A efectos informativos se hace constar que dicha tasa (TAE) se obtiene aplicando la fórmula contenida en la Norma 13ª y Anejo 7º de la Circular del Banco de España 5/2012.

10. Tarifas
Junto con el presente contrato se entrega un ejemplar de tarifas de comisiones y gastos repercutibles a la clientela debidamente autorizadas, según Norma 3ª y Anejo 1º de la Circular del Banco de España 5/2012, de 27 de junio.

11. Prohibición de enajenar
El prestatario no podrá enajenar o gravar el objeto financiado adquirido hasta el completo pago del préstamo sin autorización expresa del financiador.

12. Reserva de dominio
El dominio del objeto financiado pertenece al financiador hasta el completo pago del mismo.

13. Autorización de pago
El prestatario autoriza al financiador a entregar el importe del préstamo al vendedor, siendo el presente contrato la carta de autorización más eficaz.

14. Seguros
El comprador deberá suscribir y mantener durante la vigencia de este contrato, o de sus prórrogas, un seguro a todo riesgo, sobre el bien cuya adquisición se financia, que cubra los daños propios del mismo, incluyéndose los supuestos de incendio y robo. Se designa como primer beneficiario de la indemnización del seguro al financiador, obligándose el comprador a comunicarlo así al asegurador, conviniéndose que el asegurador no indemnizará, en cantidad alguna por el siniestro del bien, al prestatario, sin el consentimiento previo del financiador, el cual queda subrogado en el derecho al cobro de la indemnización que, en su caso, le pudiera corresponder al prestatario, hasta la cantidad que quede pendiente del préstamo en el momento del siniestro.

15. Facultad de desistimiento
Conforme a lo establecido en el art.9 de la Ley de Venta a Plazos de Bienes Muebles, en el supuesto en que el prestatario tuviera la condición de consumidor conforme a la legislación vigente, este podrá ejercitar la facultad de desistimiento que le confiere la ley en la forma prevista en dicho artículo. Asimismo, conforme a lo establecido en la letra d) del apartado 1 del art.9 de esta Ley, las partes convienen que en el supuesto de que el prestatario ejercite la facultad de desistimiento deberá, dentro del plazo de los siete días hábiles señalados en la Ley, reintegrar al financiador el importe consignado en el contrato como importe nominal del préstamo mediante cheque bancario o talón conformado nominativo al financiador, que deberá ser entregado en sus oficinas. El financiador retendrá y hará suyas las cantidades percibidas del prestatario en concepto de comisiones de estudio y formalización. El prestatario soportará a su exclusivo cargo el importe de los gastos suplidos abonados para la formalización e intervención de la operación sin que tenga derecho a su reintegro. En los supuestos de financiación de vehículos a motor se estará, en virtud de lo establecido en el número cuatro de este artículo nueve, a. la posible exclusión de esta facultad que se haya pactado por las partes en las condiciones particulares de este contrato. Esta cláusula se modificará o suprimirá de acuerdo con lo establecido en las condiciones particulares.

16. Cesión
El financiador se reserva el derecho a ceder a tercero los derechos y acciones derivados del presente contrato, así como la reserva de dominio constituida a su favor y cualquier otra garantía formalizada con ocasión del presente contrato, comunicando esta cesión al prestatario.

17. Sometimiento
Las partes acuerdan expresamente someterse al ámbito de aplicación de la Ley 28/1998, de 13 de julio, de Venta a Plazos de Bienes Muebles.

18. Tasación del bien
Conforme a lo previsto en el apartado 13 del art.7 de la Ley de Venta a Plazos las partes convienen que en el supuesto de vehículos de motor susceptibles de matriculación, motores marinos y embarcaciones, el valor de tasación del bien financiado será el asignado, en función de sus años de utilización, en las tablas oficiales aprobadas y publicadas por el Ministerio de Hacienda en las que se recogen los precios medios de venta utilizables como medio de comprobación de valores a efectos del Impuesto sobre Transmisiones Patrimoniales y Actos Jurídicos Documentados, Impuesto sobre Sucesiones y Donaciones e Impuesto Especial sobre determinados Medios de Transporte, que se encuentren vigentes (conforme a la última Orden Ministerial publicada) en el momento de la valoración.

Respecto de otros bienes distintos de los anteriormente reflejados, su valor de tasación será el resultante de aplicar sobre el precio de venta al contado, en función del tiempo transcurrido desde la fecha de suscripción de la operación el duplo de los coeficientes lineales máximos previstos para el bien de que se trate en la tabla de coeficientes de amortización del Impuesto de Sociedades que se encuentre vigente en el momento de la valoración.

Las tablas referidas en los dos párrafos anteriores se utilizarán también como índice referencial de depreciación a los efectos de lo señalado en el art.16.2 e) de la vigente Ley de Venta a Plazos.

19. Entrega de ejemplar del contrato

En cumplimiento de lo establecido en el art.6.1 de la Ley de Venta a Plazos, el art.12, y el art.7 de la Ley 16/2011 de Crédito al Consumo se entregará un ejemplar del contrato a cada una de las partes contratantes.

○ Si se añaden otros pactos:

20. Otros pactos

"detallar los pactos (consignar aquellas cláusulas válidas no incluidas en el modelo aprobado por la D.G.R.N., previa calificación del Registrador)".

Préstamo hipotecario a tipo de interés fijo

MCM 4559 y 8705 s.

Nota preliminar:

- Ha de tenerse en cuenta que la OM 5-5-94 sobre transparencia en las **condiciones financieras** de los préstamos hipotecarios, fue derogada por la OM EHA/2899/2011, de transparencia y protección del cliente de servicios bancarios. Cualquier referencia hecha a aquella Orden debe entenderse efectuada a esta última de 2011.

- Téngase en cuenta la Sentencia TJUE 21-12-16, que declara nulas las denominadas **"cláusulas suelo"** contenidas en los préstamos hipotecarios (este tipo de cláusulas se caracteriza por que establecen un umbral mínimo por debajo del cual no puede situarse el tipo de interés variable). Es muy relevante esta resolución ya que reconoce que los efectos restitutorios no quedan circunscritos exclusivamente a las cantidades pagadas con posterioridad a la declaración judicial de abusividad, pues tal restricción no es compatible con el Derecho de la Unión, ya que supone una protección incompleta e insuficiente del consumidor (TS 21-11-18, EDJ 645208, con cita de TS 24-2-17, EDJ 9042).

- Téngase presente la L 5/2019, reguladora de los **contratos de crédito inmobiliario**, cuyo objeto es establecer determinadas normas de protección de las personas físicas que sean deudores, fiadores o garantes, de préstamos que estén garantizados mediante hipoteca u otro derecho real de garantía sobre bienes inmuebles de uso residencial o cuya finalidad sea adquirir o conservar derechos de propiedad sobre terrenos o inmuebles construidos o por construir. A estos efectos se establecen las normas de transparencia que han de regir dichos contratos, el régimen jurídico de los prestamistas e intermediarios de crédito inmobiliario, incluida la obligación de llevar a cabo una evaluación de la solvencia antes de conceder el crédito, estableciéndose un régimen de supervisión y de sanción, así como las normas de conducta aplicables a la actividad de prestamistas, intermediarios de crédito inmobiliario, representantes designados y asesores (L 5/2019 art.1).

Dicha Ley **se aplica** a los contratos de préstamo concedidos por personas físicas o jurídicas que realicen dicha actividad de manera **profesional**, cuando el prestatario, el fiador o garante sea una persona física y dicho contrato tenga por **objeto**:

a) La concesión de préstamos con garantía hipotecaria u otro derecho real de garantía sobre un inmueble de uso residencial. A estos efectos, también se entenderán como inmuebles para uso residencial aquellos elementos tales como trasteros, garajes, y cualesquiera otros que sin constituir vivienda como tal cumplen una función doméstica.

b) La concesión de préstamos cuya finalidad sea adquirir o conservar derechos de propiedad sobre terrenos o inmuebles construidos o por construir, siempre que el prestatario, el fiador o garante sea un consumidor.

Se entenderá que la actividad de concesión de préstamos hipotecarios se desarrolla con **carácter profesional** cuando el prestamista, sea persona física o jurídica, intervenga en el mercado de servicios financieros con carácter empresarial o profesional o, aun de forma ocasional, con una finalidad exclusivamente inversora (L 5/2019 art.2).

- El modelo presupone unas **circunstancias** determinadas que serán las **más frecuentes**. Si en el caso concreto existen circunstancias particulares no previstas, deberá completarse o modificarse el modelo, adaptándolo a las mismas.

- Téngase en cuenta la Instrucción DGRN 20-12-19, sobre la actuación notarial y registral ante diversas **dudas** en la aplicación de la L 5/2019, así como el RD 309/2019, de desarrollo de la citada ley.

- Téngase presente la modificación de la L 5/2019 art.23.6, según el cual «En caso de **novación del tipo de interés** aplicable o de **subrogación** de un tercero en los derechos del acreedor, siempre que en ambos casos suponga la aplicación durante el resto de vigencia del contrato de un tipo de interés fijo o con un primer período fijo de, al menos, 3 años, en sustitución de otro variable, la compensación o comisión por reembolso o amortización anticipada no podrá superar la pérdida financiera que pudiera sufrir el prestamista, con el límite del 0,05 por ciento del capital reembolsado anticipadamente, durante los 3 primeros años de vigencia del contrato de préstamo. Si en la novación no se produjera amortización anticipada de capital, no podrá cobrarse comisión alguna por este concepto.

Nota preliminar:

Transcurridos los **tres primeros años** de vigencia del contrato de préstamo el prestamista no podrá exigir **compensación o comisión** alguna en caso de novación del tipo de interés aplicable o de subrogación de acreedor en los que se pacte la aplicación, en adelante y para el resto de la vida del préstamo, de un tipo de interés fijo o con un primer período fijo de, al menos, 3 años».

MCM 4559 y 8705 s.

NÚMERO *"número de protocolo"*.

En *"lugar"*, a *"fecha"*.

Ante mí, *"Don/Doña nombre y apellidos del notario"* perteneciente al colegio notarial de *"colegio notarial"* y con residencia en *"lugar donde radica la notaria"*.

COMPARECEN:

De una parte,

Los cónyuges *"Don/Doña nombre y apellidos del cónyuge X"*, de nacionalidad *"nacionalidad del cónyuge X"*, *"...con DNI/NIF número "DNI/NIF del cónyuge X" ... O ... con tarjeta de residencia número "número de tarjeta de residencia del cónyuge X" ... O ... pasaporte número "número de pasaporte del cónyuge X",, expedido el "fecha de expedición del pasaporte del cónyuge X" ... O ... "reseñar otros documentos aportados por el cónyuge X" ...* ", vigente hasta el *"fecha de vigencia de la documentación aportada por el cónyuge X"*, y *"Don/Doña nombre y apellidos del cónyuge Y"*, de nacionalidad *"nacionalidad del cónyuge Y" "...con DNI/NIF número "DNI/NIF del cónyuge Y" ... O ... con tarjeta de residencia número "número de tarjeta de residencia del cónyuge Y" ... O ... pasaporte número "número de pasaporte del cónyuge Y", expedido el "fecha de expedición del pasaporte del cónyuge Y" ... O ... "reseñar otros documentos aportados por el cónyuge Y" ...* ", vigente hasta el *"fecha de vigencia de la documentación aportada por el cónyuge Y"*, mayores de edad, con domicilio a estos efectos en *"domicilio de los cónyuges"*.

De otra parte,

"Don/Doña nombre y apellidos de la parte", mayor de edad, *"estado civil de la parte" "... "especificar el régimen económico matrimonial de la parte" ...* ", de nacionalidad *"nacionalidad de la parte"*, con domicilio a estos efectos en *"domicilio de la parte"*, *"...con DNI/NIF número "DNI/NIF de la parte" ... O ... con tarjeta de residencia número "número de tarjeta de residencia de la parte" ... O ... pasaporte número "número de pasaporte de la parte", expedido el "fecha de expedición del pasaporte de la parte" ... O ... "reseñar otros documentos aportados por la parte" ...* ", vigente hasta el *"fecha de vigencia de la documentación aportada por la parte"*.

INTERVIENEN:

A. Los cónyuges *"Don/Doña nombre y apellidos del cónyuge X"* y *"Don/Doña nombre y apellidos del cónyuge Y"*, en nombre y representación propio.

B. *"Don/Doña nombre y apellidos del representante"*, en nombre y representación de la sociedad mercantil denominada *"denominación social"*, domiciliada en *"domicilio social"*, y con NIF número *"NIF de la sociedad"*, constituida, por tiempo indefinido, mediante escritura otorgada ante el notario de *"lugar de la notaría en la que se autorizó la constitución de la sociedad"*, *"Don/Doña nombre y apellidos del notario que autorizó la constitución de la sociedad"*, el *"fecha de escritura de constitución de la sociedad"*, e inscrita en el Registro Mercantil de *"datos de la inscripción registral de la sociedad (localidad del Registro Mercantil, tomo, folio, sección, hoja e inscripción)"*, en su calidad de

MCM 4559 y 8705 s.

>>

❍ **Si representa como cargo social:**

"...administrador único ... O... administrador solidario ... O... consejero delegado ... O... "especificar la representación del cargo social" ... " de la reseñada sociedad, cargo para el que fue nombrado y asegura vigente en escritura otorgada el *"fecha de escritura del nombramiento del cargo"*, ante el notario de *"lugar donde radica la notaría en la que se autorizó la escritura del nombramiento"*, *"Don/Doña nombre y apellidos del notario que autorizó la escritura del nombramiento"*, con el número *"número de protocolo del notario que autorizó la escritura del nombramiento"* de su protocolo, e inscrita en el Registro Mercantil de *"localidad del Registro Mercantil de la escritura de nombramiento"*, en el tomo y hoja arriba indicados.

❍ **Si representa como apoderado:**

apoderado de la reseñada sociedad, según escritura de poder otorgada a su favor, en *"fecha de escritura del otorgamiento del poder"*, ante el notario de *"lugar donde radica la notaría en la que se autorizó la escritura de poder"*, *"Don/Doña nombre y apellidos del notario que autorizó la escritura de poder"*, con el número *"número de protocolo del notario que autorizó la escritura de poder"* de su protocolo *"...e inscrita en el Registro Mercantil de "localidad del Registro Mercantil de la escritura de poder" ... "*, en el tomo y hoja arriba indicados.

<<

En adelante, El **banco**.

Tienen a mi juicio los señores comparecientes, en el concepto en que respectivamente intervienen, la capacidad legal necesaria para formalizar la presente escritura de préstamo con hipoteca, y en su virtud la otorgan con sujeción a las siguientes:

✍ **Nota:**

*Sobre la **distinción** entre el **préstamo** y la **apertura de crédito** ver, entre otras, la sentencia del* TS 27-6-89, *EDJ 6537 que, a propósito del contrato de apertura de crédito afirma lo siguiente: "como dice la Sentencia de 12 de junio de 1976 "aunque aludido en el CCom nº 7 º del art.175, no adquirió carta de naturaleza en nuestro Ordenamiento positivo, hasta que lo introdujeron las Sentencias de esta Sala que se citan en la de 1 de marzo de 1969 y las Resoluciones de la Dirección General de los Registros de 28 de febrero de 1933 y 16 de junio de 1936 se define por la doctrina como "contrato por el cual el Banco se obliga, dentro del límite pactado y mediante una comisión que percibe del cliente, a poner a disposición de este, y a medida de sus requerimientos, sumas de dinero o a realizar otras prestaciones que le permitan obtenerlo al cliente"; concepto sustancialmente coincidente con el acogido en la Sentencia de 1 de marzo de 1969 al transcribir el art.439 del antiguo Código de Comercio para Marruecos; tal contrato, de carácter consensual y bilateral, no puede ser confundido con el contrato de préstamo regulado en el CC art.*1753 *a* 1757 *y CCom art.*311 *s., de naturaleza real, que se perfecciona por la entrega de la cosa prestada, y unilateral por cuanto de él sólo surgen obligaciones para uno de los contratantes, el prestatario". Resulta también interesante, por lo que se refiere a la aplicabilidad de la* L 2/1994 *de subrogación de préstamos hipotecarios la* DGRN Resol 18-6-01.

ESTIPULACIONES:

"NÚMERO" Importe del préstamo

El **Banco** concede a los cónyuges *"Don/Doña nombre y apellidos del cónyuge X"* y *"Don/Doña nombre y apellidos del cónyuge Y"*, que aceptan, un préstamo por la cantidad de *"importe del préstamo aceptado en letra"* euros (*"importe del préstamo aceptado en número"* €), que reciben en este acto en metálico y a su entera satisfacción.

"NÚMERO" Amortización

Los cónyuges prestatarios se obligan, solidariamente, a devolver el principal del préstamo y a satisfacer los intereses pactados en la estipulación tercera, en el plazo de *"plazo devolución del préstamo"* años, a contar desde esta fecha, mediante el pago de cuotas fijas mensuales vencidas comprensivas de capital e

MCM 4559 y 8705 s.

intereses por importe de *"importe mensual del préstamo en letra"* euros (*"importe mensual del préstamo en número"* €), calculadas al tipo previsto y de conformidad con el cuadro matemático de amortización convenido por las partes. El importe de cada cuota se aplicará en primer lugar al pago de intereses y el resto a amortización de capital.

El primer vencimiento es de fecha *"fecha del primer vencimiento del préstamo"*, y el último de fecha *"fecha del último vencimiento del préstamo"*, con un número total de *"número de cuotas del pago del préstamo"* cuotas.

No obstante, la parte deudora podrá en cualquier momento anticipar total o parcialmente el pago de la cantidad adeudada e incluso efectuar en cualquier vencimiento el pago anticipado de:

1. Del capital de las cuotas más lejanas en el tiempo.

2. En el supuesto de ser expresamente solicitado por el prestatario, se aplicará:

a) Al capital de las amortizaciones más próximas en el tiempo, conservando el plazo inicialmente pactado.

b) A la disminución del capital adeudado, conservando el préstamo el plazo inicialmente previsto, y siendo en consecuencia las cuotas reducidas y recalculadas nuevamente de acuerdo con el importe de la amortización anticipada satisfecha.

La acción por el **Banco** de estos pagos totales o parciales, se supedita a que, con carácter previo, queden íntegramente satisfechos los posibles intereses pendientes de pago, y en su caso los de demora y demás suplidos, por ser estos preferenciales sobre el capital.

En estos supuestos de amortización anticipada, el **Banco** podrá aplicar la comisión establecida en la estipulación quinta sobre el principal anticipado.

"NÚMERO" Intereses

La suma prestada producirá en favor del **Banco**, desde esta fecha, el interés nominal del *"tipo de interés nominal del préstamo en letra"* (*"tipo de interés nominal del préstamo en número"*%) anual, devengable por días sobre la base de cálculo de 360 días/año y pagadero en la forma que se ha indicado en la estipulación segunda.

Para obtener el importe de los intereses devengados, se utiliza, a partir del interés nominal, la fórmula que a continuación se indica: *"cálculo de los intereses devengados"*.

"NÚMERO" Tabla de pagos y tipo de interés anual equivalente

La cuota total a satisfacer por la parte prestataria a cada vencimiento será de *"importe a satisfacer en letra"* euros (*"importe a satisfacer en número"* €), conforme al cuadro de amortización convenido entre las partes y que se une al presente instrumento.

En dicho cuadro se hace constar, a efectos informativos, la forma de calcular la TAE, así como las Circulares del Banco de España sobre el particular.

"NÚMERO" Comisiones

Serán de cargo de la parte prestataria, y en beneficio del **Banco**, las siguientes comisiones:

1. Apertura: *"porcentaje por apertura, en letra"* por ciento (*"porcentaje por apertura, en número"* %) sobre el principal prestado, y pagadera de una sola vez en el momento de realizar la disposición de capital. Mínimo: *"cantidad mínima, en letra"* euros (*"cantidad mínima, en número"* €).

2. Amortización (total o parcial) anticipada: *"porcentaje por amortización, en letra"* por ciento (*"porcentaje por amortización, en número"* %) sobre el principal anticipado, pagadera en el momento de hacer efectiva la amortización.

MCM 4559 y 8705 s.

 **Nota:**

Téngase en cuenta que el RDL 2/2003 disp.adic.única, establece que en las ***subrogaciones*** *que se produzcan en los préstamos hipotecarios a interés variable concertados a partir de su entrada en vigor, y aunque no conste en los mismos la posibilidad de amortización anticipada, la cantidad a percibir por la entidad acreedora en concepto de* ***comisión*** *por la* ***amortización anticipada*** *de su crédito se calculará sobre el capital pendiente de amortizar, de conformidad con las siguientes reglas: 1.º Cuando se haya pactado amortización anticipada sin fijar comisión, no habrá derecho a percibir cantidad alguna por este concepto. 2.º Si se hubiese pactado una comisión de amortización anticipada igual o inferior al 0,50 por ciento, la comisión a percibir será la pactada. 3.º En los demás casos, la entidad acreedora solamente podrá percibir por comisión de amortización anticipada el 0,50 por ciento, cualquiera que sea la que se hubiere pactado. No obstante, si la entidad acreedora demuestra la existencia de un* ***daño económico*** *que no implique la sola pérdida de ganancias, producido de forma directa como consecuencia de la amortización anticipada, podrá reclamar aquél. La alegación del daño por la acreedora no impedirá la realización de la subrogación, si concurren las circunstancias establecidas en la presente Ley, y sólo dará lugar a que se indemnice, en su momento, la cantidad que corresponda por el daño producido.*

3. Por reclamación de recibos de préstamos vencidos: *"cantidad por recibo vencido, en letra"* euros (*"cantidad por recibo vencido, en número"* €) por recibo vencido.

4. Por subrogación: *"porcentaje por subrogación, en letra"* por ciento (*"porcentaje por subrogación, en número"* %) sobre el principal subrogado.

 **Nota:**

- Téngase presente la modificación de la L 5/2019 art.23.6, según el cual «En caso de ***novación del tipo de interés*** *aplicable o de* ***subrogación*** *de un tercero en los derechos del acreedor, siempre que en ambos casos suponga la aplicación durante el resto de vigencia del contrato de un tipo de interés fijo o con un primer periodo fijo de, al menos, 3 años, en sustitución de otro variable, la compensación o comisión por reembolso o amortización anticipada no podrá superar la pérdida financiera que pudiera sufrir el prestamista, con el límite del 0,05 por ciento del capital reembolsado anticipadamente, durante los 3 primeros años de vigencia del contrato de préstamo. Si en la novación no se produjera amortización anticipada de capital, no podrá cobrarse comisión alguna por este concepto.*

Transcurridos los ***tres primeros años*** *de vigencia del contrato de préstamo el prestamista no podrá exigir* ***compensación o comisión*** *alguna en caso de novación del tipo de interés aplicable o de subrogación de acreedor en los que se pacte la aplicación, en adelante y para el resto de la vida del préstamo, de un tipo de interés fijo o con un primer periodo fijo de, al menos, 3 años».*

"...5. "otras comisiones"...."

"NÚMERO" **Gastos**

Serán de cuenta exclusiva de la parte deudora todos cuantos arbitrios, impuestos o gastos graven la finca o puedan crearse durante la vigencia de este contrato, así como los gastos, tales como tasación, aranceles notariales y registrales de la constitución, modificación o cancelación de la hipoteca, los derivados de la tramitación de la escritura ante el Registro de la Propiedad y tributos ocasionados por esté escritura hasta su total inscripción en el citado Registro, e incluso los que puedan girarse después con carácter complementario, y las primas derivadas por el pago de la pólizas de seguro contra incendios y de vida, cuyos conceptos podrá satisfacer el banco por cuenta de la parte prestataria si esta no lo hiciere, garantizándose tales sumas con la cantidad consignada en la estipulación undécima para prestaciones accesorias.

Igualmente serán de cuenta de la parte deudora, los gastos de cancelación de la hipoteca y todos cuantos se produzcan al **Banco** si para conseguir la efectividad del pago de lo adeudado hubiese de ejercitarse cualquier tipo de acción y procedimiento judicial, incluidos los honorarios de abogado y procurador, aun cuando su intervención fuese voluntaria y no preceptiva.

"NÚMERO" **Intereses de demora**

Sin perjuicio de lo establecido en la estipulación novena, las cantidades por cuotas comprensivas de capital e intereses que no sean satisfechas por la parte prestataria a su vencimiento, devengarán desde dicho vencimiento en favor del **Banco** el interés de demora del *"interés de demora en letra"* por ciento

MCM 4559 y 8705 s.

(*"interés de demora en número"*%) anual, sin necesidad de requerimiento alguno y pagadero en su caso al hacerse efectivo cualquier concepto vencido e impagado, gozando este devengo de preferencia sobre los demás.

Si resultase que el interés de demora fuera inferior al interés ordinario revisado, se aplicará entonces este.

***"NÚMERO"* Resolución anticipada**
Pese al plazo inicialmente pactado para este contrato, el **Banco** podrá declarar vencida la obligación y proceder contra la finca hipotecada, y simultáneamente contra la parte prestataria si se incumplieran por la misma cualquiera de las obligaciones contraídas en este documento y, especialmente, en los siguientes casos:

a) Si a juicio de perito que designe el **Banco**, el inmueble se depreciara en un *"depreciación del inmueble en porcentaje"* del valor asignado en escritura, y la parte deudora no aumentara la garantía a satisfacción y requerimiento de la parte acreedora.

b) La falta de pago a su vencimiento de *"número de cuotas impagadas"* cuota/s.

c) La falta de pago por el hipotecante del impuesto de bienes inmuebles, así como sus recargos, en su caso, establecidos o que se establezcan por el Estado, la Comunidad autónoma, municipio o provincia, sobre la finca hipotecada, o se negare a justificar, a requerimiento de la parte acreedora, el pago de tales gastos o de los de primas de seguro de incendios y de vida.

d) La solicitud de la parte prestataria de quita y/o espera, así como el embargo de bienes por un tercero, incluida la Hacienda Pública y la Seguridad Social.

e) El incumplimiento de lo pactado en las estipulaciones undécima y duodécima.

f) El impago de los gastos de otorgamiento y formalización y tributos que lleve consigo esta escritura hasta su inscripción en el Registro de la Propiedad, y ello pese a que los supliese el **Banco** con cargo a la cantidad consignada para prestaciones accesorias.

***"NÚMERO"* Domicilio de pago**
Para el pago de todas y cada una de las cantidades o conceptos reflejados en este documento y que haya de entregar la parte prestataria, se fija en el de la Oficina *"especificar oficina bancaria"* de este **Banco**, sita en *"domicilio del Banco"*, de forma tal que cualquier otro ingreso efectuado por mediación de cualquier otra oficina de esta entidad bancaria, no tendrá efectos liberatorios hasta tanto no se haya aceptado y contabilizado con abono a la cuenta de esta operación por la oficina fijada como domicilio de pago.

***"NÚMERO"* Garantía hipotecaria**
Para garantizar la devolución del capital prestado de *"importe del capital prestado en letra"* euros (*"importe del capital prestado en número"* €), de intereses de *"número de años de intereses del capital prestado"* años al tipo de *"tipo porcentual de interés del capital prestado en letra"* por ciento (*"tipo porcentual de interés del capital prestado en número"*%), que asciende a la suma de *"importe total de los intereses en letra"* euros (*"importe total de los intereses en número"* €), de *"importe de las prestaciones accesorias en letra"* euros (*"importe de las prestaciones accesorias en número"* €) para prestaciones accesoria, y de *"importe de gastos eventuales en letra"* euros (*"importe de gastos eventuales en número"* €) que se fijan como ampliación eventual para costas y gastos, siendo pues la total responsabilidad hipotecaria de *"importe total de la garantía hipotecaria en letra"* euros (*"importe total de la garantía hipotecaria en número"* €) y respondiendo además la parte prestataria, los cónyuges *"Don/Doña nombre y apellidos del cónyuge X"* y *"Don/Doña nombre y apellidos del cónyuge Y"*, con todos sus bienes presentes y futuros, de acuerdo con lo prevenido en el artículo 227 del Reglamento Hipotecario, constituyen hipoteca a favor del **Banco**, que la acepta, sobre la siguiente finca: *"denominación de la finca hipotecada"*.

MCM 4559 y 8705 s.

- Título: *"Título sobre la finca hipotecada"*.
- Cargas: *"cargas de la finca hipotecada"*.
- Inscripción: *"inscripción de la finca hipotecada"*.
- Referencia catastral: *"referencia catastral de la finca hipotecada"*.
- Valor a efectos de subasta: *"valor a efectos de subasta de la finca hipotecada"*.
- Valor a efectos de seguro: *"valor a efectos de seguro de la finca hipotecada"*.

La presente hipoteca se extiende a cuanto determinan los art.110 y 111 de la Ley Hipotecaria y, en virtud de pacto expreso, a todo lo demás que según dichos artículos no sería objeto de extensión si no mediase este convenio, en especial a las nuevas construcciones e instalaciones que puedan llevarse a cabo o realizarse en sucesivo sobre la finca gravada o que existiendo en la realidad no hayan sido incluido aun como obra nueva en sus respectivas descripciones, salvo que la finca hubiese pasado a un tercer poseedor y hayan sido costeadas aquellas por el nuevo dueño.

***"NÚMERO"* Seguros**

La parte deudora se obliga durante la vigencia de este contrato, a tener asegurada la finca hipotecada contra el riesgo de incendio, así como un seguro de vida, para amortización del préstamo hipotecario, en cualquier entidad aseguradora legalmente establecida en España y con solvencia a juicio del **Banco**, por un capital que fije el mismo y que no será inferior a *"capital mínimo asegurado en letra"* euros (*"capital mínimo asegurado en número"* €), consintiendo la parte prestataria, si no lo hiciere, a que lo efectúe el **Banco** por cuenta de la misma, consignándose en caso de incendio la cláusula de cesión al **Banco** de la indemnización por siniestro hasta el importe de todos los conceptos que en ese momento adeude por razón del préstamo.

La parte prestataria se obliga a acreditar el pago de las primas y a no rescindir los contratos de seguro sin autorización expresa del **Banco** y nunca mientras subsista el presente contrato.

***"NÚMERO"* Conservación de los bienes. Derecho de inspección**

La parte prestataria se obliga a conservar la finca dada en garantía con toda diligencia, y a efectuar en ella las reparaciones necesarias ordinarias y extraordinarias.

Igualmente se obliga a comunicar al **Banco** la ocurrencia de cualquier evento que menoscabe la el valor o estado de la finca.

El **Banco** se reserva el derecho de inspeccionar la finca en cualquier momento a través de persona perita en la materia, para comprobar el estado de finca y comprobar el cumplimiento de las obligaciones relativa a la misma.

***"NÚMERO"* Reclamaciones judiciales**

Vencido el préstamo por cualquier causa, para conseguir el cobro de lo que se adeuda, el **Banco** podrá ejercitar las acciones previstas en la Ley de Enjuiciamiento Civil. Para ello, los contratantes pactan expresamente:

a) El valor de la finca hipotecada que servirá de tipo en la primera subasta es el consignado en su descripción.

b) El domicilio para la parte deudora a los efectos de notificaciones, citaciones, emplazamientos y requerimientos, será el consignado en la comparecencia este documento.

c) La parte deudora confiere poder irrevocable en este acto al **Banco** para que, cuando lo precise, pueda obtener copias, incluso parciales, de esta escritura presta su consentimiento a que las segundas copias que pueda solicitar el **Banco** tengan carácter ejecutivo y así se haga constar por el notario autorizante en el pie de nota de su expedición.

d) En el proceso judicial los intereses vencidos por el capital no amortizado y no satisfechos a la fecha de la demanda, así como los que devengue la cantidad total objeto de reclamación principal por ambos conceptos desde dicha fecha hasta el día en que el pago se realice, serán reclamables al tipo de demora del *"porcentaje del tipo de demora en letra"* por ciento (*"porcentaje del tipo de demora en número"* %) fijado en la estipulación octava.

MCM 4559 y 8705 s.

e) La cantidad liquida y vencida exigible en juicio será la que refleje la contabilidad del **Banco**, acreditada conforme a lo dispuesto en la legislación vigente sobre el particular, que a la parte prestataria le ha sido explicada en este acto a su entera satisfacción, o sea, mediante acta notarial a la que se incorporará una certificación de saldo expedida por el **Banco** y en la que el fedatario dejará constancia de la conformidad de dicho saldo con el que arroja la contabilidad la citada entidad bancaria, así como que la liquidación ha sido efectuada de acuerdo con lo pactado en este contrato.

AUTORIZACIÓN Y OTORGAMIENTO:

Así lo dicen y otorgan los comparecientes, a quienes hago las reservas y advertencias legales.

En particular y a efectos fiscales advierto de las obligaciones y responsabilidades tributarias que incumben a las partes en su aspecto material, formal y sancionador, y de las consecuencias de toda índole que se derivarían de la inexactitud de sus declaraciones.

Por su elección, les leo esta escritura, la encuentran conforme y firman conmigo el notario, que doy fe de identificarles por el documento exhibido y del total contenido de este instrumento extendido en *"cantidad de folios"* folios de la serie *"serie"*, números *"número folio presente"* el presente y los *"cantidad de folios posteriores"* inmediatos posteriores correlativos.

Préstamo hipotecario a tipo de interés variable

MCM 4559 y 8705 s.

Nota preliminar:

- Ha de tenerse en cuenta que la OM 5-5-94 sobre transparencia en las **condiciones financieras** de los préstamos hipotecarios, fue derogada por la Orden EHA/2899/2011, de transparencia y protección del cliente de servicios bancarios. Cualquier referencia hecha a aquella Orden debe entenderse efectuada a esta última de 2011.

- Téngase en cuenta la Sentencia TJUE 21-12-16, que declara nulas las denominadas **"cláusulas suelo"** contenidas en los préstamos hipotecarios (este tipo de cláusulas se caracteriza por que establecen un umbral mínimo por debajo del cual no puede situarse el tipo de interés variable). Es muy relevante esta resolución ya que reconoce que los efectos restitutorios no quedan circunscritos exclusivamente a las cantidades pagadas con posterioridad a la declaración judicial de abusividad, pues tal restricción no es compatible con el Derecho de la Unión, ya que supone una protección incompleta e insuficiente del consumidor.

- Téngase presente la L 5/2019, reguladora de los **contratos de crédito inmobiliario**, cuyo objeto es establecer determinadas normas de protección de las personas físicas que sean deudores, fiadores o garantes, de préstamos que estén garantizados mediante hipoteca u otro derecho real de garantía sobre bienes inmuebles de uso residencial o cuya finalidad sea adquirir o conservar derechos de propiedad sobre terrenos o inmuebles construidos o por construir. A estos efectos se establecen las normas de transparencia que han de regir dichos contratos, el régimen jurídico de los prestamistas e intermediarios de crédito inmobiliario, incluida la obligación de llevar a cabo una evaluación de la solvencia antes de conceder el crédito, estableciéndose un régimen de supervisión y de sanción, así como las normas de conducta aplicables a la actividad de prestamistas, intermediarios de crédito inmobiliario, representantes designados y asesores (L 5/2019 art.1).

Dicha Ley **se aplica** a los contratos de préstamo concedidos por personas físicas o jurídicas que realicen dicha actividad de manera **profesional**, cuando el prestatario, el fiador o garante sea una persona física y dicho contrato tenga por **objeto**:

a) La concesión de préstamos con garantía hipotecaria u otro derecho real de garantía sobre un inmueble de uso residencial. A estos efectos, también se entenderán como inmuebles para uso residencial aquellos elementos tales como trasteros, garajes, y cualesquiera otros que sin constituir vivienda como tal cumplen una función doméstica.

b) La concesión de préstamos cuya finalidad sea adquirir o conservar derechos de propiedad sobre terrenos o inmuebles construidos o por construir, siempre que el prestatario, el fiador o garante sea un consumidor.

Se entenderá que la actividad de concesión de préstamos hipotecarios se desarrolla con **carácter profesional** cuando el prestamista, sea persona física o jurídica, intervenga en el mercado de servicios financieros con carácter empresarial o profesional o, aun de forma ocasional, con una finalidad exclusivamente inversora (L 5/2019 art.2).

- Téngase presente la modificación de la L 5/2019 art.23.6, según el cual «En caso de **novación del tipo de interés** aplicable o de **subrogación** de un tercero en los derechos del acreedor, siempre que en ambos casos suponga la aplicación durante el resto de vigencia del contrato de un tipo de interés fijo o con un primer período fijo de, al menos, 3 años, en sustitución de otro variable, la compensación o comisión por reembolso o amortización anticipada no podrá superar la pérdida financiera que pudiera sufrir el prestamista, con el límite del 0,05 por ciento del capital reembolsado anticipadamente, durante los 3 primeros años de vigencia del contrato de préstamo. Si en la novación no se produjera amortización anticipada de capital, no podrá cobrarse comisión alguna por este concepto.

Transcurridos los **tres primeros años** de vigencia del contrato de préstamo el prestamista no podrá exigir **compensación o comisión** alguna en caso de novación del tipo de interés aplicable o de subrogación de acreedor en los que se pacte la aplicación, en adelante y para el resto de la vida del préstamo, de un tipo de interés fijo o con un primer período fijo de, al menos, 3 años».

MCM 4559 y 8705 s.

Nota preliminar:

- El modelo presupone unas **circunstancias** determinadas que serán las **más frecuentes**. Si en el caso concreto existen circunstancias particulares no previstas, deberá completarse o modificarse el modelo, adaptándolo a las mismas.

- Téngase en cuenta la Instrucción DGRN 20-12-19EDL 2019/40301, sobre la actuación notarial y registral ante diversas **dudas** en la aplicación de la L 5/2019, así como el RD 309/2019, de desarrollo de la citada ley.

NÚMERO *"número de protocolo"*

En *"lugar"*, a *"fecha"*.

Ante mí, *"Don/Doña nombre y apellidos del notario"* perteneciente al colegio notarial de *"colegio notarial"* y con residencia en *"lugar donde radica la notaría"*.

COMPARECEN:

De una parte,

Los cónyuges *"Don/Doña nombre y apellidos del cónyuge X"*, de nacionalidad *"nacionalidad del cónyuge X"*, *"...con DNI/NIF número "DNI/NIF del cónyuge X" ... O ... con tarjeta de residencia número "número de tarjeta de residencia del cónyuge X" ... O ... pasaporte número "número de pasaporte del cónyuge X",, expedido el "fecha de expedición del pasaporte del cónyuge X" ... O ... "reseñar otros documentos aportados por el cónyuge X" ... "*, vigente hasta el *"fecha de vigencia de la documentación aportada por el cónyuge X"*, y *"Don/Doña nombre y apellidos del cónyuge Y"*, de nacionalidad *"nacionalidad del cónyuge Y" "...con DNI/NIF número "DNI/NIF del cónyuge Y" ... O ... con tarjeta de residencia número "número de tarjeta de residencia del cónyuge Y" ... O ... pasaporte número "número de pasaporte del cónyuge Y", expedido el "fecha de expedición del pasaporte del cónyuge Y" ... O ... "reseñar otros documentos aportados por el cónyuge Y" ... "*, vigente hasta el *"fecha de vigencia de la documentación aportada por el cónyuge Y"*, mayores de edad, con domicilio a estos efectos en *"domicilio de los cónyuges"*.

De otra parte,

"Don/Doña nombre y apellidos de la parte", mayor de edad, *"estado civil de la parte" "... "especificar el régimen económico matrimonial de la parte" ... "*, de nacionalidad *"nacionalidad de la parte"*, con domicilio a estos efectos en *"domicilio de la parte"*, *"...con DNI/NIF número "DNI/NIF de la parte"... O ... con tarjeta de residencia número "número de tarjeta de residencia de la parte" ... O ... pasaporte número "número de pasaporte de la parte", expedido el "fecha de expedición del pasaporte de la parte" ... O ... "reseñar otros documentos aportados por la parte" ... "*, vigente hasta el *"fecha de vigencia de la documentación aportada por la parte"*.

INTERVIENEN:

A. Los cónyuges *"Don/Doña nombre y apellidos del cónyuge X"* y *"Don/Doña nombre y apellidos del cónyuge Y"*, en nombre y representación propio.

B. *"Don/Doña nombre y apellidos del representante"*, en nombre y representación de la sociedad mercantil denominada *"denominación social"*, domiciliada en *"domicilio social"*, y con NIF número *"NIF de la sociedad"*, constituida, por tiempo indefinido, mediante escritura otorgada ante el notario de *"lugar de la notaría en la que se autorizó la constitución de la sociedad"*, *"Don/Doña nombre y apellidos del notario que autorizó la constitución de la sociedad"*, el *"fecha de escritura de constitución de la sociedad"*, e inscrita en el Registro Mercantil de *"datos de la inscripción registral de la sociedad (localidad del Registro Mercantil, tomo, folio, sección, hoja e inscripción)"*, en su calidad de

Si representa como cargo social:

"...administrador único ... O ... administrador solidario ... O ... consejero delegado ... O ... "especificar la representación del cargo social" ... " de la reseñada sociedad, cargo para el que fue nombrado y asegura vigente en escritura otorgada el *"fecha de escritura del nombramiento del cargo"*, ante el notario de *"lugar donde radica la notaría en la que se autorizó la escritura del nombramiento"*, *"Don/Doña nombre y apellidos del notario que autorizó la escritura del nombramiento"*, con el número *"número de protocolo del notario que autorizó la escritura del nombramiento"* de su protocolo, e inscrita en el Registro Mercantil de *"localidad del Registro Mercantil de la escritura de nombramiento"*, en el tomo y hoja arriba indicados. MCM 4559 y 8705 s.

Si representa como apoderado:

apoderado de la reseñada sociedad, según escritura de poder otorgada a su favor, en *"fecha de escritura del otorgamiento del poder"*, ante el notario de *"lugar donde radica la notaría en la que se autorizó la escritura de poder"*, *"Don/Doña nombre y apellidos del notario que autorizó la escritura de poder"*, con el número *"número de protocolo del notario que autorizó la escritura de poder"* de su protocolo *"...e inscrita en el Registro Mercantil de "localidad del Registro Mercantil de la escritura de poder" ..."*, en el tomo y hoja arriba indicados.

En adelante, el ***"Parte segunda; por ejemplo, Comprador"***.

Tienen a mi juicio los señores comparecientes, en el concepto en que respectivamente intervienen, la capacidad legal necesaria para formalizar la presente escritura de préstamo con hipoteca, y en su virtud la otorgan con sujeción a las siguientes:

Nota:

*Sobre la **distinción** entre el **préstamo y la apertura de crédito** ver, entre otras, la sentencia del* TS 27-6-89, *EDJ 6537 que, a propósito del contrato de apertura de crédito afirma lo siguiente: "como dice la Sentencia de 12 de junio de 1976 "aunque aludido en el nº 7º del art.*175 *del* Código de Comercio, *no adquirió carta de naturaleza en nuestro Ordenamiento positivo, hasta que lo introdujeron las Sentencias de esta Sala que se citan en la de 1 de marzo de 1969 y las Resoluciones de la Dirección General de los Registros de 28 de febrero de 1933 y 16 de junio de 1936 se define por la doctrina como "contrato por el cual el Banco se obliga, dentro del límite pactado y mediante una comisión que percibe del cliente, a poner a disposición de este, y a medida de sus requerimientos, sumas de dinero o a realizar otras prestaciones que le permitan obtenerlo al cliente"; concepto sustancialmente coincidente con el acogido en la Sentencia de 1 de marzo de 1969 al transcribir el art.439 del antiguo Código de Comercio para Marruecos; tal contrato, de carácter consensual y bilateral, no puede ser confundido con el contrato de préstamo regulado en el CC art.*1753 *a* 1757 *y CCom art.*311 *s., de naturaleza real, que se perfecciona por la entrega de la cosa prestada, y unilateral por cuanto de él sólo surgen obligaciones para uno de los contratantes, el prestatario".*

Resulta también interesante, por lo que se refiere a la aplicabilidad de la L 2/1994 *de **subrogación de préstamos hipotecarios** la* DGRN Resol 18-6-01.

ESTIPULACIONES:

"NÚMERO" Importe del préstamo

El **Banco** concede a los cónyuges *"Don/Doña nombre y apellidos del cónyuge X"* y *"Don/Doña nombre y apellidos del cónyuge Y"*, que aceptan, un préstamo por la cantidad de *"importe del préstamo aceptado en letra"* euros (*"importe del préstamo aceptado en número"* €), que reciben en este acto en metálico y a su entera satisfacción.

"NÚMERO" Amortización

Los cónyuges prestatarios se obligan, solidariamente, a devolver el principal del préstamo y a satisfacer los intereses pactados en la estipulación tercera, en el plazo de *"plazo devolución del préstamo"* años, a contar desde esta fecha, mediante el pago de cuotas fijas mensuales vencidas comprensivas de capital e

MCM 4559 y 8705 s.

intereses por importe de *"importe mensual del préstamo en letra"* euros (*"importe mensual del préstamo en número"* €), calculadas al tipo previsto y de conformidad con el cuadro matemático de amortización convenido por las partes. El importe de cada cuota se aplicará en primer lugar al pago de intereses y el resto a amortización de capital.

El primer vencimiento es de fecha *"fecha del primer vencimiento del préstamo"*, y el último de fecha *"fecha del último vencimiento del préstamo"*, con un número total de *"número de cuotas del pago del préstamo"* cuotas.

No obstante, la parte deudora podrá en cualquier momento anticipar total o parcialmente el pago de la cantidad adeudada e incluso efectuar en cualquier vencimiento el pago anticipado de:

1. Del capital de las cuotas más lejanas en el tiempo.

2. En el supuesto de ser expresamente solicitado por el prestatario, se aplicará:

a) Al capital de las amortizaciones más próximas en el tiempo, conservando el plazo inicialmente pactado.

b) A la disminución del capital adeudado, conservando el préstamo el plazo inicialmente previsto, y siendo en consecuencia las cuotas reducidas y recalculadas nuevamente de acuerdo con el importe de la amortización anticipada satisfecha.

La acción por el **Banco** de estos pagos totales o parciales, se supedita a que, con carácter previo, queden íntegramente satisfechos los posibles intereses pendientes de pago, y en su caso los de demora y demás suplidos, por ser estos preferenciales sobre el capital.

En estos supuestos de amortización anticipada, el **Banco** podrá aplicar la comisión establecida en la estipulación quinta sobre el principal anticipado.

"NÚMERO" **Intereses**

La suma prestada producirá en favor del **Banco**, desde esta fecha, el interés nominal del *"tipo de interés nominal del préstamo en letra"* (*"tipo de interés nominal del préstamo en número"*%) anual, devengable por días sobre la base de cálculo de 360 días/año y pagadero en la forma que se ha indicado en la estipulación segunda.

Para obtener el importe de los intereses devengados, se utiliza, a partir del interés nominal, la fórmula que a continuación se indica: *"cálculo de los intereses devengados"*.

"NÚMERO" **Tipo de interés variable**

La parte prestataria pagará el interés pactado en la estipulación precedente hasta la fecha *"fecha pactada"*, y a partir de cuyo momento el interés a pagar por aquella será revisado para su aumento o disminución, tomándose como referencia *"tipo de referencia"*.

Para el ajuste de interés, la fracción inferior a *"especificar puntos"* puntos se estimará por defecto y la igual o superior por exceso. El tipo de interés resultante será el tipo nominal a aplicar, sin decodificar, adicionando un diferencial de *"porcentaje por diferencial, en letra"* por ciento (*"porcentaje por diferencial, en número"*%) puntos.

Si se dejara de publicar en dicho Boletín la anterior referencia, el tipo de interés sustitutivo será *"tipo sustitutivo"*.

Será suficiente la simple notificación formal a la parte prestataria de la alteración del tipo de interés.

"NÚMERO" **Tabla de pagos y tipo de interés anual equivalente**

La cuota total a satisfacer por la parte prestataria a cada vencimiento será de *"importe a satisfacer en letra"* euros (*"importe a satisfacer en número"* €), conforme al cuadro de amortización convenido entre las partes y que se une al presente instrumento.

En dicho cuadro se hace constar, a efectos informativos, la forma de calcular la TAE, así como las Circulares del Banco de España sobre el particular.

MCM 4559 y 8705 s.

***"NÚMERO"* Comisiones**

Serán de cargo de la parte prestataria, y en beneficio del **Banco**, las siguientes comisiones:

1. Apertura: *"porcentaje por apertura, en letra"* por ciento (*"porcentaje por apertura, en número"*%) sobre el principal prestado, y pagadera de una sola vez en el momento de realizar la disposición de capital. Mínimo: *"cantidad mínima, en letra"* euros (*"cantidad mínima, en número"* €).

2. Amortización (total o parcial) anticipada: *"porcentaje por amortización, en letra"* por ciento (*"porcentaje por amortización, en número"* %) sobre el principal anticipado, pagadera en el momento de hacer efectiva la amortización.

Nota:

*Téngase en cuenta que el RDL 2/2003 disp.adic.única, establece que en las **subrogaciones** que se produzcan en los préstamos hipotecarios a interés variable concertados a partir de su entrada en vigor, y aunque no conste en los mismos la posibilidad de amortización anticipada, la cantidad a percibir por la entidad acreedora en concepto de **comisión** por la **amortización anticipada** de su crédito se calculará sobre el capital pendiente de amortizar, de conformidad con las siguientes reglas: 1.º Cuando se haya pactado amortización anticipada sin fijar comisión, no habrá derecho a percibir cantidad alguna por este concepto. 2.º Si se hubiese pactado una comisión de amortización anticipada igual o inferior al 0,50 por ciento, la comisión a percibir será la pactada. 3.º En los demás casos, la entidad acreedora solamente podrá percibir por comisión de amortización anticipada el 0,50 por ciento, cualquiera que sea la que se hubiere pactado. No obstante, si la entidad acreedora demuestra la existencia de un **daño económico** que no implique la sola pérdida de ganancias, producido de forma directa como consecuencia de la amortización anticipada, podrá reclamar aquél. La alegación del daño por la acreedora no impedirá la realización de la subrogación, si concurren las circunstancias establecidas en la presente Ley, y sólo dará lugar a que se indemnice, en su momento, la cantidad que corresponda por el daño producido.*

3. Por reclamación de recibos de préstamos vencidos: *"cantidad por recibo vencido, en letra"* euros (*"cantidad por recibo vencido, en número"* €) por recibo vencido.

4. Por subrogación: *"porcentaje por subrogación, en letra"* por ciento (*"porcentaje por subrogación, en número"* %) sobre el principal subrogado.

Nota:

*- Téngase presente la modificación de la L 5/2019 art.23.6, según el cual «En caso de **novación del tipo de interés** aplicable o de **subrogación** de un tercero en los derechos del acreedor, siempre que en ambos casos suponga la aplicación durante el resto de vigencia del contrato de un tipo de interés fijo o con un primer período fijo de, al menos, 3 años, en sustitución de otro variable, la compensación o comisión por reembolso o amortización anticipada no podrá superar la pérdida financiera que pudiera sufrir el prestamista, con el límite del 0,05 por ciento del capital reembolsado anticipadamente, durante los 3 primeros años de vigencia del contrato de préstamo. Si en la novación no se produjera amortización anticipada de capital, no podrá cobrarse comisión alguna por este concepto.*

*Transcurridos los **tres primeros años** de vigencia del contrato de préstamo el prestamista no podrá exigir **compensación o comisión** alguna en caso de novación del tipo de interés aplicable o de subrogación de acreedor en los que se pacte la aplicación, en adelante y para el resto de la vida del préstamo, de un tipo de interés fijo o con un primer período fijo de, al menos, 3 años».*

"...5. "otras comisiones". ..."

***"NÚMERO"* Gastos**

Serán de cuenta exclusiva de la parte deudora todos cuantos arbitrios, impuestos o gastos graven la finca o puedan crearse durante la vigencia de este contrato, así como los gastos, tales como tasación, aranceles notariales y registrales de la constitución, modificación o cancelación de la hipoteca, los derivados de la tramitación de la escritura ante el Registro de la Propiedad y tributos ocasionados por esté escritura hasta su total inscripción en el citado Registro, e incluso los que puedan girarse después con carácter complementario, y las primas derivadas por el pago de la pólizas de seguro contra incendios y de vida, cuyos conceptos podrá satisfacer el banco por cuenta de la parte prestataria si esta no lo hiciere, garantizándose tales sumas con la cantidad consignada en la estipulación undécima para prestaciones accesorias.

MCM 4559 y 8705 s.

Igualmente serán de cuenta de la parte deudora, los gastos de cancelación de la hipoteca y todos cuantos se produzcan al **Banco** si para conseguir la efectividad del pago de lo adeudado hubiese de ejercitarse cualquier tipo de acción y procedimiento judicial, incluidos los honorarios de abogado y procurador, aun cuando su intervención fuese voluntaria y no preceptiva.

"NÚMERO" **Intereses de demora**

Sin perjuicio de lo establecido en la estipulación novena, las cantidades por cuotas comprensivas de capital e intereses que no sean satisfechas por la parte prestataria a su vencimiento, devengarán desde dicho vencimiento en favor del **Banco** el interés de demora del *"interés de demora en letra"* por ciento (*"interés de demora en número"*%) anual, sin necesidad de requerimiento alguno y pagadero en su caso al hacerse efectivo cualquier concepto vencido e impagado, gozando este devengo de preferencia sobre los demás.

Si resultase que el interés de demora fuera inferior al interés ordinario revisado, se aplicará entonces este.

"NÚMERO" **Resolución anticipada**

Pese al plazo inicialmente pactado para este contrato, el **Banco** podrá declarar vencida la obligación y proceder contra la finca hipotecada, y simultáneamente contra la parte prestataria si se incumplieran por la misma cualquiera de las obligaciones contraídas en este documento y, especialmente, en los siguientes casos:

a) Si a juicio de perito que designe el **Banco**, el inmueble se depreciara en un *"depreciación del inmueble en porcentaje"* del valor asignado en escritura, y la parte deudora no aumentara la garantía a satisfacción y requerimiento de la parte acreedora.

b) La falta de pago a su vencimiento de *"número de cuotas impagadas"* cuota/s.

c) La falta de pago por el hipotecante del impuesto de bienes inmuebles, así como sus recargos, en su caso, establecidos o que se establezcan por el Estado, la Comunidad autónoma, municipio o provincia, sobre la finca hipotecada, o se negare a justificar, a requerimiento de la parte acreedora, el pago de tales gastos o de los de primas de seguro de incendios y de vida.

d) La solicitud de quita y/o espera, así como el embargo de bienes por un tercero, incluida la Hacienda Pública y la Seguridad Social.

e) El incumplimiento de lo pactado en las estipulaciones undécima y duodécima.

f) El impago de los gastos de otorgamiento y formalización y tributos que lleve consigo esta escritura hasta su inscripción en el Registro de la Propiedad, y ello pese a que los supliese el **Banco** con cargo a la cantidad consignada para prestaciones accesorias.

"NÚMERO" **Domicilio de pago**

Para el pago de todas y cada una de las cantidades o conceptos reflejados en este documento y que haya de entregar la parte prestataria, se fija en el de la Oficina *"especificar oficina bancaria"* de este **Banco**, sita en *"domicilio del Banco"*, de forma tal que cualquier otro ingreso efectuado por mediación de cualquier otra oficina de esta entidad bancaria, no tendrá efectos liberatorios hasta tanto no se haya aceptado y contabilizado con abono a la cuenta de esta operación por la oficina fijada como domicilio de pago.

"NÚMERO" **Garantía hipotecaria**

Para garantizar la devolución del capital prestado de *"importe del capital prestado en letra"* euros (*"importe del capital prestado en número"* €), de intereses de *"número de años de intereses del capital prestado"* años al tipo de *"tipo porcentual de interés del capital prestado en letra"* por ciento (*"tipo porcentual de interés del capital prestado en número"*%), que asciende a la suma de *"importe total de los intereses en letra"* euros (*"importe total de los intereses en número"* €), de *"importe de las prestaciones accesorias en letra"* euros (*"importe de las prestaciones accesorias en número"* €) para prestaciones accesoria, y de *"importe de gastos eventuales en letra"* euros (*"importe de gastos eventuales en número"* €) que se fijan como ampliación eventual para costas y gastos, siendo pues la total responsabilidad hipotecaria de *"importe total de la garantía hipotecaria en letra"* euros (*"importe total de la garantía hipotecaria en número"* €) y respondiendo además la parte prestataria, los cónyuges *"Don/Doña nombre y apellidos del cónyuge X"* y *"Don/Doña nombre y apellidos del cónyuge Y"*, con todos sus bienes presentes y futuros, de acuerdo con lo prevenido en el artículo 227 del Reglamento Hipotecario, constituyen hipoteca a favor del **Banco**, que la acepta, sobre la siguiente finca: *"denominación de la finca hipotecada"*. MCM 4559 y 8705 s.

- Título: *"Título sobre la finca hipotecada"*.

- Cargas: *"cargas de la finca hipotecada"*.

- Inscripción: *"inscripción de la finca hipotecada"*.

- Referencia catastral: *"referencia catastral de la finca hipotecada"*.

- Valor a efectos de subasta: *"valor a efectos de subasta de la finca hipotecada"*.

- Valor a efectos de seguro: *"valor a efectos de seguro de la finca hipotecada"*.

La presente hipoteca se extiende a cuanto determinan los art.110 y 111 de la Ley Hipotecaria y, en virtud de pacto expreso, a todo lo demás que según dichos artículos no sería objeto de extensión si no mediase este convenio, en especial a las nuevas construcciones e instalaciones que puedan llevarse a cabo o realizarse en sucesivo sobre la finca gravada o que existiendo en la realidad no hayan sido incluido aun como obra nueva en sus respectivas descripciones, salvo que la finca hubiese pasado a un tercer poseedor y hayan sido costeadas aquellas por el nuevo dueño.

***"NÚMERO"* Seguros**

La parte deudora se obliga durante la vigencia de este contrato, a tener asegurada la finca hipotecada contra el riesgo de incendio, así como un seguro de vida, para amortización del préstamo hipotecario, en cualquier entidad aseguradora legalmente establecida en España y con solvencia a juicio del **Banco**, por un capital que fije el mismo y que no será inferior a *"capital mínimo asegurado en letra"* euros (*"capital mínimo asegurado en número"* €), consintiendo la parte prestataria, si no lo hiciere, a que lo efectúe el **Banco** por cuenta de la misma, consignándose en caso de incendio la cláusula de cesión al **Banco** de la indemnización por siniestro hasta el importe de todos los conceptos que en ese momento adeude por razón del préstamo.

La parte prestataria se obliga a acreditar el pago de las primas y a no rescindir los contratos de seguro sin autorización expresa del **Banco** y nunca mientras subsista el presente contrato.

***"NÚMERO"* Conservación de los bienes. Derecho de inspección**

La parte prestataria se obliga a conservar la finca dada en garantía con toda diligencia, y a efectuar en ella las reparaciones necesarias ordinarias y extraordinarias.

Igualmente se obliga a comunicar al **Banco** la ocurrencia de cualquier evento que menoscabe la el valor o estado de la finca.

El **Banco** se reserva el derecho de inspeccionar la finca en cualquier momento a través de persona perita en la materia, para comprobar el estado de finca y comprobar el cumplimiento de las obligaciones relativa a la misma.

***"NÚMERO"* Reclamaciones judiciales**

Vencido el préstamo por cualquier causa, para conseguir el cobro de lo que se adeuda, el **Banco** podrá ejercitar las acciones previstas en la Ley de Enjuiciamiento Civil. Para ello, los contratantes pactan expresamente:

a) El valor de la finca hipotecada que servirá de tipo en la primera subasta es el consignado en su descripción.

MCM 4559 y 8705 s.

b) El domicilio para la parte deudora a los efectos de notificaciones, citaciones, emplazamientos y requerimientos, será el consignado en la comparecencia este documento.

c) La parte deudora confiere poder irrevocable en este acto al **Banco** para que, cuando lo precise, pueda obtener copias, incluso parciales, de esta escritura presta su consentimiento a que las segundas copias que pueda solicitar el **Banco** tengan carácter ejecutivo y así se haga constar por el notario autorizante en el pie de nota de su expedición.

d) En el proceso judicial los intereses vencidos por el capital no amortizado y no satisfechos a la fecha de la demanda, así como los que devengue la cantidad total objeto de reclamación principal por ambos conceptos desde dicha fecha hasta el día en que el pago se realice, serán reclamables al tipo de demora del *"porcentaje del tipo de demora en letra"* por ciento (*"porcentaje del tipo de demora en número"* %) fijado en la estipulación octava.

e) La cantidad liquida y vencida exigible en juicio será la que refleje la contabilidad del **Banco**, acreditada conforme a lo dispuesto en la legislación vigente sobre el particular, que a la parte prestataria le ha sido explicada en este acto a su entera satisfacción, o sea, mediante acta notarial a la que se incorporará una certificación de saldo expedida por el **Banco** y en la que el fedatario dejará constancia de la conformidad de dicho saldo con el que arroja la contabilidad la citada entidad bancaria, así como que la liquidación ha sido efectuada de acuerdo con lo pactado en este contrato.

AUTORIZACIÓN Y OTORGAMIENTO:

Así lo dicen y otorgan los comparecientes, a quienes hago las reservas y advertencias legales.

En particular y a efectos fiscales advierto de las obligaciones y responsabilidades tributarias que incumben a las partes en su aspecto material, formal y sancionador, y de las consecuencias de toda índole que se derivarían de la inexactitud de sus declaraciones.

Por su elección, les leo esta escritura, la encuentran conforme y firman conmigo el notario, que doy fe de identificarles por el documento exhibido y del total contenido de este instrumento extendido en *"cantidad de folios"* folios de la serie *"serie"*, números *"número folio presente"* el presente y los *"cantidad de folios posteriores"* inmediatos posteriores correlativos.

Oferta vinculante al deudor notificada a la entidad acreedora

MCM 4559 y 8802

L 2/1994 art.2

Nota preliminar:

- El deudor puede **subrogar a otra entidad financiera** sin el consentimiento de la entidad acreedora, cuando para pagar la deuda haya tomado prestado el dinero de aquélla por escritura pública, haciendo constar su propósito en ella, conforme a lo dispuesto en el CC art.1211. La entidad que esté dispuesta a subrogarse ha de presentar al deudor una oferta vinculante en la que constarán las condiciones financieras del nuevo préstamo hipotecario. La **aceptación** de la oferta por el deudor implica su autorización para que la oferente se la notifique a la entidad acreedora y la requiera para que le entregue, en el plazo máximo de siete días naturales, certificación del importe del débito del deudor por el préstamo hipotecario en que se ha de subrogar. Entregada la **certificación**, la entidad acreedora tiene derecho a enervar la subrogación si en el plazo máximo de quince días naturales a contar desde dicha entrega, formaliza con el deudor novación modificativa del préstamo hipotecario. En caso contrario, para que la subrogación surta efectos, bastará que la entidad subrogada declare en la misma escritura haber pagado a la acreedora la cantidad acreditada por ésta, por capital pendiente e intereses y comisión devengados y no satisfechos. Se incorporará a la escritura un resguardo de la operación bancaria realizada con tal finalidad solutoria.

- La **certificación** debe ser entregada con carácter obligatorio en el plazo máximo de siete días naturales por parte de la entidad acreedora. Entregada la certificación y durante los quince días naturales siguientes a esa fecha, la entidad acreedora podrá ofrecer al deudor una modificación de las condiciones de su préstamo, en los términos que estime convenientes. Durante ese plazo no podrá formalizarse la subrogación.

Transcurrido el **plazo** de quince días sin que el deudor haya formalizado con la entidad acreedora la novación modificativa del préstamo o crédito hipotecario, podrá otorgarse la escritura de subrogación.

- El modelo presupone unas **circunstancias** determinadas que serán las **más frecuentes**. Si en el caso concreto existen circunstancias particulares no previstas, deberá completarse o modificarse el modelo, adaptándolo a las mismas.

Entidad: *"denominación de la Entidad"*

Muy señores nuestros:

En interés de *"Don/Doña nombre y apellidos del titular"*, titular (o subrogado) en el préstamo hipotecario núm. *"número de préstamo"* que Vds. concedieron con garantía de la finca núm. *"número de la finca"* del Registro de la Propiedad núm. *"número del Registro de la Propiedad"* de *"lugar del Registro de la Propiedad"*, les notificamos la oferta vinculante que, con una validez de *"plazo de validez"* días (no inferior a 10 días), hemos presentado al deudor, el cual la suscribe en prueba de conformidad, para la subrogación que autoriza la Ley 2/1994, de 30 de marzo, bajo las siguientes

NUEVAS CONDICIONES FINANCIERAS:

- Interés ordinario nominal anual desde la subrogación y *"...hasta la nueva revisión ... O ... hasta el final del plazo ..."*.

>>

○ **En caso de interés variable:**

Tope máximo del tipo de interés porcentual a efectos hipotecarios: *"tope máximo"*.

Tope mínimo del tipo de interés porcentual a efectos hipotecarios *"tope mínimo"*.

<<

- Tasa anual equivalente (TAE): *"especificar TAE"*.

- Interés de demora nominal anual: *"interés de demora"*.

>>

○ **En caso de interés variable:**

Diferencial: *"especificar diferencial"*.

Índice de referencia básico de la nueva cláusula de interés variable: *"índice de referencia básico"*.

Índice de referencia sustitutivo: *"índice de referencia sustitutivo"*.

Plazo de la nueva revisión: *"fecha de la nueva revisión"*.

Periodicidad de las siguientes: *"especificar periodos posteriores"*.

<<

- Gastos a cargo del deudor (alternativos, o bien compatibles con la comisión que sigue): *"comisión"*.

- Tipo de comisión de subrogación, apertura o estudio, bajo un solo concepto: *"tipo de comisión"*.

- Coste efectivo del período remanente del préstamo objeto de subrogación: *"coste efectivo"*.

De conformidad con lo previsto en el art.2 de la antes citada Ley, les requerimos para que, en el plazo máximo de siete días, nos entreguen certificación del importe del débito del deudor por el préstamo hipotecario objeto de subrogación.

Atentamente,

En prueba de conformidad

ENTIDAD DE CRÉDITO SUBROGANTE **DEUDOR**

REPRESENTANTE ENTIDAD

750

Subrogación en préstamo hipotecario

MCM 4559 y 8800

Nota preliminar:

- El deudor puede **subrogar a otra entidad financiera** sin el consentimiento de la entidad acreedora, cuando para pagar la deuda haya tomado prestado el dinero de aquélla por escritura pública, haciendo constar su propósito en ella, conforme a lo dispuesto en el CC art.1211. La entidad que esté dispuesta a subrogarse ha de presentar al deudor una oferta vinculante en la que constarán las condiciones financieras del nuevo préstamo hipotecario. La **aceptación** de la oferta por el deudor implica su autorización para que la oferente se la notifique a la entidad acreedora y la requiera para que le entregue, en el plazo máximo de siete días naturales, certificación del importe del débito del deudor por el préstamo hipotecario en que se ha de subrogar. Entregada la **certificación**, la entidad acreedora tiene derecho a enervar la subrogación si en el plazo máximo de quince días naturales a contar desde dicha entrega, formaliza con el deudor novación modificativa del préstamo hipotecario. En caso contrario, para que la subrogación surta efectos, bastará que la entidad subrogada declare en la misma escritura haber pagado a la acreedora la cantidad acreditada por ésta, por capital pendiente e intereses y comisión devengados y no satisfechos. Se incorporará a la escritura un resguardo de la operación bancaria realizada con tal finalidad solutoria. L 2/1994 art.2

En ningún caso tendrá derecho la entidad acreedora a **rechazar el pago**. No obstante, si el pago aún no se hubiera efectuado porque la entidad acreedora no hubiese comunicado la cantidad acreditada o se negase por cualquier causa a admitir su pago, bastará con que la entidad subrogada la calcule, bajo su responsabilidad y asumiendo las consecuencias de su error, que no serán repercutibles al deudor, y, tras manifestarlo, deposite dicha suma en poder del notario autorizante de la escritura de subrogación, a disposición de la entidad acreedora. A tal fin, el notario notificará de oficio a la entidad acreedora, mediante la remisión de copia autorizada de la escritura de subrogación, pudiendo aquélla alegar error en la misma forma, dentro de los ocho días siguientes.

En este caso, y sin perjuicio de que la subrogación surta todos sus efectos, el juez que fuese competente para entender del procedimiento de ejecución, a petición de la entidad acreedora o de la entidad subrogada, citará a estas, dentro del término de 8 días, a una **comparecencia**, y, después de oírlas, admitirá los documentos que se presenten, y acordará, dentro de los 3 días, lo que estime procedente. El **auto** que dicte será **apelable** en un solo efecto, y el recurso se sustanciará por los trámites de apelación de los incidentes.

- Téngase en cuenta la Sentencia TJUE 21-12-16, que declara nulas las denominadas **"cláusulas suelo"** contenidas en los préstamos hipotecarios (este tipo de cláusulas se caracteriza por que establecen un umbral mínimo por debajo del cual no puede situarse el tipo de interés variable). Es muy relevante esta resolución ya que reconoce que los efectos restitutorios no quedan circunscritos exclusivamente a las cantidades pagadas con posterioridad a la declaración judicial de abusividad, pues tal restricción no es compatible con el Derecho de la Unión, ya que supone una protección incompleta e insuficiente del consumidor.

- Cuando se novó la cláusula, los prestatarios conocían la existencia de la cláusula suelo, que era potencialmente nula por falta de transparencia, la incidencia que había tenido en su préstamo, y la incidencia que tendría la nueva cláusula suelo en su préstamo, cuyo interés nunca bajaría del 2,75%. Todas estas circunstancias, tomadas en consideración conjuntamente, se consideran adecuadas para que el consumidor pueda valorar qué trascendencia tiene la reducción del suelo hasta el 2,75% en su **préstamo hipotecario**, por lo que hemos de concluir que la cláusula novatoria cumplía con las exigencias de transparencia (TS 30-3-22, EDJ 533950).

- El modelo presupone unas **circunstancias** determinadas que serán las **más frecuentes**. Si en el caso concreto existen circunstancias particulares no previstas, deberá completarse o modificarse el modelo, adaptándolo a las mismas.

750

MCM 4559 y 8800

NÚMERO *"número de protocolo"*
En *"lugar"*, a *"fecha"*.
Ante mí, *"Don/Doña nombre y apellidos del notario"* perteneciente al colegio notarial de *"colegio notarial"* y con residencia en *"lugar donde radica la notaría"*.

COMPARECEN:

L 2/1994 art.2

De una parte,
"Don/Doña nombre y apellidos de la parte", mayor de edad, *"estado civil de la parte" "... "especificar el régimen económico matrimonial de la parte" ..."*, de nacionalidad *"nacionalidad de la parte"*, con domicilio a estos efectos en *"domicilio de la parte"*, *"...con DNI/NIF número "DNI/NIF de la parte" ... O ... con tarjeta de residencia número "número de tarjeta de residencia de la parte" ... O ... pasaporte número "número de pasaporte de la parte", expedido el "fecha de expedición del pasaporte de la parte" ... O ... "reseñar otros documentos aportados por la parte" ..."*, vigente hasta el *"fecha de vigencia de la documentación aportada por la parte"*.

De otra parte,
"Don/Doña nombre y apellidos de la parte", mayor de edad, *"estado civil de la parte" "... "especificar el régimen económico matrimonial de la parte" ..."*, de nacionalidad *"nacionalidad de la parte"*, con domicilio a estos efectos en *"domicilio de la parte"*, *"...con DNI/NIF número "DNI/NIF de la parte"... O ... con tarjeta de residencia número "número de tarjeta de residencia de la parte" ... O ... pasaporte número "número de pasaporte de la parte", expedido el "fecha de expedición del pasaporte de la parte"... O ... "reseñar otros documentos aportados por la parte" ..."*, vigente hasta el *"fecha de vigencia de la documentación aportada por la parte"*.

INTERVIENEN:

A. *"Don/Doña nombre y apellidos del deudor A"* y *"Don/Doña nombre y apellidos del deudor B"*, en nombre y representación propio.

En adelante, la **Parte deudora**.

B. *"Don/Doña nombre y apellidos del representante"*, en nombre y representación de la sociedad mercantil denominada *"denominación social"*, domiciliada en *"domicilio social"*, y con NIF número *"NIF de la sociedad"*, constituida, por tiempo indefinido, mediante escritura otorgada ante el notario de *"lugar de la notaría en la que se autorizó la constitución de la sociedad"*, *"Don/Doña nombre y apellidos del notario que autorizó la constitución de la sociedad"*, el *"fecha de escritura de constitución de la sociedad"*, e inscrita en el Registro Mercantil de *"datos de la inscripción registral de la sociedad (localidad del Registro Mercantil, tomo, folio, sección, hoja e inscripción)"*, en su calidad de

➤➤

○ **Si representa como cargo social:**
"...administrador único ... O ... administrador solidario ... O ... consejero delegado ... O ... "especificar la representación del cargo social" ... " de la reseñada sociedad, cargo para el que fue nombrado y asegura vigente en escritura otorgada el *"fecha de escritura del nombramiento del cargo"*, ante el notario de *"lugar donde radica la notaría en la que se autorizó la escritura del nombramiento"*, *"Don/Doña nombre y apellidos del notario que autorizó la escritura del nombramiento"*, con el número *"número de protocolo del notario que autorizó la escritura del nombramiento"* de su protocolo, e inscrita en el Registro Mercantil de *"localidad del Registro Mercantil de la escritura de nombramiento"*, en el tomo y hoja arriba indicados.

○ **Si representa como apoderado:**

apoderado de la reseñada sociedad, según escritura de poder otorgada a su favor, en *"fecha de escritura del otorgamiento del poder"*, ante el notario de *"lugar donde radica la notaría en la que se autorizó la escritura de poder"*, *"Don/Doña nombre y apellidos del notario que autorizó la escritura de poder"*, con el número *"número de protocolo del notario que autorizó la escritura de poder"* de su protocolo *"...e inscrita en el Registro Mercantil de "localidad del Registro Mercantil de la escritura de poder" ..."*, en el tomo y hoja arriba indicados.

MCM 4559 y 8800

≺≺

En adelante, **la entidad subrogada**.

L 2/1994 art.2

Tienen, a mi juicio, en el concepto en que intervienen, capacidad para el otorgamiento de la presente escritura de subrogación de préstamo con garantía hipotecaria.

EXPONEN:

I. En virtud de escritura autorizada por el notario de *"lugar del notario que autorizó la escritura"*, *"Don/Doña nombre y apellidos del notario que autorizó la escritura"*, en fecha *"fecha de autorización de la escritura"*, número de protocolo *"número de protocolo del notario que autorizó la escritura"*, una copia simple de la cual se unirá a la presente, la entidad financiera *"indicar Banco o Caja"* concedió a la Parte deudora un préstamo por un capital de *"cantidad por préstamo, en letra"* euros (*"cantidad por préstamo, en número"* €), al interés variable inicial (o fijo) del *"interés porcentual"* por 100 anual, por el plazo de *"periodo de vigencia del préstamo"*, *"...y sujeto a las variaciones previstas en la citada escritura... O... sin variaciones..."*.

En garantía del capital de dicho préstamo, del pago de sus intereses ordinarios, por el plazo de *"periodo de vigencia del préstamo"* años, *"...al tipo del que resulte de las variaciones pactadas, al alza o a la baja, hasta el tope máximo de "tope máximo" por ciento anual y con el tope mínimo de "tope mínimo" por ciento anual... O... al tipo del "porcentaje por intereses de demora" por ciento anual; de los intereses de demora, por el plazo de "plazo por intereses de demora" años... O... al tipo del que resulte de adicionar "especificar puntos" puntos porcentuales al interés ordinario, y hasta el tope máximo del "tope máximo" por ciento anual y con el tope mínimo del "tope mínimo" por ciento anual... O... al tipo del "tipo anual" por ciento anual..."*, así como de la cantidad de *"cantidad por costas, en letra"* euros (*"cantidad por costas, en número"* €), que se señala para costas y gastos, la **Parte deudora** constituye hipoteca sobre la siguiente finca: *"descripción de la finca según la nota simple del Registro de la Propiedad"*.

- Descripción de cargas: *"cargas de la finca hipotecada"*.
- Inscripción: *"inscripción de la finca hipotecada"*.
- Estado arrendaticio: *"condiciones arrendaticias"*.

II. A solicitud de la **Parte deudora**, la **Entidad subrogada** le presentó Oferta vinculante con nuevas condiciones financieras, que se notificó conjuntamente a la primera Entidad acreedora, requiriéndole la entrega de certificación del débito; recibida esta y transcurrido el plazo de quince días desde tal recepción, sin que aquélla haya formalizado novación modificativa con la **Parte deudora**, se han cumplido los distintos y necesarios pasos del procedimiento subrogatorio para culminarlo con el otorgamiento de la presente escritura.

ESTIPULACIONES:

PRIMERA. Subrogación

La **Parte deudora**, en calidad de tal y desde su posición deudora del préstamo hipotecario objeto de esta escritura, al amparo de lo establecido en el art.2 de la Ley 2/1994, de 30 de junio, subroga a la **Entidad subrogada** en la posición acreedora del mismo, que hasta la fecha ostentaba el *"indicar el Banco o Caja entidad subrogante"*.

De esta suerte la **Parte deudora** vendrá a serlo ahora de la **Entidad subrogada**.

SEGUNDA. Carta de pago del débito

MCM 4559 y 8800

El importe total del débito, ascendente a *"importe del débito, en letra"* euros (*"importe del débito, en número"* €), según la certificación del mismo, entregada por la entidad subrogante y que se incorpora a este protocolo, a continuación de su matriz, *"...que incluye la comisión por amortización anticipada, ascendente a "comisión por amortización, en letra" euros ("comisión por amortización, en número" €), ..."* ha sido transferido en el día de hoy, *"...juntamente con la comisión citada, ..."* por la **Entidad subrogada** a la entidad subrogante y el pertinente resguardo también es objeto de incorporación a este protocolo.

L 2/1994 art.2

✍ **Nota:**

Téngase en cuenta que, tras la modificación de la L 2/1994 art.2 por el RDL 19/2022, entregada la certificación, la entidad acreedora tendrá derecho a ***enervar la subrogación*** *si en el plazo máximo de 15 días naturales a contar desde dicha entrega, formaliza con el deudor novación modificativa del préstamo hipotecario.*

En caso contrario, para que la ***subrogación surta efectos****, bastará que la entidad subrogada declare en la misma escritura haber pagado a la acreedora la cantidad acreditada por ésta, por capital pendiente e intereses y comisión devengados y no satisfechos. Se incorporará a la escritura un resguardo de la operación bancaria realizada con tal finalidad solutoria.*

En ningún caso tendrá derecho la entidad acreedora a ***rechazar el pago****. No obstante, si el pago aún no se hubiera efectuado porque la entidad acreedora no hubiese comunicado la cantidad acreditada o se negase por cualquier causa a admitir su pago, bastará con que la entidad subrogada la calcule, bajo su responsabilidad y asumiendo las consecuencias de su error, que no serán repercutibles al deudor, y, tras manifestarlo, deposite dicha suma en poder del notario autorizante de la escritura de subrogación, a disposición de la entidad acreedora. A tal fin, el notario notificará de oficio a la entidad acreedora, mediante la remisión de copia autorizada de la escritura de subrogación, pudiendo aquélla alegar error en la misma forma, dentro de los ocho días siguientes.*

En este caso, y sin perjuicio de que la subrogación surta todos sus efectos, el juez que fuese competente para entender del procedimiento de ejecución, a petición de la entidad acreedora o de la entidad subrogada, citará a éstas, dentro del término de 8 días, a una ***comparecencia****, y, después de oírlas, admitirá los documentos que se presenten, y acordará, dentro de los 3 días, lo que estime procedente. El* ***auto*** *que dicte será* ***apelable*** *en un solo efecto, y el recurso se sustanciará por los trámites de apelación de los incidentes.*

➤➤

❍ **En caso de que la entidad subrogante no enerve la subrogación, según el art.2 L 2/1994:**

➤

❍ OPCIÓN A:

En caso de que la entidad subrogante o acreedora no enerve la subrogación, tal y como prevé el art. 2 de la Ley 2/1994, la entidad subrogada declara en esta escritura haber pagado a aquella la cantidad acreditada por capital pendiente e intereses y comisión devengados y no satisfechos, incorporándose a esta escritura resguardo de la operación bancaria realizada con finalidad solutoria.

❍ OPCIÓN B:

En el supuesto de que el pago aún no se hubiera efectuado debido a que la entidad subrogante no hubiere comunicado la cantidad acreditada o se negase por cualquier causa a admitir su pago, la entidad subrogada, acogiéndose a la facultad que tiene de acuerdo con el art. 2 de la Ley 2/1994, procede a depositar ante el Notario, bajo su responsabilidad y asumiendo las consecuencias de su error, que no serán repercutibles al deudor, a disposición de la entidad acreedora. El notario notificará a la entidad subrogante, mediante la remisión de copia autorizada de la escritura de subrogación, pudiendo aquélla alegar error en la misma forma, dentro de los ocho días siguientes.

➤➤

MCM 4559 y 8800

TERCERA. Nuevas y mejoradas condiciones financieras

Las nuevas condiciones financieras del tipo de interés que se establecen y que la **Parte deudora** reconoce de forma expresa como más favorables y mejores que las pactadas anteriormente, son las siguientes:

❑ **En caso de tipo fijo:**

El nuevo tipo de interés ordinario, que será invariable para todo el plazo del préstamo, se reduce al *"porcentaje por interés ordinario"* por ciento anual.

El nuevo tipo de interés de demora, que también será invariable durante todo el plazo del préstamo, se reduce al *"porcentaje por interés de demora"* por ciento anual. L 2/1994 art.2

❑ **En caso de tipo variable:**

Se rebaja y establece el tipo de interés ordinario, inalterable desde *"fecha inicial"* y hasta *"fecha final"* en el *"porcentaje reducido del tipo ordinario"* por ciento anual.

Plazo de la nueva revisión *"fecha de la nueva revisión"*.

Periodicidad de las siguientes: *"especificar periodos posteriores"*.

❑ **En caso de pasar de tipo fijo a tipo variable:**

Se establece nueva cláusula de interés variable del siguiente tenor *"describir la nueva cláusula"*.

Con las siguientes referencias.

- Básica: *"referencia básica"*.

- Sustitutiva: *"referencia sustitutiva"*.

- y el siguiente o los siguientes diferenciales *"nuevos diferenciales"* (para añadir al tipo de referencia y obtener el interés aplicable).

- Plazo de la nueva revisión: *"fecha de la nueva revisión por cambio de tipo"*.

- Periodicidad de las siguientes: *"especificar periodos posteriores por cambio de tipo"*.

- Fórmula aritmética de cálculo de las cuotas de interés tanto en el período de carencia como en el de amortización de capital *"fórmula"*.

- El tipo de interés de demora se conecta al ordinario y será, en cada momento, el equivalente a este más *"especificar puntos porcentuales"* puntos porcentuales.

CUARTA. Comisión de subrogación

Con objeto de cubrir los gastos producidos por la obtención y estudio de la tasación pericial, la nota de examen del Registro de la Propiedad y los servicios de caja y tramitación de la subrogación, se establece la Comisión de subrogación, que se devenga una sola vez y al porcentaje del *"porcentaje por comisión de subrogación"* por ciento y se aplica por la **Entidad subrogada** en este acto, percibiendo esta, de la **Parte deudora**, en tal concepto, la suma de *"cantidad por comisión de subrogación, en letra"* euros (*"cantidad por comisión de subrogación, en número"* €).

 **Nota:**

*- Téngase presente la modificación de la L 5/2019 art.23.6, según el cual «En caso de **novación del tipo de interés** aplicable o de **subrogación** de un tercero en los derechos del acreedor, siempre que en ambos casos suponga la aplicación durante el resto de vigencia del contrato de un tipo de interés fijo o con un primer período fijo de, al menos, 3 años, en sustitución de otro variable, la compensación o comisión por reembolso o amortización anticipada no podrá superar la pérdida financiera que pudiera sufrir el prestamista, con el límite del 0,05 por ciento del capital reembolsado anticipadamente, durante los 3 primeros años de vigencia del contrato de préstamo. Si en la novación no se produjera amortización anticipada de capital, no podrá cobrarse comisión alguna por este concepto.*

*Transcurridos los **tres primeros años** de vigencia del contrato de préstamo el prestamista no podrá exigir **compensación o comisión** alguna en caso de novación del tipo de interés aplicable o de subrogación de acreedor en los que se pacte la aplicación, en adelante y para el resto de la vida del préstamo, de un tipo de interés fijo o con un primer período fijo de, al menos, 3 años».*

QUINTA. Pacto de mantenimiento

Ambas partes pactan el mantenimiento de los demás pactos y condiciones del contrato de préstamo hipotecario, que, con las salvedades anteriores, permanecerá inalterado y vigente por todo el plazo de su duración.

Lógicamente, se mantendrá en toda su integridad la garantía hipotecaria del contrato, con las lógicas salvedades de las modificaciones del tipo de interés ordinario, que se reduce (cuando es fijo) o se mantiene en cuanto a topes máximo y mínimo (cuando es variable); con igual tratamiento diferenciado para las modificaciones del tipo de interés de demora; y con mantenimiento, inalterado de la cantidad señalada para costas y gastos.

SEXTA. Solicitud de exenciones fiscales y de reducciones arancelarias

Se solicita la exención del pago del Impuesto de Transmisiones Patrimoniales y Actos Jurídicos Documentados, por aplicación de lo dispuesto en la Ley de 30 de marzo de 1994, y también debe tener lugar la reducción de los honorarios notariales y registrales, por aplicación de lo previsto en la referida Ley.

SÉPTIMA. Solicitud de anotación marginal

Se solicita la anotación de la subrogación al margen de la inscripción de la hipoteca objeto de la misma.

OTORGAMIENTO Y AUTORIZACIÓN:

Así lo dicen y otorgan los comparecientes, a quienes hago las reservas y advertencias legales.

En particular y a efectos fiscales advierto de las obligaciones y responsabilidades tributarias que incumben a las partes en su aspecto material, formal y sancionador, y de las consecuencias de toda índole que se derivarían de la inexactitud de sus declaraciones.

Por su elección, les leo esta escritura, la encuentran conforme y firman conmigo el notario, que doy fe de identificarles por el documento exhibido y del total contenido de este instrumento extendido en *"cantidad de folios"* folios de la serie *"serie"*, números *"número folio presente"* el presente y los *"cantidad de folios posteriores"* inmediatos posteriores correlativos.

CERTIFICACIÓN DE LA ENTIDAD SUBROGANTE:

"Don/Doña nombre y apellidos del representante de la entidad subrogante" en su calidad de *"especificar cargo"* actuando en nombre y representación del *"...Banco ... O ... Caja ..."* *"identificación de la entidad subrogante"*, con domicilio, a efectos de requerimientos y notificaciones, en *"domicilio a efectos de notificaciones"*, habiendo recibido el día *"fecha de la notificación"* su notificación de oferta vinculante para la subrogación prevista en la Ley 2/1994, de 30 de marzo, del préstamo hipotecario núm. *"número de préstamo"* concedido a *"Don/Doña nombre y apellidos del beneficiario"* con garantía de la finca núm. *"número registral de la finca"* del Registro de la Propiedad núm. *"número del Registro de la Propiedad"* de *"lugar del Registro de la Propiedad"* y atendiendo, dentro del término legal, su requerimiento

CERTIFICA:

Que el importe del débito del préstamo hipotecario objeto de subrogación, en fecha de hoy, asciende en conjunto a *"importe del débito, en letra"* euros (*"importe del débito, en número"* €).

Dicho importe es el resultado de la suma de los siguientes conceptos:

- Capital pendiente de amortización: *"cantidad pendiente de amortización, en letra"* euros (*"cantidad pendiente de amortización, en número"* €).

- Intereses ordinarios al tipo del *"porcentaje por intereses devengados"* por 100 anual devengados desde *"fecha inicial del devengo"* hasta *"fecha final del devengo"*: *"cantidad por intereses devengados, en letra"* euros (*"cantidad por intereses devengados, en número"* €).

- Importe del interés ordinario por cada día que transcurra desde esta fecha hasta el efectivo reembolso: *"cantidad por día transcurrido, en letra"* euros (*"cantidad por día transcurrido, en número"* €).

- Intereses de demora al tipo del *"porcentaje por demora"* por 100 anual desde *"fecha inicial por demora"* hasta *"fecha final por demora"*: *"cantidad en concepto de demora, en letra"* euros (*"cantidad en concepto de demora, en número"* €).

- Comisión por amortización anticipada: *"cantidad por amortización anticipada, en letra"* euros (*"cantidad por amortización anticipada, en número"* €).

Nota:

L 2/1994 *art.3: «Comisión por amortización anticipada. En las subrogaciones que se produzcan en los préstamos hipotecarios, a interés variable, referidos en el artículo* 1 *de esta* Ley, *la cantidad a percibir por la entidad acreedora en concepto de comisión por la amortización anticipada de su crédito, se calculará sobre el capital pendiente de amortizar, de conformidad con las siguientes reglas:*

1.ª Cuando se haya pactado amortización anticipada sin fijar comisión, no habrá derecho a percibir cantidad alguna por este concepto.

2.ª Si se hubiese pactado una comisión de amortización anticipada igual o inferior al 1 por 100, la comisión a percibir será la pactada.

3.ª En los demás casos, la entidad acreedora solamente podrá percibir por comisión de amortización anticipada el 1 por 100 cualquiera que sea la que se hubiere pactado. No obstante, si la entidad acreedora demuestra la existencia de un daño económico que no implique la sola pérdida de ganancias, producido de forma directa como consecuencia de la amortización anticipada, podrá reclamar aquél. La alegación del daño por la acreedora no impedirá la realización de la subrogación, si concurren las circunstancias establecidas en la presente Ley, y sólo dará lugar a que se indemnice, en su momento, la cantidad que corresponda por el daño producido.»

Y para que conste y produzca los efectos pertinentes, en cumplimiento de lo previsto en el art.2 de la Ley 2/1994, de 30 de marzo, libro la presente certificación, en *"localidad"*, a *"fecha"*.

Por la Entidad de crédito subrogante

Novación modificativa de préstamo hipotecario

MCM 4559 y 8800

L 2/1994 art.9

Nota preliminar:

- Téngase en cuenta la Sentencia TJUE 21-12-16, que declara nulas las denominadas **"cláusulas suelo"** contenidas en los préstamos hipotecarios (este tipo de cláusulas se caracteriza por que establecen un umbral mínimo por debajo del cual no puede situarse el tipo de interés variable). Es muy relevante esta resolución ya que reconoce que los efectos restitutorios no quedan circunscritos exclusivamente a las cantidades pagadas con posterioridad a la declaración judicial de abusividad, pues tal restricción no es compatible con el Derecho de la Unión, ya que supone una protección incompleta e insuficiente del consumidor.

Cuando se novó la cláusula, los prestatarios conocían la existencia de la cláusula suelo, que era potencialmente nula por falta de transparencia, la incidencia que había tenido en su préstamo, y la incidencia que tendría la nueva cláusula suelo en su préstamo, cuyo interés nunca bajaría del 2,75%. Todas estas circunstancias, tomadas en consideración conjuntamente, se consideran adecuadas para que el consumidor pueda valorar qué trascendencia tiene la reducción del suelo hasta el 2,75% en su **préstamo hipotecario**, por lo que hemos de concluir que la cláusula novatoria cumplía con las exigencias de transparencia (TS 30-3-22, EDJ 533950).

- El modelo presupone unas **circunstancias** determinadas que serán las **más frecuentes**. Si en el caso concreto existen circunstancias particulares no previstas, deberá completarse o modificarse el modelo, adaptándolo a las mismas.

NÚMERO *"número de protocolo"*.
En *"lugar"*, a *"fecha"*.
Ante mí, *"Don/Doña nombre y apellidos del notario"* perteneciente al colegio notarial de *"colegio notarial"* y con residencia en *"lugar donde radica la notaría"*.

COMPARECEN:

De una parte,

"Don/Doña nombre y apellidos de la parte", mayor de edad, *"estado civil de la parte" "... "especificar el régimen económico matrimonial de la parte" ... "*, de nacionalidad *"nacionalidad de la parte"*, con domicilio a estos efectos en *"domicilio de la parte"*, *"...con DNI/NIF número "DNI/NIF de la parte" ... O ... con tarjeta de residencia número "número de tarjeta de residencia de la parte" ... O ... pasaporte número "número de pasaporte de la parte", expedido el "fecha de expedición del pasaporte de la parte" ... O ... "reseñar otros documentos aportados por la parte" ... "*, vigente hasta el *"fecha de vigencia de la documentación aportada por la parte"*.

De otra parte,

"Don/Doña nombre y apellidos de la parte", mayor de edad, *"estado civil de la parte" "... "especificar el régimen económico matrimonial de la parte" ... "*, de nacionalidad *"nacionalidad de la parte"*, con domicilio a estos efectos en *"domicilio de la parte"*, *"...con DNI/NIF número "DNI/NIF de la parte" ... O ... con tarjeta de residencia número "número de tarjeta de residencia de la parte" ... O ... pasaporte número "número de pasaporte de la parte", expedido el "fecha de expedición del pasaporte de la parte" ... O ... "reseñar otros documentos aportados por la parte" ... "*, vigente hasta el *"fecha de vigencia de la documentación aportada por la parte"*.

>>

o Si procede:

Y de otra parte,

"Don/Doña nombre y apellidos de la parte", mayor de edad, *"estado civil de la parte" "... "especificar el régimen económico matrimonial de la parte"* ...", de nacionalidad *"nacionalidad de la parte"*, con domicilio a estos efectos en *"domicilio de la parte", "...con DNI/NIF número "DNI/NIF de la parte" ... O ... con tarjeta de residencia número "número de tarjeta de residencia de la parte" ... O ... pasaporte número "número de pasaporte de la parte", expedido el "fecha de expedición del pasaporte de la parte" ... O ... "reseñar otros documentos aportados por la parte"* ... ", vigente hasta el *"fecha de vigencia de la documentación aportada por la parte"*. MCM 4559 y 8800 L 2/1994 art.9

<<

INTERVIENEN:

A. *"Don/Doña nombre y apellidos del deudor"* y *"Don/Doña nombre y apellidos de la parte hipotecante"*, en nombre y representación propio.

En adelante, la **Parte deudora** y la **Parte hipotecante**.

B. *"Don/Doña nombre y apellidos del representante"*, en nombre y representación de la sociedad mercantil denominada *"denominación social"*, domiciliada en *"domicilio social"*, y con NIF número *"NIF de la sociedad"*, constituida, por tiempo indefinido, mediante escritura otorgada ante el notario de *"lugar de la notaría en la que se autorizó la constitución de la sociedad", "Don/Doña nombre y apellidos del notario que autorizó la constitución de la sociedad"*, el *"fecha de escritura de constitución de la sociedad"*, e inscrita en el Registro Mercantil de *"datos de la inscripción registral de la sociedad (localidad del Registro Mercantil, tomo, folio, sección, hoja e inscripción)"*, en su calidad de

>>

o Si representa como cargo social:

"...administrador único ... O ... administrador solidario ... O ... consejero delegado ... O ... "especificar la representación del cargo social" ... " de la reseñada sociedad, cargo para el que fue nombrado y asegura vigente en escritura otorgada el *"fecha de escritura del nombramiento del cargo"*, ante el notario de *"lugar donde radica la notaría en la que se autorizó la escritura del nombramiento", "Don/Doña nombre y apellidos del notario que autorizó la escritura del nombramiento"*, con el número *"número de protocolo del notario que autorizó la escritura del nombramiento"* de su protocolo, e inscrita en el Registro Mercantil de *"localidad del Registro Mercantil de la escritura de nombramiento"*, en el tomo y hoja arriba indicados.

o Si representa como apoderado:

apoderado de la reseñada sociedad, según escritura de poder otorgada a su favor, en *"fecha de escritura del otorgamiento del poder"*, ante el notario de *"lugar donde radica la notaría en la que se autorizó la escritura de poder", "Don/Doña nombre y apellidos del notario que autorizó la escritura de poder"*, con el número *"número de protocolo del notario que autorizó la escritura de poder"* de su protocolo *"...e inscrita en el Registro Mercantil de "localidad del Registro Mercantil de la escritura de poder"* ... ", en el tomo y hoja arriba indicados.

En adelante, **la entidad acreedora**.

>>

o Si procede:

C. *"Don/Doña nombre y apellidos del avalista"*, en su propio nombre y derecho.

En adelante, el **Avalista**.

<<

EXPONEN:

MCM 4559 y 8800

I. Que la **Entidad acreedora** es titular del siguiente crédito:

- Número del crédito: *"número de crédito"*.
- Parte deudora: *"Don/Doña nombre y apellidos del deudor crediticio"*.
- Capital inicial del crédito: *"cantidad inicial, en letra"* euros (*"cantidad inicial, en número"* €).

L 2/1994 art.9
- Plazo: *"fecha de vigencia del crédito"*.
- Interés inicial: *"tipo inicial" "...con cláusula de revisión a partir de "fecha de revisión" con referencia al índice "índice referencial" ..."*.

II. Que en escritura autorizada por el notario de *"lugar del notario que autorizó la escritura" "Don/Doña nombre y apellidos del notario que autorizó la escritura"* el *"fecha de autorización de la escritura"*, *"Don/Doña nombre y apellidos de la parte hipotecante"*, constituyó hipoteca en garantía de la restitución del capital del referido crédito, de sus intereses de *"plazo en años"* años al tipo pactado, hasta un máximo del *"tope máximo"* por ciento anual, de los intereses de demora de *"plazo por demora, en años"* años, al tipo del *"porcentaje por demora"* anual y de la cantidad de *"cantidad por costas, en letra"* euros (*"cantidad por costas, en número"* €) para costas y gastos en caso de litigio, sobre la finca/s siguiente/s: *"descripción de la finca según la nota simple del Registro de la Propiedad"*.

III. Que la actual situación del crédito es la siguiente:

- Capital pendiente de amortización: *"cantidad pendiente de amortización, en letra"* euros (*"cantidad pendiente de amortización, en número"* €).
- Plazos pendientes de pago: *"plazos pendientes de pago"*.
- Interés actual: *"interés porcentual actual"* por ciento anual.

➤➤

○ **En el caso de que se haya producido subrogación en la deuda personal hipotecaria:**

"Don/Doña nombre y apellidos del deudor" **Parte deudora** actual y titular de la/s finca/s hipotecada/s: *"especificar las fincas"*.

≺≺

IV. Siguen exponiendo los comparecientes que habiendo convenido la novación modificativa del préstamo hipotecario, para la reducción de los intereses, de acuerdo con lo establecido en el artículo 9 de la Ley de 30 de marzo de 1994, de común acuerdo,

 **Nota:**

La L 2/1994 *art.*9 *regula los* ***beneficios fiscales*** *y honorarios notariales y registrales en la novación modificativa de préstamos hipotecarios.*

ESTIPULAN:

PRIMERO. Novación modificativa del préstamo

"Don/Doña nombre y apellidos del representante de la entidad acreedora" en nombre de la **Entidad acreedora** y *"Don/Doña nombre y apellidos del deudor"*, en su carácter de **Deudor**, convienen en la novación modificativa del préstamo hipotecario, en los siguientes términos:

a) Interés remuneratorio: Desde el día *"día"* de *"mes"* de *"año"* será el *"porcentaje de interés remuneratorio"* por ciento anual *"... "especificar la fórmula de variabilidad de interés y el índice de referencia" ..."*.

b) Interés de demora: *"interés porcentual de demora"* por ciento anual.

c) Plazo. Se modifica este, pasando a tener lugar el vencimiento final el *"nueva fecha de vencimiento final"*.

MCM 4559 y 8800

SEGUNDO. Modificación de la garantía hipotecaria
"Don/Doña nombre y apellidos del representante de la entidad acreedora" en nombre de la **Entidad acreedora** y *"Don/Doña nombre y apellidos de la parte hipotecante"*, en su carácter de **Parte hipotecante**, concretan y en lo menester modifican la responsabilidad hipotecaria, dejándola establecida en la siguiente forma:

La/s finca/s hipotecada/s responderá/n en perjuicio de tercero, del capital del préstamo, de sus intereses remuneratorios de *"años"* años, al tipo pactado *"...hasta un máximo del "nuevo tope máximo" por ciento anual..."*, de sus intereses de demora de *"nuevo porcentaje por demora"* años, al tipo pactado, y de la cantidad de *"nueva cantidad por costas, en letra"* euros (*"nueva cantidad por costas, en número"* €) para costas y gastos en caso de litigio. L 2/1994 art.9

"... "especificar la distribución de responsabilidad" ...".

Si participa el avalista:

TERCERO. Garantías accesorias
"Don/Doña nombre y apellidos del avalista", en su carácter de avalista presta su conformidad en cuanto en Derecho proceda, a la novación modificativa del préstamo garantizado y ratifican el aval prestado, en los mismos términos y condiciones en que fue concedido.

CUARTO. Ratificación
Todos los comparecientes ratifican en forma total, pura y simple el contrato de préstamo, sus condiciones y garantías, en cuanto no hayan sido modificados por los pactos anteriores.

OTORGAMIENTO Y AUTORIZACIÓN:

Así lo dicen y otorgan los comparecientes, a quienes hago las reservas y advertencias legales.

En particular y a efectos fiscales advierto de las obligaciones y responsabilidades tributarias que incumben a las partes en su aspecto material, formal y sancionador, y de las consecuencias de toda índole que se derivarían de la inexactitud de sus declaraciones.

Por su elección, les leo esta escritura, la encuentran conforme y firman conmigo el notario, que doy fe de identificarles por el documento exhibido y del total contenido de este instrumento extendido en *"cantidad de folios"* folios de la serie *"serie"*, números *"número folio presente"* el presente y los *"cantidad de folios posteriores"* inmediatos posteriores correlativos.

Crédito con garantía hipotecaria

MCM 4020 s.

Nota preliminar:

- Téngase en cuenta la Sentencia TJUE 21-12-16, que declara nulas las denominadas **"cláusulas suelo"** contenidas en los préstamos hipotecarios (este tipo de cláusulas se caracteriza por que establecen un umbral mínimo por debajo del cual no puede situarse el tipo de interés variable). Es muy relevante esta resolución ya que reconoce que los efectos restitutorios no quedan circunscritos exclusivamente a las cantidades pagadas con posterioridad a la declaración judicial de abusividad, pues tal restricción no es compatible con el Derecho de la Unión, ya que supone una protección incompleta e insuficiente del consumidor.

Cuando se novó la cláusula, los prestatarios conocían la existencia de la cláusula suelo, que era potencialmente nula por falta de transparencia, la incidencia que había tenido en su préstamo, y la incidencia que tendría la nueva cláusula suelo en su préstamo, cuyo interés nunca bajaría del 2,75%. Todas estas circunstancias, tomadas en consideración conjuntamente, se consideran adecuadas para que el consumidor pueda valorar qué trascendencia tiene la reducción del suelo hasta el 2,75% en su **préstamo hipotecario**, por lo que hemos de concluir que la cláusula novatoria cumplía con las exigencias de transparencia (TS 30-3-22, EDJ 533950).

El modelo presupone unas **circunstancias** determinadas que serán las **más frecuentes**. Si en el caso concreto existen circunstancias particulares no previstas, deberá completarse o modificarse el modelo, adaptándolo a las mismas.

NÚMERO *"número de protocolo"*
En *"lugar"*, a *"fecha"*.
Ante mí, *"Don/Doña nombre y apellidos del notario"* perteneciente al colegio notarial de *"colegio notarial"* y con residencia en *"lugar donde radica la notaría"*.

COMPARECEN:

De una parte,

Los cónyuges *"Don/Doña nombre y apellidos del cónyuge X"*, de nacionalidad *"nacionalidad del cónyuge X"*, *"...con DNI/NIF número "DNI/NIF del cónyuge X" ... O ... con tarjeta de residencia número "número de tarjeta de residencia del cónyuge X" ... O ... pasaporte número "número de pasaporte del cónyuge X",, expedido el "fecha de expedición del pasaporte del cónyuge X" ... O ... "reseñar otros documentos aportados por el cónyuge X" ...* ", vigente hasta el *"fecha de vigencia de la documentación aportada por el cónyuge X"*, y *"Don/Doña nombre y apellidos del cónyuge Y"*, de nacionalidad *"nacionalidad del cónyuge Y" "...con DNI/NIF número "DNI/NIF del cónyuge Y" ... O ... con tarjeta de residencia número "número de tarjeta de residencia del cónyuge Y" ... O ... pasaporte número "número de pasaporte del cónyuge Y", expedido el "fecha de expedición del pasaporte del cónyuge Y" ... O ... "reseñar otros documentos aportados por el cónyuge Y" ...* ", vigente hasta el *"fecha de vigencia de la documentación aportada por el cónyuge Y"*, mayores de edad, con domicilio a estos efectos en *"domicilio de los cónyuges"*.

De otra parte,

"Don/Doña nombre y apellidos de la parte", mayor de edad, *"estado civil de la parte" ... "especificar el régimen económico matrimonial de la parte" ...* ", de nacionalidad *"nacionalidad de la parte"*, con domicilio a estos efectos en *"domicilio de la parte"*, *"...con DNI/NIF número "DNI/NIF de la parte" ... O ... con tarjeta de residencia número "número de tarjeta de residencia de la parte" ... O ... pasaporte número "número de pasaporte de la parte", expedido el "fecha de expedición del pasaporte de la parte" ... O ... "reseñar otros documentos aportados por la parte" ...* ", vigente hasta el *"fecha de vigencia de la documentación aportada por la parte"*.

INTERVIENEN:

A. Los cónyuges *"Don/Doña nombre y apellidos del cónyuge X"* y *"Don/Doña nombre y apellidos del cónyuge Y"*, en nombre y representación propio.

En adelante, la **Parte acreditada**.

B. *"Don/Doña nombre y apellidos del representante"*, en nombre y representación de la sociedad mercantil denominada *"denominación social"*, domiciliada en *"domicilio social"*, y con NIF número *"NIF de la sociedad"*, constituida, por tiempo indefinido, mediante escritura otorgada ante el notario de *"lugar de la notaría en la que se autorizó la constitución de la sociedad"*, *"Don/Doña nombre y apellidos del notario que autorizó la constitución de la sociedad"*, el *"fecha de escritura de constitución de la sociedad"*, e inscrita en el Registro Mercantil de *"datos de la inscripción registral de la sociedad (localidad del Registro Mercantil, tomo, folio, sección, hoja e inscripción)"*, en su calidad de

>>

○ **Si representa como cargo social:**

"...administrador único ... O ... administrador solidario ... O ... consejero delegado ... O ... "especificar la representación del cargo social" ... " de la reseñada sociedad, cargo para el que fue nombrado y asegura vigente en escritura otorgada el *"fecha de escritura del nombramiento del cargo"*, ante el notario de *"lugar donde radica la notaría en la que se autorizó la escritura del nombramiento"*, *"Don/Doña nombre y apellidos del notario que autorizó la escritura del nombramiento"*, con el número *"número de protocolo del notario que autorizó la escritura del nombramiento"* de su protocolo, e inscrita en el Registro Mercantil de *"localidad del Registro Mercantil de la escritura de nombramiento"*, en el tomo y hoja arriba indicados.

○ **Si representa como apoderado:**

apoderado de la reseñada sociedad, según escritura de poder otorgada a su favor, en *"fecha de escritura del otorgamiento del poder"*, ante el notario de *"lugar donde radica la notaría en la que se autorizó la escritura de poder"*, *"Don/Doña nombre y apellidos del notario que autorizó la escritura de poder"*, con el número *"número de protocolo del notario que autorizó la escritura de poder"* de su protocolo *"...e inscrita en el Registro Mercantil de "localidad del Registro Mercantil de la escritura de poder" ... "*, en el tomo y hoja arriba indicados.

<<

En adelante, **la entidad**.

Tienen a mi juicio los señores comparecientes, en el concepto en que respectivamente intervienen, la capacidad legal necesaria para formalizar la presente escritura de préstamo con hipoteca, y en su virtud

✎ **Nota:**

Sobre la distinción entre el préstamo y la apertura de crédito ver, entre otras, la sentencia del TS 27-6-89, *EDJ 6537, que, a propósito del contrato de apertura de crédito afirma lo siguiente: "como dice la Sentencia de 12 de junio de 1976 "aunque aludido en el nº 7º del art.*175 *del* Código de Comercio, *no adquirió carta de naturaleza en nuestro Ordenamiento positivo, hasta que lo introdujeron las Sentencias de esta Sala que se citan en la de 1 de marzo de 1969 y las Resoluciones de la Dirección General de los Registros de 28 de febrero de 1933 y 16 de junio de 1936 se define por la doctrina como "contrato por el cual el Banco se obliga, dentro del límite pactado y mediante una comisión que percibe del cliente, a poner a disposición de este, y a medida de sus requerimientos, sumas de dinero o a realizar otras prestaciones que le permitan obtenerlo al cliente"; concepto sustancialmente coincidente con el acogido en la Sentencia de 1 de marzo de 1969 al transcribir el art.439 del antiguo Código de Comercio para Marruecos; tal contrato, de carácter consensual y bilateral, no puede ser confundido con el contrato de préstamo regulado en los art.*1753 *a* 1757 *del* Código Civil *y* 311 *y siguientes del* Código de Comercio, *de naturaleza real, que se perfecciona por la entrega de la cosa prestada, y unilateral por cuanto de él sólo surgen obligaciones para uno de los contratantes, el prestatario".*

MCM 4020 s.

EXPONEN:

PRIMERO. Que la **Parte acreditada** es dueña de la siguiente finca: *"descripción de la finca según la nota simple del Registro de la Propiedad"*.

- Título: *"Título sobre la finca"*.

- Cargas: *"cargas de la finca hipotecada"*.

- Inscripción: *"inscripción de la finca hipotecada"*.

- Referencia catastral: *"número de referencia"*.

SEGUNDO. La finca ha sido valorada por *"identificación del tasador"* con arreglo a la normativa del Mercado Hipotecario, habiéndose atribuido a la misma el valor de *"valor de la finca, en letra"* euros (*"valor de la finca, en número"* €).

TERCERO. Que ambas partes, formalizan la presente operación crediticia con garantía hipotecaria, a tenor de las siguientes:

CLÁUSULAS FINANCIERAS:

PACTO PRIMERO. Capital del crédito

A) Capital del crédito

La **Entidad** abre una cuenta de crédito a la **Parte acreditada** hasta el límite de *"cuantía del crédito, en letra"* euros (*"cuantía del crédito, en número"* €).

Si la **Parte acreditada** se hallase integrada por más de una persona, cada una de ellas responderá solidariamente del cumplimiento de las obligaciones derivadas del crédito.

B) Operativa de las disposiciones

Cada una de las disposiciones que efectúe la **Parte acreditada** deberá ser como mínimo por un importe de *"importe mínimo, en letra"* euros (*"importe mínimo, en número"* €).

A partir del momento en que falten por transcurrir cuatro años para el vencimiento final del crédito, el límite del mismo quedará establecido mensualmente en la cantidad resultante de la aplicación de la fórmula aritmética prevista en el Anexo número uno incorporado y protocolizado con esta escritura, de la cual forma parte, no siendo posible efectuar nuevas disposiciones más allá del nuevo límite establecido.

De la parte amortizada del crédito podrá disponer nuevamente la **Parte acreditada**.

La **Parte acreditada** y la **Entidad** podrán acordar la modificación de la fecha de vencimiento de todas o de alguna o algunas de las disposiciones realizadas e incluso establecer o suprimir períodos de carencia de amortización para una o varias disposiciones ya realizadas, o para otras nuevas. Tales períodos, de acordarse, en ningún caso podrán superar un número máximo total conjunto de *"número máximo de cuotas"* cuota/s mensual/es de intereses para todas las disposiciones y durante toda la vigencia del crédito a excepción de los últimos cuatro años.

La **Parte acreditada** tendrá derecho a modificar el vencimiento de las disposiciones cuando la finca hipotecada constituya su vivienda habitual, con las limitaciones expresadas en el párrafo anterior. Las disposiciones, el plazo de su devolución y las modificaciones del vencimiento de las mismas, serán documentados debidamente mediante la firma de conformidad de la **Parte acreditada**. No obstante, la **Entidad** queda especialmente facultada e irrevocablemente autorizada en lo que sea necesario por la parte acreditada para aplicar, con cargo a la parte disponible por la misma del presente crédito, cualquier obligación de pago vencida y no satisfecha de dicha parte o de cualquiera de las personas que la integran, dimanante de cualesquiera operaciones, tales como, a título enunciativo, descubiertos en cuenta, avales, préstamo, créditos, descuentos o cualquier otra. Tal cargo, que será notificado a la **Parte acreditada** con detalle de la operación de que se trate, tendrá el carácter de disposición efectuada por la misma con vencimiento a la fecha de vencimiento final del crédito y sujeción al régimen de disposiciones regulado en este pacto, a excepción del importe por disposición que no estará sujeto a límite mínimo.

MCM 4020 s.

La **Entidad** podrá negarse a que la **Parte acreditada** realice nuevas disposiciones del crédito o modifique las fechas de vencimiento de alguna o algunas disposiciones, aun en el caso de no haber alcanzado el límite de endeudamiento concedido, si dejara incumplida cualquiera de las cláusulas de esta escritura o hubiera incumplido cualquier otra obligación líquida y exigible que tenga contraída con la **Entidad**, en virtud de operaciones distintas de la presente o con terceros, o estuviera inmersa en alguna situación concursal o cuando hubieran variado cualesquiera de los factores que se tomaron en consideración al concertar la operación, especialmente la solvencia de la **Parte acreditada**, o en caso de fallecimiento de cualquiera de las personas que la integran.

C) Domicilio de la entrega de las disposiciones y del pago.

La entrega por la **Entidad** de las disposiciones que realice la **Parte acreditada** así como el pago por esta, de las cuotas de intereses y de las cuotas mixtas o sea, y en adelante, de amortización de capital e intereses, se efectuara a través del depósito de dinero asociado abierto en cualquiera de las oficinas de la **Entidad** que la **Parte acreditada** indique y del que resulte ser titular única o indistinta. No obstante la **Parte acreditada** autoriza expresamente a la **Entidad** para que perciba las cantidades que no le hayan sido satisfechas a su debido tiempo con cargo a cualquier depósito de dinero de los que aquélla o cualquiera de sus integrantes sea titular única o indistinta.

PACTO SEGUNDO. Amortización

A) Vencimiento final y devolución del crédito

El vencimiento final del crédito no podrá exceder del día *"fecha de vencimiento final"*. Sin embargo, dentro de dicho límite temporal, cada disposición tendrá el vencimiento final que libremente elija el disponente, vencimiento que necesariamente habrá de coincidir con el último día de un mes natural.

La **Parte acreditada** deberá devolver el crédito dispuesto mediante el pago de cuotas mensuales mixtas, que deberán ser satisfechas, por períodos vencidos, el día primero del mes siguiente al que corresponda cada cuota.

B) Fecha de pago de la primera cuota mixta

El pago de la primera cuota mixta correspondiente a la primera disposición, deberá efectuarse el día primero del mes inmediato siguiente a aquél en que deba realizarse el pago de la fracción de intereses o de la última cuota de carencia correspondiente a la expresada disposición.

C) Fecha de pago de la última cuota mixta.

El pago de la última cuota mixta deberá efectuarse el día siguiente al del vencimiento final del crédito o en aquella otra fecha anterior que resulte del ejercicio por la **Parte acreditada** de su derecho a establecer libremente para las disposiciones que efectúe vencimientos distintos al del final del crédito.

D) Importe de las cuotas mixtas

El importe de dichas cuotas resulta de la aplicación de la fórmula aritmética número 3 prevista en el Anexo número uno de esta escritura. Cada una de las disposiciones dará lugar a la confección de su propio cuadro de amortización con sus correspondientes cuotas. El recibo del pago de las cuotas será único y contendrá el desglose de las mismas. La obligación de pago de todas las cuotas con idéntico vencimiento a cargo de la **Parte acreditada** es unitaria y no puede ser objeto de desglose.

E) Amortización anticipada

La **Parte acreditada** podrá realizar amortizaciones anticipadas siempre que se encuentre al corriente en el pago de lo debido con arreglo a esta escritura y que su importe sea superior al *"porcentaje por amortización anticipada"* por ciento del límite del crédito. Se aplicará una comisión del *"porcentaje por comisión"* por ciento sobre el importe de dicha amortización, que se liquidará y satisfará por la **Parte acreditada** en el momento de efectiva realización.

MCM 4020 s.

PACTO TERCERO. Intereses ordinarios

La parte del crédito de la que se haya dispuesto en cada momento, devengará intereses, pagaderos mensualmente, a favor de la **Entidad**, a tipos nominales anuales. Para la determinación de los tipos de interés aplicables se divide el plazo total del crédito en dos fases.

A) Primera fase:

La primera fase comprenderá desde hoy hasta el último día inclusive de tercer trimestre natural siguiente a aquel en que se formalice el crédito, siendo aplicable durante este período el tipo de interés nominal anual del *"tipo de interés"* por ciento.

B) Segunda fase:

La segunda fase comprenderá desde el día siguiente al de finalización de la primera, hasta el día del vencimiento final del crédito, subdividiéndose a su vez en períodos de revisión sucesivos de interés fijo de duración anual, contados de fecha a fecha a partir del inicio de la presente fase. Los tipos de interés nominal anual, que se aplicarán durante esta fase serán variables.

Las variaciones de intereses correspondientes a todas las disposiciones del crédito tendrán lugar en las mismas fechas, aun cuando tales disposiciones se hayan efectuado con posterioridad a la publicación del anuncio del índice de referencia.

C) Devengo, liquidación v pago de los intereses

Los intereses pactados se devengarán y liquidarán el último día de cada mes natural y deberán ser satisfechos, por períodos vencidos, el primer día del mes natural siguiente.

La **Parte acreditada** se obliga a pagar:

1º La fracción de interés que se devengue desde el día en que se realice cualquier disposición, hasta el último día del mes natural corriente. Dichos intereses se devengarán día a día y la fórmula utilizada para su cálculo será la prevista, a tal efecto, bajo el número 4 en el Anexo número uno de esta escritura.

2º La parte de intereses comprendida en las cuotas mixtas.

3º Las cuotas mensuales de intereses correspondientes al período de carencia, caso de haberse pactado.

La parte de intereses correspondiente a cada cuota mixta resultará de la aplicación de la fórmula aritmética número 2 prevista a este efecto en el Anexo número uno de esta escritura. Dicha fórmula será también aplicable para determinar la cuota de intereses durante el período de carencia, en su caso. Los intereses correspondientes a los pagos que se hagan en fechas distintas de las previstas contractualmente *"especificar la causa (p. e. por causa de vencimiento anticipado, de amortización anticipada, etc.)"* se entenderán devengados día a día y liquidables en el momento de su efectiva realización. Su cálculo se efectuará aplicando la fórmula aritmética número 4 prevista en el Anexo número uno de esta escritura.

PACTO CUARTO. Tipo de interés variable. Segunda Fase

A) Tipo de Interés Nominal:

El tipo de interés nominal aplicable en cada uno de los periodos de revisión de esta fase será igual a la suma del Indice de Referencia y del Diferencial, redondeada, si es necesario, en la cifra más próxima múltiplo de un cuarto (0,25).

B) Índice de Referencia Adoptado: *"definir el tipo de referencia"*.

 **Nota:**

***Ejemplo**: "Es el tipo medio de los préstamos hipotecarios a más de tres años para adquisición de vivienda libre, concedidos por bancos que expresado en término de TAE, se publica por el Banco de España con periodicidad mensual, en el Boletín Oficial del Estado. Este Índice se define en la Circ BE 5/2012 disp.transitoria 2ª y anejo 7º, como la media simple de los tipos de interés medios ponderados de las operaciones de préstamo con garantía hipotecaria, a plazo igual o superior a tres años, para adquisición de vivienda libre, que hayan sido iniciadas o renovadas por el conjunto de bancos en el mes al que se refiere el índice. Dichos tipos de interés medios ponderados serán los tipos anuales equivalentes declarados al Banco de España para esos plazos por el colectivo de bancos, de acuerdo con lo dispuesto en la Circ BE 5/2012 norma 16ª.4.*

C) Índice de Referencia Sustitutivo:

No obstante, en el supuesto de que en la fecha establecida para el cálculo del tipo de interés nominal anual correspondiente a cada período de interés de la segunda fase, hubiese transcurrido más de dos meses sin que el Índice de Referencia Adoptado se hubiese publicado en el BOE, se adoptará como Índice de Referencia el *"definir un tipo sustitutivo"*.

La interrupción a su vez, durante un lapso de tiempo superior a dos meses de la publicación del. Índice de Referencia Sustitutivo, implicará la perduración de la aplicabilidad al crédito del último tipo de interés nominal anual que haya sido posible calcular.

Si se reemprendiese la publicación en el BOE del Índice de Referencia Adoptado o del Sustitutivo volverán a utilizarse, con preferencia del primero sobre el segundo, para el cálculo del tipo de interés nominal anual correspondiente al siguiente período de revisión determinado con arreglo al epígrafe B) del anterior pacto.

D) Diferencial:

Es una magnitud porcentual invariable durante toda la vigencia del crédito. El Diferencial es de *"diferencial para el índice de referencia"* milésimas de un entero por ciento, para el Índice de Referencia Adoptado y de *"diferencial para el índice sustitutivo"* milésimas de un entero por ciento, para el Sustitutivo.

E) Comunicaciones:

La comunicación a los interesados del Índice de Referencia se efectuará mediante anuncio a publicar en el Boletín Oficial del Estado y en el diario *"indicar nombre del diario"* dentro de la primera quincena del mes natural siguiente al de la fecha establecida en el epígrafe B) anterior de este pacto, lo que podrá acreditarse por cualquier medio admitido en Derecho.

Los índices de referencia quedarán acreditados por su publicación en el Boletín Oficial del Estado o bien por su justificación mediante certificación de la Dirección General del Tesoro y política Financiera o del Banco de España, así como también por cualquier otro medio admitido en Derecho.

De no convenirle el nuevo tipo de interés aplicable en el siguiente período de revisión la **Parte acreditada** deberá comunicarlo a la **Entidad** con por lo menos, quince días naturales de anticipación sobre el del inicio del siguiente período de revisión, quedando obligada, en tal caso, a cancelar anticipadamente el crédito en el plazo de seis meses, contados a partir de la fecha de entrada en vigor del nuevo tipo, durante cuyo plazo los intereses se satisfarán al tipo nominal anual anterior. Transcurrido dicho plazo sin haberse cancelado el crédito la **Entidad** podrá darlo por vencido y reclamar judicialmente tanto el crédito como las demás responsabilidades accesorias a él inherentes

F) Límite a la variación del tipo de interés aplicable

A efectos hipotecarios, tanto respecto de la **Parte acreditada** como de terceros, el tipo máximo que puede alcanzar el interés nominal anual aplicable al crédito, durante la fase sujeta a intereses variables, será del *"tipo máximo del interés nominal anual"* por ciento.

A efectos obligacionales tal limitación del tipo de interés no existirá respecto de la **Parte acreditada**, cuya responsabilidad, conforme a la Ley, será por tanto ilimitada.

PACTO QUINTO. Comisiones

Se estipulan, a favor de la **Entidad** y a cargo de la **Parte acreditada**, las comisiones siguientes:

a) Comisión de apertura sobre el límite total del crédito, a satisfacer en este acto y por una sola vez: *"porcentaje por comisión de apertura"* por ciento, que asciende a la cantidad de *"cantidad por comisión de apertura, en letra"* euros (*"cantidad por comisión de apertura, en número"* €).

MCM 4020 s.

b) Comisión de subrogación en la deuda personal hipotecaria sobre el crédito pendiente de amortización al efectuarse la subrogación, en cuyo momento deberá satisfacerse por la parte acreditada subrogada: *"porcentaje por comisión de subrogación"* por ciento.

c) Comisión de compromiso sobre la parte del crédito no dispuesta, que se devengará día a día, se liquidará el último día de cada mes natural y se hará efectiva por vencido el primer día del mes natural siguiente: *"porcentaje por comisión de compromiso"* por ciento.

d) *"otras comisiones"*.

PACTO SEXTO. Gastos a cargo de la Parte acreditada

La **Parte acreditada** asume el pago de los gastos de tasación del inmueble hipotecado, de todos los demás gastos y tributos derivados de esta escritura, de los actos y contratos que en la misma se formalizan y de su inscripción en el Registro de la Propiedad y de los originados por cuantos otorgamientos sean precisos para que este documento y el de su cancelación tengan acceso al Registro de la Propiedad incluso los causados por las cartas de pago, total o parcial, de los créditos, así como los honorarios de letrado y derechos de procurador; en caso de reclamación judicial, aunque su intervención, no fuere preceptiva.

PACTO SÉPTIMO. Intereses de demora

En el caso de no satisfacerse a la **Entidad**, a su debido tiempo, las obligaciones pecuniarias derivadas del crédito incluso las nacidas por causa de vencimiento anticipado, las sumas adeudadas, con independencia de que se haya iniciado o no su reclamación judicial, producirán intereses de demora desde el día siguiente inclusive a aquél en que la falta de pago se haya producido hasta el día en que se realice el pago al tipo de interés nominal anual del *"tipo de interés nominal anual"* por ciento. Los intereses de demora se devengarán y liquidarán día a día. Los intereses devengados y no satisfechos serán capitalizados de conformidad con lo previsto en el artículo 317 del Código de Comercio.

El importe absoluto de los intereses de demora, cuando se devenguen se obtendrá aplicando la fórmula aritmética número 5 prevista al efecto en el Anexo número uno de esta escritura.

PACTO OCTAVO. Causas de resolución anticipada

La **Entidad**, por lo que respecta a la finca hipotecada podrá dar por vencido el crédito y reclamar las cantidades por las que responde, aunque no hubiere transcurrido el plazo estipulado, en los supuestos siguientes:

a) Si no se le hiciese efectivo a su vencimiento cualquiera de los pagos pactados de intereses y/o cuotas mixtas.

b) Si no se pagase a su debido tiempo las contribuciones, impuestos, arbitrios y tasas que la graven, así como los gastos de la comunidad en régimen de propiedad horizontal, en su caso, y cualesquiera otros que gozasen de preferencia legal de cobro sobre la hipoteca.

c) Si estuviera afectada por alguna carga o gravamen, no conocido en este momento o formalizado con posterioridad, que tuviera rango registral prioritario a la hipoteca que se constituye en esta escritura, a excepción de las afecciones al pago del Impuesto provocadas por esta misma escritura o por cualquiera otra previa de igual fecha.

d) Si, por cualquier causa, disminuyera en la cuarta parte o más el valor de la garantía hipotecaria que en esta escritura se constituye, si tal disminución, con relación al valor de la tasación pericial hecho constar en esta escritura, resulta de nueva valoración practicada de conformidad con la normativa del Mercado Hipotecario.

e) Si esta escritura no llegase a inscribirse en el Registro de la Propiedad dentro del plazo de seis meses, a contar desde el día de hoy, por causa imputable a la **Parte acreditada**.

MCM 4020 s.

f) Si fuese arrendada por un plazo superior al señalado para el vencimiento final del crédito, o con establecimiento de renta que pudiera disminuir gravemente el valor de la garantía, entendiéndose que concurre dicha última circunstancia cuando no se estipule cláusula de estabilización o cuando, pactándola I) la renta anual capitalizada al tanto por ciento que resulte de sumar al interés legal del dinero un cincuenta por ciento más, no cubra la responsabilidad total asegurada con la hipoteca; o bien, II) la renta mensual no cubra la cuota mensual correspondiente de amortización de capital y pago de intereses.

g) Si la **Parte acreditada** estuviera inmersa en cualquier situación concursal.

h) Si dejara de pagar letras de cambio o demás efectos por ella aceptados o garantizados, o cheques o pagarés que hubiese librado.

CLÁUSULAS GENERALES:

PACTO NOVENO. Cuenta de crédito
Únicamente podrán cargarse en la cuenta de crédito las siguientes partidas:

a) Las disposiciones que la **Parte acreditada** efectúe

b) Los intereses a cargo de la **Parte acreditada** no satisfechos a sus respectivos vencimientos, así como, los correspondientes intereses de demora. El cargo por estos conceptos sólo podrá efectuarse al practicar la liquidación del saldo por vencimiento anticipado o final del crédito.

Se abonarán en la cuenta de crédito los importes de las amortizaciones de capital, tanto de las pactadas en este contrato como de las anticipadas.

La **Entidad**, a partir de la fecha del vencimiento anticipado o final del crédito, ya sea en todo o en parte, practicará la liquidación de la cuenta conforme a sus libros. La **Entidad** notificará a la **Parte acreditada** el extracto de dicha liquidación por cualquier medio admitido en Derecho, sin perjuicio de hacerlo por vía judicial o notarial, en los supuestos en que la ley así lo prescriba y se entenderá que el vencimiento total del crédito ha tenido lugar, en la fecha a que la liquidación se refiera. Se considerará como cantidad líquida y exigible a efectos del ejercicio de acciones judiciales la que de dicha liquidación resulte.

El saldo por liquidación de la cuenta de crédito se acreditará mediante certificación de la **Entidad**, a los efectos del ejercicio de las acciones previstas en la legislación hipotecaria. Para el ejercicio de la acción ejecutiva, los contratantes pactan expresamente que la liquidación para determinar la deuda reclamable se practicará por la **Entidad**, la cual expedirá la oportuna certificación que recoja el saldo que presente la cuenta de crédito, bastando para el ejercicio de dicha acción el cumplimiento de los requisitos establecidos en la Ley de Enjuiciamiento Civil.

PACTO DÉCIMO. Constitución de hipoteca
En garantía del pago a la **Entidad** del saldo resultante de la liquidación de la cuenta de crédito hasta la cantidad de *"cantidad máxima, en letra"* euros (*"cantidad máxima, en número"* €), cantidad que se desglosa en los siguientes importes y conceptos, a saber,

a) Hasta *"cantidad por límite del crédito, en letra"* euros (*"cantidad por límite del crédito, en número"* €), en concepto de límite del crédito.

b) Hasta *"cantidad por intereses ordinarios devengados, en letra"* euros (*"cantidad por intereses ordinarios devengados, en número"* €), en concepto de intereses ordinarios devengados durante el último año al tipo máximo establecido en esta escritura.

c) Hasta *"cantidad por intereses de demora, en letra"* euros (*"cantidad por intereses de demora, en número"* €), en concepto de intereses de demora durante el último año y al tipo pactado, en la parte, tanto de los intereses ordinarios como de los de demora que no resulte garantizada por su inclusión en el límite del crédito a que se refiere el apartado a) anterior.

Y de la cantidad de *"cantidad por costas y gastos, en letra"* euros (*"cantidad por costas y gastos, en número"* €), en concepto de costas y gastos tanto los judiciales como los extrajudiciales en conexión con la conservación y efectividad de la garantía, que puedan generar una afección preferente a esta hipoteca, la **Parte acreditada**, sin perjuicio de su responsabilidad personal, solidaria e ilimitada, constituye hipoteca a favor de la **Entidad** sobre la finca anteriormente descrita.

MCM 4020 s.

PACTO UNDÉCIMO. Extensión de la garantía

Con la finca que se hipoteca quedan asimismo hipotecados cuantos elementos, bienes y derechos se enumeran en los art.109 y 110 de la Ley Hipotecaria y, además, por pacto expreso, los enumerados en el art.111 de dicha Ley, los terrenos agregados, y los edificios construidos donde antes no los hubiere.

La **Parte acreditada** concede a la **Entidad** derecho y mandato expreso para el percibo de las indemnizaciones por siniestro o expropiación forzosa directamente de la compañía aseguradora o de la Administración, para aplicarlas hasta donde alcancen, a la extinción total o parcial de crédito y de las obligaciones que del mismo derivan. La **Entidad** hará entrega a la **Parte acreditada** del sobrante de la indemnización, si lo hubiese.

PACTO DUODÉCIMO. Acción judicial

Si la **Entidad** recurriera a la vía judicial para hacer efectivo su derecho a la recuperación del débito, podrá ejercitar, a su elección, cualquiera de las acciones previstas en la legislación hipotecaria y en la Ley de Enjuiciamiento Civil.

La **Parte acreditada** concede a la **Entidad** la administración y posesión interina de la finca, de conformidad con lo previsto en la Ley Hipotecaria Los comparecientes a los efectos ejecutivos:

1. Tasan la finca hipotecada, a efectos de subasta, en la suma que resulte de multiplicar por uno coma veinticinco (1,25) el valor de tasación pericial que se ha hecho constar en el antecedente segundo de esta escritura.

2. Señalan como domicilio para la práctica de los requerimientos y notificaciones a que haya lugar, el de la finca hipotecada.

PACTO DECIMOTERCERO. Cesión del crédito

La **Parte acreditada** renuncia al derecho de notificación en caso de cesión o venta de todo o parte del crédito hipotecario, de conformidad con la Ley Hipotecaria.

PACTO DECIMOCUARTO. Seguro de la finca hipotecada

La **Parte acreditada** se obliga a tener la finca que se hipoteca asegurada de daños, incluido el riesgo de incendio, en compañía de notoria solvencia, durante toda la vigencia del crédito, en las condiciones establecidas en las normas reguladoras del mercado Hipotecario, con expresa designación de la **Entidad** como beneficiaria del seguro. Entre las condiciones de la póliza, deberá figurar la obligación del asegurador de notificar a la **Entidad** la falta de pago de la prima, así como cualquier modificación o incidencia que afecte al seguro.

PACTO DECIMOQUINTO. Información económica

La **Parte acreditada** asume el compromiso formal de facilitar, en cualquier momento, a la Entidad la información que esta le requiera, sobre su situación patrimonial y contable, así como la relativa al cumplimiento de sus obligaciones tributarias y laborales, en un plazo máximo de quince días.

PACTO DECIMOSEXTO. Transmisión convencional de la finca y subrogación convencional en la deuda personal hipotecaria

En el caso de enajenación de la finca hipotecada, por cualquier título, únicamente se entenderá aceptada la subrogación del nuevo titular en las obligaciones personales derivadas del presente crédito hipotecario si la **Entidad** deja transcurrir, sin negar aquella, más de treinta días naturales a partir de aquél en que queden cumplidas fehacientemente las condiciones siguientes:

a) Traslado a la **Entidad**, de copia auténtica del documento público de adquisición inscrito en el Registro de la Propiedad en el que conste que el importe del crédito dispuesto por el vendedor, titular del crédito, se descuenta del total precio de la transmisión, así como, que el adquirente asume la deuda personal dimanante del crédito hipotecario que grava la finca, acepta el contenido de la presente escritura, copia de la cual manifieste obrar en su poder y se obliga al cumplimiento de todos sus pactos y condiciones En el caso que el documento público de adquisición no contenga todas las especificaciones exigidas en el párrafo anterior o que las contenga erróneamente, será preciso que se otorgue y presente a la **Entidad**, la pertinente escritura de subsanación o rectificación. En este supuesto, los efectos subrogatorios dependerán del traslado a la **Entidad** de ambas escrituras.

b) Presentación a la **Entidad**, del recibo del último vencimiento del crédito hipotecario, junto con orden de pago de los recibos sucesivos, suscrita por el nuevo titular, disponiendo su cargo en depósito abierto en la **Entidad**.

c) La manifestación de la **Parte acreditada** subrogada, mediante la estampación de su firma en la documentación pertinente, de su conformidad con el importe, plazo y tipo de interés de las disposiciones del crédito en cuya titularidad se subroga.

Para el supuesto regulado en el presente pacto, el transmitente, titular del crédito, renuncia desde este momento a efectuar nuevas disposiciones.

En cualquier caso, el subrogado no podrá realizar nuevas disposiciones del crédito salvo autorización de la **Entidad**.

PACTO DECIMOSÉPTIMO. Transmisión hereditaria de la finca y subrogación en la deuda personal hipotecaria

En cumplimiento de lo dispuesto en el Reglamento General de Protección de Datos (Rgto (UE) 2016/679), y la Ley Orgánica 3/2018, respecto del tratamiento de datos se informa de lo siguiente:

PACTO DECIMOCTAVO. Tratamiento de datos personales

Los datos personales de los obligados relativos a este contrato serán incluidos y tratados en ficheros automatizados de la **Entidad** y cada uno de sus titulares podrá acceder a los mismos, rectificarlos y cancelarlos conforme a la Ley.

Responsable: ***"Nombre"***.

Finalidades: Ejecutar el presente contrato; ejecutar y atender medidas precontractuales; y envío de comunicaciones comerciales electrónicas.

Legitimación: Consentimiento del interesado (Rgto (UE) 2016/679 art.6.1.a) y ejecución de un contrato de prestación de servicios o medidas precontractuales (Rgto (UE) 2016/679 art.6.1.b).

Derechos: Acceder, rectificar, suprimir, limitar u oponerse al tratamiento, solicitar la portabilidad y revocar el consentimiento prestado dirigiendo correo electrónico a *"Dirección"*, incluyendo como referencia "EJERCICIO DE DERECHOS".

Más info.: ***"Insertar LINK"***

OTORGAMIENTO Y AUTORIZACIÓN:

Así lo dicen y otorgan.

A efectos de información y asesoramiento de la parte prestataria, yo, el/la notario, advierto expresamente:

a) Que el texto proyectado de la presente escritura ha estado a disposición de la parte prestataria en mi despacho, para su examen, durante los tres días hábiles anteriores al presente otorgamiento.

b) Que tengo a la vista el documento que contiene la oferta vinculante presentada por la entidad acreedora a la parte prestataria, en el cual se advierte del derecho citado a examinar el proyecto de escritura.

MCM 4020 s.

Entre las condiciones financieras contenidas en dicha oferta y las cláusulas financieras de la presente escritura, no existe discrepancia.

c) Que está previsto el reembolso anticipado del préstamo, con limitaciones establecidas en el pacto segundo, estipulándose para tal supuesto las comisiones expresadas en el citado pacto

d) Que ninguna de las cláusulas no financieras de la presente escritura implican, para la parte prestataria, comisiones o gastos no incluidos en las cláusulas financieras.

e) Que los índices de referencia pactados, son de los tipos oficiales definidos Y publicados por el Banco de España, a tenor de lo dispuesto en la OM EHA/2899/2011, de 28 de octubre, de transparencia y protección del cliente de servicios bancarios.

f) Que el tipo de interés aplicable durante el período inicial es inferior al que resultaría de aplicar a este período inicial el tipo de interés variable pactado para períodos posteriores.

Hago, asimismo, las oportunas advertencias fiscales. En especial y con relación al Impuesto de Transmisiones Patrimoniales y Actos Jurídicos Documentados, les advierto del plazo de treinta días hábiles que tienen para presentar copia de esta escritura en la Oficina Liquidadora competente, previa su autoliquidación la afección de los bienes al pago del Impuesto o al de las liquidaciones complementarias en su caso y responsabilidades en que podrían incurrir como consecuencia del incumplimiento de sus deberes fiscales respectivos Por su elección les leo esta escritura, la encuentran conforme y firman conmigo.

Renting (automóvil)

Nota preliminar:

- En su configuración más habitual, el contrato de **arrendamiento** empresarial puede definirse como aquel en virtud del cual una de las partes se obliga a ceder a la otra, el uso de un bien de utilización empresarial, por tiempo determinado, y contra el pago de un precio, normalmente expresado en términos de cuota de arrendamiento periódica, pero quedando a cargo del arrendador las prestaciones propias del **mantenimiento** del bien cuyo uso se cede, en las condiciones de utilización más perfectas.

- Es característica su **utilización** en relación con bienes de rápida obsolescencia técnica (p.e. ordenadores) y también de los de mantenimiento excesivamente especializado (p.e. automóviles).

- Del arrendamiento financiero en abstracto **derivan obligaciones recíprocas** para arrendadora y arrendataria, la finalidad práctica perseguida por la arrendataria suele centrarse en los aspectos financieros y en las ventajas tributarias que le supone acudir al tal contrato como fórmula para optar a la adquisición de los bienes arrendados. La primacía del interés de la arrendataria en la adquisición del bien mediante el ejercicio del derecho de opción por un precio residual sobre el de la utilización por el tiempo pactado permite que la arrendadora, en ocasiones, se desvincule de las obligaciones clásicas que a la misma impone el Código Civil (TS 12-11-14, EDJ 204305).

- Por ello, en contra de lo pretendido por la recurrente, para decidir sobre la reciprocidad de las obligaciones derivadas del arrendamiento financiero en concreto, no cabe acudir a las obligaciones que «por definición» impone el contrato de arrendamiento, «diga lo que diga un contrato de arrendamiento en particular», como alega en su recurso. Desde la **perspectiva civil**, dejando al margen sus repercusiones tributarias, cabe que las partes, en el ejercicio de su libertad contractual, modulen o eliminen válidamente alguno de los elementos característicos del contrato típico. Bajo la denominación de arrendamiento financiero pueden estipularse pactos que desnaturalicen los aspectos arrendaticios con los únicos límites fijados en el CC art.1255 (TS 12-11-14, EDJ 204305).

- El modelo presupone unas **circunstancias** determinadas que serán las **más frecuentes**. Si en el caso concreto existen circunstancias particulares no previstas, deberá completarse o modificarse el modelo, adaptándolo a las mismas.

Datos de la entidad:

"identificación de la Entidad".

Datos del cliente:

- Nombre: *"Don/Doña nombre y apellidos del cliente"*.

- Domicilio: *"domicilio del cliente"*.

- NIF: *"NIF del cliente"*.

Datos del vehículo:

- Vehículo: *"vehículo"*.
- Color: *"color"*.
- Opciones y accesorios: *"indicar accesorios"*.
- Bastidor: *"número de bastidor"*.
- Matrícula: *"matrícula"*.
- Compañía Seguros: *"identificación de la compañía"*.

Datos operación:

- Periodo de Alquiler: *"plazo de alquiler"* meses Kms/Año: *"especificar kms/año"*.
- Región Circulación: *"especificar la región"*.
- Máximo Kms: *"límite máximo de kilometraje"*.
- Conductor Habitual: *"Don/Doña nombre y apellidos del conductor habitual"*. D.N.I.: *"DNI del conductor habitual"*. Fecha Nacimiento: *"fecha de nacimiento"*.
- Domicilio: *"domicilio del conductor habitual"*.

MCM 4695 s.

CONDICIONES PARTICULARES:

Cuota de arrendamiento: *"cuota, en letra"* euros (*"cuota, en número"* €).			
Inversión sin IVA: *"inversión, en letra"* euros (*"inversión, en número"* €).			
IVA arrendamiento: *"IVA, en letra"* euros (*"IVA, en número"* €).			
Importes en euros	Coste Mensual	I.V.A.	TOTAL
Cuota de Alquiler:	*"coste de alquiler, en número"*	*"IVA por alquiler, en número"*	*"total por alquiler, en número"*
Cuota de Servicios:	*"coste de servicios, en número"*	*"IVA por servicios, en número"*	*"total por servicios, en número"*
Suplidos:	*"coste de suplidos, en número"*	*"IVA por suplidos, en número"*	*"total por suplidos, en número"*
Total Cuota:	*"coste total, en número"*	*"IVA total, en número"*	*"total por IVA, en número"*
Número de neumáticos incluidos: *"neumáticos incluidos"*.			
Total Coste Mensual: *"total coste mensual"* euros por Km. de más: *"kilometraje de más"* (+I.V.A.)			
Fecha Primera cuota: *"fecha de la primera cuota"* euros por Km. de menos: *"kilometraje de menos"* (+I.V.A.)			
"localidad, fecha y firma".			

CONTRATO DE ALQUILER DE VEHÍCULO SIN CONDUCTOR:

CONDICIONES GENERALES

1. Objeto

El presente contrato tiene por objeto el arrendamiento del vehículo que se indica en las condiciones particulares, que la **Entidad** adquiere de acuerdo con las especificaciones del **Cliente**, incluido el mantenimiento del mismo en los términos pactados en este contrato.

2. Duración

El arrendamiento tendrá el plazo de duración obligatorio para ambas partes que se establece en las condiciones particulares y se iniciará en la fecha en que el vehículo esté matriculado y a disposición del **Cliente**.

Finalizado el período de arrendamiento y previa aprobación de la **Entidad**, el contrato podrá prorrogarse por periodos mensuales. En este caso, la **Entidad** continuará facturando al **Cliente** el mismo importe mensual hasta la fecha efectiva de la devolución del vehículo.

3. Entrega

El vehículo será entregado directamente al **Cliente** por el suministrador o fabricante. La **Entidad** no otorga garantía alguna sobre el vehículo quedando, por tanto, exonerada de toda responsabilidad derivada del funcionamiento de este. En caso de existir algún defecto en los vehículos que pueda afectar a su uso normal, el **Cliente** lo comunicará a la **Entidad** quién reclamará por los defectos observados.

La **Entidad** no será responsable de ninguna omisión o demora en la entrega del vehículo que sea imputable al suministrador o fabricante. Los vehículos se entregarán como modelos de serie según las especificaciones acordadas con el **Cliente**. Nuevos accesorios y/o equipamiento adicional no podrán instalarse sin el consentimiento escrito de la **Entidad**.

La recepción del vehículo por el **Cliente** supone su conformidad con las características y estado de este.

4. Precio

Durante el periodo de arrendamiento el **Cliente** abonará a la **Entidad** una renta mensual cuyo importe se especifica en las condiciones particulares de este contrato.

La renta mensual incluye el alquiler del vehículo, el mantenimiento en los términos previstos en la cláusula decimocuarta, I.E.D.M.T. cuando sea aplicable, el Impuesto Municipal de circulación y la asistencia en carretera y seguro.

El importe de las rentas es fijo a lo largo de todo el contrato a excepción de las cantidades correspondientes a incremento de los impuestos de circulación y primas de seguros que la **Entidad** paga por cuenta y orden del **Cliente**, estos posibles incrementos se facturarán por separado al **Cliente** y este los abonará al primer requerimiento de la **Entidad**. No obstante lo anterior, si durante la vigencia del presente contrato el I.P.C. anual excediera de diez puntos porcentuales positivos o negativos, el importe de las rentas será actualizado, en más o en menos, en el exceso sobre dicho 10%.

Cualquier incremento durante la vigencia del contrato en la prima de seguro que la **Entidad** contrata por cuenta y orden del **Cliente**, le será facturado por separado y este lo abonará a primer requerimiento.

La obligación de pago se inicia a partir de la fecha en que el vehículo esté matriculado y a disposición del **Cliente**, según figura en las condiciones particulares. Los pagos referentes a meses naturales incompletos serán calculados de forma proporcional.

El hecho de que un vehículo no pueda ser utilizado por cualquier razón no imputable a la **Entidad**, no podrá ser invocado por el **Cliente** como motivo para no cumplir sus obligaciones de pago.

5. Forma de pago

El **Cliente** deberá satisfacer los pagos mensualmente por adelantado mediante domiciliación bancaria.

6. Uso

El **Cliente** mantendrá el vehículo en buenas condiciones y se obliga a que este sea utilizado de forma adecuada al objeto a que está destinado conforme a la normativa legal y a las instrucciones de uso de fabricante.

Queda prohibida su utilización en carreras o competiciones, pruebas de rendimiento o similares, lecciones de conducir o para transportes de materiales peligrosos, nocivos o insalubres.

Cualquier daño debido a negligencia del **Cliente** deberá de ser abonado por este a la **Entidad**.

7. Uso en el extranjero

El vehículo podrá ser utilizado fuera del territorio nacional y dentro de la Unión Europea durante un periodo máximo de siete días. Cualquier otra utilización en el extranjero requerirá autorización expresa de la **Entidad**. La cobertura del seguro sólo se extiende a los países de la Unión Europea.

En caso de que un vehículo sea abandonado en el extranjero, el **Cliente** será responsable de su repatriación y de todos los gastos incurridos, pudiendo, en su caso, la **Entidad**, repatriar el vehículo por cuenta del **Cliente**.

8. Propiedad

La propiedad del vehículo corresponde a la **Entidad**. Todas las piezas y recambios, una vez instalados, serán propiedad de la entidad.

MCM 4695 s.

9. Inspección Técnica de Vehículos (I.T.V.)
Si fuere requerido para ello, el **Cliente** presentará el vehículo para inspección técnica en la forma legalmente establecida siendo de su cuenta los costes correspondientes.

La instalación de cualquier accesorio por parte del **Cliente**, que requiera autorización de la Inspección Técnica de Vehículos, deberá hacerse con previa solicitud por escrito a la **Entidad** y autorizada por esta; los gastos que se deriven de esta inspección técnica serán por cuenta del **Cliente**.

10. Prohibición de subarrendar
El **Cliente** no podrá subarrendar el vehículo ni subrogar.

10.1.
El **Cliente** no podrá subalquilar ni subrogar los vehículos salvo autorización expresa de la **Entidad**.

10.2.
El **Cliente** será responsable de que las personas que conduzcan los vehículos cuenten con los correspondientes permisos de conducir.

10.3.
La **Entidad** podrá ceder este contrato a cualquiera de las empresas de su grupo; igualmente, la **Entidad** podrá subrogar a otra persona en los derechos y obligaciones singulares derivados del mismo. A los efectos anteriores, bastará la comunicación al **Cliente** de la referida cesión o subrogación.

11. Multas y sanciones
El **Cliente** releva a la **Entidad** de toda responsabilidad por multas y sanciones o reclamaciones que pudieran resultar de infracciones de las disposiciones legales o de reclamaciones de terceros en relación con el uso de vehículo.
En caso de que la **Entidad** fuera declarada responsable de tales infracciones, el **Cliente** reembolsará a la **Entidad** los costes correspondientes a primer requerimiento.

12. Pérdida, daños, seguro
La **Entidad** contratará, por cuenta y orden del **Cliente**, que figurará como titular, un seguro a todo riesgo del vehículo, en las condiciones que se contienen en la póliza cuya copia se entregará al **Cliente** junto con la documentación del vehículo. La **Entidad** podrá cambiar de compañía aseguradora sin más requisito que comunicar dicho cambio al **Cliente**.

El **Cliente** asume todos los riesgos de daños y pérdidas, incluso el caso fortuito y la fuerza mayor, que no estén cubiertos por la póliza suscrita por la **Entidad**.

Quedan excluidos de la póliza de seguro el robo, hurto, daños, etc..., de los sistemas de sonido interior del vehículo y reproductores de todo tipo, alarmas, equipos de música, aparatos telefónicos y demás accesorios del vehículo aun cuando vinieran instalados de serie, así como los daños que afecten exclusivamente a los neumáticos. El **Cliente** deberá cumplir las obligaciones establecidas en la póliza. En caso de siniestro informará inmediatamente a **Entidad** y a la compañía aseguradora.

13. Siniestro total/gran reparación
El siniestro total de vehículo declarado por la compañía de seguros, dará lugar a la extinción del presente contrato, quedando el **Cliente** relevado de la obligación de pago de las rentas pendientes de vencimiento, si bien vendrá obligado a abonar a la **Entidad** el importe del seguro pendiente de facturar.

Ante el evento de una gran reparación no imputable a negligencia del **Cliente**, la **Entidad** se reserva el derecho a cancelar anticipadamente el contrato sin penalización alguna para el **Cliente**.

Se entenderá por gran reparación aquella cuyo importe supere el 25% de la suma de las rentas pendientes de vencimiento.

MCM 4695 s.

14. Mantenimiento del vehículo

La **Entidad** gestionará el mantenimiento y reparaciones del vehículo, incluyendo cambios de aceite, lubricantes, líquido, repuestos, neumáticos y mano de obra, de acuerdo con los procedimientos de mantenimiento recomendados por el fabricante del vehículo.

La **Entidad** se encargará tanto de aquellas reparaciones que resulten de fallos técnicos o del uso y desgaste que resulten de la utilización normal del vehículo, como de aquellos daños derivados de accidente dentro de las condiciones de cobertura del seguro contratado.

Quedan excluidos del mantenimiento los lavados, encerados, reposición de moquetas, alfombras de suelo, tapizado y el mantenimiento y reparación de los accesorios instalados por el **Cliente**. También quedan excluidos el mantenimiento, reparación y reposición de los sistemas de audición, bluetooth, alarmas, equipos de música, aparatos telefónicos y demás accesorios aun cuando estos vinieran instalados de serie.

El mantenimiento y reparaciones mecánicas se realizarán en los talleres recomendados por la **Entidad** que formen parte de la red oficial del fabricante.

El cambio y mantenimiento de neumáticos deberá efectuarse en los talleres indicados por la **Entidad**, quienes podrán montar cualesquiera neumáticos a su elección siempre que los mismos cumplan los requisitos exigidos por el fabricante del vehículo. La sustitución de neumáticos se llevará a cabo siguiendo las indicaciones del taller especializado. Queda excluido el cambio de neumáticos debido a actos vandálicos o negligencia del conductor (por ejemplo: bordillazos).

15. Autorización

El **Cliente** deberá solicitar autorización de la **Entidad** antes de comenzar cualquier trabajo de reparación o reposición. La **Entidad** deberá autorizar o denegar la solicitud en el plazo de veinticuatro horas y de no hacerlo así se entenderá a todos los efectos que la autoriza.

Las facturas por reparación o mantenimiento deberán ir a nombre del suministrador del vehículo, con el NIF y domicilio que figuran en la guía práctica del usuario.

16. Devolución del vehículo

Finalizado el periodo de arrendamiento, el **Cliente** deberá devolver el vehículo a la **Entidad**, en el lugar que esta indique, en su original estado físico y mecánico a excepción del desgaste normal debido a su uso. En caso contrario se hará una estimación del coste de reparaciones, repuestos, revisión y reposición de piezas que falten y su importe se facturará al **Cliente**.

El vehículo no se considerará devuelto si no viene con sus placas de matrícula y con la siguiente documentación, salvo que esta estuviera en poder de la **Entidad**:

- Permiso de circulación.

- Ficha de inspección técnica.

- Libro de mantenimiento.

- Tarjeta *"entidad-renting"*.

- Último recibo original de la póliza de seguros.

En el momento de la entrega se levantará un acta de recepción en la que se hará constar la fecha de entrega, el kilometraje final del vehículo, los posibles desperfectos y los documentos entregados.

Será por cuenta del **Cliente** cualquier gasto o disminución de valor que se origine como consecuencia de la falta de cualquier documento.

MCM 4695 s.

17. Ajuste por kilómetros

Al finalizar el contrato, cualquiera que sea la causa, se comparará el número de kilómetros recorrido por el vehículo con el número de kilómetros estimado que figura en las condiciones particulares. Si exceden de la estimación, se facturará al **Cliente** la cantidad que resulte de multiplicar el número - excedente de kilómetros por el precio de ajuste por kilómetros que figura en las condiciones particulares. Si son inferiores a la estimación, la **Entidad** lo abonará al **Cliente**, calculándolo por el mismo procedimiento. Si el exceso de kilómetros supera en un 25% la cantidad de kilómetros prevista en las condiciones particulares, la cantidad resultante con arreglo a lo previsto en el párrafo anterior se incrementará en un 50%. En cualquiera de los casos se estimará por realizado el 75% de los kilómetros presupuestados. Existirá una franquicia, en más o menos 2.000 kilómetros, en los que ni la **Entidad** cobrará el ajuste de kilómetros ni le abonará estos al **Cliente**.

El **Cliente** aceptará como bueno el número de kilómetros que indique el cuentakilómetros.

Los desperfectos en el cuentakilómetros deberán ser comunicados a la **Entidad** inmediatamente. El número de kilómetros recorridos hasta que tal desperfecto haya sido eliminado se entenderá como el resultado de multiplicar el número de días que el desperfecto haya subsistido por el kilometraje medio diario del vehículo durante los 90 días anteriores al momento del desperfecto, o si el periodo fuese inferior, desde que el vehículo haya sido entregado al **Cliente**, con el mínimo de kilometraje anual establecido en las condiciones particulares, dividido por 360.

El **Cliente** se compromete a controlar permanentemente el funcionamiento correcto del cuentakilómetros.

18. Incumplimiento

Si el **Cliente** dejara de pagar cualquier cantidad a su vencimiento, está obligado a pagar un interés del *"interés porcentual por impago"*% mensual sobre la cantidad adeudada, además de los gastos de devolución que en ese momento tenga publicadas la **Entidad** en cualquiera de sus delegaciones, devengándose dicho interés, día a día, desde la fecha en que debió hacerse el pago hasta la fecha en que se haga efectivamente. Asimismo, si fueran dos o más rentas las que el **Cliente** deja de pagar a sus vencimientos, la **Entidad** podrá resolver unilateralmente el contrato, tomar posesión del vehículo y exigir del **Cliente**, además de las cantidades impagadas con sus gastos e intereses de demora, una indemnización igual al *"interés porcentual por indemnización"* de la suma de las rentas pendientes de vencimiento.

En estos supuestos, la **Entidad** estará autorizada a optar por resolver el contrato, bastando para ello la comunicación por escrito hecha al **Cliente** en tal sentido.

19. Cancelación anticipada

Si el presente contrato fuera cancelado a petición del **Cliente** antes del plazo convenido, este vendrá obligado a abonar a la **Entidad** una cantidad igual al *"porcentaje por cancelación"* de la suma de las rentas pendientes de vencimiento.

20. Depósito

El **Cliente** entrega en este acto a la **Entidad** una cantidad igual al importe de una renta mensual en concepto de depósito en garantía del cumplimiento de las obligaciones contraídas en virtud del presente contrato. Este depósito, que no devengará intereses a favor del **Cliente**, se le devolverá dentro de los treinta días siguientes a la finalización del arrendamiento, siempre que el **Cliente** no tenga ningún pago pendiente con la **Entidad**.

21. Otros gastos e impuestos

Si durante la vigencia del presente contrato surgieran nuevos tributos, tasas o arbitrios que afecten a la tenencia o uso del vehículo, su importe se facturará al **Cliente** que deberá abonarlo a primer requerimiento.

22. Domicilio

Las partes eligen como su domicilio el que figura en el presente contrato.

23. Validez del contrato

El presente contrato y sus condiciones particulares será válido desde la fecha de su firma. No obstante, si desde esta fecha hasta la entrega del vehículo, el precio franco fábrica de este sufriera alguna variación respecto del que figura en las condiciones particulares, entidad se reserva el derecho a modificar el importe de las rentas pactadas, debiendo comunicarlo al **Cliente**.

Si el **Cliente** no acepta dicha variación, el presente contrato quedará rescindido automáticamente sin que de ello se derive responsabilidad alguna para las partes, salvo la obligación de la **Entidad** de devolver al **Cliente** el depósito recibido.

24. Fuero

Las partes se someten a la jurisdicción de los juzgados y tribunales de *"ciudad de los juzgados y tribunales"*.

25. Protección de datos de carácter personal

En cumplimiento de lo dispuesto en el Reglamento General de Protección de Datos (Rgto (UE) 2016/679), y la Ley Orgánica 3/2018, respecto del tratamiento de datos se informa de lo siguiente:

Responsable: ***"Nombre"***.

Finalidades: Ejecutar el presente contrato; ejecutar y atender medidas precontractuales; y envío de comunicaciones comerciales electrónicas.

Legitimación: Consentimiento del interesado (Rgto (UE) 2016/679 art.6.1.a) y ejecución de un contrato de prestación de servicios o medidas precontractuales (Rgto (UE) 2016/679 art.6.1.b).

Derechos: Acceder, rectificar, suprimir, limitar u oponerse al tratamiento, solicitar la portabilidad y revocar el consentimiento prestado dirigiendo correo electrónico a *"Dirección"*, incluyendo como referencia "EJERCICIO DE DERECHOS".

Más info.: ***"Insertar LINK"***

En *"localidad"*, a *"fecha"*

EL CLIENTE **LA ENTIDAD**

Forfaiting

MCM 4820 s.

Nota preliminar:

- Es una **técnica de financiación** por medio de la cual, una persona, física o jurídica, realiza una compra sin recurso de un instrumento de pago que tiene su origen en una operación de comercio o financiera, ya sea a corto o a largo plazo.
- Es una técnica de descuento en **operaciones de comercio internacional** (TS 27-3-12, EDJ 53403).
- Como reconoce la sentencia TS 5-2-91, EDJ 1139, es evidente el derecho del banco descontante a que quien obtuvo el descuento le reintegre el importe de las mismas, pues la esencia de toda operación de descuento bancario, al entrañar una mera cesión "prosolvendo", (no "pro soluto") del crédito que incorpora la letra descontada, consiste precisamente en que si dicho crédito no llega a hacerse efectivo por el obligado a su pago, el banco descontante puede reclamar su importe de aquél que obtuvo el descuento de las mismas", doctrina reiterada en TS 27-1-92, EDJ 624 y 3-4-92, EDJ 3261. Ese **derecho de reintegro** pude hacerse efectivo bien **extra judicialmente** mediante la práctica de un contraasiento en la cuenta del cliente descontatario, haciéndose así el pago por vía de compensación de acuerdo con el art.61.2º del Reglamento del Banco de España (vid TS 21-3-88, EDJ 2320 y 1-2-89, EDJ 861), bien **por vía judicial** mediante el ejercicio de la acción cambiaría de regreso contra él, o de la acción causal nacida del contrato de descuento (**AP Córdoba 16-2-01, EDJ 4080**).
- Según el TJUE, el Rgto (UE) 575/2013 art.4.1.1.a, sobre los requisitos prudenciales de las entidades de crédito, y por el que se modifica el Rgto (UE) 648/2012, en su versión modificada por el Rgto (UE) 2019/2033, debe interpretarse en el sentido de que una empresa solo está comprendida en el concepto de «entidad de crédito» cuando su actividad consiste, de forma acumulativa, en recibir del público depósitos u otros fondos reembolsables y en conceder créditos por cuenta propia, con la precisión de que esos depósitos u otros fondos recibidos del público están destinados a la concesión de créditos, sin que quede excluida la concesión de créditos también a partir de fondos procedentes de otras fuentes (TJUE 16-11-23).
- Dado que el **préstamo a largo plazo** no se acomoda a la finalidad de financiación de circulante, probablemente, el instrumento más conocido a la consecución de esta finalidad sea el descuento de papel comercial o pagarés, pero también pueden citarse los préstamos a corto plazo, los préstamos ICO, las pólizas de crédito o líneas de crédito, el anticipo de facturas, el *factoring*, el *confirming*, el *forfaiting*... En cambio, precisamente por las exigencias de agilidad y flexibilidad inherentes a este tipo de financiación, no es habitual el recurso para satisfacer estas necesidades a otros instrumentos financieros como el préstamo a largo plazo (AP Pontevedra 19-10-22, EDJ 742160).
- El modelo presupone unas **circunstancias** determinadas que serán las **más frecuentes**. Si en el caso concreto existen circunstancias particulares no previstas, deberá completarse o modificarse el modelo, adaptándolo a las mismas.

En *"localidad"*, a *"fecha"*

REUNIDOS:

De una parte,

"Don/Doña nombre y apellidos de la parte", mayor de edad, *"estado civil de la parte" "... "especificar el régimen económico matrimonial de la parte" ... "*, de nacionalidad *"nacionalidad de la parte"*, con domicilio a estos efectos en *"domicilio de la parte"*, *"...con DNI/NIF número "DNI/NIF de la parte" ... O ... con tarjeta de residencia número "número de tarjeta de residencia de la parte" ... O ... pasaporte número "número de pasaporte de la parte", expedido el "fecha de expedición del pasaporte de la parte" ... O ... "reseñar otros documentos aportados por la parte" ... "*, vigente hasta el *"fecha de vigencia de la documentación aportada por la parte"*.

MCM 4820 s.

Interviene

Si interviene en su propio nombre:

en su propio nombre y derecho.

Si interviene como representante:

en nombre y representación

Si representa a persona física:

de *"Don/Doña nombre y apellidos del representado"*, mayor de edad, *"estado civil del representado"*, con domicilio en *"domicilio del representado"* y provisto de D.N.I./N.I.F. número *"DNI/NIF del representado"*, según consta en escritura de poder, otorgada ante el notario de *"lugar donde radica la notaría en la que se autorizó la escritura de poder de representación (persona física)"*, *"Don/Doña nombre y apellidos del notario que autorizó la escritura de poder de representación (persona física)"*, el *"fecha de escritura de poder de representación (persona física)"*, con el número *"número de protocolo del notario que autorizó la escritura de poder de representación (persona física)"* de su orden de protocolo.

Si representa a persona jurídica:

de la sociedad mercantil denominada *"denominación social"*, domiciliada en *"domicilio social"*, y con NIF número *"NIF de la sociedad"*, constituida, por tiempo indefinido, mediante escritura otorgada ante el notario de *"lugar donde radica la notaría en la que se autorizó la escritura de poder de representación (persona jurídica)"*, *"Don/Doña nombre y apellidos del notario que autorizó la escritura de poder de representación (persona jurídica)"*, el *"fecha de escritura de poder de representación (persona jurídica)"*, e inscrita en el Registro Mercantil de *"datos de la inscripción registral (localidad del Registro Mercantil, tomo, folio, sección, hoja e inscripción)"*, en su calidad de

Si representa como cargo social:

"...administrador único ... O ... administrador solidario ... O ... consejero delegado ... O ... "especificar la representación del cargo social" ..." de la reseñada sociedad, cargo para el que fue nombrado y asegura vigente en escritura otorgada el *"fecha de escritura del nombramiento del cargo"*, ante el notario de *"lugar donde radica la notaría en la que se autorizó la escritura del nombramiento"*, *"Don/Doña nombre y apellidos del notario que autorizó la escritura del nombramiento"*, con el número *"número de protocolo del notario que autorizó la escritura del nombramiento"* de su protocolo, e inscrita en el Registro Mercantil de *"localidad del Registro Mercantil de la escritura de nombramiento"*, en el tomo y hoja arriba indicados.

Si representa como apoderado:

apoderado de la reseñada sociedad, según escritura de poder otorgada a su favor, en *"fecha de escritura del otorgamiento del poder"*, ante el notario de *"lugar donde radica la notaría en la que se autorizó la escritura de poder"*, *"Don/Doña nombre y apellidos del notario que autorizó la escritura de poder"*, con el número *"número de protocolo del notario que autorizó la escritura de poder"* de su protocolo *"...e inscrita en el Registro Mercantil de "localidad del Registro Mercantil de la escritura de poder" ..."*, en el tomo y hoja arriba indicados.

MCM 4820 s.

De otra parte,
"Don/Doña nombre y apellidos de la parte", mayor de edad, *"estado civil de la parte" "... "especificar el régimen económico matrimonial de la parte" ...*", de nacionalidad *"nacionalidad de la parte"*, con domicilio a estos efectos en *"domicilio de la parte"*, *"...con DNI/NIF número "DNI/NIF de la parte" ... O ... con tarjeta de residencia número "número de tarjeta de residencia de la parte" ... O ... pasaporte número "número de pasaporte de la parte", expedido el "fecha de expedición del pasaporte de la parte" ... O ... "reseñar otros documentos aportados por la parte" ...*", vigente hasta el *"fecha de vigencia de la documentación aportada por la parte"*.

Interviene en nombre y representación de la sociedad mercantil (Banco o Caja) denominada *"denominación de la sociedad"*, domiciliada en *"domicilio de la sociedad"*, y con NIF número *"NIF de la sociedad"*, constituida, por tiempo indefinido, mediante escritura otorgada ante el notario de *"lugar del notario que autorizó la escritura de constitución"*, *"Don/Doña nombre y apellidos del notario que autorizó la escritura de constitución"*, el *"fecha de autorización de la escritura de constitución"*, e inscrita en el Registro Mercantil de *"datos de la inscripción registral (localidad del Registro Mercantil, tomo, folio, sección, hoja e inscripción)"*, en su calidad de

>>

○ **Si representa como cargo social:**
"...administrador único ... O ... administrador solidario ... O ... consejero delegado ... O ... "especificar la representación del cargo social" ... " de la reseñada sociedad, cargo para el que fue nombrado y asegura vigente en escritura otorgada el *"fecha de escritura del nombramiento del cargo"*, ante el notario de *"lugar donde radica la notaría en la que se autorizó la escritura del nombramiento"*, *"Don/Doña nombre y apellidos del notario que autorizó la escritura del nombramiento"*, con el número *"número de protocolo del notario que autorizó la escritura del nombramiento"* de su protocolo, e inscrita en el Registro Mercantil de *"localidad del Registro Mercantil de la escritura de nombramiento"*, en el tomo y hoja arriba indicados.

○ **Si representa como apoderado:**
apoderado de la reseñada sociedad, según escritura de poder otorgada a su favor, en *"fecha de escritura del otorgamiento del poder"*, ante el notario de *"lugar donde radica la notaría en la que se autorizó la escritura de poder"*, *"Don/Doña nombre y apellidos del notario que autorizó la escritura de poder"*, con el número *"número de protocolo del notario que autorizó la escritura de poder"* de su protocolo *"...e inscrita en el Registro Mercantil de "localidad del Registro Mercantil de la escritura de poder" ..."*, en el tomo y hoja arriba indicados.

Reconociéndose mutuamente la capacidad legal necesaria para el otorgamiento del presente contrato,

MANIFIESTAN:

Que han convenido realizar un contrato mercantil de forfaiting, sometiéndose las partes a las siguientes

ESTIPULACIONES:

Primera. Objeto del contrato
La **Entidad** se compromete desde el día *"fecha inicial"* hasta el día *"fecha final"*, a aceptar mediante endoso los pagarés o letras que el **Cliente** le entregue conforme a las posteriores cláusulas.

Segunda. Endoso y documentos de exportación
El **Cliente** sólo endosará el documento cambiario cuya cuantía venga establecida en las siguientes divisas *"especificar divisas"*. Además aportará recibo, carta de porte o embarque o cualquier documento fehaciente que demuestre la remisión efectiva de la exportación junto a los efectos correspondientes para pago de las mismas, en su caso vendrá acompañado de la carta de conformidad del importador o bien de justificante de haber sido asegurada la mercancía en forma suficiente, debiéndose comunicar a la sociedad aseguradora, que el beneficiario del seguro será la **Entidad** desde dicha fecha.

MCM 4820 s.

Tercera. Tipo de descuento y comisiones
La **Entidad** descontará los efectos presentados conforme al cambio de la divisa en el mercado de divisas de Madrid en el día de presentación al tipo de *"tipo de interés, en letra"* por 100 (*"tipo de interés, en número"*%) nominal anual calculado sobre los días que restan hasta el vencimiento en base 360 días (año comercial) y se pagará una comisión cada treinta días a partir de la fecha inicial de la cláusula primera del *"interés porcentual, en letra"* por 100 (*"interés porcentual, en número"*%) del nominal descontado y no cobrado.

Cuarta. Límite del descuento
La **Entidad** descontará efectos hasta un límite de *"descuento de efectos, en letra"* euros (*"descuentos de efectos, en número"* €) nominales. Este límite es rotativo en el sentido que podrán descontarse nuevos efectos una vez cobrados otros recuperándose el límite a medida que se cobre el nominal de cada efecto.

Quinta. Requisitos de los endosos
Los endosos se realizarán con los siguientes requisitos:

a) Que debe existir aval o bien garantía suficiente bancaria o de otro tipo a favor del librador del pagaré o del librado de la letra, salvo que la **Entidad** renuncie expresamente a exigir dichas garantías inicialmente sin que ello implique su renuncia a exigirlas con posterioridad.

b) Que los endosos se realizarán sin responsabilidad alguna del cedente.

Sexta. Acciones derivadas de los efectos cambiarios
La **Entidad** emprenderá todas las acciones que dimanen de los documentos bancarios, renunciando a ejercerlos frente a los endosantes. Asimismo, el **Cliente** ofrece y cede sus acciones judiciales frente a las entidades transportistas a favor de la **Entidad** obligándose a hacerlo constar en sus comunicaciones con dichas empresas.

Séptima. Cuenta especial
La **Entidad** abonará el efectivo del descuento en la cuenta especial abierta en esta entidad crediticia a nombre del **Cliente**.

Octava. Timbre de las letras de cambio cedidas
Los efectos presentados al descuento deberán ir extendidos inexcusablemente en el timbre correspondiente a su tarifa.

Novena. Protesto de efectos remesados
La **Entidad** se reserva la potestad y queda autorizado expresamente para ello, a la hora de considerar *"con gastos"* y protestar cualquier efecto al objeto de asegurarse la acción cambiaria del reembolso.

Décima. Garantía de los créditos cedidos
El **Cliente** se obliga a garantizar, bajo su responsabilidad, la vigencia, legitimidad y validez de todos y cada uno de los efectos cedidos, declarando que sobre los mismos no existe gravamen alguno ni incidencia relacionada con la mercancía exportada o la entrega y que todas representan ventas exteriores verdaderas, en ningún caso condicionadas ni en depósito.

Undécima. Información de los créditos cedidos
El **Cliente** se obliga a informar a la **Entidad** de cualquier incidencia relativa a los documentos cambiarios endosados.

Duodécima. Incumplimiento del contrato
El incumplimiento, por cualquiera de las partes contratantes, de las condiciones estipuladas en este contrato, dará derecho a la otra parte para optar entre la resolución del mismo o la exigencia de su cumplimiento, con la indemnización por daños y perjuicios en ambos casos.

MCM 4820 s.

Decimotercera. Gastos por incumplimiento
Todos los gastos judiciales o extrajudiciales que puedan producirse como consecuencia de reclamación por incumplimiento de condiciones específicas o generales de este contrato, o resolución del mismo serán a cargo de la parte contratante que hubiere dado origen a los mismos.

Decimocuarta. Sometimiento a fuero
Las partes se someten al de los juzgados y tribunales españoles de la plaza de *"ciudad de los juzgados y tribunales"*.

Decimoquinta. Gastos del contrato
Todos los gastos, corretajes e impuestos que se deriven de la formalización y cumplimiento del presente contrato serán a cargo del **Cliente**.

Decimosexta. Régimen del contrato
Este contrato tiene carácter mercantil y regirá por sus propias cláusulas, y en lo que en ellas no estuviese previsto se estará a las disposiciones españolas del Código de Comercio, usos mercantiles, Leyes especiales y en su defecto a lo previsto en el Código Civil.

Decimoséptima. Condiciones generales de la contratación
El **Cliente** manifiesta conocer y aceptar las condiciones generales insertas en este contrato, que no han sido inscritas en el Registro de las Condiciones Generales de la Contratación, presta su conformidad a su incorporación al contrato y las considera recibidas mediante la entrega de un ejemplar de este contrato que las contiene, todo ello a los efectos de la Ley 7/1998, de 13 de abril.

Decimoctava. Tratamiento de datos personales
En cumplimiento de lo dispuesto en el Reglamento General de Protección de Datos (Rgto (UE) 2016/679), y la Ley Orgánica 3/2018, respecto del tratamiento de datos se informa de lo siguiente:

Responsable: ***"Nombre"***.

Finalidades: Ejecutar el presente contrato; ejecutar y atender medidas precontractuales; y envío de comunicaciones comerciales electrónicas.

Legitimación: Consentimiento del interesado (Rgto (UE) 2016/679 art.6.1.a) y ejecución de un contrato de prestación de servicios o medidas precontractuales (Rgto (UE) 2016/679 art.6.1.b).

Derechos: Acceder, rectificar, suprimir, limitar u oponerse al tratamiento, solicitar la portabilidad y revocar el consentimiento prestado dirigiendo correo electrónico a *"Dirección"*, incluyendo como referencia "EJERCICIO DE DERECHOS".

Más info.: ***"Insertar LINK"***

Las partes se manifiestan conformes con la totalidad del contenido del presente documento contractual, tal y como aparece redactada con sus anexos y adiciones, en su caso, lo otorgan y firman en todas sus hojas, formalizándose por triplicado, siendo dichos ejemplares igualmente originales y auténticos.

LA ENTIDAD	**EL CLIENTE**

Cancelación de deuda e hipoteca

MCM 4559 y 8705 s.

> **Nota preliminar:**
>
> El modelo presupone unas **circunstancias** determinadas que serán las **más frecuentes**. Si en el caso concreto existen circunstancias particulares no previstas, deberá completarse o modificarse el modelo, adaptándolo a las mismas.

NÚMERO *"número de protocolo"*

En *"lugar"*, a *"fecha"*.

Ante mí, *"Don/Doña nombre y apellidos del notario"* perteneciente al colegio notarial de *"colegio notarial"* y con residencia en *"lugar donde radica la notaría"*.

COMPARECE:

"Don/Doña nombre y apellidos de la parte", mayor de edad, *"estado civil de la parte"* "... *"especificar el régimen económico matrimonial de la parte"* ...", de nacionalidad *"nacionalidad de la parte"*, con domicilio a estos efectos en *"domicilio de la parte"*, "*...con DNI/NIF número "DNI/NIF de la parte"... O ... con tarjeta de residencia número "número de tarjeta de residencia de la parte"... O ... pasaporte número "número de pasaporte de la parte", expedido el "fecha de expedición del pasaporte de la parte" ... O ... "reseñar otros documentos aportados por la parte"* ...", vigente hasta el *"fecha de vigencia de la documentación aportada por la parte"*.

INTERVIENE:

Interviene en nombre y representación de la sociedad mercantil denominada *"denominación de la sociedad"*, domiciliada en *"domicilio de la sociedad"*, y con NIF número *"NIF de la sociedad"*, constituida, por tiempo indefinido, mediante escritura otorgada ante el notario de *"lugar del notario que autorizó la escritura de constitución"*, *"Don/Doña nombre y apellidos del notario que autorizó la escritura de constitución"*, el *"fecha de autorización de la escritura de constitución"*, e inscrita en el Registro Mercantil de *"datos de la inscripción registral (localidad del Registro Mercantil, tomo, folio, sección, hoja e inscripción)"*, en su calidad de

>>

o Si representa como cargo social:

"...administrador único ... O ... administrador solidario ... O ... consejero delegado ... O ... "especificar la representación del cargo social" ..." de la reseñada sociedad, cargo para el que fue nombrado y asegura vigente en escritura otorgada el *"fecha de escritura del nombramiento del cargo"*, ante el notario de *"lugar donde radica la notaría en la que se autorizó la escritura del nombramiento"*, *"Don/Doña nombre y apellidos del notario que autorizó la escritura del nombramiento"*, con el número *"número de protocolo del notario que autorizó la escritura del nombramiento"* de su protocolo, e inscrita en el Registro Mercantil de *"localidad del Registro Mercantil de la escritura de nombramiento"*, en el tomo y hoja arriba indicados.

o Si representa como apoderado:

apoderado de la reseñada sociedad, según escritura de poder otorgada a su favor, en *"fecha de escritura del otorgamiento del poder"*, ante el notario de *"lugar donde radica la notaría en la que se autorizó la escritura de poder"*, *"Don/Doña nombre y apellidos del notario que autorizó la escritura de poder"*, con el número *"número de protocolo del notario que autorizó la escritura de poder"* de su protocolo *"...e inscrita en el Registro Mercantil de "localidad del Registro Mercantil de la escritura de poder" ..."*, en el tomo y hoja arriba indicados.

MCM 4559 y 8705 s.

Se encuentra debidamente autorizado para este acto en virtud de escritura de apoderamiento otorgada en fecha *"fecha de autorización de la escritura de apoderamiento"*, ante el notario de *"lugar del notario que autorizó la escritura de apoderamiento"*, *"Don/Doña nombre y apellidos del notario que autorizó la escritura de apoderamiento"*, con el número *"número de protocolo del notario que autorizó la escritura de apoderamiento"* de su protocolo, e inscrita en el Registro Mercantil de *"datos de la inscripción registral del notario que autorizó la escritura de apoderamiento (localidad del Registro Mercantil, tomo, folio, sección, hoja e inscripción)"*, instrumento que considero suficiente para este otorgamiento, y que me exhibe y devuelvo al otorgante para que la presente donde proceda.

Y aseverando el compareciente la vigencia de sus facultades representativas, tiene a mi juicio, según interviene, la capacidad legal suficiente para formalizar la presente escritura de carta de pago y cancelación de hipoteca, y, al efecto:

EXPONE Y OTORGA:

I. Mediante escritura pública de fecha *"fecha de autorización de la escritura pública"*, autorizada ante mí con el número *"número de protocolo del notario que autorizó la escritura pública"* de protocolo, se concertó sobre la finca que luego se dirá un préstamo hipotecario, concedido por *"identificación de la Entidad"*, a favor de *"Don/Doña nombre y apellidos del beneficiario"*, de *"cuantía del préstamo, en letra"* euros (*"cuantía del préstamo, en número"* €), de principal, *"cantidad por el principal, en letra"* euros (*"cantidad por el principal, en número"* €), de intereses de *"años"* años, y *"cantidad por prestaciones accesorias, en letra"* euros (*"cantidad por prestaciones accesorias, en número"* €), por prestaciones accesorias, costas y gastos. *"Don/Doña nombre y apellidos del hipotecado"* hipotecó a favor de *"nombre de la entidad"* la siguiente finca urbana: *"descripción de la finca según la nota simple del Registro de la Propiedad"*.

- Título: *"título sobre la finca hipotecada"*.

- Normas sobre propiedad horizontal: *"especificar las normas"*.

- Cargas: *"cargas de la finca hipotecada"*.

- Arrendamientos: *"especificar los arrendamientos"*.

- Inscripción: *"inscripción de la finca hipotecada"*.

- Referencia catastral: *"referencia catastral de la finca hipotecada"*.

II. Habiendo recibido la mercantil acreedora de la parte deudora el importe total de la referida deuda, y no habiéndose causado gasto ni costa alguna, la primera otorga a la segunda la más solemne y eficaz carta de pago, y cancela totalmente la hipoteca constituida sobre la finca descrita, la cual deja libre de toda responsabilidad, por razón de la deuda relacionada, y solicita la cancelación del gravamen, siendo los gastos e impuestos que origine la presente escritura hasta su inscripción en el Registro de la Propiedad por cuenta y cargo de deudor.

OTORGAMIENTO Y AUTORIZACIÓN:

Hago las reservas y advertencias legales y fiscales. En particular y a efectos fiscales advierto de las obligaciones y responsabilidades tributarias que incumben a las partes en su aspecto material, formal y sancionador, y de las consecuencias de toda índole que se derivarían de la inexactitud de sus declaraciones.

Por su elección, le leo esta escritura, la encuentra conforme y firma conmigo el notario, que doy fe de identificarle por el documento exhibido y del total contenido de este instrumento extendido en *"número de folios"* folios de la serie *"serie"*, números *"números de la serie"* el presente y los *"números de la serie posteriores"* inmediatos posteriores correlativos.

780

Financiación de proyectos

Nota preliminar:

El modelo presupone unas **circunstancias** determinadas que serán las **más frecuentes**. Si en el caso concreto existen circunstancias particulares no previstas, deberá completarse o modificarse el modelo, adaptándolo a las mismas.

En *"localidad"*, a *"fecha"*

COMPARECEN:

De una parte,

"Don/Doña nombre y apellidos de la parte", mayor de edad, *"estado civil de la parte" "... "especificar el régimen económico matrimonial de la parte" ..."*, de nacionalidad *"nacionalidad de la parte"*, con domicilio a estos efectos en *"domicilio de la parte"*, *"...con DNI/NIF número "DNI/NIF de la parte"... O ... con tarjeta de residencia número "número de tarjeta de residencia de la parte" ... O ... pasaporte número "número de pasaporte de la parte", expedido el "fecha de expedición del pasaporte de la parte" ... O ... "reseñar otros documentos aportados por la parte" ..."*, vigente hasta el *"fecha de vigencia de la documentación aportada por la parte"*.

Interviene en nombre y representación de la sociedad mercantil denominada *"denominación de la sociedad"*, domiciliada en *"domicilio de la sociedad"*, y con NIF número *"NIF de la sociedad"*, constituida, por tiempo indefinido, mediante escritura otorgada ante el notario de *"lugar del notario que autorizó la escritura de constitución"*, *"Don/Doña nombre y apellidos del notario que autorizó la escritura de constitución"*, el *"fecha de autorización de la escritura de constitución"*, e inscrita en el Registro Mercantil de *"datos de la inscripción registral (localidad del Registro Mercantil, tomo, folio, sección, hoja e inscripción)"*, en su calidad de

>>

○ **Si representa como cargo social:**

"...administrador único ... O ... administrador solidario ... O ... consejero delegado ... O ... "especificar la representación del cargo social" ..." de la reseñada sociedad, cargo para el que fue nombrado y asegura vigente en escritura otorgada el *"fecha de escritura del nombramiento del cargo"*, ante el notario de *"lugar donde radica la notaría en la que se autorizó la escritura del nombramiento"*, *"Don/Doña nombre y apellidos del notario que autorizó la escritura del nombramiento"*, con el número *"número de protocolo del notario que autorizó la escritura del nombramiento"* de su protocolo, e inscrita en el Registro Mercantil de *"localidad del Registro Mercantil de la escritura de nombramiento"*, en el tomo y hoja arriba indicados.

○ **Si representa como apoderado:**

apoderado de la reseñada sociedad, según escritura de poder otorgada a su favor, en *"fecha de escritura del otorgamiento del poder"*, ante el notario de *"lugar donde radica la notaría en la que se autorizó la escritura de poder"*, *"Don/Doña nombre y apellidos del notario que autorizó la escritura de poder"*, con el número *"número de protocolo del notario que autorizó la escritura de poder"* de su protocolo *"...e inscrita en el Registro Mercantil de "localidad del Registro Mercantil de la escritura de poder" ..."*, en el tomo y hoja arriba indicados.

De otra parte,

"Don/Doña nombre y apellidos de la parte", mayor de edad, *"estado civil de la parte" "... "especificar el régimen económico matrimonial de la parte" ... "*, de nacionalidad *"nacionalidad de la parte"*, con domicilio a estos efectos en *"domicilio de la parte"*, *"...con DNI/NIF número "DNI/NIF de la parte" ... O ... con tarjeta de residencia número "número de tarjeta de residencia de la parte" ... O ... pasaporte número "número de pasaporte de la parte", expedido el "fecha de expedición del pasaporte de la parte" ... O ... "reseñar otros documentos aportados por la parte" ... "*, vigente hasta el *"fecha de vigencia de la documentación aportada por la parte"*.

Interviene en nombre y representación de la sociedad mercantil denominada *"denominación de la sociedad"*, domiciliada en *"domicilio de la sociedad"*, y con NIF número *"NIF de la sociedad"*, constituida, por tiempo indefinido, mediante escritura otorgada ante el notario de *"lugar del notario que autorizó la escritura de constitución"*, *"Don/Doña nombre y apellidos del notario que autorizó la escritura de constitución"*, el *"fecha de autorización de la escritura de constitución"*, e inscrita en el Registro Mercantil de *"datos de la inscripción registral (localidad del Registro Mercantil, tomo, folio, sección, hoja e inscripción)"*, en su calidad de

>>

○ **Si representa como cargo social:**

"...administrador único ... O ... administrador solidario ... O ... consejero delegado ... O ... "especificar la representación del cargo social" ... " de la reseñada sociedad, cargo para el que fue nombrado y asegura vigente en escritura otorgada el *"fecha de escritura del nombramiento del cargo"*, ante el notario de *"lugar donde radica la notaría en la que se autorizó la escritura del nombramiento"*, *"Don/Doña nombre y apellidos del notario que autorizó la escritura del nombramiento"*, con el número *"número de protocolo del notario que autorizó la escritura del nombramiento"* de su protocolo, e inscrita en el Registro Mercantil de *"localidad del Registro Mercantil de la escritura de nombramiento"*, en el tomo y hoja arriba indicados.

○ **Si representa como apoderado:**

apoderado de la reseñada sociedad, según escritura de poder otorgada a su favor, en *"fecha de escritura del otorgamiento del poder"*, ante el notario de *"lugar donde radica la notaría en la que se autorizó la escritura de poder"*, *"Don/Doña nombre y apellidos del notario que autorizó la escritura de poder"*, con el número *"número de protocolo del notario que autorizó la escritura de poder"* de su protocolo *"...e inscrita en el Registro Mercantil de "localidad del Registro Mercantil de la escritura de poder" ... "*, en el tomo y hoja arriba indicados.

<<

De otra parte,

"Don/Doña nombre y apellidos de la parte", mayor de edad, *"estado civil de la parte" "... "especificar el régimen económico matrimonial de la parte" ... "*, de nacionalidad *"nacionalidad de la parte"*, con domicilio a estos efectos en *"domicilio de la parte"*, *"...con DNI/NIF número "DNI/NIF de la parte" ... O ... con tarjeta de residencia número "número de tarjeta de residencia de la parte" ... O ... pasaporte número "número de pasaporte de la parte", expedido el "fecha de expedición del pasaporte de la parte" ... O ... "reseñar otros documentos aportados por la parte" ... "*, vigente hasta el *"fecha de vigencia de la documentación aportada por la parte"*.

Interviene en nombre y representación de la sociedad mercantil denominada *"denominación de la sociedad"*, domiciliada en *"domicilio de la sociedad"*, y con NIF número *"NIF de la sociedad"*, constituida, por tiempo indefinido, mediante escritura otorgada ante el notario de *"lugar del notario que autorizó la escritura de constitución"*, *"Don/Doña nombre y apellidos del notario que autorizó la escritura de constitución"*, el *"fecha de autorización de la escritura de constitución"*, e inscrita en el Registro Mercantil de *"datos de la inscripción registral (localidad del Registro Mercantil, tomo, folio, sección, hoja e inscripción)"*, en su calidad de

Si representa como cargo social:

"...administrador único ... O ... administrador solidario ... O ... consejero delegado ... O ... "especificar la representación del cargo social" ... " de la reseñada sociedad, cargo para el que fue nombrado y asegura vigente en escritura otorgada el *"fecha de escritura del nombramiento del cargo"*, ante el notario de *"lugar donde radica la notaría en la que se autorizó la escritura del nombramiento"*, *"Don/Doña nombre y apellidos del notario que autorizó la escritura del nombramiento"*, con el número *"número de protocolo del notario que autorizó la escritura del nombramiento"* de su protocolo, e inscrita en el Registro Mercantil de *"localidad del Registro Mercantil de la escritura de nombramiento"*, en el tomo y hoja arriba indicados.

Si representa como apoderado:

apoderado de la reseñada sociedad, según escritura de poder otorgada a su favor, en *"fecha de escritura del otorgamiento del poder"*, ante el notario de *"lugar donde radica la notaría en la que se autorizó la escritura de poder"*, *"Don/Doña nombre y apellidos del notario que autorizó la escritura de poder"*, con el número *"número de protocolo del notario que autorizó la escritura de poder"* de su protocolo *"...e inscrita en el Registro Mercantil de "localidad del Registro Mercantil de la escritura de poder" ..."*, en el tomo y hoja arriba indicados.

"otros comparecientes".

EXPONEN:

I. Se tiene la intención de llevar a cabo la construcción, puesta en marcha y explotación de un *"identificar el objeto del proyecto que se financia"* en los municipios de *"especificar localidad"*.

II. La inversión necesaria para la construcción, puesta en marcha y explotación del *"identificar el objeto del proyecto que se financia"*, incluyendo la dotación inicial de la cuenta de reserva del servicio de la deuda, asciende a *"cuantía de la inversión, en letra"* euros (*"cuantía de la inversión, en número"* €), sin incluir las cantidades correspondientes al Impuesto sobre el Valor Añadido (IVA).

III. Para financiar la construcción, puesta en marcha y explotación del *"identificar el objeto del proyecto que se financia"*, la **Acreditada**, se ha dirigido al Banco *"denominación de la Entidad"*, en su calidad de Agente, solicitando un crédito de hasta *"cuantía del crédito, en letra"* euros (*"cuantía del crédito, en número"* €) y un crédito subordinado de los **Acreditantes** de hasta *"cuantía del crédito subordinado, en letra"* euros (*"cuantía del crédito subordinado, en número"* €) para la financiación de las inversiones y gastos necesarios para la construcción, puesta en marcha y explotación del *"identificar el objeto del proyecto que se financia"* y para la dotación inicial de la cuenta de reserva del servicio de la deuda, debiendo obtener financiación adicional por importe de *"importe de la financiación adicional"* como anticipo del IVA que se soporte como consecuencia de la construcción del *"identificar el objeto del proyecto que se financia"*.

IV. Son imprescindibles para la consecución del proyecto descrito en el ex positivo primero y el buen fin del presente contrato, los siguientes acuerdos celebrados o a celebrar por *"especificar las partes"*, tal y como se definen en la estipulación 1 del presente contrato:

(i) Contrato de construcción llave en mano.

(ii) Contrato de compraventa de energía eléctrica.

(iii) Contrato de operación y mantenimiento del *"identificar el objeto del proyecto que se financia"*.

(iv) Contratos de seguro.

(v) Contrato de cobertura de riesgos de tipos de interés.

(vi) Cartas de compromiso.

(vii) Crédito Subordinado de los **Acreditantes**.

(viii) Crédito subordinado de los accionistas.

(ix) Crédito IVA.

(x) Contratos de ocupación de los terrenos.

(xi) El contrato de compromisos de los accionistas y prenda de acciones.

V. En toda financiación de proyecto, es de suma importancia, (i) la instrumentación de las debidas garantías sobre la totalidad de los activos afectos al correspondiente proyecto; (ii) establecer adecuados mecanismos de control sobre los flujos de caja y los derechos de crédito que puedan corresponder a las entidades promotoras de los proyectos; (iii) evitar que otras actividades comerciales o financieras de la sociedad que se constituya para llevar a cabo el correspondiente proyecto puedan perturbar el normal desenvolvimiento y buen fin del mismo; y, (iv) que cada uno de los riesgos del proyecto sea asumido por el partícipe más capacitado para hacerlo.

Con base en lo anterior, las partes otorgan la presente póliza de conformidad con las siguientes

ESTIPULACIONES:

PRIMERA. Definiciones

En la presente póliza, los siguientes términos tendrán, tanto cuando se utilicen en singular como en plural, el significado que se establece a continuación:

Acciones: todas y cada una de las *"número de acciones"* acciones de la **Acreditada**, numeradas de la *"primera acción"* a la *"última acción"*, ambas inclusive, de una sola clase, serie única y de *"valor nominal de cada acción"* euros de valor nominal cada una de ellas y que a fecha de hoy sus únicos titulares son los accionistas.

Accionistas: *"denominación, S.A. (A)"* con una participación del *"porcentaje del capital"* por 100 en el capital de la **Acreditada** y *"denominación, S.A. (B)"* con una participación del *"porcentaje en el capital"* por 100 en el capital de la **Acreditada**; o cualquier tercero que ostente acciones de la **Acreditada**.

Acreditada: *"denominación, S.A."*.

Acreditantes: *"identificar banco/s"*, y/o a las que en el futuro las mencionadas entidades puedan ceder total o parcialmente su participación en el presente contrato.

Acta de entrega de documentación: documento público que se otorga en el día de hoy simultáneamente al otorgamiento de la presente póliza por la que la **Acreditada** reconoce hacer entrega de fotocopias de (i) el contrato de construcción llave en mano, (ii) el contrato de operación y mantenimiento, (iii) los contratos de seguro, (iv) los contratos de ocupación de los terrenos, (v) el contrato de compromisos de los accionistas y prenda de acciones, (vi) el informe del asesor legal, (vii) el crédito subordinado de los accionistas y (viii) documentos acreditativos del importe de fondos propios de la **Acreditada** al **Agente**.

Acta de puesta en marcha definitiva: acto administrativo por el cual la Consejería de Industria y Comercio de la '*"comunidad autónoma"*' considera que el *"identificar el objeto del proyecto"* es apto sin salvedades para su funcionamiento.

Acta de Recepción Provisional: acta otorgada por la **Acreditada** y el constructor en los términos y en las condiciones que se establecen en el contrato de construcción llave en mano y que ha sido verificada por el asesor técnico.

Activos del Proyecto: cualesquiera bienes muebles e inmuebles que sean propiedad de la **Acreditada** y que sean susceptibles de ser objeto de carga real de cualquier índole de conformidad con la legislación vigente en cada momento.

Acuerdos del Proyecto: todos y cada uno de los siguientes contratos otorgados o a otorgar por la **Acreditada**: (i) el contrato de construcción llave en mano, (ii), el contrato de operación y mantenimiento del *"identificar el objeto del proyecto"*, (iii) el contrato de compraventa de energía eléctrica, (iv) los contratos de seguro, (v) el contrato de cobertura de riesgos de tipos de interés, (vi) las cartas de compromiso, (vii) el crédito IVA, (viii) el crédito subordinado de los **Acreditantes**, (ix) el crédito subordinado de los accionistas, (x) los contratos de ocupación de los terrenos, (xi) el contrato de compromisos de los accionistas y de prenda de acciones y (xii) aquellos otros acuerdos que complementen o desarrollen los anteriores.

Agente: *"identificación del banco"* o la entidad que pueda sustituirle en las funciones de **Agente**.

Asesor legal: es el despacho de abogados *"nombre del despacho"*.

Asesor de seguros: es la empresa *"nombre de la empresa"*.

Asesor técnico: es la empresa *"nombre de la asesoría técnica"*.

Cartas de compromiso: todas y cada una de las seis cartas suscritas en el día de hoy respectivamente por *"denominación, S.A."* y que se adjuntan al presente contrato como Anexo 2.

Cash Flow Libre: significará la cantidad resultante de los ingresos de explotación brutos (incluyendo cualquier importe proveniente del paquete de aseguramiento para pérdidas de ingresos, interrupción de negocio, daños liquidados por retrasos en la finalización y cualquier pago que tenga una naturaleza de compensación de intereses recibidos, de acuerdo con el correspondiente contrato o acuerdo de cobertura) menos todos los costes de explotación, variación del fondo de maniobra e inversiones de renovación y liquidación de impuestos. En todos los conceptos incluidos en la presente definición se entenderá excluido el IVA correspondiente a excepción hecha de la variación del fondo de maniobra.

Caso base: el conjunto de proyecciones elaboradas de mutuo acuerdo entre el **Agente** y la **Acreditada** que se contienen en el Anexo 1.

Constructor: *"denominación de la constructora, S.A."*.

Contrato o Póliza: el presente contrato elevado a público.

Contrato de Cobertura de Riesgos de Tipos de Interés: el derivado financiero que se contrate por la **Acreditada** de conformidad con el contrato marco de operaciones financieras (CMOF).

Contrato de Compromisos de los Accionistas y de Prenda de Acciones: el contrato suscrito en el día de hoy entre la **Acreditada**, los **Acreditantes** y los accionistas y que se incorpora al acta de entrega de documentación.

Contratos de Ocupación de los Terrenos: todos y cada uno de los contratos suscritos entre la **Acreditada** y los legítimos propietarios de los terrenos en donde se va a construir el *"identificar el objeto del proyecto"* para poder hacer uso de los citados terrenos y que se incorporan al acta de entrega de documentación.

Contrato de Construcción llave en mano: el contrato suscrito el *"fecha de suscripción"* entre la **Acreditada** y el constructor para la construcción y puesta en funcionamiento del *"identificar el objeto del proyecto"* y que se incorporará al acta de entrega de documentación.

Contrato de Operación y Mantenimiento: el contrato suscrito el *"fecha de suscripción del contrato de mantenimiento"* entre la **Acreditada** y *"denominación de la contratada, S.A."* para garantizar una adecuada operación del así como del mantenimiento preventivo de los aerogeneradores y que se incorporará al Acta de Entrega de Documentación.

Contrato de Compraventa de Energía Eléctrica: el contrato que deberá suscribir la **Acreditada** para la venta de la energía eléctrica que se obtenga como resultado de la operación y explotación del *"identificar el objeto del proyecto"*, y cuya duración será como mínimo, la legalmente establecida.

Contratos de Seguro: los contratos de seguro suscritos o a suscribir entre la **Acreditada** y entidades aseguradoras de primer orden a satisfacción de los **Acreditantes** y conforme a los contenidos del informe emitido por el asesor de seguros que se acompaña en el Anexo 3 a los fines de asegurar todos y cada uno de los riesgos inherentes al **Proyecto**. Dichos contratos se incorporan al acta de entrega de documentación.

Crédito: el crédito otorgado en virtud del presente contrato.

Crédito Subordinado de los Acreditantes: el crédito otorgado en el día de hoy entre la **Acreditada** y *"identificar banco/s"*.

Crédito Subordinado de los Accionistas: el crédito otorgado en el día de hoy entre la **Acreditada** y la entidad *"identificar entidad"*.

Crédito IVA: la facilidad crediticia a suscribir en el día de hoy por la **Acreditada** con el **Agente** para financiar sus pagos en concepto de IVA derivados de la construcción del *"identificar el objeto del proyecto"*.

Cuenta IVA: la cuenta número abierta a nombre de la **Acreditada** en el **Agente**.

Cuenta Principal: la cuenta número abierta a nombre de la **Acreditada** en el **Agente**.

Cuenta de Reserva del Servicio de la Deuda: será la cuenta número abierta a nombre de la **Acreditada** en el **Agente**.

Día Hábil: cualquier día de la semana en que puedan realizarse transacciones de acuerdo con el calendario TARGET (*Transeuropean Automated Real Time Gross Settlement Express Transfer System*). Quedan exceptuados los sábados, domingos y los días festivos, fijados como tales por el calendario oficial para la plaza de Madrid.

Disposición: cada una de las disposiciones que la **Acreditada** efectúe con cargo al presente crédito.

Fecha de Finalización del Período de Disposición: el día en que se cumpla la primera de las dos siguientes fechas:

- Fecha del Inicio de la Explotación del *"identificar el objeto del proyecto"*; o

- Dieciocho meses desde la firma del presente contrato.

Fecha de Vencimiento Final del Crédito: el *"fecha de vencimiento final"*.

Importe Máximo del Crédito: *"cuantía máxima del crédito, en letra"* euros (*"cuantía máxima del crédito, en número"* €).

Importe Dispuesto del Crédito: en cada momento, la suma de todas las cantidades dispuestas por la **Acreditada** con cargo al presente crédito.

Importe No Dispuesto del Crédito: en cada momento, la diferencia entre el Importe Máximo del Crédito y el Importe Dispuesto del Crédito.

Inicio de la Explotación del *"identificar el objeto del proyecto"*: aquel momento en que el *"identificar el objeto del proyecto"* entre en funcionamiento o explotación con las especificaciones marcadas por el Constructor, tras haberse realizado el test de funcionamiento y obtenidas todas las licencias y autorizaciones necesarias para su funcionamiento y puesta en explotación comercial de acuerdo con la legalidad vigente, incluidas (i) el Acta de Puesta en Marcha Definitiva, (ii) el Acta de Recepción Provisional, (iii) la firma, pignoración y cesión en garantía de los derechos de crédito que emergen del Contrato de Compraventa de Energía Eléctrica y (iv) la inscripción definitiva en el Registro Administrativo de Instalaciones de Producción en Régimen Especial; todo ello de conformidad con lo dispuesto en el Contrato de Construcción llave en mano y recibida opinión favorable del Asesor Técnico y del Asesor Legal.

Mayoría de los Acreditantes: en relación con las decisiones a adoptar por los **Acreditantes**, en la votación que se celebre al efecto se requerirá para adoptar la correspondiente decisión, que el porcentaje que sobre el saldo vivo de la deuda en cada momento represente la participación de los **Acreditantes** que voten a favor de la misma, una participación superior al 50 por 100.

Período de Disposición: el lapso de tiempo comprendido desde la fecha de cumplimiento de las condiciones para la disposición y la fecha de finalización del período de disposición.

Período de Intereses: cada uno de los períodos en que se entienden divididas cada una de las disposiciones efectuadas con cargo al presente crédito.

Proyecto: la construcción, puesta en marcha y explotación del *"identificar el objeto del proyecto"*.

Ratio de Cobertura Anual para el Servicio de la Deuda (RCASD): es, para un período anual, la relación entre el cash flow libre y el servicio de la deuda, teniendo estos conceptos el significado que se desglosa en la presente cláusula. El RCASD se calculará transcurrido el primer ejercicio completo de explotación utilizando datos contables auditados de la **Acreditada**.

Servicio de la Deuda: significará, para cualquier período, la suma de intereses, principal y comisiones, pagaderos en el mismo plazo, correspondientes al presente crédito, comisiones e intereses del crédito IVA e intereses y comisiones del crédito subordinado de los **Acreditantes**.

SEGUNDA Importe y destino del crédito. Distribución y carácter mancomunado

2.1. Importe

Los **Acreditantes** conceden a la **Acreditada** un crédito por un principal máximo de *"cuantía máxima por el principal, en letra"* euros (*"cuantía máxima por el principal, en número"* €).

La **Acreditada** acepta el crédito concedido y se obliga a rembolsar las cantidades debidas en concepto de principal y a pagar los intereses, comisiones y gastos devengados, en los términos y condiciones establecidos en la presente póliza, así como al cumplimiento de los demás compromisos a su cargo.

2.2. Destino

La **Acreditada** destinará los fondos obtenidos con cargo a las disposiciones del crédito a la financiación de hasta el *"porcentaje del coste de construcción, en letra"* por ciento (*"porcentaje del coste de producción, en número"* %) de la suma resultante del coste de construcción del **Proyecto**, más la totalidad de gastos activables imputables al mismo (por ejemplo, comisiones y gastos de asesores independientes derivados del presente contrato, del crédito subordinado de los **Acreditantes** y del crédito IVA; gastos de constitución y primer establecimiento, entre otros), así como la variación del fondo de maniobra según se define este en el Plan General de Contabilidad correspondiente a las partidas de ingresos y gastos de explotación para la puesta en marcha del **Proyecto**, más el importe correspondiente a la dotación inicial de la cuenta de reserva del servicio de la deuda.

2.3. Distribución

El importe total del crédito se distribuye entre los **Acreditantes** con arreglo a las siguientes participaciones:

Acreditantes	Importe de su participación
"acreditantes"	*"importe de su participación"*

Los **Acreditantes** asumen en su totalidad el importe de cada una de sus respectivas participaciones en el crédito, sin perjuicio de su derecho en virtud de este contrato de ceder participaciones sobre las mismas a terceros de acuerdo con lo dispuesto en la estipulación 15.

2.4. Carácter mancomunado

2.4.1.

Los derechos y obligaciones que correspondan a cada **Acreditante** en virtud de este contrato tienen carácter mancomunado. Los derechos pueden ser ejercitados por cada titular con plena autonomía e independencia de los derechos cuyo ejercicio incumba a otros **Acreditantes**, salvo que otra cosa esté expresamente convenida en este contrato.

2.4.2.

Cualquier **Acreditante** podrá llevar a cabo actos de naturaleza extrajudicial conducentes a la conservación y defensa de sus propios derechos y de los derechos del otro. Sin embargo, un **Acreditante**, individualmente, no podrá ejercitar por vía judicial, sino tan sólo sus propios derechos.

2.4.3.

En el supuesto de que algún **Acreditante**, a pesar de los compromisos que adquiere por el presente contrato, no pusiera a disposición de la **Acreditada**, a través del **Agente**, los fondos comprometidos según el presente Contrato, ello no afectará a los otros **Acreditantes**, que no estarán obligados a asumir la parte correspondiente al **Acreditante** incumplidor, todo ello sin perjuicio de las acciones que frente a este último puedan incumbir a la **Acreditada**.

2.4.4.

El incumplimiento de sus obligaciones por parte de algún **Acreditante** no autorizará a la **Acreditada** a dar por extinguido el presente contrato, ni liberará a los otros **Acreditantes** del cumplimiento de las suyas, quedando la **Acreditada** obligada a dar cumplimiento a las obligaciones asumidas como consecuencia del presente contrato sólo con aquel **Acreditante** que cumpliera con las estipulaciones del mismo.

2.4.5.

Excepto en el caso de que expresamente se prevea otra cosa en el presente contrato, los acuerdos, decisiones y actuaciones entre los **Acreditantes** deberán tomarse por la mayoría de **Acreditantes**.

TERCERA. Disposición de los fondos

3.1. Período de disposición

La **Acreditada** podrá solicitar una única o varias disposiciones, de acuerdo con las limitaciones que se indican en el apartado 3.2. siguiente, con cargo al crédito dentro del período de disposición.

3.2. Condiciones para la disposición del crédito

3.2.1.

La **Acreditada** no estará facultada para solicitar disposición alguna con cargo al presente crédito, ni los **Acreditantes** estarán obligados a entregar a la **Acreditada** cantidad alguna con cargo al presente crédito, en cumplimiento de lo establecido en el presente contrato, hasta la comprobación satisfactoria por parte de los **Acreditantes** del cumplimiento de las siguientes condiciones:

(a) Los siguientes acuerdos del **Proyecto** deberán haber sido firmados por las correspondientes partes y mantenerse en vigor:

1.- El contrato de construcción llave en mano.

2.- Las cartas de compromiso.

3.- El crédito IVA.

4.- El crédito subordinado de los **Acreditantes**.

5.- El crédito subordinado de los accionistas.

6.- Los contratos de seguro que cubran riesgos inherentes a la fase de construcción del *"identificar el objeto del proyecto"*.

7.- Contratos de ocupación de los terrenos.

8.- Contrato de operación y mantenimiento del *"identificar el objeto del proyecto"*.

9.- Contrato de compromisos de los accionistas y de prenda de acciones.

(b) El asesor de seguros, deberá haber entregado su informe a satisfacción del **Agente** en el que certifique la existencia de seguros suficientes suscritos por la **Acreditada** respecto de la fase de construcción del *"identificar el objeto del proyecto"* estando al corriente el pago de las primas correspondientes y proponga las coberturas de seguros necesarias para la fase de explotación del *"identificar el objeto del proyecto"*. Asimismo, el asesor de seguros deberá haber sido mandatado por la **Acreditada** para realizar las funciones que se le atribuyen en el presente contrato.

(c) El asesor técnico deberá haber entregado su informe a satisfacción del **Agente** y haber sido mandatado por la **Acreditada** para realizar las funciones que se le atribuyen en el presente contrato.

(d) El asesor legal deberá haber entregado su informe a satisfacción del **Agente** y haber sido mandado por la **Acreditada** para realizar las funciones que se le atribuyen en el presente contrato.

(e) Constancia por el **Agente** de la obtención de todas las licencias, incluida expresamente la licencia de actividad, permisos, autorizaciones, dictámenes, opiniones o concesiones que sean precisos para el inicio de la construcción, que deberán estar concedidos y en vigor y cuyas circunstancias deberán haber quedado recogidas en el informe del asesor legal.

(f) Constitución válida y eficaz de las garantías contenidas en la estipulación 18 del presente contrato, así como la prenda sobre el 100% del capital social de la **Acreditada** de conformidad con el contrato de compromisos de los accionistas y prenda de acciones.

(g) Constatación de la aportación de fondos propios por parte de los accionistas en forma de capital social, prima de emisión y/o deuda subordinada por un importe no inferior al *"porcentaje del total de financiación"*% de las necesidades totales de financiación. En todo caso los fondos propios de la **Acreditada** deberán estar compuestos por un mínimo de capital social de un *"mínimo porcentual de capital social"*% del total de los fondos propios y de un máximo del *"máximo porcentual de capital social"*% del total de los fondos propios de deuda subordinada de los accionistas y prima de emisión de acciones.

El cumplimiento de las condiciones para la primera disposición, se constatará por el acta de entrega de documentación otorgada por el **Agente** y la **Acreditada** que acompañe el conjunto de evidencias documentales acreditativas del cumplimiento de estas condiciones previas.

3.2.2.

Una vez acreditados por el **Agente** el cumplimiento de las condiciones de disposición que se recogen en los párrafos anteriores, serán requisitos esenciales para que la **Acreditada** pueda ejercer su facultad de disposición durante el período de disposición los siguientes requisitos:

(a) La solicitud de disposición deberá ajustarse a lo dispuesto en el apartado 3.3.1.

(b) La **Acreditada** no se hallará incursa en alguno de los supuestos contenidos en la estipulación 16 de este contrato, ni la disposición podrá tener como consecuencia hacer incurrir a la **Acreditada** en ninguno de aquéllos.

(c) Las declaraciones y garantías contenidas en la estipulación 13 deberán permanecer en vigor.

Si los **Acreditantes** estimaran razonablemente que no se cumple cualquiera de los requisitos anteriores podrán negarse a entregar las cantidades solicitadas por la **Acreditada**, sin que tal negativa pueda considerarse incumplimiento de sus obligaciones en virtud del presente contrato.

3.3. Disposición de los fondos

3.3.1.

La **Acreditada** podrá disponer de los fondos, dentro del período de disposición, dirigiendo la oportuna solicitud de disposición al **Agente** por carta o telefax seguido de carta, con la firma de persona debidamente apoderada, que se ajustará al modelo que se contiene en el Anexo 4 y en la que se concretará:

(a) La fecha de la disposición.

(b) La cuantía total de la disposición que pretenda realizar.

(c) Duración del período de intereses.

(d) Manifestación por la **Acreditada** de que siguen en vigor las declaraciones y garantías contenidas en la estipulación 13 siguiente y de que la **Acreditada** no se encuentra incursa en ninguna de las causas de resolución previstas en la estipulación 16 siguiente.

(e) Manifestación por la **Acreditada** del destino de las cantidades solicitadas, debidamente acreditada por la correspondiente certificación de obra que podrá ser visada por el asesor técnico del **Proyecto** a petición del **Agente** o por cualquier otra evidencia documental suficiente a juicio del **Agente**.

3.3.2.

Cualquier solicitud de disposición con cargo al presente crédito deberá recibirse en el domicilio del **Agente** antes de las 12:00 horas del quinto día hábil anterior a la fecha en que se pretenda realizar la disposición, la cual en ningún caso podrá exceder del último día del período de disposición.

El **Agente** notificará la solicitud de disposición a los **Acreditantes** por fax y antes de las 14 horas del segundo día hábil anterior a aquél en que la **Acreditada** pretenda realizar la disposición, indicando el importe que les corresponde desembolsar.

3.3.3.

La(s) disposición(es) con cargo al presente crédito deberán ser por importe mínimo de *"importe mínimo"* euros.

Esta regla no aplicará a aquella disposición con cargo al presente crédito que se destine a sufragar los gastos por comisiones y otros derivados de la formalización del presente contrato.

3.3.4.

La **Acreditada** no podrá volver a disponer de las cantidades que hubieran sido amortizadas.

Las cantidades no dispuestas del crédito a la finalización del periodo de disposición quedarán canceladas.

3.4. Entrega de las disposiciones

3.4.1.

En la fecha de cada disposición, los **Acreditantes** deberán ingresar, en proporción a su participación en el presente crédito, la cantidad en que consista la disposición mediante transferencia OMF Tipo 1 a favor de *"identificación del beneficiario"* antes de las 10.00 horas. Los **Acreditantes** notificarán por telex, telefax o cualquier otro medio de comunicación que deje constancia escrita de la recepción de la notificación, al **Agente**, el ingreso efectuado antes de las 10.00 horas del mismo día en que lo realice.

El **Agente** entregará en esa misma fecha a la **Acreditada** la cantidad recibida de los **Acreditantes** mediante abono del importe en la cuenta principal. Dicha cantidad será disponible por la **Acreditada** a partir de las 12.00 horas de esa misma fecha, siempre que se hubieran cumplido a satisfacción del **Agente** los requisitos establecidos en la presente póliza.

3.4.2.

La **Acreditada** estará obligada en la fecha de finalización del período de disposición a otorgar acta ante fedatario público en la que se recoja adeudar el importe dispuesto del crédito a los **Acreditantes**, siendo a cargo de la **Acreditada** los honorarios y gastos que se devenguen con tal motivo.

3.4.3.

Sin perjuicio de la facultad mencionada en el apartado anterior, el abono en la cuenta principal, supondrá la más eficaz carta de pago y reconocimiento de la entrega por parte de la **Acreditada**.

3.5. Consolidación de las disposiciones

Al finalizar el período de disposición quedarán consolidadas la totalidad de las disposiciones efectuadas con cargo al presente crédito.

CUARTA. Devengo, liquidación y pago de intereses

4.1.
El principal del crédito dispuesto y no reintegrado devengará diariamente intereses a favor de los **Acreditantes** a razón de un tipo de interés variable calculado, con arreglo a lo dispuesto en la estipulación 5.

4.2.
Los intereses se entenderán devengados sobre la base de un año de trescientos sesenta días, y se calcularán, por los días efectivamente transcurridos en cada período de intereses (a cuyo fin el día inicial de cada período se entenderá, en todo caso, como efectivamente transcurrido y el día final como no efectivamente transcurrido).

4.3.
Los intereses se liquidarán el día final de cada período de intereses y se satisfarán por la **Acreditada** en dicho día antes de las 10:00 horas.

QUINTA. Cálculo del tipo de interés

5.1. Períodos de intereses
A efectos del cálculo de los intereses devengados, el tiempo comprendido entre la fecha de entrega de los fondos con cargo a cada una de las disposiciones y la fecha de finalización del período de disposición se considerará dividido en sucesivos períodos de intereses cuya duración se ajustará a las reglas siguientes:

(a) El día en que tenga lugar cada disposición se iniciará un período de Intereses. A la finalización de cada período de intereses comenzará un nuevo período de intereses.

(b) Hasta la fecha de finalización del período de disposición la duración de cada período de Intereses será de tres o seis meses, a elección de la **Acreditada**, con excepción del último período de intereses que en cualquier caso deberá finalizar en la fecha de finalización del período de disposición. Si la **Acreditada** no manifestara la elección de la duración para el primer período de intereses, la duración del mismo será de tres meses. Para los sucesivos períodos de intereses, durante el período de disposición, a falta de elección expresa por la **Acreditada**, la duración del nuevo período de intereses será la misma que la del período de intereses inmediatamente precedente.

(c) En todo caso, la duración del último período de intereses no podrá terminar en una fecha posterior a la fecha de vencimiento final del crédito.

(d) De conformidad con lo dispuesto en el apartado

(e) anterior y a efectos de lo previsto en el apartado 3.5, en la fecha de finalización del período de disposición finalizarán todos los períodos de intereses en curso, comenzando un nuevo período de intereses para el importe dispuesto del crédito cuya duración será tal que su vencimiento coincida con el pago de la primera cuota de amortización según el calendario relacionado en el apartado 8.1, siempre que el período de disposición hubiera finalizado con anterioridad al pago de la primera cuota de amortización, y desde ese momento cada período de intereses será obligatoriamente de seis meses, excepto el segundo período de intereses que tendrá una duración hasta la segunda cuota de amortización según el apartado 8.1. En el caso de que el período de disposición finalice coincidiendo con la fecha de pago de la primera cuota dc amortización según el apartado 8.1, el primer período de Intereses que comience al finalizar el período de disposición será tal que su vencimiento coincida con el pago de la segunda cuota de amortización según el apartado 8.1. Asimismo, desde ese momento cada período de intereses será obligatoriamente de seis meses.

5.2. Tipo de interés

El tipo de interés nominal anual aplicable a cada período de intereses se determinará por el **Agente** mediante la adición al tipo de interés de referencia, principal o, en su caso, sustitutivo, de acuerdo con el apartado 5.2.1 siguiente, el margen correspondiente de acuerdo con el apartado 5.2.2 siguiente, suma que se redondeará al alza al más cercano múltiplo de un treinta y doceavo de un uno por 100 (1/32%).

En ausencia de tipo de interés de referencia principal o sustitutivo de acuerdo con el apartado 5.2.1 siguiente, se estará al tipo de interés aplicado en el período de intereses de que se trate inmediatamente anterior.

5.2.1. Tipo de interés de referencia principal y sustitutivo

5.2.1.a) Tipo de interés de referencia principal. El tipo de interés de referencia principal será el Euribor determinado conforme a lo que a continuación se establece. A los efectos del presente contrato, se entiende por euribor el tipo de interés al cual son ofrecidos los depósitos interbancarios en euros, dentro de la zona euro, por un banco de primer orden a otro banco de primer orden. Se calcula como la media de las cotizaciones diarias fijadas para trece vencimientos de un panel de los bancos más activos de la zona euro. Cotiza conforme a una base de cálculo de 360 días/año y se fija a las 11:00 a.m. (hora de Bruselas) con la condición de que al menos el 50 por 100 de los paneles de todos los bancos hayan contribuido. Para obtener el tipo, se eliminarán el 15 por 100 de los más desviados por arriba y por abajo (redondeando por exceso el número de los suprimidos), obteniendo la media con tres decimales.

Para la determinación del tipo se utilizará la pantalla *"EURIBOR 01"* de Reuters a las 11:00 a.m. (hora de Bruselas), del segundo día hábil anterior al día de liquidación del nuevo período de intereses.

5.2.1.b) Tipo de interés de referencia sustitutivo. Si por cualquier causa no pudiera determinarse el tipo de interés de referencia principal según lo previsto en el apartado 5.2.1.a) anterior, se tomará como tipo de interés sustitutivo la media aritmética simple de los tipos de interés interbancarios ofrecidos por las entidades de referencia en el mercado interbancario de la zona euro, aproximadamente a las 11,00 horas de la mañana del día hábil inmediato anterior al de inicio del período de intereses para depósitos en euros en cuantía igualo similar a la disposición de que se trate y por un plazo de tiempo igualo, similar al del periodo de Intereses de que se trate, incrementándose con cualquier impuesto o recargo que grave o pueda gravar en el futuro este tipo de operaciones más los gastos de corretaje o cualquier otro tipo de gastos que sean aplicables.

Son entidades de referencia a efectos de la presente sub-apartado: *"especificar las entidades de referencia"*.

En caso de que alguna de las entidades señaladas anteriormente se fusionara con alguna entidad de crédito o fuera absorbida por otra, la sustituirá la nueva entidad resultante o la absorbente. En el supuesto de que alguna de dichas entidades se disolviese, liquidase o por cualquier otra causa dejase de existir, así como si por cualquier otra circunstancia pasare a ostentar la condición de **Acreditante** bajo este contrato, el **Agente** presentará a la **Acreditada** una lista con tres entidades de crédito alternativas debiendo la **Acreditada** desechar a dos de ellas, quedando a ocupar la restante el lugar de la que se debiera sustituir.

En el supuesto de que la **Acreditada** no comunicara su elección al **Agente** dentro del plazo de diez días desde que se le presentara dicha lista, el **Agente** procederá a la designación por sí mismo.

5.2.2. El margen

Durante el período de disposición el margen aplicable será el anual.

Una vez transcurrida la fecha de finalización del período de disposición el margen aplicable será conforme a lo dispuesto en la siguiente tabla:

- Si el RCASD < 1,25 = % anual,

- Si el RCASD > 1,25 = % anual

No obstante lo dispuesto anteriormente, terminado el período de disposición, y hasta la obtención del RCASD correspondiente a un ejercicio de explotación completo, se aplicará el margen de *"tipo anual"*% anual. Las sucesivas modificaciones en el margen aplicable se harán efectivas en la fecha en que venza el período de Intereses vigente en el momento en que la **Acreditada** comunique al **Agente** el RCASD calculado por su auditor que diera lugar, en su caso, a una modificación del margen que se venía aplicando, no pudiendo dicha modificación aplicarse con efectos retroactivos.

5.3. Procedimiento para la fijación del tipo de interés y comunicación del mismo

El **Agente** calculará el tipo de interés aplicable para cada período de intereses, de acuerdo con lo previsto en el apartado 5.2 anterior y lo comunicará por carta o telefax seguido de carta a la **Acreditada** ya los **Acreditantes** no más tarde de las 12:00 horas del día hábil anterior a aquél en el que dé comienzo el período de Intereses de que se trate.

5.4. Carácter vinculante del tipo de interés

Dado el carácter objetivo de los procedimientos de determinación del tipo de interés conforme a este contrato, la **Acreditada** únicamente podrá rechazar el tipo de interés comunicado por el **Agente** en relación con un determinado período de intereses mediante comunicación escrita antes de las 10 horas del décimo día hábil siguiente a aquel en que hubiera recibido la comunicación del mismo, basándose en un error manifiesto en el cálculo por parte del **Agente** del tipo de interés aplicable, en cuyo caso el **Agente** subsanará inmediatamente dicho error y reiniciará el procedimiento de cálculo y comunicación del tipo de interés aplicable.

El tipo de interés determinado por el **Agente** según lo establecido anteriormente tendrá carácter vinculante para la **Acreditada.**

SEXTA. Intereses moratorios y capitalización de intereses

Se considerará que la **Acreditada** incurre en mora sin necesidad de requerimiento previo si, por cualquier razón, incurriera en retraso en el cumplimiento de alguna de sus obligaciones de pago, así como en el caso de que resuelto el presente contrato por cualquiera de las causas previstas en el mismo, no reintegrase las cantidades adeudadas, más sus intereses y demás conceptos que procedan.

Sin perjuicio del derecho de resolución establecido en este contrato, si la **Acreditada** incurriese en mora en el cumplimiento de cualquiera de las obligaciones derivadas de este contrato y especialmente en la amortización del importe dispuesto del crédito o en el pago de intereses, comisiones y gastos, estará obligada a satisfacer a los **Acreditantes** un interés de demora calculado según lo dispuesto en los párrafos siguientes.

Se entiende por tipo de interés de demora el que se aplique a las cantidades cuyo pago se haya incumplido y será el resultado de sumar al tipo de interés (incluido el margen aplicable) del periodo de intereses en curso en el momento de haberse incumplido el pago, el margen de demora así como cualquier gasto, impuesto o corretaje que sea necesario y directamente imputable a esta operación, pudiendo el **Agente**, en caso de que fuese necesario, redondear por exceso a un treinta y doceavo (1/32). El interés de demora se devengará día a día, liquidándose por semanas vencidas y tomando como base para su cálculo un año de 360 días.

El margen de demora será el *"porcentaje por demora"* por 100 anual.

Los intereses, sean o no de demora, liquidados, debidos y no satisfechos por la **Acreditada**, serán capitalizados, los corrientes al vencimiento del período de intereses y los de demora mensualmente, y como aumento del principal del Crédito devengarán a su vez el interés de demora fijado, de acuerdo con lo dispuesto en el artículo 317 del Código de Comercio.

SÉPTIMA. Incremento de costes, reducciones de ingresos y cambio de circunstancias legales

7.1.

Si de cualquier disposición legislativa o reglamentaria, de una nueva interpretación por autoridad competente o a requerimiento de cualquier organismo con facultades suficientes para ello, y siempre que se hubieren agotado los recursos legales pertinentes por parte de los **Acreditantes**, se desprendiera para los **Acreditantes** un coste adicional no establecido en esta fecha o una reducción de los ingresos, que sea consecuencia directa y necesaria para su participación en el crédito o para la captación de depósitos para financiarlo, la **Acreditada** se compromete expresamente a resarcir tales costes adicionales o reducciones de ingresos a los **Acreditantes** al primer requerimiento que reciba a tal efecto, siempre que se cumpla con lo establecido en la presente estipulación y siempre que el coste adicional o la reducción de ingresos no hubiera tenido ya su reflejo en la determinación del tipo de interés.

A tal fin, el **Agente** deberá enviar inmediatamente por telefax, con posterior carta de confirmación, una liquidación detallada del coste adicional o reducción de ingresos en cuestión a la **Acreditada**, para su debida comprobación por parte de esta.

En el supuesto de que el 100 por 100 del crédito se viera afectado por los mayores costes o por la reducción en los pagos realizados por la **Acreditada**, y dichos costes o la repercusión de los menores ingresos fuera efectivamente requeridos a la **Acreditada**, esta estará facultada para amortizar anticipadamente, sin penalidad, la totalidad del crédito.

En este caso, la **Acreditada** deberá pagar todos los costes que efectivamente cause a los **Acreditantes** dicha amortización anticipada. Dichos costes serán calculados por el **Agente** y serán presentados y justificados a la **Acreditada**. En ningún caso se entenderán incluidos entre dichos costes el lucro cesante que en su caso se derive para los **Acreditantes**.

En el supuesto de que sólo se viera afectada una participación del crédito, la **Acreditada** podrá presentar otra entidad que esté dispuesta a adquirir la participación afectada, de forma que el **Acreditante** afectado deberá ceder su participación afectada en el presente contrato a dicha entidad o permanecer en el mismo, asumiendo el coste adicional o la reducción en los ingresos. La cesión se ajustará a lo previsto en el apartado 15.2.

No obstante lo dispuesto en el párrafo anterior, hasta que no sea efectiva la cesión mencionada, la **Acreditada** deberá resarcir al **Acreditante** afectado de sus mayores costes o menores ingresos.

7.2.

Cuando el cumplimiento de cualquiera de las obligaciones derivadas de este contrato implique para cualquier **Acreditante** la infracción de alguna disposición legal o reglamentaria o medida obligatoria ordenada, que emanen de autoridad u organismo oficial competente, el **Acreditante** afectado, tras notificar a la **Acreditada**, a través del **Agente**, las circunstancias que provocan la infracción o ilegalidad, y transcurrido el plazo a que se refiere el apartado 7.3 siguiente sin haber alcanzado un acuerdo con la **Acreditada**, podrá declarar canceladas todas sus obligaciones mediante notificación dirigida a la **Acreditada**, a través del **Agente**. En tal supuesto, la **Acreditada** estará obligada, en un plazo de un mes o en el plazo mayor que conceda al **Acreditante** afectado la normativa en cuestión, a reembolsar al **Acreditante** afectado su participación y efectuar, al mismo tiempo, el pago de los intereses correspondientes calculados hasta la fecha en que efectivamente tenga lugar el pago, así como de los gastos y demás cantidades que, con arreglo a este contrato, deba satisfacer.

Sin perjuicio de lo anterior, las partes se comprometen a realizar los mayores esfuerzos para minimizar en la medida de lo posible los gastos que se deriven del presente apartado 7.2.

7.3.
El **Acreditante** afectado adoptará todas las medidas que sean razonables a su juicio para evitar o mitigar los efectos de las circunstancias previstas en esta estipulación y si así lo solicitara la **Acreditada**, consultará de buena fe a la **Acreditada** con el fin de encontrar los medios, incluyendo el de transmitir su participación en el presente contrato a otras entidades financieras no afectadas por las circunstancias pertinentes, en el bien entendido que dicho **Acreditante** no estará obligado a proseguir tales consultas por un período superior a un mes o aquél plazo superior que permita la disposición legislativa o reglamentaria o el requerimiento que hubiera realizado cualquier organismo con facultades suficientes para ello.

7.4.
Si, por los mismos motivos enunciados en el apartado 7.1 se desprendiera para los **Acreditantes** una reducción de sus costes o un aumento de sus ingresos con relación al presente crédito, los **Acreditantes** repercutirán a la **Acreditada** estos beneficios por la vía que las partes consideren sea la más apropiada. A estos efectos el **Agente** deberá comunicar a la **Acreditada** dicha circunstancia en el plazo de un mes desde que la misma tuviera lugar.

7.5.
Las partes acuerdan que la participación de España en la Unión Monetaria y la consiguiente introducción del euro no constituirán bajo ningún concepto causas de fuerza mayor o de imposibilidad sobrevenida, ni supuesto alguno de alteración, novación o resolución contractual.

OCTAVA. Amortización
El crédito se amortizará conforme a las reglas siguientes:

8.1. Amortización normal
Las cantidades dispuestas con cargo al crédito se amortizarán por la **Acreditada** mediante pagos semestrales, siguiendo el siguiente calendario: *"calendario"*.

En todo caso, las cantidades dispuestas con cargo al crédito deberán quedar totalmente amortizadas en la fecha de vencimiento final del crédito.

8.2. Amortización anticipada voluntaria
La **Acreditada** podrá amortizar anticipadamente, sin penalidad alguna, la totalidad o parte del crédito siempre que:

(i) La amortización anticipada se realice una vez transcurrido el período de disposición de crédito.

(ii) La amortización anticipada se realice el último día de un período de intereses.

(iii) Dicha amortización anticipada sea por un importe mínimo de *"cantidad por amortización anticipada, en letra"* euros (*"cantidad por amortización anticipada, en número"* €) o una cantidad superior que sea múltiplo entero de *"cantidad superior, en letra"* euros (*"cantidad superior, en número"* €) o por la totalidad del crédito pendiente de amortizar.

(iv) La **Acreditada** haya notificado por escrito al **Agente** su intención de realizar la referida amortización anticipada con al menos quince días hábiles de antelación, indicando el importe y la fecha de la amortización anticipada.

(v) Se lleve a cabo con fondos autogenerados por el **Proyecto**, con fondos cuyo origen sean subvenciones concedidas al **Proyecto** o fondos aportados por los accionistas en concepto de ampliación de capital o de deuda subordinada no remunerada con los límites establecidos en el presente contrato.

En caso de que no se cumplan todas y cada una de las condiciones anteriores, la **Acreditada** deberá abonar a los **Acreditantes** una comisión por amortización anticipada por importe equivalente al *"porcentaje de comisión por amortización, en letra"* por 100 de la cantidad amortizada anticipadamente.

Una vez recibida por el **Agente**, la comunicación de amortización anticipada será irrevocable y vinculante para la **Acreditada**, y todas las partes entenderán que existe una obligación para la **Acreditada** de amortizar las cantidades señaladas.

Todos los costes, gastos, honorarios y aranceles, que se incurran como consecuencia de la amortización anticipada serán íntegramente asumidos por la **Acreditada**. En caso de que la **Acreditada** realizara la amortización en día distinto que el último día de un período de intereses, la **Acreditada** deberá abonar al **Agente** para su distribución entre los **Acreditantes**, adicional mente, una suma igual a los costes derivados de la ruptura del periodo de intereses causada por el pago extemporáneo de la **Acreditada**, conforme a la liquidación que el **Agente** (previa consulta a los **Acreditantes**) presentará al efecto.

Una vez recibida por el **Agente** cualquier solicitud de amortización anticipada este la comunicará por fax o telex a los demás **Acreditantes**, a más tardar, el día hábil siguiente a la recepción del aviso.

La **Acreditada** no podrá disponer nuevamente de los importes amortizados anticipadamente.

Las cantidades reembolsadas anticipadamente conforme a esta estipulación se imputarán proporcionalmente a todas las cuotas de pago pendientes de amortización del crédito.

NOVENA. Comisiones y gastos

9.1. Comisión de estructuración

La **Acreditada** pagará a los **Acreditantes**, con cargo al presente crédito, una comisión global de diseño, aseguramiento, apertura y estructuración conforme a lo dispuesto en carta aparte.

9.2. Comisión de agencia

La **Acreditada** pagará al **Agente**, en concepto de retribución por el servicio de agencia y coordinación del seguimiento del riesgo, una comisión de euros anuales, equivalente a euros, debiéndose revisar esta cantidad de conformidad con la evolución del IPC. Esta comisión se liquidará y abonará por la **Acreditada** con carácter anual el día de hoy y todos sus aniversarios hasta la cancelación de las obligaciones que integran el crédito.

9.3. Gastos

Serán de cuenta de la **Acreditada** los siguientes gastos:

(a) Los honorarios, corretajes y suplidos de fedatarios públicos que intervengan en la documentación y formalización del presente contrato, así como en su modificación o en las notificaciones, requerimientos o trámites necesarios para su cumplimiento. Asimismo, serán de cuenta de la **Acreditada** todos los impuestos, arbitrios, recargos o tasas, ya sean estatales o no, que graven actualmente o en el futuro la constitución, modificación, ejecución o extinción del presente contrato o de las garantías que con respecto al mismo se pudieran otorgar.

(b) Los gastos y costas judiciales, incluidos los honorarios de letrados y procuradores, siempre que sea preceptiva su intervención, ocasionados al defender o exigir los derechos de los **Acreditantes** en caso de incumplimiento por la **Acreditada** de cualquiera de las obligaciones contraídas en virtud del presente contrato, salvo que dicho incumplimiento no sea apreciado por los tribunales competentes.

(c) Los gastos derivados de la publicidad acordada previamente entre la **Acreditada** y los **Acreditantes** en cualesquiera medios de comunicación, con referencia a este contrato.

(d) Cualquier otro gasto acordado, incluyendo los honorarios de los asesores externos que se originen para ambas partes como consecuencia directa de la documentación, formalización, ejecución y cumplimiento del presente contrato.

DÉCIMA. Impuestos

Todas las cantidades que la **Acreditada** deba pagar con arreglo al presente contrato, ya sea por principal, intereses, comisiones, gastos u otro concepto, se pagarán en su totalidad, sin deducción o retención. A tal efecto si la **Acreditada** viniera legal e ineludiblemente obligada a efectuar alguna deducción o retención así lo hará, pero simultáneamente abonará a los **Acreditantes** aquellas cantidades complementarias que resulten necesarias a fin de que estos reciban una cantidad neta igual a la que les hubiera correspondido percibir en el supuesto de que no se hubiera producido tal deducción o retención.

Dentro de los quince días siguientes a la fecha en que, en su caso, los **Acreditantes** o el grupo fiscalmente consolidable al que pertenezca cada **Acreditante** recupere el importe de las citadas deducciones o retenciones (ya sea por deducción de su importe de la cuota líquida del impuesto y/o cuando el importe de las deducciones o retenciones supere la cuantía de la referida cuota por devolución de la Administración del referido exceso) el mencionado **Acreditante** vendrá ineludiblemente obligado a devolver a la **Acreditada** una suma igual a la del importe recuperado.

La **Acreditada** podrá exigir de los **Acreditantes** que certifiquen en cualquier momento las cantidades objeto de las deducciones o retenciones practicadas que los mismos hayan solicitado o recuperado conforme a lo anterior.

UNDÉCIMA. Pagos

11.1. Tiempo y lugar

En cada fecha en que la **Acreditada** deba pagar cualquier suma debida de conformidad con este contrato, lo hará así sin necesidad de previo requerimiento, en la fecha debida, antes de las 12:00 horas de la mañana, valor ese mismo día de pago.

Todo pago que deba realizarse en un día que no sea día hábil se deberá efectuar en el día hábil anterior.

En virtud de y conforme a lo previsto en la presente póliza, la **Acreditada** faculta irrevocablemente al **Agente** a adeudar contra el saldo de la cuenta principal, o en cualquier otra cuenta que el **Agente** y la **Acreditada** designen a tal efecto en el futuro, que se considerará a todos los efectos como domicilio de pago, las cantidades que la **Acreditada** deba a los **Acreditantes.**

Todos los pagos se realizarán por transferencia con fecha valor el día de pago a la cuenta abierta a nombre del **Agente** en el Banco de España con el nº *"número de cuenta"* o cualquiera otra que el **Agente** designe en el futuro o mediante adeudo en la cuenta principal.

11.2. Imputación

Cualesquiera cantidades fueran entregadas en pago por la **Acreditada** al **Agente** se imputarán a las deudas vencidas por el siguiente orden: (i) gastos y comisiones que de acuerdo con lo establecido en la estipulación 9 anterior sean a cargo de la **Acreditada**; (ii) intereses moratorios; (iii) compensaciones adicionales previstas en la estipulación 7 anterior; (iv) costas judiciales; (v) intereses ordinarios del crédito y (vi) principal del crédito.

11.3. Compensación

En caso de que existieran cantidades debidas por la **Acreditada** que no hubieran sido satisfechas por esta en su fecha de pago conforme a lo dispuesto en el presente contrato, los **Acreditantes** quedan expresa e irrevocablemente facultados por la **Acreditada** para aplicar, al pago de cualesquiera cantidades debidas por esta en virtud del presente contrato, los saldos que a favor de la **Acreditada** pudieran existir en poder de los **Acreditantes**, ya sea en cuentas corrientes, de ahorro o de cualquier otro tipo así como cualesquiera otras sumas o créditos que perteneciendo a la **Acreditada** estén en poder de los **Acreditantes**, o que estos le deban satisfacer, en la sede principal o cualquier sucursal de los **Acreditantes**, facultando a estos a realizar, en consecuencia, los abonos y cargos que procedan, así como las conversiones en cualquier moneda y cuantas actuaciones sean necesarias para proceder a dicha aplicación.

A estos efectos, los **Acreditantes** quedan autorizados para la venta, realización, cesión o endoso de aquellos de entre los relacionados bienes y derechos que no tengan ya el carácter de líquidos, a fin de resarcirse con su producto autorizando, en su caso, expresamente la autocontratación.

Los **Acreditantes** podrán ejercitar las facultades que se les confieren en este pacto sin más requisito que el haber vencido y no haberse satisfecho, algún pago, sin necesidad de autorización o ratificación de la **Acreditada** ni de declaración judicial, si bien, efectuada una compensación, el **Acreditante** que la hubiere verificado deberá notificarla a la **Acreditada** el día siguiente al de su realización, a través del **Agente** y en la forma prevenida en este contrato para efectuar las notificaciones.

DUODÉCIMA. Cuentas del crédito

12.1. Contabilidad del Agente

A efectos del presente contrato, el **Agente**, actuando en dicha calidad, abrirá y llevará en sus libros una cuenta especial del crédito a nombre de la **Acreditada**. En dicha cuenta el **Agente** adeudará los importes de principal, intereses ordinarios, comisiones, honorarios, costes, intereses moratorios, costes adicionales y demás sumas debidas por la **Acreditada** en virtud del presente contrato. Del mismo modo, el **Agente** abonará en dicha cuenta todas las cantidades recibidas por el **Agente** en pago de las cantidades adeudadas por la **Acreditada** de tal forma que el saldo de dicha cuenta refleje en cada momento las cantidades adeudadas por la **Acreditada** a los **Acreditantes** en virtud del presente crédito.

12.2. Contabilidad de los Acreditantes

Además de la cuenta unificada referida en el apartado anterior, cada uno de los **Acreditantes**, incluido el **Agente**, abrirá y llevará en sus propios libros una cuenta especial del crédito a nombre de la **Acreditada**.

En dicha cuenta, el **Acreditante** de que se trate adeudará las cantidades entregadas a la **Acreditada** directamente o a través del **Agente**, así como los intereses ordinarios, comisiones, honorarios, costes, intereses moratorios, costes adicionales y cualesquiera otras cantidades que la **Acreditada** adeudare a dicho **Acreditante** en virtud de este contrato. De igual modo, en la mencionada cuenta se abonarán todas las cantidades que reciban cada uno de los **Acreditantes** de la **Acreditada**, de forma que el saldo de dicha cuenta refleje en cada momento la cantidad adeudada por la **Acreditada** al **Acreditante** de que se trate en virtud del presente contrato.

12.3. Cesión

En el supuesto de cesión conforme a lo establecido en la estipulación 15 siguiente, el cedente cancelará total o parcialmente la referida cuenta, abriéndose la correspondiente por parte del cesionario.

DECIMOTERCERA. Declaraciones y garantías de la Acreditada

13.1. Declaraciones y garantías

La **Acreditada** manifiesta y garantiza a los **Acreditantes**, reconociendo estos el carácter esencial de estas declaraciones y garantías para la concesión del crédito y para el disfrute del mismo por la **Acreditada**, que:

13.1.1.

Es una sociedad anónima válidamente constituida con arreglo a las Leyes españolas, con plena capacidad jurídica y de obrar para desarrollar su objeto social y, en particular, para otorgar y cumplir el presente contrato.

13.1.2.

El otorgamiento y cumplimiento del presente contrato no contraviene ninguna norma, ni los estatutos de la **Acreditada**, ni cualquier contrato del que sea parte, incluidos los acuerdos del **Proyecto**, y las obligaciones contraídas en virtud de dichos contratos son válidas y vinculantes.

13.1.3.

Todos los permisos, licencias y autorizaciones necesarios en cada momento para la ejecución y puesta en marcha y explotación del **Proyecto**, están en pleno vigor y efecto sin que la **Acreditada** haya recibido notificación alguna ni tenga conocimiento de que existan fundamentos para su revocación, suspensión o retirada y toda la información proporcionada por la **Acreditada** o en su nombre en relación con la obtención de tales permisos, licencias y autorizaciones era verdadera y exacta en todos sus aspectos fundamentales en el momento en que fue proporcionada y no existía imprecisión en ningún aspecto sustancial de la misma. No se ha efectuado ni propuesto ninguna modificación o enmienda de ninguno de los términos de los citados permisos, licencias o autorizaciones desde la fecha de concesión de las mismas.

13.1.4.

La **Acreditada** ostenta la disponibilidad legal de todos los activos del **Proyecto** y especialmente de los terrenos e inmuebles vinculados al **Proyecto**.

13.1.5.

Toda la información suministrada por la **Acreditada**, o por sus asesores, al **Agente** en su calidad de tal o a sus asesores, incluida la de carácter financiero, sobre la que se ha construido el caso base que se acompaña como Anexo 1 es correcta, y refleja fielmente su situación. Según el prudente conocimiento de la **Acreditada**, no existen hechos ni omisiones que desvirtúen dicha información. Las opiniones, cálculos y proyecciones, las hipótesis, asunciones y factores en que los mismos están basados, han sido facilitados por la **Acreditada** o en su nombre de buena fe, después de realizar las debidas y prudentes consideraciones y consultas.

13.1.6.

No existe en la actualidad ningún litigio, arbitraje o procedimiento de cualquier índole iniciado o de cuya iniciación se tuviera noticia que, si se resolviese de forma adversa para la **Acreditada**, tendría un efecto adverso sustancial sobre el **Proyecto**, sus negocios, activos, bienes o situación financiera o sobre su capacidad para cumplir sus obligaciones derivadas del presente contrato o de los acuerdos del **Proyecto** o que pudiera cuestionar la validez o exigibilidad del presente contrato o los acuerdos del **Proyecto**.

13.1.7.

No existe en la actualidad ninguna garantía, prenda, hipoteca, carga o gravamen a que estén sujetos sus activos o derechos, salvo las constituidas en virtud del presente contrato, del crédito IVA y del crédito subordinado de los **Acreditantes**.

13.1.8.

No existe a la fecha de otorgamiento del presente contrato, ningún otro endeudamiento financiero de la **Acreditada**, aparte del crédito IVA, del crédito subordinado de los **Acreditantes** y del crédito subordinado de los accionistas.

13.1.9.

La **Acreditada** cumple con toda la normativa en materia civil, mercantil, administrativa, fiscal, laboral, medioambiental y de cualquier otra índole que le sea aplicable y está al corriente en el pago de todos sus impuestos, tasas, contribuciones y tributos.

13.1.10.

Todos los contratos de seguro que han sido suscritos están en pleno vigor y efecto; todas las primas vencidas y exigibles en relación con los mismos se han pagado y no se ha hecho, consentido ni omitido nada que pueda hacer que cualquiera de los contratos de seguro no resulte ejecutable, sea suspendido o nulo, en su totalidad o en parte. Toda la información por ella o en su nombre suministrada a cualquier asegurador de un contrato de seguro era verdadera y exacta en todos sus aspectos sustanciales en el momento de ser suministrada y no contenía imprecisiones en ningún aspecto sustancial; ha proporcionado toda la información y aspectos solicitados por cada asegurador y no tiene conocimiento de ninguna información, hechos o circunstancias que sean sustanciales en el contexto del presente contrato que no hayan sido declarados por escrito al **Agente** o a los aseguradores.

13.1.11.
Que todas las declaraciones contenidas en los expositivos del presente contrato son ciertas no existiendo circunstancia alguna no manifestada por la **Acreditada** al **Agente** o a sus asesores que limite en modo alguno su alcance y significado.

13.2. Pervivencia de las declaraciones y garantías
Las declaraciones y garantías efectuadas por la **Acreditada** en la presente estipulación deberán cumplirse durante toda la vigencia del presente contrato y se entenderán reiteradas en la fecha inicial de cada período de intereses y referidas a dicho momento, así como al período de duración del mismo.

DECIMOCUARTA. Obligaciones de la acreditada
Además de la obligación básica de reintegro del principal y pago de intereses, comisiones, impuestos y gastos, la **Acreditada** se compromete, durante toda la vigencia del presente crédito, a cumplir las siguientes obligaciones:

14.1. Obligaciones de información
La **Acreditada** deberá proporcionar al **Agente** toda la información necesaria para el seguimiento del **Proyecto**. En concreto, la **Acreditada** deberá facilitar al **Agente** la información económica y financiera que razonablemente acuerden las partes, y que comprenderá, necesariamente la siguiente información:

14.1.1.
La **Acreditada** remitirá al **Agente** cada año, antes de los 6 meses siguientes al cierre de los mismos, cuentas anuales y estado de origen y aplicación de los fondos anuales debidamente auditadas por una firma de reconocido prestigio cuya designación deberá contar con el visto bueno del **Agente**, sin limitaciones al alcance ni salvedades o excepciones. Adicionalmente y a partir del primer ejercicio completo una vez haya transcurrido la fecha de finalización del período de disposición, esta información deberá acompañarse del RCASD calculado por el auditor de la **Acreditada** con explicación del procedimiento de cálculo.

Si llegada dicha fecha prevista la auditoría no estuviera disponible por causa no imputable a la **Acreditada**, no se entenderá incumplido el presente contrato, si bien el **Agente** podrá solicitar y obtener de los auditores, sin necesidad de nuevo consentimiento de la **Acreditada** y/o sus accionistas, información de las causas del retraso y un avance de los resultados de los trabajos realizados.

En cualquier caso, la **Acreditada** deberá remitir al **Agente** la información antes referida desde el momento en que la misma esté disponible.

14.1.2.
La **Acreditada** remitirá al **Agente**, antes del 30 de *"mes"* de cada año, previsión de ingresos y gastos para dicho ejercicio. No obstante lo anterior, una vez transcurrida la fecha de finalización del período de disposición dicha información deberá ser remitida por la **Acreditada** al **Agente** con anterioridad al día 15 de *"especificar mes"* del ejercicio anterior al que se refieran.

14.1.3.
La **Acreditada** remitirá al **Agente** antes del 30 de *"indicar mes"* de cada año un informe anual que contendrá necesariamente:

(a) Detalle de los ingresos generados en el último ejercicio y, caso de ser inferiores a los previstos en la información mencionada en el apartado 14.1.2, una explicación de las causas.

(b) Detalle de los gastos incurridos en el último ejercicio y, caso de ser superiores a los proyectados en la información mencionada en el apartado 14.1.2, una explicación de las causas.

(c) Detalle de las reclamaciones realizadas en relación a las coberturas de los seguros contratados.

14.1.4.
La **Acreditada**, y durante la fase de construcción del *"identificar el objeto del proyecto"*, deberá remitir con carácter mensual al **Agente** un informe sobre los avances de la construcción del *"identificar el objeto del proyecto"*, antes del día 20 del mes siguiente al que dicho informe se refiera.

14.1.5.
Particularmente, una vez transcurrida la fecha de finalización del período de disposición, la **Acreditada** deberá remitir con carácter semestral al **Agente**, coincidiendo siempre con los semestres naturales, información sobre sus estados contables (cuenta de resultados semestral, balance semestral), antes del día 30 del primer mes del semestre siguiente al que dicha información se refiera.

14.1.6.
La **Acreditada** deberá remitir al **Agente** con carácter trimestral, en su caso, y antes del día 15 del primer mes del trimestre siguiente, un informe-resumen de las contingencias acaecidas en relación con todos los acuerdos del **Proyecto** en el que se mencionen de forma exhaustiva, al menos, los incumplimientos producidos en aquellos, así como cualquier otra incidencia que pueda tener repercusión en el desarrollo ordinario de los acuerdos del **Proyecto** o, en general, en el negocio de la **Acreditada**.

14.1.7.
La **Acreditada** deberá remitir al **Agente** copia de las actas de recepción provisional y de puesta en marcha definitiva del *"identificar el objeto del proyecto"* dentro de plazo de cinco días desde su otorgamiento.

14.1.8.
La **Acreditada** deberá comunicar inmediatamente al **Agente** por escrito cualquier variación producida o inexactitud observada en los datos, documentos o informaciones que ha suministrado al **Agente**, así como cualquier circunstancia relevante que pudiera afectar a la ejecución y explotación del **Proyecto** y cualesquiera actuación administrativa o legal de cualquier tipo que fuera emprendida frente a la **Acreditada** y que pudiera afectar de manera sustancial a alguno de sus derechos o pudiera resultar en una causa de resolución del presente contrato.

14.1.9.
La **Acreditada** deberá facilitar al **Agente**, dentro de los 15 días siguientes a que fuere requerida para ello, cuantos documentos, balances, inventarios y cuentas de resultados le fueran requeridos, debiendo los mismos estar certificados por apoderado de la **Acreditada** y/o por los auditores de la misma. En el ejercicio de esta potestad el **Agente** actuará de forma proporcionada y razonada. Asimismo, la **Acreditada** deberá comunicar inmediatamente al **Agente** el acaecimiento de cualquiera de los supuestos expresados en la estipulación 16, o el incumplimiento de cualquiera de las obligaciones establecidas en esta estipulación 14.

14.1.10.
La **Acreditada** deberá comunicar al **Agente** cualquier otra información, de carácter financiero o de cualquier otra índole, que, razonablemente y con suficiente antelación, le requiera el **Agente** y/o los asesores del **Agente**.

14.2. Obligaciones de hacer
Además de la obligación fundamental de reintegro del principal y pago de intereses, comisiones, gastos y cualquier otra cantidad adeudada conforme a este contrato, la **Acreditada**, mientras no haya obtenido la correspondiente autorización previa de la mayoría de los **Acreditantes** por escrito, asume frente a los **Acreditantes** las obligaciones que se establecen en los apartados siguientes:

14.2.1.
Cumplir con las obligaciones que nacen para la **Acreditada** de los acuerdos del **Proyecto** haciendo efectivos sus derechos sin renunciar a ninguno de ellos y exigir el cumplimiento de las obligaciones de la contraparte con arreglo a los mismos. La **Acreditada** no podrá dejar de ejercitar sus facultades, ni conceder términos de gracia o cortesía y actuaciones similares.

14.2.2.

Obtener y mantener plenamente en vigor y efectivos y renovarlos cuando sea preciso todo tipo de permisos, licencias y autorizaciones relativos al **Proyecto**, comprometiéndose, asimismo, a llevar a cabo las actuaciones que fueran requeridas en dichos permisos y autorizaciones administrativas o que fueran requeridas por cualquier autoridad administrativa.

14.2.3.

Suscribir y mantener en vigor con entidades de seguros de reconocido prestigio las pólizas de seguros necesarias conforme al informe que emita el asesor de seguros que se acompaña como Anexo 3 y aplicar el importe de las indemnizaciones que pudiera percibir a reparar los daños sufridos o responsabilidades incurridas. Se obliga asimismo a mantenerse al corriente en el pago de las primas y a cumplir las demás obligaciones que le impongan las pólizas de seguros.

14.2.4.

Designar al **Agente** como primer beneficiario de las indemnizaciones de los contratos de seguro a excepción de la póliza de responsabilidad civil que en su caso se contrate. Sin perjuicio de lo anterior, el **Agente** se compromete, salvo que se hubiera producido una causa de vencimiento anticipado del presente crédito conforme a la estipulación 16 siguiente, a entregar las indemnizaciones recibidas a la **Acreditada** en el plazo de tres días hábiles desde su recepción, para que la **Acreditada** proceda con las mismas a su utilización para cubrir los daños sufridos o las responsabilidades incurridas.

No obstante lo dispuesto en el párrafo anterior si la indemnización recibida de los contratos de seguro fuera superior a *"cantidad, en letra"* euros (*"cantidad, en número"* €), el **Agente** tiene la facultad de requerir a la **Acreditada** para que destine dicha cantidad a la amortización anticipada del presente crédito.

14.2.5.

Confeccionar sus estados financieros de acuerdo con las leyes y principios contables generalmente aceptados en España.

14.2.6.

Auditar anualmente sus cuentas anuales y verificar el informe de gestión por una compañía auditora de reconocido prestigio, cuya designación deberá haber sido precedida del visto bueno del **Agente**.

14.2.7.

No modificar los acuerdos del **Proyecto**, ni actuar de forma que resulte en un incumplimiento de aquéllos.

14.2.8.

No enajenar, vender, hipotecar o de cualquier forma gravar o disponer en forma alguna de bienes o elementos de su activo fijo inmovilizado, sea en su conjunto en uno o varios bienes, en una cuantía superior a *"cantidad límite, en letra"* euros (*"cantidad límite, en número"* €) - según valor contable de adquisición - durante la vigencia de este contrato.

14.2.9.

No suscribir nuevos contratos, especialmente ninguno de arrendamiento, o cualquier otra fórmula de cesión de uso del *"identificar el objeto del proyecto"*.

14.2.10.

Mantener, hasta que se hayan satisfecho todas las obligaciones derivadas del presente contrato, las garantías indicadas en la estipulación 18.

14.2.11.

Limitar su actividad empresarial a la explotación comercial del *"identificar el objeto del proyecto"*. No asumir ningún otro tipo de actividad o negocio distinto a los relacionados con el **Proyecto**, bien sea directamente o bien a través de su participación en el capital o en la gestión de cualquier entidad. No llevar a cabo ni comprometerse a realizar ninguna inversión que no sea destinada exclusivamente a la construcción, mantenimiento y mejora del *"identificar el objeto del proyecto"* y de conformidad con lo establecido en el apartado 14.4.2. siguiente.

14.2.12.
Cumplir en todo momento con la legislación civil, mercantil, administrativa, medioambiental, fiscal, laboral o de cualquier otra índole que le sea aplicable, y exigir en la medida de lo posible y siempre que tenga título para ello, el cumplimiento de dicha legislación por terceros relacionados con el **Proyecto**, en cuanto afecte al mismo.

14.2.13.
Cumplir las restricciones al reparto de dividendos indicadas en el presente contrato.

14.2.14.
No concertar otros créditos o préstamos, o cualquier otra forma de financiación no comercial de terceros que implique endeudarse con los mismos, sean nacionales o extranjeros, a excepción del crédito IVA, el crédito subordinado de los **Acreditantes** y el crédito subordinado de los accionistas.

14.2.15.
No constituir ningún tipo de garantías personales ni constituir cualquier garantía real, o dar lugar maliciosamente a que se impongan garantías reales, embargos, cargas o gravámenes de cualquier tipo sobre sus bienes o derechos, en favor de terceros acreedores, ni solicitar que sean constituidas las garantías prestadas por terceros por cuenta de obligaciones a su cargo. De esta prohibición se excluye (i) la pignoración de los derechos a la devolución del IVA financiado con cargo al crédito IVA, (ii) la constitución de prenda sobre los derechos de cobro sobre el remanente de cualquier ejecución realizada por los **Acreditantes** sobre el patrimonio de la **Acreditada**, otorgada en garantía de sus obligaciones en virtud del crédito subordinado de los **Acreditantes** y del crédito IVA por razón de los intereses y comisiones devengados por este último contrato y (iii) la constitución de prenda sobre los derechos de cobro sobre el remanente de la ejecución de la prenda constituida sobre los derechos de cobro sobre el remanente de la ejecución realizada por los **Acreditantes** sobre el patrimonio de la **Acreditada**, otorgada en garantía de sus obligaciones en virtud del contrato de cobertura de riesgos de tipos de interés.

14.2.16.
No iniciar ningún procedimiento dirigido a su disolución, liquidación, fusión, escisión, absorción, transformación de su forma social o modificación de su objeto social en sus estatutos.

14.2.17.
No concertar de forma alguna, operaciones de permuta financiera (*"SWAPS"*), de intereses, de divisas o de cualquier combinación de los mismos, de acuerdos de tipos de interés futuro (*"FRAP"*), o cualquier otra operación de derivados distintos del contratado bajo el contrato de cobertura de riesgos de tipos de interés.

14.2.18.
No realizar operaciones vinculadas con sus accionistas o sociedades filiales de este o participadas por este, ni con las sociedades que controlen a este en condiciones peores que las del libre mercado.

14.2.19.
Colaborar plenamente con los **Acreditantes** a fin de llevar a cabo, en su caso, todas las actuaciones que fueran precisas o convenientes para la más rápida y completa inscripción registral de la garantía a que se refiere la estipulación 19 de este contrato.

14.2.20.
Consensuar con el **Agente** antes del 30 de *"concretar mes"* de *"concretar año"* la contratación de un derivado financiero en condiciones de mercado (SWAP, CAP o COLLAR), que cubra al menos el 50 por 100 del importe dispuesto del crédito en cada momento de la vida del crédito, incluido el importe dispuesto del crédito Subordinado de los **Acreditantes**, y cuyo plazo será de al menos cinco años. La entidad que suscriba el contrato de cobertura de riesgos de tipos de interés con la **Acreditada** deberá formalizar con los **Acreditantes** un acuerdo, según el modelo que se adjunta al presente contrato como Anexo 7, en la misma fecha de su otorgamiento.

14.2.21.

Mantener una proporción de fondos ajenos respecto a la suma de los fondos propios (entendiéndose como tales el capital social más la deuda subordinada de los accionistas más la prima de emisión) y los fondos ajenos que nunca podrá ser superior al 70 por 100 durante toda la vida del presente crédito.

14.2.22.

Desembolsar los fondos propios de la **Acreditada** conforme lo dispuesto en el apartado 3.2.1. (g).

14.2.23.

Permitir la inspección del *"especificar órgano inspector"* por el facultativo designado por el **Agente** una vez se haya podido constatar razonadamente el acaecimiento de una causa de resolución del presente contrato conforme a la estipulación 16, siendo su coste a cargo de la **Acreditada**.

14.2.24.

Disponer de un contrato de operación y mantenimiento durante toda la vida de la presente financiación en el que se garantice una disponibilidad media del *"especificar disponibilidad media"*. Dicho contrato será por un plazo inicial de cinco años renovables sucesivamente por períodos anuales siempre y cuando los costes que implique dichas renovaciones no sean superiores a los importes previstos en el caso base. Los contratos deberán contar con un coste, cobertura y penalidades similares y estarán garantizados por las penalidades estándares del mercado. En caso de que la **Acreditada** decida renovar el contrato de operación y Mantenimiento con una entidad distinta de *"especificar Entidad"*, el contrato y el operador deberán recibir el visto bueno del asesor técnico del **Proyecto**, el cual no se opondrá si el operador es una empresa de reconocido prestigio y el citado contrato es a precio de mercado. Si finalmente no fuera posible suscribir un contrato de operación y mantenimiento que incluya la gestión, no podrán abonarse con cargo a los ingresos generados por el **Proyecto**, costes en concepto de operación y mantenimiento del *"identificar el objeto del proyecto"* por importes anuales superiores a los previstos en el caso base.

14.2.25.

Constituir la cuenta de reserva del servicio de la deuda antes del *"fecha de constitución de la cuenta"*, conforme lo establecido en el apartado 14.5.

14.2.26.

Disponer de los fondos provenientes del crédito subordinado de los **Acreditantes** para dotar la cuenta de reserva del servicio de la deuda en caso de que este no estuviera dotado en su totalidad el *"fecha de constitución de la cuenta"*.

14.2.27.

Aplicar la totalidad de las subvenciones que fueren concedidas para dotar la cuenta de reserva del servicio de la deuda, y en caso de estar esta totalmente dotada, a aplicar el 50 por 100 de los importes obtenidos a la amortización anticipada parcial o total del principal del presente crédito. La amortización deberá producirse el último día del período de intereses que estuviera vigente al momento de la recepción de los fondos correspondientes a la subvención y se imputará proporcionalmente a todas las cuotas de pago pendientes de amortización del presente crédito. A estos efectos, hasta que no se realice la mencionada amortización, la **Acreditada** deberá ingresar, al día siguiente de su obtención, el 50 por 100 del importe de las subvenciones recibidas en la cuenta de reserva del servicio de la deuda y una vez realizada la amortización en los términos indicados, y en la misma fecha, la **Acreditada** deberá ingresar el 50 por 100 restante de los importes obtenidos en la cuenta principal.

14.2.28.

Mantener el presente contrato y los derechos que del presente contrato se deriven para los **Acreditantes**, al menos, con las mismas preferencias, privilegios y rango que los que se deriven o puedan derivarse para terceros acreedores, excepto las que por imperativo legal tengan carácter preferente o aquellas otras en que los **Acreditantes** así lo consintiesen por escrito, obligándose a constituir a favor de los **Acreditantes** idénticas garantías a las que en su caso establezca a favor de terceros acreedores.

14.2.29.
Mantener en todos y cada uno de los años de vida del presente crédito a partir del transcurso de la fecha de finalización del período de disposición, un RCASD igualo mayor a 1,10.

14.2.30.
La **Acreditada** se compromete, durante toda la vigencia del presente crédito, a mantener abierta con el **Agente** la cuenta principal y la cuenta de reserva del servicio de la deuda. Asimismo, se obliga a no mantener abiertas cuentas corrientes distintas de las anteriores salvo la cuenta IVA.

14.2.31.
Cumplir con el calendario de amortización fiscal de los activos del **Proyecto** que se recoge en el caso base.

14.3. Distribución de dividendos, repago de deuda subordinada de los accionistas y prima de emisión de acciones

14.3.1.
La **Acreditada** no distribuirá dividendos ni abonará intereses del crédito subordinado de los accionistas ni amortizará el crédito subordinado de los accionistas ni reintegrará prima de emisión de acciones salvo en estricto cumplimiento simultáneo de los siguientes requisitos:

(a) El RCASD del ejercicio anterior deberá ser superior a 1,15.

(b) No haya tenido lugar ningún supuesto de vencimiento anticipado y la distribución de dividendos no haga incurrir en alguno de dichos supuestos.

(c) Se hayan satisfecho en su integridad cualesquiera otras deudas significativas de la **Acreditada** que estuviesen vencidas, incluidas las derivadas del presente crédito.

(d) Se haya pagado la amortización de la primera cuota de amortización del presente crédito.

(e) La cuenta de reserva del servicio de la deuda esté plenamente dotada.

(f) Se esté al corriente en el pago de principal del crédito subordinado de los **Acreditantes**.

(g) En cualquier caso la distribución de dividendos, el abono de intereses del crédito subordinado de los accionistas y la amortización del crédito subordinado de los accionistas solo se podrá llevar a efecto a partir de la fecha en que la **Acreditada** hubiera satisfecho el pago de la cuota de amortización correspondiente al mes de junio que corresponda, de acuerdo con lo dispuesto en el apartado 8.1 del presente contrato.

14.3.2.
En todo caso la cantidad global destinada al pago de dividendos y de principal e intereses del crédito subordinado de los accionistas tendrá como límite máximo el excedente del cash flow libre (una vez descontado el servicio de la deuda) sobre un RCASD de 1,00.

14.4. Obligaciones de gestión y distribución de la tesorería

14.4.1.
La **Acreditada** designará la cuenta principal como lugar de pago de todas las cantidades que por cualquier concepto se le adeuden en virtud de los acuerdos del **Proyecto** (excepto las que se deriven por conceptos de IVA relativos al contrato de construcción llave en mano), por causa de ayudas y/o subvenciones de cualquier tipo y por causa de los contratos celebrados en el desarrollo de su objeto social, domiciliando todos los ingresos y pagos del **Proyecto** en la mencionada cuenta principal.

14.4.2.
En virtud de la presente póliza, y en el caso de que no esté en vigor ningún supuesto de incumplimiento del presente contrato, la **Acreditada** se obliga a gestionar los fondos depositados en la cuenta principal, aplicándolos a su requerimiento al pago de las cantidades debidas por la **Acreditada** según el orden que se relaciona a continuación:

(i). Gastos de operación y mantenimiento, gestión, reacondicionamiento, cánones, seguros, alquileres, gastos generales e impuestos.

(ii). Intereses, comisiones y principal del presente crédito, pago de intereses y comisiones derivados del crédito subordinado de los **Acreditantes**, pago de intereses y comisiones del crédito IVA y pagos debidos en virtud del contrato de cobertura de riesgos de tipos de Interés.

(iii). Dotación de la cuenta de reserva del servicio de la deuda.

(iv). Principal del crédito subordinado de los **Acreditantes**.

(v). Intereses del crédito subordinado de los accionistas.

(vi). Amortización del principal de la deuda derivada del crédito subordinado de los accionistas/ reintegro de prima de emisión.

(vii). Distribución de dividendos a los Accionistas de la **Acreditada** conforme lo previsto en el apartado 14.3 del presente contrato.

No obstante, el orden de prelación contenido en este apartado, la **Acreditada** deberá transferir a la cuenta IVA con carácter *"...mensual ... O ... trimestral ..."* una cantidad equivalente al importe correspondiente a las cantidades repercutidas y efectivamente recibidas, en concepto de IVA por la misma a terceros durante ese período que hubieren minorado por compensación el derecho de la **Acreditada** a recibir la devolución del IVA del Tesoro Público. Estas transferencias se realizarán dentro de los tres días hábiles siguientes a la fecha en que el **Agente** recibiera de la **Acreditada** instrucciones en tal sentido y copia de la liquidación *"...mensual ... O ... trimestral ..."* realizada ante la Hacienda Pública y siempre y cuando el crédito IVA no hubiere sido totalmente amortizado.

La **Acreditada** instruye irrevocablemente al **Agente**, a fin de que atienda cualquier instrucción que los **Acreditantes** le dirijan respecto de los fondos depositados en la cuenta principal, y particularmente, cualquier adeudo que le requieran de conformidad con el presente contrato.

14.5. Cuenta de reserva del servicio de la deuda

Antes de la obtención del acta de puesta en marcha definitiva del **Proyecto** la **Acreditada**, con cargo al presente crédito, al crédito subordinado de los **Acreditantes** o a fondos autogenerados por el **Proyecto**, dotará la cuenta de reserva del servicio de la deuda a fin de otorgar al **Proyecto** de un margen de seguridad. Las cantidades destinadas a la dotación de dicha cuenta de reserva del servicio de la deuda serán indisponibles, salvo para atender los pagos del servicio de la deuda.

La cuenta de reserva del servicio de la deuda deberá dotarse por un importe equivalente a la cantidad a la que ascienda en cada momento:

(i). La siguiente cuota de amortización de principal del presente crédito más

(ii). Los gastos e intereses financieros proyectados del presente crédito, del crédito IVA y del crédito subordinado de los **Acreditantes**, todos ellos correspondientes al siguiente período semestral de acuerdo con el caso base.

La cuenta de reserva del servicio de la deuda deberá estar dotada en su totalidad con anterioridad al *"fecha límite de dotación de la cuenta"*.

El importe de la dotación de la cuenta de reserva del servicio de la deuda será calculado por el **Agente** una vez al año en función de lo dispuesto en el caso base, y comunicado a la **Acreditada** con un plazo mínimo de diez días con anterioridad a la finalización del ejercicio en el que se calcula, debiendo ser aportado, en su caso, por la **Acreditada** dentro de un plazo de diez días desde que recita la notificación y siempre y cuando existan fondos suficientes de caja para dotarla. En caso de no tener fondos suficientes de caja, la **Acreditada** deberá dotar la citada cuenta tan pronto como tuviera fondos suficientes para ello.

DECIMOQUINTA. Cesión

15.1. Cesión por la Acreditada

La **Acreditada** no podrá ceder, transferir, sustituir ni subrogar los derechos y obligaciones contraídas en este contrato, sin el consentimiento unánime y por escrito de los **Acreditantes**.

15.2. Cesión por los Acreditantes

Los **Acreditantes** podrán ceder y transferir total o parcialmente su participación en el presente contrato a otras entidades de crédito o fondos de titulización domiciliados en la Unión Europea y que no actúen a través de paraísos fiscales, siempre que con carácter-previo, la **Acreditada** apruebe dicha cesión o transmisión. Como consecuencia de la cesión o transmisión que se efectúe, el cesionario quedará subrogado en la posición contractual del **Acreditante** cedente, con todos sus derechos y obligaciones, por razón de la participación que se le ha cedido.

La cesión se ajustará a los siguientes requisitos:

(i). La cesión deberá ser efectiva el día inicial de un período de intereses.

(ii). La cesión deberá formalizarse en documento público.

(iii). La cesión no podrá suponer un incremento de gastos, costes o impuestos para la **Acreditada** o mayor onerosidad para la misma, siendo estos a cargo del cedente o del cesionario.

(iv). La cesión deberá ser comunicada por el **Acreditante** cedente a la **Acreditada** y al **Agente** dentro de los cinco días hábiles siguientes a la formalización de la misma en documento público.

DECIMOSEXTA. Causas de resolución

16.1.

Los **Acreditantes**, conjuntamente, podrán resolver el presente contrato, declarar vencidos los créditos derivados del presente contrato y exigir el reembolso de cuantas cantidades les fueran en ese momento debidas por la **Acreditada** por principal, intereses, comisiones, gastos o cualquier otro concepto, si se diera alguna (o varias) de las siguientes circunstancias, y la misma no fuera subsanada por la **Acreditada**, en caso de ser subsanable, dentro de un plazo de veinte días hábiles desde la fecha de notificación del requerimiento. El incumplimiento de obligaciones de pago no estará sujeto a periodo de gracia alguno.

16.1.1.

La falta de pago por la **Acreditada** de cualquier cantidad adeudada por principal (sea adeudada por amortización ordinaria o anticipada), interés o comisión de acuerdo con lo previsto en este contrato.

16.1.2.

La falta de pago por la **Acreditada** de cualquier cantidad adeudada a los **Acreditantes**, por gastos debidos al amparo del presente contrato o por compensaciones adicionales de las previstas en las estipulaciones 7 y 10 anteriores.

16.1.3.

El incumplimiento de cualesquiera otras de las obligaciones asumidas por la **Acreditada** en virtud del presente contrato o de los acuerdos del **Proyecto** y/o las partes otorgantes de las cartas de compromiso, en virtud de las mismas. Asimismo, el incumplimiento por los accionistas del contrato de compromisos de los accionistas y de prenda de acciones.

16.1.4.

La inexactitud de cualquiera de las declaraciones y garantías contenidas en el apartado 13.1. (ya sea formuladas en el día de la firma de este contrato, en la fecha de cada disposición, o en el día en que dichas manifestaciones se consideren reiteradas conforme al apartado 13.2. o la ocultación o falseamiento de los datos o documentos, tanto contables como de cualquier tipo, aportados por la **Acreditada**, y que tengan un efecto significativo adverso en la capacidad de la **Acreditada** para cumplir sus obligaciones derivadas de este contrato.

16.1.5.

La destrucción o abandono (incluso constructivo) del **Proyecto**.

16.1.6.

La resolución por cualquier causa de cualquiera de los Acuerdos del **Proyecto**. Asimismo, la modificación de cualquiera de los acuerdos del **Proyecto** que tenga un efecto sustancial adverso sobre el **Proyecto** a juicio de los **Acreditantes**.

16.1.7.

Si la **Acreditada** o cualquier parte de los acuerdos del **Proyecto** o de cualquier otro contrato en el que la **Acreditada** fuera parte dejara de cumplir debidamente cualquier obligación asumida en cualquiera de los mismos, siempre que dicho incumplimiento tuviese un efecto adverso sobre la viabilidad y evolución del **Proyecto**, o sobre la situación comercial o financiera de la **Acreditada** o la capacidad de la **Acreditada** para cumplir cualquiera de sus obligaciones en virtud de este contrato.

16.1.8.

Si la **Acreditada** o los accionistas fueran sometidos a administración judicial o fuera objeto de incautación, o si reconociese su incapacidad para satisfacer sus deudas al vencimiento o se iniciara una renegociación de todas o de una parte sustancial de sus obligaciones de pago o se realiza cualquiera otra acción o actuación similar, judicial o privada, que pueda conducir a idénticos resultados, o resulte evidente por cualquier otra razón la situación de insolvencia de hecho de la **Acreditada** teniendo cualquiera de estas circunstancias un impacto negativo sobre la viabilidad del **Proyecto** a juicio de los **Acreditantes**, y no sea detenida o archivada dentro de un plazo de diez días hábiles a contar desde el momento en que la **Acreditada** o los accionistas tuvieron conocimiento de los mismos.

16.1.9.

Si se siguiera contra la **Acreditada**, cualquier expediente administrativo que imposibilite la viabilidad del **Proyecto** a juicio de los **Acreditantes**.

16.1.10.

Si por cualquier causa la **Acreditada** o los accionistas cesaren en la continuidad de sus negocios, acordase su fusión, escisión, disolución o liquidación (o se viese incursa en cualquier causa legal de disolución o liquidación o se convocase cualquier junta general de accionistas que incluyese dicho punto en el orden del día), teniendo cualquiera de estas circunstancias un impacto negativo sobre la viabilidad del **Proyecto** a juicio de los **Acreditantes**.

16.1.11.

Si la **Acreditada** no obtuviera debidamente cualesquiera permisos, licencias o autorizaciones requeridos en relación con el **Proyecto**, en la forma y plazos exigidos por la normativa aplicable, o si dichos permisos, licencias o autorizaciones fuesen posteriormente revocados, cancelados o restringidos, siempre y cuando tales hechos pudieran tener un efecto significativo adverso en la capacidad de la **Acreditada** para cumplir sus obligaciones derivadas de este contrato y de los acuerdos del **Proyecto**.

16.1.12.

Si cualquiera de las garantías establecidas o comprometidas en virtud de esta póliza a favor de los **Acreditantes** no llegara a ser, fuese o dejase de ser una garantía efectiva de acuerdo con sus propios términos, con prelación, en su caso, sobre los bienes sobre los que recaiga, respecto de cualesquiera otros acreedores (salvo por imperativo legal o causa imputable a los **Acreditantes**) o surgieran cualesquiera circunstancias que impidan o pudieran impedir o perjudicar cualquier garantía o la prioridad de la misma (salvo por imperativo legal o causa imputable a los **Acreditantes**), y no se establecieran nuevas garantías equivalentes a satisfacción de los **Acreditantes**.

16.1.13.

Si la **Acreditada** constituye cualquier tipo de carga sobre los activos del **Proyecto** o sobre cualquiera de los ingresos de cualquier naturaleza a que la **Acreditada** tuviere derecho en virtud de los acuerdos del **Proyecto** en contravención de lo dispuesto en el presente contrato.

16.1.14.

Si la **Acreditada** contrata cualquier financiación adicional, distinta de la permitida en el presente contrato en contravención de lo dispuesto en el mismo.

16.1.15.

Si cualquier otra deuda contraída por la **Acreditada** respecto a sumas tomadas en préstamo o fondos de otro modo obtenidos resultara líquida y exigible o susceptible de ser declarada líquida y exigible antes de su correspondiente fecha de vencimiento; si la referida deuda no se liquidara a su vencimiento; si cualquier garantía dada por la **Acreditada** no fuera ejecutable o no lo fuera al exigirse su ejecución, o si cualquier gravamen constituido por la **Acreditada** sobre bienes de su propiedad fuera o resultara ejecutable.

16.1.16.

Si se produjera cualquier hecho, ya sea causado por la **Acreditada**, ya por causas ajenas a esta, debido al cual y a juicio de los **Acreditantes**, la situación patrimonial, económica o financiera de la **Acreditada**, de los accionistas, de su sociedad matriz o de terceras entidades implicadas en los acuerdos del proyecto, experimentara una alteración que por su naturaleza adversa pudiera tener una repercusión significativa en la viabilidad del **Proyecto** de tal forma que se pueda prever un incumplimiento en el servicio de la deuda o una repercusión negativa sobre sus garantías.

16.1.17.

Si transcurrieran treinta meses desde la firma del presente contrato sin que se hubiera producido el inicio de la explotación del *"identificar el objeto del proyecto"*.

16.1.18.

Si la totalidad de la inversión en activos fijos y gastos activables de la **Acreditada**, más el exceso de tesorería de la **Acreditada** no alcanzaran una cantidad igual al 100 por 100 de los fondos propios, más el importe dispuesto del crédito, más el importe dispuesto del crédito subordinado de los **Acreditantes**, más los fondos autogenerados por el **Proyecto** hasta la fecha de finalización del período de disposición.

16.1.19.

Si se produce en cualquier ejercicio un RCASD inferior a 1,1.

16.1.20.

El cambio en la estructura accionarial de la **Acreditada** en incumplimiento de lo dispuesto en el compromiso de accionistas.

16.1.21.

El no otorgamiento del acta a que se refiere el apartado 3.4.2.

16.1.22.

La no aceptación por la **Acreditada** del tipo de interés en contravención de lo dispuesto en el presente contrato.

16.1.23.

Que se incumpla el ratio mínimo entre los fondos propios, en forma de capital social, prima de emisión y/o deuda subordinada de los accionistas, y fondos ajenos del *"especificar"*.

16.2.

En los casos de resolución previstos en esta estipulación, la cancelación y reintegro anticipado de la totalidad del crédito con sus intereses, comisiones y gastos, se realizará por la **Acreditada** de forma inmediata, a requerimiento del **Agente** previa consulta a los **Acreditantes**, sin que sean posibles resoluciones parciales instadas por un solo **Acreditante**. En caso de no efectuar el total reembolso, se tendrá el contrato por vencido, por incumplimiento de la **Acreditada**, con los efectos previstos en el contrato, devengando las cantidades adeudadas a los **Acreditantes** el interés moratorio previsto en la estipulación 6.

DECIMOSÉPTIMA. Agente

17.1. Mandato

Los **Acreditantes** designan como **Agente** del presente crédito a *"denominación, S.A. (Agente)"*, que acepta tal nombramiento sin perder por ello ninguno de los derechos que le corresponden en su condición de **Acreditante**.

Sin merma alguna de los derechos y obligaciones de los **Acreditantes** en la presente operación, se estipula que en cuanto se refiere a la ejecución y desarrollo de este contrato, el **Agente** actúa, además de por sí, como mandatario especial de los **Acreditantes**, debiendo entenderse, en consecuencia, que los pagos de cualquier naturaleza derivados de este contrato deberán ser realizados por la **Acreditada** precisamente al **Agente**, surtiendo plenos efectos liberatorios para la **Acreditada** como si hubieran sido recibidos en la proporción correspondiente por los **Acreditantes**. De igual modo, cualquier notificación hecha o recibida por el **Agente** surtirá los mismos efectos que si hubiera sido hecha o recibida por los **Acreditantes**.

El **Agente** actuará en el marco del presente contrato a iniciativa propia o a instancia de la mayoría de los **Acreditantes**.

17.2. Distribución proporcional de cantidades

Todos los pagos que, por principal e intereses realice la **Acreditada**, se distribuirán por el **Agente** entre los **Acreditantes** afectados de forma tal que en todo momento se encuentren todos ellos pagados en proporciones idénticas a sus participaciones en el crédito.

Los posibles derechos de los **Acreditantes** de obtener pagos de la **Acreditada**, basados en otras causas y obligaciones distintas a las contenidas en el presente contrato, no resultarán afectados por lo previsto anteriormente.

Si en cualquier momento la cantidad que un **Acreditante** recibe o recobra de la **Acreditada** y/o de cualquiera de los accionistas (incluso por compensación), excede de la proporción que de dicha cantidad le correspondería en función de su participación porcentual en el crédito, dicho **Acreditante** vendrá obligado a redistribuir inmediatamente, y con fecha valor en que se hubiera producido el cobro o recibo, dicha cantidad, proporcionalmente con los otros **Acreditantes**, siguiendo las instrucciones que en tal sentido le dé el **Agente**, salvo que la cantidad recibida por el **Acreditante** fuera como consecuencia de una acción judicial individual iniciada por el mismo.

Si el **Agente** recibiera de la **Acreditada** un pago inferior al efectivamente debido, procederá a distribuir entre los **Acreditantes** la cantidad percibida, en proporción a sus respectivas participaciones en el crédito, sin perjuicio de las acciones que a los **Acreditantes** correspondan en orden a la recuperación de la diferencia.

17.3. Distribución de información

El deber de información del **Agente** se entenderá limitado a aquellas comunicaciones que fueran necesarias para el normal cumplimiento y desarrollo del contrato, o para su exigibilidad, en caso de incumplimiento.

17.4. Responsabilidad del Agente

En ningún caso se entenderá que el **Agente** tiene poder de representación de los **Acreditantes** más allá del que específicamente pueda derivarse de las estipulaciones del presente contrato, así como tampoco el carácter fiduciario de los **Acreditantes**, de la **Acreditada** o de cualquier otra persona.

De acuerdo con estos principios y a título enunciativo:

1. El **Agente** no será responsable frente a los demás **Acreditantes** por razón de la celebración, validez y exigibilidad de este contrato o de cualquier documento complementario o de la veracidad o certeza de las declaraciones contenidas en los mismos o en las comunicaciones que reciba, ni de la factibilidad de cobro del crédito.

2. El **Agente** no estará obligado a tomar ninguna determinación ni a efectuar investigación referente al cumplimiento del presente contrato. Únicamente cuando tenga conocimiento real, o hubiera recibido notificación de alguno de los **Acreditantes** o de la **Acreditada**, de algún supuesto de incumplimiento de este contrato o que pueda motivar la resolución del mismo, lo notificará a los demás **Acreditantes**.

3. En el ejercicio de sus facultades representativas, el **Agente** no contraerá responsabilidad alguna si se ajusta a las instrucciones recibidas o, si en ausencia de tales instrucciones y en caso de urgencia, actúa a su prudente arbitrio, según los usos bancarios.

4. En el cumplimiento de sus restantes cometidos y misiones previstos en este contrato, el **Agente** no tendrá otra responsabilidad frente a los **Acreditantes** que la que pudiera derivarse del dolo o de la culpa grave.

5. Los empleados y representantes del **Agente**, cualquiera que sea su categoría y condición, no incurrirán en responsabilidad personal frente a los demás **Acreditantes** como consecuencia de su actuación profesional en relación al presente contrato.

6. Cada uno de los **Acreditantes** declara al **Agente** que ha realizado en relación con este contrato su propia e independiente investigación y valoración de la situación financiera de los negocios de la **Acreditada**.

17.5. Indemnizaciones al Agente

Los **Acreditantes** convienen en reembolsar de inmediato al **Agente**, a prorrata de su participación en el total del Crédito, de todas las cantidades que, aun siendo a cargo de la **Acreditada**, no hubieran sido reembolsadas en vía voluntaria por esta y que representen para el **Agente** un desembolso por cualquier concepto que, por razón del presente contrato, realice en interés común de los **Acreditantes**, y con independencia del resultado favorable o adverso de la actuación o medida que originó el desembolso.

El **Agente**, estará a estos efectos, autorizado para retener las cantidades a pagar a los **Acreditantes**.

17.6. Renuncia del Agente

El **Agente** podrá, alegando justa causa, renunciar a dicho cargo mediante notificación escrita a los demás **Acreditantes** y a la **Acreditada**, en cuyo caso los **Acreditantes** tendrán derecho a nombrar de entre ellos a un nuevo **Agente**, mediante acuerdo de la mayoría de los **Acreditantes**, y que deberá ser un Banco que tenga el domicilio social en España. Si, dentro de los sesenta días siguientes a la notificación, los **Acreditantes** no lo hubieran nombrado o el designado no hubiera aceptado el nombramiento, el **Agente** tendrá derecho a nombrarlo por sí mismo, de entre aquellos. En este sentido, hasta el nombramiento y aceptación del nuevo **Agente**, el **Agente** que hasta ese momento realizaba las funciones de tal seguirá desempeñando su cargo.

El nombramiento del nuevo **Agente** deberá ser consultado, con carácter previo, con la **Acreditada**, sin que dicha consulta suponga ningún derecho de la **Acreditada** a oponerse al nombramiento del nuevo **Agente**.

La renuncia del anterior y el nombramiento del nuevo se constatará en documento público y se notificará a la **Acreditada** y a los restantes **Acreditantes**, surtiendo efectos desde este momento, tanto la renuncia como el nuevo nombramiento.

El nuevo **Agente** quedará investido de los mismos derechos, facultades, privilegios y deberes que el **Agente** saliente, con arreglo a los términos del presente contrato.

Los gastos ocasionados como consecuencia de la renuncia del **Agente** no podrán, en ningún caso, repercutirse a la **Acreditada**. El **Agente** que renuncie deberá soportar los gastos que ocasione su renuncia.

17.7. Revocación del Agente

Expresamente se establece la posibilidad para los **Acreditantes** de revocar el nombramiento del **Agente** por el incumplimiento por este de sus funciones o la existencia de diferencias reiteradas con el resto de **Acreditantes**, siempre que, simultáneamente, designen a otro **Agente** de entre los **Acreditantes**, que acepte el cargo.

La revocación del anterior **Agente** y el nombramiento del nuevo se constatará en documento público y se notificará a la **Acreditada**, surtiendo efectos desde este momento, tanto la revocación como el nuevo nombramiento.

El nuevo **Agente** quedará investido de los mismos derechos, facultades, privilegios y deberes que el **Agente** saliente, con arreglo a los términos del presente contrato.

Los gastos ocasionados como consecuencia de la revocación del **Agente**, serán soportados por aquella parte en el contrato que inste dicha revocación. La revocación del **Agente** se decidirá por la mayoría de los **Acreditantes**.

DECIMOCTAVA. Garantías de la Acreditada

18.1.

La **Acreditada**, sin perjuicio de su responsabilidad personal e ilimitada, constituye o constituirá en favor de los **Acreditantes** las siguientes garantías para asegurar el cumplimiento de sus obligaciones de pago, a su vencimiento normal o anticipado, así como para asegurar el cumplimiento de cualesquiera otras obligaciones establecidas en el presente contrato:

(a) Compromiso de constitución de prenda sin desplazamiento y/o hipoteca mobiliaria y/o inmobiliaria sobre los activos del **Proyecto**.

(b) Pignoración y cesión en garantía de la cuenta principal y de la cuenta de reserva del servicio de la deuda.

(c) Prenda y cesión en garantía sobre los derechos de crédito que emerjan para la **Acreditada** de los siguientes contratos:

1. El contrato de construcción llave en mano.

2. Contrato de operación y mantenimiento.

3. El contrato de compraventa de energía eléctrica.

4. El contrato de cobertura de riesgos de tipos de interés.

Adicionalmente, y sin perjuicio de la responsabilidad personal e ilimitada de la **Acreditada**, los accionistas por el contrato de compromisos de los accionistas y de prenda de acciones constituyen simultáneamente al otorgamiento de la presente póliza prenda sobre las acciones para asegurar el cumplimiento por la **Acreditada** de sus obligaciones de pago, a su vencimiento normal o anticipado, así como para asegurar el cumplimiento de cualesquiera otras obligaciones de la **Acreditada** establecidas en el presente contrato.

18.2.

Las garantías reguladas conforme a las estipulaciones 18 a 21, inclusive la prenda sobre las acciones de la **Acreditada** que se constituye por el contrato de compromisos de los accionistas y prenda de acciones, se constituyen o constituirán con el carácter de superposición, solidarias e indistintas, de tal forma que los **Acreditantes** podrán, a su elección, ejercitar cualquiera de ellas, por el orden que estimen adecuado, alternativa, conjunta o sucesivamente, sin que la iniciación del procedimiento de ejecución de una garantía limite ni condicione la iniciación de procedimientos de ejecución de otras garantías.

18.3.

De forma general respecto de los bienes y derechos de crédito pignorados y cedidos en garantía en virtud de la presente póliza y del contrato de compromisos de los accionistas y prenda de acciones, así como de aquellos otros que deberán, en su caso, pignorarse en cumplimiento de lo dispuesto en el presente contrato, la **Acreditada**:

(a) Designará la cuenta principal o, en su caso, la cuenta de reserva del servicio de la deuda como lugar de pago de todas las cantidades que le pudieran corresponder en virtud de los mismos.

(b) Notificará a las contrapartes de dichos contratos de forma inmediata a la firma del presente contrato la prenda y cesión en garantía constituida en virtud del presente contrato en favor de los **Acreditantes** y respecto de aquellos que pignore en el futuro, en la misma fecha en que constituya las respectivas prendas.

(c) Se considerará como tipo de primera subasta respecto de los derechos de crédito pignorados y cedidos en garantía el importe a que ascienda la deuda de la **Acreditada** frente a los **Acreditantes** en el momento de la ejecución, conforme al certificado del saldo expedido por los **Acreditantes**.

(d) No podrá proceder a la terminación de los contratos de los que emergen ni permitirá que esta se produzca sin al menos avisar a los **Acreditantes** de la posibilidad de esta circunstancia con al menos un mes de antelación respecto de la fecha prevista para su acaecimiento.

(e) Deberá constituir derecho real de prenda sobre todos los derechos de crédito que en favor de la **Acreditada** emerjan de los contratos que en el futuro puedan sustituir, en su función económico-material, a los acuerdos mencionados en el apartado 18.1. (c) cuyos derechos de crédito se pignoran y se ceden en garantía o se compromete a pignorar y ceder en garantía en virtud del presente contrato.

La **Acreditada** deberá formalizar la prenda y cesión en garantía sobre los derechos de crédito que a su favor emerjan de los nuevos contratos en documento público, de forma satisfactoria, a juicio de los **Acreditantes**, en la misma fecha en que suscriba aquellos y notificar la pignoración debidamente a cada una de sus nuevas contrapartes en dichos contratos.

18.4.

Asimismo, de forma general respecto de los bienes y derechos de crédito pignorados y cedidos en garantía en virtud de la presente póliza y del contrato de compromisos de los accionistas y prenda de acciones, así como de aquellos otros que deberán, en su caso, pignorarse en cumplimiento de lo dispuesto en el presente contrato:

a) El **Agente**, actuando en la forma regulada en el presente contrato, queda irrevocablemente facultado por la **Acreditada** para realizar por sí solo ante los deudores de dichos créditos y a los fines de lograr su cobro, las gestiones, extrajudiciales o judiciales, que fueran necesarias. La **Acreditada** se obliga a prestar cuanta colaboración le fuera requerida a tal fin por el **Agente**.

b) La prenda y cesión en garantía se entiende realizada con especial afección al aseguramiento del buen fin de las obligaciones garantizadas en los más amplios términos, amparando los intereses moratorios, costas judiciales y cualesquiera otros conceptos devengados como consecuencia de lo pactado en el presente contrato. Asimismo, se considerará vigente mientras subsistan responsabilidades derivadas de la obligación principal garantizada en cada momento conforme al contrato tanto por principal, intereses, comisiones, impuestos o gastos a cargo del obligado.

c) La prenda y cesión en garantía se extenderá a cualesquiera cantidades de efectivo en que pudieran convertirse los derechos o bienes pignorados por razón de cualquier negocio jurídico realizado sobre los mismos por la **Acreditada**.

d) Los derechos y acciones que competen a los **Acreditantes**, en virtud de la presente estipulación y de los créditos pignorados y cedidos en garantía son independientes de los que a estos les corresponda por razón de la obligación garantizada, que podrán ser ejercitados con plena independencia y sin perjuicio de aquéllos.

DECIMONOVENA. Compromiso de garantía hipotecaria

En garantía del cumplimiento de las obligaciones de pago, a su vencimiento normal o anticipado, y cualesquiera otras obligaciones derivadas del crédito y sin perjuicio de su responsabilidad personal e ilimitada, la **Acreditada** se compromete a constituir hipoteca mobiliaria y/o inmobiliaria o prenda sin desplazamiento sobre los activos del **Proyecto** a simple requerimiento del **Agente**.

A efectos de determinar el importe de la obligación asegurada y el de los intereses se tomará como base de cálculo el importe dispuesto y no reembolsado del crédito en la fecha en se proceda a constituir la hipoteca o prenda, el cual será debidamente acreditado por el **Agente** del mismo modo que conforme a lo dispuesto en la estipulación 22.

A estos efectos, la **Acreditada** apodera de forma simultánea al otorgamiento de la presente póliza al **Agente** para que, en su nombre y conforme al presente contrato, realice cualesquiera actuaciones previas necesarias para la constitución de la carga real y otorgue la escritura de hipoteca mobiliaria y/o inmobiliaria o prenda sin desplazamiento a que se refiere la presente estipulación, definiendo, en su caso, los términos y condiciones necesarios para su correcta constitución e inscripción y la acepte. El poder otorgado se instrumenta en documento aparte de forma simultánea al otorgamiento del presente contrato y contempla expresamente la facultad de autocontratación.

La **Acreditada** deberá soportar los gastos de constitución hipotecaria siempre y cuando el **Agente** le hubiere requerido a la constitución de la garantía hipotecaria mediando cualquiera de las siguientes circunstancias:

- Que el RCASD de un ejercicio fuera inferior a 1,1.

- Que se hubiera producido un incumplimiento de la **Acreditada** respecto de cualquier obligación contenida en un acuerdo del **Proyecto**.

- Que se hubiera producido un incumplimiento de pago respecto de las obligaciones asumidas por la **Acreditada** en el presente contrato.

- Que se hubiera producido un efecto material adverso, entendido como tal toda situación susceptible de perjudicar materialmente:

i. La capacidad de la **Acreditada** para atender sus obligaciones derivadas del presente contrato o cualquiera otro acuerdo del **Proyecto**.

ii. La calidad de los activos dados en garantía.

iii. La calidad financiera de la **Acreditada**.

Caso de que el **Agente** hubiera constituido la garantía hipotecaria en contravención de lo dispuesto en el párrafo anterior, la **Acreditada** será indemnizada por los **Acreditantes** de cualesquier perjuicio que le ocasione la constitución de la garantía real sin que medien las circunstancias descritas en el párrafo anterior y, particularmente, de los gastos de formalización e inscripción de las garantías reales que se constituyan, así como de su cancelación.

En el supuesto de que, constituida la hipoteca a que se refiere la presente estipulación, y ejecutada de conformidad con la estipulación 22 siguiente, se adjudicasen los bienes hipotecados, la **Acreditada** faculta de manera firme e irrevocable al **Agente** para que en su nombre transmita el régimen especial de producción eléctrica, otorgado por Resolución de *"fecha de la resolución"* de la Consejería de Industria y Comercio de *"localidad de la Consejería"*, al adjudicatario de los mismos, en los términos y condiciones que el **Agente** considere oportunos, para lo cual apodera a este, de la misma manera, en virtud de esta póliza.

VIGÉSIMA. Prenda y cesión en garantía de la cuenta principal y de la cuenta de reserva del servicio de la deuda

20.1.

Sin perjuicio de su responsabilidad patrimonial personal e ilimitada, por razón del crédito, la **Acreditada** cede en garantía en favor de los **Acreditantes** los derechos de crédito que a su favor emergen de la cuenta principal y de la cuenta de reserva del servicio de la deuda, constituyendo un derecho real de prenda sobre los mismos.

20.2.

La prenda así constituida es aceptada por los **Acreditantes** y surte plenos efectos desde la fecha del presente contrato.

VIGÉSIMA PRIMERA. Prenda y cesión en garantía sobre los derechos de crédito dimanantes de ciertos acuerdos del Proyecto

21.1.

Sin menoscabo de la responsabilidad personal e ilimitada de la **Acreditada**, y en garantía del cumplimiento de las obligaciones asumidas por ella en el presente contrato, la **Acreditada** cede en garantía en favor de los **Acreditantes** los derechos de crédito de cualquier naturaleza presentes y futuros que a su favor emerjan del contrato de construcción llave en mano y del contrato de operación y mantenimiento, constituyendo derecho real de prenda sobre los mismos.

Sin menoscabo de la responsabilidad personal e ilimitada de la **Acreditada**, y en garantía del cumplimiento de las obligaciones asumidas por ella en el presente contrato, la **Acreditada** constituirá prenda y cesión en garantía en favor de los **Acreditantes** sobre los derechos de crédito de cualquier naturaleza presentes y futuros que a su favor emerjan del contrato de compraventa de energía eléctrica y del contrato de cobertura de riesgos de tipos de interés en la misma fecha que proceda a su suscripción. La prenda y cesión en garantía se regirá conforme a lo dispuesto en el presente contrato.

21.2.

La **Acreditada** notificará la prenda constituida en virtud de la presente estipulación a la otra parte del contrato de compraventa de energía eléctrica y del contrato de cobertura de riesgos de tipos de interés en el momento de su firma, conforme a modelo adjuntado como Anexo 5.

En relación con los contratos mencionados en el primer párrafo de apartado 21.1, se adjunta a la presente póliza como Anexo 6 copia de las cartas que se entregan al notario presente en el acto para que notifique a las contrapartes de aquellos contratos la constitución de la garantía pignoraticia efectuada en virtud de la presente estipulación.

21.3.

Por la presente la **Acreditada** faculta irrevocablemente al **Agente** para reclamar en su nombre las cantidades que se le adeuden en virtud de los citados contratos.

21.4.

La prenda y cesión en garantía una vez constituida y perfeccionada se regirá por lo dispuesto en el presente contrato.

VIGÉSIMA SEGUNDA. Pacto de liquidez. Procedimientos ejecutivos

22.1. Disposiciones comunes para la ejecución de las garantías pignoraticias

Se considerará vencida la prenda si se produjera el vencimiento del contrato con arreglo a lo dispuesto en la estipulación 16 anterior y la deuda de la **Acreditada** con los **Acreditantes** no hubiera sido satisfecha dentro del plazo de cinco días hábiles desde que la **Acreditada** hubiera sido requerida notarial mente al efecto.

Asimismo, vencida la obligación garantizada y no satisfechas las cantidades adeudadas por la **Acreditada** conforme a lo dispuesto en el presente contrato, el **Agente** podrá, a su discreción:

a) Dirigirse a cualquiera de las contrapartes de los contratos cuyos derechos se ceden y pignoran, y en virtud de la cesión en garantía operada designar una nueva cuenta de pago abierta a nombre del **Agente**. Las cantidades que se ingresen en dicha nueva cuenta se aplicarán a la satisfacción de la deuda de la **Acreditada** con los **Acreditantes**, a medida que fueran siendo recibidas en la misma; o, alternativamente.

b) Ejecutar las prendas reguladas en virtud del presente contrato conforme a lo dispuesto en la normativa aplicable y en el presente contrato. A estos efectos se considerará como tipo de primera subasta de estos derechos conjuntamente la cantidad que en la fecha de la ejecución reste abonar a la **Acreditada** en concepto de amortizaciones de capital, intereses ordinarios y comisiones, conforme a lo dispuesto en el presente contrato. La **Acreditada** designa al **Agente** como mandatario para representarla en la subasta de los derechos de crédito pignorados y cedidos en garantía y le autoriza y faculta irrevocablemente para otorgar, en su nombre y representación, los documentos públicos oportunos formalizando la transmisión de los derechos en favor del (los) adjudicatario (s) así como a realizar las oportunas notificaciones.

En cualquiera de las dos situaciones contempladas, el **Agente** comunicará su proceder a la **Acreditada** en el plazo de cinco días desde que procediere en cualquiera de estos sentidos.

22.2. Aplicación de fondos al pago de deudas

22.2.1.

Respecto de los derechos de crédito cedidos en garantía y pignorados en virtud de la presente póliza las partes acuerdan que es garantías aquí constituidas puedan ser ejecutadas sin necesidad de acudir al procedimiento judicial o al extrajudicial previstos en los apartados 22.3 y 22.4 siguientes.

22.2.2.

En el caso de incumplimiento de cualquiera de las obligaciones de pago de la **Acreditada** en virtud del presente contrato, los **Acreditantes**, a través del **Agente**, podrán aplicar, una vez instada la ejecución, los fondos obtenidos por la **Acreditada** por los contratos y cuentas cuyos derechos de crédito se ceden y pignoran en garantía, directamente al pago de las deudas, mediante compensación. La compensación se realizará exclusivamente sobre las cantidades debidas por la **Acreditada** y no pagadas.

22.2.3.

El **Agente** notificará a la **Acreditada** con carácter inmediato de la aplicación de los fondos según lo previsto en el presente apartado.

22.3. Procedimiento ejecutivo ordinario

22.3.1.

Para el supuesto de que los **Acreditantes** decidieran ejercitar el procedimiento ejecutivo ordinario previsto en el artículo 517 de la Ley 1/2000, de 7 de enero, de Enjuiciamiento Civil, se pacta expresamente por los contratantes, a efectos de lo dispuesto en los artículos 572 y 573 de la citada Ley, que la liquidación para determinar la deuda ejecutivamente reclamable se practicará por los **Acreditantes**. En consecuencia, bastará para el ejercicio de la acción ejecutiva la presentación de esta póliza acompañada de certificación expedida por el **Agente** en nombre de los **Acreditantes**, en la que se acredite que el saldo deudor coincide con el que aparece en la cuenta especial de crédito abierta por el **Agente** de conformidad con la estipulación 12, y que la liquidación de la deuda se ha practicado en la forma pactada por las partes contratantes, certificación o certificaciones que se incorporarán al acta notarial o se intervendrá por notario.

22.3.2.

Serán por cuenta de la **Acreditada** los gastos y tributos que se causen por razón del acta notarial o intervención del notario a que se refiere el apartado anterior.

22.3.3.

Son de aplicación las disposiciones de la estipulación 24 relativas al domicilio para notificaciones.

22.4. Procedimiento ejecutivo extrajudicial

Sin perjuicio de lo previsto en el apartado 22.2 anterior, las cesiones en garantía y las prendas constituidas en virtud de la presente póliza podrán ser ejecutadas mediante el procedimiento judicial o a través del procedimiento extrajudicial previsto en el arto 1.872 del Código Civil, el cual se ajustará a las siguientes normas:

(a) El anuncio de la enajenación de la prenda en pública subasta se publicará en un diario de gran circulación en *"provincia"*, con siete días de antelación mínima.

(b) Será notario competente para la ejecución el que designe el **Agente** de ejecución de garantías.

(c) El desacuerdo de la **Acreditada** y/o los accionistas respecto de la exigibilidad, incumplimiento o importe de las obligaciones declaradas por los **Acreditantes** al requerir la ejecución de las cesiones en garantías y/o prendas no podrá impedir ni demorar la ejecución, que se llevará a cabo en firme conforme a la declaración de los **Acreditantes**, sin perjuicio de las acciones legales que pudieran corresponder a los accionistas frente a estos por su actuación, en su caso, contraria a su derecho.

(d) El notario autorizado para realizar la subasta lo estará también para tomar cualquier medida necesaria para asegurar la publicidad de las subastas.

(e) Para tomar parte en la subasta deberá depositarse en el lugar donde se celebre, en dinero efectivo o en cheque bancario, con antelación mínima de dos días, una cantidad equivalente al 10 por 100 del tipo de subasta. A los postores no adjudicatarios se les devolverá el depósito efectuado para tomar parte en la subasta en el plazo de tres días hábiles siguientes a la celebración de la subasta.

(f) De haber más de un postor se celebrarán pujas a la llana durante un plazo de treinta minutos.

(g) Los derechos pignorados se adjudicarán al mejor postor, de existir, que cumpla las condiciones fijadas. En este supuesto, el importe del depósito para tener parte en la subasta quedará como entrega a cuenta del precio, debiendo satisfacerse el resto en el plazo de siete días naturales y, si no lo hiciera, perderá la cantidad depositada en beneficio de la liquidación final al deudor.

(h) Distribución del importe de la venta:

- Si es mayor que el importe total de la deuda, el depositario satisfará en primer lugar a los **Acreditantes** y restituirá el remanente a la **Acreditada** titular de los derechos pignorados.

- Si es menor que el importe total de la deuda, el depositario procederá al prorrateo entre los **Acreditantes** en proporción al importe de sus respectivos créditos y/o participaciones en el presente contrato.

(i) Recibida por los **Acreditantes** la totalidad del precio, o en su caso la parte del mismo que les corresponda, se otorgarán ante notario, los documentos pertinentes a favor del adjudicatario. A tal efecto, la **Acreditada**, apodera irrevocablemente al **Agente**, para otorgar y firmar en su nombre cuantos documentos públicos fueren precisos, incluso en el supuesto de autocontratación, todo ello con las más amplias facultades.

(j) De no existir postor en la primera subasta se celebrará una segunda, siete días después, en el mismo lugar, con una rebaja del 25 por 100 sobre el tipo inicial. Si no se produjera adjudicación en esta segunda, podrá realizarse una tercera, siete días después, en el mismo lugar y sin sujeción a tipo.

(k) Si en la tercera subasta tampoco hubiera postor, cada uno de los **Acreditantes** podrá hacerse dueño de los derechos pignorados en proporción a su respectivo derecho, dando carta de pago por la totalidad de su crédito.

A los efectos del ejercicio de este derecho, se establece que las cuotas alícuotas de los derechos a la que cada **Acreditante** tendrá derecho serán las resultantes de multiplicar el valor del derecho en cuestión por la participación que ostenten en el conjunto de las deudas de la **Acreditada** derivadas del presente contrato.

(l) Serán de cuenta del adjudicatario todos los gastos de la subasta, así como los requerimientos, citaciones previas, anuncios y demás que ocasione la adjudicación.

(m) La ejecución no será interrumpida salvo que medie una orden firme y/o ejecutiva dictada por la autoridad judicial competente.

VIGÉSIMA TERCERA. Ejecución por los Acreditantes de las garantías

En relación con las garantías que, en virtud del presente contrato y del contrato de compromisos de los accionistas y prenda de acciones se constituyen o se constituirán, en favor de los **Acreditantes** para garantizar el cumplimiento de las obligaciones a cargo de la **Acreditada**, los **Acreditantes** acuerdan las siguientes reglas a las que deberá sujetarse la ejecución de cualquiera de dichas garantías:

(a) La única entidad facultada para promover la ejecución de las garantías será el **Agente** conforme a lo dispuesto por la mayoría de los **Acreditantes**.

(b) El **Agente** actuará en los procedimientos judiciales o extrajudiciales tendentes a la ejecución de las garantías, en nombre y representación de la totalidad de los **Acreditantes**, para lo que queda desde este mismo momento autorizado y apoderado por estos para el ejercicio, en nombre de ellos, de todos los derechos que en virtud de esta póliza les correspondan en relación con la ejecución de las garantías, de acuerdo con el presente contrato. Por su parte, el **Agente** acepta expresamente dicho nombramiento, quedando facultado, sin que ello suponga limitación, para, entre otros, los siguientes actos:

- Proceder, en su caso, a la ejecución judicial o extrajudicial de las garantías otorgadas.

- Expedir la certificación bancaria del saldo deudor de la **Acreditada** a la que se refiere la estipulación 22, con el fin de proceder a la ejecución de las garantías.

- El ejercicio en nombre propio de todos los derechos que en virtud de esta póliza corresponden al mismo, en relación con la ejecución de las garantías establecidas, de acuerdo con lo previsto en la estipulación anterior, incluyendo el ejercicio de las reclamaciones judiciales o extrajudiciales que correspondan.

- Realizar cualquier actuación en nombre de los **Acreditantes** en el ámbito de las garantías que en esta póliza o en el contrato de compromisos de los accionistas y prenda de acciones se constituyen.

- Otorgar cualquier otro documento complementario o conexo con la presente póliza, en relación con las garantías constituidas.

(c) El **Agente** podrá, alegando justa causa, renunciar al apoderamiento realizado en virtud de esta estipulación, y su nombramiento podrá ser revocado, aplicándose las reglas previstas en la estipulación 17.

VIGÉSIMA CUARTA. Notificaciones

24.1. Forma de efectuar las notificaciones

A efectos de comunicaciones entre los **Acreditantes** y la **Acreditada**, las partes acuerdan que, salvo que otra cosa se disponga expresamente en el contrato, podrá emplearse cualquier medio que permita tener constancia de su envío o recepción, considerándose cumplido el deber de notificación mediante el envío, con la antelación necesaria en cada caso, de carta certificada con acuse de recibo o telegrama con acuse de recibo dirigido a los respectivos domicilios que se indican a continuación, o, en caso de urgencia, de un telefax dirigido a los indicativos asimismo reseñados, si bien en este último caso, deberán confirmarse por otro medio escrito dentro de los cinco días siguientes.

Cualquier cambio o modificación en los domicilios o indicativos reseñados en el apartado siguiente deberá ser comunicado al **Agente** quien dará traslado del mismo a las restantes partes, por cualquiera de los medios anteriormente indicados, no surtiendo efecto hasta tanto el **Agente** no acuse recibo de dicho cambio o modificación.

24.2. Domicilios y números de telefax

De acuerdo con lo previsto en el apartado anterior, a efectos de la práctica de requerimientos y de enviar o recibir notificaciones o comunicaciones, ya sean estas judiciales o extrajudiciales, se señalan como domicilios e indicativos de telefax de las partes, los siguientes:

Para la **Acreditada**: *"domicilio a efectos de notificaciones (Acreditada)"*.

Att.: *"Don/Doña nombre y apellidos (Acreditada)"*.

Para el **Agente**: *"domicilio a efectos de notificaciones (Agente)"*.

Att.: *"Don/Doña nombre y apellidos (Agente)"*.

Para **Banco**: *"domicilio a efectos de notificaciones (Entidad)"*.

Att.: *"Don/Doña nombre y apellidos (Entidad)"*.

VIGÉSIMA QUINTA. Plazos

Los plazos se computarán de fecha a fecha. Si en el mes en que acabe un plazo no existiera un día que se corresponda numéricamente con el día del mes en que se inició el cómputo, se entenderá terminado el plazo el último día del mes. Asimismo, cuando algún plazo termine en un día que resulte no ser un día hábil, el vencimiento del plazo en cuestión se entenderá pospuesto al día hábil inmediatamente siguiente, salvo que este caiga en otro mes, en cuyo caso se entenderá vencido el último día del mes en que debiera vencer que resulte ser un día hábil. Igual regla se aplicará cuando la fecha en que la **Acreditada** deba abonar cualquier cantidad al **Agente** resulte no ser un día hábil.

VIGÉSIMA SEXTA. Jurisdicción

Con renuncia a su fuero propio, si lo tuviesen, las partes a este contrato expresamente se someten a los juzgados y tribunales de *"ciudad de los juzgados y tribunales"* para todas las cuestiones que puedan derivarse de la validez, interpretación o cumplimiento de la presente póliza.

Para aquellos procedimientos en que no sea eficaz o válida la anterior sumisión, la competencia se determinará conforme a las reglas legales aplicables en cada caso. No obstante, a fin de evitar ulteriores dudas y para facilitar la determinación del tribunal competente, las partes acuerdan que se considerará como lugar de celebración el del otorgamiento de este Contrato; por lugar de cumplimiento, el señalado para que la **Acreditada** pague al **Agente** las cantidades que le deba conforme a esta póliza; y como domicilio de cada una de las partes, el que corresponda conforme a la estipulación 24 de esta póliza.

VIGÉSIMA SÉPTIMA. Ley aplicable

El presente contrato se regirá e interpretará de conformidad con las leyes españolas.

VIGÉSIMA OCTAVA. Ejemplares

El presente contrato se firma en *"número de copias"* ejemplares.

El presente contrato se formaliza con la intervención de *"Don/Doña nombre y apellidos del notario que interviene"*, notario de *"lugar del notario que interviene"* y de su Ilustre Colegio, expresamente requerida a todos los efectos legales, y en especial, a los previstos en el artículo 93 del Código de Comercio y 517 de la Ley de Enjuiciamiento Civil y demás legislación concordante.

Las partes, mediante una única firma estampada en la hoja nº *"número de hoja"*, manifiestan su conformidad con la presente póliza que firman y otorgan con mi intervención en *"número de ejemplares"* ejemplares iguales y formalizados a un solo efecto, y yo el notario, hechas las advertencias legales oportunas, doy fe de la identidad, capacidad y legitimidad de las firmas de los contratantes y del otorgamiento de este contrato, extendido en hojas numeradas de la 1 a la *"último número"*, incluyendo sus anexos, todas ellas selladas y rubricadas por mí.

En *"lugar de la firma"*, a *"fecha de la firma"*

MCM 3795

Contrato de compromiso de los accionistas y prenda de acciones

Nota preliminar:

El modelo presupone unas **circunstancias** determinadas que serán las **más frecuentes**. Si en el caso concreto existen circunstancias particulares no previstas, deberá completarse o modificarse el modelo, adaptándolo a las mismas.

En *"lugar de la firma del contrato"*, a *"fecha de la firma del contrato"*

COMPARECEN:

De una parte,

"Don/Doña nombre y apellidos de la parte", mayor de edad, *"estado civil de la parte"* *"... "especificar el régimen económico matrimonial de la parte" ..."*, de nacionalidad *"nacionalidad de la parte"*, con domicilio a estos efectos en *"domicilio de la parte"*, *"...con DNI/NIF número "DNI/NIF de la parte" ... O ... con tarjeta de residencia número "número de tarjeta de residencia de la parte" ... O ... pasaporte número "número de pasaporte de la parte", expedido el "fecha de expedición del pasaporte de la parte" ... O ... "reseñar otros documentos aportados por la parte" ..."*, vigente hasta el *"fecha de vigencia de la documentación aportada por la parte"*.

Interviene en nombre y representación de la sociedad mercantil denominada *"denominación de la sociedad"*, domiciliada en *"domicilio de la sociedad"*, y con NIF número *"NIF de la sociedad"*, constituida, por tiempo indefinido, mediante escritura otorgada ante el notario de *"lugar del notario que autorizó la escritura de constitución"*, *"Don/Doña nombre y apellidos del notario que autorizó la escritura de constitución"*, el *"fecha de autorización de la escritura de constitución"*, e inscrita en el Registro Mercantil de *"datos de la inscripción registral (localidad del Registro Mercantil, tomo, folio, sección, hoja e inscripción)"*, en su calidad de

>>

○ **Si representa como cargo social:**

"...administrador único ... O ... administrador solidario ... O ... consejero delegado ... O ... "especificar la representación del cargo social" ..." de la reseñada sociedad, cargo para el que fue nombrado y asegura vigente en escritura otorgada el *"fecha de escritura del nombramiento del cargo"*, ante el notario de *"lugar donde radica la notaría en la que se autorizó la escritura del nombramiento"*, *"Don/Doña nombre y apellidos del notario que autorizó la escritura del nombramiento"*, con el número *"número de protocolo del notario que autorizó la escritura del nombramiento"* de su protocolo, e inscrita en el Registro Mercantil de *"localidad del Registro Mercantil de la escritura de nombramiento"*, en el tomo y hoja arriba indicados.

○ **Si representa como apoderado:**

apoderado de la reseñada sociedad, según escritura de poder otorgada a su favor, en *"fecha de escritura del otorgamiento del poder"*, ante el notario de *"lugar donde radica la notaría en la que se autorizó la escritura de poder"*, *"Don/Doña nombre y apellidos del notario que autorizó la escritura de poder"*, con el número *"número de protocolo del notario que autorizó la escritura de poder"* de su protocolo *"...e inscrita en el Registro Mercantil de "localidad del Registro Mercantil de la escritura de poder" ..."*, en el tomo y hoja arriba indicados.

MCM 3795

De otra parte,

"Don/Doña nombre y apellidos de la parte", mayor de edad, *"estado civil de la parte" "..."especificar el régimen económico matrimonial de la parte" ..."*, de nacionalidad *"nacionalidad de la parte"*, con domicilio a estos efectos en *"domicilio de la parte"*, *"...con DNI/NIF número "DNI/NIF de la parte"... O... con tarjeta de residencia número "número de tarjeta de residencia de la parte"... O... pasaporte número "número de pasaporte de la parte", expedido el "fecha de expedición del pasaporte de la parte"... O... "reseñar otros documentos aportados por la parte"..."*, vigente hasta el *"fecha de vigencia de la documentación aportada por la parte"*.

Interviene en nombre y representación de la sociedad mercantil denominada *"denominación de la sociedad"*, domiciliada en *"domicilio de la sociedad"*, y con NIF número *"NIF de la sociedad"*, constituida, por tiempo indefinido, mediante escritura otorgada ante el notario de *"lugar del notario que autorizó la escritura de constitución"*, *"Don/Doña nombre y apellidos del notario que autorizó la escritura de constitución"*, el *"fecha de autorización de la escritura de constitución"*, e inscrita en el Registro Mercantil de *"datos de la inscripción registral (localidad del Registro Mercantil, tomo, folio, sección, hoja e inscripción)"*, en su calidad de

○ **Si representa como cargo social:**

"...administrador único... O... administrador solidario... O... consejero delegado... O... "especificar la representación del cargo social"..." de la reseñada sociedad, cargo para el que fue nombrado y asegura vigente en escritura otorgada el *"fecha de escritura del nombramiento del cargo"*, ante el notario de *"lugar donde radica la notaría en la que se autorizó la escritura del nombramiento"*, *"Don/Doña nombre y apellidos del notario que autorizó la escritura del nombramiento"*, con el número *"número de protocolo del notario que autorizó la escritura del nombramiento"* de su protocolo, e inscrita en el Registro Mercantil de *"localidad del Registro Mercantil de la escritura de nombramiento"*, en el tomo y hoja arriba indicados.

○ **Si representa como apoderado:**

apoderado de la reseñada sociedad, según escritura de poder otorgada a su favor, en *"fecha de escritura del otorgamiento del poder"*, ante el notario de *"lugar donde radica la notaría en la que se autorizó la escritura de poder"*, *"Don/Doña nombre y apellidos del notario que autorizó la escritura de poder"*, con el número *"número de protocolo del notario que autorizó la escritura de poder"* de su protocolo *"...e inscrita en el Registro Mercantil de "localidad del Registro Mercantil de la escritura de poder" ..."*, en el tomo y hoja arriba indicados.

De otra parte,

"Don/Doña nombre y apellidos de la parte", mayor de edad, *"estado civil de la parte" "..."especificar el régimen económico matrimonial de la parte" ..."*, de nacionalidad *"nacionalidad de la parte"*, con domicilio a estos efectos en *"domicilio de la parte"*, *"...con DNI/NIF número "DNI/NIF de la parte"... O... con tarjeta de residencia número "número de tarjeta de residencia de la parte"... O... pasaporte número "número de pasaporte de la parte", expedido el "fecha de expedición del pasaporte de la parte"... O... "reseñar otros documentos aportados por la parte"..."*, vigente hasta el *"fecha de vigencia de la documentación aportada por la parte"*.

Interviene en nombre y representación de la sociedad mercantil denominada *"denominación de la sociedad"*, domiciliada en *"domicilio de la sociedad"*, y con NIF número *"NIF de la sociedad"*, constituida, por tiempo indefinido, mediante escritura otorgada ante el notario de *"lugar del notario que autorizó la escritura de constitución"*, *"Don/Doña nombre y apellidos del notario que autorizó la escritura de constitución"*, el *"fecha de autorización de la escritura de constitución"*, e inscrita en el Registro Mercantil de *"datos de la inscripción registral (localidad del Registro Mercantil, tomo, folio, sección, hoja e inscripción)"*, en su calidad de

Financiación y Gestión Financiera

➢➢

o Si representa como cargo social:

"...administrador único ... O ... administrador solidario ... O ... consejero delegado ... O ... "especificar la representación del cargo social" ... " de la reseñada sociedad, cargo para el que fue nombrado y asegura vigente en escritura otorgada el *"fecha de escritura del nombramiento del cargo"*, ante el notario de *"lugar donde radica la notaría en la que se autorizó la escritura del nombramiento"*, *"Don/Doña nombre y apellidos del notario que autorizó la escritura del nombramiento"*, con el número *"número de protocolo del notario que autorizó la escritura del nombramiento"* de su protocolo, e inscrita en el Registro Mercantil de *"localidad del Registro Mercantil de la escritura de nombramiento"*, en el tomo y hoja arriba indicados.

o Si representa como apoderado:

apoderado de la reseñada sociedad, según escritura de poder otorgada a su favor, en *"fecha de escritura del otorgamiento del poder"*, ante el notario de *"lugar donde radica la notaría en la que se autorizó la escritura de poder"*, *"Don/Doña nombre y apellidos del notario que autorizó la escritura de poder"*, con el número *"número de protocolo del notario que autorizó la escritura de poder"* de su protocolo *"...e inscrita en el Registro Mercantil de "localidad del Registro Mercantil de la escritura de poder" ... "*, en el tomo y hoja arriba indicados.

≺≺

"otros comparecientes".

EXPONEN:

I. El Banco *"denominación, S.A. (A)"*, Banco *"denominación, S.A. (B)"*, Banco *"denominación, S.A. (C)"* (en adelante, conjuntamente, los **Acreditantes**) van a financiar el proyecto de construcción, puesta en marcha y explotación de un *"identificar el objeto de financiación"*, en virtud de una póliza de crédito que se otorga de manera simultánea a la presente, por importe máximo de *"cantidad de la póliza, en letra"* euros (*"cantidad de la póliza, en número"* €) (en adelante, el **Contrato de Financiación**).

La receptora de la mencionada financiación es *"denominación, S.A. (Acreditada)"*, (la **Acreditada**) sociedad participada en un *"porcentaje de participación del accionista I"* por 100 por la entidad *"denominación, S.A. (Accionista I)"* y en un *"porcentaje de participación del accionista II"* por 100 por la entidad *"denominación, S.A. (Accionista II)"* (en adelante denominados, conjuntamente, los **Accionistas**). En concreto, el capital social de la **Acreditada** está dividido en *"número de acciones nominativas"* acciones nominativas numeradas del 1 al *"número de la última acción"*, ambos inclusive, (en adelante, las **Acciones**) de *"valor nominal, en número"* euros de valor nominal cada una de ellas, todas ellas propiedad de los **Accionistas** en los porcentajes mencionados.

II. De forma simultánea a la firma del **Contrato de Financiación**, los **Accionistas** se obligan frente a los **Acreditantes** conforme a lo dispuesto en las siguientes

ESTIPULACIONES:

Primera. Definiciones
En la presente póliza, los términos tendrán, tanto cuando se utilicen en singular como en plural, el significado que se establece en el Contrato de Financiación, salvo que, expresamente, se les otorgue otro significado.

Segunda. Obligaciones de los Accionistas
Los **Accionistas** en virtud de la presente póliza se comprometen expresamente a:

2.1.
Realizar las aportaciones de fondos propios señaladas como condición previa para cualquier disposición en el apartado 3.2.1 (9) del **Contrato de Financiación**.

Las aportaciones a que se refiere el párrafo anterior deberán realizarse en todo caso en forma de fondos propios, si bien deberán realizarse en un 25 por 100 como mínimo en forma de capital social, pudiendo el resto de fondos propios, hasta el 75 por 100 restante, ser aportado en forma de deuda subordinada y/o prima de emisión de acciones.

2.2.
Como condición previa a cualquier disposición, los **Accionistas** se obligan a perfeccionar la pignoración de las Acciones representativas del capital social de la **Acreditada**, tal y como se desarrolla en la estipulación 3 de la presente póliza.

2.3.
No transferir las **Acciones** representativas del capital social de la **Acreditada** que en el momento de la firma de la presente póliza ostentan, ni emitir nuevas acciones o derechos vinculados a ellas, que supongan reducir su participación en el capital social de la **Acreditada** por debajo del 51%, sin previa y expresa autorización de los **Acreditantes**, las cuales no podrán negar dicha autorización de no existir causa justificada. Asimismo, no gravar las **Acciones**, no canjearlas ni, en general, disponer de ellas de forma alguna.

2.4.
Dotar a la **Acreditada** de los medios humanos y materiales para asegurar el cumplimiento de los acuerdos del **Proyecto**.

2.5.
No alterar la estructura jurídica de la **Acreditada** ni acordar su disolución, liquidación, fusión, escisión, absorción, transformación de forma social, cese de actividades o modificación de sus estatutos sociales en contravención de lo dispuesto en el **Contrato de Financiación**, sin autorización previa y expresa de los **Acreditantes**, los cuales no podrán negar dicha autorización de no existir causa justificada. No se permitirá reducciones de capital salvo por imperativo legal.

2.6.
No acordar su disolución, liquidación, fusión, escisión, ni el cese de sus actividades, teniendo cualquiera de estas circunstancias un impacto negativo sobre la viabilidad del **Proyecto**.

2.7.
Por la firma de la presente póliza los **Accionistas** se obligan a respetar las obligaciones asumidas por la **Acreditada** en el **Contrato de Financiación** en materia de distribución de dividendos, estructura de capital y forma social.

2.8.
Los **Accionistas** no celebrarán contratos con la **Acreditada** en términos desfavorables para la **Acreditada** y/o en condiciones peores que las de libre mercado, ni adoptarán decisión alguna a través de sus órganos de decisión, que pueda tener como efecto un incumplimiento de las obligaciones de la **Acreditada** en virtud del **Contrato de Financiación**.

2.9.
Los **Accionistas** no adoptarán decisión alguna que suponga el abandono del **Proyecto**.

2.10.
Comunicar a los futuros **Accionistas** que lo sean de conformidad con el apartado 2.3 anterior la existencia de las presentes obligaciones y compromisos advirtiéndoles de su necesaria y expresa adhesión a las mismas en los términos del presente contrato.

MCM 3795

2.11.
Cumplir con las obligaciones que para ellos se derivan de las cartas de compromiso.

2.12.
Constituir prenda sobre el remanente de la ejecución de la prenda regulada conforme a la estipulación 3 siguiente, realizada por los **Acreditantes** sobre las **Acciones** de la **Acreditada**, en garantía de las obligaciones de la **Acreditada** en virtud del crédito subordinado de los **Acreditantes** y del crédito IVA por razón de los intereses y comisiones devengados por este último contrato.

2.13.
Firmar en la fecha de su otorgamiento el acuerdo entre acreedores relativo al contrato de cobertura de riesgos de tipos de interés cuyo modelo se anexa al presente documento como Anexo 1.

Tercera. Prenda sobre las acciones

3.1. Constitución de la prenda sobre las Acciones
Sin perjuicio de la responsabilidad patrimonial personal e ilimitada que corresponde a la **Acreditada**, y sin perjuicio de las demás obligaciones asumidas por la **Acreditada**, así como de las garantías de la **Acreditada** en virtud del **Contrato de Financiación**, a su vencimiento normal o anticipado, los **Accionistas** constituyen el este acto prenda a favor de los **Acreditantes**, quienes aceptan, sobre las **Acciones**.

Para la ejecución de la prenda, los **Accionistas** renuncian expresamente a los beneficios de excusión, orden y división.

La prenda garantiza el íntegro y puntual cumplimiento de las obligaciones asumidas por la **Acreditada** en virtud del **Contrato de Financiación** y se constituye sobre todas y cada una de las **Acciones**. Los **Accionistas** no podrán pretender la extinción, ni siquiera parcial respecto de determinadas **Acciones**, de la prenda y la devolución de la totalidad o parte de las **Acciones** en tanto no hayan sido cumplidas íntegramente las obligaciones asumidas por la **Acreditada** en virtud del **Contrato de Financiación**.

Los **Accionistas** hacen entrega en este acto a los **Acreditantes** de los títulos acreditativos de la titularidad de las **Acciones**, solicitando del fedatario público interviniente que estampe la correspondiente diligencia, indicando la constitución de la prenda en dichos títulos y, en los títulos de adquisición de las mencionadas **Acciones** requiriendo al notario o fedatario autorizante de la escritura o documento del que resulta la propiedad de los **Accionistas** sobre las **Acciones** para que en toda copia que expida del mismo deje constancia de la prenda, particularmente a los efectos traslativos de la posesión a que se refiere el artículo 1863 del Código Civil.

Los **Accionistas** consienten expresamente que los títulos representativos de las Acciones objeto de prenda, así como la primera copia de la escritura pública de la que emerjan la propiedad de las **Acciones**, permanezcan depositados en el *"indicar entidad depositaria"*, durante el plazo de la prenda, constituyendo los primeros depósitos de valores mobiliarios. Los **Accionistas** se comprometen a llevar a cabo cuantos actos y gestiones sean necesarios o convenientes para el mantenimiento del depósito en los términos antes señalados.

Asimismo, las partes requieren al fedatario interviniente para dar traslado de la constitución de la prenda a la secretaría del consejo de administración de la **Acreditada** para su toma de razón, inscripción y constancia en el libro registro de accionistas a que haya lugar.

Los **Accionistas** se comprometen a acreditar a los **Acreditantes**, en el plazo máximo de diez días, a contar desde la recepción de la comunicación, la efectiva anotación de la prenda en el libro registro de accionistas, lo que se hará mediante certificación expedida por el secretario del consejo de administración de la **Acreditada**, con el visto bueno del presidente, a los **Acreditantes**.

Los **Accionistas** se comprometen a llevar a cabo cuantos actos y gestiones sean necesarios o convenientes para el mantenimiento de la garantía en los términos antes señalados.

MCM 3795

3.2. Extensión de la prenda

Sin perjuicio de lo dispuesto en el apartado 14.3 del **Contrato de Financiación**, la prenda se extenderá y comprenderá cualesquiera títulos, valores, activos (materiales o inmateriales), dividendos o distribución de recursos de cualquier clase o fondos que sustituyan o correspondan a las acciones, incluyendo los derechos de suscripción preferente, en el caso de fusión, disolución, ampliación o reducción de capital, conversión o canje de **Acciones**, transformación, escisión o cualesquiera otras causas que afecten a las **Acciones**.

Las referencias a las **Acciones** en esta póliza se entenderán hechas a títulos, valores, activos o fondos que las sustituyan o correspondan.

Para el supuesto que, vigente la prenda, se produjera un aumento de capital de la **Acreditada**, los **Accionistas** se comprometen a:

i) Suscribirlo en su totalidad; y

ii) A otorgar ante fedatario público, en los cinco días hábiles siguientes a la inscripción del aumento de capital en el Registro Mercantil, documento complementario de la presente prenda comprensivo de la extensión de la misma a las nuevas acciones emitidas por la sociedad.

El fedatario público autorizante de dicho documento complementario requerirá al notario autorizante de la escritura de aumento de capital para que se haga constar en la escritura de aumento de capital y en las copias que de la misma se expidan la prenda sobre las nuevas acciones y al secretario del consejo de administración de la **Acreditada** que inscriba la prenda sobre las nuevas acciones en el Libro de Accionistas de la sociedad, expidiendo a favor de los **Acreditantes**, con el visto bueno del presidente, el correspondiente certificado acreditativo de la inscripción.

En la fecha de otorgamiento de la presente póliza existe pendiente de inscribirse en el Registro Mercantil de *"provincia del Registro Mercantil"* una ampliación de capital hasta la cantidad de *"ampliación de capital, en letra"* euros (*"ampliación de capital, en número"* €). Debido a esta circunstancia, una vez que dicha ampliación haya quedado debidamente inscrita en el referido Registro Mercantil, los **Accionistas** se comprometen a actuar de conformidad con lo dispuesto en el párrafo anterior.

La extensión de la prenda en los supuestos contemplados en los apartados anteriores tendrá carácter automático, sin que sea preciso otorgar ningún documento público complementario, siendo el presente contrato título suficiente de la prenda sobre las nuevas **Acciones** o derechos a favor de los **Acreditantes**. No obstante lo anterior, los **Accionistas** se obligan en favor de los **Acreditantes** a realizar cualquier actuación o a otorgar cualquier documento complementario si así lo solicitaran los **Acreditantes**.

3.3. Ejercicio de los derechos incorporados a las Acciones

En tanto subsista la prenda en favor de los **Acreditantes**, los derechos políticos de las **Acciones** corresponderán a sus titulares, quienes no los podrán ceder a terceros, en incumplimiento de lo dispuesto en el presente contrato.

Sin perjuicio de lo anterior, los **Accionistas** se comprometen, firme e irrevocablemente, a ejercitar los derechos políticos inherentes a las **Acciones** en el sentido adecuado para cumplir las obligaciones asumidas por la **Acreditada** en virtud del presente contrato.

En cualquier caso, y sin perjuicio de lo anterior, los **Accionistas** darán cuenta con una antelación mínima de cinco días al **Agente** del orden del día de cualquier junta general de **Accionistas** de la **Acreditada**, así como de los acuerdos alcanzados en otros órganos de la **Acreditada** que incluya propuestas de acuerdos sobre ampliaciones y reducciones de capital, fusión, escisión, transformación de forma social, modificación del objeto social de los estatutos, disolución y liquidación, y en general, aquellos acuerdos relacionados con supuestos de insolvencia, debiendo en estos casos los **Accionistas** hacer ejercicio de sus derechos políticos en el sentido en que fuera instruido por los **Acreditantes**.

MCM 3795

3.4. Vencimiento y ejecución

Se considerará vencida la prenda si al vencimiento normal o anticipado del **Contrato de Financiación** de conformidad con la estipulación 16 del mismo, no hubiera sido satisfecha la deuda de la **Acreditada** en el plazo de cinco días hábiles desde que la **Acreditada** hubiera sido requerida notarialmente al efecto. Los **Acreditantes** podrán ejecutar total o parcialmente la prenda en la forma, términos y procedimiento señalados en esta estipulación y de conformidad con lo dispuesto en el **Contrato de Financiación**. En este sentido los **Acreditantes** han apoderado al **Agente** para ejecutar la prenda en los términos expuestos de conformidad con la estipulación 23 del **Contrato de Financiación**.

Las partes convienen expresamente que será prueba suficiente para demostrar la concurrencia de una causa de ejecución de la prenda y la cantidad debida por la **Acreditada**, así como para proceder al inicio del procedimiento de ejecución elegido por los **Acreditantes**, de una certificación haciendo constar que se ha producido tal causa, con expresión del motivo de la misma, y el importe al que asciende la deuda asegurada con la prenda. Dicha certificación producirá los efectos previstos por los artículos 572 y 573 de la Ley de Enjuiciamiento Civil, y de conformidad con lo establecido en el **Contrato de Financiación** respecto de ejecución de garantías.

Para el ejercicio de la acción real pignoraticia, podrán los **Acreditantes** entablar, a su elección, cualquiera de los procedimientos que legalmente les asiste, sean los ordinarios, declarativos o de ejecución, sea el extrajudicial previsto en el artículo 1872 del Código Civil, sin que la utilización de una vía les precluya para acudir a cualquiera de las restantes, en tanto las obligaciones asumidas por la **Acreditada** en virtud del **Contrato de Financiación** no hayan sido satisfechas en su integridad.

Para el caso de que el **Agente** procediese a la ejecución de la prenda conforme se establece en la presente estipulación por el procedimiento previsto en el artículo 1872 del Código Civil, se estará a lo dispuesto en el **Contrato de Financiación**, sin perjuicio de las siguientes reglas particulares:

(i) Los domicilios para requerimientos y notificaciones serán para la **Acreditada** y el **Agente** los que figuran en la estipulación 5.

(ii) Las **Acciones** se tasan en una cantidad de *"tasación, en letra"* euros (*"tasación, en número"* €), tasación que servirá de tipo para la primera subasta; el tipo de la segunda se rebajará en un 25 por 100 y las sucesivas no estarán sujetas a tipo alguno.

(iii) Los **Accionistas** designan al **Agente** como mandatario para representarles en la subasta de las **Acciones** y le autorizan y facultan irrevocablemente para otorgar, en su nombre y representación, los documentos públicos oportunos formalizando la transmisión de las **Acciones** de los mismos en favor del (los) adjudicatario (s).

(iv) Las subastas se anunciarán con al menos diez días naturales de anticipación a su celebración, debiendo mediar cuatro días naturales como mínimo entre la celebración de cada una de ellas y podrán anunciarse simultáneamente y se notificarán con igual antelación a los **Accionistas**.

(v) Para tomar parte en la subasta, con excepción del **Agente**, deberá depositarse en el lugar donde se celebre, en dinero efectivo o en cheque bancario, con antelación mínima de dos días, una cantidad equivalente al 10 por 100 del tipo de subasta. A los postores no adjudicatarios se les devolverá el depósito efectuado para tomar parte en la subasta en el plazo de tres días hábiles siguientes a la celebración de la subasta.

(vi) Con las cantidades obtenidas por la venta de las **Acciones**, el depositario las destinará a pagar proporcionalmente a los **Acreditantes** por las obligaciones asumidas por la **Acreditada** con ellos en virtud del **Contrato de Financiación**.

De la ejecución de la prenda no emergerán derechos en favor de los **Accionistas** frente a la **Acreditada** ni frente a los adjudicatarios de las **Acciones**.

3.5. Subrogación de la prenda

En el caso de cumplimiento íntegro de las obligaciones asumidas por la **Acreditada**, en virtud del **Contrato de Financiación**, la prenda aquí constituida se entenderá automática mente realizada en garantía del íntegro y puntual cumplimiento de las obligaciones asumidas por la **Acreditada** en virtud del crédito subordinado de los **Acreditantes**, lo que es aceptado por los **Acreditantes**, no pudiendo los **Accionistas** pretender la extinción, ni siquiera parcial respecto de determinadas **Acciones**, de la prenda y la devolución de la totalidad o parte de las Acciones en tanto no hayan sido cumplidas íntegramente las obligaciones asumidas por la **Acreditada** en virtud del crédito subordinado de los **Acreditantes**.

La extensión de la prenda en el supuesto contemplado en el párrafo anterior tendrá carácter automático, sin que sea preciso otorgar ningún documento público complementario siendo el presente contrato título suficiente de la prenda a favor de los **Acreditantes**. No obstante lo anterior, los **Accionistas** se obligan en favor de los **Acreditantes** a realizar cualquier actuación o a otorgar cualquier documento complementario si así lo solicitaran los **Acreditantes**.

Cuarta. Declaraciones y garantías de los Accionistas

Los **Accionistas** manifiestan y garantizan frente a los **Acreditantes** y a la **Acreditada**, reconociendo todas las partes el carácter esencial de estas declaraciones y garantías para la concesión de la financiación y su disfrute por la **Acreditada**, que:

Capacidad jurídica: Tienen plena capacidad jurídica para desarrollar su objeto social y, en particular, para otorgar y cumplir el presente contrato.

Legalidad: El otorgamiento y cumplimiento del presente contrato no contraviene ninguna norma obligatoria para los **Accionistas**, ni sus estatutos, ni cualquier contrato del que sean parte, y las obligaciones contra idas en virtud del presente contrato son válidas, vinculantes y exigibles. No se precisa autorización o permiso de tercero para la suscripción de este contrato que a la fecha de firma no se hubiera obtenido.

Acciones: Son los legítimos propietarios de las **Acciones**, que las mismas están íntegramente suscritas y desembolsadas y que sobre ellas no recae ninguna carga a excepción de lo dispuesto en la estipulación 3 anterior.

Quinta. Domicilios a efectos de notificaciones

5.1.

A efectos de comunicaciones se acuerda que, salvo que otra cosa se disponga expresamente en la presente póliza o en el **Contrato de Financiación**, podrá emplearse cualquier medio que permita tener constancia de su envío o recepción, considerándose cumplido el deber de notificación mediante el envío, con la antelación necesaria en cada caso, de carta certificada con acuse de recibo o telegrama con acuse de recibo dirigido a los respectivos domicilios que se indican a continuación, o, en caso de urgencia, de un telefax dirigido a los indicativos asimismo reseñados, si bien en este último caso, deberán confirmarse por otro medio escrito dentro de los cinco días siguientes.

Cualquier cambio o modificación en los domicilios o indicativos reseñados en el apartado siguiente deberá ser comunicado al **Agente** quién dará traslado del mismo a las restantes partes, por cualquiera de los medios anteriormente indicados, no surtiendo efecto hasta tanto el **Agente** no acuse recibo de dicho cambio o modificación.

5.2. Domicilios y números de telefax

De acuerdo con lo previsto en el apartado anterior, a efectos de la práctica de requerimientos y de enviar o recibir notificaciones o comunicaciones, ya sean estas judiciales o extrajudiciales, se señalan como domicilios e indicativos de telefax de las partes, los siguientes:

Para la **Acreditada**: *"domicilio a efectos de comunicaciones (Acreditada)"*.

Att.: *"Don/Doña nombre y apellidos (Acreditada)"*.

Para el **Agente**: *"domicilio a efectos de comunicaciones (Agente)"*.

Att.: *"Don/Doña nombre y apellidos (Agente)"*.

Para **Banco**: *"domicilio a efectos de comunicaciones (Banco)"*.

Att.: *"Don/Doña nombre y apellidos (Banco)"*.

Para los **Accionistas**: *"domicilio a efectos de comunicaciones (Accionistas)"*.

Att.: *"Don/Doña nombre y apellidos (Accionistas)"*.

Sexta. Jurisdicción
Con renuncia a su fuero propio, si lo tuviesen, las partes a esta póliza expresamente se someten a los juzgados y tribunales de *"localidad de los juzgados y tribunales"* para todas las cuestiones que puedan derivarse de la validez, interpretación o cumplimiento de la presente póliza.

Para aquellos procedimientos en que no sea eficaz o válida la anterior sumisión, la competencia se determinará conforme a las reglas legales aplicables en cada caso. No obstante, a fin de evitar ulteriores dudas y para facilitar la determinación del tribunal competente, las partes acuerdan que se considerará como lugar de celebración el del otorgamiento de esta póliza; por lugar de cumplimiento, el señalado para que la **Acreditada** pague a los **Acreditantes** las cantidades que le deba conforme al **Contrato de Financiación**; y como domicilio de cada una de las partes, el que corresponda conforme a la estipulación 5 de esta póliza.

Séptima. Ley aplicable
El presente contrato se regirá e interpretará de conformidad con las leyes españolas.

Octava. Aceptación de la Acreditada
La **Acreditada** comparece para aceptar los compromisos asumidos por los accionistas en tanto que estipulaciones a su favor a los efectos de lo dispuesto en el artículo 1257 del Código Civil.

Novena. Ejemplares
El presente contrato se firma en *"número de ejemplares del contrato"* ejemplares.

El presente contrato se formaliza con la intervención de *"Don/Doña nombre y apellidos del notario que interviene"*, notario de *"lugar del notario que interviene"* y de su Ilustre Colegio, expresamente requerida a todos los efectos legales, y en especial, a los previstos en el artículo 93 del Código de Comercio y 517 de la Ley de Enjuiciamiento Civil y demás legislación concordante.

Las partes, mediante una única firma estampada en la hoja nº *"número de hoja"*, manifiestan su conformidad con la presente póliza que firman y otorgan con mi intervención en *"número de ejemplares de la póliza"* ejemplares iguales y formalizados a un solo efecto, y yo el notario, hechas las advertencias legales oportunas, doy fe de la identidad, capacidad y legitimidad de las firmas de los contratantes y del otorgamiento de este contrato, extendido en hojas numeradas de la 1 a la *"número de la última hoja"*, incluyendo sus anexos, todas ellas selladas y rubricadas por mí.

Garantía de calidad

MCM 9047 y 9095

Nota preliminar:

El modelo presupone unas **circunstancias** determinadas que serán las **más frecuentes**. Si en el caso concreto existen circunstancias particulares no previstas, deberá completarse o modificarse el modelo, adaptándolo a las mismas.

Nombre del Banco y dirección de la sucursal o de la oficina emisora: *"nombre y dirección del Banco emisor"*.

Beneficiario: *"nombre, apellidos y dirección del beneficiario"*

Fecha: *"fecha de emisión de garantía de calidad"*.

GARANTÍA DE CALIDAD Nº *"número de garantía"*.

Hemos sido informados de que *"Don/Doña nombre y apellidos del ordenante"* (en adelante el "ordenante"), ha firmado con esa entidad el contrato nº *"número de contrato"* con fecha *"fecha de firma del contrato"* para el suministro de *"describir los bienes y/o servicios"*.

Entendemos, además, que según las condiciones del contrato, se desprende la exigencia de una garantía de calidad

A petición del ordenante, *"indicar nombre del Banco"* se compromete de forma irrevocable a abonarles la cantidad o cantidades no sobrepasando un total de *"cuantía máxima a abonar en letra"* euros (*"cuantía máxima a abonar en número"* €) desde el momento de la recepción en el Banco de su primer requerimiento escrito, así como de su declaración escrita especificando:

a) que el ordenante ha incumplido su(s) obligación(es) en los términos que figuran en el contrato base; y

b) en qué consiste el incumplimiento del ordenante.

El requerimiento de pago deberá acompañarse del o de los siguientes documentos: *"especificar el documento/s"*.

La presente garantía expirará a lo más tardar el *"fecha de expiración de la garantía"*.

En consecuencia, cualquier requerimiento de pago en virtud de esta garantía deberá ser recibido por nosotros, en la oficina arriba indicada, no después de tal fecha.

La presente garantía queda sometida a las Reglas Uniformes relativas a las Demandas a Primer Requerimiento, Publicación nº 458 de la CCI.

"firmas de las partes".

INSTRUCCIONES A UN BANCO CORRESPONSAL PARA LA EMISIÓN DE UNA GARANTÍA DE CALIDAD CONTRA UNA CONTRAGARANTÍA:

Texto de las instrucciones

Nuestro número de referencia *"número de referencia"*.

A petición de *"especificar solicitante"* se ruega emitan, bajo nuestra responsabilidad, su garantía a favor de *"especificar beneficiario"* en la forma siguiente:

"transcripción"

GARANTÍA DE CALIDAD Nº *"número de garantía"*.

Hemos sido informados de que *"Don/Doña nombre y apellidos del ordenante"* (en adelante el "ordenante"), ha firmado con esa entidad el contrato nº *"número de contrato"* con fecha *"fecha de firma del contrato"* para el suministro de *"describir los bienes y/o servicios"*.

Entendemos además, que según las condiciones del contrato, se desprende la exigencia de una garantía de calidad

A petición del ordenante, *"indicar nombre del Banco"* se compromete de forma irrevocable a abonarles la cantidad o cantidades no sobrepasando un total de *"cuantía máxima a abonar en letra"* euros (*"cuantía máxima a abonar en número"* €) desde el momento de la recepción en el Banco de su primer requerimiento escrito, así como de su declaración escrita especificando:

a) que el ordenante ha incumplido su(s) obligación(es) en los términos que figuran en el contrato base; y

b) en qué consiste el incumplimiento del ordenante.

El requerimiento de pago deberá acompañarse del o de los siguientes documentos: *"especificar el documento/s"*.

La presente garantía expirará a lo más tardar el *"fecha de expiración de la garantía"*.

En consecuencia, cualquier requerimiento de pago en virtud de esta garantía deberá ser recibido por nosotros, en la oficina arriba indicada, no después de tal fecha.

La presente garantía queda sometida a las Reglas Uniformes relativas a las Demandas a Primer Requerimiento, Publicación nº 458 de la CCI.

"firmas de las partes".

En virtud de la emisión de su garantía, según los términos expresados anteriormente, emitimos por la presente nuestra contragarantía irrevocable y nos comprometemos a entregar la cantidad o cantidades no sobrepasando un total de *"cuantía máxima de la contragarantía en letra"* euros (*"cuantía máxima de la contragarantía en número"* €), desde el momento de la recepción por el banco de su primer requerimiento escrito y no más tarde del día *"fecha límite de entrega"*. Este requerimiento deberá ir acompañado de su declaración escrita según la cual usted(es) ha(n) recibido un requerimiento de pago en virtud de su garantía, de conformidad con los términos de la misma y con el artículo 20 de las Reglas Uniformes relativas a las Garantías a Primer Requerimiento.

Esta contragarantía queda sometida a las Reglas Uniformes relativas a las Garantías a Primer Requerimiento, Publicación nº 458 de la CCI.

Se ruega la confirmación de la emisión de su garantía.

Garantía de cumplimiento

MCM 9047 y 9095

Nota preliminar:

El modelo presupone unas **circunstancias** determinadas que serán las **más frecuentes**. Si en el caso concreto existen circunstancias particulares no previstas, deberá completarse o modificarse el modelo, adaptándolo a las mismas.

Nombre del Banco y dirección de la sucursal o de la oficina emisora: *"nombre y dirección del Banco emisor"*.

Beneficiario: *"nombre, apellidos y dirección del beneficiario"*

Fecha: *"fecha de emisión de garantía de calidad"*.

GARANTÍA DE CUMPLIMIENTO Nº *"número de garantía"*.

Hemos sido informados de que *"Don/Doña nombre y apellidos del ordenante"* (en adelante el "ordenante"), ha firmado con esa entidad el contrato nº *"número de contrato"* con fecha *"fecha de firma del contrato"* para el suministro de *"describir los bienes y/o servicios"*.

Entendemos, además, que del contrato se desprende la exigencia de una garantía de cumplimiento.

A petición del ordenante, *"indicar nombre del Banco"* se compromete de forma irrevocable a abonarles la cantidad o cantidades no sobrepasando un total de *"cuantía máxima a abonar en letra"* euros (*"cuantía máxima a abonar en número"* €) desde el momento de la recepción en el Banco de su primer requerimiento escrito, así como de su declaración escrita especificando:

a) que el ordenante ha incumplido su(s) obligación(es) en los términos que figuran en el contrato base; y

b) en qué consiste el incumplimiento del ordenante.

El requerimiento de pago deberá acompañarse del o de los siguientes documentos: *"especificar el documento/s"*.

La presente garantía expirará a lo más tardar el *"fecha de expiración de la garantía"*.

En consecuencia, cualquier requerimiento de pago en virtud de esta garantía deberá ser recibido por nosotros, en la oficina arriba indicada, no después de tal fecha.

La presente garantía queda sometida a las Reglas Uniformes relativas a las Demandas a Primer Requerimiento, Publicación nº 458 de la CCI.

"firmas de las partes".

INSTRUCCIONES A UN BANCO CORRESPONSAL PARA LA EMISIÓN DE UNA GARANTÍA DE CUMPLIMIENTO CONTRA UNA CONTRAGARANTÍA:

Texto de las instrucciones

Nuestro número de referencia *"número de referencia"*.

A petición de *"especificar solicitante"* se ruega emitan, bajo nuestra responsabilidad, su garantía a favor de *"especificar beneficiario"* en la forma siguiente:

"transcripción"

GARANTÍA DE CUMPLIMIENTO Nº *"número de garantía"*.

Hemos sido informados de que *"Don/Doña nombre y apellidos del ordenante"* (en adelante el "ordenante"), ha firmado con esa entidad el contrato nº *"número de contrato"* con fecha *"fecha de firma del contrato"* para el suministro de *"describir los bienes y/o servicios"*.

Entendemos, además, que del contrato se desprende la exigencia de una garantía de cumplimiento.

A petición del ordenante, *"indicar nombre del Banco"* se compromete de forma irrevocable a abonarles la cantidad o cantidades no sobrepasando un total de *"cuantía máxima a abonar en letra"* euros (*"cuantía máxima a abonar en número"* €) desde el momento de la recepción en el Banco de su primer requerimiento escrito, así como de su declaración escrita especificando:

a) que el ordenante ha incumplido su(s) obligación(es) en los términos que figuran en el contrato base; y

b) en qué consiste el incumplimiento del ordenante.

El requerimiento de pago deberá acompañarse del o de los siguientes documentos: *"especificar el documento/s"*.

La presente garantía expirará a lo más tardar el *"fecha de expiración de la garantía"*.

En consecuencia, cualquier requerimiento de pago en virtud de esta garantía deberá ser recibido por nosotros, en la oficina arriba indicada, no después de tal fecha.

La presente garantía queda sometida a las Reglas Uniformes relativas a las Demandas a Primer Requerimiento, Publicación nº 458 de la CCI.

"firmas de las partes".

En virtud de la emisión de su garantía, según los términos expresados anteriormente, emitimos por la presente nuestra contragarantía irrevocable y nos comprometemos a entregar la cantidad o cantidades no sobrepasando un total de *"cuantía máxima de la contragarantía en letra"* euros (*"cuantía máxima de la contragarantía en número"* €), desde el momento de la recepción por el banco de su primer requerimiento escrito y no más tarde del día *"fecha límite de entrega"*. Este requerimiento deberá ir acompañado de su declaración escrita según la cual usted(es) ha(n) recibido un requerimiento de pago en virtud de su garantía, de conformidad con los términos de la misma y con el artículo 20 de las Reglas Uniformes relativas a las Garantías a Primer Requerimiento.

Esta contragarantía queda sometida a las Reglas Uniformes relativas a las Garantías a Primer Requerimiento, Publicación nº 458 de la CCI.

Se ruega la confirmación de la emisión de su garantía.

795 MCM 9047 y 9095

Garantía de licitación

Nota preliminar:

El modelo presupone unas **circunstancias** determinadas que serán las **más frecuentes**. Si en el caso concreto existen circunstancias particulares no previstas, deberá completarse o modificarse el modelo, adaptándolo a las mismas.

Nombre del Banco y dirección de la sucursal o de la oficina emisora: *"nombre y dirección del Banco emisor"*.

Beneficiario: *"nombre, apellidos y dirección del beneficiario"*

Fecha: *"fecha de emisión de garantía de calidad"*.

GARANTÍA DE LICITACIÓN Nº *"número de garantía"*.

Hemos sido informados de que *"Don/Doña nombre y apellidos del ordenante"* (en adelante el "ordenante"), en respuesta a su anuncio de licitación, de fecha *"fecha del anuncio"* para el suministro de *"describir los bienes y/o servicios"*, les ha remitido su oferta nº *"número de oferta"*, fechada el *"fecha de la oferta"*.

Entendemos, además, que según las condiciones de la licitación, las ofertas deben presentarse acompañadas de una garantía de licitación.

A petición del ordenante, *"indicar nombre del Banco"* se compromete de forma irrevocable a abonarles la cantidad o cantidades no sobrepasando un total de *"cuantía máxima a abonar en letra"* euros (*"cuantía máxima a abonar en número"* €) desde el momento de la recepción en el Banco de su primer requerimiento escrito, así como de su declaración escrita especificando:

a) que el ordenante ha incumplido su(s) obligación(es) en los términos que figuran en el contrato base; y

b) en qué consiste el incumplimiento del ordenante.

El requerimiento de pago deberá acompañarse del o de los siguientes documentos: *"especificar el documento/s"*.

La presente garantía expirará a lo más tardar el *"fecha de expiración de la garantía"*.

En consecuencia, cualquier requerimiento de pago en virtud de esta garantía deberá ser recibido por nosotros, en la oficina arriba indicada, no después de tal fecha.

La presente garantía queda sometida a las Reglas Uniformes relativas a las Demandas a Primer Requerimiento, Publicación nº 458 de la CCI.

"firmas de las partes".

INSTRUCCIONES A UN BANCO CORRESPONSAL PARA LA EMISIÓN DE UNA GARANTÍA DE LICITACIÓN CONTRA UNA CONTRAGARANTÍA:

Texto de las instrucciones

Nuestro número de referencia *"número de referencia"*.

A petición de *"especificar solicitante"* se ruega emitan, bajo nuestra responsabilidad, su garantía a favor de *"especificar beneficiario"* en la forma siguiente:

"transcripción"

GARANTÍA DE LICITACIÓN Nº *"número de garantía"*.

Hemos sido informados de que *"Don/Doña nombre y apellidos del ordenante"* (en adelante el "ordenante"), en respuesta a su anuncio de licitación, de fecha *"fecha del anuncio"* para el suministro de *"describir los bienes y/o servicios"*, les ha remitido su oferta nº *"número de oferta"*, fechada el *"fecha de la oferta"*.

Entendemos, además, que según las condiciones de la licitación, las ofertas deben presentarse acompañadas de una garantía de licitación.

A petición del ordenante, *"indicar nombre del Banco"* se compromete de forma irrevocable a abonarles la cantidad o cantidades no sobrepasando un total de *"cuantía máxima a abonar en letra"* euros (*"cuantía máxima a abonar en número"* €) desde el momento de la recepción en el Banco de su primer requerimiento escrito, así como de su declaración escrita especificando:

a) que el ordenante ha incumplido su(s) obligación(es) en los términos que figuran en el contrato base; y

b) en qué consiste el incumplimiento del ordenante.

El requerimiento de pago deberá acompañarse del o de los siguientes documentos: *"especificar el documento/s"*.

La presente garantía expirará a lo más tardar el *"fecha de expiración de la garantía"*.

En consecuencia, cualquier requerimiento de pago en virtud de esta garantía deberá ser recibido por nosotros, en la oficina arriba indicada, no después de tal fecha.

La presente garantía queda sometida a las Reglas Uniformes relativas a las Demandas a Primer Requerimiento, Publicación nº 458 de la CCI.

"firmas de las partes".

En virtud de la emisión de su garantía, según los términos expresados anteriormente, emitimos por la presente nuestra contragarantía irrevocable y nos comprometemos a entregar la cantidad o cantidades no sobrepasando un total de *"cuantía máxima de la contragarantía en letra"* euros (*"cuantía máxima de la contragarantía en número"* €), desde el momento de la recepción por el banco de su primer requerimiento escrito y no más tarde del día *"fecha límite de entrega"*. Este requerimiento deberá ir acompañado de su declaración escrita según la cual usted(es) ha(n) recibido un requerimiento de pago en virtud de su garantía, de conformidad con los términos de la misma y con el artículo 20 de las Reglas Uniformes relativas a las Garantías a Primer Requerimiento.

Esta contragarantía queda sometida a las Reglas Uniformes relativas a las Garantías a Primer Requerimiento, Publicación nº 458 de la CCI.

Se ruega la confirmación de la emisión de su garantía.

Garantía de pago anticipado

Nota preliminar:

El modelo presupone unas **circunstancias** determinadas que serán las **más frecuentes**. Si en el caso concreto existen circunstancias particulares no previstas, deberá completarse o modificarse el modelo, adaptándolo a las mismas.

Nombre del Banco y dirección de la sucursal o de la oficina emisora: *"nombre y dirección del Banco emisor"*.

Beneficiario: *"nombre, apellidos y dirección del beneficiario"*

Fecha: *"fecha de emisión de garantía de calidad"*.

GARANTÍA DE PAGO ANTICIPADO Nº *"número de garantía"*.

Hemos sido informados de que *"Don/Doña nombre y apellidos del ordenante"* (en adelante el "ordenante"), ha firmado con esa entidad el contrato nº *"número de contrato"* con fecha *"fecha de firma del contrato"* para el suministro de *"describir los bienes y/o servicios"*.

Entendemos además, que según las condiciones del contrato, se efectuará un pago anticipado por la cantidad de *"cantidad anticipada, en letra"* euros (*"cantidad anticipada, en número"* €) contra una garantía de pago anticipado.

A petición del ordenante, *"indicar nombre del Banco"* se compromete de forma irrevocable a abonarles la cantidad o cantidades no sobrepasando un total de *"cuantía máxima a abonar en letra"* euros (*"cuantía máxima a abonar en número"* €) desde el momento de la recepción en el Banco de su primer requerimiento escrito, así como de su declaración escrita especificando:

a) que el ordenante ha incumplido su(s) obligación(es) en los términos que figuran en el contrato base; y

b) en qué consiste el incumplimiento del ordenante.

El requerimiento de pago deberá acompañarse del o de los siguientes documentos: *"especificar el documento/s"*.

La presente garantía expirará a lo más tardar el *"fecha de expiración de la garantía"*.

En consecuencia, cualquier requerimiento de pago en virtud de esta garantía deberá ser recibido por nosotros, en la oficina arriba indicada, no después de tal fecha.

La presente garantía queda sometida a las Reglas Uniformes relativas a las Demandas a Primer Requerimiento, Publicación nº 458 de la CCI.

"firmas de las partes".

INSTRUCCIONES A UN BANCO CORRESPONSAL. PARA LA EMISIÓN DE UNA GARANTÍA DE PAGO ANTICIPADO CONTRA UNA CONTRAGARANTÍA:

Texto de las instrucciones

Nuestro número de referencia *"número de referencia"*.

A petición de *"especificar solicitante"* se ruega emitan, bajo nuestra responsabilidad, su garantía a favor de *"especificar beneficiario"* en la forma siguiente:

"transcripción"

GARANTÍA DE PAGO ANTICIPADO Nº *"número de garantía"*

Hemos sido informados de que *"Don/Doña nombre y apellidos del ordenante"* (en adelante el "ordenante"), ha firmado con esa entidad el contrato nº *"número de contrato"* con fecha *"fecha de firma del contrato"* para el suministro de *"describir los bienes y/o servicios"*.

Entendemos además, que según las condiciones del contrato, se efectuará un pago anticipado por la cantidad de *"cantidad anticipada, en letra"* euros (*"cantidad anticipada, en número"* €) contra una garantía de pago anticipado.

A petición del ordenante, *"indicar nombre del Banco"* se compromete de forma irrevocable a abonarles la cantidad o cantidades no sobrepasando un total de *"cuantía máxima a abonar en letra"* euros (*"cuantía máxima a abonar en número"* €) desde el momento de la recepción en el Banco de su primer requerimiento escrito, así como de su declaración escrita especificando:

a) que el ordenante ha incumplido su(s) obligación(es) en los términos que figuran en el contrato base; y

b) en qué consiste el incumplimiento del ordenante.

El requerimiento de pago deberá acompañarse del o de los siguientes documentos: *"especificar el documento/s"*.

La presente garantía expirará a lo más tardar el *"fecha de expiración de la garantía"*.

En consecuencia, cualquier requerimiento de pago en virtud de esta garantía deberá ser recibido por nosotros, en la oficina arriba indicada, no después de tal fecha.

La presente garantía queda sometida a las Reglas Uniformes relativas a las Demandas a Primer Requerimiento, Publicación nº 458 de la CCI.

"firmas de las partes".

En virtud de la emisión de su garantía, según los términos expresados anteriormente, emitimos por la presente nuestra contragarantía irrevocable y nos comprometemos a entregar la cantidad o cantidades no sobrepasando un total de *"cuantía máxima de la contragarantía en letra"* euros (*"cuantía máxima de la contragarantía en número"* €), desde el momento de la recepción por el banco de su primer requerimiento escrito y no más tarde del día *"fecha límite de entrega"*. Este requerimiento deberá ir acompañado de su declaración escrita según la cual usted(es) ha(n) recibido un requerimiento de pago en virtud de su garantía, de conformidad con los términos de la misma y con el artículo 20 de las Reglas Uniformes relativas a las Garantías a Primer Requerimiento.

Esta contragarantía queda sometida a las Reglas Uniformes relativas a las Garantías a Primer Requerimiento, Publicación nº 458 de la CCI.

Se ruega la confirmación de la emisión de su garantía.

Garantía de retención de pago

MCM 9047 y 9095

Nota preliminar:
El modelo presupone unas **circunstancias** determinadas que serán las **más frecuentes**. Si en el caso concreto existen circunstancias particulares no previstas, deberá completarse o modificarse el modelo, adaptándolo a las mismas.

Nombre del Banco y dirección de la sucursal o de la oficina emisora: *"nombre y dirección del Banco emisor"*.

Beneficiario: *"nombre, apellidos y dirección del beneficiario"*

Fecha: *"fecha de emisión de garantía de calidad"*.

GARANTÍA DE RETENCIÓN DE PAGO Nº *"número de garantía"*.

Hemos sido informados de que *"Don/Doña nombre y apellidos del ordenante"* (en adelante el "ordenante"), ha firmado con esa entidad el contrato nº *"número de contrato"* con fecha *"fecha de firma del contrato"* para el suministro de *"describir los bienes y/o servicios"*.

Entendemos además, que a tenor de las condiciones del contrato, una retención de pago por importe de *"cantidad retenida, en letra"* euros (*"cantidad retenida, en número"* €) cubriendo las obligaciones de calidad del ordenante será liberada contra una garantía de retención de pago.

A petición del ordenante, *"indicar nombre del Banco"* se compromete de forma irrevocable a abonarles la cantidad o cantidades no sobrepasando un total de *"cuantía máxima a abonar en letra"* euros (*"cuantía máxima a abonar en número"* €) desde el momento de la recepción en el Banco de su primer requerimiento escrito, así como de su declaración escrita especificando:

a) que el ordenante ha incumplido su(s) obligación(es) en los términos que figuran en el contrato base; y

b) en qué consiste el incumplimiento del ordenante.

El requerimiento de pago deberá acompañarse del o de los siguientes documentos: *"especificar el documento/s"*.

La presente garantía expirará a lo más tardar el *"fecha de expiración de la garantía"*.

En consecuencia, cualquier requerimiento de pago en virtud de esta garantía deberá ser recibido por nosotros, en la oficina arriba indicada, no después de tal fecha.

La presente garantía queda sometida a las Reglas Uniformes relativas a las Demandas a Primer Requerimiento, Publicación nº 458 de la CCI.

"firmas de las partes".

INSTRUCCIONES A UN BANCO CORRESPONSAL PARA LA EMISIÓN DE UNA GARANTÍA DE RETENCIÓN DE PAGO CONTRA UNA CONTRAGARANTÍA:

Texto de las instrucciones

Nuestro número de referencia *"número de referencia"*.

A petición de *"especificar solicitante"* se ruega emitan, bajo nuestra responsabilidad, su garantía a favor de *"especificar beneficiario"* en la forma siguiente:

"transcripción"

GARANTÍA DE RETENCIÓN DE PAGO Nº *"número de garantía"*.

Hemos sido informados de que *"Don/Doña nombre y apellidos del ordenante"* (en adelante el "ordenante"), ha firmado con esa entidad el contrato nº *"número de contrato"* con fecha *"fecha de firma del contrato"* para el suministro de *"describir los bienes y/o servicios"*.

Entendemos además, que a tenor de las condiciones del contrato, una retención de pago por importe de *"cantidad retenida, en letra"* euros (*"cantidad retenida, en número"* €) cubriendo las obligaciones de calidad del ordenante será liberada contra una garantía de retención de pago.

A petición del ordenante, *"indicar nombre del Banco"* se compromete de forma irrevocable a abonarles la cantidad o cantidades no sobrepasando un total de *"cuantía máxima a abonar en letra"* euros (*"cuantía máxima a abonar en número"* €) desde el momento de la recepción en el Banco de su primer requerimiento escrito, así como de su declaración escrita especificando:

a) que el ordenante ha incumplido su(s) obligación(es) en los términos que figuran en el contrato base; y

b) en qué consiste el incumplimiento del ordenante.

El requerimiento de pago deberá acompañarse del o de los siguientes documentos: *"especificar el documento/s"*.

La presente garantía expirará a lo más tardar el *"fecha de expiración de la garantía"*.

En consecuencia, cualquier requerimiento de pago en virtud de esta garantía deberá ser recibido por nosotros, en la oficina arriba indicada, no después de tal fecha.

La presente garantía queda sometida a las Reglas Uniformes relativas a las Demandas a Primer Requerimiento, Publicación nº 458 de la CCI.

"firmas de las partes".

En virtud de la emisión de su garantía, según los términos expresados anteriormente, emitimos por la presente nuestra contragarantía irrevocable y nos comprometemos a entregar la cantidad o cantidades no sobrepasando un total de *"cuantía máxima de la contragarantía en letra"* euros (*"cuantía máxima de la contragarantía en número"* €), desde el momento de la recepción por el banco de su primer requerimiento escrito y no más tarde del día *"fecha límite de entrega"*. Este requerimiento deberá ir acompañado de su declaración escrita según la cual usted(es) ha(n) recibido un requerimiento de pago en virtud de su garantía, de conformidad con los términos de la misma y con el artículo 20 de las Reglas Uniformes relativas a las Garantías a Primer Requerimiento.

Esta contragarantía queda sometida a las Reglas Uniformes relativas a las Garantías a Primer Requerimiento, Publicación nº 458 de la CCI.

Se ruega la confirmación de la emisión de su garantía.

Préstamo de valores

MCM 4549

Nota preliminar:

- Por el contrato de préstamo de valores, una de las partes **(prestamista)** entrega a la otra **(prestatario)**, valores como cosas fungibles, con la condición de devolver otro tanto de la misma especie y calidad. Es un simple préstamo o mutuo, de conformidad con lo dispuesto en el CC art.1740.

- Se trata de préstamo de valores negociados en un mercado secundario oficial cuya **finalidad** sea la disposición de los mismos para su enajenación posterior, para ser objeto de préstamo o para servir como garantía en una operación financiera. Se establece la obligación de que el prestatario deba asegurar la devolución del préstamo mediante la constitución de las garantías suficientes. Estas garantías no son aplicables a los préstamos de valores resultantes de operaciones de política monetaria, ni a los que se hagan con ocasión de una oferta pública de venta de valores.

- El modelo presupone unas circunstancias determinadas. Si en el caso concreto existen **circunstancias particulares** no previstas, deberá completarse o modificarse el modelo, adaptándolo a las mismas.

LMV art.2 y 5; OM ECO/764/2004

Lugar y fecha del contrato: *"lugar y fecha"*.
Sucursal: *"número de sucursal"*.
En *"localidad"*, a *"fecha"*.

De una parte,

"Don/Doña nombre y apellidos de la parte", mayor de edad, *"estado civil de la parte"* "... *"especificar el régimen económico matrimonial de la parte"* ... ", de nacionalidad *"nacionalidad de la parte"*, con domicilio a estos efectos en *"domicilio de la parte"*, "...*con DNI/NIF número "DNI/NIF de la parte"* ... *O ... con tarjeta de residencia número "número de tarjeta de residencia de la parte" ... O ... pasaporte número "número de pasaporte de la parte", expedido el "fecha de expedición del pasaporte de la parte" ... O ... "reseñar otros documentos aportados por la parte"* ... ", vigente hasta el *"fecha de vigencia de la documentación aportada por la parte"*.
Interviene

○ **Si interviene en su propio nombre:**

en su propio nombre y derecho.

○ **Si interviene como representante:**

en nombre y representación

○ Si representa a persona física:

de *"Don/Doña nombre y apellidos del representado"*, mayor de edad, *"estado civil del representado"*, con domicilio en *"domicilio del representado"* y provisto de D.N.I./N.I.F. número *"DNI/NIF del representado"*, según consta en escritura de poder, otorgada ante el notario de *"lugar donde radica la notaría en la que se autorizó la escritura de poder de representación (persona física)"*, *"Don/Doña nombre y apellidos del notario que autorizó la escritura de poder de representación (persona física)"*, el *"fecha de escritura de poder de representación (persona física)"*, con el número *"número de protocolo del notario que autorizó la escritura de poder de representación (persona física)"* de su orden de protocolo.

MCM 4549

LMV art.2 y 5; OM ECO/764/2004

❍ Si representa a persona jurídica:

de la sociedad mercantil denominada *"denominación social"*, domiciliada en *"domicilio social"*, y con NIF número *"NIF de la sociedad"*, constituida, por tiempo indefinido, mediante escritura otorgada ante el notario de *"lugar donde radica la notaría en la que se autorizó la escritura de poder de representación (persona jurídica)"*, *"Don/Doña nombre y apellidos del notario que autorizó la escritura de poder de representación (persona jurídica)"*, el *"fecha de escritura de poder de representación (persona jurídica)"*, e inscrita en el Registro Mercantil de *"datos de la inscripción registral (localidad del Registro Mercantil, tomo, folio, sección, hoja e inscripción)"*, en su calidad de

➢

❍ Si representa como cargo social:

"...administrador único ... O ... administrador solidario ... O ... consejero delegado ... O ... "especificar la representación del cargo social" ..." de la reseñada sociedad, cargo para el que fue nombrado y asegura vigente en escritura otorgada el *"fecha de escritura del nombramiento del cargo"*, ante el notario de *"lugar donde radica la notaría en la que se autorizó la escritura del nombramiento"*, *"Don/Doña nombre y apellidos del notario que autorizó la escritura del nombramiento"*, con el número *"número de protocolo del notario que autorizó la escritura del nombramiento"* de su protocolo, e inscrita en el Registro Mercantil de *"localidad del Registro Mercantil de la escritura de nombramiento"*, en el tomo y hoja arriba indicados.

❍ Si representa como apoderado:

apoderado de la reseñada sociedad, según escritura de poder otorgada a su favor, en *"fecha de escritura del otorgamiento del poder"*, ante el notario de *"lugar donde radica la notaría en la que se autorizó la escritura de poder"*, *"Don/Doña nombre y apellidos del notario que autorizó la escritura de poder"*, con el número *"número de protocolo del notario que autorizó la escritura de poder"* de su protocolo *"...e inscrita en el Registro Mercantil de "localidad del Registro Mercantil de la escritura de poder" ..."*, en el tomo y hoja arriba indicados.

≺

≺≺

En adelante, el **Cliente**.

Domicilio para notificaciones al **Cliente** *"domicilio de notificaciones del cliente (Designar un **único domicilio**, incluso en el caso de que se trate de varias personas.)"*.

Y de otra parte,

Banco *"denominación de la Entidad"*, con domicilio social en *"domicilio social de la Entidad"*, NIF *"NIF de la Entidad"*, representado en este acto, por *"Don/Doña nombre y apellidos del representante 1"*, con D.N.I. *"DNI/NIF del representante 1"* y *"Don/Doña nombre y apellidos del representante 2"*, con D.N.I. *"DNI/NIF del representante 2"*.

En adelante, el **Banco**.

Domicilio para notificaciones al **Banco**: el de la Sucursal del Banco de *"lugar de la sucursal"*, en que se formaliza este contrato.

Las partes hacen constar expresamente que el presente contrato lo suscriben todos los titulares de la cuenta de valores indicada en el Anexo, y que a todos ellos se hace referencia en este contrato bajo la denominación global de el **Cliente**, designándose como único domicilio de dichos titulares, a los efectos aquí pactados, el antes indicado. Igualmente se hace constar que cualesquiera órdenes, instrucciones o comunicaciones que el **Cliente** curse al **Banco** en relación con el presente contrato-marco o con los préstamos de valores que se perfeccionen al amparo del mismo, deberá ser suscrita por los titulares de la cuenta de valores indicada en el Anexo con arreglo al régimen de disponibilidad, solidaria o mancomunada, pactado en dicho contrato de cuenta de valores.

EXPONEN:

I. Que el **Cliente** mantiene con el **Banco** la cuenta de valores y la cuenta corriente de efectivo asociadas indicadas en el Anexo de este contrato-marco de préstamo de valores (en adelante *el contrato-marco*).

II. Que el **Banco**, en su condición de entidad participante de los sistemas de registro, compensación y liquidación de los mercados donde se negocien los valores propiedad del **Cliente** que, ahora o en el futuro, estén depositados en la cuenta de valores antes citada, está facultado para tomarlos en préstamo en los términos previstos en el art.5 de la Ley 6/2023, de 17 de marzo, de los mercados de valores y de los servicios de inversión.

LMV art.2 y 5; OM ECO/764/2004

III. Que estando de acuerdo el **Cliente** y el **Banco** en llevar a cabo en el futuro operaciones de préstamo sobre los valores a que se ha hecho referencia en el Expositivo II anterior, han decidido formalizar el presente contrato-marco, mediante el cual se regulan la forma y condiciones en que se llevarán a cabo tales operaciones de préstamo de valores, lo cual llevan a efecto de acuerdo con las siguientes.

Nota:

El sistema de registro, compensación y liquidación de operaciones bursátiles se encuentra en un proceso de cambio y modificación. Se ha introducido una ***Entidad de Contrapartida Central*** *(BME CLEARING) y se integran en una sola plataforma las actuales CADE y SCLV. Véase el Comunicado de la CNMV sobre la evolución de la reforma de compensación, liquidación y registro y publicación de la nueva fecha de liquidación en D+2.*

CLÁUSULAS:

Primera. Valores prestables

Nota:

Este contrato marco tiene la naturaleza de ***apertura de crédito****, creando una disponibilidad de los valores por parte de la entidad bancaria. Es un contrato normativo que contiene las reglas aplicables a los valores que se tomen en préstamo en uso del poder de disposición.*

1.1.

Mediante el presente contrato, el **Cliente** se compromete a poner a disposición del **Banco** valores que, ahora o en el futuro, se encuentren depositados en su cuenta de valores identificada anteriormente, con la finalidad de que sean tomados en préstamo por el **Banco** en los términos aquí pactados.

1.2.

La puesta a disposición de los valores por parte del **Cliente** deberá cumplir los siguientes requisitos:

A. El **Cliente** cursará instrucciones al **Banco** (en lo sucesivo *órdenes*) identificando cuales son, en concreto, los valores depositados en su Cuenta de Valores que el **Cliente** pone a disposición del **Banco** para la finalidad de préstamo señalada anteriormente. El **Cliente** podrá ampliar o revocar, total o parcialmente, dichas órdenes en cualquier momento durante la vigencia del presente contrato, sin otro requisito que el de que el número de unidades de cada valor que el **Cliente** mantenga a disposición del **Banco** en todo momento no sea inferior al mínimo determinado por este.

B. Los valores que el **Cliente** ponga a disposición del **Banco** a los efectos previstos en este contrato, deberán cumplir los siguientes requisitos:

a) Pertenecer al **Cliente** en virtud de operaciones ya liquidadas, y encontrarse libres de toda carga, gravamen, limitación, restricción o suspensión.

b) Estar incluidos en la relación de valores objeto de préstamo que determine el respectivo organismo rector del mercado secundario donde se negocien.

c) Estar incluidos también en la relación de valores susceptibles de ser prestados al **Banco** que este tenga establecida en cada momento, y que el **Cliente** podrá consultar en las sucursales del **Banco**.

MCM 4549

LMV art.2 y 5; OM ECO/764/2004

1.3.

Los valores que, cumpliendo los anteriores requisitos, ponga el **Cliente** a disposición del **Banco**, pasarán a tener la condición de *valores prestables*, tomándose nota de ello en la cuenta de valores del **Cliente**.

1.4.

Los valores en condición de prestables siguen perteneciendo al **Cliente** y, en consecuencia, corresponderán a este todos los derechos políticos y económicos derivados de dichos valores. Si bien cualquier orden de transmisión, de constitución de derechos reales o de traspaso de dichos valores a otra entidad participante exigirá una orden previa del **Cliente** al **Banco** revocando la condición de prestables.

1.5.

El **Banco** podrá modificar en cualquier momento la relación de valores susceptibles de ser prestados a su favor, con la consiguiente pérdida inmediata, a todos los efectos, de la condición de prestables de los valores anteriormente incluidos en dicha relación, y sin otro requisito para el **Banco** que el de notificar su decisión a aquellos clientes que mantuviesen en ese momento valores prestables de dicha clase.

1.6.

El **Cliente** se obliga a comunicar por escrito y de forma inmediata al **Banco** el fallecimiento, la situación concursal, la declaración judicial de incapacitación o cualquier otra situación que pueda afectar a la libre disposición de los valores prestables, en relación con cualquiera de los titulares de la Cuenta de Valores señalada en el encabezamiento, lo que supondrá la pérdida inmediata de su condición de prestables.

Segunda. Perfección de las operaciones de préstamo

2.1.

El **Banco** podrá tomar en préstamo los valores prestables del **Cliente**, de forma total o parcial, en función de sus necesidades de valores, quedando perfeccionado cada uno de dichos préstamos a medida que se efectúe la entrega de los valores al **Banco**.

Nota:

No hay un ***precepto que regule*** *el préstamo de valores tal cual en el marco de la L 6/2023, pero se entiende que quedan comprendidos en el marco de sus art.2 y 5, donde se definen los distintos productos financieros y el ámbito de aplicación de la ley; en concreto, en la letra d) de su art. 2.1.*

A estos efectos, se entenderán entregados los valores al **Banco** en el momento de la asignación, por parte del sistema de compensación y liquidación correspondiente, de las correspondientes referencias de registro a cada operación de préstamo. A partir de ese momento, el **Cliente** deja de ser propietario de dichos valores, por lo que mientras los valores se mantengan prestados el **Cliente** no tiene que hacer efectiva al **Banco** la comisión de depósito y administración de valores.

Nota:

Resulta ***aplicable por analogía*** *lo dispuesto en el* CCom *art.309: "Siempre que, con asentimiento del depositante, dispusiere el depositario de las cosas que fueren objeto de depósito, ya para sí o sus negocios, ya para operaciones que aquél le encomendare, cesarán los derechos y obligaciones propios del depositante y depositario, y se observarán las reglas y disposiciones aplicables al préstamo mercantil, a la comisión o al contrato que en sustitución del depósito hubieren celebrado".*

2.2.

El **Cliente** recibirá periódicamente del **Banco** el correspondiente extracto de su Cuenta de Valores, en el que se reflejarán las sucesivas operaciones de préstamo en favor del **Banco**, con indicación expresa de sus condiciones de plazo y de base de cálculo del rendimiento pactado en la siguiente cláusula. Dichas operaciones serán comunicadas por el **Banco** al organismo rector del mercado en el que se negocien los valores y a la sociedad gestora del sistema de compensación y liquidación correspondiente.

2.3.
Con objeto de tener identificada en cada momento la posición global del **Cliente** y del **Banco**, este abrirá en sus libros a nombre del **Cliente** una Cuenta de Préstamo de Valores en la que se reflejarán las sucesivas operaciones de préstamo que se formalicen al amparo del presente contrato-marco.

Tercera. Régimen económico aplicable a las operaciones de préstamo

LMV art.2 y 5; OM ECO/764/2004

3.1.
Los préstamos que se formalicen al amparo de este contrato-marco devengarán diariamente un rendimiento a favor del **Cliente** al tipo nominal señalado en el Anexo, desde el día de la entrega al **Banco** de los valores hasta la fecha de amortización de cada préstamo. Dicho rendimiento se liquidará en efectivo por el **Banco** el último día de cada trimestre natural, practicándose una última liquidación en la fecha en que venza el último préstamo vigente entre las partes. La base de cálculo del citado rendimiento será el precio medio ponderado de cada uno de los valores prestados existente al cierre del día en que se perfeccione cada operación de préstamo, según resulte de lo publicado por el organismo rector correspondiente o, en su caso, por la Sociedad de Bolsas.

A dicho rendimiento nominal le corresponde la Tasa Anual Equivalente (T.A.E.) señalada en el encabezamiento del presente contrato-marco, la cual ha sido calculada con arreglo a lo dispuesto en la Circular del Banco de España 5/2012, de 27 de junio.

3.2.
Habida cuenta de la duración indefinida del presente contrato-marco y de la facultad de cancelación anticipada que, en cualquier momento y sin penalización, asiste a ambas partes respecto de las operaciones de préstamo de valores que se perfeccionen en el futuro, el **Banco** podrá modificar el rendimiento aplicable a tales préstamos. Dichas modificaciones serán comunicadas al **Cliente** con antelación razonable a su aplicación, si bien las modificaciones que supongan un beneficio para el **Cliente** surtirán efecto desde la fecha en que **el Banco** decida su aplicación. Si el **Cliente** mostrara su desacuerdo con el nuevo rendimiento y lo comunicara al **Banco** antes de diez días desde la fecha de su aplicación, podrá resolver el presente contrato-marco, así como los préstamos de valores vigentes a dicha fecha, aplicándose en tal caso las últimas condiciones aceptadas por el **Cliente**, hasta la fecha en que haga constar al **Banco** su disconformidad.

3.3.
Con independencia de lo anterior, el **Banco** abonará al **Cliente** en la misma fecha en que lo haga el emisor de los valores prestados, el importe dinerario correspondiente a los frutos y derechos económicos derivados de los mismos, incluidas la devolución de aportaciones con motivo de reducciones de capital y las primas de asistencia a juntas generales de accionistas, que se devenguen durante la vigencia de cada operación de préstamo. Igualmente, el **Banco** pondrá a disposición del **Cliente**, el primer día del correspondiente periodo de suscripción, el importe dinerario de los derechos de asignación gratuita y de suscripción preferente de nuevas acciones que nazcan durante la vigencia de las operaciones de préstamo, valorándose dichos derechos en su valor teórico al cierre del día inmediato anterior al inicio de la negociación de los mismos en el correspondiente mercado organizado.

3.4.
Las cantidades que se devenguen a favor del **Cliente** como consecuencia de las operaciones de préstamo formalizadas al amparo de este contrato-marco, serán abonadas por el **Banco** en la cuenta corriente de efectivo asociada indicada en el Anexo.

Cuarta. Otras condiciones aplicables a las operaciones de préstamo

4.1.
Mientras se mantenga el préstamo de valores, el **Cliente** deja de ser titular de los derechos políticos correspondientes a los valores prestados.

4.2.

MCM 4549

Cada una de las operaciones de préstamo que se perfeccionen al amparo de lo dispuesto en el presente contrato-marco tendrá una duración máxima de un año a contar desde la fecha en que quede perfeccionada, debiendo informar el **Banco** al **Cliente**, en los términos señalados en la cláusula segunda, de la duración concreta asignada a cada una de dichas operaciones de préstamo. No obstante lo anterior, tanto el **Cliente** como el **Banco** podrán, en cualquier momento, cancelarlas anticipadamente de forma total o parcial, sin penalización alguna.

LMV art.2 y 5; OM ECO/764/2004

4.3.

Al vencimiento natural o anticipado de cada operación de préstamo, el **Banco** deberá reintegrar al **Cliente** otros tantos valores de la misma clase e idénticas condiciones que los prestados, con las excepciones previstas en los siguientes apartados 2.1 a 2.4 de esta cláusula, los cuales quedarán depositados en la Cuenta de Valores del **Cliente**.

4.4.

Los valores reintegrados por el **Banco** al vencimiento de las operaciones de préstamo, que cumplan los requisitos previstos en la cláusula primera de este contrato-marco, quedarán automáticamente en situación de valores prestables, salvo en el caso de que el vencimiento de la operación de préstamo se haya producido anticipadamente por decisión del **Cliente**, en cuyo caso será preciso que este curse orden expresa, en los términos previstos en dicha cláusula primera, para que los valores vuelvan a adquirir la condición de prestables. A partir del momento en que los valores sean reintegrados por el **Banco**, el **Cliente** queda obligado respecto de dichos valores, como titular de los mismos, a hacer efectiva al **Banco** la comisión de depósito y administración de valores.

4.5.

Si durante la vigencia de cualquiera de las operaciones de préstamo se llevara a cabo la ejecución material de alguna de las operaciones societarias señaladas a continuación, el cumplimiento por parte del **Banco** de su obligación de reintegro de los valores objeto de préstamo se llevará a cabo de acuerdo con las siguientes reglas:

A. Si se hubiese modificado el valor unitario de los valores prestados, por causa distinta del aumento o reducción del capital social de su emisor, o si los valores prestados hubieran sido objeto de canje o conversión como consecuencia de una fusión o de otra operación societaria distinta de las señaladas en los siguientes apartados de esta cláusula, al vencimiento del préstamo el **Banco** reintegrará al **Cliente** un número equivalente de los nuevos valores resultantes de dichas operaciones societarias y, en su caso, el importe dinerario de la compensación económica adicional que se hubiese hecho efectiva por razón de tales operaciones.

B. Si los valores prestados hubieren sido amortizados por su emisor, el **Banco** abonará al **Cliente** al vencimiento del préstamo el importe percibido con motivo de dicha amortización.

C. Si en la fecha de vencimiento del préstamo estuviese suspendida la cotización de los valores a reintegrar, o fuera día inhábil en el mercado secundario en que estos se negocien, o no existiera liquidez en el mercado respecto de tales valores, se entenderá prorrogado el vencimiento del préstamo hasta la fecha en que se reanude la negociación efectiva del valor, quedando obligado el Banco a reintegrar al **Cliente** los valores en esa misma fecha.

D. Si a la fecha de vencimiento del préstamo los valores a reintegrar al **Cliente** hubieran sido excluidos de cotización, el **Banco** hará efectivo al **Cliente**, como prestación sustitutoria, el importe dinerario satisfecho por el emisor como contra prestación en la correspondiente oferta pública de adquisición de acciones.

4.6.
Cada parte asumirá los gastos y tributos que legalmente le corresponda satisfacer por razón de las operaciones de préstamo de valores que se formalicen al amparo del presente contrato-marco. Sobre las cantidades abonadas al **Cliente** por los distintos conceptos pactados a su favor, el **Banco** practicará la retención aplicable a los rendimientos del capital mobiliario o, en su caso, la que proceda de acuerdo con la legislación fiscal vigente en cada momento. MCM 4549

Quinta. Duración del contrato-marco

5.1. LMV art.2 y 5; OM ECO/764/2004
Sin perjuicio de lo pactado en el apartado 2 de la cláusula anterior respecto de la duración de cada una de las operaciones de préstamo de valores, el presente contrato-marco es de duración indefinida, si bien cualquiera de las partes podrá darlo por resuelto en cualquier momento, mediante comunicación escrita dirigida a la otra.

5.2.
La resolución del presente contrato-marco supondrá la pérdida de la condición de prestables de los valores que el **Cliente** tuviese a disposición del **Banco** en ese momento, e implicará la cancelación anticipada de las operaciones de préstamo de valores perfeccionadas a esa fecha, en los términos previstos en el apartado 2 de la cláusula anterior.

Sexta. Notificaciones
Cada una de las partes designa como domicilio para notificaciones el indicado en el encabezamiento del presente documento. Dicha designación continuará vigente hasta que cualquiera de las partes notifique por escrito a la otra el cambio de dicho domicilio.

Séptima. Tratamiento de datos personales
En cumplimiento de lo dispuesto en el Reglamento General de Protección de Datos (Rgto (UE) 2016/679), y la Ley Orgánica 3/2018, respecto del tratamiento de datos se informa de lo siguiente:

Responsable: ***"Nombre"***.

Finalidades: Ejecutar el presente contrato; ejecutar y atender medidas precontractuales; y envío de comunicaciones comerciales electrónicas.

Legitimación: Consentimiento del interesado (Rgto (UE) 2016/679 art.6.1.a) y ejecución de un contrato de prestación de servicios o medidas precontractuales (Rgto (UE) 2016/679 art.6.1.b).

Derechos: Acceder, rectificar, suprimir, limitar u oponerse al tratamiento, solicitar la portabilidad y revocar el consentimiento prestado dirigiendo correo electrónico a *"Dirección"*, incluyendo como referencia "EJERCICIO DE DERECHOS".

Más info.: ***"Insertar LINK"***

Y en prueba de conformidad, suscriben el presente contrato en el lugar y fecha señalados en el encabezamiento.

EL BANCO **EL CLIENTE**

Recibí copia del presente contrato. **EL CLIENTE**

MCM 4549

LMV art.2 y 5; OM ECO/764/2004

ANEXO

RENDIMIENTO NOMINAL ANUAL: *"porcentaje del rendimiento nominal anual"* %.

TASA ANUAL EQUIVALENTE (T.A.E.): *"porcentaje de TAE"* %.

CUENTA DE VALORES ASOCIADA Nº: *"número de la cuenta de valores asociada"*.

CUENTA CORRIENTE DE EFECTIVO ASOCIADA Nº: *"número de la cuenta de efectivo asociada"*.

Préstamo participativo

MCM 4557

RDL 7/1996 art.20

Nota preliminar:

- El préstamo participativo es un instrumento financiero parecido al **crédito**, pero con notables **diferencias**, entre las que destacamos la de ser un préstamo a largo plazo y el hecho de que tales préstamos computan como fondos propios de la empresa prestataria. Normalmente, el **tipo de interés** a pagar varía en función de los resultados de la compañía prestataria, aunque puede pactarse uno fijo.

- Los préstamos participativos se considerarán **patrimonio neto** a los efectos de reducción de capital y liquidación de sociedades previstas en la legislación mercantil.

- El Modelo presupone unas **circunstancias determinadas**. Si en el caso concreto existen circunstancias particulares no previstas, deberá completarse o modificarse el modelo adaptándolo a las mismas.

En *"localidad"*, a *"fecha"*

REUNIDOS:

De una parte,

"Don/Doña nombre y apellidos de la parte", mayor de edad, *"estado civil de la parte" "... "especificar el régimen económico matrimonial de la parte" ...* ", de nacionalidad *"nacionalidad de la parte"*, con domicilio a estos efectos en *"domicilio de la parte"*, *"...con DNI/NIF número "DNI/NIF de la parte"... O ... con tarjeta de residencia número "número de tarjeta de residencia de la parte"... O ... pasaporte número "número de pasaporte de la parte", expedido el "fecha de expedición del pasaporte de la parte" ... O ... "reseñar otros documentos aportados por la parte" ...* ", vigente hasta el *"fecha de vigencia de la documentación aportada por la parte"*.

Interviene en nombre y representación de la sociedad mercantil denominada *"denominación de la Sociedad"*, domiciliada en *"domicilio de la Sociedad"*, y con NIF número *"NIF de la Sociedad"*, constituida, por tiempo indefinido, mediante escritura otorgada ante el notario de *"lugar del notario que autorizó la escritura pública"*, *"Don/Doña nombre y apellidos del notario que autorizó la escritura pública"*, el *"fecha de autorización de la escritura pública"*, e inscrita en el Registro Mercantil de *"datos de la inscripción registral (localidad del Registro Mercantil, tomo, folio, sección, hoja e inscripción)"*, en su calidad de

○ Si representa como cargo social:

"...administrador único ... O ... administrador solidario ... O ... consejero delegado ... O ... "especificar la representación del cargo social" ... " de la reseñada sociedad, cargo para el que fue nombrado y asegura vigente en escritura otorgada el *"fecha de escritura del nombramiento del cargo"*, ante el notario de *"lugar donde radica la notaría en la que se autorizó la escritura del nombramiento"*, *"Don/Doña nombre y apellidos del notario que autorizó la escritura del nombramiento"*, con el número *"número de protocolo del notario que autorizó la escritura del nombramiento"* de su protocolo, e inscrita en el Registro Mercantil de *"localidad del Registro Mercantil de la escritura de nombramiento"*, en el tomo y hoja arriba indicados.

MCM 4557

❍ **Si representa como apoderado:**

apoderado de la reseñada sociedad, según escritura de poder otorgada a su favor, en *"fecha de escritura del otorgamiento del poder"*, ante el notario de *"lugar donde radica la notaría en la que se autorizó la escritura de poder"*, *"Don/Doña nombre y apellidos del notario que autorizó la escritura de poder"*, con el número *"número de protocolo del notario que autorizó la escritura de poder"* de su protocolo *"...e inscrita en el Registro Mercantil de "localidad del Registro Mercantil de la escritura de poder" ..."*, en el tomo y hoja arriba indicados.

RDL 7/1996 art.20

≺≺

En lo sucesivo, asimismo, la **Prestamista**.

De otra parte,

"Don/Doña nombre y apellidos de la parte", mayor de edad, *"estado civil de la parte" "..."especificar el régimen económico matrimonial de la parte" ..."*, de nacionalidad *"nacionalidad de la parte"*, con domicilio a estos efectos en *"domicilio de la parte"*, *"...con DNI/NIF número "DNI/NIF de la parte"... O ... con tarjeta de residencia número "número de tarjeta de residencia de la parte"... O ... pasaporte número "número de pasaporte de la parte", expedido el "fecha de expedición del pasaporte de la parte"... O ... "reseñar otros documentos aportados por la parte" ..."*, vigente hasta el *"fecha de vigencia de la documentación aportada por la parte"*.

Interviene en nombre y representación de la sociedad mercantil (Banco o Caja) denominada *"denominación de la sociedad"*, domiciliada en *"domicilio de la Sociedad"*, y con NIF número *"NIF de la Sociedad"*, constituida, por tiempo indefinido, mediante escritura otorgada ante el notario de *"lugar del notario que autorizó la escritura pública"*, *"Don/Doña nombre y apellidos del notario que autorizó la escritura pública"*, el *"fecha"*, e inscrita en el Registro Mercantil de *"datos de la inscripción registral (localidad del Registro Mercantil, tomo, folio, sección, hoja e inscripción)"*, en su calidad de

≻≻

❍ **Si representa como cargo social:**

"...administrador único ... O ... administrador solidario ... O ... consejero delegado ... O ... "especificar la representación del cargo social" ..." de la reseñada sociedad, cargo para el que fue nombrado y asegura vigente en escritura otorgada el *"fecha de escritura del nombramiento del cargo"*, ante el notario de *"lugar donde radica la notaría en la que se autorizó la escritura del nombramiento"*, *"Don/Doña nombre y apellidos del notario que autorizó la escritura del nombramiento"*, con el número *"número de protocolo del notario que autorizó la escritura del nombramiento"* de su protocolo, e inscrita en el Registro Mercantil de *"localidad del Registro Mercantil de la escritura de nombramiento"*, en el tomo y hoja arriba indicados.

❍ **Si representa como apoderado:**

apoderado de la reseñada sociedad, según escritura de poder otorgada a su favor, en *"fecha de escritura del otorgamiento del poder"*, ante el notario de *"lugar donde radica la notaría en la que se autorizó la escritura de poder"*, *"Don/Doña nombre y apellidos del notario que autorizó la escritura de poder"*, con el número *"número de protocolo del notario que autorizó la escritura de poder"* de su protocolo *"...e inscrita en el Registro Mercantil de "localidad del Registro Mercantil de la escritura de poder" ..."*, en el tomo y hoja arriba indicados.

≺≺

En los sucesivo, asimismo, la **Prestataria**.

Ambas partes, reconociéndose mutuamente capacidad suficiente para obligarse, libre y voluntariamente,

MCM 4557

EXPONEN:

Que **Prestamista** y **Prestataria** han convenido el otorgamiento de un Préstamo Mercantil de carácter participativo de conformidad con lo previsto en Real Decreto Ley 7/1996, de 7 de junio, a cuyo efecto convienen en formalizar el presente contrato con sujeción a las siguientes:

ESTIPULACIONES:

PRIMERA. Importe y desembolso del Préstamo

RDL 7/1996 art.20

La **Prestamista**, por medio de su representante, concede a la **Prestataria**, que por medio de sus representantes acepta, un Préstamo participativo -en adelante, el **Préstamo**- por importe de *"importe del préstamo, en letra"* euros -*"importe del préstamo, en número"* €-, que la **Prestataria** reconoce haber recibido con anterioridad a este acto y se compromete expresamente a reintegrar junto con sus intereses en los plazos, formas y condiciones establecidos en las siguientes estipulaciones.

SEGUNDA. Finalidad y naturaleza del Préstamo

El **Préstamo** se concede a la **Prestataria** para la financiación de las actividades que constituyen y son propias de su objeto social, obligándose esta a destinar a tal fin el total importe prestado en función de sus necesidades.

El presente **Préstamo** mercantil es de carácter participativo y se otorga de conformidad y con sujeción al régimen y con los efectos previstos en el artículo 20 del Real Decreto Ley 7/1996, de 7 de junio, y las sucesivas modificaciones que dicho precepto haya sufrido.

Nota:

Es importante no confundir el préstamo participativo con el contrato de ***cuenta en participación****, pues en este segundo caso el partícipe soporta los resultados prósperos o adversos del negocio. En el préstamo no caben los intereses negativos o soportar las pérdidas.*

TERCERA. Devengo y pago de Intereses

>>

- **Si el capital prestado devengara un interés fijo:**

El capital prestado devengará un interés fijo igual al *"porcentaje de interés fijo"* % anual.

Nota:

La entidad prestamista ha de recibir un ***interés variable*** *determinado en función de la evolución de la actividad de la prestataria. Además, podrán acordar un interés fijo con independencia de la evolución de la actividad (*RDL 7/1996 *art.*20*.Uno.a). No se fijan legalmente los límites de uno y otro, lo que puede crear importantes dudas sobre la consideración de participativo de un concreto préstamo, máxime si se pactase un importante interés fijo, y un mínimo e insignificante interés variable. Ello podría reconducir la figura al préstamo común. Dado igualmente que no se fija tipo alguno de referencia, las partes podrán libremente pactar el tipo retributivo, aunque evitando en todo caso que la retribución total finalmente pagada pueda contravenir la Ley de represión de la usura.*

<<

El capital prestado devengará *"...adicionalmente ... O ... exclusivamente ..."* un interés variable en función de la evolución de la actividad de la **Prestataria**, y en concreto de los beneficios generados, el cual será calculado conforme al procedimiento dispuesto en la presente estipulación.

Nota:

El ***criterio*** *para determinar dicha* ***evolución*** *podrá ser: el beneficio neto, el volumen de negocio, el patrimonio total o cualquier otro que libremente acuerden las partes contratantes. Los criterios recogidos en el texto legal amplían el concepto de «participativo» del préstamo, por cuanto, a excepción del primer criterio, los otros dos ofrecidos nada tienen que ver con los resultados de la empresa. Doctrinalmente se apuntan otros criterios posibles, tales como la evolución del fondo de maniobra, el resultado de las actividades ordinarias, los dividendos repartidos, el número de trabajadores o el número de horas de mano de obra empleadas, o la posición de la empresa en el mercado en comparación con sus competidores.*

>>

Si procede:

MCM 4557 Si el beneficio anual de la Sociedad fuese inferior a *"cantidad inferior en letra de beneficio anual"* euros - *"cantidad inferior en número de beneficio anual"* €- no se devengará interés alguno. Si el beneficio anual de la Sociedad fuese igual o superior a *"cantidad igual o superior en letra de beneficio anual"* euros - *"cantidad igual o superior en número de beneficio anual"* €- e inferior a *"cantidad inferior, en letra"* euros - *"cantidad inferior, en número"* €-, el tipo de interés aplicable al principal del Préstamo será de un *"porcentaje del tipo de interés aplicable al principal"* %. Y si el beneficio fuese
RDL 7/1996 art.20 superior a *"cantidad superior en letra de beneficio anual"* euros - *"cantidad superior en número de beneficio anual"* €-, el tipo de interés aplicable será de un *"porcentaje del tipo de interés aplicable"* %. Se considerará beneficio social el resultado de la Sociedad después de impuestos, estimándose a estos efectos el beneficio por resultados ordinarios o extraordinarios y sea cual sea la aplicación que se haya decidido del mismo, determinados conforme a los principios contables establecidos en la normativa contables española, pero sin incluir los propios intereses derivados de este préstamo.

El devengo se producirá desde el día siguiente a la aprobación de las cuentas anuales de la sociedad, y el pago de los intereses se efectuará dentro de los treinta días -30- días siguientes a la aprobación de las cuentas anuales de cada ejercicio. Si el pago de los intereses hubiera de hacerse antes de aprobadas las cuentas anuales o si transcurridos seis -6- meses desde el cierre del ejercicio no se hubiera producido la aprobación de las mismas, se estará al resultado provisional a la fecha de eventual devengo o a la fecha en la que debieron aprobarse las cuentas, pudiendo la **Prestataria** solicitar que dicho cierre provisional sea auditado.

<<

CUARTA. Duración y Amortización del Préstamo

El **Préstamo** se conviene con una duración inicial de 'un -1- año' a contar desde la fecha de firma del presente contrato. El total importe del principal del **Préstamo**, será reembolsado por la **Prestataria**, sin necesidad de requerimiento previo, en un solo pago, al término de la duración del presente contrato.

Sin perjuicio de lo establecido en el párrafo anterior, las partes, podrán de común acuerdo prorrogar la vigencia del **Préstamo** por periodos sucesivos de 'un -1- año', siempre que, con un -1- mes de antelación al vencimiento del contrato, la **Prestamista** y la **Prestataria**, manifestaren por escrito firmado por personas debidamente autorizadas al efecto, su postura a favor de la prórroga del mismo y por la cantidad a convenir por las partes.

>>

Si procede:

La amortización del préstamo podrá efectuarse, alternativa e indistintamente y a instancias de la **Prestataria**, bien mediante su reembolso en efectivo, bien mediante su capitalización y adjudicación a la **Prestamista** de acciones de la **Prestataria** emitidas con ocasión de un aumento de capital social que en su caso se acordará por la Junta General de este último, con sujeción a lo previsto en los art.296 y siguientes del Texto Refundido de la Ley de Sociedades de Capital.

En el caso de que la **Prestataria** optara por la capitalización como modalidad de amortización del préstamo, deberá comunicarlo así a la **Prestamista** con al menos tres -3- meses de antelación a la fecha de vencimiento; en tal caso, las partes convienen que el precio de emisión de las nuevas acciones y, consecuentemente, el número de acciones a adjudicar a la **Prestamista** en compensación del importe del principal del **Préstamo** que deba ser objeto de amortización, se determinarán por el auditor de cuentas de la **Prestataria** sobre la base de considerar el valor real de las acciones en la fecha de adopción del acuerdo de aumento de capital social mediante compensación de créditos.

Nota:

*Habrá que considerar el plazo para la convocatoria de la oportuna **Junta General**.*

<<

MCM 4557

QUINTA. Amortización anticipada

 **Nota:**

*Salvo que el contrato lo haya previsto, el prestamista no puede pedir la **cancelación anticipada**. Y si el contrato ya lo ha previsto, no sería en puridad una amortización anticipada, sino en un plazo especialmente previsto. Es frecuente en los préstamos ordinarios la previsión de una amortización anticipada en caso de insolvencia del prestatario, que en este caso habría que considerar con la mención de la estipulación Séptima, derivada de la disposición legal citada en la misma.*

La **Prestataria** podrá amortizar anticipadamente, de forma total o parcial, el **Préstamo** *"...sin penalización alguna... O... con la penalización recogida más adelante..."*, siempre que el importe de la amortización sea de un mínimo de *"importe mínimo de amortización, en letra"* euros - *"importe mínimo de amortización, en número"* €- o en cuantía de múltiplos de esta cifra. Por excepción, en el supuesto de que la cuantía total pendiente de amortización sea inferior a dicha cifra, la amortización anticipada podrá realizarse por dicha cuantía mínima. RDL 7/1996 art.20

Nota:

El RDL 7/1996 *establece que las partes contratantes podrán acordar una **cláusula penalizadora** para el caso de amortización anticipada. No obstante, es preciso advertir que, en abstracto y de acuerdo con lo previsto en el* CC art.1127, *tal dicción supone que la penalidad puede afectar al prestamista o al prestatario, por cuanto el plazo debe entenderse concedido en beneficio de ambos, salvo que del contrato resulte otra cosa.*

En todo caso, la amortización anticipada del préstamo, de acuerdo con lo anterior queda sujeta a lo previsto en la letra b) del artículo 20.1 del Real Decreto Ley 7/1996, de 7 de Junio, entendiéndose que se da cumplimiento a lo previsto en el referido precepto legal, cuando la amortización, total o parcial del préstamo, se realice de común acuerdo entre la **Prestamista** y la **Prestataria** mediante su capitalización y consecuente compensación a través de un aumento de capital y prima de la **Prestataria** de acuerdo con lo previsto en la estipulación anterior.

Nota:

*Dicha obligación viene referida únicamente a la **amortización anticipada** a instancias del **prestatario**. Podría hacerse por vía de una nueva aportación de capital, de capital y prima, o fusión por absorción, o aportación directa a reservas o para compensar pérdidas, pero no por la vía de capitalizar resultados o reservas, por cuanto tales partidas ya forman parte de los fondos propios. Sí cabría la capitalización de créditos, incluido el propio préstamo participativo.*

»

o **En caso de amortización anticipada:**

En caso de amortización anticipada, la **Prestataria** vendrá obligada a pagar a la **Prestamista** una penalización equivalente al *"especificar porcentaje"* % del principal amortizado.

Nota:

*En base a la teoría general de las obligaciones, el préstamo será rescindible en caso de incumplimiento de las obligaciones del prestatario, en concreto del **pago de los intereses** o falta de devolución de alguna de las cuotas de amortización. La penalización ha de referirse por tanto a la amortización voluntaria. En todo caso, los supuestos de amortización anticipada requerirán que estén previstos en el contrato, o bien que haya acuerdo de las partes en el momento de llevarlo a cabo.*

«

SEXTA. Pagos derivados del Préstamo

Todos los pagos que deba realizar la **Prestataria** por amortizaciones, intereses, y cualesquiera otros que se deriven del presente contrato, se harán mediante entrega de cheque nominativo a favor de la **Prestamista** o, siempre que esta designe una cuenta bancaria al efecto, mediante transferencia a dicha cuenta.

Cuando cualquier pago o vencimiento coincida con un día inhábil a los efectos de este contrato, el pago deberá efectuarse el primer día hábil inmediato siguiente.

MCM 4557

RDL 7/1996 art.20

SÉPTIMA. Carácter subordinado del Préstamo

De conformidad con lo previsto en la letra c) del artículo 20.1 del Real Decreto Ley 7/1996, el **Préstamo** se otorga con el carácter de subordinado, situándose a efectos de prelación de préstamos después de los restantes acreedores comunes de la **Prestataria**.

Nota:

El RDL 7/1996 art.20.1.c establece la subordinación del prestamista a los demás acreedores en caso de ***insolvencia*** *de la sociedad prestataria. Es decir, se sitúa en la posición inmediatamente anterior a los accionistas o socios, por lo que en caso de liquidación de la sociedad recuperarán su crédito en último lugar y una vez satisfechos los créditos de todos los demás acreedores sociales.*

OCTAVA. Préstamo Participativo como patrimonio contable

Conforme a lo previsto en la letra d) del artículo 20.1 del Real Decreto Ley 7/1996, el presente Préstamo se considerará patrimonio contable de la Sociedad a los efectos de reducción de capital y liquidación de la **Prestataria**.

Nota:

Modificada por la L 16/2007. *Los préstamos participativos se considerarán* ***patrimonio neto*** *a los efectos de reducción de capital y liquidación de sociedades previstas en la legislación mercantil.*

NOVENA. Impuestos y gastos

Todos los impuestos y gastos que se devengaren por la constitución, cumplimiento y extinción del presente contrato serán por cuenta y a cargo exclusivo de la **Prestataria**.

DÉCIMA. Notificaciones

Cualquier notificación u otra comunicación que pueda derivarse de este contrato, o sea necesaria para su cumplimiento, ejecución o extinción, se hará por escrito y deberá ser, a elección de quien deba hacerla: (i) entregada personalmente; (ii) enviada por correo certificado con acuse de recibo; o (iii) notificada notarialmente, a las partes, a las direcciones establecidas en el encabezamiento del presente contrato.

Cualquiera de las partes podrá cambiar la dirección a efectos de esta estipulación, mediante notificación a la otra.

UNDÉCIMA. Elevación a Público

Cualquiera de las partes podrá elevar a escritura pública el presente contrato, pero correrán a su cargo cuantos gastos, incluso los fiscales que puedan derivarse, salvo que tal formalización en escritura pública sea de común acuerdo, o fuera precisa en caso de incumplimiento contractual en cuyo supuesto, serán de cargo de la parte incumplidora.

DUODÉCIMA. Legislación aplicable

El presente contrato se reputa de carácter mercantil, regulándose en primer término, por las condiciones aquí establecidas y, en lo previsto en ellas, se atendrán las partes al as disposiciones del Código de Comercio, a los usos y costumbres mercantiles, y a lo dispuesto en el Código Civil, siendo de aplicación en todo caso y a efectos del régimen propio de los Préstamos participativos, lo previsto en el Real Decreto Ley 7/1996, de 7 de junio, y sucesivas modificaciones.

DECIMOTERCERA. Fuero

Las partes, con renuncia a cualquier otro fuero que pudiera corresponderles, se someten expresamente a la jurisdicción y competencia de los Tribunales de *"ciudad de los tribunales"* para cualquier cuestión que pudiera derivarse de la interpretación o ejecución del presente contrato.

Y en prueba de conformidad, las partes otorgan el presente contrato, por duplicado ejemplar y a un solo efecto, en el lugar y fecha indicados en el encabezamiento.

LA PRESTAMISTA **LA PRESTATARIA**

Préstamo participativo con opción de conversión en préstamo ordinario o capitalización

En *"localidad"*, a *"fecha"*.

REUNIDOS:

De una parte:

"Don/Doña nombre y apellidos de la parte", mayor de edad, *"estado civil de la parte"* *"... "especificar el régimen económico matrimonial de la parte" ... "*, de nacionalidad *"nacionalidad de la parte"*, con domicilio a estos efectos en *"domicilio de la parte"*, *"...con DNI/NIF número "DNI/NIF de la parte" ... O ... con tarjeta de residencia número "número de tarjeta de residencia de la parte" ... O ... pasaporte número "número de pasaporte de la parte", expedido el "fecha de expedición del pasaporte de la parte" ... O ... "reseñar otros documentos aportados por la parte" ... "*, vigente hasta el *"fecha de vigencia de la documentación aportada por la parte"*.

Interviene en nombre y representación de la sociedad mercantil denominada *"denominación social"*, domiciliada en *"domicilio social"*, y con NIF número *"NIF de la sociedad"*, constituida, por tiempo indefinido, mediante escritura otorgada ante el notario de *"lugar donde radica la notaría en la que se autorizó la escritura de poder de representación (persona jurídica)"*, *"Don/Doña nombre y apellidos del notario que autorizó la escritura de poder de representación (persona jurídica)"*, el *"fecha de escritura de poder de representación (persona jurídica)"*, e inscrita en el Registro Mercantil de *"datos de la inscripción registral (localidad del Registro Mercantil, tomo, folio, sección, hoja e inscripción)"*, en su calidad de

➤➤

❍ **Si representa como cargo social:**

"...administrador único ... O ... administrador solidario ... O ... consejero delegado ... O ... "especificar la representación del cargo social" ... " de la reseñada sociedad, cargo para el que fue nombrado y asegura vigente en escritura otorgada el *"fecha de escritura del nombramiento del cargo"*, ante el notario de *"lugar donde radica la notaría en la que se autorizó la escritura del nombramiento"*, *"Don/Doña nombre y apellidos del notario que autorizó la escritura del nombramiento"*, con el número *"número de protocolo del notario que autorizó la escritura del nombramiento"* de su protocolo, e inscrita en el Registro Mercantil de *"localidad del Registro Mercantil de la escritura de nombramiento"*, en el tomo y hoja arriba indicados.

❍ **Si representa como apoderado:**

apoderado de la reseñada sociedad, según escritura de poder otorgada a su favor, en *"fecha de escritura del otorgamiento del poder"*, ante el notario de *"lugar donde radica la notaría en la que se autorizó la escritura de poder"*, *"Don/Doña nombre y apellidos del notario que autorizó la escritura de poder"*, con el número *"número de protocolo del notario que autorizó la escritura de poder"* de su protocolo *"...e inscrita en el Registro Mercantil de "localidad del Registro Mercantil de la escritura de poder" ... "*, en el tomo y hoja arriba indicados.

➤➤

En lo sucesivo, asimismo, **la Prestamista.**

De otra parte:
"Don/Doña nombre y apellidos de la parte", mayor de edad, *"estado civil de la parte" "... "especificar el régimen económico matrimonial de la parte" ..."*, de nacionalidad *"nacionalidad de la parte"*, con domicilio a estos efectos en *"domicilio de la parte"*, *"...con DNI/NIF número "DNI/NIF de la parte"... O ... con tarjeta de residencia número "número de tarjeta de residencia de la parte" ... O ... pasaporte número "número de pasaporte de la parte", expedido el "fecha de expedición del pasaporte de la parte" ... O ... "reseñar otros documentos aportados por la parte" ..."*, vigente hasta el *"fecha de vigencia de la documentación aportada por la parte"*.

Interviene en nombre y representación de la sociedad mercantil denominada *"denominación social"*, domiciliada en *"domicilio social"*, y con NIF número *"NIF de la sociedad"*, constituida, por tiempo indefinido, mediante escritura otorgada ante el notario de *"lugar donde radica la notaría en la que se autorizó la escritura de poder de representación (persona jurídica)"*, don *"Don/Doña nombre y apellidos del notario que autorizó la escritura de poder de representación (persona jurídica)"*, el *"fecha de escritura de poder de representación (persona jurídica)"*, e inscrita en el Registro Mercantil de *"datos de la inscripción registral (localidad del Registro Mercantil, tomo, folio, sección, hoja e inscripción)"*, en su calidad de

≻≻

○ **Si representa como cargo social:**

"...administrador único ... O ... administrador solidario ... O ... consejero delegado ... O ... "especificar la representación del cargo social" ..." de la reseñada sociedad, cargo para el que fue nombrado y asegura vigente en escritura otorgada el *"fecha de escritura del nombramiento del cargo"*, ante el notario de *"lugar donde radica la notaría en la que se autorizó la escritura del nombramiento"*, *"Don/Doña nombre y apellidos del notario que autorizó la escritura del nombramiento"*, con el número *"número de protocolo del notario que autorizó la escritura del nombramiento"* de su protocolo, e inscrita en el Registro Mercantil de *"localidad del Registro Mercantil de la escritura de nombramiento"*, en el tomo y hoja arriba indicados.

○ **Si representa como apoderado:**

apoderado de la reseñada sociedad, según escritura de poder otorgada a su favor, en *"fecha de escritura del otorgamiento del poder"*, ante el notario de *"lugar donde radica la notaría en la que se autorizó la escritura de poder"*, *"Don/Doña nombre y apellidos del notario que autorizó la escritura de poder"*, con el número *"número de protocolo del notario que autorizó la escritura de poder"* de su protocolo *"...e inscrita en el Registro Mercantil de "localidad del Registro Mercantil de la escritura de poder" ..."*, en el tomo y hoja arriba indicados.

≺≺

En los sucesivo, asimismo, **la Prestataria**.

De otra parte, en su propio nombre y derecho y en su condición de administradores de la **Prestataria**, *"Don/Doña nombre y apellidos de la parte"*, mayor de edad, *"estado civil de la parte" "... "especificar el régimen económico matrimonial de la parte" ..."*, de nacionalidad *"nacionalidad de la parte"*, con domicilio a estos efectos en *"domicilio de la parte"*, *"...con DNI/NIF número "DNI/NIF de la parte" ... O ... con tarjeta de residencia número "número de tarjeta de residencia de la parte" ... O ... pasaporte número "número de pasaporte de la parte", expedido el "fecha de expedición del pasaporte de la parte" ... O ... "reseñar otros documentos aportados por la parte" ..."*, vigente hasta el *"fecha de vigencia de la documentación aportada por la parte"*.

Interviene en nombre y representación de la sociedad mercantil denominada *"denominación social"*, domiciliada en *"domicilio social"*, y con NIF número *"NIF de la sociedad"*, constituida, por tiempo indefinido, mediante escritura otorgada ante el notario de *"lugar donde radica la notaría en la que se autorizó la escritura de poder de representación (persona jurídica)"*, don *"Don/Doña nombre y apellidos del notario que autorizó la escritura de poder de representación (persona jurídica)"*, el *"fecha de escritura de poder de representación (persona jurídica)"*, e inscrita en el Registro Mercantil de *"datos de la inscripción registral (localidad del Registro Mercantil, tomo, folio, sección, hoja e inscripción)"*, en su calidad de

❍ **Si representa como cargo social:**

"...administrador único ... O ... administrador solidario ... O ... consejero delegado ... O ... "especificar la representación del cargo social" ... " de la reseñada sociedad, cargo para el que fue nombrado y asegura vigente en escritura otorgada el *"fecha de escritura del nombramiento del cargo"* , ante el notario de *"lugar donde radica la notaría en la que se autorizó la escritura del nombramiento"*, *"Don/Doña nombre y apellidos del notario que autorizó la escritura del nombramiento"*, con el número *"número de protocolo del notario que autorizó la escritura del nombramiento"* de su protocolo, e inscrita en el Registro Mercantil de *"localidad del Registro Mercantil de la escritura de nombramiento"*, en el tomo y hoja arriba indicados.

❍ **Si representa como apoderado:**

apoderado de la reseñada sociedad, según escritura de poder otorgada a su favor, en *"fecha de escritura del otorgamiento del poder"*, ante el notario de *"lugar donde radica la notaría en la que se autorizó la escritura de poder"*, *"Don/Doña nombre y apellidos del notario que autorizó la escritura de poder"*, con el número *"número de protocolo del notario que autorizó la escritura de poder"* de su protocolo *"...e inscrita en el Registro Mercantil de "localidad del Registro Mercantil de la escritura de poder" ... "*, en el tomo y hoja arriba indicados.

En adelante, conjunta y/o individualmente, los **Administradores.**

Y, finalmente, de otra parte, en su calidad de Socios de la Prestataria,
"Don/Doña nombre y apellidos de la parte", mayor de edad, *"estado civil de la parte" "... "especificar el régimen económico matrimonial de la parte" ... "*, de nacionalidad *"nacionalidad de la parte"*, con domicilio a estos efectos en *"domicilio de la parte"*, *"...con DNI/NIF número "DNI/NIF de la parte" ... O ... con tarjeta de residencia número "número de tarjeta de residencia de la parte" ... O ... pasaporte número "número de pasaporte de la parte", expedido el "fecha de expedición del pasaporte de la parte" ... O ... "reseñar otros documentos aportados por la parte" ... "*, vigente hasta el *"fecha de vigencia de la documentación aportada por la parte"*.
Interviene en nombre y representación de la sociedad mercantil denominada *"denominación social"*, domiciliada en *"domicilio social"*, y con NIF número *"NIF de la sociedad"*, constituida, por tiempo indefinido, mediante escritura otorgada ante el notario de *"lugar donde radica la notaría en la que se autorizó la escritura de poder de representación (persona jurídica)"*, don *"Don/Doña nombre y apellidos del notario que autorizó la escritura de poder de representación (persona jurídica)"*, el *"fecha de escritura de poder de representación (persona jurídica)"*, e inscrita en el Registro Mercantil de *"datos de la inscripción registral (localidad del Registro Mercantil, tomo, folio, sección, hoja e inscripción)"*, en su calidad de

❍ **Si representa como cargo social:**

"...administrador único ... O ... administrador solidario ... O ... consejero delegado ... O ... "especificar la representación del cargo social" ... " de la reseñada sociedad, cargo para el que fue nombrado y asegura vigente en escritura otorgada el *"fecha de escritura del nombramiento del cargo"* , ante el notario de *"lugar donde radica la notaría en la que se autorizó la escritura del nombramiento"*, *"Don/Doña nombre y apellidos del notario que autorizó la escritura del nombramiento"*, con el número *"número de protocolo del notario que autorizó la escritura del nombramiento"* de su protocolo, e inscrita en el Registro Mercantil de *"localidad del Registro Mercantil de la escritura de nombramiento"*, en el tomo y hoja arriba indicados.

○ **Si representa como apoderado:**

apoderado de la reseñada sociedad, según escritura de poder otorgada a su favor, en *"fecha de escritura del otorgamiento del poder"*, ante el notario de *"lugar donde radica la notaría en la que se autorizó la escritura de poder"*, *"Don/Doña nombre y apellidos del notario que autorizó la escritura de poder"*, con el número *"número de protocolo del notario que autorizó la escritura de poder"* de su protocolo *"...e inscrita en el Registro Mercantil de "localidad del Registro Mercantil de la escritura de poder" ..."*, en el tomo y hoja arriba indicados.

<<

En adelante, conjunta y/o individualmente, los **Socios**.

Las partes, reconociéndose mutuamente capacidad suficiente para obligarse, libre y voluntariamente,

EXPONEN

Que **Prestamista** y **Prestataria** han convenido el otorgamiento de un Préstamo Mercantil de carácter participativo de conformidad con lo previsto en Real Decreto Ley 7/1996, de 7 de junio, a cuyo efecto convienen en formalizar el presente contrato con sujeción a las siguientes:

ESTIPULACIONES

Primera. Importe y desembolso del Préstamo

La **Prestamista**, por medio de su representante, concede a la **Prestataria**, que por medio de sus representantes acepta, un Préstamo participativo -en adelante, el **Préstamo**- por importe de *"importe en letra"* euros - *"importe en número"* €-, que la **Prestataria** reconoce haber recibido con anterioridad a este acto y se compromete expresamente a reintegrar junto con sus intereses en los plazos, formas y condiciones establecidos en las siguientes estipulaciones.

Segunda. Finalidad y naturaleza del Préstamo

El **Préstamo** se concede a la Prestataria para la financiación de las actividades que constituyen y son propias de su objeto social, obligándose esta a destinar a tal fin el total importe prestado en función de sus necesidades.

El presente **Préstamo** mercantil es de carácter participativo y se otorga de conformidad y con sujeción al régimen y con los efectos previstos en el artículo 20 del Real Decreto Ley 7/1996, de 7 de junio, y las sucesivas modificaciones que dicho precepto haya sufrido.

Tercera. Devengo y pago de Intereses

"...El capital prestado devengará un interés fijo igual al "indicar porcentaje"% anual. ..."

El capital prestado devengará *"...adicionalmente ... O ... exclusivamente ..."* un interés variable en función de la evolución de la actividad de la **Prestataria**, y en concreto de los beneficios generados, el cual será calculado conforme al procedimiento dispuesto en la presente estipulación.

Cuarta. Duración y Amortización del Préstamo

El **Préstamo** se conviene con una duración inicial de *"determinar duración inicial"* a contar desde la fecha de firma del presente contrato (en adelante, la "Fecha de Vencimiento"). Sin perjuicio del derecho de amortización anticipada de la Prestataria previsto en la Cláusula Novena, una vez vencido el préstamo, la Prestamista ejercitará la opción de conversión en capital o la opción de conversión en préstamo, según lo previsto en las Cláusulas Quinta a Octava siguientes.

Sin perjuicio de lo establecido en el párrafo anterior, las partes, podrán de común acuerdo prorrogar la vigencia del **Préstamo** por periodos sucesivos de *"determinar periodo de prórroga"*, siempre que, con *"determinar tiempo de antelación"* de antelación al vencimiento del contrato, la **Prestamista** y la **Prestataria**, manifestaren por escrito firmado por personas debidamente autorizadas al efecto, su postura a favor de la prórroga del mismo y por la cantidad a convenir por las partes.

Quinta. Derecho de opción

Durante un plazo máximo de *"noventa (90)"* días naturales desde la Fecha de Vencimiento, la **Prestamista** tendrá la opción, a su elección, de:

a) Aportar a la **Prestataria** el saldo vivo del Préstamo Participativo más los intereses devengados y no pagados, capitalizando así dicho importe en la forma que se establece en la cláusula cuarta (en adelante, la "**Opción de Capital**").

b) Conceder a la Prestataria un préstamo ordinario cuyo principal equivaldrá al importe del principal del Préstamo Participativo más los intereses devengados hasta la fecha y no pagados, en la forma que se establece en el Anexo *"indicar número de anexo"* (en adelante, la "**Opción de Préstamo**").

La Opción de Capital y la Opción de Préstamo serán referidas conjuntamente como la "**Opción**".

Durante el citado plazo de *"noventa (90)"*, la **Prestamista** podrá realizar una auditoría legal de la **Prestataria**, debiendo este facilitar a la Prestamista la documentación que le sea solicitada y asumiendo la **Prestamista** todos los gastos derivados de la auditoría legal.

Trascurrido el citado plazo de noventa días naturales sin que la **Prestamista** hubiese comunicado a la **Prestataria** su elección, conforme a lo señalado en el presente apartado, la Opción del Préstamo se entenderá ejercitada.

La **Prestataria**, los **Socios** y los **Administradores** conceden, aceptan y consienten el otorgamiento de la Opción obligándose desde este momento a otorgar tantos documentos públicos o privados como sean necesarios para formalizar los compromisos establecidos en la presente Cláusula.

Sexta. Opción de Capital

La Prestamista podrá ejercitar la Opción de Capital, en los términos previstos en la cláusula quinta, en los siguientes supuestos:

a) Por transcurso de la Fecha de Vencimiento del Préstamo Participativo y dentro de los 90 días naturales siguientes a la citada fecha.

b) Por darse entrada a terceros en el capital de la Prestataria con autorización de la Prestamista.

La Opción de Capital se ejercitará por la **Prestamista** mediante la remisión a la Prestataria, por cualquiera de los medios previstos en la Cláusula Decimocuarta, de la comunicación de ejercicio.

Todos los gastos e impuestos derivados de la ejecución de la Opción de Capital serán a cargo de la Prestataria.

Los **Socios** otorgan desde este momento a la Prestamista un derecho de acompañamiento ("Tag Along") de forma que, una vez ejercitada la Opción de Capital y ante una posible transmisión a terceros de una participación de los Socios igual o superior al *"indicar el porcentaje"*% del capital del Prestataria, el potencial adquirente haya de comprar a la Prestamista un porcentaje proporcional de su participación en idénticas condiciones a las negociadas y ofrecidas por los **Socios**.

Asimismo, la **Prestamista** otorga desde el momento un derecho de "Drag Along" a favor de los Socios, que les garantice que, una vez ejercitada la Opción de Capital, y ante una oferta de un tercero por el 100% de las acciones participaciones del Prestataria, la Prestamista no va a oponerse a la transmisión de su participación, siempre que la oferta formulada implique que el montante total capitalizado por la Prestamista como consecuencia del ejercicio de la Opción de Capital (principal del Préstamo Participativo más la totalidad de los intereses, comisiones y gastos, devengados y pendientes de pago en el momento del vencimiento del Préstamo Participativo) se ha revalorizado un multiplicador *"1.75"* veces.

Los Socios otorgan desde este momento a la **Prestamista** un derecho preferente de suscripción o asunción, de forma que una vez ejercitada la Opción de Capital y ante una posible entrada de terceros en el capital de la Prestataria, la **Prestamista** pueda proceder a suscribir o asumir, en su caso, las acciones o participaciones ofrecidas a terceros.

Séptima. Opción de Préstamo
En el supuesto en que la **Prestamista** ejercite la Opción de Préstamo, el importe del principal, más los intereses devengados hasta la fecha y no pagados, se convertirán en el principal de un préstamo ordinario. Las condiciones del mismo se incluyen como **Anexo** *"número de Anexo"* al presente Préstamo.

Octava. Formalización de los compromisos derivados del ejercicio de la opción
Las Partes acuerdan que los compromisos posteriores se formalizarán y ejecutarán, en todo caso, en el plazo de *"15"* días desde que la **Prestamista** haya requerido a las Partes para ello. En el caso de que la Prestamista haya ejercitado la Opción con anterioridad a la Fecha de Vencimiento, el plazo de *"15"* días empezará a contar desde el momento en que la **Prestamista** haya ejercitado la Opción.

Novena. Amortización anticipada
La **Prestataria** podrá amortizar anticipadamente, de forma total o parcial, el **Préstamo** *"...sin penalización alguna ... O ... con la penalización recogida más adelante ..."*, siempre que el importe de la amortización sea de un mínimo de *"importe de amortización en letra"* euros - *"importe de amortización en número"* €- o en cuantía de múltiplos de esta cifra. Por excepción, en el supuesto de que la cuantía total pendiente de amortización sea inferior a dicha cifra, la amortización anticipada podrá realizarse por dicha cuantía mínima.

En todo caso, la amortización anticipada del préstamo, de acuerdo con lo anterior queda sujeta a lo previsto en la letra b) del artículo 20.1 del Real Decreto Ley 7/1996, de 7 de junio, entendiéndose que se da cumplimiento a lo previsto en el referido precepto legal, cuando la amortización, total o parcial del préstamo, se realice de común acuerdo entre la **Prestamista** y la **Prestataria** mediante su capitalización y consecuente compensación a través de un aumento de capital y prima de la **Prestataria** de acuerdo con lo previsto en la Cláusula Sexta.

"...En caso de amortización anticipada, la Prestataria vendrá obligada a pagar a la Prestamista una penalización equivalente al "indicar el porcentaje"% del principal amortizado. ..."

Décima. Pagos derivados del Préstamo
Todos los pagos que deba realizar la **Prestataria** por amortizaciones, intereses, y cualesquiera otros que se deriven del presente contrato, se harán mediante entrega de cheque nominativo a favor de la **Prestamista** o, siempre que esta designe una cuenta bancaria al efecto, mediante transferencia a dicha cuenta.

Cuando cualquier pago o vencimiento coincida con un día inhábil a los efectos de este contrato, el pago deberá efectuarse el primer día hábil inmediato siguiente.

Undécima. Carácter subordinado del Préstamo
De conformidad con lo previsto en la letra c) del artículo 20.1 del Real Decreto Ley 7/1996, el **Préstamo** se otorga con el carácter de subordinado, situándose a efectos de prelación de préstamos después de los restantes acreedores comunes de la **Prestataria**.

Decimosegunda. Préstamo Participativo como patrimonio contable
Conforme a lo previsto en la letra d) del artículo 20.1 del Real Decreto Ley 7/1996, el presente Préstamo se considerará patrimonio contable de la Sociedad a los efectos de reducción de capital y liquidación de la **Prestataria**.

Decimotercera. Impuestos y gastos
Todos los impuestos y gastos que se devengaran por la constitución, cumplimiento y extinción del presente contrato serán por cuenta y a cargo exclusivo de la **Prestataria**.

Decimocuarta. Notificaciones
Cualquier notificación u otra comunicación que pueda derivarse de este contrato, o sea necesaria para su cumplimiento, ejecución o extinción, se hará por escrito y deberá ser, a elección de quien deba hacerla: (i) entregada personalmente; (ii) enviada por correo certificado con acuse de recibo o por burofax; o (iii) notificada notarialmente, a las partes, a las direcciones establecidas en el encabezamiento del presente contrato.

Cualquiera de las partes podrá cambiar la dirección a efectos de esta estipulación, mediante notificación a la otra.

Decimoquinta. Elevación a Público
Cualquiera de las partes podrá elevar a escritura pública el presente contrato, pero correrán a su cargo cuantos gastos, incluso los fiscales que puedan derivarse, salvo que tal formalización en escritura pública sea de común acuerdo, o fuera precisa en caso de incumplimiento contractual en cuyo supuesto, serán de cargo de la parte incumplidora.

Décimosexta. Legislación aplicable
El presente contrato se reputa de carácter mercantil, regulándose en primer término, por las condiciones aquí establecidas y, en lo previsto en ellas, se atendrán las partes a las disposiciones del Código de Comercio, a los usos y costumbres mercantiles, y a lo dispuesto en el Código Civil, siendo de aplicación en todo caso y a efectos del régimen propio de los Préstamos participativos, lo previsto en el Real Decreto Ley 7/1996, de 7 de junio, y sucesivas modificaciones.

Decimoséptima. Fuero
Las partes, con renuncia a cualquier otro fuero que pudiera corresponderles, se someten expresamente a la jurisdicción y competencia de los Tribunales de *"localidad de los tribunales"* para cualquier cuestión que pudiera derivarse de la interpretación o ejecución del presente contrato.

Y en prueba de conformidad, las partes otorgan el presente contrato, por duplicado ejemplar y a un solo efecto, en el lugar y fecha indicados en el encabezamiento.

LA PRESTAMISTA	**LA PRESTATARIA**
LOS SOCIOS	**LOS ADMINISTRADORES**

Contrato de Compensación de Grupo de Proveedores

Nota:
Autor: D. **Tomás Vázquez Lépinette**. Profesor Titular de Derecho Mercantil. Socio de **TOMARIAL, S.L.P. Consultores Legales y Tributarios.**

En *"localidad"*, a *"fecha"*

REUNIDOS:

DE UNA PARTE,
"denominación de la Entidad", debidamente representada por *"Don/Doña nombre y apellidos del representante de la Entidad" "DNI del representante de la Entidad"*, con domicilio en *"domicilio de la Entidad"*, en adelante la ENTIDAD DE PAGO.

DE OTRA PARTE,
"domicilio de la Sociedad", debidamente representada por *"Don/Doña nombre y apellidos del representante" "DNI del representante"*, con domicilio en *"domicilio de la Sociedad"*, en adelante el PROVEEDOR.

Reconociéndose mutuamente la capacidad legal para el otorgamiento del presente documento,

ACUERDAN

Formalizar el presente contrato de 'Compensación de Grupo de Proveedores', y llevarlo a efecto a tenor de las siguientes

CLÁUSULAS

PRIMERA. Objeto del contrato
La ENTIDAD DE PAGO se compromete a realizar el PAGO CREDITICIO respecto de todas OPERACIONES efectuadas entre el PROVEEDOR y los restantes MIEMBROS DEL GRUPO DE PROVEEDORES de acuerdo con las disposiciones del presente contrato.

SEGUNDA. Definiciones
1. ENTIDAD DE PAGO: es una persona jurídica autorizada para prestar y ejecutar servicios de pago de conformidad a la Ley 16/2009, de 13 de noviembre, de servicios de pago.

Nota:

*La L 16/2009 ha sido **derogada** por el RDL 19/2018, que entró en vigor el 25-11-2018. Téngase en cuenta la disp.final 13ª de este RDL sobre aplicación de alguno de sus preceptos.*

2. GRUPO DE PROVEEDORES: significa el conjunto de personas jurídicas que en virtud de la firma de un contrato de 'Compensación de Grupo de Proveedores' con la ENTIDAD DE PAGO, forman parte de un directorio de MIEMBROS de la misma y entre los cuales se realizan diversas OPERACIONES.

3. PROVEEDOR: significa aquella persona jurídica que en virtud de la firma con la ENTIDAD DE PAGO del presente contrato de 'Compensación de Grupo de Proveedores' se integrará en el GRUPO DE PROVEEDORES.

4. MIEMBRO DEL GRUPO DE PROVEEDORES: es cada una de las personas jurídicas en particular que en virtud de la firma de un contrato de 'Compensación de Grupo de Proveedores' con la ENTIDAD DE PAGO, pasa a formar parte del GRUPO DE PROVEEDORES.

5. OPERACIÓN u OPERACIONES: son cada uno de los contratos de compraventa de mercaderias y/o prestación de servicios celebrados entre los MIEMBROS DEL GRUPO DE PROVEEDORES.

6. PAGO CREDITICIO: significa el pago que efectúa la ENTIDAD DE PAGO a su vencimiento al PROVEEDOR como contraprestación por las OPERACIONES que este haya realizado con los MIEMBROS DEL GRUPO DE PROVEEDORES.

TERCERA. Duración del contrato

1. El contrato tiene una duración indefinida. Sin perjuicio de lo anterior, cualquiera de las dos partes puede resolverlo con *"especificar plazo de preaviso "* meses de preaviso.

2. Las partes podrán resolver el contrato de mutuo acuerdo con efecto inmediato.

3. La resolución del contrato únicamente podrá efectuarse mediante correo certificado o burofax.

CUARTA. Integración en el GRUPO DE PROVEEDORES

1. La celebración del presente contrato determina la integración del PROVEEDOR dentro del GRUPO DE PROVEEDORES. Las sociedades que sean MIEMBROS DEL GRUPO DE PROVEEDORES están enumeradas en el directorio de MIEMBROS confeccionado por la ENTIDAD DE PAGO.

2. El directorio de MIEMBROS y las actualizaciones periódicas del mismo se enviarán al PROVEEDOR bien mediante correo postal o bien mediante medios electrónicos a fin de mantenerle informado de los cambios en los MIEMBROS. Asimismo, la ENTIDAD DE PAGO recomendará productos del PROVEEDOR a los MIEMBROS DEL GRUPO DE PROVEEDORES mediante ofertas, circulares, etc. A tal efecto, el PROVEEDOR facilitará a la ENTIDAD DE PAGO la información sobre las ventas actuales en forma de documentación (catálogos, etc.) o de datos. La ENTIDAD DE PAGO utilizará dicha información según la práctica comercial habitual.

3. El presente contrato abarca todos los pagos y cobros que tengan su origen en las OPERACIONES celebradas por el PROVEEDOR y los MIEMBROS del GRUPO DE PROVEEDORES, ya sea de forma directa o indirecta (p.ej. a través de subcontratistas o centros de distribución).

4. En el caso de que haya nuevos MIEMBROS, la obligación de PAGO CREDITICIO de la ENTIDAD DE PAGO nacerá una vez que la misma haya aceptado la incorporación de dicho MIEMBRO al GRUPO DE PROVEEDORES y se lo haya comunicado al mismo.

5. Si un MIEMBRO abandona el GRUPO DE PROVEEDORES o desea cancelar el pago para un MIEMBRO DEL GRUPO DE PROVEEDORES en particular, la obligación de pago de la ENTIDAD DE PAGO con respecto a las entregas efectuadas finalizará a partir del momento en el que el PROVEEDOR reciba un mensaje por parte de la ENTIDAD DE PAGO en ese sentido. En el caso de que el PROVEEDOR no pueda demostrar que la entrega se realizó con anterioridad, la obligación de pago de LA ENTIDAD DE PAGO finalizará a partir del día en el que PROVEEDOR reciba el mensaje de LA ENTIDAD DE PAGO. Esto no se aplica en el caso en el que el PROVEEDOR no hubiera podido evitar la entrega, realizando todos los esfuerzos razonables. En ese caso, su responsabilidad queda excluida a partir del día siguiente al día de la entrega.

6. En los casos de mora o insolvencia de un MIEMBRO DEL GRUPO DE PROVEEDORES, la ENTIDAD DE PAGO, previa notificación al PROVEEDOR, podrá modificar la forma en que se gestiona la actividad comercial mientras duren las situaciones anteriormente citadas, optando discrecionalmente por cualquiera de estas modalidades:

a) El PROVEEDOR podrá continuar suministrando al MIEMBRO DEL GRUPO DE PROVEEDORES mediante la fórmula 'directamente al cliente': A partir de ese momento, el MIEMBRO DEL GRUPO DE PROVEEDORES únicamente efectuará pedidos en nombre y por cuenta de la ENTIDAD

DE PAGO. Las facturas se realizarán a nombre de la ENTIDAD DE PAGO y en ellas se incluirá, como dirección de entrega, los datos del MIEMBRO DEL GRUPO DE PROVEEDORES incluido el número del mismo. La ENTIDAD DE PAGO facturará la OPERACIÓN al MIEMBRO DEL GRUPO DE PROVEEDORES. El PROVEEDOR está de acuerdo con este procedimiento al ejecutar el primer pedido realizado por la ENTIDAD DE PAGO. La ENTIDAD DE PAGO además podrá limitar el monto de las OPERACIONES.

b) El PROVEEDOR podrá continuar suministrando al MIEMBRO DEL GRUPO DE PROVEEDORES con 'reserva de consentimiento'. La ENTIDAD DE PAGO, deberá autorizar previamente por escrito, cada una de las OPERACIONES que se celebren bajo esta modalidad.

En ambos casos, las actividades comerciales estarán supeditadas al resto de las condiciones acordadas en el presente contrato.

QUINTA. Facturas

1. Una vez realizadas las OPERACIONES, el PROVEEDOR enviará a la ENTIDAD DE PAGO las facturas respectivas en el plazo máximo de *"plazo máximo de envío"* días hábiles después de la entrega y/o prestación de servicio. Las facturas que lleguen con posterioridad a los *"plazo máximo de envío"* días hábiles antes indicados quedarán excluidas del PAGO CREDITICIO.

2. La forma de envío de la factura y el contenido de la misma estarán supeditados a las normas de compensación y tratamiento de facturas que especialmente acuerden la ENTIDAD DE PAGO y el PROVEEDOR. Dichas normas formarán parte integral del presente contrato.

SEXTA. Operaciones de pago y de liquidación

1. La ENTIDAD DE PAGO abonará a su vencimiento el importe de las OPERACIONES que el PROVEEDOR tenga derecho a recibir de los MIEMBROS DEL GRUPO DE PROVEEDORES en virtud de los contratos de compraventa y/o prestación de servicios formalizados con estos.

2. En virtud de este contrato, el PROVEEDOR cede de manera irrevocable a la ENTIDAD DE PAGO todos los créditos que titule contra los MIEMBROS DEL GRUPO DE PROVEEDORES como consecuencia de las OPERACIONES.

3. El PAGO CREDITICIO está supeditado a las siguientes condiciones:

a) El pago por parte de la ENTIDAD DE PAGO se realizará sin perjuicio del derecho de los MIEMBROS DEL GRUPO DE PROVEEDORES a inspeccionar la mercancía entregada después de la recepción a fin de verificar que cumple el contrato en términos de su naturaleza, calidad y cantidad, a presentar reclamaciones y a realizar otras objeciones que los mismos tengan derecho a interponer contra el PROVEEDOR. La ENTIDAD DE PAGO exigirá el reintegro del precio de la OPERACIÓN pagado al PROVEEDOR en caso de reclamación. Se excluye el reembolso de costes de litigios por parte de la ENTIDAD DE PAGO, y el PAGO CREDITICIO no se extenderá a otras reclamaciones adicionales.

b) La ENTIDAD DE PAGO podrá compensar reclamaciones del PROVEEDOR contra reclamaciones de otros MIEMBROS DEL GRUPO DE PROVEEDORES (cláusula de compensación).

c) Los pagos realizados directamente al PROVEEDOR por parte de los MIEMBROS DEL GRUPO DE PROVEEDORES se consideran como PAGOS CREDITICIOS y los MIEMBROS DEL GRUPO DE PROVEEDORES informarán inmediatamente de los mismos a la ENTIDAD DE PAGO. Las facturas por reclamaciones pendientes que la ENTIDAD DE PAGO no haya pagado en una cuenta de liquidación mensual serán notificadas a la misma en un plazo de tres semanas a partir de la recepción de la factura, de conformidad con la cláusula quinta. Las facturas que lleguen tarde quedarán en cualquier caso excluidas de la garantía crediticia por motivo de su tardanza; asimismo la ENTIDAD DE PAGO podrá reclamar por el incumplimiento de la obligación de enviar las facturas según la cláusula quinta.

d) Tras la cesión de garantías de reclamaciones contra la ENTIDAD DE PAGO, esta podrá suspender su obligación de PAGO CREDITICIO, como mínimo *"plazo mínimo para la suspensión"* días, a fin de identificar al acreedor correcto y revisar la situación legal.

e) Los retrasos en los pagos mencionados anteriormente no se sustraerán del derecho a descuentos de deducción.

f) Las OPERACIONES realizadas entre MIEMBROS DEL GRUPO DE PROVEEDORES al margen del sistema de Compensación de Grupo de Proveedores previsto en el presente contrato, no gozarán del PAGO CREDITICIO de la ENTIDAD DE PAGO, sin perjuicio de que devengarán la comisión correspondiente de conformidad con la cláusula séptima.

g) Las OPERACIONES cuyos pagos tengan una fecha de vencimiento superior a *"fecha de vencimiento del pago"* días no serán abonadas por la ENTIDAD DE PAGO, salvo que exista un acuerdo por escrito en tal sentido.

SÉPTIMA. Comisión

1. Todas las OPERACIONES devengarán una comisión a favor de la ENTIDAD DE PAGO, que será deducida por la misma de la liquidación de cuentas correspondiente. El porcentaje de la comisión se regulará mediante un anexo que formará parte integral del presente contrato.

2. La base de cálculo de la comisión será el importe del precio pactado para cada OPERACIÓN sin ningún tipo de descuento.

OCTAVA. Reserva de dominio

La ENTIDAD DE PAGO gozará de la reserva de dominio sobre las mercaderías objeto de las OPERACIONES. Dicha reserva de dominio se iniciará con el PAGO CREDITICIO efectuado al PROVEEDOR y se extinguirá con el cobro del precio de la OPERACIÓN por parte del MIEMBRO DEL GRUPO DE PROVEEDORES que haya comprado dichas mercaderías.

NOVENA. Cesión

El PROVEEDOR no podrá ceder los derechos de crédito que titule en virtud del presente contrato, sin la autorización previa de la ENTIDAD DE PAGO.

DÉCIMA. Modificaciones y validez

La ilicitud, invalidez o inefectividad de cualquiera de las cláusulas de este Contrato no afectará a la eficacia del resto, siempre que los derechos y obligaciones de las Partes derivados del Contrato no se vieran afectados de forma esencial. Se entiende por esencial cualquier situación que lesionare gravemente los intereses de cualquiera de las Partes, o que recayera sobre el objeto previsto en las Cláusulas primera y sexta. Dichas cláusulas deberán reemplazarse o integrarse con otras que, siendo conformes a la ley, respondan a la finalidad de las sustituidas.

UNDÉCIMA. Protección de datos

El PROVEEDOR está de acuerdo en que la ENTIDAD DE PAGO trate los datos recibidos en virtud de los términos del presente contrato. Los empleados de la ENTIDAD DE PAGO que participen en el tratamiento están obligados a preservar la confidencialidad de los datos. Los datos que la ENTIDAD DE PAGO envía al PROVEEDOR se tratarán igualmente como confidenciales.

Por lo demás, en cumplimiento de lo dispuesto en el Reglamento General de Protección de Datos (Rgto (UE) 2016/679), y la Ley Orgánica 3/2018, respecto del tratamiento de datos se informa de lo siguiente:

Responsable: *"Nombre"*.

Finalidades: Ejecutar el presente contrato; ejecutar y atender medidas precontractuales; y envío de comunicaciones comerciales electrónicas.

Legitimación: Consentimiento del interesado (Rgto (UE) 2016/679 art.6.1.a) y ejecución de un contrato de prestación de servicios o medidas precontractuales (Rgto (UE) 2016/679 art.6.1.b).

Derechos: Acceder, rectificar, suprimir, limitar u oponerse al tratamiento, solicitar la portabilidad y revocar el consentimiento prestado dirigiendo correo electrónico a *"Dirección"*, incluyendo como referencia "EJERCICIO DE DERECHOS".

Más info.: ***"Insertar LINK"***

DUODÉCIMA. Fuero

Los contratantes se someterán a la jurisdicción de los Juzgados y Tribunales competentes territorialmente.

DECIMOTERCERA. Legislación aplicable, idioma del contrato

Todas las relaciones legales entre la ENTIDAD DE PAGO y el PROVEEDOR se regirán por la legislación del Reino de España. El idioma del contrato es el castellano.

LA ENTIDAD DE PAGO	**EL PROVEEDOR**
Fdo.: *"Don/Doña nombre y apellidos del representante de la Entidad"*	Fdo.: *"Don/Doña nombre y apellidos del representante"*

Arrendamientos Mercantiles — Nº marg.

Ejecución de obra con aportación de materiales

MCM 5065 s.

CC art.1544, 1588 a 1600

Nota preliminar:

- Por el contrato de **ejecución de obra**, una parte se obliga a realizar en favor de la otra una obra, a cambio de un precio cierto. Por **obra** no ha de entenderse una obra en sentido material (p.e. construcción de edificio), sino una realización completa, un **resultado** cualquiera que se haya pactado y en las condiciones estipuladas (p.e. elaboración de un informe).

- El **precio** en un contrato de obra -cuya realidad se ha probado- se puede haber fijado de antemano o bien puede resultar, una vez realizada la obra, como en el caso de un dictamen pericial o por uso o costumbre o por resolución judicial (TS 4-2-16, EDJ 5932).

Así ocurrió en la construcción y venta masiva de inmuebles, donde se pusieron de relieve las insuficiencias de la regulación del contrato de obra por ajuste o precio alzado y del principio de relatividad del contrato. Ello llevó al Tribunal Supremo a excepcionar este principio y atender a la conexión existente entre el contrato de obra celebrado entre el promotor y el contratista y/o el arquitecto, y el posterior contrato de compraventa del inmueble celebrado entre el promotor y un tercero, de modo que **extendió al comprador la legitimación para ejercitar la acción** que el promotor tenía contra el contratista o el arquitecto con base en el CC art.1591 (TS 8-2-22, EDJ 505640).

La promotora tiene legitimación para el ejercicio de acciones contra el **aparejador** y **director de ejecución** de la obra para reparar los **vicios y defectos** derivados de su intervención, aún cuando la promotora no hubiera previamente reparado dichos defectos. No concurre una suerte de litisconsorcio pasivo necesario, en tanto en cuanto la responsabilidad de los distintos técnicos intervinientes en la obra de edificación es personal, respondiendo cada uno del cumplimiento de las obligaciones constitutivas de la *lex artis* (TS 17-4-24, EDJ 538301).

No se puede desconocer que en virtud del contrato de obra el contratista se obliga a la ejecución de la obra, no solo con arreglo a lo expresamente pactado, sino también debe adecuar el **resultado de su trabajo**, y en su caso la **calidad del mismo** a las normas de la buena construcción (AP Madrid 1-2-22, EDJ 531106).

- La obligación de los facultativos tanto en la denominada **medicina** voluntaria o satisfactiva, como en la necesaria o curativa, es de medios y no de resultados (TS 30-11-21; AP Baleares 14-2-24, EDJ 542154).

- El contrato de **arrendamiento de obra** lleva aparejada una obligación de resultado (AP Barcelona 9-2-24, EDJ 530121).

- Téngase en cuenta la L 38/1999, de ordenación de la **edificación.**

- El modelo que se incluye es un modelo típico de ejecución de obra con aportación de materiales, consistente en la **instalación y montaje de una maquinaria** en una empresa, ejecutándose **obras adicionales** para la instalación.

En *"localidad"*, a *"fecha"*

REUNIDOS:

De una parte,

"Don/Doña nombre y apellidos de la parte", mayor de edad, *"estado civil de la parte" "... "especificar el régimen económico matrimonial de la parte" ... "*, de nacionalidad *"nacionalidad de la parte"*, con domicilio a estos efectos en *"domicilio de la parte"*, *"...con DNI/NIF número "DNI/NIF de la parte" ... O ... con tarjeta de residencia número "número de tarjeta de residencia de la parte" ... O ... pasaporte número "número de pasaporte de la parte", expedido el "fecha de expedición del pasaporte de la parte" ... O ... "reseñar otros documentos aportados por la parte" ... "*, vigente hasta el *"fecha de vigencia de la documentación aportada por la parte"*.

Interviene en nombre y representación de la sociedad mercantil denominada *"denominación de la Sociedad"*, domiciliada en *"domicilio de la Sociedad"*, y con NIF número *"NIF de la Sociedad"*, constituida, por tiempo indefinido, mediante escritura otorgada ante el notario de *"lugar del notario que autorizó la escritura pública"*, *"Don/Doña nombre y apellidos del notario que autorizó la escritura pública"*, el *"fecha de autorización de la escritura pública"*, e inscrita en el Registro Mercantil de *"datos de la inscripción registral (localidad del Registro Mercantil, tomo, folio, sección, hoja e inscripción)"*, en su calidad de

MCM 5065 s.

➤➤

○ **Si representa como cargo social:**

CC art.1544, 1588 a 1600

"...administrador único ... O ... administrador solidario ... O ... consejero delegado ... O ... "especificar la representación del cargo social" ... " de la reseñada sociedad, cargo para el que fue nombrado y asegura vigente en escritura otorgada el *"fecha de escritura del nombramiento del cargo"*, ante el notario de *"lugar donde radica la notaría en la que se autorizó la escritura del nombramiento"*, *"Don/Doña nombre y apellidos del notario que autorizó la escritura del nombramiento"*, con el número *"número de protocolo del notario que autorizó la escritura del nombramiento"* de su protocolo, e inscrita en el Registro Mercantil de *"localidad del Registro Mercantil de la escritura de nombramiento"*, en el tomo y hoja arriba indicados.

○ **Si representa como apoderado:**

apoderado de la reseñada sociedad, según escritura de poder otorgada a su favor, en *"fecha de escritura del otorgamiento del poder"*, ante el notario de *"lugar donde radica la notaría en la que se autorizó la escritura de poder"*, *"Don/Doña nombre y apellidos del notario que autorizó la escritura de poder"*, con el número *"número de protocolo del notario que autorizó la escritura de poder"* de su protocolo *"...e inscrita en el Registro Mercantil de "localidad del Registro Mercantil de la escritura de poder" ..."*, en el tomo y hoja arriba indicados.

≺≺

En adelante, el **Comitente**.

De otra parte,

"Don/Doña nombre y apellidos de la parte", mayor de edad, *"estado civil de la parte"* *"... "especificar el régimen económico matrimonial de la parte" ..."*, de nacionalidad *"nacionalidad de la parte"*, con domicilio a estos efectos en *"domicilio de la parte"*, *"...con DNI/NIF número "DNI/NIF de la parte" ... O ... con tarjeta de residencia número "número de tarjeta de residencia de la parte" ... O ... pasaporte número "número de pasaporte de la parte", expedido el "fecha de expedición del pasaporte de la parte" ... O ... "reseñar otros documentos aportados por la parte" ..."*, vigente hasta el *"fecha de vigencia de la documentación aportada por la parte"*.

Interviene en nombre y representación de la sociedad mercantil denominada *"denominación de la Sociedad"*, domiciliada en *"domicilio de la Sociedad"*, y con NIF número *"NIF de la Sociedad"*, constituida, por tiempo indefinido, mediante escritura otorgada ante el notario de *"lugar del notario que autorizó la escritura pública"*, *"Don/Doña nombre y apellidos del notario que autorizó la escritura pública"*, el *"fecha de autorización de la escritura pública"*, e inscrita en el Registro Mercantil de *"datos de la inscripción registral (localidad del Registro Mercantil, tomo, folio, sección, hoja e inscripción)"*, en su calidad de

➤➤

○ **Si representa como cargo social:**

"...administrador único ... O ... administrador solidario ... O ... consejero delegado ... O ... "especificar la representación del cargo social" ... " de la reseñada sociedad, cargo para el que fue nombrado y asegura vigente en escritura otorgada el *"fecha de escritura del nombramiento del cargo"*, ante el notario de *"lugar donde radica la notaría en la que se autorizó la escritura del nombramiento"*,

MCM 5065 s.

CC art.1544, 1588 a 1600

"Don/Doña nombre y apellidos del notario que autorizó la escritura del nombramiento", con el número *"número de protocolo del notario que autorizó la escritura del nombramiento"* de su protocolo, e inscrita en el Registro Mercantil de *"localidad del Registro Mercantil de la escritura de nombramiento"*, en el tomo y hoja arriba indicados.

○ **Si representa como apoderado:**

apoderado de la reseñada sociedad, según escritura de poder otorgada a su favor, en *"fecha de escritura del otorgamiento del poder"*, ante el notario de *"lugar donde radica la notaría en la que se autorizó la escritura de poder"*, *"Don/Doña nombre y apellidos del notario que autorizó la escritura de poder"*, con el número *"número de protocolo del notario que autorizó la escritura de poder"* de su protocolo *"...e inscrita en el Registro Mercantil de "localidad del Registro Mercantil de la escritura de poder" ...* ", en el tomo y hoja arriba indicados.

≺≺

En adelante, el **Contratista**.

Las partes se reconocen la capacidad legal necesaria para contratar y obligarse y, a tal efecto

EXPONEN:

I. Que el **Comitente** *"Don/Doña nombre y apellidos del Comitente"* es propietario de una empresa dedicada a *" actividad del comitente"*. Dicha empresa está ubicada en un inmueble que está sito en el municipio de *"lugar del municipio"*, provincia de *"provincia"*, c/ *"domicilio empresarial"*, e inscrito en el Registro de la Propiedad de *"datos de la inscripción (localidad del Registro de la Propiedad, tomo, folio, sección, hoja e inscripción)"*. Dicha finca se encuentra en la actualidad libre de cargas.

II. Que el **Comitente**, tiene la intención de instalar en dicho inmueble la siguiente maquinaria: *"especificar maquinaria"*, para lo cual es necesaria la ejecución de las siguientes obras: *"especificar obras a realizar"*, según consta en el proyecto del técnico *"Don/Doña nombre y apellidos del Técnico"*, que ha sido visado por el Colegio de *"especificar colegio profesional"* de *"localidad del colegio profesional"*, con fecha *"fecha de visado del proyecto"*, que ha sido firmado por ambas partes y se adjunta como Anexo 1 al presente contrato.

III. Que con fecha *"fecha de la obtención de la licencia"*, el **Comitente**, ha obtenido la preceptiva licencia de instalación de *"especificar la maquinaria a instalar"*.

IV. Que el **Contratista**, es una entidad dedicada a la instalación y montaje de *"actividad del contratista"*, estando en posesión de todos los permisos y licencias, incluidas las altas fiscales y laborales, necesarios para desempeñar dichas actividades, por lo que se encuentra facultada para llevar a cabo la obra proyectada.

V. El **Comitente** y el **Contratista** han alcanzado un acuerdo en virtud del cual este último se compromete a la realización de la mencionada instalación, así como las obras necesarias para ello, suministrando la maquinaria a instalar y aportando los materiales necesarios para su ejecución con arreglo a las siguientes cláusulas.

ESTIPULACIONES:

"Número" Objeto

El **Contratista** se compromete en virtud del presente contrato a llevar a cabo en el inmueble propiedad del **Comitente** la instalación y montaje de la maquinaria enunciada en el expositivo II del presente contrato, así como las obras necesarias para ello (en adelante, la Obra) y que se detallan en el proyecto del técnico *"Don/Doña nombre y apellidos del Técnico"*, que se adjunta como Anexo 1, con la diligencia exigible según los usos profesionales del sector.

 **Nota:**

*La **distinción** entre **contrato de arrendamiento de obra y de servicios** no resulta siempre sencilla. Genéricamente, en el contrato de obra una de las partes se obliga a ejecutar una obra, entendiendo esta no necesariamente en un sentido puramente material, sino la realización completa de la prestación comprometida. En cambio, el arrendamiento de servicios tiene por objeto la prestación, la actividad, que son valorados de una manera autónoma y principal; esto es, en su consideración en sí mismo y al margen de que con los mismos se alcance un resultado determinado. Pero, evidentemente, también ese servicio procura una utilidad y pretende satisfacer un interés útil, por lo que pueden generarse zonas grises en las que resultará difícil deslindar cuando estamos ante un arrendamiento de obra y cuando ante uno de servicios (*AP Zaragoza 27-3-01, *EDJ 14781; AP Madrid 2-11-17, EDJ 266148).*

MCM 5065 s.

CC art.1544, 1588 a 1600

"Número" Suministro de materiales

El **Contratista** se compromete a suministrar dicha maquinaria y todos los materiales necesarios para su instalación y obras adicionales con las calidades que se detallan en la memoria de calidades que se incluye en el proyecto que se adjunta como Anexo 1 al presente contrato, siendo por su cuenta y riesgo la adquisición de los mismos, cuyo precio se entiende incluido en el precio total a abonar por el **Comitente** que se detalla en la estipulación cuarta de este contrato.

 **Nota:**

*Las **variaciones** que puede adquirir la aportación o suministro de materiales por parte del Contratista son múltiples. Así, se puede adoptar una modalidad como la que se incluye en el modelo, o bien, por ejemplo, poner un precio máximo y mínimo de los materiales que incrementará el precio final de la obra, o bien limitarse a describir las calidades, pero no los precios y que éstos luego incrementen el precio final de la obra, etc.*

"Número" Plazo

El **Contratista** queda obligado a finalizar la instalación proyectada y dejarla en perfecto funcionamiento en un plazo nunca superior a *"especificar plazo"* a partir de la fecha de inicio de la obra, que tendrá lugar en un plazo máximo de *"plazo máximo de inicio de la obra"* a partir de la firma de este contrato.

"Número" Mano de obra

El **Contratista** queda obligado a aportar toda la mano de obra necesaria para la ejecución de la obra, que deberá estar al corriente de todas las obligaciones laborales, fiscales y de cualquier otra índole que exija la normativa vigente.

"Número" Precio

El precio final de la obra asciende a *"precio final, en letra"* euros (*"precio final, en número"* €). En él está incluida la maquinaria a instalar, los materiales utilizados para su instalación, su transporte, así como cualquier otro gasto adicional que aquella genere. El pago del precio se realizará mediante cheque bancario conformado o ingreso en la cuenta corriente núm. *"número de cuenta corriente"*, en el Banco/Caja *"nombre del Banco o Caja"*, sucursal de *"lugar o número de oficina"*, a nombre del **Contratista**, de la siguiente forma:

 **Nota:**

*La **fijación del precio** es variable, puede fijarse a un **tanto alzado**, como hemos establecido en este modelo de contrato, pero también es usual que se fije **por piezas o medidas**, esto es, un precio por unidad de obra. También es posible que se fije una vez **finalizada la obra** en función de los materiales utilizados, tiempo empleado, etc.*

- Un *"valor porcentual a la firma del contrato"* se abonará a la firma del presente contrato, que tiene valor de carta de pago por dicha cantidad a todos los efectos.

- Un *"valor porcentual al cumplimiento de la segunda condición"* al inicio de las obras.

- El *"valor porcentual restante"* restante en un plazo máximo de *"número máximo de días"* días a partir de la finalización de las mismas.

MCM 5065 s.

Nota:

En las obras de más envergadura es habitual la realización de los ***pagos por certificaciones de obra****, esto es, en función de la finalización de partes más o menos individualizadas de la misma que se van abonando a cuenta del precio final, descontándose un porcentaje en concepto de garantía de la realización final. Esta es la forma habitual de pago en las obras de construcción inmobiliaria.*

CC art.1544, 1588 a 1600

"Número" Entrega de la Obra

Una vez finalizada la obra proyectada, el **Comitente** llevará a cabo una recepción provisional de la misma en presencia de ambas partes contratantes y del técnico autor del proyecto, levantándose la correspondiente acta. La recepción definitiva tendrá lugar transcurridos *"plazo en meses para la recepción definitiva"* meses desde la fecha de recepción provisional; tiempo que servirá de plazo de garantía de la correcta ejecución de la misma.

"Número" Cláusula penal

En el caso de que llegada la fecha prevista de entrega de la obra ésta no esté finalizada, con independencia de la posibilidad de, en su caso, resolver el contrato y la solicitud de la correspondiente indemnización por daños y perjuicios, el **Contratista** deberá abonar al **Comitente**, *"valor en letra, en caso de retraso en la entrega"* euros (*"valor en número, en caso de retraso en la entrega"* €) por cada día de retraso a partir del primer mes, salvo que el retraso se deba a fuerza mayor u otra circunstancia no imputable al **Contratista**.

"Número" Subcontratación

El **Contratista** queda facultado para subcontratar la realización de partes determinadas de la obra a terceros, siendo de su entera responsabilidad el trabajo realizado por éstos, así como el abono del precio del mismo.

Nota:

TS 30-12-93, *EDJ 11967.*

"Número" Terminación y resolución del contrato

Nota:

Las ***posibilidades*** *en relación con este tipo de cláusulas son muchas. Puede ocurrir que se atribuya a ambas partes la facultad de dar por concluido el contrato ante cualquier incumplimiento de la otra parte, sin tener que recurrir a formalismo alguno. Pero puede ocurrir también que esa formalidad se atribuya solo a alguna de las partes, o que se sujete la efectividad de dicha medida a algún tipo de requisito. Dadas las múltiples variedades que ello puede adoptar, hemos preferido por establecer un* ***modelo común****, con carácter general, al que se pueden introducir ciertos aspectos o modificaciones particulares.*

"Apartado"

Son causas de terminación y resolución del presente contrato las siguientes:

a) Su terminación normal, ya sea por haber llegado el contrato a su vencimiento, ya sea por haberse cumplido y ejecutado la prestación a la que ambas partes se encuentran obligadas, ya sea por acuerdo mutuo de las partes.

b) Por incumplimiento de cualquiera de las partes de alguna de las cláusulas del presente contrato, sin que dicho incumplimiento fuera subsanado dentro de los *"especificar días"* días siguientes a la notificación por escrito efectuada por la otra parte solicitando la subsanación del incumplimiento.

"Apartado"

En caso de declaración de concurso de cualquiera de las partes, se estará a lo dispuesto en los artículos 156 y siguientes de la vigente Ley Concursal (RDLeg 1/2020, de 5 de mayo).

MCM 5065 s.

"Apartado"
La resolución del presente contrato o de cualquiera de las licencias concedidas en su aplicación no excluye cualquier otra reparación legal o judicial que cualquiera de las partes estime oportuno obtener.

"Número" Gastos del contrato
Queda expresamente convenido que todos los gastos, impuestos, contribuciones, tasas o arbitrios, presentes o futuros, que origine este contrato serán satisfechos por las partes, conforme a Ley.

"Número" Sometimiento a arbitraje
Con renuncia expresa al ejercicio de cualquier acción ante los juzgados y tribunales, las partes se comprometen expresamente a instituir, en su día, un arbitraje de Derecho Privado, con arreglo a la legislación vigente, para resolver cuantas dudas o divergencias pudieran surgir entre ellas como consecuencia de la interpretación o cumplimiento de este contrato.

CC art.1544, 1588 a 1600

"Número" Normativa aplicable al contrato
El presente contrato tiene carácter de mercantil y se regirá, en primer término, por las estipulaciones contenidas en el mismo, y, en lo en ellas no previsto, por las disposiciones del Código de Comercio, Leyes especiales, los usos y costumbres mercantiles y, en su defecto, por lo establecido en el Código Civil.

"Número" Elevación a documento público
El presente contrato se elevará a público a solicitud de cualquiera de las partes, siendo los gastos del fedatario pagados por la parte que lo solicite.

Y en prueba de conformidad, ambas partes firman el presente contrato, que se extiende en dos ejemplares, igualmente originales, en el lugar y fecha indicados en su encabezamiento.

EL COMITENTE **EL CONTRATISTA**

Ejecución de obra con aportación de materiales (construcción inmobiliaria)

MCM 5065 s.

CC art.1544, 1588 a 1600

Nota preliminar:

- Por el contrato de **ejecución de obra**, una parte se obliga hacia otra a la realización de una obra a cambio de un precio cierto. Por **obra** no ha de entenderse una obra en sentido material (p.e. construcción de edificio), sino una realización completa, un **resultado** cualquiera que se haya pactado y en las condiciones estipuladas (p.e. elaboración de un informe (NOTA: Deben tenerse en cuenta las notas contenidas en el modelo de contrato de obra con aportación de materiales del nº 905).

La promotora tiene legitimación para el ejercicio de acciones contra el **aparejador** y **director de ejecución** de la obra para reparar los **vicios y defectos** derivados de su intervención, aún cuando la promotora no hubiera previamente reparado dichos defectos. No concurre una suerte de litisconsorcio pasivo necesario, en tanto en cuanto la responsabilidad de los distintos técnicos intervinientes en la obra de edificación es personal, respondiendo cada uno del cumplimiento de las obligaciones constitutivas de la *lex artis* (TS 17-4-24, EDJ 538301).

- El contrato de **arrendamiento de obra** lleva aparejada una obligación de resultado (AP Barcelona 9-2-24, EDJ 530121).
- Téngase en cuenta la L 38/1999, de ordenación de la **edificación**.
- No está sujeto a especiales **requisitos de forma**, pudiéndose celebrar tanto de forma verbal, como por escrito y, en este último caso, mediante documento privado o público.
- El modelo presupone unas **circunstancias** determinadas que serán las **más frecuentes**. Si en el caso concreto existen circunstancias particulares no previstas, deberá completarse o modificarse el modelo adaptándolo a las mismas.

En *"localidad"*, a *"fecha"*

REUNIDOS:

De una parte,

"Don/Doña nombre y apellidos de la parte", mayor de edad, *"estado civil de la parte" "... "especificar el régimen económico matrimonial de la parte" ... "*, de nacionalidad *"nacionalidad de la parte"*, con domicilio a estos efectos en *"domicilio de la parte"*, *"...con DNI/NIF número "DNI/NIF de la parte" ... O ... con tarjeta de residencia número "número de tarjeta de residencia de la parte" ... O ... pasaporte número "número de pasaporte de la parte", expedido el "fecha de expedición del pasaporte de la parte" ... O ... "reseñar otros documentos aportados por la parte" ... "*, vigente hasta el *"fecha de vigencia de la documentación aportada por la parte"*.

Interviene en nombre y representación de la sociedad mercantil denominada *"denominación de la Sociedad"*, domiciliada en *"domicilio de la Sociedad"*, y con NIF número *"NIF de la Sociedad"*, constituida, por tiempo indefinido, mediante escritura otorgada ante el notario de *"lugar del notario que autorizó la escritura pública"*, *"Don/Doña nombre y apellidos del notario que autorizó la escritura pública"*, el *"fecha de autorización de la escritura pública"*, e inscrita en el Registro Mercantil de *"datos de la inscripción registral (localidad del Registro Mercantil, tomo, folio, sección, hoja e inscripción)"*, en su calidad de

MCM 5065 s.

CC art.1544, 1588 a 1600

>>
○ **Si representa como cargo social:**

"...administrador único ... O ... administrador solidario ... O ... consejero delegado ... O ... "especificar la representación del cargo social" ... " de la reseñada sociedad, cargo para el que fue nombrado y asegura vigente en escritura otorgada el *"fecha de escritura del nombramiento del cargo"*, ante el notario de *"lugar donde radica la notaría en la que se autorizó la escritura del nombramiento"*, *"Don/Doña nombre y apellidos del notario que autorizó la escritura del nombramiento"*, con el número *"número de protocolo del notario que autorizó la escritura del nombramiento"* de su protocolo, e inscrita en el Registro Mercantil de *"localidad del Registro Mercantil de la escritura de nombramiento"*, en el tomo y hoja arriba indicados.

○ **Si representa como apoderado:**

apoderado de la reseñada sociedad, según escritura de poder otorgada a su favor, en *"fecha de escritura del otorgamiento del poder"*, ante el notario de *"lugar donde radica la notaría en la que se autorizó la escritura de poder"*, *"Don/Doña nombre y apellidos del notario que autorizó la escritura de poder"*, con el número *"número de protocolo del notario que autorizó la escritura de poder"* de su protocolo *"...e inscrita en el Registro Mercantil de "localidad del Registro Mercantil de la escritura de poder" ... "*, en el tomo y hoja arriba indicados.

<<
En adelante, la **Propiedad**.

De otra parte,
"Don/Doña nombre y apellidos de la parte", mayor de edad, *"estado civil de la parte" "... "especificar el régimen económico matrimonial de la parte" ... "*, de nacionalidad *"nacionalidad de la parte"*, con domicilio a estos efectos en *"domicilio de la parte"*, *"...con DNI/NIF número "DNI/NIF de la parte" ... O ... con tarjeta de residencia número "número de tarjeta de residencia de la parte" ... O ... pasaporte número "número de pasaporte de la parte", expedido el "fecha de expedición del pasaporte de la parte" ... O ... "reseñar otros documentos aportados por la parte" ... "*, vigente hasta el *"fecha de vigencia de la documentación aportada por la parte"*.

Interviene en nombre y representación de la sociedad mercantil denominada *"denominación de la Sociedad"*, domiciliada en *"domicilio de la Sociedad"*, y con C.I.F. número *"CIF de la Sociedad"*, constituida, por tiempo indefinido, mediante escritura otorgada ante el notario de *"lugar del notario que autorizó la escritura pública"*, *"Don/Doña nombre y apellidos del notario que autorizó la escritura pública"*, el *"fecha de autorización de la escritura pública"*, e inscrita en el Registro Mercantil de *"datos de la inscripción registral (localidad del Registro Mercantil, tomo, folio, sección, hoja e inscripción)"*, en su calidad de

>>
○ **Si representa como cargo social:**

"...administrador único ... O ... administrador solidario ... O ... consejero delegado ... O ... "especificar la representación del cargo social" ... " de la reseñada sociedad, cargo para el que fue nombrado y asegura vigente en escritura otorgada el *"fecha de escritura del nombramiento del cargo"*, ante el notario de *"lugar donde radica la notaría en la que se autorizó la escritura del nombramiento"*, *"Don/Doña nombre y apellidos del notario que autorizó la escritura del nombramiento"*, con el número *"número de protocolo del notario que autorizó la escritura del nombramiento"* de su protocolo, e inscrita en el Registro Mercantil de *"localidad del Registro Mercantil de la escritura de nombramiento"*, en el tomo y hoja arriba indicados.

MCM 5065 s.

❍ **Si representa como apoderado:**

apoderado de la reseñada sociedad, según escritura de poder otorgada a su favor, en *"fecha de escritura del otorgamiento del poder"*, ante el notario de *"lugar donde radica la notaría en la que se autorizó la escritura de poder"*, *"Don/Doña nombre y apellidos del notario que autorizó la escritura de poder"*, con el número *"número de protocolo del notario que autorizó la escritura de poder"* de su protocolo *"...e inscrita en el Registro Mercantil de "localidad del Registro Mercantil de la escritura de poder"* ...", en el tomo y hoja arriba indicados.

CC art.1544, 1588 a 1600

≺≺

En adelante, el **Contratista**.

Las partes se reconocen la capacidad legal necesaria para contratar y obligarse y, a tal efecto

EXPONEN:

I. Que la **Propiedad** es dueña del solar sito en *"ubicación del solar"*, provincia de *"provincia"*, con una superficie de *"indicar la extensión del solar"*, que constituye la Unidad de Ejecución *"especificar la Unidad de Ejecución"* del Planeamiento urbanístico de su término municipal y que está inscrita en el Registro de la Propiedad de *"datos de la inscripción (localidad del Registro de la Propiedad, tomo, folio, sección, hoja e inscripción)"*. Dicha finca se encuentra en la actualidad libre de cargas.

II. Que la **Propiedad** promueve sobre el solar sucintamente descrito la construcción de *"características del inmueble a construir"*; la urbanización según proyecto del ingeniero de caminos canales y puertos *"Don/Doña nombre y apellidos del ingeniero"*, y la construcción con arreglo al proyecto del arquitecto *"Don/Doña nombre y apellidos del arquitecto"* (que se adjuntan como Anexos 1 y 2); y ha obtenido las correspondientes licencias municipales habilitadoras de sus realizaciones.

III. Que las direcciones facultativas de las obras del proyecto de urbanización y del proyecto de construcción, la **Propiedad** las ha confiado a sus respectivos autores.

IV. Que la **Propiedad** tiene concertado con el Banco *"nombre de la entidad bancaria"*, la financiación, del pago del precio de la compra del solar y de la construcción, esta última garantizada con hipoteca de las construcciones. Garantía hipotecaria en la que está prevista la subrogación de los compradores de las viviendas, en el momento en el que se otorguen las correspondientes escrituras de compraventa.

✍ **Nota:**

*Es habitual que el **promotor** financie la compra del suelo y la construcción que va a llevar a cabo con una **hipoteca** sobre la construcción, sobre la que a su vez se subrogarán los adquirentes de la misma, a los que normalmente se les deja poca opción de negociar dicha subrogación.*

V. Que el **Contratista** ha presentado el presupuesto que se adjunta como Anexo 3, aduciendo su compromiso a realizar las obras de urbanización y construcción que el mismo contempla por los precios unitarios que en el mismo se contemplan. Dicho presupuesto ha sido aprobado por la **Propiedad**.

VI. Que ambas partes tienen convenido el presente contrato de ejecución de obra con suministro de materiales, que perfeccionan a la firma del presente documento con arreglo a las siguientes:

ESTIPULACIONES:

***"NÚMERO"* Objeto y plan de la obra**

"Apartado"

El presente contrato tiene como objeto la ejecución de las obras de urbanización y construcción que se contemplan en el presupuesto -Anexo 3- por parte del **Contratista** en favor de la **Propiedad**.

"Apartado"
El **Contratista** se compromete a la ejecución de las obras de urbanización y construcción con arreglo a los proyectos que se adjuntan como Anexos 1 y 2, ajustándose en todo caso al presupuesto que se adjunta como Anexo 3.

MCM 5065 s.

"Apartado"
El **Contratista** se compromete a llevar a cabo la obra siguiendo el plan de la misma que se adjunta como Anexo 4, que se desglosa en igual número de apartados que capítulos tiene el presupuesto, quedando en aquel reflejado en euros el volumen de obra a ejecutar cada mes.

CC art.1544, 1588 a 1600

"Apartado"
Si la dirección facultativa considera que la obra sufre un retraso con respecto al plan de la misma, podrá ordenar al **Contratista** una reprogramación de los trabajos que dará lugar a un nuevo plan, en el que deberán figurar los medios, tanto materiales como humanos, que sean necesarios para cumplir la fecha de entrega de la obra.

"NÚMERO" **Dirección facultativa**

"Apartado"
La dirección facultativa de las obras impartirá las directrices y órdenes que considere necesarias para la ejecución de las obras, que documentará por escrito en el Libro de Órdenes, debiendo el **Contratista** observarlas en todo momento. Las órdenes de la dirección facultativa serán igualmente vinculantes para la **Propiedad**.

"Apartado"
El Libro de Órdenes referido en el párrafo anterior quedará bajo la guarda y custodia del **Contratista**, sin perjuicio de que la **Propiedad** pueda examinarlo cuando lo considere oportuno y obtener copias del mismo, debidamente adveradas con la firma del **Contratista**.

"Apartado"
La dirección facultativa será de libre elección por la **Propiedad**, estando atribuida a los autores de los proyectos de urbanización y construcción. No obstante lo cual, la **Propiedad** podrá en cualquier momento sustituirla total o parcialmente, sin más requisito que comunicarlo por escrito al **Contratista**.

"NÚMERO" **Responsables**

"Apartado"
El **Contratista** designará, como responsable de la obra, a un técnico suficientemente cualificado, que deberá estar en permanente contacto con la **Propiedad** y con la dirección facultativa de la obra. El jefe de obra actuará en todo momento en nombre y representación del **Contratista**, y deberá ser sustituido a petición de la dirección facultativa, si ésta considera que no es la persona más idónea para desempeñar las funciones que tiene atribuidas.

"Apartado"
La **Propiedad** designará una persona que la representará en todo momento ante el **Contratista** y la dirección facultativa de la obra.

"NÚMERO" **Oficina**

"Apartado"
En la obra deberá existir una oficina o caseta para el control de la obra. En la misma se depositarán una copia de este contrato, así como de sus anejos. La construcción de la mencionada caseta correrá a cargo del **Contratista**.

"Apartado"
Asimismo, en la obra se construirá una oficina de ventas, para la utilización exclusiva por parte de la **Propiedad**.

MCM 5065 s.

"NÚMERO" **Precio**

"Apartado"
El precio a percibir por el **Contratista** será el fijado en el presupuesto -Anexo 1- esto es *"valor estipulado, en letra"* euros (*"valor estipulado, en número"* €). Los precios unitarios establecidos en el presupuesto no serán susceptibles de revisión, sin perjuicio de lo dispuesto en la estipulación séptima de este contrato.

CC art.1544, 1588 a 1600

"Apartado"
Se entienden incluidos dentro del precio pactado que consta en el presupuesto:

- El beneficio industrial.
- Los gastos generales.
- Los impuestos que graven la actividad desarrollada, salvo el I.V.A. que será repercutido en la forma legalmente establecida, por el **Contratista** a la **Propiedad**.
- Las acometidas provisionales, hasta pie de obra, de energía eléctrica, gas, agua, alcantarillado.
- La valla de obra y su instalación.
- El coste del control de los elementos estructurales.
- Todos y cada uno de los medios que el **Contratista** precise para el buen fin de la obra.
- Los consumos por los servicios de acometida necesarios para la realización de la obra.
- El coste de desarrollo y ejecución de los Planes de Seguridad e Higiene en el trabajo llevados a cabo por el **Contratista**.

"Apartado"
Por el contrario, no se entienden incluidos dentro del presupuesto: los honorarios de la elaboración de proyectos y dirección facultativa, así como la tasa municipal por el otorgamiento de las licencias municipales de urbanización y de construcción.

"NÚMERO" **Pago del precio**

"Apartado"
El abono del precio de la obra se llevará a cabo mediante certificaciones mensuales. Las certificaciones se confeccionarán por el **Contratista**, midiendo la obra efectivamente ejecutada cada mes, que se valorará conforme a los precios unitarios que figuran en el presupuesto.

Nota:

*En la construcción inmobiliaria, es habitual que el **pago** del precio se realice en función de lo que se va construyendo, midiendo la obra ejecutada mes a mes y valorándola de acuerdo con los precios unitarios del presupuesto. Ello da lugar a las **certificaciones de obra**, que no son otra cosa que pagos a cuenta del precio final.*

La medición tendrá lugar el último día de cada mes, salvo que la obra que se vaya a medir quede oculta, en cuyo caso se medirá y certificará antes de ser ocultada. Las certificaciones se presentarán por triplicado, disponiendo la dirección facultativa y la **Propiedad** de un plazo de *"número"* días para prestar su conformidad con las certificaciones que se presenten.

Las certificaciones, una vez conformadas, acreditarán la parte de obra realizada en cada momento, así como su valor.

"Apartado"
Una vez conformada la certificación, la **Propiedad** procederá al abono de la misma al contratista, entregándole junto con la certificación conformada un pagaré librado a su nombre con vencimiento a *"indicar número de días"* días desde la certificación, contra la cuenta del préstamo hipotecario abierto para la promoción y construcción. MCM 5065 s.

Nota:

Es muy habitual en la construcción inmobiliaria que la propiedad no abone en efectivo las certificaciones de obra, sino que difiera el ***pago****.*

CC art.1544, 1588 a 1600

"NÚMERO" **Modificaciones**
El **Contratista** no podrá modificar las obras respecto del presupuesto, salvo acuerdo con la **Propiedad**, con los debidos ajustes presupuestarios.

Nota:

TS 6-4-99; 16-11-99, *EDJ 33653.*

"NÚMERO" **Garantía**

"Apartado"
Del importe de todas y cada una de las certificaciones presentadas, la **Propiedad** retendrá un *"especificar porcentaje, en letra"* en concepto de garantía.

Nota:

El ***objeto de la garantía*** *es cubrir a la propiedad frente a un eventual abandono de la obra por parte del contratista, que ya habría cobrado la obra finalizada a través del abono de las certificaciones de obra.*

"Apartado"
La cantidad retenida en concepto de garantía será devuelta por la **Propiedad** al **Contratista** en el momento de la recepción provisional de la obra, debiendo entregar a cambio aquel a la **Propiedad** aval bancario a primer requerimiento del *"indicar porcentaje"* de la total retención efectuada con motivo de las certificaciones, aval que tendrá una vigencia de *"especificar plazo de validez"* contado a partir del día siguiente a la fecha en que tenga lugar la recepción provisional.

"NÚMERO" **Calidad de la obra**

"Apartado"
El **Contratista** responde de la calidad en la ejecución de la obra objeto de este contrato, así como de la de los materiales que se empleen en la ejecución de la misma.

"Apartado"
La dirección facultativa rechazará aquellos materiales que no se ajusten a las calidades pactadas, pudiendo exigir su retirada incluso cuando ya hayan sido incorporados a la obra.

"NÚMERO" **Visitas**

"Apartado"
La **Propiedad** podrá visitar e inspeccionar la obra cuantas veces considere oportuno sin previo aviso, con el único requisito de ir acompañada de alguno de los miembros de la dirección facultativa.

"Apartado"
El derecho de visita no atribuye a la **Propiedad** la posibilidad de dar órdenes o directrices al **Contratista**, que únicamente está obligada a atender las que reciba de la dirección facultativa.

"Apartado"
De cada visita se levantará un acta que suscribirán los asistentes, en la que se recogerán, en su caso, los acuerdos alcanzados en la misma en relación con el desarrollo de las obras, así como las decisiones de la dirección facultativa.

MCM 5065 s.

***"NÚMERO"* Plazo de ejecución**

"Apartado"
CC art.1544, 1588 a 1600
El plazo de ejecución de la obra es de *"plazo de ejecución, en meses"* meses, que comenzarán a contar a partir de *"inicio del cómputo"*.

Nota:

La fijación del dies a quo del ***comienzo de la obra*** *puede ser de lo más variado. Es habitual que el comienzo de la obra quede supeditado a la realización sobre el terreno de un* ***replanteo*** *de la misma por la Propiedad, la Dirección Facultativa y el Contratista, no comenzando a contar el plazo de ejecución hasta que tenga lugar la comprobación de dicho replanteo. También se suele supeditar a la obtención de las* ***licencias*** *de urbanización y construcción, etc.*

"Apartado"
En el plazo fijado se incluye la limpieza final externa e interna de la obra de materiales, escombros, hormigón, restos de cemento, polvo, cristales, etc.

"Apartado"
El plazo de ejecución de la obra quedará interrumpido en todo caso por el impago de cualquiera de los pagarés que debe abonar la **Propiedad**, hasta que el mismo no sea abonado.

"Apartado"
Únicamente se consideran causas de retraso en la ejecución las siguientes:

a) La insuficiencia del proyecto, siempre y cuando el **Contratista** solicite a la **Dirección Facultativa** la correspondiente aclaración o complemento del mismo, y no haya obtenido una respuesta de aquella en un plazo de *"plazo de contestación, en días"* días.
b) Los supuestos de caso fortuito o fuerza mayor, entendiéndose por tales los sucesos imprevisibles o que pudiendo preverse resulten inevitables. No se consideran tales las inclemencias atmosféricas normales, ni las huelgas generales del sector de la construcción y afines, salvo que, por su especial intensidad o características, imposibiliten de forma razonable la ejecución. No serán consideradas en ningún caso como causa de retraso las huelgas específicas en el **Contratista**.

c) La suspensión de las obras decretada judicial o administrativamente, por causa no imputable al **Contratista**.

En el caso de que tenga lugar alguna de las circunstancias anteriormente descritas, se levantará un acta en el que se recogerá la repercusión de las mismas en el desarrollo de la obra, que deberá ser firmada por la **Propiedad**, la dirección facultativa y el **Contratista**.

***"NÚMERO"* Penalización para el caso de retraso**
En el caso de retraso en el plazo pactado en la estipulación undécima para la ejecución de la obra. El **Contratista**, transcurrido un plazo de *"especificar plazo de gracia"* (plazo de gracia) sin haberla terminado, pagará como penalización a la **Propiedad** por cada mes de retraso un *"valor porcentual en letra, en caso de retraso"* del presupuesto. De la penalización se deducirán, en todo caso, las cantidades que tenga pendientes de cobro el **Contratista**.

***"NÚMERO"* Laboratorio**
El **Contratista** está obligado a mantener un laboratorio de control de hormigones oficialmente homologado, donde tendrá lugar el control de la calidad del hormigón, hierros y aceros empleados en la ejecución de la obra.

"NÚMERO" **Subcontratación**

Bajo su exclusiva responsabilidad, el **Contratista** podrá llevar a cabo subcontrataciones para la ejecución de la obra, que podrán ser vetadas por la **Propiedad**, contando con el visto bueno de la dirección facultativa.

MCM 5065 s.

"NÚMERO" **Personal**

La contratación y abono de los respectivos salarios del personal que trabaje en la obra serán por cuenta del **Contratista** que, asimismo, se obliga al cumplimiento de todas las obligaciones derivadas de la legislación laboral y social, y a adoptar todas las medidas de seguridad que la legislación vigente establece para la prevención de riesgos laborales.

CC art.1544, 1588 a 1600

"NÚMERO" **Seguro**

El **Contratista** está obligado a concertar por todo el tiempo que dure la obra un seguro que cubra todos los posibles riesgos de la construcción hasta el importe del presupuesto de la misma. De dicho seguro será beneficiaria la **Propiedad**, no obstante lo cual, si tiene lugar un siniestro no imputable a aquella, la reconstrucción o reparación del daño correrá a cargo de la **Propiedad**.

"NÚMERO" **Otras obligaciones del Contratista**

"Apartado"

El **Contratista** se obliga a llevar a cabo la legalización, en las delegaciones de industria (o consejería correspondiente), de todas y cada una de las instalaciones de las viviendas que deban cumplir dicho requisito.

"Apartado"

Con el objeto de evitar la realización de actos que supongan un menoscabo de la obra, el **Contratista** se obliga a llevar a cabo las labores de policía necesarias para ello, obligándose a instalar y mantener una valla que deberá rodear el perímetro de la obra hasta la completa finalización de la misma.

"NÚMERO" **Finalización de la obra**

"Apartado"

Una vez finalizada la obra, el **Contratista** se lo comunicará a la **Propiedad** para que en un plazo de *"plazo de inspección, en días"* días proceda a su inspección, de la que se levantará la correspondiente acta de recepción provisional, que deberá ser suscrita por la **Propiedad**, el **Contratista** y la dirección facultativa.

En dicha Acta se recogerán, en su caso, los defectos apreciados en la ejecución de la obra, en cuyo caso, el **Contratista** deberá proceder a la reparación de los mismos en el plazo y siguiendo las instrucciones que para ello dé la dirección facultativa.

En el caso de que no se aprecien defectos visibles se declarará la recepción provisional de la obra y la **Propiedad** abonará al **Contratista** todas las cantidades vencidas que tenga pendientes de cobro y el importe de las retenciones y garantizará el pago de todas las demás cantidades aún no vencidas, entregando en este momento a la **Propiedad** el aval bancario al que se refiere la estipulación octava de este contrato.

"Apartado"

Una vez firmada la correspondiente acta de recepción provisional, tras en su caso haber sido reparados por el **Contratista** todos lo defectos apreciados en la obra, tendrá lugar la recepción definitiva de la obra, abonando la **Propiedad** todas las cantidades pendientes de abono, y procediendo el **Contratista** a la devolución a la **Propiedad** del aval mencionado en la estipulación anterior.

La recepción definitiva no exime al **Contratista** de su responsabilidad por vicios ocultos.

"NÚMERO" Terminación y resolución del contrato

✍ **Nota:**

MCM 5065 s.

*Las **posibilidades** en relación con este tipo de cláusulas son muchas. Puede ocurrir que se atribuya a ambas partes la facultad de dar por concluido el contrato ante cualquier incumplimiento de la otra parte, sin tener que recurrir a formalismo alguno. Pero puede ocurrir también que esa formalidad se atribuya solo a alguna de las partes, o que se sujete la efectividad de dicha medida a algún tipo de requisito. Dadas las múltiples variedades que ello puede adoptar, hemos preferido por establecer un **modelo común**, con carácter general, al que se pueden introducir ciertos aspectos o modificaciones particulares.*

CC art.1544, 1588 a 1600

"Apartado"

Son causas de terminación y resolución del presente contrato las siguientes:

a) Su terminación normal, ya sea por haber llegado el contrato a su vencimiento, ya sea por haberse cumplido y ejecutado la prestación a la que ambas partes se encuentran obligadas, ya sea por acuerdo mutuo de las partes.

b) Por incumplimiento de cualquiera de las partes de alguna de las cláusulas del presente contrato, sin que dicho incumplimiento fuera subsanado dentro de los *"especificar días"* días siguientes a la notificación por escrito efectuada por la otra parte solicitando la subsanación del incumplimiento.

"Apartado"

En caso de declaración de concurso de cualquiera de las partes, se estará a lo dispuesto en los artículos 156 y siguientes de la vigente Ley Concursal (RDLeg 1/2020, de 5 de mayo).

"Apartado"

La resolución del presente contrato o de cualquiera de las licencias concedidas en su aplicación no excluye cualquier otra reparación legal o judicial que cualquiera de las partes estime oportuno obtener.

"NÚMERO" Gastos del contrato

Queda expresamente convenido que todos los gastos, impuestos, contribuciones, tasas o arbitrios, presentes o futuros, que origine este contrato serán satisfechos por las partes, conforme a Ley.

"NÚMERO" Sometimiento a arbitraje

Con renuncia expresa al ejercicio de cualquier acción ante los juzgados y tribunales, las partes se comprometen expresamente a instituir, en su día, un arbitraje de Derecho Privado, con arreglo a la legislación vigente, para resolver cuantas dudas o divergencias pudieran surgir entre ellas como consecuencia de la interpretación o cumplimiento de este contrato.

"NÚMERO" Normativa aplicable al contrato

El presente contrato tiene carácter de mercantil y se regirá, en primer término, por las estipulaciones contenidas en el mismo, y, en lo en ellas no previsto, por las disposiciones del Código de Comercio, Leyes especiales, los usos y costumbres mercantiles y, en su defecto, por lo establecido en el Código Civil.

"NÚMERO" Elevación a documento público

El presente contrato se elevará a público a solicitud de cualquiera de las partes, siendo los gastos del fedatario pagados por la parte que lo solicite.

Y en prueba de conformidad, ambas partes firman el presente contrato, que se extiende en dos ejemplares, igualmente originales, en el lugar y fecha indicados en su encabezamiento.

LA PROPIEDAD **EL CONTRATISTA**

Construcción de buque

MCM 5110 s.

CC art.1544, 1588 a 1600; L 14/2014 art.108 a 116; RD 1027/1989

Nota preliminar:

- La razón de incluir separadamente un modelo de contrato de construcción de buque se justifica por el hecho de que dicho contrato se encuentra regulado, por la normativa mercantil, lo que le dota de una **sustantividad propia** con respecto de cualquier otro tipo de contrato de ejecución de obra con suministro de materiales.

- Por el contrato de **construcción de buque**, una parte (comitente) encarga a otra (constructor) la construcción de un buque, a cambio de un precio. Los **materiales** pueden ser aportados, en todo o en parte, por cualquiera de los contratantes (L 14/2014 art.108.1). Normalmente, se trata de un contrato de ejecución de obra con suministro de materiales.

La **construcción** del buque debe realizarse conforme a las características pactadas en el contrato y, en su caso, en las especificaciones y planos, prevaleciendo en caso de discrepancia el contrato sobre las especificaciones, y éstas sobre los planos (L 14/2014 art.111).

- La **propiedad** del buque en construcción corresponde al constructor hasta el momento de su entrega al comitente, salvo que las partes acuerden diferirla a un momento posterior (L 14/2014 art.110.1). La entrega se debe efectuar en el lugar y fecha pactados, una vez cumplidas las pruebas de mar y las demás condiciones, acompañándose los documentos necesarios para su despacho (L 14/2014 art.112.1).

- El contrato debe constar por escrito, y para que tenga lugar la inscripción del buque en el Registro de Bienes Muebles, deberá elevarse a **escritura pública**, otorgarse en póliza intervenida por notario, resolución judicial firme o documento administrativo expedido por funcionario con facultades suficientes por razón de su cargo (L 14/2014 art.109). La inscripción es requisito para el otorgamiento de la patente de navegación (RD 1027/1989 art.50 y 51).

- El modelo presupone unas **circunstancias** determinadas que serán las **más frecuentes**. Si en el caso concreto existen circunstancias particulares no previstas, deberá completarse o modificarse el modelo adaptándolo a las mismas.

En *"lugar"*, a *"fecha"*.

Ante mí, *"Don/Doña nombre y apellidos del notario"* perteneciente al colegio notarial de *"colegio notarial"* y con residencia en *"lugar donde radica la notaría"*.

✍ **Nota:**

*- La intervención del **notario** es facultativa para las partes. Los notarios realizan las funciones que anteriormente realizaban los corredores de comercio, cuerpo desaparecido a partir del 10-10-2000 momento en el que se produce la fusión de los cuerpos de notarios y corredores de comercio colegiados (*L 55/1999 disp.adic.24ª*).*

COMPARECEN:

De una parte,

"Don/Doña nombre y apellidos de la parte", mayor de edad, *"estado civil de la parte" "..."especificar el régimen económico matrimonial de la parte"..."*, de nacionalidad *"nacionalidad de la parte"*, con domicilio a estos efectos en *"domicilio de la parte"*, *"...con DNI/NIF número "DNI/NIF de la parte"... O ... con tarjeta de residencia número "número de tarjeta de residencia de la parte"... O ... pasaporte número "número de pasaporte de la parte", expedido el "fecha de expedición del pasaporte de la parte"... O ... "reseñar otros documentos aportados por la parte"..."*, vigente hasta el *"fecha de vigencia de la documentación aportada por la parte"*.

MCM 5110 s.

CC art.1544, 1588 a 1600; L 14/2014 art.108 a 116; RD 1027/1989

Y de otra parte,

"Don/Doña nombre y apellidos de la parte", mayor de edad, *"estado civil de la parte" "... "especificar el régimen económico matrimonial de la parte" ... "*, de nacionalidad *"nacionalidad de la parte"*, con domicilio a estos efectos en *"domicilio de la parte"*, *"...con DNI/NIF número "DNI/NIF de la parte" ... O ... con tarjeta de residencia número "número de tarjeta de residencia de la parte" ... O ... pasaporte número "número de pasaporte de la parte", expedido el "fecha de expedición del pasaporte de la parte" ... O ... "reseñar otros documentos aportados por la parte" ... "*, vigente hasta el *"fecha de vigencia de la documentación aportada por la parte"*.

INTERVIENEN:

A. *"Don/Doña nombre y apellidos del representante"*, en nombre y representación de la sociedad mercantil denominada *"denominación social"*, domiciliada en *"domicilio social"*, y con NIF número *"NIF de la sociedad"*, constituida, por tiempo indefinido, mediante escritura otorgada ante el notario de *"lugar de la notaría en la que se autorizó la constitución de la sociedad"*, *"Don/Doña nombre y apellidos del notario que autorizó la constitución de la sociedad"*, el *"fecha de escritura de constitución de la sociedad"*, e inscrita en el Registro Mercantil de *"datos de la inscripción registral de la sociedad (localidad del Registro Mercantil, tomo, folio, sección, hoja e inscripción)"*, en su calidad de

➤➤

❍ **Si representa como cargo social:**

"...administrador único ... O ... administrador solidario ... O ... consejero delegado ... O ... "especificar la representación del cargo social" ... " de la reseñada sociedad, cargo para el que fue nombrado y asegura vigente en escritura otorgada el *"fecha de escritura del nombramiento del cargo"*, ante el notario de *"lugar donde radica la notaría en la que se autorizó la escritura del nombramiento"*, *"Don/Doña nombre y apellidos del notario que autorizó la escritura del nombramiento"*, con el número *"número de protocolo del notario que autorizó la escritura del nombramiento"* de su protocolo, e inscrita en el Registro Mercantil de *"localidad del Registro Mercantil de la escritura de nombramiento"*, en el tomo y hoja arriba indicados.

❍ **Si representa como apoderado:**

apoderado de la reseñada sociedad, según escritura de poder otorgada a su favor, en *"fecha de escritura del otorgamiento del poder"*, ante el notario de *"lugar donde radica la notaría en la que se autorizó la escritura de poder"*, *"Don/Doña nombre y apellidos del notario que autorizó la escritura de poder"*, con el número *"número de protocolo del notario que autorizó la escritura de poder"* de su protocolo *"...e inscrita en el Registro Mercantil de "localidad del Registro Mercantil de la escritura de poder" ... "*, en el tomo y hoja arriba indicados.

➤➤ (cierre) ≺≺

En adelante, El **comitente**.

B. *"Don/Doña nombre y apellidos del representante"*, en nombre y representación de la sociedad mercantil denominada *"denominación social"*, domiciliada en *"domicilio social"*, y con NIF número *"NIF de la sociedad"*, constituida, por tiempo indefinido, mediante escritura otorgada ante el notario de *"lugar de la notaría en la que se autorizó la constitución de la sociedad"*, *"Don/Doña nombre y apellidos del notario que autorizó la constitución de la sociedad"*, el *"fecha de escritura de constitución de la sociedad"*, e inscrita en el Registro Mercantil de *"datos de la inscripción registral de la sociedad (localidad del Registro Mercantil, tomo, folio, sección, hoja e inscripción)"*, en su calidad de

➤➤

❍ **Si representa como cargo social:**

"...administrador único ... O ... administrador solidario ... O ... consejero delegado ... O ... "especificar la representación del cargo social" ... " de la reseñada sociedad, cargo para el que fue nombrado y asegura vigente en escritura otorgada el *"fecha de escritura del nombramiento del cargo"*, ante el notario de *"lugar donde radica la notaría en la que se autorizó la escritura del nombramiento"*, *"Don/Doña nombre y apellidos del notario que autorizó la escritura del nombramiento"*, con el número *"número de protocolo del notario que autorizó la escritura del nombramiento"* de su protocolo, e inscrita en el Registro Mercantil de *"localidad del Registro Mercantil de la escritura de nombramiento"*, en el tomo y hoja arriba indicados.

MCM 5110 s.

 **Si representa como apoderado:**

apoderado de la reseñada sociedad, según escritura de poder otorgada a su favor, en *"fecha de escritura del otorgamiento del poder"*, ante el notario de *"lugar donde radica la notaría en la que se autorizó la escritura de poder"*, *"Don/Doña nombre y apellidos del notario que autorizó la escritura de poder"*, con el número *"número de protocolo del notario que autorizó la escritura de poder"* de su protocolo *"...e inscrita en el Registro Mercantil de "localidad del Registro Mercantil de la escritura de poder"* ...", en el tomo y hoja arriba indicados.

<<

En adelante, El **constructor**.

CC art.1544, 1588 a 1600; L 14/2014 art.108 a 116; RD 1027/1989

Les identifico por sus respectivos documentos de identidad antes reseñados, y les juzgo con capacidad para celebrar el presente contrato de construcción de buque, y al efecto

 **Nota:**

*La **capacidad de los contratantes** se regula en el* CCom *art.*322 *y* 323, *así como en el* CC *art.*1457. *Tratándose de sociedades mercantiles debe tenerse especial cuidado en examinar la **legitimación** de la persona que interviene: así habrán de analizarse los estatutos de la sociedad para examinar las facultades del administrador. En el caso de apoderados habrá de examinarse el contenido del poder, partiendo siempre de la interpretación restrictiva de los mismos. Deben examinarse también las prohibiciones de disponer, ya sean voluntarias o legales (*CCom *art.*96, 267 *y* 288; CC *art.*1459*). En el caso de que se celebrara un contrato por una persona incapaz la consecuencia será la anulabilidad del contrato, mientras que si se infringe una prohibición de disponer la sanción es la nulidad absoluta del contrato (*TS 7-7-87*).*

*Téngase en cuenta la modificación que ha tenido lugar en nuestro Ordenamiento de la capacidad de obrar como consecuencia de la L 8/2021. En su virtud, se suprime la incapacitación como tal, y se adopta un sistema flexible a través de las denominadas "**medidas de apoyo**" que permiten a la persona física una mayor capacidad de actuación, supeditada solo a concretas medidas, atendidas sus condiciones personales.*

EXPONEN:

I. Que el **Constructor**, es propietario de los astilleros *"razón social"*.

II. Que el **Comitente**, es una empresa dedicada a *"actividad del Comitente"*, que tiene la intención de incrementar su flota con un buque de las siguientes características: *"descripción del buque (toneladas, potencia, eslora, manga, puntal, etc.)"*.

III. Que con fecha *"fecha de autorización para la construcción del buque"*, el **Comitente** y el **Constructor** han obtenido la pertinente autorización para la construcción del buque del Jefe Provincial de la Marina Mercante de la provincia de *"provincia"*, donde radican los astilleros donde va a tener lugar la construcción de aquel.

Nota:

*Esta **autorización** es exigida por el* RD 1027/1989 *art.*4, 34 *y* 35 *(abanderamiento y matriculación de buques), con dicha autorización se inicia el **expediente de abanderamiento** del buque. Si el buque tiene 6 o más metros de eslora, la autorización, aunque se solicite al Jefe Provincial de la Marina Mercante, es competencia del Director General de la Marina Mercante. La autorización, por lo demás, queda sin efecto si transcurrido un año desde su concesión no ha comenzado la construcción del buque.*

IV. Que el **Comitente** y el **Constructor** han alcanzado un acuerdo en virtud del cual este último se compromete a la construcción y entrega del buque descrito en el expositivo II, para lo cual celebran el presente contrato de construcción de buque, de acuerdo con las siguientes

ESTIPULACIONES:

***"NÚMERO"* Objeto**

El **Constructor** se compromete en virtud del presente contrato a llevar a cabo la construcción y entrega al **Comitente** del buque descrito en el expositivo II en los astilleros de su propiedad descritos en el expositivo I, y de conformidad con los planos y condiciones técnicas debidamente aprobadas, que se incorporan como Anexo 1 al presente contrato.

"NÚMERO" Suministro de materiales

MCM 5110 s.

El **Constructor** se compromete a suministrar todos los materiales necesarios para la construcción del buque, con las calidades que se detallan en el Anexo 1 al presente contrato, siendo por su cuenta y riesgo la adquisición de los mismos, cuyo precio se entiende incluido en el precio total a abonar por el **Comitente** que se detalla en estipulación cuarta de este contrato.

Nota:

*Los **materiales** pueden ser aportados, en todo o en parte, por cualquiera de los contratantes (*L 14/2014 *art.*108.*1). Cuando los materiales son aportados por el **comitente**, se considera que son de su propiedad hasta el momento en que sean incorporados al buque (*L 14/2014 *art.*110.*2).*

CC art.1544, 1588 a 1600; L 14/2014 art.108 a 116; RD 1027/1989

"NÚMERO" Plazo

El plazo de construcción del buque será de *"plazo de construcción, en meses"* meses a partir de la firma del presente contrato, debiendo estar entregado en perfectas condiciones de navegabilidad a más tardar el día *"fecha de entrega del buque"*.

"NÚMERO" Mano de obra

El **Constructor** queda obligado a aportar toda la mano de obra necesaria para la construcción del buque, que deberá estar al corriente de todas las obligaciones laborales, fiscales y de cualquier otra índole que exija la normativa vigente.

"NÚMERO" Precio

El precio final de la obra asciende a *"valor final de la obra, en letra"* euros (*"valor final de la obra, en número"* €). En él están incluidos los materiales utilizados para la construcción, su transporte así como cualquier otro gasto adicional que aquella genere. El pago del precio se realizará mediante cheque bancario conformado o ingreso en la cuenta corriente núm. *"número de la cuenta corriente"*, en el Banco/Caja *"nombre del Banco o Caja"* sucursal de *"lugar o número de oficina"* a nombre del **Constructor**, de la siguiente forma:

Nota:

*La fijación del **precio** es variable, puede fijarse a un **tanto alzado** como hemos establecido en el modelo de contrato, pero también es usual que se fije **por piezas o medidas**, esto es, un precio por unidad de obra. También puede fijarse una vez finalizada la obra en función de los materiales utilizados, tiempo empleado, etc.*

- Un *"valor porcentual a la firma del contrato"* se abonará a la firma del presente contrato, que tiene valor de carta de pago por dicha cantidad a todos los efectos.

- Un *"valor porcentual al cumplimiento de la segunda condición"* al terminar el casco y ser colocadas las cubiertas, procediéndose al arqueo parcial del buque.

- Un *"valor porcentual al cumplimiento de la tercera condición"* al terminar las obras de colocación de maquinaria de propulsión del buque.

- Un *"valor porcentual a la terminación de la construcción y entrega del buque"* al concluir la construcción total del buque y procederse a la entrega del mismo mediante la correspondiente escritura pública.

Nota:

*El precio se debe abonar en el momento de la **entrega**. Si se hubieran convenido pagos parciales a medida que avancen los trabajos, el comitente podrá solicitar al constructor la certificación correspondiente.*

*En caso de **pérdida del buque** durante la construcción, el constructor no podrá exigir el pago del precio, a menos que la destrucción provenga de la mala calidad o inadecuación de los materiales o elementos suministrados por el comitente, o bien haya concurrido morosidad en recibirlo.*

*Si se pacta la constitución por parte del comitente de una **garantía** a favor del constructor que cubra su obligación de pago del precio, el incumplimiento de ésta permitirá al constructor rescindir el contrato o exigir su cumplimiento y, en ambos casos, reclamar la indemnización de los daños causados (*L 14/2014 *art.*114*).*

***"NÚMERO"* Entrega**

El **Comitente** queda obligado a aceptar la entrega del buque, una vez cumplidas las pruebas de mar, si éste reúne las condiciones pactadas, y a pagar el precio establecido, pudiendo el **Constructor** retener el buque en caso de que no tenga lugar el pago del precio.

MCM 5110 s.

El **Comitente** puede negarse a recibir el buque en caso de incumplimiento grave de las especificaciones pactadas que no se deriven directa o indirectamente de actos u omisiones que le sean imputables, sin menoscabo de su derecho a ejercitar las acciones que le correspondan.

Nota:

CC art.1544, 1588 a 1600; L 14/2014 art.108 a 116; RD 1027/1989

En caso de ***incumplimiento*** *de la* ***obligación de recepción****, el Comitente estará obligado a indemnizar los daños y perjuicios pactados en el contrato o, en su defecto, los que se hayan efectivamente producido (*L 14/2014 *art.*112.*4).*

***"NÚMERO"* Escritura pública**

Ambas partes se obligan a formalizar la entrega del buque en documento público para su inscripción en el Registro de Bienes Muebles.

Nota:

La ***inscripción*** *es requisito imprescindible para obtener la patente de navegación (*RD 1027/1989 *art.*50 *y* 51*). Con carácter previo a la inscripción y para que la transmisión de la propiedad surta plenos efectos administrativos, el Comitente debe comunicarla a la Dirección General de la Marina Mercante en los tres meses siguientes al otorgamiento de la escritura pública, debiendo asimismo solicitar la* ***matriculación*** *definitiva del buque en el Registro de Matrícula del distrito marítimo que corresponda (*RD 1027/1989 *art.*4, 6, 48 *y* 53*).*

***"NÚMERO"* Penalización por retraso**

En el caso de que llegada la fecha prevista de entrega de la obra ésta no esté finalizada, con independencia de la posibilidad de, en su caso, resolver el contrato y la solicitud de la correspondiente indemnización por daños y perjuicios, el **Constructor** deberá abonar al **Comitente**, *"valor porcentual en letra, en caso de retraso"* euros (*"valor porcentual en número, en caso de retraso"* €) por cada día de retraso a partir del primer mes, salvo que el retraso se deba a fuerza mayor u otra circunstancia no imputable al **Constructor**.

Nota:

El retraso culpable que supere los 30 días dará lugar a la ***indemnización*** *de perjuicios y si supera los 180 días, a la* ***resolución*** *del contrato, si la demora, en ambos casos, fuera irrazonable (*L 14/2014 *art.*112.*2).*

***"NÚMERO"* Subcontratación**

El **Constructor** queda facultado para subcontratar la realización de partes determinadas de la construcción del buque a terceros, siendo de su entera responsabilidad el trabajo realizado por éstos así como el abono del precio del mismo.

***"NÚMERO"* Terminación y resolución del contrato**

Nota:

Las ***posibilidades*** *en relación con este tipo de cláusulas son muchas. Puede ocurrir que se atribuya a ambas partes la facultad de dar por concluido el contrato ante cualquier incumplimiento de la otra parte, sin tener que recurrir a formalismo alguno. Pero puede ocurrir también que esa formalidad se atribuya solo a alguna de las partes, o que se sujete la efectividad de dicha medida a algún tipo de requisito. Dadas las múltiples variedades que ello puede adoptar, hemos preferido por establecer un* ***modelo común****, con carácter general, al que se pueden introducir ciertos aspectos o modificaciones particulares.*

Arrendamientos Mercantiles

MCM 5110 s.

CC art.1544, 1588 a 1600; L 14/2014 art.108 a 116; RD 1027/1989

"Apartado"
Son causas de terminación y resolución del presente contrato las siguientes:

a) Su terminación normal, ya sea por haber llegado el contrato a su vencimiento, ya sea por haberse cumplido y ejecutado la prestación a la que ambas partes se encuentran obligadas, ya sea por acuerdo mutuo de las partes.

b) Por incumplimiento de cualquiera de las partes de alguna de las cláusulas del presente contrato, sin que dicho incumplimiento fuera subsanado dentro de los *"especificar días"* días siguientes a la notificación por escrito efectuada por la otra parte solicitando la subsanación del incumplimiento.

"Apartado"
En caso de declaración de concurso de cualquiera de las partes, se estará a lo dispuesto en los artículos 156 y siguientes de la vigente Ley Concursal (RDLeg 1/2020, de 5 de mayo).

"Apartado"
La resolución del presente contrato o de cualquiera de las licencias concedidas en su aplicación no excluye cualquier otra reparación legal o judicial que cualquiera de las partes estime oportuno obtener.

***"NÚMERO"* Gastos del contrato**
Queda expresamente convenido que todos los gastos, impuestos, contribuciones, tasas o arbitrios, presentes o futuros, que origine este contrato serán satisfechos por las partes, conforme a Ley.

***"NÚMERO"* Sometimiento a arbitraje**
Con renuncia expresa al ejercicio de cualquier acción ante los juzgados y tribunales, las partes se comprometen expresamente a instituir, en su día, un arbitraje de Derecho Privado, con arreglo a la legislación vigente, para resolver cuantas dudas o divergencias pudieran surgir entre ellas como consecuencia de la interpretación o cumplimiento de este contrato.

***"NÚMERO"* Normativa aplicable al contrato**
El presente contrato tiene carácter de mercantil y se regirá, en primer término, por las estipulaciones contenidas en el mismo, y, en lo en ellas no previsto, por las disposiciones de la Ley 14/2014, de Navegación Marítima, Leyes especiales, los usos y costumbres mercantiles y, en su defecto, por lo establecido en el Código Civil.

***"NÚMERO"* Intervención de Notario**
Este contrato se ha formalizado con intervención de notario a todos los efectos, incluso a los previstos en el art.93 del Código de Comercio, en los artículos 517 y 572 de la Ley de Enjuiciamiento Civil y demás legislación concordante.

El **Comitente** y el **Constructor** dan su conformidad a los términos y condiciones previstos en el presente contrato y en prueba de ello lo firman por cuadruplicado ejemplar y a un solo efecto, reconociendo cada una de ellos haber recibido copia del mismo, y yo, el notario interviniente, doy fe de la identidad y capacidad de las partes y de la legitimación de sus firmantes, así como de todo lo convenido en la presente póliza que firmo, rubrico y sello en el lugar y fecha indicados en el encabezamiento.

EL COMITENTE **EL CONSTRUCTOR**

CON MI INTERVENCIÓN

Prestación de servicios de formación

MCM 5175 s.

Nota preliminar:

- El contrato de arrendamiento de servicios incluye multitud de relaciones jurídicas consistentes en la prestación de un servicio. No se incluyen en este apartado de la obra ciertos contratos que aun siendo propiamente contratos de arrendamiento de servicios gozan de ciertas **especialidades** como el contrato de ingeniería (7.4.), el de asistencia técnica y transferencia tecnológica (7.5.) y la colaboración externa empresarial (7.6). Tampoco se recoge ningún modelo de **contrato de trabajo**, pues su estudio corresponde al derecho laboral.

CC art.1544, 1583 a 1587

- Por el contrato de **prestación de servicios**, una de las partes se compromete a prestar un servicio a otra, que, a su vez, se compromete a pagar un precio a cambio. El Prestatario de los servicios no se compromete a obtener un resultado, sino a realizar un trabajo, a desarrollar una **actividad**. El profesional no puede garantizar objetivamente el **resultado** a obtener.

- Lo esencial y característico del contrato de arrendamiento de servicios, que lo diferencia de sus semejantes, es que estamos en presencia de una **obligación de medios**. Las consecuencias de ello son dos fundamentalmente, a saber: por un lado, que el profesional no se obliga a obtener un resultado, sino a realizar los servicios pactados; por otro lado, que el profesional no incumple su obligación si obra con la diligencia exigida en su profesión, esto es, la denominada *lex artis ad hoc* (AP Salamanca 19-2-24, EDJ 542412).

No basta con el hecho de que la **actuación negligente** del profesional haya privado a la parte de poder alegar y recurrir, sino que, como se puede leer en el TS 22-1-20, EDJ 505288, el comportamiento que priva de una chance es un suceso que ha podido ser condición necesaria del daño, pero también no serlo. La aplicación de tal doctrina, en el caso de demandas de responsabilidad civil de abogados y procuradores, por los daños patrimoniales sufridos por sus patrocinados, exige a los tribunales celebrar el denominado «juicio dentro del juicio» (trial within the trial); es decir, apreciar el grado de probabilidad o expectativas de éxito, que cabría racionalmente haber obtenido en el caso de haberse presentado la demanda o el recurso; en definitiva, de no haberse frustrado las acciones judiciales susceptibles de ser ejercitadas AP Málaga 13-2-24, EDJ 541271).

Cuando el **precio del contrato**, que es un requisito esencial para la validez del contrato de arrendamiento de servicios, **no se ha convenido** previamente, debe ser determinado judicialmente, pues como indica la citada sentencia, "la retribución procedente no puede quedar al arbitrio de una de las partes contratantes (AP Barcelona 9-2-24, EDJ 530203; AP Ourense 9-2-24, EDJ 535930).

- El presente modelo de contrato de arrendamiento de servicios es un modelo típico: la prestación de un servicio de formación por un **profesional liberal**, no continuada en el tiempo, que puede ser válido para cualquier prestación de un servicio por un profesional liberal.

- No está sujeto a especiales **requisitos de forma**, pudiéndose celebrar tanto de forma verbal, como por escrito y, en este último caso, mediante documento privado o público.

- El modelo presupone unas **circunstancias** determinadas que serán las **más frecuentes**. Si en el caso concreto existen circunstancias particulares no previstas, deberá completarse o modificarse el modelo adaptándolo a las mismas.

En *"localidad"*, a *"fecha"*

REUNIDOS:

De una parte,

"Don/Doña nombre y apellidos de la parte", mayor de edad, *"estado civil de la parte" "... "especificar el régimen económico matrimonial de la parte" ..."*, de nacionalidad *"nacionalidad de la parte"*, con domicilio a estos efectos en *"domicilio de la parte"*, *"...con DNI/NIF número "DNI/NIF de la parte" ... O ... con tarjeta de residencia número "número de tarjeta de residencia de la parte" ... O ... pasaporte número "número de pasaporte de la parte", expedido el "fecha de expedición del pasaporte de la parte" ... O ... "reseñar otros documentos aportados por la parte" ..."*, vigente hasta el *"fecha de vigencia de la documentación aportada por la parte"*.

Interviene en nombre y representación de la sociedad mercantil denominada *"denominación de la Sociedad"*, domiciliada en *"domicilio de la Sociedad"*, y con NIF número *"NIF de la Sociedad"*, constituida, por tiempo indefinido, mediante escritura otorgada ante el notario de *"lugar del notario que autorizó la escritura pública"*, *"Don/Doña nombre y apellidos del notario que autorizó la escritura pública"*, el *"fecha de autorización de la escritura pública"*, e inscrita en el Registro Mercantil de *"datos de la inscripción registral (localidad del Registro Mercantil, tomo, folio, sección, hoja e inscripción)"*, en su calidad de

MCM 5175 s.

CC art.1544, 1583 a 1587

➤➤

○ Si representa como cargo social:

"...administrador único ... O ... administrador solidario ... O ... consejero delegado ... O ... "especificar la representación del cargo social" ..." de la reseñada sociedad, cargo para el que fue nombrado y asegura vigente en escritura otorgada el *"fecha de escritura del nombramiento del cargo"*, ante el notario de *"lugar donde radica la notaría en la que se autorizó la escritura del nombramiento"*, *"Don/Doña nombre y apellidos del notario que autorizó la escritura del nombramiento"*, con el número *"número de protocolo del notario que autorizó la escritura del nombramiento"* de su protocolo, e inscrita en el Registro Mercantil de *"localidad del Registro Mercantil de la escritura de nombramiento"*, en el tomo y hoja arriba indicados.

○ Si representa como apoderado:

apoderado de la reseñada sociedad, según escritura de poder otorgada a su favor, en *"fecha de escritura del otorgamiento del poder"*, ante el notario de *"lugar donde radica la notaría en la que se autorizó la escritura de poder"*, *"Don/Doña nombre y apellidos del notario que autorizó la escritura de poder"*, con el número *"número de protocolo del notario que autorizó la escritura de poder"* de su protocolo *"...e inscrita en el Registro Mercantil de "localidad del Registro Mercantil de la escritura de poder"* ...", en el tomo y hoja arriba indicados.

➤➤

En adelante, el **Cliente**.

De otra parte,

"Don/Doña nombre y apellidos de la parte", mayor de edad, *"estado civil de la parte" "... "especificar el régimen económico matrimonial de la parte" ..."*, de nacionalidad *"nacionalidad de la parte"*, con domicilio a estos efectos en *"domicilio de la parte"*, *"...con DNI/NIF número "DNI/NIF de la parte" ... O ... con tarjeta de residencia número "número de tarjeta de residencia de la parte" ... O ... pasaporte número "número de pasaporte de la parte", expedido el "fecha de expedición del pasaporte de la parte" ... O ... "reseñar otros documentos aportados por la parte" ...*", vigente hasta el *"fecha de vigencia de la documentación aportada por la parte"*.

Interviene en nombre y representación de la sociedad mercantil denominada *"denominación de la Sociedad"*, domiciliada en *"domicilio de la Sociedad"*, y con NIF número *"NIF de la Sociedad"*, constituida, por tiempo indefinido, mediante escritura otorgada ante el notario de *"lugar del notario que autorizó la escritura pública"*, *"Don/Doña nombre y apellidos del notario que autorizó la escritura pública"*, el *"fecha de autorización de la escritura pública"*, e inscrita en el Registro Mercantil de *"datos de la inscripción registral (localidad del Registro Mercantil, tomo, folio, sección, hoja e inscripción)"*, en su calidad de

➤➤

○ Si representa como cargo social:

"...administrador único ... O ... administrador solidario ... O ... consejero delegado ... O ... "especificar la representación del cargo social" ..." de la reseñada sociedad, cargo para el que fue nombrado y asegura vigente en escritura otorgada el *"fecha de escritura del nombramiento del cargo"*, ante el notario de *"lugar donde radica la notaría en la que se autorizó la escritura del nombramiento"*,

"Don/Doña nombre y apellidos del notario que autorizó la escritura del nombramiento", con el número *"número de protocolo del notario que autorizó la escritura del nombramiento"* de su protocolo, e inscrita en el Registro Mercantil de *"localidad del Registro Mercantil de la escritura de nombramiento"*, en el tomo y hoja arriba indicados.

MCM 5175 s.

o Si representa como apoderado:

apoderado de la reseñada sociedad, según escritura de poder otorgada a su favor, en *"fecha de escritura del otorgamiento del poder"*, ante el notario de *"lugar donde radica la notaría en la que se autorizó la escritura de poder"*, *"Don/Doña nombre y apellidos del notario que autorizó la escritura de poder"*, con el número *"número de protocolo del notario que autorizó la escritura de poder"* de su protocolo *"...e inscrita en el Registro Mercantil de "localidad del Registro Mercantil de la escritura de poder"* ... ", en el tomo y hoja arriba indicados.

CC art.1544, 1583 a 1587

≺≺

En adelante, el **Prestador de Servicios**.

Las partes se reconocen la capacidad legal necesaria para contratar y obligarse y, a tal efecto

✍ **Nota:**

No es habitual en este tipo de contratos la ***intervención de notario****, por lo que se ha optado por no incluirla.*

EXPONEN:

I. Que el **Prestador de Servicios**, es *"categoría profesional, titulación, trayectoria profesional"*, cuya actividad profesional consiste en *"actividad del Prestatario"*.

II. Que el **Cliente**, es una empresa dedicada a *"actividad del Cliente"*, que tiene la intención de organizar un curso de formación para sus empleados, sobre *"título del curso"*.

III. Que el **Cliente** y el **Prestador de Servicios** han alcanzado un acuerdo en virtud del cual aquel se compromete a impartir el mencionado curso sobre *"título del curso"*, ajustándose al programa que se adjunta al presente contrato como Anexo 1, otorgando el presente contrato de arrendamiento de servicios con arreglo a las siguientes

ESTIPULACIONES:

"Número" Objeto

El objeto del presente contrato es la realización por parte del **Prestador de Servicios** de las funciones de profesor, responsable de preparar y posteriormente impartir el curso de formación sobre *"título del curso"*, ajustándose al programa que se adjunta como Anexo 1.

✍ **Nota:**

La ***distinción*** *entre* ***contrato de arrendamiento de obra y de servicios*** *no resulta siempre sencilla. Genéricamente, en el contrato de obra una de las partes se obliga a ejecutar una obra, entendiendo esta no necesariamente en un sentido puramente material, sino la realización completa de la prestación comprometida. En cambio, el arrendamiento de servicios tiene por objeto la prestación, la actividad, que son valorados de una manera autónoma y principal; esto es, en su consideración en sí mismo y al margen de que con los mismos se alcance un resultado determinado. Pero, evidentemente, también ese servicio procura una utilidad y pretende satisfacer un interés útil, por lo que pueden generarse zonas grises en las que resultará difícil deslindar cuando estamos ante un arrendamiento de obra y cuando ante uno de los servicios (*AP Zaragoza 27-3-01, *EDJ 14781).*

"Número" Aportación de materiales

La prestación de servicios se realizará en los locales y con los materiales que a estos efectos facilite el **Cliente**.

MCM 5175 s.

CC art.1544, 1583 a 1587

"Número" Fecha

El mencionado curso de formación tendrá lugar los próximos días *"indicar las fechas programadas"*, en un horario de *"hora de inicio"* a *"hora de finalización"* horas.

"Número" Precio

El **Prestador de Servicios** recibirá la cantidad de *"cantidad a percibir, en letra"* euros (*"cantidad a percibir, en número"* €) brutos por hora, que se abonarán por el **Cliente** una vez finalizado el curso mediante cheque o ingreso en la cuenta corriente núm. *"número de cuenta corriente"*, en el Banco/Caja *"nombre del Banco o Caja"*, sucursal de *"lugar o número de oficina"*, a nombre del **Prestador de Servicios**.

"Número" Impuestos

Serán por cuenta del **Prestador de Servicios** el abono de los impuestos y demás tributos que por esta actividad le puedan corresponder, así como, en su caso, el alta en licencia fiscal.

"Número" Sustitución

El **Prestador de Servicios** podrá excepcionalmente hacerse sustituir, por causas justificadas, en la prestación de sus servicios por persona de su confianza que reúna los requisitos de capacidad y adecuación, previa comunicación al centro.

"Número" Terminación y resolución del contrato

 **Nota:**

*Las **posibilidades** en relación con este tipo de cláusulas son muchas. Puede ocurrir que se atribuya a ambas partes la facultad de dar por concluido el contrato ante cualquier incumplimiento de la otra parte, sin tener que recurrir a formalismo alguno. Pero puede ocurrir también que esa formalidad se atribuya solo a alguna de las partes, o que se sujete la efectividad de dicha medida a algún tipo de requisito. Dadas las múltiples variedades que ello puede adoptar, hemos preferido por establecer un **modelo común**, con carácter general, al que se pueden introducir ciertos aspectos o modificaciones particulares.*

"Apartado"

Son causas de terminación y resolución del presente contrato las siguientes:

a) Su terminación normal, ya sea por haber llegado el contrato a su vencimiento, ya sea por haberse cumplido y ejecutado la prestación a la que ambas partes se encuentran obligadas, ya sea por acuerdo mutuo de las partes.

b) Por incumplimiento de cualquiera de las partes de alguna de las cláusulas del presente contrato, sin que dicho incumplimiento fuera subsanado dentro de los *"especificar días"* días siguientes a la notificación por escrito efectuada por la otra parte solicitando la subsanación del incumplimiento.

"Apartado"

En caso de declaración de concurso de cualquiera de las partes, se estará a lo dispuesto en los artículos 156 y siguientes de la vigente Ley Concursal (RDLeg 1/2020, de 5 de mayo).

"Apartado"

La resolución del presente contrato o de cualquiera de las licencias concedidas en su aplicación no excluye cualquier otra reparación legal o judicial que cualquiera de las partes estime oportuno obtener.

"Número" Sometimiento a arbitraje

Con renuncia expresa al ejercicio de cualquier acción ante los juzgados y tribunales, las partes se comprometen expresamente a instituir, en su día, un arbitraje de Derecho Privado, con arreglo a la legislación vigente, para resolver cuantas dudas o divergencias pudieran surgir entre ellas como consecuencia de la interpretación o cumplimiento de este contrato.

MCM 5175 s.

"Número" Normativa aplicable al contrato
El presente contrato tiene carácter de mercantil y se regirá, en primer término, por las estipulaciones contenidas en el mismo, y, en lo en ellas no previsto, por las disposiciones del Código de Comercio, Leyes especiales, los usos y costumbres mercantiles y, en su defecto, por lo establecido en el Código Civil.

Y en prueba de conformidad, ambas partes firman el presente contrato, que se extiende en dos ejemplares, igualmente originales, en el lugar y fecha indicados en su encabezamiento.

CC art.1544, 1583 a 1587

EL CLIENTE **EL PRESTADOR DE SERVICIOS**

Hoja de encargo a abogado

MCM 5175 s.

CC art.1544, 1583 a 1587

Nota preliminar:

- Por el contrato de **prestación de servicios**, una de las partes se compromete a prestar un servicio a otra, que, a su vez, se compromete a pagar un precio a cambio. El Prestatario de los servicios no se compromete a obtener un resultado, sino a realizar un trabajo, a desarrollar una **actividad**. El profesional no puede garantizar objetivamente el **resultado** a obtener.

- La **relación contractual** existente entre **abogado y cliente** se desenvuelve normalmente en el marco de un contrato de gestión, que la jurisprudencia construye con elementos tomados del arrendamiento de servicios y del mandato (TS 30-3-99, EDJ 37247; 14-7-05, EDJ 116838; 26-2-07, EDJ 13389; 23-3-07, EDJ 16950; 21-6-07, EDJ 80182; 18-10-07, EDJ 184365; 22-10-08, EDJ 203583; 282/2013, de 22 de abril; 331/2019, de 10 de junio y 50/2020, de 22 de enero; AP Barcelona 20-2-24, EDJ 542227).

El **deber de defensa** no implica una obligación de resultado, sino una obligación de medios. No comporta, como regla general, la obligación de lograr una estimación o una resolución favorable a las pretensiones deducidas o a la oposición formulada contra las esgrimidas por la parte contraria, pues esta dependerá, entre otros factores, de haberse logrado la convicción del juzgador (TS 14-7-05, 14-12-05, 30-3-06, EDJ 37247; 26-2-07, EDJ 13389, entre otras); sentencia que se ve complementada por la TS 1-6-21, EDJ 588242: el abogado solo se puede comprometer a prestar sus servicios conforme a las exigencias de la *lex artis*, sin que, por lo tanto, garantice o quepa exigirle el resultado pretendido, que no depende de forma exclusiva de la actividad desplegada, sino de la lógica propia del Derecho, que no se concilia con verdades absolutas, así como de la estructura del proceso, concebido como una técnica de confrontación entre intereses contrapuestos, que no son susceptibles, en muchas ocasiones, de compatibilidad jurídica, lo que determina necesariamente que uno haya de prevalecer sobre otro (TS 10-6-19, EDJ 619730).

Son cinco los **requisitos** básicos para la **prosperabilidad de las acciones** de responsabilidad civil profesional del abogado: a) el incumplimiento de sus deberes profesionales; b) la prueba del incumplimiento; c) la existencia de un daño efectivo consistente en la disminución cierta de las posibilidades de defensa; d) existencia del nexo de causalidad, valorado con criterios jurídicos de imputación objetiva y e) fijación de la indemnización equivalente al daño sufrido o proporcional a la pérdida de oportunidades (TS 1-7-16, EDJ 104597).

- El contrato de arrendamiento de servicios entre Cliente y Abogado, tradicionalmente no se recogía **por escrito**, aunque en la actualidad cada vez está más extendida la firma de un contrato de arrendamiento de servicios, denominado «Hoja de Encargo», que los Colegios de Abogados suelen poner a disposición de sus colegiados.

- El modelo presupone unas **circunstancias** determinadas que serán las **más frecuentes**. Si en el caso concreto existen circunstancias particulares no previstas, deberá completarse o modificarse el modelo adaptándolo a las mismas.

En *"localidad"*, a *"fecha"*

"Don/Doña nombre y apellidos del Cliente", mayor de edad, provisto de D.N.I. núm. *"número de DNI del Cliente"*, y con domicilio en *"domicilio del Cliente"*, encarga profesionalmente al **Letrado** del Ilustre Colegio de Abogados de *"lugar del Colegio de Abogados"*, *"Don/Doña nombre y apellidos del Letrado"*, provisto de D.N.I. núm. *"número de DNI del Letrado"* y domicilio en *"domicilio profesional del Letrado"*, la realización del siguiente encargo profesional: *"especificar tarea encomendada (p.e. dirección letrada de un procedimiento, emisión de un dictamen, contestación a una consulta, etc.)"*.

La ejecución de los trabajos profesionales anteriormente descritos se llevará a cabo en régimen de arrendamiento de servicios y de conformidad con la las normas deontológicas de la Abogacía.

Los honorarios a percibir por el **Letrado** firmante de la presente hoja de encargo se calcularán en función de lo que resulte de aplicar las normas orientadoras sobre honorarios profesionales aprobadas por el Ilustre Colegio de Abogados de *"lugar del Colegio de Abogados de referencia"*, a la cuantía inicial base de minutación que se fija en *"importe de la cuantía inicial"* euros, sin perjuicio de lo que posteriormente resulte.

 **Nota:**

*Los **honorarios** de los abogados no están sometidos a arancel, por lo que puede perfectamente sustituirse esta cláusula de remisión a las normas orientadoras del Colegio de Abogados correspondiente, por cualquier otra cantidad fija o variable calculada con arreglo al número de horas de trabajo, entidad del mismo, etc.*

Aplicando las mencionadas normas a la cuantía establecida, con carácter indicativo, y sin perjuicio de las incidencias que puedan plantearse, los honorarios a percibir por el **Letrado** firmante de la presente hoja de encargo profesional se presupuestan en: *"honorarios, en letra"* euros (*"honorarios, en número"* €).

En dicho presupuesto, no están incluidos los honorarios de otros profesionales que deban intervenir, ni otros gastos adicionales que puedan surgir, tales como desplazamientos o suplidos que puedan ocasionarse en el desarrollo de la prestación de servicios objeto de la presente hoja de encargo.

El **Cliente** abonará un *"valor porcentual de la cantidad inicial"* de la cantidad inicialmente presupuestada a la firma de la presente hoja de encargo, que tiene valor de carta de pago por dicha cantidad a todos los efectos; y el resto a la finalización del encargo profesional.

La minuta de honorarios definitiva quedará sujeta a la correspondiente retención del I.R.P.F. y será incrementada con el I.V.A. correspondiente.

En el caso en el que el **Cliente** no esté conforme con la minuta definitiva que se le presente para el cobro, podrá optar por ejercer las acciones legales que considere oportunas o por impugnar la minuta ante la Junta de Gobierno del Ilustre Colegio de Abogados de *"lugar del Colegio de Abogados para impugnar"*, sometiéndose en tal caso a lo que ésta decida, decisión que desde este momento el **Letrado** firmante de la presente hoja de encargo acepta, obligándose a acatar y cumplir lo que al respecto aquella resuelva.

EL CLIENTE **EL LETRADO**

Prestación de servicios continuados (asesoría fiscal y llevanza de contabilidad)

MCM 5175 s.

CC art.1544 y 1583 a 1587

Nota preliminar:

- El contrato de arrendamiento de servicios incluye multitud de relaciones jurídicas consistentes en la prestación de un servicio. No se incluyen en este apartado de la obra ciertos contratos que aun siendo propiamente contratos de arrendamiento de servicios gozan de ciertas **especialidades**, como el contrato de ingeniería (ver nº 940 y nº 945), el de asistencia técnica y transferencia tecnológica (ver nº 950) y la colaboración externa empresarial (ver nº 955). Tampoco se recoge ningún modelo de **contrato de trabajo**, pues su estudio corresponde al Derecho laboral.

- Por el contrato de prestación de servicios, una de las partes se compromete a prestar un servicio a otra, que, a su vez, se compromete a pagar un precio a cambio. El Prestatario de los servicios no se compromete a obtener un resultado, sino a realizar un trabajo, a desarrollar una **actividad**. El profesional no puede garantizar objetivamente el **resultado** a obtener.

- Se ha optado por incluir un modelo de contrato de prestación de servicios continuados de asesoría fiscal y llevanza de contabilidad, pero el modelo se puede adaptar a cualquier otra prestación de **servicios continuados** de distinta naturaleza.

- La **relación contractual** existente entre **abogado y cliente** se desenvuelve normalmente en el marco de un contrato de gestión, que la jurisprudencia construye con elementos tomados del arrendamiento de servicios y del mandato (TS 30-3-99, EDJ 37247; 14-7-05, EDJ 116838; 26-2-07, EDJ 13389; 23-3-07, EDJ 16950; 21-6-07, EDJ 80182; 18-10-07, EDJ 184365; 22-10-08, EDJ 203583; 282/2013, de 22 de abril; 331/2019, de 10 de junio y 50/2020, de 22 de enero; AP Barcelona 20-2-24, EDJ 542227).

El **deber de defensa** no implica una obligación de resultado, sino una obligación de medios. No comporta, como regla general, la obligación de lograr una estimación o una resolución favorable a las pretensiones deducidas o a la oposición formulada contra las esgrimidas por la parte contraria, pues esta dependerá, entre otros factores, de haberse logrado la convicción del juzgador (TS 14-7-05, 14-12-05, 30-3-06, EDJ 37247; 26-2-07, EDJ 13389, entre otras); sentencia que se ve complementada por la TS 1-6-21, EDJ 588242: el abogado solo se puede comprometer a prestar sus servicios conforme a las exigencias de la *lex artis*, sin que, por lo tanto, garantice o quepa exigirle el resultado pretendido, que no depende de forma exclusiva de la actividad desplegada, sino de la lógica propia del Derecho, que no se concilia con verdades absolutas, así como de la estructura del proceso, concebido como una técnica de confrontación entre intereses contrapuestos, que no son susceptibles, en muchas ocasiones, de compatibilidad jurídica, lo que determina necesariamente que uno haya de prevalecer sobre otro (TS 10-6-19, EDJ 619730).

Son cinco los **requisitos** básicos para la **prosperabilidad de las acciones** de responsabilidad civil profesional del abogado: a) el incumplimiento de sus deberes profesionales; b) la prueba del incumplimiento; c) la existencia de un daño efectivo consistente en la disminución cierta de las posibilidades de defensa; d) existencia del nexo de causalidad, valorado con criterios jurídicos de imputación objetiva y e) fijación de la indemnización equivalente al daño sufrido o proporcional a la pérdida de oportunidades (TS 1-7-16, EDJ 104597).

- El modelo presupone unas **circunstancias** determinadas que serán las **más frecuentes**. Si en el caso concreto existen circunstancias particulares no previstas, deberá completarse o modificarse el modelo adaptándolo a las mismas.

MCM 5175 s.

CC art.1544 y 1583 a 1587

En *"localidad"*, a *"fecha"*

REUNIDOS:

De una parte,

"Don/Doña nombre y apellidos de la parte", mayor de edad, *"estado civil de la parte" "... "especificar el régimen económico matrimonial de la parte" ... "*, de nacionalidad *"nacionalidad de la parte"*, con domicilio a estos efectos en *"domicilio de la parte"*, *"...con DNI/NIF número "DNI/NIF de la parte"... O ... con tarjeta de residencia número "número de tarjeta de residencia de la parte" ... O ... pasaporte número "número de pasaporte de la parte", expedido el "fecha de expedición del pasaporte de la parte" ... O ... "reseñar otros documentos aportados por la parte" ... "*, vigente hasta el *"fecha de vigencia de la documentación aportada por la parte"*.

Interviene en nombre y representación de la sociedad civil *"denominación de la Sociedad civil"*, domiciliada en *"domicilio social"*, y con NIF número *"NIF de la Sociedad"*, constituida, por tiempo indefinido, mediante escritura otorgada ante el notario de *"lugar del notario que autorizó la escritura pública"*, *"Don/Doña nombre y apellidos del notario que autorizó la escritura pública"*, el *"fecha de autorización de la escritura pública"*.

En adelante, el **Arrendador**.

De otra parte,

"Don/Doña nombre y apellidos de la parte", mayor de edad, *"estado civil de la parte" "... "especificar el régimen económico matrimonial de la parte" ... "*, de nacionalidad *"nacionalidad de la parte"*, con domicilio a estos efectos en *"domicilio de la parte"*, *"...con DNI/NIF número "DNI/NIF de la parte"... O ... con tarjeta de residencia número "número de tarjeta de residencia de la parte" ... O ... pasaporte número "número de pasaporte de la parte", expedido el "fecha de expedición del pasaporte de la parte" ... O ... "reseñar otros documentos aportados por la parte" ... "*, vigente hasta el *"fecha de vigencia de la documentación aportada por la parte"*.

Interviene en nombre y representación de la sociedad mercantil denominada *"denominación de la Sociedad"*, domiciliada en *"domicilio de la Sociedad"*, y con NIF número *"NIF de la Sociedad"*, constituida, por tiempo indefinido, mediante escritura otorgada ante el notario de *"lugar del notario que autorizó la escritura pública"*, *"Don/Doña nombre y apellidos del notario que autorizó la escritura pública"*, el *"fecha de autorización de la escritura pública"*, e inscrita en el Registro Mercantil de *"datos de la inscripción registral (localidad del Registro Mercantil, tomo, folio, sección, hoja e inscripción)"*, en su calidad de

➤➤

○ **Si representa como cargo social:**

"...administrador único ... O ... administrador solidario ... O ... consejero delegado ... O ... "especificar la representación del cargo social" ... " de la reseñada sociedad, cargo para el que fue nombrado y asegura vigente en escritura otorgada el *"fecha de escritura del nombramiento del cargo"*, ante el notario de *"lugar donde radica la notaría en la que se autorizó la escritura del nombramiento"*, *"Don/Doña nombre y apellidos del notario que autorizó la escritura del nombramiento"*, con el número *"número de protocolo del notario que autorizó la escritura del nombramiento"* de su protocolo, e inscrita en el Registro Mercantil de *"localidad del Registro Mercantil de la escritura de nombramiento"*, en el tomo y hoja arriba indicados.

○ **Si representa como apoderado:**

apoderado de la reseñada sociedad, según escritura de poder otorgada a su favor, en *"fecha de escritura del otorgamiento del poder"*, ante el notario de *"lugar donde radica la notaría en la que se autorizó la escritura de poder"*, *"Don/Doña nombre y apellidos del notario que autorizó la escritura de poder"*, con el número *"número de protocolo del notario que autorizó la escritura de poder"* de su protocolo *"...e inscrita en el Registro Mercantil de "localidad del Registro Mercantil de la escritura de poder"* ... ", en el tomo y hoja arriba indicados.

MCM 5175 s.

≺≺

En adelante, el **Cliente**.

Las partes se reconocen la capacidad legal necesaria para contratar y obligarse y, a tal efecto

EXPONEN:

CC art.1544 y 1583 a 1587

I. El **Arrendador** es una sociedad civil cuya actividad es la asesoría fiscal y contable.

II. El **Cliente**, es una sociedad mercantil cuyo objeto social es *"actividad del Cliente"*.

III. El **Cliente** tiene la intención de concertar un servicio global de asesoramiento fiscal y contable.

IV. Que ambas partes han alcanzado un acuerdo en virtud del cual el **Arrendador** se compromete a llevar a cabo un servicio de asesoramiento fiscal y llevanza de contabilidad al **Cliente**, otorgando el presente contrato de arrendamiento de servicios con arreglo a las siguientes:

ESTIPULACIONES:

***"NÚMERO"* Objeto**

El objeto del presente contrato es el desarrollo por parte del **Arrendador** de los servicios profesionales de asesoramiento fiscal y llevanza de contabilidad del **Cliente**. En concreto, el **Arrendador** se obliga a:

"Apartado"

A llevar a cabo un servicio de asesoramiento fiscal permanente, dentro del cual se entienden incluidos tanto la respuesta oral o escrita a cualquier consulta de esta índole que le sea efectuada, como el cumplimiento de todas y cada una de las obligaciones fiscales del **Cliente**, incluida la elaboración y presentación de las liquidaciones de todos los impuestos que éste esté obligado a presentar, y, en su caso, la elaboración y presentación de los recursos administrativos que el **Cliente** considere oportuno presentar frente a las resoluciones de la Agencia Tributaria. El **Arrendador** deberá representar al **Cliente** en todas las gestiones, actos, inspecciones y comparecencias que aquel deba efectuar ante la Administración Tributaria.

"Apartado"

A llevar la contabilidad del **Cliente** con arreglo al nuevo Plan General Contable.

"Apartado"

A preparar y entregar al **Cliente**, mensualmente, un balance de la situación y de saldos, análisis económico y financiero; trimestralmente, sus balances y cuenta de pérdidas y ganancias; y, anualmente, la memoria, balance y cuenta de resultados, análisis económico y financiero.

"Apartado"

A llevar a cabo las gestiones necesarias para que tenga lugar el correspondiente depósito de cuentas en el Registro Mercantil.

***"NÚMERO"* Servicios excluidos**

Quedan expresamente excluidas del presente contrato la defensa o actuación jurídica en favor del **Cliente**, que se produzcan ante la jurisdicción ordinaria.

***"NÚMERO"* Deber de información**

Con el objeto de que el **Arrendador** pueda desarrollar satisfactoriamente la actividad que le ha sido encomendada, el **Cliente** deberá poner a disposición de aquel todos los datos necesarios para que el **Arrendador** pueda desarrollar sus obligaciones contables y fiscales, acompañándose los mismos de los correspondientes justificantes documentales.

"NÚMERO" **Confidencialidad**

El **Arrendador** asume el compromiso de mantener la más absoluta confidencialidad sobre los datos e informaciones que le suministre el **Cliente** o de los que tenga conocimiento como consecuencia de las funciones que tiene encomendadas en virtud de este contrato. MCM 5175 s.

"NÚMERO" **Duración**

El presente contrato tendrá una duración de un año, prorrogable automáticamente si a la finalización del mismo no es denunciado por ninguna de las partes, con al menos *"plazo de preaviso, en días"* días de antelación a la finalización del mismo. CC art.1544 y 1583 a 1587

"NÚMERO" **Precio**

El **Arrendador** recibirá la cantidad de *"importe a percibir, en letra"*" euros (*"importe a percibir, en número"* €) brutos mensuales, pagaderos en los *"plazos de pago"* primeros días de cada mes, que se abonarán por el **Cliente**, mediante cheque o ingreso en la cuenta corriente núm. *"número de cuenta corriente"*, en el Banco/Caja *"nombre del Banco o Caja"*, sucursal de *"lugar o número de oficina"*, a nombre del **Arrendador**.

"NÚMERO" **Incumplimiento de obligaciones fiscales**

En el caso de que, como consecuencia de la prestación de servicios que lleva a cabo el **Arrendador**, tenga lugar el incumplimiento de las obligaciones fiscales o contables del **Cliente**, el **Arrendador** vendrá obligado a hacer frente a las posibles sanciones o multas impuestas a aquel, que serán deducidas del precio a abonar por éste hasta donde alcance. Quedando además facultada en tal caso para la resolución del presente contrato con una indemnización por daños y perjuicios equivalente a la sanción pecuniaria impuesta que deberá ser abonada por el **Arrendador**.

"NÚMERO" **Terminación y resolución del contrato**

Nota:

> *Las **posibilidades** en relación con este tipo de cláusulas son muchas. Puede ocurrir que se atribuya a ambas partes la facultad de dar por concluido el contrato ante cualquier incumplimiento de la otra parte, sin tener que recurrir a formalismo alguno. Pero puede ocurrir también que esa formalidad se atribuya solo a alguna de las partes, o que se sujete la efectividad de dicha medida a algún tipo de requisito. Dadas las múltiples variedades que ello puede adoptar, hemos preferido por establecer un **modelo común**, con carácter general, al que se pueden introducir ciertos aspectos o modificaciones particulares.*

"Apartado"

Son causas de terminación y resolución del presente contrato las siguientes:

a) Su terminación normal, ya sea por haber llegado el contrato a su vencimiento, ya sea por haberse cumplido y ejecutado la prestación a la que ambas partes se encuentran obligadas, ya sea por acuerdo mutuo de las partes.

b) Por incumplimiento de cualquiera de las partes de alguna de las cláusulas del presente contrato, sin que dicho incumplimiento fuera subsanado dentro de los *"especificar días"* días siguientes a la notificación por escrito efectuada por la otra parte solicitando la subsanación del incumplimiento.

"Apartado"

En caso de declaración de concurso de cualquiera de las partes, se estará a lo dispuesto en los artículos 156 y siguientes de la vigente Ley Concursal (RDLeg 1/2020, de 5 de mayo).

"Apartado"

La resolución del presente contrato o de cualquiera de las licencias concedidas en su aplicación no excluye cualquier otra reparación legal o judicial que cualquiera de las partes estime oportuno obtener.

MCM 5175 s.

"NÚMERO" **Gastos del contrato**
Queda expresamente convenido que todos los gastos, impuestos, contribuciones, tasas o arbitrios, presentes o futuros, que origine este contrato serán satisfechos por las partes, conforme a Ley.

"NÚMERO" **Sometimiento a arbitraje**
Con renuncia expresa al ejercicio de cualquier acción ante los juzgados y tribunales, las partes se comprometen expresamente a instituir, en su día, un arbitraje de Derecho Privado, con arreglo a la legislación vigente, para resolver cuantas dudas o divergencias pudieran surgir entre ellas como consecuencia de la interpretación o cumplimiento de este contrato.

CC art.1544 y 1583 a 1587

"NÚMERO" **Normativa aplicable al contrato**
El presente contrato tiene carácter de mercantil y se regirá, en primer término, por las estipulaciones contenidas en el mismo, y, en lo en ellas no previsto, por las disposiciones del Código de Comercio, Leyes especiales, los usos y costumbres mercantiles y, en su defecto, por lo establecido en el Código Civil.

Y en prueba de conformidad, ambas partes firman el presente contrato, que se extiende en dos ejemplares, igualmente originales, en el lugar y fecha indicados en su encabezamiento.

EL ARRENDADOR **EL CLIENTE**

Contrato de ingeniería («consulting engineering»)

MCM 5205 s.

Nota preliminar:

- El contrato de ingeniería **carece** de una **normativa específica**, resultando aplicable al mismo la normativa general de los contratos de arrendamiento de servicios.

- El contrato de **ingeniería o engineering** es más un género que un solo tipo de contrato. El contrato de ingeniería complejo comprende todos los suministros y prestaciones que conducen a la realización de un establecimiento industrial o una obra civil, incluida la asistencia para el funcionamiento de un establecimiento o la comercialización de los productos de la fabricación.

CC art.1544 y 1583 a 1587

- El contrato de ingeniería en su modalidad de **«consulting engineering»**, tiene como objeto principal la prestación de servicios de naturaleza intelectual, tales como el asesoramiento, elaboración de proyectos o, como en el modelo elegido, la realización de estudios técnico-económicos. Estos contratos son asimilables al arrendamiento de servicios, en el sentido de que la empresa de ingeniería se compromete a la realización de una actividad, más que a obtener un resultado.

- No está sujeto a especiales **requisitos de forma**, pudiéndose celebrar tanto en documento privado como público *(La intervención del notario es facultativa para las partes. Los notarios realizan las funciones que anteriormente realizaban los corredores de comercio, cuerpo desaparecido a partir de 1-10-00, momento en el que se produce la fusión de los cuerpos de notarios y corredores de comercio colegiados)* (L 55/1999 disp.adic.24ª).

- El modelo presupone unas **circunstancias** determinadas que serán las **más frecuentes**. Si en el caso concreto existen circunstancias particulares no previstas, deberá completarse o modificarse el modelo adaptándolo a las mismas.

En *"localidad"*, a *"fecha"*

REUNIDOS:

De una parte,

"Don/Doña nombre y apellidos de la parte", mayor de edad, *"estado civil de la parte" "..."especificar el régimen económico matrimonial de la parte" ..."*, de nacionalidad *"nacionalidad de la parte"*, con domicilio a estos efectos en *"domicilio de la parte"*, *"...con DNI/NIF número "DNI/NIF de la parte"... O ... con tarjeta de residencia número "número de tarjeta de residencia de la parte"... O ... pasaporte número "número de pasaporte de la parte", expedido el "fecha de expedición del pasaporte de la parte" ... O ... "reseñar otros documentos aportados por la parte" ..."*, vigente hasta el *"fecha de vigencia de la documentación aportada por la parte"*.

Interviene en nombre y representación de la sociedad mercantil denominada *"denominación de la Sociedad"*, domiciliada en *"domicilio de la Sociedad"*, y con NIF número *"NIF de la Sociedad"*, constituida, por tiempo indefinido, mediante escritura otorgada ante el notario de *"lugar del notario que autorizó la escritura pública"*, *"Don/Doña nombre y apellidos del notario que autorizó la escritura pública"*, el *"fecha de autorización de la escritura pública"*, e inscrita en el Registro Mercantil de *"datos de la inscripción registral (localidad del Registro Mercantil, tomo, folio, sección, hoja e inscripción)"*, en su calidad de

MCM 5205 s.

CC art.1544 y 1583 a 1587

➤➤

○ **Si representa como cargo social:**

"...administrador único... O... administrador solidario... O... consejero delegado... O... "especificar la representación del cargo social"..." de la reseñada sociedad, cargo para el que fue nombrado y asegura vigente en escritura otorgada el *"fecha de escritura del nombramiento del cargo"*, ante el notario de *"lugar donde radica la notaría en la que se autorizó la escritura del nombramiento"*, *"Don/Doña nombre y apellidos del notario que autorizó la escritura del nombramiento"*, con el número *"número de protocolo del notario que autorizó la escritura del nombramiento"* de su protocolo, e inscrita en el Registro Mercantil de *"localidad del Registro Mercantil de la escritura de nombramiento"*, en el tomo y hoja arriba indicados.

○ **Si representa como apoderado:**

apoderado de la reseñada sociedad, según escritura de poder otorgada a su favor, en *"fecha de escritura del otorgamiento del poder"*, ante el notario de *"lugar donde radica la notaría en la que se autorizó la escritura de poder"*, *"Don/Doña nombre y apellidos del notario que autorizó la escritura de poder"*, con el número *"número de protocolo del notario que autorizó la escritura de poder"* de su protocolo *"...e inscrita en el Registro Mercantil de "localidad del Registro Mercantil de la escritura de poder" ..."*, en el tomo y hoja arriba indicados.

➤➤

En adelante, el **Ejecutante**.

De otra parte,

"Don/Doña nombre y apellidos de la parte", mayor de edad, *"estado civil de la parte" "..."especificar el régimen económico matrimonial de la parte"..."*, de nacionalidad *"nacionalidad de la parte"*, con domicilio a estos efectos en *"domicilio de la parte"*, *"...con DNI/NIF número "DNI/NIF de la parte"... O... con tarjeta de residencia número "número de tarjeta de residencia de la parte"... O... pasaporte número "número de pasaporte de la parte", expedido el "fecha de expedición del pasaporte de la parte"... O... "reseñar otros documentos aportados por la parte"..."*, vigente hasta el *"fecha de vigencia de la documentación aportada por la parte"*.

Interviene en nombre y representación de la sociedad mercantil denominada *"denominación de la Sociedad"*, domiciliada en *"domicilio de la Sociedad"*, y con NIF número *"NIF de la Sociedad"*, constituida, por tiempo indefinido, mediante escritura otorgada ante el notario de *"lugar del notario que autorizó la escritura pública"*, *"Don/Doña nombre y apellidos del notario que autorizó la escritura pública"*, el *"fecha de autorización de la escritura pública"*, e inscrita en el Registro Mercantil de *"datos de la inscripción registral (localidad del Registro Mercantil, tomo, folio, sección, hoja e inscripción)"*, en su calidad de

➤➤

○ **Si representa como cargo social:**

"...administrador único... O... administrador solidario... O... consejero delegado... O... "especificar la representación del cargo social"..." de la reseñada sociedad, cargo para el que fue nombrado y asegura vigente en escritura otorgada el *"fecha de escritura del nombramiento del cargo"*, ante el notario de *"lugar donde radica la notaría en la que se autorizó la escritura del nombramiento"*, *"Don/Doña nombre y apellidos del notario que autorizó la escritura del nombramiento"*, con el número *"número de protocolo del notario que autorizó la escritura del nombramiento"* de su protocolo, e inscrita en el Registro Mercantil de *"localidad del Registro Mercantil de la escritura de nombramiento"*, en el tomo y hoja arriba indicados.

Si representa como apoderado:

apoderado de la reseñada sociedad, según escritura de poder otorgada a su favor, en *"fecha de escritura del otorgamiento del poder"*, ante el notario de *"lugar donde radica la notaría en la que se autorizó la escritura de poder"*, *"Don/Doña nombre y apellidos del notario que autorizó la escritura de poder"*, con el número *"número de protocolo del notario que autorizó la escritura de poder"* de su protocolo *"...e inscrita en el Registro Mercantil de "localidad del Registro Mercantil de la escritura de poder" ... "*, en el tomo y hoja arriba indicados.

MCM 5205 s.

<<

En adelante, el **Cliente**.

CC art.1544 y 1583 a 1587

Las partes se reconocen la capacidad legal necesaria para contratar y obligarse y, a tal efecto

EXPONEN:

I. Que el **Ejecutante**, es una sociedad de ingeniería especializada en *"actividad del Ejecutante"*.

II. Que el **Cliente**, es una sociedad cuya actividad principal es *"actividad del Cliente"*.

III. El **Cliente** y la **Ejecutante** han alcanzado un acuerdo en virtud del cual este último se compromete a realizar un completo estudio técnico-económico sobre *"materia del estudio"*, pactando para su ejecución el presente contrato de *proccess engineering*, con arreglo a las siguientes

ESTIPULACIONES:

***"NÚMERO"* Objeto**

El **Ejecutante** se obliga en virtud del presente contrato a realizar un pormenorizado estudio técnico-económico sobre la viabilidad de la futura realización por parte del **Cliente** de la actividad que se detalla en el Anexo 1 de este contrato. En concreto, dentro de dicho estudio se analizarán por parte del **Ejecutante** las posibilidades de mercado de dicha actividad, la inversión necesaria para su correcto desarrollo, los plazos necesarios para su completa ejecución, etc.

***"NÚMERO"* Plazo**

El **Ejecutante** realizará por sí mismo el mencionado estudio, en un plazo máximo de *"plazo de realización del estudio"*.

***"NÚMERO"* Información**

El **Cliente** se obliga a aportar toda la documentación complementaria que el **Ejecutante** considere necesaria para la correcta emisión del estudio que le ha sido encargado.

***"NÚMERO"* Precio**

El precio final del servicio realizado asciende a *"importe final del servicio, en letra"* euros (*"importe final del servicio, en número"* €), que se realizará mediante cheque bancario conformado o ingreso en la cuenta corriente núm. *"número de cuenta corriente"*, en el Banco/Caja *"nombre del Banco o Caja"*, sucursal de *"lugar o número de oficina"*, a nombre del **Ejecutante**, de la siguiente forma:

- Un *"valor porcentual a la firma del contrato"* se abonará a la firma del presente contrato, que tiene valor de carta de pago por dicha cantidad a todos los efectos.

- El *"valor porcentual restante"* restante en un plazo máximo de *"número máximo de días"* días a partir de la entrega por parte del **Ejecutante** del informe objeto del presente contrato.

"NÚMERO" Terminación y resolución del contrato

Nota:

MCM 5205 s.

*Las **posibilidades** en relación con este tipo de cláusulas son muchas. Puede ocurrir que se atribuya a ambas partes la facultad de dar por concluido el contrato ante cualquier incumplimiento de la otra parte, sin tener que recurrir a formalismo alguno. Pero puede ocurrir también que esa formalidad se atribuya solo a alguna de las partes, o que se sujete la efectividad de dicha medida a algún tipo de requisito. Dadas las múltiples variedades que ello puede adoptar, hemos preferido por establecer un **modelo común**, con carácter general, al que se pueden introducir ciertos aspectos o modificaciones particulares.*

CC art.1544 y 1583 a 1587

"Apartado"

Son causas de terminación y resolución del presente contrato las siguientes:

a) Su terminación normal, ya sea por haber llegado el contrato a su vencimiento, ya sea por haberse cumplido y ejecutado la prestación a la que ambas partes se encuentran obligadas, ya sea por acuerdo mutuo de las partes.

b) Por incumplimiento de cualquiera de las partes de alguna de las cláusulas del presente contrato, sin que dicho incumplimiento fuera subsanado dentro de los *"especificar días"* días siguientes a la notificación por escrito efectuada por la otra parte solicitando la subsanación del incumplimiento.

"Apartado"

En caso de declaración de concurso de cualquiera de las partes, se estará a lo dispuesto en los artículos 156 y siguientes de la vigente Ley Concursal (RDLeg 1/2020, de 5 de mayo).

"Apartado"

La resolución del presente contrato o de cualquiera de las licencias concedidas en su aplicación no excluye cualquier otra reparación legal o judicial que cualquiera de las partes estime oportuno obtener.

"NÚMERO" Gastos del contrato

Queda expresamente convenido que todos los gastos, impuestos, contribuciones, tasas o arbitrios, presentes o futuros, que origine este contrato serán satisfechos por las partes, conforme a Ley.

"NÚMERO" Sometimiento a arbitraje

Con renuncia expresa al ejercicio de cualquier acción ante los juzgados y tribunales, las partes se comprometen expresamente a instituir, en su día, un arbitraje de Derecho Privado, con arreglo a la legislación vigente, para resolver cuantas dudas o divergencias pudieran surgir entre ellas como consecuencia de la interpretación o cumplimiento de este contrato.

"NÚMERO" Normativa aplicable al contrato

El presente contrato tiene carácter de mercantil y se regirá, en primer término, por las estipulaciones contenidas en el mismo, y, en lo en ellas no previsto, por las disposiciones del Código de Comercio, Leyes especiales, los usos y costumbres mercantiles y, en su defecto, por lo establecido en el Código Civil.

"NÚMERO" Elevación a documento público

El presente contrato se elevará a público a solicitud de cualquiera de las partes, siendo los gastos del fedatario pagados por la parte que lo solicite.

Y en prueba de conformidad, ambas partes firman el presente contrato, que se extiende en dos ejemplares, igualmente originales, en el lugar y fecha indicados en su encabezamiento.

EL EJECUTANTE **EL CLIENTE**

Contrato de Ingeniería («engineering operativo»)

MCM 5205 s.

Nota preliminar:

- El contrato de ingeniería **carece** de una **normativa específica**, resultando aplicable al mismo la normativa general de los contratos de arrendamiento de servicios.

- El contrato de **ingeniería o engineering** es más un género que un solo tipo de contrato. El contrato de ingeniería complejo comprende todos los suministros y prestaciones que conducen a la realización de un establecimiento industrial o una obra civil, incluida la asistencia para el funcionamiento de un establecimiento o la comercialización de los productos de la fabricación.

CC art.1544, 1583 a 1587

- El contrato de ingeniería en su modalidad de **«engineering operativo»**, que engloba al contrato de *proccess engineering* (nº 940), tiene como objeto principal la puesta en marcha de un establecimiento, desde la elaboración del proyecto hasta la ejecución del mismo, aportando los materiales, maquinaria, etc. Incluso, como en el modelo que se incluye, la asistencia técnica posterior y, en su caso, la transferencia de tecnología y la cesión de derechos de propiedad industrial. Estos contratos son asimilables al arrendamiento de servicios, en el sentido de que la empresa de ingeniería se compromete a la realización de una actividad, más que a obtener un resultado.

- No está sujeto a especiales **requisitos de forma**, pudiéndose celebrar tanto en documento privado como público *(La intervención del notario es facultativa para las partes. Los notarios realizan las funciones que anteriormente realizaban los corredores de comercio, cuerpo desaparecido a partir de 1-10-00, momento en el que se produce la fusión de los cuerpos de notarios y corredores de comercio colegiados* (L 55/1999 disp.adic.24ª).

- El modelo presupone unas **circunstancias** determinadas que serán las **más frecuentes**. Si en el caso concreto existen circunstancias particulares no previstas, deberá completarse o modificarse el modelo adaptándolo a las mismas.

En *"localidad"*, a *"fecha"*

REUNIDOS:

De una parte,

"Don/Doña nombre y apellidos de la parte", mayor de edad, *"estado civil de la parte" "... "especificar el régimen económico matrimonial de la parte" ... "*, de nacionalidad *"nacionalidad de la parte"*, con domicilio a estos efectos en *"domicilio de la parte"*, *"...con DNI/NIF número "DNI/NIF de la parte"... O ... con tarjeta de residencia número "número de tarjeta de residencia de la parte" ... O ... pasaporte número "número de pasaporte de la parte", expedido el "fecha de expedición del pasaporte de la parte" ... O ... "reseñar otros documentos aportados por la parte" ... "*, vigente hasta el *"fecha de vigencia de la documentación aportada por la parte"*.

Interviene en nombre y representación de la sociedad mercantil denominada *"denominación de la Sociedad"*, domiciliada en *"domicilio de la Sociedad"*, y con NIF número *"NIF de la Sociedad"*, constituida, por tiempo indefinido, mediante escritura otorgada ante el notario de *"lugar del notario que autorizó la escritura pública"*, *"Don/Doña nombre y apellidos del notario que autorizó la escritura pública"*, el *"fecha de autorización de la escritura pública"*, e inscrita en el Registro Mercantil de *"datos de la inscripción registral (localidad del Registro Mercantil, tomo, folio, sección, hoja e inscripción)"*, en su calidad de

MCM 5205 s.

CC art.1544, 1583 a 1587

≻≻

○ **Si representa como cargo social:**

"...administrador único ... O ... administrador solidario ... O ... consejero delegado ... O ... "especificar la representación del cargo social" ... " de la reseñada sociedad, cargo para el que fue nombrado y asegura vigente en escritura otorgada el *"fecha de escritura del nombramiento del cargo"*, ante el notario de *"lugar donde radica la notaría en la que se autorizó la escritura del nombramiento"*, *"Don/Doña nombre y apellidos del notario que autorizó la escritura del nombramiento"*, con el número *"número de protocolo del notario que autorizó la escritura del nombramiento"* de su protocolo, e inscrita en el Registro Mercantil de *"localidad del Registro Mercantil de la escritura de nombramiento"*, en el tomo y hoja arriba indicados.

○ **Si representa como apoderado:**

apoderado de la reseñada sociedad, según escritura de poder otorgada a su favor, en *"fecha de escritura del otorgamiento del poder"*, ante el notario de *"lugar donde radica la notaría en la que se autorizó la escritura de poder"*, *"Don/Doña nombre y apellidos del notario que autorizó la escritura de poder"*, con el número *"número de protocolo del notario que autorizó la escritura de poder"* de su protocolo *"...e inscrita en el Registro Mercantil de "localidad del Registro Mercantil de la escritura de poder" ... "*, en el tomo y hoja arriba indicados.

≺≺

En adelante, el **Ejecutante**.

De otra parte,

"Don/Doña nombre y apellidos de la parte", mayor de edad, *"estado civil de la parte" "... "especificar el régimen económico matrimonial de la parte" ... "*, de nacionalidad *"nacionalidad de la parte"*, con domicilio a estos efectos en *"domicilio de la parte"*, *"...con DNI/NIF número "DNI/NIF de la parte" ... O ... con tarjeta de residencia número "número de tarjeta de residencia de la parte" ... O ... pasaporte número "número de pasaporte de la parte", expedido el "fecha de expedición del pasaporte de la parte" ... O ... "reseñar otros documentos aportados por la parte" ... "*, vigente hasta el *"fecha de vigencia de la documentación aportada por la parte"*.

Interviene en nombre y representación de la sociedad mercantil denominada *"denominación de la Sociedad"*, domiciliada en *"domicilio de la Sociedad"*, y con NIF número *"NIF de la Sociedad"*, constituida, por tiempo indefinido, mediante escritura otorgada ante el notario de *"lugar del notario que autorizó la escritura pública"*, *"Don/Doña nombre y apellidos del notario que autorizó la escritura pública"*, el *"fecha de autorización de la escritura pública"*, e inscrita en el Registro Mercantil de *"datos de la inscripción registral (localidad del Registro Mercantil, tomo, folio, sección, hoja e inscripción)"*, en su calidad de

≻≻

○ **Si representa como cargo social:**

"...administrador único ... O ... administrador solidario ... O ... consejero delegado ... O ... "especificar la representación del cargo social" ... " de la reseñada sociedad, cargo para el que fue nombrado y asegura vigente en escritura otorgada el *"fecha de escritura del nombramiento del cargo"*, ante el notario de *"lugar donde radica la notaría en la que se autorizó la escritura del nombramiento"*, *"Don/Doña nombre y apellidos del notario que autorizó la escritura del nombramiento"*, con el número *"número de protocolo del notario que autorizó la escritura del nombramiento"* de su protocolo, e inscrita en el Registro Mercantil de *"localidad del Registro Mercantil de la escritura de nombramiento"*, en el tomo y hoja arriba indicados.

 **Si representa como apoderado:**

apoderado de la reseñada sociedad, según escritura de poder otorgada a su favor, en *"fecha de escritura del otorgamiento del poder"*, ante el notario de *"lugar donde radica la notaría en la que se autorizó la escritura de poder"*, *"Don/Doña nombre y apellidos del notario que autorizó la escritura de poder"*, con el número *"número de protocolo del notario que autorizó la escritura de poder"* de su protocolo *"...e inscrita en el Registro Mercantil de "localidad del Registro Mercantil de la escritura de poder" ..."*, en el tomo y hoja arriba indicados. MCM 5205 s.

En adelante, el **Cliente**. CC art.1544, 1583 a 1587

Las partes se reconocen la capacidad legal necesaria para contratar y obligarse y, a tal efecto

EXPONEN:

I. Que el **Ejecutante** es una sociedad de ingeniería especializada en *"actividad del Ejecutante"*.

Nota:

*Cuando la **obra** encargada es de **gran envergadura** es habitual que la adjudicación de la misma a una empresa de ingeniería se haga en virtud de un **concurso**, previa convocatoria en diarios de gran circulación.*

II. Que el **Cliente** quiere poner en marcha el establecimiento industrial que se detalla en el Anexo 1 del presente contrato en el solar de su propiedad (o que tiene arrendado), sito en *"ubicación del solar"*, provincia de *"provincia"*, con una superficie de *"indicar la extensión del solar"*, y que está inscrito en el Registro de la Propiedad de *"datos de la inscripción (localidad del Registro de la Propiedad, tomo, folio, sección, hoja e inscripción)"*. Dicha finca se encuentra en la actualidad libre de cargas.

III. Que el **Ejecutante** ha presentado el presupuesto que se adjunta como Anexo 1, aduciendo su compromiso a realizar la construcción y completa puesta en marcha del establecimiento industrial del **Cliente** con arreglo al precio dispuesto en el mismo. Dicho presupuesto ha sido aprobado por el **Cliente**.

IV. El **Cliente** y el **Ejecutante** han alcanzado un acuerdo en virtud del cual este último se compromete a la construcción completa puesta en marcha de dicho establecimiento industrial pactando para su ejecución el presente contrato de engineering operativo, con arreglo a las siguientes

ESTIPULACIONES:

***"NÚMERO"* Objeto**

El **Ejecutante** se obliga en virtud del presente contrato a la construcción y puesta en marcha del establecimiento industrial del **Cliente** dedicado a *"actividad del Cliente"*, así como a su mantenimiento posterior en las condiciones que se detallan en el pliego de condiciones generales que se adjunta como Anexo 2, y con arreglo al presupuesto que se adjunta como Anexo 1, aportando todos los materiales y maquinaria necesarios para la realización de la obra, y obligándose al suministro y transferencia de la tecnología, así como a la cesión de patentes y otros derechos de propiedad industrial que sean necesarios para la ejecución de la obra proyectada y su mantenimiento.

El **Ejecutante** se compromete a la realización del proyecto y plan de dicha obra, que se ajustarán a lo establecido en el pliego de condiciones generales que se adjunta como Anexo 2, y que presentarán al **Cliente** para su aprobación previa la homologación del proyecto por el Colegio de Ingenieros de *"lugar del Colegio de Ingenieros"*, en un plazo máximo de *"plazo máximo de presentación del proyecto"*.

 **Nota:**

*La **distinción** entre **contrato de arrendamiento de obra y de servicios** no resulta siempre sencilla. Genéricamente, en el contrato de obra una de las partes se obliga a ejecutar una obra, entendiendo esta no necesariamente en un sentido puramente material, sino la realización completa de la prestación comprometida. En cambio, el arrendamiento de servicios tiene por objeto la prestación, la actividad, que*

*son valorados de una manera autónoma y principal; esto es, en su consideración en sí mismo y al margen de que con los mismos se alcance un resultado determinado. Pero, evidentemente, también ese servicio procura una utilidad y pretende satisfacer un interés útil, por lo que pueden generarse zonas grises en las que resultará difícil deslindar cuando estamos ante un arrendamiento de obra y cuando ante uno de los servicios (*AP Zaragoza 27-3-01, *EDJ 14781).*

MCM 5205 s.

"*NÚMERO*" Puesta a disposición del solar

CC art.1544, 1583 a 1587

El **Cliente** deberá poner a disposición del **Ejecutante** el solar donde va a tener lugar la construcción de la planta industrial, que se detalla en el Anexo 2 de este contrato, con todas las licencias necesarias para llevar a cabo aquella en un plazo máximo de *"plazo máximo de ejecución de la obra, en días"* días a partir de la aprobación del proyecto y plan de obra a los que se refiere la estipulación anterior. Si aquella se demorase en la entrega del solar, la demora incrementará automáticamente el plazo de ejecución de la obra, y si ésta superase *"número de días de demora"* días el **Ejecutante** podrá resolver el presente contrato, solicitando la correspondiente indemnización por daños y perjuicios.

"*NÚMERO*" Precio

El precio a percibir por el **Ejecutante** será el fijado en el Presupuesto -Anexo 1-, esto es, *"importe a percibir, en letra"* euros (*"importe a percibir, en número"* €). Los precios unitarios establecidos en el presupuesto no serán susceptibles de revisión, sin perjuicio de lo dispuesto en la estipulación séptima de este contrato.

El abono del precio de la obra se llevará a cabo mediante certificaciones mensuales de obra ejecutada. Una vez conformada la certificación, el **Cliente** procederá al abono de la misma al **Ejecutante**, en un plazo máximo de *"plazo máximo de pago de la certificación"* días desde su emisión.

"*NÚMERO*" Modificaciones del precio

El **Ejecutante** no podrá modificar las obras respecto del presupuesto, salvo acuerdo con el **Cliente**, con los debidos ajustes presupuestarios.

"*NÚMERO*" Garantía

Del importe de todas y cada una de las certificaciones presentadas el **Cliente** retendrá un *"valor porcentual como aval"* en concepto de garantía.

La cantidad retenida en concepto de garantía será devuelta por el **Cliente** al **Ejecutante** una vez finalizada la obra.

"*NÚMERO*" Calidad de la obra

El **Ejecutante** responde de la calidad en la ejecución de la obra objeto de este contrato, así como de la de los materiales que se empleen en la ejecución de la misma.

"*NÚMERO*" Visitas

El **Cliente** podrá visitar e inspeccionar la obra cuantas veces considere oportuno sin previo aviso.

El derecho de visita no atribuye al **Cliente** la posibilidad de dar órdenes o directrices al **Ejecutante**.

"*NÚMERO*" Plazo de ejecución

El plazo de ejecución de la obra es de *"número"* meses, que comenzarán a contar a partir de la puesta a disposición del solar donde se ubicará la planta industrial en las condiciones establecidas en la estipulación segunda de este contrato.

En el plazo fijado se incluye la completa puesta en marcha de la planta industrial encargada.

El plazo de ejecución de la obra quedará interrumpido en todo caso por el impago de cualquiera de las certificaciones de obra, hasta que la misma no sea abonada.

"NÚMERO" **Penalización**
En el caso de retraso en el plazo pactado en la estipulación octava. El **Ejecutante** transcurrido un plazo de *"especificar plazo de gracia"* (plazo de gracia) sin haberla terminado, pagará como penalización al **Cliente** por cada mes de retraso un *"valor porcentual en letra, en caso de retraso"* del presupuesto. De la penalización se deducirán, en todo caso, las cantidades que tenga pendientes de cobro el **Ejecutante**. MCM 5205 s.

"NÚMERO" **Subcontratación**
Bajo su exclusiva responsabilidad, el **Ejecutante** podrá llevar a cabo subcontrataciones para la ejecución de la obra. CC art.1544, 1583 a 1587

"NÚMERO" **Seguro**
El **Ejecutante** está obligado a concertar por todo el tiempo que dure la obra un seguro que cubra todos los posibles riesgos de la construcción hasta el importe del presupuesto de la misma.

"NÚMERO" **Terminación y resolución del contrato**

 **Nota:**

*Las **posibilidades** en relación con este tipo de cláusulas son muchas. Puede ocurrir que se atribuya a ambas partes la facultad de dar por concluido el contrato ante cualquier incumplimiento de la otra parte, sin tener que recurrir a formalismo alguno. Pero puede ocurrir también que esa formalidad se atribuya solo a alguna de las partes, o que se sujete la efectividad de dicha medida a algún tipo de requisito. Dadas las múltiples variedades que ello puede adoptar, hemos preferido por establecer un **modelo común**, con carácter general, al que se pueden introducir ciertos aspectos o modificaciones particulares.*

"Apartado"
Son causas de terminación y resolución del presente contrato las siguientes:

a) Su terminación normal, ya sea por haber llegado el contrato a su vencimiento, ya sea por haberse cumplido y ejecutado la prestación a la que ambas partes se encuentran obligadas, ya sea por acuerdo mutuo de las partes.

b) Por incumplimiento de cualquiera de las partes de alguna de las cláusulas del presente contrato, sin que dicho incumplimiento fuera subsanado dentro de los *"especificar días"* días siguientes a la notificación por escrito efectuada por la otra parte solicitando la subsanación del incumplimiento.

"Apartado"
En caso de declaración de concurso de cualquiera de las partes, se estará a lo dispuesto en los artículos 156 y siguientes de la vigente Ley Concursal (RDLeg 1/2020, de 5 de mayo).

"Apartado"
La resolución del presente contrato o de cualquiera de las licencias concedidas en su aplicación no excluye cualquier otra reparación legal o judicial que cualquiera de las partes estime oportuno obtener.

"NÚMERO" **Gastos del contrato**
Queda expresamente convenido que todos los gastos, impuestos, contribuciones, tasas o arbitrios, presentes o futuros, que origine este contrato serán satisfechos por las partes, conforme a Ley.

"NÚMERO" **Sometimiento a arbitraje**
Con renuncia expresa al ejercicio de cualquier acción ante los juzgados y tribunales, las partes se comprometen expresamente a instituir, en su día, un arbitraje de Derecho Privado, con arreglo a la legislación vigente, para resolver cuantas dudas o divergencias pudieran surgir entre ellas como consecuencia de la interpretación o cumplimiento de este contrato.

Arrendamientos Mercantiles

MCM 5205 s.

***"NÚMERO"* Normativa aplicable al contrato**
El presente contrato tiene carácter de mercantil y se regirá, en primer término, por las estipulaciones contenidas en el mismo, y, en lo en ellas no previsto, por las disposiciones del Código de Comercio, Leyes especiales, los usos y costumbres mercantiles y, en su defecto, por lo establecido en el Código Civil.

CC art.1544, 1583 a 1587

***"NÚMERO"* Elevación a documento público**
El presente contrato se elevará a público a solicitud de cualquiera de las partes, siendo los gastos del fedatario pagados por la parte que lo solicite.

Y en prueba de conformidad, ambas partes firman el presente contrato, que se extiende en dos ejemplares, igualmente originales, en el lugar y fecha indicados en su encabezamiento.

EL EJECUTANTE **EL CLIENTE**

Transferencia de tecnología (know-how) y asistencia técnica

MCM 2792 y 2820

CC art.1088 a 1314; L 1/2019

Nota preliminar:

- Por el contrato de transferencia de tecnología, o asistencia técnica, o licencia de know-how, una empresa transfiere a otra ciertos **procedimientos** de fabricación, transformación y conservación, o bien la asistencia técnica o los **conocimientos tecnológicos** para una mejor utilización de tales prestaciones en su proceso productivo.

- En definitiva, el contrato de know-how (saber hacer) tiene por **objeto** la cesión del uso de conocimientos de tipo técnico, comercial, financiero, administrativo, industrial, etc., de una empresa a otra, siendo habitual que esta transmisión se complemente con la obligación de asesoramiento y asistencia técnica.

- El contrato de transferencia de tecnología tiene indudables **aproximaciones** al contrato de **asistencia técnica**, modalidad atípica, a su vez, del contrato de arrendamiento de servicios que conoce nuestro Código Civil y son modalidades que están todas amparadas por los principios de libertad de contratación y autonomía de la voluntad de las partes que reconoce dicho texto en el CC art.1255 y concordantes (TS Contencioso 2-10-99, EDJ 32894; 19-12-02, EDJ 61242).

- Téngase en cuenta que en virtud de la L 1/2009, el **secreto empresarial** es transmisible, bien mediante contrato de transmisión, bien mediante contrato de licencia. En este último caso, la licencia determinará el alcance objetivo, material, territorial y temporal que en cada caso se pacte. Salvo pacto en contrario, el titular de una licencia contractual tendrá derecho a realizar todos los actos que integran la utilización del secreto empresarial. La licencia puede ser exclusiva o no exclusiva. Se presumirá que la licencia es no exclusiva y que el licenciante puede otorgar otras licencias o utilizar por sí mismo el secreto empresarial. La licencia exclusiva impide el otorgamiento de otras licencias y el licenciante solo podrá utilizar el secreto empresarial si en el contrato se hubiera reservado expresamente ese derecho. El titular de una licencia contractual no podrá cederla a terceros, ni conceder sublicencias, a no ser que se hubiere convenido lo contrario. El licenciatario o sublicenciatario estará obligado a adoptar las medidas necesarias para evitar la violación del secreto empresarial.

- No está sujeto a especiales **requisitos de forma**, pudiéndose celebrar tanto de forma verbal, como por escrito y, en este último caso, mediante documento privado o público *(La intervención del notario es facultativa para las partes. Los notarios realizan las funciones que anteriormente realizaban los corredores de comercio, cuerpo desaparecido a partir del 1-10-00, momento en el que se produce la fusión de los cuerpos de notarios y corredores de comercio colegiados* (L 55/1999 disp.adic.24ª).

- El modelo presupone unas **circunstancias** determinadas que serán las **más frecuentes**. Si en el caso concreto existen circunstancias particulares no previstas, deberá completarse o modificarse el modelo adaptándolo a las mismas.

En *"localidad"*, a *"fecha"*

REUNIDOS:

De una parte,

"Don/Doña nombre y apellidos de la parte", mayor de edad, *"estado civil de la parte" "... "especificar el régimen económico matrimonial de la parte" ..."*, de nacionalidad *"nacionalidad de la parte"*, con domicilio a estos efectos en *"domicilio de la parte"*, *"...con DNI/NIF número "DNI/NIF de la parte" ... O ... con tarjeta de residencia número "número de tarjeta de residencia de la parte" ... O ... pasaporte número "número de pasaporte de la parte", expedido el "fecha de expedición del pasaporte de la parte" ... O ... "reseñar otros documentos aportados por la parte" ..."*, vigente hasta el *"fecha de vigencia de la documentación aportada por la parte"*.

MCM 2792 y 2820

Interviene en nombre y representación de la sociedad mercantil denominada *"denominación de la Sociedad"*, domiciliada en *"domicilio de la Sociedad"*, y con NIF número *"NIF de la Sociedad"*, constituida, por tiempo indefinido, mediante escritura otorgada ante el notario de *"lugar del notario que autorizó la escritura pública"*, *"Don/Doña nombre y apellidos del notario que autorizó la escritura pública"*, el *"fecha de autorización de la escritura pública"*, e inscrita en el Registro Mercantil de *"datos de la inscripción registral (localidad del Registro Mercantil, tomo, folio, sección, hoja e inscripción)"*, en su calidad de

≻≻

CC art.1088 a 1314; L 1/2019

○ Si representa como cargo social:

"...administrador único ... O ... administrador solidario ... O ... consejero delegado ... O ... "especificar la representación del cargo social" ... " de la reseñada sociedad, cargo para el que fue nombrado y asegura vigente en escritura otorgada el *"fecha de escritura del nombramiento del cargo"*, ante el notario de *"lugar donde radica la notaría en la que se autorizó la escritura del nombramiento"*, *"Don/Doña nombre y apellidos del notario que autorizó la escritura del nombramiento"*, con el número *"número de protocolo del notario que autorizó la escritura del nombramiento"* de su protocolo, e inscrita en el Registro Mercantil de *"localidad del Registro Mercantil de la escritura de nombramiento"*, en el tomo y hoja arriba indicados.

○ Si representa como apoderado:

apoderado de la reseñada sociedad, según escritura de poder otorgada a su favor, en *"fecha de escritura del otorgamiento del poder"*, ante el notario de *"lugar donde radica la notaría en la que se autorizó la escritura de poder"*, *"Don/Doña nombre y apellidos del notario que autorizó la escritura de poder"*, con el número *"número de protocolo del notario que autorizó la escritura de poder"* de su protocolo *"...e inscrita en el Registro Mercantil de "localidad del Registro Mercantil de la escritura de poder" ... "*, en el tomo y hoja arriba indicados.

≺≺

En adelante, el **Licenciante.**

De otra parte,

"Don/Doña nombre y apellidos de la parte", mayor de edad, *"estado civil de la parte" "... "especificar el régimen económico matrimonial de la parte" ... "*, de nacionalidad *"nacionalidad de la parte"*, con domicilio a estos efectos en *"domicilio de la parte"*, *"...con DNI/NIF número "DNI/NIF de la parte" ... O ... con tarjeta de residencia número "número de tarjeta de residencia de la parte" ... O ... pasaporte número "número de pasaporte de la parte", expedido el "fecha de expedición del pasaporte de la parte" ... O ... "reseñar otros documentos aportados por la parte" ... "*, vigente hasta el *"fecha de vigencia de la documentación aportada por la parte"*.

Interviene en nombre y representación de la sociedad mercantil denominada *"denominación de la Sociedad"*, domiciliada en *"domicilio de la Sociedad"*, y con NIF número *"NIF de la Sociedad"*, constituida, por tiempo indefinido, mediante escritura otorgada ante el notario de *"lugar del notario que autorizó la escritura pública"*, *"Don/Doña nombre y apellidos del notario que autorizó la escritura pública"*, el *"fecha de autorización de la escritura pública"*, e inscrita en el Registro Mercantil de *"datos de la inscripción registral (localidad del Registro Mercantil, tomo, folio, sección, hoja e inscripción)"*, en su calidad de

≻≻

○ Si representa como cargo social:

"...administrador único ... O ... administrador solidario ... O ... consejero delegado ... O ... "especificar la representación del cargo social" ... " de la reseñada sociedad, cargo para el que fue nombrado y asegura vigente en escritura otorgada el *"fecha de escritura del nombramiento del cargo"*, ante el notario de *"lugar donde radica la notaría en la que se autorizó la escritura del nombramiento"*, *"Don/Doña nombre y apellidos del notario que autorizó la escritura del nombramiento"*, con el número *"número de protocolo del notario que autorizó la escritura del nombramiento"* de su protocolo, e inscrita en el Registro Mercantil de *"localidad del Registro Mercantil de la escritura de nombramiento"*, en el tomo y hoja arriba indicados.

MCM 2792 y 2820

o Si representa como apoderado:

apoderado de la reseñada sociedad, según escritura de poder otorgada a su favor, en *"fecha de escritura del otorgamiento del poder"*, ante el notario de *"lugar donde radica la notaría en la que se autorizó la escritura de poder"*, *"Don/Doña nombre y apellidos del notario que autorizó la escritura de poder"*, con el número *"número de protocolo del notario que autorizó la escritura de poder"* de su protocolo *"...e inscrita en el Registro Mercantil de "localidad del Registro Mercantil de la escritura de poder" ..."*, en el tomo y hoja arriba indicados.

≺≺

En adelante, el **Licenciatario**.

CC art.1088 a 1314; L 1/2019

Las partes se reconocen la capacidad legal necesaria para contratar y obligarse y, a tal efecto

EXPONEN:

I. El **Licenciante** es una empresa dedicada a *"actividad del Licenciante"* y con implantación en *"lugar o centro"*, que desarrolla una importante actividad en proyectos I + D, fruto de la cual ha obtenido una serie de patentes y registros propios que se describen en el Anexo 1 de este contrato, que tiene registrados a su nombre en la Oficina Española de Patentes y Marcas, con el número de registro y fecha que constan en dicho Anexo.

II. El **Licenciante** está en posesión de dicho know-how, así como de la información técnica necesaria para la aplicación de la tecnología *"especificar los procedimientos tecnológicos que correspondan"*.

III. El **Licenciatario** está interesado en que le sea transmitido dicho know-how, así como en beneficiarse de la asistencia técnica necesaria para su correcto aprovechamiento.

IV. El **Licenciatario** y el **Licenciante** han alcanzado un acuerdo en virtud del cual este último se compromete a transmitir el know-how mencionado y prestarle la asistencia técnica necesaria para su correcto aprovechamiento, pactando para su ejecución el presente contrato de know-how y asistencia técnica, con arreglo a las siguientes

ESTIPULACIONES:

"Número" Objeto del contrato

El **Licenciante** cede al **Licenciatario** los derechos tecnológicos que posee, que constan en el Anexo 1 a este contrato, para que éste haga uso de los mismos en sus procesos productivos, facilitándole asimismo la asistencia técnica necesaria para ello.

"Número" Licencias

El uso de la tecnología transmitida en virtud del presente contrato, queda restringido al ámbito geográfico de *"especificar la zona restringida"*, quedando prohibida al **Licenciatario** la transmisión a terceros de la tecnología transmitida, toda vez que la cesión se hace en exclusiva.

"Número" Derechos de propiedad industrial e intelectual

El **Licenciatario** queda obligado al pago de todas las tasas y derechos que resulten necesarios para el mantenimiento de la tecnología transmitida.

"Número" Propiedad del know-how

El know-how objeto del presente contrato cedido en exclusiva al **Licenciatario** sigue siendo propiedad del **Licenciante**, que únicamente asume el compromiso de no transmitirlo a terceros durante la vigencia del presente contrato, sometiéndolo a las medidas de confidencialidad y secreto establecidas en Anexo 2 a este contrato.

MCM 2792 y 2820

"Número" Asistencia técnica
Con el objeto de que el **Licenciatario** haga un correcto uso de la tecnología que le ha sido transmitida, el **Licenciante** prestará a aquel un servicio de asistencia técnica tanto para la instalación de la tecnología como para su posterior funcionamiento, durante todo el tiempo de duración del presente contrato; instruyendo en todo momento al personal del **Licenciatario** en el manejo de la mencionada tecnología.

CC art.1088 a 1314; L 1/2019

"Número" Obligación de secreto

Nota:

La obligación de guardar ***secreto*** *deviene esencial en este tipo contratos, dada la índole de los mismos; siendo habitual que ésta sea bastante pormenorizada.*

El **Licenciatario** asume el compromiso de guardar el secreto del know-how que le ha sido cedido, estándole absolutamente prohibido vender o transmitir el mismo a cualquier tercero, ni hacer un uso distinto del mismo al permitido en el presente contrato sin la autorización del **Licenciante**. En concreto, el **Licenciatario** se obliga a:

1. No proceder a la divulgación o comunicación de la información técnica que le ha sido transmitida con el presente contrato.
2. Restringir, en la medida de lo posible, el acceso a dicha información a sus empleados.
3. Controlar que sus empleados mantienen la presente obligación de secreto.
4. Mantener la obligación de secreto incluso una vez expirado el presente contrato, hasta que la misma pase al dominio público.
5. Impedir cualquier tipo de copia de dicha información por parte de terceros.
6. *"especificar otras obligaciones"*.

Esta obligación no será de aplicación a la información que en el momento de ser revelada sea del dominio público.

"Número" Nuevas tecnologías
En el caso de que vigente el presente contrato el **Licenciante** desarrollase una nueva tecnología que viniese a sustituir a la cedida al **Licenciatario**, éste tendrá un derecho de opción para su adquisición en exclusiva, en las mismas condiciones que la cedida por el presente contrato.

"Número" Precio del contrato
El Licenciatario abonará al **Licenciante** por la cesión de patentes: *"importe por cesión de patentes, en letra"* euros (*"importe por cesión de patentes, en número"* €); por la cesión de la tecnología: *"importe por cesión de tecnología, en letra"* euros (*"importe por cesión de tecnología, en número"* €); por asistencia técnica durante todo el período de vigencia del contrato: *"importe por asistencia técnica"* euros.
El pago del precio se realizará mediante cheque bancario conformado o ingreso en la cuenta corriente núm. *"número de cuenta corriente"*, en el Banco/Caja *"nombre del Banco o Caja"*, sucursal de *"lugar o número de oficina"*, a nombre del **Licenciante**, de la siguiente forma:
- Un *"valor porcentual a la firma del contrato"* se abonará a la firma del presente contrato, que tiene valor de carta de pago por dicha cantidad a todos los efectos.

- Un *"valor porcentual al cumplimiento de la segunda condición"* una vez que la tecnología transmitida haya sido completamente implantada en las factorías del **Licenciatario**.
- El *"valor porcentual al cumplimiento de la tercera condición"* transcurridos *"especificar plazo, en meses"* meses desde la implantación de la tecnología en las factorías del **Licenciatario**.

MCM 2792 y 2820

CC art.1088 a 1314; L 1/2019

"Número" Comisiones
Al margen del precio pactado, el **Licenciatario** deberá abonar al **Licenciante**, durante el plazo de vigencia del contrato, las siguientes comisiones:

- Por la cesión de patentes de *"tipo de patentes"*, el *"valor porcentual (primer requisito)"* de la facturación de las ventas de esa patente.

- Por la asistencia técnica el *"valor porcentual (segundo requisito)"* de la facturación anual una vez descontados impuestos.

- Por razón de la formación del personal los gastos de desplazamiento y dietas incrementados en un *"valor porcentual (tercer requisito)"*.

Para el cumplimiento de estas obligaciones el **Licenciatario** estará obligado a facilitar al **Licenciante** los estados de cuentas y toda la documentación contable que éste requiera para efectuar las correspondientes liquidaciones de comisiones.

"Número" Defensa de títulos de propiedad industrial
Mientras el presente contrato esté en vigor, el **Licenciante** asume la obligación de salvaguardar los derechos de propiedad industrial cedidos en virtud del presente contrato, asumiendo la obligación de defender los mismos de cualquier infracción que pudieran sufrir, adoptando todas las medidas legales necesarias para ello, previa comunicación al **Licenciatario.**

"Número" Duración
El presente contrato tendrá una duración de *"número"* años, transcurridos los cuales, podrá ser renovado por iguales periodos, renovándose automáticamente si ninguna de las partes denuncia el mismo con un preaviso mínimo de *"especificar plazo de preaviso"* antes de la finalización del mismo.

"Número" Terminación y resolución del contrato
✍ **Nota:**

*Las **posibilidades** en relación con este tipo de cláusulas son muchas. Puede ocurrir que se atribuya a ambas partes la facultad de dar por concluido el contrato ante cualquier incumplimiento de la otra parte, sin tener que recurrir a formalismo alguno. Pero puede ocurrir también que esa formalidad se atribuya solo a alguna de las partes, o que se sujete la efectividad de dicha medida a algún tipo de requisito. Dadas las múltiples variedades que ello puede adoptar, hemos preferido por establecer un **modelo común**, con carácter general, al que se pueden introducir ciertos aspectos o modificaciones particulares.*

"Apartado"
Son causas de terminación y resolución del presente contrato las siguientes:

a) Su terminación normal, ya sea por haber llegado el contrato a su vencimiento, ya sea por haberse cumplido y ejecutado la prestación a la que ambas partes se encuentran obligadas, ya sea por acuerdo mutuo de las partes.

b) Por incumplimiento de cualquiera de las partes de alguna de las cláusulas del presente contrato, sin que dicho incumplimiento fuera subsanado dentro de los *"especificar días"* días siguientes a la notificación por escrito efectuada por la otra parte solicitando la subsanación del incumplimiento.

"Apartado"
En caso de declaración de concurso de cualquiera de las partes, se estará a lo dispuesto en los artículos 156 y siguientes de la vigente Ley Concursal (RDLeg 1/2020, de 5 de mayo).

"Apartado"
La resolución del presente contrato o de cualquiera de las licencias concedidas en su aplicación no excluye cualquier otra reparación legal o judicial que cualquiera de las partes estime oportuno obtener.

MCM 2792 y 2820

CC art.1088 a 1314; L 1/2019

"Apartado"
La extinción del presente contrato no liberará al Licenciatario de sus obligaciones de reserva y confidencialidad con respecto a la información revelada con ocasión de la transmisión de know-how objeto del presente contrato, las cuales persistirán durante los cinco años siguientes al momento en que se produzca dicha extinción o terminación.

"Número" Gastos del contrato
Queda expresamente convenido que todos los gastos, impuestos, contribuciones, tasas o arbitrios, presentes o futuros, que origine este contrato serán satisfechos por las partes, conforme a Ley.

"Número" Sometimiento a arbitraje
Con renuncia expresa al ejercicio de cualquier acción ante los juzgados y tribunales, las partes se comprometen expresamente a instituir, en su día, un arbitraje de Derecho Privado, con arreglo a la legislación vigente, para resolver cuantas dudas o divergencias pudieran surgir entre ellas como consecuencia de la interpretación o cumplimiento de este contrato.

"Número" Normativa aplicable al contrato
El presente contrato tiene carácter de mercantil y se regirá, en primer término, por las estipulaciones contenidas en el mismo, y, en lo en ellas no previsto, por las disposiciones del Código de Comercio, Leyes especiales, los usos y costumbres mercantiles y, en su defecto, por lo establecido en el Código Civil.

"Número" Elevación a documento público
El presente contrato se elevará a público a solicitud de cualquiera de las partes, siendo los gastos del fedatario pagados por la parte que lo solicite.

Y en prueba de conformidad, ambas partes firman el presente contrato, que se extiende en dos ejemplares, igualmente originales, en el lugar y fecha indicados en su encabezamiento.

EL LICENCIANTE **EL LICENCIATARIO**

Colaboración externa empresarial («outsourcing»)

MCM 5230 s.

Nota preliminar:

- Hemos optado por incluir un modelo típico de contrato de *outsourcing*, el supuesto en el que una empresa encarga a otra el **mantenimiento y suministro de equipos informáticos**.

- El contrato de *outsourcing* o externalización carece de una **normativa específica**, resultando aplicable al mismo la normativa general sobre obligaciones y contratos.

CC art.1088 a 1314

- El contrato de **«outsourcing»** consiste en la realización por una empresa externa de trabajos y funciones que normalmente serían realizados por la propia organización empresarial de quien lo contrata, pero que por distintas razones decide que sea un tercero quien los realice, para garantizar la eficacia en la realización de los mismos.

- Desde el punto de vista doctrinal, el *outsourcing* se corresponde mejor, en principio, con la **figura análoga** del arrendamiento de servicios, antes que con el arrendamiento de obra (AP Madrid 24-7-23, EDJ 688775).

- No está sujeto a especiales **requisitos de forma**, pudiéndose celebrar tanto de forma verbal, como por escrito y, en este último caso, mediante documento privado o público *(La intervención del notario es facultativa para las partes. Los notarios realizan las funciones que anteriormente realizaban los corredores de comercio, cuerpo desaparecido a partir del 1-10-00, momento en el que se produce la fusión de los cuerpos de notarios y corredores de comercio colegiados* (L 55/1999 disp.adic.24ª).

- El modelo presupone unas **circunstancias** determinadas que serán las **más frecuentes**. Si en el caso concreto existen circunstancias particulares no previstas, deberá completarse o modificarse el modelo adaptándolo a las mismas.

En *"localidad"*, a *"fecha"*

REUNIDOS:

De una parte,

"Don/Doña nombre y apellidos de la parte", mayor de edad, *"estado civil de la parte" "... "especificar el régimen económico matrimonial de la parte" ... "*, de nacionalidad *"nacionalidad de la parte"*, con domicilio a estos efectos en *"domicilio de la parte"*, *"...con DNI/NIF número "DNI/NIF de la parte" ... O ... con tarjeta de residencia número "número de tarjeta de residencia de la parte" ... O ... pasaporte número "número de pasaporte de la parte", expedido el "fecha de expedición del pasaporte de la parte" ... O ... "reseñar otros documentos aportados por la parte" ... "*, vigente hasta el *"fecha de vigencia de la documentación aportada por la parte"*.

Interviene en nombre y representación de la sociedad mercantil denominada *"denominación de la Sociedad"*, domiciliada en *"domicilio de la Sociedad"*, y con NIF número *"NIF de la Sociedad"*, constituida, por tiempo indefinido, mediante escritura otorgada ante el notario de *"lugar del notario que autorizó la escritura pública"*, *"Don/Doña nombre y apellidos del notario que autorizó la escritura pública"*, el *"fecha de autorización de la escritura pública"*, e inscrita en el Registro Mercantil de *"datos de la inscripción registral (localidad del Registro Mercantil, tomo, folio, sección, hoja e inscripción)"*, en su calidad de

MCM 5230 s.

CC art.1088 a 1314

>>

❍ Si representa como cargo social:

"...administrador único ... O ... administrador solidario ... O ... consejero delegado ... O ... "especificar la representación del cargo social" ... " de la reseñada sociedad, cargo para el que fue nombrado y asegura vigente en escritura otorgada el *"fecha de escritura del nombramiento del cargo"*, ante el notario de *"lugar donde radica la notaría en la que se autorizó la escritura del nombramiento"*, *"Don/Doña nombre y apellidos del notario que autorizó la escritura del nombramiento"*, con el número *"número de protocolo del notario que autorizó la escritura del nombramiento"* de su protocolo, e inscrita en el Registro Mercantil de *"localidad del Registro Mercantil de la escritura de nombramiento"*, en el tomo y hoja arriba indicados.

❍ Si representa como apoderado:

apoderado de la reseñada sociedad, según escritura de poder otorgada a su favor, en *"fecha de escritura del otorgamiento del poder"*, ante el notario de *"lugar donde radica la notaría en la que se autorizó la escritura de poder"*, *"Don/Doña nombre y apellidos del notario que autorizó la escritura de poder"*, con el número *"número de protocolo del notario que autorizó la escritura de poder"* de su protocolo *"...e inscrita en el Registro Mercantil de "localidad del Registro Mercantil de la escritura de poder" ... "*, en el tomo y hoja arriba indicados.

<<

En adelante, la **Empresa colaboradora**.

De otra parte,

"Don/Doña nombre y apellidos de la parte", mayor de edad, *"estado civil de la parte" "..."especificar el régimen económico matrimonial de la parte" ... "*, de nacionalidad *"nacionalidad de la parte"*, con domicilio a estos efectos en *"domicilio de la parte"*, *"...con DNI/NIF número "DNI/NIF de la parte" ... O ... con tarjeta de residencia número "número de tarjeta de residencia de la parte" ... O ... pasaporte número "número de pasaporte de la parte", expedido el "fecha de expedición del pasaporte de la parte" ... O ... "reseñar otros documentos aportados por la parte" ... "*, vigente hasta el *"fecha de vigencia de la documentación aportada por la parte"*.

Interviene en nombre y representación de la sociedad mercantil denominada *"denominación de la Sociedad"*, domiciliada en *"domicilio de la Sociedad"*, y con NIF número *"NIF de la Sociedad"*, constituida, por tiempo indefinido, mediante escritura otorgada ante el notario de *"lugar del notario que autorizó la escritura pública"*, *"Don/Doña nombre y apellidos del notario que autorizó la escritura pública"*, el *"fecha de autorización de la escritura pública"*, e inscrita en el Registro Mercantil de *"datos de la inscripción registral (localidad del Registro Mercantil, tomo, folio, sección, hoja e inscripción)"*, en su calidad de

>>

❍ Si representa como cargo social:

"...administrador único ... O ... administrador solidario ... O ... consejero delegado ... O ... "especificar la representación del cargo social" ... " de la reseñada sociedad, cargo para el que fue nombrado y asegura vigente en escritura otorgada el *"fecha de escritura del nombramiento del cargo"*, ante el notario de *"lugar donde radica la notaría en la que se autorizó la escritura del nombramiento"*, *"Don/Doña nombre y apellidos del notario que autorizó la escritura del nombramiento"*, con el número *"número de protocolo del notario que autorizó la escritura del nombramiento"* de su protocolo, e inscrita en el Registro Mercantil de *"localidad del Registro Mercantil de la escritura de nombramiento"*, en el tomo y hoja arriba indicados.

○ **Si representa como apoderado:**

apoderado de la reseñada sociedad, según escritura de poder otorgada a su favor, en *"fecha de escritura del otorgamiento del poder"*, ante el notario de *"lugar donde radica la notaría en la que se autorizó la escritura de poder"*, *"Don/Doña nombre y apellidos del notario que autorizó la escritura de poder"*, con el número *"número de protocolo del notario que autorizó la escritura de poder"* de su protocolo *"...e inscrita en el Registro Mercantil de "localidad del Registro Mercantil de la escritura de poder" ..."*, en el tomo y hoja arriba indicados.

MCM 5230 s.

≺≺

En adelante, el **Cliente**.

CC art.1088 a 1314

Las partes se reconocen la capacidad legal necesaria para contratar y obligarse y, a tal efecto

EXPONEN:

I. Que la **Empresa colaboradora**, es una sociedad especializada en mantenimiento de redes informáticas, suministro de equipos y asistencia técnica tanto en materia de software como de hardware.

II. Que el **Cliente**, es una sociedad cuya actividad principal es *"actividad del Cliente"*.

III. Que el **Cliente**, tiene la necesidad de que se le preste un servicio externo de mantenimiento y suministro de equipos informáticos, con la asistencia técnica necesaria.

IV. El **Cliente** y la **Empresa colaboradora** han alcanzado un acuerdo en virtud del cual esta última se compromete a prestar un servicio de mantenimiento, suministro y asistencia técnica de equipos informáticos, pactando para su ejecución el presente contrato de outsourcing, con arreglo a las siguientes

ESTIPULACIONES:

"NÚMERO" **Objeto**

La **Empresa colaboradora** se obliga, en virtud del presente contrato, a prestar un servicio de mantenimiento de la red informática que tiene instalada el **Cliente**, cuyas características se detallan en el Anexo 1 del presente contrato, así como a suministrar los equipos y programas informáticos que el **Cliente** requiera para el adecuado desarrollo de su actividad, pactándose un descuento del *"especificar el descuento porcentual"* sobre el precio de venta al público del equipo o programa suministrado por parte de la **Empresa colaboradora**, y comprometiéndose ésta, asimismo, a prestar un servicio de asistencia técnica para su correcto mantenimiento, tanto en materia de software como de hardware, siendo por cuenta del **Cliente** únicamente los costes de las piezas nuevas que deban sustituirse.

"NÚMERO" **Plazo de prestación de los servicios**

En el caso de que sean requeridos los servicios de la **Empresa colaboradora**, ésta se obliga a acudir al establecimiento del **Cliente** en un plazo máximo de *"número máximo de horas"* horas y a reparar o sustituir el equipo dañado en un plazo máximo de *"número máximo de días"* días.

"NÚMERO" **Precio**

El precio por la prestación del servicio de mantenimiento de la red y de asistencia técnica asciende a *"importe por prestación del servicio, en letra"* euros (*"importe por prestación del servicio, en número"* €) mensuales, que se abonarán mediante cheque bancario conformado o ingreso en la cuenta corriente núm. *"número de cuenta corriente"*, en el Banco/Caja *"nombre del Banco o Caja"*, sucursal de *"lugar o número de oficina"*, a nombre de la **Empresa colaboradora**, en los 10 primeros días de cada mes.

"NÚMERO" **Duración**

El presente contrato tiene una duración de un año, renovable de forma automática si ninguna de las partes lo denuncia al menos con un mes de antelación a la expiración del mismo. En caso de renovación, el precio del mismo se actualizará conforme al I.P.C. estatal.

Arrendamientos Mercantiles

Nota:

Téngase en cuenta la L 2/2015, *de* ***desindexación****, por la que se constituye un nuevo régimen legal en el que los valores monetarios no tengan que ser necesariamente modificados en virtud de índices de precios o fórmulas que los contengan. En el caso de contratación privada, solo procederá la revisión periódica de valores monetarios cuando se haya pactado expresamente. En ese caso, será aplicable la tasa de variación que corresponda al* ***Índice de Garantía de Competitividad*** *elaborado según el Anexo de dicha ley.*

MCM 5230 s.

"NÚMERO" **Resolución**

CC art.1088 a 1314

Al margen de las cláusulas generales de resolución, el impago de cualquiera de las mensualidades por parte del **Cliente**, dará opción a la **Empresa colaboradora** a reclamar judicialmente la resolución del contrato y a solicitar la correspondiente indemnización por daños y perjuicios, pactándose un interés de demora por incumplimiento del *"valor porcentual por incumplimiento"* desde la fecha de éste. Otorgándose igual posibilidad al **Cliente** en el caso de que la **Empresa colaboradora** no cumpla sus obligaciones en el plazo establecido en la estipulación segunda, pactándose una indemnización al **Cliente** equivalente al precio de una mensualidad.

"NÚMERO" **Subcontratación**

La **Empresa colaboradora** deberá prestar los servicios encomendados por sí misma, estándole vedada por tanto la posibilidad de subcontratar la prestación de los servicios que tiene encomendados.

"NÚMERO" **Confidencialidad**

Cada una de las partes mantendrá en secreto la información que pudiera obtener de la otra como consecuencia de la ejecución del presente contrato, no revelando información alguna relativa al mismo, sin previo consentimiento escrito de las partes.

Esta obligación permanecerá aún después de extinguido el presente contrato.

Las partes responderán de que el presente deber de secreto y confidencialidad sea respetado por sus empleados.

"NÚMERO" **Terminación y resolución del contrato**

Nota:

Las ***posibilidades*** *en relación con este tipo de cláusulas son muchas. Puede ocurrir que se atribuya a ambas partes la facultad de dar por concluido el contrato ante cualquier incumplimiento de la otra parte, sin tener que recurrir a formalismo alguno. Pero puede ocurrir también que esa formalidad se atribuya solo a alguna de las partes, o que se sujete la efectividad de dicha medida a algún tipo de requisito. Dadas las múltiples variedades que ello puede adoptar, hemos preferido por establecer un* ***modelo común****, con carácter general, al que se pueden introducir ciertos aspectos o modificaciones particulares.*

"Apartado"

Son causas de terminación y resolución del presente contrato las siguientes:

a) Su terminación normal, ya sea por haber llegado el contrato a su vencimiento, ya sea por haberse cumplido y ejecutado la prestación a la que ambas partes se encuentran obligadas, ya sea por acuerdo mutuo de las partes.

b) Por incumplimiento de cualquiera de las partes de alguna de las cláusulas del presente contrato, sin que dicho incumplimiento fuera subsanado dentro de los *"especificar días"* días siguientes a la notificación por escrito efectuada por la otra parte solicitando la subsanación del incumplimiento.

"Apartado"

En caso de declaración de concurso de cualquiera de las partes, se estará a lo dispuesto en los artículos 156 y siguientes de la vigente Ley Concursal (RDLeg 1/2020, de 5 de mayo).

"Apartado"
La resolución del presente contrato o de cualquiera de las licencias concedidas en su aplicación no excluye cualquier otra reparación legal o judicial que cualquiera de las partes estime oportuno obtener.

"NÚMERO" **Gastos del contrato** MCM 5230 s.
Queda expresamente convenido que todos los gastos, impuestos, contribuciones, tasas o arbitrios, presentes o futuros, que origine este contrato serán satisfechos por las partes, conforme a Ley.

"NÚMERO" **Sometimiento a arbitraje**
Con renuncia expresa al ejercicio de cualquier acción ante los juzgados y tribunales, las partes se comprometen expresamente a instituir, en su día, un arbitraje de Derecho Privado, con arreglo a la legislación vigente, para resolver cuantas dudas o divergencias pudieran surgir entre ellas como consecuencia de la interpretación o cumplimiento de este contrato. CC art.1088 a 1314

"NÚMERO" **Normativa aplicable al contrato**
El presente contrato tiene carácter de mercantil y se regirá, en primer término, por las estipulaciones contenidas en el mismo, y, en lo en ellas no previsto, por las disposiciones del Código de Comercio, Leyes especiales, los usos y costumbres mercantiles y, en su defecto, por lo establecido en el Código Civil.

"NÚMERO" **Elevación a documento público**
El presente contrato se elevará a público a solicitud de cualquiera de las partes, siendo los gastos del fedatario pagados por la parte que lo solicite.

Y en prueba de conformidad, ambas partes firman el presente contrato, que se extiende en dos ejemplares, igualmente originales, en el lugar y fecha indicados en su encabezamiento.

LA EMPRESA COLABORADORA **EL CLIENTE**

MCM 5245 s.

Comercialización de derechos de la personalidad («personality merchandising»)

CC art.1088 a 1314

Nota preliminar:

- El contrato de *merchandising* carece de una **regulación** específica, resultando aplicable al mismo la normativa general sobre obligaciones y contratos (CC art.1088 a 1314). Deben tenerse en cuenta, cuando proceda, la LO 1/1982, en lo que concierne a los derechos de imagen; la L 34/1988, en materia de publicidad; el RDLeg 1/1996, sobre propiedad intelectual; la L 17/2001, sobre marcas; o la L 3/1991, sobre competencia desleal.

- Por el contrato de **comercialización o «merchandising»**, una empresa (Empresa de Comercialización) colabora con otra (Empresa Cliente) para hacer que los productos de esta última sean más competitivos.

- En concreto, en el contrato de **«personality merchandising»**, se explota la imagen de una persona. La fama o notoriedad de la persona sirve como vehículo para la promoción de productos.

Al venir delimitado el ámbito protegido en la ley por el consentimiento del titular del derecho (LO 1/1982 art.2.2), debe entenderse que la **revocación del consentimiento** también incide en el derecho a la propia imagen como derecho fundamental, es decir, no exclusivamente en su aspecto o dimensión puramente patrimonial, pues así resulta tanto del carácter esencial atribuido por la propia LO 1/1982 al consentimiento como del contenido de la sentencia TCo 117/1994, centrado en la relevancia del consentimiento y de su revocación para el derecho a la propia imagen en su dimensión de derecho fundamental (AP Barcelona 24-1-19, EDJ 506962).

- Téngase en cuenta que se considera **intromisión ilegítima** en el derecho al honor, a la intimidad personal y familiar y a la propia imagen del **menor**, cualquier utilización de su imagen o su nombre en los medios de comunicación que pueda implicar menoscabo de su honra o reputación, o que sea contraria a sus intereses incluso si consta el consentimiento del menor o de sus representantes legales, razón por la que habrá que extremar la diligencia y el cuidado para no incurrir en intromisiones ilegítimas en la imagen de menores aun contando con el consentimiento de los progenitores (LO 1/1996 art.4.3).

- No está sujeto a especiales **requisitos de forma**, pudiéndose celebrar tanto de forma verbal, como por escrito y, en este último caso, mediante documento privado o público.

- El modelo presupone unas **circunstancias** determinadas que serán las **más frecuentes**. Si en el caso concreto existen circunstancias particulares no previstas, deberá completarse o modificarse el modelo adaptándolo a las mismas.

En *"localidad"*, a *"fecha"*

REUNIDOS:

De una parte,

"Don/Doña nombre y apellidos de la parte", mayor de edad, *"estado civil de la parte" "... "especificar el régimen económico matrimonial de la parte" ... "*, de nacionalidad *"nacionalidad de la parte"*, con domicilio a estos efectos en *"domicilio de la parte"*, *"...con DNI/NIF número "DNI/NIF de la parte" ... O ... con tarjeta de residencia número "número de tarjeta de residencia de la parte" ... O ... pasaporte número "número de pasaporte de la parte", expedido el "fecha de expedición del pasaporte de la parte" ... O ... "reseñar otros documentos aportados por la parte" ... "*, vigente hasta el *"fecha de vigencia de la documentación aportada por la parte"*.

Interviene en nombre y representación de la sociedad mercantil denominada *"denominación de la Sociedad"*, domiciliada en *"domicilio de la Sociedad"*, y con NIF número *"NIF de la Sociedad"*, constituida, por tiempo indefinido, mediante escritura otorgada ante el notario de *"lugar del notario que autorizó la escritura pública"*, *"Don/Doña nombre y apellidos del notario que autorizó la escritura pública"*, el *"fecha de autorización de la escritura pública"*, e inscrita en el Registro Mercantil de *"datos de la inscripción registral (localidad del Registro Mercantil, tomo, folio, sección, hoja e inscripción)"*, en su calidad de

MCM 5245 s.

>>

○ **Si representa como cargo social:**

CC art.1088 a 1314

"...administrador único ... O ... administrador solidario ... O ... consejero delegado ... O ... "especificar la representación del cargo social" ... " de la reseñada sociedad, cargo para el que fue nombrado y asegura vigente en escritura otorgada el *"fecha de escritura del nombramiento del cargo"*, ante el notario de *"lugar donde radica la notaría en la que se autorizó la escritura del nombramiento"*, *"Don/Doña nombre y apellidos del notario que autorizó la escritura del nombramiento"*, con el número *"número de protocolo del notario que autorizó la escritura del nombramiento"* de su protocolo, e inscrita en el Registro Mercantil de *"localidad del Registro Mercantil de la escritura de nombramiento"*, en el tomo y hoja arriba indicados.

○ **Si representa como apoderado:**

apoderado de la reseñada sociedad, según escritura de poder otorgada a su favor, en *"fecha de escritura del otorgamiento del poder"*, ante el notario de *"lugar donde radica la notaría en la que se autorizó la escritura de poder"*, *"Don/Doña nombre y apellidos del notario que autorizó la escritura de poder"*, con el número *"número de protocolo del notario que autorizó la escritura de poder"* de su protocolo *"...e inscrita en el Registro Mercantil de "localidad del Registro Mercantil de la escritura de poder" ... "*, en el tomo y hoja arriba indicados.

En adelante, la **Empresa de Comercialización**.

De otra parte,

"Don/Doña nombre y apellidos de la parte", mayor de edad, *"estado civil de la parte" "... "especificar el régimen económico matrimonial de la parte" ... "*, de nacionalidad *"nacionalidad de la parte"*, con domicilio a estos efectos en *"domicilio de la parte"*, *"...con DNI/NIF número "DNI/NIF de la parte" ... O ... con tarjeta de residencia número "número de tarjeta de residencia de la parte" ... O ... pasaporte número "número de pasaporte de la parte", expedido el "fecha de expedición del pasaporte de la parte" ... O ... "reseñar otros documentos aportados por la parte" ... "*, vigente hasta el *"fecha de vigencia de la documentación aportada por la parte"*.

Interviene en nombre y representación de la sociedad mercantil denominada *"denominación de la Sociedad"*, domiciliada en *"domicilio de la Sociedad"*, y con NIF número *"NIF de la Sociedad"*, constituida, por tiempo indefinido, mediante escritura otorgada ante el notario de *"lugar del notario que autorizó la escritura pública"*, *"Don/Doña nombre y apellidos del notario que autorizó la escritura pública"*, el *"fecha de autorización de la escritura pública"*, e inscrita en el Registro Mercantil de *"datos de la inscripción registral (localidad del Registro Mercantil, tomo, folio, sección, hoja e inscripción)"*, en su calidad de

○ **Si representa como cargo social:**

"...administrador único ... O ... administrador solidario ... O ... consejero delegado ... O ... "especificar la representación del cargo social" ... " de la reseñada sociedad, cargo para el que fue nombrado y asegura vigente en escritura otorgada el *"fecha de escritura del nombramiento del cargo"*, ante el notario de *"lugar donde radica la notaría en la que se autorizó la escritura del nombramiento"*,

MCM 5245 s.

"Don/Doña nombre y apellidos del notario que autorizó la escritura del nombramiento", con el número *"número de protocolo del notario que autorizó la escritura del nombramiento"* de su protocolo, e inscrita en el Registro Mercantil de *"localidad del Registro Mercantil de la escritura de nombramiento"*, en el tomo y hoja arriba indicados.

○ Si representa como apoderado:

CC art.1088 a 1314

apoderado de la reseñada sociedad, según escritura de poder otorgada a su favor, en *"fecha de escritura del otorgamiento del poder"*, ante el notario de *"lugar donde radica la notaría en la que se autorizó la escritura de poder"*, *"Don/Doña nombre y apellidos del notario que autorizó la escritura de poder"*, con el número *"número de protocolo del notario que autorizó la escritura de poder"* de su protocolo *"...e inscrita en el Registro Mercantil de "localidad del Registro Mercantil de la escritura de poder" ..."*, en el tomo y hoja arriba indicados.

<<

En adelante, la **Empresa Cliente**.

Las partes se reconocen la capacidad legal necesaria para contratar y obligarse y, a tal efecto

EXPONEN:

I. Que la **Empresa de Comercialización** está dedicada en exclusiva a la investigación y estudio de mercados, así como a la promoción de productos.

II. Que la **Empresa de Comercialización** tiene cedidos en exclusiva los derechos de imagen *"imagen de la empresa cliente"*, por un periodo de *"periodo de vigencia de la cesión, en años"* años, en virtud de un contrato firmado con éste en fecha *"fecha de formalización del contrato"*, que se aporta como Anexo 1 al presente contrato.

III. Que la **Empresa Cliente**, tiene como intención el incremento de las ventas de los siguientes productos: *"especificar productos a promocionar"*, así como que dichos productos se identifiquen con la imagen de *"imagen de la empresa cliente"*.

IV. Que la **Empresa Cliente** y la **Empresa de Comercialización** han alcanzado un acuerdo en virtud del cual esta última se compromete llevar a cabo la promoción de los productos indicados, pactando para su ejecución el presente contrato de *personality merchandising*, con arreglo a las siguientes

ESTIPULACIONES:

***"NÚMERO"* Objeto**

La **Empresa de Comercialización** asume la obligación de llevar a cabo un estudio de mercado sobre el sector en que proyecta comercializar los productos citados en el expositivo III la **Empresa Cliente**, así como un estudio de dichos productos, incluyendo el examen de sus características, rasgos diferenciadores, embalaje, precio, difusión, etc., y de las posibilidades de mejorar su comercialización e incrementar las ventas de los mismos.

***"NÚMERO"* Cesión de derechos de imagen**

La **Empresa de Comercialización**, una vez finalizados dichos estudios, que deberán estar realizados y presentados a la **Empresa Cliente** en un plazo máximo de *"plazo máximo de presentación de los estudios"*, cede a la **Empresa Cliente** el uso de la imagen de *"imagen de la empresa cliente"*, que a su vez tiene cedida por éste en virtud del contrato que se adjunta como Anexo 1, en las condiciones y con los limites en éste establecidos, para utilizarla en sus campañas publicitarias. La cesión de dicha imagen será por un periodo máximo de un año.

Nota:

*Si bien el **derecho a la imagen** es un derecho irrenunciable, inalienable e imprescriptible, el mismo tiene una vertiente patrimonial que puede ser usada con fines comerciales* (TCo 11-4-94).

*La **vulneración** de un contrato de cesión o autorización de la imagen de una persona no da lugar a infracción del derecho fundamental a la propia imagen, sino, en su caso, a un incumplimiento contractual (*AP Madrid 31-1-14, *EDJ 16639;* TS 20-4-01, *EDJ 6422;* TCo 99/1994*).*

*Al venir delimitado el ámbito protegido en la ley por el consentimiento del titular del derecho (LO 1/1982 art.2.2), debe entenderse que la **revocación del consentimiento** también incide en el derecho a la propia imagen como derecho fundamental, es decir, no exclusivamente en su aspecto o dimensión puramente patrimonial, pues así resulta tanto del carácter esencial atribuido por la propia LO 1/1982 al consentimiento como del contenido de la sentencia TCo 117/1994, centrado en la relevancia del consentimiento y de su revocación para el derecho a la propia imagen en su dimensión de derecho fundamental (AP Barcelona 24-1-19, EDJ 506962).*

MCM 5245 s.

CC art.1088 a 1314

"NÚMERO" Pacto de exclusividad

La **Empresa de Comercialización** se compromete a no contratar prestaciones iguales o semejantes con otra empresa del sector, así como a no ceder la imagen de *"imagen de la empresa cliente"* durante el plazo de cesión de aquella a la **Empresa Cliente**.

"NÚMERO" Precio

El precio por la realización de los estudios de mercado, de los productos y de las mejoras a realizar para incrementar sus ventas, asciende a *"importe por la realización de estudios y mejoras, en letra"* euros (*"importe por la realización de estudios y mejoras, en número"* €), el precio por la cesión de la imagen de *"imagen de la empresa cliente"* asciende a *"importe por cesión de imagen"* euros, dichas cantidades se abonarán mediante cheque bancario conformado o ingreso en la cuenta corriente núm. *"número de cuenta corriente"*, en el Banco/Caja *"nombre del Banco o Caja"*, sucursal de *"lugar o número de oficina"*, a nombre de la **Empresa de Comercialización**, de la siguiente forma:

Un *"valor porcentual a la firma del contrato"* a la firma del presente contrato.

Un *"valor porcentual (primer requisito)"* una vez presentados los informes a los que se refiere la estipulación primera, momento en el que se entenderán cedidos los derechos de imagen de *"imagen de la empresa cliente"*.

"NÚMERO" Subcontratación

La **Empresa de Comercialización** deberá prestar los servicios encomendados por sí misma, estándole vedada por tanto la posibilidad de subcontratar la prestación de los servicios que tiene encomendados.

"NÚMERO" Confidencialidad

Cada una de las partes mantendrá en secreto la información que pudiera obtener de la otra como consecuencia de la ejecución del presente contrato, no revelando información alguna relativa al mismo, sin previo consentimiento escrito de las partes.

Esta obligación permanecerá aún después de extinguido el presente contrato.

Las partes responderán de que el presente deber de secreto y confidencialidad sea respetado por sus empleados.

"NÚMERO" Terminación y resolución del contrato

 **Nota:**

*Las **posibilidades** en relación con este tipo de cláusulas son muchas. Puede ocurrir que se atribuya a ambas partes la facultad de dar por concluido el contrato ante cualquier incumplimiento de la otra parte, sin tener que recurrir a formalismo alguno. Pero puede ocurrir también que esa formalidad se atribuya solo a alguna de las partes, o que se sujete la efectividad de dicha medida a algún tipo de requisito. Dadas las múltiples variedades que ello puede adoptar, hemos preferido por establecer un **modelo común**, con carácter general, al que se pueden introducir ciertos aspectos o modificaciones particulares.*

MCM 5245 s.

“Apartado”
Son causas de terminación y resolución del presente contrato las siguientes:

a) Su terminación normal, ya sea por haber llegado el contrato a su vencimiento, ya sea por haberse cumplido y ejecutado la prestación a la que ambas partes se encuentran obligadas, ya sea por acuerdo mutuo de las partes.

CC art.1088 a 1314

b) Por incumplimiento de cualquiera de las partes de alguna de las cláusulas del presente contrato, sin que dicho incumplimiento fuera subsanado dentro de los *“especificar días”* días siguientes a la notificación por escrito efectuada por la otra parte solicitando la subsanación del incumplimiento.

“Apartado”
En caso de declaración de concurso de cualquiera de las partes, se estará a lo dispuesto en los artículos 156 y siguientes de la vigente Ley Concursal (RDLeg 1/2020, de 5 de mayo).

“Apartado”
La resolución del presente contrato o de cualquiera de las licencias concedidas en su aplicación no excluye cualquier otra reparación legal o judicial que cualquiera de las partes estime oportuno obtener.

***“NÚMERO”* Gastos del contrato**
Queda expresamente convenido que todos los gastos, impuestos, contribuciones, tasas o arbitrios, presentes o futuros, que origine este contrato serán satisfechos por las partes, conforme a Ley.

***“NÚMERO”* Sometimiento a arbitraje**
Con renuncia expresa al ejercicio de cualquier acción ante los juzgados y tribunales, las partes se comprometen expresamente a instituir, en su día, un arbitraje de Derecho Privado, con arreglo a la legislación vigente, para resolver cuantas dudas o divergencias pudieran surgir entre ellas como consecuencia de la interpretación o cumplimiento de este contrato.

***“NÚMERO”* Normativa aplicable al contrato**
El presente contrato tiene carácter de mercantil y se regirá, en primer término, por las estipulaciones contenidas en el mismo, y, en lo en ellas no previsto, por las disposiciones del Código de Comercio, Leyes especiales, los usos y costumbres mercantiles y, en su defecto, por lo establecido en el Código Civil.

***“NÚMERO”* Elevación a documento público**
El presente contrato se elevará a público a solicitud de cualquiera de las partes, siendo los gastos del fedatario pagados por la parte que lo solicite.

Y en prueba de conformidad, ambas partes firman el presente contrato, que se extiende en dos ejemplares, igualmente originales, en el lugar y fecha indicados en su encabezamiento.

LA EMPRESA DE COMERCIALIZACIÓN **LA EMPRESA CLIENTE**

Comercialización de creación intelectual («character merchandising»)

MCM 5245 s.

Nota preliminar:

- El contrato de *merchandising* carece de una **regulación** específica, resultando aplicable al mismo la normativa general sobre obligaciones y contratos (CC art.1088 a 1314). Deben tenerse en cuenta, cuando proceda, la LO 1/1982, en lo que concierne a los derechos de imagen; la L 34/1988, en materia de publicidad; el RDLeg 1/1996, sobre propiedad intelectual; la L 17/2001, sobre marcas; o la L 3/1991, sobre competencia desleal. CC art.1088 a 1314

- Por el contrato de **comercialización o «merchandising»**, una empresa (Empresa de Comercialización) colabora con otra (Empresa Cliente) para hacer que los productos de esta última sean más competitivos.

- En concreto, en el contrato de **«character merchandising»**, se explota una creación intelectual, básicamente la imagen y nombres de personajes de ficción creados con otra finalidad.

- No está sujeto a especiales **requisitos de forma**, pudiéndose celebrar tanto de forma verbal, como por escrito y, en este último caso, mediante documento privado o público.

- El modelo presupone unas **circunstancias** determinadas que serán las **más frecuentes**. Si en el caso concreto existen circunstancias particulares no previstas, deberá completarse o modificarse el modelo adaptándolo a las mismas.

En *"localidad"*, a *"fecha"*

REUNIDOS:

De una parte,

"Don/Doña nombre y apellidos de la parte", mayor de edad, *"estado civil de la parte" "..."especificar el régimen económico matrimonial de la parte" ... "*, de nacionalidad *"nacionalidad de la parte"*, con domicilio a estos efectos en *"domicilio de la parte"*, *"...con DNI/NIF número "DNI/NIF de la parte" ... O ... con tarjeta de residencia número "número de tarjeta de residencia de la parte" ... O ... pasaporte número "número de pasaporte de la parte"*, expedido el *"fecha de expedición del pasaporte de la parte" ... O ... "reseñar otros documentos aportados por la parte" ... "*, vigente hasta el *"fecha de vigencia de la documentación aportada por la parte"*.

Interviene en nombre y representación de la sociedad mercantil denominada *"denominación de la Sociedad"*, domiciliada en *"domicilio de la Sociedad"*, y con NIF número *"NIF de la Sociedad"*, constituida, por tiempo indefinido, mediante escritura otorgada ante el notario de *"lugar del notario que autorizó la escritura pública"*, *"Don/Doña nombre y apellidos del notario que autorizó la escritura pública"*, el *"fecha de autorización de la escritura pública"*, e inscrita en el Registro Mercantil de *"datos de la inscripción registral (localidad del Registro Mercantil, tomo, folio, sección, hoja e inscripción)"*, en su calidad de

❍ **Si representa como cargo social:**

"...administrador único ... O ... administrador solidario ... O ... consejero delegado ... O ... "especificar la representación del cargo social" ... " de la reseñada sociedad, cargo para el que fue nombrado y asegura vigente en escritura otorgada el *"fecha de escritura del nombramiento del cargo"*, ante el notario de *"lugar donde radica la notaría en la que se autorizó la escritura del nombramiento"*, *"Don/Doña nombre y apellidos del notario que autorizó la escritura del nombramiento"*, con el número *"número de protocolo del notario que autorizó la escritura del nombramiento"* de su protocolo, e inscrita en el Registro Mercantil de *"localidad del Registro Mercantil de la escritura de nombramiento"*, en el tomo y hoja arriba indicados.

MCM 5245 s.

CC art.1088 a 1314

❍ **Si representa como apoderado:**

apoderado de la reseñada sociedad, según escritura de poder otorgada a su favor, en *"fecha de escritura del otorgamiento del poder"*, ante el notario de *"lugar donde radica la notaría en la que se autorizó la escritura de poder"*, *"Don/Doña nombre y apellidos del notario que autorizó la escritura de poder"*, con el número *"número de protocolo del notario que autorizó la escritura de poder"* de su protocolo *"...e inscrita en el Registro Mercantil de "localidad del Registro Mercantil de la escritura de poder" ...*", en el tomo y hoja arriba indicados.

≺≺

En adelante, la **Empresa de Comercialización**.

De otra parte,

"Don/Doña nombre y apellidos de la parte", mayor de edad, *"estado civil de la parte" "... "especificar el régimen económico matrimonial de la parte" ...*", de nacionalidad *"nacionalidad de la parte"*, con domicilio a estos efectos en *"domicilio de la parte"*, *"...con DNI/NIF número "DNI/NIF de la parte" ... O ... con tarjeta de residencia número "número de tarjeta de residencia de la parte" ... O ... pasaporte número "número de pasaporte de la parte", expedido el "fecha de expedición del pasaporte de la parte" ... O ... "reseñar otros documentos aportados por la parte" ...*", vigente hasta el *"fecha de vigencia de la documentación aportada por la parte"*.

Interviene en nombre y representación de la sociedad mercantil denominada *"denominación de la Sociedad"*, domiciliada en *"domicilio de la Sociedad"*, y con NIF número *"NIF de la Sociedad"*, constituida, por tiempo indefinido, mediante escritura otorgada ante el notario de *"lugar del notario que autorizó la escritura pública"*, *"Don/Doña nombre y apellidos del notario que autorizó la escritura pública"*, el *"fecha de autorización de la escritura pública"*, e inscrita en el Registro Mercantil de *"datos de la inscripción registral (localidad del Registro Mercantil, tomo, folio, sección, hoja e inscripción)"*, en su calidad de

≻≻

❍ **Si representa como cargo social:**

"...administrador único ... O ... administrador solidario ... O ... consejero delegado ... O ... "especificar la representación del cargo social" ..." de la reseñada sociedad, cargo para el que fue nombrado y asegura vigente en escritura otorgada el *"fecha de escritura del nombramiento del cargo"*, ante el notario de *"lugar donde radica la notaría en la que se autorizó la escritura del nombramiento"*, *"Don/Doña nombre y apellidos del notario que autorizó la escritura del nombramiento"*, con el número *"número de protocolo del notario que autorizó la escritura del nombramiento"* de su protocolo, e inscrita en el Registro Mercantil de *"localidad del Registro Mercantil de la escritura de nombramiento"*, en el tomo y hoja arriba indicados.

❍ **Si representa como apoderado:**

apoderado de la reseñada sociedad, según escritura de poder otorgada a su favor, en *"fecha de escritura del otorgamiento del poder"*, ante el notario de *"lugar donde radica la notaría en la que se autorizó la escritura de poder"*, *"Don/Doña nombre y apellidos del notario que autorizó la escritura de poder"*, con el número *"número de protocolo del notario que autorizó la escritura de poder"* de su protocolo *"...e inscrita en el Registro Mercantil de "localidad del Registro Mercantil de la escritura de poder" ...*", en el tomo y hoja arriba indicados.

≺≺

En adelante, la **Empresa Cliente**.

Las partes se reconocen la capacidad legal necesaria para contratar y obligarse y, a tal efecto

MCM 5245 s.

EXPONEN:

I. Que la **Empresa de Comercialización** está dedicada en exclusiva a la investigación y estudio de mercados, así como a la promoción de productos.

II. Que la **Empresa de Comercialización** tiene cedidos en exclusiva los derechos de explotación de propiedad intelectual, incluidos los de transformación, del personaje de ficción *"nombre del personaje"*, creado por *"Don/Doña nombre y apellidos del creador"*, por un periodo de *"periodo de vigencia de la cesión, en años"* años, en virtud de un contrato firmado entre éste y la **Empresa de Comercialización** de fecha *"fecha de formalización del contrato"* que se aporta como Anexo 1 al presente contrato. CC art.1088 a 1314

III. Que la **Empresa Cliente** tiene como intención el incremento de las ventas de los siguientes productos: *"descripción de los productos"*, así como que dichos productos se identifiquen con la imagen del mencionado personaje de ficción.

IV. Que la **Empresa Cliente** y la **Empresa de Comercialización** han alcanzado un acuerdo en virtud del cual esta última se compromete a llevar a cabo la promoción de los productos indicados, pactando para su ejecución el presente contrato de *character merchandising*, con arreglo a las siguientes

ESTIPULACIONES:

"Número" Objeto

La **Empresa de Comercialización** asume la obligación de llevar a cabo un estudio de mercado sobre el sector en que proyecta comercializar los productos citados en el expositivo III la **Empresa Cliente**, así como un estudio de dichos productos, incluyendo el examen de sus características, rasgos diferenciadores, embalaje, precio, difusión, etc. y de las posibilidades de mejorar su comercialización e incrementar las ventas de los mismos.

"Número" Cesión de derechos de propiedad intelectual

La **Empresa de Comercialización**, una vez finalizados dichos estudios, que deberán estar realizados y presentados a la **Empresa Cliente** en un plazo máximo de *"plazo máximo de presentación de los estudios"*, cede a la **Empresa Cliente** los derechos de reproducción y transformación que posee sobre el personaje de ficción *"nombre del personaje"* creado por *"Don/Doña nombre y apellidos del creador"*, y que a su vez tiene cedidos en virtud del contrato que se adjunta como Anexo 1, para utilizarlo en sus campañas publicitarias. La cesión de dicha imagen será por un periodo máximo de un año.

Los derechos cedidos serán explotados a nivel mundial [o lo que proceda].

Nota:

*Si bien la **explotación de los derechos de propiedad intelectual** a través del merchandising no está especialmente prevista por el* RDLeg 1/1996 *-LPI-, si lo están los derechos de reproducción y transformación de la obra (LPI art.*18 *y* 21*).*
*Habrá de tenerse en cuenta si la explotación del character exige la licencia de los **derechos de distribución y/o comunicación pública**, en especial, en su modalidad de derecho de puesta a disposición.*

"Número" Exclusividad

La **Empresa de Comercialización** se compromete a no contratar prestaciones iguales o semejantes con otra empresa del sector, así como a no ceder la imagen del personaje de ficción *"nombre del personaje"* durante el plazo de cesión de aquella a la **Empresa Cliente**.

"Número" Precio

El precio por la realización del estudio de mercado, de los productos y de las mejoras a realizar para incrementar sus ventas, asciende a *"importe por la realización de estudios y mejoras, en letra"* euros (*"importe por la realización de estudios y mejoras, en número"* €), el precio por la cesión de los derechos de reproducción y transformación del personaje de ficción *"nombre del personaje"* asciende a *"importe por cesión de imagen"* euros, dichas cantidades se abonarán mediante cheque bancario

MCM 5245 s.

CC art.1088 a 1314

conformado o ingreso en la cuenta corriente núm. *"número de cuenta corriente"*, en el Banco/Caja *"nombre del Banco o Caja"*, sucursal de *"lugar o número de oficina"*, a nombre de la **Empresa de Comercialización**, de la siguiente forma:

- Un *"valor porcentual a la firma del contrato"* a la firma del presente contrato.

- Un *"valor porcentual (primer requisito)"* una vez presentados los informes a los que se refiere la estipulación primera, momento en el que se entenderán cedidos los derechos de propiedad intelectual sobre el personaje de ficción *"nombre del personaje"*.

"Número" Subcontratación

La **Empresa de Comercialización** deberá prestar los servicios encomendados por sí misma, estándole vedada por tanto la posibilidad de subcontratar la prestación de los servicios que tiene encomendados.

"Número" Confidencialidad

Cada una de las partes mantendrá en secreto la información que pudiera obtener de la otra como consecuencia de la ejecución del presente contrato, no revelando información alguna relativa al mismo, sin previo consentimiento de las partes.

Esta obligación permanecerá aún después de extinguido el presente contrato.

Las partes responderán de que el presente deber de secreto y confidencialidad sea respetado por sus empleados.

"Número" Terminación y resolución del contrato

Nota:

*Las **posibilidades** en relación con este tipo de cláusulas son muchas. Puede ocurrir que se atribuya a ambas partes la facultad de dar por concluido el contrato ante cualquier incumplimiento de la otra parte, sin tener que recurrir a formalismo alguno. Pero puede ocurrir también que esa formalidad se atribuya solo a alguna de las partes, o que se sujete la efectividad de dicha medida a algún tipo de requisito. Dadas las múltiples variedades que ello puede adoptar, hemos preferido por establecer un **modelo común**, con carácter general, al que se pueden introducir ciertos aspectos o modificaciones particulares.*

"Apartado"

Son causas de terminación y resolución del presente contrato las siguientes:

a) Su terminación normal, ya sea por haber llegado el contrato a su vencimiento, ya sea por haberse cumplido y ejecutado la prestación a la que ambas partes se encuentran obligadas, ya sea por acuerdo mutuo de las partes.

b) Por incumplimiento de cualquiera de las partes de alguna de las cláusulas del presente contrato, sin que dicho incumplimiento fuera subsanado dentro de los *"especificar días"* días siguientes a la notificación por escrito efectuada por la otra parte solicitando la subsanación del incumplimiento.

"Apartado"

En caso de declaración de concurso de cualquiera de las partes, se estará a lo dispuesto en los artículos 156 y siguientes de la vigente Ley Concursal (RDLeg 1/2020, de 5 de mayo).

"Apartado"

La resolución del presente contrato o de cualquiera de las licencias concedidas en su aplicación no excluye cualquier otra reparación legal o judicial que cualquiera de las partes estime oportuno obtener.

"Número" Gastos del contrato

Queda expresamente convenido que todos los gastos, impuestos, contribuciones, tasas o arbitrios, presentes o futuros, que origine este contrato serán satisfechos por las partes, conforme a Ley.

MCM 5245 s.

"Número" Sometimiento a arbitraje

Con renuncia expresa al ejercicio de cualquier acción ante los juzgados y tribunales, las partes se comprometen expresamente a instituir, en su día, un arbitraje de Derecho Privado, con arreglo a la legislación vigente, para resolver cuantas dudas o divergencias pudieran surgir entre ellas como consecuencia de la interpretación o cumplimiento de este contrato.

"Número" Normativa aplicable al contrato

El presente contrato tiene carácter de mercantil y se regirá, en primer término, por las estipulaciones contenidas en el mismo, y, en lo en ellas no previsto, por las disposiciones del Código de Comercio, Leyes especiales, los usos y costumbres mercantiles y, en su defecto, por lo establecido en el Código Civil. CC art.1088 a 1314

"Número" Elevación a documento público

El presente contrato se elevará a público a solicitud de cualquiera de las partes, siendo los gastos del fedatario pagados por la parte que lo solicite.

Y en prueba de conformidad, ambas partes firman el presente contrato, que se extiende en dos ejemplares, igualmente originales, en el lugar y fecha indicados en su encabezamiento.

LA EMPRESA DE COMERCIALIZACIÓN **LA EMPRESA CLIENTE**

Comercialización de marca («brand merchandising»)

MCM 5245 s.

CC art.1088 a 1314; LM art. 34 y 48

Nota preliminar:

- El contrato de *merchandising* carece de una **regulación** específica, resultando aplicable al mismo la normativa general sobre obligaciones y contratos (CC art.1088 a 1314). Deben tenerse en cuenta, cuando proceda, la LO 1/1982, en lo que concierne a los derechos de imagen; la L 34/1988, en materia de publicidad; el RDLeg 1/1996, sobre propiedad intelectual; la L 17/2001, sobre marcas; o la L 3/1991, sobre competencia desleal.
- Por el contrato de **comercialización o «merchandising»**, una empresa (Empresa de Comercialización) colabora con otra (Empresa Cliente) para hacer que los productos de esta última sean más competitivos.
- En concreto, el contrato de **«brand merchandising»** consiste en la autorización del uso o licencia de una marca en productos de un sector diferente al de los productos a los que originalmente se aplica.
- No está sujeto a especiales **requisitos de forma**, pudiéndose celebrar tanto de forma verbal, como por escrito y, en este último caso, mediante documento privado o público. En cualquier caso, si el contrato contiene una **licencia de uso** de la marca, esta debe constar por escrito y ser inscrita en el Registro de marcas correspondiente si se quiere oponer a terceros (e.g. OEPM o EUIPO).
- El modelo presupone unas **circunstancias** determinadas que serán las **más frecuentes**. Si en el caso concreto existen circunstancias particulares no previstas, deberá completarse o modificarse el modelo adaptándolo a las mismas.

En *"localidad"*, a *"fecha"*

REUNIDOS:

De una parte,

"Don/Doña nombre y apellidos de la parte", mayor de edad, *"estado civil de la parte" "... "especificar el régimen económico matrimonial de la parte" ... "*, de nacionalidad *"nacionalidad de la parte"*, con domicilio a estos efectos en *"domicilio de la parte"*, *"...con DNI/NIF número "DNI/NIF de la parte" ... O ... con tarjeta de residencia número "número de tarjeta de residencia de la parte" ... O ... pasaporte número "número de pasaporte de la parte", expedido el "fecha de expedición del pasaporte de la parte" ... O ... "reseñar otros documentos aportados por la parte" ... "*, vigente hasta el *"fecha de vigencia de la documentación aportada por la parte"*.

Interviene en nombre y representación de la sociedad mercantil denominada *"denominación de la Sociedad"*, domiciliada en *"domicilio de la Sociedad"*, y con NIF número *"NIF de la Sociedad"*, constituida, por tiempo indefinido, mediante escritura otorgada ante el notario de *"lugar del notario que autorizó la escritura pública"*, *"Don/Doña nombre y apellidos del notario que autorizó la escritura pública"*, el *"fecha de autorización de la escritura pública"*, e inscrita en el Registro Mercantil de *"datos de la inscripción registral (localidad del Registro Mercantil, tomo, folio, sección, hoja e inscripción)"*, en su calidad de

>>

○ **Si representa como cargo social:**

"...administrador único ... O ... administrador solidario ... O ... consejero delegado ... O ... "especificar la representación del cargo social" ... " de la reseñada sociedad, cargo para el que fue nombrado y asegura vigente en escritura otorgada el *"fecha de escritura del nombramiento del cargo"*, ante el notario de *"lugar donde radica la notaría en la que se autorizó la escritura del nombramiento"*, *"Don/Doña nombre y apellidos del notario que autorizó la escritura del nombramiento"*, con el número *"número de protocolo del notario que autorizó la escritura del nombramiento"* de su protocolo, e inscrita en el Registro Mercantil de *"localidad del Registro Mercantil de la escritura de nombramiento"*, en el tomo y hoja arriba indicados.

MCM 5245 s.

CC art.1088 a 1314; LM art. 34 y 48

○ **Si representa como apoderado:**

apoderado de la reseñada sociedad, según escritura de poder otorgada a su favor, en *"fecha de escritura del otorgamiento del poder"*, ante el notario de *"lugar donde radica la notaría en la que se autorizó la escritura de poder"*, *"Don/Doña nombre y apellidos del notario que autorizó la escritura de poder"*, con el número *"número de protocolo del notario que autorizó la escritura de poder"* de su protocolo *"...e inscrita en el Registro Mercantil de "localidad del Registro Mercantil de la escritura de poder" ..."*, en el tomo y hoja arriba indicados.

≺≺

En adelante, la **Empresa de Comercialización**.

De otra parte,

"Don/Doña nombre y apellidos de la parte", mayor de edad, *"estado civil de la parte" "..."especificar el régimen económico matrimonial de la parte" ..."*, de nacionalidad *"nacionalidad de la parte"*, con domicilio a estos efectos en *"domicilio de la parte"*, *"...con DNI/NIF número "DNI/NIF de la parte" ... O ... con tarjeta de residencia número "número de tarjeta de residencia de la parte" ... O ... pasaporte número "número de pasaporte de la parte", expedido el "fecha de expedición del pasaporte de la parte" ... O ... "reseñar otros documentos aportados por la parte" ..."*, vigente hasta el *"fecha de vigencia de la documentación aportada por la parte"*.

Interviene en nombre y representación de la sociedad mercantil denominada *"denominación de la Sociedad"*, domiciliada en *"domicilio de la Sociedad"*, y con NIF número *"NIF de la Sociedad"*, constituida, por tiempo indefinido, mediante escritura otorgada ante el notario de *"lugar del notario que autorizó la escritura pública"*, *"Don/Doña nombre y apellidos del notario que autorizó la escritura pública"*, el *"fecha de autorización de la escritura pública"*, e inscrita en el Registro Mercantil de *"datos de la inscripción registral (localidad del Registro Mercantil, tomo, folio, sección, hoja e inscripción)"*, en su calidad de

≻≻

○ **Si representa como cargo social:**

"...administrador único ... O ... administrador solidario ... O ... consejero delegado ... O ... "especificar la representación del cargo social" ..." de la reseñada sociedad, cargo para el que fue nombrado y asegura vigente en escritura otorgada el *"fecha de escritura del nombramiento del cargo"*, ante el notario de *"lugar donde radica la notaría en la que se autorizó la escritura del nombramiento"*, *"Don/Doña nombre y apellidos del notario que autorizó la escritura del nombramiento"*, con el número *"número de protocolo del notario que autorizó la escritura del nombramiento"* de su protocolo, e inscrita en el Registro Mercantil de *"localidad del Registro Mercantil de la escritura de nombramiento"*, en el tomo y hoja arriba indicados.

○ **Si representa como apoderado:**

apoderado de la reseñada sociedad, según escritura de poder otorgada a su favor, en *"fecha de escritura del otorgamiento del poder"*, ante el notario de *"lugar donde radica la notaría en la que se autorizó la escritura de poder"*, *"Don/Doña nombre y apellidos del notario que autorizó la escritura de poder"*, con el número *"número de protocolo del notario que autorizó la escritura de poder"* de su protocolo *"...e inscrita en el Registro Mercantil de "localidad del Registro Mercantil de la escritura de poder" ..."*, en el tomo y hoja arriba indicados.

≺≺

En adelante, la **Empresa Cliente**.

Las partes se reconocen la capacidad legal necesaria para contratar y obligarse y, a tal efecto

EXPONEN:

MCM 5245 s.

I. Que la **Empresa de Comercialización** está dedicada en exclusiva a la investigación y estudio de mercados, así como a la promoción de productos.

II. Que la **Empresa Cliente**, tiene como intención el incremento de las ventas de los siguientes productos: *"descripción de los productos"*, así como que dichos productos se identifiquen con la marca *"nombre de la marca"*.

CC art.1088 a 1314; LM art. 34 y 48

III. Que la **Empresa Cliente** y la **Empresa de Comercialización** han alcanzado un acuerdo en virtud del cual esta última se compromete a llevar a cabo la promoción de los productos indicados, pactando para su ejecución el presente contrato de *brand merchandising*, con arreglo a las siguientes

ESTIPULACIONES:

"Número" Objeto
La **Empresa de Comercialización** asume la obligación de llevar a cabo un estudio de mercado sobre el sector en que proyecta comercializar los productos citados en el expositivo II de la **Empresa Cliente**, así como un estudio de dichos productos, incluyendo el examen de sus características, rasgos diferenciadores, embalaje, precio, difusión, etc., y de las posibilidades de mejorar su comercialización e incrementar las ventas de los mismos.

"Número" Cesión de marca
La **Empresa de Comercialización**, una vez finalizados dichos estudios, que deberán estar realizados y presentados a la **Empresa Cliente** en un plazo máximo de *"plazo máximo de presentación de los estudios"*, asume el compromiso de obtener una licencia por parte de la mercantil *"razón social del titular de la marca"*, titular de la marca *"nombre de la marca"* para la utilización de ésta en los productos por la **Empresa Cliente** en la campaña publicitaria que la **Empresa de Comercialización** se compromete a llevar a cabo de los productos de la **Empresa Cliente**, poniendo en práctica las conclusiones de dichos estudios, campaña que se desarrollará en las condiciones y plazos que constan en el Anexo 2 a este contrato.

✍ **Nota:**

Téngase en cuenta que, de acuerdo con la LM art.46.3, los actos de licencia o cesión sobre una marca solo podrán ser ***opuestos a terceros*** *de buena una vez inscritos en el registro de marcas correspondiente.*

"Número" Exclusividad
La **Empresa de Comercialización** se compromete a no contratar prestaciones iguales o semejantes con otra empresa del sector, así como a no ceder la imagen de *"imagen de la empresa cliente"* durante el plazo de cesión de aquella a la **Empresa Cliente**.

"Número" Precio
El precio por la realización del estudio de mercado, de los productos y de las mejoras a realizar para incrementar sus ventas, asciende a *"importe por la realización de estudios y mejoras, en letra"* euros (*"importe por la realización de estudios y mejoras, en número"* €); el precio por la obtención de la licencia de la marca *"nombre de la marca"* asciende a *"importe de la licencia"* euros; y el precio por la campaña de publicidad a *"importe de la campaña, en letra"* euros (*"importe de la campaña, en número"* €). Dichas cantidades se abonarán mediante cheque bancario conformado o ingreso en la cuenta corriente núm. *"número de cuenta corriente"*, en el Banco/Caja *"nombre del Banco o Caja"*, sucursal de *"lugar o número de oficina"*, a nombre de la **Empresa de Comercialización**, de la siguiente forma:

- Un *"valor porcentual a la firma del contrato"* a la firma del presente contrato.

- Un *"valor porcentual (primer requisito)"* una vez presentados los informes a los que se refiere la estipulación primera.

- Un *"valor porcentual (segundo requisito)"* una vez obtenida la licencia por parte de la propietaria de la marca *"nombre de la marca"*.

- Un *"valor porcentual (tercer requisito)"* una vez finalizada la campaña publicitaria.

MCM 5245 s.

"Número" Subcontratación

La **Empresa de Comercialización** deberá prestar los servicios encomendados por sí misma, estándole vedada por tanto la posibilidad de subcontratar la prestación de los servicios que tiene encomendados.

"Número" Confidencialidad

CC art.1088 a 1314; LM art. 34 y 48

Cada una de las partes mantendrá en secreto la información que pudiera obtener de la otra como consecuencia de la ejecución del presente contrato, no revelando información alguna relativa al mismo, sin previo consentimiento de las partes.

Esta obligación permanecerá aún después de extinguido el presente contrato.

Las partes responderán de que el presente deber de secreto y confidencialidad sea respetado por sus empleados.

"Número" Terminación y resolución del contrato

 **Nota:**

*Las **posibilidades** en relación con este tipo de cláusulas son muchas. Puede ocurrir que se atribuya a ambas partes la facultad de dar por concluido el contrato ante cualquier incumplimiento de la otra parte, sin tener que recurrir a formalismo alguno. Pero puede ocurrir también que esa formalidad se atribuya solo a alguna de las partes, o que se sujete la efectividad de dicha medida a algún tipo de requisito. Dadas las múltiples variedades que ello puede adoptar, hemos preferido por establecer un **modelo común**, con carácter general, al que se pueden introducir ciertos aspectos o modificaciones particulares.*

"Apartado"

Son causas de terminación y resolución del presente contrato las siguientes:

a) Su terminación normal, ya sea por haber llegado el contrato a su vencimiento, ya sea por haberse cumplido y ejecutado la prestación a la que ambas partes se encuentran obligadas, ya sea por acuerdo mutuo de las partes.

b) Por incumplimiento de cualquiera de las partes de alguna de las cláusulas del presente contrato, sin que dicho incumplimiento fuera subsanado dentro de los *"especificar días"* días siguientes a la notificación por escrito efectuada por la otra parte solicitando la subsanación del incumplimiento.

"Apartado"

En caso de declaración de concurso de cualquiera de las partes, se estará a lo dispuesto en los artículos 156 y siguientes de la vigente Ley Concursal (RDLeg 1/2020, de 5 de mayo).

"Apartado"

La resolución del presente contrato o de cualquiera de las licencias concedidas en su aplicación no excluye cualquier otra reparación legal o judicial que cualquiera de las partes estime oportuno obtener.

"Número" Gastos del contrato

Queda expresamente convenido que todos los gastos, impuestos, contribuciones, tasas o arbitrios, presentes o futuros, que origine este contrato serán satisfechos por las partes, conforme a Ley.

"Número" Sometimiento a arbitraje

Con renuncia expresa al ejercicio de cualquier acción ante los juzgados y tribunales, las partes se comprometen expresamente a instituir, en su día, un arbitraje de Derecho Privado, con arreglo a la legislación vigente, para resolver cuantas dudas o divergencias pudieran surgir entre ellas como consecuencia de la interpretación o cumplimiento de este contrato.

Arrendamientos Mercantiles

MCM 5245 s.

"Número" Normativa aplicable al contrato

El presente contrato tiene carácter de mercantil y se regirá, en primer término, por las estipulaciones contenidas en el mismo, y, en lo en ellas no previsto, por las disposiciones del Código de Comercio, Leyes especiales, los usos y costumbres mercantiles y, en su defecto, por lo establecido en el Código Civil.

"Número" Elevación a documento público

CC art.1088 a 1314; LM art. 34 y 48

El presente contrato se elevará a público a solicitud de cualquiera de las partes, siendo los gastos del fedatario pagados por la parte que lo solicite.

Y en prueba de conformidad, ambas partes firman el presente contrato, que se extiende en dos ejemplares, igualmente originales, en el lugar y fecha indicados en su encabezamiento.

LA EMPRESA DE COMERCIALIZACIÓN **LA EMPRESA CLIENTE**

Arrendamiento de empresa

MCM 5275 s.

Nota preliminar:

- La **finalidad** de este contrato es la explotación de la propia empresa (Cano Rico).

- Se **diferencia** del **arrendamiento distinto del de vivienda (antiguo «de local de negocio»)**, sometido a la L 29/1994 (arrendamientos urbanos), en que lo que se arrienda en el arrendamiento de empresa es una explotación mercantil en su conjunto, mientras que en aquel lo que se arrienda es un local cuyo destino es distinto a una vivienda, sin más (TS 12-5-86, EDJ 3108; 24-2-87, EDJ 1503).

- El contrato de arrendamiento de empresa carece de una **normativa** específica, toda vez que la L 29/1994, de Arrendamientos Urbanos no lo incluye dentro de los sujetos a dicha Ley, resultando aplicable al mismo la normativa general sobre arrendamiento de cosas (CC art.1542 a 1545), así como la normativa general sobre obligaciones y contratos (CC art.1088 a 1314). Así, véase, entre otras, la sentencia AP Málaga 29-4-00, EDJ 61348, que señala que este tipo de arrendamiento de empresa queda al margen de la LAU, puesto que en él lo más importante no es el sustrato físico de aquella que vendría dado por el inmueble, sino una variedad de elementos debidamente organizados y aptos para obtener un rendimiento o producto económico.

CC art.1542 a 1545 y 1088 a 1314

- La lógica obligacional entendible derivable de todo contrato, y en concreto del de arrendamiento de negocio que se acordó concertar cara al futuro, impone la necesaria adecuación y regularidad del local y de la actividad, dando cumplimiento a las **exigencias, permisos y actuaciones necesarias** para ello a acometer y obtener para su licencia y apertura (AP Pontevedra 4-3-22. EDJ 526519).

- Por el contrato de **arrendamiento de empresa** (también denominado de unidad productiva, industria o negocio), el titular de una empresa cede a otra empresa o empresario el uso o explotación de su empresa por tiempo determinado y mediante el abono de una contraprestación monetaria.

- Se trata de un **negocio jurídico atípico y complejo**, en tanto que confluyen elementos contractuales diferentes en función de los diversos elementos integrantes de aquélla y los pactos alcanzados sobre los mismos, en virtud del cual, en lo que interesa destacar, se atribuía a la hoy demandante el derecho de poseer la parte de la edificación dedicada a la hostelería y los elementos comunes de la misma conforme con la LAU art.3 y el CC art.15421. 543 y 1554 (AP Cádiz 15-3-23, EDJ 560815).

- No está sujeto a especiales **requisitos de forma**, pudiéndose celebrar tanto de forma verbal, como por escrito y, en este último caso, mediante documento privado o público *(La intervención del notario es facultativa para las partes. Los notarios realizan las funciones que anteriormente realizaban los corredores de comercio, cuerpo desaparecido a partir del 1-10-00, momento en el que se produce la fusión de los cuerpos de notarios y corredores de comercio colegiados* (L 55/1999 disp.adic.24ª).

- El modelo presupone unas **circunstancias** determinadas que serán las **más frecuentes**. Si en el caso concreto existen circunstancias particulares no previstas, deberá completarse o modificarse el modelo adaptándolo a las mismas.

En *"localidad"*, a *"fecha"*

REUNIDOS:

De una parte,

"Don/Doña nombre y apellidos de la parte", mayor de edad, *"estado civil de la parte" "... "especificar el régimen económico matrimonial de la parte" ... "*, de nacionalidad *"nacionalidad de la parte"*, con domicilio a estos efectos en *"domicilio de la parte", "...con DNI/NIF número "DNI/NIF de la parte"... O ... con tarjeta de residencia número "número de tarjeta de residencia de la parte" ... O ... pasaporte número "número de pasaporte de la parte", expedido el "fecha de expedición del pasaporte de la parte" ... O ... "reseñar otros documentos aportados por la parte" ... "*, vigente hasta el *"fecha de vigencia de la documentación aportada por la parte"*.

Arrendamientos Mercantiles

MCM 5275 s.

CC art.1542 a 1545 y 1088 a 1314

Interviene

≻≻

○ **Si interviene en su propio nombre:**

en su propio nombre y derecho.

○ **Si interviene como representante:**

en nombre y representación

○ Si representa a persona física:

de *"Don/Doña nombre y apellidos del representado"*, mayor de edad, *"estado civil del representado"*, con domicilio en *"domicilio del representado"* y provisto de D.N.I./N.I.F. número *"DNI/NIF del representado"*, según consta en escritura de poder, otorgada ante el notario de *"lugar donde radica la notaría en la que se autorizó la escritura de poder de representación (persona física)"*, *"Don/Doña nombre y apellidos del notario que autorizó la escritura de poder de representación (persona física)"*, el *"fecha de escritura de poder de representación (persona física)"*, con el número *"número de protocolo del notario que autorizó la escritura de poder de representación (persona física)"* de su orden de protocolo.

○ Si representa a persona jurídica:

de la sociedad mercantil denominada *"denominación social"*, domiciliada en *"domicilio social"*, y con NIF número *"NIF de la sociedad"*, constituida, por tiempo indefinido, mediante escritura otorgada ante el notario de *"lugar donde radica la notaría en la que se autorizó la escritura de poder de representación (persona jurídica)"*, *"Don/Doña nombre y apellidos del notario que autorizó la escritura de poder de representación (persona jurídica)"*, el *"fecha de escritura de poder de representación (persona jurídica)"*, e inscrita en el Registro Mercantil de *"datos de la inscripción registral (localidad del Registro Mercantil, tomo, folio, sección, hoja e inscripción)"*, en su calidad de

○ Si representa como cargo social:

"...administrador único ... O ... administrador solidario ... O ... consejero delegado ... O ... "especificar la representación del cargo social" ..." de la reseñada sociedad, cargo para el que fue nombrado y asegura vigente en escritura otorgada el *"fecha de escritura del nombramiento del cargo"*, ante el notario de *"lugar donde radica la notaría en la que se autorizó la escritura del nombramiento"*, *"Don/Doña nombre y apellidos del notario que autorizó la escritura del nombramiento"*, con el número *"número de protocolo del notario que autorizó la escritura del nombramiento"* de su protocolo, e inscrita en el Registro Mercantil de *"localidad del Registro Mercantil de la escritura de nombramiento"*, en el tomo y hoja arriba indicados.

○ Si representa como apoderado:

apoderado de la reseñada sociedad, según escritura de poder otorgada a su favor, en *"fecha de escritura del otorgamiento del poder"*, ante el notario de *"lugar donde radica la notaría en la que se autorizó la escritura de poder"*, *"Don/Doña nombre y apellidos del notario que autorizó la escritura de poder"*, con el número *"número de protocolo del notario que autorizó la escritura de poder"* de su protocolo *"...e inscrita en el Registro Mercantil de "localidad del Registro Mercantil de la escritura de poder" ..."*, en el tomo y hoja arriba indicados.

≺≺

En adelante, el **Arrendador**.

MCM 5275 s.

CC art.1542 a 1545 y 1088 a 1314

De otra parte,

"Don/Doña nombre y apellidos de la parte", mayor de edad, *"estado civil de la parte" "..."especificar el régimen económico matrimonial de la parte" ..."*, de nacionalidad *"nacionalidad de la parte"*, con domicilio a estos efectos en *"domicilio de la parte"*, *"...con DNI/NIF número "DNI/NIF de la parte" ... O ... con tarjeta de residencia número "número de tarjeta de residencia de la parte" ... O ... pasaporte número "número de pasaporte de la parte", expedido el "fecha de expedición del pasaporte de la parte" ... O ... "reseñar otros documentos aportados por la parte" ..."*, vigente hasta el *"fecha de vigencia de la documentación aportada por la parte"*.

Interviene

➢➢

❍ **Si interviene en su propio nombre:**

en su propio nombre y derecho.

❍ **Si interviene como representante:**

en nombre y representación

➢

❍ Si representa a persona física:

de *"Don/Doña nombre y apellidos del representado"*, mayor de edad, *"estado civil del representado"*, con domicilio en *"domicilio del representado"* y provisto de D.N.I./N.I.F. número *"DNI/NIF del representado"*, según consta en escritura de poder, otorgada ante el notario de *"lugar donde radica la notaría en la que se autorizó la escritura de poder de representación (persona física)"*, *"Don/Doña nombre y apellidos del notario que autorizó la escritura de poder de representación (persona física)"*, el *"fecha de escritura de poder de representación (persona física)"*, con el número *"número de protocolo del notario que autorizó la escritura de poder de representación (persona física)"* de su orden de protocolo.

❍ Si representa a persona jurídica:

de la sociedad mercantil denominada *"denominación social"*, domiciliada en *"domicilio social"*, y con NIF número *"NIF de la sociedad"*, constituida, por tiempo indefinido, mediante escritura otorgada ante el notario de *"lugar donde radica la notaría en la que se autorizó la escritura de poder de representación (persona jurídica)"*, *"Don/Doña nombre y apellidos del notario que autorizó la escritura de poder de representación (persona jurídica)"*, el *"fecha de escritura de poder de representación (persona jurídica)"*, e inscrita en el Registro Mercantil de *"datos de la inscripción registral (localidad del Registro Mercantil, tomo, folio, sección, hoja e inscripción)"*, en su calidad de

➢

❍ Si representa como cargo social:

"...administrador único ... O ... administrador solidario ... O ... consejero delegado ... O ... "especificar la representación del cargo social" ..." de la reseñada sociedad, cargo para el que fue nombrado y asegura vigente en escritura otorgada el *"fecha de escritura del nombramiento del cargo"*, ante el notario de *"lugar donde radica la notaría en la que se autorizó la escritura del nombramiento"*, *"Don/Doña nombre y apellidos del notario que autorizó la escritura del nombramiento"*, con el número *"número de protocolo del notario que autorizó la escritura del nombramiento"* de su protocolo, e inscrita en el Registro Mercantil de *"localidad del Registro Mercantil de la escritura de nombramiento"*, en el tomo y hoja arriba indicados.

MCM 5275 s.

❍ Si representa como apoderado:

apoderado de la reseñada sociedad, según escritura de poder otorgada a su favor, en *"fecha de escritura del otorgamiento del poder"*, ante el notario de *"lugar donde radica la notaría en la que se autorizó la escritura de poder"*, *"Don/Doña nombre y apellidos del notario que autorizó la escritura de poder"*, con el número *"número de protocolo del notario que autorizó la escritura de poder"* de su protocolo *"...e inscrita en el Registro Mercantil de "localidad del Registro Mercantil de la escritura de poder" ..."*, en el tomo y hoja arriba indicados.

CC art.1542 a 1545 y 1088 a 1314

En adelante, el **Arrendatario**.

Las partes se reconocen la capacidad legal necesaria para contratar y obligarse y, a tal efecto

EXPONEN:

I. Que el **Arrendador** es titular del establecimiento mercantil *"identificación del establecimiento"*, dedicado a *"actividad del Arrendador"*, y que está en pleno funcionamiento desde *"fecha de inicio de la actividad"*, que cuenta en estos momentos con una plantilla de *"número"* trabajadores, según consta en el Anexo 1 al presente contrato, en el que se detallan todos y cada uno de los elementos que integran la empresa, las materias primas, mercancías y productos disponibles en la misma, así como su plantilla laboral, indicando su categoría, antigüedad y remuneraciones.

II. Que el **Arrendatario** está interesado en llevar a cabo la explotación de dicho negocio.

III. Que el **Arrendador** y el **Arrendatario** han alcanzado un acuerdo en virtud del cual este último se compromete a explotar dicho negocio y para ello celebran el presente contrato de arrendamiento de empresa, con arreglo a las siguientes

ESTIPULACIONES:

"Número" Objeto

El **Arrendador** arrienda al **Arrendatario** el establecimiento mercantil descrito en el Expositivo I, con todos los elementos, mercancías y plantilla laboral que se describe en el Anexo 1, para que por éste se continúe desarrollando la actividad que hasta ahora se viene desarrollando en aquel. Establecimiento que queda a disposición del **Arrendatario** desde el día de la fecha de la firma de este contrato. El arrendamiento del establecimiento mercantil incluye el del propio local donde éste está ubicado.

Nota:

*No es imprescindible que se haga un **inventario** de los bienes que forman parte del establecimiento mercantil arrendado para entender que estamos ante un arrendamiento de empresa (*TS 25-4-97, *EDJ 3581).*

"Número" Precio

La **Arrendador** recibirá la cantidad de *"importe a percibir, en letra"* euros (*"importe a percibir, en número"* €) brutos anuales, pagaderos en doce mensualidades de *"cantidad mensual, en letra"* euros (*"cantidad mensual, en número"* €), que habrán de abonarse en los diez primeros días de cada mes, que se abonarán por el **Arrendatario** mediante cheque o ingreso en la cuenta corriente núm. *"número de cuenta corriente"*, en el Banco/Caja *"nombre del Banco o Caja"*, sucursal de *"lugar o número de oficina"* a nombre del **Arrendador**.

Nota:

*Puede fijarse junto al pago de una renta periódica el abono de una **renta variable en función de beneficios**, pero si solo se fija esta última el contrato será de **aparcería industrial**.*

MCM 5275 s.

"Número" Estabilización de la renta

La renta se actualizará por el **Arrendador** anualmente, de acuerdo con las variaciones que experimente durante el año precedente, el Índice de Garantía de Competitividad, publicado por el Instituto Nacional de Estadística u Organismo o sistema que le pueda sustituir en el futuro.

 **Nota:**

Téngase en cuenta la L 2/2015, *de* ***desindexación****, por la que se constituye un nuevo régimen legal en el que los valores monetarios no tengan que ser necesariamente modificados en virtud de índices de precios o fórmulas que los contengan. En el caso de contratación privada, solo procederá la revisión periódica de valores monetarios cuando se haya pactado expresamente. En ese caso, será aplicable la tasa de variación que corresponda al Índice de Garantía de Competitividad elaborado según el Anexo de dicha ley.*

CC art.1542 a 1545 y 1088 a 1314

"Número" Duración del contrato

El contrato entrará en vigor a la fecha de la firma del mismo y tendrá una duración de *"periodo de vigencia del contrato"* años. No obstante lo anterior, concluido el período inicialmente pactado y que se establece de obligado cumplimiento para ambas partes, el contrato se prorrogará por anualidades sucesivas hasta un máximo de *"plazo máximo de prórroga"*, a no ser que medie notificación expresa en contrario por cualquiera de las partes y con un preaviso de, al menos, dos meses al vencimiento del período inicial, o de cualquiera de sus prórrogas. En todo caso, el presente contrato se extinguirá como máximo al concluir las citadas prórrogas, esto es, el *"fecha de extinción del contrato"*.

"Número" Devolución

A la fecha de extinción del presente contrato, el **Arrendatario** pondrá a disposición del **Arrendador**, el establecimiento mercantil arrendado, en condiciones similares a como le fue entregado al **Arrendatario**, y que constan en el Anexo I al presente contrato, siendo de su cuenta todos los gastos que dicha entrega ocasione. Si no se cumpliera con esta obligación en dicha fecha, el **Arrendatario**, por cada día natural que transcurra hasta la total y efectiva devolución del establecimiento mercantil arrendado, vendrá obligado a indemnizar al **Arrendador** en la cantidad equivalente a *"número de mensualidades"* mensualidades de renta. Cantidad que señalan las partes como indemnización mínima por los daños y perjuicios que se causen al **Arrendador** para reclamar cualquier cantidad superior que pudiera acreditar.

"Número" Aval

Para responder del pago de las rentas, el **Arrendatario** entrega al **Arrendador**, en el momento de la firma del presente contrato, aval bancario a primer requerimiento sin derecho a los beneficios de excusión o división, por el importe de *"número de meses"* meses de renta, incluido el I.V.A. correspondiente. Dicho aval estará vigente por el tiempo que dure el presente contrato.

"Número" Modificación del objeto social

El **Arrendatario** no podrá modificar el objeto de la empresa arrendada, que deberá dedicarse a la actividad que se describe en el expositivo II durante todo el tiempo en que esté vigente el presente contrato.

"Número" Gastos de mantenimiento y tributos

El **Arrendatario** se obliga a llevar a cabo todas las reparaciones que sean necesarias para mantener el establecimiento mercantil en perfecto funcionamiento, incluidas las que deban hacerse en el local donde éste está ubicado. Quedando obligado a abonar también todos los tributos que graven su actividad.

Serán también por cuenta del **Arrendatario** las contribuciones, I.B.I., tasas o cualquier otro tipo de tributo que grave al local donde está ubicado el establecimiento mercantil.

Arrendamientos Mercantiles

"Número" Suministros

MCM 5275 s.

El **Arrendatario** será responsable del abono de los servicios de abastecimiento y consumo de agua, electricidad, teléfono, gas o de cualquier otro servicio que se pudiera medir por contador, con los que cuenta la empresa o pueda contar en el futuro el establecimiento mercantil arrendado, debiendo llevar a cabo los correspondientes cambios de titularidad de aquellos durante el tiempo que dure el contrato, y siendo de su cargo los gastos que origine dicho cambio, así como los de conservación y sustitución de los respectivos contadores y demás elementos necesarios de las instalaciones, en las condiciones exigidas en cada momento por las distintas compañías suministradoras.

CC art.1542 a 1545 y 1088 a 1314

"Número" Obras

La realización de cualquier obra en el establecimiento mercantil queda supeditada a la autorización previa y expresa del **Arrendador**. Quedan excluidas aquellas obras de reparación cuya realización no admita demora sin perjuicio para el establecimiento mercantil arrendado. En todo caso, cuantas obras se realicen con la debida autorización quedarán en beneficio del establecimiento mercantil sin desembolso alguno por parte del **Arrendador**.

"Número" Cesión y Subarriendo

Queda prohibida la cesión o subarriendo del establecimiento mercantil arrendado.

"Número" Seguro

El **Arrendatario** se compromete a asegurar el establecimiento mercantil arrendado en un plazo máximo de *"plazo máximo para la suscripción de la póliza del seguro"* días desde la firma del presente contrato, debiendo entregar al **Arrendador** una copia de la póliza suscrita en dicho plazo.

"Número" Prohibición de competencia

El **Arrendador** se compromete a no desarrollar la misma actividad que se lleva a cabo en el establecimiento mercantil arrendado durante el tiempo que dure el arrendamiento y en el ámbito territorial de *"especificar la zona restringida"*.

"Número" Plantilla laboral

El **Arrendatario** se hace cargo de la totalidad de la plantilla laboral existente en el establecimiento mercantil a la fecha de la firma del presente contrato y que consta como Anexo I, respetando sus categorías, remuneraciones y resto de derechos adquiridos por aquellos.

"Número" Obligación de colaboración

El **Arrendador** se compromete a colaborar con el **Arrendatario**, asesorándole e informándole en todo aquello que sea necesario para el correcto funcionamiento del establecimiento mercantil, durante los *"periodo de asesoramiento, en meses"* meses siguientes a la firma del presente contrato, sin recibir remuneración alguna por el desempeño de tal actividad.

"Número" Materias primas y mercancías

El **Arrendatario** podrá disponer libremente de todas las mercancías y materias primas existentes en el establecimiento mercantil a la firma del presente contrato y que constan en el Anexo I, cuyo consumo se entiende incluido dentro del precio del contrato.

"Número" Terminación y resolución del contrato

Nota:

*Las **posibilidades** en relación con este tipo de cláusulas son muchas. Puede ocurrir que se atribuya a ambas partes la facultad de dar por concluido el contrato ante cualquier incumplimiento de la otra parte, sin tener que recurrir a formalismo alguno. Pero puede ocurrir también que esa formalidad se atribuya solo a alguna de las partes, o que se sujete la efectividad de dicha medida a algún tipo de requisito. Dadas las múltiples variedades que ello puede adoptar, hemos preferido por establecer un **modelo común**, con carácter general, al que se pueden introducir ciertos aspectos o modificaciones particulares.*

"Apartado"
Son causas de terminación y resolución del presente contrato las siguientes:

a) Su terminación normal, ya sea por haber llegado el contrato a su vencimiento, ya sea por haberse cumplido y ejecutado la prestación a la que ambas partes se encuentran obligadas, ya sea por acuerdo mutuo de las partes.

b) Por incumplimiento de cualquiera de las partes de alguna de las cláusulas del presente contrato, sin que dicho incumplimiento fuera subsanado dentro de los *"especificar días"* días siguientes a la notificación por escrito efectuada por la otra parte solicitando la subsanación del incumplimiento.

"Apartado"
En caso de declaración de concurso de cualquiera de las partes, se estará a lo dispuesto en los artículos 156 y siguientes de la vigente Ley Concursal (RDLeg 1/2020, de 5 de mayo).

"Apartado"
La resolución del presente contrato o de cualquiera de las licencias concedidas en su aplicación no excluye cualquier otra reparación legal o judicial que cualquiera de las partes estime oportuno obtener.

"Número" Sometimiento a arbitraje
Con renuncia expresa al ejercicio de cualquier acción ante los juzgados y tribunales, las partes se comprometen expresamente a instituir, en su día, un arbitraje de Derecho Privado, con arreglo a la legislación vigente, para resolver cuantas dudas o divergencias pudieran surgir entre ellas como consecuencia de la interpretación o cumplimiento de este contrato.

"Número" Normativa aplicable al contrato
El presente contrato tiene carácter de mercantil y se regirá, en primer término, por las estipulaciones contenidas en el mismo, y, en lo en ellas no previsto, por las disposiciones del Código de Comercio, Leyes especiales, los usos y costumbres mercantiles y, en su defecto, por lo establecido en el Código Civil.

"Número" Elevación a documento público
El presente contrato se elevará a público a solicitud de cualquiera de las partes, siendo los gastos del fedatario pagados por la parte que lo solicite.

Y en prueba de conformidad, ambas partes firman el presente contrato, que se extiende en dos ejemplares, igualmente originales, en el lugar y fecha indicados en su encabezamiento.

EL ARRENDADOR	**El ARRENDATARIO**

MCM 5275 s.

CC art.1542 a 1545 y 1088 a 1314

MCM 5310 s.

Arrendamiento para uso distinto del de vivienda («de local de negocio»)

L 29/1994 (LAU); RDL 7/2019

- Resultan aplicables, en particular, las normas para arrendamientos para **uso distinto al de vivienda**. Para aquellos **arrendamientos anteriores al 9-5-1985**, que siguiesen en vigor a la fecha de entrada en vigor de la L 29/1994, de Arrendamientos Urbanos, que entró en vigor el 1-1-1995, resulta aplicable lo dispuesto en la LAU/64, aunque con alguna excepción.
- En este tipo de contratos (de local de negocio, de tracto sucesivo) no cabe considerar que la obligación nazca en el momento de celebración del contrato originario, sino cada vez que se realiza una prestación en el marco de la relación de que se trate. Lo que significa, en el caso del arrendamiento, que las **rentas devengadas con posterioridad a la concurrencia de la causa de disolución** han de considerarse obligaciones posteriores y, por tanto, susceptibles de generar la responsabilidad solidaria de los administradores ex art.367 LSC (AP Pontevedra 11-2-22, EDJ 525436).
- La obligación principal del arrendador es mantener el local arrendado en **debidas condiciones para ser usado** (como centro de enseñanza), y como establece la norma general del CC art.1554 como norma general y supletoria de la LAU que obliga al arrendador a mantener el objeto arrendado para el uso que ha sido destinado (AP Cádiz 31-1-22, EDJ 516011).
- Por el contrato de **arrendamiento de local de negocio**, una parte cede a otra, a cambio de una contraprestación, el uso y disfrute de un bien inmueble destinado al ejercicio de una actividad empresarial.
- Las partes pueden compelerse recíprocamente a la **formalización** por escrito del contrato de arrendamiento (LAU art.37).
- Ténganse en cuenta el RDL 35/2020, de medidas urgentes de apoyo al sector turístico, la hostelería y el comercio y en materia tributaria, en virtud del cual, y debido a la especial incidencia del **COVID-19**, durante determinado momento se previó la posibilidad de que las partes puedan llegar a un acuerdo para la modulación del pago de las rentas de los alquileres de locales, como continuación y mejora del que se propuso por el RDL 15/2020, de medidas urgentes complementarias para apoyar la economía y el empleo.
- El modelo presupone unas **circunstancias** determinadas que serán las **más frecuentes**. Si en el caso concreto existen circunstancias particulares no previstas, deberá completarse o modificarse el modelo adaptándolo a las mismas.

En *"localidad"*, a *"fecha"*

REUNIDOS:

De una parte,

"Don/Doña nombre y apellidos de la parte", mayor de edad, *"estado civil de la parte" "... "especificar el régimen económico matrimonial de la parte" ..."*, de nacionalidad *"nacionalidad de la parte"*, con domicilio a estos efectos en *"domicilio de la parte"*, *"...con DNI/NIF número "DNI/NIF de la parte" ... O ... con tarjeta de residencia número "número de tarjeta de residencia de la parte" ... O ... pasaporte número "número de pasaporte de la parte", expedido el "fecha de expedición del pasaporte de la parte" ... O ... "reseñar otros documentos aportados por la parte" ..."*, vigente hasta el *"fecha de vigencia de la documentación aportada por la parte"*.

980

MCM 5310 s.

L 29/1994 (LAU); RDL 7/2019

Interviene

➢➢

❍ **Si interviene en su propio nombre:**

en su propio nombre y derecho.

❍ **Si interviene como representante:**

en nombre y representación

➢

❍ Si representa a persona física:

de *"Don/Doña nombre y apellidos del representado"*, mayor de edad, *"estado civil del representado"*, con domicilio en *"domicilio del representado"* y provisto de D.N.I./N.I.F. número *"DNI/NIF del representado"*, según consta en escritura de poder, otorgada ante el notario de *"lugar donde radica la notaría en la que se autorizó la escritura de poder de representación (persona física)"*, *"Don/Doña nombre y apellidos del notario que autorizó la escritura de poder de representación (persona física)"*, el *"fecha de escritura de poder de representación (persona física)"*, con el número *"número de protocolo del notario que autorizó la escritura de poder de representación (persona física)"* de su orden de protocolo.

❍ Si representa a persona jurídica:

de la sociedad mercantil denominada *"denominación social"*, domiciliada en *"domicilio social"*, y con NIF número *"NIF de la sociedad"*, constituida, por tiempo indefinido, mediante escritura otorgada ante el notario de *"lugar donde radica la notaría en la que se autorizó la escritura de poder de representación (persona jurídica)"*, *"Don/Doña nombre y apellidos del notario que autorizó la escritura de poder de representación (persona jurídica)"*, el *"fecha de escritura de poder de representación (persona jurídica)"*, e inscrita en el Registro Mercantil de *"datos de la inscripción registral (localidad del Registro Mercantil, tomo, folio, sección, hoja e inscripción)"*, en su calidad de

➢

❍ Si representa como cargo social:

"...administrador único ... O ... administrador solidario ... O ... consejero delegado ... O ... "especificar la representación del cargo social" ... " de la reseñada sociedad, cargo para el que fue nombrado y asegura vigente en escritura otorgada el *"fecha de escritura del nombramiento del cargo"*, ante el notario de *"lugar donde radica la notaría en la que se autorizó la escritura del nombramiento"*, *"Don/Doña nombre y apellidos del notario que autorizó la escritura del nombramiento"*, con el número *"número de protocolo del notario que autorizó la escritura del nombramiento"* de su protocolo, e inscrita en el Registro Mercantil de *"localidad del Registro Mercantil de la escritura de nombramiento"*, en el tomo y hoja arriba indicados.

❍ Si representa como apoderado:

apoderado de la reseñada sociedad, según escritura de poder otorgada a su favor, en *"fecha de escritura del otorgamiento del poder"*, ante el notario de *"lugar donde radica la notaría en la que se autorizó la escritura de poder"*, *"Don/Doña nombre y apellidos del notario que autorizó la escritura de poder"*, con el número *"número de protocolo del notario que autorizó la escritura de poder"* de su protocolo *"...e inscrita en el Registro Mercantil de "localidad del Registro Mercantil de la escritura de poder" ... "*, en el tomo y hoja arriba indicados.

➣

➣

En adelante, el **Arrendador**.

De otra parte,

MCM 5310 s.

"Don/Doña nombre y apellidos de la parte", mayor de edad, *"estado civil de la parte" "... "especificar el régimen económico matrimonial de la parte" ...*", de nacionalidad *"nacionalidad de la parte"*, con domicilio a estos efectos en *"domicilio de la parte"*, *"...con DNI/NIF número "DNI/NIF de la parte" ... O ... con tarjeta de residencia número "número de tarjeta de residencia de la parte" ... O ... pasaporte número "número de pasaporte de la parte", expedido el "fecha de expedición del pasaporte de la parte" ... O ... "reseñar otros documentos aportados por la parte" ...*", vigente hasta el *"fecha de vigencia de la documentación aportada por la parte"*.

L 29/1994 (LAU); RDL 7/2019

Interviene

➢➢

❍ **Si interviene en su propio nombre:**

en su propio nombre y derecho.

❍ **Si interviene como representante:**

en nombre y representación

➢

❍ Si representa a persona física:

de *"Don/Doña nombre y apellidos del representado"*, mayor de edad, *"estado civil del representado"*, con domicilio en *"domicilio del representado"* y provisto de D.N.I./N.I.F. número *"DNI/NIF del representado"*, según consta en escritura de poder, otorgada ante el notario de *"lugar donde radica la notaría en la que se autorizó la escritura de poder de representación (persona física)"*, *"Don/Doña nombre y apellidos del notario que autorizó la escritura de poder de representación (persona física)"*, el *"fecha de escritura de poder de representación (persona física)"*, con el número *"número de protocolo del notario que autorizó la escritura de poder de representación (persona física)"* de su orden de protocolo.

❍ Si representa a persona jurídica:

de la sociedad mercantil denominada *"denominación social"*, domiciliada en *"domicilio social"*, y con NIF número *"NIF de la sociedad"*, constituida, por tiempo indefinido, mediante escritura otorgada ante el notario de *"lugar donde radica la notaría en la que se autorizó la escritura de poder de representación (persona jurídica)"*, *"Don/Doña nombre y apellidos del notario que autorizó la escritura de poder de representación (persona jurídica)"*, el *"fecha de escritura de poder de representación (persona jurídica)"*, e inscrita en el Registro Mercantil de *"datos de la inscripción registral (localidad del Registro Mercantil, tomo, folio, sección, hoja e inscripción)"*, en su calidad de

➢

❍ Si representa como cargo social:

"...administrador único ... O ... administrador solidario ... O ... consejero delegado ... O ... "especificar la representación del cargo social" ..." de la reseñada sociedad, cargo para el que fue nombrado y asegura vigente en escritura otorgada el *"fecha de escritura del nombramiento del cargo"*, ante el notario de *"lugar donde radica la notaría en la que se autorizó la escritura del nombramiento"*, *"Don/Doña nombre y apellidos del notario que autorizó la escritura del nombramiento"*, con el número *"número de protocolo del notario que autorizó la escritura del nombramiento"* de su protocolo, e inscrita en el Registro Mercantil de *"localidad del Registro Mercantil de la escritura de nombramiento"*, en el tomo y hoja arriba indicados.

 980

MCM 5310 s.

L 29/1994 (LAU); RDL 7/2019

- Si representa como apoderado:

  apoderado de la reseñada sociedad, según escritura de poder otorgada a su favor, en *"fecha de escritura del otorgamiento del poder"*, ante el notario de *"lugar donde radica la notaría en la que se autorizó la escritura de poder"*, *"Don/Doña nombre y apellidos del notario que autorizó la escritura de poder"*, con el número *"número de protocolo del notario que autorizó la escritura de poder"* de su protocolo *"...e inscrita en el Registro Mercantil de "localidad del Registro Mercantil de la escritura de poder" ..."*, en el tomo y hoja arriba indicados.

En adelante, el **Arrendatario.**

Las partes se reconocen la capacidad legal necesaria para contratar y obligarse y, a tal efecto

EXPONEN:

I. Que el **Arrendador** es titular del local sito en *"datos domiciliarios del local"*, que se describe del siguiente modo: *"descripción del local objeto del arrendamiento"*.

II. Que ambas partes han concertado el arrendamiento de dicho local para uso distinto del de vivienda, de acuerdo con las siguientes

ESTIPULACIONES:

***"NÚMERO"* Objeto**

Nota:

LAU *art.*3.

El **Arrendador** arrienda al **Arrendatario** el inmueble citado en el expositivo I, destinándose dicho inmueble exclusivamente a *"actividad del local de negocio"*, siendo por cuenta y cargo de éste cuantas gestiones, permisos, licencias y obras se precisen para la instalación y utilización para el uso pactado del inmueble objeto del arrendamiento, que no podrá destinarse a otro fin distinto sin la previa y expresa autorización por escrito del **Arrendador**.

El **Arrendatario** declara recibir el inmueble objeto del presente contrato a la fecha de firma del mismo, en un óptimo estado de conservación, con todos los servicios, instalaciones y accesorios en adecuado funcionamiento.

***"NÚMERO"* Precio**

El **Arrendador** recibirá la cantidad de *"importe a percibir, en letra"* euros (*"importe a percibir, en número"* €) brutos anuales, pagaderos en 12 mensualidades de *"cantidad mensual, en letra"* euros, que habrán de abonarse en los 10 primeros días de cada mes, que se abonarán por el **Arrendatario** mediante cheque o ingreso en la cuenta corriente núm. *"número de cuenta corriente"*, en el Banco/Caja *"nombre del Banco o Caja"*, sucursal de *"lugar o número de oficina"*, a nombre del **Arrendador**.

***"NÚMERO"* Estabilización de la renta**

La renta se actualizará por el **Arrendador** anualmente, de acuerdo con las variaciones que experimente durante el año precedente, el Índice de Garantía de Competitividad, publicado por el Instituto Nacional de Estadística u organismo o sistema que le pueda sustituir en el futuro.

Nota:

Téngase en cuenta la L 2/2015, *de* ***desindexación****, por la que se constituye un nuevo régimen legal en el que los valores monetarios no tengan que ser necesariamente modificados en virtud de índices de precios o fórmulas que los contengan. En el caso de contratación privada, solo procederá la revisión periódica de valores monetarios cuando se haya pactado expresamente. En ese caso, será aplicable la tasa de variación que corresponda al Índice de Garantía de Competitividad elaborado según el Anexo de dicha ley.*

Téngase en cuenta lo previsto en el RDL 35/2020 art.1 y 2, que permite a los arrendatarios de locales para uso distinto al de vivienda, y que cumplan determinados requisitos previstos en el artículo 3 de dicha norma, solicitar de la parte arrendadora (antes del 31-1-21) el ***aplazamiento temporal y extraordinario en el pago de la renta*** *siempre que dicho aplazamiento o una rebaja de la renta no se hubiera acordado por ambas partes con carácter voluntario.*

MCM 5310 s.

"NÚMERO" **Aval**

✍ **Nota:**

L 29/1994 (LAU); RDL 7/2019

LAU *art.*36. *Permite pactar otras* ***garantías adicionales*** *a la fianza imperativamente exigida.*

Para responder del pago de las rentas, el **Arrendatario** entrega al **Arrendador**, en el momento de la firma del presente contrato, aval bancario a primer requerimiento sin derecho a los beneficios de excusión o división, por el importe de *"número de meses"* meses de renta, incluido el I.V.A. correspondiente. Dicho aval estará vigente por el tiempo que dure el presente contrato.

"NÚMERO" **Duración del contrato**

✍ **Nota:**

No se establece en la LAU *un* ***plazo mínimo de duración*** *de este tipo de arrendamiento, por lo que queda a voluntad de las partes (*CC *art.*1581*).*

El contrato entrará en vigor a la fecha de la firma del mismo y tendrá una duración de *"periodo de vigencia del contrato, en años"* años. No obstante lo anterior, concluido el período inicialmente pactado y que se establece de obligado cumplimiento para ambas partes, el contrato se prorrogará por anualidades sucesivas hasta un máximo de *"plazo máximo de prórroga"*, a no ser que medie notificación expresa en contrario por cualquiera de las partes y con un preaviso de, al menos, dos meses al vencimiento del período inicial, o de cualquiera de sus prórrogas. En todo caso, el presente contrato se extinguirá como máximo al concluir las citadas prórrogas, esto es, el *"fecha de extinción del contrato"*.

"NÚMERO" **Impuestos**

En el precio no se incluye el Impuesto sobre el Valor Añadido, ni ningún otro tributo que en el futuro pueda gravar el presente arrendamiento, y que será repercutido al **Arrendatario** al tipo vigente en cada momento.

"NÚMERO" **Gastos generales**

Con independencia del precio pactado en la estipulación tercera, y de las posibles revisiones que posteriormente se efectúen de acuerdo con la estipulación cuarta, serán por cuenta del **Arrendatario** el pago de los gastos de la comunidad de propietarios en la que el local está ubicado, que en la actualidad ascienden a *"importe mensual de los gastos de comunidad"* euros mensuales; así como los servicios de abastecimiento y consumo de agua, electricidad, teléfono, gas o de cualquier otro servicio que se pudiera medir por contador y sea imputable directamente al uso del local arrendado, debiendo llevar a cabo los correspondientes cambios de titularidad de aquellos durante el tiempo que dure el contrato, y siendo de su cargo los gastos que origine dicho cambio así como la instalación, conservación y sustitución de los respectivos contadores y demás elementos necesarios de las instalaciones, en las condiciones exigidas en cada momento por las distintas compañías suministradoras.

Serán también por cuenta del **Arrendatario** las contribuciones, I.B.I., tasas o cualquier otro tipo de tributo que grave al local.

"NÚMERO" **Reparaciones**

✍ **Nota:**

LAU *art.*21.

Serán de cuenta del **Arrendatario** la reparación de todas las averías o desperfectos producidos en el inmueble arrendado y en sus servicios o instalaciones, imputables a dicha parte en virtud de lo dispuesto en los art.1563 y 1564 del Código Civil.

Igualmente, el **Arrendatario** se obliga a reparar los desperfectos o daños producidos en los pisos de la comunidad o zonas comunes de edificio, cuando sean producidos por averías producidas en el local arrendado y que le sean imputables de acuerdo con lo establecido en el apartado anterior.

MCM 5310 s.

Las obras de reparación, mantenimiento o conservación tanto en el interior de la finca arrendada como en las instalaciones y servicios comunes y generales del inmueble, precisas para conservar la finca objeto de arrendamiento en estado de servir para el uso convenido, serán íntegramente a cargo del **Arrendador**, salvo que sea aplicable lo dispuesto en los apartados anteriores.

En ningún caso se podrá retrasar el pago de las mensualidades de la renta por parte del **Arrendatario** basándose en deficiencias en los servicios o instalaciones del local.

L 29/1994 (LAU); RDL 7/2019

El **Arrendador** podrá exigir al **Arrendatario** el pago de los gastos derivados de las obras necesarias para mantener en estado de habitabilidad de la finca arrendada en el supuesto de que el **Arrendatario** incumpla la obligación de poner en conocimiento del **Arrendador** la necesidad de dichas obras, a tenor de lo dispuesto en el art.21.3 de la LAU.

Serán de cargo del **Arrendatario** las reparaciones que exija el desgaste de la finca arrendada por el uso ordinario de la misma y de sus instalaciones.

"NÚMERO" **Fianza**

 **Nota:**

*La **fianza** es obligatoria para el arrendatario (*LAU *art.*36*). Se establece un máximo de dos mensualidades.*

En el momento de otorgamiento del presente contrato, el **Arrendatario** hace entrega al **Arrendador** en concepto de fianza, la cantidad de *"cantidad en concepto de fianza, en letra"* euros (*"cantidad en concepto de fianza, en número"* €), equivalente a *"número de mensualidades"* mensualidades de renta, siendo carta de pago de dicha cantidad el presente contrato.

La fianza será devuelta al **Arrendatario** al finalizar el contrato, siempre que no existan las responsabilidades que se deban cubrir con aquella, tales como desperfectos, falta de pago de rentas, etc.

"NÚMERO" **Obras iniciales**

La **Arrendador** permite mediante este contrato que el **Arrendatario** lleve a cabo en el local arrendado las obras necesarias para la adecuación a las necesidades de la actividad que va a desarrollar en él, reseñadas en el Anexo 1 de este contrato.

Cualquier obra posterior que se realice en la finca objeto de este contrato deberá contar siempre con la debida autorización previa, expresa y por escrito del **Arrendador**.

En ningún caso, podrá el **Arrendatario** modificar o alterar la configuración de la finca o disminuir la estabilidad o seguridad de la misma.

 **Nota:**

*En relación con las **obras de mejora** ha de tenerse en cuenta lo establecido en* LAU *art.*22.

Estas obras y cualquiera otras que se hagan con autorización del **Arrendatario** quedarán en beneficio del inmueble sin desembolso alguno por parte del **Arrendador**, si bien éste se reserva el derecho a exigir que a la terminación del contrato el local se devuelva en las mismas condiciones en que se arrendó.

Las obras de mejora sobre la finca que pretenda el Arrendador se ajustarán a lo previsto en el art.22 de la LAU.

"NÚMERO" **Cesión o subarriendo**

El **Arrendatario** podrá subarrendar la finca arrendada o ceder el contrato de arrendamiento estrictamente en los supuestos previstos en el art.32 de la LAU, es decir, únicamente cuando en la finca desarrolle una actividad empresarial o profesional, excluyéndose expresamente las actividades altruistas o no comerciales o de base fundacional o asociativa.

MCM 5310 s.

"NÚMERO" **Normativa aplicable**

El presente contrato se regirá por la Ley 29/1994, de 24 de noviembre, en particular por la normativa para arrendamientos para uso distinto del de vivienda, quedando imperativamente sometido a lo dispuesto en el Título I (artículos 36 y 37), a la voluntad de las partes expresada en este contrato y, en lo que no se excluya expresamente en el mismo, a lo dispuesto en el Título III (artículos 29 a 35) de la citada Ley, y supletoriamente a lo previsto en el Código Civil.

L 29/1994 (LAU); RDL 7/2019

"NÚMERO" **Terminación y resolución del contrato**

Nota:

*Las **posibilidades** en relación con este tipo de cláusulas son muchas. Puede ocurrir que se atribuya a ambas partes la facultad de dar por concluido el contrato ante cualquier incumplimiento de la otra parte, sin tener que recurrir a formalismo alguno. Pero puede ocurrir también que esa formalidad se atribuya solo a alguna de las partes, o que se sujete la efectividad de dicha medida a algún tipo de requisito. Dadas las múltiples variedades que ello puede adoptar, hemos preferido por establecer un **modelo común**, con carácter general, al que se pueden introducir ciertos aspectos o modificaciones particulares.*

Son causas de terminación y resolución del presente contrato las siguientes:

a) Su terminación normal, ya sea por haber llegado el contrato a su vencimiento, ya sea por haberse cumplido y ejecutado la prestación a la que ambas partes se encuentran obligadas, ya sea por acuerdo mutuo de las partes.

b) Por incumplimiento de cualquiera de las partes de alguna de las cláusulas del presente contrato, sin que dicho incumplimiento fuera subsanado dentro de los *"plazo de subsanación, en días"* días siguientes a la notificación por escrito efectuada por la otra parte solicitando la subsanación del incumplimiento.

En caso de declaración de concurso de cualquiera de las partes, se estará a lo dispuesto en los artículos 156 y siguientes de la vigente Ley Concursal (RDLeg 1/2020, de 5 de mayo).

"NÚMERO" **Sometimiento a arbitraje**

Con renuncia expresa al ejercicio de cualquier acción ante los juzgados y tribunales, las partes se comprometen expresamente a instituir, en su día, un arbitraje de Derecho Privado, con arreglo a la legislación vigente, para resolver cuantas dudas o divergencias pudieran surgir entre ellas como consecuencia de la interpretación o cumplimiento de este contrato.

"NÚMERO" **Elevación a escritura pública**

Al amparo de lo dispuesto en el artículo 1279 del Código Civil, y a petición de cualquiera de las partes, este documento podrá ser elevado a escritura pública, e inscrito, en su caso, en el Registro de la Propiedad.

Y en prueba de conformidad, ambas partes firman el presente contrato, que se extiende en dos ejemplares, igualmente originales, en el lugar y fecha indicados en su encabezamiento.

EL ARRENDADOR **El ARRENDATARIO**

Cesión de derechos de imagen

Nota preliminar:

- Al venir delimitado el ámbito protegido en la ley por el consentimiento del titular del derecho (LO 1/1982 art.2.2), debe entenderse que la **revocación del consentimiento** también incide en el derecho a la propia imagen como derecho fundamental, es decir, no exclusivamente en su aspecto o dimensión puramente patrimonial, pues así resulta tanto del carácter esencial atribuido por la propia LO 1/1982 al consentimiento como del contenido de la sentencia TCo 117/1994, centrado en la relevancia del consentimiento y de su revocación para el derecho a la propia imagen en su dimensión de derecho fundamental (AP Barcelona 24-1-19, EDJ 506962).

- Téngase en cuenta que se considera **intromisión ilegítima** en el derecho al honor, a la intimidad personal y familiar y a la propia imagen del **menor**, cualquier utilización de su imagen o su nombre en los medios de comunicación que pueda implicar menoscabo de su honra o reputación, o que sea contraria a sus intereses incluso si consta el consentimiento del menor o de sus representantes legales, razón por la que habrá que extremar la diligencia y el cuidado para no incurrir en intromisiones ilegítimas en la imagen de menores aun contando con el consentimiento de los progenitores (LO 1/1996 art.4.3).

- El modelo presupone unas **circunstancias** determinadas que serán las **más frecuentes**. Si en el caso concreto existen circunstancias particulares no previstas, deberá completarse o modificarse el modelo adaptándolo a las mismas.

CC art.1088 a 1314; LO 1/1982

En *"localidad"*, a *"fecha"*

REUNIDOS:

De una parte,

"Don/Doña nombre y apellidos de la parte", mayor de edad, *"estado civil de la parte"* "... *"especificar el régimen económico matrimonial de la parte"* ... ", de nacionalidad *"nacionalidad de la parte"*, con domicilio a estos efectos en *"domicilio de la parte"*, *"...con DNI/NIF número "DNI/NIF de la parte"... O ... con tarjeta de residencia número "número de tarjeta de residencia de la parte" ... O ... pasaporte número "número de pasaporte de la parte", expedido el "fecha de expedición del pasaporte de la parte" ... O ... "reseñar otros documentos aportados por la parte" ...* ", vigente hasta el *"fecha de vigencia de la documentación aportada por la parte"*.

INTERVIENE:

>>

○ **Si interviene en su propio nombre:**

en su propio nombre y derecho.

○ **Si interviene como representante:**

en nombre y representación de *"Don/Doña nombre y apellidos del representado"*, mayor de edad, *"estado civil del representado"*, con domicilio en *"domicilio del representado"* y provisto de D.N.I./N.I.F. número *"DNI/NIF del representado"*, según consta en escritura de poder, otorgada ante el notario de *"lugar donde radica la notaría en la que se autorizó la escritura de poder de representación (persona física)"*, *"Don/Doña nombre y apellidos del notario que autorizó la escritura de poder de representación (persona física)"*, el *"fecha de escritura de poder de representación (persona física)"*, con el número *"número de protocolo del notario que autorizó la escritura de poder de representación (persona física)"*.

<<

En adelante, el **Cedente**.

De otra parte,

"Don/Doña nombre y apellidos de la parte", mayor de edad, *"estado civil de la parte" "... "especificar el régimen económico matrimonial de la parte" ..."*, de nacionalidad *"nacionalidad de la parte"*, con domicilio a estos efectos en *"domicilio de la parte"*, *"...con DNI/NIF número "DNI/NIF de la parte" ... O ... con tarjeta de residencia número "número de tarjeta de residencia de la parte" ... O ... pasaporte número "número de pasaporte de la parte", expedido el "fecha de expedición del pasaporte de la parte" ... O ... "reseñar otros documentos aportados por la parte" ..."*, vigente hasta el *"fecha de vigencia de la documentación aportada por la parte"*.

CC art.1088 a 1314; LO 1/1982

Interviene en nombre y representación de la sociedad mercantil denominada *"denominación de la Sociedad"*, domiciliada en *"domicilio de la Sociedad"*, y con NIF número *"NIF de la Sociedad"*, constituida, por tiempo indefinido, mediante escritura otorgada ante el notario de *"lugar del notario que autorizó la escritura pública"*, *"Don/Doña nombre y apellidos del notario que autorizó la escritura pública"*, el *"fecha de autorización de la escritura pública"*, e inscrita en el Registro Mercantil de *"datos de la inscripción registral (localidad del Registro Mercantil, tomo, folio, sección, hoja e inscripción)"*, en su calidad de

>>

○ **Si representa como cargo social:**

"...administrador único ... O ... administrador solidario ... O ... consejero delegado ... O ... "especificar la representación del cargo social" ..." de la reseñada sociedad, cargo para el que fue nombrado y asegura vigente en escritura otorgada el *"fecha de escritura del nombramiento del cargo"*, ante el notario de *"lugar donde radica la notaría en la que se autorizó la escritura del nombramiento"*, *"Don/Doña nombre y apellidos del notario que autorizó la escritura del nombramiento"*, con el número *"número de protocolo del notario que autorizó la escritura del nombramiento"* de su protocolo, e inscrita en el Registro Mercantil de *"localidad del Registro Mercantil de la escritura de nombramiento"*, en el tomo y hoja arriba indicados.

○ **Si representa como apoderado:**

apoderado de la reseñada sociedad, según escritura de poder otorgada a su favor, en *"fecha de escritura del otorgamiento del poder"*, ante el notario de *"lugar donde radica la notaría en la que se autorizó la escritura de poder"*, *"Don/Doña nombre y apellidos del notario que autorizó la escritura de poder"*, con el número *"número de protocolo del notario que autorizó la escritura de poder"* de su protocolo *"...e inscrita en el Registro Mercantil de "localidad del Registro Mercantil de la escritura de poder" ..."*, en el tomo y hoja arriba indicados.

<<

En adelante, el **Cesionario**.

Ambas partes se reconocen recíprocamente personalidad jurídica y capacidad legal bastante para obligarse en derecho y

MANIFIESTAN:

I. Que el **Cedente** es una persona física, dedicada a la exhibición profesional de ropa, complementos y demás artículos de moda, interesado en ceder los derechos de explotación sobre su imagen (en adelante, la Imagen).

II. Que estos derechos se extienden no solo al territorio español, sino a todos aquellos países en los que el **Cesionario** tenga una actividad comercial.

III. Que el **Cesionario** es una empresa dedicada a la explotación de artículos de moda, de implantación internacional.

IV. Que el **Cesionario** desea adquirir los derechos de explotación sobre la Imagen del **Cedente**, de acuerdo con las siguientes,

CLÁUSULAS:

Primera. Cesión en exclusiva de los derechos sobre la Imagen
El **Cedente** otorga la cesión en exclusiva de los derechos de explotación su imagen, en todo su contenido y extensión, de acuerdo con lo dispuesto en la Ley Orgánica 1/1982, de 5 de mayo, de protección civil del derecho al honor, a la intimidad personal y familiar y a la propia imagen.

A tal efecto, el **Cesionario** otorga su consentimiento a los usos de la Imagen a los que se refiere el presente contrato a favor del **Cedente**.

CC art.1088 a 1314; LO 1/1982

✍ **Nota:**

*La vulneración de un contrato de cesión o autorización de la imagen de una persona no da lugar a infracción del **derecho fundamental** a la propia imagen, sino, en su caso, a un incumplimiento contractual (*AP Madrid 31-1-14, *EDJ 16639;* TS 20-4-01, *EDJ 6422;* TCo 99/1994*).*

Segunda. Limitación temporal de la cesión de los derechos sobre la Imagen
El **Cedente** cede los derechos de explotación a que se refiere la cláusula anterior por un periodo de *"periodo de vigencia de la cesión, en años"* años, a contar desde el momento de la firma del presente contrato.

✍ **Nota:**

*No se establece legalmente **limitación temporal** alguna.*

Tercera. Territorios para los que se ceden los derechos de explotación sobre la Imagen
El **Cedente** cede los derechos de explotación sobre la Imagen para el territorio español y para cualquier otro del resto del mundo en el que el **Cesionario** tenga una actividad comercial.

✍ **Nota:**

*También se puede indicar el **resto del mundo** o establecer que la cesión tiene ámbito mundial.*

Cuarta. Modalidades de explotación cedidas
En particular, tales modalidades comprenden las de autorizar o realizar:

a) Entrevistas, fotografías, desfiles, grabaciones, reproducciones y/o simulaciones de la Imagen y/o silueta del **Cedente**; y

b) Cesiones a terceros de todo derecho, título o interés en las entrevistas o resultantes de ella, así como sobre las fotografías, desfiles, grabaciones y reproducciones en las que la Imagen del **Cedente** aparezca, incluyendo a título meramente enunciativo el derecho a usarlas en todo o en parte en conexión con los servicios de televisión o de prensa con los que el **Cesionario** pueda contactar y su exhibición, emisión, publicidad, promoción y explotación en el territorio pactado, en cualquier medio y por todo el tiempo pactado.

c) La reproducción de la Imagen, ya fuere permanente o transitoria, a través de medios telemáticos, informáticos o de transmisión o reproducción a distancia de las imágenes y del sonido, entendiendo, a título de ejemplo, Internet o cualquier otra red que la sustituya, Intranets o Extranets. Quedan comprendidos dentro del concepto de reproducción, la carga, presentación, ejecución, transmisión o almacenamiento de la Imagen.

d) Cualquier forma de distribución pública de la Imagen en catálogos *"... "indicar denominación específica" ... "* del **Cesionario**.

Quinta. Contraprestación económica a cambio de la cesión en exclusiva de los derechos de explotación de la Imagen
En contraprestación por la cesión en exclusiva de los derechos de explotación sobre la Imagen, el **Cesionario** otorga al **Cedente** una remuneración a tanto alzado de *"remuneración, en letra"* euros (*"remuneración, en número"* €) como importe total de la cesión.

El pago de dicha suma se efectúa en la siguiente forma: *"indicar modo de pago"*.

Sexta. Cláusula penal
En caso de que el **Cedente** revoque su consentimiento, en los términos legalmente previstos, el **Cedente** abonará al **Cesionario** una indemnización por valor de *"importe de la indemnización, en letra"* euros (*"importe de la indemnización, en número"* €).

Séptima. Cláusula de sometimiento de fuero
CC art.1088 a 1314; LO 1/1982
Para la resolución de cualquier controversia relacionada con la interpretación o aplicación de este contrato, ambas partes acuerdan someterse a los juzgados y tribunales de *"ciudad de los juzgados y tribunales"*.

Y en prueba de conformidad, ambas partes firman el presente contrato, que se extiende en dos ejemplares, igualmente originales, en el lugar y fecha indicados en su encabezamiento.

EL CEDENTE **EL CESIONARIO**

Arrendamiento de bien mueble (vehículo)

Nota preliminar:

- De entre los posibles arrendamientos de bienes muebles, se ha optado por el de vehículo **sin conductor**, que es un supuesto muy típico de arrendamiento de bien mueble, sobre todo en **lugares turísticos**.

- El Código Civil **no** contiene una **normativa específica** que regule los arrendamientos de bienes muebles, siendo de aplicación el CC art.1542 a 1574, que establecen con carácter general la regulación de los arrendamientos de cosas. No supone un obstáculo a dicha aplicación el hecho de que el CC art.1546 a 1574 se encuentre bajo la rúbrica "De los arrendamientos de fincas rústicas y urbanas", pues es común la opinión de la doctrina en que las normas generales que contiene dichos artículos se aplican con carácter general a todos los arrendamientos de cosas, más si cabe cuando los arrendamientos rústicos y urbanos están regulados por leyes especiales (Albaladejo, Diez-picazo y Gullón, Lacruz Berdejo). Dichas normas han sido aplicadas específicamente al contrato de arrendamiento de vehículos por el TS 7-6-88, EDJ 4866. CC art.1542 a 1574

- El modelo presupone unas **circunstancias** determinadas que serán las **más frecuentes**. Si en el caso concreto existen circunstancias particulares no previstas, deberá completarse o modificarse el modelo adaptándolo a las mismas.

En *"localidad"*, a *"fecha"*

REUNIDOS:

De una parte,

"Don/Doña nombre y apellidos de la parte", mayor de edad, *"estado civil de la parte" "... "especificar el régimen económico matrimonial de la parte" ... "*, de nacionalidad *"nacionalidad de la parte"*, con domicilio a estos efectos en *"domicilio de la parte"*, *"...con DNI/NIF número "DNI/NIF de la parte" ... O ... con tarjeta de residencia número "número de tarjeta de residencia de la parte" ... O ... pasaporte número "número de pasaporte de la parte"*, *expedido el "fecha de expedición del pasaporte de la parte" ... O ... "reseñar otros documentos aportados por la parte" ... "*, vigente hasta el *"fecha de vigencia de la documentación aportada por la parte"*.

Interviene en nombre y representación de la sociedad mercantil denominada *"denominación de la Sociedad"*, domiciliada en *"domicilio de la Sociedad"*, y con NIF número *"NIF de la Sociedad"*, constituida, por tiempo indefinido, mediante escritura otorgada ante el notario de *"lugar del notario que autorizó la escritura pública"*, *"Don/Doña nombre y apellidos del notario que autorizó la escritura pública"*, el *"fecha de autorización de la escritura pública"*, e inscrita en el Registro Mercantil de *"datos de la inscripción registral (localidad del Registro Mercantil, tomo, folio, sección, hoja e inscripción)"*, en su calidad de

❍ **Si representa como cargo social:**

"...administrador único ... O ... administrador solidario ... O ... consejero delegado ... O ... "especificar la representación del cargo social" ... " de la reseñada sociedad, cargo para el que fue nombrado y asegura vigente en escritura otorgada el *"fecha de escritura del nombramiento del cargo"*, ante el notario de *"lugar donde radica la notaría en la que se autorizó la escritura del nombramiento"*, *"Don/Doña nombre y apellidos del notario que autorizó la escritura del nombramiento"*, con el número *"número de protocolo del notario que autorizó la escritura del nombramiento"* de su protocolo, e inscrita en el Registro Mercantil de *"localidad del Registro Mercantil de la escritura de nombramiento"*, en el tomo y hoja arriba indicados.

○ **Si representa como apoderado:**

apoderado de la reseñada sociedad, según escritura de poder otorgada a su favor, en *"fecha de escritura del otorgamiento del poder"*, ante el notario de *"lugar donde radica la notaría en la que se autorizó la escritura de poder"*, *"Don/Doña nombre y apellidos del notario que autorizó la escritura de poder"*, con el número *"número de protocolo del notario que autorizó la escritura de poder"* de su protocolo *"...e inscrita en el Registro Mercantil de "localidad del Registro Mercantil de la escritura de poder" ..."*, en el tomo y hoja arriba indicados.

≺≺

CC art.1542 a 1574

En adelante, la **Arrendadora.**

De otra parte,
"Don/Doña nombre y apellidos de la parte", mayor de edad, *"estado civil de la parte" "... "especificar el régimen económico matrimonial de la parte" ... "*, de nacionalidad *"nacionalidad de la parte"*, con domicilio a estos efectos en *"domicilio de la parte"*, *"...con DNI/NIF número "DNI/NIF de la parte" ... O ... con tarjeta de residencia número "número de tarjeta de residencia de la parte" ... O ... pasaporte número "número de pasaporte de la parte", expedido el "fecha de expedición del pasaporte de la parte" ... O ... "reseñar otros documentos aportados por la parte" ... "*, vigente hasta el *"fecha de vigencia de la documentación aportada por la parte"*.

Interviene en su propio nombre y derecho.

En adelante, el **Arrendatario**.

Los comparecientes tienen, según se aseguran recíprocamente, la capacidad necesaria y bastante para otorgar el presente contrato en la representación que ostentan y al efecto

EXPONEN:

I. Que la **Arrendadora**, que es una mercantil cuyo objeto es el arrendamiento de vehículos sin conductor, es propietaria del vehículo *"marca, modelo y matrícula"*, que se encuentra, según reconoce el **Arrendatario** - después de haberlo examinado y probado - en perfecto estado, y asegurado por *"titular de la póliza del seguro"* a todo riesgo en la aseguradora *"denominación de la Compañía Aseguradora"*, encontrándose al corriente de pago de las primas de dicho seguro.

✍ **Nota:**

*Lo usual es que los vehículos de alquiler tengan suscrito un seguro a **todo riesgo**, que garantice la reparación del vehículo en caso de siniestro.*

II. Que ambas partes han concertado el arrendamiento de dicho vehículo de acuerdo con las siguientes,

ESTIPULACIONES:

"Número" Objeto
La **Arrendadora** arrienda al **Arrendatario** el vehículo descrito en la parte expositiva de este contrato.

El vehículo arrendado se destinará única y exclusivamente al transporte del **Arrendatario** y sus acompañantes, y dicho vehículo solo podrá ser conducido por éste o bajo responsabilidad absoluta del mismo, por el conductor o conductores que él señale, siempre que queden cubiertos por el seguro del vehículo, de conformidad con la cobertura que el mismo establece.

✍ **Nota:**

*- Con este tipo de cláusulas se trata de evitar que los vehículos arrendados se dediquen a otro tipo de actividades distintas al transporte de viajeros que puedan deteriorar los mismos; ello, claro está, siempre que se trate de un **automóvil**, pues es patente que, si el tipo de vehículo arrendado es una furgoneta, camión o vehículo dedicado al transporte de mercancías, este tipo de cláusulas no serán introducidas en el contrato.*

- Es normal que en este tipo de contratos el arrendador se cuide mucho de que las personas que van a conducir el vehículo queden cubiertas por el ***seguro*** *contratado.*

El vehículo arrendado no podrá salir al extranjero sin su autorización escrita previa de la **Arrendadora**, en tal caso antes de salir al extranjero el vehículo alquilado, el **Arrendatario** deberá contratar por cuenta y a su cargo un seguro de Asistencia Internacional.

✍ **Nota:**

La inclusión de este tipo de cláusulas se debe a que algunos seguros solo son ***operativos en España.***

"Número" Entrega del vehículo y documentación CC art.1542 a 1574

El vehículo es entregado en este acto al **Arrendatario**, recibiendo de la **Arrendadora** dos juegos de las llaves del mismo, así como su documentación completa y el original del último recibo del pago de la prima del seguro contratado, señalado en la parte expositiva del presente contrato.

"Número" Precio y fianza

La renta a abonar por el **Arrendatario** será de *"importe de la renta, en letra"* euros (*"importe de la renta, en número"* €) por mes. La renta se abonará por el **Arrendatario** mediante transferencia a la cuenta corriente abierta por la **Arrendadora** en el banco *"nombre de la entidad bancaria"* con el número *"número de cuenta corriente"*.

✍ **Nota:**

- Aunque hemos tomado como modelo un arrendamiento de larga duración, es muy habitual que el arrendamiento de vehículos se acuerde ***por días.***

- En los arrendamientos de vehículos por días, lo usual es que el pago de la totalidad de la ***renta*** *se efectúe en el mismo momento en el que el vehículo se entrega al arrendatario.*

Para responder del pago de las rentas, el **Arrendatario** entrega a la **Arrendadora**, en el momento de la firma del presente contrato, la cantidad correspondiente a dos mensualidades, en concepto de fianza que serán devueltas a la extinción del presente contrato, una vez verificado el correcto estado del vehículo arrendado.

"Número" Duración

La duración del contrato será de *"periodo de vigencia del contrato, en meses"* meses, que comenzarán a contar desde el día de la firma del presente contrato, en el que, como se ha dicho más arriba, el **Arrendatario** ha tomado posesión del automóvil arrendado, por lo que terminará, sin perjuicio de la tácita reconducción por meses, en los términos establecidos en el artículo 1566 del Código Civil, el *"fecha de extinción del contrato"*.

✍ **Nota:**

Como antes hemos expuesto, aunque el CC *art.*1546 *a* 1582 *está referido a los arrendamientos rústicos y urbanos, lo cierto es que las normas contempladas en los mismos son aplicables con carácter general a todos los arrendamientos que carecen de una regulación especial, como es el caso de los arrendamientos de bienes muebles. Siendo la* ***tácita reconducción*** *una de las normas que habitualmente se recogen de forma expresa en los arrendamientos de bienes muebles.*

"Número" Prórroga

En el supuesto en que tenga lugar la prórroga tácita del contrato, por aplicación de la tácita reconducción, la renta señalada en la cláusula tercera del contrato, se revisará anualmente conforme aumente o disminuya el Índice de Precios al Consumo que publica el Instituto Nacional de Estadística u organismo que lo sustituya y en la misma proporción que dicho índice se modifique.

La revisión de la renta se llevará a efecto por la **Arrendadora** sin necesidad de notificación previa al **Arrendatario.**

El índice que se debe tener presente para llevar a efecto la revisión pactada será el que corresponda a los doce meses inmediatamente anteriores al momento en el que tenga lugar la revisión, que, llegado el momento de efectuarla, hubiera sido publicado por el Instituto Nacional de Estadística u organismo que le sustituya.

"Número" Devolución del vehículo y responsabilidad por incumplimiento

Una vez finalizado el contrato, en el plazo máximo de dos días a partir de su conclusión, el **Arrendatario** estará obligado a devolver a la **Arrendadora**, en las oficinas de ésta, el vehículo objeto de este contrato con sus llaves, y su documentación, en el mismo estado de conservación en el que se encontraba cuando le fue entregado.

CC art.1542 a 1574

Nota:

*- En el supuesto en el que el arrendamiento se concierte **por días**, es obvio que este plazo de gracia no se incluirá, acordándose la devolución en el día de finalización del contrato y en las horas que en el mismo se precisen, así como el devengo de un día más de renta en el supuesto en el que la entrega se posponga de las horas indicadas.*

*- Es habitual también que la devolución de los vehículos se acuerde no en el domicilio del arrendador sino en lugares públicos, como por ejemplo el **parking** de un aeropuerto.*

De no entregarse el vehículo en los plazos establecidos en el párrafo anterior, el **Arrendatario** deberá abonar a la **Arrendadora** en concepto de cláusula penal por incumplimiento del contrato, la cantidad de *"importe por incumplimiento, en letra"* euros (*"importe por incumplimiento, en número"* €) por cada día de retraso, hasta que se proceda a la entrega del vehículo a la **Arrendadora**.

Nota:

En la sentencia AP Lleida 14-1-99, *se acordó la moderación de la **indemnización** que correspondía abonar al arrendatario de un vehículo, en función de las circunstancias en que tuvo lugar el incumplimiento del contrato que daba lugar a la misma.*

"Número" Seguro

Teniendo presente que el automóvil objeto de este contrato, tal y como ha quedado reseñado en la parte expositiva, se arrienda con seguro en vigor a todo riesgo, será por cuenta de la **Arrendadora** el abono de las primas de dicho seguro que se devenguen durante la vigencia de este contrato.

"Número" Gastos y responsabilidad por daños y perjuicios

Sin otras excepciones que el pago de las primas del seguro mencionadas en la cláusula séptima anterior y los tributos municipales que recaen sobre el vehículo objeto de este contrato, que serán por cuenta de la **Arrendadora**, serán por cuenta del **Arrendatario** todos los gastos, costes y tributos que produzca el vehículo por su utilización mientras permanezca en vigor este contrato. A título de ejemplo serán por cuenta del **Arrendatario** las multas, gasolina, aceite, repuestos y recambios que precise el vehículo por su utilización, así, como las reparaciones, incluidas las extraordinarias.

Nota:

*En el supuesto de **arrendamiento por un corto espacio de tiempo**, las reparaciones, repuestos y recambios que precise el vehículo como consecuencia de su utilización, serán normalmente por cuenta del arrendador.*

Asimismo, el **Arrendatario** responderá personalmente por los daños y perjuicios causados en el vehículo arrendado o que tengan su origen en la conducción del mismo y que por cualquier circunstancia no queden cubiertos por el seguro a todo riesgo suscrito por la **Arrendadora**, a no ser que pruebe que se han ocasionado sin culpa suya.

Nota:

*- Existen determinados **daños** que no quedan cubiertos por el seguro, aunque éste esté concertado a todo riesgo, como por ejemplo los producidos conduciendo bajo los efectos del alcohol, de los que deberá responder el arrendatario.*

- En la sentencia AP Orense 27-5-02, *se condena al* ***arrendatario*** *de un vehículo a abonar a la arrendadora, personalmente, los daños y perjuicios causados en el vehículo como consecuencia de la conducción temeraria llevada a cabo por aquel en competiciones clandestinas.*

"Número" I.V.A .
El Impuesto sobre el Valor Añadido (I.V.A.) que se devengue como consecuencia de este contrato y/o de su ejecución será por cuenta del **Arrendatario** y habrá que añadírselo a la renta señalada en la cláusula tercera de este contrato.

"Número" Normativa aplicable CC art.1542 a 1574
El arrendamiento objeto del presente contrato se regirá en lo no previsto en el mismo por las disposiciones del Código Civil referentes al arrendamiento de cosas.

Nota:

Aunque hemos dicho que la aplicación del CC *art.*1542 *a* 1574, *es incuestionable* ***en defecto de lo pactado*** *en el contrato, lo cierto es que no deja de ser habitual que se incluyan cláusulas que expresamente así lo digan, con el objeto de no dar lugar al menor atisbo de duda sobre su aplicación.*

"Número" Terminación y resolución del contrato

"Apartado"
Son causas de terminación y resolución del presente contrato las siguientes:

a) Su terminación normal, ya sea por haber llegado el contrato a su vencimiento, ya sea por haberse cumplido y ejecutado la prestación a la que ambas partes se encuentran obligadas, ya sea por acuerdo mutuo de las partes.

b) Por incumplimiento de cualquiera de las partes de alguna de las cláusulas del presente contrato, sin que dicho incumplimiento fuera subsanado dentro de los *"plazo de subsanación, en días"* días siguientes a la notificación por escrito efectuada por la otra parte solicitando la subsanación del incumplimiento.

"Apartado"
En caso de declaración de concurso de cualquiera de las partes, se estará a lo dispuesto en los artículos 156 y siguientes de la vigente Ley Concursal (RDLeg 1/2020, de 5 de mayo).

"Apartado"
La resolución del presente contrato no excluye cualquier otra reparación legal o judicial que cualquiera de las partes estime oportuno obtener.

"Número" Gastos del contrato
Queda expresamente convenido que todos los gastos que origine este contrato serán satisfechos por las partes conforme a Ley.

"Número" Sometimiento a arbitraje
Con renuncia expresa al ejercicio de cualquier acción ante los juzgados y tribunales, las partes se comprometen expresamente a instituir, en su día, un arbitraje de Derecho Privado, con arreglo a la legislación vigente, para resolver cuantas dudas o divergencias pudieran surgir entre ellas como consecuencia de la interpretación o cumplimiento de este contrato.

Y en prueba de conformidad, ambas partes firman el presente contrato, que se extiende en dos ejemplares, igualmente originales, en el lugar y fecha indicados en su encabezamiento.

LA ARRENDADORA **EL ARRENDATARIO**

MCM 5310 a 5435

Arrendamiento de local para uso distinto del de vivienda («de local de negocio») en centro comercial

L 29/1994 (LAU)

Nota preliminar:

- Para aquellos arrendamientos **anteriores a 9-5-1985**, que siguiesen en vigor a la fecha de entrada en vigor de la L 29/1994 (LAU), que entró en vigor el 1-1-1995, resulta aplicable lo dispuesto en la LAU/64, aunque con alguna excepción, si bien los contratos a los que esta se aplica tienden a extinguirse.

- Ténganse en cuenta el RDL 35/2020, de medidas urgentes de apoyo al sector turístico, la hostelería y el comercio y en materia tributaria, en virtud del cual, y debido a la especial incidencia del **COVID-19**, durante determinado momento se previó la posibilidad de que las partes puedan llegar a un acuerdo para la modulación del pago de las rentas de los alquileres de locales, como continuación y mejora del que se propuso por el RDL 15/2020, de medidas urgentes complementarias para apoyar la economía y el empleo.

- El modelo presupone unas **circunstancias** determinadas que serán las **más frecuentes**. Si en el caso concreto existen circunstancias particulares no previstas, deberá completarse o modificarse el modelo adaptándolo a las mismas.

En *"localidad"*, a *"fecha"*

REUNIDOS:

De una parte,

"Don/Doña nombre y apellidos de la parte", mayor de edad, *"estado civil de la parte" "... "especificar el régimen económico matrimonial de la parte" ... "*, de nacionalidad *"nacionalidad de la parte"*, con domicilio a estos efectos en *"domicilio de la parte"*, *"...con DNI/NIF número "DNI/NIF de la parte" ... O ... con tarjeta de residencia número "número de tarjeta de residencia de la parte" ... O ... pasaporte número "número de pasaporte de la parte", expedido el "fecha de expedición del pasaporte de la parte" ... O ... "reseñar otros documentos aportados por la parte" ... "*, vigente hasta el *"fecha de vigencia de la documentación aportada por la parte"*.

Interviene

❍ **Si interviene en su propio nombre:**

en su propio nombre y derecho.

❍ **Si interviene como representante:**

en nombre y representación

❍ Si representa a persona física:

de *"Don/Doña nombre y apellidos del representado"*, mayor de edad, *"estado civil del representado"*, con domicilio en *"domicilio del representado"* y provisto de D.N.I./N.I.F. número *"DNI/NIF del representado"*, según consta en escritura de poder, otorgada ante el notario de *"lugar donde radica la notaría en la que se autorizó la escritura de poder de representación (persona física)"*, *"Don/Doña nombre y apellidos del notario que autorizó la escritura de poder de representación (persona física)"*, el *"fecha de escritura de poder de representación (persona física)"*, con el número *"número de protocolo del notario que autorizó la escritura de poder de representación (persona física)"* de su orden de protocolo.

MCM 5310 a 5435

L 29/1994 (LAU)

❍ Si representa a persona jurídica:

de la sociedad mercantil denominada *"denominación social"*, domiciliada en *"domicilio social"*, y con NIF número *"NIF de la sociedad"*, constituida, por tiempo indefinido, mediante escritura otorgada ante el notario de *"lugar donde radica la notaría en la que se autorizó la escritura de poder de representación (persona jurídica)"*, *"Don/Doña nombre y apellidos del notario que autorizó la escritura de poder de representación (persona jurídica)"*, el *"fecha de escritura de poder de representación (persona jurídica)"*, e inscrita en el Registro Mercantil de *"datos de la inscripción registral (localidad del Registro Mercantil, tomo, folio, sección, hoja e inscripción)"*, en su calidad de

➢

❍ Si representa como cargo social:

"...administrador único ... O ... administrador solidario ... O ... consejero delegado ... O ... "especificar la representación del cargo social" ... " de la reseñada sociedad, cargo para el que fue nombrado y asegura vigente en escritura otorgada el *"fecha de escritura del nombramiento del cargo"*, ante el notario de *"lugar donde radica la notaría en la que se autorizó la escritura del nombramiento"*, *"Don/Doña nombre y apellidos del notario que autorizó la escritura del nombramiento"*, con el número *"número de protocolo del notario que autorizó la escritura del nombramiento"* de su protocolo, e inscrita en el Registro Mercantil de *"localidad del Registro Mercantil de la escritura de nombramiento"*, en el tomo y hoja arriba indicados.

❍ Si representa como apoderado:

apoderado de la reseñada sociedad, según escritura de poder otorgada a su favor, en *"fecha de escritura del otorgamiento del poder"*, ante el notario de *"lugar donde radica la notaría en la que se autorizó la escritura de poder"*, *"Don/Doña nombre y apellidos del notario que autorizó la escritura de poder"*, con el número *"número de protocolo del notario que autorizó la escritura de poder"* de su protocolo *"...e inscrita en el Registro Mercantil de "localidad del Registro Mercantil de la escritura de poder" ... "*, en el tomo y hoja arriba indicados.

En adelante, la **Arrendadora**.

De otra parte,

"Don/Doña nombre y apellidos de la parte", mayor de edad, *"estado civil de la parte" "... "especificar el régimen económico matrimonial de la parte" ... "*, de nacionalidad *"nacionalidad de la parte"*, con domicilio a estos efectos en *"domicilio de la parte"*, *"...con DNI/NIF número "DNI/NIF de la parte" ... O ... con tarjeta de residencia número "número de tarjeta de residencia de la parte" ... O ... pasaporte número "número de pasaporte de la parte", expedido el "fecha de expedición del pasaporte de la parte" ... O ... "reseñar otros documentos aportados por la parte" ... "*, vigente hasta el *"fecha de vigencia de la documentación aportada por la parte"*.

Interviene

❍ **Si interviene en su propio nombre:**

en su propio nombre y derecho.

❍ **Si interviene como representante:**

en nombre y representación

MCM 5310 a 5435

L 29/1994 (LAU)

➤

❍ Si representa a persona física:

de *"Don/Doña nombre y apellidos del representado"*, mayor de edad, *"estado civil del representado"*, con domicilio en *"domicilio del representado"* y provisto de D.N.I./N.I.F. número *"DNI/NIF del representado"*, según consta en escritura de poder, otorgada ante el notario de *"lugar donde radica la notaría en la que se autorizó la escritura de poder de representación (persona física)"*, *"Don/Doña nombre y apellidos del notario que autorizó la escritura de poder de representación (persona física)"*, el *"fecha de escritura de poder de representación (persona física)"*, con el número *"número de protocolo del notario que autorizó la escritura de poder de representación (persona física)"* de su orden de protocolo.

❍ Si representa a persona jurídica:

de la sociedad mercantil denominada *"denominación social"*, domiciliada en *"domicilio social"*, y con NIF número *"NIF de la sociedad"*, constituida, por tiempo indefinido, mediante escritura otorgada ante el notario de *"lugar donde radica la notaría en la que se autorizó la escritura de poder de representación (persona jurídica)"*, *"Don/Doña nombre y apellidos del notario que autorizó la escritura de poder de representación (persona jurídica)"*, el *"fecha de escritura de poder de representación (persona jurídica)"*, e inscrita en el Registro Mercantil de *"datos de la inscripción registral (localidad del Registro Mercantil, tomo, folio, sección, hoja e inscripción)"*, en su calidad de

➤

❍ Si representa como cargo social:

"...administrador único ... O ... administrador solidario ... O ... consejero delegado ... O ... "especificar la representación del cargo social" ..." de la reseñada sociedad, cargo para el que fue nombrado y asegura vigente en escritura otorgada el *"fecha de escritura del nombramiento del cargo"*, ante el notario de *"lugar donde radica la notaría en la que se autorizó la escritura del nombramiento"*, *"Don/Doña nombre y apellidos del notario que autorizó la escritura del nombramiento"*, con el número *"número de protocolo del notario que autorizó la escritura del nombramiento"* de su protocolo, e inscrita en el Registro Mercantil de *"localidad del Registro Mercantil de la escritura de nombramiento"*, en el tomo y hoja arriba indicados.

❍ Si representa como apoderado:

apoderado de la reseñada sociedad, según escritura de poder otorgada a su favor, en *"fecha de escritura del otorgamiento del poder"*, ante el notario de *"lugar donde radica la notaría en la que se autorizó la escritura de poder"*, *"Don/Doña nombre y apellidos del notario que autorizó la escritura de poder"*, con el número *"número de protocolo del notario que autorizó la escritura de poder"* de su protocolo *"...e inscrita en el Registro Mercantil de "localidad del Registro Mercantil de la escritura de poder"..."*, en el tomo y hoja arriba indicados.

En adelante, la **Arrendataria**.

Las partes se reconocen la capacidad legal necesaria para contratar y obligarse y, al efecto

EXPONEN:

I. Que la **Arrendadora** es titular del centro comercial conocido como *"nombre del centro comercial"*, sito en *"localidad y dirección del centro comercial"*.

II. Que dentro de ese centro comercial se encuentra sito el local número *"número del Local"*, (en adelante el Local) de *"superficie del Local, en número"* metros de superficie, cuya descripción pormenorizada y linderos constan el plano del Centro Comercial y del local arrendado que se adjuntan como documentos anexos I y II.

III. Que ambas partes han concertado el arrendamiento de dicho local de acuerdo con las siguientes,

ESTIPULACIONES:

"Número" Objeto

Nota:

Vid. LAU *art.*3.

La **Arrendadora** arrienda a la **Arrendataria** el Local citado en el expositivo primero, destinándose dicho inmueble exclusivamente a *"actividad del Local"*, siendo por cuenta y cargo de ésta cuantas gestiones, permisos, licencias y obras se precisen para la instalación y utilización para el uso pactado de inmueble objeto del arrendamiento, que no podrá destinarse a otro fin distinto sin la previa y expresa autorización por escrito de la **Arrendadora**.

La actividad desarrollada en el Local arrendado necesariamente se llevará a cabo dentro de los límites del Local, bajo la denominación *"denominación del Local"* y rótulo *"rótulo del Local"*, debiendo contar la **Arrendataria** con la pertinente autorización de la **Arrendadora** si pretende el cambio de actividad, denominación o rótulo.

La **Arrendataria** declara recibir el Local objeto del presente contrato a la fecha de su firma, en un óptimo estado de conservación. Con todos los servicios, instalaciones y accesorios en adecuado funcionamiento.

"Número" Precio

La **Arrendadora** recibirá la cantidad de *"importe a percibir, en letra"* euros (*"importe a percibir, en número"*€) brutos anuales, pagaderos en doce (12) mensuales de *"cantidad mensual, en letra"* euros (*"cantidad mensual, en número"* €), que habrán de abonarse en los diez (10) primeros días de cada mes, que se abonarán por la **Arrendataria** mediante cheque o ingreso en la cuenta corriente núm. *"número de cuenta corriente"*, en el Banco/Caja *"nombre del Banco o Caja"*, sucursal de *"lugar o número de oficina"* a nombre del **Arrendadora**.

"Número" Estabilización de la renta

La renta se actualizará por el arrendador anualmente, de acuerdo con las variaciones que experimente durante el año precedente, el Índice de Garantía de Competitividad, publicado por el Instituto Nacional de Estadística u Organismo o sistema que le pueda sustituir en el futuro.

Nota:

Téngase en cuenta la L 2/2015, *de* ***desindexación***, *por la que se constituye un nuevo régimen legal en el que los valores monetarios no tengan que ser necesariamente modificados en virtud de índices de precios o fórmulas que los contengan. En el caso de contratación privada, solo procederá la revisión periódica de valores monetarios cuando se haya pactado expresamente. En ese caso, será aplicable la tasa de variación que corresponda al Índice de Garantía de Competitividad elaborado según el Anexo de dicha ley.*

Téngase en cuenta lo previsto en el RDL 35/2020 art.1 y 2, que permite a los arrendatarios de locales para uso distinto al de vivienda, y que cumplan determinados requisitos previstos en el artículo 3 de dicha norma, solicitar de la parte arrendadora (antes del 31-1-21) el ***aplazamiento temporal y extraordinario en el pago de la renta*** *siempre que dicho aplazamiento o una rebaja de la renta no se hubiera acordado por ambas partes con carácter voluntario.*

"Número" Aval

Nota:

La LAU *art.*36, *permite pactar otras* ***garantías adicionales*** *a la fianza imperativamente exigida.*

Para responder del pago de las rentas, la **Arrendataria** entrega a la **Arrendadora** en el momento de la firma del presente contrato aval bancario a primer requerimiento sin derecho a los beneficios de excusión o división, por el importe de *"número de meses"* meses de renta, incluido el I.V.A. correspondiente. Dicho aval estará vigente por el tiempo en que dure el presente contrato.

MCM 5310 a 5435

L 29/1994 (LAU)

"Número" Duración del contrato

Nota:

No se establece en la LAU *un* ***plazo mínimo*** *de duración de este tipo de arrendamiento por lo que queda a voluntad de las partes (*CC *art.*1581*)*

El contrato entrará en vigor a la fecha de la firma del mismo y tendrá una duración de *"periodo de vigencia del contrato"* años. No obstante lo anterior, concluido el período inicialmente pactado y que se establece de obligado cumplimiento para ambas partes, el contrato se prorrogará por anualidades sucesivas hasta un máximo de *"plazo máximo de prórroga, en años"* años, a no ser que medie notificación expresa en contrario por cualquiera de las partes y con un preaviso de, al menos, dos meses al vencimiento del período inicial, o de cualquiera de sus prórrogas. En todo caso el presente contrato se extinguirá como máximo al concluir las citadas prórrogas, esto es, el *"fecha de extinción del contrato"*.

"Número" Impuestos

En el precio no se incluye el Impuesto sobre el Valor Añadido, ni ningún otro tributo que en el futuro pueda gravar el presente arrendamiento, y que será repercutido a la arrendataria al tipo vigente en cada momento (en la actualidad, I.V.A. al 16%).

"Número" Gastos generales del Centro Comercial

Nota:

Sobre la problemática que pueden suscitar los ***gastos comunes*** *en los supuestos en los que un Local se integra en un Centro Comercial (*AP Madrid 26-6-98, *EDJ 27066).*

Con independencia del precio pactado en la cláusula segunda, y de las posibles revisiones que posteriormente se efectúen de acuerdo con la tercera, serán por cuenta de la **Arrendataria** el pago de los gastos comunes del Centro Comercial donde el Local está ubicado, entre los que se incluyen todos los que se refieren a la limpieza, conservación y mantenimiento del Centro, seguridad, publicidad del mismo, así consumo de calefacción, electricidad y agua en zonas comunes.

Como Anexo III se incluye un elenco detallado de los servicios comunes con los que cuenta el Centro Comercial donde está ubicado el Local. En ningún caso se considerarán gastos comunes aquellos que no se puedan calificar como necesarios para la conservación y mantenimiento del Centro Comercial en un estado adecuado a los usos del mercado para tal tipo de negocio.

La **Arrendataria** contribuirá a dichos gastos en un porcentaje del *"valor porcentual de los gastos"* % de dichos gastos, que representa el porcentaje que sobre el total de la superficie de los locales privados del Centro Comercial, representa el Local objeto del presente contrato, con un coeficiente corrector del *"valor porcentual del coeficiente corrector"* % en función de la planta y sección donde aquel ésta ubicado, según la tabla que se adjunta en el Anexo III antes referido.

Dichos gastos, en el momento en el que tiene lugar la firma del presente contrato ascienden a *"importe de los gastos, en número"* mensuales (como Anexo IV, se incluye una copia del presupuesto del Centro Comercial para el año en curso). Anualmente la **Arrendadora**, en su condición de única propietaria y gestora del Centro Comercial, realizará un presupuesto donde quedarán concretados estos gastos. Dicho presupuesto será obligatorio para la **Arrendataria**, a la que se le comunicará el mismo con carácter previo a la finalización del año natural, indicándose expresamente la cantidad que mensualmente deberá satisfacer en concepto de gastos comunes de conformidad con lo establecido en dicho presupuesto.

Aunque la **Arrendadora**, como única propietaria del Centro Comercial y gestora del mismo, es soberana a la hora de confeccionar el presupuesto para gastos comunes, el mismo nunca podrá experimentar un incremento superior al Índice de Garantía de Competitividad, publicado por el Instituto Nacional de Estadística u Organismo o sistema que le pueda sustituir en el futuro, del año anterior, incrementado en *"número de puntos de incremento"* puntos. Asimismo las partidas del presupuesto destinadas a gastos de publicidad nunca podrán suponer más de un *"valor porcentual de gastos de publicidad"* % del total del presupuesto.

Al finalizar cada año natural, en función de los gastos finalmente contabilizados durante dicho periodo, la **Arrendadora** llevará a cabo la correspondiente regularización de los mismos en función de las desviaciones que hayan tenido lugar con respecto al presupuesto para dicha anualidad. A tales efectos la **Arrendataria** quedará obligada a abonar la cantidad que corresponda, en caso de exceso, y la **Arrendadora** a devolver, en su caso, el sobrante. No obstante el exceso nunca podrá ser superior a un *"valor porcentual del exceso"* % del presupuesto comunicado a la **Arrendataria**.

El incumplimiento de las obligaciones correspondientes a la **Arrendataria** con respecto a los gastos comunes tendrá el mismo efecto que el incumplimiento del pago de la renta.

"Número" Gastos particulares del Local arrendado

Serán por cuenta de la **Arrendataria** los servicios de abastecimiento y consumo de agua, electricidad, teléfono, gas o de cualquier otro servicio que se pudiera medir por contador y sea imputable directamente al uso del local arrendado, debiendo llevar a cabo los correspondientes cambios de titularidad de aquellos durante el tiempo que dure el contrato, y siendo de su cargo los gastos que origine dicho cambio así como la instalación, conservación y sustitución de los respectivos contadores y demás elementos necesarios de las instalaciones, en las condiciones exigidas en cada momento por las distintas compañías suministradoras.

Serán también por cuenta de la **Arrendataria** las contribuciones, I.B.I., tasas o cualquier otro tipo de tributo que grave al local.

"Número" Reparaciones

Nota:

LAU *art.*21.

Serán de cuenta de la **Arrendataria** la reparación de todas las averías o desperfectos producidos en el Local arrendado y en sus servicios o instalaciones, imputables a dicha parte en virtud de lo dispuesto en los art.1563 y 1564 del Código Civil.

En los mismos supuestos enumerados en el apartado anterior, la **Arrendataria** se obliga a reparar los desperfectos o daños producidos en otros locales del Centro Comercial o zonas comunes del mismo, cuando sean producidos por averías en el Local arrendado.

En ningún caso se podrá retrasar el pago de las mensualidades de la renta por parte de la **Arrendataria** en base a deficiencias en los servicios o instalaciones del local.

"Número" Destino del resto de locales del Centro Comercial

La **Arrendadora** se reserva expresamente el derecho de arrendar el resto de los locales integrados en el Centro Comercial, pero, mientras que esté en vigor el presente contrato, sin autorización expresa de la **Arrendataria** no podrá arrendar otro local para el desarrollo de una actividad similar a la que se desarrollará en el Local objeto de este contrato, en la planta y pasillo donde éste se encuentra ubicado.

Nota:

*En este tipo de contratos es habitual que el arrendatario exija la inclusión en el contrato de alguna cláusula, similar a la que hemos incluido, que garantice un cierto grado de **exclusividad** en el ejercicio de la actividad que se va a desarrollar en el local arrendado.*

"Número" Fianza

Nota:

*La **fianza** es obligatoria para el arrendatario* (LAU *art.*36*). Se establece un máximo de dos mensualidades.*

En el momento de otorgamiento del presente contrato, la **Arrendataria** hace entrega a la **Arrendadora** en concepto de fianza, la cantidad de *"cantidad en concepto de fianza, en letra"* euros (*"cantidad en concepto de fianza, en número"* €), equivalente a *"número de mensualidades"* mensualidades de renta, siendo carta de pago de dicha cantidad el presente contrato.

La fianza, será devuelta a la **Arrendataria** al finalizar el contrato, siempre que no existan las responsabilidades que se deban cubrir con aquella, tales como desperfectos, falta de pago de rentas, etc.

MCM 5310 a 5435

"Número" Obras

La **Arrendadora** permite mediante este contrato que la **Arrendataria** lleve a cabo en el local arrendado las obras necesarias para la adecuación a las necesidades de la actividad que va a desarrollar en él, reseñadas en el Anexo I de este contrato.

L 29/1994 (LAU)

Cualquier obra posterior que se realice en el Local objeto de este contrato deberá contar siempre con la debida autorización previa, expresa y por escrito de la **Arrendadora**. En tales casos, la ejecución de las obras se deberá desarrollar de tal forma que no perturbe el normal funcionamiento del Centro Comercial, debiendo respetarse las directrices que a tales efectos dé la **Arrendadora**, particularmente en lo que concierne a la carga y descarga de materiales y escombros y el horario de ejecución de las obras, si pueden resultar molestas para el resto de los locales o actividad del Centro.

Nota:

LAU *art.22, sobre las **obras de mejora**.*

Estas obras y cualquiera otras que se hagan con autorización de la **Arrendataria** quedarán en beneficio del inmueble sin desembolso alguno por parte de la **Arrendadora**, si bien ésta se reserva el derecho a exigir que a la terminación del contrato el local se devuelva en las mismas condiciones en que se arrendó.

"Número" Seguro

La **Arrendataria** se compromete a suscribir un seguro que cubra cualesquiera eventualidades que pudieran tener lugar en el Local arrendado, tales como incendios, inundaciones, caída de aeronaves, explosión de cualquier tipo, actos de vandalismo, fenómenos de la naturaleza de carácter extraordinario o actuaciones de los cuerpos de seguridad o fuerzas armadas.

En el caso de que tenga lugar alguno de los eventos que se han recogido en el párrafo anterior la **Arrendataria** renuncia expresamente a cualquier reclamación que por tal hecho le pudiera corresponder frente a la **Arrendadora**.

"Número" Horario y apertura

La **Arrendataria** deberá tener abierto al público el Local arrendado en los días y el horario de apertura del Centro Comercial, que se recoge en las normas de régimen interior a las que se refiere la estipulación siguiente. En caso de no poder cumplir dicha obligación por fuerza mayor deberá ponerlo en conocimiento de la **Arrendadora** de forma inmediata.

La no apertura injustificada del Local durante *"número de días de no apertura"* días consecutivos posibilitará que la **Arrendadora** inste la resolución del contrato.

"Número" Normas de régimen interior

La **Arrendadora** en su condición de propietaria del Centro Comercial y gestora del mismo, tiene aprobadas unas Normas de Régimen Interior del Centro Comercial donde se recogen las normas generales de funcionamiento del Centro Comercial, tales como los días de apertura del Centro, horarios de apertura de Locales y de carga y descarga, de limpieza, etc. Como ANEXO V se adjuntan dichas normas de régimen interior que la **Arrendataria** queda obligada a cumplir, y cuyo incumplimiento reiterado podrá dar lugar a la resolución del contrato por parte de la **Arrendadora**.

Como garantía de la correcta adaptación del Centro Comercial a las nuevas circunstancias o nuevos usos del mercado que puedan acaecer y garantizar su correcto funcionamiento, las Normas de Régimen Interior podrán ser modificadas unilateralmente por la **Arrendadora** comunicándoselo previamente a la **Arrendataria** con al menos *"plazo de preaviso, en días"* días de antelación, para que las modificaciones puedan ser valoradas por ésta. En caso de que las modificaciones puedan considerarse sustanciales, si la **Arrendataria** no está conforme con dicha modificación, y la misma no viene impuesta por la normativa en vigor, aquella podrá resolver el contrato de arrendamiento.

"Número" Publicidad del Local arrendado
La **Arrendataria** podrá llevar a cabo la publicidad que considere oportuna del Local que tiene arrendado y de la actividad o servicio que se desarrolla en el mismo, indicando que el mismo se encuentra ubicado en el Centro Comercial, pudiendo colocar en la fachada del local y en el interior de mismo los rótulos y anuncios que considere oportuno para publicitarse.

En todo caso, la colocación de rótulos y anuncios del Local en los pasillos o zonas comunes del Centro Comercial requerirá la autorización expresa de la **Arrendadora**, de conformidad con las Normas de Régimen Interior, donde se regula de forma detallada esta cuestión.

"Número" Normativa aplicable
El presente contrato se regirá por la Ley 29/1994, de 24 de noviembre, en particular por la normativa para arrendamientos para uso distinto del de vivienda, quedando imperativamente sometido a lo dispuesto en el Título I (artículos 36 y 37), a la voluntad de las partes expresada en este contrato y, en lo que no se excluya expresamente en el mismo, a lo dispuesto en el Título III (artículos 29 a 35) de la citada Ley, y supletoriamente a lo previsto en el Código Civil.

"Número" Desistimiento y resolución

"Apartado"
Son causas de terminación y resolución del presente contrato las siguientes:

a) Su terminación normal, ya sea por haber llegado el contrato a su vencimiento, ya sea por haberse cumplido y ejecutado la prestación a la que ambas partes se encuentran obligadas, ya sea por acuerdo mutuo de las partes.

b) Por incumplimiento de cualquiera de las partes de alguna de las cláusulas del presente contrato, sin que dicho incumplimiento fuera subsanado dentro de los *"plazo de subsanación, en días"* días siguientes a la notificación por escrito efectuada por la otra parte solicitando la subsanación del incumplimiento.

"Apartado"
La resolución del presente contrato no excluye cualquier otra reparación legal o judicial que cualquiera de las partes estime oportuno obtener.

"Número" Gastos del contrato
Queda expresamente convenido que todos los gastos que origine este contrato serán satisfechos por las partes conforme a Ley.

"Número" Sometimiento a arbitraje
Con renuncia expresa al ejercicio de cualquier acción ante los juzgados y tribunales, las partes se comprometen expresamente a instituir, en su día, un arbitraje de Derecho Privado, con arreglo a la legislación vigente, para resolver cuantas dudas o divergencias pudieran surgir entre ellas como consecuencia de la interpretación o cumplimiento de este contrato.

"Número" Elevación a escritura pública
Al amparo de lo dispuesto en el artículo 1279 del Código Civil y a petición de cualquiera de las partes, este documento podrá ser elevado a escritura pública, e inscrito, en su caso, en el Registro de la Propiedad.

Y en prueba de conformidad, ambas partes firman el presente contrato, que se extiende en dos ejemplares, igualmente originales, en el lugar y fecha indicados en su encabezamiento.

LA ARRENDADORA **LA ARRENDATARIA**

ANEXO I

"Plano del Centro Comercial"

ANEXO II

"Plano del Local"

ANEXO III

"Servicios comunes con los que cuenta el Centro Comercial y tablas correctoras de los coeficientes que representan los locales comerciales integrados en el mismo para el cálculo de la contribución a los gastos comunes de cada local comercial"

ANEXO IV

"Presupuesto para los gastos comunes correspondiente a la anualidad en la que se firma el contrato"

ANEXO V

"Normas de Régimen Interior del Centro Comercial"

Arrendamiento de Plaza de garaje

Nota preliminar:

- Contrato de arrendamiento regido por las **normas comunes** de arrendamiento de cosa previstas en el CC art.1542 s.

- El modelo presupone unas **circunstancias** determinadas que serán las **más frecuentes**. Si en el caso concreto existen circunstancias particulares no previstas, deberá completarse o modificarse el modelo adaptándolo a las mismas. CC art.1542 a 1574

En *"localidad"*, a *"fecha"*

REUNIDOS:

De una parte,

"Don/Doña nombre y apellidos de la parte", mayor de edad, *"estado civil de la parte" "... "especificar el régimen económico matrimonial de la parte" ... "*, de nacionalidad *"nacionalidad de la parte"*, con domicilio a estos efectos en *"domicilio de la parte"*, *"...con DNI/NIF número "DNI/NIF de la parte" ... O ... con tarjeta de residencia número "número de tarjeta de residencia de la parte" ... O ... pasaporte número "número de pasaporte de la parte", expedido el "fecha de expedición del pasaporte de la parte" ... O ... "reseñar otros documentos aportados por la parte" ... "*, vigente hasta el *"fecha de vigencia de la documentación aportada por la parte"*.

Interviene

❍ **Si interviene en su propio nombre:**

en su propio nombre y derecho.

❍ **Si interviene como representante:**

en nombre y representación

❍ Si representa a persona física:

de *"Don/Doña nombre y apellidos del representado"*, mayor de edad, *"estado civil del representado"*, con domicilio en *"domicilio del representado"* y provisto de D.N.I./N.I.F. número *"DNI/NIF del representado"*, según consta en escritura de poder, otorgada ante el notario de *"lugar donde radica la notaría en la que se autorizó la escritura de poder de representación (persona física)"*, *"Don/Doña nombre y apellidos del notario que autorizó la escritura de poder de representación (persona física)"*, el *"fecha de escritura de poder de representación (persona física)"*, con el número *"número de protocolo del notario que autorizó la escritura de poder de representación (persona física)"* de su orden de protocolo.

❍ Si representa a persona jurídica:

de la sociedad mercantil denominada *"denominación social"*, domiciliada en *"domicilio social"*, y con NIF número *"NIF de la sociedad"*, constituida, por tiempo indefinido, mediante escritura otorgada ante el notario de *"lugar donde radica la notaría en la que se autorizó la escritura de poder de representación (persona jurídica)"*, *"Don/Doña nombre y apellidos del notario que autorizó la escritura de poder de representación (persona jurídica)"*, el *"fecha de escritura de poder de representación (persona jurídica)"*, e inscrita en el Registro Mercantil de *"datos de la inscripción registral (localidad del Registro Mercantil, tomo, folio, sección, hoja e inscripción)"*, en su calidad de

➤

❍ Si representa como cargo social:

"...administrador único ... O ... administrador solidario ... O ... consejero delegado ... O ... "especificar la representación del cargo social" ... " de la reseñada sociedad, cargo para el que fue nombrado y asegura vigente en escritura otorgada el *"fecha de escritura del nombramiento del cargo"*, ante el notario de *"lugar donde radica la notaría en la que se autorizó la escritura del nombramiento"*, *"Don/Doña nombre y apellidos del notario que autorizó la escritura del nombramiento"*, con el número *"número de protocolo del notario que autorizó la escritura del nombramiento"* de su protocolo, e inscrita en el Registro Mercantil de *"localidad del Registro Mercantil de la escritura de nombramiento"*, en el tomo y hoja arriba indicados.

CC art.1542 a 1574

❍ Si representa como apoderado:

apoderado de la reseñada sociedad, según escritura de poder otorgada a su favor, en *"fecha de escritura del otorgamiento del poder"*, ante el notario de *"lugar donde radica la notaría en la que se autorizó la escritura de poder"*, *"Don/Doña nombre y apellidos del notario que autorizó la escritura de poder"*, con el número *"número de protocolo del notario que autorizó la escritura de poder"* de su protocolo *"...e inscrita en el Registro Mercantil de "localidad del Registro Mercantil de la escritura de poder" ... "*, en el tomo y hoja arriba indicados.

≺

En adelante, el **Arrendador**.

De otra parte,

"Don/Doña nombre y apellidos de la parte", mayor de edad, *"estado civil de la parte" "... "especificar el régimen económico matrimonial de la parte" ... "*, de nacionalidad *"nacionalidad de la parte"*, con domicilio a estos efectos en *"domicilio de la parte"*, *"...con DNI/NIF número "DNI/NIF de la parte" ... O ... con tarjeta de residencia número "número de tarjeta de residencia de la parte" ... O ... pasaporte número "número de pasaporte de la parte", expedido el "fecha de expedición del pasaporte de la parte" ... O ... "reseñar otros documentos aportados por la parte" ... "*, vigente hasta el *"fecha de vigencia de la documentación aportada por la parte"*.

Interviene

❍ **Si interviene en su propio nombre:**

en su propio nombre y derecho.

❍ **Si interviene como representante:**

en nombre y representación

❍ Si representa a persona física:

de *"Don/Doña nombre y apellidos del representado"*, mayor de edad, *"estado civil del representado"*, con domicilio en *"domicilio del representado"* y provisto de D.N.I./N.I.F. número *"DNI/NIF del representado"*, según consta en escritura de poder, otorgada ante el notario de *"lugar donde radica la notaría en la que se autorizó la escritura de poder de representación (persona física)"*, *"Don/Doña nombre y apellidos del notario que autorizó la escritura de poder de representación (persona física)"*, el *"fecha de escritura de poder de representación (persona física)"*, con el número *"número de protocolo del notario que autorizó la escritura de poder de representación (persona física)"* de su orden de protocolo.

❍ Si representa a persona jurídica:

de la sociedad mercantil denominada *"denominación social"*, domiciliada en *"domicilio social"*, y con NIF número *"NIF de la sociedad"*, constituida, por tiempo indefinido, mediante escritura otorgada ante el notario de *"lugar donde radica la notaría en la que se autorizó la escritura de poder de representación (persona jurídica)"*, *"Don/Doña nombre y apellidos del notario que autorizó la escritura de poder de representación (persona jurídica)"*, el *"fecha de escritura de poder de representación (persona jurídica)"*, e inscrita en el Registro Mercantil de *"datos de la inscripción registral (localidad del Registro Mercantil, tomo, folio, sección, hoja e inscripción)"*, en su calidad de

CC art.1542 a 1574

➤

❍ Si representa como cargo social:

"...administrador único ... O ... administrador solidario ... O ... consejero delegado ... O ... "especificar la representación del cargo social" ... " de la reseñada sociedad, cargo para el que fue nombrado y asegura vigente en escritura otorgada el *"fecha de escritura del nombramiento del cargo"*, ante el notario de *"lugar donde radica la notaría en la que se autorizó la escritura del nombramiento"*, *"Don/Doña nombre y apellidos del notario que autorizó la escritura del nombramiento"*, con el número *"número de protocolo del notario que autorizó la escritura del nombramiento"* de su protocolo, e inscrita en el Registro Mercantil de *"localidad del Registro Mercantil de la escritura de nombramiento"*, en el tomo y hoja arriba indicados.

❍ Si representa como apoderado:

apoderado de la reseñada sociedad, según escritura de poder otorgada a su favor, en *"fecha de escritura del otorgamiento del poder"*, ante el notario de *"lugar donde radica la notaría en la que se autorizó la escritura de poder"*, *"Don/Doña nombre y apellidos del notario que autorizó la escritura de poder"*, con el número *"número de protocolo del notario que autorizó la escritura de poder"* de su protocolo *"...e inscrita en el Registro Mercantil de "localidad del Registro Mercantil de la escritura de poder" ..."*, en el tomo y hoja arriba indicados.

➤

➤

➤➤

En adelante, el **Arrendatario**.

Ambas partes, en el concepto en que respectivamente intervienen, se reconocen recíprocamente la capacidad legal necesaria para contratar y obligarse y, a tal efecto

EXPONEN:

I. Que el **Arrendador** es dueño en pleno dominio de la plaza de garaje número *"número de plaza de garaje"*, que se encuentra en la planta *"indicar la planta"* de la finca urbana sita en la calle *"dirección y localidad de la finca"*, Título: Le pertenece por *"indicar el concepto (p.e., compra, herencia, etc.) y los datos de la escritura pública en que se formalizó la adquisición"*.

Inscripción: *"hacer constar los datos de inscripción en el Registro de la Propiedad correspondiente"*.
Referencia catastral: *"número de referencia catastral"*.

Según manifiesta el **Arrendador** la citada plaza de garaje se encuentra libre de arrendatarios y ocupantes.

II. Que ambas partes han concertado el arrendamiento de la plaza de garaje identificada en el expositivo anterior de acuerdo con las siguientes

ESTIPULACIONES:

"Número"
Constituye el objeto del presente contrato la cesión en arrendamiento por parte del **Arrendador** a favor del **Arrendatario** de la plaza de garaje identificada en el expositivo I de este documento.

Arrendamientos Mercantiles

"Número"

La plaza de garaje se destinará exclusivamente al estacionamiento de vehículos, quedando expresamente prohibida su ocupación con cualquier otra clase de bienes o enseres.

"Número"

El contrato entra en vigor el día *"indicar fecha de ocupación o de puesta a disposición de la plaza de garaje"*, y tiene una duración de *"plazo de duración del contrato"*, finalizando, por tanto, el día *"fecha de extinción del contrato"*.

CC art.1542 a 1574

"Número"

La renta anual fijada es de *"importe de la renta anual, en letra"* euros (*"importe de la renta anual, en número"* €), esto es, una renta mensual de *"importe de la renta mensual, en letra"* euros (*"importe de la renta mensual, en número"* €) *"...más el incremento derivado de la repercusión obligatoria del Impuesto sobre el Valor Añadido (IVA), al tipo vigente en cada momento ..."*.

"Número"

El **Arrendatario** se obliga a pagar la renta por mensualidades anticipadas, dentro de los *"número de días"* primeros días de cada mes.

El pago se hará mediante ingreso del correspondiente importe en la cuenta del **Arrendador** número *"número de cuenta corriente"*.

"...El Arrendador se reserva el derecho a establecer el pago de la renta en sus propias oficinas. ..."

"Número"

La renta pactada en este contrato se revisará anualmente.

La primera revisión de la renta se efectuará con efectos del día *"indicar día"*, y en igual día y mes los sucesivos años.

La revisión se efectuará acomodando la renta en cada momento vigente a la variación porcentual que experimente el Índice de Garantía de Competitividad, que publica el Instituto Nacional de Estadística (u organismo que lo sustituya), aplicándose como base y fecha de partida para el cómputo, en la revisión, la del índice anual correspondiente al período de doce meses inmediatamente anteriores a la fecha de cada actualización.

A los efectos de la revisión de la renta aludida bastará la notificación al **Arrendatario** en el propio recibo, para que surta efectos al mes siguiente.

 **Nota:**

Téngase en cuenta la L 2/2015, *de* ***desindexación****, por la que se constituye un nuevo régimen legal en el que los valores monetarios no tengan que ser necesariamente modificados en virtud de índices de precios o fórmulas que los contengan. En el caso de contratación privada, solo procederá la revisión periódica de valores monetarios cuando se haya pactado expresamente. En ese caso, será aplicable la tasa de variación que corresponda al Índice de Garantía de Competitividad elaborado según el Anexo de dicha ley.*

>>

○ **Si se entrega fianza:**

"Número"

"...El Arrendatario deposita en este acto en poder del Arrendador la cantidad de "cantidad en concepto de fianza, en letra" euros ("cantidad en concepto de fianza, en número" €), equivalente a dos mensualidades de renta, en concepto de fianza. Dicha cantidad le será restituida al Arrendatario a la terminación del contrato ...".

<<

CC art.1542 a 1574

"Número"

Se prohíbe expresamente al **Arrendatario** la cesión o subarriendo de la plaza de garaje arrendada, sin autorización previa por escrito del **Arrendador**.

"Número"

El **Arrendatario** renuncia expresamente a cualquier derecho de adquisición preferente que pudiera corresponderle en el caso de que el **Arrendador** transmitiese, por cualquier título, la plaza de garaje arrendada.

"Número"

Este contrato se rige por lo previsto en el mismo y, supletoriamente, por las disposiciones contenidas en el Código Civil.

"Número"

Para cualquier litigio derivado de la interpretación o cumplimiento de este contrato, ambas partes se someten de forma expresa a la jurisdicción de los Juzgados y Tribunales de *"localidad donde radica el inmueble"*.

Y en prueba de conformidad, ambas partes firman el presente contrato, que se extiende en dos ejemplares, igualmente originales, en el lugar y fecha indicados en su encabezamiento.

EL ARRENDADOR	**EL ARRENDATARIO**

Arrendamiento de finca rústica

L 49/2003 (LAR)

Nota preliminar:

- "No cabe acoger el argumento de que se trata de "una **explotación ganadera de carácter industrial**", a los efectos previstos en la LAR art.6-7-d, pues el arrendamiento litigioso, que efectivamente es rústico ya que el aprovechamiento único o principal de la finca arrendada es el aprovechamiento pecuario o utilización de la misma para el ganado, se halla sometida a la legislación contenida en la LAR, como establece expresamente el artículo 1º de la vigente Ley de 31 de diciembre de 1980, al igual que antes lo hacían los artículos de igual número de la Ley de 15 de marzo de 1935 y del Reglamento de 29 de abril de 1959. Así lo tiene declarado la jurisprudencia (Sentencia del Tribunal Supremo de 30 de noviembre de 1988), en un contrato de arrendamiento rústico de una finca cuyo aprovechamiento único o principal es precisamente el de utilización de sus pastos para el ganado)" (AP Las Palmas 26-4-05, EDJ 64846).

La razón de la **vinculación indefinida**, como contraria al concepto de arriendo, que recogen las sentencias en que se apoya el criterio del recurrente, (por todas, TS 8-6-98 EDJ 7128) no tiene sustento legal, ya que los contratos de arrendamientos rústicos , tienen duración definida, y dicho aspecto no se desvirtúa, (antes bien se ratifica), por el hecho de que el legislador, de acuerdo con las conveniencias y necesidades sociales, reflejadas en el sector concreto de la agricultura y los problemas derivados de la propiedad y posesión de la tierra y de su explotación, ordene prórrogas legales de los referidos contratos que, no por ello, experimentan modificación en su naturaleza (TS 13-10-98 EDJ 23360) (TS 14-12-05, EDJ 225551).

El modelo presupone unas **circunstancias** determinadas que serán las **más frecuentes**. Si en el caso concreto existen circunstancias particulares no previstas, deberá completarse o modificarse el modelo adaptándolo a las mismas.

En *"localidad"*, a *"fecha"*

REUNIDOS:

De una parte,

"Don/Doña nombre y apellidos de la parte", mayor de edad, *"estado civil de la parte" "..."especificar el régimen económico matrimonial de la parte" ..."*, de nacionalidad *"nacionalidad de la parte"*, con domicilio a estos efectos en *"domicilio de la parte"*, *"...con DNI/NIF número "DNI/NIF de la parte" ... O ... con tarjeta de residencia número "número de tarjeta de residencia de la parte" ... O ... pasaporte número "número de pasaporte de la parte", expedido el "fecha de expedición del pasaporte de la parte" ... O ... "reseñar otros documentos aportados por la parte" ..."*, vigente hasta el *"fecha de vigencia de la documentación aportada por la parte"*.

INTERVIENE:

- **Si interviene en su propio nombre:**

en su propio nombre y derecho.

- **Si interviene como representante:**

en nombre y representación

L 49/2003 (LAR)

➤

❍ Si representa a persona física:

de *"Don/Doña nombre y apellidos del representado"*, mayor de edad, *"estado civil del representado"*, con domicilio en *"domicilio del representado"* y provisto de D.N.I./N.I.F. número *"DNI/NIF del representado"*, según consta en escritura de poder, otorgada ante el notario de *"lugar donde radica la notaría en la que se autorizó la escritura de poder de representación (persona física)"*, *"Don/Doña nombre y apellidos del notario que autorizó la escritura de poder de representación (persona física)"*, el *"fecha de escritura de poder de representación (persona física)"*, con el número *"número de protocolo del notario que autorizó la escritura de poder de representación (persona física)"* de su orden de protocolo.

❍ Si representa a persona jurídica:

de la sociedad mercantil denominada *"denominación social"*, domiciliada en *"domicilio social"*, y con NIF número *"NIF de la sociedad"*, constituida, por tiempo indefinido, mediante escritura otorgada ante el notario de *"lugar donde radica la notaría en la que se autorizó la escritura de poder de representación (persona jurídica)"*, *"Don/Doña nombre y apellidos del notario que autorizó la escritura de poder de representación (persona jurídica)"*, el *"fecha de escritura de poder de representación (persona jurídica)"*, e inscrita en el Registro Mercantil de *"datos de la inscripción registral (localidad del Registro Mercantil, tomo, folio, sección, hoja e inscripción)"*, en su calidad de

➤

❍ Si representa como cargo social:

"...administrador único ... O ... administrador solidario ... O ... consejero delegado ... O ... "especificar la representación del cargo social" ... " de la reseñada sociedad, cargo para el que fue nombrado y asegura vigente en escritura otorgada el *"fecha de escritura del nombramiento del cargo"*, ante el notario de *"lugar donde radica la notaría en la que se autorizó la escritura del nombramiento"*, *"Don/Doña nombre y apellidos del notario que autorizó la escritura del nombramiento"*, con el número *"número de protocolo del notario que autorizó la escritura del nombramiento"* de su protocolo, e inscrita en el Registro Mercantil de *"localidad del Registro Mercantil de la escritura de nombramiento"*, en el tomo y hoja arriba indicados.

❍ Si representa como apoderado:

apoderado de la reseñada sociedad, según escritura de poder otorgada a su favor, en *"fecha de escritura del otorgamiento del poder"*, ante el notario de *"lugar donde radica la notaría en la que se autorizó la escritura de poder"*, *"Don/Doña nombre y apellidos del notario que autorizó la escritura de poder"*, con el número *"número de protocolo del notario que autorizó la escritura de poder"* de su protocolo *"...e inscrita en el Registro Mercantil de "localidad del Registro Mercantil de la escritura de poder" ... "*, en el tomo y hoja arriba indicados.

≺

≺

En adelante, el **Arrendador**.

De otra parte,

"Don/Doña nombre y apellidos de la parte", mayor de edad, *"estado civil de la parte"* *"... "especificar el régimen económico matrimonial de la parte" ... "*, de nacionalidad *"nacionalidad de la parte"*, con domicilio a estos efectos en *"domicilio de la parte"*, *"...con DNI/NIF número "DNI/NIF de la parte" ... O ... con tarjeta de residencia número "número de tarjeta de residencia de la parte" ... O ... pasaporte número "número de pasaporte de la parte", expedido el "fecha de expedición del pasaporte de la parte" ... O ... "reseñar otros documentos aportados por la parte" ... "*, vigente hasta el *"fecha de vigencia de la documentación aportada por la parte"*.

L 49/2003 (LAR)

INTERVIENE:

en su propio nombre y derecho.

En adelante, el **Arrendatario**.

Ambas partes, en el concepto en que respectivamente intervienen, se reconocen recíprocamente la capacidad legal necesaria para contratar y obligarse y, a tal efecto

EXPONEN:

I. Que el **Arrendador** es dueño en pleno dominio de la finca rústica *"...conocida con el nombre de "nombre de la finca" ...*", sita en el término municipal de *"municipio"*.

Tiene una superficie de *"extensión de la finca, en número" "...hectáreas ... O ... áreas ... O ... centiáreas ..."*.

Linda: *"indicar los linderos de la finca"*.

Título: Le pertenece por *"indicar el concepto (p.e., compra, herencia, etc.) y los datos de la escritura pública en que se formalizó la adquisición"*.

Inscripción: *"hacer constar los datos de inscripción en el Registro de la Propiedad correspondiente"*.

Referencia catastral: *"número de referencia catastral"*.

Según manifiesta el **Arrendador** la citada finca se encuentra libre de arrendamientos y cargas.

II. Que ambas partes han concertado el arrendamiento de la finca rústica identificada en el expositivo anterior de acuerdo con las siguientes

ESTIPULACIONES:

PRIMERA.
Constituye el objeto del presente contrato la cesión en arrendamiento por parte del **Arrendador** a favor del **Arrendatario** de la finca rústica identificada en el expositivo I de este documento.

SEGUNDA.
El **Arrendatario** tiene derecho a determinar el tipo de cultivo, sin perjuicio de su obligación de devolver la finca al terminar el arriendo en el estado en que la recibió y de lo dispuesto sobre mejoras en la Ley 49/2003, de Arrendamientos Rústicos.

TERCERA.
El presente contrato entra en vigor el día *"fecha de entrada en vigor del contrato"*, y tiene una duración de *"plazo de duración del contrato, en años"* años, computados desde esa fecha.

Nota:

*Los arrendamientos rústicos deben tener una **duración mínima** de cinco años (*L 49/2003 *art.*12*). Esta disposición tiene carácter imperativo, de forma que es nula y se tiene por no puesta la cláusula del contrato por las partes estipulan una duración inferior.*

El **Arrendador** para recuperar al término del plazo contractual la posesión de la finca arrendada deberá notificarlo fehacientemente al Arrendatario con un año de antelación.

Terminado el plazo contractual el **Arrendatario** ha de poner a disposición del Arrendador la posesión de la finca arrendada. De lo contrario, el contrato se entenderá prorrogado por un período de cinco (5) años. Estas prórrogas se sucederán indefinidamente en tanto no se produzca la denuncia del contrato.

CUARTA.
La renta anual a satisfacer por el Arrendatario es de *"importe de la renta anual, en letra"* euros (*"importe de la renta anual, en número"* €).

El pago de la renta se hará por años vencidos, mediante el ingreso del correspondiente importe, dentro de los siete (7) primeros días de cada año en la cuenta número *"numero de cuenta corriente"*, que el **Arrendador** tiene abierta en la entidad bancaria *"nombre de la entidad bancaria"*, sucursal *"lugar o número de oficina"*.

QUINTA.

La renta se actualizará para cada anualidad por referencia al Índice de Garantía de Competitividad, publicado por el Instituto Nacional de Estadística u otro organismo que lo sustituya.

 **Nota:**

Téngase en cuenta la L 2/2015, *de* ***desindexación****, por la que se constituye un nuevo régimen legal en el que los valores monetarios no tengan que ser necesariamente modificados en virtud de índices de precios o fórmulas que los contengan. En el caso de contratación privada, solo procederá la revisión periódica de valores monetarios cuando se haya pactado expresamente. En ese caso, será aplicable la tasa de variación que corresponda al Índice de Garantía de Competitividad elaborado según el Anexo de dicha ley. Concretamente, la* L 49/2003 *art.*13.2 *(en su redacción vigente desde el 1-4-2015) establece que las partes podrán establecer el sistema de* ***revisión de renta*** *que consideren oportuno. En defecto de pacto expreso no se aplicará revisión de rentas. En caso de pacto expreso entre las partes sobre algún mecanismo de revisión de valores monetarios que no detalle el índice o metodología de referencia, la renta se actualizará para cada anualidad por referencia a la variación anual del Índice de Garantía de Competitividad.*

SEXTA.

Ambas partes se obligan a permitir la realización de las obras, reparaciones o mejoras que deba o pueda realizar la otra parte contratante, realizándose tales reparaciones o mejoras en la época del año y en la forma que menos perturben, salvo las que no puedan diferirse.

SÉPTIMA.

Serán de cuenta del **Arrendador** las obras, mejoras o inversiones que por Ley o resolución judicial o administrativa firme o por acuerdo firme de la comunidad de regantes sobre la modernización de regadíos para el cambio del sistema de riegos, hayan de realizarse sobre la finca arrendada.

OCTAVA.

Serán de cuenta del **Arrendatario** las reparaciones, mejoras o inversiones que sean propias del empresario agrícola en el desempeño normal de su actividad, y las que vengan impuestas por Ley o resolución judicial o administrativa firme, o por acuerdo firme de la comunidad de regantes relativo a la mejora del regadío que sea también propia del empresario agrario en el desempeño normal de su actividad.

NOVENA.

El Arrendatario podrá asegurar la producción normal contra riesgos ordinariamente asegurables, y el **Arrendador** compelerle a que lo haga. En ambos casos, el **Arrendatario** podrá repercutir al **Arrendador**, a partir del momento en que le notifique el seguro concertado, una parte de la prima que, en relación con el importe total, guarde la misma proporción que entre renta y suma asegurada.

DÉCIMA.

El **Arrendatario** no puede ceder o subarrendar la finca sin el consentimiento expreso del **Arrendador**.

UNDÉCIMA.

El contrato podrá resolverse a instancia del **Arrendador** por alguna de las causas establecidas en los artículos 75 y 76 de la Ley 49/2003, de Arrendamientos Rústicos.

En caso de fallecimiento del **Arrendatario**, tendrán derecho a sucederle las personas a que se refiere el artículo 79 de la Ley 49/2003, de Arrendamientos Rústicos.

El arrendamiento se extingue y el **Arrendador** podrá instar el desahucio por las causas previstas en el artículo 83 de la Ley 49/2003, de Arrendamientos Rústicos.

DUODÉCIMA.
Este contrato se rige por lo previsto en el mismo y, supletoriamente, por las disposiciones contenidas en el Código Civil (artículos 1542 y siguientes), y en la Ley 49/2003, de 26 de noviembre, de Arrendamientos Rústicos.

L 49/2003 (LAR)

DECIMOTERCERA.
Para cualquier litigio derivado de la interpretación o cumplimiento de este contrato, ambas partes se someten de forma expresa a la jurisdicción de los Juzgados y Tribunales de *"localidad donde radica el inmueble"*.

Y en prueba de conformidad, ambas partes firman el presente contrato, que se extiende en dos ejemplares, igualmente originales, en el lugar y fecha indicados en su encabezamiento.

EL ARRENDADOR **EL ARRENDATARIO**

Auditoría de cuentas

MCM 5175 s.

Nota preliminar:

El modelo presupone unas **circunstancias** determinadas que serán las **más frecuentes**. Si en el caso concreto existen circunstancias particulares no previstas, deberá completarse o modificarse el modelo adaptándolo a las mismas.

L 22/2015 art.22; LSC art.263 a 271; RRM art.350

En *"localidad"*, a *"fecha"*

REUNIDOS:

De una parte,

"Don/Doña nombre y apellidos de la parte", mayor de edad, *"estado civil de la parte" "... "especificar el régimen económico matrimonial de la parte" ... "*, de nacionalidad *"nacionalidad de la parte"*, con domicilio a estos efectos en *"domicilio de la parte"*, *"...con DNI/NIF número "DNI/NIF de la parte"... O ... con tarjeta de residencia número "número de tarjeta de residencia de la parte" ... O ... pasaporte número "número de pasaporte de la parte"*, *expedido el "fecha de expedición del pasaporte de la parte" ... O ... "reseñar otros documentos aportados por la parte" ... "*, vigente hasta el *"fecha de vigencia de la documentación aportada por la parte"*.

Interviene en nombre y representación de la sociedad mercantil denominada *"denominación de la Sociedad"*, domiciliada en *"domicilio de la Sociedad"*, y con NIF número *"NIF de la Sociedad"*, constituida, por tiempo indefinido, mediante escritura otorgada ante el notario de *"lugar del notario que autorizó la escritura pública"*, *"Don/Doña nombre y apellidos del notario que autorizó la escritura pública"*, el *"fecha de autorización de la escritura pública"*, e inscrita en el Registro Mercantil de *"datos de la inscripción registral (localidad del Registro Mercantil, tomo, folio, sección, hoja e inscripción)"*, en su calidad de

>>

o Si representa como cargo social:

"...administrador único ... O ... administrador solidario ... O ... consejero delegado ... O ... "especificar la representación del cargo social" ... " de la reseñada sociedad, cargo para el que fue nombrado y asegura vigente en escritura otorgada el *"fecha de escritura del nombramiento del cargo"*, ante el notario de *"lugar donde radica la notaría en la que se autorizó la escritura del nombramiento"*, *"Don/Doña nombre y apellidos del notario que autorizó la escritura del nombramiento"*, con el número *"número de protocolo del notario que autorizó la escritura del nombramiento"* de su protocolo, e inscrita en el Registro Mercantil de *"localidad del Registro Mercantil de la escritura de nombramiento"*, en el tomo y hoja arriba indicados.

o Si representa como apoderado:

apoderado de la reseñada sociedad, según escritura de poder otorgada a su favor, en *"fecha de escritura del otorgamiento del poder"*, ante el notario de *"lugar donde radica la notaría en la que se autorizó la escritura de poder"*, *"Don/Doña nombre y apellidos del notario que autorizó la escritura de poder"*, con el número *"número de protocolo del notario que autorizó la escritura de poder"* de su protocolo *"...e inscrita en el Registro Mercantil de "localidad del Registro Mercantil de la escritura de poder" ... "*, en el tomo y hoja arriba indicados.

<<

En adelante, la **Sociedad**.

De otra parte,

MCM 5175 s. *"Don/Doña nombre y apellidos de la parte"*, mayor de edad, *"estado civil de la parte"* "... *"especificar el régimen económico matrimonial de la parte"* ... ", de nacionalidad *"nacionalidad de la parte"*, con domicilio a estos efectos en *"domicilio de la parte"*, *"...con DNI/NIF número "DNI/NIF de la parte" ... O ... con tarjeta de residencia número "número de tarjeta de residencia de la parte" ... O ... pasaporte número "número de pasaporte de la parte", expedido el "fecha de expedición del pasaporte de la parte" ... O ... "reseñar otros documentos aportados por la parte" ...*", vigente hasta el *"fecha de vigencia de la documentación aportada por la parte"*.

L 22/2015 art.22; LSC art.263 a 271; RRM art.350 Interviene en nombre y representación de la sociedad mercantil denominada *"denominación de la Sociedad"*, domiciliada en *"domicilio de la Sociedad"*, y con NIF número *"NIF de la Sociedad"*, constituida, por tiempo indefinido, mediante escritura otorgada ante el notario de *"lugar del notario que autorizó la escritura pública"*, *"Don/Doña nombre y apellidos del notario que autorizó la escritura pública"*, el *"fecha de autorización de la escritura pública"*, e inscrita en el Registro Mercantil de *"datos de la inscripción registral (localidad del Registro Mercantil, tomo, folio, sección, hoja e inscripción)"*, en su calidad de

≻≻

○ **Si representa como cargo social:**

"...administrador único ... O ... administrador solidario ... O ... consejero delegado ... O ... "especificar la representación del cargo social" ... " de la reseñada sociedad, cargo para el que fue nombrado y asegura vigente en escritura otorgada el *"fecha de escritura del nombramiento del cargo"*, ante el notario de *"lugar donde radica la notaría en la que se autorizó la escritura del nombramiento"*, *"Don/Doña nombre y apellidos del notario que autorizó la escritura del nombramiento"*, con el número *"número de protocolo del notario que autorizó la escritura del nombramiento"* de su protocolo, e inscrita en el Registro Mercantil de *"localidad del Registro Mercantil de la escritura de nombramiento"*, en el tomo y hoja arriba indicados.

○ **Si representa como apoderado:**

apoderado de la reseñada sociedad, según escritura de poder otorgada a su favor, en *"fecha de escritura del otorgamiento del poder"*, ante el notario de *"lugar donde radica la notaría en la que se autorizó la escritura de poder"*, *"Don/Doña nombre y apellidos del notario que autorizó la escritura de poder"*, con el número *"número de protocolo del notario que autorizó la escritura de poder"* de su protocolo *"...e inscrita en el Registro Mercantil de "localidad del Registro Mercantil de la escritura de poder" ...*", en el tomo y hoja arriba indicados.

En adelante, los **Auditores** o la **Sociedad de auditoría**.

Ambas partes, en el concepto en que respectivamente intervienen, se reconocen recíprocamente la capacidad legal necesaria para contratar y obligarse y, a tal efecto

EXPONEN:

I. Que la Sociedad desea celebrar un contrato de auditoría de cuentas para dar cumplimiento a lo dispuesto en los artículos 263 y siguientes del Real Decreto Legislativo 1/2010, de 2 de julio, por el que se aprueba el Texto Refundido de la Ley de Sociedades de Capital, habiendo sido designados los Auditores para desempeñar esta función en virtud de acuerdo adoptado en la junta general de fecha *"fecha de adopción del acuerdo"*.

II. Que la Sociedad de auditoría *"denominación social"*, que acepta el encargo, está inscrita en el Registro Oficial de Auditores de Cuentas (ROAC) con el número *"número de inscripción"* y en el Registro de Sociedades del *"...Registro de Economistas Auditores (REA) ... O ... Instituto de Auditores-Censores Jurados de Cuentas ... O ... Registro General de Auditores (REGA) ...*".

III. Que a los fines indicados, ambas partes suscriben el presente contrato de auditoría de cuentas, que se regirá por las siguientes

ESTIPULACIONES:

Primera.

Los **Auditores** realizarán la auditoría de las cuentas anuales de la **Sociedad** correspondientes a los ejercicios sociales *"indicar los ejercicios sociales"*. Al completar la auditoría, emitirán un informe que contendrá su opinión técnica sobre las cuentas anuales examinadas y sobre la información contable contemplada en el informe de gestión. Adicionalmente, los Auditores informarán a los administradores de la **Sociedad** sobre las debilidades significativas que, en su caso, hubieran identificado en la evaluación del control interno. MCM 5175 s.

Segunda. L 22/2015 art.22; LSC art.263 a 271; RRM art.350

Los **Auditores** realizarán su trabajo de acuerdo con las disposiciones legales vigentes, así como con las normas de auditoría generalmente aceptadas publicadas por el Instituto de Contabilidad y Auditoría de Cuentas. En consecuencia, en bases selectivas, obtendrán la evidencia justificativa de la información incluida en las cuentas anuales, evaluarán los principios contables aplicados, las estimaciones significativas realizadas por los administradores y la presentación global de las citadas cuentas anuales. Igualmente comprobarán la concordancia de la información contable que contiene el informe de gestión con las cuentas anuales.

Como parte de la auditoría, y únicamente a efectos de determinar la naturaleza, oportunidad y amplitud de los procedimientos de auditoría, los **Auditores** tendrán en cuenta la estructura de control interno de la **Sociedad**. Sin embargo, dicha consideración no será suficiente para permitirles expresar una opinión específica sobre la eficacia de la estructura de control interno en lo que se refiere a la información financiera.

El objetivo del trabajo de los **Auditores** es obtener una seguridad razonable de que las cuentas anuales estén libres de errores o irregularidades significativos. Aunque una estructura efectiva de control interno reduce la probabilidad de que puedan existir riesgos de errores o irregularidades y de que no sean detectados, no elimina tal posibilidad. Por dicha razón y dado que el examen de los **Auditores** está basado principalmente en pruebas selectivas, éstos no pueden garantizar que se detecten todo tipo de errores o irregularidades, en caso de existir.

Los papeles de trabajo preparados en relación con la auditoría son propiedad de los **Auditores**, constituyen información confidencial, y éstos los mantendrán en su poder de acuerdo con las exigencias de la Ley 22/2015, de Auditoría de Cuentas. Asimismo, y de acuerdo con el deber de secreto establecido en dicha normativa, los auditores se comprometen a mantener estricta confidencialidad sobre la información de la entidad obtenida en la realización del trabajo de auditoría.

Por otra parte, los **Auditores** en la realización de su trabajo mantendrán siempre una situación de independencia y objetividad, tal y como exige la normativa de auditoría de cuentas a este respecto.

Tercera.

Los administradores de la **Sociedad** son responsables de la formulación de las cuentas anuales a las que se ha hecho referencia anteriormente, así como de entregarlas a los auditores, debidamente firmadas, dentro del plazo que para su aprobación establece la Ley.

En este sentido, los administradores son responsables del adecuado registro de las operaciones en los libros de contabilidad y del mantenimiento de una estructura de control interno que sea suficiente para permitir la elaboración de unas cuentas anuales fiables. Los administradores son también responsables de proporcionar a los **Auditores**, cuando éstos así lo soliciten, todos los registros contables de la **Sociedad** y la información relativa a los mismos, así como de indicarles el personal de la **Sociedad** a quien puedan dirigir sus consultas.

Adicionalmente, la **Sociedad** prestará a los **Auditores** la máxima colaboración en la preparación de ciertos trabajos, tales como análisis de cuentas, conciliaciones de diferencias de saldos, búsqueda de comprobantes y registros, etc. Estos trabajos, así como las cartas de solicitud de confirmación que soliciten los **Auditores** serán puestos a su disposición en el plazo que la **Sociedad** y los **Auditores** fijen de común acuerdo.

Cuarta.

De acuerdo con normas de auditoría generalmente aceptadas, los **Auditores** harán consultas específicas a los administradores y a otras personas sobre la información contenida en las cuentas anuales y sobre la eficacia de la estructura de control interno. Asimismo, tales normas exigen que los **Auditores** obtengan de los administradores una carta de manifestaciones sobre las cuentas anuales. Los resultados de las pruebas de auditoría, las respuestas a las consultas de los auditores y la carta de manifestaciones constituyen la evidencia en la que los **Auditores** pretenden basarse para formarse una opinión sobre las cuentas anuales.

MCM 5175 s.

Si la Sociedad tuviera la intención de publicar las cuentas anuales junto con el informe de auditoría en un documento que contenga otra información, se compromete a:

L 22/2015 art.22; LSC art.263 a 271; RRM art.350

a) proporcionar a los **Auditores** un borrador del documento para su lectura; y

b) obtener su consentimiento para la inclusión en él de nuestro informe de auditoría, antes de que dicho documento se publique y distribuya.

Quinta.

La duración del presente contrato será de *"vigencia del contrato"* años, a contar desde el momento de aceptación por las partes.

Sexta.

Los honorarios profesionales que habrán de percibir los **Auditores** por el desempeño de su función (en cuanto al primer ejercicio de vigencia del presente contrato) serán de *"detallar los honorarios, en letra"* euros (*"detallar los honorarios, en número"* €), tomando en consideración el tiempo estimado necesario (*"número"* horas), y los conocimientos y experiencia profesional del personal asignado para la realización del encargo.

Si durante la realización del trabajo observaran los **Auditores** cambios en las circunstancias basándose en las cuales se ha realizado el presente contrato, tales como fusiones, absorciones, cambios del objeto social, modificación del volumen de negocio o de la cifra patrimonial, modificación en los criterios de contabilización, errores en aquellos detalles que hubieran solicitado, modificaciones del sistema contable y otros similares, se lo notificarán a la **Sociedad**, explicando los motivos que les obligan a modificar los honorarios estimados, basándose en el número de horas a realizar en virtud de los cambios operados.

Para cada uno de los ejercicios sucesivos los honorarios tendrán como base el importe total señalado para el ejercicio *"especificar el ejercicio de referencia"*, al que se aplicará la tasa de actualización interanual de las tarifas de los Auditores, la cual está basada en el incremento experimentado por el IPC del sector servicios. Esta estimación tendrá validez siempre que no se modifiquen las circunstancias actuales basándose en las cuales se ha realizado el presente contrato. Si con posterioridad recibieran evidencia adicional o modificación de las cuentas a que se refiere la normativa aplicable (Real Decreto Legislativo 1/2010, 2 de julio, por el que se aprueba el Texto Refundido de la Ley de Sociedades de Capital), los **Auditores** modificarían consecuentemente su informe procediendo a la correspondiente facturación adicional de honorarios. A los honorarios se les aplicará el IVA, al tipo que se encuentre vigente.

Independientemente de los honorarios, los **Auditores** percibirán los suplidos que, como gastos necesarios, hayan tenido que realizar para el desempeño de su función.

Séptima.

Los honorarios profesionales a percibir por los **Auditores** durante cada ejercicio, serán abonados por la **Sociedad** de la forma siguiente:

1. *"valor porcentual a la firma del contrato"* % a la firma del presente contrato.

2. *"valor porcentual en mensualidades"* % en *"número de mensualidades"* mensualidades de *"cantidad mensual, en letra"* euros (*"cantidad mensual, número"* €) cada una durante los meses de *"mes inicio"* a *"mes de finalización"*.

MCM 5175 s.

3. *"valor porcentual a la entrega del informe"* % a la entrega del informe final.

Octava.
El presente contrato tiene por objeto exclusivo la realización de la auditoría de las cuentas anuales de la **Sociedad** en los términos previstos en la legislación vigente, quedando excluido del mismo cualquier otra actuación profesional que se encomiende por la **Sociedad** a los **Auditores**.

L 22/2015 art.22;
LSC art.263 a 271;
RRM art.350

Novena.
Para la resolución de los conflictos que puedan surgir en la aplicación o interpretación del presente contrato, ambas partes declaran someterse a la jurisdicción de los Juzgados y Tribunales de *"ciudad de los juzgados y tribunales"* con renuncia a su propio fuero si éste fuera otro.

Y en prueba de conformidad con cuanto antecede, ambas partes firman el presente contrato por duplicado en el lugar y fecha arriba indicados.

LA SOCIEDAD **LOS AUDITORES**

Contrato de viaje combinado

MCM 5175 s.

Nota preliminar:

- Ténganse presente el RDLeg 1/2007 art.150 a 158, por el que se aprueba el Texto Refundido de la Ley General para la Defensa de Consumidores y Usuarios y otras leyes complementarias. En dichos preceptos se regulan los **derechos de los consumidores** al contratar este tipo de viajes y el contenido mínimo exigible en los contratos que se concluyan al efecto.

RDLeg 1/2007 art.150 a 158 redacc L 4/2022

La Dir (UE) 2015/2302 art.12.2, relativa a los viajes combinados y a los servicios de viaje vinculados, debe interpretarse en el sentido de que, para determinar la concurrencia de «**circunstancias inevitables y extraordinarias**» que «afecten de forma significativa a la ejecución del viaje combinado o al transporte de pasajeros al lugar de destino», en el sentido de dicha disposición, procede tener en cuenta únicamente la situación existente en la fecha en que el viajero puso fin a su contrato de viaje (TJUE 29-2-24).

- El Modelo presupone unas **circunstancias determinadas**. Si en el caso concreto existen circunstancias particulares no previstas, deberá completarse o modificarse el modelo adaptándolo a las mismas.

1. DATOS IDENTIFICATIVOS

Agencia de viajes organizadora:

"denominación de la agencia"

Domicilio: *"domicilio de la agencia"*

NIF: *"NIF de la agencia"*

Título-licencia: *"número de licencia de la agencia"*

Teléfono: *"número de teléfono de la agencia"*

Fax: *"número de fax de la agencia"*

Contratante principal:

"Don/Doña nombre y apellidos del Contratante"

Domicilio: *"domicilio del Contratante"*

N.I.F.: *"NIF del Contratante"*

Título-licencia: *"número de licencia del Contratante"*

Teléfono: *"número de teléfono del Contratante"*

Fax: *"número de fax del Contratante"*

2. DESCRIPCIÓN DEL VIAJE

Título del viaje o destino:

➢➢

❍ **Si el itinerario no responde al indicado en el programa:**

"detallar el itinerario".

○ **Según el itinerario que indica el programa:**

Según itinerario que indica el programa previamente recibido por el Cliente.

≺≺

Fecha de salida: *"fecha de salida"*. **Lugar:** *"lugar de salida convenido"*. **Hora:** *"hora de salida convenida"*.

Fecha de regreso: *"fecha de regreso"*. **Lugar:** *"lugar de regreso convenido"*. **Hora:** *"hora de regreso convenida"*.

Medios de transporte y características del mismo:

≻≻

○ **Si el medio de transporte no responde al indicado en el programa:**

"especificar el medio de transporte y describir sus características".

○ **Según indica el programa:**

Según se indica en el programa previamente recibido por el Cliente.

≺≺

Alojamiento, situación, características:

≻≻

○ **Si el alojamiento no responde al indicado en el programa:**

"especificar alojamiento, situación y características".

○ **Según se indica en el programa:**

Según se indica en el programa previamente recibido por el Cliente.

≺≺

Régimen alimenticio:

≻≻

○ **Si el régimen alimenticio no responde al indicado en el programa:**

"especificar el régimen alimenticio".

≻

○ Incluye bebidas:

Se incluyen bebidas.

○ No incluye bebidas:

No se incluyen bebidas.

≺

○ **Según se indica en el programa:**

Según se indica en el programa previamente recibido por el Cliente.

≺≺

Visitas y excursiones incluidas en el precio del viaje:

≻≻

○ **Si las visitas y excursiones no responden a lo indicado en el programa:**

"especificar las visitas y excursiones".

❍ Según se indica el programa:

Según se indica en el programa previamente recibido por el Cliente.

≺≺

Número mínimo de personas exigido para la realización del viaje: *"número mínimo de personas"*.

3. SEGURO DE ASISTENCIA

≻≻

❍ Incluido en el precio:

Incluido en el precio.

❍ No incluido en el precio:

No incluido en el precio.

≻

❍ Suscripción voluntaria del seguro de asistencia:

Suscrito voluntariamente por el Cliente.

❍ El cliente no suscribe el seguro de asistencia:

El Cliente manifiesta que no desea suscribir el seguro.

≺

≺≺

4. SEGURO DE GASTOS DE ANULACIÓN POR FUERZA MAYOR

≻≻

❍ Incluido en el precio:

Incluido en el precio.

❍ No incluido en el precio:

No incluido en el precio.

≻

❍ Suscripción voluntaria del seguro de anulación:

Suscrito voluntariamente por el Cliente.

❍ El cliente no suscribe el seguro de anulación:

El Cliente manifiesta que no desea suscribir el seguro.

≺

≺≺

5. PRECIO Y FORMA DE PAGO

Según factura y condiciones de financiación que adjunto se acompaña al presente contrato.

La Agencia informa al Cliente que puede verse obligado a satisfacer otros gastos adicionales relacionados con los servicios incluidos en el viaje, una vez en destino, tales como tasas de aeropuerto, visados de entrada, propinas, etc., cuyo importe exacto la Agencia desconoce.

6. CONDICIONES PARTICULARES

Primera.

El presente contrato se suscribe al amparo de lo dispuesto en el Real Decreto Legislativo 1/2007, de 16 de noviembre, Texto Refundido de la Ley General para la Defensa de los Consumidores y Usuarios.

Segunda.
El Cliente reconoce haber recibido de la Agencia, previamente a la firma del contrato, el programa del viaje, del cual ha sido informado, aceptando las características y condiciones que rigen el mismo.

Tercera.
El número mínimo de personas exigido para la realización de este viaje es de *"número mínimo de personas"*. La Agencia se reserva el derecho a cancelar el contrato si no se cubriere el mínimo de plazas exigido, para lo cual informará al contratante principal con una antelación mínima de diez días a la fecha prevista de iniciación del viaje.

Cuarta.
El Cliente vendrá obligado a comunicar por escrito a la Agencia organizadora todo incumplimiento que observe en la ejecución del contrato, debiendo dejar constancia de tal incumplimiento a los prestadores de los servicios que conforman el viaje, tales como hoteles, restaurantes, empresas de transporte, etc.

Quinta.
El Cliente podrá formular sus reclamaciones según lo establecido en la cláusula anterior, en un plazo máximo de dos años a contar desde el día en que finalice el viaje.

Sexta.
Los precios establecidos en el presente contrato podrán ser revisados hasta veinte días inmediatamente antes de la fecha de salida del viaje, tanto al alza como a la baja, a fin de incorporar las variaciones del precio de los transportes, incluido el coste del carburante, tasas e impuestos relativos a determinados servicios, o bien por la fluctuación del tipo de cambio de la moneda aplicado al viaje organizado.

Séptima.
El usuario final podrá desistir del viaje concertado, teniendo derecho a la devolución de las cantidades que hubiese abonado, pero deberá indemnizar a la Agencia en las cuantías que a continuación se indican, salvo que tal desistimiento tenga lugar por causa de fuerza mayor.

Abonará:

- Los gastos de gestión de la reserva, siendo éstos de *"gasto de gestión de reserva, en letra"* euros (*"gasto de gestión de reserva, en número"* €).

"...- Los gastos de cancelación de la reserva, siendo éstos de "gastos de cancelación, en letra" euros ("gastos de cancelación, en número" €). ..."

Gastos de anulación: *"...Según los servicios contratados son: "gastos de anulación, en letra" euros ("gastos de anulación, en número" €) ... O ... Al no poder calcular el importe de los mismos previamente a la suscripción del contrato, la Agencia de viajes se reserva el derecho de repercutir al Cliente los que se produzcan y sean justificados por la propia organizadora o empresas proveedoras de la misma ..."*.

Penalización por incumplimiento: consistente en el 5% del importe total del viaje, si el desistimiento se produce con más de diez y menos de quince días de antelación a la fecha del comienzo del viaje; el 15% entre los días tres y diez; y el 25% dentro de las cuarenta y ocho horas anteriores a la salida.

De no presentarse a la salida, el consumidor estará obligado al pago del importe total del viaje, abonando, en su caso, las cantidades pendientes de pago.

Octava.
A la firma del presente contrato, se ha producido la reserva del viaje.

Novena.

Las anteriores condiciones particulares son complementarias de las que figuran en el programa del viaje. En lo no previsto en las mismas, será de aplicación lo dispuesto en el Real Decreto Legislativo 1/2007, de 16 de noviembre, y en la Reglamentación de Agencias de Viajes de la Comunidad Autónoma.

7. CLÁUSULA DE REDUCCIÓN DE PRECIO E INDEMNIZACIÓN POR DAÑOS Y PERJUICIOS (RDLeg 1/2017 art.162)

El viajero tendrá derecho a una reducción del precio adecuada por cualquier periodo durante el cual haya habido falta de conformidad, a menos que el organizador o el minorista demuestren que la falta de conformidad es imputable al viajero.

Sin perjuicio de la aplicación de lo dispuesto en el artículo 162 del Real Decreto Legislativo 1/2007, en la medida en que los convenios internacionales que vinculan a la Unión Europea limiten el alcance o las condiciones del pago de indemnizaciones por parte de prestadores de servicios de viaje incluidos en un viaje combinado, las mismas limitaciones se aplicarán a los organizadores y minoristas. En los demás casos, la indemnización que debe pagar el organizador o el minorista al viajero, en su caso, quedará limitada a la cantidad de *"cuantía de la indemnización"* €, excepto en lo que se refiere a los daños corporales o perjuicios causados de forma intencionada o por negligencia.

Nota:

*Téngase en cuenta que la **limitación** no podrá ser inferior al triple del precio total del viaje.*

En *"localidad"*, a *"fecha"*.

LA AGENCIA ORGANIZADORA **EL CLIENTE**

993

Resolución de contrato de arrendamiento de local de negocio (terminación anticipada)

MCM 5310 s.

Nota preliminar:

El modelo presupone unas **circunstancias determinadas** que serán las más frecuentes. Si en el caso concreto existen circunstancias particulares no previstas, deberá completarse o modificarse el modelo adaptándolo a las mismas.

L 29/1994 (LAU)

En *"localidad"*, a *"fecha"*

REUNIDOS:

De una parte,

"Don/Doña nombre y apellidos de la parte", mayor de edad, *"estado civil de la parte" "... "especificar el régimen económico matrimonial de la parte" ... "*, de nacionalidad *"nacionalidad de la parte"*, con domicilio a estos efectos en *"domicilio de la parte"*, *"...con DNI/NIF número "DNI/NIF de la parte"... O ... con tarjeta de residencia número "número de tarjeta de residencia de la parte" ... O ... pasaporte número "número de pasaporte de la parte", expedido el "fecha de expedición del pasaporte de la parte" ... O ... "reseñar otros documentos aportados por la parte" ... "*, vigente hasta el *"fecha de vigencia de la documentación aportada por la parte"*.

Interviene en nombre y representación de la sociedad mercantil denominada *"denominación de la Sociedad"*, domiciliada en *"domicilio de la Sociedad"*, y con NIF número *"NIF de la Sociedad"*, constituida, por tiempo indefinido, mediante escritura otorgada ante el notario de *"lugar del notario que autorizó la escritura pública"*, *"Don/Doña nombre y apellidos del notario que autorizó la escritura pública"*, el *"fecha de autorización de la escritura pública"*, e inscrita en el Registro Mercantil de *"datos de la inscripción registral (localidad del Registro Mercantil, tomo, folio, sección, hoja e inscripción)"*, en su calidad de

>>

○ Si representa como cargo social:

"...administrador único ... O ... administrador solidario ... O ... consejero delegado ... O ... "especificar la representación del cargo social" ... " de la reseñada sociedad, cargo para el que fue nombrado y asegura vigente en escritura otorgada el *"fecha de escritura del nombramiento del cargo"*, ante el notario de *"lugar donde radica la notaría en la que se autorizó la escritura del nombramiento"*, *"Don/Doña nombre y apellidos del notario que autorizó la escritura del nombramiento"*, con el número *"número de protocolo del notario que autorizó la escritura del nombramiento"* de su protocolo, e inscrita en el Registro Mercantil de *"localidad del Registro Mercantil de la escritura de nombramiento"*, en el tomo y hoja arriba indicados.

○ Si representa como apoderado:

apoderado de la reseñada sociedad, según escritura de poder otorgada a su favor, en *"fecha de escritura del otorgamiento del poder"*, ante el notario de *"lugar donde radica la notaría en la que se autorizó la escritura de poder"*, *"Don/Doña nombre y apellidos del notario que autorizó la escritura de poder"*, con el número *"número de protocolo del notario que autorizó la escritura de poder"* de su protocolo *"...e inscrita en el Registro Mercantil de "localidad del Registro Mercantil de la escritura de poder" ... "*, en el tomo y hoja arriba indicados.

En adelante, se denominará el **Arrendador**.

MCM 5310 s.

L 29/1994 (LAU)

De otra parte,

"Don/Doña nombre y apellidos de la parte", mayor de edad, *"estado civil de la parte"* "... *"especificar el régimen económico matrimonial de la parte"* ... ", de nacionalidad *"nacionalidad de la parte"*, con domicilio a estos efectos en *"domicilio de la parte"*, *"...con DNI/NIF número "DNI/NIF de la parte" ... O ... con tarjeta de residencia número "número de tarjeta de residencia de la parte" ... O ... pasaporte número "número de pasaporte de la parte", expedido el "fecha de expedición del pasaporte de la parte" ... O ... "reseñar otros documentos aportados por la parte"* ... ", vigente hasta el *"fecha de vigencia de la documentación aportada por la parte"*.

Interviene en nombre y representación de la sociedad mercantil denominada *"denominación de la Sociedad"*, domiciliada en *"domicilio de la Sociedad"*, y con NIF número *"NIF de la Sociedad"*, constituida, por tiempo indefinido, mediante escritura otorgada ante el notario de *"lugar del notario que autorizó la escritura pública"*, *"Don/Doña nombre y apellidos del notario que autorizó la escritura pública"*, el *"fecha de autorización de la escritura pública"*, e inscrita en el Registro Mercantil de *"datos de la inscripción registral (localidad del Registro Mercantil, tomo, folio, sección, hoja e inscripción)"*, en su calidad de

>>

○ **Si representa como cargo social:**

"...administrador único ... O ... administrador solidario ... O ... consejero delegado ... O ... "especificar la representación del cargo social" ... " de la reseñada sociedad, cargo para el que fue nombrado y asegura vigente en escritura otorgada el *"fecha de escritura del nombramiento del cargo"*, ante el notario de *"lugar donde radica la notaría en la que se autorizó la escritura del nombramiento"*, *"Don/Doña nombre y apellidos del notario que autorizó la escritura del nombramiento"*, con el número *"número de protocolo del notario que autorizó la escritura del nombramiento"* de su protocolo, e inscrita en el Registro Mercantil de *"localidad del Registro Mercantil de la escritura de nombramiento"*, en el tomo y hoja arriba indicados.

○ **Si representa como apoderado:**

apoderado de la reseñada sociedad, según escritura de poder otorgada a su favor, en *"fecha de escritura del otorgamiento del poder"*, ante el notario de *"lugar donde radica la notaría en la que se autorizó la escritura de poder"*, *"Don/Doña nombre y apellidos del notario que autorizó la escritura de poder"*, con el número *"número de protocolo del notario que autorizó la escritura de poder"* de su protocolo *"...e inscrita en el Registro Mercantil de "localidad del Registro Mercantil de la escritura de poder"* ... ", en el tomo y hoja arriba indicados.

<<

En adelante, se denominará el **Arrendatario**.

Arrendador y **Arrendatario** también podrán ser denominadas conjuntamente como **Las Partes**.

Las Partes, en la condición y el carácter con el que actúan, con las facultades necesarias para la celebración de este acto que resultan acreditadas y aseguran vigentes, y reconociéndose mutua y legal capacidad para contratar y obligarse cuanto en Derecho fuere menester, como mejor proceda y a los efectos que luego se dirán,

MANIFIESTAN

I. Que **Las Partes** suscribieron contrato de arrendamiento de local de negocio con fecha *"fecha del contrato de arrendamiento del local"*, sometiéndose desde entonces al mismo de conformidad con las cláusulas en él contenidas.

II. Que, con fecha *"fecha de notificación de desistimiento"* el **Arrendatario** puso en conocimiento del **Arrendador** su decisión de desistir unilateralmente y con efectos *"fecha en la que surtirá efectos el desistimiento"* del contrato de arrendamiento que les une, todo ello debido y como consecuencia de las dificultades económicas por las que atraviesa el **Arrendatario**.

III. Que, previas las negociaciones habidas entre **Las Partes**, ambas han acordado la resolución del referido contrato de arrendamiento, de acuerdo con las siguientes

MCM 5310 s.

L 29/1994 (LAU)

ESTIPULACIONES

Primera.

Se resuelve entre las partes el contrato de arrendamiento reseñado en el expositivo I de este documento, resolución que tendrá efectos desde *"fecha de resolución del contrato"*.

Segunda.

En aplicación de las previsiones contenidas en el contrato de arrendamiento para el caso de su extinción anticipada por voluntad del **Arrendatario**:

El **Arrendatario** abona, en concepto de pena por incumplimiento y de indemnización de daños y perjuicios, al **Arrendador** una cantidad equivalente al *"valor porcentual del importe de las rentas no vencidas"*% del importe de las rentas no vencidas hasta el cumplimiento íntegro del contrato. El importe de dicha suma asciende a *"importe por incumplimiento, en letra"* euros (*"importe por incumplimiento, en número"* €). El abono de este importe se efectúa mediante cheque nominativo emitido, por el citado valor, a favor del **Arrendador**, sirviendo el presente documento como carta de pago, salvo buen fin. Fotocopia del citado cheque queda incorporada al presente documento como anexo.

Adicionalmente, el **Arrendatario** pierde a favor del **Arrendador**, que lo hace suyo, el importe de la fianza constituida al suscribir el contrato de arrendamiento objeto de la presente resolución, por importe de *"cantidad en concepto de fianza, en letra"* euros (*"cantidad en concepto de fianza, en número"* €). Asimismo, el **Arrendatario** entrega en este acto al **Arrendador**, que recibe, las llaves del local objeto del contrato, así como la plena posesión sobre el mismo.

El **Arrendador** hace entrega al **Arrendatario**, que recibe, el original del aval constituido como garantía adicional del cumplimiento de todas sus obligaciones arrendaticias al suscribir el contrato de arrendamiento objeto de resolución.

Tercera.

Con anterioridad a la firma del presente documento, el **Arrendador** ha procedido a inspeccionar el local objeto del contrato de arrendamiento, determinando que en el mismo no se han causado desperfectos imputables al **Arrendatario**.

Cuarta.

Por el presente documento, el **Arrendatario** se compromete a no dejar pendiente de pago ningún coste, gasto o servicio relacionado con los suministros o servicios contratados para la habitabilidad y funcionalidad del local objeto del contrato, de modo que si tras la presente resolución surgiera algún gasto, imputable al **Arrendatario** que sea reclamado al **Arrendador**, éste podrá repetir contra el primero el importe de tales costes o servicios.

Quinta.

En consecuencia con todo lo manifestado anteriormente y sin perjuicio de las posibles reclamaciones que en virtud de las cláusulas anteriores pudieran surgir, **Las Partes** reconocen que nada más tienen que reclamarse como consecuencia de la suscripción y resolución del contrato de arrendamiento de local de negocio identificado en el expositivo I.

El incumplimiento por el **Arrendatario** de cualquiera de las obligaciones asumidas en virtud de la firma del presente documento, facultará al **Arrendador** a ejercitar las acciones legales oportunas sin necesidad de requerimiento previo en tal sentido.

Y en prueba de conformidad con cuanto antecede, Las Partes firman el presente documento por duplicado y a un solo efecto, en el lugar y fecha expresados en su encabezamiento.

EL ARRENDADOR **EL ARRENDATARIO**

MCM 5175

Contrato de Prestación de Servicios de Soporte de Administración y Gerencia

CC art.1254 s

Nota:
Autor: D. **Tomás Vázquez Lépinette**. Profesor Titular de Derecho Mercantil. Socio de **TOMA-RIAL, S.L.P. Consultores Legales y Tributarios**.

En *"localidad"*, a *"fecha"*

REUNIDOS:

DE UNA PARTE,
"denominación de la Sociedad Prestadora" debidamente representada por *"Don/Doña nombre y apellidos del representante de la Sociedad Prestadora" "DNI del representante de la Sociedad Prestadora"*, con domicilio en *"domicilio de la Sociedad Prestadora"*, en adelante LA PRESTADORA.

DE OTRA PARTE,
"denominación de la Sociedad Prestataria", debidamente representada por *"Don/Doña nombre y apellidos del representante de la Sociedad Prestataria" "DNI del representante de la Sociedad Prestataria"*, con domicilio en *"domicilio de la Sociedad Prestataria"*, en adelante LA SOCIEDAD PRESTATARIA.

Reconociéndose mutuamente la capacidad legal para el otorgamiento del presente documento,

ACUERDAN

Formalizar el presente contrato de 'Prestación de Servicios de Soporte para la Administración y Gerencia', considerando las siguientes

MANIFESTACIONES

1. Que LA PRESTADORA es una sociedad dedicada, entre otras actividades, a la prestación de servicios de asesoramiento y asistencia técnica a empresas, profesionales y particulares, en materia económica, financiera y técnica, de gestión, organización y administración, así como de carácter contable, tributario, laboral, y jurídico.

2. Que LA SOCIEDAD PRESTATARIA, se dedica a *"especificar actividad"*.

3. Que LA PRESTADORA tiene a su disposición, directa o indirectamente, personal especial y altamente capacitado para el desarrollo de los servicios que más adelante se dirán, así como los conocimientos y medios técnicos y materiales necesarios para la prestación de los mencionados servicios.

4. Que las Partes han considerado oportuno, y están interesadas en formalizar documentalmente los principios rectores del régimen de colaboración empresarial que les una, en virtud del cual LA PRESTADORA, atendiendo a la específica naturaleza del objeto social de LA SOCIEDAD PRESTATARIA, preste sus servicios, mediante la realización de todos aquellos trabajos, informes y estudios, que le sean requeridos en el ámbito del objeto del presente Contrato, y a tales efectos han acordado fijar los términos y condiciones para la prestación de los servicios que más adelante se desarrollan.

En virtud de las consideraciones precedentes, ambas Partes acuerdan la celebración del presente Contrato, que se regirá con arreglo a las siguientes

CLAÚSULAS

PRIMERA. Objeto del Contrato

1.1. El presente Contrato tiene por objeto delimitar el marco jurídico mediante el cual, LA PRESTADORA se obliga, a solicitud de LA SOCIEDAD PRESTATARIA, en la forma y condiciones que se desarrollan en el contenido del presente documento, a la prestación de servicios de soporte de Administración y Gerencia, mediante el suministro y la provisión de aquellos conocimientos técnicos, logísticos y operativos que puedan en cualquier momento optimizar la calidad de los productos y servicios que son ofrecidos por LA SOCIEDAD PRESTATARIA. CC art.1254 s

1.2. Con carácter enunciativo, los servicios que prestará LA PRESTADORA a LA SOCIEDAD PRESTATARIA serán los siguientes:

A) Actividades de Administración, Cuentas y Finanzas.

Dichas actividades consistirán en la ayuda y asesoramiento contable, realizados colaborando con LA SOCIEDAD PRESTATARIA, y a solicitud de ésta, en la llevanza, redacción y elaboración de la siguiente información y documentación:

• Balance de situación y cuenta de pérdidas y ganancias.

• Llevanza de los libros Diario y Mayor.

• El balance de comprobación de sumas y saldos.

• Revisión, conciliación de balances y realización de informes sobre los mismos.

• Cualesquiera libros oficiales a legalizar ante el Registro Mercantil correspondiente, tanto con carácter obligatorio como sin el referido carácter.

• Cualesquiera libros o documentos a depositar ante cualesquiera registros contables, tanto con carácter obligatorio como sin el referido carácter.

• Información y documentación referente a los cuadres de Caja.

• Lista de cuentas a cobrar y facturas impagadas.

• Lista de cobros de las facturas satisfechas mediante tarjeta de crédito.

• Información sobre las previsiones de las cuentas a pagar.

• Elaboración de pagarés y otros documentos cambiarios solicitados.

• Contabilización de los referidos instrumentos cambiarios y entrega a los proveedores designados por LA SOCIEDAD PRESTATARIA.

• Preparación de los cuadros de amortización.

• Elaboración de información y directrices sobre contabilidad de costes.

• Realización y cierres de inventarios, elaborando informes sobre los mismos.

• Realización y llevanza de inventarios.

• Informe y realización de las salidas, recibos, tratamiento y archivo de facturas, con la preparación de las correspondientes previsiones.

• Comprobación de facturas, y preparación de informes al respecto.

• Conciliaciones bancarias.

• Información de las cuentas con terceros, en moneda nacional y extranjera.

MCM 5175

CC art.1254 s

• Análisis financieros en todos sus aspectos.

• Elaboración de la información presupuestaria.

• Evaluaciones estadísticas y comparaciones de costes.

• Planificación del cash-flow.

• Informes sobre la actividad de gestión y asesoramiento.

• Asesoramiento sobre fuentes de créditos favorables y sobre la disponibilidad de préstamos, créditos y garantías.

• Asesoramiento del criterio de selección de inversiones, especialmente referido a la colocación de excedentes de tesorería.

• Sistemas de gestión empresarial, incluyendo la planificación a corto y largo plazo, planes estratégicos y programas de acción táctica.

• Asesoramiento y asistencia en los sistemas de administración de los ingresos.

• Análisis de nuevos negocios, fijación de precios, ejecución de ventas, logística, y demás servicios directamente relacionados.

• Informes de la gestión financiera.

• Preparación de las proyecciones financieras.

B) Actividades de gestión de Recursos Humanos.

Dichas actividades consistirán en el asesoramiento, gestión y dirección realizada en colaboración con LA SOCIEDAD PRESTATARIA, y a solicitud de ésta, de su área de Recursos Humanos, mediante:

• La elaboración de informes de los contratos de trabajo, y la redacción en su caso de los mismos.

• El asesoramiento en la búsqueda y selección de personal, de cualquier categoría profesional que se requiera, tanto en áreas operativas, administrativas como comerciales o de venta, realizando un seguimiento de cada nuevo empleado.

• La clasificación y archivo de las solicitudes de empleo.

• El asesoramiento en el diseño y supervisión de los planes de capacitación y formación continuada del personal.

• La preparación y ejecución de programas específicos de aprendizaje.

• El asesoramiento en la confección de nóminas y de los impresos de altas, bajas y cotizaciones a la Seguridad Social del personal, redactándolos en su caso.

• El control de cantidades y retribuciones a satisfacer a los trabajadores, mediante el control de las horas trabajadas, periodos vacacionales y cualesquiera otras variables relevantes.

• El cálculo y pago de los salarios, controlado informáticamente.

• Tramitación de transferencias de salarios reflejando direcciones, cantidad y cuentas bancarias.

• Emisión de certificados individuales de salarios con las retenciones fiscales y documentos de la Seguridad Social a efectos del I.R.P.F.

• Mantener actualizados los cambios en la normativa salarial, sobre las bases del sector económico al cual pertenece la compañía de acuerdo con su actividad.

• El control y la coordinación de los cursos de formación previstos por el Servicio Regional de Empleo y Formación.

• El control de expedientes de solicitud de cursos, y de homologaciones de los mismos.

MCM 5175

CC art.1254 s

• El control, solicitud y gestión de subvenciones.

• El control de las bajas por incapacidad, invalidez y accidentes.

• La elaboración de partes de accidente laboral.

• Elaboración de cualesquiera Seguros Sociales necesarios o estimados convenientes.

• La elaboración de Declaraciones efectuadas mediante los Modelos 110 y 190 de la Agencia Tributaria, así como de cualesquiera declaraciones anuales necesarias o convenientes con las retenciones practicadas al personal a efectos del I.R.P.F.

• La elaboración de cualesquiera documentos, certificados e informes necesarios o convenientes para la gestión de las respectivas secciones de Recursos Humanos.

• La comprobación, valoración y cálculo de las horas extras trabajadas por el personal.

• La realización de tablas de coste de personal.

• La elaboración del resumen de salarios para cada período.

• El cálculo y emisión de informes de pagos a la Seguridad Social por ordenador, para todas las categorías y regímenes profesionales.

• Las emisiones periódicas de informes actualizados conteniendo los datos de los trabajadores y de la compañía.

• La preparación de declaraciones periódicas con las retenciones practicadas al personal a efectos del Impuesto sobre la Renta de las Personas Físicas.

• El cálculo y expedición, cuando proceda, de los siguientes beneficios de la Seguridad Social a los trabajadores:

- Baja por invalidez temporal o permanente.

- Retiro e invalidez.

- Desempleo.

- Viudedad u orfandad derivada de accidentes de trabajo, enfermedades por trabajo o enfermedades comunes.

- Primas o subvenciones por familiares o deficiencias.

• El asesoramiento, gestión y colaboración con la apertura de nuevos centros de trabajo.

• La incoación y seguimiento de procedimientos administrativos que relaten la emigración o transferencia de trabajadores al extranjero, así como de procedimientos para la obtención de permisos de trabajo para extranjeros.

• La realización de la tramitación inicial necesaria para el personal directivo.

• La representación ante los órganos de la administración pública en relación con cuestiones laborales.

• El desarrollo de las actividades de prevención de riesgos laborales necesarias o convenientes.

• El control de los botiquines, equipos de protección, y demás material necesario para el desarrollo de las actividades descritas en el punto anterior.

• La investigación de accidentes.

• El control y la organización de los reconocimientos médicos que resultaran legalmente requeridos o considerados como adecuados por LA SOCIEDAD PRESTATARIA.

• El mantenimiento de la documentación relativa a las evaluaciones de riesgos.

MCM 5175

CC art.1254 s

C) Actividades de gestión fiscal específica.

LA PRESTADORA se obliga a prestar, en caso de ser solicitado por LA SOCIEDAD PRESTATARIA, los siguientes servicios de gestión fiscal específica:

• Elaboración del resumen de los pagos periódicos y anuales de I.V.A.

• Gestión necesaria del pago periódico de las operaciones intracomunitarias.

• Gestión necesaria de pagos fiscales de las cuentas de la compañía.

• Declaración anual de pagos con terceros.

• Control de la presentación de Impuestos sobre las bases de la información de las cuentas.

• Preparación del Impuesto de Sociedades de cada ejercicio.

D) Actividades de asesoramiento comercial.

Dichas actividades consistirán en la elaboración de los siguientes documentos, a solicitud de LA SOCIEDAD PRESTATARIA:

• Realización de informes destinados a mejorar los métodos y habilidades de comercialización y ventas.

• Realización de informes encaminados a desarrollar y mejorar las relaciones públicas y sus habilidades publicitarias.

• Realización de informes encaminados a desarrollar y mejorar las técnicas de Marketing.

• Realización de informes asesorando en la evolución y mejora de los métodos de LA SOCIEDAD PRESTATARIA, en la compraventa de bienes y servicios con respecto a su actividad económica.

E) Actividades de Asesoramiento Informático.

Consistiendo dichas actividades en la asistencia informática prestada a través de los siguientes asesoramientos, a solicitud de LA SOCIEDAD PRESTATARIA:

• Asesoramiento en materia de proceso informático de datos, incluyendo el análisis de la selección e instalación de hardware y el apoyo en la confección y desarrollo del software específico.

• Asesoramiento en servicios de explotación del equipo informático y mantenimiento de las aplicaciones informáticas, así como soporte al personal de LA SOCIEDAD PRESTATARIA usuarias del sistema informático.

1.3. El listado a que se refiere la Cláusula 1.2 anterior, se entiende como meramente enunciativo, sin que en ningún caso tenga carácter limitativo, esto es, LA PRESTADORA prestará a LA SOCIEDAD PRESTATARIA todos aquellos servicios profesionales que, no habiendo sido incluidos en la relación de la Cláusula anterior, sean considerados necesarios para los objetivos que LA SOCIEDAD PRESTATARIA pretende alcanzar con el presente Contrato, a los efectos de mejorar sus resultados y fortalecer su situación en el mercado.

SEGUNDA. Prestación de los servicios

2.1. Con la suscripción del presente Contrato LA PRESTADORA se obliga, de forma discontinua, a la realización de aquellos trabajos, análisis, estudios, proyectos, y en general, todos aquellos informes que, en aplicación del objeto del Contrato, sean requeridos por LA SOCIEDAD PRESTATARIA durante el PERIODO DE VIGENCIA (tal y como este término se define en la Cláusula Sexta) o sus posibles prórrogas.

2.2. Sin perjuicio de lo establecido anteriormente, en aplicación de criterios de experiencia acumulada en otras mercantiles de similares condiciones y atendiendo a la alta cualificación en el área de la asesoría técnica especializada, LA PRESTADORA podrá aconsejar la realización de aquellos trabajos que, por su relevancia e interés, puedan ser de alto interés para los intereses comerciales y de marketing de LA SOCIEDAD PRESTATARIA.

2.3. El contenido de los trabajos, informes, análisis y proyectos que realice LA PRESTADORA para LA SOCIEDAD PRESTATARIA tendrán carácter ilustrativo e informativo, pero en ningún caso vinculante o imperativo para LA SOCIEDAD PRESTATARIA.

MCM 5175

2.4. A fin de que la labor de LA PRESTADORA se realice con las máximas garantías de éxito, de forma que se facilite la elaboración de la totalidad de estudios y/o proyectos que le sean encargados por LA SOCIEDAD PRESTATARIA, las Partes entienden necesario que, salvo para aquellos supuestos en los que las Partes puedan acordar lo contrario, dicha labor de asesoramiento y consultoría sea llevada a cabo en las propias oficinas de LA SOCIEDAD PRESTATARIA, para lo cual dicha mercantil se obliga a facilitar el espacio físico idóneo y suficiente dentro de sus instalaciones desde el mismo día de la suscripción del presente Contrato y hasta su finalización definitiva. CC art.1254 s

TERCERA. Retribución

El importe a facturar por LA PRESTADORA a LA SOCIEDAD PRESTATARIA se fijará y obtendrá de la siguiente manera:

3.1. Honorarios. Los honorarios de LA PRESTADORA se calcularán tomando como base la categoría profesional del personal que realiza los distintos servicios y del tiempo necesario para completar los mismos. El importe de dichos honorarios se acuerda en el *"número del Anexo: HONORARIOS"* que forma parte integral del presente contrato.

3.2. Facturación. La retribución se facturará trimestralmente de forma anticipada según las estimación de horas incurridas en dicho mes, procediendo a regularizase a final de año.

CUARTA. Obligaciones de LA PRESTADORA

LA PRESTADORA se compromete y se obliga frente a LA SOCIEDAD PRESTATARIA a:

1. Proporcionar un servicio con los más altos niveles de calidad y servicios propios del sector.

2. Disponer en todo momento de cuantos medios humanos y materiales sean necesarios para prestar adecuadamente la asistencia a la que se obliga mediante el presente Contrato. En particular, en los casos legalmente previstos la PRESTADORA se obliga a prestar los servicios a través de titulados universitarios.

3. Dar cumplimiento en todo momento a los procedimientos y normas operativas y de control, con el fin de preservar la seguridad y confidencialidad de los servicios que se presten.

4. Remitir a LA SOCIEDAD PRESTATARIA, siempre que éstas se lo indiquen, la documentación acreditativa de la cumplimentación de las normas a las que esté obligado en función del Contrato, así como información sobre incidencias que se hayan podido producir en el desarrollo de su labor.

5. Permitir el acceso a la información relativa a la prestación de los servicios efectuados por su cuenta, así como consentir el establecimiento de procedimientos de control de calidad en la prestación del servicio y uso de los nombres y marcas comerciales de LA SOCIEDAD PRESTATARIA, prestando la colaboración precisa según sea razonablemente solicitada.

QUINTA. Recursos humanos

5.1. Las Partes mantendrán plena independencia en la política de contratación de personal, sin perjuicio de la necesidad de orientarla de tal forma que se dé adecuado cumplimiento a los requerimientos del presente Contrato.

5.2. Ni el presente Contrato, ni la realización de los servicios contemplados en el mismo, crea relación alguna de carácter laboral entre cada una de las Partes y los empleados que formen parte de la plantilla de la otra Parte.

5.3. Cada una de las Partes mantendrá indemne a la otra Parte ante cualesquiera reclamaciones, acciones, daños, obligaciones, costes y gastos, incluyendo honorarios razonables de abogados y costas que se deriven de reclamaciones laborales que formulen los empleados de las Partes, o de reclamaciones que pudieran formular las autoridades tributarias o de la Seguridad Social en relación con la prestación por los empleados de LA PRESTADORA de los Servicios que a ella se le encomiendan al amparo del presente Contrato.

MCM 5175

SEXTA. Duración

CC art.1254 s **6.1.** La duración del presente Contrato tiene carácter indefinido, y ello sin perjuicio de la aplicación de la Cláusula 7.1. del presente Contrato (en adelante 'el PERIODO DE VIGENCIA')

6.2. La terminación natural del Contrato, o su resolución por cualquiera de las causas previstas en la Ley o en el presente Contrato, no dará lugar en favor de ninguna de las Partes, al nacimiento de un derecho a ser indemnizado por la otra, salvo, en su caso, los daños y perjuicios causados por el incumplimiento de la parte culpable.

SÉPTIMA. Terminación anticipada del Contrato

7.1. No obstante lo previsto en la Cláusula Sexta, el presente Contrato se extinguirá, previa comunicación expresa y por escrito de la parte que la alegue, por las siguientes razones:

(i) En caso de incumplimiento total o parcial de cualquiera de las obligaciones contenidas en las cláusulas del presente Contrato o en la Ley.

(ii) Por decisión unilateral de LA PRESTADORA o DE LA SOCIEDAD PRESTATARIA con tres meses de anticipación a la fecha de efecto.

(iii) Por la constatación de una labor claramente negligente y contraria a los principios e intereses de LA SOCIEDAD PRESTATARIA por parte de LA PRESTADORA.

(v) Por la realización por parte de LA PRESTADORA de cualesquiera actuaciones que puedan poner en peligro la salvaguarda y protección de aquellos intereses de LA SOCIEDAD PRESTATARIA que se mencionan en la Cláusula 9.2. del presente Contrato.

7.2. Asimismo, en cualquier momento las partes podrán resolver el contrato por mutuo acuerdo.

OCTAVA. Cesión de derechos

Los derechos y obligaciones asumidos por cada una de las Partes en virtud del presente Contrato no son transmisibles ni podrán constituir objeto de cesión a ningún tercero sin el consentimiento previo, expreso y por escrito de la otra Parte.

NOVENA. Acuerdo de Confidencialidad y declaraciones complementarias

9.1. De acuerdo con las disposiciones del presente Contrato, las Partes manifiestan estar de acuerdo, en que el contenido del mismo, así como la ejecución y desarrollo de cada una de sus Cláusulas, debe estar presidido por los más lógicos, absolutos y rigurosos principios empresariales de secreto profesional sobre todo, pero sin carácter exclusivo, lo concerniente a LA PRESTADORA y a sus relaciones con terceros.

9.2. De acuerdo con las disposiciones del presente Contrato, las Partes se comprometen a mantener confidencial y restringida toda la Información Confidencial de la otra Parte, así como todas las mejoras y adiciones que en la misma pudieran producirse, y ello tanto durante el PERIODO DE VIGENCIA del presente Contrato, como con posterioridad al mismo, obligándose en éste último caso a solicitud de quien lo solicite a entregar a la misma todos aquellos documentos públicos o privados, informes, estudios, análisis, licencias, autorizaciones, materiales y enseres de la naturaleza y características que sean, que contengan Información Confidencial.

MCM 5175

DÉCIMA. Resolución de cuestiones litigiosas

10.1. En el caso de que se produzca cualquier tipo de discrepancia o diferencia entre las Partes en relación con la existencia o el contenido del presente Contrato, las Partes negociarán de buena fe para intentar resolver tal discrepancia o diferencia dentro del plazo máximo de quince días a contar desde la fecha en que cualquiera de ellas notifique formalmente a la otra que ha surgido la mencionada discrepancia.

10.2. Para el supuesto de que la discrepancia o diferencia no se resolviera dentro del plazo máximo señalado en la Cláusula 10.1, las Partes, con renuncia expresa a cualquier otro fuero que pudiera corresponderles, se someten a los Juzgados y Tribunales que por ley correspondan. CC art.1254 s

UNDÉCIMA. Gastos e impuestos

Cualquier gasto derivado del otorgamiento del presente Contrato será soportado conforme Ley.

DUODÉCIMA. Ley aplicable

El presente Contrato se regirá por sus propias Cláusulas y, en los que en ellas no estuviese previsto, por las Leyes aplicables del Reino de España.

Y en prueba de conformidad, ambas partes suscriben el presente Contrato por triplicado ejemplar y a un solo efecto, en el lugar y fecha indicados en el encabezamiento.

LA PRESTADORA	**LA SOCIEDAD PRESTATARIA**
Fdo.: *"Don/Doña nombre y apellidos del representante de la Sociedad Prestadora"*	Fdo.: *"Don/Doña nombre y apellidos del representante de la Sociedad Prestataria"*

Mantenimiento de instalaciones industriales

En *"localidad"*, a *"fecha"*.

REUNIDOS:

CC art.1254 s

De una parte:

"Don/Doña nombre y apellidos de la parte", mayor de edad, *"estado civil de la parte" "... "especificar el régimen económico matrimonial de la parte" ..."*, de nacionalidad *"nacionalidad de la parte"*, con domicilio a estos efectos en *"domicilio de la parte"*, *"...con DNI/NIF número "DNI/NIF de la parte" ... O ... con tarjeta de residencia número "número de tarjeta de residencia de la parte" ... O ... pasaporte número "número de pasaporte de la parte", expedido el "fecha de expedición del pasaporte de la parte" ... O ... "reseñar otros documentos aportados por la parte" ... "*, vigente hasta el *"fecha de vigencia de la documentación aportada por la parte"*.

Interviene en nombre y representación de la sociedad mercantil denominada *"denominación social"*, domiciliada en *"domicilio social"*, y con NIF número *"NIF de la sociedad"*, constituida, por tiempo indefinido, mediante escritura otorgada ante el notario de *"lugar donde radica la notaría en la que se autorizó la escritura de poder de representación (persona jurídica)"*, don *"Don/Doña nombre y apellidos del notario que autorizó la escritura de poder de representación (persona jurídica)"*, el *"fecha de escritura de poder de representación (persona jurídica)"*, e inscrita en el Registro Mercantil de *"datos de la inscripción registral (localidad del Registro Mercantil, tomo, folio, sección, hoja e inscripción)"*, en su calidad de

➢➢

❍ **Si representa como cargo social:**

"...administrador único ... O ... administrador solidario ... O ... consejero delegado ... O ... "especificar la representación del cargo social" ... " de la reseñada sociedad, cargo para el que fue nombrado y asegura vigente en escritura otorgada el *"fecha de escritura del nombramiento del cargo"* , ante el notario de *"lugar donde radica la notaría en la que se autorizó la escritura del nombramiento"*, *"Don/Doña nombre y apellidos del notario que autorizó la escritura del nombramiento"*, con el número *"número de protocolo del notario que autorizó la escritura del nombramiento"* de su protocolo, e inscrita en el Registro Mercantil de *"localidad del Registro Mercantil de la escritura de nombramiento"*, en el tomo y hoja arriba indicados.

❍ **Si representa como apoderado:**

apoderado de la reseñada sociedad, según escritura de poder otorgada a su favor, en *"fecha de escritura del otorgamiento del poder"*, ante el notario de *"lugar donde radica la notaría en la que se autorizó la escritura de poder"*, *"Don/Doña nombre y apellidos del notario que autorizó la escritura de poder"*, con el número *"número de protocolo del notario que autorizó la escritura de poder"* de su protocolo *"...e inscrita en el Registro Mercantil de "localidad del Registro Mercantil de la escritura de poder" ... "*, en el tomo y hoja arriba indicados.

⮜⮜

En adelante, la **Empresa Arrendataria**.

De otra parte:
"Don/Doña nombre y apellidos de la parte", mayor de edad, *"estado civil de la parte" "..."especificar el régimen económico matrimonial de la parte"..."*, de nacionalidad *"nacionalidad de la parte"*, con domicilio a estos efectos en *"domicilio de la parte"*, *"...con DNI/NIF número "DNI/NIF de la parte"... O ... con tarjeta de residencia número "número de tarjeta de residencia de la parte" ... O ... pasaporte número "número de pasaporte de la parte", expedido el "fecha de expedición del pasaporte de la parte" ... O ... "reseñar otros documentos aportados por la parte" ..."*, vigente hasta el *"fecha de vigencia de la documentación aportada por la parte"*.

Interviene en nombre y representación de la sociedad mercantil denominada *"denominación social"*, domiciliada en *"domicilio social"*, y con NIF número *"NIF de la sociedad"*, constituida, por tiempo indefinido, mediante escritura otorgada ante el notario de *"lugar donde radica la notaría en la que se autorizó la escritura de poder de representación (persona jurídica)"*, don *"Don/Doña nombre y apellidos del notario que autorizó la escritura de poder de representación (persona jurídica)"*, el *"fecha de escritura de poder de representación (persona jurídica)"*, e inscrita en el Registro Mercantil de *"datos de la inscripción registral (localidad del Registro Mercantil, tomo, folio, sección, hoja e inscripción)"*, en su calidad de

❍ **Si representa como cargo social:**

"...administrador único ... O ... administrador solidario ... O ... consejero delegado ... O ... "especificar la representación del cargo social" ..." de la reseñada sociedad, cargo para el que fue nombrado y asegura vigente en escritura otorgada el *"fecha de escritura del nombramiento del cargo"*, ante el notario de *"lugar donde radica la notaría en la que se autorizó la escritura del nombramiento"*, *"Don/Doña nombre y apellidos del notario que autorizó la escritura del nombramiento"*, con el número *"número de protocolo del notario que autorizó la escritura del nombramiento"* de su protocolo, e inscrita en el Registro Mercantil de *"localidad del Registro Mercantil de la escritura de nombramiento"*, en el tomo y hoja arriba indicados.

❍ **Si representa como apoderado:**

apoderado de la reseñada sociedad, según escritura de poder otorgada a su favor, en *"fecha de escritura del otorgamiento del poder"*, ante el notario de *"lugar donde radica la notaría en la que se autorizó la escritura de poder"*, *"Don/Doña nombre y apellidos del notario que autorizó la escritura de poder"*, con el número *"número de protocolo del notario que autorizó la escritura de poder"* de su protocolo *"...e inscrita en el Registro Mercantil de "localidad del Registro Mercantil de la escritura de poder" ..."*, en el tomo y hoja arriba indicados.

En adelante, la **Empresa de Mantenimiento y Reparación**.

Las partes se reconocen la capacidad legal necesaria para contratar y obligarse y, a tal efecto

EXPONEN

I. Que la **Empresa Arrendataria** es una empresa dedicada a *"especificar el objeto social"*.

II. Que la **Empresa de Mantenimiento y Reparación** es una empresa dedicada a *"especificar el objeto social"*.

III. Que la **Empresa Arrendataria** desea que la **Empresa de Mantenimiento y Reparación** proceda al mantenimiento de la **Maquinaria** destinada a *"especificar"* en las plantas de *"indicar"* que son de su propiedad.

IV. Que tanto la **Empresa Arrendataria** como la **Empresa de Mantenimiento y Reparación** se reconocen mutuamente capacidad para la celebración del presente contrato a través de las personas que legítimamente las representen.

V. Que el **Mantenimiento** y **Reparación** de la **Maquinaria** se va a llevar a cabo de acuerdo con las siguientes

ESTIPULACIONES

Primera. Mantenimiento. Definiciones

De acuerdo con lo previsto en ésta y en las siguientes cláusulas relativas a las obligaciones de mantenimiento y reparación, se entiende

a) Por **Maquinaria**, el conjunto de instalaciones y máquinas dirigidas a la producción de *"especificar destino"*.

b) Por **Mantenimiento**, la realización de las tareas de conservación de cada una de las máquinas e instalaciones según las especificaciones técnicas indicadas por sus fabricantes y/o instaladores respectivos y que se incluyen en el Manual de Instrucciones que se incorpora como Anexo 1 a este Contrato.

c) Por **Reparación**, la realización de las tareas necesarias para poner la Maquinaria en orden de funcionamiento, según las especificaciones técnicas indicadas por sus fabricantes y/o instaladores respectivos y que se incluyen en el Manual de Instrucciones que se incorpora como Anexo 2 a este Contrato.

d) Por **Manual de Instrucciones**, el conjunto de instrucciones y especificaciones técnicas de la Maquinaria que se adjunta a este contrato y que forman parte del mismo.

Segunda. Condiciones del Servicio

a) La **Empresa de Mantenimiento y Reparación** realizará todos los esfuerzos razonables para personarse en el sitio y efectuar la reparación o mantenimiento dentro de las «especificar horas laborales» siguientes al momento de recepción de la solicitud de la **Empresa Arrendataria**. Todos los servicios de mantenimiento y reparación serán prestados en el horario de trabajo usual de la **Empresa de Mantenimiento y Reparación**, esto es, de *"especificar horario"*, de *"especificar días de la semana"*, con exclusión de los periodos festivos y de vacaciones establecidos legalmente, ya sea por normativa nacional o por normativa autonómica. Los servicios prestados fuera de las horas normales de prestación podrán ser llevados a cabo mediante petición concreta de la **Empresa Arrendataria** y de acuerdo con las tarifas que se señalan en los Anexos 3 y 4.

b) La **Empresa de Mantenimiento y Reparación** llevará a cabo todo el trabajo necesario durante el periodo de cobertura contratado, extendiéndose este compromiso a la consecución de todos los materiales necesarios, que serán facturados aparte.

c) Dentro del marco de los servicios de mantenimiento, la **Empresa de Mantenimiento y Reparación** llevará a cabo las rutinas de mantenimiento de la Maquinaria previstas en el Manual. Salvo petición en contrario de la **Empresa Arrendataria**, el mantenimiento será llevado a cabo durante las horas normales de trabajo.

d) Los servicios de reparación incluyen la diagnosis y corrección de los fallos y disfunciones de la Maquinaria. Los arreglos pueden consisten en procedimientos temporales que deberán ser continuados por la **Empresa de Mantenimiento y Reparación** en tanto se consiga una reparación definitiva. Si la **Empresa de Mantenimiento y Reparación** decide que son necesarias partes adicionales o determinados repuestos, la continuación de los servicios podrá ser interrumpida, siendo reanudada tan pronto como tales partes o repuestos estén a disposición de **Empresa de Mantenimiento y Reparación**.

e) La **Empresa de Mantenimiento y Reparación** tendrá a su disposición una línea telefónica de ayuda durante el horario laboral usual o, si así se acuerda por las partes, incluso durante el resto del horario, con el objeto de dar cuenta de disfunciones en el equipo.

Tercera. Duración

El contrato surtirá efecto desde su firma por las dos partes, con una duración inicial de un año. Del mismo modo se establece la renovación anual, por prórroga tácita, salvo que una de las partes dirija a la otra carta certificada con acuse de recibo, en la que avise con al menos tres meses de antelación a la fecha de vencimiento del contrato, su intención de no renovar el mismo.

Cuarta. Precio

La **Empresa Arrendataria** se obliga a abonar los cánones anuales de mantenimiento cuyo importe se detalla en el Anexo 3. Los precios de las reparaciones se facturarán según las tarifas horarias que se detallan en el Anexo 4.

Cada año la **Empresa de Mantenimiento y Reparación** incrementará sus tarifas de mantenimiento aplicando el índice del año *"indicar el año del índice a aplicar"*.

Además de la remuneración establecida como mantenimiento, la **Empresa Arrendataria** pagará el IVA u otros impuestos que sean aplicables.

El pago de las facturas deberá hacerse en un plazo máximo de *"especificar plazo"* a partir de su recepción.

La falta de pago parcial o total de las sumas adeudadas dará derecho a la **Empresa de Mantenimiento y Reparación**, desde que dicha suma es debida, de suspender la ejecución de sus obligaciones, sin perjuicio del derecho a reclamar los daños y perjuicios correspondientes. Pasados treinta días de demora, la **Empresa de Mantenimiento y Reparación** podrá dar por resuelto el contrato de pleno derecho con más daños y perjuicios, y sin obligación de restituir las sumas ya percibidas.

Quinta. Resolución

En caso de incumplimiento sustancial de una de las partes, de las obligaciones nacidas del presente contrato, y no reparado dentro de los *"número"* días siguientes a contar desde la notificación respectiva mediante carta certificada con acuse de recibo, la otra parte podrá considerar resuelto el contrato de pleno derecho, sin perjuicio de la indemnización de los daños y perjuicios resultantes.

Sexta. Fuerza mayor

Las partes consideran como casos de fuerza mayor, entre otros los siguientes: huelga, conflictos laborales, alteraciones sociales, guerra, alboroto, insurrección, atentado, sabotaje, amenaza, terrorismo, incendio, inundación, falta o demora de medios de transporte o comunicación, averías de ordenador y los cortes de electricidad.

En caso de la fuerza mayor corresponde a la parte interesada, bajo pena de no poder invocarla, dentro de *"número"* días a partir de la producción del evento:

a) Notificar a la otra parte mediante carta certificada con acuse de recibo, la producción del evento, justificando su carácter de fuerza mayor.
b) Indicar su duración previsible.
c) Informar a la otra parte de las medidas tomadas o que piensa tomar.

La ejecución del contrato se suspenderá durante la duración del evento de fuerza mayor. Si la fuerza mayor se prolonga por más de *"número"* meses consecutivos, cualquiera de las partes podrá requerir a la otra la rescisión del contrato mediante carta certificada con acuse de recibo, sin que la parte perjudicada por dicha rescisión tenga derecho a indemnización alguna.

Y en prueba de conformidad, ambas partes firman el presente contrato, que se extiende en dos ejemplares, igualmente originales, en el lugar y fecha indicados en su encabezamiento.

LA EMPRESA ARRENDATARIA	LA EMPRESA DE MANTENIMIENTO

Contrato de arrendamiento de vivienda

LAU

Nota preliminar:

Téngase en cuenta que la LAU ha sido modificada por el RDL 7/2019 en lo relativo al **plazo mínimo de duración**. Se recuperan los plazos establecidos con anterioridad a la reforma liberalizadora operada por la Ley 4/2013, de 4 de junio, de medidas de flexibilización y fomento del mercado del alquiler de viviendas, estableciéndose, de nuevo, en cinco años el periodo de prórroga obligatoria, salvo en caso de que el arrendador sea persona jurídica, supuesto en que se fija un plazo de siete años, respondiendo así a las diferencias que tanto desde el punto de vista del tratamiento fiscal, como de la realidad y características de la relación arrendaticia y del desarrollo de la actividad, pueden existir en la práctica.

En cuanto a la **prórroga tácita**, se establece que, llegada la fecha de vencimiento del contrato o de cualquiera de sus prórrogas, y una vez transcurrido el periodo de prórroga obligatoria, si no existe comunicación de alguna de las partes en la que se establezca la voluntad de no renovarlo realizada con cuatro meses de antelación a la finalización de los cinco o siete años en el caso del arrendador y con dos meses de antelación en el caso del inquilino, se prorrogará anualmente el contrato durante tres años más, con lo que se dota al inquilino de una mayor estabilidad que deja de estar expuesto a la prórroga anual establecida en 2013.

Téngase presente el RDL 11/2020 por el que se adoptan medidas urgentes complementarias en el ámbito social y económico para hacer frente al **COVID-19** por el que se suspenden hasta 30-9-22 los procesos de desahucio y lanzamientos de personas económicamente vulnerables sin alternativa habitacional en aquellos casos en que el desahucio traiga causa de un proceso penal, así como en los supuestos de los números 2, 4 y 7 del art.250.1 LEC.

Desde la entrada en vigor del RDL 11/2020 y **hasta el 31-12-2024**, en todos los juicios verbales que versen sobre **reclamaciones de renta o cantidades debidas** por el arrendatario, o la expiración del plazo de duración de contratos suscritos conforme a la L 29/1994, de Arrendamientos Urbanos, que pretendan recuperar la posesión de la finca, se haya suspendido o no previamente el proceso en los términos establecidos en la LEC art.441.5, la persona arrendataria podrá instar, de conformidad con lo previsto en este artículo, un **incidente de suspensión** extraordinaria del desahucio o lanzamiento ante el juzgado por encontrarse en una situación de **vulnerabilidad económica** que le imposibilite encontrar una alternativa habitacional para sí y para las personas con las que conviva.

Asimismo, desde la entrada en vigor de dicho RDL 11/2020 y hasta el 31-12- 2024, en todos los juicios verbales en los que se sustancien las demandas a las que se refieren la LEC art.250.1.2.º, 4.º y 7.º y en aquellos otros procesos penales en los que se sustancie el lanzamiento de la vivienda habitual de aquellas **personas** que la estén **habitando sin** ningún **título habilitante** para ello, el juez tendrá la facultad de suspender el lanzamiento hasta el 31-12-2024.

Téngase en cuenta, asimismo, el RD 515/1989 sobre protección de consumidores en cuanto a la **información a suministrar** en la compraventa y arrendamiento de viviendas.

En *"localidad"*, a *"fecha"*.

REUNIDOS:

De una parte:

"Don/Doña nombre y apellidos de la parte", mayor de edad, *"estado civil de la parte"* *"... "especificar el régimen económico matrimonial de la parte" ..."*, de nacionalidad *"nacionalidad de la parte"*, con domicilio a estos efectos en *"domicilio de la parte"*, *"...con DNI/NIF número "DNI/NIF de la parte" ... O ... con tarjeta de residencia número "número de tarjeta de residencia de la parte" ... O ... pasaporte número "número de pasaporte de la parte", expedido el "fecha de expedición del pasaporte de la parte" ... O ... "reseñar otros documentos aportados por la parte" ..."*, vigente hasta el *"fecha de vigencia de la documentación aportada por la parte"*.

Interviene en nombre y representación de la sociedad mercantil denominada *"denominación social"*, domiciliada en *"domicilio social"*, y con NIF número *"NIF de la sociedad"*, constituida, por tiempo indefinido, mediante escritura otorgada ante el notario de *"lugar donde radica la notaría en la que se autorizó la escritura de poder de representación (persona jurídica)"*, *"Don/Doña nombre y apellidos del notario que autorizó la escritura de poder de representación (persona jurídica)"*, el *"fecha de escritura de poder de representación (persona jurídica)"*, e inscrita en el Registro Mercantil de *"datos de la inscripción registral (localidad del Registro Mercantil, tomo, folio, sección, hoja e inscripción)"*, en su calidad de

>>

o Si representa como cargo social:

"...administrador único ... O ... administrador solidario ... O ... consejero delegado ... O ... "especificar la representación del cargo social" ..." de la reseñada sociedad, cargo para el que fue nombrado y asegura vigente en escritura otorgada el *"fecha de escritura del nombramiento del cargo"*, ante el notario de *"lugar donde radica la notaría en la que se autorizó la escritura del nombramiento"*, *"Don/Doña nombre y apellidos del notario que autorizó la escritura del nombramiento"*, con el número *"número de protocolo del notario que autorizó la escritura del nombramiento"* de su protocolo, e inscrita en el Registro Mercantil de *"localidad del Registro Mercantil de la escritura de nombramiento"*, en el tomo y hoja arriba indicados.

o Si representa como apoderado:

apoderado de la reseñada sociedad, según escritura de poder otorgada a su favor, en *"fecha de escritura del otorgamiento del poder"*, ante el notario de *"lugar donde radica la notaría en la que se autorizó la escritura de poder"*, *"Don/Doña nombre y apellidos del notario que autorizó la escritura de poder"*, con el número *"número de protocolo del notario que autorizó la escritura de poder"* de su protocolo *"...e inscrita en el Registro Mercantil de "localidad del Registro Mercantil de la escritura de poder" ..."*, en el tomo y hoja arriba indicados.

En adelante, la **Arrendadora**.

De otra parte:

"Don/Doña nombre y apellidos de la parte", mayor de edad, *"estado civil de la parte" "... "especificar el régimen económico matrimonial de la parte" ..."*, de nacionalidad *"nacionalidad de la parte"*, con domicilio a estos efectos en *"domicilio de la parte"*, *"...con DNI/NIF número "DNI/NIF de la parte" ... O ... con tarjeta de residencia número "número de tarjeta de residencia de la parte" ... O ... pasaporte número "número de pasaporte de la parte", expedido el "fecha de expedición del pasaporte de la parte" ... O ... "reseñar otros documentos aportados por la parte" ..."*, vigente hasta el *"fecha de vigencia de la documentación aportada por la parte"*.

En adelante, la **Arrendataria**.

Las partes se reconocen la capacidad legal necesaria para contratar y obligarse y, a tal efecto

EXPONEN

I. Que la **Arrendataria** es una persona física.

II. Que la **Arrendadora** es una empresa dedicada al arrendamiento de bienes inmuebles para vivienda.

III. Que la **Arrendataria** desea alquilar un inmueble y así satisfacer sus necesidades permanentes de vivienda. Queda incluido en este contrato el arrendamiento de todos los accesorios del inmueble, los cuales se especifican en el Anexo I.

IV. Que tanto una como otra parte se reconocen mutuamente capacidad para la celebración del presente contrato, el cual sujetan a las siguientes.

ESTIPULACIONES

Primera. Objeto
De acuerdo con lo previsto en este contrato la **Arrendataria** alquila a la **Arrendadora** el inmueble situado en *"ubicación del inmueble"*, quedando incluidos en dicho alquiler los accesorios que se mencionan en el Anexo I (trasteros, plazas de garaje, mobiliario...).

Segunda. Plazo
El presente arrendamiento se concluye por un año, pudiendo prorrogarse su vigencia por el tiempo mínimo previsto en la Ley de Arrendamientos Urbanos, pasado el cual quedará extinguido de pleno derecho, salvo que las partes decidan la conclusión de un nuevo arrendamiento.

o En caso de que el arrendador sea persona física:

No obstante lo anterior, si el Arrendador necesitase ocupar el inmueble arrendado antes del transcurso de los cinco años señalados en el art.9 de la LAU, a fin de destinarla para vivienda permanente para sí o para sus familiares en primer grado de consanguinidad o por adopción o para su cónyuge en los supuestos de sentencia firme de separación, divorcio o nulidad matrimonial, una vez transcurrido el primer año de duración del contrato, podrá darse este por finalizado.

Para ejercer esta potestad de recuperar la vivienda, el **Arrendador** deberá comunicar al **Arrendatario** que tiene necesidad del inmueble arrendado, especificando la causa o causas entre las previstas en el apartado anterior, al menos con dos meses de antelación a la fecha en la que la vivienda se vaya a necesitar y el **Arrendatario** estará obligado a entregar la finca arrendada en dicho plazo.

Si transcurridos tres meses a contar de la extinción del presente contrato o, en su caso, del efectivo desalojo de la vivienda, no hubieran procedido el **Arrendador** o sus familiares en primer grado de consanguinidad o por adopción o su cónyuge en los supuestos de sentencia firme de separación, divorcio o nulidad matrimonial a ocupar esta por sí, según los casos, el **Arrendatario** podrá optar, en el plazo de treinta días, entre ser repuesto en el uso y disfrute del inmueble arrendado por un nuevo período de hasta cinco años, respetando, en lo demás, las condiciones contractuales existentes al tiempo de la extinción, con indemnización de los gastos que el desalojo de la vivienda le hubiera supuesto hasta el momento de la reocupación, o ser indemnizado por una cantidad equivalente a una mensualidad por cada año que quedara por cumplir hasta completar cinco años, salvo que la ocupación no hubiera tenido lugar por causa de fuerza mayor, entendiéndose por tal, el impedimento provocado por aquellos sucesos expresamente mencionados en norma de rango de Ley a los que se atribuya el carácter de fuerza mayor, u otros que no hubieran podido preverse, o que, previstos, fueran inevitables.

Tercera. Prórroga de la vigencia
El contrato se podrá prorrogar de acuerdo con lo previsto en el art.10 de la LAU.

Cuarta. Desistimiento
El **Arrendatario** podrá desistir del presente contrato, una vez que hayan transcurrido al menos seis meses, siempre que se lo comunique al **Arrendador** con una antelación mínima de treinta días.

En caso de desistimiento, el **Arrendatario** deberá indemnizar al **Arrendador** con una cantidad equivalente a una mensualidad de la renta en vigor por cada año del contrato que reste por cumplir. Los períodos de tiempo inferiores al año darán lugar a la parte proporcional de la indemnización.

Quinta. Terminación del contrato
La venta del inmueble arrendado dará lugar a la extinción del presente arrendamiento, sin perjuicio de su vigencia hasta completar el tiempo mínimo de arrendamiento previsto en la Ley de Arrendamientos Urbanos, en caso de que fuese aplicable.

Sexta. Renta

La renta a abonar por el **Arrendatario** al **Arrendador** será de *"cantidad en concepto de fianza, en número"* €.

El pago será mensual y habrá de materializarse en los primeros siete (7) días de cada mes.

Nota:

Cabe establecer un pago no mensual.

El pago habrá de hacerse por medio de transferencia bancaria a la cuenta corriente de la que es titular el **Arrendador**, cuyos datos son como sigue: *"datos bancarios"*.

Nota:

*El **lugar de pago** puede ser pactado libremente por las partes.*

*En los contratos de arrendamiento podrá acordarse libremente por las partes que, durante un plazo determinado, la obligación del pago de la renta pueda **reemplazarse total o parcialmente** por el compromiso del arrendatario de reformar o rehabilitar el inmueble en los términos y condiciones pactadas. Al finalizar el arrendamiento, el arrendatario no podrá pedir en ningún caso compensación adicional por el coste de las obras realizadas en el inmueble. El incumplimiento por parte del arrendatario de la realización de las obras en los términos y condiciones pactadas podrá ser causa de resolución del contrato de arrendamiento y resultará aplicable lo dispuesto en la LAU art.23.2.*

*Téngase en cuenta que el pago se efectuará a través de **medios electrónicos**. Excepcionalmente, cuando alguna de las partes carezca de cuenta bancaria o acceso a medios electrónicos de pago y a solicitud de esta, se podrá efectuar en metálico y en la vivienda arrendada (LAU art.17.3).*

*Asimismo, ha de tenerse presente que a la LAU art.17, sobre la determinación de la renta, se le han añadido dos apartados, 6 y 7, relativos a la renta en las denominadas «**zona de mercado residencial tensionado**», en los que viene a establecerse que la renta pactada al inicio del nuevo contrato no podrá exceder de la última renta de contrato de arrendamiento de vivienda habitual que hubiese estado vigente en los últimos cinco años en la misma vivienda, una vez aplicada la cláusula de actualización anual de la renta del contrato anterior, sin que se puedan fijar nuevas condiciones que establezcan la repercusión al arrendatario de cuotas o gastos que no estuviesen recogidas en el contrato anterior.*

*Únicamente podrá **incrementarse más allá de lo que proceda** de la aplicación de la cláusula de actualización anual de la renta del contrato anterior, en un máximo del 10 por ciento sobre la última renta de contrato de arrendamiento de vivienda habitual que hubiese estado vigente en los últimos cinco años en la misma vivienda, cuando se acredite alguno de los supuestos a los que se refiere la LAU art.17.6.*

*En los casos en que el arrendador sea un **gran tenedor de vivienda**, según la definición establecida en la L 12/2023, y en los que el inmueble se ubique en una zona de mercado residencial tensionado dentro del periodo de vigencia de la declaración de la referida zona en los términos dispuestos en la referida L 12/2023, por el derecho a la vivienda, la **renta pactada al inicio** del nuevo contrato no podrá exceder del **límite** máximo del precio aplicable conforme al sistema de índices de precios de referencia atendiendo a las condiciones y características de la vivienda arrendada y del edificio en que se ubique, pudiendo desarrollarse reglamentariamente las bases metodológicas de dicho sistema y los protocolos de colaboración e intercambio de datos con los sistemas de información estatales y autonómicos de aplicación.*

Séptima. Actualización de la renta

Al año de primera vigencia del presente contrato, la renta quedará actualizada de acuerdo con lo que resulte del Índice de Garantía de Competitividad a fecha de cada actualización tomando como mes de referencia para la actualización el que corresponda al último índice que estuviera publicado en la fecha de actualización del contrato.

Nota:

*La actualización puede ser **pactada libremente por las partes**, de acuerdo con un mecanismo de actualización de valores monetarios con detalle del índice o metodología de referencia.*

Octava. Elevación de la renta por obras de mejora

Una vez transcurridos *"... cinco años (Si el arrendador es persona física) ... O ... siete años (Si el arrendador es persona jurídica) ..."* de duración del contrato, podrá el **Arrendador** elevar la renta anual en la cuantía que resulte de aplicar al capital invertido en la mejora, el tipo de interés legal del dinero en el momento de la terminación de las obras incrementado en tres puntos.

 **Nota:**

*El **incremento** no puede ser superior al veinte por ciento de la renta vigente en aquel momento.*
Cuando la mejora afecte a varias fincas de un edificio en régimen de propiedad horizontal, el arrendador deberá repartir proporcionalmente entre todas ellas el capital invertido, aplicando, a tal efecto, las cuotas de participación que correspondan a cada una de aquellas.
*En el supuesto de edificios que **no se encuentren en régimen de propiedad horizontal**, el capital invertido se repartirá proporcionalmente entre las fincas afectadas por acuerdo entre arrendador y arrendatarios. En defecto de acuerdo, se repartirá proporcionalmente en función de la superficie de la finca arrendada.*
*La **elevación de renta** se producirá desde el mes siguiente a aquel en que, ya finalizadas las obras, el arrendador notifique por escrito al arrendatario la cuantía de aquella, detallando los cálculos que conducen a su determinación y aportando copias de los documentos de los que resulte el coste de las obras realizadas.*

Novena. Gastos generales y servicios individuales
Los gastos generales para el adecuado sostenimiento del inmueble, sus servicios, tributos, cargas y responsabilidades que no sean susceptibles de individualización y que correspondan a la vivienda arrendada o a sus accesorios, serán de cargo del **Arrendatario.**

El importe de tales gastos asciende a *"importe"* €.

 **Nota:**

*Para que este pacto sea **válido** debe especificarse la cuantía de los gastos en cuestión.*
*Los gastos de **gestión inmobiliaria y de formalización del contrato** serán a cargo del arrendador, cuando este sea persona jurídica.*
*El **pacto de tributos** no afectará a la Administración.*

Serán de cuenta del **Arrendatario**, en cualquier caso, los gastos por servicios en la vivienda arrendada que se individualicen por medio de aparatos contadores.

Décima. Gastos de conservación de la vivienda
Serán de cuenta del **Arrendador** los gastos de las reparaciones que sean necesarias para conservar la vivienda en las condiciones de habitabilidad para servir al uso convenido, salvo cuando el deterioro de cuya reparación se trate sea imputable al **Arrendatario** a tenor de lo dispuesto en los art.1563 y 1564 del Código Civil.

El **Arrendatario** deberá poner en conocimiento del **Arrendador**, en el plazo más breve posible, la necesidad de las reparaciones aquí previstas, a cuyos solos efectos deberá facilitar al **Arrendador** la verificación directa, por sí mismo o por los técnicos que designe, del estado de la vivienda. En todo momento, y previa comunicación al **Arrendador**, podrá realizar las que sean urgentes para evitar un daño inminente o una incomodidad grave, y exigir de inmediato su importe al **Arrendador**.

Serán de cargo del **Arrendatario** las pequeñas reparaciones que exija el desgaste por el uso ordinario de la vivienda.

Undécima. Obras de mejora
El **Arrendatario** estará obligado a soportar la realización por el **Arrendador** de obras de mejora cuya ejecución no pueda razonablemente diferirse hasta la conclusión del arrendamiento.

El **Arrendador** que se proponga realizar una de tales obras deberá notificar por escrito al **Arrendatario**, al menos con tres meses de antelación, su naturaleza, comienzo, duración y coste previsible. Durante el plazo de un mes desde dicha notificación, el **Arrendatario** podrá desistir del contrato, salvo que las obras no afecten o afecten de modo irrelevante a la vivienda arrendada. El arrendamiento se extinguirá en el plazo de dos meses a contar desde el desistimiento, durante los cuales no podrán comenzar las obras.

El **Arrendatario** que soporte las obras tendrá derecho a una reducción de la renta en proporción a la parte de la vivienda de la que se vea privado por causa de aquellas, así como a la indemnización de los gastos que las obras le obliguen a efectuar.

Duodécima. Obras del Arrendatario
El **Arrendatario** no podrá realizar sin el consentimiento del **Arrendador**, expresado por escrito, obras que modifiquen la configuración de la vivienda o de los accesorios que se describen en este contrato.

En ningún caso el **Arrendatario** podrá realizar obras que provoquen una disminución en la estabilidad o seguridad de la vivienda.

Decimotercera. Derecho de adquisición preferente
En caso de enajenación de la vivienda arrendada, tendrá el **Arrendatario** un derecho de adquisición preferente sobre la misma en las condiciones establecidas en el art.25 de la LAU.

Decimocuarta. Fianza
A la celebración del contrato deberá el Arrendatario prestar fianza en metálico en cantidad equivalente a una mensualidad de renta. El pago se hará en el modo previsto para el pago de la renta.

La fianza no se actualizará durante el periodo de primeros *"...cinco años (Si el arrendador es persona física) ... O ... siete años (Si el arrendador es persona jurídica) ..."* de duración del contrato. No obstante, cada vez que el arrendamiento se prorrogue, la fianza será *"...incrementada... O... disminuida (Eventualmente, podrá el Arrendatario solicitar su disminución) ..."*, hasta hacerse igual a una o dos mensualidades de la renta vigente, según proceda, al tiempo de la prórroga.

 **Nota:**

*La **actualización de la fianza** durante el período de tiempo en que el plazo pactado para el arrendamiento exceda de cinco años, o de siete años si el arrendador fuese persona jurídica, se regirá por lo estipulado al efecto por las partes. A falta de pacto específico, lo acordado sobre actualización de la renta se presumirá querido también para la actualización de la fianza.*
*Las partes podrán pactar **cualquier tipo de garantía** del cumplimiento por el arrendatario de sus obligaciones arrendaticias adicional a la fianza en metálico.*
*En el caso del arrendamiento de vivienda, en contratos de hasta cinco años de duración, o de hasta siete años si el arrendador fuese persona jurídica, el **valor de esta garantía adicional** no podrá exceder de dos mensualidades de renta. Quedan exceptuadas de la obligación de prestar fianza la Administración General del Estado, las Administraciones de las comunidades autónomas y las entidades que integran la Administración Local, los organismos autónomos, las entidades públicas empresariales y demás entes públicos vinculados o dependientes de ellas, y las Mutuas colaboradoras con la Seguridad Social en su función pública de colaboración en la gestión de la Seguridad Social, así como sus Centros Mancomunados, cuando la renta haya de ser satisfecha con cargo a sus respectivos presupuestos.*

Decimoquinta. Incumplimiento de obligaciones
Además de los supuestos de incumplimiento de las obligaciones recíprocas, el presente contrato podrá terminarse anticipadamente en los supuestos previstos en el art.27 de la LAU.

Decimosexta. Jurisdicción
Las partes se someten al fuero territorial correspondiente al lugar donde se encuentre la finca arrendada.

 **Nota:**

*Este fuero es **inderogable** por las partes a tenor de la LEC art.52.1.7º.*

Representación Mercantil y Distribución

Representación Mercantil y Distribución	Nº marg.
Comisión (modelo general)	1005
Comisión de transporte	1010
Comisión de garantía	1015
Comisión de compra y venta	1020
Agencia	1025
Mediación	1030
Concesión mercantil	1035
Delegación	1040
Franquicia de distribución	1045
Franquicia de servicios	1050
Franquicia de producción	1055
Franquicia de «corner» y «shop in shop»	1060
Agencia (sin exclusividad)	1065

1005

Comisión (modelo general)

MCM 5580 s.

Nota preliminar:

CCom art.244 a 280

- Por el contrato de **comisión mercantil**, el comisionista se obliga a realizar por cuenta y encargo del comitente, una o varias operaciones mercantiles. Al menos uno de ellos ha de tener la condición de comerciante o agente mediador de comercio. En el contrato de comisión típico el **comisionista** se obliga a la venta de productos en nombre del **comitente**.

- No está sujeto a especiales **requisitos de forma**, pudiéndose celebrar tanto de forma verbal, como por escrito y, en este último caso, mediante documento privado o público. En ningún caso es necesaria la inscripción en registro público. Se entiende aceptada la comisión siempre que el comisionista ejecute alguna gestión en el desempeño del encargo que se le ordenó (aceptación tácita).

- Si la gestión de negocios ajenos es llevada a cabo por empresarios, los contratos concernidos son básicamente tres: de comisión mercantil, de mediación o corretaje y de agencia. Se trata de **contratos de resultado**, aunque esta nota tiene carácter absoluto en el contrato de comisión, pues la obligación de pago de la retribución para el que hace el encargo surge únicamente cuando el negocio encargado es efectivamente ejecutado (TS 4-4-90, EDJ 3760; AP Jaén 9-1-07, EDJ 45020).

- Que la **relación contractual entre el banco y su cliente** en la suscripción de las participaciones preferentes pueda considerarse como una comisión mercantil no excluye que presente características especiales al estar sometida a la normativa sobre el mercado de valores, en este caso la que traspone la **Directiva MiFID**, que establece unas obligaciones de información reforzadas a la empresa del mercado de valores, también cuando actúa como comisionista. La condición de comisionista en el mercado de valores, cuando promueve la suscripción de productos de inversión mediante su ofrecimiento a sus clientes efectivos o potenciales (salvo que se divulgue exclusivamente a través de canales de distribución o vaya destinada al público), no excluye la existencia de una relación de asesoramiento, que no exige como requisito para su existencia la suscripción de un contrato específico ad hoc TS 16-9-15, EDJ 173672) ni puede ser eludida por el banco mediante la inclusión de cláusulas exoneratorias predispuestas en los contratos que celebre con los clientes, por cuanto que las obligaciones para con sus clientes, en especial los minoristas, derivadas de esa relación de asesoramiento tienen carácter imperativo (TS 16-11-16, EDJ 208762).

- La **diferencia** fundamental **entre la comisión mercantil y la agencia** se halla en que en la agencia el distribuidor actúa siempre en nombre y representación del comitente y de forma que se anuncia o gira con una denominación que incluye el nombre de éste y una referencia al territorio, mientras que en la comisión se presenta como actuante en nombre propio. Además, en la agencia quien factura a los clientes finales es el representado, corriendo con el riesgo de la operación el comitente. Otras notas a destacar son la independencia y la permanencia frente a la esporadicidad, de forma que responde a un tracto sucesivo y la comisión a un tracto único, manteniéndose un régimen de libre revocabilidad de la relación en la comisión, lo que no acontece en la agencia cuya regulación en cuanto a la necesidad de preaviso e indemnización por clientela viene establecida en la Ley de Contrato de Agencia (AP Barcelona 5-3-18, EDJ 31555; AP Burgos 8-10-99, EDJ 254493).

El servicio o relación de asesoramiento en materia de inversión, fundado en la **confianza** *-intuitu personae-*, pertenece a la categoría de los contratos de colaboración y al que por su atipicidad le serían de aplicación tanto elementos del contrato de comisión mercantil como, más apropiadamente, del arrendamiento de servicios profesionales (AP Cantabria 28-2-22, EDJ 530731).

Sea cual fuere la naturaleza jurídica que se atribuya a la **cuenta corriente bancaria** (como contrato autónomo, un contrato ómnibus, como contrato mixto con prevalencia de la idea de comisión o de mandato, como un pacto accesorio dentro del contrato de depósito o siguiendo la tesis unitaria, como subespecie de la "cuenta corriente mercantil") parece que el llamado "servicio de caja" ha de ser encuadrado en nuestro sistema dentro del marco general del contrato de comisión mercantil (AP Jaén 26-1-22, EDJ 515982; AP Valencia 9-5-23, EDJ 821777).

Representación Mercantil y Distribución

MCM 5580 s.

CCom art.244 a 280

Nota preliminar:

- El **contrato de "confirming"**, surgido de la práctica mercantil, se concierta generalmente entre una empresa con gran facturación y una entidad de crédito para la gestión y administración de los pagos, y no para cederle los créditos, salvo pacto expreso. En el confirming, la empresa o cliente es el deudor frente a sus proveedores. En el confirming, salvo pacto en contrario, no se garantiza el pago. La doctrina lo considera un supuesto especial de contrato de comisión mercantil (AP A Coruña 14-2-24, EDJ 541985).

- La jurisprudencia (TS 24-3-06, EDJ 31751; 9-4-06, entre otras) refiriéndose al contrato de cuenta corriente pero igualmente aplicable a cualquier tipo de relación de comisión o mandato, recuerdan al referirse al llamado **"servicio de caja"**, que ha de ser encuadrado en nuestro sistema dentro del marco general del contrato de comisión mercantil (TS 15-7-93; 19-12-95, EDJ 6686; 9-10-97, EDJ 7653) que, en definitiva pertenece al que pudiéramos llamar "género del mandato": una relación gestora, un contrato de gestión, en utilidad del cliente que implica un servicio (un facere útil, caracterizado por la alienidad del resultado) por cuyo desarrollo la entidad bancaria o financiera percibe una remuneración (AP Jaén 18-12-23, EDJ 840982; AP Málaga 5-12-23, EDJ 834022).

- El modelo presupone unas **circunstancias** determinadas que serán las **más frecuentes**. Si en el caso concreto existen circunstancias particulares no previstas, deberá completarse o modificarse el modelo adaptándolo a las mismas.

En *"localidad"*, a *"fecha"*

REUNIDOS:

De una parte,

"Don/Doña nombre y apellidos de la parte", mayor de edad, *"estado civil de la parte" "... "especificar el régimen económico matrimonial de la parte" ... "*, de nacionalidad *"nacionalidad de la parte"*, con domicilio a estos efectos en *"domicilio de la parte"*, *"...con DNI/NIF número "DNI/NIF de la parte"... O ... con tarjeta de residencia número "número de tarjeta de residencia de la parte" ... O ... pasaporte número "número de pasaporte de la parte", expedido el "fecha de expedición del pasaporte de la parte" ... O ... "reseñar otros documentos aportados por la parte" ... "*, vigente hasta el *"fecha de vigencia de la documentación aportada por la parte"*.

INTERVIENE:

❍ Si interviene en su propio nombre:

en su propio nombre y derecho.

❍ Si interviene como representante:

en nombre y representación

❍ Si representa a persona física:

de *"Don/Doña nombre y apellidos del representado"*, mayor de edad, *"estado civil del representado"*, con domicilio en *"domicilio del representado"* y provisto de D.N.I./N.I.F. número *"DNI/NIF del representado"*, según consta en escritura de poder, otorgada ante el notario de *"lugar donde radica la notaría en la que se autorizó la escritura de poder de representación (persona física)"*, *"Don/Doña nombre y apellidos del notario que autorizó la escritura de poder de representación (persona física)"*, el *"fecha de escritura de poder de representación (persona física)"*, con el número *"número de protocolo del notario que autorizó la escritura de poder de representación (persona física)"* de su orden de protocolo.

○ Si representa a persona jurídica:

de la sociedad mercantil denominada *"denominación social"*, domiciliada en *"domicilio social"*, y con NIF número *"NIF de la sociedad"*, constituida, por tiempo indefinido, mediante escritura otorgada ante el notario de *"lugar donde radica la notaría en la que se autorizó la escritura de poder de representación (persona jurídica)"*, *"Don/Doña nombre y apellidos del notario que autorizó la escritura de poder de representación (persona jurídica)"*, el *"fecha de escritura de poder de representación (persona jurídica)"*, e inscrita en el Registro Mercantil de *"datos de la inscripción registral (localidad del Registro Mercantil, tomo, folio, sección, hoja e inscripción)"*, en su calidad de

MCM 5580 s.

CCom art.244 a 280

➤

○ Si representa como cargo social:

"...administrador único ... O ... administrador solidario ... O ... consejero delegado ... O ... "especificar la representación del cargo social" ..." de la reseñada sociedad, cargo para el que fue nombrado y asegura vigente en escritura otorgada el *"fecha de escritura del nombramiento del cargo"*, ante el notario de *"lugar donde radica la notaría en la que se autorizó la escritura del nombramiento"*, *"Don/Doña nombre y apellidos del notario que autorizó la escritura del nombramiento"*, con el número *"número de protocolo del notario que autorizó la escritura del nombramiento"* de su protocolo, e inscrita en el Registro Mercantil de *"localidad del Registro Mercantil de la escritura de nombramiento"*, en el tomo y hoja arriba indicados.

○ Si representa como apoderado:

apoderado de la reseñada sociedad, según escritura de poder otorgada a su favor, en *"fecha de escritura del otorgamiento del poder"*, ante el notario de *"lugar donde radica la notaría en la que se autorizó la escritura de poder"*, *"Don/Doña nombre y apellidos del notario que autorizó la escritura de poder"*, con el número *"número de protocolo del notario que autorizó la escritura de poder"* de su protocolo *"...e inscrita en el Registro Mercantil de "localidad del Registro Mercantil de la escritura de poder" ..."*, en el tomo y hoja arriba indicados.

En adelante, el **Comitente**.

De otra parte,

"Don/Doña nombre y apellidos de la parte", mayor de edad, *"estado civil de la parte"* *"..."especificar el régimen económico matrimonial de la parte" ..."*, de nacionalidad *"nacionalidad de la parte"*, con domicilio a estos efectos en *"domicilio de la parte"*, *"...con DNI/NIF número "DNI/NIF de la parte" ... O ... con tarjeta de residencia número "número de tarjeta de residencia de la parte" ... O ... pasaporte número "número de pasaporte de la parte", expedido el "fecha de expedición del pasaporte de la parte" ... O ... "reseñar otros documentos aportados por la parte" ..."*, vigente hasta el *"fecha de vigencia de la documentación aportada por la parte"*.

INTERVIENE:

○ **Si interviene en su propio nombre:**

en su propio nombre y derecho.

○ **Si interviene como representante:**

en nombre y representación

1005 Representación Mercantil y Distribución

➤

○ Si representa a persona física:

MCM 5580 s.

de *"Don/Doña nombre y apellidos del representado"*, mayor de edad, *"estado civil del representado"*, con domicilio en *"domicilio del representado"* y provisto de D.N.I./N.I.F. número *"DNI/NIF del representado"*, según consta en escritura de poder, otorgada ante el notario de *"lugar donde radica la notaría en la que se autorizó la escritura de poder de representación (persona física)"*, *"Don/Doña nombre y apellidos del notario que autorizó la escritura de poder de representación (persona física)"*, el *"fecha de escritura de poder de representación (persona física)"*, con el número *"número de protocolo del notario que autorizó la escritura de poder de representación (persona física)"* de su orden de protocolo.

CCom art.244 a 280

○ Si representa a persona jurídica:

de la sociedad mercantil denominada *"denominación social"*, domiciliada en *"domicilio social"*, y con NIF número *"NIF de la sociedad"*, constituida, por tiempo indefinido, mediante escritura otorgada ante el notario de *"lugar donde radica la notaría en la que se autorizó la escritura de poder de representación (persona jurídica)"*, *"Don/Doña nombre y apellidos del notario que autorizó la escritura de poder de representación (persona jurídica)"*, el *"fecha de escritura de poder de representación (persona jurídica)"*, e inscrita en el Registro Mercantil de *"datos de la inscripción registral (localidad del Registro Mercantil, tomo, folio, sección, hoja e inscripción)"*, en su calidad de

➤

○ Si representa como cargo social:

"...administrador único ... O ... administrador solidario ... O ... consejero delegado ... O ... "especificar la representación del cargo social" ... " de la reseñada sociedad, cargo para el que fue nombrado y asegura vigente en escritura otorgada el *"fecha de escritura del nombramiento del cargo"*, ante el notario de *"lugar donde radica la notaría en la que se autorizó la escritura del nombramiento"*, *"Don/Doña nombre y apellidos del notario que autorizó la escritura del nombramiento"*, con el número *"número de protocolo del notario que autorizó la escritura del nombramiento"* de su protocolo, e inscrita en el Registro Mercantil de *"localidad del Registro Mercantil de la escritura de nombramiento"*, en el tomo y hoja arriba indicados.

○ Si representa como apoderado:

apoderado de la reseñada sociedad, según escritura de poder otorgada a su favor, en *"fecha de escritura del otorgamiento del poder"*, ante el notario de *"lugar donde radica la notaría en la que se autorizó la escritura de poder"*, *"Don/Doña nombre y apellidos del notario que autorizó la escritura de poder"*, con el número *"número de protocolo del notario que autorizó la escritura de poder"* de su protocolo *"...e inscrita en el Registro Mercantil de "localidad del Registro Mercantil de la escritura de poder" ... "*, en el tomo y hoja arriba indicados.

En adelante, el **Comisionista**.

Las partes se reconocen la capacidad legal necesaria para contratar y obligarse y, a tal efecto

EXPONEN:

I. Que el **Comitente** es una empresa dedicada a la venta de los siguientes productos *"especificar los productos objeto de la venta"*.

II. Que el **Comisionista** está especializado en la venta de dichos productos.

III. Que el **Comitente** y el **Comisionista** han alcanzado un acuerdo en virtud del cual este último se compromete a la venta de dichos productos en la zona de *"especificar zona de ventas"*, pactando para su ejecución el presente contrato de comisión mercantil, con arreglo a las siguientes:

 **Nota:**

*El contrato de comisión es un **contrato consensual**, que se perfecciona con el acuerdo de voluntades entre el Comitente y el Comisionista (*TS 4-4-98, *EDJ 65207).*

MCM 5580 s.

ESTIPULACIONES:

"NÚMERO" **Objeto**

En virtud del presente contrato el **Comisionista** se compromete a llevar a cabo la venta en nombre y por cuenta del **Comitente** de los productos que se enumeran en el Anexo 1 al presente contrato en la zona de *"especificar zona de ventas"*.

CCom art.244 a 280

 **Nota:**

*Una vez que el Comisionista acepta el encargo está obligado a llevar a cabo todas las actividades necesarias para **cumplir con el encargo** asumido, obligación que no es necesario que conste en el contrato, al quedar subsumida en el propio objeto del mismo (*CCom *art.*249*).*

"NÚMERO" **Comisiones**

 **Nota:**

CCom *art.*277.

El **Comisionista** percibirá como comisión un *"valor porcentual a percibir"* del precio de venta de cada uno de los productos del **Comitente**.

Las mencionadas comisiones serán abonadas mensualmente al **Comisionista** una vez realizada la liquidación a la que se refiere la estipulación tercera de este contrato.

 **Nota:**

*La **falta de abono** de las comisiones permite al Comisionista la retención de las mercancías (*CCom *art.276.1)*

"NÚMERO" **Liquidación**

 **Nota:**

*Sobre el **derecho de liquidación** del Comisionista, ver* TS 9-6-97, *EDJ 21561.*

Mensualmente el **Comisionista** llevará a cabo la liquidación de los productos efectivamente vendidos y entregados al comprador, reintegrando a la empresa el producto de dichas ventas, reteniendo para sí, del precio de los mismos, la comisión pactada. No obstante, después de cada operación, el **Comisionista** entregará al **Comitente** la oportuna nota de abono de cada operación realizada.

 **Nota:**

*Este tipo de cláusula **favorece al Comisionista**, frente a la otra modalidad en virtud de la cual el Comitente recibe la totalidad del precio y luego liquida la comisión.*

"NÚMERO" **Suministros**

El **Comitente** suministrará al **Comisionista** sus productos en las cantidades que éste le solicite mensualmente hasta un límite de *"especificar cantidad de productos"*, quedando aquéllos en depósito del **Comisionista** hasta que se proceda a su venta, corriendo éste con los gastos de custodia y conservación de los mismos, así como con los riesgos por su pérdida.

 **Nota:**

*El Comisionista responde de los **productos** que estén **en su poder** (*CCom *art.*265 *y* 266*).*

Representación Mercantil y Distribución

MCM 5580 s.

Cuando el **Comisionista** necesite para atender la petición de un cliente una cantidad de productos de la que no disponga en depósito, se lo solicitará al **Comitente**, remitiéndole la correspondiente nota de pedido, que deberá ponerlos a su disposición en un plazo máximo de *"plazo máximo de puesta a disposición de los productos"*. En caso de incumplimiento de dicho plazo imputable al **Comitente**, el **Comisionista** tendrá derecho a percibir la comisión que le corresponda por dicha operación, haya ésta tenido lugar finalmente o no.

CCom art.244 a 280

***"NÚMERO"* Autocontratación**

Nota:

CCom *art.*267.

El **Comisionista** no podrá adquirir para sí mismo los productos del **Comitente**.

***"NÚMERO"* Descuentos**

El **Comisionista** no podrá acordar descuento alguno sobre los productos objeto de venta, salvo que medie autorización expresa del **Comitente** para cada caso concreto.

Nota:

Lo normal es que los ***precios*** *de los productos a vender por el Comisionista estén fijados por el Comitente, pero también es habitual que, en supuestos concretos, este precio pueda modificarse, normalmente en atención al cliente de que se trate.*

***"NÚMERO"* Duración**

El presente contrato tendrá una duración de *"ámbito temporal de vigencia del contrato"* años, prorrogables si ninguna de las partes denuncia el mismo, comunicándoselo por escrito a la otra parte con una antelación mínima de *"especificar plazo de preaviso"*.

Nota:

Incluso si la comisión se pactó por tiempo determinado, cabe la ***terminación anticipada*** *por revocación del comitente (*AP Jaén 9-1-07, *EDJ 45020).*

***"NÚMERO"* Exclusividad**

El **Comitente** se obliga a no conceder autorización alguna para la venta de sus productos en la zona asignada al **Comisionista**.

Nota:

Junto a esta obligación también se puede incluir la obligación por parte del Comisionista de no llevar a cabo la ***misma actividad para un tercero****, pacto cuyo incumplimiento es suficiente para la resolución del contrato (*TS 15-11-01*;* 23-5-97, *EDJ 4908).*

***"NÚMERO"* Colaboradores**

El **Comisionista** podrá auxiliarse para la gestión de las ventas que tiene encomendadas de las personas que estime conveniente, que quedarán bajo su cargo y responsabilidad, no asumiendo el **Comitente** obligación alguna con respecto a éstos.

Nota:

CCom *art.*262. TS 23-7-91, *EDJ 8235;* 22-10-91.

MCM 5580 s.

“NÚMERO” Terminación y resolución del contrato

Nota:

- *La* ***extinción*** *del contrato de comisión se regula en* CCom *art.*279 *y* 289.
- *Las* ***posibilidades*** *en relación con este tipo de cláusulas son muchas. Puede ocurrir que se atribuya a ambas partes la facultad de dar por concluido el contrato ante cualquier incumplimiento de la otra parte, sin tener que recurrir a formalismo alguno. Pero puede ocurrir también que esa formalidad se atribuya sólo a alguna de las partes, o que se sujete la efectividad de dicha medida a algún tipo de requisito. Dadas las múltiples variedades que ello puede adoptar, hemos preferido por establecer un* ***modelo común****, con carácter general, al que se pueden introducir ciertos aspectos o modificaciones particulares.*
- *Incluso si la comisión se pactó por tiempo determinado, cabe la* ***terminación anticipada*** *por revocación del comitente (*AP Jaén 9-1-07, *EDJ 45020).* CCom art.244 a 280

“Apartado”

Son causas de terminación y resolución del presente contrato las siguientes:

a) Su terminación normal, ya sea por haber llegado el contrato a su vencimiento, ya sea por haberse cumplido y ejecutado la prestación a la que ambas partes se encuentran obligadas, ya sea por acuerdo mutuo de las partes.

b) Por incumplimiento de cualquiera de las partes de alguna de las cláusulas del presente contrato, sin que dicho incumplimiento fuera subsanado dentro de los *“número de días para subsanar el incumplimiento”* días siguientes a la notificación por escrito efectuada por la otra parte solicitando la subsanación del incumplimiento.

“Apartado”

La resolución del presente contrato o de cualquiera de las licencias concedidas en su aplicación no excluye cualquier otra reparación legal o judicial que cualquiera de las partes estime oportuno obtener.

“NÚMERO” Gastos del contrato

Queda expresamente convenido que todos los gastos, impuestos, contribuciones, tasas o arbitrios, presentes o futuros, que origine este contrato serán satisfechos por las partes, conforme a Ley.

“NÚMERO” Sometimiento a arbitraje

Con renuncia expresa al ejercicio de cualquier acción ante los juzgados y tribunales, las partes se comprometen expresamente a instituir, en su día, un arbitraje de Derecho Privado, con arreglo a la legislación vigente, para resolver cuantas dudas o divergencias pudieran surgir entre ellas como consecuencia de la interpretación o cumplimiento de este contrato.

“NÚMERO” Normativa aplicable al contrato

El presente contrato tiene carácter de mercantil y se regirá, en primer término, por las estipulaciones contenidas en el mismo, y, en lo en ellas no previsto, por las disposiciones del Código de Comercio, Leyes especiales, los usos y costumbres mercantiles y, en su defecto, por lo establecido en el Código Civil.

“NÚMERO” Elevación a documento público

El presente contrato se elevará a público a solicitud de cualquiera de las partes, siendo los gastos del fedatario pagados por la parte que lo solicite.

Y en prueba de conformidad, ambas partes firman el presente contrato, que se extiende en dos ejemplares, igualmente originales, en el lugar y fecha indicados en su encabezamiento.

EL COMITENTE **EL COMISIONISTA**

MCM 5687 s.

Comisión de transporte

CCom art.274 y 275; L 15/2009

Nota preliminar:

- Por el contrato de **comisión mercantil**, el comisionista se obliga a realizar por cuenta y encargo del comitente, una o varias operaciones mercantiles. Al menos uno de ellos ha de tener la condición de comerciante o agente mediador de comercio. En el contrato de comisión típico el **comisionista** se obliga a la venta de productos en nombre del **comitente**.

- El objeto de la comisión en este tipo de contratos es la concertación de un contrato de transporte. Se incluye un modelo de contrato de comisión de **transporte de mercancías**. En cuanto al **transporte de personas**, nos remitimos a los formularios incluidos en el Capítulo X, Contratos de Transporte.

- El comisionista aun obrando **en nombre propio** frente a terceros está vinculado al comitente por el mandato recibido de este (AP Alicante 11-6-18, EDJ 639650).

- La nota de la **independencia o**, si se quiere, la **falta de subordinación**, permite diferenciar las figuras del tradicional gestor-naval (colaborador dependiente y subordinado) del naviero-gestor (colaborador autónomo e independiente). En base a su condición de colaborador autónomo e independiente y empresario, el gestor debe cumplir las obligaciones con la diligencia de un ordenado empresario y de un representante leal, defendiendo los intereses de su principal, el armador o naviero. Siendo aplicables las normas establecidas en el propio contrato de gestión y, en su defecto, por las del contrato de agencia (L 12/1992) o de comisión mercantil (CCom art.244 s.), en consideración a que la relación entre armador y agente sea o no duradera (L 14/2014 art.317) (AP Baleares 14-12-17, EDJ 294218).

- No está sujeto a especiales **requisitos de forma**, pudiéndose celebrar tanto de forma verbal, como por escrito y, en este último caso, mediante documento privado o público. En ningún caso es necesaria la inscripción en registro público. Se entiende aceptada la comisión siempre que el comisionista ejecute alguna gestión en el desempeño del encargo que se le ordenó (aceptación tácita).

- El modelo presupone unas **circunstancias** determinadas que serán las **más frecuentes**. Si en el caso concreto existen circunstancias particulares no previstas, deberá completarse o modificarse el modelo adaptándolo a las mismas.

En *"localidad"*, a *"fecha"*

REUNIDOS:

De una parte,

"Don/Doña nombre y apellidos de la parte", mayor de edad, *"estado civil de la parte" "... "especificar el régimen económico matrimonial de la parte" ... "*, de nacionalidad *"nacionalidad de la parte"*, con domicilio a estos efectos en *"domicilio de la parte"*, *"...con DNI/NIF número "DNI/NIF de la parte" ... O ... con tarjeta de residencia número "número de tarjeta de residencia de la parte" ... O ... pasaporte número "número de pasaporte de la parte", expedido el "fecha de expedición del pasaporte de la parte" ... O ... "reseñar otros documentos aportados por la parte" ... "*, vigente hasta el *"fecha de vigencia de la documentación aportada por la parte"*.

MCM 5687 s.

INTERVIENE:

➤➤

❍ **Si interviene en su propio nombre:**

en su propio nombre y derecho.

❍ **Si interviene como representante:**

en nombre y representación

CCom art.274 y 275; L 15/2009

➤

❍ Si representa a persona física:

de *"Don/Doña nombre y apellidos del representado"*, mayor de edad, *"estado civil del representado"*, con domicilio en *"domicilio del representado"* y provisto de D.N.I./N.I.F. número *"DNI/NIF del representado"*, según consta en escritura de poder, otorgada ante el notario de *"lugar donde radica la notaría en la que se autorizó la escritura de poder de representación (persona física)"*, *"Don/Doña nombre y apellidos del notario que autorizó la escritura de poder de representación (persona física)"*, el *"fecha de escritura de poder de representación (persona física)"*, con el número *"número de protocolo del notario que autorizó la escritura de poder de representación (persona física)"* de su orden de protocolo.

❍ Si representa a persona jurídica:

de la sociedad mercantil denominada *"denominación social"*, domiciliada en *"domicilio social"*, y con NIF número *"NIF de la sociedad"*, constituida, por tiempo indefinido, mediante escritura otorgada ante el notario de *"lugar donde radica la notaría en la que se autorizó la escritura de poder de representación (persona jurídica)"*, *"Don/Doña nombre y apellidos del notario que autorizó la escritura de poder de representación (persona jurídica)"*, el *"fecha de escritura de poder de representación (persona jurídica)"*, e inscrita en el Registro Mercantil de *"datos de la inscripción registral (localidad del Registro Mercantil, tomo, folio, sección, hoja e inscripción)"*, en su calidad de

➤

❍ Si representa como cargo social:

"...administrador único ... O ... administrador solidario ... O ... consejero delegado ... O ... "especificar la representación del cargo social" ... " de la reseñada sociedad, cargo para el que fue nombrado y asegura vigente en escritura otorgada el *"fecha de escritura del nombramiento del cargo"*, ante el notario de *"lugar donde radica la notaría en la que se autorizó la escritura del nombramiento"*, *"Don/Doña nombre y apellidos del notario que autorizó la escritura del nombramiento"*, con el número *"número de protocolo del notario que autorizó la escritura del nombramiento"* de su protocolo, e inscrita en el Registro Mercantil de *"localidad del Registro Mercantil de la escritura de nombramiento"*, en el tomo y hoja arriba indicados.

❍ Si representa como apoderado:

apoderado de la reseñada sociedad, según escritura de poder otorgada a su favor, en *"fecha de escritura del otorgamiento del poder"*, ante el notario de *"lugar donde radica la notaría en la que se autorizó la escritura de poder"*, *"Don/Doña nombre y apellidos del notario que autorizó la escritura de poder"*, con el número *"número de protocolo del notario que autorizó la escritura de poder"* de su protocolo *"...e inscrita en el Registro Mercantil de "localidad del Registro Mercantil de la escritura de poder" ... "*, en el tomo y hoja arriba indicados.

⮜

⮜

⮜⮜

En adelante, el **Comitente**.

1010

MCM 5687 s.

De otra parte,

"Don/Doña nombre y apellidos de la parte", mayor de edad, *"estado civil de la parte" "... "especificar el régimen económico matrimonial de la parte" ... "*, de nacionalidad *"nacionalidad de la parte"*, con domicilio a estos efectos en *"domicilio de la parte"*, *"...con DNI/NIF número "DNI/NIF de la parte" ... O ... con tarjeta de residencia número "número de tarjeta de residencia de la parte" ... O ... pasaporte número "número de pasaporte de la parte", expedido el "fecha de expedición del pasaporte de la parte" ... O ... "reseñar otros documentos aportados por la parte" ... "*, vigente hasta el *"fecha de vigencia de la documentación aportada por la parte"*.

CCom art.274 y 275; L 15/2009

INTERVIENE:

➢➢

❍ **Si interviene en su propio nombre:**

en su propio nombre y derecho.

❍ **Si interviene como representante:**

en nombre y representación

➢

❍ Si representa a persona física:

de *"Don/Doña nombre y apellidos del representado"*, mayor de edad, *"estado civil del representado"*, con domicilio en *"domicilio del representado"* y provisto de D.N.I./N.I.F. número *"DNI/NIF del representado"*, según consta en escritura de poder, otorgada ante el notario de *"lugar donde radica la notaría en la que se autorizó la escritura de poder de representación (persona física)"*, *"Don/Doña nombre y apellidos del notario que autorizó la escritura de poder de representación (persona física)"*, el *"fecha de escritura de poder de representación (persona física)"*, con el número *"número de protocolo del notario que autorizó la escritura de poder de representación (persona física)"* de su orden de protocolo.

❍ Si representa a persona jurídica:

de la sociedad mercantil denominada *"denominación social"*, domiciliada en *"domicilio social"*, y con NIF número *"NIF de la sociedad"*, constituida, por tiempo indefinido, mediante escritura otorgada ante el notario de *"lugar donde radica la notaría en la que se autorizó la escritura de poder de representación (persona jurídica)"*, *"Don/Doña nombre y apellidos del notario que autorizó la escritura de poder de representación (persona jurídica)"*, el *"fecha de escritura de poder de representación (persona jurídica)"*, e inscrita en el Registro Mercantil de *"datos de la inscripción registral (localidad del Registro Mercantil, tomo, folio, sección, hoja e inscripción)"*, en su calidad de

❍ Si representa como cargo social:

"...administrador único ... O ... administrador solidario ... O ... consejero delegado ... O ... "especificar la representación del cargo social" ... " de la reseñada sociedad, cargo para el que fue nombrado y asegura vigente en escritura otorgada el *"fecha de escritura del nombramiento del cargo"*, ante el notario de *"lugar donde radica la notaría en la que se autorizó la escritura del nombramiento"*, *"Don/Doña nombre y apellidos del notario que autorizó la escritura del nombramiento"*, con el número *"número de protocolo del notario que autorizó la escritura del nombramiento"* de su protocolo, e inscrita en el Registro Mercantil de *"localidad del Registro Mercantil de la escritura de nombramiento"*, en el tomo y hoja arriba indicados.

MCM 5687 s.

- Si representa como apoderado:

apoderado de la reseñada sociedad, según escritura de poder otorgada a su favor, en *"fecha de escritura del otorgamiento del poder"*, ante el notario de *"lugar donde radica la notaría en la que se autorizó la escritura de poder"*, *"Don/Doña nombre y apellidos del notario que autorizó la escritura de poder"*, con el número *"número de protocolo del notario que autorizó la escritura de poder"* de su protocolo *"...e inscrita en el Registro Mercantil de "localidad del Registro Mercantil de la escritura de poder"..."*, en el tomo y hoja arriba indicados.

CCom art.274 y 275; L 15/2009

En adelante, el **Comisionista**.

Las partes se reconocen la capacidad legal necesaria para contratar y obligarse y, a tal efecto

EXPONEN:

I. Que el **Comitente** desea transportar las mercancías que se recogen en el Anexo 1 de este contrato desde *"lugar de origen"* a *"lugar de destino"*, por vía terrestre.

II. Que el **Comisionista** está dedicado a la contratación de todo tipo de transportes por carretera, tanto en España como en el resto de Europa.

III. Que el **Comitente** y el **Comisionista** han alcanzado un acuerdo en virtud del cual este último se compromete a la contratación del transporte que requiere el **Comitente**, pactando para su ejecución el presente contrato de comisión mercantil, con arreglo a las siguientes:

ESTIPULACIONES:

***"NÚMERO"* Objeto**

En virtud del presente contrato el **Comisionista** se compromete a contratar en nombre y por cuenta del **Comitente** el transporte de las mercancías que se recogen en el Anexo 1 de este contrato desde *"lugar de origen"* a *"lugar de destino"*, por vía terrestre.

Nota:

En relación con las obligaciones del Comisionista en un contrato de comisión de transporte, ver TS 19-4-01, *EDJ 6385;* 15-2-01, *EDJ 2017.*

***"NÚMERO"* Precio**

El precio máximo por dicho transporte será de *"importe máximo del transporte, en letra"* euros (*"importe máximo del transporte, en número"* €).

***"NÚMERO"* Condiciones del transporte**

El transporte se realizará por vía terrestre, asumiendo el **Comisionista** frente al **Comitente** todas y cada una de las obligaciones y responsabilidades que tiene el porteador frente al cargador en virtud de lo dispuesto en Ley 15/2009, de 11 de noviembre, del contrato de transporte terrestre de mercancías.

El transporte se realizará desde el establecimiento mercantil del **Comitente** hasta los almacenes de la mercantil *"denominación de la Sociedad"* sitos en *"localización de los almacenes"*, a más tardar el día *"fecha máxima de ejecución del transporte"*.

***"NÚMERO"* Representación**

El **Comisionista** actuará en nombre y representación del **Comitente** en la concertación del contrato de transporte terrestre que se formalice en ejecución del presente contrato. Finalizando dicho poder de representación una vez concertado dicho contrato.

MCM 5687 s.

***"NÚMERO"* Entrega a cuenta**

El **Comitente** entrega al **Comisionista** la cantidad de *"importe a percibir, en letra"* euros (*"importe a percibir, en número"* €), a cuenta de los gastos, comisión y precio del transporte, mostrando su conformidad el **Comisionista** que declara haber recibido la mencionada cantidad.

***"NÚMERO"* Comisión**

CCom art.274 y 275; L 15/2009

El **Comisionista** percibirá una comisión de *"importe en concepto de comisión, en letra"* euros (*"importe en concepto de comisión, en número"* €), y le serán abonados todos los gastos que justifique debidamente derivados de las gestiones realizadas en la contratación del transporte que le ha sido encargado.

***"NÚMERO"* Liquidación**

Una vez que el **Comisionista** haya concertado el contrato de transporte que le ha sido encargado se procederá a la liquidación de todos los gastos que aquél le haya ocasionado así como su comisión, previa presentación de las facturas correspondientes.

***"NÚMERO"* Terminación y resolución del contrato**

✍ **Nota:**

- CCom *art.*279 *y* 280.
*- Las **posibilidades** en relación con este tipo de cláusulas son muchas. Puede ocurrir que se atribuya a ambas partes la facultad de dar por concluido el contrato ante cualquier incumplimiento de la otra parte, sin tener que recurrir a formalismo alguno. Pero puede ocurrir también que esa formalidad se atribuya sólo a alguna de las partes, o que se sujete la efectividad de dicha medida a algún tipo de requisito. Dadas las múltiples variedades que ello puede adoptar, hemos preferido por establecer un **modelo común**, con carácter general, al que se pueden introducir ciertos aspectos o modificaciones particulares.*
*- Incluso si la comisión se pactó por tiempo determinado, cabe la **terminación anticipada** por revocación del comitente (*AP Jaén 9-1-07, *EDJ 45020).*

"Apartado"

Son causas de terminación y resolución del presente contrato las siguientes:

a) Su terminación normal, ya sea por haber llegado el contrato a su vencimiento, ya sea por haberse cumplido y ejecutado la prestación a la que ambas partes se encuentran obligadas, ya sea por acuerdo mutuo de las partes.

b) Por incumplimiento de cualquiera de las partes de alguna de las cláusulas del presente contrato, sin que dicho incumplimiento fuera subsanado dentro de los *"número de días para subsanar el incumplimiento"* días siguientes a la notificación por escrito efectuada por la otra parte solicitando la subsanación del incumplimiento.

"Apartado"

La resolución del presente contrato o de cualquiera de las licencias concedidas en su aplicación no excluye cualquier otra reparación legal o judicial que cualquiera de las partes estime oportuno obtener.

***"NÚMERO"* Gastos del contrato**

Queda expresamente convenido que todos los gastos, impuestos, contribuciones, tasas o arbitrios, presentes o futuros, que origine este contrato serán satisfechos por las partes, conforme a Ley.

***"NÚMERO"* Sometimiento a arbitraje**

Con renuncia expresa al ejercicio de cualquier acción ante los juzgados y tribunales, las partes se comprometen expresamente a instituir, en su día, un arbitraje de Derecho Privado, con arreglo a la legislación vigente, para resolver cuantas dudas o divergencias pudieran surgir entre ellas como consecuencia de la interpretación o cumplimiento de este contrato.

MCM 5687 s.

"NÚMERO" Normativa aplicable al contrato

El presente contrato tiene carácter de mercantil y se regirá, en primer término, por las estipulaciones contenidas en el mismo, y, en lo en ellas no previsto, por las disposiciones del Código de Comercio, Leyes especiales, en particular, la Ley 15/2009, de 11 de noviembre, del contrato de transporte terrestre de mercancías, los usos y costumbres mercantiles y, en su defecto, por lo establecido en el Código Civil.

"NÚMERO" Elevación a documento público

El presente contrato se elevará a público a solicitud de cualquiera de las partes, siendo los gastos del fedatario pagados por la parte que lo solicite. CCom art.274 y 275; L 15/2009

Y en prueba de conformidad, ambas partes firman el presente contrato, que se extiende en dos ejemplares, igualmente originales, en el lugar y fecha indicados en su encabezamiento.

EL COMITENTE EL COMISIONISTA

Comisión de garantía

MCM 5695 s.

CCom art.272

Nota preliminar:

- Por el contrato de **comisión mercantil**, el comisionista se obliga a realizar por cuenta y encargo del comitente, una o varias operaciones mercantiles. Al menos uno de ellos ha de tener la condición de comerciante o agente mediador de comercio. En el contrato de comisión típico el **comisionista** se obliga a la venta de productos en nombre del **comitente**.

- El contrato de comisión de garantía se caracteriza por el hecho de que el comisionista asume el **riesgo de la operación** que le ha sido encargada.

- El pacto por el que se establezca que la actora corra con el **riesgo y ventura de las operaciones** realizadas, puede ser lícito y no convierte el contrato de agencia en un contrato de comisión. El art.19 de la L 12/1992 permite el pacto por el que el agente asume la garantía de las operaciones, siempre que conste por escrito y se exprese la comisión a percibir (AP Barcelona 5-3-18, EDJ 31555).

- No está sujeto a especiales **requisitos de forma**, pudiéndose celebrar tanto de forma verbal, como por escrito y, en este último caso, mediante documento privado o público. En ningún caso es necesaria la inscripción en registro público. Se entiende aceptada la comisión siempre que el comisionista ejecute alguna gestión en el desempeño del encargo que se le ordenó (aceptación tácita).

- El modelo presupone unas **circunstancias** determinadas que serán las **más frecuentes**. Si en el caso concreto existen circunstancias particulares no previstas, deberá completarse o modificarse el modelo adaptándolo a las mismas.

En *"localidad"*, a *"fecha"*

REUNIDOS:

De una parte,

"Don/Doña nombre y apellidos de la parte", mayor de edad, *"estado civil de la parte"* *"... "especificar el régimen económico matrimonial de la parte" ... "*, de nacionalidad *"nacionalidad de la parte"*, con domicilio a estos efectos en *"domicilio de la parte"*, *"...con DNI/NIF número "DNI/NIF de la parte" ... O ... con tarjeta de residencia número "número de tarjeta de residencia de la parte" ... O ... pasaporte número "número de pasaporte de la parte", expedido el "fecha de expedición del pasaporte de la parte" ... O ... "reseñar otros documentos aportados por la parte" ... "*, vigente hasta el *"fecha de vigencia de la documentación aportada por la parte"*.

INTERVIENE:

❍ **Si interviene en su propio nombre:**

en su propio nombre y derecho.

❍ **Si interviene como representante:**

en nombre y representación

 1015

➤

- Si representa a persona física:

de *"Don/Doña nombre y apellidos del representado"*, mayor de edad, *"estado civil del representado"*, con domicilio en *"domicilio del representado"* y provisto de D.N.I./N.I.F. número *"DNI/NIF del representado"*, según consta en escritura de poder, otorgada ante el notario de *"lugar donde radica la notaría en la que se autorizó la escritura de poder de representación (persona física)"*, *"Don/Doña nombre y apellidos del notario que autorizó la escritura de poder de representación (persona física)"*, el *"fecha de escritura de poder de representación (persona física)"*, con el número *"número de protocolo del notario que autorizó la escritura de poder de representación (persona física)"* de su orden de protocolo. MCM 5695 s. CCom art.272

- Si representa a persona jurídica:

de la sociedad mercantil denominada *"denominación social"*, domiciliada en *"domicilio social"*, y con NIF número *"NIF de la sociedad"*, constituida, por tiempo indefinido, mediante escritura otorgada ante el notario de *"lugar donde radica la notaría en la que se autorizó la escritura de poder de representación (persona jurídica)"*, *"Don/Doña nombre y apellidos del notario que autorizó la escritura de poder de representación (persona jurídica)"*, el *"fecha de escritura de poder de representación (persona jurídica)"*, e inscrita en el Registro Mercantil de *"datos de la inscripción registral (localidad del Registro Mercantil, tomo, folio, sección, hoja e inscripción)"*, en su calidad de

➤

- Si representa como cargo social:

"...administrador único ... O ... administrador solidario ... O ... consejero delegado ... O ... "especificar la representación del cargo social" ... " de la reseñada sociedad, cargo para el que fue nombrado y asegura vigente en escritura otorgada el *"fecha de escritura del nombramiento del cargo"*, ante el notario de *"lugar donde radica la notaría en la que se autorizó la escritura del nombramiento"*, *"Don/Doña nombre y apellidos del notario que autorizó la escritura del nombramiento"*, con el número *"número de protocolo del notario que autorizó la escritura del nombramiento"* de su protocolo, e inscrita en el Registro Mercantil de *"localidad del Registro Mercantil de la escritura de nombramiento"*, en el tomo y hoja arriba indicados.

- Si representa como apoderado:

apoderado de la reseñada sociedad, según escritura de poder otorgada a su favor, en *"fecha de escritura del otorgamiento del poder"*, ante el notario de *"lugar donde radica la notaría en la que se autorizó la escritura de poder"*, *"Don/Doña nombre y apellidos del notario que autorizó la escritura de poder"*, con el número *"número de protocolo del notario que autorizó la escritura de poder"* de su protocolo *"...e inscrita en el Registro Mercantil de "localidad del Registro Mercantil de la escritura de poder"..."*, en el tomo y hoja arriba indicados.

<

<

En adelante, el **Comitente**.

De otra parte,
"Don/Doña nombre y apellidos de la parte", mayor de edad, *"estado civil de la parte" "... "especificar el régimen económico matrimonial de la parte" ... "*, de nacionalidad *"nacionalidad de la parte"*, con domicilio a estos efectos en *"domicilio de la parte"*, *"...con DNI/NIF número "DNI/NIF de la parte" ... O ... con tarjeta de residencia número "número de tarjeta de residencia de la parte" ... O ... pasaporte número "número de pasaporte de la parte", expedido el "fecha de expedición del pasaporte de la parte" ... O ... "reseñar otros documentos aportados por la parte" ... "*, vigente hasta el *"fecha de vigencia de la documentación aportada por la parte"*.

INTERVIENE:

➢➢

MCM 5695 s.

❍ **Si interviene en su propio nombre:**

en su propio nombre y derecho.

❍ **Si interviene como representante:**

en nombre y representación

CCom art.272

➢

❍ Si representa a persona física:

de *"Don/Doña nombre y apellidos del representado"*, mayor de edad, *"estado civil del representado"*, con domicilio en *"domicilio del representado"* y provisto de D.N.I./N.I.F. número *"DNI/NIF del representado"*, según consta en escritura de poder, otorgada ante el notario de *"lugar donde radica la notaría en la que se autorizó la escritura de poder de representación (persona física)"*, *"Don/Doña nombre y apellidos del notario que autorizó la escritura de poder de representación (persona física)"*, el *"fecha de escritura de poder de representación (persona física)"*, con el número *"número de protocolo del notario que autorizó la escritura de poder de representación (persona física)"* de su orden de protocolo.

❍ Si representa a persona jurídica:

de la sociedad mercantil denominada *"denominación social"*, domiciliada en *"domicilio social"*, y con NIF número *"NIF de la sociedad"*, constituida, por tiempo indefinido, mediante escritura otorgada ante el notario de *"lugar donde radica la notaría en la que se autorizó la escritura de poder de representación (persona jurídica)"*, *"Don/Doña nombre y apellidos del notario que autorizó la escritura de poder de representación (persona jurídica)"*, el *"fecha de escritura de poder de representación (persona jurídica)"*, e inscrita en el Registro Mercantil de *"datos de la inscripción registral (localidad del Registro Mercantil, tomo, folio, sección, hoja e inscripción)"*, en su calidad de

➢

❍ Si representa como cargo social:

"...administrador único ... O ... administrador solidario ... O ... consejero delegado ... O ... "especificar la representación del cargo social" ..." de la reseñada sociedad, cargo para el que fue nombrado y asegura vigente en escritura otorgada el *"fecha de escritura del nombramiento del cargo"*, ante el notario de *"lugar donde radica la notaría en la que se autorizó la escritura del nombramiento"*, *"Don/Doña nombre y apellidos del notario que autorizó la escritura del nombramiento"*, con el número *"número de protocolo del notario que autorizó la escritura del nombramiento"* de su protocolo, e inscrita en el Registro Mercantil de *"localidad del Registro Mercantil de la escritura de nombramiento"*, en el tomo y hoja arriba indicados.

❍ Si representa como apoderado:

apoderado de la reseñada sociedad, según escritura de poder otorgada a su favor, en *"fecha de escritura del otorgamiento del poder"*, ante el notario de *"lugar donde radica la notaría en la que se autorizó la escritura de poder"*, *"Don/Doña nombre y apellidos del notario que autorizó la escritura de poder"*, con el número *"número de protocolo del notario que autorizó la escritura de poder"* de su protocolo *"...e inscrita en el Registro Mercantil de "localidad del Registro Mercantil de la escritura de poder" ..."*, en el tomo y hoja arriba indicados.

≺

≺

En adelante, el **Comisionista**.

Las partes se reconocen la capacidad legal necesaria para contratar y obligarse y, a tal efecto

EXPONEN:

I. Que el **Comitente** es una empresa dedicada a la venta de los siguientes productos *"relación de productos"*.

MCM 5695 s.

II. Que el **Comisionista** está especializado en la venta de dichos productos.

III. Que el **Comitente** y el **Comisionista** han alcanzado un acuerdo en virtud del cual este último se compromete a la venta de dichos productos en la zona de *"especificar zona de ventas"*, pactando para su ejecución el presente contrato de comisión mercantil de garantía, con arreglo a las siguientes:

CCom art.272

ESTIPULACIONES:

"NÚMERO" **Objeto**

En virtud del presente contrato el **Comisionista** se compromete a llevar a cabo la venta en nombre y por cuenta de la **Comitente** de los productos que se enumeran en el Anexo 1 al presente contrato en la zona de *"especificar zona de ventas"*.

"NÚMERO" **Garantía**

El **Comisionista** se compromete mensualmente a la venta, al menos, de las siguientes cantidades de los productos descritos:

- *"cantidad de producto"* unidades de *"especificar producto"*.

En el caso de que no tengan lugar las ventas mínimas garantizadas por el **Comisionista**, serán de cargo de éste el abono del precio de venta de dichos productos al **Comitente**, de acuerdo con lo establecido en el artículo 272 del Código de Comercio.

"NÚMERO" **Comisiones**

El **Comisionista** percibirá las siguientes comisiones:

Un *"valor porcentual en concepto de comisión"* del precio de venta de cada uno de los productos en concepto de comisión.

Las mencionadas comisiones serán abonadas mensualmente al **Comisionista** una vez realizada la liquidación a la que se refiere la estipulación cuarta de este contrato.

"NÚMERO" **Suministros**

El **Comitente** suministrará al **Comisionista** sus productos en las cantidades que éste le solicite mensualmente hasta un límite de *"especificar cantidad de productos"*, quedando aquéllos en depósito del **Comisionista** hasta que se proceda a su venta, corriendo éste con los gastos de custodia y conservación de los mismos, así como con los riesgos por su pérdida.

Cuando el **Comisionista** necesite para atender la petición de un cliente una cantidad de productos de la que no disponga en depósito se lo solicitará al **Comitente**, remitiéndole la correspondiente nota de pedido, que deberá ponerlos a su disposición en un plazo máximo de *"plazo máximo de puesta a disposición de los productos"*. En caso de incumplimiento de dicho plazo imputable al **Comitente**, el **Comisionista** tendrá derecho a percibir la comisión que le corresponda por dicha operación, haya ésta tenido lugar finalmente o no.

"NÚMERO" **Autocontratación**

El **Comisionista** no podrá adquirir para sí mismo los productos de la **Comitente**.

"NÚMERO" **Liquidación**

Mensualmente, el **Comisionista** llevará a cabo la liquidación de los productos efectivamente vendidos y entregados al comprador, reintegrando a la empresa el producto de dichas ventas, reteniendo para sí del precio de los mismos la comisión pactada por venta de productos y la comisión por garantía, siempre y cuando se hayan alcanzado los mínimos establecidos. No obstante, después de cada operación el **Comisionista** entregará al **Comitente** la oportuna nota de abono de cada operación realizada.

MCM 5695 s.

***"NÚMERO"* Descuentos**

El **Comisionista** no podrá acordar descuento alguno sobre los productos objeto de venta, salvo que medie autorización expresa del **Comitente** para cada caso concreto.

***"NÚMERO"* Duración**

El presente contrato tendrá una duración de *"ámbito temporal de vigencia del contrato"* años prorrogables si ninguna de las partes denuncia el mismo, comunicándoselo por escrito a la otra parte con una antelación mínima de *"especificar plazo de preaviso"*.

CCom art.272

Nota:

*Incluso si la comisión se pactó por tiempo determinado, cabe la **terminación anticipada** por revocación del comitente (*AP Jaén 9-1-07, *EDJ 45020).*

***"NÚMERO"* Exclusividad**

La **Comitente** se obliga a no conceder autorización alguna para la venta de sus productos en la zona asignada al **Comisionista**.

***"NÚMERO"* Colaboradores**

El **Comisionista** podrá auxiliarse para la gestión de las ventas que tiene encomendadas de las personas que estime conveniente, que quedarán bajo su cargo y responsabilidad, no asumiendo el **Comitente** obligación alguna con respecto a éstos.

***"NÚMERO"* Terminación y resolución del contrato**

Nota:

*- Las **posibilidades** en relación con este tipo de cláusulas son muchas. Puede ocurrir que se atribuya a ambas partes la facultad de dar por concluido el contrato ante cualquier incumplimiento de la otra parte, sin tener que recurrir a formalismo alguno. Pero puede ocurrir también que esa formalidad se atribuya sólo a alguna de las partes, o que se sujete la efectividad de dicha medida a algún tipo de requisito. Dadas las múltiples variedades que ello puede adoptar, hemos preferido por establecer un **modelo común**, con carácter general, al que se pueden introducir ciertos aspectos o modificaciones particulares.*

*- Incluso si la comisión se pactó por tiempo determinado, cabe la **terminación anticipada** por revocación del comitente (*AP Jaén 9-1-07, *EDJ 45020).*

"Apartado"

Son causas de terminación y resolución del presente contrato las siguientes:

a) Su terminación normal, ya sea por haber llegado el contrato a su vencimiento, ya sea por haberse cumplido y ejecutado la prestación a la que ambas partes se encuentran obligadas, ya sea por acuerdo mutuo de las partes.

b) Por incumplimiento de cualquiera de las partes de alguna de las cláusulas del presente contrato, sin que dicho incumplimiento fuera subsanado dentro de los *"número de días para subsanar el incumplimiento"* días siguientes a la notificación por escrito efectuada por la otra parte solicitando la subsanación del incumplimiento.

"Apartado"

La resolución del presente contrato o de cualquiera de las licencias concedidas en su aplicación no excluye cualquier otra reparación legal o judicial que cualquiera de las partes estime oportuno obtener.

***"NÚMERO"* Gastos del contrato**

Queda expresamente convenido que todos los gastos, impuestos, contribuciones, tasas o arbitrios, presentes o futuros, que origine este contrato serán satisfechos por las partes, conforme a Ley.

MCM 5695 s.

***"NÚMERO"* Sometimiento a arbitraje**

Con renuncia expresa al ejercicio de cualquier acción ante los juzgados y tribunales, las partes se comprometen expresamente a instituir, en su día, un arbitraje de Derecho Privado, con arreglo a la legislación vigente, para resolver cuantas dudas o divergencias pudieran surgir entre ellas como consecuencia de la interpretación o cumplimiento de este contrato.

***"NÚMERO"* Normativa aplicable al contrato**

El presente contrato tiene carácter de mercantil y se regirá, en primer término, por las estipulaciones contenidas en el mismo, y, en lo en ellas no previsto, por las disposiciones del Código de Comercio, Leyes especiales, los usos y costumbres mercantiles y, en su defecto, por lo establecido en el Código Civil. CCom art.272

***"NÚMERO"* Elevación a documento público**

El presente contrato se elevará a público a solicitud de cualquiera de las partes, siendo los gastos del fedatario pagados por la parte que lo solicite.

Y en prueba de conformidad, ambas partes firman el presente contrato, que se extiende en dos ejemplares, igualmente originales, en el lugar y fecha indicados en su encabezamiento.

EL COMITENTE **EL COMISIONISTA**

Comisión de compra y venta

MCM 5697 s.

CCom art.244 s

Nota preliminar:

- Por el contrato de **comisión mercantil**, el comisionista se obliga a realizar por cuenta y encargo del comitente, una o varias operaciones mercantiles. Al menos uno de ellos ha de tener la condición de comerciante o agente mediador de comercio. En el contrato de comisión típico el **comisionista** se obliga a la venta de productos en nombre del **comitente.**

- En la **comisión de compra y venta**, el comisionista asume la obligación de adquirir unos bienes en nombre del Comitente (AP Tarragona 30-11-23, EDJ 812009; AP A Coruña 22-12-23, EDJ 840832; AP Baleares 31-7-23, EDJ 742221).

- La mayor o menor **independencia en su organización y funcionamiento** del comisionista, o incluso la **asunción de determinados riesgos**, no puede determinar la conversión del contrato inicial de comisión en contrato de compraventa (AP Madrid 11-2-05, EDJ 20950).

- En el contrato de **mediación o corretaje** el mediador ha de limitarse en principio a poner en relación a los futuros comprador y vendedor de un objeto determinado contribuyendo eficazmente a que las partes concluyan el negocio (TS 2-10-99 EDJ 27842).

- Dicho contrato está supeditado, en cuanto al **devengo de honorarios**, a la condición suspensiva de la celebración del contrato pretendido, salvo pacto expreso (TS 26-3-91 EDJ 3266; 19-10-93, EDJ 9253; 30-11-93, EDJ 10900; 7-3-94, EDJ 2036; 17-7-95, EDJ 4003; 5-2-96, EDJ 274; 30-3-98, EDJ 2306; y 21-10-00, EDJ 35377). De esta suerte, los honorarios de los agentes se devengan, salvo pacto que contemple otra modalidad, al celebrarse el contrato o negocio objeto de la mediación (TS 21-5-92, EDJ 5087).

Salvo pacto en contrario, como expresa ya la sentencia TS 12-12-1902, el derecho del corredor a ser remunerado depende, pues, del **cumplimiento del encargo** que se le hace, de modo que no adquiere derecho a percibir corretaje, aunque halle persona dispuesta a comprar, si surge en el curso de las negociaciones cualquier diferencia sustancial que obste a la celebración de la venta, porque en tal caso ésta no llega al estado de perfección.

- Como declara la sentencia TS 4-11-94, EDJ 8684, **el cometido del mediador concluye**, salvo pacto expreso en contrario, cuando por las partes o interesados se realiza el contrato base para cuya perfección interviene como coadyuvante o intermediario el comisionista. El dato, en un caso concreto, de que el comprador proyectado hiciese una entrega en concepto de señal no perfecciona un contrato aún no celebrado (TS 10-3-92. EDJ 2317).

- Salvo pacto expreso, **no se encuentra entre las obligaciones del mediador** la de **garantizar la consumación del contrato**, cualquiera que sea la causa que pueda haber producido el incumplimiento por parte del vendedor, siempre que no le sea imputable (TS 7-11-04 SIC). Así ocurre, a título de ejemplo, cuando el comprador desiste de la compra por disconformidad respecto del abono de la retribución al propio mediador (caso contemplado en la sentencia TS 20-5-04), o cuando la venta se resuelve por las numerosas cargas que afectan al inmueble desconocidas por el comprador (caso contemplado en la sentencia TS 20-5-04 EDJ 51795). Por su parte, se ha establecido jurisprudencialmente que la mediación se consuma cuando se otorga o perfecciona por el concurso de la oferta y la aceptación el contrato a que tiende la mediación, o en términos de la sentencia TS 20-5-04, EDJ 51795, el derecho a percibir la comisión surge cuando los actos inequívocos de mediación cristalizan en la operación en la que intervino el agente (AP Madrid 24-1-24, EDJ 533898).

- La sentencia TS 5-11-04, EDJ 159599, señala que los **derechos del agente mediador al cobro de las remuneraciones** convenidas se adquieren desde el momento en que se perfecciona la compraventa encargada, que lleva consigo la actividad previa de oferta y búsqueda de adquirentes y puesta en contacto con el vendedor. Desde el momento en que ambos conciertan el negocio, que efectivamente llevan a cabo, el mediador ha cumplido y agotado su actividad intermediaria, que es la de mediar y no la de vender, salvo que concurra pacto expreso en este sentido, o cuando se conviene que sólo se podrían cobrar honorarios cuando la venta se halle consumada (TS 22-12-92, EDJ 12740; 4-7-94, EDJ 11851; 4-11-96; AP Jaén 11-4-08, EDJ 120680).

Representación Mercantil y Distribución

MCM 5697 s.

CCom art.244 s

Nota preliminar:

- La relación jurídica que media entre un agente inmobiliario y un comprador también ha sido considerada como un **corretaje**, considerado como el contrato oneroso por medio del cual una de las partes se compromete a realizar una serie de gestiones dirigidas a facilitar la ulterior celebración con un tercero de un contrato que en el que está interesando, siendo una de las obligaciones básicas la de la información de todas las características del inmueble, tal y como se pronuncia la sentencia AP Álava 15-6-06, EDJ 404660 (AP Girona 8-2-24, EDJ 535897).

- El **contrato de mediación o corretaje**, no regulado en el Código Civil, de construcción jurisprudencial **se define** como un contrato atípico, innominado, consensual y bilateral, regido por el principio de la autonomía de la voluntad, por el que una de las partes (corredor) se compromete a indicar a la otra (comitente) la oportunidad de concluir un negocio jurídico con un tercero o a servirle para ello de intermediario a cambio de una retribución (TS 22-12-92, EDJ 12740), derecho a remuneración a favor del corredor que nace desde el momento en que queda cumplida o agotada su actividad mediadora (única a la que se había obligado), o sea, desde que por su mediación haya quedado perfeccionado el contrato de compraventa cuya gestión se le había encomendado (AP Madrid 24-1-24, EDJ 533898).

- No está sujeto a especiales **requisitos de forma**, pudiéndose celebrar tanto de forma verbal, como por escrito y, en este último caso, mediante documento privado o público. En ningún caso es necesaria la inscripción en registro público. Se entiende aceptada la comisión siempre que el comisionista ejecute alguna gestión en el desempeño del encargo que se le ordenó (aceptación tácita).

- El modelo presupone unas **circunstancias** determinadas que serán las **más frecuentes**. Si en el caso concreto existen circunstancias particulares no previstas, deberá completarse o modificarse el modelo adaptándolo a las mismas.

En *"localidad"*, a *"fecha"*

REUNIDOS:

De una parte,

"Don/Doña nombre y apellidos de la parte", mayor de edad, *"estado civil de la parte"* "...*"especificar el régimen económico matrimonial de la parte"*...", de nacionalidad *"nacionalidad de la parte"*, con domicilio a estos efectos en *"domicilio de la parte"*, "...*con DNI/NIF número "DNI/NIF de la parte"*... *O ... con tarjeta de residencia número "número de tarjeta de residencia de la parte"... O ... pasaporte número "número de pasaporte de la parte", expedido el "fecha de expedición del pasaporte de la parte" ... O ... "reseñar otros documentos aportados por la parte"* ...", vigente hasta el *"fecha de vigencia de la documentación aportada por la parte"*.

INTERVIENE:

➢➢

❍ **Si interviene en su propio nombre:**

en su propio nombre y derecho.

❍ **Si interviene como representante:**

en nombre y representación

MCM 5697 s.

CCom art.244 s

➤

❍ Si representa a persona física:

de *"Don/Doña nombre y apellidos del representado"*, mayor de edad, *"estado civil del representado"*, con domicilio en *"domicilio del representado"* y provisto de D.N.I./N.I.F. número *"DNI/NIF del representado"*, según consta en escritura de poder, otorgada ante el notario de *"lugar donde radica la notaría en la que se autorizó la escritura de poder de representación (persona física)"*, *"Don/Doña nombre y apellidos del notario que autorizó la escritura de poder de representación (persona física)"*, el *"fecha de escritura de poder de representación (persona física)"*, con el número *"número de protocolo del notario que autorizó la escritura de poder de representación (persona física)"* de su orden de protocolo.

❍ Si representa a persona jurídica:

de la sociedad mercantil denominada *"denominación social"*, domiciliada en *"domicilio social"*, y con NIF número *"NIF de la sociedad"*, constituida, por tiempo indefinido, mediante escritura otorgada ante el notario de *"lugar donde radica la notaría en la que se autorizó la escritura de poder de representación (persona jurídica)"*, *"Don/Doña nombre y apellidos del notario que autorizó la escritura de poder de representación (persona jurídica)"*, el *"fecha de escritura de poder de representación (persona jurídica)"*, e inscrita en el Registro Mercantil de *"datos de la inscripción registral (localidad del Registro Mercantil, tomo, folio, sección, hoja e inscripción)"*, en su calidad de

➤

❍ Si representa como cargo social:

"...administrador único ... O ... administrador solidario ... O ... consejero delegado ... O ... "especificar la representación del cargo social" ..." de la reseñada sociedad, cargo para el que fue nombrado y asegura vigente en escritura otorgada el *"fecha de escritura del nombramiento del cargo"*, ante el notario de *"lugar donde radica la notaría en la que se autorizó la escritura del nombramiento"*, *"Don/Doña nombre y apellidos del notario que autorizó la escritura del nombramiento"*, con el número *"número de protocolo del notario que autorizó la escritura del nombramiento"* de su protocolo, e inscrita en el Registro Mercantil de *"localidad del Registro Mercantil de la escritura de nombramiento"*, en el tomo y hoja arriba indicados.

❍ Si representa como apoderado:

apoderado de la reseñada sociedad, según escritura de poder otorgada a su favor, en *"fecha de escritura del otorgamiento del poder"*, ante el notario de *"lugar donde radica la notaría en la que se autorizó la escritura de poder"*, *"Don/Doña nombre y apellidos del notario que autorizó la escritura de poder"*, con el número *"número de protocolo del notario que autorizó la escritura de poder"* de su protocolo *"...e inscrita en el Registro Mercantil de "localidad del Registro Mercantil de la escritura de poder" ..."*, en el tomo y hoja arriba indicados.

≺

En adelante, el **Comitente**.

De otra parte,

"Don/Doña nombre y apellidos de la parte", mayor de edad, *"estado civil de la parte"* *"... "especificar el régimen económico matrimonial de la parte" ..."*, de nacionalidad *"nacionalidad de la parte"*, con domicilio a estos efectos en *"domicilio de la parte"*, *"...con DNI/NIF número "DNI/NIF de la parte" ... O ... con tarjeta de residencia número "número de tarjeta de residencia de la parte" ... O ... pasaporte número "número de pasaporte de la parte", expedido el "fecha de expedición del pasaporte de la parte" ... O ... "reseñar otros documentos aportados por la parte" ..."*, vigente hasta el *"fecha de vigencia de la documentación aportada por la parte"*.

Formularios Prácticos Contratos Mercantiles © Francis Lefebvre

MCM 5697 s.

CCom art.244 s

INTERVIENE:

➢➢

❍ **Si interviene en su propio nombre:**

en su propio nombre y derecho.

❍ **Si interviene como representante:**

en nombre y representación

➢

❍ Si representa a persona física:

de *"Don/Doña nombre y apellidos del representado"*, mayor de edad, *"estado civil del representado"*, con domicilio en *"domicilio del representado"* y provisto de D.N.I./N.I.F. número *"DNI/NIF del representado"*, según consta en escritura de poder, otorgada ante el notario de *"lugar donde radica la notaría en la que se autorizó la escritura de poder de representación (persona física)"*, *"Don/Doña nombre y apellidos del notario que autorizó la escritura de poder de representación (persona física)"*, el *"fecha de escritura de poder de representación (persona física)"*, con el número *"número de protocolo del notario que autorizó la escritura de poder de representación (persona física)"* de su orden de protocolo.

❍ Si representa a persona jurídica:

de la sociedad mercantil denominada *"denominación social"*, domiciliada en *"domicilio social"*, y con NIF número *"NIF de la sociedad"*, constituida, por tiempo indefinido, mediante escritura otorgada ante el notario de *"lugar donde radica la notaría en la que se autorizó la escritura de poder de representación (persona jurídica)"*, *"Don/Doña nombre y apellidos del notario que autorizó la escritura de poder de representación (persona jurídica)"*, el *"fecha de escritura de poder de representación (persona jurídica)"*, e inscrita en el Registro Mercantil de *"datos de la inscripción registral (localidad del Registro Mercantil, tomo, folio, sección, hoja e inscripción)"*, en su calidad de

➢

❍ Si representa como cargo social:

"...administrador único ... O ... administrador solidario ... O ... consejero delegado ... O ... "especificar la representación del cargo social" ... " de la reseñada sociedad, cargo para el que fue nombrado y asegura vigente en escritura otorgada el *"fecha de escritura del nombramiento del cargo"*, ante el notario de *"lugar donde radica la notaría en la que se autorizó la escritura del nombramiento"*, *"Don/Doña nombre y apellidos del notario que autorizó la escritura del nombramiento"*, con el número *"número de protocolo del notario que autorizó la escritura del nombramiento"* de su protocolo, e inscrita en el Registro Mercantil de *"localidad del Registro Mercantil de la escritura de nombramiento"*, en el tomo y hoja arriba indicados.

❍ Si representa como apoderado:

apoderado de la reseñada sociedad, según escritura de poder otorgada a su favor, en *"fecha de escritura del otorgamiento del poder"*, ante el notario de *"lugar donde radica la notaría en la que se autorizó la escritura de poder"*, *"Don/Doña nombre y apellidos del notario que autorizó la escritura de poder"*, con el número *"número de protocolo del notario que autorizó la escritura de poder"* de su protocolo *"...e inscrita en el Registro Mercantil de "localidad del Registro Mercantil de la escritura de poder" ... "*, en el tomo y hoja arriba indicados.

≺

≺

En adelante, el **Comisionista**.

Las partes se reconocen la capacidad legal necesaria para contratar y obligarse y, a tal efecto

EXPONEN:

MCM 5697 s.

I. Que el **Comitente** es una empresa dedicada *"actividad del comitente"*, que está interesada en la adquisición de *"especificar los bienes objeto del contrato"*.

II. Que el **Comisionista** está especializado en la adquisición de este tipo de *"bienes objeto del contrato"* en unas óptimas condiciones económicas.

III. Que el **Comitente** y el **Comisionista** han alcanzado un acuerdo en virtud del cual este último se compromete a la adquisición de *"especificar bienes objeto del contrato"* en nombre y representación del **Comitente**, pactando para su ejecución el presente contrato de comisión mercantil con arreglo a las siguientes:

CCom art.244 s

ESTIPULACIONES:

"NÚMERO" **Objeto**

En virtud del presente contrato el **Comisionista** se compromete a la adquisición en nombre y representación del **Comitente** de los *"especificar bienes objeto del contrato"* que se detallan en el Anexo 1.

"NÚMERO" **Precio**

El precio máximo a abonar por el **Comisionista** por la adquisición de cada unidad de *"especificar bienes objeto del contrato"* descrita será de *"importe a abonar, en letra"* euros (*"importe a abonar, en número"* €), incluido su transporte desde su lugar de adquisición hasta el establecimiento mercantil del **Comitente**.

"NÚMERO" **Transporte**

El **Comisionista** se obliga a concertar el transporte de *"especificar bienes objeto del contrato"* desde su punto de adquisición hasta el establecimiento mercantil del **Comitente**.

"NÚMERO" **Representación**

El **Comisionista** actuará en nombre y representación del **Comitente** en el contrato de compraventa que se formalice en ejecución del presente contrato. Finalizando dicho poder de representación una vez concertado dicho contrato.

"NÚMERO" **Entrega a cuenta**

El **Comitente** entrega al **Comisionista** la cantidad de *"importe a percibir, en letra"* euros (*"importe a percibir, en número"* €), mediante cheque nominativo del que se hace entrega en este acto, a cuenta de los gastos de adquisición de *"especificar bienes objeto del contrato"*, comisión y precio del transporte, mostrando su conformidad el **Comisionista** que declara haber recibido la mencionada cantidad.

✍ **Nota:**

La falta de abono de la ***provisión de fondos*** *se entiende como causa suficiente para la resolución del contrato (*TS 8-2-99, *EDJ 943).*

"NÚMERO" **Comisión**

El **Comisionista** percibirá una comisión de *"importe en concepto de comisión, en letra"* euros (*"importe en concepto de comisión, en número"* €) y le serán abonados todos los gastos que justifique derivados de las gestiones realizadas para la adquisición de los bienes, incluido el transporte de los mismos desde su lugar de adquisición hasta el establecimiento mercantil del **Comitente**.

"NÚMERO" **Plazo**

El **Comisionista** se obliga a llevar a cabo el encargo que es objeto del presente contrato en un plazo máximo de *"plazo máximo para la realización del encargo"* días a partir de la firma del mismo.

"*NÚMERO*" Liquidación

Una vez que los *"especificar bienes objeto del contrato"* adquiridos hayan sido puestos a disposición del **Comitente** se procederá a la liquidación del presente contrato. Se abonarán al **Comisionista** las comisiones pendientes de percibir, si excediesen de la cantidad entregada a cuenta por tal concepto; así como el resto de los gastos a cuyo reembolso tenga derecho, entendiéndose incluidos, en todo caso, los derivados de los adelantos realizados por el **Comisionista** para el abono del precio de los *"especificar bienes objeto del contrato"* adquiridos y su transporte, si hubiesen excedido de la cantidad entregada a cuenta por tales conceptos. MCM 5697 s.

Nota: CCom art.244 s

El CCom *art.*263 *establece la obligación de* ***rendir cuentas*** *del comisionista.*

"*NÚMERO*" Autocontratación

El **Comisionista** no podrá adquirir para sí mismo los productos del **Comitente**.

"*NÚMERO*" Terminación y resolución del contrato

Nota:

*- Las **posibilidades** en relación con este tipo de cláusulas son muchas. Puede ocurrir que se atribuya a ambas partes la facultad de dar por concluido el contrato ante cualquier incumplimiento de la otra parte, sin tener que recurrir a formalismo alguno. Pero puede ocurrir también que esa formalidad se atribuya sólo a alguna de las partes, o que se sujete la efectividad de dicha medida a algún tipo de requisito. Dadas las múltiples variedades que ello puede adoptar, hemos preferido por establecer un **modelo común**, con carácter general, al que se pueden introducir ciertos aspectos o modificaciones particulares.*
*- Incluso si la comisión se pactó por tiempo determinado, cabe la **terminación anticipada** por revocación del comitente (*AP Jaén 9-1-07, *EDJ 45020).*

"Apartado"

Son causas de terminación y resolución del presente contrato las siguientes:

a) Su terminación normal, ya sea por haber llegado el contrato a su vencimiento, ya sea por haberse cumplido y ejecutado la prestación a la que ambas partes se encuentran obligadas, ya sea por acuerdo mutuo de las partes.

b) Por incumplimiento de cualquiera de las partes de alguna de las cláusulas del presente contrato, sin que dicho incumplimiento fuera subsanado dentro de los *"número de días para subsanar el incumplimiento"* días siguientes a la notificación por escrito efectuada por la otra parte solicitando la subsanación del incumplimiento.

"Apartado"

La resolución del presente contrato o de cualquiera de las licencias concedidas en su aplicación no excluye cualquier otra reparación legal o judicial que cualquiera de las partes estime oportuno obtener.

"*NÚMERO*" Gastos del contrato

Queda expresamente convenido que todos los gastos, impuestos, contribuciones, tasas o arbitrios, presentes o futuros, que origine este contrato serán satisfechos por las partes, conforme a Ley.

"*NÚMERO*" Sometimiento a arbitraje

Con renuncia expresa al ejercicio de cualquier acción ante los juzgados y tribunales, las partes se comprometen expresamente a instituir, en su día, un arbitraje de Derecho Privado, con arreglo a la legislación vigente, para resolver cuantas dudas o divergencias pudieran surgir entre ellas como consecuencia de la interpretación o cumplimiento de este contrato.

***"NÚMERO"* Normativa aplicable al contrato**

MCM 5697 s. El presente contrato tiene carácter de mercantil y se regirá, en primer término, por las estipulaciones contenidas en el mismo, y, en lo en ellas no previsto, por las disposiciones del Código de Comercio, Leyes especiales, los usos y costumbres mercantiles y, en su defecto, por lo establecido en el Código Civil.

***"NÚMERO"* Elevación a documento público**

CCom art.244 s El presente contrato se elevará a público a solicitud de cualquiera de las partes, siendo los gastos del fedatario pagados por la parte que lo solicite.

Y en prueba de conformidad, ambas partes firman el presente contrato, que se extiende en dos ejemplares, igualmente originales, en el lugar y fecha indicados en su encabezamiento.

EL COMITENTE	EL COMISIONISTA

Agencia

MCM 5710 s.

Nota preliminar:

- Su aplicación tiene carácter **imperativo** (L 12/1992 art.3).

- Por el contrato de **agencia**, el agente se obliga frente a otra persona, de forma estable o continuada, y a cambio de una remuneración, a promover actos u operaciones de comercio por cuenta ajena, o a promoverlos y concluirlos por cuenta y en nombre ajenos. El agente actúa como **intermediario independiente**, sin asumir, salvo pacto en contrario, el riesgo y ventura de tales operaciones (El contrato de agencia se define en L 12/1992 art.1). L 12/1992

- En relación con la **distinción** entre el contrato de agencia y **distribución** puede citarse la sentencia TS 31-10-01, EDJ 38476; y en cuanto a su distinción con el contrato de **comisión** la sentencia TS 14-5-01, EDJ 6576. En el contrato de agencia, el agente actúa **en nombre del empresario** promoviendo sus productos y a cambio recibe una remuneración, mientras que en el contrato de distribución, el distribuidor compra y revende los productos del fabricante o empresario y actúa en nombre propio, asumiendo el riesgo de las operaciones emprendidas (TS 13-6-23, EDJ 595428; AP Madrid 11-1-24, EDJ 522190).

- La **diferencia** fundamental **entre la comisión mercantil y la agencia** se halla en que en la agencia el distribuidor actúa siempre en nombre y representación del comitente y de forma que se anuncia o gira con una denominación que incluye el nombre de éste y una referencia al territorio, mientras que en la comisión se presenta como actuante en nombre propio. Además, en la agencia quien factura a los clientes finales es el representado, corriendo con el riesgo de la operación el comitente. Otras notas a destacar son la independencia y la permanencia frente a la esporadicidad, de forma que responde a un tracto sucesivo y la comisión a un tracto único, manteniéndose un régimen de libre revocabilidad de la relación en la comisión, lo que no acontece en la agencia cuya regulación en cuanto a la necesidad de preaviso e indemnización por clientela viene establecida en la Ley de Contrato de Agencia (AP Barcelona 5-3-18, EDJ 31555; AP Burgos 8-10-99, EDJ 254493).

- Las **características esenciales** del **contrato de agencia** se resumen, pues, en la existencia de una relación jurídica duradera entre las partes, la organización por el agente de su actividad profesional conforme a sus propios criterios, así como el tiempo dedicado a la misma, manteniendo cierta independencia y sin asumir el riesgo de las operaciones que contrata por cuenta ajena.

Por su parte, el contrato de **arrendamiento de servicios**, regulado en el CC art.1544, es aquel contrato por el cual una persona se obliga respecto de otra a realizar, de manera independiente, una actividad o trabajo mediante una remuneración cierta y determinada. Se trata de un *contrato intuitu personae* que puede resolverse por voluntad unilateral de cualquiera de las partes (AP Zaragoza 15-12-21, EDJ 874378).

- La abundante doctrina jurisprudencial del TS viene definiendo el **contrato de agencia inmobiliaria** como un contrato atípico, pero dotado de contenido sustantivo, generándose al amparo de la libertad de contratación que autorizan los art.1091 y 1255 CC y si bien mantiene aproximaciones al mandato, corretaje, arrendamiento de servicios y contrato laboral, predomina en el mismo la función de gestión mediadora, por lo que reviste la naturaleza de pacto de encargo, al interesar del agente, en su condición de intermediario, para que por sus relaciones con el mercado inmobiliario oferte a la venta determinados bienes (AP Asturias 18-1-24, EDJ 524148; AP Girona 10-1-24, EDJ 516214).

- La doctrina jurisprudencial de la Sala Primera del TS viene exigiendo, para que el contrato de agencia inmobiliaria **genere derechos económicos** a favor del agente, el requisito de la eficacia de su intervención profesional (AP Madrid 15-1-24, EDJ 522369).

- No se requiere formalidad alguna para su celebración, no obstante, cualquiera de las partes puede exigir a la otra la **formalización** por escrito del contrato en cualquier momento de la operación.

- El modelo presupone unas **circunstancias** determinadas que serán las **más frecuentes**. Si en el caso concreto existen circunstancias particulares no previstas, deberá completarse o modificarse el modelo adaptándolo a las mismas.

MCM 5710 s.

En *"localidad"*, a *"fecha"*

REUNIDOS:

De una parte,

L 12/1992 *"Don/Doña nombre y apellidos de la parte"*, mayor de edad, *"estado civil de la parte" "... "especificar el régimen económico matrimonial de la parte" ..."*, de nacionalidad *"nacionalidad de la parte"*, con domicilio a estos efectos en *"domicilio de la parte"*, *"...con DNI/NIF número "DNI/NIF de la parte"... O ... con tarjeta de residencia número "número de tarjeta de residencia de la parte" ... O ... pasaporte número "número de pasaporte de la parte", expedido el "fecha de expedición del pasaporte de la parte" ... O ... "reseñar otros documentos aportados por la parte" ..."*, vigente hasta el *"fecha de vigencia de la documentación aportada por la parte"*.

INTERVIENE:

➢➢

❍ **Si interviene en su propio nombre:**

en su propio nombre y derecho.

❍ **Si interviene como representante:**

en nombre y representación

➢

❍ Si representa a persona física:

de *"Don/Doña nombre y apellidos del representado"*, mayor de edad, *"estado civil del representado"*, con domicilio en *"domicilio del representado"* y provisto de D.N.I./N.I.F. número *"DNI/NIF del representado"*, según consta en escritura de poder, otorgada ante el notario de *"lugar donde radica la notaría en la que se autorizó la escritura de poder de representación (persona física)"*, *"Don/Doña nombre y apellidos del notario que autorizó la escritura de poder de representación (persona física)"*, el *"fecha de escritura de poder de representación (persona física)"*, con el número *"número de protocolo del notario que autorizó la escritura de poder de representación (persona física)"* de su orden de protocolo.

❍ Si representa a persona jurídica:

de la sociedad mercantil denominada *"denominación social"*, domiciliada en *"domicilio social"*, y con NIF número *"NIF de la sociedad"*, constituida, por tiempo indefinido, mediante escritura otorgada ante el notario de *"lugar donde radica la notaría en la que se autorizó la escritura de poder de representación (persona jurídica)"*, *"Don/Doña nombre y apellidos del notario que autorizó la escritura de poder de representación (persona jurídica)"*, el *"fecha de escritura de poder de representación (persona jurídica)"*, e inscrita en el Registro Mercantil de *"datos de la inscripción registral (localidad del Registro Mercantil, tomo, folio, sección, hoja e inscripción)"*, en su calidad de

➢

❍ Si representa como cargo social:

"...administrador único ... O ... administrador solidario ... O ... consejero delegado ... O ... "especificar la representación del cargo social" ..." de la reseñada sociedad, cargo para el que fue nombrado y asegura vigente en escritura otorgada el *"fecha de escritura del nombramiento del cargo"*, ante el notario de *"lugar donde radica la notaría en la que se autorizó la escritura del nombramiento"*, *"Don/Doña nombre y apellidos del notario que autorizó la escritura del nombramiento"*, con el número *"número de protocolo del notario que autorizó la escritura del nombramiento"* de su protocolo, e inscrita en el Registro Mercantil de *"localidad del Registro Mercantil de la escritura de nombramiento"*, en el tomo y hoja arriba indicados.

MCM 5710 s.

L 12/1992

❍ Si representa como apoderado:

apoderado de la reseñada sociedad, según escritura de poder otorgada a su favor, en *"fecha de escritura del otorgamiento del poder"*, ante el notario de *"lugar donde radica la notaría en la que se autorizó la escritura de poder"*, *"Don/Doña nombre y apellidos del notario que autorizó la escritura de poder"*, con el número *"número de protocolo del notario que autorizó la escritura de poder"* de su protocolo *"...e inscrita en el Registro Mercantil de "localidad del Registro Mercantil de la escritura de poder" ..."*, en el tomo y hoja arriba indicados.

En adelante, el **Empresario**.

De otra parte,

"Don/Doña nombre y apellidos de la parte", mayor de edad, *"estado civil de la parte" "... "especificar el régimen económico matrimonial de la parte" ..."*, de nacionalidad *"nacionalidad de la parte"*, con domicilio a estos efectos en *"domicilio de la parte"*, *"...con DNI/NIF número "DNI/NIF de la parte"... O ... con tarjeta de residencia número "número de tarjeta de residencia de la parte" ... O ... pasaporte número "número de pasaporte de la parte", expedido el "fecha de expedición del pasaporte de la parte" ... O ... "reseñar otros documentos aportados por la parte" ..."*, vigente hasta el *"fecha de vigencia de la documentación aportada por la parte"*.

INTERVIENE:

❍ **Si interviene en su propio nombre:**

en su propio nombre y derecho.

❍ **Si interviene como representante:**

en nombre y representación

❍ Si representa a persona física:

de *"Don/Doña nombre y apellidos del representado"*, mayor de edad, *"estado civil del representado"*, con domicilio en *"domicilio del representado"* y provisto de D.N.I./N.I.F. número *"DNI/NIF del representado"*, según consta en escritura de poder, otorgada ante el notario de *"lugar donde radica la notaría en la que se autorizó la escritura de poder de representación (persona física)"*, *"Don/Doña nombre y apellidos del notario que autorizó la escritura de poder de representación (persona física)"*, el *"fecha de escritura de poder de representación (persona física)"*, con el número *"número de protocolo del notario que autorizó la escritura de poder de representación (persona física)"* de su orden de protocolo.

❍ Si representa a persona jurídica:

de la sociedad mercantil denominada *"denominación social"*, domiciliada en *"domicilio social"*, y con NIF número *"NIF de la sociedad"*, constituida, por tiempo indefinido, mediante escritura otorgada ante el notario de *"lugar donde radica la notaría en la que se autorizó la escritura de poder de representación (persona jurídica)"*, *"Don/Doña nombre y apellidos del notario que autorizó la escritura de poder de representación (persona jurídica)"*, el *"fecha de escritura de poder de representación (persona jurídica)"*, e inscrita en el Registro Mercantil de *"datos de la inscripción registral (localidad del Registro Mercantil, tomo, folio, sección, hoja e inscripción)"*, en su calidad de

1025 **Representación Mercantil y Distribución**

➢

MCM 5710 s.

❍ Si representa como cargo social:

"...administrador único ... O ... administrador solidario ... O ... consejero delegado ... O ... "especificar la representación del cargo social" ... " de la reseñada sociedad, cargo para el que fue nombrado y asegura vigente en escritura otorgada el *"fecha de escritura del nombramiento del cargo"*, ante el notario de *"lugar donde radica la notaría en la que se autorizó la escritura del nombramiento"*, *"Don/Doña nombre y apellidos del notario que autorizó la escritura del nombramiento"*, con el número *"número de protocolo del notario que autorizó la escritura del nombramiento"* de su protocolo, e inscrita en el Registro Mercantil de *"localidad del Registro Mercantil de la escritura de nombramiento"*, en el tomo y hoja arriba indicados.

L 12/1992

❍ Si representa como apoderado:

apoderado de la reseñada sociedad, según escritura de poder otorgada a su favor, en *"fecha de escritura del otorgamiento del poder"*, ante el notario de *"lugar donde radica la notaría en la que se autorizó la escritura de poder"*, *"Don/Doña nombre y apellidos del notario que autorizó la escritura de poder"*, con el número *"número de protocolo del notario que autorizó la escritura de poder"* de su protocolo *"...e inscrita en el Registro Mercantil de "localidad del Registro Mercantil de la escritura de poder" ... "*, en el tomo y hoja arriba indicados.

≺

≺≺

En adelante, el **Agente**.

Las partes se reconocen la capacidad legal necesaria para contratar y obligarse y, a tal efecto

EXPONEN:

I. Que el **Empresario**, cuyo objeto es la fabricación y comercialización de productos de consumo *"tipo de producto"*, desea que se lleve a cabo la comercialización de dichos productos en el ámbito territorial de *"especificar zona de comercialización"*, donde hasta el momento carece de implantación.

II. Que el **Agente** está especializado en la comercialización y venta de productos de consumo masivo similares a los comercializados por el **Empresario**, y conoce perfectamente la situación y exigencias del mercado de dichos productos en la zona geográfica de *"especificar zona de comercialización"*.

III. Que ambas partes han alcanzado un acuerdo en virtud del cual el **Agente** se compromete a promover la comercialización y venta de los productos del **Empresario**, pactando para su ejecución el presente contrato de agencia, con arreglo a las siguientes:

ESTIPULACIONES:

***"NÚMERO"* Objeto**

En virtud del presente contrato el **Agente** se compromete a promover la venta de los productos del **Empresario**, quedando expresamente facultado para concluir en nombre y representación de éste los actos u operaciones de comercialización de dichos productos.

***"NÚMERO"* Suministros**

El **Empresario** suministrará al **Agente** sus productos en las cantidades que éste le solicite mensualmente hasta un límite de *"especificar cantidad de productos"*, quedando aquéllos en depósito del **Agente** hasta que se proceda a su venta, corriendo éste con los gastos de custodia y conservación de los mismos, así como con los riesgos por su pérdida.

 1025

MCM 5710 s.

Cuando el **Agente** necesite para atender la petición de un cliente una cantidad de productos de la que no disponga en depósito se la solicitará al **Empresario**, remitiéndole la correspondiente nota de pedido, que deberá ponerlos a su disposición en un plazo máximo de *"plazo máximo de puesta a disposición de los productos"*. En caso de incumplimiento de dicho plazo imputable al **Empresario**, el **Agente** tendrá derecho a percibir la comisión que le corresponda por dicha operación, haya ésta tenido lugar finalmente o no.

Nota:

*Semejante previsión contractual se establece **a favor del Agente**. Se trata de compensar los supuestos en los que el Agente ha desarrollado todo lo necesario para que se concluya la operación y ésta se frustra por causa imputable al Empresario.* L 12/1992

***"NÚMERO"* Información**

 **Nota:**

L 12/1992 *art.*10.

El **Empresario** informará al **Agente** de las condiciones de venta de los productos, comunicándole puntualmente cualquier variación que se produzca en las mismas y proporcionándole los muestrarios de dichos productos. Asimismo, informará al **Agente** de las campañas de promoción de sus productos con carácter previo al lanzamiento de las mismas, así como de la comercialización de nuevos productos o de cualquier novedad con respecto a los comercializados anteriormente, entre ellas, su retirada del mercado o las previsiones sobre aumentos o disminuciones en las ventas de los mismos.

***"NÚMERO"* Remuneración del Agente**

Nota:

L 12/1992 *art.*11 *a* 19.

El **Agente** percibirá una cantidad fija mensual de *"importe a percibir, en letra"* euros (*"importe a percibir, en número"* €) por el desempeño de las funciones que tiene encomendadas, y una cantidad fija mensual de *"importe mensual invariable"* euros, en concepto de gastos de representación, gestión y mediación. Ambas cantidades se incrementarán anualmente en función del incremento del I.P.C. estatal.

Nota:

*Es habitual que la **remuneración** que reciben los agentes comerciales sea mixta, un fijo, que suele ser bastante bajo, y unas comisiones en función del volumen de ventas, clientes captados, etc. En ocasiones se acuerda una remuneración basada exclusivamente en las comisiones. También es habitual que al Agente se le imponga un número de **operaciones mínimas** al mes, que en caso de ser incumplidas posibilitarán la resolución del contrato por parte del Empresario (*AP Badajoz 17-4-01, *EDJ 102852).*

El **Agente** percibirá asimismo un *"valor porcentual en concepto de comisión"* del total de las ventas promovidas por él en concepto de comisión.

Las mencionadas comisiones serán abonadas mensualmente al **Agente**, una vez realizada la liquidación a la que se refiere la estipulación quinta de este contrato.

Nota:

*Con relación al **criterio de «margen bruto» o «neto»** que debe seguirse para el cálculo de la **indemnización por clientela** en el contrato de distribución, el Tribunal Supremo se ha pronunciado en los siguientes términos (TS 30-5-16, EDJ 74587):*

«(...) Pero dicha sentencia 39/2010, más allá de remitirse a la de 22 de junio de 2007, para caracterizar que en el contrato de distribución la remuneración está constituida por la diferencia del precio de compra y el precio de reventa, no es concluyente sobre si dicho cálculo ha de hacerse sobre diferencias brutas o netas. No obstante, sí hay jurisprudencia que considera que en el contrato de distribución, para establecer la cuantía de la indemnización por clientela, ha de utilizarse como criterio orientador el establecido en el citado artículo 28 LCA, pero calculado, en vez de sobre las comisiones percibidas por el agente,

MCM 5710 s.

sobre los beneficios netos obtenidos por el distribuidor (21 marzo 2007), esto es, el porcentaje de beneficio que le queda al distribuidor una vez descontados los gastos y los impuestos, y no sobre el margen comercial, que es la diferencia entre el precio de adquisición de las mercancías al proveedor y el precio de venta al público (20 mayo). Cuyo importe tendrá el carácter de máximo».

En el presente caso, la sentencia recurrida establece dicho cálculo de acuerdo con el criterio de «margen bruto». Por lo que se opone a la doctrina jurisprudencial expuesta y dicho criterio debe ser sustituido por el criterio de «margen neto». En este sentido, si la Audiencia Provincial calculó la indemnización sobre la toma en consideración de los ingresos brutos del distribuidor, habrá que proceder a recalcularla, en ejecución de sentencia, de forma que la indemnización por clientela se calcule en la misma proporción fijada por la Audiencia Provincial, pero tomando como base los ingresos netos del distribuidor» (TS 1-1-17, EDJ 12279).

L 12/1992

***"NÚMERO"* Liquidación**

Mensualmente, el **Agente** llevará a cabo la liquidación de los productos efectivamente vendidos y entregados a los compradores, reintegrando al **Empresario** el producto de dichas ventas, reteniendo para sí del precio de los mismos la comisión pactada por venta de productos. No obstante, después de cada operación, el **Agente** entregará al **Empresario** la oportuna nota de abono de cada operación realizada.

Nota:

*La **liquidación de comisiones**, en ocasiones, es por periodos de tiempo superiores, bimestral, semestral e incluso anual, pero resulta extraño que se pacte una liquidación de comisiones en periodos inferiores a un mes.*

***"NÚMERO"* Contabilidad**

El **Agente** llevará una contabilidad independiente de los actos u operaciones que concluya en nombre de la mercantil.

Nota:

*También es habitual que se imponga al Agente el uso de un determinado programa informático, que facilite el control de su **contabilidad** por parte del Empresario.*

***"NÚMERO"* Descuentos**

El **Agente** no podrá acordar descuento alguno sobre los productos objeto de venta, salvo que medie autorización expresa del **Empresario**, autorización que se concederá de forma individualizada para cada caso concreto.

Nota:

*El **precio** de los productos lo establece generalmente el Empresario y éste resulta inamovible generalmente para el Agente.*

***"NÚMERO"* Duración**

El presente contrato se pacta por una duración indefinida, siendo necesario para su resolución que la parte que quiera desligarse del mismo notifique su decisión a la otra parte por escrito y de forma fehaciente, al menos con *"especificar plazo de preaviso"* de antelación a la fecha en que haya decidido poner fin al mismo.

Nota:

*En nuestro sistema, como regla, las partes tienen la facultad de desvincularse unilateralmente de los contratos de duración indefinida -en este sentido, TS 15-3-11, EDJ 16240-, pese a lo cual, el deber de lealtad, cuya singular trascendencia en el tráfico mercantil destaca el art.57 CCom, exige que la parte que pretende desistir unilateralmente sin causa **preavise** a la contraria incluso cuando no está así expresamente previsto, de conformidad con lo establecido en el art.1258 CC, salvo que concurra causa razonable para omitir tal comunicación -de hecho, el deber de legal de preaviso que impone el art.25 de la Ley de Contrato de Agencia es una concreta manifestación de dicha regla (AP Cádiz 9-1-24, EDJ 539640).*

"NÚMERO" **Exclusividad**

El **Empresario** se obliga a no conceder autorización alguna para la venta de sus productos en la zona asignada al **Agente**, que es la zona de *"especificar zona de comercialización"*.

Nota:

*- La **exclusividad** no se presume (*TS 18-12-95, *EDJ 6906).*

*- Al margen de asignar una **zona** para que el agente desarrolle su actividad, también es habitual restringir la actividad del agente a esta zona en exclusiva, prohibiéndole desarrollar sus operaciones comerciales fuera de esta zona, la razón es evitar la colisión con la actividad desarrollada por otros agentes comerciales. La realización de operaciones comerciales fuera de la zona asignada es causa suficiente para la resolución del contrato (*TS 13-6-00, *EDJ 15768).*

"NÚMERO" **Pacto de no competencia**

Nota:

*- Al margen de asignar una **zona** para que el agente desarrolle su actividad, también es habitual restringir la actividad del agente a esta zona en exclusiva, prohibiéndole desarrollar sus operaciones comerciales fuera de esta zona, la razón es evitar la colisión con la actividad desarrollada por otros agentes comerciales. La realización de operaciones comerciales fuera de la zona asignada es causa suficiente para la resolución del contrato (*TS 13-6-00, *EDJ 15768).*

- L 12/1992 *art.*7.

El **Agente** no podrá representar a otras entidades o personas que comercialicen productos iguales o similares a los que comercializa el **Empresario**, o que puedan resultar competentes o concurrentes con los de éste, en el ámbito geográfico donde desarrolla sus funciones para aquél. Una vez extinguido el presente contrato, el **Agente** deberá respetar dicho pacto de no competencia durante un periodo de dos años.

"NÚMERO" **Colaboradores**

El **Agente** podrá auxiliarse, para la gestión de las ventas que tiene encomendadas, de las personas que estime conveniente, que quedarán bajo su cargo y responsabilidad, no asumiendo el **Empresario** obligación alguna con respecto a éstas.

Nota:

L 12/1992 *art.*5.

"NÚMERO" **Deber de buena fe**

El **Agente** deberá actuar lealmente y de buena fe velando en todo momento por los intereses comerciales del **Empresario**, por cuya cuenta actúa, poniendo en conocimiento de ésta cuanta información disponga relativa al mercado donde lleva a cabo sus actividades, en particular la información de que disponga sobre solvencia de terceros con los que existan operaciones pendientes de conclusión o ejecución.

"NÚMERO" **Reclamaciones**

El **Agente** recibirá, en nombre del **Empresario**, las reclamaciones que los adquirentes de los productos efectúen sobre la calidad o defectos de los mismos.

"NÚMERO" **Extinción del contrato**

Nota:

L 12/1992 *art.25 a* 27.

"Apartado"

El contrato se extinguirá por la denuncia unilateral de cualquiera de las partes mediante preaviso por escrito.

✍ **Nota:**

*Esta causa de resolución es aplicable a los contratos de **duración indefinida**.*

MCM 5710 s.

El plazo de preaviso será de un mes para cada año en que haya estado vigente el contrato, con un máximo de seis meses. Si el contrato hubiera estado vigente por tiempo inferior a un año, el plazo de preaviso será de un mes.

✍ **Nota:**

L 12/1992 *En todo caso, el TS tiene establecido que en el caso de que la resolución se base en el incumplimiento del contrato por parte del Empresario no será necesario el **preaviso** por parte del Agente (*TS 1-4-00, *EDJ 5228).*

El final del plazo de preaviso coincidirá con el último día del mes.

"Apartado"

También se extinguirá, sin necesidad de preaviso, cuando la otra parte hubiere incumplido, total o parcialmente, las obligaciones legal o contractualmente establecidas.

En este caso se entenderá que el contrato finaliza a la recepción de la notificación escrita en la que conste la voluntad de darlo por extinguido y la causa de la extinción.

"Apartado"

El contrato se extinguirá también por muerte o declaración de fallecimiento del **Agente**.

***"NÚMERO"* Comisiones futuras**

✍ **Nota:**

L 12/1992 *art.*13.

Por las operaciones concluidas una vez extinguido el presente contrato, el **Agente** tendrá derecho a percibir la comisión correspondiente cuando concurra alguna de las circunstancias siguientes:

✍ **Nota:**

*La **prueba** de la aportación de clientes corresponde al Agente (*AP Jaén 7-2-01, *EDJ 14537).*

- Que el acto u operación se deba, principalmente, a la actividad desarrollada por el **Agente** durante la vigencia del contrato, siempre que se hubiera concluido dentro de los tres meses siguientes a partir de la extinción del contrato.

- Que el **Empresario** o el **Agente** hayan recibido el encargo o pedido antes de la extinción del contrato de agencia, siempre que el agente hubiera tenido derecho a percibir la comisión de haberse concluido el acto u operación de comercio durante la vigencia del contrato.

***"NÚMERO"* Indemnización por clientela**

✍ **Nota:**

L 12/1992 *art.*28 *y* 30; *TS 20-5-04, EDJ 40360; 29-9-06, EDJ 275336; 22-3-07, EDJ 25361.*

A la extinción del presente contrato de agencia, si el **Agente** hubiese aportado nuevos clientes al **Empresario** o incrementado sensiblemente las operaciones con la clientela preexistente, tendrá derecho a una indemnización si su actividad anterior puede continuar produciendo ventajas sustanciales a aquél, y resulta equitativo según las circunstancias concurrentes, sin que pueda la indemnización exceder del importe medio anual de las remuneraciones percibidas por el **Agente** durante el periodo de duración del contrato.

✍ **Nota:**

*- La **indemnización por clientela** no queda supeditada en ningún caso a que concurra mala fe, culpa o abuso de derecho por parte del Empresario (*AP Castellón 12-4-00, *EDJ 70347).*

- *Si bien corresponde al agente la carga de probar que las relaciones comerciales entabladas por el agente han de perdurar en el futuro, y que de ellas extraerá beneficios el empresario, se puede* ***presumir*** *que una relación creada por el agente, que se ha desarrollado de forma fluida durante la vigencia del contrato, subsistirá tras la marcha del agente (*TS 27-5-93*;* AP Castellón 3-3-03, *EDJ 77377).*

MCM 5710 s.

No tendrá derecho el **Agente** a la indemnización por clientela en los siguientes supuestos:

- Cuando el **Empresario** hubiese extinguido el contrato por causa de incumplimiento de las obligaciones contractuales o legales establecidas para el **Agente**.

- Cuando el **Agente** hubiese denunciado el contrato, salvo que la denuncia tuviera como causa circunstancias imputables al **Empresario**, o se fundara en la edad, la invalidez o la enfermedad del **Agente** y no pudiera exigírsele razonablemente la continuidad de sus actividades.

L 12/1992

- Cuando, con el consentimiento del **Empresario**, el **Agente** hubiese cedido a un tercero los derechos y las obligaciones de que era titular en virtud del presente contrato.

La acción para reclamar la indemnización por clientela prescribe al año a contar desde la extinción del presente contrato.

 **Nota:**

El agente ***no tendrá derecho*** *a la indemnización por clientela o de daños y perjuicios (L 12/1992 art.30): a) Cuando el empresario hubiese extinguido el contrato por causa de incumplimiento de las obligaciones legal o contractualmente establecidas a cargo del agente. Y estando justificado el incumplimiento por parte del agente de las obligaciones analizadas, no tiene derecho a percibir indemnización alguna por falta de preaviso, ni por la clientela que dice aportada ni por daños y perjuicios (AP Cádiz 23-2-18, EDJ 576716).*

"NÚMERO" **Indemnización por daños y perjuicios**

Sin perjuicio de la indemnización por clientela, si el **Empresario** denuncia unilateralmente el presente contrato, vendrá obligado a indemnizar los daños y perjuicios que, en su caso, la extinción anticipada haya causado al **Agente**, siempre que la misma no permita la amortización de los gastos que éste, instruido por el **Empresario**, haya realizado para la ejecución del contrato.

"NÚMERO" **Fuero**

En cualquier caso de discrepancia sobre el cumplimiento del contrato y acciones derivadas del mismo, las partes se someten a los Juzgados y Tribunales del domicilio del **Agente**.

 **Nota:**

L 12/1992 disp.adic.segunda*;* TS 26-10-01, *EDJ 36785.*

"NÚMERO" **Normativa aplicable**

En todo lo no dispuesto en el presente contrato resultará aplicable la Ley 12/1992, de 27 de mayo, sobre el Contrato de Agencia.

"NÚMERO" **Gastos del contrato**

Queda expresamente convenido que todos los gastos, impuestos, contribuciones, tasas o arbitrios, presentes o futuros, que origine este contrato serán satisfechos por las partes, conforme a Ley.

"NÚMERO" **Elevación a documento público**

El presente contrato se elevará a público a solicitud de cualquiera de las partes, siendo los gastos del fedatario pagados por la parte que lo solicite.

Y en prueba de conformidad, ambas partes firman el presente contrato, que se extiende en dos ejemplares, igualmente originales, en el lugar y fecha indicados en su encabezamiento.

EL EMPRESARIO **EL AGENTE**

Mediación

MCM 5830 s.

Nota preliminar:

- Se ha optado por incluir un modelo de contrato de mediación o corretaje típico que es aquél en el que se encargan las gestiones necesarias para la adquisición de un inmueble a un **Agente de la Propiedad Inmobiliaria**. En relación con la distinción del contrato de mediación con el de mandato, puede citarse la sentencia TS 17-7-95, EDJ 4003.

- El contrato de mediación o corretaje es un **contrato atípico** en nuestro derecho: las sentencias del TS 2-5-63 y 21-10-64, lo definen como aquél por el cual una persona, llamada oferente, mediado o comitente encarga a otra, que recibe el nombre de corredor o mediador, que le informe acerca de la ocasión u oportunidad de concluir con persona o personas distintas un negocio jurídico, o que realice las oportunas gestiones para conseguir el acuerdo de voluntades, encaminado a lograr su realización comprometiéndose a cambio de ello a satisfacerle una retribución, que denomina premio, en el supuesto de que dicho ulterior contrato llegue a perfeccionarse. El contrato de mediación se integra en los contratos de colaboración y gestión de intereses ajenos, cuya esencia reside en la prestación de servicios encaminados a la búsqueda, localización y aproximación de futuros contratantes, sin intervenir en el contrato ni actuar propiamente como mandatario (TS 10-3-92, EDJ 2317 y 19-10-93, EDJ 9253) o sin estar ligado a los contratantes por relaciones de colaboración, de dependencia o de representación. Constituye un contrato **atípico, consensual y bilateral,** *facio ut des* **y aleatorio**, puesto que su resultado es incierto y se rige por las estipulaciones de las partes que no sean contrarias a la ley, a la moral o al orden público y, en lo no previsto, por los preceptos correspondientes a figuras afines, como el mandato, el arrendamiento de servicios o la comisión mercantil (TS 6-10-90, EDJ 9065; AP Burgos 6-2-15, EDJ 32572; AP Madrid 20-2-17, EDJ 41147).

Como **resumen de la jurisprudencia** en relación al **contrato de mediación o corretaje**, la sentencia TS 21-10-00 afirma que: "en el **contrato de mediación o corretaje** el **mediador** ha de limitarse en principio a poner en relación a los futuros comprador y vendedores de un objeto determinado, pero en todo caso la actividad ha de desplegarse en lograr el cumplimiento del contrato final, y así se entiende por la moderna doctrina en cuanto en ella se afirma que la relación jurídica entre el cliente y el **mediador** no surge exclusivamente de un negocio contractual de **mediación**, pues las obligaciones y derechos exigen además el hecho de que el intermediario hubiera contribuido eficazmente a que las partes concluyeran el negocio (Sentencia de 2 de octubre de 1999); y tiene declarado con reiteración esta Sala que dicho contrato está supeditado, en cuanto al devengo de honorarios, a la condición suspensiva de la celebración del contrato pretendido, salvo pacto expreso (sentencias de 19 de octubre y 30 de noviembre de 199, 7 de marzo de 1994, 17 de julio de 1995, 5 de febrero de 199 y 30 de abril de 1998)". Además, afirma que "la mediación se consuma cuando se otorga o perfecciona por el concurso de la oferta y la aceptación el contrato a que tiende la **mediación**, o en términos de la STS de 20-5-2004, el **derecho a percibir la comisión** surge cuando los actos inequívocos de **mediación** cristalizan en la operación en la que intervino el agente" (AP Cantabria 21-2-22, EDJ 523783).

- En el contrato de mediación o corretaje el mediador ha de limitarse en principio a **poner en relación a los futuros comprador y vendedor** de un objeto determinado contribuyendo eficazmente a que las partes concluyan el negocio (TS 2-11-99 EDJ 27842). Por su parte, se ha establecido jurisprudencialmente que la mediación se consuma cuando se otorga o perfecciona por el concurso de la oferta y la aceptación el contrato a que tiende la mediación, o en términos de la sentencia TS 20-5-04, EDJ 51795, el derecho a percibir la comisión surge cuando los actos inequívocos de mediación cristalizan en la operación en la que intervino el agente (AP Madrid 24-1-24, EDJ 533898).

- Dicho contrato está supeditado, en cuanto al **devengo de honorarios**, a la condición suspensiva de la celebración del contrato pretendido, salvo pacto expreso (TS 26-3-91 EDJ 3266; 19-10-93, EDJ 9253; 30-11-93, EDJ 10900; 7-3-94, EDJ 2036; 17-7-95, EDJ 4003; 5-2-96, EDJ 274; 30-3-98, EDJ 2306; y 21-10-00, EDJ 35377). De esta suerte, los honorarios de los agentes se devengan, salvo pacto que contemple otra modalidad, al celebrarse el contrato o negocio objeto de la mediación (TS 21-5-92, EDJ 5087).

Representación Mercantil y Distribución

MCM 5830 s.

Nota preliminar:

- La relación jurídica que media entre un agente inmobiliario y un comprador también ha sido considerada como un **corretaje**, considerado como el contrato oneroso por medio del cual una de las partes se compromete a realizar una serie de gestiones dirigidas a facilitar la ulterior celebración con un tercero de un contrato que en el que está interesando, siendo una de las obligaciones básicas la de la información de todas las características del inmueble, tal y como se pronuncia la sentencia AP Álava 15-6-06, EDJ 404660 (AP Girona 8-2-24, EDJ 535897).

Salvo pacto en contrario, como expresa ya la sentencia TS 12-12-1902, el derecho del corredor a ser remunerado depende, pues, del **cumplimiento del encargo** que se le hace, de modo que no adquiere derecho a percibir corretaje, aunque halle persona dispuesta a comprar, si surge en el curso de las negociaciones cualquier diferencia sustancial que obste a la celebración de la venta, porque en tal caso ésta no llega al estado de perfección.

- Como declara la sentencia TS 4-11-94, EDJ 8684, **el cometido del mediador concluye**, salvo pacto expreso en contrario, cuando por las partes o interesados se realiza el contrato base para cuya perfección interviene como coadyuvante o intermediario el comisionista. El dato, en un caso concreto, de que el comprador proyectado hiciese una entrega en concepto de señal no perfecciona un contrato aún no celebrado (TS 10-3-92, EDJ 2317).

- Salvo pacto expreso, **no se encuentra entre las obligaciones del mediador** la de **garantizar la consumación del contrato**, cualquiera que sea la causa que pueda haber producido el incumplimiento por parte del vendedor, siempre que no le sea imputable (TS 7-11-04 SIC). Así ocurre, a título de ejemplo, cuando el comprador desiste de la compra por disconformidad respecto del abono de la retribución al propio mediador (caso contemplado en la sentencia TS 20-5-04), o cuando la venta se resuelve por las numerosas cargas que afectan al inmueble desconocidas por el comprador (caso contemplado en la sentencia TS 20-5-04 EDJ 51795).

- La sentencia TS 5-11-04, EDJ 159599, señala que los **derechos del agente mediador al cobro de las remuneraciones** convenidas se adquieren desde el momento en que se perfecciona la compraventa encargada, que lleva consigo la actividad previa de oferta y búsqueda de adquirentes y puesta en contacto con el vendedor. Desde el momento en que ambos conciertan el negocio, que efectivamente llevan a cabo, el mediador ha cumplido y agotado su actividad intermediaria, que es la de mediar y no la de vender, salvo que concurra pacto expreso en este sentido, o cuando se conviene que sólo se podrían cobrar honorarios cuando la venta se halle consumada (TS 22-12-92, EDJ 12740; 4-7-94, EDJ 11851; 4-11-96; AP Jaén 11-4-08, EDJ 120680).

- No existe **normativa** específica para este contrato que no está regulado en el Código de Comercio, resultando aplicable al mismo la normativa general sobre obligaciones y contratos (CC art.1088 a 1314) (TS 28-6-96, EDJ 5733). Sí existen, no obstante, determinadas normas aplicables a determinados profesionales de la mediación como: CCom art.88 a 99 para los Agentes Mediadores Colegiados; RDL 3/2020, por el que se incorporan al ordenamiento jurídico español diversas directivas de la Unión Europea en el ámbito de la contratación pública en determinados sectores; de seguros privados; de planes y fondos de pensiones; del ámbito tributario y de litigios fiscales; o D 3248/1969 art.1 para los Agentes de la Propiedad Inmobiliaria.

- No está sujeto a especiales **requisitos de forma**, pudiéndose celebrar tanto de forma verbal, como por escrito, e incluso, de forma tácita. En algunos casos, se establece la celebración mediante **nota de encargo**. Es el caso de los Agentes de la Propiedad Inmobiliaria cuando el encargo tiene carácter de exclusiva, para lo que se utiliza modelo oficial expedido por el Consejo Rector (RD 1294/2007, de 28 de septiembre, por el que se aprueban los Estatutos Generales de los Colegios Oficiales de Agentes de la Propiedad Inmobiliaria y de su Consejo General) *(No es habitual que los contratos de mediación, en general, se pacten con carácter de exclusividad, ahora bien, la jurisprudencia ha admitido la posibilidad de que la mediación se realice con carácter de exclusiva;* TS 24-6-92, EDJ 6833).

- El contrato de mediación, como todos, requiere de la prestación del **consentimiento** para nacer a la vida jurídica. En el contrato de mediación inmobiliaria a veces se ha considerado que ese consentimiento es tácito, por ejemplo, cuando un posible comprador acude a las oficinas de una agencia inmobiliaria, analiza su cartera de inmuebles y decide visitar algunos de ellos haciendo uso de los servicios del agente. Pero no siempre que un agente inmobiliario o un corredor media en una compraventa hay que presumir que lo hace por encargo de ambos contratantes. Es perfectamente posible que lo haga sólo por encargo de uno de ellos (AP Albacete 7-3-17, EDJ 32943).

Representación Mercantil y Distribución

MCM 5830 s.

Nota preliminar:

- El **contrato de mediación o corretaje**, no regulado en el Código Civil, de construcción jurisprudencial **se define** como un contrato atípico, innominado, consensual y bilateral, regido por el principio de la autonomía de la voluntad, por el que una de las partes (corredor) se compromete a indicar a la otra (comitente) la oportunidad de concluir un negocio jurídico con un tercero o a servirle para ello de intermediario a cambio de una retribución (TS 22-12-92), derecho a remuneración a favor del corredor que nace desde el momento en que queda cumplida o agotada su actividad mediadora (única a la que se había obligado), o sea, desde que por su mediación haya quedado perfeccionado el contrato de compraventa cuya gestión se le había encomendado (AP Madrid 24-1-24, EDJ 533898).

- El modelo presupone unas **circunstancias** determinadas que serán las **más frecuentes**. Si en el caso concreto existen circunstancias particulares no previstas, deberá completarse o modificarse el modelo adaptándolo a las mismas.

En *"localidad"*, a *"fecha"*

REUNIDOS:

De una parte,

"Don/Doña nombre y apellidos de la parte", mayor de edad, *"estado civil de la parte" "... "especificar el régimen económico matrimonial de la parte" ..."*, de nacionalidad *"nacionalidad de la parte"*, con domicilio a estos efectos en *"domicilio de la parte"*, *"...con DNI/NIF número "DNI/NIF de la parte" ... O ... con tarjeta de residencia número "número de tarjeta de residencia de la parte" ... O ... pasaporte número "número de pasaporte de la parte", expedido el "fecha de expedición del pasaporte de la parte" ... O ... "reseñar otros documentos aportados por la parte" ..."*, vigente hasta el *"fecha de vigencia de la documentación aportada por la parte"*.

INTERVIENE:

❍ **Si interviene en su propio nombre:**

en su propio nombre y derecho.

❍ **Si interviene como representante:**

en nombre y representación

❍ Si representa a persona física:

de *"Don/Doña nombre y apellidos del representado"*, mayor de edad, *"estado civil del representado"*, con domicilio en *"domicilio del representado"* y provisto de D.N.I./N.I.F. número *"DNI/NIF del representado"*, según consta en escritura de poder, otorgada ante el notario de *"lugar donde radica la notaría en la que se autorizó la escritura de poder de representación (persona física)"*, *"Don/Doña nombre y apellidos del notario que autorizó la escritura de poder de representación (persona física)"*, el *"fecha de escritura de poder de representación (persona física)"*, con el número *"número de protocolo del notario que autorizó la escritura de poder de representación (persona física)"* de su orden de protocolo.

❍ Si representa a persona jurídica:

de la sociedad mercantil denominada *"denominación social"*, domiciliada en *"domicilio social"*, y con NIF número *"NIF de la sociedad"*, constituida, por tiempo indefinido, mediante escritura otorgada ante el notario de *"lugar donde radica la notaría en la que se autorizó la escritura de poder de representación (persona jurídica)"*, *"Don/Doña nombre y apellidos del notario que autorizó la escritura de poder de representación (persona jurídica)"*, el *"fecha de escritura de poder de representación (persona jurídica)"*, e inscrita en el Registro Mercantil de *"datos de la inscripción registral (localidad del Registro Mercantil, tomo, folio, sección, hoja e inscripción)"*, en su calidad de

➢

❍ Si representa como cargo social:

"...administrador único ... O ... administrador solidario ... O ... consejero delegado ... O ... "especificar la representación del cargo social" ... " de la reseñada sociedad, cargo para el que fue nombrado y asegura vigente en escritura otorgada el *"fecha de escritura del nombramiento del cargo"*, ante el notario de *"lugar donde radica la notaría en la que se autorizó la escritura del nombramiento"*, *"Don/Doña nombre y apellidos del notario que autorizó la escritura del nombramiento"*, con el número *"número de protocolo del notario que autorizó la escritura del nombramiento"* de su protocolo, e inscrita en el Registro Mercantil de *"localidad del Registro Mercantil de la escritura de nombramiento"*, en el tomo y hoja arriba indicados.

❍ Si representa como apoderado:

apoderado de la reseñada sociedad, según escritura de poder otorgada a su favor, en *"fecha de escritura del otorgamiento del poder"*, ante el notario de *"lugar donde radica la notaría en la que se autorizó la escritura de poder"*, *"Don/Doña nombre y apellidos del notario que autorizó la escritura de poder"*, con el número *"número de protocolo del notario que autorizó la escritura de poder"* de su protocolo *"...e inscrita en el Registro Mercantil de "localidad del Registro Mercantil de la escritura de poder" ...*", en el tomo y hoja arriba indicados.

≺

≺≺

En adelante, el **Mandante**.

De otra parte,

"Don/Doña nombre y apellidos de la parte", mayor de edad, *"estado civil de la parte" "..."especificar el régimen económico matrimonial de la parte" ...*", de nacionalidad *"nacionalidad de la parte"*, con domicilio a estos efectos en *"domicilio de la parte"*, *"...con DNI/NIF número "DNI/NIF de la parte"... O ... con tarjeta de residencia número "número de tarjeta de residencia de la parte" ... O ... pasaporte número "número de pasaporte de la parte", expedido el "fecha de expedición del pasaporte de la parte" ... O ... "reseñar otros documentos aportados por la parte" ...*", vigente hasta el *"fecha de vigencia de la documentación aportada por la parte"*.

Interviene en su propio nombre y derecho.

En adelante, el **Mediador**.

Las partes se reconocen la capacidad legal necesaria para contratar y obligarse y, a tal efecto

EXPONEN:

I. Que el **Mandante**, cuyo objeto social es *"especificar objeto social"*, está interesada en la adquisición de un solar *"detallar las características del solar requerido"*, en la zona de *"especificar la zona requerida"*, donde tiene previsto instalar una nueva factoría para la fabricación de sus productos.

II. Que el **Mediador**, se encuentra colegiado en *"colegio profesional y localidad"*, con el núm. *"número de colegiación del Mediador"* de Agente de la Propiedad Inmobiliaria, con despacho profesional abierto en la zona donde tiene previsto instalar su nueva factoría el **Mandante**.

III. Que ambas partes han alcanzado un acuerdo en virtud del cual el **Mediador** se compromete a llevar a cabo las gestiones necesarias para la adquisición por parte del **Mandante** del solar deseado, pactando para su ejecución el presente contrato de mediación o corretaje, con arreglo a las siguientes:

MCM 5830 s.

Nota:

*Los Agentes de la Propiedad Inmobiliaria son calificados reiteradamente por la Jurisprudencia como mediadores (*TS 26-3-99*), aunque no es necesario tener la **titulación** de Agente de la Propiedad Inmobiliaria para tener derecho al cobro de **honorarios** por la intervención en una operación inmobiliaria (*TS 11-6-01, *EDJ 8519).*

ESTIPULACIONES:

"Número" Objeto

En virtud del presente contrato el **Mediador** se compromete a llevar a cabo todas las gestiones necesarias para que el **Mandante** adquiera un solar en la zona de *"especificar la zona requerida"* de las características expuestas en el expositivo I. Entre tales gestiones se encuentran la localización del solar, la averiguación de su situación jurídica y registral, negociación con su propietario o propietarios de las condiciones de venta, elaboración del correspondiente contrato de compraventa privado, etc., pero no podrá concluir por sí mismo la operación que le ha sido encargada formalizando el correspondiente contrato de compraventa, pues carece de poder de representación del **Mandante**.

Nota:

*- El contrato de mediación se caracteriza por su **instantaneidad** frente a contratos como el de agencia que se caracterizan por su permanencia. El objeto del contrato de mediación consiste en la realización de una concreta actividad encaminada a relacionar al mandante con un tercero.*

*- El incumplimiento por parte del mediador de su obligación de averiguar cuál es la **situación jurídica y registral** del inmueble es causa suficiente como para la resolución del contrato (*TS 4-7-94, *EDJ 11851).*

*- Las **obligaciones** del Agente (API) cesan con la perfección de la venta en la que éste no participa (*TS 16-11-00, *EDJ 38855).*

"Número" Precio

El **Mandante** está dispuesto a abonar un precio máximo de *"importe máximo a abonar, en letra"* euros (*"importe máximo a abonar, en número"* €) por la adquisición de dicho solar, precio máximo que se deberá tener en cuenta por el **Mediador/Agente** en las negociaciones a desarrollar.

"Número" Corretaje

El **Mediador** percibirá *"importe a percibir"* euros por el desarrollo de las funciones que tiene encomendadas, más una bonificación adicional si el precio de compra es inferior al máximo fijado en la cláusula anterior que será del *"valor porcentual del precio de venta"* del precio de venta, si éste es inferior al menos en un *"valor porcentual del precio máximo"* del precio máximo propuesto; del *"valor porcentual inferior"*, si éste es inferior al menos en un *"valor porcentual del precio máximo"* del precio máximo propuesto.

"Número" Derecho de remuneración

El **Mediador** sólo tendrá derecho a percibir la remuneración pactada en el caso de que sus gestiones finalmente concluyan en la adquisición por parte del **Mandante** del solar propuesto por aquél. No teniendo derecho a remuneración alguna en caso contrario, con independencia de cuál sea la causa que frustre la operación.

Nota:

*- Si bien lo normal es que el **devengo de la remuneración** pactada se haga depender de la conclusión de la operación en la que intervino el mediador, nada impide que se pacte que el mediador perciba una remuneración por acercar a las partes con independencia de que el contrato se formalice o no (*TS 10-10-01, *EDJ 33591), o que se devengue a la perfección del contrato aunque luego éste finalmente no se consume (*TS 14-3-00, *EDJ 2106;* 22-12-92, *EDJ 12740).*

*- El mediador tiene derecho a cobrar el premio siempre que el contrato que promovió llegue a celebrarse (*TS 5-11-98, *EDJ 25110;* 30-4-98, *EDJ 2306).*

*- No cabe remunerar al mediador por una operación en la que **no intervino** y que se concluyó fuera del plazo pactado (*AP Barcelona 23-1-02, *EDJ 17983).*

MCM 5830 s.

"Número" Duración

El presente contrato tendrá una duración de *"ámbito temporal de vigencia del contrato"* días, transcurridos los cuales si no se hubiese concluido la operación pactada el **Mediador** perderá todo derecho de remuneración. No obstante, si en los *"especificar el número de meses"* meses siguientes a la finalización del contrato, el **Mandante** lleva a cabo la adquisición de alguno de los solares propuestos por el **Mediador** en condiciones similares a las propuestas por éste tendrá derecho a percibir su remuneración como si el contrato hubiese estado en vigor.

 **Nota:**

*- El contrato de mediación no puede pactarse con una **duración** indefinida (*TS 21-5-92, *EDJ 5087).*

*- Con este último inciso se trata de evitar que se utilice al mediador y luego se pretenda concluir la operación obviando los servicios prestados por éste (*TS 7-1-57*). La sentencia citada establece que el **corretaje** debe ser abonado al corredor, aunque el contrato se celebre una vez extinguido el contrato objeto del encargo, si se acredita que se ha concluido gracias a la intervención que el mediador hizo en su día.*

"Número" Contrato de compraventa

El **Mediador** estará presente en el momento en que su **Mandante** y el **Vendedor** concierten el contrato de compraventa objeto de su mediación, percibiendo la remuneración pactada en dicho acto.

 **Nota:**

*Esta cláusula tiene como objeto que el mediador pueda cobrar su **comisión** en el mismo momento en el que tiene lugar el contrato a cuya formalización se comprometió el mediador. Es una práctica habitual cuando en una compraventa interviene un Agente de la Propiedad Inmobiliaria. En todo caso, la remuneración pactada se debe abonar una vez concluido el contrato (*TS 21-5-92, *EDJ 5087).*

"Número" Terminación y resolución del contrato

 **Nota:**

*Las **posibilidades** en relación con este tipo de cláusulas son muchas. Puede ocurrir que se atribuya a ambas partes la facultad de dar por concluido el contrato ante cualquier incumplimiento de la otra parte, sin tener que recurrir a formalismo alguno. Pero puede ocurrir también que esa formalidad se atribuya sólo a alguna de las partes, o que se sujete la efectividad de dicha medida a algún tipo de requisito. Dadas las múltiples variedades que ello puede adoptar, hemos preferido por establecer un **modelo común**, con carácter general, al que se pueden introducir ciertos aspectos o modificaciones particulares.*

"Apartado"

Son causas de terminación y resolución del presente contrato las siguientes:

a) Su terminación normal, ya sea por haber llegado el contrato a su vencimiento, ya sea por haberse cumplido y ejecutado la prestación a la que ambas partes se encuentran obligadas, ya sea por acuerdo mutuo de las partes.

b) Por incumplimiento de cualquiera de las partes de alguna de las cláusulas del presente contrato, sin que dicho incumplimiento fuera subsanado dentro de los *"número"* días siguientes a la notificación por escrito efectuada por la otra parte solicitando la subsanación del incumplimiento.

"Apartado"

La resolución del presente contrato o de cualquiera de las licencias concedidas en su aplicación no excluye cualquier otra reparación legal o judicial que cualquiera de las partes estime oportuno obtener.

"Número" Gastos del contrato

Queda expresamente convenido que todos los gastos, impuestos, contribuciones, tasas o arbitrios, presentes o futuros, que origine este contrato serán satisfechos por las partes, conforme a Ley.

MCM 5830 s.

"Número" Sometimiento a arbitraje
Con renuncia expresa al ejercicio de cualquier acción ante los juzgados y tribunales, las partes se comprometen expresamente a instituir, en su día, un arbitraje de Derecho Privado, con arreglo a la legislación vigente, para resolver cuantas dudas o divergencias pudieran surgir entre ellas como consecuencia de la interpretación o cumplimiento de este contrato.

"Número" Normativa aplicable al contrato
El presente contrato tiene carácter de mercantil y se regirá, en primer término, por las estipulaciones contenidas en el mismo, y, en lo en ellas no previsto, por las disposiciones del Código de Comercio, Leyes especiales, los usos y costumbres mercantiles y, en su defecto, por lo establecido en el Código Civil.

"Número" Elevación a documento público
El presente contrato se elevará a público a solicitud de cualquiera de las partes, siendo los gastos del fedatario pagados por la parte que lo solicite.

Y en prueba de conformidad, ambas partes firman el presente contrato, que se extiende en dos ejemplares, igualmente originales, en el lugar y fecha indicados en su encabezamiento.

EL MANDANTE **EL MEDIADOR**

Concesión mercantil

MCM 5885 s.

Nota preliminar:

- El contrato de **concesión mercantil** es aquél por el cual, un empresario (concesionario), se compromete a adquirir en determinadas condiciones productos, normalmente de marca, a otro empresario (concedente) y a revenderlos *(Se ha optado por incluir un modelo de contrato de concesión mercantil en el que el Concesionario no adquiere las mercancías para sí y luego las revende, sino que simplemente distribuye las mercancías del Concedente. Por contraposición, en el modelo de contrato de delegación, cuya única diferencia con la concesión es la prestación adicional por parte del Delegado de un servicio de reparación, hemos optado por que el Delegado sí adquiera las mercancías del Delegante que luego revende. En cuanto a la definición del contrato de concesión cabe citar la sentencia* TS 17-5-99, EDJ 11214; *y en cuanto a su distinción con el contrato de agencia, la sentencia* TS 12-6-99, EDJ 11526; AP Granada 12-4-03, EDJ 85269) en una zona concreta, prestando a los compradores de dichos productos la asistencia que precisen una vez realizada la venta. Se trata de un contrato de colaboración entre empresarios.

- Un contrato de concesión mercantil , también conocido como contrato de **distribución**, contrato del que la AP Barcelona 30-6-15, EDJ 165384, indica que encuadrable dentro de la categoría jurídica de los contratos de colaboración, presenta la particularidad de que el concesionario actúa en su nombre y por cuenta propia, en la zona geográfica asignada, asumiendo para sí los riesgos de las operaciones comerciales que realiza con los clientes, pues actúa con capital propio e independencia negocial del concedente, sin perjuicio de que las actividades se lleven a cabo en interés de aquél y también en el propio. Su **autonomía** se manifiesta en la fase final de distribución de los efectos o mercancías a la clientela, ya que se produce una efectiva reventa de los productos que proceden y suministra el principal (AP Cádiz 22-2-17, EDJ 41699).

- La concesión mercantil se acerca al objeto de la mera **distribución en exclusiva** (AP Sta. Cruz de Tenerife 27-1-01, EDJ 4580).

« (...) es un **contrato de distribución en exclusiva** que, pese a ser atípico, por carecer de regulación propia, por su frecuente utilización ha permitido alcanzar una tipificación social, y la doctrina científica y jurisprudencial han destacado los **elementos más relevantes**, diferenciándolo de otros contratos de colaboración empresarial: (i) el distribuidor actúa en nombre y por cuenta propia, asumiendo el riesgo de la reventa lo que permite diferenciar este contrato y el de agencia (TS 31-10-01 y 12-6-99); (ii) la retribución del distribuidor, a diferencia de la del agente, consiste en el margen de reventa de los productos que comercializa del proveedor o comitente (TS 2-10-13, EDJ 201109); (iii) el objeto del contrato consiste en promover la distribución o reventa de los productos, fomentando su colocación en el mercado, integrándose, por lo general, en la red distributiva del concedente; (iv) son contratos mercantiles de duración continuada y habitualmente de adhesión, con el fin de alcanzar una homogeneidad en todo el territorio nacional; (v) son contratos que habitualmente suponen una cesión de derechos sobre bienes inmateriales (marcas, logotipos, Know how,...); (vi) son contratos basados en la confianza, en atención a las capacidades técnicas y profesionales del distribuidor; (vii) normalmente entre fabricante o proveedor y distribuidor rige una exclusividad recíproca, en relación a la zona asignada en la que no puede vender aquél y los productos de la competencia que no puede comercializar este último (TS 5-10-95 y 18-12-95) (AP Alicante 6-10-17, EDJ 250706).

- El **contrato de distribución o de concesión mercantil** -como cabe inferir, entre otras, de la Sentencia de la Sala Primera del Tribunal Supremo de 17 de mayo de 1999- es aquel por el cual un empresario (concesionario o distribuidor) se compromete a adquirir los productos de otro (concedente) y a revenderlos, en las condiciones pactadas, en una zona concreta, y a prestar a los usuarios y adquirentes de dichos productos determinadas asistencias una vez realizada la venta.

Representación Mercantil y Distribución

MCM 5885 s.

Nota preliminar:

- Conviene recordar que el contrato de distribución es un **contrato atípico**, englobado dentro de los llamados **de colaboración comercial**, como ocurre con los de agencia y franquicia, en el que está presente la idea de la mutua cooperación de empresarios por un tiempo indefinido o determinado pero con vocación de estabilidad, para la difusión de un producto, marca o servicio en un ámbito geográfico convenido, de forma exclusiva o no, en beneficio del principal, quien, sin necesidad de afrontar los costes de una red de difusión, va a lograr este mismo fin gracias al distribuidor, el que, por su parte, actúa en su nombre y por cuenta propia al comprar en firme al empresario concedente y revender, asumiendo los riesgos de la comercialización (por todas, sentencia TS 20-7-07, EDJ 100779, con cita de las sentencias TS 8-11-95, 1-2-01 y 31-10-01) que lo diferencian del de agencia en que tiene por objeto la promoción de actos u operaciones de comercio pero donde es básica la independencia del agente, como intermediario independiente que no asume ningún tipo de riesgos (TS 18-5-09; AP Asturias 9-10-23, EDJ 764055).

Este contrato **se configura** como un contrato mercantil, atípico, mixto, consensual, bilateral y sinalagmático e *intuitu personae* (AP Madrid 5-3-19, EDJ 548541).

- Este contrato carece de **normativa** específica, resultando aplicable al mismo la normativa general sobre obligaciones y contratos (CC art.1088 a 1314) (En materia de competencia son aplicables el Rgto CEE/83/1983 sobre distribución en exclusiva, y, en España, el RD 261/2008, por el que se aprueba el Reglamento de Defensa de la Competencia).
- No está sujeto a especiales **requisitos de forma**, pudiéndose celebrar tanto de forma verbal, como por escrito.
- El modelo presupone unas circunstancias determinadas que serán las más frecuentes. Si en el caso concreto existen circunstancias particulares no previstas, deberá completarse o modificarse el modelo adaptándolo a las mismas.

En *"localidad"*, a *"fecha"*

REUNIDOS:

De una parte,

"Don/Doña nombre y apellidos de la parte", mayor de edad, *"estado civil de la parte"* "... *"especificar el régimen económico matrimonial de la parte"* ... ", de nacionalidad *"nacionalidad de la parte"*, con domicilio a estos efectos en *"domicilio de la parte"*, *"...con DNI/NIF número "DNI/NIF de la parte" ... O ... con tarjeta de residencia número "número de tarjeta de residencia de la parte" ... O ... pasaporte número "número de pasaporte de la parte", expedido el "fecha de expedición del pasaporte de la parte" ... O ..."reseñar otros documentos aportados por la parte"* ... ", vigente hasta el *"fecha de vigencia de la documentación aportada por la parte"*.

Interviene en nombre y representación de la sociedad mercantil denominada *"denominación de la Sociedad"*, domiciliada en *"domicilio de la Sociedad"*, y con NIF número *"NIF de la Sociedad"*, constituida, por tiempo indefinido, mediante escritura otorgada ante el notario de *"lugar del notario que autorizó la escritura pública"*, *"Don/Doña nombre y apellidos del notario que autorizó la escritura pública"*, el *"fecha de autorización de la escritura pública"*, e inscrita en el Registro Mercantil de *"datos de la inscripción registral (localidad del Registro Mercantil, tomo, folio, sección, hoja e inscripción)"*, en su calidad de

>>

❍ **Si representa como cargo social:**

"...administrador único ... O ... administrador solidario ... O ... consejero delegado ... O ..."especificar la representación del cargo social" ... " de la reseñada sociedad, cargo para el que fue nombrado y asegura vigente en escritura otorgada el *"fecha de escritura del nombramiento del cargo"*, ante el notario de *"lugar donde radica la notaría en la que se autorizó la escritura del nombramiento"*, *"Don/Doña nombre y apellidos del notario que autorizó la escritura del nombramiento"*, con el número *"número de protocolo del notario que autorizó la escritura del nombramiento"* de su protocolo, e inscrita en el Registro Mercantil de *"localidad del Registro Mercantil de la escritura de nombramiento"*, en el tomo y hoja arriba indicados.

MCM 5885 s.

○ Si representa como apoderado:

apoderado de la reseñada sociedad, según escritura de poder otorgada a su favor, en *"fecha de escritura del otorgamiento del poder"*, ante el notario de *"lugar donde radica la notaría en la que se autorizó la escritura de poder"*, *"Don/Doña nombre y apellidos del notario que autorizó la escritura de poder"*, con el número *"número de protocolo del notario que autorizó la escritura de poder"* de su protocolo *"...e inscrita en el Registro Mercantil de "localidad del Registro Mercantil de la escritura de poder" ...*", en el tomo y hoja arriba indicados.

En adelante, el **Concedente**.

De otra parte,

"Don/Doña nombre y apellidos de la parte", mayor de edad, *"estado civil de la parte" "... "especificar el régimen económico matrimonial de la parte" ...*", de nacionalidad *"nacionalidad de la parte"*, con domicilio a estos efectos en *"domicilio de la parte"*, *"...con DNI/NIF número "DNI/NIF de la parte"... O ... con tarjeta de residencia número "número de tarjeta de residencia de la parte" ... O ... pasaporte número "número de pasaporte de la parte", expedido el "fecha de expedición del pasaporte de la parte" ... O ... "reseñar otros documentos aportados por la parte" ...*", vigente hasta el *"fecha de vigencia de la documentación aportada por la parte"*.

Interviene en nombre y representación de la sociedad mercantil denominada *"denominación de la Sociedad"*, domiciliada en *"domicilio de la Sociedad"*, y con NIF número *"NIF de la Sociedad"*, constituida, por tiempo indefinido, mediante escritura otorgada ante el notario de *"lugar del notario que autorizó la escritura pública"*, *"Don/Doña nombre y apellidos del notario que autorizó la escritura pública"*, el *"fecha de autorización de la escritura pública"*, e inscrita en el Registro Mercantil de *"datos de la inscripción registral (localidad del Registro Mercantil, tomo, folio, sección, hoja e inscripción)"*, en su calidad de

»»

○ Si representa como cargo social:

"...administrador único ... O ... administrador solidario ... O ... consejero delegado ... O ... "especificar la representación del cargo social" ..." de la reseñada sociedad, cargo para el que fue nombrado y asegura vigente en escritura otorgada el *"fecha de escritura del nombramiento del cargo"*, ante el notario de *"lugar donde radica la notaría en la que se autorizó la escritura del nombramiento"*, *"Don/Doña nombre y apellidos del notario que autorizó la escritura del nombramiento"*, con el número *"número de protocolo del notario que autorizó la escritura del nombramiento"* de su protocolo, e inscrita en el Registro Mercantil de *"localidad del Registro Mercantil de la escritura de nombramiento"*, en el tomo y hoja arriba indicados.

○ Si representa como apoderado:

apoderado de la reseñada sociedad, según escritura de poder otorgada a su favor, en *"fecha de escritura del otorgamiento del poder"*, ante el notario de *"lugar donde radica la notaría en la que se autorizó la escritura de poder"*, *"Don/Doña nombre y apellidos del notario que autorizó la escritura de poder"*, con el número *"número de protocolo del notario que autorizó la escritura de poder"* de su protocolo *"...e inscrita en el Registro Mercantil de "localidad del Registro Mercantil de la escritura de poder" ...*", en el tomo y hoja arriba indicados.

En adelante, el **Concesionario**.

Las partes se reconocen la capacidad legal necesaria para contratar y obligarse y, a tal efecto

MCM 5885 s.

EXPONEN:

I. Que el **Concedente** que tiene como objeto la fabricación de los productos que constan en el Anexo I al presente contrato comercializados bajo la marca *"nombre de la marca"*.

II. Que el **Concedente** utiliza como forma habitual de comercializar sus productos la concertación con otras empresas de contratos de concesión mercantil en exclusiva para una determinada zona.

III. Que el **Concesionario** es una mercantil que dispone de los medios materiales y humanos para llevar a cabo la comercialización de los productos del **Concedente**.

IV. Que ambas partes han alcanzado un acuerdo en virtud del cual el **Concesionario** se compromete a llevar a cabo las operaciones de comercialización y distribución de los productos del **Concedente**, pactando para su ejecución el presente contrato de concesión mercantil, con arreglo a las siguientes:

ESTIPULACIONES:

"Número" Objeto

En virtud del presente contrato el **Concedente** designa como **Concesionario** de sus productos a la mercantil *"denominación del Concesionario"*, que llevará a cabo la venta y distribución de dichos productos, así como la atención del servicio de posventa y asistencia técnica de los mismos en la zona de *"especificar zona de ventas"*.

Nota:

Es habitual que junto a la obligación de distribución y venta de los productos del Concedente el Concesionario se obligue también a unas ***ventas mínimas****, que de no lograrse darán lugar a la resolución del contrato (*TS 2-3-01, *EDJ 1260). No obstante, el descenso en las ventas no trae consigo la resolución del contrato si ello no se ha pactado (*TS 4-6-01, *EDJ 7161).*

"Número" Suministros

El **Concedente** suministrará al **Concesionario** sus productos en las cantidades que éste le solicite, estando obligado éste a mantener en su establecimiento mercantil *"cantidad de producto"* unidades de *"especificar producto"*. Los productos suministrados quedarán en el establecimiento mercantil del **Concesionario** hasta que se proceda a su venta, corriendo éste con los gastos de custodia y conservación de los mismos, así como con los riesgos por su pérdida.

Nota:

La ***falta del pago*** *de los suministros se considera como causa suficiente para resolver el contrato (*TS 27-2-90, *EDJ 2157).*

Cuando el **Concesionario** necesite para atender la petición de un cliente una cantidad de productos de la que no disponga en depósito se lo solicitará al **Concesionario**, remitiéndole la correspondiente nota de pedido, que deberá ponerlos a su disposición en un plazo máximo de *"especificar plazo"*.

Los gastos de transporte de los productos desde la fábrica del **Concedente** a los puntos de venta del **Concesionario** correrán por cuenta de aquél.

"Número" Puntos de venta

El **Concesionario** deberá tener abiertas al público al menos *"número de locales abiertos al público"* locales comerciales para la exposición y venta de los productos del **Concedente**, que estarán ubicadas en las zonas comerciales de las siguientes localidades: *"especificar localidades"*. Los mencionados locales deberán además reunir las siguientes características: *"detallar las características que deben cumplir los locales"*.

En cada punto de venta el **Concesionario** deberá contar con el personal idóneo, tanto comercial como técnico para ofrecer un adecuado servicio de venta y posventa de los productos del **Concedente**.

MCM 5885 s.

"Número" Precio de venta de los productos

Los precios de venta de los productos del **Concedente** los fijará libremente el **Concesionario**, pero éstos no podrán superar nunca un *"valor porcentual máximo"* del precio marcado por el **Concedente** en sus tarifas generales, ni estar nunca un *"valor porcentual mínimo"* por debajo de éstas.

"Número" Deber de información y publicidad

El **Concedente** informará al **Concesionario** de las campañas nacionales de promoción de sus productos con carácter previo al lanzamiento de las mismas, así como de la comercialización de nuevos productos o de cualquier novedad con respecto a los comercializados anteriormente, entre ellas, su retirada del mercado o las previsiones sobre aumentos o disminuciones en las ventas de los mismos.

Asimismo, el **Concedente** asesorará al **Concesionario** en el desarrollo de las campañas publicitarias locales que éste lleve a cabo en la zona de comercialización del producto que tiene asignada, proporcionándole folletos y demás material publicitario con logotipos y marcas que permitan su uso con el fin de publicitar los productos del **Concedente**.

"Número" Comisión

El **Concesionario** percibirá un *"valor porcentual de los productos vendidos"* del importe bruto de los productos vendidos más un *"valor porcentual adicional"* adicional si la cifra de ventas supera los *"cantidad mensual, en letra"* euros (*"cantidad mensual, en número"* €) mensuales.

"Número" Liquidación

Mensualmente, el **Concesionario** ingresará en la cuenta núm. *"número de cuenta corriente"*, del banco *"nombre del banco"*, a nombre del **Concedente** el importe obtenido por la venta de sus productos, descontada la cantidad que le corresponde como comisión por las ventas de ese mes.

"Número" Duración

La concesión objeto del presente contrato se hace por *"ámbito temporal de vigencia de la concesión"* años, renovables automáticamente por periodos similares si al menos con *"especificar plazo de preaviso"* de antelación a la fecha de extinción del mismo no se comunica de forma fehaciente la decisión de no prorrogar el contrato.

Nota:

- *El contrato de concesión puede ser de* ***duración*** *determinada o indefinida (*TS 3-7-78*).*
- *En principio, la característica de la concesión mercantil es que sea* ***continuada en el tiempo*** *para distinguirla del mero suministro o de la franquicia (*AP Barcelona 24-4-99, *EDJ 17715).*

"Número" Exclusividad

El **Concedente** no concederá ninguna concesión para la venta de sus productos en la zona asignada al **Concesionario**.

Nota:

TS 15-3-01, *EDJ 2305;* 11-3-96, *EDJ 899.*

"Número" Pacto de no competencia

El **Concesionario** no podrá comercializar productos iguales o similares a los del **Concedente** o que puedan resultar competentes o concurrentes con los de éste, en el ámbito geográfico dónde desarrolla sus funciones para aquél.

"Número" Subcontratación

El **Concesionario** podrá contar con la colaboración de terceros que lleven a cabo la comercialización y distribución de los productos del **Concedente** en la zona que aquél tiene asignada en exclusiva. No obstante, todas las ventas de los productos del **Concedente** que tengan lugar en la zona asignada al **Concesionario** se entenderán realizadas por éste a efectos del abono de las comisiones fijadas en el presente contrato.

MCM 5885 s.

"Número" Inspección

El **Concedente** se reserva el derecho a inspeccionar periódicamente los locales donde el **Concesionario** comercializa y almacena sus productos. Teniendo también derecho a que se le exhiba por éste la documentación contable que aquél le requiera para verificar las ventas de sus productos facturadas.

"Número" Deber de secreto

El **Concesionario** deberá actuar lealmente y de buena fe, velando en todo momento por los intereses comerciales del **Concedente**, no desvelando ninguna información de la que sobre éste disponga como consecuencia de la relación comercial que les une.

"Número" Terminación y resolución del contrato

 **Nota:**

*- En cuanto a la **extinción** del contrato de concesión por tiempo indefinido pueden citarse las sentencias:* TS 24-2-93, *EDJ 1785;* 25-1-96, *EDJ 289;* 18-12-95, *EDJ 6376. Cabe la **resolución unilateral** del contrato de concesión, aunque ésta no se haya pactado (*TS 17-5-99, *EDJ 11214;* 21-12-92, *EDJ 12626).*

*- Las **posibilidades** en relación con este tipo de cláusulas son muchas. Puede ocurrir que se atribuya a ambas partes la facultad de dar por concluido el contrato ante cualquier incumplimiento de la otra parte, sin tener que recurrir a formalismo alguno. Pero puede ocurrir también que esa formalidad se atribuya sólo a alguna de las partes, o que se sujete la efectividad de dicha medida a algún tipo de requisito. Dadas las múltiples variedades que ello puede adoptar, hemos preferido por establecer un **modelo común**, con carácter general, al que se pueden introducir ciertos aspectos o modificaciones particulares.*

"Apartado"

Son causas de terminación y resolución del presente contrato las siguientes:

a) Su terminación normal, ya sea por haber llegado el contrato a su vencimiento, ya sea por haberse cumplido y ejecutado la prestación a la que ambas partes se encuentran obligadas, ya sea por acuerdo mutuo de las partes.

b) Por incumplimiento de cualquiera de las partes de alguna de las cláusulas del presente contrato, sin que dicho incumplimiento fuera subsanado dentro de los *"número de días para subsanar el incumplimiento"* días siguientes a la notificación por escrito efectuada por la otra parte solicitando la subsanación del incumplimiento.

"Apartado"

La resolución del presente contrato o de cualquiera de las licencias concedidas en su aplicación no excluye cualquier otra reparación legal o judicial que cualquiera de las partes estime oportuno obtener.

"Número" Gastos del contrato

Queda expresamente convenido que todos los gastos, impuestos, contribuciones, tasas o arbitrios, presentes o futuros, que origine este contrato serán satisfechos por las partes, conforme a Ley.

"Número" Sometimiento a arbitraje

Con renuncia expresa al ejercicio de cualquier acción ante los juzgados y tribunales, las partes se comprometen expresamente a instituir, en su día, un arbitraje de Derecho Privado, con arreglo a la legislación vigente, para resolver cuantas dudas o divergencias pudieran surgir entre ellas como consecuencia de la interpretación o cumplimiento de este contrato.

"Número" Normativa aplicable al contrato

El presente contrato tiene carácter de mercantil y se regirá, en primer término, por las estipulaciones contenidas en el mismo, y, en lo en ellas no previsto, por las disposiciones del Código de Comercio, Leyes especiales, los usos y costumbres mercantiles y, en su defecto, por lo establecido en el Código Civil.

MCM 5885 s.

"Número" Elevación a documento público
El presente contrato se elevará a público a solicitud de cualquiera de las partes, siendo los gastos del fedatario pagados por la parte que lo solicite.

Y en prueba de conformidad, ambas partes firman el presente contrato, que se extiende en dos ejemplares, igualmente originales, en el lugar y fecha indicados en su encabezamiento.

EL CONCEDENTE **EL CONCESIONARIO**

Delegación

MCM 5955 s.

Nota preliminar:

- El contrato de **delegación** es un contrato de concesión con la particularidad de que el concesionario, al que se le denomina delegado, asume la obligación de prestar un servicio adicional de reparación *(Deben tenerse en cuenta todas las notas del contrato de concesión que resultan perfectamente trasladables al contrato de delegación. Se ha optado por incluir un modelo de contrato de delegación en el que el Delegado adquiere las mercancías y luego las revende, por contraposición, en el modelo de contrato de concesión incluido (8.4), el Concesionario se limitaba a distribuir las mercancías del Concedente, sin adquirir las mismas).*

- El contrato de concesión delegación carece de una **normativa** específica, resultando aplicable al mismo la normativa general sobre obligaciones y contratos (CC art.1088 a 1314).

- No está sujeto a especiales **requisitos de forma**, pudiéndose celebrar tanto de forma verbal, como por escrito.

- El modelo presupone unas **circunstancias** determinadas que serán las **más frecuentes**. Si en el caso concreto existen circunstancias particulares no previstas, deberá completarse o modificarse el modelo adaptándolo a las mismas.

En *"localidad"*, *"fecha"*

REUNIDOS:

De una parte,

"Don/Doña nombre y apellidos de la parte", mayor de edad, *"estado civil de la parte" "... "especificar el régimen económico matrimonial de la parte" ... "*, de nacionalidad *"nacionalidad de la parte"*, con domicilio a estos efectos en *"domicilio de la parte"*, *"...con DNI/NIF número "DNI/NIF de la parte" ... O ... con tarjeta de residencia número "número de tarjeta de residencia de la parte" ... O ... pasaporte número "número de pasaporte de la parte", expedido el "fecha de expedición del pasaporte de la parte" ... O ... "reseñar otros documentos aportados por la parte" ... "*, vigente hasta el *"fecha de vigencia de la documentación aportada por la parte"*.

Interviene en nombre y representación de la sociedad mercantil denominada *"denominación de la Sociedad"*, domiciliada en *"domicilio de la Sociedad"*, y con NIF número *"NIF de la Sociedad"*, constituida, por tiempo indefinido, mediante escritura otorgada ante el notario de *"lugar del notario que autorizó la escritura pública"*, *"Don/Doña nombre y apellidos del notario que autorizó la escritura pública"*, el *"fecha de autorización de la escritura pública"*, e inscrita en el Registro Mercantil de *"datos de la inscripción registral (localidad del Registro Mercantil, tomo, folio, sección, hoja e inscripción)"*, en su calidad de

○ **Si representa como cargo social:**

"...administrador único ... O ... administrador solidario ... O ... consejero delegado ... O ... "especificar la representación del cargo social" ... " de la reseñada sociedad, cargo para el que fue nombrado y asegura vigente en escritura otorgada el *"fecha de escritura del nombramiento del cargo"*, ante el notario de *"lugar donde radica la notaría en la que se autorizó la escritura del nombramiento"*, *"Don/Doña nombre y apellidos del notario que autorizó la escritura del nombramiento"*, con el número *"número de protocolo del notario que autorizó la escritura del nombramiento"* de su protocolo, e inscrita en el Registro Mercantil de *"localidad del Registro Mercantil de la escritura de nombramiento"*, en el tomo y hoja arriba indicados.

MCM 5955 s.

Si representa como apoderado:

apoderado de la reseñada sociedad, según escritura de poder otorgada a su favor, en *"fecha de escritura del otorgamiento del poder"*, ante el notario de *"lugar donde radica la notaría en la que se autorizó la escritura de poder"*, *"Don/Doña nombre y apellidos del notario que autorizó la escritura de poder"*, con el número *"número de protocolo del notario que autorizó la escritura de poder"* de su protocolo *"...e inscrita en el Registro Mercantil de "localidad del Registro Mercantil de la escritura de poder" ..."*, en el tomo y hoja arriba indicados.

En adelante, el **Delegante**.

De otra parte,
"Don/Doña nombre y apellidos de la parte", mayor de edad, *"estado civil de la parte" "... "especificar el régimen económico matrimonial de la parte" ..."*, de nacionalidad *"nacionalidad de la parte"*, con domicilio a estos efectos en *"domicilio de la parte"*, *"...con DNI/NIF número "DNI/NIF de la parte"... O ... con tarjeta de residencia número "número de tarjeta de residencia de la parte" ... O ... pasaporte número "número de pasaporte de la parte", expedido el "fecha de expedición del pasaporte de la parte" ... O ... "reseñar otros documentos aportados por la parte" ..."*, vigente hasta el *"fecha de vigencia de la documentación aportada por la parte"*.

Interviene en nombre y representación de la sociedad mercantil denominada *"denominación de la Sociedad"*, domiciliada en *"domicilio de la Sociedad"*, y con NIF número *"NIF de la Sociedad"*, constituida, por tiempo indefinido, mediante escritura otorgada ante el notario de *"lugar del notario que autorizó la escritura pública"*, *"Don/Doña nombre y apellidos del notario que autorizó la escritura pública"*, el *"fecha de autorización de la escritura pública"*, e inscrita en el Registro Mercantil de *"datos de la inscripción registral (localidad del Registro Mercantil, tomo, folio, sección, hoja e inscripción)"*, en su calidad de

➤➤

Si representa como cargo social:

"...administrador único ... O ... administrador solidario ... O ... consejero delegado ... O ... "especificar la representación del cargo social" ... " de la reseñada sociedad, cargo para el que fue nombrado y asegura vigente en escritura otorgada el *"fecha de escritura del nombramiento del cargo"*, ante el notario de *"lugar donde radica la notaría en la que se autorizó la escritura del nombramiento"*, *"Don/Doña nombre y apellidos del notario que autorizó la escritura del nombramiento"*, con el número *"número de protocolo del notario que autorizó la escritura del nombramiento"* de su protocolo, e inscrita en el Registro Mercantil de *"localidad del Registro Mercantil de la escritura de nombramiento"*, en el tomo y hoja arriba indicados.

Si representa como apoderado:

apoderado de la reseñada sociedad, según escritura de poder otorgada a su favor, en *"fecha de escritura del otorgamiento del poder"*, ante el notario de *"lugar donde radica la notaría en la que se autorizó la escritura de poder"*, *"Don/Doña nombre y apellidos del notario que autorizó la escritura de poder"*, con el número *"número de protocolo del notario que autorizó la escritura de poder"* de su protocolo *"...e inscrita en el Registro Mercantil de "localidad del Registro Mercantil de la escritura de poder" ..."*, en el tomo y hoja arriba indicados.

En adelante, el **Delegado**.

Las partes se reconocen la capacidad legal necesaria para contratar y obligarse y, a tal efecto

MCM 5955 s.

EXPONEN:

I. Que el **Delegante** tiene como objeto la fabricación de los productos que constan en el Anexo 1 al presente contrato comercializados bajo la marca *"nombre de la marca"*.

II. Que el **Delegante** utiliza como forma habitual de comercializar sus productos la concertación con otras empresas de contratos de delegación en exclusiva para una determinada zona.

III. Que el **Delegado** es una mercantil que dispone de los medios económicos para la adquisición de los productos del **Delegante**, y los medios materiales y humanos para llevar a cabo la comercialización de dichos productos.

IV. Que ambas partes han alcanzado un acuerdo en virtud del cual el **Delegante** se compromete a vender sus productos al **Delegado** y éste a llevar a cabo las operaciones de comercialización y distribución de los mismos, pactando para su ejecución el presente contrato de concesión mercantil, con arreglo a las siguientes:

ESTIPULACIONES:

"Número" Objeto
En virtud del presente contrato el **Delegante** se compromete a vender al **Delegado** los productos detallados en el Anexo 1, tanto en forma completa como en forma de piezas y unidades sueltas de repuesto.

"Número" Exclusividad
El **Delegante** no venderá producto alguno en la zona de *"especificar la zona restringida"* a una entidad que no sea el **Delegado**, que tiene atribuida en virtud del presente contrato la exclusiva para la comercialización de dichos productos en la zona indicada.

"Número" Servicio de reparaciones
El **Delegado** proporcionará a sus clientes un servicio de postventa y de reparación de los productos del **Delegante**.

"Número" Suministros
El **Delegante** suministrará al **Delegado** sus productos en las cantidades que éste le solicite, estando obligado éste a mantener en su establecimiento mercantil *"cantidad de producto"* unidades de cada uno de los siguientes productos: *"especificar productos"*.

Cuando el **Delegado** necesite para atender la petición de un cliente una cantidad de productos de la que no disponga se lo solicitará al **Delegante**, remitiéndole la correspondiente nota de pedido, que deberá ponerlos a su disposición en un plazo máximo de *"plazo máximo de puesta a disposición de los productos"*.

Los gastos de transporte de los productos desde la fábrica del **Delegante** a los puntos de venta del **Delegado** correrán por cuenta de aquél.

"Número" Puntos de venta
El **Delegado** deberá tener abiertas al público al menos *"número de locales abiertos al público"* locales comerciales para la exposición y venta de los productos del **Delegante**, que estarán ubicadas en las zonas comerciales de las siguientes localidades *"especificar localidades"*. Los mencionados locales deberán además reunir las siguientes características: *"detallar las características que deben cumplir los locales"*.

En cada punto de venta el **Delegado** deberá contar con el personal idóneo, tanto comercial como técnico para ofrecer un adecuado servicio de venta y postventa de los productos del **Delegante**.

"Número" Precio de venta de los productos

Los precios de venta de los productos del **Delegante** los fijará libremente el **Delegado**, pero éstos no podrán superar nunca un *"límite máximo del valor porcentual"* del precio abonado al **Delegante** por el **Delegado** en función de las tarifas que aquél tiene establecidas para la venta a delegaciones.

"Número" Comisión

La comisión que percibirá el **Delegado** vendrá determinada por la diferencia entre el precio de venta de los productos que consta en las tarifas establecidas por el **Delegante** para la venta a delegaciones, y el precio que el **Delegado** establezca para los productos adquiridos del **Delegante**.

"Número" Deber de información y publicidad

El **Delegante** informará al **Delegado** de las campañas nacionales de promoción de sus productos con carácter previo al lanzamiento de las mismas, así como de la comercialización de nuevos productos o de cualquier novedad con respecto a los comercializados anteriormente, entre ellas, su retirada del mercado o las previsiones sobre aumentos o disminuciones en las ventas de los mismos.

Asimismo, el **Delegante** asesorará al **Delegado** en el desarrollo de las campañas publicitarias locales que éste lleve a cabo en la zona de comercialización del producto que tiene asignada, proporcionándole folletos y demás material publicitario con logotipos y marcas que permitan su uso con el fin de publicitar los productos del **Delegante**.

"Número" Liquidación

Mensualmente, el **Delegado** ingresará en la cuenta núm. *"número de cuenta corriente"*, del banco *"nombre del banco"*, a nombre del **Delegante** el importe obtenido por la venta de sus productos, descontada la cantidad que le corresponde como comisión por las ventas de ese mes.

"Número" Duración

La delegación objeto del presente contrato se hace por *"ámbito temporal de vigencia de la delegación"* años, renovables automáticamente por periodos similares si al menos con *"especificar plazo"* de antelación a la fecha de extinción del mismo no se comunica de forma fehaciente la decisión de no prorrogar el contrato.

"Número" Pacto de no competencia

El **Delegado** no podrá comercializar productos iguales o similares a los del **Delegante** o que puedan resultar competentes o concurrentes con los de éste, en el ámbito geográfico donde desarrolla sus funciones para aquél.

"Número" Subcontratación

El **Delegado** podrá contar con la colaboración de terceros que lleven a cabo la comercialización y distribución de los productos del **Delegante** en la zona que aquél tiene asignada en exclusiva.

"Número" Inspección

El **Delegante** se reserva el derecho a inspeccionar periódicamente los locales donde el **Delegado** comercializa y almacena sus productos.

"Número" Deber de secreto

El **Delegado** deberá actuar lealmente y de buena fe velando en todo momento por los intereses comerciales del **Delegante**, no desvelando ninguna información de la que sobre éste disponga como consecuencia de la relación comercial que les une.

MCM 5955 s.

"Número" Terminación y resolución del contrato

Nota:

*Las **posibilidades** en relación con este tipo de cláusulas son muchas. Puede ocurrir que se atribuya a ambas partes la facultad de dar por concluido el contrato ante cualquier incumplimiento de la otra parte, sin tener que recurrir a formalismo alguno. Pero puede ocurrir también que esa formalidad se atribuya sólo a alguna de las partes, o que se sujete la efectividad de dicha medida a algún tipo de requisito. Dadas las múltiples variedades que ello puede adoptar, hemos preferido por establecer un **modelo común**, con carácter general, al que se pueden introducir ciertos aspectos o modificaciones particulares.*

"Apartado"

Son causas de terminación y resolución del presente contrato las siguientes:

a) Su terminación normal, ya sea por haber llegado el contrato a su vencimiento, ya sea por haberse cumplido y ejecutado la prestación a la que ambas partes se encuentran obligadas, ya sea por acuerdo mutuo de las partes.

b) Por incumplimiento de cualquiera de las partes de alguna de las cláusulas del presente contrato, sin que dicho incumplimiento fuera subsanado dentro de los *"número de días para subsanar el incumplimiento"* días siguientes a la notificación por escrito efectuada por la otra parte solicitando la subsanación del incumplimiento.

"Apartado"

La resolución del presente contrato o de cualquiera de las licencias concedidas en su aplicación no excluye cualquier otra reparación legal o judicial que cualquiera de las partes estime oportuno obtener.

"Número" Gastos del contrato

Queda expresamente convenido que todos los gastos, impuestos, contribuciones, tasas o arbitrios, presentes o futuros, que origine este contrato serán satisfechos por las partes, conforme a Ley.

"Número" Sometimiento a arbitraje

Con renuncia expresa al ejercicio de cualquier acción ante los juzgados y tribunales, las partes se comprometen expresamente a instituir, en su día, un arbitraje de Derecho Privado, con arreglo a la legislación vigente, para resolver cuantas dudas o divergencias pudieran surgir entre ellas como consecuencia de la interpretación o cumplimiento de este contrato.

"Número" Normativa aplicable al contrato

El presente contrato tiene carácter de mercantil y se regirá, en primer término, por las estipulaciones contenidas en el mismo, y, en lo en ellas no previsto, por las disposiciones del Código de Comercio, Leyes especiales, los usos y costumbres mercantiles y, en su defecto, por lo establecido en el Código Civil.

"Número" Elevación a documento público

El presente contrato se elevará a público a solicitud de cualquiera de las partes, siendo los gastos del fedatario pagados por la parte que lo solicite.

Y en prueba de conformidad, ambas partes firman el presente contrato, que se extiende en dos ejemplares, igualmente originales, en el lugar y fecha indicados en su encabezamiento.

EL DELEGANTE **EL DELEGADO**

Franquicia de distribución

Nota preliminar:

- En el contrato de **franquicia**, que se celebra entre dos partes jurídica y económicamente independientes, una de ellas (franquiciador) otorga a la otra (franquiciado) el derecho a utilizar bajo determinadas condiciones de control, y por un tiempo y zona delimitados, una técnica en la actividad industrial o comercial o de prestación de servicios del franquiciado, contra entrega por éste de una contraprestación económica (TS 30-4-98, EDJ 2951; 4-3-97, EDJ 1264).

- Sus **elementos fundamentales** son (así la sentencia TS 27-9-96): **1)** La utilización de una marca u otros signos distintivos comunes (rótulos, nombre comercial, presentación uniforme de locales, medios de transporte para mantener la unidad de la red...). **2)** La comunicación por el franquiciador al franquiciado de conocimientos secretos, sustanciales e identificados, necesarios para la fabricación o comercialización de un producto, para la prestación de un servicio o para la organización de una unidad o dependencia empresarial (es el contrato de know-how, definido en el Reglamento CE 96 como "un conjunto de informaciones técnicas secretas, sustanciales e identificadas de forma apropiada", la referida información viene definida en el Código Deontológico Europeo de la Franquicia de 1991); quizá sea ésta la principal seña de identidad, coincidiendo esencialmente con la categoría española del secreto empresarial, suponiendo un bien inmaterial de naturaleza económica que constituye un derecho de propiedad industrial. **3)** La asistencia técnica o comercial permanente al franquiciado, necesaria para rentabilizar adecuadamente el know how transmitido. **4)** La contraprestación económica, directa o indirecta, al franquiciador, por los servicios prestados al franquiciado (generalmente una cuota de entrada y un canon periódico, establecido habitualmente en función de las ventas). **5)** Y, por supuesto (en tanto que presupuesto para desarrollar la actividad y a la vez obligación del arrendatario), la existencia de un establecimiento comercial en un lugar señalado, dotándolo de los equipamientos, decoración, publicidad y complementarios que indique el franquiciante (AP Barcelona 11-1-19, EDJ 500814).

- El contrato de **franquicia de distribución** es aquél en el que el franquiciado lleva a cabo la comercialización de los productos fabricados por el franquiciador en un establecimiento dotado con los signos distintivos de éste. Es el más habitual, aplicándose a sectores como la venta de ropa, muebles, decoración, etc. Legalmente, el acuerdo de **franquicia principal** o franquicia maestra se define como aquel por el cual una empresa, el franquiciador, le otorga a la otra, el franquiciado principal, en contraprestación de una compensación financiera directa, indirecta o ambas el derecho de explotar una franquicia con la finalidad de concluir acuerdos de franquicia con terceros, los franquiciados, conforme al sistema definido por el franquiciador, asumiendo el franquiciado principal el papel de franquiciador en un mercado determinado (RD 201/2010 art.2.2).

- La franquicia es un contrato de distribución comercial, **atípico, mixto, bilateral y sinalagmático, civil o mercantil** según su objeto, a través de la asociación con una empresa que ya está establecida en el mercado (con el objetivo de ahorrar en costos de puesta en marcha por tratarse de un producto que ya cuenta con el reconocimiento de marca y, por tanto, una menor resistencia de los consumidores), siendo administrada por un franquiciado, que no elige la fijación de los precios, ni las reglas y regulaciones de la franquiciadora (las normas de actuación y protocolos de trabajo) (AP Barcelona 24-1-23, EDJ 524549).

- El contrato de franquicia carece de una **normativa** específica, resultando aplicable al mismo la normativa general sobre obligaciones y contratos (CC art.1088 a 1314). No obstante, resultan aplicables a algunos aspectos de dicho contrato las siguientes normas: L 7/1996 art.62 (ordenación del comercio minorista), desarrollada por RD 201/2010, por el que se regula el ejercicio de la actividad comercial en régimen de franquicia y la comunicación de datos al Registro de Franquiciadores; L 15/2007, de defensa de la competencia; L 3/1991 (competencia desleal); Rgto UE/330/2010, de la Comisión, relativo al art.101.3 del Tratado de Funcionamiento de la Unión Europea a determinadas categorías de acuerdos verticales y prácticas concertadas (*"Las diferencias entre la franquicia y otro tipo de contratos se establecen de forma muy clara por la Sentencia del* TJCE 28-1-86, C-161/84 caso "Pronupcia", *según la cual, los datos que definen su naturaleza jurídica y su diferencia con los contratos de suministro o de distribución de mercancías, son los siguientes: a) Que el franquiciador debe transmitir su "know-how", o asistencia o metodología de trabajo, aplicando sus métodos comerciales, y b) Que dicho franquiciador queda obligado a diseñar, dirigir y sufragar las campañas publicitarias realizadas para difundir el rótulo y la marca del franquiciador").*

1045 **Representación Mercantil y Distribución**

MCM 5960 s.

Nota preliminar:

- En un contrato de franquicia no solo se cede el **uso de los derechos de propiedad industrial** del franquiciador sino también son objeto de cesión otros activos como ocurre con el **know how** (STMUE Nº 160/2023, de 17 de marzo), de modo" no parece razonable aplicar los criterios de precios de la franquicia" (STMUE nº 102/2014, de 13 de mayo) (AP Alicante 16-2-24, EDJ 519566).

- Téngase en cuenta que el RDL 20/2018 derogó el Capítulo III del RD 201/2010 relativo al registro de franquiciadores a fin de impulsar la competitividad industrial. Según la Exposición de Motivos del citado RDL, aparte de lo anterior, la **gestión telemática del registro de franquiciadores** resultaba incómoda y poco tuitiva. Además, la información que ofrecía relativa al derecho de uso de la marca por parte del franquiciado se puede obtener, igualmente, del registro de la Oficina Española de Patentes y Marcas.

- No está sujeto a especiales **requisitos de forma**, pudiéndose celebrar tanto de forma verbal, como por escrito. No obstante, la complejidad que, normalmente, alcanza el contenido obligacional de estos contratos aconseja su plasmación por escrito y en documento debidamente formalizado.

- El modelo presupone unas circunstancias determinadas que serán las más frecuentes. Si en el caso concreto existen circunstancias particulares no previstas, deberá completarse o modificarse el modelo adaptándolo a las mismas.

En *"localidad"*, a *"fecha"*

REUNIDOS:

De una parte,

"Don/Doña nombre y apellidos de la parte", mayor de edad, *"estado civil de la parte"* *"... "especificar el régimen económico matrimonial de la parte" ..."*, de nacionalidad *"nacionalidad de la parte"*, con domicilio a estos efectos en *"domicilio de la parte"*, *"...con DNI/NIF número "DNI/NIF de la parte" ... O ... con tarjeta de residencia número "número de tarjeta de residencia de la parte" ... O ... pasaporte número "número de pasaporte de la parte", expedido el "fecha de expedición del pasaporte de la parte" ... O ... "reseñar otros documentos aportados por la parte" ..."*, vigente hasta el *"fecha de vigencia de la documentación aportada por la parte"*.

Interviene en nombre y representación de la sociedad mercantil denominada *"denominación de la Sociedad"*, domiciliada en *"domicilio de la Sociedad"*, y con NIF número *"NIF de la Sociedad"*, constituida, por tiempo indefinido, mediante escritura otorgada ante el notario de *"lugar del notario que autorizó la escritura pública"*, *"Don/Doña nombre y apellidos del notario que autorizó la escritura pública"*, el *"fecha de autorización de la escritura pública"*, e inscrita en el Registro Mercantil de *"datos de la inscripción registral (localidad del Registro Mercantil, tomo, folio, sección, hoja e inscripción)"*, en su calidad de

➤➤

○ **Si representa como cargo social:**

"...administrador único ... O ... administrador solidario ... O ... consejero delegado ... O ... "especificar la representación del cargo social" ..." de la reseñada sociedad, cargo para el que fue nombrado y asegura vigente en escritura otorgada el *"fecha de escritura del nombramiento del cargo"*, ante el notario de *"lugar donde radica la notaría en la que se autorizó la escritura del nombramiento"*, *"Don/Doña nombre y apellidos del notario que autorizó la escritura del nombramiento"*, con el número *"número de protocolo del notario que autorizó la escritura del nombramiento"* de su protocolo, e inscrita en el Registro Mercantil de *"localidad del Registro Mercantil de la escritura de nombramiento"*, en el tomo y hoja arriba indicados.

MCM 5960 s.

❍ **Si representa como apoderado:**

apoderado de la reseñada sociedad, según escritura de poder otorgada a su favor, en *"fecha de escritura del otorgamiento del poder"*, ante el notario de *"lugar donde radica la notaría en la que se autorizó la escritura de poder"*, *"Don/Doña nombre y apellidos del notario que autorizó la escritura de poder"*, con el número *"número de protocolo del notario que autorizó la escritura de poder"* de su protocolo *"...e inscrita en el Registro Mercantil de "localidad del Registro Mercantil de la escritura de poder"* ... ", en el tomo y hoja arriba indicados.

En adelante, el **Franquiciador**.

De otra parte,

"Don/Doña nombre y apellidos de la parte", mayor de edad, *"estado civil de la parte" "... "especificar el régimen económico matrimonial de la parte" ... "*, de nacionalidad *"nacionalidad de la parte"*, con domicilio a estos efectos en *"domicilio de la parte"*, *"...con DNI/NIF número "DNI/NIF de la parte" ... O ... con tarjeta de residencia número "número de tarjeta de residencia de la parte" ... O ... pasaporte número "número de pasaporte de la parte", expedido el "fecha de expedición del pasaporte de la parte" ... O ... "reseñar otros documentos aportados por la parte" ... "*, vigente hasta el *"fecha de vigencia de la documentación aportada por la parte"*.

Interviene

❍ **Si interviene en su propio nombre:**

en su propio nombre y derecho.

❍ **Si interviene como representante:**

en nombre y representación

➤

❍ Si representa a persona física:

de *"Don/Doña nombre y apellidos del representado"*, mayor de edad, *"estado civil del representado"*, con domicilio en *"domicilio del representado"* y provisto de D.N.I./N.I.F. número *"DNI/NIF del representado"*, según consta en escritura de poder, otorgada ante el notario de *"lugar donde radica la notaría en la que se autorizó la escritura de poder de representación (persona física)"*, *"Don/Doña nombre y apellidos del notario que autorizó la escritura de poder de representación (persona física)"*, el *"fecha de escritura de poder de representación (persona física)"*, con el número *"número de protocolo del notario que autorizó la escritura de poder de representación (persona física)"* de su orden de protocolo.

❍ Si representa a persona jurídica:

de la sociedad mercantil denominada *"denominación social"*, domiciliada en *"domicilio social"*, y con NIF número *"NIF de la sociedad"*, constituida, por tiempo indefinido, mediante escritura otorgada ante el notario de *"lugar donde radica la notaría en la que se autorizó la escritura de poder de representación (persona jurídica)"*, *"Don/Doña nombre y apellidos del notario que autorizó la escritura de poder de representación (persona jurídica)"*, el *"fecha de escritura de poder de representación (persona jurídica)"*, e inscrita en el Registro Mercantil de *"datos de la inscripción registral (localidad del Registro Mercantil, tomo, folio, sección, hoja e inscripción)"*, en su calidad de

1045

MCM 5960 s.

➢

❍ Si representa como cargo social:

"...administrador único ... O ... administrador solidario ... O ... consejero delegado ... O ... "especificar la representación del cargo social"... " de la reseñada sociedad, cargo para el que fue nombrado y asegura vigente en escritura otorgada el *"fecha de escritura del nombramiento del cargo"*, ante el notario de *"lugar donde radica la notaría en la que se autorizó la escritura del nombramiento"*, *"Don/Doña nombre y apellidos del notario que autorizó la escritura del nombramiento"*, con el número *"número de protocolo del notario que autorizó la escritura del nombramiento"* de su protocolo, e inscrita en el Registro Mercantil de *"localidad del Registro Mercantil de la escritura de nombramiento"*, en el tomo y hoja arriba indicados.

❍ Si representa como apoderado:

apoderado de la reseñada sociedad, según escritura de poder otorgada a su favor, en *"fecha de escritura del otorgamiento del poder"*, ante el notario de *"lugar donde radica la notaría en la que se autorizó la escritura de poder"*, *"Don/Doña nombre y apellidos del notario que autorizó la escritura de poder"*, con el número *"número de protocolo del notario que autorizó la escritura de poder"* de su protocolo *"...e inscrita en el Registro Mercantil de "localidad del Registro Mercantil de la escritura de poder" ...* ", en el tomo y hoja arriba indicados.

≺

≺

≺≺

En adelante, el **Franquiciado**.

Las partes se reconocen la capacidad legal necesaria para contratar y obligarse y, a tal efecto

EXPONEN:

I. Que el **Franquiciador** tiene como objeto la fabricación de los productos que constan en el Anexo 1 al presente contrato comercializados bajo la marca *"nombre de la marca"*, que figura inscrita a su nombre en el Registro de Marcas con el número *"número de inscripción"* clase *"clase de marca"*.

II. Que el **Franquiciador** utiliza como forma habitual de comercializar sus productos la concertación con otras empresas de contratos de franquicia, en virtud de los cuales el **Franquiciado** comercializa dichos productos en su propio local, identificado con los signos distintivos de aquél.

III. Que el **Franquiciador** está inscrito en el Registro de Franquiciadores de la Comunidad Autónoma de *"Comunidad Autónoma"*.

IV. Que el **Franquiciado** tiene interés en comercializar los productos del **Franquiciador** en régimen de **Franquicia**.

V. Que ambas partes han alcanzado un acuerdo en virtud del cual otorgan el presente contrato de franquicia, con arreglo a las siguientes:

Nota:

*Con carácter previo a la firma del contrato de franquicia el Franquiciado ha debido tener a su disposición toda la **información** del Franquiciador a la que se refiere el* RD 201/2010 *art.3, datos del franquiciador, características de la franquicia, etc. La entrega de esta información es elemento esencial en la formación de la voluntad del franquiciado (AP Barcelona 17-7-18, EDJ 534218).*

ESTIPULACIONES:

***"NÚMERO"* Objeto**

El presente contrato tiene como objeto la comercialización por parte del **Franquiciado** de los productos de la marca del **Franquiciador**, cediendo éste a aquél con tal motivo tanto el uso en su local del rótulo del **Franquiciador** como de su nombre comercial en la correspondencia, documentación o instrumentos publicitarios o de propaganda.

MCM 5960 s.

 **Nota:**

El hecho de que el Franquiciador no sea ***titular de la marca*** *franquiciada se considera causa suficiente para la resolución del contrato (*AP Asturias 22-1-01, *EDJ 1457).*

"NÚMERO" **Know-how**

 **Nota:**

Con respecto al contrato en virtud del cual una empresa transmite a otra su know-how, ver modelo nº 950.

Con el objeto de que el **Franquiciado** pueda llevar a cabo adecuadamente la comercialización de los productos del **Franquiciador**, éste pone a disposición de aquél su know-how sobre métodos de comercialización de productos, técnicas de marketing y de merchandising, etc., que constan en el Manual Operativo que se adjunta al presente contrato como Anexo 2, al que deberá ajustar en todo caso el **Franquiciado** su actividad comercial.

Asimismo, el **Franquiciador** asume el compromiso de informar y asesorar puntualmente al **Franquiciado** sobre cualquier duda que a éste se le suscite en relación con el know-how del **Franquiciador** que consta en el mencionado Manual Operativo.

 **Nota:**

La falta de ***asesoramiento y asistencia*** *es considerada como causa de resolución del contrato de franquicia (*AP Madrid 22-5-01*;* AP Zaragoza 25-7-00*).*

La cesión del mencionado know-how no implica en modo alguno la pérdida de su titularidad por el **Franquiciador**, ni la posibilidad de continuar explotándolo.

"NÚMERO" **Local comercial**

La comercialización de los productos del **Franquiciador** la llevará a cabo el **Franquiciado** en su propio local comercial, ubicado en *"localización del establecimiento"*, que reúne las características que el **Franquiciador** exige para la comercialización de sus productos. Dicho local será revestido con los distintivos comerciales del **Franquiciador** y decorado conforme se detalla en el Anexo 3 al presente contrato. Asumiendo el **Franquiciado** los costes de dicha decoración.

En el mencionado local comercial únicamente se podrán comercializar los productos del **Franquiciador**.

"NÚMERO" **Suministros**

El **Franquiciador** suministrará al **Franquiciado** sus productos en las cantidades que éste le solicite, estando obligado éste a mantener en su establecimiento mercantil un mínimo de *"cantidad de producto"* unidades de los productos del **Franquiciador**.

Los gastos de transporte de los productos desde la fábrica del **Franquiciador** al local del **Franquiciado** se entenderán incluidos dentro del precio que por los productos suministrados abone el **Franquiciado** al **Franquiciador**.

"NÚMERO" **Canon inicial**

El **Franquiciado** abonará al **Franquiciador** a la firma del presente contrato la suma de *"cantidad a abonar al franquiciador en letra"* euros (*"cantidad a abonar al franquiciador en número"* €), que son abonados en este mismo acto mediante cheque nominativo a nombre del **Franquiciador** del que se le hace entrega en este mismo acto.

"NÚMERO" **Cánones periódicos**

El **Franquiciador** percibirá mediante ingreso en su cuenta corriente número *"número de cuenta corriente del franquiciador"* abierta a su nombre en el Banco *"nombre del Banco"*, un *"porcentaje sobre productos vendidos"* del importe bruto de los productos vendidos mensualmente más un *"porcentaje adicional"* adicional si la cifra de ventas no supera los *"cantidad en letra"* euros (*"cantidad en número"* €) mensuales.

MCM 5960 s.

***"NÚMERO"* Duración**

La franquicia objeto del presente contrato se hace por *"tiempo de concesión de franquicia"* años, renovables automáticamente por periodos similares si al menos con *"plazo de antelación a la extinción"* de antelación a la fecha de extinción del mismo no se comunica de forma fehaciente la decisión de no prorrogar el contrato.

***"NÚMERO"* Exclusividad**

El **Franquiciador** no concederá ninguna franquicia para la venta de sus productos en la zona de *"especificar la zona restringida"*, donde está ubicado el local comercial del **Franquiciado**, comprometiéndose a no explotar tampoco por sí mismo, de forma directa o indirecta, un establecimiento mercantil de las características del ahora **Franquiciado**.

***"NÚMERO"* Inspección**

El **Franquiciador** se reserva el derecho a inspeccionar periódicamente el local donde el **Franquiciado** comercializa y almacena sus productos. Teniendo también derecho a que se le exhiba por éste la documentación contable que aquél le requiera para verificar las ventas de sus productos facturados.

✍ **Nota:**

*El franquiciado ha de realizar su actividad de explotación bajo determinadas condiciones de control (*TS 4-3-97, *EDJ 1264).*

***"NÚMERO"* Precio de venta de los productos**

Los precios de venta de los productos los fijará el **Franquiciador** sin que el **Franquiciado** pueda ofrecer descuento alguno sobre los mismos, salvo que medie autorización para cada caso concreto por parte del **Franquiciador**.

Como Anexo 4 al presente contrato se adjuntan las tarifas del **Franquiciador** vigentes en el momento en que tiene lugar la formalización de este contrato, obligándose éste a remitir al **Franquiciado** cualquier modificación que tenga lugar en las mismas.

***"NÚMERO"* Deber de información y publicidad**

El **Franquiciador** informará al **Franquiciado** de las campañas nacionales de promoción de sus productos con carácter previo al lanzamiento de las mismas, así como de la comercialización de nuevos productos o de cualquier novedad con respecto a los comercializados anteriormente, entre ellas, su retirada del mercado o las previsiones sobre aumentos o disminuciones en las ventas de los mismos.

Asimismo, el **Franquiciador** asesorará al **Franquiciado** en el desarrollo de las campañas publicitarias locales que éste lleve a cabo, proporcionándole folletos y demás material publicitario con logotipos y marcas que permitan su uso con el fin de publicitar los productos del **Franquiciador**.

***"NÚMERO"* Cesión de la franquicia**

La franquicia concedida por el **Franquiciador** al **Franquiciado** no podrá ser cedida por éste a terceros, salvo que expresamente se lo autorice el **Franquiciador**.

✍ **Nota:**

*Es justa **causa de resolución** del contrato la cesión sin autorización del franquiciador, dada su naturaleza personal (*AP Huesca 20-11-98, *EDJ 33999).*

***"NÚMERO"* Deber de secreto**

El **Franquiciado** estará obligado a guardar secreto y no desvelar a terceros el know-how del **Franquiciador** que consta en el Manual Operativo que se adjunta con el presente contrato.

"NÚMERO" Terminación y resolución del contrato

Nota:

*Las **posibilidades** en relación con este tipo de cláusulas son muchas. Puede ocurrir que se atribuya a ambas partes la facultad de dar por concluido el contrato ante cualquier incumplimiento de la otra parte, sin tener que recurrir a formalismo alguno. Pero puede ocurrir también que esa formalidad se atribuya sólo a alguna de las partes, o que se sujete la efectividad de dicha medida a algún tipo de requisito. Dadas las múltiples variedades que ello puede adoptar, hemos preferido por establecer un **modelo común**, con carácter general, al que se pueden introducir ciertos aspectos o modificaciones particulares.*

"Apartado"

Son causas de terminación y resolución del presente contrato las siguientes:

a) Su terminación normal, ya sea por haber llegado el contrato a su vencimiento, ya sea por haberse cumplido y ejecutado la prestación a la que ambas partes se encuentran obligadas, ya sea por acuerdo mutuo de las partes.

b) Por incumplimiento de cualquiera de las partes de alguna de las cláusulas del presente contrato, sin que dicho incumplimiento fuera subsanado dentro de los *"número de días para subsanar el incumplimiento"* días siguientes a la notificación por escrito efectuada por la otra parte solicitando la subsanación del incumplimiento.

"Apartado"

La resolución del presente contrato o de cualquiera de las licencias concedidas en su aplicación no excluye cualquier otra reparación legal o judicial que cualquiera de las partes estime oportuno obtener.

"NÚMERO" Efectos de la extinción del contrato

Con independencia de cuál sea la causa de extinción del contrato esta tendrá necesariamente los siguientes efectos:

El **Franquiciado** deberá entregar al **Franquiciador** los elementos patrimoniales inmateriales que le han sido transmitidos y que le han permitido explotar la actividad objeto de franquicia.

Nota:

La sentencia AP Zaragoza 18-7-00, *establece la obligación de devolver los **signos distintivos** del Franquiciador.*

El **Franquiciado** se compromete a no divulgar el know-how del **Franquiciador**, a no ser que el mismo haya devenido de general conocimiento o resulte accesible a terceros por causas no imputables a aquél.

Producida la extinción del contrato, el **Franquiciado** no podrá llevar a cabo, por sí mismo o a través de una empresa en la que participe, ningún tipo de actividad que pueda resultar concurrencial con la del **Franquiciador**. Dicha prohibición tendrá una duración de un año.

Nota:

*El TDC entendió como abusiva una cláusula de **prohibición de competencia** superior a un año (TDC Resol 18-7-95).*

"NÚMERO" Gastos del contrato

Queda expresamente convenido que todos los gastos, impuestos, contribuciones, tasas o arbitrios, presentes o futuros, que origine este contrato serán satisfechos por las partes, conforme a Ley.

"NÚMERO" Sometimiento a arbitraje

Con renuncia expresa al ejercicio de cualquier acción ante los juzgados y tribunales, las partes se comprometen expresamente a instituir, en su día, un arbitraje de Derecho Privado, con arreglo a la legislación vigente, para resolver cuantas dudas o divergencias pudieran surgir entre ellas como consecuencia de la interpretación o cumplimiento de este contrato.

MCM 5960 s.

***"NÚMERO"* Normativa aplicable al contrato**

El presente contrato tiene carácter de mercantil y se regirá, en primer término, por las estipulaciones contenidas en el mismo, y, en lo en ellas no previsto, por las disposiciones del Código de Comercio, Leyes especiales, los usos y costumbres mercantiles y, en su defecto, por lo establecido en el Código Civil.

***"NÚMERO"* Elevación a documento público**

El presente contrato se elevará a público a solicitud de cualquiera de las partes, siendo los gastos del fedatario pagados por la parte que lo solicite.

Y en prueba de conformidad, ambas partes firman el presente contrato, que se extiende en dos ejemplares, igualmente originales, en el lugar y fecha indicados en su encabezamiento.

EL FRANQUICIADOR **EL FRANQUICIADO**

Franquicia de servicios

MCM 5960 s.

Nota preliminar:

- En el contrato de **franquicia**, que se celebra entre dos partes jurídica y económicamente independientes, una de ellas (franquiciador) otorga a la otra (franquiciado) el derecho a utilizar bajo determinadas condiciones de control, y por un tiempo y zona delimitados, una técnica en la actividad industrial o comercial o de prestación de servicios del franquiciado, contra entrega por éste de una contraprestación económica (TS 30-4-98, EDJ 2951; 4-3-97, EDJ 1264).

- Sus **elementos fundamentales** son (así la sentencia TS 27-9-96): **1)** La utilización de una marca u otros signos distintivos comunes (rótulos, nombre comercial, presentación uniforme de locales, medios de transporte para mantener la unidad de la red,...). **2)** La comunicación por el franquiciador al franquiciado de conocimientos secretos, sustanciales e identificados, necesarios para la fabricación o comercialización de un producto, para la prestación de un servicio o para la organización de una unidad o dependencia empresarial (es el contrato de know-how, definido en el Reglamento CE 96 como "un conjunto de informaciones técnicas secretas, sustanciales e identificadas de forma apropiada", la referida información viene definida en el Código Deontológico Europeo de la Franquicia de 1991); quizá sea ésta la principal seña de identidad, coincidiendo esencialmente con la categoría española del secreto empresarial, suponiendo un bien inmaterial de naturaleza económica que constituye un derecho de propiedad industrial. **3)** La asistencia técnica o comercial permanente al franquiciado, necesaria para rentabilizar adecuadamente el know how transmitido. **4)** La contraprestación económica, directa o indirecta, al franquiciador , por los servicios prestados al franquiciado (generalmente una cuota de entrada y un canon periódico, establecido habitualmente en función de las ventas). **5)** Y, por supuesto (en tanto que presupuesto para desarrollar la actividad y a la vez obligación del arrendatario), la existencia de un establecimiento comercial en un lugar señalado, dotándolo de los equipamientos, decoración, publicidad y complementarios que indique el franquiciante (AP Barcelona 11-1-19, EDJ 500814).

- El contrato de **franquicia de servicios** es aquél en el que el franquiciado ofrece sus servicios, utilizando el rótulo, la marca e incluso el nombre comercial del franquiciador, siguiendo además las directrices de éste. Se utiliza de forma frecuente en restaurantes, hoteles, etc. Legalmente, el acuerdo de **franquicia principal** o franquicia maestra se define como aquel por el cual una empresa, el franquiciador, le otorga a la otra, el franquiciado principal, en contraprestación de una compensación financiera directa, indirecta o ambas el derecho de explotar una franquicia con la finalidad de concluir acuerdos de franquicia con terceros, los franquiciados, conforme al sistema definido por el franquiciador, asumiendo el franquiciado principal el papel de franquiciador en un mercado determinado (RD 201/2010 art.2.2).

- El contrato de franquicia carece de una **normativa** específica, resultando aplicable al mismo la normativa general sobre obligaciones y contratos (CC art.1088 a 1314). No obstante, resultan aplicables a algunos aspectos de dicho contrato las siguientes normas: L 7/1996 art.62 (ordenación del comercio minorista), desarrollada por RD 201/2010, por el que se regula el ejercicio de la actividad comercial en régimen de franquicia y la comunicación de datos al Registro de Franquiciadores; L 15/2007, de defensa de la competencia; L 3/1991 (competencia desleal); Rgto UE/330/2010, de la Comisión, relativo al art.101.3 del Tratado de Funcionamiento de la Unión Europea a determinadas categorías de acuerdos verticales y prácticas concertadas ("Las diferencias entre la franquicia y otro tipo de contratos se establecen de forma muy clara por la Sentencia del TJCE 28-1-86, C-161/84 -caso "Pronupcia")- según la cual, los datos que definen su naturaleza jurídica y su diferencia con los contratos de suministro o de distribución de mercancías, son los siguientes: a) Que el franquiciador debe transmitir su "know-how", o asistencia o metodología de trabajo, aplicando sus métodos comerciales, y b) Que dicho franquiciador queda obligado a diseñar, dirigir y sufragar las campañas publicitarias realizadas para difundir el rótulo y la marca del franquiciador").

- En un contrato de franquicia no solo se cede el **uso de los derechos de propiedad industrial** del franquiciador sino también son objeto de cesión otros activos como ocurre con el **know how** (STMUE Nº 160/2023, de 17 de marzo), de modo "no parece razonable aplicar los criterios de precios de la franquicia" (STMUE nº 102/2014, de 13 de mayo) (AP Alicante 16-2-24, EDJ 519566).

Representación Mercantil y Distribución

MCM 5960 s.

Nota preliminar:

- La franquicia es un contrato de distribución comercial, **atípico, mixto, bilateral y sinalagmático, civil o mercantil** según su objeto, a través de la asociación con una empresa que ya está establecida en el mercado (con el objetivo de ahorrar en costos de puesta en marcha por tratarse de un producto que ya cuenta con el reconocimiento de marca y, por tanto, una menor resistencia de los consumidores), siendo administrada por un franquiciado, que no elige la fijación de los precios, ni las reglas y regulaciones de la franquiciadora (las normas de actuación y protocolos de trabajo) (AP Barcelona 24-1-23, EDJ 524549).

- Téngase en cuenta que el RDL 20/2018 derogó el Capítulo III del RD 201/2010 relativo al registro de franquiciadores a fin de impulsar la competitividad industrial. Según la Exposición de Motivos del citado RDL, aparte de lo anterior, la **gestión telemática del registro de franquiciadores** resultaba incómoda y poco tuitiva. Además, la información que ofrecía relativa al derecho de uso de la marca por parte del franquiciado se puede obtener, igualmente, del registro de la Oficina Española de Patentes y Marcas.

- No está sujeto a especiales **requisitos de forma**, pudiéndose celebrar tanto de forma verbal, como por escrito. No obstante, la complejidad que, normalmente, alcanza el contenido obligacional de estos contratos aconseja su plasmación por escrito y en documento debidamente formalizado.

- El modelo presupone unas **circunstancias** determinadas que serán las **más frecuentes**. Si en el caso concreto existen circunstancias particulares no previstas, deberá completarse o modificarse el modelo adaptándolo a las mismas.

En *"localidad"*, a *"fecha"*

REUNIDOS:

De una parte,

"Don/Doña nombre y apellidos de la parte", mayor de edad, *"estado civil de la parte" "... "especificar el régimen económico matrimonial de la parte" ..."*, de nacionalidad *"nacionalidad de la parte"*, con domicilio a estos efectos en *"domicilio de la parte"*, *"...con DNI/NIF número "DNI/NIF de la parte" ... O ... con tarjeta de residencia número "número de tarjeta de residencia de la parte" ... O ... pasaporte número "número de pasaporte de la parte", expedido el "fecha de expedición del pasaporte de la parte" ... O ... "reseñar otros documentos aportados por la parte" ..."*, vigente hasta el *"fecha de vigencia de la documentación aportada por la parte"*.

Interviene en nombre y representación de la sociedad mercantil denominada *"denominación de la Sociedad"*, domiciliada en *"domicilio de la Sociedad"*, y con NIF número *"NIF de la Sociedad"*, constituida, por tiempo indefinido, mediante escritura otorgada ante el notario de *"lugar del notario que autorizó la escritura pública"*, *"Don/Doña nombre y apellidos del notario que autorizó la escritura pública"*, el *"fecha de autorización de la escritura públlica"*, e inscrita en el Registro Mercantil de *"datos de la inscripción registral (localidad del Registro Mercantil, tomo, folio, sección, hoja e inscripción)"*, en su calidad de

➤➤

❍ **Si representa como cargo social:**

"...administrador único ... O ... administrador solidario ... O ... consejero delegado ... O ... "especificar la representación del cargo social" ..." de la reseñada sociedad, cargo para el que fue nombrado y asegura vigente en escritura otorgada el *"fecha de escritura del nombramiento del cargo"*, ante el notario de *"lugar donde radica la notaría en la que se autorizó la escritura del nombramiento"*, *"Don/Doña nombre y apellidos del notario que autorizó la escritura del nombramiento"*, con el número *"número de protocolo del notario que autorizó la escritura del nombramiento"* de su protocolo, e inscrita en el Registro Mercantil de *"localidad del Registro Mercantil de la escritura de nombramiento"*, en el tomo y hoja arriba indicados.

MCM 5960 s.

❍ **Si representa como apoderado:**

apoderado de la reseñada sociedad, según escritura de poder otorgada a su favor, en *"fecha de escritura del otorgamiento del poder"*, ante el notario de *"lugar donde radica la notaría en la que se autorizó la escritura de poder"*, *"Don/Doña nombre y apellidos del notario que autorizó la escritura de poder"*, con el número *"número de protocolo del notario que autorizó la escritura de poder"* de su protocolo *"...e inscrita en el Registro Mercantil de "localidad del Registro Mercantil de la escritura de poder" ..."*, en el tomo y hoja arriba indicados.

En adelante, el **Franquiciador**.

De otra parte,

"Don/Doña nombre y apellidos de la parte", mayor de edad, *"estado civil de la parte"* *"... "especificar el régimen económico matrimonial de la parte" ..."*, de nacionalidad *"nacionalidad de la parte"*, con domicilio a estos efectos en *"domicilio de la parte"*, *"...con DNI/NIF número "DNI/NIF de la parte"... O ... con tarjeta de residencia número "número de tarjeta de residencia de la parte" ... O ... pasaporte número "número de pasaporte de la parte", expedido el "fecha de expedición del pasaporte de la parte" ... O ... "reseñar otros documentos aportados por la parte" ..."*, vigente hasta el *"fecha de vigencia de la documentación aportada por la parte"*.

Interviene

➢➢

❍ **Si interviene en su propio nombre:**

en su propio nombre y derecho.

❍ **Si interviene como representante:**

en nombre y representación

➢

❍ Si representa a persona física:

de *"Don/Doña nombre y apellidos del representado"*, mayor de edad, *"estado civil del representado"*, con domicilio en *"domicilio del representado"* y provisto de D.N.I./N.I.F. número *"DNI/NIF del representado"*, según consta en escritura de poder, otorgada ante el notario de *"lugar donde radica la notaría en la que se autorizó la escritura de poder de representación (persona física)"*, *"Don/Doña nombre y apellidos del notario que autorizó la escritura de poder de representación (persona física)"*, el *"fecha de escritura de poder de representación (persona física)"*, con el número *"número de protocolo del notario que autorizó la escritura de poder de representación (persona física)"* de su orden de protocolo.

❍ Si representa a persona jurídica:

de la sociedad mercantil denominada *"denominación social"*, domiciliada en *"domicilio social"*, y con NIF número *"NIF de la sociedad"*, constituida, por tiempo indefinido, mediante escritura otorgada ante el notario de *"lugar donde radica la notaría en la que se autorizó la escritura de poder de representación (persona jurídica)"*, *"Don/Doña nombre y apellidos del notario que autorizó la escritura de poder de representación (persona jurídica)"*, el *"fecha de escritura de poder de representación (persona jurídica)"*, e inscrita en el Registro Mercantil de *"datos de la inscripción registral (localidad del Registro Mercantil, tomo, folio, sección, hoja e inscripción)"*, en su calidad de

MCM 5960 s.

➤

❍ Si representa como cargo social:

"...administrador único ... O ... administrador solidario ... O ... consejero delegado ... O ... "especificar la representación del cargo social" ... " de la reseñada sociedad, cargo para el que fue nombrado y asegura vigente en escritura otorgada el *"fecha de escritura del nombramiento del cargo"*, ante el notario de *"lugar donde radica la notaría en la que se autorizó la escritura del nombramiento"*, *"Don/Doña nombre y apellidos del notario que autorizó la escritura del nombramiento"*, con el número *"número de protocolo del notario que autorizó la escritura del nombramiento"* de su protocolo, e inscrita en el Registro Mercantil de *"localidad del Registro Mercantil de la escritura de nombramiento"*, en el tomo y hoja arriba indicados.

❍ Si representa como apoderado:

apoderado de la reseñada sociedad, según escritura de poder otorgada a su favor, en *"fecha de escritura del otorgamiento del poder"*, ante el notario de *"lugar donde radica la notaría en la que se autorizó la escritura de poder"*, *"Don/Doña nombre y apellidos del notario que autorizó la escritura de poder"*, con el número *"número de protocolo del notario que autorizó la escritura de poder"* de su protocolo *"...e inscrita en el Registro Mercantil de "localidad del Registro Mercantil de la escritura de poder" ... "*, en el tomo y hoja arriba indicados.

En adelante, el **Franquiciado**.

Las partes se reconocen la capacidad legal necesaria para contratar y obligarse y, a tal efecto

EXPONEN:

I. Que el **Franquiciador** es el propietario de la conocida cadena de *"tipo de establecimientos"*, que se identifican con el rótulo y nombre comercial *"denominación comercial"*, teniendo a su vez inscrita a su nombre la marca *"nombre de la marca"*, en el Registro de Marcas con el número *"número de inscripción"*, clase *"clase de marca"*.

II. Que el **Franquiciador** utiliza como forma habitual de expansión de su cadena de *"tipo de establecimientos"* la concertación con otras empresas de contratos de franquicia, en virtud de los cuales el **Franquiciado** presta los mismos servicios que presta el **Franquiciador**, en su propio local, identificado con los signos distintivos del **Franquiciador**.

III. Que el **Franquiciador** está inscrito en el Registro de Franquiciadores de la Comunidad Autónoma de *"Comunidad Autónoma"*.

IV. Que el **Franquiciado** tiene interés en abrir un *"especificar tipo de establecimiento"* en régimen de franquicia.

V. Que ambas partes han alcanzado un acuerdo en virtud del cual otorgan en el presente contrato de franquicia, con arreglo a las siguientes:

ESTIPULACIONES:

"Número" Objeto

El presente contrato tiene como objeto la apertura y posterior explotación por parte del **Franquiciado** de un establecimiento mercantil en el que se presten los servicios *"especificar tipo de servicios"*, con idéntico sistema que el **Franquiciador**, identificándose el establecimiento mercantil del **Franquiciado** con el rótulo, marca y nombre comercial del **Franquiciador**, cuyo uso le es cedido en virtud del presente contrato.

MCM 5960 s.

 **Nota:**

La sentencia AP Cuenca 24-3-15, *EDJ 51529 configura este contrato como «facio ut des», a través del cual se pueden desarrollar negocios de* ***agencia inmobiliaria****.*

"Número" Know-how

Con el objeto de que el **Franquiciado** pueda llevar a cabo adecuadamente la prestación de los servicios mencionados en la cláusula anterior, el **Franquiciador** pone a disposición de éste su know-how sobre métodos de prestación de sus servicios, proveedores, técnicas de marketing y de merchandising, etc., que consta en el Manual Operativo que se adjunta al presente contrato como Anexo 2, al que deberá ajustar en todo caso el **Franquiciado** su actividad comercial.

Asimismo, el **Franquiciador** asume el compromiso de informar y asesorar puntualmente al **Franquiciado** sobre cualquier duda que a éste se le suscite en relación con el know-how del **Franquiciador** que consta en el mencionado Manual Operativo, así como la obligación de formar al personal contratado por el **Franquiciado** en dichas técnicas.

La cesión del mencionado know-how no implica en modo alguno la pérdida de su titularidad por el **Franquiciador**, ni la posibilidad de continuar explotándolo.

"Número" Local comercial

La prestación de los servicios del **Franquiciador** la llevará a cabo el **Franquiciado** en su propio local comercial, ubicado en *"localización del establecimiento"*, que reúne las características que el **Franquiciador** exige para la prestación de los servicios. Dicho local será revestido con los distintivos comerciales del **Franquiciador** y decorado conforme se detalla en el Anexo 3 al presente contrato, asumiendo el **Franquiciado** los costes de dicha decoración.

En el mencionado local comercial únicamente se podrán prestar los servicios del **Franquiciador**.

"Número" Suministros

Para el suministro de los productos necesarios para la prestación del servicio de *"especificar tipo de servicio"*, el **Franquiciado** se dirigirá a los proveedores que aparecen en el Manual Operativo, debiendo comunicar al **Franquiciador** cualquier cambio en los mismos, que deberá ser aprobada por éste previa verificación de que reúnen las características necesarias para que el servicio de *"tipo de servicio"* se preste en condiciones óptimas.

"Número" Canon inicial

El **Franquiciado** abonará al **Franquiciador** a la firma del presente contrato la suma de *"cantidad a abonar al franquiciador en letra"* euros (*"cantidad a abonar al franquiciador en número"* €), que son abonados en este mismo acto mediante cheque nominativo a nombre del **Franquiciador** del que se le hace entrega en este mismo acto.

"Número" Cánones periódicos

El **Franquiciador** percibirá mediante ingreso en la cuenta corriente número *"número de cuenta corriente"* abierta a su nombre en el Banco *"nombre del banco"*, un *"valor porcentual por la explotación"* de los ingresos brutos mensuales derivados de la explotación del local comercial del **Franquiciado**.

"Número" Duración

La franquicia objeto del presente contrato se hace por *"tiempo de concesión de franquicia"* años, renovables automáticamente por periodos similares si al menos con *"plazo de antelación a la extinción"* de antelación a la fecha de extinción del mismo no se comunica de forma fehaciente la decisión de no prorrogar el contrato.

1050

MCM 5960 s.

"Número" Exclusividad
El **Franquiciador** no concederá ninguna franquicia para la prestación de los servicios *"tipo de servicios restringidos"* en la zona de *"especificar la zona restringida"*, donde está ubicado el local comercial del **Franquiciado**, comprometiéndose a no explotar tampoco por sí mismo, de forma directa o indirecta, un establecimiento mercantil de las características del ahora **Franquiciado**.

"Número" Inspección
El **Franquiciador** se reserva el derecho a inspeccionar periódicamente el local donde el **Franquiciado** presta sus servicios de *"tipo de servicios"*, teniendo también derecho a que se le exhiba por éste la documentación contable que aquél le requiera para verificar las ventas de sus productos facturadas.

"Número" Precio de venta de los productos
Los precios de los servicios de *"tipo de servicio"* los fijará el **Franquiciador**, sin que el **Franquiciado** pueda ofrecer descuento alguno sobre los mismos, salvo que medie autorización para cada caso concreto por parte del **Franquiciador**.

Como Anexo 4 al presente contrato se adjuntan los precios de los servicios del **Franquiciador** vigentes en el momento en que tiene lugar la formalización de este contrato, obligándose éste a remitir al **Franquiciado** cualquier modificación que tenga lugar en los mismos.

"Número" Deber de información y publicidad
El **Franquiciador** informará al **Franquiciado** de las campañas nacionales de promoción de sus servicios con carácter previo al lanzamiento de las mismas, así como de la prestación de nuevos servicios o de cualquier novedad con respecto a los explotados anteriormente.

Asimismo, el **Franquiciador** asesorará al **Franquiciado** en el desarrollo de las campañas publicitarias locales que éste lleve a cabo, proporcionándole folletos y demás material publicitario con logotipos y marcas que permitan su uso con el fin de publicitar los servicios del **Franquiciador**.

"Número" Cesión de la franquicia
La franquicia concedida por el **Franquiciador** al **Franquiciado** no podrá ser cedida por éste a terceros, salvo que expresamente se lo autorice el **Franquiciador**.

Nota:

Es justa causa de resolución del contrato la cesión sin autorización del franquiciador, dada su naturaleza personal (AP Huesca 20-11-98, *EDJ 33999).*

"Número" Deber de secreto
El **Franquiciado** estará obligado a guardar secreto y no desvelar a terceros el know-how del **Franquiciador** que consta en el Manual Operativo que se adjunta con el presente contrato.

"Número" Terminación y resolución del contrato

Nota:

*Las **posibilidades** en relación con este tipo de cláusulas son muchas. Puede ocurrir que se atribuya a ambas partes la facultad de dar por concluido el contrato ante cualquier incumplimiento de la otra parte, sin tener que recurrir a formalismo alguno. Pero puede ocurrir también que esa formalidad se atribuya sólo a alguna de las partes, o que se sujete la efectividad de dicha medida a algún tipo de requisito. Dadas las múltiples variedades que ello puede adoptar, hemos preferido por establecer un **modelo común**, con carácter general, al que se pueden introducir ciertos aspectos o modificaciones particulares.*

"Apartado"
Son causas de terminación y resolución del presente contrato las siguientes:

a) Su terminación normal, ya sea por haber llegado el contrato a su vencimiento, ya sea por haberse cumplido y ejecutado la prestación a la que ambas partes se encuentran obligadas, ya sea por acuerdo mutuo de las partes.

b) Por incumplimiento de cualquiera de las partes de alguna de las cláusulas del presente contrato, sin que dicho incumplimiento fuera subsanado dentro de los *"número de días para subsanar el incumplimiento"* días siguientes a la notificación por escrito efectuada por la otra parte solicitando la subsanación del incumplimiento.

"Apartado"

La resolución del presente contrato o de cualquiera de las licencias concedidas en su aplicación no excluye cualquier otra reparación legal o judicial que cualquiera de las partes estime oportuno obtener.

"Número" Efectos de la extinción del contrato

a) Con independencia de cuál sea la causa de extinción del contrato ésta tendrá necesariamente los siguientes efectos:

b) El **Franquiciado** deberá entregar al **Franquiciador** los elementos patrimoniales inmateriales que le han sido transmitidos y que le han permitido explotar la actividad objeto de franquicia.

c) El **Franquiciado** se compromete a no divulgar el know-how del **Franquiciador**, a no ser que el mismo haya devenido de general conocimiento o resulte accesible a terceros por causas no imputables a aquél.

Producida la extinción del contrato el **Franquiciado** no podrá llevar a cabo por sí mismo o a través de una empresa en la que participe ningún tipo de actividad que pueda resultar concurrencial con la del **Franquiciador**. Dicha prohibición tendrá una duración de un año.

"Número" Gastos del contrato

Queda expresamente convenido que todos los gastos, impuestos, contribuciones, tasas o arbitrios, presentes o futuros, que origine este contrato serán satisfechos por las partes, conforme a Ley.

"Número" Sometimiento a arbitraje

Con renuncia expresa al ejercicio de cualquier acción ante los juzgados y tribunales, las partes se comprometen expresamente a instituir, en su día, un arbitraje de Derecho Privado, con arreglo a la legislación vigente, para resolver cuantas dudas o divergencias pudieran surgir entre ellas como consecuencia de la interpretación o cumplimiento de este contrato.

"Número" Normativa aplicable al contrato

El presente contrato tiene carácter de mercantil y se regirá, en primer término, por las estipulaciones contenidas en el mismo, y, en lo en ellas no previsto, por las disposiciones del Código de Comercio, Leyes especiales, los usos y costumbres mercantiles y, en su defecto, por lo establecido en el Código Civil.

"Número" Elevación a documento público

El presente contrato se elevará a público a solicitud de cualquiera de las partes, siendo los gastos del fedatario pagados por la parte que lo solicite.

Y en prueba de conformidad, ambas partes firman el presente contrato, que se extiende en dos ejemplares, igualmente originales, en el lugar y fecha indicados en su encabezamiento.

EL FRANQUICIADOR **EL FRANQUICIADO**

Franquicia de producción

MCM 5960 s.

Nota preliminar:

- En el contrato de **franquicia**, que se celebra entre dos partes jurídica y económicamente independientes, una de ellas (franquiciador) otorga a la otra (franquiciado) el derecho a utilizar bajo determinadas condiciones de control, y por un tiempo y zona delimitados, una técnica en la actividad industrial o comercial o de prestación de servicios del franquiciado, contra entrega por éste de una contraprestación económica (TS 30-4-98, EDJ 2951; 4-3-97, EDJ 1264).

- Sus **elementos fundamentales** son (así la sentencia TS 27-9-96): **1)** La utilización de una marca u otros signos distintivos comunes (rótulos, nombre comercial, presentación uniforme de locales, medios de transporte para mantener la unidad de la red,...). **2)** La comunicación por el franquiciador al franquiciado de conocimientos secretos, sustanciales e identificados, necesarios para la fabricación o comercialización de un producto, para la prestación de un servicio o para la organización de una unidad o dependencia empresarial (es el contrato de know-how, definido en el Reglamento CE 96 como "un conjunto de informaciones técnicas secretas, sustanciales e identificadas de forma apropiada", la referida información viene definida en el Código Deontológico Europeo de la Franquicia de 1991); quizá sea ésta la principal seña de identidad, coincidiendo esencialmente con la categoría española del secreto empresarial, suponiendo un bien inmaterial de naturaleza económica que constituye un derecho de propiedad industrial. **3)** La asistencia técnica o comercial permanente al franquiciado, necesaria para rentabilizar adecuadamente el know how transmitido. **4)** La contraprestación económica, directa o indirecta, al franquiciador , por los servicios prestados al franquiciado (generalmente una cuota de entrada y un canon periódico, establecido habitualmente en función de las ventas). **5)** Y, por supuesto (en tanto que presupuesto para desarrollar la actividad y a la vez obligación del arrendatario), la existencia de un establecimiento comercial en un lugar señalado, dotándolo de los equipamientos, decoración, publicidad y complementarios que indique el franquiciante (AP Barcelona 11-1-19, EDJ 500814).

- En un contrato de franquicia no solo se cede el **uso de los derechos de propiedad industrial** del franquiciador sino también son objeto de cesión otros activos como ocurre con el **know how** (TMUE nº 160/2023, de 17 de marzo), de modo" no parece razonable aplicar los criterios de precios de la franquicia" (TMUE nº 102/2014, de 13 de mayo; AP Alicante 16-2-24, EDJ 519566).

- La franquicia es un contrato de distribución comercial, **atípico, mixto, bilateral y sinalagmático, civil o mercantil** según su objeto, a través de la asociación con una empresa que ya está establecida en el mercado (con el objetivo de ahorrar en costos de puesta en marcha por tratarse de un producto que ya cuenta con el reconocimiento de marca y, por tanto, una menor resistencia de los consumidores), siendo administrada por un franquiciado, que no elige la fijación de los precios, ni las reglas y regulaciones de la franquiciadora -las normas de actuación y protocolos de trabajo- (AP Barcelona 24-1-23, EDJ 524549).

- El contrato de **franquicia de producción**, también llamado de fabricación, es aquél en el que el franquiciado fabrica por sí mismo los productos del franquiciador. Se utiliza por empresas que desean tener una factoría en un determinado lugar, que facilite la distribución de sus productos, pero no desean establecerse por sí mismas en dicha zona, por lo que franquician a otra empresa para que lleve a cabo la fabricación de sus productos. Legalmente, el acuerdo de **franquicia principal** o franquicia maestra se define como aquel por el cual una empresa, el franquiciador, le otorga a la otra, el franquiciado principal, en contraprestación de una compensación financiera directa, indirecta o ambas el derecho de explotar una franquicia con la finalidad de concluir acuerdos de franquicia con terceros, los franquiciados, conforme al sistema definido por el franquiciador, asumiendo el franquiciado principal el papel de franquiciador en un mercado determinado (RD 201/2010 art.2.2).

MCM 5960 s.

Nota preliminar:

- El contrato de franquicia carece de una **normativa** específica, resultando aplicable al mismo la normativa general sobre obligaciones y contratos (CC art.1088 a 1314). No obstante, resultan aplicables a algunos aspectos de dicho contrato las siguientes normas: L 7/1996 art.62 (ordenación del comercio minorista), desarrollada por RD 201/2010, por el que se regula el ejercicio de la actividad comercial en régimen de franquicia y la comunicación de datos al Registro de Franquiciadores; L 15/2007, de defensa de la competencia; L 3/1991 (competencia desleal); Rgto UE/330/2010, de la Comisión, relativo al art.101.3 del Tratado de Funcionamiento de la Unión Europea a determinadas categorías de acuerdos verticales y prácticas concertadas.

- Téngase en cuenta que el RDL 20/2018 derogó el Capítulo III del RD 201/2010 relativo al registro de franquiciadores a fin de impulsar la competitividad industrial. Según la Exposición de Motivos del citado RDL, aparte de lo anterior, la **gestión telemática del registro de franquiciadores** resultaba incómoda y poco tuitiva. Además, la información que ofrecía relativa al derecho de uso de la marca por parte del franquiciado se puede obtener, igualmente, del registro de la Oficina Española de Patentes y Marcas.

- No está sujeto a especiales **requisitos de forma**, pudiéndose celebrar tanto de forma verbal, como por escrito. No obstante, la complejidad que, normalmente, alcanza el contenido obligacional de estos contratos aconseja su plasmación por escrito y en documento debidamente formalizado.

- El modelo presupone unas circunstancias determinadas que serán las más frecuentes. Si en el caso concreto existen circunstancias particulares no previstas, deberá completarse o modificarse el modelo adaptándolo a las mismas.

En *"localidad"*, a *"fecha"*

REUNIDOS:

De una parte,

"Don/Doña nombre y apellidos de la parte", mayor de edad, *"estado civil de la parte" "... "especificar el régimen económico matrimonial de la parte" ... "*, de nacionalidad *"nacionalidad de la parte"*, con domicilio a estos efectos en *"domicilio de la parte", "...con DNI/NIF número "DNI/NIF de la parte"... O ... con tarjeta de residencia número "número de tarjeta de residencia de la parte" ... O ... pasaporte número "número de pasaporte de la parte", expedido el "fecha de expedición del pasaporte de la parte" ... O ... "reseñar otros documentos aportados por la parte" ... "*, vigente hasta el *"fecha de vigencia de la documentación aportada por la parte"*.

Interviene en nombre y representación de la sociedad mercantil denominada *"denominación de la Sociedad"*, domiciliada en *"domicilio de la Sociedad"*, y con NIF número *"NIF de la Sociedad"*, constituida, por tiempo indefinido, mediante escritura otorgada ante el notario de *"lugar del notario que autorizó la escritura pública", "Don/Doña nombre y apellidos del notario que autorizó la escritura pública"*, el *"fecha de autorización de la escritura pública"*, e inscrita en el Registro Mercantil de *"datos de la inscripción registral (localidad del Registro Mercantil, tomo, folio, sección, hoja e inscripción)"*, en su calidad de

○ **Si representa como cargo social:**

"...administrador único ... O ... administrador solidario ... O ... consejero delegado ... O ... "especificar la representación del cargo social" ... " de la reseñada sociedad, cargo para el que fue nombrado y asegura vigente en escritura otorgada el *"fecha de escritura del nombramiento del cargo"*, ante el notario de *"lugar donde radica la notaría en la que se autorizó la escritura del nombramiento", "Don/Doña nombre y apellidos del notario que autorizó la escritura del nombramiento"*, con el número *"número de protocolo del notario que autorizó la escritura del nombramiento"* de su protocolo, e inscrita en el Registro Mercantil de *"localidad del Registro Mercantil de la escritura de nombramiento"*, en el tomo y hoja arriba indicados.

MCM 5960 s.

❍ **Si representa como apoderado:**

apoderado de la reseñada sociedad, según escritura de poder otorgada a su favor, en *"fecha de escritura del otorgamiento del poder"*, ante el notario de *"lugar donde radica la notaría en la que se autorizó la escritura de poder"*, *"Don/Doña nombre y apellidos del notario que autorizó la escritura de poder"*, con el número *"número de protocolo del notario que autorizó la escritura de poder"* de su protocolo *"...e inscrita en el Registro Mercantil de "localidad del Registro Mercantil de la escritura de poder" ..."*, en el tomo y hoja arriba indicados.

≺≺

En adelante, el **Franquiciador**.

De otra parte,

"Don/Doña nombre y apellidos de la parte", mayor de edad, *"estado civil de la parte" "... "especificar el régimen económico matrimonial de la parte" ..."*, de nacionalidad *"nacionalidad de la parte"*, con domicilio a estos efectos en *"domicilio de la parte"*, *"...con DNI/NIF número "DNI/NIF de la parte" ... O ... con tarjeta de residencia número "número de tarjeta de residencia de la parte" ... O ... pasaporte número "número de pasaporte de la parte", expedido el "fecha de expedición del pasaporte de la parte" ... O ... "reseñar otros documentos aportados por la parte" ..."*, vigente hasta el *"fecha de vigencia de la documentación aportada por la parte"*.

Interviene en nombre y representación de la sociedad mercantil denominada *"denominación de la Sociedad"*, domiciliada en *"domicilio de la Sociedad"*, y con NIF número *"NIF de la Sociedad"*, constituida, por tiempo indefinido, mediante escritura otorgada ante el notario de *"lugar del notario que autorizó la escritura pública"*, *"Don/Doña nombre y apellidos del notario que autorizó la escritura pública"*, el *"fecha de autorización de la escritura pública"*, e inscrita en el Registro Mercantil de *"datos de la inscripción registral (localidad del Registro Mercantil, tomo, folio, sección, hoja e inscripción)"*, en su calidad de

≻≻

❍ **Si representa como cargo social:**

"...administrador único ... O ... administrador solidario ... O ... consejero delegado ... O ... "especificar la representación del cargo social" ..." de la reseñada sociedad, cargo para el que fue nombrado y asegura vigente en escritura otorgada el *"fecha de escritura del nombramiento del cargo"*, ante el notario de *"lugar donde radica la notaría en la que se autorizó la escritura del nombramiento"*, *"Don/Doña nombre y apellidos del notario que autorizó la escritura del nombramiento"*, con el número *"número de protocolo del notario que autorizó la escritura del nombramiento"* de su protocolo, e inscrita en el Registro Mercantil de *"localidad del Registro Mercantil de la escritura de nombramiento"*, en el tomo y hoja arriba indicados.

❍ **Si representa como apoderado:**

apoderado de la reseñada sociedad, según escritura de poder otorgada a su favor, en *"fecha de escritura del otorgamiento del poder"*, ante el notario de *"lugar donde radica la notaría en la que se autorizó la escritura de poder"*, *"Don/Doña nombre y apellidos del notario que autorizó la escritura de poder"*, con el número *"número de protocolo del notario que autorizó la escritura de poder"* de su protocolo *"...e inscrita en el Registro Mercantil de "localidad del Registro Mercantil de la escritura de poder" ..."*, en el tomo y hoja arriba indicados.

≺≺

En adelante, el **Franquiciado**.

Las partes se reconocen la capacidad legal necesaria para contratar y obligarse y, a tal efecto

EXPONEN:

I. Que el **Franquiciador** tiene como objeto la fabricación de los productos que constan en el Anexo 1 al presente contrato comercializados bajo las marcas *"nombres de las marcas"*, inscritas a su nombre en el Registro de Marcas con los números *"números de inscripción"* y clases *"clases de marcas"*.

II. Que el **Franquiciador** utiliza como forma habitual de expansión de su empresa la concertación con otras empresas de contratos de franquicia, en virtud de los cuales el **Franquiciado** se obliga a fabricar los productos del **Franquiciador**, en su propia factoría, identificada con los signos distintivos de éste.

III. Que el **Franquiciador** está inscrito en el Registro de Franquiciadores de la Comunidad Autónoma de *"Comunidad Autónoma"*.

IV. Que el **Franquiciado** tiene interés en llevar a cabo la fabricación de los productos del **Franquiciador**.

V. Que ambas partes han alcanzado un acuerdo en virtud del cual otorgan el presente contrato de franquicia, con arreglo a las siguientes:

ESTIPULACIONES:

"Número" Objeto
El presente contrato tiene como objeto la apertura y posterior explotación por parte del **Franquiciado** de un establecimiento industrial en el que se fabricarán los productos del **Franquiciador** que constan en el Anexo 1 al presente contrato, siguiendo idénticas técnicas y sistema que el **Franquiciador**, identificándose el establecimiento mercantil del **Franquiciado** con el rótulo, marca y nombre comercial del **Franquiciador**, cuyo uso le es cedido en virtud del presente contrato.

"Número" Know-how
Con el objeto de que el **Franquiciado** pueda llevar a cabo adecuadamente la fabricación de los productos mencionados en la cláusula anterior, el **Franquiciador** pone a disposición de éste su know-how sobre *"especificar actividad de fabricación"*, que consta en el Manual Operativo que se adjunta al presente contrato como Anexo 2, al que deberá ajustar en todo caso el **Franquiciado** el proceso de fabricación de los productos del **Franquiciador**.

Asimismo, el **Franquiciador** asume el compromiso de informar y asesorar puntualmente al **Franquiciado** sobre cualquier duda que a éste se le suscite en relación con el know-how del **Franquiciador**, que consta en el mencionado Manual Operativo, así como la obligación de formar al personal contratado por el **Franquiciado** en dichas técnicas.

La cesión del mencionado know-how no implica en modo alguno la pérdida de su titularidad por el **Franquiciador**, ni la posibilidad de continuar explotándolo.

"Número" Establecimiento mercantil
La fabricación de los productos del **Franquiciador** la llevará a cabo el **Franquiciado** en su propia factoría, ubicada en *"localización de la factoría"*, que reúne las características que el **Franquiciador** exige para la fabricación de sus productos. Dicho local será revestido con los distintivos comerciales del **Franquiciador** y contará con la maquinaria, instalaciones, etc. que se detallan en el Anexo 3 al presente contrato, será proporcionada por el **Franquiciado**, estando incluido su coste de adquisición dentro del canon inicial que debe abonar el **Franquiciado** al **Franquiciador**.

En el mencionado establecimiento mercantil únicamente se podrán fabricar los productos del **Franquiciador**.

"Número" Suministros
El **Franquiciador** suministrará al **Franquiciado** las materias primas necesarias para la fabricación de sus productos en las cantidades que éste le solicite.

El **Franquiciado** no podrá dirigirse, sin contar con la autorización expresa del **Franquiciador**, a ninguna otra entidad que no sea éste, para la adquisición de dichas materias primas.

MCM 5960 s. **"Número" Canon inicial**

El **Franquiciado** abonará al **Franquiciador** a la firma del presente contrato la suma de *"cantidad a abonar al franquiciador en letra"* euros (*"cantidad a abonar al franquiciador en número"* €), que son abonados en este mismo acto mediante cheque nominativo a nombre del **Franquiciador** del que se le hace entrega en este mismo acto.

"Número" Cánones periódicos

El **Franquiciador** percibirá mediante ingreso en su cuenta corriente número *"número de cuenta corriente"*, abierta a su nombre en el Banco *"nombre del banco"*, un *"valor porcentual por la venta"* de los ingresos brutos mensuales derivados de la venta de los productos fabricados en el establecimiento mercantil del **Franquiciado**.

"Número" Duración

La franquicia objeto del presente contrato se hace por *"tiempo de concesión de franquicia"* años, renovables automáticamente por periodos similares si al menos con *"plazo de antelación a la extinción"* de antelación a la fecha de extinción del mismo no se comunica de forma fehaciente la decisión de no prorrogar el contrato.

"Número" Exclusividad

El **Franquiciador** no concederá ninguna franquicia para la fabricación de sus productos en la zona de *"especificar la zona restringida"*, donde está ubicado el establecimiento mercantil del **Franquiciado**, comprometiéndose a no explotar tampoco por sí mismo, de forma directa o indirecta, un establecimiento mercantil de las características del ahora **Franquiciado**.

"Número" Inspección

El **Franquiciador** se reserva el derecho a inspeccionar periódicamente el establecimiento mercantil del **Franquiciado**. Teniendo también derecho a que se le exhiba por éste la documentación contable que aquél le requiera para verificar las ventas de sus productos facturadas.

"Número" Distribución y venta de los productos fabricados

La distribución y venta de los productos fabricados en la factoría del **Franquiciado** correrá a cargo de éste, que deberá respetar las normas fijadas al respecto por el **Franquiciador** en el Manual Operativo, donde consta listado de clientes de dichos productos.

"Número" Precios de venta de los productos fabricados

Los precios de venta de los productos fabricados los fijará el **Franquiciador**, sin que el **Franquiciado** pueda ofrecer descuento alguno sobre los mismos, salvo que medie autorización para cada caso concreto por parte del **Franquiciador**.

Como Anexo 4 al presente contrato se adjuntan los precios de dichos productos vigentes en el momento en que tiene lugar la formalización de éste contrato, obligándose éste a remitir al **Franquiciado** cualquier modificación que tenga lugar en los mismos.

"Número" Deber de información y publicidad

El **Franquiciador** informará al **Franquiciado** de las campañas nacionales de promoción de sus productos con carácter previo al lanzamiento de las mismas, así como de cualquier novedad con respecto a los fabricados anteriormente. En el caso de que dichas novedades impliquen modificaciones en el proceso de fabricación, el **Franquiciador** deberá proporcionar al **Franquiciado** el know-how relacionado con dichas modificaciones, asesorándole convenientemente en todo lo relacionado con las nuevas técnicas de producción, etc.

MCM 5960 s.

Asimismo, el **Franquiciador** asesorará al **Franquiciado** en el desarrollo de las campañas publicitarias locales que éste lleve a cabo, proporcionándole folletos y demás material publicitario con logotipos y marcas que permitan su uso con el fin de publicitar los productos del **Franquiciador**.

"Número" Cesión de la franquicia

La franquicia concedida por el **Franquiciador** al **Franquiciado** no podrá ser cedida por éste a terceros, salvo que expresamente se lo autorice el **Franquiciador**.

Nota:

*Es justa causa de resolución del contrato la cesión sin autorización del franquiciador, dada su naturaleza personal (*AP Huesca 20-11-98, *EDJ 33999).*

"Número" Deber de secreto

El **Franquiciado** asume el compromiso de guardar el secreto del know-how que le ha sido cedido, estándole absolutamente prohibido vender o transmitir el mismo a cualquier tercero, ni hacer un uso del mismo distinto al permitido en el presente contrato sin la autorización del **Franquiciador**. En concreto, el **Franquiciado** se obliga a:

a) No proceder a la divulgación o comunicación de la información técnica que le ha sido transmitida con el presente contrato.

b) Restringir, en la medida de lo posible, el acceso a dicha información a sus empleados.

c) Controlar que sus empleados mantienen la presente obligación de secreto.

d) Mantener la obligación de secreto, incluso una vez expirado el presente contrato, hasta que la misma pase al dominio público.

e) Impedir cualquier tipo de copia de dicha información por parte de terceros.

f) *"especificar otras obligaciones"*.

Esta obligación no será de aplicación a la información que en el momento de ser revelada sea del dominio público.

"Número" Nuevas tecnologías

En el caso de que, vigente el presente contrato, el **Franquiciador** lanzase al mercado nuevos productos que no consten en el listado que se adjunta como Anexo I, el **Franquiciado** tendrá un derecho de opción para la adquisición de los derechos de fabricación en exclusiva de dichos productos y del know-how necesario para la fabricación de los mismos, en las mismas condiciones que los cedidos en virtud del presente contrato.

"Número" Terminación y resolución del contrato

 **Nota:**

*Las **posibilidades** en relación con este tipo de cláusulas son muchas. Puede ocurrir que se atribuya a ambas partes la facultad de dar por concluido el contrato ante cualquier incumplimiento de la otra parte, sin tener que recurrir a formalismo alguno. Pero puede ocurrir también que esa formalidad se atribuya sólo a alguna de las partes, o que se sujete la efectividad de dicha medida a algún tipo de requisito. Dadas las múltiples variedades que ello puede adoptar, hemos preferido por establecer un **modelo común**, con carácter general, al que se pueden introducir ciertos aspectos o modificaciones particulares.*

"Apartado"

Son causas de terminación y resolución del presente contrato las siguientes:

a) Su terminación normal, ya sea por haber llegado el contrato a su vencimiento, ya sea por haberse cumplido y ejecutado la prestación a la que ambas partes se encuentran obligadas, ya sea por acuerdo mutuo de las partes.

MCM 5960 s.

b) Por incumplimiento de cualquiera de las partes de alguna de las cláusulas del presente contrato, sin que dicho incumplimiento fuera subsanado dentro de los *"número de días para subsanar el incumplimiento"* días siguientes a la notificación por escrito efectuada por la otra parte solicitando la subsanación del incumplimiento.

"Apartado"

La resolución del presente contrato o de cualquiera de las licencias concedidas en su aplicación no excluye cualquier otra reparación legal o judicial que cualquiera de las partes estime oportuno obtener.

"Número" Efectos de la extinción del contrato

Con independencia de cuál sea la causa de extinción del contrato, ésta tendrá necesariamente los siguientes efectos:

a) El **Franquiciado** deberá entregar al **Franquiciador** los elementos patrimoniales inmateriales que le han sido transmitidos y que le han permitido explotar la actividad objeto de franquicia.

b) El **Franquiciado** se compromete a no divulgar el know-how del **Franquiciador**, a no ser que el mismo haya devenido de general conocimiento o resulte accesible a terceros por causas no imputables a aquél.

c) Producida la extinción del contrato, el **Franquiciado** no podrá llevar a cabo, por sí mismo o a través de una empresa en la que participe, ningún tipo de actividad que pueda resultar concurrencial con la del **Franquiciador**. Dicha prohibición tendrá una duración de un año.

"Número" Gastos del contrato

Queda expresamente convenido que todos los gastos, impuestos, contribuciones, tasas o arbitrios, presentes o futuros, que origine este contrato serán satisfechos por las partes, conforme a Ley.

"Número" Sometimiento a arbitraje

Con renuncia expresa al ejercicio de cualquier acción ante los juzgados y tribunales, las partes se comprometen expresamente a instituir, en su día, un arbitraje de Derecho Privado, con arreglo a la legislación vigente, para resolver cuantas dudas o divergencias pudieran surgir entre ellas como consecuencia de la interpretación o cumplimiento de este contrato.

"Número" Normativa aplicable al contrato

El presente contrato tiene carácter de mercantil y se regirá, en primer término, por las estipulaciones contenidas en el mismo, y, en lo en ellas no previsto, por las disposiciones del Código de Comercio, Leyes especiales, los usos y costumbres mercantiles y, en su defecto, por lo establecido en el Código Civil.

"Número" Elevación a documento público

El presente contrato se elevará a público a solicitud de cualquiera de las partes, siendo los gastos del fedatario pagados por la parte que lo solicite.

Y en prueba de conformidad, ambas partes firman el presente contrato, que se extiende en dos ejemplares, igualmente originales, en el lugar y fecha indicados en su encabezamiento.

EL FRANQUICIADOR **EL FRANQUICIADO**

Franquicia de «corner» y «shop in shop»

MCM 5960 s.

Nota preliminar:

- En el contrato de **franquicia**, que se celebra entre dos partes jurídica y económicamente independientes, una de ellas (franquiciador) otorga a la otra (franquiciado) el derecho a utilizar bajo determinadas condiciones de control, y por un tiempo y zona delimitados, una técnica en la actividad industrial o comercial o de prestación de servicios del franquiciado, contra entrega por éste de una contraprestación económica (TS 30-4-98, EDJ 2951; 4-3-97, EDJ 1264).

- Sus **elementos fundamentales** son (así la sentencia TS 27-9-96): **1)** La utilización de una marca u otros signos distintivos comunes (rótulos, nombre comercial, presentación uniforme de locales, medios de transporte para mantener la unidad de la red,...). **2)** La comunicación por el franquiciador al franquiciado de conocimientos secretos, sustanciales e identificados, necesarios para la fabricación o comercialización de un producto, para la prestación de un servicio o para la organización de una unidad o dependencia empresarial (es el contrato de know-how, definido en el Reglamento CE 96 como "un conjunto de informaciones técnicas secretas, sustanciales e identificadas de forma apropiada", la referida información viene definida en el Código Deontológico Europeo de la Franquicia de 1991); quizá sea ésta la principal seña de identidad, coincidiendo esencialmente con la categoría española del secreto empresarial, suponiendo un bien inmaterial de naturaleza económica que constituye un derecho de propiedad industrial. **3)** La asistencia técnica o comercial permanente al franquiciado, necesaria para rentabilizar adecuadamente el know how transmitido. **4)** La contraprestación económica, directa o indirecta, al franquiciador , por los servicios prestados al franquiciado (generalmente una cuota de entrada y un canon periódico, establecido habitualmente en función de las ventas). **5)** Y, por supuesto (en tanto que presupuesto para desarrollar la actividad y a la vez obligación del arrendatario), la existencia de un establecimiento comercial en un lugar señalado, dotándolo de los equipamientos, decoración, publicidad y complementarios que indique el franquiciante (AP Barcelona 11-1-19, EDJ 500814).

- La franquicia es un contrato de distribución comercial, atípico, mixto, bilateral y sinalagmático, civil o mercantil según su objeto, a través de la asociación con una empresa que ya está establecida en el mercado (con el objetivo de ahorrar en costos de puesta en marcha por tratarse de un producto que ya cuenta con el reconocimiento de marca y, por tanto, una menor resistencia de los consumidores), siendo administrada por un franquiciado, que no elige la fijación de los precios, ni las reglas y regulaciones de la franquiciadora -las normas de actuación y protocolos de trabajo- (AP Barcelona 24-1-23, EDJ 524549).

- En un contrato de franquicia no solo se cede el **uso de los derechos de propiedad industrial** del franquiciador sino también son objeto de cesión otros activos como ocurre con el **know how** (TMUE nº 160/2023, de 17 de marzo), de modo "no parece razonable aplicar los criterios de precios de la franquicia" (TMUE nº 102/2014, de 13 de mayo; AP Alicante 16-2-24, EDJ 519566).

- El contrato de franquicia de **«corner» y «shop in shop»** es aquél en el que el franquiciado cede una parte de su local comercial para que en el mismo se presten los servicios del franquiciador o se vendan los productos de éste. Es muy típico de los grandes almacenes, en los que, dentro de los mismos, existen espacios reservados para la venta en exclusiva de los productos del franquiciador. Legalmente, el acuerdo de **franquicia principal** o franquicia maestra se define como aquel por el cual una empresa, el franquiciador, le otorga a la otra, el franquiciado principal, en contraprestación de una compensación financiera directa, indirecta o ambas el derecho de explotar una franquicia con la finalidad de concluir acuerdos de franquicia con terceros, los franquiciados, conforme al sistema definido por el franquiciador, asumiendo el franquiciado principal el papel de franquiciador en un mercado determinado (RD 201/2010 art.2.2).

1060

Representación Mercantil y Distribución

MCM 5960 s.

Nota preliminar:

- El contrato de franquicia carece de una **normativa** específica, resultando aplicable al mismo la normativa general sobre obligaciones y contratos (CC art.1088 a 1314). No obstante, resultan aplicables a algunos aspectos de dicho contrato las siguientes normas: L 7/1996 art.62 (ordenación del comercio minorista), desarrollada por RD 201/2010, por el que se regula el ejercicio de la actividad comercial en régimen de franquicia y la comunicación de datos al Registro de Franquiciadores; L 15/2007, de defensa de la competencia; L 3/1991 (competencia desleal); Rgto UE/330/2010, de la Comisión, relativo al art.101.3 del Tratado de Funcionamiento de la Unión Europea a determinadas categorías de acuerdos verticales y prácticas concertadas.

- Téngase en cuenta que el RDL 20/2018 ha derogado el Capítulo III del RD 201/2010 relativo al registro de franquiciadores a fin de impulsar la competitividad industrial. Según la Exposición de Motivos del citado RDL, aparte de lo anterior, la **gestión telemática del registro de franquiciadores** resultaba incómoda y poco tuitiva. Además, la información que ofrecía relativa al derecho de uso de la marca por parte del franquiciado se puede obtener, igualmente, del registro de la Oficina Española de Patentes y Marcas.

- No está sujeto a especiales **requisitos de forma**, pudiéndose celebrar tanto de forma verbal, como por escrito. No obstante, la complejidad que, normalmente, alcanza el contenido obligacional de estos contratos aconseja su plasmación por escrito y en documento debidamente formalizado.

- El modelo presupone unas circunstancias determinadas que serán las más frecuentes. Si en el caso concreto existen circunstancias particulares no previstas, deberá completarse o modificarse el modelo adaptándolo a las mismas.

En *"localidad"*, a *"fecha"*

REUNIDOS:

De una parte,

"Don/Doña nombre y apellidos de la parte", mayor de edad, *"estado civil de la parte" "... "especificar el régimen económico matrimonial de la parte" ... "*, de nacionalidad *"nacionalidad de la parte"*, con domicilio a estos efectos en *"domicilio de la parte"*, *"...con DNI/NIF número "DNI/NIF de la parte" ... O ... con tarjeta de residencia número "número de tarjeta de residencia de la parte" ... O ... pasaporte número "número de pasaporte de la parte", expedido el "fecha de expedición del pasaporte de la parte" ... O ... "reseñar otros documentos aportados por la parte" ... "*, vigente hasta el *"fecha de vigencia de la documentación aportada por la parte"*.

Interviene en nombre y representación de la sociedad mercantil denominada *"denominación de la Sociedad"*, domiciliada en *"domicilio de la Sociedad"*, y con NIF número *"NIF de la Sociedad"*, constituida, por tiempo indefinido, mediante escritura otorgada ante el notario de *"lugar del notario que autorizó la escritura pública"*, *"Don/Doña nombre y apellidos del notario que autorizó la escritura pública"*, el *"fecha de autorización de la escritura pública"*, e inscrita en el Registro Mercantil de *"datos de la inscripción registral (localidad del Registro Mercantil, tomo, folio, sección, hoja e inscripción)"*, en su calidad de

>>

○ **Si representa como cargo social:**

"...administrador único ... O ... administrador solidario ... O ... consejero delegado ... O ... "especificar la representación del cargo social" ... " de la reseñada sociedad, cargo para el que fue nombrado y asegura vigente en escritura otorgada el *"fecha de escritura del nombramiento del cargo"*, ante el notario de *"lugar donde radica la notaría en la que se autorizó la escritura del nombramiento"*, *"Don/Doña nombre y apellidos del notario que autorizó la escritura del nombramiento"*, con el número *"número de protocolo del notario que autorizó la escritura del nombramiento"* de su protocolo, e inscrita en el Registro Mercantil de *"localidad del Registro Mercantil de la escritura de nombramiento"*, en el tomo y hoja arriba indicados.

MCM 5960 s.

○ **Si representa como apoderado:**

apoderado de la reseñada sociedad, según escritura de poder otorgada a su favor, en *"fecha de escritura del otorgamiento del poder"*, ante el notario de *"lugar donde radica la notaría en la que se autorizó la escritura de poder"*, *"Don/Doña nombre y apellidos del notario que autorizó la escritura de poder"*, con el número *"número de protocolo del notario que autorizó la escritura de poder"* de su protocolo *"...e inscrita en el Registro Mercantil de "localidad del Registro Mercantil de la escritura de poder"* ... ", en el tomo y hoja arriba indicados.

En adelante, el **Franquiciador**.

De otra parte,

"Don/Doña nombre y apellidos de la parte", mayor de edad, *"estado civil de la parte" "... "especificar el régimen económico matrimonial de la parte" ...* ", de nacionalidad *"nacionalidad de la parte"*, con domicilio a estos efectos en *"domicilio de la parte"*, *"...con DNI/NIF número "DNI/NIF de la parte" ... O ... con tarjeta de residencia número "número de tarjeta de residencia de la parte" ... O ... pasaporte número "número de pasaporte de la parte", expedido el "fecha de expedición del pasaporte de la parte" ... O ... "reseñar otros documentos aportados por la parte" ...* ", vigente hasta el *"fecha de vigencia de la documentación aportada por la parte"*.

Interviene en nombre y representación de la sociedad mercantil denominada *"denominación de la Sociedad"*, domiciliada en *"domicilio de la Sociedad"*, y con NIF número *"NIF de la Sociedad"*, constituida, por tiempo indefinido, mediante escritura otorgada ante el notario de *"lugar del notario que autorizó la escritura pública"*, *"Don/Doña nombre y apellidos del notario que autorizó la escritura pública"*, el *"fecha de autorización de la escritura pública"*, e inscrita en el Registro Mercantil de *"datos de la inscripción registral (localidad del Registro Mercantil, tomo, folio, sección, hoja e inscripción)"*, en su calidad de

>>

○ **Si representa como cargo social:**

"...administrador único ... O ... administrador solidario ... O ... consejero delegado ... O ... "especificar la representación del cargo social" ... " de la reseñada sociedad, cargo para el que fue nombrado y asegura vigente en escritura otorgada el *"fecha de escritura del nombramiento del cargo"*, ante el notario de *"lugar donde radica la notaría en la que se autorizó la escritura del nombramiento"*, *"Don/Doña nombre y apellidos del notario que autorizó la escritura del nombramiento"*, con el número *"número de protocolo del notario que autorizó la escritura del nombramiento"* de su protocolo, e inscrita en el Registro Mercantil de *"localidad del Registro Mercantil de la escritura de nombramiento"*, en el tomo y hoja arriba indicados.

○ **Si representa como apoderado:**

apoderado de la reseñada sociedad, según escritura de poder otorgada a su favor, en *"fecha de escritura del otorgamiento del poder"*, ante el notario de *"lugar donde radica la notaría en la que se autorizó la escritura de poder"*, *"Don/Doña nombre y apellidos del notario que autorizó la escritura de poder"*, con el número *"número de protocolo del notario que autorizó la escritura de poder"* de su protocolo *"...e inscrita en el Registro Mercantil de "localidad del Registro Mercantil de la escritura de poder"* ... ", en el tomo y hoja arriba indicados.

En adelante, el **Franquiciado**.

Las partes se reconocen la capacidad legal necesaria para contratar y obligarse y, a tal efecto

MCM 5960 s.

EXPONEN:

I. Que el **Franquiciador** tiene como objeto la fabricación y comercialización de los productos que constan en el Anexo 1 al presente contrato comercializados bajo la marca *"nombre de la marca"*, que figura inscrita a su nombre en el Registro de Marcas con el número *"número de inscripción"*, clase *"clase de marca"*.

II. Que el **Franquiciador** utiliza como una de las formas habituales de comercializar sus productos la inclusión en grandes superficies comerciales de stand donde exclusivamente se venden sus productos y en los que aparecen de forma visible los signos distintivos del **Franquiciador**, concertando con tal objeto contratos de franquicia.

III. Que el **Franquiciador** está inscrito en el Registro de Franquiciadores de la Comunidad Autónoma de *"Comunidad Autónoma"*.

IV. Que el **Franquiciado** es titular de la cadena de grandes almacenes *"nombre de la cadena"*, al que pertenece el situado en *"localización del establecimiento"*.

V. Que ambas partes han alcanzado un acuerdo en virtud del cual otorgan el presente contrato de franquicia, con arreglo a las siguientes:

ESTIPULACIONES:

"Número" Objeto

El presente contrato tiene como objeto la comercialización por parte del **Franquiciado** de los productos de la marca del **Franquiciador** en un espacio reservado de su propio establecimiento comercial, sito en *"localización del establecimiento del Franquiciado"*, donde se instalará un stand que aparecerá identificado con los signos distintivos del **Franquiciador**, cediendo aquél a éste con tal motivo el uso en dicho espacio del rótulo y nombre comercial del **Franquiciador**.

"Número" Know-how

Con el objeto de que el **Franquiciado** pueda llevar a cabo adecuadamente la comercialización de los productos del **Franquiciador**, éste pone a disposición de aquél su know-how sobre métodos de comercialización de productos, técnicas de marketing y de merchandising, etc., que consta en el Manual Operativo que se adjunta al presente contrato como Anexo 2, al que deberá ajustar en todo caso el **Franquiciado** su actividad comercial.

Asimismo, el **Franquiciador** asume el compromiso de informar y asesorar puntualmente al **Franquiciado** sobre cualquier duda que a éste se le suscite en relación con el know-how del **Franquiciador** que consta en el mencionado Manual Operativo.

La cesión del mencionado know-how no implica en modo alguno la pérdida de su titularidad por el **Franquiciador**, ni la posibilidad de continuar explotándolo.

"Número" Espacio reservado para la comercialización de los productos del Franquiciador

La comercialización de los productos del **Franquiciador** la llevará a cabo el **Franquiciado** en un espacio reservado para tal objeto en su establecimiento mercantil sito en *"localización del establecimiento del Franquiciado"*, donde se instalará un stand para la comercialización exclusiva de los productos del **Franquiciador**. Dicho espacio reunirá las siguientes características *"detallar las características que debe cumplir el stand"* y será revestido con los distintivos comerciales del **Franquiciado** y decorado conforme se detalla en el Anexo 3 al presente contrato, asumiendo el **Franquiciado** los costes de dicha decoración.

"Número" Suministros

El **Franquiciador** suministrará al **Franquiciado** sus productos en las cantidades que éste le solicite estando obligado a mantener en su stand comercial a la vista del público un mínimo de *"especificar la cantidad que debe exponerse"* unidades de *"especificar producto"*.

Los gastos de transporte de los productos desde la fábrica del **Franquiciador** al establecimiento comercial del **Franquiciado**, se entenderán incluidos dentro del precio que por los productos suministrados abone el **Franquiciado** al **Franquiciador**.

"Número" Canon inicial

El **Franquiciado** abonará al **Franquiciador** a la firma del presente contrato la suma de *"cantidad a abonar al franquiciador en letra"* euros (*"cantidad a abonar al franquiciador en número"* €), que son abonados en este mismo acto mediante cheque nominativo a nombre del **Franquiciador** del que se le hace entrega en este mismo acto.

"Número" Cánones periódicos

El **Franquiciador** percibirá mediante ingreso en su cuenta corriente número *"número de cuenta corriente del franquiciador"* abierta a su nombre en el Banco *"nombre del Banco"*, un *"porcentaje sobre productos vendidos"* del importe bruto de los productos vendidos mensualmente más un *"porcentaje adicional"* adicional si la cifra de ventas no supera los *"cantidad en letra"* euros (*"cantidad en número"* €) mensuales.

"Número" Duración

La franquicia objeto del presente contrato se hace por *"tiempo de concesión de franquicia"* años, renovables automáticamente por periodos similares si al menos con *"plazo de antelación a la extinción"* de antelación a la fecha de extinción del mismo no se comunica de forma fehaciente la decisión de no prorrogar el contrato.

"Número" Exclusividad

El **Franquiciador** no concederá ninguna franquicia para la venta de sus productos en la zona de *"especificar la zona restringida"*, donde está ubicado el establecimiento comercial del **Franquiciado**.

"Número" Inspección

El **Franquiciador** se reserva el derecho a inspeccionar periódicamente el stand o lugar en el que el **Franquiciado** comercializa sus productos. Teniendo también derecho a que se le exhiba por éste la documentación contable que aquél le requiera para verificar las ventas de sus productos facturadas.

"Número" Precio de venta de los productos

Los precios de venta de los productos los fijará el **Franquiciador** sin que el **Franquiciado** pueda ofrecer descuento alguno sobre los mismos, salvo que medie autorización para cada caso concreto por parte del **Franquiciador**.

Como Anexo 4 al presente contrato se adjuntan las tarifas del **Franquiciador** vigentes en el momento en que tiene lugar la formalización de este contrato, obligándose éste a remitir al **Franquiciado** cualquier modificación que tenga lugar en las mismas.

"Número" Deber de información y publicidad

El **Franquiciador** informará al **Franquiciado** de las campañas nacionales de promoción de sus productos con carácter previo al lanzamiento de las mismas, así como de la comercialización de nuevos productos o de cualquier novedad con respecto a los comercializados anteriormente, entre ellas, su retirada del mercado o las previsiones sobre aumentos o disminuciones en las ventas de los mismos.

Asimismo, el **Franquiciador** asesorará al **Franquiciado** en el desarrollo de las campañas publicitarias locales que éste lleve a cabo, proporcionándole folletos y demás material publicitario con logotipos y marcas que permitan su uso con el fin de publicitar los productos del **Franquiciador**.

"Número" Cesión de la franquicia

La franquicia concedida por el **Franquiciador** al **Franquiciado** no podrá ser cedida por éste a terceros, salvo que expresamente se lo autorice el **Franquiciador**.

MCM 5960 s.

 **Nota:**

Es justa causa de resolución del contrato la cesión sin autorización del franquiciador, dada su naturaleza personal (AP Huesca 20-11-98, *EDJ 33999).*

"Número" Deber de secreto

El **Franquiciado** estará obligado a guardar secreto y no desvelar a terceros el know-how del **Franquiciador** que consta en el Manual Operativo que se adjunta con el presente contrato.

"Número" Terminación y resolución del contrato

 **Nota:**

*Las **posibilidades** en relación con este tipo de cláusulas son muchas. Puede ocurrir que se atribuya a ambas partes la facultad de dar por concluido el contrato ante cualquier incumplimiento de la otra parte, sin tener que recurrir a formalismo alguno. Pero puede ocurrir también que esa formalidad se atribuya sólo a alguna de las partes, o que se sujete la efectividad de dicha medida a algún tipo de requisito. Dadas las múltiples variedades que ello puede adoptar, hemos preferido por establecer un **modelo común**, con carácter general, al que se pueden introducir ciertos aspectos o modificaciones particulares.*

"Apartado"

Son causas de terminación y resolución del presente contrato las siguientes:

a) Su terminación normal, ya sea por haber llegado el contrato a su vencimiento, ya sea por haberse cumplido y ejecutado la prestación a la que ambas partes se encuentran obligadas, ya sea por acuerdo mutuo de las partes.

b) Por incumplimiento de cualquiera de las partes de alguna de las cláusulas del presente contrato, sin que dicho incumplimiento fuera subsanado dentro de los *"número de días para subsanar el incumplimiento"* días siguientes a la notificación por escrito efectuada por la otra parte solicitando la subsanación del incumplimiento.

"Apartado"

La resolución del presente contrato o de cualquiera de las licencias concedidas en su aplicación no excluye cualquier otra reparación legal o judicial que cualquiera de las partes estime oportuno obtener.

"Número" Efectos de la extinción del contrato

a) Con independencia de cuál sea la causa de extinción del contrato, ésta tendrá necesariamente los siguientes efectos:

b) El **Franquiciado** deberá entregar al **Franquiciador** los elementos patrimoniales inmateriales que le han sido transmitidos y que le han permitido explotar la actividad objeto de franquicia.

c) El **Franquiciado** se compromete a no divulgar el know-how del **Franquiciador**, a no ser que el mismo haya devenido de general conocimiento o resulte accesible a terceros por causas no imputables a aquél.

d) Producida la extinción del contrato, el **Franquiciado** no podrá llevar a cabo, por sí mismo o a través de una empresa en la que participe, ningún tipo de actividad que pueda resultar concurrencial con la del **Franquiciador**. Dicha prohibición tendrá una duración de un año.

"Número" Gastos del contrato

Queda expresamente convenido que todos los gastos, impuestos, contribuciones, tasas o arbitrios, presentes o futuros, que origine este contrato serán satisfechos por las partes, conforme a Ley.

"Número" Sometimiento a arbitraje

Con renuncia expresa al ejercicio de cualquier acción ante los juzgados y tribunales, las partes se comprometen expresamente a instituir, en su día, un arbitraje de Derecho Privado, con arreglo a la legislación vigente, para resolver cuantas dudas o divergencias pudieran surgir entre ellas como consecuencia de la interpretación o cumplimiento de este contrato.

MCM 5960 s.

"Número" Normativa aplicable al contrato
El presente contrato tiene carácter de mercantil y se regirá, en primer término, por las estipulaciones contenidas en el mismo, y, en lo en ellas no previsto, por las disposiciones del Código de Comercio, Leyes especiales, los usos y costumbres mercantiles y, en su defecto, por lo establecido en el Código Civil.

"Número" Elevación a documento público
El presente contrato se elevará a público a solicitud de cualquiera de las partes, siendo los gastos del fedatario pagados por la parte que lo solicite.

Y en prueba de conformidad, ambas partes firman el presente contrato, que se extiende en dos ejemplares, igualmente originales, en el lugar y fecha indicados en su encabezamiento.

EL FRANQUICIADOR **EL FRANQUICIADO**

Agencia (sin exclusividad)

MCM 5710 s.

Nota preliminar:

- Se incluye un modelo de contrato de agencia sin exclusiva, de duración determinada y sin restricciones territoriales ni de competencia.

L 12/1992

- Ver notas del modelo nº 1025.

En *"lugar"*, a *"fecha"*.
Ante mí, *"Don/Doña nombre y apellidos del notario"* perteneciente al colegio notarial de *"colegio notarial"* y con residencia en *"lugar donde radica la notaría"*.

Nota:

*La intervención del notario es facultativa para las partes. Los notarios realizan las funciones que anteriormente realizaban los corredores de comercio, cuerpo desaparecido a partir del 1-10-2000, momento en el que se produce la fusión de los cuerpos de notarios y corredores de comercio colegiados (*L 55/1999 disp.adic.24ª*).*

COMPARECEN:

De una parte,
"Don/Doña nombre y apellidos de la parte", mayor de edad, *"estado civil de la parte" "... "especificar el régimen económico matrimonial de la parte" ... "*, de nacionalidad *"nacionalidad de la parte"*, con domicilio a estos efectos en *"domicilio de la parte"*, *"...con DNI/NIF número "DNI/NIF de la parte" ... O ... con tarjeta de residencia número "número de tarjeta de residencia de la parte" ... O ... pasaporte número "número de pasaporte de la parte", expedido el "fecha de expedición del pasaporte de la parte" ... O ... "reseñar otros documentos aportados por la parte" ... "*, vigente hasta el *"fecha de vigencia de la documentación aportada por la parte"*.

De otra parte,
"Don/Doña nombre y apellidos de la parte", mayor de edad, *"estado civil de la parte" "... "especificar el régimen económico matrimonial de la parte" ... "*, de nacionalidad *"nacionalidad de la parte"*, con domicilio a estos efectos en *"domicilio de la parte"*, *"...con DNI/NIF número "DNI/NIF de la parte" ... O ... con tarjeta de residencia número "número de tarjeta de residencia de la parte" ... O ... pasaporte número "número de pasaporte de la parte", expedido el "fecha de expedición del pasaporte de la parte" ... O ... "reseñar otros documentos aportados por la parte" ... "*, vigente hasta el *"fecha de vigencia de la documentación aportada por la parte"*.

INTERVIENEN:

A. *"Don/Doña nombre y apellidos del representante"*, en nombre y representación de la sociedad mercantil denominada *"denominación social"*, domiciliada en *"domicilio social"*, y con NIF número *"NIF de la sociedad"*, constituida, por tiempo indefinido, mediante escritura otorgada ante el notario de *"lugar de la notaría en la que se autorizó la constitución de la sociedad"*, *"Don/Doña nombre y apellidos del notario que autorizó la constitución de la sociedad"*, el *"fecha de escritura de constitución de la sociedad"*, e inscrita en el Registro Mercantil de *"datos de la inscripción registral de la sociedad (localidad del Registro Mercantil, tomo, folio, sección, hoja e inscripción)"*, en su calidad de

 1065

>>

○ **Si representa como cargo social:**

"...administrador único... O... administrador solidario... O... consejero delegado... O... "especificar la representación del cargo social"... " de la reseñada sociedad, cargo para el que fue nombrado y asegura vigente en escritura otorgada el *"fecha de escritura del nombramiento del cargo"*, ante el notario de *"lugar donde radica la notaría en la que se autorizó la escritura del nombramiento"*, *"Don/Doña nombre y apellidos del notario que autorizó la escritura del nombramiento"*, con el número *"número de protocolo del notario que autorizó la escritura del nombramiento"* de su protocolo, e inscrita en el Registro Mercantil de *"localidad del Registro Mercantil de la escritura de nombramiento"*, en el tomo y hoja arriba indicados. MCM 5710 s. L 12/1992

○ **Si representa como apoderado:**

apoderado de la reseñada sociedad, según escritura de poder otorgada a su favor, en *"fecha de escritura del otorgamiento del poder"*, ante el notario de *"lugar donde radica la notaría en la que se autorizó la escritura de poder"*, *"Don/Doña nombre y apellidos del notario que autorizó la escritura de poder"*, con el número *"número de protocolo del notario que autorizó la escritura de poder"* de su protocolo *"...e inscrita en el Registro Mercantil de "localidad del Registro Mercantil de la escritura de poder" ...* ", en el tomo y hoja arriba indicados.

<<

En adelante, El **empresario**.

B. *"Don/Doña nombre y apellidos del representante"*, en nombre y representación de la sociedad mercantil denominada *"denominación social"*, domiciliada en *"domicilio social"*, y con NIF número *"NIF de la sociedad"*, constituida, por tiempo indefinido, mediante escritura otorgada ante el notario de *"lugar de la notaría en la que se autorizó la constitución de la sociedad"*, *"Don/Doña nombre y apellidos del notario que autorizó la constitución de la sociedad"*, el *"fecha de escritura de constitución de la sociedad"*, e inscrita en el Registro Mercantil de *"datos de la inscripción registral de la sociedad (localidad del Registro Mercantil, tomo, folio, sección, hoja e inscripción)"*, en su calidad de

○ **Si representa como cargo social:**

"...administrador único... O... administrador solidario... O... consejero delegado... O..."especificar la representación del cargo social"... " de la reseñada sociedad, cargo para el que fue nombrado y asegura vigente en escritura otorgada el *"fecha de escritura del nombramiento del cargo"*, ante el notario de *"lugar donde radica la notaría en la que se autorizó la escritura del nombramiento"*, *"Don/Doña nombre y apellidos del notario que autorizó la escritura del nombramiento"*, con el número *"número de protocolo del notario que autorizó la escritura del nombramiento"* de su protocolo, e inscrita en el Registro Mercantil de *"localidad del Registro Mercantil de la escritura de nombramiento"*, en el tomo y hoja arriba indicados.

○ **Si representa como apoderado:**

apoderado de la reseñada sociedad, según escritura de poder otorgada a su favor, en *"fecha de escritura del otorgamiento del poder"*, ante el notario de *"lugar donde radica la notaría en la que se autorizó la escritura de poder"*, *"Don/Doña nombre y apellidos del notario que autorizó la escritura de poder"*, con el número *"número de protocolo del notario que autorizó la escritura de poder"* de su protocolo *"...e inscrita en el Registro Mercantil de "localidad del Registro Mercantil de la escritura de poder" ...* ", en el tomo y hoja arriba indicados.

En adelante, El **agente**.

Ambas partes se reconocen capacidad suficiente y tienen, a juicio del Notario interviniente, la capacidad legal suficiente para el otorgamiento del presente contrato y

MCM 5710 s.

L 12/1992

EXPONEN:

I. Que el **Agente**, tiene, entre otras actividades, la de actuar como agente comercial en el tráfico de los siguientes productos *"especificar productos"*, así como en las siguientes actividades industriales relacionadas con dichos productos: *"especificar actividades industriales"*.

II. Que el **Empresario** tiene, entre otras actividades, la comercialización de los productos relacionados anteriormente y el desarrollo de la industria relacionada con los mismos, estando interesado en que el **Agente** lleve a cabo los servicios de agencia comercial, para el desarrollo de su actividad, en lo que este último está de acuerdo.

III. Que ambas partes tienen convenido el presente contrato de agencia comercial con arreglo a las siguientes

ESTIPULACIONES:

PRIMERA. Objeto

El **Empresario** designa al **Agente**, agente comercial en relación con las operaciones de comercialización de los productos indicados en el expositivo I anterior que aquél realice, así como en todas las actividades industriales relacionadas con dichos productos que allí se recogen.

El **Agente** acepta su designación como agente comercial del Empresario que se efectúa en el presente contrato.

SEGUNDA. No exclusiva

 **Nota:**

*Aunque la exclusividad **no se presume** (TS 18-12-95, EDJ 6906), no está de más precisar en el contrato su no concurrencia.*

La designación de agente comercial que se lleva a cabo en el presente contrato se realiza sin carácter de exclusiva, ni por lo que se refiere al **Agente** ni por lo que se refiere al **Empresario**. Consecuentemente el **Empresario** faculta de manera expresa al **Agente** para ejercer por cuenta propia o por cuenta ajena cualquier actividad relacionada con bienes o servicios de igual o análoga naturaleza y concurrentes o competitivos con aquellos cuya contratación queda obligada a promover el **Agente** en virtud del presente contrato.

✍ **Nota:**

*El art.7 L 12/1992, posibilita que se incluyan en el contrato de agencia pactos de **no competencia**, que las partes pueden incluir o no. Lo lógico es que si no se acuerda un contrato en exclusiva tampoco se incluyan pactos de no competencia, que es precisamente lo que se recoge en este modelo de contrato.*

TERCERA. Ámbito territorial

No existe limitación territorial alguna para la actividad comercial que constituye el objeto de este contrato y, consecuentemente, el **Agente** podrá desempeñarla en cualquier lugar del mundo.

CUARTA. Obligaciones específicas de las partes

La actividad de agencia comercial objeto del contrato será desarrollada por el **Agente** de acuerdo con las siguientes pautas:

a) El **Agente** realizará gestiones, para promover la concertación de operaciones por parte del **Empresario** que tengan por objeto la comercialización de los productos enumerados en el expositivo I, y el desarrollo de las actividades industriales relacionadas en el mismo.

b) El **Empresario** se obliga a facilitar gratuitamente y con la máxima celeridad al **Agente** cuantos datos o informes le exija éste, así como a prestarle la asistencia técnica que ésta le pida, siempre que la misma sea necesaria o al menos conveniente para el desarrollo de su actividad de agencia comercial objeto de este contrato.

MCM 5710 s.

Nota:

Ver L 12/1992 *art.*10.

c) El **Agente** deberá informar al **Empresario** de las gestiones que realice en cumplimiento de este contrato, tantas veces como aquélla se lo requiera y en el plazo máximo de *"plazo máximo para informar al Empresario"* días desde que tal solicitud tenga lugar.

Nota:

Ver L 12/1992 *art.*9.

L 12/1992

d) El **Agente** no representa al **Empresario**, de forma que, una vez que tenga concertadas provisionalmente las operaciones objeto de este contrato, deberá comunicárselo a éste, para que el **Empresario** perfeccione el correspondiente contrato. No obstante lo cual el **Empresario** podrá autorizar por escrito y con carácter específico para que suscriba contratos en su nombre.

Nota:

- *Ver* L 12/1992 *art.*1*, donde se definen dos **modalidades** de contrato de agencia. Aquel en el que el agente se limita a promover actos u operaciones de comercio por cuenta ajena, y aquel en el que los promueve y concluye por cuenta y en nombre ajenos como intermediario independiente. En el presente modelo se ha optado por la primera de las modalidades descritas.*
- *Ver* L 12/1992 *art.*6*, que faculta al **agente** para promover los actos u operaciones objeto del contrato de agencia, pero que exige a éste para concluirlos en nombre del empresario tener atribuida esta facultad.*

QUINTA. Remuneración

Nota:

Ver L 12/1992 *art.*11 *a* 19.

Como contraprestación de la actividad que desarrolla, el **AGENTE** percibirá una remuneración fija de *"importe a percibir, en letra"* euros (*"importe a percibir, en número"* €), que se devengará y deberá ser pagada por el **Empresario** por meses adelantados, a contar desde la fecha del presente contrato y dentro de los diez primeros días de cada mes.

Nota:

*La **remuneración** del agente puede consistir en una cantidad fija, según determina la* L 12/1992 *art.*11.

Dicha contraprestación se revisará anualmente de acuerdo con el Índice de Precios al Consumo que publique anualmente el Instituto Nacional de Estadística u organismo que le sustituya.

La contraprestación que percibirá el **Agente** se entiende bruta, consecuentemente, en la misma se comprenden el I.V.A. y demás impuestos o tributos que se devengasen por la realización de las operaciones de agencia objeto de este contrato, las cuales de devengarse, no podrán, repercutirse por el **Agente** al **Empresario**.

SEXTA. Gastos

Todos los gastos que la ejecución del presente contrato ocasione al **Agente** serán por su cuenta, exceptuándose únicamente lo que se originen por viajes (transporte, alojamiento, alimentación y similares) y los que puedan individualizarse como realizados exclusivamente en desarrollo de la actividad de agencia objeto del contrato.

Con el objeto de satisfacer los gastos que sean por cuenta del **Empresario**, el **Agente** podrá solicitarle la correspondiente provisión de fondos, que aquél deberá satisfacer en el plazo máximo de *"plazo máximo de entrega de provisión de fondos"* días a contar desde que le sea solicitada. Una vez finalizada la actividad para la que fue requerida la provisión, el **Agente** deberá liquidar en un plazo máximo de *"plazo máximo de liquidación"* días, los gastos devengados, aportando los correspondientes justificantes, y procediendo a devolver el sobrante. En el caso de que la provisión de fondos solicitada inicialmente resultase insuficiente, el **Empresario** deberá reintegrar el importe de dichos gastos en un plazo máximo de *"plazo máximo para satisfacer el reintegro"* días a contar desde que aquélla se lo solicite.

Nota:

Parece adecuado incluir una cláusula en la que se regulen los ***gastos*** *que necesariamente se devengarán como consecuencia de las gestiones desarrolladas por el agente.*

MCM 5710 s.

SÉPTIMA. Intereses

El retraso en el abono de las cantidades que las partes deben efectuar con arreglo a lo acordado en este contrato, implicará como sanción el devengo de un interés de demora del *"porcentaje"* % anual, calculado sobre el saldo pendiente hasta su total liquidación.

L 12/1992

OCTAVA. Duración

La duración de este contrato será de *"ámbito temporal de vigencia del contrato"* años, a partir de la firma del mismo, y se entenderá tácitamente renovado por periodos anuales, siempre y cuando llegada la fecha de finalización del mismo ninguna de las partes lo denuncie, con un preaviso de *"plazo de preaviso"* meses como mínimo de antelación a la fecha de finalización del contrato o de su prórroga.

No obstante, una vez concluido el presente contrato, el mismo continuará vigente respecto de aquellas obligaciones que correspondan en razón al mismo a cualquiera de las partes y que estuvieran en curso en el momento de su conclusión, y ello hasta la total satisfacción de dichas obligaciones.

Nota:

El contrato de agencia puede pactarse por ***tiempo*** *determinado o indefinido (*L 12/1992 *art.*23*).*

NOVENA. Fuero

En cualquier caso de discrepancia sobre el cumplimiento del contrato y acciones derivadas del mismo, las partes se someten a los Juzgados y Tribunales del domicilio del **Agente**.

Nota:

Ver L 12/1992 disp.adic.segunda*;* TS 26-10-01*, EDJ 36785.*

DÉCIMA. Normativa aplicable

En todo lo no dispuesto en el presente contrato resultará aplicable la Ley 12/1992, de 27 de mayo, sobre el Contrato de Agencia.

UNDÉCIMA. Gastos del contrato

Todos los gastos, impuestos y arbitrios que puedan derivarse de la presente póliza serán satisfechos por las partes conforme a Ley.

DUODÉCIMA. Intervención de notario

Este contrato se ha formalizado, según se expresa anteriormente, con intervención del Notario a todos los efectos, incluso a los previstos en el art.93 del Código de Comercio, en los artículos 517 y 572 de la Ley de Enjuiciamiento Civil y demás legislación concordante.

Las partes dan su conformidad a los términos y condiciones previstos en el presente contrato y en prueba de ello lo firman por cuadruplicado ejemplar y a un solo efecto, reconociendo cada una de ellas haber recibido copia del mismo, y yo, el notario interviniente, doy fe de la identidad y capacidad de las partes y de la legitimación de sus firmantes, así como de todo lo convenido en la presente póliza que firmo, rubrico y sello en el lugar y fecha indicados en el encabezamiento.

EL EMPRESARIO **EL AGENTE**

CON MI INTERVENCIÓN

Publicidad

Publicidad	Nº marg.
Contrato de publicidad	1105
Creación publicitaria	1110
Difusión publicitaria	1115
Arrendamiento de soporte publicitario	1120
Difusión publicitaria a través de enlace hipertextual	1125
Patrocinio (modelo general)	1130
Patrocinio (equipo de fútbol)	1135

Contrato de publicidad

MCM 6250 s.

LGPu art.13 a 16; LPI

Nota preliminar:

- El contrato de publicidad es aquel por el que un **anunciante** encarga a una **agencia** de publicidad, mediante una contraprestación, la ejecución de publicidad y la creación, preparación o programación de la misma.

- Según la jurisprudencia, el contrato de publicidad es **consensual y no requiere forma escrita**, perfeccionándose por el mero acuerdo entre las partes. Si existe un contrato verbal, su existencia y amplitud se corrobora con la conducta del anunciante que se aquieta ante la desplegada en su provecho (TS 24-5-80, EDJ 881; AP Cádiz 22-11-00, EDJ 61858; AP Araba 15-11-11, EDJ 330446).

- Este contrato es **mercantil**, regido por la Ley General de Publicidad, y, en su defecto, por las normas del derecho común (AP Pontevedra 26-5-21, EDJ 640816).

- El **anuncio publicitario** es una obra protegida por la propiedad intelectual si reúne los requisitos para ser considerado como tal obra, es decir, si es **original**. "El propio texto refundido de la Ley de Propiedad Intelectual, en su art.90.6, hace expresa referencia a "las obras audiovisuales de carácter publicitario", con lo que deja claro que la finalidad publicitaria de una creación audiovisual no excluye su carácter de obra protegida por la propiedad intelectual, como por otra parte resulta del art.21 de la Ley General de Publicidad para todo tipo de creaciones publicitarias. Las creaciones audiovisuales originales se protegen por la normativa reguladora de la propiedad intelectual con independencia de su función o su finalidad" -TS 9-2-21, EDJ 504253- (AP Madrid 1-9-22, EDJ 718038).

- El modelo presupone unas circunstancias determinadas que serán las más **frecuentes**. Si en el caso concreto existen circunstancias particulares no previstas, deberá completarse o modificarse el modelo adaptándolo a las mismas.

En *"localidad"*, a *"fecha"*

REUNIDOS:

De una parte,

"Don/Doña nombre y apellidos de la parte", mayor de edad, *"estado civil de la parte" "... "especificar el régimen económico matrimonial de la parte" ... "*, de nacionalidad *"nacionalidad de la parte"*, con domicilio a estos efectos en *"domicilio de la parte"*, *"...con DNI/NIF número "DNI/NIF de la parte" ... O ... con tarjeta de residencia número "número de tarjeta de residencia de la parte" ... O ... pasaporte número "número de pasaporte de la parte", expedido el "fecha de expedición del pasaporte de la parte" ... O ... "reseñar otros documentos aportados por la parte" ... "*, vigente hasta el *"fecha de vigencia de la documentación aportada por la parte"*.

Interviene

Si interviene en su propio nombre:

en su propio nombre y derecho.

Si interviene como representante:

en nombre y representación

MCM 6250 s.

LGPu art.13 a 16; LPI

➢

❍ Si representa a persona física:

de *"Don/Doña nombre y apellidos del representado"*, mayor de edad, *"estado civil del representado"*, con domicilio en *"domicilio del representado"* y provisto de D.N.I./N.I.F. número *"DNI/NIF del representado"*, según consta en escritura de poder, otorgada ante el notario de *"lugar donde radica la notaría en la que se autorizó la escritura de poder de representación (persona física)"*, *"Don/Doña nombre y apellidos del notario que autorizó la escritura de poder de representación (persona física)"*, el *"fecha de escritura de poder de representación (persona física)"*, con el número *"número de protocolo del notario que autorizó la escritura de poder de representación (persona física)"* de su orden de protocolo.

❍ Si representa a persona jurídica:

de la sociedad mercantil denominada *"denominación social"*, domiciliada en *"domicilio social"*, y con NIF número *"NIF de la sociedad"*, constituida, por tiempo indefinido, mediante escritura otorgada ante el notario de *"lugar donde radica la notaría en la que se autorizó la escritura de poder de representación (persona jurídica)"*, *"Don/Doña nombre y apellidos del notario que autorizó la escritura de poder de representación (persona jurídica)"*, el *"fecha de escritura de poder de representación (persona jurídica)"*, e inscrita en el Registro Mercantil de *"datos de la inscripción registral (localidad del Registro Mercantil, tomo, folio, sección, hoja e inscripción)"*, en su calidad de

❍ Si representa como cargo social:

"...administrador único ... O ... administrador solidario ... O ... consejero delegado ... O ... "especificar la representación del cargo social" ... " de la reseñada sociedad, cargo para el que fue nombrado y asegura vigente en escritura otorgada el *"fecha de escritura del nombramiento del cargo"*, ante el notario de *"lugar donde radica la notaría en la que se autorizó la escritura del nombramiento"*, *"Don/Doña nombre y apellidos del notario que autorizó la escritura del nombramiento"*, con el número *"número de protocolo del notario que autorizó la escritura del nombramiento"* de su protocolo, e inscrita en el Registro Mercantil de *"localidad del Registro Mercantil de la escritura de nombramiento"*, en el tomo y hoja arriba indicados.

❍ Si representa como apoderado:

apoderado de la reseñada sociedad, según escritura de poder otorgada a su favor, en *"fecha de escritura del otorgamiento del poder"*, ante el notario de *"lugar donde radica la notaría en la que se autorizó la escritura de poder"*, *"Don/Doña nombre y apellidos del notario que autorizó la escritura de poder"*, con el número *"número de protocolo del notario que autorizó la escritura de poder"* de su protocolo *"...e inscrita en el Registro Mercantil de "localidad del Registro Mercantil de la escritura de poder" ... "*, en el tomo y hoja arriba indicados.

➣

➣

En adelante, el **Anunciante**.

De otra parte,

"Don/Doña nombre y apellidos de la parte", mayor de edad, *"estado civil de la parte" "... "especificar el régimen económico matrimonial de la parte" ... "*, de nacionalidad *"nacionalidad de la parte"*, con domicilio a estos efectos en *"domicilio de la parte"*, *"...con DNI/NIF número "DNI/NIF de la parte" ... O ... con tarjeta de residencia número "número de tarjeta de residencia de la parte" ... O ... pasaporte número "número de pasaporte de la parte", expedido el "fecha de expedición del pasaporte de la parte" ... O ... "reseñar otros documentos aportados por la parte" ... "*, vigente hasta el *"fecha de vigencia de la documentación aportada por la parte"*.

Interviene

>>

MCM 6250 s.

❍ **Si interviene en su propio nombre:**

en su propio nombre y derecho.

❍ **Si interviene como representante:**

en nombre y representación

LGPu art.13 a 16; LPI

>

❍ Si representa a persona física:

de *"Don/Doña nombre y apellidos del representado"*, mayor de edad, *"estado civil del representado"*, con domicilio en *"domicilio del representado"* y provisto de D.N.I./N.I.F. número *"DNI/NIF del representado"*, según consta en escritura de poder, otorgada ante el notario de *"lugar donde radica la notaría en la que se autorizó la escritura de poder de representación (persona física)"*, *"Don/Doña nombre y apellidos del notario que autorizó la escritura de poder de representación (persona física)"*, el *"fecha de escritura de poder de representación (persona física)"*, con el número *"número de protocolo del notario que autorizó la escritura de poder de representación (persona física)"* de su orden de protocolo.

❍ Si representa a persona jurídica:

de la sociedad mercantil denominada *"denominación social"*, domiciliada en *"domicilio social"*, y con NIF número *"NIF de la sociedad"*, constituida, por tiempo indefinido, mediante escritura otorgada ante el notario de *"lugar donde radica la notaría en la que se autorizó la escritura de poder de representación (persona jurídica)"*, *"Don/Doña nombre y apellidos del notario que autorizó la escritura de poder de representación (persona jurídica)"*, el *"fecha de escritura de poder de representación (persona jurídica)"*, e inscrita en el Registro Mercantil de *"datos de la inscripción registral (localidad del Registro Mercantil, tomo, folio, sección, hoja e inscripción)"*, en su calidad de

>

❍ Si representa como cargo social:

"...administrador único ... O ... administrador solidario ... O ... consejero delegado ... O ... "especificar la representación del cargo social" ..." de la reseñada sociedad, cargo para el que fue nombrado y asegura vigente en escritura otorgada el *"fecha de escritura del nombramiento del cargo"*, ante el notario de *"lugar donde radica la notaría en la que se autorizó la escritura del nombramiento"*, *"Don/Doña nombre y apellidos del notario que autorizó la escritura del nombramiento"*, con el número *"número de protocolo del notario que autorizó la escritura del nombramiento"* de su protocolo, e inscrita en el Registro Mercantil de *"localidad del Registro Mercantil de la escritura de nombramiento"*, en el tomo y hoja arriba indicados.

❍ Si representa como apoderado:

apoderado de la reseñada sociedad, según escritura de poder otorgada a su favor, en *"fecha de escritura del otorgamiento del poder"*, ante el notario de *"lugar donde radica la notaría en la que se autorizó la escritura de poder"*, *"Don/Doña nombre y apellidos del notario que autorizó la escritura de poder"*, con el número *"número de protocolo del notario que autorizó la escritura de poder"* de su protocolo *"...e inscrita en el Registro Mercantil de "localidad del Registro Mercantil de la escritura de poder" ..."*, en el tomo y hoja arriba indicados.

<

<

<<

En adelante, la **Agencia**.

Las partes se reconocen la capacidad legal necesaria para contratar y obligarse y, a tal efecto

EXPONEN:

I. Que la **Agencia** tiene por objeto la preparación, programación y ejecución de mensajes publicitarios de todo tipo.

MCM 6250 s.

II. Que la **Agencia** tiene una amplia experiencia en el campo de la publicidad, y en el de la contratación con medios de difusión de espacios de tiempo o soportes físicos publicitarios.

Nota:

*Es interesante obligar a la **Agencia** a demostrar la fiabilidad de sus servicios.*

LGPu art.13 a 16; LPI

III. Que la **Agencia** dispone de personal cualificado para el desarrollo y ejecución de mensajes publicitarios.

IV. Que el **Anunciante** está interesado en contratar los servicios de la **Agencia** a fin de que ésta lleve a cabo la totalidad de los servicios a los que se refiere el presente contrato y, específicamente, la creación de una serie de mensajes publicitarios, su desarrollo mediático, y su ejecución con los medios de difusión que corresponda. En adelante, el concepto de 'mensaje publicitario' abarcará cualesquiera mensajes publicitarios creados a favor el **Anunciante**.

V. Que la **Agencia** deberá desarrollar la totalidad de los servicios a los que se refiere este Contrato por sí misma, sin posibilidad de externalizarlos en ningún momento y considerándose las prestaciones previstas en este contrato como una obligación de carácter personalísimo.

Nota:

*Dependiendo de la calidad de la agencia será interesante pactar con ella la imposibilidad de que pueda **delegar** la realización de sus obligaciones, configurándose así una suerte de negocio intuitu personae.*

En cumplimiento de lo acordado, ambas partes formalizan el presente contrato de publicidad de acuerdo con las siguientes

ESTIPULACIONES:

PRIMERA. Objeto del contrato

Constituye el objeto del presente contrato la planificación, desarrollo y ejecución de una serie de mensajes y campañas publicitarias por parte de la **Agencia** a favor del **Anunciante**, a cambio de un precio, a fin de que sus productos y servicios, según consta en Anexo 1 al presente contrato, obtengan la mejor difusión y penetración posibles en el público consumidor.

Nota:

*El **objeto** del contrato de publicidad es bien diverso, en principio, hemos optado por prever todas las posibles prestaciones. Sin embargo, podrá limitarse según los casos a solamente la preparación del mensaje publicitario o también la ejecución de la campaña publicitaria.*

Las prestaciones acordadas en el presente contrato incluyen, entre otras, pero especialmente, todo lo relativo a la creación y desarrollo de las campañas o mensajes publicitarios a favor del **Anunciante**.

Se configura este contrato como una obligación de resultado, sin que el éxito de cada una de las campañas publicitarias ideadas y creadas por la **Agencia** sea considerado como condición esencial o resolutoria del mismo.

SEGUNDA. Obligaciones de las partes

Nota:

*Aquí se prevé la totalidad de las prestaciones, como hemos señalado en el punto anterior. Podrá **limitarse** en función del objeto realmente deseado por las partes.*

MCM 6250 s.

LGPu art.13 a 16; LPI

2.1.
Mediante el presente Contrato, la **Agencia** se compromete a:

a) Organizar y establecer todos los medios que sean necesarios para que el mensaje publicitario llegue efectivamente o esté en condiciones de llegar de hecho al público consumidor.

b) Programar y preparar los cauces creativos, de elaboración y de ejecución del mensaje publicitario.

c) Contratar los recursos humanos y técnicos que sean necesarios para el mejor desarrollo de lo dispuesto y acordado en el presente Contrato. La **Agencia** queda específicamente facultada para contratar los servicios artísticos de personajes de especial renombre o famosos que puedan colaborar en la mejor difusión publicitaria de los productos y servicios del **Anunciante**. El precio correspondiente sería pactado previamente entre el **Anunciante** y dicho artista o personaje famoso.

d) Contratar los espacios de tiempo o el alquiler o compraventa de los soportes publicitarios que sean precisos y convenientes -en número y calidad- para lograr la mejor efectividad del mensaje publicitario.

e) Llevar a cabo los estudios de mercado que se estimen libremente como necesarios para averiguar cuál es el tipo de anuncio más indicado para lograr la mejor difusión del mensaje publicitario.

f) Mostrar al **Anunciante**, con la antelación debida, un conjunto de tres opciones por cada uno de los mensajes publicitarios destinados a sus productos y servicios, según constan en Anexo 1 a este Contrato, de entre los cuales el **Anunciante** deberá seleccionar al menos uno.

g) Abstenerse de utilizar las ideas y proyectos suministrados por el **Anunciante** para la elaboración, creación y difusión de mensajes publicitarios pertenecientes a productos o servicios de otros anunciantes que hubieren sido aceptados finalmente por el **Anunciante** y cuyos derechos de propiedad industrial o intelectual hubieren sido previamente adquiridos por el **Anunciante**. Esas ideas y proyectos descartados, a los que la **Agencia** hubiere tenido acceso, serán considerados como información confidencial.

Nota:

Se trata de una de las obligaciones previstas ya legalmente (LGPu art. 14*).*

"...h) Adquirir o arrendar para el Anunciante aquellos soportes publicitarios que sean precisos, según las modalidades de publicidad aceptadas por el Anunciante, para difundir el mensaje publicitario. ..."

2.2.
A su vez, mediante el presente contrato, el **Anunciante** se compromete a:

a) Poner a disposición de la **Agencia** los elementos o medios necesarios para que los logotipos y marcas correspondientes a los productos y servicios publicitados puedan ser reproducidos por la **Agencia**.

b) Abonar a la **Agencia** el precio correspondiente por cada una de las campañas publicitarias ideadas y desarrolladas a favor del **Anunciante**, según la tabla de precios incluida en el Anexo 2 a este contrato.

c) Colaborar con la **Agencia** en la contratación de los servicios de artistas o personas famosas que puedan ayudar a promover y difundir del mejor modo los productos y servicios previstos en el Anexo 1 a este contrato.

d) Abstenerse de utilizar las ideas y proyectos suministrados por la **Agencia** para la difusión de los mensajes publicitarios que no hubieren sido aceptados finalmente y por los que no hubiere adquirido los correspondientes derechos de propiedad industrial o intelectual. Esas ideas y proyectos descartados, a los que el **Anunciante** hubiere tenido acceso, serán considerados como información confidencial.

e) Transmitir a la **Agencia** una decisión por escrito por la que se acepten las campañas publicitarias a que se refiere este contrato.

MCM 6250 s.

TERCERA. Ámbito territorial del contrato

El ámbito territorial de este contrato coincidirá con el territorio oficial de España, incluido su mar adyacente y su espacio aéreo.

CUARTA. Obligación personalísima

Se configuran las prestaciones acordadas en el presente contrato a cargo de la **Agencia** con carácter personalísimo.

QUINTA. Proyectos de campaña publicitaria. Instrucciones del Anunciante

LGPu art.13 a 16; LPI

Nota:

*Constituye una **obligación** de la agencia ofrecer al anunciante diversos modelos o propuestas publicitarias.*

5.1.

De acuerdo con lo señalado en la estipulación segunda del presente contrato, la **Agencia** queda obligada a transmitir al **Anunciante** un mínimo de tres proyectos de campaña publicitaria por cada uno de los servicios y productos del **Anunciante** previstos en el Anexo 1. A tal efecto, la **Agencia** remitirá por mensajero al **Anunciante**, con al menos dos meses de antelación al momento previsto de difusión del mensaje publicitario, los mencionados proyectos.

La **Agencia** expondrá igualmente al **Anunciante** un plan de trabajo y ejecución de publicidad en el plazo de las dos semanas siguientes a la firma del presente contrato, en el cual estén especificados los plazos de elaboración de los mensajes publicitarios, su creación y su difusión final. El mencionado plan deberá contar con la expresa autorización del **Anunciante** antes de continuar con la ejecución de cualesquiera de las fases previstas.

5.2.

En cualquier caso, todas las fases podrán ser modificadas por el **Anunciante**, en atención a los requerimientos exigidos por los gustos y disponibilidades de los productos y servicios del **Anunciante**.

SEXTA. Precio

6.1.

Por la totalidad de los servicios a los que se refiere el presente contrato y la adquisición en propiedad exclusiva y libre de cargas de los elementos y materiales en los que se hubieren ideado, desarrollado y creado los mensajes publicitarios, el **Anunciante** pagará a la **Agencia** la cantidad de *"importe a percibir, en letra"* euros (*"importe a percibir, en número"* €). Dichas cantidades se harán pagaderas del siguiente modo: *"especificar los plazos y demás términos"*.

6.2.

Salvo que expresamente se establezca otra cosa en el presente contrato, el anterior precio incluirá todos los gastos y por todos los conceptos que se generen como consecuencia de su ejecución o cumplimiento.

6.3.

Ninguna de las cantidades a pagar como precio, incluyen el IVA o cualquier otro impuesto aplicable.

SÉPTIMA. Entrega de los mensajes publicitarios

7.1.

La entrega de los mensajes publicitarios se hará conforme a lo establecido en el plan de elaboración y ejecución de publicidad al que se refiere la estipulación cuarta del presente contrato.

MCM 6250 s.

7.2.

Los mensajes publicitarios deberán ser entregados al **Anunciante** en condiciones legales, técnicas y administrativas, idóneas para su difusión de acuerdo con lo pactado en el presente contrato y lo dispuesto en la legislación aplicable. Igualmente, la **Agencia** deberá entregar los mensajes publicitarios al **Anunciante** libre de cualesquiera cargas, gravámenes y vicios ocultos.

7.3.

LGPu art.13 a 16; LPI

Una vez examinados los mensajes publicitarios debidamente por el **Anunciante** y puestos en poder y posesión del **Anunciante**, se entenderán entregados, sin perjuicio de la responsabilidad por evicción o por vicios ocultos o por la lesión de derechos de terceros a que pudiere haber lugar.

7.4. Pacto de no cesión

Nota:

*Esta obligación entronca con la de **prestación personalísima**.*

Queda prohibido al **Anunciante** la cesión o contratación de cualquier empresa distinta de la **Agencia** para desarrollar los servicios a los que se refiere el presente contrato durante su vigencia, salvo en casos de desaparición jurídica de la **Agencia**, o de incumplimiento por su parte de cualesquiera obligaciones a que la **Agencia** está sujeta de acuerdo con el presente contrato.

OCTAVA. Responsabilidades por daños y perjuicios

La **Agencia** será la única y exclusiva responsable por la falta de difusión de los mensajes publicitarios a través de los medios de difusión con los que contrate, salvo en casos de fuerza mayor.

Por el incumplimiento de las obligaciones a las que se refiere el presente contrato, y especialmente por el desarrollo de los mensajes publicitarios sin atenerse a las instrucciones expresas del **Anunciante**, la **Agencia** queda sujeta al pago de una indemnización por daños y perjuicios cifrada en *"cuantía de la indemnización, en letra"* euros (*"cuantía de la indemnización, en número"* €).

No obstante lo anterior, en el caso de falta de difusión de los mensajes publicitarios por los medios de difusión, la **Agencia** podrá contratar nuevos espacios temporales o soportes publicitarios adecuados y similares a los previstos inicialmente y así evitar el abono al **Anunciante** de la anteriormente mencionada indemnización.

"... "especificar los criterios para calcular la indemnización y no cuantificarla directamente". ... "

"... "establecer un plazo o término para la difusión de los mensajes publicitarios cuyo incumplimiento genere el abono de una indemnización". ... ". Ambas partes acuerdan que los mensajes publicitarios deberán difundirse antes de *"fecha límite para la divulgación publicitaria"*. En el caso de que la **Agencia** no procediere a la difusión de los citados mensajes, quedará obligada al pago de una indemnización al **Anunciante** cuantificada en *"cuantía de la indemnización por incumplimiento, en letra"* euros (*"cuantía de la indemnización por incumplimiento, en número"* €).

NOVENA. Cesión de derechos de propiedad industrial o intelectual

Nota:

*Es importante para el **anunciante** reservarse los derechos de propiedad intelectual o industrial sobre la campaña publicitaria.*

9.1.

Por virtud del presente contrato, la **Agencia** cede en exclusiva y con el ámbito territorial establecido al **Anunciante** la totalidad de los derechos de explotación sobre el mensaje publicitario ideado y creado por la **Agencia**.

En concreto, y sin carácter exhaustivo, los derechos cedidos comprenden los de fijación, reproducción, distribución, comunicación pública, puesta a disposición y transformación, así como cualesquiera otros necesarios para la debida y más amplia difusión del mensaje publicitario.

MCM 6250 s.

9.2.
Igualmente, la **Agencia** acuerda la cesión en exclusiva al **Anunciante** de los derechos necesarios para explotar el mensaje publicitario a través de cualesquiera medios de explotación actualmente conocidos, citándose, entre otros, los de reproducción, distribución, comunicación pública y transformación.

9.3.
La **Agencia** autoriza expresamente al **Anunciante** para ceder a cualquier tercero los derechos de explotación cedidos en virtud del presente contrato.

9.4.
Respecto de las facultades morales, y dado el carácter eminentemente comercial y publicitario que preside el presente contrato, la **Agencia** reconoce que el ejercicio de las facultades morales que pudiere haber sobre el mensaje publicitario no puede ser tan estricto como en otros supuestos. Consecuentemente, el **Anunciante** podrá introducir en el mensaje publicitario todas aquellas modificaciones que estime oportunas con el fin de poder adaptarlas a las necesidades comerciales o de servicio del **Anunciante**, sin que ello pueda entenderse como incumplimiento contractual por su parte o lesión de las facultades morales que integran el derecho moral del derecho de autor sobre el mensaje publicitario. En concreto, el **Anunciante**, aun después de finalizada la relación contractual nacida del presente contrato, podrá corregir los errores que presenten el mensaje publicitario y hacer versiones sucesivas del mismo.

LGPu art.13 a 16; LPI

9.5.
El **Anunciante** podrá explotar en todo caso el mensaje publicitario el mensaje publicitario al que se refiere esta estipulación con el alcance necesario para que el arrendatario pueda desarrollar debida y eficazmente su habitual actividad empresarial o comercial.

DÉCIMA. Responsabilidades de las partes

10.1.
La **Agencia** garantiza que:

- Es titular de todos los derechos de propiedad intelectual existentes sobre el mensaje publicitario.

- Velará por el cumplimiento de la legislación en materia de publicidad, ya sea televisiva, ya sea la regulación general establecida en la Ley General de Publicidad, a la hora de idear, elaborar y desarrollar el mensaje publicitario.

- El mensaje publicitario no infringe derechos de la personalidad, imagen, voz o nombre de persona alguna.

"...- Ha obtenido todas las autorizaciones correspondientes de los titulares de derechos para la legítima explotación del mensaje publicitario. ..."

- Ha cumplido con las obligaciones a favor de las respectivas entidades de gestión en relación con el pago de remuneraciones u obtención de los permisos necesarios de los titulares de derechos cuyas obras o prestaciones hubiesen sido empleadas en el desarrollo del mensaje publicitario.

10.2.
El **Anunciante**, por su parte, garantiza que la difusión de los logotipos y marcas del **Anunciante** no infringe derecho alguno de tercero y, especialmente, los de propiedad industrial o intelectual usados en el mensaje publicitario.

UNDÉCIMA. Obligaciones y responsabilidades de la Agencia respecto de las personas físicas designadas para la ejecución del objeto del contrato

11.1.
La **Agencia** seleccionará y supervisará a las personas físicas que desarrollarán los servicios objeto del presente contrato, las cuales deberán tener las aptitudes necesarias para la realización de tales servicios.

MCM 6250 s.

11.2.

La **Agencia** será responsable del cumplimiento de todas las obligaciones de naturaleza salarial, tributaria, de Seguridad Social, de Prevención de Riesgos Laborales, o de cualquier otra índole, derivadas de los contratos de trabajo o de cualquier otra naturaleza existentes entre dicha entidad y las personas físicas designadas por ésta para la ejecución de los servicios objeto del presente contrato.

11.3.

LGPu art.13 a 16; LPI

La **Agencia** exonera al **Anunciante** de cualquier responsabilidad que pueda derivarse de los contratos de trabajo o de los contratos de cualquier otra naturaleza celebrados entre la **Agencia** y las personas físicas que ejecuten los servicios objeto del presente contrato.

DUODÉCIMA. Duración del contrato

12.1.

La duración del presente contrato será de un año, prorrogándose con carácter anual, salvo que cualquiera de las partes notifique por escrito a la otra su deseo de darlo por concluido, debiendo tener lugar dicha notificación con al menos un mes de antelación a la fecha de cada vencimiento.

12.2.

Al término del contrato, la **Agencia** deberá restituir al **Anunciante** cualesquiera soportes que el **Anunciante** hubiera podido entregar a la **Agencia** para el mejor cumplimiento de lo dispuesto en este contrato, en las mismas condiciones de cuidado y conservación en las que le hubiere sido entregado, sin perjuicio del desgaste que hayan sufrido por el uso normal al que hubieren sido destinados.

Y en prueba de conformidad, ambas partes firman el presente contrato, que se extiende en dos ejemplares, igualmente originales, en el lugar y fecha indicados en su encabezamiento.

EL ANUNCIANTE **LA AGENCIA**

Creación publicitaria

MCM 6310 s.

LGPu art.20 y 21; LPI art.5, 6, 10, 48, 51, 97, 108; L 10/2002

Nota preliminar:

- Mediante el contrato de creación publicitaria, a cambio de una contraprestación, una persona física o jurídica se obliga a favor de un anunciante a idear y elaborar un proyecto de **campaña publicitaria**, una parte de la misma o cualquier otro elemento publicitario.

- En este contrato, el creador se obliga a un **resultado** determinado. La creación debe hacer el mensaje publicitario suficientemente atractivo como para que se logre en cierta medida el resultado publicitario (AP Barcelona 11-5-05, EDJ 100509).

- La **obra creada por encargo** es aquella figura jurídica por medio de la cual una de las partes (contratista o encargado) se obliga a crear una obra, no por iniciativa propia, sino de un tercero (comitente o contratante), y a entregársela a éste a cambio del pago de un precio cierto por ella. El **pago** hecho por el comitente puede conllevar la transmisión, expresa o tácita, a su favor de los derechos patrimoniales sobre la obra creada por encargo cuando no existe contrato (solo había facturas y presupuestos), ni estipulación alguna sobre la materia en la relación jurídica que une a comitente y encargado. Sobre todo, habrá que estar a la intención de las partes. Este tipo de contratos se asimila al de arrendamiento de obra previsto en el CC (AP Barcelona 23-11-17, EDJ 273842).

- El **anuncio publicitario** es una obra protegida por la propiedad intelectual si reúne los requisitos para ser considerado como tal obra, es decir, si es **original**. "El propio texto refundido de la Ley de Propiedad Intelectual, en su art.90.6, hace expresa referencia a "las obras audiovisuales de carácter publicitario", con lo que deja claro que la finalidad publicitaria de una creación audiovisual no excluye su carácter de obra protegida por la propiedad intelectual, como por otra parte resulta del art.21 de la Ley General de Publicidad para todo tipo de creaciones publicitarias. Las creaciones audiovisuales originales se protegen por la normativa reguladora de la propiedad intelectual con independencia de su función o su finalidad" -TS 9-2-21, EDJ 504253- (AP Madrid 1-9-22, EDJ 718038).

- La **obra creada por encargo** es aquella figura jurídica por medio de la cual una de las partes -contratista o encargado- se obliga a crear una obra, no por iniciativa propia, sino de un tercero -comitente o contratante-, y a entregársela a éste a cambio del pago de un precio cierto por ella (AP Barcelona 23-11-17, EDJ 273842).

- El contrato de encargo de creación publicitaria establece una presunción legal de **cesión de los derechos de explotación** al comitente (AP La Rioja 31-3-23, EDJ 624471).

- El comitente, **una vez que pagado el precio estipulado**, adquirió, de menara implícita o tácita, los derechos patrimoniales derivados de la obra constituida por la página web, las etiquetas para botellas de aceite y para envases de frutos secos y el logotipo consistente en una gota lateral de aceite de color verde brillante en diversas modalidades. Ello supone que no haya llevado a cabo actos de infracción de los derechos patrimoniales de la obra, ni siquiera con las modificaciones que hizo de parte de la obra (AP Barcelona 23-11-17, EDJ 273842).

- El modelo presupone unas circunstancias determinadas que serán las más **frecuentes**. Si en el caso concreto existen circunstancias particulares no previstas, deberá completarse o modificarse el modelo adaptándolo a las mismas.

En *"localidad"*, a *"fecha"*

REUNIDOS:

De una parte,

"Don/Doña nombre y apellidos de la parte", mayor de edad, *"estado civil de la parte" "... "especificar el régimen económico matrimonial de la parte" ... "*, de nacionalidad *"nacionalidad de la parte"*, con domicilio a estos efectos en *"domicilio de la parte"*, *"...con DNI/NIF número "DNI/NIF de la parte" ... O ... con tarjeta de residencia número "número de tarjeta de residencia de la parte" ... O ... pasaporte número "número de pasaporte de la parte", expedido el "fecha de expedición del pasaporte de la parte" ... O ... "reseñar otros documentos aportados por la parte" ... "*, vigente hasta el *"fecha de vigencia de la documentación aportada por la parte"*.

1110

Interviene

➢➢

MCM 6310 s.

○ **Si interviene en su propio nombre:**

en su propio nombre y derecho.

○ **Si interviene como representante:**

en nombre y representación

LGPu art.20 y 21; LPI art.5, 6, 10, 48, 51, 97, 108; L 10/2002

➢

○ Si representa a persona física:

de *"Don/Doña nombre y apellidos del representado"*, mayor de edad, *"estado civil del representado"*, con domicilio en *"domicilio del representado"* y provisto de D.N.I./N.I.F. número *"DNI/NIF del representado"*, según consta en escritura de poder, otorgada ante el notario de *"lugar donde radica la notaría en la que se autorizó la escritura de poder de representación (persona física)"*, *"Don/Doña nombre y apellidos del notario que autorizó la escritura de poder de representación (persona física)"*, el *"fecha de escritura de poder de representación (persona física)"*, con el número *"número de protocolo del notario que autorizó la escritura de poder de representación (persona física)"* de su orden de protocolo.

○ Si representa a persona jurídica:

de la sociedad mercantil denominada *"denominación social"*, domiciliada en *"domicilio social"*, y con NIF número *"NIF de la sociedad"*, constituida, por tiempo indefinido, mediante escritura otorgada ante el notario de *"lugar donde radica la notaría en la que se autorizó la escritura de poder de representación (persona jurídica)"*, *"Don/Doña nombre y apellidos del notario que autorizó la escritura de poder de representación (persona jurídica)"*, el *"fecha de escritura de poder de representación (persona jurídica)"*, e inscrita en el Registro Mercantil de *"datos de la inscripción registral (localidad del Registro Mercantil, tomo, folio, sección, hoja e inscripción)"*, en su calidad de

➢

○ Si representa como cargo social:

"...administrador único ... O ... administrador solidario ... O ... consejero delegado ... O ... "especificar la representación del cargo social" ..." de la reseñada sociedad, cargo para el que fue nombrado y asegura vigente en escritura otorgada el *"fecha de escritura del nombramiento del cargo"*, ante el notario de *"lugar donde radica la notaría en la que se autorizó la escritura del nombramiento"*, *"Don/Doña nombre y apellidos del notario que autorizó la escritura del nombramiento"*, con el número *"número de protocolo del notario que autorizó la escritura del nombramiento"* de su protocolo, e inscrita en el Registro Mercantil de *"localidad del Registro Mercantil de la escritura de nombramiento"*, en el tomo y hoja arriba indicados.

○ Si representa como apoderado:

apoderado de la reseñada sociedad, según escritura de poder otorgada a su favor, en *"fecha de escritura del otorgamiento del poder"*, ante el notario de *"lugar donde radica la notaría en la que se autorizó la escritura de poder"*, *"Don/Doña nombre y apellidos del notario que autorizó la escritura de poder"*, con el número *"número de protocolo del notario que autorizó la escritura de poder"* de su protocolo *"...e inscrita en el Registro Mercantil de "localidad del Registro Mercantil de la escritura de poder" ..."*, en el tomo y hoja arriba indicados.

≺

≺

En adelante, el **Anunciante**.

De otra parte,

"Don/Doña nombre y apellidos de la parte", mayor de edad, *"estado civil de la parte"* "... *"especificar el régimen económico matrimonial de la parte"* ... ", de nacionalidad *"nacionalidad de la parte"*, con domicilio a estos efectos en *"domicilio de la parte"*, "...*con DNI/NIF número "DNI/NIF de la parte"* ... *O ... con tarjeta de residencia número "número de tarjeta de residencia de la parte"* ... *O ... pasaporte número "número de pasaporte de la parte", expedido el "fecha de expedición del pasaporte de la parte"* ... *O ... "reseñar otros documentos aportados por la parte"* ... ", vigente hasta el *"fecha de vigencia de la documentación aportada por la parte"*.

MCM 6310 s.

Interviene

LGPu art.20 y 21; LPI art.5, 6, 10, 48, 51, 97, 108; L 10/2002

❍ Si interviene en su propio nombre:

en su propio nombre y derecho.

❍ Si interviene como representante:

en nombre y representación

❍ Si representa a persona física:

de *"Don/Doña nombre y apellidos del representado"*, mayor de edad, *"estado civil del representado"*, con domicilio en *"domicilio del representado"* y provisto de D.N.I./N.I.F. número *"DNI/NIF del representado"*, según consta en escritura de poder, otorgada ante el notario de *"lugar donde radica la notaría en la que se autorizó la escritura de poder de representación (persona física)"*, *"Don/Doña nombre y apellidos del notario que autorizó la escritura de poder de representación (persona física)"*, el *"fecha de escritura de poder de representación (persona física)"*, con el número *"número de protocolo del notario que autorizó la escritura de poder de representación (persona física)"* de su orden de protocolo.

❍ Si representa a persona jurídica:

de la sociedad mercantil denominada *"denominación social"*, domiciliada en *"domicilio social"*, y con NIF número *"NIF de la sociedad"*, constituida, por tiempo indefinido, mediante escritura otorgada ante el notario de *"lugar donde radica la notaría en la que se autorizó la escritura de poder de representación (persona jurídica)"*, *"Don/Doña nombre y apellidos del notario que autorizó la escritura de poder de representación (persona jurídica)"*, el *"fecha de escritura de poder de representación (persona jurídica)"*, e inscrita en el Registro Mercantil de *"datos de la inscripción registral (localidad del Registro Mercantil, tomo, folio, sección, hoja e inscripción)"*, en su calidad de

❍ Si representa como cargo social:

"...*administrador único* ... *O ... administrador solidario* ... *O ... consejero delegado* ... *O ... "especificar la representación del cargo social"* ... " de la reseñada sociedad, cargo para el que fue nombrado y asegura vigente en escritura otorgada el *"fecha de escritura del nombramiento del cargo"*, ante el notario de *"lugar donde radica la notaría en la que se autorizó la escritura del nombramiento"*, *"Don/Doña nombre y apellidos del notario que autorizó la escritura del nombramiento"*, con el número *"número de protocolo del notario que autorizó la escritura del nombramiento"* de su protocolo, e inscrita en el Registro Mercantil de *"localidad del Registro Mercantil de la escritura de nombramiento"*, en el tomo y hoja arriba indicados.

MCM 6310 s.

❍ Si representa como apoderado:

apoderado de la reseñada sociedad, según escritura de poder otorgada a su favor, en *"fecha de escritura del otorgamiento del poder"*, ante el notario de *"lugar donde radica la notaría en la que se autorizó la escritura de poder"*, *"Don/Doña nombre y apellidos del notario que autorizó la escritura de poder"*, con el número *"número de protocolo del notario que autorizó la escritura de poder"* de su protocolo *"...e inscrita en el Registro Mercantil de "localidad del Registro Mercantil de la escritura de poder"... "*, en el tomo y hoja arriba indicados.

LGPu art.20 y 21; LPI art.5, 6, 10, 48, 51, 97, 108; L 10/2002

En adelante, la **Agencia**.

Las partes se reconocen la capacidad legal necesaria para contratar y obligarse y, a tal efecto

EXPONEN:

I. Que la **Agencia** tiene como principal actividad la realización de todo tipo de trabajos creativos publicitarios, estando sobre todo especializada en la publicidad audiovisual, y contando con una amplia experiencia en este campo.

II. Que el **Anunciante** está interesado en contratar los servicios de la **Agencia** con fines publicitarios.

III. Que la **Agencia** se compromete a idear, crear y elaborar la campaña publicitaria del **Anunciante**, cuyas características generales quedan definidas en el Anexo 1 de este contrato, a fin de que determinados productos del **Anunciante**, descritos en Anexo 2 al mismo, sean publicitados.

IV. Que el **Anunciante** está interesado en que la **Agencia** desarrolle personalmente la actividad publicitaria.

Nota:

*Es aconsejable obligar a la **agencia** a que desarrolle personalmente la campaña publicitaria.*

En cumplimiento de lo acordado, ambas partes formalizan el presente contrato de creación publicitaria, de acuerdo con las siguientes

ESTIPULACIONES:

Primera. Objeto del contrato

1.1.

Mediante el presente contrato, la **Agencia** se compromete, a solicitud del **Anunciante**, a idear, crear, elaborar y desarrollar completamente para el **Anunciante** la campaña publicitaria denominada *"nombre de la campaña publicitaria"*, a fin de publicitar la venta y comercialización *"...del/de los producto/s denominado/s "especificar productos"... O ... de los productos que constan en el Anexo 2 ... "* (en adelante, la Obra Publicitaria).

La Obra Publicitaria deberá reunir las características generales previstas en el Anexo 1.

El objeto de la campaña publicitaria ideada reside en que la Obra Publicitaria pueda ser difundida lícitamente por el **Anunciante**.

Nota:

*Hemos optado por que el anunciante especifique al máximo el **alcance** de la campaña publicitaria; puede no ser así.*

1110

MCM 6310 s.

1.2.

No podrá la **Agencia** servirse o usar de los elementos creativos de la campaña publicitaria, o incluso de las ideas publicitarias subyacentes, para cualesquiera otros fines o usos que no sean los previstos en el presente contrato y a favor del **Anunciante**.

Segunda. Ámbito territorial del contrato

El ámbito territorial de este contrato coincidirá con el territorio de España.

Tercera. Cesión de derechos de propiedad industrial o intelectual

LGPu art.20 y 21; LPI art.5, 6, 10, 48, 51, 97, 108; L 10/2002

 **Nota:**

Aunque la Ley General de Publicidad, al regular este particular contrato, parte de una ***presunción de cesión en exclusiva*** *de los derechos de propiedad intelectual al anunciante o agencia de publicidad, no es ocioso incluir una referencia expresa a la cesión con idéntico alcance de los derechos de propiedad industrial.*

Por virtud del presente contrato, la **Agencia** cede, en exclusiva y con el ámbito territorial establecido, la totalidad de los derechos de explotación sobre la Obra Publicitaria.

Nota:

Los derechos de propiedad intelectual (derechos de explotación) sobre un spot publicitario pertenecen a la ***agencia publicitaria*** *que los hubiera creado, salvo que expresamente los hubiera cedido al cliente o no hubiera hecho reserva alguna de propiedad en el contrato, en cuyo caso entra en juego la presunción que establece la LGPu art.23 (derogado por L 29/2009), de cesión de los derechos a favor del anunciante* (TS 22-5-01, *EDJ 5998).*

En concreto, y sin carácter exhaustivo, los derechos cedidos comprenden los de fijación, reproducción, distribución, comunicación pública, puesta a disposición y transformación, así como cualesquiera otros necesarios para la debida y más amplia difusión y explotación del mensaje publicitario.

La **Agencia** autoriza expresamente al **Anunciante** para ceder a tercero los derechos de explotación cedidos en virtud del presente contrato.

Nota:

De acuerdo con el art.49 LPI, si no se estableciese expresamente esta cláusula, los ***cesionarios*** *responderán solidariamente frente al primer cedente de las obligaciones de la cesión.*

Cuarta.

Nota:

Dada la dificultad en el cálculo de la explotación de este tipo de obras, entendemos que la ***remuneración*** *a tanto alzado será la usual, pese a que la Ley de Propiedad Intelectual opta, como regla general, por una remuneración proporcional a los ingresos derivados de la explotación de la obra.*

4.1.

Por la totalidad de los servicios a los que se refiere el presente contrato y la cesión en exclusiva y libre de cargas de los derechos de explotación sobre la Obra Publicitaria, el **Anunciante** pagará a la **Agencia** el precio de *"importe a percibir, en letra"* euros (*"importe a percibir, en número"* €).

4.2.

Salvo que expresamente se establezca otra cosa, el precio incluirá todos los gastos y por todos los conceptos que se generen como consecuencia de la ejecución o cumplimiento del contrato.

4.3.

El precio se hará pagadero en el momento de entrega de la Obra Publicitaria en condiciones para su explotación.

MCM 6310 s.

LGPu art.20 y 21; LPI art.5, 6, 10, 48, 51, 97, 108; L 10/2002

4.4.
El precio pactado no incluye el IVA o cualquier otro impuesto que resulte aplicable.

Quinta. Entrega de la Obra Publicitaria

5.1.
La entrega de los materiales necesarios para la debida difusión de la Obra Publicitaria por parte de la **Agencia** se hará antes de *"fecha límite de entrega de materiales"*.

5.2.
La Obra Publicitaria deberá ser entregado al **Anunciante** en condiciones legales, técnicas y administrativas, idóneas para su difusión de acuerdo con lo pactado en el presente contrato. Igualmente, la **Agencia** deberá entregar la Obra Publicitaria al **Anunciante** libre de cualesquiera cargas, gravámenes y vicios ocultos.

5.3.
Una vez examinada la Obra Publicitaria por el **Anunciante**, o por el personal autorizado por el **Anunciante**, y puesto en poder y posesión del **Anunciante**, se entenderá entregado, sin perjuicio de la responsabilidad de cualquier tipo a que hubiera lugar en casos de infracción de la legislación aplicable en materia de publicidad.

Sexta. Facultades morales

Nota:

*Las facultades morales **no son transmisibles**, ni puede renunciarse a ellas. No obstante, la generalidad de la doctrina está de acuerdo en que su ejercicio no es absoluto, ya sea por razones prácticas, ya sea por acuerdo contractual.*

Dado el carácter eminentemente comercial y publicitario que preside el presente contrato, la **Agencia** reconoce que el ejercicio de las facultades morales que pudiere haber sobre la Obra Publicitaria no puede ser tan estricto como en otros supuestos. Consecuentemente, el **Anunciante** podrá introducir en el mensaje publicitario todas aquellas modificaciones que estime oportunas con el fin de poder adaptarlas a las necesidades comerciales o de servicio del **Anunciante**, sin que ello pueda entenderse como incumplimiento contractual por su parte o lesión de las facultades morales que integran el derecho moral del derecho de autor sobre ella. En concreto, el **Anunciante**, aun después de finalizada la relación contractual nacida del presente contrato, podrá corregir los errores que presente la Obra Publicitaria y hacer modificaciones en ella.

El **Anunciante** podrá explotar en todo caso la Obra Publicitaria con el alcance necesario para poder desarrollar debida y eficazmente su habitual actividad empresarial o comercial.

Séptima. Responsabilidades de las partes

7.1.
La **Agencia** garantiza que:

- Es titular de todos los derechos de propiedad intelectual existentes sobre la Obra Publicitaria.

- Velará por el cumplimiento de la legislación en materia de publicidad, ya sea televisiva, ya sea la regulación general establecida en la Ley General de Publicidad, a la hora de idear, elaborar y desarrollar la Obra Publicitaria.

- la Obra Publicitaria no infringe derechos de la personalidad, imagen, voz o nombre de persona alguna.

"...- Ha obtenido todas las autorizaciones correspondientes de los titulares de derechos para la legítima explotación del mensaje publicitario. ..."

- Ha cumplido con las obligaciones a favor de las respectivas entidades de gestión en relación con el pago de remuneraciones u obtención de los permisos necesarios de los titulares de derechos cuyas obras o prestaciones hubiesen sido empleadas en el desarrollo del mensaje publicitario.

MCM 6310 s.

Nota:

*En los casos de **comunicación pública**, la LPI prevé supuestos de pago de un derecho de remuneración a los artistas intérpretes o ejecutantes o a los productores cuyas prestaciones sean usadas (LPI art.*108, 116 *según interpretación dada por* TS 1-3-01*). Según la jurisprudencia menor, cuando el autor permite la utilización de una obra musical en un espacio publicitario, ello implica el permiso para su uso como acto de comunicación pública, siendo el ejercicio de este derecho de sincronización de gestión y administración individual, no colectiva (*AP Barcelona 7-1-15, *EDJ 347).*

LGPu art.20 y 21; LPI art.5, 6, 10, 48, 51, 97, 108; L 10/2002

La **Agencia** indemnizará al **Anunciante** por la eventual responsabilidad que le sea imputable por infracción de los derechos de propiedad intelectual de terceros causada por la normal explotación por parte del **Anunciante** de la Obra Publicitaria.

Nota:

*El anunciante o quien resulte comitente de la creación del anuncio publicitario responde de eventuales **infracciones** de los **derechos de propiedad intelectual de terceros** cometidas con ocasión de la difusión o explotación de dicho anuncio (*AP León 10-3-08, *EDJ 58207;* AP Barcelona 17-11-05, *EDJ 302261; véase también la sentencia* AP Barcelona 7-1-15, *EDJ 347).*

7.2.

El **Anunciante** garantiza que:

a) Ha obtenido todos los permisos necesarios para poder difundir el mensaje publicitario.

b) La difusión de la Obra Publicitaria, tal y como la desea desarrollar el **Anunciante**, no infringe ninguna norma relativa al contenido del mensaje publicitario.

c) La difusión de los logotipos y marcas del **Anunciante** no infringe derecho alguno de tercero y, especialmente, los de propiedad industrial o intelectual usados en la Obra Publicitaria.

El **Anunciante** indemnizará a la **Agencia** por la eventual responsabilidad que le sea imputable por el incumplimiento de las garantías anteriormente mencionadas.

Octava. Obligaciones y responsabilidades de la Agencia respecto de las personas físicas designadas para la ejecución del objeto del contrato

8.1.

La **Agencia** seleccionará y supervisará a las personas físicas que desarrollarán los servicios objeto del presente contrato, las cuales deberán tener las aptitudes necesarias para la realización de tales servicios.

8.2.

La **Agencia** será responsable del cumplimiento de todas las obligaciones de naturaleza salarial, tributaria, de Seguridad Social, de Prevención de Riesgos Laborales, o de cualquier otra índole, derivadas de los contratos de trabajo o de cualquier otra naturaleza existentes entre dicha entidad y las personas físicas designadas por ésta para la ejecución de los servicios objeto del presente contrato.

8.3.

La **Agencia** exonera al **Anunciante** de cualquier responsabilidad que pueda derivarse de los contratos de trabajo o de los contratos de cualquier otra naturaleza celebrados entre la **Agencia** y las personas físicas que ejecuten los servicios objeto del presente contrato.

MCM 6310 s.

Novena. Carácter personalísimo
Los servicios contratados requieren de una gran experiencia y de condiciones técnicas y mecánicas especiales y de gran cuidado. La **Agencia** ha sido contratada por el **Anunciante** en atención a estas circunstancias, por lo que le queda terminantemente prohibida la subcontratación de cualesquiera servicios de los previstos en el presente contrato, sin el previo permiso por escrito del **Anunciante** a tal efecto, y durante toda la duración del mismo.

LGPu art.20 y 21; LPI art.5, 6, 10, 48, 51, 97, 108; L 10/2002

Décima. Duración del contrato
La duración del presente contrato se extenderá al tiempo necesario para que la **Agencia** pueda desarrollar los servicios contratados, salvo que concurra alguna causa de resolución de este contrato.

Y en prueba de conformidad, ambas partes firman el presente contrato, que se extiende en dos ejemplares, igualmente originales, en el lugar y fecha indicados en su encabezamiento.

EL ANUNCIANTE LA AGENCIA

Difusión publicitaria

MCM 6365 s.

Nota preliminar:

- Por el contrato de difusión publicitaria, a cambio de una contraprestación fijada en tarifas preestablecidas, un medio se obliga a favor de un anunciante o agencia a permitir la utilización publicitaria de **unidades de espacio** o de tiempo disponibles y a desarrollar la actividad técnica necesaria para lograr el resultado publicitario.

LGPu art.17 a 19; L 13/2022 art.121 a 142

- Téngase especialmente en cuenta, en lo que se refiere a la **difusión televisiva**, la nueva Ley General de la Comunicación Audiovisual (L 13/2022) que establece derechos a favor de los prestadores de servicios de comunicación audiovisual, tales como el derecho al emplazamiento de producto (art.129) o el de emitir comunicaciones comerciales audiovisuales (art.121), junto con prohibiciones respecto de las comunicaciones comerciales que vulneren la dignidad humana, fomente la discriminación (art.122), fomenten comportamientos nocivos para la salud (art.123) o puedan producir perjuicio físico, mental o moral a los menores (art.124).

- Ténganse en cuenta los art.86 s. de la L 13/2022, relativos a las obligaciones con las que han de cumplir los prestadores de servicios de intercambio de vídeos a través de plataformas digitales o «**influencers**», entre las que destacamos, la obligación de inscripción en el **Registro estatal** al que se refiere el art.39 de la L 13/2022, la de protección de menores, y la de no compartir vídeos que inciten a la violencia, al odio o a la discriminación de cualquier tipo.

- Los contratos de publicidad tienen una **naturaleza distinta a la del contrato de agencia**. En los primeros, mediante contraprestación se encarga la elaboración, diseño e inserción de un anuncio. En el segundo, el agente se compromete, de forma estable o duradera, a cambio de una remuneración, a promover actos u operaciones de comercio por cuenta ajena, o a promoverlos y concluirlos por cuenta y en nombre ajenos, como intermediario independiente (AP Pontevedra 25-2-16, EDJ 25090).

- El hecho de que el medio de comunicación **no haya percibido remuneración** o retribución por la publicación (contraprestación propia de un contrato de difusión publicitaria) no impide calificar el comportamiento como publicitario (AP Valencia 28-3-19, EDJ 573031).

- El modelo presupone unas circunstancias determinadas que serán las más **frecuentes**. Si en el caso concreto existen circunstancias particulares no previstas, deberá completarse o modificarse el modelo adaptándolo a las mismas.

En *"localidad"*, a *"fecha"*

REUNIDOS:

De una parte,

"Don/Doña nombre y apellidos de la parte", mayor de edad, *"estado civil de la parte"* *"... "especificar el régimen económico matrimonial de la parte" ..."*, de nacionalidad *"nacionalidad de la parte"*, con domicilio a estos efectos en *"domicilio de la parte"*, *"...con DNI/NIF número "DNI/NIF de la parte" ... O ... con tarjeta de residencia número "número de tarjeta de residencia de la parte" ... O ... pasaporte número "número de pasaporte de la parte", expedido el "fecha de expedición del pasaporte de la parte" ... O ... "reseñar otros documentos aportados por la parte" ..."*, vigente hasta el *"fecha de vigencia de la documentación aportada por la parte"*.

Interviene en nombre y representación de la sociedad mercantil denominada *"denominación de la Sociedad"*, domiciliada en *"domicilio de la Sociedad"*, y con NIF número *"NIF de la Sociedad"*, constituida, por tiempo indefinido, mediante escritura otorgada ante el notario de *"lugar del notario que autorizó la escritura pública"*, *"Don/Doña nombre y apellidos del notario que autorizó la escritura pública"*, el *"fecha de autorización de la escritura pública"*, e inscrita en el Registro Mercantil de *"datos de la inscripción registral (localidad del Registro Mercantil, tomo, folio, sección, hoja e inscripción)"*, en su calidad de

MCM 6365 s.

LGPu art.17 a 19; L 13/2022 art.121 a 142

>>

○ **Si representa como cargo social:**

"...administrador único ... O ... administrador solidario ... O ... consejero delegado ... O ... "especificar la representación del cargo social" ... " de la reseñada sociedad, cargo para el que fue nombrado y asegura vigente en escritura otorgada el *"fecha de escritura del nombramiento del cargo"*, ante el notario de *"lugar donde radica la notaría en la que se autorizó la escritura del nombramiento"*, *"Don/Doña nombre y apellidos del notario que autorizó la escritura del nombramiento"*, con el número *"número de protocolo del notario que autorizó la escritura del nombramiento"* de su protocolo, e inscrita en el Registro Mercantil de *"localidad del Registro Mercantil de la escritura de nombramiento"*, en el tomo y hoja arriba indicados.

○ **Si representa como apoderado:**

apoderado de la reseñada sociedad, según escritura de poder otorgada a su favor, en *"fecha de escritura del otorgamiento del poder"*, ante el notario de *"lugar donde radica la notaría en la que se autorizó la escritura de poder"*, *"Don/Doña nombre y apellidos del notario que autorizó la escritura de poder"*, con el número *"número de protocolo del notario que autorizó la escritura de poder"* de su protocolo *"...e inscrita en el Registro Mercantil de "localidad del Registro Mercantil de la escritura de poder" ..."*, en el tomo y hoja arriba indicados.

<<

En adelante, el **Medio**.

De otra parte,

"Don/Doña nombre y apellidos de la parte", mayor de edad, *"estado civil de la parte" "... "especificar el régimen económico matrimonial de la parte" ... "*, de nacionalidad *"nacionalidad de la parte"*, con domicilio a estos efectos en *"domicilio de la parte"*, *"...con DNI/NIF número "DNI/NIF de la parte" ... O ... con tarjeta de residencia número "número de tarjeta de residencia de la parte" ... O ... pasaporte número "número de pasaporte de la parte", expedido el "fecha de expedición del pasaporte de la parte" ... O ... "reseñar otros documentos aportados por la parte" ... "*, vigente hasta el *"fecha de vigencia de la documentación aportada por la parte"*.

Interviene en nombre y representación de la sociedad mercantil denominada *"denominación de la Sociedad"*, domiciliada en *"domicilio de la Sociedad"*, y con NIF número *"NIF de la Sociedad"*, constituida, por tiempo indefinido, mediante escritura otorgada ante el notario de *"lugar del notario que autorizó la escritura pública"*, *"Don/Doña nombre y apellidos del notario que autorizó la escritura pública"*, el *"fecha de autorización de la escritura pública"*, e inscrita en el Registro Mercantil de *"datos de la inscripción registral (localidad del Registro Mercantil, tomo, folio, sección, hoja e inscripción)"*, en su calidad de

>>

○ **Si representa como cargo social:**

"...administrador único ... O ... administrador solidario ... O ... consejero delegado ... O ... "especificar la representación del cargo social" ... " de la reseñada sociedad, cargo para el que fue nombrado y asegura vigente en escritura otorgada el *"fecha de escritura del nombramiento del cargo"*, ante el notario de *"lugar donde radica la notaría en la que se autorizó la escritura del nombramiento"*, *"Don/Doña nombre y apellidos del notario que autorizó la escritura del nombramiento"*, con el número *"número de protocolo del notario que autorizó la escritura del nombramiento"* de su protocolo, e inscrita en el Registro Mercantil de *"localidad del Registro Mercantil de la escritura de nombramiento"*, en el tomo y hoja arriba indicados.

1115

MCM 6365 s.

LGPu art.17 a 19; L 13/2022 art.121 a 142

Si representa como apoderado:

apoderado de la reseñada sociedad, según escritura de poder otorgada a su favor, en *"fecha de escritura del otorgamiento del poder"*, ante el notario de *"lugar donde radica la notaría en la que se autorizó la escritura de poder"*, *"Don/Doña nombre y apellidos del notario que autorizó la escritura de poder"*, con el número *"número de protocolo del notario que autorizó la escritura de poder"* de su protocolo *"...e inscrita en el Registro Mercantil de "localidad del Registro Mercantil de la escritura de poder" ..."*, en el tomo y hoja arriba indicados.

En adelante, el **Anunciante**.

Las partes se reconocen la capacidad legal necesaria para contratar y obligarse y, a tal efecto

EXPONEN:

I. Que el **Medio** tiene como actividad principal la difusión de programas televisivos y la radiodifusión de programas radiofónicos.

II. Que el **Anunciante** desea contratar los servicios del **Medio** para difundir, en las condiciones que se dirán, determinados bloques de publicidad relativa a su/s producto/s *"identificar producto"*.

A tal efecto ambas partes suscriben el presente contrato de acuerdo con las siguientes

ESTIPULACIONES:

Primera. Objeto del contrato
El objeto del presente contrato lo constituye la difusión de un mensaje u obra publicitaria en relación con la marca *"nombre de la marca"*, propiedad del **Anunciante**, en una serie de espacios radiofónicos a través de la organización técnica y humana que el **Medio** compromete, a cambio de la contraprestación económica aquí establecida.

Segunda. Espacios contratados
El **Medio** pondrá a disposición del **Anunciante** los espacios de tiempo que se especifican en el Anexo 1 a este contrato, durante los cuales se dará lugar a la difusión del mensaje publicitario.

Nota:

*Como se verá a continuación, en función del tipo de soporte contratado, variará el tipo de cláusulas a incluir. En cualquier caso, en los casos de **publicidad televisiva**, han de tenerse en cuenta las limitaciones temporales establecidas por la legislación vigente (L 13/2022 art.137).*

En el caso de alquiler de espacios físicos o soportes materiales:

El **Medio** se compromete a poner a disposición del **Anunciante** los soportes especificados en el Anexo 1 a este contrato, sobre los cuales irá impreso el mensaje publicitario tal y como le sea proporcionado por el **Anunciante**.

Tercera. Obligaciones del Anunciante
En virtud de lo dispuesto y acordado por ambas partes en este contrato, el **Anunciante** queda obligado a:

a) El pago del precio señalado en la estipulación quinta a este contrato, y en las condiciones allí establecidas.

b) Entregar al **Medio** el mensaje publicitario a difundir, o bien los soportes materiales necesarios para producir dicho mensaje, citándose entre otros, DVDs, CDs, fotolitos, láminas, dibujos, carteles o cualesquiera otros que sean precisos para la difusión del mensaje publicitario.

c) Obtener de los organismos o particulares pertinentes toda clase de autorizaciones, permisos o concesiones a fin de que el **Medio** pueda difundir el mensaje publicitario sin riesgo de incurrir en infracción alguna del ordenamiento.

MCM 6365 s.

d) Prestar al **Medio** toda la colaboración que sea precisa a fin de poder difundir el mensaje publicitario.

Cuarta. Obligaciones del Medio
En virtud de lo dispuesto y acordado por ambas partes en este contrato, el **Medio** queda obligado a:

LGPu art.17 a 19; L 13/2022 art.121 a 142

- Difundir íntegramente el mensaje publicitario en condiciones tales que permitan la posibilidad de su percepción por el público.

Nota:

Es responsabilidad del ***medio*** *(si es de radiodifusión televisiva) la de cuantificar los espacios publicitarios y emitirlos conforme a las normas sobre limitación de tiempos publicitarios (L 13/2022 art.137).*

- Adoptar cuantas medidas técnicas y organizativas sean precisas para que el mensaje publicitario pueda ser percibido por el público.

- Repetir el mensaje publicitario íntegramente en caso de que aquél no pueda ser correctamente difundido cualesquiera que sean las causas. Dicha nueva difusión se hará en las mismas condiciones que las pactadas para la difusión del mensaje de origen.

- No interrumpir la difusión del mensaje publicitario de ninguna manera.

- No difundir el mensaje publicitario junto con otros que pudieran atentar contra la buena imagen de la marca *"nombre de la marca"*, propiedad del **Anunciante**, para lo cual el **Medio** informará al **Anunciante** sobre los mensajes publicitarios que otros anunciantes, competidores del **Anunciante**, pudieran estar interesados en difundir por el **Medio**.

- A devolver al **Medio** los soportes materiales necesarios para difundir el mensaje publicitario, tal y como fueron recibidos del **Anunciante**, respondiendo de cualquier deterioro que pudieran sufrir como consecuencia de su negligencia o falta de cuidado mínimo en su conservación.

"...- A hacer posible que "Don/Doña nombre y apellidos del anunciante" difunda personalmente el mensaje publicitario. Al hecho de que el anteriormente mencionado "Don/Doña nombre y apellidos del anunciante" difunda el mensaje publicitario se le otorga el carácter de condición resolutoria del presente contrato, constituyendo su difusión por él una prestación personalísima que no puede ser delegada. ..."

Nota:

En el caso de que se quiera contratar los ***servicios profesionales*** *de una persona concreta, destacada socialmente, para mejor promocionar el producto.*

Quinta. Precio
El precio a pagar por el **Anunciante** por la contratación de los espacios de difusión del mensaje publicitario a que se refiere este contrato es de *"importe a abonar, en letra"* euros (*"importe a abonar, en número"* €), los cuales serán pagaderos a la firma del presente contrato.

Sexta. Responsabilidades y garantías
El **Anunciante** garantiza que el mensaje publicitario no contiene nada que pueda considerarse ilícito o lesivo de derechos de terceras personas, tales como los de imagen, honor o intimidad de personas físicas, derechos de autor o de propiedad industrial, secretos industriales, ni tampoco infractor de la legislación en materia de publicidad, especialmente, en lo que se refiere a la publicidad subliminal, engañosa o desleal, eximiendo al **Medio** de cualquier responsabilidad en este sentido.

1115

Igualmente, el **Anunciante** responde de haber obtenido todos los permisos, autorizaciones y concluido todos los contratos precisos para poder difundir legalmente el mensaje publicitario, garantizando al **Medio** las responsabilidades a las que pudiere verse sometido como consecuencia del incumplimiento de lo dispuesto en esta estipulación.

MCM 6365 s.

El **Medio** no garantiza el éxito ni la rentabilidad económica que se pudieren derivar de la difusión del mensaje publicitario.

Séptima. Repetición del mensaje publicitario

 **Nota:**

LGPu art.17 a 19; L 13/2022 art.121 a 142

*En el caso de que el **medio no difunda el anuncio** publicitario, el anunciante o la agencia podrán optar entre exigir una difusión posterior en las mismas condiciones pactadas o denunciar el contrato de devolución de lo pagado por la publicidad no difundida. En ambos casos, el medio deberá indemnizar los daños y perjuicios ocasionados. Si la falta de difusión fuera imputable al anunciante o a la agencia, el responsable vendrá obligado a indemnizar al medio y a satisfacerle íntegramente el precio, salvo que el medio haya ocupado total o parcialmente con otra publicidad las unidades de tiempo o espacio contratadas.*
*La Ley establece al respecto una **alternativa**, siendo aconsejable especificar en el contrato la opción por la que se decante el comitente de la difusión.*

7.1.

En el caso de que el mensaje publicitario no pudiera llegar a difundirse en las condiciones de tiempo y espacio pactadas, por causas ajenas a la voluntad del **Medio**, éste quedará obligado a repetir la difusión del mensaje publicitario *"...durante un tiempo ... O ... en un soporte físico ..."* de similar difusión y características, de modo que la posibilidad de percepción del mensaje publicitario por el público no se vea disminuida o perjudicada de cualquier modo.

7.2.

>>

○ **El Anunciante:**

No obstante lo anterior, si el mensaje publicitario no pudiera definitivamente ser difundido, sean cuales sean las razones, el **Anunciante** queda facultado para reducir el precio a pagar en la medida razonable correspondiente a la falta de difusión del mensaje publicitario.

○ **El Medio:**

No obstante lo anterior, si el mensaje publicitario no pudiera definitivamente ser difundido, sean cuales sean las razones, el **Medio** deberá abonar al **Anunciante** la cantidad de *"cuantía de la indemnización en letra, por daños y perjuicios"* euros (*"cuantía de la indemnización en número, por daños y perjuicios"* €) en concepto de daños y perjuicios por la falta de difusión de aquel. Con el pago de esta cantidad quedarán cubiertos cuantos daños hubieran podido causarse al **Anunciante**.

Nota:

***Cláusula penal** en la que las partes especifican la cantidad concreta en la que fijan el quantum del daño.*

<<

Octava. *"...Condición resolutoria ... O ... Reducción del precio ..."*

>>

○ **Condición resolutoria:**

Las partes reconocen que constituye un elemento esencial del presente contrato, dándosele el carácter de condición resolutoria, la difusión por televisión (sea digital o analógica), en directo o en diferido, de los eventos a que se refiere el presente contrato y a través de los cuales se difundirá el mensaje publicitario. En consecuencia, si cualquiera de dichos eventos, no fueran finalmente organizados o difundidos por televisión, el contrato quedará sin vigor.

 **Nota:**

Esta cláusula podría insertarse en aquellos supuestos de transmisión televisiva de un ***evento deportivo****, durante el cual se difunda el mensaje publicitario.*

MCM 6365 s.

○ Reducción del precio:

LGPu art.17 a 19; L 13/2022 art.121 a 142

Las partes reconocen que constituye un elemento relevante del presente contrato la difusión por televisión (sea digital o analógica), en directo o en diferido, de los eventos a que se refiere el presente contrato y a través de los cuales se difundirá el mensaje publicitario. En consecuencia, si cualquiera de dichos eventos, no fueran finalmente organizados o difundidos por televisión, el **Anunciante** quedará facultado para obtener una reducción del precio a pagar o la repetición del mensaje publicitario en eventos de igual interés para el público y en iguales condiciones de difusión, a elección del **Anunciante**.

 **Nota:**

También puede preverse, como alternativa, una reducción del precio.

<<

Y en prueba de conformidad, ambas partes firman el presente contrato, que se extiende en dos ejemplares, igualmente originales, en el lugar y fecha indicados en su encabezamiento.

EL ANUNCIANTE **EL MEDIO**

Arrendamiento de soporte publicitario

MCM 6365 s.

Nota preliminar:

- Es una forma más de contrato de **difusión**, por lo que ha de tenerse en cuenta lo dicho al respecto en el modelo nº 1115.

- El modelo presupone unas circunstancias determinadas que serán las más **frecuentes**. Si en el caso concreto existen circunstancias particulares no previstas, deberá completarse o modificarse el modelo adaptándolo a las mismas. LGPu art.17

En *"localidad"*, a *"fecha"*

REUNIDOS:

De una parte,

"Don/Doña nombre y apellidos de la parte", mayor de edad, *"estado civil de la parte" "... "especificar el régimen económico matrimonial de la parte" ... "*, de nacionalidad *"nacionalidad de la parte"*, con domicilio a estos efectos en *"domicilio de la parte"*, *"...con DNI/NIF número "DNI/NIF de la parte" ... O ... con tarjeta de residencia número "número de tarjeta de residencia de la parte" ... O ... pasaporte número "número de pasaporte de la parte", expedido el "fecha de expedición del pasaporte de la parte" ... O ... "reseñar otros documentos aportados por la parte" ... "*, vigente hasta el *"fecha de vigencia de la documentación aportada por la parte"*.

Interviene en nombre y representación de la sociedad mercantil denominada *"denominación de la Sociedad"*, domiciliada en *"domicilio de la Sociedad"*, y con NIF número *"NIF de la Sociedad"*, constituida, por tiempo indefinido, mediante escritura otorgada ante el notario de *"lugar del notario que autorizó la escritura pública"*, *"Don/Doña nombre y apellidos del notario que autorizó la escritura pública"*, el *"fecha de autorización de la escritura pública"*, e inscrita en el Registro Mercantil de *"datos de la inscripción registral (localidad del Registro Mercantil, tomo, folio, sección, hoja e inscripción)"*, en su calidad de

>>

○ **Si representa como cargo social:**

"...administrador único ... O ... administrador solidario ... O ... consejero delegado ... O ... "especificar la representación del cargo social" ... " de la reseñada sociedad, cargo para el que fue nombrado y asegura vigente en escritura otorgada el *"fecha de escritura del nombramiento del cargo"*, ante el notario de *"lugar donde radica la notaría en la que se autorizó la escritura del nombramiento"*, *"Don/Doña nombre y apellidos del notario que autorizó la escritura del nombramiento"*, con el número *"número de protocolo del notario que autorizó la escritura del nombramiento"* de su protocolo, e inscrita en el Registro Mercantil de *"localidad del Registro Mercantil de la escritura de nombramiento"*, en el tomo y hoja arriba indicados.

○ **Si representa como apoderado:**

apoderado de la reseñada sociedad, según escritura de poder otorgada a su favor, en *"fecha de escritura del otorgamiento del poder"*, ante el notario de *"lugar donde radica la notaría en la que se autorizó la escritura de poder"*, *"Don/Doña nombre y apellidos del notario que autorizó la escritura de poder"*, con el número *"número de protocolo del notario que autorizó la escritura de poder"* de su protocolo *"...e inscrita en el Registro Mercantil de "localidad del Registro Mercantil de la escritura de poder" ... "*, en el tomo y hoja arriba indicados.

En adelante, el **Propietario**.

MCM 6365 s.

De otra parte,

"Don/Doña nombre y apellidos de la parte", mayor de edad, *"estado civil de la parte" "..."especificar el régimen económico matrimonial de la parte" ..."*, de nacionalidad *"nacionalidad de la parte"*, con domicilio a estos efectos en *"domicilio de la parte"*, *"...con DNI/NIF número "DNI/NIF de la parte" ... O ... con tarjeta de residencia número "número de tarjeta de residencia de la parte" ... O ... pasaporte número "número de pasaporte de la parte", expedido el "fecha de expedición del pasaporte de la parte" ... O ... "reseñar otros documentos aportados por la parte" ..."*, vigente hasta el *"fecha de vigencia de la documentación aportada por la parte"*.

LGPu art.17 Interviene en nombre y representación de la sociedad mercantil denominada *"denominación de la Sociedad"*, domiciliada en *"domicilio de la Sociedad"*, y con NIF número *"NIF de la Sociedad"*, constituida, por tiempo indefinido, mediante escritura otorgada ante el notario de *"lugar del notario que autorizó la escritura pública"*, *"Don/Doña nombre y apellidos del notario que autorizó la escritura pública"*, el *"fecha de autorización de la escritura pública"*, e inscrita en el Registro Mercantil de *"datos de la inscripción registral (localidad del Registro Mercantil, tomo, folio, sección, hoja e inscripción)"*, en su calidad de

➤➤

❍ **Si representa como cargo social:**

"...administrador único ... O ... administrador solidario ... O ... consejero delegado ... O ... "especificar la representación del cargo social" ..." de la reseñada sociedad, cargo para el que fue nombrado y asegura vigente en escritura otorgada el *"fecha de escritura del nombramiento del cargo"*, ante el notario de *"lugar donde radica la notaría en la que se autorizó la escritura del nombramiento"*, *"Don/Doña nombre y apellidos del notario que autorizó la escritura del nombramiento"*, con el número *"número de protocolo del notario que autorizó la escritura del nombramiento"* de su protocolo, e inscrita en el Registro Mercantil de *"localidad del Registro Mercantil de la escritura de nombramiento"*, en el tomo y hoja arriba indicados.

❍ **Si representa como apoderado:**

apoderado de la reseñada sociedad, según escritura de poder otorgada a su favor, en *"fecha de escritura del otorgamiento del poder"*, ante el notario de *"lugar donde radica la notaría en la que se autorizó la escritura de poder"*, *"Don/Doña nombre y apellidos del notario que autorizó la escritura de poder"*, con el número *"número de protocolo del notario que autorizó la escritura de poder"* de su protocolo *"...e inscrita en el Registro Mercantil de "localidad del Registro Mercantil de la escritura de poder" ..."*, en el tomo y hoja arriba indicados.

En adelante, la **Agencia**.

Las partes se reconocen la capacidad legal necesaria para contratar y obligarse y, a tal efecto

EXPONEN:

I. Que la **Agencia** tiene por objeto la ejecución de mensajes publicitarios destinados a ser fijados en soportes publicitarios estáticos.

II. Que el **Propietario** tiene en propiedad los soportes publicitarios definidos en Anexo 1 a este contrato.

III. Que la **Agencia** desea alquilar los soportes publicitarios del **Propietario** a fin de poder subalquilarlos a su vez a terceras partes, específicamente, anunciantes.

En cumplimiento de lo acordado, ambas partes formalizan el presente contrato de arrendamiento de soporte publicitario de acuerdo con las siguientes

ESTIPULACIONES:

Primera. Objeto del contrato

El presente contrato tiene por objeto el alquiler de los soportes publicitarios descritos en Anexo 1 a este contrato por parte del **Propietario** a la **Agencia**. MCM 6365 s.

Nota:

También puede plantearse este contrato como aquel por el que una empresa o particular alquilan los soportes publicitarios tipo ***luminosos o carteles****, a fin de subarrendarlos posteriormente a anunciantes o agencias.* LGPu art.17

La **Agencia** queda facultada para subarrendar, si así lo estimare oportuno, los citados soportes publicitarios a terceras personas, con la única condición de que tales terceros sean anunciantes de productos o servicios y no otros tenedores de derechos sobre soportes publicitarios.

Segunda. Obligaciones de las partes

 **Nota:**

Aparte de las obligaciones usuales en los contratos de difusión publicitaria, en éste se pueden incluir otros aspectos tales como el buen cuidado de los soportes publicitarios y aquellas otras prestaciones coincidentes con las del contrato de ***arrendamiento****.*

2.1.

Mediante el presente contrato, la **Agencia** se compromete a:

- Pagar la remuneración pactada al **Propietario**, según los procedimientos dispuestos en el Anexo 2 a este contrato.

- Mantener en buen estado de conservación los soportes publicitarios, contratando a tal efecto los servicios de limpieza y conservación que sean necesarios.

- Pagar los costes derivados del buen mantenimiento de los soportes publicitarios, así como aquellos costes que sean necesarios para restaurar y reparar dichos soportes como consecuencia de la impericia del personal destinado a renovar los mensajes publicitarios.

- Poner de manifiesto al **Propietario** de la forma más rápida y efectiva posible, cualquier desperfecto que haga impropios los soportes publicitarios para la difusión de los mensajes publicitarios de eventuales anunciantes.

- Responder, en el caso de subarrendamiento de los soportes publicitarios, de los desperfectos causados por el subarrendatario en los mismos, salvo casos de fuerza mayor.

- Devolver los soportes publicitarios en el mismo estado en el que le fueran entregados por el **Propietario**, sin que pueda variarlos en ningún sentido.

"...- A correr con todos los gastos que sean necesarios para que el soporte publicitario pueda discurrir por las vías urbanas o interurbanas, incluidos los gastos de seguros y conducción del chófer. ..."

2.2.

A su vez, mediante el presente contrato, el **Propietario** se compromete a:

a) Poner a disposición de la **Agencia** los soportes publicitarios en buen estado y dispuestos para que en ellos se puedan mostrar y fijar, en su caso, cualesquiera mensajes publicitarios.

b) Realizar en los soportes publicitarios toda clase de obras que sean necesarias para la mejor conservación de los soportes publicitarios a fin de hacerlos propios para el fin al que se destinan.

c) Girar las correspondientes facturas a la **Agencia** por el precio del presente arrendamiento.

MCM 6365 s.

Tercera. Precio

3.1.
La **Agencia** pagará al **Propietario** el precio de *"importe a abonar, en letra"* euros (*"importe a abonar, en número"* €), que será pagadero en la forma que se dice en el Anexo 2 al presente contrato.

3.2.
LGPu art.17 Salvo que expresamente se establezca otra cosa en el presente contrato, el anterior precio incluirá todos los gastos y por todos los conceptos que se generen como consecuencia de su ejecución o cumplimiento.

3.3.
Ninguna de las cantidades a pagar como precio incluye el IVA o cualquier otro impuesto aplicable.

Cuarta. Obras en los soportes publicitarios

Nota:

Se trata de una ***prestación típica*** *del contrato de arrendamiento de cosa.*

Si fuera preciso hacer algún tipo de obra o reparación en los soportes publicitarios que no pudiera ser diferida hasta el final del periodo contractual acordado en este contrato, la **Agencia** estará obligada a soportarla, sin que adquiera por ello ningún derecho a indemnización por daños y perjuicios, ni tenga derecho tampoco a una reducción del precio, salvo que la obra o reparación hagan inservible los soportes publicitarios para la difusión de mensajes publicitarios durante un periodo superior a cinco días. En este último caso, la **Agencia** podrá solicitar la reducción del precio en un *"valor porcentual de la reducción"*.

Quinta. Responsabilidades
El **Propietario** no asume responsabilidad alguna bajo ningún motivo por la eventual falta de difusión de los mensajes publicitarios a través de los soportes publicitarios objeto del presente contrato, salvo los supuestos referidos en la estipulación anterior.

Asimismo, el **Propietario** no será responsable de los daños, lesiones o cualquier otra incidencia que pueda afectar al personal contratado por la **Agencia** para el cuidado y conservación de los soportes publicitarios o para la renovación de los mensajes publicitarios puestos sobre los mismos.

El **Propietario** garantiza a la **Agencia** frente a cualquier reclamación de tercero por virtud de la infracción de los derechos de propiedad intelectual o industrial sobre los elementos que conforman los soportes publicitarios.

Por último, el **Propietario** garantiza que ha obtenido todos los permisos y autorizaciones necesarios para poder ofrecer en alquiler los soportes publicitarios.

Sexta. Obligaciones y responsabilidades de la Agencia respecto de las personas asignadas para la ejecución de este contrato

6.1.
La **Agencia** podrá contratar, en su caso, el personal que estime adecuado para la difusión del mensaje publicitario.

6.2.
La **Agencia** será responsable del cumplimiento de todas las obligaciones de naturaleza salarial, tributaria, de Seguridad Social, de Prevención de Riesgos Laborales, o de cualquier otra índole, derivadas de los contratos de trabajo o de cualquier otra naturaleza existentes entre dicha entidad y las personas físicas designadas por ésta para la ejecución de los servicios objeto del presente contrato.

MCM 6365 s.

6.3.
La **Agencia** exonera al **Propietario** de cualquier responsabilidad que pueda derivarse de los contratos de trabajo o de los contratos de cualquier otra naturaleza celebrados entre la **Agencia** y las personas físicas que ejecuten los servicios objeto del presente contrato.

Séptima. Duración del contrato

7.1.
La duración del presente contrato será de *"ámbito temporal de vigencia del contrato"* meses, no susceptibles de prórroga. No obstante lo anterior, cualquiera de las partes podrá darlo por terminado siempre y cuando lo notifique a la otra parte con al menos un mes de anticipación. LGPu art.17

7.2.
Al término del contrato, la **Agencia** deberá restituir al **Propietario** los soportes publicitarios, en las mismas condiciones de cuidado y conservación en las que le fueron entregados, sin perjuicio del desgaste que hayan sufrido por el uso normal.

Y en prueba de conformidad, ambas partes firman el presente contrato, que se extiende en dos ejemplares, igualmente originales, en el lugar y fecha indicados en su encabezamiento.

EL PROPIETARIO **LA AGENCIA**

Difusión publicitaria a través de enlace hipertextual

MCM 6365 s.

Nota preliminar:

- Se trata de un contrato atípico pero común en la práctica, ya que se han extendido los supuestos en los que en **páginas web** los anunciantes exponen sus mensajes publicitarios.

LGPu art.17; LSSI art.17

- Téngase presente que el art.17 L 34/2002 (LSSI) establece un modelo de responsabilidad recayente sobre el **prestador de servicios de la sociedad de la información**, basado en que dicho prestador facilite enlaces a otros contenidos o incluyan en los suyos directorios o instrumentos de búsqueda de contenidos. Sólo se excluye la responsabilidad del prestador cuando o bien no tengan conocimiento efectivo de que la actividad o la información a la que remiten o recomiendan es ilícita o de que lesiona bienes o derechos de un tercero susceptibles de indemnización, o bien, si lo tienen, actúen con diligencia para suprimir o inutilizar el enlace correspondiente.

- Según la sentencia TJUE 13-2-14, asunto C-466/12, el art.3.1 Dir 2001/29/CE del Parlamento Europeo y del Consejo, a la armonización de determinados aspectos de los derechos de autor y derechos afines a los derechos de autor en la sociedad de la información, debe interpretarse en el sentido de que no constituye un acto de comunicación al público, a efectos de dicha disposición, la presentación en una página de Internet de **enlaces sobre los que se puede pulsar** y que conducen a obras que pueden consultarse libremente en otra página de Internet. Véase también la sentencia TJUE 8-9-16, asunto C-160/15.

- El modelo presupone unas circunstancias determinadas que serán las más **frecuentes**. Si en el caso concreto existen circunstancias particulares no previstas, deberá completarse o modificarse el modelo adaptándolo a las mismas.

En *"localidad"*, a *"fecha"*

REUNIDOS:

De una parte,

"Don/Doña nombre y apellidos de la parte", mayor de edad, *"estado civil de la parte" "... "especificar el régimen económico matrimonial de la parte" ... "*, de nacionalidad *"nacionalidad de la parte"*, con domicilio a estos efectos en *"domicilio de la parte"*, *"...con DNI/NIF número "DNI/NIF de la parte" ... O ... con tarjeta de residencia número "número de tarjeta de residencia de la parte" ... O ... pasaporte número "número de pasaporte de la parte", expedido el "fecha de expedición del pasaporte de la parte" ... O ... "reseñar otros documentos aportados por la parte" ... "*, vigente hasta el *"fecha de vigencia de la documentación aportada por la parte"*.

Interviene en nombre y representación de la sociedad mercantil denominada *"denominación de la Sociedad"*, domiciliada en *"domicilio de la Sociedad"*, y con NIF número *"NIF de la Sociedad"*, constituida, por tiempo indefinido, mediante escritura otorgada ante el notario de *"lugar del notario que autorizó la escritura pública"*, *"Don/Doña nombre y apellidos del notario que autorizó la escritura pública"*, el *"fecha de autorización de la escritura pública"*, e inscrita en el Registro Mercantil de *"datos de la inscripción registral (localidad del Registro Mercantil, tomo, folio, sección, hoja e inscripción)"*, en su calidad de

Si representa como cargo social:

"...administrador único ... O ... administrador solidario ... O ... consejero delegado ... O ... "especificar la representación del cargo social" ... " de la reseñada sociedad, cargo para el que fue nombrado y asegura vigente en escritura otorgada el *"fecha de escritura del nombramiento del cargo"*, ante el notario de *"lugar donde radica la notaría en la que se autorizó la escritura del nombramiento"*, *"Don/Doña nombre y apellidos del notario que autorizó la escritura del nombramiento"*, con el número *"número de protocolo del notario que autorizó la escritura del nombramiento"* de su protocolo, e inscrita en el Registro Mercantil de *"localidad del Registro Mercantil de la escritura de nombramiento"*, en el tomo y hoja arriba indicados.

MCM 6365 s.

LGPu art.17; LSSI art.17

Si representa como apoderado:

apoderado de la reseñada sociedad, según escritura de poder otorgada a su favor, en *"fecha de escritura del otorgamiento del poder"*, ante el notario de *"lugar donde radica la notaría en la que se autorizó la escritura de poder"*, *"Don/Doña nombre y apellidos del notario que autorizó la escritura de poder"*, con el número *"número de protocolo del notario que autorizó la escritura de poder"* de su protocolo *"...e inscrita en el Registro Mercantil de "localidad del Registro Mercantil de la escritura de poder" ..."*, en el tomo y hoja arriba indicados.

<<

En adelante, el **Medio**.

De otra parte,

"Don/Doña nombre y apellidos de la parte", mayor de edad, *"estado civil de la parte" "... "especificar el régimen económico matrimonial de la parte" ..."*, de nacionalidad *"nacionalidad de la parte"*, con domicilio a estos efectos en *"domicilio de la parte"*, *"...con DNI/NIF número "DNI/NIF de la parte" ... O ... con tarjeta de residencia número "número de tarjeta de residencia de la parte" ... O ... pasaporte número "número de pasaporte de la parte", expedido el "fecha de expedición del pasaporte de la parte" ... O ... "reseñar otros documentos aportados por la parte" ..."*, vigente hasta el *"fecha de vigencia de la documentación aportada por la parte"*.

Interviene en nombre y representación de la sociedad mercantil denominada *"denominación de la Sociedad"*, domiciliada en *"domicilio de la Sociedad"*, y con NIF número *"NIF de la Sociedad"*, constituida, por tiempo indefinido, mediante escritura otorgada ante el notario de *"lugar del notario que autorizó la escritura pública"*, *"Don/Doña nombre y apellidos del notario que autorizó la escritura pública"*, el *"fecha de autorización de la escritura pública"*, e inscrita en el Registro Mercantil de *"datos de la inscripción registral (localidad del Registro Mercantil, tomo, folio, sección, hoja e inscripción)"*, en su calidad de

Si representa como cargo social:

"...administrador único ... O ... administrador solidario ... O ... consejero delegado ... O ... "especificar la representación del cargo social" ... " de la reseñada sociedad, cargo para el que fue nombrado y asegura vigente en escritura otorgada el *"fecha de escritura del nombramiento del cargo"*, ante el notario de *"lugar donde radica la notaría en la que se autorizó la escritura del nombramiento"*, *"Don/Doña nombre y apellidos del notario que autorizó la escritura del nombramiento"*, con el número *"número de protocolo del notario que autorizó la escritura del nombramiento"* de su protocolo, e inscrita en el Registro Mercantil de *"localidad del Registro Mercantil de la escritura de nombramiento"*, en el tomo y hoja arriba indicados.

○ **Si representa como apoderado:**

MCM 6365 s.

apoderado de la reseñada sociedad, según escritura de poder otorgada a su favor, en *"fecha de escritura del otorgamiento del poder"*, ante el notario de *"lugar donde radica la notaría en la que se autorizó la escritura de poder"*, *"Don/Doña nombre y apellidos del notario que autorizó la escritura de poder"*, con el número *"número de protocolo del notario que autorizó la escritura de poder"* de su protocolo *"...e inscrita en el Registro Mercantil de "localidad del Registro Mercantil de la escritura de poder"* ..", en el tomo y hoja arriba indicados.

<<

LGPu art.17; LSSI art.17

En adelante, el **Anunciante**.

Las partes se reconocen la capacidad legal necesaria para contratar y obligarse y, a tal efecto

EXPONEN:

I. Que es de interés de ambas partes celebrar un acuerdo por virtud del cual el **Anunciante** cuente con un enlace hipertextual (de los usuales en Internet) desde la página del **Medio** hasta la suya, en el modo y condiciones que se dirán en este contrato.

II. Que la prestación de servicios pactada entre ambas partes incluye, sin limitación alguna, la publicidad de la marca y de los servicios de las partes, el enlace hipertextual de los contenidos del sitio web del **Anunciante** en el sitio web del **Medio**, así como en la creación de un servicio de atención al usuario.

III. Que la finalidad última perseguida por el presente contrato consiste en facilitar a los usuarios del sitio web del **Medio** el mejor acceso posible, en las mejores condiciones técnicas, a los servicios que ofrece el **Anunciante**.

En consecuencia, las partes convienen el presente contrato conforme a las siguientes

ESTIPULACIONES:

PRIMERA. Objeto del contrato

1.1.

El objeto del presente contrato consiste en la introducción de un enlace hipertextual desde el sitio web del **Medio**, situado en *"http://www.nombredelmedio.com"* hasta el sitio web del **Anunciante**, situado en *"http://www.nombredelanunciante.com"*.

Igualmente, el **Anunciante** se compromete a la realización de las siguientes prestaciones a favor del **Medio**:

a) Cesión de una plataforma de gestión móvil de las cuentas de correo electrónico existentes bajo la denominación *"usuario@nombredelmedio.com"*.

✍ **Nota:**

*Este tipo de **plataformas tecnológicas** son necesarias para que la difusión del mensaje publicitario pueda tener lugar.*

b) Cesión de las Funcionalidades Agenda, Contactos y Favoritos del Asistente Personal existente en su página *"http://www.nombredelanunciante.com"* dentro del entorno definido por ambas partes en la cláusula Segunda de este contrato.

1.2.

Por su parte, el **Medio** se compromete a favor del **Anunciante** a:

a) La creación de un enlace hipertextual con acceso libre a los servicios propios del **Anunciante** en su página de inicio. En dicho enlace se describirán los servicios que ofrece el anunciante a través de su sitio *"http://www.nombredelanunciante.com"*, recomendando el producto *"especificar producto"* fabricado por el **Anunciante** como producto destinado a sus usuarios registrados. El logotipo publicitario o banner a introducir será el que se acompaña como Anexo 1 a este contrato, admitiendo ambas partes que dicho logotipo puede variar a lo largo de su vigencia.

b) La creación de un enlace hipertextual con la página de acceso al asistente personal del **Anunciante** a través del cual los usuarios del **Medio** puedan acceder al sitio web del **Anunciante** y registrarse en el mismo, cumpliendo con todos los requisitos legales establecidos en la Ley Orgánica 3/2018, de 6 de diciembre, sobre Protección de Datos de Carácter Personal y garantía de los derechos digitales. MCM 6365 s.

SEGUNDA. Ámbito de la colaboración
El entorno definido por ambas partes para la colaboración y prestación de los servicios objeto del presente contrato permite el establecimiento de un enlace profundo con el sitio web cuya dirección es *"http://www.nombredelanunciante.com"*. LGPu art.17; LSSI art.17

✍ **Nota:**

*El **enlace profundo** o deep link es una de las variantes a prever, mas puede tratarse simplemente de un supuesto de banner o de otro tipo de enlace hipertextual.*

A estos efectos, se entenderá por enlace profundo la cesión total de la información y servicios del sitio web *"http://www.nombredelanunciante.com"* al sitio web del **Medio**, cuya dirección es *"http://www.nombredelmedio.com"*.

El enlace profundo creará una estructura del sitio web en cinco *frames* horizontales, dos de los cuales servirán para promocionar la identidad corporativa del **Medio**, mientras que el resto servirá para promocionar el sitio y las actividades del **Anunciante**.

TERCERA. Contraprestación
En atención al tipo de publicidad que se pacta en el presente contrato, el **Anunciante** pagará al **Medio** la cantidad de *"importe a abonar, en letra"* euros (*"importe a abonar, en número"* €), los cuales serán pagaderos la mitad al momento de firma del presente contrato, y el resto a los *"número de meses"* meses siguientes.

Cada parte queda facultada para gestionar independientemente los ingresos derivados de sus espacios comerciales.

CUARTA. Confidencialidad
Las partes reconocen que durante la vigencia de este contrato y para garantizar el buen funcionamiento de los servicios objeto del mismo, podrán tener acceso a cierta información confidencial propiedad de cada una de ellas.

En este contrato la palabra 'información confidencial' significará cualquier información, diseño y conceptos que no sean generalmente conocidos o reconocidos como prácticas normales relativas al negocio de las partes o de cualquier tercero con el que ésta comercie, incluyendo a título enunciativo, número de usuarios, listas de los mismos, planos, información, diseños, conceptos, investigación, propuestas, formularios de oferta, conceptos financieros, métodos de compra, contabilidad, ingeniería, marketing, merchandising, venta, entrega, mantenimiento y negocios utilizados, fabricados, diseñados o desarrollados por las partes o que sean revelados a o conocidos por las mismas por razón del establecimiento de la relación contractual a que se refiere este contrato.

Las partes reconocen que la información confidencial es un activo único y valioso y que la preservación de dicha información confidencial es esencial para el buen desarrollo de la colaboración y prestación recíproca de los servicios objeto del presente contrato.

En atención a lo señalado anteriormente, ambas partes se comprometen a mantener en estricta confidencialidad la información confidencial, no pudiendo reproducirla, utilizarla, venderla, licenciarla, exponerla, publicarla o revelarla de cualquier forma a cualesquiera otras personas, sin autorización expresa de la contraparte.

Esta obligación quedará vigente incluso tras la terminación de este contrato.

QUINTA. Responsabilidades

MCM 6365 s.

Las partes se comprometen a poner todo su esfuerzo en el desempeño de los servicios recíprocos y de colaboración a los que se refiere el presente contrato. El incumplimiento de cualesquiera obligaciones de las dispuestas en este documento dará lugar a una acción de indemnización a favor de la contraparte.

Las partes se comprometen a la creación de un servicio de atención al usuario conjunto a los efectos de atender las reclamaciones que se puedan producir como consecuencia de las prestaciones recíprocas objeto del presente contrato.

LGPu art.17; LSSI art.17

No obstante lo dispuesto en el apartado anterior, las partes expresamente reconocen la no asunción de responsabilidad conjunta en relación con las reclamaciones de los usuarios que puedan existir como consecuencia de los servicios que presta cada una y que no son objeto del presente contrato. En estos supuestos cada parte asumirá sus propias responsabilidades.

 **Nota:**

*Téngase en cuenta la LSSI art.*17.

SEXTA. Vigencia

Este contrato entrará en vigor desde la fecha de la firma del presente documento.

 **Nota:**

Si el contrato se hace indefinido puede ser concluido por las partes en cualquier momento con un ***preaviso*** *mínimo, según los usos.*

Y en prueba de conformidad, ambas partes firman el presente contrato, que se extiende en dos ejemplares, igualmente originales, en el lugar y fecha indicados en su encabezamiento.

EL MEDIO **EL ANUNCIANTE**

Patrocinio (modelo general)

MCM 6410 s.

Nota preliminar:

- Por el **contrato de patrocinio**, el patrocinado, a cambio de una ayuda económica para la realización de su actividad deportiva, benéfica, cultural, científica o de otra índole, se compromete a colaborar en la publicidad del patrocinador.

- A este contrato le son aplicables las normas sobre el contrato de **difusión publicitaria**, en la medida que las circunstancias lo permitan. LPGu art.22; L 13/2022 art.128

- El **contrato de patrocinio o sponsor** es aquel: "por el que una parte se obliga a realizar una actividad (en este caso, certamen de elección de "reina") y la otra a financiarla total o parcialmente, a cambio de que aparezca como tal sponsor y se haga publicidad en interés suyo. Por lo cual, como todo contrato atípico, se regula, en primer lugar, por la normativa imperativa, ciertamente escasa, sobre obligaciones y contratos, en segundo lugar, por lo pactado por las partes en aras al principio de autonomía de la voluntad, en tercer lugar, por la normativa de los contratos y especialmente, de aquél y aquéllos con los que guarde más similitud" (TS 30-4-02, EDJ 12115; AP Madrid 17-9-18, EDJ 667412).

- El modelo presupone unas circunstancias determinadas que serán las más **frecuentes**. Si en el caso concreto existen circunstancias particulares no previstas, deberá completarse o modificarse el modelo adaptándolo a las mismas.

En *"localidad"*, a *"fecha"*

REUNIDOS:

De una parte,

"Don/Doña nombre y apellidos de la parte", mayor de edad, *"estado civil de la parte" "... "especificar el régimen económico matrimonial de la parte" ... "*, de nacionalidad *"nacionalidad de la parte"*, con domicilio a estos efectos en *"domicilio de la parte"*, *"...con DNI/NIF número "DNI/NIF de la parte" ... O ... con tarjeta de residencia número "número de tarjeta de residencia de la parte" ... O ... pasaporte número "número de pasaporte de la parte", expedido el "fecha de expedición del pasaporte de la parte" ... O ... "reseñar otros documentos aportados por la parte" ... "*, vigente hasta el *"fecha de vigencia de la documentación aportada por la parte"*.

Interviene en nombre y representación de la sociedad mercantil denominada *"denominación de la Sociedad"*, domiciliada en *"domicilio de la Sociedad"*, y con NIF número *"NIF de la Sociedad"*, constituida, por tiempo indefinido, mediante escritura otorgada ante el notario de *"lugar del notario que autorizó la escritura pública"*, *"Don/Doña nombre y apellidos del notario que autorizó la escritura pública"*, el *"fecha de autorización de la escritura pública"*, e inscrita en el Registro Mercantil de *"datos de la inscripción registral (localidad del Registro Mercantil, tomo, folio, sección, hoja e inscripción)"*, en su calidad de

❍ **Si representa como cargo social:**

"...administrador único ... O ... administrador solidario ... O ... consejero delegado ... O ... "especificar la representación del cargo social" ... " de la reseñada sociedad, cargo para el que fue nombrado y asegura vigente en escritura otorgada el *"fecha de escritura del nombramiento del cargo"*, ante el notario de *"lugar donde radica la notaría en la que se autorizó la escritura del nombramiento"*, *"Don/Doña nombre y apellidos del notario que autorizó la escritura del nombramiento"*, con el número *"número de protocolo del notario que autorizó la escritura del nombramiento"* de su protocolo, e inscrita en el Registro Mercantil de *"localidad del Registro Mercantil de la escritura de nombramiento"*, en el tomo y hoja arriba indicados.

○ **Si representa como apoderado:**

MCM 6410 s.

apoderado de la reseñada sociedad, según escritura de poder otorgada a su favor, en *"fecha de escritura del otorgamiento del poder"*, ante el notario de *"lugar donde radica la notaría en la que se autorizó la escritura de poder"*, *"Don/Doña nombre y apellidos del notario que autorizó la escritura de poder"*, con el número *"número de protocolo del notario que autorizó la escritura de poder"* de su protocolo *"...e inscrita en el Registro Mercantil de "localidad del Registro Mercantil de la escritura de poder" ..."*, en el tomo y hoja arriba indicados.

LPGu art.22; L 13/2022 art.128

≺≺

En adelante, el **Patrocinado.**

De otra parte,

"Don/Doña nombre y apellidos de la parte", mayor de edad, *"estado civil de la parte" "..."especificar el régimen económico matrimonial de la parte" ..."*, de nacionalidad *"nacionalidad de la parte"*, con domicilio a estos efectos en *"domicilio de la parte"*, *"...con DNI/NIF número "DNI/NIF de la parte" ... O ... con tarjeta de residencia número "número de tarjeta de residencia de la parte" ... O ... pasaporte número "número de pasaporte de la parte", expedido el "fecha de expedición del pasaporte de la parte" ... O ... "reseñar otros documentos aportados por la parte" ..."*, vigente hasta el *"fecha de vigencia de la documentación aportada por la parte"*.

Interviene en nombre y representación de la sociedad mercantil denominada *"denominación de la Sociedad"*, domiciliada en *"domicilio de la Sociedad"*, y con NIF número *"NIF de la Sociedad"*, constituida, por tiempo indefinido, mediante escritura otorgada ante el notario de *"lugar del notario que autorizó la escritura pública"*, *"Don/Doña nombre y apellidos del notario que autorizó la escritura pública"*, el *"fecha de autorización de la escritura pública"*, e inscrita en el Registro Mercantil de *"datos de la inscripción registral (localidad del Registro Mercantil, tomo, folio, sección, hoja e inscripción)"*, en su calidad de

≻≻

○ **Si representa como cargo social:**

"...administrador único ... O ... administrador solidario ... O ... consejero delegado ... O ... "especificar la representación del cargo social" ... " de la reseñada sociedad, cargo para el que fue nombrado y asegura vigente en escritura otorgada el *"fecha de escritura del nombramiento del cargo"*, ante el notario de *"lugar donde radica la notaría en la que se autorizó la escritura del nombramiento"*, *"Don/Doña nombre y apellidos del notario que autorizó la escritura del nombramiento"*, con el número *"número de protocolo del notario que autorizó la escritura del nombramiento"* de su protocolo, e inscrita en el Registro Mercantil de *"localidad del Registro Mercantil de la escritura de nombramiento"*, en el tomo y hoja arriba indicados.

○ **Si representa como apoderado:**

apoderado de la reseñada sociedad, según escritura de poder otorgada a su favor, en *"fecha de escritura del otorgamiento del poder"*, ante el notario de *"lugar donde radica la notaría en la que se autorizó la escritura de poder"*, *"Don/Doña nombre y apellidos del notario que autorizó la escritura de poder"*, con el número *"número de protocolo del notario que autorizó la escritura de poder"* de su protocolo *"...e inscrita en el Registro Mercantil de "localidad del Registro Mercantil de la escritura de poder" ..."*, en el tomo y hoja arriba indicados.

≺≺

En adelante, el **Patrocinador**.

Las partes se reconocen la capacidad legal necesaria para contratar y obligarse y, a tal efecto

MCM 6410 s.

EXPONEN:

I. Que el **Patrocinador** es una entidad dedicada al ámbito de *"actividad del Patrocinador"*, estando interesada en contratar determinados servicios de publicidad y patrocinio de manera tal que el **Patrocinado**, o las personas que éste designe, lucirán y harán publicidad, en las condiciones pactadas, acerca de la denominación, marcas y logotipos que señale el **Patrocinador**.

II. Que el **Patrocinado** está interesado en llevar a cabo las actividades de esponsorización o patrocinio de la denominación, marcas y logotipos del **Patrocinador**, con el objeto de que aquellos aparezcan en aquellos soportes designados por el **Patrocinador**.

LPGu art.22; L 13/2022 art.128

En cumplimiento de lo acordado entre ambas partes, formalizan el presente contrato de patrocinio, de acuerdo con las siguientes

ESTIPULACIONES:

Primera. Objeto del contrato

El presente contrato tiene por objeto el patrocinio de la denominación, marcas comerciales y logotipos del **Patrocinado**, que se designan en el Anexo 1 al presente contrato por parte del **Patrocinador** o de las personas que el **Patrocinador** designe, siempre y cuando dichas personas se encuentren efectivamente prestando servicios para el **Patrocinado**, ya sean de carácter laboral, o ya sean de tipo mercantil.

 **Nota:**

*Si se trata de **patrocinio televisivo** habrá de tenerse en cuenta las reglas propias de éste (*L 13/2022 *art.128). No se pueden patrocinar los programas de contenido informativo de actualidad.*

Segunda. Características de los signos distintivos objeto de este contrato

El **Patrocinado** deberá ostentar los signos distintivos del **Patrocinador** según las características gráficas, de colores y denominativas que constan en el Anexo 1 a este Contrato. A tal efecto, el **Patrocinador** incorpora fotografía ilustrativa.

Dado el carácter variable de dichos signos distintivos, ambas partes acuerdan que tales signos distintivos puedan variar y modificarse de tiempo en tiempo. A tal efecto, ambas partes se notificarán por los medios previstos en el presente contrato cualesquiera modificaciones de las citadas.

Tercera. Obligaciones del Patrocinador

De acuerdo con el presente contrato, el **Patrocinador** quedará obligado a:

a) El pago de la remuneración pactada al **Patrocinado**.

b) La entrega de los fotolitos, fotografías, disquetes, CDs o cualquier otro soporte al que se hubiere incorporado los signos distintivos objeto de patrocinio en condiciones tales que permitan su serigrafiado posterior sin requerir más operación que las necesarias para fijar los signos distintivos en los objetos o elementos del **Patrocinado**.

c) Gestionar y contratar cuantos seguros sean necesarios para cubrir los riesgos derivados de daños a cosas o personas que puedan causarse como consecuencia de la utilización de los objetos o elementos del **Patrocinado**.

d) Recabar cuantas autorizaciones, administrativas o particulares, sean precisas para la mayor efectiva de lo acordado en el presente contrato.

e) Reponer los signos distintivos en el caso de que éstos se hubiesen perdido, deteriorado o dañado de tal manera que no fuese posible reconocerlos debidamente.

f) Responder de las consecuencias que se puedan derivar para el **Patrocinado** de la realización del presente patrocinio en condiciones de ilegalidad o de incumplimiento de la legislación en materia de publicidad.

Cuarta. Obligaciones del Patrocinado

De acuerdo con el presente contrato, el **Patrocinado** estará obligado a:

MCM 6410 s. a) No retirar, ni ocultar, ni de ningún otro modo posible perjudicar la publicidad de los signos distintivos del Patrocinador, tal y como se incluyen en el Anexo 1 al presente contrato y durante todo el tiempo de duración del mismo.

b) Revisar los soportes o elementos a los cuales el **Patrocinado** hubiere fijado los signos distintivos del **Patrocinador**, a fin de comprobar que en todo momento los mismos se hallan en condiciones de cumplir con lo dispuesto y acordado en este contrato y difundir lo más ampliamente posible la denominación, marcas comerciales y logotipos del **Patrocinador**.

LPGu art.22; L 13/2022 art.128

c) Comunicar al **Patrocinador** cualquier desperfecto, deterioro o anomalía sobre los soportes o elementos a los que el **Patrocinado** hubiere incorporado los signos distintivos de aquél que pudiera afectar al completo visionado de los mismos por el público en general o al cumplimiento de alguna obligación según este contrato. Dicha comunicación se hará lo más urgentemente posible, atendidas las circunstancias de cada caso.

d) Repetir la publicidad en aquellos casos en los que no hubiese sido posible por cualquier causa la difusión, según los usos del sector, del mensaje de patrocinio. La nueva difusión se hará en las mismas condiciones de todo tipo pactadas inicialmente para la difusión de los signos distintivos del **Patrocinador**.

≻≻

❒ **En el caso de un soporte tipo camión o autobús:**

e) Recorrer un mínimo de *"especificar la distancia"* kilómetros al *"especificar el tiempo"*.

❒ **En el caso de que el Patrocinador ponga a disposición del Patrocinado los soportes necesarios para cumplir con el contrato:**

f) Cuidar debidamente de los soportes o elementos que el **Patrocinador** hubiere puesto a disposición del **Patrocinado** y a los que los signos distintivos de aquél se hubieren incorporado, respondiendo de su falta de diligencia.

❒ **En el caso de que el patrocinado haya recibido elementos físicos para el patrocinio:**

g) Devolver al **Patrocinador** los elementos, soportes y signos distintivos que hubiera recibido de aquél.

≺≺

Quinta. Remuneración

 **Nota:**

*Obviamente se trata de una **cláusula** tipo; pueden variarse los porcentajes libremente.*

El **Patrocinado** recibirá en concepto de remuneración por el servicio prestado en virtud del presente contrato la cantidad de *"importe a percibir, en letra"* euros (*"importe a percibir, en número"* €), las cuales serán pagaderas del siguiente modo:

a) Un *"valor porcentual a la firma del contrato"* del precio, al momento de la firma del presente contrato, mediante cheque bancario cruzado y conformado.

b) Un *"valor porcentual transcurrido el plazo determinado"* del precio, una vez hayan transcurrido *"número de meses"* meses desde el comienzo efectivo de la publicidad en forma de patrocinio, mediante cheque bancario cruzado y conformado.

c) El resto del precio se hará pagadero el *"fecha de pago del remanente"*.

A todas las cantidades antes mencionadas se les sumará el tipo en cada momento vigente del IVA o cualesquiera otros que corresponda pagar.

MCM 6410 s.

Sexta. Lugar de entrega de los signos distintivos, fotolitos y demás material

Nota:

*Si se trata de **patrocinio televisivo** habrá de tenerse en cuenta las reglas propias de éste (*L 13/2022 art.128*). No se pueden patrocinar los programas de contenido informativo de actualidad.*

El **Patrocinador** hará entrega de los fotolitos a los que los signos distintivos estén fijados en la sede social del **Patrocinador**, junto con todo el material que sea necesario para la mayor efectividad del presente contrato.

LPGu art.22; L 13/2022 art.128

Séptima. Duración

Este contrato tendrá una duración de *"ámbito temporal de vigencia del contrato"* años a contar desde el momento de su firma.

No habrá prórrogas al mismo, no pudiéndose interpretar que la continuación en la posesión de los soportes y elementos por parte del **Patrocinado** significa la prórroga o renovación del presente contrato.

Octava. Exención de responsabilidad

El **Patrocinado** es eximido expresamente de cualquier responsabilidad a que haya lugar por los daños a personas o cosas que sean causados con ocasión del cumplimiento y efectividad del presente contrato.

Sin perjuicio de lo anterior, el **Patrocinado** será responsable de todos los daños y perjuicios que puedan sufrir los soportes o elementos a los que se hubieren incorporado los signos distintivos del **Patrocinador**.

Y en prueba de conformidad, ambas partes firman el presente contrato, que se extiende en dos ejemplares, igualmente originales, en el lugar y fecha indicados en su encabezamiento.

EL PATROCINADO **EL PATROCINADOR**

Patrocinio (equipo de fútbol)

MCM 6410 s.

Nota preliminar:

El modelo presupone unas circunstancias determinadas que serán las más **frecuentes**. Si en el caso concreto existen circunstancias particulares no previstas, deberá completarse o modificarse el modelo adaptándolo a las mismas.

LGPu art.22

En *"localidad"*, a *"fecha"*

REUNIDOS:

De una parte,

"Don/Doña nombre y apellidos de la parte", mayor de edad, *"estado civil de la parte" "... "especificar el régimen económico matrimonial de la parte" ... "*, de nacionalidad *"nacionalidad de la parte"*, con domicilio a estos efectos en *"domicilio de la parte"*, *"...con DNI/NIF número "DNI/NIF de la parte"... O ... con tarjeta de residencia número "número de tarjeta de residencia de la parte" ... O ... pasaporte número "número de pasaporte de la parte", expedido el "fecha de expedición del pasaporte de la parte" ... O ... "reseñar otros documentos aportados por la parte" ... "*, vigente hasta el *"fecha de vigencia de la documentación aportada por la parte"*.

Interviene en nombre y representación de la sociedad mercantil denominada *"denominación de la Sociedad"*, domiciliada en *"domicilio de la Sociedad"*, y con NIF número *"NIF de la Sociedad"*, constituida, por tiempo indefinido, mediante escritura otorgada ante el notario de *"lugar del notario que autorizó la escritura pública"*, *"Don/Doña nombre y apellidos del notario que autorizó la escritura pública"*, el *"fecha de autorización de la escritura pública"*, e inscrita en el Registro Mercantil de *"datos de la inscripción registral (localidad del Registro Mercantil, tomo, folio, sección, hoja e inscripción)"*, en su calidad de

➢➢

○ **Si representa como cargo social:**

"...administrador único ... O ... administrador solidario ... O ... consejero delegado ... O ... "especificar la representación del cargo social" ... " de la reseñada sociedad, cargo para el que fue nombrado y asegura vigente en escritura otorgada el *"fecha de escritura del nombramiento del cargo"*, ante el notario de *"lugar donde radica la notaría en la que se autorizó la escritura del nombramiento"*, *"Don/Doña nombre y apellidos del notario que autorizó la escritura del nombramiento"*, con el número *"número de protocolo del notario que autorizó la escritura del nombramiento"* de su protocolo, e inscrita en el Registro Mercantil de *"localidad del Registro Mercantil de la escritura de nombramiento"*, en el tomo y hoja arriba indicados.

○ **Si representa como apoderado:**

apoderado de la reseñada sociedad, según escritura de poder otorgada a su favor, en *"fecha de escritura del otorgamiento del poder"*, ante el notario de *"lugar donde radica la notaría en la que se autorizó la escritura de poder"*, *"Don/Doña nombre y apellidos del notario que autorizó la escritura de poder"*, con el número *"número de protocolo del notario que autorizó la escritura de poder"* de su protocolo *"...e inscrita en el Registro Mercantil de "localidad del Registro Mercantil de la escritura de poder" ... "*, en el tomo y hoja arriba indicados.

≺≺

En adelante, el **Patrocinado**.

MCM 6410 s.

De otra parte,
"Don/Doña nombre y apellidos de la parte", mayor de edad, *"estado civil de la parte" "... "especificar el régimen económico matrimonial de la parte" ... "*, de nacionalidad *"nacionalidad de la parte"*, con domicilio a estos efectos en *"domicilio de la parte"*, *"...con DNI/NIF número "DNI/NIF de la parte"... O ... con tarjeta de residencia número "número de tarjeta de residencia de la parte" ... O ... pasaporte número "número de pasaporte de la parte", expedido el "fecha de expedición del pasaporte de la parte" ... O ... "reseñar otros documentos aportados por la parte" ... "*, vigente hasta el *"fecha de vigencia de la documentación aportada por la parte"*.

LGPu art.22

Interviene en nombre y representación de la sociedad mercantil denominada *"denominación de la Sociedad"*, domiciliada en *"domicilio de la Sociedad"*, y con NIF número *"NIF de la Sociedad"*, constituida, por tiempo indefinido, mediante escritura otorgada ante el notario de *"lugar del notario que autorizó la escritura pública"*, *"Don/Doña nombre y apellidos del notario que autorizó la escritura pública"*, el *"fecha de autorización de la escritura pública"*, e inscrita en el Registro Mercantil de *"datos de la inscripción registral (localidad del Registro Mercantil, tomo, folio, sección, hoja e inscripción)"*, en su calidad de

>>

o Si representa como cargo social:

"...administrador único ... O ... administrador solidario ... O ... consejero delegado ... O ... "especificar la representación del cargo social" ... " de la reseñada sociedad, cargo para el que fue nombrado y asegura vigente en escritura otorgada el *"fecha de escritura del nombramiento del cargo"*, ante el notario de *"lugar donde radica la notaría en la que se autorizó la escritura del nombramiento"*, *"Don/Doña nombre y apellidos del notario que autorizó la escritura del nombramiento"*, con el número *"número de protocolo del notario que autorizó la escritura del nombramiento"* de su protocolo, e inscrita en el Registro Mercantil de *"localidad del Registro Mercantil de la escritura de nombramiento"*, en el tomo y hoja arriba indicados.

o Si representa como apoderado:

apoderado de la reseñada sociedad, según escritura de poder otorgada a su favor, en *"fecha de escritura del otorgamiento del poder"*, ante el notario de *"lugar donde radica la notaría en la que se autorizó la escritura de poder"*, *"Don/Doña nombre y apellidos del notario que autorizó la escritura de poder"*, con el número *"número de protocolo del notario que autorizó la escritura de poder"* de su protocolo *"...e inscrita en el Registro Mercantil de "localidad del Registro Mercantil de la escritura de poder" ... "*, en el tomo y hoja arriba indicados.

<<

En adelante, el **Patrocinador**.

Las partes se reconocen la capacidad legal necesaria para contratar y obligarse y, a tal efecto

EXPONEN:

I. Que el equipo de fútbol *"nombre del equipo"*, perteneciente a la Liga *"...municipal ... O ... regional ... O ... nacional ... "* desea contar con la colaboración de una entidad patrocinadora para sus equipos de *"especificar categorías"* que participan, en su caso, en la Liga *"...municipal ... O ... regional ... O ... nacional ... "*, todos los cuales se hallan debidamente federados.

II. Que la publicidad de patrocinio quedará incluida en la parte frontal de las camisetas y en toda ropa deportiva de los deportistas integrantes de todos los equipos, y en las condiciones que luego se dirán, figurando la denominación que se incluye en este contrato.

III. Que la sociedad *"denominación social"* está interesada en actuar como **Patrocinador** de la citada entidad deportiva.

En cumplimiento de lo acordado entre ambas partes, formalizan el presente contrato de patrocinio, con sujeción a las siguientes

MCM 6410 s.

LGPu art.22

ESTIPULACIONES:

Primera.

El **Patrocinado** acepta la colaboración del **Patrocinador** en la calidad de esponsor de los distintos equipos del **Patrocinado**, aceptando, por su parte, el **Patrocinador** equipar, completar y dotar a todos esos equipos como **Patrocinador** de los mismos.

Segunda.

Todos los jugadores de los equipos del **Patrocinado** ostentarán en su camiseta, sobre la altura del pecho, la marca *"nombre de la marca"* de la que es titular el **Patrocinador** y el logotipo correspondiente a dicha marca, según el modelo y con los colores que figuran en el Anexo 1 al presente contrato. En la espalda, por debajo del número, los jugadores llevarán, igualmente, la denominación *"indicar el nombre"*.

El anuncio del **Patrocinador** figurará igualmente en los chándales y demás ropa deportiva de los jugadores, a la altura de la espalda, de la misma forma descrita anteriormente para la parte delantera de las camisetas.

Tercera.

La denominación del **Patrocinador**, conforme se detalló en la estipulación anterior, figurará en parte visible de todas las fotografías oficiales que del equipo se realicen. El **Patrocinado** entregará al **Patrocinador** fotografías de los equipos, debidamente uniformados en los que figure en parte visible la mencionada denominación detallada en la estipulación segunda.

De igual forma, en los carteles informativos de los partidos del equipo que el **Patrocinado** difunda, se insertará un recuadro con la mencionada marca *"nombre de la marca"* y su logotipo.

Cuarta.

El **Patrocinado** se encargará de designar a un fotógrafo que realice una fotografía de las distintas categorías que compitan del **Patrocinado**, cada una de las cuales irá vestida con las prendas deportivas correspondientes en las que se aprecie con claridad la denominación indicada del **Patrocinador**. De igual forma, se realizarán fotografías individuales de todos los jugadores de los diferentes equipos en las que se fotografiará de forma clara y lucida la denominación del **Patrocinador**.

Quinta.

El presente contrato comienza sus efectos el día de su firma y se extenderá hasta el *"ámbito temporal de vigencia del contrato"*. El contrato será renovable, previo acuerdo expreso entre las partes por un año más.

Sexta.

El **Patrocinador** abonará por todos los conceptos la cantidad de *"importe a abonar, en letra"* euros (*"importe a abonar, en número"* €), por las que el **Patrocinado** otorga la mas firme y eficaz carta de pago.

En el supuesto de que el contrato fuera renovado por un año más, de conformidad con la estipulación quinta, el **Patrocinador** deberá abonar en el momento de su renovación la cantidad de *"importe a abonar por renovación, en letra"* euros (*"importe a abonar por renovación, en número"* €).

Séptima.

El **Patrocinador** es eximido expresamente de cualquier responsabilidad a que haya lugar tanto deportiva como socialmente en las actividades que desarrollen los equipos del **Patrocinado**.

Y en prueba de conformidad, ambas partes firman el presente contrato, que se extiende en dos ejemplares, igualmente originales, en el lugar y fecha indicados en su encabezamiento.

EL PATROCINADO **EL PATROCINADOR**

Transporte

Transporte	Nº marg.
Transporte interior de mercancías por carretera de carga completa: contrato	1205
Transporte interior de mercancías por carretera de carga completa: carta de porte	1210
Transporte interior de mercancías por carretera de carga fraccionada: contrato	1215
Transporte de mercancías por carretera de carga fraccionada: carta de porte	1220
Transporte de mercancías por carretera de duración continuada: modelo específico de contrato	1225
Transporte de mercancías por carretera de duración continuada: modelo oficial de contrato	1230
Transporte internacional de mercancías por carretera: carta de porte CMR	1235
Transporte internacional de mercancías por carretera: lista de comprobación CMR	1240
Transporte marítimo de mercancías en régimen de conocimiento de embarque: conocimiento de embarque CONLINEBILL 2000	1245
Transporte marítimo de mercancías en régimen de fletamento: póliza de fletamento GENCON	1250
Transporte aéreo de mercancías	1255

MCM 6460 s.

Transporte interior de mercancías por carretera de carga completa: contrato

LCTTM; LOTT; ROTT; OM FOM/1882/2012 (CGC Anexo)

Nota preliminar:

- Se considera contrato de transporte de mercancías por carretera aquel mediante el cual una persona, física o jurídica, titular de una **empresa** dedicada a la realización de transportes por cuenta ajena o a la intermediación en la contratación de los transportes, se obliga, en nombre propio y mediante un precio, a realizar por cuenta de otra, las operaciones que resulten precisas para trasladar adecuadamente una o más cosas de un lugar a otro, mediante la utilización de vehículos de tracción mecánica que circulen por carretera (OM FOM/1882/2012; LCTTM art.2). El transporte público de mercancías por carretera tendrá, en todo caso, la consideración de discrecional, aun cuando se produzca en el mismo una reiteración de itinerario, calendario u horario (LOTT art.64.2).

- El transporte de **carga completa** es aquel cuya realización, desde la recepción de la carga hasta su entrega o destino, no requiere otras intervenciones u operaciones complementarias -manipulación, almacenamiento, grupaje, clasificación, embalaje o distribución- por parte del porteador (ROTT art.47.8 vigente hasta 16-2-2019; OM FOM/1882/2012).

- Téngase presente la modificación introducida por el RDL 3/2022 de medidas para la **mejora de la sostenibilidad del transporte de mercancías por carretera** y del funcionamiento de la cadena logística, y por el que se transpone la Dir (UE) 2020/1057, por la que se fijan normas específicas con respecto a la Dir 96/71/CE y la Dir 2014/67/UE para el desplazamiento de los conductores en el sector del transporte por carretera, y de medidas excepcionales en materia de revisión de precios en los contratos públicos de obras. En lo que se refiere a la LOTT, la modificación más relevante es que se limita la participación activa de los conductores profesionales en las **operaciones de carga y descarga** de mercancías y de sus soportes y envases, salvo en determinados supuestos (LOTT art.140.41, p.e, transporte de mudanzas y guardamuebles o transporte de vehículos cisterna, entre otros). Asimismo, se modifica la L 15/2009 a fin de equilibrar y dar mayor transparencia a la relación contractual entre las partes del contrato. Así, se **refuerza la posición del porteador** para deshacer la presunción legal de que la responsabilidad de la carga y descarga corresponde, con carácter general, al cargador y destinatario, se prevé expresamente que esta actividad debe remunerarse con carácter independiente del precio del transporte y se exige la especificación de esta contraprestación en la factura, cuando se lleve a cabo por el porteador.

- El modelo presupone unas **circunstancias** determinadas que serán las **más frecuentes**. Si en el caso concreto existen circunstancias particulares no previstas, deberá completarse o modificarse el modelo adaptándolo a las mismas.

En *"localidad"*, a *"fecha"*

REUNIDOS:

De una parte,

"Don/Doña nombre y apellidos de la parte", mayor de edad, *"estado civil de la parte" "..."especificar el régimen económico matrimonial de la parte" ..."*, de nacionalidad *"nacionalidad de la parte"*, con domicilio a estos efectos en *"domicilio de la parte"*, *"...con DNI/NIF número "DNI/NIF de la parte" ... O ... con tarjeta de residencia número "número de tarjeta de residencia de la parte" ... O ... pasaporte número "número de pasaporte de la parte", expedido el "fecha de expedición del pasaporte de la parte" ... O ... "reseñar otros documentos aportados por la parte" ..."*, vigente hasta el *"fecha de vigencia de la documentación aportada por la parte"*.

1205

MCM 6460 s.

LCTTM; LOTT; ROTT; OM FOM/1882/2012 (CGC Anexo)

Interviene

➤➤

❍ **Si interviene en su propio nombre:**

en su propio nombre y derecho.

❍ **Si interviene como representante:**

en nombre y representación

➤

❍ Si representa a persona física:

de *"Don/Doña nombre y apellidos del representado"*, mayor de edad, *"estado civil del representado"*, con domicilio en *"domicilio del representado"* y provisto de D.N.I./N.I.F. número *"DNI/NIF del representado"*, según consta en escritura de poder, otorgada ante el notario de *"lugar donde radica la notaría en la que se autorizó la escritura de poder de representación (persona física)"*, *"Don/Doña nombre y apellidos del notario que autorizó la escritura de poder de representación (persona física)"*, el *"fecha de escritura de poder de representación (persona física)"*, con el número *"número de protocolo del notario que autorizó la escritura de poder de representación (persona física)"* de su orden de protocolo.

❍ Si representa a persona jurídica:

de la sociedad mercantil denominada *"denominación social"*, domiciliada en *"domicilio social"*, y con NIF número *"NIF de la sociedad"*, constituida, por tiempo indefinido, mediante escritura otorgada ante el notario de *"lugar donde radica la notaría en la que se autorizó la escritura de poder de representación (persona jurídica)"*, *"Don/Doña nombre y apellidos del notario que autorizó la escritura de poder de representación (persona jurídica)"*, el *"fecha de escritura de poder de representación (persona jurídica)"*, e inscrita en el Registro Mercantil de *"datos de la inscripción registral (localidad del Registro Mercantil, tomo, folio, sección, hoja e inscripción)"*, en su calidad de

➤

❍ Si representa como cargo social:

"...administrador único ... O ... administrador solidario ... O ... consejero delegado ... O ... "especificar la representación del cargo social" ... " de la reseñada sociedad, cargo para el que fue nombrado y asegura vigente en escritura otorgada el *"fecha de escritura del nombramiento del cargo"*, ante el notario de *"lugar donde radica la notaría en la que se autorizó la escritura del nombramiento"*, *"Don/Doña nombre y apellidos del notario que autorizó la escritura del nombramiento"*, con el número *"número de protocolo del notario que autorizó la escritura del nombramiento"* de su protocolo, e inscrita en el Registro Mercantil de *"localidad del Registro Mercantil de la escritura de nombramiento"*, en el tomo y hoja arriba indicados.

❍ Si representa como apoderado:

apoderado de la reseñada sociedad, según escritura de poder otorgada a su favor, en *"fecha de escritura del otorgamiento del poder"*, ante el notario de *"lugar donde radica la notaría en la que se autorizó la escritura de poder"*, *"Don/Doña nombre y apellidos del notario que autorizó la escritura de poder"*, con el número *"número de protocolo del notario que autorizó la escritura de poder"* de su protocolo *"...e inscrita en el Registro Mercantil de "localidad del Registro Mercantil de la escritura de poder" ... "*, en el tomo y hoja arriba indicados.

◄

◄

En adelante, el **Porteador**.

MCM 6460 s.

Nota:

Nombre o denominación social del ***porteador****. Este dato deber figurar en la carta de porte (OM FOM/1882/2012 CGC Anexo condición 1.9; art 10 LCTTM). Sobre el concepto de porteador ver* OM FOM/1882/2012 *CGC Anexo condición 1.3; LCTTM art.4.*
El porteador podrá actuar en calidad de ***transportista*** *(*OM FOM/1882/2012 *CGC Anexo condición 1.1) o de* ***operador de transporte de mercancías*** *(*OM FOM/1882/2012 *CGC Anexo condición 1.2).*
Los ***datos de identificación*** *del porteador -junto con su domicilio- deben figurar en la carta de porte (LCTTM art. 10;* OM FOM/1882/2012 *CGC Anexo condición 2.3).*

LCTTM; LOTT; ROTT; OM FOM/1882/2012 (CGC Anexo)

De otra parte,
"Don/Doña nombre y apellidos de la parte", mayor de edad, *"estado civil de la parte" "... "especificar el régimen económico matrimonial de la parte" ... "*, de nacionalidad *"nacionalidad de la parte"*, con domicilio a estos efectos en *"domicilio de la parte", "...con DNI/NIF número "DNI/NIF de la parte" ... O ... con tarjeta de residencia número "número de tarjeta de residencia de la parte" ... O ... pasaporte número "número de pasaporte de la parte", expedido el "fecha de expedición del pasaporte de la parte" ... O ... "reseñar otros documentos aportados por la parte" ... "*, vigente hasta el *"fecha de vigencia de la documentación aportada por la parte"*.

Interviene

❍ **Si interviene en su propio nombre:**

en su propio nombre y derecho.

❍ **Si interviene como representante:**

en nombre y representación

❍ Si representa a persona física:

de *"Don/Doña nombre y apellidos del representado"*, mayor de edad, *"estado civil del representado"*, con domicilio en *"domicilio del representado"* y provisto de D.N.I./N.I.F. número *"DNI/NIF del representado"*, según consta en escritura de poder, otorgada ante el notario de *"lugar donde radica la notaría en la que se autorizó la escritura de poder de representación (persona física)", "Don/Doña nombre y apellidos del notario que autorizó la escritura de poder de representación (persona física)"*, el *"fecha de escritura de poder de representación (persona física)"*, con el número *"número de protocolo del notario que autorizó la escritura de poder de representación (persona física)"* de su orden de protocolo.

❍ Si representa a persona jurídica:

de la sociedad mercantil denominada *"denominación social"*, domiciliada en *"domicilio social"*, y con NIF número *"NIF de la sociedad"*, constituida, por tiempo indefinido, mediante escritura otorgada ante el notario de *"lugar donde radica la notaría en la que se autorizó la escritura de poder de representación (persona jurídica)", "Don/Doña nombre y apellidos del notario que autorizó la escritura de poder de representación (persona jurídica)"*, el *"fecha de escritura de poder de representación (persona jurídica)"*, e inscrita en el Registro Mercantil de *"datos de la inscripción registral (localidad del Registro Mercantil, tomo, folio, sección, hoja e inscripción)"*, en su calidad de

1205

MCM 6460 s.

LCTTM; LOTT; ROTT; OM FOM/1882/2012 (CGC Anexo)

➤

○ Si representa como cargo social:

"...administrador único ... O ... administrador solidario ... O ... consejero delegado ... O ... "especificar la representación del cargo social" ... " de la reseñada sociedad, cargo para el que fue nombrado y asegura vigente en escritura otorgada el *"fecha de escritura del nombramiento del cargo"*, ante el notario de *"lugar donde radica la notaría en la que se autorizó la escritura del nombramiento"*, *"Don/Doña nombre y apellidos del notario que autorizó la escritura del nombramiento"*, con el número *"número de protocolo del notario que autorizó la escritura del nombramiento"* de su protocolo, e inscrita en el Registro Mercantil de *"localidad del Registro Mercantil de la escritura de nombramiento"*, en el tomo y hoja arriba indicados.

○ Si representa como apoderado:

apoderado de la reseñada sociedad, según escritura de poder otorgada a su favor, en *"fecha de escritura del otorgamiento del poder"*, ante el notario de *"lugar donde radica la notaría en la que se autorizó la escritura de poder"*, *"Don/Doña nombre y apellidos del notario que autorizó la escritura de poder"*, con el número *"número de protocolo del notario que autorizó la escritura de poder"* de su protocolo *"...e inscrita en el Registro Mercantil de "localidad del Registro Mercantil de la escritura de poder" ... "*, en el tomo y hoja arriba indicados.

≺

En adelante, el **Cargador**.

Nota:

*Nombre o denominación social del **cargador**. Este dato deber figurar en la carta de porte (OM FOM/1882/2012 CGC Anexo condición 2.3; art. 10 LCTTM). Sobre el concepto de cargador o remitente (términos sinónimos), ver OM FOM/1882/2012 CGC Anexo condición 1.4.*
*La posición de cargador podrá ser ocupada, también, por uno de los llamados **operadores de transporte de mercancías** (OM FOM/1882/2012 CGC Anexo condición 1.4 en relación con condición 1.2). Distinta de la figura del cargador, aunque puedan coincidir, es la del llamado **expedidor** (OM FOM/1882/2012 CGC Anexo condición 1.7).*
Los datos de identificación del cargador -junto con su domicilio- deben figurar en la carta de porte (LCTTM art.10; OM FOM/1882/2012 CGC Anexo condición 2.3).
*Los **datos de identificación** del cargador -junto con su domicilio- deben figurar en la carta de porte (LCTTM art.10; OM FOM/1882/2012 CGC Anexo condición 2.3).*

Las partes se reconocen la capacidad legal necesaria para contratar y obligarse y, a tal efecto

EXPONEN:

I.

➤➤

○ **En caso de transportista:**

Que el **Porteador** es titular de una empresa especialmente concebida y equipada para la realización material de transporte de mercancías por carretera, por cuenta ajena, con sus propios medios personales y materiales, y que, al efecto, dispone de vehículos con capacidad de tracción propia en virtud de cualquiera de los títulos permitidos por la legislación vigente.

Nota:

*El ejercicio de la función de porteador como transportista u operador de transporte de mercancías está reservada por mandato legal a aquellas personas que reúnan determinadas **condiciones**, dispongan de las **autorizaciones** pertinentes y cumplan los **requisitos** exigidos por la Ley (*LOTT *art.42 a 56).*

MCM 6460 s.

○ En caso de operador de transporte:

Que el **Porteador** es titular de una empresa que, bajo la configuración de *"...agencia de transporte ... O ... transitario ... O ... almacenista-distribuidor ..."*, se encuentra habilitada para intermediar en los términos legalmente establecidos en la contratación del transporte de mercancías, actuando como organización interpuesta entre los cargadores y los porteadores, que contrata en nombre propio tanto con los unos como con los otros.

LCTTM; LOTT; ROTT; OM FOM/1882/2012 (CGC Anexo)

II. Que el **Cargador** está interesado en la contratación de los servicios de transporte del **Porteador**, quien acepta, lo cual llevan a cabo conforme a las siguientes:

Nota:

*Recuérdese que la posición de cargador podrá ser ocupada, en su caso, por uno de los llamados **operadores de transporte de mercancías** (OM FOM/1882/2012 CGC Anexo condición 1.4 en relación con condición 1.2), actuando así frente al porteador (o transportista). La LCTTM se refiere a esta misma figura como expedidor, definido como el tercero que por cuenta del cargador haga entrega de las mercancías al transportista en el lugar de recepción de la mercancía (art.4.4).*

ESTIPULACIONES:

***"NÚMERO"* Objeto del contrato**

En virtud de este contrato, el **Porteador** se obliga al transporte de un envío que tiene las siguientes características:

Nota:

*Sobre el **concepto de envío** ver OM FOM/1882/2012 CGC Anexo condición 1.8. La identificación del envío debe figurar en la carta de porte (OM FOM/1882/2012 CGC Anexo condición 2.3); LCTTM art.8, 9 y 10).*

a) Tipo y naturaleza de mercancía: *"describir la naturaleza de la mercancía"*.

Nota:

*Deberán identificarse las **mercancías que componen el envío** (calidad, naturaleza). Este dato debe figurar en la carta de porte (LCTTM art.10; OM FOM/1882/2012 CGC Anexo condición 2.3). Se trata de una mención particularmente relevante en supuestos de **transportes especiales** en función de su carga -mercancías peligrosas, mercancías perecederas, etc., que están sometidos a reglamentaciones específicas (*LOTT *art.66.2).*

*En el caso de transporte de mercancías peligrosas (*ROTT *art.*140*) resulta de aplicación el* RD 97/2014, *por el que se regulan las operaciones de transporte de mercancías peligrosas por carretera en territorio español. Actualmente rige en relación con el transporte interno la aplicación de las normas del Acuerdo* Europeo *sobre el Transporte de Mercancías Peligrosas por Carretera (Ginebra* 30-9-57*; conocido como ADR), con sus modificaciones, por exigencias comunitarias (*Dir 2008/68/CE, *sobre el transporte terrestre de mercancías peligrosas). Con respecto a la mención en la carta de porte de este tipo de mercancías, ver OM FOM/1882/2012 CGC Anexo condición 1.8.*

Nótese la modificación del RD 97/2014 por virtud del RD 70/2019.

*En el caso de **transporte bajo temperatura dirigida** de mercancías perecederas (*ROTT *art.*140*) se aplica el* RD 237/2000 *por el que se establecen las especificaciones técnicas que deben cumplir los vehículos especiales para el transporte terrestre de productos alimentarios a temperatura regulada y los procedimientos para el control de conformidad con las especificaciones.*

b) Número de bultos integrantes del envío: *"número de bultos (Se ofrece una **definición de bulto** en* OM FOM/1882/2012 CGC Anexo condición 1.9.*)"*.

c) Marcas, signos o números de identificación exterior de los bultos: *"signos de identificación de los bultos (Este dato debe figurar en la **carta de porte**) (*OM FOM/1882/2012 CGC Anexo condición 2.3; LCTTM art.10.*)"*.

1205

MCM 6460 s.

LCTTM; LOTT; ROTT; OM FOM/1882/2012 (CGC Anexo)

d) Embalaje: *"especificar la clase de embalaje (Es conveniente reflejar en la **carta de porte** el dato relativo a la clase de embalaje empleado para proteger el transporte.)"*.

e) Soportes de la mercancía: *"especificar los tipos de soporte"*.

***"NÚMERO"* Condiciones del envío**

***"Apartado"* Acondicionamiento, embalaje, señalización y etiquetado del envío y sus bultos**

El **Cargador** deberá entregar al **Porteador** las mercancías que componen el envío convenientemente acondicionadas, embaladas y señalizadas mediante las oportunas marcas o inscripciones que, en su caso, avisen del riesgo que su manipulación pueda entrañar para las personas o para las propias mercancías, de tal forma que éstas puedan soportar sin menoscabo su transporte en condiciones normales y no constituyan causa de peligro para el **Porteador** o su personal dependiente, las demás mercancías transportadas, el vehículo o los terceros. Del mismo modo, el **Cargador** deberá proceder al etiquetado de los bultos que componen en envío para facilitar una identificación precisa del consignatario y del lugar de entrega. Las menciones de las etiquetas deberán corresponder con las que se hagan constar en la carta de porte.

El **Porteador** podrá rechazar el envío, o cualquiera de los bultos que lo integran, si se presentan mal acondicionados, embalados o señalizados para su transporte. Tampoco será responsable el **Porteador** de los posibles errores que puedan producirse en la entrega de los bultos en destino que se deriven de un etiquetado insuficiente o inadecuado por parte del **Cargador**.

***"Apartado"* Soportes de las mercancías**

Los soportes utilizados para el transporte de las mercancías, que formarán parte integrante del envío, serán aportados por el **Cargador** o, en su caso, por el expedidor que actué por su cuenta, debiendo consistir en los siguientes elementos: *"especificar los tipos de soporte"*.

✍ **Nota:**

*Lugar para indicar el **tipo de soporte** (paletas, cajas, envases, etc.) que, en su caso, se utilizará para el transporte, así como su número, clase, medidas, etc.*

Los soportes no podrán ser objeto de alquiler al **Porteador**, ni darán lugar a deducción alguna sobre los costes del transporte, así como tampoco podrá exigirse el establecimiento de depósito o de garantía alguna en relación con ellos al **Porteador**.

✍ **Nota:**

*También cabe el **pacto en otro sentido** (OM FOM/1882/2012 CGC Anexo condición 4.8; LCTTM art.21).*

Con ocasión de la recepción del envío por el **Porteador**, el **Cargador** o, en su caso, el expedidor de las mercancías le instruirán acerca del destino final de los soportes vacíos. En cualquier caso, las partes del contrato acuerdan que, en el caso de solicitarse el transporte de retorno de los mencionados envases vacíos, éste constituirá el objeto de un contrato de transporte distinto.

***"Apartado"* Examen del contenido de los bultos**

El **Porteador** podrá solicitar el reconocimiento del contenido de un bulto cuando tenga sospechas fundadas de que la declaración realizada por el **Cargador** a este respecto es falsa. Este reconocimiento se practicará ante testigos, en presencia del **Cargador** o, en su caso, del expedidor. No concurriendo uno de éstos, se hará el registro ante la Junta Arbitral del Transporte a la que se refiere la estipulación 12.3 de este contrato, extendiéndose un acta del resultado del reconocimiento. Si la declaración inicial del **Cargador** resulta ser cierta, los gastos que ocasionen las operaciones de registro y las de volver a cerrar cuidadosamente los bultos serán de cuenta del **Porteador** y, en caso contrario, del **Cargador**. En este último caso, el **Porteador** podrá exigir la resolución del contrato y la correspondiente indemnización de daños y perjuicios.

MCM 6460 s.

✍ **Nota:**

Ténganse en cuenta algunas ***funciones de las Juntas Arbitrales*** *en función de lo dispuesto en el RD 70/2019. En cualquier caso, esta facultad de examen no queda afectada por dicha modificación.*

"NÚMERO" Entrega del envío al Porteador. Carga y estiba

LCTTM; LOTT; ROTT; OM FOM/1882/2012 (CGC Anexo)

"Apartado" Lugar y fecha de puesta a disposición del vehículo para su carga

El lugar de carga del envío será *"especificar lugar de carga (Este dato deberá reflejarse en la* ***carta de porte*** *(*LCTTM art.10; OM FOM/1882/2012 CGC Anexo condición 2.3.*)"*, debiendo presentarse el **Porteador** con su vehículo el *"fecha de la comparecencia (Estos datos deberán figurar en la* ***carta de porte*** *(*LCTTM art.10; OM FOM/1882/2012 CGC Anexo condición 2.3.*)"*, a las *"hora de la comparecencia (Las partes pueden pactar una* ***hora precisa u hora límite****) (*OM FOM/1882/2012 CGC Anexo condición 2.3.*)"* horas.

Si el **Porteador** no se presenta en el lugar, fecha y hora indicados o lo hace con un vehículo no apto para el transporte del envío de que se trate en condiciones de ser cargado, el **Cargador** podrá buscar otro **Porteador**, dando por resuelto este contrato y pudiendo exigir la correspondiente indemnización de daños y perjuicios a que pudiere dar lugar el incumplimiento del **Porteador**.

✍ **Nota:**

En virtud del RD 70/2019, que modifica el RD 97/2014, "2. Salvo pacto en contrario, la realización de las ***operaciones de carga y descarga*** *serán por cuenta del expedidor y del destinatario, respectivamente.*
No obstante, la realización de dichas operaciones corresponderá, salvo pacto en contrario, al transportista en los siguientes casos:
a) La descarga de ***combustibles*** *exclusivamente destinados al* ***calentamiento*** *de agua sanitaria, calefacción y cocinas.*
b) El abastecimiento de ***combustible*** *efectuado directamente a algún tipo de* ***maquinaria****, que disponga en su estructura o equipos de los depósitos correspondientes.*
c) Las descargas de ***gasóleos*** *(UN 1202), cuando la cantidad descargada no exceda de 1.000 litros".*
Téngase presente el apartado en la nota preliminar sobre la ***modificación*** *introducida por el RDL 3/2022 y la modificación de la L 15/2009.*

"Apartado" Plazo para realizar la carga del envío

El plazo para realizar la carga del envío a bordo del vehículo será de *"tiempo de carga, en horas"* horas, contadas desde la hora pactada para la puesta a disposición del vehículo para su carga, conforme a lo dispuesto en el apartado anterior o desde la hora en que efectivamente haya sido puesto el vehículo a disposición para su carga, siempre y cuando, en este último caso, el **Cargador** no haya expresado su intención de proceder a la búsqueda de otro **Porteador** conforme a lo previsto precedentemente. En la carta de porte deberá constar la hora en que el envío ha sido definitivamente cargado.

En ausencia de precisión por parte del **Cargador** sobre los horarios de carga existentes en el lugar en que ésta deba realizarse, cuando el plazo anteriormente señalado no haya transcurrido completamente a las dieciocho horas (18:00 horas), o a la hora de cierre del correspondiente establecimiento si ésta es posterior, su cómputo quedará suspendido hasta las ocho horas (8:00 horas), o hasta la hora de apertura de dicho establecimiento si ésta es anterior, del primer día laborable siguiente.

Salvo cuando concurra fuerza mayor, caso fortuito o causa imputable al **Porteador**, si el **Cargador** incumple dicho plazo, el **Porteador** podrá exigirle una indemnización en concepto de paralización del vehículo equivalente, por cada hora o fracción de paralización, a la cantidad legalmente establecida como salario mínimo interprofesional/día multiplicado por 1,2, sin que se computen más de diez horas de paralización.

✍ **Nota:**

Se admite pacto en otro sentido. Además, la Administración puede establecer ***cuantías determinadas*** *para estos supuestos de indemnización por paralización del vehículo, en cuyo caso la indemnización pactada no puede ser superior (OM FOM/1882/2012 CGC Anexo condición 4.16); LCTTM art.33).*

1205

MCM 6460 s.

LCTTM; LOTT; ROTT; OM FOM/1882/2012 (CGC Anexo)

"Apartado" **Entrega del envío**

Si el **Porteador** pone a disposición el vehículo para su carga en los términos pactados, el **Cargador** deberá hacerle entrega del envío para su transporte. Si no lo hace, salvo cuando concurra causa de fuerza mayor, deberá indemnizar al **Porteador** en cuantía igual a la *"especificar porcentaje"* parte del precio del transporte pactado en este contrato o bien ofertarle la realización de un transporte de similares características cuyo envío se encuentre inmediatamente disponible.

Nota:

*Las CGC hablan de la **tercera parte**, pero cabe pacto en otro sentido (OM FOM/1882/2012 Anexo condición 6).*

Si el **Cargador** sólo hace entrega al **Porteador** de una parte del envío para su carga, deberá abonarle, además del precio del transporte correspondiente a dicha parte, una indemnización igual a la mitad del precio previsto para el transporte de la parte no entregada, la cual se facturará separadamente, o bien ofertarle la realización de otro transporte de características similares al inicialmente convenido cuyo envío se encuentre inmediatamente disponible.

"Apartado" **Obligación de carga y estiba del envío**

Las operaciones de carga y estiba del envío en el vehículo del **Porteador** serán por cuenta del **Cargador**, reservándose el **Porteador** el derecho a impartir instrucciones para la colocación y estiba del envío.

Nota:

*Se permite **pacto en contra**, conforme a la instrucción de* LOTT *art.22.1. Consecuentemente, los **costes** generados por estas operaciones de estiba y carga del envío no estarán comprendidos en el precio del transporte. Si se pacta que estas operaciones corren a cargo del porteador, deberán ser retribuidas con independencia del citado precio (OM FOM/1882/2012 CGC Anexo condición 4.14); ROTT art.4).*

*En ausencia de **formalización por escrito** de dicho pacto, se presumirá no acordado. Asimismo, cuando se realicen por el porteador las operaciones de carga y descarga, la contraprestación pactada deberá reflejarse en la factura de manera diferenciada respecto del precio del transporte. Las operaciones de estiba y desestiba de las mercancías a bordo de los vehículos serán por cuenta, respectivamente del cargador y del destinatario, salvo que expresamente se asuman por el porteador (LCTTM art.20 redacc RDL 3/2022).*

*En virtud del RD 70/2019, que modifica el RD 97/2014, "2. Salvo pacto en contrario, la realización de las operaciones de **carga y descarga** serán por cuenta del expedidor y del destinatario, respectivamente.*

No obstante, la realización de dichas operaciones corresponderá, salvo pacto en contrario, al transportista en los siguientes casos:

*a) La descarga de **combustibles** exclusivamente destinados al **calentamiento** de agua sanitaria, calefacción y cocinas.*

*b) El abastecimiento de **combustible** efectuado directamente a algún tipo de **maquinaria**, que disponga en su estructura o equipos de los depósitos correspondientes.*

*c) Las descargas de **gasóleos** (UN 1202), cuando la cantidad descargada no exceda de 1.000 litros".*

*Téngase presente el apartado en la nota preliminar sobre la **modificación** introducida por el RDL 3/2022 y la modificación de la L 15/2009.*

El **Cargador** será responsable de los daños que se ocasionen por las deficiencias que se produzcan como resultado de dichas operaciones, sin perjuicio de la responsabilidad que quepa atribuir al **Porteador** cuando haya impartido las instrucciones respecto de la colocación y estiba del envío y dichas instrucciones hayan sido determinantes de los daños ocasionados.

Nota:

Ver LOTT *art.22.1;* ROTT *art.4.1; OM FOM/1882/2012 CGC Anexo condición 4.14).*

Las operaciones que se hayan de realizar en el vehículo o sus elementos, a fin de posibilitar su adecuada carga o de asegurar la integridad del envío durante su transporte, tales como desentoldado y entoldado, desmontaje o montaje de cartolas, etc., serán de cuenta del **Porteador**, si bien el **Cargador** o, en su caso, el expedidor, deberán poner a disposición de aquél los medios personales o materiales necesarios para ayudarle a ejecutar dichas operaciones.

1205 **Transporte**

MCM 6460 s.

LCTTM; LOTT; ROTT; OM FOM/1882/2012 (CGC Anexo)

"NÚMERO" **Entrega del envío al consignatario. Desestiba y descarga**

"Apartado" **Lugar de desestiba y descarga del envío**

El **Porteador** se obliga a transportar el envío hasta *"lugar de destino (Habrá que indicar el* ***lugar de destino*** *del transporte: localidad, dirección. Estos datos deberán reflejarse en la* ***carta de porte*** *(*LCTTM art.10*;* OM FOM/1882/2012 CGC Anexo condición 2.3*). Sobre el acceso al lugar de descarga del envío, ver* OM FOM/1882/2012 CGC Anexo condición 6.8.*)"*, lugar en el que se procederá a su desestiba y descarga del vehículo y su entrega a *"datos del consignatario (Datos del* ***consignatario****, que también deben figurar en la* ***carta de porte*** *) (*LCTTM art.10*;* OM FOM/1882/2012 CGC Anexo condición 2.3.*)"* conforme a lo que se establece en los apartados siguientes.

"Apartado" **Obligación de desestiba y descarga del envío**

Las operaciones de desestiba y descarga del envío transportado serán por cuenta y responsabilidad del consignatario, si bien el **Porteador** deberá colaborar en la descarga del envío poniendo en funcionamiento los medios técnicos con que, para tal operación, se encuentre, en su caso, equipado el vehículo.

Nota:

Se admite ***pacto en otro sentido*** *(*LOTT *art.22.1; OM FOM/1882/2012 CGC Anexo condición 6.8).*

En virtud del RD 70/2019, que modifica el RD 97/2014, "2. Salvo pacto en contrario, la realización de las operaciones de carga y descarga serán por cuenta del expedidor y del destinatario, respectivamente.

No obstante, la realización de dichas operaciones corresponderá, salvo pacto en contrario, al transportista en los siguientes casos:

a) La descarga de combustibles exclusivamente destinados al calentamiento de agua sanitaria, calefacción y cocinas.

b) El abastecimiento de combustible efectuado directamente a algún tipo de maquinaria, que disponga en su estructura o equipos de los depósitos correspondientes.

c) Las descargas de gasóleos (UN 1202), cuando la cantidad descargada no exceda de 1.000 litros".

Téngase presente el apartado en la nota preliminar sobre la ***modificación*** *introducida por el RDL 3/2022 y la modificación de la L 15/2009.*

En todo caso, las operaciones que se hayan de realizar en el vehículo o sus elementos, a fin de facilitar su adecuada desestiba o descarga, tales como desentoldado, desmontaje de cartolas, etc., serán por cuenta del **Porteador**, si bien el consignatario deberá poner a su disposición los medios personales y materiales necesarios para ayudarle a ejecutar dichas operaciones.

"Apartado" **Plazo para realizar la descarga del envío**

El plazo para realizar la descarga del envío será de *"tiempo de descarga, en horas"* horas, contadas desde la hora de llegada del envío a su destino, conforme a lo que se establece en la estipulación séptima de este contrato.

Nota:

Se admite ***pacto en otro sentido*** *(OM FOM/1882/2012 CGC Anexo condición 6.10).*

En ausencia de precisión por parte del **Cargador** sobre los horarios de descarga existentes en el lugar de destino, cuando el plazo anteriormente señalado no haya transcurrido completamente a las dieciocho horas (18:00 horas) o a la hora de cierre del correspondiente establecimiento, si ésta es posterior, su cómputo quedará suspendido hasta las ocho horas (8:00 horas) o hasta la hora de apertura de dicho establecimiento, si ésta es anterior, del primer día laborable siguiente.

Salvo cuando concurra fuerza mayor, caso fortuito o causa imputable al **Porteador**, si el consignatario incumple dicho plazo, el **Porteador** podrá exigirle una indemnización en concepto de paralización del vehículo, equivalente, por cada hora o fracción de paralización, a la cantidad legalmente establecida como salario mínimo interprofesional/día multiplicado por 1,2, sin que se computen más de diez horas de paralización.

1205

MCM 6460 s.

LCTTM; LOTT; ROTT; OM FOM/1882/2012 (CGC Anexo)

***"Apartado"* Entrega del envío al destinatario. Ausencia o rechazo**

El envío se considerará entregado cuando esté a disposición del destinatario, tras su desestiba y descarga.

Nota:

*Véase el art.*34 *LCTTM sobre regulación del* ***estado de las mercancías*** *en el momento de entrega.*

Si el consignatario no se encuentra en el lugar indicado para la entrega del envío o rehúsa recibirlo, el **Porteador** deberá pedir nuevas instrucciones al **Cargador**. Cuando las nuevas instrucciones impartidas por éste consistan en el traslado del envío a un término municipal distinto al inicialmente pactado, el **Porteador** podrá optar entre solicitar el depósito del envío, conforme a lo previsto en el párrafo siguiente, o realizar el transporte del envío hasta su nuevo destino, aplicándose en este caso las reglas previstas en este contrato para el cambio de consignación del envío. Estas reglas se aplicarán, igualmente, cuando el término municipal sea el mismo.

Si no es posible para el **Porteador** solicitar nuevas instrucciones al **Cargador** o si dichas instrucciones no son impartidas por éste en el plazo de dos horas, contadas desde que fueron solicitadas, el **Porteador** podrá solicitar el depósito del envío por parte de la Junta Arbitral del Transporte, conforme a lo establecido en la Estipulación 12.3 de este contrato, a disposición del **Cargador**, sin perjuicio de tercero de mejor derecho, surtiendo este depósito los efectos de la entrega.

Nota:

Ténganse en cuenta algunas ***nuevas funciones de las Juntas Arbitrales*** *en función de lo dispuesto en el RD 70/2019. En cualquier caso, esta facultad de examen no queda afectada por dicha modificación.*

***"NÚMERO"* Obligación de realizar el transporte**

El **Porteador** podrá realizar el transporte pactado, bien con los medios personales y materiales integrantes de su propia organización empresarial, utilizando vehículos de los que disponga a tal efecto, o bien, en los supuestos legalmente previstos, mediante la colaboración de otro u otros transportistas que cuenten con el personal y los vehículos adecuados para hacerlo, no quedando, por este motivo, desvirtuada su condición de **Porteador** único frente al **Cargador**.

Nota:

El porteador deberá utilizar un ***vehículo*** *que sea adecuado para el tipo y circunstancias del transporte que deba realizar, de acuerdo con la información que le suministre el cargador (LCTTM art.*17*).*

Los ***supuestos de colaboración*** *entre transportistas y operadores de transporte previstos en la vigente normativa de ordenación del transporte terrestre son numerosos:* LOTT *art.*28.*2*, 76, 89.*2*, 133.*2*, 137.*1*; ROTT *art.*85, 104.*3*, 107.*2*, 121, 178.*4 -redacc RD 70/2019-* y 180.*1*; *LCTTM art.*64 *y* 67.

En todo caso, el **Porteador** se obliga a que los vehículos que vaya a emplear cuenten con las autorizaciones y permisos necesarios y reúnan las condiciones adecuadas para el transporte del envío pactado, así como para el acceso y circulación por los lugares en que haya de realizarse su carga y descarga.

***"NÚMERO"* Itinerario del transporte**

El **Porteador** deberá conducir el envío por el itinerario que resulte más corto entre el origen y el destino del transporte, salvo que exista otro cuya utilización resulte evidentemente más aconsejable, teniendo en cuenta las exigencias derivadas de la seguridad vial y de las características de la red de carreteras en relación con el vehículo y la naturaleza de las mercancías transportadas. De elegir otro distinto, será de su cuenta el aumento de costes que, en su caso, implique el cambio.

Nota:

Se admite ***pacto específico sobre el itinerario*** *(OM FOM/1882/2012 CGC Anexo condición 5.4; LCTTM art.10).*

Si, por causa de fuerza mayor, el **Porteador** tiene que tomar una ruta distinta a las especificadas, tendrá derecho al aumento de portes correspondiente, el cual le será abonado tras su formal justificación.

En caso de controversia acerca de la longitud del itinerario, se estará a la medición oficial que tenga hecha la Administración.

MCM 6460 s.

"NÚMERO" **Plazo del transporte**

El **Porteador** se obliga a entregar el envío en el lugar de destino pactado en un plazo no superior a *"tiempo máximo de entrega del envío"* horas, contadas desde la hora que el envío fue definitivamente cargado en el vehículo del **Porteador**, conforme a lo establecido en la estipulación 3.2 de este contrato.

LCTTM; LOTT; ROTT; OM FOM/1882/2012 (CGC Anexo)

Nota:

*Este dato debe figurar en la **carta de porte** (LCTTM art.10; OM FOM/1882/2012 CGC Anexo condición 2.3). En ausencia de plazo, se establecen criterios para la **determinación del plazo de entrega** (OM FOM/1882/2012 CGC Anexo condición 6.1): en concreto, si no se establece un plazo, la mercancía deberá ser entregada al destinatario dentro del término que razonablemente emplearía un porteador diligente en realizar el transporte, atendiendo a las circunstancias del caso (LCTTM art.33.1).*

Si, en contra de lo establecido en la citada estipulación 3.2, no se hubiera hecho constar en la carta de porte la hora en que el **Porteador** recibió el envío del **Cargador**, dicho plazo comenzará a contarse desde las cero horas (00:00 horas) del día siguiente al de la carga del envío.

Los días no laborables no se tendrán en cuenta en el cálculo del plazo señalado, al cual se añadirá, por otra parte, el tiempo necesario para el cumplimiento de las formalidades administrativas que, en su caso, resulten obligatorias y de las operaciones complementarias solicitadas por el **cargador**.

Cuando el plazo total del transporte expire entre las dieciocho horas (18:00 horas) de un día y las nueve horas (9:00 horas) del siguiente, el envío deberá ser puesto a disposición del consignatario no más tarde de las nueve horas o del momento de apertura del correspondiente establecimiento, cuando éste sea posterior a dicha hora, del primer día laborable que siga a la expiración del plazo.

"NÚMERO" **Cambio de consignación del envío**

El **cargador** podrá, sin variar el lugar donde deba hacerse la entrega, cambiar la consignación del envío, y el **porteador** deberá cumplir dicha orden con tal de que la misma le sea comunicada antes de haber realizado la entrega del envío al consignatario inicialmente designado y, en su caso, con tiempo suficiente para impartir las órdenes adecuadas a su personal encargado de la conducción y/o entrega del envío, y de que el **cargador** le devuelva la carta de porte original, si ésta hubiere sido suscrita por el **porteador**, canjeándola por otra en la que conste la novación del contrato.

Los gastos que el ejercicio de este derecho ocasione, serán por cuenta del **cargador**.

"NÚMERO" **Precio del transporte**

Las partes acuerdan un precio del transporte por importe de *"importe del transporte, en letra"* euros (*"importe del transporte, en número"* €), a cuyo pago se obliga el **Cargador**. Éste se obliga, además, previa justificación por parte del **Porteador**, al abono de todos aquellos gastos en que incurra éste y sean necesarios para llevar a cabo el transporte pactado en este contrato.

Nota:

*Este dato debe figurar en la **carta de porte** (OM FOM/1882/2012 CGC Anexo condición 2.3; LCTTM art.10). Sobre el vigente **régimen tarifario** ver* LOTT *art.*18 *y* 19; ROTT *art.*28 *y* 29 *-RD 70/2019-. Como regla general, los transportes públicos de mercancías no están sometidos a tarifas obligatorias. Véase, por otro lado, la* OM 18-12-2000 *por la que se establecen **tarifas de referencia** para los servicios de transporte público de mercancías por carretera.*

El **porteador** podrá exigir al **cargador** el pago del precio y de los gastos del transporte tan pronto como haya realizado el transporte y previa justificación de la entrega del envío al consignatario.

El pago del precio deberá realizarse al contado, con dinero o a través de cualquier otro instrumento con carácter liberatorio, en el domicilio del **porteador** que consta en la estipulación 12.2 de este contrato.

MCM 6460 s.

"NÚMERO" **Responsabilidad del Porteador**

"Apartado" **Periodo de responsabilidad**

LCTTM; LOTT; ROTT; OM FOM/1882/2012 (CGC Anexo)

La responsabilidad del **Porteador** por los daños (pérdida, averías, etc.) que afecten al envío, así como por cualesquiera otros incumplimientos de las obligaciones asumidas por él en este contrato, que no tengan establecido otro régimen de responsabilidad en dicho contrato, comenzará desde el momento en que las mercancías se encuentren cargadas, colocadas y estibadas en su totalidad a bordo del vehículo que ha de realizar el transporte. Este periodo de responsabilidad finalizará cuando se produzca la entrega del envío al destinatario o alguno de los supuestos asimilados a la entrega en este contrato o en la normativa aplicable.

"Apartado" **Responsabilidad por colaboradores dependientes e independientes**

El **Porteador** responderá, como si de sus propios actos y omisiones se tratase, de los actos y omisiones de sus empleados y de los de todas las otras personas, incluidos otros transportistas colaboradores, a cuyos servicios recurra para la ejecución del transporte, cuando tales empleados o tales otras personas hayan actuado en el ejercicio de las funciones que les hubiesen sido encomendadas con vistas a la ejecución del presente contrato de transporte.

 **Nota:**

Sobre diversas formas de configuración jurídica de la ***colaboración entre el porteador y otros transportistas*** *ver OM FOM/1882/2012 CGC Anexo condición 11; LCTTM art.*64.

"Apartado" **Responsabilidad por pérdida y averías del envío**

El **porteador** se obliga a entregar las mercancías integrantes del envío al consignatario en el mismo estado en que, según la carta de porte (o similar documento probatorio), se hallaban al tiempo de recibirlas del **cargador**. En consecuencia, el **porteador** será responsable de todos los daños y menoscabos que experimente el envío durante el transporte, salvo que pruebe que han sido debidos a caso fortuito, fuerza mayor o naturaleza y vicio propio de las cosas.

Se presumirá probada la concurrencia de las causas que, con arreglo a lo previsto en el párrafo anterior, exoneran de responsabilidad al **Porteador** si éste prueba que los daños o menoscabos experimentados por el envío han podido resultar de los riesgos particulares inherentes a una o varias de las siguientes circunstancias: *"detallar las posibles eventualidades"*.

 **Nota:**

Cabría indicar alguna de las ***circunstancias*** *recogidas en OM FOM/1882/2012 CGC Anexo condición 7 que resulte de directa aplicación al tipo particular de transporte al que se refiere este contrato.*

No obstante, el **porteador** será responsable, asimismo, de las pérdidas y averías que procedan de las causas expresadas en el párrafo precedente si, a su vez, se prueba en su contra que ocurrieron por su negligencia, por no haber seguido las instrucciones especiales que se le hayan podido dar, o por haber dejado de tomar las precauciones usuales entre personas diligentes, a no ser que el **cargador** haya cometido engaño en la carta de porte, indicando un género o calidad de las mercancías que componen el envío diferente de los que realmente tengan.

Por otro lado, si a pesar de las precauciones a que se refiere el párrafo anterior, las mercancías que componen el envío corren riesgo de perderse durante el transporte, por su naturaleza o por accidente inevitable, sin que hubiese tiempo para que sus dueños o derechohabientes dispusieran de ellas, el **Porteador** podrá proceder a su venta, poniéndolas con este objeto a disposición de la Junta Arbitral del Transporte que corresponda, conforme a lo previsto en la estipulación 12.3 de este contrato, o a disposición de la autoridad judicial competente.

✎ **Nota:**

Ténganse en cuenta algunas ***funciones de las Juntas Arbitrales*** *en función de lo dispuesto en el RD 70/2019. En cualquier caso, esta facultad de examen no queda afectada por dicha modificación.*

MCM 6460 s.

LCTTM; LOTT; ROTT; OM FOM/1882/2012 (CGC Anexo)

Téngase en cuenta el ROTT art.12.

*"1. Como regla general, la **enajenación de mercancías** por parte de las Juntas Arbitrales se realizará mediante subasta, conforme a las reglas señaladas al efecto por el Ministro de Fomento, a la que darán la mayor publicidad posible.*

*2. Las Juntas solo podrán proceder a la **venta directa** de las mercancías en los siguientes supuestos:*

a) Cuando por su naturaleza o estado de conservación o por la concurrencia de un accidente u otra causa técnica sobrevenida, no sea posible promover la subasta sin riesgo de que las mercancías se pierdan.

b) Cuando hubiera resultado desierta la subasta o el postor hubiera renunciado a la adjudicación.

c) Cuando el escaso valor de las mercancías que hayan de ser enajenadas resulte desproporcionado en relación con los gastos que previsiblemente generaría su venta mediante un procedimiento de concurrencia y licitación públicas.

*3. Cuando el género o características de la mercancía que haya de enajenarse así lo aconsejen, la Junta podrá acordar, a petición del solicitante de la enajenación o del propietario de las mercancías con el consentimiento de aquél, que la enajenación se realice por medio de **persona o entidad especializada**, pública o privada.*

*4. Cuando la causa de la enajenación sea la **satisfacción del precio del transporte**, únicamente se enajenará la cantidad de mercancía necesaria para satisfacer dicho precio, los gastos del transporte y los gastos ocasionados por el depósito y la enajenación de las mercancías. Si, como consecuencia de la naturaleza o características de la mercancía que haya de ser enajenada, fuera necesario vender una cantidad superior, el excedente de la venta será entregado a quien justifique su derecho".*

*Si la cantidad obtenida con la enajenación de la mercancía **no alcanza** a cubrir en su **totalidad la deuda** y los gastos causados por la enajenación, el porteador podrá reclamar la diferencia.»*

***"Apartado"* Responsabilidad por retraso en la entrega del envío**

El **Porteador** se obliga a entregar el envío al consignatario dentro del plazo previsto en la estipulación séptima de este contrato. En consecuencia, será responsable de los daños derivados del retraso, salvo que pruebe que se ha debido a caso fortuito, fuerza mayor o causa imputable al consignatario.

***"Apartado"* Indemnizaciones**

A) Pérdida y averías

Cuando el **Porteador** sea responsable de los daños, pérdidas o averías que sufran las mercancías integrantes del envío, estará obligado a indemnizar al derechohabiente con una cantidad equivalente al valor de las mercancías no entregadas, tomando como base el valor que tuvieran en el momento y lugar en que el **Porteador** las recibió para su transporte.

Nota:

Las CGC parten de diversos supuestos a fin de calcular el importe de la indemnización. Para más detalle véase OM FOM/1882/2012 Anexo condición 7.

Dicha cuantificación no será de aplicación cuando el daño se haya producido mediando dolo del **Porteador**.

Si el efecto de las averías fuese sólo una disminución en el valor de las mercancías que componen el envío, se reducirá la obligación del **Porteador** a abonar lo que importe esa diferencia de valor, conforme a la peritación que a tal efecto realice, a petición de cualquiera de los interesados, la Junta Arbitral del Transporte correspondiente, conforme a lo establecido en la estipulación 12.3 de este contrato.

No obstante, cuando el **porteador** sólo haga entrega de una parte de las mercancías que componen el envío, el consignatario podrá rehusar el hacerse cargo de éstas cuando pruebe que no puede utilizarlas con independencia de las mercancías no entregadas.

Asimismo, si por efecto de las averías, quedan las mercancías que componen el envío inútiles para su venta y consumo en los objetos propios de su uso, el consignatario no estará obligado a recibirlas, y podrá dejarlas por cuenta del **porteador**, exigiéndole su valor al precio corriente en aquel día, hasta el límite expresado en el primer párrafo de este apartado.

Si entre las mercancías averiadas se hallan algunas piezas en buen estado y sin defecto alguno, será aplicable lo señalado en el párrafo anterior con respecto a las deterioradas, y el consignatario deberá recibir las que estén ilesas, haciéndose esta segregación por piezas distintas sueltas, y sin que para ello se divida un mismo objeto, a menos que el consignatario pruebe la imposibilidad de utilizarlas convenientemente en esta forma. MCM 6460 s.

Idéntica regla a la precedente se aplicará a las mercancías embaladas o envasadas, con distinción de los bultos que aparezcan ilesos.

B) Retraso
La indemnización que deba pagar el **Porteador** por el retraso en la entrega de las mercancías que componen el envío no podrá exceder del precio del transporte (excluidos gastos). LCTTM; LOTT; ROTT; OM FOM/1882/2012 (CGC Anexo)

Nota:

Téngase en cuenta el contenido de la OM FOM/1882/2012 Anexo condición 7.2. Ver LCTTM art.52 s. sobre indemnizaciones debidas por el porteador.
*La **indemnización por retraso** comprende el perjuicio que se pruebe que ha ocasionado dicho retraso (LCTTM art.56). Se permite el pacto sobre indemnización por retraso con un contenido distinto al recogido en el texto (LCTTM art.57;* LOTT *art.23.1; OM FOM/1882/2012 CGC Anexo condición 7.2).*

No obstante lo previsto en el párrafo anterior, el consignatario podrá dejar por cuenta del **porteador** las mercancías que integran el envío, en los términos previstos en la letra A) precedente. En todo caso, procederá el deje de cuenta si el retraso excede del duplo del plazo señalado como máximo por este contrato o cuando, aun siendo inferior el retraso al anteriormente señalado, pruebe el consignatario que dichas mercancías ya le resultan totalmente inútiles en el momento de recibirlas.

"NÚMERO" **Normas sobre reclamaciones**

"Apartado"
Dentro de las veinticuatro (24) horas siguientes al recibo del envío, podrá hacerse la reclamación contra el **porteador**, por daño o avería que se encuentre en las mercancías al abrir los bultos, con tal de que no se conozcan por la parte exterior de éstos las señales del daño o avería que da lugar a la reclamación, en cuyo caso sólo se admitirá ésta en el acto del recibo. Transcurridos los plazos expresados, no se admitirá reclamación alguna en contra del **porteador** sobre el estado en que se entregó el envío objeto de este contrato de transporte.

"Apartado"
Si se producen dudas y contestaciones entre el consignatario y el **Porteador** sobre el estado en que se hallan las mercancías que componen el envío en el momento en que éste hace entrega de las mismas a aquél, dichas mercancías será reconocidas por peritos nombrados por las partes, y un tercero en caso de discordia, designado por la Junta Arbitral del Transporte que corresponda conforme a lo establecido en la estipulación 12.3 de este contrato, o por la autoridad judicial competente, haciéndose constar por escrito el resultado de la peritación; y si los interesados no quedaran conformes con el dictamen pericial y no transigieran en sus diferencias, se procederá, por la Junta Arbitral o autoridad judicial, al depósito de las mercancías en almacén seguro, y las partes usarán de su derecho como corresponda.

"NÚMERO" **Disposiciones generales**

"Apartado" **Formalización del contrato: carta de porte**
Antes de que el **porteador** se haga cargo del envío, el **remitente** deberá extender y firmar una carta de porte, conforme a la OM FOM/1882/2012 CGC Anexo. Correlativamente, el **remitente** también podrá exigirle al **porteador** que firme un ejemplar de la carta de porte idéntico al que él ha extendido, el cual conservará en su poder.

1205 **Transporte**

MCM 6460 s.

LCTTM; LOTT; ROTT; OM FOM/1882/2012 (CGC Anexo)

Si el **remitente** se niega injustificadamente a extender la carta de porte, una vez que el **porteador** ha puesto a disposición el vehículo para su carga, éste podrá, a su vez, negarse a realizar el transporte, sin incurrir por este motivo en responsabilidad alguna. Por su parte, la negativa injustificada del **porteador** a firmar el duplicado de la carta de porte, dará derecho al **remitente** a contratar inmediatamente otro **porteador** para la realización del transporte.

La carta de porte acreditará la existencia del contrato de transporte y sus condiciones, así como la recepción del envío por parte del **porteador**. Todas las controversias y contestaciones que se produzcan en relación con la ejecución y cumplimiento del contrato se decidirán por el contenido de la carta de porte, sin que sus firmantes puedan oponer cosa alguna frente a la veracidad de las menciones que en la misma consten, a no ser que prueben su falsedad o la existencia de error material en su redacción. En caso de discrepancia entre el contenido de la carta de porte y lo dispuesto por este contrato, prevalecerá aquélla.

Sin perjuicio de lo dispuesto en el segundo párrafo de esta estipulación, la ausencia, irregularidad o pérdida de la carta de porte no afectarán a la validez o existencia de este contrato, debiendo, en su caso, decidirse todas las controversias y contestaciones que se produzcan en relación con su ejecución y cumplimiento por el contenido de este contrato y demás medios de prueba pertinentes.

Nota:

*Por reforma operada por RDL 14/2022, se introduce la L 15/2009 art.10 bis, relativo a la **carta de porte** en los contratos celebrados con porteador efectivo, siempre que el precio del transporte sea superior a ciento cincuenta euros.*
*La obligación de contar con esta carta de porte no será de aplicación en el supuesto de los **transportes por carretera** en los que no sea exigible el documento de control administrativo regulado en la normativa de transporte.*
*Las **menciones obligatorias** en este caso de carta de porte son las siguientes:*
a) Nombre o denominación social, NIF y dirección del cargador y, en su caso, del expedidor.
b) Nombre o denominación social y NIF del transportista efectivo.
c) Lugar, fecha y, en su caso, hora de la recepción de la mercancía por el porteador efectivo.
d) Lugar, fecha y, en su caso, hora prevista de entrega de la mercancía en destino.
e) Nombre y dirección del destinatario.
f) Naturaleza y masa de las mercancías. En los supuestos en que, por razón de las circunstancias en que se produzca la carga del vehículo, resulte de difícil determinación la masa exacta de la mercancía que se va a transportar, se buscará otro tipo de magnitud para determinarla.
g) Precio convenido del transporte, así como el importe de los gastos relacionados con el transporte previstos en el artículo 20, salvo que consten en otro documento contractual por escrito. El precio y los gastos relacionados con el transporte deberán cubrir el total de costes efectivos individuales incurridos o asumidos por el porteador para su prestación.

***"Apartado"* Notificaciones**
Cualquier notificación o comunicación que deba efectuarse de acuerdo con, o como consecuencia de, las estipulaciones de este contrato, se hará por escrito y será remitida por fax y/o correo electrónico e, inmediatamente después, por correo postal a las siguientes direcciones, o a cualquier otra que las partes en su momento se comuniquen recíprocamente: *"direcciones de notificaciones"*.

Nota:

*Lugar para insertar las **direcciones de las partes** a efectos de notificaciones. También, en su caso, la del consignatario.*

***"Apartado"* Derecho aplicable y resolución de conflictos**
a) El presente contrato se regirá por el Derecho de *"lugar del Derecho aplicable (Cláusula de **elección de Ley** para los supuestos de que el contrato pueda ser considerado como un contrato internacional a los efectos del Derecho Internacional Privado.)"*. En lo que no esté expresamente pactado en este documento, serán de aplicación al presente contrato las condiciones generales de contratación de los transportes de mercancías por carretera, aprobadas por la OM FOM/1882/2012.

Nota:

Ver ROTT art.13.2.

b) Para la resolución de cualquier diferencia que pudiera surgir en cuanto a la interpretación, ejecución o cumplimiento del presente contrato, con independencia de su cuantía, ambas partes, con expresa renuncia a cualquier otro fuero que pudiera corresponderles, acuerdan someterse expresamente y en este acto, al arbitraje de la Junta Arbitral del Transporte de *"localidad de la Junta Arbitral del Transporte"*. El laudo arbitral será dictado de conformidad con el procedimiento establecido en los Estatutos y normas reglamentarias de dicha Junta Arbitral. Las partes contratantes se comprometen a proporcionar a la Junta actuante en cada caso la información que se requiera para analizar la controversia planteada, así como a acatar sus decisiones.

MCM 6460 s.

LCTTM; LOTT; ROTT; OM FOM/1882/2012 (CGC Anexo)

Nota:

*Sobre las **Juntas Arbitrales del Transporte**, ver LOTT art.37 y 38; ROTT art.6 a 12.*

c) Dicha Junta Arbitral del Transporte será igualmente competente para la realización de las actuaciones de depósito, enajenación o peritación de las mercancías que, en su caso, resulten procedentes con arreglo a lo previsto en distintas Estipulaciones de este contrato.

Nota:

Ver OM FOM/1882/2012 CGC Anexo, en relación con LOTT art.23.2 y 38.3; ROTT art.6.1.c) y d) y 11 y preceptos concordantes.

Téngase en cuenta el art.11 ROTT tal cual ha sido modificado por el RD 79/2019.

Y en prueba de conformidad, ambas partes firman el presente contrato, que se extiende en dos ejemplares, igualmente originales, en el lugar y fecha indicados en su encabezamiento.

EL PORTEADOR **EL CARGADOR**

Transporte interior de mercancías por carretera de carga completa: carta de porte

MCM 6482 s.

LCTTM; ROTT art.13.2; OM FOM/1882/2012 (CGC Anexo)

Nota preliminar:

- Se considera contrato de transporte de mercancías por carretera aquel mediante el cual una persona, física o jurídica, titular de una **empresa** dedicada a la realización de transportes por cuenta ajena o a la intermediación en la contratación de los transportes, se obliga, en nombre propio y mediante un precio, a realizar por cuenta de otra, las operaciones que resulten precisas para trasladar adecuadamente una o más cosas de un lugar a otro, mediante la utilización de vehículos de tracción mecánica que circulen por carretera (OM FOM/1882/2012 CGC Anexo condición 1). El transporte público de mercancías por carretera tendrá, en todo caso, la consideración de discrecional, aun cuando se produzca en el mismo una reiteración de itinerario, calendario u horario (LOTT art.64.2).

- El transporte a **carga completa** es aquel cuya realización, desde la recepción de la carga hasta su entrega o destino, no requiere otras intervenciones u operaciones complementarias -manipulación, almacenamiento, grupaje, clasificación, embalaje o distribución- por parte del porteador (ROTT art.47.8 vigente hasta 16-2-2019; OM FOM/1882/2012 CGC Anexo condición 1.1).

- Sobre la **exigibilidad** de la carta de porte, se establece que las partes están autorizadas, ante la negativa de la contraparte a emitir el correspondiente documento, a negarse a efectuar el transporte -porteador- o a contratar el transporte con otro porteador -cargador-, es decir, a resolver el contrato (OM FOM/1882/2012 CGC Anexo condición 2.2).

Por reforma operada por RDL 14/2022, se introduce la L 15/2009 art.10 bis, relativo a la **carta de porte** en los contratos celebrados con porteador efectivo, siempre que el precio del transporte sea superior a ciento cincuenta euros.

La obligación de contar con esta carta de porte no será de aplicación en el supuesto de los **transportes por carretera** en los que no sea exigible el documento de control administrativo regulado en la normativa de transporte.

Las **menciones obligatorias** en este caso de carta de porte son las siguientes:

a) Nombre o denominación social, NIF y dirección del cargador y, en su caso, del expedidor.

b) Nombre o denominación social y NIF del transportista efectivo.

c) Lugar, fecha y, en su caso, hora de la recepción de la mercancía por el porteador efectivo.

d) Lugar, fecha y, en su caso, hora prevista de entrega de la mercancía en destino.

e) Nombre y dirección del destinatario.

f) Naturaleza y masa de las mercancías. En los supuestos en que, por razón de las circunstancias en que se produzca la carga del vehículo, resulte de difícil determinación la masa exacta de la mercancía que se va a transportar, se buscará otro tipo de magnitud para determinarla.

g) Precio convenido del transporte, así como el importe de los gastos relacionados con el transporte previstos en el artículo 20, salvo que consten en otro documento contractual por escrito. El precio y los gastos relacionados con el transporte deberán cubrir el total de costes efectivos individuales incurridos o asumidos por el porteador para su prestación.

- El presente modelo de carta de porte está inspirado en las **Condiciones Generales de contratación** de los transportes de mercancías por carretera, según se aprobó por OM FOM/1882/2012 Anexo.

 1210

CONTRATO MERCANTIL DE TRANSPORTE DE MERCANCÍAS POR CARRETERA

CONTRATO MERCANTIL (1) DE TRANSPORTE DE MERCANCÍAS POR CARRETERA (2)

1 Cargador o remitente (nombre, domicilio y CIF/NIF)

El presente contrato se regirá en lo no previsto expresamente en el mismo por las Condiciones Generales de Contratación aprobadas por el Ministerio de Fomento (art. 13.5 Reglamento de la Ley de Ordenación de los Transportes Terrestres) (3)

2 Consignatario o destinatario (nombre, domicilio y CIF/NIF)

14 Porteador (transportista u operador de transportes que ha contratado directamente con el cargador) (nombre, domicilio y CIF/NIF)

15 Porteadores sucesivos (nombre, domicilio y CIF/NIF)

3 Lugar de entrega de la mercancía (localidad)

4 Lugar y fecha de carga de la mercancía (lugar, fecha)

16 Reservas y observaciones del porteador

5 Documentos anexos

6 Palabras, números u otras marcas o signos exteriores que identifican los bultos	7 Número de bultos	8 Clase de embalaje	9 Naturaleza de la mercancía	10 Peso bruto, kg	11 Volumen m³

Clase* Cifra Letra (ADR)*

17 A pagar por: Cargador / Consignatario

12 Instrucciones del cargador

En fecha:

Precio del transporte:

Descuentos:

Líquido:

Suplementos:

Gastos Accesorios:

13 Estipulaciones particulares** acerca de la carga y descarga o condiciones de transporte

TOTAL:

18 Formalizado en a 20

19

Firma y sello del cargador

20

Firma y sello del porteador

21 Recibo de la mercancía Lugar a 20

Firma y sello del consignatario

* A rellenar en el caso de mercancías peligrosas

** Declaración de valor, interés especial en la entrega, seguros, indemnización por retrasos, reembolso, etc.

Nota:

*- Sobre el **carácter mercantil** del contrato documentado por esta carta de porte, ver LCTTM art.4, 6 y OM FOM/1882/2012 CGC Anexo condición 1.1. Igualmente, ver* ET *art.1.3.g).*

*- Las CGC ofrecen un concepto de contrato de transporte de mercancías por carretera, del que se **excluyen** los transportes cuyo origen o destino se encuentren fuera del territorio nacional y los transportes de equipajes en vehículos destinados al de viajeros o en remolques arrastrados por éstos (OM FOM/1882/2012 CGC Anexo condición 1.1).*

- Esta mención sirve de advertencia sobre el alcance de las CGC respecto del contrato de transporte de mercancías por carretera de carga completa documentado en la carta de porte. En este sentido, ver ROTT *art.13.2; OM FOM/1882/2012 CGC Anexo condición 1. La expresión "en lo no previsto expresamente en el mismo" no se corresponde exactamente con la utilizada en los preceptos citados, que indican que las CGC se aplicarán* ***de forma subsidiaria o supletoria*** *a las condiciones que libremente pacten las partes de forma escrita.*

- Téngase presente la modificación introducida por el RDL 3/2022 de medidas para la ***mejora de la sostenibilidad del transporte de mercancías por carretera*** *y del funcionamiento de la cadena logística, y por el que se transpone la Dir (UE) 2020/1057, por la que se fijan normas específicas con respecto a la Dir 96/71/CE y la Dir 2014/67/UE para el desplazamiento de los conductores en el sector del transporte por carretera, y de medidas excepcionales en materia de revisión de precios en los contratos públicos de obras. En lo que se refiere a la LOTT, la modificación más relevante es que se limita la participación activa de los conductores profesionales en las* ***operaciones de carga y descarga*** *de mercancías y de sus soportes y envases, salvo en determinados supuestos (LOTT art.140.41, p.e, transporte de mudanzas y guardamuebles o transporte de vehículos cisterna, entre otros). Asimismo, se modifica la L 15/2009 a fin de equilibrar y dar mayor transparencia a la relación contractual entre las partes del contrato. Así, se* ***refuerza la posición del porteador*** *para deshacer la presunción legal de que la responsabilidad de la carga y descarga corresponde, con carácter general, al cargador y destinatario, se prevé expresamente que esta actividad debe remunerarse con carácter independiente del precio del transporte y se exige la especificación de esta contraprestación en la factura, cuando se lleve a cabo por el porteador.*

Otras observaciones:

1. Cargador o remitente (nombre, domicilio)
Esta mención identifica a uno de los **elementos personales** del contrato de transporte, siendo la otra parte el porteador o transportista (véase la casilla 14 de esta carta de porte).

Téngase en cuenta que cuando en la operación de transporte intervenga uno de los llamados **operadores de transporte** (OM FOM/1882/2012 CGC Anexo condición 2.3), éste figurará como cargador frente al transportista a cuyos servicios recurra para llevar a cabo el transporte (OM FOM/1882/2012 CGC Anexo condición 2.3).

Los términos **cargador y remitente** tienen idéntico significado, si bien las CGC, se refieren a cargador en el ámbito del transporte de carga completa y a remitente en el del transporte de carga fraccionada.

Sin embargo, no debe confundirse la figura del cargador o remitente con la del **expedidor** (OM FOM/1882/2012 CGC Anexo condición 1.7).

La mención del nombre del cargador en la carta de porte debe entenderse en el sentido de su **identificación inequívoca**, ya sea mediante su denominación social o moral, en el caso de personas jurídicas, o incluyendo los apellidos, cuando se trate de personas físicas.

La mención del **domicilio** también ha de tener una finalidad de identificación inequívoca (incluyéndose la calle, número, piso, en su caso, población y código postal).

En esta casilla puede insertarse el N.I.F. del cargador o remitente.

2. Consignatario o destinatario (nombre, domicilio)
Esta mención identifica al 'beneficiario' del contrato de transporte (OM FOM/1882/2012 CGC Anexo condición 2.3).

Los términos **consignatario y destinatario** tienen idéntico significado, si bien las CGC se refieren a consignatario en el ámbito del transporte de carga completa y a destinatario en el del transporte de carga fraccionada.

La mención del nombre del consignatario o destinatario debe entenderse en el sentido de su **identificación inequívoca**, ya sea mediante su denominación social o moral, en el caso de personas jurídicas, o incluyendo los apellidos, cuando se trate de personas físicas.

La mención del **domicilio** también ha de tener significado de identificación inequívoca (incluyéndose la calle, número, piso, en su caso, población y código postal).

En esta casilla puede insertarse el N.I.F. del consignatario o destinatario.

Se prevé el **etiquetado de los bultos** cuando resulte necesaria una identificación precisa del consignatario. Las menciones de las correspondientes etiquetas deberán corresponder con las que, en su caso, se hayan hecho constar en la carta de porte -en la casilla 2- (OM FOM/1882/2012 CGC Anexo condición 4.7; LCTTM art.25).

3. Lugar de entrega de la mercancía (localidad)
La rúbrica de esta casilla no aclara si lo que debe consignarse en ella es el lugar de entrega de la mercancía **al porteador** o el lugar de entrega de la mercancía **al destinatario o consignatario**. No obstante, el contraste con la exigencia prevista en la casilla 4 y el análisis comparativo con otros modelos de carta de porte similares (p.e. CMR), llevan a pensar en la segunda opción como la más correcta (LCTTM art.33: lugar en que habrá de hacerse la entrega al destinatario). Téngase en cuenta, además, que la mención relativa al lugar y plazo de **entrega al destinatario** es de las consideradas mínimas, a los efectos de considerar a un documento de transporte como carta de porte (OM FOM/1882/2012 CGC Anexo condición 6.1; LCTTM art.10).

Distinta es, por su parte, la mención prevista en la **casilla 21**, establecida a otros efectos (prueba de la recepción de la mercancía por parte del destinatario o consignatario (LCTTM art.35; OM FOM/1882/2012 CGC Anexo condición 6.1).

La indicación del **plazo de entrega** al destinatario (LCTTM art.10; OM FOM/1882/2012 CGC Anexo condición 6.1) debe hacerse, en su caso, en la casilla correspondiente ('estipulaciones particulares').

4. Lugar y fecha de carga de la mercancía (lugar, fecha)
Sobre la trascendencia de la recepción de la mercancía por el porteador, ver LCTTM art.10; OM FOM/1882/2012 CGC Anexo condición 6.

Sobre la asunción de la obligación de carga, colocación y estiba de la mercancía, ver OM FOM/1882/2012 CGC Anexo condición 4.14.

Sobre la asunción de las operaciones relativas a la manipulación del vehículo para su carga, ver OM FOM/1882/2012 CGC Anexo condición 4.15.

Ténganse en cuenta, igualmente, las Recomendaciones AECOC para la logística, proceso de entrega y recepción de la mercancía (RAL).

Lugar
Deberá figurar el **lugar concreto** (dirección postal u otra identificación inequívoca) en el que el porteador deberá presentarse con el vehículo para recibir el envío: recinto de un almacén, depósito, obra o establecimiento comercial o industrial (OM FOM/1882/2012 CGC Anexo condición 6.1).

Se contempla, a su vez, la posibilidad de impartición de **instrucciones al porteador** por parte del expedidor respecto del acceso, circulación interior y colocación del vehículo cuando la carga del envío deba hacerse en el recinto de un almacén, depósito, obra o establecimiento comercial o industrial (OM FOM/1882/2012 CGC Anexo condición 6.1). Habitualmente, este tipo de instrucciones no podrán recogerse en la carta de porte, pero sí en un documento complementario o de cualquier otro modo susceptible de prueba (OM FOM/1882/2012 CGC Anexo condición 6.1).

Para el supuesto de que existan **diferentes puntos de carga** situados dentro de un mismo establecimiento industrial o comercial o en distintos enclaves de una misma obra o explotación, ver OM FOM/1882/2012 CGC Anexo condición 6.1.

Fecha

No está claro si este apartado se refiere a los datos relativos al día y hora en que se ha de poner **a disposición del cargador** el vehículo para proceder a la carga del envío o, por el contrario, al día y hora de **recepción del envío** por el porteador, que pueden no coincidir (OM FOM/1882/2012 CGC Anexo condición 6.1; LCTTM art.33).

Téngase en cuenta que las previsiones de OM FOM/1882/2012 CGC Anexo condición 4.14 sobre la determinación del día y hora precisa, u hora límite, para la puesta a disposición del vehículo en el lugar en que se deba proceder a la carga del envío, pueden ser **pactadas con carácter previo** a la emisión de la carta de porte, pudiendo ser objeto, por tanto, de estipulación particular, que podrá recogerse en el documento y con los efectos previstos en OM FOM/1882/2012 CGC Anexo condición 4.14.

Las CGC ofrecen una regla especial para el supuesto de **ausencia de pacto** sobre la hora de puesta a disposición del vehículo (OM FOM/1882/2012 CGC Anexo condición 4.16), pero no respecto del día, en cuyo caso habrá que estar a las reglas generales.

Las consecuencias del **incumplimiento del plazo** convenido para la puesta a disposición del vehículo para su carga también se recogen en OM FOM/1882/2012 CGC Anexo condición 4.17.

Distinto de la fecha (día y hora) en que ha de ponerse el vehículo a disposición del remitente o expedidor para la carga en él de la mercancía, es el aspecto relativo al **plazo en que ha de realizarse dicha carga** (OM FOM/1882/2012 CGC Anexo condición 4.17).

5. Documentos anexos

En esta casilla deberán reseñarse los documentos, **distintos de la carta de porte**, que sean necesarios para el desarrollo de la operación de transporte y hayan sido entregados al porteador.

6. Marcas y números

Sobre la **señalización** del envío, ver OM FOM/1882/2012 CGC Anexo condición 4; sobre el **etiquetado** de los bultos, ver OM FOM/1882/2012 CGC Anexo condición 4.7.

Sobre las consecuencias de la **insuficiencia o imperfección** de las marcas o inscripciones de los bultos que integran el envío, ver OM FOM/1882/2012 CGC Anexo condición 4.7.

7. Número de bultos

Bulto se define como unidad integrante de un envío (OM FOM/1882/2012 CGC Anexo condición 1.9). En el concepto de bulto se incluye su embalaje.

Sobre los llamados **soportes de la mercancía**, ver OM FOM/1882/2012 CGC Anexo condición 1.8.

Sobre la relevancia de la distinción de bultos, en los casos de **deje de cuenta** del porteador, ver OM FOM/1882/2012 CGC Anexo condición 1.9.

8. Clase de embalaje

Sobre el **acondicionamiento y embalaje** de las mercancías, ver OM FOM/1882/2012 CGC Anexo condición 4.6.

9. Naturaleza de la mercancía

Para los casos de engaño del cargador al consignar en la carta de porte un **género o calidad diferentes** de las mercancías, ver LCTTM art.25 a 27 y OM FOM/1882/2012 CGC Anexo condición 4.13.

Para el supuesto de que el porteador tuviese **dudas o sospechas** sobre la veracidad de la declaración del contenido de un bulto, ver OM FOM/1882/2012 CGC Anexo condición 4.13 y LCTTM art.26.

Igualmente, sobre las **consecuencias de la falsedad** del cargador en la declaración de las mercancías que induzca a error al porteador y le haga incurrir en responsabilidad, ver LCTTM art.26 y OM FOM/1882/2012 CGC Anexo condición 4.13.

Respecto del **transporte de mercancías peligrosas**, ver OM FOM/1882/2012 CGC Anexo condición 10; y RD 97/2014. Las especificaciones exigidas podrán indicarse en la casilla 12 ('instrucciones del cargador'), corriendo el cargador o remitente con los riesgos derivados de su ausencia.

Para el caso de mercancías expuestas por causas inherentes a su naturaleza a **pérdida total o parcial** o averías debidas a rupturas, moho, deterioro interno o espontáneo, desecación, acción de las plagas o roedores, ver OM FOM/1882/2012 CGC Anexo condición 4.

6 a 9. Clase, cifra, letra

Las indicaciones que figuran debajo de las casillas 6 a 9 (clase, cifra, letra) son propias del transporte de mercancías peligrosas. Téngase en cuenta la necesidad de incluir las siglas ADR en los modelos de carta de porte emitidos desde la entrada en vigor de la Dir 94/55/CE (actualmente, derogada como se dirá a continuación), sustituyendo así a la antigua mención TPC. En cualquier caso, se trata de un acrónimo identificador de la regulación en la materia que, actualmente, viene dada por el RD 97/2014, relativo a las operaciones de transporte de mercancías peligrosas por carretera en territorio español. Precisamente, este Real Decreto ha extendido al transporte interno la aplicación de las normas del Acuerdo Europeo sobre el Transporte de Mercancías Peligrosas por Carretera -Ginebra 30-9-1957 (**ADR**), con sus modificaciones, por exigencias comunitarias (Dir 2008/68/CE sobre el transporte terrestre de mercancías peligrosas). De ahí la necesidad y oportunidad de incluir las mencionadas siglas ADR en los modelos de carta de porte emitidos.

10. Peso bruto, Kg.

Indicar el peso de la mercancía. Ver al respecto: LCTTM art.10 y OM FOM/1882/2012 CGC Anexo condición 1.9.

11. Volumen

Indicar el volumen de la mercancía, en metros cúbicos.

12. Instrucciones del cargador

Respecto del alcance de las instrucciones impartidas por el cargador o remitente en un transporte de **mercancías peligrosas**, ver OM FOM/1882/2012 CGC Anexo condición 10.

Sobre las consecuencias de la impartición de órdenes formales por el cargador al porteador generadoras de responsabilidad para éste **frente a las Administraciones Públicas**, ver OM FOM/1882/2012 CGC Anexo condición 2.3.

Sobre la importancia de dictar instrucciones especiales en materia de **responsabilidad por daños** y menoscabos en el envío, ver OM FOM/1882/2012 CGC Anexo condición 4.11.

Sobre instrucciones relativas al **acceso a los lugares de carga y descarga**, ver OM FOM/1882/2012 CGC Anexo condición 4.3.

13. Estipulaciones particulares

Entre los supuestos de estipulaciones particulares que pueden darse en un contrato de transporte pueden citarse los siguientes:

- Pacto sobre indemnizaciones para los supuestos de **paralización del vehículo** en la carga o descarga (OM FOM/1882/2012 CGC Anexo condición 4.14 y 6.8).

- Otros pactos sobre indemnizaciones en casos de **demora en la entrega, carga y descarga** de las mercancías (Código de Buenas Prácticas 2.1.4).

- Pacto sobre importe de la indemnización o condiciones de responsabilidad en los casos de **pérdida, averías o retraso**, divergentes de los previstos legalmente (OM FOM/1882/2012 CGC Anexo condición 4.11; LCTTM art.35; LOTT art.23.1).

- Pacto de aumento del precio del transporte en caso de existencia de limites superiores o **condiciones de responsabilidad distintas** a la legalmente establecidas (OM FOM/1882/2012 CGC Anexo condición 4.11 y 4.13).

- Pacto de **sustitución de los importes** máximos de indemnización establecidos legalmente por el del valor de la mercancía (OM FOM/1882/2012 CGC Anexo condición 2.3 y 7.4; LCTTM art.35).

- Pacto de percepción complementaria de indemnización por **interés especial en la entrega** (OM FOM/1882/2012 CGC Anexo condición 6).

- Pacto sobre indemnización en caso de **denuncia unilateral** del contrato por una de las partes sin que hubiere mediado incumplimiento por parte de la otra (Código Buenas Prácticas 1.3).

- Pactos concernientes al **seguro de las mercancías** (OM FOM/1882/2012 CGC Anexo condición 3.3 y 7.16).

- Pacto de exclusión o sometimiento al **arbitraje** de una Junta Arbitral del Transporte (OM FOM/1882/2012 CGC Anexo condición 3.8, 4.11 y 5.12; Código Buenas Prácticas 1.9).

- Pacto de exclusión del recurso a las Juntas Arbitrales de Transporte en actuaciones de **depósito, enajenación y peritación** (OM FOM/1882/2012 CGC Anexo condición 3.8, 4.11 y 5.12).

- Pactos sobre el **importe del precio** del transporte en casos de tarifa obligatoria en horquilla (OM FOM/1882/2012 CGC Anexo), en casos de tarifa de referencia (OM FOM/1882/2012 CGC Anexo) o en ausencia de establecimiento de tarifa oficial (OM FOM/1882/2012 CGC Anexo).

- Pacto sobre **pago aplazado** del precio del transporte (OM FOM/1882/2012 CGC Anexo condición 3.11).

- Pacto de prohibición de **subcontratación** o de **ejecución sucesiva** del transporte (OM FOM/1882/2012 CGC Anexo condición 11).

- Pacto sobre alquiler al porteador de los **soportes** utilizados para el transporte de la mercancía o sobre la deducción de su valor respecto de los costes del transporte (OM FOM/1882/2012 CGC Anexo condición 4.8).

- Pacto sobre la asunción de las **obligaciones de carga y estiba** del envío por parte del porteador (OM FOM/1882/2012 CGC Anexo condición 1.8 y 4.1).

- Pacto sobre la asunción de las **obligaciones de desestiba y descarga** del envío por parte del porteador (OM FOM/1882/2012 CGC Anexo condición 7.10, 9.1).

- Pacto sobre el comienzo del **plazo para realizar la descarga** del envío (OM FOM/1882/2012 CGC Anexo condición 9).

- Pacto sobre **itinerario** del transporte (LCTTM art.10; OM FOM/1882/2012 CGC Anexo condición 5.4).

- Pacto sobre **plazo** de realización del transporte (LCTTM art.10; OM FOM/1882/2012 CGC Anexo condición3.11, 4.3, 4.16, 6.1; Código Buenas Prácticas 2.1.4).

- Pacto sobre indemnización por **variación injustificada del itinerario** del transporte pactado (LCTTM art.10; OM FOM/1882/2012 CGC Anexo condición 5.4).

- Pacto sobre el plazo para la **entrega del envío al consignatario** (LCCTM art.10; OM FOM/1882/2012 CGC Anexo condición 6).

14. Porteador (nombre y domicilio)
Esta mención identifica a uno de los **elementos personales** del contrato de transporte, siendo el otro el cargador o remitente.

Sobre la **identificación** del porteador en la carta de porte, ver LCTTM art.10 (nombre, apellido y domicilio) y OM FOM/1882/2012 CGC Anexo condición 2.3.

Tratándose de **personas físicas**, han de consignarse el nombre y apellidos y el domicilio. En el caso de **personas jurídicas**, su denominación y domicilio social.

Igualmente, ha de consignarse el correspondiente N.I.F.

Las figuras de porteador y **transportista** pueden coincidir cuando el porteador lleva a cabo por sí mismo el transporte (porteador 'efectivo'), pero también se contempla el supuesto frecuente en que una persona actúa como porteador ('contractual') frente al cargador, encomendando la ejecución efectiva del transporte a otra persona. Este es, por regla general, el caso de la intervención de los **operadores de transporte de mercancías**.

La L 15/2009 introduce la figura del **expedidor**, definido como el tercero que por cuenta del cargador entrega las mercancías al transportista en el lugar de recepción de la mercancía. Otros operadores son las **agencias de transporte** (LOTT art.120; ROTT art.159 y 160), que se definen como empresas especializadas en intermediar en la contratación de transportes de mercancías, como organización auxiliar interpuesta entre los usuarios y los transportistas; los **transitarios** (LOTT art.121), que se definen como las empresas especializadas en organizar, por cuenta ajena, transportes internacionales de mercancías, recibiendo mercancías como consignatarios o entregándolas a quienes hayan de transportarlas y, en su caso, realizando las gestiones administrativas, fiscales, aduaneras y logísticas inherentes a esa clase de transportes o intermediando en su contratación; los **almacenistas-distribuidores** (LOTT art.123), que se definen como empresas especializadas en actuar como depositarias de mercancías ajenas que, además, se encarguen de distribuirlas o de gestionar su distribución, conforme a las instrucciones recibidas del depositante; y los operadores logísticos (LOTT art.122), que se definen como as empresas especializadas en organizar, gestionar y controlar, por cuenta ajena, las operaciones de aprovisionamiento, transporte, almacenaje o distribución de mercancías que precisan sus clientes en el desarrollo de su actividad empresarial.

Sobre las **condiciones y requisitos** para llevar a cabo transporte público por carretera o realizar actividades auxiliares o complementarias del mismo, ver LOTT art.42 a 46 y ROTT art.33 a 40. Por regla general, el desempeño de las funciones inherentes a las figuras citadas precedentemente exigirá la obtención del correspondiente **título habilitante** (LOTT art.47 a 52; ROTT art.41 a 46).

15. Porteadores sucesivos (nombre, domicilio)
Deberán hacerse constar el nombre y apellidos o denominación social y el domicilio (en su caso, social) de los demás porteadores (distintos del que figura en la casilla 14) que intervengan en el transporte pactado en el contrato que documenta esta carta de porte. Igualmente, podrá hacerse figurar el correspondiente N.I.F.

Sobre los **transportistas colaboradores** y la necesidad de hacer constar su identidad en la carta de porte, ver OM FOM/1882/2012 CGC Anexo condición 2.3.

El **transporte sucesivo y combinado**, así como las distintas modalidades que comprende y la estructura contractual (y régimen) de cada una de ellas se definen en OM FOM/1882/2012 CGC Anexo condición 11.

Véase, igualmente, lo dispuesto en LOTT art.25 a 28 y ROTT art.27.

16. Reservas y observaciones del porteador
Sobre la relevancia de la indicación en la carta de porte del **estado en que se encontraba la mercancía** al tiempo de ser recibida por el porteador, ver LCTTM art.26 y OM FOM/1882/2012 CGC Anexo condición 6.

Existen también otro tipo de reservas que pueden anotar los **porteadores sucesivos** (casilla 15) en el momento de recibir la mercancía del porteador precedente (LCTTM art.60; OM FOM/1882/2012 CGC Anexo condición 11).

17. Precio del transporte
Sobre la **identificación del importe** del precio del transporte, ver OM FOM/1882/2012 CGC Anexo condición 2.3. Téngase en cuenta, en cualquier caso, que los transportes públicos de mercancías no están sometidos a **tarifas obligatorias**, salvo que sean establecidas por las Comunidades Autónomas.

Se establecen, no obstante, tarifas de referencia para los servicios de transporte público de mercancías por carretera (OM 18-12-2000)

Para los casos de exigencia de **pesaje del envío** a efectos de terminar el precio del transporte, ver OM FOM/1882/2012 CGC Anexo condición 3.2.

Los distintos apartados previstos bajo la casilla número 17 tienen por objeto la identificación de distintos aspectos relacionados con el pago del precio del transporte al porteador:

- Sobre quién está **obligado al pago** del precio del transporte (cargador o consignatario), ver OM FOM/1882/2012 CGC Anexo condición 3.6. El modelo de carta de porte permite identificar fácilmente si se trata de uno u otro obligado ('A pagar por'). Sobre las consecuencias del pago de los portes por el consignatario en el caso de **transporte a porte debido**, ver OM FOM/1882/2012 CGC Anexo condición 6.

- Sobre el momento de **exigibilidad del pago** del precio del transporte, ver OM FOM/1882/2012 CGC Anexo condición 2.3. El modelo de carta de porte permite reseñar la fecha de pago del precio del transporte acordada por las partes ('En fecha').

- Sobre las **modalidades de pago** de precio del transporte, ver OM FOM/1882/2012 CGC Anexo condición 3. No hay un apartado específico en el modelo de carta de porte para recoger el pacto de las partes sobre las modalidades de pago del precio del transporte, pudiendo hacerse, no obstante, en la casilla 13 ('Estipulaciones particulares') con respecto a la modalidad del pago aplazado.

Estas menciones podrán ser desarrolladas, igualmente, en la casilla 13 (OM FOM/1882/2012 CGC Anexo condición 2.3).

Sobre el **régimen tarifario** de los transportes terrestres, ver LOTT art.17 a 19, ROTT art.28 y LCTTM art.37.

Téngase en cuenta que, además del precio de transporte (o porte), en sentido estricto, que retribuye directamente la obligación de traslado asumida por el porteador, éste también tendrá derecho al cobro, en su caso, de otros importes en concepto de **suplementos y gastos accesorios**, algunos de los cuales podrán figurar en la carta de porte desde un primer momento, por ser identificables ab initio, y otros no, por tratarse de gastos (o indemnizaciones) surgidos con posterioridad a la emisión de la carta de porte, cuya exigibilidad, siendo necesarios, queda fuera de toda duda (LCTTM art.38 -redacc RDL 3/2022- y 39).

Entre los suplementos, véanse las cantidades a que se refieren los párrafos tercero ('cantidad adicional al precio del transporte'), cuarto y quinto ('prima') de OM FOM/1882/2012 CGC Anexo condición 6.4.

Un supuesto de aumento de portes a posteriori se produce en el caso de **variación por el porteador de la ruta pactada** o debida por causa de fuerza mayor (OM FOM/1882/2012 CGC Anexo condición 5.4). Otro es el relativo a la variación del precio del gasóleo (LCTTM art.38 redacc RDL 3/2022).

Finalmente, véase también lo dispuesto en el Código de Buenas Prácticas 1.4, 2.1.2 y 2.1.3.

18. Lugar y fecha de formalización de la carta de porte
El lugar y la fecha de formalización -emisión- de la carta de porte no tienen por qué coincidir con el lugar y, en su caso, la fecha y la hora de entrega del envío al porteador (OM FOM/1882/2012 CGC Anexo condición 2.6).

19. Firma y sello del cargador
No se alude entre las menciones mínimas de la carta de porte a la firma del cargador (OM FOM/1882/2012 CGC Anexo condición 2.3). No obstante, de lo dispuesto en OM FOM/1882/2012 CGC Anexo cabe deducir que es al cargador a quien corresponde firmar un **primer ejemplar** de la carta de porte, pudiendo aquél exigirle al porteador que firme, por su parte, un **segundo ejemplar** de la carta de porte idéntico al que le ha extendido, el cual quedará en poder de éste.

También deberá el porteador hacer constar su firma sobre el primer ejemplar de la carta de porte emitido por el cargador cuando hubiere interpuesto **reservas u observaciones** (casilla 16) respecto de las características, condiciones o estado que presente el envío en el momento de hacerse cargo de él (OM FOM/1882/2012 CGC Anexo condición 2.3).

20. Firma y sello del porteador
Ver lo dispuesto en OM FOM/1882/2012 CGC Anexo condición 2.3.

21. Recibo de la mercancía: lugar, fecha, firma y sello del destinatario
Ver lo dispuesto en LCTTM art.33 a 36; OM FOM/1882/2012 CGC Anexo condición 2.3; Código Buenas Prácticas 2.1.4.

Transporte interior de mercancías por carretera de carga fraccionada: contrato

MCM 6470 s.

LCTTM; LOTT; ROTT; OM FOM/1882/2012 (CGC Anexo)

Nota preliminar:

- Se considera contrato de transporte de mercancías por carretera aquel mediante el cual una persona, física o jurídica, titular de una **empresa** dedicada a la realización de transportes por cuenta ajena o a la intermediación en la contratación de los transportes, se obliga, en nombre propio y mediante un precio, a realizar por cuenta de otra, las operaciones que resulten precisas para trasladar adecuadamente una o más cosas de un lugar a otro, mediante la utilización de vehículos de tracción mecánica que circulen por carretera (OM FOM/1882/2012 CGC Anexo condición 2.3). El transporte público de mercancías por carretera tendrá, en todo caso, la consideración de discrecional, aun cuando se produzca en el mismo una reiteración de itinerario, calendario u horario (LOTT art.64.2).

- El transporte de **carga fraccionada** es aquel cuya realización requiere otras actividades previas o complementarias inherentes al carácter fragmentario de las mercancías -manipulación, almacenamiento, grupaje, clasificación, embalaje o distribución- por parte del porteador (OM FOM/1882/2012 CGC Anexo condición 11).

- Téngase presente la modificación introducida por el RDL 3/2022 de medidas para la **mejora de la sostenibilidad del transporte de mercancías por carretera** y del funcionamiento de la cadena logística, y por el que se transpone la Dir (UE) 2020/1057, por la que se fijan normas específicas con respecto a la Dir 96/71/CE y la Dir 2014/67/UE para el desplazamiento de los conductores en el sector del transporte por carretera, y de medidas excepcionales en materia de revisión de precios en los contratos públicos de obras. En lo que se refiere a la LOTT, la modificación más relevante es que se limita la participación activa de los conductores profesionales en las **operaciones de carga y descarga** de mercancías y de sus soportes y envases, salvo en determinados supuestos (LOTT art.140.41, p.e, transporte de mudanzas y guardamuebles o transporte de vehículos cisterna, entre otros). Asimismo, se modifica la L 15/2009 a fin de equilibrar y dar mayor transparencia a la relación contractual entre las partes del contrato. Así, se **refuerza la posición del porteador** para deshacer la presunción legal de que la responsabilidad de la carga y descarga corresponde, con carácter general, al cargador y destinatario, se prevé expresamente que esta actividad debe remunerarse con carácter independiente del precio del transporte y se exige la especificación de esta contraprestación en la factura, cuando se lleve a cabo por el porteador.

- El modelo presupone unas **circunstancias** determinadas que serán las **más frecuentes**. Si en el caso concreto existen circunstancias particulares no previstas, deberá completarse o modificarse el modelo adaptándolo a las mismas.

En *"localidad"*, a *"fecha"*

REUNIDOS:

De una parte,

"Don/Doña nombre y apellidos de la parte", mayor de edad, *"estado civil de la parte" "... "especificar el régimen económico matrimonial de la parte" ... "*, de nacionalidad *"nacionalidad de la parte"*, con domicilio a estos efectos en *"domicilio de la parte"*, *"...con DNI/NIF número "DNI/NIF de la parte" ... O ... con tarjeta de residencia número "número de tarjeta de residencia de la parte" ... O ... pasaporte número "número de pasaporte de la parte", expedido el "fecha de expedición del pasaporte de la parte" ... O ... "reseñar otros documentos aportados por la parte" ... "*, vigente hasta el *"fecha de vigencia de la documentación aportada por la parte"*.

MCM 6470 s.

LCTTM; LOTT; ROTT; OM FOM/1882/2012 (CGC Anexo)

Interviene

>>

❍ **Si interviene en su propio nombre:**

en su propio nombre y derecho.

❍ **Si interviene como representante:**

en nombre y representación

>

❍ Si representa a persona física:

de *"Don/Doña nombre y apellidos del representado"*, mayor de edad, *"estado civil del representado"*, con domicilio en *"domicilio del representado"* y provisto de D.N.I./N.I.F. número *"DNI/NIF del representado"*, según consta en escritura de poder, otorgada ante el notario de *"lugar donde radica la notaría en la que se autorizó la escritura de poder de representación (persona física)"*, *"Don/Doña nombre y apellidos del notario que autorizó la escritura de poder de representación (persona física)"*, el *"fecha de escritura de poder de representación (persona física)"*, con el número *"número de protocolo del notario que autorizó la escritura de poder de representación (persona física)"* de su orden de protocolo.

❍ Si representa a persona jurídica:

de la sociedad mercantil denominada *"denominación social"*, domiciliada en *"domicilio social"*, y con NIF número *"NIF de la sociedad"*, constituida, por tiempo indefinido, mediante escritura otorgada ante el notario de *"lugar donde radica la notaría en la que se autorizó la escritura de poder de representación (persona jurídica)"*, *"Don/Doña nombre y apellidos del notario que autorizó la escritura de poder de representación (persona jurídica)"*, el *"fecha de escritura de poder de representación (persona jurídica)"*, e inscrita en el Registro Mercantil de *"datos de la inscripción registral (localidad del Registro Mercantil, tomo, folio, sección, hoja e inscripción)"*, en su calidad de

>

❍ Si representa como cargo social:

"...administrador único ... O ... administrador solidario ... O ... consejero delegado ... O ... "especificar la representación del cargo social" ... " de la reseñada sociedad, cargo para el que fue nombrado y asegura vigente en escritura otorgada el *"fecha de escritura del nombramiento del cargo"*, ante el notario de *"lugar donde radica la notaría en la que se autorizó la escritura del nombramiento"*, *"Don/Doña nombre y apellidos del notario que autorizó la escritura del nombramiento"*, con el número *"número de protocolo del notario que autorizó la escritura del nombramiento"* de su protocolo, e inscrita en el Registro Mercantil de *"localidad del Registro Mercantil de la escritura de nombramiento"*, en el tomo y hoja arriba indicados.

❍ Si representa como apoderado:

apoderado de la reseñada sociedad, según escritura de poder otorgada a su favor, en *"fecha de escritura del otorgamiento del poder"*, ante el notario de *"lugar donde radica la notaría en la que se autorizó la escritura de poder"*, *"Don/Doña nombre y apellidos del notario que autorizó la escritura de poder"*, con el número *"número de protocolo del notario que autorizó la escritura de poder"* de su protocolo *"...e inscrita en el Registro Mercantil de "localidad del Registro Mercantil de la escritura de poder" ... "*, en el tomo y hoja arriba indicados.

<

<

<<

En adelante, el **Porteador**.

MCM 6470 s.

Nota:

Nombre o denominación social del ***porteador****. Este dato deber figurar en la carta de porte (OM FOM/1882/2012 CGC Anexo condición 2.3; LCTTM art.10). Sobre el concepto de porteador ver OM FOM/1882/2012 CGC Anexo condición 1.5.*
El porteador podrá actuar en calidad de ***transportista*** *(OM FOM/1882/2012 CGC Anexo condición 1.5) o de* ***operador de transporte de mercancías*** *(OM FOM/1882/2012 CGC Anexo condición 1.5).*
Los ***datos de identificación*** *del porteador -junto con su domicilio- deben figurar en la carta de porte (LCTTM art.10; OM FOM/1882/2012 CGC Anexo condición 2.3).*

LCTTM; LOTT; ROTT; OM FOM/1882/2012 (CGC Anexo)

De otra parte,
"Don/Doña nombre y apellidos de la parte", mayor de edad, *"estado civil de la parte" "... "especificar el régimen económico matrimonial de la parte" ... "*, de nacionalidad *"nacionalidad de la parte"*, con domicilio a estos efectos en *"domicilio de la parte"*, *"...con DNI/NIF número "DNI/NIF de la parte" ... O ... con tarjeta de residencia número "número de tarjeta de residencia de la parte" ... O ... pasaporte número "número de pasaporte de la parte", expedido el "fecha de expedición del pasaporte de la parte" ... O ... "reseñar otros documentos aportados por la parte" ... "*, vigente hasta el *"fecha de vigencia de la documentación aportada por la parte"*.
Interviene

➤➤

❍ **Si interviene en su propio nombre:**

en su propio nombre y derecho.

❍ **Si interviene como representante:**

en nombre y representación

❍ Si representa a persona física:

de *"Don/Doña nombre y apellidos del representado"*, mayor de edad, *"estado civil del representado"*, con domicilio en *"domicilio del representado"* y provisto de D.N.I./N.I.F. número *"DNI/NIF del representado"*, según consta en escritura de poder, otorgada ante el notario de *"lugar donde radica la notaría en la que se autorizó la escritura de poder de representación (persona física)"*, *"Don/Doña nombre y apellidos del notario que autorizó la escritura de poder de representación (persona física)"*, el *"fecha de escritura de poder de representación (persona física)"*, con el número *"número de protocolo del notario que autorizó la escritura de poder de representación (persona física)"* de su orden de protocolo.

❍ Si representa a persona jurídica:

de la sociedad mercantil denominada *"denominación social"*, domiciliada en *"domicilio social"*, y con NIF número *"NIF de la sociedad"*, constituida, por tiempo indefinido, mediante escritura otorgada ante el notario de *"lugar donde radica la notaría en la que se autorizó la escritura de poder de representación (persona jurídica)"*, *"Don/Doña nombre y apellidos del notario que autorizó la escritura de poder de representación (persona jurídica)"*, el *"fecha de escritura de poder de representación (persona jurídica)"*, e inscrita en el Registro Mercantil de *"datos de la inscripción registral (localidad del Registro Mercantil, tomo, folio, sección, hoja e inscripción)"*, en su calidad de

1215

MCM 6470 s.

LCTTM; LOTT; ROTT; OM FOM/1882/2012 (CGC Anexo)

➤

○ Si representa como cargo social:

"*...administrador único ... O ... administrador solidario ... O ... consejero delegado ... O ...* "*especificar la representación del cargo social" ...* " de la reseñada sociedad, cargo para el que fue nombrado y asegura vigente en escritura otorgada el "*fecha de escritura del nombramiento del cargo*", ante el notario de "*lugar donde radica la notaría en la que se autorizó la escritura del nombramiento*", "*Don/Doña nombre y apellidos del notario que autorizó la escritura del nombramiento*", con el número "*número de protocolo del notario que autorizó la escritura del nombramiento*" de su protocolo, e inscrita en el Registro Mercantil de "*localidad del Registro Mercantil de la escritura de nombramiento*", en el tomo y hoja arriba indicados.

○ Si representa como apoderado:

apoderado de la reseñada sociedad, según escritura de poder otorgada a su favor, en "*fecha de escritura del otorgamiento del poder*", ante el notario de "*lugar donde radica la notaría en la que se autorizó la escritura de poder*", "*Don/Doña nombre y apellidos del notario que autorizó la escritura de poder*", con el número "*número de protocolo del notario que autorizó la escritura de poder*" de su protocolo "*...e inscrita en el Registro Mercantil de "localidad del Registro Mercantil de la escritura de poder" ...* ", en el tomo y hoja arriba indicados.

≺

≺

≺≺

En adelante, el **Remitente (o Cargador)**.

 **Nota:**

*Nombre o denominación social del **remitente**. Este dato deber figurar en la carta de porte (OM FOM/1882/2012 CGC Anexo condición 2.3; LCTTM art.10). Sobre el concepto de **remitente o cargador** (términos sinónimos), ver OM FOM/1882/2012 CGC Anexo condición 1.4.*

*La posición de remitente podrá ser ocupada, también, por uno de los llamados **operadores de transporte de mercancías** (OM FOM/1882/2012 CGC Anexo condición 1.3).*

*Distinta de la figura del remitente, aunque puedan coincidir, es la del llamado **expedidor** (OM FOM/1882/2012 CGC Anexo condición 1.7).*

*Los **datos de identificación** del **Remitente** -junto con su domicilio- deben figurar en la carta de porte (LCTTM art.10; OM FOM/1882/2012 CGC Anexo condición 2.3).*

Las partes se reconocen la capacidad legal necesaria para contratar y obligarse y, a tal efecto

EXPONEN:

I.

➤➤

○ **En caso de transportista:**

Que el **Porteador**, es titular de una empresa especialmente concebida y equipada para la realización material de transporte de mercancías por carretera, por cuenta ajena, con sus propios medios personales y materiales, y que, al efecto, dispone de vehículos con capacidad de tracción propia en virtud de cualquiera de los títulos permitidos por la legislación vigente.

 **Nota:**

*El ejercicio de la función de porteador como transportista u operador de transporte de mercancías está reservada por mandato legal a aquellas personas que reúnan determinadas **condiciones**, dispongan de las **autorizaciones** pertinentes y cumplan los **requisitos** exigidos por la Ley (*LOTT *art.*42 *a* 56*).*

❍ **En caso de operador de transporte:**

MCM 6470 s.

Que el **Porteador**, es titular de una empresa que, bajo la configuración de *"...agencia de transporte ... O ... transitario ... O ... almacenista-distribuidor ..."*, se encuentra habilitada para intermediar en los términos legalmente establecidos en la contratación del transporte de mercancías, actuando como organización interpuesta entre los remitentes y los porteadores, que contrata en nombre propio tanto con los unos como con los otros.

<<

LCTTM; LOTT; ROTT; OM FOM/1882/2012 (CGC Anexo)

II. Que el **Remitente** está interesado en la contratación de los servicios de transporte del **Porteador**, quien acepta, lo cual llevan a cabo conforme a las siguientes:

Nota:

*Recuérdese que la posición de remitente podrá ser ocupada, en su caso, por uno de los llamados **operadores de transporte de mercancías** (OM FOM/1882/2012 CGC Anexo condición 1.3), actuando así frente al porteador (o transportista).*

ESTIPULACIONES:

"NÚMERO" **Objeto del contrato**

En virtud de este contrato, el **Porteador** se obliga al transporte de un envío que tiene las siguientes características:

Nota:

*- La **obligación esencial** del porteador en un contrato de transporte es la de traslado y custodia de la mercancía (LCTTM art.28). Conexa a esta obligación, puede surgir otra, de **entrega contra reembolso**, derivada del pacto entre remitente y porteador, a la que se refieren OM FOM/1882/2012 CGC Anexo condición 1.3 y 6.4, y que deberá figurar en la carta de porte (OM FOM/1882/2012 CGC Anexo condición 2.3).*

*- Sobre el **concepto de envío**, ver OM FOM/1882/2012 CGC Anexo condición 1.8. La identificación del envío debe figurar en la carta de porte (OM FOM/1882/2012 CGC Anexo condición 2.3; LCTTM art.10).*

a) Tipo y naturaleza de mercancía: *"describir la naturaleza de la mercancía"*.

Nota:

*Deberán identificarse las **mercancías que componen el envío** (calidad, naturaleza). Este dato debe figurar en la carta de porte (LCTTM art.10; OM FOM/1882/2012 CGC Anexo condición 1.8 y 2.3). Se trata de una mención particularmente relevante en supuestos de **transportes especiales** en función de su carga -mercancías peligrosas, mercancías perecederas, etc., que están sometidos a reglamentaciones específicas (*LOTT *art.66.2).*

*En el caso de transporte de **mercancías peligrosas** (*ROTT *art.*140*) resulta de aplicación el* RD 97/2014, *por el que se regulan las operaciones de transporte de mercancías peligrosas por carretera en territorio español. Actualmente rige en relación con el transporte interno la aplicación de las normas del Acuerdo* Europeo *sobre el Transporte de Mercancías Peligrosas por Carretera (Ginebra* 30-9-57*; conocido como ADR), con sus modificaciones, por exigencias comunitarias (*Dir 2008/68/CE*, sobre el transporte terrestre de mercancías peligrosas). Con respecto a la mención en la carta de porte de este tipo de mercancías, ver OM FOM/1882/2012 CGC Anexo condición 10.*

*En el caso de **transporte bajo temperatura dirigida** de mercancías perecederas (*ROTT *art.*140*) se aplica el* RD 237/2000 *por el que se establecen las especificaciones técnicas que deben cumplir los vehículos especiales para el transporte terrestre de productos alimentarios a temperatura regulada y los procedimientos para el control de conformidad con las especificaciones.OM FOM/1882/2012 CGC Anexo condición*

b) Número de bultos integrantes del envío: *"número de bultos (Se ofrece una **definición de bulto** en* OM FOM/1882/2012 CGC Anexo condición 1.9.*)"*

c) Marcas, signos o números de identificación exterior de los bultos: *"signos de identificación de los bultos (Este dato debe figurar en la **carta de porte**) (*OM FOM/1882/2012 CGC Anexo condición 1.9; LCTTM art.10.*)"*.

MCM 6470 s.

d) Embalaje: *"especificar la clase de embalaje (Es conveniente reflejar en la **carta de porte** el dato relativo a la clase de embalaje empleado para proteger el transporte.)"*

"NÚMERO" **Condiciones del envío**

"Apartado" **Acondicionamiento, embalaje, señalización y etiquetado del envío y sus bultos**

LCTTM; LOTT; ROTT; OM FOM/1882/2012 (CGC Anexo)

El **Remitente** deberá entregar al **Porteador** las mercancías que componen el envío convenientemente acondicionadas, embaladas y señalizadas mediante las oportunas marcas o inscripciones que, en su caso, avisen del riesgo que su manipulación pueda entrañar para las personas o para las propias mercancías, de tal forma que éstas puedan soportar sin menoscabo su transporte en condiciones normales y no constituyan causa de peligro para el **Porteador** o su personal dependiente, las demás mercancías transportadas, el vehículo o los terceros. Del mismo modo, el **Remitente** deberá proceder al etiquetado de los bultos que componen en envío para facilitar una identificación precisa del destinatario y del lugar de entrega. Las menciones de las etiquetas deberán corresponder con las que se hagan constar en la carta de porte.

Nota:

*La mención del **nombre del destinatario** o consignatario debe entenderse en el sentido de su identificación inequívoca, ya sea mediante su denominación social o moral, en el caso de personas jurídicas, o incluyendo los apellidos, cuando se trate de personas físicas.*

El **Porteador** podrá rechazar el envío, o cualquiera de los bultos que lo integran, si se presentan mal acondicionados, embalados o señalizados para su transporte. Tampoco será responsable el **Porteador** de los posibles errores que puedan producirse en la entrega de los bultos en destino que se deriven de un etiquetado insuficiente o inadecuado por parte del **Remitente**.

"Apartado" **Examen del contenido de los bultos**

El **Porteador** podrá solicitar el reconocimiento del contenido de un bulto cuando tenga sospechas fundadas de que la declaración realizada por el **Remitente** a este respecto es falsa. Este reconocimiento se practicará ante testigos, en presencia del **Remitente** o, en su caso, del expedidor. No concurriendo uno de éstos, se hará el registro ante la Junta Arbitral del Transporte a la que se refiere la estipulación 11.3 de este contrato, extendiéndose un acta del resultado del reconocimiento. Si la declaración inicial del **Remitente** resulta ser cierta, los gastos que ocasionen las operaciones de registro y las de volver a cerrar cuidadosamente los bultos serán de cuenta del por **Porteador** y, en caso contrario, del **Remitente**. En este último caso, el **Porteador** podrá exigir la resolución del contrato y la correspondiente indemnización de daños y perjuicios.

Nota:

L 15/2009 *art.*4 *también menciona al **destinatario** (mención actual del anteriormente denominado consignatario).*

"NÚMERO" **Entrega del envío al Porteador. Carga y estiba**

"Apartado" **Lugar y momento de recepción del envío por el Porteador**

La recepción del envío para su transporte por el **Porteador** se realizará en *"lugar de recepción del envío (Este dato deberá reflejarse en la **carta de porte**) (*LCTTM art.10*;* OM FOM/1882/2012 CGC Anexo condición 2.3.*)"*, el *"fecha de recepción del envío"*, a las *"hora de recepción del envío"* horas.

Si el **Porteador** no se presentase a recoger el envío, o lo hiciese con un retraso superior a veinticuatro horas, días no laborables comprendidos, sobre la hora que, conforme a lo previsto anteriormente, corresponda, el remitente podrá exigirle una indemnización igual al 10 por 100 del precio del transporte y, sin perjuicio de ello, contratar el transporte del envío con otro **Porteador**.

El **Remitente**, por su parte, deberá tener listo el envío para su entrega al **Porteador** en el lugar, fecha y hora en que, conforme a lo anteriormente previsto, corresponda a éste recogerlo.

Si habiéndose presentado en plazo el **Porteador** a recoger la mercancía, el **Remitente** no le hiciese entrega del envío, o se demorase en hacerlo más de quince minutos, contados desde la presentación del **Porteador**, podrá éste exigirle una indemnización igual al 10 por 100 del precio del transporte. Si dicha demora fuese superior a treinta minutos, el **Porteador** podrá desistir del contrato e, independientemente de ello, podrá exigir una indemnización igual al 50 por 100 del transporte.

MCM 6470 s.

"Apartado" **Obligación de carga y estiba del envío**

Las operaciones de carga, estiba y colocación del envío en el correspondiente vehículo serán por cuenta del **Porteador**.

LCTTM; LOTT; ROTT; OM FOM/1882/2012 (CGC Anexo)

Nota:

Se admite ***pacto en contra*** *respecto de la carga (*LOTT *art.*22.2*; OM FOM/1882/2012 CGC Anexo condición 4.4). En ausencia de* ***formalización*** *por escrito de dicho pacto, se presumirá no acordado. Las operaciones de estiba y desestiba de las mercancías a bordo de los vehículos serán por cuenta, respectivamente del cargador y del destinatario, salvo que expresamente se asuman por el porteador (LCTTM art.*20 *redacc RDL 3/2022).*

Téngase presente el apartado en la nota preliminar sobre la ***modificación*** *introducida por el RDL 3/2022 y la modificación de la L 15/2009.*

El **Porteador** será, asimismo, responsable de los daños ocasionados como consecuencia de las deficiencias que se produzcan en las operaciones que le corresponde realizar de conformidad con lo previsto en el párrafo anterior.

Nota:

*Ver en ese sentido OM FOM/1882/2012 CGC Anexo condición 1.1, 1.4, 2.2 y 3.3; LCTTM art.*20.2 *redacc RDL 3/2022.*

"NÚMERO" **Entrega del envío al destinatario. Desestiba y descarga**

Nota:

El ***destinatario*** *es el "beneficiario" del contrato de transporte, o la persona a quien el porteador ha de entregar las mercancías en el lugar de destino (LCTTM art.*4.3*). Los términos consignatario y destinatario tienen idéntico significado, si bien las CGC se refieren a consignatario en el ámbito del transporte de carga completa y a destinatario en el del transporte de carga fraccionada.*

"Apartado" **Lugar y momento de entrega del envío al destinatario**

El Porteador se obliga a transportar el envío hasta *"lugar de destino (Habrá que indicar el* ***lugar de destino*** *del transporte: localidad, dirección. Estos datos deberán reflejarse en la* ***carta de porte****) (*LCTTM art.10*;* OM FOM/1882/2012 CGC Anexo condición 1.8 y 4.4.*)"*, para su entrega a *"datos del destinatario (Datos del* ***destinatario****, que también deben figurar en la carta de porte) (*LCTTM art.10*;* OM FOM/1882/2012 CGC Anexo condición 2.3.*)"*.

Si la entrega del envío al destinatario ha de realizarse en su domicilio y aquél no se encontrara en él para proceder a su recepción, el Porteador deberá dejarle un aviso escrito fechado, dándole un plazo para que proceda a la recogida del envío en un lugar determinado, o bien señalándole una fecha y hora concretas en las que el **Porteador** volverá a pasar por su domicilio para efectuarle la entrega.

Cuando la entrega deba realizarse en los locales de que, a tal efecto, disponga el **Porteador**, éste deberá hacer llegar al destinatario un aviso escrito fechado, dándole un plazo no inferior a cinco días laborables para que proceda a la recogida del envío.

Los gastos que, en su caso, ocasione la custodia o mantenimiento de las mercancías integrantes del envío entre el momento del aviso a que hacen referencia los párrafos anteriores y el de su efectiva entrega al destinatario serán por cuenta de éste, previa su justificación por el **Porteador**.

Transcurridos los plazos señalados precedentemente, podrá entender el **Porteador** que el destinatario rehúsa recibir el envío y proceder conforme a lo previsto en la estipulación 4.3 de este contrato.

MCM 6470 s.

LCTTM; LOTT; ROTT; OM FOM/1882/2012 (CGC Anexo)

"Apartado" **Obligación de desestiba y descarga del envío**
Las operaciones de desestiba y descarga del envío en el correspondiente vehículo serán por cuenta del **Porteador**.

Nota:

Se admite ***pacto en contra*** *(*LOTT *art.22.2; OM FOM/1882/2012 CGC Anexo condición 6.1 y 6.8; LCTTM art.*20 *redacc RDL 3/2022).*
Téngase presente el apartado en la nota preliminar sobre la ***modificación*** *introducida por el RDL 3/2022 y la modificación de la L 15/2009.*

El **Porteador** será, asimismo, responsable de los daños ocasionados como consecuencia de las deficiencias que se produzcan en las operaciones que le corresponde realizar de conformidad con lo previsto en el párrafo anterior.

Nota:

Ver en ese sentido OM FOM/1882/2012 CGC Anexo condición 6.5 y 6.8; LCTTM art.20.2.

"Apartado" **Entrega del envío al destinatario. Rechazo .**
Si el destinatario rehúsa recibir el envío, el **Porteador** deberá pedir nuevas instrucciones al **Remitente**. Cuando las nuevas instrucciones impartidas por éste consistan en el traslado del envío a un término municipal distinto al inicialmente pactado, el **Porteador** podrá optar entre solicitar el depósito del envío, conforme a lo previsto en el párrafo siguiente, o realizar el transporte del envío hasta su nuevo destino, aplicándose en este caso las reglas previstas en este contrato para el cambio de consignación del envío. Estas reglas se aplicarán, igualmente, cuando el término municipal sea el mismo.

Si no es posible para el **Porteador** solicitar nuevas instrucciones al **Remitente**, o si dichas instrucciones no son impartidas por éste en el plazo de dos horas contadas desde que fueron solicitadas, el **Porteador** podrá solicitar el depósito del envío por parte de la Junta Arbitral del Transporte, conforme a lo establecido en la estipulación 11.3 de este contrato, a disposición del **Remitente**, sin perjuicio de tercero de mejor derecho, surtiendo este depósito los efectos de la entrega.

Nota:

Sobre la ***solicitud de depósito*** *del envío en idénticos términos y con las mismas consecuencias cuando el transporte se haya concertado a porte debido y el destinatario se niegue a pagar su precio en el momento de recibir el envío del porteador, ver OM FOM/1882/2012 CGC Anexo condición 6.*
Sobre el depósito, téngase en cuenta la nueva redacción dada al art.11 ROTT según el RD 79/2019.

"NÚMERO" **Obligación de realizar el transporte**
El **Porteador** podrá realizar el transporte pactado bien con los medios personales y materiales integrantes de su propia organización empresarial, utilizando vehículos de los que disponga a tal efecto, o bien, en los supuestos legalmente previstos, mediante la colaboración de otro u otros transportistas que cuenten con el personal y los vehículos adecuados para hacerlo, no quedando, por este motivo, desvirtuada su condición de **Porteador** único frente al **Remitente**.

Nota:

El porteador deberá utilizar un ***vehículo*** *que sea adecuado para el tipo y circunstancias del transporte que deba realizar, de acuerdo con la información que le suministre el cargador (LCTTM art.17).*
Ver al respecto LOTT *art.*54*; OM FOM/1882/2012 CGC Anexo condición 4.1. Los* ***supuestos de colaboración*** *entre transportistas y operadores de transporte previstos en la vigente normativa de ordenación del transporte terrestre son numerosos:* LOTT *art.8.2,* 76*,* 89.2*,* 133.2*,* 137.1*; ROTT art.85, 104.3, 107.2, 121, 178.4 -redacc RD 70/2019- y 180.1; LCTTM art.64 y 67.*

En todo caso, el **Porteador** se obliga a que los vehículos que vaya a emplear cuenten con las autorizaciones y permisos necesarios y reúnan las condiciones adecuadas para el transporte del envío pactado, así como para el acceso y circulación por los lugares en que haya de realizarse su carga y descarga.

1215 **Transporte**

MCM 6470 s.

LCTTM; LOTT; ROTT; OM FOM/1882/2012 (CGC Anexo)

"NÚMERO" **Plazo del transporte**

El **Porteador** se obliga a entregar el envío en el lugar de destino pactado en un plazo no superior a *"tiempo máximo de entrega del envío"* horas, contadas desde la hora que el envío fue definitivamente recibido por aquél, conforme a lo establecido en la estipulación 3.1 de este contrato.

Nota:

*Este dato debe figurar en la **carta de porte** (LCTTM art.10; OM FOM/1882/2012 CGC Anexo condición 2.3). En ausencia de plazo, se establecen criterios para la determinación del plazo de entrega (OM FOM/1882/2012 CGC Anexo condición 6.1: en concreto, si no se establece un plazo, la mercancía deberá ser entregada al destinatario dentro del término que razonablemente emplearía un porteador diligente en realizar el transporte, atendiendo a las circunstancias del caso (LCTTM art.33.1).*

Si, en contra de lo establecido en la citada estipulación 3.1, no se hubiera hecho constar en la carta de porte la hora en que el **Porteador** recibió el envío del **Remitente**, dicho plazo comenzará a contarse desde las cero horas (00:00 horas) del día siguiente al de la recepción del envío.

Los días no laborables no se tendrán en cuenta en el cálculo del plazo señalado, al cual se añadirá, por otra parte, el tiempo necesario para el cumplimiento de las formalidades administrativas que, en su caso, resulten obligatorias y de las operaciones complementarias solicitadas por el **remitente**.

Cuando el plazo total del transporte expire entre las dieciocho horas (18:00 horas) de un día y las nueve horas (9:00 horas) del siguiente, el envío deberá ser puesto a disposición del consignatario no más tarde de las nueve horas o del momento de apertura del correspondiente establecimiento, cuando éste sea posterior a dicha hora, del primer día laborable que siga a la expiración del plazo.

"NÚMERO" **Cambio de consignación del envío**

El **remitente** podrá, sin variar el lugar donde deba hacerse la entrega, cambiar la consignación del envío, y el **porteador** deberá cumplir dicha orden con tal de que la misma le sea comunicada antes de haber realizado la entrega del envío al destinatario inicialmente designado y, en su caso, con tiempo suficiente para impartir las órdenes adecuadas a su personal encargado de la conducción y/o entrega del envío, y de que el **remitente** le devuelva la carta de porte original, si ésta hubiere sido suscrita por el **porteador**, canjeándola por otra en la que conste la novación del contrato.

Los gastos que el ejercicio de este derecho ocasione serán por cuenta del **remitente**.

"NÚMERO" **Precio del transporte**

Las partes acuerdan un precio del transporte por importe de *"importe del transporte, en letra"* euros (*"importe del transporte, en número"* €), a cuyo pago se obliga el **Remitente**. Éste se obliga, además, previa justificación por parte del **Porteador**, al abono de todos aquellos gastos en que incurra éste y sean necesarios para llevar a cabo el transporte pactado en este contrato.

Nota:

*- Este dato debe figurar en la **carta de porte** (OM FOM/1882/2012 CGC Anexo condición 2.3; LCTTM art.10). Sobre el vigente **régimen tarifario**, ver* LOTT *art.18 y 19;* ROTT *art.28 -RD 70/2019- y 29. Como regla general, los transportes públicos de mercancías no están sometidos a tarifas obligatorias. Véase, por otro lado, la* OM 18-12-2000 *por la que se establecen **tarifas de referencia** para los servicios de transporte público de mercancías por carretera.*

*- Los datos relativos al precio y gastos del transporte deben figurar en la **carta de porte** (LCTTM art.10; OM FOM/1882/2012 CGC Anexo condición 2.3). El porteador debe informar al remitente de la posibilidad de suscribir un **seguro de daños** sobre las mercancías, cuyo coste podrá ser repercutido en el precio del transporte (OM FOM/1882/2012 CGC Anexo condición 3.3).*

*- Téngase en cuenta la redacción dada al art.38 L 15/2009 por el RDL 3/2022, en virtud de la cual en los transportes por carretera, cuando el **precio del combustible hubiese variado** entre el día de celebración del contrato y el momento de realizarse el transporte, el porteador, así como el obligado al pago incrementarán o reducirán, en su caso, el precio inicialmente pactado en la cuantía que resulte de aplicar los criterios o fórmulas que, en cada momento, tenga establecidos la Administración en las correspondientes condiciones generales de contratación del transporte de mercancías por carretera.*

*La variación respecto del precio inicialmente pactado se reflejará en la **factura de manera desglosada**, salvo que expresamente se hubiera recogido en el contrato otra forma de reflejar este ajuste. Dichos criterios o fórmulas deberán basarse en la repercusión que la partida de combustible tenga sobre la **estructura de costes** de los vehículos de transporte de mercancías.*

MCM 6470 s.

El **porteador** podrá exigir al **remitente** el pago del precio y de los gastos del transporte tan pronto como haya realizado el transporte y previa justificación de la entrega del envío al consignatario.

El pago del precio deberá realizarse al contado, con dinero o a través de cualquier otro instrumento con carácter liberatorio, en el domicilio del **porteador** que consta en la estipulación 12.2 de este contrato.

LCTTM; LOTT; ROTT; OM FOM/1882/2012 (CGC Anexo)

***"NÚMERO"* Responsabilidad del porteador**

***"Apartado"* Periodo de responsabilidad**

La responsabilidad del **Porteador** por los daños (pérdida, averías, etc.) que afecten al envío, así como por cualesquiera otros incumplimientos de las obligaciones asumidas por él en este contrato, que no tengan establecido otro régimen de responsabilidad en dicho contrato, comenzará desde el momento en que recibe materialmente el envío para su transporte. Este periodo de responsabilidad finalizará cuando se produzcan la entrega del envío al destinatario o alguno de los supuestos asimilados a la entrega en este contrato o en la normativa aplicable.

***"Apartado"* Responsabilidad por colaboradores dependientes e independientes**

El **Porteador** responderá, como si de sus propios actos y omisiones se tratase, de los actos y omisiones de sus empleados y de los de todas las otras personas, incluidos otros transportistas colaboradores, a cuyos servicios recurra para la ejecución del transporte, cuando tales empleados o tales otras personas hayan actuado en el ejercicio de las funciones que les hubiesen sido encomendadas con vistas a la ejecución del presente contrato de transporte.

Nota:

*Sobre las diversas formas de configuración jurídica de la **colaboración entre el porteador y otros transportistas**, ver OM FOM/1882/2012 CGC Anexo condición 3 y LCTTM art.64.*

***"Apartado"* Responsabilidad por pérdida y averías del envío**

El **porteador** se obliga a entregar las mercancías integrantes del envío al consignatario en el mismo estado en que, según la carta de porte (o similar documento probatorio), se hallaban al tiempo de recibirlas del **remitente**. En consecuencia, el **porteador** será responsable de todos los daños y menoscabos que experimente el envío durante el transporte, salvo que pruebe que han sido debidos a caso fortuito, fuerza mayor o naturaleza y vicio propio de las cosas.

Se presumirá probada la concurrencia de las causas que, con arreglo a lo previsto en el párrafo anterior, exoneran de responsabilidad al **Porteador** si éste prueba que los daños o menoscabos experimentados por el envío han podido resultar de los riesgos particulares inherentes a una o varias de las siguientes circunstancias: *"detallar las posibles eventualidades"*.

Nota:

*Cabría indicar alguna de las **circunstancias** recogidas en OM FOM/1882/2012 CGC Anexo condición 3 que resulte de directa aplicación al tipo particular de transporte al que se refiere este contrato.*

No obstante, el **porteador** será responsable, asimismo, de las pérdidas y averías que procedan de las causas expresadas en el párrafo precedente si, a su vez, se prueba en su contra que ocurrieron por su negligencia, por no haber seguido las instrucciones especiales que se le hayan podido dar, o por haber dejado de tomar las precauciones usuales entre personas diligentes, a no ser que el **remitente** haya cometido engaño en la carta de porte, indicando un género o calidad de las mercancías que componen el envío diferente de los que realmente tengan.

MCM 6470 s.

Por otro lado, si a pesar de las precauciones a que se refiere el párrafo anterior, las mercancías que componen el envío corren riesgo de perderse durante el transporte, por su naturaleza o por accidente inevitable, sin que hubiese tiempo para que sus dueños o derechohabientes dispusieran de ellas, el **Porteador** podrá proceder a su venta, poniéndolas con este objeto a disposición de la Junta Arbitral del Transporte que corresponda, conforme a lo previsto en la estipulación 11.3 de este contrato, o a disposición de la autoridad judicial competente.

LCTTM; LOTT; ROTT; OM FOM/1882/2012 (CGC Anexo)

Nota:

Téngase en cuenta el ROTT art.12.

*"1. Como regla general, la **enajenación de mercancías** por parte de las Juntas Arbitrales se realizará mediante subasta, conforme a las reglas señaladas al efecto por el Ministro de Fomento, a la que darán la mayor publicidad posible.*

*2. Las Juntas solo podrán proceder a la **venta directa** de las mercancías en los siguientes supuestos:*

a) Cuando por su naturaleza o estado de conservación o por la concurrencia de un accidente u otra causa técnica sobrevenida, no sea posible promover la subasta sin riesgo de que las mercancías se pierdan.

b) Cuando hubiera resultado desierta la subasta o el postor hubiera renunciado a la adjudicación.

c) Cuando el escaso valor de las mercancías que hayan de ser enajenadas resulte desproporcionado en relación con los gastos que previsiblemente generaría su venta mediante un procedimiento de concurrencia y licitación públicas.

*3. Cuando el género o características de la mercancía que haya de enajenarse así lo aconsejen, la Junta podrá acordar, a petición del solicitante de la enajenación o del propietario de las mercancías con el consentimiento de aquél, que la enajenación se realice por medio de **persona o entidad especializada**, pública o privada.*

*4. Cuando la causa de la enajenación sea la satisfacción del **precio del transporte**, únicamente se enajenará la cantidad de mercancía necesaria para satisfacer dicho precio, los gastos del transporte y los gastos ocasionados por el depósito y la enajenación de las mercancías. Si, como consecuencia de la naturaleza o características de la mercancía que haya de ser enajenada, fuera necesario vender una cantidad superior, el excedente de la venta será entregado a quien justifique su derecho".*

*Téngase presente el apartado de la nota preliminar sobre **modificación** introducida por el RDL 3/2022 y la modificación de la L 15/2009 respecto de las **obligaciones de carga y descarga**.*

***"Apartado"* Responsabilidad por retraso en la entrega del envío**

El **Porteador** se obliga a entregar el envío al destinatario dentro del plazo previsto en la estipulación Segunda de este contrato. En consecuencia, será responsable de los daños derivados del retraso, salvo que pruebe que se ha debido a caso fortuito, fuerza mayor o causa imputable al destinatario.

***"Apartado"* Indemnizaciones**

A) Pérdida y averías

Cuando el **Porteador** sea responsable de los daños, pérdidas o averías que sufran las mercancías integrantes del envío, estará obligado a indemnizar al derechohabiente con una cantidad equivalente al valor de las mercancías no entregadas, tomando como base el valor que tuvieran en el momento y lugar en que el Porteador las recibió para su transporte.

Dicha cuantificación no será de aplicación cuando el daño se haya producido mediando dolo del **Porteador**.

Nota:

Ver lo dispuesto en LOTT *art.23.1; OM FOM/1882/2012 CGC Anexo condición 7.5.*

Si el efecto de las averías fuese sólo una disminución en el valor de las mercancías que componen el envío, se reducirá la obligación del **Porteador** a abonar lo que importe esa diferencia de valor, conforme a la peritación que a tal efecto realice, a petición de cualquiera de los interesados, la Junta Arbitral del Transporte correspondiente, conforme a lo establecido en la estipulación 11.3 de este contrato.

No obstante, cuando el **porteador** sólo haga entrega de una parte de las mercancías que componen el envío, el destinatario podrá rehusar el hacerse cargo de éstas cuando pruebe que no puede utilizarlas con independencia de las mercancías no entregadas.

MCM 6470 s.

Asimismo, si por efecto de las averías, quedan las mercancías que componen el envío inútiles para su venta y consumo en los objetos propios de su uso, el destinatario no estará obligado a recibirlas, y podrá dejarlas por cuenta del **porteador**, exigiéndole su valor al precio corriente en aquel día, hasta el límite expresado en el primer párrafo de este apartado.

LCTTM; LOTT; ROTT; OM FOM/1882/2012 (CGC Anexo)

Si entre las mercancías averiadas se hallan algunas piezas en buen estado y sin defecto alguno, será aplicable lo señalado en el párrafo anterior con respecto a las deterioradas, y el destinatario deberá recibir las que estén ilesas, haciéndose esta segregación por piezas distintas sueltas, y sin que para ello se divida un mismo objeto, a menos que el consignatario pruebe la imposibilidad de utilizarlas convenientemente en esta forma.

Idéntica regla a la precedente se aplicará a las mercancías embaladas o envasadas, con distinción de los bultos que aparezcan ilesos.

B) Retraso
La indemnización que deba pagar el **Porteador** por el retraso en la entrega de las mercancías que componen el envío no podrá exceder del precio del transporte (excluidos gastos).

Nota:

Ver LCTTM art.52 s. sobre ***indemnizaciones*** *debidas por el porteador.*
La ***indemnización por retraso*** *comprende el perjuicio que se pruebe que ha ocasionado dicho retraso (LCTTM art.56). Se permite el pacto sobre indemnización por retraso con un contenido distinto al recogido en el texto (LCTTM art.57;* LOTT *art.23.1; OM FOM/1882/2012 CGC Anexo condición 4.3, 4.17 y 6.10).*

No obstante lo previsto en el párrafo anterior, el destinatario podrá dejar por cuenta del **porteador** las mercancías que integran el envío, en los términos previstos en la letra A) precedente. En todo caso, procederá el deje de cuenta si el retraso excede del duplo del plazo señalado como máximo por este contrato o cuando, aun siendo inferior el retraso al anteriormente señalado, pruebe el destinatario que dichas mercancías ya le resultan totalmente inútiles en el momento de recibirlas.

"NÚMERO" **Normas sobre reclamaciones**

"Apartado"
Dentro de las veinticuatro (24) horas siguientes al recibo del envío, podrá hacerse la reclamación contra el **porteador**, por daño o avería que se encuentre en las mercancías al abrir los bultos, con tal de que no se conozcan por la parte exterior de éstos las señales del daño o avería que da lugar a la reclamación, en cuyo caso sólo se admitirá ésta en el acto del recibo. Transcurridos los plazos expresados, no se admitirá reclamación alguna en contra del **porteador** sobre el estado en que se entregó el envío objeto de este contrato de transporte.

"Apartado"
Si se producen dudas y contestaciones entre el destinatario y el **Porteador** sobre el estado en que se hallan las mercancías que componen el envío en el momento en que éste hace entrega de las mismas a aquél, dichas mercancías será reconocidas por peritos nombrados por las partes, y un tercero en caso de discordia, designado por la Junta Arbitral del Transporte que corresponda conforme a lo establecido en la estipulación 11.3 de este contrato o por la autoridad judicial competente, haciéndose constar por escrito el resultado de la peritación; y si los interesados no quedaran conformes con el dictamen pericial y no transigieran en sus diferencias, se procederá por la Junta Arbitral o autoridad judicial al depósito de las mercancías en almacén seguro, y las partes usarán de su derecho como corresponda.

"NÚMERO" **Disposiciones generales**

"Apartado" **Formalización del contrato: carta de porte**
Antes de que el **porteador** se haga cargo del envío, el **remitente** deberá extender y firmar una carta de porte, conforme a la OM FOM/1882/2012. Correlativamente, el **remitente** también podrá exigirle al **porteador** que firme un ejemplar de la carta de porte idéntico al que él ha extendido, el cual conservará en su poder.

MCM 6470 s.

LCTTM; LOTT; ROTT; OM FOM/1882/2012 (CGC Anexo)

Si el **remitente** se niega injustificadamente a extender la carta de porte, una vez que el **porteador** ha puesto a disposición el vehículo para su carga, éste podrá, a su vez, negarse a realizar el transporte, sin incurrir por este motivo en responsabilidad alguna. Por su parte, la negativa injustificada del **porteador** a firmar el duplicado de la carta de porte, dará derecho al **remitente** a contratar inmediatamente otro **porteador** para la realización del transporte.

La carta de porte acreditará la existencia del contrato de transporte y sus condiciones, así como la recepción del envío por parte del **porteador**. Todas las controversias y contestaciones que se produzcan en relación con la ejecución y cumplimiento del contrato se decidirán por el contenido de la carta de porte, sin que sus firmantes puedan oponer cosa alguna frente a la veracidad de las menciones que en la misma consten, a no ser que prueben su falsedad o la existencia de error material en su redacción. En caso de discrepancia entre el contenido de la carta de porte y lo dispuesto por este contrato, prevalecerá aquélla.

Sin perjuicio de lo dispuesto en el segundo párrafo de esta estipulación, la ausencia, irregularidad o pérdida de la carta de porte no afectarán a la validez o existencia de este contrato, debiendo, en su caso, decidirse todas las controversias y contestaciones que se produzcan en relación con su ejecución y cumplimiento por el contenido de este contrato y demás medios de prueba pertinentes.

Nota:

*Por reforma operada por RDL 14/2022, se introduce la L 15/2009 art.10 bis, relativo a la **carta de porte** en los contratos celebrados con porteador efectivo, siempre que el precio del transporte sea superior a ciento cincuenta euros.*

*La obligación de contar con esta carta de porte no será de aplicación en el supuesto de los **transportes por carretera** en los que no sea exigible el documento de control administrativo regulado en la normativa de transporte.*

*Las **menciones obligatorias** en este caso de carta de porte son las siguientes:*

a) Nombre o denominación social, NIF y dirección del cargador y, en su caso, del expedidor.

b) Nombre o denominación social y NIF del transportista efectivo.

c) Lugar, fecha y, en su caso, hora de la recepción de la mercancía por el porteador efectivo.

d) Lugar, fecha y, en su caso, hora prevista de entrega de la mercancía en destino.

e) Nombre y dirección del destinatario.

f) Naturaleza y masa de las mercancías. En los supuestos en que, por razón de las circunstancias en que se produzca la carga del vehículo, resulte de difícil determinación la masa exacta de la mercancía que se va a transportar, se buscará otro tipo de magnitud para determinarla.

g) Precio convenido del transporte, así como el importe de los gastos relacionados con el transporte previstos en el artículo 20, salvo que consten en otro documento contractual por escrito. El precio y los gastos relacionados con el transporte deberán cubrir el total de costes efectivos individuales incurridos o asumidos por el porteador para su prestación.

***"Apartado"* Notificaciones**

Cualquier notificación o comunicación que deba efectuarse de acuerdo con, o como consecuencia de, las estipulaciones de este contrato, se hará por escrito y será remitida por fax y/o correo electrónico e, inmediatamente después, por correo postal a las siguientes direcciones, o a cualquier otra que las partes en su momento se comuniquen recíprocamente: *"direcciones de notificaciones"*.

Nota:

*Lugar para insertar las **direcciones de las partes** a efectos de notificaciones. También, en su caso, la del destinatario.*

***"Apartado"* Derecho aplicable y resolución de conflictos**

a) El presente contrato se regirá por el Derecho de *"lugar del Derecho aplicable (Cláusula de **elección de Ley** para los supuestos de que el contrato pueda ser considerado como un contrato internacional a los efectos del Derecho Internacional Privado.)"*. En lo que no esté expresamente pactado en este documento, serán de aplicación al presente contrato las condiciones generales de contratación de los transportes de mercancías por carretera, aprobadas por la OM FOM/1882/2012.

1215

MCM 6470 s.

LCTTM; LOTT; ROTT; OM FOM/1882/2012 (CGC Anexo)

Nota:

*Ver ROTT art.*13.2.

b) Para la resolución de cualquier diferencia que pudiera surgir en cuanto a la interpretación, ejecución o cumplimiento del presente contrato, con independencia de su cuantía, ambas partes, con expresa renuncia a cualquier otro fuero que pudiera corresponderles, acuerdan someterse expresamente y en este acto, al arbitraje de la Junta Arbitral del Transporte de *"localidad de la Junta Arbitral del Transporte"*. El laudo arbitral será dictado de conformidad con el procedimiento establecido en los Estatutos y normas reglamentarias de dicha Junta Arbitral. Las partes contratantes se comprometen a proporcionar a la Junta actuante en cada caso la información que se requiera para analizar la controversia planteada, así como a acatar sus decisiones.

Nota:

Sobre las ***Juntas Arbitrales del Transporte****, ver LOTT art.*37 *y* 38; *ROTT art.*6 *a* 12.

c) Dicha Junta Arbitral del Transporte será igualmente competente para la realización de las actuaciones de depósito, enajenación o peritación de las mercancías que, en su caso, resulten procedentes con arreglo a lo previsto en distintas Estipulaciones de este contrato.

Nota:

*Ver OM FOM/1882/2012 CGC Anexo, en relación con LOTT art.*23.2 *y* 38.3; *ROTT art.*6 *y preceptos concordantes.*

Y en prueba de conformidad, ambas partes firman el presente contrato, que se extiende en dos ejemplares, igualmente originales, en el lugar y fecha indicados en su encabezamiento.

EL PORTEADOR **EL REMITENTE**

Transporte de mercancías por carretera de carga fraccionada: carta de porte

MCM 6482

LCTTM art.28, 36, 43; ROTT art.13.2; OM FOM/1882/2012 (CGC Anexo condición 2.3)

Nota preliminar:

- Se considera contrato de transporte de mercancías por carretera aquel mediante el cual una persona, física o jurídica, titular de una **empresa** dedicada a la realización de transportes por cuenta ajena o a la intermediación en la contratación de los transportes, se obliga, en nombre propio y mediante un precio, a realizar por cuenta de otra, las operaciones que resulten precisas para trasladar adecuadamente una o más cosas de un lugar a otro, mediante la utilización de vehículos de tracción mecánica que circulen por carretera (OM FOM/1882/2012 CGC Anexo; LCTTM art.2). El transporte público de mercancías por carretera tendrá, en todo caso, la consideración de discrecional, aun cuando se produzca en el mismo una reiteración de itinerario, calendario u horario (LOTT art.64.2).

El transporte de **carga fraccionada** es aquel cuya realización requiere otras actividades previas o complementarias inherentes al carácter fragmentario de las mercancías -manipulación, almacenamiento, grupaje, clasificación, embalaje o distribución- por parte del porteador (OM FOM/1882/2012 CGC Anexo condición 11).

- Sobre la **exigibilidad** de la carta de porte, se establece que las partes están autorizadas, ante la negativa de la contraparte a emitir el correspondiente documento, a negarse a efectuar el transporte -porteador- o a contratar el transporte con otro porteador -cargador-, es decir, a resolver el contrato (OM FOM/1882/2012 CGC Anexo).

- El presente modelo de carta de porte es el aprobado por la OM FOM/1882/2012 CGC Anexo, del Ministerio de Fomento, por la que se establecen las **condiciones generales** de la contratación de los transportes de mercancías por carretera.

- Téngase presente la modificación introducida por el RDL 3/2022 de medidas para la **mejora de la sostenibilidad del transporte de mercancías por carretera** y del funcionamiento de la cadena logística, y por el que se transpone la Dir (UE) 2020/1057, por la que se fijan normas específicas con respecto a la Dir 96/71/CE y la Dir 2014/67/UE para el desplazamiento de los conductores en el sector del transporte por carretera, y de medidas excepcionales en materia de revisión de precios en los contratos públicos de obras. En lo que se refiere a la LOTT, la modificación más relevante es que se limita la participación activa de los conductores profesionales en las **operaciones de carga y descarga** de mercancías y de sus soportes y envases, salvo en determinados supuestos (LOTT art.140.41, p.e, transporte de mudanzas y guardamuebles o transporte de vehículos cisterna, entre otros). Asimismo, se modifica la L 15/2009 a fin de equilibrar y dar mayor transparencia a la relación contractual entre las partes del contrato. Así, se **refuerza la posición del porteador** para deshacer la presunción legal de que la responsabilidad de la carga y descarga corresponde, con carácter general, al cargador y destinatario, se prevé expresamente que esta actividad debe remunerarse con carácter independiente del precio del transporte y se exige la especificación de esta contraprestación en la factura, cuando se lleve a cabo por el porteador.

CONTRATO MERCANTIL DE TRANSPORTE DE MERCANCÍAS POR CARRETERA

Nota:

*- Sobre el **carácter mercantil** del contrato documentado por esta carta de porte, ver LCTTM art.*4 *y OM FOM/1882/2012 CGC Anexo art.5. Igualmente, ver* ET *art.*1.3.*g).*

*- Las CGC ofrecen un concepto de contrato de transporte de mercancías por carretera, del que se **excluyen** los transportes cuyo origen o destino se encuentren fuera del territorio nacional y los transportes de equipajes en vehículos destinados al de viajeros o en remolques arrastrados por éstos (OM FOM/1882/2012 CGC Anexo condición 1.1).*

- Esta mención sirve de advertencia sobre el alcance de las CGC respecto del contrato de transporte de mercancías por carretera de carga completa documentado en la carta de porte. En este sentido, ver LOTT *art.24.2;* ROTT *art.*13.2*; OM FOM/1882/2012 CGC Anexo condición 2.1.*

*La expresión "en lo no previsto expresamente en el mismo" no se corresponde exactamente con la utilizada en los preceptos citados, que indican que las CGC se aplicarán **de forma subsidiaria o supletoria** a las condiciones que libremente pacten las partes de forma escrita. Ver LCTTM art.*5 *s.*

1220

CONTRATO MERCANTIL (1) DE TRANSPORTE DE MERCANCÍAS POR CARRETERA (2)

1 Cargador o remitente (nombre, domicilio y CIF/NIF)	**El presente contrato se regirá en lo no previsto expresamente en el mismo por las Condiciones Generales de Contratación aprobadas por el Ministerio de Fomento (art. 13.5 Reglamento de la Ley de Ordenación de los Transportes Terrestres) (3)**
2 Consignatario o destinatario (nombre, domicilio y CIF/NIF)	14 Porteador (transportista u operador de transportes que ha contratado directamente con el cargador) (nombre, domicilio y CIF/NIF) 15 Porteadores sucesivos (nombre, domicilio y CIF/NIF)
3 Lugar de entrega de la mercancía (localidad)	
4 Lugar y fecha de carga de la mercancía (lugar, fecha)	16 Reservas y observaciones del porteador
5 Documentos anexos	

6 Palabras, números u otras marcas o signos exteriores que identifican los bultos	7 Número de bultos	8 Clase de embalaje	9 Naturaleza de la mercancía	10 Peso bruto, kg.	11 Volumen m[3]
Clase	Cifra	Letra	(ADR)*		

17 A pagar por:	Cargador Consignatario	12 Instrucciones del cargador
En fecha:		
Precio del transporte: Descuentos: Líquido: Suplementos: Gastos Accesorios:		13 Estipulaciones particulares** acerca de la carga y descarga o condiciones de transporte
TOTAL:		
18 Formalizado en a 20		

19	20	21 Recibo de la mercancía Lugar a 20
Firma y sello del cargador	Firma y sello del porteador	Firma y sello del consignatario

* A rellenar en el caso de mercancías peligrosas

** Declaración de valor, interés especial en la entrega, seguros, indemnización por retrasos, reembolso, etc.

Otras observaciones:

1. Cargador o remitente (nombre, domicilio)

Esta mención identifica a uno de los **elementos personales** del contrato de transporte, siendo la otra parte el porteador o transportista (véase la casilla 14 de esta carta de porte).

Téngase en cuenta que cuando en la operación de transporte intervenga uno de los llamados **operadores de transporte** (OM FOM/1882/2012 CGC Anexo art.6), éste figurará como cargador frente al transportista a cuyos servicios recurra para llevar a cabo el transporte (OM FOM/1882/2012 CGC Anexo art.6).

Los términos **cargador y remitente** tienen idéntico significado, si bien las CGC, se refieren a cargador en el ámbito del transporte de carga completa y a remitente en el del transporte de carga fraccionada.

Sin embargo, no debe confundirse la figura del cargador o remitente con la del **expedidor** (OM FOM/1882/2012 CGC Anexo condición 1.7).

La mención del nombre del cargador en la carta de porte debe entenderse en el sentido de su **identificación inequívoca**, ya sea mediante su denominación social o moral, en el caso de personas jurídicas, o incluyendo los apellidos, cuando se trate de personas físicas.

La mención del **domicilio** también ha de tener una finalidad de identificación inequívoca (incluyéndose la calle, número, piso, en su caso, población y código postal).

En esta casilla puede insertarse el N.I.F. del cargador o remitente.

2. Consignatario o destinatario (nombre, domicilio)
Esta mención identifica al 'beneficiario' del contrato de transporte (OM FOM/1882/2012 CGC Anexo condición 1.6).

Los términos **consignatario y destinatario** tienen idéntico significado, si bien las CGC se refieren a consignatario en el ámbito del transporte de carga completa y a destinatario en el del transporte de carga fraccionada.

La mención del nombre del consignatario o destinatario debe entenderse en el sentido de su **identificación inequívoca**, ya sea mediante su denominación social o moral, en el caso de personas jurídicas, o incluyendo los apellidos, cuando se trate de personas físicas.

La mención del **domicilio** también ha de tener significado de identificación inequívoca (incluyéndose la calle, número, piso, en su caso, población y código postal).

En esta casilla puede insertarse el N.I.F. del consignatario o destinatario.

Se prevé el **etiquetado de los bultos** cuando resulte necesaria una identificación precisa del consignatario. Las menciones de las correspondientes etiquetas deberán corresponder con las que, en su caso, se hayan hecho constar en la carta de porte -en la casilla 2- (OM FOM/1882/2012 CGC Anexo condición 1.9).

3. Lugar de entrega de la mercancía (localidad)
La rúbrica de esta casilla no aclara si lo que debe consignarse en ella es el lugar de entrega de la mercancía **al porteador** o el lugar de entrega de la mercancía **al destinatario o consignatario**. No obstante, el contraste con la exigencia prevista en la casilla 4 y el análisis comparativo con otros modelos de carta de porte similares (p.e. CMR), llevan a pensar en la segunda opción como la más correcta (LCTTM art.33: lugar en que habrá de hacerse la entrega al destinatario o consignatario). Téngase en cuenta, además, que la mención relativa al lugar y plazo de **entrega al consignatario** es de las consideradas mínimas, a los efectos de considerar a un documento de transporte como carta de porte (OM FOM/1882/2012 CGC Anexo condición 1.6 y 2.3). No obstante, se prevé el pacto al respecto (OM FOM/1882/2012 CGC Anexo condición 3.11).

Distinta es, por su parte, la mención prevista en la **casilla 21**, establecida a otros efectos (prueba de la recepción de la mercancía por parte del destinatario o consignatario (LCTTM art.33, 34; OM FOM/1882/2012 CGC Anexo condición 4).

La indicación del **plazo de entrega** al destinatario (LCTTM art.33; OM FOM/1882/2012 CGC Anexo condición 2.3) debe hacerse, en su caso, en la casilla 13 ('estipulaciones particulares').

Téngase en cuenta, igualmente, que las obligaciones de **descarga y desestiba del envío** en el lugar de destino correrán por cuenta del porteador, salvo pacto en contra (OM FOM/1882/2012 CGC Anexo condición 1.8, 6.5 y 6.8).

4. Lugar y fecha de carga de la mercancía (lugar, fecha)
Sobre la trascendencia de la recepción de la mercancía por el porteador, ver LCTTM art.33; OM FOM/1882/2012 CGC Anexo condición 2.3 y 6.

Sobre la asunción de la obligación de carga, colocación y estiba de la mercancía, ver OM FOM/1882/2012 CGC Anexo condición 6.

Ténganse en cuenta, igualmente, las Recomendaciones AECOC para la logística, proceso de entrega y recepción de la mercancía (RAL).

Lugar

En la casilla 4 deberá figurar el **lugar concreto** (dirección postal u otra identificación inequívoca) en el que el porteador deberá presentarse con el vehículo para recibir el envío (OM FOM/1882/2012 CGC Anexo condición 5).

Fecha

Sobre fecha en que se hace la expedición, ver LCTTM art.19.

Ver también lo dispuesto en OM FOM/1882/2012 CGC Anexo condición 2.3.

Puede resultar interesante la determinación de la hora de recepción del envío a los efectos de OM FOM/1882/2012 CGC Anexo condición 2.3.

Los **días no laborables** se definen en OM FOM/1882/2012 CGC Anexo condición 1.

5. Documentos anexos
En esta casilla deberán reseñarse los documentos, **distintos de la carta de porte**, que sean necesarios para el desarrollo de la operación de transporte y hayan sido entregados al porteador.

6. Marcas y números
Sobre la **señalización** del envío, ver OM FOM/1882/2012 CGC Anexo condición 3; sobre el **etiquetado** de los bultos, ver OM FOM/1882/2012 CGC Anexo condición 4.7.

Sobre las consecuencias de la **insuficiencia o imperfección** de las marcas o inscripciones de los bultos que integran el envío, ver OM FOM/1882/2012 CGC Anexo condición 4.6, 4.7 y 4.10.

7. Número de bultos
Bulto se define como unidad integrante de un envío (OM FOM/1882/2012 CGC Anexo condición 1.9). En el concepto de bulto se incluye su embalaje.

Sobre la relevancia de la distinción de bultos, en los casos de **deje de cuenta** del porteador, ver OM FOM/1882/2012 CGC Anexo condición 4.6, 4.7 y 4.10.

8. Clase de embalaje
Sobre el **acondicionamiento y embalaje** de las mercancías, ver OM FOM/1882/2012 CGC Anexo.

9. Naturaleza de la mercancía
Para los casos de engaño del cargador al consignar en la carta de porte un **género o calidad diferentes** de las mercancías, ver OM FOM/1882/2012 CGC Anexo condición 4.13.

Para el supuesto de que el porteador tuviese **dudas o sospechas** sobre la veracidad de la declaración del contenido de un bulto, ver OM FOM/1882/2012 CGC Anexo condición 4.13 y LCTTM art.10.

Igualmente, sobre las **consecuencias de la falsedad** del cargador en la declaración de las mercancías que induzca a error al porteador y le haga incurrir en responsabilidad (administrativa), ver LCTTM art.10 y OM FOM/1882/2012 CGC Anexo condición 4.13.

Respecto del **transporte de mercancías peligrosas**, ver OM FOM/1882/2012 CGC Anexo condición 10. Las especificaciones exigidas podrán indicarse en la casilla 12 ('instrucciones del cargador'), corriendo el cargador o remitente con los riesgos derivados de su ausencia.

Para el caso de mercancías expuestas por causas inherentes a su naturaleza a **pérdida total o parcial** o averías debidas a rupturas, moho, deterioro interno o espontáneo, desecación, acción de las plagas o roedores, ver OM FOM/1882/2012 CGC Anexo condición 4.

6 a 9. Clase, cifra, letra
Las indicaciones que figuran debajo de las **casillas 6 a 9** (clase, cifra, letra) son propias del transporte de **mercancías peligrosas**. Téngase en cuenta la necesidad de incluir las siglas ADR en los modelos de carta de porte emitidos desde la entrada en vigor de la Dir 94/55/CE (actualmente, derogada como se dirá a continuación), sustituyendo así a la antigua mención TPC. En cualquier caso, se trata de un acrónimo identificador de la regulación en la materia que, actualmente, viene dada por el RD 97/2014, relativo a las operaciones de transporte de mercancías peligrosas por carretera en territorio español. Precisamente, este Real Decreto ha extendido al transporte interno la aplicación de las normas del Acuerdo Europeo sobre el Transporte de Mercancías Peligrosas por Carretera -Ginebra 30-9-1957 (**ADR**), con sus modificaciones, por exigencias comunitarias (Dir 2008/68/CE sobre el transporte terrestre de mercancías peligrosas. De ahí la necesidad y oportunidad de incluir las mencionadas siglas ADR en los modelos de carta de porte emitidos.

10. Peso bruto, Kg .
Indicar el peso de la mercancía. Ver al respecto: LCTTM art.10 y OM FOM/1882/2012 CGC Anexo condición 1.9.

11. Volumen
Indicar el volumen de la mercancía, en metros cúbicos.

12. Instrucciones del cargador
Respecto del alcance de las instrucciones impartidas por el cargador o remitente en un transporte de **mercancías peligrosas**, ver OM FOM/1882/2012 CGC Anexo condición 10.

Sobre las consecuencias de la impartición de órdenes formales por el cargador al porteador generadoras de responsabilidad para éste **frente a las Administraciones Públicas**, ver OM FOM/1882/2012 CGC Anexo condición 2.3.

Sobre la importancia de dictar instrucciones especiales en materia de **responsabilidad por daños** y menoscabos en el envío, ver OM FOM/1882/2012 CGC Anexo condición 4.11.

13. Estipulaciones particulares
Entre los supuestos de estipulaciones particulares que pueden darse en un contrato de transporte pueden citarse los siguientes:

- Pacto sobre importe de la indemnización o condiciones de responsabilidad en los casos de **pérdida, averías o retraso**, divergentes de los previstos legalmente (OM FOM/1882/2012 CGC Anexo condición 4.11; LCTTM art.32, 41; LOTT art.23.1).

- Pacto de **sustitución de los importes** máximos de indemnización establecidos legalmente por el del valor de la mercancía (OM FOM/1882/2012 CGC Anexo condición 2.3 y 7.4; LCTTM art.52, 53).

- Pacto de percepción complementaria de indemnización por **interés especial en la entrega** (OM FOM/1882/2012 CGC Anexo condición 6).

- Pacto sobre indemnización en caso de **denuncia unilateral** del contrato por una de las partes sin que hubiere mediado incumplimiento por parte de la otra (Código Buenas Prácticas 1.3).

- Otros pactos sobre indemnizaciones en casos de **demora en la entrega, carga y descarga** de las mercancías (Código de Buenas Prácticas 2.1.4).

- Pacto de aumento del precio del transporte en caso de existencia de límites superiores o **condiciones de responsabilidad distintas** a la legalmente establecidas (OM FOM/1882/2012 CGC Anexo condición 3).

- Pacto sobre **determinación del importe** del precio del transporte (CGC Anexo B condición 2.1).

- Pacto sobre delimitación subjetiva de la **obligación de pago** del precio del transporte (OM FOM/1882/2012 CGC Anexo condición 3.7).

- Pacto sobre el **momento de exigibilidad del pago** del precio del transporte a porte pagado (OM FOM/1882/2012 CGC Anexo condición 1.1).

- Pacto sobre **pago aplazado** del precio del transporte (OM FOM/1882/2012 CGC Anexo condición 3.11).

- Pactos concernientes al **seguro de las mercancías** (OM FOM/1882/2012 CGC Anexo condición 3.3).

- Pacto de exclusión o sometimiento al **arbitraje** de una Junta Arbitral del Transporte (OM FOM/1882/2012 CGC Anexo condición 3.8, 4.11 y 5.12; Código Buenas Prácticas 1.9).

- Pacto de exclusión del recurso a las Juntas Arbitrales de Transporte en actuaciones de **depósito, enajenación y peritación** (OM FOM/1882/2012 CGC Anexo condición 3.8, 4.11 y 5.12).

- Pacto de prohibición de **subcontratación** o de **ejecución sucesiva** del transporte (OM FOM/1882/2012 CGC Anexo condición 11).

- Pacto sobre la asunción de las obligaciones de **carga, estiba, desestiba y descarga** del envío por parte del porteador (OM FOM/1882/2012 CGC Anexo condición 1.8 y 4.1).

- Pacto sobre **plazo** de realización del transporte (LCTTM art.10; OM FOM/1882/2012 CGC Anexo condición 9; Código Buenas Prácticas 2.1.4).

- Pacto de **entrega contra reembolso** (OM FOM/1882/2012 CGC Anexo condición 1.1).

14. Porteador (nombre y domicilio)

Esta mención identifica a uno de los **elementos personales** del contrato de transporte, siendo el otro el cargador o remitente.

Sobre la **identificación** del porteador en la carta de porte, ver LCTTM art.10 (nombre, apellido y domicilio) y OM FOM/1882/2012 CGC Anexo condición 2.3.

Tratándose de **personas físicas**, han de consignarse el nombre y apellidos y el domicilio. En el caso de **personas jurídicas**, su denominación y domicilio social.

Igualmente, ha de consignarse el correspondiente N.I.F.

Las figuras de porteador y **transportista** pueden coincidir cuando el porteador lleva a cabo por sí mismo el transporte (porteador 'efectivo'), pero también se contempla el supuesto frecuente en que una persona actúa como porteador ('contractual') frente al cargador, encomendando la ejecución efectiva del transporte a otra persona. Este es, por regla general, el caso de la intervención de los **operadores de transporte de mercancías**.

La L 15/2009 introduce la figura del **expedidor**, definido como el tercero que por cuenta del cargador entrega las mercancías al transportista en el lugar de recepción de la mercancía. Otros operadores son las **agencias de transporte** (LOTT art.120; ROTT art.159 y 160), que se definen como empresas especializadas en intermediar en la contratación de transportes de mercancías, como organización auxiliar interpuesta entre los usuarios y los transportistas; los **transitarios** (LOTT art.121), que se definen como las empresas especializadas en organizar, por cuenta ajena, transportes internacionales de mercancías, recibiendo mercancías como consignatarios o entregándolas a quienes hayan de transportarlas y, en su caso, realizando las gestiones administrativas, fiscales, aduaneras y logísticas inherentes a esa clase de transportes o intermediando en su contratación; los **almacenistas-distribuidores** (LOTT art.123; ROTT art.171 y 172), que se definen como empresas especializadas en actuar como depositarias de mercancías ajenas que, además, se encarguen de distribuirlas o de gestionar su distribución, conforme a las instrucciones recibidas del depositante; y los **operadores logísticos** (LOTT art.122), que se definen como as empresas especializadas en organizar, gestionar y controlar, por cuenta ajena, las operaciones de aprovisionamiento, transporte, almacenaje o distribución de mercancías que precisan sus clientes en el desarrollo de su actividad empresarial.

Sobre las **condiciones y requisitos** para llevar a cabo transporte público por carretera o realizar actividades auxiliares o complementarias del mismo, ver LOTT art.42 a 46 y ROTT art.33 a 40. Por regla general, el desempeño de las funciones inherentes a las figuras citadas precedentemente exigirá la obtención del correspondiente **título habilitante** (LOTT art.47 a 52; ROTT art.41 a 46).

15. Porteadores sucesivos (nombre, domicilio)
Deberán hacerse constar el nombre y apellidos o denominación social y el domicilio (en su caso, social) de los demás porteadores (distintos del que figura en la casilla 14) que intervengan en el transporte pactado en el contrato que documenta esta carta de porte. Igualmente, podrá hacerse figurar el correspondiente N.I.F.

Sobre los **transportistas colaboradores** y la necesidad de hacer constar su identidad en la carta de porte, ver OM FOM/1882/2012 CGC Anexo condición 2.3.

El **transporte sucesivo y combinado**, así como las distintas modalidades que comprende y la estructura contractual (y régimen) de cada una de ellas se definen en OM FOM/1882/2012 CGC Anexo condición 11.

Véase, igualmente, lo dispuesto en LOTT art.25 a 28 y ROTT art.27.

16. Reservas y observaciones del porteador
Sobre la relevancia de la indicación en la carta de porte del **estado en que se encontraba la mercancía** al tiempo de ser recibida por el porteador, ver LCTTM art.26, 27 y OM FOM/1882/2012 CGC Anexo condición 6.

Existen también otro tipo de reservas que pueden anotar los **porteadores sucesivos** (casilla 15) en el momento de recibir la mercancía del porteador precedente (LCTTM art.60; OM FOM/1882/2012 CGC Anexo condición 11).

17. Precio del transporte
Sobre la mención del precio del transporte en la carta de porte, ver, de manera general, LCTTM art.10 y OM FOM/1882/2012 CGC Anexo condición 2.3.

Sobre la **identificación del importe** del precio del transporte, ver OM FOM/1882/2012 CGC Anexo condición 2.3.

Sobre el **pesaje del envío** a los efectos de determinar el precio del transporte, ver OM FOM/1882/2012 CGC Anexo condición 3.2.

Los distintos apartados previstos bajo la casilla número 17 tienen por objeto la identificación de distintos aspectos relacionados con el pago del precio del transporte al porteador:

- Sobre quién está **obligado al pago** del precio del transporte (cargador o consignatario), ver OM FOM/1882/2012 CGC Anexo condición 3.6. El modelo de carta de porte permite identificar fácilmente si se trata de uno u otro obligado ('A pagar por'). Sobre las consecuencias del pago de los portes por el consignatario en el caso de **transporte a porte debido**, ver OM FOM/1882/2012 CGC Anexo condición 6.

- Sobre el momento de **exigibilidad del pago** del precio del transporte, ver OM FOM/1882/2012 CGC Anexo condición 2.3. El modelo de carta de porte permite reseñar la fecha de pago del precio del transporte acordada por las partes ('En fecha').

- Sobre las **modalidades de pago** de precio del transporte, ver OM FOM/1882/2012 CGC Anexo condición 3. No hay un apartado específico en el modelo de carta de porte para recoger el pacto de las partes sobre las modalidades de pago del precio del transporte, pudiendo hacerse, no obstante, en la casilla 13 ('Estipulaciones particulares') con respecto a la modalidad del pago aplazado.

Estas menciones podrán ser desarrolladas, igualmente, en la casilla 13 (OM FOM/1882/2012 CGC Anexo condición 2.3).

Sobre el **régimen tarifario** de los transportes terrestres, ver LOTT art.17 a 19, ROTT art.28 y LCTTM art.37.

Téngase en cuenta que, además del precio de transporte (o porte), en sentido estricto, que retribuye directamente la obligación de traslado asumida por el porteador, éste también tendrá derecho al cobro, en su caso, de otros importes en concepto de **suplementos y gastos accesorios**, algunos de los cuales podrán figurar en la carta de porte desde un primer momento, por ser identificables ab initio, y otros no, por tratarse de gastos (o indemnizaciones) surgidos con posterioridad a la emisión de la carta de porte, cuya exigibilidad, siendo necesarios, queda fuera de toda duda (LCTTM art.38 -redacc RDL 3/2022- y 39).

Entre los suplementos, véanse las cantidades a que se refieren los párrafos tercero ('cantidad adicional al precio del transporte'), cuarto y quinto ('prima') de OM FOM/1882/2012 CGC Anexo condición 6.4.

Un supuesto de aumento de portes a posteriori se produce en el caso de **variación por el porteador de la ruta pactada** o debida por causa de fuerza mayor (OM FOM/1882/2012 CGC Anexo condición 5.4), si bien será de difícil acaecimiento en un transporte de carga fraccionada, en el que tal tipo de pacto no es factible funcionalmente. Otro supuesto de incremento de portes puede ser el relativo a la variación del precio del gasóleo; LCTTM art.38 redacc RDL 3/2022).

Finalmente, véase también lo dispuesto en el Código de Buenas Prácticas 1.4, 2.1.2 y 2.1.3.

18. Lugar y fecha de formalización de la carta de porte
El lugar y la fecha de formalización -emisión- de la carta de porte no tienen por qué coincidir con el lugar y, en su caso, la fecha y la hora de entrega del envío al porteador (OM FOM/1882/2012 CGC Anexo condición 2.6).

19. Firma y sello del cargador
No se alude entre las menciones mínimas de la carta de porte a la firma del cargador (OM FOM/1882/2012 CGC Anexo condición 2.3). No obstante, de lo dispuesto en OM FOM/1882/2012 CGC Anexo ('debiendo, en dicho supuesto, firmar también el referido documento') cabe deducir que es al cargador a quien corresponde firmar un **primer ejemplar** de la carta de porte, pudiendo aquél exigirle al porteador que firme, por su parte, un **segundo ejemplar** de la carta de porte idéntico al que le ha extendido, el cual quedará en poder de éste.

También deberá el porteador hacer constar su firma sobre el primer ejemplar de la carta de porte emitido por el cargador cuando hubiere interpuesto **reservas u observaciones** (casilla 16) respecto de las características, condiciones o estado que presente el envío en el momento de hacerse cargo de él (OM FOM/1882/2012 CGC Anexo condición 2.3).

20. Firma y sello del porteador
Ver lo dispuesto en OM FOM/1882/2012 CGC Anexo condición 2.3.

21. Recibo de la mercancía: lugar, fecha, firma y sello del consignatario
Ver lo dispuesto en LCTTM art.33 a 36; OM FOM/1882/2012 CGC Anexo condición 2.3.

Transporte de mercancías por carretera de duración continuada: modelo específico de contrato

OM FOM/1882/2012 (CGC Anexo condición 1.9)

Nota preliminar:

- El **supuesto de hecho** que ha servido de base para la redacción de este modelo de contrato ha sido tomado de un trabajo realizado por Raquel Blanco.

- En sentido estricto, éste no es un contrato de transporte, sino un **contrato marco** cuyo objeto es la realización de tantos contratos de transporte como sean necesarios para llevarlo a buen fin. La reglamentación del contrato de transporte prevista en nuestro Derecho será aplicable, por tanto, a todos y cada uno de los contratos de transporte específicos en que se concrete la ejecución del contrato marco, sin perjuicio de que algunos elementos de aquella reglamentación puedan ser aplicables también al contrato marco. Éste, por su parte, por ser un contrato de los llamados "de duración", deberá ser interpretado conforme a los criterios aplicables a otros contratos de similar naturaleza temporal.

- **No** existe **regulación** de este contrato en el Derecho español. Un modelo oficial de contrato mercantil de transporte de mercancías por carretera de duración continuada puede deducirse de OM FOM/1882/2012 CGC Anexo por la que se establecen las condiciones generales de contratación de los transportes de mercancías por carretera (CGC). Ver al respecto el modelo nº 1230.

- Téngase presente la modificación introducida por el RDL 3/2022 de medidas para la **mejora de la sostenibilidad del transporte de mercancías por carretera** y del funcionamiento de la cadena logística, y por el que se transpone la Dir (UE) 2020/1057, por la que se fijan normas específicas con respecto a la Dir 96/71/CE y la Dir 2014/67/UE para el desplazamiento de los conductores en el sector del transporte por carretera, y de medidas excepcionales en materia de revisión de precios en los contratos públicos de obras. En lo que se refiere a la LOTT, la modificación más relevante es que se limita la participación activa de los conductores profesionales en las **operaciones de carga y descarga** de mercancías y de sus soportes y envases, salvo en determinados supuestos (LOTT art.140.41, p.e, transporte de mudanzas y guardamuebles o transporte de vehículos cisterna, entre otros). Asimismo, se modifica la L 15/2009 a fin de equilibrar y dar mayor transparencia a la relación contractual entre las partes del contrato. Así, se **refuerza la posición del porteador** para deshacer la presunción legal de que la responsabilidad de la carga y descarga corresponde, con carácter general, al cargador y destinatario, se prevé expresamente que esta actividad debe remunerarse con carácter independiente del precio del transporte y se exige la especificación de esta contraprestación en la factura, cuando se lleve a cabo por el porteador.

- Téngase, asimismo, en cuenta que el RDL 14/2022 ha modificado la L 15/2009 art.16, estableciendo que «El contrato de transporte continuado **se formalizará por escrito**, con efectos probatorios, y deberá reflejar el precio como mención obligatoria», y añadiendo que «la ausencia de formalización por escrito o la no inclusión del precio no producirá la inexistencia o la nulidad del contrato». Cuando la parte contratante requerida a formalizar por escrito el contrato se negase a ello, la otra podrá considerarla desistida de este, con los efectos que, en su caso, correspondan de conformidad con lo dispuesto en la L 15/2009 art.18.2 y 19.1 y en la L 16/1987.

- El modelo presupone unas **circunstancias** determinadas que serán las **más frecuentes**. Si en el caso concreto existen circunstancias particulares no previstas, deberá completarse o modificarse el modelo adaptándolo a las mismas.

En *"localidad"*, a *"fecha"*

REUNIDOS:

De una parte,

"Don/Doña nombre y apellidos de la parte", mayor de edad, *"estado civil de la parte" "... "especificar el régimen económico matrimonial de la parte" ... "*, de nacionalidad *"nacionalidad de la parte"*, con domicilio a estos efectos en *"domicilio de la parte"*, *"...con DNI/NIF número "DNI/NIF de la parte" ... O ... con tarjeta de residencia número "número de tarjeta de residencia de la parte" ... O ... pasaporte número "número de pasaporte de la parte", expedido el "fecha de expedición del pasaporte de la parte" ... O ... "reseñar otros documentos aportados por la parte" ... "*, vigente hasta el *"fecha de vigencia de la documentación aportada por la parte"*.

OM FOM/1882/2012 (CGC Anexo condición 1.9)

Interviene

❍ Si interviene en su propio nombre:

en su propio nombre y derecho.

❍ Si interviene como representante:

en nombre y representación

❍ Si representa a persona física:

de *"Don/Doña nombre y apellidos del representado"*, mayor de edad, *"estado civil del representado"*, con domicilio en *"domicilio del representado"* y provisto de D.N.I./N.I.F. número *"DNI/NIF del representado"*, según consta en escritura de poder, otorgada ante el notario de *"lugar donde radica la notaría en la que se autorizó la escritura de poder de representación (persona física)"*, *"Don/Doña nombre y apellidos del notario que autorizó la escritura de poder de representación (persona física)"*, el *"fecha de escritura de poder de representación (persona física)"*, con el número *"número de protocolo del notario que autorizó la escritura de poder de representación (persona física)"* de su orden de protocolo.

❍ Si representa a persona jurídica:

de la sociedad mercantil denominada *"denominación social"*, domiciliada en *"domicilio social"*, y con NIF número *"NIF de la sociedad"*, constituida, por tiempo indefinido, mediante escritura otorgada ante el notario de *"lugar donde radica la notaría en la que se autorizó la escritura de poder de representación (persona jurídica)"*, *"Don/Doña nombre y apellidos del notario que autorizó la escritura de poder de representación (persona jurídica)"*, el *"fecha de escritura de poder de representación (persona jurídica)"*, e inscrita en el Registro Mercantil de *"datos de la inscripción registral (localidad del Registro Mercantil, tomo, folio, sección, hoja e inscripción)"*, en su calidad de

❍ Si representa como cargo social:

"...administrador único ... O ... administrador solidario ... O ... consejero delegado ... O ... "especificar la representación del cargo social" ... " de la reseñada sociedad, cargo para el que fue nombrado y asegura vigente en escritura otorgada el *"fecha de escritura del nombramiento del cargo"*, ante el notario de *"lugar donde radica la notaría en la que se autorizó la escritura del nombramiento"*, *"Don/Doña nombre y apellidos del notario que autorizó la escritura del nombramiento"*, con el número *"número de protocolo del notario que autorizó la escritura del nombramiento"* de su protocolo, e inscrita en el Registro Mercantil de *"localidad del Registro Mercantil de la escritura de nombramiento"*, en el tomo y hoja arriba indicados.

❍ Si representa como apoderado:

apoderado de la reseñada sociedad, según escritura de poder otorgada a su favor, en *"fecha de escritura del otorgamiento del poder"*, ante el notario de *"lugar donde radica la notaría en la que se autorizó la escritura de poder"*, *"Don/Doña nombre y apellidos del notario que autorizó la escritura de poder"*, con el número *"número de protocolo del notario que autorizó la escritura de poder"* de su protocolo *"...e inscrita en el Registro Mercantil de "localidad del Registro Mercantil de la escritura de poder"...*", en el tomo y hoja arriba indicados.

OM FOM/1882/2012 (CGC Anexo condición 1.9)

En adelante, el **Fabricante**.

De otra parte,

"Don/Doña nombre y apellidos de la parte", mayor de edad, *"estado civil de la parte" "..."especificar el régimen económico matrimonial de la parte"...*", de nacionalidad *"nacionalidad de la parte"*, con domicilio a estos efectos en *"domicilio de la parte"*, *"...con DNI/NIF número "DNI/NIF de la parte"... O... con tarjeta de residencia número "número de tarjeta de residencia de la parte"... O... pasaporte número "número de pasaporte de la parte", expedido el "fecha de expedición del pasaporte de la parte"... O... "reseñar otros documentos aportados por la parte"...*", vigente hasta el *"fecha de vigencia de la documentación aportada por la parte"*.

Interviene

❍ **Si interviene en su propio nombre:**

en su propio nombre y derecho.

❍ **Si interviene como representante:**

en nombre y representación

❍ Si representa a persona física:

de *"Don/Doña nombre y apellidos del representado"*, mayor de edad, *"estado civil del representado"*, con domicilio en *"domicilio del representado"* y provisto de D.N.I./N.I.F. número *"DNI/NIF del representado"*, según consta en escritura de poder, otorgada ante el notario de *"lugar donde radica la notaría en la que se autorizó la escritura de poder de representación (persona física)"*, *"Don/Doña nombre y apellidos del notario que autorizó la escritura de poder de representación (persona física)"*, el *"fecha de escritura de poder de representación (persona física)"*, con el número *"número de protocolo del notario que autorizó la escritura de poder de representación (persona física)"* de su orden de protocolo.

❍ Si representa a persona jurídica:

de la sociedad mercantil denominada *"denominación social"*, domiciliada en *"domicilio social"*, y con NIF número *"NIF de la sociedad"*, constituida, por tiempo indefinido, mediante escritura otorgada ante el notario de *"lugar donde radica la notaría en la que se autorizó la escritura de poder de representación (persona jurídica)"*, *"Don/Doña nombre y apellidos del notario que autorizó la escritura de poder de representación (persona jurídica)"*, el *"fecha de escritura de poder de representación (persona jurídica)"*, e inscrita en el Registro Mercantil de *"datos de la inscripción registral (localidad del Registro Mercantil, tomo, folio, sección, hoja e inscripción)"*, en su calidad de

- Si representa como cargo social:

"*...administrador único ... O ... administrador solidario ... O ... consejero delegado ... O ... "especificar la representación del cargo social" ...*" de la reseñada sociedad, cargo para el que fue nombrado y asegura vigente en escritura otorgada el *"fecha de escritura del nombramiento del cargo"*, ante el notario de *"lugar donde radica la notaría en la que se autorizó la escritura del nombramiento"*, *"Don/Doña nombre y apellidos del notario que autorizó la escritura del nombramiento"*, con el número *"número de protocolo del notario que autorizó la escritura del nombramiento"* de su protocolo, e inscrita en el Registro Mercantil de *"localidad del Registro Mercantil de la escritura de nombramiento"*, en el tomo y hoja arriba indicados.

- Si representa como apoderado:

apoderado de la reseñada sociedad, según escritura de poder otorgada a su favor, en *"fecha de escritura del otorgamiento del poder"*, ante el notario de *"lugar donde radica la notaría en la que se autorizó la escritura de poder"*, *"Don/Doña nombre y apellidos del notario que autorizó la escritura de poder"*, con el número *"número de protocolo del notario que autorizó la escritura de poder"* de su protocolo *"...e inscrita en el Registro Mercantil de "localidad del Registro Mercantil de la escritura de poder" ...*", en el tomo y hoja arriba indicados.

En adelante, el **Transportista**.

Las partes se reconocen la capacidad legal necesaria para contratar y obligarse y, a tal efecto

EXPONEN:

I. Que el **Fabricante** es líder en el mercado mundial de producción de *"clase de producto"* (en lo sucesivo las Mercancías), siendo titular en España de *"número de establecimientos"* establecimientos mercantiles situados en *"lugar/es"*, que están dedicados a la fabricación de dicho producto, así como de diversos almacenes.

II. Que el **Transportista**, viene prestando servicios de transporte desde *"fecha de inicio de la prestación de servicios"* en el sector correspondiente a los productos fabricados por el **Fabricante**, por lo cual posee la experiencia, conocimiento del negocio e infraestructura suficiente para poner dichos servicios a disposición del **Fabricante**.

Nota:

***Fecha de inicio** de las actividades de transporte en dicho sector.*

III. Que, con carácter previo, ambas partes han puesto en común sus respectivos componentes comerciales de partida. Por parte del **Transportista**, el nivel de costes de explotación de sus vehículos en función de los propios recursos y de las características y la sinergia de los servicios de transporte conjuntamente compartida con el **Fabricante**. Y por parte del **Fabricante**, el número y características (peso, volumen y demás condiciones de la carga a transportar o del vehículo a utilizar que afecten a la prestación del servicio solicitado) de las expediciones; destino de las expediciones y distancias de los recorridos a realizar; continuidad y, en su caso, frecuencia, de las contrataciones en el tiempo; urgencia de las expediciones, así como los componentes relacionados con otras prestaciones complementarias que, en su caso, puedan ser objeto de pacto entre ambas partes.

IV. Que el **Fabricante** está interesado en la contratación de los servicios de transporte de sus productos por parte del **Transportista**, quien acepta, lo cual llevan a cabo conforme a las siguientes.

1225

 **Nota:**

*Los principios de **documentación** y **cumplimiento de lo pactado** entre las partes y de **reciprocidad** se contienen en el Código Buenas Prácticas (1.3 y 1.4).*

ESTIPULACIONES:

PRIMERA. Obligaciones del Transportista

Las obligaciones del **Transportista** serán las siguientes:

OM FOM/1882/2012 (CGC Anexo condición 1.9) **Delimitación espacial. Lugares de entrega**

1º. Prestar los servicios de transporte de todas las mercancías producidas por el **Fabricante** en sus fábricas de *"especificar su emplazamiento"* y que estén destinadas a sus almacenes o clientes situados dentro de *"especificar zona"*. Los lugares de entrega deberán reflejarse adecuadamente en la carta de porte propia de cada operación de transporte. En el caso de tratarse de los almacenes del **Fabricante**, estos lugares serán los siguientes: *"especificar su ubicación"*.

Nota:

*Delimitación geográfica del **ámbito de aplicación** del contrato.*

Nota:

*Identificación y localización de los **almacenes de destino** de los productos.*

Vehículos

2º. Prestar los servicios de transporte utilizando vehículos de tracción mecánica que circulen por carretera, los cuales deberán cumplir las especificaciones establecidas en la Estipulación Tercera de este contrato. El Anexo *"número del Anexo: IDENTIFICACIÓN DE VEHÍCULOS"* de este documento recoge los datos de identificación de dichos vehículos.

Horarios y plazos de entrega

3º. Prestar los servicios de transporte durante las veinticuatro horas del día, los siete días de la semana y todos los días del año, con excepción de aquellos en los que el **Fabricante** no esté operativo y de los supuestos expresados a continuación:

a) Entregas con origen en las fábricas del **Fabricante** a sus almacenes y viceversa: se prestará el servicio, en las condiciones expresadas sólo cuando se trate de entregas desde la fábrica del **Fabricante** situada en *"lugar de la fábrica"* hasta el almacén de ésta en *"lugar del almacén"* y viceversa. El resto de transportes desde las demás fábricas del **Fabricante** a sus almacenes, y viceversa, se realizarán, salvo en casos o situaciones específicas, de lunes a viernes (exceptuando festivos) en horarios diurnos.

b) Entregas a clientes del **Fabricante**: las entregas a los clientes pueden proceder tanto de las fábricas como de los almacenes del **Fabricante**, trayendo causa, por regla general, de acuerdos previos suscritos entre ambas partes, por lo que el **Transportista** deberá cumplir con el plazo y demás condiciones de entrega inicialmente pactadas entre el **Fabricante** y su cliente. La prestación de servicios al cliente se desarrollará durante los horarios habituales de recepción de los clientes recogidos en el Anexo *"número del Anexo: HORARIOS DE RECEPCIÓN"*, a cuyos efectos el **Fabricante** comunicará al **Transportista**, con antelación suficiente, los compromisos relativos a los plazos de entrega pactados con sus clientes y le entregará las mercancías objeto del transporte con tiempo suficiente.

Nota:

*Se refiere a los contratos **entre el fabricante y sus clientes**.*

Nota:

*El plazo pactado entre el fabricante y sus clientes podrá recogerse en la **carta de porte** que documente cada traslado específico (Código Buenas Prácticas 2.1.4).*

4º. Prestar los servicios de transporte a cualquier punto de *"especificar el área de prestación de servicios"*, siempre y cuando reciba en sus oficinas, en la forma determinada en las estipulaciones 8.2 (Deber de información del **Fabricante**) y 15.2 (Notificaciones), las instrucciones de carga antes de las 18:00 horas, para las siguientes veinticuatro horas.

Nota:

*Delimitación geográfica del **ámbito de aplicación** del contrato.*

5º. Conseguir que las mercancías lleguen a su destino en la fecha y hora acordados en cada caso. Si el **Transportista** considera inviable efectuar la entrega de la mercancía en la fecha u hora pactadas, o si pudiera resultar previsible el acaecimiento de algún retraso, lo notificará inmediatamente al **Fabricante**, señalando el motivo de tal retraso, así como el día/hora estimada de entrega. El **Transportista** será responsable y mantendrá indemne al **Fabricante** de los daños y perjuicios derivados del retraso en la entrega de las mercancías, a menos que acredite que tal retraso es imputable a dolo, negligencia o error del **Fabricante** o de un tercero ajeno al **Transportista** o a causa de fuerza mayor. **OM FOM/1882/2012 (CGC Anexo condición 1.9)**

Diligencia. Cumplimiento de instrucciones

6º. Prestar los servicios de transporte descritos en el presente contrato, siguiendo las instrucciones del **Fabricante** y, en todo caso, empleándose con la diligencia de un ordenado transportista y de un representante leal.

7º. Prestar los servicios previstos en el presente contrato con estricto cumplimiento a la normativa de seguridad, prevención y riesgos laborales en vigor y proporcionado a sus empleados y a los transportistas colaboradores la formación, entrenamiento (en la conducción, en el manejo de la carga objeto del presente contrato, etc.) y documentación precisa para desempeñar el servicio de acuerdo con los estándares de calidad y seguridad que son requeridos para el cumplimiento de este contrato.

Daños a la mercancía

8º. Comprobar que las mercancías, antes de ser cargadas en su vehículo, reúnen las condiciones idóneas para ser transportadas y para llegar hasta su destino exactamente en las mismas condiciones que tenían en el lugar de partida. En todo caso, deberá asegurarse de que las mismas no tienen daños visibles y de verificar que el número de palets que se le entregan para su transporte coincide con los indicados en los albaranes de salida (o documentos similares).

9º. Informar inmediatamente al **Fabricante** si detectara que las mercancías se han perdido, menoscabado o han sufrido algún daño durante el transporte, indicándole a aquél la envergadura de la pérdida, menoscabo o daño así como la causa que hubiera podido producirlo.

10º. Responder de la pérdida, menoscabo o daño sufrido por las mercancías (calculado en función al precio de la mercancía según factura), desde el momento en que fueron recibidas por aquél para su transporte hasta el momento de su entrega en destino. El **Transportista** exonerará a el **Fabricante** de toda responsabilidad por los daños, costes y gastos en que pudiera incurrirse a resultas de la pérdida, menoscabo o daño sufridos por la mercancía, a menos que se pruebe que éstos se deben a una actitud dolosa, negligente o error del **Fabricante** o de un tercero ajeno al **Transportista**.

Servicios

11º. Prestar todos aquellos servicios, sean principales, complementarios o accesorios, que resulten necesarios para conseguir el transporte de las mercancías comprendidas en este contrato en condiciones idóneas.

Situaciones excepcionales

12º. Atender cualquier imprevisto, a cuyo fin se compromete a prestar el servicio incluso en tales situaciones extraordinarias, si bien, al tratarse de situaciones de emergencia, el servicio y las tarifas se pactarán en cada caso entre ambas partes.

13º. Aceptar que las previsiones de entrega de mercancías a los clientes sean confirmadas e, incluso, modificadas con carácter excepcional por el destinatario final, con *"especificar el periodo de tiempo, en horas"* horas de antelación a la remisión del mismo, e incluso antes (por ejemplo, en caso de acumulación de tareas, exceso de pedidos, etc.), dado que constituye parte integral de esta actividad el hecho de que se produzcan modificaciones o cancelaciones de pedidos notificados con escaso margen de preaviso, siempre y cuando el camión no esté ya cargado y en ruta, en cuyo caso se considera 'falso flete' y se facturará el precio del viaje acordado con el **Fabricante** en función del número de kilómetros efectivamente recorridos por el **Transportista**.

Documentación

OM FOM/1882/2012 (CGC Anexo condición 1.9)

14º. Facilitar, en tanto no exista una forma de acreditar la entrega en soporte informático que sustituya al soporte papel, las copias de los albaranes de entrega, cartas de porte u otros documentos acreditativos a los sujetos correspondientes, y entregar puntualmente al **Fabricante** copia de los mismos, a fin de acreditarle el cumplimiento del servicio encomendado.

Cooperación e innovación empresarial

15º. Cooperar con el **Fabricante** en la agilización, racionalización y optimización de la ejecución del servicio de transporte de la manera más eficiente posible, con el fin de reducir los costes del servicio, controlar los niveles de carga de los vehículos, de modo que la misma esté estibada y colocada de la forma más idónea posible, tratando de maximizar, en lo posible, la eficacia de la prestación que se contempla en el presente contrato.

16º. Procurar, durante los *"determinar el número de meses"* primeros meses de vigencia del presente contrato, dotarse de los elementos más modernos disponibles en el mercado, para prestar el servicio en las mejores condiciones de idoneidad y eficiencia, actualizando periódicamente sus recursos humanos, sus sistemas de comunicaciones y medios técnicos (por ejemplo, programas informáticos de gestión de transporte), y sus sistemas de planificación y gestión del sector, para acometer, en cada momento, la prestación del servicio de transporte en idénticas condiciones de competitividad a las de otros transportistas del sector con idéntico reconocido prestigio.

Exclusividad

17º. Solicitar la previa autorización por escrito del **Fabricante** en caso de que el **Transportista** entre en negociaciones con un competidor de aquél para realizar una prestación de servicios similar a la que es objeto del presente contrato.

SEGUNDA. Organización empresarial del Transportista y recurso a transportistas colaboradores (subcontratistas)

2.1.
El **Transportista** declara y garantiza que cuenta con una organización eficiente y suficiente para la ejecución de los servicios a los que se ha comprometido en el presente contrato.

2.2.
El **Transportista** prestará los servicios de transporte pactados con su propia organización empresarial o a través de subcontratistas, fijos o esporádicos, si bien en este último caso no podrán realizar servicios por un volumen superior al *"porcentaje máximo aceptado"* de viajes totales realizados en un año.

Nota:

*Indicación de **porcentaje sobre el total de viajes** en función de las exigencias normativas.*

2.3.
Los subcontratistas deberán reunir los requisitos y contar con las autorizaciones necesarias para el ejercicio de la actividad encomendada, en las mismas condiciones que son exigidas por parte del **Fabricante** al **Transportista**. En el caso de que quiera incorporar a nuevos subcontratistas fijos, el **Transportista** deberá contar con la previa autorización escrita por parte del **Fabricante**.

2.4.
Las relaciones jurídicas y los contratos que, en su caso, vinculen al **Transportista** con los subcontratistas para la ejecución del presente contrato deberán reflejar la expresa exclusión de responsabilidad del **Fabricante** por razón de las referidas relaciones, cualquiera que sea su naturaleza jurídica.

2.5.
Los contratos que se celebren con los subcontratistas respecto de la presente prestación de servicios deberán respetar, en todo caso, los derechos y obligaciones establecidas en el presente contrato.

2.6.
El **Fabricante** se reserva el derecho de solicitar al **Transportista**, sin necesidad de alegar causa alguna, la separación del servicio de cualquier subcontratista.

OM FOM/1882/2012 (CGC Anexo condición 1.9)

2.7.
El **Transportista** responderá solidariamente de la correcta prestación de los servicios por el subcontratista.

TERCERA. Características y requisitos de la flota de vehículos del Transportista
El **Transportista** se compromete a que la flota de vehículos destinada a la prestación de los servicios pactados, cumplirá, a partir de los *"precisar el número de meses"* meses de la firma de este contrato, con los siguientes requisitos:

1º. Deberá estar compuesta por *"especificar el número de vehículos"* camiones, con una altura útil de carga de *"especificar metros de altura"* metros, que cuenten con todas las autorizaciones, permisos, y seguros en vigor exigidos para llevar a cabo la actividad pactada.

2º. Los vehículos serán camiones tipo *"especificar tipo (Especificaciones técnicas y tipológicas de los **vehículos empleados.)"***.

3º. El **Transportista** se asegurará de que todos los vehículos empleados en el transporte de las mercancías del **Fabricante** se sujeten a las normas del **Fabricante** ISO 9002 (Anexo *"número del Anexo: NORMAS DEL FABRICANTE"*), lo que implica que dichos vehículos estén limpios, secos, libres de olores y de cualquier forma de contaminación.

4º. Los camiones contarán con una capacidad de *"número de palets"* palets con las medidas descritas en la Estipulación 5.2, dependiendo del tipo de camión.

5º. Los vehículos empleados en la prestación de los servicios derivados de este contrato deberán estar localizables en todo momento, bien a través de teléfonos móviles, bien mediante radio de onda corta.

6º. El Anexo *"número del Anexo: LISTADO DE VEHÍCULOS"* contiene una lista descriptiva de los vehículos disponibles del **Transportista** y de los subcontratistas fijos.

CUARTA. Obligaciones de los conductores de los vehículos del Transportista o de los subcontratistas
Los conductores de los vehículos empleados en la ejecución de los servicios de transporte, ya pertenezcan a la organización empresarial del **Transportista**, ya pertenezcan a la de los transportistas colaboradores subcontratados, deberán cumplir las obligaciones que se expresan a continuación.

1º. En general, los conductores de los vehículos deberán estar debidamente cualificados para realizar las tareas que requiere el servicio y contar con permisos de conducir vigentes y en regla.

2º. Respecto del transporte, el conductor deberá asegurarse de:

a) Que el vehículo esté limpio.

b) Que el suelo del vehículo esté libre de restos de suciedad y que la luz del día no acceda a su interior.

c) Ir en todo momento, aseado y uniformado durante la prestación del servicio.

d) Informar a su responsable inmediato de cualquier retraso en la entrega tan pronto detecte el mismo que pudiera llegar a producirse.

3º. Respecto de la carga, el conductor:

a) Antes de proceder a la carga de las mercancías en el vehículo, verificará la existencia de *"número de correas"* correas de agarre por palet, de la etiqueta de identificación de las mercancías; de su integridad, de la inexistencia de daños visibles en la carga y comprobará que está asegurada a cada palet y completamente envuelta en plástico.

OM FOM/1882/2012 (CGC Anexo condición 1.9)

b) Teniendo en cuenta que las mercancías están destinadas a *"destino funcional de las mercancías"*, bajo ningún concepto deberá transportarlas en caso de cuestionarse su integridad y/o sus condiciones de salubridad e higiene.

c) Deberá sujetar las mercancías durante su transporte para evitar que se produzcan abolladuras o hendiduras en los paquetes.

4º. Respecto del material de embalaje, separadores, marcos y palets, el conductor:

a) Se encargará de retirar y verificar el material de embalaje, separadores, marcos y palets, así como de devolverlo al lugar designado por el **Fabricante**, bien previa indicación de su responsable inmediato, bien a solicitud del cliente final, si bien, en este último supuesto, y antes de proceder a la retirada, deberá informar a su responsable inmediato. En todo caso, el conductor será responsable de aquel material que no devuelva al lugar que se le hubiere indicado.

b) Deberá hacer constar por escrito en la nota de entrega (o documento similar) cualquier daño aparente que hubiera podido afectar al material de embalaje, separadores, marcos y palets.

c) Cuando proceda a retirar el material de embalaje, separadores, marcos y palets, procurará que el vehículo vaya completamente cargado de dicho material retornable, en el bien entendido de que una carga completa de material retornable equivale a *"especificar la cantidad correspondiente"* entregas previas de mercancía.

d) No está autorizado a discutir, en ningún caso, con el cliente, si se produjere alguna discrepancia o controversia que pudiera afectar al material de embalaje empleado. Si la discrepancia no pudiera resolverse de inmediato, dará cumplida cuenta a su responsable inmediato.

5º. Respecto de devoluciones de las mercancías por falta de aceptación del cliente final, el conductor:

a) No está autorizado a discutir con el cliente final la situación de las mercancías. Si el cliente pretendiera devolver mercancías, el conductor deberá solicitar que se le indique la razón de la devolución, lo cual pondrá en conocimiento de su responsable inmediato. En todo caso, no procederá a cargar su vehículo con las mercancías devueltas por el cliente o destinatario final hasta haber obtenido confirmación del **Fabricante** autorizando la devolución.

b) En todo caso, no podrá aceptar la devolución de las mercancías, a menos que se encuentren sin desempaquetar y, en todo caso, tras obtener la previa autorización expresa de su responsable inmediato.

6º. Finalmente, el **Transportista** se compromete a retirar del servicio a aquellos conductores que no cumplan con los estándares exigidos por el **Fabricante** en el momento en que la misma muestre su disconformidad, justificada, con el servicio prestado por un concreto conductor.

QUINTA. Obligaciones del Fabricante

5.1.

El **Fabricante** se compromete a poner a disposición del **Transportista**, con carácter de exclusiva, las mercancías de su fabricación descritas en el expositivo I, para su transporte, desde las diferentes fábricas que posee o llegue a poseer en el futuro en *"emplazamiento de las futuras fábricas"*, así como todas las mercancías de importación situadas en sus almacenes de *"lugar de los almacenes"*, con destino a sus clientes en *"lugar de destino"*.

5.2.

El **Fabricante** deberá entregar las mercancías debidamente *"especificar acondicionamiento, embalaje y etiquetado"* con las siguientes medidas: *"especificación de las medidas del envío"*.

Las mercancías serán recogidas por el **Transportista** en cargas *"...completas ... O ... fraccionadas ..."* en las fábricas y almacenes del **Fabricante**. El **Transportista** deberá consultar con el **Fabricante** cualquier modificación en la capacidad de carga de sus vehículos. Igualmente, deberá colaborar con el **Fabricante** y sus clientes para aumentar dicha capacidad de carga.

Nota:

*Lo habitual será que los contratos de transporte de duración continuada se refieran a **cargas completas**. No obstante, también se contempla este tipo de contrato en los supuestos de **cargas fraccionadas** (OM FOM/1882/2012 CGC Anexo condición 1.8).*

OM FOM/1882/2012 (CGC Anexo condición 1.9)

5.3.

Debido a los niveles de compromiso, obligaciones, precios e inversiones a que se obliga el **Transportista** para el cumplimiento de este contrato durante su vigencia, se entiende que todos éstos han sido calculados sobre la base de los volúmenes de transporte del año *"precisar el año"* facilitados por el **Fabricante**.

SEXTA. Duración

El presente contrato tendrá una duración de *"periodo de vigencia del contrato, en años (Plazo de **vigencia** del acuerdo contractual) (*Código Buenas Prácticas 2.1.1.*)"* años, comenzando el *"fecha de inicio del acuerdo contractual"* y terminando de forma automática el *"fecha de finalización de vigencia del acuerdo"*.

SÉPTIMA. Tarifas, modalidades de pago y revisión de tarifas

7.1.

El Anexo *"número del Anexo: TARIFAS"* de este documento recoge una descripción detallada de las tarifas aplicables al presente contrato, las cuales forman pieza inseparable del mismo. No obstante, como durante la vigencia de este contrato pueden surgirle al **Fabricante** necesidades de transporte cuyas tarifas no estén contempladas en dicho Anexo, el **Transportista** se compromete a facilitar nuevas tarifas siguiendo el mismo criterio de competitividad y proporcionalidad con las existentes.

7.2.

Las tarifas aplicables son un precio fijo, en *"especificar el tipo de moneda"*, por *"especificar la cantidad de mercancías"* transportadas desde el punto de origen al de destino.

7.3.

Los viajes de retorno de material de embalaje tendrán una reducción del *"especificar porcentaje"* respecto de las tarifas en cada momento vigentes.

7.4.

Los servicios que se presten fuera de los horarios indicados en los puntos a y b de la estipulación primera (párrafo 3º), o en fines de semana o festivos, y excedan de *"número máximo"* viajes al año desde el mismo origen al mismo destino tendrán un recargo del *"tanto por ciento"* de la tarifa pactada en este contrato a partir del undécimo viaje.

7.5.

Las tarifas indicadas en el Anexo *"número del Anexo: TARIFAS"* serán válidas por un plazo de *"periodo de tiempo, en años"* años a contar desde la entrada en vigor de este contrato, estableciendo el Anexo de referencia los criterios de revisión de precio en los años siguientes, si bien el IPC al que se alude será el de diciembre inmediato anterior al año en que se produzca la revisión.

OM FOM/1882/2012 (CGC Anexo condición 1.9)

7.6.

El **Transportista** facturará, quincenalmente, por los siguientes conceptos: *"detallar los conceptos incluidos en la facturación"*. La factura deberá remitirse al domicilio del **Fabricante** indicado en la estipulación 15.2. Las reclamaciones sobre las facturas deberán ser realizadas por escrito dentro del plazo de *"plazo de reclamación, en días"* días desde su recepción por el **Fabricante**.

7.7.

El pago se instrumentará mediante *"forma de pago"* a *"precisar el número de días"* días de la fecha de factura. Para el caso de demora en el pago del importe de la factura, se establece una tasa de interés de demora del *"porcentaje del interés de demora"*. Por el contrario, se aplicará un tipo de descuento por 'pronto pago' del *"descuento porcentual"* cuando dicho pago se realice dentro de los *"especificar el número de días"* días posteriores a la recepción de la factura por el **Fabricante**.

7.8.

En todo lo no previsto en esta estipulación se estará a lo dispuesto en el Anexo *"número del Anexo: DISPOSICIONES"*.

7.9.

Cualquier cambio en la normativa aplicable a la actividad descrita en este contrato, que varíe sustancialmente los costes del transporte, exigirá una revisión de las tarifas que hubieren sido pactadas.

OCTAVA. Deber de información

8.1. Deber de información del Transportista

El **Transportista** informará al **Fabricante**, por escrito, con una periodicidad mensual, de todos los servicios prestados en el mes inmediato anterior (tanto los realizados por sí, como por medio de los transportistas colaboradores), debiendo reseñar en sus informes, al menos, las siguientes circunstancias:

a) Número de viajes realizados, con indicación del lugar de partida y de destino.

b) Incidencias, retrasos y otro tipo de contingencias similares que hubieren acontecido durante el transporte.

c) Cualquier otra información útil que pudiera haberle sido requerida previamente por el **Fabricante** a los efectos de optimizar el servicio, minimizar sus costes y satisfacer las expectativas del cliente final en cuanto a la prestación del servicio.

8.2. Deber de información del Fabricante

El **Fabricante** facilitará semanalmente al **Transportista** una estimación del calendario de transportes previsible para la semana siguiente, al objeto de facilitar la prestación del servicio al **Transportista**. Cada día, el **Fabricante**, o la persona designada por éste, facilitará igualmente al **Transportista** una previsión de los servicios a realizar en las veinticuatro horas siguientes, en el bien entendido de que tales estimaciones no tendrán, en ningún caso, carácter vinculante para ambas partes, dadas las características de los servicios que se contratan.

8.3.

Las partes deberán celebrar **reuniones** con una periodicidad mensual al objeto de tratar de mejorar la realización de los servicios de transporte que, por el presente contrato, se contemplan.

NOVENA. Seguros

9.1.

Como consecuencia de las obligaciones y responsabilidades que asume el **Transportista** en virtud del presente contrato, y en previsión de cuantas reclamaciones pudieran surgir por la ejecución de los servicios pactados, aquél se obliga a tener contratados, durante su vigencia y a su cargo, los seguros que sean precisos y, en todo caso, los siguientes:

a) Un seguro que cubra las mercancías en tránsito por un valor de *"porcentaje por envío de mercancía, en letra"* euros (*"porcentaje por envío de mercancía, en número"* €) por envío de mercancía y, mediante una póliza flotante, por valor de *"porcentaje por envío completo, en letra"* euros (*"porcentaje por envío completo, en número"* €) por envío completo de tapas, al objeto de cubrir tanto las mercancías, como el material de embalaje y soportes de retorno.

b) Una póliza de seguro de daños por la que queden cubiertos los vehículos adscritos a los servicios objeto del presente contrato, así como las personas y/o cosas que pudieran verse involucradas en un siniestro.

9.2.

El **Transportista** se obliga a tener asegurados a sus empleados y a exigir esta misma obligación a sus transportistas colaboradores, por los riesgos que pudieran derivarse del cumplimiento de los servicios pactados.

OM FOM/1882/2012 (CGC Anexo condición 1.9)

9.3.

A requerimiento del **Fabricante**, el **Transportista** deberá acreditar la vigencia de los contratos de seguro, siendo motivo de resolución de este contrato el incumplimiento de lo previsto en esta estipulación.

DÉCIMA. Permisos y autorizaciones

La validez del presente contrato estará, en todo momento condicionada a la circunstancia de que el **Transportista** mantenga en vigor todos los permisos y autorizaciones administrativas que le habiliten para la prestación de servicios a que se ha obligado en virtud de este contrato. Si, en cualquier momento anterior a su extinción, el **Transportista** dejara de contar con aquellos permisos y autorizaciones, estará obligado a indemnizar al **Fabricante** por los daños y perjuicios que pudieran ocasionársele, siempre que fueran directamente imputables al **Transportista**.

 **Nota:**

Ver al respecto LOTT *art.*42 *s.*

UNDÉCIMA. Fuerza mayor. Huelga

Ninguna de las partes responderá del incumplimiento de sus obligaciones contractuales, cuando haya sido motivado por causas de fuerza mayor o caso fortuito, entendiéndose por las mismas cualquier suceso imposible de prever o que fuese inevitable, al margen de la voluntad de la parte incumplidora, sin perjuicio de la obligación de la parte afectada de notificar con la mayor brevedad a la otra parte.

No obstante, la huelga del personal del **Transportista** o cualquier otra circunstancia similar que afecte al **Transportista**, y siempre y cuando éste deje de prestar sus servicios por un período de *"periodo de tiempo, en días"* días, será causa bastante de resolución del presente contrato.

DUODÉCIMA. Denuncia unilateral del contrato

Las partes acuerdan fijar una compensación por importe de *"cantidad en concepto de compensación, en letra"* euros (*"cantidad en concepto de compensación, en número"* €) para el supuesto de que una de ellas denuncie unilateralmente el contrato sin que previamente haya mediado incumplimiento del mismo por parte de la otra.

DECIMOTERCERA. Cesión

Ninguna de las partes podrá ceder o trasmitir este contrato, total o parcialmente, o cualesquiera derechos y obligaciones asumidos bajo el mismo, sin el consentimiento escrito de la otra, a excepción de cualquier cesión efectuada por el **Fabricante** en favor de cualquier empresa o sociedad integrada dentro de su grupo o en favor de cualquier entidad que le suceda en el ejercicio de su actividad empresarial, en cuyo caso sólo se requerirá notificación escrita por el **Fabricante** al **Transportista**.

DECIMOCUARTA. Confidencialidad

14.1.

Todos los datos contenidos en el presente contrato y la documentación que derive del mismo, así como toda aquella que las partes decidan emplear en el futuro, es estrictamente confidencial, tanto durante la vigencia de la presente relación contractual como a la terminación de la misma, y no podrá ser desvelada a ningún tercero por ninguna de las partes a menos que medie el consentimiento de la otra o fuera solicitada bajo mandamiento judicial.

OM FOM/1882/2012 (CGC Anexo condición 1.9)

14.2.

Cada una de las partes de este contrato proporcionará a sus empleados, colaboradores y/o subcontratistas respectivos solamente aquella información que sea estrictamente necesaria para cumplir con la finalidad de este contrato, previniendo a las personas que tengan acceso a la misma del deber de confidencialidad que han de guardar al respecto.

14.3.

Cada parte del contrato se responsabilizará frente a la otra del uso indebido o de la revelación de información confidencial que sus empleados, colaboradores y/o agentes pudieran haber hecho respecto de la información que, a los efectos de este contrato, se les hubiera suministrado.

DECIMOQUINTA. Disposiciones generales

15.1. Transporte individualizado

La ejecución de este contrato marco de transporte de duración continuada se concretará en tantos contratos de transporte individuales como sean necesarios para cumplir con las obligaciones aquí asumidas.

Las estipulaciones del presente contrato serán aplicables a cada uno de esos contratos de transporte concretos, si bien, en atención a las circunstancias que puedan concurrir en determinados envíos, las partes podrán modificar lo dispuesto en el presente contrato marco, si fuere necesario. En caso de conflicto o discrepancia entre lo dispuesto en el presente contrato marco y los términos y condiciones de cada contrato de transporte concreto, prevalecerán éstos últimos.

15.2. Notificaciones

Salvo disposición en contra, cualquier notificación o comunicación que deba efectuarse de acuerdo con, o como consecuencia de, las estipulaciones de este contrato, se hará por escrito y será remitida por fax y/o correo electrónico e, inmediatamente después, por correo postal a las siguientes direcciones, o a cualquier otra que las partes en su momento se comuniquen recíprocamente: *"domicilio a efecto de notificaciones"*.

15.3. Relación entre las partes

Como se deriva del presente contrato, la relación entre el **Fabricante** y el **Transportista** es la de dos partes autónomas e independientes, por lo que los términos de este contrato no podrán ser interpretados de forma que una de ellas se considere apoderado, agente o representante legal de la otra. En consecuencia, las partes se comprometen a no llevar a cabo ninguna acción que pueda inducir a error a un tercero a este respecto y a no presentar compromiso ni ofrecer garantía alguna en nombre de la otra parte. En ningún caso podrá entenderse que los empleados del **Transportista** pudieran serlo del **Fabricante** ni que los del **Fabricante** lo fueran del **Transportista**.

15.4. Ley aplicable y jurisdicción competente

a) El presente contrato se regirá por el Derecho de *"lugar convenido"*. *"...En lo que no esté expresamente pactado en este documento, serán de aplicación a todos y cada uno de los contratos de transporte en que se concrete este contrato marco, las condiciones generales de contratación de los transportes de mercancías por carretera, aprobadas por la* OM FOM/1882/2012 CGC Anexo ...".

b) Para la resolución de cualquier diferencia que pudiera surgir en cuanto a la interpretación, ejecución o cumplimiento del presente contrato, ambas partes, con expresa renuncia a cualquier otro fuero que pudiera corresponderles, acuerda someterse expresamente y en este acto, al arbitraje de la Junta Arbitral del Transporte de *"especificar la localidad"*. El laudo arbitral será dictado de conformidad con el procedimiento establecido en los Estatutos y normas reglamentarias de dicha Junta Arbitral. Las partes contratantes se comprometen a proporcionar a la Junta actuante en cada caso la información que se requiera para analizar la controversia plantada, así como a acatar sus decisiones.

Nota:

*Lugar para indicar la **Junta Arbitral del Transporte** elegida por las partes. La regulación básica de las juntas arbitrales del transporte se contiene en* LOTT *art.*37 *y* 38; ROTT *art.*6 *a* 12.

Téngase en cuenta que el RD 70/2019 ha modificado alguna de las competencias de las Juntas Arbitrales de Transporte.

OM FOM/1882/2012 (CGC Anexo condición 1.9)

Y en prueba de conformidad, ambas partes firman el presente contrato, que se extiende en dos ejemplares, igualmente originales, en el lugar y fecha indicados en su encabezamiento.

EL FABRICANTE **EL TRANSPORTISTA**

Transporte de mercancías por carretera de duración continuada: modelo oficial de contrato

OM FOM/1882/2012 (CGC Anexo)

Nota preliminar:

- En sentido estricto, éste no es un contrato de transporte, sino un **contrato marco** cuyo objeto es la realización de tantos contratos de transporte como sean necesarios para llevarlo a buen fin. La reglamentación del contrato de transporte prevista en nuestro Derecho será aplicable, por tanto, a todos y cada uno de los contratos de transporte específicos en que se concrete la ejecución del contrato marco, sin perjuicio de que algunos elementos de aquella reglamentación puedan ser aplicables también al contrato marco. Este, por su parte, por ser un contrato de los llamados "de duración", deberá ser interpretado conforme a los criterios aplicables a otros contratos de similar naturaleza temporal.

- **No** existe **regulación** de este contrato en el Derecho español. Se puede construir un modelo a partir de la OM FOM/1882/2012 (CGC Anexo).

- Téngase presente la modificación introducida por el RDL 3/2022 de medidas para la **mejora de la sostenibilidad del transporte de mercancías por carretera** y del funcionamiento de la cadena logística, y por el que se transpone la Dir (UE) 2020/1057, por la que se fijan normas específicas con respecto a la Dir 96/71/CE y la Dir 2014/67/UE para el desplazamiento de los conductores en el sector del transporte por carretera, y de medidas excepcionales en materia de revisión de precios en los contratos públicos de obras. En lo que se refiere a la LOTT, la modificación más relevante es que se limita la participación activa de los conductores profesionales en las **operaciones de carga y descarga** de mercancías y de sus soportes y envases, salvo en determinados supuestos (LOTT art.140.41, p.e, transporte de mudanzas y guardamuebles o transporte de vehículos cisterna, entre otros). Asimismo, se modifica la L 15/2009 a fin de equilibrar y dar mayor transparencia a la relación contractual entre las partes del contrato. Así, se **refuerza la posición del porteador** para deshacer la presunción legal de que la responsabilidad de la carga y descarga corresponde, con carácter general, al cargador y destinatario, se prevé expresamente que esta actividad debe remunerarse con carácter independiente del precio del transporte y se exige la especificación de esta contraprestación en la factura, cuando se lleve a cabo por el porteador.

- Téngase, asimismo, en cuenta que el RDL 14/2022 ha modificado la L 15/2009 art.16, estableciendo que «El contrato de transporte continuado **se formalizará por escrito**, con efectos probatorios, y deberá reflejar el precio como mención obligatoria», y añadiendo que «la ausencia de formalización por escrito o la no inclusión del precio no producirá la inexistencia o la nulidad del contrato». Cuando la parte contratante requerida a formalizar por escrito el contrato se negase a ello, la otra podrá considerarla desistida de este, con los efectos que, en su caso, correspondan de conformidad con lo dispuesto en la L 15/2009 art.18.2 y 19.1 y en la L 16/1987.

- El modelo presupone unas **circunstancias** determinadas que serán las **más frecuentes**. Si en el caso concreto existen circunstancias particulares no previstas, deberá completarse o modificarse el modelo adaptándolo a las mismas.

En *"localidad"*, a *"fecha"*

REUNIDOS:

De una parte, *"Don/Doña nombre y apellidos de la parte contratante (A)"* , mayor de edad, con domicilio en *"domicilio del contratante (A)"*, con DNI núm. *"DNI del contratante (A)"*, en nombre propio o en representación de *"denominación social"*, inscrita en el Registro, *"datos de la inscripción registral (A) (localidad del Registro Mercantil, tomo, folio, sección, hoja e inscripción)"*, con CIF núm. *"CIF de la sociedad (A)"*, y domiciliada en *"domicilio social (A)"*, en virtud de las facultades representativas que resultan de la escritura pública autorizada por el Notario: *"Don/Doña nombre y apellidos del notario que autorizó la escritura pública"*, en fecha *"fecha de autorización de la escritura pública"*, núm. de protocolo *"número de protocolo del notario que autorizó la escritura pública"*.

Y de otra parte, *"Don/Doña nombre y apellidos de la parte contratante (B)"*, mayor de edad, con domicilio en *"domicilio del contratante (B)"*, con DNI núm. *"DNI del contratante (B)"*, en nombre propio o en representación de *"denominación social (B)"*, inscrita en el Registro *"datos de la inscripción registral (B) (localidad del Registro Mercantil, tomo, folio, sección, hoja e inscripción)"*, con CIF núm. *"CIF de la sociedad (B)"*, y domiciliada en *"domicilio social (B)"*, en virtud de las facultades representativas que resultan de la escritura pública autorizada por el Notario: *"Don/Doña nombre y apellidos del fedatario que autorizó la escritura pública"*, en fecha *"fecha de autorización de la escritura"*, núm. de protocolo *"número de protocolo del fedatario que autorizó la escritura pública"*.

Ambas partes se reconocen mutuamente la capacidad necesaria para el otorgamiento de este contrato mercantil.

OM FOM/1882/2012 (CGC Anexo)

INTERVIENEN:

I. *"identificación del porteador"* en concepto de porteador, como titular de

»

○ **Cuando el porteador sea un operador de transporte:**

la autorización de la clase núm. *"número de la autorización"*

○ **Cuando el porteador sea un transportista:**

los siguientes vehículos: provistos de autorización de transportes:

Marca *"marca del vehículo"* Matrícula *"matrícula del vehículo"* Autorización de Transporte *"número de licencia"*.

Mediante acuerdo de las partes, que se incorporará como anexo al presente Contrato, podrá convenirse la sustitución de los anteriores vehículos por otros diferentes que reúnan asimismo las condiciones exigibles.

II. *"identificación del cargador"* en concepto de cargador como titular de la autorización de la clase *"clase de autorización"* núm. *"número de permiso"*.

Nota:

Cuando el cargador sea un operador de transporte.

EXPONEN

Que han acordado realizar un contrato mercantil de transporte de mercancías por carretera con arreglo a las siguientes

CLÁUSULAS

PRIMERA.
"identificación del porteador" se compromete con *"identificación del cargador"*, al transporte de las mercancías en las condiciones determinadas en las siguientes cláusulas.

SEGUNDA.
El objeto del transporte será: *"detallar la finalidad del servicio"*.

TERCERA.
El transporte se realizará entre *"punto de origen (determinar claramente el punto de origen o salida y el de llegada)"* hasta *"punto de llegada"*.

CUARTA.
Los envíos tendrán una periodicidad *"especificar la regularidad del servicio"* durante los próximos *"número de meses"* meses.

1230 **QUINTA.**
Se estipula un precio global por el transporte de *"importe global, en letra"* pesetas, que serán pagadas en partes iguales mediante *"medio de pago"* y con vencimiento en *"fecha de vencimiento del pago"*.

SEXTA.
Se estipulan sumas indemnizatorias

❒ Por resolución:

OM FOM/1882/2012 (CGC Anexo)

para casos de resolución unilateral anticipada *"valor de la indemnización por resolución"*.

❒ Por incumplimiento:

"valor de la indemnización por incumplimiento" para caso de incumplimiento.

SÉPTIMA.
Todos los gastos e impuestos que se deriven de la formalización, cumplimiento o extinción del presente contrato serán a cargo de *"identificación de la parte contratante"*.

OCTAVA.
Las partes se someten a la Junta Arbitral del Transporte de *"localidad de la Junta Arbitral"* para la resolución de las controversias que puedan surgir en la ejecución de este contrato.

NOVENA.
Este contrato tiene carácter mercantil y se regirá por sus propias cláusulas y en lo que en ellas no estuviera previsto por las Condiciones Generales de aplicación en la contratación de transportes de mercancías por carretera aprobadas por OM FOM/1882/2012 CGC Anexo.

Las partes manifiestan su conformidad al presente contrato, que otorgan y en prueba de ello firman en *"número de ejemplares"* ejemplares igualmente originales y auténticos formalizados a un solo efecto y para su entrega a las mismas.

EL PORTEADOR **EL CLIENTE**

Otras observaciones:

A. Intervención

Esta parte del modelo está destinada a identificar la **condición en la que intervienen** las partes contratantes en función de cuál sea la posición jurídica que ocupan en el contrato y cuál sea su estatuto jurídico-público a la luz de la normativa de ordenación del transporte.

En función de la primera cualificación, el contrato distingue entre porteador (apartado I) y cargador (apartado II), que son las dos partes esenciales de cualquier contrato de transporte.

Obsérvese que podrá ser **porteador** tanto quien actúa como operador de transporte, como quien lo hace en la condición de transportista. De ahí la opción que permite el modelo oficial, y a la que se refieren sus notas (5) y (6), para identificar el estatuto jurídico-público del que está investido el porteador. En el primer caso, el **operador de transporte** aparece como porteador frente al cargador, si bien la ejecución del transporte (o transportes) le será encomendada a uno o varios transportistas (CGC art.7).

Al **transportista** se le exige que disponga de uno o más vehículos adecuados con capacidad de tracción propia, bien en propiedad, o en virtud de cualquier otro título permitido por la legislación vigente (LOTT art.54.1; OM FOM/1882/2012 CGC Anexo condición 1.2). Es por este motivo que el modelo oficial recoge en esta parte (apartado I) unos espacios cuyo objeto es identificar los vehículos autorizados para llevar a cabo la ejecución del transporte (LOTT art.47 y 54.3).

OM FOM/1882/2012 (CGC Anexo)

La posición de **cargador** puede recaer sobre un operador de transporte -de ahí el sentido de la nota (7) del modelo oficial, que exige la identificación de la correspondiente autorización para actuar como operador de transporte-. En este caso, el operador de transporte actuará como cargador de un contrato de transporte en el que la figura del porteador será ocupada por un transportista.

No debe confundirse con el cargador, aunque puedan coincidir, la figura del expedidor (OM FOM/1882/2012 CGC Anexo condición 1.7).

B. Cláusulas

Segunda

Esta cláusula está destinada a la identificación del **objeto del transporte**, es decir, las mercancías que deberán ser trasladadas bajo el contrato.

Tercera

Está cláusula está destinada a la identificación de los **lugares de origen y de llegada** del transporte o transportes cubiertos bajo el contrato marco. La cláusula podría ser más amplia o compleja si el ámbito de actuación geográfica del porteador, a requerimiento del cargador, no se limitase, como en el modelo oficial, a dos únicos puntos de origen y llegada del transporte.

Téngase en cuenta, por su parte, la existencia de diferencias de régimen a este respecto entre los transportes de **carga completa** (OM FOM/1882/2012 CGC Anexo condición 3.1) y de carga fraccionada (OM FOM/1882/2012 CGC Anexo condición 11).

Cuarta

Esta cláusula identifica el elemento **'duración' del contrato** como la periodicidad de los envíos que se realizarán a lo largo del plazo de duración del contrato.

Quinta

Permite la necesaria identificación del **precio del transporte**, denominado 'global' por cubrir todos los envíos que se realicen bajo el marco del contrato, en las condiciones pactadas.

La parte final de la cláusula alude al **modo** y fechas o **plazos de pago** del precio.

Sexta

Se trata de una **cláusula penal** para supuestos de resolución unilateral anticipada o incumplimiento del contrato. Sobre el régimen de las cláusulas penales, ver CCom art.56 y CC art.1152 a 1155.

La referencia a la posibilidad de **resolución unilateral anticipada** deriva del carácter de contrato 'de duración' de este negocio.

Por su parte, esa referencia al **incumplimiento** parece demasiado genérica y plantea la duda de si sólo cubre los supuestos de incumplimiento del contrato marco o también aquellos derivados de cada uno de los contratos de transporte específicos (envíos) en que se concreta el contrato marco.

Octava

Se trata de una **cláusula compromisoria** (LOTT art.37 y 38; ROTT art.6 a 12). En esta cláusula habrá que identificar la junta territorial a la que se desea someter la resolución de las controversias derivadas del contrato.

Novena

La cláusula identifica la **reglamentación aplicable** al contrato (ROTT art.13; OM FOM/1882/2012 CGC Anexo condición 2.3).

1235 **Transporte**

MCM 6860 s.

Transporte internacional de mercancías por carretera: carta de porte CMR

CMR; Protocolo Ginebra 5-7-1978 que modifica el CMR; Rgto (CE) 593/2008 (Roma I)

Nota preliminar:

- **No** existe un **modelo oficial** de carta de porte establecido por el Convenio de Ginebra de 19-5-1956 relativo al contrato de transporte internacional de mercancías por carretera (CMR). Este Convenio se limita a recoger en su articulado un conjunto de datos, menciones y referencias cuya inclusión en un documento de tal naturaleza será obligatoria o recomendada, en su caso. No obstante, algunas organizaciones han establecido "modelos de carta de porte CMR", que son de uso generalizado y ajustado al sistema convencional. El modelo de carta de porte que presentamos en este apartado es el de la IRU (consistente en un cuadernillo de cuatro ejemplares: tres para cumplir con lo previsto en CMR art.5.1 y un cuarto con fines administrativos).

Nota de imágenes:

*(1) El **modelo** de carta de porte CMR suele venir identificado como tal en su texto ("Carta de porte internacional CMR").*

*(2) Siguiendo la exigencia prevista en CMR art.6.k), la carta de porte CMR contiene una mención en la parte superior derecha de su encabezamiento (conocida con el nombre de **«cláusula paramount»**), con la doble finalidad de:*

- recordar, en su caso, la sujeción del contrato de transporte documentado en dicha carta al CMR (lo que, dicho sea de paso, no sería estrictamente necesario a tenor de lo que se establece en CMR art.1.1 y 4); y

- extender la aplicación de la regulación del CMR a supuestos que no caerían bajo su ámbito de aplicación (CMR art.1.1), como manifestación de la autonomía material de la voluntad de las partes del contrato).

Sobre la responsabilidad del porteador por no inclusión de esta mención, ver CMR art.7.3.

*(3) La **responsabilidad ilimitada** del remitente por los gastos y perjuicios que sufra el transportista por causa de inexactitud o insuficiencia (y ausencia) en las indicaciones previstas en las casillas se regula en CMR art.7.1.a).*

4

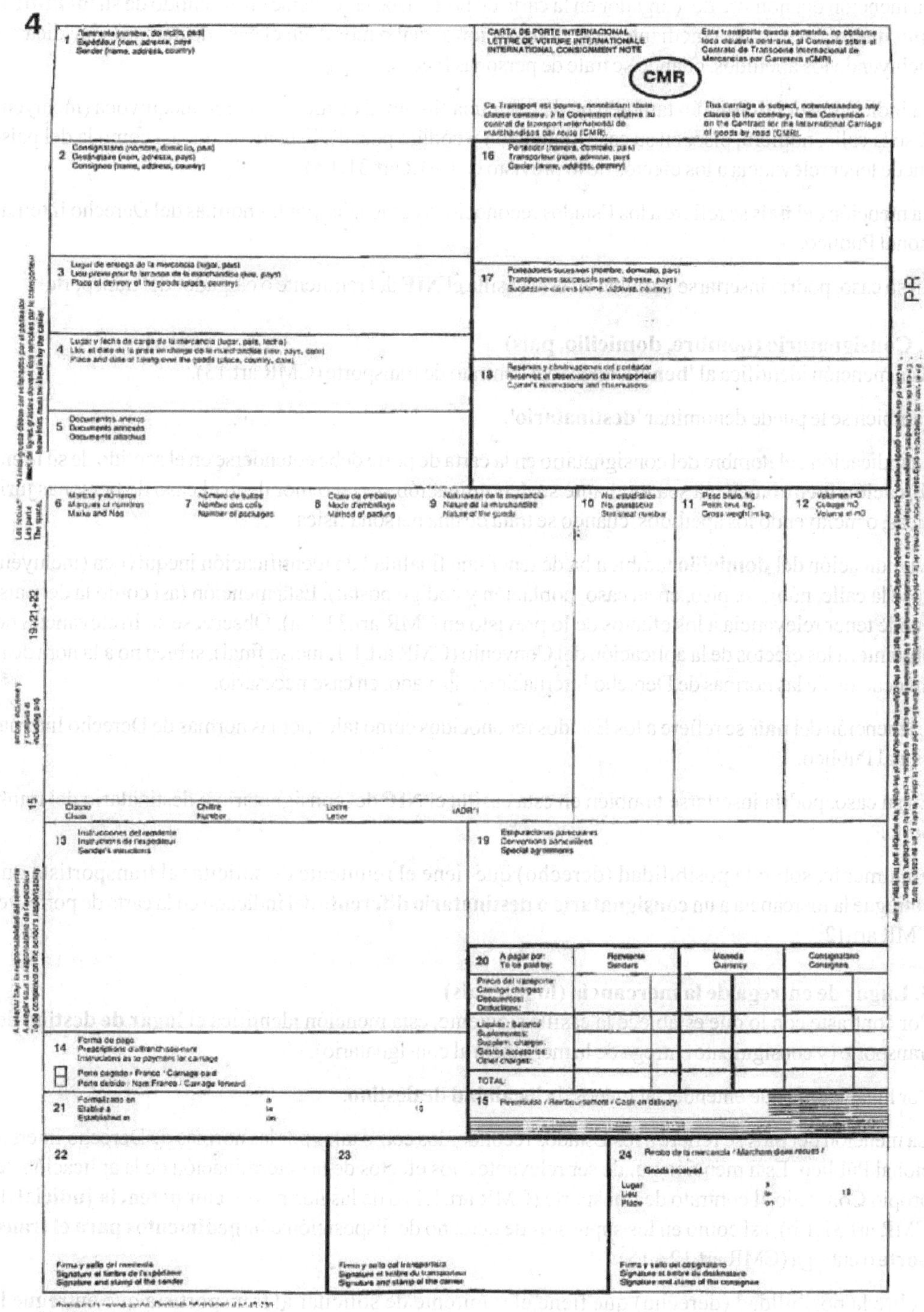
1 Remitente (nombre, domicilio, país)
Expéditeur (nom, adresse, pays)
Sender (name, address, country)

CARTA DE PORTE INTERNACIONAL
LETTRE DE VOITURE INTERNATIONALE
INTERNATIONAL CONSIGNMENT NOTE

Este transporte queda sometido, no obstante toda cláusula contraria, al Convenio sobre el Contrato de Transporte Internacional de Mercancías por Carretera (CMR).

CMR

Ce transport est soumis, nonobstant toute clause contraire, à la Convention relative au contrat de transport international de marchandises par route (CMR).

This carriage is subject, notwithstanding any clause to the contrary, to the Convention on the Contract for the International Carriage of goods by road (CMR).

2 Consignatario (nombre, domicilio, país)
Destinataire (nom, adresse, pays)
Consignee (name, address, country)

16 Porteador (nombre, domicilio, país)
Transporteur (nom, adresse, pays)
Carrier (name, address, country)

3 Lugar de entrega de la mercancía (lugar, país)
Lieu prévu pour la livraison de la marchandise (lieu, pays)
Place of delivery of the goods (place, country)

17 Porteadores sucesivos (nombre, domicilio, país)
Transporteurs successifs (nom, adresse, pays)
Successive carriers (name, address, country)

4 Lugar y fecha de carga de la mercancía (lugar, país, fecha)
Lieu et date de la prise en charge de la marchandise (lieu, pays, date)
Place and date of taking over the goods (place, country, date)

18 Reservas y observaciones del porteador
Réserves et observations du transporteur
Carrier's reservations and observations

5 Documentos anexos
Documents annexés
Documents attached

6 Marcas y números
Marques et numéros
Marks and Nos

7 Número de bultos
Nombre des colis
Number of packages

8 Clase de embalaje
Mode d'emballage
Method of packing

9 Naturaleza de la mercancía
Nature de la marchandise
Nature of the goods

10 No. estadístico
No. statistique
Statistical number

11 Peso bruto, kg
Poids brut, kg.
Gross weight in kg.

12 Volumen m3
Cubage m3
Volume in m3

Clase
Classe

Cifra
Chiffre
Number

Letra
Lettre
Letter

(ADR*)

13 Instrucciones del remitente
Instructions de l'expéditeur
Sender's instructions

19 Estipulaciones particulares
Conventions particulières
Special agreements

20 A pagar por: To be paid by:	Remitente Senders		Moneda Currency		Consignatario Consignee	
Precio del transporte: Carriage charges: Descuentos: Deductions:						
Líquido / Balance Suplementos: Supplem. charges: Gastos accesorios: Other charges:						
TOTAL:						

14 Forma de pago
Prescriptions d'affranchissement
Instructions as to payment for carriage

Porte pagado / Franco / Carriage paid
Porte debido / Non Franco / Carriage forward

21 Formalizado en
Établie à
Established in

a
le
on

19

15 Reembolso / Remboursement / Cash on delivery

22

Firma y sello del remitente
Signature et timbre de l'expéditeur
Signature and stamp of the sender

23

Firma y sello del transportista
Signature et timbre du transporteur
Signature and stamp of the carrier

24 Recibo de la mercancía / Marchandises reçues /
Goods received

Lugar
Lieu
Place

a
le
on

19

Firma y sello del consignatario
Signature et timbre du destinataire
Signature and stamp of the consignee

Otras observaciones:

1. Remitente (nombre, domicilio, país)
Esta mención identifica a uno de los **elementos personales** del contrato de transporte, siendo el otro elemento (o contraparte) el porteador o transportista (casilla 16).

1235

También se le puede denominar **cargador**.

La mención del nombre del cargador en la carta de porte debe entenderse en el sentido de su **identificación inequívoca**, ya sea mediante su denominación social o moral, en el caso de personas jurídicas, o incluyendo los apellidos, cuando se trate de personas físicas.

La indicación del **domicilio** también ha de tener una finalidad de identificación inequívoca (incluyéndose la calle, número, piso, en su caso, población y código postal). Esta mención -así como la del país- puede tener relevancia a los efectos de lo previsto en CMR art.31.1.a).

La mención del **país** se refiere a los Estados reconocidos como tales por las normas del Derecho Internacional Público.

En su caso, podría insertarse también en esta casilla el **NIF** del remitente o cargador del transporte.

2. Consignatario (nombre, domicilio, país)
Esta mención identifica al **'beneficiario'** del contrato de transporte (CMR art.13).

También se le puede denominar **'destinatario'**.

La indicación del nombre del consignatario en la carta de porte debe entenderse en el sentido de su **identificación inequívoca**, ya sea mediante su denominación social o moral, en el caso de personas jurídicas, o incluyendo los apellidos, cuando se trata de una persona física.

La indicación del **domicilio** también ha de tener una finalidad de identificación inequívoca (incluyéndose la calle, número, piso, en su caso, población y código postal). Esta mención (así como la del país) puede tener relevancia a los efectos de lo previsto en CMR art.31.1.a). Obsérvese su irrelevancia, no obstante, a los efectos de la aplicación del Convenio (CMR art.1.1, inciso final), si bien no a la hora de la invocación de las normas de Derecho Internacional Privado, en caso necesario.

La mención del **país** se refiere a los Estados reconocidos como tales por las normas de Derecho Internacional Público.

En su caso, podría insertarse también en esta casilla el **NIF** del consignatario o destinatario del transporte.

Finalmente, sobre la posibilidad (derecho) que tiene el remitente de solicitar al transportista que entregue la mercancía a un **consignatario o destinatario diferente** del indicado en la carta de porte, ver CMR art.12.

3. Lugar de entrega de la mercancía (lugar, país)
Por contraste con lo que establece la casilla siguiente, esta mención identifica el **lugar de destino** del transporte (y consiguiente entrega de la mercancía al consignatario).

Por lugar habría que entender, al menos, la **localidad de destino**.

La mención del **país** se refiere a los Estados reconocidos como tales por las normas de Derecho Internacional Público. Esta mención puede ser relevante a los efectos de la determinación de la aplicación del propio Convenio al contrato de transporte (CMR art.1.1) o de las normas de **competencia judicial** de CMR art.31.1.b), así como en los supuestos de derecho de disposición e **impedimentos para el transporte** o entrega (CMR art.12 a 15).

Sobre la posibilidad (derecho) que tiene el remitente de solicitar al transportista que entregue la mercancía a un **consignatario o destinatario diferente** del indicado en la carta de porte, ver CMR art.12.

4. Lugar y fecha de carga de la mercancía (lugar, país, fecha)
Por lugar habría que entender, al menos, la **localidad de origen** (carga) del transporte.

La mención del lugar puede ser relevante a los efectos de la determinación de la aplicación del Convenio al contrato de transporte (CMR art.1.1) o de las normas de **competencia judicial** de CMR art.31.1.b), así como en los supuestos de valoración de la mercancía a efectos del **cálculo de la indemnización** (CMR art.23.1 y 25.1). También en materia de prescripción (CMR art.32.1.b).

La mención del **país** se refiere a los Estados reconocidos como tales por las normas de Derecho Internacional Público.

La indicación de la **fecha** se refiere, al menos, al día, mes y año (pudiendo añadirse la hora, en su caso). Esta mención es importante, tanto a los efectos de la determinación de uno de los elementos configuradores del llamado '**periodo de responsabilidad**' del porteador (CMR art.17.1), como para computar el retraso en la entrega de la mercancía en su destino (CMR art.19 o 20.1), o para determinar cuándo comienza a correr el plazo de **prescripción** en el supuesto previsto por CMR art.32.1.b). Igualmente, en los supuestos de valoración de la mercancía a efectos del **cálculo de la indemnización** (CMR art.23.1 y 25.1).

Téngase en cuenta que el CMR no regula el régimen jurídico de la obligación de **carga, colocación y estiba** de la mercancía, por lo que habrá que estar a lo que establezca el Derecho Internacional Privado. Ver, no obstante, lo dispuesto en CMR art.17.4 c) y 18.2).

6. Marcas y números

Se refiere al modo de **identificación individual de los distintos bultos** que componen el envío objeto de transporte y no debe confundirse con la mención prevista en la siguiente casilla (núm.7), que se refiere al número de bultos que componen el envío en total.

La relevancia de esta mención se destaca particularmente en el ámbito de la **prueba de la responsabilidad** del porteador (CMR art.8.1.a), 8.2, 9.2, 17.4.e) y 18.2).

7. Número de bultos

La relevancia de esta mención se destaca particularmente en el ámbito de la **prueba de la responsabilidad** del porteador (CMR art.8.1.a), 8.2, 9.2).

8. Clase de embalaje

La relevancia de esta mención se destaca particularmente en el ámbito de la **prueba de la responsabilidad** del porteador (CMR art.8.1.a), 8.2, 9.2, 17.4.e) y 18.2).

Sobre las consecuencias derivadas de **defectos en el embalaje** de la mercancía, ver CMR art.10.

9. Naturaleza de la mercancía

La relevancia de esta mención se destaca particularmente en el ámbito de la **prueba de la responsabilidad** del porteador (CMR art.8.1.a), 8.2, 9.2, 17.4.e).

Las indicaciones que figuran al pie de las casillas 6-9 (**clase, cifra, letra**) pertenecen también al ámbito de identificación de las mercancías peligrosas, siendo ADR un acrónimo identificador del Acuerdo Europeo sobre el Transporte de Mercancías Peligrosas por Carretera (Ginebra, 30-9-1957, en su versión más reciente aplicable en nuestro país).

Obsérvese que están **excluidos del Convenio** los transportes efectuados bajo la regulación de convenios postales internacionales, los transportes funerarios y los transportes de mudanzas, sometidos a normativa internacional de carácter especial (CMR art.1.4). El Convenio, no obstante, contempla los transportes bajo **temperatura dirigida** (CMR art.17.4.d) y 18.4) y el transporte de **animales vivos** (CMR art.17.4.f), también sometidos a regulaciones especiales de producción comunitaria e internacional.

11. Peso bruto, Kg.

Su relevancia se destaca a la luz de lo previsto en CMR art.8.3 y 23.3.

13. Instrucciones del remitente
Esta casilla está prevista para la inclusión, en general, de cualquier tipo de instrucciones que desee darle el remitente al porteador con respecto al transporte contratado.

No obstante, el propio Convenio recoge algunos **supuestos particulares** de instrucciones del remitente:

La inclusión en la carta de porte de instrucciones exigidas para las **formalidades de aduanas** y otras (CMR art.6.1.j) y 11).

- La indicación en la carta de porte de las instrucciones del remitente al transportista concernientes al **seguro de las mercancías** (CMR art.6.2.e) y 41.2).
- Instrucciones o precauciones en el supuesto de **mercancías peligrosas** (CMR art.22).

En relación con las consecuencias que pueden llegar a tener las instrucciones del remitente sobre el régimen de **responsabilidad del porteador**, ver lo dispuesto en CMR art.17.2.

14. Forma de pago
Esta casilla permite identificar si se trata de un transporte a **porte pagado** o a **porte debido**. En el primer caso, el obligado al pago es el cargador, mientras que en el segundo, la obligación corre inicialmente a cargo del consignatario o destinatario del transporte.

16. Porteador (nombre, domicilio, país)
Esta mención identifica a otro de los **elementos personales** del contrato de transporte.

También se le puede denominar **transportista**.

La indicación del nombre del porteador en la carta de porte debe entenderse en el sentido de su **identificación inequívoca**, ya sea mediante su denominación social o moral, en el caso de personas jurídicas, o incluyendo los apellidos, cuando se trata de una persona física.

La indicación del **domicilio** también ha de tener una finalidad de identificación inequívoca (incluyéndose la calle, número, piso, en su caso, población y código postal). Esta mención (así como la del país) puede tener relevancia a los efectos de lo previsto en CMR art.31.1.a).

La mención del **país** se refiere a los Estados reconocidos como tales por las normas de Derecho Internacional Público.

En su caso, podría insertarse también en esta casilla el **NIF** del porteador.

Con respecto al transporte efectuado por **Estados, instituciones u organismos gubernamentales**, ver lo dispuesto en CMR art.1.3, que no excluye la aplicación del Convenio.

17. Porteadores sucesivos (nombre, domicilio y país)
En esta casilla deberán anotarse los datos correspondientes a los demás porteadores que sucedan al porteador 'principal' (casilla 16) en la ejecución del transporte, en los términos previstos en CMR art.34 a 40.

Parece que esta casilla sólo es aplicable a los supuestos de **transporte sucesivo** en sentido estricto y no al supuesto de transportista que actúa como **subcontratista** de la obra de transporte asumida por el porteador identificado en la casilla 16 (CMR art.3). La inclusión de aquél en la carta de porte podría ser interpretada como una manifestación de su voluntad de adherirse, junto con los demás, a un contrato de transporte sucesivo, con las graves consecuencias que esto acarrea (CMR art.34 y 36).

La indicación del nombre de los porteadores sucesivos en la carta de porte debe entenderse en el sentido de su **identificación inequívoca**, ya sea mediante su denominación social o moral, en el caso de personas jurídicas, o incluyendo los apellidos, cuando se trata de una persona física.

La indicación del **domicilio** también ha de tener una finalidad de identificación inequívoca (incluyéndose la calle, número, piso, en su caso, población y código postal). Esta mención (así como la del país) puede tener relevancia a los efectos de lo previsto en CMR art.31.1.a).

La mención del **país** se refiere a los Estados reconocidos como tales por las normas de Derecho Internacional Público.

En su caso, podría insertarse también en esta casilla el **NIF** de los distintos porteadores sucesivos.

18. Reservas y observaciones del porteador

Esta mención está permitida genéricamente por CMR art.6.3. Su **trascendencia práctica** se destaca de la lectura de CMR art.8.2, 8.3, 9.2 y 10. También se contempla la posibilidad de insertar reservas en el supuesto previsto en CMR art.35.1.

En este contexto, la utilización por parte del porteador de la **lista de comprobación** (o 'check list') establecida por la IRU puede ser de gran utilidad por su sencillez y practicidad.

Las reservas del porteador deben estar **motivadas** (CMR art.8.2). Además, sólo vinculan al remitente si éste las ha aceptado expresamente en la carta de porte. No obstante, obsérvese que, a los efectos probatorios previstos en CMR art.9.2, son eficaces, simplemente, las reservas motivadas (es decir, no requieren su aprobación por el remitente).

19. Estipulaciones particulares

Estas estipulaciones o cláusulas particulares deberán sujetarse a lo previsto en CMR art.41, que establece la inderogabilidad general de las normas del Convenio y ofrece algunos ejemplos de **cláusulas nulas** de pleno derecho: cesión al transportista de las indemnizaciones correspondientes al seguro de la mercancía y cláusulas análogas; inversión de la carga de la prueba.

A continuación, se recogen una serie de **pactos o indicaciones permitidas** (dentro de los límites del CMR o, en su caso, del Derecho nacional que resulte aplicable en función de las normas de Derecho Internacional Privado):

- Pacto sobre prohibición de **trasbordo** (CMR art.3, 6.2.a), 7.1.b) y 34).

- Pacto relativo a las obligaciones de **carga, colocación, estiba, desestiba y descarga** de la mercancía.

- Pacto sobre el **itinerario** del transporte.

- Pacto sobre atribución del **derecho de disposición** al destinatario (CMR art.12.3).

- Pacto sobre el momento de la exigibilidad del **precio** del transporte.

- Pacto sobre **modalidades de pago** del precio del transporte.

- Pacto sobre **valor declarado** de la mercancía o sobre la suma que representa el **interés especial en la entrega** (CMR art.6.2.d), 7.1.b), 24 y 26).

- Pacto sobre empleo de **vehículos abiertos** y no entoldados (CMR art.17.4.a) y 18.3).

- Pacto sobre **plazo** de realización del transporte (CMR art.6.2.f), 7.1.b), 19, 20 y 32.1.b).

- Pacto sobre **horario de entrega** de la carga en su destino.

- Pactos derogatorios del régimen previsto en CMR art.37 y 38 (CMR art.40).

- Pacto de **sumisión expresa** a la jurisdicción de uno de los países contratantes del Convenio (CMR art.31.1).

- Pacto de sumisión a **arbitraje** (CMR art.33). Véase al respecto el Documento IRU CD/4680, de 26-4-94).

1235 **Transporte**

También cabría recoger en esta casilla **datos complementarios** sobre los contratantes, sobre la operación de transporte contratada, sobre el vehículo (CMR art.1.2), sobre la hora de llegada del vehículo al lugar de carga, sobre la hora de salida del vehículo del lugar de carga, sobre prestaciones accesorias asumidas por el porteador, etc.

20. Gastos de transporte
Esta mención tiene relevancia significativa en los casos de CMR art.13 (créditos que resulten de la carta de porte) y 23.4. El precio del transporte también es importante como límite de la **indemnización por retraso** (CMR art.23.5) y en la situación prevista en CMR art.16.2 (las mercancías quedan afectadas a los créditos resultantes de la carta de porte y a todos los demás gastos).

Los apartados previstos en esta casilla 20 tienen por objeto la identificación de **distintos aspectos** relacionados con el pago del precio del transporte:

- Sobre quién recae la obligación de pago, vuelve a repetirse la posibilidad ya permitida en la casilla 14, de anotar el débito a cargo del **remitente** o del **consignatario**, o de repartir entre éstos algunos de los gastos del transporte (CMR art.6.2.b).

- La casilla permite la identificación de los **diversos conceptos** integrados en la categoría gastos de transporte (CMR art.6.1.i), incluyendo el precio del transporte, en sentido estricto (incluidos sus descuentos), los suplementos y los gastos accesorios (así como los derechos de aduana, etc.). Entre los **suplementos** previstos en el CMR destacan los de CMR art.24 y 26. Otros conceptos de gastos recogidos en el Convenio (si bien no siempre será posible su inclusión en la carta de porte, por tratarse de gastos inesperados o incurridos con posterioridad a su emisión) son los recogidos en CMR art.16.

- También se prevé la mención de la **divisa de pago** (CMR art.27.2).

- No contempla, sin embargo, la casilla 20 la posibilidad de anotar el momento de la **exigibilidad del pago**, así como los pactos sobre modalidades de pago, en cuyo caso podrá acudirse a la casilla 19 (estipulaciones particulares).

Recuérdese, igualmente, que en nuestro Ordenamiento el **régimen tarifario** de los transportes internacionales de mercancías es libre.

21. Formalización de la carta de porte
Esta mención está prevista para recoger el **lugar y fecha** de formalización (emisión) de la carta de porte.

Tiene **trascendencia práctica**, por lo que respecta al lugar de emisión, a los efectos de lo previsto en CMR art.5.1, y, por lo que respecta a la fecha de formalización, a los efectos de CMR art.32.1.c).

Obsérvese que el CMR no establece a cargo de quien corre la **obligación de formalizar** la carta de porte.

24. Recibo de la mercancía
Esta mención está prevista para recoger el **lugar y fecha** de recepción de la mercancía por el destinatario, así como la firma de éste.

Sobre la **posición del destinatario** a este respecto, ver lo dispuesto en CMR art.13, 15 y 30.

La mención puede tener trascendencia a los efectos de la aplicación de CMR art.32.1.a).

Transporte internacional de mercancías por carretera: lista de comprobación CMR

MCM 6860 s.

CMR; Protocolo Ginebra 5-7-1978 que modifica el CMR

Nota preliminar:

La lista de comprobación (o *check list*) es un documento aprobado y recomendado por IRU para su utilización por los transportistas internacionales de mercancías por carretera que empleen una carta de porte en la que se formalice un contrato sujeto al CMR. Su **finalidad** es facilitar al transportista, con carácter previo a la recepción de la mercancía, una comprobación rápida de las condiciones del contrato de transporte documentado en la carta de porte y, en particular, la inserción de reservas u observaciones que sirvan para limitar o excluir su responsabilidad en algunos casos. La lista de comprobación está redactada en distintos idiomas.

CMR LISTA DE COMPROBACIÓN A VERIFICAR OBLIGATORIAMENTE POR EL TRANSPORTISTA

Nota:

Sobre el ***alcance de esta obligatoriedad****, ver* Convenio Ginebra*CMR art.8.1.*

I. Leer atentamente cada rúbrica del contrato CMR.

Nota:

Cuando esta lista de comprobación se refiere al ***"contrato CMR"****, tanto aquí como en su apartado III, lo hace a la* ***carta de porte CMR*** *que documenta el contrato de transporte internacional de mercancías por carretera sujeto al* Convenio *de* Ginebra *de* 19-5-1956, *relativo al contrato de transporte internacional de mercancías por carretera, modificado por el Protocolo de Ginebra de* 5-7-1978. *El modelo de carta de porte contenido en dicho Convenio se recoge en el núm.7.*

II. A inscribir en la casilla núm.18.

Nota:

Esta referencia a la casilla 18 lo es a la casilla que con tal número se recoge en el modelo de ***carta de porte CMR****. En particular, esta casilla 18 es aquella que le permite al porteador la inserción de* ***reservas y observaciones****, inserción que está permitida genéricamente por CMR art.6.3.*

RESERVA Nº

Nota:

A continuación, en la lista de comprobación se reseñan un conjunto de ***posibles reservas a interponer****, en su caso, por el porteador y que, como se ha dicho, deberán insertarse en la casilla 18 del modelo de carta de porte CMR.*

Las ***reservas*** *se refieren al vehículo, al embalaje, al número de bultos, marcas, número de cada bulto y a las operaciones de manipulación, carga, estiba y descarga de la mercancía en el medio de transporte. Las reservas están* ***numeradas*** *de la 1 a la 14, con la finalidad de que en la citada casilla 18 no sea necesario escribir con palabras el tipo de reserva u observación de que se trata. De este modo, se facilita la comprensión del significado de la reserva en un contexto, como el internacional, en el que las partes del contrato de transporte hablen idiomas distintos y no puedan comunicarse de otro modo.*

VEHÍCULO

1. Vehículo abierto y sin cubrir con lona conforme a lo convenido con el expedidor o remitente

Nota:

Ver lo dispuesto en CMR art.17.4.a) y las consecuencias que esta mención produce sobre el ***régimen de responsabilidad*** *del porteador. Ver, igualmente, CMR art.18.2 y 3.*

EMBALAJE

 **Nota:**

*Ver lo dispuesto en CMR art.*17.4.*b) y las consecuencias que esta mención produce sobre el **régimen de responsabilidad** del porteador. Ver, igualmente, CMR art.*18.2.
*Estos preceptos tienen su fundamento en la obligación que se impone al porteador en CMR art.*8.*1 y* 2.
*Sobre las consecuencias de la **ausencia de reservas** en la carta de porte, ver CMR art.*9.2.

2. Sin embalaje.

3. Defectuoso.

4. Insuficiente.

NÚMERO DE BULTOS, MARCAS, NÚMERO DE CADA BULTO

5. Imposible de verificar por causa de:

a) Carga efectuada por el remitente o expedidor.

b) Las condiciones atmosféricas.

c) Gran número de bultos.

d) Contenedor precintado.

MERCANCÍA

6. En aparente mal estado.

7. Dañada.

8. Mojada.

9. Helada.

10. No protegida de las inclemencias atmosféricas, transportada en estas condiciones a petición del remitente o expedidor.

MANIPULACIÓN, CARGA, ESTIBA, DESCARGA

 **Nota:**

*Con respecto a estas operaciones, ver CMR art.*17.4.*c). Ante el silencio del CMR, véase, en nuestro ordenamiento, lo dispuesto en* LOTT *art.*22*; LCTTM art.*20 *-redacc RDL 3/2022-,* 21, 33.

Manipulación, carga y estiba efectuada:

11. Por el expedidor o remitente.

12. Por el conductor, en condiciones atmosféricas desfavorables para la mercancía, a petición del expedidor.

Descarga efectuada:

13. Por el destinatario.

14. Por el conductor, en condiciones atmosféricas desfavorables para la mercancía, a petición del destinatario.

III. No inicie el viaje sin que previamente el expedidor haya firmado el contrato CMR.

Nota:

*Se refiere, sin duda, a la **firma de la carta de porte CMR**. Sobre la firma, ver lo dispuesto en CMR art.*5.*1.*

Si no es así, pida instrucciones a su empresa o rechace la ejecución del transporte.

Nota:

*El Convenio no indica las **consecuencias del incumplimiento** de la obligación de firmar la carta de porte. Sí lo hace, por el contrario, nuestro ordenamiento interno, que recoge una solución similar a la propuesta en la lista de comprobación (OM FOM/1882/2012 CGC Anexo condición 2.6).*

1245

Transporte marítimo de mercancías en régimen de conocimiento de embarque: conocimiento de embarque CONLINEBILL 2000

MCM 7385 s.

LNM

Nota preliminar:

- El contrato de transporte marítimo de mercancías tiene carácter consensual. No obstante, es frecuente su formalización en el documento llamado conocimiento de embarque, particularmente en el **tráfico internacional**, por entenderse que se trata de un requisito de aplicación de las normas internacionales que rigen la materia.

- Por otra parte, el carácter básicamente dispositivo de la regulación nacional y el alcance fragmentario de la regulación internacional explican el notable papel desempeñado por la autonomía de la voluntad en este sector y la frecuente utilización en el tráfico modelos-tipo de conocimiento de embarque, aprobados y recomendados por los principales **organismos especializados** en este sector. Entre éstos destaca el CONLINEBILL 2000 (*Liner Bill of Lading*) de The Baltic and International Maritime Council (BIMCO), que es el modelo elegido en este apartado. Esta organización también ha editado dos modelos de conocimiento de embarque para ser utilizados en el tráfico multimodal: el COMBICONBILL 1995 (*Combined Transport Bill of Lading*) y el MULTIDOC 95 (*Multimodal Transport Bill of Lading*), basado éste último en las Reglas relativas a los documentos de transporte multimodal (1991), elaboradas por la UNCTAD y la Cámara Internacional de Comercio. En este ámbito, y con un mismo origen, puede señalarse, también, el FIATA *Multimodal Transport Bill of Lading*, editado por FIATA. Finalmente, también existe un modelo de conocimiento de embarque ideado para ser utilizado en transportes de cargas grandes y voluminosas sujetos al contrato HEAVYCON. Su denominación es la de HEAVYCONBILL.

- Téngase en cuenta, finalmente, que, junto al conocimiento de embarque, el tráfico marítimo conoce **otros documentos** de relevancia práctica en este sector de transporte. Unos son los llamados "documentos similares" al conocimiento de embarque, expresión que comprende los siguientes documentos:

- el conocimiento recibido para embarque (*received for shipment*);

- las órdenes de entrega (*delivery orders*); y

- el conocimiento directo (*through bill of lading*).

- Junto a éstos, se citan, además, ciertos **documentos complementarios o probatorios**, entre los que se encontrarían:

- la carta de porte marítima (*sea waybill*);

- la nota de reserva (booking note), de la que existe un modelo de BIMCO denominado CONLINEBOOKING;

- la declaración de embarque;

- la orden de embarque; y

- el recibo provisional de embarque (*mate's receipt*).

Page 1

BIMCO LINER BILL OF LADING
CODE NAME: "CONLINEBILL 2000"

Amended January 1950; August 1952; January 1973; July 1974; August 1976; January 1978; November 2000.

Shipper (full style and address)		
Consignee (full style and address) or Order	B/L No.	Reference No.
	Vessel	
Notify Party (full style and address)	Port of loading	
	Port of discharge	

PARTICULARS DECLARED BY THE SHIPPER BUT NOT ACKNOWLEDGED BY THE CARRIER

Container No./Seal No./Marks and Numbers	Number and kind of packages; description of cargo	Gross weight, kg	Measurement, m^3

Draft Copy

SHIPPED on board in apparent good order and condition (unless otherwise stated herein) the total number of Containers/Packages or Units indicated in the Box opposite entitled "Total number of Containers/Packages or Units received by the Carrier" and the cargo as specified above, weight, measure, marks, numbers, quality, contents and value unknown, for carriage to the Port of discharge or so near thereunto as the vessel may safely get and lie always afloat, to be delivered in the like good order and condition at the Port of discharge unto the lawful holder of the Bill of Lading, on payment of freight as indicated to the right plus other charges incurred in accordance with the provisions contained in this Bill of Lading.
In accepting this Bill of Lading the Merchant* expressly accepts and agrees to all its stipulations on both Page 1 and Page 2, whether written, printed, stamped or otherwise incorporated, as fully as if they were all signed by the Merchant.
One original Bill of Lading must be surrendered duly endorsed in exchange for the cargo or delivery order, whereupon all other Bills of Lading to be void.
IN WITNESS whereof the Carrier, Master or their Agent has signed the number of original Bills of Lading stated below right, all of this tenor and date.

Total number of Containers/Packages or Units received by the Carrier		
Shipper's declared value	Declared value charge	
Freight details and charges		

Carrier's name/principal place of business	Date shipped on board	Place and date of issue
	Number of original Bills of Lading	
	Pre-carriage by**	
Signature .... Carrier or, for the Carrier .... as Master *(Master's name/signature)* .... as Agents *(Agent's name/signature)*	Place of receipt by pre-carrier**	
	Place of delivery by on-carrier**	

Copyright, published by The Baltic and International Maritime Council (BIMCO), Copenhagen, 2000

*As defined hereinafter (Cl. 1)
**Applicable only when pre-/on-carriage is arranged in accordance with Clause 8

Printed and sold by Fr. G. Knudtzons Bogtrykkeri A/S, Vallensbaekvej 61, DK-2625 Vallensbaek, Fax: +45 4366 070

BIMCO LINER BILL OF LADING

Code Name: "CONLINEBILL 2000"

Page 2

1. Definition.
"Merchant" includes the shipper, the receiver, the consignor, the consignee, the holder of the Bill of Lading, the owner of the cargo and any person entitled to possession of the cargo.

2. Notification.
Any mention in this Bill of Lading of parties to be notified of the arrival of the cargo is solely for the information of the Carrier and failure to give such notification shall not involve the Carrier in any liability nor relieve the Merchant of any obligation hereunder.

3. Liability for Carriage Between Port of Loading and Port of Discharge.
(a) The International Convention for the Unification of Certain Rules of Law relating to Bills of Lading signed at Brussels on 25 August 1924 ("the Hague Rules") as amended by the Protocol signed at Brussels on 23 February 1968 ("the Hague-Visby Rules") and as enacted in the country of shipment shall apply to this Contract. When the Hague-Visby Rules are not enacted in the country of shipment, the corresponding legislation of the country of destination shall apply, irrespective of whether such legislation may only regulate outbound shipments.
When there is no enactment of the Hague-Visby Rules in either the country of shipment or in the country of destination, the Hague-Visby Rules shall apply to this Contract save where the Hague Rules as enacted in the country of shipment or, if no such enactment is in place, the Hague Rules as enacted in the country of destination apply compulsorily to this Contract.
The Protocol signed at Brussels on 21 December 1979 ("the SDR Protocol 1979") shall apply where the Hague-Visby Rules apply, whether mandatorily or by this Contract.
The Carrier shall in no case be responsible for loss of or damage to cargo arising prior to loading, after discharging, or with respect to deck cargo and live animals.
(b) If the Carrier is held liable in respect of delay, consequential loss or damage other than loss of or damage to the cargo, the liability of the Carrier shall be limited to the freight for the carriage covered by this Bill of Lading, or to the limitation amount as determined in sub-clause 3(a), whichever is the lesser.
(c) The aggregate liability of the Carrier and/or any of his servants, agents or independent contractors under this Contract shall, in no circumstances, exceed the limits of liability for the total loss of the cargo under sub-clause 3(a) or, if applicable, the Additional Clause.

4. Law and Jurisdiction.
Disputes arising out of or in connection with this Bill of Lading shall be exclusively determined by the courts and in accordance with the law of the place where the Carrier has his principal place of business, as stated on Page 1, except as provided elsewhere herein.

5. The Scope of Carriage.
The intended carriage shall not be limited to the direct route but shall be deemed to include any proceeding or returning to or stopping or slowing down at or off any ports or places for any reasonable purpose connected with the carriage including bunkering, loading, discharging, or other cargo operations and maintenance of Vessel and crew.

6. Substitution of Vessel.
The Carrier shall be at liberty to carry the cargo or part thereof to the Port of discharge by the said or other vessel or vessels either belonging to the Carrier or others, or by other means of transport, proceeding either directly or indirectly to such port.

7. Transhipment.
The Carrier shall be at liberty to tranship, lighter, land and store the cargo either on shore or afloat and reship and forward the same to the Port of discharge.

8. Liability for Pre- and On-Carriage.
When the Carrier arranges pre-carriage of the cargo from a place other than the Vessel's Port of loading or on-carriage of the cargo to a place other than the Vessel's Port of discharge, the Carrier shall contract as the Merchant's Agent only and the Carrier shall not be liable for any loss or damage arising during any part of the carriage other than between the Port of loading and the Port of discharge even though the freight for the whole carriage has been collected by him.

9. Loading and Discharging.
(a) Loading and discharging of the cargo shall be arranged by the Carrier or his Agent.
(b) The Merchant shall, at his risk and expense, handle and/or store the cargo before loading and after discharging.
(c) Loading and discharging may commence without prior notice.
(d) The Merchant or his Agent shall tender the cargo when the Vessel is ready to load and as fast as the Vessel can receive including, if required by the Carrier, outside ordinary working hours notwithstanding any custom of the port. If the Merchant or his Agent fails to tender the cargo when the Vessel is ready to load or fails to load as fast as the Vessel can receive the cargo, the Carrier shall be relieved of any obligation to load such cargo, the Vessel shall be entitled to leave the port without further notice and the Merchant shall be liable to the Carrier for deadfreight and/or any overtime charges, losses, costs and expenses incurred by the Carrier.
(e) The Merchant or his Agent shall take delivery of the cargo as fast as the Vessel can discharge including, if required by the Carrier, outside ordinary working hours notwithstanding any custom of the port. If the Merchant or his Agent fails to take delivery of the cargo the Carrier's discharging of the cargo shall be deemed fulfilment of the contract of carriage. Should the cargo not be applied for within a reasonable time, the Carrier may sell the same privately or by auction. If the Merchant or his Agent fails to take delivery of the cargo as fast as the Vessel can discharge, the Merchant shall be liable to the Carrier for any overtime charges, losses, costs and expenses incurred by the Carrier.
(f) The Merchant shall accept his reasonable proportion of unidentified loose cargo.

10. Freight, Charges, Costs, Expenses, Duties, Taxes and Fines.
(a) Freight, whether paid or not, shall be considered as fully earned upon loading and non-returnable in any event. Unless otherwise specified, freight and/or charges under this Contract are payable by the Merchant to the Carrier on demand. Interest at Libor (or its successor) plus 2 per cent. shall run from fourteen days after the date when freight and charges are payable.
(b) The Merchant shall be liable for all costs and expenses of fumigation, gathering and sorting loose cargo and weighing onboard, repairing damage to and replacing packing due to excepted causes, and any extra handling of the cargo for any of the aforementioned reasons.
(c) The Merchant shall be liable for any dues, duties, taxes and charges which under any denomination may be levied, *inter alia*, on the basis of freight, weight of cargo or tonnage of the Vessel.
(d) The Merchant shall be liable for all fines, penalties, costs, expenses and losses which the Carrier, Vessel or cargo may incur through non-observance of Customs House and/or import or export regulations.
(e) The Carrier is entitled in case of incorrect declaration of contents, weights, measurements or value of the cargo to claim double the amount of freight which would have been due if such declaration had been correctly given. For the purpose of ascertaining the actual facts, the Carrier shall have the right to obtain from the Merchant the original invoice and to have the cargo inspected and its contents, weight, measurement or value verified.

11. Lien.
The Carrier shall have a lien on all cargo for any amount due under this contract and the costs of recovering the same and shall be entitled to sell the cargo privately or by auction to satisfy any such claims.

12. General Average and Salvage.
General Average shall be adjusted, stated and settled in London according to the York-Antwerp Rules 1994, or any modification thereof, in respect of all cargo, whether carried on or under deck. In the event of accident, danger, damage or disaster before or after commencement of the voyage resulting from any cause whatsoever, whether due to negligence or not, for which or for the consequence of which the Carrier is not responsible by statute, contract or otherwise, the Merchant shall contribute with the Carrier in General Average to the payment of any sacrifice, losses or expenses of a General Average nature that may be made or incurred, and shall pay salvage and special charges incurred in respect of the cargo. If a salving vessel is owned or operated by the Carrier, salvage shall be paid for as fully as if the salving vessel or vessels belonged to strangers.

13. Both-to-Blame Collision Clause.
If the Vessel comes into collision with another vessel as a result of the negligence of the other vessel and any act, negligence or default of the Master, Mariner, Pilot or the servants of the Carrier in the navigation or in the management of the Vessel, the Merchant will indemnify the Carrier against all loss or liability to the other or non-carrying vessel or her Owner in so far as such loss or liability represents loss of or damage to or any claim whatsoever of the owner of the cargo paid or payable by the other or non-carrying vessel or her Owner to the owner of the cargo and set-off, recouped or recovered by the other or non-carrying vessel or her Owner as part of his claim against the carrying vessel or Carrier. The foregoing provisions shall also apply where the Owner, operator or those in charge of any vessel or vessels or objects other than, or in addition to, the colliding vessels or objects are at fault in respect of a collision or contact.

14. Government directions, War, Epidemics, Ice, Strikes, etc.
(a) The Master and the Carrier shall have liberty to comply with any order or directions or recommendations in connection with the carriage under this Contract given by any Government or Authority, or anybody acting or purporting to act on behalf of such Government or Authority, or having under the terms of the insurance on the Vessel the right to give such orders or directions or recommendations.
(b) Should it appear that the performance of the carriage would expose the Vessel or any cargo onboard to risk of seizure, damage or delay, in consequence of war, warlike operations, blockade, riots, civil commotions or piracy, or any person onboard to risk of loss of life or freedom, or that any such risk has increased, the Master may discharge the cargo at the Port of loading or any other safe and convenient port.
(c) Should it appear that epidemics; quarantine; ice; labour troubles, labour obstructions, strikes, lockouts (whether onboard or on shore); difficulties in loading or discharging would prevent the Vessel from leaving the Port of loading or reaching or entering the Port of discharge or there discharging in the usual manner and departing therefrom, all of which safely and without unreasonable delay, the Master may discharge the cargo at the Port of loading or any other safe and convenient port.
(d) The discharge, under the provisions of this Clause, of any cargo shall be deemed due fulfilment of the contract of carriage.
(e) If in connection with the exercise of any liberty under this Clause any extra expenses are incurred they shall be paid by the Merchant in addition to the freight, together with return freight, if any, and a reasonable compensation for any extra services rendered to the cargo.

15. Defences and Limits of Liability for the Carrier, Servants and Agents.
(a) It is hereby expressly agreed that no servant or agent of the Carrier (which for the purpose of this Clause includes every independent contractor from time to time employed by the Carrier) shall in any circumstances whatsoever be under any liability whatsoever to the Merchant under this Contract of carriage for any loss, damage or delay of whatsoever kind arising or resulting directly or indirectly from any act, neglect or default on his part while acting in the course of or in connection with his employment.
(b) Without prejudice to the generality of the foregoing provisions in this Clause, every exemption from liability, limitation, condition and liberty herein contained and every right, defence and immunity of whatsoever nature applicable to the Carrier or to which the Carrier is entitled, shall also be available and shall extend to protect every such servant and agent of the Carrier acting as aforesaid.
(c) The Merchant undertakes that no claim shall be made against any servant or agent of the Carrier and, if any claim should nevertheless be made, to indemnify the Carrier against all consequences thereof.
(d) For the purpose of all the foregoing provisions of this Clause the Carrier is or shall be deemed to be acting as agent or trustee on behalf of and for the benefit of all persons who might be his servants or agents from time to time and all such persons shall to this extent be or be deemed to be parties to this Contract of carriage.

16. Stowage.
(a) The Carrier shall have the right to stow cargo by means of containers, trailers, transportable tanks, flats, pallets, or similar articles of transport used to consolidate goods.
(b) The Carrier shall have the right to carry containers, trailers, transportable tanks and covered flats, whether stowed by the Carrier or received by him in a stowed condition from the Merchant, on or under deck without notice to the Merchant.

17. Shipper-Packed Containers, trailers, transportable tanks, flats and pallets.
(a) If a container has not been filled, packed or stowed by the Carrier, the Carrier shall not be liable for any loss of or damage to its contents and the Merchant shall cover any loss or expense incurred by the Carrier, if such loss, damage or expense has been caused by:
(i) negligent filling, packing or stowing of the container;
(ii) the contents being unsuitable for carriage in container; or
(iii) the unsuitability or defective condition of the container unless the container has been supplied by the Carrier and the unsuitability or defective condition would not have been apparent upon reasonable inspection at or prior to the time when the container was filled, packed or stowed.
(b) The provisions of sub-clause (i) of this Clause also apply with respect to trailers, transportable tanks, flats and pallets which have not been filled, packed or stowed by the Carrier.
(c) The Carrier does not accept liability for damage due to the unsuitability or defective condition of reefer equipment or trailers supplied by the Merchant.

18. Return of Containers.
(a) Containers, pallets or similar articles of transport supplied by or on behalf of the Carrier shall be returned to the Carrier in the same order and condition as handed over to the Merchant, normal wear and tear excepted, with interiors clean and within the time prescribed in the Carrier's tariff or elsewhere.
(b) The Merchant shall be liable to the Carrier for any loss, damage to, or delay, including demurrage and detention incurred by or sustained to containers, pallets or similar articles of transport during the period between handing over to the Merchant and return to the Carrier.

ADDITIONAL CLAUSE

U.S. Trade. Period of Responsibility.
(i) In case the Contract evidenced by this Bill of Lading is subject to the Carriage of Goods by Sea Act of the United States of America, 1936 (U.S. COGSA), then the provisions stated in said Act shall govern before loading and after discharge and throughout the entire time the cargo is in the Carrier's custody and in which event freight shall be payable on the cargo coming into the Carrier's custody.
(ii) If the U.S. COGSA applies, and unless the nature and value of the cargo has been declared by the shipper before the cargo has been handed over to the Carrier and inserted in this Bill of Lading, the Carrier shall in no event be or become liable for any loss or damage to the cargo in an amount exceeding USD 500 per package or customary freight unit.

Draft Copy

1245 **Transporte**

Normativa aplicable:

a)

En nuestro ordenamiento, la regulación del contrato de transporte marítimo de mercancías en régimen de conocimiento de embarque puede identificarse en dos conjuntos de normas.

- Unas están recogidas en la L 14/2014 ('Del contrato de fletamento': art.203 a 286). Estas normas son aplicables tanto a supuestos de transporte interno (cabotaje nacional) como a supuestos de transporte internacional no contemplados en el ámbito de aplicación de las normas de producción convencional, cuando las normas de Derecho Internacional Privado del foro reclamen la aplicación del Derecho español.

- Otras están recogidas en el Convenio de Bruselas de 25-8-1924 para la unificación de ciertas reglas en materia de conocimiento de embarque -**'Reglas de La Haya'**- (Gaceta de Madrid 31-7-30), modificado por el Protocolo de Bruselas de 23-2-1968 -**'Reglas de Visby'**- y por el Protocolo de 21-12-1979 (BOE 11-2-84).

En nuestro ordenamiento, la aplicación de la reglamentación internacional citada ha planteado dificultades. La L 22-12-1949, sobre unificación de reglas para los conocimientos de embarque en los buques mercantes, de cuya vigencia se dudaba a la sazón, ha sido derogada por la L 14/2014 de navegación marítima. La L 14/2014 art.4, relativo al ámbito espacial de aplicación, señala que las normas de policía de la navegación contenidas en el título relativo a la ordenación administrativa de la navegación serán de aplicación a todos los buques que se encuentren en espacios marítimos en los que España ejerce soberanía, derechos soberanos o jurisdicción. Ello se entiende sin perjuicio de las competencias que puedan corresponder a otros Estados con arreglo a los tratados aplicables, así como de lo establecido en esta ley para los buques de guerra y otros de Estado. A contrario vendría a significar que a la regulación prevista en otros títulos de esta Ley, y señaladamente el Título IV (art.188 s.), relativo a los contratos de utilización del buque, no se le aplica necesariamente la mencionada Ley, pudiendo las partes estar a lo que resulte de aplicar el Rgto CE/593/2008, sobre ley aplicable a las obligaciones contractuales (Roma I).

b)

Dentro de las normas de producción convencional reguladoras del contrato de transporte marítimo internacional de mercancías en régimen de conocimiento, hay que destacar, por otra parte, la presencia del Convenio de Hamburgo de 31-3-1978 de las Naciones Unidas sobre el transporte marítimo de mercancías -**'Reglas de Hamburgo'**- que, si bien no es aplicable en España, entró en vigor internacionalmente el 1-11-1992, tras el depósito de su vigésimo instrumento de ratificación.

c)

En el Derecho español, la **determinación del Derecho aplicable** a los litigios derivados de contratos de transporte internacional de mercancías por mar en régimen de conocimiento de embarque, que no caigan bajo el ámbito de aplicación de las normas de producción convencional, deberá realizarse conforme a las normas recogidas en el Rgto CE/593/2008, sobre ley aplicable a las obligaciones contractuales (Roma I).

Notas al modelo:

El modelo de conocimiento de embarque que se ha elegido para su anotación en esta obra es el CONLINEBILL 2000, de BIMCO. Este modelo consta de dos páginas. La página 1 presenta, fundamentalmente, una serie de casillas, cajetines o espacios en blanco que deberán ser rellenados con los datos identificadores de los principales elementos y condiciones del contrato de transporte. La página 2, por su parte, consta de 18 cláusulas, más una cláusula adicional, que tienen la naturaleza de condiciones generales de la contratación.

Página 1

Shipper (full style and address)

Este espacio sirve para identificar a uno de los elementos personales del contrato: el **cargador**. La figura del cargador incluye tanto al cargador, en sentido estricto, esto es aquella persona que contrata en nombre propio el transporte con el porteador, como a quien entrega efectiva o materialmente las mercancías al porteador para su transporte, conocido con el nombre de expedidor en otros contextos (Reglas Hamburgo art.1.3).

La **designación** del cargador prevista en este apartado incluye no sólo su nombre, sino cualesquiera otros datos con función identificadora (domicilio, número de identificación fiscal, etc.).

Consignee (full style and address) or Order

Esta casilla permite la identificación del **destinatario de la mercancía** o, en su caso, si éstas han de ser entregadas a la orden del cargador, a la de un tercero o a la de sus endosatarios sucesivos.

La **designación** del destinatario prevista en este apartado incluye no sólo su nombre, sino cualesquiera otros datos con función identificadora (domicilio, número de identificación fiscal, etc.), aunque, lógicamente, sólo cuando el conocimiento sea nominativo.

Notify Party (full style and address)

Guarda relación con la cláusula 2 de la página 2 del conocimiento de embarque (notification).

B/L No.

Espacio destinado a la consignación del **número de conocimiento de embarque** de que se trate.

Reference No.

Número de **referencia** del conocimiento de embarque.

Vessel

Casilla destinada a la **identificación del buque** (nombre, matrícula y porte del buque).

Téngase en cuenta, no obstante, que en el contrato de transporte de mercancías por mar en régimen de conocimiento de embarque la designación del buque no tiene el carácter tan determinante que reviste dicha designación en los distintos supuestos de contrato de fletamento.

Es posible pactar en el contrato la posibilidad de **sustituir el buque** (véase la cláusula 6 de la página 2 del conocimiento de embarque) o de realizar el transporte con un **buque previamente no determinado**.

Port of loading

Casilla para identificar el **puerto de carga** de la mercancía. Suele coincidir con el puerto de origen, si bien ambos pueden ser distintos.

Sobre la relevancia de las operaciones de carga en la delimitación del **momento inicial de la aplicación imperativa**, ver L 14/2014 art.217, 218; Reglas Visby art.1.e) y 7.

Port of discharge

Casilla destinada a identificar el **puerto de descarga** de la mercancía. Suele coincidir con el puerto de destino, si bien ambos pueden ser distintos.

Sobre la relevancia de las operaciones de descarga en la delimitación del **momento inicial de la aplicación imperativa**, ver L 14/2014 art.227, 228; Reglas Visby art.1.e) y 7.

1245 **Transporte**

PARTICULARS DECLARED BY SHIPPER BUT NOT ACKNOWLEDGED BY THE CARRIER

Bajo esta leyenda, el conocimiento de embarque ofrece la posibilidad de consignar, en unas casillas con formato de columna, los **datos identificadores de la mercancía** transportada, de acuerdo con la información proporcionada por el cargador y no reconocida por el porteador.

Sobre la trascendencia de la mención de las mercancías en el conocimiento de embarque a los efectos de la **aplicación de la normativa** correspondiente, ver L 14/2014 art.216, 229, 246.

Sobre la responsabilidad del cargador por la **inexactitud de su declaración**, habitualmente hecha en la llamada declaración de embarque, ver L 14/2014 art.229, 246, 248, 260 y Reglas Visby art.3.5º.

Container No./Seal No./Marks and Numbers

Han de indicarse los datos relativos al **número de contenedor** y otras **marcas y números** que identifiquen la mercancía.

Ver las cláusulas 10(e), 16, 17 y 18 de la página 2 del conocimiento de embarque.

Number and kind of packages; description of cargo

Ha de consignarse el **número y tipo de bultos**.

De la definición de mercancías **se excluyen**, a los efectos de la aplicación de la reglamentación, los animales vivos y el cargamento que, según el contrato de transporte, se declare colocado sobre cubierta (L 14/2014 art.219; Reglas Visby art.1(c))

Gross weight, kg

En esta casilla deberá figurar el **peso bruto** en kilogramos de la mercancía.

Véase la cláusula 10(e) de la página 2 del conocimiento de embarque.

Measurement, m (3)

Casilla destinada a la consignación de las medidas de **volumen**, en metros cúbicos, de la carga.

Véase la cláusula 10(e) de la página 2 del conocimiento de embarque.

'**SHIPPED** on board in apparent good order and condition …'

Junto a las casillas, cajetines o espacios en blanco previstos en esta página, se recoge, además, en su cuerpo central, una **declaración del emisor del conocimiento** por la que reconoce el embarque de las mercancías objeto de transporte, en unas determinadas condiciones y asume la obligación de su traslado, a cambio de la correspondiente contraprestación.

Total number of Containers/Packages or Units received by the Carrier

Esta casilla permite la identificación del **número total de contenedores, paquetes o unidades** de carga recibidos por el porteador, cuya trascendencia reside en la aplicación de las normas relativas al régimen de responsabilidad.

Shippers declared value

En este espacio, el cargador podrá declarar el **valor de la mercancía embarcada** a los efectos pertinentes en materia de cálculo de la indemnización debida por el porteador (L 14/2014 art.248, según Reglas Visby art.4.5(a)).

Guarda relación con la cláusula 10(e) de la página 2 del conocimiento de embarque.

Declared value charge

La declaración de valor realizada por el cargador en el apartado precedente tiene como contrapartida la **percepción de una cantidad determinada de dinero** por parte del porteador.

Freight details and charges

Esta casilla está destinada a la consignación de los importes que se han de abonar al porteador como **contrapartida por la prestación** de transporte asumida en el contrato (flete, gastos, etc.).
Véase la cláusula 10 de la página 2 del conocimiento de embarque.

El **flete** es el precio del transporte, es decir, la prestación debida al porteador. La **capa**, por su parte, constituye una retribución específica del capitán, que no se utiliza realmente en la actualidad.

Tratándose de **transportes en línea regular**, el flete es conocido de antemano. Su cálculo puede establecerse en función de criterios diversos: peso, volumen, por bultos, etc.

Puede pactarse el pago por adelantado o al finalizar el transporte, una vez entregadas las mercancías.

Carrier's name/principal place of business

Espacio para la identificación del nombre o denominación del **porteador**, así como de su dirección comercial (principal place of business).

Signature

Espacio destinado para recoger la **firma** del porteador, de su capitán o de su agente (L 14/2014 art.249; Reglas Visby art.3.3º).

Date shipped on board

Esta casilla identifica la fecha en que la mercancía ha sido **cargada a bordo** del buque.

Place and date of issue

Éste es el espacio destinado para indicar el lugar y la fecha de **emisión del conocimiento** de embarque.

Number of original Bills of Lading

Este lugar destinado para indicar el **número de ejemplares** originales del conocimiento de embarque que se hayan emitido.

Pre-carriage by**

Este espacio deberá cumplimentarse cuando el conocimiento de embarque funcione como **conocimiento directo** (Through Bill of Lading), es decir, cuando documente un contrato de transporte sucesivo o cumulativo. En tal caso, este apartado recogerá la **identificación del porteador** que efectúe el primer tramo del traslado.
Guarda relación con las cláusulas 6, 7 y 8 de la página 2 del conocimiento de embarque.

Place of receipt by pre-carrier**

Este espacio deberá cumplimentarse cuando el conocimiento de embarque funcione como **conocimiento directo** (Through Bill of Lading), es decir, cuando documente un contrato de transporte sucesivo o cumulativo. En tal caso, este apartado recogerá la **identificación del lugar de recepción** de la mercancía por el porteador que efectúe el primer tramo del traslado.

Guarda relación con las cláusulas 6, 7y 8 de la página 2 del conocimiento de embarque.

Place of delivery by on-carrier**

Este espacio deberá cumplimentarse cuando el conocimiento de embarque funcione como **conocimiento directo** (Through Bill of Lading), es decir, cuando documente un contrato de transporte sucesivo o cumulativo. En tal caso, este apartado recogerá la **identificación del lugar de entrega** de la mercancía por el porteador que efectué el último tramo o fase del transporte.

Guarda relación con las cláusulas 6, 7y 8 de la página 2 del conocimiento de embarque.

PÁGINA 2

1. Definition.

Esta cláusula desempeña una función de definición del concepto de comerciante (merchant) empleado en diversas cláusulas de la página 1 del conocimiento de embarque.

2. Notification.

Véase la página 1 del conocimiento de embarque: Notify Party (full style and address).

3. Liability for Carriage Between Port of Loading and Port of Discharge.

La **letra (a)** de esta cláusula ofrece tres mensajes de alcance diverso:

- Por un lado, recoge una 'cláusula paramount' (Reglas Visby art.10(c)).

- Por otro lado, recuerda que el periodo de responsabilidad del porteador por la custodia y conservación de las mercancías abarca el período desde que se hace cargo de las mismas en el puerto de origen, hasta que las pone a disposición del destinatario o persona designada por este en el puerto de destino (L 14/2014 art.220, 221, 228, 277 s.).

- Finalmente, la cláusula recuerda la irresponsabilidad del porteador en los supuestos de animales vivos y de mercancías transportadas sobre cubierta (L 14/2014 art.219, 281).

En general, el régimen de responsabilidad del porteador está expresado de forma general en L 14/2014 art.220, 221, 228, 277 s.. El porteador es responsable de todo daño o pérdida de las mercancías, así como del retraso en su entrega, causados mientras se encontraban bajo su custodia, de acuerdo con las disposiciones previstas en esta sección, las cuales se aplicarán imperativamente a todo contrato de transporte marítimo. No tendrán efecto las cláusulas contractuales que pretendan directa o indirectamente atenuar o anular aquella responsabilidad en perjuicio del titular del derecho a recibir las mercancías. Sin embargo, tales cláusulas, cuando estén pactadas en la póliza de fletamento y no entrañen exoneración por dolo o culpa grave del porteador, tendrán valor exclusivamente en las relaciones entre este y el fletador, sin que puedan oponerse, en ningún caso, al destinatario que sea persona distinta del fletador.

La **letra (b)**, por su parte, establece una limitación del quántum indemnizatorio a satisfacer por el porteador en los casos de retraso o de daños indirectos de los que pueda ser declarado responsable.

Sobre la posible admisión de estos supuestos de responsabilidad en nuestro ordenamiento, ver L 14/2014 art.277, cuyo tenor amplio y general es un buen argumento a su favor.

La **letra (c)**, por último, es una traslación al conocimiento del mandato previsto en Reglas Visby art.4 bis.3.

4. Law and Jurisdiction.

Se trata de una cláusula general de **elección de foro**, así como de elección de ley, que se concreta, en ambos casos, en el país en que el porteador tenga su establecimiento principal.

5. The Scope of Carriage.

Esta cláusula concede libertad al porteador para **desviarse de la ruta prevista** o adecuada, cuando ello esté motivado por alguna causa razonable, de las que se citan algunos ejemplos.

Sobre la justificación del desvío de ruta, ver L 14/2014 art.220.

6. Substitution of Vessel.

Si bien el conocimiento de embarque contiene un apartado destinado a la identificación del buque (véase su página 1: Vessel) empleado en la ejecución del transporte, esta cláusula le permite al porteador **cambiar de buque** y emplear cualesquiera otros buques o medios de transporte, propios o ajenos, que sean necesarios para llevar a cabo el transporte.

7. Transhipment.

Esta cláusula permite el **trasbordo** y la realización de otras operaciones relativas a las mercancías, algunas de ellas necesarias en el caso de cambio de buque o medio de transporte (cláusulas 6 y 8).

Además, la cláusula, en el inciso final de su primer párrafo, contempla el supuesto del llamado **transporte con reexpedición**, en cuya virtud el porteador se obliga, como tal, a transportar la mercancía hasta un determinado puerto (por regla general, el puerto de destino de su línea), ocupando, por lo que resta del traslado hasta el destino final de la mercancía, la posición de comisionista de transporte, no de porteador.

8. Liability for Pre- and On-Carriage.

En ocasiones, el transporte marítimo deberá venir precedido o sucedido por **otras fases de transporte** (marítimas o no) necesarias para llevar la mercancía desde su lugar de origen hasta el puerto de carga o desde el puerto de descarga hasta su lugar de destino final.

Esta cláusula contempla que el porteador marítimo asuma el encargo de gestionar, para el cargador, la realización de dichas fases anteriores o posteriores de transporte, utilizando medios ajenos, en cuyo caso, la cláusula le convierte en un mero intermediario del cargador. Se trata del supuesto denominado **transporte con reexpedición**.

9. Loading and Discharging.

Esta cláusula regula el régimen de las operaciones de **carga y descarga** de la mercancía (L 14/2014 art.217 a 228).

10. Freight, Charges, Costs, Expenses, Duties, Taxes and Fines.

La letra (a) de esta cláusula regula el régimen del pago del **flete** (devengo, modalidades, etc.), debiendo ser llevados algunos de estos extremos a la correspondiente casilla de la página 1 del conocimiento (Freight details and charges).

La letra (b) establece la obligación por parte del cargador o su derechohabiente del pago de determinados **gastos y costes** derivados del transporte, especificados en dicha cláusula.

La letra (c) impone al cargador o su derechohabiente la obligación de abonar los **impuestos y demás cargas tributarias** o similares que recaigan, entre otras cosas, sobre el flete, sobre el peso de la carga o sobre el tonelaje del buque.

La letra (d) imputa al cargador o su derechohabiente la obligación de pago de aquellos importes que, sin perjuicio de su calificación, deriven de la **inobservancia de las normas aduaneras o de comercio exterior**.

Finalmente, la letra (e) le concede al porteador el derecho a exigir una **compensación** equivalente al doble del flete que, en su caso, hubiere debido de percibir, si el cargador declarase incorrectamente el contenido, peso medidas o valor de la carga.

11. Lien.

Esta cláusula concede al porteador algunas medidas de salvaguardia de su derecho a cobrar el flete y demás gastos o costes se deriven a su favor del contrato de transporte, básicamente, el **derecho de retención** sobre las mercancías y el derecho a su venta.

12. General Average and Salvage.

Esta cláusula será aplicable en supuestos de **avería gruesa y salvamento**.

13. Both-to-Blame Collision Clause.

Esta cláusula será aplicable en supuestos de **abordaje**.

14. Governement directions, War, Epidemics, Ice, Strikes, etc.

Las distintas letras de esta cláusula establecen el régimen de actuación del porteador en los casos en que reciba instrucciones imperativas por parte de las autoridades gubernamentales, situaciones de conflictos bélicos y similares, epidemias, huelgas, etc.

15. Defences and Limits of Liability for the Carrier, Servants and Agents.

En esta cláusula se recoge una formulación de las llamadas **'cláusulas himalaya'**, tendentes a proteger a los colaboradores dependientes e independientes del porteador frente a las posibles reclamaciones que interpongan contra ellos el cargador o sus derechohabientes (Reglas Visby art.4 bis.3).

16. Stowage.

La primera parte de esta cláusula permite al porteador utilizar los medios pertinentes de consolidación de cargas (citados en la propia cláusula) para realizar la **estiba de las mercancías** (L 14/2014 art.218).

En su segunda parte, el porteador se reserva el derecho a transportar dichos medios **sobre o bajo cubierta**, sin necesidad de informar al derechohabiente sobre las mercancías.

En relación con el **transporte sobre cubierta**, el art.219 L 14/2014 permite al porteador embarcar mercancía sobre cubierta siempre que el fletador lo acepte expresamente, o sea conforme con los usos o reglamentaciones en vigor.

17. Shipper-Packed Containers, trailers, transportable tanks, flats and pallets.

Esta cláusula contempla el **régimen de responsabilidad** derivado del uso de contenedores u otros instrumentos similares de consolidación de cargas a los que se refiere su texto.

18. Return of Containers.

Cláusula establecida para regular el régimen de **utilización y retorno** de los contenedores u otros instrumentos similares de consolidación de cargas, cuando hayan sido proporcionados por el porteador.

ADDITIONAL CLAUSE

U.S. Trade. Period of Responsibility

Esta cláusula adicional cubre exclusivamente los casos de transportes sujetos a la COGSA estadounidense, para recordar su aplicación respecto de las fases anteriores y posteriores a la carga y descarga de la mercancía y el establecimiento de un quántum indemnizatorio diferente.

Transporte marítimo de mercancías en régimen de fletamento: póliza de fletamento GENCON

MCM 7385 s.

LNM

Nota preliminar:

- El contrato de fletamento por viaje debe recogerse por **escrito**, lo cual se suele hacer mediante un documento denominado póliza de fletamento -"charter party"- (L 14/2014 art.203), al que acompaña otro documento, el conocimiento de embarque (*bill of lading*), que acredita el hecho de la recepción de las mercancías a bordo del buque y cumple, además, funciones de título valor. El conocimiento de embarque se incluye en el modelo núm.9 (transporte marítimo de mercancías bajo régimen de conocimiento de embarque). Baste por ahora con recordar que entre los distintos modelos de conocimientos de embarque editados por los organismos especializados, existen algunos especialmente diseñados para su utilización en contratos de fletamento, entre los que destaca, como modelo general, el *Bill of Lading to be Used with Charter-Parties* (CONGENBILL edición 1994), publicado por The Baltic and International Maritime Council (BIMCO). Otros modelos de este tipo son los siguientes: AUSTWHEATBILL, NORGRAINBILL, NUVOYBILL-84, OREVOYBILL, POALCOALBILL y SCANCONBILL, emitidos en relación a contratos de fletamento documentados en pólizas a las que aludimos en la nota siguiente.

- **No** existe un **modelo único** de póliza de fletamento por viaje, sino varios modelos que han sido editados por distintos organismos implicados en este sector y responden a necesidades de transporte diversas. Como modelos generales (aplicables a cualquier tipo de tráfico) destacan la GENCON (*Uniform General Charter, as revised 1922, 1976 and 1994*) de *The Baltic and International Maritime Council* (BIMCO) y la MULTIFORM 1982 (*Multi-Purpose Charter Party 1982*) de *The Federation of National Associations of Ship Brokers and Agents* (FONASBA).

Dado su carácter general, el GENCON es el modelo de póliza de fletamento que se recoge en este formulario.

También con carácter general, existen las siguientes pólizas de fletamento (recomendadas por BIMCO):

- CRUISEVOY (*Standard Cruise Voyage Charter Party*);

- NUVOY-84 (*Universal Voyage Charter Party 1964) published by Polish Chamber of Foreign Trade, Gydnia*;

- SCANCON (*The Baltic and International Maritime Council Scandinavian Voyage Charter 1956, amended 1963 and 1993*); y

- WORLDFOOD 99 (*The World Food Programme Voyage Charter Party*).

En **tráficos particulares**, destacan:

- Para el carbón: la AMWELSH 93 (*Americanized Welsh Coal Charter*), editada por la *Association of Ship Brokers and Agents, USA* (ASBA); la NIPPONCOAL (*The Japan Shipping Exchange, Inc., Coal Voyage Charter*), y la POLCOALVOY (*The Baltic and International Maritime Council Coal Voyage Charter 1971, revised 1976 and 1997*).

- Para los fertilizantes: la FERTIVOY 88 (*Chamber of Shipping Fertilisers Charter, 1942*).

- Para el gas: la GASVOY (*Gas Voyage Charter Party to be used for Liquid Gas except LNG*).

- Para el grano: la AUSTWHEAT 1990 (*Australian Wheat Charter 1990, amended 1991*); la NORGRAIN 89 (*North American Grain Charter Party 1973, issued by the Association of Ship Brokers and Agents USA Inc.*), y la SYNACOMEX 90 (*Continent Grain Charter Party*).

- Para minerales: la OREVOY (*Ore Charter Party*).

- Para la madera: la NUBALTWOOD (*The Baltic and International Maritime Council Baltic Wood Charter Party 1973, revised 1997*).

1. Shipbroker	RECOMMENDED THE BALTIC AND INTERNATIONAL MARITIME COUNCIL UNIFORM GENERAL CHARTER (AS REVISED 1922, 1976 and 1994) (To be used for trades for which no specially approved form is in force) CODE NAME: "GENCON" Part I
	2. Place and date
3. Owners/Place of business (Cl. 1)	4. Charterers/Place of business (Cl. 1)
5. Vessel's name (Cl. 1)	6. GT/NT (Cl. 1)
7. DWT all told on summer load line in metric tons (abt.) (Cl. 1)	8. Present position (Cl. 1)
9. Expected ready to load (abt.) (Cl. 1)	
10. Loading port or place (Cl. 1)	11. Discharging port or place (Cl. 1)
12. Cargo (also state quantity and margin in Owners' option, if agreed; if full and complete cargo not agreed state "part cargo") (Cl. 1)	
13. Freight rate (also state whether freight prepaid or payable on delivery) (Cl. 4)	14. Freight payment (state currency and method of payment; also beneficiary and bank account) (Cl. 4)
15. State if vessel's cargo handling gear shall not be used (Cl. 5)	16. Laytime (if separate laytime for load. and disch. is agreed, fill in a) and b). If total laytime for load. and disch., fill in c) only) (Cl. 6)
17. Shippers/Place of business (Cl. 6)	a) Laytime for loading
18. Agents (loading) (Cl. 6)	b) Laytime for discharging
19. Agents (discharging) (Cl. 6)	c) Total laytime for loading and discharging
20. Demurrage rate and manner payable (loading and discharging) (Cl. 7)	21. Cancelling date (Cl. 9)
	22. General Average to be adjusted at (Cl. 12)
23. Freight Tax (state if for the Owners' account) (Cl. 13 (c))	24. Brokerage commission and to whom payable (Cl. 15)
25. Law and Arbitration (state 19 (a), 19 (b) or 19 (c) of Cl. 19; if 19 (c) agreed also state Place of Arbitration) (if not filled in 19 (a) shall apply) (Cl. 19)	
(a) State maximum amount for small claims/shortened arbitration (Cl. 19)	26. Additional clauses covering special provisions, if agreed

Draft Copy

Draft Copy

Copyright, published by The Baltic and International Maritime Council (BIMCO), Copenhagen

It is mutually agreed that this Contract shall be performed subject to the conditions contained in this Charter Party which shall include Part I as well as Part II. In the event of a conflict of conditions, the provisions of Part I shall prevail over those of Part II to the extent of such conflict.

Signature (Owners)	Signature (Charterers)

Printed by The BIMCO Charter Party Editor

PART II

"Gencon" Charter (As Revised 1922, 1976 and 1994)

1. It is agreed between the party mentioned in Box 3 as the Owners of the Vessel named in Box 5, of the GT/NT indicated in Box 6 and carrying about the number of metric tons of deadweight capacity all told on summer loadline stated in Box 7, now in position as stated in Box 8 and expected ready to load under this Charter Party about the date indicated in Box 9, and the party mentioned as the Charterers in Box 4 that:
The said Vessel shall, as soon as her prior commitments have been completed, proceed to the loading port(s) or place(s) stated in Box 10 or so near thereto as she may safely get and lie always afloat, and there load a full and complete cargo (if shipment of deck cargo agreed same to be at the Charterers' risk and responsibility) as stated in Box 12, which the Charterers bind themselves to ship, and being so loaded the Vessel shall proceed to the discharging port(s) or place(s) stated in Box 11 as ordered on signing Bills of Lading, or so near thereto as she may safely get and lie always afloat, and there deliver the cargo.

2. Owners' Responsibility Clause
The Owners are to be responsible for loss of or damage to the goods or for delay in delivery of the goods only in case the loss, damage or delay has been caused by personal want of due diligence on the part of the Owners or their Manager to make the Vessel in all respects seaworthy and to secure that she is properly manned, equipped and supplied, or by the personal act or default of the Owners or their Manager.
And the Owners are not responsible for loss, damage or delay arising from any other cause whatsoever, even from the neglect or default of the Master or crew or some other person employed by the Owners on board or ashore for whose acts they would, but for this Clause, be responsible, or from unseaworthiness of the Vessel on loading or commencement of the voyage or at any time whatsoever.

3. Deviation Clause
The Vessel has liberty to call at any port or ports in any order, for any purpose, to sail without pilots, to tow and/or assist Vessels in all situations, and also to deviate for the purpose of saving life and/or property.

4. Payment of Freight
(a) The freight at the rate stated in Box 13 shall be paid in cash calculated on the intaken quantity of cargo.
(b) *Prepaid.* If according to Box 13 freight is to be paid on shipment, it shall be deemed earned and non-returnable, Vessel and/or cargo lost or not lost.
Neither the Owners nor their agents shall be required to sign or endorse bills of lading showing freight prepaid unless the freight due to the Owners has actually been paid.
(c) *On delivery.* If according to Box 13 freight, or part thereof, is payable at destination it shall not be deemed earned until the cargo is thus delivered. Notwithstanding the provisions under (a), if freight or part thereof is payable on delivery of the cargo the Charterers shall have the option of paying the freight on delivered weight/quantity provided such option is declared before breaking bulk and the weight/quantity can be ascertained by official weighing machine, joint draft survey or tally.
Cash for Vessel's ordinary disbursements at the port of loading to be advanced by the Charterers, if required, at highest current rate of exchange, subject to two (2) per cent to cover insurance and other expenses.

5. Loading/Discharging
(a) Costs/Risks
The cargo shall be brought into the holds, loaded, stowed and/or trimmed, tallied, lashed and/or secured and taken from the holds and discharged by the Charterers, free of any risk, liability and expense whatsoever to the Owners. The Charterers shall provide and lay all dunnage material as required for the proper stowage and protection of the cargo on board, the Owners allowing the use of all dunnage available on board. The Charterers shall be responsible for and pay the cost of removing their dunnage after discharge of the cargo under this Charter Party and time to count until dunnage has been removed.
(b) Cargo Handling Gear
Unless the Vessel is gearless or unless it has been agreed between the parties that the Vessel's gear shall not be used and stated as such in Box 15, the Owners shall throughout the duration of loading/discharging give free use of the Vessel's cargo handling gear and of sufficient motive power to operate all such cargo handling gear. All such equipment to be in good working order. Unless caused by negligence of the stevedores, time lost by breakdown of the Vessel's cargo handling gear or motive power - pro rata the total number of cranes/winches required at that time for the loading/discharging of cargo under this Charter Party - shall not count as laytime or time on demurrage. On request the Owners shall provide free of charge cranemen/winchmen from the crew to operate the Vessel's cargo handling gear, unless local regulations prohibit this, in which latter event shore labourers shall be for the account of the Charterers. Cranemen/winchmen shall be under the Charterers' risk and responsibility and as stevedores to be deemed as their servants but shall always work under the supervision of the Master.
(c) Stevedore Damage
The Charterers shall be responsible for damage (beyond ordinary wear and tear) to any part of the Vessel caused by Stevedores. Such damage shall be notified as soon as reasonably possible by the Master to the Charterers or their agents and to their Stevedores, failing which the Charterers shall not be held responsible. The Master shall endeavour to obtain the Stevedores' written acknowledgement of liability.
The Charterers are obliged to repair any stevedore damage prior to completion of the voyage, but must repair stevedore damage affecting the Vessel's seaworthiness or class before the Vessel sails from the port where such damage was caused or found. All additional expenses incurred shall be for the account of the Charterers and any time lost shall be for the account of and shall be paid to the Owners by the Charterers at the demurrage rate.

6. Laytime
* *(a) Separate laytime for loading and discharging*
The cargo shall be loaded within the number of running days/hours as indicated in Box 16, weather permitting, Sundays and holidays excepted, unless used, in which event time used shall count.
The cargo shall be discharged within the number of running days/hours as indicated in Box 16, weather permitting, Sundays and holidays excepted, unless used, in which event time used shall count.
* *(b) Total laytime for loading and discharging*
The cargo shall be loaded and discharged within the number of total running days/hours as indicated in Box 16, weather permitting, Sundays and holidays excepted, unless used, in which event time used shall count.
(c) Commencement of laytime (loading and discharging)
Laytime for loading and discharging shall commence at 13.00 hours, if notice of readiness is given up to and including 12.00 hours, and at 06.00 hours next working day if notice given during office hours after 12.00 hours. Notice of readiness at loading port to be given to the Shippers named in Box 17 or if not named, to the Charterers or their agents named in Box 18. Notice of readiness at the discharging port to be given to the Receivers or, if not known, to the Charterers or their agents named in Box 19.
If the loading/discharging berth is not available on the Vessel's arrival at or off the port of loading/discharging, the Vessel shall be entitled to give notice of readiness within ordinary office hours on arrival there, whether in free pratique or not, whether customs cleared or not. Laytime or time on demurrage shall then count as if she were in berth and in all respects ready for loading/discharging provided that the Master warrants that she is in fact ready in all respects. Time used in moving from the place of waiting to the loading/discharging berth shall not count as laytime.
If, after inspection, the Vessel is found not to be ready in all respects to load/discharge time lost after the discovery thereof until the Vessel is again ready to load/discharge shall not count as laytime.
Time used before commencement of laytime shall count.
* *Indicate alternative (a) or (b) as agreed, in Box 16.*

7. Demurrage
Demurrage at the loading and discharging port is payable by the Charterers at the rate stated in Box 20 in the manner stated in Box 20 per day or pro rata for any part of a day. Demurrage shall fall due day by day and shall be payable upon receipt of the Owners' invoice.
In the event the demurrage is not paid in accordance with the above, the Owners shall give the Charterers 96 running hours written notice to rectify the failure. If the demurrage is not paid at the expiration of this time limit and if the vessel is in or at the loading port, the Owners are entitled at any time to terminate the Charter Party and claim damages for any losses caused thereby.

8. Lien Clause
The Owners shall have a lien on the cargo and on all sub-freights payable in respect of the cargo, for freight, deadfreight, demurrage, claims for damages and for all other amounts due under this Charter Party including costs of recovering same.

9. Cancelling Clause
(a) Should the Vessel not be ready to load (whether in berth or not) on the cancelling date indicated in Box 21, the Charterers shall have the option of cancelling this Charter Party.
(b) Should the Owners anticipate that, despite the exercise of due diligence, the Vessel will not be ready to load by the cancelling date, they shall notify the Charterers thereof without delay stating the expected date of the Vessel's readiness to load and asking whether the Charterers will exercise their option of cancelling the Charter Party, or agree to a new cancelling date.
Such option must be declared by the Charterers within 48 running hours after the receipt of the Owners' notice. If the Charterers do not exercise their option of cancelling, then this Charter Party shall be deemed to be amended such that

Draft Copy

Draft Copy

This computer generated form is printed by authority of BIMCO. Any insertion or deletion to the form must be clearly visible. In event of any modification being made to the preprinted text of this document, which is not clearly visible, the original BIMCO approved document shall apply. BIMCO assume no responsibility for any loss or damage caused as a result of discrepancies between the original BIMCO document and this document.

PART II

"Gencon" Charter (As Revised 1922, 1976 and 1994)

the seventh day after the new readiness date stated in the Owners' notification to the Charterers shall be the new canceling date.
The provisions of sub-clause (b) of this Clause shall operate only once, and in case of the Vessel's further delay, the Charterers shall have the option of cancelling the Charter Party as per sub-clause (a) of this Clause.

10. Bills of Lading
Bills of Lading shall be presented and signed by the Master as per the "Congenbill" Bill of Lading form, Edition 1994, without prejudice to this Charter Party, or by the Owners' agents provided written authority has been given by Owners to the agents, a copy of which is to be furnished to the Charterers. The Charterers shall indemnify the Owners against all consequences or liabilities that may arise from the signing of bills of lading as presented to the extent that the terms or contents of such bills of lading impose or result in the imposition of more onerous liabilities upon the Owners than those assumed by the Owners under this Charter Party.

11. Both-to-Blame Collision Clause
If the Vessel comes into collision with another vessel as a result of the negligence of the other vessel and any act, neglect or default of the Master, Mariner, Pilot or the servants of the Owners in the navigation or in the management of the Vessel, the owners of the cargo carried hereunder will indemnify the Owners against all loss or liability to the other or non-carrying vessel or her owners in so far as such loss or liability represents loss of, or damage to, or any claim whatsoever of the owners of said cargo, paid or payable by the other or non-carrying vessel or her owners to the owners of said cargo and set-off, recouped or recovered by the other or non-carrying vessel or her owners as part of their claim against the carrying Vessel or the Owners.
The foregoing provisions shall also apply where the owners, operators or those in charge of any vessel or vessels or objects other than, or in addition to, the colliding vessels or objects are at fault in respect of a collision or contact.

12. General Average and New Jason Clause
General Average shall be adjusted in London unless otherwise agreed in Box 22 according to York-Antwerp Rules 1994 and any subsequent modification thereof. Proprietors of cargo to pay the cargo's share in the general expenses even if same have been necessitated through neglect or default of the Owners' servants (see Clause 2).
If General Average is to be adjusted in accordance with the law and practice of the United States of America, the following Clause shall apply: "In the event of accident, danger, damage or disaster before or after the commencement of the voyage, resulting from any cause whatsoever, whether due to negligence or not, for which, or for the consequence of which, the Owners are not responsible, by statute, contract or otherwise, the cargo shippers, consignees or the owners of the cargo shall contribute with the Owners in General Average to the payment of any sacrifices, losses or expenses of a General Average nature that may be made or incurred and shall pay salvage and special charges incurred in respect of the cargo. If a salving vessel is owned or operated by the Owners, salvage shall be paid for as fully as if the said salving vessel or vessels belonged to strangers. Such deposit as the Owners, or their agents, may deem sufficient to cover the estimated contribution of the goods and any salvage and special charges thereon shall, if required, be made by the cargo, shippers, consignees or owners of the goods to the Owners before delivery."

13. Taxes and Dues Clause
(a) *On Vessel* -The Owners shall pay all dues, charges and taxes customarily levied on the Vessel, howsoever the amount thereof may be assessed.
(b) *On cargo* -The Charterers shall pay all dues, charges, duties and taxes customarily levied on the cargo, howsoever the amount thereof may be assessed.
(c) *On freight* -Unless otherwise agreed in Box 23, taxes levied on the freight shall be for the Charterers' account.

14. Agency
In every case the Owners shall appoint their own Agent both at the port of loading and the port of discharge.

15. Brokerage
A brokerage commission at the rate stated in Box 24 on the freight, dead-freight and demurrage earned is due to the party mentioned in Box 24.
In case of non-execution 1/3 of the brokerage on the estimated amount of freight to be paid by the party responsible for such non-execution to the Brokers as indemnity for the latter's expenses and work. In case of more voyages the amount of indemnity to be agreed.

16. General Strike Clause
(a) If there is a strike or lock-out affecting or preventing the actual loading of the cargo, or any part of it, when the Vessel is ready to proceed from her last port or at any time during the voyage to the port or ports of loading or after her arrival there, the Master or the Owners may ask the Charterers to declare, that they agree to reckon the laydays as if there were no strike or lock-out. Unless the Charterers have given such declaration in writing (by telegram, if necessary) within 24 hours, the Owners shall have the option of cancelling this Charter Party. If part cargo has already been loaded, the Owners must proceed with same, (freight payable on loaded quantity only) having liberty to complete with other cargo on the way for their own account.
(b) If there is a strike or lock-out affecting or preventing the actual discharging of the cargo on or after the Vessel's arrival at or off port of discharge and same has not been settled within 48 hours, the Charterers shall have the option of keeping the Vessel waiting until such strike or lock-out is at an end against paying half demurrage after expiration of the time provided for discharging until the strike or lock-out terminates and thereafter full demurrage shall be payable until the completion of discharging, or of ordering the Vessel to a safe port where she can safely discharge without risk of being detained by strike or lock-out. Such orders to be given within 48 hours after the Master or the Owners have given notice to the Charterers of the strike or lock-out affecting the discharge. On delivery of the cargo at such port, all conditions of this Charter Party and of the Bill of Lading shall apply and the Vessel shall receive the same freight as if she had discharged at the original port of destination, except that if the distance to the substituted port exceeds 100 nautical miles, the freight on the cargo delivered at the substituted port to be increased in proportion.
(c) Except for the obligations described above, neither the Charterers nor the Owners shall be responsible for the consequences of any strikes or lock-outs preventing or affecting the actual loading or discharging of the cargo.

17. War Risks ("Voywar 1993")
(1) For the purpose of this Clause, the words:
(a) The "Owners" shall include the shipowners, bareboat charterers, disponent owners, managers or other operators who are charged with the management of the Vessel, and the Master; and
(b) "War Risks" shall include any war (whether actual or threatened), act of war, civil war, hostilities, revolution, rebellion, civil commotion, warlike operations, the laying of mines (whether actual or reported), acts of piracy, acts of terrorists, acts of hostility or malicious damage, blockades (whether imposed against all Vessels or imposed selectively against Vessels of certain flags or ownership, or against certain cargoes or crews or otherwise howsoever), by any person, body, terrorist or political group, or the Government of any state whatsoever, which, in the reasonable judgement of the Master and/or the Owners, may be dangerous or are likely to be or to become dangerous to the Vessel, her cargo, crew or other persons on board the Vessel.
(2) If at any time before the Vessel commences loading, it appears that, in the reasonable judgement of the Master and/or the Owners, performance of the Contract of Carriage, or any part of it, may expose, or is likely to expose, the Vessel, her cargo, crew or other persons on board the Vessel to War Risks, the Owners may give notice to the Charterers cancelling this Contract of Carriage, or may refuse to perform such part of it as may expose, or may be likely to expose, the Vessel, her cargo, crew or other persons on board the Vessel to War Risks; provided always that if this Contract of Carriage provides that loading or discharging is to take place within a range of ports, and at the port or ports nominated by the Charterers the Vessel, her cargo, crew, or other persons onboard the Vessel may be exposed, or may be likely to be exposed, to War Risks, the Owners shall first require the Charterers to nominate any other safe port which lies within the range for loading or discharging, and may only cancel this Contract of Carriage if the Charterers shall not have nominated such safe port or ports within 48 hours of receipt of notice of such requirement.
(3) The Owners shall not be required to continue to load cargo for any voyage, or to sign Bills of Lading for any port or place, or to proceed or continue on any voyage, or on any part thereof, or to proceed through any canal or waterway, or to proceed to or remain at any port or place whatsoever, where it appears, either after the loading of the cargo commences, or at any stage of the voyage thereafter before the discharge of the cargo is completed, that, in the reasonable judgement of the Master and/or the Owners, the Vessel, her cargo (or any part thereof), crew or other persons on board the Vessel (or any one or more of them) may be, or are likely to be, exposed to War Risks. If it should so appear, the Owners may by notice request the Charterers to nominate a safe port for the discharge of the cargo or any part thereof, and if within 48 hours of the receipt of such notice, the Charterers shall not have nominated such a port, the Owners may discharge the cargo at any safe port of their choice (including the port of loading) in complete fulfilment of the Contract of Carriage. The Owners shall be entitled to recover from the Charterers the extra expenses of such discharge and, if the discharge takes place at any port other than the loading port, to receive the full freight as though the cargo had been

Draft Copy

This computer generated form is printed by authority of BIMCO. Any insertion or deletion to the form must be clearly visible. In event of any modification being made to the preprinted text of this document, which is not clearly visible, the original BIMCO approved document shall apply. BIMCO assume no responsibility for any loss or damage caused as a result of discrepancies between the original BIMCO document and this document.

PART II
"Gencon" Charter (As Revised 1922, 1976 and 1994)

carried to the discharging port and if the extra distance exceeds 100 miles, to additional freight which shall be the same percentage of the freight contracted for as the percentage which the extra distance represents to the distance of the normal and customary route, the Owners having a lien on the cargo for such expenses and freight.

(4) If at any stage of the voyage after the loading of the cargo commences, it appears that, in the reasonable judgement of the Master and/or the Owners, the Vessel, her cargo, crew or other persons on board the Vessel may be, or are likely to be, exposed to War Risks on any part of the route (including any canal or waterway) which is normally and customarily used in a voyage of the nature contracted for, and there is another longer route to the discharging port, the Owners shall give notice to the Charterers that this route will be taken. In this event the Owners shall be entitled, if the total extra distance exceeds 100 miles, to additional freight which shall be the same percentage of the freight contracted for as the percentage which the extra distance represents to the distance of the normal and customary route.

(5) The Vessel shall have liberty:-

(a) to comply with all orders, directions, recommendations or advice as to departure, arrival, routes, sailing in convoy, ports of call, stoppages, destinations, discharge of cargo, delivery or in any way whatsoever which are given by the Government of the Nation under whose flag the Vessel sails, or other Government to whose laws the Owners are subject, or any other Government which so requires, or any body or group acting with the power to compel compliance with their orders or directions;

(b) to comply with the orders, directions or recommendations of any war risks underwriters who have the authority to give the same under the terms of the war risks insurance;

(c) to comply with the terms of any resolution of the Security Council of the United Nations, any directives of the European Community, the effective orders of any other Supranational body which has the right to issue and give the same, and with national laws aimed at enforcing the same to which the Owners are subject, and to obey the orders and directions of those who are charged with their enforcement;

(d) to discharge at any other port any cargo or part thereof which may render the Vessel liable to confiscation as a contraband carrier;

(e) to call at any other port to change the crew or any part thereof or other persons on board the Vessel when there is reason to believe that they may be subject to internment, imprisonment or other sanctions;

(f) where cargo has not been loaded or has been discharged by the Owners under any provisions of this Clause, to load other cargo for the Owners' own benefit and carry it to any other port or ports whatsoever, whether backwards or forwards or in a contrary direction to the ordinary or customary route.

(6) If in compliance with any of the provisions of sub-clauses (2) to (5) of this Clause anything is done or not done, such shall not be deemed to be a deviation, but shall be considered as due fulfilment of the Contract of Carriage.

18. General Ice Clause

Port of loading

(a) In the event of the loading port being inaccessible by reason of ice when the Vessel is ready to proceed from her last port or at any time during the voyage or on the Vessel's arrival or in case frost sets in after the Vessel's arrival, the Master for fear of being frozen in is at liberty to leave without cargo, and this Charter Party shall be null and void.

(b) If during loading the Master, for fear of the Vessel being frozen in, deems it advisable to leave, he has liberty to do so with what cargo he has on board and to proceed to any other port or ports with option of completing cargo for the Owners' benefit for any port or ports including port of discharge. Any part cargo thus loaded under this Charter Party to be forwarded to destination at the Vessel's expense but against payment of freight, provided that no extra expenses be thereby caused to the Charterers, freight being paid on quantity delivered (in proportion if lumpsum), all other conditions as per this Charter Party.

(c) In case of more than one loading port, and if one or more of the ports are closed by ice, the Master or the Owners to be at liberty either to load the part cargo at the open port and fill up elsewhere for their own account as under section (b) or to declare the Charter Party null and void unless the Charterers agree to load full cargo at the open port.

Port of discharge

(a) Should ice prevent the Vessel from reaching port of discharge the Charterers shall have the option of keeping the Vessel waiting until the re-opening of navigation and paying demurrage or of ordering the Vessel to a safe and immediately accessible port where she can safely discharge without risk of detention by ice. Such orders to be given within 48 hours after the Master or the Owners have given notice to the Charterers of the impossibility of reaching port of destination.

(b) If during discharging the Master for fear of the Vessel being frozen in deems it advisable to leave, he has liberty to do so with what cargo he has on board and to proceed to the nearest accessible port where she can safely discharge.

(c) On delivery of the cargo at such port, all conditions of the Bill of Lading shall apply and the Vessel shall receive the same freight as if she had discharged at the original port of destination, except that if the distance of the substituted port exceeds 100 nautical miles, the freight on the cargo delivered at the substituted port to be increased in proportion.

19. Law and Arbitration

* (a) This Charter Party shall be governed by and construed in accordance with English law and any dispute arising out of this Charter Party shall be referred to arbitration in London in accordance with the Arbitration Acts 1950 and 1979 or any statutory modification or re-enactment thereof for the time being in force. Unless the parties agree upon a sole arbitrator, one arbitrator shall be appointed by each party and the arbitrators so appointed shall appoint a third arbitrator, the decision of the three-man tribunal thus constituted or any two of them, shall be final. On the receipt by one party of the nomination in writing of the other party's arbitrator, that party shall appoint their arbitrator within fourteen days, failing which the decision of the single arbitrator appointed shall be final.

For disputes where the total amount claimed by either party does not exceed the amount stated in Box 25** the arbitration shall be conducted in accordance with the Small Claims Procedure of the London Maritime Arbitrators Association.

* (b) This Charter Party shall be governed by and construed in accordance with Title 9 of the United States Code and the Maritime Law of the United States and should any dispute arise out of this Charter Party, the matter in dispute shall be referred to three persons at New York, one to be appointed by each of the parties hereto, and the third by the two so chosen; their decision or that of any two of them shall be final, and for purpose of enforcing any award, this agreement may be made a rule of the Court. The proceedings shall be conducted in accordance with the rules of the Society of Maritime Arbitrators, Inc..

For disputes where the total amount claimed by either party does not exceed the amount stated in Box 25** the arbitration shall be conducted in accordance with the Shortened Arbitration Procedure of the Society of Maritime Arbitrators, Inc..

* (c) Any dispute arising out of this Charter Party shall be referred to arbitration at the place indicated in Box 25, subject to the procedures applicable there. The laws of the place indicated in Box 25 shall govern this Charter Party.

(d) If Box 25 in Part 1 is not filled in, sub-clause (a) of this Clause shall apply.

* *(a), (b) and (c) are alternatives; indicate alternative agreed in Box 25.*

** *Where no figure is supplied in Box 25 in Part 1, this provision only shall be void but the other provisions of this Clause shall have full force and remain in effect.*

Draft Copy

Draft Copy

This computer generated form is printed by authority of BIMCO. Any insertion or deletion to the form must be clearly visible. In event of any modification being made to the preprinted text of this document, which is not clearly visible, the original BIMCO approved document shall apply. BIMCO assume no responsibility for any loss or damage caused as a result of discrepancies between the original BIMCO document and this document.

Transporte

Normativa aplicable:

a)

En nuestro **ordenamiento interno**, el contrato de fletamento por viaje está regulado en la L 14/2014 ('Del contrato de fletamento' art.203 a 286). En lo que respecta al **régimen de responsabilidad** del fletante por averías o pérdida de las mercancías transportadas se aplica L 14/2014 art.277 s.

Salvo excepciones (L 14/2014 art.4), la normativa en esta materia tiene **carácter dispositivo**, lo cual proporciona un juego sustancial a la autonomía de la voluntad de las partes, que suele articularse sobre la base de distintos modelos de **pólizas de fletamento**, establecidos por organismos especializados en esta materia, prevaleciendo, en todo caso, el acuerdo de las partes sobre el contenido estándar de las cláusulas impresas en dichos modelos o formularios de pólizas de fletamento.

b)

En el **ámbito internacional**, no existe reglamentación del contrato de fletamento (a pesar de algunos intentos en dicho sentido realizados por la UNCTAD), si bien en aquellos casos en los que, junto a la póliza de fletamento, se emita un **conocimiento de embarque** que haya sido transferido a un tercero distinto del fletador, la responsabilidad por averías o pérdida de la mercancía deberá regirse por la normativa obligatoria prevista en los convenios internacionales que resulten de aplicación: **Reglas de La Haya-Visby** (Convenio de Bruselas de 25-8-1924; Protocolo de Visby de 23-2-1968; Protocolo de 21-12-1979), en versión de la L 22-12-1949 adaptadas a la L 14/2014.

Sobre la polémica existente en nuestra doctrina acerca de la vigencia de esta normativa, véanse los comentarios al modelo de contrato de transporte marítimo de mercancías en régimen de conocimiento de embarque (modelo núm.9).

c)

En relación con el contrato de fletamento por viaje de naturaleza internacional, téngase en cuenta, también, el Rgto CE/593/2008, sobre ley aplicable a las obligaciones contractuales (Roma I).

Notas sobre el modelo:

El modelo GENCON está estructurado en dos partes.

- La **Parte I** contiene distintas casillas que deben ser rellenadas por las partes del contrato y que identifican los elementos, cláusulas y condiciones más importantes del contrato de fletamento por viaje. Esta parte es, además, la que recoge las firmas del fletante (owner) y del fletador (charterer).

- La **Parte II** recoge, por otro lado, el clausulado o las condiciones generales estandarizadas propias de este tipo de contrato. Obsérvese que determinadas casillas de la Parte I se remiten, para su comprensión, a alguna de las cláusulas recogidas en la Parte II.

Téngase en cuenta que en los propios títulos de las casillas contenidas en la Parte I, se hace mención, entre paréntesis, de la cláusula de la Parte II con la que guardan relación.

PARTE I (PART I)

1. Shipbroker

Suele ser frecuente que el contrato de fletamento se concierte mediante la intervención de **corredores marítimos** (brokers), que actuarán por cuenta de las partes del contrato de fletamento. Esta casilla está prevista para la identificación de dichos sujetos.

Su **régimen** será el propio de un comisionista (CCom art.244 s.).

Véase al respecto la casilla 24 y, en relación con ésta, la cláusula 15 de las condiciones generales (Parte II) de la póliza de fletamento.

2. Place and date

Esta casilla permite la identificación del lugar y fecha de celebración del contrato de fletamento.

3. Owners/Place of Business (Cl. 1)

Esta casilla está destinada a la identificación del **fletante** (naviero o armador), que, junto con el fletador, es una de las dos partes del contrato de fletamento.

Para ser fletante del buque es necesario tener **capacidad de control** sobre el mismo, lo cual incluye tanto a su propietario como a su arrendatario o, incluso, a quien puede utilizarlo como fletador por tiempo. La expresión 'owner' suele identificar al propietario o al arrendatario, mientras que en el último caso citado se suele emplear la expresión de 'time charterer'.

Esta casilla exige, igualmente, la mención del **domicilio** del fletante.

4. Charterers/Place of Business (Cl. 1)

Esta casilla está destinada a la identificación del **fletador**, que, junto con el fletante, es una de las dos partes del contrato de fletamento.

Como la anterior, esta casilla exige, igualmente, la mención del **domicilio** del fletador.

5. Vessel's name (Cl. 1)

Esta casilla permite la identificación del **nombre del buque** empleado para la ejecución del contrato de fletamento, lo cual constituye un dato esencial de este contrato, pues, salvo que se pacte la posibilidad de su sustitución por otro, podrá resolverse el contrato en caso de que el buque presentado al fletador sea distinto (L 14/2014 art.214).

Cabrá, no obstante, la posibilidad de indicar en esta casilla que la identificación del buque será **realizada con posterioridad** a la conclusión del contrato de fletamento: 'vessel to be nominated-tbn'.

Podría recogerse aquí, en su caso, la **clasificación y cota** del buque efectuadas por una sociedad de clasificación.

6. GT/NT (Cl. 1)

Esta casilla identifica el **tonelaje bruto y neto** del buque.

7. DWT all told on summer load line in metric tons (abt.Cl. 1)

Esta casilla identifica la **capacidad de carga** del buque en 'peso muerto', es decir, el peso total que puede transportar un buque incluyendo lo que pesan sus pertrechos, combustible y equipaje.

En este caso se exige que la identificación se haga en **toneladas métricas**.

La casilla indica que la descripción de la capacidad del buque deberá ser **aproximada** ('abt.'='about'), admitiéndose, por tanto, la existencia de divergencias razonables entre la capacidad real del buque y la capacidad indicada en la póliza de fletamento, que no autorizarán al fletador a resolver el contrato de fletamento (L 14/2014 art.213).

8. Present position (Cl. 1)

Esta casilla permite identificar el **lugar en que se encuentra el buque** en el momento de celebración del contrato. Su utilidad -dudosa- es que el fletador pueda valorar si el fletante será capaz de poner el buque a su disposición en el puerto de carga pactado en la póliza.

Esta casilla puede rellenarse con expresiones como **'now trading'**, indicativas de que el buque se encuentra navegando en el momento de la conclusión del contrato de fletamento.

9. Expected ready to load (abt.Cl. 1)

Esta casilla se emplea para indicar la fecha aproximada ('abt.'='about') en que el buque deberá estar **preparado para su carga** en el puerto de origen ('lay days'), momento que reviste una gran trascendencia para el fletador, pues a partir de él es cuando podrá utilizar el buque con vistas a la realización del viaje pactado.

El fletador no está obligado a aceptar el buque antes de la fecha prevista.

El pacto recogido en esta casilla debe entenderse en relación también con la casilla 21 y la cláusula 9 de la Parte II de la póliza de fletamento ('cancelling clause'), que permiten al fletador, en las condiciones indicadas en dicha cláusula, resolver el contrato si no se pone el buque a su disposición antes de una determinada fecha (**fecha de cancelación**).

10. Loading port or place (Cl. 1)

Esta casilla permite identificar el **puerto o lugar de carga** del buque, identificación que influye decisivamente en el tratamiento jurídico de los problemas que pueden plantearse con relación al acceso del buque fletado a dichos puerto o lugar.

Estas especificaciones le permiten al fletante, por un lado, enviar su buque a otro puerto o lugar próximo al inicialmente pactado en caso de que el acceso a éste no sea posible por **obstáculos insuperables**, si bien no parece razonable que el fletante haga uso de esta facultad cuando haya aceptado expresamente dicho puerto o lugar con ocasión de la conclusión del contrato de fletamento.

La referida cláusula 1 no le permite al fletador designar un puerto o lugar en el que el buque vaya a tocar fondo en periodos de bajamar ('always afloat').

11. Discharging port or place (Cl. 1)

Esta casilla permite identificar el **puerto o lugar de descarga** del buque.

A esta casilla deben serle de aplicación las reflexiones expresadas respecto del puerto o lugar de carga en los comentarios a la casilla 10.

12. Cargo (also state quantity and margin ...Cl. 1)

Esta casilla permite la identificación de la **clase, cantidad y calidad** de las mercancías que van a ser objeto de embarque, así como si se trata de un fletamento total o de un fletamento parcial.

13. Freight rate (also state whether freight prepaid or payable on deliveryCl. 4)

En esta casilla deberá reflejarse el **flete pactado** entre las partes, así como el pacto relativo al **momento de su pago**: pago por adelantado o pago con ocasión de la entrega de las mercancías en su destino.

14. Freight payment (state currency and method of payment; also beneficiary and bank accountCl. 4)

En relación con el flete pactado en la casilla 13, esta otra casilla está concebida para la indicación de **otras cuestiones relativas a su pago**, como la divisa o moneda de pago, método de pago, beneficiario, cuenta bancaria en la que deberá hacerse efectivo el pago, etc.

15. State if vessel's cargo handling gear shall not be used (Cl. 5)

En esta casilla deberá reflejarse el pacto de no emplear los **medios de carga/descarga** del buque.

16. Laytime (if separate laytime for load ...Cl. 6)

Esta casilla permite indicar los **plazos** de que dispone el fletador para cargar (**laytime for loading**) y descargar (**laytime for discharging**) la mercancía, distinguiendo entre aquel supuesto en que se pacta un plazo distinto para la carga y otro para la descarga ('separate laytime'), y aquel otro supuesto en que se pacta un plazo único (**total laytime**) para carga y descarga.

Existe un documento denominado **VOYLAYRULES 1993**, aprobado por varios organismos especializados, que proporciona reglas de interpretación de las normas sobre plancha en los contratos de fletamento y cuya aplicación dependerá de su incorporación específica a dicho contrato.

17. Shippers/Place of Business (Cl. 6)

La identificación de la figura del **cargador o expedidor** en esta casilla tiene sentido a los efectos de lo previsto en la cláusula 6 de las condiciones generales (Part II) de la póliza de fletamento, con respecto a la notificación del comienzo del plazo (plancha) para realizar las operaciones de carga del buque.

18. Agents (loadingCl. 6)

Esta casilla permite la identificación de los agentes o representantes del fletador en el **puerto de carga**, particularmente a los efectos de lo previsto en la cláusula 6 de las condiciones generales (Part II) de la póliza de fletamento con respecto a la notificación del comienzo del plazo (plancha) para realizar las operaciones de carga del buque.

Obsérvese, por otro lado, que la cláusula 14 exige que el fletante nombre a un agente o representante en el puerto de carga.

19. Agents (dischargingCl. 6)

Esta casilla permite la identificación de los agentes o representantes del fletador en el **puerto de descarga**, particularmente a los efectos de lo previsto en la cláusula 6 de las condiciones generales (Part II) de la póliza de fletamento con respecto a la notificación del comienzo del plazo (plancha) para realizar las operaciones de descarga del buque.

Obsérvese, por otro lado, que la cláusula 14 exige que el fletante nombre a un agente o representante en el puerto de descarga.

20. Demurrage rate and manner payable (loading and dischargingCl. 7)

En caso de que el buque entre en **periodo de demora** (demurrage), tanto en la fase de carga como en la de descarga, por haber expirado el plazo de plancha pactado para realizar las citadas operaciones de carga o descarga, esta casilla permite la indicación de la cantidad ('demurrage rate') que deberá abonar el fletador al fletante como consecuencia del retraso, así como la modalidad de pago de dicha cantidad pactada por las partes.

21. Cancelling date (Cl. 9)

Esta casilla tiene por objeto la fijación de una fecha (**fecha de cancelación**) a partir de la cual el fletador podrá resolver el contrato de fletamento si el buque no ha sido puesto a su disposición con anterioridad a dicha fecha. No tendrá derecho, sin embargo, a la **indemnización** de daños y perjuicios, salvo cuando medie culpa por parte del fletante en la falta de puesta a disposición.

22. General Average to be adjusted at (Cl. 12)

Esta casilla permite recoger un pacto sobre el lugar de liquidación de la **avería gruesa** distinto de la ciudad de Londres, a la que alude la cláusula 12.

23. Freight Tax (state if for the Owner's accountCl. 13(c))

Esta casilla deberá emplearse para recoger el pacto de que los **impuestos sobre el flete** queden a cargo del fletante, conforme a lo que establece la cláusula 13(c) de las condiciones generales.

24. Brokerage commision and to whom payable (Cl. 15)

Esta casilla permite recoger el importe o cuantía de la **comisión** devengada por el comisionista (Casilla 1) y a quién debe ser pagada.

25. Law and Arbitration (...) (Cl. 19)

Esta casilla recoge una **cláusula de elección de ley** y una **cláusula compromisoria**, que están vinculadas a lo que establece la cláusula 19 de la Parte II de la póliza de fletamento.

En la **parte superior** de la casilla deberá indicarse cuál de las opciones previstas en la mencionada cláusula 19 es la elegida por las partes. Además, si se elige la **alternativa (c)**, deberá indicarse el lugar del arbitraje. Si no se realiza opción alguna, será aplicable, por defecto, la alternativa de la letra (a).

La **parte inferior** de la casilla permitirá identificar una cantidad máxima objeto de reclamación a los efectos de determinar el procedimiento de arbitraje que deberá seguirse, conforme a lo establecido en sus letras (a) y (b).

26. Additional clauses covering special provisions, if agreed

Se trata de un espacio reservado para la consignación de cualesquiera **otros pactos o acuerdos** a los que pudieren llegar las partes del contrato de fletamento.

PARTE II (PART II)

Cláusula 1

Esta cláusula identifica de una manera rápida y sintética, por sí misma y por medio de remisiones a determinadas casilla recogidas en la Parte I de la póliza de fletamento, los **elementos esenciales del contrato** de fletamento (personales, reales y formales), así como las obligaciones principales, si bien no todas, de fletante y fletador.

El **fletante** está obligado a poner a disposición del fletador un buque en condiciones de navegabilidad -'seaworthiness'- (L 14/2014 art.212) en el lugar y tiempo acordados, a realizar el viaje con prontitud (L 14/2014 art.204 s.) y sin desviaciones (L 14/2014 art.220) y, finalmente, a entregar las mercancías a su llegada a destino.

Por su parte, el **fletador** tiene el deber de entregar al fletante las mercancías objeto de traslado, así como de pagar el flete y demás gastos que origine el viaje.

2. Owner's Responsibility Clause

Esta cláusula establece reglas de **responsabilidad del fletante**. En particular, se recoge aquí la llamada 'cláusula de negligencia', que es una cláusula de exoneración de responsabilidad del fletante por los daños ocasionados por **negligencia del personal dependiente** (capitán y dotación). Esta cláusula incide, por otro lado, sobre la obligación que corre a cargo del fletante de poner a disposición del fletador un buque en condiciones de navegabilidad, que se convierte en un mera obligación de emplear la diligencia debida.

Esta cláusula está sujeta a los límites generales de validez de los pactos de exoneración de responsabilidad existentes en nuestro ordenamiento (no válidos en caso de **dolo o culpa grave**).

En nuestro ordenamiento interno, el **régimen legal de responsabilidad** del fletante por daños a las mercancías está regulado en L 14/2014 art.277 s.. La interpretación de este último precepto, en particular, ha generado posiciones diversas en la doctrina y tribunales, entendiendo unos que establece la nulidad de las cláusulas por las que el fletante pretenda, frente al fletador, exonerarse de responsabilidad por los actos del capitán del buque y de su dotación, mientras que otros entienden que dicho precepto sólo es aplicable en la relación del capitán frente al fletante o naviero.

3. Deviation Clause

Esta cláusula concede libertad plena al fletante para desviarse de la ruta pactada o usual en las condiciones en ella recogidas. Se trata de una cláusula de **'libertad de navegación'**, que entra en conflicto con la previsión de L 14/2014 art.220 y debe ser interpretada restrictivamente, no admitiéndose desviaciones injustificadas por parte del fletante.

4. Payment of Freight

Esta cláusula recoge reglas sobre el **pago del flete** (determinación, devengo y momento).

Ver, en este sentido, las notas realizadas con respecto a las casillas 13 y 14 de la Parte I.

5. Loading/Discharging

Esta cláusula establece las reglas sobre **carga y descarga** de la mercancía: quién está obligado a realizar y costear dichas operaciones y quien corre con la responsabilidad por los daños que se deriven de las mismas. En particular, esta cláusula es del tipo FIOST L&S, que pone a cargo del fletador las mencionadas obligaciones, responsabilidades y costes. Se trata de una de las llamadas **'cláusulas netas'** ('net terms'), conocidas con este nombre por contraposición a las 'cláusulas brutas' ('gross terms') para las que el fletante es quien debe asumir las correspondientes obligaciones, responsabilidades y costes.

Esta cláusula 5, en la medida en que exime al fletante de la obligación de estiba, parece ser contraria a lo que se establece en L 14/2014 art.218, habiendo surgido dudas en la doctrina y tribunales acerca de su validez. En nuestro **ordenamiento interno**, ver lo dispuesto por L 14/2014 art.218, que es la regla general en esta materia, sujeta a pacto contrario.

6. Laytime

Esta cláusula recoge reglas aplicables a los **periodos de plancha**: duración (por referencia a lo establecido en la casilla 16 de la Parte I de la póliza de fletamento), comienzo y cómputo.

Véanse, por lo demás, nuestras anotaciones a la mencionada casilla 16.

7. Demurrage

Esta cláusula recoge reglas aplicables al llamado periodo de **demora o sobreestadía**, que es aquél en que se entra una vez finalizado el plazo de plancha, y, en particular, a la cantidad (que con el mismo nombre: demora) debe abonar el fletador al fletante por su utilización; cantidad que, a juicio de la doctrina más autorizada y de nuestra jurisprudencia, no debe ser entendida como indemnización por mora sino como una contraprestación que debe abonar el fletador por el derecho a emplear dicho periodo de tiempo para realizar las labores portuarias necesarias para la carga y descarga de las mercancías.

Las reglas que recoge esta cláusula son las relativas a la **determinación de la cuantía** de la cantidad que se deberá abonar por la demora (por referencia a lo pactado en la casilla 16) y a su cómputo.
Véanse, por lo demás, nuestras anotaciones a la mencionada casilla 16.

8. Lien Clause

En virtud de esta cláusula se concede al fletante un **derecho de retención** sobre las mercancías como garantía del pago del flete y demás conceptos similares (fletes 'sobre vacío', demoras, etc.).

La **admisibilidad** de este tipo de cláusulas en nuestro ordenamiento es debatida a la luz de lo dispuesto en L 14/2014 art.236, por entender algunos que éste es un precepto de orden público, mientras que otros, al amparo de CC art.1255, admiten la validez de los derechos de retención de origen contractual, como es el caso del previsto en esta cláusula.

9. Cancelling Clause

Se recoge aquí la denominada **cláusula de cancelación**, que faculta al fletador a resolver el contrato de fletamento si no se hubiere puesto a su disposición el buque antes de la fecha pactada (letra a).

No obstante, para evitar las consecuencias negativas que para el fletante pudieran derivarse de la **falta de ejercicio** por parte del fletador de la cancelación, una vez llegada la fecha pactada, se le permite a aquél exigir al fletador que declare si va a cancelar o no el contrato (letra b). En este último caso, la cláusula contempla el establecimiento de una nueva fecha de cancelación.

Véanse nuestros comentarios a las casillas 9 y 21 de la Parte I de la póliza de fletamento.

10. Bills of Lading

Como se indicó en las explicaciones generales sobre este modelo, junto a la póliza de fletamento, el contrato de fletamento da lugar a la emisión de un segundo documento denominado **conocimiento de embarque** que cumple funciones probatorias (recepción de la carga por el fletante), así como las propias del título de tradición (título valor) que es.

Esta cláusula contempla dicha situación indicando **quién debe firmar** el conocimiento de embarque (que, conforme a la cláusula, deberá seguir el modelo CONGENBILL 1994).

La cláusula se completa con un pacto por el que el fletador asume la obligación de mantener indemne al fletante por todos los **daños que puedan derivarse** de la emisión de conocimientos de embarque que recojan condiciones para el fletante más onerosas que las previstas en la póliza de fletamento.

11. Both-to-Blame Collision Clause

Se trata de una cláusula común a pólizas de fletamento y conocimientos de embarque, en materia de **abordaje por culpa común**, cuya finalidad es la de que el porteador pueda reclamar al fletador (o cargador) las indemnizaciones que, por aplicación del principio de solidaridad, haya debido abonar al otro buque.

12. General Average and New Jason Clause

Esta cláusula recoge la sujeción de las partes del contrato a las Reglas de York y Amberes (1994) en materia de **avería gruesa**, así como la identificación del lugar de liquidación de dicha avería, que será Londres, a no ser que se haya recogido otro lugar en la casilla 22 de la Parte I de la póliza de fletamento.

La segunda parte o párrafo de esta cláusula recoge la denominada 'New Jasón Clause', que establece la **obligación de contribuir** en los casos de averías gruesas ocasionadas por faltas de la dotación del buque, cláusula singularmente relevante en el caso de que la avería gruesa deba ser liquidada conforme a la reglamentación vigente en los Estados Unidos de América.

13. Taxes and Dues Clause

Se trata de una cláusula sobre pacto de **asignación de tributos** y demás cargas fiscales derivadas del fletamento y recaigan sobre el buque, sobre el cargamento o sobre el flete, con la posibilidad, en este último caso, de pacto diverso, que deberá recogerse en la casilla 23 de la Parte I.

14. Agency

Esta cláusula recuerda la obligación del fletante de **nombrar un agente** que lo represente en el puerto de carga y descarga.

15. Brokerage

Se trata de la llamada **cláusula de comisión** ('brokerage clause')

Por remisión a lo que se establece en la casilla 24 de la Parte I de la póliza de fletamento, esta cláusula regula la **cuantía, devengo y cobro** de la retribución (comisión) que remunera la actuación del corredor marítimo (broker). También regula las consecuencias de la **inejecución del contrato** sobre el derecho del comisionista a percibir la comisión.

16. General Strike Clause

Cláusula que establece previsiones para el caso de **huelga**.

17. War Risks ('Voywar 1993')

Cláusula que establece previsiones para situaciones de **guerra**.

18. General Ice Clause

Cláusula que establece previsiones para el supuesto de que los puertos de carga o descarga resulten inaccesibles por causa del **hielo**.

19. Law and Arbitration

Cláusula sobre la **elección de ley** y el sometimiento del contrato a **arbitraje**.

Ver los comentarios a la casilla 25 de la Parte I de la póliza de fletamento, con la que esta cláusula guarda relación.

Transporte aéreo de mercancías

MCM 7195 s.

Nota preliminar:

- Frente a lo que sucede en otros contratos de transporte, el contrato de transporte aéreo de mercancías tiene **carácter real**: se perfecciona con la entrega de las mercancías al transportista. Esta postura es clara en el ámbito interno (LNA art.102 inciso primero) y no tanto en el internacional, si bien puede deducirse también del artículo 6.2 del Convenio de Varsovia (o art.7.2 Convenio de Montreal): "previa aceptación de la mercancía". **No** parece, sin embargo, que se trate de un **contrato formal**, en el sentido de que su existencia dependa de la emisión del correspondiente documento de transporte. En la reglamentación internacional, las consecuencias de la no formalización documental del contrato de transporte aéreo de mercancías fueron otras en el pasado (pérdida del derecho al beneficio de los límites de responsabilidad), pero no en el estado vigente de la reglamentación (art.9 Convenio de Varsovia o Convenio de Montreal). Y si bien la normativa interna apunta hacia la expedición obligatoria del correspondiente documento de transporte (LNA art.102 segundo inciso), no creemos que su posición sea distinta. La naturaleza no formal del contrato de transporte aéreo de mercancías no oculta, sin embargo, la importancia que tiene la documentación del contrato en el régimen de este negocio, siendo muy recomendable, en consecuencia, su utilización por los operadores del sector, tanto por las funciones probatorias que cumple dicha documentación (art.103 LNA; Convenio de Varsovia art.11; Convenio de Montreal art.11) como por aquellas otras que la reglamentación le atribuye (p.ej., para el ejercicio del derecho de disposición: art.12.3 Convenio de Varsovia o Convenio de Montreal).

- Los **documentos** que contempla la reglamentación del sector son, en el ámbito interno, el "talón de transporte", que deberá ser extendido por el transportista sobre la base de una "declaración suscrita por el expedidor" (LNA art.103); y, en el ámbito internacional, la "carta de porte aéreo" (Convenio de Varsovia art.5.1; Convenio de Montreal art.4.1), que podrá ser sustituida por otro medio que dejare constancia de la información relativa al transporte que haya de efectuarse (Convenio de Varsovia art.5.2; Convenio de Montreal art.4.2). En este último caso, el porteador deberá, a instancias del expedidor, entregarle a éste un "recibo" de las mercancías que hubiere recibido. Obsérvese que, en el ámbito internacional, a diferencia de lo que establece la reglamentación interna del contrato, la expedición del documento de transporte está encomendada al expedidor o cargador (Convenio de Varsovia art.6.1; Convenio de Montreal art.7.1), llegándose incluso a regular el supuesto en el que el transportista hubiese expedido la carta de porte aéreo a petición del expedidor, en cuyo caso se entenderá, salvo prueba en contrario, que aquél ha actuado en nombre de este último (Convenio de Varsovia art.6.4; Convenio de Montreal art.7.4). Por lo demás, el Convenio de Varsovia art.10 (Convenio de Montreal art.10) establece un régimen de responsabilidad por las indicaciones escritas en los documentos de transporte aéreo de mercancías, que, según los casos, afectará a expedidor o transportista.

- **No** existen **modelos oficiales** de los documentos de transporte aéreo de mercancías, pero la práctica y, en particular, las organizaciones y asociaciones del sector (muy particularmente IATA) han impuesto modelos de uso generalizado (véase, por ejemplo, el "IATA Air Waybill"), como el que se utilizará aquí para su comentario. Estos modelos constan en su anverso de casillas destinadas a la identificación de los elementos más relevantes del contrato, así como, en su reverso, de condiciones generales de la contratación. La reglamentación interna española (LNA art.102 segundo inciso) se remite, en cuanto al **contenido** obligatorio de la documentación del contrato, a los requisitos que reglamentariamente se determinen al respecto. En el ámbito internacional, por su parte, el Convenio de Varsovia art.8 (Convenio de Montreal art.5), exige la presencia en el documento de algunas menciones, si bien son mínimas.

L 48/1960 (LNA); RD 37/2001; Rgto CE/2027/1997; Convenio de Montreal 28-5-1999; Convenio de Varsovia 12-10-1929; Protocolo de La Haya 28-9-1975 (BOE 4-6-73); Convenio de Guadalajara 18-9-1961; Protocolos 1, 2, 3 y 4 Montreal 25-9-1975; Rgto CE/593/2008, sobre ley aplicable a las obligaciones contractuales (Roma I)

Shipper's Name and Address | Shipper's account Number

Not negotiable

Air Waybill

Issued by

Copies 1, 2 and 3 of this Air Waybill are originals and have the same validity

Consignee's Name and Address | Consignee's account Number

It is agreed that the goods described herein are accepted in apparent good order and condition (except as noted) for carriage SUBJECT TO THE CONDITIONS OF CONTRACT ON THE REVERSE HEREOF. ALL GOODS MAY BE CARRIED BY ANY OTHER MEANS INCLUDING ROAD OR ANY OTHER CARRIER UNLESS SPECIFIC CONTRARY INSTRUCTIONS ARE GIVEN HEREON BY THE SHIPPER, AND SHIPPER AGREES THAT THE SHIPMENT MAY BE CARRIED VIA INTERMEDIATE STOPPING PLACES WHICH THE CARRIER DEEMS APPROPRIATE. THE SHIPPER'S ATTENTION IS DRAWN TO THE NOTICE CONCERNING CARRIERS' LIMITATION OF LIABILITY. Shipper may increase such limitation of liability by declaring a higher value for carriage and paying a supplemental charge if required.

Issuing Carrier's Agent Name and City | Accounting Information

Agent's IATA Code | Account No.

Airport of Departure (Addr. of first Carrier) and requested Routing

to	By first Carrier	Routing and Destination	to	by	to	by	Currency	CHGS Code	WT/VAL PPD	WT/VAL COLL	Other PPD	Other COLL	Declared Value for Carriage	Declared Value for Customs
								C						

Airport of Destination | Flight/Date | For Carrier Use only | Flight/Date | Amount of Insurance | INSURANCE: If Carrier offers insurance and such insurance is requested in accordance with conditions on revers hereof, indicate amount to be insured in figures in box marked "amount

Handling Information

These commodities licensed by the U.S. for ultimate destination | Diversion contrary to U.S.law prohibited.

No. of Pieces RCP	Gross Weight	kg lb	Rate Class	Commodity Item No.	Chargeable Weight	Rate / Charge	Total	Nature and Quantity of Goods (incl. Dimensions or Volume)

Prepaid	Weight Charge	Collect	Other Charges
	Valuation Charge		
	Tax		
	Total other Charges Due Agent		Shipper certifies that the particulars on the face hereof are correct and that insofar as any part of the consignment contains dangerous goods, such part is properly described by name and is in proper condition for carriage by air according to the applicable Dangerous Goods Regulations.
	Total other Charges Due Carrier		
			Signature of Shipper or his Agent
Total prepaid		Total collect	
Currency Conversion Rates		cc charges in Dest. Currency	Executed on (Date) at (Place) Signature of Issuing Carrier or its Agent
For Carriers Use only at Destination		Charges at Destination	Total collect Charges

OTRAS OBSERVACIONES:

1. Identificación del documento y del transportista

En la parte superior derecha del documento se identifica el tipo de documento de que se trata ('air waybill': en castellano, carta de porte aéreo), así como su naturaleza, en este caso, no negociable ('not negociable'). En relación con esta última circunstancia, hay que apuntar la posibilidad de que la carta de porte tenga carácter negociable y se configure como un título-valor de tradición, postura ésta, no obstante, que no es unánime en la doctrina española, si bien algunos autores la deducen de lo que establece el párrafo primero del art.103 LNA. No dice nada al respecto, por su parte, la reglamentación internacional, por lo que, en su caso, habrá que remitirse a lo que establezca el régimen nacional sobre los títulos-valores que resulte de aplicación en virtud de lo que establezcan las normas de Derecho internacional privado de los tribunales que conozcan del asunto.

Se destaca, igualmente, el carácter original e igualmente fehaciente de los ejemplares 1, 2 y 3 de la carta de porte, esto último en consonancia con lo establecido en el art.6.1 Convenio de Varsovia (art.7.1 Convenio de Montreal). Téngase en cuenta, por otro lado, que el apartado 2 de dicho precepto (al igual que el art.7.2 Convenio de Montreal) establece que el primer ejemplar llevará la indicación 'para el transportista' y será firmado por el expedidor ('shipper'); el segundo ejemplar llevará la indicación 'para el destinatario', y será firmado por el expedidor y el transportista; y el tercer ejemplar será firmado por el transportista y entregado a éste por el expedidor, previa aceptación de la mercancía. En la práctica, no obstante, el documento de transporte se emite en un número superior de copias de distintos colores (si bien esta última circunstancia ya no es exigida en el sector) llamadas a cumplir distintas funciones contables o administrativas.

También se identifica en esta parte superior derecha del documento al transportista (que será una compañía aérea debidamente autorizada) ('Issued by') o porteador, es decir, la persona que asume frente al expedidor o cargador la obligación de llevar a cabo el traslado de la mercancía de un lugar a otro y de entregarla en su destino en el mismo estado en que la recibió en su lugar de origen (sobre el régimen de responsabilidad del porteador por el incumplimiento de esta doble obligación de traslado y custodia de las mercancías, véanse, en el régimen interno, los art.106 a 111 LNA, así como el Capítulo XIII de esta Ley, y en el régimen internacional, art.17 s. Convenio de Varsovia y Convenio de Montreal. Una mención sobre una figura especial de porteador se recoge en el art.2.1 Convenio de Varsovia y Convenio de Montreal, que extiende la aplicación del Convenio a los transportes efectuados por el Estado o las demás personas jurídicas de Derecho público.

2. Shipper's name and address

En esta casilla deberá hacerse constar la identificación de quien es el expedidor, así como su dirección completa, incluyendo, en su caso, su número de teléfono. La expresión de 'expedidor', en este contexto, habrá que entenderla como sinónimo de 'cargador', es decir, la persona que contrata el transporte en nombre propio con el porteador o transportista aéreo. Recuérdese, no obstante, que aquella expresión también es utilizada en ocasiones (incluso por determinada normativa) para identificar a la persona que entrega materialmente la carga al porteador o transportista siguiendo las instrucciones del cargador.

3. Shipper's account number

Esta casilla está destinada, en su caso, para la mención del PAL ('Precise Account Locator') del expedidor.

4. Consignee's name and address

En esta casilla deberá hacerse constar la identificación de quien es el destinatario, así como su dirección completa, incluyendo, en su caso, su número de teléfono. El destinatario o consignatario es la persona a cuyo favor se celebra el contrato de transporte. Puede ser el mismo cargador o una persona distinta. El destinatario no es parte del contrato de transporte, pero, tratándose de un tercero a cuyo favor se establece el contrato, deriva de dicho contrato una serie de derechos y cargas en el supuesto de que manifieste su voluntad de adherirse al mismo. En relación con la posición jurídica del destinatario, tal y como aparece delineada en la reglamentación aplicable al contrato de transporte aéreo de mercancías, véanse los art.109 y 111 LNA y 12, 13, 14 y 15 Convenio de Varsovia y Convenio de Montreal.

5. Consignee's Account number
Esta casilla está destinada, en su caso, para la mención del PAL ('Precise Account Locutor') del destinatario.

6. Issuing Carrier's Agent Name and City
En el caso de que fuese necesario, aquí deberá hacerse constar la identificación del intermediario ('agent') que hubiese intervenido por cuenta del transportista, así como la ciudad en que tuviere su establecimiento. Téngase en cuenta que será muy frecuente la intervención de una agente de carga en la gestión del transporte, tanto por lo que se refiere a la entrega de las mercancías al transportista como en la cumplimentación de la documentación correspondiente.

7. Agent's IATA Code
En su caso, deberá hacerse constar en este apartado el número de identificación de IATA del intermediario ('agent').

8. Account No.
Esta casilla permite la identificación del número de cuenta de IATA del intermediario de carga ('agent') que, en su caso, intervenga en la operación, a los efectos del intercambio de información y compensación de cuentas entre intermediarios y transportistas.

9. Accounting Information
Espacio reservado para mención de otros datos contables o de facturación de interés para las partes contratantes.

10. Airport of Departure (Addr. of First Carrier) and requested Routing
Se deberá hacer constar el aeropuerto de salida del transporte contratado (donde se encuentra la dirección del primer transportista) así como, en su caso, el itinerario que se hubiere solicitado. Aquella mención ('punto de partida') viene exigida por el art.8(a) Convenio de Varsovia y art.5(a) Convenio de Montreal, junto con la del 'punto de destino' (infra), ambas relevantes a los efectos de la aplicación del Convenio (art.1.2), pues según este precepto, la expresión transporte internacional significa todo transporte en el que, de acuerdo con lo estipulado por las partes del contrato, el punto de partida y el punto de destino, haya o no interrupción en el transporte o transbordo, están situados bien en el territorio de dos Altas Partes Contratantes, bien en el territorio de una sola Alta Parte Contratante si se ha previsto una escala en el territorio de cualquier otro Estado, aunque éste no sea una Alta Parte Contratante. El transporte entre dos puntos dentro del territorio de una sola Alta Parte Contratante, sin una escala convenida en el territorio de otro Estado, no se considerará transporte internacional a los efectos de la aplicación del Convenio de Varsovia-La Haya.

Con respecto al itinerario solicitado, hay que recordar que, según el art.105 LNA, si por fuerza mayor las mercancías no pueden seguir el itinerario previsto en el talón, el transportista entregará por su cuenta los bultos a otra Empresa de transportes para su más rápida conducción, de acuerdo con las instrucciones dadas o que se pidan al expedidor o destinatario.

La parte inferior de esta casilla está pensada para trayectos compuestos de distintas fases y transportistas, donde se podrá hacer constar los respectivos lugares de destino parciales o escalas ('to') y los transportistas ('by') encargados de la ejecución de cada una de las fases. La identificación de los aeropuertos y transportistas intermedios se realizará con el código que respectivamente les corresponda. El art.8(b) Convenio de Varsovia y art.5(b) Convenio de Montreal exige, en particular, la indicación en la carta de porte aéreo de las referidas escalas si los puntos de partida y destino están situados en el territorio de una sola Alta Parte Contratante y se ha previsto una o más escalas en el territorio de otro Estado; indicación necesaria a los efectos de la determinación de la aplicación del Convenio, como sabemos. Obsérvese, por otro lado, que la declaración que aparece impresa en la parte superior derecha del documento de transporte establece que el expedidor acepta que el transporte pueda ser realizado mediante las escalas intermedias que el transportista estime oportuno emplear (“the shipment may be carried via intermediate stopping places which the carrier deems appropriate”).

Téngase presente, finalmente, que según el art.110 LNA el transporte combinado entre varias Empresas de navegación aérea las constituye en responsables solidarias, pudiendo elegir el expedidor o destinatario para la reclamación correspondiente cualquiera de las que hubieren tomado parte en el transporte. A un supuesto similar (denominado 'transporte sucesivo') se refieren, por su parte, los art.1.3 y 30 Convenio de Varsovia y los art.1.3 y 36 Convenio de Montreal. Obsérvese que, junto al 'transporte sucesivo', el Convenio de Montreal regula en su Capítulo IV (art.39 a 48) una modalidad distinta de colaboración entre transportistas aéreos ('transporte con subtransporte'), que tiene su origen en el Convenio de Guadalajara de 1961. Distinto de estos supuestos, a pesar de la confusión que pueda generar la terminología empleada por el art.110 LNA, es el regulado en el art.31 Convenio de Varsovia o art.38 Convenio de Montreal sobre el 'transporte combinado', en el que junto al medio aéreo se emplean otros modos de transporte para llevar la carga hasta su destino. La declaración que aparece impresa en la parte superior del documento de transporte aquí analizado indica que dicho transporte podrá ser llevado a cabo por otros medios, como la carretera, o utilizando a otros transportistas, a no ser que el expedidor haya dado instrucciones en contra ("all goods may be carried by any other means including road or any other carrier, uniles specific contrary instructions are given heron by the shipper").

11. Airport Destination

Se deberá hacer constar el aeropuerto de destino del transporte contratado.

12. Flight/Date

Para el supuesto de que se requiera un vuelo y fecha determinados. Téngase en cuenta que, según el art.106 LNA, el transportista no responderá, si el transporte no se efectúa en la fecha y hora previstas, cuando la suspensión o el retraso obedezcan a fuerza mayor o a razones meteorológicas que afecten a la seguridad del vuelo. Tampoco vendrá obligado a indemnizar respecto de la carga comercial que haya que reducir por alguna de esas circunstancias.

13. Currency

Espacio para mencionar el código ISO de divisa perteneciente al país de origen del transporte.

14. CHGS Code C :

Modalidad de pago (código que deberá ser insertado por el transportista).

15. WT/VAL

Espacio para insertar el código que corresponde al peso y valor de las mercancías que viajan a portes pagados (PPD) o debidos (COLL).

16. Other

Espacio para insertar el código que identifica otros cargos o importes en origen sobre las mercancías que viajan a portes pagados (PPD) o debidos (COLL).

17. Declared Value for Carriage

Espacio destinado para incluir, en su caso, una declaración de valor de la mercancía transportada, a los efectos de lo previsto a este respecto en la reglamentación interna e internacional (LNA art.118 último párrafo; Convenio de Varsovia art.22.2(b); Convenio de Montreal art.22.3). Esta declaración está vinculada a la cláusula que aparece impresa en la parte superior derecha del documento de transporte que, en lo que aquí interesa, le recuerda al expedidor la existencia de límites de responsabilidad y la posibilidad de elevar dichos límites mediante una declaración de valor y correspondiente abono de un suplemento en el precio del transporte ("The shipper's attention is drawn to the notice concerning carrier's limitation of liability. Shipper may increase such limitation of liability by declaring a higher value for carriage and paying a supplemental charge if required").

18. Declared Value for Customs
Espacio destinado para incluir el valor de la mercancía a efectos aduaneros. Debe tenerse en cuenta, en este contexto, que conforme a lo que estable, al menos, la reglamentación internacional (art.16 Convenio de Varsovia y Convenio de Montreal), el expedidor está obligado a suministrar los informes y los documentos que sean necesarios para el cumplimiento de las formalidades de aduanas, consumos o policía, con anterioridad a la entrega de la mercancía al destinatario, siendo responsable ante el transportista de todos los perjuicios que pudieren resultar de la falta, insuficiencia o irregularidad de dichos informes y documentos, salvo que sean imputables al transportista o a sus dependientes. En ningún caso, no obstante, estará obligado el transportista a examinar si dichos informes o documentos son exactos o suficientes.

19. Amount of Insurance
Cantidad asegurada, en su caso.

20. Handling information
Apartado destinado para recoger información y datos relativos al manejo y tratamiento de la carga, p.e., si se debe notificar al destinatario la llegada de la mercancía a su destino, etc. Sobre la obligación del porteador, salvo que hubiere estipulación en contrario, de avisar al destinatario de la llegada de la mercancía a su destino, véase el art.13.2 Convenio de Varsovia y Convenio de Montreal.

21. No. of Pieces RCP
Deberá reseñarse el número de bultos que se entregan para el transporte, empleando líneas distintas, dentro del espacio disponible en el documento, si hay mercancías de categoría o tipo diferente. Téngase presente, en cualquier caso, que el art.7(a) Convenio de Varsovia, para el supuesto en que hubiere diversos bultos, le concede al transportista el derecho a solicitar del expedidor la extensión de cartas de porte aéreo diferentes (en similares términos se emplea el art.8(a) Convenio de Montreal, que habla de cartas de porte aéreo separadas). Debe destacarse sobre este particular que según el art.108 LNA el transportista queda obligado a la custodia de los objetos que se le entreguen para el transporte y responde de su pérdida, avería o retraso en la entrega por motivo del viaje, siempre que no sean consecuencia exclusiva de la naturaleza o vicio propio de las mismas. El transportista responderá también de la pérdida sufrida en caso de echazón necesaria para lograr la seguridad de la navegación. Finalmente, recuérdese que el art.11.2 Convenio de Varsovia o Convenio de Montreal, en su primer inciso, establece que todas las indicaciones de la carta de porte aéreo o del recibo de las mercancías, relativas al número de bultos, hacen fe, salvo prueba en contrario.

22. Gross Weight
Indicación del peso bruto de las mercancías transportadas. El art.8(c) Convenio de Varsovia y art.5(c) Convenio de Montreal contempla 'la indicación del peso del embarque' como una de las menciones que deberá contener la carta de porte aéreo. Recuérdese, por último, que el art.11.2 Convenio de Varsovia y Convenio de Montreal, en su primer inciso, establece que todas las indicaciones de la carta de porte aéreo o del recibo de las mercancías, relativas al peso, dimensión y embalaje de las mercancías tienen carácter fehaciente, salvo prueba en contrario.

23. Kg., lb .
Se deberá añadir una (Kg.) u otra (lb.) mención según se trate de una unidad u otra.

24. Rate Class
Clase de tarifa aplicable, en su caso.

25. Chargeable Weight
Bajo este epígrafe deberá consignarse la mayor de las dos cantidades (peso real o peso en volumen).

26. Rate/Charge
Tarifa aplicable a la carga.

27. Total
Aquí se consignará el resultado de multiplicar la cantidad reflejada en el epígrafe al que alude el número 25 precedente por el tipo indicado en el epígrafe al que alude el número 26 precedente.

28. Nature and Quantity of Goods (incl. Dimensions or Volume)
Bajo este epígrafe deberá reseñarse la naturaleza y cantidad de las mercancía transportadas, incluyendo sus dimensiones o volumen. Téngase presente que el art.113 LNA establece que el transportista podrá excluir del contrato de transporte aquellas mercancías que, por su mal estado, acondicionamiento o por otras circunstancias graves que los reglamentos señalen, puedan constituir un peligro grave para la navegación. Finalmente, en cuanto al valor probatorio de esta mención, el art.11.2 Convenio de Varsovia o Convenio de Montreal, en su inciso segundo, recuerda que las indicaciones de la carta de porte aéreo relativas a la cantidad, volumen y estado de las mercancías no constituyen prueba contra el transportista, sino en tanto que la comprobación haya sido hecha por él en presencia del expedidor y se haya hecho constar en la carta de porte aéreo, o que se trate de indicaciones relativas al estado aparente de la mercancía.

29.
La parte inferior izquierda del documento está destinada a recoger los datos relativos al **porte, gastos e impuestos** derivados de la operación de transporte, según se trate de importes debidos en origen ('prepaid') o en destino ('collect'). El espacio previsto en la parte inferior derecha ('Other charges') está destinado para explicar la cantidad que bajo el epígrafe de similar denominación aparece en la parte izquierda. En nuestro ordenamiento interno, el art.104 LNA establece que las tarifas del transporte de mercancías serán aprobadas por la correspondiente autoridad administrativa. Téngase en cuenta, por otro lado, que el art.1.1 Convenio de Varsovia y Convenio de Montreal establece que el Convenio se aplica a todo transporte internacional de mercancías efectuado 'contra remuneración', pero que también se aplica 'al transporte gratuito efectuado en aeronaves por una Empresa de transportes aéreos'.

30.
El anverso del documento también reserva, en su parte inferior derecha, sendos espacios para recoger la firma del expedidor ('signatura of shipper') o del intermediario ('agent') que hubiere actuado por su cuenta, así como de la fecha ('date') y lugar ('place') de emisión del documento, junto con la firma del transportista ('signature of issuing carrier') o, en su caso, del intermediario ('agent') que hubiere actuado por su cuenta. Según establece el art.6.3 Convenio de Varsovia y art.7.3 Convenio de Montreal, la firma del transportista y la del expedidor podrán ser impresas o reemplazadas por un sello.

Contratos Bancarios

Contratos Bancarios

Cuentas bancarias: libreta de ahorros y cuenta corriente

MCM 8195 s.

Nota preliminar:

- A la vista de las evidentes semejanzas entre la cuenta corriente y la libreta de ahorros resulta aconsejable la inclusión de un **único contrato base** que contenga las especialidades propias de cada tipo.

- En relación a las **comisiones de reclamaciones de posiciones deudoras** en contratos de cuenta corriente, tiene por objeto el cobro de los costes en que ha incurrido la entidad al efectuar las reclamaciones necesarias para la recuperación de los saldos deudores de sus clientes. Ahora bien, solo puede ser posible si, además de aparecer recogida en el contrato, se acredita que: su devengo está vinculado a la existencia efectiva de gestiones de reclamaciones realizadas ante el cliente deudor (AP Asturias 7-6-18, EDJ 562687).

En la sentencia AP Asturias 17-7-15, EDJ 187290, al examinar un supuesto semejante al presente, en el que la controversia giraba en torno a una **comisión por descubierto**, se señaló que pese a que el cliente con el que el Banco había concertado el contrato no tenía la condición de consumidor, no podía por menos de considerarse a efectos interpretativos la doctrina proteccionista al estar en presencia de un contrato de adhesión, con cita de la sentencia AP Madrid 21-3-14, EDJ 45380, que declaró que ante la existencia de un descubierto en cuenta corriente no era factible, por un lado, percibir los intereses de demora y, por otro, repercutir una comisión propiamente injustificada, ya que en otro caso se vendría a producir una transferencia patrimonial sin causa, con manifiesta infracción del CC art.1.274 s., pues de exigir ambos conceptos se estaría reiterando la prestación de un servicio que no lo ha sido doblemente (AP Asturias 25-1-19, EDJ 524741).

- Se consideran en el ámbito de aplicación del control de abusividad previsto en LGDCU art.82.1 en relación con los art.1.1 LCGC y art.3 Dir 93/13/CEE, las comisiones fijadas por una entidad bancaria para sus servicios. La fijación en las tarifas generales de una comisión por un servicio prestado por una entidad financiera constituye una **cláusula no negociada individualmente** (TS 26-4-22, EDJ 551145).

- No estamos ante un contrato de préstamo con interés, sino ante un contrato de cuenta corriente bancaria, en el marco del cual las comisiones previstas en la normativa bancaria ante **situaciones de descubierto** tienen una significación y virtualidad diferente, puesto que generalmente responden a la concesión implícita o encubierta de crédito (sobre las condiciones de validez de esta clase de comisiones y su diferenciación con las que estrictamente retribuyen los costes de reclamación, ver TS 13-3-20, EDJ 550183 (AP A Coruña 19-2-24, EDJ 541965).

- La sentencia TS 29-5-23, EDJ 575987, comienza precisando que no cabe una solución unívoca sobre el carácter abusivo o no de la **comisión de apertura**, exigiéndose un análisis individualizado de cada contrato. El TS subraya que, en la normativa sectorial aplicable (Anexo II apartado 4.1 de la OM 5-5-1994, sobre transparencia de las condiciones financieras de los préstamos hipotecarios), se establecían las exigencias a que hace referencia el Tribunal de Justicia, en el sentido de que la comisión de apertura ha de retribuir los gastos de estudio, concesión, o tramitación del préstamo hipotecario. El Tribunal fija también la pauta para considerar que el consumidor pueda entender la naturaleza de los servicios prestados en contrapartida a la comisión de apertura, para lo que se exige que la cláusula figure claramente en la escritura pública de préstamo, individualizada en relación con otros pactos y condiciones, y en particular respecto de otras comisiones, que retribuyan conceptos distintos, claramente diferenciados. Finalmente, el TS precisa la aplicación del criterio de la **proporcionalidad de su cuantía**, en el sentido fijado en la sentencia de Luxemburgo, teniendo en cuenta que, según las estadísticas del coste medio de comisiones de apertura en España, éste oscilaba entre un 0,25% y un 1,50%, de donde concluye que la comisión analizada en el caso no resultaba abusiva (AP Pontevedra 15-2-24, EDJ 542352).

Nota preliminar:

- Debido a que aquí la comisión de 410 € se encuentra dentro del rango medio que el Tribunal Supremo indica, hemos de concluir que el cobro de dicha suma, por las **gestiones para testar la solvencia** de los contratantes, para **evaluar el riesgo** de la operación y demás trámites para la preparación de nuestro préstamo, es equitativo y proporcionado. En definitiva, la estipulación controvertida es válida, no produce un desequilibrio importante en los derechos y obligaciones que el contrato asigna a ambas partes y no es abusiva (AP Asturias 14-2-24, EDJ 541075).

- El modelo presupone unas circunstancias determinadas que serán las más **frecuentes**. Si en el caso concreto existen circunstancias particulares no previstas, deberá completarse o modificarse el modelo adaptándolo a las mismas.

En *"localidad"* a *"fecha"*
Número de cuenta (CCC): *"número de cuenta"*.
Entidad: *"indicar nombre de la entidad, sucursal y domicilio"*.
Titular/es:
- Nombre: *"indicar datos identificativos del titular/es"*.
- Domicilio para correspondencia: *"domicilio a efectos de correspondencia"*.
- Régimen de disposición: *"especificar el régimen de disposición de los titulares"*.

Nota:

*El **criterio jurisprudencial** en relación con las cuentas de titularidad plural sostiene que las cuentas corrientes bancarias expresan siempre una disponibilidad de fondos a favor de quienes figuren como titulares de las mismas contra el Banco que los retiene, y el mero hecho de su apertura con titulares plurales no determina por sí un necesario condominio sobre los saldos, que viene precisado por las relaciones internas que medien entre los titulares bancarios conjuntos y más concretamente por la originaria pertenencia de los fondos (*TS 6-2-91; 15-7-93, *EDJ 7136;* 19-12-95, *EDJ 6686;* 7-6-96, *EDJ 3154;* 29-9-97, *EDJ 6816;* 5-7-99, *EDJ 19936; 14-3-03;* 3-11-14, *EDJ 279623).*

CONDICIONES PARTICULARES:

- Interés haber: *"tipo de interés de haberes"* %.
- Interés de descubierto: *"tipo de interés de descubierto"* %.
- Comisión de descubierto: *"tipo de comisión de descubierto"* %. Mínimo: *"especificar cantidad, en letra"* euros (*"especificar cantidad, en número"* €).
- Comisión de mantenimiento y administración: *"importe de la comisión, en letra"* euros (*"importe de la comisión, en número"* €).
- Gastos por reclamación de posiciones deudoras: *"importe de los gastos, en letra"* euros (*"importe de los gastos, en número"* €).
- Periodo de liquidación: *"periodo de liquidación"*.
- Forma de intervención: *"especificar la forma de intervención"*.
- Fechas de liquidación en caso de descubierto: *"fecha de liquidación"*.
- Tipo de cuenta:

○ **Cuenta corriente:**

cuenta corriente.

Nota:

El contrato de cuenta corriente se define como "un contrato mercantil por el cual dos personas, por lo general comerciantes, en relación de negocios continuados, acuerdan temporalmente concederse ***crédito recíproco*** *en el sentido de quedar obligadas ambas partes a ir sentando en cuenta sus remesas mutuas, como partidas de cargo y abono, sin exigirse el pago in mediato, sino el saldo, a favor de la una o de la otra, resultante de una liquidación por diferencia, al ser aquélla cerrada en la fecha convenida, lo que tiene esenciales diferencias con la cuenta corriente bancaria, de liquidaciones periódicas cualquiera que sea su estado, y que se caracteriza más por ser un contrato complejo, de depósito irregular con devengo de intereses y liquidaciones periódicas por el banco (sentencias de 23 de mayo de 1946 y 7 de marzo de 1974); y que ya la doctrina científica viene distinguiendo, entre los variados tipos de depósitos bancarios, aquel que comporta para el banco la obligación de devolver la suma depositada a petición del depositante y en el momento mismo en que éste lo exija, operación esta que ha venido en denominarse en la técnica mercantil y bancaria, «depósito en cuenta corriente» dado que las relaciones del banco con sus clientes se instrumentan y contabilizan en la forma expresada, dándose la circunstancia de que, cuando ese depósito es de cosas fungibles, se le autoriza para disponer del objeto del depósito, con obligación de devolver otro tanto de la misma especie y calidad, generando entonces la figura del depósito irregular, caracterizado por el hecho de que el depositario adquiere, desde el momento de la constitución de aquél, la propiedad de las cosas depositadas, y, por eso, en esta clase de depósito de cuenta corriente, la concesión de crédito no es del banco hacia el cliente, como ocurre en la simple «cuenta de crédito» sino del cuente hacia el banco" (*TS 11-3-92, *EDJ 2361).*

En el contrato de cuenta corriente bancaria, el límite cuantitativo de las órdenes de pago vine dado por la cifra del "Haber" del cliente en el momento de la orden, y [...] cuando, de acuerdo con un práctica bancaria habitual, el Banco [...] permite libramientos de cheques por cuantía superior al expresado límite de la cuenta corriente respectiva, ello implica una ***concesión encubierta de crédito*** *bajo la forma de descubiertos, de acuerdo con el artículo 4.º de la Orden 17 enero 1981, sobre "liberalización de tipos de interés y dividendos bancarios y financiación a largo plazo" que dispone que "los* ***descubiertos en cuenta corriente o excedidos en cuenta de crédito*** *se considerarán operaciones de crédito a todos los efectos" (AP Barcelona 17-2-22, EDJ 548312).*

○ **Libreta de ahorros:**

libreta de ahorros.

≺≺

≻≻

○ **En caso de cuenta a plazo:**

- Duración: *"número de meses"* meses.

≺≺

La **Entidad** y los **Titulares** convienen la formalización del presente contrato que se regirá por las condiciones particulares arriba indicadas y por las condiciones generales de contratación que los **Titulares** acepta expresamente.

En prueba de conformidad con lo estipulado en el presente contrato y en el folleto anexo de criterios de valoración y comisiones aplicables que los **Titulares** declaran expresamente conocer y recibir en este acto, lo firman las partes por duplicado ejemplar, uno de los cuales reciben los **Titulares**, en el lugar y fecha expresados en la antefirma de este documento.

LA ENTIDAD	**LOS TITULARES**
"denominación de la Entidad"	*"identificación de los titulares"* 

CONDICIONES GENERALES

Los **Titulares** suscriben con la **Entidad**, en adelante el **Banco**, el contrato de apertura de la cuenta expresada en las condiciones particulares, por tiempo indefinido, salvo que se trate de cuentas a plazo que lo será por el tiempo que figura en dichas condiciones particulares, y con las características indicadas en aquéllas y en las condiciones impresas que siguen:

1º. En esta cuenta se acreditarán las cantidades que los **Titulares**, o terceros entreguen para su abono y se adeudarán las disposiciones de fondos y órdenes de cargo aceptadas por el **Banco**, que efectúen los **Titulares** tanto personalmente, como a través de cajeros automáticos, datáfonos u otros aparatos, previo acuerdo formal con el **Banco**.

2º. Los **Titulares** podrán disponer de sus saldos mediante cheques, en el caso de cuentas corrientes a la vista, los cuales serán entregados por el **Banco**, u otros documentos propios debidamente autorizados.

En caso de que los **Titulares** optaran por una cuenta de ahorro o cuenta a plazo, el **Banco** facilitará una libreta personal e intransferible. La misma podrá ser solicitada por el **Banco** para realizar cualquier tipo de operación.

3º. Todos los abonos que se extiendan en la libreta no serán válidos si tienen enmiendas, raspaduras o carecen de la impresión mecánica que los autentiquen, o en su defecto, firma de apoderados del **Banco**.

El saldo que resulte de la contabilidad del **Banco** prevalecerá sobre cualquier otro.

Los cheques y la libreta en su caso se custodiarán en lugar seguro, y su robo o extravío se denunciará a las autoridades competentes y se comunicará de inmediato al **Banco**.

4º. El **Banco** no se obliga a cumplir órdenes de pago pasadas por telégrafo, teléfono; télex o teletipo, sin la clave de autenticidad convenida; y no se hace responsable de los daños y perjuicios derivados de las demoras o deficiencias de los servicios de comunicación implicados, o de otras causas de fuerza mayor.

5º. La valoración de los abonos y adeudas para el cálculo de intereses, se realizará de acuerdo con las normas establecidas por el **Banco** en cada momento, dentro de los límites permitidos por el Banco de España.

Nota:

Véase la Circ BE 5/2012 Norma 13ª y Anejo 4º -redacc Circ BE 3/2022-.

6º. Si el saldo resultara deudor, deberá ser reintegrado al **Banco** inmediatamente y con carácter solidario por los titulares, sin previo requerimiento.

En este caso, se aplicará el último tipo de interés nominal de descubiertos que el **Banco** tenga publicados al practicar cada liquidación, con la periodicidad y en las fechas señaladas en las condiciones particulares, más la comisión de descubierto indicada en dichas condiciones particulares; que será calculada sobre el mayor saldo descubierto contable que en la cuenta se haya producido en cada período de liquidación.

7º. El **Banco** podrá compensar con esta cuenta los saldos deudores que presenten otras cuentas de cualquiera de los titulares o las deudas que éstos tuvieran con el **Banco**.

8º. Si la cuenta es indistinta, todos los derechos y obligaciones relativos a la misma podrán ser ejercitados por, o exigidos a cualquiera de sus **Titulares** solidariamente, sin perjuicio de lo que dispongan las leyes. El **Banco** podrá abonar en las cuentas indistintas los ingresos realizados por o a favor de cada uno de los titulares individualmente.

9º. Salvo lo dispuesto en la condición 16º, en caso de que se trate de cuentas a plazo, este contrato podrá ser resuelto unilateralmente por cualquiera de las partes. Si es por voluntad de los titulares, bastará su manifestación en tal sentido. Si es por voluntad del **Banco**, tendrá que dar un preaviso de ocho días a cualquiera de los **Titulares**. Transcurrido dicho plazo, el saldo acreedor de la cuenta quedará a disposición de éstos, pero no devengará intereses.

Sea cual fuera el motivo de resolución del contrato, los **Titulares** se obligan a devolver al **Banco** los cheques no utilizados o la libreta y, en su caso, las tarjetas u otros medios de pago que les tenga facilitados.

10º. A efectos de notificaciones, el **Banco** considerará como domicilio el último dado a conocer por escrito por los **Titulares**.

11º. El **Banco** podrá modificar los tipos de interés aplicables a esta cuenta, así como las comisiones correspondientes. La modificación de los tipos de interés mencionada, incluye también la modificación, en su caso, de los tramos o la inclusión de los mismos, así como la relativa a la franquicia y las fechas y periodos de liquidación, señalados en las condiciones particulares. Estas modificaciones serán comunicadas a los titulares o publicadas en el diario *"especificar el diario"*, en ambos casos, con antelación razonable a su aplicación; tales comunicaciones podrán ser sustituidas en los contratos de duración indefinida, mediante su exposición en el tablón de anuncios de todas las oficinas del **Banco**, si bien en este caso no serán aplicables hasta que hayan transcurrido dos meses desde tal publicación.

✍ **Nota:**

Véase Norma 13ª y Anejos 1 y 2 de la Circ BE 5/2012.

Si los **Titulares** mostraran su desacuerdo con las nuevas condiciones, y 1o comunicaran al **Banco** antes de diez días desde la fecha de su aplicación, podrán resolver el presente contrato, aplicándose en tal caso las últimas condiciones aceptadas hasta la fecha en que hagan constar al **Banco** su disconformidad.

12º. El **Banco** remitirá periódicamente a los **Titulares** extracto de la cuenta, salvo que éstos hayan optado por la expedición de libreta, así como detalle de las liquidaciones que se entenderán conformes si no se reciben reparos de los titulares transcurridos dos meses desde su emisión.

✍ **Nota:**

Téngase en cuenta la la Circ BE 5/2012 Norma 11ª y Anejos 1 y 4 -redacc Circ BE 3/2022-.

13º. Para las liquidaciones de intereses se utilizará la fórmula del interés simple (i = c.r.t.: 36.500), calculándose sobre los saldos mantenidos; siendo i: los intereses devengados, c: los saldos mantenidos, r: el tipo de interés nominal y t: los días de permanencia.

La comisión de mantenimiento se calculará en función del saldo medio acreedor en cada periodo de liquidación, a partir de la valoración de los apuntes asentados en la cuenta, aplicando la que corresponde con arreglo a los saldos indicados en las condiciones particulares.

La comisión de mantenimiento de cuenta inactiva se aplicará si la cuenta no tuviese más movimientos, durante dos años, que el derivado de liquidación de intereses. Esta comisión es incompatible con la comisión de mantenimiento.

Los apuntes derivados de ingresos de efectivo; adeudo de cheques, liquidación de intereses o de rectificación de errores, están exentos de comisión de administración.

Las comisiones se devengarán y adeudarán en las mismas fechas de liquidación periódica de la cuenta.

14º. La Tasa Anual Equivalente (T.A.E.) que, a efectos informativos, se consigna en este contrato, ha sido calculada de acuerdo con lo dispuesto en la Norma 13ª y la fórmula contenida en el Anejo 7 de la Circular 5/2012 del Banco de España.

15º. Todos los tributos y demás gastos judiciales o extrajudiciales que se originen como consecuencia de la formalización de este contrato, y del nacimiento, cumplimiento o extinción de las obligaciones derivadas del mismo serán de cuenta de los **Titulares** exclusivamente, ven particular los gastos por reclamación deposiciones deudoras; siendo exigibles desde la fecha en que se ocasionen devenguen. El reintegro de estos importes se hará mediante ingreso en la propia cuenta.

OTRAS CONDICIONES DE CUENTAS A PLAZO

16º. Las imposiciones que se realicen en este tipo de cuentas, no podrán ser retiradas por los **Titulares** hasta transcurrido el plazo por el que fueron formalizadas, que será para cada una de las imposiciones; el que figura en las condiciones particulares.

17º. Si antes del vencimiento de cada imposición, o de cualquiera de sus prórrogas, no se hubiera recibido por parte de los **Titulares** aviso para retirar su importe, el **Banco** la considerará prorrogada por otro periodo igual al vencido, manteniéndose las mismas condiciones. Iguales normas serán aplicables a cada vencimiento ulterior y prórrogas sucesivas.

En caso de que el **Banco** decida modificar el tipo de interés a las eventuales prórrogas y/o la periodicidad con que se practiquen las liquidaciones, deberá notificarlo a los **Titulares** con antelación razonable al vencimiento de la imposición, señalando el tipo de interés nominal, así como la T.A.E. a que está dispuesto a prorrogarla por igual plazo y la periodicidad con que se efectuarán las liquidaciones. Si antes del vencimiento de la imposición el **Banco** no hubiera recibido de los **Titulares** aviso en contra, se entenderá que éstos aceptan la mencionada prórroga con las nuevas condiciones. Si los **Titulares** rechazan antes del vencimiento las nuevas condiciones, llegado el mismo podrán retirar libremente el importe de la imposición.

18º. En la liquidación de intereses, para este tipo de cuentas, se utilizará la fórmula del interés simple (i: c. r. t.: 36000), considerando que cada mes del año tiene 30 días.

CUENTAS EN DIVISAS

19º. Estas cuentas se regirán por las disposiciones en materia de control de cambios y transacciones económicas con el exterior.

Las disposiciones de este tipo de cuentas no podrán realizarse por medio de cajeros automáticos, datáfonos u otros aparatos similares.

20º. Para este tipo de cuentas, en las liquidaciones de intereses se utilizará la fórmula del interés simple.

Cuenta de depósito a plazo

MCM 8325 s.

Nota preliminar:

- Nos encontramos ante un contrato de depósito bancario en el que el depositario está obligado a **devolver el dinero depositado en el momento del vencimiento**, de manera que la prueba de que tal efecto se ha producido corresponde necesariamente a la entidad depositaria (LEC art.217.3) pues no es sino consecuencia de su deber correlativo de rendir cuentas (AP Palencia 24-1-24, EDJ 524313).

- La **comisión de mantenimiento** de cuenta en un contrato de depósito bancario no es abusiva (AP La Rioja 20-3-23, EDJ 577603).

- Las sentencias del Tribunal Supremo (TS 11-3-1992, EDJ 2361 y 24-3-06, EDJ 31751) refieren a **contratos de depósitos bancarios y cuenta corriente** y esta última dice «el llamado "servicio de caja" ha de ser encuadrado en nuestro sistema dentro del marco general del contrato de comisión mercantil (Sentencias de 15 de julio de 1993, de 19 de diciembre de 1995, de 9 de octubre de 1997) que, en definitiva pertenece al que pudiéramos llamar "género del mandato": una relación gestora, un contrato de gestión, en utilidad del cliente que implica un servicio (un facere útil, caracterizado por la alienidad del resultado) por cuyo desarrollo la entidad bancaria o financiera percibe una remuneración» (AP Valencia 26-4-22, EDJ 625776).

El modelo presupone unas circunstancias determinadas que serán las más **frecuentes**. Si en el caso concreto existen circunstancias particulares no previstas, deberá completarse o modificarse el modelo adaptándolo a las mismas.

- Fecha de apertura: *"fecha de apertura de la cuenta"*.
- Número de titulares: *"número de titulares de la cuenta"*.
- Condiciones de disposición: *"especificar el régimen de disposición de los titulares"*.

TITULARES.

- Nombre y apellidos: *"Don/Doña nombre y apellidos de los titulares"* NIF: *"NIF de los titulares"* Domicilio de correspondencia: *"domicilio a efectos de correspondencia"* Cuenta asociada: *"número de cuenta asociada"*.

CONDICIONES ECONÓMICAS.

- Importe: *"cuantía del depósito"*.
- Duración: *"duración del depósito"*.
- Vencimiento: *"fecha de vencimiento del depósito"*.
- Tipo nominal anual: *"especificar el tipo"*.
- TAE: *"TAE"*.
- Forma y periodicidad de abono de intereses: *"indicar el medio empleado y la regularidad en el pago"*.
- Comisiones: *"especificar"*.

La **Entidad** y el **Titular** convienen la formalización de un contrato de cuenta de depósito irregular de dinero a plazo que se regirá por las condiciones particulares arriba indicadas y por las condiciones generales de contratación que el titular acepta expresamente.

En prueba de conformidad con lo estipulado en el presente contrato y en el folleto anexo de criterios de valoración y comisiones aplicables que el **Titular** declara expresamente conocer y recibir en este acto, lo firman las partes por duplicado ejemplar, uno de los cuales recibe el **Titular**, en el lugar y fecha expresados en la antefirma de este documento.

LA ENTIDAD **EL TITULAR**

CONDICIONES GENERALES

1. Objeto
El presente contrato tiene por objeto la apertura de un depósito irregular de dinero a plazo y la rentabilización de los fondos depositados de acuerdo con las condiciones que en cada caso y para cada modalidad se establezcan.

2. Libreta
La entidad entregará al **Titular** una libreta en la que se reflejará la apertura del plazo y, de presentarse en su día la libreta a la **Entidad**, su cancelación. La posesión de la libreta no otorgará ninguna distinción a ningún interviniente.

El **Titular** adquiere el deber de custodia de la libreta, asumiendo la responsabilidad por el uso ilegítimo que pudiera hacerse de la misma. el **Titular** y el autorizado quedan obligados a notificar inmediatamente a la **Entidad**, en cualquiera de sus oficinas (o fuera del horario de oficina en el teléfono de sus oficinas centrales), la pérdida o sustracción de la libreta. En tal caso, y a solicitud del interviniente, la **Entidad** procederá, sin más trámite, transcurridos quince días, a tener por anulada la libreta anterior y a expedir una nueva, manteniéndose el presente contrato y depósito.

3. Intervinientes
Intervienen en el depósito las personas siguientes: **Titular**, es quien contrata el depósito con la entidad. El orden de titularidad no otorga ninguna distinción de derechos u obligaciones. Una vez abierto el depósito no será posible dar de alta ni de baja a ningún **Titular**.

Autorizado, es el facultado por la ley o por la voluntad del **Titular** en este acto para realizar operaciones. La incorporación o baja de autorizados exigirá la firma de un nuevo contrato firmado por todos los titulares, manteniéndose el depósito anterior.

4. Condiciones de disposición
La disposición del depósito, aun cancelándolo anticipadamente, se realizará conforme a lo indicado en el anverso, entendiéndose como:

a) Sin condiciones, cuando existe un único interviniente sin limitaciones;

b) Conjunta, cuando existiendo varios intervinientes se exige el consentimiento de todos ellos;

c) Indistinta, cuando existiendo varios intervinientes basta con el consentimiento de cualquiera de ellos (ya sea **Titular** o autorizado).

Según documento anexo, para casos distintos de los anteriores, en cuyo supuesto se detallan las condiciones en documento aparte.

El **Titular** podrá solicitar de la entidad la modificación de las condiciones de disposición. Si se pretendieran otras condiciones menos restrictivas lo deberán solicitar todos los titulares. Si se pretendieran otras condiciones más restrictivas lo deberán solicitar los titulares que tengan de por sí capacidad para disponer de la cuenta, siempre que las condiciones resultantes no otorguen ningún privilegio especial de disposición a ninguno de los intervinientes.

5. Cuenta asociada
Cualquier pago o cobro al **Titular** dimanante de lo aquí pactado se verificará en la cuenta asociada indicada en el anverso. No obstante dicha designación podrá cambiarse posteriormente por los intervinientes, siendo necesarias tantas firmas para alterar aquella domiciliación de abonos como para disponer del depósito.

Los intervinientes quedan enterados de que, en cada momento, sólo puede existir una única cuenta asociada, por lo que de concurrir derechos de distinta naturaleza o proporción sobre lo depositado, que implique abonos para personas distintas en cada caso, la **Entidad** no asume ninguna responsabilidad acerca de su observancia, que de modo absoluto correrá de cuenta y cargo exclusivo de los intervinientes. A tal fin los intervinientes deberán realizar los cambios sucesivos de cuenta asociada o las compensaciones que procedan a los legítimos titulares de aquellos derechos de distinta naturaleza o proporción, una vez se hayan abonado los pagos en la cuenta asociada.

6. Responsabilidad y compensación de saldos
Todos los titulares responderán frente a la **Entidad** por cualquier obligación dimanante de lo aquí pactado.

Se entenderán compensables y garantizadas entre sí las diversas cuentas y depósitos de cualquier naturaleza de un mismo cliente mantenidas en cualquier oficina de la **Entidad**, aunque fueran de moneda distinta. Ningún **Titular** podrá disponer de los saldos acreedores sin antes haber cancelado los deudores que pudieran registrarse en las cuentas o depósitos propios, así como los créditos, préstamos u otras obligaciones vencidas, mantenidos con la entidad, a su nombre o garantizados a terceros con su firma, quedando facultada la **Entidad** para cancelarlos (incluso anticipadamente) o reducirlos hasta donde alcance, mediante traspaso de los fondos necesarios.

7. Retribución
La remuneración del depósito se realizará de acuerdo con los tipos de interés y condiciones reflejadas en el anverso de este contrato.

Para el cálculo de los intereses se utilizará la siguiente fórmula. I =N x In x D, siendo:

I: Importe de los intereses brutos del período de liquidación.

N: Importe nominal del depósito.

In: Tipo anual de interés nominal unitario.

D: Período de tiempo.

Para la determinación del tipo de interés anual equivalente (T.A.E.) se utilizará la fórmula de cálculo establecida al efecto de acuerdo con la Norma 13ª y el Anejo 7 de la Circular 5/2012 del Banco de España.

8. Liquidación de intereses
Salvo mención expresa en contrario, los intereses se devengarán diariamente. No obstante, el cálculo, liquidación y abono de intereses se realizará para cada modalidad de depósito en la forma, periodicidad y fechas señaladas en este contrato.

La **Entidad** efectuará el abono correspondiente en la cuenta asociada, el cual llevará como fecha valor del apunte el día de la liquidación.

9. Conformidad con las liquidaciones
Antes de transcurrido el plazo de un mes desde las respectivas fechas de liquidación previstas, la **Entidad** remitirá información al **Titular** (o al corresponsal, según se indica en la cláusula 11) de los apuntes realizados.

 **Nota:**

El contenido mínimo de cada ***liquidación*** *se regula en la Circ BE 5/2012 Anexo 4 redacc Circ BE 3/2022.*

Se entenderán aceptados y conformes todos los asientos reflejados, salvo que en un plazo máximo de dos meses, a contar desde la fecha prevista de liquidación, se hubiere denunciado por el **Titular** la incorrección de los asientos, o en su caso se comunicase a la entidad en el mismo plazo la falta de recepción de la información.

10. Fallecimiento
Todos los titulares, sus causahabientes y autorizados quedan obligados incondicionalmente a notificar a la entidad el fallecimiento de cualquiera de los titulares, así como la parte del saldo cuya propiedad, a la fecha de la defunción, correspondía al fallecido. Caso de disconformidad entre los interesados la **Entidad** podrá bloquear el depósito y consignarlo, siendo todos los gastos que se ocasionen deducibles del depósito. El saldo atribuido al fallecido quedará bloqueado a la espera de la acreditación por parte de los interesados del derecho sucesorio, así como del pago del tributo que proceda.

Cualquier disposición del depósito por parte de titulares o autorizados, en caso de fallecimiento de cualquier **Titular**, sin haber manifestado a la **Entidad** tal hecho, se entenderá que la hacen bajo su exclusiva responsabilidad, asumiendo todas las consecuencias que se deriven de tal acto.

11. Lugar de cumplimiento y domicilio
Como lugar de cumplimiento del presente contrato se pacta por las partes el de la oficina que figura en el encabezamiento del contrato.

A los efectos de notificaciones, se tendrá como domicilio del **Titular** el que se hace constar en el presente contrato. El **Titular** designa como corresponsal a la persona que se especifica en el anverso de este contrato (*"Don/Doña nombre y apellidos del corresponsal"*), aunque no sea ni **Titular** ni autorizado, para recibir la correspondencia generada por esta operación. La **Entidad** queda liberada de las obligaciones de información al **Titular** que no sea el corresponsal vigente en cada momento. El **Titular** y corresponsal quedan obligados a notificar por escrito a la **Entidad** el cambio de su domicilio; el nuevo domicilio de notificaciones que se designe deberá estar comprendido dentro del territorio español.

12. Cancelación anticipada
Salvo mención expresa en contrario, el depósito se podrá cancelar anticipadamente. En caso de cancelación anticipada a instancia del **Titular** la liquidación practicada al efecto quedará sujeta a la penalización pactada; si la penalización consiste en un tanto por ciento de minoración de intereses se calculará sobre el nominal por el periodo de tiempo anticipado respecto del vencimiento previsto, con el límite de los intereses brutos devengados desde la apertura o renovación del depósito hasta la fecha de su cancelación anticipada; si la penalización consiste en una comisión, se aplicará sobre el importe dispuesto sin tener como límite los intereses devengados.

13. Renovación tácita
Si el depósito es renovable llegado su vencimiento se entenderá tácitamente renovado por igual periodo de tiempo al inicial; para evitar la prórroga será preciso que, al menos con diez días de antelación al vencimiento, cualquier interviniente comunique a la entidad su deseo de no prorrogar la operación.

En caso de prórroga el tipo de interés aplicable será el publicado en el tablón de anuncios permanente existente en cada oficina de la **Entidad** dos meses antes de la fecha de vencimiento.

14. Tratamiento de datos personales
De acuerdo con la normativa aplicable Rgto (UE) 2016/679 y LO 3/2018, se informa sobre lo siguiente en relación con el tratamiento de datos personales:

Información básica sobre protección de datos	
Responsable	*"nombre de la entidad"*
Finalidad	Gestión contractual de la relación jurídica a que da lugar el presente contrato
Legitimación	Consentimiento del interesado y ejecución de contrato
Destinatarios	Los datos proporcionados no serán cedidos a ningún tercero, salvo obligación legal. En cualquier caso, las categorías de destinatarios son Administración Tributaria y entidades financieras
Derechos	Acceder, rectificar, suprimir los datos, así como otros derechos, según se explica en la información adicional
Información adicional	Por favor, consulte la información adicional y detallada sobre la protección de datos en la página web *"especificar pág web"*

15. Gastos y tributos
Cuantos gastos y tributos se causen con motivo de la formalización, cumplimiento o extinción de este contrato serán de cuenta y cargo exclusivos del **Titular**. Lo anterior no será de aplicación a aquellos gastos de documentación y tramitación que por ley imperativa correspondieran a la **Entidad**.

Servicio de ingresos automáticos

Nota preliminar:

El modelo presupone unas circunstancias determinadas que serán las más **frecuentes**. Si en el caso concreto existen circunstancias particulares no previstas, deberá completarse o modificarse el modelo adaptándolo a las mismas.

Oficina *"lugar o número de oficina"*.
En *"localidad"* a *"fecha"*

Reunidos, de una parte el Banco *"denominación de la Entidad"* (en adelante, el **Banco**) representado por *"Don/Doña nombre y apellidos del representante de la Entidad"*; y, de otra parte, *"Don/Doña nombre y apellidos del cliente"* (en lo sucesivo denominado el **Cliente**), con domicilio en *"domicilio del cliente"* y DNI/NIF número *"DNI/NIF del cliente"*, y reconociéndose mutuamente capacidad legal y necesaria para contratar y obligarse, DICEN:

Que interesando al **Cliente** utilizar el servicio de ingresos automáticos que el **Banco** tiene instalado en el vestíbulo exterior del domicilio de la oficina arriba indicada, convienen ambas partes el presente contrato de prestación de servicios sobre la base de los siguientes pactos y condiciones:

Primera.
Los comparecientes convienen la utilización por parte del **Cliente** del servicio de ingresos que tiene establecido el **Banco**, en su oficina arriba reseñada, por buzón especial situado en el vestíbulo y conocido como caja de ingresos automáticos.

Segunda.
A los efectos de utilizar el servicio indicado, el **Banco**, entrega en este acto al **Cliente**, una llave del buzón-armario y la cantidad de bolsas que se especifican al final del presente contrato, donde deberá colocar las cantidades que desee ingresar en dicha entidad bancaria.

Tercera.
Al efectuar sus ingresos el **Cliente** deberá incluir necesariamente en la bolsa, una hoja de ingreso de las que el **Banco**, tiene establecidas a estos efectos, y en la que indicará la cantidad total que contiene la bolsa depositada.

Cuarta.
Las bolsas conteniendo los ingresos han de ir necesariamente clausuradas con un candado propiedad de (elegir una de las siguientes):

a) El **Banco**, en cuyo poder obrará una llave de apertura y otra en poder del **Cliente**.

b) El **Cliente**, por lo que las llaves del mismo obrarán en su poder y para proceder a la apertura de las bolsas habrá de personarse la mañana hábil siguiente de efectuarse el ingreso, en las oficinas del **Banco**, para abrir su monedero y dar cuenta ante el cajero de la cantidad depositada.

Quinta.
Al día siguiente hábil de efectuado el ingreso, el **Banco** procederá a comprobar la exactitud del mismo, de aquellas bolsas de las que es propietario del candado y a remitir por correo al **Cliente** el resguardo justificativo de tal depósito.

Las bolsas cuyo candado es propiedad del **Cliente**, quedarán depositadas, a la espera de que éste se persone en el **Banco**.

Sexta.
En caso de que existiera alguna diferencia entre la cantidad depositada, según la hoja de ingreso y la contada por el **Banco**, sea en más o en menos, desde ahora acepta el **Cliente** como real y exacta la cantidad contada por el banco, renunciando desde ahora a cualquier reclamación por tal concepto si bien el **Banco**, y a los solos efectos informativos, notificará la diferencia en el mismo impreso del ingreso.

Séptima.
El **Banco** se obliga a que la apertura de la caja de ingresos automáticos y de las bolsas de ingresos depositadas por el **Cliente**, cuyo candado sea propiedad del **Banco**, se efectúe por mediación y bajo responsabilidad de su apoderado cajero o apoderado que ejerciere sus funciones.

Octava.
El **Cliente** se obliga y compromete al uso correcto para el que han sido creadas la llave y bolsa que obran en su poder, así como que las mismas únicamente sean usadas por él o por persona de su confianza, responsabilizándose de su pérdida o mala utilización, debiendo poner de inmediato en conocimiento del **Banco**, por escrito, la pérdida de tales elementos.

Novena.
El servicio que ofrece el **Banco** es gratuito, si bien el **Cliente** responderá del mal uso o deterioro no imputable a causas naturales de los elementos que los constituyen, en cuyo supuesto el **Cliente** deberá abonar los desperfectos o pérdidas experimentadas.

Décima.
El usuario se compromete a devolver al **Banco** los objetos descritos (llave y bolsas) cuando por cualquier causa renuncie a la utilización del servicio.

Undécima.
El **Banco** se reserva el derecho de limitar o suspender el servicio de ingresos automáticos cuando lo juzgue conveniente.

Hallado de conformidad el presente contrato, una vez leído, las partes contratantes lo firman por duplicado, a un solo efecto.
Número de bolsas entregadas: *"indicar la cantidad"*.

EL CLIENTE **EL BANCO**

MCM 8290 s.

Servicio de caja fuerte permanente

Nota preliminar:

El modelo presupone unas circunstancias determinadas que serán las más **frecuentes**. Si en el caso concreto existen circunstancias particulares no previstas, deberá completarse o modificarse el modelo adaptándolo a las mismas.

En *"localidad"*, a *"fecha"*

REUNIDOS:

De una parte, el Banco *"denominación de la Entidad"* (en adelante, la **Entidad**) representado por *"Don/Doña nombre y apellidos del representante de la Entidad"*; y, de otra parte, *"Don/Doña nombre y apellidos del usuario"* (en lo sucesivo denominado el **Usuario**), con domicilio en *"domicilio del usuario"* y DNI/NIF número *"DNI/NIF del usuario"*, y reconociéndose mutuamente capacidad legal y necesaria para contratar y obligarse

EXPONEN:

Primero. Que la **Entidad** tiene en la agencia urbana nº *"número de la agencia"* un buzón para la recogida de los depósitos efectuados por los usuarios a cualquier hora del día o de la noche.

Segundo. Que el Usuario desea utilizar el citado buzón y a este efecto conviene con la Entidad los siguientes

PACTOS:

Primero.
La **Entidad** autoriza al **Usuario** a utilizar el buzón que tiene instalado en la sucursal o agencia número de con arreglo a las normas contenidas en el presente contrato y las que con carácter general rigen para este tipo de operaciones.

Segundo.
Para utilizar el buzón el **Usuario**, una vez abierta la puerta exterior, introducirá la cartera creada al efecto en el lugar adecuado del mismo y, comprobada su caída al interior del mecanismo, procederá al cierre del buzón.

Tercero.
La utilización del referido buzón se hará personalmente por el **Usuario** o por persona autorizada al efecto con la conformidad de la **Entidad**, siendo aquél responsable de los perjuicios que se originen por el incumplimiento de esta cláusula, así como de los actos de la persona autorizada.

Cuarto.
El **Usuario** sólo podrá introducir en el buzón las carteras proporcionadas por la **Entidad**, las cuales deberán ir cerradas y únicamente podrán contener dinero en metálico, billetes y cheques.

Quinto.
Para cuantas cuestiones se susciten en orden a la interpretación, aplicación y cumplimiento del presente contrato serán competentes los juzgados y tribunales de *"localidad de los juzgados y tribunales"*.

Sexto.
La **Entidad** entrega al usuario y éste recibe, en este acto, las carteras con los números *"indicar los números"*, provistas de sus respectivos candados y los juegos dobles de llaves, números *"número del*

MCM 8290 s.

primer juego de llaves" y *"número del segundo juego de llaves"*, correspondientes a las citadas carteras, así como también la llave número *"número de la llave de la puerta exterior del buzón"* de la puerta exterior del buzón, sin que la **Entidad** conserve en su poder ninguna llave correspondiente a las carteras.

Dichos objetos son de propiedad de la **Entidad** y el **Usuario** se obliga a conservarlos diligentemente y a devolverlos cuando aquélla los reclame.

En caso de pérdida o deterioro de los mismos el **Usuario** lo pondrá en conocimiento de la **Entidad** dentro de las 24 horas siguientes a su realización, siendo responsable de todos los gastos y daños que dicha pérdida o deterioro ocasionen, quedando la **Entidad** facultada para cargar el importe de los mismos en su cuenta.

En ningún caso podrá el **Usuario** utilizar ni fabricar otras carteras o llaves, ni reparar las entregadas por la **Entidad**.

Séptimo.
Todos los días laborables la **Entidad** procederá a levantar un acta de las carteras introducidas en el buzón, que se sentará en el correspondiente libro foliado, con la intervención del funcionario facultado.

El depósito se entenderá constituido, a todos los efectos, a partir de la fecha consignada en dicha acta que hará plena prueba de la recepción de las carteras por la **Entidad**.

Octavo.
La cartera no se abrirá hasta que el **Usuario** se persone en la **Entidad** a fin de proceder, en presencia de un empleado, a su apertura y comprobar su contenido, dándole al mismo el destino que ordene.

Noveno.
Si transcurrido un mes desde que se efectuó el depósito, sin haberse personado el **Usuario** a su apertura, la **Entidad** podrá proceder a abrirla en presencia de notario, que levantará acta, y los gastos que se originen serán por cuenta del **Usuario**.

Décimo.
La **Entidad** se obliga a la más escrupulosa vigilancia del buzón y, salvo caso fortuito o de fuerza mayor, responde de que el mismo y las carteras permanezcan cerrados en la forma en que los haya dejado el **Usuario**, pero no asume obligación alguna de la custodia de las carteras hasta el momento en que el depósito se tenga por constituido de acuerdo con lo estipulado en el pacto 7º de este contrato.

La **Entidad** no contrae ninguna responsabilidad en cuanto a la naturaleza o la cantidad o el valor del dinero o de los títulos encerrados en las carteras depositadas.

Asimismo, no se hace responsable de las demoras, daños o molestias que se puedan ocasionar por cualquier accidente que impida el normal funcionamiento del buzón.

Undécimo.
La utilización del servicio caja fuerte permanente es gratuita y la **Entidad** no devengará por ella percepción alguna.

Duodécimo.
La **Entidad** se reserva el derecho de dar por terminado este contrato y exigir la devolución de las carteras y las correspondientes llaves en cualquier momento, sin necesidad de preaviso alguno.

Y en prueba de ello y para cumplimiento de lo convenido, ambas partes contratantes firman el presente documento por duplicado.

EL USUARIO **LA ENTIDAD**

Tarjeta de crédito, tarjeta de débito y tarjeta monedero

MCM 8455 s.

RDL 19/2018

Nota preliminar:

- Es un **contrato atípico**, regido por las estipulaciones de las partes y por las normas generales de la contratación, y en virtud del cual la entidad bancaria se compromete a realizar los pagos por cuenta del cliente o usuario, o a facilitarle el efectivo que requiera, mientras que el cliente se compromete a reembolsar los pagos y anticipos en los periodos pactados, así como a abonar la comisión o cuota fijada. Es un **contrato de adhesión**, incluido en la categoría de contrato de crédito, caracterizado por la relación de confianza que se establece entre las partes (AP Ciudad Real 11-7-96, EDJ 6236).

- Se trata de un contrato de **tracto sucesivo** (AP Madrid, 28-2-17, EDJ 42539).

- En este tipo de contratos cobra especial importancia el error en la **prestación del consentimiento** y el **deber de información** que pesa sobre la entidad concedente de la tarjeta (TS 23-2-17, EDJ 12287).

- A efectos de **valoración de las operaciones**, véase el apartado 9 del Anejo 4 de la Circ BE 5/2012, así como Anejo 3 de la misma relativa a la **información precontractual** que se debe resaltar ante los clientes.

- Entre las tarjetas de crédito constituye una especie las denominadas "**revolving**", que a través de un particular modo de pago el capital que debe reintegrarse a través de las cuotas que se abonan periódicamente vuelve a formar parte del crédito del que se puede disponer. Es una línea de crédito permanente que implica que sobre el capital se aplica un tipo de **interés pactado que generalmente es más elevado** que otras modalidades de préstamos. La amortización no suele fijarse previamente -aunque existe la modalidad de pago de una cantidad fija cada mes- al ser dependiente del componente variable de la cuota periódica a satisfacer, integrada por el capital pendiente y las disposiciones que se hayan realizado mediante el uso de la tarjeta (AP Cantabria 14-3-22, EDJ 550894).

Aunque el contrato no sea de préstamo, la jurisprudencia extiende del ámbito de la **Ley de Usura** (L 23-7-1908) a toda aquella operación que, por su naturaleza y características, responda a un contrato de crédito en cualquiera de sus modalidades, porque lo relevante, como indicaron las sentencias TS 18-6-12, EDJ 209070; 22-2-13, EDJ 24020); 2-12-14, EDJ 279620 y 25-11-15, EDJ 216418, no es que concurran todos los requisitos objetivos y subjetivos a que se refiere el art.1, sino que basta con que se den los previstos en el primer inciso (requisitos de carácter objetivo), esto es, que se estipule un interés notablemente superior al normal del dinero y manifiestamente desproporcionado con las circunstancias del caso. Por tanto, sin que ya sea de exigir que de forma clara se demuestre que ha sido aceptado por el prestatario a causa de su situación angustiosa, de su inexperiencia o de lo limitado de sus facultades mentales (TS 25-11-15, EDJ 216418).

El TS ha considerado **no usurario** un contrato de tarjeta «revolving» celebrado en 2006, en el que se establecía una TAE del 24,5%, puesto que, de los datos obtenidos del Banco de España, el tipo de interés correspondiente a la categoría específica de las tarjetas de crédito y «revolving» aplicado por las entidades bancarias en esas fechas, era frecuentemente superior al 20% y también era habitual que superase el 23%, 24%, 25% y hasta el 26% anual (TS 4-5-22, EDJ 559950).

Nótese que, para los tribunales, la **declaración de usurario** de un tipo de interés aplicado en las denominadas tarjetas «revolving», no depende, en realidad, de que dicho tipo sea, objetivamente, más o menos elevado, sino de si se encuentra por encima del tipo de interés habitual correspondiente a este tipo de tarjetas en una **fecha concreta**. De ahí, que no pueda establecerse exactamente a priori por encima de qué tipo de interés se considera este **usurario**.

- "(...) está claro que el juicio sobre el carácter usurario del interés remuneratorio convenido en este contrato de tarjeta de crédito en la modalidad revolving (...) ha de hacerse tomando, en primer lugar, como interés convenido de referencia la TAE (...). Además, la comparación debe hacerse respecto del interés medio aplicable a la **categoría a la que corresponda la operación cuestionada**, en este caso, el tipo medio aplicado a las operaciones de crédito mediante tarjetas de crédito revolving.

MCM 8455 s.

RDL 19/2018

Nota preliminar:

En relación con la determinación de este **parámetro de comparación**, para los contratos posteriores a que el boletín estadístico del Banco de España desglosara un apartado especial a este tipo de créditos, en junio de 2010, la jurisprudencia acude a la información suministrada en esta estadística para conocer cuál era ese interés medio en aquel momento en que se concertó el contrato litigioso.

El **índice** analizado por el Banco de España en esos boletines estadísticos no es la TAE, sino el **TEDR** (tipo efectivo de definición restringida), que equivale a la TAE sin comisiones; de manera que, si a ese TEDR se le añadieran las comisiones, el tipo sería ligeramente superior, y la diferencia con la TAE también ligeramente menor, con el consiguiente efecto respecto de la posibilidad de apreciar la usura. De tal forma que, en los contratos posteriores a junio de 2010, se puede seguir acudiendo al boletín estadístico del Banco de España, y al mismo tiempo permitir que el índice publicado se complemente con lo que correspondería a la vista de las comisiones generalmente aplicadas por las entidades financieras.

Respecto de los **contratos anteriores a junio de 2010**, a falta de un desglose especifico en los boletines estadísticos del Banco España, no cabe acudir (...) al índice correspondiente a los créditos al consumo, sino que ha de acudirse a la información específica más próxima en el tiempo. Esta es la que se ofreció en 2010. Según el boletín estadístico, el tipo medio TEDR ese año estaba en el 19,32. Lógicamente, la TAE, al agregar las comisiones, sería ligeramente superior (entre 20 y 30 centésimas, en los niveles de interés que nos movemos). Por lo que podemos partir de forma orientativa del índice de 2010 (19,32), con la corrección oportuna para adecuarlo a la TAE.

Y establecemos tanto para los contratos anteriores al año 2010, como para los posteriores, el margen admisible por encima del tipo medio de referencia, para que el interés no se considere notablemente superior al normal del dinero.

En la medida en que el criterio que vamos a establecer lo es sólo **para un tipo de contratos**, los de tarjeta de crédito en la modalidad revolving, en los que hasta ahora el interés medio se ha situado por encima del 15% (...), consideramos más adecuado seguir el criterio de que la diferencia entre el tipo medio de mercado y el convenido sea superior a 6 puntos porcentuales" (TS 15-2-23, EDJ 513138; 22-2-24, EDJ 508393).

La Dir 93/13/CEE contempla una exigencia de **transparencia** para los profesionales que utilicen cláusulas contractuales no negociadas individualmente. Dicha exigencia se muestra en el hecho de que las cláusulas contractuales deban estar (redactadas) en un lenguaje claro y comprensible (Dir 93/13/CEE art.4.2 y 5) y en el requisito de que los consumidores deban tener la oportunidad real de conocer las cláusulas del contrato antes de la conclusión de este.

Con arreglo a la Dir 93/13/CEE, la exigencia de transparencia tiene **tres funciones**: a) las cláusulas que no estén redactadas de forma clara y comprensible se interpretarán de la forma más favorable para el consumidor; b) en virtud del artículo 4, apartado 2 , el objeto principal o la adecuación del precio y la retribución establecidos en el contrato están sujetos a una evaluación de conformidad con el artículo 3, apartado 1, siempre que dichas cláusulas se redacten de manera clara y comprensible; c) el incumplimiento de la exigencia de transparencia puede ser un elemento de la evaluación del carácter abusivo de una determinada cláusula contractual y puede ser un elemento indiciario (TJUE 26-4-12, EDJ 70166, asunto C- 472/10, apartados 30 y 31; TJUE 16-1-14, EDJ 1288, asunto C-226/12, Constructora Principado, apartado 27 y TJUE 28-6-16, asunto C-191/15, Verein für Konsumenten information/Amazon, apartados 65 a 71).

Para evaluar si una determinada **cláusula contractual es clara y comprensible** en el sentido de la Dir 93/13/CEE debe tenerse en cuenta los siguientes aspectos:

- Si el consumidor tuvo la oportunidad real de familiarizarse con una cláusula contractual **antes de la celebración del contrato**, lo que incluye la cuestión de si el consumidor pudo consultar y se le dio la oportunidad de leer la(s) cláusula(s) contractual(es). Si una cláusula hace referencia a un anexo o a otro documento, el consumidor debe poder consultar también dichos documentos.

- La comprensibilidad de las **cláusulas individuales**, a la luz de la claridad de su redacción y la especificidad de la terminología utilizada, así como, cuando sea pertinente, en combinación con otras cláusulas contractuales (TJUE 23-4-05, asunto C- 96/14, Van Hove, apartado 50).

Nota preliminar:

- El **modo en el que se presentan** las cláusulas contractuales. Así: a) la claridad de la presentación visual, incluido el tamaño de la fuente, b) el hecho de si un contrato está estructurado de manera lógica y si a las estipulaciones importantes se les otorga la importancia que merecen y no se ocultan entre otras disposiciones, y c) si se trata de cláusulas propias de un contrato o contexto determinado, incluso en conjunto con otras cláusulas relacionadas, etc. (AP Ávila 21-2-24, EDJ 542470).

- El modelo presupone unas circunstancias determinadas que serán las más **frecuentes**. Si en el caso concreto existen circunstancias particulares no previstas, deberá completarse o modificarse el modelo adaptándolo a las mismas.

CONDICIONES PARTICULARES

- Tipo de Tarjeta: *"especificar el tipo de tarjeta"*.
- Número de contrato: *"número de contrato"*
- Depósito vinculado: *"especificar el depósito"*
- Fecha de alta: *"fecha de alta"*
- Caduca final: *"fecha de caducidad"*

TITULARES.

- Nombre: *"Don/Doña nombre y apellidos de los titulares"* NIF: *"NIF de los titulares"* Domicilio: *"domicilio de los titulares"*

LÍMITE.

- Límite para operaciones a crédito: *"límite del crédito, en letra"* euros (*"límite del crédito, en número"* €).
- Límite para operaciones a débito: *"límite del débito, en letra"* euros (*"límite del débito, en número"* €).
- Límite para operaciones con cargo al monedero electrónico: *"límite del monedero electrónico, en letra"* euros (*"límite del monedero electrónico, en número"* €).
- Tipo de interés por pago aplazado: *"especificar porcentaje"*
- TAE: *"TAE"*
- Forma de pago: *"medio de pago estipulado"*

COMISIONES.

"especificar comisiones".

CLÁUSULAS GENERALES:

Nota:

El art.29 del RDL 19/2018 establece la obligación para el proveedor de servicios de pago de ***facilitar al usuario de tales servicios****, de un modo fácilmente accesible para él, toda la información y condiciones relativas a la prestación de los servicios en cuestión.*

Asimismo, señala que cuando una cuenta de pago se ofrezca como ***parte de un paquete****, junto con otro producto o servicio no asociado a una cuenta de pago, el proveedor de servicios de pago informará al usuario de servicios de pago si es o no posible obtener la cuenta de pago sin adquirir el paquete y, en caso afirmativo, le facilitará por separado información sobre los costes y las comisiones asociadas a cada uno de los otros productos y servicios ofrecidos en ese paquete que pueda adquirirse por separado.*

Con respecto a las relaciones existentes entre la ***entidad emisora*** *de la tarjeta con el usuario y con las* ***empresas suministradoras*** *ver* AP Granada 6-5-00, *EDJ 60743.*

En cuanto a la ***prueba de las operaciones*** *realizadas con tarjeta existe abundante "jurisprudencia menor", entre otras resoluciones judiciales ver* AP Barcelona 28-1-00, *EDJ 24694;* 1-6-00, *EDJ 54430.*

Resulta asimismo relevante la AP de Albacete 31-3-01, *EDJ 54430 en la que se considera abusiva la cláusula del contrato de tarjeta en la que se pactaba que fuera prueba bastante de la compra realizada la certificación emitida por la entidad emisora, lo que obligaría al consumidor a probar algo tan difícil como la no adquisición de un bien.*

*La sentencia TS 4-3-20, EDJ 512653, ha fijado criterio jurisprudencial en orden a determinar que la referencia que ha de utilizarse como "**interés normal del dinero**" debe ser el tipo medio de interés, en el momento de celebración del contrato, correspondiente a la categoría a la que corresponda la operación crediticia cuestionada (AP Cantabria 7-3-22, EDJ 531647).*

*Es posible la apreciación de un **préstamo usurario** cuando el tipo de interés sea notablemente superior al normal del dinero, pues pese a todo la especialidad del segmento de las **tarjetas de crédito "revolving"** no excluye de suyo que puedan darse situaciones de usura, tanto más cuanto que, como razona el Tribunal Supremo, cuanto mayor es el interés remuneratorio de un contrato menor ha de considerarse su distancia con el interés normal del dinero para incurrir en la usura, siendo significativo que en la sentencia TS 4-3-20, EDJ 512653 citada se consideró usurario un crédito "revolving" con un TAE del 26,82 por ciento cuando el interés medio de esos créditos conforme a las estadísticas del Banco de España fue, a la fecha del contrato, algo superior del 20 por ciento según expresa la misma (AP Cantabria 22-2-22, EDJ 530485).*

Recientemente, el TS ha considerado no usurario un contrato de tarjeta «revolving» celebrado en 2006, en el que se establecía una TAE del 24,5%, puesto que, de los datos obtenidos del Banco de España, el tipo de interés correspondiente a la categoría específica de las tarjetas de crédito y «revolving» aplicado por las entidades bancarias en esas fechas, era frecuentemente superior al 20% y también era habitual que superase el 23%, 24%, 25% y hasta el 26% anual (TS 4-5-22, EDJ 559950).

*Nótese que, para los tribunales, la **declaración de usurario** de un tipo de interés aplicado en las denominadas tarjetas «revolving», no depende, en realidad, de que dicho tipo sea, objetivamente, más o menos elevado, sino de si se encuentra por encima del tipo de interés habitual correspondiente a este tipo de tarjetas en una **fecha concreta**. De ahí, que no pueda establecerse exactamente a priori por encima de qué tipo de interés se considera este usurario.*

Primera. Objeto

La tarjeta a que se refiere el presente contrato (en lo sucesivo, la **Tarjeta**) es personal e intransferible. Permite a su **Titular** las operaciones que se detallan a continuación, siempre a través de la red de establecimientos, oficinas y cajeros automáticos integrados en los respectivos sistemas de utilización:

a) Pagar bienes o servicios.

b) Obtener dinero en efectivo, bien sea en oficinas de entidades de crédito y ahorro o bien en cajeros automáticos.

La **Entidad** queda al margen de las incidencias del **Titular** respecto a terceros, sin que se inmiscuya en el derecho que le corresponda de interponer las acciones que estime oportunas.

Segunda. Utilización de la Tarjeta en establecimientos mercantiles (TPV)

Nota:

*Véanse el RDL 19/2018 art.35 s., y téngase en cuenta los art.*59 *s.* RDLeg 1/2007 *para la **defensa de los consumidores** y usuarios, en especial, su art.*112 *relativo al pago mediante tarjeta.*

Para satisfacer el pago de bienes o servicios el **Titular** queda obligado a

a) Presentar su **Tarjeta** debidamente firmada.

b) Acreditar su personalidad cuando le sea solicitado.

c) Firmar el comprobante (nota o factura) que, en su caso, se le presente.

Tercera. Utilización de la Tarjeta en cajeros automáticos

La operatoria se realizará mediante la introducción de la **Tarjeta** y de la pulsación de la clave personal numérica (PIN), secreta y conocida únicamente por el **Titular**; además el **Titular** habrá de seguir las instrucciones que le sean indicadas para la correcta utilización del cajero automático.

Cuarta. Utilización de la función monedero electrónico

Si la **Tarjeta** ofrece la función monedero electrónico podrá activarse recargándola (mediante adeudo directo y automático en la cuenta asociada), hasta los límites establecidos en cada momento con carácter general, en los cajeros automáticos de la **Entidad** que dispongan de tal función, así como en los de otras entidades que se hayan adherido al sistema. Para realizar esta operación es necesario pulsar el número secreto personal (PIN) una vez introducida la **Tarjeta**.

Para pagar bienes y servicios empleando la función de monedero electrónico, el **Titular** deberá introducir la **Tarjeta** en el dispositivo correspondiente y acreditar su personalidad si le fuese solicitado.

Cuando el **Titular** devuelva la **Tarjeta** a la **Entidad**, ésta le traspasará a la cuenta asociada el saldo disponible para uso general (no así el de uso telefónico, que no se reintegrará en ningún caso). Si el saldo a traspasar fuese ilegible por deterioro de la **Tarjeta** habrá de aguardarse treinta días desde la devolución de la **Tarjeta**, período necesario para la recepción de las últimas disposiciones realizadas.

Quinta. Custodia

El **Titular** adquiere el deber de custodia de la **Tarjeta**, que recibe en concepto de comodato, asumiendo la responsabilidad por el uso ilegítimo que pudiera hacerse de la misma hasta el momento en que comunique a la **Entidad** la incidencia ocurrida (pérdida, sustracción u otras anomalías).

No obstante, la responsabilidad del **Titular** por las operaciones fraudulentas realizada por terceros, anteriores a la notificación a la **Entidad**, se establece en 150 euros a menos que se haya actuado fraudulentamente, intencionadamente, negligentemente o no se hayan respetado las condiciones establecidas en el presente contrato para estos supuestos. En ese sentido, el **Titular** se obliga a custodiar razonablemente tanto la **Tarjeta** como el PIN.

Nota:

*Téngase presente el «**Código de Buena Conducta** del sector bancario europeo, relativo a los sistemas de pago mediante tarjeta», así como la «Recomendación de la Comisión Europea relativa a los sistemas de pago, y en particular, a las relaciones entre titulares y emisores de tarjetas» (*Recomendación *nº* 88/590/CEE *de 17 de noviembre de 1988) y la* Recomendación 97/489/CE *de la Comisión, de 30 de julio de 1997, relativa a las transacciones efectuadas mediante instrumentos electrónicos de pago, en particular las relaciones entre emisiones y titulares de tales instrumentos. El régimen de responsabilidad establecido libera al titular de la tarjeta del pago por disposiciones fraudulentas a través de la misma superiores a 150 euros, salvo que medie negligencia grave o uso fraudulento.*

*Hay numerosas **resoluciones judiciales** en las que, atendiendo a las circunstancias particulares de cada caso se analiza, ante un uso fraudulento de la tarjeta, el grado de diligencia exigible a los titulares tanto a la hora de custodiar la tarjeta o el número secreto (PIN) como en relación con la celeridad con la que se debe notificar la pérdida o sustracción de la misma. Ver supuestos en que se ha considerado que la actuación del titular había sido poco diligente: AP Ciudad Real 20-5-93, EDJ 12581; AP Barcelona 4-11-97, EDJ 16106; AP Asturias 15-7-99, EDJ 53917; AP Pontevedra 16-2-00, EDJ 8679; AP Madrid 7-12-00, EDJ 4863. Por su parte, y en sentido AP Baleares 26-2-97, EDJ 3925; 25-6-99; AP Madrid 8-4-99, EDJ 11630; AP Barcelona 21-6-99, EDJ 36352; AP Sevilla 3-12-99, EDJ 56417.*

*Según la TS 16-12-09, EDJ 327236, las cláusulas que **eximen de total responsabilidad a la entidad bancaria** de manera indiscriminada y sin matización o modulación alguna en relación con el uso de las tarjetas de crédito en caso de pérdida, robo o sustracción son abusivas, porque contradicen la buena fe objetiva con desequilibrio en el sinalagma contractual en perjuicio del consumidor.*

*Ello obligaría a que el titular de la tarjeta, para poder usarla, tuviera que estar solo mientras **marca su número secreto**, o colocado a una distancia tal que impidiera su visualización, lo cual, a juicio de esta Sala, va más allá de la diligencia exigible con arreglo al CC art.1101 (AP Guadalajara 9-3-21, EDJ 556854).*

*Téngase en cuenta el art.40.2 del RDL 19/2018 sobre posibilidad de que el proveedor de servicios de pago pueda **bloquear el instrumento de pago** ante la sospecha de uso fraudulento del mismo.*

Sexta. Comunicaciones. Conformidad del Titular
Cuando la modalidad sea de crédito (pago diferido o aplazado), y si se hubieran realizado operaciones con la **Tarjeta**, la **Entidad** las comunicará al **Titular** agrupadamente, en el mes natural siguiente, en forma de extractos.

En cualquier caso (y ya se trate de tarjetas de crédito como de débito) la **Entidad**, al menos una vez al año, remitirá, en el mes correspondiente a la fecha de alta de servicio (que figura en las condiciones particulares), el justificante del adeudo de la cuota anual.

En las comunicaciones a que se refieren los dos párrafos anteriores se notificarán al **Titular** las modificaciones del contrato que se hayan podido producir.

Séptima. Modalidades de pago
Se establecen las tres siguientes modalidades de pago para que el **Titular**, de acuerdo con la entidad y según el tipo de **Tarjeta**, se acoja a la que más le convenga.

a) Débito: adeudo directo y automático en la cuenta asociada.
b) Crédito-Pago diferido: adeudo mensual por el total de las cantidades dispuestas.

c) Crédito-Pago fraccionado: adeudas mensuales cuyo importe será como mínimo la décima parte del saldo deudor de la **Tarjeta**.

Para la operatoria de esta última modalidad se establece:

c.1) Los cargos periódicos serán como mínimo por el importe indicado en el cuadro de características, salvo que el saldo dispuesto con la **Tarjeta** sea menor, en cuyo caso el adeudo lo será por esta última cantidad.

c.2) Si en cualquier momento el saldo dispuesto por mediación de la **Tarjeta** sobrepasa el límite concedido se producirá automáticamente un cargo por el exceso dispuesto.

Octava. Límites de utilización
La utilización de la **Tarjeta** se ajustará a lo indicado como límites en el presente contrato sin perjuicio de su modificación, con arreglo a lo pactado.

Novena. Comisiones
Se establecen las siguientes comisiones a abonar por el **Titular** de la **Tarjeta**, cuyo importe será el que figura en el folleto de tarifas y comisiones que se acompaña:

- Cuota anual, a cobrar por anticipado.

- Comisión por disposiciones en efectivo, tanto en España como en el extranjero y distinguiéndose si lo son por ventanilla o en cajeros automáticos.

Décima. Intereses por pago fraccionado
Por las cantidades que resulten aplazadas se percibirá un interés mensual calculado porcentualmente sobre el saldo dispuesto a fin de mes, al tipo indicado en el cuadro de características.

A efectos informativos y de conformidad con lo establecido en la Circular 5/2012, del Banco de España, se hace constar que la Tasa Anual Equivalente correspondiente al tipo de interés mensual se determinará conforme a la fórmula establecida en la Norma 13ª y Anejo 4 y 7 de dicha Circular.

 **Nota:**

El Anejo 4 de la Circ BE 5/2012, ha modificado por Circ BE 3/2022.

Undécima. Modificación del contrato

La **Entidad** se reserva el derecho a modificar el tipo de interés y las comisiones establecidas en este contrato si se alteraran sustancialmente las condiciones del mercado financiero y que motivaron su celebración en las condiciones pactadas. Tales modificaciones se comunicarán previamente con una antelación de quince días. Dicho plazo podrá ignorarse si las condiciones fueran objetivamente más beneficiosas para el **Titular**.

Las modificaciones en los límites de utilización en la modalidad de monedero electrónico (justificadas por razones de seguridad o para que resulte operativo el sistema), que son de carácter general, se comunicarán previamente al **Titular** con la antelación razonable antes indicada.

Las modificaciones a que se refieren los dos párrafos anteriores se pondrán en conocimiento del **Titular** mediante una comunicación específica y además en las comunicaciones a que aluden los párrafos 2º (comunicación mensual en las tarjetas a crédito si se han realizado operaciones) y 3º (en cualquier caso) de la cláusula novena.

Los límites de utilización de carácter individual podrán reducirse por parte de la entidad si concurre cualquiera de las circunstancias expresadas en la cláusula decimocuarta.

Todas las modificaciones a que se refiere esta cláusula lo son siempre sin perjuicio de la facultad de resolución inmediata reconocida al **Titular** (cláusula decimoquinta) para el supuesto de que no fuera de su conveniencia seguir vinculado contractualmente a la entidad con los nuevos términos contractuales.

Duodécima. Operaciones en el extranjero

Para las operaciones realizadas en el extranjero se estará siempre a la legislación española en la materia. Las infracciones que el **Titular** pudiese cometer sobre disposiciones en efectivo serán de su exclusiva responsabilidad. Las cantidades dispuestas por el **Titular** en el extranjero por compras o disposiciones de efectivo serán convertidas a euros y cargadas en su cuenta (bien de la **Tarjeta** o bien de la cuenta asociada, según la modalidad, de crédito o de débito, que figura en este contrato) de acuerdo con la cotización que rija en la fecha en que la entidad ejecute su propio proceso de cargo, de conformidad con las normas de compensación establecidas por los sistemas o acuerdos internacionales para la aceptación de tarjetas; se hace notar que si el tipo de **Tarjeta** fuera el de VISA (se excluyen los pagos utilizando la función de monedero electrónico), existe un diferimiento de fechas entre la transacción y la llegada del apunte a la entidad debido a la elaboración de los correspondientes procesos informáticos propios de la organización VISA.

Los gastos de télex o similares, producidos por las autorizaciones sobre operaciones, serán por cuenta del **Titular**.

Decimotercera. Ingresos en cajeros automáticos de la Entidad

Tales operaciones serán posibles empleando la **Tarjeta**, pulsando el PIN e introduciendo el dinero en el sobre que, en ese momento, facilite el cajero automático; el sobre, una vez cerrado, deberá ser colocado en el dispositivo del cajero colocado a tal fin. La máquina emitirá un resguardo meramente provisional cuya validez quedará en todo caso condicionada al recuento definitivo.

El ingreso en la cuenta asociada se realizará el siguiente día hábil bancario y por la cantidad que verifique unilateralmente la **Entidad**, la cual será la única válida a todos los efectos; a tal fin, el **Titular** autoriza a la **Entidad** para efectuar dicho recuento. No obstante, si el **Titular** no acepta el método anteriormente descrito y desea estar presente en la apertura del sobre y recuento de su contenido, deberá personarse en la oficina en la que se encuentre el cajero en el momento en que abra sus puertas al público por la mañana del siguiente día hábil bancario al del depósito.

Decimocuarta. Bloqueo de la Tarjeta y cambio de Crédito a Débito

La **Entidad** podrá bloquear inmediatamente el uso de la **Tarjeta** (con comunicación previa al **Titular**) si concurre cualquier circunstancia de las que se expresan a continuación:

a) Irregularidades graves o reiteradas del **Titular** en el uso de la **Tarjeta**.

b) Incumplimiento de cualquiera de las obligaciones asumidas por el **Titular** en este contrato.

c) En caso de que el **Titular** falleciera, solicitase o fuera declarado en estado de insolvencia temporal o definitiva (suspensión de pagos, quiebra o concurso de acreedores) o incurriera en alguna causa que disminuya o modifique su capacidad civil.

d) Si se alterase notoriamente la solvencia del **Titular** por incumplimiento de obligaciones económicas u otras circunstancias que supongan la interrupción de su normal actividad o hagan peligrar su unidad patrimonial.

e) Si el **Titular** se viese en la obligación de reembolsar anticipadamente cualquier crédito obtenido de otras instituciones financieras, sufriera embargo de sus bienes o incurriera en protesto de efectos mercantiles.

f) Falseamiento o inexactitud de la información facilitada por cualquier **Titular** a la **Entidad**.

g) Si se apreciara una reiterada falta de saldo en la cuenta asociada para hacer frente a los pagos dimanantes de este contrato.

Además, en cualquiera de los casos anteriores, la **Entidad** podrá cambiar por sí sola, sin necesidad de que concurra el consentimiento del **Titular**, la modalidad de pago de la **Tarjeta**, transformándola en tarjeta de débito; ello supondrá el vencimiento anticipado de las cantidades pendientes que pudieran existir en la **Tarjeta** y su adeudo automático en la cuenta asociada.

A los efectos de esta cláusula se entiende por **Titular** tanto el titular de la **Tarjeta** como cualquiera de los titulares de la cuenta asociada.

Nota:

*Téngase en cuenta el art.40.2 del RDL 19/2018 sobre posibilidad de que el proveedor de servicios de pago pueda **bloquear el instrumento de pago** ante la sospecha de uso fraudulento del mismo.*

Decimoquinta. Vigencia y resolución

El presente contrato tendrá una duración determinada, expirando, juntamente con la **Tarjeta**, el día que figura en las condiciones particulares ('caduca final') manteniendo, empero, sus efectos para las operaciones ya realizadas y aún pendientes de asentar en la cuenta. Sin embargo, si posteriormente el **Titular** concertará con la **Entidad** un nuevo contrato de **Tarjeta**, aquellas operaciones ya realizadas y aún pendientes de asentar en la cuenta, de subsistir, se regirían íntegramente por las condiciones del nuevo contrato (desde la misma activación de la nueva tarjeta) en lugar de las que figuraban en el contrato preexistente.

No obstante, el término pactado la **Entidad** podrá resolver anticipadamente este contrato previa comunicación al **Titular** cursada por cualquier medio con una antelación mínima de quince días si concurriera cualquiera de las circunstancias expresadas en la cláusula anterior.

Si la resolución anticipada podrá producirse también a instancia del **Titular**, en cualquier momento (sin necesidad de preaviso y sin necesidad de alegar causa alguna), previa la devolución de la **Tarjeta** a la entidad y la firma del correspondiente impreso de cancelación.

La resolución anticipada supondrá el vencimiento anticipado de cualquier cantidad pendiente de asentar, mediante adeudo inmediato en la cuenta asociada, tan pronto como el apunte llegue a los registros de la **Entidad**.

Decimosexta. Remisión de propuesta contractual

Con una antelación de al menos un mes a la caducidad del contrato y de la **Tarjeta**, la **Entidad** queda autorizada expresamente por el **Titular** para poder remitir al domicilio de éste, sin otra solicitud adicional, una **Tarjeta** sin activar para que reemplace a la anterior. Junto con la **Tarjeta**, la **Entidad** remitirá una propuesta contractual actualizada para que sustituya al contrato hasta entonces en vigor así como el folleto de condiciones de valoración y comisiones aplicables.

Si, quedando quince días para que caduque la **Tarjeta**, el **Titular** no ha recibido la nueva **Tarjeta** junto a la propuesta contractual y el folleto, el **Titular** lo deberá manifestar con la mayor urgencia en cualquier oficina de la **Entidad** para que sea subsanada tal deficiencia.

Caso de ser de interés del **Titular** consentir el nuevo contrato podrá activar la **Tarjeta** y aceptar la propuesta en el plazo indicado en esta última. Para ello manifestará su consentimiento a través de los cajeros automáticos de la **Entidad**, introduciendo la nueva **Tarjeta** y pulsando el PIN, recibiendo a cambio, en el mismo acto, justificante de la operación; a tal fin las partes aceptan este método como medio idóneo para la celebración, modificación y resolución de este género de contratos.

Transcurrido el plazo indicado en la propuesta sin que se haya aceptado, ésta caducará totalmente y se tendrá por no emitida. Si el **Titular** no considerara conveniente este sistema de remisión de propuesta contractual y tarjeta lo deberá poner en conocimiento de la entidad, bien en este acto o bien en cualquier momento posterior. Si esta comunicación del **Titular** a la **Entidad** se verifica cuando ya se ha emitido una nueva propuesta contractual junto con la **Tarjeta** (aún no aceptadas por el **Titular**) se producirá automáticamente la anulación de ambas.

Y en prueba de ello y para cumplimiento de lo convenido, ambas partes contratantes firman el presente documento por duplicado.

EL TITULAR **LA ENTIDAD**

Tarjeta de afinidad

MCM 8455 s.

Nota preliminar:

- Es un **contrato atípico**, regido por las estipulaciones de las partes y por las normas generales de la contratación, y en virtud del cual la entidad bancaria se compromete a realizar los pagos por cuenta del cliente o usuario, o a facilitarle el efectivo que requiera, mientras que el cliente se compromete a reembolsar los pagos y anticipos en los periodos pactados, así como a abonar la comisión o cuota fijada. Es un **contrato de adhesión**, incluido en la categoría de contrato de crédito, caracterizado por la relación de confianza que se establece entre las partes (AP Ciudad Real 11-7-96, EDJ 6236).

- Téngase en cuenta el RDL 19/2018 de servicios de pago y otras medidas urgentes en materia financiera, el cual regula exhaustivamente lo relativo a los **medios de pago**, aplicable, entre otros supuestos, a la emisión, adquisición y ejecución de operaciones de pago mediante tarjeta de pago o dispositivo similar. No obstante, se **excluye de su ámbito de aplicación** los servicios de retirada de efectivo en cajeros automáticos prestados por los proveedores que actúen en nombre de uno o varios emisores de tarjetas y que no sean parte del contrato marco con el usuario de servicios de pago que retire dinero de una cuenta de pago, siempre y cuando dichos proveedores no presten otros servicios de pago contemplados en el artículo 1.2. No obstante, se deberá facilitar al cliente la información relativa a toda comisión o gasto aplicable a la retirada de fondos con anterioridad a dicha retirada, así como a la recepción del efectivo una vez llevada a cabo la operación, todo ello en el marco de lo previsto en los artículos 29 y 30 y sus normas de desarrollo respecto de los gastos aplicables a las operaciones de pago singulares y a los servicios de cambio de divisa, incluyendo la información relativa al tipo de cambio que se empleará para la conversión de la operación de pago (RDL 19/2018 art.4.ñ).

- El modelo presupone unas circunstancias determinadas que serán las más **frecuentes**. Si en el caso concreto existen circunstancias particulares no previstas, deberá completarse o modificarse el modelo adaptándolo a las mismas.

Datos personales del titular: *"identificación del titular"*.

Domiciliación bancaria: *"domiciliación bancaria"*.

Titular de la cuenta: *"Don/Doña nombre y apellidos del titular"*.

C.C.C.: *"Código Cuenta Corriente"*.

CONDICIONES PARTICULARES:

Tipo Nominal Anual: *"especificar porcentaje"* %

T.A.E.: *"tanto por ciento TAE"* %

Comisión anual por emisión o mantenimiento:

- Por Tarjeta principal: *"comisión por tarjeta principal"*.

- Por Tarjeta adicional (salvo ofertas especiales): *"comisión por tarjeta adicional"*.

Reclamación de cuotas impagadas: *"comisión por reclamación de cuotas impagadas"*.

Comisión por exceso sobre el límite: *"comisión por exceso sobre el límite"*.

Comisión por disposición de efectivo a crédito: *"comisión por disposición de efectivo a crédito"*.

En *"localidad"*, a *"fecha"*

EL BANCO **EL TITULAR**

CONDICIONES GENERALES DE LA TARJETA:

Nota:

Con respecto a las relaciones existentes entre la ***entidad emisora*** *de la tarjeta con el usuario y con las* ***empresas suministradoras*** *ver* AP Granada 6-5-00, *EDJ 60743.*
En cuanto a la ***prueba de las operaciones*** *realizadas con tarjeta existe abundante jurisprudencia menor, entre otras resoluciones judiciales ver* AP Barcelona 28-1-00, *EDJ 24694;* 1-6-00, *EDJ 54430. Resulta asimismo relevante la* AP Albacete 31-3-01, *EDJ 14975 en la que se considera abusiva la cláusula del contrato de tarjeta en la que se pactaba que fuera prueba bastante de la compra realizada la certificación emitida por la entidad emisora, lo que obligaría al consumidor a probar algo tan difícil como la no adquisición de un bien.*

"denominación de la Entidad"

1. Valor de estas condiciones generales
Son las condiciones generales que van o regir el contrato de la **Tarjeta** *"especificar el tipo de tarjeta"*. Es una oferta vinculante del **Banco** condicionada a que la solicitud del **Titular** reciba una verificación crediticia positiva. La solicitud y posterior recepción de la **Tarjeta** junto a una copia de las presentes condiciones generales conllevan su conocimiento y aceptación o los términos y condiciones recogidos en las mismas.

2. Características del contrato de Tarjeta *"especificar el tipo de tarjeta"*
Por este contrato el **Banco** pone o disposición del **Titular** un determinado importe por un periodo de duración indefinido. Si la variedad de la **Tarjeta** solicitada no puede concederse, el **Banco** emitirá aquella disponible de igual o menor cuota. Simultáneamente o la concesión, el **Banco** abre a nombre del **Titular** una cuenta asociada a la **Tarjeta** (la *"cuenta de tarjeta"*).

3. Titular de la Tarjeta
Es **Titular** principal quien solicita al **Banco** su emisión, una vez éste la concede. El **Titular** principal puede también solicitar tarjetas adicionales o nombre de una o más personas que él designe (los llamados titulares adicionales). En este caso, la solicitud supone que el **Titular** principal acepta que se le carguen las disposiciones de electivo y los pagos que se hagan con las tarjetas adicionales que aparecerán reflejadas en un único extracto de cuenta o nombre del **Titular** principal. El **Banco** es libre de conceder o no las tarjetas adicionales. Cada **Tarjeta** es personal e intransferible.

4. Códigos personales de identificación
El N.I.P. es el Número de Identificación Personal que el **Banco** comunica al **Titular** de la **Tarjeta**, y que ambas partes se obligan o mantener en secreto. El N.I.P. es necesario para realizar transacciones y obtener dinero en efectivo en cajeros automáticos, por tanto, el **Titular** se compromete o tomar las medidas necesarias para salvaguardar tanto la **Tarjeta** como el N.I.P o cualesquiera otros códigos que permitan hacer uso de ella, y no deberá escribir su N.I.P ni tales otros códigos de forma inteligible o accesible para un tercero que pueda acceder a los mismos ya sea de forma honrada o de manera fraudulenta.

5. Límite de utilización
La utilización de la **Tarjeta** está sujeta a un límite máximo, que es comunicado por el **Banco** al **Titular** y el total dispuesto en cada momento, junto con las cuotas y comisiones que en su caso se devenguen y sean cargados a dicha línea, no puede exceder ese límite. Las tarjetas adicionales participan del límite de la principal.

6. Utilización de la Tarjeta

6.1.
El **Titular** principal puede elegir emplear la **Tarjeta** como:

a) Tarjeta de crédito: supone el pago aplazado mensual de una parte de la deuda pendiente. El **Titular** principal puede escoger el porcentaje de la cantidad adeudada que desea pagar cada mes, pudiendo llegar hasta sólo el *"porcentaje máximo"* % mensual con un importe mínimo de *"importe mínimo, en letra"* euros (*"importe mínimo, en número"* €), que podrá ser modificado por el **Banco** según se indica en la condición 13.

b) Tarjeta pago total supone el pago total mensual de la deuda pendiente. Si se desea pasar de pago total a pago aplazado, o a la inversa, o bien si se quiere cambiar el porcentaje mensual o pagar, bastará con comunicarlo al **Banco** cuatro días antes de la fecha de pago.

En el supuesto de que se hubiese excedido el límite máximo de la **Tarjeta**, el exceso no podrá ser aplazado y tendrá que ser satisfecho en la primera liquidación.

6.2.

La **Tarjeta** en función de sus características y límites autorizados, permitirá a su titular la realización de las funciones o servicios que se indican:

a) Disposición de efectivo y transacciones asimilables: retirada de dinero en efectivo, transferencias de fondos y transacciones que impliquen la carga (y descarga), y en todos los casos, mediante acceso remoto a la cuenta del **Titular** o través de los dispositivos automáticos y oficinas de la **Entidad**, o de otras entidades concertadas o este fin que ostenten el distintivo de la **Tarjeta**.

b) Compras: efectuar pago de bienes y servicios en cualquiera de los establecimientos adheridos al sistema o que acepten el medio de pago que se presente.

7. Intereses, cuotas y comisiones

La cantidad aplazada genera intereses, que se devengan diariamente y se liquidan cada mes sobre la base de los días efectivamente transcurridos y de un año de 360 días. La fecha de valor de los cargos será la de la transacción.

El tipo nominal anual aplicable en cada momento a la cantidad aplazada será el tipo que figura en las condiciones particulares. El mismo tipo será aplicable a las cantidades no satisfechas en plazo, en concepto de interés moratorio.

El **Banco** podrá capitalizar mensualmente los intereses de forma tal que, en las fechas de vencimiento, los intereses devengados no satisfechos devengarán nuevos intereses, al tipo de interés nominal aplicable.

El **Banco** cargará en la cuenta del **Titular** la cuota anual por emisión de tarjetas y las comisiones que constan en las condiciones particulares. Tanto el tipo de interés como la cuota y comisiones que se carguen en cada momento pueden ser modificados según se indica en la condición 13.

8. Información al Titular y notificaciones al Banco

El **Banco** enviará la información (así como en su caso las tarjetas) al domicilio notificado por el **Titular**. Mensualmente, el **Banco** remitirá por correo al domicilio del **Titular** un extracto de las operaciones efectuadas, indicando el saldo mínimo o pagar y la fecha de pago en la que el **Banco** le pasará el cargo correspondiente, que el **Titular** se compromete o aceptar. Además, para información del **Titular**, en el extracto figura la Tasa Anual Equivalente, calculada utilizando la fórmula establecida en la Norma 13ª y Anejo 4 y 7 de la Circular 5/2012 del Banco de España.

✍ **Nota:**

El Anejo 4 de la Circ BE 5/2012, ha modificado por Circ BE 3/2022.

Cualquier **Titular** deberá comprobar mensualmente su extracto con objeto de notificar inmediatamente al **Banco**, de cargos o disposiciones que sospeche puedan derivar de copia de la Tarjeta o de los medios que le habiliten para usarla, al objeto de proceder a la cancelación de la misma en los teléfonos que o tal efecto se indican en la condición 16. En todo caso, si en el plazo de 30 días a partir de la fecha de emisión del extracto, el **Titular** no formula una reclamación por escrito, se considerará que el extracto ha recibido la conformidad por parte del mismo.

9. Falta de pago

En el caso de falta de pago, el **Banco** podrá declarar inmediatamente exigible el importe total pendiente. El **Banco** puede en todo caso exigir solidariamente la cantidad debida al **Titular** principal y a los titulares adicionales, y queda autorizado para cargar en cualquier cuenta de los mismos el importe de la deuda, compensándolo. El **Banco** está, por último, facultado para invalidar temporal o definitivamente la **Tarjeta**, previa comunicación escrita al **Titular**.

10. Uso fraudulento de su Tarjeta

 **Nota:**

*Téngase presente el «**Código de Buena Conducta** del sector bancario europeo, relativo a los sistemas de pago mediante tarjeta», así como la «Recomendación de la Comisión Europea relativa a los sistemas de pago, y en particular, a las relaciones entre titulares y emisores de tarjetas» (*Recomendación *nº* 88/590/CEE *de 17 de noviembre de 1988) y la* Recomendación 97/489/CE *de la Comisión, relativa a las transacciones efectuadas mediante instrumentos electrónicos de pago, en particular las relaciones entre emisiones y titulares de tales instrumentos. El régimen de responsabilidad establecido libera al titular de la tarjeta del pago por disposiciones fraudulentas a través de la misma superiores a 150 euros, salvo que medie negligencia grave o uso fraudulento.*

*Hay numerosas **resoluciones judiciales** en las que, atendiendo a las circunstancias particulares de cada caso se analiza, ante un uso fraudulento de la tarjeta, el grado de diligencia exigible a los titulares tanto a la hora de custodiar la tarjeta o el número secreto (PIN) como en relación con la celeridad con la que se debe notificar la pérdida o sustracción de la misma. Ver supuestos en que se ha considerado que la actuación del titular había sido poco diligente: AP Ciudad Real 20-5-93, EDJ 12581; AP Barcelona 4-11-97, EDJ 16106; AP Asturias 15-7-99, EDJ 53917; AP Pontevedra 16-2-00, EDJ 8679; AP Madrid 7-12-00, EDJ 4863. Por su parte, y en sentido AP Baleares 26-2-97, EDJ 3925; 25-6-99; AP Madrid 8-4-99, EDJ 11630; AP Barcelona 21-6-99, EDJ 36352; AP Sevilla 3-12-99, EDJ 56417.*

*Según la TS 16-12-09, EDJ 327236, las cláusulas que **eximen de total responsabilidad a la entidad bancaria** de manera indiscriminada y sin matización o modulación alguna en relación con el uso de las tarjetas de crédito en caso de pérdida, robo o sustracción son abusivas, porque contradicen la buena fe objetiva con desequilibrio en el sinalagma contractual en perjuicio del consumidor.*

*Ello obligaría a que el titular de la tarjeta, para poder usarla, tuviera que estar solo **mientras marca su número secreto**, o colocado a una distancia tal que impidiera su visualización, lo cual, a juicio de esta Sala, va más allá de la diligencia exigible con arreglo al CC art.1101 (AP Guadalajara 9-3-21, EDJ 556854).*

*Téngase en cuenta el art.40.2 del RDL 19/2018 sobre posibilidad de que el proveedor de servicios de pago pueda **bloquear el instrumento de pago** ante la sospecha de uso fraudulento del mismo.*

El **Titular** deberá notificar inmediatamente al **Banco**, según lo acordado en las condiciones 8 y 16 de las presentes condiciones generales, de la posibilidad de uso fraudulento de la **Tarjeta**. Realizada dicha notificación, el **Titular** queda exento de cualquier responsabilidad, por utilizaciones efectuadas con la **Tarjeta** posteriores a la notificación. El **Banco** anulará la **Tarjeta**, y si llega a su poder la retirará de la circulación.

La responsabilidad del **Titular** por las operaciones fraudulentas realizada por terceros, anteriores a la notificación al **Banco** se establece en 150 euros a menos que se haya actuado fraudulentamente, intencionadamente, negligentemente o no se hayan respetado las condiciones establecidas en el presente contrato para estos supuestos. En ese sentido, el **Titular** se obliga a custodiar razonablemente tanto la **Tarjeta** como el N.I.P.

11. Tratamiento de datos personales

De acuerdo con la normativa aplicable (Rgto (UE) 2016/679 y LO 3/2018), se informa sobre lo siguiente en relación con el tratamiento de datos personales:

Información básica sobre protección de datos	
Responsable	*"nombre de la entidad"*
Finalidad	Gestión contractual de la relación jurídica a que da lugar el presente contrato
Legitimación	Consentimiento del interesado y ejecución de contrato
Destinatarios	Los datos proporcionados no serán cedidos a ningún tercero, salvo obligación legal. En cualquier caso, las categorías de destinatarios son Administración Tributaria y entidades financieras
Derechos	Acceder, rectificar, suprimir los datos, así como otros derechos, según se explica en la información adicional
Información adicional	Por favor, consulte la información adicional y detallada sobre la protección de datos en la página web *"especificar pág web"*

12. Duración del contrato

El presente contrato de tarjeta de crédito es de duración indefinida. En cambio, la **Tarjeta** (en cuanto instrumento para practicar las disposiciones) tiene un plazo de duración limitado, que figura impreso en la misma. Antes de que se produzca su caducidad, el **Banco** hará llegar al **Titular** una Tarjeta que reemplace a la antigua.

13. Modificaciones de las condiciones generales y particulares

El presente contrato puede ser modificado por el **Banco**. Para ello, el **Banco** anunciará las modificaciones en el diario *"especificar el diario"* con quince días de antelación, o en los tablones de anuncios de sus oficinas con dos meses de antelación. Una vez transcurridos dichos plazos, las nuevas condiciones serán de aplicación o todos los titulares.

Además, el **Banco** se reserva el derecho de modificar el tipo de interés, nominal y moratorio, contemplados en la condición 7 y en las condiciones particulares, así como las comisiones que afecten al coste total del crédito recogidas en las condiciones particulares. Para ello, sin embargo, además de adoptar las dos medidas anteriores, lo comunicará individualmente al **Titular**. Esta comunicación individualizada se podrá practicar por cualquier medio, incluso junto al extracto a que se refiere la condición 8, pero deberá cursarse con una antelación mínima de un mes a la entrada en vigor del nuevo tipo de interés o comisión (con impacto sobre el coste total del crédito) de que se trate.

14. Cancelación del contrato

Tanto el **Banco** como el **Titular** pueden cancelar el contrato en cualquier momento, dirigiéndose comunicación al respecto. La pérdida de la condición de socio de *"denominación de la Entidad"* podrá llevar la cancelación del contrato. En ambos casos, el **Banco** debe anular la **Tarjeta**, pudiendo retirarla de circulación, y el **Titular** destruirla.

Si la cancelación se produce por voluntad del **Banco**, el saldo pendiente a la fecha de cancelación se satisfará mediante pago total en el mes siguiente o aquél en el que se comunique la cancelación. Asimismo, el **Titular** podrá, durante los 7 días siguientes o la recepción de la **Tarjeta**, cancelar el contrato sin costes adicionales, para ello deberá devolver la **Tarjeta** al **Banco** así como, en su caso, reembolsar las cantidades dispuestas hasta ese momento.

15. Ofertas, promociones y servicios gratuitos

El **Banco** puede efectuar ofertas y promociones entre los titulares, así como contratar a favor de los mismos servicios gratuitos. Todo ello se entenderá puesto a disposición del **Titular** al margen de la relación contractual, y tendrá por tanto la duración que el **Banco** determine.

16. Comunicaciones del Titular al Banco

El **Titular** puede dar sus órdenes al **Banco** por teléfono, telefax u ordenador, en la medida en que éste haya puesto dichos medios a su disposición utilizando el código de identificación personal establecido por el **Banco**, que sustituirá a la firma del **Titular** con el mismo valor jurídico. A tal efecto el **Titular** presta su consentimiento al **Banco** para grabar conversaciones y utilizarlas como prueba con objeto de justificar las instrucciones recibidas en las órdenes dadas por teléfono, al número *"número de teléfono"* al cual debe dirigirse para proceder a la inmediata cancelación de su tarjeta.

17. Entrega y disponibilidad de las condiciones generales y particulares

El **Titular** reconoce recibir un ejemplar de las condiciones generales y particulares en que se contienen los tipos de interés y comisiones aplicables vigentes a la fecha de la firma.

Las condiciones generales vigentes en cada momento, así como las tarifas generales de comisiones y gastos repercutibles del **Banco**, se hallan siempre a disposición de los titulares en todas las oficinas del **Banco**.

Tarjeta virtual

MCM 8455 s.

Nota preliminar:

- Es un **contrato atípico**, regido por las estipulaciones de las partes y por las normas generales de la contratación, y en virtud del cual la entidad bancaria se compromete a realizar los pagos por cuenta del cliente o usuario, o a facilitarle el efectivo que requiera, mientras que el cliente se compromete a reembolsar los pagos y anticipos en los periodos pactados, así como a abonar la comisión o cuota fijada. Es un **contrato de adhesión**, incluido en la categoría de contrato de crédito, caracterizado por la relación de confianza que se establece entre las partes (AP Ciudad Real 11-7-96, EDJ 6236).

RDL 19/2018

Téngase en cuenta el RDL 19/2018 de servicios de pago y otras medidas urgentes en materia financiera, el cual regula exhaustivamente lo relativo a los **medios de pago**, aplicable, entre otros supuestos, a la emisión, adquisición y ejecución de operaciones de pago mediante tarjeta de pago o dispositivo similar. No obstante, se **excluye de su ámbito de aplicación** los servicios de retirada de efectivo en cajeros automáticos prestados por los proveedores que actúen en nombre de uno o varios emisores de tarjetas y que no sean parte del contrato marco con el usuario de servicios de pago que retire dinero de una cuenta de pago, siempre y cuando dichos proveedores no presten otros servicios de pago contemplados en el artículo 1.2. No obstante, se deberá facilitar al cliente la información relativa a toda comisión o gasto aplicable a la retirada de fondos con anterioridad a dicha retirada, así como a la recepción del efectivo una vez llevada a cabo la operación, todo ello en el marco de lo previsto en los artículos 29 y 30 y sus normas de desarrollo respecto de los gastos aplicables a las operaciones de pago singulares y a los servicios de cambio de divisa, incluyendo la información relativa al tipo de cambio que se empleará para la conversión de la operación de pago (RDL 19/2018 art.4.ñ).

- Téngase en cuenta la L 21/2011, de **dinero electrónico**.

- El modelo presupone unas circunstancias determinadas que serán las más **frecuentes**. Si en el caso concreto existen circunstancias particulares no previstas, deberá completarse o modificarse el modelo adaptándolo a las mismas.

CONDICIONES PARTICULARES:

Datos de la **Entidad**: *"identificación de la Entidad"*.
Datos del **Titular**: *"identificación del titular"*.
- Nombre: *"Don/Doña nombre y apellidos del titular"*.
- N.I.F.: *"NIF del titular"*.
- Domicilio: *"domicilio del titular"*.
Productos asociados: CCC: *"Código Cuenta Corriente"*. Tarjeta: *"número de tarjeta"*.
Tarjeta: *"especificar el tipo de tarjeta"*.
Límite inicial de disposición: *"límite inicial, en letra"* euros (*"límite inicial, en número"* €).
Comisiones: *"especificar comisiones"*.

En *"localidad"*, a *"fecha"*

LA ENTIDAD **EL TITULAR**

CONDICIONES GENERALES:

Primera. Objeto
La **Tarjeta** Virtual *"número de tarjeta"* tiene la consideración de medio de pago electrónico utilizable exclusivamente a través de Internet, permitiendo al **Titular** adquirir, en los comercios de Internet que la admitan, bienes o servicios al contado.

Segunda. Activación, recarga y descarga
Para activar esta función será necesario cargar la **Tarjeta** (con cargo a la tarjeta de crédito, débito o cuenta corriente de *"cuenta de tarjeta"* que seleccione el **Titular**) a través de los mecanismos habilitados al efecto y que pondrá en conocimiento del **Titular**. La carga podrá ser realizada por el importe que determine el **Titular** hasta un límite de importe máximo de *"importe máximo, en letra"* euros (*"importe máximo, en número"* €). El importe de la carga constituirá el saldo disponible para la realización de compras en comercios de Internet.

La **Tarjeta** podrá ser recargada cuantas veces se desee a través de los mecanismos habilitados al efecto.

La **Tarjeta** podrá ser descargada desde la zona privada de la página Web de *"página web de la Entidad"*, o desde cualquier otro medio que la **Entidad** habilite, a cualquier cuenta o tarjeta de *"especificar la cuenta o tarjeta"* que el **Titular** designe.

Tercera. Modo de empleo
Para poder acceder al servicio de la Tarjeta Virtual *"número de tarjeta"* se proporcionará al **Titular** un número de tarjeta (PAN) compuesto por *"especificar dígitos"* dígitos. Este número de **Tarjeta** tendrá una vigencia temporal de cinco años, renovable por sucesivos e iguales periodos de tiempo.

Con la primera carga de la **Tarjeta** el **Titular** solicita el presente servicio y acepta expresamente todas las condiciones que figuran en el presente documento.

Dado que la **Tarjeta** Virtual *"número de tarjeta"* funciona como si se tratara de un título al portador, de tal forma que el tenedor de la misma puede hacer uso de la cantidad con que esté cargada sin necesidad de ningún otro requisito, ni siquiera de identificación, la pérdida de la tarjeta supondrá la imposibilidad para el **Titular** de recuperar el saldo existente en el monedero. Por ello la **Tarjeta** y los medios que la habilitan para usarla deben ser objeto de especial custodia y protección por parte del **Titular**.

Cuarta. Modificación
La **Entidad** se reserva la facultad de anular el servicio, establecer límite de importe máximo de carga, ampliarlo o reducirlo, así como modificar las condiciones de la tarjeta, lo que se anunciará con la debida antelación en lugar visible de la página Web de *"página web de la Entidad"*.

Contrato de afiliación al programa de tarjetas de crédito con entidad de crédito

MCM 8455 s.

Nota preliminar:

RDL 19/2018

Téngase en cuenta el RDL 19/2018 de servicios de pago y otras medidas urgentes en materia financiera, el cual regula exhaustivamente lo relativo a los **medios de pago**, aplicable, entre otros supuestos, a la emisión, adquisición y ejecución de operaciones de pago mediante tarjeta de pago o dispositivo similar. No obstante, se **excluye de su ámbito de aplicación** los servicios de retirada de efectivo en cajeros automáticos prestados por los proveedores que actúen en nombre de uno o varios emisores de tarjetas y que no sean parte del contrato marco con el usuario de servicios de pago que retire dinero de una cuenta de pago, siempre y cuando dichos proveedores no presten otros servicios de pago contemplados en el artículo 1.2. No obstante, se deberá facilitar al cliente la información relativa a toda comisión o gasto aplicable a la retirada de fondos con anterioridad a dicha retirada, así como a la recepción del efectivo una vez llevada a cabo la operación, todo ello en el marco de lo previsto en los artículos 29 y 30 y sus normas de desarrollo respecto de los gastos aplicables a las operaciones de pago singulares y a los servicios de cambio de divisa, incluyendo la información relativa al tipo de cambio que se empleará para la conversión de la operación de pago (RDL 19/2018 art.4.ñ).

- El modelo presupone unas circunstancias determinadas que serán las más frecuentes. Si en el caso concreto existen circunstancias particulares no previstas, deberá completarse o modificarse el modelo adaptándolo a las mismas.

En *"localidad"*, a *"fecha"*.

De una parte,
"Don/Doña nombre y apellidos del titular/representante del establecimiento" con D.N.I. *"DNI del titular/representante del establecimiento"*, en nombre y representación del establecimiento detallado posteriormente, en su calidad de *"calidad de la representación (p.e. dueño o titular; representante legal o voluntario)"*.

En adelante, el **Establecimiento**.

De otra parte,
el Banco *"denominación de la Entidad"* representado suficientemente por *"Don/Doña nombre y apellidos del representante de la Entidad"*.

En adelante, el **Banco**.

CONVIENEN

Establecer relaciones con los sistemas de tarjetas abajo reseñados, obligándose a cumplir fielmente las condiciones expresadas al dorso del presente contrato.

DATOS DEL ESTABLECIMIENTO ADHERIDO.

- DENOMINACIÓN SOCIAL: *"denominación social"*.

- DOMICILIO: *"domicilio social"*.

- TELÉFONO: *"número de teléfono"*.

CONDICIONES, TARJETAS ACEPTADAS.

- **VISA CLÁSICA:** LÍMITE DE CONSULTA: *"límite para Visa Clásica, en letra"* euros (*"límite Visa Clásica, en número"* €). DESCUENTO: *"descuento porcentual para Visa Clásica"* %

- **VISA ORO:** LÍMITE DE CONSULTA: *"límite para Visa Oro, en letra"* euros (*"límite para Visa Oro, en número"* €). DESCUENTO: *"descuento porcentual para Visa Oro"* %

- **MASTERCARD CLÁSICA:** LÍMITE DE CONSULTA: *"límite para Mastercard Clásica, en letra"* euros (*"límite para Mastercard Clásica, en número"* €). DESCUENTO: *"descuento porcentual para Mastercard Clásica"*%

- **MASTERCARD ORO:** LÍMITE DE CONSULTA: *"límite para Mastercard Oro, en letra"* euros (*"límite para Mastercard Oro, en número"* €). DESCUENTO: *"descuento porcentual para Mastercard Oro"* %

- **EUROCARD:** LÍMITE DE CONSULTA: *"límite para Eurocard, en letra"* euros (*"límite para Eurocard, en número"* €). DESCUENTO: *"descuento porcentual para Eurocard"* %

CONDICIONES GENERALES

Nota:

*Por lo que se refiere a las **obligaciones del comercio**, hay que advertir que la afiliación a dicha operativa de venta exige que el establecimiento vendedor adopte unas cautelas objetivas y subjetivas. En el aspecto objetivo, debe comprobar que la tarjeta que le es presentada en el momento del pago es correcta, es decir, que no está caducada ni cancelada, y que además está firmada. Asimismo, debe realizar las operaciones correspondientes para en su caso solicitar las autorizaciones que sean requeridas a través de los medios de los que dispone. En la esfera subjetiva debe verificar la identidad de quien le presenta la tarjeta, y su correspondencia con los datos que figuren en la misma, así como cotejar las firmas (*AP Barcelona 19-1-98, *EDJ 4522).*

1.

El **Establecimiento** adherido se compromete a aceptar en pago de las ventas efectuadas o de los servicios prestados, cualquier tarjeta de crédito -siempre que reúna los requisitos necesarios para su validez-, nacional o extranjera, identificable por las características detalladas en los emblemas y distintivos enviados al mismo, perteneciente a los programas de tarjetas VISA/MasterCard.

2.

El **Establecimiento** aplicará a los titulares de tarjetas los precios y condiciones que venga practicando con su clientela habitual, sin añadir recargo alguno. Asimismo, se abstendrá de proponer la utilización de otros medios de pago en sustitución del uso de la tarjeta y no realizará con los titulares de estas operaciones ajenas a su actividad habitual. Tampoco podrá fijar importes mínimos para la aceptación de este medio de pago.

3.

Cuando le sea presentada para el pago de una operación una de las tarjetas reguladas en este contrato, el **Establecimiento** deberá efectuar los siguientes controles:

a) Verificar que se trata de una tarjeta VISA/MasterCard en vigor, no caducada ni alterada.

b) Comprobar que el número de la tarjeta no se encuentra incluido en el Boletín de tarjetas anuladas que periódicamente se facilitará al establecimiento y, si tal fuera el caso, contactar con el Centro de Autorizaciones y seguir sus instrucciones, intentando retenerla.

c) Recoger la firma del usuario en la factura de venta y comprobar que ésta coincide con la estampada en la tarjeta. En caso de duda, deberá/podrá exigir al portador la presentación de documento que acredite su personalidad y, de persistir aquélla, contactará con el Centro de Autorizaciones.

4.

Asimismo, el **Establecimiento** adherido se compromete a:

a) Emplear para la facturación al cliente los impresos de factura de venta que al efecto le facilite el Banco.

b) Verificar que en las facturas de venta queda impresa de forma perfectamente legible toda la información requerida en dichos impresos: número de tarjeta, fecha de caducidad, nombre del titular y del establecimiento, dedicando especial atención a la fecha e importe de la operación y al número de autorización, si ésta se requiere.

c) En las operaciones manuales, emplear para la confección de las facturas la máquina impresora facilitada por el **Banco**.

d) Entregar al cliente en todos los casos la copia de la factura a él destinada, justificativa de la operación.

e) Conservar las facturas de venta y notas de abono durante el tiempo que marque la legislación vigente. Si el **Establecimiento** no aportase en el plazo fijado por la normativa Visa copia de cualquiera de las facturas de venta justificativas de operaciones realizadas en el período a que se refiere el inciso anterior, que le sean solicitadas por la sucursal bancaria, tal circunstancia podrá provocar la retrocesión del importe de la venta abonado en su día.

5.

El **Establecimiento** no podrá efectuar ventas o prestar servicios a un titular en un mismo día si el importe conjunto de las citadas ventas o servicios supera el límite de consulta autorizado al mismo. Únicamente podrá rebasarse dicho límite mediante la autorización expresa del Centro de Autorizaciones de Sistema 4B, S.A., referida al importe total de las operaciones realizadas por el titular en el mismo día. En consecuencia, cuando se trate de una compra de varios productos o servicios cuyo importe total supere el límite de consulta, el **Establecimiento** deberá solicitar una sola autorización por el importe global de todos ellos. Del mismo modo, si la compra se refiere a un solo producto o servicio cuyo importe supere el límite de consulta, el **Establecimiento** no podrá fraccionar dicho importe y solicitar autorización para cada fracción, sino que habrá de pedir igualmente una sola autorización por el total.

Concedida, en su caso, por el Centro de Autorizaciones de Sistema 4B, S.A., la autorización solicitada de acuerdo a lo establecido en el párrafo anterior, quedará señalada la misma con un número que el **Establecimiento** deberá hacer constar en la factura de venta para que su importe quede garantizado. De no hacerlo así o de no observarse lo contenido en el párrafo anterior, el **Establecimiento** será responsable de los importes de las operaciones en caso de mal fin de las mismas. Los límites pueden ser modificados con arreglo a la política de los programas de Tarjetas de Crédito, en cuyo caso se cursará, con la debida antelación, la oportuna comunicación al **Establecimiento**.

6.

El **Establecimiento** se compromete a instruir a sus empleados sobre este sistema, siendo responsable de su actuación.

7.

El **Establecimiento** colocará los emblemas y distintivos de los Programas de Tarjetas de Crédito a los que se adhiere en este documento, en un lugar visible desde el exterior del mismo.

8.

El **Establecimiento** hará entrega, dentro de los *"número de días"* días siguientes a su fecha de operación, en cualquiera de las oficinas de la entidad bancaria contratante o de otras entidades bancarias integradas en el Programa de Tarjetas VISA/MásterCard con las que aquél pudiera llegar a un acuerdo, de las facturas de venta firmadas por los titulares de las tarjetas. El importe de las facturas de venta cuya cumplimentación se haya ajustado a lo establecido en este contrato será abonado en cuenta por la entidad receptora, previa deducción del descuento aquí estipulado y de los impuestos y recargos que resulten de aplicación.

En el supuesto de que alguna de las facturas de venta cumplimentada por el **Establecimiento** no sea pagada total o parcialmente por el titular, alegando que es inexacta, fraudulenta o demostrando que no le corresponde, el establecimiento se obliga a reembolsar al **Banco** receptor de la operación la cantidad impagada, en el plazo máximo de *"plazo máximo, en días"* días, a contar desde el momento en que se haya comprobado la anomalía por el Centro compensador de operaciones. A tal efecto, el **Establecimiento** autoriza al **Banco** a debitarle en cualquiera de las cuentas que tenga abierta en la sucursal en que se hayan presentado las operaciones incorrectas.

9.
Sistema 4B, S.A., enviará periódicamente al **Establecimiento** un Boletín de tarjetas anuladas donde se recogerán aquellos números de tarjetas que han dejado de ser válidas. La entidad receptora no responde del pago de operaciones realizadas con tarjetas incluidas en el último Boletín de tarjetas anuladas facilitado.

10.
En el supuesto de que fuera presentada en pago de una operación una tarjeta de las incluidas en el citado Boletín de tarjetas anuladas y el **Establecimiento** la recuperase, el Banco le abonará la cantidad de *"cantidad a abonar por el Banco, en letra"* euros (*"cantidad a abonar por el Banco, en número"* €) en concepto de recompensa.

11.
El **Banco** contratante será ajeno a las incidencias surgidas de la relación cliente- **Establecimiento**, que habrán de solventarse entre ellos, sin responsabilidad alguna para aquél.

En el supuesto de devolución del género adquirido, la sucursal bancaria, una vez recibida la correspondiente nota de abono, abonará al cliente y cargará al **Establecimiento** el importe de la misma. El **Establecimiento** no puede, por tanto, efectuar reembolsos de dinero en efectivo por devoluciones de mercancías pagadas con tarjeta.

12.
Se pacta como duración de este contrato el término de un año natural a partir de la fecha de su firma, pudiendo prorrogarse tácitamente dicho plazo, por iguales períodos de tiempo, de no mediar comunicación escrita en contrario de cualquiera de las partes, dirigida a la otra con una antelación mínima de dos meses al vencimiento del período inicial de vigencia o al de cualquiera de las prórrogas. Asimismo, las partes podrán resolver el contrato en cualquier momento en el supuesto de incumplimiento de la otra de las obligaciones en él contenidas.

Ninguno de los supuestos de resolución anteriormente contemplados dará lugar a indemnización de clase alguna. No obstante, la resolución del contrato no libera a las partes de las obligaciones pendientes contraídas antes de producirse la misma, siendo el **Establecimiento** responsable del buen fin de las operaciones realizadas antes de la citada resolución.

Resuelto el contrato, el **Establecimiento** retirará los distintivos publicitarios relativos al Programa de Tarjetas de Crédito VISA/MasterCard y devolverá al **Banco** todo el material y documentación que éste le hubiera facilitado al efecto.

13.
Las presentes condiciones generales serán aplicables a las tarjetas de los sistemas VISA/MasterCard y a aquellas otras con las que estos sistemas lleguen a acuerdos, comunicándose en estos casos a los establecimientos los distintos límites de consulta y tasas de descuento aplicables a las citadas tarjetas.

14.
En la eventualidad de que el **Establecimiento** sea cedido, vendido, arrendado o traspasado, tales circunstancias deberán ser comunicadas inmediatamente a la entidad contratante a fin de que considere el mantenimiento o resolución del presente contrato.

15.
Las partes acuerdan someter cualquier controversia que se suscite sobre la interpretación o cumplimiento de este contrato a la jurisdicción de los jueces y tribunales del domicilio donde radique la oficina contratante de la entidad bancaria que figura en este contrato.
Hallado de conformidad el presente contrato, una vez leído, las partes contratantes lo firman por duplicado, a un solo efecto.

EL ESTABLECIMIENTO **EL BANCO**

MCM 8455 s.

Contrato de afiliación al programa de tarjetas de crédito con el emisor de la tarjeta

Nota preliminar:

Téngase en cuenta el RDL 19/2018 de servicios de pago y otras medidas urgentes en materia financiera, el cual regula exhaustivamente lo relativo a los **medios de pago**, aplicable, entre otros supuestos, a la emisión, adquisición y ejecución de operaciones de pago mediante tarjeta de pago o dispositivo similar. No obstante, se **excluye de su ámbito de aplicación** los servicios de retirada de efectivo en cajeros automáticos prestados por los proveedores que actúen en nombre de uno o varios emisores de tarjetas y que no sean parte del contrato marco con el usuario de servicios de pago que retire dinero de una cuenta de pago, siempre y cuando dichos proveedores no presten otros servicios de pago contemplados en el artículo 1.2. No obstante, se deberá facilitar al cliente la información relativa a toda comisión o gasto aplicable a la retirada de fondos con anterioridad a dicha retirada, así como a la recepción del efectivo una vez llevada a cabo la operación, todo ello en el marco de lo previsto en los artículos 29 y 30 y sus normas de desarrollo respecto de los gastos aplicables a las operaciones de pago singulares y a los servicios de cambio de divisa, incluyendo la información relativa al tipo de cambio que se empleará para la conversión de la operación de pago (RDL 19/2018 art.4.ñ). RDL 19/2018

- El modelo presupone unas circunstancias determinadas que serán las más frecuentes. Si en el caso concreto existen circunstancias particulares no previstas, deberá completarse o modificarse el modelo adaptándolo a las mismas.

En *"localidad"*, a *"fecha"*.

De una parte,
"Don/Doña nombre y apellidos del titular/representante del establecimiento" con D.N.I. *"DNI del titular/representante del establecimiento"*, en nombre y representación del establecimiento detallado posteriormente, en su calidad de *"calidad de la representación especificar (p.e. dueño o titular; representante legal o voluntario)"*.

En adelante, el **Establecimiento**.

De otra parte,
la entidad *"denominación de la Entidad"* representada por *"Don/Doña nombre y apellidos del emisor"*.

En adelante, el **Emisor**.

CONVIENEN

Primero. Que la razón social detallada a continuación se adhiere a los sistemas de tarjeta de crédito *"especificar los tipos de tarjetas"*.

Segundo. Que los importes derivados de las operaciones originadas por las tarjetas de crédito de estos sistemas le serán abonados en cualquiera de las oficinas de los bancos partícipes en el Programa de Tarjetas de Crédito *"relación de bancos"* de *"denominación de la Entidad"*.

Tercero. Que una vez leídas las Condiciones Generales se comprometen a cumplirlas.

DATOS DEL ESTABLECIMIENTO ADHERIDO

- DENOMINACIÓN SOCIAL: *"denominación social"*.

- DOMICILIO: *"domicilio social"*.

- TELÉFONO: *"número de teléfono"*.

DOCUMENTO DE IDENTIFICACIÓN

- Código establecimiento: *"indicar el código"*.

- ACTIVIDAD: *"especificar actividad"*.

CONDICIONES, TARJETAS ACEPTADAS

- **VISA CLÁSICA:** LÍMITE DE CONSULTA: *"límite para Visa Clásica, en letra"* euros (*"límite para Visa Clásica, en número"* €). DESCUENTO: *"descuento porcentual para Visa Clásica"* %

- **VISA ORO:** LÍMITE DE CONSULTA: *"límite para Visa Oro, en letra"* euros (*"límite para Visa Oro, en número"* €). DESCUENTO: *"descuento porcentual para Visa Oro"* %

- **MASTERCARD CLÁSICA:** LÍMITE DE CONSULTA: *"límite para Mastercard Clásica, en letra"* euros (*"límite para Mastercard Clásica, en número"* €). DESCUENTO: *"descuento porcentual para Mastercard Clásica"*%

- **MASTERCARD ORO:** LÍMITE DE CONSULTA: *"límite para Mastercard Oro, en letra"* euros (*"límite para Mastercard Oro, en número"* €). DESCUENTO: *"descuento porcentual para Mastercard Oro"*

- **EUROCARD:** LÍMITE DE CONSULTA: *"límite para Eurocard, en letra"* euros (*"límite para Eurocard, en número"* €). DESCUENTO: *"descuento porcentual para Eurocard"* %

DATOS A CUMPLIMENTAR POR EL EMISOR

Número de comerciante: *"número de comerciante"*.

Número de máquinas: *"número de máquinas"*.

Código provincia: *"código provincia"*.

Código localidad: *"código localidad"*.

DATOS A CUMPLIMENTAR POR LA SUCURSAL BANCARIA

Banco *"denominación del Banco"*.

Sucursal *"número de sucursal"*.

¿Admitía tarjetas? *"Sí/No"*.

○ **Si procede:**

EN SU CASO, SUCURSALES DEL COMERCIANTE

- DOMICILIO: *"domicilio de las sucursales"*.

- TELÉFONO: *"números de teléfono de las sucursales"*.

<<

CONDICIONES GENERALES

 **Nota:**

Por lo que se refiere a las ***obligaciones del comercio****, hay que advertir que la afiliación a dicha operativa de venta exige que el establecimiento vendedor adopte unas cautelas objetivas y subjetivas. En el aspecto objetivo, debe comprobar que la tarjeta que le es presentada en el momento del pago es correcta, es decir, que no está caducada ni cancelada, y que además está firmada. Asimismo, debe realizar las operaciones correspondientes para en su caso solicitar las autorizaciones que sean requeridas a través de los medios de los que dispone. En la esfera subjetiva debe verificar la identidad de quien le presenta la tarjeta, y su correspondencia con los datos que figuren en la misma, así como cotejar las firmas (*AP Barcelona 19-1-98, *EDJ 4522).*

1.

El **Establecimiento** adherido se compromete a aceptar, en pago de las ventas efectuadas o de los servicios prestados, cualquier tarjeta de crédito nacional o extranjera perteneciente al programa de tarjetas del **Emisor**, siempre que reúna los requisitos necesarios para su validez, identificables por las características detalladas en los emblemas y distintivos enviados a los establecimientos.

2.

El **Establecimiento** adherido aplicará a los titulares de las tarjetas los precios y condiciones que venga practicando con su clientela habitual; es decir sin recargo alguno. No ofrecerá a dichos titulares una forma de pago al contado o a crédito en sustitución del uso de la tarjeta. No realizará con los titulares de las tarjetas operaciones diferentes a las de su actividad habitual.

3.

Cuando le sea presentada una tarjeta de las reguladas en este contrato, el **Establecimiento** adherido deberá efectuar los siguientes controles:

a) Verificar que la tarjeta está vigente y no alterada.

b) Verificar que el número de la tarjeta no está incluido en los avisos de supresión de tarjetas de crédito, e inutilización de la tarjeta si tal fuera el caso.

c) Recoger la firma del titular en la factura de venta.

d) Comprobar que esta firma es la misma que la estampada sobre la tarjeta. En caso de duda, podrá exigir al titular de la tarjeta que exhiba documento que acredite su personalidad.

4.

Asimismo, el **Establecimiento** adherido se compromete a:

a) Utilizar para la facturación al cliente los impresos de facturas de venta facilitadas al efecto.

b) Hacer constar en dichas facturas de venta los siguientes datos que constan en la propia tarjeta: el número del titular, fecha de caducidad y nombre del titular así como el nombre del **Establecimiento** adherido y cualquier otra información requerida en el citado impreso, con especial atención a la fecha e importe de la venta y al número de autorización si ésta se requiere.

c) Emplear, para la confección de cada factura de venta, la máquina impresora apropiada.

d) Conservar el ejemplar correspondiente de cada factura de venta o notas de abono, según marca la Ley.

5.

El **Establecimiento** adherido no podrá hacer ventas o efectuar servicios a un titular, en un mismo día, si el importe de la venta o de los servicios supera el límite de consulta autorizado al establecimiento. Solamente podrá rebasarse dicho límite mediante autorización expresa, para cada venta, del Centro de Autorización del **Emisor** de la tarjeta. Al conceder una autorización especial, el Centro de Autorización del **Emisor** de la tarjeta señalará un número de autorización que el **Establecimiento** deberá hacer constar en la factura de venta, para que el importe de la misma quede garantizado. Cuando en el día que se rebase tal límite autorizado, no figure consignado en la factura o facturas de venta el número de autorización especial el **Establecimiento** será responsable de la totalidad de la operación u operaciones, en caso de mal fin de la misma o mismas. Los límites pueden ser modificados según la política de los programas de tarjetas de crédito, en cuyo caso se cursará, con la debida antelación comunicación al **Establecimiento**.

6.
El **Establecimiento** adherido se compromete a instruir a sus empleados sobre este sistema, tomando las debidas precauciones para su aplicación y siendo responsable de su actuación.

7.
El **Establecimiento** adherido colocará los emblemas y distintivos de los programas de tarjetas de crédito en un lugar visible desde el exterior del **Establecimiento**.

8.
El **Establecimiento** adherido hará entrega, dentro de los tres días siguientes a su fecha, de las facturas de venta firmadas por los titulares de la Tarjeta, junto con el resumen correspondiente en cualquiera de las oficinas de los Bancos integrantes del **Emisor** de la tarjeta o de las entidades que pudieran llegar a un acuerdo con dicha sociedad. El importe de las facturas de venta, cuya cumplimentación se haya ajustado a lo establecido en el presente contrato, será abonado en cuenta por la entidad receptora, previa deducción del descuento estipulado en este contrato, así como los impuestos y recargos que resulten de aplicación. En el caso de que cualquiera de las facturas de venta haya sido cumplimentada por el **Establecimiento** y el titular no pague la totalidad de la misma, alegando que es ésta inexacta, demuestra que no le corresponde, o que es fraudulenta, dicho **Establecimiento** se obliga a reembolsar a la entidad receptora en el plazo máximo de 15 días, la cantidad impagada, una vez se haya comprobado la existencia de la anomalía por el **Emisor** de la tarjeta. A tal efecto el **Establecimiento** autoriza a adeudarle dicho importe a que ascienden las facturas de venta incorrectas, en cualquier cuenta que mantenga con la sucursal bancaria en que haya presentado las mismas.

9.
El **Emisor** de la tarjeta podrá enviar al **Establecimiento** adherido una lista o aviso de supresión de tarjetas de crédito con aquellos números de tarjetas que han dejado de ser válidas. El **Emisor** de la tarjeta no responde del pago de operaciones realizadas por un poseedor de la tarjeta que figure en la última lista o aviso de supresión de crédito.

10.
En el supuesto de que sea presentada una tarjeta incluida en la citada lista o aviso de supresión de tarjetas de crédito, y sea recuperada por el **Establecimiento**, le será abonada por el **Emisor** de la tarjeta la cantidad de *"importe a abonar, en letra"* euros (*"importe a abonar, en número"* €) en concepto de recompensa.

11.
El **Emisor** de la tarjeta y la entidad receptora serán ajenos a las incidencias que puedan derivarse de la relación cliente-**Establecimiento**, que deberán solventarse entre ellos sin responsabilidad alguna para aquellos. Del mismo modo, el **Emisor** de la tarjeta no responderá de las incidencias surgidas entre el **Establecimiento** y la entidad receptora. En el supuesto de devolución del género adquirido, a la recepción por la sucursal bancaria de la correspondiente nota de abono, ésta procederá abonar al cliente y cargar al **Establecimiento** dicho importe.

El **Establecimiento** no puede por tanto efectuar reembolsos de dinero en efectivo por devoluciones de mercancía comprada con tarjeta.

12.

Se pacta como duración de este contrato, el término de un año natural a contar desde el día de hoy, que quedará prorrogado tácitamente por igual plazo, y así sucesivamente, salvo la rescisión que se establece a continuación. Cada parte podrá rescindirlo unilateralmente, avisando a la otra por correo certificado, con dos meses de antelación a la fecha de vencimiento, o de las prórrogas en su caso. Además, cualquiera de las partes se reserva el derecho de darlo por rescindido o cancelado en cualquier momento, en el supuesto de incumplimiento por la otra de cualquiera de las obligaciones derivadas de este contrato. Ninguno de los supuestos de rescisión antes contemplados dará derecho a indemnización de clase alguna.

Resuelto el contrato por cualquiera de las partes el **Establecimiento** retirará los distintivos, publicidad, material y documentación que le entregó el **Emisor** de la tarjeta a quien los devolverá. No obstante, seguirá siendo responsable del buen fin de las operaciones efectuadas antes de la fecha de rescisión y de las que pudieran haber sido ejecutadas, contraviniendo lo establecido en el presente contrato.

13.

Las presentes condiciones generales serán válidas para las tarjetas del Sistema Visa, Mastercard y cualesquiera otras con las que el **Emisor** de la tarjeta pueda llegar a un acuerdo para ello, comunicando a los establecimientos adheridos los distintos tipos de límites de consulta y tasas de descuento.

14.

En la eventualidad de que el **Establecimiento** sea vendido, arrendado, traspasado o transferido, dichas circunstancias deberán ser comunicadas con antelación al **Emisor** de la tarjeta, a fin de que las entidades adheridas consideren el mantenimiento o rescisión del presente contrato.

15.

Las partes acuerdan someter cualquier controversia que se suscite sobre la interpretación o cumplimiento de este contrato a la jurisdicción de los jueces y tribunales del domicilio donde radique la oficina contratante de la entidad bancaria que figura en este contrato.

Hallado de conformidad el presente contrato, una vez leído, las partes contratantes lo firman por duplicado, a un solo efecto.

EL ESTABLECIMIENTO **EL EMISOR**

Apertura de crédito en cuenta corriente

MCM 8830 s.

Nota preliminar:

El modelo presupone unas circunstancias determinadas que serán las más **frecuentes**. Si en el caso concreto existen circunstancias particulares no previstas, deberá completarse o modificarse el modelo adaptándolo a las mismas.

RDL 19/2018; RDLeg 1/2007 art.112; L 16/2011

De una parte,
"Don/Doña nombre y apellidos del acreditado" con domicilio en *"domicilio del acreditado"*, y D.N.I. núm. *"DNI del acreditado"*, que interviene en su propio nombre e interés.

En adelante, el **Acreditado**.

De otra parte,
La entidad bancaria *"denominación de la Entidad"* representada suficientemente por *"Don/Doña nombre y apellidos del representante de la Entidad"*, con domicilio en *"domicilio de la Entidad"*, y D.N.I. núm. *"DNI del representante de la Entidad"*.
En adelante, el **Banco**.

Y con la intervención del Fedatario Mercantil *"Don/Doña nombre y apellidos del fedatario"* expresamente requerido para la formalización del presente contrato.

CONVIENEN:

Celebrar el presente contrato de crédito en virtud del cual el **Banco** concede a la otra contratante un crédito en cuenta corriente con un límite máximo de *"límite máximo, en letra"* euros (*"límite máximo, en número"* €), obligándose el **Acreditado** a reembolsar las cantidades que por cuenta del mismo éste disponga, así como los intereses, comisiones, impuestos y gastos, incluso los de carácter judicial, que graven estas operaciones, hasta su total pago, con arreglo a las siguientes

ESTIPULACIONES:

PRIMERA. Duración y límite
El crédito tendrá una duración comprendida entre la fecha de la póliza y el día *"fecha de vencimiento del crédito"*, quedando definitivamente vencido en esta última fecha en la cual, o en la anterior si ésta fuese festiva, deberá ser satisfecho al **Banco** el saldo que a su favor resulte por todos los conceptos. Sobre el límite de crédito concedido, el banco percibirá una comisión de apertura del *"porcentaje por comisión de apertura"* % de una sola vez, en la fecha de la firma de este contrato o en la fecha de la primera liquidación.

El **Acreditado** declara que el crédito no se destina a satisfacer necesidades suyas ajenas a su actividad empresarial o profesional.

Nota:

- Cláusula incluida a los efectos de determinar la aplicación o no de la L 16/2011 *de Crédito al Consumo, ya que su art.2.1 establece que se entenderá por* ***consumidor*** *la persona física que, en las relaciones contractuales reguladas por esta ley, actúa con fines que están al margen de su actividad comercial o profesional.*

MCM 8830 s.

RDL 19/2018; RDLeg 1/2007 art.112; L 16/2011

*- En relación a las **comisiones de reclamaciones de posiciones deudoras** en contratos de cuenta corriente, tiene por objeto el cobro de los costes en que ha incurrido la entidad al efectuar las reclamaciones necesarias para la recuperación de los saldos deudores de sus clientes. Ahora bien, solo puede ser posible si, además de aparecer recogida en el contrato, se acredita que su devengo está vinculado a la existencia efectiva de gestiones de reclamaciones realizadas ante el cliente deudor (AP Asturias 7-6-18, EDJ 562687).*

*- En la sentencia AP Asturias 17-7-15, EDJ 187290, al examinar un supuesto semejante al presente, en el que la controversia giraba en torno a una **comisión por descubierto**, se señaló que pese a que el cliente con el que el Banco había concertado el contrato no tenía la condición de consumidor, no podía por menos de considerarse a efectos interpretativos la doctrina proteccionista al estar en presencia de un contrato de adhesión, con cita de la sentencia AP Madrid 21-3-14, EDJ 45380, que declaró que ante la existencia de un descubierto en cuenta corriente no era factible, por un lado, percibir los intereses de demora y, por otro, repercutir una comisión propiamente injustificada, ya que en otro caso se vendría a producir una transferencia patrimonial sin causa, con manifiesta infracción del CC art.1.274 s., pues de exigir ambos conceptos se estaría reiterando la prestación de un servicio que no lo ha sido doblemente (AP Asturias 25-1-19, EDJ 524741).*

*- Conforme a lo establecido en LGDCU art.82, en los **contratos celebrados con consumidores**, también las prácticas no consentidas expresamente que, en contra de las exigencias de la buena fe causen, en perjuicio del consumidor y usuario, un desequilibrio importante de los derechos y obligaciones de las partes que se deriven del contrato, pueden ser consideradas abusivas. Pero **no es abusiva**, en este caso, una práctica bancaria consistente en cargar una comisión por descubierto y/o reclamación para retrocederla inmediatamente en cuanto la situación de descubierto se regulariza, sin coste efectivo para el cliente consumidor y, por consiguiente, sin desequilibrio efectivo de los derechos y obligaciones que dimanan del contrato. Advertimos, en todo caso, que no estamos ante un contrato de préstamo con interés, sino ante un contrato de cuenta corriente bancaria, en el marco del cual las comisiones previstas en la normativa bancaria ante situaciones de descubierto tienen una significación y virtualidad diferente, puesto que generalmente responden a la concesión implícita o encubierta de crédito (sobre las condiciones de validez de esta clase de comisiones y su diferenciación con las que estrictamente retribuyen los costes de reclamación (TS 13-3-20, EDJ 550183; AP Coruña 19-2-24, EDJ 541965).*

*- Ello obligaría a que el titular de la tarjeta, para poder usarla, tuviera que estar solo **mientras marca su número secreto**, o colocado a una distancia tal que impidiera su visualización, lo cual, a juicio de esta Sala, va más allá de la diligencia exigible con arreglo al CC art.1101 (AP Guadalajara 9-3-21, EDJ 556854).*

El saldo deudor que, en su caso, registre la cuenta corriente del **Acreditado** no deberá exceder, en ningún momento del límite de disponibilidad por lo que vendrá obligado a reembolsar al **Banco** el importe del saldo deudor de la cuenta corriente que exceda del límite vigente, sin que la falta de reembolso suponga prórroga o novación del crédito.

Sobre el saldo medio no dispuesto se devengará una comisión de disponibilidad del *"porcentaje por comisión de disponibilidad"* % *"especificar periodicidad (mensual, trimestral o semestral)"* percibiéndose en las fechas de liquidación de intereses.

 **Nota:**

Ver apartado 4 del Anejo 4 de la Circ BE 5/2012. Este Anejo ha sido modificado por la Circ BE 3/2022.

El **Acreditado** podrá cancelar el crédito en cualquier momento, procediéndose al cierre de su cuenta, previo el abono del saldo deudor a su cargo, más los intereses, comisiones, impuestos y gastos correspondientes a la fecha de cierre. Esta facultad no podrá ser ejercitada por el **Acreditado** cuando tuviere en el **Banco** efectos descontados o cualquier otro tipo de obligaciones, vencidas o no, todavía no cargadas en cuenta. En caso de amortización anticipada del crédito a solicitud del **Acreditado** se percibirá en el momento de la amortización una comisión del *"porcentaje por comisión de amortización"* % sobre el importe a cancelar.

No obstante, la duración pactada se considerará vencido de pleno derecho el crédito y exigibles la totalidad de las obligaciones que tenga contraídas el **Acreditado** cuando concurra en cualquiera de éstos alguna de las siguientes circunstancias:

a) Incumplimiento de cualquiera de las obligaciones contraías en virtud de este contrato.

b) Por comprobarse la inexactitud y ocultación de los datos facilitados al **Banco** con carácter previo a la concesión de este crédito y que, a su juicio, hayan determinado una errónea o incompleta visión en el estudio del riesgo de la operación.

MCM 8830 s.

c) Que el **Acreditado** o alguno de sus fiadores realice actos que pongan en peligro o disminuyan notablemente su solvencia.

d) En caso de solicitud de quita y espera, suspensión de pagos, concurso de acreedores, quiebra o resolución admitiendo a trámite la solicitud de concurso o quiebra efectuada por tercero, celebración por el prestatario de convenio extrajudicial con sus acreedores, que implique indisponibilidad de sus bienes o cesión total o parcial de los mismos, como embargo o intervención administrativa o administración judicial de todos o parte de los bienes del **Acreditado**, así como cuando dejara impagados documentos cambiarios o no cambiarios en porcentajes significativos a cuyo pago estuviese obligado.

RDL 19/2018; RDLeg 1/2007 art.112; L 16/2011

e) Cuando concurriera cualquiera de las causas de vencimiento anticipado establecidas por el Derecho.

En concepto de gastos de estudio de la operación, se percibirá, en la fecha de la firma de este contrato, una comisión del *"porcentaje por comisión de estudio"* % sobre el límite autorizado.

SEGUNDA. Cuenta de crédito

El crédito concedido se reflejará en una cuenta corriente de crédito abierta por el **Banco** en la sucursal de *"lugar de la sucursal"* y con el número *"número de sucursal"* a nombre del **Acreditado**, cuyo movimiento se verificará por abonarés y cheques facilitados por el **Banco**. También se debitará o abonará en dicha cuenta el importe de las operaciones que con cargo o abono a la misma ordene el **Acreditado**, quedando, asimismo, el **Banco** facultado para cargar y abonar en la cuenta los saldos deudores y acreedores que por cualquier título tenga con el **Acreditado**. Igualmente, se adeudarán en cuenta los intereses, comisiones, impuestos y gastos que origine la operación por todos los conceptos.

En concepto de gastos de administración se percibirá una comisión de *"especificar comisión, en letra"* euros (*"especificar comisión, en número"* €).

La cuenta corriente de crédito se regirá en lo no previsto en el presente contrato y le sea aplicable, por lo dispuesto, en su caso, en el correspondiente contrato de cuenta corriente formalizado entre el **Banco** y el **Acreditado**.

TERCERA. Intereses

El saldo a favor del **Banco**, que resulte de la cuenta durante el plazo de duración convenido, devengará el tipo de interés nominal anual del *"especificar tipo de interés"* %. En cada liquidación, el importe total de los intereses devengados, se obtendrá a partir del tipo anteriormente señalado aplicando la fórmula siguiente: principal dispuesto, multiplicado por el tipo de interés anual nominal contractual, multiplicado por el número de días del periodo de liquidación, partido por treinta y seis mil.

Los intereses pactados se devengarán por días, se liquidarán por *"especificar regularidad (p.e meses, trimestres)"* vencidos y se satisfarán en los días *"indicar días"*, de *"indicar meses de liquidación"* de cada año. La primera y última liquidaciones se liquidarán en el caso que no coincidan con estos periodos completos, la primera por los días comprendidos entre la fecha de disposición del crédito y la primera liquidación periódica, y la última por los días que medien desde la última liquidación periódica hasta el vencimiento final teniendo lugar con valoración esta última fecha. En caso de modificación de las fechas de liquidación de intereses, el **Banco** lo comunicará previamente al **Acreditado**. Los saldos de la cuenta a favor del **Acreditado** no serán remunerados.

CUARTA. Intereses moratorios

Las obligaciones dinerarias del **Acreditado**, dimanantes de este contrato, vencidas y no satisfechas, devengarán, desde el día siguiente al de su vencimiento, un interés moratorio del *"porcentaje por interés moratorio"* % nominal anual, calculado y liquidable del mismo modo que los intereses ordinarios, pero por meses o fracción en su caso y siempre por períodos vencidos, acumulables al principal en sus fechas de liquidación capitalizándose los intereses vencidos y no satisfechos de forma que, como aumento de capital, devenguen nuevos intereses al tipo de interés moratorio aquí establecido las cantidades resultantes como intereses moratorios se considerarán firmes en el momento en que se perciban, sin perjuicio del derecho del **Banco** a exigir los Intereses moratorios devengados hasta, cada momento.

MCM 8830 s.

QUINTA. Excedidos
El **Banco** no está obligado a admitir disposiciones o adeudos que excedan del límite de crédito vigente en cada momento, viniendo obligado el **Acreditado**, en tales casos, a reintegrar dichos excedidos de forma inmediata, sin necesidad de requerimiento alguno, considerándose el incumplimiento de esta obligación como causa de vencimiento anticipado de la totalidad del contrato.

RDL 19/2018; RDLeg 1/2007 art.112; L 16/2011

Los excedidos se considerarán operaciones de crédito a todos los efectos, devengando un tipo de interés nominal anual igual al publicado en cada momento por el **Banco** para estas operaciones, en esta fecha el *"tanto por ciento"* % nominal anual, así como una comisión del *"porcentaje por comisión de excedidos"* %, sobre el saldo máximo contable del exceso de cada período de liquidación mínimo de *"importe mínimo, en letra"* euros (*"importe mínimo, en número"* €), todo ello liquidable con cada liquidación de intereses.

Los excedidos producidos como consecuencia de la diferencia de valoración de las partidas asentadas en la cuenta corriente de crédito o por cualquier otro motivo no tendrán efectos novatorios del presente contrato.

SEXTA. Compromiso de garantía
Si durante la vigencia del crédito se produjesen circunstancias que pudieran afectar negativamente a la solvencia del **Acreditado** o a las garantías de la operación, dicho **Acreditado** se obliga a constituir, a requerimiento del **Banco**, las garantías reales sobre bienes inmuebles, muebles o derechos que por éste se le exijan en aseguramiento de las obligaciones que, en virtud del presente contrato tenga contraídas.

La obligación a que se refiere el párrafo anterior deberá ser cumplida por el **Acreditado** dentro de los quince días siguientes al en que por el **Banco** se le haya requerido al efecto.

SÉPTIMA. Imputación de pagos y compensación
Salvo instrucciones concretas y específicas en contrario, el **Acreditado** faculta plenamente al **Banco** para que las entregas de cantidades que se efectúen a fin de reducir las deudas derivadas de las operaciones que el mismo tenga con el **Banco**, pueda atribuirlas a cualquiera de ellas o a otras obligaciones vencidas.

La deuda que resulte contra el **Acreditado** por razón de este, contrato podrá ser compensada por el **Banco** con cualquier **Acreditado** pudiera tener a su favor, cualquiera que sea la forma, y documentos en que esté representada, la fecha de su vencimiento, que a estos efectos podrá anticipar el **Banco**, y el título de su derecho, incluso el de depósito. El **Acreditado** deja afectos al buen fin del presente contrato todos sus bienes presentes y futuros y, especialmente los que existan a su nombre en el **Banco**, quedando éste autorizado irrevocablemente para proceder en caso de que aquellos incumplan sus obligaciones de pago a la aplicación de los depósitos en efectivo y a la realización de todo tipo de derechos de crédito o efectos mercantiles o títulos valores que, asimismo, puedan estar depositados en el **Banco** al objeto de, con su Importe, atender hasta donde alcance los pagos pendientes.

OCTAVA. Gastos
Serán de cuenta de la parte deudora todos los gastos e impuestos que origine este contrato durante su vigencia incluidos los gastos judiciales o extrajudiciales, comprendidos los de abogados y procuradores que pudiera ocasionar su ejecución y cobro, los que se satisfagan por la formalización tanto de este contrato como de los documentos a que se refieren las condiciones que preceden, así como los gastos de correo u otros medios de comunicación, de acuerdo con las tarifas postales y de comunicaciones vigentes en cada momento.

MCM 8830 s.

NOVENA. Fuerza ejecutiva

A los efectos de lo dispuesto en el número 2 del artículo 572 de la Ley de Enjuiciamiento Civil, se pacta expresamente por los contratantes que la liquidación para determinar la deuda ejecutivamente reclamable será la resultante de la liquidación del saldo deudor. Esta liquidación la practicará el banco en la forma convenida en este contrato. En su virtud, bastará para el ejercicio de la acción ejecutiva la presentación de esta póliza, juntamente con la certificación prevenida en el número 5º del artículo 517 de la Ley de Enjuiciamiento Civil y la legislación concordante, y la aportación de la documentación prevenida en el número 1 del artículo 573 de la misma Ley.

RDL 19/2018; RDLeg 1/2007 art.112; L 16/2011

DÉCIMA. Domicilio del acreditado

Para todos los requerimientos, notificaciones, citaciones o comunicaciones, se entenderá como domicilio de cada uno de los intervinientes para efectuar las que fueran necesarias, el señalado en la presente póliza para cada uno de ellos y en todo caso, se entenderá por bien efectuada la notificación, cuando fuera intentada en dicho domicilio.

Los titulares de esta operación y sus garantes, podrán modificar los domicilios en este documento señalados, siempre que el cambio sea notificado a la entidad.

UNDÉCIMA. Cesión

El **Banco** podrá ceder o transmitir, total o parcialmente el presente contrato o cualquiera de los derechos derivados del mismo, sin necesidad de ponerlo en conocimiento del acreditado a los efectos previstos en el artículo 1527 del Código Civil.

DUODÉCIMA. Tratamiento de datos personales

De acuerdo con la normativa aplicable (Rgto (UE) 2016/679 y LO 3/2018), se informa sobre lo siguiente en relación con el tratamiento de datos personales:

Información básica sobre protección de datos	
Responsable	*"nombre de la entidad"*
Finalidad	Gestión contractual de la relación jurídica a que da lugar el presente contrato
Legitimación	Consentimiento del interesado y ejecución de contrato
Destinatarios	Los datos proporcionados no serán cedidos a ningún tercero, salvo obligación legal. En cualquier caso, las categorías de destinatarios son Administración Tributaria y entidades financieras
Derechos	Acceder, rectificar, suprimir los datos, así como otros derechos, según se explica en la información adicional
Información adicional	Por favor, consulte la información adicional y detallada sobre la protección de datos en la página web *"especificar pág web"*

DECIMOTERCERA. Sumisión expresa

Las partes acuerdan someter cualquier controversia que se suscite sobre la interpretación o cumplimiento de este contrato a la jurisdicción de los jueces y tribunales del domicilio donde radique la oficina contratante de la entidad bancaria que figura en este contrato.

MCM 8830 s.

DECIMOCUARTA. Coste efectivo

A efectos de información al acreditado/s, se hace constar que la Tasa Anual Equivalente (T.A.E.) de la operación, según el importe efectivo, de la misma y los términos pactados contractualmente, será el *"porcentaje por TAE"* %, calculado de conformidad con fórmula establecida en la Norma 13ª y Anejo 4 y 7 de la Circular 5/2012 del Banco de España. Dicha tasa equivalente no incluye:

Nota:

El Anejo 4 de la Circ BE 5/2012 ha sido modificado por la Circ BE 3/2022.

RDL 19/2018; RDLeg 1/2007 art.112; L 16/2011

1º Los gastos que el cliente pueda evitar en uso de las facultades que le concede el contrato, en particular, y, en su caso, los gastos por transferencia de los fondos debidos.

2º Los gastos a abonar a terceros, en particular, los corretajes gastos notariales e impuestos.

3º Los gastos por seguros o garantías.

4º En su caso, la comisión de disponibilidad contractualmente establecida.

DECIMOQUINTA. Formalización

El presente contrato se formaliza en *"número de hojas"* hojas con el reverso en blanco, numeradas de la 1 a la *"indicar último número"*, rubricando las partes intervinientes cada una de éstas y firmando al final del documento contractual.

DECIMOSEXTA.

Se advierte expresamente por el **Banco** que las cláusulas de este contrato han sido redactadas previamente por el mismo, por lo que aquellas que no recojan pactos de carácter financiero o que no vengan reguladas por una disposición de carácter general o específico que las haga de aplicación obligatoria para los contratantes o que no hayan sido objeto de una negociación específica, se consideran condiciones generales de la contratación, dejando constancia los contratantes con el **Banco** de su aceptación expresa de las mismas y de su incorporación al contrato, de conformidad con la Ley 7/1998, de 13 de abril, sobre Condiciones Generales de la Contratación.

Tanto el **Banco** como el **Acreditado** aceptan el presente contrato en los mismos términos, condiciones y responsabilidades que se establecen en el mismo, recibiendo el acreditado un ejemplar del documento contractual y un folleto en el que se especifican las fechas de valoración y la tarifa de comisiones, condiciones y gastos aplicables.

Nota:

Véase Norma 7ª y Anejo 3 de la Circ BE 5/2012, *relativa a la* ***información contractual*** *que se debe resaltar ante los clientes. Téngase en cuenta, asimismo, el* RDLeg 1/2007 *art.*17 *redacc L 4/2022, sobre información que debe recibir un consumidor en la contratación. Se prestará especial atención a aquellos sectores que, debido a su complejidad o características propias, cuenten con mayor proporción de* ***personas consumidoras vulnerables*** *entre sus clientes o usuarios, atendiendo de forma precisa a las circunstancias que generan la situación de concreta vulnerabilidad.*

Y en prueba de ello y para cumplimiento de lo convenido, firman por triplicado esta póliza, dando fe de ella el fedatario mercantil.
En *"localidad"*, a *"fecha"*

EL BANCO **EL ACREDITADO**

Con mi intervención

Préstamo de dinero a tipo de interés fijo

MCM 8530 s.

Nota preliminar:

En relación con el **interés remuneratorio y la usura**, la jurisprudencia ha quedado fijada así:

El Tribunal supremo **ha reiterado la jurisprudencia** en materia de usura, fijando *ex novo* los parámetros para identificar el tipo medio con el que se debe comparar el pactado analizado para los casos anteriores a junio de 2010, en que el Banco de España desglosó el específico de tarjetas de crédito revolving, y el margen adicional respecto del que el préstamo será calificable de usurario, determinando:

1. Sentencia TS 15-2-2023:

" [en] la sentencia 628/2015, de 25 de noviembre , [...] en primer lugar aclaramos que "para que la operación crediticia pueda ser considerada usuraria, basta que se den los requisitos previstos en el primer inciso del art. 1 de la ley, esto es, "que se estipule un interés notablemente superior al normal del dinero y manifiestamente desproporcionado con las circunstancias del caso", sin que sea exigible que, acumuladamente, se exija "que ha sido aceptado por el prestatario a causa de su situación angustiosa, de su inexperiencia o de lo limitado de sus facultades mentales" (TS 15-2-23, EDJ 513138).

"Y para juzgar si el interés es notablemente superior al normal del dinero, en esa sentencia hacíamos dos consideraciones: i) por una parte, que "el porcentaje que ha de tomarse en consideración para determinar si el interés es notablemente superior al normal del dinero no es el nominal, sino la tasa anual equivalente (TAE), que se calcula tomando en consideración cualesquiera pagos que el prestatario ha de realizar al prestamista por razón del préstamo, conforme a unos estándares legalmente predeterminados"; ii) y, por otra, que la comparación no debía hacerse con el interés legal del dinero, sino con el interés normal o habitual, para cuyo conocimiento podía acudirse a las estadísticas que publica el Banco de España, [...] la posterior sentencia 149/2020, de 4 de marzo , [...] contrato era de 2012 [...] la comparación debía utilizarse el tipo medio de interés, en el momento de la celebración del contrato, que correspondiera a la operación crediticia cuestionada, en concreto la tarjeta de crédito revolving:

(...) el índice que debió ser tomado como referencia era el tipo medio aplicado a las operaciones de crédito mediante tarjetas de crédito y revolving publicado en las estadísticas oficiales del Banco de España, con las que más específicamente comparte características la operación de crédito objeto de la demanda [...]" (TS 15-2-23, EDJ 513138).

"En la sentencia 367/2022, de 4 de mayo, hemos reiterado la doctrina expresada por la sentencia 149/2020, de 4 de marzo , sobre la utilización como término de referencia de la categoría estadística específica del revolving.
la sentencia más reciente, la núm. 643/2022, de 4 de octubre , resuelve un caso en que el contrato era de 2001, cuando no existía una estadística específica de referencia en las tablas del Banco de España, [...] primero reitera la doctrina expuesta en las sentencias anteriores, de que "la referencia del "interés normal del dinero" que ha de utilizarse para determinar si el interés remuneratorio es usurario debe ser el interés medio aplicable a la categoría a la que corresponda la operación cuestionada, en estos casos el tipo medio aplicado a las operaciones de crédito mediante tarjetas de crédito y revolving publicado en las estadísticas oficiales del Banco de España". Y apostilla que, si existen categorías más específicas dentro de otras más amplias, debe utilizarse la más específica, la que presente más coincidencias con la operación crediticia cuestionada, pues esos rasgos comunes son determinantes del precio del crédito, esto es, de la TAE del interés remuneratorio [...]" (TS 15-2-23, EDJ 513138; AP Ávila 14-2-24, EDJ 542477).

2. Sentencia TS 25-4-24:

En relación con el art.395 LEC y la necesidad de llevar a cabo un **requerimiento fehaciente previo** a la interposición de la demanda para que tenga efecto sobre las **costas**, el TJUE aprecia que la exigencia de la normativa nacional de agotar esa vía previa de resolución extrajudicial, siendo legítima y razonable, recae solo sobre el consumidor:

MCM 8530 s.

Nota preliminar:

"Pues bien, en el ámbito de las cláusulas abusivas en los contratos celebrados entre un profesional y un consumidor, en que se ha dictado una abundante jurisprudencia nacional, tal obligación debería recaer por igual sobre ambas partes contratantes. En efecto, cuando en jurisprudencia nacional reiterada se han declarado abusivas determinadas cláusulas tipo, cabe igualmente esperar de las entidades bancarias que tomen la iniciativa de ponerse en contacto con sus clientes cuyos contratos contengan tales cláusulas, antes de que estos presenten demanda, para anular los efectos de esas cláusulas [apartado 32]" (TS 25-4-24, EDJ 541880).

- "En las sentencias 489/2018, de 13 de septiembre, 548/2018, de 5 de octubre, y 101/2019, de 18 de febrero, declaramos que es posible modificar la cláusula suelo del contrato originario, siempre que esta modificación haya sido negociada o, en su defecto, cuando se hubiera empleado una cláusula contractual predispuesta por el empresario en la contratación con un consumidor, esta última cláusula cumpla con las exigencias de transparencia. En estos casos de simple modificación de la cláusula suelo , si se cumplen los requisitos expuestos, se tendría por válida la nueva cláusula, sin perjuicio de que pudiera declararse la nulidad de la originaria cláusula suelo si no se cumplían los requisitos de transparencia. Con el consiguiente efecto de que se considere que no ha producido efectos y por lo tanto todo lo que se hubiera cobrado de más en aplicación de esa originaria cláusula debía ser restituido al consumidor.

3. Sentencia TS 23-4-24:

"Esta doctrina, tal y como advertimos en las sentencias 580/2020 y 581/2020, de 5 de noviembre, fue ratificada por el Tribunal de Justicia de la Unión Europea, primero, en su sentencia de 9 de julio de 2020, y luego, en el auto del TJUE de 3 de marzo de 2021" (TS 23-4-24, EDJ 541846).

4. Sentencia TS 22-4-24:

"En cuanto a la **renuncia al ejercicio de acciones** contenida en el acuerdo transaccional, se aprecia su nulidad conforme a la jurisprudencia de aplicación (sentencias 580/2020 y 581/2020, ambas de 5 de noviembre, que siguen la doctrina del Tribunal de Justicia contenida en la sentencia de 9 de julio de 2020 y reiterada en el auto del TJUE de 3 de marzo de 2021, y reiterada en numerosas sentencias posteriores, entre otras, las núms. 539, 546, 547, 548 y 550/2022, de 7 de julio). La renuncia al ejercicio de acciones es genérica y no consta que se hubiera aportado información que permitiera conocer aproximadamente a cuanto se renunciaba por las cantidades indebidamente cobradas en aplicación de la cláusula suelo.

Por tanto, apreciamos la validez de la estipulación primera del contrato privado de fecha de 26 de febrero de 2014, que suspende temporalmente la aplicación de la cláusula suelo , y la nulidad de la cláusula de renuncia de acciones, que se tendrá por no puesta"

En la sentencia 951/2023, de 14 de junio de 2023, recordamos que para analizar la validez de la cláusula suelo , primero hemos de partir de la jurisprudencia de esta sala y del Tribunal de Justicia al respecto, tal y como fue sintetizada en la sentencia 213/2021, de 19 de abril:

"El control de transparencia no se agota en el mero control de incorporación, sino que supone un plus sobre el mismo. Según se desprende inequívocamente de la jurisprudencia del TJUE (SSTJUE de 21 de marzo de 2013, C-92/11, RWE Vertrieb; 30 de abril de 2014, C-26/13, Kásler y Káslerne Rábai; 26 de febrero de 2015, C-143/13, Matei; y 23 de abril de 2015, C-96/14, Van Hove), no solo es necesario que las cláusulas estén redactadas de forma clara y comprensible, sino también que el adherente pueda tener un conocimiento real de las mismas, de forma que un consumidor informado pueda prever, sobre la base de criterios precisos y comprensibles, sus consecuencias económicas.

El control de transparencia excluye que, en contratos en que el adherente sea un consumidor, pueda agravarse la carga económica que el contrato supone para el consumidor, tal y como éste la había percibido, mediante la inclusión de una condición general que supere los requisitos de incorporación, pero cuya trascendencia jurídica o económica le pasó inadvertida, porque se le dio un inapropiado tratamiento secundario y no se le facilitó la información clara y adecuada sobre las consecuencias jurídicas y económicas de dicha cláusula.

1355 **Contratos Bancarios**

MCM 8530 s.

Nota preliminar:

Tanto la jurisprudencia nacional como la comunitaria han resaltado la importancia que para la transparencia en la contratación con los consumidores tiene la información precontractual que se les facilita, porque es en esa fase cuando se adopta la decisión de contratar (por todas, STJUE de 21 de marzo de 2013, asunto C-92/11, caso RWE Vertrieb; y STS 509/2020, de 6 de octubre). Así como que en el examen de la transparencia se deberán tener en cuenta "el conjunto de circunstancias en torno a la celebración del contrato" (STJUE de 3 de marzo de 2020, Gómez del Moral Guasch, C-125/18, apartado 70)" (TS 22-4-24, EDJ 541831).

El modelo presupone unas circunstancias determinadas que serán las más **frecuentes**. Si en el caso concreto existen circunstancias particulares no previstas, deberá completarse o modificarse el modelo adaptándolo a las mismas.

ENTIDAD: Oficina: *"lugar o número de oficina"*. Número de préstamo: *"número de préstamo"*.

PRESTATARIOS Y FIADORES:

- Nombre y apellidos: *"Don/Doña nombre y apellidos de los prestatarios y fiadores"* N.I.F.: *"DNI de los prestatarios y fiadores"* Domicilio: *"domicilio de los prestatarios y fiadores"* Domicilio de correspondencia: *"domicilio a efectos de correspondencia"*.

CONDICIONES PARTICULARES

- Importe del préstamo: *"importe del préstamo, en letra"* euros (*"importe del préstamo, en número"* €).
- Clase de interés: *"...fijo ... O ... variable ..."*.
- Modalidad de intereses: *"...vencidos ... O ... anticipados ..."*
- Año en cálculo de intereses: comercial
- Interés inicial: *"porcentaje por interés inicial"* %
- Interés de demora: *"porcentaje por interés de demora"* %
- T.A.E.: *"porcentaje por TAE"* %
- Índice de referencia: *"especificar índice"*.
- Diferencial: *"especificar diferencial"*
- Periodicidad de revisión: *"especificar regularidad"*.
- Redondeo: *"especificar redondeo (Sólo aplicable en el caso de tipo de interés variable.)"*
- Modalidad de pago: *"especificar modalidad de pago"*.
- Periodicidad de las cuotas: *"especificar periodicidad"*.
- Número de cuotas: *"número de cuotas"*.
- Importe de la primera cuota: *"importe primera cuota"*
- Periodicidad de liquidación de intereses: *"especificar periodicidad de liquidación"*.
- Fecha fin de carencia: *"fecha fin de carencia"*.
- Fecha fin de periodo a tipo fijo: *"fecha fin de periodo"*.
- Fecha primer pago de interés: *"fecha primer pago de interés"*.
- Fecha primera cuota: *"fecha primera cuota"*.

- Fecha última cuota: *"fecha última cuota"*

- Comisiones:

- Apertura: *"comisión de apertura"*.

- Amortización anticipada: *"amortización anticipada"*.

- Reclamación cuotas impagadas: *"especificar la reclamación"*.

- Cuenta asociada (CCC): *"Código Cuenta Corriente"*.

La **Entidad** y la **Parte prestataria** y la **Parte fiadora** convienen la celebración de un préstamo, que se regirá por las condiciones particulares arriba indicadas y por las condiciones generales de contratación siguientes, que la **Parte prestataria** y la **Parte fiadora** aceptan expresamente que se incorporen al contrato:

CONDICIONES GENERALES

PRIMERA. Objeto

La **Parte prestataria** reconoce recibir solidariamente en esta fecha, de la **Entidad**, el capital de este préstamo mercantil mediante abono en la cuenta asociada que se indica.

La **Parte prestataria** y la **Parte fiadora** se obligan solidariamente a devolver dicho capital junto con el resto de conceptos que se indican en este contrato.

SEGUNDA. Modalidades de pago y fechas de adeudo

En el supuesto de que se hubiera establecido carencia en el pago de amortizaciones la misma no afectará a los intereses pactados, que se devengarán y se harán efectivos desde el abono del capital en sus respectivos vencimientos, con la misma periodicidad que la establecida para el periodo de amortización.

Nota:

Véase Anejo 4 de la Circ BE 5/2012 *respecto al* ***contenido mínimo*** *de las* ***comunicaciones*** *a remitir al prestatario de cada una de las liquidaciones efectuadas. Este Anejo ha sido modificado por la Circ BE 3/2022.*

Cuando la modalidad de pago sea de cuota constante comprensiva de amortización de capital más intereses, las cuotas de amortización a pagar en cada vencimiento se determinarán mediante el sistema francés de amortización, utilizando el tipo de interés vigente al inicio del periodo de amortización. Las posibles variaciones del tipo nominal de interés no afectarán al importe de la cuota de amortización de capital, modificándose únicamente el importe de los intereses y por tanto la cuota total a pagar en los sucesivos vencimientos.

En los casos en que no se conozca el tipo de interés aplicable al primer vencimiento de amortización no se reflejará en el cuadro de características el Importe primera cuota, por no ser posible su determinación.

Fecha de adeudo de los vencimientos. Los vencimientos previstos se adeudarán en la cuenta asociada en la misma fecha referida en las condiciones particulares, excepto en los dos casos siguientes:

a) Si la fecha de vencimiento es el último día natural del mes y éste es sábado, domingo o festivo nacional, el adeudo se realizará anticipadamente el último día practicable (es decir, que no sea sábado, ni domingo, ni festivo nacional) del mes.

b) Si la fecha de vencimiento es un sábado, domingo o festivo nacional pero no coincide con el último día natural del mes, el adeudo se realizará posteriormente hasta el segundo día practicable (es decir, que no sea ni sábado, ni domingo, ni festivo nacional) posterior al vencimiento.

MCM 8530 s.

TERCERA. Tipo de Interés variable

✍ **Nota:**

Sólo si se admite la ***variación del tipo de interés****, en otro caso podría suprimirse esta cláusula renumerando el contrato.*

Cuando se haya pactado el tipo de interés variable, el capital del préstamo devengará el tipo de interés nominal fijo establecido en el contrato ('Interés inicial') durante el plazo expresado en el mismo (hasta 'Fecha fin periodo a tipo fijo') y a partir del día siguiente y por los periodos fijos que se indican ('Periodicidad revisión'), el préstamo devengará el tipo de interés variable, al alza o a la baja, que resulte de la adición del número de puntos establecido en las condiciones particulares ('Diferencial') al índice de referencia indicado en dicho cuadro. El tipo resultante se aplicará como tipo nominal y se redondeará, en caso de no coincidir, de acuerdo con la expresión indicada en las condiciones particulares ('Redondeo').

CUARTA. Intereses de mora y capitalización

Todas las cantidades que resulten impagadas por capital e intereses devengarán día a día, desde sus respectivos vencimientos, sin necesidad de intimación ni requerimiento alguno, los intereses de mora al tipo nominal anual pactado en las condiciones particulares, sin perjuicio de las limitaciones legales que procedan.

QUINTA. Fórmula de cálculo

Para el cálculo de los intereses ordinarios y de mora se aplica la fórmula I=c x r x t/(100 k) Siendo:

I - Total de intereses a pagar.

c - Capital pendiente.

r - Tipo de interés nominal anual aplicable en tanto por ciento.

t - Período de cálculo en días.

k = 365 para el caso de Año Civil.

k = 360 para el caso de Año Comercial. (se considera entonces, por lo que hace al numerador t., que todos los meses son de 30 días).

En los supuestos de vencimiento anticipado los intereses se entenderán devengados día a día.

SEXTA. Cancelación y amortización anticipadas

La **Parte prestataria** podrá resolver anticipadamente este contrato, sin necesidad de alegar causa ninguna, en cualquier momento, previo el reembolso a **Entidad** de todas las cantidades adeudadas por este contrato, incluida la comisión de cancelación anticipada indicada en las condiciones particulares.

✍ **Nota:**

Si se cumplieran los requisitos previstos para la aplicación de la L 16/2011 *de Crédito al Consumo, el art.*30 *reconoce al prestamista el derecho a una* ***compensación*** *justa y justificada objetivamente por los posibles costes directamente derivados del reembolso anticipado del crédito, siempre que el reembolso anticipado se produzca dentro de un período en el cual el tipo deudor sea fijo. Dicha compensación no podrá ser superior al 1 por 100 del importe del crédito reembolsado anticipadamente si el periodo restante entre el reembolso anticipado y la terminación acordada del contrato de crédito es superior a un año. Si el período no supera un año, la compensación no podrá ser superior al 0,5 por 100 del importe del crédito reembolsado anticipadamente.*

Igualmente, la **Parte prestataria** podrá realizar amortizaciones parciales anticipadas de capital (devengándose la comisión reflejada en las condiciones particulares) siempre que la operación se encuentre al corriente en todos sus pagos y siempre que el importe de dicha amortización anticipada supere el *"en letra"* por 100 del capital pactado en este contrato. En este supuesto la **Parte prestataria**, a su elección, podrá reducir los pagos iniciales o reducir el plazo de vigencia de la operación, o bien, manteniendo aquéllos, establecer una carencia de amortización hasta absorber el importe anticipado.

SÉPTIMA. Vencimiento anticipado

La **Parte prestataria** perderá el beneficio del término, pudiendo la **Entidad** anticipar el vencimiento y reclamar la devolución inmediata de todas las cantidades adeudadas, sin necesidad de cumplir otro requisito, en los siguientes supuestos:

a) Incumplimiento de cualquiera de las obligaciones asumidas por cualquiera de los integrantes de la **Parte prestataria** falleciera en este contrato y en especial el impago de cualquier plazo de amortización o de intereses.

b) En caso de que cualquiera de los integrantes de la **Parte prestataria** falleciera, solicitase o fuera declarado en estado de insolvencia temporal o definitiva (suspensión de pagos, quiebra o concurso de acreedores) o incurriera en alguna causa que disminuya o modifique su capacidad civil.

c) Si se alterase notoriamente la solvencia de cualquiera de los integrantes de la **Parte prestataria** por incumplimiento de obligaciones económicas u otras circunstancias que supongan la interrupción de su normal actividad o hagan peligrar su unidad patrimonial.

d) Falseamiento o inexactitud de la información facilitada a la entidad por cualquiera de los integrantes de la **Parte prestataria**.

e) En los casos de préstamos a interés variable, cuando la **Parte prestataria**, antes de las nueve de la mañana del día en que el nuevo tipo de interés se devengue, comunique por escrito su no aceptación. En tal supuesto la **Parte prestataria** vendrá obligada a cancelar el préstamo en el plazo máximo de treinta días, tiempo durante el cual el capital pendiente devengará el interés que hubiera regido en el período inmediatamente anterior, y deberá satisfacer la comisión de cancelación anticipada pactada en este contrato.

OCTAVA. Liquidez

Atendiendo a la naturaleza del contrato de préstamo la deuda generada se considera líquida y exigible, por lo que, para el ejercicio de la acción ejecutiva, no se precisará ningún documento adicional que acredite la liquidez de la deuda. No obstante, y sin perjuicio de lo anteriormente pactado, si se estimara que es preciso efectuar una liquidación la cantidad exigible en caso de ejecución será la resultante de la liquidación efectuada por la **Entidad** en la forma convenida por las partes en el título ejecutivo.

NOVENA. Gastos y tributos

Cuantos gastos (especialmente los de intervención de fedatario público) y tributos se causen con motivo de la formalización, cumplimiento o extinción de este contrato, serán de cuenta y cargo de la **Parte prestataria**. Lo anterior no será de aplicación a aquellos gastos de documentación y tramitación que por Ley imperativa correspondieran a la **Entidad**.

DÉCIMA. Comisiones

Se pactan las siguientes comisiones a abonar a **Entidad** por la **Parte prestataria**, cuya cuantía es la que figura en las condiciones particulares y cuyo concepto, base y devengo es el que seguidamente se expresa:

a) Comisión de apertura, a percibir en este mismo acto, por una sola vez, cuya base es el capital del préstamo.

b) Comisión de amortización parcial anticipada, cuya base es el capital amortizado anticipadamente.

c) Comisión de cancelación anticipada, cuya base es el capital cancelado anticipadamente.

d) Comisión de reclamaciones de cuotas, intereses o amortizaciones impagadas, a percibir en cada ocasión en que se produzcan estos impagos (una sola vez por cada impago).

UNDÉCIMA. Obligaciones de información

La **Parte prestataria** se obliga a facilitar anualmente a la **Entidad** los oportunos estados contables actualizados que permitan el análisis económico-financiero de su empresa o negocio.

Igualmente, la **Parte prestataria** se obliga a comunicar a la **Entidad**, con carácter inmediato, todo cambio de régimen económico matrimonial y, de ser comerciantes, los actos de oposición y revocación a que alude el artículo 11 del Código de Comercio.

MCM 8530 s.

Los intervinientes reconocen que con anterioridad a este acto han recibido un ejemplar del folleto parcial de las tarifas de comisiones, gastos repercutibles y normas de valoración vigentes en la actualidad.

A efectos informativos, y de conformidad a lo establecido en la Circular 5/2012, del Banco de España, se hace constar que la Tasa Anual Equivalente correspondiente al tipo de interés nominal aplicable al préstamo se determinará conforme a la fórmula que figura en dicha Circular (Anexo 4 y 7).

Nota:

Téngase en cuenta que el Anejo 4 de la Circ BE 5/2012EDL 2012/128828, ha sido modificado por la Circ BE 3/2022.

DUODÉCIMA. Fianza

La **Parte fiadora** se declara enterada del contenido del presente contrato, respondiendo solidariamente entre sí y con la **Parte prestataria** de las obligaciones asumidas por éstos, renunciando expresamente a los beneficios de excusión, división y orden, respondiendo en la misma forma, tiempo y condiciones que la **Parte prestataria**.

DECIMOTERCERA. Tratamiento de datos personales

De acuerdo con la normativa aplicable (Rgto (UE) 2016/679 y LO 3/2018), se informa sobre lo siguiente en relación con el tratamiento de datos personales:

Información básica sobre protección de datos	
Responsable	*"nombre de la entidad"*
Finalidad	Gestión contractual de la relación jurídica a que da lugar el presente contrato
Legitimación	Consentimiento del interesado y ejecución de contrato
Destinatarios	Los datos proporcionados no serán cedidos a ningún tercero, salvo obligación legal. En cualquier caso, las categorías de destinatarios son Administración Tributaria y entidades financieras
Derechos	Acceder, rectificar, suprimir los datos, así como otros derechos, según se explica en la información adicional
Información adicional	Por favor, consulte la información adicional y detallada sobre la protección de datos en la página web *"especificar pág web"*

DECIMOCUARTA. Lugar de cumplimiento y domicilio

Como lugar de cumplimiento del presente contrato se pacta por las partes el de la oficina que figura en el encabezamiento del contrato, sirviendo como domiciliación de pago la cuenta asociada abierta en la **Entidad** vigente en cada momento.

A efecto de las notificaciones de todo tipo previstas en la Ley, se entenderá como domicilio de cada uno de los intervinientes para efectuar las que fueran necesarias, el señalado en la presente póliza para cada uno de ellos y en todo caso, se entenderá por bien efectuada la notificación, cuando fuera intentada en dicho domicilio.

MCM 8530 s.

Los titulares de esta operación y sus avalistas, podrán modificar los domicilios en este documento señalados, siempre que el cambio sea notificado a la **Entidad**.

Las partes intervinientes, en prueba de conformidad con su contenido, otorgan y firman el presente contrato en los ejemplares necesarios para su entrega a cada una de las partes, reconociendo las partes recibir a su formalización uno de ellos.
En *"localidad"*, a *"fecha"*

LA PARTE PRESTATARIA **LA PARTE FIADORA**

LA ENTIDAD

Con mi intervención

Préstamo de dinero a tipo de interés variable

MCM 8530 s.

Nota preliminar:

En relación con el **interés remuneratorio y la usura**, la jurisprudencia ha quedado fijada así:

El Tribunal supremo **ha reiterado la jurisprudencia** en materia de usura, fijando ex novo los parámetros para identificar el tipo medio con el que se debe comparar el pactado analizado para los casos anteriores a junio de 2010, en que el Banco de España desglosó el específico de tarjetas de crédito revolving, y el margen adicional respecto del que el préstamo será calificable de usurario, determinando:

1. Sentencia TS 15-2-2023:

" [en] la sentencia 628/2015, de 25 de noviembre , [...] en primer lugar aclaramos que "para que la operación crediticia pueda ser considerada usuraria, basta que se den los requisitos previstos en el primer inciso del art. 1 de la ley, esto es, "que se estipule un interés notablemente superior al normal del dinero y manifiestamente desproporcionado con las circunstancias del caso", sin que sea exigible que, acumuladamente, se exija "que ha sido aceptado por el prestatario a causa de su situación angustiosa, de su inexperiencia o de lo limitado de sus facultades mentales" (TS 15-2-23, EDJ 513138).

“Y para juzgar si el interés es notablemente superior al normal del dinero, en esa sentencia hacíamos dos consideraciones: i) por una parte, que "el porcentaje que ha de tomarse en consideración para determinar si el interés es notablemente superior al normal del dinero no es el nominal, sino la tasa anual equivalente (TAE), que se calcula tomando en consideración cualesquiera pagos que el prestatario ha de realizar al prestamista por razón del préstamo, conforme a unos estándares legalmente predeterminados"; ii) y, por otra, que la comparación no debía hacerse con el interés legal del dinero, sino con el interés normal o habitual, para cuyo conocimiento podía acudirse a las estadísticas que publica el Banco de España, [...] la posterior sentencia 149/2020, de 4 de marzo , [...] contrato era de 2012 [...] la comparación debía utilizarse el tipo medio de interés, en el momento de la celebración del contrato, que correspondiera a la operación crediticia cuestionada, en concreto la tarjeta de crédito revolving:

(...) el índice que debió ser tomado como referencia era el tipo medio aplicado a las operaciones de crédito mediante tarjetas de crédito y revolving publicado en las estadísticas oficiales del Banco de España, con las que más específicamente comparte características la operación de crédito objeto de la demanda [...]” (TS 15-2-23, EDJ 513138).

“En la sentencia 367/2022, de 4 de mayo, hemos reiterado la doctrina expresada por la sentencia 149/2020, de 4 de marzo , sobre la utilización como término de referencia de la categoría estadística específica del revolving.

la sentencia más reciente, la núm. 643/2022, de 4 de octubre , resuelve un caso en que el contrato era de 2001, cuando no existía una estadística específica de referencia en las tablas del Banco de España, [...] primero reitera la doctrina expuesta en las sentencias anteriores, de que "la referencia del "interés normal del dinero" que ha de utilizarse para determinar si el interés remuneratorio es usurario debe ser el interés medio aplicable a la categoría a la que corresponda la operación cuestionada, en estos casos el tipo medio aplicado a las operaciones de crédito mediante tarjetas de crédito y revolving publicado en las estadísticas oficiales del Banco de España". Y apostilla que, si existen categorías más específicas dentro de otras más amplias, debe utilizarse la más específica, la que presente más coincidencias con la operación crediticia cuestionada, pues esos rasgos comunes son determinantes del precio del crédito, esto es, de la TAE del interés remuneratorio [...]” (TS 15-2-23, EDJ 513138; AP Ávila 14-2-24, EDJ 542477).

2. Sentencia TS 25-4-24:

En relación con el art.395 LEC y la necesidad de llevar a cabo un **requerimiento fehaciente previo** a la interposición de la demanda para que tenga efecto sobre las **costas**, el TJUE aprecia que la exigencia de la normativa nacional de agotar esa vía previa de resolución extrajudicial, siendo legítima y razonable, recae solo sobre el consumidor:

Nota preliminar:

"Pues bien, en el ámbito de las cláusulas abusivas en los contratos celebrados entre un profesional y un consumidor, en que se ha dictado una abundante jurisprudencia nacional, tal obligación debería recaer por igual sobre ambas partes contratantes. En efecto, cuando en jurisprudencia nacional reiterada se han declarado abusivas determinadas cláusulas tipo, cabe igualmente esperar de las entidades bancarias que tomen la iniciativa de ponerse en contacto con sus clientes cuyos contratos contengan tales cláusulas, antes de que estos presenten demanda, para anular los efectos de esas cláusulas [apartado 32]" (TS 25-4-24, EDJ 541880).

- "En las sentencias 489/2018, de 13 de septiembre, 548/2018, de 5 de octubre, y 101/2019, de 18 de febrero, declaramos que es posible modificar la cláusula suelo del contrato originario, siempre que esta modificación haya sido negociada o, en su defecto, cuando se hubiera empleado una cláusula contractual predispuesta por el empresario en la contratación con un consumidor, esta última cláusula cumpla con las exigencias de transparencia. En estos casos de simple modificación de la cláusula suelo , si se cumplen los requisitos expuestos, se tendría por válida la nueva cláusula, sin perjuicio de que pudiera declararse la nulidad de la originaria cláusula suelo si no se cumplían los requisitos de transparencia. Con el consiguiente efecto de que se considere que no ha producido efectos y por lo tanto todo lo que se hubiera cobrado de más en aplicación de esa originaria cláusula debía ser restituido al consumidor.

3. Sentencia TS 23-4-24:

"Esta doctrina, tal y como advertimos en las sentencias 580/2020 y 581/2020, de 5 de noviembre, fue ratificada por el Tribunal de Justicia de la Unión Europea, primero, en su sentencia de 9 de julio de 2020, y luego, en el auto del TJUE de 3 de marzo de 2021" (TS 23-4-24, EDJ 541846).

4. Sentencia TS 22-4-24:

"En cuanto a la **renuncia al ejercicio de acciones** contenida en el acuerdo transaccional, se aprecia su nulidad conforme a la jurisprudencia de aplicación (sentencias 580/2020 y 581/2020, ambas de 5 de noviembre, que siguen la doctrina del Tribunal de Justicia contenida en la sentencia de 9 de julio de 2020 y reiterada en el auto del TJUE de 3 de marzo de 2021, y reiterada en numerosas sentencias posteriores, entre otras, las núms. 539, 546, 547, 548 y 550/2022, de 7 de julio). La renuncia al ejercicio de acciones es genérica y no consta que se hubiera aportado información que permitiera conocer aproximadamente a cuanto se renunciaba por las cantidades indebidamente cobradas en aplicación de la cláusula suelo.

Por tanto, apreciamos la validez de la estipulación primera del contrato privado de fecha de 26 de febrero de 2014, que suspende temporalmente la aplicación de la cláusula suelo , y la nulidad de la cláusula de renuncia de acciones, que se tendrá por no puesta"

En la sentencia 951/2023, de 14 de junio de 2023, recordamos que para analizar la validez de la cláusula suelo , primero hemos de partir de la jurisprudencia de esta sala y del Tribunal de Justicia al respecto, tal y como fue sintetizada en la sentencia 213/2021, de 19 de abril:

"El control de transparencia no se agota en el mero control de incorporación, sino que supone un plus sobre el mismo. Según se desprende inequívocamente de la jurisprudencia del TJUE (SS-TJUE de 21 de marzo de 2013, C-92/11, RWE Vertrieb; 30 de abril de 2014, C-26/13, Kásler y Káslerne Rábai; 26 de febrero de 2015, C-143/13, Matei; y 23 de abril de 2015, C-96/14, Van Hove), no solo es necesario que las cláusulas estén redactadas de forma clara y comprensible, sino también que el adherente pueda tener un conocimiento real de las mismas, de forma que un consumidor informado pueda prever, sobre la base de criterios precisos y comprensibles, sus consecuencias económicas.

El control de transparencia excluye que, en contratos en que el adherente sea un consumidor, pueda agravarse la carga económica que el contrato supone para el consumidor, tal y como éste la había percibido, mediante la inclusión de una condición general que supere los requisitos de incorporación, pero cuya trascendencia jurídica o económica le pasó inadvertida, porque se le dio un inapropiado tratamiento secundario y no se le facilitó la información clara y adecuada sobre las consecuencias jurídicas y económicas de dicha cláusula.

MCM 8530 s.

Nota preliminar:

Tanto la jurisprudencia nacional como la comunitaria han resaltado la importancia que para la transparencia en la contratación con los consumidores tiene la información precontractual que se les facilita, porque es en esa fase cuando se adopta la decisión de contratar (por todas, STJUE de 21 de marzo de 2013, asunto C-92/11, caso RWE Vertrieb; y STS 509/2020, de 6 de octubre). Así como que en el examen de la transparencia se deberán tener en cuenta "el conjunto de circunstancias en torno a la celebración del contrato" (STJUE de 3 de marzo de 2020, Gómez del Moral Guasch, C-125/18, apartado 70)" (TS 22-4-24, EDJ 541831).

El modelo presupone unas circunstancias determinadas que serán las más **frecuentes**. Si en el caso concreto existen circunstancias particulares no previstas, deberá completarse o modificarse el modelo adaptándolo a las mismas.

POR EUROS *"indicar cantidad, en letra"* euros (*"indicar cantidad, en número"* €).
PRÉSTAMO NÚMERO: *"número del préstamo"*.
VENCIMIENTO: *"fecha de vencimiento"*.
En *"localidad"*, a *"fecha"*.
Con Intervención del fedatario mercantil *"Don/Doña nombre y apellidos del fedatario"*.

De una parte,
"Don/Doña nombre y apellidos del prestatario" con domicilio en *"domicilio del prestatario"* y con D.N.I. núm. *"DNI del prestatario"*.

En adelante, el **Prestatario**.

De otra parte,
la *"denominación de la Entidad"* representada por *"Don/Doña nombre y apellidos de la Entidad"*.

En adelante, el **Banco**.

De otra parte,
"Don/Doña nombre y apellidos de los fiadores" con domicilio en *"domicilio de los fiadores"* y con D.N.I. núm. *"DNI de los fiadores"*.

En adelante, conjuntamente los **Fiadores**.

Convienen el presente contrato de préstamo, que formalizan por medio de esta póliza Intervenida por fedatario mercantil y con arreglo a las siguientes

Nota:

Véanse Anejos 1, 3 y 4 de la Circ BE 5/2012 *en cuanto a la* ***entrega de documentos*** *contractuales, información sobre comisione y tipos practicados u ofertados, y de tarifas de comisiones y normas de valoración.*

Téngase en cuenta que el Anejo 4 de la Circ BE 5/2012 ha sido modificado por la Circ BE 3/2022.

CLÁUSULAS

PRIMERA.
El **Prestatario** recibe en este acto del **Banco**, y a su entera conformidad, la cantidad de *"cantidad recibida por el prestatario, en letra"* euros (*"cantidad recibida por el prestatario, en número"* €), cantidad íntegra que, como consecuencia de este contrato, el **Prestatario** reconoce deber al **Banco**.

MCM 8530 s.

SEGUNDA.

Se fija como duración de este préstamo un plazo que finalizará el día del vencimiento fijado en este contrato, estableciéndose las siguientes amortizaciones de capital, mínimas en cuantía y máximas en plazo:

Cantidad a reintegrar: *"importe a reintegrar"* Límite: *"especificar límite del reintegro"*

"fecha de cancelación total" Cancelación total. Cero

La cancelación del préstamo antes del vencimiento por parte del **Prestatario** facultará al **Banco** a percibir una comisión por cierre anticipado equivalente al *"porcentaje de la comisión, en letra"* por ciento sobre el límite cuyo reembolso se adelanta.

 **Nota:**

Si se cumplieran los requisitos previstos para la aplicación de la L 16/2011 *de Crédito al Consumo, el art.30 reconoce al prestamista el derecho a una* ***compensación*** *justa y justificada objetivamente por los posibles costes directamente derivados del reembolso anticipado del crédito, siempre que el reembolso anticipado se produzca dentro de un período en el cual el tipo deudor sea fijo. Dicha compensación no podrá ser superior al 1 por 100 del importe del crédito reembolsado anticipadamente si el período restante entre el reembolso anticipado y la terminación acordada del contrato de crédito es superior a un año. Si el período no supera un año, la compensación no podrá ser superior al 0,5 por 100 del importe del crédito reembolsado anticipadamente.*

TERCERA.

Este préstamo devengará desde el día de hoy, a favor del **Banco**, interés sobre la cantidad adeudada, liquidable pagadero *"especificar periodicidad"*, de acuerdo con lo establecido en los apartados siguientes:

a) El tipo de interés nominal es del *"especificar el tipo, en letra"* por ciento anual. El cálculo de los intereses será el resultado de multiplicar el principal del préstamo pendiente de reembolso por el tipo de interés nominal-anual, por el número de días de cada periodo y dividiendo el resultado por 36.000.

b) El tipo de interés nominal aplicable será revisado anualmente y será el equivalente a adicionar un diferencial de *"indicar el número de puntos porcentuales"* puntos porcentuales al tipo de interés *"especificar tipo de referencia"*.

c) El nuevo tipo de interés nominal aplicable se comunicará por el **Banco** al **Prestatario**, con una antelación de *"número"* días naturales respecto al comienzo del nuevo plazo de interés.

El **Prestatario** dispondrá de un plazo de *"indicar el plazo, en días"* días naturales para manifestar por escrito dirigido al **Banco** si está o no conforme con el nuevo tipo de interés nominal. La falta de comunicación durante el plazo establecido se considerará aceptación tácita del nuevo tipo. Si el **Prestatario** no aceptase el nuevo tipo de interés nominal, dispondrá de un plazo de *"número de días"* días naturales contados desde el vencimiento del último período de intereses para reembolsar al **Banco** el capital del préstamo más los intereses devengados hasta el día de pago, calculados al último tipo admitido expresa o tácitamente por el **Prestatario**.

d) En el caso de que, por razones en este momento imprevisibles, en el día señalado en el contrato no fuera posible determinar el tipo de referencia, se aplicará un tipo de interés sustitutivo que se determinará mediante la adición del *"especificar tipo de referencia"* anteriormente indicado a *"especificar tipo sustitutivo"*.

La aplicación del tipo de interés sustitutivo cesará en el momento en que desaparezcan las circunstancias excepcionales que hubiesen dado lugar a su aplicación. En el supuesto de que, por cualquier circunstancia, no sea posible determinar el tipo de interés nominal ni el sustitutivo establecido anteriormente y dicha situación se prolongara por periodo de un mes, si las partes dentro de dicho mes no llegaran a un acuerdo para determinar el tipo de interés aplicable en los periodos de interés sucesivos, el contrato quedará vencido y el prestatario dispondrá del plazo del mes siguiente para devolver el préstamo. En tal supuesto de falta de acuerdo y hasta la devolución del préstamo, será de aplicación el último tipo de interés que se hubiera venido aplicando al préstamo antes de hacerse imposible la determinación del tipo de interés.

MCM 8530 s.

Asimismo, este préstamo devengará a favor del **Banco** las comisiones que a continuación se detallan, liquidables y pagaderas en el propio acto de la formalización, las cuales se adeudarán en la cuenta de préstamo: *"especificar comisiones y cuenta de préstamo"*.

Como consecuencia de todo ello, y a efectos puramente informativos, el tipo de interés efectivo anual equivalente (TA.E.), calculado sobre el supuesto de disponibilidad total del préstamo será el *"en letra"* por ciento. El cálculo para la determinación de la T.A.E., se ha realizado conforme a la Circular 5/2012 del Banco de España.

CUARTA.

Sin perjuicio del derecho del **Banco** a dar por vencido, en su caso, anticipadamente el préstamo, en los términos previstos en esta póliza, las cantidades adeudadas no satisfechas en las respectivas fechas estipuladas, devengarán desde el día siguiente de las mismas, en concepto de indemnización de daños y perjuicios, un interés nominal superior en *"indicar los puntos incrementados, en número"* puntos porcentuales al que hubiese resultado aplicable en el período de tiempo al que se refieren aquellos conceptos impagados, que se devengará diariamente y se liquidará y pagará cuando aquellas cantidades sean satisfechas, pudiendo el **Banco**, en cuanto a los intereses, considerados capital a estos efectos, de conformidad con el artículo 317 del Código de Comercio.

Nota:

El artículo citado establece como regla general la prohibición de ***anatocismo*** *legal al disponer que «los intereses vencidos y no pagados no devengarán intereses». No obstante, el mismo artículo admite el anatocismo convencional al establecer que «los contratantes podrán, sin embargo, capitalizar los intereses líquidos y no satisfechos que, como aumento de capital, devengarán nuevos réditos.»*

Asimismo, las cantidades expresadas devengarán una comisión por reclamación de posiciones deudoras de *"comisión por reclamaciones"*, liquidable y pagadera a la cancelación de cada una de ellas, sin que ello suponga una prórroga de la operación vencida.

QUINTA.

No obstante lo previsto en la cláusula anterior, podrá el **Banco** dar por vencido el préstamo y exigir la devolución de la suma que por capital, gastos, intereses y comisión le adeude el **Prestatario** si se diese alguna de las siguientes circunstancias:

a) Incumplimiento de cualquiera de las obligaciones contraías en virtud de este contrato.

b) Por no reembolsar el titular los intereses y comisiones en la forma prevista en este contrato.

c) Por comprobarse la inexactitud y ocultación de los datos facilitados al **Banco** con carácter previo a la concesión de este préstamo y que, a su juicio, hayan determinado una errónea o incompleta visión en el estudio del riesgo de la operación.

d) Que el titular del préstamo o alguno de sus fiadores realice actos que pongan en peligro o disminuyan notablemente su solvencia.

e) Por haberse impagado algún efecto aceptado bien por el titular del préstamo o por alguno de sus fiadores -dado que éstos se obligan solidariamente con el deudor principal- o por haberse iniciado contra el titular del préstamo sus fiadores cualquier procedimiento judicial o administrativo que pueda producir el embargo o ejecución de sus bienes.

f) En caso de solicitud de quita y espera, suspensión de pagos, concurso de acreedores, quiebre o resolución admitiendo a trámite la solicitud de concurso o quiebra efectuada por tercero, celebración por el prestatario de convenio extrajudicial con sus acreedores, que implique indisponibilidad de sus bienes o cesión total o parcial de los mismos, como embargo o intervención administrativa o administración judicial de todos o parte de los bienes del **Prestatario.**

g) Cuando el titular garantice o permita que se garanticen deudas mediante la constitución de hipotecas, prenda o cualquiera otras cargas, gravámenes o garantías sobre la totalidad o partes de sus bienes, derechos, actividades o ingresos, tanto actuales como futuros, o ampliara o renovara las garantías ya existentes, a no ser que previamente medie el consentimiento escrito del **Banco**.

h) Cuando el titular cambiara su naturaleza jurídica, se fusionase fuese absorbida por otra entidad, fuera modificada sustancialmente, se disolviera, fuese liquidada o cesara en su actividad empresarial.

i) Si falleciese alguno de los fiadores, a no ser que el titular ofreciera nuevo fiador también con el propio carácter solidario, y que a satisfacción del **Banco** garantizase las obligaciones contraías por el titular en la presente póliza.

j) Por comprobarse que el titular ha utilizado los fondos del préstamo para finalidad distinta de aquella para la que fue solicitado al **Banco**.

k) Cuando habiendo sido requerido por el **Banco** por cualquier medio, para que faciliten datos económicos o de solvencia actualizados, el titular o cualquiera de sus fiadores no los hubieran facilitado dentro de los 30 días naturales siguientes o el **Banco** tuviese constancia de la falta de autenticidad de los aportados.

l) Cuando el titular o fiadores procedan a la enajenación de, al menos, un 20% de sus activos existentes al momento de la concesión del préstamo. Para el caso de que la enajenación se produzca en un procedimiento de expropiación forzosa, de ejecución o de apremio, el **Prestatario** apodera irrevocablemente al **Banco** a percibir las indemnizaciones y contraprestaciones que sean procedentes por dicha causa y que le, sean debidas por razón del presente otorgamiento, entregando la cantidad sobrante a quien tuviese derecho a la misma. Todo ello sin perjuicio de la responsabilidad personal ilimitada del prestatario.

m) Cuando el cumplimiento de cualquiera de las obligaciones derivadas de este contrato implique que el **Banco** infrinja alguna disposición legal o reglamentaria o medida obligatoria ordenada o criterio interpretativo vinculante que emane de autoridad u organismo oficial competente, siempre que todo ello sea posterior a la fecha de la firma de este contrato, el **Banco** podrá declarar canceladas todas sus obligaciones en un plazo máximo de 15 días naturales desde la fecha de la notificación que a tal fin hubiera dirigido al **Prestatario**, siempre que la referida disposición lo permita. En tal supuesto y dentro del plazo mencionado, el **Prestatario** vendrá obligado a reembolsar al **Banco** el importe del principal dispuesto y pendiente de reintegro, así como a pagarle los intereses y comisiones devengadas, calculadas hasta la fecha en que efectivamente tenga lugar el pago, así como los gastos y cualquier otro concepto devengado contractual o legalmente.

n) Cuando sin concurrir las circunstancias previstas en los apartados anteriores, el titular del préstamo realice actos que pongan en peligro o disminuyan su solvencia, o sea presumiblemente una variación de su situación patrimonial por el impago de uno o más efectos aceptados, o incumpla la obligación de pago de cualquier otra deuda exigible por el **Banco**.

ñ) Cuando se produzca cualquier situación jurídica que limite la plena capacidad del **Prestatario** para administrar o disponer de sus bienes.

o) En cualquier caso en que respecto de los fiadores o alguno de ellos se produjera cualquiera de las situaciones comprendidas en la presente cláusula, aunque en ellas no se mencione a los Fiadores, salvo que el titular presente otro fiador solvente a juicio del **Banco** en el plazo máximo de siete días naturales desde que el **Banco** le requiera por cualquier medio para ello, u ofrezca garantía sustitutiva suficiente a satisfacción del **Banco** en los términos previstos en la cláusula séptima.

SEXTA.

Todas las cuentas y depósitos de efectivo o valores que tengan o puedan tener el titular o sus fiadores en cualquier dependencia del **Banco**, quedan afectos al cumplimiento de las obligaciones derivadas de esta póliza. Para los saldos en activo se pacta la compensación y para los valores, se faculta al **Banco** para venderlas de acuerdo con lo establecido en los artículos 322 y 323 del Código de Comercio. SI no cotizasen en Bolsa, se subastarán ante notario según lo preceptuado en el artículo 1872 del Código Civil. A tal efecto se designa como mandatario irrevocable al **Banco**.

MCM 8530 s.

Si el titular o sus fiadores figurasen como titulares mancomunados de cuentas o depósitos con persona ajena a esta operación, las previsiones anteriores se entienden referidas a la parte proporcional que le corresponda.

Se establece a favor del **Banco**, un derecho de retención sobre el metálico y valores para el caso de que traten de retirarlos el consentimiento del **Banco**.

SÉPTIMA.

Vencido el préstamo por llegada de su término o por cualquiera de las. causas previstas en este contrato, si el **Prestatario** no hiciese pago de la suma adeudada en el mismo día del cierre o en el siguiente si aquél fuese festivo, el **Banco** podrá exigir su pago por la vía ejecutiva.

A efectos meramente procesales, y como mecanismo de mayor seguridad para el **Prestatario**, la liquidación para determinar la deuda ejecutivamente reclamable, se practicará por el **Banco**, el cual expedirá la oportuna certificación que recoja el saldo que presente la cuenta el día del cierre. En su virtud, bastará para el ejercicio de la acción ejecutiva la presentación de esta póliza, juntamente con la certificación prevenida en el número 5º del artículo 517 de la Ley de Enjuiciamiento Civil y la legislación concordante, y la aportación de la documentación prevenida en el número 1 del artículo 573 de la misma Ley.

OCTAVA.

Serán de cuenta del **Prestatario** todos los gastos e impuestos que origine este préstamo durante su vigencia incluidos los gastos judiciales o extrajudiciales, comprendidos los de abogados y procuradores, que pudiera ocasionar su ejecución y cobro, los que se satisfagan por la formalización tanto de este contrato como de los documentos a que se refieren las cláusulas que preceden, así como los gastos de correo u otros medios de comunicación, de acuerdo con las tarifas postales y de comunicaciones vigentes en cada momento, quedando autorizado el **Banco** para cargar en las cuentas del **Prestatario** cuantos desde este momento se devenguen.

NOVENA.

"Don/Doña nombre y apellidos de los fiadores" garantizan solidariamente entre sí y con el **Prestatario**, y en los mismos términos que este último, cuantas obligaciones se contraen en la presente póliza, aun cuando no aparezcan expresamente nombrados en alguna de las precedentes cláusulas y, muy especialmente, al pago del principal, intereses y comisiones y, en su caso, gastos o impuestos, y prestando plena conformidad a lo pactado en la cláusula sexta, en relación con sus cuentas o depósitos de efectivo y valores.

El hecho de que el **Banco** deje la obligación vencida, sin reclamar, no se estimará como prórroga a efectos de liberar a los fiadores.

DÉCIMA.

De intervenir en esta póliza personas casadas, éstas se comprometen a no modificar su actual régimen económico matrimonial, sin dejar expresamente a salvo las obligaciones contraídas con el **Banco**, por razón del presente contrato y a admitir que la contravención de este pacto no producirá efectos frente al **Banco**, aunque la modificación se inscriba en los registros Civil y Mercantil.

UNDÉCIMA.

Los datos personales de los obligados relativos a este contrato serán incluidos y tratados en ficheros automatizados del **Banco** y cada uno de sus titulares podrá acceder a los mismos, rectificarlos y cancelarlos conforme a la Ley.

DUODÉCIMA.

A efecto de las notificaciones de todo tipo previstas en la Ley, se entenderá como domicilio de cada uno de los intervinientes para efectuar las que fueran necesarias, el señalado en la presente póliza para cada uno de ellos y en todo caso, se entenderá por bien efectuada la notificación, cuando fuera intentada en dicho domicilio.

Los titulares de esta operación y sus avalistas, podrán modificar los domicilios en este documento señalados, siempre que el cambio sea notificado al **Banco**.

DECIMOTERCERA.
En el caso de ser varios los prestatarios, todos ellos quedan obligados solidariamente frente al **Banco** al cumplimiento de las obligaciones derivadas de esta póliza.

Los comparecientes, en prueba de conformidad firman el presente contrato, declarando el prestatario recibir un ejemplar del mismo en unión con el folleto conteniendo la tarifa de comisiones, condiciones y gastos repercutibles a clientes.
En *"localidad"*, a *"fecha"*

EL PRESTATARIO **EL BANCO**

LOS FIADORES

Con mi intervención

Garantía para operaciones de descuento de efectos

MCM 8905 s.

Nota preliminar:

El modelo presupone unas circunstancias determinadas que serán las más **frecuentes**. Si en el caso concreto existen circunstancias particulares no previstas, deberá completarse o modificarse el modelo adaptándolo a las mismas.

LÍMITE: *"indicar límite"*. **NÚMERO:** *"indicar número"*.
En *"localidad"*, a *"fecha"*.
Con la intervención del fedatario mercantil *"Don/Doña nombre y apellidos del fedatario"*.

De una parte,
"Don/Doña nombre y apellidos del acreditado" con domicilio en *"domicilio del acreditado"* y con D.N.I. núm. *"DNI del acreditado"*.

En adelante, el **Acreditado**.

De otra parte,
la *"denominación de la Entidad"* representada por *"Don/Doña nombre y apellidos del representante de la Entidad"*.

En adelante, el **Banco**.

EXPONEN:

Que ambas partes han convenido la celebración del presente contrato de naturaleza mercantil regulador de las relaciones entre ambas partes contratantes que se deriven de las operaciones de descuento solicitadas por el acreditado al banco y admitidas por éste.

El contrato se regirá por las disposiciones legales relativas al descuento comercial, las reglas naturales del mismo y por las siguientes

ESTIPULACIONES:

PRIMERA. Objeto
El objeto del presente contrato es facilitar al **Acreditado** el descuento o negociación de letras de cambio, recibos y, en general, efectos de comercio u otros documentos que admita el banco, incluso no endosables o derechos o créditos registrados en soporte magnético, así como asegurar al **Banco** el riesgo de los documentos descontados y el saldo deudor de la cuenta que se abre con tal finalidad.

SEGUNDA. Límite
El **Banco** concede al **Acreditado** una clasificación hasta el límite máximo de *"indicar límite máximo, en letra"* euros (*"indicar límite máximo, en número"* €) para el descuento de letras de cambio, recibos y, en general, efectos de comercio u otros documentos que admita el **Banco**, bien se trate de relaciones de créditos registrados en soporte magnético, bien de documentos librados o endosados por el acreditado o en su caso los acreditados tanto conjunta como indistintamente y de los que sean legítimos tenedores.

MCM 8905 s.

TERCERA. Reducción del límite concedido

Sin perjuicio de las causas de resolución previstas en este contrato, el **Banco** podrá reducir el límite fijado en la anterior estipulación o dejar suspendida la negociación de documentos cuando varíen las circunstancias económicas del **Acreditado** que se tomaron en consideración para su establecimiento y. especialmente, si el **Acreditado** no abona el saldo deudor que pudiera existir en la cuenta especial, una vez requerido para ello.

La reducción del límite de la clasificación se notificará por escrito al **Acreditado** haciendo constar el nuevo límite fijado y la causa justa que motiva la decisión.

CUARTA. Documentos presentados al descuento

Los efectos o documentos presentados al descuento se corresponderán con créditos legítimos y existentes, líquidos, exigibles y no reclamados ni litigiosos. El **Acreditado** estará obligado a emitir los efectos o documentos debidamente firmados extendiéndolos en los modelos oficiales o, en su caso, en los que utilice habitualmente en su actividad comercial.

Tratándose de documentos no endosables, sin perjuicio de la obligación del **Acreditado** a que se refiere el artículo 319 del Código de Comercio, el **Banco** podrá notificar al deudor la cesión producida, incluso con requerimiento para su toma de razón.

QUINTA. Aceptación o rechazo de documentos

El **Banco** tendrá la facultad de estudiar una por una las operaciones presentadas, calificar el papel y rechazarlo o admitirlo de forma que no estará obligado en ningún caso a efectuar el descuento, pudiendo, en su caso, practicarlo respecto de la totalidad o parte de la remesa presentada.

Si el **Banco** rechazase el papel presentado lo comunicará al **Acreditado**, quien vendrá obligado a retirar los documentos y, si no lo hiciere el **Banco**, para evitar que se perjudiquen podrá presentarlos al vencimiento en gestión de cobro corriendo por cuenta del **Acreditado** las comisiones y gastos que se originen por este motivo.

SEXTA. Abono de los documentos descontados

Entregados o cedidos al **Banco** los documentos que el mismo admita al descuento, éste abonará al **Acreditado** el importe de la liquidación de la factura de presentación La negociación de las letras, efectos o documentos se sujetará a las condiciones ordinarias de las operaciones de esta naturaleza. Incluso en lo relativo a conformidad de disposición del líquido y al tipo de interés y comisiones aplicables al descuento que se harán constar en el documento de liquidación de la factura de presentación. En el supuesto de que los efectos estén vencidos o tengan un vencimiento no superior a catorce días, o si se tratare de documentos girados a la vista, a efectos de liquidación de intereses se computarán catorce días.

Nota:

Téngase en cuenta el Anejo 4 de la Circ BE 5/2012 *relativo a* ***comunicaciones a clientes*** *de las liquidaciones de intereses y comisiones, donde se especifica información relativa a tipo de descuento aplicable y otros aspectos formales relacionados. Este Anejo ha sido modificado por la Circ BE 3/2022.*

Cuando los documentos no tuvieren fecha de vencimiento, en la factura de presentación se señalará además, una fecha previsible de cobro de los mismos, practicándose el descuento con arreglo a ella y considerándose impagados si en dicha fecha no hubieren sido satisfechos, procediéndose por el banco de conformidad con lo dispuesto en la estipulación séptima de este contrato, sin perjuicio de las liquidaciones complementarias que procedan si los correspondientes créditos fueran cobrados antes de la fecha indicada.

En todo caso, la entrega o cesión al **Banco** de los documentos al descuento se realiza 'salvo buen fin' respondiendo el **Acreditado** de la solvencia de los deudores.

MCM 8905 s.

SÉPTIMA. Documentos impagados

En el supuesto de que las letras, recibos y demás efectos de comercio o documentos que el **Acreditado** descuente a partir del día de hoy, cedidos o endosados por el mismo resulten total o parcialmente impagados o fueren rechazados por cualquier causa, podrá el **Banco**, a su opción adeudar su importe en la cuenta especial que se indica en la estipulación octava o exigir el pago inmediato de los importes impagados o cargarlos en cualquier otra cuenta a nombre del **Acreditado** en la que éste ostente frente al **Banco** una posición acreedora, y aun cuando los documentos no estuvieren en poder del **Banco** en ese momento por estar tramitándose su protesto. También podrá optar el **Banco** por ejercitar las acciones que le asistan, cambiarias o no, en virtud de los documentos o efectos que le hayan sido cedidos, contra quienes intervengan en los mismos, hasta tanto se produzca su pago en cualquier forma.

En todo caso el **Banco** no responderá de la falta de presentación de los efectos al pago en los supuestos de domiciliación errónea, fuerza mayor, retrasos o pérdidas imputables al servicio de correos; defectos materiales o formales en las declaraciones cambiarias o presentación al descuento con tiempo insuficiente para la tramitación y, en todo caso con veinte o menos días de antelación a su vencimiento.

Asimismo, el **Banco** queda relevado de levantar el protesto de las letras o pagarés negociados que estén domiciliados en el extranjero o sobre plazas no bancarias; que hayan sido presentados al descuento con veinte o menos días de antelación a su vencimiento o que tengan la impresión 'sin gastos', 'sin protesto' u otra declaración equivalente, así como, en todo caso, de hacer las notificaciones establecidas en el artículo 55 de la Ley Cambiaria y del Cheque.

La cláusula 'sin gastos', 'sin protesto' u otra declaración equivalente no impedirá que el **Banco**, si lo estimare conveniente, ordene el protesto, estando obligado el cedente al pago de los gastos que se ocasionen.

OCTAVA. Cuenta especial

Para asegurar el buen fin de las operaciones de descuento, el **Banco** abre en este acto, a nombre del **Acreditado**, una cuenta especial número *"número de la cuenta especial"* en la oficina *"lugar o número de oficina"*.

En dicha cuenta especial se reflejarán como adeudos, además del ya indicado importe de los efectos impagados total o parcialmente o rechazados por cualquier causa, los gastos, quebrantos y comisiones que se originen por los mismos; los impuestos y tributos devengados por las operaciones realizadas; y los intereses devengados por la propia cuenta; y figurarán como abonos los ingresos que directamente efectúe el titular o se hagan por cuenta de éste para disminuir el saldo deudor.

NOVENA. Saldo deudor de la cuenta

A todos los efectos, será saldo deudor de la cuenta referida la diferencia entre la suma de los adeudos y la suma de los abonos; saldo que quedará automáticamente determinado al asentarse en la cuenta cada una de las operaciones que lo integran.

El saldo deudor que pueda presentar la aludida cuenta queda garantizado, especialmente, con la totalidad de los bienes, acciones y derechos, presentes y futuros, del **Acreditado** quien se obliga a hacerlo efectivo tan pronto sea requerido para ello mediante simple comunicación escrita.

DÉCIMA. Intereses de la cuenta

El saldo deudor de la cuenta especial a que se refiere la estipulación octava devengará, diariamente, a favor del **Banco**, intereses al *"tanto por ciento"* % nominal anual. Las liquidaciones serán trimestrales a partir de la fecha del primer cargo en la cuenta. Los Intereses así liquidados se incorporarán al saldo que la cuenta arroje capitalizándose y devengando diariamente desde ese momento, nuevos intereses de conformidad con lo establecido en el párrafo segundo del artículo 317 del Código de Comercio.

Nota:

El artículo citado establece como regla general la prohibición de ***anatocismo*** *legal al disponer que «los intereses vencidos y no pagados no devengarán intereses». No obstante, el mismo artículo admite el anatocismo convencional al establecer que «los contratantes podrán, sin embargo, capitalizar los intereses líquidos y no satisfechos que, como aumento de capital, devengarán nuevos réditos.»*

Producida la resolución del presente contrato por cualquier causa el retraso en el pago del saldo deudor de la indicada cuenta especial devengará diariamente intereses al mismo tipo nominal anual indicado en el párrafo anterior durante todo el tiempo que dure la situación de impago.

La fórmula utilizada para obtener el importe absoluto de los intereses devengados al tipo nominal pactado es IA=Nr/t, siendo IA el importe absoluto de los intereses devengados en cada liquidación al tipo de interés nominal contractual; N los números comerciales truncados correspondientes al periodo de liquidación; r el tipo de interés nominal contractual expresado en tanto por ciento y t los días naturales del año en curso. Los números truncados se determinan multiplicando el saldo al cierre de la cuenta por los días naturales que ha estado vigente ese mismo saldo y dividiendo por cien.

El **Banco** se reserva el derecho a modificar el tipo de interés aplicable a la cuenta. Las posibles variaciones introducidas serán de aplicación una vez transcurridos dos meses desde la publicación en el tablón de anuncios de la entidad acreditante. No obstante, también podrán comunicarse al **Acreditado** con quince días de antelación conforme a las normas aplicadas y criterios del Banco de España al momento de la aplicación de las nuevas condiciones, personalmente o mediante correo ordinario o mediante la publicación en el periódico *"especificar el diario"*. En todo caso el **Acreditado**, ante dichas modificaciones, tendrá derecho a resolver el contrato dentro de los treinta días siguientes a la comunicación de las mismas.

UNDÉCIMA. Compensación

La entidad acreedora podrá compensar en cualquier momento el saldo deudor de la cuenta con cualquier posición acreedora que el **Acreditado** ostente frente al **Banco**.

DUODÉCIMA. Duración del contrato

El presente contrato es por plazo indefinido y se basa en la mutua confianza entre los contratantes que se eleva a condición fundamental del mismo, de tal modo que podrá resolverse, en todo momento, por cualquiera de las partes.

El **Acreditado**, por tanto, podrá darlo por terminado siempre que pague el saldo deudor de la cuenta, y afiance a favor del banco las obligaciones y responsabilidades derivadas o que puedan derivarse de los riesgos en curso.

También podrá, a su vez, el **Banco** dar por terminado el presente contrato cuando concurra alguna de las causas siguientes:

a) Incumplimiento por parte del **Acreditado** de las obligaciones derivadas del presente contrato.

b) Si la entidad acreedora tuviere conocimiento de haberse producido un deterioro o menoscabo en el patrimonio del **Acreditado**, o cuando las circunstancias económicas del **Acreditado** así lo aconsejen; y especialmente si el **Acreditado** no abona el saldo deudor que pudiera existir en la cuenta especial una vez requerido para ello.

c) Si el **Acreditado** falta a la veracidad de cualquiera de los datos exigidos por el **Banco** para la concesión y determinación del límite de la clasificación.

Para que se produzca la resolución del contrato el **Banco** deberá requerir de forma fehaciente el pago en el plazo de *"plazo del requerimiento, en días"* días de cuanto se adeude por cualquier causa, notificando además su decisión de dar por resuelto el contrato, indicando la causa que origina la resolución.

MCM 8905 s.

DECIMOTERCERA. Cesión

El **Banco** podrá ceder o transmitir, total o parcialmente el presente contrato o cualquiera de los derechos derivados del mismo, sin necesidad de ponerlo en conocimiento del **Acreditado** a los efectos previstos en el artículo 1527 del Código Civil.

DECIMOCUARTA. Ejercicio de acciones judiciales

Si el **Acreditado** no cumple la obligación de pago a que se refiere la estipulación duodécima en el plazo indicado en la misma, sin perjuicio de lo estipulado en el párrafo siguiente, podrá la entidad, reclamar el saldo deudor que arroje la cuenta.

En tal supuesto y para garantizar el riesgo de las operaciones en curso, no vencidas, seguirá vigente la cuenta especial y la entidad queda facultada para adeudar en ella ulteriores impagados que se puedan producir. El nuevo saldo deudor, por expreso convenio entre las partes, tendrá la misma naturaleza de deuda líquida y cierta, a todos los efectos, incluso ejecutivos.

DECIMOQUINTA. Determinación del saldo

En caso de ejecución judicial la cantidad exigible será la especificada en la certificación expedida por la entidad acreedora. La liquidación la practicará la entidad en la forma convenida en este contrato. En su virtud, bastará para el ejercicio de la acción ejecutiva la presentación de esta póliza, juntamente con la certificación prevenida en el número 5º del artículo 517 de la Ley de Enjuiciamiento Civil y la legislación concordante, y la aportación de la documentación prevenida en el número 1 del artículo 573 de la misma Ley.

DECIMOSEXTA. Gastos

Serán de cuenta de la parte deudora todos los gastos e impuestos que origine este contrato durante su vigencia incluidos los gastos judiciales o extrajudiciales, comprendidos los de abogados y procuradores que pudiera ocasionar su ejecución y cobro, los que se satisfagan por la formalización tanto de este contrato como de los documentos a que se refieren las condiciones que preceden, así como los gastos de correo u otros medios de comunicación, de acuerdo con las tarifas postales y de comunicaciones vigentes en cada momento.

DECIMOCTAVA. Domicilio del acreditado y garantes

Para todos los requerimientos, notificaciones, citaciones o comunicaciones, se entenderá como domicilio de cada uno de los intervinientes para efectuar las que fueran necesarias, el señalado en la presente póliza para cada uno de ellos y en todo caso, se entenderá por bien efectuada la notificación, cuando fuera intentada en dicho domicilio.

Los titulares de esta operación y sus garantes, podrán modificar los domicilios en este documento señalados, siempre que el cambio sea notificado la entidad.

"... "incluir garantías adicionales". ..."

Los comparecientes, en prueba de conformidad firman la presente póliza, declarando el **Acreditado** recibir un ejemplar del mismo en unión con el folleto conteniendo la tarifa de comisiones, condiciones y gastos repercutibles a clientes.
En *"localidad"*, a *"fecha"*

EL ACREDITADO **EL BANCO**

Con mi intervención

Solicitud de crédito personal

MCM 8530 s.

Nota preliminar:

- Por su naturaleza, a este tipo de créditos - que suelen conocerse como **anticipos** - les suele ser de aplicación la L 16/2011, de crédito al consumo, ya que se solicitan por **consumidores** para la satisfacción de necesidades personales al margen de su actividad empresarial o profesional. L 16/2011

En relación con el **interés remuneratorio y la usura**, la jurisprudencia ha quedado fijada así:

El Tribunal supremo **ha reiterado la jurisprudencia** en materia de usura, fijando *ex novo* los parámetros para identificar el tipo medio con el que se debe comparar el pactado analizado para los casos anteriores a junio de 2010, en que el Banco de España desglosó el específico de tarjetas de crédito revolving, y el margen adicional respecto del que el préstamo será calificable de usurario, determinando:

Sentencia TS 15-2-2023:

" [en] la sentencia 628/2015, de 25 de noviembre , [...] en primer lugar aclaramos que "para que la operación crediticia pueda ser considerada usuraria, basta que se den los requisitos previstos en el primer inciso del art. 1 de la ley, esto es, "que se estipule un interés notablemente superior al normal del dinero y manifiestamente desproporcionado con las circunstancias del caso", sin que sea exigible que, acumuladamente, se exija "que ha sido aceptado por el prestatario a causa de su situación angustiosa, de su inexperiencia o de lo limitado de sus facultades mentales" (TS 15-2-23, EDJ 513138).

"Y para juzgar si el interés es notablemente superior al normal del dinero, en esa sentencia hacíamos dos consideraciones: i) por una parte, que "el porcentaje que ha de tomarse en consideración para determinar si el interés es notablemente superior al normal del dinero no es el nominal, sino la tasa anual equivalente (TAE), que se calcula tomando en consideración cualesquiera pagos que el prestatario ha de realizar al prestamista por razón del préstamo, conforme a unos estándares legalmente predeterminados"; ii) y, por otra, que la comparación no debía hacerse con el interés legal del dinero, sino con el interés normal o habitual, para cuyo conocimiento podía acudirse a las estadísticas que publica el Banco de España, [...] la posterior sentencia 149/2020, de 4 de marzo , [...] contrato era de 2012 [...] la comparación debía utilizarse el tipo medio de interés, en el momento de la celebración del contrato, que correspondiera a la operación crediticia cuestionada, en concreto la tarjeta de crédito revolving:

(...) el índice que debió ser tomado como referencia era el tipo medio aplicado a las operaciones de crédito mediante tarjetas de crédito y revolving publicado en las estadísticas oficiales del Banco de España, con las que más específicamente comparte características la operación de crédito objeto de la demanda [...]" (TS 15-2-23, EDJ 513138).

"En la sentencia 367/2022, de 4 de mayo, hemos reiterado la doctrina expresada por la sentencia 149/2020, de 4 de marzo , sobre la utilización como término de referencia de la categoría estadística específica del revolving.

la sentencia más reciente, la núm. 643/2022, de 4 de octubre , resuelve un caso en que el contrato era de 2001, cuando no existía una estadística específica de referencia en las tablas del Banco de España, [...] primero reitera la doctrina expuesta en las sentencias anteriores, de que "la referencia del "interés normal del dinero" que ha de utilizarse para determinar si el interés remuneratorio es usurario debe ser el interés medio aplicable a la categoría a la que corresponda la operación cuestionada, en estos casos el tipo medio aplicado a las operaciones de crédito mediante tarjetas de crédito y revolving publicado en las estadísticas oficiales del Banco de España". Y apostilla que, si existen categorías más específicas dentro de otras más amplias, debe utilizarse la más específica, la que presente más coincidencias con la operación crediticia cuestionada, pues esos rasgos comunes son determinantes del precio del crédito, esto es, de la TAE del interés remuneratorio [...]" (TS 15-2-23, EDJ 513138; AP Ávila 14-2-24, EDJ 542477).

- El modelo presupone unas circunstancias determinadas que serán las más **frecuentes**. Si en el caso concreto existen circunstancias particulares no previstas, deberá completarse o modificarse el modelo adaptándolo a las mismas.

Datos personales: *"identificación personal"*.
Datos profesionales: *"identificación profesional"*.
Datos cuenta de abono y domiciliación de recibos: *"indicar los datos y la domiciliación"*.
Importe del crédito: *"en letra"* euros (*"en número"* €).

Primero. Objeto
El **Titular** que suscribe la solicitud del anverso, dispone desde la autorización por parte de la **Entidad**, un crédito con un límite máximo igual al importe señalado en el anverso bajo el epígrafe *"importe solicitado"*. La **Entidad**, por ello, transferirá, de acuerdo con las instrucciones del **Titular**, a la cuenta de domiciliación señalada en el anverso, el *"importe autorizado"*, con fecha de valor el día hábil siguiente al de la suscripción del presente contrato por la citada **Entidad**, constituyendo aquélla la fecha de entrada en vigor del crédito. La solicitud deberá recibirse por la **Entidad** antes de que finalice el plazo de validez de la misma.

Segundo. Disposición
El **Titular** podrá disponer del presente crédito hasta el límite concedido en una o varias disposiciones que deberán ser como mínimo de *"cuantía mínima, en letra"* euros (*"cuantía mínima, en número"* €). No obstante, dicho límite podrá ser ampliado de mutuo acuerdo por las partes y se realizará a solicitud del **Titular** y tras la autorización de la entidad. Las segundas y ulteriores disposiciones se podrán realizar mediante solicitud escrita o llamada telefónica. En caso que se realicen a través de solicitud escrita, se efectuarán mediante la cumplimentación de la correspondiente solicitud, que habrá sido enviada previamente al cliente por la **Entidad** a petición telefónica de éste, y que habrá de ser autorizada por la **Entidad**. En este supuesto, el importe de las segundas y ulteriores disposiciones será transferido por la **Entidad** a la cuenta de domiciliación señalada en el anverso, con fecha de valor el día hábil siguiente al de la autorización de la misma, que le será comunicada al **Titular** por teléfono. En caso de solicitudes de disposición telefónicas, el **Titular** utilizará la clave de identificación personal que la **Entidad** le comunicará en el momento de la concesión del crédito. El uso de dicha clave para solicitar la autorización de transferencia sustituirá a la firma con el mismo valor jurídico. A estos efectos, la **Entidad** podrá disponer de un servicio de grabación de las órdenes recibidas por teléfono.

La **Entidad** realizará el abono de la cantidad solicitada en la cuenta que el **Titular** mantiene en la entidad financiera reseñada en el anverso, dentro del plazo máximo de veinticuatro horas a contar desde la recepción de la solicitud y consiguiente autorización de la transferencia de fondos.

Tercero. Duración
El crédito tendrá una duración de un año a partir de la fecha de su entrada en vigor. Llegada la fecha de vencimiento o la anterior, si fuera festiva, el **Titular** deberá satisfacer a la **Entidad** el saldo de la cuenta de crédito interna que a favor de ésta resulte por todos los conceptos. No obstante la duración establecida, si cualquiera de las partes no solicita su cancelación con una antelación mínima de un mes a la fecha de vencimiento, el contrato se entenderá renovado por un año más y así sucesivamente en las distintas fechas anuales de vencimiento, con las siguientes salvedades. En cada renovación, la **Entidad** comunicará al **Titular** las nuevas condiciones del crédito tipo de interés, comisiones, etc. Si el **Titular** no estuviese de acuerdo con las nuevas condiciones, dentro del plazo de 30 días a contar desde la recepción de la comunicación, lo comunicará a la **Entidad**, procediendo a cancelar el crédito previo abono del saldo que resultase a favor de la **Entidad** por todos los conceptos. Si la **Entidad** no recibiera del **Titular** comunicación dentro del citado plazo, se entiende que éste acepta las nuevas condiciones del crédito. Si la **Entidad** no realiza en cada renovación la citada comunicación, se entiende renovado el crédito en las mismas condiciones que en ese momento rigieran el crédito. La comunicación del resto de modificaciones de las condiciones de este contrato, se realizará por la **Entidad** mediante envío por correo al **Titular**, con antelación suficiente, pudiendo éste manifestar su disconformidad con las mismas. No obstante lo anterior, el **Titular** podrá cancelarlo en cualquier momento, procediéndose al cierre de su cuenta interna, previo el abono del saldo deudor a su cargo, más los intereses correspondientes a la fecha de cancelación. No obstante la duración pactada o de su renovación, en su caso, se considerará vencido de pleno derecho el crédito y exigible la totalidad de las obligaciones de pago que tenga contraídas el **Titular** cuando concurra en éste alguna de las circunstancias siguientes:

a) cuando el **Titular** incumpliera cualquiera de las obligaciones contraídas con la **Entidad** en virtud del presente contrato;

b) cuando el **Titular** enajene o grave más del 25% del total de sus bienes, de manera sustancial que influya negativamente en su solvencia; o,

c) el **Titular** no dispusiera del crédito dentro del plazo de tres meses desde la fecha de comunicación de la concesión.

Cuarto. Cuenta de crédito interna

El crédito se reflejará en una cuenta de crédito interna abierta a nombre del **Titular** en la **Entidad**, cuyo número aparece en el epígrafe señalado en el anverso, donde se anotarán como débitos las disposiciones realizadas, los intereses devengados en el mes y, en su caso, los intereses de demora y la prima del seguro de saldo y como abono los cargos efectuados.

Quinto. Forma de reembolso

Por el crédito dispuesto (entendiendo por tal el importe total transferido a la cuenta de domiciliación no amortizado) el **Titular** se obliga a pagar a la **Entidad** la cantidad mensual reseñada en la casilla correspondiente del anverso o la que resulte, en su caso, de la acumulación de los importes concedidos en segundas o ulteriores disposiciones que no hayan sido amortizados, los días 5 de cada mes o el anterior si fuese festivo, a partir del siguiente de la disposición del crédito. El reembolso mensual, sin perjuicio de su obligación de cancelar el saldo deudor al vencimiento del crédito, se aplicará en primer lugar al abono de los intereses correspondientes a la suma de importes concedidos y el sobrante a reducir el límite de crédito dispuesto. El citado reembolso será adeudado en la cuenta de la entidad financiera de domiciliación de los pagos que figura en el anverso, por lo que el **Titular** se obliga a mantener o depositar, con anterioridad a la fecha de pago, cantidad suficiente para atender dichos pagos.

Sexto. Intereses

El crédito devengará a favor de la **Entidad** un interés nominal mensual del *"especificar tipo de interés"* % sobre el saldo a favor de la **Entidad** que resulte de la cuenta durante el plazo de duración convenido. Los intereses se devengarán por día, se liquidarán por meses y se satisfarán en las mismas fechas que los vencimientos mensuales.

En cada liquidación, el importe de los intereses devengados se obtendrá a partir del tipo señalado, aplicando la fórmula siguiente (Crédito dispuesto X Tipo de interés nominal mensual X Nº Días del periodo de liquidación) X 12/360.

Séptimo. Información

La **Entidad**, mensualmente, remitirá al **Titular** un extracto de la cuenta de crédito interna, con detalle del saldo del anterior extracto, y de todas las operaciones efectuadas en el mes de que se trate, y del saldo pendiente. En el plazo de 15 días desde la emisión del extracto, el **Titular** podrá mostrar su disconformidad con dicho extracto, transcurrido el cual se entenderá su plena aceptación del mismo.

 **Nota:**

En los créditos al consumo de ***duración indefinida o de duración definida prorrogable de forma automática*** *previstos en el art.33 bis de la Orden, cuando resulte exigible la remisión al cliente de comunicaciones periódicas que incluyan ejemplos de escenarios sobre el posible ahorro que representaría aumentar el importe de la cuota de pago aplazado flexible por encima de la establecida en ese momento, de conformidad con lo previsto en el artículo 33.quinquies, apartado 3.a), de la Orden, esta información se ajustará a las instrucciones incluidas en la Circ BE 5/2012 Norma 11ª.8 redacc Circ BE 3/2022.*

Octavo. Mora en el pago

En caso de impago de alguna mensualidad a su vencimiento, el **Titular** incurrirá en mora por la cantidad impagada, sin necesidad de requerimiento alguno, y la **Entidad** podrá exigirle el abono de un interés moratorio al *"especificar tipo de interés moratorio"* % mensual sobre la cantidad impagada hasta su pago, y una comisión de devolución del *"porcentaje de comisión por devolución"* %, con un mínimo de *"cantidad mínima, en letra"* euros (*"cantidad mínima, en número"* €), sin perjuicio de lo establecido en lo concerniente al vencimiento de pleno derecho.

Noveno. Ejecución

En caso de reclamación, será prueba suficiente de la cantidad reclamada la certificación expedida por la **Entidad** del saldo deudor de la cuenta de crédito interna abierta a nombre del **Titular**, teniendo dicho saldo la consideración de cantidad líquida y exigible a efectos de pago. Todos los gastos y costes de procedimiento serán a cargo del **Titular**, así como los honorarios de abogado y procurador.

Décimo. Notificaciones

El **Titular** deberá notificar a la **Entidad** cualquier cambio de domicilio, así como de la domiciliación de pago reseñada en el anverso. Toda comunicación que la **Entidad** expida al **Titular** se remitirá al domicilio designado en la solicitud del anverso o al último que se haya notificado. El domicilio de la **Entidad** a todos los efectos es *"domicilio de la Entidad"*.

Undécimo. Cesión

La **Entidad** podrá ceder, transmitir o enajenar, total o parcialmente, este crédito o cualquiera de los derechos derivados de este documento.

Duodécimo. Coste del crédito

✍ **Nota:**

*De conformidad con lo dispuesto en el art.*21.2 *de la* L 16/2011 *de Crédito al Consumo, si el contrato no recoge la* ***tasa anual equivalente*** *(o, en el caso de que no sea posible indicar dicha tasa, el tipo de interés nominal anual, los gastos aplicables a partir del momento en que se celebre el contrato y las condiciones en que podrán modificarse) la obligación del consumidor se reducirá a abonar el interés legal en los plazos convenidos.*

La Tasa Anual Equivalente (TAE) de la operación es del *"porcentaje de TAE"* % calculada de conformidad con los Anejos 4 y 7 de la Circular del Banco de España 5/2012. Dicha Tasa Anual Equivalente comprende los intereses devengados por el crédito dispuesto.

Decimotercero. Tratamiento de datos personales

De acuerdo con la normativa aplicable (Rgto (UE) 2016/679 y LO 3/2018), se informa sobre lo siguiente en relación con el tratamiento de datos personales:

Información básica sobre protección de datos	
Responsable	*"nombre de la entidad"*
Finalidad	Gestión contractual de la relación jurídica a que da lugar el presente contrato
Legitimación	Consentimiento del interesado y ejecución de contrato
Destinatarios	Los datos proporcionados solo serán cedidos a empresas pertenecientes al grupo de la Entidad, las cuales pueden conocerse en el siguiente enlace *"especificar enlace"*. Asimismo, los datos serán comunicados en los supuestos previstos legalmente. En cualquier caso, las categorías de destinatarios son Administración Tributaria y entidades financieras
Derechos	Acceder, rectificar, suprimir los datos, así como otros derechos, según se explica en la información adicional
Información adicional	Por favor, consulte la información adicional y detallada sobre la protección de datos en la página web *"especificar pág web"*

Se advierte expresamente por la **Entidad** que las cláusulas de este documento han sido redactadas previamente por el mismo, por lo que aquellas que no recojan pactos de carácter financiero o que no vengan reguladas por una disposición de carácter general o específico que las haga de aplicación obligatoria para los contratantes o que no hayan sido objeto de una negociación específica, se consideran condiciones generales de la contratación, dejando constancia los contratantes con la entidad de su aceptación expresa por las mismas y de su incorporación al documento, de conformidad con la Ley 7/1998, de 13 de abril, sobre Condiciones Generales de la Contratación.

La **Entidad**, una vez concedido el presente crédito, remitirá al **Titular** un ejemplar de este documento debidamente firmado a partir del cual el **Titular** podrá realizar las disposiciones del crédito concedido, entendiéndose que el **Titular** ha recibido el citado ejemplar al realizar la primera disposición del crédito. Las condiciones vigentes en cada momento, así como las Tarifas Generales de Comisiones y Gastos repercutibles de la entidad, se hallan siempre a disposición del **Titular** en todas las oficinas de la **Entidad**.

La **Entidad** se reserva la facultad de bloquear el saldo de la cuenta de este crédito en el supuesto de incumplimiento de las obligaciones de pago por el **Titular** de cualquier otro crédito que el **Titular** tenga suscrito con la **Entidad**.

La **Entidad** puede decidir en el futuro la emisión al **Titular** de una tarjeta de crédito. El **Titular** autoriza a la **Entidad** a la emisión de dicha tarjeta a su nombre, la cual podrá recibir en su domicilio, junto con las condiciones de uso de la misma por duplicado, considerando que el **Titular** las acepta cuando devuelva a la entidad un ejemplar de dichas condiciones debidamente firmadas.

EL TITULAR **LA ENTIDAD**

Aval bancario

MCM 9080 s.

Nota preliminar:

El modelo presupone unas circunstancias determinadas que serán las más **frecuentes**. Si en el caso concreto existen circunstancias particulares no previstas, deberá completarse o modificarse el modelo adaptándolo a las mismas.

El *"nombre de la Entidad avalista"*, S.A. con NIF *"NIF de la Entidad avalista"*, con domicilio en *"domicilio de la Entidad avalista"*, y en su nombre y representación *"Don/Doña nombre y apellidos del avalista"* y *"Don/Doña nombre y apellidos de los apoderados"*, en su calidad de apoderados y de acuerdo con las facultades resultantes de la escritura de poder, otorgadas ante el notario de *"lugar del notario que autorizó la escritura"*, *"Don/Doña nombre y apellidos del notario que autorizó la escritura"*, el *"fecha de autorización de la escritura"*, número *"número de protocolo del notario que autorizó la escritura"* de su protocolo, según resulta del bastanteo efectuado por *"...el Servicio Jurídico del Estado ... O ... la Comunidad Autónoma de "localidad autonómica" ... O ... el Ayuntamiento de "municipio" ... O ... "especificar otros" ..."*.

AVALA

En los términos y condiciones generales establecidas en la Ley de Contratos del Estado, a *"identificar al avalado"* ante *"identificar al beneficiario del aval"*, por la cantidad de *"cantidad avalada, en letra"* euros (*"cantidad avalada, en número"* €), en concepto de Fianza definitiva para responder de la ejecución de la obra *"identificar la obra a ejecutar"*.

El plazo de validez del presente aval, así como, en su caso, el de su reclamación, expira y caduca a todos los efectos cuando *"el beneficiario"* autorice su cancelación.

Este aval ha sido inscrito con esta misma fecha en el Registro Especial de Avales con el número *"número de registro del aval"*.

En *"localidad"* a *"fecha"*

Aval bancario a primer requerimiento

MCM 9084 s.

Nota preliminar:

- El aval a primer requerimiento, no es una garantía subordinada o accesoria de la obligación principal, sino una **garantía autónoma** e independiente que vincula directamente al beneficiario con el garante. No es un medio de pago (TS 10-6-14, EDJ 111201).

- Las **características** del aval a primer requerimiento son su naturaleza personal, atípica, autónoma, independiente, sujeta a un régimen de estricta inoponibilidad de excepciones salvo las derivadas de la propia garantía, y con obligación de pago por el simple requerimiento del beneficiario, pudiendo el banco avalista oponer excepciones fundadas en un evidente incumplimiento de la obligación garantizada, cuya prueba le corresponde al banco avalista (TS 4-12-09, EDJ 283142; AP Barcelona 17-1-22, EDJ 534178; AP Madrid 13-1-22, EDJ 532519).

- **A diferencia de lo que sucede con la fianza ordinaria** (según la sentencia TS 4-3-14, EDJ 30162, el aval a primer requerimiento es una fianza con determinadas especialidades), no se requiere el incumplimiento de la obligación principal, ya que estas garantías pueden ser hechas efectivas a simple requerimiento. En las sentencias TS 4-3-14, EDJ 30162, 19-5-16, EDJ 74586, y 21-11-16, EDJ 215394, el Tribunal Supremo ha resaltado que una de las notas características que diferencian el aval a primer requerimiento de la fianza regulada en el Código Civil es su no accesoriedad, por lo que para la efectividad de la garantía no es preciso demostrar el incumplimiento de la obligación garantizada, sino que para hacer efectivo el cumplimiento de esta bastará con la reclamación del deudor. Así como que el garante no puede oponer al beneficiario que reclama el pago otras excepciones que las que se deriven de la garantía misma, pues lo contrario supondría desvirtuar la naturaleza de esta obligación.

La característica del aval a primer requerimiento es la de dar nacimiento a una **obligación de garantía inmediata**, que pierde su carácter accesorio de la obligación principal, en el que la obligación del garante es independiente de la obligación del garantizado y del contrato inicial (TS 27-9-05, EDJ 149438; 1-10-07, EDJ 184363; 26-10-10, EDJ 241717). Pero sin que impida el ejercicio de las acciones que puedan surgir a consecuencia del pago de la garantía (TS 14-11-01; 5-7-02, EDJ 26102) o para determinar el grado de cumplimiento de la obligación principal garantizada (TS 5-4-19, EDJ 551273).

- El Tribunal Supremo ha resaltado en sus sentencias (TS 4-3-14, EDJ 30162; 19-5-16, EDJ 74586; 21-11-16, EDJ 215394), "que una de las notas características que **diferencian el aval a primer requerimiento de la fianza** regulada en el CC es su no accesoriedad, por lo que para la efectividad de la garantía no es preciso demostrar el incumplimiento de la obligación garantizada, sino que para hacer efectivo el cumplimiento de esta bastará con la reclamación (...)" (TS 7-3-24, EDJ 513649).

- El modelo presupone unas circunstancias determinadas que serán las más **frecuentes**. Si en el caso concreto existen circunstancias particulares no previstas, deberá completarse o modificarse el modelo adaptándolo a las mismas.

El *"nombre de la Entidad avalista"*, S.A. con NIF *"NIF de la Entidad avalista"*, con domicilio en *"domicilio de la Entidad avalista"*, y en su nombre y representación *"Don/Doña nombre y apellidos del avalista"* y *"Don/Doña nombre y apellidos de los apoderados"*, en su calidad de apoderados y de acuerdo con las facultades resultantes de la escritura de poder, otorgadas ante el notario de *"lugar del notario que autorizó la escritura"*, *"Don/Doña nombre y apellidos del notario que autorizó la escritura"*, el *"fecha de autorización de la escritura"*, número *"número de protocolo del notario que autorizó la escritura "* de su protocolo, que afirman encontrarse íntegramente subsistentes, se constituye en avalista fiador solidario de *"identificar al avalado"* en interés y beneficio de *"identificar al beneficiario del aval"*, por la cantidad de *"cantidad avalada, en letra"* euros (*"cantidad avalada, en número"* €) a los efectos de garantizar el exacto cumplimiento por la empresa antes mencionada de todas y cada una de las obligaciones concretas correspondientes al contrato de *"especificar el contrato (p.e. arrendamiento)"*.

El citado aval se presta por *"nombre de la Entidad avalista"* con expresa y formal renuncia a los beneficios de excusión, división, orden y cualquier otro que pudiera ser de aplicación, declarando el banco su intención de obligarse conjunta y solidariamente con *"identificar al avalado"* hasta la liquidación por *"identificar al beneficiario del aval"* del contrato mencionado, a pagar con carácter incondicional a primer requerimiento, y dentro de, como máximo, los dos días siguientes a ser requerido, la suma o sumas que hasta alcanzar la cantidad afianzada de *"cantidad afianzada, en letra"* euros (*"cantidad afianzada, en número"* €) se exprese en el requerimiento, renunciando el banco expresamente a toda excepción o reserva en cuanto al libramiento de las cantidades que le fuesen reclamadas, cualquiera que fuera la causa o motivo en que pudiera fundamentarse y aunque se manifieste oposición por parte del *"identificar al avalado"* o de terceros.

Este aval ha sido inscrito con esta misma fecha en el Registro Especial de Avales con el número *"número de registro del aval"*.

En *"localidad"* a *"fecha"*

Apertura de crédito documentario

MCM 9005 s.

Nota preliminar:

- La principal fuente de regulación de los diferentes tipos de crédito documentario procede de las **reglas y Usos Uniformes** aprobados por la Cámara de comercio internacional.

- El modelo presupone unas circunstancias determinadas que serán las más **frecuentes**. Si en el caso concreto existen circunstancias particulares no previstas, deberá completarse o modificarse el modelo adaptándolo a las mismas.

ORDENANTE: *"identificar al ordenante"*.

- NIF: *"NIF del ordenante"*.

- Número de cuenta: *"número de cuenta"*.

VALIDEZ Y PLAZA PRESENTACIÓN DE DOCUMENTOS:

MONEDA: *"especificar el tipo de moneda"*.	IMPORTE: *"importe, en letra"* euros (*"importe, en número"* €).	
EMBARQUES PARCIALES:	[ ] Permitidos	[ ] Prohibidos
TRANSBORDOS:	[ ] Permitidos	[ ] Prohibidos

TRANSPORTE:

Desde: *"lugar de origen"* hasta: *"lugar de destino"*.

Vía: *"especificar vía de transporte"*.

ÚLTIMA FECHA O PERÍODO DE EMBARQUE: *"fecha o periodo de embarque"*.

BENEFICIARIO: *"identificar al beneficiario"*.

BANCO DEL BENEFICIARIO/AVISADOR: *"nombre del banco del beneficiario"*.

PAGADERO EN LAS CAJAS DEL:

[ ] BANCO AVISADOR [ ] ENTIDAD

MEDIANTE:

[ ] PAGO A LA VISTA [ ] PAGO DIFERIDO

DETALLE DEL PAGO DIFERIDO / PAGO MIXTO: *"especificar tipo de pago"*.

GASTOS FUERA DE ESPAÑA POR CUENTA DEL:

[ ] BENEFICIARIO [ ] ORDENANTE

CONFIRMACIÓN DEL CORRESPONSAL:

[ ] AÑADIR [ ] NO AÑADIR

INCOTERMS: *"especificar las condiciones de entrega"*.

MERCANCÍAS: *"relación de artículos"*.

DOCUMENTOS REQUERIDOS (señalar con X):

[ ] Factura comercial firmada en *"número de ejemplares"* ejemplares.

[ ] Duplicado de Carta de Porte por *"persona designada"*.

[ ] Carta de Porte Aéreo *"indicar al expedidor"*.

[ ] Resguardo de Agente Transitario: *"número de referencia del Agente Transitario"*

[ ] Certificado de origen: *"número del Certificado de origen"*.

[ ] Juego completo de Conocimiento de Embarque 'CLEAN ON BOARD' (a la orden; a nombre de; a la orden y endosado en blanco; Notify, etc.).

[ ] Lista de Contenido (PACKING LIST): *"detallar el inventario"*.

[ ] Póliza/Certificado Seguro cubriendo los riesgos de: *"relación de los riesgos cubiertos"*.

[ ] El Seguro ha sido contratado por nosotros con la Compañía: *"denominación de la compañía aseguradora"*.

[ ] Otros: *"especificar otros"*.

CONDICIONES ADICIONALES: *"especificar condiciones complementarias"*.

Ruego cursen, bajo los términos indicados, la presente Solicitud de Apertura de Crédito Documentario, al cual le serán de aplicación las *"Condiciones Generales"* establecidas al dorso de esta solicitud, a las que presto mi conformidad y de la que recibo copia en este acto. Igualmente les autorizo a adeudar en mi cuenta el importe de sus comisiones y gastos, de las que también recibo copia.

En *"localidad"*, a *"fecha"*

Firma del ordenante

"identificar al ordenante"

CONDICIONES GENERALES:

1.
Las presentes Condiciones Generales, son de aplicación a esta solicitud, en la que se denomina 'Cliente' al Ordenante de la apertura del Crédito y 'Banco' a la entidad.

2.
El Cliente se compromete con el Banco a cuidar que las mercancías objeto del presente crédito estén en todo momento, debidamente cubiertas por el correspondiente seguro, siendo por cuenta del Cliente su coste, si las condiciones establecidas (Incoterms) lo demandan. Igualmente, el Cliente se compromete a efectuar las actuaciones necesarias para que los beneficios del seguro sobre las mercancías recaigan exclusivamente a favor del Banco hasta tanto aquel no haya satisfecho al Banco todas sus obligaciones derivadas de la presente solicitud.

3.

Las cantidades que pague el Banco o su Corresponsal a los beneficiarios de este Crédito serán reembolsadas por el Cliente a la presentación de los documentos o al notificarle el Banco que se ha efectuado dicho pago. El Cliente se obliga a pagar al Banco todos los importes que éste satisfaga desde el momento que se devenguen, que será el del pago por el Banco, y en la misma moneda en que los haya realizado como consecuencia del Crédito abierto al amparo de la presente solicitud, así como las comisiones y gastos que figuran descritas en el apartado *"Condiciones de Liquidación"* en el anverso del presente documento que se devengarán cuando se produzcan los hechos que sus conceptos indican y que refleja nuestra Tarifa de Comisiones, Condiciones y Gastos Repercutibles a Clientes (Transacciones Económicas con el Exterior).

4.

Una vez surgida la obligación de pago del Cliente, de conformidad con el punto anterior, el Banco queda facultado para adeudar dichos importes en cualquiera de las cuentas de las que el Cliente sea titular o cotitular en el propio Banco, quedando autorizado también para efectuar las conversiones necesarias entre monedas, si fuera preciso para que el pago se efectúe en la moneda comprometida, así como a practicar la correspondiente liquidación de intereses de mora, en caso de impago, mediante la fórmula CRT/36000, en la que C= Cantidad debida por el Cliente, R= tipo de interés aplicado por el Banco a los descubiertos en cuenta corriente mantenidos por el Cliente y T= días naturales transcurridos desde que nació la obligación del Cliente hasta su pago por éste.

5.

En el caso de que el Cliente no satisfaga al Banco sus compromisos derivados de la presente solicitud o de que no existan saldos suficientes en las cuentas del Cliente para adeudar en ellas el importe necesario para atender sus obligaciones con el Banco, éste además conservará el derecho -en caso de Créditos con pago a la vista- a no entregar los documentos al Cliente, manteniendo sobre las mercancías, que no podrán ser reclamadas por éste, los derechos de retención y reembolso que le concede la Ley, dado que el Cliente no tendrá la libre disposición de las mismas hasta que no haya liquidado todas sus deudas con el Banco, derivadas del crédito emitido como consecuencia de la presente solicitud.

En los Créditos con pagos aplazados o diferidos, el Cliente estará obligado a depositar en el Banco, cuando éste le entregue los documentos, garantía suficiente o a anticipar al mismo todos los importes que el Banco tenga que satisfacer con posterioridad, como consecuencia de los compromisos de pago adquiridos en virtud del Crédito. El Banco podrá dispensar temporalmente al Cliente de dicha obligación haciéndole entrega previa de los documentos, lo que implicará la renuncia de aquel a su derecho de retención de los mismos y quedando el Cliente obligado a su pago al Banco en el momento del devengo de las cantidades aplazadas.

6.

Hasta que el Cliente no reembolse totalmente al Banco los pagos efectuados o a efectuar por el Crédito objeto de esta solicitud, la entrega al Cliente de los documentos representativos de la mercancía no implicará transferencia del dominio de ésta, por el Banco.

7.

En caso de que transcurrieran dos meses desde que la mercancía pudo quedar a la libre disposición del Cliente porque el Banco le ofreciera la entrega de los documentos sin que aquél los retirara, el Banco tendrá derecho a vender las mercancías con entera libertad de precios, pactos y condiciones para lo que el Cliente le faculta plenamente para llevarlas a cabo; aplicando su importe a pagar las deudas del Cliente derivadas de la presente operación y quedando el resto del importe obtenido de la venta, si lo hubiere, a disposición del mismo. Si el precio obtenido no fuera suficiente para cubrir todos los importes, gastos y comisiones debidos, el Cliente quedará deudor del Banco por el saldo.

8.

El Banco se reserva la facultad de adeudar en las cuentas del Cliente el importe del Crédito emitido, antes de que se hayan devengado las obligaciones de pago del mismo, siempre que se produzca el impago o incumplimiento de cualquier obligación del Cliente con el propio Banco o con un tercero, se haya iniciado cualquier procedimiento contra él o se haya instado algún procedimiento concursal contra el mismo.

9.

En el supuesto de que el Banco proceda a la venta de las mercancías, en virtud de lo dispuesto en estas condiciones, la misma podrá realizarse en subasta pública ante Notario, con arreglo al artículo 1872 del Código Civil, siendo todos los gastos derivados de la misma por cuenta del Cliente.

10.

El Banco declina en el Cliente, por cuenta de quien se abre el Crédito, cuantas responsabilidades pudieran originarse por el incumplimiento de leyes o disposiciones respecto al precio, clase y circulación de las mercancías a que se contrae el Crédito.

11.

El Banco se reserva el derecho a rechazar las órdenes relativas a la apertura de créditos, modificaciones de éstos o transferencia de los mismos, sin especificar las causas.

12.

La tramitación de los Créditos se ejecutará de acuerdo con las Reglas Uniformes relativas a los Créditos Documentarios CCI nº 500.

13.

Para cualquier litigio que pueda derivarse de la presente solicitud y del Crédito, las partes se someten a la jurisdicción de los tribunales de la plaza de emisión del crédito.

14.

De acuerdo con la normativa aplicable Rgto (UE) 2016/679 y LO 3/2018, se informa sobre lo siguiente en relación con el tratamiento de datos personales:

Información básica sobre protección de datos	
Responsable	*“nombre de la entidad”*
Finalidad	Gestión contractual de la relación jurídica a que da lugar el presente contrato
Legitimación	Consentimiento del interesado y ejecución de contrato
Destinatarios	Los datos proporcionados no serán cedidos a ningún tercero, salvo obligación legal. En cualquier caso, las categorías de destinatarios son Administración Tributaria y entidades financieras
Derechos	Acceder, rectificar, suprimir los datos, así como otros derechos, según se explica en la información adicional
Información adicional	Por favor, consulte la información adicional y detallada sobre la protección de datos en la página web *“especificar pág web”*

Alquiler de caja de seguridad

MCM 8290 s.

Nota preliminar:

- Nada hay específicamente regulado sobre la contratación de este servicio. Podrían tomarse en cuenta las normas que figuran en los reglamentos del **Banco de España**, ya que muchos modelos de contratos están influenciados por ellos. En cualquier caso, puede aplicarse el CCom art.307. Serán también relevantes los estatutos de la entidad depositaria.
- La **naturaleza jurídica** del contrato bancario denominado de alquiler de cajas de seguridad no es la de depósito en su variedad de depósito cerrado, sino la de un **contrato atípico**, surgido de la conjunción de prestaciones del arriendo de cosas y de depósito, en el que la finalidad pretendida por el cliente no es el mero goce de la cosa arrendada, sino el de la custodia y seguridad de lo que se guarda en la caja, que se consigue de una forma indirecta, a través del cumplimiento por el banco de una prestación consistente en la vigilancia de la misma y de su integridad a cambio de una remuneración. La entidad bancaria no asume la custodia de ese contenido, sino del daño que la ruptura, sustracción o pérdida de la caja pueda ocasionar al cliente. Es claro que la situación más análoga a la descrita es la determinada por la existencia de un depósito cerrado y sellado, contemplada en el art.1769 del Código civil. El contrato litigioso, en suma, tiene una causa mixta.
- En cuanto a su **régimen jurídico** debe ser el de la aplicación ante todo de las reglas imperativas de la normativa sobre obligaciones y contratos en general; subsidiariamente el de las estipulaciones de las partes en lo que no traspasen los límites de la autonomía de la voluntad; y finalmente se han de aplicar las normas del contrato típico que forma parte del contenido del atípico en cuestión, siempre que no pugne con la finalidad perseguida mediante la celebración de este último contrato. En el que examinamos, existe un deber de vigilancia y conservación de lo que se entrega por el cliente, a cargo del Banco, a través de la caja que la entidad bancaria pone a su disposición, que no es propio de las obligaciones del arrendador. El incumplimiento imputable al Banco de su prestación es evidente que desencadena la obligación de reparar el daño si desaparece el contenido de la caja total o parcialmente. No hay inconveniente en aplicar a la situación creada las normas del depósito, en este caso del cerrado, por su analogía clara. En realidad, en el llamado alquiler de la caja de seguridad, se entrega al Banco para su custodia, con todo lo que contiene. Ciertamente que no existe depósito de cosas porque al Banco no se le entregan las mismas para su depósito, pero ha de conservar y custodiar la caja que usa y entrega el cliente, lo mismo en que, por imperativo del art.1769 del Código civil, ha de conservar el depositario el sobre cerrado y sellado en que se contienen las cosas, no estas mismas. Su custodia y conservación se efectúa, tanto en un caso, como en otro, de una forma indirecta, a través de la de la caja de seguridad o del sobre cerrado y sellado (TS 26-2-18, EDJ 9570).
- A **diferencia de la obligación de custodia del contrato de depósito**, que dicha obligación no se centre directamente sobre los objetos depositados, salvo pacto expreso en contrario, sino en la vigilancia y seguridad que ofrece la propia caja, como prestación dispensada a cambio de una remuneración. De ahí que la entidad bancaria responda cuando dicha vigilancia y seguridad ofrecida resulte vulnerada ocasionando pérdidas o daños a los clientes. No es posible, por tanto, reconducir, como pretende la parte recurrente, el incumplimiento contractual y la responsabilidad derivada al campo de la tipicidad de la obligación de custodia en el contrato puro de depósito.

De la jurisprudencia expuesta, con relación a la tipicidad básica del contrato de arrendamiento de caja de seguridad, se infieren dos **criterios** que vertebran su **régimen de aplicación**. En primer término, el contrato queda configurado de acuerdo a un «especial» deber de custodia del depositario consistente en la vigilancia y seguridad de la caja, de su clausura o cierre, a cambio de una remuneración. Dicho deber comporta, a su vez, un especifico régimen de responsabilidad agravado conforme a lo dispuesto en el art.1769 CC, párrafo segundo; de forma que el depositario responde, de forma objetivada, ante el incumplimiento mismo de la prestación, esto es, del quebrantamiento de la clausura o cierre de la caja, salvo caso fortuito o fuerza mayor.

Contratos Bancarios

MCM 8290 s.

Nota preliminar:

En segundo término, el **carácter secreto** que justifica esta modalidad de depósito incide en la determinación de los daños indemnizables, pues otorga preferencia a la declaración del depositante, salvo prueba en contrario: tal y como dispone el párrafo tercero del art.1769 del Código Civil pues, en principio, solo el depositante conoce el valor de las cosas objeto de depósito. Esta presunción no queda desvirtuada por el hecho de que la entidad de crédito se reserve la facultad de comprobación del contenido de la caja, a los solos efectos de su licitud con arreglo a la normativa aplicable (TS 15-2-13).

- El modelo presupone unas circunstancias determinadas que serán las más **frecuentes**. Si en el caso concreto existen circunstancias particulares no previstas, deberá completarse o modificarse el modelo adaptándolo a las mismas.

En *"localidad"*, a *"fecha"*

De una parte,
"Don/Doña nombre y apellidos del arrendatario" con domicilio en *"domicilio del arrendatario"* y con D.N.I. núm. *"DNI del arrendatario"*, en nombre y representación del establecimiento detallado posteriormente, en su calidad de *"especificar título (p.e. dueño o titular; representante legal o voluntario)"*.

En adelante, el **Arrendatario**.

De otra parte,
la entidad de crédito *"denominación de la Entidad"* representada suficientemente por *"Don/Doña nombre y apellidos del representante de la Entidad"*.

En adelante, la **Entidad**.

CONVIENEN

La **Entidad** arrienda al **Arrendatario** la caja de seguridad nº *"número de caja de seguridad"*, con *"número de llaves"* llaves, sita en la oficina de *"lugar o número de oficina"*, por plazo de un año, renovable tácitamente por períodos iguales, si no se denuncia antes de la fecha de determinación del plazo concedido o de la prórroga en vigor. La **Entidad** adeudará, anualmente, en cuenta del **Arrendatario**, la cantidad de *"especificar cantidad, en letra"* euros (*"especificar cantidad, en número"* €), en concepto de importe del correspondiente arrendamiento y *"importe por apertura, en letra"* euros (*"importe por apertura, en número"* €), por cada apertura. El horario de apertura al público es de lunes a viernes no festivos de 9,30 a 13,30 horas.

CONDICIONES GENERALES DE ARRENDAMIENTO DE LAS CAJAS DE ALQUILER

1.
La **Entidad** cede en arrendamiento cajas de alquiler encerradas en departamentos acorazados instalados en los locales de sus oficinas, con destino a la guarda por parte del arrendatario de objetos y toda clase de documentos y efectos cuya tenencia y posesión esté consentida por la legislación en vigor, siempre y cuando no constituyan peligro para la **Entidad**, la cual se reserva el derecho de comprobar cuantas veces lo estime oportuno la aplicación del compartimento, examinando su contenido en presencia del interesado.

La oposición del **Arrendatario** a la práctica de expresada diligencia dará a la **Entidad** derecho a rescindir el contrato y a proceder a la apertura de la caja con sujeción a las formalidades establecidas en otras cláusulas de este contrato.

En el caso de que el **Arrendatario** use la caja para fin distinto al indicado será responsable de los daños y perjuicios causados.

2.
El local destinado al efecto estará abierto todos los días hábiles durante las horas de despacho al público.

3.
El derecho de entrada al local donde se hallan las cajas está reservado a los arrendatarios de las mismas y a las personas por ellos autorizadas debidamente, a satisfacción de la **Entidad**, al margen de las autorizaciones que éste a su arbitrio estime oportuno conceder.

La **Entidad** podrá exigir la identificación de las personas que se propongan hacer uso de las cajas alquiladas, ya sean los propios arrendatarios, ya los mandatarios de éstos, sirviendo para el cumplimiento de dicho requisito la firma puesta por el titular en el correspondiente contrato o la del mandatario dada a conocer por la del primero al conferir la debida autorización, salvo que la entidad exija mayor identificación.

Toda apertura de cajas se hará constar en el registro llevado al efecto por la **Entidad**, anotándose el día y la hora, y estampando su firma la persona que efectúe aquélla.

4.
Las solicitudes para tomar en alquiler una caja se formalizarán en carta impresa que la **Entidad** facilitará, en la que habrá que consignar el nombre y domicilio del **Arrendatario**, el tamaño del compartimento que éste desea y plazo de duración del arriendo. Aprobada la cesión, previa identificación de la personalidad del **Arrendatario** a satisfacción de la **Entidad**, se extenderá el oportuno contrato por duplicado; uno de cuyos ejemplares, debidamente firmado por ambas partes, se entregará al **Arrendatario** en unión de la(s) llave(s) marcada(s) con el número de la caja arrendada, sirviendo aquél de resguardo por la suma satisfecha en concepto de alquiler e impuesto, cuyo pago tendrá siempre lugar por anticipado.

5.
Es potestativo de la **Entidad** conceder o denegar la cesión de cajas, aun cuando las hubiera desalquiladas, sin que en ningún caso venga obligada a dar explicaciones en relación con las resoluciones que adopte.

6.
Los contratos podrán formalizarse a nombre de uno o varios titulares o al de personas jurídicas, pudiendo ser solidarios o mancomunados, pero la **Entidad** en ningún caso vendrá obligada a entregar sino la(s) llave(s) de que está provista cada caja, correspondiendo a todas y cada una de las personas o entidades que suscriban los contratos como arrendatarios los mismos derechos y obligaciones derivados de aquéllos.

7.
En caso de extravío de la(s) llave(s), deberá el **Arrendatario** dar inmediato aviso a la **Entidad**, a fin de que se proceda a fracturar o sustituir, según los casos, el cierre de la caja, diligencia que se realizará en presencia y por cuenta de aquél.

8.
El **Arrendatario** devolverá la(s) llave(s) recibida(s) en buen estado a la terminación del contrato, quedando obligado a pagar los gastos que ocasione la reparación de cualquier daño apreciado en la caja.

9.
El **Arrendatario** de una caja no podrá realquilarla, pues el contrato sólo es válido para la persona con quien se ha formalizado.

MCM 8290 s.

10.

En los casos de apoderamiento o autorización especial concedidos por el **Arrendatario** a otras personas para la apertura de la caja que tenga alquilada, se atenderá a los mandatarios ligados por los mismos derechos y obligaciones que afectan al mandante, quien vendrá obligado a soportar el importe de los impuestos a que dieran lugar tales apoderamientos.

11.

Si al vencimiento del plazo del arriendo señalado ninguna de las partes diese por terminado el contrato, se entenderá éste prorrogado por otro período igual previo pago por el **Arrendatario** del alquiler, e impuestos procedentes, y así sucesivamente en los periodos posteriores.

Cualquier modificación posterior en los precios del alquiler e impuestos establecidos no será aplicable a los contratos en curso, pero regirá a partir de la fecha en que se produzca la prórroga. A falta de cumplimiento de las obligaciones indicadas en el párrafo primero de este artículo por parte del **Arrendatario**, producirá la **Entidad** el oportuno aviso escrito, por medio de carta certificada dirigida al domicilio consignado en el contrato y, transcurrido un mes sin haber sido satisfecha la suma debida, podrá proceder a la apertura de la caja fracturando su cerradura ante Notario, quien levantará acta de referida diligencia, con expresión detallada del contenido hallado en aquella. La **Entidad** podrá realizar todos los objetos hallados en la caja, necesarios a cubrirse del importe de los alquileres, impuestos, gastos de apertura y reparación, depositando el sobrante, si 1o hubiere, en el propio establecimiento, a disposición del interesado.

12.

En caso de fallecimiento del **Arrendatario** de una caja, sólo tendrán derecho a abrirla, con las formalidades del caso, las personas que acrediten debidamente poder realizarlo por su calidad de herederos o albaceas facultados para hacerse cargo de los bienes del finado.

13.

La **Entidad** dedicará una cuidadosa vigilancia a este servicio, a fin de que las cajas permanezcan cerradas y sólo sean abiertas por sus titulares, por personas debidamente autorizadas por estos, o que tengan facultades legales para hacerlo.

14.

La **Entidad** no responderá de los daños o menoscabos que se produzcan en las cajas o en su contenido por fuerza mayor, caso fortuito o por hechos que excedan de los previsibles dentro de una relación normal. En todos los demás supuestos, incluidos los de expoliación, robo y situaciones análogas, la responsabilidad máxima y total del banco será de hasta la cantidad de seis mil euros por caja siempre que el **Arrendatario** acredite la identidad de los bienes u objetos depositados y su valor. Si el **Arrendatario** deseara cubrir una responsabilidad superior, con gastos a su cargo, la entidad se ofrece a gestionarle la oportuna póliza o suplemento con una compañía aseguradora autorizada a actuar en este ramo sin perjuicio del derecho del **Arrendatario** a contratar directamente el seguro.

15.

Además de las disposiciones contenidas en el presente documento, el contrato se regirá por las legales aplicables especialmente al mismo.

16.

Tanto la **Entidad**, como el **Arrendatario** se someten a los juzgados y tribunales de ***"localidad de los juzgados y tribunales"*** para conocer de cualquier cuestión, duda o diferencia que pueda surgir como consecuencia de la formalización del contrato y de todas sus incidencias.

LA ENTIDAD **EL ARRENDATARIO**

Contratos Bursátiles

Contratos Bursátiles **Nº marg.**

Custodia y administración de valores negociables

MCM 10210 s.

LMV art.63 s.; RD 813/2023; RD 814/2023; OM EHA/1665/2010; Circ CNMV 7/2011

Nota preliminar:

- Tras la derogación de la OM 25-10-1995, el régimen jurídico de este tipo de contratos no está sujeto a un **control** a priori, sino a **posteriori**. En consecuencia, las entidades que los concluyan podrán utilizar dichos contratos directamente siempre y cuando se haya dado suficiente publicidad al contrato-tipo en cuestión. En cualquier caso, la Comisión Nacional del Mercado de Valores (CNMV) sigue teniendo potestad para requerir su rectificación o cese en cualquier momento. El **régimen jurídico** queda enmarcado en la OM EHA/1665/2010, que se aplica a las operaciones y actividades realizadas con clientes minoristas comprendidas en el ámbito de la Ley del Mercado de Valores, que hayan sido realizadas en España por las entidades designadas en el art.1 de la mencionada OM. Téngase en cuenta que el texto vigente de dicha Ley es el aprobado por la L 6/2023 que deroga el RDLeg 4/2015.

- Los **servicios** para los que es necesario utilizar los contratos-tipo regulados en la OM EHA/1665/2010 son los siguientes: gestión de carteras, custodia y administración de instrumentos financieros y aquellos otros en los que, por estimar conveniente su normalización, la CNMV determine la necesidad de un contrato-tipo.

- Finalmente, téngase presente que la LMV disp.final 15ª.4 establece que hasta que se dicten las **normas reglamentarias** de desarrollo, se mantendrán en vigor las normas vigentes sobre los mercados de valores y los servicios de inversión, en tanto no se opongan a lo establecido en la L 6/2023. La referencia a las «normas vigentes» debe entenderse tanto respecto de normas legales (es decir, en concreto, el RDLeg 4/2015), como las normas de carácter reglamentario, toda vez que la LMV disp.derogatoria única.1 señala que «quedan derogadas, con el alcance establecido en la LMV disp.final 15ª.5, las siguientes disposiciones», citando expresamente el RDLeg 4/2015, es decir, una norma con rango legal. La mención al apartado «5» debe entenderse hecha, obviamente, al apartado 4 ya referido.

- El modelo presupone unas **circunstancias** determinadas que serán las **más frecuentes**. Si en el caso concreto existen circunstancias particulares no previstas, deberá completarse o modificarse el modelo adaptándolo a las mismas.

En *"localidad"*, a *"fecha"*

REUNIDOS:

De una parte,

"Don/Doña nombre y apellidos de la parte", mayor de edad, *"estado civil de la parte" "... "especificar el régimen económico matrimonial de la parte" ... "*, de nacionalidad *"nacionalidad de la parte"*, con domicilio a estos efectos en *"domicilio de la parte"*, *"...con DNI/NIF número "DNI/NIF de la parte" ... O ... con tarjeta de residencia número "número de tarjeta de residencia de la parte" ... O ... pasaporte número "número de pasaporte de la parte", expedido el "fecha de expedición del pasaporte de la parte" ... O ... "reseñar otros documentos aportados por la parte" ... "*, vigente hasta el *"fecha de vigencia de la documentación aportada por la parte"*.

Interviene

○ **Si interviene en su propio nombre:**

en su propio nombre y derecho.

1505

MCM 10210 s.

LMV art.63 s.; RD 813/2023; RD 814/2023; OM EHA/1665/2010; Circ CNMV 7/2011

❍ **Si interviene como representante:**

en nombre y representación

➤

❍ Si representa a persona física:

de *"Don/Doña nombre y apellidos del representado"*, mayor de edad, *"estado civil del representado"*, con domicilio en *"domicilio del representado"* y provisto de D.N.I./N.I.F. número *"DNI/NIF del representado"*, según consta en escritura de poder, otorgada ante el notario de *"lugar donde radica la notaría en la que se autorizó la escritura de poder de representación (persona física)"*, *"Don/Doña nombre y apellidos del notario que autorizó la escritura de poder de representación (persona física)"*, el *"fecha de escritura de poder de representación (persona física)"*, con el número *"número de protocolo del notario que autorizó la escritura de poder de representación (persona física)"* de su orden de protocolo.

❍ Si representa a persona jurídica:

de la sociedad mercantil denominada *"denominación social"*, domiciliada en *"domicilio social"*, y con NIF número *"NIF de la sociedad"*, constituida, por tiempo indefinido, mediante escritura otorgada ante el notario de *"lugar donde radica la notaría en la que se autorizó la escritura de poder de representación (persona jurídica)"*, *"Don/Doña nombre y apellidos del notario que autorizó la escritura de poder de representación (persona jurídica)"*, el *"fecha de escritura de poder de representación (persona jurídica)"*, e inscrita en el Registro Mercantil de *"datos de la inscripción registral (localidad del Registro Mercantil, tomo, folio, sección, hoja e inscripción)"*, en su calidad de

➤

❍ Si representa como cargo social:

"...administrador único ... O ... administrador solidario ... O ... consejero delegado ... O ... "especificar la representación del cargo social" ... " de la reseñada sociedad, cargo para el que fue nombrado y asegura vigente en escritura otorgada el *"fecha de escritura del nombramiento del cargo"*, ante el notario de *"lugar donde radica la notaría en la que se autorizó la escritura del nombramiento"*, *"Don/Doña nombre y apellidos del notario que autorizó la escritura del nombramiento"*, con el número *"número de protocolo del notario que autorizó la escritura del nombramiento"* de su protocolo, e inscrita en el Registro Mercantil de *"localidad del Registro Mercantil de la escritura de nombramiento"*, en el tomo y hoja arriba indicados.

❍ Si representa como apoderado:

apoderado de la reseñada sociedad, según escritura de poder otorgada a su favor, en *"fecha de escritura del otorgamiento del poder"*, ante el notario de *"lugar donde radica la notaría en la que se autorizó la escritura de poder"*, *"Don/Doña nombre y apellidos del notario que autorizó la escritura de poder"*, con el número *"número de protocolo del notario que autorizó la escritura de poder"* de su protocolo *"...e inscrita en el Registro Mercantil de "localidad del Registro Mercantil de la escritura de poder" ... "*, en el tomo y hoja arriba indicados.

◄

◄◄

En adelante, el **Cliente**.

De otra parte,

"Don/Doña nombre y apellidos de la parte", mayor de edad, *"estado civil de la parte" "... "especificar el régimen económico matrimonial de la parte" ... "*, de nacionalidad *"nacionalidad de la parte"*, con domicilio a estos efectos en *"domicilio de la parte"*, *"...con DNI/NIF número "DNI/NIF de la parte" ... O ... con tarjeta de residencia número "número de tarjeta de residencia de la parte" ... O ... pasaporte número "número de pasaporte de la parte", expedido el "fecha de expedición del pasaporte de la parte" ... O ... "reseñar otros documentos aportados por la parte" ... "*, vigente hasta el *"fecha de vigencia de la documentación aportada por la parte"*.

MCM 10210 s.

LMV art.63 s.; RD 813/2023; RD 814/2023; OM EHA/1665/2010; Circ CNMV 7/2011

Interviene en nombre y representación de la sociedad mercantil denominada *"denominación de la Sociedad"*, domiciliada en *"domicilio de la Sociedad"*, y con NIF número *"NIF de la Sociedad"*, constituida, por tiempo indefinido, mediante escritura otorgada ante el notario de *"lugar del notario que autorizó la escritura pública"*, *"Don/Doña nombre y apellidos del notario que autorizó la escritura pública"*, el *"Fecha de autorización de la escritura pública"*, e inscrita en el Registro Mercantil de *"datos de la inscripción registral (localidad del Registro Mercantil, tomo, folio, sección, hoja e inscripción)"*, en su calidad de apoderado de la reseñada sociedad, según escritura de poder otorgada a su favor, en *"fecha de autorización de la escritura de apoderamiento"*, ante el notario de *"lugar del notario que autorizó la escritura de apoderamiento"*, *"Don/Doña nombre y apellidos del notario que autorizó la escritura de apoderamiento"*, con el número *"número de protocolo del notario que autorizó la escritura de apoderamiento"* de su protocolo, e inscrita en el Registro Mercantil de *"datos de la inscripción registral del notario que autorizó la escritura de apoderamiento"*, en el tomo y hoja arriba indicados.

En adelante, la **Entidad**.

Ambas partes se reconocen mutua y recíprocamente capacidad legal bastante y representación suficiente para el otorgamiento del presente contrato de custodia y administración de valores negociables, de conformidad con las siguientes:

CONDICIONES GENERALES:

PRIMERA. Objeto y formalización

Constituye el objeto del presente contrato el depósito, custodia y administración de los títulos-valores y valores negociables anotados en cuenta propiedad del **Cliente**, que entregue a la **Entidad**, que interviene como depositaria. El depósito podrá extenderse a valores representados por títulos físicos y en el caso de que los valores depositados estuvieran incluidos en el Sistema de Compensación y Liquidación de Valores, representados mediante anotaciones en cuenta, el **Cliente** se somete expresamente a lo establecido en el Real Decreto 814/2023, y acepta, en restitución de los títulos depositados, otros del mismo emisor y clase, de igual valor nominal y que confieran idénticos derechos, cualesquiera que sea su numeración.

Los títulos depositados en la **Entidad** se admiten sin responsabilidad por parte de éste sobre su validez o legitimidad. La **Entidad** se compromete y obliga a custodiar y podrá subcontratar en cuentas abiertas a nombre del **Cliente**, la custodia a un agente depositario de su elección para los valores que el **Cliente**, o un tercero por cuenta de él, le entregue, así como los que posteriormente pasen a formar parte del depósito.

En el caso de valores extranjeros, y cuando así lo exija la práctica habitual del mercado en el que se encuentren admitidos a negociación dichos valores, la **Entidad** podrá contratar a través de una cuenta global, la custodia de dichos activos, con sujeción a la legislación del país en que éstos se encuentren depositados, para lo cual con la firma del presente contrato el **Cliente** otorga autorización expresa; ello no eximirá a la **Entidad** de sus obligaciones como depositaria frente al **Cliente**.

En todo caso, la **Entidad** deberá recabar, con carácter previo a la utilización inicial de cada cuenta global, la autorización expresa del **Cliente**, al que informará previamente de los riesgos que asumirá, así como de la entidad y calidad crediticia de la entidad depositaria. A estos efectos, el **Cliente**, una vez que ha sido informado de la calidad crediticia y de los riesgos que asumirá, autoriza expresamente a la **Entidad** en este acto para que pueda contratar, a través de cuentas globales, la custodia de los valores extranjeros que el **Cliente** desee adquirir, con cualquiera de las siguientes entidades: *"relación de entidades"*.

La gestión recaerá exclusivamente y no podrá superar en ningún momento, salvo en los supuestos y límites que establezca la CNMV, la suma de los dos conceptos siguientes:

1º El patrimonio aportado inicialmente o en sucesivas ocasiones por el **Cliente**.

2º El importe de créditos obtenidos de la **Entidad**, si estuviera habilitado para ello, o de un tercero igualmente habilitado con esta finalidad.

1505

MCM 10210 s.

La concesión de crédito por la **Entidad** exigirá, en todo caso, la previa formalización del correspondiente documento contractual de crédito suscrito por el **Cliente**.

Las partes se someten a las normas de conducta previstas con carácter general, en la legislación del Mercado de Valores y defensa de consumidores y usuarios.

La formalización del presente contrato podrá realizarse por vía electrónica o telefónica, utilizando los medios de identificación y autentificación admitidos por la **Entidad** o bien en soporte papel, incorporando la firma reconocida por la **Entidad**. Las partes acuerdan equiparar el consentimiento prestado por vía electrónica o telefónica con el consentimiento manifestado por escrito en soporte papel, que tendrán el mismo valor jurídico.

LMV art.63 s.; RD 813/2023; RD 814/2023; OM EHA/1665/2010; Circ CNMV 7/2011

El **Cliente** podrá, asimismo, cursar órdenes e instrucciones a través de cualquier medio con eficacia jurídica en Derecho español cuyo uso sea admitido por la **Entidad**.

En el caso de duda sobre la autenticidad de la firma que autorice un cheque, orden de pago u otro documento, la **Entidad** suspenderá la efectividad de los mismos hasta que tenga constancia de la autentificación de la misma.

SEGUNDA. Pluralidad de titulares

El presente contrato tiene carácter nominativo e intransferible.

En caso de pluralidad de titulares, todos ellos asumirán solidariamente todos los derechos y obligaciones derivados de la actuación de cualquiera de ellos en relación con el presente contrato, pudiendo la **Entidad** reclamar indistintamente el cumplimiento de las obligaciones contraídas frente a él, sin perjuicio de lo que dispongan las leyes.

Toda referencia a titular realizada en el presente contrato, se entenderá referida a todos y cada uno de los titulares.

Salvo que se especifique lo contrario, se entenderá que la titularidad y el régimen de disposición tendrán carácter indistinto y la modificación de este último, requerirá el consentimiento expreso de todos los titulares.

TERCERA. Cuenta de valores y Cuenta de efectivo

3.1. Cuenta de Valores

El presente contrato se instrumentará a través de una cuenta de valores abierta a nombre del **Cliente**, que se identificará mediante un número de referencia o referencias de registro o numéricas correspondientes y en la cual se registrarán los movimientos y saldos de los valores del **Cliente**, expresados en número de títulos, anotaciones o derechos e importes nominales, por clase de valor.

El **Cliente** podrá disponer de la cuenta previa comunicación a la **Entidad** y siempre que existan valores disponibles en la misma, según el registro de la **Entidad**. En caso de disposición parcial de valores homogéneos, la **Entidad** entregará los valores de registro más antiguo.

Para la devolución o traspaso a otra entidad de los depósitos constituidos y amparados por este contrato, la **Entidad** podrá exigir la justificación de la legitimidad de firmas y las garantías que estime oportuno.

La **Entidad** realizará los actos conducentes al cobro de dividendos y capitales en las fechas previstas de liquidación y amortización. No obstante, la **Entidad** quedará exonerada de toda responsabilidad por hechos imputables al **Cliente**, ya sea por culpa, simple o negligencia, o mora derivada del desconocimiento de dividendos, sorteos o errores de cotejo. Quedará igualmente exonerada de aquella responsabilidad por hechos derivados de la actuación negligente de otras entidades o terceros con las que haya tenido relación por elección del **Cliente**.

3.2. Cuenta de efectivo

MCM 10210 s.

Con anterioridad a la apertura de la cuenta de valores, el **Cliente** procederá a la apertura de una cuenta de efectivo vinculada a la cuenta de valores en la que se recogerán los abonos y cargos dimanantes de la misma y de los valores depositados. El saldo de dicha cuenta deberá cubrir, en todo momento, el importe de las órdenes de compra, suscripción o cualquier otra operación que implique un adeudo.

CUARTA. Obligaciones de la entidad

La **Entidad** asume las siguientes obligaciones:

LMV art.63 s.; RD 813/2023; RD 814/2023; OM EHA/1665/2010; Circ CNMV 7/2011

La realización de todos aquellos actos y operaciones ordenados por el **Cliente**, recabando de éste, cuando proceda, las instrucciones específicas respecto a los mismos. En este sentido, la **Entidad** realizará, sin necesidad de tales instrucciones y en nombre y por cuenta del **Cliente**, todos aquellos actos y operaciones propias de un depósito administrado de valores. Entre estas operaciones, y a título meramente enunciativo, la **Entidad** facilitará la justificación de la condición de **Cliente** como titular de los valores depositados en administración, se ocupará de cobrar dividendos, intereses y cupones, obtendrá el importe de la amortización de los valores, comunicará al **Cliente** el posible ejercicio de los derechos de suscripción preferente y las posibles conversiones o canjes y, en general, practicará cuantos actos y gestiones sean necesarios para que los valores conserven los derechos económicos que les correspondan. Asimismo, la **Entidad** facilitará al **Cliente** el ejercicio de los derechos políticos que correspondan a los valores depositados, informándole de las circunstancias que conozca que afecten a los valores, llevando a cabo las actuaciones, comunicaciones e iniciativas exigidas para ello. Los derechos económicos que se generen, serán abonados en la cuenta de efectivo del **Cliente** vinculada a la cuenta de valores.

La **Entidad** desarrollará su actividad de depósito y administración procurando, en todo momento, el interés del **Cliente** y seguirá las instrucciones dadas por el mismo que se integrarán, en su caso, en el archivo de justificantes de órdenes y en el archivo operaciones, dando lugar a las correspondientes anotaciones en la cuenta del **Cliente**. La cuenta de valores registrará cualesquiera valores del **Cliente** que sean susceptibles de llevanza por parte de la **Entidad**, de acuerdo con la legislación española. La **Entidad** ejecutará las órdenes o instrucciones impartidas por el **Cliente** y recibidas por la **Entidad**, dentro del plazo establecido para el ejercicio de los derechos que se deriven de la titularidad de los valores. A estos efectos, cuando la entidad emisora de los valores anuncie la existencia de algún derecho y exija la conformidad del **Cliente**, la **Entidad** informará puntualmente al **Cliente** de ello, indicándole también el plazo de que dispone para cursar su orden o instrucción. Este plazo será determinado por la propia entidad emisora de los valores. Si agotado el mencionado plazo, la **Entidad** no hubiera recibido instrucciones expresas del **Cliente**, valorando muy especialmente la naturaleza y características de los valores y de las operaciones en cuestión, la **Entidad** adoptará las decisiones que mejor salvaguarden los intereses del **Cliente**.

En concreto, y entre otras posibles actuaciones, la **Entidad** enajenará los derechos de suscripción no ejercitados antes del momento de su decaimiento siempre y cuando el mercado lo permita, acudirá a las ofertas públicas de adquisición de valores para su exclusión, atenderá los desembolsos de dividendos pasivos pendientes, con cargo a la cuenta de efectivo del **Cliente** con el límite el saldo de la misma y suscribirá ampliaciones de capital liberadas.

La **Entidad** no asumirá responsabilidad alguna por el impago, por parte de la entidad emisora, de intereses, dividendos o amortizaciones correspondientes a los valores.

En concreto, la **Entidad** requerirá autorización previa del **Cliente**, en los casos en que la operación o inversión se realice sobre valores o instrumentos financieros emitidos por la **Entidad** o entidades de su grupo o instituciones de inversión colectiva gestionadas por esta, o sobre valores o instrumentos financieros en los que la **Entidad** o alguna sociedad de su grupo sea asegurador o colocador en una emisión u oferta pública de venta, o sobre valores o instrumentos financieros resultantes de la negociación por cuenta propia de la **Entidad** o entidades de su grupo con los titulares de las carteras gestionadas, cuando, por sí, o sumadas a las posiciones de esos mismos valores o instrumentos financieros ya existentes en la cartera gestionada del **Cliente**, pueda representar más de un 25 por 100 del importe total de la cartera gestionada.

MCM 10210 s.

LMV art.63 s.; RD 813/2023; RD 814/2023; OM EHA/1665/2010; Circ CNMV 7/2011

QUINTA. Comisiones y gastos repercutibles
Los servicios de custodia y administración de los valores negociables depositados, devengarán las comisiones y gastos repercutibles, cuyos importes figuran en el folleto de tarifas de comisiones, condiciones, gastos y normas de valoración de la **Entidad** que se adjunta al presente contrato y que el **Cliente** declara recibir y aceptar.

La **Entidad** podrá cobrar al **Cliente** comisiones por los siguientes conceptos:

a) Operaciones de depósitos: constitución, cancelación, administración, agregación de hojas de cupones, estampillados y en general cualquier operación que implique manipulación de títulos, así como custodia de resguardos de otros activos financieros.

b) Cambio de titularidad por testamentarías, donaciones, etc.

c) Operaciones financieras: ampliaciones de capital, dividendos pasivos, suscripciones de valores de renta fija y variable y de otros activos financieros, canje y conversiones, cobro de dividendos e intereses, títulos amortizados, devoluciones de capital y otros reembolsos, así como primas de asistencia a junta.

Cada una de estas comisiones se devengará en el momento en que se produzca o se realice alguna de las operaciones antes relacionadas, a excepción de la comisión por administración y custodia, cuyo devengo será por trimestre o fracción.

Asimismo, la **Entidad**, podrá, en su caso, repercutir al **Cliente** los gastos de correo, teléfono, telefax o similares, salvo los que por ley correspondan a la **Entidad**, así como los gastos y comisiones que se deban abonar a terceras entidades intervinientes en las operaciones realizadas.

Todos los intereses, dividendos, y demás modalidades de rendimiento, comisiones o gastos que generen las operaciones previstas en el presente contrato, serán cargados o abonados en la cuenta de efectivo que al efecto indique el **Cliente** en las condiciones particulares del presente contrato.

La **Entidad** se reserva el derecho de modificar las tarifas de comisiones y gastos repercutibles incluidos en su folleto de tarifas de comisiones, condiciones, gastos y normas de valoración, informando previamente al **Cliente**.

Dicha comunicación se realizará por escrito o por vía telemática, pudiendo incorporarse a cualquier información periódica que la **Entidad** suministre al **Cliente**. El **Cliente** dispondrá de un plazo de dos meses desde la recepción de la citada información para modificar o cancelar la relación contractual, sin que hasta que transcurra dicho plazo le sean de aplicación las tarifas modificadas. En el supuesto de que tales modificaciones implicaran un beneficio al **Cliente**, le serán de aplicación inmediata.

En el caso de otras modificaciones, las mismas no afectarán a la tramitación, liquidación y cancelación de las operaciones que se hubiesen concertado con anterioridad a la efectividad de la modificación, que seguirán rigiéndose por las condiciones a ellas aplicables, de acuerdo con las estipulaciones del presente contrato.

SEXTA. Retenciones tributarias y embargos
La **Entidad** practicará las correspondientes retenciones tributarias sobre los intereses, dividendos y demás modalidades de rendimiento abonados al **Cliente**. Asimismo, tramitará y cumplimentará las solicitudes de información, órdenes, embargos y requerimientos administrativos y judiciales de conformidad con la legislación vigente.

SÉPTIMA. Duración y resolución
El presente contrato es de duración indefinida, pudiendo cualquiera de las partes dar por finalizado el mismo en cualquier momento. No obstante lo anterior, si la resolución del presente contrato fuese instada por la **Entidad**, el plazo de preaviso no podrá ser inferior a quince días naturales.

MCM 10210 s.

LMV art.63 s.; RD 813/2023; RD 814/2023; OM EHA/1665/2010; Circ CNMV 7/2011

OCTAVA. Tratamiento de datos personales

De acuerdo con la normativa aplicable (Rgto (UE) 2016/679 y LO 3/2018), se informa sobre lo siguiente en relación con el tratamiento de datos personales:

Información básica sobre protección de datos	
Responsable	*"nombre de la entidad"*
Finalidad	Gestión contractual de la relación jurídica a que da lugar el presente contrato
Legitimación	Consentimiento del interesado y ejecución de contrato
Destinatarios	Los datos proporcionados no serán cedidos a ningún tercero, salvo obligación legal. En cualquier caso, las categorías de destinatarios son Administración Tributaria y entidades financieras
Derechos	Acceder, rectificar, suprimir los datos, así como otros derechos, según se explica en la información adicional
Información adicional	Por favor, consulte la información adicional y detallada sobre la protección de datos en la página web *"especificar pág web"*

Y en prueba de conformidad, ambas partes firman el presente contrato, que se extiende en dos ejemplares, igualmente originales, en el lugar y fecha indicados en su encabezamiento.

LA ENTIDAD **EL CLIENTE**

Comisión de mercado de instrumentos financieros

MCM 9405 s.

Nota preliminar:

- Se consideran **servicios de inversión** la recepción y transmisión de órdenes sobre instrumentos financieros por cuenta de terceros, así como la ejecución de dichas órdenes por cuenta de terceros.

LMV art.191 s

- Finalmente, téngase presente que la LMV disp.final 15ª.4 establece que hasta que se dicten las **normas reglamentarias** de desarrollo, se mantendrán en vigor las normas vigentes sobre los mercados de valores y los servicios de inversión, en tanto no se opongan a lo establecido en la L 6/2023. La referencia a las «normas vigentes» debe entenderse tanto respecto de normas legales (es decir, en concreto, el RDLeg 4/2015), como las normas de carácter reglamentario, toda vez que la LMV disp.derogatoria única.1 señala que «quedan derogadas, con el alcance establecido en la LMV disp.final 15ª.5, las siguientes disposiciones», citando expresamente el RDLeg 4/2015, es decir, una norma con rango legal. La mención al apartado «5» debe entenderse hecha, obviamente, al apartado 4 ya referido.

- El modelo presupone unas **circunstancias** determinadas que serán las **más frecuentes**. Si en el caso concreto existen circunstancias particulares no previstas, deberá completarse o modificarse el modelo adaptándolo a las mismas.

En *"localidad"*, a *"fecha"*

REUNIDOS:

De una parte,

"Don/Doña nombre y apellidos de la parte", mayor de edad, *"estado civil de la parte" "... "especificar el régimen económico matrimonial de la parte" ..."*, de nacionalidad *"nacionalidad de la parte"*, con domicilio a estos efectos en *"domicilio de la parte"*, *"...con DNI/NIF número "DNI/NIF de la parte" ... O ... con tarjeta de residencia número "número de tarjeta de residencia de la parte"... O ... pasaporte número "número de pasaporte de la parte", expedido el "fecha de expedición del pasaporte de la parte" ... O ... "reseñar otros documentos aportados por la parte" ..."*, vigente hasta el *"fecha de vigencia de la documentación aportada por la parte"*.

Interviene

❍ **Si interviene en su propio nombre:**

en su propio nombre y derecho.

❍ **Si interviene como representante:**

en nombre y representación

❍ Si representa a persona física:

de *"Don/Doña nombre y apellidos del representado"*, mayor de edad, *"estado civil del representado"*, con domicilio en *"domicilio del representado"* y provisto de D.N.I./N.I.F. número *"DNI/NIF del representado"*, según consta en escritura de poder, otorgada ante el notario de *"lugar donde radica la notaría en la que se autorizó la escritura de poder de representación (persona física)"*, *"Don/Doña nombre y apellidos del notario que autorizó la escritura de poder de representación (persona física)"*, el *"fecha de escritura de poder de representación (persona física)"*, con el número *"número de protocolo del notario que autorizó la escritura de poder de representación (persona física)"* de su orden de protocolo.

❍ Si representa a persona jurídica:

MCM 9405 s.

de la sociedad mercantil denominada *"denominación social"*, domiciliada en *"domicilio social"*, y con NIF número *"NIF de la sociedad"*, constituida, por tiempo indefinido, mediante escritura otorgada ante el notario de *"lugar donde radica la notaría en la que se autorizó la escritura de poder de representación (persona jurídica)"*, *"Don/Doña nombre y apellidos del notario que autorizó la escritura de poder de representación (persona jurídica)"*, el *"fecha de escritura de poder de representación (persona jurídica)"*, e inscrita en el Registro Mercantil de *"datos de la inscripción registral (localidad del Registro Mercantil, tomo, folio, sección, hoja e inscripción)"*, en su calidad de

LMV art.191 s

➤

❍ Si representa como cargo social:

"...administrador único ... O ... administrador solidario ... O ... consejero delegado ... O ... "especificar la representación del cargo social" ... " de la reseñada sociedad, cargo para el que fue nombrado y asegura vigente en escritura otorgada el *"fecha de escritura del nombramiento del cargo"*, ante el notario de *"lugar donde radica la notaría en la que se autorizó la escritura del nombramiento"*, *"Don/Doña nombre y apellidos del notario que autorizó la escritura del nombramiento"*, con el número *"número de protocolo del notario que autorizó la escritura del nombramiento"* de su protocolo, e inscrita en el Registro Mercantil de *"localidad del Registro Mercantil de la escritura de nombramiento"*, en el tomo y hoja arriba indicados.

❍ Si representa como apoderado:

apoderado de la reseñada sociedad, según escritura de poder otorgada a su favor, en *"fecha de escritura del otorgamiento del poder"*, ante el notario de *"lugar donde radica la notaría en la que se autorizó la escritura de poder"*, *"Don/Doña nombre y apellidos del notario que autorizó la escritura de poder"*, con el número *"número de protocolo del notario que autorizó la escritura de poder"* de su protocolo *"...e inscrita en el Registro Mercantil de "localidad del Registro Mercantil de la escritura de poder" ... "*, en el tomo y hoja arriba indicados.

≺

≺≺

En adelante, el **Cliente**.

De otra parte,

"Don/Doña nombre y apellidos de la parte", mayor de edad, *"estado civil de la parte" "... "especificar el régimen económico matrimonial de la parte" ... "*, de nacionalidad *"nacionalidad de la parte"*, con domicilio a estos efectos en *"domicilio de la parte"*, *"...con DNI/NIF número "DNI/NIF de la parte" ... O ... con tarjeta de residencia número "número de tarjeta de residencia de la parte" ... O ... pasaporte número "número de pasaporte de la parte", expedido el "fecha de expedición del pasaporte de la parte" ... O ... "reseñar otros documentos aportados por la parte" ... "*, vigente hasta el *"fecha de vigencia de la documentación aportada por la parte"*.

Interviene en nombre y representación de la sociedad mercantil denominada *"denominación de la Sociedad"*, domiciliada en *"domicilio de la Sociedad"*, y con NIF número *"NIF de la Sociedad"*, constituida, por tiempo indefinido, mediante escritura otorgada ante el notario de *"lugar del notario que autorizó la escritura pública"*, *"Don/Doña nombre y apellidos del notario que autorizó la escritura pública"*, el *"Fecha de autorización de la escritura pública"*, e inscrita en el Registro Mercantil de *"datos de la inscripción registral (localidad del Registro Mercantil, tomo, folio, sección, hoja e inscripción)"*, en su calidad de apoderado de la reseñada sociedad, según escritura de poder otorgada a su favor, en *"fecha de autorización de la escritura de apoderamiento"*, ante el notario de *"lugar del notario que autorizó la escritura de apoderamiento"*, *"Don/Doña nombre y apellidos del notario que autorizó la escritura de apoderamiento"*, con el número *"número de protocolo del notario que autorizó la escritura de apoderamiento"* de su protocolo, e inscrita en el Registro Mercantil de *"datos de la inscripción registral del notario que autorizó la escritura de apoderamiento"*, en el tomo y hoja arriba indicados.

En adelante, la **Entidad**.

Ambas partes se reconocen mutua y recíprocamente capacidad legal bastante y representación suficiente para el otorgamiento del presente contrato de custodia y administración de valores negociables, de conformidad con las siguientes:

MCM 9405 s.

CONDICIONES PARTICULARES:

Primera.
Las presentes condiciones particulares rigen la compraventa de valores mobiliarios y/o instrumentos financieros por cuenta del **Cliente**.

LMV art.191 s

Segunda.
La **Entidad** se compromete a cumplimentar las operaciones de compra y venta de cualesquiera valores mobiliarios o instrumentos financieros que le formule el **Cliente**, de acuerdo con las instrucciones impartidas por cualquiera de los medios previstos en el contrato, generales o específicas del **Cliente**, sin que le incumba responsabilidad alguna por los cambios que se obtengan ni por la ejecución de aquéllas, debido a cualquier circunstancia, y siempre que sea posible su adquisición en el mercado en las condiciones demandadas.

El **Cliente** podrá revocar o modificar en cualquier momento las órdenes impartidas a la **Entidad**, siempre que no hayan sido ya ejecutadas o que no sea imposible su revocación. La **Entidad** queda exonerada de cualquier responsabilidad respecto de las operaciones realizadas de acuerdo con las órdenes en vigor.

Tercera.
La **Entidad** acepta conservar en custodia los valores y/o instrumentos financieros que se adquieran, los cuales estarán individualmente identificados y quedarán depositados en la **Entidad** o, en el caso de anotaciones en cuenta, su llevanza será gestionada por la misma.

Cuarta.
A los efectos de la cláusula anterior, el **Cliente** otorga poder tan amplio como sea requerido a favor de la **Entidad** para realizar compras, ventas, subscripciones, conversiones, canjes, endosos, amortizaciones de valores mobiliarios de cualquier naturaleza, nacionales o extranjeros, públicos o privados, de renta fija o variable, así como de los derechos de suscripción inherentes a los mismos que podrá ejercitar, comprar, vender, ceder o renunciar; o de participaciones en cualquier tipo de sociedad, fondos de inversión mobiliaria, o de inversión en instrumentos del mercado monetario, deuda pública, en cualquiera de sus manifestaciones o clases, pagarés de empresa o bancarios, letras emitidas o avaladas por entidades de crédito, así como cualquier otro activo financiero y/o monetario que exista o pueda ser puesto en circulación en el futuro, que se negocien en un mercado organizado o no admitidos a negociación, fijando los pactos que libremente concierte en operaciones al contado o a crédito.

Quinta.
La rentabilidad de cada operación de compra de valores dependerá del cambio o tipo de interés al que se haya contratado la operación, y en función de las condiciones específicas de los valores o instrumentos contratados.

 **Nota:**

Téngase en cuenta que, a los efectos de lo dispuesto en la LMV art.191s., las empresas de servicios y actividades de inversión han de ***clasificar a sus clientes*** *en minoristas, profesionales y contrapartes elegibles. La misma obligación será aplicable a las demás empresas que presten servicios y actividades de inversión.*
Tienen la consideración de ***contrapartes elegibles*** *los mencionados en la LMV art.196.1.*

Sexta.

MCM 9405 s.

La rentabilidad de cada operación de compra de instrumentos financieros aparecerá reflejada en la confirmación que la **Entidad** remitirá al **Cliente** al formalizar la operación.

La **Entidad** abonará en la cuenta del **Cliente** los rendimientos de su inversión mediante la gestión de cobro de los derechos o cupones para inversiones con rendimiento explícito. Para inversiones con rendimiento implícito tales como pagarés o letras del tesoro, la **Entidad** realizará la gestión de cobro del nominal liquidando la operación de acuerdo con la normativa legal vigente.

LMV art.191 s

 **Nota:**

Véase la nota anterior.

Séptima.

En caso de que antes del término pactado el **Cliente** ordenara la venta o descuento del activo financiero adquirido, La **Entidad** cuidará de cumplimentar la operación, aceptando el ordenante la posible demora para alcanzar la colocación deseada, así como la aplicación al descuento del tipo de interés nominal señalado por el mercado para el activo financiero. En las operaciones en las que exista un pacto de recompra por parte de la **Entidad**, éstas se efectuarán según los términos acordados de importe y plazo.

La tramitación de las operaciones se ajustará a los horarios límites de comunicación de operaciones de terceros del Banco de España.

Octava.

La **Entidad** cuidará de ejecutar las órdenes de compra de valores que les pasen sus **Clientes** con cargo al haber de sus cuentas, salvo provisión de fondos específica. La **Entidad** se reserva la facultad de no cumplimentar la orden de compra si en la cuenta de referencia señalada por el **Cliente** no existen fondos disponibles al efecto, o no existe provisión de fondos específica.

Novena.

Si, no obstante lo dispuesto en la cláusula anterior, la **Entidad** ejecutare la orden del **Cliente**, la **Entidad** tendrá derecho a exigir al **Cliente** en cualquier momento la entrega del importe líquido de la operación o los valores correspondientes. De no efectuarlo así al día siguiente al aviso de la **Entidad**, quedará ésta autorizada, sin que ello constituya obligación, para comprar o vender los correspondientes títulos al mejor cambio posible, y aceptando el **Cliente** desde ahora y para entonces el tipo al que se efectúe la operación y obligándose, además, a restituir a la **Entidad**, inmediatamente, cualquier diferencia que resultare.

Décima.

En el caso de órdenes de compraventa de valores, cuando no se indique cambio límite, se entenderá por el mejor. Cuando no se indique Bolsa, se entenderá la de Madrid, siempre que los valores objeto de la transacción coticen en esa Bolsa. Las órdenes cursadas y no cumplimentadas, que no hubiesen especificado vigor, se considerarán anuladas el último día hábil del mes, sin que sea precisa comunicación alguna, salvo si las instrucciones se efectuaron después del día 25, en cuyo caso, no se anulará hasta el último día hábil del mes siguiente.

Undécima.

Antes de cumplir órdenes de venta los valores han de estar depositados en la **Entidad**.

Duodécima.

La **Entidad** responde de la existencia y titularidad de los valores e instrumentos financieros adquiridos basándose en lo determinado en los artículos 1.529 del Código Civil y el 348 del Código de Comercio.

MCM 9405 s.

LMV art.191 s

Decimotercera.

La **Entidad** no asume responsabilidad ni compromiso alguno respecto a la garantía, seguridad o liquidez de los valores objeto de la compraventa, ni respecto de la garantía o solvencia de la sociedad emisora de los mismos, salvo mención expresa en contrario.

Y en prueba de conformidad, ambas partes firman el presente contrato, que se extiende en dos ejemplares, igualmente originales, en el lugar y fecha indicados en su encabezamiento.

LA ENTIDAD **EL CLIENTE**

Adquisición de Deuda pública con pacto de recompra (Repo de Deuda pública)

MCM 10160 s.

LMV art.42 s.; Circ BE 2/2007

Nota preliminar:

- Se reconocen como operaciones de un **mercado secundario** las operaciones dobles y las operaciones con pacto de recompra. A tales efectos, se entiende por:

a) **Operaciones dobles** - también denominadas simultáneas -, aquéllas en las que se contratan, al mismo tiempo, dos compraventas de valores de sentido contrario, realizadas ambas con valores de idénticas características y por el mismo importe nominal, pero con distinta fecha de ejecución, pudiendo ser ambas compraventas al contado con diferentes fechas de liquidación, a plazo, o la primera al contado y la segunda a plazo.

b) Operaciones con **pacto de recompra**, aquéllas en las que el titular de los valores los vende hasta la fecha de la amortización, conviniendo simultáneamente la recompra de valores de idénticas características y por igual valor nominal, en una fecha determinada e intermedia entre la de venta y la de amortización más próxima, aunque ésta sea parcial o voluntaria.

- Ténganse en cuenta la LMV art.160 s. relativos a la **obligación de información** que recae sobre todas las empresas de servicios de inversión y empresas de asesoramiento financiero nacionales, la cual se centra en toda la información necesaria para poder comprobar el cumplimiento de las obligaciones impuestas en la ley, su desarrollo reglamentario, y adicionalmente, en el caso de las empresas de servicios de inversión, por las normas de derecho europeo que les resulten de aplicación.

- Finalmente, téngase presente que la LMV disp.final 15ª.4 establece que hasta que se dicten las **normas reglamentarias** de desarrollo, se mantendrán en vigor las normas vigentes sobre los mercados de valores y los servicios de inversión, en tanto no se opongan a lo establecido en la L 6/2023. La referencia a las «normas vigentes» debe entenderse tanto respecto de normas legales (es decir, en concreto, el RDLeg 4/2015), como las normas de carácter reglamentario, toda vez que la LMV disp.derogatoria única.1 señala que «quedan derogadas, con el alcance establecido en la LMV disp.final 15ª.5, las siguientes disposiciones», citando expresamente el RDLeg 4/2015, es decir, una norma con rango legal. La mención al apartado «5» debe entenderse hecha, obviamente, al apartado 4 ya referido.

- El modelo presupone unas **circunstancias** determinadas que serán las **más frecuentes**. Si en el caso concreto existen circunstancias particulares no previstas, deberá completarse o modificarse el modelo adaptándolo a las mismas.

CONDICIONES PARTICULARES

Oficina ordenante: *"oficina ordenante"*,

Número: *"número de oficina"* Expediente *"número de expediente"*.

Titulares

"Don/Doña Nombre y apellidos de los titulares". NIF *"NIF de los titulares"*. País de residencia *"país de residencia de los titulares"*. Domicilio *"domicilio de los titulares"*.

Autorizados

Nombre y apellidos *"Don/Doña nombre y apellidos de los autorizados"*. DNI *"DNI de los autorizados"*.

Cuenta corriente vinculada

Oficina *"lugar o número de oficina"*. Número de cuenta *"número de cuenta corriente"*.

Operación

Clase de Deuda *"clase de deuda"*. Modalidad de cesión *"especificar la modalidad"*.

Fecha de cesión *"fecha de cesión"*. Fecha de recompra *"fecha de recompra"*.

Tipo de interés *"especificar tipo de interés"* TAE (Deuda Pública)

Inversión Deuda Pública *"especificar inversión"*.

Los titulares abajo firmantes solicitan la adquisición de Deuda Pública con pacto de recompra con cargo a la cuenta corriente vinculada, y aceptan las condiciones particulares y generales que figuran en la presente orden de compra, de la cual reciben un ejemplar en este acto.

Asimismo los titulares autorizan a las personas cuyos datos se detallan en estas condiciones particulares, para disponer de la Deuda Pública adquirida a su nombre, especificada en este documento.

En *"localidad"* a *"fecha"*

Firma de los titulares — Firma de los autorizados

Conforme,

El Director de la oficina

REUNIDOS:

De una parte,

"Don/Doña nombre y apellidos de la parte", mayor de edad, *"estado civil de la parte"* "... *"especificar el régimen económico matrimonial de la parte"* ... ", de nacionalidad *"nacionalidad de la parte"*, con domicilio a estos efectos en *"domicilio de la parte"*, *"...con DNI/NIF número "DNI/NIF de la parte"... O ... con tarjeta de residencia número "número de tarjeta de residencia de la parte" ... O ... pasaporte número "número de pasaporte de la parte", expedido el "fecha de expedición del pasaporte de la parte" ... O ... "reseñar otros documentos aportados por la parte" ...*", vigente hasta el *"fecha de vigencia de la documentación aportada por la parte"*.

Interviene

❍ Si interviene en su propio nombre:

en su propio nombre y derecho.

❍ Si interviene como representante:

en nombre y representación

❍ Si representa a persona física:

de *"Don/Doña nombre y apellidos del representado"*, mayor de edad, *"estado civil del representado"*, con domicilio en *"domicilio del representado"* y provisto de D.N.I./N.I.F. número *"DNI/NIF del representado"*, según consta en escritura de poder, otorgada ante el notario de *"lugar donde radica la notaria en la que se autorizó la escritura de poder de representación (persona física)"*, *"Don/Doña nombre y apellidos del notario que autorizó la escritura de poder de representación (persona física)"*, el *"fecha de escritura de poder de representación (persona física)"*, con el número *"número de protocolo del notario que autorizó la escritura de poder de representación (persona física)"* de su orden de protocolo.

❍ Si representa a persona jurídica:

de la sociedad mercantil denominada *"denominación social"*, domiciliada en *"domicilio social"*, y con NIF número *"NIF de la sociedad"*, constituida, por tiempo indefinido, mediante escritura otorgada ante el notario de *"lugar donde radica la notaría en la que se autorizó la escritura de poder de representación (persona jurídica)"*, *"Don/Doña nombre y apellidos del notario que autorizó la escritura de poder de representación (persona jurídica)"*, el *"fecha de escritura de poder de representación (persona jurídica)"*, e inscrita en el Registro Mercantil de *"datos de la inscripción registral (localidad del Registro Mercantil, tomo, folio, sección, hoja e inscripción)"*, en su calidad de

➤

❍ Si representa como cargo social:

"...administrador único ... O ... administrador solidario ... O ... consejero delegado ... O ... "especificar la representación del cargo social" ... " de la reseñada sociedad, cargo para el que fue nombrado y asegura vigente en escritura otorgada el *"fecha de escritura del nombramiento del cargo"*, ante el notario de *"lugar donde radica la notaría en la que se autorizó la escritura del nombramiento"*, *"Don/Doña nombre y apellidos del notario que autorizó la escritura del nombramiento"*, con el número *"número de protocolo del notario que autorizó la escritura del nombramiento"* de su protocolo, e inscrita en el Registro Mercantil de *"localidad del Registro Mercantil de la escritura de nombramiento"*, en el tomo y hoja arriba indicados.

❍ Si representa como apoderado:

apoderado de la reseñada sociedad, según escritura de poder otorgada a su favor, en *"fecha de escritura del otorgamiento del poder"*, ante el notario de *"lugar donde radica la notaría en la que se autorizó la escritura de poder"*, *"Don/Doña nombre y apellidos del notario que autorizó la escritura de poder"*, con el número *"número de protocolo del notario que autorizó la escritura de poder"* de su protocolo *"...e inscrita en el Registro Mercantil de "localidad del Registro Mercantil de la escritura de poder" ... "*, en el tomo y hoja arriba indicados.

En adelante, el **Cliente**.

De otra parte,
"Don/Doña nombre y apellidos de la parte", mayor de edad, *"estado civil de la parte" "... "especificar el régimen económico matrimonial de la parte" ... "*, de nacionalidad *"nacionalidad de la parte"*, con domicilio a estos efectos en *"domicilio de la parte"*, *"...con DNI/NIF número "DNI/NIF de la parte" ... O ... con tarjeta de residencia número "número de tarjeta de residencia de la parte" ... O ... pasaporte número "número de pasaporte de la parte", expedido el "fecha de expedición del pasaporte de la parte" ... O ... "reseñar otros documentos aportados por la parte" ... "*, vigente hasta el *"fecha de vigencia de la documentación aportada por la parte"*.

Interviene en nombre y representación de la sociedad mercantil denominada *"denominación de la Sociedad"*, domiciliada en *"domicilio de la Sociedad"*, y con NIF número *"NIF de la Sociedad"*, constituida, por tiempo indefinido, mediante escritura otorgada ante el notario de *"lugar del notario que autorizó la escritura pública"*, *"Don/Doña nombre y apellidos del notario que autorizó la escritura pública"*, el *"Fecha de autorización de la escritura pública"*, e inscrita en el Registro Mercantil de *"datos de la inscripción registral (localidad del Registro Mercantil, tomo, folio, sección, hoja e inscripción)"*, en su calidad de apoderado de la reseñada sociedad, según escritura de poder otorgada a su favor, en *"fecha de autorización de la escritura de apoderamiento"*, ante el notario de *"lugar del notario que autorizó la escritura de apoderamiento"*, *"Don/Doña nombre y apellidos del notario que autorizó la escritura de apoderamiento"*, con el número *"número de protocolo del notario que autorizó la escritura de apoderamiento"* de su protocolo, e inscrita en el Registro Mercantil de *"datos de la inscripción registral del notario que autorizó la escritura de apoderamiento"*, en el tomo y hoja arriba indicados.

En adelante, la **Entidad**.

Ambas partes se reconocen mutua y recíprocamente capacidad legal bastante y representación suficiente para el otorgamiento del presente contrato de custodia y administración de valores negociables, de conformidad con las siguientes:

CONDICIONES GENERALES

Primera. Objeto y sujetos
El objeto del presente contrato es regular las relaciones entre las partes derivadas de las operaciones de compraventa con pacto de recompra de instrumentos financieros negociados en el Mercado de Deuda Pública de Anotaciones.

En virtud de este contrato, la **Entidad**, como entidad gestora del Mercado de Deuda Pública en Anotaciones, cede a los titulares con carácter temporal Deuda Pública representada mediante anotaciones en cuenta, con pacto de recompra y ofreciendo contrapartida en nombre propio. La cesión de los activos financieros puede efectuarse con pacto de recompra a la vista o a fecha fija.

Las condiciones particulares de la operación son las consignadas en el anverso del presente contrato.

Este contrato puede constituirse a favor de cualquier persona física o jurídica. Si la titularidad es plural, se presumirá el carácter conjunto por partes iguales. Los titulares se conceden autorización recíproca para que cualquiera de ellos por sí solo pueda convenir, efectuar y formalizar cualquiera de las operaciones propias derivadas de la presente titularidad, ejercitar los derechos que confiere y, en especial, enajenar los valores, ejercitar opciones de canje, percibir y disponer de los intereses y del principal, efectuando los correspondientes cobros y pagos. El **Cliente**, en caso de que no disponga de cuenta de valores, autoriza a la **Entidad** para abrirla y practicar en ella las anotaciones normales en este tipo de operaciones.

Segunda. Obligaciones de la Entidad
En el caso de compra por parte del **Cliente**, la **Entidad** se compromete a:

a) Recomprar los títulos de la misma emisión e igual valor nominal que los vendidos, en la fecha indicada en este contrato y al precio estipulado en el mismo.

b) Inscribir la operación objeto del presente contrato en el Registro de operaciones con terceros de la Central de Anotaciones en Cuenta del Banco de España.

c) Emitir el correspondiente resguardo de formalización de anotación en cuenta de Deuda Pública.

En el caso de venta por parte del **Cliente**, la **Entidad** se compromete a cumplir con los establecido en los apartados b) y c) anteriores.

Tercera. Obligaciones del Cliente
En el caso de compra por parte del **Cliente**, éste asume la obligación de poner en conocimiento de la **Entidad**, cualesquiera de las siguientes circunstancias:

1ª. La modificación de su domicilio, nacionalidad, estado civil o régimen económico matrimonial.

2ª. Solicitud o declaración de quita o espera y concurso de acreedores.

3ª. Cualquier hecho o circunstancia que alteren total o parcialmente, los datos comunicados al Banco en el momento de formalización de este contrato.

En el caso de venta por parte del **Cliente** a la **Entidad**, además de cumplir con lo establecido en los apartados a), b) y c) anteriores, el **Cliente** se compromete a recomprar los títulos de la misma emisión e igual valor nominal que los vendidos, en la fecha indicada en este contrato y al precio estipulado en el mismo, quedando la **Entidad** facultada para adeudar el importe correspondiente en la cuenta designada por el **Cliente**.

Cuarta. Garantía pignoraticia
Los derechos de crédito sobre los saldos acreedores de las cuentas, los valores depositados y administrados, así como la parte disponible y no dispuesta de los créditos concedidos a favor del **Cliente** y los títulos o efectos de su propiedad custodiados por la **Entidad**, serán considerados como garantía pignoraticia de las obligaciones derivadas de las operaciones que son objeto del presente contrato, a las que en todo momento estarán afectos, quedando facultada la **Entidad** para enajenar y disponer del importe de los valores depositados cuando no exista saldo suficiente en la cuenta del **Cliente** para atender las obligaciones derivadas del presente contrato.

Quinta. Informaciones
La **Entidad** informará al **Cliente** de las condiciones de la operación convenida, mediante entrega al mismo de una copia del presente contrato. Asimismo, la liquidación que practique la **Entidad** en la fecha acordada con motivo de la recompra de los títulos vendidos, será notificada por correo al **Cliente**, con expresión de los detalles de dicha operación, de acuerdo con los requisitos establecidos en el artículo 7 de la OM EHA/1665/2010, de 11 de junio.

Sexta. Capacidad de obrar
Los menores de edad, los sujetos a tutela o los sometidos a cualquier otra limitación, están en la obligación de exhibir los documentos en virtud de los cuales les está permitido contratar con arreglo a las leyes vigentes. De no manifestar cualquier impedimento que pudiera haber o de recibirse instrucciones contradictorias la **Entidad** declina su responsabilidad.

Séptima. Responsabilidad por incumplimiento
El presente contrato se rige por lo convenido en sus condiciones particulares y generales, por la normativa prevista en la legislación del Mercado de Valores, y por cualquier otra disposición que le afecte, en especial las establecidas por el Banco de España para el funcionamiento del Mercado de Deuda Pública en Anotaciones.

En el caso de incumplimiento por una de las partes de cualquiera de sus obligaciones, la parte cumplidora podrá exigir a la incumplidora la responsabilidad que corresponda, de acuerdo con lo estipulado en el presente contrato, y en su defecto por las normas generales de derecho común.

Octava. Normas de conducta
Las partes contratantes se someten a las normas de conducta y requisitos de información previstos en la legislación del Mercado de Valores.

Novena. Notificaciones y domicilio
Todas las notificaciones y comunicaciones que se efectúen por la **Entidad** se remitirán al domicilio fiscal del **Cliente** o al que figure en la cuenta asignada por el mismo para esta operación, en tanto no sea comunicado de forma fehaciente a la **Entidad** el cambio de domicilio.

Décima. Fuero
Las partes contratantes se someten a la competencia de los juzgados y tribunales correspondientes al domicilio de la sucursal contratante para la resolución de cuantas cuestiones suscite la interpretación o cumplimento del presente contrato.

Y en prueba de conformidad, ambas partes firman el presente contrato, que se extiende en dos ejemplares, igualmente originales, en el lugar y fecha indicados en su encabezamiento.

LA ENTIDAD **EL CLIENTE**

Contrato de comisión de mercado MEFF entre miembro y cliente

Nota preliminar:
- Modelo de contrato adaptado al Reglamento del Mercado **MEFF RENTA VARIABLE**.
- El modelo de **MEFF RENTA FIJA** tiene un contenido idéntico, bastando con sustituir las referencias a MEFF RENTA VARIABLE, por MEFF RENTA FIJA.

1. Miembro
"identificar a la parte", representada suficientemente en este acto por el apoderado que suscribe este documento.

2. Titular
Nombre o Razón Social: *"Don/Doña nombre y apellidos del titular"*. NIF *"NIF del titular"*.

Domicilio: *"domicilio del titular"*.

Representado por: *"Don/Doña nombre y apellidos del representante del titular"*.

Notario: *"Don/Doña nombre y apellidos del notario que autorizó la escritura de apoderamiento"*.

Escritura de apoderamiento: Lugar: *"lugar del notario que autorizó la escritura de apoderamiento"* Fecha: *"fecha de autorización de la escritura de apoderamiento"* Nº Prot.: *"número de protocolo del notario que autorizó la escritura de apoderamiento"*.

3. Número de cuenta asignado al Titular
Nº. *"número de cuenta asignado al titular"*.

4. Conocimiento y aceptación de la normativa aplicable
El **Titular** declara conocer y aceptar el Reglamento del Mercado, las Condiciones Generales de los Contratos negociables, las Circulares del Mercado y demás normativa aplicable en cada momento, sin restricciones ni reservas, obligándose a respetarlos estrictamente.

5. Obligaciones mutuas (Sin perjuicio de las contenidas en el Reglamento)

5.1.
El **Titular** nombra como comisionista al **Miembro**, quién acepta intervenir en nombre propio y por cuenta del **Titular** en el Mercado.

5.2.
El **Miembro** garantiza al **Titular** la transmisión al Mercado de las Órdenes que reciba del mismo en aplicación del presente contrato y a efectuar cuantos actos fueran necesarios para la realización de las transacciones.

5.3.
El **Titular** conoce que MEFF Sociedad rectora de productos financieros derivados de renta variable, S.A. (**MEFF Renta Variable**) actuará como su contrapartida en las transacciones que se realicen siempre que las órdenes hayan sido adecuadamente transmitidas por el **Miembro**.

5.4.
El **Titular** se compromete a constituir y ajustar las garantías que correspondan a los contratos registrados en su cuenta.

5.5.
El **Titular** acepta que, en caso de que no constituyera o ajustase las garantías precisas en la cuantía y tiempo establecidos **MEFF Renta Variable** podrá liquidar por cuenta del **Titular** todas sus posiciones en el mercado ejecutando la garantía previamente constituida si fuese necesario, y entregando al **Titular** el resultado de dicha liquidación si fuese a favor del **Titular** o reclamándosela si fuese a favor de **MEFF Renta Variable**.

5.6.
En aplicación de lo anterior, el **Titular** da a **MEFF Renta Variable** orden firme e irrevocable de cerrar, por cuenta del **Titular**, todos los contratos registrados en su cuenta, en caso de que el **Titular** incumpliera con alguna de sus obligaciones de constitución o ajuste de garantías, pago de primas de opciones, pago de liquidación diaria de pérdidas y ganancias, cumplimiento de la liquidación por ejercicio o a vencimiento o pago de comisiones a **MEFF Renta Variable**.

6. Comisiones

6.1. Comisiones de MEFF Renta Variable
Las comisiones cargadas por **MEFF Renta Variable** son las recogidas en la tarifa de **MEFF Renta Variable** que esté vigente en cada momento, de las que se dará conocimiento al TITULAR a la firma del contrato.

6.2. Comisiones del Miembro
Las comisiones cargadas por el **Miembro** al **Titular** son las que han acordado libremente el **Miembro** y el **Titular**, que se adjuntan como anexo firmado por las partes.

7. Pagos

7.1.
El **Titular** autoriza al **Miembro** para que realice en su nombre los pagos y cobros que resulten de la participación del **Titular** en el mercado.

7.2.
El **Titular** se compromete al pago de comisiones, primas y liquidaciones, incluida la liquidación diaria de pérdidas y ganancias, por transacciones realizadas por su cuenta en el mercado.

7.3.
El **Miembro** se compromete al pago al **Titular** de las primas y liquidaciones recibidas de **MEFF Renta Variable** correspondientes a las transacciones realizadas en el mercado por cuenta del **Titular**.

8. Comunicación e información
El **Titular** da su consentimiento para que su nombre y número de identificación fiscal, que figuran en el presente contrato, sean comunicados a las autoridades competentes por el **Miembro**, o por **MEFF Renta Variable** si fuese necesario.

9. Exoneración de daños y perjuicios
El **Titular** exonera al **Miembro** y a **MEFF Renta Variable** de cualquier daño o perjuicio que pudiera sufrir por causa de fuerza mayor o por suspensión o interrupción del mercado.

10. Reclamaciones

10.1.
Intervención previa de **MEFF Renta Variable**

Para la resolución de reclamaciones del **Titular** contra el **Miembro** o contra **MEFF Renta Variable**, previamente a cualquier acción administrativa, arbitral, o judicial, el **Titular** se dirigirá por escrito a **MEFF Renta Variable**, Torre Picasso, planta 26, 28080 Madrid, identificando, en su caso, al **Miembro** frente al que tiene la reclamación y describiendo con detalle ésta y los hechos que la fundamentan. **MEFF Renta Variable**, en un plazo no superior a 15 días naturales, tratará que ambas partes lleguen a un acuerdo.

Si transcurrido dicho plazo no se hubiera logrado un acuerdo entre las partes, **MEFF Renta Variable** lo hará constar por escrito, el cual remitirá a ambas partes y a la Comisión Nacional del Mercado de Valores, haciendo constar, en su caso, si el **Miembro** ha actuado o no correctamente y proponiendo una solución a la reclamación.

10.2.
Procedimiento arbitral

Márquese una X en el recuadro si no se desea €

El **Titular** y el **Miembro** acuerdan someter todas las discrepancias que puedan surgir entre ellos o del **Titular** con **MEFF Renta Variable** a un procedimiento de Arbitraje de Derecho en la forma y términos comprendidos en el artículo 9.4. del Reglamento, que se da aquí por reproducido a todos los efectos, obligándose a cumplir el laudo arbitral que se dicte.

LA OPERATIVA EN OPCIONES Y FUTUROS REQUIERE UNA VIGILANCIA CONSTANTE DE LA POSICIÓN. ESTOS INSTRUMENTOS COMPORTAN UN ALTO RIESGO SI NO SE GESTIONAN ADECUADAMENTE. UN BENEFICIO PUEDE CONVERTIRSE RÁPIDAMENTE EN PÉRDIDA COMO CONSECUENCIA DE VARIACIONES EN EL PRECIO. OPERAR CON OPCIONES Y FUTUROS REQUIERE CONOCIMIENTO Y BUEN JUICIO.

Y en prueba de conformidad, ambas partes firman el presente contrato, que se extiende en dos ejemplares, igualmente originales, en el lugar y fecha indicados en su encabezamiento.

LA ENTIDAD **EL TITULAR**

Cuenta global de los mercados oficiales de futuros y opciones

MCM 10095 s.

CNMV Resol 21-12-10

Nota preliminar:

Modelo unificado de cuenta global "give - up" de MEFF RF y MEFF RV.

- Ténganse en cuenta la LMV art.160 s. relativos a la **obligación de información** que recae sobre todas las empresas de servicios de inversión y empresas de asesoramiento financiero nacionales, la cual se centra en toda la información necesaria para poder comprobar el cumplimiento de las obligaciones impuestas en la ley, su desarrollo reglamentario, y adicionalmente, en el caso de las empresas de servicios de inversión, por las normas de derecho europeo que les resulten de aplicación.

- Finalmente, téngase presente que la LMV disp.final 15ª.4 establece que hasta que se dicten las **normas reglamentarias** de desarrollo, se mantendrán en vigor las normas vigentes sobre los mercados de valores y los servicios de inversión, en tanto no se opongan a lo establecido en la L 6/2023. La referencia a las «normas vigentes» debe entenderse tanto respecto de normas legales (es decir, en concreto, el RDLeg 4/2015), como las normas de carácter reglamentario, toda vez que la LMV disp.derogatoria única.1 señala que «quedan derogadas, con el alcance establecido en la LMV disp.final 15ª.5, las siguientes disposiciones», citando expresamente el RDLeg 4/2015, es decir, una norma con rango legal. La mención al apartado «5» debe entenderse hecha, obviamente, al apartado 4 ya referido.

En *"localidad"*, a *"fecha"*

REUNIDOS:

De una parte,

"Don/Doña nombre y apellidos de la parte", mayor de edad, *"estado civil de la parte"* *"... "especificar el régimen económico matrimonial de la parte" ..."*, de nacionalidad *"nacionalidad de la parte"*, con domicilio a estos efectos en *"domicilio de la parte"*, *"...con DNI/NIF número "DNI/NIF de la parte" ... O ... con tarjeta de residencia número "número de tarjeta de residencia de la parte" ... O ... pasaporte número "número de pasaporte de la parte", expedido el "fecha de expedición del pasaporte de la parte" ... O ... "reseñar otros documentos aportados por la parte" ..."*, vigente hasta el *"fecha de vigencia de la documentación aportada por la parte"*.

Interviene

○ **Si interviene en su propio nombre:**

en su propio nombre y derecho.

○ **Si interviene como representante:**

en nombre y representación

○ Si representa a persona física:

de *"Don/Doña nombre y apellidos del representado"*, mayor de edad, *"estado civil del representado"*, con domicilio en *"domicilio del representado"* y provisto de D.N.I./N.I.F. número *"DNI/NIF del representado"*, según consta en escritura de poder, otorgada ante el notario de *"lugar donde radica la notaría en la que se autorizó la escritura de poder de representación (persona física)"*, *"Don/Doña nombre y apellidos del notario que autorizó la escritura de poder de representación (persona física)"*, el *"fecha de escritura de poder de representación (persona física)"*, con el número *"número de protocolo del notario que autorizó la escritura de poder de representación (persona física)"* de su orden de protocolo.

MCM 10095 s.

CNMV Resol 21-12-10

❍ Si representa a persona jurídica:

de la sociedad mercantil denominada *"denominación social"*, domiciliada en *"domicilio social"*, y con NIF número *"NIF de la sociedad"*, constituida, por tiempo indefinido, mediante escritura otorgada ante el notario de *"lugar donde radica la notaría en la que se autorizó la escritura de poder de representación (persona jurídica)"*, *"Don/Doña nombre y apellidos del notario que autorizó la escritura de poder de representación (persona jurídica)"*, el *"fecha de escritura de poder de representación (persona jurídica)"*, e inscrita en el Registro Mercantil de *"datos de la inscripción registral (localidad del Registro Mercantil, tomo, folio, sección, hoja e inscripción)"*, en su calidad de

❍ Si representa como cargo social:

"...administrador único ... O ... administrador solidario ... O ... consejero delegado ... O ... "especificar la representación del cargo social" ... " de la reseñada sociedad, cargo para el que fue nombrado y asegura vigente en escritura otorgada el *"fecha de escritura del nombramiento del cargo"*, ante el notario de *"lugar donde radica la notaría en la que se autorizó la escritura del nombramiento"*, *"Don/Doña nombre y apellidos del notario que autorizó la escritura del nombramiento"*, con el número *"número de protocolo del notario que autorizó la escritura del nombramiento"* de su protocolo, e inscrita en el Registro Mercantil de *"localidad del Registro Mercantil de la escritura de nombramiento"*, en el tomo y hoja arriba indicados.

❍ Si representa como apoderado:

apoderado de la reseñada sociedad, según escritura de poder otorgada a su favor, en *"fecha de escritura del otorgamiento del poder"*, ante el notario de *"lugar donde radica la notaría en la que se autorizó la escritura de poder"*, *"Don/Doña nombre y apellidos del notario que autorizó la escritura de poder"*, con el número *"número de protocolo del notario que autorizó la escritura de poder"* de su protocolo *"...e inscrita en el Registro Mercantil de "localidad del Registro Mercantil de la escritura de poder"* ... ", en el tomo y hoja arriba indicados.

En adelante, el **Cliente**.

De otra parte,

"Don/Doña nombre y apellidos de la parte", mayor de edad, *"estado civil de la parte"* *"... "especificar el régimen económico matrimonial de la parte"* ... ", de nacionalidad *"nacionalidad de la parte"*, con domicilio a estos efectos en *"domicilio de la parte"*, *"...con DNI/NIF número "DNI/NIF de la parte"* ... *O ... con tarjeta de residencia número "número de tarjeta de residencia de la parte"* ... *O ... pasaporte número "número de pasaporte de la parte", expedido el "fecha de expedición del pasaporte de la parte"* ... *O ... "reseñar otros documentos aportados por la parte"* ... ", vigente hasta el *"fecha de vigencia de la documentación aportada por la parte"*.

Interviene en nombre y representación de la sociedad mercantil denominada *"denominación de la Sociedad"*, domiciliada en *"domicilio de la Sociedad"*, y con NIF número *"NIF de la Sociedad"*, constituida, por tiempo indefinido, mediante escritura otorgada ante el notario de *"lugar del notario que autorizó la escritura pública"*, *"Don/Doña nombre y apellidos del notario que autorizó la escritura pública"*, el *"Fecha de autorización de la escritura pública"*, e inscrita en el Registro Mercantil de *"datos de la inscripción registral (localidad del Registro Mercantil, tomo, folio, sección, hoja e inscripción)"*, en su calidad de apoderado de la reseñada sociedad, según escritura de poder otorgada a su favor, en *"fecha de autorización de la escritura de apoderamiento"*, ante el notario de *"lugar del notario que autorizó la escritura de apoderamiento"*, *"Don/Doña nombre y apellidos del notario que autorizó la escritura de apoderamiento"*, con el número *"número de protocolo del notario que autorizó la escritura de apoderamiento"* de su protocolo, e inscrita en el Registro Mercantil de *"datos de la inscripción registral del notario que autorizó la escritura de apoderamiento"*, en el tomo y hoja arriba indicados.

En adelante, como Tenedor de la Cuenta Global 'Give-Up', el **Tenedor**.

MCM 10095 s.

CNMV Resol 21-12-10

De otra parte,

"Don/Doña nombre y apellidos de la parte", mayor de edad, *"estado civil de la parte" "... "especificar el régimen económico matrimonial de la parte" ... "*, de nacionalidad *"nacionalidad de la parte"*, con domicilio a estos efectos en *"domicilio de la parte"*, *"...con DNI/NIF número "DNI/NIF de la parte" ... O ... con tarjeta de residencia número "número de tarjeta de residencia de la parte" ... O ... pasaporte número "número de pasaporte de la parte", expedido el "fecha de expedición del pasaporte de la parte" ... O ... "reseñar otros documentos aportados por la parte" ... "*, vigente hasta el *"fecha de vigencia de la documentación aportada por la parte"*.

Interviene en nombre y representación de la sociedad mercantil denominada *"denominación de la Sociedad"*, domiciliada en *"domicilio de la Sociedad"*, y con NIF número *"NIF de la Sociedad"*, constituida, por tiempo indefinido, mediante escritura otorgada ante el notario de *"lugar del notario que autorizó la escritura pública"*, *"Don/Doña nombre y apellidos del notario que autorizó la escritura pública"*, el *"Fecha de autorización de la escritura pública"*, e inscrita en el Registro Mercantil de *"datos de la inscripción registral (localidad del Registro Mercantil, tomo, folio, sección, hoja e inscripción)"*, en su calidad de apoderado de la reseñada sociedad, según escritura de poder otorgada a su favor, en *"fecha de autorización de la escritura de apoderamiento"*, ante el notario de *"lugar del notario que autorizó la escritura de apoderamiento"*, *"Don/Doña nombre y apellidos del notario que autorizó la escritura de apoderamiento"*, con el número *"número de protocolo del notario que autorizó la escritura de apoderamiento"* de su protocolo, e inscrita en el Registro Mercantil de *"datos de la inscripción registral del notario que autorizó la escritura de apoderamiento"*, en el tomo y hoja arriba indicados.

En adelante el **Miembro ejecutor**.

Las partes se reconocen, según intervienen, mutua y recíprocamente capacidad legal bastante y representación suficiente para obligarse, y al efecto

EXPONEN:

I. Que el **Cliente** desea actuar a través del **Miembro ejecutor**, según lo establecido en los Reglamentos de los Mercados de MEFF Sociedad Rectora de Productos Financieros Derivados de Renta Fija, S.A. (en adelante, **MEFF Renta fija**) y de MEFF Sociedad Rectora de Productos Financieros Derivados de Renta Variable, S.A. (en adelante, **MEFF Renta variable**).

II. Que el **Cliente** desea operar en **MEFF Renta fija** y en **MEFF Renta variable** mediante la utilización de Cuentas Globales 'Give-Up' (una por cada uno de dichos mercados) abiertas en el **Tenedor**, según lo previsto en los correspondientes Reglamentos del Mercado y en las Circulares vigentes en relación a dichas Cuentas, que declara expresamente conocer, habiendo recibido del **Tenedor** copia de las mismas.

III. Que, a los efectos de este contrato, se utilizarán las siguientes:

Definiciones

a) 'MEFF' significará MEFF Sociedad Rectora de Productos Financieros Derivados de Renta Fija, S.A. o MEFF Sociedad Rectora de Productos Financieros Derivados de Renta Variable, S.A., la que sea aplicable según el caso.

b) 'Mercado' significará el mercado regido por cualquiera de las dos Sociedades Rectoras mencionadas, el que sea aplicable según el caso.

c) 'Reglamento' o 'Reglamento del Mercado' significará el Reglamento del Mercado regido por cualquiera de las dos Sociedades Rectoras mencionadas, el que sea aplicable según el caso.

d) 'Circulares' significará las Circulares vigentes en cualquiera de los dos mercados mencionados, las que sean aplicables según el caso.

e) 'Cuenta Global 'Give-Up'' significará la Cuenta Global 'Give-Up' relativa al mercado de que se trate según el caso.

MCM 10095 s.

CNMV Resol 21-12-10

IV. En consecuencia, y en virtud de lo que antecede, acuerdan la celebración del presente contrato que se regirá por las siguientes:

ESTIPULACIONES:

"Número"

El **Tenedor**, a petición del **Cliente**, ha aceptado la apertura y llevanza de Cuentas Globales 'Give-Up' (con el nº *"número para renta fija"* para **MEFF Renta fija** y el nº *"número para renta variable"* para **MEFF Renta variable**) a nombre del **Cliente** para su utilización en el correspondiente Mercado, todo ello conforme a lo previsto en el Reglamento del Mercado y en las Circulares vigentes en cada momento, obligándose todas las partes del presente contrato a cumplir con las obligaciones relativas a la negociación, compensación y liquidación contenidas en la normativa vigente en el Mercado en cada momento.

"Número"

El **Miembro ejecutor** acepta tratar las órdenes del **Cliente** que darán lugar a transacciones que deban registrarse en la Cuenta Global 'Give-Up' a la que se refiere la estipulación primera que antecede, en los términos previstos en el Reglamento del Mercado y en el Contrato de Cliente existente entre ambos. Como Anexo 1 al presente contrato se adjunta el clausulado íntegro, en los términos del artículo 8 del Reglamento del Mercado, del contrato entre los clientes y los Miembros del Mercado. En la medida en que no exista ya un contrato entre el **Tenedor** y el **Cliente** o entre el **Miembro ejecutor** y el **Cliente**, se entiende que, por la firma del presente Contrato también se celebran los contratos con el **Cliente** por parte del **Tenedor** y del **Miembro ejecutor**, o sólo de aquél que no lo tenga celebrado, en los términos del Anexo 1. Los contratos de Cliente (conforme al artículo 8 del Reglamento del Mercado) que hayan celebrado el **Tenedor** y el **Miembro ejecutor** con el **Cliente** se interpretarán de forma que sea compatible con las obligaciones de las partes establecidas en el presente contrato.

"Número"

El **Tenedor**, previa notificación por escrito al **Cliente**, se reserva el derecho de establecer límites a las Transacciones del **Cliente** que se registren en la Cuenta Global 'Give-Up'. Una vez notificados los límites, el **Cliente** viene obligado a respetarlos, asumiendo la responsabilidad frente al **Tenedor** por cuantos daños y perjuicios puedan seguírsele en caso de excederlos.

En todo caso, si los referidos límites se excedieran, las Transacciones registradas vincularán a las partes frente a **MEFF**, sin perjuicio de las acciones que aquéllas puedan entablar entre sí, tal como se prevé en la estipulación undécima.

"Número"

El **Tenedor**, previa notificación por escrito al **Miembro ejecutor** (el cual deberá, a su vez, notificarlo al **Cliente**), se reserva el derecho de establecer límites a las Transacciones del **Cliente** que se registren en la Cuenta Global 'Give-Up' procedentes de la Cuenta Transitoria.

Una vez notificados los límites, el **Miembro ejecutor** viene obligado a respetarlos, asumiendo la responsabilidad frente al **Tenedor** por cuantos daños y perjuicios puedan seguírsele en caso de excederlos. En todo caso, si los referidos límites se rebasaran, las transacciones registradas vincularán a las partes frente a **MEFF**, sin perjuicio de las acciones que aquéllas puedan entablar entre sí, tal como se prevé en la estipulación duodécima.

"Número"

Con independencia de las facultades resolutorias de las partes conforme a lo dispuesto en la estipulación decimocuarta, el **Tenedor** podrá en cualquier momento, previa comunicación al **Cliente** y al **Miembro ejecutor**, notificar a **MEFF** que no aceptará en el futuro las transacciones que le transmita el **Miembro ejecutor** desde Cuentas Transitorias a nombre del **Cliente** *"...o de las que se refiere la estipulación "número de estipulación" ..."* en la Cuenta Global 'Give-Up'. Dicha comunicación no supondrá resolución del presente contrato y podrá tener carácter definitivo o temporal. Dicha decisión será efectiva desde que **MEFF** confirme la baja de la cuenta o cuentas afectadas, sin perjuicio de las reclamaciones que, en su caso, puedan hacerse entre las partes.

MCM 10095 s.

CNMV Resol 21-12-10

"Número"

El **Miembro ejecutor** podrá rechazar las órdenes si no fueran correctamente cursadas o si las mismas infringieran cualquier norma de obligado cumplimiento. Será responsabilidad del **Miembro ejecutor**, y no del **Tenedor**, comprobar que todas las órdenes se han cursado o autorizado correctamente por el **Cliente**. Además, el **Miembro ejecutor**, una vez recibida una orden del **Cliente** *"...o de un tercero autorizado para ello conforme a la estipulación "indicar estipulación (A incluir en su caso.)" ... "*, será responsable de la correcta ejecución de dicha orden, debiendo confirmar la ejecución de la misma al **Cliente** o al tercero autorizado (en este último caso, el **Tenedor** se lo notificará al **Cliente**) tan pronto como sea posible. Del mismo modo, a la mayor brevedad, y en todo caso con plazo suficiente para cumplir con las normas que rigen el Mercado, comunicará la ejecución de dichas órdenes al **Tenedor**. A estos efectos, se tendrá por efectuada la comunicación cuando el **Miembro ejecutor** haya realizado en el Terminal de Operaciones la asignación de la transacción en la Cuenta Transitoria que automáticamente se transfiere a la Cuenta Global 'Give-Up'.

"Número"

El **Tenedor** será responsable de la liquidación y compensación de todas las órdenes ejecutadas que le hayan sido comunicadas por el **Miembro ejecutor** para ser registradas en la Cuenta Global 'Give-Up' a nombre del **Cliente**. En consecuencia, los pagos y cobros previstos en la estipulación séptima del Contrato de Cliente (conforme al artículo 8 del Reglamento del Mercado) celebrado entre el **Cliente** y el **Miembro ejecutor** se harán entre el **Tenedor** y el **Cliente**, actuando el **Miembro ejecutor** exclusivamente como Miembro Negociador a estos efectos.

"Número"

Cada vez que el **Cliente** desee realizar alguna operación, deberá cursar al **Miembro ejecutor** la correspondiente orden, por cualquier medio del que quede constancia escrita, electrónica o mediante grabación telefónica (lo anterior también se aplicará en los supuestos en que un tercero, conforme a la estipulación decimoctava, transmita una orden). Se entenderá que el **Miembro ejecutor** está obligado a transmitir la orden para contratar en el momento en el que se llegue a un acuerdo sobre las condiciones de la misma entre el **Miembro ejecutor** y el **Cliente** *"...el tercero a que se refiere la estipulación "concretar estipulación" ... "*. En este sentido, la orden cursada por el **Cliente** y ejecutada por el **Miembro ejecutor** gozará de plenos efectos jurídicos, debiendo el **Miembro ejecutor** conservar la documentación o grabaciones que prueben la existencia y contenido de la orden dada por el **Cliente** *"...o un tercero autorizado conforme a la estipulación "especificar estipulación" ... "* para su registro en la Cuenta Global 'Give-Up', de acuerdo a lo previsto en la Circular 3/1993 de la Comisión Nacional del Mercado de Valores, sobre registro de operaciones y archivo de justificantes de órdenes. En el cumplimiento de las obligaciones respectivas, ni el **Miembro ejecutor** ni el **Tenedor** serán responsables frente al **Cliente** por las pérdidas o daños que resulten del error o la propia negligencia del **Cliente**, o de los fallos en los servicios de transmisión o telecomunicación o por cualquier otra causa ajena a su voluntad.

"Número"

El **Tenedor** se obliga frente a **MEFF**, en los términos establecidos en el Reglamento del Mercado, o en cualquier otra normativa que sustituya a la anterior, y en el contrato que rige las relaciones entre MEFF y el **Tenedor**, y demás normativa aplicable, asumiendo las responsabilidades derivadas de las posiciones registradas en la Cuenta Global 'Give-Up', incluso en los supuestos de las estipulaciones décima, undécima y duodécima.

"Número"

En caso de que el **Cliente** manifieste no haber cursado o autorizado la orden que haya dado lugar a cualquier transacción *"...en su nombre ... O ... en nombre de un tercero conforme a la estipulación "señalar estipulación" ... "*.

Que le fue confirmada por el **Tenedor** o el **Miembro ejecutor**, el **Tenedor** podrá, a su elección, proceder directamente a deshacer la posición contra el mercado, mantener la transacción a su nombre, o permitir que el **Miembro ejecutor** asuma plenamente la transacción en cuestión como propia. En caso de que se haya decidido deshacer la posición, con las operaciones de cierre y liquidación consiguientes, se procederá a comprobar por parte del **Tenedor** y el **Miembro ejecutor** la realidad y exactitud de la orden y de su ejecución; si se hubiesen generado pérdidas o beneficios, los mismos corresponderán a la parte que ocasionó el error. En caso de que se decida mantener la Transacción a nombre del **Tenedor** o el **Miembro ejecutor** y no deshacerla contra el mercado, a pesar de la discrepancia del **Cliente**, se procederá, no obstante, a comprobar la realidad y exactitud de la orden y de su ejecución del mismo modo antedicho, imputándose el beneficio o la pérdida de la misma manera.

MCM 10095 s.

"Número"
Si por razón de excederse los límites que haya impuesto, en su caso, al **Cliente**, el **Tenedor** manifestara su disconformidad con cualquier Transacción ya registrada a nombre del **Cliente** podrá proceder a deshacer directamente la posición contra el mercado hasta que la misma cumpla con los límites fijados y se lo notificará de inmediato al **Cliente**. En caso de que se haya decidido deshacer la posición, con las operaciones de cierre y liquidación consiguientes, se procederá a comprobar por parte del **Tenedor** y el **Cliente** la realidad del citado exceso de límites; si el exceso de límites fuese imputable al **Cliente**, las pérdidas o beneficios que se hubiesen generado se imputarán al **Cliente**. Si, por el contrario, el exceso de límites se debiese a un error del **Tenedor**, las pérdidas o beneficios se le imputarán a este último.

CNMV Resol 21-12-10

"Número"
Si por razón de excederse los límites que haya impuesto, en su caso, a la Cuenta Transitoria del **Cliente**, el **Tenedor** manifestara su disconformidad con cualquier Transacción ya registrada a nombre del **Cliente** podrá, a su elección, proceder directamente a deshacer la posición contra el mercado o permitir que el **Miembro ejecutor** asuma plenamente la Transacción en cuestión como propia, del mismo modo descrito en la estipulación décima, y le notificará lo que proceda al **Cliente** y al **Miembro ejecutor**. En caso de que se haya decidido deshacer la posición, con las operaciones de cierre y liquidación consiguientes, se procederá a comprobar la realidad del citado exceso de límites, imputándose los beneficios o pérdidas que se hubiesen generado a la parte a la que se le impute el exceso de límites o error en su cómputo. Todo ello sin perjuicio de las reclamaciones que puedan hacerse las partes entre sí y de las indemnizaciones que el **Cliente** o el **Miembro ejecutor** deban efectuar, en su caso, al **Tenedor**.

"Número"
Cuando el **Tenedor** y el **Miembro ejecutor** debieran ambos hacer alguna notificación al **Cliente**, la notificación remitida por uno u otro surtirá frente al **Cliente** los mismos efectos que si se la hubiesen remitido ambos.

"Número"
Este contrato podrá resolverse por cualquiera de las partes del mismo previa notificación escrita y fehaciente a todas las demás partes y a **MEFF** con diez (10) días naturales de antelación. La resolución del Contrato en estos términos no afectará a las obligaciones de cualquiera de las partes que se deriven de las operaciones ejecutadas con anterioridad a tal resolución.

"Número"
Las partes reconocen y aceptan que, en caso de apreciar razones objetivas para ello, en interés del Mercado, **MEFF** podrá, en cualquier momento, proceder a la cancelación de una Cuenta Global 'Give-Up' y de sus correspondientes Cuentas Transitorias, debiendo en adelante mantenerse por el **Cliente** cuentas separadas con cada Miembro con el que opere y entendiéndose que las transacciones registradas en la Cuenta Global 'Give-Up' se mantendrán en la misma, considerada en adelante una cuenta ordinaria, hasta su liquidación o vencimiento o traspaso a otra cuenta ordinaria o, en su caso, Cuenta Global 'Give-Up' con otro Miembro del Mercado.

"Número"
En caso de cancelación del presente contrato según lo previsto en la estipulación decimocuarta y siempre que no exista(n) otro(s) firmado(s) por el **Cliente**, el **Tenedor** y otro(s) **Miembro** (s) **ejecutor** (es), así como en los casos previstos en la estipulación decimoquinta, se entenderá que la relación entre el **Cliente** y el **Tenedor** se regirá por el Contrato de Cliente (conforme al artículo 8 del Reglamento del Mercado) que, como se determina en la estipulación segunda que antecede, se da por celebrado con la firma del presente contrato.

"Número"
Las relaciones económicas de las partes se regularán por documento o documentos separados.

MCM 10095 s.

○ A incluir si procede:

"Número"
El **Miembro ejecutor** podrá asignar Transacciones a nombre del **Cliente**, que se registren en la Cuenta Global 'Give-Up' a que este contrato se refiere, y que se hayan originado en Cuentas Transitorias que no estén a nombre del **Cliente** sino de un tercero. Para que esta asignación pueda llevarse a cabo, será preciso que el **Tenedor** haya recibido previamente autorización del **Cliente** conforme al modelo del Anexo 2 del presente contrato. En estos casos, se entenderá que el **Cliente** ha ordenado al **Miembro ejecutor** la ejecución de la orden por su cuenta y, por tanto, las obligaciones y derechos que de la transacción se deriven sólo corresponderán al **Cliente**, como si desde el principio la orden hubiese sido dada por él.

CNMV Resol 21-12-10

≺≺

"Número"
Las partes se autorizan recíprocamente a grabar sus conversaciones a los efectos de lo previsto en el Real Decreto 813/2023 y normas de desarrollo del mismo.

"Número"
El presente contrato se regirá conforme a la legislación española. Los términos definidos en el Reglamento del Mercado tendrán en el presente contrato el significado contenido en aquél.

"Número"
A efectos de comunicaciones y notificaciones, las partes señalan los siguientes domicilios y números de teléfono y fax, que podrán modificar mediante notificación escrita, que surtirá efectos a partir del cuarto día hábil desde su recepción:

El **Miembro ejecutor**: *"datos identificativos del Ejecutor (Localidad, calle, número, código postal, teléfono)"*

El **Tenedor**: *"datos identificativos del Tenedor (Localidad, calle, número, código postal, teléfono)"*

El **Cliente**: *"datos identificativos del Cliente (Localidad, calle, número, código postal, teléfono)"*

○ Cuando el Cliente sea un consumidor o usuario:

"Número"
Para la resolución de cuantos conflictos pudieran surgir en relación con la interpretación, validez o cumplimiento del presente contrato, las partes, renunciando a cualquier otro fuero que pudiera corresponderles, someterán dichas cuestiones a arbitraje de derecho que se regulará conforme a las previsiones de la Ley 60/2003, de Arbitraje, en los términos del artículo 9.4 del Reglamento del Mercado que se da aquí por reproducido. Las partes se obligan a cumplir el laudo arbitral que se dicte.

≺≺

En prueba de conformidad con lo que antecede, las partes firman el presente contrato por triplicado y a un solo efecto, en la ciudad y fecha arriba indicados.

EL MIEMBRO EJECUTOR **EL TENEDOR**

EL CLIENTE

MCM 10255 s.

Gestión de carteras de inversión

Circ CNMV 7/2011

Nota preliminar:

- Modelo normalizado de **contrato-tipo** de gestión discrecional e individualizada de carteras de inversión, según dispone la Circ CNMV 7/2011, sobre folleto informativo de tarifas y contenido de los contratos-tipo.

- Tras la derogación de la OM 25-10-1995, el régimen jurídico de este tipo de contratos no está sujeto a un **control** a priori, sino a **posteriori**. En consecuencia, las entidades que los concluyan podrán utilizar dichos contratos directamente siempre y cuando se haya dado suficiente publicidad al contrato-tipo en cuestión. En cualquier caso, la Comisión Nacional del Mercado de Valores (CNMV) sigue teniendo potestad para requerir su rectificación o cese en cualquier momento. El **régimen jurídico** queda enmarcado en la OM EHA/1665/2010, que se aplica a las operaciones y actividades realizadas con clientes minoristas comprendidas en el ámbito de la Ley del Mercado de Valores (LMV), que hayan sido realizadas en España por las entidades designadas en el art.1 de la mencionada OM. Téngase en cuenta que el texto actualmente vigente es la L 6/2023.

- Los **servicios** para los que es necesario utilizar los contratos-tipo regulados en la OM EHA/1665/2010 son los siguientes: gestión de carteras, custodia y administración de instrumentos financieros y aquellos otros en los que, por estimar conveniente su normalización, la CNMV determine la necesidad de un contrato-tipo.

- Téngase en cuenta la normativa europea MiFID II (Dir 2014/65/UE, relativa a los mercados de instrumentos financieros) y MiFIR (Rgto (UE) 600/2014, homónimo de la anterior).

- Ténganse en cuenta la LMV art.160 s. relativos a la **obligación de información** que recae sobre todas las empresas de servicios de inversión y empresas de asesoramiento financiero nacionales, la cual se centra en toda la información necesaria para poder comprobar el cumplimiento de las obligaciones impuestas en la ley, su desarrollo reglamentario, y adicionalmente, en el caso de las empresas de servicios de inversión, por las normas de derecho europeo que les resulten de aplicación.

- Finalmente, téngase presente que la LMV disp.final 15ª.4 establece que hasta que se dicten las **normas reglamentarias** de desarrollo, se mantendrán en vigor las normas vigentes sobre los mercados de valores y los servicios de inversión, en tanto no se opongan a lo establecido en la L 6/2023. La referencia a las «normas vigentes» debe entenderse tanto respecto de normas legales (es decir, en concreto, el RDLeg 4/2015), como las normas de carácter reglamentario, toda vez que la LMV disp.derogatoria única.1 señala que «quedan derogadas, con el alcance establecido en la LMV disp.final 15ª.5, las siguientes disposiciones», citando expresamente el RDLeg 4/2015, es decir, una norma con rango legal. La mención al apartado «5» debe entenderse hecha, obviamente, al apartado 4 ya referido.

- Hay una consolidada jurisprudencia sobre contratación de productos y servicios de inversión, y en concreto, respecto de los **swaps de tipos de interés o de inflación** por parte de clientes que no tienen la cualidad de profesionales del mercado de productos financieros y de inversión. Dicha jurisprudencia viene declarando la nulidad del contrato por error en el consentimiento cuando el mismo haya sido causado por el **incumplimiento** por la empresa de servicios de inversión del **deber de información al cliente** que le impone la normativa sectorial, fundamentalmente, en cuanto a la información de los riesgos inherentes a los contratos de swap , tanto en lo referente a la posibilidad de liquidaciones periódicas negativas de elevada cuantía como en lo referente a un también elevado coste de cancelación (TS 20-4-17, EDJ 44251; 20-10-15, EDJ 188248; 24-11-20, EDJ 735277, entre otras muchas).

- Respecto a la **caducidad de la acción** y la interpretación a estos efectos del art.1301 CC, según sentencias TS 16-9-15, EDJ 173672 y 12-1-15, EDJ 7310, "en relaciones contractuales complejas como son con frecuencia las derivadas de contratos bancarios, financieros o de inversión, la consumación del contrato, a efectos de determinar el momento inicial del plazo de ejercicio de la acción de anulación del contrato por error o dolo, no puede quedar fijada antes de que el cliente haya podido tener conocimiento de la existencia de dicho error o dolo. El día inicial del plazo de ejercicio de la acción será, por tanto, el de suspensión de las liquidaciones de beneficios o de devengo de intereses, el de aplicación de medidas de gestión de instrumentos híbridos acordadas por el FROB, o, en general, otro evento similar que permita la comprensión real de las características y riesgos del producto complejo adquirido por medio de un consentimiento viciado por el error. Esta doctrina se ha aplicado, asimismo, a los contratos swaps (TS 19-2-18, EDJ 7056; AP Cantabria 22-3-22, EDJ 550366).

Contratos Bursátiles

MCM 10255 s.

Nota preliminar:

- En los **contratos de swaps** no hay consumación del contrato hasta que no se produce el agotamiento o la extinción de la relación contractual, por ser entonces cuando tiene lugar el cumplimiento de las prestaciones por ambas partes y la efectiva producción de las consecuencias económicas del contrato. Ello en atención a que en estos contratos no existen prestaciones fijas, sino liquidaciones variables a favor de uno u otro contratante en cada momento en función de la evolución de los tipos de interés (TS 19-2-18, EDJ 7056 y 21-3-22, EDJ 527839; 17-4-23, EDJ 550466; AP Guadalajara 9-2-24, EDJ 541195; AP Barcelona 8-2-24, EDJ 530157).

Circ CNMV 7/2011

- El TS ha reiterado que, en el marco de una **relación de asesoramiento** prestado por una entidad de servicios financieros, y a la vista del perfil e intereses de inversión del cliente, puede surgir una responsabilidad civil al amparo del CC art.1101 por el incumplimiento o cumplimiento negligente de las obligaciones surgidas de esa relación de asesoramiento financiero, que causa al inversor un perjuicio consistente en la pérdida total o parcial de su inversión, siempre y cuando exista una relación de causalidad entre el incumplimiento o cumplimiento negligente y el daño indemnizable (entre otras, TS 16-11-16, EDJ 208762; 31-1-19, EDJ 503348; 28-5-19, EDJ 600241; 24-11-20, EDJ 735277 y 21-3-22, EDJ 527839).

Para discernir **si un servicio constituye o no un asesoramiento en materia financiera** -lo que determinará la necesidad o no de hacer el test de idoneidad- no ha de estarse tanto a la naturaleza del instrumento financiero como a la forma en que éste es ofrecido al cliente, valoración que debe realizarse con los criterios establecidos en el art.52 de la Dir 2006/73, que aclara la definición de servicio de asesoramiento financiero en materia de inversión del art.4.4 de la Directiva MiFID, según la doctrina fijada por la sentencia TJUE 30-5-13, C- 604/2011 (caso Genil 48 S.L.), conforme a la cual tendrá la consideración de asesoramiento en materia de inversión la recomendación de suscribir un swap realizada por la entidad financiera al cliente inversor que se presente como conveniente para el cliente o se basa en una consideración de sus circunstancias personales y que no esté divulgada exclusivamente a través de canales de distribución o destinada al público (AP Cantabria 2-3-22, EDJ 530605).

- El modelo presupone unas **circunstancias** determinadas que serán las **más frecuentes**. Si en el caso concreto existen circunstancias particulares no previstas, deberá completarse o modificarse el modelo adaptándolo a las mismas.

En *"localidad"*, a *"fecha"*

REUNIDOS:

De una parte,

"Don/Doña nombre y apellidos de la parte", mayor de edad, *"estado civil de la parte" "..."especificar el régimen económico matrimonial de la parte" ... "*, de nacionalidad *"nacionalidad de la parte"*, con domicilio a estos efectos en *"domicilio de la parte"*, *"...con DNI/NIF número "DNI/NIF de la parte"... O ... con tarjeta de residencia número "número de tarjeta de residencia de la parte" ... O ... pasaporte número "número de pasaporte de la parte", expedido el "fecha de expedición del pasaporte de la parte" ... O ... "reseñar otros documentos aportados por la parte" ..."*, vigente hasta el *"fecha de vigencia de la documentación aportada por la parte"*.

Interviene

❍ **Si interviene en su propio nombre:**

en su propio nombre y derecho.

❍ **Si interviene como representante:**
en nombre y representación MCM 10255 s.

➢

❍ Si representa a persona física:

de *"Don/Doña nombre y apellidos del representado"*, mayor de edad, *"estado civil del representado"*, con domicilio en *"domicilio del representado"* y provisto de D.N.I./N.I.F. número *"DNI/NIF del representado"*, según consta en escritura de poder, otorgada ante el notario de *"lugar donde radica la notaría en la que se autorizó la escritura de poder de representación (persona física)"*, *"Don/Doña nombre y apellidos del notario que autorizó la escritura de poder de representación (persona física)"*, el *"fecha de escritura de poder de representación (persona física)"*, con el número *"número de protocolo del notario que autorizó la escritura de poder de representación (persona física)"* de su orden de protocolo. Circ CNMV 7/2011

❍ Si representa a persona jurídica:
de la sociedad mercantil denominada *"denominación social"*, domiciliada en *"domicilio social"*, y con NIF número *"NIF de la sociedad"*, constituida, por tiempo indefinido, mediante escritura otorgada ante el notario de *"lugar donde radica la notaría en la que se autorizó la escritura de poder de representación (persona jurídica)"*, *"Don/Doña nombre y apellidos del notario que autorizó la escritura de poder de representación (persona jurídica)"*, el *"fecha de escritura de poder de representación (persona jurídica)"*, e inscrita en el Registro Mercantil de *"datos de la inscripción registral (localidad del Registro Mercantil, tomo, folio, sección, hoja e inscripción)"*, en su calidad de

➢

❍ Si representa como cargo social:
"...administrador único ... O ... administrador solidario ... O ... consejero delegado ... O ... "especificar la representación del cargo social" ... " de la reseñada sociedad, cargo para el que fue nombrado y asegura vigente en escritura otorgada el *"fecha de escritura del nombramiento del cargo"*, ante el notario de *"lugar donde radica la notaría en la que se autorizó la escritura del nombramiento"*, *"Don/Doña nombre y apellidos del notario que autorizó la escritura del nombramiento"*, con el número *"número de protocolo del notario que autorizó la escritura del nombramiento"* de su protocolo, e inscrita en el Registro Mercantil de *"localidad del Registro Mercantil de la escritura de nombramiento"*, en el tomo y hoja arriba indicados.

❍ Si representa como apoderado:
apoderado de la reseñada sociedad, según escritura de poder otorgada a su favor, en *"fecha de escritura del otorgamiento del poder"*, ante el notario de *"lugar donde radica la notaría en la que se autorizó la escritura de poder"*, *"Don/Doña nombre y apellidos del notario que autorizó la escritura de poder"*, con el número *"número de protocolo del notario que autorizó la escritura de poder"* de su protocolo *"...e inscrita en el Registro Mercantil de "localidad del Registro Mercantil de la escritura de poder" ... "*, en el tomo y hoja arriba indicados.

≺

≺

≺≺

En adelante, el **Titular**.

De otra parte,
"Don/Doña nombre y apellidos de la parte", mayor de edad, *"estado civil de la parte" "... "especificar el régimen económico matrimonial de la parte" ... "*, de nacionalidad *"nacionalidad de la parte"*, con domicilio a estos efectos en *"domicilio de la parte"*, *"...con DNI/NIF número "DNI/NIF de la parte" ... O ... con tarjeta de residencia número "número de tarjeta de residencia de la parte" ... O ... pasaporte número "número de pasaporte de la parte", expedido el "fecha de expedición del pasaporte de la parte" ... O ... "reseñar otros documentos aportados por la parte" ... "*, vigente hasta el *"fecha de vigencia de la documentación aportada por la parte"*.

MCM 10255 s.

Circ CNMV 7/2011

Interviene en nombre y representación de la sociedad mercantil denominada *"denominación de la Sociedad"*, domiciliada en *"domicilio de la Sociedad"*, y con NIF número *"NIF de la Sociedad"*, constituida, por tiempo indefinido, mediante escritura otorgada ante el notario de *"lugar del notario que autorizó la escritura pública"*, *"Don/Doña nombre y apellidos del notario que autorizó la escritura pública"*, el *"Fecha de autorización de la escritura pública"*, e inscrita en el Registro Mercantil de *"datos de la inscripción registral (localidad del Registro Mercantil, tomo, folio, sección, hoja e inscripción)"*, en su calidad de apoderado de la reseñada sociedad, según escritura de poder otorgada a su favor, en *"fecha de autorización de la escritura de apoderamiento"*, ante el notario de *"lugar del notario que autorizó la escritura de apoderamiento"*, *"Don/Doña nombre y apellidos del notario que autorizó la escritura de apoderamiento"*, con el número *"número de protocolo del notario que autorizó la escritura de apoderamiento"* de su protocolo, e inscrita en el Registro Mercantil de *"datos de la inscripción registral del notario que autorizó la escritura de apoderamiento"*, en el tomo y hoja arriba indicados.

En adelante, la **Gestora**.

Ambas partes se reconocen mutua y recíprocamente capacidad legal bastante y representación suficiente para el otorgamiento del presente contrato y al efecto,

EXPONEN:

I. Que la **Gestora** tiene por objeto social la gestión discrecional e individualizada de carteras de inversión con arreglo a los mandatos conferidos por los inversores.

✍ **Nota:**

Servicio de inversión *identificado en la LMV art.138 s.*

II. Que el **Titular** está interesado en contratar con la **Gestora** el servicio de inversión de gestión de su cartera de valores.

III. Que con carácter previo a la formalización del presente contrato la **Gestora** ha recabado al **Titular** la información necesaria para conocer su perfil inversor (experiencia inversora, objetivos de inversión, capacidad financiera y preferencia de riesgo).

✍ **Nota:**

- El TS ha reiterado que, en el marco de una ***relación de asesoramiento*** *prestado por una entidad de servicios financieros, y a la vista del perfil e intereses de inversión del cliente, puede surgir una responsabilidad civil al amparo del CC art.1101 por el incumplimiento o cumplimiento negligente de las obligaciones surgidas de esa relación de asesoramiento financiero, que causa al inversor un perjuicio consistente en la pérdida total o parcial de su inversión, siempre y cuando exista una relación de causalidad entre el incumplimiento o cumplimiento negligente y el daño indemnizable (entre otras, TS 16-11-16, EDJ 208762; 31-1-19, EDJ 503348; 28-5-19, EDJ 600241; 24-11-20, EDJ 735277 y 21-3-22, EDJ 527839; AP Barcelona 23-2-24, EDJ 542208).*

Para discernir ***si un servicio constituye o no un asesoramiento en materia financiera*** *-lo que determinará la necesidad o no de hacer el test de idoneidad- no ha de estarse tanto a la naturaleza del instrumento financiero como a la forma en que éste es ofrecido al cliente, valoración que debe realizarse con los criterios establecidos en la Dir 2006/73 art.52, que aclara la definición de servicio de asesoramiento financiero en materia de inversión del art.4.4 de la Directiva MiFID, según la doctrina fijada por la sentencia TJUE 30-5-13, C- 604/2011 (caso Genil 48 S.L.), conforme a la cual tendrá la consideración de asesoramiento en materia de inversión la recomendación de suscribir un swap realizada por la entidad financiera al cliente inversor que se presente como conveniente para el cliente o se basa en una consideración de sus circunstancias personales y que no esté divulgada exclusivamente a través de canales de distribución o destinada al público (AP Cantabria 2-3-22, EDJ 530605).*

IV. Que, con la finalidad anunciada, puestas de acuerdo las partes en cuanto a su contenido que se ajusta al modelo normalizado aprobado por la Comisión Nacional del Mercado de Valores y reconociéndose mutuamente capacidad al efecto, suscriben el presente contrato de acuerdo a las siguientes

MCM 10255 s.

Circ CNMV 7/2011

CONDICIONES PRELIMINARES

A) Las partes contratantes, el **Titular** y la **Gestora**, han sido identificadas en la presentación anterior.

B) Entidad depositaria del efectivo: *"denominación de la entidad depositaria del efectivo"*.

C) Entidad depositaria de los valores e instrumentos financieros: *"denominación de la entidad depositaria de los valores"*.

D) Criterios generales de inversión: Conocidas la experiencia inversora y capacidad financiera del Titular, la **Gestora** asume los criterios generales de inversión que se desprenden de las siguientes indicaciones:

 **Nota:**

*Téngase en cuenta que, a los efectos de lo dispuesto en la LMV art.191 s., las empresas de servicios y actividades de inversión han de **clasificar a sus clientes** en minoristas, profesionales y contrapartes elegibles. La misma obligación será aplicable a las demás empresas que presten servicios y actividades de inversión.*

*Tienen la consideración de **contrapartes elegibles** los mencionados en la LMV art.196.1.*

Perfil general de riesgo: (de menor a mayor)

Perfil	Firma del titular (*)
Conservador	
Moderado	
Arriesgado	
Muy arriesgado	

(*) Fírmese sólo una de las alternativas posibles. En caso de ausencia de firma la **Gestora** considerará que el perfil es conservador. Si aparecen firmas en varias casillas, la **Gestora** considerará la alternativa firmada de menor riesgo.

Operativa con instrumentos derivados:

El titular autoriza la realización de operaciones con instrumentos derivados:

Tipo	Firma del titular (*)
De cobertura	
De inversión	

(*) En caso de ausencia de firmas la **Gestora** considerará que el **Titular** opta por la no utilización de instrumentos derivados.

Advertencia (destinada al **Titular** que acepte la realización de operaciones de inversión en derivados): 'El **Titular** conoce que la operativa en estos instrumentos podría comportar un elevado riesgo y que un beneficio puede convertirse rápidamente en pérdida como consecuencia de variaciones en el precio',

MCM 10255 s.

Circ CNMV 7/2011

Horizonte temporal de la inversión:

Horizonte	Firma del titular (*)
Menos de 6 meses	
Entre 6 meses y 2 años	
Entre 2 y 5 años	
Más de 5 años	
Otros: A determinar por la Gestora	

(*) El **Titular** debe firmar sólo una de las alternativas posibles.

E) Autorizaciones expresas del **Titular**:

Autorización	Sí/No	Firma del Titular (*)
El **Titular** autoriza la realización de operaciones de las señaladas en la cláusula cuarta de este contrato por importe superior al 25 por 100 del importe total de la cartera.		
El **Titular** autoriza, con sujeción a la normativa vigente, a la utilización de las 'cuentas globales' señaladas en el anexo cuando así lo exija la operativa habitual de los mercados extranjeros, pero siempre que haya sido previamente informado de las circunstancias y los riesgos inherentes a la operativa de dichas cuentas.		
El **Titular** autoriza el envío de la información y comunicaciones derivadas de este contrato a *"identificar al autorizado"*.		

F) **Tipo de operaciones que podrán realizarse**:

Firma del titular	Operaciones y categorías de valores o instrumentos financieros	Domicilio del emisor (*) Unión Europea	Domicilio del emisor (*) Otros Estados	Mercados (*) Valores e Instrumentos no negociados en mercados regulados	Mercados (*) Valores e Instrumentos no negociados en mercados regulados	Divisa (*) Euro	Divisa (*) Otras
	Renta fija:						
	Deuda pública.						
	Renta fija privada.						
	Renta fija indicado o con opciones:						

Firma del titular	Operaciones y categorías de valores o instrumentos financieros	Domicilio del emisor (*) Unión Europea	Domicilio del emisor (*) Otros Estados	Mercados (*) Valores e Instrumentos no negociados en mercados regulados	Mercados (*) Valores e Instrumentos no negociados en mercados regulados	Divisa (*) Euro	Divisa (*) Otras
	Bonos con rendimiento indicado.						
	Bonos subordinados.						
	Bonos convertibles y canjeables.						
	Bonos con opción de amortización anticipada.						
	Renta variable.						
	Acciones y participaciones excepto IIC.						
	IIC:						
	Participaciones en FIAMM.	NA	NA	NA			
	Participaciones en FIM de renta fija.	NA	NA	NA			
	Participaciones en otros FIM.	NA	NA	NA			
	Participaciones en Otras IIC españolas.	NA					
	Participaciones en OICVM que cumplan la Directiva (5/611.						
	Otras participaciones en IIC extranjeras.						
	Derivados:						
	Opciones y futuros financieros						
	Otros instrumentos derivados financieros						
	Operaciones con productos estructurados.						

MCM 10255 s.

Circ CNMV 7/2011

Firma del titular	Operaciones y categorías de valores o instrumentos financieros	Domicilio del emisor (*) Unión Europea	Domicilio del emisor (*) Otros Estados	Mercados (*) Valores e Instrumentos no negociados en mercados regulados	Mercados (*) Valores e Instrumentos no negociados en mercados regulados	Divisa (*) Euro	Divisa (*) Otras
	Otras:						
	Cesión de valores en préstamo						
	"especificar otros"						

(*) Márquense con una X todas las alternativas deseadas. Si la columna de firmas se deja totalmente en blanco la **Gestora** considerará que el **Titular** acepta únicamente las operaciones de renta fija. Cuando para un tipo de operación firmada no se marque la opción del domicilio del emisor, de mercados y de la divisa, la **Gestora** considerará que el **Titular** opta respectivamente por Unión Europea, valores e instrumentos negociados en mercados regulados y euros. El tipo de operaciones y categorías de valores o instrumentos financieros señalados podrá ampliarse o especificarse mediante cláusulas particulares anexas al contrato y debidamente firmadas.

De conformidad con las anteriores condiciones preliminares, formalizan el presente contrato de conformidad con las siguientes:

ESTIPULACIONES:

PRIMERA. Objeto del contrato

1.1.

El **Titular** encarga a la **Gestora** la gestión de forma discrecional e individual de la cartera de valores formada por valores mobiliarios, títulos, efectos, instrumentos financieros, y el efectivo, cuya descripción figura en el Anexo 1 de este contrato, así como los valores y el efectivo que sean aportados por el **Titular** en lo sucesivo o adquiridos por la **Gestora** a nombre del **Titular**, en ejecución del presente contrato, así como de los rendimientos generados por aquéllos, otorgando para ello, a favor de la **Gestora**, mandato expreso, en los términos y condiciones que se especifican a continuación.

1.2.

La cartera inicial del **Titular** es, por tanto, la que se detalla en el Anexo 1 del presente contrato. La actividad de gestión recaerá exclusivamente y no podrá superar en ningún momento, salvo en los supuestos y límites que establezca la Comisión Nacional del Mercado de Valores, la suma de los dos conceptos siguientes:

a) El patrimonio aportado inicialmente o en sucesivas ocasiones por el **Titular**.

b) El importe de créditos en su caso obtenidos de una entidad habilitada. La concesión de crédito exigirá, en todo caso, la previa formalización del correspondiente documento contractual de crédito suscrito por el **Titular** y el acreditante.

1.3.

La **Gestora** actuará de acuerdo a las condiciones preliminares y cláusulas de este contrato y sólo podrá desviarse de los criterios generales de inversión pactados cuando el criterio profesional del gestor aconseje dicha desviación o se produzcan incidencias en la contratación. En estos casos, la **Gestora**, además de registrar las desviaciones, informará con detalle de las mismas al **Titular** de forma inmediata.

SEGUNDA. Depósito de los valores, instrumentos financieros y efectivo

La **Gestora** promoverá el registro o depósito de los activos financieros objeto de este contrato, dando lugar a las correspondientes anotaciones en las cuentas de valores y efectivo afectas de forma exclusiva al presente contrato.

1530

MCM 10255 s.

Se establece el depósito obligatorio de todos los activos financieros afectos a este contrato, así como los productos o rendimientos futuros derivados de su gestión, en las cuentas individuales identificadas al efecto en las letras B) y C) de las condiciones preliminares de este contrato, con la única excepción, en su caso, de las cuentas globales autorizadas.

TERCERA. Facultades de la Gestora

La **Gestora** ejercitará su actividad de gestión con las más amplias facultades, pudiendo, en nombre y por cuenta del **Titular** entre otras operaciones, comprar, suscribir, enajenar, prestar, acudir a las amortizaciones, ejercitar los derechos económicos, realizar los cobros pertinentes, conversiones y canje de los valores y, en general, activos financieros sobre los que recaiga la gestión, desarrollando las actuaciones, comunicaciones e iniciativas exigidas para ello, pudiendo, a tales efectos, suscribir cuantos documentos sean necesarios. Circ CNMV 7/2011

Con la firma de este contrato el **Titular** autoriza a la **Gestora** a disponer del patrimonio aportado por el **Titular** para su gestión al amparo de lo dispuesto en la primera estipulación, conforme a las preferencias que han sido señaladas en las letras D), E) y F) de las condiciones preliminares.

✍ **Nota:**

Sobre la obligación del gestor de cumplir las ***instrucciones genéricas*** *del titular, ver* TS 11-7-98, *EDJ 17993.*

CUARTA. Autorizaciones expresas

4.1.

Si la utilización de cuentas globales ('cuentas ómnibus') viene exigida por la operativa habitual de negociación por cuenta ajena de valores e instrumentos financieros en mercados extranjeros, la **Gestora** podrá utilizarlas siempre que obtenga la autorización expresa del **Titular**, al que informará previamente de los riesgos que asumirá, así como de la **Gestora** y calidad crediticia de la entidad depositaria.

✍ **Nota:**

Véase anterior sobre ***clasificación de inversor y obligaciones de información*** *de acuerdo con la LMV art.191 s.*

4.2.

Cuando las operaciones sobre valores o instrumentos financieros contempladas en los apartados i), ii) y iii) del punto 1.b) de la estipulación siguiente, por sí, o sumadas a las posiciones de esos mismos valores o instrumentos ya existentes en la cartera del **Titular** representen más del 25 por 100 del importe total de la cartera gestionada al **Titular**, la **Gestora** deberá recabar una autorización genérica previa del **Titular** para realizar dichas operaciones. A estos efectos la cartera gestionada se valorará a valor de realización o, en su caso, al valor utilizado para el cálculo de la comisión de gestión.

No obstante el carácter genérico de la autorización anterior, cuando la **Gestora** negocie por cuenta propia con el **Titular**, deberá quedar constancia explícita, por escrito, de que el **Titular** ha conocido tal circunstancia antes de concluir la correspondiente operación.

QUINTA. Obligaciones de información

La **Gestora** remitirá información periódica sobre el valor y evolución de su cartera de inversiones gestionada, comisiones, gastos soportados, entidades con las que se opera y donde están depositados sus activos, así como toda información que se estime relevante. De tal modo que:

1. Trimestralmente con carácter general, o mensualmente cuando la cartera gestionada presentara pérdidas al final del mes con respecto al final del mes anterior y cuando el perfil general de riesgo del **Titular** sea 'arriesgado' o 'muy arriesgado', la **Gestora** remitirá al **Titular** la siguiente información:

a) Composición detallada de la cartera e información que posibilite su comparación con la situación de la cartera en el momento en que se efectuó la última comunicación.

MCM 10255 s.

Circ CNMV 7/2011

b) Variaciones en la composición de la cartera habidas durante el período, incluyendo la liquidez, así como detalle de valores nominales y efectivos calculados estos últimos según los criterios de valoración contenidos en el anexo del presente contrato, número de valores e instrumentos financieros comprados, vendidos o prestados, entidades a través de las que se hayan canalizado las operaciones, mercados, garantías depositadas, entidades que actúan de contrapartida en las operaciones OTC, pagos de cupones o de dividendos, fechas de conversión o canje y amortizaciones. La **Gestora** identificará específicamente y de forma separada las operaciones, inversiones o actuaciones siguientes:

(i) La inversión en valores o instrumentos financieros emitidos por la **Gestora** o entidades de su grupo o en instituciones de inversión colectiva gestionadas por éste.

(ii) La suscripción o adquisición de valores o instrumentos financieros en los que la **Gestora** o alguna entidad de su grupo actúe como asegurador o colocador de la emisión u oferta pública de venta.

(iii) Los valores o instrumentos financieros resultantes de la negociación de la **Gestora** o entidades del grupo con el **Titular**.

(iv) Operaciones entre el **Titular** y otros clientes de la **Gestora**.

c) Entidades que tuvieran depositados, administrados o registrados los valores, el efectivo y otros activos financieros, especificando en su caso las cuentas globales (cuentas ómnibus).

d) Detalle de las comisiones y gastos repercutidos directamente al **Titular** tanto si el beneficiario es la propia entidad como si lo es un tercero. En todo caso se identificarán las entidades que perciben los correspondientes ingresos y los conceptos por los que se aplican.

2. Una vez al año, la **Gestora** remitirá al **Titular** la siguiente información:

a) Las cantidades totales, directa o indirectamente, percibidas por la **Gestora** distintas de las directamente repercutidas al **Titular**, en proporción al patrimonio gestionado al **Titular**, como resultado de acuerdos alcanzados por la **Gestora** con intermediarios u otras entidades financieras y que tengan su origen en operaciones realizadas para los clientes de la **Gestora** en el marco del contrato de gestión de carteras.

b) Datos necesarios para la declaración de los impuestos, en lo que hace referencia a la cartera gestionada.

3. Si el valor de la cartera del **Titular** experimentara una reducción superior al 25 por 100 de su valor a la fecha de referencia de la última información remitida al **Titular**, la **Gestora** comunicará esta situación al **Titular** de forma inmediata.

4. Cuando la **Gestora** solicite conforme a lo previsto en la normativa vigente la representación del **Titular** para el ejercicio de los derechos políticos derivados de las acciones pertenecientes a la cartera gestionada, deberán informar al **Titular** expresamente de la existencia de cualquier relación o vínculo interesado entre la **Gestora** y su grupo con alguna de las sociedades a las que se refiere la representación.

5. Siempre que el **Titular** lo solicite, la **Gestora** le proporcionará toda la información adicional concerniente a las operaciones realizadas, a las consultas que formule referentes a su cartera de valores y a las entidades a través de las cuales se hubieran canalizado las operaciones.

SEXTA. Actuación de la Gestora

Como entidad prestadora del servicio de gestión discrecional e individual de carteras, la **Gestora** asume la obligación de actuar a su mejor y leal saber y entender, y de cumplir con las normas de conducta establecidas en la normativa del mercado de valores. Para ello es necesario que el **Titular** comunique a la **Gestora** cualquier circunstancia especial o incompatibilidad que le afecte en la gestión del patrimonio cuya gestión confiere la **Gestora**. De tal modo que:

1. Las partes convienen y se hacen responsables de la aplicación al presente contrato de las normas de conducta previstas en la legislación del mercado de valores que resulten de aplicación.

El **Titular** informará a la **Gestora** cuando surjan situaciones de incompatibilidad o alguna circunstancia que impida la inversión del patrimonio gestionado en determinados valores o instrumentos financieros. MCM 10255 s.

Nota:

- Hay una consolidada jurisprudencia sobre contratación de productos y servicios de inversión, y en concreto, respecto de los ***swaps de tipos de interés o de inflación*** *por parte de clientes que no tienen la cualidad de profesionales del mercado de productos financieros y de inversión. Dicha jurisprudencia viene declarando la nulidad del contrato por error en el consentimiento cuando el mismo haya sido causado por el* ***incumplimiento*** *por la empresa de servicios de inversión del* ***deber de información al cliente*** *que le impone la normativa sectorial, fundamentalmente, en cuanto a la información de los riesgos inherentes a los contratos de swap, tanto en lo referente a la posibilidad de liquidaciones periódicas negativas de elevada cuantía como en lo referente a un también elevado coste de cancelación (TS 20-4-17, EDJ 44251; 20-10-15, EDJ 188248; 24-11-20, EDJ 735277, entre otras muchas).* Circ CNMV 7/2011

- El TS ha reiterado que, en el marco de una ***relación de asesoramiento*** *prestado por una entidad de servicios financieros, y a la vista del perfil e intereses de inversión del cliente, puede surgir una responsabilidad civil al amparo del CC art.1101 por el incumplimiento o cumplimiento negligente de las obligaciones surgidas de esa relación de asesoramiento financiero, que causa al inversor un perjuicio consistente en la pérdida total o parcial de su inversión, siempre y cuando exista una relación de causalidad entre el incumplimiento o cumplimiento negligente y el daño indemnizable (entre otras, TS 16-11-16, EDJ 208762; 31-1-19, EDJ 503348; 28-5-19, EDJ 600241; 24-11-20, EDJ 735277 y 21-3-22, EDJ 527839).*

Para discernir ***si un servicio constituye o no un asesoramiento en materia financiera*** *-lo que determinará la necesidad o no de hacer el test de idoneidad- no ha de estarse tanto a la naturaleza del instrumento financiero como a la forma en que éste es ofrecido al cliente, valoración que debe realizarse con los criterios establecidos en la Dir 2006/73 art.52, que aclara la definición de servicio de asesoramiento financiero en materia de inversión de la Directiva MiFID art.4.4, según la doctrina fijada por la sentencia TJUE 30-5-13, C- 604/2011 (caso Genil 48 S.L.), conforme a la cual tendrá la consideración de asesoramiento en materia de inversión la recomendación de suscribir un swap realizada por la entidad financiera al cliente inversor que se presente como conveniente para el cliente o se basa en una consideración de sus circunstancias personales y que no esté divulgada exclusivamente a través de canales de distribución o destinada al público (AP Cantabria 2-3-22, EDJ 530605).*

2. La **Gestora** no efectuará en ningún caso operaciones prohibidas por la legislación española, ni aquellas que requieran autorizaciones oficiales o expresas del **Titular** mientras no se obtengan estas autorizaciones.

3. No obstante el carácter individual de la gestión de carteras, la **Gestora**, con el objeto de racionalizar las órdenes de compraventa de activos, podrá agrupar operaciones de diferentes clientes dentro de los límites establecidos en la normativa vigente. Para evitar un posible conflicto de interés entre los clientes derivado de esta u otras actuaciones, la **Gestora** dispone de unos criterios objetivos de prorrateo o distribución de operaciones entre clientes en particular, y de resolución de posibles conflictos de interés en general, que se detallan seguidamente: *"especificar criterios"*.

La **Gestora** se compromete a aplicar en todo caso dichos criterios objetivos que sólo se modificarán previa comunicación y aceptación del **Titular**.

4. La **Gestora** responderá de los perjuicios que pueda causar al **Titular** por el incumplimiento de las obligaciones asumidas en el presente contrato y por actuaciones dolosas o realizadas con negligencia, en cuyo caso indemnizará al **Titular**.

Nota:

Sobre la ***responsabilidad del Gestor****, ver* TSJ Navarra 20-2-97, *EDJ 19245 y* 22-11-99, *EDJ 36283.*

SÉPTIMA. Comisiones y régimen económico aplicable

El **Titular** abonará a la **Gestora** las tarifas correspondientes por el concepto de gestión de cartera y los gastos de intermediación y otras comisiones de acuerdo con lo previsto en las condiciones económicas incluidas en el anexo particular del presente contrato, que, en ningún caso, superan las recogidas en el folleto informativo de tarifas. Asimismo, la cartera se valorará a esos efectos según lo previsto en el anexo del contrato. La **Gestora** hará efectivas las cantidades debidas con cargo a la cuenta de efectivo del **Titular** afecta al contrato de gestión.

MCM 10255 s.

La **Gestora** informará al **Titular** de cualquier modificación que se produzca en las tarifas de comisiones y gastos repercutibles que afecten al presente contrato. El **Titular** dispondrá de dos meses desde la recepción de la citada información para solicitar la modificación o extinción del contrato, sin que le sean aplicadas las nuevas tarifas hasta que transcurra dicho plazo. Sin embargo, en el caso de que la tarifa sea claramente beneficiosa para el **Titular** se aplicará inmediatamente.

Circ CNMV 7/2011

OCTAVA. Duración y terminación

La duración del presente contrato es de *"ámbito temporal de vigencia del contrato"*, pudiendo cualquiera de las partes unilateralmente dar por finalizado el mismo en cualquier momento de su vigencia, mediante la correspondiente comunicación en la que habrá de señalarse e identificarse la(s) entidad(es) financiera(s) y las cuentas a nombre del Titular correspondientes, en las que éste podrá disponer de los valores, instrumentos financieros y efectivo que integren el patrimonio gestionado cuyo contrato es objeto de resolución.

Cuando la vigencia del contrato se desee interrumpir a voluntad de la **Gestora** será necesario un preaviso de quince días. Una vez resuelto el contrato, la **Gestora** rendirá y dará razón de las cuentas de gestión en un plazo máximo de quince días.

En el caso de extinción anticipada del contrato, la **Gestora** sólo tendrá derecho a percibir las comisiones por las operaciones realizadas pendientes de liquidar en el momento de la resolución del contrato y la parte proporcional devengada de las tarifas correspondientes al período iniciado en el momento de finalización del contrato.

La cancelación anticipada del contrato no afectará a la tramitación, liquidación y cancelación de las operaciones en curso que se hubiesen concertado con anterioridad a la comunicación, que seguirán rigiéndose por las condiciones a ellas aplicables, de acuerdo con las estipulaciones del presente contrato.

A partir de la comunicación efectiva de resolución anticipada del contrato, el **Titular** dispondrá de su patrimonio de forma directa e inmediata en las cuentas de valores, instrumentos financieros y efectivo señaladas al efecto, y la **Gestora** recabará instrucciones expresas del **Titular** para cualquier otra operación. No obstante, cuando por el carácter extraordinario o urgente de las circunstancias no pudieran recabarse instrucciones del **Titular** y fuese imprescindible la actuación de la **Gestora** para mantener el valor de la cartera del **Titular**, la **Gestora** realizará las operaciones necesarias dando cuenta al **Titular** de forma inmediata.

NOVENA. Modificación

El **Titular** podrá realizar retiradas parciales de su patrimonio afecto a este contrato, así como comunicar o solicitar, en su caso, cualquier modificación en las condiciones del contrato.

En particular el **Titular** podrá retirar efectivo o activos de su cuenta, restringir o modificar los activos sobre los que se extienda la gestión de cartera o sustraerlos del régimen de gestión previsto en este contrato, poniéndolo en conocimiento de la **Gestora**, en su caso, con la antelación suficiente como para que la correspondiente operación pueda realizarse. Igualmente, el **Titular** comunicará con la suficiente antelación a la **Gestora** cualquier acto de disposición o gravamen sobre los valores, activos o efectivo de su cartera.

El **Titular** podrá limitar las facultades de gestión de la **Gestora**, así como las diversas modalidades de inversión de la cartera, dar instrucciones a la **Gestora** o modificar las ya existentes previa comunicación a la **Gestora**.

Las modificaciones indicadas no afectarán a la tramitación, liquidación y cancelación de las operaciones en curso que se hubiesen concertado con anterioridad a la comunicación, que seguirán rigiéndose por las condiciones a ellas aplicables, de acuerdo con las estipulaciones del presente contrato.

MCM 10255 s.

Circ CNMV 7/2011

DÉCIMA. Comunicaciones

Las comunicaciones entre las partes se realizarán por escrito a los domicilios o direcciones indicados en el presente contrato por cualquier medio cuya seguridad y confidencialidad esté probada y permita reproducir la información en soporte papel. Cuando el **Titular** opte por el envío de las comunicaciones a un tercero deberá notificar su autorización expresa a la **Gestora**.

UNDÉCIMA. Protección de datos personales

De acuerdo con la normativa aplicable (Rgto (UE) 2016/679 y LO 3/2018), se informa sobre lo siguiente en relación con el tratamiento de datos personales:

Información básica sobre protección de datos	
Responsable	*"nombre de la entidad"*
Finalidad	Gestión contractual de la relación jurídica a que da lugar el presente contrato
Legitimación	Consentimiento del interesado y ejecución de contrato
Destinatarios	Los datos proporcionados no serán cedidos a ningún tercero, salvo obligación legal. En cualquier caso, las categorías de destinatarios son Administración Tributaria y entidades financieras
Derechos	Acceder, rectificar, suprimir los datos, así como otros derechos, según se explica en la información adicional
Información adicional	Por favor, consulte la información adicional y detallada sobre la protección de datos en la página web *"especificar pág web"*

DUODÉCIMA. Jurisdicción

Para todas las cuestiones derivadas de este contrato, las partes acuerdan someterse, con renuncia al fuero propio que pudiera corresponderles, a los juzgados y tribunales del lugar de residencia del **Titular**.

Y en prueba de conformidad, ambas partes firman el presente contrato, que se extiende en dos ejemplares, igualmente originales, en el lugar y fecha indicados en su encabezamiento.

EL TITULAR **LA GESTORA**

1535 **Contratos Bursátiles**

Crédito al mercado

MCM 9655 s.

LMV art.126 y 127

Nota preliminar:

- Se considera **actividad complementaria** a los servicios de inversión, la concesión de créditos o préstamos a inversores, para que puedan realizar una operación sobre uno o más de los instrumentos previstos en la LMV art.126, siempre que en dicha operación intervenga la empresa que concede el crédito o préstamo.

- Hay una consolidada jurisprudencia sobre contratación de productos y servicios de inversión, y en concreto, respecto de los **swaps de tipos de interés o de inflación** por parte de clientes que no tienen la cualidad de profesionales del mercado de productos financieros y de inversión. Dicha jurisprudencia viene declarando la nulidad del contrato por error en el consentimiento cuando el mismo haya sido causado por el **incumplimiento** por la empresa de servicios de inversión del **deber de información al cliente** que le impone la normativa sectorial, fundamentalmente, en cuanto a la información de los riesgos inherentes a los contratos de swap , tanto en lo referente a la posibilidad de liquidaciones periódicas negativas de elevada cuantía como en lo referente a un también elevado coste de cancelación (TS 20-4-17, EDJ 44251; 20-10-15, EDJ 188248; 24-11-20, EDJ 735277, entre otras muchas).

- Respecto a la **caducidad de la acción** y la interpretación a estos efectos del art.1301 CC, según sentencias TS 16-9-15, EDJ 173672 y 12-1-15, EDJ 7310, "en relaciones contractuales complejas como son con frecuencia las derivadas de contratos bancarios, financieros o de inversión, la consumación del contrato, a efectos de determinar el momento inicial del plazo de ejercicio de la acción de anulación del contrato por error o dolo, no puede quedar fijada antes de que el cliente haya podido tener conocimiento de la existencia de dicho error o dolo. El día inicial del plazo de ejercicio de la acción será, por tanto, el de suspensión de las liquidaciones de beneficios o de devengo de intereses, el de aplicación de medidas de gestión de instrumentos híbridos acordadas por el FROB, o, en general, otro evento similar que permita la comprensión real de las características y riesgos del producto complejo adquirido por medio de un consentimiento viciado por el error. Esta doctrina se ha aplicado, asimismo, a los contratos swaps (TS 19-2-18, EDJ 7056; AP Cantabria 22-3-22, EDJ 550366).

- En los **contratos de swaps** no hay consumación del contrato hasta que no se produce el agotamiento o la extinción de la relación contractual, por ser entonces cuando tiene lugar el cumplimiento de las prestaciones por ambas partes y la efectiva producción de las consecuencias económicas del contrato. Ello en atención a que en estos contratos no existen prestaciones fijas, sino liquidaciones variables a favor de uno u otro contratante en cada momento en función de la evolución de los tipos de interés (TS 19-2-18, EDJ 7056 y 21-3-22, EDJ 527839; 17-4-23, EDJ 550466; AP Guadalajara 9-2-24, EDJ 541195; AP Barcelona 8-2-24, EDJ 530157).

- El TS ha reiterado que, en el marco de una **relación de asesoramiento** prestado por una entidad de servicios financieros, y a la vista del perfil e intereses de inversión del cliente, puede surgir una responsabilidad civil al amparo del CC art.1101 por el incumplimiento o cumplimiento negligente de las obligaciones surgidas de esa relación de asesoramiento financiero, que causa al inversor un perjuicio consistente en la pérdida total o parcial de su inversión, siempre y cuando exista una relación de causalidad entre el incumplimiento o cumplimiento negligente y el daño indemnizable (entre otras, TS 16-11-16, EDJ 208762; 31-1-19, EDJ 503348; 28-5-19, EDJ 600241; 24-11-20, EDJ 735277 y 21-3-22, EDJ 527839).

Para discernir **si un servicio constituye o no un asesoramiento en materia financiera** -lo que determinará la necesidad o no de hacer el test de idoneidad- no ha de estarse tanto a la naturaleza del instrumento financiero como a la forma en que éste es ofrecido al cliente, valoración que debe realizarse con los criterios establecidos en la Dir 2006/73 art.52, que aclara la definición de servicio de asesoramiento financiero en materia de inversión de la Directiva MiFID art.4.4, según la doctrina fijada por la sentencia TJUE 30-5-13, C- 604/2011 (caso Genil 48 S.L.), conforme a la cual tendrá la consideración de asesoramiento en materia de inversión la recomendación de suscribir un swap realizada por la entidad financiera al cliente inversor que se presente como conveniente para el cliente o se basa en una consideración de sus circunstancias personales y que no esté divulgada exclusivamente a través de canales de distribución o destinada al público (AP Cantabria 2-3-22, EDJ 530605).

MCM 9655 s.

Nota preliminar:

- El modelo presupone unas circunstancias determinadas que serán las más frecuentes. Si en el caso concreto existen circunstancias particulares no previstas, deberá completarse o modificarse el modelo adaptándolo a las mismas.

En *"localidad"*, a *"fecha"* LMV art.126 y 127

REUNIDOS:

De una parte,

"Don/Doña nombre y apellidos de la parte", mayor de edad, *"estado civil de la parte" "... "especificar el régimen económico matrimonial de la parte" ... "*, de nacionalidad *"nacionalidad de la parte"*, con domicilio a estos efectos en *"domicilio de la parte"*, *"...con DNI/NIF número "DNI/NIF de la parte"... O ... con tarjeta de residencia número "número de tarjeta de residencia de la parte" ... O ... pasaporte número "número de pasaporte de la parte", expedido el "fecha de expedición del pasaporte de la parte" ... O ... "reseñar otros documentos aportados por la parte" ... "*, vigente hasta el *"fecha de vigencia de la documentación aportada por la parte"*.

Interviene

➢➢

❍ **Si interviene en su propio nombre:**

en su propio nombre y derecho.

❍ **Si interviene como representante:**

en nombre y representación

❍ Si representa a persona física:

de *"Don/Doña nombre y apellidos del representado"*, mayor de edad, *"estado civil del representado"*, con domicilio en *"domicilio del representado"* y provisto de D.N.I./N.I.F. número *"DNI/NIF del representado"*, según consta en escritura de poder, otorgada ante el notario de *"lugar donde radica la notaría en la que se autorizó la escritura de poder de representación (persona física)"*, *"Don/Doña nombre y apellidos del notario que autorizó la escritura de poder de representación (persona física)"*, el *"fecha de escritura de poder de representación (persona física)"*, con el número *"número de protocolo del notario que autorizó la escritura de poder de representación (persona física)"* de su orden de protocolo.

❍ Si representa a persona jurídica:

de la sociedad mercantil denominada *"denominación social"*, domiciliada en *"domicilio social"*, y con NIF número *"NIF de la sociedad"*, constituida, por tiempo indefinido, mediante escritura otorgada ante el notario de *"lugar donde radica la notaría en la que se autorizó la escritura de poder de representación (persona jurídica)"*, *"Don/Doña nombre y apellidos del notario que autorizó la escritura de poder de representación (persona jurídica)"*, el *"fecha de escritura de poder de representación (persona jurídica)"*, e inscrita en el Registro Mercantil de *"datos de la inscripción registral (localidad del Registro Mercantil, tomo, folio, sección, hoja e inscripción)"*, en su calidad de

MCM 9655 s.

LMV art.126 y 127

➢

❍ Si representa como cargo social:

"...administrador único ... O ... administrador solidario ... O ... consejero delegado ... O ... "especificar la representación del cargo social" ... " de la reseñada sociedad, cargo para el que fue nombrado y asegura vigente en escritura otorgada el *"fecha de escritura del nombramiento del cargo"*, ante el notario de *"lugar donde radica la notaría en la que se autorizó la escritura del nombramiento"*, *"Don/Doña nombre y apellidos del notario que autorizó la escritura del nombramiento"*, con el número *"número de protocolo del notario que autorizó la escritura del nombramiento"* de su protocolo, e inscrita en el Registro Mercantil de *"localidad del Registro Mercantil de la escritura de nombramiento"*, en el tomo y hoja arriba indicados.

❍ Si representa como apoderado:

apoderado de la reseñada sociedad, según escritura de poder otorgada a su favor, en *"fecha de escritura del otorgamiento del poder"*, ante el notario de *"lugar donde radica la notaría en la que se autorizó la escritura de poder"*, *"Don/Doña nombre y apellidos del notario que autorizó la escritura de poder"*, con el número *"número de protocolo del notario que autorizó la escritura de poder"* de su protocolo *"...e inscrita en el Registro Mercantil de "localidad del Registro Mercantil de la escritura de poder" ...* ", en el tomo y hoja arriba indicados.

≺

≺≺

En adelante, el **Cliente**.

De otra parte,

"Don/Doña nombre y apellidos de la parte", mayor de edad, *"estado civil de la parte" "... "especificar el régimen económico matrimonial de la parte" ...* ", de nacionalidad *"nacionalidad de la parte"*, con domicilio a estos efectos en *"domicilio de la parte"*, *"...con DNI/NIF número "DNI/NIF de la parte" ... O ... con tarjeta de residencia número "número de tarjeta de residencia de la parte" ... O ... pasaporte número "número de pasaporte de la parte", expedido el "fecha de expedición del pasaporte de la parte" ... O ... "reseñar otros documentos aportados por la parte" ...* ", vigente hasta el *"fecha de vigencia de la documentación aportada por la parte"*.

Interviene en nombre y representación de la sociedad mercantil denominada *"denominación de la Sociedad"*, domiciliada en *"domicilio de la Sociedad"*, y con NIF número *"NIF de la Sociedad"*, constituida, por tiempo indefinido, mediante escritura otorgada ante el notario de *"lugar del notario que autorizó la escritura pública"*, *"Don/Doña nombre y apellidos del notario que autorizó la escritura pública"*, el *"Fecha de autorización de la escritura pública"*, e inscrita en el Registro Mercantil de *"datos de la inscripción registral (localidad del Registro Mercantil, tomo, folio, sección, hoja e inscripción)"*, en su calidad de apoderado de la reseñada sociedad, según escritura de poder otorgada a su favor, en *"fecha de autorización de la escritura de apoderamiento"*, ante el notario de *"lugar del notario que autorizó la escritura de apoderamiento"*, *"Don/Doña nombre y apellidos del notario que autorizó la escritura de apoderamiento"*, con el número *"número de protocolo del notario que autorizó la escritura de apoderamiento"* de su protocolo, e inscrita en el Registro Mercantil de *"datos de la inscripción registral del notario que autorizó la escritura de apoderamiento"*, en el tomo y hoja arriba indicados.

En adelante, la **Entidad**.

Ambas partes se reconocen mutua y recíprocamente capacidad legal bastante y representación suficiente para el otorgamiento del presente contrato de crédito destinado a la adquisición de valores negociables, de conformidad con las siguientes:

MCM 9655 s.

CONDICIONES GENERALES:

PRIMERA.

Por el presente contrato la **Entidad** abrirá un crédito a favor del **Cliente** por el límite, vencimiento, tipo de interés nominal, comisiones y demás características que le serán presentadas en las condiciones particulares al solicitar su contratación y en las presentes condiciones generales.

LMV art.126 y 127

El crédito está destinado a la adquisición, por cuenta y cargo del **Cliente**, de valores y/o participaciones en fondos de inversión con liquidación diaria a través de la **Entidad**, quien interviene además de como entidad acreditante en calidad de comisionista, comprometiéndose aquél a destinar el crédito exclusivamente a la finalidad reseñada.

La **Entidad** pondrá a disposición del **Cliente** en la cuenta de crédito el límite máximo señalado en las condiciones particulares, pudiendo realizar disposiciones contra el saldo de dicha cuenta hasta el límite vigente, obligándose a restituir el saldo deudor, con los intereses y comisiones devengados, no más tarde de la fecha de vencimiento del crédito, o, en su caso, de vencimiento anticipado.

SEGUNDA.

La cuenta de crédito tendrá las siguientes particularidades:

2.1.

La **Entidad** concederá el presente crédito por la existencia de una inversión con recursos propios del **Cliente**, representada por las cuentas vinculadas. Durante la vigencia del crédito el valor de las cuentas vinculadas deberá ser superior al 110% del saldo deudor.

2.2.

Los saldos dispuestos del crédito para la adquisición de participaciones en fondos y/o valores tendrán a todos los efectos la consideración de anticipación de fondos, realizada por la **Entidad** en su condición de acreditante comisionista, por orden y a cuenta del cliente.

2.3.

En cualquier momento el **Cliente** podrá realizar ingresos directamente en la cuenta de crédito o a través de la cuenta asociada, que tendrán el efecto de reducir el saldo deudor.

2.4.

En la cuenta de crédito se abonarán y adeudarán todas las órdenes que el cliente realice contra ella. Igualmente, en ella se adeudarán los intereses, comisiones y gastos pactados en el presente documento, así como todos los flujos económicos derivados de las cuentas vinculadas al crédito o que en un futuro se vinculen, incluidos los devengados por el cumplimiento de las órdenes de compra y/o venta de las participaciones en fondos y valores de las cuentas vinculadas. Expresamente se conviene que en el supuesto de que las cuentas que se vinculen tuvieren otra cuenta de liquidación y cargo, desde que el **Cliente** proceda a su vinculación al crédito quedará sujeta a lo dispuesto en el presente apartado. En consecuencia, la cuenta de crédito servirá como cuenta de liquidación y compensación de todos los movimientos relacionados con todas y cada una de las cuentas vinculadas.

TERCERA.

Se entiende por cuentas vinculadas aquellas cuentas de valores y/o participaciones en fondos de inversión asociadas en cada momento por el **Cliente**, que responden de la restitución a la **Entidad** del saldo deudor de la cuenta de crédito. Sólo podrán realizarse disposiciones con cargo al crédito para las cuentas vinculadas. Cualquier orden que se realice con cargo al crédito para una cuenta no vinculada supondrá su inmediata vinculación a la cuenta de crédito. El **Cliente** podrá vincular o desvincular cuentas con la única limitación de respetar la proporción establecida en el apartado de causa especial de resolución del contrato, entre la valoración de las cuentas vinculadas y el saldo deudor de la cuenta. La vinculación o desvinculación de una cuenta afectará en todo caso a la totalidad de los productos que integren dicha cuenta.

MCM 9655 s.

CUARTA.

Con la firma del presente contrato el **Cliente** faculta expresamente a la **Entidad** para la venta de todos los valores representados en las cuentas vinculadas para el supuesto previsto en el apartado de causa especial de resolución del contrato.

QUINTA.

A petición del cliente, y con la autorización de la **Entidad**, se podrá modificar el límite del crédito inicialmente concedido cuando se cumplan los siguientes requisitos:

LMV art.126 y 127

5.1. Disminución del límite del crédito

Se admitirán disminuciones del límite del crédito siempre que exista saldo disponible suficiente y el importe a disminuir no sea inferior a *"límite inferior de disminución, en letra"* euros (*"límite inferior de disminución, en número"* €). El nuevo límite resultante no podrá ser inferior ni al saldo deudor dispuesto ni a *"especificar cantidad, en letra"* euros (*"especificar cantidad, en número"* €).

5.2. Aumento del límite del crédito

La ampliación del límite del crédito será posible siempre que el **Cliente** vincule nuevas cuentas, realice ingresos en la cuenta de crédito directamente o a través de la cuenta asociada o, en su caso, cuando disponga en las cuentas ya vinculadas de participaciones en fondos y/o valores en cuantía suficiente, de forma que como resultado de lo anterior el nuevo límite sea igual o inferior a un 75% del valor de las cuentas vinculadas. La ampliación no podrá realizarse por importe inferior a *"límite inferior de ampliación, en letra"* euros (*"límite inferior de ampliación, en número"* €), y el límite resultante no podrá ser superior a *"especificar importe, en letra"* euros (*"especificar importe, en número"* €).

SEXTA.

El **Cliente** podrá, en cualquier momento, cancelar anticipadamente el crédito, sin que de tal operación se deduzca derecho a la devolución de las comisiones o intereses que la **Entidad** hubiera percibido.

Las cantidades entregadas de forma anticipada se imputarán según el siguiente orden:

- al pago de los excedidos o sobregiros efectuados sobre el límite del crédito;

- al reintegro de los gastos suplidos por la **Entidad**;

- al pago de intereses de demora; al pago de intereses remuneratorios; a la amortización del límite dispuesto.

SÉPTIMA.

A efectos puramente informativos, pondremos en su conocimiento la Tasa Anual Equivalente (TAE) del crédito al presentarle las condiciones particulares. El cálculo de la TAE se efectúa con sujeción a la fórmula contenida en la Circular 5/2012, del Banco de España (BOE nº 245 de 11 de octubre de 2012).

A los efectos de este contrato, se entenderá por 'Euribor' aplicable en cada periodo de interés, la media aritmética simple del tipo de contado publicado por la Federación Bancaria Europea para las operaciones de depósito en euros a un plazo igual al del período de interés, calculado a partir del ofertado por una muestra de Bancos para operaciones entre entidades de similar calificación, durante cada uno de los días hábiles del mes natural inmediato anterior al inicio de cada periodo de interés que es a su vez publicado en el Boletín de la Central de Anotaciones del Banco de España.

OCTAVA. Intereses remuneratorios

El saldo deudor del crédito devengará diariamente a favor de la **Entidad** el tipo de interés nominal que resulte de sumar 2,40 puntos al Tipo de Referencia Euribor descrito en el apartado anterior. El saldo acreedor del crédito devengará diariamente a favor del **Cliente** el tipo de interés nominal que resulte de restar 1,25 puntos al Tipo de Referencia Euribor que se define en el apartado anterior. Durante el primer periodo de interés, el tipo de interés nominal aplicable será el anunciado en las condiciones particulares que se le presenten al realizar la contratación.

MCM 9655 s.

NOVENA. Período de interés
El período de interés, que será mensual, se computará de fecha a fecha desde la apertura del crédito. El tipo de interés aplicable al presente contrato por cada uno de los conceptos se actualizará al inicio de cada periodo de interés y permanecerá invariable durante el mismo.

DÉCIMA. Período de liquidación
El período de liquidación será mensual, de fecha a fecha, computándose desde la fecha de apertura del crédito.

LMV art.126 y 127

UNDÉCIMA. Cálculo de intereses, liquidación y pago
Los intereses se devengarán y entenderán vencidos diariamente multiplicando el importe dispuesto del crédito por el interés nominal aplicable en el período de interés de que se trate y dividiendo el producto por treinta y seis mil. Los intereses se liquidarán y pagarán mensualmente el último día de cada periodo de liquidación. Días hábiles serán aquéllos que tengan tal consideración en la plaza de Madrid.

Sin perjuicio del derecho de la **Entidad** a resolver de forma anticipada el presente contrato, si en alguna ocasión el saldo de la cuenta corriente de crédito resultase excedido sobre el límite del crédito, por cualquier causa, incluso por el adeudo de los intereses, comisiones y gastos del propio crédito, el **Cliente** se obliga a reintegrar inmediatamente tal exceso. Los excedidos que pudieran producirse sobre el límite del crédito, devengarán una comisión de excedido del uno por ciento y el interés nominal de excedidos que será el resultado de sumar 3,65 puntos al tipo de referencia Euribor, desde el día siguiente al exceso, sin necesidad de intimación.

Las cantidades adeudadas por todos los conceptos que no hayan sido satisfechas en las respectivas fechas de vencimiento devengarán diariamente, sin necesidad de previo aviso o requerimiento y en concepto de compensación por el retraso en la disponibilidad de los fondos y sin perjuicio de la indemnización de daños y perjuicios que en su caso sea de aplicación, el tipo de interés de demora que será el que resulta de sumar cuatro puntos al tipo de interés remuneratorio de los saldos deudores.

El cálculo de los intereses de demora se efectuará multiplicando el importe de cada deuda vencida y pendiente de pago por el tipo de interés de demora que corresponda a dicha deuda, por el número de días transcurridos hasta su liquidación y dividiendo el resultado por treinta y seis mil. Estos intereses se liquidarán y pagarán cuando se satisfaga la deuda en mora y en su defecto cuando se resuelva el crédito.

DUODÉCIMA. Comisiones
La **Entidad** cobrará tendrá derecho a cobrar las siguientes comisiones:

12.1. Comisión de apertura
Del uno por ciento (1%). Se devengará en la fecha de apertura del crédito, por una sola vez sobre el límite del Crédito concedido y se liquidará a esa fecha. Si el resultado de aplicar el porcentaje establecido sobre el límite del crédito fuere inferior a *"indicar la cantidad, en letra"* euros (*"indicar la cantidad, en número"* €), ésta será la cantidad que se devengue como comisión de apertura.

12.2. Comisión de modificación de límite
Del uno por ciento (1%) sobre el importe modificado con un mínimo de *"importe mínimo, en letra"* euros (*"importe mínimo, en número"* €). Se devengará en la fecha de la misma y se liquidará a esa fecha sobre el importe modificado.

12.3. Comisión de reclamación de posiciones deudoras vencidas
De *"importe por comisión, en letra"* euros (*"importe por comisión, en número"* €). Se devengará por cada posición deudora vencida que sea efectivamente reclamada por la **Entidad**. Dicha comisión se liquidará y adeudará en la cuenta de crédito.

MCM 9655 s.

12.4. Comisión por excedido

Del uno por ciento (1%). Se devengará sobre el importe del mayor excedido registrado durante el período de interés al que se refiera la liquidación. Dicha comisión se liquidará y pagará al finalizar el período de liquidación en el que se haya producido el excedido.

DECIMOTERCERA.

LMV art.126 y 127

El **Cliente** al contratar este crédito, y en atención al destino pactado del mismo, faculta a la **Entidad** para realizar las actuaciones necesarias para la suscripción y reembolso de participaciones en fondos de inversión, así como de compra y venta de los valores mobiliarios o activos financieros que el **Cliente** ordene.

El **Cliente** autoriza a la **Entidad** para efectuar traspasos entre sus cuentas en la **Entidad**, posiciones y operaciones al objeto de compensar el saldo deudor de la cuenta de crédito. Asimismo, si en algún momento el saldo deudor de la cuenta de crédito resultase superior al límite máximo del crédito, la **Entidad** queda autorizada para regularizar, en la forma indicada, tales excedidos que se considerarán amparados por el presente contrato y devengarán, mientras subsistan, los intereses y la comisión referidos en el mismo.

DECIMOCUARTA.

La **Entidad** podrá dar por resuelto el contrato de crédito y exigir la devolución del saldo que arroje la cuenta de crédito y, en su caso, ejercer las correspondientes acciones judiciales, en los siguientes supuestos:

14.1.

Falsedad, inexactitud o incorrección de cualquiera de los datos que el cliente haya suministrado a la **Entidad** para la celebración del presente contrato y de aquellos otros que le suministre en el futuro.

14.2.

Incumplimiento de cualquiera de las obligaciones que corresponde cumplir al cliente de conformidad con lo establecido en el contrato. Se establecen como obligaciones específicas del **Cliente**, entre otras, la de no constituir, ampliar, prorrogar ni permitir que se imponga ninguna carga o gravamen u otro derecho real de garantía sobre los valores representados en las cuentas vinculadas, así como notificar a terceros acreedores que los valores representados en las cuentas vinculadas están sujetos a la devolución de las cantidades anticipadas por la **Entidad**.

14.3.

Deterioro de la situación patrimonial del cliente, manifestado en particular a través de una o varias de las siguientes circunstancias:

a) La declaración o solicitud de concurso de acreedores del cliente, o la realización de un convenio de quita y/o espera entre el cliente y sus acreedores, o el sometimiento del **Cliente** a cualquier clase de procedimiento concursal. Disolución o liquidación del **Cliente** persona jurídica, o cesación de hecho o derecho por el cliente persona física en sus actividades profesionales.

b) Fusión, escisión, cesión global del activo y pasivo o venta de una participación en el capital social, en su caso, del **Cliente** persona jurídica cuando, como consecuencia de ello, la compañía resultante de la fusión, beneficiaria de la escisión, cesionaria del activo y pasivo esté bajo el control de persona o personas distintas de las que controlen el capital del **Cliente** a la fecha del contrato, o la transmisión de aquella participación de capital determine que la parte afectada esté bajo control de persona o personas distintas de las que controlen el capital del **Cliente** a la fecha del contrato.

c) El cese, por cualquier motivo, del **Cliente** en la continuidad de sus negocios o línea de actividad principal, la alteración sustancial de la naturaleza de su empresa, su disolución, liquidación o cierre ordenado.

DECIMOQUINTA.

En caso de resolución del contrato por incumplimiento del **Cliente**, la **Entidad** queda autorizada de manera expresa e irrevocable por el **Cliente** para proceder a la venta de la totalidad de las participaciones en fondos de inversión y/o valores de las cuentas vinculadas al crédito y abonar su importe en la cuenta de crédito.

MCM 9655 s.

En caso de que hubiera algún sobrante la **Entidad** lo pondrá a disposición del **Cliente** en la CCR asociada reseñada en las condiciones particulares. Todas las partes intervinientes en el presente contrato establecen como condición resolutoria del mismo, con facultad expresa e irrevocable de la **Entidad** para proceder a la venta, al día siguiente hábil con cotización, y tipo de orden 'orden de mercado', de las participaciones en fondos de inversión y/o valores de las cuentas vinculadas al crédito y aplicar el importe obtenido a la cancelación del saldo deudor de la cuenta, hasta donde alcance, conforme a lo previsto en el apartado de cancelación anticipada, en el supuesto de que la valoración de cartera de las participaciones en fondos de inversión y/o valores conocida al cierre de cada día representados en las cuentas vinculadas al crédito sea igual o inferior al 105% del saldo deudor del crédito. De existir sobrante una vez cancelado el saldo deudor, este se transferirá al acreditado a la CCR asociada reseñada en las condiciones particulares.

LMV art.126 y 127

DECIMOSEXTA.

Vencido el crédito por llegada de su término, o por cualquiera de las estipulaciones previstas en este contrato, si el **Cliente** no hiciese pago del saldo de la cuenta en el mismo día de su cierre (o en el inmediato hábil, si aquél fuera festivo), la **Entidad** podrá exigir el pago por vía judicial.

A estos efectos, se considerará como saldo líquido debido por el **Cliente** para ser reclamado por vía judicial, en su caso, el que resulte al cerrar la cuenta corriente de crédito en la contabilidad de la **Entidad**. A efectos procesales, y como mecanismo de mayor seguridad para el **Cliente**, la **Entidad** practicará la liquidación para determinar la deuda reclamable y expedirá la oportuna certificación que recoja el saldo deudor que corresponda al crédito el día del vencimiento o resolución del mismo.

En el supuesto de que la posición del **Cliente** esté integrada por dos o más personas, todas y cada una de ellas asumirán los derechos y obligaciones del presente contrato con carácter solidario.

DECIMOSÉPTIMA.

El **Cliente** puede autorizar a otra u otras personas a que operen en la cuenta de crédito y en alguna o algunas de las cuentas vinculadas. Para ello, deberán facilitar a la **Entidad** la firma del autorizado, quien tendrá frente al Banco las mismas facultades que el **Cliente**. Dicha autorización podrá ser revocada, bastando para ello que cualquiera de los cotitulares así lo comunique a la **Entidad**.

DECIMOCTAVA.

Todos los impuestos establecidos o que se establezcan en lo sucesivo, corretajes y gastos que se originen como consecuencia de la formalización de este contrato, del cumplimiento o extinción de las obligaciones dimanantes del mismo, así como de su reclamación judicial o extrajudicial serán de cuenta del **Cliente**.

DECIMONOVENA.

La contratación de este crédito implica la aceptación expresa por el **Cliente** de los riesgos financieros y costes fiscales inherentes al mismo. Las continuas variaciones de los mercados financieros pueden conllevar perdidas económicas en los valores y/o participaciones en fondos de inversión vinculados al presente contrato.

La **Entidad** no se hace responsable de las consecuencias económicas y fiscales que la asunción de dichos riesgos pueda ocasionar al **Cliente**.

Y en prueba de conformidad, ambas partes firman el presente contrato, que se extiende en dos ejemplares, igualmente originales, en el lugar y fecha indicados en su encabezamiento.

EL CLIENTE **LA ENTIDAD**

Asesoramiento financiero-empresarial

MCM 10035 s.

LMV art.126 y 127

Nota preliminar:

- Hay una consolidada jurisprudencia sobre contratación de productos y servicios de inversión, y en concreto, respecto de los **swaps de tipos de interés o de inflación** por parte de clientes que no tienen la cualidad de profesionales del mercado de productos financieros y de inversión. Dicha jurisprudencia viene declarando la nulidad del contrato por error en el consentimiento cuando el mismo haya sido causado por el **incumplimiento** por la empresa de servicios de inversión del **deber de información al cliente** que le impone la normativa sectorial, fundamentalmente, en cuanto a la información de los riesgos inherentes a los contratos de swap , tanto en lo referente a la posibilidad de liquidaciones periódicas negativas de elevada cuantía como en lo referente a un también elevado coste de cancelación (TS 20-4-17, EDJ 44251; 20-10-15, EDJ 188248; 24-11-20, EDJ 735277, entre otras muchas).

- Respecto a la **caducidad de la acción** y la interpretación a estos efectos del art.1301 CC, según sentencias TS 16-9-15, EDJ 173672 y 12-1-15, EDJ 7310, "en relaciones contractuales complejas como son con frecuencia las derivadas de contratos bancarios, financieros o de inversión, la consumación del contrato, a efectos de determinar el momento inicial del plazo de ejercicio de la acción de anulación del contrato por error o dolo, no puede quedar fijada antes de que el cliente haya podido tener conocimiento de la existencia de dicho error o dolo. El día inicial del plazo de ejercicio de la acción será, por tanto, el de suspensión de las liquidaciones de beneficios o de devengo de intereses, el de aplicación de medidas de gestión de instrumentos híbridos acordadas por el FROB, o, en general, otro evento similar que permita la comprensión real de las características y riesgos del producto complejo adquirido por medio de un consentimiento viciado por el error. Esta doctrina se ha aplicado, asimismo, a los contratos swaps (TS 19-2-18, EDJ 7056; AP Cantabria 22-3-22, EDJ 550366).

- En los **contratos de swaps** no hay consumación del contrato hasta que no se produce el agotamiento o la extinción de la relación contractual, por ser entonces cuando tiene lugar el cumplimiento de las prestaciones por ambas partes y la efectiva producción de las consecuencias económicas del contrato. Ello en atención a que en estos contratos no existen prestaciones fijas, sino liquidaciones variables a favor de uno u otro contratante en cada momento en función de la evolución de los tipos de interés (TS 19-2-18, EDJ 7056 y 21-3-22, EDJ 527839; 17-4-23, EDJ 550466; AP Guadalajara 9-2-24, EDJ 541195; AP Barcelona 8-2-24, EDJ 530157).

- El TS ha reiterado que, en el marco de una **relación de asesoramiento** prestado por una entidad de servicios financieros, y a la vista del perfil e intereses de inversión del cliente, puede surgir una responsabilidad civil al amparo del CC art.1101 por el incumplimiento o cumplimiento negligente de las obligaciones surgidas de esa relación de asesoramiento financiero, que causa al inversor un perjuicio consistente en la pérdida total o parcial de su inversión, siempre y cuando exista una relación de causalidad entre el incumplimiento o cumplimiento negligente y el daño indemnizable (entre otras, TS 16-11-16, EDJ 208762; 31-1-19, EDJ 503348; 28-5-19, EDJ 600241; 24-11-20, EDJ 735277 y 21-3-22, EDJ 527839).

Para discernir **si un servicio constituye o no un asesoramiento en materia financiera** -lo que determinará la necesidad o no de hacer el test de idoneidad- no ha de estarse tanto a la naturaleza del instrumento financiero como a la forma en que éste es ofrecido al cliente, valoración que debe realizarse con los criterios establecidos en la Dir 2006/73 art.52, que aclara la definición de servicio de asesoramiento financiero en materia de inversión del art.4.4 de la Directiva MiFID, según la doctrina fijada por la sentencia TJUE 30-5-13, C- 604/2011 (caso Genil 48 S.L.), conforme a la cual tendrá la consideración de asesoramiento en materia de inversión la recomendación de suscribir un swap realizada por la entidad financiera al cliente inversor que se presente como conveniente para el cliente o se basa en una consideración de sus circunstancias personales y que no esté divulgada exclusivamente a través de canales de distribución o destinada al público (AP Cantabria 2-3-22, EDJ 530605).

- El modelo presupone unas **circunstancias** determinadas que serán las **más frecuentes**. Si en el caso concreto existen circunstancias particulares no previstas, deberá completarse o modificarse el modelo adaptándolo a las mismas.

1540

MCM 10035 s.

LMV art.126 y 127

En *"localidad"*, a *"fecha"*

REUNIDOS:

De una parte,

"Don/Doña nombre y apellidos de la parte", mayor de edad, *"estado civil de la parte" "... "especificar el régimen económico matrimonial de la parte" ... "*, de nacionalidad *"nacionalidad de la parte"*, con domicilio a estos efectos en *"domicilio de la parte"*, *"...con DNI/NIF número "DNI/NIF de la parte" ... O ... con tarjeta de residencia número "número de tarjeta de residencia de la parte" ... O ... pasaporte número "número de pasaporte de la parte", expedido el "fecha de expedición del pasaporte de la parte" ... O ... "reseñar otros documentos aportados por la parte" ... "*, vigente hasta el *"fecha de vigencia de la documentación aportada por la parte"*.

Interviene en nombre y representación de la sociedad mercantil denominada *"denominación de la Sociedad"*, domiciliada en *"domicilio de la Sociedad"*, y con NIF número *"NIF de la Sociedad"*, constituida, por tiempo indefinido, mediante escritura otorgada ante el notario de *"lugar del notario que autorizó la escritura pública"*, *"Don/Doña nombre y apellidos del notario que autorizó la escritura pública"*, el *"Fecha de autorización de la escritura pública"*, e inscrita en el Registro Mercantil de *"datos de la inscripción registral (localidad del Registro Mercantil, tomo, folio, sección, hoja e inscripción)"*, en su calidad de

❍ **Si representa como cargo social:**

"...administrador único ... O ... administrador solidario ... O ... consejero delegado ... O ... "especificar la representación del cargo social" ... " de la reseñada sociedad, cargo para el que fue nombrado y asegura vigente en escritura otorgada el *"fecha de escritura del nombramiento del cargo"*, ante el notario de *"lugar donde radica la notaría en la que se autorizó la escritura del nombramiento"*, *"Don/Doña nombre y apellidos del notario que autorizó la escritura del nombramiento"*, con el número *"número de protocolo del notario que autorizó la escritura del nombramiento"* de su protocolo, e inscrita en el Registro Mercantil de *"localidad del Registro Mercantil de la escritura de nombramiento"*, en el tomo y hoja arriba indicados.

❍ **Si representa como apoderado:**

apoderado de la reseñada sociedad, según escritura de poder otorgada a su favor, en *"fecha de escritura del otorgamiento del poder"*, ante el notario de *"lugar donde radica la notaría en la que se autorizó la escritura de poder"*, *"Don/Doña nombre y apellidos del notario que autorizó la escritura de poder"*, con el número *"número de protocolo del notario que autorizó la escritura de poder"* de su protocolo *"...e inscrita en el Registro Mercantil de "localidad del Registro Mercantil de la escritura de poder" ... "*, en el tomo y hoja arriba indicados.

En adelante, el **Cliente**.

De otra parte,

"Don/Doña nombre y apellidos de la parte", mayor de edad, *"estado civil de la parte" "... "especificar el régimen económico matrimonial de la parte" ... "*, de nacionalidad *"nacionalidad de la parte"*, con domicilio a estos efectos en *"domicilio de la parte"*, *"...con DNI/NIF número "DNI/NIF de la parte" ... O ... con tarjeta de residencia número "número de tarjeta de residencia de la parte" ... O ... pasaporte número "número de pasaporte de la parte", expedido el "fecha de expedición del pasaporte de la parte" ... O ... "reseñar otros documentos aportados por la parte" ... "*, vigente hasta el *"fecha de vigencia de la documentación aportada por la parte"*.

MCM 10035 s. Interviene en nombre y representación de la sociedad mercantil denominada *"denominación de la Sociedad"*, domiciliada en *"domicilio de la Sociedad"*, y con NIF número *"NIF de la Sociedad"*, constituida, por tiempo indefinido, mediante escritura otorgada ante el notario de *"lugar del notario que autorizó la escritura pública"*, *"Don/Doña nombre y apellidos del notario que autorizó la escritura pública"*, el *"Fecha de autorización de la escritura pública"*, e inscrita en el Registro Mercantil de *"datos de la inscripción registral (localidad del Registro Mercantil, tomo, folio, sección, hoja e inscripción)"*, en su calidad de apoderado de la reseñada sociedad, según escritura de poder otorgada a su favor, en *"fecha de autorización de la escritura de apoderamiento"*, ante el notario de *"lugar del notario que*
LMV art.126 y 127 *autorizó la escritura de apoderamiento"*, *"Don/Doña nombre y apellidos del notario que autorizó la escritura de apoderamiento"*, con el número *"número de protocolo del notario que autorizó la escritura de apoderamiento"* de su protocolo, e inscrita en el Registro Mercantil de *"datos de la inscripción registral del notario que autorizó la escritura de apoderamiento"*, en el tomo y hoja arriba indicados.

➤➤

○ **Si representa como cargo social:**

"...administrador único ... O ... administrador solidario ... O ... consejero delegado ... O ... "especificar la representación del cargo social" ... " de la reseñada sociedad, cargo para el que fue nombrado y asegura vigente en escritura otorgada el *"fecha de escritura del nombramiento del cargo"*, ante el notario de *"lugar donde radica la notaría en la que se autorizó la escritura del nombramiento"*, *"Don/Doña nombre y apellidos del notario que autorizó la escritura del nombramiento"*, con el número *"número de protocolo del notario que autorizó la escritura del nombramiento"* de su protocolo, e inscrita en el Registro Mercantil de *"localidad del Registro Mercantil de la escritura de nombramiento"*, en el tomo y hoja arriba indicados.

○ **Si representa como apoderado:**

apoderado de la reseñada sociedad, según escritura de poder otorgada a su favor, en *"fecha de escritura del otorgamiento del poder"*, ante el notario de *"lugar donde radica la notaría en la que se autorizó la escritura de poder"*, *"Don/Doña nombre y apellidos del notario que autorizó la escritura de poder"*, con el número *"número de protocolo del notario que autorizó la escritura de poder"* de su protocolo *"...e inscrita en el Registro Mercantil de "localidad del Registro Mercantil de la escritura de poder" ..."*, en el tomo y hoja arriba indicados.

En adelante, el **Asesor**.

Ambas partes se reconocen mutua y recíprocamente capacidad legal bastante y representación suficiente para el otorgamiento del presente contrato y al efecto,

EXPONEN:

I. Que el **Asesor** es una entidad en cuyo objeto social está prevista la actividad de asesoramiento a empresas sobre su estructura de capital, estrategia industrial y cuestiones afines, así como el asesoramiento y demás servicios en relación con las fusiones y adquisiciones de empresas.

Nota:

Véase la LMV *art.122 s.*

II. Que el **Cliente** es una sociedad que, por su estructura de capital y estrategia industrial, tiene necesidad de asesoramiento en relación con fusiones y adquisiciones de empresas.

III. Que interesando al **Asesor** prestar y al **Cliente** recibir asesoramiento e información acerca de materias relacionadas con fusiones y adquisiciones de empresas, ambas partes otorgan el presente contrato de asesoramiento de acuerdo con las siguientes:

MCM 10035 s.

LMV art.126 y 127

ESTIPULACIONES:

PRIMERA.

El **Asesor** prestará servicios de asesoramiento al **Cliente** acerca de su estructura de capital, estrategia industrial y en cuestiones afines, así como el asesoramiento y demás servicios en relación con las fusiones y adquisiciones de empresas. Dichos servicios no incluyen el asesoramiento jurídico y fiscal.

SEGUNDA.

El **Asesor** se obliga a prestar al **Cliente** los servicios descritos del siguiente modo: *"especificar los términos esenciales en que se ha de prestar el servicio"*.

TERCERA.

El **Asesor** se obliga a prestar sus servicios de forma directa y personal, pudiendo encomendar a terceros la realización de los servicios objeto del presente contrato únicamente previa autorización expresa por escrito del **Cliente**.

CUARTA.

Con carácter previo al inicio de su actividad de asesoramiento al **Cliente**, el **Asesor** se compromete a presentar al **Cliente** un proyecto desglosado de las actividades a realizar acompañado de un presupuesto en relación a las mismas.

QUINTA.

Las retribuciones a percibir por el **Asesor** se ajustarán a los siguientes criterios:

a) El **Asesor** percibirá por sus servicios de asesoramiento, con carácter fijo, una cantidad de *"importe a percibir, en letra"* euros (*"importe a percibir, en número"* €) anuales neto de IVA, a pagar por cantidades trimestrales de *"en letra"* euros (*"en número"* €) contra factura emitida por el **Cliente** el último día de los meses de marzo, junio septiembre y diciembre de cada año, por la prestación del servicio señalado en la estipulación segunda.

b) Adicionalmente, percibirá una cantidad variable a determinar del siguiente modo: *"especificar los criterios"*.

SEXTA.

El presente contrato tendrá efectos desde el día de su firma y tendrá una duración inicial de un año, pudiendo renovarse por tácita reconducción por períodos de igual duración.

SÉPTIMA.

Cualquiera de las partes podrá resolver unilateralmente el presente contrato. En caso de resolución anticipada, el **Cliente** se obliga a satisfacer al **Asesor** los honorarios devengados hasta la fecha.

OCTAVA.

El presente contrato tiene naturaleza mercantil y se regirá por la legislación mercantil española y, en su defecto, por lo dispuesto en el Código Civil.

NOVENA.

Si cualquier disposición(es) del presente contrato resultara estar prohibida o no ser válida(s) bajo las leyes vigentes, tal(es) disposición(es) será(n) ineficaz(ces) sólo en la medida en que se vea afectada por tal prohibición o invalidez, sin invalidar por ello el resto de las estipulaciones o disposiciones contenidas en el mismo.

DÉCIMA.

MCM 10035 s.

Las partes, con renuncia expresa a otro fuero que en derecho pudiera corresponderles, se someten expresamente a los Tribunales y Juzgados de *"localidad de los juzgados y tribunales"* para la resolución de cualquier conflicto o reclamación que entre ellas pudiera derivarse del presente contrato.

Y en prueba de conformidad, ambas partes firman el presente contrato, que se extiende en dos ejemplares, igualmente originales, en el lugar y fecha indicados en su encabezamiento.

LMV art.126 y 127

POR EL CLIENTE **POR EL ASESOR**

Contrato marco de operaciones financieras

MCM 9200 s., 10056

RDL 5/2005 art.2

Nota preliminar:

- Téngase en cuenta el RDL 5/2005, que introduce modificaciones relativas a las ofertas públicas y de admisión a cotización de mercados secundarios oficiales de valores en España, y que, consecuentemente, modificó entre otros, diversos preceptos de la anterior LMV.

- Hay una consolidada jurisprudencia sobre contratación de productos y servicios de inversión, y en concreto, respecto de los **swaps de tipos de interés o de inflación** por parte de clientes que no tienen la cualidad de profesionales del mercado de productos financieros y de inversión. Dicha jurisprudencia viene declarando la nulidad del contrato por error en el consentimiento cuando el mismo haya sido causado por el **incumplimiento** por la empresa de servicios de inversión del **deber de información al cliente** que le impone la normativa sectorial, fundamentalmente, en cuanto a la información de los riesgos inherentes a los contratos de swap , tanto en lo referente a la posibilidad de liquidaciones periódicas negativas de elevada cuantía como en lo referente a un también elevado coste de cancelación (TS 20-4-17, EDJ 44251; 20-10-15, EDJ 188248; 24-11-20, EDJ 735277, entre otras muchas).

- Los **centros de negociación**, sistemas de compensación, liquidación y registro de instrumentos financieros están regulados en la LMV art.42 s.

- El contrato ha sido elaborado por la **Asociación Española de Banca Privada** (AEB), y protocolizado en Acta autorizada por el notario de Madrid, Don Vicente Moreno Torres Camy con fecha 5 de febrero de 1997, con el número 206 de su protocolo. La Asociación Española de Banca Privada autoriza su utilización bajo la condición expresa de que únicamente la reproducción total del mismo podrá ser acompañada de la mención “Contrato Marco de operaciones Financieras”.

La Resolución número 199 del Tribunal de Defensa de la Competencia de 12 de febrero de 1997, resuelve: “Declarar que el contrato marco de operaciones financieras presentado por la **Asociación Española de Banca Privada**, no está incurso en el Art.1 LDC.”

- Véase también el Contrato Marco para Operaciones Financieras patrocinado por la **Federación Bancaria Europea** en cooperación con la Agrupación Europea de Cajas de Ahorros y la Agrupación Europea de Cooperativas Bancarias, de 17 de julio de 2001.

En *“localidad”*, a *“fecha”*

INTERVIENEN:

De una parte,
“identificación de la parte”

De otra parte,
“identificación de la parte”

En adelante, conjuntamente las **Partes**, e individualmente una **Parte**.
Ambas partes se reconocen capacidad suficiente para este acto y en su virtud

EXPONEN:

I. Que es voluntad de las **Partes** mantener una relación negocial, que se materializará en la realización de determinadas operaciones financieras, que se desea constituyan una relación negocial única que contemple como un conjunto las distintas operaciones financieras realizadas.

II. Que a tal efecto se formaliza el presente contrato marco de operaciones financieras (en adelante, denominado el **Contrato marco**) a fin de regular las condiciones en que se efectuarán las operaciones financieras concretas dentro de esa relación negocial única, estableciendo a tal efecto las siguientes.

MCM 9200 s., 10056

Nota:

Los contratos marco de compensación contractual (contratos de netting), reciben su respaldo legal en el RDL 5/2005 *art.*2.

RDL 5/2005 art.2

ESTIPULACIONES:

Primera. Naturaleza, definiciones e interpretación

1.1. Naturaleza

El presente documento -que, conjuntamente su parte dispositiva y los Anexos 1 y 2 forman una unidad- tiene el carácter de Contrato Marco. Las operaciones financieras (en adelante, las Operaciones) que se convengan a su amparo, mediante el correspondiente documento de confirmación (en adelante, la Confirmación) se entenderán integradas en el objeto del presente Contrato Marco, siéndoles de aplicación lo dispuesto en el mismo, sin perjuicio de las condiciones específicas que puedan contener las Confirmaciones.

El presente Contrato Marco y las Operaciones se integran en una relación negocial única entre las **Partes**, regida por el Contrato Marco (conjuntamente todos ellos, el Contrato).

1.2. Definiciones

Los términos que a continuación se definen tendrán el significado que en esta estipulación se les atribuye:

- **'Agente de Cálculo':** es la Parte o Entidad designada como tal en el Anexo 1.

- **'Cantidad a pagar':** significa el importe expresado en la Moneda de liquidación y calculado de conformidad con lo dispuesto en la estipulación decimocuarta, en caso de vencimiento anticipado de operaciones, por cualquiera de las causas señaladas en las estipulaciones novena y/o décima.

- **'Causas de vencimiento anticipado':** comprende, las causas de vencimiento anticipado por circunstancias objetivas sobrevenidas, establecidas en las estipulaciones novena y décima, respectivamente.

- **'Contratos Financieros Determinados':** significa, las operaciones de la misma o similar naturaleza a las reguladas por el presente Contrato Marco, que no estén expresamente amparadas en el mismo y que hayan sido contratadas con anterioridad o no al Contrato Marco.

- **'Día hábil':** significa, cualquier día en que los bancos estén abiertos para efectuar operaciones financieras:

a) En relación a cualquier obligación de pago o de entrega derivada de las Operaciones, en el lugar o lugares especificados para el pago y/o entrega en la confirmación de que se trate, en su defecto, en el lugar que de cualquier otro modo especifiquen las **Partes** y, en caso de que no especifique ninguno, en el centro financiero de la moneda de ese pago.

b) En relación con las comunicaciones y/o notificaciones contempladas en la estipulación vigésima, en el lugar del domicilio señalado en el Anexo 1 por las **Partes** para la recepción de las mismas. A efecto del Contrato Marco y de las Confirmaciones, se considerará que el sábado es día no hábil. Sin perjuicio de lo dispuesto en la estipulación vigésima, en el caso de que la/s fecha/s fijada/s en virtud de lo dispuesto en el Contrato no coincida/n con un Día hábil, se entenderá que la/s fecha/s se refiere/n al Día hábil siguiente salvo que este último día pertenezca al mes natural siguiente, en cuyo caso, se entenderá como Día hábil el inmediatamente precedente.

MCM 9200 s., 10056

RDL 5/2005 art.2

- **'Endeudamiento determinado'**: significa, sin perjuicio de lo dispuesto en el Anexo 1, cualquier obligación económica derivada de operaciones de pasivo, tales como préstamos o créditos recibidos y depósitos tomados, ya sean obligaciones presentes o futuras, ya sean obligaciones principales o accesorias, garantías o de cualquier otro tipo.

- **'Entidad especificada'**: significa, la/s entidad/es designada/s como tales en el Anexo 1, si en dicho Anexo se indica filiales, se entenderá por tales, las entidades definidas en el artículo 5 del Real Decreto Legislativo 4/2015, por el que se aprueba el texto refundido de la Ley del mercado de Valores y en el artículo 42 del Código de Comercio.

- **'Entidades de referencia'**: significa, cinco entidades financieras que designe la parte que deba determinar el Valor de mercado, destacadas por su volumen de negociación en el correspondiente mercado.

- **'Fecha de vencimiento anticipado'**: significa, aquella fecha fijada como tal, con arreglo a lo dispuesto en la estipulación undécima.

- **'Garante'**: significa la/s entidad/es que se indica/n como tales en el Anexo 1.

- **'Garantía'**: significa, la garantía debidamente documentada o instrumentada que especifique como tal en el Anexo 1.

- **'Importes impagados'**: significa, en relación con las Operaciones cuyo vencimiento se haya anticipado, la suma de:

(a) Las cantidades cuyo pago era debido en o antes de la **Fecha de vencimiento anticipado** y no haya sido satisfecho, más, en relación con las obligaciones a liquidar mediante entrega, y que no lo hubieran sido en o antes de la Fecha de vencimiento anticipado, el equivalente en dinero de la valoración que tendría en el mercado el objeto de la entrega, en la fecha en que ésta debería haberse producido (cuando sea ésta la prestación debida).

(b) Y los intereses debidos desde la fecha en que el pago era debido o hubiera sido debido, con arreglo a la letra a) anterior, hasta la Fecha de vencimiento anticipado -pero excluyendo ésta- al Tipo de interés aplicable. Los intereses se calcularán sobre la base de capitalización diaria y por los días efectivamente transcurridos y en la misma moneda que los importes debidos y no satisfechos.

Cuando se trate de una obligación de entrega, se entenderá por la valoración que tendría en el mercado, aquella que estaba vigente en la fecha en que debería haberse producido la entrega, obtenida por la **Parte** que deba determinarla en virtud de lo dispuesto en la estipulación decimocuarta, sobre la base de las cotizaciones de entidades destacadas por su volumen de negociación en el correspondiente mercado, bien sean entidades de crédito o bien intermediarios especializados en la mediación de dichas Operaciones (brokers). En el caso en el que las dos **Partes** deban determinarla, la valoración que tendría en el mercado para reponer o sustituir la/s Operación/es que deberían haberse liquidado mediante entrega, será la media aritmética de los valores fijados por las **Partes**.

- **'Importe de Liquidación'**: significa, el equivalente en la Moneda de liquidación de la cantidad resultante de aplicar el criterio de Valor de mercado o, en su caso, de Valoración sustitutiva, para la/s Operación/es cuyo vencimiento se haya anticipado.

El criterio de Valoración sustitutiva sólo será aplicable a la/s Operación/es para las que no se pueda determinar un Valor de mercado.

- **'Importe Máximo'**: significa, a efectos del incumplimiento cruzado, el especificado como tal en el Anexo1.

- **'Moneda de liquidación'**: significa el euro.

- **'Operaciones'**: son aquellas que se regulan por el presente Contrato Marco y que expresamente se amparan en el mismo.

MCM 9200 s., 10056

- **'Operaciones afectadas':** son las Operaciones que se vean afectadas por cualquiera de las Causas de Vencimiento Anticipado de Operaciones por Circunstancias Objetivas Sobrevenidas establecidas en la Estipulación Décima.

- **'Partes afectadas':** son las que se vean incursas en cualquiera de las Causas de vencimiento anticipado de Operaciones por circunstancias objetivas sobrevenidas establecidas en la estipulación décima.

- **'Tipo de interés aplicable':** significa

RDL 5/2005 art.2

(a) En relación con las obligaciones de pago asumidas en virtud de la estipulación 3.1 de Contrato Marco que no hayan sido satisfechas por la **Parte** cumplidora, el Tipo de interés de demora.

(b) En relación con la obligación de pago de la Cantidad a pagar de conformidad con la estipulación decimocuarta y que, siendo debidas en la fecha de pago determinada con arreglo a la estipulación 15.1, no hayan sido satisfechas, el Tipo de interés de demora.

(c) En relación con cualquier otra obligación de pago o entrega que debiera haberse satisfecho, el Tipo de interés ordinario.

(d) Y en cualquier otro supuesto, el Tipo de interés de resolución.

- **'Tipo de interés de demora':** significa, el tipo de interés expresado en tanto por ciento anual, que será la suma del tipo interbancario a un día en la moneda en que debería haberse efectuado el pago, y que la **Parte** acreedora del mismo no haya recibido, siéndole debida, en base al año que corresponda (360/365) a la moneda en cuestión. Dichos intereses se calcularán sobre la base de capitalización diaria y del número de días efectivamente transcurrido. En el caso de que la moneda en que debería haberse efectuado el pago fuera la peseta, el tipo interbancario a un día se obtendrá del tipo medio para depósitos interbancarios no transferibles a un día, publicado por el Banco de España en el Boletín de la Central de Anotaciones, o en la publicación o medio que en el futuro le sustituya.

- **'Tipo de interés ordinario':** significa, el tipo de interés, expresado en tanto por ciento anual, equivalente al coste en que incurriría la **Parte** no cumplidora -que será la que lo calcule-, si tuviera que refinanciar su posición.

- **'Tipo de interés de resolución':** significa el tipo de interés, expresado en tanto por ciento anual, equivalente a la media aritmética del coste en que incurriría cada una de las **Partes** si tuviera que refinanciar su posición.

- **'Valor de mercado':** significa, en relación con una o más Operaciones, cuyo vencimiento se haya anticipado, una cantidad -en la Moneda de liquidación- fijada por la **Parte** que con arreglo a este Contrato Marco esté legitimada para determinarla, sobre la base de las valoraciones proporcionadas por las Entidades de referencia. Cada valoración expresará la cantidad que esa **Parte** recibiría -en cuyo caso dicha cantidad deberá expresarse con signo negativo- o pagaría -en cuyo caso dicha cantidad deberá expresarse con signo positivo-, por contratar una Operación con la Entidad de referencia, que tuviera el efecto de mantener el valor económico que para esa **Parte** tendría cualquier pago o entrega que debiera haberse realizado a partir de la Fecha de vencimiento anticipado, en virtud de la Operación o grupo de ellas cuyos vencimientos haya anticipado.

No se incluirán los Importes impagados de las Operaciones o grupo de ellas cuyo vencimiento se haya anticipado, pero sí los pagos o entregas debidos después de la Fecha de vencimiento anticipado y que no se hayan efectuado por haberse fijado ésta.

La **Parte** que determine la cantidad, solicitará a las Entidades de referencia que den sus valoraciones, en la medida de lo posible, en el mismo día y hora, en la Fecha de vencimiento anticipado o, en su caso, tan pronto como sea posible después de esa fecha. En el caso de obtener más de tres valoraciones se calculará la media aritmética de todas ellas descartando las valoraciones que tengan el mayor o menor valor. Si se dieran únicamente tres valoraciones, el Valor de mercado será el valor intermedio después de haberse descartado el valor más alto y el valor más bajo. Si se dieran únicamente tres valoraciones y dos de ellas fueran iguales, el Valor de mercado será la media aritmética de las tres valoraciones. Si se obtiene menos de tres valoraciones, se considerará que la determinación del Valor de mercado no es posible.

- **'Valoración sustitutiva'**: significa, la cantidad -en la Moneda de liquidación- que una **Parte** calcule como sus pérdidas de cualquier tipo -expresadas con signo positivo- o ganancias -expresadas con signo negativo-, en relación con este Contrato Marco o con una Operación o grupo de ellas cuyo vencimiento se haya anticipado, según el caso, incluyendo cualquier lucro cesante derivado del Contrato, los costes de financiación o, a elección de dicha **Parte** pero sin posibilidad de publicidad, las perdidas y/o costes derivados del vencimiento anticipado, liquidación, obtención o restablecimiento de cualquier cobertura o posición relacionada con la misma, o cualquier ganancia obtenida en esos casos. MCM 9200 s., 10056

La Valoración sustitutiva incluye las pérdidas, intereses y los costes o ganancias en relación con cualquier pago o entrega que, debiendo haberse realizado en o antes de la Fecha de vencimiento anticipado correspondiente, no se haya realizado. RDL 5/2005 art.2

La Valoración sustitutiva no incluye los gastos relacionados en la estipulación decimonovena de este Contrato Marco.

La determinación de la Valoración sustitutiva habrá de hacerse en la Fecha de vencimiento anticipado o en el momento inmediatamente posterior en el que se posible. La determinación de la Valoración sustitutiva podrá hacerse, por referencia a cotizaciones de tipos o precios de mercado de una o más Entidades de referencia en el mercado en cuestión

1.3. Interpretación

A efectos de la interpretación del Contrato Marco, en caso de discrepancia entre la parte dispositiva del Contrato Marco y su Anexo 1, prevalecerá lo dispuesto en el Anexo1. En caso de discrepancia entre el Contrato Marco y lo previsto en cualquier Confirmación, prevalecerá lo dispuesto en esta última.

Segunda. Objeto del contrato

El objeto del presente Contrato Marco es la regulación de la relación negocial que surja entre las **Partes**, como consecuencia de la realización de las Operaciones que, con carácter meramente enunciativo, a continuación se relacionan:

2.1. Permutas Financieras (SWAPS)

- de tipos de interés (IRS);
- de tipos de intereses variables (BASIS SWAPS);
- de divisa (CURRENCY SWAPS);
- mixta de divisa y tipos de interés (CROSS-CURRENCY RATE SWAPS);
- de materias primas (COMMODITY SWAPS);
- de acciones o sobre índices de acciones (EQUITY SWAPS/ EQUITY INDEX SWAPS);
- de cualquier tipo que se negocie en los mercados financieros.

2.2. Operaciones de tipos de interés a plazo (FRA)

2.3. Operaciones de opciones y futuros, en mercados no organizados, sobre

- tipos de interés (CAPS, COLLARS y FLOORS);
- divisas;
- valores o índices de valores de renta variable;
- de cualquier tipo que se negocien en los mercados financieros.

2.4. Operaciones de compraventa de divisas (FX), al contado (SPOT) y a plazo (FORWARD)

"especificar las operaciones de compraventa".

2.5. Cualquier combinación de las anteriores, operación similar o cualquiera de análoga naturaleza que se especifique en la correspondiente Confirmación
"especificar las operaciones similares".

MCM 9200 s., 10056

Tercera. Desarrollo de objeto del contrato

3.1. Obligaciones de Pago o Entrega
Las **Partes** realizarán los pagos o entregas a que vengan obligadas por cada Operación, con arreglo a lo establecido en la correspondiente Confirmación y en el presente Contrato Marco.

RDL 5/2005 art.2

3.2. Plazo
El plazo será esencial a todos los efectos del Contrato.

3.3. Forma de realizar los pagos
Los pagos que deban realizarse, se efectuarán en la fecha, lugar y moneda establecidos en la Confirmación correspondiente a cada Operación.

3.4. Forma de realizar las entregas
Las entregas a que vengan obligadas las **Partes**, se efectuarán en la fecha y en la forma y/o a través del sistema de compensación o cámara que las **Partes** acuerden y que se especifique en la correspondiente Confirmación.

3.5. Carácter recíproco de las obligaciones
El cumplimiento de las obligaciones de pago o de entrega de cada una de las **Partes**, a que vengan obligadas por cada Operación, no será exigible cuando concurra alguna de las siguientes circunstancias:

Primero. Que la otra haya incurrido en, o exista respecto a la misma, una Causa de vencimiento anticipado respecto de la otra **Parte**.

Segundo. Que exista alguna condición suspensiva que afecte al cumplimiento de la/s obligación/es.

Cuarta. Cambio de cuenta
Cualquiera de las **Partes** podrá cambiar la/s cuenta/s designada/s para la recepción de el/los pago/s o entrega/s, previa notificación por escrito a la otra **Parte**, con al menos cinco (5) Días hábiles de antelación, a la fecha de valor del pago o de la entrega correspondiente, siendo vinculante, salvo objeción razonable de la otra **Parte**.

Quinta. Liquidación por saldos
Las cantidades a pagar en la misma fecha o en la misma moneda en virtud de una misma Operación, se liquidarán por su saldo, salvo que las **Partes** acuerden un sistema distinto en el Anexo 1 o en las correspondientes Confirmaciones, de modo que, si las dos **Partes** deben hacerse recíprocamente pagos, aquella **Parte** cuyo importe a pagar sea mayor, quedará obligada a realizar un pago por la cantidad en exceso. Asimismo, las **Partes**, si así lo establecen en el Anexo 1 y/o en las correspondientes Confirmaciones, podrán liquidar por su saldo las cantidades a pagar en virtud de dos o más Operaciones con vencimiento en la misma fecha y denominadas en la misma o diferentes monedas.

Sexta. Intereses de Demora y otras Cantidades

6.1. Intereses de Demora
Cualquier retraso en los pagos con respecto a la fecha de valor establecida en la Confirmación correspondiente a la Operación de que se trate, o respecto de la fecha de valor que sea fecha de pago a los efectos de la estipulación decimoquinta, devengará Intereses de Demora al Tipo de Interés de Demora, sobre la cantidad vencida y no pagada desde la fecha de valor (inclusive) y hasta la fecha en que efectivamente se realice el pago (exclusive). Los Intereses de Demora se pagarán en la misma moneda que la cantidad debida, y se devengarán y capitalizarán diariamente al Tipo de Interés de Demora indicado, a los efectos establecidos en el artículo 317 del Código de Comercio.

MCM 9200 s., 10056

RDL 5/2005 art.2

6.2. Otras Cantidades

Cualquier retraso en la obligación de entrega de valores y/o materias primas, dará lugar a indemnización, en concepto de daños y perjuicios, a favor de la **Parte** que resulte perjudicada, mediante el cálculo del coste financiero y/o de sustitución de los valores y/o materias primas no entregados, a partir de la fecha de valor de la entrega y hasta la fecha en que efectivamente se realice la misma.

Séptima. Confirmaciones

7.1. Deber de confirmar

Las operaciones que las **Partes** acuerden, se confirmarán por escrito, por correo o por medio de télex, facsímil u otro sistema de mensajes electrónicos a las direcciones que, al efecto, se establecen en el Anexo 1. Las **Partes** declaran expresamente que las Operaciones serán vinculantes desde el momento mismo en que se hayan acordado los términos esenciales de las mismas, ya sea oralmente o de cualquier otro modo. Las **Partes** serán responsables de enviar, comprobar la recepción y contenido de las Confirmaciones y, en el supuesto de que existan discrepancias o errores, éstos deberán comunicarse inmediatamente a la otra **Parte** y se intercambiarán Confirmaciones una vez corregidas.

7.2. Contenido de las Confirmaciones

Las Confirmaciones contendrán los elementos esenciales para cada tipo de Operación, así como una referencia al Contrato Marco en que se amparan.

7.3. Confirmaciones por sistemas electrónicos

En el caso de Confirmaciones emitidas por sistemas electrónicos, éstas se ajustarán a los formatos que tengan establecidos dichos sistemas o, en su caso, en la forma que las **Partes** hayan acordado. Sin perjuicio de lo establecido en la estipulación 7.2, en este tipo de Confirmaciones, y en los supuestos en que el sistema electrónico permita hacer referencia al Contrato Marco, se entenderá que, a todos los efectos, dichas Operaciones se realizarán a su amparo.

Octava. Moneda de la Operación

8.1. Moneda de la Operación

Los pagos que deban realizarse en virtud de una Operación se efectuarán en la moneda que se especifique en cada una de las Confirmaciones (en adelante, la Moneda de la operación).

8.2. Cambio de Moneda de la operación

Excepcionalmente, la **Parte** beneficiaria del pago podrá aceptar una moneda distinta a la Moneda de la operación, en los términos que las **Partes** acuerden.

Novena. Causas de vencimiento anticipado por circunstancias imputables a las Partes

Cualquiera de las **Partes** podrá anticipar el vencimiento de la totalidad de las Operaciones y por tanto del Contrato, con arreglo a lo dispuesto en las estipulaciones undécima a decimocuarta, cuando la otra **Parte**, alguno de sus Garantes o alguna de sus Entidades especificadas, incurra en alguna de las siguientes Causas de vencimiento anticipado:

9.1. Incumplimiento de las obligaciones de pago y/o de entrega

El incumplimiento de las obligaciones de pago y/o de entrega, de conformidad con lo establecido en la estipulación tercera, siempre que dicho incumplimiento no haya sido subsanado en el plazo de tres (3) días hábiles a partir del día en que la notificación del incumplimiento por la **Parte** no incumplida sea efectiva, de acuerdo con lo establecido en la estipulación vigésima.

9.2. Incumplimiento de Contrato

El incumplimiento de cualquier obligación derivada del Contrato distinta de las de pago y/o entrega, y siempre que dicho incumplimiento no haya sido subsanado en el plazo de treinta (30) días naturales a partir de que la notificación del incumplimiento por la **Parte** no incumplidora sea efectiva, de conformidad con lo establecido en la estipulación vigésima.

MCM 9200 s., 10056

9.3. Incumplimiento respecto de la Garantía

9.3.1.
El incumplimiento por el/los Garante/s de la obligación de pago y/o entrega derivada de la Garantía.

9.3.2.
El incumplimiento por el/los Garante/s de cualquier obligación distinta de la de pago y/o entrega derivada de la Garantía siempre que dicho incumplimiento no fuese subsanado en el plazo previsto en el correspondiente documento de Garantía o, en su defecto, en el plazo de quince (15) días naturales a partir de la notificación por la **Parte** no incumplidora, de conformidad con lo previsto en la estipulación vigésima.

RDL 5/2005 art.2

9.3.3.
La extinción o suspensión de la Garantía por cualquier causa, con anterioridad al cumplimiento o extinción de las obligaciones que por el mismo se garantizan, sin el consentimiento previo y por escrito de la otra Parte.

9.3.4.
La impugnación de la eficacia o validez de la Garantía por una de las **Partes**, por el/ los propio/s Garante/s o por un tercero.

9.4. Falsedad de las declaraciones
La falsedad, incorrección o inexactitud de las declaraciones realizadas por una de las **Partes** o alguno de sus Garantes, en relación con el Contrato o con cualquier documento de Garantía.

9.5. Incumplimiento de Contratos financieros determinados
El incumplimiento por cualquiera de las **Partes**, por cualquiera de sus **Garantes** o por cualquiera de sus Entidades especificadas, de alguno de los Contratos financieros determinados, cuando dicho incumplimiento, una vez realizadas las notificaciones pertinentes, diera lugar a la resolución, o al vencimiento anticipado de las obligaciones contraías en virtud del Contrato financiero determinado.

9.6. Incumplimiento Cruzado
El incumplimiento por cualquiera de las **Partes**, por cualquiera de sus Garantes o por cualquiera de sus Entidades especificadas, de los contratos que constituyan el Endeudamiento determinado cuando:

9.6.1.
El Endeudamiento Determinado que resulte o que pueda ser declarado deuda líquida, vencida y exigible con antelación a lo originalmente previsto en dichos contactos, como consecuencia del incumplimiento de las obligaciones asumidas en virtud de los citados contratos, ascienda a una cantidad que individual o conjuntamente considerada, sea igual o superior al Importe Máximo especificado en el Anexo 1.

9.6.2.
Se incumplan a su vencimiento las obligaciones de pago contraídas en virtud de dichos contratos, en cantidades que, individual o conjuntamente consideradas, sean iguales o superiores al Importe Máximo especificado en el Anexo 1.

9.7. Situaciones de insolvencia
Si cualquiera de las **Partes**, cualquiera de sus Garantes, o cualquiera de sus Entidades especificadas:

9.7.1.
Solicitare o fuese solicitada por un tercero, según proceda, la declaración de suspensión de pagos o quiebra o procedimiento de quita y espera o concurso de acreedores. O acudiese a sus acreedores para, de alguna forma, reestructurar su deuda.

9.7.2.
Incurra en impago de obligaciones o se promoviera contra la misma algún procedimiento judicial o extrajudicial que pudiera provocar el embargo o subasta de sus bienes, por un importe superior al establecido en el Anexo 1.

1545

MCM 9200 s., 10056

9.7.3.
Incumpliera de forma generalizada sus obligaciones o llegara a admitir por escrito su incapacidad para cumplirlas en el momento en que fueran debidas.

9.7.4.
Adoptara algún acuerdo o medida con el propósito de hacer efectivo cualquiera de los supuestos anteriores.

9.7.5.
Se iniciara un procedimiento judicial o se presentara cualquier escrito o demanda ante un Tribunal o Juzgado o contra cualquiera de las **Partes** cuyo resultado final: RDL 5/2005 art.2

a) tenga por objeto o pueda afectar a sus bienes por un importe superior al establecido en el Anexo 1, y/o;

b) tenga por objeto la designación de uno o varios comisarios, depositarios, interventores, administradores, síndicos o similares, de los bienes de cualquiera de las **Partes** por un importe superior al establecido en el Anexo 1.

9.7.6.
Fuera objeto de medidas de intervención y/o sustitución por las autoridades competentes, cuando se trate de una entidad sometida a supervisión administrativa.

9.8. Disminución de la solvencia económica
Cuando la solvencia de una de la **Partes** y/o de cualquiera de sus Garantes y/o cualquiera de sus Entidades especificadas, se vea reducida sustancialmente como consecuencia de su participación, de cualquier modo, en una operación de fusión, escisión o cesión de activos y/o pasivos.

9.9. Extinción de la personalidad jurídica o cambio del estatuto jurídico
La extinción de la personalidad jurídica, cambio de la naturaleza o estatuto jurídico de una de las **Partes**, de cualquiera de sus Garantes, o de cualquiera de sus Entidades especificadas.

9.10. Disolución de sociedad
Cuando se solicite o se adopte un acuerdo de disolución de una de las **Partes** y/o de sus Garantes o de cualquiera de sus Entidades especificadas.

9.11. Otras Causas de Vencimiento anticipado por circunstancias imputables a las Partes
Las partes podrán acordar en el Anexo 1 otras Causas de vencimiento anticipado por circunstancias imputables a las **Partes** con los efectos que se establecen en la estipulación 11.1.

Décima. Causas de vencimiento anticipado de operaciones por circunstancias objetivas sobrevenida

10.1. Prohibición o imposibilidad sobrevenida
Cuando, con posterioridad a la fecha en que se haya escrito una Operación, se modifiquen o se adopten nuevas disposiciones legales o reglamentarias aplicables a la misma o se modifiquen la interpretación judicial o administrativa de dichas disposiciones, de manera que resulte prohibido o imposible para cualquiera de las **Partes** y/o para sus Garantes (en adelante, la Parte Afectada), efectuar o recibir los pagos o entregas debidos en virtud de dicha Operación, cumplir otras obligaciones derivadas de la misma o cumplir las obligaciones derivadas de la Garantía.

Lo anterior no será de aplicación cuando la prohibición o imposibilidad se produzca como consecuencia del incumplimiento por alguna de las **Partes** y/o por sus Garantes de la obligación de mantener vigentes todas las autorizaciones necesarias para el buen fin de este Contrato, en cuyo caso, será de aplicación lo dispuesto en la estipulación 9.2.

MCM 9200 s., 10056

10.2. Cambio en la legislación fiscal
Cuando, con posterioridad a la fecha en que se haya realizado una Operación se modifiquen o se adopten nuevas disposiciones legales o reglamentarias de carácter fiscal, como consecuencia de las cuales, las **Partes** y/o su/s Garante/s (la Parte Afectada) que haya de realizar los pagos deba practicar repercusiones, deducciones o retenciones por o a cuenta de un tributo que de algún otro modo afecten substancialmente a la Operación.

RDL 5/2005 art.2

10.3. Otras Causas de vencimiento anticipado por circunstancias objetivas sobrevenidas
Las partes podrán acordar en el Anexo 1, otras Causas de vencimiento anticipado por circunstancias objetivas sobrevenidas, con los efectos que es establecen en la estipulación 11.2.

Undécima. Consecuencias de las Causas de vencimiento anticipado

11.1. Respecto a las Causas de vencimiento anticipado por circunstancias imputables a las Partes
En el supuesto de que cualquiera de las **Partes**, Garantes y/o Entidades especificadas incurra en una de las Causas de vencimiento anticipado por circunstancias imputables a las **Partes** establecidas en la estipulación novena, la **Parte** no incumplidora, podrá notificar a la **Parte** incumplidora el vencimiento anticipado de todas las Operaciones que en ese momento estén en vigor entre las **Partes** al amparo del presente Contrato Marco, fijando, al efecto, una Fecha de vencimiento anticipado.

11.2. Respecto a las Causas de vencimiento anticipado de Operaciones por circunstancias objetivas sobrevenidas
11.2.1.
En el caso en que se den uno o varios de los supuestos especificados en la estipulación décima, las **Partes** procurarán, de buena fe, llegar a una acuerdo en el plazo de treinta (30) días naturales, desde la fecha de efectividad de la notificación enviada por la **Parte** no afectada a la Parte Afectada, o viceversa, proponiendo la apertura de negociaciones en orden a evitar el vencimiento anticipado de las Operaciones afectadas.

11.2.2.
Si, en el plazo de treinta (30) días naturales establecido en la estipulación 11.2.1 las **Partes** no llegasen a un acuerdo, cualquiera de las **Partes** podrá notificar a la otra Parte el vencimiento anticipado de todas las Operaciones afectadas que en ese momento estén en vigor entre las **Partes** al amparo del presente Contrato Marco, fijando al efecto, una Fecha de vencimiento anticipado.

11.3.
La **Fecha de vencimiento anticipado** no podrá ser anterior a la fecha de efectividad de la notificación, enviada a los efectos de esta estipulación, con arreglo a lo establecido en la estipulación vigésima.

Duodécima. Efectos de la fijación de una fecha de vencimiento anticipado

12.1.
Con los efectos establecidos en esta estipulación y continúen o no existiendo cualesquiera de las Causas de vencimiento anticipado, en la Fecha de vencimiento anticipado fijada:

a) se anticipará el vencimiento de todas las Operaciones que en ese momento estén en vigor entre las **Partes** por haberse producido una de las Causas de vencimiento anticipado por circunstancias imputables a las Partes establecidas en la estipulación novena, o

b) se anticipará el vencimiento de las Operaciones afectadas por haberse producido una Causa de vencimiento anticipado de operaciones por circunstancias objetivas sobrevenidas.

12.2.
A partir de la fijación de la Fecha de vencimiento anticipado quedarán en suspenso las obligaciones de pago y/o entrega establecida en la estipulación 3.1, respecto de las Operaciones cuyo vencimiento se haya anticipado, sin perjuicio de lo previsto en otras estipulaciones del presente Contrato.

12.3.

Una vez que sea efectiva la Fecha de vencimiento anticipado se procederá al cálculo de la Cantidad a Pagar derivada del vencimiento anticipado de las Operaciones, de conformidad con lo establecido en las estipulaciones siguientes.

MCM 9200 s., 10056

Decimotercera. Estado de cuentas

Una vez que sea efectiva la Fecha de vencimiento anticipado, la/s **Parte/s** a la/s que corresponda/n realizará/n los cálculos previstos en la estipulación decimocuarta y facilitará/n a la otra Parte un estado de cuentas que contengan los siguientes extremos:

RDL 5/2005 art.2

a) Un detalle de los cálculos practicados, incluyendo las correspondientes valoraciones, especificando, en su caso, la Cantidad a pagar, de conformidad con la estipulación decimocuarta.

b) Los datos de la/s cuenta/s en que deberá hacerse efectivo el pago de la Cantidad a pagar.

Decimocuarta. Cálculo de la Cantidad a pagar

14.1. Cantidad a pagar por el vencimiento anticipado de Operaciones motivado por las Causas de vencimiento anticipado por circunstancias imputables a las Partes

14.1.1. Aplicando el criterio de Valor de mercado

La Cantidad a pagar, será igual a:

a) La suma del Importe de liquidación calculado por la **Parte** no incumplidora de todas las Operaciones cuyo vencimiento se haya anticipado, con signo positivo si el Importe de liquidación es a recibir por la **Parte** no incumplidora y con signo negativo en caso de que la **Parte** no incumplidora tenga que pagar a la incumplidora de los Importes impagados debidos a la **Parte** no incumplidora, menos

b) El equivalente en la Moneda de liquidación de los Importes impagados debidos a la **Parte** incumplidora.

14.1.2. Aplicando el criterio de Valoración sustitutiva

En el supuesto en que no fuera posible determinar un Valor de mercado, o aun siendo posible, el resultado no fuera comercialmente aceptable, la Cantidad a pagar será una cantidad equivalente a la Valoración sustitutiva de las Operaciones, cuyo vencimiento se haya anticipado, y respecto de las cuales no sea posible determinar un Valor de mercado.

14.1.3. Normas comunes

A la Cantidad a pagar resultante de aplicar lo dispuesto en los apartados 14.1.1 y 14.1.2 precedentes, se sumarán, en su caso, las cantidades pendientes de pago por la **Parte** incumplidora (incluyendo los intereses devengados al tipo de interés aplicable), por Operaciones amparadas por el Contrato Marco que, vencidas por causas diferentes a las de vencimiento anticipado, estuviesen pendientes de pago a la Fecha de vencimiento anticipado.

Si la Cantidad a pagar resultante fuera positiva, la **Parte** incumplidora pagará a la **Parte** no incumplidora; por el contrario, si la Cantidad a pagar resultante fuera negativa, la Parte no incumplidora pagará el valor absoluto de esa cantidad a la **Parte** incumplidora.

14.2. Cantidad a pagar por el vencimiento anticipado de Operaciones motivado por las Causas de vencimiento anticipado por circunstancias objetivas sobrevenidas

En el caso en que se anticipen los vencimientos de Operaciones como consecuencia de las Causas de vencimiento anticipado de la estipulación décima y haya:

14.2.1. Una Parte afectada

La Cantidad a pagar se determinará con arreglo a lo dispuesto en la estipulación 14.1. Las referencias a **Parte** incumplidora y a **Parte** no incumplidora, se entenderá como referencias a Parte afectada y a **Parte** no afectada.

MCM 9200 s., 10056

RDL 5/2005 art.2

14.2.2. Dos Partes afectadas

I. Aplicando el criterio de Valor de mercado.

(i) Cada una de las **Partes** calculará el Importe de la liquidación resultante del vencimiento anticipado de las Operaciones afectadas.

(ii) Al Importe de liquidación resultante más alto que denominamos X, obtenido por una **Parte** (la Parte X), con el signo que le corresponda, se le restará el Importe de liquidación resultante más bajo, que denominamos Y, obteniendo (con su signo) por la otra parte (la Parte Y), dividiendo dicho resultado entre dos. Al resultado que antecede (X - Y/2), se le sumará el importe resultante de los Importes impagados a la Parte X, menos los Importes impagados a la Parte Y.

(iii) Si la Cantidad a pagar resultante de la letra b), que antecede, fuera una cifra positiva, la Parte Y pagará a la Parte X, y si fuera una cifra negativa, la Parte X pagará el valor absoluto de esa cantidad, a la Parte Y.

II. Aplicando el criterio de Valoración sustitutiva.

Cada una de las **Partes** determinará la Valoración sustitutiva de la/s Operación/**es** cuyo vencimiento se haya anticipado. A la Valoración sustitutiva más alta, que denominamos X, obtenida por una **Parte** (la Parte X), con el signo que le corresponda, se le restará la Valoración sustitutiva más baja, que denominamos Y, obtenida por la otra **Parte** (la Parte Y con su signo), dividiendo dicho resultado entre dos (X - Y/2).

Si la Cantidad a pagar resultante del párrafo anterior fuera una cifra positiva, la Parte Y pagará a la Parte X, si fuera una cifra negativa, La Parte X pagará el valor absoluto de esa cantidad a la Parte Y.

14.3. Conversión de monedas por razón del cálculo de la Cantidad a pagar

14.3.1.

El cálculo de la Cantidad a pagar se practicará en la Moneda de liquidación.

14.3.2.

En el supuesto de que una cantidad que debiera integrarse en la Cantidad a pagar no estuviera denominada en la Moneda de liquidación, ésta se calculará por la **Parte** legítima a tal efecto, de conformidad con lo establecido en la estipulación, en función del tipo de cambio de esa otra moneda, respecto a la Moneda de liquidación, en la Fecha de vencimiento anticipado (o en su caso, en una fecha posterior si el Valor de mercado o la Valoración sustitutiva se determina en una fecha posterior). El tipo de cambio de la Moneda de liquidación será el tipo de cambio de contado ('Spot'), que proporcione una entidad de crédito o mediador en los mercados de FX (broker), destacados por su volumen de negociación en el mercado de la divisa en cuestión, para la compra de esa otra moneda contra la Moneda de liquidación aproximadamente a las 11.00 a.m. en la ciudad en la que se encuentre la entidad que efectúe la cotización y en la fecha en que habitualmente se determine el tipo para la compra de esa otra moneda, con valor Fecha de vencimiento anticipado (o posterior). La entidad que proporcione la cotización será seleccionada de buena fe por la **Parte**, que con arreglo al Contrato, esté legitimada para calcular la correspondiente cantidad, y en caso de que les corresponda a ambas **Partes**, será seleccionada por acuerdo entre las mismas.

Decimoquinta. Pagos

15.1. Fecha de pago

La/s **Parte/s** notificará/n a la otra **Parte**, el importe de la Cantidad a pagar calculando según lo establecido en la estipulación decimocuarta, así coma la fecha de pago, que no podrá ser anterior a la efectividad de la notificación de conformidad con lo establecido en la estipulación vigésima. El abono correspondiente se realizará con valor fecha de pago. La Cantidad a pagar así calculada, devengará intereses al Tipo de interés ordinario, desde la Fecha de vencimiento anticipado, hasta la fecha de pago.

MCM 9200 s., 10056

15.2. Compensación de la Cantidad a pagar
La **Parte** acreedora del importe de la Cantidad a pagar podrá compensar dicho importe con cualquier otro del que fuera deudora frente a la otra **Parte**, en virtud de cualquier contrato distinto del Contrato.

15.3. Aplicación para pago de la Cantidad a pagar
Las **Partes** se autorizan mutuamente y de forma expresa, a aplicar para el pago de la Cantidad a pagar adeudada por la otra **Parte**, en su caso, previa la compensación a que se refiere el apartado anterior, y que no haya sido abonada cinco (5) días hábiles siguientes a la fecha de pago, los saldos, depósitos, toda clase de cuentas en cualquier moneda, que la **Parte** deudora mantenga con la **Parte** acreedora, o en cualquiera de sus agencias, sucursales, delegaciones o establecimientos, facultando expresa e irrevocablemente a la **Parte** acreedora para que, sin previo aviso, pueda reducir o cancelar los saldos para pagar la deuda, abonando y traspasando la cantidad necesaria a la **Parte** acreedora y realizando valores u otra clase de títulos o derechos o depósitos, incluso a plazo, que la **Parte** deudora tenga o tuviese con la **Parte** acreedora. La **Parte** acreedora comunicará a la **Parte** deudora el detalle de la compensación realizada.

RDL 5/2005 art.2

Decimosexta. General

16.1. Ausencia de procedimientos judiciales o arbitrajes
Las **Partes** declaran que ni ellas ni sus Garantes son parte en procedimientos judiciales o arbitraje alguno y no conocer la existencia de litigio o arbitraje pendiente o previsto contra ellas que pueden afectar su capacidad para el cumplimiento de sus respectivas obligaciones, de conformidad con el Contrato.

16.2. Renuncia
El retraso por las **Partes** en el ejercicio de los derechos y acciones derivados del Contrato, no implicará de modo alguno, renuncia a tales derechos o acciones. El ejercicio singular o parcial de cualquier derecho o facultad no perjudicará la existencia y posterior ejercicio de tal derecho o facultad, ni cualquier otro previsto en el Contrato.

Los referidos derechos o acciones, derivados del presente Contrato, no excluyen cualesquiera otros derechos o acciones que la legislación vigente pueda reconocer a las **Partes**, los cuales permanecerán inalterados.

16.3. Estipulaciones nulas o anulables
Si una estipulación del contrato deviene nula o anulable, de conformidad con la legislación aplicable, dicha estipulación se entenderá por no puesta o se modificará, y el resto del Contrato será válido o ejecutable, salvo que la naturaleza o finalidad del mismo se vea frustrada por ello.

16.4. Entrega de documentación
Las **Partes** se comprometen a facilitar cualquier documento previsto en el Anexo 1 y/o en la correspondiente Confirmación, en la fecha especificada al efecto.

16.5. Obligación de obtener autorizaciones
Las **Partes** se comprometen a obtener y mantener en vigor, las autorizaciones que puedan ser necesarias para la validez y plena eficacia del Contrato.

16.6. Conocimiento de los riesgos de las Operaciones
Las **Partes** manifiestan conocer y aceptar los riesgos inherentes o que puedan derivarse de la realización de las Operaciones reguladas por el presente Contrato Marco. Cada una de las **Partes** manifiesta que no ha sido asesorada por la **Parte** sobre las ventajas o conveniencia de realizar cualquiera de las Operaciones, realizándose las mismas sobre la base de las estimaciones y cálculos de riesgos que las propias **Partes** efectúen.

Decimoséptima. Cesión

MCM 9200 s., 10056

Las **Partes** no podrán ceder la totalidad o parte de este Contrato, sin el previo consentimiento por escrito de la otra **Parte**.

No obstante lo anterior, podrán ser cedidos sin necesidad de consentimiento de la otra **Parte**, los derechos a recibir pagos y/o entregas que cualquiera de las **Partes** ostente en virtud del Contrato, siempre que no suponga un perjuicio para la otra **Parte**.

Decimoctava. Grabaciones

RDL 5/2005 art.2

Las **Partes** se autorizan mutuamente a efectuar la grabación de conversaciones telefónicas, que se mantengan entre ellas en relación con el Contrato o con las Operaciones, y a utilizar las mismas como medio de prueba, para cualquier incidencia, procedimiento arbitral y/o judicial, que entre ambas **Partes** se pudiera plantear directa o indirectamente.

Decimonovena. Notificaciones

A efectos de las notificaciones que deban realizarse en virtud del Contrato, las **Partes** acuerdan que podrán emplearse cualquier medio que permita tener constancia de su recepción, considerándose cumplido el deber de notificación mediante el envío de carta o telegrama con acuse de recibo, télex o facsímil dirigido a los respectivos domicilios o indicativos reseñados en el Anexo 1, constituyendo prueba fehaciente de la notificación el acuse de recibo de la carta o telegrama o el original del télex en el que conste su recepción por medio de los correspondientes indicativos.

En todo caso, en relación con la fecha de efectividad de las notificaciones, las realizadas por facsímil, deberán ir seguidas del envío del texto original por telegrama o carta con acuse de recibo y se considerarán efectivas en la fecha que conste en el citado acuse de recibo, de conformidad con el párrafo anterior.

A efectos del Contrato, las **Partes** señalan como domicilio y números de télex y facsímil válidos para cualquier notificación, los que se indican en el Anexo 1.

Cualquier cambio o modificación en los domicilios o indicativos reseñados en el Anexo 1, deberá ser comunicado a la otra **Parte**, por cualquiera de los medios anteriormente indicados, no surtiendo efectos en tanto se haya recibido el acuse de recibo de dicho cambio o modificación.

Si el día de la recepción de la notificación fuera día hábil, se entenderá que la notificación será efectiva, a partir del día hábil siguiente.

Vigésima. Vigencia

20.1. Entrada en vigor y efectos retroactivos

El presente Contrato Marco entrará en vigor y surtirá efectos desde la fecha que consta en el encabezamiento. No obstante lo anterior, los efectos del Contrato podrán retrotraerse, si así se pacta expresamente por las **Partes** en el Anexo 1, desde la fecha allí señalada, quedando, en consecuencia, amparadas asimismo, por el presente Contrato Marco todas las Operaciones realizadas por las **Partes** entre la fecha señalada en el Anexo 1 y la del encabezamiento de este Contrato Marco, o bien aquellas que las **Partes** expresamente especifiquen en el Anexo 1 y la del encabezamiento de este Contrato Marco, o bien aquellas que las **Partes** expresamente especifiquen en el Anexo 1.

20.2. Terminación

El presente Contrato Marco estará en vigor y surtirá plenos efectos hasta que, cualquiera de las **Partes** notifique a la otra su deseo de darlo por terminado, con una antelación de, al menos treinta (30) días naturales a la fecha de terminación señalada por la **Parte** notificante. La terminación del presente Contrato Marco no afectará a las Operaciones realizadas a su amparo, que seguirán reguladas por las estipulaciones el presente Contrato y sus condiciones específicas.

Vigésima primera. Legislación aplicable

El Contrato estará sujeto y se interpretará conforme a la legislación española.

Vigésima segunda. Fuero

22.1. Convenio arbitral

Las partes, si así lo establecen en el Anexo 1, podrán someter los conflictos o controversias que puedan surgir en relación con el contrato, su interpretación, cumplimiento y ejecución, a Arbitraje, en los términos contenidos en dicho convenio arbitral.

22.2. Fuero

Para el caso de que no estipulen el convenio arbitral, las **Partes**, con renuncia de su fuero propio, se someten a la jurisdicción y competencia de los Juzgados y Tribunales que se especifican en el Anexo 1.

En prueba de conformidad, las **Partes** firman el presente Contrato Marco, por duplicado ejemplar, en el lugar y fecha indicados en el encabezamiento.

"Don/Doña nombre y apellidos de cada parte" 

ANEXO I AL CONTRATO MARCO DE OPERACIONES FINANCIERAS

Entre

"identificación de la parte I"

y

"identificación de la parte II"

"fecha del anexo I"

1. Tipo de interés de demora. A efecto de la determinación del Tipo de interés de demora, definido en la estipulación 1.2, el margen aplicable será de *"especificar tipo de interés"* %.

2. Liquidación por saldos. A los efectos de la estipulación quinta las Partes establecen que la liquidación por saldos *"...será ... O ... no será ..."* aplicable a los siguientes grupos de Operaciones a partir de *"fecha de inicio"*.

3. Domicilio para Confirmaciones y Notificaciones.

La Parte *"identificación de la parte I"* establece como domicilio para Confirmaciones y notificaciones:

Nombre de la Entidad: *"denominación de la Entidad (I)"*.

A la Atención de: *"identificar a la parte destinataria (I)"*.

Domicilio: *"domicilio de la Entidad (I)"*.

SWIFT: *"código bancario (I)"*.

Télex: *"número télex (I)"*.

Teléfono: *"número de teléfono (I)"*.

Facsímil: *"especificar copia (I)"*.

La Parte *"identificación de la parte (II)"* establece como domicilio para Confirmaciones y notificaciones:

Nombre de la Entidad: *"denominación de la Entidad (II)"*.

A la Atención de: *"identificar a la parte destinataria (II)"*.

Domicilio: *"domicilio de la Entidad (II)"*.

SWIFT: *"código bancario (II)"*.

Télex: *"número télex (II)"*.

Teléfono: *"número de teléfono (II)"*.

Facsímil: *"especificar copia (II)"*.

4. Garantía. *"especificar la garantía/s exigida/s y sus condiciones"*.

5. Garante. *"consignar la identidad"*.

6. Agente de cálculo. *"Don/Doña nombre y apellidos del Agente"*.

7. Importe máximo. A los efectos de la estipulación 9.6.1. y/o 9.6.2. Importe máximo significa *"descripción"*.

8. Documentos de entregar. A los efectos de la estipulación 16.4, las Partes se comprometen a entregar la siguiente documentación: *"especificar documentación"*.

9. Situaciones de insolvencia. A los efectos de lo previsto en la estipulación 9.7.2. se establece un importe de *"especificar importe, en letra"* euros (*"especificar importe, en número"* €); y a los efectos de lo previsto en la estipulación 9.7.5., se establece un importe de *"especificar cuantía, en letra"* euros (*"especificar cuantía, en número"* €).

10. Otras Causas de vencimiento anticipado por circunstancias imputables a las Partes. De conformidad con lo previsto en la estipulación 9.11, las Partes establecen las siguientes Causas de vencimiento anticipado por circunstancias imputables a las Partes adicionales: *"especificar las causas imputables a las partes"*.

11. Otras Causas de vencimiento anticipado de Operaciones por **circunstancias objetivas sobrevenidas.** De conformidad con lo previsto en la estipulación 10.3, las Partes establecen las siguientes Causas de vencimiento anticipado por circunstancias objetivas sobrevenidas adicionales: *"especificar las causas por circunstancias objetivas"*.

12. Entidades especificadas. A todos los efectos previstos en el Contrato, la Parte *"identificación de la parte I"*, designa como Entidades especificadas a: *"denominación de las entidades (I)"*.

Y la Parte *"identificación de la parte II"*, designa como Entidades especificadas a: *"denominación de las entidades (II)"*.

13. Efectos retroactivos. De conformidad con lo establecido en la estipulación 21.1, los efectos del presente Contrato Marco se retrotraerán al día *"fecha de efectos"* y quedarán amparadas las siguientes operaciones:

14. Fuero/convenio arbitral *"a cumplimentar según proceda"*.

En prueba de conformidad, las **Partes** firman el presente Anexo, que, a todos los efectos, se considerará parte integrante del Contrato Marco, por duplicado ejemplar en el lugar y fecha al principio indicado.

"identificación de la parte I" *"identificación de la parte II"*

>>

 **CLÁUSULAS OPTATIVAS A INCLUIR EN EL ANEXO I**

>

❒ Recomendaciones del Comité de Basilea:

Recomendaciones del Comité de Basilea.

Las Partes conocen la recomendación del Comité de Basilea, dentro del Banco de Pagos Internacionales, en relación con la oportunidad de contratar las Operaciones financieras que son objeto de este contrato, dentro de contratos marcos que prevean la existencia de una relación negocial única a efectos de resolución y liquidación, en su caso, de las posiciones contractuales de las Partes, independientemente de la coexistencia, dentro de dicha relación negocial única, de distintas operaciones financieras.

❒ Convenio Arbitral. Colegio Arbitral:

Convenio Arbitral. Colegio Arbitral.

1. Los conflictos o controversias que puedan surgir en relación con este contrato Marco, su interpretación, cumplimiento y ejecución se someterán a Arbitraje de Equidad.

2. Los aspectos procesales del Arbitraje se regirán por el Reglamento de la Corte de Arbitraje de salvo en lo expresamente previsto en esta Estipulación.

3. El conocimiento y decisión de las cuestiones litigiosas incumbirán a un Colegio Arbitral compuesto por tres Árbitros, que deberán tener un amplio conocimiento de los mercados de productos financieros y que serán designados de la siguiente forma:

3.1. Un Árbitro designado por cada una de las Partes.

3.2. Un tercer Árbitro designado de común acuerdo entre los dos Árbitros designados por las Partes.

3.3. En el supuesto en que una de las Partes no haya designado un Árbitro en el plazo de 30 días naturales a partir de la recepción de la notificación por parte de la Corte de Arbitraje de la solicitud de arbitraje de la otra Parte: si los Árbitros designados por las Partes no acuerdan la designación del tercer Árbitro en el plazo de quince días naturales a partir de la aceptación del último de los Árbitros designados por las Partes o si, en opinión de las Corte de Arbitraje el Árbitro designado por una de las Partes no reúne las condiciones establecidas en el párrafo 3 de esta Estipulación, la Corte designará el Árbitro de que se trate en el plazo de diez días naturales.

4. El Colegio Arbitral deberá dictar Laudo sobre la base del presente contrato Marco, así como de las correspondientes Confirmaciones y cualquier otro documento relacionado con las cuestiones objeto de Arbitraje.

5. Sin perjuicio de las provisiones de fondos a que estén sujetas las Partes de acuerdo con el Reglamento de la Corte de Arbitraje, todos los gastos y honorarios derivados del procedimiento de arbitraje serán por cuenta de la Parte cuya petición haya sido desestimada por el Laudo Arbitral, salvo lo establecido en el propio Laudo.

6. El Colegio Arbitral deberá dictar Laudo en el plazo de tres meses a partir de la fecha de la aceptación del tercer Árbitro.

7. Las Partes se comprometen a cumplir el Laudo Arbitral, sin perjuicio de los recursos legales que les asistan.

8. A los efectos de la formalización judicial del Arbitraje o el recurso contra el Laudo Arbitral, las Partes, con renuncia de su fuero propio se someten a la jurisdicción y competencia de los Juzgados y Tribunales de Madrid.

❒ Convenio Arbitral. Arbitro único:

Convenio Arbitral. Arbitro único.

1. Las dudas o controversias que pueden surgir en relación con este documento, su interpretación, cumplimiento y ejecución, se someterán a arbitraje de equidad, de acuerdo con la Ley 60/2003, de 23 de diciembre, a cuyo fin, las Partes designan como árbitro único a *"Don/Doña nombre y apellidos del árbitro"* y, en sustitución de él, para el supuesto de que, por cualquier circunstancia, no pudiera realizar el arbitraje, a *"Don/Doña nombre y apellidos del árbitro sustituto"*.

2. El Árbitro, titular o suplente, deberá dictar su Laudo en el plazo máximo de tres meses desde la aceptación de su cargo; Laudo que las Partes se obligan a cumplir.

3. Los intervinientes, conociendo las causas de abstención y recusación concurrentes en los Árbitros designados, con el carácter de titular y suplente, dispensan a ambos de las mismas.

4. A los efectos de la formalización judicial del arbitraje o el recurso contra el Laudo Arbitral, las Partes con renuncia de su fuero propio, se someten a la jurisdicción y competencia de los Juzgados y Tribunales de Madrid.

❒ Cláusula de Liquidez:

Cláusula de Liquidez.

(A utilizar si no se conviene el arbitraje, una de las Partes es entidad de crédito y se formaliza el contrato ante fedatario público)

A efectos de lo dispuesto en el artículo 575 de la Ley de Enjuiciamiento Civil, se pacta expresamente por la Partes contratantes que, en cualquiera de los casos de Vencimiento Anticipado de Operaciones por aplicación de lo previsto en las estipulaciones Novena y Décima del Contrato Marco, cuando, conforme al mismo, corresponda fijar la cantidad a pagar a *"denominación de la Entidad de crédito"* (la entidad de crédito), la liquidación para determinar la deuda ejecutivamente reclamable, se practicará por *"denominación de la Entidad de crédito"* (la entidad de crédito), conforme a su contabilidad y a lo pactado, expidiendo éste la oportuna certificación, que hará fe en juicio y surtirá plenos efectos legales y que recogerá el saldo deudor total que presente el día de su cierre, considerándose esta cantidad como cierta, líquida, vencida y exigible.

Notas:

LEC *art.572.2.*

En su virtud, bastará para el ejercicio de la acción ejecutiva la presentación de esta póliza, juntamente con la certificación prevista en el artículo 572.2 de la Ley de Enjuiciamiento Civil y la aportación de otro certificado, expedido por la representación legal de *"denominación de la Entidad de crédito"* (la entidad de crédito conforme a lo expuesto anteriormente) del saldo que resulte a cargo de la otra Parte, en el cual hará constar el Corredor Colegiado de Comercio que lo intervenga, a requerimiento del Banco, que dicho saldo coincide con el que aparece en la cuenta del deudor y que la liquidación de la deuda se ha practicado en la forma pactada en esta cláusula por las Partes.

Notas:

LEC *art.573.*

ANEXO II DEFINICIONES PARA LA INTERPRETACIÓN DE LAS CONFIRMACIONES DE OPERACIONES DOCUMENTADAS AL AMPARO DEL CONTRATO MARCO DE OPERACIONES FINANCIERAS

A efectos de la interpretación de los términos contenidos en el **Contrato Marco** y en las **Confirmaciones** de las **Operaciones** que se realicen entre las **Partes**, los términos que a continuación se indican tendrán el significado que se les atribuye en este Anexo.

Las **Partes** podrán acordar la inclusión de otros términos y condiciones que complementen los aquí contenidos, si lo consideran necesario. En tal caso, los nuevos términos deberán ser definidos por las **Partes** de común acuerdo y por escrito en el Anexo 1 o en la correspondiente confirmación de la operación.

Agente de Cálculo: significa una de las Partes del Contrato Marco, o un tercero, que tiene la obligación de:

a) Calcular el Tipo Variable, en su caso, para cada Fecha de Pago o Período de Cálculo.

b) Calcular el Importe Variable, en cada Fecha de Pago o para cada Período de Cálculo:

c) Calcular Importe Fijo, en cada Fecha de Pago o para cada Período de Cálculo.

d) Calcular otras cantidades pagaderas, en cada Fecha de Pago o para cada Período de Cálculo.

e) Notificar a la/s Parte/s de la Operación en cuestión, la Fecha de Cálculo, para cada Fecha de Pago o para cada Fecha de Pago de Cálculo especificando:

- la Fecha de Pago,
- las partes obligadas a realizar los pagos,
- las cantidades debidas y detalles razonables de cómo han sido calculadas esas cantidades.

f) Notificar a la/s Parte/s, en su caso, cualquier cambio en el número de días del Período de Cálculo o en las cantidades debidas en la Fecha de Pago.

Cuando se requiera que el Agente de Cálculo seleccione entidades de crédito o intermediarios de cualquier tipo para hacer cualquier cálculo o determinación o fijar un tipo de cambio, el Agente de Cálculo lo hará, cuando sea posible, después de consultarlo con la otra Parte (o con las Partes, si el Agente de Cálculo es un tercero) al objeto, según sea el caso, de obtener un tipo que razonablemente refleje las condiciones de mercado o de elegir una moneda convertible.

Base de Liquidación: significa, en relación con una Operación, el número de días que comprende el Período de Cálculo, respecto al cual se calculan los Importes Fijos o Variables, dividido por la base que se especifique en la Confirmación de que se trate.

Cantidad a pagar Cap: significa, a efectos de la Operación de Opción de Tipo de Interés Cap, aquella cantidad que resulte de la aplicación de la fórmula:

$$CPF = \frac{IT \times (TR - TPC) \times PR}{100 \times N}$$

Siendo:

CPC= Cantidad a Pagar Cap

IT= Importe Nominal

TR= Tipo de Referencia (en % anual)

TPC= Tipo Cap (en % anual)

PR= Número de días del Período de Referencia

N= Base de Liquidación dependiendo de los casos. Se fijará en la confirmación y podrá ser 360 ó 365.

La cantidad resultante se hará efectiva en el supuesto de que el Tipo de Referencia sea superior al Tipo Cap.

Cantidad a pagar Floor: significa, a efectos de la Operación de Opción de Tipo de Interés Floor, aquella cantidad que resulte de la aplicación de la fórmula siguiente:

$$CPF = \frac{IT \times (TR - TPC) \times PC}{100 \times N}$$

Siendo:

CPF= Cantidad a Pagar Floor

IT= Importe Nominal

TR= Tipo de Referencia (en % anual)

TPF= Tipo Floor (en % anual)

PR= Número de días del Período de Referencia

N= Base de Liquidación dependiendo de los casos. Se fijará en la confirmación y podrá ser 360 ó 365.

La cantidad resultante sólo se hará efectiva en el supuesto de que el Tipo de referencia sea superior al Tipo Floor.

Cantidad Resultante: significa, a efectos de las Operaciones de FRA, el importe que resulte de aplicar el diferencial entre el Tipo de Interés de la Operación y el Tipo de Interés de liquidación sobre el Importe Nominal y durante el período acordado, descontado al Tipo de Interés de Liquidación. La fórmula a aplicar para obtener la Cantidad Resultante será:

- En el caso que el Tipo de Interés de Liquidación sea superior al Tipo de Interés de la Operación:

$$\frac{(TI - To) \times 1 \times p}{(100 \times N) + (TI \times p)}$$

- En el caso que el Tipo de Interés de Liquidación sea inferior al Tipo de Interés de la Operación:

$$\frac{(To - TI) \times 1 \times p}{(100 \times N) + (TI \times p)}$$

Siendo:

To= Tipo de Interés de la Operación (en % anual)

TI = Tipo de Interés de Liquidación (en % anual)

I = Importe Nominal (en pesetas)

P= Período de la Operación (en días)

N= 360 ó 365 dependiendo de lo establecido en la Confirmación.

Despreciándose en ambos casos los decimales.

Cap: Es aquella Opción de Tipo de Interés por la cual, una de las Partes (Comprador) se obliga a pagar a la otra (vendedor), una Prima y a la contraparte se obliga frente a ella a que, en el supuesto de que en unas fechas futuras, previamente pactada por las Partes, los Tipos de Referencia excedieran el Tipo Cap, el Vendedor pagará al Comprador una cantidad Cap que se calculará de acuerdo a lo establecido en este mismo Anexo, sobre un Importe Nominal acordado por las Partes.

Collar: Es aquella Operación que incorpora a la vez un Cap y un Floor, de tal modo que si el Tipo de Referencia excediese el Tipo Cap fijado por las Partes, una de las partes deberá pagar a la otra una cantidad Cap calculada sobre un Importe Nominal, y si el Tipo de Referencia cayese por debajo del Tipo Floor, la Parte que recibió la Cantidad Cap deberá ahora pagar una cantidad Floor, calculada sobre el mismo Importe Nomina, a la otra Parte. Si el Tipo de Referencia oscila siempre entre el Tipo Floor y el Tipo Cap, ninguna de las Partes hará pago alguno a la otra.

Comprador de FRA: es, a efectos de las operaciones de FRA, la Parte que deberá abonar al Vendedor del FRA la cantidad que resulte en el caso de que el Tipo de Interés de Liquidación sea inferior al Tipo de Interés de la Operación, o recibirla en caso contrario.

Comprador de la opción: significa, aquella Parte así designada en la Confirmación para las Operaciones de Opciones sobre cualquier subyacente.

Convención Día hábil: significa, sin perjuicio de lo establecido en la definición de Día hábil contenida en la Estipulación 1.2 del Contrato Marco y si las Partes así lo especifican, la convención utilizada para ajustar una fecha que sea un Día No Hábil. Los siguientes términos, utilizados en relación con Convención Día Hábil y una determinada fecha, significa que se realizará un ajuste de fechas en el supuesto que la fecha fijada sea un Día No Hábil, de forma que:

(i) si se especifica **'Día siguiente Hábil'**: esa fecha pasará al primer Día Hábil siguiente;

(ii) si se especifica **'Día Siguiente Modificado'**: esa fecha pasará al primer Día Hábil siguiente, salvo que pertenezca al mes natural siguiente, en cuyo caso, se entenderá como Día Hábil, el inmediatamente anterior.

(iii) si se especifica **'Día Hábil Anterior'**: esa fecha pasará al primer Día Hábil anterior

Divisa CALL o Divisa de Compra: significa, a efectos de las Opciones sobre Divisa, la divisa especificada como tal en la correspondiente Confirmación.

Divisa PUT o Divisa de Venta: significa, a efectos de las Opciones sobre Divisa, la divisa especificada como tal en la correspondiente Confirmación.

Estilo de Opción: las Opciones podrán ser Opciones Americanas u Opciones Europeas.

Fecha de Cálculo: significa, en relación con una Fecha de Pago o Período de Cálculo, el primer día en que sea posible realizar la notificación, que el Agente de Cálculo debe hacer para esa Fecha de Pago o Período de Cálculo.

Fechas de Determinación del tipo de Interés Variable: serán las fechas especificadas como tales, o determinadas según el método fijado al efecto para la determinación del Tipo de Interés Variable. Si alguna Fecha de Determinación del Tipo de Interés Variable no fuese Día Hábil, se estará a lo dispuesto en la correspondiente Confirmación.

Fecha de Ejercicio: significa, a efectos de las Operaciones de Opciones, la fecha en la que el comprador de la Opción puede ejercitar su derecho de opción.

Fecha de Fijación del Tipo de Interés de Liquidación: significa, a efectos de las Operaciones de FRA, la fecha de determinación del Tipo de Interés de Liquidación, que será el Día Hábil que coincida con la Fecha de Inicio.

Fecha de Inicio: significa, la fecha especificada como tal, y en la que empiezan a surtir efecto las obligaciones de las Partes, de acuerdo con lo establecido en la correspondiente Confirmación.

Fecha de Intercambio Final: significa, respecto a la Operación correspondiente a la fecha que se especifique como tal en la Confirmación o, en su defecto, la Fecha de Vencimiento.

Fecha de Intercambio Inicial: significa, respecto a la Operación correspondiente la fecha que se especifique en la Confirmación o, en su defecto, la Fecha de Inicio.

Fecha de Liquidación: significa, a efectos de las Operaciones de FRA, la fecha de Valor en que deberá pagarse la cantidad resultante del posible diferencial de interés en la Operación de que se trate, y será la del día que se haga constar en la Confirmación.

Fecha de Operación: es el día en que se acuerden los términos esenciales de la Operación objeto de la Confirmación.

Fechas de Pago: serán aquellas en las que deberán realizarse pagos durante el Período de Duración de la Operación y que se señalen en la Confirmación, incluida la Fecha de Vencimiento.

Fecha de Pago de la Prima: significa, a efectos de las Operaciones de Opciones, la fecha así determinada en la Confirmación de que se trate.

Fecha de Valor: significa, la fecha en la cual deben hacerse efectivas las obligaciones de pago, liquidación y/o entrega resultantes de las Operaciones.

Fecha de Vencimiento: significa, la fecha especificada como tal y que es el último día del Período de Duración de la Operación. A efectos de las Operaciones de Opciones, la Fecha de Vencimiento es la última fecha o, en su caso, la única fecha en que puede ejercitarse la Opción.

Floor: Es aquella Opción de Tipo de Interés por la cual una de las Partes (Comprador) se obliga a pagar a la otra (Vendedor), una Prima y la contraparte se obliga frente a ella a que, en el supuesto de que en una fecha futura previamente pactada por las Partes, los Tipos de Referencia cayesen por debajo del Tipo Floor, el Vendedor pagará al Comprador una Cantidad Floor que se calculará de acuerdo con lo establecido en este mismo Anexo, sobre un Importe Nominal acordado por las Partes.

Futuro. Es aquella Operación por la cual una de las Partes (Comprador), en una fecha determinada (Fecha de Operación) acuerda la compra a la otra Parte (Vendedor) de un subyacente, en una fecha futura acordada por las Partes (Fecha de Vencimiento), a un precio que se fija en la Fecha de la Operación.

Hora de Vencimiento: significa a efectos de las Opciones, la hora que se especifique como tal en la Confirmación y que será la última hora en el lugar acordado entre las Pares en la Fecha de Vencimiento, en la que el Vendedor estará obligado a aceptar la notificación de ejercicio de la Opción.

Importe Fijo: significa las cantidades que el pagador del Tipo Fijo deberá satisfacer en cada Fecha de Pago o para el correspondiente Período de Cálculo y que se especificaran en la Confirmación. Dichas cantidades serán el resultado de aplicar el Tipo fijo al Importe Nominal por el número de días correspondiente Período de Cálculo o, en el caso de la primera Fecha de Pago, desde la Fecha de Inicio. En las Operaciones de Opciones, el Importe Fijo significa la Prima.

Importe Variable: significa la cifra que resulte de aplicar al Importe Nominal el Tipo Variable, determinado en la Fecha de Determinación de Tipo variable calculado en la Fecha de Inicio, por el número de días transcurridos entre dicha fecha y la primera Fecha de Pago o de Vencimiento.

Importe de Intercambio Final: la cantidad que se especifique como tal y que deberá pagarse, en la Fecha de Intercambio Final.

Importe Nominal o Nocional: significa, la cantidad expresada en la correspondiente divisa y especificada como tal y que podrá ser el importe teórico o el importe del activo subyacente y sobe el que se aplicarán los Tipos Cap, Floor, Fijos, Variables, de Referencia, de Interés de la Operación, de Interés de Liquidación, de Cambio o Precio, así como cualquier otro que se especifique en la correspondiente Confirmación.

Margen o Diferencial: significa, el tipo anual expresado en decimales o, en su caso, el precio que se especifique cono tal para una Operación: A los efectos de determinar los Importes Variables, cuando el Margen sea positivo se sumará al Tipo Variable y cuando el Margen sea negativo se restará al Tipo Variable.

Número de Días del Período de Referencia: significa a efectos de las Operaciones de Opciones de Tipos de Interés (Cap, Floor, Collar), el número de días comprendidos en el correspondiente Período de Cálculo o de Referencia.

Opción Europea: Es aquella que puede ser ejercitada solamente en una Fecha de Ejercicio, determinada previamente y fijada en la Confirmación.

Opción sobre Divisas: Es una Operación por la que el Comprador adquiere el derecho, pero no la obligación de comprar al Vendedor al Precio de Ejercicio, un importe determinado de la Divisa CALL o Divisa de Compra y a vender al Vendedor al Precio de Ejercicio un importe determinado de la Divisa PUT o Divisa de Venta.

Opción de Tipos de Interés: Es aquella Operación por la cual una Parte (Comprador), mediante el pago de una prima a la otra Parte (Vendedor), adquiere el derecho por no la obligación de tomar (call) o prestar (put) un depósito por un Importe Nominal a un determinado Tipo de Interés Fijo o Variable, en una fecha futura (Fecha de Ejercicio). El Vendedor se compromete frente al Comprador a tomar o prestar un depósito por un Importe Nominal en caso de que el Comprador ejercite la opción. Tanto la Prima como el Tipo Fijo/Variable, la Fecha de Ejercicio y el depósito nominal se determinarán en la confirmación correspondiente. Estas opciones podrán liquidarse por diferencias o por entrega.

Opción sobre Materias Primas (Commodity Option): Es aquella Operación por la cual una de las Partes (Comprador), mediante el pago de una Prima a la otra Parte (Vendedor), adquiere el derecho, pero no la obligación, de comprar (call) o vender (put) la mercancía de que se trate al precio pactado (Precio de Ejercicio) en una fecha futura (Fecha de Ejercicio). El Vendedor se compromete frente al Comprador a vender o comprar el activo subyacente en caso de que el Comprador ejercite la opción. Estas opciones podrán liquidarse por diferencias o por entrega.

Opción sobre Índices de Renta Variable: Es aquella Operación por la cual una de las Partes (Comprador), mediante el pago de una Prima a la otra Parte (Vendedor), adquiere el derecho, pero no la obligación, de comprar (call) o vender (put) el activo subyacente (índices de renta variable) al precio pactado (Precio de Ejercicio) en una fecha futura (Fecha de Ejercicio). Estas opciones podrán liquidarse por diferencias o por entrega.

Opción sobre Renta Fija: Es aquella Operación por la cual una de las Partes (Comprador), mediante el pago de una Prima a la otra Parte (Vendedor), adquiere el derecho, pero no la obligación, de comprar (call) o vender (put) el activo subyacente (títulos de renta fija) al precio pactado (Precio de Ejercicio) en una fecha en una fecha futura (Fecha de Ejercicio). El Vendedor se compromete frente al Comprador a vender o comprar el activo subyacente en caso de que el Comprador ejercite la opción. Estas opciones podrán liquidarse por diferencia o por entrega.

Operación a Plazo de Tipo de Interés (FRA): Es aquella Operación por la cual las Partes, para protegerse contra una futura variación de tipos de interés, para un Importe Nominal y durante un Período de duración determinado, conviene que si el Tipo de Interés de la Operación resultase inferior/superior al Tipo de Interés de Liquidación, una de las Partes Vendedor/ Comprador, deberá abonar a la otra Parte, Comprador/Vendedor la Cantidad Resultante según la fórmula financiera aplicable descrita en este mismo Anexo.

Operación de Compraventa de Divisas al Contado (FX Spot): Es aquella Operación en la que una de las Partes compra un importe de una divisa contra la venta a la otra Parte de un importe acordado en otra divisa a un tipo de cambio determinado, siendo ambos importes pagaderos con Fecha de Valor dentro de los dos Días Hábiles siguientes a la Fecha de la Operación.

Operación de Compraventa de Divisas a Plazo (FX Forward): Es aquella Operación en la que una de las Partes compra un importe de una divisa contra la venta a la otra Parte de un importe acordado en otra divisa a un tipo de cambio determinado en la Fecha de la Operación siendo ambos importes pagaderos en una Fecha de Valor posterior a los dos Días Hábiles siguientes a la Fecha de Operación.

1545

Pagador del Tipo Fijo: Es la Parte obligada a pagar, en las Fechas de Pago establecidas en la Confirmación o con la periodicidad convenida por las Partes durante el Período de Duración de la Operación, un importe calculado con referencia a un Tipo Fijo anual o a precio fijo sobre un Importe Nominal o uno o más importes fijos.

Pagador del tipo Variable: significa, la Parte obligada a pagar, en las Fechas de Pago establecidas en la Confirmación o con la periodicidad convenida por las Partes durante el Período de Duración de la Operación un importe calculado mediante la aplicación del Tipo Variable o un precio variable sobre un Importe Nominal o uno o más importes variables.

Par de Divisas: significa, a efectos de las Operaciones de Opciones sobre Divisas, las dos divisas que se intercambiarán en el supuesto en que se ejercite la Opción. Una de las divisas estará especificada en la Confirmación como CALL o de Compra o PUT o de Venta, siendo la otra necesariamente PUT o de Venta o CALL o de Compra, respectivamente, según proceda.

Período de Cálculo: significa, cada período comprendido dentro del Período de Duración y que comienza el último día del Período de Cálculo anterior, incluido éste y finaliza el último día del siguiente Período de Cálculo Aplicable, excluido éste. El Período de Cálculo Inicial comenzará en la Fecha de Inicio de la Operación, incluida ésta, y terminará en el último día del primer Período de Cálculo, excluido éste.

Período de Duración: significa, el periodo de tiempo que comienza en la fecha de Inicio de la Operación y termina en la Fecha de Vencimiento ambas incluidas.

Período de Ejercicio: significa, a efectos de las Operaciones de Opciones Americanas, salvo que las Partes especifiquen lo contrario, el período de tiempo que comienza en la Fecha de Operación (inclusive) y finaliza en la Fecha de Vencimiento (también inclusive), en la cual son ejercitable el derecho o derechos inherentes a las Opciones Americanas.

Permuta Financiera de Divisas (FX Swap): Es aquella Operación en la que una de las Partes compra un importe de una divisa contra la venta a la otra Parte de un importe acordado en otra divisa a un tipo de cambio determinado, siendo ambos importes pagaderos con fecha de Valor dentro de los dos Días Hábiles siguientes a la Fecha de Operación, y simultáneamente la Parte que compró, vende y la Parte que vendió, compra, los mismos importes en las mismas divisas, a un tipo de cambio determinado en la Fecha de Operación, siendo ambos importes, pagaderos en una Fecha de Valor posterior a los dos Días Hábiles siguientes a la Fecha de Operación.

Permuta Financiera de Tipos de Interés (Interest Rate Swap): Es aquella Operación por la cual las Partes acuerdan intercambiarse entre sí el pago de cantidades resultantes de aplicar un Tipo Fijo y un Tipo Variable sobre un Importe Nominal y durante un Período de Duración acordado.

Permuta Financiera de Tipos de Interés Día a Día (Call Money Swap u Overnight Indexed Swap): Es aquella Operación de Permita Financiera de Tipos de Interés por la cual las Partes acuerdan intercambiarse entre sí el pago de cantidades resultantes de aplicar un Tipo Fijo y un Tipo Variable sobre un Importe Nominal durante un Período de Cálculo acordado, pero en la cual el Tipo variable se determina en base al tipo medio ponderado de los depósitos a un día cruzados en el Mercado Interbancario (TMP), capitalizados (CTMP de acuerdo con la siguiente fórmula:

$$CTMP = \left[\prod_{I=1}^{d_o} \frac{(1 + TMP_i \times n_i) - 1}{360} \right] \times \frac{360}{d}$$

Siendo:

I= significa un índice, correspondiendo al Primer Día Hábil del Período de Cálculo el valor 1 y así sucesivamente.

do = número de Días Hábiles en el Mercado Interbancario de que se trate durante el Período de Cálculo.

d= número de días naturales durante el Período de Cálculo

TMPi= en el caso concreto de operaciones en euros referenciadas al mercado interbancario español, significa, con respecto a cualquier día durante un Período de Cálculo, el tipo medio ponderado de los depósitos interbancarios no transferibles a un día cruzados en el Mercado Interbancario en el día en cuestión, con vencimiento día siguiente hábil, publicado en el Boletín de la Central de Anotaciones del Banco de España en el capítulo IV Mercado de Dinero, epígrafe 1, Depósitos Interbancarios no Transferibles, Tipo de interés medio día a día (expresado en tanto por ciento).

ni = el número de días en que se aplica el tipo TMPi de tal forma que:

$$\sum_{i=1}^{d_o} n_i = d$$

Permuta Financiera de Tipos de Interés Variables (Basis Swap): Es aquella Operación por la cual, las Partes acuerdan intercambiarse entre sí el pago de cantidades resultantes de aplicar dos Tipos Variables sobre un Importe Nominal y durante un Período de Duración acordado.

Permuta Financiera de Divisas y Tipos de Interés (Cross-Currency Interest Rate Swap): Es aquella Operación por la cual, en la Fecha de Intercambio Inicial, un de las Partes compra un importe de una divisa contra la venta a la otra Parte de un importe acordado en otra divisa u tipo de cambio determinado, acordando intercambiarse entre sí el pago de cantidades resultantes de aplicar un tipo Fijo o Variable sobre los importes comprado/vendidos de cada divisa, y durante un Período de Duración acordado, obligándose, en la Fecha de Intercambio Final, a vender el importe de la divisa que cada Parte compro en la Fecha di Intercambio Inicial. y a comprar el importe de divisa que cada Parte vendió en esa misma fecha.

Permuta Financiera de Materias Primas (Commodity Swap): Es aquella Operación por la cual las Partes, en una fecha determinada, acuerdan intercambiarse entre sí el importe resultante de aplicar sobre un Importe Nominal la revalorización del precio/cotización de una cantidad o índice de materia primas, por el importe resultante de aplicar sobre el mismo Importe Nominal la revalorización del Precio/cotización de una cantidad o índice de otras materias primas.

Permuta Financiera de Intereses y Acciones (Equity Swap): Es aquella Operación por la cual las Partes, en una fecha determinada, acuerdan intercambiarse entre sí el importe resultante de aplicar un Tipo fijo o Variable sobre un Importe Nominal y durante un Período de Duración acordado, por el importe resultante de aplicar la revalorización del Precio/cotización de un lote de acciones o de un índice bursátil durante ese mismo período, sobre el mismo Importe Nominal.

Permuta Financiera de índices de Acciones (Equity Index Swap): Es aquella Operación por la cual las Partes, en una fecha determinada, acuerdan intercambiarse entre sí el importe resultante de aplicar sobre un Importe Nominal la revalorización del precio/cotización de un índice de acciones por el importe resultante de aplicar sobre el momo Importe Nominal la revalorización del precio/cotización de otro índice de acciones distinto.

Permuta Financiera de Activos (Asset Swap): Es aquella Operación por la cual, las Partes, en una fecha determinada, acuerdan intercambiarse entre sí el importe resultante de los intereses fijos o variables pagados por un activo de renta fija cuyo titular es una de las Partes, por el importe resultante de aplicar un Tipo Fijo o variable sobre un Importe Nominal equivalente al nominal de los activos de renta fija mencionados.

Contratos Bursátiles

Precio de Ejercicio: significa, a efectos de las Operaciones de Opciones, el precio especificado en la Confirmación, al que el comprador/vendedor de la Opción pactan, comprar/vender de subyacente de la Opción en la Fecha de Ejercicio. En las Opciones de Compra que se liquiden por la entrega de importes, el Comprador deberá abonar al Vendedor de la Opción el Precio de Ejercicio al ejercitar su derecho de opción para que éste le entregue el subyacente o el importe de la Divisa CALL o Divisa de compra objeto de la Opción Compra. En las Opciones de Venta que se liquiden por la entrega de importes, el Vendedor de la Opción deberá abonar el Comprador el Precio de Ejercicio, cuando el Comprador de la Opción ejercita su derecho a opción, y siempre que éste le entregue el subyacente o el importe de la Divisa PUT o Divisa de Venta objeto de la Opción de Venta. En las opciones de Divisas, Precio de Ejercicio es el Tipo de Cambio especificado en la Confirmación, al cual se cambia el Par de Divisas en la Fecha de Ejercicio.

Prima: significa, a efectos de las Operaciones de Opciones, las cantidades a abonar por una Parte a la otra como contraprestación a las obligaciones que la Parte asumen, y que así se indique, en su caso, en la correspondiente Confirmación. En las Opciones sobre Divisa, la Prima puede especificarse como un precio que se establecerá como un porcentaje del importe de la divisa PUT o Divisa de Venta o de la Divisa CALL o Divisa de Compra, según el caso.

Referencia de Liquidación: significa, el sistema o procedimiento que permita determinar el Tipo de Interés de Liquidación, el Tipo de Referencia o cualquier otro tipo de mercado o precio que las Partes especifiquen. La Referencia de Liquidación la establecerán las Partes en la Confirmación de que se trate.

Tipo Cap: significa, a efectos de las Operaciones de Opciones de Tipos de Interés CAP, el tipo máximo a partir del cual se da el presupuesto para realizar los cálculos que determinan la Cantidad a Pagar CAP.

Tipo Fijo: significa, en relación con cualquier Fecha de Pago o Período de Cálculo, el tipo (expresado en decimales) equivalente al tipo especificado como tal en la Confirmación de la Operación correspondiente y que se aplicará al Importe Nominal para la determinación de los Importes Fijos.

Tipo Floor: significa, a efectos de las Operaciones de Opciones de Tipos de Interés Floor, el tipo mínimo a partir del cual se da el presupuesto para realizar los cálculos que determinan la Cantad a Pagar Floor.

Tipo de Interés de la Operación: significa, a efectos de las Operaciones de FRA, el tipo de interés fijo que convengan las Partes para el período contratado expresado en tanto por ciento anual sobre la base anual que las Partes determinen en la Confirmación correspondiente.

Tipo de Interés de Liquidación: significa, a efectos de las Operaciones de FRA, el tipo obtenido de la Referencia de liquidación en la Fecha de Inicio de la Operación y para el período contratado entero más próximo.

Tipo de Referencia: significa, en relación con una Fecha de Pago, con un Período de Cálculo o con una Fecha de Determinación, el tipo expresado en decimales, obtenido de la Referencia de liquidación que se especifique en la Confirmación de que se trate y que se aplicará al Importe Nominal para la determinación de los Importes Variables

Tipo Variable: significa el tipo expresado en decimales obtenidos de la Referencia de Liquidación que se especifique en la correspondiente Confirmación y que se aplicará al Importe Nominal para determinar el Importe Variable.

Vendedor de FRA: Es, a efectos de las Operaciones de FRA, la Parte que deberá abonar al Comprador la cantidad que reste en el caso de que el Tipo de Interés de Liquidación sea superior al Tipo de Interés de la Operación o a recibirla en el caso contrario.

Vendedor de la Opción: Es, a efectos de las Operaciones de Opciones, aquella parte así designada en la Operación de que se trate.

Nuevas Tecnologías

Nuevas Tecnologías | **Nº marg.**

Compraventa página web

MCM 11590, 11745

LPI art.5, 17, 18, 19, 20, 21, 21 bis, 48, 51, 97, 99, 100; CC art.1445 s

Nota preliminar:

- En el ámbito de la **contratación electrónica**, la oferta comercial se realiza normalmente a través de la página web.

- Jurídicamente, la **página web** es una obra compleja donde podemos encontrar textos, imágenes, software o bases de datos.

- Aunque es discutido si cabe la **compraventa** de **derechos de propiedad intelectual** en nuestro ordenamiento, el TS lo ha admitido siempre y cuando conste claramente la voluntad transmisiva y adquisitiva de las partes (TS 12-12-88, EDJ 9722).

- Junto con la finalidad de transmitir la página web, el contrato puede incluir una **cláusula de encargo del diseño** de dicha página. En estos casos, la jurisprudencia menor es proclive a aplicar las normas del Código civil relativas al contrato de obra (AP 19-10-21, EDJ 777531; AP Granada 6-10-23, EDJ 799248).

- El RD 611/2023 art.14.l), permite la **inscripción registral** de las páginas web y obras multimedia.

- El modelo presupone unas circunstancias determinadas que serán las más **frecuentes**. Si en el caso concreto existen circunstancias particulares no previstas, deberá completarse o modificarse el modelo adaptándolo a las mismas.

En *"localidad"*, a *"fecha"*

REUNIDOS:

De una parte,
"Don/Doña nombre y apellidos de la parte", mayor de edad, *"estado civil de la parte" "... "especificar el régimen económico matrimonial de la parte" ... "*, de nacionalidad *"nacionalidad de la parte"*, con domicilio a estos efectos en *"domicilio de la parte"*, *"...con DNI/NIF número "DNI/NIF de la parte" ... O ... con tarjeta de residencia número "número de tarjeta de residencia de la parte" ... O ... pasaporte número "número de pasaporte de la parte", expedido el "fecha de expedición del pasaporte de la parte" ... O ... "reseñar otros documentos aportados por la parte" ... "*, vigente hasta el *"fecha de vigencia de la documentación aportada por la parte"*.

Interviene en su propio nombre y derecho.

En adelante, el **Autor**.

De otra parte,
"Don/Doña nombre y apellidos de la parte", mayor de edad, *"estado civil de la parte" "... "especificar el régimen económico matrimonial de la parte" ... "*, de nacionalidad *"nacionalidad de la parte"*, con domicilio a estos efectos en *"domicilio de la parte"*, *"...con DNI/NIF número "DNI/NIF de la parte" ... O ... con tarjeta de residencia número "número de tarjeta de residencia de la parte" ... O ... pasaporte número "número de pasaporte de la parte", expedido el "fecha de expedición del pasaporte de la parte" ... O ... "reseñar otros documentos aportados por la parte" ... "*, vigente hasta el *"fecha de vigencia de la documentación aportada por la parte"*.

1605

MCM 11590, 11745

LPI art.5, 17, 18, 19, 20, 21, 21 bis, 48, 51, 97, 99, 100; CC art.1445 s

Interviene

≻≻

○ **Si interviene en su propio nombre:**

en su propio nombre y derecho.

○ **Si interviene como representante:**

en nombre y representación

≻

○ Si representa a persona física:

de *"Don/Doña nombre y apellidos del representado"*, mayor de edad, *"estado civil del representado"*, con domicilio en *"domicilio del representado"* y provisto de D.N.I./N.I.F. número *"DNI/NIF del representado"*, según consta en escritura de poder, otorgada ante el notario de *"lugar donde radica la notaría en la que se autorizó la escritura de poder de representación (persona física)"*, *"Don/Doña nombre y apellidos del notario que autorizó la escritura de poder de representación (persona física)"*, el *"fecha de escritura de poder de representación (persona física)"*, con el número *"número de protocolo del notario que autorizó la escritura de poder de representación (persona física)"* de su orden de protocolo.

○ Si representa a persona jurídica:

de la sociedad mercantil denominada *"denominación social"*, domiciliada en *"domicilio social"*, y con NIF número *"NIF de la sociedad"*, constituida, por tiempo indefinido, mediante escritura otorgada ante el notario de *"lugar donde radica la notaría en la que se autorizó la escritura de poder de representación (persona jurídica)"*, *"Don/Doña nombre y apellidos del notario que autorizó la escritura de poder de representación (persona jurídica)"*, el *"fecha de escritura de poder de representación (persona jurídica)"*, e inscrita en el Registro Mercantil de *"datos de la inscripción registral (localidad del Registro Mercantil, tomo, folio, sección, hoja e inscripción)"*, en su calidad de

≻

○ Si representa como cargo social:

"...administrador único ... O ... administrador solidario ... O ... consejero delegado ... O ... "especificar la representación del cargo social" ..." de la reseñada sociedad, cargo para el que fue nombrado y asegura vigente en escritura otorgada el *"fecha de escritura del nombramiento del cargo"*, ante el notario de *"lugar donde radica la notaría en la que se autorizó la escritura del nombramiento"*, *"Don/Doña nombre y apellidos del notario que autorizó la escritura del nombramiento"*, con el número *"número de protocolo del notario que autorizó la escritura del nombramiento"* de su protocolo, e inscrita en el Registro Mercantil de *"localidad del Registro Mercantil de la escritura de nombramiento"*, en el tomo y hoja arriba indicados.

○ Si representa como apoderado:

apoderado de la reseñada sociedad, según escritura de poder otorgada a su favor, en *"fecha de escritura del otorgamiento del poder"*, ante el notario de *"lugar donde radica la notaría en la que se autorizó la escritura de poder"*, *"Don/Doña nombre y apellidos del notario que autorizó la escritura de poder"*, con el número *"número de protocolo del notario que autorizó la escritura de poder"* de su protocolo *"...e inscrita en el Registro Mercantil de "localidad del Registro Mercantil de la escritura de poder" ..."*, en el tomo y hoja arriba indicados.

≺

≺

En adelante, el **Comprador**.

Las partes se reconocen la capacidad legal necesaria para contratar y obligarse y, a tal efecto

MCM 11590, 11745

EXPONEN:

I. Que el **Autor** ha creado una obra (en adelante, la Obra) a instancias del **Comprador** quien le ha contratado expresamente para ello.

II. Que la Obra consiste en el diseño de un sitio web, junto con todos los elementos textuales, visuales o de cualquier otro tipo que sean necesarios para que el **Comprador** pueda comercializar y explotar debidamente la Obra, exceptuando cualquier licencia de software y hardware.

LPI art.5, 17, 18, 19, 20, 21, 21 bis, 48, 51, 97, 99, 100; CC art.1445 s

III. Que el **Autor**, en el marco de una obra colectiva, ha creado la Obra siguiendo en todo momento las instrucciones del **Comprador**.

IV. Que el **Autor** transfiere y vende la titularidad de la totalidad de los derechos de propiedad intelectual e industrial sobre la Obra al **Comprador**, de acuerdo con las siguientes

ESTIPULACIONES:

PRIMERA. Derechos de propiedad intelectual e industrial

Nota:

Es posible la ***venta de derechos*** *de propiedad intelectual* ***sobre un programa informático****, si bien es necesario que así conste expresamente en el contrato y que la voluntad de las partes, por consiguiente, sea justamente la de transmitir y adquirir la propiedad sobre el programa informático (*TS 12-12-88, *EDJ 9722).*

De acuerdo con la legislación aplicable, corresponden al **Comprador** todos los derechos de propiedad intelectual e industrial sobre la Obra. En virtud del presente contrato, el **Comprador** deviene propietario absoluto de los derechos de propiedad intelectual e industrial sobre la Obra y es considerado como **Autor** a todos los efectos legales.

SEGUNDA. Cesión de derechos

Sin perjuicio de lo dispuesto en la estipulación anterior, y dadas las características intrínsecas de la propiedad intelectual sobre la Obra, el **Autor** cede en exclusiva al **Comprador** todos los derechos de explotación sobre la Obra a perpetuidad.

Nota:

Puede resultar algo paradójico que, considerándose la existencia de un contrato de compraventa, se prevea la ***cesión de los derechos a perpetuidad****. Sin embargo, ante la ausencia de una línea bien definida respecto de la transmisión de derechos de propiedad intelectual, parece lo más aconsejable el prever, como cláusula de salvaguarda, la cesión de los derechos de explotación al Comprador. Está fuera de toda duda que en el caso de obras creadas como* ***obra colectiva****, así como en el ámbito de una empresa por los trabajadores, la propiedad de los derechos de propiedad intelectual corresponde al empresario o al editor (esto es, persona que ha tenido la iniciativa y responsabilidad en desarrollar la obra).*

Tales derechos comprenden, sin carácter exhaustivo, los de fijación, reproducción, distribución, comunicación pública, transformación y traducción o digitalización de la Obra o de cualquiera de sus elementos, así como su puesta a disposición del público mediante bases de datos.

Nota:

Si no se expresan específicamente y de modo concreto las ***modalidades de explotación*** *de la obra, la cesión quedará limitada a aquella que se deduzca necesariamente del propio contrato y sea indispensable para cumplir la finalidad del mismo (*LPI *art.*43.2*).*

TERCERA. Ámbito territorial

El ámbito territorial de la cesión a la que se refiere este contrato es todo el mundo.

MCM 11590, 11745

LPI art.5, 17, 18, 19, 20, 21, 21 bis, 48, 51, 97, 99, 100; CC art.1445 s

CUARTA. Modificaciones de la Obra. Uso de la Obra

El **Comprador** podrá introducir en la Obra todas aquellas modificaciones que estime oportunas con el fin de poder adaptarla a las necesidades comerciales o de servicio del **Comprador**, sin que ello pueda entenderse como incumplimiento contractual por su parte o lesión del derecho moral del **Autor** sobre la Obra.

Nota:

*La finalidad de esta cláusula es asegurar al Comprador que la realización de **modificaciones en el código fuente** de un programa informático no va a ser considerado como vulneración de las facultades morales sobre el mismo.*

El **Comprador**, aun después de finalizada la relación contractual nacida del presente contrato, podrá corregir los errores que presente la Obra y hacer versiones sucesivas de la Obra.

El **Comprador** podrá explotar en todo caso la Obra a las que se refiere esta estipulación con el alcance necesario para que pueda desarrollar debida y eficazmente su habitual actividad empresarial o comercial. En concreto, el **Comprador** podrá hacer copias de seguridad de la Obra.

QUINTA. Garantías y Responsabilidades

El **Autor** garantiza que:

- Es titular de todos los derechos de propiedad intelectual e industrial existentes sobre la Obra o cualquiera de sus elementos.

"...- Ha obtenido todas las autorizaciones correspondientes de los titulares de derechos para la legítima explotación de sus obras. ..."

- Ha cumplido con las obligaciones en favor de las respectivas entidades de gestión, sobre pago de remuneraciones a los titulares de derechos.

El **Autor** queda responsable de todos los vicios ocultos que tenga la Obra y que la hagan inapropiada para el uso previsto por el **Comprador**. Ambas partes acuerdan y señalan que el programa informático al que se contrae el presente Contrato se configura como un encargo de obra por parte del **Comprador** al **Autor**, quien ha diseñado la **Obra** atendiendo a las condiciones y especificaciones técnicas señaladas por el **Comprador** (programa ad hoc).

SEXTA. Indemnizaciones

El **Autor** indemnizará al **Comprador** por la eventual responsabilidad que le sea imputable por infracción de los derechos de propiedad intelectual e industrial de terceros causada por la normal explotación por parte del **Comprador** de la Obra.

SÉPTIMA. Precio

Como precio por la adquisición de los derechos a los que se refiere el presente Contrato, el **Autor** declara haber recibido la cantidad de *"especificar importe, en letra"* euros (*"especificar importe, en número"* €).

Dicha cantidad no incluye la imposición indirecta, ni cualesquiera otras imposiciones.

Y en prueba de conformidad, ambas partes firman el presente contrato, que se extiende en dos ejemplares, igualmente originales, en el lugar y fecha indicados en su encabezamiento.

EL AUTOR **EL COMPRADOR**

Licencia de uso de software: cesión de uso de la versión o código fuente de programas informáticos del paquete

MCM 11295, 11350

LPI art.43 s., 97 s

Nota preliminar:

- Cuando una compañía desarrolla un software o adquiere los derechos de explotación del software, debe plantearse cuál es la forma de optimizar sus ingresos mediante la **comercialización** de dicho software. Obviamente, cuantas más copias del software comercialice, mayor será la rentabilidad que obtenga.

- Ha de tenerse en cuenta que las **características de la licencia** se ponen a título orientativo.

- Téngase en cuenta que cabe la **compraventa** de un **programa informático**, siempre y cuando conste así expresamente y se den las circunstancias de la LPI art.97.4.

- Existen **licencias gratuitas** (o free software), además de **licencias de código abierto** (*open source licenses*). En estos casos, el software podrá ser usado libremente, sujeto a las condiciones específicas previstas en ese tipo de licencias, que están estandarizadas. En el caso de las licencias de código abierto, su peculiaridad radica en que el código fuente del software se ofrece públicamente con la finalidad de invitar a los desarrolladores a mejorarlo o a corregir errores de programación. Véase licencias tipo en
https://www.gnu.org/licenses/gpl-3.0.html
.

- En materia de contratos informáticos encontramos una **tipología variada**, en la que se observan elementos característicos de varias figuras contractuales, como el contrato de **compraventa**, el contrato de **obra**, el contrato de **arrendamiento de servicios**, el contrato de depósito (*escrow*) y otras modalidades, de ahí que más bien nos encontramos ante contratos atípicos, a los que se les pueden aplicar la normativa de **contratos típicos** que, en cada caso, se asemeje más a cada uno. En este tipo de relaciones contractuales, en las que subyacen derechos de autor sometidos a la **Ley de Propiedad Intelectual** (LPI), tenemos contratos como los siguientes:

1) Contrato de **licencia de software**.

2) Contrato de **escrow**, cuyo objeto es la garantía de acceso al código fuente.

3) Contrato de **desarrollo de programas**.

4) Cesión de los **derechos de explotación**.

5) Contrato de **mantenimiento de software o/y de hardware**.

6) Contrato de **Outsorcing**, por el que se ceden los sistemas de información de una entidad a un tercero, quien se integra en la toma de decisiones, y lo utiliza para el desarrollo de aplicaciones y actividades propias de la gestión de dichos sistemas.

7) Contrato de **ASP**, en virtud del cual una de las partes, el prestador de servicios, otorga a otra parte el cliente, un acceso a su sistema de información para que el cliente pueda beneficiarse de una clase de servicios de la sociedad de la información y/o productos informáticos alojados en los equipos del sistema de información del prestador a los que se ha accedido.

8) Contrato de **distribución de software**.

9) Contrato de cesión de **propiedad intelectual**.

10) Contrato de **prestación de servicios informáticos**, a través del cual una parte se compromete a prestar a la otra una serie de servicios informáticos a cambio de un precio.

Esta enumeración es simplemente ejemplificativa de los **tipos de contratos** informáticos, que revisten una casuística inmensa, con inclusión de los que afectan al hardware, a los que aquí nos hemos hecho referencia.

MCM 11295, 11350

LPI art.43 s., 97 s

Nota preliminar:

Por otro lado, el **Tribunal Supremo** ha tratado en escasas ocasiones este tipo de figuras jurídicas. En la sentencia TS 16-10-01, EDJ 33578, examina un supuesto de suministro e instalación de equipos informáticos; en la sentencia TS 12-12-88, EDJ 9722, época en que la informática aún no había alcanzado la evolución actual que muda constantemente, se declaró: "La prestación de técnicas informáticas no tiene, necesariamente, una calificación uniforme, puesto que puede consistir en un contrato de actividad, asimilable al de arrendamiento de servicios o un contrato de resultado, dentro del concepto genérico del arrendamiento de obra y puede concertase con cesión de la propiedad de los programas". Por último, la sentencia 245/2010, de 18 de mayo, examina las cuestiones que se plantean, como contrato atípico, en un contrato informático por el que "la propietaria de un programa informático, además de obligarse a prestarle la necesaria asistencia técnica complementaria, cedió a la segunda el derecho a usar, temporalmente y a cambio de una contraprestación, un programa de ordenador - que le permitiría procesar y dar determinado tratamiento a las votaciones y opiniones exteriorizadas por el público por mensajes telefónicos cortos o *short message service*, mediante teléfonos móviles" (AP Barcelona 19-10-21, EDJ 777531).

- El modelo presupone unas circunstancias determinadas que serán las más frecuentes. Si en el caso concreto existen circunstancias particulares no previstas, deberá completarse o modificarse el modelo adaptándolo a las mismas.

En *"localidad"*, a *"fecha"*

REUNIDOS:

De una parte,

"Don/Doña nombre y apellidos de la parte", mayor de edad, *"estado civil de la parte"* "... *"especificar el régimen económico matrimonial de la parte"* ... ", de nacionalidad *"nacionalidad de la parte"*, con domicilio a estos efectos en *"domicilio de la parte"*, "*...con DNI/NIF número "DNI/NIF de la parte"... O ... con tarjeta de residencia número "número de tarjeta de residencia de la parte" ... O ... pasaporte número "número de pasaporte de la parte", expedido el "fecha de expedición del pasaporte de la parte" ... O ... "reseñar otros documentos aportados por la parte"* ... ", vigente hasta el *"fecha de vigencia de la documentación aportada por la parte"*.

Interviene

❍ **Si interviene en su propio nombre:**

en su propio nombre y derecho.

❍ **Si interviene como representante:**

en nombre y representación

❍ Si representa a persona física:

de *"Don/Doña nombre y apellidos del representado"*, mayor de edad, *"estado civil del representado"*, con domicilio en *"domicilio del representado"* y provisto de D.N.I./N.I.F. número *"DNI/NIF del representado"*, según consta en escritura de poder, otorgada ante el notario de *"lugar donde radica la notaría en la que se autorizó la escritura de poder de representación (persona física)"*, *"Don/Doña nombre y apellidos del notario que autorizó la escritura de poder de representación (persona física)"*, el *"fecha de escritura de poder de representación (persona física)"*, con el número *"número de protocolo del notario que autorizó la escritura de poder de representación (persona física)"* de su orden de protocolo.

MCM 11295, 11350

LPI art.43 s., 97 s

❍ Si representa a persona jurídica:

de la sociedad mercantil denominada *"denominación social"*, domiciliada en *"domicilio social"*, y con NIF número *"NIF de la sociedad"*, constituida, por tiempo indefinido, mediante escritura otorgada ante el notario de *"lugar donde radica la notaría en la que se autorizó la escritura de poder de representación (persona jurídica)"*, *"Don/Doña nombre y apellidos del notario que autorizó la escritura de poder de representación (persona jurídica)"*, el *"fecha de escritura de poder de representación (persona jurídica)"*, e inscrita en el Registro Mercantil de *"datos de la inscripción registral (localidad del Registro Mercantil, tomo, folio, sección, hoja e inscripción)"*, en su calidad de

➤

❍ Si representa como cargo social:

"...administrador único ... O ... administrador solidario ... O ... consejero delegado ... O ... "especificar la representación del cargo social" ... " de la reseñada sociedad, cargo para el que fue nombrado y asegura vigente en escritura otorgada el *"fecha de escritura del nombramiento del cargo"*, ante el notario de *"lugar donde radica la notaría en la que se autorizó la escritura del nombramiento"*, *"Don/Doña nombre y apellidos del notario que autorizó la escritura del nombramiento"*, con el número *"número de protocolo del notario que autorizó la escritura del nombramiento"* de su protocolo, e inscrita en el Registro Mercantil de *"localidad del Registro Mercantil de la escritura de nombramiento"*, en el tomo y hoja arriba indicados.

❍ Si representa como apoderado:

apoderado de la reseñada sociedad, según escritura de poder otorgada a su favor, en *"fecha de escritura del otorgamiento del poder"*, ante el notario de *"lugar donde radica la notaría en la que se autorizó la escritura de poder"*, *"Don/Doña nombre y apellidos del notario que autorizó la escritura de poder"*, con el número *"número de protocolo del notario que autorizó la escritura de poder"* de su protocolo *"...e inscrita en el Registro Mercantil de "localidad del Registro Mercantil de la escritura de poder" ... "*, en el tomo y hoja arriba indicados.

En adelante, el **Licenciante**.

De otra parte,

"Don/Doña nombre y apellidos de la parte", mayor de edad, *"estado civil de la parte" "... "especificar el régimen económico matrimonial de la parte" ... "*, de nacionalidad *"nacionalidad de la parte"*, con domicilio a estos efectos en *"domicilio de la parte"*, *"...con DNI/NIF número "DNI/NIF de la parte" ... O ... con tarjeta de residencia número "número de tarjeta de residencia de la parte" ... O ... pasaporte número "número de pasaporte de la parte", expedido el "fecha de expedición del pasaporte de la parte" ... O ... "reseñar otros documentos aportados por la parte" ... "*, vigente hasta el *"fecha de vigencia de la documentación aportada por la parte"*.

Interviene

❍ **Si interviene en su propio nombre:**

en su propio nombre y derecho.

❍ **Si interviene como representante:**

en nombre y representación

MCM 11295, 11350

LPI art.43 s., 97 s

➤

❍ Si representa a persona física:

de *"Don/Doña nombre y apellidos del representado"*, mayor de edad, *"estado civil del representado"*, con domicilio en *"domicilio del representado"* y provisto de D.N.I./N.I.F. número *"DNI/NIF del representado"*, según consta en escritura de poder, otorgada ante el notario de *"lugar donde radica la notaría en la que se autorizó la escritura de poder de representación (persona física)"*, *"Don/Doña nombre y apellidos del notario que autorizó la escritura de poder de representación (persona física)"*, el *"fecha de escritura de poder de representación (persona física)"*, con el número *"número de protocolo del notario que autorizó la escritura de poder de representación (persona física)"* de su orden de protocolo.

❍ Si representa a persona jurídica:

de la sociedad mercantil denominada *"denominación social"*, domiciliada en *"domicilio social"*, y con NIF número *"NIF de la sociedad"*, constituida, por tiempo indefinido, mediante escritura otorgada ante el notario de *"lugar donde radica la notaría en la que se autorizó la escritura de poder de representación (persona jurídica)"*, *"Don/Doña nombre y apellidos del notario que autorizó la escritura de poder de representación (persona jurídica)"*, el *"fecha de escritura de poder de representación (persona jurídica)"*, e inscrita en el Registro Mercantil de *"datos de la inscripción registral (localidad del Registro Mercantil, tomo, folio, sección, hoja e inscripción)"*, en su calidad de

➤

❍ Si representa como cargo social:

"...administrador único ... O ... administrador solidario ... O ... consejero delegado ... O ... "especificar la representación del cargo social" ..." de la reseñada sociedad, cargo para el que fue nombrado y asegura vigente en escritura otorgada el *"fecha de escritura del nombramiento del cargo"*, ante el notario de *"lugar donde radica la notaría en la que se autorizó la escritura del nombramiento"*, *"Don/Doña nombre y apellidos del notario que autorizó la escritura del nombramiento"*, con el número *"número de protocolo del notario que autorizó la escritura del nombramiento"* de su protocolo, e inscrita en el Registro Mercantil de *"localidad del Registro Mercantil de la escritura de nombramiento"*, en el tomo y hoja arriba indicados.

❍ Si representa como apoderado:

apoderado de la reseñada sociedad, según escritura de poder otorgada a su favor, en *"fecha de escritura del otorgamiento del poder"*, ante el notario de *"lugar donde radica la notaría en la que se autorizó la escritura de poder"*, *"Don/Doña nombre y apellidos del notario que autorizó la escritura de poder"*, con el número *"número de protocolo del notario que autorizó la escritura de poder"* de su protocolo *"...e inscrita en el Registro Mercantil de "localidad del Registro Mercantil de la escritura de poder"..."*, en el tomo y hoja arriba indicados.

≺

≺

En adelante, el **Licenciatario.**

Las partes se reconocen la capacidad legal necesaria para contratar y obligarse y, a tal efecto

EXPONEN:

I. Que el **Licenciante** es titular legítimo y exclusivo, en todo el mundo, de la propiedad y demás derechos e intereses inherentes a titularidad, incluido el copyright, del paquete de software *"nombre del software"* para la gestión de carteras de seguros y de todos sus elementos componentes, incluida la documentación técnica y manuales, así como de las versiones sucesivas y derivadas de dicho paquete.

El paquete de software *"nombre del software"*, comprende cuatro estructuras diferentes que se corresponden con los sectores principales del **Licenciatario**, estando integradas cada una de ellas por diversos módulos y programas informáticos.

Nota:

Pueden darse varias posibilidades. En la finalidad de esta cláusula se encuentra el hecho de que el Licenciatario quiere el programa informático para cubrir una serie de ***necesidades empresariales****.*

MCM 11295, 11350

II. Que anteriormente a la firma de este contrato, con fecha *"fecha de la firma del contrato de licencia"*, ambas partes han suscrito un contrato de licencia para la utilización, por parte del **Licenciatario** del paquete de seguros que se describe en el Anexo 1, de dicho contrato y que se da por reproducido o incorporado en el presente acuerdo a todos los efectos.

LPI art.43 s., 97 s

III. Que el **Licenciante** manifiesta expresamente su interés, y que está de acuerdo, en que el **Licenciatario** cese a partir de esta fecha en las tareas de instalación, formación y mantenimiento a que hacía referencia la estipulación séptima del contrato inicialmente suscrito, en relación con el producto de software licenciado, a cambio de la cesión o licencia de uso de la versión de código fuente de dicho producto para que, de aquí en adelante, sea el personal informático del **Licenciatario** quien asuma la responsabilidad de adaptar los programas informáticos que lo integren a sus propias necesidades y especial forma de hacer, de finalizar su instalación y de proceder a su mantenimiento en el futuro.

En consecuencia, las partes han convenido la celebración del presente contrato de acuerdo con las siguientes,

ESTIPULACIONES:

PRIMERA. Objeto

En virtud del presente contrato, el **Licenciante** otorga al **Licenciatario** la licencia de uso no exclusiva o el derecho no transferible, de utilizar los códigos o las versiones fuente de los programas informáticos que se entregan en este acto y que aparecen descritos técnica y funcionalmente en el Anexo 2, unido al presente contrato a todos los efectos.

La licencia de uso no conlleva cesión de derechos de propiedad de ningún tipo y se otorga, bajo las condiciones que se regulan en el presente contrato, únicamente para satisfacer las exclusivas necesidades del **Licenciatario** y para su utilización en las instalaciones o lugares autorizados expresamente por el **Licenciante** y que figuran en el Anexo 3.

SEGUNDA. Contenido de la licencia de uso de la versión fuente

2.1.

La presente licencia de uso conlleva la autorización al **Licenciatario** para proceder a la reproducción del código y de su forma cuando estas operaciones sean indispensables para obtener la información necesaria en orden a la adaptación, arreglo y cualquier otra transformación de los programas cedidos o de sus elementos componentes para satisfacer exclusivamente sus necesidades o para conseguir la interoperabilidad de los mismos con otros productos de software diferentes, siempre y cuando se cumplan los siguientes requisitos:

a) Que la información necesaria para proceder a la adaptación o para conseguir la interoperabilidad no haya sido puesta previamente a disposición del **Licenciatario** por el **Licenciante**.

b) Que dichos actos sean realizados por personal informático altamente cualificado del **Licenciatario** o por personal técnico debidamente autorizado por el **Licenciante**.

c) Que dichos actos se limiten estrictamente a aquellas partes de los programas fuentes que resulten necesarias para conseguir la adaptación o la interoperabilidad.

2.2.

La información obtenida por el personal informático del **Licenciatario** o por las personas autorizadas por el conocimiento o la utilización de la versión fuente de los programas objeto de licencia:

a) No podrá ser utilizada por el **Licenciatario** ni por su personal ni por terceros con fines distintos a la consecución de la adaptación o de la interoperabilidad de dichos programas.

b) No podrá ser comunicada a terceros.

c) No podrá ser utilizada para el desarrollo, producción o la comercialización de productos de software sustancialmente similares en su expresión o contenido, ni para cualquier otro acto que conlleve infracción de los derechos de autor.

MCM 11295, 11350

Nota:

*El **alcance de la prohibición** puede ser incluso mayor, abarcando cualquier tipo de acto de uso de los códigos fuentes.*

LPI art.43 s., 97 s

2.3.
El **Licenciante** autoriza al **Licenciatario** para la reproducción de los resultados de los actos que deriven de la presente licencia para su utilización única y exclusivamente, en el hardware autorizado al efecto que se detalla en el Anexo 4, a todos los efectos o altas posteriores que puedan acordar ambas partes por escrito.

2.4.
La reproducción total o parcial de la versión fuente o del código objeto de cualquiera de los programas o de sus elementos componentes o de los resultados de los actos autorizados con fines distintos de los expresamente pactados, incluso para uso personal, por cualquier medio y bajo cualquier forma, así como las operaciones de visualización, carga, presentación, ejecución o almacenamiento que necesiten o conlleven tal reproducción, con excepción de la copia de seguridad, necesitará la autorización escrita del **Licenciante**.

TERCERA. Copia de seguridad

Nota:

Aunque no se estableciese esta cláusula, la LPI *art.*100.*2 establece esta posibilidad que no puede ser suprimida, a nuestro juicio, por virtud de acuerdo entre las partes. Se discute si el **número de copias de seguridad** es uno o puede ser ampliado. Parece ser que el literal de la LPI debe ser interpretado en sentido flexible, en función de las necesidades de cada empresa (p.e. si se contrata una licencia para 800 puestos no parece lógico que sólo haya una copia de seguridad).*

El **Licenciatario** tiene derecho a la realización de una sola copia de seguridad de la versión fuente cedida en tanto resulte necesaria para la utilización de la misma y se compromete a conservarla y custodiarla diligentemente a fin de que no pueda ser dedicada a ningún otro uso distinto del de brindar seguridad y de que no sea posible su copia o reproducción total ni parcial ni su conocimiento por parte de terceros.

El **Licenciatario** queda advertido de que el Licenciante considera esta versión fuente un **secreto empresarial** en el sentido de la Ley 1/2019, obligándose, por consiguiente, aquel a adoptar las máximas medidas de seguridad a fin de evitar que terceros no autorizados puedan acceder al mismo. En este sentido, se considerará que incluso los trabajadores del Licenciatario, cuyo puesto no justifique tal acceso, tendrán la consideración de terceros a estos efectos.

Nota:

*El TS ha declarado que "una información o conocimiento es secreta cuando los **interesados en disponer de ella**, que la nueva ley califica de "personas pertenecientes a los círculos en que normalmente se utilice el tipo de información o conocimiento en cuestión", no tienen conocimiento en general de dicha información, ya sea de su totalidad o de una parte esencial, ya sea del resultado de la interacción de sus partes" (TS 20-10-23, EDJ 721444).*
*En aquella sentencia El TS razonó que, aunque un determinado **"sistema"** fuera **conocido en el estado de la técnica próximo**, la concreta aplicación y configuración de sus elementos podía constituir un secreto, de forma que el secreto radicaría en esa concreta aplicación y configuración. Para que esta doctrina tuviera aplicación en este caso, sería necesario conocer con detalle las concretas formulaciones empleadas (más allá de lo que hemos dejado constancia que la demandante identificaba como secreto), para poder apreciar en qué medida escapaban al conocimiento general (TS 3-4-24, EDJ 529941).*

CUARTA. Derechos de propiedad intelectual sobre el software

MCM 11295, 11350

4.1.
Las copias de los programas informáticos suministrados por el **Licenciante** al **Licenciatario** en su versión fuente, así como la documentación técnica complementaria son de propiedad exclusiva del **Licenciante**, al igual que las versiones sucesivas que puedan crearse y los productos de software que deriven o resulten de su utilización.

LPI art.43 s., 97 s

4.2.
Bajo ningún concepto el **Licenciatario** podrá transferir el software objeto de este contrato, ni el que resulte de la aplicación del mismo a ninguna otra persona, entidad o empresa (sea o no dependiente, asegurada, participada o vinculada) ni a sucursales, agencias, delegaciones o representaciones, ni implantarlo o usarlo en instalaciones (hardware) ni en lugares distintos a los expresamente autorizados.

4.3.
El **Licenciatario** no podrá ceder, vender, alquilar, prestar, subcontratar ni bajo cualquier otra forma onerosa o gratuita comercializar ni permitir la utilización del software licenciado, ni revelar su contenido. Asimismo, no podrá comercializar, ni ceder a terceros los productos que resulten de este contrato o de la utilización de la versión fuente, salvo acuerdo expreso y por escrito con el **Licenciante** sobre el particular.

QUINTA. Contraprestación

Como contraprestación por la entrega de la versión fuente de los programas informáticos descritos en el Anexo 2 de este contrato, el **Licenciante** libera expresamente al **Licenciatario** de todas las obligaciones y responsabilidades que ésta asumió en virtud del contrato de licencia de uso de software mencionado en el expositivo II relativas a la instalación o implantación, adaptación, modificación, desarrollo y funcionamiento del producto informático cedido en relación con la cultura y necesidades del **Licenciatario**.

En consecuencia, el **Licenciatario** recibe a satisfacción plena la versión fuente objeto de este contrato en el estado original de desarrollo en que se encontraban los programas licenciados inicialmente, es decir, sin modificaciones de adaptación, y renuncia expresamente desde este momento al ejercicio de cualquier acción de carácter judicial, administrativo o de cualquier otra índole que pudiera corresponderle en relación con las obligaciones y responsabilidades que tuviera contractualmente en su día y que estén descritas en el párrafo inmediatamente anterior, comprometiéndose firmemente a hacerlo así constar, incluso, ante la autoridad judicial.

SEXTA. Garantías y responsabilidades

6.1.
El **Licenciante** garantiza al **Licenciatario**:

Nota:

*Se trata de **garantías lógicas** para el Licenciante.*

a) Que es legítimo titular de los derechos de explotación de los programas informáticos licenciados y de la documentación técnica correspondiente objeto de esta licencia y, al respecto, manifiesta que asume las responsabilidades de cualquier índole en las que pudiera recaer por reclamaciones de terceros relacionados de forma directa o indirecta con la titularidad de los mencionados derechos.

b) El **Licenciante** no asumirá ningún tipo de responsabilidad con respecto a cualquier reclamación o demanda basada en la utilización o modificación no autorizada del software objeto de esta licencia o en la combinación del mismo con otros programas informáticos llevados a cabo por el **Licenciatario** o por cualquier otra persona o entidad distinta del **Licenciatario**, sin perjuicio del ejercicio de las acciones que legalmente le correspondan para la defensa de sus derechos e intereses.

c) Que la funcionalidad y operatividad de los programas licenciados se corresponderá con las especificaciones técnicas y con las funciones descritas en la documentación proporcionada por el **Licenciante**.

d) En consecuencia, y dentro del marco de las condiciones reguladoras del presente acuerdo, el **Licenciante** se compromete a prestar los servicios necesarios para subsanar los errores y para procurar el funcionamiento pactado de los programas informáticos siempre y cuando las posibles deficiencias advertidas no respondan a la omisión o a la actuación negligente por parte del **Licenciatario** o de su personal, o a casos fortuitos o de fuerza mayor tales como accidentes, inundaciones, alteraciones de corriente, interconexión, mecánica, electrónica o eléctrica, o a manipulaciones o a modificaciones que no se haya llevado a cabo por personal del **Licenciante** o que se hayan producido por la combinación de dichos programas o de cualquiera de sus elementos con cualquier otro software no suministrado por el **Licenciante** o por su utilización en hardware no autorizado en esta licencia o en altas posteriores.

MCM 11295, 11350

LPI art.43 s., 97 s

e) Que los soportes entregados por el **Licenciante** al **Licenciatario** están libres de cualquier defecto que impida o dificulta el curso normal de los mismos. En caso contrario, el **Licenciatario** podrá devolver al **Licenciante** los medios defectuosos y exigir que le sean reemplazados gratuitamente.

 **Nota:**

El método actual de explotación es el de ***puesta a disposición mediante código de autenticación****. Que un programa informático se incorpore a un soporte fijo no suele ser habitual.*

6.2.

El **Licenciatario** garantiza al **Licenciante**:

a) Que se compromete a completar y devolver puntualmente al **Licenciante** las declaraciones de certificación periódicas que ésta pueda remitirle certificando el hardware utilizado, número de usuarios de los programas fuentes licenciados y el lugar donde se encuentran ubicados, así como sobre el cumplimiento de las obligaciones asumidas en virtud de este acuerdo.

b) Asimismo, que permitirá, en su caso, el acceso de la persona debidamente autorizada por el **Licenciante** a sus instalaciones para verificar el cumplimiento de las mismas sin necesidad de preaviso y dentro del horario normal de oficina. La negativa por parte del **Licenciatario** al cumplimiento de esta obligación tendrá el carácter de grave y facultará al **Licenciante** para la rescisión del contrato.

c) Que los programas fuente licenciados serán utilizados únicamente para satisfacer las necesidades internas del **Licenciatario** y lo serán, exclusivamente, en las instalaciones y en el hardware autorizado al efecto.

d) Que, como único responsable, el **Licenciatario** se compromete a la supervisión, dirección y control de la utilización de los programas objeto de licencia y que limitará el acceso a los mismos a su personal calificado (informático y usuarios). En este sentido, adoptará las medidas necesarias mediante acuerdos instrucciones o comunicaciones y similares con sus empleados y otras personas a las que se les haya permitido excepcionalmente el acceso al software licenciado para garantizar el estricto cumplimiento de las obligaciones asumidas por el **Licenciatario** en el presente contrato.

e) Que, sin perjuicio de los derechos del **Licenciante**, el **Licenciatario** actuará por su propia cuenta, y lo pondrá en conocimiento de aquel, contra sus empleados, Agentes, clientes, proveedores, o terceros que hayan tenido acceso a los programas fuente, o a su documentación técnica, legítimo o no y hayan violado o infringido los derechos de propiedad intelectual del **Licenciante** o facilitado cualquier información confidencial sobre los mismos a personal no autorizadas.

f) Que no procederá en ningún caso a la supresión ni a la neutralización de ninguno de los dispositivos técnicos introducidos por el **Licenciante** en el paquete para su protección, tales como sistemas de recuento de copias, etc., y que no removerá, borrará ni tratará de forzar ninguno de los signos distintos relativos a los derechos de autor y que los hará constar, por otra parte, en todas las copias totales o parciales que sean autorizadas en virtud del presente contrato y en el software que derive o sea resultado de la utilización, adaptación o cualquier modificación o transformación de los programas informáticos que, en su versión fuente, son cedidos por el **Licenciante**.

MCM 11295, 11350

LPI art.43 s., 97 s

SÉPTIMA. Confidencialidad

7.1.

El **Licenciatario** deberá utilizar todos los medios a su alcance (acuerdos, instrucciones, etc.) para garantizar que todos los miembros de su personal respeten la obligación de secreto o confidencialidad de cualquier información relativa al paquete y a la documentación técnica y manuales complementarios que conozcan con motivo de los trabajos necesarios para la ejecución del presente contrato, y de no divulgar a terceros, ni utilizar en beneficio propio ni de terceros dicha información, aún después de que hayan dejado de estar vinculados a la realización de dichos trabajos.

7.2.

El **Licenciatario** se obliga a no divulgar a terceros ningún dato, ni información confidencial del **Licenciante** que le haya sido comunicada o que haya tenido conocimiento para proceder al cumplimiento del presente acuerdo. Según lo arriba expuesto, los trabajadores del **Licenciatario** cuyo puesto no exija tener acceso al código fuente del programa informático licenciado, será considerados terceros a los efectos de revelación de secreto empresarial.

7.3.

Estas obligaciones de mutua confidencialidad subsistirán en todo caso, tras el vencimiento del presente contrato.

OCTAVA. Servicios de apoyo y mantenimiento

8.1.

Serán por cuenta y responsabilidad exclusiva del **Licenciatario** el mantenimiento de los programas cedidos y la introducción de adaptaciones, arreglos, y modificaciones en sus elementos componentes para satisfacer sus necesidades específicas.

8.2.

Sin perjuicio de lo dispuesto en el apartado anterior, el **Licenciatario** podrá contratar con el **Licenciante** la prestación de servicios de apoyo y mantenimiento, en cualquier momento a partir de la firma del presente contrato. Estos servicios se facturarán en su caso, de conformidad con las tarifas vigentes en el momento en que sean solicitados.

NOVENA. Resolución del contrato

9.1.

El presente contrato de licencia de uso de software podrá ser resuelto de pleno derecho a instancia de la parte perjudicada, por incumplimiento de la otra parte de las obligaciones a su cargo en virtud de la presente licencia, sin más requisitos que la comunicación fehaciente a la parte incumplidora de dicha resolución, dándole un plazo de quince días para que subsane, si es posible, su incumplimiento.

9.2.

Reconociendo la trascendencia que la cesión de la versión fuente de programas informáticos tiene para el **Licenciante** como entidad productora de software desde el punto de vista comercial y, muy especialmente, en el ámbito económico y jurídico de la competencia en el mercado, se pacta expresamente que, en caso de incumplimiento por el **Licenciatario** de cualquiera de las obligaciones que ella asume en las estipulaciones segunda, tercera, cuarta, sexta y séptima de este contrato, el **Licenciante** podrá exigirle en concepto de cláusula penal, que no sustituirá a la indemnización de daños y perjuicios, la cantidad de *"especificar cantidad"* euros.

Si se diera cualquiera de dichos supuestos de incumplimiento, el **Licenciatario** faculta expresamente al **Licenciante** para rescindir automáticamente cuantos contratos hubieran celebrado y estuvieran vigentes de licencia de uso o de prestación de servicios de software.

9.3.

Si el **Licenciante** procediera a la resolución del contrato por incumplimiento de las obligaciones a las que está sometido el **Licenciatario**, esta Entidad se obliga a devolver al **Licenciante** todas las copias del paquete informático y de la documentación técnica objeto de licencia en el plazo de las cuarenta y ocho horas siguientes a la notificación fehaciente de dicha resolución. MCM 11295, 11350

DÉCIMA. Unidad contractual

10.1.

El presente contrato constituye la totalidad de lo acordado entre las partes y sustituye o anula todos los acuerdos, comunicaciones o declaraciones anteriores, escritos o verbales, que guardan relación con el mismo. LPI art.43 s., 97 s

10.2.

El contrato sólo podrá ser modificado mediante acuerdo de ambas partes reflejado por escrito.

10.3.

Los anexos incorporados a este contrato forman parte inseparable del mismo. En caso de discrepancia entre cualquier anexo y las estipulaciones de este contrato, prevalecerán estas últimas.

10.4.

El presente contrato conservará su validez y eficacia aun cuando alguna de sus cláusulas fuera declarada nula comprometiéndose las partes, en este supuesto, a sustituirlas por otras válidas de equivalente contenido obligacional.

UNDÉCIMA. Escrituración

 **Nota:**

En principio, la validez y el ejercicio de las prestaciones a las que se refiere el contrato no puede hacerse depender de la ***escrituración del acuerdo****. Debe recordarse lo dicho sobre el carácter del* ***depósito de código fuente*** *o escrow en el contrato en cuestión.*

Para su eficacia, ambas partes acuerdan que se proceda al levantamiento de acta de depósito ante el notario de la versión fuente de los programas objeto de cesión, para dejar prueba inequívoca de su contenido.

Todos los gastos e impuestos que se deriven de dicha escrituración y de la fe notarial serán por cuenta del **Licenciatario**.

Y en prueba de conformidad, ambas partes firman el presente contrato, que se extiende en dos ejemplares, igualmente originales, en el lugar y fecha indicados en su encabezamiento.

EL LICENCIANTE **EL LICENCIATARIO**

Licencia informática: licencia de uso

MCM 11295 s. s.

LPI art.95 s; CC art.1090 s

Nota preliminar:

- Este contrato parte de la base de la licencia o autorización de uso sobre un programa informático. Hay que recordar que los programas informáticos son objeto de protección por la **propiedad intelectual**, siendo considerados como obra literaria (Tratado OMPI sobre Derecho de autor de 1996 art.4).

- El **autor**, salvo pacto en contrario, no puede oponerse a que el cesionario titular de los derechos de explotación realice o autorice la realización de versiones sucesivas de su programa ni de programas derivados del mismo (LPI art.100.4).

- Existen **licencias gratuitas** (o free software), además de **licencias de código abierto** (*open source licenses*). En estos casos, el software podrá ser usado libremente, sujeto a las condiciones específicas previstas en ese tipo de licencias, que están estandarizadas. En el caso de las licencias de código abierto, su peculiaridad radica en que el código fuente del software se ofrece públicamente con la finalidad de invitar a los desarrolladores a mejorarlo o a corregir errores de programación. Véase licencias tipo en
https://www.gnu.org/licenses/gpl-3.0.html
.

- En materia de contratos informáticos encontramos una **tipología variada**, en la que se observan elementos característicos de varias figuras contractuales, como el contrato de **compraventa**, el contrato de **obra**, el contrato de **arrendamiento de servicios**, el contrato de depósito (*escrow*) y otras modalidades, de ahí que más bien nos encontramos ante contratos atípicos, a los que se les pueden aplicar la normativa de **contratos típicos** que, en cada caso, se asemeje más a cada uno. En este tipo de relaciones contractuales, en las que subyacen derechos de autor sometidos a la **Ley de Propiedad Intelectual** (LPI), tenemos contratos como los siguientes:

1) Contrato de **licencia de software**.

2) Contrato de **escrow**, cuyo objeto es la garantía de acceso al código fuente.

3) Contrato de **desarrollo de programas**.

4) Cesión de los **derechos de explotación**.

5) Contrato de **mantenimiento de software o/y de hardware**.

6) Contrato de **Outsorcing**, por el que se ceden los sistemas de información de una entidad a un tercero, quien se integra en la toma de decisiones, y lo utiliza para el desarrollo de aplicaciones y actividades propias de la gestión de dichos sistemas.

7) Contrato de **ASP**, en virtud del cual una de las partes, el prestador de servicios, otorga a otra parte el cliente, un acceso a su sistema de información para que el cliente pueda beneficiarse de una clase de servicios de la sociedad de la información y/o productos informáticos alojados en los equipos del sistema de información del prestador a los que se ha accedido.

8) Contrato de **distribución de software**.

9) Contrato de cesión de **propiedad intelectual**.

10) Contrato de **prestación de servicios informáticos**, a través del cual una parte se compromete a prestar a la otra una serie de servicios informáticos a cambio de un precio.

Esta enumeración es simplemente ejemplificativa de los **tipos de contratos** informáticos, que revisten una casuística inmensa, con inclusión de los que afectan al hardware, a los que aquí nos hemos hecho referencia.

MCM 11295 s. s.

LPI art.95 s; CC art.1090 s

Nota preliminar:

Por otro lado, el **Tribunal Supremo** ha tratado en escasas ocasiones este tipo de figuras jurídicas. En la sentencia TS 16-10-01, EDJ 33578, examina un supuesto de suministro e instalación de equipos informáticos; en la sentencia TS 12-12-88, EDJ 9722, época en que la informática aún no había alcanzado la evolución actual que muda constantemente, se declaró: "La prestación de técnicas informáticas no tiene, necesariamente, una calificación uniforme, puesto que puede consistir en un contrato de actividad, asimilable al de arrendamiento de servicios o un contrato de resultado, dentro del concepto genérico del arrendamiento de obra y puede concertase con cesión de la propiedad de los programas". Por último, la sentencia 245/2010, de 18 de mayo, examina las cuestiones que se plantean, como contrato atípico, en un contrato informático por el que "la propietaria de un programa informático, además de obligarse a prestarle la necesaria asistencia técnica complementaria, cedió a la segunda el derecho a usar, temporalmente y a cambio de una contraprestación, un programa de ordenador - que le permitiría procesar y dar determinado tratamiento a las votaciones y opiniones exteriorizadas por el público por mensajes telefónicos cortos o *short message service*, mediante teléfonos móviles" (AP Barcelona 19-10-21, EDJ 777531).

- El modelo presupone unas circunstancias determinadas que serán las más frecuentes. Si en el caso concreto existen circunstancias particulares no previstas, deberá completarse o modificarse el modelo adaptándolo a las mismas.

En *"localidad"*, a *"fecha"*

REUNIDOS:

De una parte,

"Don/Doña nombre y apellidos de la parte", mayor de edad, *"estado civil de la parte" "... "especificar el régimen económico matrimonial de la parte" ...*", de nacionalidad *"nacionalidad de la parte"*, con domicilio a estos efectos en *"domicilio de la parte"*, *"...con DNI/NIF número "DNI/NIF de la parte"... O ... con tarjeta de residencia número "número de tarjeta de residencia de la parte" ... O ... pasaporte número "número de pasaporte de la parte", expedido el "fecha de expedición del pasaporte de la parte" ... O ... "reseñar otros documentos aportados por la parte" ...*", vigente hasta el *"fecha de vigencia de la documentación aportada por la parte"*.

Interviene en nombre y representación de la sociedad mercantil denominada *"denominación de la Sociedad"*, domiciliada en *"domicilio de la Sociedad"*, y con NIF número *"NIF de la Sociedad"*, constituida, por tiempo indefinido, mediante escritura otorgada ante el notario de *"lugar del notario que autorizó la escritura pública"*, *"Don/Doña nombre y apellidos del notario que autorizó la escritura pública"*, el *"fecha de autorización de la escritura pública"*, e inscrita en el Registro Mercantil de *"datos de la inscripción registral (localidad del Registro Mercantil, tomo, folio, sección, hoja e inscripción)"*, en su calidad de

○ Si representa como cargo social:

"...administrador único ... O ... administrador solidario ... O ... consejero delegado ... O ... "especificar la representación del cargo social" ..." de la reseñada sociedad, cargo para el que fue nombrado y asegura vigente en escritura otorgada el *"fecha de escritura del nombramiento del cargo"*, ante el notario de *"lugar donde radica la notaría en la que se autorizó la escritura del nombramiento"*, *"Don/Doña nombre y apellidos del notario que autorizó la escritura del nombramiento"*, con el número *"número de protocolo del notario que autorizó la escritura del nombramiento"* de su protocolo, e inscrita en el Registro Mercantil de *"localidad del Registro Mercantil de la escritura de nombramiento"*, en el tomo y hoja arriba indicados.

MCM 11295 s. s.

○ Si representa como apoderado:

apoderado de la reseñada sociedad, según escritura de poder otorgada a su favor, en *"fecha de escritura del otorgamiento del poder"*, ante el notario de *"lugar donde radica la notaría en la que se autorizó la escritura de poder"*, *"Don/Doña nombre y apellidos del notario que autorizó la escritura de poder"*, con el número *"número de protocolo del notario que autorizó la escritura de poder"* de su protocolo *"...e inscrita en el Registro Mercantil de "localidad del Registro Mercantil de la escritura de poder" ..."*, en el tomo y hoja arriba indicados.

LPI art.95 s; CC art.1090 s

<<

En adelante, el **Licenciante**.

De otra parte,

"Don/Doña nombre y apellidos de la parte", mayor de edad, *"estado civil de la parte" "... "especificar el régimen económico matrimonial de la parte" ..."*, de nacionalidad *"nacionalidad de la parte"*, con domicilio a estos efectos en *"domicilio de la parte"*, *"...con DNI/NIF número "DNI/NIF de la parte" ... O ... con tarjeta de residencia número "número de tarjeta de residencia de la parte" ... O ... pasaporte número "número de pasaporte de la parte", expedido el "fecha de expedición del pasaporte de la parte" ... O ... "reseñar otros documentos aportados por la parte" ..."*, vigente hasta el *"fecha de vigencia de la documentación aportada por la parte"*.

Interviene en nombre y representación de la sociedad mercantil denominada *"denominación de la Sociedad"*, domiciliada en *"domicilio de la Sociedad"*, y con NIF número *"NIF de la Sociedad"*, constituida, por tiempo indefinido, mediante escritura otorgada ante el notario de *"lugar del notario que autorizó la escritura pública"*, *"Don/Doña nombre y apellidos del notario que autorizó la escritura pública"*, el *"fecha de autorización de la escritura pública"*, e inscrita en el Registro Mercantil de *"datos de la inscripción registral (localidad del Registro Mercantil, tomo, folio, sección, hoja e inscripción)"*, en su calidad de

>>

○ Si representa como cargo social:

"...administrador único ... O ... administrador solidario ... O ... consejero delegado ... O ... "especificar la representación del cargo social" ..." de la reseñada sociedad, cargo para el que fue nombrado y asegura vigente en escritura otorgada el *"fecha de escritura del nombramiento del cargo"*, ante el notario de *"lugar donde radica la notaría en la que se autorizó la escritura del nombramiento"*, *"Don/Doña nombre y apellidos del notario que autorizó la escritura del nombramiento"*, con el número *"número de protocolo del notario que autorizó la escritura del nombramiento"* de su protocolo, e inscrita en el Registro Mercantil de *"localidad del Registro Mercantil de la escritura de nombramiento"*, en el tomo y hoja arriba indicados.

○ Si representa como apoderado:

apoderado de la reseñada sociedad, según escritura de poder otorgada a su favor, en *"fecha de escritura del otorgamiento del poder"*, ante el notario de *"lugar donde radica la notaría en la que se autorizó la escritura de poder"*, *"Don/Doña nombre y apellidos del notario que autorizó la escritura de poder"*, con el número *"número de protocolo del notario que autorizó la escritura de poder"* de su protocolo *"...e inscrita en el Registro Mercantil de "localidad del Registro Mercantil de la escritura de poder" ..."*, en el tomo y hoja arriba indicados.

En adelante, el **Licenciatario**.

Las partes se reconocen la capacidad legal necesaria para contratar y obligarse y, a tal efecto

MCM 11295 s. s.

EXPONEN:

I. Que el **Licenciante** es una empresa dedicada a *"objeto social de la empresa del Licenciante"*.

II. Que el **Licenciante** es titular de los derechos de explotación sobre el software denominado *"nombre del software"* (en adelante, el Programa).

III. Que el **Licenciante** va a proceder a la instalación y mantenimiento del programa en los términos previstos en este contrato.

LPI art.95 s; CC art.1090 s

IV. Que el **Licenciatario** es una empresa dedicada a *"objeto social de la empresa del Licenciatario"*.

V. Que el **Licenciatario** desea que el **Licenciante** proceda a la instalación y mantenimiento del programa en *"especificar lugares"*.

VI. Que tanto el **Licenciante** como el **Licenciatario** se reconocen mutuamente capacidad para la celebración del presente contrato a través de las personas que legítimamente las representen.
Que la instalación del programa se va a llevar a cabo de acuerdo con las siguientes

ESTIPULACIONES:

"NÚMERO" Objeto del Contrato

El presente contrato tiene como finalidad la concesión de un derecho de licencia por parte del **Licenciante** al **Licenciatario** en relación con el programa. En virtud de este contrato únicamente se cede al **Licenciatario** el derecho de uso sobre el programa. Cualquier otro derecho distinto del cedido y mencionado anteriormente se entenderá no cedido.

La licencia concedida en virtud de este contrato se basa en el acuerdo de las partes sobre lo siguiente:

a) Que el **Licenciatario** reconoce que se encuentra autorizado a usar el programa únicamente de acuerdo con las cláusulas previstas en este contrato.

✍ **Nota:**

*Si el **Licenciatario** adquiere la **propiedad sobre el programa informático**, ello requiere otro tipo de contrato. Es discutido si se admite esta posibilidad, decantándose la mayoría de la doctrina por la respuesta afirmativa siempre y cuando se den ciertas condiciones, en concreto que las partes hayan establecido expresamente la **finalidad transmisora** de la propiedad, y que el contrato no se refiera propiamente dicho a un acuerdo de licencia de uso.*

b) Que la autorización de uso del programa prevista en este contrato no se extenderá a ninguna filial del **Licenciatario**, así como tampoco a cualesquiera otras empresas o sociedades con las que el **Licenciatario** mantenga o pueda mantener relación accionarial o comercial alguna.

c) Que las distintas aplicaciones que componen el programa serán suministradas como código objeto, junto con una copia de toda la documentación relativa al mismo.

"NÚMERO" Duración

Este contrato de licencia comienza el día de la fecha de la entrega o suministro del programa y tendrá una duración mínima de *"...un año natural ... O ... "especificar cualquier otra duración que se estime conveniente" ... "*. Con posterioridad a esa fecha el contrato será objeto de prórrogas sucesivas cuya duración será de *"especificar el plazo de las prórrogas"*, sin perjuicio de que pueda darse por concluido en virtud de otras causas previstas en este contrato.

En el caso de prórrogas al contrato, cualquiera de las partes podrá dar por terminado este contrato siempre y cuando dé un preaviso a la otra parte de *"plazo de preaviso"* días como mínimo.

La terminación del presente contrato implicará la de cualesquiera obligaciones de mantenimiento, ejecución o instalación que recaigan sobre el **Licenciante** en relación con el programa.

MCM 11295 s. s.

LPI art.95 s; CC art.1090 s

***"NÚMERO"* Entrega, instalación y aceptación**

La entrega o suministro del programa será hecha en

>>

○ **Entrega a domicilio:**

el domicilio del **Licenciatario**.

○ **Entrega en otro lugar:**

"especificar otro lugar (p.e. donde se encuentra el lugar en que se vaya a instalar efectivamente)".

<<

Asimismo, el sistema será objeto de instalación en el lugar que determine el **Licenciatario**.

La instalación del programa se llevará a cabo exclusivamente por el personal autorizado por el **Licenciante**. Dicho personal deberá identificarse, en cualquier caso, ante el **Licenciatario** quien deberá asegurarse razonablemente de que dicho personal cumple los requisitos mínimos de autorización por parte del **Licenciante** a los que se ha hecho referencia.

Nota:

*Esta obligación es esencial, dado que el suministrador o licenciante no quedarán sujetos a **responsabilidad** en otro caso.*

Determinadas partes, instrumentos o componentes del sistema, que son especificadas en el manual, serán objeto de instalación dentro de un dispositivo especialmente dispuesto por el **Licenciante** el cual será objeto de medidas de seguridad y control, físicas o tecnológicas. La ruptura, trasgresión o en cualquier forma manipulación de estas medidas sin la debida autorización por escrito del **Licenciante** dará lugar a la correspondiente indemnización a cargo del **Licenciatario** en concepto de daños y perjuicios "... *"importe de la indemnización, en letra"* ...".

El **Licenciante** hará todos los esfuerzos razonables para proceder al suministro del programa en la fecha acordada con el **Licenciatario**. En ningún caso, el **Licenciante** deberá responder por los daños y perjuicios derivados de cualquier retraso en la entrega o suministro del programa. El **Licenciante** tampoco responderá del retraso en que pueda incurrir el personal en quien delegue la entrega o suministro del programa, y no perteneciente al personal laboral del **Licenciante**. Lo dispuesto en este párrafo se aplica igualmente al mantenimiento del programa.

Nota:

*Todo ello, lógicamente, sin perjuicio de los **casos de mora**.*

Tras la entrega o suministro del programa, el **Licenciante** llevará a cabo todos aquellos test o comprobaciones que sean necesarios para asegurarse de que el programa se haya correctamente instalado. El **Licenciatario** aceptará conforme el programa, a expensas del resultado que se derive de estos test o comprobaciones.

***"NÚMERO"* Licencia o autorización de uso del programa**

Nota:

Téngase en cuenta lo dispuesto en la LPI *art.*100.

Se autoriza al **Licenciatario** por virtud de este contrato a usar el programa única y exclusivamente para sus funciones y objetivos empresariales internos, y de acuerdo con las premisas previstas en el presente contrato. Igualmente, el uso autorizado sólo comprende el que se lleve a cabo sobre el sistema de ordenador licenciado que se especifique. Dicho uso será en régimen de no exclusiva, para el ámbito territorial de *"especificar ámbito territorial"*, y para el número de licencias o puestos pactado expresamente.

El **Licenciatario** no realizará ninguna copia del programa bajo ningún concepto, ni permitirá que otro pueda realizarla, salvo en los casos en que así lo autorice por escrito el **Licenciante**, o en los casos en que dicha copia haya de realizarse por motivos de razonable seguridad o propósitos de back-up, de acuerdo con lo dispuesto en la legislación aplicable. MCM 11295 s. s.

El **Licenciatario** podrá usar el programa temporalmente en un sistema de ordenador licenciado distinto del suministrado por el **Licenciante** en caso de recuperación del programa perdido. Igualmente, podrá llevar a cabo el uso al que se refiere este párrafo siempre y cuando no exceda de *"especificar periodo de tiempo"* y por motivos de comprobar los procedimientos de recuperación de programa perdido.

El **Licenciatario** garantizará que el programa y todas las copias permanecerán bajo su control y que adoptará todas las medidas y precauciones razonables para salvaguardar y proteger el programa de uso no autorizado. LPI art.95 s; CC art.1090 s

El **Licenciatario** se compromete a cumplir cualesquiera condiciones establecidas por el programa perteneciente a un tercero que resulten necesarias para la correcta ejecución del programa; se incluye dentro de esta exigencia, si así se requiere, la ejecución y devolución de la licencia de programa perteneciente a un tercero. El **Licenciatario** se compromete igualmente a indemnizar al **Licenciante** por cualesquiera daños y perjuicios que se le puedan exigir u ocasionar como consecuencia de un procedimiento judicial o arbitral iniciado a instancia del titular de derechos del programa perteneciente a un tercero como consecuencia del incumplimiento por parte del **Licenciatario** de las condiciones o exigencias establecidas en esta Estipulación, en general, y en este párrafo, en particular.

"... "especificar el equipo informático en el que se va a realizar la instalación (su situación geográfica o cualquier otra circunstancia que ayude a delimitar el uso del programa)" ...".

"...Permitir al Licenciante el control vía módem del número de usuarios. ...".

***"NÚMERO"* Propiedad del programa y derechos de explotación sobre el mismo**

Nota:

*La propiedad del **programa** y derechos de explotación sobre el mismo han de confrontarse con lo dispuesto en la* LPI *art.99.*

El **Licenciatario** no recibe por virtud de este contrato derecho de propiedad alguno sobre el programa. En concreto, el **Licenciatario** no recibe derecho alguno de propiedad intelectual o industrial o de cualquier otro tipo sobre el programa.

El **Licenciatario** comprende y acepta que el programa contiene información sobre la que existen derechos exclusivos y se compromete a que, salvo que el **Licenciante** le conceda autorización expresa y por escrito, no proveerá o facilitará o de cualquier otro modo hará accesible el programa y/o la documentación relacionada con el mismo a cualquier otra persona, compañía, sociedad, organización bajo ningún motivo o razón. Esta prohibición se hará extensiva a cualesquiera otras compañías, sociedades o personas jurídicas en las que el **Licenciatario** pueda tener participación accionarial o de cualquier otro tipo.

La prohibición contenida en esta Estipulación, y en concreto en el párrafo inmediatamente anterior, se extiende asimismo a los componentes, sistemas y cualesquiera otros mecanismos que formen parte del **Sistema** y a los que se refiera expresamente el manual.

Los derechos de propiedad intelectual e industrial subsistirán en el programa, debiendo el **Licenciatario** respetarlos, y no pudiendo, por tanto, y a título de ejemplo, borrarlos u ocultarlos.

El **Licenciatario** tomará todas las medidas razonables para asegurarse de que todos sus empleados sean avisados que el programa constituye información confidencial y que cualesquiera derechos de propiedad intelectual que existan y recaigan sobre el mismo son de exclusiva propiedad del **Licenciante**. Del mismo modo el **Licenciatario** empleará todos los esfuerzos razonables para asegurarse de que los sujetos a los que se acaba de hacer referencia en este párrafo cumplen con todas las condiciones y Estipulaciones previstas en este contrato.

Queda prohibido al **Licenciatario** que pueda realizar o autorizar la realización de versiones sucesivas del programa o la corrección de errores.

MCM 11295 s. s.

"NÚMERO" **Compromisos o garantías que asume el Licenciatario**

El **Licenciatario** se compromete:

a) A comprobar que el programa se adapta a las necesidades de su empresa. El **Licenciatario** es el único responsable en la determinación de que el programa está preparado para uso operativo en su empresa con anterioridad a que sea usado.

LPI art.95 s; CC art.1090 s

✍ **Nota:**

*Salvo los casos de **entrega de programa informático ad hoc**, lo normal es que el software se entregue "tal cual", sin que el **Licenciante** quede obligado a que el mismo cumpla con una necesidad específica del **Licenciatario**.*

b) A permitir al **Licenciante** la realización de los estudios necesarios de los datos usados con el programa con el propósito de rectificar cualesquiera problemas que pueda presentar el programa.

c) A asegurarse de que el sistema operativo, el compilador, así como cualquier otro software con el que el programa sea usado, es propiedad del **Licenciatario** o que su uso junto con el programa ha sido legalmente autorizado al **Licenciatario**.

d) A que, si el **Licenciatario** pretende intentar la descompilación de cualquiera de las partes de las que se compone el programa con el objeto de proceder a corrección de errores, dará cuenta de sus intenciones razonablemente y en primer lugar al **Licenciante**.

"NÚMERO" **Garantías del Licenciante**

El programa está diseñado para resultar conforme con el *"especificación técnica del producto o nivel usuario correspondiente"* aplicable en el momento de su encargo, y estará plenamente disponible en el momento de su entrega o suministro al **Licenciatario**. La única obligación del **Licenciante** consistirá:

a) En caso de software desarrollado o de propiedad del **Licenciante**, remediar cualquier no conformidad del programa con su especificación; y

b) En caso de programa perteneciente a tercero, obtener y suministrar una versión correcta donde se demuestre la existencia de una no conformidad para la especificación.

Lo anterior constituye la única garantía dada por el **Licenciante** en relación con el programa. De común acuerdo las partes establecen que las obligaciones y responsabilidades del **Licenciante** en este contrato no se extienden a las implícitas, ni a las de comercialización o adecuación del programa para un determinado fin, con independencia de que tal fin haya sido notificado al **Licenciante**.

El **Licenciatario** reconoce que:

a) El programa no ha sido realizado para cumplir con especificaciones singulares del **Licenciatario**.

b) El programa no puede ser testado o comprobado de manera anticipada en todo posible entorno operativo.

c) No es posible ejecutar el programa de manera que no incurra en errores en cualquier circunstancia.

Se prohíbe expresamente al **Licenciatario** cualquier intento de corrección de errores o modificación de cualquier tipo del programa.

"NÚMERO" **Modificaciones**

El **Licenciante** se reserva el derecho de hacer mejoras, sustituciones o modificaciones de cualquier parte del programa, siempre y cuando el funcionamiento y la ejecución del programa no sean afectados materialmente y se cause, como consecuencia, un daño al **Licenciatario**.

✍ **Nota:**

*Si el **encargo** es **«a medida»**, esta cláusula carece de valor.*

"NÚMERO" **Contrato de depósito o escrow**

✍ **Nota:**

*En el contrato de depósito o escrow la **parte depositaria** debe ser una persona privada. Si se requiriese la presencia de un Notario o fedatario público, en puridad no sería un depósito, ya que el Notario no puede actuar como tal. Más bien estaríamos ante un **acta de requerimiento al Notario** por la que el **Licenciante** se compromete en documento público a liberar la entrega de los códigos fuentes y otro material que sea necesario a favor del **Licenciatario** en determinadas condiciones. Ver al respecto contrato adjunto.*

MCM 11295 s. s.

LPI art.95 s; CC art.1090 s

El **Licenciante** ha establecido un contrato de depósito de código fuente (escrow) en el cual quedan comprendidos el código fuente y la documentación relativa al programa. El depositario es *"Don/Doña nombre y apellidos del depositario"*. En tanto continúe este contrato, el **Licenciatario** estará legitimado para recibir la protección derivada de dicho acuerdo de depósito siempre que concluya el correspondiente acuerdo de depósito por escrito e independiente del primero con el **Licenciante** y con el depositario.

Y en prueba de conformidad, ambas partes firman el presente contrato, que se extiende en dos ejemplares, igualmente originales, en el lugar y fecha indicados en su encabezamiento.

EL LICENCIANTE	**EL LICENCIATARIO**

Licencia informática: licencia de uso especial para «upgrade»

MCM 11339 s.

LPI art.97 s.; CC art.1090 s

Nota preliminar:

- Se denomina **«upgrade»** a la autorización del uso del software original contratado, en unas circunstancias distintas a las originales, lo que implica el pago de una cantidad adicional a la inicialmente satisfecha por la licencia de uso. Es necesario por tanto la preexistencia de un contrato de licencia original, exigiéndose normalmente que el cliente suscriba un contrato de mantenimiento para que se pueda producir un *upgrade*, procediéndose en caso contrario al otorgamiento de una nueva licencia.
- En materia de contratos informáticos encontramos una **tipología variada**, en la que se observan elementos característicos de varias figuras contractuales, como el contrato de **compraventa**, el contrato de **obra**, el contrato de **arrendamiento de servicios**, el contrato de depósito (*escrow*) y otras modalidades, de ahí que más bien nos encontramos ante contratos atípicos, a los que se les pueden aplicar la normativa de **contratos típicos** que, en cada caso, se asemeje más a cada uno.

En este tipo de relaciones contractuales, en las que subyacen derechos de autor sometidos a la **Ley de Propiedad Intelectual** (LPI), tenemos contratos como los siguientes:

1) Contrato de **licencia de software**.

2) Contrato de **escrow**, cuyo objeto es la garantía de acceso al código fuente.

3) Contrato de **desarrollo de programas**.

4) Cesión de los **derechos de explotación**.

5) Contrato de **mantenimiento de software o/y de hardware**.

6) Contrato de **Outsorcing**, por el que se ceden los sistemas de información de una entidad a un tercero, quien se integra en la toma de decisiones, y lo utiliza para el desarrollo de aplicaciones y actividades propias de la gestión de dichos sistemas.

7) Contrato de **ASP**, en virtud del cual una de las partes, el prestador de servicios, otorga a otra parte el cliente, un acceso a su sistema de información para que el cliente pueda beneficiarse de una clase de servicios de la sociedad de la información y/o productos informáticos alojados en los equipos del sistema de información del prestador a los que se ha accedido.

8) Contrato de **distribución de software**.

9) Contrato de cesión de **propiedad intelectual**.

10) Contrato de **prestación de servicios informáticos**, a través del cual una parte se compromete a prestar a la otra una serie de servicios informáticos a cambio de un precio.

Esta enumeración es simplemente ejemplificativa de los **tipos de contratos** informáticos, que revisten una casuística inmensa, con inclusión de los que afectan al hardware, a los que aquí nos hemos hecho referencia.

Por otro lado, el **Tribunal Supremo** ha tratado en escasas ocasiones este tipo de figuras jurídicas. En la sentencia TS 16-10-01, EDJ 33578, examina un supuesto de suministro e instalación de equipos informáticos; en la sentencia TS 12-12-88, EDJ 9722, época en que la informática aún no había alcanzado la evolución actual que muda constantemente, se declaró: "La prestación de técnicas informáticas no tiene, necesariamente, una calificación uniforme, puesto que puede consistir en un contrato de actividad, asimilable al de arrendamiento de servicios o un contrato de resultado, dentro del concepto genérico del arrendamiento de obra y puede concertase con cesión de la propiedad de los programas". Por último, la sentencia 245/2010, de 18 de mayo, examina las cuestiones que se plantean, como contrato atípico, en un contrato informático por el que "la propietaria de un programa informático, además de obligarse a prestarle la necesaria asistencia técnica complementaria, cedió a la segunda el derecho a usar, temporalmente y a cambio de una contraprestación, un programa de ordenador - que le permitiría procesar y dar determinado tratamiento a las votaciones y opiniones exteriorizadas por el público por mensajes telefónicos cortos o *short message service*, mediante teléfonos móviles" (AP Barcelona 19-10-21, EDJ 777531).

Nota preliminar:

- El modelo presupone unas circunstancias determinadas que serán las más frecuentes. Si en el caso concreto existen circunstancias particulares no previstas, deberá completarse o modificarse el modelo adaptándolo a las mismas.

MCM 11339 s.

En *"localidad"*, a *"fecha"*

LPI art.97 s.; CC art.1090 s

REUNIDOS:

De una parte,
"Don/Doña nombre y apellidos de la parte", mayor de edad, *"estado civil de la parte" "... "especificar el régimen económico matrimonial de la parte" ... "*, de nacionalidad *"nacionalidad de la parte"*, con domicilio a estos efectos en *"domicilio de la parte"*, *"...con DNI/NIF número "DNI/NIF de la parte" ... O ... con tarjeta de residencia número "número de tarjeta de residencia de la parte" ... O ... pasaporte número "número de pasaporte de la parte", expedido el "fecha de expedición del pasaporte de la parte" ... O ... "reseñar otros documentos aportados por la parte" ... "*, vigente hasta el *"fecha de vigencia de la documentación aportada por la parte"*.

Interviene

❍ **Si interviene en su propio nombre:**

en su propio nombre y derecho.

❍ **Si interviene como representante:**

en nombre y representación

➢

❍ Si representa a persona física:

de *"Don/Doña nombre y apellidos del representado"*, mayor de edad, *"estado civil del representado"*, con domicilio en *"domicilio del representado"* y provisto de D.N.I./N.I.F. número *"DNI/NIF del representado"*, según consta en escritura de poder, otorgada ante el notario de *"lugar donde radica la notaría en la que se autorizó la escritura de poder de representación (persona física)"*, *"Don/Doña nombre y apellidos del notario que autorizó la escritura de poder de representación (persona física)"*, el *"fecha de escritura de poder de representación (persona física)"*, con el número *"número de protocolo del notario que autorizó la escritura de poder de representación (persona física)"* de su orden de protocolo.

❍ Si representa a persona jurídica:

de la sociedad mercantil denominada *"denominación social"*, domiciliada en *"domicilio social"*, y con NIF número *"NIF de la sociedad"*, constituida, por tiempo indefinido, mediante escritura otorgada ante el notario de *"lugar donde radica la notaría en la que se autorizó la escritura de poder de representación (persona jurídica)"*, *"Don/Doña nombre y apellidos del notario que autorizó la escritura de poder de representación (persona jurídica)"*, el *"fecha de escritura de poder de representación (persona jurídica)"*, e inscrita en el Registro Mercantil de *"datos de la inscripción registral (localidad del Registro Mercantil, tomo, folio, sección, hoja e inscripción)"*, en su calidad de

MCM 11339 s.

LPI art.97 s.; CC art.1090 s

➤

❍ Si representa como cargo social:

"...administrador único ... O ... administrador solidario ... O ... consejero delegado ... O ... "especificar la representación del cargo social" ... " de la reseñada sociedad, cargo para el que fue nombrado y asegura vigente en escritura otorgada el *"fecha de escritura del nombramiento del cargo"*, ante el notario de *"lugar donde radica la notaría en la que se autorizó la escritura del nombramiento"*, *"Don/Doña nombre y apellidos del notario que autorizó la escritura del nombramiento"*, con el número *"número de protocolo del notario que autorizó la escritura del nombramiento"* de su protocolo, e inscrita en el Registro Mercantil de *"localidad del Registro Mercantil de la escritura de nombramiento"*, en el tomo y hoja arriba indicados.

❍ Si representa como apoderado:

apoderado de la reseñada sociedad, según escritura de poder otorgada a su favor, en *"fecha de escritura del otorgamiento del poder"*, ante el notario de *"lugar donde radica la notaría en la que se autorizó la escritura de poder"*, *"Don/Doña nombre y apellidos del notario que autorizó la escritura de poder"*, con el número *"número de protocolo del notario que autorizó la escritura de poder"* de su protocolo *"...e inscrita en el Registro Mercantil de "localidad del Registro Mercantil de la escritura de poder" ... "*, en el tomo y hoja arriba indicados.

≺

≺

≺≺

En adelante, el **Licenciante**.

De otra parte,

"Don/Doña nombre y apellidos de la parte", mayor de edad, *"estado civil de la parte" "..."especificar el régimen económico matrimonial de la parte" ... "*, de nacionalidad *"nacionalidad de la parte"*, con domicilio a estos efectos en *"domicilio de la parte"*, *"...con DNI/NIF número "DNI/NIF de la parte" ... O ... con tarjeta de residencia número "número de tarjeta de residencia de la parte" ... O ... pasaporte número "número de pasaporte de la parte", expedido el "fecha de expedición del pasaporte de la parte" ... O ... "reseñar otros documentos aportados por la parte" ... "*, vigente hasta el *"fecha de vigencia de la documentación aportada por la parte"*.

Interviene en nombre y representación de la sociedad mercantil denominada *"denominación de la Sociedad"*, domiciliada en *"domicilio de la Sociedad"*, y con NIF número *"NIF de la Sociedad"*, constituida, por tiempo indefinido, mediante escritura otorgada ante el notario de *"lugar del notario que autorizó la escritura pública"*, *"Don/Doña nombre y apellidos del notario que autorizó la escritura pública"*, el *"Fecha de autorización de la escritura pública"*, e inscrita en el Registro Mercantil de *"datos de la inscripción registral (localidad del Registro Mercantil, tomo, folio, sección, hoja e inscripción)"*, en su calidad de

➤➤

❍ **Si representa como cargo social:**

"...administrador único ... O ... administrador solidario ... O ... consejero delegado ... O ... "especificar la representación del cargo social" ... " de la reseñada sociedad, cargo para el que fue nombrado y asegura vigente en escritura otorgada el *"fecha de escritura del nombramiento del cargo"*, ante el notario de *"lugar donde radica la notaría en la que se autorizó la escritura del nombramiento"*, *"Don/Doña nombre y apellidos del notario que autorizó la escritura del nombramiento"*, con el número *"número de protocolo del notario que autorizó la escritura del nombramiento"* de su protocolo, e inscrita en el Registro Mercantil de *"localidad del Registro Mercantil de la escritura de nombramiento"*, en el tomo y hoja arriba indicados.

 **Si representa como apoderado:**

apoderado de la reseñada sociedad, según escritura de poder otorgada a su favor, en *"fecha de escritura del otorgamiento del poder"*, ante el notario de *"lugar donde radica la notaría en la que se autorizó la escritura de poder"*, *"Don/Doña nombre y apellidos del notario que autorizó la escritura de poder"*, con el número *"número de protocolo del notario que autorizó la escritura de poder"* de su protocolo *"...e inscrita en el Registro Mercantil de "localidad del Registro Mercantil de la escritura de poder" ..."*, en el tomo y hoja arriba indicados. MCM 11339 s.

<<

En adelante, el **Licenciatario**. LPI art.97 s.; CC art.1090 s

Las partes se reconocen la capacidad legal necesaria para contratar y obligarse y, a tal efecto

EXPONEN:

I. Que el **Licenciante** es titular de los derechos de explotación sobre el software denominado *"nombre del software"* (en adelante, el Programa).

II. Que el **Licenciatario** es una empresa dedicada a *"objeto social de la empresa del Licenciatario"*.

III. Que el **Licenciatario** desea que el **Licenciante** le autorice al uso del programa en condiciones distintas de las que inicialmente fueron pactadas.

IV. Que tanto el **Licenciante** como el **Licenciatario** se reconocen mutuamente capacidad para la celebración del presente contrato a través de las personas que legítimamente las representen.

V. Que la autorización para el uso del programa se llevará a cabo de acuerdo con las siguientes

ESTIPULACIONES:

***"NÚMERO"* Alcance de la licencia**

La licencia concedida en virtud de este contrato se basa en el acuerdo sobre lo siguiente:

a) Que el programa suministrado por el **Licenciante** no es objeto de venta, permuta, cesión o cualquier tipo de enajenación en favor del **Licenciatario**, sino que el **Licenciante** autoriza a este último al uso no exclusivo y no transmisible del programa, en condiciones distintas de aquellas que motivaron la licencia e instalación del programa en los sistemas del **Licenciatario** y que se definen en el Anexo 1 al presente.

Nota:

*- En este caso debe quedar claro que **no** se trata de un **contrato de compraventa** o de cesión de los derechos de propiedad intelectual.*

*- Tales **requerimientos nuevos** se refieren a la mayor capacidad de las máquinas en las que el programa irá instalado o un mayor número de licencias.*

b) Que el **Licenciatario** reconoce que se encuentra autorizado a usar el programa únicamente de acuerdo con las cláusulas expresas previstas en este contrato.

***"NÚMERO"* Duración**

Este contrato de licencia comienza el día de la fecha de la entrega o suministro del programa y tendrá una duración mínima de *"...un año natural ... O ... "especificar cualquier otra duración que se estime conveniente" ..."*. Con posterioridad a esa fecha el contrato será objeto de prórrogas sucesivas cuya duración será de *"especificar el plazo de las prórrogas"*, sin perjuicio de que pueda darse por concluido en virtud de otras causas previstas en este contrato.

En el caso de prórrogas al contrato, cualquiera de las partes podrá dar por terminado este contrato siempre y cuando dé un preaviso a la otra parte de *"plazo de preaviso"* días como mínimo.

La terminación del presente contrato implicará la de cualesquiera obligaciones de mantenimiento, ejecución o instalación que recaigan sobre el **Licenciante** en relación con el programa.

MCM 11339 s.

***"NÚMERO"* Licencia o autorización de uso del programa**

Se autoriza al **Licenciatario** a usar el programa exclusivamente para sus funciones y objetivos empresariales internos, y de acuerdo con las premisas previstas en el presente contrato. Dicho uso será en régimen de no exclusiva, para el ámbito territorial de *"especificar ámbito territorial"*, y para el número de licencias o puestos pactado expresamente.

El **Licenciatario** podrá transferir el programa a un procesador distinto del que forme parte del sistema de ordenador licenciado, así como relocalizar el sistema de ordenador licenciado siempre y cuando lo comunique por escrito al **Licenciante**.

LPI art.97 s.; CC art.1090 s

Nota:

*El **Licenciante** no queda sujeto a **responsabilidad** alguna si no lo hace.*

Las mejoras introducidas por el **Licenciatario** serán comunicadas por éste al **Licenciante** por escrito.

El **Licenciatario** garantizará que el programa y todas las copias permanecerán bajo su control y que adoptará todas las medidas y precauciones razonables para salvaguardar y proteger el programa de uso no autorizado.

El **Licenciatario** se compromete a cumplir cualesquiera condiciones establecidas por el programa perteneciente a un tercero que resulten necesarias para la correcta ejecución del programa se incluye dentro de esta exigencia, si así se requiere, la ejecución y devolución de la licencia de programa perteneciente a un tercero. El **Licenciatario** se compromete igualmente a indemnizar al **Licenciante** por cualesquiera daños y perjuicios que se le puedan exigir u ocasionar como consecuencia de un procedimiento judicial o arbitral iniciado a instancia del titular de derechos del programa perteneciente a un tercero como consecuencia del incumplimiento por parte del **Licenciatario** de las condiciones o exigencias establecidas en esta Estipulación, en general, y en este párrafo, en particular.

***"NÚMERO"* Propiedad del programa y derechos de explotación sobre el mismo**

El **Licenciatario** no recibe por virtud de este contrato derecho de propiedad alguno sobre el programa. En concreto, el **Licenciatario** no recibe derecho alguno de propiedad intelectual o industrial o de cualquier otro tipo sobre el programa.

El **Licenciatario** comprende y acepta que el programa contiene información sobre la que existen derechos exclusivos y se compromete a que, salvo que el **Licenciante** le conceda autorización expresa y por escrito, no proveerá o facilitará o de cualquier otro modo hará accesible el programa y/o la documentación relacionada con el mismo a cualquier otra persona, compañía, sociedad, organización bajo ningún motivo o razón. Esta prohibición se hará extensiva a cualesquiera otras compañías, sociedades o personas jurídicas en las que el **Licenciatario** pueda tener participación accionarial o de cualquier otro tipo.

La prohibición contenida en esta estipulación, y en concreto en el párrafo inmediatamente anterior, se extiende asimismo a los componentes, sistemas y cualesquiera otros mecanismos que formen parte del sistema y a los que se refiera expresamente el manual.

Los derechos de propiedad intelectual e industrial subsistirán en el programa, ya estén impresos, ya se encuentren almacenados magnéticamente en el mismo, debiendo el **Licenciatario** respetarlos, y no pudiendo, por tanto, y a título de ejemplo, borrarlos u ocultarlos.

Queda prohibido al **Licenciatario** que pueda realizar o autorizar la realización de versiones sucesivas del programa o la corrección de errores.

El **Licenciatario** tomará todas las medidas razonables para asegurarse de que todos aquellos de sus empleados, personal laboral o personal específicamente contratado en régimen de prestación de servicios que resulte relevante en el uso del programa o que pueda tener acceso al mismo, sea avisado de que el programa constituye información confidencial y calificada como secreto empresarial de acuerdo con la Ley 1/2019, y de que cualesquiera derechos de propiedad intelectual que existan y recaigan sobre el mismo son de exclusiva propiedad del **Licenciante**. Del mismo modo el **Licenciatario** empleará todos los esfuerzos razonables para asegurarse de que los sujetos a los que se acaba de hacer referencia en este párrafo cumplen con todas las condiciones y Estipulaciones previstas en este contrato.

El **Licenciatario** se compromete a indemnizar al **Licenciante** por todas las pérdidas o gastos en que el **Licenciante** pueda incurrir como consecuencia del uso no autorizado del programa por un tercero, con independencia de que dicho uso haya tenido lugar o lo tenga por mal uso del código objeto del programa por el **Licenciatario**, por cualquier otro incumplimiento de este contrato por parte del **Licenciatario**, por negligencia de este último o por cualquier otra justa causa. MCM 11339 s.

A los efectos de esta cláusula, se entiende que el personal trabajador del **Licenciatario**, o quienes presten para él servicios de cualquier tipo en régimen de autónomo, cuyo puesto o responsabilidad no exija tener acceso al código fuente del programa o paquete de software, tendrá la consideración de tercero y se mantendrá la necesaria y pactada confidencialidad y secreto con dicho personal. LPI art.97 s.; CC art.1090 s

***"NÚMERO"* Compromisos o garantías que asume el Licenciatario**
El **Licenciatario** se compromete:

a) A permitir al **Licenciante** la realización de los estudios necesarios de los datos usados con el programa con el propósito de rectificar cualesquiera problemas que pueda presentar el programa.

b) A que, si el **Licenciatario** pretende intentar la descompilación de cualquiera de las partes de las que se compone el programa con el objeto de proceder a corrección de errores o para cualquier otro propósito en el ejercicio de derechos legalmente establecidos, dará cuenta de sus intenciones razonablemente y en primer lugar al **Licenciante**.

***"NÚMERO"* Mantenimiento. Definiciones**

Nota:

*Se ha incluido una cláusula relativa al **mantenimiento**. En este caso, la Jurisprudencia menor entiende que el contrato es atípico, incluyendo una prestación de servicios (AP Barcelona 19-10-21, EDJ 777531).*

De acuerdo con lo previsto en ésta y en las siguientes cláusulas relativas a las obligaciones de mantenimiento y reparación, se entiende:

a) Por usuario final, todos aquellos clientes del **Licenciante** a los que se haya suministrado con el programa o el **Licenciante** mismo.

b) Por hardware, los elementos previstos en el manual.

c) Por producto, todos aquellos elementos de hardware o software (incluido el programa) a los que se prestarán los servicios de acuerdo con lo dispuesto en las cláusulas de este contrato.

d) Por manual, los catálogos de productos que se adjunta a este contrato y que forman parte del mismo.

e) Por servicios, el mantenimiento del hardware y/o software efectuados por el suministrador al **Licenciante** de acuerdo con lo dispuesto en este contrato.

f) Por sitio, los lugares donde se instalen los productos.

g) Por programa o software, el software *"nombre del software"*.

h) Por centro de apoyo y mantenimiento del **Licenciante**, la dirección del **Licenciante**, número de teléfono o fax, dirección de correo electrónico o cualquier otra dirección especificada en el manual.

***"NÚMERO"* Ejecución del servicio de mantenimiento y reparación**
Todos los servicios de mantenimiento y reparación serán prestados en el horario de trabajo usual del **Licenciante**, esto es, de *"indicar el horario de trabajo de la empresa"*, de *"indicar los días laborables de la empresa"*, con exclusión de los periodos festivos y de vacaciones establecidos legalmente, ya sea por normativa nacional o por normativa autonómica. Los servicios prestados fuera de las horas normales de prestación podrán ser llevados a cabo mediante petición concreta del **Licenciatario** y de acuerdo con las tarifas que se señalan en el manual.

Y en prueba de conformidad, ambas partes firman el presente contrato, que se extiende en dos ejemplares, igualmente originales, en el lugar y fecha indicados en su encabezamiento.

EL LICENCIANTE **EL LICENCIATARIO**

Mantenimiento de paquete de software

MCM 11370 s.

LPI art.43, 48, 48 bis, 49, 50, 51, 97; CC art.1090 s

Nota preliminar:

- El mantenimiento de un software estándar resulta imprescindible para el usuario, ya que supone una **garantía** de que el software no sólo va a ser reparado, sino de su permanente actualización.

- En este modelo, se ha optado por una posibilidad consistente en que el Cliente acepte el mantenimiento como una más de las **prestaciones integradas en el contrato** de licencia. No tiene por qué ser así, pudiéndose pactar el mantenimiento en contrato independiente (ver nº 1630).

- En materia de contratos informáticos encontramos una **tipología variada**, en la que se observan elementos característicos de varias figuras contractuales, como el contrato de **compraventa**, el contrato de **obra**, el contrato de **arrendamiento de servicios**, el contrato de depósito (escrow) y otras modalidades, de ahí que más bien nos encontramos ante contratos atípicos, a los que se les pueden aplicar la normativa de **contratos típicos** que, en cada caso, se asemeje más a cada uno. En este tipo de relaciones contractuales, en las que subyacen derechos de autor sometidos a la **Ley de Propiedad Intelectual** (LPI), tenemos contratos como los siguientes:

1) Contrato de **licencia de software**.

2) Contrato de **escrow**, cuyo objeto es la garantía de acceso al código fuente.

3) Contrato de **desarrollo de programas**.

4) Cesión de los **derechos de explotación**.

5) Contrato de **mantenimiento de software o/y de hardware**.

6) Contrato de **Outsorcing**, por el que se ceden los sistemas de información de una entidad a un tercero, quien se integra en la toma de decisiones, y lo utiliza para el desarrollo de aplicaciones y actividades propias de la gestión de dichos sistemas.

7) Contrato de **ASP**, en virtud del cual una de las partes, el prestador de servicios, otorga a otra parte el cliente, un acceso a su sistema de información para que el cliente pueda beneficiarse de una clase de servicios de la sociedad de la información y/o productos informáticos alojados en los equipos del sistema de información del prestador a los que se ha accedido.

8) Contrato de **distribución de software**.

9) Contrato de cesión de **propiedad intelectual**.

10) Contrato de **prestación de servicios informáticos**, a través del cual una parte se compromete a prestar a la otra una serie de servicios informáticos a cambio de un precio.

Esta enumeración es simplemente ejemplificativa de los **tipos de contratos** informáticos, que revisten una casuística inmensa, con inclusión de los que afectan al hardware, a los que aquí nos hemos hecho referencia.

Por otro lado, el **Tribunal Supremo** ha tratado en escasas ocasiones este tipo de figuras jurídicas. En la sentencia TS 16-10-01, EDJ 33578, examina un supuesto de suministro e instalación de equipos informáticos; en la sentencia TS 12-12-88, EDJ 9722, época en que la informática aún no había alcanzado la evolución actual que muda constantemente, se declaró: “La prestación de técnicas informáticas no tiene, necesariamente, una calificación uniforme, puesto que puede consistir en un contrato de actividad, asimilable al de arrendamiento de servicios o un contrato de resultado, dentro del concepto genérico del arrendamiento de obra y puede concertase con cesión de la propiedad de los programas”. Por último, la sentencia 245/2010, de 18 de mayo, examina las cuestiones que se plantean, como contrato atípico, en un contrato informático por el que "la propietaria de un programa informático, además de obligarse a prestarle la necesaria asistencia técnica complementaria, cedió a la segunda el derecho a usar, temporalmente y a cambio de una contraprestación, un programa de ordenador - que le permitiría procesar y dar determinado tratamiento a las votaciones y opiniones exteriorizadas por el público por mensajes telefónicos cortos o *short message service*, mediante teléfonos móviles” (AP Barcelona 19-10-21, EDJ 777531).

1625

Nota preliminar:

- Se indican en esta versión las **obligaciones típicas y mínimas** en un contrato de estas características, ello sin perjuicio de que se puedan modificar según las necesidades y posibilidades de las partes.
- En su calidad de titular de derechos de propiedad intelectual sobre el programa «xx», el comitente puede exigir que las demandadas pongan a su disposición el **código fuente del programa**, en su integridad y en su última versión, así como los desarrollos, históricos y demás componentes relacionados con el citado programa (AP Madrid 3-7-23, EDJ 672909).
- El modelo presupone unas circunstancias determinadas que serán las más **frecuentes**. Si en el caso concreto existen circunstancias particulares no previstas, deberá completarse o modificarse el modelo adaptándolo a las mismas.

MCM 11370 s.

LPI art.43, 48, 48 bis, 49, 50, 51, 97; CC art.1090 s

En *"localidad"*, a *"fecha"*

REUNIDOS:

De una parte,

"Don/Doña nombre y apellidos de la parte", mayor de edad, *"estado civil de la parte"* "... *"especificar el régimen económico matrimonial de la parte"* ... ", de nacionalidad *"nacionalidad de la parte"*, con domicilio a estos efectos en *"domicilio de la parte"*, *"...con DNI/NIF número "DNI/NIF de la parte"... O ... con tarjeta de residencia número "número de tarjeta de residencia de la parte" ... O ... pasaporte número "número de pasaporte de la parte", expedido el "fecha de expedición del pasaporte de la parte" ... O ... "reseñar otros documentos aportados por la parte" ...* ", vigente hasta el *"fecha de vigencia de la documentación aportada por la parte"*.

Interviene

❍ **Si interviene en su propio nombre:**

en su propio nombre y derecho.

❍ **Si interviene como representante:**

en nombre y representación

❍ Si representa a persona física:

de *"Don/Doña nombre y apellidos del representado"*, mayor de edad, *"estado civil del representado"*, con domicilio en *"domicilio del representado"* y provisto de D.N.I./N.I.F. número *"DNI/NIF del representado"*, según consta en escritura de poder, otorgada ante el notario de *"lugar donde radica la notaría en la que se autorizó la escritura de poder de representación (persona física)"*, *"Don/Doña nombre y apellidos del notario que autorizó la escritura de poder de representación (persona física)"*, el *"fecha de escritura de poder de representación (persona física)"*, con el número *"número de protocolo del notario que autorizó la escritura de poder de representación (persona física)"* de su orden de protocolo.

❍ Si representa a persona jurídica:

de la sociedad mercantil denominada *"denominación social"*, domiciliada en *"domicilio social"*, y con NIF número *"NIF de la sociedad"*, constituida, por tiempo indefinido, mediante escritura otorgada ante el notario de *"lugar donde radica la notaría en la que se autorizó la escritura de poder de representación (persona jurídica)"*, *"Don/Doña nombre y apellidos del notario que autorizó la escritura de poder de representación (persona jurídica)"*, el *"fecha de escritura de poder de representación (persona jurídica)"*, e inscrita en el Registro Mercantil de *"datos de la inscripción registral (localidad del Registro Mercantil, tomo, folio, sección, hoja e inscripción)"*, en su calidad de

MCM 11370 s.

LPI art.43, 48, 48 bis, 49, 50, 51, 97; CC art.1090 s

➢

❍ Si representa como cargo social:

"...administrador único ... O ... administrador solidario ... O ... consejero delegado ... O ... "especificar la representación del cargo social" ..." de la reseñada sociedad, cargo para el que fue nombrado y asegura vigente en escritura otorgada el *"fecha de escritura del nombramiento del cargo"*, ante el notario de *"lugar donde radica la notaría en la que se autorizó la escritura del nombramiento"*, *"Don/Doña nombre y apellidos del notario que autorizó la escritura del nombramiento"*, con el número *"número de protocolo del notario que autorizó la escritura del nombramiento"* de su protocolo, e inscrita en el Registro Mercantil de *"localidad del Registro Mercantil de la escritura de nombramiento"*, en el tomo y hoja arriba indicados.

❍ Si representa como apoderado:

apoderado de la reseñada sociedad, según escritura de poder otorgada a su favor, en *"fecha de escritura del otorgamiento del poder"*, ante el notario de *"lugar donde radica la notaría en la que se autorizó la escritura de poder"*, *"Don/Doña nombre y apellidos del notario que autorizó la escritura de poder"*, con el número *"número de protocolo del notario que autorizó la escritura de poder"* de su protocolo *"...e inscrita en el Registro Mercantil de "localidad del Registro Mercantil de la escritura de poder" ..."*, en el tomo y hoja arriba indicados.

En adelante, el **Proveedor**.

De otra parte,

"Don/Doña nombre y apellidos de la parte", mayor de edad, *"estado civil de la parte" "..."especificar el régimen económico matrimonial de la parte" ..."*, de nacionalidad *"nacionalidad de la parte"*, con domicilio a estos efectos en *"domicilio de la parte"*, *"...con DNI/NIF número "DNI/NIF de la parte" ... O ... con tarjeta de residencia número "número de tarjeta de residencia de la parte" ... O ... pasaporte número "número de pasaporte de la parte", expedido el "fecha de expedición del pasaporte de la parte" ... O ... "reseñar otros documentos aportados por la parte" ..."*, vigente hasta el *"fecha de vigencia de la documentación aportada por la parte"*.

Interviene

❍ **Si interviene en su propio nombre:**

en su propio nombre y derecho.

❍ **Si interviene como representante:**

en nombre y representación

❍ Si representa a persona física:

de *"Don/Doña nombre y apellidos del representado"*, mayor de edad, *"estado civil del representado"*, con domicilio en *"domicilio del representado"* y provisto de D.N.I./N.I.F. número *"DNI/NIF del representado"*, según consta en escritura de poder, otorgada ante el notario de *"lugar donde radica la notaría en la que se autorizó la escritura de poder de representación (persona física)"*, *"Don/Doña nombre y apellidos del notario que autorizó la escritura de poder de representación (persona física)"*, el *"fecha de escritura de poder de representación (persona física)"*, con el número *"número de protocolo del notario que autorizó la escritura de poder de representación (persona física)"* de su orden de protocolo.

MCM 11370 s.

- Si representa a persona jurídica:

de la sociedad mercantil denominada *"denominación social"*, domiciliada en *"domicilio social"*, y con NIF número *"NIF de la sociedad"*, constituida, por tiempo indefinido, mediante escritura otorgada ante el notario de *"lugar donde radica la notaría en la que se autorizó la escritura de poder de representación (persona jurídica)"*, *"Don/Doña nombre y apellidos del notario que autorizó la escritura de poder de representación (persona jurídica)"*, el *"fecha de escritura de poder de representación (persona jurídica)"*, e inscrita en el Registro Mercantil de *"datos de la inscripción registral (localidad del Registro Mercantil, tomo, folio, sección, hoja e inscripción)"*, en su calidad de

LPI art.43, 48, 48 bis, 49, 50, 51, 97; CC art.1090 s

➤

- Si representa como cargo social:

"...administrador único ... O ... administrador solidario ... O ... consejero delegado ... O ... "especificar la representación del cargo social" ... *"* de la reseñada sociedad, cargo para el que fue nombrado y asegura vigente en escritura otorgada el *"fecha de escritura del nombramiento del cargo"*, ante el notario de *"lugar donde radica la notaría en la que se autorizó la escritura del nombramiento"*, *"Don/Doña nombre y apellidos del notario que autorizó la escritura del nombramiento"*, con el número *"número de protocolo del notario que autorizó la escritura del nombramiento"* de su protocolo, e inscrita en el Registro Mercantil de *"localidad del Registro Mercantil de la escritura de nombramiento"*, en el tomo y hoja arriba indicados.

- Si representa como apoderado:

apoderado de la reseñada sociedad, según escritura de poder otorgada a su favor, en *"fecha de escritura del otorgamiento del poder"*, ante el notario de *"lugar donde radica la notaría en la que se autorizó la escritura de poder"*, *"Don/Doña nombre y apellidos del notario que autorizó la escritura de poder"*, con el número *"número de protocolo del notario que autorizó la escritura de poder"* de su protocolo *"...e inscrita en el Registro Mercantil de "localidad del Registro Mercantil de la escritura de poder"* ... ", en el tomo y hoja arriba indicados.

≺

≺

≺≺

En adelante, el **Cliente**.

Las partes se reconocen la capacidad legal necesaria para contratar y obligarse y, a tal efecto

EXPONEN:

I. Por el presente contrato, el **Cliente** ha adquirido la licencia de uso de paquete de software denominado *"nombre del software"*, versión *"versión del software"* (en adelante el Paquete de software).

El **Proveedor** suministrará las prestaciones de mantenimiento relativas al paquete de software.

II. Con la finalidad de beneficiarse de la asistencia y del seguimiento del paquete de software, el **Cliente** deberá conferir al **Proveedor** el mantenimiento del mismo.

Todo ello de acuerdo con las siguientes

ESTIPULACIONES:

"Número" Definiciones

Los siguientes términos tienen el siguiente significado para las partes:

a) **Anomalía:** Defecto de adecuación en las funciones del paquete de software para producir las especificaciones reproducibles por el **Cliente**, tales que imposibiliten el funcionamiento normal del sistema.

b) **Anomalía grave:** Ausencia de ejecución de una función, o defecto significativo en la ejecución de una función que afecte a los resultados del tratamiento o impida su producción, y para la cual no haya posibilidad de actualización

MCM 11370 s.

c) **Anomalía leve:** Toda aquella anomalía que no pueda considerarse grave.

d) **Asistencia:** Conjunto de prestaciones y acciones aseguradas por el **Proveedor** tendentes a considerar las anomalías reproducibles del paquete de software, y a aportar al **Cliente** el soporte técnico necesario para el correcto uso del paquete de software.

e) **Documentación:** Manuales técnicos y de información referentes a paquete de software son entregados al **Cliente** junto con la entrega de paquete de software tales como el manual del usuario y el manual de instalación.

LPI art.43, 48, 48 bis, 49, 50, 51, 97; CC art.1090 s

f) **Interlocutores privilegiados:** Personas designadas por cada parte entre su personal y con la especialización y competencia necesarias para centralizar toda la información y las cuestiones y comunicárselas a la otra parte.

g) **Paquete de software:** Conjunto de los códigos fuente y objeto de los programas de los que el **Cliente** ha obtenido la licencia por el contrato y objeto del mantenimiento.

h) **Mantenimiento:** Conjunto de prestaciones suministradas por el **Proveedor** con el fin de asistir al **Cliente** en la correcta utilización del paquete de software y de corregir las anomalías que afecten al mismo. El mantenimiento comprende las prestaciones descritas en la estipulación 5 del contrato.

i) **Materiales:** Conjunto de máquinas sobre las que está cargado paquete de software.

j) **Nuevas versiones:** Ulteriores versiones del paquete de software que incluyen las funciones nuevas aportadas por el **Proveedor**. Su suministro está organizado bajo las condiciones previstas en el presente contrato.

k) **Parche:** Corrección incorporada a paquete de software tras la identificación de una anomalía.

l) **Puesta al día:** Versiones sucesivas del paquete de software que incorporan las correcciones de las anomalías realizadas por el **Proveedor** en el marco de la asistencia, junto con las mejoras incorporadas por el **Proveedor** en el marco del seguimiento con una periodicidad prevista anualmente.

Nota:

*Puede pactarse la **edición de nuevas versiones** del programa licenciado en contrato aparte.*

Las puestas al día no incluyen las nuevas funciones.

m) **«Release»:** Versión intermedia del paquete de software que incorpora las correcciones técnicas y funcionales menos importantes que en las actualizaciones o puestas al día, entregada al **Cliente** según su disponibilidad y con una periodicidad prevista bianual.

n) **Sitio del Cliente:** Entorno técnico constituido por la configuración material y lógica (hardware y software) sobre la que paquete de software es utilizado.

ñ) **Especificaciones:** Indicaciones técnicas relativas al funcionamiento y prestaciones del paquete de software entregados al **Cliente** en virtud del presente contrato.

o) **Seguimiento:** Prestaciones orientadas a la revisión y mejora del paquete de software, la entrega de las **puestas al día** y/o del *release*, y de la puesta al día de la documentación relacionada con paquete de software.

p) **Telemantenimiento:** Conexión por módem del **Proveedor** a la versión del paquete de software del sitio y por red telefónica que permiten detectar una anomalía y eventualmente corregirla.

"Número" Documentos contractuales

Los documentos contractuales son el presente contrato y sus Anexos.

En caso de que hubiera contradicción entre el presente contrato y los Anexos, estos últimos prevalecerán con relación al objeto que éste contiene. El contrato sólo podrá ser modificado por un acuerdo firmado por las dos partes. Dicho acuerdo tendrá el rango del documento que complete o corrija.

El contrato anula y reemplaza todo acuerdo anterior de las partes sobre el mismo objeto.

"Número" Objeto

El contrato tiene por objeto definir las condiciones y el contenido de las prestaciones de mantenimiento otorgadas por el **Proveedor** sobre la versión del paquete de software adquirida por el **Cliente** en virtud del correspondiente contrato de licencia. MCM 11370 s.

"Número" Duración

El contrato surtirá efecto desde su firma por las dos partes, con una duración inicial de un año. Del mismo modo se establece la renovación anual, por prórroga tácita, salvo que una de las partes dirija a la otra carta certificada con acuse de recibo, en la que avise con al menos tres meses de antelación a la fecha de vencimiento del contrato, su intención de no renovar el mismo. LPI art.43, 48, 48 bis, 49, 50, 51, 97; CC art.1090 s

"Número" Obligaciones del proveedor

***"Apartado"* Alcance de las prestaciones de mantenimiento**

En el marco del presente contrato, el **Proveedor** se compromete a ejecutar las siguientes prestaciones de mantenimiento.

***"Sub-Apartado"* Asistencia**

En virtud de las prestaciones de asistencia el **Proveedor** se compromete a tener en cuenta las Anomalías y tratar de remediarlas en virtud de los procedimientos descritos en este contrato.

***"Sub-Apartado"* Seguimiento**

En virtud de las prestaciones de seguimiento, el **Proveedor** está obligado a:

a) Aportar mejoras al paquete de software.

b) Entregar las puestas a punto y/o *releases* desde la fecha en la que estén disponibles.

c) Poner al día la documentación en función de las actualizaciones realizadas en concepto de mantenimiento.

***"Sub-Apartado"* Nuevas versiones**

El cliente puede elegir entre dos tipos de tarifas.

Opción A: El suministro de toda nueva versión será objeto de una facturación complementaria condicionada a la conclusión de un acuerdo adicional.

Opción B: El suministro de las nuevas versiones será gratuito durante el primer año tras la firma del contrato. Dicho suministro será objeto de una facturación complementaria a partir del segundo año, estando condicionada a la conclusión de un acuerdo adicional.

***"Apartado"* Exclusiones del mantenimiento**

Están completamente excluidas las siguientes prestaciones de mantenimiento:

a) Las prestaciones asociadas a la subsanación de anomalías causadas por una utilización de paquete de software no conforme a la documentación por parte del **Cliente**. Tampoco estarán cubiertas aquellas modificaciones de paquete de software aportadas por el **Cliente** o por un mandatario del mismo sin autorización del **Proveedor**.

b) Las prestaciones que no estén directamente vinculadas con paquete de software.

c) La reconstitución de ficheros en caso de destrucción y la salvaguarda de ficheros. El **Cliente** está obligado a realizar las salvaguardas ordinarias.

d) Las modificaciones o ajustes funcionales referentes al paquete de software requeridos por el **Cliente**.

e) Las prestaciones requeridas por la falta de instalación de las actualizaciones o *releases* del paquete de software durante los seis meses siguientes a la puesta a su disposición por el **Proveedor**.

f) Las prestaciones requeridas por el cambio de todo o parte del material o de los programas de base, que lo tornan incompatible con el paquete de software, excepto acuerdo previo del **Proveedor**.

MCM 11370 s.

g) Las prestaciones de formación, instalación, asesoramiento o asistencia que sean eventualmente propuestas por el **Proveedor** a través de contratos de formación, instalación, asesoramiento o asistencia.

h) Todo traslado o intervención en el sitio del **Cliente**.

i) La entrega de **Versiones nuevas**.

LPI art.43, 48, 48 bis, 49, 50, 51, 97; CC art.1090 s

En el supuesto de que el **Cliente** solicitara alguna de las prestaciones complementarias, éstas serán automáticamente facturadas conforme a las tarifas en vigor.

***"Apartado"* Modalidades de actuación del Proveedor**

***"Sub-Apartado"* Personal**

El **Cliente** designará un interlocutor privilegiado y un suplente, de lo cual informará por escrito al **Proveedor**. Dichas personas designadas estarán a cargo de la centralización de los pedidos y cuestiones del **Cliente** y de difundir las respuestas proporcionadas por el **Proveedor**.

***"Sub-Apartado"* Condiciones de actuación**

A) En concepto de asistencia

En el marco de la asistencia, el interlocutor privilegiado del **Cliente**, accederá a un número de teléfono del centro de asistencia telefónica del **Proveedor**, sito en *"Centro de asistencia telefónica"* a fin de obtener del **Proveedor** la corrección de las anomalías o errores del paquete de software.

Las horas de acceso del **Cliente** al Centro son las horas laborables *"indicar el horario de trabajo del Centro"*, de *"indicar los días laborables del Centro"*, con excepción de días festivos.

El **Proveedor** pondrá la mayor diligencia en responder al **Cliente**, en caso de Anomalías Mayores, en un plazo de máximo de *"número de horas laborables para anomalías mayores"*, y dentro de las *"número de horas laborables para anomalías menores"* en caso de anomalías menores. Si la llamada del **Cliente** se produce después de las *"indicar hora de la llamada"*, la respuesta se producirá el día laborable siguiente.

El **Cliente** deberá proporcionar al **Proveedor** una descripción detallada de la anomalía para permitir al **Proveedor** reproducirla.

En función de la información proporcionada por el **Cliente**, y a partir de su llamada, el **Proveedor** pondrá la mayor diligencia para analizar la naturaleza y origen de la Anomalía, y la resolverá o propondrá una solución alternativa.

Bajo este concepto, según el tipo de dificultad encontrada, la corrección en particular podrá suministrarse como sigue:

a) Para una anomalía leve: respuesta telefónica del centro de mantenimiento.

b) Para una Anomalía Grave: referenciada por el **Proveedor**:

- Envío de un parche, o

- Una modificación de los códigos ejecutables, únicamente en la versión corriente o en la versión precedente del paquete de software, o

- Una solución alternativa, o

- La propuesta al **Cliente** de pasar a la versión actual del paquete de software, o

- El reenvío de la actualización o del *release* disponible

En caso de que la corrección necesite una modificación de los códigos ejecutables, el **Proveedor** pondrá dichas correcciones a disposición del **Cliente** en soporte magnético enviado al **Cliente** o a través de servidor para su bajada a través de la red a elección del **Cliente**.

Sólo la versión corriente o la versión inmediatamente anterior del paquete de software podrá ser tenida en cuenta en la asistencia, puesto que el **Proveedor** asume los riesgos de la versión durante un tiempo máximo de un año a contar desde la fecha de la primera comercialización de la versión por el **Proveedor**.

MCM 11370 s.

El **Proveedor** se obliga a corregir la anomalía únicamente si ésta es reproducible por el **Cliente**.

La corrección se hará habida cuenta de la documentación suministrada por el constructor del material para la configuración en cuestión, del conjunto de mensajes y documentos con los códigos erróneos relevados y de la descripción que realizó el **Cliente** de la anomalía y su contexto.

LPI art.43, 48, 48 bis, 49, 50, 51, 97; CC art.1090 s

En el caso de que, de común acuerdo, el **Cliente** solicitara al **Proveedor** un desplazamiento, como pago de dicha prestación complementaria, el **Cliente** está obligado a reembolsar al **Proveedor** los gastos de transporte o traslado, previa presentación del justificante. El pago se hará conforme a las condiciones contractuales.

B) En concepto de seguimiento y control

Todas las correcciones y mejoras aportadas al paquete de software son objeto de actualizaciones o *releases*. El **Proveedor** suministrará las actualizaciones o *releases* del paquete de software al **Cliente** de acuerdo a su disponibilidad.

Estas actualizaciones y/o *releases* se entregarán al **Cliente**, a su elección, en soporte magnético enviado por correo, o por descarga a través de la red.

El **Cliente** asumirá la responsabilidad de la instalación de actualizaciones, *releases* y, en su caso, de las nuevas versiones.

"Número" obligaciones del Cliente

"Apartado"

El **Cliente** se obliga a garantizar al personal del **Proveedor** el libre acceso a su sitio, en caso de que fuera necesario, y en particular a las instalaciones y equipos de comunicación necesarios para el ejercicio de sus funciones.

"Apartado"

El **Cliente** asume bajo su responsabilidad la instalación y la utilización del paquete de software, incluyendo correcciones, mejoras o complementos suministrados en concepto de prestación de mantenimiento, de acuerdo con las reglas del arte y profesión y en especial con las especificaciones comunicadas por el **Proveedor** en la documentación remitida al **Cliente**. En este aspecto, debe asegurar especialmente que los materiales destinados a funcionar conjuntamente con el paquete de software, son operativos.

El **Cliente** se obliga a efectuar las copias de seguridad necesarias del conjunto de documentos y ficheros antes de cualquier intervención del **Proveedor**.

"Apartado"

En general, el **Cliente** cooperará de buena fe para facilitar el cumplimiento de las obligaciones a cargo del **Proveedor**. El **Cliente** se obliga especialmente a comunicar al **Proveedor**, a su requerimiento, las referencias de su contrato de mantenimiento y todos los datos necesarios para que el **Proveedor** pueda reproducir la anomalía y describir las condiciones de utilización del paquete de software, especialmente al tiempo en que sobrevino la anomalía o error.

"Apartado"

El **Cliente** podrá, con acuerdo previo del **Proveedor**, proceder al cambio de sitio. A partir de este hecho, el **Proveedor** podrá modificar las condiciones económicas del contrato, a fin de tener en cuenta los gastos complementarios originados por dicho cambio de sitio.

MCM 11370 s.

LPI art.43, 48, 48 bis, 49, 50, 51, 97; CC art.1090 s

"Número" Precio

"Apartado"

El **Cliente** se obliga a abonar los cánones anuales de mantenimiento cuyo importe se detalla en el Anexo *"número del Anexo: IMPORTE CÁNONES ANUALES DE MANTENIMIENTO"*.

"Apartado"

Cada año, el **Proveedor** incrementará sus tarifas de mantenimiento aplicando el índice del año *"especificar índice del año"*.

"Apartado"

En caso de que no estuviera disponible dicho índice, las partes lo reemplazarán por otro que esté en relación con la actividad del **Proveedor**. En caso de desacuerdo entre partes en la sustitución de dicho índice, expresamente se conviene que *"Don/Doña nombre y apellidos del designado"* decida sobre la fórmula de revisión.

"Apartado"

Además del canon de mantenimiento, el **Cliente** pagará *"especificar otros gastos a satisfacer"*.

"Apartado"

El pago de las facturas deberá hacerse en un plazo máximo de *"especificar el plazo máximo de pago"* a partir de su recepción.

"Apartado"

En caso de retardo en el pago sin causa justificada, las sumas adeudadas se incrementarán automáticamente, desde la fecha en que dichas sumas son debidas, con un interés de *"especificar tipo de interés"*.

"Apartado"

La falta de pago parcial o total de las sumas adeudadas dará derecho al **Proveedor**, desde que dicha suma es debida, de suspender la ejecución de sus obligaciones, sin perjuicio del derecho a reclamar los daños y perjuicios correspondientes. Pasados *"número de días de demora"* días de demora, el **Proveedor** podrá dar por resuelto el contrato de pleno derecho sin perjuicio de los daños y perjuicios, y sin obligación de restituir las sumas ya percibidas.

"Número" Resolución

En caso de incumplimiento sustancial de una de las partes, de las obligaciones nacidas del presente contrato, y no reparado dentro de los *"plazo de reparación del incumplimiento"* días siguientes a contar desde la notificación respectiva mediante carta certificada con acuse de recibo, la otra parte podrá considerar resuelto el contrato de pleno derecho, sin perjuicio de la indemnización de los daños y perjuicios resultantes.

"Número" Responsabilidad

El paquete de software se utilizará bajo la exclusiva dirección y responsabilidad del **Cliente**, al que corresponde:

a) Asegurar que todo programa de ordenador utilizado junto con el paquete de software no presenta defectos que puedan ser perjudiciales para el paquete de software.

b) Instalar el ejemplar del paquete de software en el material previsto, establecer los controles de funcionamiento suficientes y poner en práctica los de los métodos de utilización apropiados.

c) Tomar las medidas destinadas a prevenir cualquier consecuencia perjudicial debida al uso del paquete de software.

Bajo ningún concepto será responsable el **Proveedor** por los daños y perjuicios indirectos o imprevisibles que pudieran resultar del uso del paquete de software por el **Cliente**, o de las prestaciones complementarios proporcionadas al **Cliente**.

MCM 11370 s.

✍ **Nota:**

Se trata de una confirmación de la ***exención de responsabilidad*** *en casos de fuerza mayor.*

Las partes convienen expresamente que se considera daño indirecto todo perjuicio financiero o comercial, pérdida de ganancias, de datos, de pedidos o de clientela, así como cualquier acción entablada por un tercero contra el **Cliente**.

LPI art.43, 48, 48 bis, 49, 50, 51, 97; CC art.1090 s

"Número" Fuerza mayor

✍ **Nota:**

Ver CC *art.*1105.

No habrá responsabilidad de ninguna de las partes en caso de fuerza mayor que le impida ejecutar las obligaciones nacidas del presente contrato.

Las partes consideran, en particular, como supuestos de fuerza mayor lo siguientes: huelga, conflictos laborales, alteraciones sociales, guerra, alboroto, insurrección, atentado, terrorismo, sabotaje, amenaza, incendio, inundación, falta o demora de medios de transporte o comunicación, averías de ordenador o corte de electricidad, pandemias.

En caso de la fuerza mayor corresponde a la parte interesada, bajo pena de no poder invocarla, dentro de *"número de días"* días a partir de la producción del evento:

a) Notificar a la otra parte mediante carta certificada con acuse de recibo, la producción del evento, justificando su carácter de fuerza mayor.

b) Indicar su duración previsible.

c) Informar a la otra parte de las medidas tomadas o que piensa tomar.

La ejecución del contrato se suspenderá durante la duración del evento de fuerza mayor. Si la fuerza mayor se prolonga por más de *"especificar plazo, en meses"* meses consecutivos, cualquiera de las partes podrá requerir a la otra la rescisión del contrato mediante carta certificada con acuse de recibo, sin que la parte perjudicada por dicha rescisión tenga derecho a indemnización alguna.

"Número" Confidencialidad

Cada una de las Partes reconoce que la negociación o la ejecución del contrato pueden proporcionarle información que pertenece a la otra parte. Cada una de las partes, por consiguiente, se compromete por sí y por su personal a cumplir con la obligación de no comunicar a cualquier persona, directamente o indirectamente, cualquier información, datos o documentos (lleven o no mención de confidencialidad) obtenida con ocasión de la ejecución del contrato o de intercambios o reuniones previas a la conclusión del contrato.

Se considera especialmente confidencial y calificado como secreto empresarial a los efectos de la Ley 1/2019, el código fuente del paquete de software, sus características sustanciales, la información relacionada con la política comercial, el know-how, la estrategia industrial o la organización del **Proveedor**.

No se considera confidencial:

a) La información comunicada por una parte a la otra sin la indicación del carácter confidencial y que no sea confidencial, conforme a su naturaleza o a las reglas del arte.

b) La información desarrollada por una de las partes de manera independiente.

c) La información que está en dominio público o que cayó en él sin culpa del destinatario obligado.

La presente obligación de confidencialidad subsistirá por un plazo de cinco años a contar desde la expiración del contrato. Además, desde la fecha fijada o desde la terminación del contrato, cada parte debe restituir a la otra la totalidad de las comunicaciones documentadas, o asegurar su destrucción.

En caso de que el **Proveedor** diera su aprobación previa y expresa para que el **Cliente** ponga el paquete de software a disposición de un prestador de servicios al que le hubiera encomendado un servicio informático, el **Cliente** se obliga a que el prestador mencionado firme un compromiso en relación con el **Proveedor** para respetar las condiciones de utilización definidas en el contrato. El prestador mencionado no utilizará el paquete de software más allá de las necesidades del **Cliente**. A tales efectos, el **Cliente** garantizará el cumplimiento de las disposiciones del contrato con relación al prestador.

MCM 11370 s.

A los efectos de esta cláusula, se entiende que el personal trabajador del **Cliente**, o quienes presten para él servicios de cualquier tipo en régimen de autónomo, cuyo puesto o responsabilidad no exija tener acceso al código fuente del programa o paquete de software, tendrá la consideración de tercero y se mantendrá la necesaria y pactada confidencialidad y secreto con dicho personal.

LPI art.43, 48, 48 bis, 49, 50, 51, 97; CC art.1090 s

"Número" Subcontratación

Nota:

*El **Cliente** deberá valorar si le interesa incluir o no esta posibilidad. En algunos casos, la prestación puede tener un **carácter** esencialmente **personalísimo**.*

El **Proveedor** podrá subcontratar la ejecución de todo o parte de sus obligaciones en virtud de acuerdo. Del mismo modo, el **Proveedor** acordará con el **Cliente** la subcontratación, así como las condiciones de pago. Dicho acuerdo no podrá ser rehusado sin motivo legítimo.

"Número" Renuncia a solicitud de personal

Nota:

*El hecho de que el **Proveedor** colabore estrechamente con el **Cliente** puede suponer que éste realice **ofertas laborales** a personal de aquel. A fin de evitar dicha posibilidad es conveniente incluir esta cláusula.*

El **Cliente** renuncia, previo acuerdo escrito con el **Proveedor**, a realizar directa o indirectamente ofertas a colaboradores del **Proveedor** o a recibir sus servicios (independientemente de si fue el colaborador quien realizó la solicitud inicial).

Esta renuncia tiene un periodo de *"tiempo de validez, en meses"* meses de validez, contados desde el término o resolución por cualquier causa prevista.

En caso de incumplimiento de esta renuncia por parte del **Cliente**, éste quedará obligado a indemnizar al **Proveedor** en una cantidad igual al salario bruto (salario más cargas sociales) percibidos por el colaborador ilícitamente en los *"indicar el número de meses"* meses anteriores a su salida.

"Número" Cesión

Nota:

*La **cesión** debe contrastarse con lo dispuesto en el* CC *art.*1525.

El contrato no puede ser cedido, ni transmitido a terceros por el **Cliente**.

El **Cliente** está obligado a comunicar al **Proveedor** de un modo inmediato, toda modificación de la composición o el reparto de su capital, siempre que éste sea superior al diez por cien.

El **Proveedor** puede ceder o subcontratar la totalidad de sus derechos y obligaciones derivados del presente contrato.

Y en prueba de conformidad, ambas partes firman el presente contrato, que se extiende en dos ejemplares, igualmente originales, en el lugar y fecha indicados en su encabezamiento.

EL PROVEEDOR **EL CLIENTE**

1630

Mantenimiento de programa y sistema informáticos

MCM 11370 s.

LPI art.43, 48, 48 bis, 49, 50, 51, 97; CC art.1090 s

Nota preliminar:

- Por el contrato de mantenimiento una empresa se obliga a **actualizar los programas** informáticos licenciados, así como a solucionar cualquier problema o incidencia que pudiera afectar a la correcta ejecución de los mismos. La actualización de los programas informáticos, no obstante, puede referirse a un contrato diferente, esto es, *upgrade* o actualización.

- En este modelo, el Cliente pacta el mantenimiento en **contrato independiente**, si bien puede acordarse el mismo como una más de las prestaciones integradas en el contrato de licencia (ver nº 1625).

- En materia de contratos informáticos encontramos una **tipología variada**, en la que se observan elementos característicos de varias figuras contractuales, como el contrato de **compraventa**, el contrato de **obra**, el contrato de **arrendamiento de servicios**, el contrato de depósito (*escrow*) y otras modalidades, de ahí que más bien nos encontramos ante contratos atípicos, a los que se les pueden aplicar la normativa de **contratos típicos** que, en cada caso, se asemeje más a cada uno. En este tipo de relaciones contractuales, en las que subyacen derechos de autor sometidos a la **Ley de Propiedad Intelectual** (LPI), tenemos contratos como los siguientes:

1) Contrato de **licencia de software**.

2) Contrato de **escrow**, cuyo objeto es la garantía de acceso al código fuente.

3) Contrato de **desarrollo de programas**.

4) Cesión de los **derechos de explotación**.

5) Contrato de **mantenimiento de software o/y de hardware**.

6) Contrato de **Outsorcing**, por el que se ceden los sistemas de información de una entidad a un tercero, quien se integra en la toma de decisiones, y lo utiliza para el desarrollo de aplicaciones y actividades propias de la gestión de dichos sistemas.

7) Contrato de **ASP**, en virtud del cual una de las partes, el prestador de servicios, otorga a otra parte el cliente, un acceso a su sistema de información para que el cliente pueda beneficiarse de una clase de servicios de la sociedad de la información y/o productos informáticos alojados en los equipos del sistema de información del prestador a los que se ha accedido.

8) Contrato de **distribución de software**.

9) Contrato de cesión de **propiedad intelectual**.

10) Contrato de **prestación de servicios informáticos**, a través del cual una parte se compromete a prestar a la otra una serie de servicios informáticos a cambio de un precio.

Esta enumeración es simplemente ejemplificativa de los **tipos de contratos** informáticos, que revisten una casuística inmensa, con inclusión de los que afectan al hardware, a los que aquí nos hemos hecho referencia.

Por otro lado, el **Tribunal Supremo** ha tratado en escasas ocasiones este tipo de figuras jurídicas. En la sentencia TS 16-10-01, EDJ 33578, examina un supuesto de suministro e instalación de equipos informáticos; en la sentencia TS 12-12-88, EDJ 9722, época en que la informática aún no había alcanzado la evolución actual que muda constantemente, se declaró: "La prestación de técnicas informáticas no tiene, necesariamente, una calificación uniforme, puesto que puede consistir en un contrato de actividad, asimilable al de arrendamiento de servicios o un contrato de resultado, dentro del concepto genérico del arrendamiento de obra y puede concertase con cesión de la propiedad de los programas". Por último, la sentencia 245/2010, de 18 de mayo, examina las cuestiones que se plantean, como contrato atípico, en un contrato informático por el que "la propietaria de un programa informático, además de obligarse a prestarle la necesaria asistencia técnica complementaria, cedió a la segunda el derecho a usar, temporalmente y a cambio de una contraprestación, un programa de ordenador - que le permitiría procesar y dar determinado tratamiento a las votaciones y opiniones exteriorizadas por el público por mensajes telefónicos cortos o *short message service*, mediante teléfonos móviles" (AP Barcelona 19-10-21, EDJ 777531).

Nuevas Tecnologías

MCM 11370 s.

Nota preliminar:

- En ocasiones, si no se especifica correctamente, puede ser complicado distinguir entre este tipo de contrato y el de **desarrollo o encargo**. Debe entenderse que un criterio fundamental para distinguir uno de otro es que en el contrato de mantenimiento puede caber un desarrollo o creación de programa informático, pero a efectos de "parchear" el software objeto del mantenimiento. Si realiza otras funcionalidades, entendemos que ya nos hallamos ante otro tipo de contratación.

- El modelo presupone unas circunstancias determinadas que serán las más **frecuentes**. Si en el caso concreto existen circunstancias particulares no previstas, deberá completarse o modificarse el modelo adaptándolo a las mismas.

LPI art.43, 48, 48 bis, 49, 50, 51, 97; CC art.1090 s

En *"localidad"*, a *"fecha"*

REUNIDOS:

De una parte,

"Don/Doña nombre y apellidos de la parte", mayor de edad, *"estado civil de la parte" "... "especificar el régimen económico matrimonial de la parte" ...* ", de nacionalidad *"nacionalidad de la parte"*, con domicilio a estos efectos en *"domicilio de la parte"*, *"...con DNI/NIF número "DNI/NIF de la parte" ... O ... con tarjeta de residencia número "número de tarjeta de residencia de la parte" ... O ... pasaporte número "número de pasaporte de la parte", expedido el "fecha de expedición del pasaporte de la parte" ... O ... "reseñar otros documentos aportados por la parte" ...* ", vigente hasta el *"fecha de vigencia de la documentación aportada por la parte"*.

Interviene en nombre y representación de la sociedad mercantil denominada *"denominación de la Sociedad"*, domiciliada en *"domicilio de la Sociedad"*, y con NIF número *"NIF de la Sociedad"*, constituida, por tiempo indefinido, mediante escritura otorgada ante el notario de *"lugar del notario que autorizó la escritura pública"*, *"Don/Doña nombre y apellidos del notario que autorizó la escritura pública"*, el *"fecha de autorización de la escritura pública"*, e inscrita en el Registro Mercantil de *"datos de la inscripción registral (localidad del Registro Mercantil, tomo, folio, sección, hoja e inscripción)"*, en su calidad de

➤➤

○ **Si representa como cargo social:**

"...administrador único ... O ... administrador solidario ... O ... consejero delegado ... O ... "especificar la representación del cargo social" ... " de la reseñada sociedad, cargo para el que fue nombrado y asegura vigente en escritura otorgada el *"fecha de escritura del nombramiento del cargo"*, ante el notario de *"lugar donde radica la notaría en la que se autorizó la escritura del nombramiento"*, *"Don/Doña nombre y apellidos del notario que autorizó la escritura del nombramiento"*, con el número *"número de protocolo del notario que autorizó la escritura del nombramiento"* de su protocolo, e inscrita en el Registro Mercantil de *"localidad del Registro Mercantil de la escritura de nombramiento"*, en el tomo y hoja arriba indicados.

○ **Si representa como apoderado:**

apoderado de la reseñada sociedad, según escritura de poder otorgada a su favor, en *"fecha de escritura del otorgamiento del poder"*, ante el notario de *"lugar donde radica la notaría en la que se autorizó la escritura de poder"*, *"Don/Doña nombre y apellidos del notario que autorizó la escritura de poder"*, con el número *"número de protocolo del notario que autorizó la escritura de poder"* de su protocolo *"...e inscrita en el Registro Mercantil de "localidad del Registro Mercantil de la escritura de poder" ...* ", en el tomo y hoja arriba indicados.

≺≺

En adelante, la **Empresa Arrendataria**.

MCM 11370 s.

De otra parte,

"Don/Doña nombre y apellidos de la parte", mayor de edad, *"estado civil de la parte" "... "especificar el régimen económico matrimonial de la parte" ... "*, de nacionalidad *"nacionalidad de la parte"*, con domicilio a estos efectos en *"domicilio de la parte"*, *"...con DNI/NIF número "DNI/NIF de la parte"... O ... con tarjeta de residencia número "número de tarjeta de residencia de la parte" ... O ... pasaporte número "número de pasaporte de la parte", expedido el "fecha de expedición del pasaporte de la parte" ... O ... "reseñar otros documentos aportados por la parte" ... "*, vigente hasta el *"fecha de vigencia de la documentación aportada por la parte"*.

LPI art.43, 48, 48 bis, 49, 50, 51, 97; CC art.1090 s

Interviene en nombre y representación de la sociedad mercantil denominada *"denominación de la Sociedad"*, domiciliada en *"domicilio de la Sociedad"*, y con NIF número *"NIF de la Sociedad"*, constituida, por tiempo indefinido, mediante escritura otorgada ante el notario de *"lugar del notario que autorizó la escritura pública"*, *"Don/Doña nombre y apellidos del notario que autorizó la escritura pública"*, el *"fecha de autorización de la escritura pública"*, e inscrita en el Registro Mercantil de *"datos de la inscripción registral (localidad del Registro Mercantil, tomo, folio, sección, hoja e inscripción)"*, en su calidad de

>>

○ **Si representa como cargo social:**

"...administrador único ... O ... administrador solidario ... O ... consejero delegado ... O ... "especificar la representación del cargo social" ... " de la reseñada sociedad, cargo para el que fue nombrado y asegura vigente en escritura otorgada el *"fecha de escritura del nombramiento del cargo"*, ante el notario de *"lugar donde radica la notaría en la que se autorizó la escritura del nombramiento"*, *"Don/Doña nombre y apellidos del notario que autorizó la escritura del nombramiento"*, con el número *"número de protocolo del notario que autorizó la escritura del nombramiento"* de su protocolo, e inscrita en el Registro Mercantil de *"localidad del Registro Mercantil de la escritura de nombramiento"*, en el tomo y hoja arriba indicados.

○ **Si representa como apoderado:**

apoderado de la reseñada sociedad, según escritura de poder otorgada a su favor, en *"fecha de escritura del otorgamiento del poder"*, ante el notario de *"lugar donde radica la notaría en la que se autorizó la escritura de poder"*, *"Don/Doña nombre y apellidos del notario que autorizó la escritura de poder"*, con el número *"número de protocolo del notario que autorizó la escritura de poder"* de su protocolo *"...e inscrita en el Registro Mercantil de "localidad del Registro Mercantil de la escritura de poder" ... "*, en el tomo y hoja arriba indicados.

En adelante, la **Empresa de Mantenimiento**.

Las partes se reconocen la capacidad legal necesaria para contratar y obligarse y, a tal efecto

EXPONEN:

I. Que la **Empresa Arrendataria** es una empresa dedicada a *"objeto social de la empresa arrendataria"*.

II. Que la **Empresa Arrendataria** es titular de los derechos de explotación sobre el software denominado *"nombre del software"* (en adelante, el programa).

III. Que la **Empresa Arrendataria** es igualmente titular de todos los derechos de propiedad intelectual o industrial que existen y recaen sobre el equipo que va a ser objeto de instalación y mantenimiento (en adelante, el Sistema).

IV. Que la **Empresa de Mantenimiento** es una empresa dedicada a *"objeto social de la empresa de mantenimiento"*.

V. Que la **Empresa Arrendataria** desea que la **Empresa de Mantenimiento** proceda al mantenimiento del programa y del sistema en las plantas de *"especificar las plantas"* que son de su propiedad.

MCM 11370 s.

VI. Que tanto la **Empresa Arrendataria** como la **Empresa de Mantenimiento** se reconocen mutuamente capacidad para la celebración del presente contrato a través de las personas que legítimamente las representen.

VII. Que el mantenimiento del programa y del sistema se va a llevar a cabo de acuerdo con las siguientes

ESTIPULACIONES:

LPI art.43, 48, 48 bis, 49, 50, 51, 97; CC art.1090 s

"Número" Mantenimiento. Definiciones
De acuerdo con lo previsto en ésta y en las siguientes cláusulas relativas a las obligaciones de mantenimiento y reparación, se entiende

a) Por **usuario final**, todos aquellos clientes de la **Empresa Arrendataria** a los que se haya suministrado con el programa.

b) Por **hardware**, los elementos previstos en el manual.

c) Por **producto**, todos aquellos elementos de hardware o software (incluido el programa y el sistema) a los que se prestarán los servicios de acuerdo con lo dispuesto en las cláusulas de este contrato.

d) Por **manual**, los catálogos de productos que se adjunta a este contrato y que forman parte del mismo.

e) Por **servicios**, el mantenimiento del **hardware** y/o **software** efectuados por el suministrador a la **Empresa Arrendataria** de acuerdo con lo dispuesto en este contrato.

f) Por **sitio**, los lugares donde se instalen los productos.

g) Por **programa o software**, el software *"nombre del software"*.

h) Por **centro de apoyo y mantenimiento de la Empresa Arrendataria**, la dirección de la **Empresa Arrendataria**, número de teléfono o fax, dirección de correo electrónico o cualquier otra dirección especificada en el manual.

i) Por **sistema**, los productos fabricados o suministrados por la **Empresa Arrendataria** para su uso en combinación recíproca.

"Número" Ejecución del servicio de mantenimiento y reparación

✍ **Nota:**

*Normalmente, este tipo de servicios se incluye en **condiciones generales de la contratación**.*

Todos los servicios de mantenimiento y reparación serán prestados en el horario de trabajo usual de la **Empresa de Mantenimiento**, esto es, de *"indicar el horario de trabajo de la empresa"*, de *"indicar los días laborables de la empresa"*, con exclusión de los periodos festivos y de vacaciones establecidos legalmente, ya sea por normativa nacional o por normativa autonómica. Los servicios prestados fuera de las horas normales de prestación podrán ser llevados a cabo mediante petición concreta de la **Empresa Arrendataria** y de acuerdo con las tarifas que se señalan en el manual.

"Número" Sobre la elección de los servicios en relación con el hardware
Con el fin de mantener una conexión efectiva y niveles de ejecución óptimos en el equipamiento, todos los productos de la **Empresa Arrendataria** interconectados en un sitio deben incluirse como productos en el manual correspondiente.

Los productos deben encontrarse en condiciones normales de operatividad tal y como determine la **Empresa Arrendataria**.

"Número" Servicios de hardware
La **Empresa de Mantenimiento** llevará a cabo los siguientes servicios de hardware:

a) La **Empresa de Mantenimiento** realizará todos los esfuerzos razonables para personarse en el sitio y efectuar la reparación del producto de hardware o mantenimiento dentro de las *"número de horas laborables"* siguientes al momento de recepción de la solicitud de la **Empresa Arrendataria**.

b) La **Empresa de Mantenimiento** llevará a cabo todo el trabajo necesario durante el periodo de cobertura contratado, extendiéndose este compromiso a todos los materiales necesarios para mantener los productos en buenas condiciones de funcionamiento.

c) Los servicios incluyen la diagnosis y corrección de los fallos y el mal funcionamiento del equipamiento. Los arreglos pueden consisten en procedimientos temporales que deberán ser continuados por la **Empresa de Mantenimiento** en tanto se consiga una reparación definitiva. Si la **Empresa Arrendataria** decide que son necesarias partes adicionales o determinados repuestos, la continuación de los servicios podrá ser interrumpida, siendo reanudada tan pronto como tales partes o repuestos estén a disposición de la **Empresa Arrendataria**.

MCM 11370 s.

LPI art.43, 48, 48 bis, 49, 50, 51, 97; CC art.1090 s

d) Dentro de lo establecido en este contrato, la **Empresa de Mantenimiento** llevará a cabo rutinas de mantenimiento preventivas en todos los productos en los que tales rutinas sean aplicables. Este tipo de mantenimiento preventivo será llevado a cabo durante las horas normales de trabajo, si bien si así lo requiere la **Empresa Arrendataria**.

e) La **Empresa de Mantenimiento** tendrá a su disposición una línea telefónica de ayuda durante el horario laboral usual o, si así se acuerda por las partes, incluso durante el resto del horario, con el objeto de dar cuenta del mal funcionamiento en el equipo.

"Número" Duración

El contrato surtirá efecto desde su firma por las dos partes, con una duración inicial de un año. Del mismo modo se establece la renovación anual, por prórroga tácita, salvo que una de las partes dirija a la otra carta certificada con acuse de recibo, en la que avise con al menos tres meses de antelación a la fecha de vencimiento del contrato, su intención de no renovar el mismo.

"Número" Precio

La **Empresa Arrendataria** se obliga a abonar los cánones anuales de mantenimiento cuyo importe se detalla en el Anexo 1.

Cada año la **Empresa de Mantenimiento** incrementará sus tarifas de mantenimiento aplicando el índice del año *"especificar el índice del año"*.

Además de la remuneración establecida como mantenimiento, la **Empresa Arrendataria** pagará el IVA u otros impuestos que sean aplicables.

El pago de las facturas deberá hacerse en un plazo máximo de *"especificar el plazo máximo de pago"* a partir de su recepción.

La falta de pago parcial o total de las sumas adeudadas dará derecho a la **Empresa de Mantenimiento**, desde que dicha suma es debida, de suspender la ejecución de sus obligaciones, sin perjuicio del derecho a reclamar los daños y perjuicios correspondientes. Pasados treinta días de demora, la **Empresa de Mantenimiento** podrá dar por resuelto el contrato de pleno derecho con más daños y perjuicios, y sin obligación de restituir las sumas ya percibidas.

"Número" Resolución

En caso de incumplimiento sustancial de una de las partes, de las obligaciones nacidas del presente contrato, y no reparado dentro de los *"plazo de reparación del incumplimiento"* días siguientes a contar desde la notificación respectiva mediante carta certificada con acuse de recibo, la otra parte podrá considerar resuelto el contrato de pleno derecho, sin perjuicio de la indemnización de los daños y perjuicios resultantes.

"Número" Fuerza mayor

Las partes consideran como casos de fuerza mayor, entre otros los siguientes: huelga, conflictos laborales, alteraciones sociales, guerra, alboroto, insurrección, atentado, sabotaje, amenaza, terrorismo, incendio, inundación, falta o demora de medios de transporte o comunicación, averías de ordenador y los cortes de electricidad, pandemias.

En caso de la fuerza mayor corresponde a la parte interesada, bajo pena de no poder invocarla, dentro de *"número de días"* días a partir de la producción del evento:

MCM 11370 s.

a) Notificar a la otra parte mediante carta certificada con acuse de recibo, la producción del evento, justificando su carácter de fuerza mayor.

b) Indicar su duración previsible.

c) Informar a la otra parte de las medidas tomadas o que piensa tomar.

LPI art.43, 48, 48 bis, 49, 50, 51, 97; CC art.1090 s

La ejecución del contrato se suspenderá durante la duración del evento de fuerza mayor. Si la fuerza mayor se prolonga por más de *"especificar plazo, en meses"* meses consecutivos, cualquiera de las partes podrá requerir a la otra la rescisión del contrato mediante carta certificada con acuse de recibo, sin que la parte perjudicada por dicha rescisión tenga derecho a indemnización alguna.

"Número" Confidencialidad

 **Nota:**

Se trata de una cláusula importante en la medida en que el Prestador del servicio puede llegar a tener ***acceso a información confidencial*** *(p.e. datos personales).*

Cada una de las partes reconoce que la negociación o la ejecución del contrato pueden proporcionarle información que pertenece a la otra parte. Cada una de las partes, por consiguiente, se compromete por sí y por su personal a cumplir con la obligación de no comunicar a cualquier persona, directamente o indirectamente, cualquier información, datos o documentos (lleven o no mención de confidencialidad) obtenida con ocasión de la ejecución del contrato o de intercambios o reuniones previas a la conclusión del contrato.

Se considera especialmente confidencial y configurado como secreto empresarial al amparo de la Ley 1/2019, el código fuente del software, sus características sustanciales, la información relacionada con la política comercial, el know-how, la estrategia industrial o la organización de la **Empresa Arrendataria**.

No se considera confidencial:

a) La información comunicada por una parte a la otra sin la indicación del carácter confidencial y que no sea confidencial, conforme a su naturaleza o a las reglas del arte.

b) La información desarrollada por una de las partes de manera independiente.

c) La información que esté en dominio público o que cayó en él sin culpa del destinatario obligado.

La presente obligación de confidencialidad subsistirá por un plazo de cinco años a contar desde la expiración del contrato. Además, desde la fecha fijada o desde la terminación del contrato, cada parte debe restituir a la otra la totalidad de las comunicaciones documentadas, o asegurar su destrucción.

A los efectos de esta cláusula, se entiende que el personal trabajador de la **Empresa de mantenimiento**, o quienes presten para ella servicios de cualquier tipo en régimen de autónomo, cuyo puesto o responsabilidad no exija tener acceso al código fuente del programa o paquete de software, tendrá la consideración de tercero y se mantendrá la necesaria y pactada confidencialidad y secreto con dicho personal.

Y en prueba de conformidad, ambas partes firman el presente contrato, que se extiende en dos ejemplares, igualmente originales, en el lugar y fecha indicados en su encabezamiento.

LA EMPRESA ARRENDATARIA **LA EMPRESA DE MANTENIMIENTO**

Depósito de código fuente o «escrow»

MCM 11385 s.

Nota preliminar:

- En el contrato de depósito o *escrow* la parte depositaria debe ser una persona privada. Si se requiriese la presencia de un **notario** o fedatario público, en puridad no sería un depósito, ya que el notario no puede actuar como tal. Más bien estaríamos ante un acta de requerimiento al notario por la que el Licenciante se compromete en documento público a liberar la entrega de los códigos fuentes y otro material que sea menester a favor del Licenciatario en determinadas condiciones.

CC art.1758 s

- Por virtud de este contrato el Licenciante asegura al Licenciatario de un programa informático la disponibilidad de este último para determinados casos de **desaparición** de aquel o imposibilidad de seguir suministrando mejoras o versiones sucesivas. De ese modo, se asegura al Licenciatario la posibilidad de seguir usando el programa informático licenciado.

- Deben dejarse en depósito los **elementos** que se consideran como **imprescindibles** para que el Licenciatario pueda seguir usando el programa informático licenciado y, en su caso, modificarlo para nuevos usos o necesidades.

- El modelo presupone unas circunstancias determinadas que serán las más **frecuentes**. Si en el caso concreto existen circunstancias particulares no previstas, deberá completarse o modificarse el modelo adaptándolo a las mismas.

En *"localidad"*, a *"fecha"*

REUNIDOS:

De una parte,
"Don/Doña nombre y apellidos de la parte", mayor de edad, *"estado civil de la parte"* *"... "especificar el régimen económico matrimonial de la parte" ... "*, de nacionalidad *"nacionalidad de la parte"*, con domicilio a estos efectos en *"domicilio de la parte"*, *"...con DNI/NIF número "DNI/NIF de la parte" ... O ... con tarjeta de residencia número "número de tarjeta de residencia de la parte" ... O ... pasaporte número "número de pasaporte de la parte", expedido el "fecha de expedición del pasaporte de la parte" ... O ... "reseñar otros documentos aportados por la parte" ... "*, vigente hasta el *"fecha de vigencia de la documentación aportada por la parte"*.

Interviene en nombre y representación de la sociedad mercantil denominada *"denominación de la Sociedad"*, domiciliada en *"domicilio de la Sociedad"*, y con NIF número *"NIF de la Sociedad"*, constituida, por tiempo indefinido, mediante escritura otorgada ante el notario de *"lugar del notario que autorizó la escritura pública"*, *"Don/Doña nombre y apellidos del notario que autorizó la escritura pública"*, el *"fecha de autorización de la escritura pública"*, e inscrita en el Registro Mercantil de *"datos de la inscripción registral (localidad del Registro Mercantil, tomo, folio, sección, hoja e inscripción)"*, en su calidad de

➤➤

❍ **Si representa como cargo social:**

"...administrador único ... O ... administrador solidario ... O ... consejero delegado ... O ... "especificar la representación del cargo social" ... " de la reseñada sociedad, cargo para el que fue nombrado y asegura vigente en escritura otorgada el *"fecha de escritura del nombramiento del cargo"*, ante el notario de *"lugar donde radica la notaría en la que se autorizó la escritura del nombramiento"*, *"Don/Doña nombre y apellidos del notario que autorizó la escritura del nombramiento"*, con el número *"número de protocolo del notario que autorizó la escritura del nombramiento"* de su protocolo, e inscrita en el Registro Mercantil de *"localidad del Registro Mercantil de la escritura de nombramiento"*, en el tomo y hoja arriba indicados.

○ **Si representa como apoderado:**

MCM 11385 s. apoderado de la reseñada sociedad, según escritura de poder otorgada a su favor, en *"fecha de escritura del otorgamiento del poder"*, ante el notario de *"lugar donde radica la notaría en la que se autorizó la escritura de poder"*, *"Don/Doña nombre y apellidos del notario que autorizó la escritura de poder"*, con el número *"número de protocolo del notario que autorizó la escritura de poder"* de su protocolo *"...e inscrita en el Registro Mercantil de "localidad del Registro Mercantil de la escritura de poder" ..."*, en el tomo y hoja arriba indicados.

CC art.1758 s ≺≺

En adelante, el **Licenciante**.

De otra parte,

"Don/Doña nombre y apellidos de la parte", mayor de edad, *"estado civil de la parte" "..."especificar el régimen económico matrimonial de la parte" ..."*, de nacionalidad *"nacionalidad de la parte"*, con domicilio a estos efectos en *"domicilio de la parte"*, *"...con DNI/NIF número "DNI/NIF de la parte" ... O ... con tarjeta de residencia número "número de tarjeta de residencia de la parte" ... O ... pasaporte número "número de pasaporte de la parte", expedido el "fecha de expedición del pasaporte de la parte" ... O ... "reseñar otros documentos aportados por la parte" ..."*, vigente hasta el *"fecha de vigencia de la documentación aportada por la parte"*.

Interviene

≻≻

○ **Si interviene en su propio nombre:**

en su propio nombre y derecho.

○ **Si interviene como representante:**

en nombre y representación

≻

○ Si representa a persona física:

de *"Don/Doña nombre y apellidos del representado"*, mayor de edad, *"estado civil del representado"*, con domicilio en *"domicilio del representado"* y provisto de D.N.I./N.I.F. número *"DNI/NIF del representado"*, según consta en escritura de poder, otorgada ante el notario de *"lugar donde radica la notaría en la que se autorizó la escritura de poder de representación (persona física)"*, *"Don/Doña nombre y apellidos del notario que autorizó la escritura de poder de representación (persona física)"*, el *"fecha de escritura de poder de representación (persona física)"*, con el número *"número de protocolo del notario que autorizó la escritura de poder de representación (persona física)"* de su orden de protocolo.

○ Si representa a persona jurídica:

de la sociedad mercantil denominada *"denominación social"*, domiciliada en *"domicilio social"*, y con NIF número *"NIF de la sociedad"*, constituida, por tiempo indefinido, mediante escritura otorgada ante el notario de *"lugar donde radica la notaría en la que se autorizó la escritura de poder de representación (persona jurídica)"*, *"Don/Doña nombre y apellidos del notario que autorizó la escritura de poder de representación (persona jurídica)"*, el *"fecha de escritura de poder de representación (persona jurídica)"*, e inscrita en el Registro Mercantil de *"datos de la inscripción registral (localidad del Registro Mercantil, tomo, folio, sección, hoja e inscripción)"*, en su calidad de

MCM 11385 s.

- Si representa como cargo social:

"...*administrador único* ... *O* ... *administrador solidario* ... *O* ... *consejero delegado* ... *O* ... *"especificar la representación del cargo social"* ... " de la reseñada sociedad, cargo para el que fue nombrado y asegura vigente en escritura otorgada el *"fecha de escritura del nombramiento del cargo"*, ante el notario de *"lugar donde radica la notaría en la que se autorizó la escritura del nombramiento"*, *"Don/Doña nombre y apellidos del notario que autorizó la escritura del nombramiento"*, con el número *"número de protocolo del notario que autorizó la escritura del nombramiento"* de su protocolo, e inscrita en el Registro Mercantil de *"localidad del Registro Mercantil de la escritura de nombramiento"*, en el tomo y hoja arriba indicados. CC art.1758 s

- Si representa como apoderado:

apoderado de la reseñada sociedad, según escritura de poder otorgada a su favor, en *"fecha de escritura del otorgamiento del poder"*, ante el notario de *"lugar donde radica la notaría en la que se autorizó la escritura de poder"*, *"Don/Doña nombre y apellidos del notario que autorizó la escritura de poder"*, con el número *"número de protocolo del notario que autorizó la escritura de poder"* de su protocolo *"...e inscrita en el Registro Mercantil de "localidad del Registro Mercantil de la escritura de poder"* ... ", en el tomo y hoja arriba indicados.

En adelante, el **Licenciatario**.

Las partes se reconocen la capacidad legal necesaria para contratar y obligarse y, a tal efecto

EXPONEN:

I. Que el **Licenciante** es una sociedad mercantil válidamente constituida de acuerdo con la legislación española, cuyo objeto principal es el desarrollo de programas informáticos, su comercialización y la prestación de servicios.

II. Que el **Licenciante** es titular de los derechos de explotación de los programas de ordenador que figuran listados en el Anexo 1 al presente contrato (en adelante, el software).

III. Que el **Licenciatario** distribuye el software, en virtud del contrato de cesión del derecho de distribución firmado por ambas partes en *"especificar localidad"* (en adelante, el Contrato de Distribución).

IV. Que el **Licenciatario** está interesado en la realización del depósito del código fuente del software, para protegerse frente a posibles pérdidas y daños sufridos en el supuesto de, entre otras causas, incumplimiento de las obligaciones contractuales asumidas por el **Licenciante** en el contrato de distribución.

V. Que ambas partes acuerdan requerir al notario de la ciudad de *"localidad del notario"* para que ante él se haga el depósito del código fuente del software, cumpliendo con todas las especificaciones previstas en el presente contrato.

VI. Que, de acuerdo con los expositivos precedentes, ambas partes han convenido la formalización del presente contrato de depósito o escrow, que se regirá por lo establecido en la legislación española vigente en materia de Propiedad Intelectual, Código Civil y de Comercio y de manera especial por las siguientes

ESTIPULACIONES:

Primera. Objeto del contrato

El presente contrato tiene por objeto garantizar al **Licenciatario** el acceso a la totalidad del código fuente del software, compilador y documentación relacionada, cuando concurran determinadas circunstancias que se especifican en las estipulaciones siguientes. Para ello, se depositan los elementos descritos en la estipulación segunda siguiente ante el notario, pudiendo ser retirados por el **Licenciatario** con los límites y condiciones que más adelante se especifican.

Segunda. Objeto del depósito

MCM 11385 s.

En el Acto del depósito el **Licenciante** procederá a formalizarlo sobre los siguientes elementos:

a) La totalidad del código fuente del software, en soporte CD-ROM.

b) El código fuente del programa compilador del software, en soporte CD-ROM.

c) Una copia del análisis funcional, diseño técnico y diagramas de flujo del software.

En adelante se referirá a ellos conjuntamente como los elementos.

CC art.1758 s

Tercera. Duración

El presente contrato tendrá una duración de *"ámbito temporal de vigencia del contrato"* a partir de la firma del mismo por ambas Partes, siendo prorrogable tácitamente, por idénticos períodos de un año cada uno, salvo que el **Licenciatario** notifique al **Licenciante** su intención de no proceder a su prórroga, con una antelación mínima de 30 días respecto a la conclusión del período inicial de duración o cualquiera de sus prórrogas. Todo ello, a salvo de la terminación anticipada del presente contrato, por las causas y circunstancias recogidas expresamente en el mismo.

Cuarta. Gastos

Los gastos que se deriven de la formalización, ejecución, renovación o terminación del presente contrato correrán, en todo caso, por cuenta del **Licenciante**, incluidos los aranceles, impuestos, tasas o precios públicos que pudieran devengarse.

Como consecuencia de lo previsto en el apartado anterior, el notario facturará directamente al **Licenciante** las correspondientes facturas, según lo pactado por ambas partes al respecto.

Quinta. Supuestos de retirada

Nota:

> ***Ampliar o disminuir los supuestos de retirada*** *es algo que se suele dejar a la voluntad de las partes. Es ésta la verdadera esencialidad del contrato de depósito de código fuente.*

El **Licenciatario** podrá retirar los elementos en los siguientes casos:

a) Incumplimiento grave y reiterado de las condiciones establecidas en el contrato de distribución vigente en ese momento, entre el **Licenciante** y el **Licenciatario**, siempre que este incumplimiento no se deba o sea consecuencia de la actuación del **Licenciatario** o de un tercero no autorizado por el **Licenciante**.

b) Incumplimiento por el **Licenciante** del contenido del presente contrato, incluido el impago de las cantidades debidas al notario en concepto de precio por el depósito de los elementos.

c) Con carácter general, en los siguientes supuestos:

c.1. Disolución, absorción o pérdida de la personalidad jurídica por parte del **Licenciante**.

c.2. Liquidación del patrimonio social del **Licenciante** por cualesquiera causas.

c.3. Cualquier cambio en la actividad u objeto social del **Licenciante** que lo imposibilite para el correcto cumplimiento de las obligaciones contratadas con el **Licenciatario** referentes al software.

Sexta. Procedimientos de retirada

Nota:

> *Es muy importante establecer los sistemas y procedimientos de retirada, de manera tal que sólo el* ***Licenciatario*** *autorizado, y en los casos permitidos, pueda hacerlo bajo la estricta* ***observancia del Notario****.*

Ante la concurrencia de cualquiera de las circunstancias enumeradas en la estipulación quinta anterior, el **Licenciatario** podrá proceder a la retirada de los elementos depositados, mediante los procedimientos siguientes, atendiendo al supuesto de retirada del que se trate:

a) Cuando se cumpla el supuesto de retirada referido en la letra a) de la Estipulación quinta anterior, el **Licenciatario** deberá poner en conocimiento del **Licenciante**, expresamente y por escrito, con anterioridad a la retirada de los elementos, las causas del incumplimiento, del contrato de distribución o del presente contrato. Si en un plazo de 30 días desde la recepción de esta comunicación por el **Licenciante**, éste no subsanara el incumplimiento, el **Licenciatario** iniciará un procedimiento arbitral, ante el órgano de arbitraje de la Cámara de Comercio de Madrid, quien, atendiendo a sus normas de arbitraje, decidirá sobre si existe el incumplimiento alegado por el **Licenciatario**, que le capacitará para retirar los elementos depositados. Las partes acuerdan someterse expresamente al laudo arbitral que se dicte. Únicamente si el laudo reconoce la existencia del incumplimiento del contrato, el **Licenciatario** podrá retirar los elementos depositados, mediante la mera exhibición del mencionado laudo al notario.

MCM 11385 s.

CC art.1758 s

b) Cuando tenga lugar cualquiera de las circunstancias previstas en la letra c) de la estipulación quinta anterior, el **Licenciatario** podrá proceder a la retirada de los elementos depositados, inmediatamente, mediante la mera exhibición al notario de la siguiente documentación atendiendo a la circunstancia de la que se trate:

b.1) En caso de disolución, absorción o pérdida de la personalidad jurídica, certificación del Registro Mercantil en la que se acredite tal extremo.

b.2) En caso de liquidación del patrimonio social, documento público pertinente en el que se acredite este extremo.

b.3) En caso de cambio de actividad, certificación del Registro Mercantil acreditando el cambio en el objeto social del **Licenciante**.

Séptima. Identificación del usuario

El notario debe entregar los elementos depositados exclusivamente en los supuestos previstos en la Estipulación quinta anterior y según el procedimiento descrito en la estipulación sexta anterior, ambas del presente contrato, a la persona suficientemente apoderada para ello en nombre y representación del **Licenciatario**, en el mismo estado en que la recibió, sin usar o acceder al objeto del depósito.

El notario deberá comprobar la identidad de la persona que le solicita la retirada de los elementos.

Octava. Garantía

El **Licenciante** garantiza que entre los elementos depositados se encuentra la totalidad del código fuente del software, de la aplicación compiladora y de la documentación preparatoria del software. Asimismo, el **Licenciante** garantiza expresamente que ninguno de los elementos depositados, contiene artificio lógico alguno, ni mecanismo, que impida:

a) La compilación del código fuente del software.

b) La obtención, mediante la compilación del código fuente depositado, de un código objeto del software cuyo funcionamiento sea el garantizado en el manual de usuario por el **Licenciante**.

c) La transformación, uso o reproducción, tanto del código fuente depositado como del código objeto obtenido mediante el proceso de compilación.

Novena. Actualización del depósito

Nota:

*Para casos de actualización o **edición de nuevas versiones** del programa informático.*

El **Licenciante** procederá a actualizar los elementos del depósito, sustituyendo los depositados por los elementos que incluyan las modificaciones, cuando concurra cualquiera de las siguientes circunstancias:

a) Dentro de los *"especificar días hábiles"* siguientes a la fecha en la que el **Licenciante** proceda a la liberación de una nueva versión del software o cuando sin que se trate de una nueva versión las actualizaciones llevadas a cabo en el software resulten sustanciales.

b) Dentro de los *"indicar días hábiles"* de cada año de duración del presente contrato.

c) El **Licenciante** garantiza expresamente que los elementos que deposite en cumplimiento de lo dispuesto en la presente estipulación cumplirán igualmente con lo garantizado en la estipulación octava anterior.

MCM 11385 s.

Décima. Escrow plural

Nota:

CC art.1758 s

*Habrá de analizarse si se da el supuesto descrito o no. Normalmente, puede ocurrir que los **licenciatarios autorizados** sean varios.*

Si ante el acontecimiento de uno de los supuestos de retirada de los previstos en la estipulación quinta anterior, que afecte a una pluralidad de personas con el mismo derecho que el **Licenciatario**, ésta procederá, dentro de *"número de días"* días siguientes a la fecha en que retiró los elementos depositados, y tras haber llevado a cabo una copia de los mismos, a la devolución al notario de los mencionados elementos.

Tanto el retraso en la devolución, como el no llevarla a cabo, dará derecho al resto de las personas con derecho a los elementos a obtener una indemnización por los daños y perjuicios ocasionados, por parte del **Licenciatario**.

El **Licenciatario** se responsabiliza plenamente de la conservación y devolución de los elementos en el mismo estado que los recibió del notario, en cumplimiento de lo dispuesto en el párrafo anterior de la presente estipulación.

Undécima. Resolución

Serán justas causas de resolución del presente contrato:

a) En caso de terminación normal o resolución, ya sea por acuerdo mutuo de las partes o por incumplimiento del **Licenciatario** del contrato de distribución.

b) Por incumplimiento de cualquiera de las partes del contenido del presente contrato, sin que fuera subsanado dentro de los *"número de días para subsanar"* días siguientes a la notificación por la otra parte solicitando la subsanación del incumplimiento.

Duodécima. Confidencialidad

Nota:

*El hecho de que el **Licenciatario** tenga acceso al código fuente del programa licenciado **no** le autoriza a **divulgarlo**. Quedan vigentes, en cualquier caso, las obligaciones de confidencialidad sobre el mismo.*

Las partes acuerdan tratar confidencialmente los datos, documentación e información respectivos que estén marcados como confidenciales o que por su naturaleza lo sean y a utilizar la información obtenida únicamente para la realización del objeto de este contrato.

Las partes garantizan que todo empleado de su entidad o cualquier profesional que contrate la misma que necesite tener acceso a la información confidencial, guardará el deber de no divulgar la citada información en los términos de esta estipulación.

En ningún caso tendrá carácter confidencial la información referente a:

a) Cualquier tema que aparezca en bibliografías públicas o que pase a ser de dominio público, salvo cuando llegue a serlo como consecuencia del incumplimiento de una por las partes, del presente pacto de confidencialidad.

b) Cualquier información o conocimiento adquirido de terceros.

c) Divulgación requerida por ley o alguna normativa.

MCM 11385 s.

Las obligaciones de confidencialidad contenidas en esta estipulación seguirán teniendo validez mientras la información siga manteniendo el carácter de confidencial, incluso después de la terminación del presente contrato.

Y en prueba de conformidad, ambas partes firman el presente contrato, que se extiende en dos ejemplares, igualmente originales, en el lugar y fecha indicados en su encabezamiento.

CC art.1758 s

EL LICENCIANTE **EL LICENCIATARIO**

1640

Distribución de programas informáticos

MCM 11425 s.

LPI art.19, 43, 48, 48 bis, 95 s

Nota preliminar:

- Se trata de un **contrato de distribución simple**, sin cláusulas especiales.

- En principio, la distribución, como acto de explotación, se refiere a la puesta a disposición del usuario de la obra (i.e. el programa informático) en formato tangible o físico. No obstante, el TJUE ha entendido que la **descarga de un programa informático** por Internet (que, en puridad, es un acto de comunicación al público, esto es, puesta a disposición) es una forma de distribución. Véase TJUE 3-7-12, asunto C-128/11.

- Los art.4. a) y c), y art.5. 1 y 2, de la Dir 91/250/CEE del Consejo, sobre la protección jurídica de programas de ordenador, deben interpretarse en el sentido de que, aunque el adquirente inicial de la **copia de un programa** de ordenador acompañada de una licencia de uso ilimitado tiene **derecho a revender** esta copia usada y su licencia a un subadquirente, en cambio, cuando el soporte físico de origen de la copia que se le entregó inicialmente está dañado o destruido o se ha extraviado, no puede proporcionar a este subadquirente su copia de salvaguardia de este programa sin autorización del titular de los derechos (TJUE 12-10-16, asunto C-166/15).

- Téngase en cuenta que la Dir 91/250/CEE fue **derogada** por Dir 2009/24/CE.

- Sobre los comentarios de aquellas que tengan contenido similar al de **distribución con valor añadido**, ver nº 1645.

- El modelo presupone unas circunstancias determinadas que serán las más **frecuentes**. Si en el caso concreto existen circunstancias particulares no previstas, deberá completarse o modificarse el modelo adaptándolo a las mismas.

En *"localidad"*, a *"fecha"*

REUNIDOS:

De una parte,

"Don/Doña nombre y apellidos de la parte", mayor de edad, *"estado civil de la parte" "... "especificar el régimen económico matrimonial de la parte" ... "*, de nacionalidad *"nacionalidad de la parte"*, con domicilio a estos efectos en *"domicilio de la parte"*, *"...con DNI/NIF número "DNI/NIF de la parte" ... O ... con tarjeta de residencia número "número de tarjeta de residencia de la parte" ... O ... pasaporte número "número de pasaporte de la parte", expedido el "fecha de expedición del pasaporte de la parte" ... O ... "reseñar otros documentos aportados por la parte" ... "*, vigente hasta el *"fecha de vigencia de la documentación aportada por la parte"*.

Interviene

○ Si interviene en su propio nombre:

en su propio nombre y derecho.

○ Si interviene como representante:

en nombre y representación de *"Don/Doña nombre y apellidos del representado"*, mayor de edad, *"estado civil del representado"*, con domicilio en *"domicilio del representado"* y provisto de D.N.I./N.I.F. número *"DNI/NIF del representado"*, según consta en escritura de poder, otorgada ante el notario de *"lugar donde radica la notaría en la que se autorizó la escritura de poder de representación (persona física)"*, *"Don/Doña nombre y apellidos del notario que autorizó la escritura de poder de representación (persona física)"*, el *"fecha de escritura de poder de representación (persona física)"*, con el número *"número de protocolo del notario que autorizó la escritura de poder de representación (persona física)"*.

<<

En adelante, el **Autor**.

MCM 11425 s.

LPI art.19, 43, 48, 48 bis, 95 s

De otra parte,

"Don/Doña nombre y apellidos de la parte", mayor de edad, *"estado civil de la parte" "... "especificar el régimen económico matrimonial de la parte" ... "*, de nacionalidad *"nacionalidad de la parte"*, con domicilio a estos efectos en *"domicilio de la parte"*, *"...con DNI/NIF número "DNI/NIF de la parte"... O ... con tarjeta de residencia número "número de tarjeta de residencia de la parte" ... O ... pasaporte número "número de pasaporte de la parte", expedido el "fecha de expedición del pasaporte de la parte" ... O ... "reseñar otros documentos aportados por la parte" ... "*, vigente hasta el *"fecha de vigencia de la documentación aportada por la parte"*.

Interviene

 **Si interviene en su propio nombre:**

en su propio nombre y derecho.

Si interviene como representante:

en nombre y representación

➢

○ Si representa a persona física:

de *"Don/Doña nombre y apellidos del representado"*, mayor de edad, *"estado civil del representado"*, con domicilio en *"domicilio del representado"* y provisto de D.N.I./N.I.F. número *"DNI/NIF del representado"*, según consta en escritura de poder, otorgada ante el notario de *"lugar donde radica la notaría en la que se autorizó la escritura de poder de representación (persona física)"*, *"Don/Doña nombre y apellidos del notario que autorizó la escritura de poder de representación (persona física)"*, el *"fecha de escritura de poder de representación (persona física)"*, con el número *"número de protocolo del notario que autorizó la escritura de poder de representación (persona física)"* de su orden de protocolo.

○ Si representa a persona jurídica:

de la sociedad mercantil denominada *"denominación social"*, domiciliada en *"domicilio social"*, y con NIF número *"NIF de la sociedad"*, constituida, por tiempo indefinido, mediante escritura otorgada ante el notario de *"lugar donde radica la notaría en la que se autorizó la escritura de poder de representación (persona jurídica)"*, *"Don/Doña nombre y apellidos del notario que autorizó la escritura de poder de representación (persona jurídica)"*, el *"fecha de escritura de poder de representación (persona jurídica)"*, e inscrita en el Registro Mercantil de *"datos de la inscripción registral (localidad del Registro Mercantil, tomo, folio, sección, hoja e inscripción)"*, en su calidad de

○ Si representa como cargo social:

"...administrador único ... O ... administrador solidario ... O ... consejero delegado ... O ... "especificar la representación del cargo social" ... " de la reseñada sociedad, cargo para el que fue nombrado y asegura vigente en escritura otorgada el *"fecha de escritura del nombramiento del cargo"*, ante el notario de *"lugar donde radica la notaría en la que se autorizó la escritura del nombramiento"*, *"Don/Doña nombre y apellidos del notario que autorizó la escritura del nombramiento"*, con el número *"número de protocolo del notario que autorizó la escritura del nombramiento"* de su protocolo, e inscrita en el Registro Mercantil de *"localidad del Registro Mercantil de la escritura de nombramiento"*, en el tomo y hoja arriba indicados.

MCM 11425 s.

❍ Si representa como apoderado:

apoderado de la reseñada sociedad, según escritura de poder otorgada a su favor, en *"fecha de escritura del otorgamiento del poder"*, ante el notario de *"lugar donde radica la notaría en la que se autorizó la escritura de poder"*, *"Don/Doña nombre y apellidos del notario que autorizó la escritura de poder"*, con el número *"número de protocolo del notario que autorizó la escritura de poder"* de su protocolo *"...e inscrita en el Registro Mercantil de "localidad del Registro Mercantil de la escritura de poder"..."*, en el tomo y hoja arriba indicados.

LPI art.19, 43, 48, 48 bis, 95 s

En adelante, el **Distribuidor**.

Las partes se reconocen la capacidad legal necesaria para contratar y obligarse y, a tal efecto

EXPONEN:

I. Que el **Distribuidor** es una empresa dedicada a la actividad de distribución de programas informáticos y prestación de determinados servicios informáticos.

II. Que el **Autor** ha creado una serie de programas informáticos de los que es titular y plena propietaria, denominados de ahora en adelante, programas.

III. Que el **Distribuidor** desea ser la persona que comercialice los programas de acuerdo con las condiciones previstas en el presente contrato y siguientes

ESTIPULACIONES:

"Número" Definiciones

Los siguientes conceptos tendrán el significado que se diga a continuación:

a) **Distribuidor:** Se considera distribuidor a *"denominación del distribuidor"*, así como a todas las empresas del grupo *"denominación social del grupo"*, y que estén participadas por *"denominación de la Sociedad participativa"* en más de un cincuenta por ciento.

b) **Titular de derechos o Autor:** Se considera titular de derechos o autor a *"Don/Doña nombre y apellidos del autor"* en cuanto ha sido creador de los programas y ha asumido la responsabilidad y la iniciativa en la creación de los programas (obra colectiva).

c) **Programas:** Son las líneas de código, código fuente, código objeto y manuales explicativos que son definidos y descritos en el Anexo 1 a este contrato y que son objeto de contratación mediante el presente documento.

d) **Cliente Final:** Persona física o jurídica que adquiere el derecho de uso de los programas a través del correspondiente contrato de licencia con el usuario final (CLUF).

e) **Contrato de Licencia con el Usuario Final (CLUF):** Contrato a suscribir entre el distribuidor y cualquier otra persona física o jurídica que desee adquirir el derecho de uso sobre los programas por tiempo definido, y de acuerdo con las condiciones establecidas en el presente contrato.

f) **Actualizaciones:** Nuevas versiones de los programas editadas por el autor.

"Número" Objeto

El presente contrato tiene por finalidad la cesión al distribuidor del derecho de distribución y de reproducción, este último con las limitaciones que se mencionan en la estipulación novena de este Contrato.

Asimismo, constituye objeto del presente contrato la especificación de las condiciones y requisitos en los que el **Distribuidor** llevará a cabo la instalación de los programas en los sistemas informáticos del usuario final.

El **Autor** se encargará de todo lo relativo a la edición de las actualizaciones.

MCM 11425 s.

LPI art.19, 43, 48, 48 bis, 95 s

"Número" Territorio y exclusividad
El derecho de distribución y, con las limitaciones previstas en este contrato, el de reproducción se ceden para el ámbito territorial de *"especificar ámbito territorial"*.
La cesión es en exclusiva.

"Número" Obligaciones del distribuidor
El **Distribuidor** queda obligado a:

a) Distribuir los programas en el territorio definido en la cláusula tercera.

b) Disponer de persona adecuado para la correcta y debida distribución de los programas, de manera tal que la fama comercial del **Autor** no se vea perjudicada en ningún momento.

c) Dar a los programas la mejor difusión posible, de acuerdo con los usos del mercado, de manera que se promueva su comercialización.

d) Diseñar y entregar al **Autor** un plan de negocio en el que se especificarán las condiciones de suministro y distribución de los programas entre usuarios finales.

e) Respetar los derechos de propiedad intelectual y propiedad industrial sobre los programas a favor del **Autor**.

f) Abstenerse de distribuir, en la medida de lo posible, otros programas informáticos distintos a los programas dentro del territorio.

g) Permitir al **Autor**, o a sus representantes autorizados, el examen de las cuentas de comercio, contables, documentos, facturas y correspondencia, en general, del distribuidor. A tal efecto, el **Autor** se dirigirá al **Distribuidor** por escrito con la debida anticipación y en todo caso, no con menos de un mes de tiempo.

h) No perjudicar la buena fama y los intereses del **Autor** en relación con los programas.

"Número" Obligaciones del Autor
El **Autor** queda obligado a:

a) Suministrar los programas al **Distribuidor** en la cantidad que se especifica en el Anexo II a este contrato y dentro del plan de trabajo allí descrito.

b) Colaborar con el **Distribuidor** de la manera más eficaz posible en la resolución de cuantas dudas o incidencias surjan en la instalación de los programas.

c) Llevar a cabo las oportunas actualizaciones de los programas.

d) Responder de la originalidad y pacífica posesión de los programas durante todo el tiempo que dure el presente contrato.

e) Responder de la calidad de los programas y de su funcionamiento para el fin concreto a que usualmente se destinan.

"Número" Comercialización de los programas
La comercialización de los programas seguirá los pasos que se dicen a continuación:

a) Los programas serán distribuidos de acuerdo con las políticas de distribución y de marketing predispuestas por el **Distribuidor**.

b) El **Distribuidor** podrá utilizar cuantos colaboradores estime conveniente. No obstante, el **Distribuidor** queda responsable de los daños y responsabilidades en que puedan incurrir dichos colaboradores los cuales, en todo caso, contarán con los mínimos conocimientos necesarios para instalar los programas y asistir en la medida de lo necesario a los clientes finales sobre dudas concernientes a la instalación de los programas.

c) El **Autor** no quedará responsable frente a tercero por lo actuado por los colaboradores del **Distribuidor** a los que se hace referencia en el apartado anterior.

MCM 11425 s.

d) Tan pronto como el **Distribuidor** contacte en firme con un cliente final, quedará obligado a suministrarle un CLUF, según consta en Anexo 3 a este contrato.

"Número" Suministro de Programas. Daños y devoluciones

"Apartado"

LPI art.19, 43, 48, 48 bis, 95 s

El **Autor** entregará al **Distribuidor** los programas a los dos meses de la firma del presente contrato. La cantidad de programas suministrados dependerá del número de clientes finales finalmente contratados.

"Apartado"

La entrega de los programas se hará contra envío de solicitud por escrito del **Distribuidor** al **Autor**. Los programas serán entregados al **Distribuidor** en un plazo de *"plazo de entrega, en días"* días siguientes a la recepción formal de la solicitud del **Distribuidor** a las personas de contacto que constan en este contrato.

"Apartado"

Respecto de los defectos o desperfectos meramente físicos que contengan los soportes con los programas, el **Distribuidor** deberá examinarlos inmediatamente de haberlos recibido. Si en el plazo de *"número de días"* días naturales desde la recepción de tales soportes, el **Distribuidor** no notificara formalmente al **Autor** posibles desperfectos, quedará entendido que los ha recibido a plena satisfacción sin que pueda exigir nada por este concepto.

"Apartado"

Todos los gastos de transporte de los programas correrán de cuenta del **Distribuidor**.

"Número" Duración

Este contrato tendrá una duración de *"duración del contrato"* años desde su firma.

Este contrato no podrá ser renovado tácitamente.

"Número" Derechos de propiedad intelectual y/o industrial sobre los programas y actualizaciones

"Apartado"

Pertenecen al **Autor** todos y cualesquiera derechos de propiedad intelectual y/o industrial sobre los programas y las actualizaciones.

"Apartado"

Se entiende, de acuerdo con lo previsto en la normativa aplicable que el material protegido por la propiedad intelectual y/o industrial comprende, sin limitación, el código fuente, el código objeto y los manuales explicativos de los programas o de sus actualizaciones, así como cualesquiera logos, signos distintivos y denominaciones sociales del **Autor**.

"Apartado"

Se conciben los programas y las actualizaciones como una obra colectiva en el sentido indicado en el Real Decreto Legislativo 1/1996, de 12 de abril, por el que se aprueba el texto refundido de la Ley de Propiedad Intelectual.

"Apartado"

Ni el **Distribuidor** ni el usuario final podrán:

a) Reproducir total o parcial por cualquier medio y bajo cualquier forma, los programas.

b) Traducir, reproducir (salvo en los casos especialmente previstos en el presente contrato), adaptar, arreglar o de cualquier otra forma transformar los programas.

c) Realizar versiones sucesivas o corregir errores en los programas.

d) Hacer ingeniería inversa sobre los programas.

e) Descompilar el programa.

MCM 11425 s.

"Número" Licencia de uso sobre la propiedad intelectual y/o industrial de los programas

El **Distribuidor** no podrá en ningún caso ocultar, perjudicar o velar la visibilidad de las marcas, logotipos, denominación social y demás derechos de propiedad industrial y/o intelectual del **Autor** sobre los programas o sus copias.

LPI art.19, 43, 48, 48 bis, 95 s

El **Autor** concede al **Distribuidor** una licencia de uso de su denominación social, marcas y demás signos distintivos a fin de que pueda lucirlos y comercializarlos en su propia publicidad.

En ningún caso, podrá el **Distribuidor** perjudicar los derechos de cualquier clase y tipo que sean del **Autor**, ni su fama en el mercado.

El **Autor** concede una licencia de reproducción al **Distribuidor** para que éste realice demostraciones a los clientes finales.

El código fuente y objeto del programa serán considerados **secreto empresarial** a los efectos de la Ley 1/2019. A los efectos de esta cláusula, se entiende que el personal trabajador del **Licenciatario**, o quienes presten para él servicios de cualquier tipo en régimen de autónomo, cuyo puesto o responsabilidad no exija tener acceso al código fuente del programa o paquete de software, tendrá la consideración de tercero y se mantendrá la necesaria y pactada confidencialidad y secreto con dicho personal.

"Número" Actualizaciones

Deberá el **Autor** enviar al usuario final las actualizaciones oportunas de los programas. Las actualizaciones se prestarán a solicitud del usuario final quien se deberá poner en contacto con el **Distribuidor**. Éste quedará responsable por cualesquiera perjuicios que se puedan causar al **Autor** como consecuencia de su negligencia a la hora de transmitir la información al **Autor**.

"Número" Precio y forma de pago

La remuneración a percibir por el **Distribuidor** será de un porcentaje del precio final de venta. Ambas partes acuerdan que dicho porcentaje sea del *"porcentaje"*.

El precio final de venta de los programas podrá variar de tiempo en tiempo, debiendo el **Distribuidor** dar una lista de tales precios al **Autor** con una antelación de al menos *"número de meses de antelación"* meses al momento en el que pretenda hacerlos valer.

El precio final de los programas será facturado por el **Distribuidor** al **Autor** mensualmente, y respecto de los clientes finales que hayan firmado el correspondiente contrato.

"Número" Garantías y responsabilidades

El **Autor** garantiza que los programas funcionan correctamente para el uso y finalidad al que fueron destinados y programados. Responde igualmente de cualquier vicio oculto o fallo general del sistema o fallos de los programas que, siendo reiterativos, los hagan impropio para el uso al que, en principio, están destinados por el **Autor**. Finalmente, el **Autor** responde del pacífico uso de los programas y de la originalidad de los mismos.

Sin embargo, el **Autor** no responde de la idoneidad de los programas para satisfacer una concreta actividad o interés del **Distribuidor** ni del usuario final. Los programas se sirven y despachan 'tal cual'.

En caso de reclamación en relación con los programas o desperfecto o defecto de los mismos, el **Distribuidor** procederá a comunicarlo por escrito lo antes posible al **Autor**.

MCM 11425 s.

El **Distribuidor** queda responsable de todos los daños causados al **Autor** debido a su negligencia grave, en relación con cada uno de los pedidos provenientes de los usuarios finales.

La responsabilidad del **Distribuidor** no excederá de la cantidad de *"importe por responsabilidad, en letra"* euros (*"importe por responsabilidad, en número (Podrá establecerse un **porcentaje** respecto del precio pagado al distribuidor.)"* €).

"Número" Resolución

LPI art.19, 43, 48, 48 bis, 95 s

Este contrato se podrá resolver por las siguientes causas:

"Apartado"

Cuando alguna de las partes tuviera conocimiento del incumplimiento de la otra y habiéndole notificado por escrito la necesidad de subsanar la falta, no lo hiciere en el plazo de *"número"* días.

"Apartado"

Tras la terminación del presente contrato por cualquiera causa que sea:

a) Todos los derechos concedidos por el **Autor** al **Distribuidor** quedarán sin efecto, poniéndose fin a los mismos de inmediato.

b) El **Distribuidor** abonará al **Autor** todas las cantidades que continúen pendientes entre ellos.

c) El **Distribuidor** cesará en el uso de cualquier documentación o material publicitario del que se pueda deducir que existe una relación contractual con el **Autor**.

d) El **Distribuidor** transferirá al **Autor** los pedidos efectuados por los clientes finales.

e) En caso de disolución, absorción o pérdida de la personalidad jurídica del **Autor**, éste deberá poner a disposición del **Distribuidor** los códigos fuentes, los códigos objeto y diagramas de flujos relacionados con los programas, sin perjuicio de los derechos de propiedad industrial y/o intelectual sobre los mismos.

Y en prueba de conformidad, ambas partes firman el presente contrato, que se extiende en dos ejemplares, igualmente originales, en el lugar y fecha indicados en su encabezamiento.

EL DISTRIBUIDOR **EL AUTOR**

Distribución con valor añadido (VAR)

MCM 11425 s.

LPI art.19, 43, 48, 48 bis, 99

Nota preliminar:

- El distribuidor no sólo se compromete a poner a disposición del público copias del programa licenciado, sino que también presta determinados **servicios de**:
- mantenimiento y asistencia a los usuarios finales;
- formación y consultoría;
- integraciones del software con otros programas informáticos para buscar soluciones globales.
- Sobre el contrato con el usuario final, puede tomarse como ejemplo un **contrato de licencia usual**. Normalmente, las condiciones establecidas para con el distribuidor son muy similares a las pactadas con el distribuidor.
- En principio, la distribución, como acto de explotación, se refiere a la puesta a disposición del usuario de la obra (i.e. el programa informático) en formato tangible o físico. No obstante, el TJUE ha entendido que la **descarga de un programa informático** por Internet (que, en puridad, es un acto de comunicación al público, esto es, puesta a disposición) es una forma de distribución. Véase TJUE 3-7-12, asunto C-128/11.
- Los art.4. a) y c), y art.5. 1 y 2, de la Dir 91/250/CEE del Consejo, sobre la protección jurídica de programas de ordenador, deben interpretarse en el sentido de que, aunque el adquirente inicial de la **copia de un programa** de ordenador acompañada de una licencia de uso ilimitado tiene **derecho a revender** esta copia usada y su licencia a un subadquirente, en cambio, cuando el soporte físico de origen de la copia que se le entregó inicialmente está dañado o destruido o se ha extraviado, no puede proporcionar a este subadquirente su copia de salvaguardia de este programa sin autorización del titular de los derechos (TJUE 12-10-16, asunto C-166/2015).
- Téngase en cuenta que la Dir 91/250/CEE fue **derogada** por la Dir 2009/24/CE.
- El modelo presupone unas circunstancias determinadas que serán las más **frecuentes**. Si en el caso concreto existen circunstancias particulares no previstas, deberá completarse o modificarse el modelo adaptándolo a las mismas.

En *"localidad"*, a *"fecha"*

REUNIDOS:

De una parte,

"Don/Doña nombre y apellidos de la parte", mayor de edad, *"estado civil de la parte" "... "especificar el régimen económico matrimonial de la parte" ... "*, de nacionalidad *"nacionalidad de la parte"*, con domicilio a estos efectos en *"domicilio de la parte", "...con DNI/NIF número "DNI/NIF de la parte" ... O ... con tarjeta de residencia número "número de tarjeta de residencia de la parte" ... O ... pasaporte número "número de pasaporte de la parte", expedido el "fecha de expedición del pasaporte de la parte" ... O ... "reseñar otros documentos aportados por la parte" ... "*, vigente hasta el *"fecha de vigencia de la documentación aportada por la parte"*.

Interviene en nombre y representación de la sociedad mercantil denominada *"denominación de la Sociedad"*, domiciliada en *"domicilio de la Sociedad"*, y con NIF número *"NIF de la Sociedad"*, constituida, por tiempo indefinido, mediante escritura otorgada ante el notario de *"lugar del notario que autorizó la escritura pública"*, *"Don/Doña nombre y apellidos del notario que autorizó la escritura pública"*, el *"fecha de autorización de la escritura pública"*, e inscrita en el Registro Mercantil de *"datos de la inscripción registral (localidad del Registro Mercantil, tomo, folio, sección, hoja e inscripción)"*, en su calidad de

MCM 11425 s.

LPI art.19, 43, 48, 48 bis, 99

➤➤

❍ Si representa como cargo social:

"...administrador único ... O ... administrador solidario ... O ... consejero delegado ... O ... "especificar la representación del cargo social" ... " de la reseñada sociedad, cargo para el que fue nombrado y asegura vigente en escritura otorgada el *"fecha de escritura del nombramiento del cargo"*, ante el notario de *"lugar donde radica la notaría en la que se autorizó la escritura del nombramiento"*, *"Don/Doña nombre y apellidos del notario que autorizó la escritura del nombramiento"*, con el número *"número de protocolo del notario que autorizó la escritura del nombramiento"* de su protocolo, e inscrita en el Registro Mercantil de *"localidad del Registro Mercantil de la escritura de nombramiento"*, en el tomo y hoja arriba indicados.

❍ Si representa como apoderado:

apoderado de la reseñada sociedad, según escritura de poder otorgada a su favor, en *"fecha de escritura del otorgamiento del poder"*, ante el notario de *"lugar donde radica la notaría en la que se autorizó la escritura de poder"*, *"Don/Doña nombre y apellidos del notario que autorizó la escritura de poder"*, con el número *"número de protocolo del notario que autorizó la escritura de poder"* de su protocolo *"...e inscrita en el Registro Mercantil de "localidad del Registro Mercantil de la escritura de poder" ..."*, en el tomo y hoja arriba indicados.

⮜⮜

En adelante, el **Distribuidor**.

De otra parte,
"Don/Doña nombre y apellidos de la parte", mayor de edad, *"estado civil de la parte" "..."especificar el régimen económico matrimonial de la parte" ..."*, de nacionalidad *"nacionalidad de la parte"*, con domicilio a estos efectos en *"domicilio de la parte"*, *"...con DNI/NIF número "DNI/NIF de la parte" ... O ... con tarjeta de residencia número "número de tarjeta de residencia de la parte" ... O ... pasaporte número "número de pasaporte de la parte", expedido el "fecha de expedición del pasaporte de la parte" ... O ... "reseñar otros documentos aportados por la parte" ..."*, vigente hasta el *"fecha de vigencia de la documentación aportada por la parte"*.

Interviene

➤➤

❍ Si interviene en su propio nombre:

en su propio nombre y derecho.

❍ Si interviene como representante:

en nombre y representación de *"Don/Doña nombre y apellidos del representado"*, mayor de edad, *"estado civil del representado"*, con domicilio en *"domicilio del representado"* y provisto de D.N.I./N.I.F. número *"DNI/NIF del representado"*, según consta en escritura de poder, otorgada ante el notario de *"lugar donde radica la notaría en la que se autorizó la escritura de poder de representación (persona física)"*, *"Don/Doña nombre y apellidos del notario que autorizó la escritura de poder de representación (persona física)"*, el *"fecha de escritura de poder de representación (persona física)"*, con el número *"número de protocolo del notario que autorizó la escritura de poder de representación (persona física)"*.

⮜⮜

En adelante, el **Autor**.
Las partes se reconocen la capacidad legal necesaria para contratar y obligarse y, a tal efecto

MCM 11425 s.

EXPONEN:

I. Que el **Distribuidor** es una empresa dedicada a la actividad de distribución de programas informáticos y prestación de determinados servicios informáticos.

II. Que el **Autor** ha creado una serie de programas informáticos de los que es titular y plena propietaria, denominados de ahora en adelante, programas.

III. Que el **Distribuidor** desea ser la persona que comercialice los programas de acuerdo con las condiciones previstas en el presente contrato y siguientes

LPI art.19, 43, 48, 48 bis, 99

ESTIPULACIONES:

"Número" Definiciones
Los siguientes conceptos tendrán el significado que se diga a continuación:

a) **Distribuidor:** Se considera distribuidor a *"denominación del distribuidor"*, así como a todas las empresas del grupo *"denominación social del grupo"*, y que estén participadas por *"denominación de la Sociedad participativa"* en más de un cincuenta por ciento.

b) **Titular de derechos o Autor:** Se considera titular de derechos o autor a *"Don/Doña nombre y apellidos del autor"* en cuanto ha sido creador de los programas y ha asumido la responsabilidad y la iniciativa en la creación de los programas (obra colectiva).

c) **Programas:** Son las líneas de código, código fuente, código objeto y manuales explicativos que son definidos y descritos en el Anexo 1 a este contrato y que son objeto de contratación mediante el presente documento.

d) **Cliente final:** Persona física o jurídica que adquiere el derecho de uso de los programas a través del correspondiente contrato de licencia con el usuario final (CLUF).

e) **Mantenimiento:** Toda aquella actividad de consultoría o asistencia solicitada por el **usuario final**.

f) **Contrato de Licencia con el Usuario Final (CLUF):** Contrato a suscribir entre el distribuidor y cualquier otra persona física o jurídica que desee adquirir el derecho de uso sobre los programas por tiempo definido, y de acuerdo con las condiciones establecidas en el presente contrato.

g) **Actualizaciones:** Nuevas versiones de los programas editadas por el **Autor**.

h) **Integración:** Actividad llevada a cabo por el **Autor** o por cualquier otra persona autorizada por el **Autor** con el objetivo de hacer ejecutar los programas con otros programas informáticos, sean o no propiedad del **Autor**.

"Número" Objeto
El presente contrato tiene por finalidad la cesión al distribuidor del derecho de distribución y de reproducción, este último con las limitaciones que se mencionan en la estipulación novena de este contrato.

Asimismo, constituye objeto del presente contrato la especificación de las condiciones y requisitos en los que el **Distribuidor** llevará a cabo la instalación de los programas en los sistemas informáticos del usuario final y, si fuera necesario, la integración de los programas con los programas informáticos del usuario final. Esta integración se hará en las condiciones y con los requisitos establecidos a tal efecto en el contrato entre el distribuidor y el cliente final, sin perjuicio de las necesarias remisiones a lo dispuesto en el presente contrato.

Salvo que otra cosa se establezca de manera expresa en el presente contrato, el distribuidor asumirá igualmente el resto de obligaciones previstas en este documento. Específicamente, se desarrollará por el **Autor** todo lo relativo a la edición de las **Actualizaciones**.

1645

"Número" Territorio y exclusividad
El derecho de distribución y, con las limitaciones previstas en este contrato, el de reproducción se ceden para el ámbito territorial de *"especificar ámbito territorial"*.

MCM 11425 s.

La cesión es en exclusiva.

Nota:

*La cesión en exclusiva permite al cesionario perseguir las **infracciones** a su derecho con independencia de la legitimidad que tenga el cedente.*

LPI art.19, 43, 48, 48 bis, 99

"Número" Obligaciones del Distribuidor
El **Distribuidor** queda obligado a:

a) Distribuir los programas en el territorio definido en la estipulación tercera.

b) Disponer de persona adecuado para la correcta y debida distribución de los programas, de manera tal que la fama comercial del **Autor** no se vea perjudicada en ningún momento.

c) Dar a los programas la mejor difusión posible, de acuerdo con los usos del mercado, de manera que se promueva su comercialización.

d) Diseñar y entregar al **Autor** un plan de negocio en el que se especificarán las condiciones de suministro y distribución de los programas entre usuarios finales.

Nota:

*Este plan de negocio es esencial para que el licenciante pueda confiar en la **viabilidad económica del distribuidor** y en sus posibilidades de distribución.*

e) Respetar los derechos de propiedad intelectual y propiedad industrial sobre los programas a favor del **Autor**.

f) Abstenerse de distribuir, en la medida de lo posible, otros programas informáticos distintos a los programas dentro del territorio.

Nota:

*Hay que tener presente la posibilidad de considerar este tipo de **cláusulas** como **restrictivas de la competencia**.*

g) Permitir al **Autor**, o a sus representantes autorizados, el examen de las cuentas de comercio, contables, documentos, facturas y correspondencia, en general, del **Distribuidor**. A tal efecto, el **Autor** se dirigirá al **Distribuidor** por escrito con la debida anticipación y en todo caso, no con menos de un mes de tiempo.

h) No perjudicar la buena fama y los intereses del **Autor** en relación con los programas.

Nota:

*Es esencial, asimismo, incluir este tipo de cláusulas, ya que la relación final con el usuario final la tendrá el distribuidor. Será, por consiguiente, muy importante asegurarse de que el **usuario final** queda **satisfecho** con la atención prestada por el distribuidor.*

"Número" Obligaciones del Autor
El **Autor** queda obligado a:

a) Suministrar los programas al distribuidor en la cantidad que se especifica en el Anexo 2 a este contrato y dentro del plan de trabajo allí descrito.

b) Colaborar con el **Distribuidor** de la manera más eficaz posible en la resolución de cuantas dudas o incidencias surjan en la instalación de los programas.

c) Llevar a cabo las oportunas actualizaciones de los programas.

d) Asumir las labores de mantenimiento de los programas.

e) Responder de la originalidad y pacífica posesión de los programas durante todo el tiempo que dure el presente contrato.

MCM 11425 s.

f) Responder de la calidad de los programas y de su funcionamiento para el fin concreto a que usualmente se destinan.

"Número" Comercialización de los programas

La comercialización de los programas seguirá los pasos que se dicen a continuación:

LPI art.19, 43, 48, 48 bis, 99

a) Los programas serán distribuidos de acuerdo con las políticas de distribución y de marketing predispuestas por el distribuidor.

Nota:

El distribuidor debe presentar al licenciante un ***plan de negocios****.*

b) El distribuidor podrá utilizar cuantos colaboradores estime conveniente. No obstante, el **Distribuidor** queda responsable de los daños y responsabilidades en que puedan incurrir dichos colaboradores los cuales, en todo caso, contarán con los mínimos conocimientos necesarios para instalar los programas y asistir en la medida de lo necesario a los clientes finales sobre dudas concernientes a la instalación de los programas.

c) El **Autor** no quedará responsable frente a tercero por lo actuado por los colaboradores del **Distribuidor** a los que se hace referencia en el apartado anterior.

d) Tan pronto como el **Distribuidor** contacte en firme con un cliente final, quedará obligado a suministrarle un CLUF, según consta en Anexo 3 a este contrato.

"Número" Suministro de programas. Daños y devoluciones

Nota:

El licenciante queda obligado a poner a disposición del distribuidor las ***copias del programa*** *en condiciones de ser distribuidas.*

El **Autor** entregará al **Distribuidor** los programas a los *"plazo de entrega, en días"* de la firma del presente contrato. La cantidad de programas suministrados dependerá del número de clientes finales finalmente contratados.

La entrega de los programas se hará contra envío de solicitud por escrito del **Distribuidor** al **Autor**. Los programas serán entregados al distribuidor en un plazo de *"número de días"* días siguientes a la recepción formal de la solicitud del **Distribuidor** a las personas de contacto que constan en este contrato.

Respecto de los defectos o desperfectos meramente físicos que contengan los soportes con los programas, el **Distribuidor** deberá examinarlos inmediatamente de haberlos recibido. Si en el plazo de siete días naturales desde la recepción de tales soportes, el **Distribuidor** no notificara formalmente al **Autor** posibles desperfectos, quedará entendido que los ha recibido a plena satisfacción sin que pueda exigir nada por este concepto.

Todos los gastos de transporte de los programas correrán de cuenta del **Distribuidor**.

"Número" Duración

Este contrato tendrá una duración de *"duración del contrato"* años desde su firma.

Este contrato no podrá ser renovado tácitamente.

"Número" Derechos de propiedad intelectual y/o industrial sobre los programas y actualizaciones

Pertenecen al **Autor** todos y cualesquiera derechos de propiedad intelectual y/o industrial sobre los programas y las actualizaciones.

Nota:

MCM 11425 s.

*Dependerá en último extremo de la voluntad de las partes el que esta cláusula de propiedad intelectual tenga un sentido u otro. Ello quiere decir que, desarrollando el distribuidor las **versiones iniciales del programa informático licenciado**, salvo pacto en contra, le pertenecen los derechos de propiedad intelectual sobre las mismas. Podría incluso incluirse una cláusula según la cual el distribuidor no fuera considerado conscientemente como **usuario legítimo**: de esta manera, no le sería aplicable lo dispuesto en la* LPI *art.*100.*4.*

LPI art.19, 43, 48, 48 bis, 99

Se entiende, de acuerdo con lo previsto en la normativa aplicable que el material protegido por la propiedad intelectual y/o industrial comprende, sin limitación, el código fuente, el código objeto y los manuales explicativos de los programas o de sus actualizaciones, así como cualesquiera logos, signos distintivos y denominaciones sociales del **Autor**.

Se conciben los programas y las actualizaciones como una obra colectiva en el sentido indicado en el Real Decreto Legislativo 1/1996, de 12 de abril, por el que se aprueba el texto refundido de la Ley de Propiedad Intelectual.

Ni el distribuidor ni el usuario final podrán:

a) Reproducir total o parcial por cualquier medio y bajo cualquier forma, los programas.

b) Traducir, reproducir (salvo en los casos especialmente previstos en el presente contrato), adaptar, arreglar o de cualquier otra forma transformar los programas.

c) Realizar versiones sucesivas, corregir errores *"...salvo en lo dispuesto para las labores de mantenimiento o asistencia al cliente final ..."*.

d) Hacer ingeniería inversa sobre los programas.

e) Descompilar el programa.

Nota:

Es conveniente la lectura de esta estipulación en conjunción con lo dispuesto en la LPI *art.*100.*3.*

"Número" Licencia de uso sobre la propiedad intelectual y/o industrial de los programas

El **Distribuidor** no podrá en ningún caso ocultar, perjudicar o velar la visibilidad de las marcas, logotipos, denominación social y demás derechos de propiedad industrial y/o intelectual del **Autor** sobre los programas o sus copias.

El **Autor** concede al **Distribuidor** una licencia de uso de su denominación social, marcas y demás signos distintivos a fin de que pueda lucirlos y comercializarlos en su propia publicidad.

En ningún caso, podrá el **Distribuidor** perjudicar los derechos de cualquier clase y tipo que sean del **Autor**, ni su fama en el mercado.

El **Autor** concede una licencia de reproducción de los programas para que pueda llevar a cabo demostraciones a los clientes finales.

El código fuente y objeto del programa serán considerados secreto empresarial a los efectos de la Ley 1/2019. A los efectos de esta cláusula, se entiende que el personal trabajador del **Licenciatario**, o quienes presten para él servicios de cualquier tipo en régimen de autónomo, cuyo puesto o responsabilidad no exija tener acceso al código fuente del programa o paquete de software, tendrá la consideración de tercero y se mantendrá la necesaria y pactada confidencialidad y secreto con dicho personal.

Nota:

*Los Estados miembros podrán prever **excepciones a los derechos de reproducción y distribución** cuando se use la obra o prestación en relación con la demostración o reparación de equipos (*Dir 2001/29/CE *art.5.3.l).*

MCM 11425 s.

"Número" Mantenimiento y actualizaciones

El mantenimiento de los programas será a cargo del **Autor** quien se ocupará de prestar la debida ayuda a los usuarios finales. A tal efecto, el **Distribuidor** deberá ser informado en la medida en que el mantenimiento pueda ser prestado finalmente a través de sus medios.

Igualmente, corresponderá al **Autor** el envío al usuario final, a través del distribuidor, de las **Actualizaciones** oportunas de los programas, en cuyo caso la distribución de las actualizaciones quedará sometida a iguales condiciones y requisitos que la de los programas originales. Las actualizaciones se prestarán a solicitud del usuario final quien se deberá poner en contacto con el distribuidor. Éste quedará responsable por cualesquiera perjuicios que se puedan causar al **Autor** como consecuencia de su negligencia a la hora de transmitir la información al **Autor**.

LPI art.19, 43, 48, 48 bis, 99

"Número" Precio y forma de pago

La remuneración a percibir por el distribuidor será de un porcentaje del precio final de venta. Ambas partes acuerdan que dicho porcentaje sea del *"especificar porcentaje"*.

El precio final de venta de los programas podrá variar de tiempo en tiempo, debiendo el distribuidor dar una lista de tales precios al **Autor** con una antelación de al menos dos meses al momento en el que pretenda hacerlos valer.

El precio final de los programas será facturado por el **Distribuidor** al **Autor** mensualmente, y respecto de los **clientes finales** que hayan firmado el correspondiente contrato.

"Número" Garantías y responsabilidades

El **Autor** garantiza que los programas funcionan correctamente para el uso y finalidad al que fueron destinados y programados. Responde igualmente de cualquier vicio oculto o fallo general del sistema o fallos de los programas que, siendo reiterativos, los hagan impropio para el uso al que, en principio, están destinados por el **Autor**. Finalmente, el **Autor** responde del pacífico uso de los programas y de la originalidad de los mismos.

Sin embargo, el **Autor** no responde de la idoneidad de los programas para satisfacer una concreta actividad o interés del distribuidor ni del usuario final. Los programas se sirven y despachan 'tal cual'.

En caso de reclamación en relación con los programas o desperfecto o defecto de los mismos, el **Distribuidor** procederá a comunicarlo por escrito lo antes posible al **Autor**.

El **Distribuidor** queda responsable de todos los daños causados al **Autor** debido a su negligencia grave, en relación con cada uno de los pedidos provenientes de los usuarios finales.

La responsabilidad del distribuidor no excederá de la cantidad de *"importe por responsabilidad, en letra"* euros (*"importe por responsabilidad, en número"* €).

"Número" Resolución

Este contrato se podrá resolver por las siguientes causas:

a) Cuando alguna de las partes tuviera conocimiento del incumplimiento de la otra y habiéndole notificado por escrito la necesidad de subsanar la falta, no lo hiciere en el plazo de *"especificar plazo de subsanación"*.

b) La absorción, fusión o pérdida de control efectivo de la dirección empresarial del **Distribuidor** por un tercero.

Tras la terminación del presente contrato por cualquiera causa que sea:

a) Todos los derechos concedidos por el **Autor** al **Distribuidor** quedarán sin efecto, poniéndose fin a los mismos de inmediato.

b) El **Distribuidor** abonará al **Autor** todas las cantidades que continúen pendientes entre ellos.

MCM 11425 s.

c) El **Distribuidor** cesará en el uso de cualquier documentación o material publicitario del que se pueda deducir que existe una relación contractual con el **Autor**.

d) El **Distribuidor** transferirá al **Autor** los pedidos efectuados por los clientes finales.

e) En caso de disolución, absorción o pérdida de la personalidad jurídica del **Autor**, éste deberá poner a disposición del **Distribuidor** los códigos fuentes, los códigos objeto y diagramas de flujos relacionados con los programas, sin perjuicio de los derechos de propiedad industrial y/o intelectual sobre los mismos.

LPI art.19, 43, 48, 48 bis, 99

Y en prueba de conformidad, ambas partes firman el presente contrato, que se extiende en dos ejemplares, igualmente originales, en el lugar y fecha indicados en su encabezamiento.

EL DISTRIBUIDOR **EL AUTOR**

Outsourcing informático

MCM 11450 s.

Nota preliminar:

- Implica la **subcontratación** de la gestión de los sistemas informáticos, a través de un acuerdo de colaboración con una empresa tecnológica externa, que se integra en los planes estratégicos del usuario, con el fin de diseñar una solución -informática en este caso- adaptada a sus necesidades exactas y a aumentar su competitividad en el mercado.

- Es muy importante poner especial atención en quién va a ser el **titular de los derechos** sobre el programa informático, cuya creación se pueda encargar junto con la gestión de los sistemas informáticos. Los tribunales, junto con la doctrina científica, entienden que a este tipo de contratos de obra le son aplicables las disposiciones del Código civil sobre dicho contrato. LPI art.97 s.; CC art.1091 s

- Según la **jurisprudencia menor**, el contrato de outsorcing informático es aquel por el que se ceden los sistemas de información de una entidad a un tercero, quien se integra en la toma de decisiones, y lo utiliza para el desarrollo de aplicaciones y actividades propias de la gestión de dichos sistemas (AP Barcelona 19-10-21, EDJ 777531).

- En lo que se refiere a la **forma** del contrato, es posible su formalización a través de un único contrato o a través de varios contratos divididos en módulos.

- En cuanto al **alcance** de la externalización, debe distinguirse esta figura del *outasking*, supuesto de externalización parcial de distintas tareas del departamento de informática.

- El modelo presupone unas circunstancias determinadas que serán las más frecuentes. Si en el caso concreto existen circunstancias particulares no previstas, deberá completarse o modificarse el modelo adaptándolo a las mismas.

En *"localidad"*, a *"fecha"*

REUNIDOS:

De una parte,

"Don/Doña nombre y apellidos de la parte", mayor de edad, *"estado civil de la parte" "..."especificar el régimen económico matrimonial de la parte" ...*", de nacionalidad *"nacionalidad de la parte"*, con domicilio a estos efectos en *"domicilio de la parte"*, *"...con DNI/NIF número "DNI/NIF de la parte"... O ... con tarjeta de residencia número "número de tarjeta de residencia de la parte" ... O ... pasaporte número "número de pasaporte de la parte", expedido el "fecha de expedición del pasaporte de la parte" ... O ... "reseñar otros documentos aportados por la parte" ...*", vigente hasta el *"fecha de vigencia de la documentación aportada por la parte"*.

Interviene

○ Si interviene en su propio nombre:

en su propio nombre y derecho.

○ Si interviene como representante:

en nombre y representación

MCM 11450 s.

LPI art.97 s.; CC art.1091 s

➢

❍ Si representa a persona física:

de *"Don/Doña nombre y apellidos del representado"*, mayor de edad, *"estado civil del representado"*, con domicilio en *"domicilio del representado"* y provisto de D.N.I./N.I.F. número *"DNI/NIF del representado"*, según consta en escritura de poder, otorgada ante el notario de *"lugar donde radica la notaría en la que se autorizó la escritura de poder de representación (persona física)"*, *"Don/Doña nombre y apellidos del notario que autorizó la escritura de poder de representación (persona física)"*, el *"fecha de escritura de poder de representación (persona física)"*, con el número *"número de protocolo del notario que autorizó la escritura de poder de representación (persona física)"* de su orden de protocolo.

❍ Si representa a persona jurídica:

de la sociedad mercantil denominada *"denominación social"*, domiciliada en *"domicilio social"*, y con NIF número *"NIF de la sociedad"*, constituida, por tiempo indefinido, mediante escritura otorgada ante el notario de *"lugar donde radica la notaría en la que se autorizó la escritura de poder de representación (persona jurídica)"*, *"Don/Doña nombre y apellidos del notario que autorizó la escritura de poder de representación (persona jurídica)"*, el *"fecha de escritura de poder de representación (persona jurídica)"*, e inscrita en el Registro Mercantil de *"datos de la inscripción registral (localidad del Registro Mercantil, tomo, folio, sección, hoja e inscripción)"*, en su calidad de

➢

❍ Si representa como cargo social:

"...administrador único ... O ... administrador solidario ... O ... consejero delegado ... O ... "especificar la representación del cargo social" ..." de la reseñada sociedad, cargo para el que fue nombrado y asegura vigente en escritura otorgada el *"fecha de escritura del nombramiento del cargo"*, ante el notario de *"lugar donde radica la notaría en la que se autorizó la escritura del nombramiento"*, *"Don/Doña nombre y apellidos del notario que autorizó la escritura del nombramiento"*, con el número *"número de protocolo del notario que autorizó la escritura del nombramiento"* de su protocolo, e inscrita en el Registro Mercantil de *"localidad del Registro Mercantil de la escritura de nombramiento"*, en el tomo y hoja arriba indicados.

❍ Si representa como apoderado:

apoderado de la reseñada sociedad, según escritura de poder otorgada a su favor, en *"fecha de escritura del otorgamiento del poder"*, ante el notario de *"lugar donde radica la notaría en la que se autorizó la escritura de poder"*, *"Don/Doña nombre y apellidos del notario que autorizó la escritura de poder"*, con el número *"número de protocolo del notario que autorizó la escritura de poder"* de su protocolo *"...e inscrita en el Registro Mercantil de "localidad del Registro Mercantil de la escritura de poder" ..."*, en el tomo y hoja arriba indicados.

≺

≺

En adelante, el **Proveedor**.

De otra parte,

"Don/Doña nombre y apellidos de la parte", mayor de edad, *"estado civil de la parte" "... "especificar el régimen económico matrimonial de la parte" ..."*, de nacionalidad *"nacionalidad de la parte"*, con domicilio a estos efectos en *"domicilio de la parte"*, *"...con DNI/NIF número "DNI/NIF de la parte" ... O ... con tarjeta de residencia número "número de tarjeta de residencia de la parte" ... O ... pasaporte número "número de pasaporte de la parte", expedido el "fecha de expedición del pasaporte de la parte" ... O ... "reseñar otros documentos aportados por la parte" ..."*, vigente hasta el *"fecha de vigencia de la documentación aportada por la parte"*.

1650

MCM 11450 s.

Interviene

➢➢

○ **Si interviene en su propio nombre:**

en su propio nombre y derecho.

○ **Si interviene como representante:**

en nombre y representación

➢

○ Si representa a persona física: LPI art.97 s.; CC art.1091 s

de *"Don/Doña nombre y apellidos del representado"*, mayor de edad, *"estado civil del representado"*, con domicilio en *"domicilio del representado"* y provisto de D.N.I./N.I.F. número *"DNI/NIF del representado"*, según consta en escritura de poder, otorgada ante el notario de *"lugar donde radica la notaría en la que se autorizó la escritura de poder de representación (persona física)"*, *"Don/Doña nombre y apellidos del notario que autorizó la escritura de poder de representación (persona física)"*, el *"fecha de escritura de poder de representación (persona física)"*, con el número *"número de protocolo del notario que autorizó la escritura de poder de representación (persona física)"* de su orden de protocolo.

○ Si representa a persona jurídica:

de la sociedad mercantil denominada *"denominación social"*, domiciliada en *"domicilio social"*, y con NIF número *"NIF de la sociedad"*, constituida, por tiempo indefinido, mediante escritura otorgada ante el notario de *"lugar donde radica la notaría en la que se autorizó la escritura de poder de representación (persona jurídica)"*, *"Don/Doña nombre y apellidos del notario que autorizó la escritura de poder de representación (persona jurídica)"*, el *"fecha de escritura de poder de representación (persona jurídica)"*, e inscrita en el Registro Mercantil de *"datos de la inscripción registral (localidad del Registro Mercantil, tomo, folio, sección, hoja e inscripción)"*, en su calidad de

➢

○ Si representa como cargo social:

"...administrador único ... O ... administrador solidario ... O ... consejero delegado ... O ... "especificar la representación del cargo social" ... " de la reseñada sociedad, cargo para el que fue nombrado y asegura vigente en escritura otorgada el *"fecha de escritura del nombramiento del cargo"*, ante el notario de *"lugar donde radica la notaría en la que se autorizó la escritura del nombramiento"*, *"Don/Doña nombre y apellidos del notario que autorizó la escritura del nombramiento"*, con el número *"número de protocolo del notario que autorizó la escritura del nombramiento"* de su protocolo, e inscrita en el Registro Mercantil de *"localidad del Registro Mercantil de la escritura de nombramiento"*, en el tomo y hoja arriba indicados.

○ Si representa como apoderado:

apoderado de la reseñada sociedad, según escritura de poder otorgada a su favor, en *"fecha de escritura del otorgamiento del poder"*, ante el notario de *"lugar donde radica la notaría en la que se autorizó la escritura de poder"*, *"Don/Doña nombre y apellidos del notario que autorizó la escritura de poder"*, con el número *"número de protocolo del notario que autorizó la escritura de poder"* de su protocolo *"...e inscrita en el Registro Mercantil de "localidad del Registro Mercantil de la escritura de poder" ... "*, en el tomo y hoja arriba indicados.

En adelante, el **Cliente**.

Las partes se reconocen la capacidad legal necesaria para contratar y obligarse y, a tal efecto

EXPONEN:

MCM 11450 s.

I. Que el **Proveedor** es licenciatario en exclusiva de los derechos de explotación sobre un software (en adelante, las Aplicaciones).

II. Que el **Proveedor** está autorizado por el titular de los derechos de propiedad intelectual o industrial que existen sobre el equipo que va a ser objeto de instalación y mantenimiento (en adelante, el Sistema).

LPI art.97 s.; CC art.1091 s

III. Que el **Proveedor** va a proceder a la prestación de determinados servicios relacionados tanto con las aplicaciones, como con el sistema, por indicación del **Cliente** en relación con las aplicaciones y el sistema.

IV. Tanto el **Proveedor** como el **Cliente** se reconocen mutuamente capacidad para la celebración del presente contrato de acuerdo con las siguientes

ESTIPULACIONES:

PRIMERA. Definiciones

a) Se entiende por **Sistema de ordenador licenciado** la configuración informática y el entorno operativo especificado para las aplicaciones licenciadas.

b) Se entiende por **Aplicaciones** los productos de software enumerados en el manual junto con toda su documentación complementaria.

c) Se entiende por **Sistema** todos aquellos componentes, materiales o equipos, detallados en el manual, cuyo fin sea el de activar, hacer funcionar, controlar, mantener, medir o de cualquier otra manera ejecutar las órdenes dirigidas a través de las aplicaciones.

SEGUNDA. Objeto del presente contrato

 **Nota:**

*Por virtud de este contrato el licenciante o prestador de servicios queda obligado a manejar los **dispositivos lógicos** del **Cliente**, asumiendo su gestión y tratamiento. En la práctica, a través de este tipo de contratos, el **Cliente** se ahorra una cantidad importante de dinero en gestión de sistemas informáticos o de hardware, según se plantee el contrato.*

El presente contrato tiene por objeto la prestación de los siguientes servicios:

a) Servicio de hosting sobre las aplicaciones, entendiendo por hosting el alojamiento en los servidores del **Proveedor** de las aplicaciones, a fin de que el **Cliente** pueda acceder a las mismas según lo dispuesto en este contrato.

b) Servicio de asistencia y mantenimiento, según lo previsto en el presente contrato.

c) Servicio de prestación de valor añadido, entendiendo por tal la posibilidad de que el **Cliente** pueda tener acceso a las aplicaciones desde control remoto.

Nota:

*Se ha optado por hacer un **contrato modelo**, pudiéndose variar en cualquier momento la gestión o el objeto mismo del contrato.*

TERCERA. Alcance del contrato

El presente contrato se basa en el acuerdo de las partes sobre lo siguiente:

a) Que las aplicaciones y el sistema suministrados por el **Proveedor** no son objeto de venta, permuta, cesión o cualquier tipo de enajenación en favor del **Cliente**, sino que el **Proveedor** autoriza a este último a un uso no exclusivo y no transferible de las aplicaciones. En ningún caso, se entenderá que el **Cliente** ha recibido en virtud de este contrato cualquier titularidad sobre las aplicaciones y el sistema.

b) Que el **Cliente** reconoce que se encuentra autorizado a usar las aplicaciones y el sistema de acuerdo con las estipulaciones expresas previstas en este contrato.

 **Nota:**

*Al ser el prestador una persona que maneja y trata los sistemas informáticos del **Cliente** por su cuenta, debe éste encontrarse **autorizado a su uso** legítimo. Podría ocurrir, sin embargo, que fuese el **Proveedor** quien fuera titular de un derecho de uso sobre los programas, mientras que el **Cliente** fuera el Licenciatario de los mismos.*

MCM 11450 s.

c) Que la autorización de uso de las aplicaciones y del sistema previstas en este contrato no se extenderá a ninguna filial del **Cliente**, así como tampoco a ninguna otra empresa o sociedad con las que el **Cliente** mantenga relación accionarial o comercial alguna.

LPI art.97 s.; CC art.1091 s

CUARTA. Duración

Este contrato comienza el día de la fecha de entrega o suministro de las aplicaciones y del sistema, y tendrá una duración mínima de un año natural. Con posterioridad a esa fecha el contrato será objeto de prórrogas sucesivas cuya duración será de un año, sin perjuicio de que pueda darse por concluido en virtud de otras causas previstas en este contrato.

La terminación del presente contrato implicará la de cualesquiera obligaciones que recaigan sobre el **Proveedor** en relación con las aplicaciones y el sistema.

QUINTA. Realización de la prestación y aceptación

 **Nota:**

*Esta cláusula es esencial, ya que permite al **Cliente** determinar su **nivel de servicio requerido**.*

La entrega o suministro de las aplicaciones y del sistema se efectuará en las condiciones físicas y técnicas indicadas por el **Cliente**. A tal efecto, el **Proveedor** hará las operaciones técnicas precisas para lograr la correcta orientación de la prestación del servicio al que este contrato se refiere hacia la dirección de internet especificada por el **Cliente**.

Asimismo, y en su caso, el sistema será objeto de instalación en el lugar geográfico que determine el **Cliente**.

La instalación del sistema, y en su caso, la de las aplicaciones, se llevará a cabo exclusivamente por personal debidamente autorizado por el **Proveedor**, que deberá identificarse ante el **Cliente**. El **Proveedor** no se hace responsable del incumplimiento de lo dispuesto en este párrafo por los daños que se deriven por la manipulación incontrolada o indebida por personal no autorizado por el **Proveedor**.

El **Proveedor** hará todos los esfuerzos razonables para proceder al suministro de las aplicaciones y del sistema en los términos acordados. En ningún caso, responderá el **Proveedor** por los daños y perjuicios derivados de cualquier retraso en el suministro o entrega de las aplicaciones y del sistema.

Tras la entrega o suministro de las aplicaciones o del sistema, el **Cliente** llevará a cabo todas aquellas comprobaciones que sean necesarias para asegurarse de que las aplicaciones o el sistema hayan sido correctamente instalados.

SEXTA. Autorización de uso de las aplicaciones y/o del sistema

Se autoriza al **Cliente** por virtud de este contrato a usar por vía remota las aplicaciones única y exclusivamente para sus funciones y objetivos empresariales internos, y de acuerdo con las premisas previstas en el presente contrato.

 **Nota:**

*Que esta cláusula esté en el contrato o no depende de que el **Proveedor** sea el **titular del derecho de uso** (o de propiedad) sobre el programa informático, o lo sea el **Cliente**. Dependiendo de uno u otro supuesto, deberá variar la cláusula, atribuyendo a uno u otro la facultad de autorizar el uso. Puede ocurrir incluso que el programa pertenezca a un tercero. En este caso, en opinión de la doctrina, el usuario legítimo puede autorizar a un tercero el uso de las aplicaciones a su vez: en otras palabras, se considera **usuario legítimo** no sólo al Licenciatario, sino también al autorizado por éste para usar el programa.*

El **Cliente** no realizará ninguna copia de las aplicaciones bajo ningún concepto, ni permitirá que otro pueda realizarla, salvo en los casos en que así lo autorice por escrito el **Proveedor**, o en los casos en que dicha copia haya de realizarse por motivos de razonable seguridad o propósitos de back-up.

MCM 11450 s.

El **Cliente** podrá transferir las aplicaciones a un procesador distinto del que forme parte de su sistema informático, así como relocalizar su sistema informático siempre y cuando lo comunique por escrito al **Proveedor**. Cualquier transferencia de las aplicaciones a un procesador situado o existente fuera del sistema informático del **Cliente** requiere el consentimiento previo por escrito del **Proveedor** y podrá dar lugar a una remuneración adicional.

LPI art.97 s.; CC art.1091 s

Si el **Cliente** debiera, tuviera o deseara introducir mejoras o cambiar las aplicaciones, deberá dar cuenta de ello por escrito o de cualquier otro modo que deje constancia fehaciente al **Proveedor**, quien adoptará las medidas oportunas.

El **Cliente** garantizará que las aplicaciones y el sistema permanecerán bajo su control y que adoptará todas las medidas y precauciones razonables para salvaguardar y protegerlas de uso no autorizado.

El **Proveedor** podrá controlar vía módem el número de usuarios del **Cliente** que tienen acceso a las aplicaciones.

SÉPTIMA. Propiedad de las aplicaciones y derechos de explotación sobre el mismo

El **Cliente** no recibe por virtud de este contrato derecho de propiedad alguno sobre las aplicaciones y el sistema. En concreto, el **Cliente** no recibe derecho alguno de propiedad intelectual o industrial o de cualquier otro tipo sobre las aplicaciones y el sistema.

El **Cliente** comprende y acepta que las aplicaciones y el sistema contienen información sobre la que existen derechos exclusivos y se compromete a que, salvo que el **Proveedor** le conceda autorización expresa y por escrito, no proveerá o facilitará o de cualquier otro modo hará accesible las aplicaciones, la documentación relacionada con las mismas, ni el sistema a cualquier otra persona, compañía, sociedad u organización bajo ningún motivo o razón.

Los derechos de propiedad intelectual e industrial subsistirán en las aplicaciones y en el sistema, ya estén impresos, ya se encuentren almacenados magnéticamente en los mismos, debiendo el **Cliente** respetarlos, y no pudiendo, por tanto, y a título de ejemplo, borrarlos u ocultarlos.

El **Cliente** tomará todas las medidas razonables para asegurarse de que todos aquellos de sus empleados, personal laboral o personal específicamente contratado en régimen de prestación de servicios que resulte relevante en el uso de las aplicaciones o que pueda tener acceso a las mismas, sea avisado de que las aplicaciones constituyen información confidencial y de que cualesquiera derechos de propiedad intelectual que existan y recaigan sobre las mismas son de exclusiva propiedad del **Proveedor**.

El código fuente y objeto del programa o aplicaciones serán considerados secreto empresarial a los efectos de la Ley 1/2019. A los efectos de esta cláusula, se entiende que el personal trabajador del **Proveedor**, o quienes presten para él servicios de cualquier tipo en régimen de autónomo, cuyo puesto o responsabilidad no exija tener acceso al código fuente del programa o paquete de software, tendrá la consideración de tercero y se mantendrá la necesaria y pactada confidencialidad y secreto con dicho personal.

Nota:

*Como comentamos anteriormente, puede establecerse, en su caso, la atribución de los **derechos de propiedad intelectual** sobre el programa informático al Cliente por parte del Proveedor, si el contrato tiene por objeto, asimismo, la creación de un software o un desarrollo adaptado a las necesidades del Cliente. Nuestro consejo es que la transmisión de derechos sea en exclusiva, con ámbito territorial mundial, por todo el tiempo de duración de los derechos y con facultad de ceder a tercero.*

OCTAVA. Compromisos o garantías del Cliente

El **Cliente** se compromete:

a) A comprobar que las aplicaciones y el sistema se adaptan a las necesidades de su empresa.

b) A permitir al **Proveedor** la realización de los estudios necesarios de los datos usados con las aplicaciones y el sistema con el propósito de rectificar cualesquiera problemas que presenten la ejecución de las aplicaciones y la implantación del sistema.

c) A asegurarse de que el sistema operativo, el compilador, así como cualquier otro software con el que las aplicaciones puedan ser usadas, son propiedad del **Cliente** o que su uso junto con las aplicaciones ha sido legalmente autorizado al **Cliente**. MCM 11450 s.

d) A que, si el **Cliente** pretende intentar la descompilación de cualquiera de las partes de las que se componen las aplicaciones con el objeto de proceder a corrección de errores o para cualquier otro propósito en el ejercicio de derechos legalmente establecidos, dé cuenta de sus intenciones al **Proveedor**. LPI art.97 s.; CC art.1091 s

NOVENA. Garantías del Proveedor

Nota:

*Tanto las **garantías** del **Cliente**, como las del **Proveedor** son relevantes, pudiéndose añadir o suprimir en función del nivel de garantía y **responsabilidad** pactado.*

Las aplicaciones están diseñadas para resultar conformes con las necesidades comerciales señaladas por el **Cliente** en el momento de su encargo, y estarán plenamente disponibles en el momento de su suministro al **Cliente**. La única obligación del **Proveedor** consistirá:

a) En caso de aplicaciones desarrolladas o cuyo uso se ha autorizado al **Proveedor**, remediar cualquier no conformidad de las aplicaciones con su especificación; y

b) En caso de aplicaciones pertenecientes a tercero, obtener y suministrar una versión correcta donde se demuestre la existencia de una no conformidad para la especificación.

De común acuerdo las partes establecen que las obligaciones y responsabilidades del **Proveedor** en este contrato no se extienden a las implícitas, ni a las de comercialización o adecuación de las aplicaciones para un determinado fin, con independencia de que tal fin haya sido notificado al **Proveedor**.

El **Cliente** reconoce que:

a) Las aplicaciones no pueden ser testadas o comprobadas de manera anticipada en todo posible entorno operativo.

b) No es posible suministrar las aplicaciones de manera que no incurran en errores en cualquier circunstancia.

Se prohíbe expresamente al **Cliente** cualquier intento de corrección de errores o modificación de cualquier tipo de las aplicaciones y del sistema.

DÉCIMA. Modificaciones

El **Proveedor** se reserva el derecho de hacer mejoras, sustituciones o modificaciones de cualquier parte de las aplicaciones y del sistema, siempre y cuando el funcionamiento y la ejecución de las aplicaciones y del sistema no sean afectados materialmente y se cause, como consecuencia, un daño al **Cliente**.

UNDÉCIMA. Mantenimiento. Ejecución del servicio de asistencia y mantenimiento

Nota:

*Se trata de un servicio lógico en este tipo de contratos, pero que se puede pactar para que le preste un **tercero** a su vez.*

Todos los Servicios serán prestados en el horario de trabajo usual del **Proveedor**, esto es, de "indicar el horario de trabajo de la empresa", de "indicar los días laborables de la empresa", con exclusión de los periodos festivos y de vacaciones establecidos legalmente, ya sea por normativa nacional o por normativa autonómica. Los Servicios prestados fuera de las horas normales de prestación podrán ser llevados a cabo mediante petición concreta del **Cliente** y de acuerdo con las tarifas que se señalan en el Anexo "número del Anexo: TARIFAS".

DUODÉCIMA. Sobre la elección de los servicios en relación con el sistema

MCM 11450 s.

Con el fin de mantener una conexión efectiva y niveles de ejecución óptimos en el equipamiento, todos los productos del **Proveedor** interconectados con el Sitio deben incluirse como productos en el Anexo *"número del Anexo: RELACIÓN DE PRODUCTOS"*.

LPI art.97 s.; CC art.1091 s

Los productos deben encontrarse en condiciones normales de operatividad tal y como determine el **Proveedor**. El **Proveedor** deberá proveer al **Cliente** con un documento en el que se recojan sus tarifas previsibles de servicios de tiempo y material para devolver al producto a condiciones normales de operatividad o a un nivel de revisión específico; entonces el **Cliente** autorizará al **Proveedor** a llevar a cabo tales reparaciones y ajustes como precondición para la inclusión del producto del **Proveedor** en el Anexo *"número del Anexo: RELACIÓN DE PRODUCTOS"*.

DECIMOTERCERA. Servicios de hardware

Nota:

*Se incluye una **cláusula de mantenimiento y prestación** en relación con el hardware que podrá ir en el contrato o no.*

El **Proveedor** llevará a cabo los siguientes servicios de hardware:

a) El **Proveedor** hará lo posible para personarse en el lugar donde esté instalado el sistema y efectuar la reparación o mantenimiento del producto de hardware dentro de las *"número de horas laborables"* siguientes al momento de recepción de la solicitud del **Cliente**.

b) El **Proveedor** llevará a cabo todo el trabajo necesario durante el periodo de cobertura contratado, extendiéndose este compromiso a todos los materiales necesarios para mantener los productos en buenas condiciones de funcionamiento.

c) Los Servicios incluyen la diagnosis y corrección de los fallos y mal funcionamiento del sistema y de las aplicaciones. Si el **Proveedor** decide que son necesarias partes adicionales, desarrollos informáticos o determinados repuestos, la continuación de los servicios podrá ser interrumpida, siendo reanudada tan pronto como tales partes o repuestos estén a disposición del **Proveedor**.

d) La sustitución de las aplicaciones o del sistema se pondrá a disposición del **Cliente** en régimen de préstamo o bien en régimen de intercambio. Tales partes pueden ser nuevas o funcionalmente equivalentes. Tanto las partes sustituidas como las que sustituyen son propiedad del **Proveedor**.

e) Dentro de lo establecido en este contrato, el **Proveedor** llevará a cabo rutinas de mantenimiento preventivas en todos los productos en los que tales rutinas sean aplicables. Este tipo de mantenimiento preventivo será llevado a cabo durante las horas normales de trabajo.

f) El **Cliente** tendrá a su disposición una línea telefónica de ayuda durante el horario laboral usual o, si así se acuerda por las partes, incluso durante el resto del horario, con el objeto de dar cuenta del mal funcionamiento en las aplicaciones y en el sistema. Tal número telefónico es *"número de teléfono de asistencia"*.

g) A requerimiento del **Cliente**, el **Proveedor** trasladará cualquier sistema de su ubicación actual y lo instalará en uno nuevo, siempre que el **Cliente** dé al **Proveedor** aviso razonable y acuerde pagar al **Proveedor** las tarifas usuales por este servicio, quedando el **Cliente** responsable de cualesquiera gastos de transporte, seguros u otros necesarios para trasladar el sistema. El traslado del sistema a un lugar diferente puede implicar un incremento del gasto de mantenimiento del sistema.

Y en prueba de conformidad, ambas partes firman el presente contrato, que se extiende en dos ejemplares, igualmente originales, en el lugar y fecha indicados en su encabezamiento.

EL PROVEEDOR **EL CLIENTE**

Realización de copias de seguridad o back-up

MCM 11485 s.

Nota preliminar:

- En la medida en que en este tipo de contrato se ordena la reproducción de una obra, es necesario autorizar los derechos de reproducción. Se entiende por **reproducción** cualquier fijación de la obra en un soporte del que se permita la obtención de copias. No hay duda de que la grabación de la obra en una unidad de memoria lógica constituye un acto de reproducción.

- No se olvide que constituye una excepción o **límite al derecho de reproducción** del propietario de los derechos de propiedad intelectual sobre el software la realización de una copia de seguridad del programa en la medida necesaria para utilizarlo (LPI art.100.1).

- Los derechos de propiedad intelectual sobre los sistemas del **Cliente** constituyen la típica **cláusula de garantía** del **Cliente**.

- El modelo presupone unas circunstancias determinadas que serán las más frecuentes. Si en el caso concreto existen **circunstancias particulares** no previstas, deberá completarse o modificarse el modelo adaptándolo a las mismas.

CC art.1090 s.; LPI art.18, 99, 100

En *"localidad"*, a *"fecha"*

REUNIDOS:

De una parte,

"Don/Doña nombre y apellidos de la parte", mayor de edad, *"estado civil de la parte" "... "especificar el régimen económico matrimonial de la parte" ... "*, de nacionalidad *"nacionalidad de la parte"*, con domicilio a estos efectos en *"domicilio de la parte"*, *"...con DNI/NIF número "DNI/NIF de la parte" ... O ... con tarjeta de residencia número "número de tarjeta de residencia de la parte" ... O ... pasaporte número "número de pasaporte de la parte", expedido el "fecha de expedición del pasaporte de la parte" ... O ... "reseñar otros documentos aportados por la parte" ... "*, vigente hasta el *"fecha de vigencia de la documentación aportada por la parte"*.

Interviene

❍ **Si interviene en su propio nombre:**

en su propio nombre y derecho.

❍ **Si interviene como representante:**

en nombre y representación

❍ Si representa a persona física:

de *"Don/Doña nombre y apellidos del representado"*, mayor de edad, *"estado civil del representado"*, con domicilio en *"domicilio del representado"* y provisto de D.N.I./N.I.F. número *"DNI/NIF del representado"*, según consta en escritura de poder, otorgada ante el notario de *"lugar donde radica la notaría en la que se autorizó la escritura de poder de representación (persona física)"*, *"Don/Doña nombre y apellidos del notario que autorizó la escritura de poder de representación (persona física)"*, el *"fecha de escritura de poder de representación (persona física)"*, con el número *"número de protocolo del notario que autorizó la escritura de poder de representación (persona física)"* de su orden de protocolo.

❍ Si representa a persona jurídica:

MCM 11485 s.

de la sociedad mercantil denominada *"denominación social"*, domiciliada en *"domicilio social"*, y con NIF número *"NIF de la sociedad"*, constituida, por tiempo indefinido, mediante escritura otorgada ante el notario de *"lugar donde radica la notaría en la que se autorizó la escritura de poder de representación (persona jurídica)"*, *"Don/Doña nombre y apellidos del notario que autorizó la escritura de poder de representación (persona jurídica)"*, el *"fecha de escritura de poder de representación (persona jurídica)"*, e inscrita en el Registro Mercantil de *"datos de la inscripción registral (localidad del Registro Mercantil, tomo, folio, sección, hoja e inscripción)"*, en su calidad de

CC art.1090 s.; LPI art.18, 99, 100

>

❍ Si representa como cargo social:

"...administrador único ... O ... administrador solidario ... O ... consejero delegado ... O ... "especificar la representación del cargo social" ... " de la reseñada sociedad, cargo para el que fue nombrado y asegura vigente en escritura otorgada el *"fecha de escritura del nombramiento del cargo"*, ante el notario de *"lugar donde radica la notaría en la que se autorizó la escritura del nombramiento"*, *"Don/Doña nombre y apellidos del notario que autorizó la escritura del nombramiento"*, con el número *"número de protocolo del notario que autorizó la escritura del nombramiento"* de su protocolo, e inscrita en el Registro Mercantil de *"localidad del Registro Mercantil de la escritura de nombramiento"*, en el tomo y hoja arriba indicados.

❍ Si representa como apoderado:

apoderado de la reseñada sociedad, según escritura de poder otorgada a su favor, en *"fecha de escritura del otorgamiento del poder"*, ante el notario de *"lugar donde radica la notaría en la que se autorizó la escritura de poder"*, *"Don/Doña nombre y apellidos del notario que autorizó la escritura de poder"*, con el número *"número de protocolo del notario que autorizó la escritura de poder"* de su protocolo *"...e inscrita en el Registro Mercantil de "localidad del Registro Mercantil de la escritura de poder" ... "*, en el tomo y hoja arriba indicados.

En adelante, el **Proveedor**.

De otra parte,
"Don/Doña nombre y apellidos de la parte", mayor de edad, *"estado civil de la parte" "... "especificar el régimen económico matrimonial de la parte" ... "*, de nacionalidad *"nacionalidad de la parte"*, con domicilio a estos efectos en *"domicilio de la parte"*, *"...con DNI/NIF número "DNI/NIF de la parte" ... O ... con tarjeta de residencia número "número de tarjeta de residencia de la parte" ... O ... pasaporte número "número de pasaporte de la parte", expedido el "fecha de expedición del pasaporte de la parte" ... O ... "reseñar otros documentos aportados por la parte" ... "*, vigente hasta el *"fecha de vigencia de la documentación aportada por la parte"*.

Interviene

❍ **Si interviene en su propio nombre:**

en su propio nombre y derecho.

❍ **Si interviene como representante:**
en nombre y representación

MCM 11485 s.

CC art.1090 s.; LPI art.18, 99, 100

➤

❍ Si representa a persona física:

de *"Don/Doña nombre y apellidos del representado"*, mayor de edad, *"estado civil del representado"*, con domicilio en *"domicilio del representado"* y provisto de D.N.I./N.I.F. número *"DNI/NIF del representado"*, según consta en escritura de poder, otorgada ante el notario de *"lugar donde radica la notaría en la que se autorizó la escritura de poder de representación (persona física)"*, *"Don/Doña nombre y apellidos del notario que autorizó la escritura de poder de representación (persona física)"*, el *"fecha de escritura de poder de representación (persona física)"*, con el número *"número de protocolo del notario que autorizó la escritura de poder de representación (persona física)"* de su orden de protocolo.

❍ Si representa a persona jurídica:

de la sociedad mercantil denominada *"denominación social"*, domiciliada en *"domicilio social"*, y con NIF número *"NIF de la sociedad"*, constituida, por tiempo indefinido, mediante escritura otorgada ante el notario de *"lugar donde radica la notaría en la que se autorizó la escritura de poder de representación (persona jurídica)"*, *"Don/Doña nombre y apellidos del notario que autorizó la escritura de poder de representación (persona jurídica)"*, el *"fecha de escritura de poder de representación (persona jurídica)"*, e inscrita en el Registro Mercantil de *"datos de la inscripción registral (localidad del Registro Mercantil, tomo, folio, sección, hoja e inscripción)"*, en su calidad de

➤

❍ Si representa como cargo social:

"...administrador único ... O ... administrador solidario ... O ... consejero delegado ... O ... "especificar la representación del cargo social" ..." de la reseñada sociedad, cargo para el que fue nombrado y asegura vigente en escritura otorgada el *"fecha de escritura del nombramiento del cargo"*, ante el notario de *"lugar donde radica la notaría en la que se autorizó la escritura del nombramiento"*, *"Don/Doña nombre y apellidos del notario que autorizó la escritura del nombramiento"*, con el número *"número de protocolo del notario que autorizó la escritura del nombramiento"* de su protocolo, e inscrita en el Registro Mercantil de *"localidad del Registro Mercantil de la escritura de nombramiento"*, en el tomo y hoja arriba indicados.

❍ Si representa como apoderado:

apoderado de la reseñada sociedad, según escritura de poder otorgada a su favor, en *"fecha de escritura del otorgamiento del poder"*, ante el notario de *"lugar donde radica la notaría en la que se autorizó la escritura de poder"*, *"Don/Doña nombre y apellidos del notario que autorizó la escritura de poder"*, con el número *"número de protocolo del notario que autorizó la escritura de poder"* de su protocolo *"...e inscrita en el Registro Mercantil de "localidad del Registro Mercantil de la escritura de poder" ..."*, en el tomo y hoja arriba indicados.

≺

≺

En adelante, el **Cliente**.

Las partes se reconocen la capacidad legal necesaria para contratar y obligarse y, a tal efecto

EXPONEN:

I. Que el **Cliente** tiene interés en que el **Proveedor** gestione las actividades de copiado de seguridad de los documentos y archivos propiedad del **Cliente**, a cuyo efecto cree apropiado el mantenimiento de relaciones de colaboración y desarrollo de las actividades que se indican posteriormente.

II. Que el **Proveedor** y el **Cliente** están de acuerdo en que la gestión de los sistemas del **Cliente** se produzca simultáneamente y a través de Internet.

III. Que ambas partes se reconocen capacidad mutua para llevar a cabo el presente contrato de acuerdo con las siguientes

MCM 11485 s.

ESTIPULACIONES:

Primera. Objeto del contrato
En virtud del presente contrato el **Proveedor** pondrá a disposición del **Cliente** sus instalaciones a fin de que a través de las mismas tenga lugar el grabado y reproducción de los documentos, sean del tipo que sean, del **Cliente** y, en general, todo tipo de elementos informáticos pasen por los sistemas del **Cliente**.

CC art.1090 s.; LPI art.18, 99, 100

Segunda. Definiciones
A los fines previstos en este contrato, las siguientes palabras tendrán el significado que se diga a continuación:

a) **Hardware:** Todos los sistemas o soportes físicos pertenecientes al **Cliente**.

b) **Software:** Todos los sistemas o soportes de carácter lógico que son objeto de copia o salvado de acuerdo con lo previsto en este contrato y que son propiedad del **Cliente** o cuyo uso le ha sido licenciado.

c) **Sistemas del Cliente:** Todos los sistemas de software o hardware perteneciente al **Cliente**, a través de los cuales se comunican mensajes, documentos, imágenes y demás elementos, y que van a ser objeto de copia.

d) **Sistemas del Proveedor:** Todos los sistemas de software o hardware propiedad del **Proveedor**, o cuyo uso le ha sido autorizado, y en los cuales se procederá al grabado de seguridad de los sistemas del **Cliente**.

Las características técnicas, capacidad de memoria y demás aspectos relativos a los sistemas del **Cliente** y del **Proveedor** son definidos y descritos en Anexo 1 a este Contrato.

Tercera. Prestaciones a las que se obliga el Proveedor
Por virtud del presente contrato, el **Proveedor** se obliga a favor del **Cliente** a:

a) Llevar a cabo todas las gestiones y copias de los sistemas del **Cliente**. Las copias se harán al menos una vez al día, una vez semanalmente (en la que se guardarán todas las copias diarias), una mensual (en la que se guardarán las copias semanales del mes correspondiente) y una anual (en la que se guardarán las copias de todos los meses correspondientes al año natural correspondiente).

Nota:

Cabe la posibilidad de suscribir un ***contrato de encargado del tratamiento*** *a que se refiere la LOPD art.33.*

"... "establecer un periodo exacto, de acuerdo con un plan de trabajo específico" ..."

b) Las copias a las que se refiere el apartado anterior se guardarán en sitio apropiado *"... "establecer las características de lugar" ...".*

c) Permitir al **Cliente**, y al personal designado por éste, la entrada en los locales del **Proveedor**, así como el acceso a sus sistemas con el objeto de comprobar aspectos relativos a la actividad a la que se refiere el presente contrato, y con la antelación suficiente.

Nota:

Nota basada en el ***derecho de supervisión*** *que tiene el* ***Cliente***.

d) Permitir al **Cliente** el establecimiento de las conexiones técnicas y tecnológicas que sean precisas para que aquel pueda tener acceso a los sistemas del proveedor, dado el caso.

e) Llevar a cabo al menos dos veces al mes pruebas en los sistemas del proveedor a fin de comprobar la fiabilidad y seguridad de los mismos.

MCM 11485 s.

✍ **Nota:**

Tratándose de un contrato de ***encargado del tratamiento*** *a que se refiere la LOPD art.33, es obligado prever las medidas técnicas y organizativas apropiadas a fin de garantizar y acreditar que el tratamiento es conforme con la citada Ley Orgánica y el Rgto (UE) 2016/679.*

f) Cambiar las cintas en las que se graben los documentos y demás elementos susceptibles de ser guardados en los sistemas del **Cliente**. El cambio será al menos semanal.

Cuarta. Prestaciones a las que se obliga el Cliente

Por virtud del presente contrato, el **Cliente** se obliga a favor del **Proveedor** a: CC art.1090 s.; LPI art.18, 99, 100

a) Pagar la remuneración prevista, de acuerdo con lo establecido en el Anexo 2 al presente contrato.

b) Instalar y asumir el coste de instalación de todos los aparatos necesarios para el salvado y grabación de los sistemas del **Cliente**.

c) Facilitar cuanta información técnica sea precisa para que el **Proveedor** pueda desempeñar debidamente sus obligaciones.

d) Indemnizar al **Proveedor** de cualquier daño o desperfecto que, como consecuencia del desarrollo de lo dispuesto en el presente contrato, pudiera originársele al **Proveedor**.

e) Pagar los eventuales derechos de propiedad intelectual precisos para la captación de las imágenes y/o sonidos de acuerdo con lo señalado en el presente contrato.

Quinta. Derechos de Propiedad Intelectual sobre los sistemas del Cliente

El **Proveedor** reconoce los derechos de propiedad intelectual e industrial sobre los sistemas del **Cliente**. Cualquier uso de los elementos textuales, visuales o de cualquier otro tipo que haga el **Proveedor** requerirá el consentimiento expreso previo por parte del **Cliente**.

Y en prueba de conformidad, ambas partes firman el presente contrato, que se extiende en dos ejemplares, igualmente originales, en el lugar y fecha indicados en su encabezamiento.

EL PROVEEDOR **EL CLIENTE**

MCM 11492, 11505

Acceso a datos por cuenta del responsable del fichero. Contrato de encargado del tratamiento

LOPD art.33; Rgto (UE) 2016/679 art.28

Nota preliminar:

- Se trata de un contrato previsto en la LOPD art.33 y en el Reglamento (UE) 2016/679 art.28, por el que no quedan considerados como casos de **cesión de datos** aquellos supuestos en los que un tercero, por cuenta del responsable del tratamiento, accede o trata datos personales con el objeto de realizar una prestación a favor del responsable del tratamiento que requiere dicho acceso.

Este tipo de acceso debe quedar formalizado por escrito a través de un contrato en el que se recojan los **términos mínimos** a que se hace referencia en dicho precepto.

- En lo que se refiere a la **duración**, salvo que se trate de una prestación continuada, lo aconsejable es que el contrato quede limitado en el tiempo.

- El modelo presupone unas circunstancias determinadas que serán las más **frecuentes**. Si en el caso concreto existen circunstancias particulares no previstas, deberá completarse o modificarse el modelo adaptándolo a las mismas.

En *"localidad"*, a *"fecha"*

REUNIDOS:

De una parte,

"Don/Doña nombre y apellidos de la parte", mayor de edad, *"estado civil de la parte" "... "especificar el régimen económico matrimonial de la parte" ... "*, de nacionalidad *"nacionalidad de la parte"*, con domicilio a estos efectos en *"domicilio de la parte"*, *"...con DNI/NIF número "DNI/NIF de la parte" ... O ... con tarjeta de residencia número "número de tarjeta de residencia de la parte" ... O ... pasaporte número "número de pasaporte de la parte", expedido el "fecha de expedición del pasaporte de la parte" ... O ... "reseñar otros documentos aportados por la parte" ... "*, vigente hasta el *"fecha de vigencia de la documentación aportada por la parte"*.

Interviene en nombre y representación de la sociedad mercantil denominada *"denominación de la sociedad"*, domiciliada en *"domicilio de la Sociedad"*, y con NIF número *"NIF de la Sociedad"*, constituida, por tiempo indefinido, mediante escritura otorgada ante el notario de *"lugar del notario que autorizó la escritura pública"*, *"Don/Doña nombre y apellidos del notario que autorizó la escritura pública"*, el *"fecha de autorización de la escritura pública"*, e inscrita en el Registro Mercantil de *"datos de la inscripción registral (localidad del Registro Mercantil, tomo, folio, sección, hoja e inscripción)"*, en su calidad de

➢➢

○ **Si representa como cargo social:**

"...administrador único ... O ... administrador solidario ... O ... consejero delegado ... O ... "especificar la representación del cargo social" ... " de la reseñada sociedad, cargo para el que fue nombrado y asegura vigente en escritura otorgada el *"fecha de escritura del nombramiento del cargo"*, ante el notario de *"lugar donde radica la notaría en la que se autorizó la escritura del nombramiento"*, *"Don/Doña nombre y apellidos del notario que autorizó la escritura del nombramiento"*, con el número *"número de protocolo del notario que autorizó la escritura del nombramiento"* de su protocolo, e inscrita en el Registro Mercantil de *"localidad del Registro Mercantil de la escritura de nombramiento"*, en el tomo y hoja arriba indicados.

MCM 11492, 11505

❍ Si representa como apoderado:

apoderado de la reseñada sociedad, según escritura de poder otorgada a su favor, en *"fecha de escritura del otorgamiento del poder"*, ante el notario de *"lugar donde radica la notaría en la que se autorizó la escritura de poder"*, *"Don/Doña nombre y apellidos del notario que autorizó la escritura de poder"*, con el número *"número de protocolo del notario que autorizó la escritura de poder"* de su protocolo *"...e inscrita en el Registro Mercantil de "localidad del Registro Mercantil de la escritura de poder" ..."*, en el tomo y hoja arriba indicados.

≺≺

En adelante, el **Encargado del tratamiento**.

LOPD art.33; Rgto (UE) 2016/679 art.28

De otra parte,

"Don/Doña nombre y apellidos de la parte", mayor de edad, *"estado civil de la parte" "..."especificar el régimen económico matrimonial de la parte" ..."*, de nacionalidad *"nacionalidad de la parte"*, con domicilio a estos efectos en *"domicilio de la parte"*, *"...con DNI/NIF número "DNI/NIF de la parte" ... O ... con tarjeta de residencia número "número de tarjeta de residencia de la parte" ... O ... pasaporte número "número de pasaporte de la parte", expedido el "fecha de expedición del pasaporte de la parte" ... O ... "reseñar otros documentos aportados por la parte" ..."*, vigente hasta el *"fecha de vigencia de la documentación aportada por la parte"*.

Interviene en nombre y representación de la sociedad mercantil denominada *"denominación de la Sociedad"*, domiciliada en *"domicilio de la Sociedad"*, y con NIF número *"NIF de la Sociedad"*, constituida, por tiempo indefinido, mediante escritura otorgada ante el notario de *"lugar del notario que autorizó la escritura pública"*, *"Don/Doña nombre y apellidos del notario que autorizó la escritura pública"*, el *"fecha de autorización de la escritura pública"*, e inscrita en el Registro Mercantil de *"datos de la inscripción registral (localidad del Registro Mercantil, tomo, folio, sección, hoja e inscripción)"*, en su calidad de

≻≻

❍ Si representa como cargo social:

"...administrador único ... O ... administrador solidario ... O ... consejero delegado ... O ... "especificar la representación del cargo social" ..." de la reseñada sociedad, cargo para el que fue nombrado y asegura vigente en escritura otorgada el *"fecha de escritura del nombramiento del cargo"*, ante el notario de *"lugar donde radica la notaría en la que se autorizó la escritura del nombramiento"*, *"Don/Doña nombre y apellidos del notario que autorizó la escritura del nombramiento"*, con el número *"número de protocolo del notario que autorizó la escritura del nombramiento"* de su protocolo, e inscrita en el Registro Mercantil de *"localidad del Registro Mercantil de la escritura de nombramiento"*, en el tomo y hoja arriba indicados.

❍ Si representa como apoderado:

apoderado de la reseñada sociedad, según escritura de poder otorgada a su favor, en *"fecha de escritura del otorgamiento del poder"*, ante el notario de *"lugar donde radica la notaría en la que se autorizó la escritura de poder"*, *"Don/Doña nombre y apellidos del notario que autorizó la escritura de poder"*, con el número *"número de protocolo del notario que autorizó la escritura de poder"* de su protocolo *"...e inscrita en el Registro Mercantil de "localidad del Registro Mercantil de la escritura de poder" ..."*, en el tomo y hoja arriba indicados.

≺≺

En adelante, el **Responsable del tratamiento**.

Las partes se reconocen la capacidad legal necesaria para contratar y obligarse y, a tal efecto

MCM 11492, 11505

LOPD art.33; Rgto (UE) 2016/679 art.28

EXPONEN:

Que el Responsable efectúa determinados tratamientos sobre datos personales, necesitando al Encargado para que este acceda a dichos datos por su cuenta a fin de ejecutar prestaciones contractuales que implican dicho tratamiento y que se regulan en el Contrato de Prestación de Servicios concluido entre las partes en fecha *"especificar fecha"* (en adelante, «Contrato de Prestación de Servicios»).

Que el Encargado es una empresa dedicada a *"especificar actividad de la empresa"*, la cual necesita acceder a datos personales tratados por el Responsable, a fin de que este pueda prestar un determinado servicio o ejecutar un contrato a favor del interesado.

Que el Responsable encarga al Encargado las prestaciones a que se refiere este Contrato sobre la base de que el Encargado cuenta con la capacidad técnica y organizativa para garantizar la seguridad y tratamiento de los datos personales en cuestión.

Que, a tal fin, de acuerdo con la normativa aplicable Reglamento de General de Protección de Datos, aprobado por Reglamento (UE) 2016/679 del Parlamento Europeo y del Consejo, de 27 de abril de 2016 (en adelante, «el Reglamento»), y la Ley Orgánica 3/2018, de 5 de diciembre (en adelante, «LOPD») ambas partes se comprometen recíprocamente en virtud de este Contrato, y de acuerdo con las siguientes

CLÁUSULAS

PRIMERA. Definiciones

1.1.
Ambas partes aceptan las siguientes definiciones:

Datos personales: toda información sobre una persona física identificada o identificable «en adelante, el Interesado»; se considerará persona física identificable toda persona cuya identidad pueda determinarse, directa o indirectamente, en particular mediante un identificador, como por ejemplo un nombre, un número de identificación, datos de localización, un identificador en línea o uno o varios de la identidad física, fisiológica, genética, psíquica, económica, cultural o social de dicha persona;

Tratamiento: cualquier operación o conjunto de operaciones realizadas sobre datos personales o conjuntos de datos personales, ya sea por procedimientos automatizados o no, como la recogida, registro, organización, estructuración, conservación, adaptación o modificación, extracción, consulta, utilización, comunicación por transmisión, difusión o cualquier otra forma de habilitación de acceso, cotejo o interconexión, supresión o destrucción;

Fichero: todo conjunto estructurado de datos personales, accesibles con arreglo a criterios determinados, ya sea centralizado, descentralizados o repartidos de forma funcional o geográfica;

Consentimiento del interesado: toda manifestación de voluntad libre, específica, informada e inequívoca por la que el interesado acepta, ya sea mediante una declaración o una clara acción afirmativa, el tratamiento de datos personales que le conciernen.

SEGUNDA. Objeto y tipos de datos personales tratados. Categorías de interesados

2.1.
Mediante el presente Contrato el Responsable encomienda el tratamiento de los datos personales que están contenidos en los ficheros propiedad del Responsable, necesarios para el cumplimiento de su objeto social, al Encargado, quien se obliga por medio del presente contrato a su tratamiento.

2.2.
El tratamiento de los datos personales consistirá en las siguientes operaciones

MCM 11492, 11505

LOPD art.33; Rgto (UE) 2016/679 art.28

≻≻

□ **Actividad de la empresa:**

"especificar actividad de la empresa"

□ **Registro:**

Registro

□ **Estructuración:**

Estructuración

□ **Modificación:**

Modificación

□ **Conservación:**

Conservación

□ **Extracción:**

Extracción

□ **Consulta:**

Consulta

□ **Comunicación por transmisión**

Comunicación por transmisión

□ **Difusión:**

Difusión

□ **Interconexión:**

Interconexión

□ **Cotejo:**

Cotejo

□ **Limitación:**

Limitación

□ **Supresión:**

Supresión

□ **Destrucción:**

Destrucción

□ **Otros:**

"Otros"

≺≺

2.3.

Los tipos de datos personales tratados serán los siguientes:

"indicar"

MCM 11492, 11505

2.4.

El tratamiento efectuado se referirá a las siguientes categorías de interesados:

"indicar"

TERCERA. Finalidad del tratamiento

LOPD art.33; Rgto (UE) 2016/679 art.28

3.1.

El Encargado realizará única y exclusivamente el tratamiento de los datos proporcionados por el Responsable para las siguientes finalidades:

"especificar finalidades"

Nota:

*Sirvan como **ejemplos de finalidades en el trato de los datos**, las siguientes:*
- La individualización de la relación contractual a generarse entre el interesado con el Responsable y puntualizar las condiciones generales aceptadas, condiciones particulares y gestión, administración y mejora de los productos o servicios que desee contratar.
- Los datos podrán ser utilizados para finales comerciales y promocionales, envío de información comercial y publicitaria, encuestas de calidad y satisfacción acerca de los productos o servicios operados por el Responsable.

3.2.

El Encargado no podrá tratar los datos personales para fines distintos a los descritos en la presente Clausula. Asimismo, notificará al Responsable toda exigencia legal necesaria por razones de interés público cuando así lo requiera.

CUARTA. Obligación de confidencialidad

4.1.

Las Partes se comprometen a guardar la confidencialidad necesaria de la información que les sea proporcionada de los interesados o titulares de los datos personales y además de la información confidencial que se intercambie entre ellas.

4.2.

Se entenderá como Información Confidencial toda la información, incluyendo la información técnica, científica, empresarial, conocimientos, know-how, datos, y materiales de naturaleza confidencial o propietaria de una Parte o controlada por ella y que sea comunicada a la parte por el cumplimiento del presente Contrato.

4.3.

Las partes intercambiarán Información Confidencial para ejecutar el presente Contrato y se comprometen a tomar las precauciones necesarias y apropiadas para mantener como confidencial la siguiente información:

a) Utilizar la Información Confidencial para los fines que ambas partes definan

b) Impedir la copia o revelación de esta información a terceros, salvo que gocen de la aprobación escrita del Interesado o del Responsable.

c) Restringir el acceso a la Información Confidencial a sus respectivos empleados y cualquier otra persona que no esté directamente vinculada con el presente contrato.

4.4.

Las Partes serán responsables entre sí por el incumplimiento de esta obligación por sus empleados, asociados, subcontratados o cualquier otra persona o entidad que actúe en su nombre, aun cuando no tenga relación directa con el presente Contrato.

4.5.
Asimismo, todos y cada uno de los términos y condiciones establecidos en el presente Contrato, serán considerados como información confidencial.

QUINTA. Garantías del Responsable respecto del tratamiento de los datos personales MCM 11492, 11505

5.1.
El Responsable garantiza que trata los datos personales con arreglo a la normativa sobre protección de datos aplicable, y en concreto, con arreglo al Reglamento.

SEXTA. Obligaciones del Encargado del tratamiento LOPD art.33; Rgto (UE) 2016/679 art.28

6.1.
El Encargado del tratamiento y todo su personal se obligan a:

a. Tratar los datos personales objeto del tratamiento, o los que recoja para su inclusión, sólo para la finalidad objeto del presente Contrato.

b. Tratar los datos de acuerdo con las instrucciones del Responsable del tratamiento y conforme a la legislación vigente.

c. Llevar un registro del tratamiento que se realice de los datos.

d. Podrá suprimir o devolver lo datos al finalizar el tratamiento a elección del Encargado, conforme a la cláusula undécima del presente contrato.

e. Seguir las instrucciones del Encargado en relación con la seguridad de la información y la confidencialidad contenida en el presente Contrato.

f. Mantener el deber de secreto respecto a los datos de carácter personal a los que haya tenido acceso en virtud del presente Contrato, incluso después de que finalice su objeto.

g. Garantizar que las personas autorizadas para tratar datos personales se comprometan, de forma expresa y por escrito, a respetar la confidencialidad y a cumplir las medidas de seguridad correspondientes, de las que hay que informarles convenientemente, así como garantizar su formación necesaria en materia de protección de datos.

h. Llevar por escrito, un registro de todas las categorías de actividades de tratamiento efectuadas por cuenta del responsable que contenga:

- El nombre y los datos de contacto del Responsable y Encargado o sus representantes en su caso.

- El tratamiento de datos con categorías especiales de acuerdo con el artículo 9 del RGPD, mismo que además tendrán que llevarse en registro por categorías especiales.

i. Mantener actualizados los documentos de control interno como son: procedimientos de notificación, gestión y respuesta ante incidencias, copia y respaldo y recuperación de datos, transporte, reutilización de soportes y documentos.

j. Asistir al Responsable del tratamiento en las respuestas de los derechos de acceso, rectificación, supresión y oposición, limitación del tratamiento, portabilidad de datos, y cualquier otro previsto legalmente.

k. Colaborar con el Responsable en la realización de la evaluación de impacto de datos personales, en caso de ser necesaria.

l. De acuerdo con lo previsto en el Cláusula 8ª de este Contrato, el Encargado notificará al Responsable, en un plazo máximo de 24 horas, las violaciones de la seguridad de los datos personales a su cargo de las que tenga conocimiento, junto con toda la información relevante para la documentación y comunicación de la incidencia.

m. Ofrecer al Responsable las garantías suficientes y apropiadas en orden a la correcta aplicación de las medidas técnicas y organizativas que permitan cumplir los requisitos de la vigente normativa española y del RGPD, incluyendo las medidas de seguridad procedentes, y la conclusión de los contratos de seguro correspondientes, en su caso.

MCM 11492, 11505

n. Tratar la información o datos que le sean proporcionados con las debidas condiciones de seguridad que resulten pertinentes en cada caso en coherencia con lo dispuesto en el artículo 32 del RGPD. A tal efecto, el Encargado declara conocer la política de seguridad que el Responsable tenga establecida.

LOPD art.33; Rgto (UE) 2016/679 art.28

o. Suprimir o devolver, a elección del Responsable, todos los datos personales una vez finalice la prestación de los servicios de tratamiento, y suprimir todas las copias existentes a menos que se requiera la conservación de dichos datos en virtud de una norma imperativa.

p. Poner a disposición del Responsable toda la información necesaria para demostrar el cumplimiento de las obligaciones aquí contraídas, así como para permitir y contribuir a la realización de auditorías, incluidas inspecciones, por parte del Responsable o de otro auditor autorizado por este.

q. Utilizar en el tratamiento de datos únicamente programas informáticos adquiridos o utilizados con licencia, o programas informáticos del Responsable.

r. Entregar una copia de la Política de Seguridad del Encargado al Responsble.

SÉPTIMA. Obligaciones del Responsable

7.1.
El Responsable no solamente está sujeto a las obligaciones previstas en el Contrato de Prestación de Servicios que atañan a la prestación de servicios a que se refiere este Contrato, sino también a las siguientes:

a. Indicar al Encargado las medidas de seguridad técnicas y organizativas precisas para el cumplimiento de la obligación prevista en la Cláusula 6ª.n) anterior;

b. Colaborar con el Encargado en aquellas obligaciones previstas en este Contrato que exijan dicha colaboración.

c. Dar a conocer al Encargado los resultados de la evaluación de impacto que se lleve a cabo en relación con el tratamiento de datos por el Responsable.

OCTAVA. Seguridad de la información y de los datos personales. Medidas organizativas y técnicas

8.1.
Sin perjuicio de lo establecido en el Anexo I al presente Contrato, el Encargado tendrá la obligación de garantizar la seguridad de los datos personales que estarán a su disposición mediante medidas técnicas y organizativas apropiadas como son:

(i) Seudonimización y cifrado de datos personales cuando se requiera;

(ii) Garantizar la confidencialidad, integridad y disponibilidad y resiliencia permanente de sistemas y servicios de tratamiento.

(iii) Garantizar la capacidad de restaurar la disponibilidad y acceso a los datos personales de forma rápida en caso de incidente.

(iv) Aquellas otras que expresamente le indique el Responsable.

8.2.
En caso de violación de la seguridad de los datos personales de los sistemas del Encargado, este notificará al Responsable la existencia de esa violación a fin de que a su vez el Responsable lo notifique a la autoridad competente. Aquella notificación deberá producirse dentro de las 24 (veinticuatro) horas de haber ocurrido el incidente de seguridad.

8.3.

En la notificación a las autoridades competentes, el Encargado deberá proporcionar como mínimo la siguiente información: la descripción del incidente, categoría de los datos, número de interesados afectados, y una descripción de las consecuencias de la violación de la seguridad. MCM 11492, 11505

8.4.

En caso de no realizarse la notificación a su debido tiempo, el Encargado deberá tomar medidas preventivas para contener el riesgo de divulgación y en su caso será responsable del pago de daños y perjuicios ocasionados. LOPD art.33; Rgto (UE) 2016/679 art.28

Nota:

Normalmente, deben especificarse las ***medidas técnicas y organizativas*** *que el encargado debe implementar.*

NOVENA. Cesión de derechos y subcontratación

9.1.

Las Partes acuerdan que no podrán ceder los derechos y obligaciones contenidos en el presente contrato, a menos que sea previa autorización por escrito del Responsable.

9.2.

El Encargado podrá subcontratar, en caso de ser aprobado previamente, indicando los tratamientos que se pretenden subcontratar e identificando de forma clara los datos del subcontratista. En este supuesto, el subcontratista tendrá las mismas obligaciones que el Encargado y deberá a su vez, cumplir con las obligaciones previamente indicadas por el Responsable, y estará obligado a la firma de un nuevo contrato.

9.3.

El Encargado será responsable solidario sobre el cumplimiento de las obligaciones del subcontratista y las garantías de seguridad a las que se encuentra obligado.

DÉCIMA. Duración

10.1.

El presente Contrato tendrá una duración de *"indicar duración del contrato"*, la cual comenzará a tener vigencia a partir de la firma del presente contrato.

10.2.

El presente Contrato podrá darse por terminado de forma anticipada mediante notificación por escrito al efecto.

Nota:

La ***duración*** *del presente contrato puede y debe atarse a la de la prestación de servicios que justifica este contrato.*

UNDÉCIMA. Efectos de la terminación del Contrato

11.1.

Una vez que se dé por terminado el presente contrato, ya sea de forma anticipada o por que se haya cumplido con la vigencia del mismo, las Partes acuerdan que se llevarán a cabo las siguientes medidas:

(i) Devolver al Responsable la información y registros de los datos tratados y soportes que tenga en su poder el Encargado.

MCM 11492, 11505

(ii) Entregar los registros sobre incidentes y cualquier otro que contenga información sobre los datos personales tratados.

(iii) En caso de que existiera un nuevo Encargado, se le entregará a este la información con todos los registros y copias que existiesen.

LOPD art.33; Rgto (UE) 2016/679 art.28

(iv) A solicitud del Responsable, deberá eliminarse toda copia que conserve el Encargado con excepción de aquella que pueda conservar con los datos debidamente bloqueados y haciéndolo constar por escrito, cuando existan responsabilidades o prestaciones pendientes de ejecución, en el bien entendido de que, una vez cumplidas, tendrá que suprimirse dicha copia y entregarse una prueba por escrito al Responsable.

DUODÉCIMA. Validez del Contrato

12.1

Todas las estipulaciones de este Contrato deberán ser interpretadas de forma que surtan efecto. La nulidad de alguna de las estipulaciones, o de una parte de ellas, no conllevará la nulidad total del Contrato

12.2.

El presente Contrato recoge la totalidad de los pactos existentes entre las partes, y revoca, en su caso, cuantos otros pactos o acuerdos, verbales o escritos, hubieran podido alcanzarse a la fecha de su firma. El presente Contrato sólo podrá modificarse mediante acuerdo escrito de las partes.

DECIMOTERCERA. Información y Notificaciones

13.1.

A los efectos del presente Contrato, serán domicilios para notificaciones los que figuran en el encabezamiento.

13.2.

No obstante, las Partes se comprometen a informar de los cambios de domicilio y a comunicar cualquier extremo relativo a las obligaciones adquiridas en el mismo.

DECIMOCUARTA. Legislación aplicable y Jurisdicción

El presente Contrato se regirá por la ley española.

Ambas partes, para cualquier controversia que pudiera surgir entre ellas con respecto a su validez, ejecución, cumplimiento o resolución, renunciando a sus respectivas jurisdicciones y a cualquier otro fuero que pudiera corresponderles, se someten expresamente a la jurisdicción y competencia de los Juzgados y Tribunales de *"especificar"*.

Y, para que conste y en prueba de conformidad, firman el presente Contrato por duplicado, pero a un solo efecto, en el lugar y fecha ut supra

Por el Responsable **Por el Encargado**

Contrato de corresponsabilidad de protección de datos personales

MCM 575 s.

RGPD art.26; LO 3/2018 art.28 y 29

Nota preliminar:

El contrato de corresponsabilidad surge cuando hay dos responsables de un mismo tratamiento, en la medida en que determinen conjuntamente los objetivos y medios de dicho tratamiento.

En este tipo de contratos es muy importante delimitar correctamente y de forma transparente las responsabilidades respectivas de cada parte en el tratamiento conjunto. Como establece el RGPD, lo anterior cobra especial importancia en relación con el ejercicio de los derechos por parte de los interesados.

El modelo presupone unas circunstancias determinadas que serán las más **frecuentes**. Si en el caso concreto existen circunstancias particulares no previstas, deberá completarse o modificarse el modelo adaptándolo a las mismas.

En *"localidad"*, a *"fecha"*

REUNIDOS:

De una parte,

"Don/Doña nombre y apellidos de la parte", mayor de edad, *"estado civil de la parte" "... "especificar el régimen económico matrimonial de la parte" ... "*, de nacionalidad *"nacionalidad de la parte"*, con domicilio a estos efectos en *"domicilio de la parte"*, *"...con DNI/NIF número "DNI/NIF de la parte"... O ... con tarjeta de residencia número "número de tarjeta de residencia de la parte" ... O ... pasaporte número "número de pasaporte de la parte", expedido el "fecha de expedición del pasaporte de la parte" ... O ... "reseñar otros documentos aportados por la parte" ... "*, vigente hasta el *"fecha de vigencia de la documentación aportada por la parte"*.

De otra parte,

"Don/Doña nombre y apellidos de la parte", mayor de edad, *"estado civil de la parte" "... "especificar el régimen económico matrimonial de la parte" ... "*, de nacionalidad *"nacionalidad de la parte"*, con domicilio a estos efectos en *"domicilio de la parte"*, *"...con DNI/NIF número "DNI/NIF de la parte"... O ... con tarjeta de residencia número "número de tarjeta de residencia de la parte" ... O ... pasaporte número "número de pasaporte de la parte", expedido el "fecha de expedición del pasaporte de la parte" ... O ... "reseñar otros documentos aportados por la parte" ... "*, vigente hasta el *"fecha de vigencia de la documentación aportada por la parte"*.

INTERVIENEN:

A. *"Don/Doña nombre y apellidos del representante"*, en nombre y representación de la sociedad mercantil denominada *"denominación social"*, domiciliada en *"domicilio social"*, y con NIF número *"NIF de la sociedad"*, constituida, por tiempo indefinido, mediante escritura otorgada ante el notario de *"lugar de la notaría en la que se autorizó la constitución de la sociedad"*, *"Don/Doña nombre y apellidos del notario que autorizó la constitución de la sociedad"*, el *"fecha de escritura de constitución de la sociedad"*, e inscrita en el Registro Mercantil de *"datos de la inscripción registral de la sociedad (Localidad del Registro Mercantil, tomo, folio, sección, hoja e inscripción)"*, en su calidad de

MCM 575 s.

RGPD art.26; LO 3/2018 art.28 y 29

➤➤

○ **Si representa como cargo social:**

"...administrador único ... O ... administrador solidario ... O ... consejero delegado ... O ... "especificar la representación del cargo social" ... " de la reseñada sociedad, cargo para el que fue nombrado y asegura vigente en escritura otorgada el *"fecha de escritura del nombramiento del cargo"*, ante el notario de *"lugar donde radica la notaría en la que se autorizó la escritura del nombramiento"*, *"Don/Doña nombre y apellidos del notario que autorizó la escritura del nombramiento"*, con el número *"número de protocolo del notario que autorizó la escritura del nombramiento"* de su protocolo, e inscrita en el Registro Mercantil de *"localidad del Registro Mercantil de la escritura de nombramiento"*, en el tomo y hoja arriba indicados.

○ **Si representa como apoderado:**

apoderado de la reseñada sociedad, según escritura de poder otorgada a su favor, en *"fecha de escritura del otorgamiento del poder"*, ante el notario de *"lugar donde radica la notaría en la que se autorizó la escritura de poder"*, *"Don/Doña nombre y apellidos del notario que autorizó la escritura de poder"*, con el número *"número de protocolo del notario que autorizó la escritura de poder"* de su protocolo *"...e inscrita en el Registro Mercantil de "localidad del Registro Mercantil de la escritura de poder" ... "*, en el tomo y hoja arriba indicados.

➤➤

En adelante, *"...«**Responsable 1**» ... O ... "nombre de la empresa" ... "*.

B. *"Don/Doña nombre y apellidos del representante"*, en nombre y representación de la sociedad mercantil denominada *"denominación social"*, domiciliada en *"domicilio social"*, y con NIF número *"NIF de la sociedad"*, constituida, por tiempo indefinido, mediante escritura otorgada ante el notario de *"lugar de la notaría en la que se autorizó la constitución de la sociedad"*, *"Don/Doña nombre y apellidos del notario que autorizó la constitución de la sociedad"*, el *"fecha de escritura de constitución de la sociedad"*, e inscrita en el Registro Mercantil de *"datos de la inscripción registral de la sociedad (Localidad del Registro Mercantil, tomo, folio, sección, hoja e inscripción)"*, en su calidad de

➤➤

○ **Si representa como cargo social:**

"...administrador único ... O ... administrador solidario ... O ... consejero delegado ... O ... "especificar la representación del cargo social" ... " de la reseñada sociedad, cargo para el que fue nombrado y asegura vigente en escritura otorgada el *"fecha de escritura del nombramiento del cargo"*, ante el notario de *"lugar donde radica la notaría en la que se autorizó la escritura del nombramiento"*, *"Don/Doña nombre y apellidos del notario que autorizó la escritura del nombramiento"*, con el número *"número de protocolo del notario que autorizó la escritura del nombramiento"* de su protocolo, e inscrita en el Registro Mercantil de *"localidad del Registro Mercantil de la escritura de nombramiento"*, en el tomo y hoja arriba indicados.

○ **Si representa como apoderado:**

apoderado de la reseñada sociedad, según escritura de poder otorgada a su favor, en *"fecha de escritura del otorgamiento del poder"*, ante el notario de *"lugar donde radica la notaría en la que se autorizó la escritura de poder"*, *"Don/Doña nombre y apellidos del notario que autorizó la escritura de poder"*, con el número *"número de protocolo del notario que autorizó la escritura de poder"* de su protocolo *"...e inscrita en el Registro Mercantil de "localidad del Registro Mercantil de la escritura de poder" ... "*, en el tomo y hoja arriba indicados.

➤➤

En adelante, *"...«**Responsable 2**» ... O ... "nombre de la empresa" ... "*.

EXPONEN

MCM 575 s.

I. Que "**Responsable 1**" es una consultoría especializada en asesoramientos a empresas y particulares en relación con la propiedad industrial, intelectual, privacidad y compliance normativo.

II. Que "**Responsable 2**" es una empresa de formación dedicada a impartir cursos y ofertas formativas relativas a la propiedad industrial e intelectual.

III. Que ambas partes están interesadas en suscribir el presente Contrato con la finalidad de que ambas organicen un seminario bajo el título *"especificar, p.e. la propiedad industrial en el siglo XXI"*, dirigido al público profesional, y puedan utilizar los datos personales de los asistentes.

RGPD art.26; LO 3/2018 art.28 y 29

IV. Que con la finalidad de regular las condiciones de dicho servicio, y reconociéndose la más amplia capacidad negocial para suscribirlo, ambas partes acuerdan otorgar el presente acuerdo con arreglo a las siguientes

ESTIPULACIONES:

PRIMERA. Objeto del Contrato

1.1. En virtud del presente contrato ambas partes acuerdan organizar el seminario un seminario bajo el título *"especificar, p.e. la propiedad industrial en el siglo XXI"* (en adelante, el Seminario), dirigido al público profesional, y que ambas aparezcan como responsables del tratamiento de los datos personales obtenidos de los asistentes al Seminario.

1.2. Asimismo, será objeto de este contrato las relaciones institucionales, de publicidad y mercantiles que se originen como consecuencia de su organización.

SEGUNDA. OBLIGACIONES DE LAS PARTES

2.1. Obligaciones de "**Responsable 1**":

"**Responsable 1**" se compromete a:

a) Contactar con los profesionales pertinentes a fin de que estos puedan crear la publicidad correspondiente para difundir el Seminario. El coste será sufragado por ambas partes por igual.

b) Redactar los mensajes de información del Seminario en los que, claramente, constará que este es coorganizado por ambas partes en este contrato como responsables del tratamiento. Tales mensajes deberán adecuarse a la normativa sobre protección de datos, y, en particular, a lo establecido en el artículo 26 del Reglamento (UE) 2016/679 del Parlamento Europeo y del Consejo, de 27 de abril de 2016, relativo a la protección de las personas físicas en lo que respecta al tratamiento de datos personales y a la libre circulación de estos datos y por el que se deroga la Directiva 95/46/CE (en adelante, RGPD).

c) Comunicar al "**Responsable 2**" cualesquiera datos o información que sean necesarios para que el "**Responsable 2**" preste sus servicios adecuadamente.

2.2. "**Responsable 2**" se compromete a:

a) Elaborar los textos formativos y seleccionar al profesorado que vaya a impartir el Seminario, de acuerdo con los estándares de calidad señalados a tal efecto por "**Responsable 1**", quien tendrá que validar al profesorado.

b) Tener una comunicación fluida y eficaz con "**Responsable 1**", nombrando a una persona de contacto o responsable del proyecto.

c) Gestionar las matrículas e inscripciones en el Seminario, así como gestionar los cobros o pagos de los asistentes al mismo. Cada parte recibirá un cincuenta por ciento de los ingresos derivados del Seminario, una vez descontados los gastos del mismo y excluidos los impuestos que resulten aplicables.

d) Rendir cuentas de todo lo hecho, justificando cualquier gasto en que pueda incurrir con motivo de la ejecución de sus prestaciones.

TERCERA. Ejercicio de derechos por los interesados. Otras cuestiones relativas a la debida aplicación de la normativa sobre protección de datos personales

MCM 575 s.

3.1. Ambas partes acuerdan que cada una de ellas gestionará el ejercicio de derechos por parte de los asistentes que estos puedan ejercer frente a cada una, indistintamente. Así, pues, los asistentes al Seminario podrán dirigirse a estos efectos tanto a "**Responsable 1**", como a "**Responsable 2**", indicándose así expresamente en los textos informativos en los que se recojan los datos personales.

3.2. Cada parte queda facultada para tratar los datos personales de los asistentes al Seminario en sus propios servidores.

RGPD art.26; LO 3/2018 art.28 y 29

3.3. Sin perjuicio de lo anterior, cada parte compartirá con la otra aquellas bases de datos de los asistentes, cuya gestión y tratamiento le haya correspondido en exclusiva, de forma tal que la otra tenga acceso pleno a los datos en cuestión.

3.4. En el supuesto de que exista una brecha de seguridad en el tratamiento de los datos personales de los interesados, la parte que tenga conocimiento de la misma lo comunicará a la otra, a fin de que cualquiera de ambas lo comunique, en su caso, a la AEPD u otra autoridad de control pertinente, de acuerdo con lo dispuesto en la normativa aplicable.

CUARTA. Duración del presente Contrato. Denuncia unilateral

4.1. El presente contrato se pacta por la duración propia del Seminario. No obstante, si tras la finalización de dicho término, las partes continuasen celebrando otros seminarios o actividades formativas, el Contrato se entenderá renovado de forma tácita por períodos coincidentes con la duración de los respectivos cursos.

4.2. Sin perjuicio de lo anterior, este contrato, se extinguirá por la denuncia unilateral de cualquiera de las partes mediante preaviso, por un medio fehaciente, con un plazo mínimo de *"especificar, p.e. un mes"* a la fecha estimada de comienzo de las obligaciones entre las partes o para con terceros.

QUINTA. Naturaleza mercantil del presente Contrato

5.1. El presente contrato tiene naturaleza estrictamente mercantil y en ningún caso podrá entenderse que implica una relación laboral entre las partes.

5.2. Asimismo, ambas partes declaran, reconocen y aceptan que este Contrato no constituye ninguna relación contractual de agencia entre ellas, o de comisión o de cualquier otro tipo de contrato que tenga una naturaleza representativa o clientelar entre ellas.

SEXTA. Confidencialidad y protección de datos personales. Encargo de tratamiento

6.1. Las partes se obligan a mantener en estricto secreto y confidencialidad toda la información que se transmitan entre ellas y que mutuamente se proporcionen con motivo del presente Contrato. En virtud de lo anterior, las partes se obligan a no divulgar, copiar, proporcionar información sobre el contrato y los asistentes al Seminario o permitir el acceso a terceros, o de cualquier otra forma, violar la confidencialidad de la citada información.

6.2. Las disposiciones de confidencialidad previstas en esta cláusula sobrevivirán a la extinción de este contrato durante un período de *"especificar, p.e. tres años"* posterior a dicho momento.

6.3. En caso de que la información confidencial sea utilizada en forma contraria a lo establecido en el presente Contrato, la parte que la utilice será responsable de los daños y perjuicios causados.

6.4. La presente cláusula recoge los derechos y obligaciones de las Partes en relación con el tratamiento por parte de cada uno de los datos personales, cuyo tratamiento sea responsabilidad del otro.

"Datos Personales", actuando ambas partes, respectivamente, y en cada caso, como responsable del tratamiento y encargado. Estas obligaciones se generan, regulan y extinguen en el marco de la prestación por cada parte de los servicios a que se refiere este Contrato.

6.4.1. Tratamientos efectuados por el *"Responsable (quien corresponda)"*: se referirán exclusivamente a los de recopilación, conservación, así como de acceso, supresión o modificación, sin que el Encargado asuma o deba asumir cualesquiera servicios de atención al ejercicio de derechos de los afectados en nombre o por cuenta de quien sea Responsable, teniendo en cuenta la naturaleza del tratamiento y la información disponible a su disposición. Al Encargado se le prohíbe el tratamiento de los Datos Personales para cualquier otra finalidad. MCM 575 s.

6.4.2. Tipología de Datos Personales: los datos tratados pertenecerán a las siguientes categorías: datos identificativos del interesado, datos profesionales, datos de información comercial y datos económicos o de pago. RGPD art.26; LO 3/2018 art.28 y 29

6.4.3. Categorías de interesados, cuyos datos personales se tratarán en la prestación de los servicios objeto de este Contrato: serán proveedores, personas de contacto, empleados y representantes legales.

6.4.4. Medidas técnicas y organizativas apropiadas para garantizar un nivel de seguridad adecuado al riesgo: cada parte garantiza que las adoptará.

6.4.5. Obligaciones de las partes cuando actúen como encargados del tratamiento. En virtud de lo dispuesto en la normativa aplicable, cada parte asume las siguientes obligaciones con relación al tratamiento en el que actúa como encargado, a saber:

a. Únicamente tratará los datos siguiendo las instrucciones de la otra (*"especificar Responsable"*), que, si es posible, deberán estar documentadas. Como norma general, las instrucciones que debe cumplir el encargado en el tratamiento de datos personales son las que, en buena lógica se deducen de la propia naturaleza de los servicios a prestar, y son necesarias para su cumplimiento.

La obligación de sujetarse a las instrucciones del *"especificar Responsable"* y a la autorización previa para el tratamiento alcanzará también, en su caso, a las eventuales transferencias internacionales de datos que el encargado lleve a cabo, salvo que esté legalmente obligado a efectuarlas, en cuyo caso se limitará a informar por escrito al *"especificar Responsable"* de esa exigencia legal previa al tratamiento.

En caso de que el Encargado estime que una instrucción del *"especificar Responsable"* puede resultar contraria a la normativa aplicable en materia de protección de datos personales, lo pondrá inmediatamente en conocimiento de aquel.

b. El Encargado se compromete a mantener el deber de secreto respecto de los datos de carácter personal a los que tenga acceso en virtud de la presente relación contractual, incluso después de que finalice su objeto.

c. El Encargado no podrá ceder o comunicar los datos tratados, ni siquiera para su conservación, a terceras personas, salvo indicación expresa del *"especificar Responsable"*.

El Encargado comunicará los datos a otros encargados del tratamiento que designe el *"especificar Responsable"* cuando este lo haya ordenado previamente, por escrito e indicando la entidad a la que se deben comunicar los datos, los datos a comunicar y las medidas de seguridad a aplicar para proceder a la comunicación.

d. Las medidas técnicas y organizativas para preservar la integridad de los Datos Personales incluirán mecanismos para: a) Garantizar la confidencialidad, integridad, disponibilidad y resiliencia permanentes de los sistemas y servicios de tratamiento; b) Restaurar la disponibilidad y el acceso a los datos personales de forma rápida, en caso de incidente físico o técnico; c) Verificar, evaluar y valorar, de forma regular, la eficacia de las medidas técnicas y organizativas implantadas para garantizar la seguridad del tratamiento; y d) Seudonimizar y cifrar los datos personales, en su caso.

El Encargado garantizará que las personas bajo su autoridad que deban tratar datos personales se comprometan expresamente y por escrito a respetar la confidencialidad y a cumplir las correspondientes medidas de seguridad. El Encargado debe garantizar la formación necesaria de dichas personas en materia de protección de datos personales y medidas de seguridad a cumplir.

e. El Encargado debe llevar por escrito un registro de todas las categorías de actividades de tratamiento efectuadas por cuenta del *"especificar Responsable"*, que cumpla las exigencias que indica el artículo 30 del RGPD.

MCM 575 s.

6.4.6. Subcontratación de los servicios de encargado del tratamiento. Queda prohibida la subcontratación de tales servicios. No tendrá la consideración de subcontratación, a los efectos de lo previsto en esta cláusula, la prestación de servicios al Encargado por parte de sus trabajadores o personas con las que mantenga una vinculación mercantil, siempre que actúan dentro del ámbito organizativo del Encargado.

RGPD art.26; LO 3/2018 art.28 y 29

6.4.7. Cooperación con el *"especificar Responsable"*. El Encargado se compromete a asistir al *"especificar Responsable"* y cooperar con él para que pueda cumplir con su obligación de dar respuesta a las solicitudes que tengan por objeto el ejercicio de derechos de los interesados (acceso, rectificación, supresión y oposición; limitación del tratamiento; portabilidad de datos; y no ser objeto de decisiones individualizadas automatizadas, incluida la elaboración de perfiles).

En este sentido, cuando las personas afectadas ejerzan los referidos derechos ante el Encargado, éste debe comunicarlo por correo electrónico al *"especificar Responsable"*, de forma inmediata y en ningún caso más allá de los *"especificar, p.e. tres días laborables"* siguientes al de la recepción de la solicitud. A la comunicación se acompañará el resto de información que pueda ser relevante para resolver la solicitud.

Asimismo, estará a disposición del *"especificar Responsable"*, a requerimiento de este, para ayudarle a cumplir los deberes de aplicar las medidas de seguridad pertinentes, realizar las evaluaciones de impacto relativas a la protección de datos, en caso de que procediesen, y efectuar las consultas previas a la autoridad de control, también cuando procedan.

6.4.8. El Encargado notificará al *"especificar Responsable"* por correo electrónico, sin dilación indebida y en cualquier caso antes del plazo máximo de *"especificar, p.e. dos días hábiles"*, las violaciones de la seguridad de los Datos Personales a su cargo de las que tenga conocimiento. A la comunicación se acompañará toda la información relevante para la documentación y comunicación de la incidencia.

No será necesaria la notificación cuando sea improbable que dicha violación de la seguridad constituya un riesgo para los derechos y las libertades de las personas físicas.

6.4.9. Terminación de la relación contractual y destino de los Datos Personales. Una vez concluida la relación contractual a que se refiere este Contrato, los datos en poder del Encargado se destruirán.

6.5. Los datos personales de los aquí firmantes serán tratados con fines contractuales por cada una de las Partes en concepto de responsable del tratamiento. Cualquiera de las personas físicas firmantes podrá dirigirse al responsable a fin de ejercer sus derechos de acceso, rectificación, cancelación, limitación y oposición a la dirección postal señalada en el encabezado de este Contrato.

1665

Diseño de página web

MCM 11885 s.

Nota preliminar:

- El **objeto** de este contrato es la creación de una obra, compleja por el número de creaciones que hay incluidas en ella, consistente en una página web. Se trata de una obra de encargo o contrato de obra. Es cuestionable, en Propiedad intelectual, si en estos casos el comprador de lo creado realmente adquiere la propiedad de lo creado como si de una **compraventa común** se tratase. El Tribunal Supremo confirma esta última postura siempre y cuando las partes hayan querido realmente transmitir y adquirir la propiedad sobre la obra creada por encargo del comprador (TS 12-12-88, EDJ 9722). La doctrina, sin embargo, se muestra dubitativa. Como opinión mayoritaria, hemos de decantarnos por la respuesta positiva cuando:
- se trate de un encargo o **contrato de obra**, razón por la que la jurisprudencia menor aplica a este contrato las normas del de obra previstas en el Código civil;
- cuando haya, consecuentemente, una **voluntad clara** de las partes en transmitir la propiedad sobre lo creado.

LPI art.51 y 97

- Una página web puede ser objeto de **inscripción** en el **Registro de la Propiedad Intelectual** (RD 611/2023 art.14.l, por el que se aprueba el Reglamento del Registro General de la Propiedad Intelectual).

- La obra colectiva presupone la concurrencia de creaciones provenientes de diversos autores que, agregadas, se funde en una creación única y autónoma, sin que constituya óbice que alguna de las aportaciones individuales no lo sea. Tal elemento está conectado a la idea de decisión, resolución o impulso para la materialización de un proyecto, allegando los recursos necesarios para ello (AP Las Palmas 13-02-17, EDJ 33512).
- En su calidad de titular de derechos de propiedad intelectual sobre el programa «xx», el comitente puede exigir que las demandadas pongan a su disposición el **código fuente del programa**, en su integridad y en su última versión, así como los desarrollos, históricos y demás componentes relacionados con el citado programa (AP Madrid 3-7-23, EDJ 672909).
- El modelo presupone unas circunstancias determinadas que serán las más **frecuentes**. Si en el caso concreto existen circunstancias particulares no previstas, deberá completarse o modificarse el modelo adaptándolo a las mismas.

En *"localidad"*, a *"fecha"*

REUNIDOS:

De una parte,

"Don/Doña nombre y apellidos de la parte", mayor de edad, *"estado civil de la parte"* *"... "especificar el régimen económico matrimonial de la parte" ... "*, de nacionalidad *"nacionalidad de la parte"*, con domicilio a estos efectos en *"domicilio de la parte"*, *"...con DNI/NIF número "DNI/NIF de la parte" ... O ... con tarjeta de residencia número "número de tarjeta de residencia de la parte" ... O ... pasaporte número "número de pasaporte de la parte", expedido el "fecha de expedición del pasaporte de la parte" ... O ... "reseñar otros documentos aportados por la parte" ... "*, vigente hasta el *"fecha de vigencia de la documentación aportada por la parte"*.

Interviene en nombre y representación de la sociedad mercantil denominada *"denominación de la Sociedad"*, domiciliada en *"domicilio de la Sociedad"*, y con NIF número *"NIF de la Sociedad"*, constituida, por tiempo indefinido, mediante escritura otorgada ante el notario de *"lugar del notario que autorizó la escritura pública"*, *"Don/Doña nombre y apellidos del notario que autorizó la escritura pública"*, el *"fecha de autorización de la escritura pública"*, e inscrita en el Registro Mercantil de *"datos de la inscripción registral (localidad del Registro Mercantil, tomo, folio, sección, hoja e inscripción)"*, en su calidad de

≻≻

❍ **Si representa como cargo social:**

MCM 11885 s.

LPI art.51 y 97

"...administrador único ... O ... administrador solidario ... O ... consejero delegado ... O ... "especificar la representación del cargo social" ... " de la reseñada sociedad, cargo para el que fue nombrado y asegura vigente en escritura otorgada el *"fecha de escritura del nombramiento del cargo"*, ante el notario de *"lugar donde radica la notaría en la que se autorizó la escritura del nombramiento"*, *"Don/Doña nombre y apellidos del notario que autorizó la escritura del nombramiento"*, con el número *"número de protocolo del notario que autorizó la escritura del nombramiento"* de su protocolo, e inscrita en el Registro Mercantil de *"localidad del Registro Mercantil de la escritura de nombramiento"*, en el tomo y hoja arriba indicados.

❍ **Si representa como apoderado:**

apoderado de la reseñada sociedad, según escritura de poder otorgada a su favor, en *"fecha de escritura del otorgamiento del poder"*, ante el notario de *"lugar donde radica la notaría en la que se autorizó la escritura de poder"*, *"Don/Doña nombre y apellidos del notario que autorizó la escritura de poder"*, con el número *"número de protocolo del notario que autorizó la escritura de poder"* de su protocolo *"...e inscrita en el Registro Mercantil de "localidad del Registro Mercantil de la escritura de poder" ..."*, en el tomo y hoja arriba indicados.

≺≺

En adelante, el **Prestador**.

De otra parte,
"Don/Doña nombre y apellidos de la parte", mayor de edad, *"estado civil de la parte" "... "especificar el régimen económico matrimonial de la parte" ... "*, de nacionalidad *"nacionalidad de la parte"*, con domicilio a estos efectos en *"domicilio de la parte"*, *"...con DNI/NIF número "DNI/NIF de la parte" ... O ... con tarjeta de residencia número "número de tarjeta de residencia de la parte" ... O ... pasaporte número "número de pasaporte de la parte", expedido el "fecha de expedición del pasaporte de la parte" ... O ... "reseñar otros documentos aportados por la parte" ... "*, vigente hasta el *"fecha de vigencia de la documentación aportada por la parte"*.

Interviene

≻≻

❍ **Si interviene en su propio nombre:**

en su propio nombre y derecho.

❍ **Si interviene como representante:**

en nombre y representación

≻

❍ Si representa a persona física:

de *"Don/Doña nombre y apellidos del representado"*, mayor de edad, *"estado civil del representado"*, con domicilio en *"domicilio del representado"* y provisto de D.N.I./N.I.F. número *"DNI/NIF del representado"*, según consta en escritura de poder, otorgada ante el notario de *"lugar donde radica la notaría en la que se autorizó la escritura de poder de representación (persona física)"*, *"Don/Doña nombre y apellidos del notario que autorizó la escritura de poder de representación (persona física)"*, el *"fecha de escritura de poder de representación (persona física)"*, con el número *"número de protocolo del notario que autorizó la escritura de poder de representación (persona física)"* de su orden de protocolo.

1665

MCM 11885 s.

LPI art.51 y 97

❍ Si representa a persona jurídica:

de la sociedad mercantil denominada *"denominación social"*, domiciliada en *"domicilio social"*, y con NIF número *"NIF de la sociedad"*, constituida, por tiempo indefinido, mediante escritura otorgada ante el notario de *"lugar donde radica la notaría en la que se autorizó la escritura de poder de representación (persona jurídica)"*, *"Don/Doña nombre y apellidos del notario que autorizó la escritura de poder de representación (persona jurídica)"*, el *"fecha de escritura de poder de representación (persona jurídica)"*, e inscrita en el Registro Mercantil de *"datos de la inscripción registral (localidad del Registro Mercantil, tomo, folio, sección, hoja e inscripción)"*, en su calidad de

➤

❍ Si representa como cargo social:

"...administrador único ... O ... administrador solidario ... O ... consejero delegado ... O ... "especificar la representación del cargo social" ... " de la reseñada sociedad, cargo para el que fue nombrado y asegura vigente en escritura otorgada el *"fecha de escritura del nombramiento del cargo"*, ante el notario de *"lugar donde radica la notaría en la que se autorizó la escritura del nombramiento"*, *"Don/Doña nombre y apellidos del notario que autorizó la escritura del nombramiento"*, con el número *"número de protocolo del notario que autorizó la escritura del nombramiento"* de su protocolo, e inscrita en el Registro Mercantil de *"localidad del Registro Mercantil de la escritura de nombramiento"*, en el tomo y hoja arriba indicados.

❍ Si representa como apoderado:

apoderado de la reseñada sociedad, según escritura de poder otorgada a su favor, en *"fecha de escritura del otorgamiento del poder"*, ante el notario de *"lugar donde radica la notaría en la que se autorizó la escritura de poder"*, *"Don/Doña nombre y apellidos del notario que autorizó la escritura de poder"*, con el número *"número de protocolo del notario que autorizó la escritura de poder"* de su protocolo *"...e inscrita en el Registro Mercantil de "localidad del Registro Mercantil de la escritura de poder" ..."*, en el tomo y hoja arriba indicados.

En adelante, el **Cliente**.

Las partes se reconocen la capacidad legal necesaria para contratar y obligarse y, a tal efecto

EXPONEN:

I. Que el **Prestador** es una empresa que se dedica a diseñar Sitios Web para el uso en Internet, así como facilitar servicios de 'hosting' o alojamiento de datos e información a sus clientes, con amplia experiencia en este sector.

II. Que el **Cliente** desea que el **Prestador** diseñe su sitio web bajo sus directrices y le facilite un servicio de hosting.

III. Que, dado que el **Prestador** dispone de los recursos técnicos y humanos para prestar dichos servicios, las partes han llegado a un acuerdo para suscribir este contrato que se regirá por las siguientes

ESTIPULACIONES:

"Número" Desarrollo de un sitio web
A. Diseño.

A.1. Hoja preliminar de especificaciones. Las partes reconocen que el **Cliente** ha facilitado al **Prestador** una hoja de especificaciones que gráfica y textualmente ilustran todas las páginas web que el **Cliente** desea incorporar en su sitio web -incluyendo imágenes y gráficos-, el funcionamiento que el **Cliente** desea que tengan sus páginas web, y el funcionamiento que el **Cliente** desea que cada página web y los usuarios tengan. Una copia de la referida hoja de especificaciones se adjunta a este contrato como Anexo 1.

MCM 11885 s.

Nota:

*Las **fases de creación de la página web** pueden variar. Hemos indicado una posibilidad entre las varias que puede haber. Lo más lógico, sin embargo, es que el Autor, sea persona física o jurídica, proponga al **Cliente** una serie de hojas de primera identificación de la página web para luego modificarlas a medida que dé su visto bueno.*

LPI art.51 y 97

A.2. Hoja modificada de especificaciones. El **Prestador** preparará una 'Primera Hoja de Especificaciones Modificada' después de revisar la hoja preliminar de especificaciones facilitada por el **Cliente** y haber consultado al **Cliente** al objeto de llevar a cabo los cambios y mejoras sugeridos por él. El **Cliente** revisará la primera hoja de especificaciones modificada, la aprobará o rechazará o añadirá cambios adicionales a la misma.

Las partes expresamente pactan que cada sucesiva hoja de especificaciones modificada será redactada y entregada a la otra dentro de los cinco días laborales siguientes.

El **Cliente** o el **Prestador** podrán llevar a cabo modificaciones adicionales en cada hoja de especificaciones modificada, que deberán estar debidamente numeradas, no entendiéndose ninguna de ellas como hoja de especificaciones final sin el previo consentimiento escrito de ambas partes en este sentido. El **Prestador** deberá asistir al **Cliente** en la preparación de las hojas de especificaciones modificadas.

A.3. Hoja final de especificaciones. En el momento en que una de las Hojas de Especificaciones Modificada se considere como 'Hoja Final de Especificaciones', y las partes la hayan firmado, el **Prestador** llevará a cabo el diseño del sitio web de acuerdo con las especificaciones contenidas en la misma. Con la firma de la hoja final de especificaciones, las especificaciones contenidas en la misma serán vinculantes para ambas partes, si bien podrán ser objeto de modificación por acuerdo mutuo de ambas.

B. Código.

B.1. Método. El **Prestador** creará un código subyacente al sitio web del **Cliente** de acuerdo con la hoja final de especificaciones, los protocolos y CGI.

B.2. Director del proyecto. Las partes reconocen que la participación del **Cliente** en todas las fases de desarrollo del proyecto del sitio web es esencial. Por ello, el director del proyecto trabajará con el **Prestador** para completar el proyecto según lo previsto.

B.3. Modificaciones de la Versión Pre-Final.

B.3.a. Método de modificación. Durante el proceso de codificación y pruebas del sitio web, el **Prestador** y el **Cliente** podrán proponer modificaciones al sitio web del **Cliente** por escrito. Cualquier propuesta de modificación deberá ser firmada por ambas partes con anterioridad a que el **Prestador** lleve a cabo cualquier modificación propuesta.

B.3.b. Tiempo adicional de desarrollo. Se modificará de acuerdo con lo establecido para las sucesivas versiones, siempre que se acuerde conjuntamente por las partes.

C. Calendario.

C.1. Versión alpha.

Nota:

***Versión primera**, de "prueba", de la página web.*

C.1.a. Entrega. El **Prestador** entregará la versión alpha del sitio web para su examen al **Cliente** *"plazo de entrega de la versión alpha"* días desde la entrega por el **Cliente** al **Prestador** de la hoja final de especificaciones.

C.1.b. Prueba. El **Cliente** llevará a cabo un completo examen de la versión alpha dentro de los *"plazo de prueba de la versión alpha"* días desde su entrega.

C.1.c. Aprobación. El **Cliente** aprobará la versión alpha por escrito o sugerirá modificaciones por escrito que deberán ser incorporadas por el **Prestador** en el sitio web del **Cliente** de acuerdo con lo dispuesto en la estipulación B.3.

C.2. Versión beta.

✍ **Nota:**

__Versión definitiva__ a partir de las pruebas y testeos hechos a la versión alpha.

MCM 11885 s.

C.2.a. Entrega. El **Prestador** instalará en su servidor de Internet la versión beta del sitio web para que sea probado en Internet por el **Cliente** durante el plazo de *"plazo de prueba de la versión beta"* días desde la aceptación por su parte de la versión alpha.

C.2.b. Prueba. El **Cliente** llevará a cabo una prueba completa de todos los aspectos de la versión beta dentro de *"plazo de prueba completa de la versión beta"* días desde su puesta a disposición.

LPI art.51 y 97

C.2.c. Aprobación definitiva. El **Cliente** dará su aprobación definitiva de la versión beta por escrito.

El **Cliente** se reserva el derecho de dar su aprobación definitiva al diseño del sitio web, sin que una eventual negativa a la recepción final pueda ser interpretado como incumplimiento contractual por su parte.

C.2.d. Entrega. La entrega por el **Prestador** de la versión definitiva al **Cliente** consistirá en la instalación del sitio web en el servidor de Internet del **Prestador**.

D. Precios y pagos.

El **Cliente** abonará al **Prestador** por el desarrollo inicial del sitio web la cantidad de *"cantidad a abonar por el desarrollo inicial, en letra"* euros (*"cantidad a abonar por el desarrollo inicial, en número"*€) a la firma del contrato. El pago se efectuará al contado según fecha factura, primer día 15 ó 30.

Una vez entregada la versión definitiva del sitio web al **Cliente** según lo dispuesto en la estipulación C.2.d., ésta abonará al **Prestador** la cantidad de *"cantidad a abonar por la versión definitiva, en letra"* euros (*"cantidad a abonar por la versión definitiva, en número"*€). El pago se efectuará a los *"plazo de pago en días"* días según fecha factura, primer día 15 ó 30.

Al margen de lo anterior, el **Cliente** pagará como parte de la remuneración al **Prestador** una cantidad equivalente al *"especificar porcentaje"* del capital de la sociedad *"denominación social"*, inscrita en el Registro Mercantil de *"localidad del Registro Mercantil"*.

E. Derechos de propiedad intelectual.

✍ **Nota:**

Se parte de la base de que se produce una __transmisión de la propiedad__ sobre la obra creada.

Todos los derechos de propiedad intelectual sobre el sitio web, así como los que puedan existir sobre su contenido son de propiedad exclusiva del **Cliente**, salvo que pertenezcan a terceros. En caso de derechos de terceros, el **Prestador** autoriza al **Cliente** para la explotación *"...en exclusiva ... O ... no exclusiva ..."* de tales derechos a través de las modalidades de explotación autorizadas, para todos los países del mundo y durante el máximo de protección permitida de acuerdo con derecho.

El **Prestador** reconoce que la idea a la que responde la página web objeto del presente Contrato corresponde al **Cliente**, así como todas las creaciones que haya en la misma, excepto las incorporadas que sean titularidad de terceros.

Las partes acuerdan que en una de las páginas web incluirán una advertencia en la que se indique a los usuarios que la información contenida en la página está protegida por el derecho de autor, estableciendo los usos permitidos y los usos prohibidos de la información visualizada.

Igualmente se incluirá una advertencia relativa al copyright de la web. En este sentido, se establecerá que toda la información contenida en el web, su diseño gráfico y el código en leguaje HTML, JAVA, JAVA Script o Active X constituye una obra cuya propiedad intelectual pertenece al **Cliente**. La distribución, modificación, cesión, comunicación pública y cualquier otro acto que no haya sido expresamente autorizado por el titular de los derechos de explotación quedan prohibidos.

"Número" Servicio de hosting o alojamiento

MCM 11885 s.

Nota:

*Se trata de un **servicio alternativo** que no tiene por qué incluirse en un contrato de diseño de página web. Si así fuese, no obstante, deben incluirse las cláusulas que a continuación se especifican, sobre todo las relativas a la capacidad de tránsito y nombres de dominio.*

A. Precio y fecha máxima de transmisión.

LPI art.51 y 97

El **Cliente** abonará durante los *"número de meses"* meses de duración de este Contrato al **Prestador** la suma de *"cantidad a abonar por servicio de hosting, en letra"* euros (*"cantidad a abonar por servicio de hosting, en número"*€) por el servicio de 'hosting' que ésta le preste. Dicha suma será abonada por el **Cliente** al **Prestador** a la entrega del sitio web. El pago se efectuará a *"número"* días según fecha factura, primer día 15 ó 30.

B. Espacio máximo de disco duro.

El **Cliente** dispondrá de un total de *"número de megabites"* megabites de espacio de almacenaje en el disco duro del **Prestador**, que será utilizado para el almacenamiento del sitio web del **Cliente**.

C. Nombre de dominio.

C.1. Registro. En el caso de que el **Cliente** solicite la asistencia del **Prestador** para obtener su nombre de dominio, el **Cliente** abonará la suma de *"cantidad a abonar por el nombre de dominio, en letra"* euros (*"cantidad a abonar por el nombre de dominio, en número"*€) al **Prestador**, quien deberá llevar a cabo una búsqueda, reserva y registro del deseado nombre de dominio en el organismo encargado de su asignación, según los casos y competencias.

D. Listado estadístico.

D.1. Informes mensuales. El **Prestador** emitirá un informe mensual al **Cliente** indicando el número total de 'Hits o Visitas' que se han llevado a cabo en su sitio web.

E. Obligaciones del Prestador.

E.1. Almacenamiento del sitio web en Internet y links con Internet. El **Prestador** almacenará el sitio web del **Cliente** en su servidor de Internet.

El **Prestador** se responsabilizará de que el sitio web esté operativo en todo momento. Esto significa que el **Prestador** se compromete a llevar a cabo todas las operaciones técnicas necesarias, y a desplegar toda la diligencia necesaria, para que los usuarios puedan acceder normalmente al sitio web y puedan recibir sus contenidos en óptimas condiciones de recepción. El **Prestador** sólo quedará libre en casos de fuerza mayor.

El **Cliente** declina cualquier responsabilidad respecto a la información que se halle fuera del sitio web y no gestionada directamente por su webmaster. La función de los links que aparecen en las páginas web, en su caso, es exclusivamente la de informar al usuario sobre la existencia de otras fuentes de información sobre la materia en Internet, donde podrá ampliar los datos ofrecidos en la web. Dichos links no suponen una sugerencia, invitación o recomendación para la visita de los lugares de destino, y por ello, el **Cliente** no será responsable del resultado obtenido a través de dichos enlaces o 'links'.

E.2. 'Bandwith'. El **Prestador** mantendrá una conexión con Internet de *"especificar número"* GB, si bien, el **Prestador** no garantiza ningún tipo de respuesta o tiempo de 'download' o descarga.

E.3. Módems. El **Prestador** garantiza que mantendrá un tipo de 'user-to-módem' de más de *"especificar número"* y que cada módem operará con una velocidad máxima de no menos de *"número de gigabytes"* por segundo.

E.4. Capacidad del procesador. El **Prestador** garantiza que su servidor deberá, en proporción, operar como mínimo a menos del *"porcentaje de operatividad"* de su capacidad de las *"especificar el periodo de tiempo, en horas"* cada día.

E.5. Duración. La duración del servicio de 'hosting' se establece en un año desde la firma de este contrato, pudiendo ser prorrogado por sucesivos periodos de un año siempre que ninguna de las partes haya notificado a la otra, con un mínimo de antelación de un mes su intención de dar por terminado el contrato.

MCM 11885 s.

"Número" Acuerdo de proveedor de servicios de Internet

✍ **Nota:**

Se prevé una cláusula sobre ***accesibilidad a Internet*** *por parte del* ***Cliente****.*

LPI art.51 y 97

A. Acceso y cuenta de Internet.

El **Prestador** facilitará al **Cliente** un nombre de usuario, una dirección de e-mail y una conexión a través del 'dail-up' servidor de Internet del **Prestador**. El **Cliente** podrá utilizarlo con carácter ilimitado, estando limitado a *"número máximo de megabytes"* megabytes de espacio de disco duro para e-mails en el servidor del **Prestador**. El **Prestador** facilitará al **Cliente** un password o contraseña de acceso que es: *"especificar contraseña"*.

B. Obligaciones del Cliente.

El **Cliente** no se responsabilizará, en ningún caso, de los daños que para terceros pudieran derivarse de la aparición o inserción en el sitio web de mensajes obscenos, racistas, xenófobos, difamatorios u otros que de cualquier modo supongan una lesión de algún bien jurídico digno de protección legal.

El **Cliente** no se responsabiliza de cualesquiera daños que pudieran derivarse del envío no deseado, masivo o incontrolado de correos electrónicos o spam.

C. Obligaciones del Prestador.

C.1. Nexo de unión con Internet. El **Prestador** garantiza que mantendrá un nexo constante con Internet.

C.2. Bandwidth. El **Prestador** mantendrá una conexión con Internet de *"especificar número"* GB, si bien, el **Prestador** no garantiza ningún tipo de respuesta o tiempo de 'download' o descarga.

C.3. Módems. El **Prestador** garantiza que mantendrá un máximo de *"número de módems"* módems, cada uno de los cuales operará a una velocidad máxima de no menos de *"número mínimo de gigabytes"* por segundo.

C.4. Capacidad del Procesador. El **Prestador** garantiza que su servidor deberá, en proporción, operar como mínimo a menos del *"porcentaje de operatividad"* de su capacidad de las *"especificar el periodo de tiempo, en horas"* cada día.

"Número" Causas de resolución anticipada

✍ **Nota:**

Por la especificidad de este tipo de resolución, se incluye una ***cláusula 'ad hoc'****.*

A. Facultad de resolución del Prestador.

El **Prestador** tendrá derecho a resolver el presente contrato, previa notificación por escrito al **Cliente** con *"días de antelación"* días de antelación, en el supuesto de que ésta incumpla lo dispuesto en este contrato.

B. Facultad de resolución del Cliente.

El **Cliente** por su parte podrá resolver este contrato por cualquier motivo, previa notificación por escrito al **Prestador** con *"número de días de antelación"* días de antelación, de su intención de terminar su web hosting o PSI.

C. Derechos después de la resolución.

MCM 11885 s.

C.1. Honorarios adeudados al Prestador. El **Prestador** perderá el derecho a recuperar las sumas que se encuentren pendientes de abono por el **Cliente** en el caso de que ésta resuelva el contrato por incumplimiento del **Prestador** de lo dispuesto en el mismo.

C.2. Notificación anticipada y enlace hipertextual. A partir de la resolución anticipada del contrato, el **Cliente**, en su caso, notificará al **Prestador** la nueva dirección de su sitio web debiendo el **Prestador** notificar y mantener durante un período de *"plazo de mantenimiento"* después de la fecha de resolución del contrato, un enlace hipertextual con el nuevo web host del **Cliente**.

LPI art.51 y 97

D. Otros.

D.1. En caso de resolución del presente contrato, el **Prestador** se compromete a vender al **Cliente** su participación en la sociedad *"especificar la Sociedad"*. El valor de venta será computado por el valor contable de las participaciones que sean propiedad del **Prestador** en dicha sociedad.

"Número" Delegación de obligaciones

Las partes reconocen que el **Cliente** ha contratado los servicios del **Prestador** por su experiencia en este sector. El **Prestador** no delegará a cualquier otra persona, entidad o subcontratista, ninguna de sus obligaciones asumidas en este contrato.

Nota:

*Se establece el **carácter personalísimo** de esta prestación.*

"Número" Información confidencial

A. Confidencialidad.

El **Prestador** se compromete a no divulgar a terceros no autorizados, en cualquier forma, todo tipo de información, fórmulas, métodos, conocimientos, documentos, dibujos, diagramas, modelos o programas adquiridos durante la realización y diseño del sitio web. La limitación de la transmisión de conocimiento a que se refiere esta cláusula se extiende tanto al conjunto como a cualquier parte de los contenidos anteriormente mencionados.

El incumplimiento por parte del **Prestador** de lo dispuesto en esta estipulación facultará al **Cliente** para exigirle una indemnización por los daños y perjuicios que la divulgación de la información declarada reservada pueda causar al **Cliente**. Dicha indemnización se valora en *"cuantía de la indemnización, en letra"* euros (*"cuantía de la indemnización, en número"*€).

B. Obligaciones del Prestador.

El **Prestador** se obliga a:

a) Recibir y mantener la información confidencial en la más estricta confidencialidad y a adoptar todas las precauciones razonables de seguridad en la custodia de la información confidencial y en la prevención de su conocimiento no autorizado a terceros.

b) No divulgar la información confidencial a cualquier tercera parte sin el consentimiento previo por escrito del **Cliente**.

c) Hacer copias de la información confidencial sólo en casos estrictamente necesarios y nunca sin el consentimiento previo por escrito del **Cliente**. Se concluye en el concepto de copia, en este sentido, la de carácter informático, así como el almacenaje electrónico o su transmisión electrónica más allá del lugar usual de trabajo.

C. Indemnidad frente a daños y perjuicios, o sanciones, en materia de protección de datos de carácter personal.

Cada parte indemnizará y mantendrá indemne a la otra parte de cualquier perjuicio que le pudiera ocasionar como consecuencia de cualquier infracción de la legislación aplicable en materia de protección de datos de carácter personal. MCM 11885 s.

o Cláusula optativa:

"Número" Servicios de mantenimiento. Definiciones LPI art.51 y 97

De acuerdo con lo previsto en ésta y en las siguientes cláusulas relativas a las obligaciones de mantenimiento y reparación, se entiende:

a) Por **Usuario final**, al **Cliente.**

b) Por **hardware**, los elementos físicos que permitan la actividad de la página web.

c) Por **Producto**, todos aquellos elementos de hardware o software (incluido el programa y el sistema) a los que se prestarán los servicios de mantenimiento de acuerdo con lo dispuesto en las cláusulas de este contrato.

d) Por **Servicios**, el mantenimiento del hardware y/o software efectuados por el **Prestador** al **Cliente** de acuerdo con lo dispuesto en este contrato.

e) Por **Programa o software**, el software *"definición de software"*, que permite activar la página web.

f) Por **Centro de apoyo y mantenimiento del Cliente**, la dirección del **Cliente**, número de teléfono o fax, dirección de correo electrónico o cualquier otra dirección especificada en este contrato.

"Número" Ejecución del servicio de mantenimiento y reparación

Todos los servicios de mantenimiento y reparación serán prestados en el horario de trabajo usual del **Cliente**, esto es, de *"número de horas laborables"*, de *"indicar los días laborables de la empresa"*, con exclusión de los periodos festivos y de vacaciones establecidos legalmente, ya sea por normativa nacional o por normativa autonómica. Los servicios prestados fuera de las horas normales de prestación podrán ser llevados a cabo mediante petición concreta del **Cliente**.

"Número" Sobre la elección de los servicios en relación con el hardware

La página web debe encontrarse en condiciones normales de operatividad tal y como determine el **Cliente**. A menos que los Productos se encuentren todavía bajo garantía del **Cliente** cuando se adicionen al sistema, tales productos estarán sujetos a inspección y aprobación por el **Cliente** antes de ser susceptibles de protección o cobertura. Esta inspección será de cuenta del **Cliente**, incluyéndose los gastos de viaje y cualesquiera otros en los que necesariamente se incurra. El **Prestador** deberá proveer al **Cliente** con un documento en el que se recojan sus tarifas previsibles de servicios de tiempo y material para devolver a la página web a condiciones normales de operatividad o a un nivel de revisión específico.

"Número" Servicios de hardware

El **Prestador** llevará a cabo los siguientes servicios de hardware:

a) El **Prestador** realizará todos los esfuerzos razonables para personarse en el sitio y efectuar la reparación del producto de hardware o mantenimiento dentro de las *"indicar el número de horas laborables"* horas laborales siguientes al momento de recepción de la solicitud del **Prestador**.

b) El **Prestador** llevará a cabo todo el trabajo necesario durante el periodo de cobertura contratado, extendiéndose este compromiso a todos los materiales necesarios para mantener los productos en buenas condiciones de funcionamiento.

c) Los servicios incluyen la diagnosis y corrección de los fallos y mal funcionamiento del equipamiento. Los arreglos pueden consisten en procedimientos temporales que deberán ser continuados por el **Prestador** en tanto se consiga una reparación definitiva. Si el **Prestador** decide que son necesarias partes adicionales o determinados repuestos, la continuación de los servicios podrá ser interrumpida, siendo reanudada tan pronto como tales partes o repuestos estén a disposición del **Prestador**.

MCM 11885 s.

d) La sustitución de las partes se pondrá a disposición del **Cliente** en régimen de préstamo o bien en régimen de intercambio. Tales partes pueden ser nuevas o funcionalmente equivalentes a nuevas. Tanto las partes sustituidas como las que sustituyen son propiedad del **Prestador**.

LPI art.51 y 97

e) Dentro de lo establecido en este contrato, el **Prestador** llevará a cabo rutinas de mantenimiento preventivas en todos los productos en los que tales rutinas sean aplicables. Este tipo de mantenimiento preventivo será llevado a cabo durante las horas normales de trabajo, si bien si así lo requiere el **Cliente**, el mantenimiento preventivo podrá desarrollado fuera del horario normal laboral.

f) El **Prestador** tendrá a su disposición una línea telefónica de ayuda durante el horario laboral usual o, si así se acuerda por las partes, incluso durante el resto del horario, con el objeto de dar cuenta de mal funcionamiento en el equipo.

A requerimiento del **Cliente**, el **Prestador** trasladará cualquier producto de su sitio actual y lo instalará en uno nuevo, siempre que el **Cliente** dé al **Prestador** aviso razonable y acuerde pagar al **Prestador** las tarifas usuales por este servicio, quedando el **Cliente** responsable de cualesquiera gastos de transporte, seguros u otros necesarios para trasladar el producto.

Y en prueba de conformidad, ambas partes firman el presente contrato, que se extiende en dos ejemplares, igualmente originales, en el lugar y fecha indicados en su encabezamiento.

EL PRESTADOR **EL CLIENTE**

Prestación de servicios de hosting o alojamiento de páginas web

MCM 11905 s.

Nota preliminar:

- Se trata de un contrato de alojamiento de datos en espacios de memoria de un tercero. Es un **contrato atípico** que queda regulado con carácter general por las normas del Código Civil sobre contratos y obligaciones, así como, eventualmente, por la LOPD si el Proveedor tiene acceso a datos por cuenta del **Cliente**.

CC art.1090 s.; LOPD art.33; Rgto (UE) 2016/679 art 28; L 34/2002 art.16; LPI art.97

- Es esencial establecer el **tamaño de memoria** que se alquila.
- El **Cliente** debe diseñar sus **cualidades técnicas** para adaptarlas debidamente a las del **Proveedor**.
- No se olvide el art.16 L 34/2002 que establece el **modelo de responsabilidad** para el prestador de servicios de la sociedad de la información que se dedique a prestar servicios de alojamiento o almacenamiento de datos.
- La necesidad de «**conocimiento efectivo**», prevista en el art.16 L 34/2002 no debe interpretarse en un sentido estricto, o equivalente a solo cuando un tribunal ha declarado el carácter ilícito de un contenido en internet. La L 34/2002 atribuye igual valor que al "conocimiento efectivo" a aquel que se obtiene por el prestador del servicio a partir de hechos o circunstancias aptos para posibilitar, aunque mediatamente o por inferencias lógicas al alcance de cualquiera, una efectiva aprehensión de la realidad de que se trate (TS 9-12-09, EDJ 282563).
- La Audiencia Provincial atribuye ese mismo valor revelador a los **contenidos almacenados o enlazados** por cuanto su ilicitud es patente y evidente por sí sola, al no depender de datos o información que no se encuentren a disposición del intermediario. Considera que tanto la foto como las expresiones empleadas constituyen una **intromisión en el derecho al honor** del demandante notoria y manifiesta, que no era precisa resolución judicial que declarase la ilicitud del contenido de las mismas (TS 10-2-11, EDJ 6302).
- No cabe aplicar a los prestadores de servicios de la sociedad de la información el régimen legal de **responsabilidad de los editores de prensa**, puesto que la L 34/2002, por transposición de la Dir 200/31 ha establecido un régimen de responsabilidad propio de ese tipo de prestadores (AP Lugo 9-7-09, EDJ 152865).
- La estipulación de **intereses moratorios** se ha incluido a título de ejemplo.
- En la medida en que la ejecución del presente contrato implique el **acceso por el Proveedor a datos personales** cuyo tratamiento sea responsabilidad del Cliente, deberá concluirse, asimismo, un contrato de encargado del tratamiento (ver nº 1660).
- El modelo presupone unas circunstancias determinadas que serán las más **frecuentes**. Si en el caso concreto existen circunstancias particulares no previstas, deberá completarse o modificarse el modelo adaptándolo a las mismas.

En *"localidad"*, a *"fecha"*

REUNIDOS:

De una parte,

"Don/Doña nombre y apellidos de la parte", mayor de edad, *"estado civil de la parte" "... "especificar el régimen económico matrimonial de la parte" ... "*, de nacionalidad *"nacionalidad de la parte"*, con domicilio a estos efectos en *"domicilio de la parte"*, *"...con DNI/NIF número "DNI/NIF de la parte" ... O ... con tarjeta de residencia número "número de tarjeta de residencia de la parte" ... O ... pasaporte número "número de pasaporte de la parte", expedido el "fecha de expedición del pasaporte de la parte" ... O ... "reseñar otros documentos aportados por la parte" ... "*, vigente hasta el *"fecha de vigencia de la documentación aportada por la parte"*.

Interviene en nombre y representación de la sociedad mercantil denominada *"denominación de la Sociedad"*, domiciliada en *"domicilio de la Sociedad"*, y con NIF número *"NIF de la Sociedad"*, constituida, por tiempo indefinido, mediante escritura otorgada ante el notario de *"lugar del notario que autorizó la escritura pública"*, *"Don/Doña nombre y apellidos del notario que autorizó la escritura pública"*, el *"fecha de autorización de la escritura pública"*, e inscrita en el Registro Mercantil de *"datos de la inscripción registral (localidad del Registro Mercantil, tomo, folio, sección, hoja e inscripción)"*, en su calidad de

MCM 11905 s.

CC art.1090 s.; LOPD art.33; Rgto (UE) 2016/679 art 28; L 34/2002 art.16; LPI art.97

>>

○ Si representa como cargo social:

"...administrador único ... O ... administrador solidario ... O ... consejero delegado ... O ... "especificar la representación del cargo social" ... " de la reseñada sociedad, cargo para el que fue nombrado y asegura vigente en escritura otorgada el *"fecha de escritura del nombramiento del cargo"*, ante el notario de *"lugar donde radica la notaría en la que se autorizó la escritura del nombramiento"*, *"Don/Doña nombre y apellidos del notario que autorizó la escritura del nombramiento"*, con el número *"número de protocolo del notario que autorizó la escritura del nombramiento"* de su protocolo, e inscrita en el Registro Mercantil de *"localidad del Registro Mercantil de la escritura de nombramiento"*, en el tomo y hoja arriba indicados.

○ Si representa como apoderado:

apoderado de la reseñada sociedad, según escritura de poder otorgada a su favor, en *"fecha de escritura del otorgamiento del poder"*, ante el notario de *"lugar donde radica la notaría en la que se autorizó la escritura de poder"*, *"Don/Doña nombre y apellidos del notario que autorizó la escritura de poder"*, con el número *"número de protocolo del notario que autorizó la escritura de poder"* de su protocolo *"...e inscrita en el Registro Mercantil de "localidad del Registro Mercantil de la escritura de poder"* ... ", en el tomo y hoja arriba indicados.

<<

En adelante, el **Proveedor**.

De otra parte,

"Don/Doña nombre y apellidos de la parte", mayor de edad, *"estado civil de la parte" "..."especificar el régimen económico matrimonial de la parte" ... "*, de nacionalidad *"nacionalidad de la parte"*, con domicilio a estos efectos en *"domicilio de la parte"*, *"...con DNI/NIF número "DNI/NIF de la parte" ... O ... con tarjeta de residencia número "número de tarjeta de residencia de la parte" ... O ... pasaporte número "número de pasaporte de la parte"*, expedido el *"fecha de expedición del pasaporte de la parte" ... O ... "reseñar otros documentos aportados por la parte" ... "*, vigente hasta el *"fecha de vigencia de la documentación aportada por la parte"*.

Interviene

>>

○ Si interviene en su propio nombre:

en su propio nombre y derecho.

○ Si interviene como representante:

en nombre y representación

➤

❍ Si representa a persona física:

de *"Don/Doña nombre y apellidos del representado"*, mayor de edad, *"estado civil del representado"*, con domicilio en *"domicilio del representado"* y provisto de D.N.I./N.I.F. número *"DNI/NIF del representado"*, según consta en escritura de poder, otorgada ante el notario de *"lugar donde radica la notaría en la que se autorizó la escritura de poder de representación (persona física)"*, *"Don/Doña nombre y apellidos del notario que autorizó la escritura de poder de representación (persona física)"*, el *"fecha de escritura de poder de representación (persona física)"*, con el número *"número de protocolo del notario que autorizó la escritura de poder de representación (persona física)"* de su orden de protocolo.

MCM 11905 s.

CC art.1090 s.; LOPD art.33; Rgto (UE) 2016/679 art 28; L 34/2002 art.16; LPI art.97

❍ Si representa a persona jurídica:

de la sociedad mercantil denominada *"denominación social"*, domiciliada en *"domicilio social"*, y con NIF número *"NIF de la sociedad"*, constituida, por tiempo indefinido, mediante escritura otorgada ante el notario de *"lugar donde radica la notaría en la que se autorizó la escritura de poder de representación (persona jurídica)"*, *"Don/Doña nombre y apellidos del notario que autorizó la escritura de poder de representación (persona jurídica)"*, el *"fecha de escritura de poder de representación (persona jurídica)"*, e inscrita en el Registro Mercantil de *"datos de la inscripción registral (localidad del Registro Mercantil, tomo, folio, sección, hoja e inscripción)"*, en su calidad de

➤

❍ Si representa como cargo social:

"...administrador único ... O ... administrador solidario ... O ... consejero delegado ... O ... "especificar la representación del cargo social" ... " de la reseñada sociedad, cargo para el que fue nombrado y asegura vigente en escritura otorgada el *"fecha de escritura del nombramiento del cargo"*, ante el notario de *"lugar donde radica la notaría en la que se autorizó la escritura del nombramiento"*, *"Don/Doña nombre y apellidos del notario que autorizó la escritura del nombramiento"*, con el número *"número de protocolo del notario que autorizó la escritura del nombramiento"* de su protocolo, e inscrita en el Registro Mercantil de *"localidad del Registro Mercantil de la escritura de nombramiento"*, en el tomo y hoja arriba indicados.

❍ Si representa como apoderado:

apoderado de la reseñada sociedad, según escritura de poder otorgada a su favor, en *"fecha de escritura del otorgamiento del poder"*, ante el notario de *"lugar donde radica la notaría en la que se autorizó la escritura de poder"*, *"Don/Doña nombre y apellidos del notario que autorizó la escritura de poder"*, con el número *"número de protocolo del notario que autorizó la escritura de poder"* de su protocolo *"...e inscrita en el Registro Mercantil de "localidad del Registro Mercantil de la escritura de poder" ... "*, en el tomo y hoja arriba indicados.

➤

➤➤

En adelante, el **Cliente**.

Las partes se reconocen la capacidad legal necesaria para contratar y obligarse y, a tal efecto

EXPONEN:

I. Que el **Proveedor** es una empresa de servicios, que presta entre otros diversos relacionados con Internet, el de hosting o alojamiento de páginas web, disponiendo para ello de servidores y equipos informáticos idóneos.

II. Que el **Cliente** tiene interés en usar espacio del disco duro (o en unidades de almacenamiento de datos análogas) de los servidores del **Proveedor**, para alojar en ellos sus páginas web.

MCM 11905 s.

CC art.1090 s.; LOPD art.33; Rgto (UE) 2016/679 art 28; L 34/2002 art.16; LPI art.97

III. Por ello, el **Proveedor** y el **Cliente**, reconociéndose la más amplia capacidad para contratar y obligarse, celebran en este acto el presente contrato de hosting, de conformidad con las siguientes

ESTIPULACIONES:

Primera. Definiciones
Ambas partes acuerdan que, en este contrato, se entenderá por:

a) **Contrato:** La totalidad de los documentos, faxes, cartas, ofertas y aceptaciones que ambas partes hubieran podido intercambiarse hasta el momento de redacción del presente documento, el cual asimismo se incluye dentro del concepto definido. Todas las alusiones que se realizan 'al presente contrato', 'a este contrato' y cualesquiera otras similares, que se contienen en este documento, se consideran meras ofertas de contratación dirigidas por el **Cliente** al **Proveedor**, en tanto no sean expresamente aceptadas por ésta, mediante la firma del presente documento.

b) **Cliente:** La persona jurídica que aparece en el encabezado a este contrato, así como cuantas empresas filiales se encuentren participadas por aquella, siempre y cuando el porcentaje de participación sea superior al cincuenta por ciento.

c) **Partes:** Quienes suscriben el contrato -el **Proveedor** y el **Cliente**-, o, en su caso, quienes traigan causa de una u otro previo cumplimiento de las previsiones que se contienen en la estipulación sexta.

d) **Hosting:** El servicio consistente en poner a disposición del **Cliente** un espacio determinado de disco duro en un servidor informático, para que el **Cliente** aloje en él las páginas web especificadas en el Anexo 1 al presente contrato (en adelante, las Páginas Web).

e) **Servidores y equipos informáticos:** Los aparatos en cuyo disco duro o unidad de almacenamiento de datos semejante. El **Proveedor** delimita el espacio cuyo uso cede al **Cliente** a fin de que en los mismos queden alojadas las páginas web.

f) **Pliego de condiciones técnicas:** Conjunto de especificaciones que debe cumplir el diseño de las páginas web a alojar en los servidores del **Proveedor**, relativas al tamaño máximo, formato, nomenclatura, etc., a discreción del **Proveedor**, que figuran como Anexo 2 inseparable del presente contrato.

Segunda. Objeto
El presente contrato tiene por objeto la prestación del denominado servicio de hosting por el **Proveedor** al **Cliente**, con las condiciones y requisitos que en el mismo se establecen, a fin de que éste aloje en los servidores y equipos informáticos del **Cliente** las páginas web.

Tercera. Condiciones de prestación del servicio

3.1. Contenido
Durante todo el tiempo de vigencia del contrato y de sus prórrogas, el **Proveedor** cede al **Cliente** el uso de *"número de megabytes"* megabytes del disco duro o unidad de almacenamiento de datos *"especificar la unidad"*, instalada en su servidor *"nombre del servidor"* para el alojamiento de las páginas web.

3.2. Obligaciones del Proveedor
En virtud del presente contrato, el **Proveedor** se obliga a:

a) Mantener en buen estado de uso el servidor en el que el **Cliente** aloja las páginas web, así como ocuparse diligentemente del mantenimiento del mismo.

b) Mantener dicho servidor conectado permanentemente a Internet por medio de una conexión *"especificar el tipo de conexión"*, sin que ello garantice ningún tipo de respuesta o tiempo de downloading o descarga.

c) Establecer un módem del tipo 'user-to-modem' de más de *"especificar"*, que procurará mantener operativo con una velocidad no inferior a *"número de gigabytes"* por segundo.

d) Procurar que el referido servidor opere, en proporción, como máximo al *"porcentaje de operatividad"* de su capacidad entre las *"especificar el periodo de tiempo, en horas"* CET de cada día laborable en el lugar en que se encuentre ubicado.

e) Facilitar al **Cliente** la posibilidad de acceso remoto, en cualquier momento, a través de Internet, mediante *"especificar el sistema (ftp, telnet, etc)."*, con estricto cumplimiento de las previsiones contenidas en el pliego de condiciones técnicas, así como de cualesquiera directrices que le señale el **Proveedor** para efectuar el acceso, respondiendo el **Cliente**, ante el **Proveedor** y los terceros, por cualquier molestia o perjuicio que cause el incumplimiento de las previsiones o la inobservancia de las directrices antes mencionadas.

MCM 11905 s.

CC art.1090 s.; LOPD art.33; Rgto (UE) 2016/679 art 28; L 34/2002 art.16; LPI art.97

✍ **Nota:**

*El **Cliente** ha de definir cuál es el **tipo de línea** a través de la cual va a tener lugar el acceso.*

Las características técnicas mencionadas en los párrafos anteriores se reflejan a título meramente ilustrativo. El **Proveedor** se reserva el derecho de modificarlas, sustituirlas o suspenderlas en cualquier momento, sin que ello constituya causa de resolución del presente contrato, ni minore ninguna de las obligaciones que del mismo derivan para el **Cliente**.

Salvo que el **Cliente** contrate específicamente la prestación de este servicio con el **Proveedor**, el **Cliente** es responsable del mantenimiento y actualización de las páginas web durante toda la vigencia del contrato, así como de su retirada tras la extinción del mismo, en los términos previstos en el apartado 3.4 de la presente estipulación.

3.3. Obligaciones del Cliente

Además de la de pagar el precio convenido en la estipulación cuarta, son obligaciones del **Cliente**:

a) Cumplir escrupulosamente cuantos requerimientos se establecen en el pliego de condiciones técnicas al que se refiere el apartado 3.5 de la presente estipulación.

b) Hacer efectivo el precio convenido en el presente contrato, de conformidad con lo pactado en la estipulación cuarta.

c) Usar diligentemente del espacio de disco duro o unidad de almacenamiento equivalente, sin causar perjuicio alguno al **Proveedor** o a terceros.

d) Responder de la legalidad de los contenidos incorporados por el **Cliente** a la página web alojada, absteniéndose de insertar cualesquiera textos, imágenes, sonidos o mensajes obscenos, racistas, xenófobos, violentos, difamatorios u otros que de cualquier modo supongan una lesión de algún bien jurídico digno de protección legal, en particular, de derechos de propiedad intelectual.

✍ **Nota:**

*En lo que se refiere al nivel de **responsabilidad** para los prestadores de servicios en la sociedad de la información en función del tipo de servicio que presten, remitimos al lector a la* L 34/2002 *art.*12 *s.*

e) Abstenerse de cualesquiera prácticas lesivas de derechos de terceros que puedan realizarse desde la página web alojada, tales como 'framing, meta-tagging, deep-link' o cualesquiera otras.

✍ **Nota:**

*En materia de responsabilidad por **establecimiento de enlaces a contenidos o instrumentos de búsqueda**, básicamente se establece una responsabilidad subjetiva de manera tal que el prestador de servicios sólo va a responder en los casos en que conozca del carácter ilícito del enlace y no haga lo posible por removerlo (*L 34/2002 *art.*17*).*

*Téngase en cuenta el art.270.2 del Código Penal, según el cual «La **misma pena** se impondrá (pena de prisión de seis meses a cuatro años y multa de doce a veinticuatro meses) a quien, en la prestación de servicios de la sociedad de la información, con ánimo de obtener un beneficio económico directo o indirecto, y en perjuicio de tercero, facilite de modo activo y no neutral y sin limitarse a un tratamiento meramente técnico, el acceso o la localización en internet de obras o prestaciones objeto de propiedad* *intelectual sin la autorización de los titulares de los correspondientes derechos o de sus cesionarios, en particular ofreciendo listados ordenados y clasificados de enlaces a las obras y contenidos referidos anteriormente, aunque dichos enlaces hubieran sido facilitados inicialmente por los destinatarios de sus servicios».*

MCM 11905 s.

3.4. Duración

Este contrato tiene una duración de un año, quedando extinguido al cumplirse un año desde la fecha de firma de este documento por el **Proveedor**, sin necesidad de requerimiento.

CC art.1090 s.; LOPD art.33; Rgto (UE) 2016/679 art 28; L 34/2002 art.16; LPI art.97

No obstante lo señalado anteriormente, llegado el día de su vencimiento, el **Proveedor** se reserva el derecho a considerar tácitamente prorrogado el contrato, por otro periodo igual, si el **Cliente** no le ha notificado por escrito, con una antelación mínima de un mes antes de la fecha de vencimiento, su voluntad de no prorrogarlo. En tal caso, la renta experimentará el incremento previsto en la estipulación cuarta.

Lo dispuesto en el párrafo anterior será de aplicación a la primera prórroga del contrato, así como a la segunda y sucesivas.

En todo caso, antes de la fecha de vencimiento del contrato o, en su caso, de sus prórrogas, el **Cliente** se obliga a retirar de los servidores o equipos informáticos, la información contenida en las páginas web, y autoriza expresa e irrevocablemente al **Proveedor** para que éste, transcurridos tres días naturales a partir de la fecha de vencimiento del presente contrato, o de sus prórrogas, pueda eliminar todos los datos contenidos en el espacio del disco duro o unidad de almacenamiento análoga cuyo uso haya cedido al **Cliente** en ejecución de este contrato.

La autorización concedida en el párrafo anterior comprende la eliminación de los datos que comporte la destrucción o inutilización definitiva de éstos. Para el caso de que tal eliminación pueda causar algún perjuicio a terceros, el **Cliente** se obliga a dejar indemne al **Proveedor**, a primer requerimiento de ésta, de cualquier acción que un tercero pueda intentar por este motivo.

3.5. Pliego de condiciones técnicas

Con el fin de determinar de común acuerdo las especificaciones técnicas que deben reunir las página web cuyo alojamiento es objeto de este contrato, las partes incorporan al mismo, como Anexo inseparable 2, el pliego de condiciones técnicas en el que se establecen, entre otras características de dichas página web, su tamaño máximo, el lenguaje a utilizar en su diseño y programación, el sistema de nomenclatura de la página principal y el de las que cuelgan de ella, así como cualesquiera otras especificaciones de carácter técnico que requiera el adecuado alojamiento de aquella en el servidor.

Dichas especificaciones podrán ser modificadas libremente por el **Proveedor** durante la vigencia del contrato, obligándose el **Cliente** a efectuar sin dilación, en las páginas web alojadas, las modificaciones y adaptaciones necesarias en cada caso.

3.6. Naturaleza

Todas las obligaciones que el **Proveedor** asume en virtud de este contrato son de actividad o servicio, no de resultado. Tales obligaciones no comprometen ni garantizan la obtención de un objetivo, obra o resultado determinados, salvo en los casos en que así lo pacten las partes de manera expresa y terminante.

Cuarta. Precio

Durante la vigencia del presente contrato, el **Cliente** abonará al **Proveedor** la cantidad de *"cantidad a abonar, en letra"* euros (*"cantidad a abonar, en número"* €). A dicha suma, que será pagadera por meses anticipados, dentro del periodo comprendido entre los días *"especificar calendario de pagos"* de cada mes, se le añadirán el Impuesto sobre el Valor Añadido y cualesquiera otros tributos que graven la prestación de los servicios objeto del mismo y, eventualmente, su contraprestación, prórroga o cualquier otro hecho que derive de la perfección, ejecución, consumación o extinción del contrato.

En caso de prórroga del contrato, el precio o renta que el **Cliente** se obliga a pagar registrará una variación igual a la que durante su vigencia haya experimentado, al alza o a la baja, el Índice General de Precios al Consumo (IPC), o el índice o coeficiente que en el futuro haga sus veces.

MCM 11905 s.

Quinta. Sustitución de las partes
Todos los derechos y obligaciones que para el **Cliente** se derivan del presente contrato son intransmisibles, no pudiendo el **Cliente** enajenarlos, ni cederlos a terceros, ni en todo, ni en parte, sin la previa autorización por escrito del **Proveedor**.

El **Proveedor**, por su parte, se reserva el derecho de sustituir a un tercero en la posición que ocupa en el contrato, notificándoselo por escrito al **Cliente**.

CC art.1090 s.; LOPD art.33; Rgto (UE) 2016/679 art 28; L 34/2002 art.16; LPI art.97

Sexta. Responsabilidad
El **Cliente** responderá ante el **Proveedor** y ante terceros a primer requerimiento por cualesquiera molestias, daños o perjuicios que las páginas web, así como los datos alojados, puedan causar por cualquier motivo.

Nota:

Véase nota anterior relativa a responsabilidad de proveedores de servicios de la información.

Séptima. Resolución
Además de las causas generales de extinción de los contratos previstas en el ordenamiento jurídico, las partes coinciden en atribuir el carácter de causas de resolución del presente contrato, a las siguientes:

a) El incumplimiento, aun solamente parcial, por cualquier causa (incluidos el caso fortuito y la fuerza mayor) de alguna de las obligaciones que derivan para el **Cliente** de acuerdo con la estipulación 3.3.

b) La causación por el **Cliente** de cualesquiera molestias, daños o perjuicios, al **Proveedor**, sus clientes o empleados, como consecuencia del alojamiento de las páginas web sobre el que versa el contrato.

c) El menoscabo o daño que, por cualquier motivo, pueda causar el **Cliente** al **Proveedor**, sus clientes o empleados, como consecuencia de la ejecución de este contrato y, en particular, por la realización, por el **Cliente**, de las operaciones de mantenimiento o retirada de las páginas web.

d) El transcurso del plazo fijado contractualmente o el de la prórroga, en su caso, con los requisitos fijados en la estipulación 3.4.

e) El impago de una mensualidad por el **Cliente**, sin que sea necesario el envío de un requerimiento por parte del **Proveedor**, bastando la simple notificación por su parte, y sin perjuicio del devengo de intereses moratorios a los que se refiere la estipulación octava.

f) La sustitución o subrogación de un tercero en la posición que el **Cliente** ocupa en el contrato, realizada sin la autorización que prevé la estipulación quinta.

g) En general, cualquier cumplimiento defectuoso o incumplimiento, parcial o total, de las obligaciones que derivan de este contrato o su Anexos para el **Cliente**.

Para que cualquiera de estas causas de resolución surta plenos efectos, bastará que el **Proveedor** lo notifique por escrito al **Cliente**.

Octava. Intereses moratorios
En el caso de que el **Cliente** incumpla la obligación de pago del precio o renta prevista en la estipulación cuarta o se retrase en el pago de cualquier cantidad líquida a la que resulte obligado en virtud del cumplimiento de este contrato o, muy especialmente, de su resolución, quedará constituido en mora automáticamente, desde el mismo día en que falte a su obligación, sin necesidad de requerimiento alguno por parte del **Proveedor**.

MCM 11905 s.

CC art.1090 s.; LOPD art.33; Rgto (UE) 2016/679 art 28; L 34/2002 art.16; LPI art.97

En tales casos, las sumas adeudadas y no pagadas por el **Cliente** devengarán intereses moratorios que se calcularán diariamente aplicando al principal de la deuda el tipo de interés legal del dinero vigente en cada momento, incrementado en cuatro puntos.

Los intereses moratorios debidos y no satisfechos devengarán a su vez intereses por acuerdo de las partes, sin necesidad de requerimiento, a partir de los noventa días de su devengo, generando a su vez intereses moratorios al tipo previsto en el párrafo anterior.

Y en prueba de conformidad, ambas partes firman el presente contrato, que se extiende en dos ejemplares, igualmente originales, en el lugar y fecha indicados en su encabezamiento.

EL PROVEEDOR **EL CLIENTE**

1675

Compraventa de derechos de explotación y uso sobre bases de datos personales

MCM 11490, 11505

Nota preliminar:

- Se trata de un contrato típico de **cesión de datos** mediante **venta**.

- Se ha de tener en cuenta que también es posible que, en vez de venta, se produzca una **cesión de uso** a cambio de precio o gratuita.

LOPD art.33; Rgto (UE) 2016/679 art.28; LPI art.133 s

- En relación con este tipo de contrato, ha de tenerse muy en cuenta lo previsto en la LOPD (art.33) y en el Rgto (UE) 2016/679 (art.28) por el que no quedan considerados como casos de **cesión de datos** aquellos supuestos en los que un tercero, por cuenta del responsable del tratamiento, accede o trata datos personales con el objeto de realizar una prestación a favor del responsable del tratamiento que requiere dicho acceso. Este tipo de acceso debe quedar formalizado por escrito a través de un contrato en el que se recojan los **términos mínimos** a que se hace referencia en dicho precepto. Ver nº 1660.

- En esta materia rige de manera muy importante la LO 3/2018, de 5 de diciembre, de Protección de Datos Personales y Garantía de los Derechos Digitales (LOPD). En este sentido, han de cuidarse las partes respecto del seguimiento de lo dispuesto en esta Ley en materia de cesión de datos.

- La Dir 96/9/CE del Parlamento Europeo y del Consejo, sobre la protección jurídica de las bases de datos, debe interpretarse en el sentido de que no es aplicable a una base de datos que no está protegida por los derechos de autor ni por el derecho sui generis en virtud de la propia Directiva, por lo que los art.6. 1, 8 y 15 de ésta no se oponen a que el creador de dicha base de datos establezca **limitaciones** contractuales a su **utilización por terceros**, sin perjuicio del Derecho nacional aplicable (TJUE 15-1-15, asunto C-30/14).

- El concepto de **inversión destinada a la obtención de una base de datos** debe entenderse en el sentido de que designa los recursos dedicados a la búsqueda de datos ya existentes y a su recopilación sobre dicha base. No incluye los recursos utilizados para la creación de los datos constitutivos del contenido de la base de datos (TJCE 9-11-04, C-444/02). La calificación de base de datos está supeditada a la existencia de una recopilación de elementos independientes, es decir, de elementos separables unos de otros sin que resulte afectado el valor de su contenido informativo, literario, artístico, musical u otro (AP Murcia 14-7-16, EDJ 155814).

- El derecho sui generis sobre una base de datos, protege la **inversión sustancial** que realiza su fabricante para la obtención, verificación o presentación de su contenido. Por lo tanto, es necesario acreditar que se han realizado inversiones sustanciales en la recopilación de los datos que forman la base de datos (AP Barcelona 17-12-09, EDJ 288374; TS 30-10-12, EDJ 323938). La inversión a que se refiere el art.133 de la LPI se refiere a la producida para buscar y recopilar los datos objeto de la base, no la que es necesaria para generar los datos en sí (AP Barcelona 7-5-14, EDJ 76837).

- No se trata de **valorar la inversión o los costes generados** con el proyecto o fabricación de la base de datos; no comprende la creación de los datos, ni cualesquiera inversiones en programas de ordenador utilizados en la fabricación o en el funcionamiento de la base de datos (AP Madrid 17-9-21, EDJ 825153).

- El modelo presupone unas circunstancias determinadas que serán las más **frecuentes**. Si en el caso concreto existen circunstancias particulares no previstas, deberá completarse o modificarse el modelo adaptándolo a las mismas.

MCM 11490, 11505

LOPD art.33; Rgto (UE) 2016/679 art.28; LPI art.133 s

En *"localidad"*, a *"fecha"*

REUNIDOS:

De una parte,

"Don/Doña nombre y apellidos de la parte", mayor de edad, *"estado civil de la parte" "..."especificar el régimen económico matrimonial de la parte" ..."*, de nacionalidad *"nacionalidad de la parte"*, con domicilio a estos efectos en *"domicilio de la parte"*, *"...con DNI/NIF número "DNI/NIF de la parte" ... O ... con tarjeta de residencia número "número de tarjeta de residencia de la parte" ... O ... pasaporte número "número de pasaporte de la parte", expedido el "fecha de expedición del pasaporte de la parte" ... O ... "reseñar otros documentos aportados por la parte" ..."*, vigente hasta el *"fecha de vigencia de la documentación aportada por la parte"*.

Interviene en nombre y representación de la sociedad mercantil denominada *"denominación de la Sociedad"*, domiciliada en *"domicilio de la Sociedad"*, y con NIF número *"NIF de la Sociedad"*, constituida, por tiempo indefinido, mediante escritura otorgada ante el notario de *"lugar del notario que autorizó la escritura pública"*, *"Don/Doña nombre y apellidos del notario que autorizó la escritura pública"*, el *"fecha de autorización de la escritura pública"*, e inscrita en el Registro Mercantil de *"datos de la inscripción registral (localidad del Registro Mercantil, tomo, folio, sección, hoja e inscripción)"*, en su calidad de

➤➤

❍ **Si representa como cargo social:**

"...administrador único ... O ... administrador solidario ... O ... consejero delegado ... O ... "especificar la representación del cargo social" ..." de la reseñada sociedad, cargo para el que fue nombrado y asegura vigente en escritura otorgada el *"fecha de escritura del nombramiento del cargo"*, ante el notario de *"lugar donde radica la notaría en la que se autorizó la escritura del nombramiento"*, *"Don/Doña nombre y apellidos del notario que autorizó la escritura del nombramiento"*, con el número *"número de protocolo del notario que autorizó la escritura del nombramiento"* de su protocolo, e inscrita en el Registro Mercantil de *"localidad del Registro Mercantil de la escritura de nombramiento"*, en el tomo y hoja arriba indicados.

❍ **Si representa como apoderado:**

apoderado de la reseñada sociedad, según escritura de poder otorgada a su favor, en *"fecha de escritura del otorgamiento del poder"*, ante el notario de *"lugar donde radica la notaría en la que se autorizó la escritura de poder"*, *"Don/Doña nombre y apellidos del notario que autorizó la escritura de poder"*, con el número *"número de protocolo del notario que autorizó la escritura de poder"* de su protocolo *"...e inscrita en el Registro Mercantil de "localidad del Registro Mercantil de la escritura de poder" ..."*, en el tomo y hoja arriba indicados.

≺≺

En adelante, el **Vendedor**.

De otra parte,

"Don/Doña nombre y apellidos de la parte", mayor de edad, *"estado civil de la parte" "..."especificar el régimen económico matrimonial de la parte" ..."*, de nacionalidad *"nacionalidad de la parte"*, con domicilio a estos efectos en *"domicilio de la parte"*, *"...con DNI/NIF número "DNI/NIF de la parte" ... O ... con tarjeta de residencia número "número de tarjeta de residencia de la parte" ... O ... pasaporte número "número de pasaporte de la parte", expedido el "fecha de expedición del pasaporte de la parte" ... O ... "reseñar otros documentos aportados por la parte" ..."*, vigente hasta el *"fecha de vigencia de la documentación aportada por la parte"*.

Interviene en nombre y representación de la sociedad mercantil denominada *"denominación de la Sociedad"*, domiciliada en *"domicilio de la Sociedad"*, y con NIF número *"NIF de la Sociedad"*, constituida, por tiempo indefinido, mediante escritura otorgada ante el notario de *"lugar del notario que autorizó la escritura pública"*, *"Don/Doña nombre y apellidos del notario que autorizó la escritura pública"*, el *"fecha de autorización de la escritura pública"*, e inscrita en el Registro Mercantil de *"datos de la inscripción registral (localidad del Registro Mercantil, tomo, folio, sección, hoja e inscripción)"*, en su calidad de

MCM 11490, 11505

>>

o **Si representa como cargo social:**

LOPD art.33; Rgto (UE) 2016/679 art.28; LPI art.133 s

"...administrador único ... O ... administrador solidario ... O ... consejero delegado ... O ... "especificar la representación del cargo social" ... " de la reseñada sociedad, cargo para el que fue nombrado y asegura vigente en escritura otorgada el *"fecha de escritura del nombramiento del cargo"*, ante el notario de *"lugar donde radica la notaría en la que se autorizó la escritura del nombramiento"*, *"Don/Doña nombre y apellidos del notario que autorizó la escritura del nombramiento"*, con el número *"número de protocolo del notario que autorizó la escritura del nombramiento"* de su protocolo, e inscrita en el Registro Mercantil de *"localidad del Registro Mercantil de la escritura de nombramiento"*, en el tomo y hoja arriba indicados.

o **Si representa como apoderado:**

apoderado de la reseñada sociedad, según escritura de poder otorgada a su favor, en *"fecha de escritura del otorgamiento del poder"*, ante el notario de *"lugar donde radica la notaría en la que se autorizó la escritura de poder"*, *"Don/Doña nombre y apellidos del notario que autorizó la escritura de poder"*, con el número *"número de protocolo del notario que autorizó la escritura de poder"* de su protocolo *"...e inscrita en el Registro Mercantil de "localidad del Registro Mercantil de la escritura de poder" ..."*, en el tomo y hoja arriba indicados.

<<

En adelante, el **Comprador**.

Las partes se reconocen la capacidad legal necesaria para contratar y obligarse y, a tal efecto

EXPONEN:

I. Que el **Comprador** desea adquirir la propiedad de las Bases de Datos, conteniendo una serie de datos personales.

II. Que el **Vendedor** desea transmitir la propiedad de las Bases de Datos, así como la de los datos que se incluyen en la misma.

III. Que reconociéndose mutuamente ambas partes capacidad suficiente para celebrar contratos y para obligarse, acuerdan firmar un contrato de venta de derechos de explotación y uso de las Bases de Datos, de acuerdo con las siguientes

ESTIPULACIONES:

PRIMERA. Definiciones

Los conceptos de 'datos personales', 'tratamiento de datos', 'responsable del tratamiento, 'cesión de datos', 'acceso a datos por cuenta del responsable del fichero', 'transferencias internacionales', 'prestación de servicios' y 'medidas técnicas y organizativas tendrán el significado y quedarán definidos según lo dispuesto en la Ley Orgánica 3/2018, de 5 de diciembre, de Protección de Datos de Carácter Personal y en el Reglamento (UE) 2016/679.

MCM 11490, 11505

SEGUNDA. Objeto del contrato: derechos de explotación y uso transmitidos

Nota:

Junto con la cesión de la propiedad sobre los datos en cuestión, este contrato necesariamente tiene que referirse a la de los derechos de propiedad intelectual en cuanto a su ***uso****, aunque también cabe la* ***venta****, en determinados supuestos.*

LOPD art.33; Rgto (UE) 2016/679 art.28; LPI art.133 s

Por medio del presente contrato, se transmite al **Comprador** la plena propiedad de los datos contenidos en las Bases de Datos. Se acuerda expresamente que la transferencia de dominio se hace en plena correspondencia con lo establecido en la Ley Orgánica 3/2018 de Protección de Datos de Carácter Personal, y el Reglamento (UE) 2016/679.

En relación con las Bases de Datos, el **Comprador** podrá llevar a cabo los siguientes actos de explotación en los términos que siguen:

Nota:

Hemos indicado los ***supuestos típicos*** *de derechos objeto de cesión de acuerdo con lo dispuesto en los artículos* 133 *y siguientes de la Ley de Propiedad Intelectual. Es infrecuente que además de los especificados se cedan otros como el de distribución, sobre todo teniendo en cuenta que el supuesto típico es el de compraventa sin posterior reventa.*

1. Extracción, entendiendo por tal la transferencia permanente o temporal de la totalidad o de una parte sustancial del contenido de la Base de Datos a otro soporte cualquiera que sea el medio utilizado o la forma en que se realice.

2. Reutilización, entendiendo por tal toda forma de puesta a disposición del público de la totalidad o de una parte sustancial del contenido de la Base de Datos mediante la distribución de copias en forma de venta u otra transferencia de su propiedad o por alquiler, o mediante transmisión en línea o en otras formas.

3. Reproducción y distribución de la Base de Datos en la medida necesaria para poder explotar y utilizar las Bases de Datos en el entorno comercial usual del **Comprador**.

El **Vendedor** entregará la Base de Datos al **Comprador** según el Plan de compras especificado en Anexo a este contrato.

El **Vendedor** será responsable del retraso negligente o no justificado en que pueda incurrir el personal en quien delegue la entrega o suministro de las Bases de Datos.

El **Vendedor** deberá comprobar todos los aspectos que sean necesarios con el objeto de comprobar que las Bases de Datos funcionan según su especificación.

TERCERA. Garantías del Vendedor

Las Bases de Datos están diseñadas para resultar conformes con las especificaciones del producto.

Una vez instaladas las Bases de Datos, el **Comprador** extenderá el correspondiente recibí de conformidad. En cuanto al correcto funcionamiento de las Bases de Datos, se estará a lo dispuesto en la legislación mercantil aplicable. El **Vendedor** está obligado a remediar cualquier defecto de las Bases de Datos.

Nota:

Lo más usual será que la compraventa tenga lugar entre ***empresarios****, lo que llevaría a aplicar los plazos más cortos del Código de Comercio (CCom art.325 s.).*

Las obligaciones y responsabilidades del **Vendedor** no se extienden a las implícitas, ni a las de comercialización o adecuación de las Bases de Datos para un determinado fin, con independencia de que tal fin haya sido notificado al **Vendedor**.

El **Vendedor** garantiza la originalidad de las Bases de Datos y que no existen derechos de terceros sobre las mismas, sean de propiedad intelectual, industrial o de cualquier otro tipo. En caso de que los hubiera, el Vendedor deberá advertirlo al **Comprador**, obligándose el **Vendedor** a adquirir todos los derechos y licencias que sean necesarios para que el **Comprador** pueda usar las Bases de Datos conforme a Derecho.

El **Vendedor** igualmente garantiza que los datos obtenidos cumplen las medidas de seguridad en materia de legislación sobre protección de datos personales, no habiendo sido tratados con ignorancia o desprecio de dicha legislación.

MCM 11490, 11505

Nota:

*Este tipo de garantía es importante, sobre todo teniendo presente la cuantía de las **multas** en casos de comunicación de datos no autorizada (LOPD art. 70 s.).*

En el caso de que el **Comprador** se viera privado del uso de las Bases de Datos, el **Vendedor** queda obligado a evicción en los términos legalmente previstos, debiendo entregar al **Comprador**, además, una cantidad de dinero igual a *"cuantía de la indemnización, en letra"* euros (*"cuantía de la indemnización, en número"* €) en concepto de indemnización.

LOPD art.33; Rgto (UE) 2016/679 art.28; LPI art.133 s

El **Vendedor** mantendrá indemne al **Comprador** frente a toda reclamación, demanda o notificación recibida de algún interesado cuyos derechos o intereses puedan entenderse lesionados por el **Comprador** como consecuencia del incumplimiento por el Vendedor de lo dispuesto en la presente cláusula. En concreto, el **Vendedor** abonará los costes razonables de abogados y procuradores, y demás judiciales, que para el **Comprador** se deriven de la prohibición de seguir usando las Bases de Datos.

CUARTA. Contraprestación económica

Por la cesión de los anteriores derechos de explotación el **Comprador** abonará al **Vendedor** la cantidad de *"cantidad a abonar, en letra"* euros (*"cantidad a abonar, en número"* €) a la firma del presente contrato.

La cantidad mencionada anteriormente se entiende por su valor neto, sin incluir el IVA.

QUINTA. Duración y ámbito territorial

La cesión de los derechos de explotación de propiedad intelectual se realiza por tiempo indefinido a contar desde la firma del presente contrato. En cuanto a la propiedad de los datos transferidos, no habrá limitación alguna.

Este contrato tendrá vigencia para el territorio de todo el mundo.

SEXTA. Terminación

Se considerarán causas de resolución del presente contrato las siguientes:

a) El incumplimiento de cualquiera de las obligaciones estipuladas en el presente contrato, siempre que dicho incumplimiento no sea subsanado en el plazo de 30 días contados desde la notificación escrita a la parte incumplidora en la que se especifique el incumplimiento y se solicite su subsanación.

b) La extinción de la personalidad jurídica de cualquiera de las partes.

Una vez se haya dado cualquiera de las circunstancias antes reseñadas el contrato quedará concluido a todos los efectos legales, sin que sea precisa notificación o comunicación específica alguna entre las partes.

SÉPTIMA. Ley aplicable y jurisdicción competente

7.1.

El presente contrato se regirá e interpretará de acuerdo con las leyes españolas y las Directivas y Decisiones comunitarias en materia de tratamiento de datos personales, y, en especial, las relativas a la prestación de servicios, la cesión de datos personales y su transferencia internacional.

7.2.

Las partes intervinientes tratarán de resolver mediante acuerdo mutuo cualquier dificultad o duda sobre la ejecución o interpretación de las disposiciones contenidas en este contrato.

MCM 11490, 11505

LOPD art.33; Rgto (UE) 2016/679 art.28; LPI art.133 s

7.3.
No obstante lo anterior, las partes intervinientes aceptan someterse a la jurisdicción de los Juzgados y Tribunales de *"ciudad de los Juzgados y Tribunales"* con renuncia expresa de cualquier otro fuero o jurisdicción que les pudiese corresponder.

Y en prueba de conformidad, ambas partes firman el presente contrato, que se extiende en dos ejemplares, igualmente originales, en el lugar y fecha indicados en su encabezamiento.

EL COMPRADOR **el vendedor**

Prestación de servicios en relación con entradas en página web

Nota preliminar:

El modelo presupone unas circunstancias determinadas que serán las más **frecuentes**. Si en el caso concreto existen circunstancias particulares no previstas, deberá completarse o modificarse el modelo adaptándolo a las mismas.

En *"localidad"*, a *"fecha"*

REUNIDOS:

De una parte,

"Don/Doña nombre y apellidos de la parte", mayor de edad, *"estado civil de la parte" "... "especificar el régimen económico matrimonial de la parte" ... "*, de nacionalidad *"nacionalidad de la parte"*, con domicilio a estos efectos en *"domicilio de la parte"*, *"...con DNI/NIF número "DNI/NIF de la parte"... O ... con tarjeta de residencia número "número de tarjeta de residencia de la parte" ... O ... pasaporte número "número de pasaporte de la parte", expedido el "fecha de expedición del pasaporte de la parte" ... O ... "reseñar otros documentos aportados por la parte" ... "*, vigente hasta el *"fecha de vigencia de la documentación aportada por la parte"*.

Interviene

❍ Si interviene en su propio nombre:

en su propio nombre y derecho.

❍ Si interviene como representante:

en nombre y representación

❍ Si representa a persona física:

de *"Don/Doña nombre y apellidos del representado"*, mayor de edad, *"estado civil del representado"*, con domicilio en *"domicilio del representado"* y provisto de D.N.I./N.I.F. número *"DNI/NIF del representado"*, según consta en escritura de poder, otorgada ante el notario de *"lugar donde radica la notaría en la que se autorizó la escritura de poder de representación (persona física)"*, *"Don/Doña nombre y apellidos del notario que autorizó la escritura de poder de representación (persona física)"*, el *"fecha de escritura de poder de representación (persona física)"*, con el número *"número de protocolo del notario que autorizó la escritura de poder de representación (persona física)"* de su orden de protocolo.

❍ Si representa a persona jurídica:

de la sociedad mercantil denominada *"denominación social"*, domiciliada en *"domicilio social"*, y con NIF número *"NIF de la sociedad"*, constituida, por tiempo indefinido, mediante escritura otorgada ante el notario de *"lugar donde radica la notaría en la que se autorizó la escritura de poder de representación (persona jurídica)"*, *"Don/Doña nombre y apellidos del notario que autorizó la escritura de poder de representación (persona jurídica)"*, el *"fecha de escritura de poder de representación (persona jurídica)"*, e inscrita en el Registro Mercantil de *"datos de la inscripción registral (localidad del Registro Mercantil, tomo, folio, sección, hoja e inscripción)"*, en su calidad de

MCM 11770 s.

➢

❍ Si representa como cargo social:

"...administrador único ... O ... administrador solidario ... O ... consejero delegado ... O ... "especificar la representación del cargo social" ... " de la reseñada sociedad, cargo para el que fue nombrado y asegura vigente en escritura otorgada el *"fecha de escritura del nombramiento del cargo"*, ante el notario de *"lugar donde radica la notaría en la que se autorizó la escritura del nombramiento"*, *"Don/Doña nombre y apellidos del notario que autorizó la escritura del nombramiento"*, con el número *"número de protocolo del notario que autorizó la escritura del nombramiento"* de su protocolo, e inscrita en el Registro Mercantil de *"localidad del Registro Mercantil de la escritura de nombramiento"*, en el tomo y hoja arriba indicados.

❍ Si representa como apoderado:

apoderado de la reseñada sociedad, según escritura de poder otorgada a su favor, en *"fecha de escritura del otorgamiento del poder"*, ante el notario de *"lugar donde radica la notaría en la que se autorizó la escritura de poder"*, *"Don/Doña nombre y apellidos del notario que autorizó la escritura de poder"*, con el número *"número de protocolo del notario que autorizó la escritura de poder"* de su protocolo *"...e inscrita en el Registro Mercantil de "localidad del Registro Mercantil de la escritura de poder" ... "*, en el tomo y hoja arriba indicados.

≺

≺≺

En adelante, el **Propietario**.

De otra parte,

"Don/Doña nombre y apellidos de la parte", mayor de edad, *"estado civil de la parte" "... "especificar el régimen económico matrimonial de la parte" ... "*, de nacionalidad *"nacionalidad de la parte"*, con domicilio a estos efectos en *"domicilio de la parte"*, *"...con DNI/NIF número "DNI/NIF de la parte" ... O ... con tarjeta de residencia número "número de tarjeta de residencia de la parte" ... O ... pasaporte número "número de pasaporte de la parte", expedido el "fecha de expedición del pasaporte de la parte" ... O ... "reseñar otros documentos aportados por la parte" ... "*, vigente hasta el *"fecha de vigencia de la documentación aportada por la parte"*.

Interviene en nombre y representación de la sociedad mercantil denominada *"denominación de la Sociedad"*, domiciliada en *"domicilio de la Sociedad"*, y con NIF número *"NIF de la Sociedad"*, constituida, por tiempo indefinido, mediante escritura otorgada ante el notario de *"del notario que autorizó la escritura pública"*, *"Don/Doña nombre y apellidos del notario que autorizó la escritura pública"*, el *"fecha de autorización de la escritura pública"*, e inscrita en el Registro Mercantil de *"datos de la inscripción registral (localidad del Registro Mercantil, tomo, folio, sección, hoja e inscripción)"*, en su calidad de

➢➢

❍ **Si representa como cargo social:**

"...administrador único ... O ... administrador solidario ... O ... consejero delegado ... O ... "especificar la representación del cargo social" ... " de la reseñada sociedad, cargo para el que fue nombrado y asegura vigente en escritura otorgada el *"fecha de escritura del nombramiento del cargo"*, ante el notario de *"lugar donde radica la notaría en la que se autorizó la escritura del nombramiento"*, *"Don/Doña nombre y apellidos del notario que autorizó la escritura del nombramiento"*, con el número *"número de protocolo del notario que autorizó la escritura del nombramiento"* de su protocolo, e inscrita en el Registro Mercantil de *"localidad del Registro Mercantil de la escritura de nombramiento"*, en el tomo y hoja arriba indicados.

MCM 11770 s.

Si representa como apoderado:

apoderado de la reseñada sociedad, según escritura de poder otorgada a su favor, en *"fecha de escritura del otorgamiento del poder"*, ante el notario de *"lugar donde radica la notaría en la que se autorizó la escritura de poder"*, *"Don/Doña nombre y apellidos del notario que autorizó la escritura de poder"*, con el número *"número de protocolo del notario que autorizó la escritura de poder"* de su protocolo *"...e inscrita en el Registro Mercantil de "localidad del Registro Mercantil de la escritura de poder" ..."*, en el tomo y hoja arriba indicados.

En adelante, el **Prestador de servicios**.

Ambas partes, en el concepto en que respectivamente intervienen, se reconocen recíprocamente la capacidad legal necesaria para contratar y obligarse y, a tal efecto

EXPONEN:

I. Que el **Propietario** es dueño de un sitio web alojado en la dirección de Internet *"página web"* sita en la URL (en adelante, el **Sitio Web**), cuya actividad consiste en ofrecer por Internet *"indicar"*.

II. Que el **Prestador de servicios** es una empresa especializada en crear y diseñar páginas web, así como aplicaciones destinadas a correr en un entorno de red corporativa o red abierta al público.

III. Que el **Propietario** necesita conocer en tiempo real cuáles son las entradas de público en el **Sitio Web**, así como mantener este último y actualizarlo con nuevos contenidos según vayan siendo creados.

IV. Que el **Prestador de Servicios** tiene la experiencia y los medios necesarios para llevar a cabo los servicios que necesita el **Propietario**.

Reconociéndose mutuamente la capacidad necesaria para llevar a efecto el presente contrato y obligarse, lo suscriben de acuerdo con las siguientes

ESTIPULACIONES:

Primera. Objeto del contrato

Mediante el presente contrato el **Prestador de servicios** se obliga para con el **Propietario** a desarrollar una aplicación denominada *"denominación"* (en adelante, la **Aplicación**) en relación con el **Sitio Web**, mediante el cual el **Propietario** podrá seguir en tiempo real la evolución de entradas de consumidores en el **Sitio Web** (a efectos de cálculo de los ingresos publicitarios), además de ofrecer otros servicios de valor añadido a los usuarios, tales como función de correo electrónico, función de cuenta/saldo de cada usuario, función de reservas y envío de mercancía, entre otras que el **Propietario** comunicará al **Prestador de servicios**.

Asimismo, el presente contrato tendrá como finalidad el mantenimiento y actualización de los contenidos del **Sitio Web** de acuerdo con las instrucciones que a tal efecto le proporcione el **Propietario**.

Segunda. Obligaciones a cargo de las partes

2.1.

Obligaciones a cargo del **Propietario**:

a) Pago del precio acordado.

b) Suministro al **Prestador de servicios** de contenidos para el **Sitio Web** y otros a que esté obligado en virtud de este contrato.

c) No captación de personal del **Prestador de servicios** dedicado a las mismas tareas para las que se contrata a este último.

d) Contratación con terceros de todos aquellos servicios necesarios para la debida prestación de las obligaciones a que está sujeto el **Prestador de servicios** según este contrato.

MCM 11770 s.

2.2.

Obligaciones a cargo del **Prestador de servicios**:

a) Integrar, personalizar y mantener la **Aplicación**, debiendo adaptarla al diseño del **Sitio Web**, sin que la imagen corporativa del **Propietario** pueda verse lesionada de cualquier forma.

b) Alojar en sus servidores la **Aplicación**, para lo que el **Propietario** tendrá que proporcionarle la dirección IP del **Sitio Web** con el objeto de que pueda llevar a efecto convenientemente las obligaciones del **Prestador de servicios**.

c) Mantener y actualizar la **Aplicación** de lunes a viernes de cada semana, excluidos los festivos de carácter nacional. Asimismo, en aquellas épocas del año en que así se lo comunique el **Propietario**, deberá el **Prestador de servicios** actualizar los contenidos del **Sitio Web**, especialmente en época de rebajas y ofertas especiales a los consumidores que accedan al **Sitio Web**.

d) Dar cuenta al **Propietario** de los resultados de las estadísticas derivadas del análisis de las entradas de consumidores al **Sitio Web**.

Tercera. Duración del contrato

Este contrato tiene una duración mínima de un (1) año, siendo posible su prórroga por periodos anuales siempre y cuando ninguna de las dos partes notifique a la otra su intención expresa de no renovarlo con una antelación mínima de un mes al momento de vencimiento natural del contrato.

En cualquier caso, el **Prestador de servicios** se compromete a llevar a cabo la personalización de la **Aplicación** en el plazo mínimo de tres (3) meses.

Cuarta. Precio

Por las prestaciones a que se obliga según el presente contrato recibirá el **Prestador de servicios** la cantidad de *"cantidad a percibir, en letra"* euros (*"cantidad a percibir, en número"* €). En dicha cantidad no se incluyen los gastos, ni los impuestos a que pueda estar sujeto, en cada momento, el precio.

En caso de prórroga de este contrato, el precio deberá ser nuevamente negociado de buena fe entre las partes. En caso de que no se llegase a un acuerdo, ambas partes entienden que habrá de seguirse pagando el precio vigente en la anualidad anterior.

Quinta. Exclusividad

Queda expresamente prohibido al **Prestador de servicios** la cesión de estos servicios a otra empresa, pertenezca o no a su grupo o en la que el **Prestador de servicios** tenga alguna relación societaria o contractual, en cualquiera de las posibles modalidades que pueda deparar la técnica en el futuro, incurriendo en este caso en mala fe e incumplimiento grave de las obligaciones que asume el **Prestador de servicios**.

Asimismo, el **Prestador de servicios** se compromete a no desarrollar ni contratar con terceros un servicio o aplicación similar relacionado con el sector concreto en el que el **Propietario** comercia, a no ser que el **Propietario** lo autorice expresamente.

Sexta. Limitaciones a la explotación publicitaria

El **Prestador de servicios** se compromete a no incluir en el **Sitio Web** publicidad que promueva contenidos, productos o servicios poco éticos, como entre otros los siguientes: pornografía y/o prostitución, explotación infantil, terrorismo, torturas, segregación racial o de cualquier otro tipo.

Séptima. Confidencialidad

Ambas partes se comprometen a no difundir por cualquier medio que sea, ni utilizar aquella información que sea considerada como confidencial por cualquiera de las partes y que se describe, a título orientativo en Anexo I a este contrato.

Entre otras y como mínimo, la información confidencial aludirá a clientes, información de proyectos, modelos de análisis, metodología, software o aplicaciones de usuarios, información y proyecciones económico-financieras (en la que se incluyen los términos, en cantidades y condiciones del presente contrato).

Este compromiso incluye cualquier tipo de información referente a ambas empresas, sus empresas o profesionales asociados, sus líneas de actividad y trabajo, sus contactos personales y empresariales, sus planes estratégicos y de desarrollo y, en general, toda aquella información que se obtenga como resultado del trabajo conjunto y que afecte al presente o evolución de las partes.

Este compromiso de confidencialidad tendrá vigencia incluso finalizado el contrato.

Todo lo anterior tendrá consideración de secreto empresarial, de acuerdo con lo dispuesto en la Ley 1/2019. A los efectos de esta cláusula, se entiende que el personal trabajador del **Prestador de servicios**, o quienes presten para él servicios de cualquier tipo en régimen de autónomo, cuyo puesto o responsabilidad no exija tener acceso al código fuente del programa o paquete de software, tendrá la consideración de tercero y se mantendrá la necesaria y pactada confidencialidad y secreto con dicho personal.

Y en prueba de conformidad, ambas partes firman el presente contrato, que se extiende en dos ejemplares, igualmente originales, en el lugar y fecha indicados en su encabezamiento.

EL PROPIETARIO **EL PRESTADOR DE SERVICIOS**

Compraventa titularidad nombre(s) de dominio

MCM 11860 s.

Nota preliminar:

- La OM ITC/1542/2005 norma 12ª (19-5-2005) aprueba el **Plan Nacional de nombres de dominio de Internet** bajo el código de país correspondiente a España (.es).

OM ITC/1542/2005

- El derecho a la utilización de un nombre de dominio puede ser transmitido voluntariamente, siempre y cuando el **adquirente** cumpla con lo previsto en este Plan y en su normativa de desarrollo (OM ITC/1542/2005 norma 12ª). Esta previsión legal supone una modificación de iure respecto de la anterior regulación, en la que no se admitía, con carácter general, la transmisión de derechos de uso sobre nombres de dominio. En la actualidad, se prevé, además, que toda transmisión voluntaria debe contar con la aprobación del antiguo titular del nombre de dominio, que debe ser comunicada a la autoridad de asignación con carácter previo a la correspondiente modificación de los datos de registro del nombre de dominio. Dicha aceptación debe ser formalizada por el antiguo titular de acuerdo con los procedimientos que establezca la autoridad de asignación.

- Lo que **se transmite** no es la propiedad en sí misma sobre el nombre de dominio, sino el derecho de uso sobre el mismo.

En *"localidad"*, a *"fecha"*

REUNIDOS:

De una parte,

"Don/Doña nombre y apellidos de la parte", mayor de edad, *"estado civil de la parte" "... "especificar el régimen económico matrimonial de la parte" ... "*, de nacionalidad *"nacionalidad de la parte"*, con domicilio a estos efectos en *"domicilio de la parte"*, *"...con DNI/NIF número "DNI/NIF de la parte" ... O ... con tarjeta de residencia número "número de tarjeta de residencia de la parte" ... O ... pasaporte número "número de pasaporte de la parte", expedido el "fecha de expedición del pasaporte de la parte" ... O ... "reseñar otros documentos aportados por la parte" ... "*, vigente hasta el *"fecha de vigencia de la documentación aportada por la parte"*.

Interviene en nombre y representación de la sociedad mercantil denominada *"denominación de la Sociedad"*, domiciliada en *"domicilio de la Sociedad"*, y con NIF número *"NIF de la Sociedad"*, constituida, por tiempo indefinido, mediante escritura otorgada ante el notario de *"lugar del notario que autorizó la escritura pública"*, *"Don/Doña nombre y apellidos del notario que autorizó la escritura pública"*, el *"fecha de autorización de la escritura pública"*, e inscrita en el Registro Mercantil de *"datos de la inscripción registral (localidad del Registro Mercantil, tomo, folio, sección, hoja e inscripción)"*, en su calidad de

>>

○ **Si representa como cargo social:**

"...administrador único ... O ... administrador solidario ... O ... consejero delegado ... O ... "especificar la representación del cargo social" ... " de la reseñada sociedad, cargo para el que fue nombrado y asegura vigente en escritura otorgada el *"fecha de escritura del nombramiento del cargo"*, ante el notario de *"lugar donde radica la notaría en la que se autorizó la escritura del nombramiento"*, *"Don/Doña nombre y apellidos del notario que autorizó la escritura del nombramiento"*, con el número *"número de protocolo del notario que autorizó la escritura del nombramiento"* de su protocolo, e inscrita en el Registro Mercantil de *"localidad del Registro Mercantil de la escritura de nombramiento"*, en el tomo y hoja arriba indicados.

MCM 11860 s.

OM ITC/1542/2005

Si representa como apoderado:

apoderado de la reseñada sociedad, según escritura de poder otorgada a su favor, en *"fecha de escritura del otorgamiento del poder"*, ante el notario de *"lugar donde radica la notaría en la que se autorizó la escritura de poder"*, *"Don/Doña nombre y apellidos del notario que autorizó la escritura de poder"*, con el número *"número de protocolo del notario que autorizó la escritura de poder"* de su protocolo *"...e inscrita en el Registro Mercantil de "localidad del Registro Mercantil de la escritura de poder" ..."*, en el tomo y hoja arriba indicados.

<<

En adelante, el **Comprador**.

De otra parte,

"Don/Doña nombre y apellidos de la parte", mayor de edad, *"estado civil de la parte" "..."especificar el régimen económico matrimonial de la parte"..."*, de nacionalidad *"nacionalidad de la parte"*, con domicilio a estos efectos en *"domicilio de la parte"*, *"...con DNI/NIF número "DNI/NIF de la parte"... O... con tarjeta de residencia número "número de tarjeta de residencia de la parte"... O... pasaporte número "número de pasaporte de la parte", expedido el "fecha de expedición del pasaporte de la parte"... O... "reseñar otros documentos aportados por la parte"..."*, vigente hasta el *"fecha de vigencia de la documentación aportada por la parte"*.

Interviene en nombre y representación de la sociedad mercantil denominada *"denominación de la Sociedad"*, domiciliada en *"domicilio de la Sociedad"*, y con NIF número *"NIF de la Sociedad"*, constituida, por tiempo indefinido, mediante escritura otorgada ante el notario de *"lugar del notario que autorizó la escritura pública"*, *"Don/Doña nombre y apellidos del notario que autorizó la escritura pública"*, el *"fecha de autorización de la escritura pública"*, e inscrita en el Registro Mercantil de *"datos de la inscripción registral (localidad del Registro Mercantil, tomo, folio, sección, hoja e inscripción)"*, en su calidad de

>>

Si representa como cargo social:

"...administrador único... O... administrador solidario... O... consejero delegado... O... "especificar la representación del cargo social"..." de la reseñada sociedad, cargo para el que fue nombrado y asegura vigente en escritura otorgada el *"fecha de escritura del nombramiento del cargo"*, ante el notario de *"lugar donde radica la notaría en la que se autorizó la escritura del nombramiento"*, *"Don/Doña nombre y apellidos del notario que autorizó la escritura del nombramiento"*, con el número *"número de protocolo del notario que autorizó la escritura del nombramiento"* de su protocolo, e inscrita en el Registro Mercantil de *"localidad del Registro Mercantil de la escritura de nombramiento"*, en el tomo y hoja arriba indicados.

Si representa como apoderado:

apoderado de la reseñada sociedad, según escritura de poder otorgada a su favor, en *"fecha de escritura del otorgamiento del poder"*, ante el notario de *"lugar donde radica la notaría en la que se autorizó la escritura de poder"*, *"Don/Doña nombre y apellidos del notario que autorizó la escritura de poder"*, con el número *"número de protocolo del notario que autorizó la escritura de poder"* de su protocolo *"...e inscrita en el Registro Mercantil de "localidad del Registro Mercantil de la escritura de poder" ..."*, en el tomo y hoja arriba indicados.

<<

En adelante, el **Vendedor**.

Las partes se reconocen la capacidad legal necesaria para contratar y obligarse y, a tal efecto

MCM 11860 s.

OM ITC/1542/2005

EXPONEN

I. Que el **Vendedor** es titular de los nombres de dominio *"nombre del dominio.net"* y *"nombre del dominio.org" "... "otros dominios" ... "*, en adelante, los Nombres de Dominio.

II. Que el **Comprador** está interesado en adquirir del **Vendedor** los Nombres de Dominio y gozar de todos los derechos derivados de los mismos.

III. Que la transmisión de la propiedad de los Nombres de Dominio está autorizada por la legislación aplicable, y que los mismos se hallan libres de toda carga y gravamen.

IV. Que a tal fin ambas entidades han llegado a un acuerdo que formalizan mediante el presente contrato, el cual se regirá mediante las siguientes

ESTIPULACIONES

PRIMERA. Objeto del contrato
El **Vendedor** entrega al **Comprador**, quien acepta la titularidad de los Nombres de Dominio, a fin de que el Comprador pueda beneficiarse de todos los derechos inherentes a los mismos.

En concreto, ambas partes están de acuerdo en que hasta el momento en el que los citados Nombres de Dominio pasen a titularidad del **Comprador**, éste estará facultado para contratar y firmar en nombre ajeno y por cuenta propia, todo tipo de contratos y actos relativos a la explotación y gestión de los mismos. Entre otros se citan, sin carácter exhaustivo, la contratación de espacios publicitarios o banners, la contratación de software o hardware o la contratación de obras creativas de Propiedad intelectual o de cualesquiera derechos de Propiedad industrial a incluir como contenido en las Páginas Web correspondientes a los Nombres de Dominio.

SEGUNDA. Precio
El precio de la transmisión será de *"importe de la transmisión, en letra"* euros (*"importe de la transmisión, en número"* €), que el **Vendedor** declara haber recibido antes de este acto, del **Comprador**, otorgando a su favor la más amplia, eficaz y firme carta de pago. El precio antes indicado no incluye la imposición a que esté sujeta la transmisión de los Nombres de Dominio, ni otros gastos derivados de la negociación y conclusión del presente contrato.

TERCERA. Responsabilidad y garantías
Ambas partes acuerdan que cualquier responsabilidad frente a terceros, derivada de la ejecución del presente contrato, será de cuenta única y exclusivamente del **Vendedor**, incluida la relativa al pacífico goce de derechos en relación con los Nombres de Dominio.

El **Vendedor** garantiza que a la fecha ha venido pagando el coste económico derivado de la utilización de los Nombres de Dominio.

CUARTA. Resolución del contrato
Serán causas de resolución del presente contrato, además de las generales atinentes a todo contrato, la imposibilidad de poder disfrutar de los Nombres de Dominio o la pérdida de la propiedad de los Nombres de Dominio como consecuencia de procesos de resolución de conflictos judiciales o extrajudiciales.

QUINTA. Sumisión jurisdiccional y Ley aplicable
Para cualquier cuestión relativa a la interpretación o ejecución del presente contrato, las partes se someten expresamente a los Juzgados y Tribunales de la ciudad de *"ciudad de los Juzgados y Tribunales"*, con renuncia a su propio fuero si lo tuvieren.

Y en prueba de conformidad, ambas partes firman el presente contrato, que se extiende en dos ejemplares, igualmente originales, en el lugar y fecha indicados en su encabezamiento.

EL COMPRADOR **EL VENDEDOR**

Contrato de acceso a un mercado electrónico cerrado

(E-Marketplace)

En *"localidad"*, a *"fecha"*

REUNIDOS

DE UNA PARTE,
"denominación de la Sociedad S.A.", debidamente representada por *"Don/Doña nombre y apellidos del representante de la Sociedad S.A." "NIF del representante de la Sociedad S.A."*, con domicilio en *"domicilio del representante de la Sociedad S.A."*

En adelante, la **Gestora**.

DE OTRA PARTE,
"denominación de la Sociedad S.L.", debidamente representada por *"Don/Doña nombre y apellidos del representante de la Sociedad S.L." "NIF del representante de la Sociedad S.L."*, con domicilio en *"domicilio del representante de la Sociedad S.L."*

En adelante el **Usuario**.

Reconociéndose mutuamente la capacidad legal para el otorgamiento del presente documento,

ACUERDAN

Formalizar el presente contrato de acceso a un Mercado Electrónico Cerrado, y llevarlo a efecto a tenor de las siguientes

CLÁUSULAS

PRIMERA.- Objeto del contrato
El objeto del presente contrato es regular las condiciones de acceso y de utilización de la/s plataforma/a actuales o futuras de la **Gestora** por parte del **Usuario**. La **Gestora** podrá prestar los servicios objeto de este contrato ya sea directamente o a través de empresas de su mismo grupo.

La **Gestora** es una sociedad constituida el día *"fecha de constitución de la Sociedad S.A."* ante el Notario de *"lugar del notario que autorizó la escritura de constitución"*, está inscrita en el Registro Mercantil de *"datos de la inscripción registral (localidad del Registro Mercantil, tomo, folio, sección, hoja e inscripción)"*, con domicilio social en *"domicilio de la Sociedad S.A."*, provista del NIF *"NIF de la Sociedad S.A."* y es la propietaria de la marca y dominios *"indicar la marca y los dominios"*.

Mediante la marca y el dominio *"indicar la marca y los dominios"*, como **Mercado Electrónico Cerrado** especializado en el sector de *"especificar el sector"*, al que se accede a través de Internet, los usuarios registrados pueden: buscar, ofertar y contratar *"objeto del Mercado Electrónico Cerrado"*, obtener información acerca de las actividades de otras empresas registradas, recabar información de solvencia de otras empresas, intercambiar información entre sus clientes y colaboradores, y en definitiva beneficiarse de todos los servicios que el **Mercado Electrónico Cerrado** promueva, actualmente o en el futuro, para sus miembros. En ningún caso la **Gestora** u otras empresas del grupo responden, no obstante los controles que realizan, del buen fin de las operaciones, ni de la veracidad de la información facilitada por los propios miembros o empresas colaboradoras. La **Gestora** únicamente pone a disposición de los miembros el **Mercado Electrónico Cerrado** para la realización de dichas actividades, arrendando dichos espacios a los mismos y facilitando las relaciones con empresas colaboradoras, y poniendo a disposición de aquellos y de éstas su estructura para facilitar sus relaciones comerciales.

SEGUNDA.- Definiciones.

1° **Gestora** significa la persona jurídica que pone a disposición del Usuario el Mercado Electrónico Cerrado, prestando a través del mismo los servicios previstos en el presente contrato.

2° **Usuario** significa la persona física o jurídica admitida por la Gestora como miembro del Mercado Electrónico Cerrado, para acceder y utilizar el mismo bajo las condiciones previstas en el presente contrato.

3° **Mercado Electrónico Cerrado** es el espacio virtual bajo el formato de una plataforma telemática o página web, al cual solo podrán acceder los Usuarios y donde éstos últimos podrán utilizar los servicios que la Gestora les presta directamente o a través de empresas de su mismo grupo.

Normativa y modificación del contrato.

Serán objeto también del presente contrato, los nuevos servicios a los que el **Usuario** tenga acceso y se somete desde este momento a la normativa que se publique en las páginas web propiedad de la Gestora bajo el apartado denominado '**Normativa del Mercado Electrónico Cerrado**'.

Las condiciones de uso de los servicios, actuales o futuros, así como cualquier modificación, será comunicada al **Usuario** a través de la propia página web, en el apartado *Normativa* o en la información del propio servicio, sirviendo este medio de comunicación fehaciente al **Usuario** que ha entrado en la página mediante su clave de acceso personal e intransferible.

El **Usuario** tendrá un plazo de 10 días desde la publicación de la modificación de las condiciones para comunicar, de forma expresa y por escrito -mediante fax o correo electrónico- su intención de resolver el contrato.

La falta de comunicación expresa por parte del **Usuario** de su disconformidad con las nuevas condiciones y de su voluntad de dar por resuelto el contrato, implica la aceptación de las nuevas condiciones.

TERCERA.- Duración.

El contrato tendrá la duración que el **Usuario** haya contratado, contado a partir del día de aceptación del contrato como nuevo miembro del **Mercado Electrónico Cerrado**.

La duración del contrato se entenderá tácitamente prorrogada por períodos de igual duración al último transcurrido salvo que, con 10 días de antelación a la expiración del mismo, fuese denunciado por cualquiera de las partes y comunicado a la otra mediante carta certificada, fax o correo electrónico.

CUARTA.- Precio y pago de los servicios.

Salvo que las partes hayan pactado otra forma de pago, el importe contratado que figura en la factura correspondiente al abono al servicio será satisfecho de una sola vez mediante domiciliación bancaria a los 10 días siguientes de la efectiva utilización del programa por primera vez por parte del **Usuario**.

Las cuotas se pagarán por adelantado al período mensual, trimestral o anual pactado.

En el supuesto de otros servicios distintos a *"indicar servicios prestados"*, que tengan otras tarifas o condiciones de pago, éstas serán publicadas en la propia web en el apartado correspondiente a información sobre estos servicios, entendiéndose que el **Usuario** acepta someterse a estas condiciones cuando hace uso del servicio en cuestión.

La cuota de abono podrá ser modificada de forma unilateral por la **Gestora**, sirviendo de comunicación de la nueva cuota la propia factura de renovación, teniendo el **Usuario** el derecho a no aceptar la nueva cuota mediante comunicación por escrito -fax o correo electrónico- antes del vencimiento del pago indicado en la factura-.

Las cuotas pueden ser incrementadas anualmente hasta el límite del IPC anual, sin necesidad de comunicación expresa al efecto.

El **Usuario** acepta desde este momento que le sea emitida y enviada la factura según la normativa que regula la factura electrónica, en el supuesto que el **Mercado Electrónico Cerrado** decida utilizar este medio de envío de las facturas.

QUINTA.- Claves de acceso.

La **Gestora** facilitará al **Usuario** el nombre de usuario (login), único e irrepetible, así como una clave - password (serie de letras o números) que le permitirán el acceso al área privada del **Mercado Electrónico Cerrado**.

Las claves de acceso a las áreas privadas son personales e intransferibles, asignadas a la persona/empresa que ha solicitado ser miembro y que ha aceptado el presente contrato.

El **Usuario** se compromete a dar tratamiento confidencial a dichas contraseñas, no pudiendo prestarlas o comunicarlas a ningún tercero.

La **Gestora** se reserva el derecho a establecer los medios de identificación necesarios para la entrada al servicio o servicios, incluyendo la firma electrónica u otras tecnologías que identifiquen al **Usuario** de forma fehaciente, sin que ello signifique una modificación de este contrato.

Toda persona que utilice las claves de acceso en nombre de la empresa deberá tener facultades suficientes para obligarla en todas las actuaciones y contrataciones que realice dentro del **Mercado Electrónico Cerrado**, haciéndose responsable la empresa de las consecuencias producidas en caso de utilización por persona no facultada. Asimismo, el **Usuario** se hace responsable del mal uso que pudieran hacer del **Mercado Electrónico Cerrado** sus empleados y terceras personas/empresas a las que facilitara sus claves para acceder al sistema. La utilización de la base de datos del **Mercado Electrónico Cerrado** queda exclusivamente limitada al uso del **Mercado Electrónico Cerrado**, así como la extracción y reutilización total o parcial de los datos.

El **Usuario** se compromete a comunicar a la **Gestora**, a la mayor brevedad posible, la pérdida o robo de las claves de acceso, así como cualquier sospecha de riesgo de acceso a las mismas por un tercero y especialmente en los supuestos de cambio o baja de empleados que tenían acceso.

La **Gestora** tiene derecho a ejercitar cuantas acciones estime oportunas, judicial o extrajudicialmente, contra cualquier uso fraudulento o inconsentido del sistema, que tenga como causa la falta de la debida diligencia por parte del **Usuario**. La responsabilidad será solidaria tanto para el Usuario que lo ha permitido como contra la empresa y personas que se han beneficiado del uso fraudulento del sistema.

El **Usuario**, además de abstenerse de prestar las claves de acceso al sistema, se abstendrá de facilitar la información contenida en el área privada por cualquier medio, ya sea telefónico oral o escrito, a empresas no usuarias y que por tanto no han superado los filtros que este contrato establece para devenir clientes y usuarios de los servicios. La trasmisión de información contraviniendo lo anterior tendrá la consideración de comunicación de claves que también resulta prohibida por este contrato.

SEXTA.- Requisitos para ser miembro.

1° La persona o empresa que vaya a ser miembro del **Mercado Electrónico Cerrado**, debe presentar la documentación que identifique a la persona o sociedad desde el punto de vista jurídico y que el personal de la **Gestora** le requiera: entre otros, DNI, NIF, Escritura de Constitución de la sociedad o cooperativa y acreditación de estar inscrito en el registro mercantil o en cualquier otro registro pertinente.

2° Debe presentar y mantener vigente toda la documentación administrativa que la normativa actual exija para el ejercicio de la actividad en su país, así como los permisos y/o seguros adicionales también exigidos según la actividad. A estos efectos, el **Usuario** autoriza a que la **Gestora** publique en la web del **Mercado Electrónico Cerrado** la información sobre la documentación que el **Usuario** posee y el **Usuario** acepta las normas de uso contenidas en la web.

3° En el supuesto de ser una persona o empresa que va a contratar servicios dentro del **Mercado Electrónico Cerrado**, y en consecuencia, tener que pagar facturas a otros miembros, el **Usuario** deberá gozar de una calificación de crédito positiva en la entidad o entidades con las que la **Gestora** trabaje en cada momento. De no ser así y previa petición de la **Gestora** al respecto, el **Usuario** deberá presentar un aval bancario o cualquier otra garantía satisfactoria para la **Gestora** que complemente o supla la falta de crédito. Igualmente, el **Usuario** no debe tener facturas pendientes de pago con otras empresas asociadas o no al **Mercado Electrónico Cerrado**.

4° A las personas o empresas que vayan a utilizar el servicio únicamente como oferentes de bienes y/o servicios, en el supuesto que las empresas aseguradoras o de informes con las que el **Mercado Electrónico Cerrado** trabajan no les otorguen crédito positivo, puede serles requeridas referencia de empresas con las que trabajen que avalen su ética y calidad en su trabajo.

5° La información proporcionada por empresas del mercado, y en especial los demás miembros del **Mercado Electrónico Cerrado**, una vez contrastada, puede dar lugar a la no admisión como miembro a una empresa en concreto, o a su baja si la información es posterior. Tratándose de un nuevo asociado, si ya se hubiera procedido a dar de alta y esta información negativa fuera proporcionada después de haberlo presentado como nuevo asociado, la factura que se hubiera emitido sería anulada y emitida otra de abono por la parte proporcional al tiempo no consumido.

6° La empresa que haya sido asociada anteriormente y que haya cesado su relación contractual por cualquiera de las causas establecidas en la cláusula Undécima del presente contrato, no podrá darse de alta nuevamente ni la misma empresa, ni ninguna persona o empresa con alguna relación presente o pasada con la citada empresa.

7° La **Gestora** se reserva el derecho de admisión de nuevos miembros en base al principio de libre contratación, y que puede estar motivado por sospechas de que la empresa o personas relacionadas con la misma habían sido ya asociados y habían causado problemas con otros asociados o con la **Gestora** u otras empresas del grupo, o bien sin haber estado asociados, que se hayan recibido informaciones previas de que son personas o empresas *no gratas* en el sector.

SÉPTIMA.- Obligaciones del usuario.

1° Los **Usuarios** y miembros deberán respetar las reglas aplicables a su actividad y abstenerse de realizar actos de cualquier tipo que contravengan la salvaguarda del orden público, la investigación penal, la seguridad pública, la defensa nacional, la dignidad de la persona, la no discriminación por motivos de raza, religión, sexo, opinión, nacionalidad que afecten a cualquier otra circunstancia personal social o que sean contrarios o afecten de cualquier modo a la protección de la salud y de la infancia, declinando la **Gestora** cualquier tipo de responsabilidad en caso contrario.

2° El **Usuario** se compromete:

• A no reproducir, total o parcialmente, bajo ninguna forma de soporte, la información contenida en la aplicación del **Mercado Electrónico Cerrado**. Los servicios prestados por el **Mercado Electrónico Cerrado**, así como la información contenida en el mismo, incluida la base de datos, sólo se podrá utilizar para el uso propio del **Mercado Electrónico Cerrado**. El **Usuario** no podrá revender dichos servicios e información ni cederlos (tampoco gratuitamente) a terceros bajo ningún concepto. Está expresamente prohibido almacenar datos, direcciones, teléfonos, o e-mails en cualquier tipo de soporte ya sea físico o informático y utilizarlo para fines distintos a los contemplados en este contrato, así como la revelación de los mismos a cualquier tercero.

• A no extraer o reutilizar datos fuera de lo expresamente autorizado por el contrato.

• No introducir ofertas o demandas ficticias.

• Retirar inmediatamente de la base de datos todas aquellas ofertas sobre las que ya se haya llegado a un acuerdo definitivo.

• No introducir ofertas o demandas de productos o servicios contrarios a la ley o a las buenas costumbres.

• Cumplir con los compromisos adquiridos con otras empresas en sus contrataciones, en especial los compromisos de pago, en cuanto al importe y el plazo pactado.

• Mantener la ética profesional en sus relaciones con otras empresas asociadas y con la **Gestora** u otras empresas del grupo.

• Mantener en todo momento vigente la documentación contemplada en el apartado 2 de la cláusula SEXTA.

• En toda transacción que se realice dentro del ámbito del **Mercado Electrónico Cerrado** y/o con otros miembros se atenderá y respetara la normativa sobre el uso del servicio que se publica en la web y la ética y buena fe contractual.

• Realizar sus contrataciones por escrito y tener unas condiciones de pago que permitan a los demás usuarios utilizar las herramientas de garantía de cobro que tenga establecidas el **Mercado Electrónico Cerrado** cuando contrate con ella.

• No provocar daños o perjuicios que puedan menoscabar o alterar la aplicación y se obliga a observar y seguir las instrucciones del **Mercado Electrónico Cerrado** relativas al uso de las aplicaciones.

OCTAVA.- Limitación de responsabilidad.

Ni la **Gestora** ni ninguna empresa de su grupo se hacen responsables de los daños y perjuicios ocasionados por el su indebido del servicio. Los servicios que ofrece la **Gestora** cumplen con la normativa vigente.

La **Gestora** mantendrá operativa la plataforma del **Mercado Electrónico Cerrado** las veinticuatro horas del día todos los días del año. No obstante lo anterior, se reserva el derecho de suspender el servicio de mantenimiento del ordenador central del sistema o los servidores de Internet o de aplicaciones. En la medida de lo posible, se compromete a avisar a los usuarios si la importancia de la parada lo precisa.

La propiedad intelectual del programa del **Mercado Electrónico Cerrado** y todos los derechos de autor que derivan del aplicativo informático y del *look & feel* (apariencia) de la página web pertenecen en exclusiva a la **Gestora** quién se reserva el derecho de realizar en todo momento cualquier modificación que suponga, a su juicio, una mejora del programa y del servicio.

La **Gestora** no será responsable y en consecuencia no estará obligada a reparar los daños o perjuicios, directos o indirectos, que sean consecuencia de una información incompleta o incorrecta suministrada por los miembros a la aplicación del **Mercado Electrónico Cerrado** ni por el propio comportamiento de los **Usuarios**, ni por las situaciones de insolvencia que puedan ocasionarse a pesar de los controles que la **Gestora** tiene establecidos.

La **Gestora** no participa en el beneficio obtenido por los usuarios en las contrataciones realizadas dentro del **Mercado Electrónico Cerrado**. En consecuencia, la **Gestora** tampoco será responsable de los eventuales daños y perjuicios o pérdidas de oportunidad de negocio que pudieran resultar a los usuarios de la imposibilidad momentánea de acceder al servicio del **Mercado Electrónico Cerrado** y especialmente cuando dicha imposibilidad sea consecuencia de circunstancias ajenas, como -y sin que se considere limitativo- la interrupción de las comunicaciones, de servicios eléctricos, o averías en la red de Internet.

La **Gestora** no estará obligada tampoco a reparar los daños y perjuicios, directos o indirectos, que sean consecuencia de servicios prestados por compañías externas con las que haya alcanzado acuerdos de colaboración y en las que la **Gestora** actúa como mero intermediario.

NOVENA.- Tratamiento de las incidencias entre usuarios.

En el **Mercado Electrónico Cerrado** se proponen unas normas y herramientas destinadas a minimizar la posibilidad de conflictos entre miembros y garantizar que las empresas cumplan con sus compromisos pactados. La **Gestora** aunque no puede ni se responsabiliza de las actuaciones de los usuarios ni resuelve las controversias, en casos de incidencias, actuará de la forma siguiente:

• Los **Usuarios** pueden llamar antes de contratar, para saber si una empresa tiene incidencias registradas.

• Cuando hay una incidencia, se comprueba que la contratación se haya realizado dentro del ámbito del **Mercado Electrónico Cerrado** y que ambas empresas fueran clientes en el momento de la contratación. La incidencia se registra en la ficha del usuario.

• Se habla con las partes instando que lleguen a un acuerdo.

• Si el conflicto se debe a la falta de pago de una factura, y no hay motivo justificado para el retraso, se envía un fax o un e-mail dando un plazo al deudor para que proceda al pago y pasado el mismo se bloquea el acceso hasta que haya saldado la deuda. Una vez saldada, se restablece el servicio pero la suspensión no supondrá un paralización en la obligación del pago de la cuota contratada.

• Si en el plazo otorgado para el pago, no se procede al ingreso del importe en la cuenta del acreedor, la **Gestora** ejecutará la garantía (en el supuesto que la factura estuviera garantizada) y en cualquier caso, la empresa deudora será dada de baja del sistema.

• Si se trata de cualquier otra incidencia o si hay desacuerdo en el importe de la factura y las partes no llegan a un acuerdo, la **Gestora** se queda al margen e insta a las partes a resolver la controversia en la junta arbitral.

• Si el departamento de incidencias debe intervenir en más de una ocasión con una misma empresa, pasará nota al Comité Auditor de Asociados para que emita el dictamen que estime conveniente pudiendo llegar incluso a la resolución del contrato en caso de reincidencias o incidencias graves.

La **Gestora** no responderá de las actuaciones de los usuarios, ni de los resultados de esta intermediación o del acuerdo que haya alcanzado entre las partes que estaban en conflicto.

DÉCIMA.- Comité Auditor de Asociados.

La **Gestora** constituirá y presidirá un Comité Auditor de Asociados, que estará conformado por los diez (10) miembros del **Mercado Electrónico Cerrado** que mayor facturación obtengan en el mismo anualmente.

El **Usuario** acuerda someterse a los dictámenes que el Comité Auditor de Asociados pueda emitir en los supuestos de incumplimiento de los compromisos adquiridos con la **Gestora** y con los demás asociados, por comportamientos inadecuados, utilizaciones incorrectas del servicio o servicios o actuaciones contrarias a la normativa que rige la bolsa o la ética y buena fe contractual.

El Comité Auditor de Asociados tiene potestad para suspender el acceso a todos o solo a algunos servicios determinados del **Mercado Electrónico Cerrado**, así como suspender o prohibir la utilización de todos o alguno de ellos cuando el **Usuario** de forma manifiesta o repetitiva utilice incorrectamente los mismos en perjuicio de otros usuarios, de ella misma o de la **Gestora** u otras empresas del grupo.

UNDÉCIMA.- Resolución del contrato.

El presente contrato podrá ser resuelto por las partes previa comunicación a la otra de la voluntad de resolverlo, según lo establecido en la cláusula tercera del presente contrato.

Adicionalmente, la **Gestora** tendrá derecho a resolver el contrato de forma inmediata y antes de la finalización de la duración pactada en los siguientes supuestos:

1° Cuando de acuerdo a lo establecido en la condición Novena, se haya suspendido el acceso al servicio y no se resuelva la situación que motivó la suspensión en el transcurso de un mes.

2° Por la disminución significativa de los parámetros de seriedad o solvencia o problemas de tesorería -bien porque así se lo comunique la empresa o empresas de informes de crédito o aseguradoras con las que la Gestora trabaje- bien porque se lo comuniquen otros asociados, o por reiterados retrasos en los pagos gestionados por el departamento de incidencias. En el supuesto de retirada del crédito por parte de la aseguradora con la que en cada momento trabaje la **Gestora**, éste puede ser sustituido por la presentación de un aval bancario u otra garantía temporal satisfactoria para la **Gestora**, que garantice las operaciones realizadas con otros miembros del **Mercado Electrónico Cerrado**.

3° Por incumplimiento de cualquier de las obligaciones del **Usuario** establecidas en la cláusula Séptima del presente contrato.

4° Por la concurrencia de cualquiera de las actuaciones prohibidas en relación a las claves de acceso contempladas en la cláusula Quinta del presente contrato.

5° Por la falta de pago de la cuota o de cualquier factura generada como consecuencia de la utilización de cualquiera de los servicios ofrecidos dentro del **Mercado Electrónico Cerrado**.

6° Por reiterados retrasos o la falta de pago e incumplimiento de cualquiera de los compromisos pactados con otros miembros del **Mercado Electrónico Cerrado**.

7° Por dejar de cumplir cualquiera de los requisitos necesarios para ser miembro del **Mercado Electrónico Cerrado**, establecidos en la cláusula Sexta.

8° Por la utilización fraudulenta y contraria al espíritu de los servicios que ofrece el **Mercado Electrónico Cerrado**.

9° Por quejas de otros asociados que, valorada su gravedad por parte del Comité Auditor de Asociados, éste emita dictamen resolviendo el contrato.

La resolución del contrato de forma anticipada por cualquiera de las causas indicadas se notificará al Usuario mediante fax o correo electrónico, teniendo la resolución efectos inmediatos desde la constancia de recepción del escrito.
La resolución anticipada por estas causas no dará derecho al **Usuario** a indemnización alguna ni devolución de la cuota de abono satisfecha, sin perjuicio de las acciones legales que la **Gestora** pueda emprender.

DUODÉCIMA.- Cesión del contrato.
Ninguna de las partes podrá ceder el presente contrato a un tercero sin el consentimiento previo y por escrito de la otra parte.

No obstante, el **Usuario** autoriza expresamente a la **Gestora** a ceder todo o parte de este contrato a cualquier sociedad que tenga participación en su capital social, o que la **Gestora**, tenga participación en su capital social así como en los supuestos de fusión o escisión a cualquier sociedad resultante o en caso de venta del negocio de la **Gestora**.

DECIMOTERCERA.- Protección de datos personales.
De acuerdo con la normativa aplicable Rgto (UE) 2016/679 y LO 3/2018, se informa sobre lo siguiente en relación con el tratamiento de datos personales:

Información básica sobre protección de datos	
Responsable	*"nombre de la entidad"*
Finalidad	Gestión contractual de la relación jurídica a que da lugar el presente contrato
Legitimación	Consentimiento del interesado y ejecución de contrato
Destinatarios	Los datos proporcionados no serán cedidos a ningún tercero, salvo obligación legal. En cualquier caso, las categorías de destinatarios son Administración Tributaria y entidades financieras
Derechos	Acceder, rectificar, suprimir los datos, así como otros derechos, según se explica en la información adicional
Información adicional	Por favor, consulte la información adicional y detallada sobre la protección de datos en la página web *"especificar pág web"*

Todo lo cual es accesible a través de la web del **Mercado Electrónico Cerrado**: *"página web"*, en el apartado política de privacidad. La no aceptación de la presente cláusula supondrá la no aceptación del Usuario como miembro del **Mercado Electrónico Cerrado**.

DECIMOCUARTA.- Datos a efectos de notificaciones.
Las notificaciones o comunicaciones al **Usuario** se realizarán a la dirección indicada por el mismo en el momento de darse de alta o en comunicaciones de variaciones de datos posteriores realizadas a través de la propia página web del **Mercado Electrónico Cerrado**, o a través de otros medios escritos, fax o correo electrónico. La comunicación de cambio tendrá efectos 8 días más tarde de la comunicación por los medios citados.

Las notificaciones o comunicaciones a la **Gestora** se realizarán a la dirección que aparece en la página web del **Mercado Electrónico Cerrado**.

DECIMOQUINTA.- Legislación y Fuero.
El presente contrato queda sujeto a las leyes españolas.

Las partes acuerdan que cualquier litigio, discrepancia, o reclamación, resultantes de la ejecución o interpretación del presente contrato o relacionados con él directa o indirectamente, se resolverán con sometimiento expreso a *"...los tribunales de "ciudad de los tribunales" ... O ... la corte de arbitraje de "localidad de la corte" y a su reglamento arbitral..."*.

Y en prueba de conformidad, ambas partes suscriben el presente Contrato por triplicado ejemplar y a un solo efecto, en el lugar y fecha indicados en el encabezamiento.

El Usuario **La Gestora**

Cláusula contractual (facultativa) para el caso de concurso de acreedores de cualquiera de las partes

>>

- **Si se establece cláusula de resolución del contrato en interés del concurso:**

"Número" **Resolución del contrato en interés del concurso**

En caso de declaración de concurso de cualquiera de las partes, y siempre que la empresa concursada sea intervenida, la parte afectada se obliga a solicitar la resolución del contrato a la administración concursal, de acuerdo con lo dispuesto en el artículo 165 del texto refundido de la Ley Concursal, aprobado por Real Decreto Legislativo 1/2020.

- **Si se establece cláusula de resolución del contrato en caso de concurso (general):**

"Número" **Resolución del contrato en caso de concurso (general)**

En caso de declaración de concurso de cualquiera de las partes, y la parte concursada fuera la incumplidora, se estará a lo dispuesto en los artículos 160 y siguientes del texto refundido de la Ley Concursal, aprobado por Real Decreto Legislativo 1/2020.

Cláusula contractual tras la entrada en vigor de la Ley Orgánica de protección de datos y garantía de los derechos digitales (LO 3/2018)

Nota preliminar:

Este es un ejemplo de **primera capa, o información básica** que se ofrece al interesado sobre el tratamiento de sus datos personales, la cual debe comprender, necesariamente, la información sobre las circunstancias abajo reseñadas. Además de esta primera capa, se debe ofrecer al interesado una **segunda capa de información** en la que se completarán todos los detalles en que consiste la primera capa. La información de la segunda capa debe ser completa, aunque comprenda lo ya informado en la primera. Véase Guía para el cumplimiento del deber de informar, elaborada por la Agencia Española de Protección de Datos (https://www.aepd.es/media/guias/guia-modelo-clausula-informativa.pdf).

➢➢

○ **Si se establece cláusula para la protección de datos personales:**

***"Número"* Protección de datos personales**

De acuerdo con lo establecido en la Ley Orgánica 3/2018 y en el Reglamento (UE) 2016/679, *"PARTE"* le informa como sigue en lo relativo al tratamiento de sus datos personales recogidos en este Contrato:

Responsable: *"PARTE"*

Finalidad: Gestión contractual derivada de la relación presente.

Nota:

*En este caso, cambiará la finalidad con arreglo a las **bases para un tratamiento lícito**, previstas en el RGPD art.6.*

Legitimación: consentimiento del interesado (firmante del presente) y ejecución contractual.

Destinatarios: Los datos proporcionados no serán cedidos a ningún tercero, salvo obligación legal. En cualquier caso, las categorías de destinatarios son Administración Tributaria y entidades financieras.

Nota:

*Los destinatarios pueden ser **concretos**, si se saben, o citarse por categorías. Cambiar según proceda.*

Derechos: Acceder, rectificar, suprimir los datos, oposición, limitación y portabilidad, los cuales se podrán hacer efectivos en la dirección del responsable que consta en este contrato, a la atención del Delegado de Protección de Datos, cuya dirección de correo electrónico es *"especificar dirección de correo electrónico"*.

Información adicional: Por favor, consulte la información adicional y detallada sobre la protección de datos en la página web *"especificar información"*.

Nota:

*Esta "información adicional" es la denominada "**Segunda Capa**".*

⮜⮜

Tabla Alfabética

Los números reenvían al número marginal de cada modelo. La mención «s» significa que el estudio de la cuestión se prolonga en el o los modelos siguientes.

Para orientar las búsquedas, las referencias se acompañan, cuando es preciso, de una mención explícita o de una abreviatura que ayuda a ubicar la materia de que se trate.

A

B

C

D

E

F

G

H

I

J, K

L

M

N

O

P

R

S

T

V, Y

Este libro se acabó de imprimir en España,
en Mayo de 2024